麦读
MyRead

最高人民法院民商事判例集要

THE COLLECTION OF
JUDICIAL RULES FOR CIVIL AND
COMMERCIAL CASES OF
THE SUPREME PEOPLE'S COURT

最高人民法院
民商事判例集要

·金融担保卷·

·上·

总 主 编 — 杜 万 华
副总主编 — 刘 德 权
本卷主编 — 俞 宏 雷

中国民主法制出版社
全国百佳图书出版单位

编辑出版说明

类似案件类似处理、不同案件不同处理，是现代法治的基本原则。我国是成文法国家，人民法院审理案件以法律为依据。然而法律条文具有原则性、普遍性和安定性的特点，由此存在模糊性、不周延性、滞后性等弊端，加之受社会经济发展、司法人员能力、地方执法环境等多种因素影响，给法律适用留下了很大空间，同案不同判的现象也时有发生。

近年来，最高人民法院愈发注重司法案例的规范、指导、评价和引领功能，通过建立和加强案例指导制度、完善类案和新类型案件强制检索报告等工作机制，进一步明晰法律适用，统一裁判尺度，切实解决同案不同判的问题。但由于最高人民法院发布的指导性案例数量很少，目前还无法提供足够多的类案裁判标准。而在司法大数据的辅助下，司法实务人员接触到的类案数量极为庞杂，面对多个“类似案例”时也会产生不知如何比对的困惑。

最高人民法院是我国最高审判机关，监督地方各级人民法院和专门人民法院的审判工作。最高人民法院依法对一审、二审和再审案件作出裁判是对地方法院审判工作的重要指导。鉴于最高人民法院的特殊地位，其作出的裁判案例具有很高的权威性，其中载明的具体裁判理由体现了最高人民法院在个案中对法律适用、裁判方法、司法理念等方面问题的意见，可以为地方各级人民法院审理类似案件提供有指导和参考意义的类案裁判标准。

因此，我们精心编辑出版了这套《最高人民法院民商事判例集要》丛书，希望通过系统梳理最高人民法院公布的裁判案例中所体现的裁判规则，为司法实践中遇到的类似案件和疑难问题提供具有权威性来源的指导和参考。

二

本套丛书是迄今为止第一套集中梳理最高人民法院民商事裁判案例、系统收集最高人民法院民商事裁判观点、精心提炼最高人民法院民商事类案裁判规则的实务指导用书。

目前，最高人民法院的裁判案例较容易通过各类网站获得，但从公布的案例中寻找到具有指导和参考价值的裁判规则，仍然存在极大的困难和不便。一是上网公布的案例数量巨大。2013年，中国裁判文书网开通，截至目前，该网站收录的最高人民法院民商事裁判案例共有2.9万件。另外，据不完全统计，2000年至2013年，通过相关图书、报刊可获取的最高人民法院民商事裁判案例也达6000余件。二是裁判案例本身内容量很大，查询阅读起来耗时耗力，要从中准确、高效地获取有价值的裁判规则尤其需要较高的理论水平和实务经验。

为此，我们组织具有丰富实务工作经验的作者团队，用近三年的时间对这些数量巨大的最高人民法院民商事裁判案例，尤其是其中的判决书，进行收集、整理和研读，通过比对裁判观点、裁判思路和尺度，去旧留新，去粗取精，并对其中最为核心的部分进行提炼，呈现出2600余条对审判实践具有指导和参考价值的裁判规则。

本套丛书还对最高人民法院指导性案例、《中华人民共和国最高人民法院公报》案例进行了收集和整理。这些案例虽然数量不多，但指导价值不言自明。指导性案例确立的裁判规则，地方各级人民法院在审理案件中应当参照。公报案例所涉及的法律理解与适用问题以及所反映的司法价值取向，得到了最高人民法院的认可，在早期是具有指导意义的案例，现在仍具有重要的参考价值。

本套丛书在编辑过程中对案例原文作了必要的剪裁，同时鉴于是作为为专业读者提供的工具书使用，对其中的法律全简称、法条序号等进行了统一，对文书中的个别错别字、标点符号、标题序号等进行了修改，但对于原文中引用的法律文本已经修改的情形，除特别注明的之外未作修改，在此说明。

二

根据最高人民法院民商事案件所涉纠纷类型的占比情况，兼顾纠纷领域的具体情形，本套丛书共计4卷（9分册），即公司卷（2分册）、金融担保卷（3分册）、合同卷（2分册）和建工房产卷（2分册）。全书秉承立足实践、突出实用的编辑宗旨，致力于为广大法官、律师以及其他实务工作者提供具有权威性、系统性、实用性和时效性的实务指导和参考用书。

本套丛书具有以下特点：

第一，全面集中地梳理十多年来最高人民法院民商事案例，提炼具有典型意义的裁判规则。

第二，配套选取承办法官的案件解析，对裁判规则形成立体支撑。承办法官的案例解析是第一手资料，对于防止裁判规则被误读、曲解具有重要意义。

第三，对裁判规则进行体系化编排，通过总目、细目的形式，将散见在不同案例中的裁判规则进行体系化归类，方便查找和理解。

第四，密切关注案例的时效问题，对与现行法律、司法解释规定相矛盾的案例予以筛除。

三

本套丛书栏目设置统一，具体包括以下：

——**裁判规则**。标题即为裁判规则，是编者对个案裁判理由的精华和核心予以提炼和概括后形成的裁判指引。一个案例可以归纳出一项规则，也可以归纳出多项规则。本书对同一个案例有多项裁判规则的进行了合理拆分，从多个法律问题点的进路进行多角度的论述。

——**关键词**。从案例的裁判规则、裁判理由部分筛选出的能够体现法律知识要点、法律问题点的法律词语、术语。

——**案件名称**。由案件双方当事人的姓名或者名称加案由构成，同时注明裁判文书案号、日期或指导案例多少号，便于读者查找全案内容。在同一个标题（裁判规则）下，有多个案件的，称为案件名称Ⅰ、案件名称Ⅱ、案件名称Ⅲ等。

——**裁判精要**。主要是对裁判理由即“本院认为”部分的整理。该部分是法官针对当事人的诉讼请求，根据认定的案件事实，依照法律规定，通过对案件争议焦点所涉及的法律问题进行评析后，形成的对司法理念、法律推理、法律适用、裁判方式等的论述。其是用于提炼裁判规则的核心内容。

——**权威解析**。最高人民法院法官对其具体承办案件的解读与评析，也包括最高人民法院法官对指导性案例、地方法院法官对其承办的公报案件的解读与评析。

——**案例来源**。为方便读者更好地结合完整的案例原文理解裁判规则，特别标明了案例出处信息。

——**编者说明**。由编者对一些裁判规则所涉观点的变更与沿革进行解说，或进行进一步的学理解读，或对法律依据的变化情况进行说明，或对案例之间的关联进行提示。

四

我们特别邀请原最高人民法院审判委员会副部级专职委员，现任最高人民法院咨询委员会副主任、中国法官协会副会长杜万华担任本套丛书总主编，全面指导图书的编写工作。

诚邀俞宏雷、王松分别主持公司卷、金融担保卷、合同卷和建工房产卷的编写工作。两位编者不仅具有丰富的司法实务经验，而且长期致力于对最高人民法院司法观点的研究和梳理工作。

需要指出的是，本套丛书的案例涉及的时间跨度大，对于同一法律问题，最高人民法院在不同时期基于不同的司法政策会有变化，即使在同一时期不同的法官也会有不一致或相互矛盾的观点出现。我们无意对其中的观点妄下评断，只是梳理、展示最高人民法院个案的裁判标准，为广大法官裁判案件提供具体的类案比对规则，为律师诉讼策略安排提供有说服力的支持依据。同时，由于裁判规则仅摘录、提炼相关案例的核心话语，因此，应当结合整个案例的内容对这些规则作全面理解，不能断章取义、照搬照抄。

由于我们所掌握的资料和编写水平有限，对最高人民法院民商事案例裁判规则的提炼可能不尽准确，仅供在司法实务中参考使用，故凡与法律、司法解释不一致的，或者法律、司法解释有新规定的，应当按照法律、司法解释的规定适用。本套丛书的编辑内容和体例尚有可改进之处，请读者给我们多提宝贵意见，以便将来继续修订更新。

刘德权

2019 年 10 月

凡　例

一、法律、行政法规等文件的名称加书名号，名称中“中华人民共和国”省略，其余一般不省略。例如，《中华人民共和国物权法》简称为《物权法》。

二、法律文件的条文序数，统一为汉数字。例如，《物权法》第五十八条。而案例中涉及的约定、协议等的条文序数，与裁判文书保持一致。

三、对本书以下出现较多的司法解释和司法解释性文件，使用简称：

1.《最高人民法院关于贯彻执行〈中华人民共和国民法通则〉若干问题的意见（试行）》[法（办）发〔1988〕6号，1988年4月2日施行]，简称为《民通意见（试行）》；

2.《最高人民法院关于审理民间借贷案件适用法律若干问题的规定》（法释〔2015〕18号，2015年9月1日施行），简称为《民间借贷解释》；

3.《最高人民法院关于人民法院审理借贷案件的若干意见》[法（民）发〔1991〕21号，1991年8月13日施行，已失效]，简称为《民间借贷案件意见》；

4.《最高人民法院关于审理涉及金融资产管理公司收购、管理、处置国有银行不良贷款形成的资产的案件适用法律若干问题的规定》（法释〔2001〕12号，2001年4月23日施行），简称为《不良贷款案件规定》；

5.《最高人民法院关于审理涉及金融不良债权转让案件工作座谈会纪要》（法发〔2009〕19号，2009年3月30日施行），简称为《不良债权转让纪要》；

6.《最高人民法院关于审理存单纠纷案件的若干规定》（法释〔1997〕8号，1997年12月13日施行），简称为《存单纠纷规定》；

7.《最高人民法院关于审理票据纠纷案件若干问题的规定》（法释〔2000〕32号，2000年11月21日施行），简称为《票据纠纷解释》；

8.《最高人民法院关于适用〈中华人民共和国保险法〉若干问题的解释（一）》（法释〔2009〕12号，2009年10月1日施行），简称为《保险法解释（一）》；

9.《最高人民法院关于适用〈中华人民共和国保险法〉若干问题的解释（二）》（法释〔2013〕14号，2013年6月8日施行），简称为《保险法解释（二）》；

10.《最高人民法院关于适用〈中华人民共和国保险法〉若干问题的解释(三)》(法释〔2015〕21号,2015年12月1日施行),简称为《保险法解释(三)》;

11.《最高人民法院关于适用〈中华人民共和国保险法〉若干问题的解释(四)》(法释〔2018〕13号,2018年9月1日施行),简称为《保险法解释(四)》;

12.《最高人民法院关于审理证券市场因虚假陈述引发的民事赔偿案件的若干规定》(法释〔2003〕2号,2003年2月1日施行),简称为《虚假陈述赔偿规定》;

13.《最高人民法院关于审理期货纠纷案件若干问题的规定》(法释〔2003〕10号,2003年7月1日施行),简称为《期货纠纷案件规定》;

14.《最高人民法院关于审理信用证纠纷案件若干问题的规定》(法释〔2005〕13号,2006年1月1日施行),简称为《信用证解释》;

15.《最高人民法院关于审理独立保函纠纷案件若干问题的规定》(法释〔2016〕24号,2016年12月1日施行),简称为《独立保函解释》;

16.《最高人民法院关于适用〈中华人民共和国合同法〉若干问题的解释(一)》(法释〔1999〕19号,1999年12月29日施行),简称为《合同法解释(一)》;

17.《最高人民法院关于适用〈中华人民共和国合同法〉若干问题的解释(二)》(法释〔2009〕5号,2009年5月13日施行),简称为《合同法解释(二)》;

18.《最高人民法院关于审理买卖合同纠纷案件适用法律问题的解释》(法释〔2012〕8号,2012年7月1日施行),简称为《买卖合同解释》;

19.《最高人民法院关于审理融资租赁合同纠纷案件适用法律问题的解释》(法释〔2014〕3号,2014年3月1日施行),简称为《融资租赁解释》;

20.《最高人民法院关于审理商品房买卖合同纠纷案件适用法律若干问题的解释》(法释〔2003〕7号,2003年6月1日施行),简称为《商品房买卖合同解释》;

21.《最高人民法院关于审理人身损害赔偿案件适用法律若干问题的解释》(法释〔2003〕20号,2004年5月1日施行),简称为《人身损害赔偿解释》;

22.《最高人民法院关于适用〈中华人民共和国物权法〉若干问题的解释(一)》(法释〔2016〕5号,2016年3月1日施行),简称为《物权法解释(一)》;

23.《最高人民法院关于适用〈中华人民共和国担保法〉若干问题的解释》(法释〔2000〕44号,2000年12月13日施行),简称为《担保法解释》;

24.《最高人民法院关于审理矿业权纠纷案件适用法律若干问题的解释》(法释〔2017〕12号,2017年7月27日施行),简称为《矿业权解释》;

25.《最高人民法院关于审理经济合同纠纷案件有关保证的若干问题的规定》(法发〔1994〕8号,1994年4月15日施行),简称为《保证问题规定》;

26.《最高人民法院关于适用〈中华人民共和国民事诉讼法〉的解释》(法释〔2015〕5号,2015年2月4日施行),简称为《民诉法解释》;

27.《最高人民法院关于适用〈中华人民共和国民事诉讼法〉若干问题的意见》(法发〔1992〕22号,1992年7月14日施行,已失效),简称为《民诉法意见》;

28.《最高人民法院关于民事诉讼证据的若干规定》(法释〔2001〕33号,2002年4月1日施行),简称为《民事证据规定》;

29.《最高人民法院关于人民法院办理执行异议和复议案件若干问题的规定》(法释〔2015〕10号,2015年5月5日施行),简称为《执行异议和复议规定》;

30.《最高人民法院关于审理民事案件适用诉讼时效制度若干问题的规定》(法释〔2008〕11号,2008年9月1日施行),简称为《诉讼时效解释》。

本卷总目

CONTENTS

本册细目

CONTENTS

第一编　金融

第一章　金融借款合同纠纷

择向债务人或次债务人主张权利，一方对保理银行履行义务，则另一方免除相应清偿责任 / 312

——中国银行股份有限公司郑州新区支行（后更名为中国银行股份有限公司郑州自贸区分行）、马俊伟与青岛保税区华乐国际贸易公司、河南天惠能源发展有限公司等借款担保合同纠纷案

——珠海华润银行股份有限公司与江西省电力燃料有限公司保理合同纠纷案

180 在有追索权保理合同中追索权的制度设计相当于由次债务人为债务人提供担保，其功能与放弃先诉抗辩权的一般保证相当 / 319

——中国工商银行股份有限公司乌鲁木齐钢城支行诉中铁物资集团新疆有限公司、广州诚通金属公司合同纠纷案

第三章　存单与储蓄（银行卡）纠纷

一、存单纠纷 / 325

（一）存单纠纷案件认定 / 325

181 一般存单纠纷案件的认定 / 325

——西部证券股份有限公司西安西五路证券营业部与中国农业银行西安昆明路支行存款合同纠纷案

182 存单效力判断应坚持存款凭证与存款关系“双重真实性”审查标准 / 326

——史迎祥与蔚县农村信用合作联社股份有限公司、蔚县农村信用合作联社股份有限公司吉家庄信用社储蓄存款合同纠纷案

——中国农业银行股份有限公司应城市支行与汉口银行股份有限公司武昌支行存单纠纷案

183 在不能认定成立储蓄合同情形下，依据伪造存单提起的诉讼，应作为一般存单纠纷处理 / 328

——李德勇与中国农业银行股份有限公司重庆云阳支行储蓄存款合同纠纷案

（二）合法存单兑付纠纷 / 331

184 金融机构应当对合法存款承担兑付义务 / 331

——广东南粤银行股份有限公司人民支行与中国长城资产管理公司广州办事处存单纠纷案

八、票据付款请求权纠纷 / 526

第一编 PART 01

金融

第一章 CHAPTER 01

金融借款合同纠纷

一、借款合同效力认定

（一）一般借款合同效力认定

001 约定的生效条件未成就，借款合同对双方不具有法律约束力

【关键词】

｜借款合同｜生效条件｜

【案件名称】①

中国农业银行股份有限公司锦州锦兴支行与锦州玥宝塑业有限公司金融借款合同纠纷案［最高人民法院（2013）民二终字第57号民事判决书，2013.9.13］

【裁判精要】

裁判摘要②:在承诺函约定生效条件的情形下,生效条件未成就,当事人双方之间的借款合同并未生效,银行未发放该部分贷款并不构成违约。

最高人民法院认为:

三、关于锦兴支行应否赔偿玥宝公司损失的问题

根据2004年2月国家计划和改革委员会工业司作出的《老工业基地调整改造和重点行业结构调整重大装备本地化国债专项项目申报及管理暂行办法》的规定,国债备选项目申报需上报的材料包括省级以上银行贷款意向书、自筹资金相关证明。2004年4月1日,省农行向玥宝公司出具《省农行承诺函》,该函明确载明:"贷款总额不超过人民币9000万元……本承诺函仅用报于贵公司向国家有关部门说明该项目贷款的初步落实情况,待项目经国家有权部门正式批准立项后,最终承贷方式、金额和条件等,需报经农总行审批确定……本承诺函有效期从出具之日至正式决定是否贷款时止。"由上述事实可知,省农行向玥宝公司出具《省农行承诺函》的目的,是用于玥宝公司向国家有关部门说明该项目贷款的初步落实情况,并申请立

① 此栏目下的案例如来自中国裁判文书网,则全部标明裁判文书的案号和日期;如来自相关图书、期刊的,则依照原出处标明。

② 此栏目下的裁判摘要内容来自《中华人民共和国最高人民法院公报》以及最高人民法院相关业务庭室编辑的审判指导与参考类图书。

项所需。《省农行承诺函》仅载明了省农行向玥宝公司发放贷款的意向，至于双方之间就发放9000万元项目贷款事宜能否成立有效借款合同法律关系，需以农总行审批同意作为条件。2005年11月23日，农总行向省农行下发了农银复〔2005〕1692号《关于对锦州玥宝塑业有限公司项目贷款的批复》，明确表示不同意发放该项目贷款，故该借款合同最终并未生效，因此，锦兴支行因农总行未批准而未发放该部分贷款并不构成违约。由于在前述承诺函已明确写明，对于该部分贷款能否实际发放，取决于农业银行总行的批准，因此，玥宝公司在锦兴支行出具该贷款意向书时，应当认识到存在该贷款未获批准、不能发放的风险。国家发展和改革委员会办公厅作出的《国家发展改革委办公厅关于辽宁省锦州玥宝塑业有限公司年产250万片建筑墙板项目的复函》载明，该项目总投资17134万元（含外汇378万元）。从上述复函内容可知，9000万元贷款只占玥宝公司国债项目所需资金的一半左右，国债项目正常生产，还需要玥宝公司自筹资金。即使农业银行发放了9000万元的项目贷款，但如果自筹资金不足，项目也难以正常生产。况且，本案中，尽管9000万元项目贷款没有发放，但当事人双方均认可，锦兴支行另外以发放商业贷款8000多万元的方式给予玥宝公司一定的资金支持。综上，锦兴支行不发放9000万元的项目贷款并不构成违约。玥宝公司在明知存在9000万元贷款不能发放风险且自身投入资金不足的情形下仍然投入资金进行国债项目的生产，锦兴支行已以发放8000多万元商业贷款的方式给予其一定的资金支持，玥宝公司年产250万片建筑墙板项目最终停产，与锦兴支行不发放9000万元贷款并无因果关系，故对于玥宝公司诉请的项目停产损失，锦兴支行不应当承担赔偿责任。具体而言，对于利息差损失57.38万元部分，由于锦兴支行不发放9000万元项目贷款并不属于违约，且即使该借款合同有效成立，但根据锦兴支行向市农行报送的《关于锦州玥宝塑业有限公司9000万元建筑墙板项目贷款申请的调查报告》载明的内容，玥宝公司仍应按照长期贷款利率五年以上年息上浮30%收取利率，而非按照同期银行贷款利率给付利息，故商业贷款按照上浮利率收息，符合相关法律、法规的规定和当事人的真实意思表示，并未损害玥宝公司利益，因此，玥宝公司诉请赔偿该部分利息损失，并无事实和法律依据，本院不予支持。

【权威解析】

本案中，当事人争议焦点之一是锦兴支行与玥宝公司之间的9000万元项目贷款是否生效问题。合同生效，是指依法成立的合同具备生效要件，完全发生法律效力。根据我国《合同法》第四十四、四十五、四十六条的规定，合同生效分为依法成立即生效、具备法定要件生效、生效条件成就生效、期限届至生效四种类型。本案中，尽管省农行向玥宝公司出具《省农行承诺函》，但该函明确载明："贷款总额不超过人民币9000万元。……本承诺函仅用报于贵公司向国家有关部门说明该项目贷款的初步落实情况，待项目经国家有权部门正式批准立项后，最终承贷方式、金额和条件等，需报经农总行审批确定。……本承诺函有效期从出具之日至正式决定是否贷款时止。"2004年

2 月，国家计划和改革委员会工业司作出的《老工业基地调整改造和重点行业结构调整重大装备本地化国债专项项目申报及管理暂行办法》也规定，国债备选项目申报需上报的材料包括省级以上银行贷款意向书、自筹资金相关证明。由上述规定可见，省农行向玥宝公司出具《省农行承诺函》的目的，是用于玥宝公司向国家有关部门说明该项目贷款的初步落实情况，并申请立项所需。《省农行承诺函》仅载明了省农行向玥宝公司发放贷款的意向，至于双方之间就发放 9000 万元项目贷款事宜能否成立有效借款合同法律关系，需以农总行审批同意作为条件。玥宝公司接到该承诺函后并未对农总行审批同意条件表示异议，表明其接受该条件。事实上，《省农行承诺函》的具体表述为，贷款总额不超过人民币 9000 万元，最终承贷金额需报农总行批准，因此，该贷款意向的贷款额度是不超过 9000 万元，而非就是 9000 万元。而由于之后农总行明确表示不同意发放该项目贷款，故该借款合同最终并未生效，因此，锦兴支行因农总行未批准而未发放该部分贷款并不构成违约。[①]

【案例来源】

中国裁判文书网，http://wenshu.court.gov.cn。

002 企业组织开发房地产项目，银行提供借款并获取利息及商品房部分利润的，为借款合同关系

【关键词】

| 借款合同 | 开发房地产 |

【案件名称】

西安东光房地产综合开发有限公司与中国华融资产管理公司西安办事处借款纠纷案［最高人民法院（2008）民二终字第 33 号民事判决书］

【裁判精要】

最高人民法院认为：

本案涉及东光公司与政兴支公司之间签订的《房地产投资协议书》、26 份《流动资金借款合同》，以及东光公司与工行解放路办事处签订的《关于东光大厦产权分割协议》。从当事人最初的签约背景看，东光公司组织开发涉案房地产项目，但缺乏建设资金，而政兴支公司具备从事贷款的经营范围，故双方产生了合作意向。《房地产

① 参见张雪楳：《合同效力以及损害赔偿责任的确定——中国农业银行股份有限公司锦州锦兴支行与锦州玥宝塑业有限公司金融借款合同纠纷案》，载最高人民法院民事审判第二庭编：《商事审判指导》（总第 35 辑），人民法院出版社 2014 年版，第 178 页。

投资协议书》约定的内容表明，东光公司主要负责建设项目的征地、立项、申请建设计划、项目施工建设以及商品房的出售等；政兴支公司则负责安排资金，安排资金的方式为双方签订借款合同，由政兴支公司负责发放贷款并保息分利，即政兴支公司提供借款的同时可以获取利息及出售商品房的部分利润。因此，该协议是双方拟建立借款合同关系的约定。涉案 26 份《流动资金借款合同》则是双方当事人根据《房地产投资协议书》的约定所建立的具体借款法律关系，确立了政兴支公司为贷款人、东光公司为借款人的法律地位。因此，原审判决认定本案双方当事人实质为借款合同关系，符合当事人之间的真实意思表示，本院予以维持。至于《关于东光大厦产权分割协议》，从其内容看，主要是对正在建设中的东光大厦产权予以分割，废除上述《房地产投资协议书》约定的保息分利条款的效力，赋予东光公司以分得的房产向银行抵押贷款的权利。该产权分割协议系对双方原合作意向中利润分配等问题的处理，且并未改变东光公司与政兴支公司所建立的借款合同关系。从全案事实看，收取贷款利息、取得部分房屋产权、低价买房产等均属于政兴支公司发放贷款给东光公司开发房地产后获得利益的方式，这些约定内容虽然不具备借款合同关系的典型特征，但不应以此认定本案法律关系性质系合作投资关系。2002 年 9 月 16 日，工行解放路支行对上述借款进行了催收，东光公司予以确认。华融公司西安办事处承继债权后依据催收贷款本息通知书主张贷款，原审判决认定东光公司依法应向华融公司西安办事处承担偿付借款责任是正确的，本院予以维持。鉴于政兴支公司向东光公司直接付款 2187 万元中的 1537 万元属于购房款，故本案贷款本金实际为 10500 万元。由于该 10500 万元系 1993 年至 1995 年期间形成，其所产生的利息远远超出了政兴支公司从东光公司收取的 400 万元利润；且华融公司西安办事处在一审中提出的诉讼请求为返还借款本金 12037 万元，故原审判决没有支持其关于 12037 万元均为借款的主张，但也没有将其收到的 400 万元利润款从借款本金中扣减，原审判决并无不当，本院予以维持。东光公司有关本案性质应为合作投资关系、华融公司西安办事处应当自行承担投资无效相应的民事责任、应驳回华融公司西安办事处诉请等的上诉理由和请求，缺乏事实和法律依据，不能成立，本院不予支持。

【权威解析】

实践中，银行自办公司与其他企业一起经营开发房地产项目发生纠纷的情况为数不少，通常情况是一方有能力进行征地、申请并进行项目施工建设以及商品房的出售，但缺乏资金，而银行自办公司则具备存贷款、投资等金融机构功能，二者一拍即合，签订合作投资协议以及具体的借款合同。由于银行自办公司产生的问题较多，中国人民银行在 1996 年发文对这类公司叫停，引发的纠纷诉至法院。本案就属于其中的一起。

在这类纠纷中，当事人往往对案件性质发生争议。银行自办公司以借款合同为依据，主张双方系单纯的借款合同纠纷，要求对方依照借款合同偿付借款本息；对方则以合作投资协议等为主要依据,主张双方系合作投资关系,要求按比例分担损失。两种不同的法律关系性质决定了当事人不同的法律责任,借款合同关系一般只存在还本付息问题,合作投资关系则存在着利润与风险均应按照合同约定的投资比例分担。①

【案例来源】

最高人民法院民事审判第二庭编:《合同案件审判指导》,法律出版社 2014 年版,第 629 ~635 页。

003 双方就借贷达成合意且贷款人已经实际将款项交付给借款人，应认定债权债务关系成立

【关键词】

| 借款合同 | 款项交付 |

【案件名称】

广西嘉美房地产开发有限责任公司与杨伟鹏商品房买卖合同纠纷案［最高人民法院（2013）民提字第 135 号民事判决书，2013. 11. 19］

【裁判精要】

最高人民法院认为:

认定当事人之间是否存在债权债务关系,书面合同并非不可缺少的要件。只要确认双方当事人就借贷问题达成了合意且出借方已经实际将款项交付给借款方,即可认定债权债务关系成立。杨伟鹏向嘉美公司支付 340 万元并收取利息的行为,足以认定双方之间成立了债权债务关系。嘉美公司从杨伟鹏处取得 340 万元的真实意思是融资还债,其与杨伟鹏签订《商品房买卖合同》的目的,则是为了担保债务的履行。

【权威解析】

(二)当事人的真意探求——通谋虚假行为及其效力认定

本案中,事实认定的复杂和当事人真意探求的困难,主要源于当事人之间意思与表示的不一致。而法律如何处理意思与表示不一致的矛盾,是法律行为解释中不可回避的问题,也是法律行为理论中非常重要且实践中需要解决的问题。……本案中双方当事人的行为及因此而形成的证据表明,嘉美公司与杨伟鹏之间存在以签订《商品房买卖合同》的外在表示来实现借贷的内心意思的合意。就嘉美公司一方,其

① 参见李京平:《如何甄别房地产开发中的借款合同关系与合作投资关系》,载最高人民法院民事审判第二庭编:《合同案件审判指导》,法律出版社 2014 年版,第 635 页。

正是不愿以340万元价款出售案涉商铺,才向杨伟鹏借款偿还严欣等五人的债务,达到保住商铺的目的,故其真实意思是向杨伟鹏借款而非以340万元价款向杨伟鹏出售商铺。对此,嘉美公司与严欣等五人的在先类似借贷关系、其要求杨伟鹏直接向严欣等人支付款项以及保留销售不动产统一发票原件等行为均可佐证。就杨伟鹏一方,其按照嘉美公司指示向严欣等人支付款项,在严欣等人出具《关于申请撤销商品房备案登记的报告》的次日向同一机关办理商品房备案登记手续等行为,均表明其亦知晓嘉美公司的真实意思是向其借款而非出售商铺。其在合同履行过程中未索要发票原件、未及时办理权属登记、收取嘉美公司支付的61.1万元款项等行为,亦表明其已就借贷关系与嘉美公司达成了合意。……就本案而言,嘉美公司与杨伟鹏之间的借贷关系是双方当事人的真实意思,亦不违反法律、行政法规的禁止性规定,尤其在双方已就借贷关系实际履行的情况下,应当尊重私法主体所追求的法效意思,认定借贷关系的有效成立。①

【案例来源】

中国裁判文书网,http://wenshu.court.gov.cn。

004 当事人未签订书面借款合同的,可根据案件事实和证据认定形成事实上的借款关系

【关键词】

|借款合同|事实借款关系|

【案件名称】

中国银行股份有限公司湖北省分行、中国银行股份有限公司十堰分行与十堰荣华东风汽车专营有限公司借款纠纷案[最高人民法院(2013)民二终字第4号民事判决书,2013.7.31]

【裁判精要】

最高人民法院认为:

本案二审争议的焦点是荣华公司与中行十堰分行、中行湖北分行是否形成借款法律关系。……本案中,荣华公司主张与中行十堰分行、中行湖北分行形成借款法律关系,但当事人之间并未签订书面借款合同,亦没有明确约定借款金额、期限、还

① 参见梁曙明、刘牧晗:《意思与表示不一致时,对法律关系性质的司法认定——广西嘉美房地产开发有限责任公司与杨伟鹏商品房买卖合同纠纷申请再审案》,载杜万华主编:《最高人民法院民商事案件审判指导》(第3卷),人民法院出版社2015年版,第247~249页。

款方式等内容的口头借款协议。因此本案当事人之间是否形成借款法律关系，需要对全案事实和证据进行综合分析判断。

一、荣华公司与中行十堰分行是否形成借款法律关系

根据原审法院查明的事实，本案的发生有特殊背景。2005 年至 2006 年，湖北省十堰市金融机构发生票据违规事件，中行十堰分行下属东风支行、张湾支行、茅箭支行的工作人员违规将质押在三家支行的银行承兑汇票借给汇启等公司使用，导致中行十堰分行大量到期债权不能收回，中行十堰分行及其分支机构面临被银行监管部门停止银行承兑汇票业务的风险。为解决该事件，防范金融风险，中行十堰分行急需寻求第三方填补债务，十堰市人民政府也介入进行了组织协调。2006 年 7 月 30 日，十堰市人民政府主持召开由湖北省银监局、中行湖北分行、十堰市银监分局、中行十堰分行、荣华公司等有关人员参加的会议，会议议题为《关于中国银行十堰市分行票据质押风险化解问题》，并于 2007 年 5 月 16 日作出 20 号会议纪要。会议之后，荣华公司于 2006 年 8 月 2 日至 2007 年 4 月 17 日先后以两种方式多次向中行十堰分行、东风支行、张湾支行、茅箭支行付款，一种方式是荣华公司直接或者委托他人向汇启等公司在中行的账户付款或者开立以汇启等公司为收款人的转账支票，转账支票由中行工作人员签字取走；另一种方式是荣华公司直接向中行十堰分行、东风支行付款。原审法院认定荣华公司支付款项共计 5858 万元。2007 年 4 月 6 日，十堰市人民政府主持召开由十堰市人民检察院、十堰市公安局、十堰市银监分局、中行十堰分行、荣华公司等有关人员参加的会议，会议议题为《关于支持十堰市荣华东风汽车专营有限公司发展有关问题》，并于同年 4 月 12 日作出 11 号会议纪要。2010 年，中行十堰分行分别向十堰市人民政府、十堰市金融办书面报告请求协助处理荣华公司欠中行十堰分行贷款事宜，报告同时显示，对于荣华公司的垫资问题，双方处于协商处理中。2010 年 11 月，中行湖北分行起诉荣华公司，要求偿还所欠贷款。2011 年 6 月，荣华公司起诉中行十堰分行、中行湖北分行，要求偿还本案垫资款项。

对于上述 11 号会议纪要，中行十堰分行确认其真实性、合法性，但对关联性提出异议，认为会议纪要不同于当事人设立法律关系的协议书，不能代表中行十堰分行的意思表示，不能证明荣华公司是应中行要求垫资，中行十堰分行不应承担向荣华公司偿还垫付资金的义务；对于 20 号会议纪要，中行十堰分行称该纪要形成于会议之后十个月，内容是虚假的。对于中行十堰分行的质证意见，本院认为，政府会议纪要作为政府记载、传达会议情况的公文，确如中行十堰分行所称，不同于当事人之间设立法律关系的协议书，但会议纪要作为对会议所议定事项的概要纪实，能够反映出参会各方对于议定事项的主观态度和意见，该主观态度和意见是判断当事人在诉争问题上是否达成一致的重要考证。从中行十堰分行的质证意见看，中行十堰分行并未对会议纪要关于荣华公司为解决票据违规事件、维护十堰信用环境作出巨大贡献的记载提出异议，亦未否认荣华公司筹集资金先行垫交中行十堰分行用于解决票据违规事件的事实。同时，上述事实亦能够从 2010 年 12 月 20 日十堰市金融办在

中行十堰分行《关于我行近期化解荣华公司不良债务有关情况报告》上关于"荣华公司在当年的风险化解上作出了实质性贡献"的批示得到印证。因此,从上述事实和证据之间的关联性分析,原审法院关于荣华公司垫付资金 5858 万元用于帮助中行十堰分行解决票据违规事件的认定有事实依据,并无不当。而本案当事人争议的焦点是,荣华公司主张上述款项是为中行十堰分行垫资,其与中行十堰分行形成借款法律关系;中行十堰分行抗辩主张荣华公司不是为其垫资,而是为汇启公司等案外人垫资,荣华公司与汇启公司等案外人形成借款法律关系。

如前所述,本案票据违规事件由中行十堰分行及其支行工作人员与汇启等公司串通、违规操作引发,中行十堰分行为此受到的债权损失理应向汇启等公司追偿。在此情况下,荣华公司虽出于其经营活动依赖于中行十堰分行的授信、贷款、银行承兑汇票等业务支持的考虑,但其在无任何约定或者法定义务的情况下,在中行十堰分行面临行业监管部门处罚的紧急情况下,先行垫资帮助中行十堰分行解决了票据违规事件。不可否认,荣华公司的垫资行为符合中行十堰分行的利益需要。因此在荣华公司与中行十堰分行之间,中行十堰分行成为垫资行为的受益人。对于荣华公司如何收回垫资款的问题,根据本案查明的事实,十堰市人民政府曾经召开专题会议予以研究。11 号会议纪要明确记载,"荣华公司因借支十堰分行所造成的损失,由十堰分行承担挽回责任",该内容与 20 号会议纪要记载的"之后中行湖北分行、十堰分行会同荣华公司采取措施,尽快归还荣华公司的垫款"的内容相比较,二者并无本质矛盾,能反映出双方当事人达成基本一致的意思表示,即对于荣华公司的损失,应当由中行十堰分行承担责任。至于 11 号会议纪要关于"由检察、公安等部门加大案件查办力度,尽可能追回中行十堰分行的承兑信用欠贷,并及时将追回的款物移交荣华公司"的记载,实际上应为中行十堰分行挽回其因票据违规事件所受损失的方式,而不应成为荣华公司挽回其垫资损失的必要、唯一方式。荣华公司已经接收中行十堰分行通过有关机关追缴的部分财产权利,同意在垫资款中予以扣抵,原审法院对此亦予以认定。

综合分析上述事实和证据之间的关联性,本院认为,荣华公司为中行十堰分行的垫资行为,使得双方形成事实上的借款法律关系,荣华公司由此受到的损失应当由中行十堰分行承担返还垫资款本金和利息的责任。原审法院对此认定正确,应予维持。中行十堰分行上诉所称其未与荣华公司形成借款法律关系,不应承担案涉款项归还责任的理由,与本案查明的事实不符,本院不予支持。

二、荣华公司与中行湖北分行是否形成借款法律关系

根据原审法院查明的事实,本案能够确认荣华公司为协助中行湖北分行处理长江公司贷款事宜垫资 300 万元的事实。对于上述款项,荣华公司与中行湖北分行虽未签订书面借款合同,但一方已实际垫付,另一方已实际使用,双方已形成事实上的借款法律关系。原审法院关于荣华公司与中行湖北分行形成事实上借款法律关系,中行湖北分行对案涉 300 万元负有偿还本息义务的认定,有事实依据,应予维持。

中行湖北分行上诉所称原审法院认定荣华公司与之形成借款关系并判令其归还证据不足、适用法律不当的理由,与本案查明的事实不符,本院不予支持。

【案例来源】

中国裁判文书网,http://wenshu.court.gov.cn。

005 依据银行内部会议纪要，各方当事人均认可建立了重组还贷关系，应认定形成事实上的借款合同关系

【关键词】

| 借款合同 | 银行纪要 | 重组还贷 |

【案件名称】

农安盛祥玉米有限公司与中国农业发展银行吉林省分行营业部、长春康润生物科技有限公司合同纠纷案［最高人民法院（2016）最高法民再137号民事判决书，2016.9.28］

【裁判精要】

最高人民法院认为:

一、关于农发行吉林营业部是否应当承担责任及责任性质问题

基于农发行吉林营业部在2010年5月25日《专题会议纪要》中有关“重组还贷”即由盛祥公司与康润公司重组,由盛祥公司为康润公司偿还农发行吉林营业部的不良贷款,农发行吉林营业部于11月初为盛祥公司提供三年2亿元以内的贷款支持的内容,盛祥公司已经替康润公司向农发行吉林营业部偿还了贷款,并完成了资产重组的有关事项。但,农发行吉林营业部却未按《专题会议纪要》的内容与盛祥公司订立借款合同,亦未提供任何贷款支持。对此,本院认为,合同的订立可以采取书面、口头以及其他方式,本案中尽管农发行吉林营业部与盛祥公司、康润公司之间没有最终形成书面协议,但从各方当事人在本案中的陈述以及上述《专题会议纪要》等证据看,三方当事人均认可农发行吉林营业部与盛祥公司、康润公司之间已然建立了所谓“重组还贷”协议,形成了事实上的合同关系。从盛祥公司的行为看,其已经全部清偿了不良贷款并重组了康润公司,即履行了约定的义务;再从农发行吉林营业部的行为看,在《专题会议纪要》作出后,其已经按照会议纪要的内容扣收了来自盛祥公司的还款,并开始办理许诺的三年2亿元的贷款,仅是由于其内部原因而没能最终发放。正因如此,农发行吉林营业部在此后通过召开会议的方式与盛祥公司、康润公司商谈有关合同解除及合同责任的事宜,继而以所谓“冲账还原”的方式退回了“重组还贷”中的款项。综合上述事实,农发行吉林营业部与盛祥公司、康润

公司之间的"重组还贷"行为符合《合同法解释(二)》第二条"当事人未以书面形式或者口头形式订立合同,但从双方从事的民事行为能够推定双方有订立合同意愿的,人民法院可以认定是以合同法第十条第一款中的'其他形式'订立的合同。但法律另有规定的除外"规定的情形,应当认定农发行吉林营业部与盛祥公司、康润公司之间订立了以"重组还贷"为内容的合同。在该合同的履行中,盛祥公司已经全部如约履行了自身义务,但农发行吉林营业部未能发放贷款,违反了合同约定。在协议解除该合同的同时,农发行吉林营业部依法应当承担违约责任,对盛祥公司产生之合理损失予以赔偿,而非原判决认定的缔约过失责任。原判决作出农发行吉林营业部与盛祥公司之间不存在合同关系,其应承担缔约过失责任的认定属于认定事实错误,且适用法律不当,本院依法予以纠正。

【案例来源】

中国裁判文书网,http://wenshu.court.gov.cn。

006 出借人以其经营国有资金出借,但并非以资金融通为常业的,不违反国家金融管制的效力性强制性规定

【关键词】

| 国有资金出借 | 效力性强制性规定 |

【案件名称】

黑龙江省龙财资产经营有限公司与哈尔滨工大集团股份有限公司借款合同纠纷案[最高人民法院(2016)最高法民终642号民事判决书,2016.11.30]

【裁判精要】

最高人民法院认为:

(一)关于案涉借款的性质及龙财公司是否是款项出借人的问题

首先,工大集团主张案涉款项系财政预算支出,属于行政法律关系,其依据仅为黑龙江省人民政府2004年11月30日第四十五次会议纪要,但从该纪要的内容来看,"会议原则同意省发改委提出的关于省财政借款3亿元给会展中心",可以明确的是这笔款项是借款而非财政拨款,既然是借款,就当然存在还本付息的问题。根据《预算法》的相关规定,各级政府依据法定权限作出决定或者制定行政措施,凡涉及增加或者减少财政收入或者支出的,应当在预算批准前提出并在预算草案中作出相应安排。因此,仅凭省政府的一次会议纪要不可能改变当年的财政预算,工大集团亦未提供证据证明案涉款项已经列入财政预算。故本院对工大集团提出的案涉款项系财政预算支出以及其他一系列主张,不予支持。其次,工大集团认为案涉款

项的所有权人和批准放款人是黑龙江省人民政府，而非龙财公司。本院认为，上述政府会议纪要强调，“对省财政借款要严格控制风险，签订规范的借款合同，明确还款期限、质押物，保证按期还款”。由会议纪要内容可见，该会议决议是原则性的、指导性的，具体如何帮助解决会展中心建设的缺口问题需在黑龙江省财政厅的具体操作中完成。根据政府会议纪要的要求，黑龙江省财政厅要求其全资设立的国有独资公司以商业借款的形式出借资金给会展中心项目的牵头人即工大集团，该做法既符合政府会议纪要精神和要求，又能够最大程度保障资金安全。而实际上，龙财公司与工大集团确实签订七份《借款协议》，协议约定的内容均为平等商事主体之间的权利义务关系，工大集团在接收款项后均出具了收款票据，且在多次催收通知上签章确认，其作为股份制企业，应当知晓签署上述协议、票据和通知的法律后果。工大集团并无证据证明双方之间的借款协议并非真实意思表示，抑或以合法形式掩盖非法目的，因此，根据合同相对性原则，龙财公司与工大集团之间形成平等民事主体之间的借款关系，龙财公司亦履行了作为出借人的合同义务。龙财公司以其经营的国有资金出借，没有证据证明其系以资金融通为常业，故其出借资金的行为不违反国家金融管制的效力性强制性规定，工大集团关于企业借贷无效的主张，本院亦不予支持。至于《借款协议》中没有约定利息以及抵押担保等，并不影响借款合同的效力。

【案例来源】

中国裁判文书网，http://wenshu.court.gov.cn。

007 国家机关为商事投资目的与商业银行签订的借款合同无效，银行应对贷款损失承担一定责任

【关键词】

| 借款合同 | 国家机关 | 合同无效 |

【案件名称】

贵州省望谟县财政局与中国建设银行贵州分行借款担保合同纠纷案［最高人民法院（2001）民二终字第11号民事判决书，2002.7.25］

【裁判精要】

最高人民法院认为：

望谟县财政局为商事投资而向建行贵州分行申请商业贷款，违反了国家机关不得经商办企业的有关禁止性规定，原审认定该借款合同无效并无不当。望谟县财政局应当返还借款本金340万元，并赔偿长期占用该笔资金给建行贵州分行造成的损失。原审判决按照中国人民银行同期同类流动资金贷款利率计算损失，并无不当。望谟县财

政局借款以后是否取得收益,并不影响其长期占用该笔借款事实的存在,其主张在应还本金中扣除支付给发展公司40万元的预期红利,以及要求二审法院认定其与建行贵州分行、发展公司的入股享利协议书、股份转让合同无效,均属于另一法律关系,本案中不予审理。建行贵州分行应当知道望谟县财政局申请商业贷款系用于商事投资,却违规将款项贷出,亦有过错,原审判决其承担利息损失的20%并无不当。

【案例来源】

最高人民法院民事审判第二庭编:《民商审判指导与参考》(总第3卷),人民法院出版社2003年版,第354~358页。

008 资金管理中心不属金融机构,无权对外发放贷款,其对外签订的借款合同无效

【关键词】

|借款合同|资金管理中心|合同无效|

【案件名称】

孝感市城镇住房资金管理中心与武汉东盛房地产开发有限公司、武汉东盛房地产开发有限公司孝感分公司确认贷款合同无效纠纷案[最高人民法院(1999)民终字第95号民事判决书,1999.12.3]

【裁判精要】

最高人民法院认为:

资金管理中心是管理安居工程住房基金的事业法人,不是金融机构,无权对外发放贷款,故其与东盛公司、东盛公司孝感分公司签订的三份贷款合同无效。借款方应向资金管理中心返还650万元借款并按中国人民银行公布的同期储蓄存款利率返还利息。东盛公司孝感分公司是东盛公司开办的非法人分支机构并参加签订和履行借款合同,应由东盛公司及东盛公司孝感分公司共同偿还借款。资金管理中心向开发管理中心出具的委托书中有关转移债权的约定并不明确。且其转移合同权利、义务时未征得合同另一方同意,故其上诉主张借款合同债权已转移应追加开发管理中心为本案当事人的上诉请求不成立,本院不予支持。资金管理中心上诉主张一审法院在传唤当事人的方式上存在欠缺,缺乏事实依据,本院不予采信。上诉人与开发管理中心的工程款纠纷与本案的借款合同纠纷属不同的法律关系,应另案审理,故一审法院就上诉人请求确认借款合同的效力予以审理正确,但确认合同无效后未对其后果作出处理不当。

【案例来源】

最高人民法院民事审判第一庭编:《中华人民共和国最高人民法院判案大系》(民事卷-1999年卷),人民法院出版社2003年版,第243~245页。

编者说明

贷款合同是金融机构作为出借方与借款人之间签订的合同。资金管理中心是政府为某一项目资金运转而设立的自收自支的事业法人,其性质不属于金融机构,无权对外发放贷款。资金管理中心的贷款行为违反《商业银行法》及其他相关金融法规的规定。其对外签订的贷款合同应当认定为无效。

009 借款合同中关于借款人企业改制等重大事项应事先告知并征得出借人同意,否则出借人有权宣布借款提前到期的约定,不属于出借人免责限责条款

【关键词】

|借款合同|重大事项告知|提前到期|免责条款|

【案件名称】

山东山水重工有限公司与中国工商银行股份有限公司济南长清支行金融借款合同纠纷案[最高人民法院(2017)最高法民终152号民事判决书,2017.6.30]

【裁判精要】

最高人民法院认为:

本案二审的争议焦点为山水重工是否构成违约,工行长清支行宣布贷款提前到期收回欠款本息的诉讼请求是否应予支持。

《合同法》第三十九条规定:采用格式条款订立合同的,提供格式条款的一方应当遵循公平原则确定当事人之间的权利和义务,并采取合理的方式提请对方注意免除或者限制其责任的条款,按照对方的要求,对该条款予以说明。根据该条规定,格式条款的提供者应对免除或者限制其责任的条款尽合理的提示和说明义务。本案中,山水重工与工行长清支行之间签订的《固定资产借款合同》的基本约定部分第11条(5)约定:若发生企业改制、股权变更等重大事项,应事先告知并征得贷款人同意;……以上约定若有违反,贷款人有权宣布借款提前到期。《固定资产借款合同》的具体条款部分第8.6条约定:借款人承诺进行合并、分立、减资、股权变动、重大资产和债权转让、重大对外投资、实质性增加债务融资以及其他可能对贷款人权益造成不利影响的行为时,事先征得贷款人书面同意或就贷款人债权的实现作出令贷款

人满意的安排方可进行。第10.1.(6)条约定:发生下列情形之一的,构成借款人违约:借款人主要投资者个人、关键管理人员异常变动、失踪或被司法机关依法调查或限制人身自由,已经或可能影响到其在本合同项下义务的履行的。第10.2.(3)条约定:借款人违约,贷款人有权采取下列措施:宣布本合同和贷款人与借款人之间其他合同项下未偿还的借款和其他融资款项立即到期,立即收回未偿还款项。第10.3条约定:借款到期(含被宣布立即到期)借款人未按约定偿还的,贷款人有权自逾期之日起按本合同约定的逾期罚息利率计收罚息,对借款人未按期支付的利息,按逾期罚息利率加收复利。关于上述约定,本院认为,借款人股权变更、关键管理人变化可能对借款人的偿债能力发生影响,故贷款人与借款人针对上述情形,基于自主意思进行约定,上述事实变更要事先征得贷款人书面同意或者就贷款人债权的实现作出令贷款人满意的安排方可进行,是当事人各方对其权利义务、违约情形以及违约责任的自主安排,并不损害借款人权益,该条款并不属于条款拟定方——贷款方的免责、限责条款,故贷款方无须根据《合同法》的上述规定,尽合理的提示和说明义务。在当事人双方对上述条款达成意思一致并在合同上签字盖章的情形下,应认定该条款发生效力,对各方当事人具有法律约束力。事实上,案涉上述条款已经以特别字体进行提示,山水重工进行了签字盖章,对合同内容予以认可。2015年9月30日,山水重工股东由山东山水水泥有限公司、济南山水集团有限公司变更为济南天地政翰经贸有限公司、山东竹晟经贸有限公司、山东山水水泥有限公司、济南山水集团有限公司。上述变化,山水重工事先并未按照合同约定告知并事先征得工行长清支行的书面同意,也没有就贷款人债权的实现作出令贷款人满意的安排。依据前述合同条款的约定,山水重工的上述行为构成违约。工行长清支行有权根据合同的约定,宣布贷款提前到期,要求山水重工承担支付贷款本息的违约责任。

【案例来源】

中国裁判文书网,http://wenshu.court.gov.cn。

010 《固定资产社团贷款合同》约定借款人为保证如约还本付息而向出借人支付诚信保证金,不违反法律、行政法规的强制性规定

【关键词】

| 社团贷款合同 | 诚信保证金 |

【案件名称】

三亚农村商业银行股份有限公司、万宁市农村信用合作联社等与海南中东集团有限公司、钟兆强等金融借款合同纠纷案[最高人民法院(2016)最高法民终219号民事判决书,2016.6.20]

【裁判精要】

最高人民法院认为：

三、三亚农商行等六被上诉人依照涉案《固定资产社团贷款合同》的约定收取诚信保证金的行为是否违法无效

根据涉案《固定资产社团贷款合同》的约定，诚信保证金是合同履行期限内借款人为保证如约还本付息而支付给贷款人的定金；涉案诚信保证金并非在贷款本金中提前扣除，而是与利息区分比率一同计付；该笔款项在涉案贷款合同期满、借款人如约结清贷款本息后予以返还。上述约定体现了当事人的真实意思，且不违反法律、行政法规强制性规定，也未损害国家、集体或第三人利益，应予尊重认可。海南高院鉴于三亚农商行等六被上诉人已依约向中东集团足额发放了5亿元贷款，中东集团未如约还本付息，亦未在本案中提起反诉主张返还诚信保证金的情况，作出中东集团可于本息结清后另行主张的处理，并无不当。中东集团关于三亚农商行等六被上诉人收取诚信保证金的行为违法无效的主张，事实和法律依据不足，本院亦不予支持。

【案例来源】

中国裁判文书网，http://wenshu.court.gov.cn。

011 双方就未履行的债务重新签订借款合同，不违背当事人真实意思表示的，应认定新合同中关于债务数额的约定有效

【关键词】

｜借款合同｜未履行债务｜

【案件名称】

万通实业公司与兰州商业银行借款合同纠纷案［最高人民法院（2004）民二终字第209号民事判决书，2005.3.8］

【裁判精要】

裁判摘要：借款合同双方当事人就借款合同中未履行的债务重新签订借款合同，债务人明知并且认可新合同中的一切内容，没有证据证明新合同的订立违背了当事人的真实意思表示，新合同中关于债务数额的约定，应视为债务人对自己权利的处分。只要该处分行为不损害公共利益，不违反国家法律或行政法规的禁止性规定，即应认定新合同中关于债务数额的约定合法有效。

最高人民法院认为：

商业银行与万通公司于1999年8月12日签订的《证券回购债务清偿合同》，系对此前双方发生的债权债务关系以及如何清偿等问题的确认和约定，系双方真实意思表示。该合同中除关于月息11.49‰的利率约定违反了中国人民银行关于金融机构法定贷款利率相关规定应确认无效外，合同其他内容不违反国家法律和行政法规的禁止性规定，应认定为有效。原审关于该合同利息约定条款部分无效，不影响合同其他条款效力的认定正确，本院予以维持。万通公司二审上诉中虽提出原审原告商业银行起诉依据并非《证券回购债务清偿合同》，而是经原审法院委托鉴定，不能作为证据使用的甲字99第003号《流动资金借款合同》。但二审庭审质证中，万通公司承认该《证券回购债务清偿合同》系其提供，并认可合同约定的内容属实，商业银行对此也予以认可。根据《民事证据规定》第八条关于"诉讼过程中，一方当事人对另一方当事人陈述的案件事实明确表示承认的，另一方当事人无需举证"的规定，万通公司关于请求法院据此驳回商业银行诉讼请求因与事实不符，本院不予支持。万通公司认为双方在《证券回购债务清偿合同》中确认的债务数额，系依据双方签订的97001号合同中关于利息约定的无效条款计算而来。同时，对合同签订后万通公司所还款项未采取先息后本的原则计算，结果显失公平。因此，应确认《证券回购债务清偿合同》中债务数额的约定条款无效的上诉请求于法无据。鉴于该合同系双方协商一致的结果，故可认定万通公司明知并且认可合同中的一切内容。因此，在没有相反的证据证明该合同系违背其真实意思而签订的情况下，合同中关于债务数额的约定应视为当事人对自己权利的处分行为。万通公司放弃权利的行为并未损害公共利益，亦未违反国家法律或行政法规的禁止性规定，现提出要求确认无效，无相应法律根据。退而言之，对合同条款无效的认定，应当通过人民法院或国家仲裁机关裁决确定，当事人应当在其知道或应当知道权利受到损害时两年内，向上述机关提出主张，否则将不受国家法律强制力的保护。因上诉人万通公司不能举证证明其在法定期限内向人民法院主张要求确认合同条款无效，故其上述请求因丧失国家法律强制力的保护，本院不予支持。同时，万通公司如认为该合同所确认的结果显失公平，其依法享有申请法院对该行为予以撤销的权利。因万通公司并未在法定期间向人民法院主张行使撤销权，故根据《合同法》第五十四条第一款第（二）项、第五十五条第一款第（一）项之规定，万通公司所依法享有的撤销权归于消灭。因此，万通公司关于欠款余额条款显失公平，应当重新计算的上诉请求亦缺乏法律依据，本院不予支持。

【案例来源】

《中华人民共和国最高人民法院公报》2005年第9期。

编者说明

借款合同双方就借款合同中未履行的债务重新签订借款合同的情况，在司法实践中经常会遇到。对重新订立的新合同的效力应当基于合同自治原则，只要是当事人真实意思的表示，即明知且认可合同的约定，只要合同不侵犯国家利益或者违反国家法律、行政法规的强制性规定，就应认可新合同对双方当事人的约束力。新合同对于借款数额的约定是债务人对自己权利的处分，应当充分尊重合同双方当事人的意思表示。

012 借款人不能以借款系遵从政府指令为由主张免责，其与政府之间的纠纷应另行处理

【关键词】

| 借款人 | 政府指令 |

【案件名称】

太原市商业银行兴华街支行等与太原市信托投资公司等借款合同纠纷案［最高人民法院（2001）民二终字第135号民事判决书，2001. 11. 8］

【裁判精要】

最高人民法院认为：

为落实1988年太原市、区两级政府技改贷款的发放问题，上诉人兴华街支行和迎宾路支行分别与被上诉人市投资公司签订的技术改造项目借款合同，符合1988年太原市政府下发的50号文件和28号文件及《实施办法》有关规定精神，合同内容也不违反当时有关法律、法规的规定。原审法院确认该借款合同合法、有效，定性正确，应当予以维持。上诉人主张确认其签订合同的行为是代理行为，判令被上诉人无权向其追索欠款。但上诉人两支行却以自己的名义与被上诉人市投资公司签订借款合同，合同约定的还款义务人也是两支行。借款到期后，两支行一直在陆续偿还欠款。虽然两支行的所属区政府根据1992年5月7日会议精神，应与市投资公司签订还款计划，上诉人提交了一份案外人北城区财政局与市投资公司签订的“归还切块贷款协议书”加以佐证，但上诉人迎宾路支行于1993年3月与被上诉人市投资公司签订的还款协议书，却又反证其应当承担该项还款义务。上诉人两支行递交法院并经当事人双方当庭确认的1991年《会议纪要》和1996年《会议纪要》，其中均未免除上诉人两支行的还款责任。尤其是上诉人与原组建单位脱钩后，仍在市投资公司1997年4月发出的关于核实贷款项目询证函上加盖其单位公章，对1988年技改贷款项目的使用和偿还情况予以确认。上述证据证明上诉人与被上诉人之间存在着合法的借款关系，上诉人是借款合同的还款义务人，被上诉人有权向上诉人追索欠款。上诉人主张的与市投资公司签订借款合同行为是其代理行为，被上诉人无权向其追索欠款的理由不能成立，应当予以驳回。为保证1988年技改贷款的发放和落实，原审第三人尖草坪区财政局和小店区财政局向市投资公司出具的“经济责任

承担书”,属于担保责任性质。上诉人以两财政局出具了该“经济责任承担书”为由,主张还款责任人是地方政府的理由不能成立,应当予以驳回。如果上诉人认为自己与市投资公司签订借款合同是受太原市、区政府的指令,太原市、区政府的行政行为侵犯其合法权益,上诉人依法可以向太原市政府主张权利。

【案例来源】

最高人民法院民事审判第二庭编:《中华人民共和国最高人民法院判案大系》(民商事卷－2001年卷),人民法院出版社2003年版,第333～338页。

编者说明

实践中企业依政府指令而申请贷款或者提供担保的情形时有发生,《担保法》第十一条规定:“任何单位和个人不得强令银行等金融机构或者企业为他人提供保证;银行等金融机构或者企业对强令其为他人提供保证的行为,有权拒绝。”作为企业法人而言,其是法律规定的独立主体,应当根据商业判断为相应的民事行为,如果其对政府指令不予拒绝而为相关民事行为的,责任应当由该企业法人承担,其与作出指令行为的政府的关系或者纠纷应当另行处理。

013 打包放款不同于一般外汇贷款，不适用外汇贷款法律规定

【关键词】

| 借款合同 | 打包放款 | 外汇贷款 |

【案件名称】

中国钢铁工贸集团公司、中国冶金进出口哈尔滨公司与中国银行哈尔滨动力支行借款合同纠纷案［最高人民法院（2000）经终字第143号民事判决书，2001.5.14］

【裁判精要】

最高人民法院认为:

动力中行依据冶金公司的出口信用证项下打包放款申请,为冶金公司办理了打包放款,并根据中国人民银行《结汇、售汇及付汇管理暂行规定》的有关规定,将外汇按当日汇率折合成人民币给付了冶金公司,双方因此而形成了打包放款的民事法律关系。该民事法律关系并未违反中国人民银行有关金融管理法规,应认定为合法有效。冶金公司应依照合同约定,偿付动力中行尚欠款项及利息。中钢集团公司为冶金公司向动力中行的外汇及人民币借款出具担保,并一再予以确认,承诺对冶金公司的债务承担连带责任,其担保也应认定为合法有效。中钢集团公司对冶金公司的债务应承担连带清偿责任。本案打包放款是冶金公司利用信用证正本作为还款凭据向动力中行申请的一种出口贸易融资,不同于一般的外汇借款关系,打包放款不

应适用国家有关外汇贷款的法律规定，因此，中钢集团公司、冶金公司有关动力中行未向冶金公司发放外汇贷款以及本案借款违反国家外汇贷款管理中以“借外汇、用外汇、还外汇”的规定，应认定为无效的理由均不能成立，对其主张本院不予支持。原审判决认定事实清楚，法律适用亦无不当，应予维持。

【案例来源】

最高人民法院办公厅编：《最高人民法院公布裁判文书（2001 年）》，人民法院出版社 2002 年版，第 230 ~ 235 页。

编者说明

打包放款（Packing Finance）又称信用证抵押贷款，是指出口商收到境外开来的信用证，出口商在采购这笔信用证有关的出口商品或生产出口商品时，资金出现短缺，用该笔信用证作为抵押，向银行申请本、外币流动资金贷款，用于出口货物进行加工、包装及运输过程出现的资金缺口。

最高人民法院在本案判决中认为，“打包放款是出口贸易融资的一种方式，其与外汇贷款是金融机构两种不同的业务，因此，对打包放款不应适用外汇贷款的法律规定。贷款行根据中国人民银行《结汇、售汇及付汇管理暂行规定》的有关规定将外汇按当日汇率折合成人民币给付借款人应属合同有效，保证人提出贷款行行为违反国家外汇贷款管理中‘借外汇、用外汇、还外汇’的规定属无效的理由，不能成立”，并进一步明确打包放款是利用信用证正本作为还款凭据向银行申请的一种出口贸易融资，不同于一般的外汇贷款关系，不应适用国家有关外汇贷款的法律规定。

014 金融机构违规向自办经济实体发放贷款不影响借款合同的效力

【关键词】

| 借款合同 | 自办实体 | 合同效力 |

【案件名称】

中国东方资产管理公司南京办事处与徐州市金穗房屋开发公司、徐州市运通设备租赁公司、中国农业银行股份有限公司徐州分行、中国建设银行股份有限公司徐州分行、中国信达资产管理股份有限公司江苏省分公司借款合同纠纷案［最高人民法院二审民事判决书］

【裁判精要】

裁判摘要：银行交叉放贷，实质上等同于实施了中国人民银行禁止的金融机构向自办企业发放贷款的行为，但并不违反国家法律与行政法规的禁止性规定，不存在《合同法》第五十二条规定的合同无效之情形，系当事人真实意思表示，故应当认定合同有效。

最高人民法院认为：

1. 关于案涉借款合同效力及其与97协议的关联问题

从本案签约背景看，自1993年7月起，全国金融工作会议提出“约法三章”，要求金融机构立即停止向银行兴办的经济实体注入资金并实行彻底脱钩；中国人民银行于当年下半年开始落实该政策。徐州建行与徐州农行于1997年8月29日签订《协议书》，主要约定对彼此所属企业金穗公司与建银公司对等放贷。该协议书显然是在规避上述国家相关部门的禁止性规定。从借款合同看，徐州建行与徐州农行兴办的金穗公司签订2000万元与800万元的两份借款合同，徐州农行与徐州建行兴办的建银公司签订两个1000万元、一个800万元的三份借款合同。上述借款合同中，建、农两家银行在借款金额、借款期限、借款用途方面均对等地作出了相同约定，利率亦相差无几，进一步落实了两家银行97协议有关对对方自办企业交叉放贷的精神。应当说，上述借款合同系97协议的具体体现。原审判决将涉案2800万元贷款认定为建、农两家银行交叉放贷，实质上等同于中国人民银行禁止的金融机构向自办企业发放的贷款，符合案件事实原貌。97协议的内容尽管违反了国务院的通知精神与中国人民银行的相关规定，但并不违反国家法律与行政法规的禁止性规定，且上述借款合同均不存在《合同法》第五十二条规定的合同无效之情形，系当事人真实意思表示，故本院认定案涉借款合同及97协议均合法有效。建、农两家银行签订97协议及上述借款合同存在违规行为，属于中国人民银行行政管理处罚的范畴，不应影响本案合同效力的认定。东方公司南京办有关双方上级主管部门为下属企业排忧解难，采取互惠方式为对方下属企业发放贷款，并不违反相关法律、法规的规定，应认定合法有效的上诉理由有理，本院予以支持。

【权威解析】

本案系1993年中央与中国人民银行要求金融机构停止向银行兴办的经济实体注入资金并实行彻底脱钩背景下，地方银行变相违规贷款而发生的借款纠纷。地方银行为规避中央与中国人民银行要求，最终达到向自己兴办的企业发放贷款的目的，采用两家银行相互为对方兴办的企业发放贷款的方式，并约定将可能产生的债务相互抵销。这是本案借款合同产生的背景。当事人二审争议焦点就是借款合同的效力，借款合同与农、建两家银行签订的97协议有无关联，97协议是否影响借款合同的法律效力。

单纯审查争议的借款合同会感觉案件十分简单明了，并不存在影响合同效力的因素存在，合同应按有效处理。但是，当事人提出农行、建行先前签订的97协议，且对该协议是否影响借款合同效力有争议，作为二审法院就必须围绕这个问题进行认真审查，脱离纠纷发生背景直接断案很容易犯以偏概全错误。

徐州建行与徐州农行之间的《协议书》签订于 1997 年 8 月 29 日，而中央金融工作会议提出“约法三章”，要求金融机构立即停止向银行兴办的经济实体注入资金并实行彻底脱钩，自 1993 年 7 月起就已经发布；中国人民银行亦于当年下半年开始落实该政策。徐州建行与徐州农行签订《协议书》，约定对彼此所属企业金穗公司与建银公司对等放贷，无疑是在规避上述国家相关部门的禁止性规定。而相应的借款合同产生在徐州建行与徐州农行兴办的金穗公司之间（2000 万元与 800 万元两份借款合同）、徐州农行与徐州建行兴办的建银公司之间（两个 1000 万元、一个 800 万元的三份借款合同）。这五份借款合同中，建、农两家银行在借款金额、借款期限、借款用途方面均对等地作出了相同约定，利率亦相差无几，对两家银行 97 协议有关对对方自办企业交叉放贷的精神作了进一步落实和具体体现。原审判决将案涉 2800 万元贷款认定为建、农两家银行交叉放贷，实质上等同于中国人民银行禁止的金融机构向自办企业发放的贷款，符合案件事实原貌。但是，违反中央精神与中国人民银行的规章要求，是否就意味着合同无效呢？答案是否定的。因为借款合同本身并不违反国家法律与行政法规的禁止性规定，借款合同与 97 协议本身均不存在《合同法》第五十二条规定的合同无效之情形，中央有关精神及中国人民银行的规章在法律层级上看，并不属于全国人大颁布的法律或者国务院制定的行政法规，不能作为衡量民事合同效力与否的标准。故最高人民法院认定案涉借款合同及 97 协议均合法有效。诚然，建、农两家银行签订 97 协议及上述借款合同存在违规行为，应当由中国人民银行按照自己部门规章要求对其予以行政管理处罚，但这不应影响本案合同效力的认定。民事法律关系与行政法律关系应当分开判断。①

【案例来源】

最高人民法院民事审判第二庭编：《合同案件审判指导》，法律出版社 2014 年版，第 578 ~ 585 页。

015 金融机构违规向关系人发放贷款，不应因此认定借款合同无效

【关键词】

| 借款合同 | 关系人 | 合同无效 |

【案件名称Ⅰ】

海南发展银行与海南泛华高速公路股份有限公司、海南泛华实业有限公司借款合同纠纷案［最高人民法院（2009）民提字第 99 号民事判决书，2009. 12. 22］

① 参见李京平：《金融机构违规向自办经济实体发放贷款是否影响该实体借款行为的法律效力》，载最高人民法院民事审判第二庭编：《合同案件审判指导》，法律出版社 2014 年版，第 585 ~ 586 页。

【裁判精要】

最高人民法院认为：

《商业银行法》第四十条"商业银行不得向关系人发放信用贷款，向关系人发放担保贷款的条件不得优于其他借款人同类贷款的条件……"；第三十六条"商业银行贷款，借款人应当提供担保。商业银行应当对保证人的偿还能力、抵押物、质物的权属和价值以及实现抵押权、质权的可行性进行严格审查"；国务院《借款合同条例》第七条"借款方申请借款应具有中国人民银行规定的一定比例的自有资金，并有适销适用的物资和财产作贷款的保证。借款方无力偿还贷款时，贷款方有权要求依照法律程序处理借款方作为贷款保证的物资和财产。借款方不完全具备本条第一款规定的申请借款条件，但有特殊情况需要借款时，可以提出申请，但需有符合法定条件的保证人，经贷款方同意，并所经贷款方上级批准后，方可贷款"等规定，均为对商业银行进行监督的管理性规定，并非判断民事行为效力的依据，原审判决以海发行发放本案所涉贷款违反上述规定为由，认定借款合同无效，于法无据。

【案例来源】

最高人民法院民事审判第二庭编：《最高人民法院商事审判指导案例 · 借款担保卷》（上），中国法制出版社 2011 年版，第 31 ~ 39 页。

【案件名称Ⅱ】

黑龙江辰龙游乐有限公司与中国工商银行黑龙江分行借款合同纠纷案［最高人民法院（2004）民二终字第 19 号民事判决书，2004. 3. 23］

【裁判精要】

最高人民法院认为：

辰龙公司上诉称，由于黑龙江分行持有辰龙公司 25% 的股份，且其法定代表人是辰龙公司的董事会成员，辰龙公司系黑龙江分行的关系人，黑龙江分行向辰龙公司发放贷款违反《商业银行法》第四十条关于商业银行不得向关系人发放贷款的规定，本案借款合同应当无效，黑龙江分行应承担无效合同的全部法律责任。因《商业银行法》第四十条是对商业银行贷款业务基本规定，其体现中国人民银行更有效地强化对商业银行业务的审慎监管，且《商业银行法》第七十四条明确规定，商业银行有向关系人发放信用贷款等行为的，由国务院银行业业务监督管理采取责令改正、没收违法所得、罚款、停业整顿或者吊销经营许可证等行政处罚措施，因此，辰龙公司关于向关系人发放信用贷款合同应当无效的主张没有法律依据，本院不予支持。

【案例来源】

最高人民法院民事审判第二庭编：《民商事审判指导》（总第 5 辑），人民法院出版社2004年版,第292~299页。

016 银行在发放贷款环节审查不严，并不影响借款合同效力

【关键词】

|借款合同|贷款审查|合同效力|

【案件名称】

鄂托克旗千里沟卧龙煤矿、内蒙古新大地建设集团股份有限公司与中国光大银行股份有限公司包头分行及高志刚借款合同纠纷案［最高人民法院（2016）最高法民终576号民事判决书，2016.12.1］

【裁判精要】

最高人民法院认为：

二、关于案涉保证合同是否合法有效,新大地公司是否应当承担连带保证责任的问题

新大地公司主张案涉借款合同违反了《商业银行法》第七条、第八条,《矿产资源法》第三条第五款,《煤炭法》第二十二条,《安全生产法》第十七条的规定,而应被认定为无效。《商业银行法》第七条规定"商业银行开展信贷业务,应当严格审查借款人的资信,实行担保,保障按期收回贷款。商业银行依法向借款人收回到期贷款的本金和利息,受法律保护",第八条规定"商业银行开展业务,应当遵守法律、行政法规的有关规定,不得损害国家利益、社会公共利益"。新大地公司未向本院举证证明光大银行包头分行在发放案涉贷款时如何违反了上述规定,继而足以认定本案借款合同无效。《矿产资源法》第三条没有第五款,第四款规定"从事矿产资源勘查和开采的,必须符合规定的资质条件"。《煤炭法》第二十二条规定"煤矿投入生产前,煤矿企业应当依照有关安全生产的法律、行政法规的规定取得安全生产许可证。未取得安全生产许可证的,不得从事煤炭生产"。《安全生产法》第十七条规定"生产经营单位应当具备本法和有关法律、行政法规和国家标准或者行业标准规定的安全生产条件;不具备安全生产条件的,不得从事生产经营活动"。卧龙煤矿贷款时是否缺少矿长证、矿长资格证、安全许可证等证件,是否具备开工生产的条件,本身并不影响其对技术改造贷款的申请,如若光大银行包头分行在发放贷款环节审查不严,可能引发监管部门的行政处罚,但并不影响案涉借款合同本身的效力。新大地公司主张卧龙煤矿2014年3月1日与四方公司签订的《露天煤矿土石方剥离工程施工合同书》是虚假合同,但缺乏充分证据予以证明;主张该合同是在卧龙煤矿法人代表孙爱喜完全不知情的情况下签订的,但在无证据否定卧龙煤矿在该合同上签章、表示受该合同载明内容约束的前提下,孙爱喜虽非卧龙煤矿时任法人代表并不影响该

合同的效力。新大地公司主张四方公司从其企业名称看无权进行煤炭生产、致《露天煤矿土石方剥离工程施工合同书》签约主体不合格并因此导致《固定资产暨项目融资借款合同》无效。企业名称本身并不必然决定其经营范围,《露天煤矿土石方剥离工程施工合同书》签约主体是否合格亦不影响借款合同的效力,故新大地公司该项主张亦缺乏事实和法律依据。由此,新大地公司主张案涉借款合同作为主合同无效,导致其签订的保证合同亦无效,但缺乏相应的事实和法律依据,本院不予支持。

【案例来源】

中国裁判文书网,http://wenshu. court. gov. cn。

017 金融机构违反《商业银行法》等贷前审查规定中的非强制性规范的,原则上不影响借款合同效力

【关键词】

| 借款合同 | 贷前审查 | 非强制性规范 |

【案件名称】

风神轮胎股份有限公司与中信银行股份有限公司天津分行、河北宝硕股份有限公司借款担保纠纷案[最高人民法院(2007)民二终字第36号民事判决书,2007.12.6]

【裁判精要】

最高人民法院认为:

(一)关于《担保法解释》第四十条的适用问题……

风神公司主张依据《担保法解释》第四十条和《担保法》第三十条的规定免除保证责任,需证明两个事实:一是宝硕公司在与风神公司订立《互保合同》时存在欺诈,二是中信银行对宝硕公司的欺诈是知道或应当知道的。根据本案查明的事实,首先,宝硕公司在与风神公司订立《互保合同》时,隐瞒真实财务状况,欺骗风神公司签订《互保合同》的事实成立,宝硕公司构成欺诈;其次,中信银行作为与宝硕公司长期合作的贷款银行是知道或者应当知道宝硕公司财务状况的。但是,《担保法解释》第四十条适用于本案的最重要的前提,并不是仅证明宝硕公司存在欺诈以及中信银行知道或应当知道宝硕公司的财务状况,更重要的是证明中信银行在接受风神公司《最高额保证合同》时,知道或者应当知道宝硕公司对风神公司构成欺诈,而如果中信银行在当时即对《互保合同》第七条第5项内容的了解,则构成中信银行知道或者应当知道欺诈存在的前提。与之相关的事实是,中信银行在本案一审起诉时,向原审法院提交了《互保合同》,中信银行陈述该合同系在起诉前从宝硕公司取得,已尽到证据来源的说明义务,在此情形下,举证责任应当由风神公司承担,即风神公司需

证明其向中信银行出具《最高额保证合同》时，中信银行知道或者应当知道《互保合同》第七条第5项的内容。本案二审历经三次质证，风神公司均不能提供能够证明此项事实的证据。本案的《最高额保证合同》是风神公司向中信银行提供的，即便风神公司有权解除与宝硕公司的《互保合同》，也不影响已经成立的《最高额保证合同》的效力。《商业银行法》《贷款通则》等相关法律法规并未规定商业银行违反贷款中严格审查义务的民事责任，上述规定与中信银行的内部规定，均是从商业银行风险控制角度加以规范，属管理性规范，中信银行即使违反相关规定，亦不影响中信银行与宝硕公司之间的信贷行为的效力和《最高额保证合同》的效力。况且，正是由于风神公司为宝硕公司提供了最高额保证，大大降低了宝硕公司因财务状况恶化而导致的信贷风险程度，才使中信银行继续为宝硕公司提供信贷支持。因此，由于风神公司举证不能，其主张依据《担保法解释》第四十条和《担保法》第三十条之规定，保证人不承担保证责任的主张，欠缺事实要件，本院不予支持。

【案例来源】

《中华人民共和国最高人民法院公报》2008年第2期。

编者说明

《商业银行法》《贷款通则》等相关法律法规并未规定商业银行违反贷款中严格审查义务的民事责任，担保合同规定与银行的内部规定，均是从商业银行风险控制角度加以规范的，属非强制性规范，银行违反相关规定，原则上不影响与借款人之间的信贷行为的效力和最高额保证合同的效力。①

018 《商业银行法》《贷款通则》等关于商业银行贷后检查的规定，均属要求商业银行加强风险控制的管理性规范

【关键词】

｜借款合同｜贷后审查｜管理性规范｜

【案件名称】

中国农业银行股份有限公司大连甘井子支行与大连础明有限公司、大连冰凌花天然食品有限公司借款合同纠纷案［最高人民法院（2013）民提字第51号民事判决书，2013.12.5］

① 参见江必新、何东宁等：《最高人民法院指导性案例裁判规则理解与适用·合同卷三》，中国法制出版社2015年版，第358页。

【裁判精要】

最高人民法院认为:

相关贷后审查报告为甘井子农行在案涉1800万元借款合同及其保证合同签订并生效后作出,其中关于贷款使用情况的不实描述,并不构成在础明公司提供保证担保之时,甘井子农行知道或者应当知道冰凌花公司欺诈、胁迫础明公司违背真实意思提供保证或者与冰凌花公司串通骗取础明公司提供保证的证明。础明公司未能证明本案存在保证人不承担民事责任的法定情形,对其相关主张本院不予支持。第四,虽然甘井子农行在贷后检查报告中作出了不符合案涉1800万元贷款实际使用情况的描述,但由于目前我国法律、行政法规中并没有关于商业银行违反贷后严格审查义务的民事责任的相关规定,《商业银行法》、中国人民银行《贷款通则》等法律法规及商业银行内部关于贷后审查的相关规定,均属于要求商业银行加强风险控制的管理性规范,商业银行违反该管理性规范并不必然导致保证人保证责任的免除。故础明公司作为独立商事主体,应当自行承担其对外提供保证所带来的风险和法律后果,就案涉第一笔1800万元贷款的本金及利息对甘井子农行承担连带保证责任。

【案例来源】

中国裁判文书网,http://wenshu. court. gov. cn。

019 小额贷款公司发放贷款的额度违反相关行政监督管理的规定,并不影响借款合同效力

【关键词】

|借款合同|小额贷款公司|行政监督管理|

【案件名称】

大连华成天宇房地产开发有限公司与大连沙河口银丰小额贷款有限公司借款合同纠纷案[最高人民法院(2013)民二终字第36号民事判决书,2013.7.17]

【裁判精要】

裁判摘要:合同效力的认定应以法律、行政法规等强制性规定为准。小额贷款公司可以依照相关法律、法规及政策的规定发放贷款并收取相应的利息,尽管其发放贷款的额度可能违反相关行政监管政策的规定,但并不能据此认定合同的效力。此外,小额贷款公司发放贷款的利率不得超过法律和司法解释规定的上限,超过部分人民法院不予支持。

最高人民法院认为：

关于华宇公司主张《借款及保证合同》系以合法形式掩盖非法目的应属无效合同的问题。对合同效力的认定应以法律规定为准。本院及原审法院查明的事实均已证明，虽然银丰公司出借的2亿元贷款来源于新华公司，但是，银丰公司作为依法成立的小额贷款公司，其可以依照相关法律、法规及政策的规定发放贷款并收取相应的利息，尽管其发放的2亿元贷款的额度可能违反了相关行政监管政策的规定，但并不能据此影响合同的效力。而且，华宇公司已经使用了银丰公司的2亿元借款，在其使用后不能按期偿还借款的情况下，再行主张合同无效，显然与法与理相悖。故华宇公司关于《借款及保证合同》系以合法形式掩盖非法目的应属无效合同的主张缺乏相的法律依据，不能成立，本院予以驳回。

【案例来源】

中国裁判文书网，http://wenshu. court. gov. cn。

020 借款合同系为社会公共利益所订立，系双方当事人真实意思表示，不宜认定为无效

【关键词】

| 借款合同 | 社会公共利益 | 合同无效 |

【案件名称】

长春华兴建筑管道工程有限公司与长春市人民政府、长春市引松入长工程建设办公室债务纠纷案［最高人民法院（2007）民二终字第189号民事判决书，2008. 12. 10］

【裁判精要】

最高人民法院认为：

为解决引松入长工程利用世界银行贷款所需地方配套资金问题，引松办与华兴公司于1995年7月25日签订美元借款《协议书》，约定引松办代表市政府为长春市引松入长工程向华兴公司借款，合同利率约定为月息0. 01206。该协议系为社会公共利益所订立，客观上有利于“引松入长”这一民生工程的尽早竣工，系双方当事人真实的意思表示，不宜认定为无效。华兴公司已经履行了出借160万美元的义务，市政府应当依照诚实信用原则，信守承诺，依据《协议书》偿还华兴公司美元借款本金、利息及逾期付款违约金。

【案例来源】

最高人民法院民事审判第二庭编：《最高人民法院商事审判指导案例·借款担

保卷》(上),中国法制出版社 2011 年版,第 292 ~ 310 页。

021 银行为获取高于借款合同的约定利息,与借款人签订的虚假投资协议应认定无效

【关键词】

|借款合同|虚假投资协议|

【案件名称】

中国科学院长春光学精密机械研究所工厂与中国华融资产管理公司长春办事处、长春市南关区民政局、三亚市电视机厂借款合同纠纷案[最高人民法院(2002)民二抗字第 20 号民事判决书,2003. 12. 8]

【裁判精要】

最高人民法院认为:

翔运街支行与长安商场于 1992 年 9 月 15 日签订的《借款合同》,内容不违反法律规定,合法有效。同日,翔运街支行与长安商场签订的《流动资金投资协议》,虽名为投资协议,但协议中约定的"长安商场按正常贷款付息后再分红利,比例按计划利润 300 万元的 40%,即 120 万元付给翔运街支行。长安商场不论盈亏,翔运街支行不承担任何风险""长安商场先付此笔利息保证金,本金与红利待投资期满后一并付给翔运街支行"等内容不具有投资的法律特征,该协议实为翔运街支行为获取高于借款合同的约定利息,而与长安商场签订的虚假投资协议,应认定为无效协议。长安商场与翔运街支行实际履行的是借款合同。鉴于翔运街支行在扣除利息保证金 576000 元后,将 9424000 元贷款发放给长安商场,长安商场应按实际贷款数额返还翔运街支行本息,由于长安商场已归还 424000 元及利息,原判决由其返还 900 万元及利息并无不当。光机所工厂在《借款合同》担保人栏内加盖单位公章,并出具《借款担保责任书》,应对长安商场不能返还款项承担保证责任。光机所工厂关于借款合同未履行,其不应承担保证责任的主张,本院不予支持。翔运街支行与长安商场签订的《借款合同》中的某些内容虽有涂改,但合同中约定的 1993 年 3 月 20 日的还款日期与光机所工厂在《借款担保责任书》中所规定的还款日期一致,还款日期并未延长,光机所工厂提出借款合同加重其保证责任的理由不能成立。

【案例来源】

最高人民法院审判监督庭编:《审判监督指导》(总第 14 辑),人民法院出版社 2004 年版,第 129 ~ 134 页。

022 金融机构因发放贷款引发的纠纷不适用民间借贷的相关规定，债权受让人取得的债权亦不应适用民间借贷的相关规定

【关键词】

| 贷款 | 民间借贷 | 法律适用 |

【案件名称】

沈阳百格投资有限公司与江苏龙商实业投资有限公司、江苏万世同仁投资发展集团股份有限公司等借款合同纠纷案［最高人民法院（2015）民二终字第156号民事判决书，2015.9.15］

【裁判精要】

最高人民法院认为：

二、关于百格公司主张利息及违约金应否受民间借贷最高利率限制问题

《信托公司管理办法》第二条第一款规定："本办法所称信托公司，是指依照《公司法》和本办法设立的主要经营信托业务的金融机构。"第二十条第一款规定："信托公司固有业务项下可以开展存放同业、拆放同业、贷款、租赁、投资等业务。投资业务限定为金融类公司股权投资、金融产品投资和自用固定资产投资。"华信公司的营业执照经营范围栏明确载明其经营范围包含贷款业务，《中国银行业监督管理委员会关于大连华信信托投资股份有限公司变更公司名称和业务范围的批复》（银监复〔2007〕409号）第二条第（十一）项载明华信公司业务范围包含以存放同业、拆放同业、贷款、租赁、投资方式运用固有财产，因此，华信公司属于金融机构，依法具有发放贷款的业务资质。民间借贷是指自然人、法人和其他组织之间及其相互之间进行的资金融通的行为，经金融监管部门批准设立的从事贷款业务的金融机构及其分支机构，因发放贷款等相关金融业务引发的纠纷不适用民间借贷的相关规定。华信公司是金融监管部门批准设立的从事贷款业务的金融机构，其因发放贷款所产生的纠纷属于金融借款纠纷而非民间借贷纠纷，而百格公司的债权是从华信公司继受取得，该公司主张该债权自然亦不应适用关于民间借贷的相关规定。龙商公司以原金融借款已经转化为民间借贷，进而认为案涉贷款约定的利息及违约金不应超过中国人民银行发布的同期同类贷款利率四倍的理由，没有法律依据，不予支持。

【案例来源】

中国裁判文书网，http://wenshu.court.gov.cn。

023 借用外债应当依法办理相关审批登记手续，未经审批登记，应认定无效

【关键词】

| 借用外债 | 审批登记 |

【案件名称】

美达多有限公司与深圳市新大地数字网络技术有限公司、周旻等借款合同纠纷案［最高人民法院（2016）最高法民再2号民事判决书，2016.5.31］

【裁判精要】

最高人民法院认为：

（二）合同效力

依据《合同法》第五十二条第（五）项和《合同法解释（二）》第十四条的规定，具有违反法律、行政法规的效力性强制性规定情形的，合同无效。根据我国目前的外汇管理体制，国家对资本项目下的外汇收支实行严格管制。《外汇管理条例》（经国务院修订后于2008年8月5日公布施行）第十八条规定，借用外债应当按照国家有关规定办理，并到外汇管理机关办理外债登记。中国人民银行根据《外汇管理条例》和国务院有关规定制定的《境内机构借用国际商业贷款管理办法》第二条规定，本办法所称"国际商业贷款"是指境内机构向中国境外的金融机构、企业、个人或者其他经济组织以及在中国境内的外资金融机构筹借的，以外国货币承担契约性偿还义务的款项。《国际商业贷款管理办法》第四条又规定，境内机构借用国际商业贷款应当经外汇局批准，未经外汇局批准而擅自对外签订的国际商业贷款协议无效。外汇局不予办理外债登记。银行不得为其开立外债专用账户，借款本息不准擅自汇出。《外债管理暂行办法》（国家发展计划委员会、财政部、国家外汇管理局2003年1月8日联合发布，2003年3月1日起施行）第二条规定："外债是指境内机构对非居民承担的以外币表示的债务。"第四十一条规定："不以借款合同或担保合同等形式体现，但在实质上构成对外偿还义务或者潜在对外偿还义务的对外借款或担保，须按照本办法纳入外债监管。"上述《外汇管理条例》、《国际商业贷款管理办法》及《外债管理暂行办法》等行政法规和规章均明确规定借用外债应当依法到外汇管理机关办理外债审批和登记手续。本案中，宏宝公司、新大地公司是在内地注册成立的公司，美达多公司是在香港特别行政区注册成立的公司，借款币种为美元，宏宝公司、新大地公司向美达多公司举债属于外债，应当依法办理相关审批、登记手续。由于涉案借款合同未经审批和登记，违反了我国外债管理的相关法规，应认定无效。

【案例来源】

中国裁判文书网，http://wenshu.court.gov.cn。

024 债权银行受欺诈但不行使撤销权的，借款合同仍有效

【关键词】

| 借款合同 | 欺诈 | 撤销权 |

【案件名称Ⅰ】

中国工商银行股份有限公司衡水朝阳支行与衡水金源鞋材有限公司融资保证合同纠纷案［最高人民法院（2015）民提字第152号民事判决书，2015.11.24］

【裁判精要】

最高人民法院认为：

一、关于《出口发票融资业务总协议》的效力

根据河北省石家庄市中级人民法院作出的(2011)石刑初字第97号刑事判决书,红星工贸公司法定代表人王海涛利用伪造的贸易交易合同、商业发票、装箱单、提货单、出口贸易手续骗取贷款。但工行朝阳支行在与红星工贸公司签订本案所涉《出口发票融资业务总协议》时,是按照银行正常的放贷手续办理的,其不知晓、也未参与王海涛骗取贷款的不法行为。从协议履行情况看,工行朝阳支行实际发放了贷款,红星工贸公司也实际收贷款。因此,工行朝阳支行属被欺诈的一方。根据《合同法》第五十四条第二款的规定,工行朝阳支行对协议享有撤销权,然而,因其并未主张撤销,故本案所涉《出口发票融资业务总协议》应当认定为有效协议。本案不存在双方当事人合谋以签订协议的方式达到非法目的的情形,对银行而言发放贷款系其正常的经营行为,本案融资业务本身也并不违反法律、行政法规的强制性规定,故一、二审判决以“合法形式掩盖非法目的”及“违反法律、行政法规的强制性规定”为由认定案涉协议无效属适用法律错误,本院予以纠正。金源公司以红星工贸公司法定代表人构成犯罪为由主张本案《出口发票融资业务总协议》无效于法无据,本院不予支持。

【案例来源】

中国裁判文书网,http://wenshu.court.gov.cn。

【案件名称Ⅱ】

中国农业银行北京市丰台区支行与上海银丰企业(集团)有限公司、中国电子租赁有限公司、北京万翔实业总公司担保借款合同纠纷案［最高人民法院（2002）民二终字第20号民事判决书］

【裁判精要】

最高人民法院认为:

本案农银保借字96第1104号保证担保借款合同包括三种民事关系,首先是本案主合同所体现的洋晓集团与农行丰台支行之间的借款关系,其次是银丰公司作为从合同关系的保证人与农行丰台支行之间形成的保证关系,最后是洋晓集团用存单向农行丰台支行提供质押所形成的质押关系。本案保证担保借款合同是1996年11月10日由洋晓集团采取欺诈手段订立的,原审判决依据《民法通则》第五十八条规定对此认定无效。《合同法》第五十四条规定:"一方以欺诈、胁迫的手段或者乘人之危,使对方在违背真实意思的情况下订立的合同,受损害方有权请求人民法院或者仲裁机构变更或撤销。当事人请求变更的,人民法院或者仲裁机构不得撤销。"本院《合同法解释(一)》第三条规定:"人民法院确认合同效力时,对合同法实施以前成立的合同,适用当时的法律合同无效而适用合同法合同有效的,则适用合同法。"而本案受损失方农行丰台支行在向原审法院提起诉讼时并没有请求判令变更或撤销本案农银保借字96第1104号保证担保借款合同,农行丰台支行已经履行了贷款义务,该合同应认定有效。洋晓集团未按期还款构成违约,除应支付约定的利息,还应承担违约责任。保证人银丰公司与农行丰台支行形成的保证合同,双方意思表示真实,内容合法,应确认为有效。上诉人农行丰台支行关于本案保证担保借款合同应当认定为有效的上诉理由成立,本院予以支持。原审判决对本案借款合同以及保证合同的效力的认定是不当的,应予以纠正。洋晓集团用于借款质押的005732号存单无真实存款关系,且该存单上的人名章不是加盖的真实印章,本案005732号存单应当认定为虚假存单,原审判决对此存单的性质认定是正确的。上诉人农行丰台支行关于本案存单属虚开存单的上诉理由,缺乏事实根据,本院不予支持。洋晓集团为了实现取得贷款的目的用虚假的存单出质,并以虚假的开户证明和承诺书欺骗农行丰台支行,构成了民事欺诈,原审对此认定正确。洋晓集团的欺诈行为导致农行丰台支行的损失,在农行丰台支行起诉没有请求对原合同进行变更或撤销的情况下,洋晓集团应以履行原合同的方式承担责任。保证人银丰公司应按照约定对借款人洋晓集团的债务承担连带保证责任。

【权威解析】

(1)关于本案担保借款合同适用法律问题及效力认定问题

农行丰台支行上诉称:本案中的保证担保借款合同的效力认定应适用《合同法》,而不应适用《民法通则》。本案洋晓集团构成民事欺诈,虽然根据我国《民法通则》第五十八条规定,以欺诈手段订立的合同属无效合同,但根据我国《合同法》第五十四条的规定:"一方以欺诈、胁迫的手段或者乘从之危,使对方在违背真实意志的情况下订立的合同,受损害方有权请求人民法院或者仲裁机构变更或撤销。当事人请求变更的,人民法院或者仲裁机构不得撤销。”据此,一方以欺诈的手段订立的合同属可撤销合同,而不是无效合同,只有应当事人的请求人民法院才可撤销。而《合同法解释(一)》第三条规定:“人民法院确认合同效力时,对合同法实施以前成立的合同,适用当时的法律无效而适用合同法合同有效的,则适用合同法。”根据上述规定,本案所涉及的保证担保借款合同应为有效合同。首先应当认为对于民事欺诈行为,两法规定之间是存在不同的。我国《民法通则》对此有关无效的规定是明确的,而 1999 年通过并实施的《合同法》,其中对于采取欺诈订立的合同,该法第五十二条也规定属无效合同,不过在后面的第五十四条第二款又规定了变更和撤销的问题,但是第五十二条规定的欺诈、胁迫无效的情况,是指在损害国家利益的情况下,可以说在特定的情况下。如何理解损害了国家利益,这个涵义应该是特定的,而不能笼统地讲某个企业或者实体是国有性质的就算损害国家利益,主要讲一些违反国家禁止性规定的行为,例如,标的物是属于国家禁止流通物。那么,《合同法》第五十四条所说的可变更或可撤销的情况,就是在不损害国家利益的情况下,因欺诈而订立的合同,如果当事人提出撤销或变更的问题就按当事人的主张,如果当事人没有提出相应的主张,法院则应该认定为有效合同。因此,原审判决对本案借款合同以及保证合同的效力认定以及责任认定就是错误的。①

【案例来源】

最高人民法院民事审判第二庭编:《民商审判指导与参考》(总第 2 卷),人民法院出版社 2003 年版,第 188 ~ 195 页。

编者说明

在合同效力问题上,《合同法》“总则”视欺诈、胁迫行为所损害的利益的不同,对合同效力作出了不同规定,即损害合同当事人利益的,属于可撤销或者可变更合同;损害国家利益的,则属于无效合同。而《民法总则》规定此类合同一概属于可撤销合同。《民法总则》与《合同法》“总则”之间并非特别规定与一般规定的关系,而是新的规定与旧的规定的关系。当《合同法》“总则”的相关规定与《民法总则》的规定不一致的,根据新的规定优先于旧的规定的法律适用规则,应当适用《民法总则》的规定。

① 参见朱海年:《债权人受欺诈但不行使撤销权的借款合同仍应为有效——中国农业银行北京市丰台区支行与上海银丰企业(集团)有限公司、中国电子租赁有限公司、北京万翔实业总公司担保借款合同纠纷案》,载最高人民法院民事审判第二庭编:《民商审判指导与参考》(总第 2 卷),人民法院出版社 2003 年版,第 195 ~ 196 页。

025 银团贷款合同约定金融机构收取银团费用、融资顾问费、资金监管费等银团贷款费用，不违反行业规范的，应为有效

【关键词】

|银团贷款|银团费用|行业规范|

【案件名称】

内蒙古博源控股集团有限公司与中国建设银行股份有限公司南阳分行金融借款合同纠纷案［最高人民法院（2018）最高法民终422号民事判决书，2018.10.23］

【裁判精要】

最高人民法院认为：

三、关于建行南阳分行收取的银团费用、融资顾问费、资金监管费等应否冲抵本案贷款本金的问题

关于银团费用，中国银行业监督管理委员会印发的《银团贷款业务指引》（银监发〔2011〕85号）第四十条规定："银团贷款收费是指银团成员接受借款人委托，为借款人提供银团筹组、包销安排、贷款承诺、银团事务管理等服务而收取的相关中间业务费用，纳入商业银行中间业务收费管理。银团贷款收费应当按照'自愿协商、公平合理、质价相符'的原则由银团成员和借款人协商确定，并在银团贷款合同或费用函中载明。"第四十一条规定："银团贷款收费的具体项目可以包括安排费、承诺费、代理费等。"第四十二条规定："银团贷款的收费应当遵循'谁借款、谁付费'的原则，由借款人支付。"中国银行业协会发布的《银团贷款中间业务收费行为自律公约》第三条规定："银团贷款收费是指本公约第二条规定的机构办理或参与境内银团贷款时接受借款人委托，为借款人提供银团筹组、包销安排、贷款承诺、银团事务管理等服务而收取的相关费用，是银团借款人在贷款利息之外支付的费用，计为借款人的综合融资成本，并纳入商业银行中间业务收费管理。"第二十二条规定："银团开展过程中因提供顾问、咨询等其他服务而需要收取的合理费用，由提供该服务的金融机构与借款人根据市场原则协商确定。"上述文件为金融监管部门和行业协会发布，属于行业规范，金融机构可以此作为收费依据。本案中，建行南阳分行、宛达昕公司与民生银行郑州分行所签《银团贷款合同》第二十条约定："借款人应当向银团支付银团费用。银团费用包括安排费、代理费、参加费和承销费……其中应向建行南阳分行支付2160万元。"该约定系各方当事人的真实意思表示，合法有效，宛达昕公司亦已向建行南阳分行支付了该2160万元。因此，建行南阳分行向宛达昕公司收取银团费用不违反行业规范，亦有合同依据。博源公司上诉提出银团费用2160万元应冲抵本案贷款本金的主张，理据不足，本院不予支持。

关于财务顾问费、资金监管咨询服务费等，系建行南阳分行依据与宛达昕公司

所签《顾问协议》《监管协议》收取的费用,宛达昕公司已实际支付 1748.76 万元。博源公司上诉主张,建行南阳分行利用贷款人优势地位迫使宛达昕公司签订上述协议,但一方面,在 2011 年 2 月 1 日建行南阳分行与宛达昕公司签订第一份《监管协议》前,双方已签订《银团贷款合同》,建行南阳分行已发放贷款 3.9 亿元;另一方面,上述协议约定的部分义务已经得到主动履行,表明各方对于协议内容及目的并无认识上的分歧。因此,博源公司的该项主张缺乏事实依据,本院不予支持。博源公司还主张,《顾问协议》《监管协议》与《银团贷款合同》约定的项目资金监管内容重复,服务期限存在部分重叠,建行南阳分行并未实质上提供协议约定的服务,但建行南阳分行原审提交的《南阳内邓高速公路建设项目建行基建贷款资金监管规划》《南阳内邓高速公路建设项目建设资金监管月度报告》《项目基本情况表》《项目调查报告》《财务顾问服务报告》《财务顾问小组服务记录》《宏观经济分析报告》《公路行业分析报告》以及加盖宛达昕公司印章的《咨询成果交付签收单》等证据,完整记录了服务内容及过程,宛达昕公司亦签署《咨询成果交付签收单》《财务顾问服务回执》,对建行南阳分行提供的综合财务顾问服务表示认可,表明宛达昕公司确认上述协议已实际履行。因此,博源公司上诉称建行南阳分行未提供实质服务,服务费用应从本案贷款本金中扣除的理由,与本案事实不符,本院亦不予支持。

【案例来源】

中国裁判文书网,http://wenshu.court.gov.cn。

编者说明

依《银团贷款业务指引》规定,银团贷款是指由两家或两家以上银行基于相同贷款条件,依据同一贷款合同,按约定时间和比例,通过代理行向借款人提供的本外币贷款或授信业务。银团贷款是国际银行业中一种重要的信贷模式,参与银团贷款的银行均为银团成员,银团成员应按照"信息共享、独立审批、自主决策、风险自担"的原则自主确定各自授信行为,并按实际承担份额享有银团贷款项下相应的权利,履行相应的义务。按银团贷款的组织方式不同,一般可以分为直接银团贷款和间接银团贷款。直接银团贷款是由银团各成员行委托代理行向借款人发放、收回和统一管理贷款,国际银团贷款以直接银团贷款方式为主。间接银团贷款是由牵头行直接向借款人发放贷款,然后再由牵头行将参加贷款权(即贷款份额)分别转售给其他银行,全部的贷款管理、放款及收款由牵头行负责。银团贷款合同与一般的借款合同有所不同,除法律规定外,还可以参考相关的行业规范如《银团贷款业务指引》等处理相关的纠纷。

(二)非金融企业借贷合同效力认定

026 企业未经批准向社会不特定对象提供资金以赚取高额利息，系擅自从事经常性的贷款业务，属于从事非法金融业务活动

【关键词】

|贷款业务|非法金融业务|

【案件名称】

大连高金投资有限公司与中国工商银行股份有限公司大连星海支行企业借贷纠纷、金融借款合同纠纷案［最高人民法院（2017）最高法民终647号民事判决书，2017. 12. 22］

【裁判精要】

最高人民法院认为：

(一)关于案涉两份《借款合同》的效力问题

根据本案查明的事实,高金公司贷款对象主体众多,除了本案债务人德享公司以外,高金公司于2009年至2011年间分别向新纪元公司、金华公司、荟铭公司、鼎锋公司和顺天海川公司等出借资金,通过向社会不特定对象提供资金以赚取高额利息,出借行为具有反复性、经常性,借款目的也具有营业性,未经批准,擅自从事经常性的贷款业务,属于从事非法金融业务活动。《银行业监督管理法》第十九条规定:“未经国务院银行业监督管理机构批准,任何单位和个人不得设立银行业金融机构或者从事银行业金融机构的业务活动”,该强制性规定直接关系国家金融管理秩序和社会资金安全,事关社会公共利益,属于效力性强制性规定。根据《合同法》第五十二条关于“有下列情形之一的,合同无效:……(五)违反法律、行政法规的强制性规定”的规定,以及《合同法解释(二)》第十四条关于“合同法第五十二条第(五)项规定的‘强制性规定’,是指效力性强制性规定”的规定,应认定案涉《借款合同》无效。高金公司的经营范围为项目投资(不含专项审批)、财务咨询、企业管理咨询,高金公司所从事的经常性放贷业务,已经超出其经营范围。《合同法解释(一)》第十条规定:“当事人超出经营范围订立合同的,人民法院不因此认定合同无效,但违反国家限制经营、特许经营以及法律、行政法规禁止经营规定的除外。”金融业务活动系国家特许经营业务,故依照上述规定也应认定案涉《借款合同》无效。因此,原审判决认定案涉《借款合同》无效,认定事实清楚,适用法律正确,应予维持。高金公司

上诉主张《借款合同》有效,缺乏事实和法律依据,本院不予支持。[①]

【案例来源】

中国裁判文书网,http://wenshu. court. gov. cn。

编者说明

《民间借贷解释》并未对企业从事经常性借贷所签订的民间借贷合同效力作出规定。企业以借款、放贷为业务,具有经常性、经营性、对象不特定性等特征。正常企业间借贷一般是为解决资金困难或生产急需偶然为之,不能以此为业。因为生产经营型企业,如果以经常放贷为主要业务,或者以此作为主要收入来源,则有可能导致该企业的性质发生变异,质变为未经金融监管部门批准从事专门放贷业务的金融机构,这将严重扰乱我国金融市场,扰乱金融秩序,造成金融监管紊乱。因此,如果企业从事经常性放贷,依据《银行业监督管理法》《商业银行法》等法律法规,未经国务院银行业监督管理机构批准,任何单位或者个人不得设立银行业金融机构或者从事银行业金融机构业务活动,否则即视为"非法金融业务活动"。这种行为损害社会公共利益,必须对从事经常性放贷业务从效力上作出否定性评价。[②]《全国法院民商事审判工作会议纪要》(2019 年 11 月 8 日,法〔2019〕254 号)第五十三条明确,未依法取得放贷资格的以民间借贷为业的法人,以及以民间借贷为业的非法人组织或者自然人从事的民间借贷行为,应当依法认定无效。同一出借人在一定期间内多次反复从事有偿民间借贷行为的,一般可以认定为是职业放贷人。民间借贷比较活跃的地方的高级人民法院或者经其授权的中级人民法院,可以根据本地区的实际情况制定具体的认定标准。《最高人民法院、最高人民检察院、公安部、司法部关于办理非法放贷刑事案件若干问题的意见》(2019 年 7 月 23 日)第一条第一款明确,"违反国家规定,未经监管部门批准,或者超越经营范围,以营利为目的,经常性地向社会不特定对象发放贷款,扰乱金融市场秩序,情节严重的,依照刑法第二百二十五条第(四)项的规定,以非法经营罪定罪处罚"。第二款进一步明确,"前款规定中的'经常性地向社会不特定对象发放贷款',是指 2 年内向不特定多人(包括单位和个人)以借款或其他名义出借资金 10 次以上"。

027 企业之间为生产经营所进行的临时性资金拆借行为,不违反国家金融管制的强制性规定,借款合同有效

【关键词】

|临时性资金拆借|合同效力|

---

① 本案二审判决后,高金公司向最高人民法院申请再审,最高人民法院审查后裁定予以驳回。参见最高人民法院(2018)最高法民申 5040 号民事裁定书(2018. 10. 22),载中国裁判文书网,http://wenshu. court. gov. cn。

② 参见最高人民法院民事审判第一庭编著:《最高人民法院民间借贷司法解释理解与适用》,人民法院出版社 2015 年版,第 221 ~ 222 页。

【案件名称】

郑州广厦置业有限公司、毋尚梅与郑州佳德物业服务有限公司、李振州借款担保合同纠纷案［最高人民法院（2014）民一终字第39号民事判决书，2014.5.22］

【裁判精要】

最高人民法院认为：

广厦公司与佳德物业公司签订的《借款协议》是双方真实意思表示，且符合《合同法》第一百九十六条规定的借款合同的形式要件，其效力问题应按照《合同法》的相关规定予以认定。《合同法》第五十二条第（五）项规定违反法律、行政法规的强制性规定的合同无效，《合同法解释（一）》对该条中的"法律、行政法规"解释为"全国人大及其常委会制定的法律和国务院制定的行政法规"。广厦公司、毋尚梅没有提出关于企业之间不得借款的法律、行政法规的强制性规定，其主张缺乏法律依据。《最高人民法院关于对企业借贷合同借款方逾期不归还借款的应如何处理的批复》认定"企业借贷合同违反有关金融法规，属无效合同"，乃针对企业之间经常性的资金融通行为可能扰乱金融秩序的情形，一审法院关于双方之间发生的实质上是一种为生产经营所进行的临时性资金拆借行为，不属于违反国家金融管制的强制性规定的情形，《借款协议》有效的认定并无不当，本院亦予以确认。

【案例来源】

中国裁判文书网，http://wenshu.court.gov.cn。

编者说明

关于非金融企业之间借贷合同的效力认定，较早直接涉及的规范主要有：1990年11月12日实施的《最高人民法院关于审理联营合同纠纷案件若干问题的解答》第四条第（二）项规定："企业法人、事业法人作为联营一方向联营体投资，但不参加共同经营，也不承担联营的风险责任，不论盈亏均按期收回本息，或者按期收取固定利润的，是明为联营，实为借贷，违反了有关金融法规，应当确认合同无效。除本金可以返还外，对出资方已经取得或者约定取得的利息应予收缴，对另一方则应处以相当于银行利息的罚款。"1996年年3月25日实施的《最高人民法院关于企业相互借贷的合同出借方尚未取得约定利息人民法院应当如何裁决问题的解答》又进一步指出："对企业之间相互借贷的出借方或者名为联营、实为借贷的出资方尚未取得的约定利息，人民法院应当依法向借款方收缴。企业间借贷违法无效，利息应当收缴。"1996年8月1日实施的《中国人民银行贷款通则》第六十一条中规定："企业之间不得违反国家规定办理借贷或者变相借贷融资业务。"第七十三条中规定："企业之间擅自办理借贷或者变相借贷的，由中国人民银行对出借方按违规收入处以1倍以上至5倍以下罚款，并由中国人民银行予以取缔。"1996年9月23日实施的《最高人民法院关于对企业借贷合同借款方逾期不归还借款应如何处理的批复》中明确表述：

"企业借贷合同违反有关金融法规,属无效合同。"上述规定颁布在二十世纪九十年代,虽有其特殊背景和实践意义,但与立法发展趋势和潮流不符。

其后,最高人民法院的相关司法政策及审判意见逐渐认为,在商事审判中,对于企业间的借贷,应当区别认定不同借贷行为的性质与效力。对不具备从事金融业务资质,但实际经营放贷业务、以放贷收益作为企业主要利润来源的,应当认定借贷合同无效;而对于为生产经营需要进行的临时性资金拆借行为,如提供资金的一方并非以资金融通为常业,不属于违反国家金融管制的强制性规定的情形,则不应认定合同无效。《民间借贷解释》第十一条最终明确,法人之间、其他组织之间以及它们相互之间为生产、经营需要订立的民间借贷合同,除存在《合同法》第五十二条和《民间借贷解释》第十四条规定的情形外,应当认定合同有效。

028 企业之间为生产经营需要,以自有资金进行临时性资金拆借的借款合同有效

【关键词】

| 自有资金 | 临时性资金拆借 |

【案件名称】

洪泽丰润金属物资回收有限公司与安徽福赐德新材料有限公司企业借贷纠纷案[最高人民法院(2014)民提字第81号再审民事判决书,2014.7.23]

【裁判精要】

最高人民法院认为:

由于出借方洪泽丰润公司并不具有对外出借款项的金融业务许可资质,故本案所涉借款合同实际属于企业之间成立的借款合同,当事人双方基于真实意思表示签订该合同。该借款行为是洪泽丰润公司为福赐德公司生产经营需要,以自有资金进行的临时性资金拆借行为,不属于违反国家金融管制的强制性规定的情形,因此,基于该借款行为签订的借款合同不应当认定无效。当事人双方未约定借款的给付时间,根据《合同法》第六十二条关于"(四)履行期限不明确的,债务人可以随时履行,债权人也可以随时要求履行,但应当给对方必要的准备时间"的规定,出借人可以随时要求借款人归还欠款本息。因此,在洪泽丰润公司于2012年6月诉请给付借款本金及利息之时,福赐德公司应承担给付200万元借款本金及相应利息的责任。因当事人约定的利息数额不超过中国人民银行规定的同期同类贷款基准利率的四倍,且不存在出借企业转贷牟利的情形,故应按照合同约定的利息数额计算每月的利息数额。

【权威解析】

（一）企业之间借贷的效力认定问题

对于不具有金融业务许可资质的企业之间签订的借款合同的效力认定，有一个从否定到部分肯定的发展过程。应当说，在相当长的一段时间内，对于该类借款合同的效力，行政主管部门和司法机关均规定应认定其无效。1998年3月16日发布的《中国人民银行关于对企业间借贷问题的答复》（银条法〔1998〕13号）规定："根据《银行管理暂行条例》第四条的规定，禁止非金融机构经营金融业务。借贷属于金融业务，因此非金融机构的企业之间不得相互借贷。企业间的借贷活动，不仅不能繁荣我国的市场经济，相反会扰乱正常的金融秩序，干扰国家信贷政策、计划的贯彻执行，削弱国家对投资规模的监控，造成经济秩序的紊乱。因此，企业间订立的所谓借贷合同（或借款合同）是违反国家法律和政策的，应认定无效。"1996年8月1日实施的《贷款通则》（中国人民银行令〔1996年〕2号）第六十五条规定："企业之间不得违反国家规定办理借贷或者变相借贷融资业务。"2001年3月27日颁布的《中国人民银行办公厅关于对拟上市公司变相借贷融资问题的复函》（银办函〔2001〕161号）规定："中国证券监督管理委员会办公厅：你委办公厅《关于就拟上市公司资金拆借问题征求意见的函》（证监办函〔2001〕20号）收悉。经研究，提出以下意见：根据《银行管理暂行条例》第四条'禁止非金融机构经营金融业务'、国务院《非法金融机构和非法金融业务活动取缔办法》第五条'未经中国人民银行依法批准，任何单位和个人不得擅自设立金融机构或者擅自从事金融业务活动'和中国人民银行《贷款通则》第六十五条'企业之间不得违反国家规定办理借贷或者变相借贷融资业务'等规定，四川宏达化工股份有限公司与其关联公司之间的变相借贷融资行为，违反了金融法规和金融规章的规定。特此函复。"《最高人民法院关于审理联营合同纠纷案件若干问题的解答》［法（经）发〔1990〕27号］规定："明为联营，实为借贷，违反了有关金融法规，应当确认合同无效。"《最高人民法院关于对企业借贷合同借款方逾期不归还借款的应如何处理的批复》（法复〔1996〕15号）规定："企业借贷合同违反有关金融法规，属无效合同。"正因为此，长久以来，对于企业之间借贷的效力认定，均采取了认定无效的思路。但近年来，随着对民间借贷存在的合理性、合法性认识的逐步深入，越来越多的观点认为，在现实经济生活中，企业一方有闲余资金，另一方有资金需求，出借方出借款项有利于融通资金，化解用资企业尤其是中小企业用资难问题，对促进社会经济发展具有积极意义。在出借企业并非以资金融通为常业，企业之间借贷并不损害国家金融秩序，不存在法定无效情形的情形下，不宜认定上述借款合同无效。近年来，实务中适度放开民间借贷的呼声很高，金融主管部门以及司法部门也在对适度放开进行深入的研究和探讨。由国务院授权，由中国人民银行、中国银监会起草的《放贷人条例》对企业之间借贷，即采取了部分认定有效的思路。……

……企业之间借贷合同认定为有效应具备以下几个条件:第一,该借贷行为属于为生产经营需要所进行的临时性资金拆借行为;第二,提供资金的一方并非以资金融通为常业;第三,不属于违反国家金融管制的强制性规定的情形。

本案中,福赐德公司的借贷行为属于为生产经营需要所进行的临时性资金拆借行为;出借方洪泽丰润公司并非以资金融通为常业,该出借款项行为属于偶发性行为;本案不存在国家金融管制的强制性规定的情形。因此,该借款合同应认定有效。①

【案例来源】

中国裁判文书网,http://wenshu. court. gov. cn。

029 不能直接证明出借人系专业从事民间借贷的非法金融企业的,相关借款合同不应认定无效

【关键词】

|借款合同|合同无效|

【案件名称Ⅰ】

中华联合财产保险股份有限公司宝鸡中心支公司与深圳市深远发科技有限公司保证保险合同纠纷案[最高人民法院(2018)最高法民终1204号民事判决书,2018. 11. 29]

【裁判精要】

最高人民法院认为:

(一)关于案涉《借款合同》和《借款人履约保证保险保险单》的效力应如何认定问题

根据本案查明事实,深远发公司与案外人秦宝公司签订的《借款合同》,系当事人真实意思表示,其内容亦不违反法律法规的强制性规定,应属有效。中华联保宝鸡支公司上诉称,深远发公司无金融业务经营资质,但根据秦宝公司向深远发公司出具的《借款借据》序号以及深圳中院、广东高院裁判文书,有种种迹象显示深远发公司疑似专门从事民间借贷,故应认定案涉《借款合同》无效。本院认为,上述证据均不能直接证明中华联保宝鸡支公司的诉讼主张。首先,《借款借据》系由秦宝公司向深远发公司出具,两份《借款借据》编号分别为"JJ－2017－017"和"JJ－2017－

① 参见张雪楳:《企业之间借贷的效力认定及其利息保护——洪泽丰润金属物资回收有限公司与安徽福赐德新材料有限公司企业借贷纠纷案》,载最高人民法院民事审判第二庭编:《商事审判指导》(总第38辑),人民法院出版社2015年版,第144～146页。

024”,该序号既不能必然反映深远发公司系专业从事民间借贷业务的非法金融机构,亦不能推断出深远发公司经营了多笔借款业务,故上述借据内容与中华联保宝鸡支公司的诉讼主张并无逻辑上的关联性;其次,深圳中院及广东高院的裁判文书,如上文所述,并不能直接证明深远发公司系专业从事民间借贷的非法金融企业。故上述证据均不能证实中华联保宝鸡支公司的诉讼主张。《民事诉讼法》第六十四条规定,当事人对自己提出的诉讼主张,有责任提供证据。亦即,当事人的诉讼主张欲获得人民法院的支持,须提供证据予以证实,而非仅凭单方对“种种迹象”的猜测或判断作为支持其主张的依据,人民法院对此亦不予采纳。此外,由于中华联保宝鸡支公司未能提交其他有效证据证明深远发公司出借案涉资金来源系违法,故其主张案涉《借款合同》无效,进而应认定案涉保证保险合同亦无效的上诉理由,因缺乏事实依据和法律依据,本院不予采纳。一审判决认定案涉《借款合同》以及《借款人履约保证保险保险单》合法有效,并无不当。

【案例来源】

中国裁判文书网,http://wenshu.court.gov.cn。

【案件名称Ⅱ】

内蒙古博天贸易有限公司、赵志武与黑龙江龙煤瑞隆能源有限责任公司企业借贷纠纷案[最高人民法院(2016)最高法民终261号民事判决书]

【裁判精要】

最高人民法院认为:

一、瑞隆公司与博天公司之间法律关系的性质

瑞隆公司和博天公司之间系企业借贷法律关系,且不违反国家金融管制的效力性强制性规定,应受法律保护。

本案中,双方签订的四份《合作框架协议》,均约定由瑞隆公司负责提供资金,并提取吨煤8元或者10元的利润;博天公司负责煤源的组织、采购,与煤炭用户签订合同,铁路计划审批、铁路发运协调及组织运输,协调瑞隆公司对第三方结算流程,保证依约结算回款。根据以上约定,瑞隆公司并不参加煤炭交易的实际经营,亦不承担交易产生的风险;博天公司虽负责煤炭经营,但无须提供资金。即双方之间并不具备联营合同所具有的共同出资、共同经营、共享利润、共担风险的特点。因此,博天公司主张双方之间系联营合同关系,缺乏事实及法律依据。

根据《合作框架协议》约定,双方虽先后签订多份《煤炭购销合同》,但根据合同约定及双方自认,无论是瑞隆公司还是博天公司,在向其前手购买煤炭时,资金均由瑞隆公司提供,煤炭亦不在瑞隆公司和博天公司之间实际流转,且还存在双方互为出卖方向对方出售煤炭的情况,即双方之间没有真实买卖煤炭的意图和货物需求,

故双方之间并不存在真实的买卖合同关系。

综合判断双方《合作框架协议》《煤炭购销合同》的约定以及实际履行情况,双方之间商事活动的实质为,瑞隆公司向博天公司提供从事煤炭经营所需资金,博天公司在偿还该笔本金以外,再按照固定标准(吨煤 8 元或者 10 元)给予瑞隆公司一定数额的回报,即双方之间实际构成出借及使用资金的企业借贷法律关系。

关于该企业借贷法律关系的效力问题,本院认为,公司企业之间相互借贷行为之根本属性,即是公司企业作为合法法人主体,对其资产正当使用之行为,体现了或代表着公司企业之权利能力和行为能力,基本属于公司企业为其开展商业经营而必然需要或默示之权能。公司企业享有自行处置其资产之权能,只有公司企业相互借贷经常发生并以金融盈利为目的,但又实质规避金融监管,即所谓构成实质以金融借贷为业而又未获金融许可的借贷行为,才可以认定为无效。又或者,公司章程明确排斥对外借贷,公司明确以章程方式限制自身权能,而相对方对此又显然明知,这当然也可以作为认定此类借贷无效的理由。否则,应最大可能地维护与承认公司企业之间相互借贷之法律效力。本案中,瑞隆公司以自有资金出借,亦没有证据证明其系以资金融通为常业,故其出借资金的行为并不违反国家金融管制的效力性强制性规定,本案双方之间的企业借贷系为生产、经营需要而订立,应属合法有效,应受法律保护。一审判决关于案涉《合作框架协议》《煤炭购销合同》无效的认定欠妥,本院予以纠正。

【权威解析】

随着经济社会的快速发展,社会主义市场经济体制逐渐建立和完善,国有企业相继改制,市场主体由以国有企业为主,逐渐转变为以各类股份公司、有限责任公司为主。同时,国家和社会对企业借贷的危害和作用有了更加科学、更加客观的认识。在前述 20 世纪 90 年代三个司法解释未被废止失效的情况下,审判实务中可以根据《民间借贷解释》第十一条的立法原意和立法精神,区别不同情形认定企业借贷的效力。

1. 企业作为出借人或者借款人,相对方是自然人的借贷合同一般应认定为有效。

如前所述,虽然司法解释规定企业借贷无效的原因是认为企业对外出借资金会扰乱金融管理秩序,但是《最高人民法院关于如何确认公民与企业之间借贷行为效力问题的批复》(法释〔1999〕3 号)将公民与非金融企业之间的借贷明确界定为民间借贷。该批复同时规定:"只要双方当事人意思表示真实即可认定有效。但是,具有下列情形之一的,应当认定无效:(一)企业以借贷名义向职工非法集资;(二)企业以借贷名义非法向社会集资;(三)企业以借贷名义向社会公众发放贷款;(四)其他违反法律、行政法规的行为。"

2. 企业之间以自有资金出借,且不以资金融通为常业的借贷合同应当认定为有效。

在前述20世纪90年代三个司法解释未被废止失效的情况下，认定企业之间借贷合同的效力，还是应当采取审慎态度。对于企业之间的借贷合同，必须同时满足以自有资金出借和不以资金融通为常业两个条件，才能认定为合法有效。认定企业借贷行为合法的理论基础，就是公司企业享有自行处置其资产之权能，企业自有资金在满足自身生产经营需要之外，还有富足的，可以通过借贷的形式提供给其他企业使用并从中获取利润。但是，企业以贷款所得或者以向自然人、法人或者其他组织借得款项出借的，不属于以自有资金出借，而且有高利转贷牟利以及非法从事金融业务活动的嫌疑，人民法院对该行为不应予以保护。

司法实践中，如何认定以资金融通为常业，目前还没有明确规定。一般来讲，作为出借人的企业具有下列情形的，应当认定为以资金融通为常业：(1)未经国务院银行业监督管理机构批准，非法吸收公众存款或者变相吸收公众存款，并将吸收的存款用于放贷的；(2)全部收入或者主要收入均来源于对外放贷所得的；(3)长期向不特定的借款企业提供借款牟利的。

3. 企业出借资金非自有资金的，或者企业以资金融通为常业的，或者企业长期向不特定的借款企业提供借款的，属于企业之间相互借贷经常发生并以金融盈利为目的，但又实质规避金融监管的情形，应当认定为无效。①

【案例来源】

最高人民法院第二巡回法庭编著：《民商事二审典型案例及审判经验》，人民法院出版社2019年版，第408～420页。

030 企业间借贷不属于违反法律规定变相从事金融业务的，借贷合同有效

【关键词】

| 企业间借贷 | 金融业务 |

【案件名称】

青岛佳施化工有限公司、重庆商业投资集团有限公司与重庆商投石化有限公司等企业借贷纠纷案［最高人民法院（2018）最高法民终264号民事判决书，2018.6.22］

① 参见宋汝庆：《企业借贷法律关系之效力认定》，载最高人民法院第二巡回法庭编著：《民商事二审典型案例及审判经验》，人民法院出版社2019年版，第423～425页。

【裁判精要】

最高人民法院认为：

一、《资金调度协议》合法有效

根据《民间借贷解释》第十四条第（一）项的规定，套取金融机构信贷资金又高利转贷给借款人，且借款人事先知道或者应当知道的民间借贷合同，应当认定为无效。该规定所规范的对象为出借人利用自己的信贷额度和信贷条件，从金融机构套取信贷资金后，再高利转贷给他人，严重扰乱信贷资金市场秩序的行为，目的是维护国家对信贷发放及利率的管理，防范高利转贷行为给金融市场带来的风险。从本案情形看，没有证据表明商投集团公司变相从事金融业务。首先，根据商投石化公司的请示文件，商投石化公司请求商投集团公司向银行申请抵押贷款而非信用贷款再进行转贷。因此，该证据不能证明商投石化公司事先知道或应当知道商投集团公司取得银行信用贷款以及双方已预先协商确定套取银行信用贷款再转贷。其次，根据上述请示文件及佳施公司一审的陈述，案涉借款用于商投石化公司偿还银行到期贷款，该笔贷款由商投集团公司提供连带保证担保，商投集团公司发放案涉借款可避免自己在银行系统的征信受到影响。故不能认定商投集团公司是为高利转贷的目的而向银行套取信用贷款。最后，根据《商投集团公司"资金池"管理暂行办法》的规定，商投集团公司建立融资平台是为集中闲散资金，拓宽成员单位的融资渠道。商投集团公司没有鼓励各成员单位通过银行综合授信套取银行贷款，借款利率（年利率10%）相对于银行同期贷款利率并非明显过高。因此，商投集团公司未违反法律规定变相从事金融业务。佳施公司主张《资金调度协议》无效的上诉理由，不能成立。①

【案例来源】

中国裁判文书网，http://wenshu.court.gov.cn。

① 本案二审判决后，佳施公司向最高人民法院申请再审，最高人民法院审查后认为："根据原审查明的事实，商投集团公司建立融资平台是为集中闲散资金，拓宽成员单位的融资渠道，借款利率相对于银行同期贷款利率并非明显过高。本案贷款发生时，商投集团公司有足够的自有资金支付借款，案涉借款用于商投石化公司偿还由商投集团公司提供连带保证担保的银行到期贷款，商投集团公司发放借款可避免自己在银行系统的征信受到影响。仅从本案角度，尚不足以认定商投集团公司套取银行信贷资金又高利转贷，原审认定《资金调度协议》合法有效适用法律并无不当。"参见最高人民法院（2018）最高法民申5198号民事裁定书（2018.11.14），载中国裁判文书网，http://wenshu.court.gov.cn。

031 企业之间虽签订连环购销协议，但仅发生资金流转，而未发生真实货物流转，是以货物买卖之名行企业间借贷之实

【关键词】

| 连环购销 | 企业借贷 |

【案件名称】

福建省经贸发展有限公司与中国石化销售有限公司福建石油分公司等买卖合同纠纷案［最高人民法院（2018）最高法民终 786 号民事判决书，2018. 12. 28］

【裁判精要】

最高人民法院认为：

一、关于本案《化工产品购销框架协议书》及其项下连环购销协议的签订是否在各方之间形成真实的买卖合同关系的问题

《合同法》第一百三十条规定："买卖合同是出卖人转移标的物的所有权于买受人，买受人支付价款的合同。"买卖合同作为双务有偿合同，买卖双方互负给付义务，出卖人负有向买受人交付买卖物并使其取得该物所有权的义务，买受人负有向出卖人支付价金的义务。本案中，经贸公司与嘉诚公司及其关联公司在 2013 年、2014 年签订的两份《化工产品购销框架协议书》项下，分别签订二十七份系列化工产品采购合同形成由凯宾斯公司、恒丰润公司、嘉诚公司、金润达公司、中发兆成公司、中孚公司等公司作为出卖人将燃料油出卖给中石化公司，中石化公司将相同批量的燃料油溢价转售给经贸公司，经贸公司再将相同批量的燃料油溢价转售给嘉诚公司或其指定的达轩公司、金鸿达公司、御银公司、岩确公司、九鼎公司、中孚公司、正发公司的连环购销协议。关于上述连环购销协议的法律性质，嘉诚公司及中石化公司主张上游出卖人及下游买受人均为嘉诚公司及其关联公司，案涉交易为闭环贸易，中石化公司与经贸公司签订的购销合同作为闭环贸易中的一环仅用于过单，嘉诚公司与经贸公司之间形成的真实法律关系为借贷关系。经贸公司主张，其与中石化公司之间为真实的买卖关系并以中石化公司收款后未交货为由要求解除合同返还货款。本院认为，经贸公司、中石化公司和嘉诚公司及其实际控制下的关联公司之间并未依法成立买卖合同关系。理由如下：

首先，本案交易不具有商业上的合理性。本案中虽然各方签订的购销协议条款均体现了货物买卖的意思表示，并载明了买卖货物的具体内容、数量、价款等基本要素，但是从整个连环贸易形成的资金及货物流向上来看，案涉二十七份合同项下的货物系由嘉诚公司及其关联公司销售给中石化公司，经由中石化公司销售给经贸公司，再由经贸公司最终销售给嘉诚公司及其关联公司，亦即嘉诚公司及其关联公司作为最初的出卖人以及最终的买受人使得整个连环贸易形成了自买自卖的闭环贸

易。同时,从系列协议约定的合同价款来看,嘉诚公司及其关联公司最初销售给中石化公司的价格最低,销售价格随着货物在交易链中的流转不断攀升,嘉诚公司及其关联公司作为最终买受人的买受价格最高,从而形成了“低卖高买”这一不合商业常理的贸易模式。而且,从经贸公司与嘉诚公司及其关联公司签订的销售合同的内容来看,下游买家支付订金后需向经贸公司付清全款后才能提货,而非通过赊销的方式先取得货权再通过销售回款向经贸公司支付货款,据此合同条件下游买家本可直接向上游卖家以支付全款的方式购买货物从而减少交易成本,而不必通过经贸公司、中石化公司购买。

其次,案涉协议的履行过程中并无真实的货物流转。案涉二十七份系列合同中约定的交货方式均为买方到指定仓库自提,涉及的指定仓库包括福州长发油库及浙江舟山鲁家峙油库,但经贸公司与中石化公司向法庭提交的涉及货物移交的函件,即经贸公司提交的盖有中石化公司印章的《货物确认书》、中石化公司提交的盖有经贸公司印章的《货权移转确认书》中均没有仓储单位的印章,而仓储单位应中石化公司的《询征函》答复案涉合同中所涉及的各方当事人并未在仓储单位存储或提取过货物。经贸公司虽主张根据盖有中石化公司印章的《货物确认书》中记载的内容有理由相信货物存放在中石化公司的仓库,因此持续付款履行合同,但案涉二十七份合同所涉的燃料油数量高达十余万吨,本案中并未有任何证据显示经贸公司与中石化公司就案涉燃料油的存储费用等问题进行过磋商,也未有任何证据显示经贸公司在付款后曾前往合同约定的存货仓库予以盘货查验,仅凭上述货物移转的函件并不足以认定案涉交易中有真实的货物流转。

最后,经贸公司对案涉系列合同的签订并非真实的买卖合同关系应属明知。1. 经贸公司根据系列合同仅承担付款义务,而不承担其他合同责任。经贸公司与嘉诚公司签订的《化工产品购销框架协议书》中约定,经贸公司与指定供货商签订化工产品购销合同后,如发生争议或纠纷,均由嘉诚公司负责处理并承担相关费用,因该合同产生的不利于经贸公司的法律责任和后果均由嘉诚公司承担。经贸公司与嘉诚公司签订的《化工产品购销之债权债务确认协议》进一步约定《化工产品购销框架协议书》项下凡涉及合同货物(包括但不限于质量数量提货或交付货物责任等)事项均由嘉诚公司、林诚与上述供货商和购买方自行处理解决,经贸公司不承担任何有关合同货物的任何责任。据此约定经贸公司不承担基于购销协议而产生的任何责任,经贸公司的合同义务仅限于向中石化公司支付款项。2. 在系列协议的履行过程中,经贸公司并未对货物的实际存放情况施加过任何注意义务,其重点关注的是嘉诚公司应当支付的款项。经贸公司在向中石化公司支付货款后,从未对中石化公司是否实际交付货物、交付的货物是否符合合同约定进行过实地调查。在合同约定的 3 个月付款提货期届满下游买家尚未依约付款提货的情况下,经贸公司没有采取解除销售合同、处置货物等措施减少损失,而只是每月与嘉诚公司确认其应付款项及相应的收益,嘉诚公司亦表示认可。经贸公司最终与嘉诚公司签订《化工产品购销之债权债务确认协议》,在尚未交货的情况下确认嘉诚公司在上述二十七份合同项下应当向经贸公司支付款项 607703458.41 元,并接受林诚等以股权让与等保障上述款项实现的担保方式。可见嘉诚公司向经贸公司付款与货物是否交付并无关联。3. 从经贸公司逐月与嘉诚公司确认的《化工收益表》中的记载来看,经贸公司实际追求的是其向中石化公司支付款项的利益,而非因嘉诚公司未付货款产生的损失。根据《化工收益表》的记载,嘉诚公司在每组合同项下自经贸公司实际向中石化公司付款之日起即负有以经贸公司付款金额扣除嘉诚公司支付的保证金后的金额为基数向经贸公司支付收益的义务,而非在合同约定的 3 个月交货期限截止后以嘉诚公司应付货款为基数计收违约金。根据以上事实,经贸公司应当明知各方当事人签订系列协议的目的并非真实地进行货物交易,只是以货物买卖之名行企业间借贷之实。

综上,本案经贸公司与中石化公司之间虽然签订有《化工产品销售合同》,但该份销售合同并非单一、独立的销售合同,而是整个闭环交易链条中的一个环节,现有证据仅能证明交易过程中发生了资金的流转,而未有证据证明在交易过程中发生了真实的货物流转的情形,并不符合买卖合同的基本特征,因此经贸公司以其与中石化公司之间存在买卖合同关系为由主张权利的诉讼请求不能成立,原审法院判决驳回经贸公司的诉讼请求,事实和法律依据充分,本院予以维持。

二、关于本案各方当事人之间合同关系的效力应当如何认定的问题

《民法通则》第五十五条规定:"民事法律行为应当具备下列条件:(一)行为人具有相应的民事行为能力;(二)意思表示真实;(三)不违反法律或者社会公共利益。"据此,当事人以通谋虚伪意思表示实施的民事法律行为,因欠缺真实意思表示而无效。本案中,当事人之间均无成立买卖合同的真实意思表示,嘉诚公司及其关联公司与中石化公司、中石化公司与经贸公司、经贸公司与嘉诚公司及其关联公司间所订立的《化工产品采购合同》《化工产品销售合同》均系伪装行为,依法应认定为无效民事行为。经贸公司与嘉诚公司之间具有成立借贷合同关系的真实意思表示,其共同实施的隐匿行为的效力应根据法律关于该行为的规定进行认定。因本案中经贸公司以买卖合同为由对中石化公司提起诉讼要求解除合同返还货款,嘉诚公司及其关联公司虽作为第三人加入到本案诉讼中,但经贸公司并未对第三人提出任何诉讼主张,因此原审判决在认定经贸公司与中石化公司之间并不存在买卖合同关系,而是在经贸公司与第三人之间存在借贷关系的情形下,未经释明径行判决驳回经贸公司的诉讼请求并无不当,经贸公司可基于借贷合同关系另行向相关责任主体主张权利。关于经贸公司主张根据《民间借贷解释》第二十四条关于"当事人以签订买卖合同作为民间借贷合同的担保,借款到期后借款人不能还款,出借人请求履行买卖合同的,人民法院应当按照民间借贷法律关系审理,并向当事人释明变更诉讼请求。当事人拒绝变更的,人民法院裁定驳回起诉"的规定,本案应当裁定驳回起诉的上诉理由,由于该条规制的是民间借贷中以买卖合同作为担保的情形,并不符

合本案事实,本院不予采信。

【案例来源】

中国裁判文书网,http://wenshu. court. gov. cn。

032 企业之间以买卖形式进行融资的借贷合同无效,支付的买卖价差应认定为利息

【关键词】

| 借款合同 | 买卖形式 | 价差 |

【案件名称】

日照港集团有限公司煤炭运销部与山西焦煤集团国际发展股份有限公司借款合同纠纷案[最高人民法院(2015)民提字第74号民事判决书,2015. 11. 19]

【裁判精要】

裁判摘要:在三方或三方以上的企业间进行的封闭式循环买卖中,一方在同一时期先卖后买同一标的物,低价卖出高价买入,明显违背营利法人的经营目的与商业常理,此种异常的买卖实为企业间以买卖形式掩盖的借贷法律关系。企业间为此而签订的买卖合同,属于当事人共同实施的虚伪意思表示,应认定为无效。

在企业间实际的借贷法律关系中,作为中间方的托盘企业并非出于生产、经营需要而借款,而是为了转贷牟利,故借贷合同亦应认定为无效。借款合同无效后,借款人应向贷款人返还借款的本金和利息。因贷款人对合同的无效也存在过错,人民法院可以相应减轻借款人返还的利息金额。

最高人民法院认为:

二、关于本案法律关系的性质及合同效力

2006年12月4日,日照港运销部与山西焦煤公司、山西焦煤公司与肇庆公司分别签订了除价款外在标的、数量、质量指标、交货时间、发货港、发货方式、质量标准、数量验收等方面完全相同的《煤炭购销合同》,肇庆公司作为最终供货人,实际上是经由山西焦煤公司这一中介,以卖煤的形式间接从日照港运销部取得货款,山西焦煤公司从中获取每吨13元的价差收益。根据已经查明的事实,同一时期日照港运销部又与肇庆公司签订买卖合同,以每吨533元的价格向肇庆公司转卖所购煤炭,从而获取每吨10元的价差收益。通过上述三项交易,日照港运销部、山西焦煤公司、肇庆公司三方之间形成了一个标的相同的封闭式循环买卖,肇庆公司先以每吨510元的低价卖煤取得货款,经过一定期间后再以每吨533元的高价买煤并支付货

款。在这一循环买卖中，肇庆公司既是出卖人，又是买受人，低价卖出高价买入，每吨净亏23元。肇庆公司明知在这种循环买卖中必然受损，交易越多，损失越大，却仍与日照港运销部、山西焦煤公司相约在2007年度合作经营煤炭100万吨，这与肇庆公司作为一个营利法人的身份明显不符，有违商业常理，足以使人对肇庆公司买卖行为的真实性产生合理怀疑。对此，山西焦煤公司解释称是由于肇庆公司缺少资金才一手组织了这样的交易。通过对本案交易过程的全面考察以及相关证据的分析认定，本院认为日照港运销部、山西焦煤公司、肇庆公司之间并非真实的煤炭买卖关系，而是以煤炭买卖形式进行融资借贷，肇庆公司作为实际借款人，每吨支付的23元买卖价差实为利息。唯此，才能合理解释肇庆公司既卖又买、低卖高买、自甘受损的原因。因此，本案法律关系的性质应为以买卖形式掩盖的企业间借贷，相应地，本案的案由亦为企业间的借款合同纠纷。原一、二审法院认定本案的案由为买卖合同纠纷不当，本院予以纠正。因日照港运销部、山西焦煤公司、肇庆公司之间所签订的《煤炭购销合同》均欠缺真实的买卖意思表示，属于当事人共同而为的虚伪意思表示，故均应认定为无效。

山西焦煤公司、日照港运销部及肇庆公司于2007年1月9日签订《三方合作协议》，约定三方在2007年度合作经营煤炭100万吨。由此可见，三方之间已就长期、反复地以煤炭买卖形式开展企业间借贷业务形成合意。本案所涉的1760万元交易即属三方协议的具体履行。日照港运销部不具有从事金融业务的资质，却以放贷为常业，实际经营金融业务，有违相关金融法规及司法政策的规定。山西焦煤公司以买卖形式向日照港运销部借款，并非出于生产、经营需要，而是为了转贷给肇庆公司用以牟利。因此日照港运销部与山西焦煤公司、山西焦煤公司与肇庆公司之间以买卖形式实际形成的借贷合同均应认定为无效。根据《合同法》第五十八条的规定，本案当事人日照港运销部与山西焦煤公司之间的借贷合同无效后，山西焦煤公司应将从日照港运销部取得的1760万元及其利息返还给日照港运销部。由于日照港运销部对借贷行为的无效亦存在过错，山西焦煤公司应返还的利息金额可以适当减轻，本院根据公平原则，酌定按中国人民银行同期同类存款基准利率计算山西焦煤公司应返还的利息数额。

【案例来源】

《中华人民共和国最高人民法院公报》2017年第6期。

编者说明

通谋虚伪行为，即行为人与相对人通谋以虚假的意思表示实施的民事行为，具体包含两个行为：一是伪装行为，即行为人和相对人通谋表示虚假意思的行为；二是隐藏行为，即被伪装行为所掩盖的，代表行为人和相对人真实意思的行为。在《民法总则》颁布之前，法律未规定通谋虚伪表示，《民法通则》《合同法》所规定的恶意串通、以合法形式掩盖非法目的，与通谋虚伪表示均不相同，法院判决多以《民法通则》第五十五条第二项为依据，判定虚伪表示无效。《民法总则》第一百四十六条规定:“行为人与相对人以虚假的意思表示实施的民事法律行为无效。以虚假的意思表示隐藏的民事法律行为的效力,依照有关法律规定处理。”通谋虚伪表示无效,是因非当事人真意,而不是因为该行为违法。任何一方当事人均无权主张该法律行为的效果。而隐藏行为系当事人的真实意思表示,故其效力的认定,应适用关于法律行为的一般规定及关于该种法律行为的特别规定,如不具备法律行为无效事由,即为有效;如有法定的无效事由,如违反法律禁止性规定,则为无效。

最高人民法院在沈阳东方钢铁有限公司、浙商控股集团有限公司与北京京城工业物流有限公司委托合同纠纷再审案中同样认为:“根据前述交易模式,沈阳东方公司可以支配浙商控股公司支付的货款使用,浙商控股公司通过收取代理费的方式获取利润,京城物流公司通过低买高卖之间的差价获取利润。各方之间并不存在真实的钢材产品买卖关系,而是以买卖形式进行融资借贷,沈阳东方公司系实际借款人,其支付的买卖价差应认定为利息。浙商控股公司不具有从事金融业务的资质,却以放贷为常业,实际经营金融业务,有违相关金融法规及司法政策的规定。”①

033 企业间通过虚假贸易等形式进行借贷活动，属以合法形式掩盖非法目的，应认定无效

【关键词】

|虚假贸易|以合法形式掩盖非法目的|

【案件名称】

查莉莉与杭州天恒实业有限公司、上海豫玉都钢铁贸易有限公司、常熟科弘材料科技有限公司企业借贷纠纷案［最高人民法院（2010）民提字第110号民事判决书，2010. 12. 6］

【裁判精要】

裁判摘要:采用虚假贸易形式进行的借贷活动,违反了国家相关金融法规的禁止性规定,属于以合法形式掩盖非法目的的行为,应认定为无效。融资交易的参与人,对于融资交易无效所造成的损失均应承担相应的缔约过失责任。

最高人民法院认为:

天恒公司并不具有从事融资贷款业务的资质,其与豫玉都公司、科弘公司采用虚假贸易形式进行的借贷活动,违反了国家相关金融法规的禁止性规定,属于以合法形式掩盖非法目的的行为。根据《合同法》第五十二条第三款的规定,本案当事人签

---

① 参见最高人民法院(2016)最高法民再201号民事裁定书(2016. 11. 30),载中国裁判文书网,http://wenshu. court. gov. cn。

订的《代理采购协议》《代理采购合同》《销售合同》均属无效合同。因《代理采购协议》无效，天恒公司请求豫玉都公司支付 28 万元代理费没有法律依据，本院不予支持。

查莉莉、豫玉都公司、天恒公司作为融资交易的参与人，明知企业间的借贷交易非法，仍然参与，主观上均有过错，对于本案融资交易无效所造成的天恒公司的损失均应承担相应责任。根据其过错程度，按照公平原则，查莉莉、豫玉都公司应当对于科弘公司不能清偿天恒公司的损失部分，各承担三分之一的赔偿责任，天恒公司自行承担三分之一的损失。

企业间通过虚假贸易形式进行借贷活动的，违反了国家相关金融法规的禁止性规定，属于以合法形式掩盖非法目的的行为，因此而签订的协议应认定为无效。协议无效后，合同当事人、保证人应按过错承担赔偿责任。

【案例来源】

最高人民法院民事审判第二庭编：《最高人民法院商事审判指导案例(6)·合同与借贷担保卷》，中国法制出版社 2013 年版，第 369～379 页。

编者说明

融资性买卖的实质为融资，与真实买卖性质不同，应加以区分。实务中，应根据当事人的交易目的、合同价款是否合理、标的物是否实际交付流转、交易过程是否符合常理、当事人一方是否只收取固定收益而不负担买卖风险等，结合交易惯例进行综合判断。当事人之间开展的有悖于正常买卖交易习惯的“托盘”买卖交易，实为企业间的融资借贷行为，应按照企业间借贷的相关规则进行效力认定。如提供资金的一方不以资金融通为常业，而仅为临时性资金拆借的，合同有效；以融资性买卖为常业，实际经营放贷业务的，应认定合同无效。在合同无效的情形下，借款方应向贷款企业支付法定利息。对于借款方因不能返还借款而造成的损失，人民法院可以判定由参与融资的其他当事人按过错程度合理分担。①

034 关联企业对相关货物进行回购，转售方获取差价且不承担风险的，系以签订买卖合同为名进行企业间借贷

【关键词】

| 买卖合同 | 企业借贷 |

【案件名称】

河北中储物流中心与河北金鲲商贸有限公司票据追索权纠纷案［最高人民法

① 参见王富博：《企业间融资性买卖的司法认定与责任裁量》，载最高人民法院民事审判第二庭编：《最高人民法院商事裁判观点》(总第 1 辑)，法律出版社 2015 年版，第 19 页。

院（2011）民提字第227号民事判决书，2011. 12. 17］

【裁判精要】

裁判摘要：本案所涉《购买协议》和《销售协议》同日签订，其内容相同或者相互关联，为不可分割的整体。依据上述协议的约定，河北中储与金鲲公司、奇石麟公司之间以签订买卖合同为名，进行企业间借贷，因其并无出借资金的法定资质，故属于《合同法》第五十二条第（三）项规定的"以合法形式掩盖非法目的"的情形，该行为违反了有关金融法规的规定，故本案所涉购买合同应确认无效。

最高人民法院认为：

一、关于当事人之间成立的合同法律关系的性质界定以及合同效力的认定问题

由于本案实质涉及河北中储、金鲲公司、奇石麟公司三方交易主体以及河北中储与金鲍公司、河北中储与奇石麟公司分别签订的《购买协议》《销售协议》两份合同，故对河北中储与金鲲公司之间成立的法律关系的性质界定，应综合三方当事人间签订的两份合同的目的及其内容作出整体判定。从三方签订目的进行分析，曹连英系金鲲公司和奇石麟公司法定代表人且同时为奇石麟公司控股股东，其在2008年7月11日石家庄市公安局经侦支队对其所做的询问笔录中认可，金鲲公司、奇石麟公司与河北中储进行本案所涉交易的目的是为了获得资金，河北中储对该目的也无异议，因此，本案当事人签订合同的真实目的在于融资。对《购买协议》和《销售协议》的内容进行整体分析，当事人各方建立的法律关系实质是借款法律关系，在实际操作上，是采取了关联企业对相关货物进行回购的形式。曹连英为金鲲公司的法定代表人，同时又是奇石麟公司的法定代表人和控股股东，根据《公司法》的相关规定，应认定金鲲公司和奇石麟公司为关联公司。本案所涉《购买协议》和《销售协议》同日签订，其内容相同或者相互关联，为不可分割的整体。依据上述协议的约定，作为买方，河北中储不承担货物验收的义务；作为转售方，河北中储不承担由于市场的风险可能导致的不定差价的亏损风险，而是在一个月的期间从奇石麟公司处收回购买金鲲公司货物的货款并获取固定的收益回报。出资购买和销售货物但不承担转售的交易风险，而且在一定期限后收回本金且获得固定的利息回报，这符合借款合同的特征。尽管金鲲公司提交了其不断供货给河北中储的证据，用以证明本案存在着货物流转，但其不能否定当事人之间以买卖为形式，实质进行融资的真实目的。河北中储并无出借资金的法定资质，因此，其与金鲲公司、奇石麟公司之间以签订买卖合同为名，进行企业间借贷，属于《合同法》第五十二条第（三）项规定的"以合法形式掩盖非法目的"的情形，违反了有关金融法规的规定，故本案所涉购买合同应确认无效。

【权威解析】

关于本案当事人之间成立的合同法律关系的性质界定问题，主要有三种观点：

第一种观点认为，其性质为买卖合同法律关系。第二种观点认为，其性质为企业之间的借款法律关系。第三种观点认为，其性质为融资性买卖合同法律关系或者回购式融资法律关系。应当说，前两种观点分别是从当事人之间形成的法律关系的表象和本质的角度分析的，第三种观点则综合了前两种观点，对其表现形式和实质目的揭示。

本案中，严格地说，存在着货物的流转，故其实质具有一定的买卖法律关系的特征，但当事人之间形成的七笔买卖合同法律关系能否与货物的交付一一对应，尚无充分的证据予以证明，这也是河北中储一直强调的其以签订连环买卖合同为名，实质为企业之间借贷的一个理由。经过讨论，本案最终采纳了当事人之间实质成立的是借贷法律关系的观点，分别从当事人之间订立合同的目的、其权利义务的本质特征等角度进行了论证。由于合同被确认无效，合同义务不具有可履行性，故河北中储以此为由不给付货款的抗辩理由应予支持，其据此认为不需履行给付票款、利息、赔偿金的票据义务的抗辩理由也应予支持。①

【案例来源】

最高人民法院民事审判第二庭编：《最高人民法院商事审判指导案例 6 · 合同与借贷担保卷》，中国法制出版社 2013 年版，第 401 ~ 412 页。

035 一方提供资金，对方分期以产品偿还货款，除非有证据证明双方明确约定由该对方直接偿还本金并支付高额利息且符合借款合同的特征，否则不应认定为企业间借贷合同

【关键词】

| 补偿贸易 | 企业借贷 |

【案件名称】

山西城财焦化集团有限公司、孝义市城财焦化集团有限公司诉山西省乡镇企业焦炭供销有限责任公司合作合同纠纷案［最高人民法院（2005）民二终字第 155 号民事判决书，2006. 3. 22］

【裁判精要】

裁判摘要：当事人间约定一方向对方提供资金，对方分期以产品偿还货款的，除非有证据证明双方明确约定由该对方直接偿还本金并支付高额利息给一方当事人

① 参见张雪楳：《票据纠纷及票据追索权纠纷的认定》，载最高人民法院民事审判第二庭编：《金融案件审判指导》（增订版），法律出版社 2018 年版，第 616 页。

且符合借款合同的特征，否则不应认定这类合同实质上为企业间借贷合同。

最高人民法院认为：

山西乡镇焦炭公司与孝义城财公司于2001年4月27日和2001年6月18日签订的补偿贸易合同是双方真实意思表示，不违反国家法律法规的禁止性规定，应认定为合法有效。上述两份协议的合同宗旨部分都载明了双方进行交易的目的，即在解决孝义城财公司资金不足的同时，为山西乡镇焦炭公司建立长期稳定的货源基地。为了实现合同目的，双方约定由山西乡镇焦炭公司提供资金，孝义城财公司以投产后生产的焦炭分批偿付山西乡镇焦炭公司。双方在合同中并未约定孝义城财公司以资金偿还山西乡镇焦炭公司。双方在合同中约定山西乡镇焦炭公司应享受的优惠，也只是孝义城财公司占用资金应支付的对价，不能认定为双方约定的高额利息。故双方签订的上述两份协议不符合借款合同的特征，不为国家法律法规所禁止。至于双方在相应的补充协议中约定的孝义城财公司接受山西乡镇焦炭公司的承兑汇票应如何进行补偿的约定，也属于双方在履行合同中对付款和补偿方式的具体安排，不能以此认定双方签订的协议是借款合同。关于双方补充协议中有关孝义城财公司以资金偿还山西乡镇焦炭公司的约定，是在事实上已不可能以焦炭进行补偿的情况下，双方商定的清结双方债权债务关系的办法，亦不能以此改变双方补偿贸易协议的性质。故上诉人关于该案所涉补偿贸易合同实质上是借款合同的主张没有事实依据，本院不予支持。

【案例来源】

最高人民法院民事审判第二庭编：《最高人民法院商事审判指导案例·合同卷》（上），中国法制出版社2011年版，第395～414页。

036 借款行为不符合典当关系成立要件的，不应认定为典当关系

【关键词】

| 借款 | 典当关系 |

【案件名称】

万高（北京）国际典当有限公司与天津武清开发区新中大置业发展有限责任公司、天津地铁君易投资有限公司借款担保合同纠纷案［最高人民法院（2013）民二终字第116号民事判决书，2014.1.30］

【裁判精要】

裁判摘要：万高公司虽为典当公司，但本案万高公司与新中大公司之间的借款

行为不符合典当关系成立的各项具体要求，且在本案诉讼中，万高公司始终是依借款关系主张权利，未对本案借款属于典当关系提供相应证据，故双方之间的借款关系应认定为企业间借贷关系。由于万高公司以非自有资金向新中大公司提供借款的企业间借贷行为，违反了国家金融管制的强制性规定，故双方之间的借款关系应认定无效。

最高人民法院认为：

关于本案借款关系是否成立的问题。作为认定本案借款关系基础的《借据》表明，借款关系发生在万高公司与新中大公司之间，但根据银行相关汇款凭证显示，案涉借款实际是由六家单位直接汇入新中大公司及易利德公司账户。对此，六家实际付款单位均出具《证明》，证实其系接受万高公司的指令向新中大公司及易利德公司付款，新中大公司和易利德公司则分别出具了《代收函》和《收款通知函》，表示易利德公司所收款项为新中大公司向万高公司的借款。债务人新中大公司亦认可其与万高公司之间的借款关系。本院认为，万高公司与新中大公司之间虽无直接借款支付行为，但结合上述证据，本案借款关系已实际发生，应当认定双方借款关系已经成立。《借据》的签订时间并不影响本案借款关系已实际发生并成立的认定。故地铁公司关于本案借款关系不成立的抗辩理由缺乏事实和法律依据，本院不予认可。

关于本案借款关系的效力问题。根据《典当管理办法》第三条的规定，典当是指当户将其动产、财产权利作为当物质押或将其房地产作为当物抵押给典当行，交付一定比例费用，取得当金，并在约定期限内支付当金利息、偿还当金、赎回当物的行为。第三十条规定，当票是典当行与当户之间的借贷契约，是典当行向当户支付当金的付款凭证。本案中，万高公司作为典当公司，虽然与新中大公司约定以相关股权及资产作为担保，向新中大公司提供借款，但万高公司就该笔借款业务并未出具当票，亦未就当物办理相关登记手续，且双方关于借贷期限及利息的约定均不符合《典当管理办法》的相关规定。同时，根据六家实际付款单位出具的《证明》显示，万高公司向新中大公司出借的款项实际由该六家单位提供，其向新中大公司出借的9102.5万元远超过其注册资本2000万元。本院认为，万高公司虽为典当公司，但本案万高公司与新中大公司之间的借款行为不符合典当关系成立的各项具体要求，且在本案诉讼中，万高公司始终是依借款关系主张权利，未对本案借款属于典当关系提供相应证据，故双方之间的借款关系应认定为企业间借贷关系。由于万高公司以非自有资金向新中大公司提供借款的企业间借贷行为，违反了国家金融管制的强制性规定，故双方之间的借款关系应认定无效。根据《合同法》第五十八条的规定，新中大公司应当返还万高公司本金9102.5万元。由于双方对于借款关系无效均存在过错，故新中大公司应当参照同期贷款利率的标准，同时返还资金占用期间的利息。

【案例来源】

中国裁判文书网，http://wenshu.court.gov.cn。

037 合同没有融物属性，仅有资金空转，系以融资租赁之名行借贷之实，应属借款合同

【关键词】

| 借款合同 | 融资租赁合同 |

【案件名称】

国泰租赁有限公司与山东鑫海投资有限公司、山东鑫海担保有限公司等企业借贷纠纷案［最高人民法院（2014）民二终字第109号民事判决书，2015.3.17］

【裁判精要】

最高人民法院认为：

根据《合同法》第二百三十七条的规定，融资租赁合同与其他类似合同相比具有以下特征：一是通常涉及三方合同主体（即出租人、承租人、出卖人）并由两个合同构成（即出租人与承租人之间的融资租赁合同以及出租人与出卖人就租赁物签订的买卖合同）；二是出租人根据承租人对出卖人和租赁物的选择购买租赁物；三是租赁物的所有权在租赁期间归出租人享有，租赁物起物权担保作用；四是租金的构成不仅包括租赁物的购买价格，还包括出租人的资金成本、必要费用和合理利润；五是租赁期满后租赁物的所有权从当事人约定。从以上特征可以看出，融资租赁交易具有融资和融物的双重属性，缺一不可。如无实际租赁物或者租赁物所有权未从出卖人处转移至出租人或者租赁物的价值明显偏低无法起到对租赁债权的担保，应认定该类融资租赁合同没有融物属性，仅有资金空转，系以融资租赁之名行借贷之实，应属借款合同。

本案所涉《融资租赁合同》系房地产售后回租业务，出卖人和承租人均为三威置业公司，租赁物系三威置业公司在建137套商品房。在合同订立前，该租赁物已被有关行政主管部门认定为超规划建设的违章建筑；在租赁期间，该项目亦未取得商品房预售许可，故案涉商品房（即租赁物）所有权无法从出卖人三威置业公司移转至出租人国泰租赁公司。由此产生的实际法律关系是，国泰租赁公司作为名义上的商品房买受人和出租人，并不享有租赁物的所有权，作为专业的融资租赁公司，其对案涉租赁物所有权无法过户亦应明知，故其真实意思表示并非融资租赁，而是出借款项；三威置业公司作为租赁物的所有权人，虽名为“承租人”，但实际上不可能与自己所有的房产发生租赁关系，其仅是以出卖人之名从国泰租赁公司获得一亿元款项，并按合同约定支付利息，其真实意思表示也并非售后回租，而是借款。由此可以看出，案涉融资租赁交易，只有融资，没有融物，双方之间的真实意思表示名为融资租赁，实为借款法律关系。依照《融资租赁解释》第一条之规定，案涉合同应认定为借

款合同。一审法院将案涉《融资租赁合同》性质认定为名为融资租赁实为企业间借款合同,定性准确,本院依法予以维持。

因案涉主合同性质为企业间借款合同,故应按企业间借款合同判断合同效力,进而确定各方当事人的权利义务。国泰租赁公司作为内资融资租赁业务试点企业,虽未取得发放贷款资质,但并没有证据表明其以发放贷款为主要业务或主要利润来源。国泰租赁公司与三威置业公司的案涉企业间借款系双方的真实意思表示,且不违反法律、行政法规的禁止性规定,一审关于案涉主合同不符合借款合同无效情形的认定并无不当,本院对此予以维持。鑫海投资公司、鑫海担保公司关于案涉主合同无效的上诉请求不能成立,本院依法予以驳回。

【案例来源】

中国裁判文书网,http://wenshu.court.gov.cn。

038 企业之间签订的名为合作实为借贷协议,因违反有关金融法规而无效

【关键词】

| 名为合作实为借贷 | 协议无效 |

【案件名称Ⅰ】

伟龙置业有限公司与罗定市人民政府、罗定市财政局担保合同纠纷案[最高人民法院(2011)民四终字第40号民事判决书,2012.7.26]

【裁判精要】

最高人民法院认为:

屏风山水泥厂与伟龙公司签订的三份《中外合资经营水泥厂合同书》,未约定有关设立合资经营企业权利义务的内容,不属于中外合资经营企业合同。三份合同内容基本相同,均约定伟龙公司向屏风山水泥厂投入资金,专门用于扩建转窑水泥生产线,屏风山水泥厂应以每月供水泥给伟龙公司的方式抵还投资款及分红。从合同约定内容看,无论屏风山水泥厂是否实际生产或包销了水泥,都必须按月向伟龙公司支付依照固定数量水泥当月平均价计算的特定款项。即固定数量的水泥不是合同交易的标的物,仅是投资回报的挂钩计算标准,双方之间并没有买卖和包销实物水泥的真实合意。由于上述合同的缔约目的以及权利义务内容不是转移水泥的所有权,而是以货币形式获取投资回报,故不符合买卖合同的基本特征,伟龙公司关于案涉交易性质为买卖合同的上诉理由不能成立。分析上述合同所设立的投资合作关系,其实质是伟龙公司仅提供资金,但不参与经营,亦不承担经营风险,无论屏风

山水泥厂处于盈利或亏损状态,伟龙公司均按月享有固定的投资回报,以达到回收投入资金本息的目的。该种合作模式违反了合作行为应共负盈亏、共担风险的基本原则,属于名为合作,实为借贷。企业之间的借贷因违反我国内地有关金融法规而属无效行为,屏风山水泥厂和伟龙公司以合作方式掩盖企业非法借贷的事实,系以合法形式掩盖非法目的。根据《民法通则》第五十八条第一款第(七)项的规定,以合法形式掩盖非法目的的合同为无效合同。原《涉外经济合同》(已废止)第九条第一款规定,违反中华人民共和国法律的合同无效。因此本案应认定三份《中外合资经营水泥厂合同书》无效。六份《延期归还应付未付代售水泥款合同书》的性质为屏风山水泥厂和伟龙公司在履行上述三份主合同过程中对部分到期款项达成的延期还款安排,效力从属于主合同,在主合同无效的情况下,应认定该六份协议相应无效。

【案例来源】

中国裁判文书网,http://wenshu.court.gov.cn。

【案件名称Ⅱ】

都匀嘉华房地产开发有限公司与贵州红华物流有限公司企业资金拆借纠纷案[最高人民法院(2007)民二终字第8号民事判决书,2007.6.8]

【裁判精要】

最高人民法院认为:

当事人双方签订的合作协议书和补充协议,从其主要内容看,属于企业间资金拆借性质。尽管其是当事人双方真实的意思表示,是当事人双方的合意,但鉴于我国实施严格的金融管制,禁止企业间相互资金拆借,故,根据我国相关的金融管理法规的规定和最高人民法院有关司法解释精神,人民法院应当确认上述协议中有关企业间资金拆借的约定无效。

无效的合同或者被撤销的合同自始没有法律约束力,合同无效或者被撤销后,因该合同取得的财产,应当予以返还。对于当事人请求偿还借款的同时,一并要求支付资金占用期间的资金占用费的,鉴于用资人已实际占用资金,并由此获得相应利益,人民法院判决用资人偿还占用期间的银行同期贷款利息的,并不违反法律规定,应当予以支持。

【案例来源】

最高人民法院民事审判第二庭编:《最高人民法院商事审判指导案例·公司卷》,中国法制出版社2011年版,第109~113页。

039 企业之间以项目投资协议等为名收取固定利润的，实质为企业间的借贷合同

【关键词】

｜项目投资协议｜企业借贷｜

【案件名称】

首都机场地产集团有限公司与三能达置业有限公司企业借贷纠纷案［最高人民法院（2008）民二终字第111号民事判决书，2008.12.31］

【裁判精要】

最高人民法院认为：

上诉人首都机场公司与被上诉人三能达公司于2003年3月21日签订的《项目投资协议书》，约定首都机场公司投资15000万元，收取固定利润，其实质为企业间的借贷合同，违反了法律的强制性规定，应属无效。2004年8月20日双方签订的《项目借款协议书》亦为企业间借贷合同，也应认定无效。2004年11月23日，双方为落实《项目投资协议书》和《项目借款协议书》项下的还款事宜签订了《还款协议书》，该协议书是对上述二协议欠款金额的确认。《项目投资协议书》和《项目借款协议书》无效，并不必然导致《还款协议书》无效，因为前者虽然无效，债务人仍应承担返还债务本金等民事责任，因此，还款协议针对债务本金的部分应当认定有效，约定利息部分无效。2005年11月28日，双方签订了《项目二期转让协议》，该协议是基于被上诉人三能达公司清偿《还款协议书》项下的债务而签订的，签约主体和约定内容符合房地产项目转让的法定要求，未违反法律的强制性规定，应为合法有效，双方应当依约履行。但是，由于三能达公司未能履行《项目二期转让协议》中约定的义务，又擅自对该项目进行开发，其中该项目5号楼已建成且部分房屋已出售，致使项目已不完整，三能达公司的违约行为使得该协议已实际无法履行。在本院二审诉讼中，首都机场公司同意依据《项目二期转让协议》第八条的相关约定，恢复《还款协议书》的效力，要求三能达公司继续归还借款。因此，三能达公司所欠首都机场公司借款本金部分应当归还。因被上诉人三能达公司实际使用了首都机场公司的资金并用于经营，且首都机场公司也为此受到利息等财务费用的损失，三能达公司如无偿使用资金亦有失公平。故三能达公司应比照银行同期贷款利率向首都机场公司支付占用资金的补偿费，逾期未还部分应依银行逾期贷款利率支付补偿。

【案例来源】

最高人民法院民事审判第二庭编：《最高人民法院商事审判指导案例·借款担保卷》（上），中国法制出版社2011年版，第206～217页。

（三）借款合同无效的处理

040 企业间借贷合同被认定无效后资金应当返还债权人，利息比照中国人民银行同期贷款利率计算返还

【关键词】

｜企业借贷｜利息｜

【案件名称Ⅰ】

昆山宏图实业有限公司与金谷源控股股份有限公司借款合同纠纷案［最高人民法院（2013）民二终字第9号民事判决书，2013.4.28］

【裁判精要】

最高人民法院认为：

因宏图公司与金谷源公司均系无贷款经营资质的企业法人，双方之间进行企业间借贷，违反了国家有关金融法规的规定，双方之间的借款合同应确认为无效。按照《合同法》第五十八条的规定，合同无效后，因该合同取得的财产，应当予以返还。由此而产生的财产返还之债，属合法债权债务关系，返还之债的合法孳息应当予以保护。本案双方当事人进行企业间违法借贷虽均存在缔约过失，但金谷源公司占用宏图公司的资金所产生的利息应予返还。鉴于合同被确认无效后当事人所获返还利益不应高于有效合同履行后当事人所获的履行利益，金谷源公司应以中国人民银行规定的同期贷款利率为标准向宏图公司返还其占有使用借贷资金所产生的利息。

【案例来源】

中国裁判文书网，http://wenshu.court.gov.cn。

【案件名称Ⅱ】

海南天雨国际投资控股有限公司、天源证券经纪有限公司与西宁天行投资控股有限公司借款合同纠纷案［最高人民法院（2010）民二终字第134号民事判决书，2011.10.20］

【裁判精要】

最高人民法院认为：

企业间借贷的合同因违反国家金融法规应认定无效。债务人依据该无效合同

获取的资金应返还债权人，由此形成的不当得利返还之债，该返还之债的利息系合法孳息，亦由债权人合法享有，其利率比照中国人民银行同期贷款利率执行。

【案例来源】

最高人民法院民事审判第二庭编：《最高人民法院商事审判指导案例6·合同与借贷担保卷》，中国法制出版社2013年版，第380~381页。

041 通过签订还款协议取代之前的无效借款合同形成新的债权债务关系，不存在高息约定的，系对各方尚未清结债务的确认，应为有效

【关键词】

｜无效借款合同｜还款协议｜

【案件名称】

浙江经发实业集团有限公司与杭州弘悦实业有限公司借款合同纠纷案［最高人民法院（2011）民提字第351号民事判决书，2012.6.28］

【裁判精要】

最高人民法院认为：

本案纠纷是弘悦公司依据其与经发公司等签订的还款协议书，诉请经发公司等支付欠款及赔偿违约金。还款协议书把经发公司和金通公司对弘悦公司的欠款作了重新安排，由经发公司承担还款责任，金通公司、百瑞公司、钟浙晓和何文辉均对还款承担连带保证责任。还款协议书明确约定了经发公司向弘悦公司承担的债务总额、赔偿金、违约金、支付方式及保证人的保证责任等。协议签订后，经发公司归还了部分欠款。还款协议的签订是各方意思的真实表示，是对各方尚未结清债务的确认。还款协议的签订取代了之前的借款关系，形成了各方间新的债权债务关系。即使企业间的借贷关系无效，法律亦仅不保护高息部分，对于因借贷产生的债务依然要清偿。而且，经发公司提出还款协议中的违约金过高已经由原审法院作了适当的调整，将协议中约定的每日2‰的违约金下调为银行同期贷款利率的四倍。依照《合同法》第五十二条的规定，还款协议书并不存在无效事由。

【案例来源】

最高人民法院民事审判第二庭编：《最高人民法院商事审判指导案例（2012）·合同与借贷担保》，中国民主法制出版社2013年版，第603~610页。

042 对非法借贷法律后果自行清结的协议不应认定无效

【关键词】

｜非法借贷｜自行清结协议｜

【案件名称】

中国东方资产管理公司上海办事处与上海万都房地产有限公司、上海万都中心大厦有限公司借款合同纠纷案［最高人民法院（2012）民提字第19号民事判决书，2012.9.25］

【裁判精要】

裁判摘要：本案中，建行徐汇支行与万都房地产共同参与企业间的借贷活动与二者之间为解决借贷资金偿还问题而签订协议是两种不同性质的法律行为，前者属于违反现行金融政策和相关法规的非法行为；后者则是当事人之间对非法借贷所产生的资金返还责任在责任人内部如何分担作出的自主安排，目的在于协调如何还款。无论是从缔约目的还是从履行的结果来看，《协议书》《借款合同》均不违反法律的强制性规定，不损害第三人的合法权利，也没有证据证明当事人具有掩盖非法目的的动机。故此，上述协议应认定为有效。

最高人民法院认为：

二、建行徐汇支行与万都房地产所签《协议书》《借款合同》的效力

建行徐汇支行与万都房地产为解决以存单为表现形式的企业间借贷资金的偿还问题签订了《协议书》，其后又签订了《借款合同》，以具体落实《协议书》的约定。对于《协议书》《借款合同》的效力如何，当事人之间存在争议。本院认为，建行徐汇支行与万都房地产共同参与企业间的借贷活动与二者之间为解决借贷资金偿还问题而签订协议是两种不同性质的法律行为，前者属于违反现行金融政策和相关法规的违法行为；后者则是当事人之间对非法借贷所产生的资金返还责任在责任人内部如何分担作出的自主安排，目的在于协调如何还款。无论是从缔约目的还是履行的结果上看，《协议书》《借款合同》均不违反法律的强制性规定，不损害第三人的合法权利，也没有证据证明当事人具有掩盖非法目的的动机。故此，本院认为，上述协议应认定为有效。

【案例来源】

最高人民法院民事审判第二庭编：《最高人民法院商事审判指导案例（2012）·合同与借贷担保》，中国民主法制出版社2013年版，第338～347页。

二、借款合同主体认定

043 属于一级法人的银行是支行分行的上级机构，可以处分支行分行的债权

【关键词】

|银行分支机构|处分债权|

【案件名称】

黑龙江商业高级技工学校与中国长城资产管理公司哈尔滨办事处、哈尔滨技师学院借款合同纠纷案［最高人民法院（2008）民二终字第138号民事判决书，2008.12.16］

【裁判精要】

最高人民法院认为：

关于主体资格的问题，从中国工商银行的法人资格来看，中国工商银行属于一级法人，支行分行都是根据法人授权来经营的。黑龙江分行作为中山支行、安埠办事处的上级机构，可以处分中山支行、安埠办事处的债权，有权将其债权转让给长城公司，长城公司是合法债权人。

【案例来源】

最高人民法院民事审判第二庭编：《最高人民法院商事审判指导案例·借款担保卷》（上），中国法制出版社2011年版，第218～228页。

编者说明

《商业银行法》第十九条规定："商业银行根据业务需要可以在中华人民共和国境内外设立分支机构。"第二十二条第二款规定："商业银行分支机构不具有法人资格，在总行授权范围内依法开展业务，其民事责任由总行承担。"因此，商业银行的法人即总行既然要依法承担其分支机构的民事责任，也就有权行使其债权。这也与《公司法》关于公司与其分公司、《民法总则》关于法人与其分支机构关系的规定精神相一致。

044 综合考量合同签订背景、合同内容及实际履行情况确定借款合同债务人的身份

【关键词】

| 借款合同 | 债务人 |

【案件名称】

内蒙古中银房地产集团股份有限公司与中国长城资产管理公司呼和浩特办事处、内蒙古漆包线厂借款合同纠纷案［最高人民法院（2010）民二终字第26号民事判决书，2010.6.11］

【裁判精要】

裁判摘要:中银公司系与工行营业部签订《偿还贷款协议书》的主体,约定自己成为偿债责任人,使得中银公司与工行营业部之间建立了新的债务承担民事法律关系。中银公司此后所实施的一系列民事行为,包括其在呼和浩特市当地党和政府组织召开的各类会议上签字;办理漆包线厂《国有土地使用证》的交接、权利人的变更、土地挂牌拍卖等手续;向呼和浩特市土地局、土地收购储备拍卖中心提交申请、请示等,均表示中银公司愿意承债式兼并漆包线厂,整体承担漆包线厂有关债权债务。这一系列意思表示均进一步印证了上述《偿还贷款协议书》的内容。中银公司兼并漆包线厂的整个过程与实际结果说明该公司实际享受了当地政府的相关优惠政策。原审判决认定中银公司为本案债务人,并判令该公司承担本案争议债务,具有充分的事实和法律依据。

最高人民法院认为:

关于中银公司应否成为本案债务人的问题。首先,2004年1月7日,中银公司与工行营业部签订《偿还贷款协议书》,约定中银公司代漆包线厂偿还欠工行营业部的本息合计5149万元,并以中银公司所有的土地使用权及房屋作为抵押物。该协议系双方当事人真实意思表示,不违反法律、行政法规的禁止性规定,合法有效。该协议使得中银公司与工行营业部之间建立了新的债务承担民事法律关系,依照该协议,中银公司应当对工行营业部承担偿还原漆包线厂所欠的涉案债务。其次,中银公司此后所实施的一系列民事行为,包括其在呼和浩特市党委组织召开的2005年3月17日的有关会议、同年12月6日呼和浩特市经委召开的协调会上签字;2006年3月至2007年11月,中银公司办理漆包线厂《国有土地使用证》的交接、权利人的变更、土地挂牌拍卖等手续,中银公司向呼和浩特市土地局、土地收购储备拍卖中心提交申请、请示等,均表示中银公司愿意承债式兼并漆包线厂,整体承担漆包线厂有关债权债务。这一系列意思表示均进一步印证了上述2004年1月7日《偿还贷款协

议书》的内容。最后,从中银公司兼并漆包线厂的整个过程与实际结果看,中银公司承诺兼并漆包线厂、建设中银城市广场的前提之一即承担漆包线厂所有陈欠债务并负责安置该厂职工,且该公司实际享受了当地政府的相关优惠政策。因此,即便中银公司与漆包线厂二审中否认 2004 年 3 月 16 日中银公司与漆包线厂签订的《协议书》的真实性,亦不影响中银公司应当成为本案债务人的认定。原审判决认定中银公司为本案债务人,并判令该公司承担本案争议债务,具有充分的事实和法律依据。

【案例来源】

最高人民法院民事审判第二庭编:《最高人民法院商事审判指导案例(第五卷)》(上),中国法制出版社 2011 年版,第 237 ~246 页。

045 银行负责人在办公场所代表银行出具借条的法律效力

【关键词】

| 银行负责人 | 出具借条 |

【案件名称】

中信银行股份有限公司长沙晚报大厦支行与李海波借款合同纠纷案 [最高人民法院(2013)民提字第 21 号民事判决书,2013. 8. 16]

【裁判精要】

最高人民法院认为:

当事人双方对于蒋慕飚在其办公室为李海波出具了案涉借条的事实均无异议,根据将慕飚出具借条时的身份、出具借条的场所以及借条的内容判断,应认定蒋慕飚出具借条的行为是职务行为。首先,蒋慕飚作为时任中信晚报支行的负责人,有权代表该行进行民事行为。其次,蒋慕飚出具借条的场所是在其办公场所,也符合履行职务的特征。最后,借条的内容也表明是该行向李海波借款,而非蒋慕飚个人向李海波借款。虽然双方对借条上加盖之公章的真伪各执一词,但对借条上蒋慕飚的签名并无异议,由于蒋慕飚是该行的负责人,其依职权从事的民事行为依《民法通则》第四十三条的规定,对该行产生法律效力。

本案庭审中,中信晚报支行主张,蒋慕飚的借款行为超越了其职务权限,并且李海波作为具有银行工作经历和金融业务学习经历的人士,其应当知道蒋慕飚的借款行为超越了职务权限,根据《合同法》第五十条规定,蒋慕飚的借款行为属该条规定的除外情形,其代理行为无效。本院认为:《商业银行法》第三条规定的十四项业务内容,是商业银行的经营业务范围,并非商业银行从事民事行为的范围。该条规定没有禁止商业银行作为企业法人在进行经营业务的同时进行其他民事行为,所以,蒋慕飚代表中信银行长沙阳光支行进行的民事行为不能认定为超越其职务权限。因此，本案不存在适用《合同法》第五十条规定的事实基础。

此外，中信晚报支行还主张借条上加盖的公章不是该行的行政公章，因此该行不应承担还款义务。本院认为：虽然中信晚报支行提供的该行行政公章与借条上加盖的公章不一致，但李海波提供的湖南省长沙市芙蓉区公证处公证书及中信银行长沙阳光支行的制式收账通知单和进账单的转讫章，均证明了中信晚报支行曾使用过“中信银行长沙分行阳光支行”的名称，即借条上公章的名称。该枚公章即使是假章，作为相对人李海波也无能力辨识出该公章的真伪。因此，鉴于该枚公章系由蒋慕飚加盖于借条之上，其法律后果应由蒋慕飚所代表的中信晚报支行承担。

【案例来源】

中国裁判文书网，http://wenshu. court. gov. cn。

编者说明

对于银行行长等银行负责人，由于其具有更为广泛的概括式授权，其行为通常能被认定为属于职权范围内的行为。此外，需要区分银行经营范围和民事行为范围两个概念，银行工作人员案涉行为超越银行经营范围不同于超越职权范围。以银行向第三人借款而言，本案判决认为《商业银行法》第三条规定的十四项业务内容，是商业银行的经营业务范围，并非商业银行从事民事行为的范围。该条规定没有禁止商业银行作为企业法人在进行经营业务的同时进行其他民事行为，所以银行工作人员案涉行为不能认定为超越其职务权限。

046 银行负责人有权代表该行签订借款合同，且案涉借条中的款项实际亦为银行业务使用，其代表银行所作出的民事行为应由该行承担责任

【关键词】

｜借款合同｜银行负责人｜银行业务｜

【案件名称】

郭世亮与交通银行股份有限公司镇江扬中支行金融借款合同纠纷案［最高人民法院（2018）最高法民再302号民事判决书，2018. 11. 27］

【裁判精要】

最高人民法院认为：

从案涉借条的签订主体、款项流向以及相关证据综合来看，案涉借款合同的借款主体应为交行扬中支行，交行扬中支行应当承担偿还案涉借款的责任。具体理由如下：

一、关于郭世亮是否有理由相信借款主体为交行扬中支行的问题

交行扬中支行在案涉借条上借款人处盖章确认，应当认定为案涉借款合同的借款人。借款合同是借款人向贷款人借款，到期返还借款并支付利息的合同。通常而言，在借款合同没有其他保证人的情况下，借款合同只有借款人和贷款人两方主体，在借款人处签字或盖章的应当认定为借款人。案涉借条在借款人处具有戴鸿翔个人签字，同时签有“交行扬中支行”字样，并在戴鸿翔及“交行扬中支行”上盖有交行扬中支行公章，对此，双方当事人对借款人系戴鸿翔还是交行扬中支行产生争议。《合同法》第一百二十五条第一款规定：“当事人对合同条款的理解有争议的，应当按照合同所使用的词句、合同的有关条款、合同的目的、交易习惯以及诚实信用原则，确定该条款的真实意思。”按交易习惯来看，如果借款合同借款人为戴鸿翔本人，则无需在借款人处加盖交行扬中支行公章，相反，只有交行扬中支行作为借款人借款，其相关负责人才需要在盖章处签字。案涉借条签订时，戴鸿翔为交行扬中支行副行长，系该行负责人，其代表该行在盖章处签字符合交易习惯。因此，交行扬中支行辩称案涉借款合同借款人为戴鸿翔本人，不予支持。

二、关于戴鸿翔是否有权代表交行扬中支行签订借款协议的问题

戴鸿翔在签订借款合同时系交行扬中支行主持工作副行长，作为交行扬中支行实际负责人，有权代表交行扬中支行在借款合同上签字并加盖公章。《民法总则》第六十一条规定：“依照法律或者法人章程的规定，代表法人从事民事活动的负责人，为法人的法定代表人。法定代表人以法人名义从事的民事活动，其法律后果由法人承受。法人章程或者法人权力机构对法定代表人代表权的限制，不得对抗善意相对人。”根据原审查明的事实，戴鸿翔在签订案涉借款合同时系交行扬中支行的实际负责人，其在借条上签字后写明“交行扬中支行”并加盖交行扬中支行的公章，显然是以交行扬中支行名义签订借款合同，其行为明确表示代表交行扬中支行进行借款，因此案涉借款合同借款人应为交行扬中支行。交行扬中支行辩称戴鸿翔超越权限向个人借款，其行为不属于职务行为。《合同法》第五十条规定：“法人或者其他组织的法定代表人、负责人超越权限订立的合同，除相对人知道或者应当知道其超越权限的以外，该代表行为有效。”根据原审查明的事实，案涉借款合同系工作时间在戴鸿翔办公室所签，戴鸿翔时任交行扬中支行负责人并持有该行公章，且该借款合同仅约定资金借用一天，因此，郭世亮有充分理由相信戴鸿翔是代表交行扬中支行进行业务资金周转，郭世亮此等信赖合符常人理性判断，相关信赖利益应予保护。交行扬中支行以戴鸿翔向个人借款行为不属于商业银行经营活动为由主张戴鸿翔本案行为不构成履行职务行为，本院不予采信。原审关于郭世亮系当地规模企业的财务总监，对戴鸿翔无权代理行为应当知道且存在主观过失的认定，明显与社会普遍价值判断与认知相违背，明显系加重债权人的审查义务与责任，显属不当，应予纠正。

三、关于案涉借款是否用于交行扬中支行相关业务的问题

交行扬中支行并无证据证明戴鸿翔与绿洲公司存在个人债权债务关系，绿洲公

司所提交证据可以证明交行扬中支行实际使用案涉借条中款项。交行扬中支行称案涉借款系戴鸿翔个人借款,且主张戴鸿翔作为交行扬中支行负责人亦陈述案涉借款为其个人所借,对此,交行扬中支行应当举证证明戴鸿翔与绿洲公司具有个人债权债务关系。本案中,绿洲公司主张其与戴鸿翔个人并无债权债务关系,并提交了交行扬中支行与绿洲公司上级单位之间的资金拆借证据,在交行扬中支行并未提交充分证据否认绿洲公司所交证据的情况下,交行扬中支行亦未举证证明戴鸿翔与绿洲公司之间存在债权债务关系,应由交行扬中支行承担举证不利的法律后果。交行扬中支行虽不认可绿洲公司提交的《银票说明》及《开票清单》,但该证据上具有交行扬中支行的业务专用章,交行扬中支行对上述印章亦未申请鉴定,更未提供其他证据否认其真实性。而绿洲公司作为案涉借条款项的收取方,其提供的证据能充分显示交行扬中支行对其欠款4720万元,与案涉借款金额完全相符,且在天禾公司记账凭证中亦显示绿洲公司在案涉借条签订后收回4720万元。因此,绿洲公司所提交的证据及其陈述形成完整证据链条,交行扬中支行对此并未提出任何证据予以否认,故可以认定交行扬中支行系使用案涉借款偿还天禾公司开票资金,交行扬中支行应为案涉款项实际借款人。

另,交行扬中支行并无充分证据证明案涉借条上公章为虚假伪造公章。交行扬中支行主张案涉借条上该行印章为戴鸿翔私刻公章,但其提交的相关证据均为其自身制作,交行镇江分行亦为其上级主管部门,仅有上述证据并不能证明交行扬中支行当时的公章被上级部门收回,更无证据证明案涉公章为戴鸿翔私刻。在交行扬中支行提交的关于戴鸿翔犯罪的刑事判决书中,亦未提及本案所涉交行扬中支行公章为戴鸿翔私刻,戴鸿翔私刻过公章的事实并不能证明案涉公章即为其私刻。按照证据规则,交行扬中支行对案涉借条上公章提出异议,应当在原审法院提出对案涉公章进行鉴定,但交行扬中支行在提出鉴定申请后又撤回鉴定,因此,并无充分证据证明案涉借款合同上公章为虚假公章,交行扬中支行以此否认其应当承担还款责任,并无事实与法律依据。另,即便案涉借款合同上交行扬中支行公章为戴鸿翔私刻,但该公章系时任交行扬中支行负责人的戴鸿翔在其办公室内所盖,郭世亮亦有充足理由相信该公章代表交行扬中支行真实意思表示,且戴鸿翔作为负责人亦能够代表交行扬中支行从事民事行为。因此,如交行扬中支行所称借款合同上公章为戴鸿翔私刻,戴鸿翔亦是代表交行扬中支行签订借条,郭世亮相信其行为可以代表交行扬中支行亦无不当,交行扬中支行亦应为案涉借款承担还款责任。

综上所述,交行扬中支行并未提供充分证据证明案涉借款合同上该行公章为虚假公章,其称案涉借款为戴鸿翔个人所借,既无事实依据,亦显然不合常理。戴鸿翔作为交行扬中支行负责人有权代表该行签订借款合同,其代表交行扬中支行所作出的民事行为应由该行承担责任,且案涉借条中的款项实际亦为交行扬中支行业务使用。因此,原审法院认定案涉借款系戴鸿翔个人所借系认定事实错误,交行扬中支行应为实际借款人并应承担还款责任,郭世亮的再审请求有事实和法律依据。

【案例来源】

中国裁判文书网,http://wenshu. court. gov. cn。

编者说明

《民法总则》第六十一条规定:"依照法律或者法人章程的规定,代表法人从事民事活动的负责人,为法人的法定代表人。法定代表人以法人名义从事的民事活动,其法律后果由法人承受。法人章程或者法人权力机构对法定代表人代表权的限制,不得对抗善意第三人。"银行法定代表人以银行名义对外签订借款合同或者担保合同时,即使其加盖的银行印章为其私刻,但没有证据证明对方当事人存在故意或者重大过失时,银行应当对法定代表人的行为承担法律后果。银行以法定代表人无权从事该行为进行抗辩,应当举证证明对方当事人明知法定代表人无权代表或者存在其他重大过失。①

047 法定代表人以法人名义从事借款活动,给他人造成损失的,企业法人应当承担民事责任

【关键词】

| 借款 | 法定代表人 |

【案件名称】

河北融投担保集团有限公司与内蒙古吉祥煤业有限公司金融借款合同纠纷案[最高人民法院(2014)民二终字第136号民事判决书,2014. 10. 10]

【裁判精要】

最高人民法院认为:

一、关于吉祥煤业公司是否应对借款合同承担还款责任的问题

由于在吉祥煤业公司和融投担保公司签订相关诉争协议之前,耿景瑞代表吉祥煤业公司向融投担保公司提交了证明吉祥煤业公司主体资格及其有权签订协议的相关证明材料(包括吉祥煤业公司的营业执照、组织机构代码证、银行开户许可证,法人预留印鉴、法定代表人名章及签字原件,贷款卡,耿景瑞身份证,霍雅云委托代办手续等),融投担保公司对这些材料已履行审慎审查的职责,其有理由相信耿景瑞代表吉祥煤业公司向融投担保公司申请融资的主体身份和意思表示的真实性。至于吉祥煤业公司的公章和其在公安局备案的公章是否一致,耿景瑞的签字与吉祥煤业公司备存的文件签字是否一致,不在融投担保公司应审查的范围之内。二审庭审

① 参见最高人民法院第三巡回法庭编著:《最高人民法院第三巡回法庭新型民商事案件理解与适用》,中国法制出版社2019年版,第84页。

中，本院要求吉祥煤业公司提供合同签订之时公章在工商登记备案的材料，吉祥煤业公司表示庭后提交，但未按本院要求提交相关证据。根据《民通意见（试行）》第五十八条的规定，“企业法人的法定代表人和其他工作人员，以法人名义从事的经营活动，给他人造成经济损失的，企业法人应当承担民事责任”。因此，不能否定耿景瑞作为吉祥煤业公司原法定代表人代表吉祥煤业公司所从事民事法律行为的效力。况且，《服务合同》和相关协议签订后，融投担保公司即按约定，分别于2011年6月24日、8月9日提供了融资服务，2.5亿元委托贷款全部发放至吉祥煤业在银行开立的账户，融投担保公司已按照合同约定履行了合同义务。吉祥煤业公司当天或次日将款项转账至他人账户，说明吉祥煤业公司接收并使用了融投担保公司委托发放的款项。因此，本案合同真实有效，融投担保公司已履行贷款义务，吉祥煤业公司应按合同约定向融投担保公司还款。因吉祥煤业公司并未证明案涉合同使用公章与合同签订时工商登记备案公章存在不同，且已实际接收融投担保公司发放的款项，借款合同真实有效并已履行，本案再对公章进行鉴定已无意义，原审法院对其鉴定申请未予准许并无不当。如果吉祥煤业公司认为其公司内部存在违法犯罪行为，应在查明事实后另行主张权利。

【权威解析】

认定私人企业法定代表人以个人名义借款属于公司借款还是个人借款，应根据借据内容、借款用途和实际由谁支付借款来确定。借款用于单位的，由单位偿还；借款用于个人的，由个人偿还。债的主体是指向特定人的。本案中，公司人格与个人人格是混同的。虽然借据中载明的当事人为自然人，但双方均为其所在私人公司的法定代表人，并且知道实际出借方为甲公司、借款方为乙公司以及借款的用途，应认定双方的行为属于公司之间的借贷行为。①

【案例来源】

中国裁判文书网，http://wenshu.court.gov.cn。

048 社团贷款合同属于内容不可分割的单一性合同，其所有成员社系共同作为社团贷款合同的一方当事人

【关键词】

| 社团贷款合同 | 单一性合同 |

① 参见张进先：《私人企业的法定代表人以个人名义出具借据为公司借款应如何认定借款关系》，载最高人民法院民事审判第一庭编：《民事审判指导与参考》（总第34辑），法律出版社2008年版，第107页。

【案件名称】

三亚农村商业银行股份有限公司、万宁市农村信用合作联社等与海南中东集团有限公司、钟兆强等金融借款合同纠纷案［最高人民法院（2016）最高法民终219号民事判决书，2016.6.20］

【裁判精要】

最高人民法院认为：

一、涉案《合同变更协议》是否成立并生效

根据中国银行业监督管理委员会《农村合作金融机构社团贷款指引》第二十七条关于“社团的各成员社应共同与借款人、担保人签订社团贷款合同。社团贷款合同是借贷双方依法签订的单一贷款合同。社团贷款各有关当事人分别在贷款合同上签字、加盖单位印章后，社团贷款合同成立”的规定，社团贷款合同应当经贷款方的社团所有成员与借款方共同签章确认方为成立，相应的，有关社团贷款合同主要条款变更的合同也应当经社团贷款合同各方当事人协商一致并共同签章才能成立。本案中，《固定资产社团贷款合同》系经中东集团与三亚农商行等六被上诉人共同签章予以确认始成立的事实，表明涉案借贷双方确认采用由贷款方所有成员社与借款方共同签章确认的方式订立社团贷款合同。《固定资产社团贷款合同》虽约定三亚农商行作为代理社负责涉案贷款的贷后管理，但未授予三亚农商行可以代表全体贷款成员社变更社团贷款合同的主要条款的权限。因此，中东集团应当明确知晓，在《合同变更协议》仅加盖三亚农商行、中东集团的印章，未经涉案《固定资产社团贷款合同》全部合同当事人签章确认的情况下，涉案贷款的借贷双方并未达成对还款日期等合同主要条款予以变更的合意。故原判决认定《合同变更协议》未成立生效，并无不当。中东集团提出三亚农商行签订《合同变更协议》属有效代理或构成表见代理，借贷双方应履行《合同变更协议》等主张，事实和法律依据不足，本院不予支持。同时，社团贷款合同属于内容不可分割的单一性合同，并非各成员社作为贷款方各自订立的若干借款合同的简单合并，亦不可拆分成若干独立合同，其所有成员社系共同作为社团贷款合同的一方当事人。因此，在《合同变更协议》未成立生效，不对涉案贷款借贷双方发生法律效力的情况下，中东集团等上诉人关于三亚农商行作为社团贷款的成员社之一应就其签订《合同变更协议》的行为单独承担履约责任的主张，事实和法律依据不足，本院不予支持。

【案例来源】

中国裁判文书网，http://wenshu.court.gov.cn。

编者说明

社团贷款是指由两家及两家以上具有法人资格、经营贷款业务的农村信用联社、农村合作银行、农村商业银行,采用同一贷款合同,共同向同一借款人发放的贷款。依《农村合作金融机构社团贷款指引》,有参加社团贷款意向的农村合作金融机构和牵头社应召开会议,在协商议定的基础上,签订合作协议,协议签订后社团即告成立。代理社是社团贷款的管理人,由牵头社或借款人开立基本结算账户的社担任,全面负责社团贷款的贷后管理事务,社团各成员社的债权如到期无法得到借款人部分或全部清偿,应通过代理社向借款人、担保人进行追索,除非授权明确不得直接向借款人、担保人追索。

049 代理社统一对外行使包括起诉在内的社团权利符合社团贷款的行业规范和惯例

【关键词】

| 社团贷款 | 代理社 | 行业惯例 |

【案件名称Ⅰ】

山西千禧投资集团有限公司与太原市城区农村信用合作联社金融借款合同纠纷案[最高人民法院(2016)最高法民终660号民事判决书,2016.12.29]

【裁判精要】

最高人民法院认为:

一、城区农信联社就案涉《社团贷款合同》及《社团贷款补充合同》的全部欠款及利息诉请偿还,其主体是否适格

千禧公司上诉主张《社团贷款合同》及《社团贷款补充合同》的签订主体是千禧公司与包括城区农信联社在内的古交农信联社、阳曲农信联社、娄烦农信联社签订,城区农信联社无权代表其他贷款人起诉。对此,本院认为:(一)城区农信联社就案涉《社团贷款合同》及《社团贷款补充合同》的全部欠款及利息起诉偿还符合其他成员社的意思表示,千禧公司、宝瑞达公司在签订合同时及合同履行中对此亦应知晓。1.《社团贷款合同》第12.4条,及《社团贷款补充合同》第12.4条均约定,各贷款人授权城区农信联社为代理社,各贷款人应通过代理社行使合同规定的权利,代理社履行代理职责的行为对各贷款人均具有法律约束力。代理社是社团贷款的管理人,全面负责社团贷款的贷后管理事务。2. 案涉合同履行过程中,案涉3笔贷款均系由城区农信联社下属金胜信用社向千禧公司发放,借款借据上借款人签章处有千禧公司公章及千禧公司法定代表人史国民的签名及名章,担保人签章处有宝瑞达公司公章及宝瑞达公司法定代表人史八玉签名及名章,信用社签章处有金胜信用社的公章。3. 娄烦农信联社、阳曲农信联社、古交农商行一审中均出具授权委托书,授权城区农信联社"代表我单位签署文件和处理相关活动的事务","在千禧公司社团贷款过程中,该授权人的一切行为,均代表本单位,与本单位的行为具有同等法律效力"。

（二）城区农信联社就案涉《社团贷款合同》及《社团贷款补充合同》的全部欠款及利息起诉，符合社团贷款的行业规范和交易惯例。中国银行业监督委员会《农村合作金融机构社团贷款指引》第三十六条规定："社团各成员的债权如到期无法得到借款人部分或全部清偿，应通过代理社向借款人、担保人进行追索，除非授权不得直接向借款人、担保人追索。"第三十一条规定："借款人应直接向代理社归还贷款本息。代理社收到借款人归还的各期贷款本息后，应严格执行协议约定，在规定时限内，按照各成员社承担的贷款比例同时将资金划付各成员社账户。"该指引为2006年5月29日发布，自发布之日起实施，现行有效。案涉《社团贷款合同》及《社团贷款补充合同》均系该指引发布后签订，在合同约定及履行中均体现了上述指引要求的统一划款至代理社账户，由代理社统一放款，借款人直接向代理社归还贷款本息等内容。上述指引及本案当事人的合同履行均体现出社团贷款中，对外，由代理社作为社团的代表，统一对外行使社团的权利，包括但不限于放款、接受还款、催收、提起诉讼等；对内，代理社与各成员社按合同约定比例行使权利义务的特征，符合社团贷款的行业规则和交易惯例。

由上，城区农信联社提起本案诉讼符合合同的约定及实际履行情况，亦有各成员社的授权；且城区农信联社作为代理社统一对外行使包括起诉的社团权利符合社团贷款的行业规范和惯例，故千禧公司关于城区农信联社无权就案涉合同全部欠款及利息起诉的上诉理由不成立，本院不予支持。①

【案例来源】

中国裁判文书网，http://wenshu. court. gov. cn。

【案件名称Ⅱ】

克州恒泽投资有限公司与新疆喀什农村商业银行股份有限公司金融借款合同纠纷案［最高人民法院（2017）最高法民终190号民事判决书，2017. 6. 21］

【裁判精要】

最高人民法院认为：

（一）关于喀什农商行以自己名义诉讼并主张权利有无事实和法律根据的问题

根据一、二审查明的事实，本案克州恒泽公司所涉贷款由喀什农信社（牵头社，后更名为喀什农商行）、莎车县、吐鲁番市农信社、阿克苏市农信社等九家信用联社提供。上述贷款虽由各贷款人分别贷出，各行的贷款时间、贷款金额也不相同，但各贷款人共同与克州恒泽公司签订一份社团借款合同，并约定了总借贷金额，统一将

① 本案二审判决后，千禧公司向最高人民法院申请再审，最高人民法院审查后裁定予以驳回。参见最高人民法院（2018）最高法民申4318号民事裁定书（2018. 11. 26），载中国裁判文书网，http://wenshu. court. gov. cn。

贷款划入牵头社借款人开立的账户,实行统一的利率、贷款归还、逾期等规则,在贷款本息回收或贷款逾期时,由牵头社按照合同约定的贷款比例统一划付、收取等;同时,由克州恒泽公司、恒泽煤化公司及王泽辉提供统一的抵押担保、保证担保。根据各方签订的社团借款合同第十八条约定,牵头社不仅负责贷款的组织、贷款的发放、回收,而且有权监督、检查借款人的合同履行情况,并可以根据合同规定和社团会议决定采取相应的行动和办理成员社委托办理的有关社团贷款的其他事项。社团借款合同第十九条19.3约定,"各成员社授权牵头社根据本合同约定行使贷款人的权利,其行为对各成员社均具有法律约束力"。据此,喀什农商行作为实际贷款行、牵头行及其他贷款行授权的代理行,以自己的名义依据贷款欠收总额予以起诉,有合同根据和法律依据;同时,根据合同约定,克州恒泽公司亦同意喀什农商行作为牵头行以自己的名义行使贷款人权利,由该行行使贷款人权利对克州恒泽公司亦未增加任何负担。据此,原审将喀什农商行作为涉案贷款的原告,以社团贷款合同所涉未归还各贷款行欠款为根据,提起本案诉讼,并不违背立案及管辖之相关法律规定;克州恒泽公司认为喀什农商行无原告主体资格、新疆高院无管辖权等理由,均于法无据,本院不予支持。①

【案例来源】

中国裁判文书网,http://wenshu.court.gov.cn。

050 担保人在借据上签字是否成为借款人的认定

【关键词】

|借款合同|担保人|借据|借款人|

【案件名称】

施君平与孙凯、李洪、青岛中天德投资管理有限公司民间借贷纠纷案[最高人民法院(2015)民提字第149号民事判决书,2016.2.12]

【裁判精要】

最高人民法院认为:

从施君平提供的证据材料和一审、二审查明的事实看,施君平在本案法律关系中应当是抵押担保人的地位,不能认定为是共同借款人。一审、二审判决认定其为

① 本案二审判决后,克州恒泽公司向最高人民法院申请再审,最高人民法院审查后裁定予以驳回。参见最高人民法院(2018)最高法民申5589号民事裁定书(2018.11.28),载中国裁判文书网,http://wenshu.court.gov.cn。

共同借款人所依据的事实错误,认定不当。

根据本案查明的事实,2010 年 11 月 15 日,孙凯与李洪、施君平签订了编号为 a101115 号的《抵押借款合同》一份,约定李洪向孙凯借款 1500 万元,施君平以其位于山东省青岛市市南区燕儿岛路 22 号丙的房产(青房地权市字第 201017274 号)作为抵押担保。该合同在最后的签名处明确为放贷人孙凯、借款人李洪、抵押人施君平。合同备注:以借款借据记载的内容为准。

2010 年 11 月 16 日,李洪、施君平与孙凯签订《借款借据》一份,载明《抵押借款合同》编号:a101115 号;借款人李洪,放贷人孙凯,本借款人现收到放贷人交给的借款本金人民币壹仟万元整,借款利率:月息 2%;借款期限:自 2010 年 11 月 16 日至 2011 年 1 月 15 日止,共计两个月;借款日期:2010 年 11 月 16 日。李洪、施君平在借款人处签字。

随后,孙凯于 2010 年 11 月 16 日分别通过两家银行转账到李洪的账户共计 1000 万元。2011 年 1 月 16 日,孙凯与李洪签订《抵押借款合同展期协议书》一份,约定将上述 1000 万元借款展期 2 个月,李洪同意将利息提高至月息 3%。2011 年 3 月 15 日,孙凯又与李洪再次签订《抵押借款合同展期协议书》一份,将上述借款展期 12 个月。2012 年 4 月 8 日,李洪向孙凯出具还款计划,承诺于 2012 年 5 月 1 日之前归还借款 1000 万元整。

合同履行过程中,李洪于 2010 年 4 月 17 日支付了自 2010 年 11 月 16 日至 2011 年 1 月 15 日两个月的利息共计 40 万元,此后,李洪未再向孙凯履行还款义务。

从上述事实可以看出,按照涉案的第一份《抵押贷款合同》内容显示,三方当事人的真实意思就是孙凯为放贷人、李洪是借款人,施君平为抵押人,以自有房产进行抵押担保。后续的《借款借据》再次在抬头处明确借款人李洪、放贷人孙凯。尽管施君平在借款人处签字,而且在《抵押借款》最后一页备注"以借款借据记载的内容为准"的内容,但这只是表明三方当事人对《抵押借款合同》中关于借款事项内容的具体约定,是对债权债务的具体化,即在《抵押借款合同》中关于李洪向孙凯借款的具体数额、利率、期限等内容以借款借据记载的内容为准,而非是对合同主体地位的变更。如果按照一审、二审判决依据的因《抵押借款合同》备注"以借款借据记载的内容为准",而就此认定施君平因自签订借款借据时起,其身份已由抵押人变为共同借款人,那三方签订的《抵押借款合同》就应当被《借款借据》替代,相关抵押的约定没有法律效力,这显然有违当事人的真实意思表示。

此外,《抵押借款合同》《借款借据》签订后,孙凯的借款并未交付给施君平,而是直接打给了李洪的账户;合同履行过程中,也是李洪向孙凯支付过 40 万元的借款利息;合同履行过程中,孙凯与李洪两次签订《抵押借款合同展期协议书》,李洪同意将利息提高至月息 3%,将上述借款进行展期,后李洪又向孙凯出具还款计划,承诺于 2012 年 5 月 1 日之前归还借款 1000 万元整。从这些返还利息、办理借款展期、出具还款计划的一系列行为看,都发生在李洪和孙凯二人之间,施君平并未参与。由此可见,《借款借据》中借款人的实际履行主体是李洪,并非施君平,应当承担还款责任的主体是李洪,对孙凯提起的请求施君平作为共同借款人承担还款责任的主张不予支持。

【案例来源】

中国裁判文书网,http://wenshu.court.gov.cn。

三、借款合同利息确定

（一）利率确定标准

051 金融借贷利率不应高于民间借贷的利率，金融机构融资费用上限亦应参照适用民间借贷利率上限

【关键词】

| 借贷利率 | 融资费用 | 利率上限 |

【案件名称】

山西柳林宏盛聚德煤业有限公司与山西宏盛能源开发投资集团有限公司金融借款合同纠纷案［最高人民法院（2017）最高法民终927号民事判决书，2018. 3. 28］

【裁判精要】

最高人民法院认为：

三、案涉违约金总额是否超过年利率的24%以及是否予以保护的问题

普大煤业公司上诉请求撤销一审判决主文第三项的理由是，金融机构对外融资不得违反国家有关限制借款利率的规定，案涉信托产品一系列合同中设定了各种违约金，既包含利率也包含违约金及其他费用，但约定的各种违约金总额不得超出《民间借贷解释》规定的24%上限，否则违反法律面前人人平等原则。本院认为，首先，法律面前人人平等是法律基本原则，司法裁判中适用法律基本原则的前提条件是不能通过解释法律找到直接法律依据。本案中，普大煤业公司通过解释《合同法》及援引《民间借贷解释》作为本案法律适用依据，故并无进一步指引法律面前人人平等原则的必要。其次，金融机构包括银行业金融机构、非银行业金融机构和其他金融机构，本案中华融信托公司属于非银行业金融机构。实践中非银行业金融机构在金融借款合同中常以利息、复利、罚息、违约金、其他费用等一并约定，导致实体经济融资成本过高，违背了金融服务实体经济的价值本源。虽然非银行业金融机构借贷与民间借贷不同，且非银行业金融机构借贷的利息、复利、罚息、违约金、其他费用等总计融资成本的最高限制并无明确的法律规定。但就金融在市场经济中的定位而论，金融应为实体经济服务，促进资金这一生产要素在各产业和企业之间良性流动，并分享实体经济发展中创造的价值。如果金融服务分享的剩余价值过高，会阻碍实体经

济的发展，有悖于金融服务的根本。较金融借贷的市场定位而言，民间借贷是对金融服务实体经济不足的有益补充，而民间借贷的风险防控及承受能力相对于金融借贷较低。按照金融借贷与民间借贷的市场定位和风险与利益一致的市场法则，金融借贷利率不应高于民间借贷的利率，故金融机构的融资费用上限亦应参照适用《民间借贷解释》的民间借贷利率上限即年利率24%，这也符合2017年8月4日公布的《最高人民法院关于进一步加强金融审判工作的若干意见》第二条的司法指导意见精神。本案中，普大煤业公司认为一审判决主文第三项支持资金归集违约金，导致约定的各种违约金之和超过年利率24%。对此问题在不同的诉讼阶段判断依据不同。因在本案一审判决作出之后，出借人华融信托公司并未提出上诉，故应依据一审判决主文并针对普大煤业公司的上诉请求来作出判断。从普大煤业公司的上诉请求看，对此问题二审只需审理判断2015年12月1日之前聚德煤业公司融资成本是否超过年利率24%上限。华融信托公司分四次共向聚德煤业公司发放融资款项4亿元，其中2012年6月28日发放8100万元，2012年7月27日发放24900万元，2012年7月30日发放750万元，2012年9月4日发放6250万元。聚德煤业公司尚欠华融信托公司投资剩余本金3.4亿元，投资溢价78075555.56元，违约金14151106.67元，投资溢价与违约金之和除以剩余未付本金再除以总融资天数（截止2015年12月1日前），再乘以365天，其间融资成本并未超过年利率24%上限。此外普大煤业公司也未举示具体的计算依据证明超过年利率24%，故对该项上诉请求，本院不予支持。

综上，案涉《特定资产收益权转让及回购合同》《债务偿还协议》关于投资溢价的资金归集违约金与逾期支付违约金约定的目的和功能、针对的违约行为不同、计算的期间不同。一审判决第三项关于支付资金归集违约金的判定，既不存在重复计算，也不存在应予调低的情形，亦未超过年利率24%。聚德煤业公司、宏盛投资公司、屈全大、冯英英、振翔公司、普大煤业公司的上诉请求不能成立，应予驳回。

【案例来源】

中国裁判文书网，http://wenshu.court.gov.cn。

编者说明

针对企业反映强烈的融资难、融资成本高的问题，最高人民法院陆续出台相关意见，《最高人民法院关于进一步加强金融审判工作的若干意见》（2017年8月4日，法发〔2017〕22号）明确，金融借款合同的借款人以贷款人同时主张的利息、复利、罚息、违约金和其他费用过高，显著背离实际损失为由，请求对总计超过年利率24%的部分予以调减的，应予支持，以有效降低实体经济的融资成本。《最高人民法院关于充分发挥审判职能作用为企业家创新创业营造良好法治环境的通知》（2017年12月29日，法〔2018〕1号）明确，要加强金融审判工作，促进金融服务实体经济；对商业银行、典当公司、小额贷款公司等金融机构以不合理收费变相收取高息的，参照民间借贷利率标准处理，降低企业融资成本。最高人民法院有关领导在全国法院民商事审判工作会议上的讲话(2019年7月)指出,在民商事审判实践中,民间借贷利率泛化适用现象较为突出,有必要坚持金融服务实体经济原则,根据切实降低实际融资利率水平的要求,区别对待金融借贷与民间借贷,适用不同的规则和利率标准。凡由金融监管部门或者有关政府部门批准设立的持有金融牌照的银行、非银行金融机构从事的借贷行为,均为金融借贷,不适用民间借贷的相关规则及利率标准。《全国法院民商事审判工作会议纪要》(2019年11月8日,法〔2019〕254号)第五十一条明确,金融借款合同纠纷中,借款人认为金融机构以服务费、咨询费、顾问费、管理费等为名变相收取利息,金融机构或者由其指定的人收取的相关费用不合理的,人民法院可以根据提供服务的实际情况确定借款人应否支付或者酌减相关费用。

052 借款合同约定利率超过规定限度的,法院可主动调整

【关键词】

|借款合同|利率调整|

【案件名称】

东莞市百盛投资发展有限公司与李晓中、郑敬辉借款合同纠纷案[最高人民法院(2016)最高法民再335号民事判决书,2017.1.20]

【裁判精要】

最高人民法院认为:

关于利率的计算问题。案涉《个人借款合同》第4条约定,该合同项下每一笔借款的利率确定为月息2.1%,也即年利率为25.2%。《民诉法解释》第三百二十三条规定:“第二审人民法院应当围绕当事人的上诉请求进行审理。当事人没有提出请求的,不予审理,但一审判决违反法律禁止性规定,或者损害国家利益、社会公共利益、他人合法权益的除外。”本案中,当事人虽未对借款利率提出异议,但根据上述规定,人民法院可就相关事项予以调整。又据《民间借贷案件意见》第六条规定:“民间借贷的利率可以适当高于银行的利率,各地人民法院可根据本地区的实际情况具体掌握,但最高不得超过银行同类贷款利率的四倍(包含利率本数)。超出此限度的,超出部分的利息不予保护。”据此,案涉借款利率以银行同期同类贷款利率的四倍计算为宜。

【案例来源】

中国裁判文书网,http://wenshu.court.gov.cn。

编者说明

《民间借贷解释》关于民间借贷利率上限的规定,与《民间借贷案件意见》有所不同,其

第二十六条规定："借贷双方约定的利率未超过年利率24%，出借人请求借款人按照约定的利率支付利息的，人民法院应予支持。借贷双方约定的利率超过年利率36%，超过部分的利息约定无效。借款人请求出借人返还已支付的超过年利率36%部分的利息的，人民法院应予支持。"第二十九条规定："借贷双方对逾期利率有约定的，从其约定，但以不超过年利率24%为限。"故原《民间借贷案件意见》第六条关于利率上限的规定不再适用。

053 借款合同约定采取浮动利率计息并约定了浮动周期，周期未满的仍应按合同约定利率执行

【关键词】

｜借款合同｜浮动利率｜

【案件名称】

绵阳裕都实业有限公司与兴业银行股份有限公司绵阳支行金融借款合同纠纷案［最高人民法院（2017）最高法民终355号民事判决书，2017.11.29］

【裁判精要】

最高人民法院认为：

一、关于涉案借款的利息、罚息和复利的计算问题

（一）利息计算问题。绵阳裕都公司认可应当按照合同约定的利率向兴业银行绵阳支行支付利息，但认为《借款合同》约定的定价基准利率+6.5%是浮动利率，一审按照9%的固定年利率计算利息，在存款基准利率下调的情况下，将会增加绵阳裕都公司支付利息的金额。兴业银行绵阳支行认为《借款合同》约定利率调整以年为周期，本案一审起诉时还未到利率调整日，故应按年利率9%计算。本院认为，《借款合同》第二十三条特别约定条款第六款"借款利率与利息计收"按第（二）项约定执行：借款利率=定价基准率+6.5%；同时按第（三）项第二种约定执行：浮动利率，浮动周期为年，自借款实际发放日起每满一个周期的对应日为合同利率调整日，当月无对应日的以该月最后一天为对应日。根据上述约定，涉案借款虽采取浮动利率计息，但同时约定了浮动周期为年。本案因兴业银行绵阳支行起诉请求绵阳裕都公司归还借款本金10亿元，《借款合同》约定的未到期借款全部提前到期。截至兴业银行绵阳支行起诉之日，《借款合同》的浮动利率还未到调整周期，双方仍应履行9%的年利率，并不存在绵阳裕都公司所述会增加其支付利息金额的情形。故一审有关利息的计算方法是正确的。

【案例来源】

中国裁判文书网，http://wenshu.court.gov.cn。

054 借款合同载明的贷款利率与基准利率的区分

【关键词】

｜借款合同｜贷款利率｜基准利率｜

【案件名称】

黑龙江乌苏里江制药有限公司与中国建设银行股份有限公司鸡西分行及黑龙江乌苏里江佳大制药有限公司借款合同纠纷案［最高人民法院（2009）民二终字第136号民事判决书，2009.11.18］

【裁判精要】

最高人民法院认为：

根据中国人民银行银发〔2003〕251号文件《关于人民币贷款利率有关问题的通知》的规定，逾期贷款（借款人未按合同约定日期还款的借款）罚息利率由现行按日万分之二点一计收利息，改为在借款合同载明的贷款利率水平上加收30%～50%。可见，该文件规定的“借款合同载明贷款利率”与本案《借款展期协议书》约定的“基准利率”是两个不同的概念。本案所涉的“借款合同载明贷款利率”是在“基准利率”水平上上浮10%，在“基准利率”不变的情况下，《借款展期协议书》约定的“基准利率水平上上浮65%”的罚息利率与中国人民银行银发〔2003〕251号文件的规定的“借款合同载明的贷款利率”水平上加收50%的罚息利率是一致的。上诉人关于本案借款展期协议书约定的罚息内容违背了中国人民银行银发〔2003〕251号文件的规定，应当扣除13万元罚息的主张没有事实依据，人民法院不予支持。

【案例来源】

最高人民法院民事审判第二庭编：《最高人民法院商事审判指导案例·借款担保卷》（上），中国法制出版社2011年版，第15～18页。

055 借款合同约定的利率可以是按一定比率上浮的中国人民银行利率，或者是经中国人民银行批准的、银行不时通知的其他利率

【关键词】

｜借款合同｜约定利率｜

【案件名称】

苏格兰皇家银行（中国）有限公司上海分行、成都太子奶生物科技发展有限公司与北京太子奶生物科技发展有限责任公司等借款及担保合同纠纷案［最高人民

法院（2011）民四终字第 19 号民事判决书，2012. 10. 30］

【裁判精要】

最高人民法院认为：

关于逾期利息的数额。《合同法》第二百零七条规定："借款人未按照约定的期限返还借款的，应当按照约定或者国家有关规定支付逾期利息。"根据《授信函》以及修改函的约定，适用的贷款利率标准可以是按一定比率上浮的中国人民银行利率，或者是经中国人民银行批准的、银行不时通知的其他利率，该约定不违反我国法律和行政法规的强制性规定，合法有效。本案最后发生的一笔贷款为 2008 年 6 月 30 日北京太子奶公司提取的贷款 1.5 亿元，根据苏格兰银行出具的贷款确认通知书，其适用的是苏格兰银行通知的利率，即贷款年利率 7.884%，故应确定该笔贷款约定的年利率为 7.884%。北京太子奶公司已按照该利率标准付清了该贷款的到期利息，但未清偿贷款本金，其应依约按照贷款年利率的 1.5 倍即年利率 11.826% 支付自 2008 年 7 月 31 日起的逾期利息。原审法院适用的第 3.4 条的利息条款是为提示目的而载明的中国人民银行贷款基准利率，并非当事人约定的贷款利率，本院对此予以纠正。苏格兰银行二审中确认北京太子奶公司已付清贷款的到期利息，原审法院判决北京太子奶公司应承担 2007 年 6 月 29 日至 2008 年 7 月 30 日期间的利息系认定事实错误，本院亦予以纠正。

【案例来源】

中国裁判文书网，http://wenshu.court.gov.cn。

056 商业银行贷款利率上限放开后，银行有权自主决定贷款利息的上限，按照上浮利率收息

【关键词】

｜借款合同｜贷款利率上限｜

【案件名称】

中国农业银行股份有限公司锦州锦兴支行与锦州玥宝塑业有限公司金融借款合同纠纷案［最高人民法院（2013）民二终字第 57 号民事判决书，2013. 9. 13］

【裁判精要】

最高人民法院认为：

关于玥宝公司应否承担给付锦兴支行所欠借款本金 82397797.25 元以及利息责任的问题。本案中，当事人双方于 2007 年 7 月至 2008 年 3 月间签订的五份借款

合同,是双方当事人真实意思表示,且不违反法律、行政法规的禁止性规定,应认定有效。上述五份借款合同中约定的利率为在中国人民银行公布的同期人民币贷款利率上上浮30%。中国人民银行发布的银发〔2004〕251号《中国人民银行关于调整金融机构存贷款利率的通知》规定:"商业银行贷款利率上限放开。因此,商业银行有权自主决定贷款利息的上限。"如前所述,锦兴支行向市农行报送的《关于锦州玥宝塑业有限公司9000万元建筑墙板项目贷款申请的调查报告》载明的内容表明,即使发放本案所涉国债贴息项目贷款9000万元,锦兴支行也拟按照长期贷款利率五年以上年息上浮30%的标准计收利息,而非按照中国人民银行同期基准利率收取。因此,锦兴支行按照合同约定利率收取合同期内利息符合法律、行政法规的规定和当事人约定,而且,锦兴支行不发放9000万元项目贷款并不构成违约,故玥宝公司并非因为不发放项目贷款造成额外的利息损失。原审判决关于该部分利息系属于玥宝公司因锦兴支行违约而承担的高息的认定没有事实依据,应予纠正。

【案例来源】

中国裁判文书网,http://wenshu.court.gov.cn。

057 借款合同双方没有明确约定,利息计付应当依双方的实际履行行为作出认定

【关键词】

|借款合同|利息|

【案件名称】

中国农业银行股份有限公司赤峰元宝山支行与内蒙古平庄能源股份有限公司、赤峰大兴经贸有限责任公司、赤峰兴发集团股份有限公司、赤峰市银联投资有限责任公司、赤峰草原兴发资产管理有限公司借款合同纠纷案[最高人民法院(2010)民二终字第80号民事判决书,2011.11.3]

【裁判精要】

裁判摘要:关于本案争议的部分利息计算问题,在双方没有明确约定的情况下,应当依双方在本案中的实际履行行为,认定其对这部分利息应如何计付的问题达成合意。

最高人民法院认为:

原审判决平庄能源公司对21060万元本金自2006年7月1日至归还日2007年12月4日的利息应当承担全部清偿责任,平庄能源公司对此提出上诉,其主要理由

是:根据债务重组方案及同意函,其只应承担 21060 万元本金及其自资产交割日至归还日期间的利息。经审查,农行元宝山支行在同意函中承诺对于贷款总额的60%,即本金 21060 万元,同意由重组后的上市公司即平庄能源公司承担。经过平庄煤业集团对草原兴发公司的重组,平庄能源公司于 2007 年 12 月 4 日归还了 21060 万元本金,及自 2007 年 4 月 26 日起至 2007 年 12 月 4 日的利息。农行元宝山支行向平庄能源公司出具了相应的存贷款利息回单,其中在第一笔回单上明确注明了计息期为 2007 年 4 月 26 日至 2007 年 6 月 20 日,利率为 6.57%,并一直以该利率计算利息至 2007 年 12 月 4 日。上述事实表明,对于债务重组中银行贷款的 60%,仅确认本金 21060 万元由平庄能源公司承担,而对于该部分本金的利息如何偿付未作约定。平庄能源公司于 2007 年 6 月 29 日开始向农行元宝山支行偿付从 2007 年 4 月 26 日起计算的利息,农行元宝山支行亦向平庄能源公司出具了相应的存贷款利息回单,至 2007 年 12 月 4 日平庄能源公司偿还了 21060 万元本金以及按照存贷款利息回单上注明的利率所计算的全部利息,农行元宝山支行对此并未提出异议,亦未提供其在提起本案诉讼之前曾向平庄能源公司主张过 21060 万元自 2006 年 7 月 1 日至 2007 年 4 月 26 日期间利息的证据。上述事实与平庄能源公司关于 4 月 26 日是平庄煤业集团与草原兴发公司的资产交割日,其于该日承接了 21060 万元债务,农行元宝山支行从该日起向其收取利息的主张相吻合。虽然农行元宝山支行主张资产交割日与其应收利息无关,但其亦不否认其自资产交割日开始向平庄能源公司收取利息的事实。故在双方如何偿付该笔款项的利息没有书面协议约定的情况下,双方当事人以实际履行的行为对这部分利息的偿付达成了合意。平庄能源公司已经按照债务重组方案及同意函中的约定,偿付了其应当承担的全部本金和利息。原审判决依据合同法中关于借款合同的相关规定,判决平庄能源公司按照承接债务前借款合同中约定的利率,向农行元宝山支行偿还 21060 万元自 2006 年 7 月 1 日起至 2007 年 12 月 4 日的全部利息,其依据不足,本院予以纠正。

【案例来源】

最高人民法院民事审判第二庭编:《最高人民法院商事审判指导案例(第五卷)》(上),中国法制出版社 2011 年版,第 247 ~ 261 页。

058 借款合同的利息计算标准应当划分合同期内与合同期外两种情况

【关键词】

|借款合同|利息计算标准|

【案件名称】

内蒙古中银房地产集团股份有限公司与中国长城资产管理公司呼和浩特办事

处、内蒙古漆包线厂借款合同纠纷案［最高人民法院（2010）民二终字第 26 号民事判决书，2010. 6. 11］

【裁判精要】

裁判摘要:关于利息问题,2006 年 6 月 20 日以前债权人的催款通知中已明确,债务人签字认可;对于 2006 年 6 月 20 日以后的利息计算不再适用单个合同的利率,而该《偿还贷款协议书》对承诺偿还的借款债务利息的数目及计算方法没有约定,根据《不良贷款案件规定》第七条"债务人逾期归还贷款,原借款合同约定的利息计算方法不违反法律规定的,该约定有效。没有约定或者不明的,依照中国人民银行《人民币利率管理规定》计算利息和复息"之规定,原审判决对长城公司呼和浩特办事处有关利息的诉讼请求予以支持正确,其判决理由并无不当,故予以维持。

最高人民法院认为:

关于利息计算问题。长城公司呼和浩特办事处数次向中银公司发出催款通知与公告,中银公司均予以签收,同时多次回函给长城公司呼和浩特办事处,申请宽限还款时间,或者提出具体的还款计划,并将催收的本息数作为其开发成本向呼和浩特市土地收购储备拍卖中心报告。一审中,长城公司呼和浩特办事处提供了有关利息的说明,附有利息清单、财政部与中国人民银行的相关政策规定,中银公司对其真实性表示认可;二审中,中银公司否认相关利息数目及计算方法,但未提供相反证据。关于 2006 年 6 月 20 日前的本息,因长城公司呼和浩特办事处于 2006 年 7 月 13 日向中银公司发出的《逾期贷款通知书》中已载明,且已被中银公司和漆包线厂所认可,因此,此部分本息的计算依据本院不再予以审查。由于中银公司与工行营业部于 2004 年 1 月 7 日签订的《偿还贷款协议书》是对漆包线厂陈欠债务整体偿还方案,对于 2006 年 6 月 20 日以后的利息计算不再适用单个合同的利率,但是,该《偿还贷款协议书》对承诺偿还的借款债务利息的数目及计算方法没有约定,根据《不良贷款案件规定》第七条"债务人逾期归还贷款,原借款合同约定的利息计算方法不违反法律规定的,该约定有效。没有约定或者不明的,依照中国人民银行《人民币利率管理规定》计算利息和复息"之规定,原审判决对长城公司呼和浩特办事处有关利息的诉讼请求予以支持正确,其判决理由并无不当,本院予以维持。

【案例来源】

最高人民法院民事审判第二庭编:《最高人民法院商事审判指导案例(第五卷)》(上),中国法制出版社 2011 年版,第 237 ~ 246 页。

059 滚动式借款合同中的利息计算

【关键词】

| 滚动式借款 | 利息 |

【案件名称】

招商银行与海南中商旅业股份有限公司、中青基业投资发展中心借款合同纠纷案［最高人民法院（2002）民二终字第128号民事判决书］

【裁判精要】

最高人民法院认为：

本案中当事人签订的12份抵押贷款合同均为当事人真实意思表示，除约定收取手续费的补充协议因违反中国人民银行的有关规定应认定无效外，其余内容并不违反法律、法规规定，原审判决认定其合法有效是正确的。对于招商银行已经向旅业公司收取的手续费即高息，从本院查明的该行具体扣划旅业公司39笔还款情况看，由于该行扣划旅业公司的还款系累计滚动进行，并承认所扣划的利息中包括合同约定的法定利息、复利、逾期罚息和手续费（即高息）；该行未提供证据证明，每笔被扣划款项之具体利息构成、分属于哪一份借款合同，以及手续费是在该借款合同订立之后直接被扣划，还是在合同履行期届满后被扣划。故原审判决采取将每笔还款中收取的手续费（即高息）冲抵下一笔的借款本金并在此基础上计算相应利息的方法，确定旅业公司实际欠付该行的款项，并无不妥，本院予以维持。本案当事人在一审中就具体的计算方法虽未能达成一致意见，但鉴于就招商银行贷出的款项、旅业公司按期或逾期还款等事实证据，原审法院在一审中业已质证，本院予以采纳。招商银行关于原审判决对计算方法未经质证作为定案依据、违反法定程序的上诉理由缺乏事实依据和法律根据，不能成立，本院不予支持。另外，旅业公司与中青发展中心在原审法院主持下达成的调解协议，其内容并未超出各自的民事权利范围，亦未侵害招商银行的合法权益，且程序合法。原审法院以此为基础作出裁判并无不当，本院予以维持。

【权威解析】

本案争议的焦点之二是计息方式。几年来，招行海南办事处对借款人的39笔还款均已按照借款合同扣划完毕，共扣本金20400万元（已还清），利息37089680.62元。但究竟应当如何计算招商银行所应返还的高息，该行每次多收的高息应从何时开始充抵本金，招商银行与旅业公司自始至终都未能达成一致意见，双方提出了不同的计算标准，结果是大相径庭。民商事案件中当事人的责任最终往往落实到所谓算账问题上，像本案的借款合同纠纷，合同有多个，借款人还款、贷款人扣划所还款项均是滚动式的，即并非按照每个借款合同进行的，加之持续时间长、证据不明确，如何在这种情形下寻求一种公平合理的计算方法，是摆在法官面前必须解决的棘手问题。

为查明事实，最高人民法院承办本案的法官召集当事人对涉及这12份抵押贷款合同、39笔延续了4年之久的扣、还款情况进行了调查质证。从招行提交的39份银行进账单、特种转账传票、贷款计息凭证等证据材料来看，在1993年底至1997年11月4年多的时间里，旅业公司偿还的39笔款项，有多笔均未注明"本"或"息"。招行海南办事处每次扣划款项都是按照旅业公司对本或息的注明，按照借款合同约定的计息时间（以季为一个阶段）累计计算应偿还的款项，并非按照每一个借款合同来分别统计扣划，即银行扣款是滚动进行的。上述银行凭证无法证明，每次扣划的款项中究竟是扣的哪份合同项下的借款，也无法证明具体某一笔利息计算采用的是何种利率（包括借款合同约定的正常利率、复息利率，还是手续费的利率），但各笔扣款均未使用人民银行规定的挤占挪用的处罚利率（即银行从未扣收过所谓旅业公司挤占挪用的罚息）。另外，招行海南办事处与本案担保人中商所在1997年11月5日的结算记载，表明该办事处确实是按照合同约定的四项贷款利率（包括贷款基准利率、人民银行允许上浮的20%利率、复息利率、逾期罚息利率），实际进行了扣划。招商银行在本院庭审中对此亦予以认可。可见，银行每次扣划利息并不是在借款合同签订之后，款项贷出之时预先扣下的，而是借款合同履行期间陆续进行扣划的，这并不属于"高息应抵本"的一般情形，也不属于银行不当得利数额明确应予返还的情形。原审判决采取将旅业公司每笔还款中多出的手续费逐笔折抵下一笔应收的本金，在此基础上再计算出相应的利息的做法，已将人民银行允许各地银行贷款利率上浮20%的部分计算进去，这对上诉人招商银行是有利的，并无不妥。故最高人民法院采取了维持原审判决的有关计息方式。①

【案例来源】

最高人民法院民事审判第二庭编：《民商审判指导与参考》（总第4卷），人民法院出版社2004年版，第203~213页。

---

① 参见李京平：《滚动式借款合同如何计算所收取的高息——招商银行与海南中商旅业股份有限公司、中青基业投资发展中心借款合同纠纷上诉案》，载最高人民法院民事审判第二庭编：《民商审判指导与参考》（总第4卷），人民法院出版社2004年版，第216~217页。

（二）逾期利息及罚息

060 出借人按照借款合同约定宣布贷款提前到期，借款人未予偿还即为逾期，应按约定计算罚息

【关键词】

｜借款合同｜提前到期｜罚息｜

【案件名称Ⅰ】

沈阳福润肉类加工有限公司与平安银行股份有限公司沈阳分行金融借款合同纠纷案［最高人民法院（2018）最高法民终1268号民事判决书，2018. 12. 18］

【裁判精要】

最高人民法院认为：

本案争议焦点为：案涉借款的逾期利率应如何确定。

福润公司上诉主张，原审判决认定案涉贷款合同于2017年5月24日被解除，合同解除后，逾期利息应按中国人民银行同期贷款利率计算，不应再按照合同约定的罚息、复利等利率计算。本院认为，根据本案查明的事实，案涉贷款合同被原审法院判令解除，是因为债务人福润公司和保证人雨润公司发生合同约定的重大事项没有向债权人平安银行沈阳分行报告，合同约定的解除条件已经成就。可见，平安银行沈阳分行提前收贷，是因福润公司和雨润公司违约所致。原审判决认定平安银行沈阳分行关于解除案涉贷款合同，要求提前偿还贷款的理由成立，并判决福润公司从解除合同之日2017年5月24日起支付逾期贷款利息，并无不当。根据《合同法》第九十八条关于“合同的权利义务终止，不影响合同中结算和清理条款的效力”的规定，案涉借款合同被解除，并不影响合同关于逾期贷款利率条款对合同双方当事人的法律约束力。案涉贷款合同约定：“贷款到期或提前到期，乙方福润公司未能按约定偿还贷款的，甲方平安银行有权根据实际逾期天数从逾期之日起对贷款本金按照本合同约定的利率加50%计收罚息。对不能按时支付的利息，按罚息利率计收复利。”原审判令福润公司按合同约定支付罚息、复利，适用法律并无不当。《中国人民银行关于人民币贷款利率有关问题的通知》（银发〔2003〕251号）第三条规定：“逾期贷款（借款人未按合同约定日期还款的借款）罚息利率由现行按日万分之二点一计收利息，改为在借款合同载明的贷款利率水平上加收30%～50%……对逾期或未按合同约定用途使用借款的贷款，从逾期或未按合同约定用途使用贷款之日起，按罚息利率计收利息，直至清偿本息为止。对不能按时支付的利息，按罚息利率计收复

利。”双方约定的逾期贷款利率符合上述中国人民银行关于罚息和复利的规定,原审判令福润公司按年利率6.525%支付逾期贷款利息,并未超过法律规定的范围。福润公司上诉主张按年利率6.525%支付逾期利息超过平安银行沈阳分行实际损失的30%,应按4.35%支付逾期贷款利息,亦缺乏法律依据,本院不予支持。

【案例来源】

中国裁判文书网,http://wenshu.court.gov.cn。

【案件名称Ⅱ】

贵阳农村商业银行股份有限公司金竹支行与贵州省诺亚精工制造有限公司等金融借款合同纠纷案[最高人民法院(2018)最高法民终574号民事判决书,2018.10.31]

【裁判精要】

最高人民法院认为:

二、罚息利率起算时间的确定

案涉《流动资金借款合同》第十条第二款约定:“出现上述(一)至(五)项违约事件,乙方有权行使下达一项或几项权利:(一)……宣布贷款立即到期,要求甲方立即偿还本合同项下所有到期及未到期债务的本金、利息及费用。……(五)借款逾期后,对甲方未按时还清的借款本金和利息(包括乙方宣布全部或部分提前到期的借款本金及利息),自逾期之日起至本息全部清偿之日止按罚息利率和本合同约定的结息方式计收利息和复利……”一审法院认为,借款借据载明案涉借款到期日为2017年10月29日,视为双方已对原约定的借款期限即2017年6月15作出了变更,故案涉借款利息、复利及罚息应根据变更后的借款期限分别计算。本院认为,本案中,在出现借款人未按期归还债务本息的情况下,农商行金竹支行向借款人发出《债务提前到期通知书》,宣布借款合同下的债务立即到期,符合《流动资金借款合同》第十条第一款第一项、第二款第一项的约定。债务提前到期意味着因约定事由的出现,原约定的债务履行期限依约已经提前届满。在履行期限届满后或债权人给出的履行宽限期届满后,债务人仍未履行的债务其性质即属于借款逾期。农商行金竹支行发出《债务提前到期通知书》宣布借款合同下的债务立即到期的同时,要求借款人限期归还借款本金、利息、罚息等全部债务,符合《流动资金借款合同》第十条第二款第五项的约定。债权人宣布未归还借款的本息加速到期后,借款借据载明的到期日2017年10月29日已提前到期,虽然借款借据载明的到期日变更了原约定的到期日2017年6月15日,但债权人宣布债务提前到期的权利并未因此而受限甚至被消灭,原判决对罚息利率起算时间的认定有误,本院予以纠正。

因借款人于2017年4月18日签收了《债务提前到期通知书》,该通知给予了债务人三天的履行宽限期,而借款人在宽限期内仍未履行清偿债务本息的义务,故自

2017年4月22日开始，应按约定罚息利率即贷款月利率0.59583%上浮50%后的利率作为利率计算标准，该利率标准既符合合同约定，亦未超出法定上限，应予支持。

【案例来源】

中国裁判文书网，http://wenshu.court.gov.cn。

【案件名称Ⅲ】

绵阳裕都实业有限公司与兴业银行股份有限公司绵阳支行金融借款合同纠纷案［最高人民法院（2017）最高法民终355号民事判决书，2017.11.29］

【裁判精要】

最高人民法院认为：

一、关于涉案借款的利息、罚息和复利的计算问题

（二）罚息计算问题。绵阳裕都公司主张9.95亿元借款尚未到还款日期，不属于《借款合同》约定的逾期借款，不应计收罚息。本院认为，根据《借款合同》第十三条提前收贷相关条款“一、在借款期间，借款人或担保人（保证人或抵押人或出质人）发生下列情况之一时，贷款人有权单方决定停止支付借款人尚未使用的借款，并提前收回部分或全部借款本息，分期偿还的借款，贷款人对其中某一期借款依据本合同约定提前收贷的，其他未到期的借款视为提前到期：……（九）借款人没有按期偿还本合同项下任何一项融资的本金、利息”；第十八条本金和利息加速到期条款“借款人同意，一旦借款人未履行本合同第十二条声明与承诺，或借款人未履行本合同项下之任何一项义务时，贷款人有权决定借款人对贷款人的其他任何一项义务包括本合同项下借款的到期和未到期的全部本金、利息（含罚息及复利）的偿还义务将立即到期”的约定，兴业银行绵阳支行享有在约定情形出现时决定涉案借款提前到期的权利。本案中，因绵阳裕都公司没有按期偿还借款本金，兴业银行绵阳支行据此主张提前收回未到期的全部借款，应予支持。根据合同约定，涉案10亿元借款自兴业银行绵阳支行通知收回之日即全部到期，之后未予偿还即为逾期借款。绵阳裕都公司主张9.95亿元不属于逾期借款，缺乏依据。关于借款到期日的确定，因兴业银行绵阳支行未提交其书面通知到达绵阳裕都公司的相关证据，一审将兴业银行绵阳支行起诉后，绵阳裕都公司收到应诉通知书的时间认定为借款到期日，并无不妥。绵阳裕都公司有关应该给其合理的准备期限、利率过高再收罚息不合理的相关主张，亦缺乏依据。根据《借款合同》第二十三条第六款第（五）项“借款人未按期还款且又未就展期事宜与贷款人达成协议，即借款逾期的，贷款人有权对逾期的借款计收罚息，罚息利率为借款利率上浮50%”的约定。涉案10亿元借款于2016年1月29日提前到期，故应以10亿元为基数，以年息13.5%计算罚息，从2016年1月30日起至付清之日止。对于绵阳裕都公司主张借款合同约定的借款利率为浮动利率，

计算罚息不应以固定的9%作为基数的请求。如前所述,本案全部借款加速到期日为2016年1月29日,此时基准利率尚未发生调整,一审法院据此利息标准来计算罚息并无不当。综上,绵阳裕都公司有关不应收取罚息的上诉请求和理由,本院不予支持。

【案例来源】

中国裁判文书网,http://wenshu.court.gov.cn。

061 罚息和复利本质上系对借款人违约时向贷款人承担财产责任的约定,具有违约金的性质

【关键词】

| 罚息复利 | 违约金 |

【案件名称】

山东富邦盛世房地产开发有限公司与四川信托有限公司借款合同纠纷案[最高人民法院(2017)最高法民终496号民事判决书,2017.11.30]

【裁判精要】

最高人民法院认为:

四川信托作为依法成立的非银行金融机构,其与富邦盛世公司签订的《信托贷款合同》属于金融借款合同,双方当事人在《信托贷款合同》中对复利的计算标准和支付问题进行了明确约定,而法律、法规对该类借款合同中关于复利的约定并无禁止性规定,对富邦盛世公司关于从二审立案之日起不支付复利的上诉请求本院不予支持。

四川信托与富邦盛世公司在《信托贷款合同》中约定:"就借款人未按期偿付的贷款本金,按本合同项下贷款利率(日利率)上浮50%按日计收罚息,并对应付未付的利息按罚息利率计收复利,直至借款人清偿贷款本金及利息为止。"该合同附件一约定:合同借款的年利率为16%,发生1.7.3约定信托贷款延期情形的,本合同项下该期信托贷款的固定利率自延期之日起调整为16.5%,日利率=年利率÷360。2015年7月20日,四川信托与富邦盛世公司签订《信托贷款合同之补充协议一》约定:四川信托同意将原各期贷款期限延长12个月,贷款利率自延期之日起按照16.5%/年的标准执行。四川信托于2016年6月16日向富邦盛世公司发出《关于立即提前偿还贷款的通知》宣布贷款提前到期。一审根据当事人在合同中关于延期利率以16.5%为基础上浮50%的约定,按日计算未还本金的罚息,确定罚息以未还本金为基数,按每日万分之六点八七五(16.5%×150%÷360)的标准,自2016年6月

17日起计算至本息清偿之日止,复利以欠息金额为基数,按每日万分之六点八七五标准自欠息之日起计算至本息清偿之日止。本院认为,当事人对罚息和复利的约定,本质上系对借款人违约时向贷款人承担财产责任的约定,罚息和复利具有违约金的性质。根据《合同法》第一百一十四条关于"约定的违约金过分高于造成的损失的,当事人可以请求人民法院或者仲裁机构予以适当减少"的规定,如果当事人以约定的违约金过高为由请求人民法院予以适当减少的,人民法院可予以调减。本案中,当事人约定的罚息和复利总计超过了年利率24%,现作为金融借款合同借款人的富邦盛世公司以四川信托同时主张的罚息、复利过高,请求予以适当降低,本院对二审立案之日后即2017年7月3日后案涉借款罚息和复利总计超过年利率24%的部分予以调减。

【案例来源】

中国裁判文书网,http://wenshu.court.gov.cn。

062 约定的逾期利息计算标准高于一般银行同期贷款利率的,支付逾期利息即具有支付违约金的性质

【关键词】

| 逾期利息 | 违约金 |

【案件名称】

黑龙江天马房地产综合开发(集团)有限公司与中国建设银行股份有限公司哈尔滨住房支行借款合同纠纷案[最高人民法院(2007)民二终字第228号民事判决书,2008.3.15]

【裁判精要】

最高人民法院认为:

《合同法》第二百零七条规定,借款人未按照约定的期限返还借款的,应当按照约定或者国家有关规定支付逾期利息。逾期利息的计算标准高于一般银行同期贷款利率的设定表现了逾期利息的惩罚性,支付逾期利息即具有承担因违约逾期还贷而应支付违约金的性质。

【案例来源】

最高人民法院民事审判第二庭编:《最高人民法院商事审判指导案例·借款担保卷》(上),中国法制出版社2011年版,第128~131页。

编者说明

《合同法》第二百零七条规定，借款人未按约定的期限返还借款的，应当按照约定或者国家有关规定支付逾期利息。借款人的主要义务就是还款付息，未按期归还借款是一种严重违约行为，给债权人的合法权益带来较大损害，因此必须承担相应的违约责任，逾期利息的支付实质即是违约责任的承担。应该明确，逾期利息与中国人民银行规定的逾期罚息是有所区分的，罚息实际上是借款人不按合同约定期限还款时，贷款人向借款人收取的超过正常借款利率的带有一定惩罚性的利息。而逾期利息仅是指中国人民银行规定的在借款人逾期归还借款本息时支付给贷款人的超期使用资金的利息。逾期利息既包括罚息，又不仅仅是罚息，实质是借款人逾期还款时应当向贷款人支付的法定利息及罚息之和，从而体现了确定逾期利息的标准具有一定的处罚性。①

063 违约金与逾期贷款利息均有惩罚性质，逾期贷款利息已足以弥补利息损失的，对违约金部分不再判决

【关键词】

| 违约金 | 逾期利息 |

【案件名称】

兰州农村商业银行股份有限公司金城支行与贾铭琳、冯叶红等金融借款合同纠纷案［最高人民法院（2016）最高法民终 290 号民事判决书，2016. 10. 28］

【裁判精要】

最高人民法院认为：

四、原审判决认定蓥杰公司支付金城支行逾期利息的利率标准以及律师费数额是否计算有误，违约金是否应予支持

金城支行上诉主张，《最高额综合授信合同》约定，如蓥杰公司在承兑汇票到期日之前不能足额交付票款时，城关区农信社营业部对不足部分自票据到期日起转作逾期贷款，蓥杰公司除应支付逾期贷款利息外，还应支付违约金，违约金每日按逾期贷款万分之四计。鉴于双方当事人对逾期贷款利息标准未作明确约定，原审法院参照银发〔2003〕251 号《中国人民银行关于人民币贷款利率有关问题的通知》中关于罚息利率规定的标准，将本案逾期利息的标准确定为按照中国人民银行同期贷款基准利率上浮 50%，依据充分，并无不当。

对于金城支行提出的按日万分之四支付违约金的上诉请求，因违约金与逾期贷款利息均具有惩罚性质，原审法院认为逾期贷款利息已足以弥补金城支行的利息损

---

① 参见王全兴等主编：《新合同法原理与案例评析》，暨南大学出版社 1999 年版，第 307 页。

失，故对于违约金部分不再重复判决，该认定并无明显不当。故对于金城支行的此项上诉请求，本院不予支持。

【案例来源】

中国裁判文书网，http://wenshu. court. gov. cn。

（三）复利

064 对借款合同期内不能按期支付的利息计收复利的约定有效

【关键词】

| 借款合同 | 利息 | 复利 |

【案件名称Ⅰ】

北京弘轩鼎成房地产开发有限公司与中国工商银行股份有限公司北京平谷支行及北京中弘弘庆房地产开发有限公司、中弘控股股份有限公司金融借款合同纠纷案［最高人民法院（2018）最高法民终1358号民事判决书，2019. 3. 18］①

【裁判精要】

最高人民法院认为：

本案二审争议焦点主要是一审法院判决弘轩公司给付工行平谷支行复利是否正确。

《人民币利率管理规定》第二十一条规定："……对贷款期内不能按期支付的利息按合同利率按季计收复利，贷款逾期后改按罚息利率计收复利。"第二十五条规定："逾期贷款或挤占挪用贷款，从逾期或挤占挪用之日起，按罚息利率计收罚息，直到清偿本息为止，遇罚息利率调整分段计息。对贷款逾期或挪用期间不能按期支付的利息按罚息利率按季（短期贷款也可按月）计收复利……"复利是对贷款期内未付利息计收的利息或罚息，参照上述规定以及金融借款交易惯例，金融机构借款人有权收取复利，复利的收取标准，贷款期内按合同利率计收，贷款逾期按罚息利率计收。案涉《房地产借款合同》第一部分基本约定第十一条（5）约定："逾期借款按合同利率加收50%的利率计收罚息，并对未支付利息按合同利率加收50%的利率计

---

① 北京弘轩鼎成房地产开发有限公司与中国工商银行股份有限公司北京平谷支行及北京中弘弘庆房地产开发有限公司、中弘控股股份有限公司金融借款合同纠纷案［最高人民法院（2018）最高法民终1357号民事判决书，2019. 3. 18］的裁判理由与本案民事判决书基本一致（略），载中国裁判文书网，http://wenshu. court. gov. cn。

收复利。”第二部分具体条款9.3约定:“借款到期(含被宣布立即到期)借款人未按约偿还的,贷款人有权自逾期之日起按本合同约定的逾期罚息利率计收罚息。对借款人未按时支付的利息,按逾期罚息利率计收复利。”上述约定系当事人真实意思表示,内容不违反法律、行政法规的禁止性规定,合法有效,当事人应当依约履行合同义务。

本案中,弘轩公司已经向工行平谷支行支付了自2018年3月20日的利息。本案贷款于2018年4月25日提前到期,根据前述规定和约定,工行平谷支行有权要求弘轩公司以6.3亿元为基数,支付自2018年3月21日起至2018年4月25日之止的利息,共计2992500元。因为弘轩公司并未依约支付上述利息,故一审法院据此判决弘轩公司按中国人民银行一至五年期贷款基准利率加收50%的标准计收复利,符合双方约定。双方当事人均认可案涉贷款按照合同约定计收利息、罚息、复利的总和并不超过年利率24%,且总和金额未明显过高,故弘轩公司关于收取复利有违公平原则的上诉理由不能成立。弘轩公司主张迟延还款的原因是政策变化导致其资金紧张,但其并未提交证据予以证明。弘轩公司的上诉请求缺乏事实与法律依据,不能成立,本院不予支持。

【案例来源】

中国裁判文书网,http://wenshu.court.gov.cn。

【案件名称Ⅱ】

宁波天海它山实业有限公司与新华信托股份有限公司合同纠纷案[最高人民法院(2018)最高法民终956号民事判决书,2018.11.27]

【裁判精要】

最高人民法院认为:

关于宁波天海公司应否支付新华信托公司复利,信托报酬、银行保管费、罚息和复利等各项费用的年总和是否超过相应借款本金年利率24%的问题。《中国人民银行关于人民币贷款利率有关问题的通知》第三条第二款规定,对逾期或未按合同约定用途使用借款的贷款,从逾期或未按合同约定用途使用贷款之日起,按罚息利率计收利息,直至清偿本息为止。对不能按时支付的利息,按罚息利率计收复利。可见,相关行政主管部门对收取复利并不禁止。宁波天海公司主张新华信托公司同时收取罚息和复利违反有关法律规定,依据不足。《信托融资合同》第六条约定,若胡大林、庞易民、深圳天海公司到期不偿还本合同项下融资本金及利息的,甲方有权清偿或解除合同、处置抵押物,对逾期融资款项(含本金及应付利息)按日计收万分之五的罚息,并对未支付利息计收复利。《信托融资合同补充协议》第一条约定,宁波天海公司自愿成为天海股权收益权信托计划信托融资的债务人,与深圳天海公司共同承担该信托计划项下所有债务。宁波天海公司知晓并自愿承担和享有天海股权收益权信托计划债务人的权利和义务以及合同相关的违约责任。由上述约定内容可知，当事人对债务人逾期偿还融资本金及利息所应承担的违约责任有明确约定。根据已经查明的事实，胡大林、庞易民、深圳天海公司并未按照《信托融资合同》的约定全面履行偿付融资本金及利息的合同义务，一审判决依据上述合同约定认定宁波天海公司支付复利，有合同依据。经计算，上述所有费用的总和均不超过各类信托资金本金为基数的年利率24%，宁波天海公司亦认可该事实，其该项上诉主张，依据不足，本院不予支持。

【案例来源】

中国裁判文书网，http://wenshu.court.gov.cn。

【案件名称Ⅲ】

贵州吉顺矿业有限公司与贵州银行股份有限公司金沙支行金融借款合同纠纷案［最高人民法院（2017）最高法民终370号民事判决书，2017.11.24］

【裁判精要】

最高人民法院认为：

一、案涉借款应否计收复利，如应计收其数额应如何确定

吉顺公司上诉请求要求本院改判其不支付复利298134.82元，在事实和理由部分称一审法院仅依据《中国人民银行关于人民币贷款利率有关问题的通知》第三条的规定判令其支付复利无法律依据。本院注意到，2015年4月15日，贵州银行金沙支行作为贷款人与吉顺公司作为借款人签订的《贵州银行股份有限公司固定资产借款合同》中，已明确约定吉顺公司未按期支付利息，自次日起对未按时偿付的利息按本合同约定的借款利率基础上上浮百分之五十计收复利。本院认为，双方当事人于借款合同中对于复利之约定系双方当事人真实意思表示，其约定内容符合中国人民银行发布的《人民币利率管理规定》第二十一条关于"对贷款期内不能按期支付的利息按合同利率按季计收复利"之规定，当事人借款合同中关于计收复利的约定合法有效。吉顺公司上诉请求从一审判决的6292122.31元复利中减少支付复利298134.82元，对于该298134.82元如何计算得出，其当庭表示不清楚如何计算得出。庭后吉顺公司提交说明称，该298134.82元系2015年4月23日至2016年5月19日贵州银行金沙支行计算利息表中显示的复利金额。经查，贵州银行金沙支行一审提交的案涉贷款利息计算说明中，对2015年4月23日至2016年5月19日复利分段计算已详细列表予以说明，吉顺公司未提出任何支持其上诉请求的事实和理由。一审法院判决吉顺公司对未按时偿付之利息支付复利的事实和法律依据充分，本院对吉顺公司该无任何实质事实和理由支撑的上诉请求不予支持。

【案例来源】

中国裁判文书网,http://wenshu. court. gov. cn。

【案件名称Ⅳ】

兴业银行股份有限公司天津分行与天津市万特商贸有限公司金融借款合同纠纷案[最高人民法院(2015)民二终字第179号民事判决书,2015. 7. 29]

【裁判精要】

最高人民法院认为:

本案二审的争议焦点为兴业银行天津分行应否对万特公司未按时支付的利息计收复利,2014年9月21日至2014年12月25日期间的利息数额是多少。

根据中国人民银行颁布的《人民币利率管理规定》(银发〔1999〕77号)第三条关于"中国人民银行是经国务院授权的利率主管机关,代表国家依法行使利率管理权,其他任何单位和个人不得干预"的规定以及第四条关于"中国人民银行制定的各种利率是法定利率。法定利率具有法律效力,其他任何单位和个人均无权变动"的规定,中国人民银行代表国家依法行使利率管理权,其制定的各种利率是法定利率。关于复利,上述《人民币利率管理规定》第二十五条规定:"逾期贷款或挤占挪用贷款,从逾期或挤占挪用之日起,按罚息利率计收罚息,直到清偿本息为止,遇罚息利率调整分段计息。对贷款逾期或挪用期间不能按期支付的利息按罚息利率按季(短期贷款也可按月)计收复利……"2004年1月1日实施的《中国人民银行关于人民币贷款利率有关问题的通知》(银发〔2003〕251号)第三条也明确规定:"逾期贷款(借款人未按合同约定日期还款的借款)罚息利率为在借款合同载明的贷款利率水平上加收30%~50%;对逾期贷款,从逾期之日起,按罚息利率计收利息,直至清偿本息为止。对不能按时支付的利息,按罚息利率计收复利。"据此,中国人民银行发布的行政规章及规范性文件均明确规定金融机构对于借款人不能按时支付的利息可以计收复利,复利属于法律规定的利率计算形式之一。本案中,双方当事人在《委托贷款借款合同》第五条中亦明确约定了复利,该条约定:合同期内借款利率执行固定利率年9.3%,借款期间不因国家基准利率的调整而调整;未按期还款的,罚息利率为借款利率上浮50%;对未按时支付的利息,按合同约定的借款逾期罚息利率计收复利。上述约定是双方当事人的真实意思表示,亦符合中国人民银行颁布的《人民币利率管理规定》以及《中国人民银行关于人民币贷款利率有关问题的通知》关于复利的相关规定,并不违反公平原则,应当予以保护。故原审判决支持兴业银行天津分行主张万特公司支付复利的诉讼请求,有合法依据,亦符合当事人的真实意思表示,并无不当,应予维持。万特公司上诉所提本案计收复利缺乏法律依据且违反公平原则的主张,理据不足,本院不予支持。

【案例来源】

中国裁判文书网,http://wenshu. court. gov. cn。

【案件名称V】

中国农业银行股份有限公司拉萨康昂东路支行与西藏诺迪康药业股份有限公司、西藏华西药业集团有限公司金融借款合同纠纷案[最高人民法院(2013)民二终字第47号民事判决书,2013. 9. 13]①

【裁判精要】

裁判摘要:中国人民银行发布的《人民币利率管理规定》第二十条第二款规定,对贷款期内不能按期支付的利息按贷款合同利率按季或按月计收复利,贷款逾期后改按罚息利率计收复利。最后一笔贷款清偿时,利随本清。因此,银行依约定对应付未付利息计收复利的主张,不违反法律的强制性规定,人民法院应予支持。

最高人民法院认为:

二、关于对应付未付利息计收复利是否符合法律规定和合同约定问题

本案双方签订的《借款合同》载明,本案所涉贷款的借款种类为短期流动资金。《人民币利率管理规定》第二十条第二款规定"短期贷款按季结息的,每季度末月的二十日为结息日;按月结息的,每月的二十日为结息日。具体结息方式由借贷双方协商确定。对贷款期内不能按期支付的利息按贷款合同利率按季或按月计收复利,贷款逾期后改按罚息利率计收复利。最后一笔贷款清偿时,利随本清"。双方在两份《借款合同》中亦约定,对应付未付利息,贷款人依据中国人民银行规定计收复利。因此,农行拉萨康昂支行对借款人西藏诺迪康公司应付未付的利息计收复利的主张事实和法律依据充分,一审要求西藏诺迪康公司支付复利的判决并无不当,本院对西藏诺迪康公司请求撤销支付复利的上诉请求依法不予支持。

【案例来源】

最高人民法院民事审判第二庭编:《最高人民法院商事审判指导案例(2014)》,中国民主法制出版社2015年版,第690~697页。

① 中国农业银行股份有限公司拉萨康昂东路支行与西藏诺迪康药业股份有限公司、西藏华西药业集团有限公司、成都诺迪康生物制药有限公司金融借款合同纠纷案[最高人民法院(2013)民二终字第46号民事判决书,2013. 9. 13]的裁判理由与本案民事判决书基本一致(略),载中国裁判文书网,http://wenshu. court. gov. cn。

【案件名称Ⅵ】

河北源泰矿业有限公司与中国建设银行股份有限公司石家庄金泉支行、河北金丰钢铁集团有限公司、河北金沙河面业有限责任公司借款合同纠纷案【最高人民法院（2009）民二终字第12号民事判决书，2009.4.3】

【裁判精要】

最高人民法院认为：

中国人民银行是金融机构借款利息管理机关，其制定颁布的《人民币利率管理规定》第二十条、第二十一条规定，对贷款期内不能按期支付的利息按合同利率计收复利，贷款逾期后改按罚息利率计收复利。《中国人民银行关于人民币贷款利率有关问题的通知》第三条第二款规定，对逾期或未按合同约定用途使用借款的贷款，从逾期或未按合同约定用途使用贷款之日起，按罚息利率计收利息，直至清偿本息为止。对不能按时支付的利息，按罚息利率计收复利。《民通意见（试行）》第一百二十五条规定的适用范围限于自然人之间的借款，不适用于金融机构与法人之间的借款合同关系。企业法人据此提出拒绝向发放贷款的金融机构支付相应复利的诉讼主张不能成立，人民法院不予支持。

【案例来源】

最高人民法院民事审判第二庭编：《最高人民法院商事审判指导案例·借款担保卷》（上），中国法制出版社2011年版，第3～9页。

编者说明

关于金融机构借款合同中约定复利应否保护问题，曾有不同的观点。第一种观点认为，我国立法的基本态度是禁止复利，中国人民银行《人民币利率管理规定》第二十条、第二十一条尽管对约定复利进行了规定，但该规定仅是行政规章，在司法实务中对其只是参考适用，而不是必须适用。因此，对于金融机构依据《人民币利率管理规定》在借款合同中约定计算复利的，该约定应认定无效，法院不予支持。第二种观点认为，该问题实质涉及两个问题，即根据人民银行有关规定可以收取复利的，但当事人在借款合同中没有约定，债权人此时主张复利，应否予以支持以及在复利计收无明确法律依据，但当事人在借款合同中约定计收复利的，应否予以支持问题。最高人民法院曾经在1988年4月2日公布实施的《民通意见（试行）》第一百二十五条以及1991年8月13日法（民）发〔1991〕21号《民间借贷案件意见》规定了有条件地限制允许利息计算复利的原则，但上述规定不适用金融机构为出借人的借款合同。关于金融机构为出借人的借款合同中复利问题的处理上应采取的总原则是：当中国人民银行有明文规定可以计收复利时且为当事人所明确约定的，人民法院应当予以保护。有规定但没有约定或者虽有约定但无相应规定，均不予支持，以保障当事人之间利益实质平等。对于银行有相应规定可以计算复利的，但当事人在借款合同中没有约定，金融机构请求借款人支付复利的，除借款人明确表示同意外，不予支持。特别是对贷款期限届满之后没有归还本金及相应利息，对未归还的借款本金按照《合同法》第二百零七条规定的逾期利息标准计算违约金，对借款期限届满后未支付的利息不再按照逾期利息标准计算复利。①

最高人民法院在东营胜通驾驶培训有限责任公司、金淑英与韩建等金融借款合同纠纷申请再审案中亦认为，借款合同约定合同期内未按期支付的利息，按合同约定利率计收复利；借款逾期后未支付的利息，按罚息利率计收复利的，该约定并不违反法律法规的禁止性规定，属有效约定。②

065 借款合同约定贷款逾期后将期内复利作为计息基数符合行业内通行的复利计收方式

【关键词】

｜借款合同｜贷款逾期｜复利｜

【案件名称】

上海豫园大酒店有限公司与中建投信托有限责任公司金融借款合同纠纷案［最高人民法院（2016）最高法民终708号民事判决书，2017.2.10］

【裁判精要】

最高人民法院认为：

二、贷款逾期后计算逾期利息的基数，是否应包括期内未按期支付的利息的复利

豫园公司上诉主张贷款逾期利息计算的基数不应包括期内利息的复利。对此，本院认为，中国人民银行颁布的《人民币利率管理规定》第二十一条规定，对贷款期内不能按期支付的利息按合同利率按季计收复利，贷款逾期后改按罚息利率计收复利。案涉《信托资金贷款合同》第十二条第5项约定，对豫园公司在贷款期内不能按期支付的利息，中建投公司有权按18.4%的年利率计收复利。即案涉合同中就贷款期内不能按期支付利息的复利利率及逾期后计收复利的罚息利率均约定为年利率18.4%，且关于贷款期内不能按期支付的利息的计息方式均明确为计收“复利”。依据前述“复利”计收方式的分析，之前计息期所生的利息均须计入下期利息的计算基数，即以贷款到期日为结息日，该计息期内的“利息”数额即包括本金的利息亦包括

① 参见宋晓明、朱海年、王闯、张雪楳：《合同纠纷案件审理中的疑难问题》，载最高人民法院民事审判第二庭编：《民商事审判指导》（总第11辑），人民法院出版社2007年版，第152～153页。

② 参见最高人民法院（2014）民申字第1563号民事裁定书（2014.9.29），载中国裁判文书网，http://wenshu.court.gov.cn。

利息产生的复利,故在贷款逾期后将期内的复利作为计息基数符合行业内通行的复利计收方式及双方的约定。豫园公司的此项上诉理由不成立,本院不予支持。

【案例来源】

中国裁判文书网,http://wenshu.court.gov.cn。

066 借贷双方可以在借款合同中对罚息的计收标准作出特别约定

【关键词】

|借款合同|罚息复利|特别约定|

【案件名称】

湖北德立房地产开发有限公司与中国华融资产管理股份有限公司湖北省分公司及鄂州市天华物宝矿业有限责任公司等债权转让合同纠纷案[最高人民法院(2016)最高法民终493号民事判决书,2016.9.29]

【裁判精要】

最高人民法院认为:

一、关于涉案《借款合同》中约定"逾期还款按贷款利率加收60%罚息利率计收利息"的条款是否有效问题

本院认为,《贷款利率通知》[①]系中国人民银行针对银行业内部制定的管理性文件,不能作为确认银行与其他民事主体之间签订的信贷合同是否有效的法律依据。虽然,德立公司与中信银行鄂州支行在《借款合同》第12.5条中约定:"德立公司未能按合同约定偿还的本金,中信银行鄂州支行除有权行使本合同第12.4款约定的权利外,有权根据实际逾期天数,按合同届时的贷款利率加收60%罚息利率计收利息。"该约定系双方当事人真实意思的表示,不存在违反法律、行政法规效力性禁止性规定的情形,应属有效协议。而且,华融湖北分公司与招商财富公司、中信银行鄂州支行、德立公司在《债权转让协议》中,对德立公司的欠款本金21000万元、利息1705.275万元、罚息1241.79万元及担保等权利进行了确认,其中逾期利息是按照《借款合同》中约定贷款利率加收60%罚息利率计算的,德立公司对此并未提出异议。故德立公司上诉称《借款合同》中约定"逾期还款按贷款利率加收60%罚息利率计收利息",违反了《贷款利率通知》第三条"逾期贷款利息最高也只能加收至50%"的规定,没有法律依据,应不予支持。

---

① 指《中国人民银行关于人民币贷款利率有关问题的通知》(银发〔2003〕251号)。

二、关于涉案21000万元逾期借款利息、罚息的确认问题

《不良贷款案件规定》第七条规定："债务人逾期归还贷款，原借款合同约定的利息计算方法不违反法律规定的，该约定有效。没有约定或约定不明的，依照中国人民银行《人民币利率管理规定》计算利息和复息。"本案中，德立公司与华融湖北分公司在《债权转让协议》中对借款利息计算方法已有明确约定，故涉案借款利息计算不存在依照中国人民银行《人民币利率管理规定》计算利息的情形。德立公司上诉称，华融湖北分公司的金融机构性质决定了其只能按人民银行所规定的金融机构贷款利率的浮动区间执行，没有事实和法律依据，应不予支持。

根据《借款合同》第12.5条中的约定，如德立公司未能按期偿还本金及利息，应承担"贷款利率加收60%罚息利率计收利息"的罚息责任，即25.44%[15.9%+(15.9%×60%)]。华融湖北分公司诉请德立公司按合同约定年利率15.9%，上浮60%，并支付相应违约金计算借款利息。原审判决根据《合同法》第一百一十四条关于违约金调整的相关规定，将逾期还款利息调整为按24%年计算，减轻了德立公司的还款负担，适用用法律并无不当。

【案例来源】

中国裁判文书网，http://wenshu.court.gov.cn。

067 一般情况下，复利的计算基数应为正常利息即借款合同期内的应付利息，不包括逾期罚息

【关键词】

| 借款合同 | 复利 | 逾期罚息 |

【案件名称Ⅰ】

贵阳农村商业银行股份有限公司金竹支行与贵州省诺亚精工制造有限公司等金融借款合同纠纷案［最高人民法院（2018）最高法民终574号民事判决书，2018.10.31］

【裁判精要】

最高人民法院认为：

三、复利的计算基数是否应包括罚息

首先，农商行金竹支行与诺亚制造公司所签《流动资金借款合同》第四条第二款约定："本合同项下的贷款按日计息……如甲方不能按期付息，则自次日起计收复利。"第十条第二款约定："（五）借款逾期后，对甲方未按时还清的借款本金和利息（包括乙方宣布全部或部分提前到期的借款本金及利息），自逾期之日起至本息全部清偿之日止按罚息利率和本合同约定的结息方式计收利息和复利。"中国人民银行

《人民币利率管理规定》第二十条第二款规定："对贷款期内不能按期支付的利息按贷款合同利率按季或按月计收复利,贷款逾期后改按罚息利率计收复利";《中国人民银行关于人民币贷款利率有关问题的通知》第三条第二款规定："对逾期或未按合同约定用途使用借款的贷款,从逾期或未按合同约定用途使用贷款之日起,按罚息利率计收利息,直至清偿本息为止。对不能按时支付的利息,按罚息利率计收复利。"可见,不论是案涉合同的约定,还是相关行业行政规章的规定,均表明复利系针对贷款期内不能按期支付的利息而言,出现借款逾期的(包括被宣布部分或全部提前到期的借款本息),以罚息利率计算利息和复利,亦即只是利息和复利的计息标准提高为罚息利率,而不能认为逾期罚息亦应当作为计算复利的基数。因此,农商行金竹支行关于复利的计收基数应包括逾期罚息的上诉主张缺乏依据,本院不予支持。

【案例来源】

中国裁判文书网,http://wenshu. court. gov. cn。

【案件名称Ⅱ】

天津银行股份有限公司天马支行与中能滨海电力燃料天津有限公司、天津市佳泰投资担保有限公司等金融借款合同纠纷案[最高人民法院(2015)民二终字第110号民事判决书,2015. 10. 8]

【裁判精要】

裁判摘要:按照中国人民银行《人民币利率管理规定》及《中国人民银行关于人民币贷款利率有关问题的通知》的相关规定,复利的计算基数应仅为正常利息即合同期内的应付利息,不包括逾期罚息。

最高人民法院认为:

案涉《流动资金借款合同》、《抵押合同》及《保证合同》均系当事人真实意思表示,内容不违反法律、行政法规的禁止性规定,原审判决认定合法有效正确,本院予以维持。中能天津公司仅对原审判决有关复利的计算方法及数额提出上诉,故本院对原审判决认定的应偿还的贷款本金、利息及罚息数额予以维持。关于复利问题,案涉《流动资金借款合同》对复利的收取有明确约定,亦符合中国人民银行《人民币利率管理规定》的要求,故天马支行有关债务人应支付复利的诉讼请求应予支持。原审判决判令天津中能公司应支付给天马支行截至2013年7月25日止的利息为8570988. 33元,该数额系由贷款本金的正常利息2858704元、逾期罚息5611944元以及复利100340. 33元构成。其中复利的计算是以正常利息加上逾期罚息为基础,乘以借款合同约定的逾期利率及逾期天数得出。但是,按照中国人民银行《人民币利率管理规定》及《中国人民银行关于人民币贷款利率有关问题的通知》的相关规定，复利的计算基数应仅为正常利息即合同期内的应付利息，不包括逾期罚息。故原审判决确认的上述复利计算方法缺乏法律与合同依据，本院予以纠正。

【案例来源】

中国裁判文书网，http://wenshu.court.gov.cn。

068 在现行法律、行政法规无禁止性规定的情况下，金融机构与借款人可以对逾期罚息是否计收复利作出约定

【关键词】

| 逾期罚息 | 复利 | 禁止性规定 |

【案件名称】

重庆市耀威经贸有限公司与招商银行股份有限公司重庆高新区支行金融借款合同纠纷案［最高人民法院（2016）最高法民终495号民事判决书，2016.12.23］

【裁判精要】

最高人民法院认为：

本案二审争议焦点是案涉借款产生的逾期罚息是否应当计收复利。

关于银行贷款产生的逾期罚息是否应当计收复利的问题，现行法律、行政法规并无明确规定。中国人民银行《人民币利率管理规定》第二十条第二款规定，短期贷款按季结息的，每季度末月的二十日为结息日；按月结息的，每月的二十日为结息日。具体结息方式由借贷双方协商确定。对贷款期内不能按期支付的利息按贷款合同利率按季或按月计收复利，贷款逾期后改按罚息利率计收复利。最后一笔贷款清偿时，利随本清。该规定仅对贷款期内不能按期支付的利息计收复利以及贷款逾期后计收复利的利率标准作出规定，并未对逾期罚息是否计收复利作出规定。

根据《中国人民银行关于进一步推进利率市场化改革的通知》，目前我国已经全面放开金融机构贷款利率管制。在现行法律、行政法规无禁止性规定的情况下，金融机构可以与借款人对逾期罚息是否计收复利作出约定。故本案所涉借款逾期罚息是否计收复利，应当根据《借款合同》的内容确定。案涉《借款合同》第5.3条约定，乙方须于每一计息日当日付息，甲方可以从乙方存款账户直接扣收。乙方未按时付息，甲方有权按同期贷款利率就未付利息加收复息。就逾期罚息是否应当计收复利的问题，双方当事人对该条款的理解产生争议。耀威经贸公司认为，根据该条约定，招商银行重庆高新区支行仅有权对合同期内未付利息计收复利，无权对逾期罚息计收复利。而招商银行重庆高新区支行则主张根据该条约定其有权就期内利

息及逾期罚息加收复利。案涉《借款合同》第5.3条系债权人招商银行重庆高新区支行提供的格式条款,应当适用格式条款的解释规则。根据《合同法》第四十一条关于“对格式条款有两种以上解释的,应当作出不利于提供格式条款一方的解释”的规定,就《借款合同》第5.3条的理解应当作出对条款提供方招商银行重庆高新区支行不利的解释,认定该条约定中的“未付利息”不包括逾期罚息,招商银行重庆高新区支行无权就逾期罚息计收复利。耀威经贸公司关于案涉借款复利的计算基数应仅为合同期内未按期支付的利息的上诉理由成立,本院予以支持。

【案例来源】

中国裁判文书网,http://wenshu.court.gov.cn。

069 借款合同格式条款约定“对应付未付利息,按中国人民银行规定计收复利”的,“应付未付利息”不包括逾期利息

【关键词】

| 借款合同 | 格式条款 | 复利 |

【案件名称】

中国农业银行股份有限公司沈阳和平支行与沈阳假日大厦有限公司金融借款合同纠纷案[最高人民法院(2016)最高法民终340号民事判决书,2016.6.30]

【裁判精要】

最高人民法院认为:

本案的争议焦点是上诉人农行和平支行是否有权对案涉《借款合同》中约定的逾期利息计收复利。上诉人农行和平支行主张应当计收复利的合同依据是《借款合同》第五条第5项约定,“对应付未付利息,按中国人民银行规定计收复利”,上诉人认为该项约定中的利息,包括逾期利息。而被上诉人假日公司则认为,上述约定中的利息,只是正常贷款期限内产生的利息,不包括逾期利息。双方当事人均是依据《借款合同》第五条第5项的约定,提出了截然相反的认识和主张,在此情况下将依照《合同法》第一百二十五条的规定,对当事人存有争议的合同条款进行解释。

第一,从双方合同争议条款及相关条款的文义角度分析。一般而言,逾期利息也应该视为利息的一种,但是在本案《借款合同》中约定的利息与逾期利息还是不同的,合同第三条第2项“贷款人权利义务”中,明确约定“贷款人有权按照合同的约定直接从借款人任何账户中划收贷款本金、利息、罚息、逾期利息、复利和其他借款人应付费用”,这里的利息与罚息、逾期利息、复利等是并列表述的。与罚息、逾期利息、复利等不同,此处约定的利息应当是指贷款人按照约定利率或者法定利率,在借

款合同期限内应得的利息，而逾期利息和复利的计收均是在合同第五条“违约责任”中约定的，其中第3项明确约定，“借款人不按本合同约定的期限归还贷款本金的，贷款人有权对逾期贷款根据逾期天数按日利率万分之贰点一计收逾期利息”；第5项约定，“对应付未付利息，按中国人民银行规定计收复利”。根据上述约定，应当计收复利的“应付未付利息”显然不应包括逾期利息。

第二，结合相关规定分析。诉讼中，上诉人提出按照中国人民银行发布的《人民币利率管理规定》和《中国人民银行关于人民币贷款利率有关问题的通知》的规定，应当对逾期利息计算复利。其中，《人民币利率管理规定》第二十一条规定，“对贷款期内不能按期支付的利息按合同利率按季计收复利，贷款逾期后改按罚息利率计收复利”。本院认为，其中应当计算复利的利息指的是贷款期内不能按期支付的利息，而并非是对贷款逾期后的逾期利息计算复利。而《中国人民银行关于人民币贷款利率有关问题的通知》第三条规定“对逾期或未按合同约定用途使用借款的贷款，从逾期或未按合同约定用途使用贷款之日起，按罚息利率计收利息，直至清偿本息为止。对不能按时支付的利息，按罚息利率计收复利”，只是规定了逾期利息和复利的计算标准，同样不能得出对于逾期利息应当计算复利的结论。

第三，《合同法》第四十一条规定，对于格式合同中“对格式条款的理解发生争议的，应当按照通常理解予以解释。对格式条款有两种以上解释的，应当作出不利于提供格式条款一方的解释”。本案中的《借款合同》是银行一方提供的格式合同，在法律法规和相关金融管理规章并没有就逾期利息应否计算复利作出明确规定的情况下，双方当事人亦没有约定逾期利息应当计算复利，按照对于格式合同或者格式条款的理解发生争议的解释原则，本案应当作出对上诉人农行和平支行一方不利的解释，即《借款合同》第五条第5项约定的应当计收复利的“应付未付利息”不包括逾期利息。

第四，从《借款合同》约定的逾期利息的计算方法来看，逾期利息是对逾期贷款根据逾期天数按照日万分之二点一计收，已经高于《借款合同》约定的正常利率标准，由于逾期利息本质上是一种违约责任的承担方式，已经体现了对假日公司逾期还款行为的惩罚性，其若再对逾期利息计收复利，有违公平和补偿原则。

【案例来源】

中国裁判文书网，http://wenshu.court.gov.cn。

070 借款合同就逾期利息是否计收复利未明确约定且双方对格式条款的理解发生争议的，应当对争议条款作出对条款提供方不利的解释

【关键词】

| 借款合同 | 逾期利息 | 复利 | 格式条款 |

【案件名称】

吉林炭素有限公司与交通银行股份有限公司北京海淀支行金融借款合同纠纷案［最高人民法院（2017）最高法民终306号民事判决书，2017.12.16］

【裁判精要】

最高人民法院认为：

一、关于案涉借款逾期利息是否应当计收复利的问题

首先，关于银行贷款产生的逾期利息是否应当计收复利的问题，现行法律、行政法规并无明确规定。中国人民银行《人民币利率管理规定》第二十条第二款规定，短期贷款按季结息的，每季度末月的二十日为结息日；按月结息的，每月的二十日为结息日。具体结息方式由借贷双方协商确定。对贷款期内不能按期支付的利息按贷款合同利率按季或按月计收复利，贷款逾期后改按罚息利率计收复利。最后一笔贷款清偿时，利随本清。该规定仅对贷款期内不能按期支付的利息计收复利以及贷款逾期后计收复利的利率标准作出规定，并未对逾期之后的利息是否计收复利作出规定。《中国人民银行关于人民币贷款利率有关问题的通知》亦未对此予以明确。交行海淀支行关于对逾期利息计收复利符合中国人民银行《人民币利率管理规定》及《中国人民银行关于人民币贷款利率有关问题的通知》相关规定的抗辩理由，不能成立，本院不予采纳。

其次，对于银行贷款产生的逾期利息是否计收复利，合同主体应在合同中予以明确，在合同未明确约定且双方对格式条款的理解发生争议的情况下，应当对争议条款作出对条款提供方不利的解释。根据《中国人民银行关于进一步推进利率市场化改革的通知》，目前我国已经全面放开金融机构贷款利率管制。在现行法律、行政法规无禁止性规定的情况下，金融机构可以与借款人对逾期利息是否计收复利作出约定。故本案所涉借款逾期利息是否计收复利，应当根据案涉《流动资金借款合同》的内容确定。案涉《流动资金借款合同》第十条第10.1款规定，借款人未按时足额偿还贷款本金、支付利息或未按本合同约定用途使用贷款的，贷款人按逾期贷款的罚息利率或挪用贷款的罚息利率计收利息并对应付未付利息计收复利。就逾期利息是否应当计收复利的问题，双方当事人对该条款的理解产生争议。炭素公司认为，根据该条约定，交行海淀支行仅有权对合同期内未付利息计收复利，无权对逾期后的利息计收复利。而交行海淀支行则主张根据该条约定其有权就逾期后按合同利率计算的利息计收复利。《流动资金借款合同》第十条第10.1款系债权人交行海淀支行提供的格式条款，应当适用格式条款的解释规则。根据《合同法》第四十一条关于“对格式条款有两种以上解释的，应当作出不利于提供格式条款一方的解释”的规定，就《流动资金借款合同》第10.1款的理解应当作出对条款提供方交行海淀支行不利的解释，认定该条约定中的“应付未付利息”不包括逾期后利息，交行海淀支

行无权就逾期利息计收复利。

最后，本案中，根据《流动资金借款合同》的约定，逾期贷款的罚息利率按合同约定利率上浮 50%，已经体现了对借款人逾期偿还本金行为的惩罚。在合同没有明确约定的情况下，如果再对逾期后利息计收复利，则属双重惩罚。

因此，交行海淀支行无权就逾期后的利息计收复利。炭素公司关于案涉借款复利的计算基数应仅为合同期内未按期支付的利息的上诉理由成立，本院予以支持。

【案例来源】

中国裁判文书网，http://wenshu. court. gov. cn。

(四)利息调整

071 对借款合同约定罚息和复利的计收标准进行相应调整的条件未成就的，不予调整

【关键词】

｜借款合同｜罚息复利调整｜

【案件名称】

新疆天山纺织(集团)有限公司与中国银行股份有限公司昌吉回族自治州分行借款合同纠纷案［最高人民法院(2010)民二终字第 128 号民事判决书，2010. 12. 28］

【裁判精要】

裁判摘要：就罚息和复利的计收问题，借贷双方在借款合同中约定，遇合同约定的借款利率调整，自调整之日分段计算罚息和复利。上述约定表明，涉案罚息和复利的计收标准不受国家对金融机构贷款利率进行调整的影响，只有遇到双方对合同约定的借款利率进行调整的情形时，自调整之日起，借款人应当对涉案罚息和复利的计收标准进行相应调整。在双方对合同约定的借款利率从未进行调整的情况下，贷款人主张如遇国家调整贷款利率，则计收罚息和复利时应自贷款利率调整之日分段计算的，人民法院不予支持。

最高人民法院认为：

本案的争议焦点为涉案罚息和复利的计收标准以及该标准是否应进行调整。

关于涉案罚息和复利的计算标准。2008 年 4 月 2 日，天山纺织公司与昌吉州中行签订了涉案借款合同，原审法院认定该合同系双方自愿签订，合同内容不违反国

家法律规定,应为合法有效是正确的,本院予以维持。该合同约定,若天山纺织公司未按约定期限还款,就逾期部分,从逾期之日按照逾期贷款罚息利率计收利息,直至清偿本息为止,逾期贷款罚息利率为合同约定的借款利率水平上加收 50%;对天山纺织公司不能按期支付的利息,以合同约定的结息方式,贷款期内按照合同约定的借款利率计收复利,贷款逾期后改按合同约定的罚息利率计收复利。上述约定表明,对于涉案借款本金,如天山纺织公司未按期偿还,就逾期部分,昌吉州中行可以计收罚息,计收标准为合同约定的借款利率水平上加收 50%;对于涉案借款利息,如天山纺织公司未按期支付,就逾期部分,昌吉州中行可以计收复利,计收标准为贷款期内为合同约定的借款利率,贷款逾期后为合同约定的罚息利率,即合同约定的借款利率水平上加收 50%。本案中,天山纺织公司在借款合同到期之后未能清偿所欠借款本息。上述事实表明,计收逾期罚息和复利的条件已经成就。原审法院根据合同约定判决天山纺织公司应向昌吉州中行支付逾期罚息和复利,并确定逾期罚息和复利的计收标准为合同约定的借款利率水平上加收 50% 并无不当,本院予以维持。天山纺织公司关于应以年利率 5.31% 为基数计算罚息和复利的上诉主张与合同约定不符,不能成立,本院不予支持。

关于涉案罚息和复利的计收标准是否应进行调整。就罚息和复利的计收问题,借款合同约定,遇合同约定的借款利率调整,自调整之日分段计算罚息和复利。上述约定表明,涉案罚息和复利的计收标准不受国家对金融机构贷款利率进行调整的影响,只有在遇到双方对合同约定的借款利率进行调整的情形时,自调整之日起,昌吉州中行应当对涉案罚息和复利的计收标准进行相应调整。本案中,自借款合同签订以来,双方对合同约定的借款利率从未进行过调整。上述事实表明,对涉案罚息和复利的计收标准进行相应调整的条件未成就。原审判决根据合同约定未对涉案罚息和复利的计收标准进行调整并无不当,本院予以维持。天山纺织公司关于如遇国家调整贷款利率,则计收罚息和复利时应自贷款利率调整之日分段计算的上诉主张与合同约定不符,不能成立,本院不予支持。

【案例来源】

最高人民法院民事审判第二庭编:《最高人民法院商事审判指导案例(第五卷)》(上),中国法制出版社 2011 年版,第 231 ~236 页。

四、借款合同的履行

072 贷款人将全部借款打入借款人账户又划走的，以实际进入借款人账户的款项为履行款项，贷款人承担不完全履行责任

【关键词】

｜贷款人｜不完全履行｜

【案件名称】

中国建设银行乌鲁木齐新华南路支行与新疆玉龙有限责任公司借款担保合同纠纷案［最高人民法院（2001）民二终字第34号民事判决书，2001. 12. 3］

【裁判精要】

最高人民法院认为：

新华南路支行的前身建行营业部与玉龙公司所签订的三份借款合同（合计本金550万元）系双方之真实意思表示，其内容合法，应为有效。1996年1月16日，经建行营业部介绍，玉龙公司与纸箱厂签订租赁合同；1月18日，建行营业部与玉龙公司签订两份借款合同（合计本金500万元）；次日，建行营业部将500万元贷款打入玉龙公司账户，接着又以特转方式划走413万元。建行营业部划转413万元的行为与其履行500万元贷款合同，两者密切相关。在未经玉龙公司同意的情况下，建行营业部从玉龙公司账户划款，其行为违反了借款合同约定的给付玉龙公司贷款500万元的承诺，其实际发放的贷款（即玉龙公司实际得到的款项）是87万元。因此，新华南路支行关于“建行营业部将500万元款项打入了玉龙公司的账户，履行了发放贷款的义务”的上诉理由，不能成立。

【案例来源】

最高人民法院民事审判第二庭编：《民商审判指导与参考》（总第1卷），人民法院出版社2002年版，第413～419页。

073 不能仅依借据认定银行已经履行了借款合同约定的发放贷款义务

【关键词】

｜借款合同｜借款借据｜发放贷款｜

【案件名称】

天津普利达房地产建设开发有限公司、天津市塘沽区中心桥镇企业联合总公司与中国工商银行天津市分行借款纠纷案［最高人民法院（1999）经终字第492号民事判决书，2000.11.1］

【裁判精要】

最高人民法院认为：

本案所涉三份借款合同，均系华升公司与天津工行的真实意思表示，且不违反相关法律和行政法规的规定，应认定合法有效。

普利达公司、中心桥总公司在二审中诉称在本案所涉上述三份借款合同之前华升公司与天津工行均存在借款数额相同的逾期贷款，且均未设定担保，本案所涉三份借款合同的签订的目的就是为了以新贷还旧贷，并提供了华升公司的相关账目，以证明天津工行仅依94133号借款合同发放了490万元人民币贷款并在当日用于归还了华升公司的490万元旧贷，而对94083号美元借款合同和94188号人民币借款合同均未依约发放贷款。根据《民事诉讼法》第六十四条关于“当事人对自己提出的主张，有责任提供证据”的规定，天津工行对其是否切实发放了贷款负有举证责任。否则，应承担相应的法律后果。在本案二审审理过程中，天津工行除提供华升公司的借据、天津市第二中级人民法院的裁定书并在二审质证时对将490万元人民币新资用于偿还旧贷加以认可外，对其他两份借款合同的履行情况拒绝提供相关账目。华升公司向天津工行出具的借款借据不是证明借款事实发生的唯一证据，还需有天津工行将款项交付华升公司的付款凭证，特别是华升公司使用外汇还要根据借款合同约定向天津工行提交用汇计划等相关证据佐证。故在本案中，不能仅依借据认定天津工行已经履行了借款合同约定的发放贷款的义务。天津市第二中级人民法院(1998)二中经一破裁字第1—5号民事裁定书的内容只能说明天津工行对华升公司的总的债权数额，并不能证明天津工行在本案所涉借款合同签订后，实际履行了放贷义务。相反，在旧贷存在的情况下，如果天津工行确实发放了新贷，且又未以新还旧，则其对华升公司总的债权数额应高出天津市第二中级人民法院上述民事裁定所确认的债权总数。天津工行因不能对其就94083号美元借款合同和94188号人民币借款合同“业已履行了发放贷款义务”的主张举证，故对其有关要求保证人承担偿还贷款责任的主张不予支持。普利达公司、中心桥总公司关于天津工行未依94083号美元借款合同和94188号人民币借款合同履行发放贷款义务，其不应承担担保责任的上诉理由成立，本院予以支持。

【案例来源】

最高人民法院民事审判第二庭编：《经济审判指导与参考》(第4卷)，法律出版社2001年版，第375～383页。

074 借款合同与贷款借据及贷款凭证所记载的内容虽有细微差异，但所述均为同一笔贷款，应认定贷款已经发放

【关键词】

| 借款合同 | 贷款借据 | 贷款凭证 | 贷款发放 |

【案件名称】

王坚峰与中国光大银行股份有限公司乌鲁木齐分行金融借款合同纠纷案［最高人民法院（2017）最高法民终943号民事判决书，2018.3.19］

【裁判精要】

最高人民法院认为：

（一）关于案涉4700万元贷款是否实际发放的问题

王坚峰主张案涉4700万元贷款未实际发放的理由，主要认为案涉贷款合同与贷款借据及贷款凭证所记载的合同编号及贷款到期日不一致。根据本案查明事实，光大银行乌鲁木齐分行与恒超贸易公司于2014年12月19日签订的案涉贷款合同，编号为"WL业务一部DBDK14001"；案涉编号为23601404000072001的贷款借据记载的贷款合同编号为"WL业务一部DBDK14001"，与贷款合同编号一致；贷款凭证记载的借款合同号为"23601404000072001"，虽与贷款合同编号有异，但与贷款借据自身编号一致；贷款合同约定的贷款期限至2015年12月18日，虽与贷款借据及贷款凭证记载的"贷款最终还款日"或"到期日"——2015年9月18日有异，但根据贷款合同第十一条第2项约定，如合同项下的贷款期限与借据、贷款凭证不一致时，以借据、贷款凭证的记载为准。即，贷款合同约定的到期日与贷款借据、贷款凭证记载内容不一致的情形属当事人已经预见，且已约定了解决方案的情形。此外，贷款借据、贷款凭证上所记载的借款单位名称及借款金额与案涉贷款合同所约定的内容均一致。上述事实表明，虽贷款合同与贷款借据及贷款凭证所记载的内容有细微差异，但所述均为同一笔贷款，即案涉4700万元的贷款；且根据贷款借据及贷款凭证的记载内容来看，该笔贷款已经实际发放。王坚峰仅以贷款合同与贷款借据、贷款凭证所记载的部分内容不一致为由，主张案涉贷款合同项下的款项并未实际发放，缺乏事实依据，本院不予支持。

【案例来源】

中国裁判文书网，http://wenshu.court.gov.cn。

075 《合同法》规定的出借人预先扣除利息，意指出借人向借款人出借款项时出借数额低于合同约定的情形

【关键词】

｜借款合同｜预先扣除利息｜出借数额｜

【案件名称】

运城市鑫源福瑞特超市有限公司、运城市博鸣木业有限公司与运城市关公小额贷款有限责任公司等民间借贷纠纷案［最高人民法院（2016）最高法民终337号民事判决书，2017.6.30］

【裁判精要】

最高人民法院认为：

借款当日或次日返还给出借人指定账户的395.3万元是否应从本金中扣除。《合同法》第二百条规定:借款的利息不得预先在本金中扣除。该条中“预先扣除”意指出借人向借款人转让合同客体即出借款项的所有权时,转让数额低于合同约定的情形。本案中,福瑞特超市两次向关公小额贷款公司借款3000万元,向森鑫小额贷款公司借款2500万元时,出借人均向借款人转移了足额款项,并不存在预先扣除即转移款项低于合同约定的情形。至于在当日或次日返还出借人的395.3万元,该行为既包含了双方合意,又包含了物权转让行为即债务人将上述款项的所有权转移给债权人,该行为并无法律规定的效力瑕疵情形,应为有效。且在调解协议中,债务人、保证人并未对该395.3万元提出异议,依禁止反言的契约原理,上述395.3万元不应从本金中扣除,福瑞特超市和博鸣木业公司的该项上诉理由不能成立。

【案例来源】

中国裁判文书网,http://wenshu.court.gov.cn。

076 商业银行对贷款分类管理属于内部风险控制和信贷管理，不属对借款合同义务的违反

【关键词】

｜商业银行｜贷款分类管理｜

【案件名称】

中国农业银行股份有限公司鞍山市汇安支行与海城市西洋镁矿有限公司、海城市西洋钢铁有限公司等金融借款合同纠纷案［最高人民法院（2014）民二终字第

45号民事判决书，2014.7.26］

【裁判精要】

最高人民法院认为：

关于汇安支行是否应对西洋镁矿的损失承担赔偿责任的问题。首先，根据中国人民银行《贷款风险分类指导原则》第二条的规定，贷款分类是指按照风险程度将贷款划分为不同档次的过程，其目的在于真实、全面、动态反映贷款质量，加强信贷管理，并为判断贷款损失准备金是否充足提供依据。第十一条规定，贷款分类是商业银行信贷管理的重要组成部分。由此可见，商业银行对贷款分类管理是根据一定标准对贷款质量进行评估，以加强信贷管理，提高信贷资产质量的行为，应当属于银行内部风险控制和信贷管理的范畴。汇安支行与耐火公司所签订的《借款合同》中对于银行应如何对贷款进行分类并无约定，银行不负有不得调整贷款级别的义务，相反，根据《贷款风险分类指导原则》第十四条的规定，银行需要根据债务人的情况，对贷款分类进行动态管理。因此，汇安支行对贷款分类进行调整，属于其内部自主经营范围，并不涉及对《借款合同》义务的违反。其次，贷款分类管理属于银行内部管理事项，且金融机构的借款只是企业资金来源渠道之一，耐火公司经营利润下降不能排除多种因素的影响，耐火公司生产经营方面的损失与汇安支行将其贷款列入不良之间亦缺乏必然直接的联系。虽然按照2008年7月31日关于西洋集团银企合作有关部门问题材料中的表述，是因为2007年4月20日汇安支行决定将其贷款分类调整为不良后，耐火公司不同意，不配合贷后管理，贷款出现逾期和欠息。但该文件的表述仅表明耐火公司主观不予合作的态度，不能说明贷款等级下调与无法按期还本付息之间的因果关系。因此，耐火公司要求汇安支行赔偿其经济损失的主张，因缺乏事实和法律依据，本院不予支持。

【案例来源】

中国裁判文书网，http://wenshu.court.gov.cn。

077 检察机关在借款合同履行期间冻结部分贷款的事实不应认定为借款合同的履行中断

【关键词】

｜借款合同｜冻结贷款｜履行中断｜

【案件名称】

西藏西域食品开发有限公司、蒋琼、绵阳市金海企业有限责任公司与中国农业银行拉萨市康昂东路支行借款合同纠纷案［最高人民法院（2005）民二终字第

100 号民事判决书，2005. 10. 24］

【裁判精要】

最高人民法院认为：

本案《借款合同》约定的贷款期限为 2001 年 4 月 24 日至 2004 年 4 月 24 日，其间西域公司虽有违法行为，但农行康昂支行并未提出与西域公司解除合同，同时，检察机关因侦查涉嫌犯罪之需要，对部分贷款采取了冻结措施，但该强制措施也不构成终止合同权利义务的法定条件，因此，本案《借款合同》约定的履行期限仍然有效。在上述贷款期限内，检察机关冻结的贷款为 12362881. 79 元，其余部分共计 7637118. 21 元仍由西域公司自主支配，对该部分未受冻结的贷款，应按《借款合同》的约定确定借贷双方的权利和义务。在上述合同履行期限届满之后，因西域公司未履行还款义务，按《借款合同》第五条第 3 款的约定，西域公司应支付相应的逾期罚息。故原审判决西域公司对该款项承担逾期罚息的判项，有充分的事实和依据，本院予以维持。对检察机关在本案《借款合同》履行期间冻结部分贷款的事实，原审判决基于该事实导致合同履行受阻的客观后果认定本案合同构成“履行中断”，该项认定没有法律依据，本院予以纠正。西域公司和蒋琼在认可本案合同“履行中断”的基础上，认为合同“履行中断”应按合同终止履行处理；金海公司则依时效中断的规则，推论“履行中断”后应重新计算合同履行期限，上述各方的上诉理由，均是对合同“履行中断”这一无法律依据的概念所进行的推论，其结论显然不当，对此本院均不予采信。

【案例来源】

最高人民法院民事审判第二庭编：《最高人民法院商事审判指导案例·借款担保卷》（上），中国法制出版社 2011 年版，第 353 ~ 361 页。

078 银行转账进账单只能证明款项进入了收款人账户，不能证明是债务人的还款

【关键词】

｜借款合同｜债务人还款｜

【案件名称】

四川华海实业公司与成都市南郊农村信用合作社联合社借款合同纠纷案［最高人民法院（2008）民二终字第 1 号民事判决书，2008. 5. 27］

【裁判精要】

最高人民法院认为：

债务人之外的其他主体向债权人支付款项，有转账进账单为证。但是，银行转账进账单反映的仅是特定付款人与收款人之间发生的付、收款关系，具有相对性，只能证明上述款项进入了收款人账户，不能证明是债务人的还款。

债务人承诺承接债务的《债务转移协议》订立之时，债务人并未主张此前债务人之外的其他主体向债权人的转账款项系用于偿还部分欠款从而对债务总额提出异议，此后债权人多次催收时，债务人亦未就此提出过异议，而且，债务人不能提供上述款项系代其还款的直接证据。债务人主张债务人之外的其他主体向债权人的转账款项为债务人的还款，人民法院不予支持。

【案例来源】

最高人民法院民事审判第二庭编：《最高人民法院商事审判指导案例·借款担保卷》（上），中国法制出版社 2011 年版，第 161～169 页。

五、借款合同提前解除

079 借款合同约定的条件成就，出借人可以提前收回贷款

【关键词】

| 借款合同 | 提前到期 | 条件成就 |

【案件名称Ⅰ】

铭鼎（上海）房地产开发有限公司与上海国际信托有限公司金融借款合同纠纷案［最高人民法院（2018）最高法民终814号民事判决书，2018.12.28］

【裁判精要】

最高人民法院认为：

关于原审判决认定案涉贷款于2017年8月4日到期是否正确的问题。首先，本案《信托贷款合同》为双方当事人的真实意思表示，内容不违反法律的禁止性规定，原审判决认定该合同有效正确。根据《信托贷款合同》的约定，铭鼎公司如未按合同约定的期限清偿借款本金及利息时即构成违约，在此情形下，上海国际信托有权停止发放尚未划付的贷款，并宣布全部未到期贷款包括利息立即到期。而《信托贷款合同》履行中，铭鼎公司自2017年3月份起开始拖欠应付利息，至同年8月4日，累计欠息8598306.74元。因此，铭鼎公司未依合同约定的期限支付利息已构成违约，上海国际信托在本案中主张铭鼎公司提前偿还尚未到期的借款，有合同依据。其次，上海国际信托宣布贷款到期应当通知铭鼎公司，本案中，上海国际信托以起诉方式宣布贷款到期，原审法院依法向铭鼎公司公告送达了上海国际信托的起诉状副本等法律文书。由于上海国际信托主张案涉贷款到期日即2017年8月4日系在其起诉状副本送达铭鼎公司之后，因此原审判决认定公告期满后应视为铭鼎公司已经收到了上海国际信托宣布贷款到期的通知，以及认定该日为案涉贷款到期日，并无不当。

关于铭鼎公司应否支付本案借款罚息及复利的问题。《信托贷款合同》第九条约定："……1. 对逾期贷款在逾期期间，逾期本息按本合同载明的贷款利率上浮50%加收罚息并计收复利。"本案中，铭鼎公司未按期支付贷款利息，已构成违约，应当按合同约定向上海国际信托支付逾期罚息和复利，原审判决支持上海国际信托主张的罚息及复利，有合同和事实依据。铭鼎公司以案涉工程为民生项目为由主张不应支付案涉借款罚息及复利，缺乏法律依据，本院不予支持。

【案例来源】

中国裁判文书网，http://wenshu.court.gov.cn。

【案件名称Ⅱ】

贵州世纪资源勘查开发有限责任公司与中国建设银行股份有限公司贵阳京瑞支行金融借款合同纠纷案［最高人民法院（2018）最高法民终 1253 号民事判决书，2018.12.25］①

【裁判精要】

最高人民法院认为：

一、关于建行京瑞支行与世纪资源公司的借款合同是否应该解除的问题

《合同法》第九十三条第二款规定："当事人可以约定一方解除合同的条件。解除合同的条件成就时，解除权人可以解除合同。"根据《固定资产贷款合同》第十条，世纪资源公司违反本合同任一约定或法定义务，明确表示或以其行为表明将不履行本合同项下的任一义务，发生建行京瑞支行认为可能危及本合同项下债权安全的，建行京瑞支行有权宣布贷款立即到期，要求世纪资源公司立即偿还本合同项下所有到期及未到期债权的本金、利息和费用，并有权解除案涉合同。该约定赋予建行京瑞支行在世纪资源公司发生合同项下任一义务违约行为的情况下享有单方解除权。世纪资源公司、川煤集团在诉讼中对世纪资源公司存在逾期还款的违约事实并无异议，认可世纪资源公司自 2015 年 12 月 21 日以后未再归还借款本金及利息，建行京瑞支行基于该逾期还款的事实行使解除权符合案涉合同的约定。

【案例来源】

中国裁判文书网，http://wenshu.court.gov.cn。

【案件名称Ⅲ】

国信（海南）龙沐湾投资控股有限公司与国家开发银行金融借款合同纠纷案［最高人民法院（2018）最高法民终 940 号民事判决书，2018.12.3］

① 贵州世纪资源勘查开发有限责任公司与中国建设银行股份有限公司贵阳京瑞支行金融借款合同纠纷案［最高人民法院（2018）最高法民终 1248 号、1246 号民事判决书，2018.12.17］的裁判理由与本案民事判决书基本一致（略），载中国裁判文书网，http://wenshu.court.gov.cn。

【裁判精要】

最高人民法院认为：

本案争议焦点为龙沐湾公司是否应向国开行支付案涉借款罚息和复利。

案涉39号、54号、56号、57号、59号、61号、62号、63号、64号、71号、93号及111号共12份借款合同中"借款人的权利和义务"条款均约定："本合同项下抵质押物的价值减少的，足以影响贷款安全的，借款人应在贷款人要求的限期内补足担保，并由担保人与贷款人依法签订有效担保合同。"案涉12份借款合同中"借款人的违约事件和违约责任"条款均明确，借款人违反该合同有关"本合同项下抵质押物的价值减少的，足以影响贷款安全的，借款人应在贷款人要求的限期内补足担保，并由担保人与贷款人依法签订有效担保合同"的约定时，视为违约事件，贷款人有权宣布贷款提前到期，同时要求借款人限期偿还已发放的贷款本息。本案中，《抵押合同四》约定，由龙沐湾公司以土地证号佛罗国用(2012)第06号、07号、08号、09号项下的土地使用权为上述12份借款合同项下借款向国开行提供抵押担保。龙沐湾公司应依约为国开行办理该四宗土地使用权的抵押登记，而其却迟迟未能履行该项合同义务，2017年7月2日国开行方面就此致函龙沐湾公司要求其办理抵押登记或另行提供担保。此后，因乐东县政府于2017年9月28日作出4份《无偿收回国有建设用地使用权决定书》，决定无偿收回该四宗土地使用权并注销相应的土地使用权证书，国开行方面于2017年9月30日再次致函龙沐湾公司要求其重新提供担保。可见，龙沐湾公司未能办理土地证号佛罗国用(2012)第06号、07号、08号、09号项下土地使用权的抵押登记且未能补足担保的行为，违反了案涉借款合同有关"本合同项下抵质押物的价值减少的，足以影响贷款安全的，借款人应在贷款人要求的限期内补足担保，并由担保人与贷款人依法签订有效担保合同"的约定，构成违约，国开行有权宣布案涉12份借款合同提前到期。

龙沐湾公司另主张，被政府收回的上述四宗土地使用权因未办理抵押登记因而非本案借款合同的抵押物，故其不构成违约。本院认为，虽然该四宗土地使用权未办理抵押登记，以致抵押权未能设立，但双方在《抵押合同四》中有关以该四宗土地使用权系为案涉12份借款合同提供担保的意思表示真实。根据《物权法》第十五条有关"当事人之间订立有关设立、变更、转让和消灭不动产物权的合同，除法律另有规定或者合同另有约定外，自合同成立时生效；未办理物权登记的，不影响合同效力"的规定，该四宗土地未办理抵押登记并不影响《抵押合同四》的效力，《抵押合同四》约定的抵押物也不因是否办理抵押登记而变化，龙沐湾公司未办理抵押登记并补足担保的事实恰证明其未依约履行合同义务。故该公司以被政府收回的土地并非本案借款合同抵押物为由主张其不构成违约，本院不予支持。另，龙沐湾公司就乐东县政府作出4份《无偿收回国有建设用地使用权决定书》提起行政复议的事实，亦不影响对龙沐湾公司构成违约的认定。综上，龙沐湾公司有关其不存在违约行为的上诉主张不能成立，本院不予支持。

龙沐湾公司上诉还主张其无法按期偿还案涉借款本息是国开行向法院申请查封其财产导致。如前所述，龙沐湾公司构成违约并非是其未按期支付借款本息，而是其未能依据借款合同和抵押合同的约定，办理抵押登记或补足担保。且一审法院系于2017年11月20日作出查封裁定，对龙沐湾公司未能根据《贷款提前到期通知书》于2017年10月27日前履行偿还借款本息的义务并不产生影响。因此，龙沐湾公司的该项上诉主张依据不足，本院亦不予支持。

龙沐湾公司上诉另主张，国开行要求其于2017年10月27日提前偿还借款本息，未给予其充分的还款准备时间，且该公司并未于2017年10月24日收到《贷款提前到期通知书》。本院认为，国开行方面早于2017年7月2日就致函龙沐湾公司要求其办理抵押登记或另行提供担保，龙沐湾公司也知悉其该项违约行为会导致贷款提前到期，故国开行于2017年10月24日宣布贷款提前到期，并要求龙沐湾公司于2017年10月27日提前偿还借款本息，并无不当。

【案例来源】

中国裁判文书网，http://wenshu.court.gov.cn。

【案件名称Ⅳ】

三亚农村商业银行股份有限公司、万宁市农村信用合作联社等与海南中东集团有限公司、钟兆强等金融借款合同纠纷案［最高人民法院（2016）最高法民终219号民事判决书，2016.6.20］

【裁判精要】

最高人民法院认为：

二、三亚农商行等六被上诉人是否有权宣布涉案贷款提前到期并要求中东集团清偿贷款本息

三亚农商行等六被上诉人与中东集团之间签订的涉案《固定资产社团贷款合同》系当事人的真实意思表示，合法有效。根据《固定资产社团贷款合同》中所载的，第9.2条，中东集团应按合同之约定清偿本合同项下的贷款本金及利息，不得采取任何方式逃避债务；第12.7条，借款人违反该合同第九条规定，贷款人有权采取宣布贷款和其他融资款项立即到期，立即收回未偿还款项，不能收回的，有权按约定上浮利率计收利息等措施；第18.7条，借款人如果连续2次未能按合同约定履行还款义务，贷款人有权视借款到期提前收回贷款本息，处置抵押物等合同约定内容，三亚农商行等六被上诉人针对中东集团自2014年12月起连续拖欠涉案贷款利息等违约行为，宣布涉案贷款提前到期，要求中东集团返还借款本金并支付利息，该项主张依据充分、正当合法，应予支持。在此情况下，海南高院基于三亚农商行等六被上

诉人于2015年3月30日向中东集团发出《关于宣布贷款提前到期的通知》,因中东集团拒绝签收,遂进行留置送达的事实,认定涉案贷款到期日为2015年3月30日,并无不当。关于中东集团等上诉人为支持其涉案贷款未到期的主张提出的三项抗辩理由。一是《合同变更协议》延长还款期限。根据前述对《合同变更协议》未成立未生效的认定,其约定内容对涉案借贷双方不发生法律效力,故该理由不成立。二是欠付贷款利息数额小,可以协商解决。鉴于借贷双方合意达成的《固定资产社团贷款合同》已明确约定借款人中东集团不得拖欠利息等合同义务及相应违约责任,则不论利息数额大小,中东集团违反合同义务即应当承担违约责任,故该理由不成立。三是本案纠纷应当适用情势变更原则。作为商事主体的中东集团应当合理预见商业活动中的固有风险,其所提出的地方经济萎缩、货币信贷政策紧缩等不属于事先无法预见、风险程度远超出正常人合理预期的风险类型;且中东集团主张的商业风险及相关损失与本案纠纷不具有直接联系,借贷双方也未因中东集团主张的市场情况变化发生利益失衡,故该理由亦不成立。综上,中东集团提出的多个事由均不能对抗涉案《固定资产社团贷款合同》的合同效力,中东集团关于涉案贷款未到期的主张,无事实和法律依据,本院不予支持。

【案例来源】

中国裁判文书网,http://wenshu.court.gov.cn。

【案件名称Ⅴ】

江苏索普（集团）有限公司、上海儒仕实业有限公司与中国农业发展银行乾安县支行保证合同纠纷案［最高人民法院（2016）最高法民终40号民事判决书，2016.6.6］

【裁判精要】

最高人民法院认为:

关于乾安支行是否有权提前收回重组贷款的问题。本案0022号《流动资金借款合同》第10.16条约定,在本合同有效期内,借款人如发生停产、歇业、被停业整顿、被注销登记、被吊销营业执照、被撤销、申请或被申请破产、解散等情形,借款人应当于上述情况发生后3日内书面通知贷款人,并保证按照贷款人的要求归还借款本息,或提供经贷款人书面认可的债权保全措施;第12.7条约定,借款人违反本合同第10.16条约定的,贷款人有权停止继续发放贷款或取消借款人尚未提取的借款,有权提前收回部分或全部借款,不能收回的,按逾期借款罚息利率按日计收违约金。松原中庆资产评估有限责任公司松庆评报字〔2014〕第36号、第37号《资产评估报告书》载明,2014年7月29日至31日,评估人员与法院工作人员一道对天安公司进行现场调查,并明确注明天安公司已停产两年。而且,天安公司2012年1月至2014年9月利润表中主营业务收入及主营业务成本均为空白。2015年4月22日,天安公司向乾安支行发出的《重要工作事项沟通函》载明"天安公司部分酒精生产设备已被作价抵债，现已拆除，企业复产希望彻底破灭，天安公司已经向松原中院递交了破产申请"。由此可知，在乾安支行 2014 年 11 月 17 日向天安公司发出《提前收回贷款本息通知书》之前，天安公司已经停产，在停产情形发生后，天安公司既未在 3 日内书面通知贷款人，也未归还借款本息或提供贷款人书面认可的担保，乾安支行按照借款合同约定有权提前收回借款。索普公司、儒仕公司称天安公司停产是乾安支行不履行贷款支持的原因造成的，但并没有提供相应证据证明乾安支行承诺过贷款支持义务，无法证明是乾安支行不正当的行为促成提前收回借款的条件。因此，索普公司、儒仕公司关于乾安支行提前收回借款条件不成就的上诉理由，不能成立。

【案例来源】

中国裁判文书网，http://wenshu. court. gov. cn。

080 借款人出现商业信誉下降、资金链断裂、经营状况恶化的情况，出借人可以根据借款合同约定要求借款人在借款履行期限届满前归还借款

【关键词】

| 借款合同 | 提前归还 |

【案件名称】

海尔集团财务集团有限责任公司与青岛威乃达投资有限公司、山东赛赛集团有限公司等企业借贷纠纷案［最高人民法院（2016）最高法民终 55 号民事判决书，2016. 5. 9］

【裁判精要】

最高人民法院认为：

一、关于海尔财务公司是否有权提前收回贷款问题

2014 年 9 月 13 日，海尔财务公司与威乃达公司签订的《借款合同》系当事人真实意思表示，内容合法有效，双方均应依约履行。该合同第 17 条明确约定，威乃达公司应自十五大街项目取得预售许可证或投入运营之日起每 6 个月届满之日，归还海尔财务公司贷款本金一次。十五大街项目预售许可证早在 2010 年已办理完毕，A1 区网店于 2012 年 7 月前后开业运营。由于《借款合同》约定的本金支付条件在合同签订时已经成就，按照合同目的解释和交易惯例，威乃达公司应自收到贷款之日起每 6 个月归还一次本金。即使双方对单次归还本金数额约定不明，亦可以根据

《合同法》第六十一条的规定予以确定。威乃达公司认为归还本金时间和金额无法确定的理由不能成立,本院不予支持。海尔财务公司是否催收,不影响威乃达公司依约应履行的还款义务。威乃达公司至今未归还过任何本金,已构成违约,海尔财务公司主张提前收回借款本金,符合《借款合同》第28条、第30条的约定,本院予以支持。

威乃达公司出具《(借款人)承诺函》,承诺将十五大街全部物业经营收入存入海尔财务公司监管账户,接受其对物业经营收入、支出款项的监管,以保证《借款合同》的顺利履行。但威乃达公司一直未将承诺的物业收入存入监管账户。威乃达公司称双方已经实际变更了合同履行方式,但并未提交相应证据证明双方变更过协议。海尔公司对此亦不予认可。本院认为,威乃达公司的主张证据不足,本院不予支持。根据《(借款人)承诺函》之规定,海尔公司有权提前收回贷款。

威乃达公司分别向海尔财务公司与青岛市市北区地税局提交了2014年4月至6月期间的两份财务报表差异明显。对此,威乃达公司未能做出充分合理的解释,海尔财务公司有理由相信威乃达公司申请借款时提供的财务报表存在虚假之处,根据《借款合同》第31条的约定,有权提前收回借款。

2015年4月至6月,威乃达公司因与案外人之间的纠纷而先后被诉至法院,并被法院冻结了存款共计6135万元。威乃达公司向海尔财务公司所借的另外1亿元贷款因不能按期归还,本案二审期间也已被诉至山东省高级人民法院。威乃达公司因欠款等纠纷而诉讼缠身,证明其出现了商业信誉下降、资金链断裂、经营状况恶化的情况。根据《借款合同》第28条第5项的约定,海尔财务公司有权要求威乃达公司在借款履行期限届满前归还借款本金。[①]

【案例来源】

中国裁判文书网,http://wenshu.court.gov.cn。

编者说明

合同解除权,是指合同当事人可以解除合同的权利,该项权利的行使能发生合同解除的法律后果。《合同法》第九十四条规定由合同一方当事人在法定条件成就时,可以行使解除权以解除合同,即:(1)因不可抗力致使不能实现合同目的的;(2)在履行期届满之前,当事人一方明确表示或者以自己的行为表明不履行主要债务的;(3)当事人一方迟延履行主要债务,经催告后在合理期限内仍未履行;(4)当事人一方迟延履行债务或者有其他违约行为致使不能实现合同目的;(5)法律规定的其他情形。

在借款合同中,贷款人行使解除权的法律后果是贷款人有权停止发放贷款、提前收回

① 本案二审判决后,威乃达公司、赛赛公司、宋学、韩春玲、全统旅游公司向最高人民法院申请再审,最高人民法院审查后裁定予以驳回。参见最高人民法院(2016)最高法民申2561号民事裁定书(2016.12.14),载中国裁判文书网,http://wenshu.court.gov.cn。

借款等。就借款合同而言，具体包括下列情形：1. 借款人未按约定用途使用贷款而行使合同解除权。借款用途与借款人能否按期偿还借款有着直接关系，若借款人擅自改变约定用途会增加原共同预期收益的不确定性，增大贷款人的借款风险，给收回贷款增加难度，甚至血本无归。有的借款是依据国家的宏观经济政策、信贷政策和产业政策发放的，其用途与贯彻国家政策有密切联系。因此，《合同法》第二百零三条规定："借款人未按照约定的借款用途使用借款的，贷款人可以停止发放借款、提前收回借款或者解除合同。"2. 借款人未按约定的期限偿还利息。对于拖延贷款利息有约定的违约处理办法依约定，未作约定或约定不明，根据拖欠利息的情节轻重予以认定，若连续多次拖欠应认为根本违约，贷款人有权解除合同。3. 行使不安抗辩权而解除合同。《合同法》第六十八、六十九条规定，应当先履行债务的当事人有确切证据证明对方有下列情形之一的，可以中止履行：(1)经营状况严重恶化；(2)转移财产、抽逃资金，以逃避债务；(3)丧失商业信誉；(4)有丧失或者可能丧失履行债务能力的其他情形。中止履行后，对方在合理期限内未恢复履行能力并且未提供适当担保的，中止履行一方可以解除合同。因此，贷款人若发现借款人有危及履行能力的法定情形时，可以中止向借款人发放借款的义务；合理期限内借款人未恢复履行能力或未提供担保的，可以解除合同，停止发放借款。除有特别约定外，提供生产经营和财务资料仅属于合同附随义务，不得以借款人未提供为由解除合同。4. 约定条件成就行使解除权。遵循合同自治原则，依《合同法》第九十三条的规定，当事人协商一致，可以解除合同；当事人可以约定一方解除合同的条件，解除合同的条件成就时，解除权人可以解除合同。

081 借款合同未约定银行宣布借款提前到期须直接通知借款人，亦未约定其他具体方式，银行以向法院申请保全及提起诉讼的方式主张权利符合法律规定

【关键词】

｜借款合同｜提前到期｜主张方式｜

【案件名称】

中国民生银行股份有限公司天津分行与中国农业机械华北集团有限公司、杨书德等金融借款合同纠纷案［最高人民法院（2016）最高法民终157号民事判决书，2016.6.28］

【裁判精要】

最高人民法院认为：

一、《综合授信合同》约定，若农机华北公司出现经营状况恶化或已经发生重大经营困难，担保能力不足，财务状况发生重大变化，丧失或者有可能丧失履行债务能力以及违背本合同约定的任何承诺或者未履行本合同或具体业务合同约定的义务情形，民生银行天津分行有权要求农机华北公司提前清偿已提取的全部借款。民生

银行天津分行依约向农机华北公司发放了贷款、支付了票据贴现款以及垫付了信用证项下款项,农机华北公司未能在约定的期限内偿还相应欠款和利息构成违约,民生银行天津分行要求农机华北公司提前清偿案涉相关合同项下全部借款符合双方以上约定。由于双方并未约定民生银行宣布借款提前到期须直接通知农机华北公司,亦未约定其他具体方式,民生银行天津分行以向法院申请保全及提起诉讼的方式主张其合法权利符合法律规定,原审法院判决农机华北公司支付民生银行天津分行自其申请保全日至提起诉讼日之间的利息,并无不妥。

【案例来源】

中国裁判文书网,http://wenshu.court.gov.cn。

编者说明

关于合同解除的通知与诉讼的关系问题,实践中存在不同的观点。对此,最高人民法院民事审判第一庭、民事审判第二庭在2011年《全国民事审判工作会议纪要》和相关讲话中均明确,当事人向人民法院起诉解除合同,人民法院判决解除合同的,合同自判决生效之日起解除。也就是说,当事人以诉讼方式解除合同是允许的。

082 借款合同债权转让后,受让人可以行使约定的提前解除权

【关键词】

|借款合同|债权转让|提前解除权|

【案件名称】

中国信达资产管理公司长沙办事处诉中国新型建筑材料(集团)公司等借款担保合同纠纷案[最高人民法院(2001)民二终字第68号民事判决书,2001.8.24]

【裁判精要】

最高人民法院认为:

债务人建材纸厂在第一、二份合同还款期限届满后,不履行还款义务,应承担还款及违约责任。第三、四份借款合同虽尚未到期,但由于建材纸厂始终未能按期偿还任何贷款并已濒临破产,被列入2000年全国企业兼并破产第三批审查项名单,建材纸厂的行为已构成了根本违约,依据《合同法》第九十四条第四款之规定,南县建行有权要求解除尚未到期的第三、四份借款合同。南县建行已将上述债权合法转让给信达公司,信达公司要求解除合同、提前收贷是符合法律规定的。

【案例来源】

最高人民法院民事审判第一庭编:《中华人民共和国最高人民法院判案大系》

（民商事卷－2001年卷），人民法院出版社2003年版，第179～183页。

083 借款人先行违约的，贷款人可行使不安抗辩权，停止发放贷款并收回已发放贷款

【关键词】

｜借款合同｜不安抗辩权｜

【案件名称】

首钢庆华工具厂等与中国工商银行北安市支行担保借款合同纠纷案［最高人民法院（2001）民二终字第32号民事判决书，2001.11.10］

【裁判精要】

最高人民法院认为：

北安工行与庆华厂、首钢总公司于1994年5月30日所签订的担保借款合同，各方当事人意思表示真实明确，内容合法，为有效合同。该合同签订后，北安工行按照庆华厂提交的借款凭证发放了9笔共计1354万元的贷款，因其中部分贷款的还款日期在该合同约定的借款期限之内而庆华厂到期未按约定还款，已先行违约，原审据此认为北安工行从而取得不安抗辩权并未再发放其余贷款不构成违约是正确的，依该合同约定所发放的贷款确已包括在双方于1997年9月1日所签订的合同之中，且北安工行在本案中亦未就1994年5月20日合同单独提出请求，原审对有关该合同的违约责任问题未作出单独处理并无不当。

北安工行与庆华厂于1997年9月1日签订的借款合同亦是双方当事人的真实意思表示，其内容不违反法律规定，应认定有效。庆华厂应对1986年8月30日至1997年12月31日期间所实际发生的全部贷款承担清偿责任。根据双方当事人提交的有关会计凭证，双方盖章确认的《逾期贷款催收通知单》以及华实会计事务所的审验结果，足以认定庆华厂在1986年8月30日至1997年12月31日期间所欠北安工行贷款本金的余额为9268万元，北安工行为此多次向庆华厂发送《对账未达清单》和《逾期贷款催收通知单》，且该部分欠款中并未计入庆华厂于1996年12月27日、1997年4月30日以新贷款所偿还的部分贷款，故原审判令庆华厂清偿上述所欠贷款及利息是正确的，庆华厂关于原审判决认定其欠款数额有误，北安工行未全额发放贷款及以贷还贷构成违约等上诉理由没有事实根据，对其上诉请求本院不予支持。

【案例来源】

最高人民法院民事审判第二庭编：《中华人民共和国最高人民法院判案大系》

(民商事卷-2001年卷),人民法院出版社2003年版,第91~94页。

084 债权银行对贷款加速到期已经履行告知义务,贷款加速到期的条件已经成就,债务人应当承担责任

【关键词】

|贷款加速到期|告知义务|

【案件名称】

天津宝迪农业科技股份有限公司与德意志银行(中国)有限公司天津分行及毕国祥金融借款合同纠纷案[最高人民法院(2016)最高法民终439号民事判决书,2016.9.18]

【裁判精要】

最高人民法院认为:

本案二审的争议焦点在于,德意志银行天津分行对于第二笔贷款7300万元加速到期是否已履行告知义务,贷款加速到期的条件是否成就。对此,2015年10月12日,宝迪公司向德意志银行天津分行出具《承诺函》,确认其未能全部偿还于2015年10月10日到期的第一笔贷款7700万元本金及利息,并承诺以相应公司股权和应收账款等为所负债务提供质押担保。如违反该承诺,德意志银行天津分行有权要求其承担包括加速到期所有信贷安排在内的违约责任。2015年10月20日、10月28日,德意志银行天津分行两次函告宝迪公司履行《信贷协议》及《承诺函》的约定,如未能在2015年11月1日前全额偿还第一笔贷款,则《信贷协议》将于2015年11月2日立即终止,但宝迪公司始终未能履行《信贷协议》《承诺函》的约定。2015年11月3日,德意志银行天津分行通过公证送达方式,函告宝迪公司和毕国祥,认为宝迪公司的违约行为已致《信贷协议》于2015年11月2日终止,要求宝迪公司、毕国祥偿还全部未付款项以及承担相应损失等。据此,德意志银行天津分行已就第二笔贷款7300万元加速到期履行了告知义务,贷款加速到期的条件已经成就。此外,第二笔贷款7300万元的合同约定到期时间为2016年1月27日,已于一审判决前届满,不论贷款是否加速到期,宝迪公司、毕国祥均应承担相应还款义务。

【案例来源】

中国裁判文书网,http://wenshu.court.gov.cn。

六、以贷还贷

(一)以贷还贷合同效力

085 金融机构与借款人之间约定以贷还贷并不违反法律或行政法规，应认定有效

【关键词】

| 以贷还贷 |

【案件名称Ⅰ】

甘肃省农垦总公司与中国农业银行阿克塞哈萨克族自治县支行借款合同保证纠纷案［最高人民法院（1999）经终字第347号民事判决书，1999.12.26］

【裁判精要】

最高人民法院认为：

根据当事人双方共同认可的事实，自1992年至1994年农垦总公司下属的甘肃省国营安南坝石棉矿（下称石棉矿）向阿克塞县农行借款累计289万元。1996年8月20日，阿克塞县农行与石棉矿及农垦总公司又分别签订了289万元的借款合同和保证合同，贷款数额与石棉矿以往累欠的数额相同。在合同签订后，阿克塞县农行以特种转账传票将新贷偿还了旧贷，并将注明转账原因的特种转账传票的银行记账联交给了石棉矿，对此石棉矿并未表示异议。且在此后长达两年多的时间里，石棉矿未对阿克塞县农行不履行发放贷款义务的行为提出任何异议。本案双方当事人在主观上存在以新贷偿还旧贷的共同意思表示，且合同内容并未违反我国现行法律或行政法规，应认定合法有效。农垦总公司关于阿克塞县农行采取欺诈方法以发放流动资金贷款之名行借新还旧之实、所签合同应认定无效的上诉主张，因无事实依据，本院不予采信。

【案例来源】

《中华人民共和国最高人民法院公报》2000年第3期。

【案件名称Ⅱ】

济南黄海水泥公司与山东建行、济南利源饭庄借款合同纠纷案［最高人民法

院（1997）经终字第285号民事判决书，1999. 3. 4］

【裁判精要】

最高人民法院认为：

本案借贷双方通过借新贷还旧贷和合同展期，将双方权利义务置于11月22日两份借款合同项下，该过程是双方真实意思表示，不违反国家法律规定，应认定为有效。利源饭庄享有获取贷款权利之后，则负有到期偿还借款本金并支付利息之义务，黄海水泥公司对此作出保证行为，应连带承担清偿责任。

【案例来源】

最高人民法院经济审判庭编：《经济审判指导与参考》（第1卷），法律出版社1999年版，第346～351页。

编者说明

最高人民法院经济审判庭庭务会一致认为，以贷还贷行为的效力问题是金融机构和借款人普遍关心的问题，因为它不仅影响以贷还贷主合同的效力，还影响对以贷还贷的担保合同的效力。对以贷还贷效力如何认定，庭务会在讨论中存在不同意见。多数意见认为，我国现行法律、行政法规对以贷还贷行为没有限制，目前也没有事实证明以贷还贷有社会危害性，如果以贷还贷确属当事人真实意思表示的话，应当认定为有效。况且以贷还贷现象非常普遍，各个专业银行都或明或暗地在搞以贷还贷，如果认定无效，打击面会太大，社会效果也不好。作为金融主管机关的中国人民银行也有意见认为，以贷还贷是流动资金使用的方式之一。少数意见认为，以贷还贷不是真实的贷款，有规避国家关于贷款规模限制的可能，与《贷款通则》的精神相违背，应当认定为无效。中国人民银行作为主管机关，对金融界广泛存在以贷还贷现象也没有以中国人民银行的名义正式发文加以肯定，只是人民银行下面的部门有书面意见肯定以贷还贷，不能代表人民银行的意见。庭务会倾向于按多数人意见认定以贷还贷的行为有效。①

以贷还贷是指金融机构在债务人旧贷款未归还的情况下，与债务人签订新贷款合同，以新贷出的款项清偿旧贷款的行为。认定金融机构与借款人之间是否存在以贷还贷，不仅要查明借款人客观上是否有将新贷偿还旧贷的行为，而且还要查明金融机构与借款人之间主观上是否存在以贷还贷的共同意思表示或者意思联络，两者缺一不可。

关于以贷还贷行为的效力，从我国法律关于无效民事行为的规定看，目前也未明文加以禁止，在实际效果上，债务人借新贷还旧贷，对债务人有利，对债权人也没有明显不利，考虑到以贷还贷属于当事人的真实意思表示且具有普遍性，法律、行政法规也无禁止性规定，将以贷还贷行为认定为无效依据不足。《担保法解释》第三十九条第一款规定："主合同当事人双方协议以新贷偿还旧贷，除保证人知道或者应当知道的外，保证人不承担民事责

---

① 参见曹士兵整理：《关于以贷还贷》，载最高人民法院经济审判庭编：《经济审判指导与参考》（第1卷），法律出版社1999年版，第225页。

任。"其中,也未将保证人承担的责任直接表述为"无效民事责任"或"赔偿责任",可见对主合同(以贷还贷的)显然未作无效处理。① 最高人民法院认为以贷还贷行为合法有效,在审理相关案件时也都肯定了以贷还贷行为的效力。

086 借贷双方以还旧借新的方式达到短贷长用的目的,虽违反金融行政管理性规定,但不影响合同效力

【关键词】

| 以贷还贷 | 管理性规定 |

【案件名称】

四川远景实业集团有限公司与中国农业银行股份有限公司眉山市分行、四川远景实业集团青神米业有限公司、四川远景实业集团蚕业有限公司借款抵押合同纠纷案[最高人民法院(2009)民二终字第124号民事判决书,2009.12.15]

【裁判精要】

最高人民法院认为:

借贷双方均明知贷款主要用于远景集团公司下属子公司酒业公司的技改项目,但双方仍同意以短期流动资金贷款名义进行发放,并以"还旧借新"的方式达到"短贷长用"的目的。上述情形违反了《商业银行法》有关贷款审查、审批的相关制度规定;该法属金融行政管理性规定,眉山农行违规贷款系权利人疏于防范风险的行为,属于行政处罚的范畴,不属于合同无效的法定情形,不影响合同效力。本案借贷双方以此种方式进行贷款,系双方真实自愿的结果,上述借款合同对双方当事人均具有拘束力。

【案例来源】

最高人民法院民事审判第二庭编:《最高人民法院商事审判指导案例·借款担保卷》(下),中国法制出版社2011年版,第481~491页。

① 参见曹士兵:《中国担保制度与担保方法》,中国法制出版社2008年版,第165页。

（二）以贷还贷的认定

087 没有真实的资金往来，以贷还贷不能认定

【关键词】

｜以贷还贷｜

【案件名称】

中国信达资产管理公司哈尔滨办事处与哈尔滨城镇建设综合开发公司、中房集团哈尔滨房地产开发公司、哈尔滨房屋土地综合开发公司借款合同纠纷案［最高人民法院（2010）民二终字第 83 号民事判决书，2010. 12. 6］

【裁判精要】

裁判摘要：此案为发回重审案件。三原审被告中两被告城镇公司和中房公司均不服重审判决提出上诉，此次二审中没有新证据提交。信达公司通过债权转让获得的对于城镇公司的债权是否已经因“借新还旧”而清偿是本案的关键。即建设银行的倒贷行为是否成立，城镇公司是否已经完成以新贷还旧贷的行为。这一事实的认定将直接导致债务人及担保人是否会因此免责致使债权人债权落空。

最高人民法院认为：

在本次二审中，各方当事人均未提交新的证据。根据重审法院及本院查明的事实，虽然本案 1855 万元的《贷款核定指标》等相关贷款手续齐全，但其均系银行与贷款企业之间进行的做账处理行为，并未发生实际的款项往来。同时案涉 1855 万元借新还旧的行为双方未签订书面的借款合同，也未签订保证合同，且于第二日即 1998 年 12 月 31 日被撤销冲回到原来状态。最高人民法院认为，借新还旧与一般的借款行为不同，其存在两个不同的行为，即借新和还旧。借新还旧成立的认定，除了审查当事人之间是否存在借款合同和担保合同外，还应重点审查银行与债务人之间是否有实际的账款往来。根据重审法院查明事实，案涉借新还旧行为没有借款及担保合同，虽然建行作出放款和还款的账面处理，但并未在银行与债务人之间发生实际的资金往来，因此旧贷仍然存在没有形成新贷。根据《合同法》第三十六条关于“法律、行政法规规定或者当事人约定采用书面形式订立合同，当事人未采用书面形式但一方已经履行主要义务，对方接受的，该合同成立”的规定，本案没有发生实际履行的情形，故借新还旧不能成立。重审法院根据《商业银行法》的规定，以银行违反相关贷款规定，借新还旧没有获得批准以及没有签订借款合同和担保合同为由，

认为该贷新还旧行为已被银行于次日账面冲回，且在该行为后的 9 个月后银行就 15 份旧贷项下本金余额 1755 万元与城镇公司进行债权数额核对时，城镇公司对该债权核对单及核对单所释明的内容未提出任何异议，此后银行依据旧贷合同主张权利，城镇公司亦未提出异议，故城镇公司仍应依旧贷合同清偿债务的认定正确。债务人城镇公司和担保人中房公司提出借新还旧达成合意并且已经履行，旧贷已经还清，债务人不欠旧贷，信达公司通过债权转让的旧贷已经消灭，因此不享有诉权，担保人应当免除责任的上诉理由，没有事实和法律依据，不予支持。

【案例来源】

最高人民法院民事审判第二庭编：《最高人民法院商事审判指导案例（第五卷）》（上），中国法制出版社 2011 年版，第 262～278 页。

088 借款合同中的以贷还贷不同于还旧借新，还旧借新是借款人先行将原借款清偿完毕，再由出借人贷出新的借款

【关键词】

｜借款合同｜以贷还贷｜还旧借新｜

【案件名称】

沈阳市建设投资有限公司与交通银行股份有限公司沈阳南湖支行、沈阳和光集团股份有限公司借款合同纠纷案［最高人民法院（2012）民二终字第 71 号民事判决书，2012. 11. 1］

【裁判精要】

最高人民法院认为：

关于沈阳建投是否应当承担沈交银 2004 年公司保字 032 号《借款保证合同》项下的保证责任问题。本院认为，虽然交通银行南湖支行在诉讼中主张该笔借款为“还旧借新”，并提供了加盖银行转讫章的 2004 年 3 月 19 日《还款凭证（回单）》和 2004 年 3 月 22 日《（临时贷款）借款凭证》，但因其未能提供沈交银 2004 年公司贷字 032 号《借款合同》项下 1500 万元借款划至和光集团账户后资金去向的相关证据，故应当认定该借款合同项下的资金没有实际贷出，交通银行沈阳分行制作的相关凭证仅是更换了贷款凭证，该笔借款的真实用途为以贷还贷，系为了归还沈交银 2003 年公司贷字 008 号《借款合同》项下和光集团的还款义务。一审判决关于该笔贷款为“还旧借新”的认定，与事实不符，本院予以纠正。由于沈阳建投亦是沈交银 2003 年公司贷字 008 号《借款合同》的保证人，根据《担保法解释》第三十九条的规定，主合同当事人协议借新还旧，新贷和旧贷系同一保证人的，保证人仍应承担民事责任。

故沈阳建投关于交通银行沈阳分行与和光集团恶意串通,其不应承担保证责任的上诉理由不能成立,本院不予支持。

【案例来源】

最高人民法院民事审判第二庭编:《最高人民法院商事审判指导案例(2012)·合同与借贷担保》,中国民主法制出版社 2013 年版,第 588 ~602 页

089 借款人将借款转给第三人后，由第三人归还了其所欠银行贷款，借款人与第三人无隶属关系，不构成以贷还贷

【关键词】

| 隶属关系 | 以贷还贷 |

【案件名称】

中国工商银行股份有限公司吴忠支行与山西中阳钢铁有限公司、银川惠禾商贸有限公司金融借款合同纠纷案［最高人民法院（2014）民二终字第 148 号民事判决书，2014. 11. 20］

【裁判精要】

最高人民法院认为:

二、关于本案是否存在“借新还旧”情形问题

涉案借款合同约定,借款用途为采购钢材。本案中,吴忠工行根据与惠禾公司签订的委托支付协议的约定于 2012 年 12 月 4 日将涉案 2100 万元借款支付给中阳公司。当天,中阳公司根据惠禾公司的指令将该 2100 万元支付给华荣公司。2012 年 12 月 5 日,华荣公司支付给振兴公司往来款 2000 万元。当天,振兴公司向吴忠工行还款 1000 万元。上述事实表明,本案不存在“借新还旧”情形。虽然振兴公司确实向吴忠工行还款 1000 万元,但因涉案 2100 万元借款的借款人是惠禾公司,而振兴公司所欠吴忠工行该笔 1000 万元借款的借款人是振兴公司,两笔借款的借款人不同,且惠禾公司与振兴公司之间也不存在隶属关系,涉案 2100 万元借款通过中阳公司、华荣公司转至振兴公司后,振兴公司如何使用该款已非惠禾公司所能控制,故本案情形与“借新还旧”的法律特征不符,未构成“借新还旧”。原审法院认定本案不是以新贷偿还旧贷并无不当。中阳公司上诉主张本案存在以新贷偿还旧贷情形,与案件事实不符,也缺乏法律依据,不能成立,本院不予支持。

三、关于中阳公司是否应当承担保证责任问题

前面已经分析,中阳公司是涉案 2100 万元借款的保证人。涉案 2100 万元借款被吴忠工行宣布提前到期后,惠禾公司、凌志公司、中阳公司均未按约偿还借款本

息,根据涉案保证合同的约定,中阳公司应当承担保证责任。因本案不存在《担保法解释》第三十九条规定的保证人不承担保证责任的情形,故原审法院判决中阳公司承担连带保证责任并无不当。中阳公司上诉主张不应当承担保证责任,与案件事实不符,也缺乏法律依据,不能成立,本院不予支持。

【案例来源】

中国裁判文书网,http://wenshu. court. gov. cn。

090 以贷还贷本质上是旧贷的一种特殊形式的展期

【关键词】

|以贷还贷|旧贷展期|

【案件名称】

中国工商银行股份有限公司三门峡车站支行与三门峡天元铝业股份有限公司、三门峡天元铝业集团有限公司借款担保合同纠纷案[最高人民法院(2008)民二终字第81号民事判决书,2008. 9. 3]

【裁判精要】

裁判摘要:借新贷还旧贷,系在贷款到期不能按时收回的情况下,作为债权人的金融机构又与债务人订立协议,向债务人发放新的贷款用于归还旧贷款的行为。该行为与债务人用自有资金偿还贷款,从而消灭原债权债务关系的行为具有本质的区别。虽然新贷代替了旧贷,但原有的债权债务关系并未消除,客观上只是以新贷形式延长了旧贷的还款期限。

最高人民法院认为:

(三)关于天元股份公司提出的本案所涉及的三笔贷款是2004年8月天元集团公司因生产购买原材料与三门峡车站工行及担保人天成电化公司之间发生的新的借贷法律关系,天元股份公司不是该借贷法律关系的当事人,不应承担民事责任问题

本院认为,根据本案查明的事实,从本案合同约定的贷款目的及贷款、还款的操作方式,可以认定:本案车站工行所诉天元集团公司的三笔贷款即〔2004〕第37号、38号、39号借款合同均系借新还旧借款合同。〔2004〕第37号1590万元借款合同是经数次借新还旧后对双方2000年之前1700万元借款的借新还旧,而〔2004〕第38号1480万元借款合同、第39号700万元借款合同系经数次借新还旧后对双方2000年之前1647万元借款合同的借新还旧。原审判决认定本案贷款是2000年的旧贷款

经多次以贷还贷逐步演化而来是正确的。借新还旧系贷款到期不能按时收回,金融机构又向原贷款人发放贷款用于归还原贷款的行为。借新还旧与贷款人用自有资金归还贷款,从而消灭原债权债务的行为有着本质的区别。虽然新贷代替了旧贷,但贷款人与借款人之间的债权债务关系并未消除,客观上只是以新贷的形式延长了旧贷的还款期限,故借新还旧的贷款本质上是旧贷的一种特殊形式的展期。本案天元集团公司的相关旧贷实际并未得到清偿,天元股份公司对天元集团公司的上述三笔贷款仍应依其承诺,承担民事责任。

【案例来源】

《中华人民共和国最高人民法院公报》2008 年第 11 期。

091 债务人刚还完旧贷款,又向原债权人借得与旧贷款数额相同的款项,不属以贷还贷

【关键词】

| 以贷还贷 |

【案件名称】

天津迎宾广场有限公司与中国农业银行天津市河北支行及天津市万力钢结构工程有限公司、天津祥和投资发展有限公司、天津市飞龙汽车客运有限公司、天津国际游乐港客运有限公司、天津市盛发商厦有限公司、魏立明借款合同纠纷案[最高人民法院(2005)民二终字第 162 号民事判决书,2006. 1. 20]

【裁判精要】

最高人民法院认为:

所谓贷新还旧,应当是债权人与债务人在旧的贷款尚未清偿的情况下,再次签订贷款合同,以新贷出的款项清偿部分或者全部旧的贷款。当事人提出债权人与债务人在刚还完旧贷款,又向该债权人借款并且借款数额与旧贷款的借款数额相同,便称为"贷新还旧",这属于对贷新还旧概念的理解错误,没有事实依据,依法不予支持。

【案例来源】

最高人民法院民事审判第二庭编:《最高人民法院商事审判指导案例·借款担保卷》(上),中国法制出版社 2011 年版,第 318 - 323 页。

092 债权人与借款人以总借据换多项单项借据的行为系对双方债权和债务结算后对总债权和债务的确认，不属以贷还贷

【关键词】

｜总借据｜债权债务确认｜以贷还贷｜

【案件名称】

陈海秋与常德图吉房地产开发有限公司保证合同纠纷案［最高人民法院(2015)民提字第173号民事判决书，2015. 12. 6］

【裁判精要】

最高人民法院认为：

本案争议问题是图吉公司是否应当对郑旭东向陈海秋于2011年9月18之前的借款1580万元承担连带保证责任。(一)陈海秋于2011年1月18日至同年8月25日共计给郑旭东借款1580万元这一基本事实已被瓯海区法院和温州中院三份生效的民事裁判文书所确认。(二)图吉公司对2011年10月15日与钦汇公司和颐心乐园共同出具的《保证担保承诺书》没有异议。该承诺书表明图吉公司、钦汇公司和颐心乐园愿意为郑旭东于2011年9月18日向陈海秋借款人民币1580万元承担连带保证责任。(三)图吉公司主张2011年10月15日出具的承诺书只对郑旭东2011年9月18日向陈海秋的1580万元借款承担连带保证责任缺乏证据证明。1. 债权人陈海秋与借款人郑旭东对案涉1580万元借款系郑旭东2011年8月25日前的累计借款,2011年9月18日双方结算后,郑旭东出具了总借条并收回了以前的多笔单项借条的事实没有异议。以借条换借条符合民间借贷的习惯作法以及本案当事人之间的交易习惯。2011年12月2日的《协议书》就包含债权人陈海秋与借款人郑旭东对2011年9月18日前借贷和归还款项的结算内容,只是这次双方约定不另立借据。因此,郑旭东在借条上载明2011年9月18日的借款并不表明系陈海秋当天给郑旭东的借款。2. 从郑旭东两次归还借款的时间和数量来看,基本上与2011年9月18日陈海秋与郑旭东、吴金建签订的借款合同中约定的时间和数量相一致。《借款合同》约定还款分5期还完,分别为2011年9月23日前还100万,2011年10月31日前还200万元,2011年11月30日前还200万,2011年12月31前还500万,2012年1月31日前还580万。一、二审法院查明,2011年9月23日赵旭东归还借款100万元,2011年10月31日归还50万元。第一期还款的时间和数量均与《借款合同》的约定相符。第二期的还款时间相符,数量少150万元。如果该笔1580万元的借款应当是陈海秋于2011年9月18日支付给郑旭东,那么第一期的还款时间同借款时间只相差5天与常理不符。3. 案涉《借款合同》第一条约定,甲方(陈海秋)愿贷与乙方(郑旭东)人民币1580万元,于订立本合同之同时,由甲方给付一方,另立借据。如案涉借款系2011年9月18日郑旭东的新借款与之前的

1580 万元无关就不需要“另立借据”的约定。而上述约定的内容正好与本案查明的总借据换多项单项借据的事实相符。债权人与借款人之间总借据换多项单项借据的行为系对双方债权和债务结算后对总债权和债务的确认，并不属于《担保法解释》中第三十九条“以新贷偿还旧贷”的情形。4. 2011 年 12 月 2 日的《协议书》虽然未经图吉公司签字盖章，但图吉公司的连带保证责任没有免除。该《协议书》对案涉《借款合同》的债权数额和履行期限作出变动，原《借款合同》的保证人吴金建、颐心乐园、钦汇公司均在《协议书》上签字盖章，表明对《协议书》的变动予以认可。《协议书》将图吉公司列为保证人图吉公司没有在上面签字盖章，这只能证明签订该《协议书》时图吉公司没有到场或者未经图吉公司的同意，但按照《担保法解释》第三十条第一、二款的规定，图吉公司也应对减轻后的债务承担连带保证责任。5. 瓯海区法院和温州中院三份生效的民事裁判文书均已判决案涉《保证担保承诺书》中的另外两名保证人颐心乐园和钦汇公司对陈海秋于 2011 年 1 月 18 日至同年 8 月 25 日共计给郑旭东的 1580 万元借款承担连带保证责任并将大部分款项执行完毕。陈海秋以案涉《保证担保承诺书》为依据要求图吉公司对其还未实现的部分债权承担连带保证责任与法有据。6. 图吉公司在本案一审和二审期间曾对案涉 1580 万元借款的真实性提出过抗辩，没有以图吉公司只对 2011 年 9 月 18 日当日的借款承担连带担保责任提出过抗辩。7. 图吉公司没有证据证明郑旭东 2011 年 9 月 18 日借条载明 1580 万元不是陈海秋于 2011 年 1 月 18 日至同年 8 月 25 日累计借给郑旭东的 1580 万元借款。8. 出具案涉《保证担保承诺书》时，赵旭东系图吉公司的实际控制人，应推定图吉公司知晓 1580 万元借款的背景和时间。

【案例来源】

中国裁判文书网，http://wenshu. court. gov. cn。

（三）以贷还贷诉讼时效

093 债务承接及以贷还贷的诉讼时效

【关键词】

｜债务承接｜以贷还贷｜诉讼时效｜

【案件名称】

内蒙古仕奇集团有限责任公司与中信资产管理有限公司、呼和浩特市人民政府、内蒙古长兴房地产开发有限责任公司一般债权纠纷案［最高人民法院（2012）民二终字第 84 号民事判决书，2012. 12. 11］

【裁判精要】

裁判摘要：对于债权人与债务人达成的“借新贷还旧贷”的协议，只要双方当事人对债权债务关系达成合意，即可认定合同关系成立，不以办理完整贷款手续为必要。如果双方未重新办理贷款手续，也未约定明确还款期限，可以从双方最终达成协议之日起计算债权人主张诉讼权利的新的诉讼时效期间。

最高人民法院认为：

工商银行取得涉案资产的优先受偿权以后，在近两年的时间内未采取措施积极行使权利。1998年6月11日、1998年8月28日，呼市政府两次组织召开办公会议，分别形成了《纪要(一)》《纪要(二)》。两次纪要记载，经征得债权人和仕奇公司同意，将应当用于偿还工商银行借款的涉案资产划转为仕奇公司对工商银行的贷款，从划转之日起按银行的有关规定给付利息，并要求仕奇公司尽快与工商银行办理转贷手续。工行内蒙古分行作为债权银行的上级银行，与仕奇公司的负责人共同参加了两次会议并达成一致意见，且《纪要(一)》《纪要(二)》亦抄送给了工商银行。在本案审理期间，各方当事人均认可工商银行当时已经同意将对涉案资产优先受偿的权利转为对财产接收人仕奇公司的债权，只是最终未办理转贷手续。从上述查明事实可知，通过1998年呼市政府组织召开的两次会议及会议形成的《纪要(一)》《纪要(二)》，工商银行与仕奇公司就确立新的债权债务关系达成了合意，且借款数额和利息均已明确，工商银行因此放弃了对涉案资产的优先受偿权。尽管此后双方没有签订书面借款的合同并办理转贷手续，但合同关系因双方当事人意思表示一致而成立，且仕奇公司的债务系从原内蒙古毛条总厂处承接而来，转贷手续属于“借新贷还旧贷”，不能因双方未补办贷款手续而否认其已确认的债权债务关系的效力。在重新确认债权债务关系的基础上，工商银行对原涉案资产优先受偿的权利已经消灭，应依据新的借款关系向仕奇公司主张债权。鉴于双方未重新约定借款期限，应从《纪要(二)》确认债权的时间，即1998年8月28日，起算工商银行主张诉讼权利的诉讼时效期间。自1998年至2005年，工商银行从未向债务人仕奇公司主张过上述债权，亦没有证据证明其积极要求仕奇公司办理相关的转贷手续，根据《民法通则》第一百三十五条之规定，工商银行的上述债权已经超过了两年的诉讼时效期间。[①]

① 本案二审判决后，中信资产管理有限公司向最高人民法院申请再审，最高人民法院审查后认为：“在工商银行与原内蒙古毛条总厂借贷合同履行期限早已届满的情况下，呼和浩特市人民政府下发呼政办发〔1997〕64号通知，承诺向工商银行承担贷款债务36968004.98元，该债务应当视为已到期债务。工商银行自收到该份通知时即应当计算诉讼时效。因此，无论是从工商银行收到呼政办发〔1997〕64号通知的时间还是二审判决认定的从第二次《会议纪要》确认债权的时间，均足以认定工商银行的债权已经超过了两年的诉讼时效期间。中信资产公司关于诉讼时效的申请再审理由不能成立。”参见最高人民法院(2013)民申字第1052号民事裁定书(2013.11.28)，载中国裁判文书网，http://wenshu.court.gov.cn。

【案例来源】

最高人民法院民事审判第二庭编:《最高人民法院商事审判指导案例(2012)· 公司与金融》,中国民主法制出版社 2013 年版,第 360 ~ 370 页。

七、借款合同责任承担

094 借款人将流动资金借款直接用于自身生产经营或是转借他人抑或代他人清偿债务，均不免除还款义务

【关键词】

| 借款人 | 流动资金借款 | 还款义务 |

【案件名称】

中国农业银行股份有限公司拉萨市康昂东路支行与西藏华西药业集团有限公司、成都达义物业有限责任公司借款合同纠纷案［最高人民法院（2010）民二终字第69号民事判决书，2011.2.11］

【裁判精要】

最高人民法院认为：

本案所涉借款合同明确约定贷款人是农行康昂路支行，借款人是华西药业公司，借款用途为流动资金。合同签订后，贷款人农行康昂路支行依约将款项划入借款人华西药业公司的账户，华西药业公司即有权自主使用款项并应按约定偿还贷款本息。华西药业公司取得贷款后，以"代嘉豪公司还款"科目将款项转到西藏药业公司账户，西藏药业公司又将该款划转到陕西精高公司账户，陕西精高公司出具了收条。上述资金流转的过程，虽然表明华西药业公司与西藏药业公司以及西藏药业公司与陕西精高公司之间分别形成了代为还款关系和本案借款合同之外的另一个借款合同关系，同时也表明华西药业公司并未将本案贷款直接用于其自身的生产经营而转交与他人使用，但根据合同约定的借款用途以及合同关系的相对性，作为流动资金借款，无论借款人将其直接用于自身的生产经营项目或是转借他人抑或代他人清偿债务，均不能当然地构成其免除向贷款人偿还借款之合同义务的事实根据。故如果不存在其他合法有效的抗辩事由，借款人华西药业公司依法应当向贷款人农行康昂路支行承担偿还借款本息的责任。

【案例来源】

最高人民法院民事审判第二庭编：《金融案件审判指导》（增订版），法律出版社2018年版，第17～25页。

095 借款合同约定出质人出现质押合同约定违约情形视为借款人违约的，借款人应按约定承担相应的违约责任

【关键词】

| 借款合同 | 出质人违约 | 违约责任 |

【案件名称】

北京乾坤翰林文化传播有限公司、杨新红与中航信托股份有限公司金融借款合同纠纷案［最高人民法院（2018）最高法民终 174 号民事判决书，2018. 9. 26］

【裁判精要】

最高人民法院认为：

一、关于《自然人保证合同》与《股权质押合同》是否真实有效，杨新红未办理质押登记手续是否构成违约的问题

本案当事人签订的《自然人保证合同》《股权质押合同》，均系双方当事人的真实意思表示，内容不违反法律、行政法规的强制性规定，合法有效，双方当事人均应遵守。其中《股权质押合同》约定："出质人以以下条件最先成就的时间为准，到相应的登记机关办理完毕质押股权的质押登记手续：(1) 在编号为 '2015 - 04 - GQZR001' 的《杨新红与共青城招银叁号投资合伙企业（有限合伙）关于北京乾坤翰林文化传播有限公司股权转让协议》项下，共青城招银叁号投资合伙企业（有限合伙）取得杨新红持有的北京乾坤翰林文化传播有限公司 30% 的股权，并完成工商变更登记之日。(2) 自贷款人发放贷款满 6 个月之日起的 5 个工作日内。"《股权质押合同》第 13. 1 条还约定："出质人未按照本合同约定办理质押股权的质押登记和权利凭证的交付手续，构成出质人违约。"2015 年 4 月 2 日，杨新红与共青城招银叁号投资合伙企业（有限合伙）签订《股权转让协议》，杨新红将持有的乾坤翰林公司 30% 的股权转让给了共青城招银叁号投资合伙企业（有限合伙），后双方办理了工商变更登记。但出质人杨新红一直未按照《股权质押合同》的约定办理质押登记手续，构成违约。乾坤翰林公司、杨新红关于《自然人保证合同》与《股权质押合同》并非双方真实意思表示，签订上述合同仅为满足中航信托公司内部划款的审核要求，中航信托公司从未要求也无权要求杨新红办理股权质押登记手续等的主张缺乏事实依据，本院不予采信。另外，一审综合考虑本案中双方当事人的实际履约情况、违约方过错程度等因素，酌定乾坤翰林公司应支付违约金 480 万元，并无不当；一审根据委托代理协议和律师费发票认定乾坤翰林公司应支付律师代理费 28 万元，亦无不当。

二、关于中航信托公司在借款期限内主张还款是否损害了乾坤翰林公司和杨新红的合法权益问题

双方签订的《借款合同》第 11. 1. 13 条约定，"质押人出现质押合同约定的出质

人违约情形,视为借款人违约”。据此,本案中出质人杨新红未按照股权质押合同的约定办理质押登记手续构成违约,借款人乾坤翰林公司应当承担相应的违约责任。同时该合同第11.2.1条还约定,“出现借款人违约,贷款人有权采取停止发放贷款、宣布贷款提前到期、按照不低于贷款本金的10%向借款人收取违约金等救济措施”。据此,中航信托公司有权在借款期限内主张还款。况且,在一审审理期间,案涉借款期限届满时,乾坤翰林公司仍未按约定归还借款本金及利息。因此,中航信托公司在借款期限内主张还款并无不当,一审判决乾坤翰林公司和杨新红承担相应责任,并无不当。

【案例来源】

中国裁判文书网,http://wenshu.court.gov.cn。

096 借款合同纠纷中不能依据资金流向无限追加诉讼第三人

【关键词】

| 借款合同 | 资金流向 | 追加第三人 |

【案件名称】

中国建设银行太原市并州支行与山西南都建设发展有限公司等借款合同纠纷案[最高人民法院(2004)民二终字第23号民事判决书]

【裁判精要】

最高人民法院认为:

本案系美元贷款合同纠纷。案件争议焦点为,深圳国投公司应否作为无独立请求权的第三人参加到本案中来,该公司在本案中应否承担民事责任。并州支行起诉请求南都公司偿还两份美元贷款合同项下的贷款,南都公司抗辩其并非真正用款人,不应承担还款责任。原审判决应当围绕该借款合同法律关系进行审理,查明南都公司是否将所有贷款予以偿还,明确该公司的民事责任。但是,原审判决依据南都公司的抗辩理由,将本诉的借款合同法律关系抛开,转而审理并州支行与深圳国投公司之间的美元存款合同关系,确认深圳国投公司所收取的1831766.39元系违法收取的高息,并判令深圳国投公司承担返还责任。原审判决对该笔款项的认定偏离了本诉法律关系,超出了原审原告并州支行的诉请范围,证据采纳方面亦不符合我国民事诉讼的有关法律规定,缺乏法律和事实依据,本院予以纠正。深圳国投公司有关其不应作为无独立请求权的第三人参加到本案中来的上诉理由成立,本院予以支持。对该笔欠款,应由南都公司自行承担偿还责任。如果南都公司因该笔款项与深圳国投公司存在争议,应由南都公司另案起诉。

【权威解析】

关于深圳国投公司在本案中的诉讼地位(并州支行对另外两家汽巴公司也提出了同样异议,只是二审对此不予审理罢了)。原审被告南都公司在一审中的抗辩涉及其与深圳国投公司及两家汽巴公司的关系,以及三个第三人与并州支行的关系。如何处理借款合同资金流向上之当事人的诉讼法律地位,二审法院在审理过程中有两种不同意见,第一种意见是,法院只应审理原、被告之间的借款合同关系,查明并州支行与南都公司之间是否存在委托贷款关系(这是南都公司抗辩的根本原由所在)、款项是否贷出以及是否如数偿还等事实,即可认定民事责任;至于被告南都公司在一审中的抗辩,应另案解决,可由南都公司另行起诉第三人。第二种意见是,不告不理原则,决定了法院审理民事案件的被动性,贷款人起诉请求借款人偿还借款,借款人抗辩应由其他实际用款人承担责任,在这种情况下,法院必须审理该抗辩是否成立。尽管深圳国投公司与并州支行的存款合同关系与本诉的借款合同属于不同的法律关系,但是,该存款合同之签订履行情况与该借款合同是否属于当事人真实意思表示直接相关,深圳国投公司(及两家汽巴公司)与本案存在利害关系,故原审法院依南都公司请求,将深圳国投公司(及两家汽巴公司)作为无独立请求权的第三人追加到本案中来,并不违反国家的民事诉讼程序的规定。深圳国投公司关于原审判决将其列为本案第三人、超越原审原告诉讼请求的上诉理由不能成立,本院不应支持。需要说明的是,有证据表明,还应当将万海公司与华夏银行列为第三人,才能真正调查清楚本诉两笔款项的实际责任人,只是鉴于并州支行没有上诉人的法律地位,该行对其与两家汽巴公司关系的异议,二审不予审理,因此,二审只应围绕深圳国投公司所收取的183万余元,审理并州支行与深圳国投公司的美元存款关系以及深圳国投公司与南都公司的财务顾问协议。

在讨论过程中,考虑到第二种意见下的最终判决将可能对诸多法律关系中某个环节法律关系中可能发生的诉讼产生影响,且列第三人过多导致法律关系过于复杂,反而不易分清责任,最后,最高人民法院判决采纳了第一种意见,即只审理深圳国投公司的上诉请求,认定该公司不应成为本案第三人,其民事责任的有无,有待于南都公司另行起诉决定。这样一种审判思路,实际意味着对借款合同纠纷案件,不应依资金流向无限追加诉讼第三人,只审理借款关系本身即可。①

【案例来源】

最高人民法院民事审判第二庭编:《民商事审判指导》(总第6辑),人民法院出

---

① 参见李京平:《借款合同纠纷能否依资金流向追加诉讼当事人——中国建设银行太原市并州支行与山西南都建设发展有限公司等借款合同纠纷上诉一案》,载最高人民法院民事审判第二庭编:《民商事审判指导》(总第6辑),人民法院出版社2005年版,第196~197页。

版社 2005 年版,第 185 ~ 196 页。

097 因借款人违约致使贷款人采取诉讼方式实现债权，借款人应当承担贷款人律师费的约定有效

【关键词】

｜借款合同｜律师费｜

【案件名称Ⅰ】

泉州市世界贸易中心有限公司与福建海峡银行股份有限公司泉州分行及晋江晟瑞房地产开发有限公司、生茂集团有限公司、康玛水金融借款合同纠纷案［最高人民法院（2019）最高法民终 217 号民事判决书，2019. 3. 29］

【裁判精要】

最高人民法院认为:

本案争议焦点为世界贸易中心是否应当承担 60000 元律师费的问题。根据一审查明的事实,世界贸易中心与海峡银行泉州分行签订的《委托贷款借款合同》明确约定,世界贸易中心未履行本合同的,应承担由此引起的委托人和海峡银行泉州分行为实现债权(含担保债权)的费用(包括但不限于诉讼费、财产保全费、律师费、差旅费、执行费、评估费、拍卖费等)。由于海峡银行泉州分行依约发放贷款后,世界贸易中心未能如期偿还贷款本息,保证人亦未承担保证责任,从而引发本案诉讼。海峡银行泉州分行委托福建顺济律师事务所代理本案纠纷,律师代理费为 60000 元,福建顺济律师事务所已就此向海峡银行泉州分行开具相应的增值税专用发票。在本案一审、二审诉讼过程中,福建顺济律师事务所谢黎芳、郭杰锋律师均作为海峡银行泉州分行的委托诉讼代理人参加诉讼活动。鉴于以上情形,一审判决世界贸易中心向海峡银行泉州分行支付该 60000 元律师费,事实依据充分,本院予以维持。世界贸易中心以海峡银行泉州分行没有提供律师费支付凭证为由否认该笔费用的实际发生,不符合本案事实,本院不予支持。

【案例来源】

中国裁判文书网,http://wenshu. court. gov. cn。

【案件名称Ⅱ】

孝义市德威煤业有限责任公司、薛德平、郭够香与华润深国投信托有限公司、西山煤电（集团）有限公司等金融借款合同纠纷案［最高人民法院（2018）最高法民终 773 号民事判决书，2018. 10. 24］

【裁判精要】

最高人民法院认为:

三、关于薛德平、郭够香应否对德威煤业公司向华润公司支付的300万元律师费承担连带清偿责任的问题

本院认为,案涉《信托贷款合同》第19.7条约定:"因任何一方违约致使对方采取诉讼方式实现债权的,违约方应承担对方为此支付的合理费用,包括但不限于诉讼费、律师费、差旅费。"薛德平、郭够香与华润公司于2011年9月27日签订的《信托贷款合同保证合同》约定,薛德平、郭够香为《信托贷款合同》项下德威煤业公司所负债务提供不可撤销的连带责任保证担保,且在该合同第2条中明确被担保债务范围除应由德威煤业公司支付给华润公司的全部贷款本金、罚息、相关费用、其他款项及应由德威煤业公司向华润公司履行的所有其他义务外,还包括华润公司为实现合同项下权利而发生的所有费用、支出及损失,包括但不限于诉讼费、律师费、公证费(如适用)、评估费、翻译费等。承前所述,本案系因德威煤业公司未依约履行《信托贷款合同》约定的款项支付义务而引起的纠纷,德威煤业公司存在违约行为。根据本案已查明的事实,华润公司因案涉纠纷实际支出的律师费为300万元,故一审判决判令德威煤业公司应向华润公司赔偿该笔律师费,有合同依据。此情形下,一审判决判令薛德平、郭够香应对德威煤业公司向华润公司支付的300万元律师费承担连带清偿责任,亦符合合同约定和法律规定。薛德平、郭够香关于其不应对德威煤业公司向华润公司支付的300万元律师费承担连带清偿责任的上诉主张,理据不足,本院不予支持。

【案例来源】

中国裁判文书网,http://wenshu.court.gov.cn。

【案件名称Ⅲ】

方归与颜偿治、香山国际游艇俱乐部(厦门)有限公司、方东洛、吴文科民间借贷纠纷案[最高人民法院(2014)民四终字第5号民事判决书,2014.4.30]

【裁判精要】

最高人民法院认为:

本案中,债权人颜偿治与债务人香山公司之间签署的《借款协议书》和《补充协议书》中均明确约定,发生争议后,过错方应承担所有费用,包括但不限于诉讼费、律师费、保全费、调查费等;保证人方归在向颜偿治出具的《担保函》中亦明确承诺保证责任范围包括颜偿治实现债权的律师费等全部费用。在上述协议均有效的情况下,各方当事人均应依约履行各自的合同义务。颜偿治为实现其债权,与福建致理律师

事务所签署了《委托代理合同》,委托该律师事务所蔡长基、吴金城两位律师代理其参加本案诉讼,该合同已实际履行,蔡长基、吴金城两位律师作为颜偿治的代理人参加了本案诉讼活动,颜偿治向福建致理律师事务所支付了224000元代理费,且该笔费用并不违反我国关于律师收费标准的有关规定。颜偿治一审期间向法庭提交了《委托代理合同》和福建致理律师事务所向其出具的224000元代理费发票,足以证明律师代理费已经实际发生,一审判决支持颜偿治关于律师代理费的诉讼请求是正确的。方归作为债务人香山公司的连带责任保证人,应当就香山公司向颜偿治支付224000元律师代理费部分承担连带清偿责任,一审判决对此认定正确。上诉人方归关于一审判令其承担颜偿治与第三方签订的《委托代理合同》项下的付款责任违反了合同相对性原则的观点是对一审判决的错误理解,其关于律师代理费因没有转款凭证而没有真实发生的上诉理由没有事实和法律依据,不予支持。

【案例来源】

中国裁判文书网,http://wenshu.court.gov.cn。

【案件名称Ⅳ】

苏州易通房地产开发有限公司与中国建设银行股份有限公司苏州干将支行、苏州阳澄湖华庆房地产有限公司借款合同纠纷案[最高人民法院(2007)民二终字第249号民事判决书,2008.1.6]

【裁判精要】

最高人民法院认为:

关于该笔律师代理费是否实际支付的问题。首先,苏州干将建行为追回本案讼争贷款提起诉讼,与江苏苏州大名律师事务所签订了委托代理协议,该协议明确约定了律师代理费,即使苏州干将建行尚未实际支付该笔费用,在江苏苏州大名律师事务所为其提供相应的法律服务后,亦应当依照约定向该律师事务所支付。也就是说,该笔律师代理费是必然发生的。苏州干将建行依据其与苏州易通公司的约定要求苏州易通公司支付该笔律师代理费应当予以支持。其次,该笔律师代理费已经实际支付既有“中国建设银行联网业务入账通知”予以证明,同时,苏州干将建行的代理人亦在二审期间证明其已经实际收到了该笔款项。因此,苏州易通公司主张该笔律师代理费苏州干将建行未实际支付,而不应由其承担的理由不能成立。

【案例来源】

最高人民法院民事审判第二庭编:《最高人民法院商事审判指导案例·借款担保卷》(上),中国法制出版社2011年版,第155~160页。

【案件名称Ⅴ】

西藏吉庆实业开发有限公司与重庆市华鼎现代农业景观园开发有限责任公司、中国农业银行西藏自治区分行营业部抵押借款合同纠纷案［最高人民法院（2005）民二终字第186号民事判决书，2005.12.8］

【裁判精要】

最高人民法院认为：

关于律师代理费、差旅费及其他实现债权费用的负担问题，因农行西藏分行营业部和吉庆公司签订的《借款合同》第五条明确作出了关于“因借款人违约致使贷款人采取诉讼方式实现债权的，借款人应当承担贷款人为此支付的律师费、差旅费及其他实现债权的费用”的约定，该约定系双方当事人真实意思表示，且不违反法律禁止性规定，应为有效，人民法院对于农行西藏分行营业部为实现该笔债权所实际支付的律师费、差旅费及其他实现债权的费用应当依法予以保护。本案债权人农行西藏分行营业部向西藏自治区高级人民法院提起诉讼时，虽然已经聘请了雪域律师事务所的律师参加诉讼活动，但是因其并未与雪域律师事务所就代理事项签订代理合同，更未实际支付律师代理费，故原审法院认定吉庆公司依据借款合同的约定承担农行西藏分行营业部为实现债权所支付的一审案件代理费尚缺乏相应的事实依据。律师代理费用的数额应当依据委托人与律师事务所的合意来确定，原审法院在委托人农行西藏分行营业部与雪域律师事务所没有约定的情况下，自行依据《西藏自治区律师收费标准（试行）》作出认定，缺乏法律依据，本院对此不予认可。且从雪域律师事务所与农行西藏分行营业部签订的有效期自2004年9月5日至2007年9月4日的《聘请常年法律顾问合同》载明的“农行西藏分行营业部委托法律顾问代理诉讼、参与调解、仲裁活动应另行收费。收费必须严格遵守体现风险代理原则。风险代理的范围扩大为所有的案件，实行风险代理的案件，律师的代理工作应负责至案件执行终结或债权的受偿为止。风险代理的案件律师费计算方式为：已收回或挽回的财产额乘以本级收费比例（收费比例详见《律师职业收费标准》）”内容看，双方通常情况下应是以最终案件执行终结或债权受偿时已收回或挽回的财产额作为基数计算律师代理费用的。鉴于本案尚在二审审理期间，对于农行西藏分行营业部最终能够收回的财产额尚未最终确定，律师代理费认定尚无有效依据，且其他差旅费和实现债权的费用因案件并未最终审结以及执行完毕，尚可能继续发生，故本案仅就借款法律关系予以认定，至于律师费、差旅费及其他实现债权的费用，待案件最终执行完毕后，由农行西藏分行营业部根据实际发生情况另行主张，本案对此不做认定。

【案例来源】

《中华人民共和国最高人民法院公报》2006年第8期。

编者说明

律师是一种凭借其专业知识和实践经验为当事人提供法律服务的社会职业，当事人需要支付一定的报酬，从而获得律师在诉讼业务或者其他业务中提供的智力成果与服务。目前我国法律没有对律师代理费是否应予支持作出明确规定，但根据意思自治原则，当事人可以在合同中对律师代理费问题作出约定，只要其约定不违反法律和行政法规禁止性的规定，应认定为合法有效。法院对于债权人为实现债权所支付的律师费等费用应当依法予以保护。

098 关于金融借款合同纠纷案件中律师代理费过高的认定及调整

【关键词】

| 借款合同 | 律师代理费 |

【案件名称】

兰州通用机器制造有限公司、金梅央与兰州银行股份有限公司及阎洪平、四川金两岸投资发展有限公司、金菁金融借款合同纠纷案［最高人民法院（2016）最高法民终282号民事判决书，2016.7.12］①

【裁判精要】

最高人民法院认为：

二、关于兰州银行主张的律师费是否已实际支付问题

根据案涉借款合同及保证合同的约定，借款人兰通公司应当偿还借款本金、利息并支付与实现债权有关的一切费用（包括律师费），保证人腾中公司、金两岸公司及金梅央、金菁对上述债务（包括律师费）承担连带保证责任。为此，兰州银行提交了兰州银行汇通支行与甘肃正天合律师事务所签订的《委托代理协议》、中国建设银行电子汇划收款回单及甘肃增值税普通发票三张，以证明其主张。上述证据足以证明兰州银行已向甘肃正天合律师事务所支付了双方约定的律师代理费2581863元，故一审法院认定案涉律师费2581863元已实际支付具有事实依据，并无不当，本院予以维持。兰通公司、金梅央上诉主张案涉律师费2581863元没有实际支付与事实不符，不能成立，本院不予支持。

关于律师代理费的收费标准问题，根据国家发改委、司法部的有关规定，既有政府指导价又有市场调节价，采用市场调节价的双方可以协商确定具体收费标准，本

① 兰州通用机器制造有限公司、金梅央与兰州银行股份有限公司及四川腾中重工机械有限公司、四川金两岸投资发展有限公司、金菁金融借款合同纠纷案［最高人民法院（2016）最高法民终281号民事判决书，2016.7.4］的裁判理由与本案民事判决书基本相同（略），载中国裁判文书网，http://wenshu.court.gov.cn。

案所涉律师代理费即属此情形。本案系普通借款、担保合同纠纷案件,并非重大、疑难、复杂案件,与其他案件相比,不需更多的工作时间和更高的专业水平,而甘肃正天合律师事务所与兰州银行协商确定的律师代理费数额却高达案涉标的额的6%以上,已经过分高于普通案件律师代理费的收费标准,如不对此予以调整,则会造成债权人与债务人之间利益的严重失衡,且债务人金梅央在一审开庭时就曾提出律师费过高的抗辩,而一审法院并未作出认定和处理,二审期间其与另一债务人兰通公司又就律师费支付问题提出了上诉,故本院对兰通公司承担的案涉律师费予以调整。参照《甘肃省物价局甘肃省司法厅关于印发〈甘肃省律师服务收费标准〉的通知》(甘价服务〔2009〕133号)的规定,考虑甘肃正天合律师事务所既代理了本案一审又代理了本案二审,故本院认定兰通公司承担的案涉律师代理费的数额为329655.72元+(329655.72元÷2)=494483.58元,兰通公司应当向兰州银行支付律师费494483.58元,腾中公司、金两岸公司及金梅央、金菁等保证人应当对该笔费用承担连带保证责任。

【案例来源】

中国裁判文书网,http://wenshu.court.gov.cn。

099 借款人以原判还款期限过短为由上诉的,不予支持

【关键词】

| 还款期限 |

【案件名称】

广东风华高新科技集团有限公司与中国进出口银行、广东肇庆风华发展有限公司、肇庆市肇工国有资产发展有限公司借款合同纠纷案[最高人民法院(2006)民二终字第36号民事判决书,2007.1.25]

【裁判精要】

最高人民法院认为:

借款人提起上诉的唯一理由是原判还款期限过短,希望法院考虑其财务现状,适当延长其还款期限。尽管借款人在一、二审中提供了大量证据材料,以证明其正面临着财务危机以及其积极还款的诚意。上述证据材料确实反映了该企业目前正处的困境,表明其请求延长还款期限具有一定的合理性。但是,延长还款期限并非无限期延长。事实上,从借款到期日至二审审理已有一段期间,二审期间,法庭考虑其所面临的困境,又给予其一定的还款时间,还款期限已经得到延长。可借款人仍然不能偿还全部借款。债权人要求其偿还借款及其利息,是行使债权人的合法权

利,理应受到法律保护。何况,当事人是否具有还款能力,也应是在执行中考虑的问题。故上诉人的上诉理由不能成立,不予支持。

【案例来源】

最高人民法院民事审判第二庭编:《最高人民法院商事审判指导案例·借款担保卷》(上),中国法制出版社2011年版,第237~241页。

100 金融机构以协议形式与债务人达成具有减免债务性质的约定有效,属于建立新的法律关系

【关键词】

|债务减免|合同效力|

【案件名称】

中国长城资产管理公司郑州办事处与开封宏达拨叉(集团)有限公司借款担保合同纠纷案[最高人民法院二审民事判决书]

【裁判精要】

最高人民法院认为:

关于2002年12月22日的《协议书》是否形成新的法律关系问题。从本案查明的事实看,第一,双方当事人之所以签订2002年12月22日的《协议书》,是因为宏达公司当时已经处于生产经营停止、贷款本息长期偿还不了的状态,开封县分理处明知对宏达公司的涉案贷款几乎无法追回,所以才会让其上级银行参与签订该协议,明确债务人偿还400万元,其余款项由银行内部作损失类处理。该协议书是对借贷双方多年的借贷关系作了一个了结,将近6000万元贷款缩减为400万元,取代原有的16份借款合同关系,使开封县分理处与宏达公司之间形成了借贷400万元新的债权债务关系。关于协议书中"其余款项由银行内部作损失类处理"的表述,虽然此种做法是银行内部对贷款损失的一种处理方法,并不必然导致对外债权的消灭,但是当银行以此作为与债务人达成协议的一个条款,作出"作损失类处理"的明确表述,并结合《协议书》的其他条款,可以认定双方同意债务人一旦按照协议约定的义务履行,则其余贷款即为免除。

【权威解析】

本案系借款抵押担保纠纷。二审中,当事人围绕2002年12月22日的《协议书》是否形成新的法律关系,以及本案诉讼时效是否超过展开争议。若要得出本案诉讼时效是否超过的结论,首先则要确认本案争议的法律关系究竟是16份借款合

同还是双方达成的 2002 年 12 月 22 日《协议书》,因为确认不同法律关系的诉讼时效超过与否所依据的事实要点不同。

如何看待当事人签订的 2002 年 12 月 22 日《协议书》问题,属于合同解释的范畴。合同解释有其自身内在规律或者叫解释顺序,就是应当将合同的文字解释与狭义法律解释相结合,合同的文字解释就是从合同具体文字内容来解释合同,不必多叙述;狭义的法律解释则包括文义解释、体系解释、当然解释、反面解释、目的解释、历史解释、社会学解释、合宪性解释等。其中的顺序就是要求由小而大、由窄而宽、由近而远,不能倒序。结合本案,就是要考察 2002 年 12 月 22 日《协议书》的签约背景,以探求当事人签约的本意。至 2002 年 12 月,宏达公司已经处于生产经营停止、贷款本息长期无法偿还的状态,其与开封县分理处长年的借贷关系处于僵局,开封县分理处对此是明知的。为打破该僵局,开封县分理处请其上级行出面,与债务人、担保人一道召开会议,协商解决问题的办法,共同参与签订该协议。最终的协商结果是明确债务人偿还 400 万元,其余款项由银行内部作损失类处理。实际上 2002 年 12 月 22 日《协议书》是对借贷双方多年的借贷关系作了一个了结,将以往多年签订的 16 份借款合同贷款标的近 6000 万元缩减为 400 万元,免除的绝大部分债务作为银行内部呆坏账处理。显然协议双方表达了终结原有的 16 份借款合同关系,而让开封县分理处与宏达公司之间形成新的借贷 400 万元债权债务关系。协议书中关于"其余款项由银行内部作损失类处理"的表述,属于银行作为金融机构的行业用语,而非法律语言,导致当事人事后特别是在本案诉讼中的争议泾渭分明。"银行内部作损失类处理"的表达虽然是银行内部对贷款损失的一种处理方法,并不必然导致对外债权关系的消灭,但是当银行以此作为与债务人达成协议的一个条款,该明确表述就具有了非同一般的法律意义,特别是结合《协议书》的其他条款看,显然使人读出"同意债务人一旦按照协议约定的义务履行,则其余贷款即为免除"的含义。①

【案例来源】

最高人民法院民事审判第二庭编:《合同案件审判指导》,法律出版社 2014 年版,第 587 ~ 593 页。

① 参见李京平:《金融机构以协议形式与债务人达成具有减免债务性质的约定具有合同法律效力,属于建立新的法律关系,当事人应当遵守》,载最高人民法院民事审判第二庭编:《合同案件审判指导》,法律出版社 2014 年版,第 593 ~ 594 页。

101 银行或资产管理公司的金融债权依据政策核销后，债权并不当然消灭，主债务及从债务责任亦不当然免除

【关键词】

| 金融债权 | 政策核销 | 债权消灭 |

【案件名称】

宁夏荣恒房地产集团有限责任公司与中国信达资产管理股份有限公司宁夏回族自治区分公司保证合同纠纷案［最高人民法院（2013）民二终字第117号民事判决书，2013. 12. 17］

【裁判精要】

裁判摘要：根据国务院在政策性关闭破产案件中金融债权的处置相关文件的规定，银行或资产管理公司的金融债权可以依据政策层报核销。核销后金融机构的债权并不当然消灭，作为从债务的担保责任亦不当然免除。

最高人民法院认为：

关于担保人荣恒公司提出的金融债权在政策性关闭破产案件中金融债权的核销问题。荣恒公司认为，根据国务院在政策性关闭破产案件中金融债权的处置相关文件的规定，银行或资产管理公司的金融债权可以依据政策层报核销，核销后金融机构的债权归于消灭，则从债务消灭，担保人免责。本案主要涉及以下两个相关政策性文件，即国发〔1994〕59号《国务院关于在若干城市实行国有企业破产有关问题的通知》、财政部财金〔2005〕50号《金融企业呆账核销管理办法》。国发〔1994〕59号文件规定“一个企业为另一个企业提供担保的，被担保企业破产后，担保企业应当按照担保合同承担担保责任。但是，偿债期限可以由担保企业与被担保企业的债权人协商确定”。财政部财金〔2005〕50号文件第二十三条规定“金融企业对已核销的呆账继续保留追索的权利，并对已核销的呆账、贷款表外应收利息以及核销后应计利息继续催收”。根据上述两个文件精神，担保人关于免除280万元及利息担保责任的理由不能成立，依法应予驳回。

【案例来源】

中国裁判文书网，http://wenshu. court. gov. cn。

102 政府征用行为与借款人是否如期归还借款没有必然因果关系，不构成不可抗力

【关键词】

| 借款人 | 政府征用 | 不可抗力 |

【案件名称】

耀声（厦门）物业管理有限公司与厦门国际信托投资有限公司、青岛泽协信托投资有限公司借款担保合同纠纷案［最高人民法院（2007）民二终字第92号民事判决书，2007.6.26］

【裁判精要】

最高人民法院认为：

对本案借款合同的用途，借款合同约定为专项用于耀声物业公司偿还所欠银行款项及项目装修的流动资金，但本案各方当事人均认可该笔借款系用于哈曼尼广场的项目建设。虽然厦门市政府为市政建设征用了哈曼尼广场的部分用地，一定程度上影响了该工程的建设进度，但政府征用行为与耀声物业公司是否如期偿还本案借款没有必然的因果关系，不构成不可抗力，耀声物业公司以此作为逾期归还金融机构借款的抗辩理由，没有法律依据。

【案例来源】

最高人民法院民事审判第二庭编：《最高人民法院商事审判指导案例·借款担保卷》（下），中国法制出版社2011年版，第791～795页。

103 第三人银行故意实施违规行为加强了出借人对借款人具备还款能力的确信，足以导致出借人作出误判，对借款人不能清偿也应承担过错责任

【关键词】

| 违规行为 | 还款能力 | 过错责任 |

【案件名称】

吉林银行股份有限公司沈阳分行与李荣照财产损害赔偿纠纷案［最高人民法院（2017）最高法民再188号民事判决书，2017.9.21］

【裁判精要】

最高人民法院认为：

本案中，东顺公司（出票人）与吉林银行沈阳分行（承兑银行）于2013年11月19日签订《银行承兑协议》，约定承兑汇票金额为4000万元，汇票到期日为2014年5月16日，东顺公司在汇票到期日前三个工作日向吉林银行沈阳分行交付票款。2014年5月16日汇票到期日，东顺公司未能偿还《银行承兑协议》项下的2000万元敞口资金。同日，吉林银行沈阳分行为东顺公司垫付该笔逾期票款。在东顺公司未能履行支付到期汇票金额形成对承兑银行负债有银行垫资不良资信记录的前一日，即2014年5月15日，吉林银行沈阳授信评审中心出具《吉林银行公司授信业务审批通知书》，同意给东顺公司4000万元授信额度。2014年5月16日，前述汇票到期日，吉林银行沈阳分行为东顺公司垫付2000万元逾期票款当日，东顺公司与吉林银行沈阳分行又签订《银行承兑协议》，约定：出票人为东顺公司、承兑银行为吉林银行沈阳分行，承兑汇票金额为4000万元，汇票到期日为2015年11月20日，敞口金额为2000万元。中国人民银行颁布的《商业银行授权、授信管理暂行办法》第三十条规定："在授信实施过程中，如发生下列情况，商业银行应调整直至取消授信额度：……（二）受信企业发生重大经营困难和风险；……（六）企业还款信用下降，贷款风险增加"；国务院颁布的《票据管理实施办法》第八条规定："向银行申请办理汇票承兑的商业汇票的出票人，必须具备下列条件：（一）在承兑银行开立存款账户；（二）资信状况良好，并具有支付汇票金额的可靠资金来源"；中国人民银行颁布的《商业汇票承兑、贴现与再贴现管理暂行办法》第十条规定："向银行申请承兑的商业汇票出票人，必须具备下列条件：一、为企业法人和其他经济组织，并依法从事经营活动；二、资信状况良好，具有支付汇票金额的资金来源；三、在承兑银行开立存款账户"；第十三条规定："银行承兑商业汇票时，应考核承兑申请人的资信情况，必要时可依法要求承兑申请人提供担保。"本院认为，承兑银行吉林银行沈阳分行明知出票人东顺公司未能偿还上一期汇票敞口资金，承兑银行先行垫付该笔款项、出票人东顺公司失信的情形下，再次于上一期汇票到期日当日与东顺公司签订新的《银行承兑协议》，继续向东顺公司提供4000万元授信额度并签订新的《银行承兑协议》，明知且故意违反国家有关商业银行授信、票据管理等规范性文件规定，实施了违规行为。2014年5月19日，东顺公司财务总监赵兰陪同李荣照单位会计时秀妹前往吉林银行沈阳分行了解该行与东顺公司于2014年5月16日签订的《银行承兑协议》能否如期出票时，吉林银行沈阳分行业务六部负责人聂强答复东顺公司没有任何瑕疵，5月20日能如期出票。根据李荣照提供的录音证据，聂强陈述"是为了配合东顺我才让你看的这些东西（即《银行承兑协议》《吉林银行公司授信业务审批通知书》）"，"东顺说借钱要核实，让我配合一下"，从以上陈述内容来看，聂强虽不知道时秀妹的具体身份，但清楚时秀妹方拟向东顺公司出借款项，以及时秀妹的来意为向吉林银行沈阳分行核实新一期汇票的发放情况。本院认为,聂强作为吉林银行沈阳分行业务部负责人,接待前来承兑银行求证《银行承兑协议》能否如期出票的利害关系人时,所出示的《吉林银行公司授信业务审批通知书》《银行承兑协议》等法律文件上盖有该行公章、负责人个人名章等;其在办公时间、办公场所有关该行业务的陈述系履行职务的行为,代表吉林银行沈阳分行。吉林银行沈阳分行明知东顺公司未能履行支付到期汇票金额,形成对承兑银行负债,有银行垫资不良资信记录的情形下,却称东顺公司没有任何瑕疵,隐瞒东顺公司失信的重要事实,还承诺如期向东顺公司出具新一期汇票。李荣照向吉林银行沈阳分行核实有关情况后,同日与东顺公司签订《借款合同》并将2000万元转入东顺公司账户,东顺公司则当天将该笔款项转入其在吉林银行沈阳分行所开账户,吉林银行沈阳分行随即扣划用于偿还其垫付的逾期票款。吉林银行沈阳分行主张李荣照支付给东顺公司的2000万元付款凭证是复印件,对李荣照支付该笔款项的真实性提出异议,但是,该行在本院庭审中明确表示对原审查明的事实并无异议,故对其主张,本院不予采信。

综上,本院认为,吉林银行沈阳分行故意实施的上述违规行为加强了李荣照对东顺公司具备还款能力的确信,足以导致出借人李荣照对借款人东顺公司的还款能力作出误判,与李荣照决定将2000万元出借给东顺公司存在一定的因果关系。因对借款人东顺公司资信状况误判,造成出借人李荣照不能收回2000万元借款;与之对应,吉林银行沈阳分行作为承兑银行随即扣划出票人在该行账户的2000万元用于偿还其垫付的逾期票款。原审判决认定吉林银行沈阳分行对借款不能清偿承担主要过错责任,认定事实清楚,适用法律正确。吉林银行沈阳分行主张其不应承担赔偿责任,缺乏事实和法律依据,本院不予支持。李荣照轻信聂强的口头解释,对东顺公司的资信状况未进行全面调查和核实,对聂强出示的《银行承兑协议》也未尽到审查和注意义务,其自身亦存在一定过错。原审判决综合本案基本事实,判决由吉林银行沈阳分行承担70%的补充清偿责任,由李荣照自己承担30%的过错责任,并无不当,本院予以维持。李荣照主张吉林银行沈阳分行与东顺公司构成共同侵权,但未提供充分有效证据佐证,其主张吉林银行沈阳分行应对东顺公司的债务承担连带清偿责任,本院不予支持。吉林银行沈阳分行主张,原审判决认定吉林银行沈阳分行、东顺公司、王长江不构成共同侵权,应当驳回李荣照的起诉或告知李荣照变更诉讼请求,但继续实体裁判,超出当事人的诉讼请求,程序上适用法律错误;原审判决认定"本案涉及李荣照与东顺公司借款法律关系与吉林银行侵权法律关系的竞合",实体上适用法律错误。本案中,李荣照的诉讼请求为判令吉林银行沈阳分行、东顺公司、王长江共同返还李荣照借款2000万元及利息1638427.40元。原审判决认定吉林银行沈阳分行、东顺公司、王长江不构成共同侵权,但是基于上述理由认定吉林银行沈阳分行构成侵权,判令东顺公司返还李荣照借款本息,吉林银行沈阳分行承担70%的补充清偿责任,并未超出李荣照的诉讼请求。

【案例来源】

中国裁判文书网,http://wenshu.court.gov.cn。

104 银行具有欺诈故意隐瞒贷款逾期、已向法院起诉等重要事实,导致出借人对借款人能够获得转贷作出误判并借出款项,银行应当对出借人的损失承担赔偿责任

【关键词】

| 转贷 | 欺诈 | 损失赔偿 |

【案件名称】

林德何与中国民生银行股份有限公司福州分行侵权责任纠纷案[最高人民法院(2018)最高法民再360号民事判决书,2018.12.28]

【裁判精要】

最高人民法院认为:

一、关于林德何主张的借款损失是否属于民事诉讼的审理范围的问题

本院认为,本案损害赔偿纠纷系因林文锦为偿还民生银行福州分行的到期贷款以办理续贷为由向林德何借款,林德何派人到民生银行福州分行核实贷款情况后向林文锦出借款项用于偿还贷款,民生银行福州分行收贷后以抵押物存在瑕疵为由未能继续向林文锦提供贷款,致使林德何的借款未能收回产生损失而引发。林文锦因上述行为于2013年6月5日以涉嫌犯合同诈骗罪被刑事拘留,2013年7月12日被执行逮捕,2014年3月17日被提起公诉,福建省福州市中级人民法院2014年6月10日作出(2014)榕刑初字第67号刑事判决,判决林文锦犯诈骗罪及骗取票据承兑罪,并判处林文锦退赔被害人林德何经济损失人民币9192394.01元。林文锦不服提起上诉后,福建省高级人民法院2015年8月20日作出(2014)闽刑终字第293号刑事判决,判决林文锦犯诈骗罪、退赔被害人林德何经济损失人民币9192394.01元。林德何在该刑事案件的一审判决作出后,因未获退赔提起本案民事诉讼,以民生银行福州分行配合林文锦隐瞒事实诱骗林德何提供借款为由要求民生银行福州分行返还扣划的款项并赔偿利息损失。《刑法》第六十四条规定:"犯罪分子违法所得的一切财物,应当予以追缴或者责令退赔;对被害人的合法财产,应当及时返还;违禁品和供犯罪所用的本人财物,应当予以没收。没收的财物和罚金,一律上缴国库,不得挪用和自行处理。"《刑诉法解释》第一百三十九条规定:"被告人非法占有、处置被害人财产的,应当依法予以追缴或者责令退赔。被害人提起附带民事诉讼的,人民法院不予受理。追缴、退赔的情况,可以作为量刑情节考虑。"本院认为,《刑

诉法解释》第一百三十九条所禁止的是在刑事诉讼过程中被害人向被告人提起附带民事诉讼,并未禁止刑事诉讼结束后被害人可以另行针对其他应负责任的民事主体提起民事诉讼以寻求救济。刑事案件的被害人经过追缴或者退赔不能弥补损失的,以刑事案件的被告人之外的责任主体为被告提起民事诉讼主张损失赔偿,并不违反一事不再理的原则。因此,林德何作为刑事案件的被害人另行对民生银行福州分行提起民事诉讼,符合《民事诉讼法》第一百一十九条规定的受理条件,原审法院予以受理并无不当,本院予以维持。申请人民生银行福州分行关于林德何不具备本案诉讼主体资格的诉讼理由不能成立,本院不予支持。

二、关于民生银行福州分行是否应当就林德何向林文锦借款所产生的本息损失承担责任的问题

本案借款关系发生在林德何和林文锦之间,林德何主张在其决定是否要向林文锦出借款项的过程中,民生银行福州分行实施了欺诈行为,故要求民生银行福州分行承担返还款项的责任。此种情形,属于合同之外的第三人实施欺诈引发的诉讼。《民法总则》第一百四十八条规定:"一方以欺诈手段,使对方在违背真实意思的情况下实施的民事法律行为,受欺诈方有权请求人民法院或者仲裁机构予以撤销。"第一百四十九条规定:"第三人实施欺诈行为,使一方在违背真实意思的情况下实施的民事法律行为,对方知道或者应当知道该欺诈行为的,受欺诈方有权请求人民法院或者仲裁机构予以撤销。"参考上述规定,按照"举重以明轻"的法律解释方法,在法律行为事实上已经无法撤销的情况下,对于行为人受欺诈实施法律行为而遭受的损失,当然有权向欺诈者请求赔偿。本院(2001)民监他字第9号复函的内容,体现了上述解释逻辑。《侵权责任法》第六条关于"行为人因过错侵害他人民事权益,应当承担侵权责任"的规定在本案中可资适用。

据此,判断民生银行福州分行是否需承担赔偿责任,应当从是否存在欺诈行为、欺诈的故意、损害后果、因果关系四个方面予以考量,具体包括:(1)民生银行福州分行是否存在告知虚假情况和隐瞒真实情况的欺诈行为;(2)民生银行福州分行是否有欺诈的故意;(3)林德何是否合理依赖民生银行福州分行的不当表述而作出意思表示;(4)林德何是否因作出了违背其真实意思的意思表示而遭受金钱损失。详述如下:

首先,民生银行福州分行存在陈述虚假信息、隐瞒真实信息的欺诈行为,且具有欺诈故意。根据原审查明的事实,本案林文锦向林德何借款的目的是为了清偿与民生银行福州分行签订的《中小企业金融服务合同》项下的债务,以解除晨光经合社对该笔债务的抵押担保。林文锦以在民生银行福州分行办理转贷为由,许以高息对外短期借款,承诺嗣后再以转贷资金偿还借款。为此,林德何在与林文锦签订借款协议前,专门委托黄某去案涉贷款的经办行长乐支行了解转贷情况,黄某向长乐支行的客户经理林某2表明受托人身份,告知林某2林文锦借款的目的是办理转贷,其受托事项是核实贷款事宜,林某2在办公场所予以接待。而根据(2014)闽刑终字第

293号案件中晨光经合社副书记曾某、洪山镇社会治安综合治理办公室副主任林某3等人的证言可知,曾某曾经到民生银行福州分行交涉追回晨光经合社房产事宜,民生银行福州分行也派人到村里了解情况,林某3明确告诉民生银行福州分行工作人员林文锦已被停止职务,晨光经合社的集体财产不得用于抵押,已经抵押的财产要尽快解押后归还集体。据此可知,民生银行福州分行应当知道林文锦被解除职务以及晨光合作社不愿意继续担保的事宜。且在黄某前往长乐支行了解情况之前,民生银行福州分行已经于2012年3月20日向福建省福州市中级人民法院起诉,要求解除与鑫旺超市等签订的《中小企业金融服务合同》,并要求鑫旺超市等偿还借款本息、律师费,以及实现抵押权等。而在民生银行福州分行已经以贷款逾期为由提起解除之诉的情况下,即使鑫旺超市在合同约定的授信期满前将贷款还清,银行也不能在原授信合同下直接转贷,而需要重新授信放贷。林某2作为该笔贷款的经办人员,对上述事实一定知晓。但是林某2在以长乐支行工作人员的身份接待黄某时,在明知黄某意图的情况下并未如实告知以上事实,而是告知黄某林文锦是洪山镇晨光村的现任书记,并将鑫旺超市在民生银行福州分行的贷款材料交给黄某审阅,在黄某要求看新一期的授信审批书时,告知黄某只要在授信启用到期日(即2012年5月23日)前把敞口填平就可以直接上报分行做转贷手续,不需要重新上报授信等不实信息。因此,林某2存在故意欺诈行为。林某2是以该笔贷款经办人的身份在办公场所接待黄某一行,因此林某2的行为属于职务行为,其法律后果应当由民生银行福州分行承担。

其次,民生银行福州分行的虚假陈述和隐瞒事实造成了林德何的损失。由于林文锦是以转贷为由向林德何借款,而林德何作为融资担保公司的实际控制人,其决定是否向林文锦出借款项的事由并非林文锦自身是否具备偿债能力,而是银行转贷条件是否成就,换言之,在林文锦实际控制的鑫旺超市偿还民生银行款项后,民生银行福州分行是否必然给鑫旺超市发放新贷,是林德何决定向林文锦出借款项的重要事项。由于民生银行福州分行是决定是否为林文锦发放新贷的银行,而林德何出借给林文锦的款项能否归还取决于新贷能否及时发放,所以林德何就此事项向民生银行福州分行询问符合通常的商业理性。而民生银行福州分行并未拒绝林德何的代理人黄某咨询和查阅资料的请求,而是积极为其解释银行的内部审贷流程,提供并不真实的信息,因此林德何依赖民生银行福州分行提供的信息作出意思表示,具有合理性。在鑫旺超市贷款已经逾期,民生银行福州分行已经向法院起诉要求解除贷款合同的情况下,即使鑫旺超市在合同约定的授信期满前将贷款还清,银行也不能在原授信合同下直接转贷,而需要重新授信放贷,而重新授信则意味着担保人需重新作出同意担保的意思表示。民生银行福州分行工作人员林某2在明知这一事实的情况下,隐瞒贷款逾期、银行已向法院起诉、原抵押人晨光经合社已经明确向银行表示不愿意提供担保等重要事实,而是陈述授信期满日前将贷款还清就可以办理转贷,最终导致林德何相信只要在2012年5月23日前将鑫旺超市的旧贷还清,民生银行福州分行就能发放新贷,在此基础上与林文锦签订借款协议,进而造成借款无法清偿的损害后果。因此民生银行福州分行的欺诈行为与林德何的经济损失之间具有因果关系。

最后,林德何因民生银行福州分行的欺诈行为造成了损失。林德何与林文锦签订借款合同并提供款项后,由于林文锦并未能够获得后续贷款以清偿林德何的借款,且林文锦自身也已缺乏偿债能力,林德何作为刑事案件的受害人也未从刑事退赔程序中获赔,因此林德何损失确已产生,其有权请求民生银行福州分行承担赔偿损失的责任。

关于民生银行福州分行欺诈的直接对象是黄某,林德何与本案是否具有利害关系的问题。经查,林德何与林文锦签订 1500 万元借款合同,并已实际履行,款项用于偿还鑫旺公司向民生银行福州分行的贷款。虽然汇入鑫旺超市账户的款项不是直接来源于林德何账户,但不影响林德何与林文锦之间借款关系的成立。关于民生银行福州分行的欺诈行为是直接针对黄某作出,是否影响林德何的诉讼主体资格的问题。由于黄某是受林德何的委托向民生银行福州分行考察鑫旺超市的贷款情况,且表明了受托人的身份,因此民生银行福州分行在实施欺诈行为时有理由期待黄某作为受托人会向实际出借人转述其表述的内容,进而影响出借人决定是否向林文锦出借款项,据此应当认为民生银行福州分行对黄某的表述构成对林德何的欺诈。民生银行福州分行关于林德何与本案不具有利害关系的诉讼理由,缺乏事实依据,本院不予支持。关于(2014)闽刑终字第 293 号刑事判决中的笔录是否能够作为认定本案事实的证据。经查,上述笔录是本案一审中林德何作为证据提交法院,民生银行福州分行也发表了书面的质证意见,原审法院根据上述笔录认定案件事实,并无不当。

三、关于民生银行福州分行承担的责任范围问题

本案中,林德何起诉主张的金额包括借款本金及利息损失,原审以民生银行福州分行与林文锦恶意串通、共同侵权应承担连带责任,而刑事案件判处林文锦的退赔金额中并不包括利息损失为由,将民生银行福州分行的赔偿范围限于未清偿的本金部分,而未支持林德何对利息的主张。本院认为,刑事案件中并未认定民生银行福州分行是林文锦实施诈骗犯罪行为的共犯,本案中也无证据表明民生银行福州分行与林文锦共同对林德何实施了欺诈行为。民生银行福州分行仅是在林德何决定是否向林文锦出借款项时向其进行了不实陈述,从而造成林德何作出错误意思表示并遭受损失,因此民生银行福州分行的欺诈行为具有独立性,不应当与林文锦所实施的诈骗犯罪行为作为一体看待。原审关于民生银行福州分行与林文锦的侵权形态及责任性质认定有误,本院予以纠正。尽管如此,林德何在林文锦诈骗犯罪中作为被害人所受到的损失与因民生银行福州分行的欺诈行为所遭受的损失仍然具有同一性。由于刑事诉讼的制度功能在于追究犯罪行为人的刑事责任,其法律效果的本质是惩罚犯罪,财产损失作为补偿性的救济仅限于直接损失有其合理性。但这并

不意味着未认定为犯罪数额的被害人损失与相关间接损失不能通过民事诉讼途径获得赔偿。由于民法理论上将预期得到的利益的减损这一间接损失亦包括在赔偿范围之内,因此对间接损失提起民事诉讼并不违背民法理论。

具体到本案而言,福建省福州市人民检察院指控被告人林文锦犯诈骗罪、骗取票据承兑罪一案,法院判决林文锦退赔林德何 9192394.01 元的法律依据是《刑法》第六十四条关于“犯罪分子违法所得的一切财物,应当予以追缴或者责令退赔”。其事实依据是林文锦以非法占有为目的,虚构事实,骗取林德何钱财 9192394.01 元,因此该判决内容限于林德何作为刑事案件的被害人现实遭受的经济损失。而本案中,林德何以民生银行福州分行通过欺诈手段骗取其向林文锦提供转贷过桥资金为由提起民事诉讼,要求民生银行福州分行返还出借资金,并承担相应的利息,该案事实虽然与刑事案件的事实密切相关,但林德何提起的并非刑事附带民事诉讼,而是独立要求民生银行福州分行对其行为承担民事责任,因此其责任范围并不受刑事退赔范围的限制。本案中,由于民生银行福州分行和林文锦的欺诈行为导致林德何出借的款项不能得到偿还,林德何所遭受的损失除实际出借款项本金外,也必然包括相应的利息损失。关于民生银行福州分行应承担的具体利息金额,由于本案二审判决后民生银行福州分行已于 2016 年 10 月 20 日将 9192394.01 元支付给林德何,因此林德何的利息损失应以未收回的本金 9192394.01 元为基数按照中国人民银行同期贷款利率自实际出借之日 2012 年 5 月 23 日计算至实际收回之日 2016 年 10 月 20 日止,共计 2413884.25 元。

综上,原审将民生银行福州分行的赔偿范围限于林文锦的刑事退赔责任,适用法律有误,应予纠正。林德何要求民生银行福州分行偿还本金及利息的诉请,应当得到支持。民生银行福州分行认为其不应当承担赔偿责任的申请理由,缺乏事实和法律依据,本院不予采信。

【案例来源】

中国裁判文书网,http://wenshu.court.gov.cn。

八、行社脱钩等纠纷

105 涉及农村信用社与农业银行脱钩遗留资金纠纷案件的处理政策

【关键词】

｜行社脱钩｜遗留纠纷｜

【案件名称】

哈尔滨市道里区群力农村信用合作社与中国农业银行哈尔滨市道里支行债务纠纷案［最高人民法院（2000）经终字第 90 号民事判决书，2007.9.21］

【裁判精要】

裁判摘要:农业银行与企业直接签订借款合同,该部分企业不属于信用社贷款支持对象,信用社在与农行办理脱钩手续时未将该部分债权予以受让,贷款损失不由信用社承担。

最高人民法院认为:

中国人民银行银传〔1998〕39 号《关于农村信用合作社清偿对中国农业银行债务有关问题的通知》规定,信用社对农业银行的债务是指信用社与农业银行脱离行政隶属关系前形成、至今尚未清偿的债务,包括信用社向农业银行借款和已逾期的拆入资金。农业银行确定贷款项目,未经信用社主任审批,指令信用社贷款形成的债务不应由信用社承担。对明显违背政策规定,农村信用社难以接受的债务,当地人民银行应合情合理地进行调解。县(市)支行解决不了的,可报经人民银行分行进行仲裁。

对于农行确定贷款项目,指令信用社走账和贷款部分,即对于农行与企业直接签订合同的,因该部分企业不属于信用社贷款支持对象,未在信用社开立基本账户,信用社没有参与贷前调查和贷时审查,信用社根据农行的指令贷出款项,在其与农行办理脱钩手续时未对该部分债务承担问题作出约定,亦未将企业债权予以承继或受让,该部分贷款损失不应由信用社承担。无论道里农行与群力信用社之间是真实的拆借关系还是名为拆借实为农行指令贷款的关系,其均以拆借合同为表现形式。而群力信用社提交的 68 份借款合同足以证明行社合署办公期间所有道里农行指令性贷款也是以行社之间拆借合同为表现形式,且道里农行自身也不否认合署办公期间存在以拆借合同为表现形式的指令性贷款。人民银行认为行社脱钩遗留的资金纠纷,无论以何种形式出现,其根本特点表现为不平等的行政管理权力对平等的民事关系的介入。因此,道里农行现仅以1997年1月1日两份拆借合同作为依据向群力信用社主张债权,而对68份借款合同与本案3870万元拆借合同的关联性无法作出合理解释,其所提供证据不足以证实3870万元属于道里农行与群力信用社之间真实的拆借关系,故对其诉讼请求,因证据不足,本院予以驳回。

【案例来源】

最高人民法院民事审判第二庭编:《最高人民法院商事审判裁判规范与案例指导》(第一卷),法律出版社2010年版,第178~182页。

编者说明

要妥善审理涉及农村信用社与农业银行脱钩遗留资金纠纷案件。此类案件历史背景复杂,关涉金融体制改革和金融风险防范。最高人民法院曾于2002年2月下发《关于涉及农业银行与农村信用社脱钩遗留资金纠纷案件有关问题的通知》,要求各级人民法院暂缓受理、审理和执行此类案件。虽然2005年6月对此类案件恢复审理,但由于相关审理政策有待明确,因此人民法院要慎重审理此类案件。①

对于"行社脱钩"财产纠纷,应区分不同类型分别处理。对于农业银行与农村信用社之间基于借贷、拆借、担保关系产生的纠纷,应当按照民事案件进行审理。对于农业银行与农村信用社相互划转存贷款的行为,属于基于行政管理关系而产生的内部资产划转,应当按照有关政策及行政法相关原理处理,不属于人民法院民事案件受案范围。② 如最高人民法院在大庆农村商业银行股份有限公司、中国农业银行股份有限公司大庆分行侵权责任纠纷二审案中认为:"在行社脱钩改制之前,农村信用社虽具有独立法人地位,但其隶属于农业银行领导和管理。案涉信用社与大庆农行下设部门、分支机构的资金调剂由大庆农行监督管理,由此产生的纠纷并非平等民事主体之间的争议。本案不属于民事案件受理范围。"③

106 正确认定农业银行与农村信用社脱钩前指令贷款行为

【关键词】

| 行社脱钩 | 指令贷款 |

---

① 参见《积极应对,共克时艰,为维护国家金融安全和经济平稳较快发展提供有力司法保障——人民法院应对金融危机商事审判工作座谈会材料》(2009年4月17日),载最高人民法院民事审判第二庭编:《中国商事审判年鉴(2009)》,法律出版社2011年版,第12页。

② 参见最高人民法院关于鄂州市鄂城区杜山农村信用合作社与中国农业银行鄂州市分行鄂城支行返还财产纠纷抗诉案的再审民事裁定书,载景汉朝主编:《最高人民法院审判监督指导案例解析》,人民法院出版社2015年版,第3~8页。

③ 参见最高人民法院(2018)最高法民终35号民事裁定书(2018.1.31),载中国裁判文书网,http://wenshu.court.gov.cn。

【案件名称】

中国农业银行股份有限公司讷河支行与讷河市农村信用合作联社债权纠纷案
[最高人民法院(2010)民提字第109号民事判决书,2010. 11. 19]

【裁判精要】

最高人民法院认为:

讷河信用社以与讷河农行脱钩前,其向油脂厂发放的贷款系讷河农行指令为由提起本案诉讼,请求讷河农行给付尚未收回的1750万元贷款本息。本案双方当事人争议的焦点为讷河信用社起诉是否超过了诉讼时效期间、讷河信用社贷款给油脂厂是否指令性贷款、讷河农行应否对行社脱钩之前讷河信用社该笔贷款本息承担责任。

关于本案贷款是否属于指令性贷款的问题。中国人民银行银传〔1998〕39号通知明确规定了指令性贷款的三种表现形式:一是农业银行通过贷款凭证置换,对同一客户由信用社增加贷款、农业银行同时收回原贷款等方式将贷款资产转移给信用社而形成的债务;二是农业银行委托信用社发放,后转为信用社自营的贷款,或农业银行作为担保人由信用社发放贷款而形成的债务;三是农业银行确定贷款项目,未经信用社主任审批,指令信用社贷款形成的债务。讷河信用社依据该通知诉称讷河农行指令其贷款,但没有表明讷河农行的指令行为属于上述三种表现形式中哪一种或哪几种,只是笼统地认为"本案正是这种情况"。指令行为如果是通过贷款凭证置换实现的,那么讷河信用社应当提交置换前后的贷款凭证予以证明;如果是讷河农行委托或者担保其发放的,则需要举出讷河农行的委托或者担保手续;如果是讷河农行确定的贷款项目,则应举出讷河农行明确指令贷款的证据,如此才能认定讷河信用社向油脂厂贷款是受讷河农行指令而为。

涉案贷款最初于1995年5月18日形成,只有证明贷款人是讷河信用社,贷款资金来源于信用社,而没有讷河农行委托或者确定该笔贷款发放的直接证据。其后,同年11月29日,讷河农行向油脂厂发放2840万元贷款并将其中2000万元转入讷河信用社账户偿还讷河信用社5月18日的部分贷款;同年12月6日,讷河信用社又向油脂厂发放2000万元贷款,用以归还了讷河农行11月29日的部分贷款。这些事实都是基于5月18日贷款发生的,讷河信用社和讷河农行贷出款相互转收的行为,不能仅依据12月6日讷河信用社向油脂厂发放2000万元贷款用于归还了讷河农行11月29日的部分贷款的事实而得出通过凭证置换的方式将不良贷款转移给讷河信用社的结论。

讷河信用社据以主张指令性贷款的证据,主要是原油脂厂厂长乔元宪的证言、讷河信用社贷款对象和贷款资金来源等。乔元宪证言存在以下疑问:一是时间上没有具体特定哪笔贷款,更没有特指5月18日的贷款是直接找的讷河农行行长,只是笼统说1997年以前，每次办理贷款时；二是没有特指找了哪位行长，是否每次都找同一行长，行长是否在信用社兼职；三是“我厂从来不直接找联社贷款，贷款是农行给的还是联社给的我并不清楚”这句话与事实不符，因为最初5月18日贷款合同是与讷河信用社签订的，款项也是从信用社账户划出的，多年催收一直是信用社，乔元宪不可能不清楚；四是乔元宪证言仅是间接证据，故该证言不足以证明讷河农行指令行为的存在。讷河信用社贷款对象不应是工商企业，不能否定5月18日贷款事实的发生，也不必然因此得出讷河农行指令了信用社贷款的结论。贷款资金来源也不能直接证明讷河农行指令行为的存在，却可以印证最初贷款是讷河信用社自己的行为。相反，本案一系列直接证据证明，向油脂厂贷款是讷河信用社的自主经营行为。最早的5月18日贷款合同，是讷河信用社签订贷出的，信用社营业部副主任肖建民签章确认。12月6日贷新还旧时，肖建民签章审批同意并经讷河信用社资金领导小组盖章批准，讷河市供销合作企业总公司为这2000万元提供了担保。1997年1月15日、6月26日、7月21日，讷河信用社继续与油脂厂签订了金额分别为1420万元、280万元、52万元三份借款担保合同，保证人均更换为黑龙江省大兴养殖公司。1997年以后，讷河信用社一直向油脂厂催收这三笔贷款，并收回了小额本金。2001年2月13日，讷河信用社仍向油脂厂发出这三笔贷款的催收通知书并为油脂厂签收。二审没有认定5月18日最初贷款、以后相互转收贷、直接贷款、继续贷款和更换保证人、收贷管理等大量直接证据，而根据证明力不足、远未形成证据链的间接证据认定12月6日贷款是讷河农行指令所为，属于证据采信不当和事实认定错误。故本院对讷河农行关于二审判决认定涉案贷款系指令性贷款缺乏证据支持的再审理由予以支持。

根据国家农村金融体制改革精神和政策划断，也不宜认定涉案贷款为指令性贷款。1996年国务院发布《关于农村金融体制改革的决定》行社脱钩以前，农业银行领导和管理信用社，资金统一使用，人员统一调配，信用联社与农业银行信用合作科(股)是“两块牌子、一帮人马”，联社主任大都由农业银行行长或者副行长兼任。这期间如没有直接证据，要认定农业银行指令信用社对外贷款是非常困难的。如果以行长就是信用社主任、信用社资金领导小组成员大多由农行人员组成、资金在行社账户中转换而认定农行指令行为存在，进而判定农业银行对脱钩划断以前信用社名下的不良债权承担责任，则忽视了长达16年农业银行领导管理信用社以及行社一体的历史事实。国务院发布《关于农村金融体制改革的决定》行社正式脱钩以后，1998年中国人民银行下发银传〔1998〕39号通知，就指令性贷款等资金遗留问题特别作出规定，即1995年12月29日农银传〔1995〕68号《关于稳定当前行社工作的紧急通知》下发后，出现三种指令性贷款的情形，债务不应当由信用社而由农业银行承担。因中国人民银行是在国务院领导下，代表国家进行金融调控与管理，具有国家机构性质。中国人民银行是贯彻落实国务院《关于农村金融体制改革的决定》的组织机构，一直负责农业银行和信用社脱钩具体工作，故其就行社脱钩相关问题作出的规定应当具有普遍拘束力。银传〔1998〕39号通知是迄今就指令性贷款责任承担划断的正式文件，它明确以1995年12月29日为界限，以后出现三种指令性贷款则由农业银行承担责任。通知虽没有明确规定该日之前责任如何承担的问题，但根据国务院《关于农村金融体制改革的决定》出台和行社正式脱钩时间，结合通知内容，应认定该日之前发生的情形不宜再追溯。如果抛开银传〔1998〕39号通知再另行划断时间，首先，要与具有普遍拘束力的银传〔1998〕39号通知规定内容相左，与已经实行了15年的脱钩划断实际情况不符；其次，不仅会对行社脱钩已经解决了的遗留资金问题带来反复，而且将导致更大的混乱，更重要的是对农村金融体制改革已经取得的成果产生否定作用和负面影响；最后，如果推倒银传〔1998〕39号通知的划断时间，也没有新的统一划断标准和依据可供人民法院适用，人民法院也不可能重新设置更加合理和符合客观实际的划断时间点。故本院对讷河信用社关于银传〔1998〕39号通知只能为人民法院认定债务归属提供参考并非唯一标准、人民法院有权依据查明的具体事实认定债务归属而不受通知限制、银传〔1998〕39号通知关于时间的划断不适用本案等答辩主张，不予支持。即便讷河农行的涉案债权是指令性贷款，其也不应承担任何责任的再审理由成立，本院予以支持。

综上，本案现有证据不能证明讷河信用社对油脂厂的贷款行为是在讷河农行指令下发生的。即使有证据证明讷河信用社按照讷河农行意志发放涉案贷款，也由于该行为发生在1995年12月29日脱钩划断之前，故本案讷河信用社收不回来的贷款损失不应由讷河农行承担。

【权威解析】

行社脱钩纠纷不是平等民事主体之间发生的纠纷，因为这些纠纷发生在1979年至1996年国务院《关于农村金融体制改革的决定》之前。这长达17年之间，农村信用社归农业银行领导和管理，二者之间是行政和业务上的领导和被领导的关系。所以，人民法院不宜如对待普通平等民事主体之间民事纠纷那样对行社脱钩之前债权债务纠纷进行司法裁判。行社脱钩之前债权债务纠纷，根据国务院《关于农村金融体制改革的决定》和人民银行相关文件的规定，应在国家层面由中国人民银行主导行政解决。

已诉至人民法院的行社脱钩遗留纠纷，人民法院应当区分纠纷性质，根据事实证据和法律规定，依据《关于农村金融体制改革的决定》和政策作出符合客观实际的裁判。首先，这类纠纷不是侵权纠纷。侵权民事赔偿纠纷的前提是需有侵权行为存在，侵权行为是违反法律规定的行为，即便农业银行在脱钩前通过委托、指令贷款和票据置换等占用了农村信用社的资金，也因农业银行处于领导和管理地位，其行为是符合当时法律规定的，不具有违法性。其次，作为合同纠纷审理应当有合同依据。农村信用社以通过委托贷款、票据置换和指令贷款等方式占用其资金为由诉至人民法院的纠纷，根据“谁主张，谁举证”的原则，农村信用社必须举出相关证据，客观证明农业银行委托、置换和指令行为存在，而不能笼统地以农村信用社主任、副主任由农业银行行长兼任，农村信用社资金领导小组成员大多是农业银行人员，甚至以农村信用社被农业银行领导管理为由来确认。客观地说，要证明脱钩以前农业银行委托、置换和指令行为的存在，是非常困难的，这也正是脱钩前的遗留纠纷不宜由人民法院裁判的理由之一。最后，即使有证据证明脱钩以前农业银行委托、置换和指令行为存在，根据国务院和人民银行法规政策，脱钩以前的纠纷也不应当追溯。人民法院要站在国家利益的高度，用历史的观点和发展的眼光来审理这类案件，处理历史遗留问题，不能另找出路或在个案处理上摇摆不定。

客观地分析，脱钩时间往前划断，对代表国家利益的农业银行不利；划断时间靠后，则对代表地方利益的农村信用社不利。迄今为止，就行社分家脱钩的时间划断的正式文件只有银传〔1998〕39 号通知，划断时间为 1995 年 12 月 29 日。结合 2000 年 8 月中国人民银行办公厅银办函〔2000〕576 号对最高人民法院答复函的内容，“我国农村信用合作社，虽然早有独立法律人格，但在 1996 年国务院关于农村金融体制改革决定之前，农村信用合作社实际是由中国农业银行领导和管理”，可以认定农业银行与信用社正式分家和脱钩时间应当在国务院作出《关于农村金融体制改革的决定》的 1996 年。银传〔1998〕39 号通知将行社脱钩债权债务纠纷划断时间确定为 1996 年国务院正式发布改革决定之前的 1995 年 12 月 29 日，不仅很好地掌握了国家法规政策和平衡了农业银行与农村信用社双方的利益，而且是本着实事求是原则解决历史遗留问题作出的，符合国情和客观实际。

（四）本案是否属于指令贷款的分析

所谓指令性贷款，是指农村信用社由农业银行领导和管理期间，农村信用社根据农业银行指令性意见和计划而将资金贷给用款企业。在行社分家脱钩之前，由于农业银行受人民银行的委托领导和管理农村信用社，农业银行行长或者副行长兼任信用社主任，资金额度也相互调度跨行社使用，指令性贷款现象在全国范围内较为普遍。

本案讷河信用社与油脂厂的贷款合同最早签订于 1995 年 5 月 18 日，讷河信用社向油脂厂发放贷款 2350 万元。同年 12 月 6 日 2000 万元贷新还旧时，讷河信用社营业部副主任肖建民签章审批同意并经过讷河信用社资金领导小组盖章批准。当时讷河信用社主任虽然由讷河农行负责人兼任，但肖建民副主任并非讷河农行人员。根据本案涉及的最初贷款合同、贷新还旧合同、催收贷款和债务人偿还部分本金的事实，证明是讷河信用社自己一直在经营和管理对油脂厂的贷款合同。而且，这两次发放贷款的时间均在 1995 年 12 月 29 日之前。所以，本案所涉贷款，既不属于指令贷款性质，也不属于中国人民银行文件规定的不应由农村信用社承担的情形。

讷河信用社认为其对油脂厂的贷款属于指令性贷款，但没有提交直接证据，只提交了三项间接证据：一是贷款资金来源；二是油脂厂不属于其贷款对象；三是油脂厂原厂长的证言。这三项间接证据,不能直接证明讷河农行指令行为存在,且这三项证据内容存在争议,远没有形成证据链。当能证明讷河信用社贷款给油脂厂是自主行为的大量直接证据存在时,这三项间接证据的证明力是很苍白和不足的。①

【案例来源】

最高人民法院民事审判第二庭编:《最高人民法院商事审判指导案例(第五卷)》(下),中国法制出版社2011年版,第640~654页。

编者说明

为妥善协调处理农业银行与农村信用社脱钩后的遗留资金纠纷、审慎平衡行社双方的利益,最高人民法院还及时邀请相关国家机关召开了"审理金融不良债权转让案件相关政策法律等问题部门间高层协调会",共同研究了不良债权转让及行社脱钩遗留资金纠纷中的重大法律问题,并通过包括案例在内的不同形式对实践中存在的一些疑难问题进行了答复。②

107 农行信用社脱钩遗留资金应根据性质区别对待,支信贷款与委托指定贷款有本质区别,应当偿还

【关键词】

|行社脱钩|支信贷款|委托贷款|

【案件名称】

中国农业银行股份有限公司白城洮北支行与白城市洮北区农村信用合作联社借款合同纠纷案[最高人民法院(2012)民提字第47号民事判决书,2013.12.10]

【裁判精要】

裁判摘要:支信贷款,是农行信用社一体时,农行为支持信用社头寸,行社之间以借款形式发生的资金拆借合同。支信贷款与"点贷、一口出、委托贷款"等委托指定贷款有着本质的区别。依据国务院《关于农村金融体制改革的决定》和国务院农村金融体制改革部际协调小组下发的《农村信用社与中国农业银行脱离行政隶属关系实施方案》两个法规规定,信用社须偿还支信贷款。

---

① 参见贾纬:《正确认定农业银行与农村信用社脱钩前指令贷款行为——中国农业银行股份有限公司讷河支行与讷河市农村信用合作联社债权纠纷申请再审案》,载最高人民法院民事审判第二庭编:《商事审判指导》(总第26辑),人民法院出版社2011年版,第196~199页。

② 参见最高人民法院:《人民法院工作年度报告(2010年)》,人民法院出版社2011年版,第10页。

最高人民法院认为：

一、关于本案是否属于行社脱钩遗留资金纠纷、是否适用诉讼时效制度

1997 年 1 月 1 日，以支信、支信换据和拆借用途，洮北农行与五家信用社签订 30 份借款借据，其目的是明确脱钩前行社一体时发生的债权债务关系，对各家信用社应还款项作出确认。1998 年年底双方根据中国人民银行和中国农业银行《关于农村信用合作社清偿对农业银行债务有关问题的通知》又签订了偿还支信贷款协议书，确认了债务并约定了还款期限、方式和利率。双方因此产生的纠纷，属于行社脱钩遗留资金纠纷性质。所以，本院法（立）明传〔2002〕10 号《关于涉及农业银行与农村信用社脱钩遗留资金纠纷案件有关问题的通知》和明传〔2005〕187 号《关于对涉及农业银行与农村信用社脱钩遗留资金纠纷案件恢复诉讼程序的通知》有关人民法院暂不受理此类案件和恢复此类纠纷案件的受理、审理和执行程序的规定，应当适用本案。双方偿还支信贷款协议约定的偿还期限为五年，诉讼时效起算时间为 2003 年 12 月 28 日之次日。2002 年 4 月 16 日，中国农业银行吉林省分行以〔2002〕132 号通知涉及农业银行与农村信用社脱钩遗留资金纠纷的案件有关问题，要求各行自收到本文件始，原准备对信用社提起诉讼的，一律中止起诉。此类案件根据本院〔2005〕187 号明传于 2005 年 6 月 21 日恢复审理后，洮北农行于 2006 年 9 月 29 日向吉林省白城市中级人民法院提起诉讼，并未超过诉讼时效。故本院对洮北信用联社关于涉案债权已超过诉讼时效的答辩主张不予支持。

二、本案拆借款的性质

洮北农行根据借款借据用途、偿还支信贷款协议，以支信贷款合同纠纷起诉，人民法院也以同业拆借合同纠纷案由立案审理。支信贷款，是行社一体时，农行为支持信用社头寸，行社之间以借款形式发生的资金拆借合同。支信贷款与所谓的“点贷、一口出、委托贷款”等委托指定贷款有着本质的区别：第一，发生的主体不同。支信贷款发生在行社之间，不涉及任何第三方；而所谓“点贷、一口出、委托贷款”必然存在第三方，即资金实际使用方。第二，法律关系不同。支信贷款因发生在行社之间，其法律关系归类于同业拆借，是金融机构之间发生的资金往来关系；“点贷、一口出、委托贷款”等，除了农行和信用社之间内部形成的委托、授权或指定等法律关系以外，还涉及资金使用第三方与信用社、农行之间的借款法律关系。第三，法律后果不同。支信贷款仅发生在行社之间，故法律后果也仅及于双方；“点贷、一口出、委托贷款”因有第三方，行社是无法撇开第三方而解决其间法律关系的，第三方的借款关系是解决行社之间纠纷的前提。第四，证据要求不同。证明行社之间是支信贷款关系相对简单，只要提交相关合同证明借款用途和性质即可；而要证明行社之间是“点贷、一口出、委托贷款”性质，除了相关合同和资金用途性质以外，还须提交资金使用第三方对应的借款合同证据和资金划转证据等。

正因为支信贷款与“点贷、一口出、委托贷款”有着本质的区别，所以国家在行社脱钩时对这两大类行社之间遗留资金关系处理和出台的政策完全不同。国务院《关

于农村金融体制改革的决定》下发后，为具体落实该文件精神，国务院农村金融体制改革部际协调小组于同年 8 月 28 日，下发了《农村信用社与中国农业银行脱离行政隶属关系实施方案》。该实施方案第六条内容为处理农村信用社与中国农业银行的资金关系，其中第(三)项明确规定农村信用社借入中国农业银行款项(即中国农业银行对信用社的支持款)，由农村信用社逐年归还中国农业银行。国务院《关于农村金融体制改革的决定》和国务院农村金融体制改革部际协调小组下发的《农村信用社与中国农业银行脱离行政隶属关系实施方案》属于法规，且至今未有其他法律法规取代，根据这两个法规规定，支信贷款(也称支持款)信用社必须偿还。洮北农行依据借款借据、偿还支信贷款协议、对账单和还款凭证等证据请求洮北信用联社偿还尚欠支信贷款本息，应予支持。洮北信用联社在本案一、二审诉讼期间，一直认为双方是普通债权债务关系而主张洮北农行的债权已经超过诉讼时效；再审期间，洮北信用联社答辩认为双方是行政隶属关系条件下形成的资金往来，其与洮北农行不存在真实的同业资金拆借关系，只存在“凭证置换、一口出、点贷、计收复利”等事实，但其没有提交对应证明双方存在“凭证置换、一口出、点贷”等法律关系的相关证据，故本院对洮北信用联社该答辩主张不予支持。

【案例来源】

中国裁判文书网，http://wenshu.court.gov.cn。

108 金融监管部门对行社脱钩遗留债务纠纷的行政协调意见不具有法律约束力

【关键词】

| 行社脱钩 | 行政协调 |

【案件名称】

广州农村商业银行股份有限公司与中国农业银行股份有限公司广东省分行营业部、广州市银农城镇建设开发公司借款合同纠纷案［最高人民法院（2012）民二终字第 16 号民事判决书，2012. 6. 30］

【裁判精要】

裁判摘要：中国人民银行下辖分行对九十年代中国农业银行与农村信用社脱离行政隶属关系后的遗留资金纠纷作出的仲裁等裁决意见，系该行作为金融监管机关对农村信用社与农业银行之间的资金纠纷作出的行政协调，并不具有民事法律意义上的约束力。在中国农业银行与农村信用社双方认可前，该裁决意见并不当然具有民事法律意义上的约束力。人民法院不宜直接按照上述裁决意见进行裁判。

最高人民法院认为：

关于诉争《仲裁书》的约束力问题。广州农商行在本案中提供的《人民币资金借款合同》及相应的《保证合同》载明银农公司、农银公司是诉争债权的债务人，故债权人广州农商行欲实现债权应向合同约定的债务人银农公司、农银公司主张。中国人民银行广州市分行1998年11月作出《仲裁书》是该行作为金融监管机关对农村信用社与农业银行之间的资金纠纷作出的行政协调，是一种履职行为。《仲裁书》实际上是协调意见书，并不具有民事法律意义上的约束力。广东省农行营业部如自愿按照《仲裁书》的意见向广州农商行清偿相应款项，属该营业部对监管机关协调意见的接受，应予认可。广东省农行营业部如不愿按照《仲裁书》的意见清偿相应款项，则属该营业部对监管机关协调意见的拒绝，此时不应强行要求该营业部按照《仲裁书》清偿款项。广东信合办在该办〔2001〕101号文中向广州农商行称广东省农行营业部愿意按照《仲裁书》清偿相应款项，但该文件仅仅表明广东信合办向广州农商行陈述过相关内容，并不能证明广东省农行营业部自愿按照《仲裁书》清偿相应款项，广州农商行也没有提供其他证据证明广东省农行营业部接受《仲裁书》的意见，而且在本案诉讼中广东省农行营业部明确表示不接受《仲裁书》的处理意见，故广州农商行提出广东信合办〔2001〕101号文能够表明广东省农行营业部认同并接受《仲裁书》的意见，缺乏事实依据，本院不予支持。因为没有证据表明广东省农行营业部同意按照《仲裁书》承担相应债务，所以广州农商行提出的《仲裁书》使得广东省农行营业部构成债务加入之主张，亦难以成立。故广州农商行以《仲裁书》为由要求广东省农行营业部承担诉争债权的清偿责任，缺乏事实及法律依据，本院不予支持。

【案例来源】

最高人民法院民事审判第二庭编：《最高人民法院商事审判指导案例（2012）·公司与金融》，中国民主法制出版社2013年版，第398～413页。

109 涉及中央级财政资金转为部分中央企业国家资本金纠纷案件的审理

【关键词】

| 中央级财政资金 | 国家资本金 |

【案件名称】

中国节能投资与兰州燃气化工集团公司借款合同纠纷案［最高人民法院（2007）民二终字第137号民事判决书，2008.4.9］

【裁判精要】

最高人民法院认为：

本案的争议焦点为中国节能投资公司对兰州燃气化工集团公司主张所涉资金行使的请求权是属于债权还是股权，其诉讼请求能否予以支持。

本案涉及的是中央级基本建设经营性基金本息余额转为国家资本金，即“贷改投”政策的实施问题。1998年6月9日，兰州燃气化工集团公司根据计投资〔1998〕815号文件的规定就其使用的基本建设经营性基金本息余额15307875元向中国节能投资公司报送了转为国家资本金的申请，但该申请并未得到中国节能投资公司的同意，其也没有向国家计委、财政部进行报批且已得到批准的相关证据材料，更没有得到有关部门办理产权变动登记手续的相关证据材料。相反，1999年3月21日，国家计委、财政部针对中国节能投资公司报送的《关于将中央级基本建设经营性基金本息余额转为我公司国家资本金的请示》以计投资〔1999〕375号《关于将中国节能投资公司中央级基本建设经营性基金本息余额转为国家资本金的批复》予以同意，并确定由中国节能投资公司行使出资人的职能，在该批复的附件《中国节能投资公司中央级基本建设经营性基金本息余额情况表》中明确列明将兰州燃气化工集团公司使用的中央级经营性基金本息余额15307875元转为中国节能投资公司的国家资本金。上述文件表明国家已将兰州燃气化工集团公司使用的中央级经营性基金本息余额15307875元转为中国节能投资公司的国家资本金，即中国节能投资公司受让了国家以对兰州燃气化工集团公司的上述债权注入的资本金，并确定由中国节能投资公司行使出资人职能。但上述文件只是明确了本案所涉经营性基金在国家与中国节能投资公司之间的关系（在法律文件上表现为中国节能投资公司的注册资本金中相应地增加了国家出资的份额），由于本案所涉经营性基金的实际使用人是兰州燃气化工集团公司，因而还需明确中国节能投资公司与兰州燃气化工集团公司之间的关系。从本案的事实看，在计投资〔1999〕375号文件下发之后，中国节能投资公司曾就将本案所涉经营性基金转为其对兰州燃气化工集团公司的出资问题与兰州燃气化工集团公司进行过协商，但未有结果。兰州燃气化工集团公司提供的证据既不能证明其已接受中国节能投资公司为其股东，也不能证明中国节能投资公司曾经行使过任何出资人权利。因此，应认定中国节能投资公司未能成为兰州燃气化工集团公司的股东，即兰州燃气化工集团公司未将对国家的上述欠款转变这以中国节能投资公司为出资人的股权。虽然计投资〔1999〕375号文赋予了中国节能投资公司成为兰州燃气化工集团公司股东的权利，但由于中国节能投资公司未能实现这一权利，在此情形下，因中国节能投资公司依计投资〔1999〕375号文将债权转化为股权已无法实现，故中国节能投资公司有权依原借款关系要求兰州燃气化工集团公司偿还本案所涉经营性基金而主张上述债权。

【案例来源】

最高人民法院民事审判第二庭编:《最高人民法院商事审判指导案例·借款担保卷》(上),中国法制出版社 2011 年版,第 86~93 页。

编者说明

国务院国有资产监督管理委员会、国家发展和改革委员会、财政部联合下发了《关于进一步做好中央级财政资金转为部分中央企业国家资本金有关工作的通知》(国资发法规〔2012〕103 号,2012 年 7 月 18 日)。为妥善审理涉及中央级财政资金转为部分中央企业国家资本金的有关纠纷案件,最高人民法院亦下发了《关于审理中央级财政资金转为部分中央企业国家资本金有关纠纷案件的通知》(2012 年 12 月 11 日,法〔2012〕295 号),明确了相关案件的处理原则。

110 对因占有使用国家基本建设经营性基金而发生的借款合同纠纷,应当依法受理

【关键词】

|借款合同|国家基本建设经营性基金|

【案件名称】

峰峰集团有限公司与中国节能投资公司借款合同纠纷案[最高人民法院(2007)民二终字第 19 号民事判决书,2007.5.28]

【裁判精要】

裁判摘要:当事人因占有使用国家基本建设经营性基金而发生的借款合同纠纷,不属于最高人民法院 1996 年 4 月 2 日法复〔1996〕4 号《关于因政府调整划转企业国有资产引起的纠纷是否受理问题的批复》第一条所规定的"因政府及其所属主管部门在对企业国有资产调整、划转过程中引起相关国有企业之间的纠纷,应由政府或所属国有资产管理部门处理,国有企业作为当事人向人民法院提起民事诉讼的,人民法院不予受理"的情形。当事人就上述借款合同纠纷向人民法院提起民事诉讼的,人民法院应当依法受理。

最高人民法院认为:

对于第一个方面的问题即本案当事人争议的基本建设经营性基金应是何种性质问题,追溯政策渊源,可以追溯到自 1985 年 1 月 1 日起正式开始施行的由国家预算安排的基本建设项目投资原由财政拨款全部改为有偿使用国家财政资金的银行

贷款方式(简称“拨改贷”政策)进行,但实际从1983年开始已有部分试行。为了保持基本建设资金来源稳定,与“拨改贷”政策相配套措施之一就是经国务院批准从1988年起建立中央级基本建设基金。为此,国家计委1988年6月24日印发《国家基本建设基金管理办法》,对基金的组成和来源、使用范围、管理等均作了规定。其中明确规定基本建设基金安排的经营性投资由国家计委对各国家专业投资公司实行切块安排。由国家专业投资公司安排的经营性投资,由各专业投资公司与建设银行签订借贷合同(不包括国家规定免还基金本息的投资);其他经营性建设项目投资,由建设单位和建设银行签订借贷合同。在这样的背景下,峰峰集团有限公司的前身峰峰矿务局于1989年11月至1992年11月通过向节能公司前身当时的国家能源投资公司节能公司申请和审核,并经报财政部批准后与建设银行签订了一系列资金用于煤矿节能项目的临时借款协议,共计借款2180万元本金,对于上述借款事实以及款项属于国家基本建设经营性基金部门贷款的性质,双方当事人均无异议。

虽然峰峰集团有限公司并不否认本案争议款项来源于国家基本建设基金,但其上诉争议的核心在于它认为本案争议款项来源和最初性质虽没有错,但后来该款项已按国家有关政策转变为企业的国家资本金了,也就是上诉理由第一点提到的“贷改投”政策。对此,按照1995年7月12日国务院以国发〔1995〕20号文件批转国家计委、财政部、国家经贸委《关于将部分企业“拨改贷”资本本息余额转为国家资本金的意见》的精神,基于解决国有企业改革中减轻国有企业债务负担,改变部分国有企业资本金不足问题,决定按国务院批准对从1979年至1988年由财政(包括中央和地方)拨款改为贷款的国家预算内基本建设投资,在有选择的范围内,依照以国家产业政策为依据,重点支持国民经济基础产业和支柱产业;首先照顾归还“拨改贷”资金本息有困难的企业减轻债务负担;采取分类审批,不搞“一刀切”原则,根据条件对确有困难的企业“拨改贷”资金本息金额全部或部分转为国家资本金,其他企业仍需按国家有关规定归还“拨改贷”资金。在程序上,首先要由符合“拨改贷”资金转为国家资本金条件的企业提出申请,按级审批:如企业本身就是国家授权投资的机构或者国家计划单列市企业集团的核心企业,可将申请材料直接报送国家计委和财政部审批;如企业投资主体是国家授权投资的机构,企业可将材料报送国家授权投资的机构进行初审后,报送国家计委、财政部审批;如企业的投资主体不是或尚未明确为国家授权投资机构,企业可将申请材料报送行业主管部门,由行业主管部门初审同意后报送国家计委、财政部审批。国家计委、财政部在审批前,应征求国家经贸委、国家体改委和开发银行等有关部门的意见。国家计委、财政部根据规定的原则、范围和条件,对申请企业的资本金实际需求量和国家应投入数额进行核定后,逐个审定并以正式文件明确企业“拨改贷”资金本息实际数额。对部分地方企业目前难以明确中央“拨改贷”出资人的,建议由国务院委托国家开发投资公司暂作为出资人,待国家授权投资的机构明确之后再按规定办理。不符合将“拨改贷”资金转为国家资本金的企业,仍需按国家有关规定归还“拨改贷”资金。1995年12月26日,国家经贸委主任王忠禹在第八届全国人大常委会第十七次会议的报告中,明确提出了所谓把国有企业“拨改贷”债务本息余额转为国家资本金的“贷改投”政策概念。1998 年 5 月 12 日国家计委、财政部计投资〔1998〕815 号《关于中央级基本建设经营性基金本息余额转为国家资本金的实施办法》规定的中央级基本建设经营性基金包括了 1989 年起至 1996 年底止由中央财政安排的国家预算内基本建设投资中的有偿使用部分。对中央级经营性基金本息余额转为国家资本金后作为国家对企业的投入,其出资人按照:(一)凡属国务院已正式授权可行使出资人权利的公司及其下属企业所使用的中央级经营性基金本息余额,转增为已授权公司的资本金,并由已授权公司行使出资人的职能;(二)国家已明确将债权债务关系划转给国家开发投资公司、节能公司、中国高新轻纺投资公司和中国机电出口产品投资公司的中央级经营性基金本息余额,分别转增为这 4 个公司的资本金,并由这 4 个公司行使出资人职能等办法确定。出资人未明确的,由国务院主管、归口部门或由部委管理的国家局负责将企业的上报材料审核并汇总后,于 1998 年 6 月 30 日前提出将中央级经营性基金本息余额转为国家资本金的申请报告,报国家计委和财政部审批。1999 年 11 月 29 日财政部财管字〔1999〕365 号《关于中央级“拨改贷”资金经营性基金本息余额转为国家资本金后有关问题的通知》,主要强调的是“拨改贷”资金、经营性基金本息余额转为国家资本金后出现的一些不规范行为,一些中央管理企业不是按母子公司产权关系将基金转为国家资本金入账,而是不分企业产权级次直接由占有使用企业作为国家资本金入账,引起企业产权关系混乱;有些地方政府不按规定及时办理资金转为国家资本金的有关手续,个别地方擅自将基金转为地方机构的法人资本;甚至有的地方政府无视中央权益,随意将中央级国家资本金转让出售,致使国家增资减债、解困企业的政策未得到很好的落实,从而对某些问题着重强调,凡享有转国家资本金政策的企业,均须依据国家计委、财政部关于将“拨改贷”资金本息余额或经营性基金本息余额转为国家资本金的批复文件,办理增加实收资本金的产权变动登记手续。上述文件都强调对于国家基本建设经营性基金转变为国家资本金时需要办理批复文件以及办理产权变动登记手续,即“贷改投”必须存在一个审批程序,同时还有一个必须明确的出资人问题。但是,峰峰集团有限公司于 1998 年 6 月 8 日分别就其利用国家基本建设经营性基金金额 295 万元、203 万元、113 万元、1513 万元、407 万元向节能公司申请转为峰峰集团有限公司的注册资本金时,并没有得到节能公司的同意,更没有向当时的国家计委、财政部报批的有关证据材料。

相反,1999 年 3 月 21 日,国家计委、财政部针对节能公司的要求将中央级基本建设经营性基金本息余额转为该公司的国家资本金的报告以计投资〔1999〕375 号《关于将中国节能投资公司中央级基本建设经营性基金本息余额转为国家资本金的批复》,在其附件《中国节能投资公司中央级经营性基金本息余额情况表》中明确列明对峰峰集团有限公司所欠借款本息 25308380.64 元作为节能公司的国家资本金。另外,节能公司提交的《企业国有资产产权登记证》、财政部审核的《企业国有资产占有产权登记表》,证明本案所涉的国家基本建设经营性基金,已经作为节能公司的国家资本金在国务院国资委进行了产权登记,确认了节能公司对该国有资产的占有使用权。同时,中国建设银行投资银行部于2003年11月24日向下属各建设银行发出了建投〔2003〕57号《关于协助中国节能投资公司确认债权有关问题的补充通知》,针对中央级基本建设经营性基金转为节能公司国家资本金账务处理问题,各经办银行和有关已将贷款转为资本金的单位按照国家有关已经明确将债权债务关系划转给节能公司的中央级经营性基金本息余额转增为节能公司国家资本金的规定,配合节能公司办理相关债权确认手续,要求各借款单位向节能公司履行债务。后来当事人双方并未就此问题达成进一步协议。总之,峰峰集团有限公司与节能公司之间因国家基本建设经营性基金使用而发生的借款关系仍然合法有效存在,双方对此债权债务关系的性质并没有发生根本性改变。峰峰集团有限公司关于其在本案所占有使用的国家基本建设经营性基金已经按照有关国家"贷改投"政策转变为企业的国家资本金、本案纠纷实为股权之争的上诉理由,缺乏充分的法律和事实依据,不能成立,本院不予支持。

对于第二个方面的有关问题,本案纠纷性质是对因占有使用国家基本建设经营性基金而发生的借款关系引起的争议纠纷案件,而并非本院1996年4月2日法复〔1996〕4号《关于因政府调整划转企业国有资产引起的纠纷是否受理问题的批复》第一条所明确的因政府及其所属主管部门在对企业国有资产调整、划转过程中引起相关国有企业之间的纠纷,应由政府或所属国有资产管理部门处理,国有企业作为当事人向人民法院提起民事诉讼的,人民法院不予受理的情形,亦不应直接适用1993年12月21日国家国有资产管理局国资法规发〔1993〕68号《国有资产产权界定和产权纠纷处理暂行办法》有关国有资产产权纠纷处理程序的规定。峰峰集团有限公司关于2005年6月30日河北省国资委以冀国资呈〔2005〕97号文件《关于协调中国节能投资公司与峰峰集团有限公司资本金纠纷一案的请示》,请求国务院国资委就本案争议的国家资本金纠纷予以调处,以及有关部委领导批复协调调处的上诉理由,峰峰集团有限公司并没有提供相关证据予以佐证,本院亦不予支持。本案诉争款项系缘于峰峰集团有限公司与建设银行签订的临时借款协议,协议中并没有约定履行期限,债权人随时有权向债务人主张权利,节能公司于2005年4月22日向原审法院提起诉讼是正当合法的。1998年5月20日节能公司节投资〔1998〕104号文件《关于转发计投资〔1998〕815号、财基字〔1998〕170号文的通知》,其中涉及有关要求偿还借款期限不能作为本案的诉讼时效起算点的依据。首先,上述通知有关内容并不是针对特定对象的,内容也不仅仅是涉及偿还借款问题,也涉及将借款转为资本金办理的有关手续问题。其次,本案当事人之间的债权债务关系状态一直处于延续中,在上述节能公司节投资〔1998〕104号文件之后,节能公司1998年12月25日还在以节投资〔1998〕155号《关于将中央级基本建设经营性基金本息余额转增为我公司国家资本金的请示》向国家计委、财政部提出申请,为此国家计委、财政部

1999 年 3 月 31 日以计投资〔1999〕375 号批复同意节能公司的申请,并在该文件的附件一中列明了峰峰集团有限公司所占用的本案借款金额。但此后,就本案所涉借款资金的权利归属问题,双方当事人还一直处在协调之中,直至 2005 年 6 月 30 日河北省国资委还以冀国资呈〔2005〕第 97 号向国务院国资委递交了《关于协调中国节能投资公司与峰峰集团有限公司资本金纠纷一案的请示》,说明双方对本案资金的权利之争纠纷一直延续着,其间并没有中断过或最终解决。

【案例来源】

《中华人民共和国最高人民法院公报》2007 年第 10 期。

111 "拨改贷"资金返还纠纷中民事责任及范围的认定

【关键词】

| 拨改贷 | 资金返还 |

【案件名称】

陕西省煤炭生产安全监督管理局、合阳县金桥煤炭有限责任公司、铜川市成鑫煤炭有限责任公司、神木县大砭窑气化煤有限责任公司与中国地方煤矿总公司借款合同纠纷案[最高人民法院(2008)民二终字第 89 号民事判决书,2013. 10. 31]

【裁判精要】

裁判摘要:本案诉争的资金系国家实行"拨改贷"政策后发放的有偿使用的建设资金。本案二审中止审理期间,国务院相关部门发布《关于进一步做好中央级财政资金转为部分中央企业国家资本金有关工作的通知》,最高人民法院亦随之发布了"法〔2012〕295 号"《关于审理中央级财政资金转为部分中央企业国家资本金有关纠纷案件的通知》,对相关案件的适用法律问题作出了明确规定。依据相关规定,最高人民法院二审认为,本案属于人民法院民事诉讼的受理范围,地煤公司主张的民事权利亦未超过诉讼时效期间;各用资单位所使用的建设资金应予偿还(并按规定计息);当时的政府主管部门基于行政管理职责,协助落实"拨改贷"资金的发放事宜,其不应对返还该建设资金承担民事责任。

最高人民法院认为:

(一)关于本案是否属于人民法院民事诉讼受理范围的问题

在我国经济体制由传统的计划经济向市场经济转变初期,原国家计委、财政部、中国人民建设银行于 1984 年联合发布了《关于国家预算内基本建设投资全部由拨款改为贷款的暂行规定》,决定自 1985 年起,将国家预算内安排的基本建设投资由原来的财政拨款全部改为银行贷款,即实行“拨改贷”政策。本案诉争的资金发放于1985年5月至1986年8月,系由原煤炭部通过陕西省煤炭工业厅,向相关企业发放的项目建设资金,其性质属于国家实行“拨改贷”政策后发放的有偿使用的建设资金,其在资金所有人与用资企业之间形成的是民事法律关系中的债权债务关系。

20世纪90年代中期,为了减轻用资企业的债务负担,国家决定将已发放的中央级“拨改贷”资金本息余额转为国家资本金,作为对用资企业的股权出资。国家计委、财政部以“计投资〔1996〕2801号”通知下发的《关于中央级“拨改贷”资金本息余额转为国家资本金的实施办法》,明确了中央级“拨改贷”资金本息余额是指经国务院批准,从1979年至1988年由中央财政安排的国家预算内基本建设投资中有偿使用部分,从使用贷款之日起至1996年12月20日止的本息余额转为国家资本金,并暂由原下达中央级“拨改贷”投资计划的单位代行出资人职能。“贷改投”政策实施后,本案中民事权利及义务的内容虽发生了变化,但民事法律关系的属性并没有改变。1997年10月27日,国家计委、财政部以“计投资〔1997〕2026号”《关于将煤炭部中央级“拨改贷”资金本息余额转为国家资本金的批复》,同意将包括地煤公司在内的241家企业的中央级“拨改贷”资金本息余额转为国家资本金,暂由煤炭部作为出资人。1998年3月9日,煤炭部下发“煤国资字〔1998〕第150号”《关于加强中国地方煤矿总公司国有资产管理的通知》,确定由地煤公司全权负责管理和经营其中央级“拨改贷”资金本息余额转为国家资本金而增加的国有资产。同年4月23日,国家国有资产管理局依法将地煤公司国有资产的产权核增为72213万元。上述事实表明,本案诉争的资金系国家同意由地煤公司负责管理的国家资本金,属于国资发法规〔2012〕103号通知第一条规定的三类中央级财政资金中的一种,即“1979年至1988年由财政拨款改为贷款的中央预算内基本建设投资,即中央级‘拨改贷’资金”。地煤公司(其前身为煤炭部地方煤矿服务总公司)作为本案民事法律关系中的一方当事人,其“代行出资人权利”的证据充分、合法,证明其与本案有直接的利害关系,原审法院对地煤公司提起的民事诉讼予以受理并无不当。本院依据法〔2012〕295号通知第一条关于“《通知》发布前人民法院已经受理的相关案件,人民法院可以继续审理”的规定,恢复本案二审诉讼程序,并将案由确定为资金返还纠纷。

综上所述,本案当事人诉争法律关系的性质和内容属于人民法院受理民事诉讼案件的范围,各上诉人提出的有关本案不属于人民法院受理民事诉讼范围的上诉理由,没有事实和法律依据,本院不予支持。

【案例来源】

中国裁判文书网,http://wenshu.court.gov.cn。

九、委托贷款、信托贷款与资金拆借合同

(一)委托贷款合同纠纷

1. 委托贷款合同认定

112 委托贷款合同与投资合同的区别

【关键词】

| 委托贷款 | 投资合同 |

【案件名称】

北京长惠城镇化建设投资基金与郑州广厦置业有限公司、李振州金融借款合同纠纷案［最高人民法院（2014）民二终字第217号民事判决书，2014.12.2］

【裁判精要】

最高人民法院认为：

1. 本案法律关系的性质是委托贷款还是投资

虽然北京长惠基金、交行河南省分行和广厦公司在签订《委托贷款合同》的同日，北京长惠基金与广厦公司、李振州、毋尚梅、溧水公司又签订了《投资合作协议》以及北京长惠基金、广厦公司、交行河南省分行签订编号为1240625001的《监管协议》，2012年7月6日北京长惠基金、广厦公司、溧水公司、郑州银行股份有限公司营业部签订编号为ch－gs(2012)003的《监管协议》，但《投资合作协议》规定投资方式为“北京长惠基金委托交行河南省分行向广厦公司发放贷款”。《投资合作协议》引入了保证人，为保证委托资金的收回设定了担保条款。所以，北京长惠基金、交行河南省分行和广厦公司法律关系的实质是委托贷款关系。《投资合作协议》和《监管协议》，均是为了保证北京长惠基金的委托贷款资金安全而签订的，并未改变委托贷款关系的实质。

【案例来源】

中国裁判文书网，http://wenshu.court.gov.cn。

113 委托贷款合同不等同于企业之间的拆借合同

【关键词】

| 委托贷款 | 企业拆借 |

【案件名称】

太平洋租赁有限公司与中国建设银行吴江市支行借款合同纠纷案［最高人民法院（1998）经终字第 247 号，2000. 1. 31］

【裁判精要】

最高人民法院认为：

本案所涉协议中约定，太租公司接受吴江建行委托，将吴江建行提供的资金，按照协议第一条约定用于吴江建行指定的两企业，即吴江工业滤布厂和吴江涤纶厂。协议中约定了具体的金额、利息和期限等。本案协议中约定了还款来源，即为被上诉人指定的企业的租赁款。如企业租期要延长，则太租公司偿还期也作相应延长，还约定承租企业不向太租公司提供任何形式的担保。从本案有关证据情况看，吴江建行的真实意思是，由于自己受贷款额度的限制，无法将资金直接贷给吴江涤纶厂和滤布厂，后来才通过拆借、租赁的形式，达到借贷之目的。故本案合同应认定为委托贷款，不应认定为拆借合同。虽然双方委贷的意思表示真实，但因太租公司未取得金融许可证，应当认定协议无效。

【权威解析】

（二）本案合同的性质

本案协议应认定为委托贷款协议，而非一般意义上的拆借协议，两者是有显著区别的。第一，委托贷款是指受托人接受委托人的旨意，而后者则不是。本案协议中，太租公司接受吴江建行委托，将所属款项根据合同第一条约定用于吴江建行指定的两企业，即吴江工业滤布厂和吴江涤纶厂。第二，委托贷款合同双方约定的标的物指向确定的对象，后者则是不确定的。本案协议中，标的物（款项）指向确定的被上诉人吴江建行指定的企业，如是拆借合同关系，作为借款人的太租公司可以自由地用于自己或不确定的对象。第三，委托贷款的权利与义务不仅仅是对双方的一个约束，而且往往涉及第三方（或实际用款人），借款或拆借只涉及合同当事人双方。比如该协议中指定了特定的企业，即吴江工业滤布厂与吴江涤纶厂，规定了具体的金额、利息和期限等。第四，委托贷款本案协议中规定了还款来源，即为受托人吴江建行指定的企业的租赁款。如企业租期要延长，则太租公司偿还也作相应延长，还规定承租企业不向太租公司提供任何形式的担保。而借款合同则不同，只要合同到期，借款方必须依约偿还本息，同时，出借方不能约束借款方是否向他的借款人约定担保条款。故本案合同应认定为委托贷款较为合适,不应认定为拆借合同。①

【案例来源】

最高人民法院经济审判庭编:《经济审判指导与参考》(总第3卷),法律出版社2000年版,第392~400页。

114 委托贷款法律关系因银行的加入而被纳入国家金融监管的范围,其性质不仅仅是企业借贷关系

【关键词】

|委托贷款|金融监管|企业借贷|

【案件名称】

大连中裕嘉合房地产开发有限公司、李玉清与吉林银行股份有限公司大连分行、天弘创新资产管理有限公司及张森金融借款合同纠纷案[最高人民法院(2015)民二终字第420号民事判决书,2016.6.20]

【裁判精要】

最高人民法院认为:

一、关于案涉《委托贷款合同》《三方合作协议》的性质、效力及相关担保合同的效力问题

根据中国人民银行颁布的《贷款通则》第七条的规定,合法贷款包括"自营贷款、委托贷款和特定贷款"三种,"委托贷款,系指由政府部门、企事业单位及个人等委托人提供资金,由贷款人(即受托人)根据委托人确定的贷款对象、用途、金额、期限、利率等代为发放、监督使用并协助收回的贷款。贷款人(受托人)只收取手续费,不承担贷款风险"。本案中,天地方中公司、吉林银行大连分行、中裕公司于2013年11月18日签订了案涉《委托贷款合同》,主要内容:吉林银行大连分行根据天地方中公司的委托,将天地方中公司提供的贷款资金,按照天地方中公司指定的贷款对象、用途、金额、期限、利率等事项,发放给借款人中裕公司,吉林银行大连分行收取相应手续费,并协助天地方中公司收回贷款。根据《贷款通则》的上述规定,结合本案三方当事人之间所签订合同的内容,可以认定三方之间所形成的法律关系为委托贷款关系。委托贷款关系中存在三方当事人,即委托人、银行和借款人,三方之间的

① 参见吴庆宝:《如何认定本案合同性质及法律责任承担——太平洋租赁有限公司与中国建设银行吴江市支行借款合同纠纷上诉案》,载最高人民法院经济审判庭编:《经济审判指导与参考》(总第3卷),法律出版社2000年版,第402页。

委托贷款关系由两种具体的法律关系所构成，即委托人与银行之间的委托关系，以及银行与借款人之间的借贷关系。虽然委托贷款协议的具体内容实际上是由委托人和借款人事先协商确定，但一旦双方采取委托贷款形式，该法律关系即因银行的加入而被纳入了国家金融监管的范围，其性质亦不再是当事人双方之间的企业借贷关系。因此，原审法院认定吉林银行大连分行与中裕公司之间系金融借款关系，而非企业借贷关系，符合法律规定，并无不当。因案涉《三方合作协议》系天地方中公司、吉林银行大连分行及中裕公司就《委托贷款合同》中的未尽事宜所作出的补充约定，其合同性质与《委托贷款合同》并无差异。

案涉《委托贷款合同》《三方合作协议》《抵押合同》《保证合同》均系各方当事人自愿协商签订，意思表示真实。天地方中公司依据合同约定委托具有金融贷款资质的吉林银行大连分行向中裕公司发放贷款，三方之间的委托贷款行为和方式均不违反法律、行政法规的效力性禁止性规定，合法有效。中裕公司、李玉清上诉认为，吉林银行大连分行的贷款资金来源于天地方中公司，案涉《委托贷款合同》《三方合作协议》在性质上属于企业之间的借贷，应认定为无效合同，作为《委托贷款合同》《三方合作协议》从合同的《抵押合同》《保证合同》亦应无效，缺乏相应的事实和法律依据，不能成立，本院不予支持。

【权威解析】

一、关于委托贷款合同的效力

在《民间借贷解释》施行前，普通企业之间的借贷合同往往因违反国家金融法律法规的强制性效力性规定而在司法实践中被认定为无效。为了既能借贷资金，又不违反国家金融法律法规，自觉将借贷行为纳入国家金融监管体系之内，企业之间多采取通过具有办理贷款业务资格的金融机构以委托贷款方式形成借贷关系。根据中国人民银行1996年6月28日颁布的《贷款通则》第七条的规定，合法贷款包括“自营贷款、委托贷款和特定贷款”三种，“委托贷款，系指由政府部门、企事业单位及个人等委托人提供资金，由贷款人（即受托人）根据委托人确定的贷款对象、用途、金额、期限、利率等代为发放、监督使用并协助收回的贷款。贷款人（受托人）只收取手续费，不承担贷款风险”。在委托贷款合同关系中，银行根据委托人确定的贷款对象、用途、金额、期限、利率等代为发放、监督使用并协助收回贷款。

委托贷款关系中存在三方当事人，即委托人、银行和借款人，三方之间的委托贷款关系由两种具体的法律关系所构成，即委托人与银行之间的委托关系，以及银行与借款人之间的借贷关系。虽然委托贷款协议的具体内容实际上是由委托人和借款人事先协商确定，但一旦双方采取委托贷款形式，该法律关系即因银行的加入而被纳入了国家金融监管的范围，其性质亦不再是当事人双方之间的企业借贷关系。委托贷款合同符合国家金融法律法规的规定，只要不存在《合同法》第五十二条规定的合同无效情形，即应认定为合法有效，当事人各方约定的权利义务依法应予保护。

本案天地方中公司、吉林银行大连分行、中裕公司签订的《委托贷款合同》，系各方当事人自愿协商签订，意思表示真实，符合《贷款通则》的规定，不违反法律、行政法规的效力性强制性规定，合法有效，三方当事人之间形成委托贷款关系。①

【案例来源】

中国裁判文书网，http://wenshu.court.gov.cn。

115 企业间可以通过信托贷款、委托贷款等方式形成借贷关系

【关键词】

| 借贷关系 | 信托贷款 | 委托贷款 |

【案件名称】

天津国贸中心有限公司与天津渤海化工有限责任公司、天津欧加华大厦有限公司借款合同纠纷案［最高人民法院（2008）民二终字第7号民事判决书，2008.3.7］

【裁判精要】

最高人民法院认为：

企业之间通过具有办理贷款业务资格的信托投资公司或银行等金融机构以信托贷款、委托贷款等方式而形成的借贷关系，符合法律法规的规定，依法应予保护。天津渤化公司与天津国贸公司曾先后签订的三份《协议书》，对上述贷款关系形成的债权债务予以确认，该三份《协议书》均是当事人真实的意思表示，且内容符合法律规定，应为合法有效。依据《合同法》第二百零七条的规定，天津国贸公司未按照约定还款，应当支付相应的利息，故一审法院判决其按照中国人民银行同期贷款利率支付利息，并无不当。

【案例来源】

最高人民法院民事审判第二庭编：《最高人民法院商事审判指导案例·借款担保卷》（上），中国法制出版社2011年版，第170～173页。

① 参见张乾：《委托贷款关系中银行可起诉要求债务人、担保人向其履行债务》，载最高人民法院第二巡回法庭编著：《民商事二审典型案例及审判经验》，人民法院出版社2019年版，第404～405页。

2. 委托贷款合同性质

116 委托贷款法律关系的实质是委托人与借款人之间的民间借贷

【关键词】

|委托贷款|民间借贷|

【案件名称Ⅰ】

贵阳银行股份有限公司与贵州禾苑房地产开发有限公司委托合同纠纷案［最高人民法院（2018）最高法民终238号民事判决书，2018.6.29］

【裁判精要】

最高人民法院认为：

关于本案借款利息应如何计算的问题……对于逾期利息，《贵阳银行人民币资金委托贷款合同》为依法成立的合同，对各方当事人均具有法律约束力。贵阳银行已经依约发放委托贷款，但禾苑公司未按照合同约定的分期还款期限归还借款本金及利息，构成违约，应当承担相应的违约责任。根据该合同第十二条第二款约定，禾苑公司不能按期支付的利息，均按人民银行规定计收复利。故贵阳银行主张禾苑公司承担逾期还款的违约责任，有合同依据。案涉《贵阳银行人民币资金委托贷款合同》虽为禾苑公司、贵阳银行和互融公司三方签订，但实质系互融公司与禾苑公司之间的民间借贷。各方亦均同意按照民间借贷的相关法律、司法解释规定处理本案贵阳银行与禾苑公司之间的纠纷。根据《民间借贷解释》第三十条规定，对出借人主张的逾期利息、违约金或者其他费用，总计超过年利率24%的部分，人民法院不予支持。一审判决确定的逾期利息和复利之和超过了年利率24%，对超过部分，本院不予支持。故案涉借款逾期利息：以105000000元为基数，自2014年12月18日按照年利率24%计算。对于支付逾期利息的截止时间，根据法律规定，应为款项实际付清之日，一审判决此处存在错误，但鉴于贵阳银行并未就该部分内容提起上诉，此系其对自身权利的处分，不违反法律规定，本院二审不予审理。

【案例来源】

中国裁判文书网，http://wenshu.court.gov.cn。

【案件名称Ⅱ】

红岭创投电子商务股份有限公司与贵州开元嘉德置业有限公司金融借款合同纠纷案［最高人民法院（2017）最高法民终197号民事判决书，2017.9.20］

【裁判精要】

最高人民法院认为：

本案中，红岭创投、贵阳银行齐兴支行与开元嘉德签订借款合同，约定开元嘉德向红岭创投借款人民币6000万元，其实质系由红岭创投提供资金，贵阳银行齐兴支行根据红岭创投确定的借款人、用途、金额、币种、期限、利率等，代为发放和收回贷款，贵阳银行齐兴支行不承担信用风险，各方当事人对于本案构成委托贷款法律关系均不持异议。委托贷款法律关系的实质是委托人与借款人之间的民间借贷，委托贷款合同的效力、委托人与借款人之间的利息、逾期利息、违约金等权利义务均应受有关民间借贷的法律、法规和司法解释的规制。原审根据《民间借贷解释》的规定，对双方约定的超过年利率24%部分的利息不予支持，并无不当，红岭创投要求对2015年8月21日之后的利息、复利按照月利率2.625%计收的上诉请求不能成立。

【案例来源】

中国裁判文书网，http://wenshu. court. gov. cn。

117 委托贷款合同约定受托银行不承担信用风险的，委托人与借款人之间构成实质上的民间借贷

【关键词】

｜委托贷款合同｜民间借贷｜

【案件名称】

北京长富投资基金与武汉中森华世纪房地产开发有限公司等委托贷款合同纠纷案［最高人民法院（2016）最高法民终124号民事判决书，2016.6.27］

【裁判精要】

裁判摘要：委托人、受托银行与借款人三方签订委托贷款合同，由委托人提供资金、受托银行根据委托人确定的借款人、用途、金额、币种、期限、利率等代为发放、协助监督使用并收回贷款，受托银行收取代理委托贷款手续费，并不承担信用风险，其实质是委托人与借款人之间的民间借贷。委托贷款合同的效力、委托人与借款人之间的利息、逾期利息、违约金等权利义务均应受有关民间借贷的法律、法规和司法解释的规制。

最高人民法院认为：

本案中，长富基金、兴业银行武汉分行与中森华房地产公司三方签订《委托贷款

合同》,由长富基金提供资金,兴业银行武汉分行根据长富基金确定的借款人、用途、金额、币种、期限、利率等代为发放、协助监督使用并收回贷款,兴业银行武汉分行收取代理委托贷款手续费,并不承担信用风险,实质是长富基金与中森华房地产公司之间的民间借贷,委托贷款合同的效力和长富基金与中森华房地产公司之间约定的权利义务内容均应受相关民间借贷的法律、法规和司法解释的规制。《最高人民法院关于认真学习贯彻适用〈最高人民法院关于审理民间借贷案件适用法律若干问题的规定〉的通知》第一条规定,人民法院确认民间借贷合同效力时,应当按照《合同法解释(一)》第三条规定的精神,对《民间借贷解释》施行前成立的民间借贷合同,适用当时的司法解释民间借贷合同无效而适用本规定有效的,适用本规定。《民间借贷解释》第十一条规定:……第十四条规定:"具有下列情形之一,人民法院应当认定民间借贷合同无效:(一)套取金融机构信贷资金又高利转贷给借款人,且借款人事先知道或者应当知道的;(二)以向其他企业借贷或者向本单位职工集资取得的资金又转贷给借款人牟利,且借款人事先知道或者应当知道的;(三)出借人事先知道或者应当知道借款人借款用于违法犯罪活动仍然提供借款的;(四)违背社会公序良俗的;(五)其他违反法律、行政法规效力性强制性规定的。"本案中长富基金与中森华房地产公司之间通过兴业银行武汉分行签订《委托贷款合同》,并不违反《合同法》第五十二条和《民间借贷解释》第十四条关于合同无效的规定,无论在《民间借贷解释》施行前后,案涉《委托贷款合同》均应合法有效。

【案例来源】

《中华人民共和国最高人民法院公报》2016 年第 11 期。

编者说明

中国银监会《商业银行委托贷款管理办法》(2018 年 1 月 5 日,银监发〔2018〕2 号)第二条第一款明确,"本办法所称委托贷款,是指委托人提供资金,由商业银行(受托人)根据委托人确定的借款人、用途、金额、币种、期限、利率等代为发放、协助监督使用、协助收回的贷款,不包括现金管理项下委托贷款和住房公积金项下委托贷款"。最高人民法院多个判决均认为委托贷款的实质为民间借贷。虽然最高人民法院在大连中裕嘉合房地产开发有限公司、李玉清与吉林银行股份有限公司大连分行、天弘创新资产管理有限公司及张森金融借款合同纠纷案中认为:"委托贷款协议的具体内容实际上是由委托人和借款人事先协商确定,但一旦双方采取委托贷款形式,该法律关系即因银行的加入而被纳入了国家金融监管的范围,其性质亦不再是当事人双方之间的企业借贷关系。"但该意见应当理解为委托贷款合同的行政管理应当纳入国家金融监管范畴,其民事责任部分仍应适用民间借贷的规定。

118 委托贷款银行是受托人，其行为的法律后果应由委托人承担

【关键词】

| 委托贷款 | 受托人 |

【案件名称】

湖南湘晖资产经营股份有限公司与安徽省投资集团控股有限公司金融借款合同纠纷案［最高人民法院（2016）最高法民终790号民事判决书，2017.6.30］

【裁判精要】

最高人民法院认为：

二、一审判决对湘晖公司应付利息的数额、标准和还款抵扣顺序的认定是否正确

根据案涉《委托贷款合同》《协议书》约定，如湘晖公司未能如期偿还安徽投资集团贷款本息，则需支付借款期限内利息（借款期限内不能支付利息计收复利）、每日加收万分之三的罚息以及复利，其中借款期限内利息标准为年利率13%，罚息利率标准为年利率23.8%（借款期限内利息年利率13%与每日万分之三即年利率10.8%相加所得）。从本案情况看，虽案涉合同系委托贷款业务，但款项的借贷实际发生在安徽投资集团与湘晖公司之间，系民间借贷关系，二者之间的利息、逾期利息、违约金等事项应受有关民间借贷法律规则的相应规制，建行蜀山支行只是以受托人身份代为从事放贷业务，其行为的法律后果亦应由委托人安徽投资集团承担，故安徽投资集团与湘晖公司之间的利率不应超过年利率24%的民间借贷标准。

【案例来源】

中国裁判文书网，http://wenshu.court.gov.cn。

119 委托贷款合同当事人关系的确定可以适用《合同法》第四百零二条的规定

【关键词】

| 委托贷款合同 | 当事人关系 | 法律适用 |

【案件名称Ⅰ】

北京长富投资基金与武汉中森华世纪房地产开发有限公司等委托贷款合同纠纷案［最高人民法院（2016）最高法民终124号民事判决书，2016.6.27］

【裁判精要】

最高人民法院认为：

一、关于长富基金是否系本案适格原告问题

中森华房地产公司在二审庭审中提交补充上诉状，依据《委托贷款合同》第1.4条的约定和《最高人民法院关于如何确定委托贷款协议纠纷诉讼主体资格的批复》主张原审法院不应受理长富基金作为原告直接对中森华房地产公司提起的诉讼。长富基金答辩认为，中森华房地产公司的该上诉请求超出上诉期限，《委托贷款合同》第1.4条的约定是选择性条款，受托银行也在原审中明确表示同意长富基金主张权利，中森华房地产公司关于长富基金不是本案适格原告的上诉主张不能成立。本院认为，首先，《合同法》第四百零二条规定："受托人以自己的名义，在委托人的授权范围内与第三人订立的合同，第三人在订立合同时知道受托人与委托人之间的代理关系的，该合同直接约束委托人和第三人，但有确切证据证明该合同只约束受托人和第三人的除外。"中森华房地产公司在2013年9月27日与长富基金、兴业银行武汉分行、中森华投资公司、郑巨云、陈少夏签订《投资合作协议》，以及与长富基金、兴业银行武汉分行签订《委托贷款合同》的行为及合同内容，表明中森华房地产公司在签订《委托贷款合同》时明知兴业银行武汉分行与长富基金之间的代理关系，中森华房地产公司并未提供证据证明《委托贷款合同》只约束兴业银行武汉分行和中森华房地产公司，因此，《委托贷款合同》直接约束长富基金和中森华房地产公司，原审判决认定长富基金可以自己名义直接向中森华房地产公司主张权利，有事实和法律依据。其次，《委托贷款合同》第1.4条受托人承诺中约定，"借款人不能按期偿还本金及利息时，受托人应按照委托人的书面要求以受托人的名义向借款人、担保人及相关联人提起诉讼"，该约定是受托人兴业银行武汉分行对委托人长富基金的承诺，只约束兴业银行武汉分行和长富基金，与中森华房地产公司无关；就约定内容而言，是否以兴业银行武汉分行作为原告对借款人、担保人及相关联人提起诉讼，是该约定赋予长富基金的权利，而非系限制其行为的义务，长富基金既可以自行起诉，也可要求受托人兴业银行武汉分行提起诉讼。此外，《最高人民法院关于如何确定委托贷款协议纠纷诉讼主体资格的批复》对请示的相关问题答复，"在履行委托贷款协议过程中，由于借款人不按期归还贷款而发生纠纷的，贷款人(受托人)可以借款合同纠纷为由向人民法院提起诉讼；贷款人坚持不起诉的，委托人可以委托贷款协议的受托人为被告、以借款人为第三人向人民法院提起诉讼"。该答复意见规定委托人可以作为原告提起诉讼和对受托人的被告地位的明确，旨在对委托人权利的保护。中森华房地产公司依据前述约定和批复上诉主张长富基金不是本案适格原告，系对合同约定和批复的错误理解，不能成立。

【案例来源】

《中华人民共和国最高人民法院公报》2016年第11期。

【案件名称Ⅱ】

山东启德置业有限公司与山东鑫海投资有限公司、齐鲁银行股份有限公司济南城西支行及山东三威置业有限公司、山东大地房地产开发有限公司、张辉、张浩委托贷款纠纷案［最高人民法院（2012）民二终字第131号民事判决书，2013.6.3］

【裁判精要】

最高人民法院认为：

根据本案查明的事实，在2010年9月至2011年4月期间，启德公司向鑫海公司提出书面用款请求，鑫海公司与齐鲁银行城西支行签订《委托贷款委托合同》，齐鲁银行城西支行与启德公司签订《委托贷款借款合同》，鑫海公司与齐鲁银行城西支行之间系委托代理关系，鑫海公司通过齐鲁银行城西支行将资金提供给启德公司使用，三方当事人之间建立的是委托贷款合同关系。根据《合同法》第四百零二条关于“受托人以自己的名义，在委托人的授权范围内与第三人订立的合同，第三人在订立合同时知道受托人与委托人之间的代理关系的，该合同直接约束委托人和第三人，但有确切证据证明该合同只约束受托人和第三人的除外”的规定，因启德公司知道涉案贷款系鑫海公司委托齐鲁银行城西支行发生的事实，且其间没有关于回收贷款权利由谁行使的特殊约定，鑫海公司依法可以自己名义直接向启德公司主张权利。根据后法优先于前法的法律适用原则，原审法院依据合同法的上述规定确定鑫海公司与启德公司之间具有直接利害关系，列鑫海公司为原告、启德公司为被告符合《民事诉讼法》第一百一十九条的规定，启德公司上诉主张的在齐鲁银行城西支行撤诉后面临原、被告主体不适格问题等观点不成立，本院不予支持。

……本案委托贷款是受托人齐鲁银行城西支行以自己名义与启德公司签订的，在办理抵押登记时依据《法人最高额借款抵押合同》将齐鲁银行登记为抵押权人，因该抵押法律关系是为涉案资金设定的，在委托贷款法律关系中，受托人齐鲁银行城西支行仅为居间代理，其代理行为产生的后果应当归属于委托人鑫海公司，在本案诉讼中齐鲁银行城西支行也明确表示鑫海公司享有涉案三宗土地的抵押权。因启德公司明确知道使用资金由鑫海公司提供，系鑫海公司委托齐鲁银行城西支行贷款，鑫海公司依法可以自己的名义直接向启德公司主张权利，该权利包括以齐鲁银行城西支行名义设立的全部债权和担保物权等，启德公司上诉主张本案设定抵押权人错误，鑫海公司不能行使优先受偿权不成立。原审判决认定鑫海公司在合同约定的9亿元限额内对土地折价或者拍卖、变卖的价款优先受偿正确，应当予以维持。

【案例来源】

中国裁判文书网，http://wenshu.court.gov.cn。

3. 委托贷款合同效力

120 委托贷款资金是否来源于网络上向不特定公众吸收的存款并不影响委托贷款合同的效力

【关键词】

| 委托贷款合同 | 资金来源 | 合同效力 |

【案件名称】

中国邮政集团公司长沙市分公司与湖南中南投资置业有限公司等借款合同纠纷案［最高人民法院（2018）最高法民终112号民事判决书，2018.5.21］

【裁判精要】

最高人民法院认为：

一、一审判决认定红岭公司享有案涉朗盛大厦一楼114号门面的抵押权，是否属于认定事实错误

关于该焦点问题主要涉及《委托贷款合同》《最高额抵押权合同》是否有效、中南公司依据《最高额抵押权合同》就在建工程（包括朗盛大厦一楼114号门面）设立的抵押权是否成立有效以及红岭公司是否就在建工程（包括朗盛大厦一楼114号门面）享有抵押权，本院分述如下：

（一）关于《委托贷款合同》《最高额抵押权合同》的效力问题。本院认为，红岭公司、中南公司与星沙农商银行签订的《委托贷款合同》以及中南公司与星沙农商银行签订的《最高额抵押权合同》，均为各方当事人真实意思表示，不违反法律法规的强制性规定，属于有效合同。中国邮政长沙分公司上诉认为，红岭公司的委托贷款资金来源于网络上向不特定公众吸收的存款，且红岭公司未取得经营金融业务资格，《委托贷款合同》违反了《银行业监督管理法》第十九条及其他法律法规的强制性规定，应认定为无效合同。本院认为，首先，依据《贷款通则》（1996年版）第七条的规定，委托贷款系指由政府部门、企事业单位及个人等委托人提供资金，由贷款人（即受托人）根据委托人确定的贷款对象、用途、金额期限、利率等代为发放、监督使用并协助收回的贷款。《贷款通则》仅要求委托贷款资金由委托人提供，并未对资金的来源作出规定。因此，红岭公司的委托贷款资金是否来源于网络上向不特定公众吸收的存款并不影响《委托贷款合同》的效力。其次，依据《银行业监督管理法》第十九条的规定，未经国务院银行业监督管理机构批准，任何单位或者个人不得设立银行业金融机构或者从事银行业金融机构的业务活动。但红岭公司系委托星沙农商银行发放贷款，并非直接从事银行业金融机构的业务活动。因此，《委托贷款合同》亦未违反《银行业监督管理法》第十九条的规定。中国邮政长沙分公司的该项

上诉主张不成立,本院不予支持。

【案例来源】

中国裁判文书网,http://wenshu.court.gov.cn。

121 委托贷款合同约定的财务顾问费与利息不高于法律予以保护的利率水平的,应予保护

【关键词】

|委托贷款|财务顾问费|利息|

【案件名称】

合肥耀华房地产开发有限公司与中信银行股份有限公司合肥分行等金融借款合同纠纷案[最高人民法院(2017)最高法民终329号民事判决书,2017.12.3]

【裁判精要】

最高人民法院认为:

本案二审争议的焦点问题是耀华房地产公司向东方资产江苏分公司支付的财务顾问费6403.15万元以及向中信银行合肥分行支付的财务顾问费100万元应否抵扣本案5亿元委托贷款的本息。

原审已查明,本案各方当事人为5亿元委托贷款业务签订了多份合同,其中2012年12月3日耀华房地产公司与东方资产江苏分公司签订《财务顾问协议》,主要约定东方资产江苏分公司为耀华房地产公司的经营管理与融资活动提供分析咨询服务,服务期24个月,财务顾问费中的基本费用按照本案委托贷款本金5亿元的5.3%/年支付,特殊费用按照委托贷款本金5亿元的3%/年支付;2012年12月12日耀华房地产公司与中信银行合肥分行签订《人民币委托贷款借款合同》,主要约定中信银行合肥分行接受盛阳投资合伙的委托向耀华房地产公司发放贷款5亿元;2013年1月1日,耀华房地产公司与中信银行合肥分行签订《财务顾问服务协议》,主要约定中信银行合肥分行为耀华房地产公司提供委托贷款解决方案的财务顾问服务,财务顾问费150万元。上述合同签订后,各方当事人主动履行了部分合同义务,中信银行合肥分行于2012年12月14日向耀华房地产公司发放委托贷款5亿元,耀华房地产公司于2013年3月29日、4月1日向中信银行合肥分行支付财务顾问费共计100万元,截至2014年3月26日耀华房地产公司向东方资产江苏分公司支付财务顾问费共计6403.15万元。因耀华房地产公司未按期归还后续贷款本息,引发了本案纠纷。耀华房地产公司在原审中抗辩以及上诉均主张,其向东方资产江苏分公司支付的财务顾问费6403.15万元、向中信银行合肥分行支付的财务顾问费

100万元应当冲抵本案5亿元委托贷款的本息，理由是东方资产江苏分公司、中信银行合肥支行除本案委托贷款之外并未提供其他服务，合同约定的财务顾问费实为变相收取的高额利息，应在欠付的贷款利息中予以抵扣。对此问题，本院认为，耀华房地产公司的主张理据不足，不能成立。第一，前述合同均为各方商事主体的真实意思表示，不违反法律、行政法规的强制性规定，亦不存在《合同法》第五十二条规定的导致合同无效的其他情形，均为有效；各方当事人对于合同效力亦不持异议，因此合同应当得到遵守。第二，上述合同约定的部分义务已经得到各方当事人的主动履行，表明各方对于合同约定内容以及合同目的并无认识上的分歧，该种已然形成的交易秩序只要不存在显失公平的情形，应当予以维护。第三，虽然东方资产江苏分公司、中信银行合肥分行不能提供充分证据证明除了本案委托贷款业务之外，还向耀华房地产公司提供了其他服务，但包括耀华房地产公司在内的各方当事人均不否认本案委托贷款业务亦属于双方协议的约定内容，因此耀华房地产公司主张其已支付的财务顾问费应抵扣欠付的贷款利息，理据并不充分。第四，即便从东方资产江苏分公司、中信银行合肥分行收取财务顾问费与本案委托贷款业务相捆绑的事实认为该费用也系委托贷款的融资成本，但《财务顾问协议》约定的基本费用按年利率5.3%计算、特殊费用按年利率3%计算，合计为年利率8.3%，《委托贷款借款合同》约定的年利率为6.5%，《财务顾问服务协议》约定的费用折算为年利率是0.15%，三项合计年利率为14.95%，并不高于法律予以保护的利率水平，因此从平衡债权人利益保护和房地产企业融资成本的角度考量，耀华房地产公司主张该部分费用应当抵扣其欠付贷款利息的上诉理由，亦不能得到支持。[①]

【案例来源】

中国裁判文书网，http://wenshu.court.gov.cn。

122 受托办理贷款行为不违反法律强制性规定

【关键词】

| 受托办理贷款 | 强制性规定 |

【案件名称】

大连佳期置业代理有限公司与大连德享房地产开发有限公司委托合同纠纷案［最高人民法院（2013）民抗字第18号民事判决书，2013.12.9］

① 本案二审判决后，耀华房地产公司向最高人民法院申请再审，最高人民法院审查后裁定予以驳回。参见最高人民法院(2018)最高法民申3086号民事裁定书(2018.7.24)，载中国裁判文书网，http://wenshu.court.gov.cn。

【裁判精要】

裁判摘要：委托代理人按被代理人的委托，在代理权限内以被代理人的名义实施民事法律行为，在完成代理事项后按照约定收取代理费用。

最高人民法院认为：

本案中德享公司委托佳期公司办理贷款，佳期公司如约完成代理事项，德享公司获得了1.2亿元贷款，对此，双方签订了三份协议予以确认，特别是在2008年4月7日，双方签订的《委托代理协议补充协议》开头部分明确载明："甲乙双方于2007年4月9日已签署委托代理协议，约定由甲方（德享公司）委托乙方（佳期公司）进行贷款事宜，现乙方已如约完成协议中的委托代理具体事项，现经友好协商，就相关问题做如下补充协议：……"且德享公司也按照协议约定支付了部分代理费。在辽宁省高级人民法院再审中，德享公司亦承认，佳期公司在银行作出贷款决定之前进行过办理贷款的相关事宜。在委托法律关系中，一般情况下受托人是以委托人名义从事民事活动，因此相关银行出具的佳期公司未参加德享公司与银行之间房屋贷款工作的证明，不能推翻上述佳期公司已经完成委托工作的证据。德享公司在原审中抗辩称佳期公司未完成代理事项，与双方所签订的协议和德享公司在原审诉讼中的自认不符。德享公司又称上述协议系在佳期公司的胁迫下签订，但没有提供证据证明，对此均不予采信。

关于上述委托代理行为是否合法的问题。本案中佳期公司并非向德享公司发放贷款，而仅是受托办理贷款，相关银行也是直接针对德享公司的贷款申请进行审查，并未增加银行的贷款风险，原审判决以佳期公司违法发放贷款、增加银行贷款风险为由认定本案中双方的委托代理协议等无效、佳期公司无权请求支付报酬，与本案事实不符。终审判决还认为佳期公司未取得代办贷款资质及特许经营许可，但法律和行政法规并无此种特许经营许可和资质核准的规定，终审判决该项理由缺乏法律依据。《合同法》第四百零五条规定，受托人完成委托事务的，委托人应当向其支付报酬，终审判决认为佳期公司未提供履行代理事项实际支出费用及利益损失的证据，故无权请求支付报酬，与法律规定不符。佳期公司的代理行为不违反法律强制性规定，应当认定双方签订的委托代理协议合法有效，其据此请求德享公司依约支付代理费，符合法律规定，应予支持。

【权威解析】

本案基础法律关系是委托代理关系，基础合同是双方当事人签订于2007年4月9日的《委托代理协议》。关于委托代理，《民法通则》第六十三、六十四条规定，委托代理人按照被代理人的委托行使代理权，在代理权限内以被代理人的名义实施民事法律行为。被代理人对代理人的代理行为，承担民事责任。本案基础《委托代理协议》是双方当事人真实意思表示,佳期公司按照德享公司的委托行使代理权,代为办理向银行申请贷款事宜,在代理权限内以德享公司的名义实施民事法律行为。德享公司对佳期公司的贷款申请承担民事责任:银行向德享公司发放贷款总计1.2亿元,德享公司承担向银行的还款义务。《合同法》第四百零五条规定,受托人完成委托事务的,委托人应当向其支付报酬。佳期公司完成了代理事项,履行了合同义务,德享公司应按约支付代理费。须得注意,该支付费用仅以完成为要件,并不以特定的成效为必要条件,以常见的当事人委托律师代理诉讼这一委托代理关系为例,除非存在特别约定,律师行委托代理事项,按约定收取代理费用,并不因诉讼结果输赢而改变。

《委托代理协议》既是当事人的真实意思表示,双方均予以认可,也不违反法律法规的强制性规定。佳期公司代行申请贷款事项绝非是化身金融机构发放贷款——发放贷款须经特许,代办申请却无此等要求。且贷款能否发放,发放多少由银行审核德享公司材料后决定,佳期公司的代理行为不造成银行对放贷对象的误解,便也无从增加银行的贷款风险。德享公司主张补充协议为受胁迫所签,但一则其承认过佳期公司实际代其向银行申请过贷款,二则有支付代理费事实从旁佐证,三则并无证据证明其如何受胁迫,法院不予采信该主张正确。最高人民法院再审判决认定事实清楚,分配举证责任恰当,适用法律正确,维护了当事人的合法权益。①

【案例来源】

中国裁判文书网,http://wenshu.court.gov.cn。

4. 委托贷款合同利率

123 委托贷款合同的效力及约定的贷款利率、逾期利息合法性的认定

【关键词】

| 委托贷款合同 | 贷款利率 | 逾期利息 |

【案件名称】

山东启德置业有限公司与山东鑫海投资有限公司、齐鲁银行股份有限公司济南城西支行及山东三威置业有限公司、山东大地房地产开发有限公司、张辉、张浩委托贷款纠纷案[最高人民法院(2012)民二终字第131号民事判决书,2013.6.3]

① 参见钱雪娟:《如何确认定金融借款中委托贷款协议的效力——大连佳期置业代理有限公司与大连德享房地产开发有限公司委托合同纠纷抗诉案》,载最高人民法院审判监督编:《审判监督指导》(总第50辑),人民法院出版社2015年版,第160~161页。

【裁判精要】

最高人民法院认为：

关于委托贷款合同的效力及约定的贷款利率是否符合法律规定，原审判决支付的逾期利息是否过高问题。

根据本案查明的事实，2010 年 9 月、11 月，2011 年 4 月期间，本案当事人鑫海公司、齐鲁银行城西支行、启德公司之间通过分别签订《法人最高额借款合同》《委托贷款委托合同》《委托贷款借款合同》建立委托贷款法律关系，系各方当事人的真实意思表示，不违反法律、法规规定，应认定涉案合同合法有效。启德公司以鑫海公司资金来源于其他国有企业，该国有企业未向监管部门汇报，其间实际为企业之间借贷等为由主张委托贷款合同无效的观点不成立，本院不予采纳。

张浩在二审期间向本院提交答辩意见称，鑫海公司曾在本案借款期间持有启德公司股权并对启德公司实际控制，涉案资金并非借款关系，实际为投资关系，因此委托合同应无效。根据启德公司于一审期间提交的其于 2010 年 12 月 15 日发给鑫海公司的《关于山东启德置业有限公司股份变更的约定》，其于 2011 年 4 月 18 日与鑫海公司、山东三威公司签订的《协议书》，其于 2011 年 4 月 20 日与鑫海公司、张辉及北京市德恒（济南）律师事务所签订的《托管协议》约定的内容，在涉案借款发生时，三威公司将股权办理到鑫海公司名下，无需支付股权转让款，鑫海公司在启德公司为其办理涉案三宗土地的抵押登记手续后应将股权回转给三威公司或其安排的他人，此间启德公司经营管理权保留在三威公司，启德公司仍然由张辉实际控制，不向鑫海公司移交。启德公司在一审期间提交的《山东启德置业有限公司企业、经营及借款流程》说明，2011 年 6 月 28 日，鑫海公司持有的启德公司股权已经回转给三威公司设立的山东悦海投资有限公司。根据启德公司提交的上述书面证据材料及其对案件事实的陈述内容，鑫海公司在持股期间未对启德公司实施经营管理，公司仍由三威公司及张辉实际控制，原审被告张浩主张涉案委托贷款实际为投资关系的观点缺乏证据证明，且其对一审判决未提出上诉，本院对其在二审期间提出的答辩意见不予采信。

关于贷款利率的约定是否过高问题。本案当事人在合同中约定贷款年利率为 15.6%，启德公司主张比照齐鲁银行城西支行的基准年贷款利率 5.56%，该约定显失公平。因中国人民银行在 2004 年即发布通知取消了贷款利率上限的限定，明确实际合同利率可以由当事人在符合下限的情况下协商确定，故当事人在合同约定的利率可以高于银行基准年贷款利率标准。原审判决按合同约定利率支付合同期内利息正确，本院予以维持，但对于已经支付的利息 647834 元未予扣除不妥，本院予以纠正。

关于逾期利息的问题。根据中国人民银行于 2003 年发布的《中国人民银行关于人民币贷款利率的通知》的规定，自 2004 年 1 月 1 日起，逾期贷款利率调整为“逾期利率在借款合同载明的贷款利率水平上加收30%～50%"的标准,因该通知对逾期利率规定的是浮动范围,并未明确具体标准,原审判决按中国人民银行规定的逾期贷款利率计算,存在确定执行罚息不明确的问题,应予以纠正。鉴于本案系企业委托贷款合同,合同期内利息、罚息及复利等利息种类属于当事人自由选择约定的事项,本案当事人在第15-1和15-2号合同中未约定逾期罚息,对003号合同属于提前收贷,且其间约定的合同期内利息已经明显高于中国人民银行规定的同期贷款基准利率,因此对涉案款项不宜再单独确定新的标准计算逾期罚息,逾期利息仍宜按合同约定的期内利息标准执行。启德公司关于原审判决逾期利息过高等上诉主张成立,本院予以支持。

【案例来源】

中国裁判文书网,http://wenshu.court.gov.cn。

124 委托贷款合同中所附利息申报破产债权时的处理

【关键词】

|委托贷款合同|利息债权|破产申报|

【案件名称】

成都名谷实业有限公司、康定富强有限责任公司与上海浦东发展银行股份有限公司成都分行、朝华科技集团股份有限公司、四川诚信投资开发有限责任公司、西昌锌业有限责任公司破产管理人委托贷款合同纠纷案[最高人民法院(2010)民二终字第132号民事判决书,2011.10.12]

【裁判精要】

裁判摘要:《企业破产法》第四十六条规定,附利息的债权自破产申请受理时停止计息。担保债务具有从属性,应当同样停止计息。

最高人民法院认为:

对于朝华科技是否应当免除法院受理西昌锌业破产案后债务本金所产生利息的担保责任,名谷公司上诉认为,朝华科技不应当免除法院受理西昌锌业破产案后债务本金所产生利息的担保责任。本院认为:《企业破产法》第四十六条规定,附利息的债权自破产申请受理时停止计息。担保债务具有从属性,应当同样停止计息。原审法院对此认定并无不当,故对于名谷公司该上诉请求,本院不予支持。

【案例来源】

最高人民法院民事审判第二庭编:《最高人民法院商事审判指导案例6·合同

与借贷担保卷》,中国法制出版社 2013 年版,第 310 ~ 326 页。

125 委托贷款合同系由委托人确定借款利率等合同主要条款并实际收取利息,利率上限的确定应当参照民间借贷的相关规则

【关键词】

| 委托贷款合同 | 利率 | 民间借贷 |

【案件名称】

梅州地中海酒店有限公司与上海浦东发展银行股份有限公司深圳分行金融借款合同纠纷案[最高人民法院(2018)最高法民再 54 号民事判决书,2018. 12. 13]

【裁判精要】

最高人民法院认为:

二、关于案涉借款利息应当如何认定问题

根据《贷款通则》第七条的规定,委托贷款系指由政府部门、企事业单位及个人等委托人提供资金,由贷款人(即受托人)根据委托人确定的贷款对象、用途、金额、期限、利率等代为发放、监督使用并协助收回的贷款。贷款人(受托人)只收取手续费,不承担贷款风险。同时,中国人民银行相关规定亦明确,委托贷款属于商业银行中间业务,不构成商业银行表内资产、表内负债,仅形成银行非利息收入。由此可见,委托贷款已经纳入国家金融监管范围,在该法律关系中贷款人是经国家金融监管部门批准设立的从事贷款业务的金融机构,其应履行代为发放、监督使用并协助收回贷款等职责,此与金融借款合同具有类似之处。但另一方面,委托贷款与民间借贷亦有相通之处。首先,金融机构虽系贷款人但实际是以受托人身份与借款人发生借款关系,而非自主决定贷款事宜,有关贷款对象、用途、金额、期限、利率等借款合同主要权利义务的确定仍体现了委托人的意志。其次,从权利义务的实际承担来看,亦是委托人而非贷款人享有贷款利息收益等合同主要权利,并实际承担借款人不还款及逾期还款的风险。最后,与金融机构自营贷款中的资金系通过法定方式渠道筹集不同,委托贷款直接来源于委托人的自有资金,此与出借人以自有资金进行民间借贷别无二致。由此可见,委托贷款在不同的方面分别体现出金融借款与民间借贷的特点,在现行法律及司法解释对委托贷款未作明确规定的情况下,可通过分析相关问题是更具有金融借款还是民间借贷的特点,进而确定可参照的规则。现行法律及司法解释未对委托贷款的利率上限作出限制,鉴于委托贷款系由委托人而非作为贷款人的金融机构确定借款利率等合同主要条款并实际收取利息,同时考虑到委托贷款与民间借贷在资金来源相同的基础上亦可推定其资金成本大致等同,人民法院确定委托贷款合同的利率上限时当参照民间借贷的相关规则。

本案中,侯楚雄委托浦发银行向地中海酒店发放贷款,属于委托贷款法律关系。贷款人浦发银行根据相关司法解释以原告身份提起本案诉讼,并不影响根据民间借贷的相关规则确定案涉委托贷款利率上限。案涉《委托贷款合同》签订于2011年10月18日,浦发银行于2011年10月25日、26日向地中海酒店发放案涉1.2亿元贷款。2015年9月1日《民间借贷解释》施行时本案二审尚未审结,根据《最高人民法院关于认真学习贯彻适用〈最高人民法院关于审理民间借贷案件适用法律若干问题的规定〉的通知》第三条第(三)项规定"本《规定》施行后,尚未审结的一审、二审、再审案件,适用《规定》施行前的司法解释进行审理,不适用本《规定》"的意见,本案不应参照《民间借贷解释》,而应参照案涉借款发生时有效的《民间借贷案件意见》。《民间借贷案件意见》第七条规定,民间借贷利率不得超过银行同类贷款利率的四倍。该意见未对出借人是否可以就利息、罚息和复利同时主张及其限额进行限制,但《民间借贷案件意见》中"同类贷款利率的四倍"与《民间借贷解释》中"年利率24%"的标准均系人民法院在不同时期所确定的民间借贷利率的司法保护上限,具有相同的规范功能。考虑到《民间借贷解释》第二十八条、第三十条确立了利息、复利、罚息等费用并存时年利率24%为司法保护上限的规则,根据《合同法解释(二)》第二十九条规定,对《民间借贷解释》施行前民间借贷中利息、罚息、复利等明显过高且当事人主张适当减少的,对同一时期的利息等费用之和以不超过银行同类贷款利率的四倍为宜,对超出该部分的不予保护。

原判决对浦发银行主张的利息及罚息确定为:地中海酒店应支付贷款期内即从2011年11月21日至2012年4月25日(包括该日)按照年利率24%计算利息、之后按照贷款利息上浮50%即年利率36%计算罚息、自2011年12月21日(包括该日)起对延付的利息按照罚息利率即年利率36%计算复利。据此,本案同一时期的利息、罚息、复利之和已经超出银行同类贷款利率的四倍。2017年7月6日深圳市中级人民法院作出的(2017)粤03执2000号执行裁定,以人民币807133353元为限查封地中海酒店等财产,虽不排除有执行中计算方面的原因,但与实体判决导致借贷双方利益明显失衡不无关联,原判决着实有违上述民间借贷司法解释的相关规定,应当予以调整。如上所述,本案同一时期的利息、罚息、复利之和已经超出司法保护上限即银行同类贷款利率的四倍,故对其分项处理不具有实质意义。综合考虑合同约定及履行情况,本院确定上述利息、罚息及复利之和以银行同期同类贷款利率的四倍计算,对超出部分不予保护。地中海酒店再审请求调整案涉借款利息的主张成立,本院予以支持。

此外,关于地中海酒店主张将案外人向其收取的融资咨询服务费金额在本案利息范围内进行扣减的问题,本院认为,案外人就案涉贷款收取融资咨询服务费,与本案的委托贷款并非同一法律关系。且地中海酒店并不能证明侯楚雄收取的利息与案外人收取融资咨询服务费均归属于同一主体。故,对地中海酒店的该主张,本院不予支持。

【案例来源】

中国裁判文书网,http://wenshu. court. gov. cn。

126 构成民间借贷的委托贷款合同逾期利息的认定

【关键词】

| 委托贷款合同 | 民间借贷 | 逾期利息 |

【案件名称】

北京长富投资基金与武汉中森华世纪房地产开发有限公司等委托贷款合同纠纷案[最高人民法院(2016)最高法民终124号民事判决书,2016. 6. 27]

【裁判精要】

最高人民法院认为:

三、关于违约利息和违约金问题

中森华房地产公司上诉主张原审判决确定的利息按24%年利率计算过高,自2014年9月10日至本案判决确定的给付之日止的利息损失应当按年息16%计算,长富基金上诉主张中森华房地产公司还应按约承担1.26亿元的违约金。本院认为,首先,长富基金在原审中诉讼主张2014年3月22日至6月21日的年利率按16%计算、自2014年6月22日起的年利率按24%计算,并要求中森华房地产公司支付1.26亿元的违约金。原审判决基于弥补长富基金因解除合同所遭受实际损失的考量,判令中森华房地产公司自本案原审受理之次日即2014年9月10日至本案判决确定的给付之日止赔偿的利息损失按照年息24%计算,对长富基金关于1.26亿元违约金的诉讼请求未予支持。原审判决关于利息损失计算起止日期及利率标准虽与长富基金不一致,但长富基金对此并未提出上诉请求,应视为其对相关权利的放弃。因中森华房地产公司对案涉《委托贷款合同》的解除应承担违约责任,原审判决判定的逾期利息按年利率24%计算也是违约责任承担的一种方式,原审判决综合合同约定的违约金、罚息等因素酌定中森华房地产公司按照年利率24%承担利息损失,并不明显高于市场融资成本,对中森华房地产公司并无不公,因此,中森华房地产公司关于利息损失的年利率标准应按16%计算的上诉主张,本院不予支持。《合同法解释(二)》第二十七条规定:"当事人通过反诉或者抗辩的方式,请求人民法院依照合同法第一百一十四条第二款的规定调整违约金的,人民法院应予支持。"第二十九条规定:"当事人主张约定的违约金过高请求予以适当减少的,人民法院应当以实际损失为基础,兼顾合同的履行情况、当事人的过错程度以及预期利益等综合因素,根据公平原则和诚实信用原则予以衡量,并作出裁决。"《民间借贷解释》第三十条规定："出借人与借款人既约定了逾期利率，又约定了违约金或者其他费用，出借人可以选择主张逾期利息、违约金或者其他费用，也可以一并主张，但总计超过年利率24%的部分，人民法院不予支持。"《最高人民法院关于认真学习贯彻适用〈最高人民法院关于审理民间借贷案件适用法律若干问题的规定〉的通知》第三条第（三）项规定："本《规定》施行后，尚未审结的一审、二审、再审案件，适用《规定》施行前的司法解释进行审理，不适用本《规定》。"虽然按照《最高人民法院关于认真学习贯彻适用〈最高人民法院关于审理民间借贷案件适用法律若干问题的规定〉的通知》第三条第（三）项的规定，本案长富基金与中森华房地产公司之间的民间借贷关于利息、违约金等问题不应适用《民间借贷解释》，此前相关法律、法规和司法解释也并未对出借人是否可以就逾期利息和违约金同时主张及二者的限额进行限制，但根据《合同法解释（二）》第二十七条、第二十九条规定精神，对《民间借贷解释》施行前的民间借贷中逾期利息和违约金等明显过高的，在当事人主张约定的违约金过高请求予以适当减少的情况下，也可参照《民间借贷解释》确定的年利率24%司法保护上限进行调整。长富基金在原审判决年利率24%逾期利息基础上另外依照合同约定主张1.26亿元违约金，该主张实质是要求逾期罚息和固定违约金并行。本案中长富基金因中森华房地产公司违约遭受的损失主要是利息损失，因长富基金并未提供证据证明其实际损失超过原审判决确定逾期利息，故对其关于中森华房地产公司应当在原审判决确定的逾期利息基础上再给付1.26亿元违约金的上诉请求，本院不予支持。

【案例来源】

《中华人民共和国最高人民法院公报》2016年第11期。

5. 委托贷款履行责任承担

127 受托银行在履行委托贷款合同过程中有过错，与委托人损失之间有因果关系的，应对委托人的损失承担相应赔偿责任

【关键词】

| 委托贷款合同 | 受托银行 | 赔偿责任 |

【案件名称】

李本琼与广汉珠江村镇银行股份有限公司委托合同纠纷案［最高人民法院（2016）最高法民再303号民事判决书，2016.12.14］

【裁判精要】

最高人民法院认为：

本案再审的焦点问题为珠江银行在履行《委托贷款协议》过程中有无过错，应否赔偿李本琼的损失。

《合同法》第四百零六条规定，有偿的委托合同，因受托人的过错给委托人造成损失的，委托人可以要求赔偿损失。无偿的委托合同，因受托人的故意或者重大过失给委托人造成损失的，委托人可以要求赔偿损失。受托人超越权限给委托人造成损失的，应当赔偿损失。本案李本琼与珠江银行签订的是有偿委托合同，珠江银行依据该委托合同向唐艳萍发放了300万元贷款，唐艳萍未归还贷款，因土地抵押登记虚假，致李本琼亦无法实现债权，造成损失。如珠江银行在履行委托合同的过程中有过错，且该过错与李本琼的损失之间有因果关系，珠江银行应对李本琼的损失承担相应的赔偿责任。

李本琼主张珠江银行在履行《委托贷款协议》过程中的主要过错包括：未按照正常程序办理土地抵押登记致办理了假的《土地他项权利证明书》，未按照约定办理抵押物保险，未及时向法院申请强制执行（2014）德民二初字第11号民事调解书。本院认为，土地抵押登记由珠江银行负责办理，在其办理的《土地他项权利证明书》系伪造的情况下，珠江银行应提供证据证明其是按照正常程序规范办理的土地抵押登记，否则应认定珠江银行办理抵押登记有过错。珠江银行未举证证明办理土地抵押登记的正常程序，其所提供的（2015）德刑二初字第8号刑事判决书不能反映珠江银行办理案涉《土地他项权利证明书》的过程，刘家义的说明实为证人证言，其无正当理由并未出庭，本院对其证言不予采信。且律师见证书及所附的刘家义的相关说明也只是说明刘家义到德阳市旌阳区国土局，由李春办理，“按规定填制完毕相关表格并交付登记资料后，取得了土地他项权证”，不能反映出其办理土地抵押登记的具体过程符合办理规范。李本琼称，因为国土管理部门当时不办理以自然人为抵押权人的土地抵押登记，其才通过银行向唐艳萍委托贷款，珠江银行也承认国土管理部门当时不办理以自然人为抵押权人的土地抵押登记属实。在这样的情况下，珠江银行更应尽到受托人对土地抵押登记的注意义务，按照正常程序规范办理抵押登记。珠江银行未能证明其是按照正常程序规范办理的抵押登记，应认定其在办理抵押登记的过程中有过错。

此外，珠江银行与借款人签订的抵押合同明确约定，借款人要根据珠江银行的要求办理抵押物保险，但珠江银行未要求借款人办理抵押物保险。本案贷款发放的时间为2012年5月3日，办理抵押登记的时间为2012年5月4日，如珠江银行在办理土地抵押登记时完全按照规范办理、按照约定要求借款人办理抵押物保险，应可以及时发现抵押物虚假的情况，并采取收回贷款等措施防止实际损失的发生或减轻损失的程度。也因为如此，李本琼的声明即使属实，亦不能成为珠江银行免责的依据。二审法院认为该“声明”的真伪对本案处理不具有实质性影响,对李本琼的鉴定申请未予准许亦无不当。珠江银行是否及时申请强制执行,与李本琼在本案所主张的损失没有因果关系。

珠江银行未按照规范办理土地抵押登记及未按照约定办理土地保险,与李本琼的损失发生有因果关系,但形成李本琼损失的主要原因系李春等三人为贷款诈骗而虚构抵押物,致李本琼未能通过处置抵押物实现债权。《委托贷款协议》中明确约定了抵押物,且约定李本琼自行对担保的合法性和可靠性等进行审查,并承担相应责任。李本琼本人在签订《委托贷款协议》前未发现抵押物系虚构,对其损失亦应承担相应的责任,珠江银行未能按照规范办理土地抵押登记,按照其过错程度,对李本琼的损失应承担20%的赔偿责任。案涉借款合同约定的合同期内利息月利率为千分之二十,逾期再加收200%的罚息远超过中国人民银行公布的金融机构人民币贷款基准利率的四倍。案涉《借款合同》签订时,《民间借贷案件意见》第六条规定,民间借贷的利率可以适当高于银行的利率,各地人民法院可根据本地区的实际情况具体掌握,但最高不得超过银行同类贷款利率的四倍(包含利率本数)。超出此限度的,超出部分的利息不予保护。据此,对李本琼所主张的损失中超出中国人民银行公布的金融机构人民币贷款基准利率四倍的部分不予保护。故李本琼的损失为:本金及合同期内的利息损失共计318万元,合同期外的损失以300万元为基数,按照中国人民银行公布的金融机构人民币贷款基准利率的四倍计算,自2012年8月3日起至珠江银行实际给付之日止。珠江银行对前述李本琼损失的20%承担赔偿责任。

李本琼未能依约收回本金和利息,其损失已经实际发生,珠江银行对其过错给李本琼造成的损失,应承担相应的责任。原审认为在珠江银行申请强制执行、公安机关从犯罪嫌疑人处挽回的损失确定后才能确定损失,李本琼才能向珠江银行主张赔偿损失,系为《合同法》第四百零六条规定的委托人向有过错的受托人请求赔偿损失设置了不当的前提条件,属于适用法律确有错误,本院予以纠正。

【案例来源】

中国裁判文书网,http://wenshu.court.gov.cn。

128 委托贷款合同借款人违约时,委托人可授权受托银行取消借款人尚未使用的贷款额度,宣布贷款本息全部立即到期

【关键词】

|委托贷款合同|借款人违约|提前到期|

【案件名称】

大连中裕嘉合房地产开发有限公司、李玉清与吉林银行股份有限公司大连分

行、天弘创新资产管理有限公司及张森金融借款合同纠纷案［最高人民法院（2015）民二终字第420号民事判决书，2016.6.20］

【裁判精要】

最高人民法院认为：

关于本案担保人应否向吉林银行大连分行承担担保责任的问题。案涉《委托贷款合同》第二十六条"其他约定"第6款约定，涉及本合同项下贷款的担保，委托人与借款人协商一致后，由委托人授权受托行与担保人签订担保合同。根据上述约定，吉林银行大连分行与中裕公司签订了编号为"吉林银行大连分行2013年抵押字第DL1513041443号""吉林银行大连分行2013年抵押字第DL1513041443－1号"《抵押合同》两份，以担保《委托贷款合同》《三方合作协议》项下债务的履行，上述两份《抵押合同》均明确约定抵押权人为吉林银行大连分行。吉林银行大连分行据此将中裕公司提供的抵押财产办理抵押登记到自己名下，符合《委托贷款合同》和《抵押合同》的约定，亦不违反法律、行政法规的禁止性规定，合法有效。中裕公司应当依据《抵押合同》的约定向吉林银行大连分行承担担保责任。至于中裕公司、李玉清上诉提到的超额抵押问题，因抵押物未作评估，没有充分的证据证明存在超额抵押，且在符合合同约定的条件下并不影响抵押物的销售，债权人亦仅在债权范围内对抵押物享有优先受偿权，加之我国法律并未禁止超额抵押，因此，中裕公司、李玉清关于案涉债务存在超额抵押的上诉主张亦不能成立。同时，天地方中公司与张森、李玉清签订的《保证合同》，亦系为《委托贷款合同》《三方合作协议》项下债务的履行提供担保。根据《委托贷款合同》第十八条及《三方合作协议》第五条的约定，借款人出现未按合同约定按期归还本金或利息等违约事项时，委托人可授权受托行取消借款人尚未使用的贷款额度，宣布贷款本息全部立即到期，要求借款人立即清偿所欠的贷款本金、利息及其他相关费用，行使担保物权，要求保证人承担保证责任等。前已述及，吉林银行大连分行有权以原告身份提起本案诉讼，要求中裕公司立即支付所欠贷款本金、到期利息、逾期违约金等，而上述约定赋予了吉林银行大连分行担保权人的权限，其即有权以抵押权人的身份行使《抵押合同》项下的抵押权，又有权要求《保证合同》的保证人承担保证责任。由于案涉《委托贷款合同》《三方合作协议》《抵押合同》《保证合同》均合法有效，原审法院依据当事人之间上述合同的约定，根据《合同法》《担保法》《物权法》的相关规定，判令本案债务人中裕公司向吉林银行大连分行清偿债务，判令本案抵押人、保证人向吉林银行大连分行承担担保责任，具有事实和法律依据，在适用法律上并无不当。

【案例来源】

中国裁判文书网，http://wenshu.court.gov.cn。

129 委托贷款合同的受托人有权依据委托人的授权对借款人及担保人提起诉讼

【关键词】

| 委托贷款合同 | 受托银行 | 提起诉讼 |

【案件名称Ⅰ】

中新房南方集团有限公司与中国工商银行股份有限公司鹰潭分行金融借款合同纠纷案［最高人民法院（2017）最高法民终369号民事判决书，2017.12.29］

【裁判精要】

最高人民法院认为：

（一）关于案涉《一般委托贷款借款合同》的性质应如何认定，工行鹰潭分行是否具备原告主体资格

本院认为，案涉两份《一般委托贷款借款合同》分别是新余钢铁公司、工行鹰潭分行、奥特莱斯公司签订的合同以及中山证券公司、工行鹰潭分行、奥特莱斯公司签订的合同，两份《一般委托贷款借款合同》均基于各方当事人委托贷款合同关系订立，是各方真实意思表示，内容不违反法律、行政法规的禁止性规定，依法应认定为有效合同。该两份《一般委托贷款借款合同》均约定，如借款人违约，受托人有权按委托人书面指令停止发放贷款，提前收回贷款或直接从借款人账户中扣收贷款本息，即案涉《一般委托贷款借款合同》约定委托人可以授权受托人对借款人催收并追索相关债权。其后，中山证券公司、新余钢铁公司均分别向工行鹰潭分行出具了相关函件，明确委托工行鹰潭分行以自身名义提起诉讼。根据《最高人民法院关于如何确定委托贷款协议纠纷诉讼主体资格的批复》（法复〔1996〕6号）规定，“在履行委托贷款协议过程中，由于借款人不按期归还贷款而发生纠纷的，贷款人（受托人）可以借款合同纠纷为由向人民法院提起诉讼”，工行鹰潭分行在本案以原告身份提起诉讼，符合规定，并无不当。

【案例来源】

中国裁判文书网，http://wenshu.court.gov.cn。

【案件名称Ⅱ】

大连中裕嘉合房地产开发有限公司、李玉清与吉林银行股份有限公司大连分行、天弘创新资产管理有限公司及张森金融借款合同纠纷案［最高人民法院（2015）民二终字第420号民事判决书，2016.6.20］

【裁判精要】

最高人民法院认为：

二、关于吉林银行大连分行作为原告的主体资格是否适格，担保人应否向其承担担保责任的问题

关于吉林银行大连分行作为原审原告的主体资格是否适格的问题。案涉《委托贷款合同》第二十六条“其他约定”第5款约定，借款人未按期偿还贷款本息，委托人书面授权受托行起诉的，受托行应按授权办理有关诉讼事务；委托人未书面授权的，受托行无义务对借款人起诉。在原审中，吉林银行大连分行提交了天地方中公司依据上述约定授权其提起本案诉讼的授权委托书，天地方中公司作为本案第三人亦认可吉林银行大连分行的原告主体资格并同意其诉讼请求。《最高人民法院关于如何确定委托贷款协议纠纷诉讼主体资格的批复》中明确指出，“在履行委托贷款协议过程中，由于借款人不按期归还贷款而发生纠纷的，贷款人（受托人）可以借款合同纠纷为由向人民法院提起诉讼；贷款人坚持不起诉的，委托人可以委托贷款协议的受托人为被告、以借款人为第三人向人民法院提起诉讼”。本案中，吉林银行大连分行系因中裕公司不依约按期归还贷款利息而提起诉讼，要求宣告《委托贷款合同》项下的贷款到期，请求法院判决中裕公司立即支付所欠贷款本金、到期利息、逾期违约金等，根据上述《批复》所规定的精神，结合《委托贷款合同》的约定，吉林银行大连分行有权依据天地方中公司的委托提起本案诉讼，系本案原审适格的原告，原审法院审理程序并不违法。况且，中裕公司、李玉清在原审中对于吉林银行大连分行的诉讼主体资格并未提出异议，仅是认为案涉实际贷款资金不是来源于吉林银行大连分行，要求追加天地方中公司及齐鲁证券有限公司为本案第三人参加诉讼，原审法院根据案情依法追加天地方中公司为本案第三人参加诉讼，亦并无不当。综上，中裕公司、李玉清关于吉林银行大连分行不是本案适格诉讼主体的上诉主张，缺乏事实和法律依据，本院不予支持。

【权威解析】

二、关于受托人的原告主体资格问题

1996年5月16日，《最高人民法院关于如何确定委托贷款协议纠纷诉讼主体资格的批复》指出：“在履行委托贷款协议过程中，由于借款人不按期归还贷款而发生纠纷的，贷款人（受托人）可以借款合同纠纷为由向人民法院提起诉讼；贷款人坚持不起诉的，委托人可以委托贷款协议的受托人为被告、以借款人为第三人向人民法院提起诉讼。”根据上述批复内容，在委托贷款合同关系中，不但受托人银行可以以原告身份向人民法院提起诉讼，要求借款人履行债务，而且在借款人不按期归还贷款而发生纠纷时，首先应由受托人提起诉讼，如果受托人坚持不起诉的，才由委托人以原告身份提起诉讼。在本案中，《委托贷款合同》还进一步约定，借款人未按期偿

还贷款本息,委托人书面授权受托行起诉的,受托行应按授权办理有关诉讼事务。吉林银行大连分行在得到天地方中公司书面授权后以原告身份提起本案一审诉讼,要求借款人中裕公司偿还借款,不但符合上述司法解释的规定,而且符合三方当事人之间的约定,吉林银行大连分行系本案适格的原告。

三、关于担保人承担担保责任的对象

不过,《最高人民法院关于如何确定委托贷款协议纠纷诉讼主体资格的批复》仅确认受托人以原告身份起诉借款人偿还借款的权利,并未明确受托人可否直接起诉担保人承担担保责任。特别是在本案中,担保合同约定的担保权人为委托人的情况下,受托人银行能否直接以原告身份起诉担保人要求其向直接受托人承担担保责任,法律对此并无明确规定。但是,委托贷款合同属于主合同,担保合同属于从合同,担保合同的目的是为了担保主合同项下债权人债权的实现。既然司法解释确认了受托人能够以原告身份起诉借款人偿还借款,其本意即应为可以由受托人帮助委托人实现债权,基于担保合同从属于委托贷款合同的性质,受托人可以一并将担保人列为被告,要求其承担担保合同约定的担保责任。

也就是说,在委托贷款合同关系中,无论担保合同约定的担保权人是委托人还是受托人,贷款到期后,银行不但有权直接以原告的身份提起诉讼,要求借款人向其偿还借款,还有权要求担保人直接向其承担担保责任。本案中,委托人天地方中公司与担保人张森、李玉清签订的《保证合同》,系为《委托贷款合同》项下债务的履行提供担保,吉林银行大连分行既然有权以原告身份提起本案诉讼,要求借款人中裕公司偿还欠款,而《委托贷款合同》又赋予了吉林银行大连分行担保权人的权限,吉林银行大连分行有权要求《保证合同》的保证人直接向其承担保证责任。同时,《委托贷款合同》已经事先明确约定,涉及该合同项下贷款的担保,委托人与借款人协商一致后,由委托人授权受托行与担保人签订担保合同。吉林银行大连分行据此与中裕公司签订了两份《抵押合同》,并明确约定抵押权人为吉林银行大连分行。吉林银行大连分行将中裕公司提供的抵押财产办理抵押登记到自己名下,中裕公司应向吉林银行大连分行承担担保责任。①

【案例来源】

中国裁判文书网,http://wenshu.court.gov.cn。

① 参见张乾:《委托贷款关系中银行可起诉要求债务人、担保人向其履行债务》,载最高人民法院第二巡回法庭编著:《民商事二审典型案例及审判经验》,人民法院出版社2019年版,第405~407页。

130 委托贷款合同当事人对诉权行使进行特别约定，不违反法律禁止性规定的，应为有效

【关键词】

| 委托贷款合同 | 诉权行使 | 特别约定 |

【案件名称】

北京君泰投资管理有限公司、山东省五洲交通实业有限公司与天津药业集团有限公司、上海浦东发展银行天津分行委托借款合同纠纷案［最高人民法院（2007）民二终字第7号民事判决书］

【裁判精要】

最高人民法院认为：

本案中，当事人之间签订的《借款合作协议书》《委托贷款委托协议》《委托贷款合同》系当事人之间的真实意思表示，不违反法律、行政法规的禁止性规定，应认定有效。

1. 原审法院列明的诉讼主体资格是否正确问题

本案中，关于如何理解运用《最高人民法院关于如何确定委托贷款协议纠纷诉讼主合格资格的批复》的规定、本案诉讼主体是否存在瑕疵、是否需要发回重审问题是争议的焦点之一。主要涉及两个问题：第一个问题，天药集团能否以原告身份直接向君泰公司和五洲公司提起诉讼问题。在委托贷款法律关系中，金融机构的法律地位是委托法律关系中的受托人，借款法律关系中的贷款人。其主要权利是收取相应的手续费。银行每经办一笔业务都要按照金额的大小收取手续费，手续费率根据贷款金额确定。其主要义务有：(1)代为发放贷款义务。(2)监督义务。(3)协助收回贷款。一般而言，受托人不承担贷款风险责任，除非其因过错未尽义务而致借款人财产损失或其承诺承担保证责任或有其他特殊约定。在委托贷款法律关系中，存在两种法律关系，即委托人与受托人之间的委托法律关系及受手人与借款人之间的借款法律关系，因此，批复在借款人不按期归还贷款而发生纠纷的情况下，根据两种不同的法律关系及合同的相对性规定了委托贷款法律关系中不同主体的不同诉讼地位，即“在履行委托贷款协议过程中，由于借款人不按期归还贷款而发生纠纷的，贷款人(受托人)可以借款合同纠纷为由向人民法院提起诉讼；贷款坚持不起诉的，委托人可以委托贷款受托人为被告、以借款人为第三人向人民法院提起诉讼”。然而，由于贷款人并非贷款的真正权利人，在司法实务中，存在贷款人不愿作为原告的起诉的情形。在这种情况下，委托人即真正的出借方可以基于其与贷款人之间的委托合同以贷款方为被告提起诉讼，由于该诉讼的结果与借款人有利害关系，故借款人应列为第三人。但应注意的是，严格按照合同的相对性原则，按照两种法律关系

起诉和分别列明诉讼主体，不利于高效快捷地解决争议，保护当事人的合法权利。因此，突破合同的相对性，规定在一定条件下，受托人以自己的名义从事的活动，其活动后果直接由委托人承担，有利于平衡委托方、受托方及与受受托方交易的第三人的利益，有助于全面、高效地解决当事人之间的纠纷。……我国《合同法》制定后，也对该问题进行了规定，即规定，由于第三人原因不履行债务的，委托人因此可以行使受托人对第三人的权利，合同可以直接约束委托人和第三人。此外，依据处分原则，当事人也可对诉权进行自主约定。因此，尽管批复对委托贷款合同纠纷案件中的诉讼主体进行了规定，但其不应排除当事人间的合法约定。本案中，当事人双方在《委托贷款合同》第一条明确约定："借款人承认贷款人作为委托人的代理人的法律地位，承认该贷款合同直接约束委托人和借款人。"该约定并不违反法律、行政法规的禁止性规定，应认定有效。

【案例来源】

最高人民法院民事审判第二庭编：《合同案件审判指导》，法律出版社 2014 年版，第 636～647 页。

131 委托贷款合同的受托银行向委托人出具保函，实质上变更了其不承担委托贷款风险的约定，应承担保证责任

【关键词】

｜委托贷款合同｜银行保函｜保证责任｜

【案件名称】

刘森林与中国工商银行股份有限公司鹰潭分行保证合同纠纷案［最高人民法院(2016)最高法民终 221 号民事判决书，2017. 1. 24］

【裁判精要】

最高人民法院认为：

2. 关于银行保函的效力问题

根据原审查明的事实，工行鹰潭分行与刘森林所订两份委托贷款代理协议，虽约定委托人自行承担委托贷款风险，不得以任何形式要求受托人承担贷款风险。但在工行鹰潭分行与刘森林、借款人(鑫华公司、品景公司)签订委托贷款借款合同后，即分别接受借款人请求，就借款人履行贷款约定义务向刘森林作出连带责任保证承诺，承诺在收到符合条件的索赔通知后即按约承担保证责任，且声明该承诺事项不可撤销。该银行保函有工行鹰潭分行原负责人签字并加盖该行公章，对签字和公章的真实性，工行鹰潭分行并无异议。工行鹰潭分行应鑫华公司和品景公司的请求分

别向刘森林出具的银行保函，出具时间均在委托贷款代理协议之后，实质上变更了其不承担任何委托贷款风险之约定。该保函在性质上为融资性担保，其中鑫华公司和品景公司是债务人，工行鹰潭分行为保证人，刘森林为受益人。本院认为，第一，从担保授权类型看，工行鹰潭分行的担保业务在工商总行的授权范围内，二审中工行鹰潭分行也未举证其每笔保函业务均需取得工商总行的具体授权，应认为工行鹰潭分行已取得工商总行的概括授权。第二，从担保授权性质看，商业银行因相关业务需要进行的上级银行书面批准和内部授权，属于银行上下级之间的业务监督和内部授权，本质上是银行内部管理和风险防控，并不影响其对外民事行为的法律效力。《合同法》第五十条规定，法人或其他组织的法定代表人、负责人超越权限订立的合同，除相对人知道和应该知道其超越权限的以外，该代表行为有效。作为担保受益人，刘森林判断工行鹰潭分行是否具有担保业务范围，只能根据其营业范围，不可能知道其内部是否授权或经过批准，工行鹰潭分行以内部未予审批否定担保合同效力，依法无据。第三，从法律及司法解释规定看，《担保法》第二十九条规定，“企业法人的分支机构未经法人书面授权或者超出授权范围与债权人订立保证合同的，该合同无效”。该规定的所谓授权应包括具体授权和概括授权，一审法院认为仅包括具体授权，并据此认定工行鹰潭分行出具的银行保函无效，属适用法律错误。第四，从银行保函的发展趋势看，随着金融业的发展，本案所涉银行保函具有独立担保性质，不仅不为法律和行政法规的强制性规定所禁止，而且已逐渐得到法律及司法解释的认可和支持，也成为商业银行扩展业务的领域之一。据此，本案所涉银行保函依法有效，一审判决认定银行保函无效并据此判决工行鹰潭分行承担50%的赔偿责任，适用法律错误，本院予以纠正。

3. 工行鹰潭分行承担的责任问题

《合同法》第八条规定，依法成立的合同，受法律保护，对当事人具有法律约束力。工行鹰潭分行出具银行保函后，刘森林按照委托贷款借款合同的约定已向借款人鑫华公司、品景公司在该行开立的账户汇入了款项，鑫华公司、品景公司对款项也已使用。各方的委托贷款借款合同已经实际履行。贷款到期后，鑫华公司、品景公司并未按约还本付息，工行鹰潭分行虽依约作出催款，但贷款本息依然无法收回。据此，刘森林依据工行鹰潭分行出具银行保函的约定条件向该行发出索赔请求，要求其按照11.8银行保函和12.10银行保函约定承担保证责任，符合保函约定的索赔条件，本院予以支持。工行鹰潭分行认为仅应承担银行保函无效后的补充赔偿责任，没有事实和法律依据，本院不予支持。

4. 工行鹰潭分行承担的责任范围及数额问题

根据工行鹰潭分行11.8银行保函及12.10银行保函所作承诺，该行的保证范围为“贷款合同项下贷款本金、利息、违约金和实现债权的费用”，该保证范围属当事人真实意思表示，并无法律禁止性规定，依法应予支持。

【案例来源】

中国裁判文书网,http://wenshu. court. gov. cn。

编者说明

中国银监会2018年1月5日发布的《商业银行委托贷款管理办法》(银监发〔2018〕2号)第四条明确,"委托贷款业务是商业银行的委托代理业务。商业银行依据本办法规定,与委托贷款业务相关主体通过合同约定各方权利义务,履行相应职责,收取代理手续费,不承担信用风险"。虽然该办法第十九条规定,"商业银行应严格隔离委托贷款业务与自营业务的风险,严禁以下行为:……(六)为委托贷款提供各种形式的担保。……(八)其他代为承担风险的行为",但该办法并非法律及行政法规,故违反此规定提供担保的,仍然应当认定有效。

132 委托贷款合同约定的还本付息期限届满，当事人可以约定将委托贷款关系转为一般借款关系，并不导致债权消灭

【关键词】

| 委托贷款合同 | 一般借款 | 债权消灭 |

【案件名称】

承德钢铁集团有限公司与港通物流（北京）有限公司、北京云帆中天科贸有限责任公司等企业借贷纠纷案［最高人民法院(2017)最高法民终624号民事判决书，2017. 12. 28］

【裁判精要】

最高人民法院认为:

一、关于案涉股权质权是否已经消灭

根据《物权法》第二百二十六条之规定,以股权出质的,当事人应当订立书面合同。以证券登记结算机构登记的股权出质的,质权自证券登记结算机构办理出质登记时设立;以其他股权出质的,质权自工商行政管理部门办理出质登记时设立。本案中,港通公司、云帆公司与承钢集团等当事人签订《股权质押合同》后,又先后到天津市工商局、广州市工商局办理了对港通公司在天津农商行的7000万股股权、云帆公司在天津农商行的5600万股股权以及港通公司在广州农商行的1000万股股权的质押登记手续,股权质权依法成立。承钢集团作为质权人,对案涉股权依法享有质权。港通公司、云帆公司主张,承钢集团、劳服公司与光大银行唐山分行三方之间的委托贷款合同转变为劳服公司与承钢集团的一般借款合同后,作为主债权的委托贷款关系已经消灭,导致为其提供担保的质权也跟之消灭。本院认为,委托贷款是

指由委托人提供资金,贷款人即受托人根据委托人确定的贷款对象、用途、金额期限、利率等代为发放、监督使用并协助收回的贷款。在委托贷款关系中,贷款人(受托人)只收取手续费,不承担贷款风险,本质上属于委托人的代理人,其从事的行为性质上属于代理行为。根据代理的有关规则,受托行在代理权限内与借款人实施的法律行为,对委托人发生效力。就此而言,委托借贷合同形式上的贷款人尽管是受托行,但实质上的贷款人则是作为被代理人的委托人。也只有从这一角度,才能解释为什么作为贷款人的受托行无须承担贷款风险。就本案而言,在委托贷款合同约定的还本付息期限届满的情况下,当事人约定将委托贷款关系转为一般借款关系,意味着光大银行唐山分行不再担任受托人,从而将作为三方关系的委托贷款关系转为作为双方关系的一般借贷关系。但此种变化既未实质性地改变借款关系的当事人,亦未改变借款合同的权利义务关系,更谈不上作为主债权的借款关系消灭的问题。尤其是两份"四方协议"均对委托贷款转为一般借款的事实以及委托贷款合同项下的借款本息予以确认,并重申原有的股权质押继续有效。由此可见,不仅作为主债权的借款关系并未消灭,作为从权利的质权也未消灭。

【案例来源】

中国裁判文书网,http://wenshu.court.gov.cn。

(二)信托贷款合同纠纷

133 信托公司作为从事信托业务的非银行金融机构,可以与客户自主协商确定贷款利率

【关键词】

|信托业务|贷款利率|

【案件名称】

银川宝塔精细化工有限公司与渤海国际信托股份有限公司借款合同纠纷案[最高人民法院(2017)最高法民终408号民事判决书,2017.12.29]

【裁判精要】

最高人民法院认为:

本案二审争议焦点在于,《信托贷款合同》项下的借款是否应当计收罚息和复利,以及宝塔精细公司是否已经清偿利息。

首先,《信托贷款合同》第四条约定:"本合同项下的贷款年利率按16%/年执

行，本息逾期的罚息利率为在本合同约定的贷款利率水平上加收50%。如借款人不能按期付息，则自次日起按罚息利率计收复利。"《信托贷款合同》第十条约定："对借款人未按时支付的贷款本金或利息（包括被贷款人宣布到期或部分提前到期的贷款本息）按本合同约定的罚息利率和迟延支付天数计收罚息，应收罚息=借款人当期应付利息×贷款利率×（1+50%）×迟延天数/360。"宝塔精细公司认为该条约定属于格式条款，应属无效条款。《合同法》第三十九条规定，格式条款是当事人为了重复使用而预先拟定，并在订立合同时未与对方协商的条款。但本案中，上述条款系双方当事人协商一致拟定，是双方真实的意思表示，不属于渤海信托公司对外发放贷款重复使用的通用条款，不应认定为格式条款，且该条款并不包含免除制定方责任、加重对方责任、排除对方主要权利的内容。宝塔精细公司的该项上诉理由不能成立。

其次，由于宝塔精细公司未支付2015年第2季度利息，渤海信托公司依照双方合同的约定，于2015年9月15日宣布信托贷款11600万元提前到期，次日之后的利息应为罚息。计收标准依合同约定为贷款利率水平上加收50%，实际年利率为24%，同时合同也有计收复利的约定，故渤海信托公司请求的罚息和复利均有合同依据，原审判决并无不当，宝塔精细公司主张24%的罚息利率过高，以11600万元为基数，则年利率已经超出《民间借贷解释》规定的24%的上限。本院认为双方当事人并非民间借贷法律关系，而是金融借款合同纠纷，不适用《民间借贷解释》，渤海信托公司作为从事信托业务的非银行金融机构，可以与客户自主协商确定贷款利率，渤海信托公司与宝塔精细公司关于利率的约定并未违反现行有效的法律、行政法规的强制性规定，应当认定为有效。宝塔精细公司的该项上诉理由亦不能成立。

【案例来源】

中国裁判文书网，http://wenshu.court.gov.cn。

134 监管机关对存量业务与新增业务采取新老划断的差别化处置政策，信托公司存量业务应在过渡期内予以清理并在到期后结清

【关键词】

| 信托公司 | 存量业务 |

【案件名称】

江苏省国际信托有限责任公司与中国农业银行股份有限公司昆明分行合同纠纷案［最高人民法院（2017）最高法民终478号民事判决书，2018.9.5］

【裁判精要】

最高人民法院认为:

(一)关于案涉《单一资金信托合同》与作为其附件的《转让协议》等合同的关系

根据本案查明的事实,2012年12月6日,广州证券公司与江苏信托公司签订《单一资金信托合同》,约定由广州证券公司向江苏信托公司交付信托资金12亿元,江苏信托公司将信托资金用于受让特定资产收益权,并通过收取回购价款等方式,为受益人获取信托收益;广州证券公司已经确知并同意《转让合同》《回购合同》《转让协议》《房地产抵押合同》《保证合同》等《单一资金信托合同》附件的内容,并且同意江苏信托公司签署作为《单一资金信托合同》附件的全部文件。同日,江苏信托公司分别与绿园置业公司签订《转让合同》《回购合同》《房地产抵押合同》,与农行昆明分行签订《转让协议》,与农行双龙支行签订《咨询服务顾问协议》,与螺蛳湾公司、绿园置业公司签订《保证合同》。可见,江苏信托公司分别与绿园置业公司、农行昆明分行、螺蛳湾公司签订相关合同,是为了履行《单一资金信托合同》,完成信托事务,实现信托目的。《转让合同》《回购合同》《房地产抵押合同》《保证合同》《转让协议》等合同作为《单一资金信托合同》的附件,系广州证券公司与江苏信托公司信托交易框架的组成部分。依照《单一资金信托合同》与《转让合同》的约定,基于广州证券公司的委托,江苏信托公司以其自己名义将12亿元信托资金支付给绿园置业公司,同时受让了绿园置业公司的特定资产收益权。《信托法》第十四条第二款规定,"受托人因信托财产的管理运用、处分或者其他情形而取得的财产,也归入信托财产"。《单一资金信托合同》第五条亦约定,信托财产包括信托资金在信托设立后,在受托人管理和处分过程中衍生的全部资产及收益。据此,由江苏信托公司处分案涉12亿元信托资金而取得的特定资产收益权系信托财产。农行昆明分行上诉理由中关于案涉《转让协议》系《单一资金信托合同》附件,与附件所列其他合同一起构成整个信托交易框架下的一部分,所转让的特定资产收益权系信托财产的主张成立。

但亦应指出的是,第一,依照《单一资金信托合同》第二十二条的约定,其附件所列合同之所以作为附件,只是表明委托人广州证券公司知晓并同意江苏信托公司运用其交付的信托资金开展相关的信托业务。附件所列合同并非《单一资金信托合同》的从合同,而是江苏信托公司为完成信托事务,经广州证券公司同意与不同当事人签订的各自独立的合同。故本案中江苏信托公司与农行昆明分行讼争的《转让协议》,虽然构成信托交易框架的一部分,但与《单一资金信托合同》之间不存在主从关系。第二,对于《单一资金信托合同》的效力,自应适用《信托法》第十一条、《合同法》第五十二条等法律法规的规定进行审查,但《单一资金信托合同》的效力并不必然影响包括案涉《转让协议》在内的作为《单一资金信托合同》附件的各个独立合同的效力。因此,《单一资金信托合同》的效力问题不是本案的审理范围。第三,信托行为的实施会导致信托财产的形态发生变化。本案中,《单一资金信托合同》项下的12亿元信托资金是信托财产,《转让协议》所转让的特定资产收益权亦是信托财产。无论受托人如何管理运用或处分信托财产,因信托财产发生变动而形成之新的形态的财产仍归属于信托财产,此乃《信托法》为保护委托人利益而设立的特殊规则。而前述规则仅能被适用于界定信托财产构成范围的场合,而不能作为界定以信托财产为标的之合同性质的依据,更不能由此将所有涉及信托财产的合同一概认定为信托合同。是故,对于农行昆明分行上诉理由中有关信托合同因目的、行为违法而无效的主张,本院于本案不予理涉;农行昆明分行关于案涉特定资产收益权系信托财产因而《转让协议》系信托合同的观点,无事实和法律依据,本院不予采纳。

(二)关于《转让协议》的性质

对于当事人讼争合同性质的认定,要基于合同条款的字面含义,从合同约定的具体权利义务关系出发,揭示当事人的真实意思,依照法律规定予以综合判断。在对本案诉争的《转让协议》这类商事合同进行解释时,更应观照蕴含于当事人缔约目的之中的商业考量与经济逻辑,反映商事合同不同于民事消费合同的风险分担和治理机制等特点,以维护交易秩序,促进商业活动发展。

依照《转让协议》鉴于部分及第一条载明的内容,江苏信托公司与农行昆明分行签订《转让协议》的目的,是转让江苏信托公司基于《转让合同》取得的特定资产收益权,该特定资产收益权是获得因开发建设、经营、管理、处分特定资产而获得销售收入、租金收入等和因此等收入获得其他任何现实收益的权利。与此同时,鉴于江苏信托公司与绿园置业公司通过签订《转让合同》《回购合同》同时成立特定资产收益权转让和回购法律关系,且在《回购合同》中就江苏信托公司转让特定资产收益权后绿园置业公司应对受让人承担《回购合同》项下的义务作出了特别约定,结合江苏信托公司与农行昆明分行将《回购合同》与《转让合同》一并列为《转让协议》的附件,并将绿园置业公司应付未付回购溢价款、违约金计入转让价款,以及江苏信托公司承诺向农行昆明分行转让为担保回购债权而设立的抵押权的事实,应当认定《转让协议》一并将江苏信托公司基于《回购合同》享有的回购债权及相应的抵押权纳入了转让范围。由此,《转让协议》的转让客体具有集合性,既包括特定资产收益权,也包括回购债权及相应的抵押权。

依照《转让协议》第二条的约定,除不可抗力外,农行昆明分行应于《转让合同》及《回购合同》项下的特定资产收益权回购到期日前两日内,受让江苏信托公司拥有的特定资产收益权;农行昆明分行应支付的转让价款为,截至回购到期日绿园置业公司应付未付的转让价款本金,以及截至农行昆明分行实际支付转让价款之日绿园置业公司应付未付的溢价款、违约金、江苏信托公司实现特定资产收益权的费用等。结合《转让协议》第三条关于自农行昆明分行支付完毕转让价款之日起,江苏信托公司在《转让合同》项下相应的特定资产收益权及相应的抵押权自动全部转让给农行昆明分行,第七条关于绿园置业公司依约支付全部转让价款本金、溢价款及其他应付款项，则江苏信托公司与农行昆明分行不再履行《转让协议》项下的特定资产收益权转让相关权利义务，以及第八条关于除不可抗力外，如农行昆明分行未按照约定向江苏信托公司按时支付转让价款即视为违约等合同条款的约定，农行昆明分行取得特定资产收益权及其回购债权和相应抵押权的对价，是向江苏信托公司支付绿园置业公司应付未付的转让价款本金、溢价款及违约金等款项，且该款项应当在特定资产收益权回购到期日前两日内支付。在《转让协议》系《单一资金信托合同》附件的背景下，《转让协议》对于农行昆明分行受让相关权利的对价及其支付方式、解除条件和违约责任的约定，于《转让合同》与《回购合同》而言，显然具有一种分担风险，强化信托财产投资安全的增信作用。也就是说，在特定资产收益权回购到期日前两日内，农行昆明分行即应向江苏信托公司支付绿园置业公司应付未付的相关款项，江苏信托公司的此项付款请求权对应构成的农行昆明分行的差额补充义务，在功能上具有担保江苏信托公司债权实现的作用。

由上，江苏信托公司与农行昆明分行签订的《转让协议》系混合合同，双方各自承诺负担的给付义务分别构成不同的合同关系，其一是转让特定资产收益权及其回购债权和相应抵押权的债权转让法律关系，其二是具有增信担保作用的差额补充法律关系。江苏信托公司和农行昆明分行基于《转让协议》约定各自负担不同类型的主给付义务，以对价关系而结合且不可分离，共同形成相互依赖的权利义务关系。因双方各自负担的给付义务不属于同一合同类型，故《转让协议》并非法律规定的有名合同。鉴于当事人讼争的法律关系是复合的且不具有典型性，本案案由应当确定为合同纠纷。一审判决将案涉《转让协议》认定为单一的债权转让，进而将案由确定为债权转让合同纠纷不当，本院予以纠正。

需要指出的是，《转让协议》约定由农行昆明分行承担的是特定资产收益权回购到期日之前的差额补充义务。上述义务属农行昆明分行作出的支付承诺，相对于被补充之债权具有独立性，农行昆明分行届期即应如数支付相应款项。此与通常具有从属性、补充性的保证担保不同，并不是在绿园置业公司不履行其回购义务时才由农行昆明分行向江苏信托公司依约履行债务或者承担责任。故其虽然具有增信担保的作用，但并非担保法意义上的保证担保行为。农行昆明分行上诉理由中主张《转让协议》"名为转让实为担保"，理据不足，本院不予支持。

（三）关于《转让协议》的效力

本案中，农行昆明分行主张《转让协议》因违反金融监管政策而无效。此项主张能否成立，应围绕国家金融监管政策的实施，依照《合同法》第五十二条的规定进行审查。

金融安全是国家安全的重要组成部分，金融制度是经济社会发展中重要的基础性制度。为防范化解重大金融风险，深化整治金融业市场乱象，国家近年来发布实施了一系列重要金融政策和监管措施。《中国人民银行、中国银行业监督管理委员会、中国证券监督管理委员会、中国保险监督管理委员会、国家外汇局关于规范金融机构同业业务的通知》(银发〔2014〕27 号,以下简称《同业业务通知》),《中国银行业监督管理委员会关于进一步深化整治银行业市场乱象的通知》及其附件《进一步深化整治银行业市场乱象的意见》《2018 年整治银行业市场乱象工作要点》,《中国人民银行、中国银行保险监督管理委员会、中国证券监督管理委员会、国家外汇管理局关于规范金融机构资产管理业务的指导意见》(银发〔2018〕106 号,以下简称《资管业务指导意见》)等金融监管文件,均规定了对违规开展涉及影子银行和交叉金融产品风险业务具体的监管与查处措施,明确将商业银行"为非标准化债权资产或股权性融资提供直接或间接、显性或隐性的担保或回购承诺"作为整治工作重点。对于此类涉及公共政策的监管规定,作为金融机构的当事人须在签订、履行同业业务合同时予以严格遵守,人民法院亦应在审查相关合同效力时,按照《合同法》第五十二条的规定予以充分的考量。

《同业业务通知》第十八条规定,"金融机构于通知发布之日前开展的同业业务,在业务存续期间内向中国人民银行和相关监管部门报告管理状况,业务到期后结清"。《进一步深化整治银行业市场乱象的意见》第七条规定,"要新老划断,对于存量业务,区分问题性质、产生原因和造成后果等情况,给予一定的消化期和过渡期,差别化处置;对于整治银行业市场乱象工作开展以后(2017 年 5 月 1 日后)的新增业务,严格按照法律法规进行规范,依法查处"。《资管业务指导意见》第二十九条规定,"按照'新老划断'原则设置过渡期,确保平稳过渡。过渡期为本意见发布之日起至 2020 年底,对提前完成整改的机构,给予适当监管激励。过渡期内,金融机构发行新产品应当符合本意见的规定;为接续存量产品所投资的未到期资产,维持必要的流动性和市场稳定,金融机构可以发行老产品对接,但应当严格控制在存量产品整体规模内,并有序压缩递减,防止过渡期结束时出现断崖效应"。据此,在整治金融市场乱象的过程中,监管机关对存量业务与新增业务采取新老划断的差别化处置政策,存量业务应在过渡期内予以清理并在到期后结清。

本案《转让协议》系于 2012 年 12 月 6 日签订,所涉业务在上述金融监管文件出台之前即已存在。江苏信托公司提起本案诉讼,请求农行昆明分行履行《转让协议》并承担违约责任,属于清理存量业务。现行金融监管政策允许《转让协议》这一类的存量业务合同继续履行,有助于稳定相关市场预期,维护金融市场交易安全,也表明由此可能产生的金融风险处于可控制的范围之内,不构成《合同法》第五十二条规定的损害社会公共利益等合同无效的情形。一审判决认定《转让协议》有效正确,本院予以维持。农行昆明分行提出的《转让协议》因违反金融监管政策而无效的主张,缺乏事实和法律依据,本院不予支持。

【案例来源】

中国裁判文书网,http://wenshu. court. gov. cn。

编者说明

本案的裁判意见还表明，商事主体依约承担的差额补充义务，虽然具有增信担保的作用，但并非《担保法》意义的保证担保行为。①

135 案涉信托贷款属金融监管政策实施前的存量银信通道业务，在按"新老划断"原则设置过渡期结束前，不应因此认定合同无效

【关键词】

| 信托贷款 | 存量银信通道业务 | 合同无效 |

【案件名称】

北京北大高科技产业投资有限公司与光大兴陇信托有限责任公司借款合同纠纷案［最高人民法院（2015）民二终字第401号民事判决书，2018.6.29］②

【裁判精要】

最高人民法院认为：

本案二审的争议焦点在于案涉信托借款合同的合同效力以及借款利息标准如何确定问题。

关于北大高科公司所提有关案涉《单一资金信托合同》和《信托资金借款合同》存在以合法形式掩盖非法目的的情形而应属无效的上诉理由，经查，贷款年利率为11.808%，逾期还款利率按上述利率加收50%罚息即17.712%，但均未超过法律准许的利息上限。案涉信托贷款本金来源于包商银行，借款人北大高科公司系包商银行指定，光大兴陇信托既不主动管理信托财产，也不承担业务实质风险。因此，案涉信托贷款属银信通道业务。银行通道业务在满足居民和企业投融资需求的同时，也存在部分业务规避监管和宏观调控等问题。根据当前国家金融监管原则，金融机构不得为其他金融机构的资产管理产品提供规避投资范围、杠杆约束等监管要求的通道服务。具体而言，商业银行应还原其业务实质进行风险管控，不得利用信托通道掩盖风险实质，将表内资产虚假出表；信托公司应确保信托目的合法合规，不得为委托方银行规避监管规定或第三方机构违法违规提供通道服务。但本案所涉信托贷款发生在2011年，属上述金融监管政策实施前的存量银信通道业务。对于此类存量业务，《资管业务指导意见》第二十九规定，为减少存量风险，按照"新老划断"原

① 参见最高人民法院第三巡回法庭编著：《最高人民法院第三巡回法庭新型民商事案件理解与适用》，中国法制出版社2019年版，第357页。

② 深圳市西丽报恩福地墓园有限公司与光大兴陇信托有限责任公司借款合同纠纷案［最高人民法院（2015）民二终字第393号民事判决书，2018.6.29］的裁判理由与本案民事判决书基本一致（略），载中国裁判文书网，http://wenshu.court.gov.cn。

则设置过渡期，过渡期设至2020年底，确保平稳过渡。据此，本院认为，北大高科公司所提案涉信托借款合同系商业银行为规避正规银行贷款而借助信托渠道谋取高息并构成以合法形式掩盖非法目的的上诉理由，没有法律依据。案涉《单一资金信托合同》和《信托资金借款合同》系各方当事人的真实意思表示，且不违反法律、行政法规的强制性规定，本院对北大高科公司有关合同无效的上诉请求，依法不予支持。

【案例来源】

中国裁判文书网，http://wenshu. court. gov. cn。

编者说明

《全国法院民商事审判工作会议纪要》(2019年11月8日，法〔2019〕254号)第九十三条明确，当事人在信托文件中约定，委托人自主决定信托设立、信托财产运用对象、信托财产管理运用处分方式等事宜，自行承担信托资产的风险管理责任和相应风险损失，受托人仅提供必要的事务协助或者服务，不承担主动管理职责的，应当认定为通道业务。《中国人民银行、中国银行保险监督管理委员会、中国证券监督管理委员会、国家外汇管理局关于规范金融机构资产管理业务的指导意见》第二十二条在规定“金融机构不得为其他金融机构的资产管理产品提供规避投资范围、杠杆约束等监管要求的通道服务”的同时，也在第二十九条明确按照“新老划断”原则，将过渡期设置为截止到2020年底，确保平稳过渡。在过渡期内，对通道业务中存在的利用信托通道掩盖风险，规避资金投向、资产分类、拨备计提和资本占用等监管规定，或者通过信托通道将表内资产虚假出表等信托业务，如果不存在其他无效事由，一方以信托目的违法违规为由请求确认无效的，不予支持。至于委托人和受托人之间的权利义务关系，应当依据信托文件的约定加以确定。

(三)资金拆借合同纠纷

136 拆入单位将拆借所得资金用于合同所约定的弥补头寸，拆借合同不因违反部门规章而无效

【关键词】

| 拆借合同 | 弥补头寸 | 合同效力 |

【案件名称Ⅰ】

西安市商业银行与健桥证券股份有限公司、西部信用担保有限公司借款担保合同纠纷案［最高人民法院（2005）民二终字第150号民事判决书，2005. 9. 27］

【裁判精要】

最高人民法院认为：

本案二审西安商行与健桥证券、担保公司之间争议的焦点问题仍然是资金拆借合同及担保合同的效力问题。原审法院认定资金拆借合同无效的主要理由，一是西安商行与健桥证券签订的资金拆借合同的期限超过了中国人民银行的规定，二是该拆借行为未通过全国同业拆借市场进行。原审法院上述理由的依据是中国人民银行《关于禁止银行资金违规流入股票市场的通知》和国务院《金融违法行为处罚办法》的规定。中国人民银行《关于禁止银行资金违规流入股票市场的通知》在规范性文件位阶上属于部门规章，根据本院《合同法解释（一）》第四条"合同法实施以后，人民法院确认合同无效，应当以全国人大及其常委会制定的法律和国务院制定的行政法规为依据，不得以地方性法规、行政规章为依据"的规定，该通知作为行政规章不能作为确认合同无效的依据。国务院《金融违法行为处罚办法》，是关于金融机构违反国家有关金融管理的规定应当如何进行行政处罚的规定，该办法第十七条规定金融机构从事拆借活动，如果具有资金拆借超过最长期限、在全国统一同业拆借网络之外从事同业拆借业务的行为，应当受到暂停或者停止该项业务，没收违法所得等处罚。可以看出，该条规定与合同效力没有关系。故不能依据该处罚办法的规定确认资金拆借合同无效。

【案例来源】

《中华人民共和国最高人民法院公报》2006 年第 9 期。

【案件名称Ⅱ】

中国农业银行太原市分行与太原市城区农村信用合作社联合社同业拆借纠纷案［最高人民法院（2005）民二终字第 196 号民事判决书，2006. 2. 6］

【裁判精要】

最高人民法院认为：

一、本案资金拆借合同是否合法效的问题

根据《合同法解释（一）》第三条关于人民法院确认合同效力时，对《合同法》实施以前成立的合同，适用当时的法律合同无效而适用《合同法》有效的，则适用《合同法》以及第四条关于《合同法》实施以后，人民法院确认合同无效，应当以全国人大及其常委会制定的法律和国务院制定的行政法规为依据，不得以地方性法规、行政规章为依据的规定，认定本案所涉拆借合同是否有效适用《合同法》。而上诉人援引的中国人民银行发布的《同业拆借管理试行办法》《农村信用合作社管理暂行规定》等均不属于上述司法解释所述法律、法规，依法不能作为认定合同无效的依据。

【案例来源】

最高人民法院民事审判第二庭编:《最高人民法院商事审判指导案例·金融卷》,中国法制出版社2011年版,第277~283页。

编者说明

同业拆借,或同业拆款、同业拆放、资金拆借,又称同业拆放市场,是金融机构之间进行短期、临时性头寸调剂的市场。是指具有法人资格的金融机构及经法人授权的金融分支机构之间进行短期资金融通的行为。依中国人民银行《同业拆借管理办法》,我国的同业拆借,是指经中国人民银行批准进入全国银行间同业拆借市场的金融机构之间,通过全国统一的同业拆借网络进行的无担保资金融通行为。对于同业拆借合同效力的认定,仍然应当按照《合同法》及《合同法解释(一)》第四条的规定处理。但是在法律、行政法规没有规定,而相关行政主管部门制定的行政规章涉及社会公共利益保护的情形下,可以参照适用《合同法》第五十二条第(四)项的规定,以损害社会公共利益为由确认合同无效。

137 债务人、担保人均构成违约,其以不正当理由主张拆借合同无效有违诚实信用原则,不应支持

【关键词】

|拆借合同|合同无效|诚实信用原则|

【案件名称】

西安市商业银行与健桥证券股份有限公司、西部信用担保有限公司借款担保合同纠纷案[最高人民法院(2005)民二终字第150号民事判决书,2005.9.27]

【裁判精要】

裁判摘要:债务人无正当理由未在合同约定的期限内还款,担保人未按照合同约定承担保证责任,均构成合同履行中的违约,本应承担违约责任,而债务人、担保人反以不正当理由主张合同无效的,有违诚实信用原则,依法不应支持。

最高人民法院认为:

西安商行与健桥证券签订资金拆借合同后,健桥证券将拆借所得资金用于合同所约定的弥补头寸,并不存在利用银行资金进行证券交易的行为,故西安商行与健桥证券之间的拆借行为是双方当事人的真实意思表示,未违反法律、行政法规的强制性规定,也未损害国家利益和社会公共利益,双方之间的资金拆借合同应当认定为有效。担保公司出具担保函,明确表示对上述资金拆借合同承担连带保证责任,在主合同有效,担保合同亦不存在其他无效情形的情况下,担保公司的保证责任不

应免除。健桥证券在合同已经实际履行,即得到急需的款项后,作为还款义务人无正当理由未在约定的期限内还款,担保公司未按照约定承担连带保证责任,均构成合同履行中的违约,本应承担违约责任,但健桥证券和担保公司反以资金拆借超过法定期限等理由主张合同无效于法无据,并有违诚实信用原则,不应得到支持。

【案例来源】

《中华人民共和国最高人民法院公报》2006 年第 9 期。

138 债权银行受欺诈但不行使撤销权的,资金拆借合同仍有效

【关键词】

| 拆借合同 | 欺诈 | 撤销权 |

【案件名称】

广西临桂县城市信用社与中国农业银行神农架林区支行欠款担保合同纠纷案[最高人民法院(2001)民二终字第 179 号民事判决书,2003. 1. 20]

【裁判精要】

最高人民法院认为:

依照《关于在审理经济纠纷案件中涉及经济犯罪嫌疑若干问题的规定》关于“同一公民、法人或其他经济组织因不同的法律事实,分别涉及经济纠纷和经济犯罪嫌疑的,经济纠纷案件和经济犯罪嫌疑案件应当分开审理”“单位直接负责的主管人员和其他直接责任人员,以该单位的名义对外签订经济合同,将取得的财物部分或全部占为己有构成犯罪的,除依法追究行为人的刑事责任外,该单位对行为人因签订、履行经济合同造成的后果,依法应当承担民事责任”的规定,本案中临桂信用社的法定代表人周小华及该社监事长林明学等人涉嫌诈骗犯罪与本案的欠款担保纠纷应当分开审理,临桂信用社负责人和工作人员以临桂信用社的名义对外签订借款合同形成了临桂信用社与相对人的民事法律关系,该社负责人和工作人员涉嫌犯罪的事实并不影响该民事法律关系的成立,本案的民事法律关系与临桂信用社有关人员的涉嫌犯罪是两个不同的法律事实,因此本案与涉嫌犯罪案件应当分开审理。临桂信用社的负责人和工作人员系以该信用社的名义对外缔约,因其行为所引起的民事责任依法理应由该信用社承担。临桂信用社亦未举证证明神农架支行的工作人员参与周小华、林明学等人的涉嫌犯罪,根据《关于在审理经济纠纷案件中涉及经济犯罪嫌疑若干问题的规定》的有关规定本案不需要移送,而应由人民法院继续审理,临桂信用社提出的该项上诉请求,本院不予支持。临桂信用社在本案中是否存在欺诈,其主张权属于债权人神农架支行,根据《合同法》第五十四条第二款的关于“一

方以欺诈、胁迫的手段或者乘人之危,使对方在违背真实意思的情况下订立的合同,受损害方有权请求人民法院或者仲裁机构变更或者撤销"的规定,即使本案临桂信用社的行为构成欺诈,请求撤销与之签订合同的权利也只能属于神农架支行,而神农架支行并未主张撤销其与临桂信用社所签的合同。同时,本案中神农架支行与临桂信用社是签订资金拆借合同的适格主体,合同内容除约定的拆借期限、拆借利率等超过了中国人民银行有关非银行资金拆借的规定外,其余条款均不违反法律、法规的禁止性规定,故应当认定资金拆借合同合法有效。

【案例来源】

最高人民法院办公厅编:《最高人民法院公布裁判文书(2003 年)》,人民法院出版社 2004 年版,第 218 ~ 228 页。

139 资金拆借合同无效,应按过错承担相应责任

【关键词】

| 拆借合同 | 合同无效 | 过错责任 |

【案件名称】

中国人民银行赣县支行与中国银行股份有限公司北京市分行损害赔偿纠纷案[最高人民法院(2006)民二终字第 134 号民事判决书,2007. 4. 25]

【裁判精要】

最高人民法院认为:

第一,从已经查明的事实看,本案双方当事人争诉的《资金拆借合同》名义上系第二营业部与证券部之间签订。1997 年 10 月至 1998 年 4 月,第二营业部将总计 4.5 亿元人民币打入证券部在中国人民银行上海分行营业部开立的账户中,又通过该账户将上述款项打往各地。该拆借行为所使用的账号为证券部的真实银行账号;涉案的巨额拆借资金从被拆借出至部分被返还,均是通过该账号完成的;资金从该账号中被肢解、流失,系证券部原负责人王志义将银行预留印鉴——证券部财务专用章与王志义的个人名章提供给犯罪嫌疑人使用的结果。由于本案所涉资金拆借合同上证券部公章及王志义的个人名章,表面形式均与证券部在上海市工商行政管理局、中国人民银行上海市分行档案中备案的印鉴明显不符,原审判决认定该资金拆借合同违法无效,符合法律规定,本院予以维持。第二,1997 年,王志义主动将该部银行预留印鉴——证券部财务专用章与其个人名章提供给犯罪嫌疑人王锡川,任由王锡川随意利用该印鉴通过证券部在中国人民银行上海市分行开立的上述账号进出款项;王志义系证券部原负责人,未尽妥善保管、合理使用证券部账号、印章之

义务,使账号、印章陷于失控状态,王志义的行为应当由证券部负责。根据《合同法》第五十八条"合同无效或者被撤销后,因合同取得的财产,应当予以返还;有过错的一方应当赔偿对方因此所受到的损失,双方都有过错的,应当各自承担相应的责任"之规定,证券部应当承担一定的返还本金及赔偿责任。第三,在证券部被上海市工商行政管理局于1997年10月10日批准撤销后的近半年时间里,作为证券部的所属法人机构信托咨询公司未及时撤销证券部的上述账号,有效收回证券部财务专用章与王志义个人名章,亦未尽清理证券部债务之责,信托咨询公司在本案中亦有一定过错,对本案资金损失亦应承担相应的赔偿责任。第四,第二营业部就本案巨额交易未尽审慎核查义务,轻信犯罪嫌疑人,对本案合同无效与资金损失同样有一定过错,应自行承担部分责任。比较信托咨询公司(包括证券部)与第二营业部的过错,第二营业部通过传真方式直接与犯罪嫌疑人王锡川、王锦林联系签约,拆借出资金不够慎重,过错是显然的;证券部在公章与账户管理方面存在的重大过错。也是导致本案资金损失之重要原因。鉴于中行北京分行依法接收了信托咨询公司债权债务,故该行应承担信托咨询公司在本案中应承担的民事赔偿责任。原审判决认定第二营业部与证券部之间没有真实的资金拆借关系,证券部对合同无效没有过错,第二营业部与犯罪嫌疑人签订资金拆借合同以及资金的汇出均是在证券部依法注销后,该营业部之过错是导致本案资金损失的直接原因,进而认定该营业部(或者赣县支行)对于本案资金损失负有主要责任,属认定事实不清,责任判定有失公允,本院予以纠正。上诉人赣县支行有关原审判决上述认定与事实不符的上诉理由成立,本院予以支持。但该行有关本案资金拆借合同合法有效、中行北京分行应当按照合同约定支付本金及利息全额的上诉理由缺乏法律依据,本院不予支持。

【权威解析】

证券部、信托咨询公司在本案中均有过错,是一、二审判决一致认定的。但是,原审判决在确认合同无效、强调证券部对合同无效不承担过错责任后,又追究了证券部的部分民事责任,实质上是按侵权法律关系对本案的民事责任作了划分。这看似顺畅,但仔细推敲起来总给人以矛盾、别扭之感。实际上是判决理由与结论不一致导致的,是原审判决在适用法律或者逻辑分析上犯的一个错误。如果认定合同无效,说明案件是作为合同纠纷处理的,接下来应当是分析当事人各自对无效合同的产生是否存在过错,进而确认民事责任;如果无过错,就不应当承担赔偿损失的责任,至多有返还原物、恢复原状的责任而已。原审判决前面已经确认对无效合同没有过错,不应承担合同无效的过错责任,后面又要求当事人承担过错责任,这让人理解为追究的是侵权情形下的过错责任似乎才有道理。但是,原审判决一开始在确定本案案由时就使用了损害赔偿纠纷这一笼统的概念,到底是合同纠纷,还是侵权纠纷,并未加以区分,这也为该判决后面矛盾的认定铺垫了基础。案由的确定应当体现出案件的具体法律关系的性质,就本案而言,当事人及原审判决书的读者(包括二审法官)看到这样一份判决,容易被迷惑,可能只是感觉到一审判决不太合理,但又难以说清楚。一般来说一个民商事案件中,当事人只有两方的,往往他们之间的法律关系只能是一个。虽然合同责任与侵权责任常常存在竞合的状态,但是,当事人一旦选择了合同之诉或者侵权之诉的一种,人民法院只能按照当事人所选择的诉的法律关系性质去审理,而不能混沌一片,否则必然出现认定事实与适用法律错误的局面。合同无效,追究当事人的民事责任的前提应当是合同关系成立、当事人对合同无效的产生存在过错;如果合同关系不存在、不成立,至多有缔约过失责任,而不能有合同无效的过错责任;如果确认合同成立、但合同无效,有无民事责任以及民事责任的大小则取决于当事人对合同无效有无过错、过错大小如何,而且说明案件已经按照合同纠纷处理了。只有案件的基本法律关系不按合同关系对待,完全以侵权法律关系审理,才可以谈到侵权之后的过错及损害赔偿问题。

原审判决的另一个错误在于,在损害结果与原因关系的配比上,主次颠倒,显失公平。本案巨额资金损失的起因固然是第二营业部贪图高额利息、追求经济利益,没有审慎考察犯罪嫌疑人的真实身份,过于轻信他人,但是,如果巨额资金到达证券部的账户上之后,如果没有犯罪嫌疑人拿着证券部两枚预留印鉴任意转款,根本就不会有什么损失。王志义主动交出两枚重要印鉴给犯罪嫌疑人,没有妥善保管、合理使用证券部账户、印章的行为,加上犯罪嫌疑人随意利用该印鉴通过该账户进出款项,才是本案损失的主要和根本原因。而王志义的身份决定了证券部必须对此负责。因此,证券部在本案中的主要民事责任是免除不了的。就本案过错责任大小、比例的分摊问题,最高人民法院民二庭审判长联席会进行了讨论,多数意见认为借款纠纷中,让债权人对损失最终承担主要责任是说不过去的,双方的责任应当与原审判决相反为倒三七,或者各承担一半;少数意见则认为应当维持原判。二审判决最终采纳了该多数意见,双方对资金损失各承担一半,也是平息激烈矛盾不得已的结果。[①]

【案例来源】

最高人民法院民事审判第二庭编:《最高人民法院商事审判裁判规范与案例指导》(第一卷),法律出版社 2010 年版,第 739 ~ 744 页。

---

① 参见李京平:《资金拆借损害赔偿案件中的过错责任原因在于合同成立、合同有效还是侵权责任——中国人民银行赣县支行与中国银行股份有限公司北京市分行损害赔偿纠纷上诉案》,载最高人民法院民事审判第二庭编:《最高人民法院商事审判裁判规范与案例指导》(第一卷),法律出版社 2010 年版,第 745 ~ 746 页。

十、金融不良资产处置纠纷

（一）法律适用

140 金融不良资产处置合同纠纷不仅要适用《物权法》《合同法》，更应纳入国家处置不良资产的大背景下考量

【关键词】

｜金融不良资产处置｜法律适用｜

【案件名称】

中国华融资产管理公司石家庄办事处与承德市兴业房地产开发有限公司及秦皇岛竞择拍卖有限公司拍卖纠纷案［最高人民法院（2011）民提字第46号民事判决书，2011.10.13］

【裁判精要】

裁判摘要：案涉合同明确约定委托拍卖及拍卖标的为抵贷权益，其性质究竟是土地使用权还是债权，需在金融不良债权处置的特殊背景和特殊政策下予以分析认定。不良资产或债权的交易关系，不是一般意义上的资产买卖（包括拍卖）关系，而是对特定历史时期形成的特别债权或资产权益的处置。不良资产的处置交易不仅应适用以基本等价有偿为原则的合同法规则以及物权法规则，更应适用特殊的政策规定。华融公司石家庄办事处通过从抚宁县工行处受让并委托竞择公司拍卖的标的以及兴业公司接受委托通过拍卖程序处置的标的，是依据民事裁定书对抵贷资产享有的请求权，属金融不良债权，并非土地使用权本身，只是该不良债权对应的权益对象具有相关土地使用权内容。本案不良债权的处置交付并非物权意义上所有权或使用权转移，而是交付不良债权对应物的权利凭证，包括人民法院的判决、裁定、土地使用权证、借款合同、保证合同等。本案各方当事人均明知上述划拨土地使用权的价值及其能否最终实现所具备的不确定性，在竞择公司反复提示拍卖风险的情形下，兴业公司作为拍卖合同的买受人，依然签订案涉《拍卖成交确认书》，其以民事法律行为的方式表达了自愿承担受让该不良金融债权的法律风险。案涉合同内容并不违反国家法律与行政法规的效力性强制规定，而且符合国家不良资产处置方面的政策精神，应依法认定合法有效。

最高人民法院认为：

关于案涉拍卖标的是不良抵贷债权还是土地使用权问题。案涉合同明确约定委托拍卖及拍卖标的为抵贷权益，其性质究竟是土地使用权还是债权，需在金融不良债权处置的特殊背景和特殊政策下予以分析认定。本案系资产管理公司处置不良资产引发的纠纷。资产管理公司收购和处置银行不良金融债权，具有较强的政策性。不良资产或债权的交易关系，不是一般意义上的资产买卖（包括拍卖）关系，而是对特定历史时期形成的特别债权或资产权益的处置。尽管处置时在形式上遵循了市场交易形式，但其价格与价值之间存在较大的偏离。不良金融债权的处置往往以很低的价格成交，体现了不良金融债权处置的特殊性。这也决定了这类不良资产的处置交易不仅应适用以基本等价有偿为原则的合同法规则以及物权法规则，更应适用特殊的政策规定。本案所涉《委托拍卖合同》与《拍卖成交确认书》，不完全等同于一般民事主体之间的委托拍卖与拍卖民事行为，而具有高风险、高收益，与普通的等价交换的市场交易行为有较为明显的区别：案涉抵贷权益拍卖成交价格虽明显高于拍卖底价，却系拍卖过程中当事人不断竞价的结果。从各方当事人的签约背景看，华融公司石家庄办事处的处置权利最初来源于抚宁县工行对抚宁县棉织厂的贷款债权，该债权已为抚宁县人民法院的四份民事判决书所确认。2001 年 9 月，该院在执行该四份民事判决程序中，以民事裁定书的形式将抚宁县棉织厂的涉案土地抵顶给抚宁县工行。该土地系国有划拨性质，而该国有土地使用权证上载明的土地使用者依然是抚宁县棉织厂。根据《土地管理法》第十一条“单位和个人依法使用的国有土地，由县级以上人民政府登记造册，核发证书，确认使用权”，《土地管理法实施条例》第三条“国家依法实行土地登记发证制度。依法登记的土地所有权和土地使用权受法律保护，任何单位和个人不得侵犯”之规定，案涉土地的使用权人依然是抚宁县棉织厂，而非他人包括抚宁县工行与华融公司石家庄办事处。华融公司石家庄办事处只有持上述民事判决书与民事裁定书到当地土地管理部门申请办理变更土地手续之后才享有该土地使用权。该申请权利源于特定金融债权经抚宁县人民法院民事裁定书而产生，因原债务人无财产可供执行，抚宁县工行的金融债权无法真正实现而成为不良金融债权，故抚宁县工行将该不良债权转让给华融公司石家庄办事处。但应当注意到，金融资产管理公司不是房地产开发企业，国家设立金融资产管理公司的目的在于尽快接收国有商业银行上市前必须剥离的不良资产，并及时采取各种方式予以处置，以提高国有商业银行的国际竞争力。无论不良资产是以单笔债权或其他民事权益体现，还是以包含债权、物权、版权、知识产权等整体资产包的方式体现，以本院《不良债权转让纪要》为代表的司法政策，均将不良资产作为不良债权来对待，并适用该会议纪要所规定的特殊司法政策。华融公司石家庄办事处通过从抚宁县工行处受让并委托竞择公司拍卖的标的以及兴业公司接受委托通过拍卖程序处置的标的，是依据民事裁定书对抵贷资产享有的请求权，属金融不良债权，并非土地使用权本身，只是该不良债权对应的权益对象具有相关土地使用权内容。虽然《物权法》第二十八条对因人民法院生效法律文书引起物权变动作出规定，但该法系2007年10月1日起施行，对本案并无溯及力。因此，本案不良债权的处置交付并非物权意义上所有权或使用权转移，而是交付不良债权对应物的权利凭证，包括人民法院的判决、裁定、土地使用权证、借款合同、保证合同等。这已为本院再审查明的案件事实所确认。原二审判决认定华融公司石家庄办事处委托拍卖标的系该土地使用权，缺乏事实基础。兴业公司关于本案应适用《物权法》第二十八条的主张不能成立，本院不予支持。

关于案涉《委托拍卖合同》及《拍卖成交确认书》是否有效的问题。拍卖标的既然是不良债权，该权益对应的土地使用权价值内容能否最终实现，自然存在不确定性风险，取决于土地管理部门的依法审批及受让人是否补交土地出让金等多种因素。本案各方当事人均明知上述划拨土地使用权的价值及其能否最终实现所具备的不确定性，通过委托拍卖方式将不良债权变现与通过签约拍卖获取可能取得该土地使用权价值的权利和机会，系委托人华融公司石家庄办事处与买受人兴业公司各自的签约目的。基于此，华融公司石家庄办事处与竞择公司签订《委托拍卖合同》，将该金融不良债权予以变现；竞择公司接受委托通过拍卖程序向买受人出卖该金融不良债权，获取佣金；兴业公司则通过竞买支付对价后获取该金融不良债权，并获得申请土地管理部门变更该土地使用权至自己名下的权利与机会。亦正因为此，《委托拍卖合同》、《竞买规则》、《瑕疵声明》及《拍卖成交确认书》等案涉相关法律文件均明确约定委托拍卖标的、拍卖标的皆为抚宁县棉织厂的抵贷权益（对应土地使用权面积60296.7平方米），并未约定系该土地使用权。在瑕疵声明、土地出让金的缴纳、包括土地使用权证及法院裁判文书的移交等方面亦均作出了明确约定；特别是大量地反复地提示拍卖标的风险（包括实际存在的瑕疵与可能存在的瑕疵），不仅与上述当事人的签约背景与签约目的相吻合，同时亦证明本案拍卖合同标的不同于通常意义上的土地使用权拍卖，而是带有不确定的土地使用权价值，实现风险内容的金融不良债权的拍卖。在竞择公司反复提示拍卖风险的情形下，兴业公司作为拍卖合同的买受人，依然签订案涉《拍卖成交确认书》，其以民事法律行为的方式表达了自愿承担受让该不良金融债权的法律风险。上述委托拍卖及拍卖不良债权的行为系当事人真实意思表示，合同内容并不违反国家法律与行政法规的效力性强制规定，而且符合国家不良资产处置方面的政策精神，应依法认定合法有效。兴业公司应当依据其签订的《拍卖成交确认书》就案涉不良金融债权的买受行为自行承担风险。原二审判决以拍卖标的除土地使用权外并无其他财产为由，认定拍卖标的为未经过户、未经土地管理部门批准转让的国有划拨土地，而当事人规避政府土地监管部门的监管擅自委托拍卖企业拍卖，拍卖行为、委托拍卖合同及拍卖成交确认书无效，进而判令华融公司石家庄办事处与竞择公司退还拍卖价款与佣金及相应利息，属认定事实不清，适用法律错误，本院予以纠正。华融公司石家庄办事处有关委托拍卖标的系不良债权并非土地使用权、请求驳回兴业公司诉请的再审请求成立，具有事实依据和法律、政策依据，本院予以支持。

【案例来源】

最高人民法院民事审判第二庭编：《最高人民法院商事审判指导案例7·公司与金融卷》，中国法制出版社2013年版，第430～444页。

编者说明

为了认真落实中央关于研究解决金融不良债权转让过程中国有资产流失问题的精神，统一思想，明确任务，依法妥善公正地审理涉及金融不良债权转让案件，防止国有资产流失，保障金融不良债权处置工作的顺利进行，维护和促进社会和谐稳定，最高人民法院邀请全国人大常委会法制工作委员会、中共中央政法委员会、国务院法制办公室、财政部、国务院国有资产监督管理委员会、中国银行业监督管理委员会、中国人民银行和审计署等单位，于2008年10月14日在海南省海口市召开了全国法院审理金融不良债权转让案件工作座谈会。会后于2009年下发了《不良债权转让纪要》。对审理涉及金融不良债权转让案件新情况新问题的处理进一步提出了明确的处理意见，与此同时，最高人民法院民事审判第二庭也以"高民尚"的名义发表了《关于审理涉及金融不良债权转让案件的若干政策和法律问题——解读〈关于审理涉及金融不良债权转让案件工作座谈会纪要〉》的文章，这也成为处理相关案件的主要参考。

《不良债权转让纪要》明确要求，人民法院在审理金融不良债权处置类案件中，要将法律条文规则的适用与中央政策精神的实现相结合，将坚持民商法的意思自治、平等保护等理念与国家经济政策、金融市场监管和社会影响等因素相结合，正确处理好保护国有资产、保障金融不良资产处置工作顺利进行、维护企业和社会稳定的关系，做到统筹兼顾、妥善合理，确保依法公正与妥善合理的统一，确保审判的法律效果和社会效果统一。此类案件的处理，并非一个单纯的法律问题，而是一个以政策性为主、法律性为辅的社会经济问题。人民法院既要尊重不良债权转让的市场性和交易行为的自治性，又要尊重不良债权形成的历史背景，本案裁判意见正是上述精神的体现。

141 以资产包形式整体转让债权，既包括非国有企业债务人也包括国有企业债务人，难以将其从资产包中剥离，均应依照《不良债权转让纪要》的规则处理

【关键词】

| 金融不良资产处置 | 法律适用 |

【案件名称】

宁都县市政工程公司、宁都县房地产管理局与江西长城投资咨询服务有限公司、江西德广投资有限公司合同纠纷案［最高人民法院（2018）最高法民再273号

民事判决书，2018. 12. 28］

【裁判精要】

最高人民法院认为：

本案是因不良债权转让而引发的合同效力纠纷。案涉债权发生于20世纪90年代末，起因于政府的市政工程资金短缺，宁都县人民政府决定由宁都市政公司出面向工商银行宁都县支行借款，并由宁都市政公司、宁都房管局提供抵押担保。因该债权未能全部清偿，工行江西分行2005年将其转让给四大金融资产管理公司之一的中国长城资产管理公司，长城资产公司南昌办事处通过拍卖方式，将包括宁都市政公司债权在内的债权打包出售给佳誉公司，佳誉公司再转让给德广公司，德广公司转让给长城投资公司，长城投资公司作为受让人向债务人及担保人主张债权从而引发本案确认债权转让合同无效之诉。关于不良债权的处置，最高人民法院先后出台《不良贷款案件规定》（法释〔2001〕12号）、《最高人民法院对〈关于贯彻执行最高人民法院“十二条”司法解释有关问题的函〉的答复》（法函〔2002〕3号）、《最高人民法院关于金融资产管理公司收购、处置银行不良资产有关问题的补充通知》（法释〔2005〕62号）、《不良债权转让纪要》（法发〔2009〕19号），对审理涉及金融资产管理公司收购、管理、处置国有银行不良贷款形成的资产的有关案件，以及金融资产管理公司受让不良贷款后通过债权转让方式处置不良资产的案件进行司法指导。本案作为中国长城资产管理公司从工商银行处受让的不良债权引发的纠纷，也应当适用上述规定。关于德广公司主张的债务人宁都市政公司为集体企业，故案涉《债权转让协议》的效力的认定不应当适用《不良债权转让纪要》的诉讼理由，本院认为，《不良债权转让纪要》中所称的债务人是指国有企业债务人，因此《不良债权转让纪要》原则上不适用于债务人或担保人为非国有企业的此类纠纷。但由于案涉债权转让是以资产包的形式整体转让，其中既包括宁都市政公司这类非国有企业债务人，也包括国有企业债务人，转让价格也是将资产包中所有债权作为整体予以确定，故无论案涉单笔不良债权的债务人为国有企业抑或非国有企业，因难以将其从资产包中剥离，所以均应当依照《不良债权转让纪要》所确定的规则予以处理。

【案例来源】

中国裁判文书网，http://wenshu. court. gov. cn。

142 贷款的转让时间与受让主体均与《不良债权转让纪要》的规定不符，不应适用《不良债权转让纪要》中关于不予受理、债权受让日之后发生的利息不予支持以及案涉债权转让的程序等规定

【关键词】

| 金融不良资产处置 | 法律适用 |

【案件名称】

甘肃省白龙江林管局河西综合开发局与甘肃资产管理有限公司及甘肃省白龙江林业管理局借款合同纠纷案［最高人民法院（2018）最高法民终 1303 号民事判决书，2019. 1. 18］

【裁判精要】

最高人民法院认为：

一、关于白龙江林管局河西局提交的银监发〔2017〕51 号文件、《甘肃省政府会议纪要》、甘林场函〔2018〕931 号文件等改革方案和林区的指导意见是否免除了案涉债务的问题

按照银监发〔2017〕51 号文件、《甘肃省政府会议纪要》、甘林场函〔2018〕931 号文件等改革方案和林区的指导意见，案涉 5 笔贷款应由双方协商，经债权银行业金融机构审核同意后，确定债务的化解政策，相关文件并未规定直接免除案涉债务。白龙江林管局河西局一直未提供证据证明其与农行高台支行、农行张掖分行或者甘肃资产管理公司之间达成了有效的债务化解约定，至本案二审期间双方也一直未达成相关化解方案。本案一审查明白龙江林管局河西局与农行高台支行签订的《借款合同》、《借款展期协议》以及《最高额抵押合同》是双方当事人的真实意思表示，合法有效。案涉 5 笔贷款到期后，白龙江林管局河西局未能按期履行清偿责任，依照双方合同约定，白龙江林管局河西局应偿还借款，并承担相应的违约责任。

二、关于《不良债权转让纪要》是否适用于本案的问题

《不良债权转让纪要》第十二条“关于《不良债权转让纪要》的适用范围”规定：“……金融资产管理公司包括华融、长城、东方和信达等金融资产管理公司和资产管理公司通过组建或参股等方式成立的资产处置联合体。……受让人是指非金融资产管理公司法人、自然人。不良债权转让包括金融资产管理公司政策性和商业性不良债权的转让。政策性不良债权是指 1999 年至 2000 年上述四家金融资产管理公司在国家统一安排下通过再贷款或者财政担保的商业票据形式支付收购成本从中国银行、中国农业银行、中国建设银行、中国工商银行以及国家开发银行收购的不良债权；商业性不良债权是指 2004 年至 2005 年上述四家金融资产管理公司在政府主管部门主导下从交通银行、中国银行、中国建设银行和中国工商银行收购的不良债

权。"《不良债权转让纪要》对金融不良债权的转让时间及转让主体均有明确限定。本案中,案涉5笔贷款由白龙江林管局河西局与农行高台支行于1998年至2004年之间形成。该5笔贷款转让时间为2016年12月28日,是由农业银行张掖分行转让给甘肃资产管理公司。二审查明,甘肃资产管理公司是由甘肃省国有资产投资集团有限公司联合甘肃省其他省属国有企业出资组建。综上,案涉5笔贷款的转让时间与受让主体,均与《不良债权转让纪要》第十二条的规定不符,故本案不应适用《不良债权转让纪要》中关于人民法院不予受理、债权受让日之后发生的利息不予支持以及案涉债权转让的程序等规定。白龙江林管局河西局上诉称一审法院不应受理本案,一审法院判决支付债权受让日之后发生的利息错误,以及案涉债权转让的程序应按照《不良债权转让纪要》的特殊规定等,缺乏事实和法律依据,不能成立。

三、关于甘肃资产管理公司受让债权是否合法有效的问题

《不良贷款案件规定》第六条规定:"金融资产管理公司受让国有银行债权后,原债权银行在全国或者省级有影响的报纸上发布债权转让公告或通知的,人民法院可以认定债权人履行了《中华人民共和国合同法》第八十条第一款规定的通知义务……"本案中,2016年12月28日,中国农业银行股份有限公司张掖分行与甘肃资产管理公司签署编号为农银张委转(2016)001－01号《委托资产分户转让协议(债权)》,约定将案涉5笔贷款转让给甘肃资产管理公司,双方于2017年2月28日在《甘肃经济日报》上发布债权转让暨催收公告,将上述债权转让事宜通知了债务人。另,由于本案不适用《不良债权转让纪要》规定,《不良债权转让纪要》中关于地方政府等的优先购买权的规定也不适用于本案,甘肃资产管理公司未侵害白龙江林管局河西局主管单位的优先购买权,不影响案涉债权转让的效力。故甘肃资产管理公司受让债权合法有效,为本案的适格原告。

【案例来源】

中国裁判文书网,http://wenshu.court.gov.cn。

(二)金融不良债权转让效力

143 《会议纪要》没有相关当事人的签字盖章,其功能和作用为存档备查,不构成合同

【关键词】

| 会议纪要 | 存档备查 |

【案件名称】

藁城市人民政府与北京孚厚投资咨询有限公司、河北省藁城市棉浆厂、河北

省藁城市国有资产监督管理委员会办公室借款合同纠纷案［最高人民法院（2011）民提字第322号民事判决书，2011.12.16］

【裁判精要】

最高人民法院认为：

（一）孚厚公司能否向藁城市政府主张涉案三份《借款合同》项下的还款责任

1996年11月6日，工商银行藁城支行作为债权人与棉浆厂签订1250万元、100万元、960万元三份共计为2310万元的《借款合同》，后工商银行河北省分行将该债权转让给华融石家庄办，华融石家庄办将该笔债权转让给河北燕赵众诚律师事务所，2008年5月12日，河北燕赵众诚律师事务所又将该债权转让给孚厚公司。上述合同订立以及历次转让，均是当事人真实意思表示，亦不违反法律、法规的相关规定，合法有效。债权转让后，其仅在让与人即原债权人、受让人以及合同债务人之间发生效力，具体表现为：让与人丧失其对债务人享有的债权，由受让人取代，成为新的债权人，债务人就转让的债权对受让人负履行义务。质言之，债权受让人行使权利不得超越其所受让的原权利的范围。因此，孚厚公司作为受让人，其仅能向《借款合同》的债务人棉浆厂主张还款责任，而不能向并非《借款合同》当事人的藁城市政府主张。

此外，该三份《借款合同》中均没有约定担保人。2000年4月11日，工商银行藁城支行向棉浆厂发出的三份《贷款逾期催收通知书》中，担保人一栏为空白。2000年6月，工商银行河北省分行与华融石家庄办的债权转让协议担保人一栏亦为空白。2002年3月22日，工商银行河北省分行和华融石家庄办在《河北经济日报》刊登债权转让暨催收公告，其中关于棉浆厂担保人名称一栏显示为"抵押"，无担保人名称。2003年12月25日，华融石家庄办与河北燕赵众诚律师事务所在《河北经济日报》刊登债权转让及催收公告，其中棉浆厂担保单位一栏显示为空白。以上事实说明，工商银行藁城支行催收逾期贷款时并未将藁城市政府作为债务人或者担保人，也未通知藁城市政府承担还款义务，在之后的债权催收与历次转让公告中，也未将藁城市政府列为债务人或者担保人。因此，在本案一审诉讼前的原债权人均未向藁城市政府主张过涉案《借款合同》项下的债权。亦即无论是本案的原始债权人，还是本案一审诉讼前的历次债权受让人均未将藁城市政府视作为债务人，现孚厚公司要求藁城市政府承担还款责任，不应予以支持。

因此，藁城市政府既不是涉案三份《借款合同》的借款人，也不是担保人，其不应承担工商银行藁城支行与棉浆厂签订的三份《借款合同》项下的还款义务。

【权威解析】

（一）关于《会议纪要》的性质问题

本案孚厚公司答辩的主要理由是《会议纪要》具有民事合同性质，是行政主体作出的民事行为,具有主合同性质,故《会议纪要》对藁城市政府有约束力,藁城市政府应当承担本案的还款责任。我们认为,应结合本案的案情来看藁城市政府于1996年10月29日作出的《会议纪要》的性质。1996年10月29日,藁城市政府召开了市长及有关部门负责同志参加的关于化纤厂产权转让会议,原则同意了藁城市国资办与吉林公司关于转让藁城市国资办在化纤厂产权的意向。化纤厂合计债务5407万元在签约前由市政府从化纤厂转出,5407万元债务由各金融单位承担转借金额,产权转让价款3800万元按各金融单位的转借比例偿还金融单位等。对上述意见形成了《会议纪要》,债权银行工商银行等的相关领导参加了会议。上述会议是在藁城市政府作为行政主管部门的主持和召集下为化纤厂产权转让问题召开的一次会议,会上相关当事人对各自的权利义务进行安排,藁城市政府只是起到召集协调作用,形成的《会议纪要》也只是对会议情况的记载。该《会议纪要》没有相关当事人的签字盖章,其功能和作用体现为存档备查。对于孚厚公司提出的《会议纪要》具有民事合同性质的主张,不应予以支持。

(二)关于债权受让人行使权利的范围

本案的债权来源于工商银行藁城支行作为债权人与棉浆厂签订的三份共计为2310万元的《借款合同》,后工商银行河北省分行将债权转让给华融石家庄办,华融石家庄办将该笔债权转让给河北燕赵众诚律师事务所,河北燕赵众诚律师事务所又于2008年5月12日将该债权转让给孚厚公司。上述历次行为均为债权人主体的变更,即债权转让。债权转让有部分转让与全部转让之分,在债权的一部分转让时,受让人与原债权人共同享有债权;原债权人将其债权全部转让第三人时,该第三人即取代原债权人成为债的关系中的新债权人,原债权人则脱离债的关系。本案所涉及的债权转让,即是债权全部转让第三人的情况。债权转让有效成立后,即在原债权人、受让人及债务人之间产生相应的法律后果。债权转让在原债权人与受让人之间的效力,为内部效力;在它们与债务人之间的效力,为外部效力。债权转让的外部效力,在原债权人与债务人之间,因债权转让而完全脱离关系,原债权人不得再向债务人请求给付,债务人亦不得再向原债权人履行债务。就受让人与债务人之间的关系而言,债权转让使受让人取代原债权人,成为新债权人,他享有与原债权人相同的债权,得请求债务人向自己履行,债务人也只能向受让人履行债务。应该强调的是,受让人既然是自原债权人处承受权利,他所取得的权利自然不得大于原债权人。同样,为了保护债务人不因债权转让而蒙受不利,凡债务人得以对抗原债权人的抗辩权,亦得对抗新债权人。本案中,最初的债权债务是发生在债权人工商银行藁城支行与债务人棉浆厂之间,债权受让人行使权利不得超越其所受让的原权利范围。因此,孚厚公司作为债权受让人,其仅能向债务人棉浆厂主张还款责任,而不能向非《借款合同》当事人的藁城市政府主张。而且,在本案一审诉讼前的原债权人均未向藁城市政府主张过涉案《借款合同》项下的债权,即无论是本案的原始债权人,还是本案一审诉讼前的历次债权受让人均未将藁城市政府视为债务人,现孚厚公司要求藁城市政府承担还款责任,不应予以支持。①

【案例来源】

最高人民法院民事审判第二庭编:《合同案件审判指导》,法律出版社 2014 年版,第 331 ~ 339 页。

144 金融不良债权发生时担保人不属于国家机关,嗣后其性质演变为国家机关,也应当认定债权转让合同涉及担保部分无效

【关键词】

| 金融不良资产处置 | 国家机关 | 合同无效 |

【案件名称】

宁都县市政工程公司、宁都县房地产管理局与江西长城投资咨询服务有限公司、江西德广投资有限公司合同纠纷案［最高人民法院(2018)最高法民再 273 号民事判决书,2018. 12. 28］

【裁判精要】

最高人民法院认为:

关于案涉《债权转让协议》是否有效的问题。《合同法》第五十二条规定:"有下列情形之一的,合同无效:(一)一方以欺诈、胁迫的手段订立合同,损害国家利益;(二)恶意串通,损害国家、集体或者第三人利益;(三)以合法形式掩盖非法目的;(四)损害社会公共利益;(五)违反法律、行政法规的强制性规定。"《不良债权转让纪要》第六条规定,在审理不良债权转让合同效力的诉讼中,人民法院应当根据《合同法》和《金融资产管理公司条例》等法律法规,并参照国家相关政策规定,重点审查不良债权的可转让性、受让人的适格性以及转让程序的公正性和合法性。金融资产管理公司转让的不良债权债务人或者担保人为国家机关的,人民法院应当认定转让合同损害国家利益或社会公共利益或者违反法律、行政法规强制性规定而无效。因主债务人宁都市政公司属于集体企业并非国家机关,因此申请人主张案涉《债权转让协议》中涉及宁都市政公司为债务人的部分全部无效的申请理由,缺乏事实和法律依据,本院不予支持。

关于案涉《债权转让协议》涉及宁都房管局作为担保人的部分是否有效的问题。本院认为,首先,1998 年案涉金融借款发生时虽然是以宁都房地产公司和宁都房地

---

① 参见赵柯:《债权受让人行使权利不得超越其所受让的原权利范围》,载最高人民法院民事审判第二庭编:《合同案件审判指导》,法律出版社 2014 年版,第 339 ~ 340 页。

产总公司的名义签订抵押合同,但由于此后宁都房地产公司更名为宁都房管局,宁都房地产总公司与宁都房管局属两块牌子一套人马,宁都房地产总公司被撤销后其职能并入宁都房管局,且案涉抵押房产也归属于宁都房管局,因此应当认定宁都房管局是案涉债务的担保人。其次,关于宁都房管局是否是国家机关的问题。从担保人宁都房管局的历史沿革来看,2005 年长城资产公司南昌办事处将案涉债权转让给佳誉公司时宁都房管局已经成为宁都县人民政府的直属事业单位。虽然宁都房管局定编时登记为事业单位法人,但从其与宁都县人民政府的关系来看,宁都县人民政府是其举办单位,宁都房管局是宁都县人民政府的直属部门,属于宁都县人民政府的相关部门范围;从行使职能的内容来看,宁都房管局行使政府对房地产领域的行政管理职能,履行的是国家机关的职能;从经费来源来看,宁都房管局属于全额拨款的事业单位法人,运转资金均来源于财政资金。据此应当认定宁都房管局为国家机关。而《不良债权转让纪要》第六条仅规定担保人为国家机关的债权转让合同无效,并未将无效情形限制在债权发生时担保人为国家机关的情形,即使案涉债权发生时担保人的身份并不属于国家机关,而嗣后其性质演变为国家机关,也应当认定债权转让合同符合《不良债权转让纪要》第六条的规定而无效。且从当事人签订的《债权转让协议》中关于受让人不得对作为债务人及担保人的政府及相关部门行使追索权的约定来看,受让人对此亦属明知。因此,案涉《债权转让协议》中由宁都房管局作为担保人的部分无效,申请人的该点申请理由成立,本院予以采信。原审以签订抵押合同时宁都房管局并非国家机关为由认定《债权转让协议》有效,对法律规定的理解并不正确,本院予以纠正。

【案例来源】

中国裁判文书网,http://wenshu.court.gov.cn。

编者说明

关于债务人或担保人为国家机关的债权转让无效问题。财政部财金〔2005〕74 号《关于进一步规范金融资产管理公司不良债权转让有关问题的通知》第二条规定:"债务人或担保人为国家机关的不良债权、经国务院批准列入全国企业政策性破产计划的国有企业债权、国防军工等涉及国家安全信息的债权,以及其他限制转让的债权,不得对外公开转让。"国家发展改革委员会、国家外汇管理局联合发布的发改外资〔2007〕254 号《关于规范境内金融机构对外转让不良债权备案管理的通知》第五条亦规定:"对外转让不良债权中不得含有我国各级政府及其所属行政部门作为债务人或提供担保的债权。"审判实务中,对于转让债务人或担保人为国家机关的不良债权合同是否无效存在较大争议。有观点认为,国家机关作为债务人或者担保人,其与国有商业银行之间形成的是借款或担保法律关系;即便担保法律关系无效,亦应依据《担保法》及其司法解释的规定承担相应的赔偿责任。在该债权转让给其他主体后,双方也是正常的民事活动中的正常债权债务关系,并不会因债权人主张债权而损害国家利益或社会公益,因此不宜认定此类债权转让合同无效。

我们认为，国有商业银行剥离或转让的不良债权的产生有其特殊的政策和法律背景，金融资产管理公司受让的不良债权绝大多数是国有商业银行早期甚至是计划经济时期发生的贷款而经过多次展期仍未能收回的逾期、呆账、滞账类贷款。很多贷款是因为当时的政策原因形成，国家机关作为担保人也是特定历史时期的产物。国家实施不良债权剥离政策的目的不仅要使金融机构顺利转轨，而且要解决历史遗留问题，通过国家财政补贴等方式使各方受惠。国家对金融资产管理公司的资产回收率要求不高，也是为了让利于地方，其中债务人或担保人为国家机关的，更是直接的受益者。国家以财政补贴方式解决银行呆坏账，意味着国家财政负担了银行不良债权损失，而国家机关完全依靠财政资金运转。如果说金融资产管理公司向国家机关追索债权或者要求其承担担保责任，资产实际上并未流出国有资产管理范围，那么若允许社会投资者也可以向国家机关行使追索权，无疑等于国家以公共财政资金在补贴社会投资者，这并不符合金融不良资产剥离政策的本意。所以，对于转让债务人或者担保人为国家机关的不良债权转让合同，人民法院应当认定为无效。①

145 金融不良债权转让的过程履行了公告、催收以及审批手续，债权转让协议有效

【关键词】

| 金融不良债权转让 | 债权转让协议 | 审批手续 |

【案件名称】

中银集团投资有限公司与香港信诺投资有限公司莱州渤海盐业有限公司借款合同纠纷案［最高人民法院（2011）民四终字第 9 号民事判决书，2011. 11. 1］

【裁判精要】

最高人民法院认为：

渤盐公司与烟台中行签订的涉案借款合同是双方真实意思表示，内容不违反法律规定，原审判决认定该合同有效是正确的。烟台中行已经依约向渤盐公司发放了合同项下的贷款，渤盐公司理应依约偿还借款本金及利息。中国银行山东省分行将烟台中行的涉案合同债权转让给了东方公司青岛办，东方公司青岛办又转让给了信诺公司，涉案债权转让的过程履行了公告、催收以及审批手续，因此，原审判决认定涉案债权转让协议有效亦是正确的。信诺公司作为渤盐公司的债权人要求渤盐公司向其偿还涉案借款利息，有事实和法律依据，原审判决判令渤盐公司承担还款责任正确，渤盐公司亦未对此提出上诉，本院予以维持。中银公司上诉称，信诺公司受

① 参见高民尚：《关于审理涉及金融不良债权转让案件的若干政策和法律问题——解读〈关于审理涉及金融不良债权转让案件工作座谈会纪要〉》，载最高人民法院民事审判第二庭编：《民商事审判指导》（总第 17 辑），人民法院出版社 2009 年版，第 34 ~ 35 页。

让的涉案债权系由莱州市政府作为担保人的债权应属无效，但其在本案一、二审期间均未提供证据证明莱州市政府对该债务提供了担保，故其主张不能成立。

《最高人民法院关于审理国有商业银行剥离其自办公司的债权纠纷案件有关问题的通知》第五条明确规定，该通知仅适用于国有商业银行剥离其对自办公司的债权引发的案件。本案中，渤盐公司不是国有商业银行的自办公司，烟台中行对渤盐公司的涉案债权并不属于国有商业银行对其自办公司的债权，故上述通知不适用于本案，中银公司所称涉案债权转让协议应予解除的主张不能成立。

【案例来源】

中国裁判文书网，http://wenshu. court. gov. cn。

146 对金融不良债权转让处置公告程序的审查标准

【关键词】

| 金融不良债权转让 | 公告程序 | 审查标准 |

【案件名称】

成都天齐实业（集团）有限公司与四川欧德曼投资有限公司、成都益邦投资有限公司一般借款合同纠纷案［最高人民法院（2013）民二终字第84号民事判决书，2014. 7. 7］

【裁判精要】

最高人民法院认为：

因长城资产公司已于2012年7月11日在《生活报》上公告送达债权转让通知，符合《不良贷款案件规定》第六条第一款关于“金融资产管理公司受让国有银行债权后，原债权银行在全国或者省级有影响的报纸上发布债权转让公告或通知的，人民法院可以认定债权人履行了合同法第八十条第一款规定的通知义务”的规定精神，以及本院《关于金融资产管理公司收购、处置银行不良资产有关问题的补充通知》关于金融资产管理公司受让不良贷款后，通过债权转让方式处置不良资产的，可以适用上述规定的精神，应当认定长城资产公司已将案涉债权转让通知聚兴集团公司，该债权转让已经发生法律效力。对聚兴集团公司关于长城资产公司未履行通知义务，案涉债权转让未发生法律效力的主张，本院不予支持。

【案例来源】

中国裁判文书网，http://wenshu. court. gov. cn。

编者说明

财政部、中国银监会联合发布的财金字〔2005〕47 号《金融资产管理公司资产处置公告管理办法》和财金字〔2008〕87 号《金融资产管理公司资产处置公告管理办法(修订)》对转让公告的资产范围、公告载体、公告期限以及披露内容作出比较详细的规定。其目的无疑是便于社会公众的监督,增强金融不良债权处置的透明度和提高不良债权的回收变现率等。因此,人民法院对资产处置公告合规性审查时,着重审查三点:其一,公告的载体是否合规。公告的媒体级别与拟处置资产的规模是否相适应,发布公告的媒体是否已经在财政部在各地财政监察专员办事处和各地银监局备案。其二,审查公告的时限是否合规。其中,以整体"资产包"方式处置不良资产项目,应在资产处置审核机构审核至少 22 个工作日前刊登公告,以保障公众在知悉后有充分时间了解资产信息。其三,公告信息与资产信息内容是否一致。即实际转让的"资产包"内容与公告的整体"资产包"内容相比是否出现"掉包"或"加塞"情形。经审查,若出现不合规情形,根据《不良债权转让纪要》规定,人民法院在衡量公告违规对转让合同效力的影响时,应当参照两个标准。第一个标准是:该公告违规行为是否对依照公开、公平、公正、竞争、择优原则处置不良资产造成实质性影响。通常情形下,尽管金融资产管理公司存在一些不符合规定的公告行为,但如果不能证明受让人存在恶意或者与金融资产管理公司之间存在恶意串通行为的,或者尚未对依照公开、公平、公正、竞争、择优原则处置不良资产造成实质性影响的,人民法院不宜仅据此认定债权转让合同无效。第二个标准是:实际转让的"资产包"与转让前公告的"资产包"内容严重不符,且不符合《金融资产管理公司资产处置公告管理办法(修订)》规定的公告要求。如果金融资产管理公司转让债权公告违反《金融资产管理公司资产处置公告管理办法(修订)》之规定,实际转让中存在"掉包"或者"加塞"等严重不符情形,可以认定构成公告信息虚假,人民法院应当根据《合同法》第五十二条第(二)项、第(四)项以及《不良债权转让纪要》的规定,认定不良债权转让合同无效。①

147 当事人受让不良资产债权后又以该债权经法院裁定被以不动产抵债、转让人无权处分为由,要求确认债权转让协议无效的,不予支持

【关键词】

| 不良资产债权 | 以物抵债 | 无权处分 | 合同无效 |

【案件名称】

中国长城资产管理公司长春办事处与长春市民生房地产开发有限公司、长春市民生农贸综合市场债权转让合同纠纷案[最高人民法院(2011)民提字第 118 号民事判决书,2011. 4. 14]

---

① 参见高民尚:《关于审理涉及金融不良债权转让案件的若干政策和法律问题——解读〈关于审理涉及金融不良债权转让案件工作座谈会纪要〉》,载最高人民法院民事审判第二庭编:《民商事审判指导》(总第 17 辑),人民法院出版社 2009 年版,第 39 ~40 页。

【裁判精要】

最高人民法院认为：

综合全案事实看，2001 年 3 月，吉林省高级人民法院作出（1998）吉执字第 40 号以物抵债民事裁定书；2002 年 7 月 19 日，日杂总公司、储运公司与民生公司签订《土地使用权及地上附着物转让协议》；2002 年 12 月 23 日，长城管理公司、民生公司与日杂总公司签订《债务转让、土地使用权及地上附着物转让合同》；同日，长城管理公司与民生公司及农贸市场签订《债权转让协议》。上述几份协议的签订过程体现了当事人各方基于日杂总公司以国有划拨土地使用权及地上附着物抵偿债务的意愿，因对其效力没有把握，故以签订协议的形式既处分债权又处分土地使用权等物权，最终实现以物抵债及开发利用土地的合意。从协议内容本身看，2002 年 12 月 23 日，长城管理公司与民生公司及农贸市场签订《债权转让协议》，该协议第一条约定转让标的为 3500 万元贷款债权，该债权含法院裁定的抵债资产即争议的近 6 万平方米的土地；协议其余内容则涉及转让价款、债权追索中可能发生的风险与损失、协助法院解除对抵债物的查封，特别提示因债权存在或可能存在的瑕疵而在转让价上给予民生公司折扣，同时约定因转让债权的瑕疵造成的风险也由民生公司承担。可见，将原始债权变现构成了该《债权转让协议》约定的主要内容，亦表明了长城管理公司与民生公司各自的签约目的。再者，结合另外两份涉案协议看，一是日杂总公司、储运公司与民生公司签订的《土地使用权及地上附着物转让协议》，约定了五部分转让内容，即同一块土地使用权、该地上房屋及附着物的所有权与相关权利（水、电、气、供暖设备、设施的所有权与使用权）、转让方日杂总公司与储运公司拖欠长城管理公司的债务、土地出让金的承担，转让方系日杂总公司与储运公司，处分的内容包括土地等不动产的有关权利。长城管理公司并非该协议的签订主体。二是长城管理公司、民生公司与日杂总公司签订的《债务转让、土地使用权及地上附着物转让合同》，该协议主要就三方当事人之间债权债务法律关系的建立与终止作出了约定。上述交易中，民生公司的义务是收购长城管理公司 3500 万元的不良债权，长城管理公司则负责及时申请法院解除对相关不动产的查封。上述三份协议共同印证了争议的《债权转让协议》虽然包含了债权转让及相应不动产两方面内容，但是，这其中长城管理公司并无出卖土地使用权及其附着的不动产之意，其订立合同的目的是出让债权。故 2002 年 12 月 23 日的《债权转让协议》不存在长城管理公司出卖国有划拨土地的无权处分的情形，合同内容系当事人真实意思表示，并不违反国家法律与行政法规的禁止性规定，吉林省长春市中级人民法院一审认定其合法有效应属妥当。长城管理公司依照该协议约定履行了申请法院解除相关不动产查封之义务，为民生公司后来参与长春市政府招投标、取得开发土地的资质并获利提供了前提条件，因该协议明确约定民生公司自己承担因债权受让可能带来的风险、损失及责任，故民生公司应当履行其支付剩余转让款项的合同义务。吉林省高级人民法院再审判决以长城管理公司在未经政府批准、未交纳土地出让金变更房地产权属的情况下,用该土地使用权及地上建筑物与民生公司签订以物抵债协议,违反法律强制性规定,认定合同无效,并驳回长城管理公司的诉请,属认定事实不清,适用法律错误,本院予以纠正。长城管理公司有关其与民生公司之间的债权转让协议符合《合同法》关于债权转让的规定,没有法律禁止转让的情形,其处置债权符合国务院颁布的《金融资产管理公司条例》的规定,应认定合法有效,民生公司及农贸市场应承担本案责任的再审请求成立,本院予以支持。

【权威解析】

考虑到长城管理公司从诉讼开始,到本院再审,历经多年多次诉讼程序,始终强调自己转让的是不良债权而非土地,该不良债权起源于国有企业对银行的欠款,因债务人无财产可供执行,只有一块土地,法院判决执行过程中,长城管理公司申请法院以物抵债,欲将债权尽快变现,结果吉林省高级人民法院作出了以物抵债裁定。后面发生的法律事实就是三份协议的产生。2002 年 7 月,日杂总公司、储运公司与民生公司签订《土地使用权及地上附着物转让协议》;2002 年 12 月 23 日,长城管理公司、民生公司与日杂总公司签订《债务转让、土地使用权及地上附着物转让合同》;同日,长城管理公司与民生公司及农贸市场签订《债权转让协议》。应当说,长城管理公司享有债权,但是,日杂总公司的土地性质属国有划拨,直接转让处分该土地国家法律肯定不允许,这一点长城管理公司也非常清楚。但是,如果能够将该土地性质予以转化,土地价值将是可观的,这也是所有当事人包括民生公司希望看到的。因此,将不良债权变现,由受让方自己去努力做土地性质转化的工作,显然是处置不良资产的一条不错的途径。但所有各方当事人对这种处置不良资产、转换土地性质的法律后果均没有把握。因此,才有了 2002 年 7 月 19 日的协议,日杂总公司作为权利人转让自己的不动产(土地使用权及地上附着物)给民生公司(这非常名正言顺),约定土地出让金由民生公司承担。接着,长城管理公司委托会计师事务所对日杂总公司的资产进行评估,房屋、土地、铁路专用线价值共计约 9547581 元,这才有了长城管理公司与民生公司、农贸市场之间的《债权转让协议》,参照上述评估结果,3500 万元的不良债权被打折成为 900 万元。同时,也才有了长城资产公司与民生公司、日杂总公司的三方转让合同,对三方相互间的债权债务关系的建立、转换作出了约定。上述几份协议的签订过程既体现了当事人各方基于以物抵债的法律事实,以签订协议的形式既处分债权又处分土地使用权等物权,最终实现以物抵债及开发利用土地的合意;也表明了长城管理公司与民生公司各自的签约目的,即,将原始债权变现、实现土地应有的价值。特别是争议的涉案《债权转让协议》虽内容繁多,但最根本的是第一条明确转让 3500 万元债权,只是该债权含有土地;后面的内容均不存在转让土地使用权等不动产权利一说,只是涉及转让债权的价款、风险,强调因债权存在瑕疵而给以民生公司折扣。换句话说,长城管理公司在此协议中只有转让债权的意思,并无转让、处分不动产之意。这一结论与另外两份协议的基本含义是相一致的。可见本案是日杂总公司先转让自己的不动产权利,再有长城管理公司转让不良债权,以及长城管理公司与日杂总公司、民生公司共同约定债权债务法律关系的变更(包括消灭原有的长城管理公司与日杂总公司之间的,建立新的长城管理公司与民生公司之间的法律关系)。这样一种认识和定位似乎更符合当事人真实的意思表示和逻辑过程。至于在前面思考过程中担心的债权转让协议的依据——以物抵债裁定问题,虽然从自然事实发展过程看,似乎先有裁定后有协议,容易产生该裁定应系《债权转让协议》之基础的想法,但实际上该裁定并不影响当事人仅转让债权、不处分不动产,或者说该裁定与《债权转让协议》之间没有必然的因果关系。此处关键是要认真分析、体会该《债权转让协议》中,长城管理公司只有转让债权之意,并无处分(转让)土地使用权等不动产之意,这是长城管理公司的唯一本意。本案也就不存在无权处分一说,不应当从土地使用权处分的角度审视本案并适用法律。因此,无论是民生公司抗辩,还是吉林省高级人民法院再审判决,从国有划拨土地使用权的处分角度论证本案《债权转让协议》无效,判断民事责任,均属于认定事实不清,适用法律错误。合议庭最终选择了该认定结论。①

【案例来源】

最高人民法院民事审判第二庭编:《最高人民法院商事审判指导案例 7 · 公司与金融卷》,中国法制出版社 2013 年版,第 445 ~ 454 页。

148 一方当事人怠于履行合同约定的报批义务,在合同内容不违反法律禁止性规定、不损害他人利益且已部分履行的情况下,应当认定合同已经生效

【关键词】

| 报批义务 | 合同生效 |

【案件名称】

中国信达资产管理公司兰州办事处与甘肃亚盛盐化工业(集团)有限责任公司借款合同纠纷案[最高人民法院(2006)民二终字第 159 号,2007. 7. 23]

① 参见李京平:《当事人受让不良资产债权后又以该债权经法院裁定被以不动产抵债,而转让人无权处分为由,要求确认债权转让协议无效的,不予支持——中国长城资产管理公司长春办事处与长春市民生房地产开发有限公司、长春市民生农贸综合市场债权转让合同纠纷再审案》,载最高人民法院民事审判第二庭编:《商事审判指导》(总第 25 辑),人民法院出版社 2011 年版,第 184 ~ 186 页。

【裁判精要】

裁判摘要：双方当事人签订合同，约定以一方当事人的上级主管部门批准作为合同生效条件的，该方当事人即负有及时报请其上级主管部门审批、促使合同生效的义务。如果该方当事人怠于履行上述约定义务，在合同业经双方当事人签字盖章成立，合同内容不违反法律禁止性规定、不损害他人利益且已部分履行的情况下，应当认定合同已经生效。

最高人民法院认为：

本案争议的焦点为《债务重组协议》、《债务重组补充协议》和《不良贷款债权转让协议》的效力认定以及亚盛集团所应承担的责任问题。

亚盛集团本案应承担的债务源自其与盐化总厂签订的承担债务方式的兼并协议，由于盐化总厂已经破产，信达兰州办只能向亚盛集团主张债权。2000年11月20日，信达兰州办与盐化总厂、亚盛集团三方签订的《债务重组协议》主要约定，将盐化总厂全部债务减免为1600万元，分期在2003年12月20日以前还清，亚盛集团对债务承担连带清偿责任；协议经三方签字盖章并经信达总公司批准后生效。同年12月15日，信达总公司批复同意。2000年12月和2001年12月，亚盛集团分别向信达兰州办各付200万元，部分履行了协议约定义务。根据以上事实，《债务重组协议》经当事人协商达成，是各方的真实意思表示，所约定的内容没有违反法律规定并已经信达总公司批准，满足了合同约定的生效条件，双方已部分履行了协议，故该协议合法有效。因盐化总厂生产经营情况等原因，信达兰州办只实现了400万元债权，尚欠1200万元到期债权，三方在2002年12月签订了《债务重组补充协议》，进一步确认《债务重组协议》的内容。约定由盐化总厂、亚盛集团在当月28日前归还现金200万元，剩余1000万元以亚盛集团拥有的上市公司国有法人股抵顶，如抵债股票不能如期过户，则仍以现金还款。协议签订后，亚盛集团当月30日向信达兰州办付款200万元，其他义务均未履行。因《债务重组补充协议》所约定的内容是对《债务重组协议》的确认和补充，尽管信达总公司对《债务重组补充协议》未履行批准手续，但约定内容没有超出已经信达总公司批准并生效的《债务重组协议》范围，故《债务重组补充协议》合法有效。

由于盐化总厂进入破产程序，2003年12月信达兰州办又与亚盛集团在《债务重组协议》和《债务重组补充协议》的基础上，签订了《不良贷款债权转让协议》。双方约定，亚盛集团以1120万元收购信达兰州办对盐化总厂的全部债权；扣除支付的800万元，剩余320万元由亚盛集团10日内一次付清；信达兰州办将其对盐化总厂抵押担保权利转移给亚盛集团。协议签订后，亚盛集团向信达兰州办又付款200万元，使得其偿还信达兰州办债务总额达到800万元，但其余320万元债务尚未履行。由于：第一，《债务重组协议》是在《资产处置管理办法》发布之后签订的，信达总公司对《债务重组协议》的批准行为,应当是根据《资产处置管理办法》作出的。信达总公司的批准行为,赋予了信达兰州办处置盐化总厂债务的权利。第二,信达兰州办不是独立的法人而是信达总公司的分支机构,负责处置信达总公司在甘肃省境内的不良资产。在信达总公司批准《债务重组协议》以后,信达兰州办获得了处置盐化总厂债务的概括性授权,凡是信达兰州办以自己名义签订与处置盐化总厂债务相关的协议没有超出概括性授权范围。第三,《不良贷款债权转让协议》虽然将盐化总厂的债务从已经批准的《债务重组协议》确定的1600万元减少到1120万元,所降幅度达到了《资产处置管理办法》规定的100万元报批额度,但因该《资产处置管理办法》是财政部对资产管理公司作出的部门规章,而非对市场经济中所有主体作出的规定,也非法律禁止性的规定,故不能仅以该规定而当然确认《不良贷款债权转让协议》未生效,还必须以资产管理公司是否履行了内部审批手续或者应当履行审批程序而认定。第四,《不良贷款债权转让协议》虽约定了信达总公司批准后生效的条件,但因批准协议是信达总公司与其分支机构信达兰州办内部的审批程序,且合同约定了信达兰州办单方促使合同生效的义务,故信达兰州办不得违反约定拖延报批甚至不报批来对抗合同的相对方,以使协议不发生法律效力。如果一方既未履行合同义务又以内部程序使得效力待定的合同未生效,而获得合同未生效后的更大利益,这将使得合同相对方处于不利境地。尤其是本案信达兰州办已经取得对盐化总厂债务处置的概括性授权以后,在《债务重组协议》和《债务重组补充协议》的基础上,当盐化总厂进入破产程序后才与亚盛集团签订的《不良贷款债权转让协议》,故信达兰州办应积极向信达总公司提出申请,即使信达总公司没有批准,也应当及时通知亚盛集团。但是,从2003年12月签订协议到2005年10月提起诉讼长达近两年的时间,信达兰州办是否向信达总公司报批、是否获得批准均没有通知亚盛集团。第五,《不良贷款债权转让协议》是经过双方协商签订的,约定内容没有违反法律规定,也没有损害他人合法权益,并且亚盛集团为此又支付了200万元,部分履行了该协议。综上,合同约定以一方内部因素为生效条件的,负有促使协议生效义务的一方未履行约定义务,在合同约定内容不违反法律禁止性规定和损害他人利益并经双方签字盖章成立,且已部分履行的前提下,则应当认定合同已经生效。信达兰州办关于《不良贷款债权转让协议》仅为一份意向性草签协议且未经过信达总公司批准,没有发生法律效力的上诉主张,因与事实和其应承担的义务要求不符,本院不予支持。

信达兰州办认为《债务重组补充协议》《不良贷款债权转让协议》是附生效条件的合同,因没有经过信达总公司批准,没有发生法律效力,其依据《债务重组协议》起诉亚盛集团,诉请判决亚盛集团偿还扣除已经支付800万元的原盐化总厂全部债务20522012.94元及利息。虽然信达兰州办的诉讼请求不是依据《不良贷款债权转让协议》提出的,但其请求包括了亚盛集团所应承担的债务,故本案依据《不良贷款债权转让协议》审理信达兰州办与亚盛集团之间的债权债务关系,没有超出信达兰州办的诉讼请求范围。亚盛集团答辩称《不良贷款债权转让协议》已经具备了合同生效的全部条件,本院予以支持。盐化总厂破产导致《不良贷款债权转让协议》约定的抵押资产未能转移至信达兰州办名下,从而未能实现向亚盛集团转移抵押担保权利的合同目的。因该事实不以信达兰州办意志所决定,也因《不良贷款债权转让协议》中提示了亚盛集团所购债权存在的风险,故亚盛集团不能以未实现抵押担保权利而对抗其根据《不良贷款债权转让协议》所应承担的义务。故本院对亚盛集团关于其不承担剩余债务和维持原审判决的答辩请求不予支持。

综上,原审认定《债务重组补充协议》和《不良贷款债权转让协议》未生效不当,判决驳回信达兰州办的诉讼请求错误,本院予以纠正。

【案例来源】

《中华人民共和国最高人民法院公报》2007 年第 10 期。

149 原国有企业债务人经改制成为民营企业,不能以不良金融资产转让属贱卖国有资产、损害国家利益为由行使撤销权

【关键词】

|企业改制|民营企业|资产转让|撤销权|

【案件名称】

南宁荷花味精有限公司与中国东方资产管理公司南宁办事处及深圳市国粮实业有限公司债权转让合同纠纷案[最高人民法院二审民事判决书]

【裁判精要】

最高人民法院认为:

本案债权转让合同发生在东方公司南宁办与国粮公司之间,转让合同标的物中有关荷花公司的债权是经法院审判确认并已进入执行阶段的东方公司南宁办对荷花公司享有的债权,国粮公司接受的也仅为对荷花公司享有的债权,并非荷花公司的资产。荷花公司的资产现仍归荷花公司所有。荷花公司作为东方公司南宁办转让债权资产包中的一个债务人,不是债权转让合同当事人或者合同相对人的债权人,其与本案债权转让合同没有直接的利害关系。

荷花公司经政府有关部门批准于 2000 年进行了企业改制,已经从国有资产改制为有限责任公司,属于民营企业性质。荷花公司以东方公司南宁办贱卖国有资产,损害国家利益为由行使诉权,主张债权转让合同无效,没有法律依据。

根据原审查明的事实,在东方公司南宁办与国粮公司签订债权转让合同的过程中,荷花公司不仅没有任何购买东方公司南宁办资产包的意向和行为,而且一直在

积极促成东方公司南宁办与国粮公司签订债权转让合同。因此,对于不参加竞买上述债权的荷花公司而言,其无权就本案债权转让合同中是否存在排斥和剥夺其他竞买人的竞买权问题行使诉权。

关于荷花公司能否以国粮公司谎称中国储备粮管理总公司是其股东,以假冒中国储备粮总公司公章的股东会决议和公司章程,骗取公司股东变更登记等行为构成合同上的欺诈为由,行使诉权,主张债权转让合同无效的问题。依据《合同法》的相关规定精神,合同当事人实施欺诈行为,只有在损害国家利益时,才导致合同无效。通常情况下,仅导致合同被撤销。而撤销权须由合同当事人行使,法院不能依据职权主动撤销合同。根据合同相对性原则,国粮公司的上述行为如果构成合同上的欺诈行为,也应由合同相对人东方公司南宁办主张权利。东方公司南宁办没有行使撤销权,也未委托荷花公司代为行使权利,现荷花公司向法院起诉主张权利,没有法律依据。

至于债权转让合同中约定的安置职工,恢复生产的内容,属于债权转让合同受让人在接受债权后应当履行的义务,与债权转让合同效力的确认无关。

【权威解析】

在不良金融债权转让过程中,一旦发生转让价格过低,损害国家的情形,要不要给予国有企业债务人一定的诉权,允许其代表国有资产管理部门行使诉权,主张转让合同无效,实践中存在着不同的意见。

我们认为,对在不良金融债权转让中发生的转让合同价格过低,损害国家利益的,国有资产管理部门有权利也有义务出面维护国家利益,以有效防止国有资产流失。但审判实践中我们还没有看到国有资产管理部门为此提起诉讼,主张转让合同无效的情形。有鉴于此,考虑到国有企业债务人毕竟是国有资产的直接占有和使用者,其经营国有资产也是经国家授权的,故在发生上述情形时,赋予国有企业债务人可以代表国有资产管理部门提起转让合同无效之诉讼的诉权,对有效防止国有资产流失应当说是有益的。当然,能否赋予国有企业债务人这一诉权,现还未最终定论。

荷花公司是民营企业性质,不具有享有这一诉权的资格。何况,本案债权转让合同发生在东方公司南宁办与国粮公司之间,转让合同标的物中有关荷花公司的债权是经法院审判确认并已进入执行阶段的东方公司南宁办对荷花公司享有的债权,荷花公司作为东方公司南宁办转让债权资产包中的一个债务人,不是债权转让合同当事人或者合同相对人的债权人,其与本案债权转让合同没有直接的利害关系。因此,本案荷花公司无权以东方公司南宁办贱卖国有资产,损害国家利益为由行使诉权,主张债权转让合同无效。①

---

① 参见叶小青、隋汶兵:《不良金融资产转让中债务人能否行使撤销权——上诉人南宁荷花味精有限公司与被上诉人中国东方资产管理公司南宁办事处、原审第三人深圳市国粮实业有限公司债权转让合同纠纷上诉案评析》,载最高人民法院民事审判第二庭编:《民商事审判指导》(总第13辑),人民法院出版社2008年版,第249~251页。

【案例来源】

最高人民法院民事审判第二庭编:《民商事审判指导》(总第13辑),人民法院出版社2008年版,第240~249页。

150 打包转让金融不良债权合同被确认无效或者解除后的处理

【关键词】

| 金融不良债权 | 打包转让 | 合同无效 |

【案件名称】

沈阳银盛天成投资管理有限公司与中国华融资产管理公司沈阳办事处债权转让合同纠纷案[最高人民法院(2009)民提字第125号民事判决书,2009.12.22]

【裁判精要】

裁判摘要:(1)金融资产管理公司收购和处置银行不良金融债权,具有较强的政策性。银行不良金融债权的转让,不能完全等同于一般民事主体之间的债权转让行为,具有高风险、高收益的特点,与等价交换的市场规律有较为明显的区别;不良债权交易的实物资产,不是一般资产买卖关系,而主要是一种风险与收益的转移。

(2)银行不良金融债权以"资产包"形式整体出售转让的,"资产包"内各不良金融债权的可回收比例各不相同,而"资产包"一旦形成,即具有不可分割性。因此,"资产包"整体买进后,如需解除合同,也必须整体解除,将"资产包"整体返还。银行不良金融债权的受让人在将"资产包"中相对优质的债权变卖获益后,又通过诉讼请求部分解除合同,将"资产包"中其他债权返还的,人民法院不予支持。

(3)不良金融资产转让协议之目的是公平合规地完成债权及实物资产的顺利转让,在未对受让人是否能够清收债权及清收债权的比例作出承诺和规范的情况下,受让人以合同预期盈利目的不能实现为由提出解除合同的诉讼请求,人民法院不予支持。

最高人民法院认为:

金融资产管理公司收购和处置银行不良金融债权,事关国家金融安全,具有较强的政策性,本案所涉债权转让协议,不能完全等同于一般民事主体之间的债权让与行为,具有高风险、高收益,与等价交换的市场规律有较为明显区别;不良债权交易的实物资产,不是一般资产买卖关系,而主要是一种风险与收益的转移。本案不良金融债权总额26亿元,仅以不到3%的价格成交,体现了不良金融债权处置的特殊性,这在一般民事主体之间的债权让与中一般是不会出现的。本案所涉转债标的是以“资产包”形式整体出售的债权，“资产包”内各不良金融债权良莠不齐，可回收比例各不相同，依照财政部《关于金融资产管理公司债权资产打包转让有关问题的通知》。第二条第（三）项规定，资产包应当科学合理组包，保证包内资产质量、形态、行业、地区分布等的合理性。所以，“资产包”一旦形成，即具有不可分割的性质，否则，上述合理性即被打破。故，本案合同所涉债权和实物资产，当属一个有机整体，不可分割。“资产包”整体买进，合同解除时也应当整体解除，资产整体返还。本案中，银盛天成公司将“资产包”中相对优质债权予以变卖，请求通过诉讼将其余部分予以解除，原审判由银盛天成公司返还“资产包”剩余的部分资产，对华融沈阳办显失公平。本院在庭审中询问银盛天成公司，是否能将“资产包”整体退还，银盛天成公司称由于其余部分已经处置，已经不可能实际退还。本案“资产包”整体债权总额26亿余元，其中实物资产1.3亿余元，实物资产额度仅占不良债权总额度的5%，且有大部分实物资产已经实际交付。虽然各单个资产标有价款，但那只是“资产包”整体作价的参考，无法预知每个单笔债权或实物资产是否能够回收。故华融沈阳办关于依照债权及实物资产转让合同第八条的约定，资产交付差额5%以内免责的抗辩可以成立。本案实物资产交付并非物权意义上的所有权转移，而是交付附属于不良债权对物的权利凭证，如法院的判决、裁定等。上述实物资产交付后，还需权利人通过自身操作，依法主张权利方有可能实现资产权益。原审确认华融沈阳办已将与实物资产相关的享有所有权和处分权的档案资料移交给银盛天成公司，银盛天成公司完全可以据此向实物占有人主张权利。当然，既然是属于不良债权，该实物资产是否能够清收存在不确定性风险，其中因企业破产分配及政策性破产不能主张权利的损失，依约应由不良资产买受者银盛天成公司承担。华融沈阳办未依约在实物资产所在地共同填写实物资产交接单，属一般违约行为，并不影响银盛天成公司清收债权，应属实物资产交付中的履约瑕疵，并非华融沈阳办迟延履行主要债务。华融沈阳办与银盛天成公司签订的债权及实物资产转让协议目的是公平合规地完成债权及实物资产的顺利转让，并无任何条款对银盛天成公司是否能够清收债权及对清收债权的比例作出承诺和规范。因此，华融沈阳办的行为不构成根本违约，转债合同目的已经基本达成。为保障交易公平和交易秩序，本案合同应予维持。银盛天成公司关于解除本案合同，返还剩余债权和实物资产并赔偿相关损失的诉讼请求缺乏事实和法律依据，应当予以驳回。原审引据《合同法》第九十四条第三、四款规定，认为华融沈阳办迟延履行合同主要义务，导致合同目的不能实现，并据此作出合同解除的判决，属于认定事实不清，适用法律不当，本院予以纠正。

【案例来源】

《中华人民共和国最高人民法院公报》2010年第5期。

编者说明

金融资产管理公司在以整体"资产包"方式转让不良债权时，难以预见其中哪一笔债权可以完全收回；同时，"资产包"中有时仅仅一笔即可让受让人收回成本并盈利。因此，若欲根据现有法律规则和民法学理梳理出一套准确判定无效部分与有效部分的界限标准并使其具备可操作性，相当困难。鉴于交易的关键要素是盈亏情况，而最了解交易内部情况以及盈亏状况的人无疑是受让人，因此，《不良债权转让纪要》在权衡尊重私权处分和保护国家公益的基础上，采取一种尊重现实的处理办法，即在保持人民法院公权认定合同效力的基础上，赋予受让人以合同效力选择权，即受让人可以根据其实际或可能盈亏情况在一定范围内选择是否接受合同全部或者部分无效的后果。具体而言：(1)如果受让人选择合同全部无效，通常意味着其已经发生亏损或者将来盈利远景不佳，此种场合认定合同无效，既符合《合同法》第五十二条规定精神，也与受让人的请求相契合。(2)如果受让人主张已履行或已清结部分有效，则意味着受让人可能通过已履行或清结部分回收了其全部成本并实现盈利或预期盈利，此种场合认定该部分有效，其他部分无效，符合《合同法》第五十六条的规定精神。应当注意到，在尊重受让人私权处置及其利益的同时，也要维护公权的评价地位，兼顾作为转让人的金融资产管理公司的权益，因此，在受让人在选择部分有效即其已盈利的情形下，必须接受放弃其他无效部分的对价，如此基本实现了私权处分与公权评价、受让人利益与转让人利益之间的平衡。《不良债权转让纪要》中关于"受让人请求认定已履行或已清结部分有效的，人民法院应当认定尚未履行或尚未清结部分无效，并判令受让人将尚未履行部分或尚未清结部分返还给金融资产管理公司，金融资产管理公司不再向受让人返还相应价金"的规定，即是此种权衡之体现。(3)如果已经履行部分或者已清结部分属于《不良债权转让纪要》规定无效事由中(一)、(二)、(八)、(九)、(十)等依法应当认定绝对无效情形的，受让人不能主张选择该部分有效，而只能选择无此情形的其他部分有效，否则人民法院应当认定整体"资产包"全部无效。(4)由于《不良债权转让纪要》所谓债务人系指国有企业债务人，因此《不良债权转让纪要》原则上不适用于债务人或担保人为非国有企业的此类纠纷。但如果整体"资产包"存在单笔或数笔不良债权的债务人为非国有企业的情形，无论符合无效事由的不良债权之债务人为国有企业还是非国有企业，因难以将其实际剥离和单独处理，故亦应按照上述规则处理。①

151 利用外资处置金融不良债权涉及担保合同效力的认定

【关键词】

| 金融不良债权 | 对外担保 | 合同效力 |

【案件名称】

福萨投资基金公司与温州西山联合陶瓷有限公司、温州西山面砖厂借款及担

① 参见高民尚：《关于审理涉及金融不良债权转让案件的若干政策和法律问题——解读〈关于审理涉及金融不良债权转让案件工作座谈会纪要〉》，载最高人民法院民事审判第二庭编：《民商事审判指导》(总第17辑)，人民法院出版社2009年版，第37~38页。

保合同纠纷案［最高人民法院（2012）民提字第181号民事判决书，2012.12.28］

【裁判精要】

最高人民法院认为：

投资基金公司系境外公司，其通过受让信达公司对外处置的金融不良资产包的方式取得本案债权，办理了国家发展和改革委员会《对外转让不良债权备案确认书》，并获得国家外汇管理局的批准，在指定的地方外汇管理分局办理了相应的备案登记手续，所提交的备案登记材料中注明了包括本案债权在内的各债权担保的具体情况。根据《不良债权转让纪要》第六条第（八）项以及《最高人民法院关于审理金融资产管理公司利用外资处置不良债权案件涉及对外担保合同效力问题的通知》第一条的规定，该金融不良债权及所涉抵押权的转让合法有效。投资基金公司因受让金融不良债权而产生的与西联公司及西山面砖厂之间的借款及抵押法律关系明确，债权数额清楚，当事人对此并无异议。金融不良债权转让属于我国《合同法》所规范的债权转让，应当适用债权转让的一般规定，法律法规及司法解释有特别规定的除外。《不良债权转让纪要》第九条规定，受让人向国有企业债务人主张不良债权受让日之后发生的利息的，人民法院不予支持。本案投资基金公司仅请求债务人西联公司偿还债权本金以及截至不良债权受让日2006年12月12日的利息，人民法院对其诉请应予支持。浙江高院对投资基金公司主张的债权仅予部分支持，缺乏相应的法律依据，适用法律不当，本院予以纠正。《合同法》第八十一条规定："债权人转让权利的，受让人取得与债权有关的从权利，但该从权利专属于债权人自身的除外。"投资基金公司依债权转让取得相应的抵押权，西山面砖厂应当承担抵押担保责任。

【案例来源】

中国裁判文书网，http://wenshu.court.gov.cn。

编者说明

关于此类问题的处理原则，《最高人民法院关于审理金融资产管理公司利用外资处置不良债权案件涉及对外担保合同效力问题的通知》（法发〔2010〕25号，2010年7月1日）已经明确。此外，另根据法发〔2005〕62号《最高人民法院关于金融资产管理公司收购、处置不良资产有关问题的补充通知》第二条的规定，金融资产管理公司收购、处置不良贷款的，担保债权同时转让，无需征得担保人的同意，担保人仍应在原担保范围内对受让人继续承担担保责任。各级人民法院应当认真领会通知精神，严格遵照执行。

至于有的高院反映，外国公司从资产管理公司购买不良资产，可能带来的诸如造成国有资产流失等一系列问题，可依照《不良债权转让纪要》处理。该纪要基本上是针对金融不良资产转让中存在的问题而制定的应对措施，基本精神对具有涉外因素的不良资产转让同样是适用的。①

152 境内金融机构对外转让不良债权原则上应当采取招标、拍卖、公开竞价等公开方式，但并非绝对禁止其他方式

【关键词】

｜金融不良债权转让｜对外转让｜转让方式｜

【案件名称】

辽源市佳林造革有限责任公司与 DAC China SOS(Barbados)SRL 借款合同纠纷案［最高人民法院（2008）民二终字第 56 号民事判决书］

【裁判精要】

最高人民法院认为：

1. 原审法院以东方资产管理公司为诉讼主体进行裁判是否属于程序错误、应否驳回东方资产管理公司请求问题

关于该问题,应首先认定东方资产管理公司与 DAC 公司之间签订的债权转让协议是否有效。关于境内金融机构对外转让不良债权的合法性问题,国家发展改革委员会、国家外汇管理局颁发了发改外资〔2007〕254 号《关于规范境内金融机构对外转让不良债权备案管理的通知》(以下简称《通知》)进行了规定。该《通知》第四条规定:“按照《金融资产管理公司条例》(国务院令第 297 号)和财政部、银监会等部门有关规定,境内金融机构转让不良债权……原则上所有转让应当采取招标、拍卖、公开竞价等公开方式并采取境外投资者一次性付清全部转让价款形式进行交易。”第七条规定:“境内金融机构应在对外转让不良债权协议签订后 20 个工作日内,将对外转让债权有关情况报送国家发展改革委备案(一式三份),同时抄报财政部、银监会。”该规定涉及社会公共利益的保护问题,故可以根据《合同法》第五十二条的规定,以是否违反该规定、是否损害社会公共利益为由判断转让合同的效力。本案中,东方资产管理公司先行采取了公开竞价方式,但在公开竞价过程中,由于 DAC 竞买人的报价低于底价,拍卖流拍而最终采取了定向协商方式与 DAC 公司签订债权转让协议。《通知》规定的是原则上所有转让应当采取招标、拍卖、公开竞价等公开方式,而非绝对禁止其他方式,因此,该方式并未违反《通知》的规定。而且,该转让行为已经有权管理机关——国家发展改革委员会备案确认且已抄报财政部、银监会,上述机构均未对转让事实提出异议,故应认定该转让行为合法有效,DAC 公

---

① 参见刘贵祥:《在全国涉外商事审判庭长座谈会上的总结讲话》,载最高人民法院民事审判第四庭编:《涉外商事海事审判指导》(总第 22 辑),人民法院出版社 2013 年版,第 19 页。

司为合法债权人。

【权威解析】

（一）关于法院应否主动审查境内金融机构对外转让不良债权的合同效力问题

有观点认为，《不良债权转让纪要》赋予了国有企业债务人提起确认不良债权转让合同无效之诉的诉权，但没有明确规定非国有企业债务人是否也享有该诉权。依据《合同法》第八十条的规定，债权转让，债权人仅对债务人负有的通知义务，债权转让的效力不受债务人是否同意的影响。而且，本案中，债务人佳林造革公司在本案所涉债权由东方资产管理公司转让给 DAC 公司之时已不是国有企业，该债权转让不涉及国有资产的保护问题，不损害国家利益，因此，其对国有资产不具有可诉之利益，其无提起确认不良债权转让合同无效之诉的诉权。另有观点认为，我国《合同法》第五十二条第（四）项规定的合同无效事由是损害社会公共利益，由于国家在社会中具有整体权威性，故在某些领域，社会公共利益是以国家利益的形式表现出来的，在金融不良资产处置领域即如此，金融不良资产处置涉及国有金融资产的保护问题，涉及国家利益。关于国有资产流失问题，在金融不良债权转让过程中，有两种途径。一种途径是从国有企业债务人处流失。其表现为，如果原债权人打折受偿，则国有企业债务人无需全额清偿，但由于受让人诉请原价受偿，则国有企业债务人本无需清偿的部分的国有资产即流失给了受让人。因此，国有企业作为国有资产的授权经营者，对国有资产享有诉的利益，可以享有确认无效之诉的诉权。另一途径是从金融资产管理公司处流失。对于金融资产管理公司而言，尽管债务人并非国有企业，但如果其全额受偿了债权，则受偿的债权应为国有资产，但其打折出售，则使本应偿付给金融资产管理公司的资产流失给非国有主体的受让人，也同样属于国有资产流失。通说认为，享有诉权的主体应为对诉享有诉讼利益的适格当事人，其既包括实体权利人外，也包括虽对标的物不享有实体权利，但是基于法律的规定对争议的诉讼标的享有管理权和支配权的主体，其诉讼的结果归于实体权利人。近年来，民事诉讼法理论进一步认为，应当允许作为审理对象的事由涉及一般公共利益的公益诉讼的存在，其目的在于维护社会公益。由于社会公共利益可以在具体个案中具体化为个体的利益，故对于一般社会个体而言，其可以提起公益诉讼诉请确认债权转让协议无效。就本案而言，债权人的不同，可能出现诉请的实际受偿率的不同，这也必然涉及债务人的利益。因此，无论是基于传统民事诉讼法适格当事人的诉讼利益理论还是基于公益诉讼的观点，非国有企业债务均享有确认债权转让合同无效的诉权。本案中，经本院释明，债务人并未明确提出确认转让合同无效的意思表示，而是声明，是否应审查债权转让合同无效问题由法院决定。我们认为，由于无效合同涉及国家利益和社会公共利益的保护问题，故合同无效问题是国家干预的范畴，而非当事人意思自治范畴，因此，学理通说认为，即使当事人未提出确认合同无效的诉求或抗辩，人民法院均应对合同是否无效的事实进行审查。事实上，在金融不良资产转让合同纠纷案件中，由于其必然涉及对真正债权主体的确认问题，故法院应对债权转让合同的效力进行审查。本案中，由于DAC公司以债权转让协议有效为由诉请二审变更诉讼主体，因此，法院应对对债权转让合同的效力进行审查。当然，依据不告不理原因，法院通过审查，应根据审查结果来判决是否支持当事人的诉求，而非超出当事人的诉求范围进行裁决。①

【案例来源】

最高人民法院民事审判第二庭编：《合同案件审判指导》，法律出版社2014年版，第608～617页。

（三）优先购买权纠纷

153 金融不良债权转让中优先购买权的行使及合同效力问题

【关键词】

｜金融不良债权转让｜优先购买权｜

【案件名称】

哈尔滨市胜达房地产综合开发有限责任公司、中国长城资产管理公司哈尔滨办事处与哈尔滨市电子仪表工业总公司确认合同效力及优先购买权纠纷案［最高人民法院（2011）民二终字第98号民事判决书，2011.12.20］

【裁判精要】

裁判摘要：本案涉及如何确定不良债权的优先购买权人，金融资产管理公司在处置不良资产时如何通知优先购买权人、优先购买权人如何行使优先购买权，以及其行使优先购买权是否影响金融资产公司与第三人的债权转让合同效力等焦点问题。依照《不良债权转让纪要》最大限度防止国有资产流失、保障国家经济安全的精神，金融资产管理公司应切实履行通知优先购买权人的义务，否则优先购买权人的交易机会或难以保护。不良债权转让过程中应充分重视程序价值，程序瑕疵可能致使优先购买权人丧失行使权利的基础，使优先购买制度失去平衡各方利益的核心价值，违背《不良债权转让纪要》设立该制度的立意初衷。在审理不良债权转让合同效

---

① 参见张雪楳：《二审期间当事人才告知债权已于一审期间转让的事实，二审法院能否直接裁决变更诉讼主体》，载最高人民法院民事审判第二庭编：《合同案件审判指导》，法律出版社2014年版，第618～619页。

力的诉讼中,应根据《合同法》和《金融资产管理公司条例》等法律法规,并参照国家有关政策规定,重点审查不良债权的可转让性、受让人的适格性及转让程序的公正性和合法性,并根据《不良债权转让纪要》关于金融资产管理公司转让不良债权可能存在的11种无效情形的规定综合审查并认定不良债权转让合同效力。

最高人民法院认为:

一、关于仪表总公司是否为案涉债权优先购买权人的问题

为了防止在通过债权转让方式处置不良债权过程中发生国有资产流失,《不良债权转让纪要》规定了相关地方人民政府或者代表本级人民政府履行出资人职责的机构、部门或者持有国有企业债务人国有资本的集团公司可以对不良债权行使优先购买权。本案中,仪表总公司最初系市政府将哈尔滨市机械电子冶金工业局管理的有关电子、仪表的企事业单位划分出来组建成立的,是负责管理所属企事业单位的经济实体。此后仪表总公司虽未按要求进一步改造成集团公司,但市国资委为其颁发的《企业国有资产产权登记证》上注明仪表总公司为电影机厂的企业集团或企业管理部门,并为电影机厂全部1940万元国有资本的出资人。由此说明其虽然未改造成仪表集团,但并不影响市国资委对其出资人地位的认定。因此,仪表总公司作为经市国资委批准并依法注册登记的国有资本出资人,属于《不良债权转让纪要》规定的优先购买权人。长城资产公司与胜达公司提出仪表总公司不是案涉债权优先购买权人的上诉理由缺乏事实依据,本院不予支持。

二、关于仪表总公司是否已经放弃优先购买权的问题

优先购买制度旨在解决资源利用与安全利益维护之间的矛盾,平衡出卖人、优先购买权人及第三人之间的利益冲突。优先购买权的实质是对正常交易的一种限制,以牺牲出卖人和第三人的合法利益为代价,换取对优先购买权人特殊利益的保护。该规则体现出的利益平衡点为:优先购买权人能得到交易机会的保护,但并不因其优先购买权而得到交易中的优惠;出卖人受交易对象选择的限制,但不因存在优先购买权而使其所有物变现价值受损。

不良债权的处置是计划经济时期形成的历史遗留问题,是以政策性为主、法律性为辅的社会经济问题。《不良债权转让纪要》的出台背景、精神原则以及若干重要规则形成的脉络实质上反映了其背后蕴含的价值权衡及价值选择。为最大限度地减少国有资产流失,实现私权处分与公共利益、金融债权与职工债权、市场竞争与国家干预、历史问题与现行法则等诸多价值的权衡目的,《不良债权转让纪要》明确了相关地方人民政府或者代表本级人民政府履行出资人职责的机构、部门或者持有国有企业债务人国有资本的集团公司对不良债权拥有优先购买权。并同时规定,金融资产管理公司向非国有金融机构法人转让不良债权的处置方案、交易条件以及处置程序、方式确定后,应当通知国有企业债务人注册登记地的优先购买权人。该规定明确了金融资产管理公司在转让不良债权时对优先购买权人的通知义务,虽未列明

通知形式,但按照《不良债权转让纪要》最大限度防止国有资产流失、保障国家经济安全的精神,该义务应以书面、口头或其他优先购买权人能够确认知悉的方式来履行,而不宜随意采用公告方式。这是因为:首先,法律并未赋予债权人在不良债权转让中可以公告形式取代直接通知的权利。其次,公告作为一种推定送达方式,应严格限制其适用范围,在穷尽书面、口头或电话等方式通知不到的情形下才得以适用。否则,可能造成优先购买权人的交易机会难以保护的结果,进而可能实质性地影响金融资产管理公司以公开、公平、公正和竞争、择优原则处置不良债权的根本目的。

本案中长城资产公司自 2005 年 7 月受让债权到 2009 年 11 月拍卖转让债权历经四年,其间虽与电影机厂进行了多次协商、洽谈及往来文函,并发布数次处置公告,但始终未采取书面或口头等通知形式与市政府、市国资委及仪表总公司等优先购买权人直接联系,告知其债权处置的处置方案、交易条件以及处置程序、方式,最终通过拍卖程序转让债权时亦未通知优先购买权人行使权利,违背了《不良债权转让纪要》中规定的金融资产管理公司对优先购买权人的通知义务,而《不良债权转让纪要》关于"优先购买权人收到通知后明确表示不予购买或者在收到通知之日起 30 日内未就是否行使优先购买权作出书面答复,或者未在公告确定的拍卖、招标日之前作出书面答复或者未按拍卖公告、招标公告的规定时间和条件参加竞拍、竞标的,视为放弃优先购买权"的规定是建立在优先购买权人知悉债权处置的基础之上。因此,本案中因长城资产公司未履行通知义务,优先购买权人并未知悉债权处置的具体方案,亦未参与债权处置过程,故从根本上丧失了行使优先购买权的可能。长城资产公司作为国家授权处置不良债权的专业金融资产管理公司,应熟知国家处置金融不良债权相关规定和政策的精神实质和操作规程,胜达公司与长城资产公司认为根据其发布的历次公告及电影机厂数次回函内容,推定市政府、市国资委等优先购买权人知悉债权处置事宜并已放弃优先购买权的主张混淆了债务人回购债权及优先购买权人行使权利的本质区别,亦违反了《不良债权转让纪要》规定的通知义务,本院不予支持。

三、关于长城公司与胜达公司债权转让协议的效力如何认定的问题

人民法院在审理不良债权转让合同效力的诉讼中,应根据《合同法》和《金融资产管理公司条例》等法律法规,并参照国家有关政策规定,重点审查不良债权的可转让性、受让人的适格性及转让程序的公正性和合法性,并根据《不良债权转让纪要》关于金融资产管理公司转让不良债权可能存在的 11 种无效情形的规定综合审查并认定不良债权转让合同效力。

本案中该问题的审查重点为转让程序的公正性和合法性。《不良债权转让纪要》规定,金融资产管理公司向非国有金融机构法人转让不良债权的处置方案、交易条件以及处置程序、方式确定后,应当通知国有企业债务人注册登记地的优先购买权人。《金融资产管理公司资产处置管理办法(修订)》第二十条明确规定"资产公司对持有国有企业(包括国有全资和国有控股企业)的债权资产进行出售时,应提前

15天书面告知国有企业及其出资人或国有资产管理部门”。设定以上制度的价值取向在于，国有金融不良债权的剥离与处置，绝不仅仅是简单的商事主体之间的私权处分，而是巨额国有资产的流动与利益再分配问题。这种流动能否在公开、公平、公正的程序下进行，事关全体国民和国家的利益。因此，在不良债权处置过程中，尤其需要强调程序价值的意义，否则，制度的设计便因缺乏程序保障而失去实质价值，将对国家利益和社会公共利益造成根本损害。本案中，长城资产公司在处置不良债权时未按规定尽到通知义务，存在程序瑕疵，而该瑕疵造成优先购买权人丧失行使权利的基础，使优先购买制度失去平衡各方利益的核心价值，对依照公开、公平、公正和竞争、择优原则处置不良资产造成实质性影响，可能造成国有资产流失、国有企业生存发展受阻、职工利益失去保障进而影响社会稳定等多种不利后果，违背了《不良债权转让纪要》设立优先购买权制度的立意初衷。按照《不良债权转让纪要》关于不良债权转让合同无效事由的认定中“转让不良债权公告违反《金融资产管理公司资产处置公告管理办法（修订）》规定，对依照公开、公平、公正和竞争、择优原则处置不良资产造成实质性影响的”相关规定，应当认定长城公司与胜达公司债权转让协议无效。

【案例来源】

最高人民法院民事审判第二庭编：《最高人民法院商事审判指导案例7·公司与金融卷》，中国法制出版社2013年版，第455~465页。

154 对《不良债权转让纪要》发布前已完成转让的不良债权主张优先购买权的处理

【关键词】

| 金融不良债权转让 | 优先购买权 |

【案件名称】

西宁体育馆与中国华融资产管理公司兰州办事处、青海庆威矿业有限公司债权转让无效纠纷案［最高人民法院（2010）民二终字第25号民事判决书，2010.5.13］

【裁判精要】

裁判摘要：为启动人民法院对债权转让合同效力的审查，防止国有资产流失，认定国有性质的事业单位债务人享有提起不良债权转让合同无效的诉权，符合《不良债权转让纪要》的精神。

不良债权转让在《不良债权转让纪要》发布之前已经完成，优先购买权人主张行使优先购买权的，人民法院不予支持。

最高人民法院认为：

（一）关于西宁体育馆是否享有主张债权转让合同无效的诉权问题

西宁体育馆依据《不良债权转让纪要》规定，主张华融兰州办与庆威公司签订的《债权转让协议》无效。庆威公司抗辩认为，本案不应适用《不良债权转让纪要》。最高人民法院认为，根据《不良债权转让纪要》第十二条关于“《不良债权转让纪要》的内容和精神仅适用于在《不良债权转让纪要》发布之后尚在一审或者二审阶段的涉及最初转让方为国有银行、金融资产管理公司通过债权转让方式处置不良资产形成的相关案件”的规定，本案符合《不良债权转让纪要》的适用范围，可以适用《不良债权转让纪要》。《不良债权转让纪要》第五条规定国有企业债务人享有提起不良债权转让合同无效的诉权，而本案的债务人西宁体育馆为事业单位法人，确实与国有企业在组织类型上存在差异，但从所有制性质上看，二者均属国有性质，并无不同。《不良债权转让纪要》赋予国有企业债务人以诉权，目的在于借此启动人民法院对债权转让合同效力的审查，防止国有资产流失。认定同属国有性质的事业单位债务人享有该项诉权，与《不良债权转让纪要》的上述精神是完全相符的。因此，最高人民法院认为，西宁体育馆具备主张不良债权转让合同无效的主体资格。

（二）关于西宁市政府的优先购买权问题

《不良债权转让纪要》规定，在通过债权转让方式处置不良债权过程中，地方政府等享有优先购买权，但金融资产管理公司在《不良债权转让纪要》发布之前已经完成不良债权转让，优先购买权人主张行使优先购买权的，人民法院不予支持。本案中，华融公司和庆威公司之间的金融不良债权转让合同签订于 2007 年 11 月 28 日，而《不良债权转让纪要》发布于 2009 年 4 月 3 日，华融公司和庆威公司之间的金融不良债权转让行为在《不良债权转让纪要》发布之前已经完成。故对于西宁体育馆关于应由西宁市政府行使优先购买权的主张，本院不予支持。

【案例来源】

最高人民法院民事审判第二庭编：《最高人民法院商事审判指导案例 6 · 合同与借贷担保卷》，中国法制出版社 2013 年版，第 158 ~ 164 页。

（四）利息争议纠纷

155 债务承担协议没有对债务履行期内利息作明确约定的，新债务人对该部分利息不负偿还义务，新债务人的保证人也不承担保证责任

【关键词】

| 债务承担 | 利息 | 保证责任 |

【案件名称】

中国信达资产管理公司成都办事处与成都涤纶工业集团公司、成都市国有资产投资经营公司借款合同纠纷案［最高人民法院（2007）民二终字第214号民事判决书，2008.5.23］

【裁判精要】

裁判摘要:《不良贷款案件规定》第七条规定系针对原借款合同债务人逾期还款的情形,并不直接拘束承担继受债务的新债务人。《债务承担协议》已明确约定了债务承担的范围,则新债务人只对其承担范围内的债务负有清偿责任。新债务人并非完全继受原借款合同债务人的地位,故不存在前述司法解释第七条之适用。《债务承担协议》没有对债务履行期内的利息作出明确约定的,新债务人对该部分利息不负偿还义务,对新债务人提供担保的保证人也不承担保证责任。

最高人民法院认为:

根据中行四川分行与涤纶集团签订的《债务承担协议》第2条的约定,涤纶集团承担债务的范围为外汇贷款本金7399800美元及截至协议生效之日原成都涤纶厂和泰康公司在中行四川分行全部债务项下所欠利息。同时,《债务承担协议》第11条又约定,协议自双方有权签字人签署并加盖公章之日起生效。由于该协议签署盖章的日期为2000年2月15日,故涤纶集团明确表示承担债务的范围应为外汇贷款本金7399800美元及截至2000年2月15日原成都涤纶厂和泰康公司在中行四川分行全部债务项下所欠利息,并不包括2000年2月16日至2005年2月15日60个月债务履行期限内的利息。国投公司承担的保证责任也以涤纶集团基于上述《债务承担协议》承担的债务为限。因原成都涤纶厂和泰康公司对中行四川分行所负的债务本身即有对于当时贷款利率的约定,故仅凭《债务承担协议》中贷款逾期部分在“原贷款利率基础上”加收罚息的用语不足以推定涤纶集团与中行四川分行就60个月债务履行期限内的利息支付也作出了约定。

信达公司成都办事处提出,在一审诉讼中,涤纶集团和国投公司均未对该期间利息的计算提出异议,说明在该期间计算利息并不违背主债务人和保证人的意愿。本院认为,在一审诉讼中,涤纶集团和国投公司并未单就该部分利息的收取提出抗辩。两被上诉人未对该期间利息的计算单独提出异议,但亦未明确表示承认,故信达公司成都办事处据此推断在该期间计算利息并不违背主债务人和保证人意愿的上诉理由不能成立,本院不予支持。

信达公司成都办事处在二审庭审中还提出,根据《不良贷款案件规定》第七条“债务人逾期归还贷款,原借款合同约定的利息计算方法不违反法律法规规定的,该约定有效。没有约定或者不明的,依照中国人民银行《人民币利率管理规定》计算利息和复息”的规定,涤纶集团也应当支付60个月履行期内的利息。对此本院认为,涤纶集团并非原借款合同的债务人,其承担的责任应以《债务承担协议》约定承担的债务为限,故不存在《不良贷款案件规定》第七条之适用情形。上诉人信达公司成都办事处要求涤纶集团承担债务履行期间的利息,并要求国投公司承担相应的保证责任的主张不能成立,本院不予支持。

【权威解析】

(一)《不良贷款案件规定》第七条的理解

本案之纠纷表面上是由于《债务承担协议》约定不明,故而双方当事人对于长达60个月的合同履行期内的利息是否需要支付发生争议。但究其实质,则是对于《不良贷款案件规定》第七条如何理解,即新债务人在继受债务时,是否取代原债务人的地位,从而应受司法解释关于利息支付之拘束。上诉人信达公司成都办事处坚持认为,协议没有约定支付利息,也没有约定不支付利息,那么,根据最高人民法院的上述司法解释并结合人民银行对金融机构借款的相关管理规定,就必然要支付利息。换言之,除非《债务承担协议》明确约定对涤纶集团不计收60个月债务履行期限内的利息,否则,涤纶集团都应当支付该履行期内的利息,支付利息是法定义务而非约定义务。

二审合议庭在讨论中则一致认为,上诉人信达公司成都办事处根据《不良贷款案件规定》第七条……的规定,要求涤纶集团支付履行期内利息的主张并不能成立。司法解释的该条规定所针对的是原借款合同的债务人逾期归还贷款的情形,而涤纶集团本身并不是原借款合同的当事人,其债务系承继自原成都涤纶厂和泰康公司。由于其在承担债务时只是承担了本金及截止该协议生效之日的利息,而没有完全继受原成都涤纶厂和泰康公司原借款合同债务人的地位,故不存在司法解释第七条“没有约定或者不明的,依照中国人民银行《人民币利率管理规定》计算利息和复息”规定的适用。本案包括一个债务转移法律关系和一个债权让与法律关系。2000年2月15日,涤纶集团(甲方)与中行四川分行(乙方)签订《债务承担协议》,承担了“外汇贷款本金739.98万美元及截至本协议生效之日原成都涤纶厂和泰康股份有限公司在乙方全部债务项下所欠利息”,并约定该协议项下债务履行期限为60个月。该协议构成债务转移法律关系。2004年7月29日,中行四川分行(甲方)与信达公司成都办事处(乙方)签订《债权转让协议》,将上述债权转让给信达公司成都办事处,并刊发了公告。该协议构成债权让与法律关系。因此,信达公司成都办事处作为债权的受让人能否就60个月债务履行期(即2000年2月16日至2005年2月15日)的利息向涤纶集团主张债权并要求国投公司承担保证责任,关键在于涤纶集团接受债务转移时的合同约定。上诉人信达公司成都办事处亦认可《债务承担协议》只约定了债务履行期限为60个月,对于该债务履行期限内的利息没有进行明确约定,故原审判决认定事实并无不当。涤纶集团签订《债务承担协议》并未承担该

60个月债务履行期内的利息，国投公司也未就该部分利息承担保证责任，信达公司成都办事处的主张缺乏事实依据。……

综上，《不良贷款案件规定》第七条规定：……该规定系针对原借款合同债务人逾期还款的情形，并不直接约束承担继受债务的新债务人。《债务承担协议》已明确约定了债务承担的范围，则新债务人只对其承担范围内的债务负有清偿责任。新债务人并非完全继受原借款合同债务人的地位，故不存在前述司法解释第七条之适用。因此，《债务承担协议》没有对债务履行期内的利息作出明确约定的，新债务人对该部分利息不负偿还义务，对新债务人提供担保的保证人也不承担保证责任。[①]

【案例来源】

最高人民法院民事审判第二庭编：《最高人民法院商事审判指导案例·借款担保卷》（上），中国法制出版社2011年版，第110~114页。

156 受让人向国有企业债务人主张不良债权受让日之后发生的利息的，不予支持

【关键词】

| 不良债权转让 | 国有企业债务人 | 利息 |

【案件名称】

南京华证投资管理有限公司与淮安市宏泰贸易有限公司借款合同纠纷案［最高人民法院（2016）最高法民再355号民事判决书，2017.5.25］

【裁判精要】

最高人民法院认为：

三、关于淮安宏泰公司是否应支付2006年9月29日之后的利息问题

本案所涉债权系长城公司在国家统一安排下通过支付收购成本从中国农业银行收购的政策性不良债权，符合《不良债权转让纪要》第九条“受让人向国有企业债务人主张利息的计算基数应以借款合同本金为准；受让人向国有企业债务人主张不良债权受让日之后发生的利息的，人民法院不予支持”的适用情形；并且，南京华证公司亦未与淮安宏泰公司就借款逾期之后是否收取利息以及利息计算标准进行约

① 参见李晓云：《债务承担协议未明确约定支付履行期间利息的，债务承担人有无义务支付利息——中国信达资产管理公司成都办事处与成都涤纶工业集团公司、成都市国有资产投资经营公司借款合同纠纷案》，载吴庆宝主编：《权威点评最高法院民商法指导案例》，中国法制出版社2010年版，第81~84页。

定,故淮安宏泰公司主张不良债权受让日之后的利息不应支付的理由,本院予以支持。关于本案不良债权受让日即2006年9月29日之前的利息,淮阴市宏泰贸易总公司已认可至2000年4月30日尚欠利息569880元。自2000年5月1日起,其应按照《最高额保证担保借款合同》中约定的日万分之四逾期利率标准计付逾期利息。但因长城公司南京办事处与南京华证公司签订《债权转让协议》及其附件时确认至2005年12月31日尚欠债权利息为332.36万元(56.99万元+275.37万元),并且约定逾期利息按照年利率7.56%的标准计算,该利息金额及标准低于前述按照借款合同约定的逾期利率,系当事人对自己权利的处分,亦未损害淮安宏泰公司的合法利益,本院对此予以尊重。故截止2005年12月31日,本案债权尚欠利息为332.36万元,2006年1月1日至2006年9月29日的逾期利息以620万元为基数,按照年利率7.56%的标准计算。南京华证公司超过该部分的诉讼请求,本院不予支持。

【案例来源】

中国裁判文书网,http://wenshu.court.gov.cn。

编者说明

《不良债权转让纪要》第十二条"关于《纪要》的适用范围"明确,"在《纪要》中,国有银行包括国有独资商业银行、国有控股商业银行以及国有政策性银行;金融资产管理公司包括华融、长城、东方和信达等金融资产管理公司和资产管理公司通过组建或参股等方式成立的资产处置联合体。国有企业债务人包括国有独资和国有控股的企业法人。受让人是指非金融资产管理公司法人、自然人"。因此,其第九条所规定的"受让人"是明确的特定概念。通观《不良债权转让纪要》内容,每一条观点或看法都有特定的背景,均针对某一个特定的问题进行规范或调整,因此,在审理涉及金融不良债权转让的案件中,参照适用某一条款,尤其在《不良债权转让纪要》中已有明确解释的情况下,应当严格对应其文本规范,而不宜作扩大解释。

157 计收复利的权利专属于金融机构,非金融机构受让人不能因债权转让取得计收复利的权利

【关键词】

|非金融机构受让人|复利|

【案件名称】

辽源市佳林造革有限责任公司与DAC China SOS(Barbados)SRL借款合同纠纷案[最高人民法院(2008)民二终字第56号民事判决书]

【裁判精要】

最高人民法院认为:

根据《合同法》第八十一条关于"债权人转让权利的,受让人取得与债权相关的从权利,但该权利专属于债权人自身的除外"的规定,由于收取复息是金融机构依法享有的专有权利,DAC公司并非金融机构,无权享有该权利,故关于利息的给付,本院予以调整,在本案债权转让对债务人发生效力后,DAC公司请求佳林造革公司给付迟延履行期间的利息应按照同期银行贷款利率计付。依据《合同法》第八十条关于"债权人转让权利的,应当通知债务人。未经通知,该转让对债务人不发生效力"的规定,DAC公司与东方资产管理公司于2007年11月16日发布债权转让公告,故本案债权转让对债务人生效时间为2007年11月16日。

综上,本案当事人双方签订的借款合同、债权转让合同系其真实意思表示,不违反法律、行政法规的效力性强制性规定,不损害社会公共利益,应认定有效。合同履行期限届满后,佳林造革公司未依约履行返还借款本金及支付利息的义务,根据《合同法》第一百九十六条、第二百零七条、第一百零七条的规定,应承担向债权人给付借款本息的违约责任。DAC公司合法取得本案所涉债权。原审判决认定事实基本清楚,适用法律基本正确。但由于东方资产管理公司与DAC公司未及时告知债权转让事实,致使原审法院未能在债权合法转让后及时变更诉讼主体,存在一定瑕疵。由于DAC公司不是金融机构,不享有专属于金融机构的收取复息的权利,故对利息的给付本院予以调整。

【权威解析】

(三)受让人为非金融机构,能否因债权转让取得计收复息的权利问题

《不良贷款案件规定》第七条规定:"债务人逾期归还贷款,原借款合同约定的利息计算方法不违反法律法规规定的,该约定有效。没有约定或约定不明的,依照中国人民银行发布的《人民币利率管理规定》计算利息和复息。"《补充通知》[①]第一条规定:"国有商业银行(包括国有控股银行)向金融资产管理公司转让不良贷款,或者金融资产管理公司受让不良贷款后,通过债权转让方式处置不良资产的,可以适用本院发布的上述规定。"基于上述规定,有观点认为,既然金融资产管理公司再次转让债权可以适用《不良贷款案件规定》,故无论受让人是否为金融机构,均可以依该规定收取复息。但反对观点认为,复息计算规定来源于中国人民银行《人民币利率管理规定》,该规定适用对象仅限于金融机构。虽然最高人民法院法释〔1999〕8号《关于逾期付款违约金应当按照何种标准计算问题的批复》和法释〔2000〕34号关

① 指《最高人民法院关于金融资产管理公司收购、处置银行不良资产有关问题的补充通知》(法发〔2005〕62号)。

于修改法释〔1999〕8 号的批复明确了计算标准,但并未赋予其他合同当事人计收复息的权利。因此,计收复息的权利专属于商业银行和金融资产管理公司等金融机构。本案受让人并非商业银行和金融资产管理公司等金融机构,故其不需有收取复息的权利。另有观点认为,第二种观点是《不良债权转让纪要》中的观点,因此,作为非金融主体的受让人能否享有收取复息的权利,主要取决于该案件是否适用《不良债权转让纪要》的规定。我们认为,根据《合同法》第八十一条关于"债权人转让权利的,受让人取得与债权相关的从权利,但该权利专属于债权人自身的除外"的规定,收取复息系金融机构的权利,具有专属性。因此,在受让人为非金融机构的情形下,无论该案件是否适用《不良债权转让纪要》的规定,均应根据前述法理以及个案的特殊情形,原则上判决受让人不享有收取复息的权利。①

【案例来源】

最高人民法院民事审判第二庭编:《合同案件审判指导》,法律出版社 2014 年版,第 608 ~617 页。

158 金融不良债权受让人可以主张受让日之前的利息

【关键词】

| 金融不良债权转让 | 利息 |

【案件名称Ⅰ】

四川医药包装股份有限公司与欣正投资发展有限公司借款合同纠纷案 [最高人民法院(2013)民二终字第 95 号民事判决书,2013. 11. 7]

【裁判精要】

裁判摘要:本案争议焦点是债权人所主张的利息是否应予支持的问题。债权人欣正公司依据其与资产管理公司签订的债权转让协议,向债务人医药公司主张债权受让前"过渡期"的利息,具有事实及法律依据,亦不违反《不良债权转让纪要》第九条的规定。

最高人民法院认为:

本案的争议焦点是医药公司是否应向欣正公司支付本案 3070 万元债务自 2010

① 参见张雪楳:《二审期间当事人才告知债权已于一审期间转让的事实,二审法院能否直接裁决变更诉讼主体》,载最高人民法院民事审判第二庭编:《合同案件审判指导》,法律出版社 2014 年版,第 691 ~692 页。

年3月21日至2010年9月6日的利息,即长城公司成都办事处与欣正公司债权转让协议约定的基准日到受让日期间的利息。本案中长城公司成都办事处与欣正公司之间的《债权转让协议》签订于2010年8月24日,双方约定:确定债权金额的基准日为2010年3月20日,自基准日到受让日为过渡期;过渡期内与主债权相关的利息,在相关司法政策允许的前提下,在交割日一并转移给欣正公司;交割后,自基准日起的贷款债权的权利、权益和利益均转让给欣正公司。在转让协议履行过程中,双方根据协议约定在2010年9月6日完成了交割,即欣正公司承继本案债权的实际受让日为2010年9月6日。根据《不良债权转让纪要》第九条的规定,受让人主张受让日之后发生的利息的,人民法院不支持。因此,受让人欣正公司主张受让日之前的利息符合上述规定,且并不违反其他法律、法规的规定。一审法院据此判令医药公司向欣正公司支付这一期间的利息,以3070万元为基数,按照中国人民银行规定的同期同类贷款利率计付,并无不当。

【案例来源】

中国裁判文书网,http://wenshu. court. gov. cn。

【案件名称Ⅱ】

成都天齐实业(集团)有限公司与四川欧德曼投资有限公司、成都益邦投资有限公司一般借款合同纠纷案[最高人民法院(2013)民二终字第84号民事判决书,2014. 7. 7]

【裁判精要】

最高人民法院认为:

关于第三个争议焦点,因本案再审判决聚兴集团公司应向张良支付借款利息的期限仅截至黑龙江高院(1998)黑经初字第68号民事判决生效后第10日,处于案涉不良债权受让日之前,参照《不良债权转让纪要》第九条关于“受让人向国有企业债务人主张利息的计算基数应以原借款合同本金为准;受让人向国有企业债务人主张不良债权受让日之后发生的利息的,人民法院不予支持”的规定,张良作为受让人有权依据案涉借款合同主张在该期限内按照逾期贷款利率计收利息。

【案例来源】

中国裁判文书网,http://wenshu. court. gov. cn。

159 银行在剥离不良债权时核算利息并单方制作催款通知书载明债务数额，债务人不予认可时应重新核算

【关键词】

| 不良债权剥离 | 利息 |

【案件名称】

中国农业银行股份有限公司黑龙江省分行直属支行与黑龙江北方企业集团有限责任公司、佳木斯北方煤化工有限责任公司金融借款合同纠纷案［最高人民法院（2012）民二终字第96号民事判决书，2012. 12. 5］

【裁判精要】

裁判摘要:剥离不良债权是特定时期国家对商业银行不良贷款作出的特殊处置,商业银行在该剥离不良债权时核算利息并向债务人发出《债务逾期催收通知书》,逐笔载明各份合同拖欠的本金、利息,债务人对部分合同债务予以认可,债权人主张应重新计算,在其未提供证据证明该通知书违背真实意愿的情况下,应不予支持。

最高人民法院认为:

2007年10月17日,农行省直属支行向北方集团公司发出《债务逾期催收通知书》,载明了截至2007年9月20日每份借款合同拖欠债务利息数额,北方集团公司在该通知书上加盖公章予以确认。在本案一审期间,北方集团公司对该通知书上的七份借款合同的利息数额予以确认,但对其中2000年9月30日签订的农银借字2000第55号借款合同关于200万元借款所列的尚欠利息39727567.56元有异议。因该数字明显不合理,且农行省直属支行未能说明该项利息数额的计算依据,原审法院组织当事人依据农银借字2000第55号借款合同的约定和2004年中国人民银行关于逾期罚息的标准共同计算确认截至2009年11月27日欠付利息为1796109.22元。因当事人之间在1998年至2000年期间存在多笔借款合同,部分合同又有展期,每份合同约定利息、罚息不同,且合同期满后又遇国家政策对逾期罚息的调整,因而对涉案多份合同利息和罚息的计算比较复杂。债权人农行省直属支行在起诉状主张利息的计算依据不符合合同约定及中国人民银行关于利息调整的规定,因此,原审法院将农行省直属支行于2007年10月17日向债务人发出的《债务逾期催收通知书》作为确认本案逐份借款合同计算利息的依据并无不妥。因北方集团公司对《债务逾期催收通知书》中农银借字2000第55号借款合同的利息及罚息数额提出的异议成立,原审法院在一审中主持双方当事人当庭重新计算并确认该笔借款的利息数额,其计算根据为合同约定和中国人民银行关于调整罚息的标准,对

该计算结果,依法应予以维持。

农行直属支行上诉称:《债务逾期催收通知书》上的数据为微机形成,其他七笔利息加到了200万元借款利息中,但八笔利息的总额是正确的,其是将八笔借款利息作为一个整体计算的。因该《债务逾期催收通知书》对每份合同的本金及利息数额均单独列明,并未混同,对其主张本院不予支持。北方集团公司答辩认为:农行直属支行在起诉时计算的利息为172971547.91元,起诉状中的明细列利息为116351841.72元,在一审开庭时提交的证据利息是104496781.93元,上诉时主张的利息是159996974.42元,每次的利息数额都有一些误差的观点,符合农行省直属支行在诉讼中多次主张的利息不一致的事实。其答辩主张贷款利息应一笔一笔计算,不应将八笔作为一个整体的观点成立,本院予以支持。

农行直属支行上诉主张《债务逾期催收通知书》上的数据为微机形成,在剥离不良债权时,其他七笔的利息加到了200万元借款利息中,如对该催款通知书计算数额有异议,应按借款合同及借款展期协议的约定,重新计算利息。因剥离不良债权是我国特定时期对商业银行不良贷款作出的特殊处置,农行直属支行在剥离不良债权后核算利息并向债务人发出《债务逾期催收通知书》,逐笔载明各份合同拖欠的本金、利息,其未提供证据证明该《债务逾期催收通知书》系在违背其真实意愿的情况下制作的,其主张推翻《债务逾期催收通知书》确认的各份合同利息的观点,本院不予采纳。

【案例来源】

最高人民法院民事审判第二庭编:《最高人民法院商事审判指导案例(2012)·公司与金融》,中国民主法制出版社2013年版,第275~283页。

(五)诉讼与执行主体变更

160 金融不良债权转让后诉讼或者执行主体的变更

【关键词】

|金融不良债权转让|主体变更|

【案件名称Ⅰ】

中国信达资产管理股份有限公司黑龙江省分公司与哈尔滨四海数控科技股份有限公司、刘安丽金融借款合同纠纷案[最高人民法院(2014)民二终字第251号民事判决书,2014.12.20]

【裁判精要】

最高人民法院认为：

银行在一审判决作出后，将涉案债权本金及利息全部转让给资产公司，资产公司在《黑龙江日报》报刊上发布债权转让及催收公告，通知债务人及保证人。《不良贷款案件规定》第六条第一款规定："金融资产管理公司受让国有银行债权后，原债权银行在全国或者省级有影响的报纸上发布债权转让公告或通知的，人民法院可以认定债权人履行了《合同法》第八十条第一款规定的通知义务。"依上述规定，银行与资产公司之间所签《债权转让协议》对于债务人及保证人已发生债权转让的法律效力，应予确认。此外，根据前述规定第二条"金融资产管理公司受让国有银行债权后，人民法院对于债权转让前原债权银行已经提起诉讼尚未审结的案件，可以根据原债权银行或者金融资产管理公司的申请将诉讼主体变更为受让债权的金融资产管理公司"，故资产公司在本案二审期间请求将银行变更为其公司，应予准许。

【案例来源】

中国裁判文书网，http://wenshu. court. gov. cn。

【案件名称Ⅱ】

成都天齐实业（集团）有限公司与四川欧德曼投资有限公司、成都益邦投资有限公司一般借款合同纠纷案［最高人民法院（2013）民二终字第 84 号民事判决书，2014. 7. 7］

【裁判精要】

最高人民法院认为：

关于第一个争议焦点，《关于金融资产管理公司收购、处置银行不良资产有关问题的补充通知》第三条关于"金融资产管理公司转让、处置已经涉及诉讼、执行或者破产等程序的不良债权时，人民法院应当根据债权转让协议和转让人或者受让人的申请，裁定变更诉讼或者执行主体"的规定精神，本案中黑龙江高院应裁定将原审原告变更为张良。该院未经裁定而直接在判决书中变更确为不当，但对聚兴集团公司的诉讼权利并未造成实际损害。对聚兴集团公司关于其诉讼权利受到黑龙江高院损害的主张，本院不予支持。

【案例来源】

中国裁判文书网，http://wenshu. court. gov. cn。

编者说明

最高人民法院的司法解释对金融资产管理公司受让国有及国有控股银行已经涉诉的

不良债权后诉讼主体变更问题作出了明确的规定，但是对金融资产管理公司通过债权转让方式处置该等债权时诉讼或者执行主体如何变更未作规定。金融资产管理公司通过债权转让完成处置的，其中部分债权已经进入诉讼或者执行或者破产程序，如不变更诉讼或者执行主体，受让债权人的权利无法行使。因此，金融资产管理公司通过债权转让方式处置已经涉及诉讼、执行或者破产等程序的不良债权时，人民法院应当根据债权转让协议和转让人或者受让人的申请，裁定变更诉讼或者执行主体。①

关于金融不良债权转让后诉讼或者执行主体的变更问题，《不良贷款案件规定》及《关于金融资产管理公司收购、处置银行不良资产有关问题的补充通知》作了相关规定。《不良债权转让纪要》对此问题的处理再作重申，其中第十条明确："金融资产管理公司转让已经涉及诉讼、执行或者破产程序的不良债权，人民法院应当根据债权转让合同以及受让人或者转让人的申请，裁定变更诉讼主体或者执行主体。"

161 二审期间当事人才告知金融不良债权已于一审期间转让的事实，二审法院可以直接变更诉讼主体

【关键词】

| 不良债权转让 | 变更诉讼主体 |

【案件名称Ⅰ】

中国信达资产管理股份有限公司新疆维吾尔自治区分公司与新疆石河子开发区经济建设总公司、新疆江海三泰番茄制品股份有限公司等金融借款合同纠纷案［最高人民法院（2015）民一终字第425号民事判决书，2016.6.29］

【裁判精要】

最高人民法院认为：

中行石河子分行在本案起诉时以及一审法院开庭审理时均是涉诉债权的债权人，故其有权就涉诉债权向债务人新疆江海三泰公司及保证人经济建设总公司等提起诉讼。经济建设总公司提出的中行石河子分行不具有原告资格之主张，不能成立。中行新疆分行与信达公司新疆分公司于2015年7月28日签订的《债权转让协议》及随后在《新疆法制报》上刊登的相应通知可以表明，在本案一审开庭后涉诉债权已由中行石河子分行转移至信达公司新疆分公司且该转移已对债务人和保证人生效，涉诉债权的出让方或受让方应及时向原审法院告知债权转让事实并申请法院变更诉讼主体。作为债权受让方的信达公司新疆分公司在本案二审中才告知本院并请求变更诉讼主体，存有不当。但是，由于中行石河子分行与信达公司新疆分公

---

① 参见金剑锋：《关于"金融资产管理公司收购、处置银行不良资产有关问题的通知"的说明》，载最高人民法院民事审判第二庭编：《民商事审判指导》（总第6辑），人民法院出版社2005年版，第7页。

司间就涉诉债权构成承继关系，所以本案一审时中行石河子分行与信达公司新疆分公司未请求变更诉讼主体，不影响信达公司新疆分公司实际享有涉诉债权，债务人新疆江海三泰公司及保证人经济建设总公司等应向信达公司新疆分公司履行义务。本院二审审理中将被上诉人变更为信达公司新疆分公司，亦不会影响上述债务人及保证人的权利。故，本院将本案被上诉人由中行石河子分行变更为信达公司新疆分公司。经济建设总公司据此主张将本案发回重审，法律依据不足，本院不予支持。

【案例来源】

中国裁判文书网，http://wenshu. court. gov. cn。

【案件名称Ⅱ】

辽源市佳林造革有限责任公司与 DAC China SOS(Barbados)SRL 借款合同纠纷案［最高人民法院（2008）民二终字第 56 号民事判决书］

【裁判精要】

最高人民法院认为：

1. 原审法院以东方资产管理公司为诉讼主体进行裁判是否属于程序错误、应否驳回东方资产管理公司请求问题

关于该问题，应首先认定东方资产管理公司与 DAC 公司之间签订的债权转让协议是否有效。关于境内金融机构对外转让不良债权的合法性问题，国家发展改革委员会、国家外汇管理局颁发了发改外资〔2007〕254 号《通知》进行了规定。〔2007〕254 号《通知》第四条规定："按照《金融资产管理公司条例》（国务院令第 297 号）和财政部、银监会等部门有关规定，境内金融机构转让不良债权……原则上所有转让应当采取招标、拍卖、公开竞价等公开方式并采取境外投资者一次性付清全部转让价款形式进行交易。"第七条规定："境内金融机构应在对外转让不良债权协议签订后 20 个工作日内，将对外转让债权有关情况报送国家发展改革委备案（一式三份），同时抄报财政部、银监会。"该规定涉及社会公共利益的保护问题，故可以根据《合同法》第五十二条的规定，以是否违反该规定、是否损害社会公共利益为由判断转让合同的效力。本案中，东方资产管理公司先行采取了公开竞价方式，但在公开竞价过程中，由于 DAC 竞买人的报价低于底价，拍卖流拍而最终采取了定向协商方式与 DAC 公司签订债权转让协议。〔2007〕254 号《通知》规定的是原则上所有转让应当采取招标、拍卖、公开竞价等公开方式，而非绝对禁止其他方式，因此，该方式并未违反〔2007〕254 号《通知》的规定。而且，该转让行为已经有权管理机关——国家发展改革委员会备案确认且已抄报财政部、银监会，上述机构均未对转让事实提出异议，故应认定该转让行为合法有效，DAC 公司为合法债权人。根据《关于金融资产管理公司收购、处置银行不良资产有关问题的补充通知》第三条关于"金融资产管理公司

转让、处置已经涉及诉讼、执行或者破产等程序的不良债权时,人民法院应当根据债权转让协议和转让人或者受让人的申请,裁定变更诉讼或者执行主体"的规定,本案中,转让人及受让人均提出了变更诉讼主体的申请,债权转让协议合法有效,故本院可以依照前述规定在二审中直接将被上诉人由东方资产管理公司变更为 DAC 公司,DAC 公司为本案适格当事人。当然,本案一审期间,东方资产管理公司已将本案所涉债权转让给 DAC 公司,转让方或受让方应及时在一审期间告知债权转让事实并申请法院变更诉讼主体,其在二审才予以告知并申请变更诉讼主体存有不当,但由于本案诉讼主体的变更是基于债权转让法律行为所致,变更前后的主体均为合法的债权人,两者是承继关系,故尽管一审时东方资产管理公司与 DAC 公司未及时申请变更诉讼主体,但 DAC 公司可以依据《资产转让协议》享有实体权利,同时,无论债权人为转让前的主体还是转让后的主体,对于债务人而言,其均有义务依法清偿债务,在本案并非一审终审的情形下,一审审理程序结束,本案权利义务关系并未固定,本院在二审变更诉讼主体也不会损害债务人的利益。而且,在债权转让协议生效后,东方资产管理公司已不是本案债权人,但由于债权转让事实系在一审审理过程中发生,在起诉之时其为债权人,为适格原告,且东方资产管理公司以及 DAC 公司对在债权转让后仍以东方资产管理公司名义代 DAC 公司主张本案债权并无异议,故佳林造革公司以债权转让后东方资产管理公司不具备诉讼主体资格为由请求驳回其请求的上诉理由,本院不予支持。……

综上,本案当事人双方签订的借款合同、债权转让合同系其真实意思表示,不违反法律、行政法规的效力性强制性规定,不损害社会公共利益,应认定有效。合同履行期限届满后,佳林造革公司未依约履行返还借款本金及支付利息的义务,根据《合同法》第一百九十六条、第二百零七条、第一百零七条的规定,应承担向债权人给付借款本息的违约责任。DAC 公司合法取得本案所涉债权。原审判决认定事实基本清楚,适用法律基本正确。但由于东方资产管理公司与 DAC 公司未及时告知债权转让事实,致使原审法院未能在债权合法转让后及时变更诉讼主体,存在一定瑕疵。由于 DAC 公司不是金融机构,不享有专属于金融机构的收取复息的权利,故对利息的给付本院予以调整。

【权威解析】

(1)二审直接变更诉讼主体符合法理。因为其系因债权转让而变更债权主体,变更前后的债权主体均为合法的债权人,两者是债权承继关系,而非实质上列错诉讼主体,并非存在根本性错误,如本应是甲公司而列为乙公司,且两者并非有法定或者约定的债权债务承继关系的情形等。因此,我们仍然可以适用《关于金融资产管理公司收购、处置银行不良资产有关问题的补充通知》的规定,在审判程序中直接根据债权转让协议和转让人、受让人的申请而直接变更诉讼主体。(2)一审未予变更,二审直接变更,并不影响本案真正权利主体和债务人的实体权益的实现和保护。对于DAC公司而言，尽管一审期间债权已经转让，仍由东方资产管理公司主张权利，一审判决已判定其为债权主体，但由于其与东方资产管理公司之间达成了代为诉讼、法院判决后的实质权利归属于DAC公司的协议，故无论名义上的债权人为谁，DAC公司均可以依据《资产转让协议》享有实体权利。对于债务人而言，无论债权人为转让前的主体还是转让后的主体，其均有义务依法清偿债务，在本案并非一审终审的情形下，本案权利义务关系并未固定，本院在二审变更诉讼主体也不会损害债务人的利益。(3)这样处理也符合诉讼经济原则，避免浪费诉讼成本。尽管当事人隐瞒一审期间债权转让事实导致诉讼主体没有在一审期间变更，具有一定瑕疵，但其并没有违反基本法理和损害当事人合法权益。因此，如果仅因该瑕疵而因诉讼主体列明有误、程序上存在错误，驳回起诉有违诉讼经济原则。在依据转让人和受让人之间的协议，两者为名义债权人和实质债权人的情形下，如果判决驳回东方资产管理公司的诉求再由DAC公司另行起诉，则在追求形式上的、程序上的精确的同时却存在浪费诉讼成本之失。①

【案例来源】

最高人民法院民事审判第二庭编：《合同案件审判指导》，法律出版社2014年版，第608～691页。

(六)其他

162 债权转让公告并非合同，亦不同于物权登记，不产生类似于物权登记的公示效力

【关键词】

|债权转让公告|公示效力|

【案件名称】

广西壮族自治区丝绸进出口公司与横县桂华华茧丝绸有限责任公司、广西安和投资置业有限公司、南宁大步广告有限公司、中国信达资产管理公司南宁办事处债权转让合同纠纷案［最高人民法院（2010）民抗字第12号民事判决书，2010.7.23］

---

① 参见张雪楳：《二审期间当事人才告知债权已于一审期间转让的事实，二审法院能否直接裁决变更诉讼主体》，载最高人民法院民事审判第二庭编：《合同案件审判指导》，法律出版社2014年版，第617～618页。

【裁判精要】

最高人民法院认为：

《债权转让合同》经信达南宁办与安和公司签字盖章即发生法律效力。《债权转让公告》并非合同，该公告的发布并未使信达南宁办与安和公司之间设立有别于《债权转让合同》的新的权利义务关系。《债权转让公告》亦不同于物权登记，不产生类似于物权登记的公示效力。当《债权转让公告》登载的内容与《债权转让合同》不一致时，尤其是债权转让人信达南宁办并未申明放弃或变更《债权转让合同》的上述条款，则应当以《债权转让合同》的约定为准。《债权转让合同》第 16 条约定的有关内容，对丝绸公司产生免责的法律效力。因此，安和公司、大步公司、桂华公司均不能依据《债权转让公告》向丝绸公司主张权利。

【权威解析】

（二）关于《债权转让合同》与《债权转让公告》的问题

丝绸公司应否免责，导致再审与原审处理结果不同的原因，在于对《债权转让合同》的约束力问题的理解和对该合同第 16 条的特别约定如何解读，以及《债权转让合同》与《债权转让公告》的内容不一致时，依据哪一个文件进行处理的问题。

有意见认为：(1)债权转让，债权人之间可以就债务的减少或者免除作出约定，该约定的效力及于债权的出让和受让方。双方均应依照约定履行。但该约定的效力仅及于出让方和受让方，而不应及于第三人。本案《债权转让合同》签订后，对第 16 条特别约定的内容，信达南宁办与安和公司均未告知丝绸公司，没有证据证明大步公司向丝绸公司告知过上述内容，也同样没有证据证明桂华公司知悉上述第 16 条特别约定的内容，并告知丝绸公司上述内容，而且，丝绸公司在二审庭审中承认，该公司是 2008 年 4 月份才得知第 16 条特别约定的内容。因此，《债权转让合同》第 16 条约定的效力不应及于丝绸公司。(2)既然信达南宁办与安和公司签订合同，双方约定免除丝绸公司的担保债务，安和公司不得向丝绸公司追偿该笔债务，那么，双方之后的民事行为必须与此前的约定保持一致。在此后的公告中，可以不将该笔债务列入债务人名单之中，也可以就丝绸公司免责的问题在公告中予以说明。但在信达南宁办与安和公司双方于 2008 年 1 月 21 日联合发布的《债权转让公告》中，仍然将丝绸公司作为债务的担保人予以刊登公告，以公告方式通知丝绸公司在内的债务人和担保人，请借款人和相应担保人或借款人、担保人的承继人向安和公司履行还款义务。《债权转让公告》具有公信力和告知的法律效力，且发布在《债权转让合同》之后，由此，应当认定《债权转让公告》对《债权转让合同》的内容进行了修改和变更。因此，作为最后的债权人，桂华公司在支付有关对价之后取得相应的债权，当然享有向丝绸公司主张其承担保证责任的权利。

对本案的认定和处理，存在不同的认识。经征求多方意见，最终形成的结论是：

本案所涉债权为附条件债权让与，受让人安和公司以免除担保人丝绸公司的担保义务为条件受让债权。《债权转让合同》的签订，在信达南宁办与安和公司之间设立了特定的权利义务关系，该合同第16条的约定，排除了安和公司的本案权利，也排除了丝绸公司的债务。在受让人安和公司再转让时，后手受让人大步公司、桂华公司不能取得大于前手安和公司的合同权利。大步公司、桂华公司在受让安和公司的债权时，必须对安和公司与信达南宁办之间的合同进行审查，以判断安和公司债权的完整内容。《债权转让合同》经信达南宁办与安和公司签字盖章即发生法律效力。《债权转让公告》并非合同，该公告的发布并未使信达南宁办与安和公司之间设立有别于《债权转让合同》的新的权利义务关系。《债权转让公告》亦不同于物权登记，不产生类似于物权登记的公示效力。当《债权转让公告》登载的内容与《债权转让合同》不一致时，尤其是债权转让人信达南宁办并未申明放弃或变更《债权转让合同》中的上述条款，则应当以《债权转让合同》的约定为准。《债权转让合同》第16条约定的有关内容，对丝绸公司产生免责的法律效力。因此，安和公司、大步公司、桂华公司均不能依据《债权转让公告》向丝绸公司主张权利。①

【案例来源】

景汉朝主编：《最高人民法院审判监督指导案例解析》，人民法院出版社2015年版，第39～49页。

163 资产管理公司承接银行债权后诉讼时效中断的认定

【关键词】

|资产管理公司|诉讼时效中断|

【案件名称】

宁夏大荣实业集团有限公司与中国信达资产管理股份有限公司陕西省分公司保证合同纠纷案［最高人民法院（2011）民二终字第5号民事判决书，2011.4.27］

【裁判精要】

裁判摘要：金融资产管理公司承接银行债权是特殊时期、特殊政策背景下集中出现的特定类型的交易。为了最大限度地保全国有资产，金融资产管理公司在全国或省级有影响的报纸上发布的有催收内容的债权转让公告或通知所构成的诉讼时

① 参见于松波：《债权转让公告并非合同，亦不同于物权登记，不产生类似于物权登记的公示效力——广西壮族自治区丝绸进出口公司与横县桂华茧丝绸有限责任公司、广西安和投资置业有限公司、南宁大步广告有限公司、中国信达资产管理公司南宁办事处债权转让合同纠纷案》，载景汉朝主编：《最高人民法院审判监督指导案例解析》，人民法院出版社2015年版，第51～52页。

效中断,可以溯及至金融资产管理公司受让原债权银行债权之日;金融资产管理公司对已承接的债权,可以在上述报纸上以发布催收公告的方式取得诉讼时效中断的证据。

最高人民法院认为:

根据中行石嘴山分行与民化公司签订的2001年借字0107301号《人民币借款合同》以及中行石嘴山分行与大荣公司签订的三份2001年借字0107301号《保证合同》,中行石嘴山分行于2001年7月30日向民化公司发放了1110万元的一年期短期贷款,大荣公司为该笔贷款提供连带责任保证。保证人大荣公司对上述借款及保证关系的成立不持异议,本院予以确认。借款到期后,民化公司未偿还借款本息,中行石嘴山分行于2002年11月7日以《逾期贷款催收通知书》的形式向民化公司与大荣公司进行催收,大荣公司于2002年12月2日盖章确认。《逾期贷款催收通知书》载明了债权人主张债权的依据、借款发生的时间和本息数额,并明确提出借款已经逾期,要求借款人及保证人尽快偿还。从该通知的内容上看,中行石嘴山分行向民化公司和大荣公司均提出了偿还借款的要求,大荣公司认为该通知不具备任何明确要求保证人大荣公司承担保证责任的内容与事实不符,本院不予采信。根据《保证合同》的约定,保证期间为借款合同债务履行期届满之日起经过两年,即2002年7月30日至2004年7月29日。中行石嘴山分行催收贷款及大荣公司确认收到催收贷款通知的时间均在保证期间之内,根据《担保法解释》第三十四条第二款的规定,从中行石嘴山分行要求大荣公司承担保证责任之日,即2002年11月7日开始计算《保证合同》的诉讼时效。

2004年6月25日,中行石嘴山分行与信达公司签订《债权转让协议》,将其对民化公司享有的上述债权转让给信达公司。虽然该协议中明确约定"与转让有关的全部从权利包括保证债权同时转移",但由于中行石嘴山分行已经在保证期间内要求大荣公司承担保证责任,其与大荣公司之间形成了直接的债权债务关系,根据《合同法》第八十条第一款的规定,中行石嘴山分行转让债权的行为须经通知才能对大荣公司发生效力。2004年10月27日,中行石嘴山分行和信达公司在《宁夏日报》上联合发布了《债权转让暨催收公告》,对债权转让事宜通过公告的形式进行了通知。《不良贷款案件规定》第六条第一款规定:"金融资产管理公司受让国有银行债权后,原债权银行在全国或者省级有影响的报纸上发布债权转让公告或通知的,人民法院可以认定债权人履行了《合同法》第八十条第一款规定的通知义务。"中行石嘴山分行和信达公司之间转让债权的行为以公告形式通知大荣公司符合上述司法解释的规定,大荣公司主张该债权转让行为对其不发生效力法律依据不足,本院不予支持。

本案保证合同的诉讼时效于2002年11月7日起开始计算,在法定诉讼时效期间,中行石嘴山分行和信达公司于2004年10月27日在《宁夏日报》上联合发布《债权转让暨催收公告》,信达公司分别于2006年6月23日、2008年6月19日、2010年5月21日,在《宁夏日报》上发布《债权催收公告》,对上述债权进行催收。以公告的形式催收债权是否能够产生诉讼时效中断的效力是信达公司与大荣公司在本案中的主要争议焦点。根据《诉讼时效解释》第十条第一款第(四)项的规定,以公告形式主张权利,应当被认定为《民法通则》第一百四十条规定的"当事人一方提出要求"并产生诉讼时效中断效力的应限于两种情形,一是当事人一方下落不明,二是法律和司法解释另有特别规定。根据《不良贷款案件规定》第十条的规定,国有银行将其债权转让给金融资产管理公司的,原债权银行在全国或者省级有影响的报纸上发布的债权转让公告或通知中,有催收债务内容的,该公告或通知可以作为诉讼时效中断证据。另据《最高人民法院对〈关于贯彻执行最高人民法院"十二条"司法解释有关问题的函〉的答复》的规定,为了最大限度地保全国有资产,金融资产管理公司在全国或省级有影响的报纸上发布的有催收内容的债权转让公告或通知所构成的诉讼时效中断,可以溯及至金融资产管理公司受让原债权银行债权之日;金融资产管理公司对已承接的债权,可以在上述报纸上以发布催收公告的方式取得诉讼时效中断(主张权利)的证据。按照上述规定,本案应属于适用相关司法解释特别规定的情形,中行石嘴山分行和信达公司先后在《宁夏日报》上发布的《债权转让暨催收公告》和《债权催收公告》可以起到诉讼时效中断的效力。原审法院判令大荣公司对民化公司欠付信达公司的借款本金1110万元承担连带清偿责任正确,应予维持。

【案例来源】

最高人民法院民事审判第二庭编:《最高人民法院商事审判指导案例7 · 公司与金融卷》,中国法制出版社2013年版,第420～429页。

164 当事人对生效判决确定给付事项撤回强制执行申请后,未就债权债务关系重新达成协议的,不予保护

【关键词】

| 撤回执行申请 | 新的债权债务关系 |

【案件名称】

中国信达资产管理股份公司辽宁省分公司与沈阳(中国北方花城)有限公司不良债权追偿纠纷案[最高人民法院(2013)民提字第57号民事判决书,2013.10.31]

【裁判精要】

裁判摘要:对于自然之债,当事人如何才算达成新的债权债务关系,实践中是个比较难以认定的问题,许多界限模糊。本案较好地澄清当事人达成新的债权债务关

系的条件、标准及当事人实体权利应否保护等问题。

最高人民法院认为:

本案争议焦点在于信达公司对2003年9月1日沈阳交行和花城公司签订的《协议书》能否提起诉讼以及受让债权性质如何认定问题。

首先,根据本院《关于如何处理因当事人达成和解协议致使逾期申请执行问题的复函》(〔1999〕执他字第10号)精神,原债权人沈阳交行与债务人花城公司就本案所涉借款合同纠纷案件已经诉讼并作出有效判决,且进入执行程序后,因沈阳交行申请撤回强制执行而由法院裁定终结该案的执行程序。信达公司受让债权后,又以2003年9月1日沈阳交行和花城公司签订的《协议书》提起诉讼,符合起诉条件,不属重复诉讼,人民法院应当予以受理。

其次,本案《协议书》签订后,其第1条、第2条分别得到履行。债务人花城公司向沈阳交行支付了100万元。而沈阳交行亦向沈阳市中级人民法院提出撤销对原借款合同纠纷案件判决执行程序的申请,原审法院于2004年1月11日以(2003)沈法执字第133号民事(执行)裁定书,裁定终结该案的执行程序。其余条款内容并未履行,为当事人认可。从上述《协议书》第3条、第4条内容看,花城公司所欠贷款本金,将以重组转期手续的方式偿还,《协议书》的性质应认为属于合同变更。协议签订后,花城公司于2003年9月5日向沈阳交行提交了申请转期的报告和抵押承诺,并于2003年12月3日向沈阳交行提交了贷款和担保确认书,但双方并未达成贷款转期的协议,应当认为合同变更没有得到实际履行,《协议书》约定的重组转期手续并未完成,故仍应依据原有借款合同确定当事人之间的债权债务关系。作为原借款合同项下的权利,在沈阳市中级人民法院已作出(2002)沈民(3)初字第1号民事判决之后的执行期间,原债权人沈阳交行向沈阳市中级人民法院撤回了强制执行申请,沈阳市中级人民法院据此于2003年10月21日作出(2003)沈法执字第133号民事裁定,终结该案执行。沈阳交行和花城公司于2004年1月16日予以签收。因此原借款合同项下之债权债务已经成为自然之债。根据本院〔1999〕执他字第10号《关于如何处理因当事人达成和解协议致使逾期申请执行问题的复函》,以及〔2001〕民立他字第34号《关于当事人对人民法院生效法律文书所确定的给付事项超过申请执行斯限后又重新就其中的部分给付内容达成新的协议的应否立案的批复》等相关规定,在债权债务已成自然之债的情况下,只有在有关当事人通过达成新的协议等方式形成新的民事法律关系才能受到国家强制力的保护。从本案来看,2003年9月1日沈阳交行和花城公司签订的《协议书》并非已经重新设立债权债务,主要只是约定双方准备重新办理4380万元贷款的重组转期手续。债务人花城公司随后向沈阳交行提交有关申请贷款转期报告和抵押承诺,但沈阳交行未与债务人协商情况下径行于2004年6月7日将四笔债权转让给信达公司,并无相应证据证明本案当事人就重新签订贷款转期合同事宜,已经达成了有关新的债权债务协议。2003

年9月1日沈阳交行和花城公司签订的《协议书》约定内容是互负条件的，是以沈阳交行重新放贷为条件，花城公司为了履行该协议项下的义务才向沈阳交行作出了相关的系列承诺，以达到贷款重组的目的。花城公司为履行《协议书》向沈阳交行提交有关报告和承诺以及《贷款和担保确认通知书》，均只是针对原借款合同项下债权债务关系的确认，不能构成对原借款合同项下债权债务关系达成新的协议，不产生新的权利义务关系。对此，债务人花城公司并没有过错，也没有违反2003年9月1日《协议书》约定内容，不存在违反自2004年1月起支付新增贷款利息的约定。信达公司通过2004年6月7日《债权转让协议》从沈阳交行转让获得的债权，其权利不应优于沈阳交行所具有的权利。信达公司于2010年7月6日向辽宁省沈阳市中级人民法院提起诉讼，以花城公司违反2003年9月1日《协议书》约定为由，请求判令花城公司给付信达公司4380万元本金及利息，因其请求缺乏事实和法律依据，其实体权利缺乏根据，无法获得法律再次救济，其请求权不能得到支持。

综上，沈阳交行和花城公司2003年9月1日签订的《协议书》并没有产生新的债权债务关系。信达公司受让沈阳交行的本案债权之后与债务人花城公司之间发生的权利义务关系仍应以原先的借款合同为依据。因该债权债务为已有生效判决所确认，且因沈阳交行申请撤回强制执行由法院裁定终结执行程序从而成为自然之债。尽管信达公司以2003年9月1日《协议书》提起诉讼是可以的，但因债务人花城公司并不存在违反《协议书》的行为，本案事实也不能证明本案原借款合同项下债权债务关系已经由有关当事人达成新的协议，形成新的债权债务关系，且本案当事人争议的有关债权转让及催收通知的公证送达是否应当认定问题，因其转让的债权仍然为原借款合同项下的债权，该债权已为有效判决所调整，而非有关当事人重新协议达成新的债权，不论认定与否，均不能自动产生设立新的债权债务的法律意义。因而信达公司从原债权人沈阳交行处受让的债权的实体权利不再受法律保护，从而丧失实体胜诉权。

【案例来源】

中国裁判文书网，http://wenshu.court.gov.cn。

第二章 | CHAPTER 02

保理合同纠纷

一、保理合同性质认定

165 保理合同为准混合契约，合同没有约定或者约定不明的，应当结合合同目的、保理融资业务交易惯例，并类推适用《合同法》中最相类似的有名合同规定

【关键词】

| 保理合同 | 准混合契约 | 类推 |

【案件名称Ⅰ】

重庆重铁物流有限公司与平安银行股份有限公司重庆分行等其他合同纠纷案［最高人民法院（2018）最高法民终31号民事判决书，2018.6.28］

【裁判精要】

最高人民法院认为：

根据《商业银行保理业务管理暂行办法》（银监会〔2014〕第5号）第六条之规定，保理融资业务是一种以应收账款债权转让为核心的综合性金融服务业务。从本案案涉《国内保理业务合同》的约定内容看，包括了债权转让、金融借款等多种法律关系。该保理合同的法律性质依法应认定为同时包括了有名合同和无名合同的准混合契约。判断该保理合同的效力，应当根据《民法总则》以及《合同法》有关民事法律行为效力的规定。有关当事人之间民事权利和义务的规范，按照契约自由原则，在当事人之间的合同有明确约定且不违反法律强制性规定的情况下，应以当事人之间的合同约定来确定；当事人之间合同没有约定或者约定不明的，应当结合合同目的、保理融资业务的交易惯例，并类推适用《合同法》中最相类似的有名合同的相关规定来衡量。本案当事人之间的保理融资业务是平安银行按照保理合同约定，受让龙翔商贸公司对重铁物流公司所享有的应收账款债权，为龙翔商贸公司提供保理融资，且平安银行办理的是不承担重铁物流公司客户信用风险的有追索权的保理业务。本案涉及龙翔商贸公司与重铁物流公司之间的煤炭买卖关系，龙翔商贸公司与平安银行之间的保理融资关系，以及龙翔商贸公司与重铁物流公司、平安银行三者之间的债权转让关系。根据二审程序各方当事人的诉辩理由，本案二审争议的焦点问题为平安银行能否基于案涉《国内保理业务合同》以及《应收账款转让询证函》《应收账款转让通知书》向重铁物流公司主张债权。

【案例来源】

中国裁判文书网,http://wenshu. court. gov. cn。

【案件名称Ⅱ】

中国工商银行股份有限公司乌鲁木齐钢城支行诉中铁物资集团新疆有限公司、广州诚通金属公司合同纠纷案［最高人民法院（2014）民二终字第 271 号民事判决书，2016. 5. 31］

【裁判精要】

最高人民法院认为:

从本案中《国内保理业务合同》相关条款约定的内容来看,诚通公司将其对中铁新疆公司的应收账款转让给工行钢城支行,工行钢城支行向诚通公司给付 1.5 亿元保理融资款,该应收账款的催收工作由诚通公司负责,工行钢城支行则提供相应的账务管理服务。因涉案《国内保理业务合同》同时包含了债权转让、金融借款、劳务提供等多种法律关系,该《国内保理业务合同》法律性质依法应当认定为同时包括有名合同和无名合同关系的准混合契约。《合同法》第一百二十四条规定:“本法分则或者其他法律没有明文规定的合同,适用本法总则的规定,并可以参照本法分则或者其他法律最相类似的规定。”因此,判断涉案《国内保理业务合同》的效力以及确定当事人的权利义务,可以直接适用《合同法》总则的相关规定,并可就其中的无名合同部分类推适用最相类似之有名合同的相关规定。此外,根据契约自由原则,如果当事人在合同中对双方的权利义务存在明确的约定,则应当尊重相关的约定内容。当合同对相关内容没有约定、约定不明,或者合同约定的条款存在相互矛盾时,人民法院应当根据其间各种合同的具体类型、合同目的、交易惯例等因素,对所类推适用的有名合同中的相关规定加以调整,衡平当事人之间的利益。

【案例来源】

中国裁判文书网,http://wenshu. court. gov. cn。

编者说明

保理,又称保付代理,是基于企业交易过程中订立的货物买卖或者服务合同所产生的应收账款,由商业银行或者商业保理公司提供贸易融资、销售分户账管理、应收账款催收、信用风险控制与坏账担保等综合性金融服务。保理业务一般存在两个合同、三方当事人,两个合同为保理商与债务人之间的保理合同,以及债务人与次债务人之间的有关销售货物、提供服务或者出租资产等的基础交易合同。三方当事人为保理商、债务人与次债务人。根据保理合同的实践操作,通常包含着保理商与债务人之间的保理融资关系、债务人与次债务人之间的基础贸易关系、债务人与保理商之间的债权转让关系这三大基础法律关系,另外还涉及担保人与保理商之间的担保关系，包含了有名合同与无名合同的内容，是一种混合合同。因此，解决保理合同纠纷案件，如无合同约定或者约定不明，则应当直接适用《合同法》总则的相关规定，并类推适用最相类似的关于有名合同的相关规定予以处理。

在保理合同纠纷对应的案由方面，最高人民法院已将此纳入到新修订的案由规定中予以考虑，在新的案由规定尚未出台之前，可将其归入“其他合同纠纷”中。①

① 参见杨临萍：《关于当前商事审判工作中的若干具体问题》（2015年12月24日），载杜万华主编：《商事法律文件解读》（总第134辑），人民法院出版社2016年版，第27页。

二、保理合同效力认定

166 不能证明保理银行与债务人恶意串通损害担保人利益的，债务人单方虚构材料或诈骗均不影响保理业务合同的效力

【关键词】

| 保理合同 | 恶意串通 | 合同效力 |

【案件名称】

锦州辽西小商品批发市场服务有限公司与中国工商银行股份有限公司天津空港经济区支行保理合同纠纷案［最高人民法院（2016）最高法民终第578号民事判决书，2016. 12. 2］

【裁判精要】

最高人民法院认为：

一、案涉《国内保理业务合同》合法有效，联合大通公司应当返还工行空港支行保理融资款本息

小商品公司以联合大通公司实际控制人刘鹏涉嫌合同诈骗的刑事案件中的相关材料内容证明工行空港支行与联合大通公司虚构伪造保理涉及的发票、立项、债务人股东信息等损害小商品公司利益为由主张案涉保理贷款合同无效，但小商品公司提交的证据中均未涉及工行空港支行工作人员参与诈骗的问题，不能证明工行空港支行与联合大通公司之间存在恶意串通损害小商品公司的行为，不管联合大通公司单方是否虚构材料或进行诈骗均不影响《国内保理业务合同》的效力，工行空港支行按照《国内保理业务合同》依约发放保理融资款后，依法享有要求联合大通公司返还保理融资款本息及相关费用等合同权利，小商品公司主张《国内保理业务合同》无效的上诉请求不能成立，本院不予支持。

【案例来源】

中国裁判文书网，http://wenshu. court. gov. cn。

编者说明

如果仅是债务人存在虚伪意思表示，虚构与次债务人之间的交易文件或者与次债务人串通形成虚假的交易文件，抑或骗取、伪造次债务人签章形成的交易文件，将这些文件提供给保理商，保理商在不知情的情况下与债务人达成保理合意，保理商不存在与债务人之间

的通谋虚伪意思表示，不应认定保理合同无效。即使债务人构成骗取贷款的贷款诈骗等刑事犯罪，保理合同仍然应当按照法律关于合同效力的认定规则处理，如果构成欺诈行为的，保理合同属于可撤销合同，保理商可以行使撤销权，但在撤销之前，合同仍然有效。而且，从合同相对性来说，即使虚假、伪造的基础合同被确认无效或者不成立，也是债务人与次债务人之间的事，不应对保理商和债务人之间保理合同的效力产生影响。①

167 保理合同先于应收账款债权设立，如果后设立的应收账款债务人对该保理合同约定的债权予以确认或者追认，不应否定保理合同效力

【关键词】

｜保理合同｜应收账款债权｜合同效力｜

【案件名称】

重庆重铁物流有限公司与平安银行股份有限公司重庆分行等其他合同纠纷案［最高人民法院（2018）最高法民终 31 号民事判决书，2018. 6. 28］

【裁判精要】

最高人民法院认为：

关于本案中人民法院能否因保理融资合同先于应收账款债权设立，即否定保理融资合同的效力的问题。保理融资业务涉及债权转让、金融借款两种合同关系，两种合同关系并无主从之分。从相关人民法院既往的审判实践看，人民法院处理保理融资纠纷案件时，以审查真实、合法、有效的应收账款债权存在为前提，以审查应收账款债权合法有效转让为核心。《中国银行业监督管理委员会关于加强银行保理融资业务管理的通知》（银监发〔2013〕35 号）第六条、《商业银行保理业务管理暂行办法》第十三条均规定，开展保理业务的商业银行不得基于不合法基础交易合同、寄售合同、代理销售合同、未来应收账款、权属不清的应收账款、因票据或其他有价证券而产生的付款请求权等开展保理融资业务。其中，未来应收账款是指依据合同项下卖方的义务未履行完毕的预期应收账款。本案中，平安银行与龙翔商贸公司于 2012 年 12 月 18 日签订《国内保理业务合同》，明确约定以龙翔商贸公司对重铁物流公司享有的 4500 万元债权为前提。该《国内保理业务合同》签订时，龙翔商贸公司与重铁物流公司之间尚未建立煤炭买卖合同关系，《国内保理业务合同》所约定的应收账款债权并未成立。虽然相关规范性文件规定了保理融资业务应当以真实、合法、有效的应收账款债权为前提，但该规定的目的在于规范商业银行按规定开展保理融资业务。在现实的经济活动中，因民商事活动当事人磋商协议的周期性、协议签订与

① 参见李超编著：《保理合同纠纷裁判规则与典型案例》，中国法制出版社 2017 年版，第 136 ~ 137 页。

履行的时间顺序不一致性等因素，允许存在先确定实体法律关系，后签订有关协议的情形。在保理融资合同先于应收账款债权设立的情况下，如果后设立的应收账款债务人对该保理融资合同约定的债权予以确认或者追认，属于当事人对自己民事权利义务的处分，并不损害他人合法权益，也不违背公序良俗，人民法院不应以此否定保理融资合同的效力，债务人也不应以此抗辩免除相应的民事责任。

【案例来源】

中国裁判文书网，http://wenshu.court.gov.cn。

168 基础合同因债务人和次债务人通谋实施的虚伪意思表示而无效，保理合同是否有效取决于银行在签订保理合同时是否有理由相信应收账款债权真实合法有效

【关键词】

|保理|虚假表示|合同无效|

【案件名称Ⅰ】

汇丰银行（中国）有限公司武汉分行与中铝华中铜业有限公司债权转让合同纠纷案［最高人民法院（2017）最高法民终332号民事判决书，2018.4.23］

【裁判精要】

最高人民法院认为：

一、关于汇丰银行武汉分行与鑫鹏公司、华中铜业公司是否有真实的债权转让关系，以及华中铜业公司应否向汇丰银行武汉分行承担付款责任的问题

经审理查明，鑫鹏公司与华中铜业公司有多年业务往来，双方存在真实的货物买卖合同关系，且自2010年至2014年鑫鹏公司将其对华中铜业公司的部分应收账款已经转让给汇丰银行武汉分行。华中铜业公司称2014年鑫鹏公司向汇丰银行武汉分行转让债权所涉的2014年长单合同（编号为2014－XPZL－001）虚假，应收账款债权不存在。但是华中铜业公司在2014年给汇丰银行武汉分行出具了11份《承诺函》，明确同意将2014年长单合同（编号为2014－XPZL－001）项下的应收账款转让给汇丰银行武汉分行，并承诺将相关款项付至指定账户。华中铜业公司明知2014年长单合同虚假且没有应收账款的情况下，却给汇丰银行武汉分行出具《承诺函》予以确认，与鑫鹏公司存在通谋行为。虽然《合同法》第八十二条规定，债务人接到债权转让通知后，债务人对让与人的抗辩，可以向受让人主张，但在债务人与让与人存在通谋的情况下是否仍然享有抗辩权，法律并没有明确规定。当事人从事民事活动，应当遵循诚信原则，秉持诚实，恪守承诺，如果允许明知转让虚假债权的债务人

以转让债权不存在来抗辩,则明显有违诚实信用等民法基本原则。双方当事人通谋所为的虚假意思表示,在当事人之间发生绝对无效的法律后果,但在虚假表示的当事人与第三人之间并不当然无效。当第三人知道该当事人之间的虚假意思表示时,虚假表示的无效可以对抗该第三人;当第三人不知道当事人之间的虚假意思表示时,该虚假意思表示的无效不得对抗善意第三人。本案中,华中铜业公司没有证据证明汇丰银行武汉分行知道或应当知道2014年长单合同系变造以及华中铜业公司出具《承诺函》中承诺支付的款项已经支付给鑫鹏公司,因此,华中铜业公司不能免除其所承诺的付款责任。而且,一审判决认定债权转让的数额3088328379.07元是依据华中铜业公司出具的102份《承诺函》载明的应收账款数额,并非依据2014年长单合同(编号为2014－XPZL－001)得出,即使2014年长单合同虚假亦不影响一审判决的该认定结果,故一审判决认定的应收账款数额并无不当。华中铜业公司公司以2014年长单合同虚假及应收账款不存在为由抗辩不应还款,本院不予支持。

【案例来源】

中国裁判文书网,http://wenshu.court.gov.cn。

【案件名称Ⅱ】

中国工商银行股份有限公司乌鲁木齐钢城支行诉中铁物资集团新疆有限公司、广州诚通金属公司合同纠纷案[最高人民法院(2014)民二终字第271号民事判决书,2016.5.31]

【裁判精要】

最高人民法院认为:

一、关于中铁新疆公司所主张的基础合同无效事由能否对抗债权受让人工行钢城支行的问题

本院认为,保理融资业务是一种以应收账款债权的转让为核心的综合性金融服务业务,商业银行开展保理融资业务,固然应当以真实、合法、有效的应收账款转让为前提,但应收账款债权得以产生的货物销售、服务提供等基础合同系存在于债权人和债务人之间,保理银行并非基础合同的当事人,故基础合同无效并不当然导致保理业务合同无效。根据民法基本原理,双方当事人通谋所为的虚伪意思表示,在当事人之间发生绝对无效的法律后果。但在虚伪表示的当事人与第三人之间,则应视该第三人是否知道或应当知道该虚伪意思表示而发生不同的法律后果:当第三人知道该当事人之间的虚伪意思表示时,虚伪表示的无效可以对抗该第三人;当第三人不知道当事人之间的虚伪意思时,该虚伪意思表示的无效不得对抗善意第三人。据此,在基础合同因债权人和债务人双方通谋实施的虚伪意思表示而无效的情况下,保理业务合同并不当然因此而无效。本案中,在债务人中铁新疆公司以应收账

款不真实为由向债权受让人工行钢城支行提出抗辩时,保理业务合同是否有效取决于工行钢城支行在签订保理业务合同时是否有理由相信应收账款债权真实、合法、有效,即其对债务人中铁新疆公司所主张的债权不真实瑕疵是否知道或应当知道。一审判决关于在债务人对应收账款的真实性提出异议时应当审查应收账款的真实性,如果应收账款债权虚假则应当认定保理融资合同无效的论理逻辑,未能准确区分虚伪意思表示在当事人之间的效力和对第三人的效力,本院予以纠正。

本案中,中铁新疆公司就其关于工行钢城支行对应收账款虚假一事明知并积极配合的诉讼主张,提交了涉案保理融资的资金流转凭证、合慧伟业商贸(北京)有限公司、济南龙大盛源珏贸易有限公司、北京城乡建设集团有限责任公司山东分公司、北京乾路达商贸有限公司和北京北嘉弘科技有限公司等公司的工商登记信息,以及工行新疆分行孙建勇行长的任职经历、黄忆龙、鞠宁与于皓之间的谈话录音等证据。本院认为,上述证据并不能够证明工行钢城支行参与了本案当事人之间买卖合同的缔约过程,亦不能证明工行钢城支行应当知道涉案债权的基础合同系中铁新疆公司和诚通公司之间的虚伪意思表示。与此相反,工行钢城支行在本案中已经举证证明其在办理涉案保理业务之前已经以《应收账款保理业务确认书》的形式向中铁新疆公司和诚通公司确认了买卖合同的真实性,并审查了双方提交的买卖合同、出入库单据及增值税发票的真实性。据此应当认定,中铁新疆公司和诚通公司向工行钢城支行提交的相关文件,足以使工行钢城支行产生合理信赖并有理由相信涉案应收账款债权真实、合法、有效。因此,即便中铁新疆公司和诚通公司之间的涉案买卖合同确系虚伪意思表示,双方亦不得以此对抗作为善意第三人的工行钢城支行。故一审判决关于涉案《保理业务合同》合法有效的认定正确,本院予以维持。中铁新疆公司关于工行钢城支行明知涉案应收账款虚假并积极配合的诉讼主张,因无充分的事实依据,本院不予采信。

因工行钢城支行和诚通公司已于2013年3月5日将涉案债权转让事宜以《应收账款保理业务确认书》的方式通知了中铁新疆公司,故该债权转让对中铁新疆公司发生约束力,中铁新疆公司应当依约向工行钢城支行归还债务。但在合同约定的还款期限届至后,中铁新疆公司没有履行还款义务,诚通公司亦未依《保理业务合同》的约定向工行钢城支行履行融资偿还义务,均系违约行为,应当承担相应的违约责任。

【案例来源】

中国裁判文书网,http://wenshu. court. gov. cn。

三、保理银行审核义务

169 次债务人向银行承诺将承担保理合同项下的债务，保理银行已尽审慎审核义务

【关键词】

| 保理合同 | 次债务人承诺 | 审核义务 |

【案件名称】

中色物流（天津）有限公司与河北银行股份有限公司青岛分行借款合同纠纷案［最高人民法院（2016）最高法民终322号民事判决书，2016. 11. 17］

【裁判精要】

最高人民法院认为：

一、关于一审判决认定德诚公司已向中色物流公司供货是否错误的问题

首先，德诚公司、河北银行青岛分行共同向中色物流公司出具了《应收账款债权转让通知书》，载明：因德诚公司与河北银行青岛分行签订编号FC2014003F的《国内保理业务合同/国内保理表外融资业务合同》，于2014年1月9日起，至河北银行青岛分行以书面通知解除应收账款转让为止，将其与中色物流公司发生的所有应收账款以及就该应收账款所享有的权利转让给河北银行青岛分行。请中色物流公司向河北银行青岛分行履行其与德诚公司发生的所有应收账款项下的付款义务，并将应收账款直接付至德诚公司账户，账号：08×××01。中色物流公司在《回执》上加盖公司印章及法定代表人名章。该回执载明：我方已经收到上述合同所列货物对应发票，且货物质量达到合同规定标准，合同交易金额和付款日属实。我方将按时将应收账款直接付至下述账户。在中色物流公司无足够相反证据予以反驳的情况下，一审法院据此认定中色物流公司已确认收取了《铝锭销售协议》项下的货物并无不妥。并且本案涉及的保理业务中，作为债务人的中色物流公司向河北银行青岛分行承诺将承担保理合同项下的债务，据此应当认定河北银行青岛分行已尽审慎审核义务，难以认定本案涉及对未来应收账款进行保理融资等违规行为。中色物流公司关于其并未确认收到货物，河北银行青岛分行未尽审慎审核义务等主张均不能成立，本院不予支持。

【案例来源】

中国裁判文书网，http://wenshu. court. gov. cn。

编者说明

构成保理合同法律关系,应当具备以下几个基本条件:一是保理银行或者保理商必须是依照国家规定、经过有关主管部门批准可以开展保理业务的金融机构或者商业保理公司;二是保理法律关系应当以债权转让为前提;三是保理商与债务人应当签订书面保理合同;四是保理商应当提供融资、销售分户账管理、应收账款催收、资信调查与评估、信用风险控制及坏账担保中的至少一项服务。

在应收账款不实的情况下,次债务人对应收账款转让通知等材料不做认真核对,即作出与事实不符的确认或者承诺,使保理商确信应收账款真实存在并发放保理融资,事后给保理商造成损失的,也应当是由债务人和次债务人承担民事责任。

四、保理合同履行

170 次债务人向债务人的付款方式符合与保理银行的约定的，应认定为已向保理银行还款

【关键词】

｜保理｜付款方式｜

【案件名称】

汇丰银行（中国）有限公司武汉分行与中铝华中铜业有限公司债权转让合同纠纷案［最高人民法院（2017）最高法民终332号民事判决书，2018.4.23］

【裁判精要】

最高人民法院认为：

二、关于华中铜业公司向鑫鹏公司交付的28张银行承兑汇票以及2张信用证方式的付款能否作为华中铜业公司向汇丰银行武汉分行的还款问题

1. 关于华中铜业公司向鑫鹏公司交付的28张银行承兑汇票问题。汇丰银行武汉分行主张华中铜业公司的行为违反了《承诺函》中"若付款为转账以外的现金或商业汇票(包含银行承兑汇票、商业承兑汇票等)结算方式,承诺并保证付款给贵行授权的经办人员"的约定,该主张不能成立。首先,从各方的协议约定看,明确了承兑汇票付款方式。2010年3月15日的《应收账款转让通知》显示"如以银行承兑汇票方式支付,贵司可将汇票直接交给我司"。该通知虽系鑫鹏公司出具,但系汇丰银行(中国)有限公司寄给华中铜业公司的,应视为汇丰银行武汉分行知道并同意通知的内容。而且汇丰银行武汉分行2014年5月26日向鑫鹏公司出具的《授信函－发票贴现/保理协议》第七条第9项约定:"贵司承诺确保保理买家在决定用银行承兑汇票方式支付偿还由我行提供的应收账款融资时立刻通知我行,由我行人员陪同贵方共同收取汇票,并在收到该银行承兑汇票后的5个工作日内安排银行承兑汇票贴现用以偿还我行应收账款融资项下的到期负债。"2012年3月30日汇丰银行武汉分行与鑫鹏公司签订的《发票贴现/保理协议》(包含标准条款)第9.5条约定:"如果客户收回与某一债权有关的任何款项,可转让票据或其他金融票据,则客户应立刻告知银行,并向银行支付款项或交付票据。在客户支付或交付之前,客户应为银行的利益信托持有款项或票据。银行可就该等信托向任何人发出通知。"结合上述通知和协议的约定,可以证明汇丰银行武汉分行同意华中铜业公司以向鑫鹏公司交付

承兑汇票的方式支付货款，虽然其与鑫鹏公司约定“需由银行人员陪同共同收取汇票”，但并未将该要求告知华中铜业公司，不能约束华中铜业公司，因此其主张华中铜业公司将汇票交付给鑫鹏公司违反约定不能成立，其主张鑫鹏公司收取汇票系受华中铜业公司委托付款与上述约定不符，亦缺乏依据。其次，上述约定并没有要求华中铜业公司交付的承兑汇票必须以“汇丰银行武汉分行”为收款人。从汇丰银行武汉分行要求与鑫鹏公司共同收取汇票等控制风险的约定看，亦能证明无此要求。否则汇丰银行武汉分行作为承兑汇票的收款人，仅仅由鑫鹏公司代为传递汇票并不会产生资金风险，自无必要作上述约定。因此，汇丰银行武汉分行主张华中铜业公司向鑫鹏公司“交付汇票”应指物理交付，汇票收款人应为“汇丰银行武汉分行”缺乏依据。而且该28张银行承兑汇票载明的收款人和收款账号均符合《承诺函》约定，可以表明华中铜业公司系为履行本案债务向鑫鹏公司交付汇票。最后，从各方交易惯例看，自2010年1月至2014年8月汇丰银行武汉分行82×××122账户共收到鑫鹏公司银行承兑汇票贴现款项314954954.96元，均是由鑫鹏公司收取华中铜业公司汇票后贴现再将款项转入汇丰银行武汉分82×××122账户，并向汇丰银行武汉分行出具相应情况说明。汇丰银行武汉分行既未按约定共同到华中铜业公司收取银行承兑汇票，亦未对鑫鹏公司单独收取汇票的行为提出异议，且未向华中铜业公司明确授权经办人，故华中铜业公司向鑫鹏公司交付28张汇票符合双方的交易惯例。综上，华中铜业公司向鑫鹏公司交付的28张汇票符合约定的付款方式，应认定为已向汇丰银行武汉分行还款。

2. 关于2张信用证方式付款的问题。华中铜业公司提出以信用证方式清偿了5张发票对应的债务的理由不成立。首先，《应收账款转让通知》以及华中铜业公司出具的《承诺函》中均未约定以信用证方式付款，华中铜业公司以信用证方式还款没有合同依据。其次，5张发票均是鑫鹏公司向华中铜业公司开具并交付，华中铜业公司收到发票后出具《承诺函》和发票签收联，且两张信用证的受益人是鑫鹏公司，故，即使5张发票上记载以信用证方式付款，也不能证明系受汇丰银行武汉分行指示。况且汇丰银行武汉分行收到的5张发票的复印件上没有以信用证方式付款的附注，也不存在汇丰银行武汉分行事后予以追认的事实。最后，华中铜业公司通过案涉2张即期信用证向鑫鹏公司在中国银行黄石分行营业部账户支付5张发票对应货款，并非汇丰银行武汉分行指定的案涉账户。因此，华中铜业公司通过信用证方式向鑫鹏公司支付5张发票对应的货款不符合约定，不应视为向汇丰银行武汉分行还款。

【案例来源】

中国裁判文书网，http://wenshu. court. gov. cn。

171 向保理回款账户以外的其他账户付款不能产生向保理银行清偿债务的法律效果

【关键词】

| 保理回款账户 | 债务清偿 |

【案件名称】

中国银行股份有限公司沧州分行与沧州市南大港管理区富康燃料有限公司、沧州市南大港管理区伟业石油产品有限公司等合同纠纷案［最高人民法院（2016）最高法民再14号民事判决书，2016.9.21］

【裁判精要】

最高人民法院认为：

一、关于中国银行沧州分行与富康公司约定的保理回款账户的认定

根据2013年1月10日《国内商业发票贴现协议》第十四条约定，卖方向保理商申请贴现，应向保理商提交《国内商业发票贴现融资申请书》、带有债权转让声明的拟贴现商业发票各一式两份。签订《国内商业发票贴现协议》当天，富康公司向中国银行沧州分行提交了《国内商业发票贴现融资申请书》，其中载明"发票号20121126"。编号为20121126《商业发票》载明"请贵司务必于本发票到期日向该行付款，账号(10×××36)"。该《商业发票》盖有富康公司印章，签字人"温献举"，与《国内商业发票贴现协议》签字人是同一人。上述2013年1月10日《国内商业发票贴现协议》《国内商业发票贴现融资申请书》、编号为20121126《商业发票》在一审中均经过质证，当事人对其真实性均未提出异议，真实性应得到认可。京润公司、伟业公司主张，10×××36账户未经中国人民银行核准备案，属于违法、虚设的账户，但中国银行沧州分行在二审提交的向该账户汇款凭证显示，该账户实际存在且能够使用。10×××36账户是否经中国人民银行核准备案并不影响其客观存在。根据上述证据，本院确认，在本案商业发票贴现业务中，中国银行沧州分行与富康公司约定的回款账户是10×××36账户。

中国银行沧州分行与富康公司约定的回款账户10×××36账户，蓝星公司向该账户以外的其他账户付款不能产生向中国银行沧州分行清偿债务的法律效果，二审判决认定蓝星公司履行了向中国银行沧州分行的付款义务，与事实不符，10×××50账户并非中国银行沧州分行认可的回款账户，中国银行沧州分行对该账户没有保理监管的责任，二审判决认为中国银行沧州分行怠于行使权力或疏于管理的行为，导致富康公司违反协议约定将已回笼货款再次使用，没有事实和法律依据，应予纠正。

【案例来源】

中国裁判文书网，http://wenshu.court.gov.cn。

编者说明

保理回款专用账户，也称保理专户，是保理商为债务人提供融资后，双方以债务人名义开立的，或者保理银行开立的、具有银行内部账户性质的，用于接收次债务人支付应收账款的专用账户。

对于保理商与债务人约定将保理专户中的保理回款进行质押的，如果该保理专户同时具备以下几个特征，保理专户中的回款可以认定为是债务人“将其金钱以特户、封金、保证金等形式特定化后”，移交保理商占有作为保理融资的担保，在应收账款到期后，保理商可以就保理专户中的回款优先受偿：1. 保理商将应收账款的债务人和次债务人、应收账款数额和履行期限、保理专户的账户名称、保理回款数额及预计进账时间等，在“中国人民银行征信中心动产融资统一登记平台”的“应收账款转让登记”项下“保理专户”进行登记公示。2. 每笔保理业务应当开立一个保理专户，如果多笔保理业务开立一个保理专户的，应当证明每笔保理业务与保理专户的相互对应关系。3. 保理商、债务人与保理专户的开户银行签订保理专户监管协议，确保保理专户未存入应收账款回款之外的其他资金，未与债权人的其他账户混用，未作为日常结算使用。①

172 应收账款证据不足，银行不得基于保理合同主张权利

【关键词】

| 保理合同 | 应收账款 |

【案件名称】

中国工商银行股份有限公司乌兰察布集宁支行、张文芝与内蒙古绿缘能源开发有限公司等保理合同纠纷案［最高人民法院（2016）最高法民终 705 号民事判决书，2017. 9. 19］

【裁判精要】

最高人民法院认为：

一、关于中煤公司应否对工行集宁支行承担应付账款的给付责任问题

第一，在本案中，中煤公司应否对工行集宁支行承担应付账款给付责任的关键证据为 2014 年 4 月 16 日《应收账款确认书》、2014 年 4 月 16 日《应收账款保理业务三方协议书》、2014 年 5 月 6 日《关于应收账款确认书的补充说明》、2014 年 12 月 25 日《应收账款确认书》，根据公安部物证鉴定中心对工行集宁支行与中煤公司共同提交的检材和样本作出的鉴定结论，上述文件中加盖的中煤公司公章及中煤公司法定代表人的签名与样本并不一致。工行集宁支行对公安部物证鉴定中心的鉴定结论

---

① 参见《天津市高级人民法院关于审理保理合同纠纷案件若干问题的审判委员会纪要（二）》。

虽有异议，但并未在本案诉讼中申请司法鉴定。且工行集宁支行在庭审中陈述此前与绿缘公司、中煤公司曾发生过七笔类似业务，工行集宁支行在本院释明后亦未提交证据证明中煤公司实际使用过上述文件中加盖的印章。此外，工行集宁支行提交的2013年8月20日《煤炭采购订单》、2013年9月6日《承诺书》及三方会议纪要、中煤公司2013年度《资产负债表》等亦不足以证明中煤公司对本案2014年5月10日《国内保理业务合同》项下的应收账款进行了书面确认，应承担举证不能的不利后果。一审法院采信公安部物证鉴定中心的鉴定结论，并据此认定中煤公司并未对工行集宁支行在本案保理业务中主张的应收账款进行确认，并无不当。第二，工行集宁支行依据2013年2月18日《煤炭买卖合同》及履行票据上诉主张中煤公司欠付绿缘公司货款，并主张北京市第三中级人民法院(2015)三中民(商)初字第04703号民事判决认定的中煤公司对绿缘公司债权不真实。因中煤公司未对本案工行集宁支行与中煤公司之间保理合同项下的应收账款进行确认，中煤公司与绿缘公司是否存在债权债务关系，均不能成为工行集宁支行主张中煤公司承担案涉保理合同项下应收账款给付责任的理由。第三，本案2014年5月10日《国内保理业务合同》第3.1条约定绿缘公司将应收账款债权及相关权利转让给工行集宁支行，但工行集宁支行并未提供证据证明绿缘公司此时对中煤公司存在确定的债权并将债权转让事宜通知了中煤公司，工行集宁支行也不能基于债权转让关系向中煤公司主张债权。因此，工行集宁支行关于中煤公司应向其承担应付账款给付责任的上诉主张，缺乏事实依据，本院不予支持。

【案例来源】

中国裁判文书网，http://wenshu.court.gov.cn。

编者说明

最高人民法院民二庭法官会议意见认为，保理是以债权人转让其应收账款为前提，集应收账款催收、管理、坏账担保及融资于一体的综合性金融服务。保理交易涉及基础合同和保理合同两个法律关系。基础合同的债权人与债务人之间系应收账款转让债权债务关系，保理商与债权人之间系以应收账款转让为主要内容的保理合同关系。《合同法》第八十二条规定："债务人接到债权转让通知后，债务人对让与人的抗辩，可以向受让人主张。"据此，一般情况下，基础关系中债务人对债权人享有的抗辩权，可以向保理商主张。①

① 参见贺小荣主编：《最高人民法院民事审判第二庭法官会议纪要——追寻裁判背后的法理》，人民法院出版社2018年版，第279页。

173 保理银行认可次债务人已提前偿还全部款项、基础合同提前终止，并与债务人就剩余债务履行达成补充协议，保理合同应认定履行完毕

【关键词】

| 保理合同 | 基础合同终止 | 履行完毕 |

【案件名称】

交通银行股份有限公司青岛分行、中融昌盛融资租赁有限公司与郑州市污水净化有限公司金融借款合同纠纷案［最高人民法院（2016）最高法民终759号民事判决书，2017.3.30］

【裁判精要】

最高人民法院认为：

一、关于污净公司是否应向交行青岛分行支付保理融资款本息120380285.57元及相应违约金的问题

第一，污净公司根据其与中昌公司就提前还款达成的合意，将剩余租金169712641元支付至中昌公司账户，中昌公司对此并无异议。根据案涉《保理合同》第4.3条的约定，该情况下，应由中昌公司在收到清偿款项后，在不迟于收到款项次日将该款项转交给交行青岛分行。第二，虽然《保理合同》《应收账款债权转让通知书》中约定案涉还款均应直接支付至中昌公司在交行青岛分行设立的37200556070811001××××账户，但污净公司在履行前四期租金的支付义务时，均系通过将款项付至中昌公司的一般账户，再由中昌公司代为转付的方式履行，交行青岛分行对此并未提出异议。故污净公司在最后一次提前偿还尚欠全部款项时，将款项支付至中昌公司的账户，亦不违反前述还款方式。第三，交行青岛分行在认可污净公司已提前偿还全部款项、《融资租赁合同》提前终止的情况下，与中昌公司签订《补充协议》，就案涉《保理合同》项下剩余债务的履行达成新的合意，约定中昌公司在指定的时间内偿还尚欠款项，《保理合同》项下的全部义务履行完毕。故原审法院认定污净公司不承担偿还尚欠保理款及支付违约金的责任，并无不当。交行青岛分行上诉认为其签订《补充协议》并无放弃污净公司承担责任的意思表示，但该上诉理由与其在《补充协议》中认可的“污净公司已提前还款、《融资租赁合同》提前终止”的内容相矛盾。故交行青岛分行该上诉理由不能成立，本院不予支持。

【案例来源】

中国裁判文书网，http://wenshu.court.gov.cn。

五、保理合同履行抗辩权行使

174 保理银行已尽合理注意义务，在不知晓基础债权存在瑕疵时，基础债权当事人不得以该瑕疵对抗保理银行

【关键词】

｜保理合同｜基础债权瑕疵｜

【案件名称】

珠海华润银行股份有限公司与江西省电力燃料有限公司保理合同纠纷案［最高人民法院（2017）最高法民再164号民事判决书，2017.6.28］

【裁判精要】

裁判摘要：有追索权的保理纠纷案件中，债权反转让的法律效果为解除债权转让合同，解除后保理商不得向次债务人主张求偿权；追索权的功能与放弃先诉抗辩权的一般保证相当，与保理商向次债务人的求偿权能够同时并存。转让债权存在瑕疵的情况，若该瑕疵系债务人和次债务人共同的虚伪意思表示，次债务人不得以债权瑕疵为由对抗善意保理商。

最高人民法院认为：

根据案涉《国内保理业务合同》的约定，本案当事人所开展的保理业务是珠海华润银行以约定的折扣受让广州大优公司对江西燃料公司、山煤华南煤炭销售有限公司等客户一定额度的国内应收账款，为广州大优公司提供保理融资，且珠海华润银行不承担江西燃料公司等客户信用风险的有追索权的保理业务。从本案中各方当事人的诉辩理由来看，当事人之间的争议主要是围绕着江西燃料公司与广州大优公司之间的煤炭买卖合同关系、广州大优公司与珠海华润银行之间的保理融资合同关系、广州大优公司与珠海华润银行之间的债权转让关系这三个基本法律关系展开。因珠海华润银行与广州大优公司之间就《综合授信协议》《国内保理业务合同》所产生的纠纷已经通过另案诉讼解决，且广东省珠海市中级人民法院就该纠纷所作出的（2015）珠中法民二初字第21号民事判决已经发生法律效力，本案的审理应当受该生效判决既判力的羁束。故本院遵从该判决关于案涉《综合授信协议》《国内保理业务合同》为合法有效合同的认定，并将这一认定作为审理本案的逻辑起点，进一步评判本案当事人之间就基础合同及其所生债权的转让与保理融资合同之间的关系、

追索权与反转让的权利性质等法律问题。《合同法》第一百二十四条规定:“本法分则或者其他法律没有明文规定的合同,适用本法总则的规定,并可以参照本法分则或者其他法律最相类似的规定。”据此,因案涉《国内保理业务合同》系同时包含金融借款、债权转让、账务管理等有名合同和无名合同之混合契约,本院在判断本案各方当事人的权利义务时,原则上尊重当事人在合同中约定的内容,对合同没有约定或约定不明之处,除直接适用《合同法》总则的相关规定外,将类推适用最相类似之有名合同的相关规定,在斟酌合同目的、利益状态及交易惯例的基础上,合理确定当事人的权利和义务,衡平当事人之间的利益。

一、关于江西燃料公司所称的基础债权瑕疵能否对抗债权受让人珠海华润银行的问题

本案中,江西燃料公司和广州大优公司之间的基础债权债务关系是基于煤炭买卖合同关系而发生。根据各方当事人在诉讼中的陈述和举证情况,可以认定双方于2012年9月6日签订的数量为5.5万吨、价款为2450万元的《煤炭买卖合同》(合同编号:JXDY1306)系真实发生的业务,广州大优公司据此而对江西燃料公司享有相应的债权。但在本案保理融资业务的办理过程中,广州大优公司并未向珠海华润银行提交前述《煤炭买卖合同》,而是变造了合同编号同为JXDY1306的《煤炭买卖合同》,将合同签订时间更改为2013年9月6日、数量更改为9.5万吨、价款更改为4611万余元。对该变造行为,虽然广州大优公司和江西燃料公司在诉讼中均坚称系广州大优公司和珠海华润银行所为,江西燃料公司并不知情。但在案证据表明,广州大优公司和江西燃料公司的陈述与本案事实不符。理由如下:

其一,江西燃料公司实际知道其在真实的煤炭买卖合同项下欠付广州大优公司的货款数额。该5.5万吨煤炭买卖合同约定,货款结算由广州大优公司和江西燃料公司直接进行。而且,从本案中货款结算的实际情况来看,案涉货款亦均是江西燃料公司采用直接由其账户中转账、背书转让银行承兑汇票的方式直接向广州大优公司支付,并无委托第三方支付、结算的情形。由此可以认定,江西燃料公司作为案涉《煤炭买卖合同》的买受人,不仅应当知道、而且实际知道其与广州大优公司之间货款已经支付和尚未支付的具体情况。

其二,江西燃料公司在《应收账款转让确认书》中确认广州大优公司对其享有46115344.70元应收账款的行为,是故意而为的欺诈行为。《合同法》第四十二条规定,当事人在订立合同过程中,故意隐瞒与订立合同有关的重要事实或者提供虚假情况,给对方造成损失的,应当承担损害赔偿责任。据此,在当事人准备、商议订立合同的过程中,一方当事人有义务就与订约相关的重要事实如实回答对方当事人的询问,这是基本的商业伦理,也是诚信原则的当然要求。本案中,广州大优公司对江西燃料公司的应收账款是否真实存在、数额多少,是珠海华润银行在决定是否发放贷款时必须考虑的重要事实。江西燃料公司在珠海华润银行向其调查基础交易合同的真实性时,负有如实陈述的法定义务。本案中,截至2013年10月24日江西燃

料公司签署《应收账款转让确认书》之前,已经在该5.5万吨煤炭买卖合同项下直接向广州大优公司实际支付了1400万元货款。曾晓生作为江西燃料公司的时任党委书记,同时也是在该合同上签字的授权委托代表,在回答珠海华润银行的问询时,只需要向本单位的财务人员核实,就可以准确告知货款的支付和结余情况。但江西燃料公司在《应收账款转让确认书》中并没有如实向珠海华润银行陈述该5.5万吨煤炭买卖合同项下账款的支付和结余情况,反而径行确认应收账款余额为46115344.70元,已付款金额为0元,并郑重声明该应付账款的贸易背景真实、合法和有效,同意将该账款所享有的权益全部转让给珠海华润银行,据此,应当认定江西燃料公司就与订约有关的重要事实向珠海华润银行提供虚假情况,系欺诈行为。就此节事实,江西燃料公司抗辩理由主要包括两个方面:一方面,在2013年10月24日珠海华润银行向其核实贸易背景真实性时,因实际用户贵溪发电有限责任公司并未得出实际的结算金额而不能确定应收账款的具体金额。另一方面,《应收账款转让确认书》的签署系受珠海华润银行和广州大优公司的误导,江西燃料公司的本意仅是确认贸易背景真实,曾晓生签署《应收账款转让确认书》时,该确认书最初只填写了收款人名称为广州大优公司及合同编号为JXDY1306的内容,其他内容均未填写,江西天剑司法鉴定中心已经就该确认书上的内容并非一次书写形成提供了鉴定意见。本院认为,江西燃料公司关于案涉应收账款的数额需要依赖贵溪发电有限责任公司具体结算的诉讼理由,并无相应事实依据。从江西天剑司法鉴定中心鉴定意见的内容来看,只能证明该确认书中的手写部分内容是同一人以不同的笔书写形成,并不能由此得出收款人和合同编号之外的内容系由广州大优公司事后擅自填写的结论,更不能证明广州大优公司和珠海华润银行对江西燃料公司进行误导的事实存在。故本院对其抗辩理由,不予采信。退而言之,即便江西燃料公司所称其初衷只是确认存在应收账款这一事实真的存在,其在珠海华润银行就案涉应收账款的真实性进行调查、核实的过程中不进行完整、准确的陈述,而是交由广州大优公司任意填写,亦应当认定其行为构成故意隐瞒与订立合同有关的重要事实的行为。

其三,江西燃料公司在签署《应收账款转让通知确认书》后,仍然继续向广州大优公司支付剩余货款,主观恶意明显。《合同法》第八十条规定:"债权人转让权利的,应当通知债务人。未经通知,该转让对债务人不发生效力。债权人转让权利的通知不得撤销,但经受让人同意的除外。"据此规定,债权转让依让与人和受让人的意思表示一致而发生效力,对债务人而言,一经通知,债权让与即对其生效,债务人应当向新债权人履行债务。但在本案中,江西燃料公司在确认其收到编号为SCF20131022001的《应收账款转让通知书》并承诺按照通知中的相关内容执行的情况下,仍然于2013年11月13日、12月31日分别向广州大优公司支付了剩余的900万元和379.091132万元货款。江西燃料公司的上述付款行为,系在明知相关债权已经由珠海华润银行受让的情况下实施的,不仅直接违反了其在《应收账款转让确认书》和《应收账款转让通知确认书》中向珠海华润银行作出的未经其同意不向广州大优公司支付货款的承诺内容，也违反了《合同法》第八十条的规定，该擅自清偿行为无法以任何理由加以正当化，亦不能产生对抗珠海华润银行的效力。江西燃料公司关于其签署确认书之时保理合同尚未正式签订，珠海华润银行并非适格的受让人，以及在保理合同签订后其未收到债权转让通知，有理由相信债权转让合同并未成立，向广州大优公司支付尾款合理的诉讼理由，无任何事实和法律依据，本院不予采信。

综上，本院认定，江西燃料公司事实上知道广州大优公司变造案涉9.5万吨煤炭买卖合同的行为，且在珠海华润银行向其调查、核实的过程中，与广州大优公司共同实施欺诈行为，制造双方之间存在46115344.70元应收账款的假象，亦因此该9.5万吨合同系广州大优公司和江西燃料公司双方共同通谋实施的虚伪意思表示，依法应当认定为无效合同。

《合同法》第八十二条规定："债务人接到债权转让通知后，债务人对让与人的抗辩，可以向受让人主张。"上述规定之规范意旨，系为保护债务人之利益不致因债权转让而受损害，就债务人能否以系争债权系通谋虚构为由向受让人抗辩这一问题，立法本身未设明文规定。被申请人江西燃料公司所提交的本院(2011)民提字第322号民事判决及(2016)最高法民申1519号民事裁定等先例裁判中，处理的法律问题均系在基础合同有效情况下的抗辩问题，与本案并不相同，故该等先例裁判形成的处理意见尚不能解决本案中的法律问题。根据民法基本原理，双方当事人通谋所为的虚伪意思表示，在当事人之间发生绝对无效的法律后果。但在虚伪表示的当事人与第三人之间，则应视该第三人是否知道或应当知道该虚伪意思表示而发生不同的法律后果：当第三人知道该当事人之间的虚伪意思表示时，虚伪表示的无效可以对抗该第三人；当第三人不知道当事人之间的虚伪意思表示时，该虚伪意思表示的无效不得对抗善意第三人。据此，江西燃料公司关于案涉应收账款虚假的诉讼理由能否对抗珠海华润银行，取决于珠海华润银行在受让债权时是否善意。本案中，珠海华润银行在签订案涉《国内保理业务合同》之前，不仅审核了广州大优公司提交的《煤炭买卖合同》和增值税发票的原件，还指派工作人员王永刚到江西燃料公司调查贸易背景的真实性，并对江西燃料公司签署《应收账款转让确认书》、《应收账款转让通知确认书》等行为进行面签见证，向江西燃料公司送达了《应收账款转让通知书》，应当认定在案涉保理合同签订之前，珠海华润银行已经就基础债权的真实性问题进行了必要的调查和核实，广州大优公司和江西燃料公司共同向珠海华润银行确认了基础债权真实、合法、有效，珠海华润银行已经尽到了审慎的注意义务，其有理由相信广州大优公司对江西燃料公司享有46115344.70元债权。虽然珠海华润银行在开展贸易背景调查的过程中，存在《应收账款转让通知确认书》的落款时间为2013年10月24日、《应收账款转让通知书》的落款时间为2013年10月25日，以及实际开展面签见证的工作人员仅为1人的工作疏忽，但因江西燃料公司并不否认《应收账款转让确认书》和《应收账款转让通知确认书》上曾晓生签名和江西燃料公司印章的真实性，故该等工作瑕疵的存在，并不影响本案的事实认定。对江西燃料公司关于广州大优公司开具的N0：16713156、16713157两张增值税发票未在金税工程增值税防伪税控系统认证、抵扣，以及9.5万吨《煤炭买卖合同》中江西燃料公司合同专用章编码不一致，珠海华润银行存在重大过失等抗辩理由，本院认为，在江西燃料公司以《应收账款转让确认书》这一书面形式明确其与广州大优公司之间的应付账款金额为46115344.70元、到期日为2014年3月22日，应付账款的贸易背景真实、合法和有效的情况下，前述增值税发票是否认证、抵扣、印章编码与备案印章是否一致等事由，原则上不应纳入珠海华润银行的调查、核实范围，即便珠海华润银行对上述事项已经有所认识，亦并不足以引起珠海华润银行的合理怀疑，故对江西燃料公司的此点抗辩理由，本院不予支持。综上，申请人珠海华润银行关于江西燃料公司应当以其承诺行为向珠海华润银行承担清偿责任的申请理由成立，本院予以支持。江西燃料公司关于珠海华润银行作为债权受让人的权利不能超越原权利的范围，其有权以基础债权已经不存在的事由对抗珠海华润银行的诉讼理由不能成立，本院不予支持。一审判决关于珠海华润银行受让的应收账款债权并非真实合法有效的债权，江西燃料公司有权以应收账款债权系虚假债权为由拒绝向珠海华润银行履行清偿义务的认定，未能准确区分虚伪意思表示在当事人之间的效力和对第三人的效力，本院予以纠正。

【权威解析】

三、基础债权瑕疵能否对抗保理商

根据民法基本原理，双方当事人通谋所为的虚伪意思表示，在当事人之间发生绝对无效的法律后果。但在虚伪表示的当事人与第三人之间，则应视为该第三人是否知道或应当知道该虚伪意思表示而发生不同的法律后果；当第三人知道该当事人之间的虚伪意思表示时，虚伪表示的无效可以对抗该第三人；当第三人不知道当事人之间的虚伪意思表示时，该虚伪意思表示的无效不得对抗善意第三人。①

【案例来源】

中国裁判文书网，http://wenshu.court.gov.cn。

① 参见周伦军：《珠海华润银行股份有限公司与江西省电力燃料有限公司、第三人广州大优煤炭销售有限公司保理合同纠纷案——保理合同纠纷中债务人责任的承担》，载中国应用法学研究所主编：《中华人民共和国最高人民法院案例选》（第一辑），法律出版社2019年版，第179页。

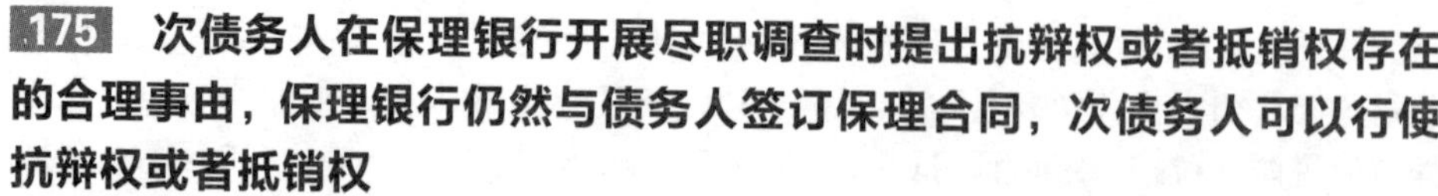

175 次债务人在保理银行开展尽职调查时提出抗辩权或者抵销权存在的合理事由，保理银行仍然与债务人签订保理合同，次债务人可以行使抗辩权或者抵销权

【关键词】

| 保理合同 | 次债务人 | 抗辩权 |

【案件名称】

重庆重铁物流有限公司与平安银行股份有限公司重庆分行等其他合同纠纷案［最高人民法院（2018）最高法民终 31 号民事判决书，2018. 6. 28］

【裁判精要】

最高人民法院认为：

《合同法》第八十二条规定，债务人接到债权转让通知后，债务人对让与人的抗辩，可以向受让人主张。关于本案重铁物流公司能否依《补充协议》中约定的在贸易下游未向其付款时其有权拒付货款的约定，向平安银行提出履行抗辩。根据银监会《商业银行保理业务管理暂行办法》有关保理融资业务管理的规定，商业银行受理保理融资业务时，应严格审核卖方和/或买方的资信、经营及财务状况，分析拟作保理融资的应收账款情况，对客户和交易等相关情况进行有效的尽职调查。就本案而言，平安银行在受理龙翔商贸公司保理融资业务时，派员赴重铁物流公司就龙翔商贸公司提供的《煤炭买卖合同》《货物运单》以及增值税发票等进行核实，并先后六次向重铁物流公司发出《应收账款转让询证函》，属于按照上述规定开展尽职调查的行为。

但在平安银行派员赴重铁物流公司进行尽职调查之时，重铁物流公司是否告知平安银行工作人员，其与龙翔商贸公司以及贸易下游三方之间存在《补充协议》，以及根据该《补充协议》的约定，重铁物流公司享有在贸易下游未向其付款时其有权拒付货款的抗辩权的事实，一审判决并未将此节事实予以审理。根据二审程序中重铁物流公司举示的重庆铁路公安处刑警支队的询问笔录，当时平安银行派赴重铁物流公司进行尽职调查的工作人员周 ×、江 × 证实，其二人在重铁物流公司处核实上述材料时，重铁物流公司向其出示了《煤炭买卖合同》以及龙翔商贸公司、重铁物流公司与东升旅贸公司三方的《补充协议》，周 ×、江 × 在上述协议上面签字确认。据此可以认定，平安银行在开展案涉保理融资业务尽职调查时，重铁物流公司已经告知其《补充协议》的内容。

从上述事实可知，平安银行在开展保理融资业务前进行尽职调查时，重铁物流公司告知其工作人员，重铁物流公司就案涉的应收账款债权享有履行条件的抗辩权。平安银行在与龙翔商贸公司签订案涉保理业务合同后，向重铁物流公司发出

《应收账款转让通知书》。重铁物流公司收到该通知书后，向平安银行出具《应收账款转让通知确认书》，表明其已收到该转让通知书，知晓并确认其内容，同意按照上述内容执行。在保理业务履行过程中，平安银行自 2013 年 8 月 2 日至 2014 年 3 月 7 日，先后六次向重铁物流公司发出《应收账款转让询证函》，重铁物流公司均予以确认，并在最后一次确认截至 2014 年 3 月 7 日，应收账款合计 41131314. 18 万元。

本案的核心问题即在于，能否在重铁物流公司向平安银行出具《应收账款转让通知确认书》并确认《应收账款转让询证函》中所载应收账款金额的情形下，认定重铁物流公司放弃了《补充协议》所约定的抗辩权，并应向平安银行履行相应的民事义务。

平安银行二审中提及，本院在审理有关保理融资业务纠纷的“(2014)民二终字第 271 号中国工商银行股份有限公司乌鲁木齐钢城支行诉中铁物资集团新疆有限公司、广州诚通金属公司合同纠纷案件”“(2017)最高法民再 164 号珠海华润银行股份有限公司诉江西省电力燃料有限公司合同纠纷案件”中，在债务人收到保理银行债权转让通知并予以确认的情形下，均未支持债务人在诉讼中提出的抗辩权。本院注意到，本案与上述两件案件的关键事实并不相同：其一，在“(2014)民二终字第 271 号中国工商银行股份有限公司乌鲁木齐钢城支行诉中铁物资集团新疆有限公司、广州诚通金属公司合同纠纷案件”中，债务人中铁物资集团新疆有限公司在收到债权转让通知后，向保理银行出具《应收账款保理业务确认书》，明确承诺“不出于任何原因对该等款项进行任何抵销、反请求或扣减”。本院基于该事实认为，从当事人之间利益状态来看，债务人对受让人预先承诺放弃抵销权和抗辩权并不会导致当事人之间利益的失衡。其二，在“(2017)最高法民再 164 号珠海华润银行股份有限公司诉江西省电力燃料有限公司合同纠纷案件”中，债务人江西省电力燃料有限公司对于其与让与人之间的债权债务数额是明知的，但却在保理银行向其调查基础交易合同的真实性时，故意对超过真实债权债务的数额予以确认；并且债务人在签署《应收账款转让通知确认书》后，仍继续向让与人支付剩余货款。本院再审该案认为，债务人就与订约有关的重要事实向保理银行提供虚假情况，系欺诈行为；在其签署《应收账款转让通知确认书》后，仍继续向让与人支付剩余货款，主观恶意明显。而本案的相关事实表明，债务人重铁物流公司在保理银行平安银行向其调查时，向平安银行的工作人员出示了其与龙翔商贸公司、东升旅贸公司三者签订的《补充协议》，该行为表明重铁物流公司不预先向保理银行放弃抗辩权或者抵销权，并且也没有证据证明重铁物流公司存在欺诈的情形。本案中，重铁物流公司签署《应收账款转让通知确认书》后，其依据与龙翔商贸公司、东升旅贸公司三者之间签订的《补充协议》约定，在收到相关货款后依约向保理汇款专户打款，属于履行《应收账款转让通知书》和《应收账款转让通知确认书》的适当行为。本院认为，保理融资纠纷案件中，债务人在保理银行开展尽职调查时，向保理银行提出抗辩权或者抵销权存在的合理事由，保理银行仍然与债权人签订保理合同并通知债务人债权转让的事实，债务人确认该债权转让并同意按照债权转让通知履行的，如债务人无预先放弃抗辩权或者抵销权以及存在欺诈等严重过错的情形，债务人仍不失抗辩权或者抵销权。上诉人重铁物流公司依据《补充协议》约定，抗辩在其未收到贸易下游向其支付货款的情况下，其有权拒绝平安银行要求履行的抗辩理由成立。一审判决否定了重铁物流公司提出的应收账款不具备支付条件的抗辩意见，属于认定事实不清，适用法律错误，本院予以纠正。

因本案平安银行与龙翔商贸公司之间的保理业务为有追索权的保理融资业务。根据《商业银行保理业务管理暂行办法》的相关规定以及当事人之间保理业务合同的有关约定，有追索权保理在应收账款到期无法从债务人处收回时，商业银行可以向债权人（让与人）反转让应收账款，或者要求债权人回购应收账款，或者要求债权人归还融资。就本案而言，因重铁物流公司的抗辩理由成立，出现了平安银行无法从重铁物流公司处收回应收账款的情形，平安银行可依规依约向债权人龙翔商贸公司主张反转让应收账款，要求其回购应收账款或者归还融资。平安银行在提起本案诉讼时，向龙翔商贸公司主张归还借款 30007559.8 元；同时主张重铁物流公司支付平安银行应收账款 41131314.18 元，龙翔商贸公司在重铁物流公司不能支付的范围内承担赔偿责任。平安银行的该诉讼行为，可以理解为其同时向债权人龙翔商贸公司主张归还融资。在重铁物流公司行使抗辩权成立的前提下，可以将平安银行的诉讼请求解释为其向龙翔商贸公司提出了归还借款本金总计 71138873.98 元的诉讼请求。根据一审查明事实，龙翔商贸公司尚欠平安银行借款本金为 70933831.19 元。故龙翔商贸公司应在尚欠的借款本金范围内向平安银行偿还借款本金 70933831.19 元。

【案例来源】

中国裁判文书网，http://wenshu.court.gov.cn。

176 次债务人对保理银行行使抗辩权的基础应源于基础交易合同项下的抗辩事由

【关键词】

| 保理合同 | 次债务人 | 抗辩权 |

【案件名称】

中国平煤神马集团物流有限公司、中国平煤神马能源化工集团有限责任公司与中国建设银行股份有限公司青岛市北支行及青岛澳海资产管理集团有限公司、王舜壁、郝玉珍等金融借款合同纠纷案［最高人民法院（2018）最高法民再 129 号

民事判决书，2018. 12. 29]①

【裁判精要】

最高人民法院认为：

（一）平煤物流公司能否以建行青岛市北支行未尽到审查义务为由对抗建行青岛市北支行的付款请求权

平煤物流公司依据《商业银行保理业务管理暂行办法》第十五条，认为建行青岛市北支行违规办理案涉保理业务，且在办理业务过程中未履行任何审查义务，应自行承担由此造成的损失。具体理由包括案涉《应收账款转让通知书》出具时间与建行青岛市北支行发放保理预付款的时间间隔过短等。根据《合同法》第八十二条规定，债务人对让与人的抗辩，可以向债权受让人主张。商业银行开展保理业务应当遵循内部流程规范和《商业银行保理业务管理暂行办法》，但商业银行作为债权受让人，其执行业务流程是否规范并不属于债务人主张抗辩事由的范围。平煤物流公司对建行青岛市北支行的付款请求权提出抗辩，其抗辩权的基础应源于基础交易合同项下的抗辩事由，而建行青岛市北支行是否尽到审查义务并非基础交易合同关系中的抗辩事由，平煤物流公司以此作为对建行青岛市北支行付款请求权的抗辩理由，没有法律依据。

【案例来源】

中国裁判文书网，http://wenshu.court.gov.cn。

177 基础交易合同中的约定抗辩事由无论是否向保理银行披露均不影响次债务人行使抗辩权

【关键词】

| 保理合同 | 次债务人 | 抗辩权 |

【案件名称】

中国平煤神马集团物流有限公司、中国平煤神马能源化工集团有限责任公司与中国建设银行股份有限公司青岛市北支行及青岛澳海资产管理集团有限公司、王舜壁、郝玉珍等金融借款合同纠纷案［最高人民法院（2018）最高法民再 129 号

① 中国平煤神马集团物流有限公司、中国平煤神马能源化工集团有限责任公司与中国建设银行股份有限公司青岛市北支行及青岛澳海资产管理集团有限公司、王舜壁、郝玉珍等金融借款合同纠纷案［最高人民法院（2018）最高法民再 128 号民事判决书，2018. 12. 29］的裁判理由与本案民事判决书基本一致（略），载中国裁判文书网，http://wenshu.court.gov.cn。

民事判决书，2018. 12. 29］①

【裁判精要】

最高人民法院认为：

（二）平煤物流公司基于基础交易关系的抗辩事由能否阻却建行青岛市北支行的付款请求权

根据《合同法》第八十条、第八十一条规定，债权转让对债务人生效，债权受让人有权向债务人主张基础合同项下的付款请求权。又根据《合同法》第八十二条规定，债务人接到债权转让通知后，债务人对让与人的抗辩，可以向债权受让人主张。故本院对平煤物流公司的抗辩权构成要件具体分析如下：

1. 案涉应收账款转让对平煤物流公司发生效力。债务人对让与人主张抗辩，是以债权转让对债务人发生效力为前提的。2014 年 2 月 15 日澳海公司与平煤物流公司签订案涉《煤炭采购合同》，平煤物流公司并未否认该份合同的真实性。基于上述合同，澳海公司负有向平煤物流公司交付符合约定的煤炭的合同义务，而平煤物流公司负有付款义务。2014 年 2 月 25 日澳海公司向平煤物流公司出具《应收账款转让债权通知书》（保理 2013－001－04），记载了转让应收账款的发票号和发票金额并确定了应收账款金额，同时还提示平煤物流公司若有异议，请尽快与澳海公司或者建行青岛市北支行联系。平煤物流公司收到上述通知书后亦未提出异议。依据《合同法》第七十九条、第八十条规定，案涉应收账款转让对平煤物流公司发生效力。

2. 平煤物流公司以《三方协议》付款条件未成就作为抗辩事由，应予以支持。建行青岛市北支行依据案涉《煤炭采购协议》第 5. 1 货款结算方式及结算期限条款主张，结合其他证据材料能够认定平煤物流公司和澳海公司已经实际交货。澳海公司已经开具了发票，平煤物流公司进行了抵扣，其支付货款的条件已经成就。建行青岛市北支行还依据案涉《货权转让协议》以及《煤炭采购合同》第 2 条交货方式约定的水路运输至指定码头交货，认为平煤物流公司已经收到货物，应当向建行青岛市北支行付款。对此，平煤物流公司认为只有双方当事人对煤炭数量和质量进行确认之后，即平煤物流公司收货之后才能付款。总之，建行青岛市北支行在本案诉讼中提出多项类似理由，其证明目的均是平煤物流公司已经收到货物，付款条件已经成就。但对于平煤物流公司付款条件是否成就的判断，应当结合 2014 年 2 月 17 日平煤物流公司、澳海公司、信恒基公司签订的《三方协议》进行认定。主要理由包括：

（1）《三方协议》是否对案涉《煤炭采购合同》的付款条件作了补充约定。首先，一审庭审中，平煤物流公司提交了《三方协议》文本，澳海公司对该份协议并未提出

① 中国平煤神马集团物流有限公司、中国平煤神马能源化工集团有限责任公司与中国建设银行股份有限公司青岛市北支行及青岛澳海资产管理集团有限公司、王舜璧、郝玉珍等金融借款合同纠纷案［最高人民法院（2018）最高法民再 128 号民事判决书，2018. 12. 29］的裁判理由与本案民事判决书基本一致（略），载中国裁判文书网，http：//wenshu. court. gov. cn。

异议，建行青岛市北支行表示对《三方协议》并不知情，《三方协议》的约定与其无关，但并未提交证据否定《三方协议》的真实性，也未诉请否定《三方协议》效力。在《三方协议》的效力未被否定的前提下，能够作为认定平煤物流公司、澳海公司、信恒基公司之间关于煤炭购销权利义务关系的依据。其次，《三方协议》约定平煤物流公司、澳海公司、信恒基公司根据 2014 年 2 月签订的煤炭采购合同（合同号：AH20140215PM；ZPL2－20130217），现签订补充协议。上述合同编号对应于 2014 年 2 月 15 日澳海公司与平煤物流公司签订的《煤炭采购合同》，故《三方协议》系案涉《煤炭采购合同》的补充协议。再次，《三方协议》第五条第 2 项约定，信恒基公司将货款全部支付给平煤物流公司之后，平煤物流公司按照合同约定及时支付给澳海公司。澳海公司在信恒基公司未付款之前，不得向平煤物流公司追索。如上所述，《三方协议》系案涉《煤炭采购合同》的补充协议，而债权的转让具有整体性，案涉《煤炭采购合同》与《三方协议》一并构成了澳海公司在本案中转让的应收账款的合同基础。虽然两者在合同主体上并不完全相同，但《三方协议》关于付款条件的约定系对案涉《煤炭采购合同》第 5.1 货到付款约定的补充，并未产生新的应收账款。最后，《三方协议》第五条第 4 项、第六条第 3 项约定，办理银行保理业务的一方应明确告知银行或保理业务的主体其与平煤物流公司签订的贸易合同及本协议规定内容。如未告知，产生的责任由办理银行保理业务的一方承担。债权转让不能使债务人处于更为不利的境地，基础交易合同项下债务人享有的所有抗辩均得以向债权受让人主张。并且由于债权转让并不影响债权的同一性，故基础交易合同中的约定抗辩事由无论是否向保理银行披露均不影响债务人行使抗辩权。平煤物流公司虽然明知澳海公司对案涉基础贸易申报保理业务，但其并无向建行青岛市北支行披露上述协议的合同义务和法定义务。建行青岛市北支行提起本案诉讼，其负有对信恒基公司已经付款事实的举证证明责任，但诉讼至今，其未提交证据证明这一事实已经存在，故《三方协议》第五条约定平煤物流公司的付款条件尚未成就。建行青岛市北支行以其不知《三方协议》的存在，认为《三方协议》对其不生效力的主张，本院不予采信。

（2）平煤物流公司能否以《三方协议》中约定的付款条件作为抗辩事由对抗建行青岛市北支行。有追索权保理业务模式下，应收账款受让人向债务人主张付款请求权应依据《合同法》债权转让规则和具体保理合同内容来确定。根据《合同法》第八十二条规定，债务人基于基础交易合同项下对债权人原有的抗辩权，与受让通知后，仍可向债权受让人主张。债权转让的发生，债务人不能拒绝，但不宜因债权转让的结果而使得债务人陷于不利的地位。在发出债权转让通知之前，债权人与债务人修改基础交易合同抗辩事由对债权受让人有效；在发出转让通知后，债权人与债务人修改基础交易合同抗辩事由对债权受让人不具有效力，除非债权受让人表示同意。《三方协议》的签订时间是 2014 年 2 月 17 日，澳海公司出具《应收账款债权转让通知书》的时间是 2014 年 2 月 25 日，《三方协议》中约定的平煤物流公司享有的抗辩事由对建行青岛市北支行有效。平煤物流公司并无向建行青岛市北支行提示《三方协议》存在的合同义务和法定义务。建行青岛市北支行在开展保理业务过程中,对于基础交易合同内容的变化,应该进行充分的风险评估,并承担由此可能产生的商业风险。二审判决认定《三方协议》对于平煤物流公司付款条件的约定系平煤物流公司、澳海公司、信恒基公司之间的内部约定,不能对抗建行青岛市北支行的付款请求权,适用法律错误,本院予以纠正。

3. 案涉应收账款《回执》能否认定平煤物流公司放弃了对付款条件作为抗辩事由。保理业务当中,认定基础交易合同中债务人放弃基础交易合同项下对债权人的抗辩权,应当有基础交易合同债权人、债务人参与下达成的新的放弃上述抗辩权的合意或者债务人一方对于放弃抗辩权作出明确的意思表示。首先,从案涉应收账款《回执》文本上而言,并无平煤物流公司放弃抗辩权的内容。其次,债务人针对应收账款转让通知出具相应的回执,是保理业务流程中债务人向保理商确认已经收到《应收账款转让债权通知书》的书面凭证,法律性质上类似于观念通知。故不能仅凭债务人在《回执》中对《应收账款转让通知书》中应收账款数额、还款期限以及基础交易合同、交付凭证、发票等内容的确认,而认定债务人放弃抗辩权。最后,案涉《应收账款转让债权通知书》是澳海公司出具给平煤物流公司的,《回执》是平煤物流公司出具给建行青岛市北支行的,上述两份证据并未在平煤物流公司与澳海公司之间形成新的意思表示,并未变更案涉《煤炭采购合同》《三方协议》对平煤物流公司付款条件的约定,故不能单独依据案涉应收账款《回执》认定平煤物流公司放弃基础交易合同的抗辩事由,建行青岛市北支行主张平煤物流公司未对案涉《应收账款转让通知书》记载事项提出异议,《回执》视作其放弃抗辩权的承诺,本院不予采信。同理而言,建行青岛市北支行主张2014年9月1日建行青岛市北支行向平煤物流公司寄送了《应收账款逾期通知书》(编号2014-005号),平煤物流公司未提出异议,说明平煤物流公司已经作出了无条件付款的承诺。对此,本院亦不予采信。

据此,在《三方协议》的效力未被否定的前提下,平煤物流公司基于《三方协议》享有的付款条件抗辩事由成立。建行青岛市北支行提出的平煤集团实际抽逃出资,应承担补充赔偿责任的前提条件并不存在,故无进一步审理认定的必要。本判决作出后,若建行青岛市北支行有证据证明平煤物流公司的抗辩事由消灭,建行青岛市北支行仍有权向平煤物流公司主张付款。并且,建行青岛市北支行还提出平煤物流公司承担侵权责任的主张,因本案系建行青岛市北支行提起的合同之诉,故本院对于上述主张不予审查认定,建行青岛市北支行可寻其他途径解决。

综上所述,建行青岛市北支行依据案涉《有追索权国内保理合同》(保理2013-001号)发放保理融资款,澳海公司到期未能偿还,二审判决判令其承担返还本金及利息,保证人王舜壁、郝玉珍承担连带清偿责任,认定事实清楚,适用法律基本正确,应予以维持。

【案例来源】

中国裁判文书网,http://wenshu.court.gov.cn。

178 次债务人根据《应收账款保理业务确认书》承诺不得再就债权不成立等可以对抗债务人的抗辩事由向保理银行提出抗辩的，该承诺有效

【关键词】

|保理业务确认书|抗辩事由|

【案件名称】

中国工商银行股份有限公司乌鲁木齐钢城支行诉中铁物资集团新疆有限公司、广州诚通金属公司合同纠纷案［最高人民法院（2014）民二终字第271号民事判决书，2016.5.31］

【裁判精要】

最高人民法院认为:

二、关于中铁新疆公司在《应收账款保理业务确认书》向工行钢城支行做出的无异议承诺的法律效果问题

《合同法》第八十二条规定:"债务人接到债权转让通知后,债务人对让与人的抗辩,可以向受让人主张。"第八十三条规定:"债务人接到债权转让通知时,债务人对让与人享有债权,并且债务人的债权先于转让的债权到期或者同时到期的,债务人可以向受让人主张抵销。"就当事人能否通过合同约定排除上述法律规定之适用,立法本身未设明文规定。而在本案中,中铁新疆公司在收到债权转让通知后,于2013年3月5日向工行钢城支行出具《应收账款保理业务确认书》,确认其对诚通公司负有150012150元债务尚未清偿,承诺将依买卖合同的约定和应收账款债权转让通知书的指定,向收款专户进行支付,且承诺不出于任何原因对该等款项进行任何抵销、反请求或扣减。由此,中铁新疆公司在《应收账款保理业务确认书》中的上述承诺能否发生切断抗辩的法律效果,即中铁新疆公司能否再就涉案债权不成立、成立时有瑕疵、无效或可撤销、债权消灭等可以对抗让与人诚通公司的抗辩事由向受让人工行钢城支行提出抗辩,成为本案当事人争议的焦点问题之一。本院认为,首先,《合同法》第八十二条和第八十三条所规定的抗辩权和抵销权,其立法目的系为保护债务人之利益不致因债权转让而受损害,根据上述规定,债权转让后债务人对抗辩权和抵销权的行使享有选择权,其既可以对原债权人主张,也可以向受让人主张。因此,即便债务人向保理银行预先承诺放弃行使抗辩权和抵销权,其所享有的实体权利并未因此而消灭,其仍然可以向原债权人主张相关的权利。因此,从当事

人之间利益状态来看，债务人对受让人预先承诺放弃抵销权和抗辩权并不会导致当事人之间利益的失衡。其次，从当事人在保理融资业务中所追求的经济目的来看，债务人事先向受让人作出无异议承诺具有一定的合理性。对保理融资业务中涉及的基础交易合同的双方当事人而言，经由保理银行的垫款，能够使相关基础合同的交易得以顺利进行；对保理银行而言，其为客户垫款而受让债权，其真实意思并非终局地获得该债权，而是希望借此从客户（债权人）那里获得的报酬及利息，并由债务人归还融资本金。因此，债务人事先向债权受让人作出无异议承诺的做法，有利于促进保理融资业务的顺利开展。从实践中的情况来看，无异议承诺也已经成为保理融资实务中较为通行的做法。根据本案已经查明的事实，中铁新疆公司在《应收账款保理业务确认书》中向工行钢城支行作出"不出于任何原因对该等款项进行任何抵销、反请求或扣减"的承诺，是其真实意思表示，故应依法认定为合法有效。根据《应收账款保理业务确认书》中的承诺内容，中铁新疆公司在本案中不得再就涉案债权债权不成立、成立时有瑕疵、无效或可撤销、债权消灭等可以对抗诚通公司的抗辩事由向工行钢城支行提出抗辩。故对中铁新疆公司在本案中向工行钢城支行提出的案涉买卖合同系双方虚伪意思表示、应收账款债权并非真实存在等抗辩理由，本院不予采信。

【案例来源】

中国裁判文书网，http://wenshu. court. gov. cn。

编者说明

抗辩权是法定权利，次债务人只有明示才能认定其放弃抗辩权。从法律性质上看，次债务人签字确认应收账款的事实，表明次债务人已经知晓债权转让的事实，该确认仅产生对次债务人生效的对抗效力，但不能据此认定次债务人放弃了抗辩权。即在次债务人确认债权时，如无明确的放弃抗辩权的意思表示，不能仅凭次债务人对应收账款数额、还款期限以及基础交易合同、交付凭证、发票等内容的确认，而认定其放弃抗辩权。①

179 在有追索权保理业务中，保理银行对债务人享有追索权，其有权依合同约定选择向债务人或次债务人主张权利，一方对保理银行履行义务，则另一方免除相应清偿责任

【关键词】

| 有追索权保理 | 追索权 |

① 参见贺小荣主编：《最高人民法院民事审判第二庭法官会议纪要——追寻裁判背后的法理》，人民法院出版社 2018 年版，第 283 ~ 284 页。

【案件名称Ⅰ】

中国银行股份有限公司郑州新区支行（后更名为中国银行股份有限公司郑州自贸区分行）、马俊伟与青岛保税区华乐国际贸易公司、河南天惠能源发展有限公司等借款担保合同纠纷案［最高人民法院（2018）最高法民再192号民事判决书，2019.1.17］

【裁判精要】

最高人民法院认为：

一、本案融资担保法律关系与债权转让法律关系应否合并审理

本案涉及多方当事人、多份合同、多种法律关系，其中金鹰公司、天惠公司、华乐公司签订有煤炭买卖合同，各方形成买卖合同关系；中行新区支行、金鹰公司、晶诚公司、王建华、郑磊、陈明蕾签订有《授信额度协议》《国内商业发票贴现协议》《最高额保证合同》，各方形成融资担保法律关系，中行新区支行、天惠公司、华乐公司之间有《应收账款债权转让通知书》《应收账款债权转让确认书》，各方又形成债权转让法律关系。从上述合同及文件内容看，本案交易安排为，中行新区支行为金鹰公司提供贸易融资，但前提是金鹰公司将对天惠公司、华乐公司因履行双方买卖合同产生的应收账款债权转让给中行新区支行；天惠公司、华乐公司在应收账款债权转让后成为中行新区支行的债务人，向中行新区支行履行还款义务，以确保金鹰公司与中行新区支行《国内商业发票贴现协议》项下融资款的偿付；同时晶诚公司、王建华、郑磊、陈明蕾对金鹰公司的债务提供连带保证。上述交易系一整体安排。根据原中国银行业监督管理委员会颁布的《商业银行保理业务管理暂行办法》第六条关于“保理业务是以债权人转让其应收账款为前提，集应收账款催收、管理、坏账担保及融资于一体的综合性金融服务”的规定，本案业务即属于以应收账款合法、有效转让为前提的银行保理融资服务。

关于保理类型，金鹰公司与中行新区支行签订的《国内商业发票贴现协议》第二十二条约定：“如已贴现融资的应收账款至发票到期日后30天仍无法收回，保理商有权立即收回融资本息，并有权从卖方账户主动扣款或采取其他办法主动收款，直至收回融资本息。”金鹰公司向中行新区支行出具的《国内商业发票贴现融资申请书》第六条第3款约定：“……贵行保留一切必要措施向我司追索融资本息的权利……”据此应当认为，本案属于有追索权的保理。对于有追索权的保理，保理商在债权未获清偿的情况下，不仅有权请求基础合同的债务人向其清偿债务，同时有权向基础合同应收账款债权的让与人追索。本案中，中行新区支行即是同时向金鹰公司主张了追索权，又向天惠公司、华乐公司主张了应收账款债权。虽然中行新区支行基于不同的法律关系分别向多个债务人同时主张，但均在保理法律关系范围之内，目的只有一个，即追回向金鹰公司提供的保理融资款项。因此，本案应当合并审理，

并根据各方法律关系认定各债务人的责任顺序和范围。二审法院在一审已经全案审理的情况下，以借款担保合同纠纷与债权转让纠纷并非基于同一法律事实、同一法律关系，不能合并审理为由，驳回中行新区支行对于天惠公司、华乐公司的起诉、华乐公司对中行新区支行的反诉，该处理不符合保理法律关系特征，割裂了多种法律关系之间的内在联系，增加了当事人的诉累，不利于纠纷一体化解决，本院予以纠正。

二、华乐公司提出的撤销两份《应收账款债权转让确认书》的反诉请求能否成立

华乐公司反诉请求撤销其于2013年6月25日、7月10日签章的两份《应收账款债权转让确认书》，理由是受到金鹰公司欺诈，对债权转让存在重大误解。但根据本案查明的事实，中行新区支行向华乐公司送达的两份《应收账款债权转让确认书》内容清晰，不存在文字歧义或者引人误解的表述，其上既有华乐公司"有权签字人"的签字，又加盖了公司印章，足以说明该两份确认书是华乐公司的真实意思表示。华乐公司主张，其曾向金鹰公司询证案涉债权的转让情况，金鹰公司否认对应收账款债权进行了转让，但其未就此提供证据，也未提供受其他欺诈或存在重大误解的其他证据，故华乐公司的反诉主张缺乏事实和法律依据，本院不予支持。原判决对此认定正确，本院予以维持。

三、关于天惠公司、华乐公司以及马俊伟的责任认定问题

根据本案查明的事实，天惠公司签收《应收账款债权转让确认书》后，金鹰公司对其享有的22121600元应收账款债权即转让至中行新区支行。此后，中行新区支行向金鹰公司发放对应商业发票项下的贴现融资款17697280元。在天惠公司未按《应收账款债权转让确认书》指定日期将相应款项支付至指定账户、金鹰公司也未按期支付前述融资款及利息的情况下，天惠公司应当按照其在《应收账款债权转让确认书》中所作"无论何种原因，如我司未将该发票项下款项支付至上述账号，则贵行有权向我司追索卖方在本笔融资项下所欠融资本息（含罚息）、复利及律师费、催收费等一切费用"的承诺，向中行新区支行支付前述融资款及利息。同样，华乐公司在签收两份《应收账款债权转让确认书》后，中行新区支行先后向金鹰公司发放了两笔贴现融资款，金额分别为18719616元、13290560元。在华乐公司未按《应收账款债权转让确认书》指定日期将相应款项支付至指定账户、金鹰公司也未按期支付前述融资款及利息的情形下，华乐公司亦应按照其在《应收账款债权转让确认书》中所作承诺向中行新区支行支付前述贴现融资款及利息。

关于马俊伟的责任，原审依据马俊伟以保证人身份在案涉《最高额保证合同》上签字捺印的事实，认定其应对金鹰公司的债务承担连带保证责任。但根据再审查明的事实，案涉《最高额保证合同》上"马俊伟"的签名以及捺印均非马俊伟本人所为，华融资产河南分公司也无证据证明马俊伟委托他人实施了上述行为，故《最高额保证合同》缺乏马俊伟的意思表示，对马俊伟不产生约束力，马俊伟不应对金鹰公司的案涉债务承担保证责任。一、二审判决认定马俊伟对金鹰公司的案涉债务承担连带

保证责任,与本案事实不符,本院予以纠正。

关于各债务人的责任顺序和范围,因天惠公司、华乐公司系应收账款的付款人,其应首先就转让部分应收账款向中行新区支行承担偿付责任;如相关款项无法清偿,则金鹰公司应继续向中行新区支行承担补充清偿责任;晶诚公司、王建华、郑磊、陈明蕾应对金鹰公司所负债务承担连带保证责任。一审判决虽对本案各方当事人纠纷一并处理的总体思路正确,但对于各债务人责任顺序和范围的认定不当,本院予以纠正。中行新区支行虽然在本案中提出除金鹰公司之外的其他债务人承担连带清偿责任的诉请不能成立,但考虑清偿顺序和范围属于法律适用问题,本院根据本案情况予以相应调整。

【案例来源】

中国裁判文书网,http://wenshu.court.gov.cn。

【案件名称Ⅱ】

珠海华润银行股份有限公司与江西省电力燃料有限公司保理合同纠纷案[最高人民法院(2017)最高法民再164号民事判决书,2017.6.28]

【裁判精要】

最高人民法院认为:

二、关于珠海华润银行在已经通过另案诉讼向广州大优公司主张权利的情况下,能否继续要求江西燃料公司清偿债务的问题

本案中,在珠海华润银行就案涉保理融资款项已经通过另案向广州大优公司主张权利的情况下,其能否就案涉保理融资债权继续向江西燃料公司主张权利,各方当事人存在争议。珠海华润银行主张,其既可以向广州大优公司追索,也可以向次债务人江西燃料公司求偿,对一方当事人的权利追索,并不影响对另方当事人的权利主张。江西燃料公司和广州大优公司认为,珠海华润银行在另案中主张权利的行为,已经将案涉应收账款反转让至广州大优公司,其无权再行向江西燃料公司主张权利。本院认为,根据《国内保理业务合同》的约定,本案保理业务属于珠海华润银行不承担买方信用风险担保的有追索权的明保理,在珠海华润银行的债权不能获得清偿时,珠海华润银行除有权以债权受让人身份要求应收账款债务人江西燃料公司清偿债务外,还有权向广州大优公司行使追索权和反转让应收账款的权利。具言之,珠海华润银行对江西燃料公司享有求偿权的基础是基于债权转让合同的约定,其因受让债权而取代广州大优公司成为江西燃料公司的债权人;对广州大优公司享有反转让和追索权的基础是基于其和广州大优公司之间的借款合同法律关系。由于保理业务是从境外引进的业务类型,在国内开展的时间还不长,学说和实务层面对该项业务中所使用的源自英美法背景的相关术语、惯例如何纳入我国固有法律体

系中相应的概念、范畴还没有开展充分的讨论。对这一问题的评判,关键在于厘清珠海华润银行对江西燃料公司的求偿权和对广州大优公司所享有的债权反转让和追索权等合同权利的法律性质,以及前述权利依其法律性质能否同时并存。

关于珠海华润银行对广州大优公司的反转让应收账款的权利与对江西燃料公司的求偿权能否并存的问题。关于应收账款的反转让,案涉《国内保理业务合同》第二条第十八项约定了两种类型:在合同所约定的特定情形下,珠海华润银行向广州大优公司转回已经受让的应收账款;如珠海华润银行提供保理融资的情况下,广州大优公司向其支付保理融资款及相关未结清费用后,与该应收账款有关的一切权利亦应同时转让回广州大优公司。关于特定情形下的反转让,该合同第三十八条和第三十九条约定:出现基础合同发生商业纠纷,但基础合同双方当事人未向珠海华润银行提交商业纠纷处理意见等情形的,珠海华润银行可以向广州大优公司发出《应收账款反转让通知书》,同时要求广州大优公司向珠海华润银行支付保理融资款及相关未结清费用;在珠海华润银行要求反转让的情况下,广州大优公司应按照《应收账款反转让通知书》的要求向珠海华润银行支付本息和费用,未及时足额支付的,珠海华润银行有权从广州大优公司账户中主动扣款或采用其他办法强行收回有关款项。根据上述约定,保理商向债权出让方反转让债权的法律效果依法应当认定为解除债权转让合同,将债权返还给出让人,故应收账款的反转让应受《合同法》总则中关于合同解除的相关规定的调整。案涉《国内保理业务合同》中关于广州大优公司归还了保理融资款及相关未结清费用后,与该应收账款有关的一切权利亦应同时转回,以及发生江西燃料公司不履行偿还义务等情形珠海华润银行有权通知广州大优公司反转让债权的约定,应当解释为案涉债权转让合同的约定解除条件。因此,在合同约定的解除条件成就的情况下,如果珠海华润银行向广州大优公司反转让债权,因债权转让合同解除后其已不再具有江西燃料公司的债权人身份,其要求江西燃料公司清偿债务的权利基础已不存在,故该项权利与其对江西燃料公司的求偿权在法律性质上不能同时并存。据此,珠海华润银行在本案中要求江西燃料公司清偿债务的诉讼请求能否得到支持,取决于其另案提起的诉讼是否应当认定为已经行使了解除债权转让合同的权利,将债权返还给广州大优公司。

本案中,珠海华润银行在为广州大优公司申请开具的承兑汇票垫款后,于2014年4月25日、6月24日向江西燃料公司催收应收账款人民币46115344.70元及利息。后因江西燃料公司未向珠海华润银行清偿债务,珠海华润银行以广州大优公司、江西燃料公司、珠水能源集团有限公司、李晨、李冰洁为共同被告,向广东省珠海市香洲区人民法院提起诉讼,要求其偿还保理融资款人民币3680万元及其利息,后因江西燃料公司提出管辖权异议上诉,广东省珠海市中级人民法院以(2015)珠中法立民终字第62号民事裁定驳回珠海华润银行对江西燃料公司的起诉,由该院对珠海华润银行诉广州大优公司、珠水能源集团有限公司、李晨、李冰洁金融借款合同纠纷一案进行审理。在该案审理期间,珠海华润银行于2015年4月向一审法院提起本案诉讼。2015年11月20日,广东省珠海市中级人民法院作出(2015)珠中法民二初字第21号民事判决,判令广州大优公司向珠海华润银行偿还保理融资款本金人民币3680万元及利息,珠水能源集团有限公司、李晨、李冰洁对上述还款义务承担连带清偿责任。在珠海华润银行主张权利的过程中,并无书面文件证明其表达过向广州大优公司反转让债权的意思。而且,从珠海华润银行所实施的系列诉讼行为的实际情况来看,其真实意思是坚持要求江西燃料公司和广州大优公司同时承担债务,核心诉求是要求广州大优公司与江西燃料公司共同归还所欠借款,始终没有包含向广州大优公司归还债权的意思表示。故本院认定,珠海华润银行在另案诉讼中所主张的权利,在性质上属于要求广州大优公司归还借款的追索权,并非债权的反转让。江西燃料公司关于珠海华润银行已经将案涉应收账款反转让给广州大优公司的诉讼理由,并无相应的事实依据,本院不予采信。原审判决关于珠海华润银行对该笔债权实际已经通过向广州大优公司行使诉权、其已经不再享有对江西燃料公司的应收账款债权的认定,并不符合本案的实际情况,设若珠海华润银行的真实意思是解除债权转让合同,其不会再坚持提起本案诉讼主张其已经不再拥有的权利,本院对该认定予以纠正。

关于珠海华润银行向江西燃料公司的求偿权和向广州大优公司追索权能否同时并存的问题。大陆法系的通说认为,有追索权的保理业务所包含的债权转让合同的法律性质并非纯正的债权让与,而应认定为是具有担保债务履行功能的间接给付契约。间接给付,学说上又称为新债清偿、新债抵旧,或为清偿之给付。根据民法基本原理,间接给付作为债务清偿的方法之一,是指为清偿债务而以他种给付代替原定给付的清偿,并不具有消灭原有债务的效力,在新债务履行前,原债务并不消灭,只有当新债务履行且债权人的原债权因此得以实现后,原债务才同时消灭。从司法实践中的情况来看,对保理商有追索权的保理业务中,在债权未获清偿的情况下,保理商不仅有权请求基础合同的债务人向其清偿债务,同时有权向基础合同债权的让与人追索这一问题,并无分歧认识,但在原有债务和受让债权的数额不一致的情况下应当如何确定清偿义务范围和顺序,还没有先例判决可以遵循。案涉《国内保理业务合同》第四十条约定:如发生买方/债务人明确表示或以自己行为表明将拒绝支付全部或部分的应收账款等情形的,珠海华润银行有权立即向广州大优公司追索尚未收回的应收账款,有权从广州大优公司在珠海华润银行开立的账户上扣收其应付给其银行的款项。根据双方在《国内保理业务合同》中的约定和间接给付的法理,珠海华润银行本应先向江西燃料公司求偿,在未获清偿时,才能够向广州大优公司主张权利,追索权的功能相当于广州大优公司为江西燃料公司的债务清偿能力提供了担保,这一担保的功能与放弃先诉抗辩权的一般保证相当。参照《担保法》关于一般保证的法律规定,江西燃料公司应当就其所负债务承担第一顺位的清偿责任,对其不能清偿的部分,由广州大优公司承担补充赔偿责任。就这一法律问题,广东省珠海市中级人民法院另案中作出的(2015)珠中法立民终字第62号民事裁定书的认定并不正确，导致当事人因同一事件所引发的纠纷不能通过一个诉讼程序加以解决，本应予以纠正，但考虑到珠海华润银行的实体权利能够在本案中得到救济，本院不再通过审判监督程序对该院的相关裁判予以纠正。因珠海华润银行对广州大优公司债权并未得到实际清偿，故其虽然通过另案向广州大优公司行使了追索权，但仍然有权就未获清偿的部分向江西燃料公司主张，故本院对珠海华润银行在本案中的诉讼主张，予以支持。但在江西燃料公司应当承担的清偿义务范围方面，揆诸间接给付的基本法理，因珠海华润银行并不承担该应收账款不能收回的商业风险，其受让广州大优公司对江西燃料公司所享有的债权，目的是为了清偿广州大优公司对其所欠的债务，珠海华润银行实际向广州大优公司发放的借款本金为3680万元，故珠海华润银行在本案中对江西燃料公司所能主张的权利范围，依法应当限缩至3680万元借款本金及其利息的范围之内。同时，珠海华润银行基于该笔贷款受让了对江西燃料公司的4611万余元的应收账款，其对江西燃料公司清偿债务的信赖利益仅为应收账款本金46115344.70元及其利息，这一信赖利益范围也应当成为江西燃料公司对其承担责任的最高上限，故江西燃料公司向珠海华润银行清偿该3680万元本金的利息的实际数额，不能超过该46115344.70元本金及相应利息。江西燃料公司关于广州大优公司让与的债权虚假、真实债权已经清偿完毕的诉讼理由，不影响其在本案中的责任承担，江西燃料公司在承担责任后，可以根据其实际履行情况向广州大优公司另行主张。此外，因本案判决的执行涉及广东省珠海市中级人民法院就(2015)珠中法民二初字第21号判决的执行，以及广东省广州市中级人民法院受理的广州大优公司的破产清算程序，在执行本案判决的时候应当注意，广州大优公司、珠水能源集团有限公司、李晨、李冰洁等保证人或江西燃料公司任何一方对债务的清偿或部分清偿，都应相应免除另一方的清偿义务，以避免珠海华润银行就同一债权双重受偿。二审判决关于在有追索权保理业务中，保理银行对应收账款转让方享有追索权，其有权依据保理合同约定选择向应收账款债权人或债务人主张权利，应收账款债权人或债务人一方对保理银行履行义务，则另一方免除相应的清偿责任的认定正确，本院予以确认。

【权威解析】

二、保理商的求偿权与追索权能否并存的问题

大陆法系的通说认为，有追索权的保理业务所包含的债权转让合同的法律性质并非纯正的债权让与，而应认定为是具有担保债务履行功能的间接给付契约。根据双方在《国内保理业务合同》中的约定和间接给付的法理，保理商应先向次债务人求偿，在未获清偿时，才能够向债务人主张权利，追索权的功能相当于债务人为次债务人的债务清偿能力提供了担保，这一担保的功能与放弃先诉抗辩权的一般保证相当。参照《担保法》关于一般保证的法律规定，次债务人应当就其所负债务承担第一顺位的清偿责任，对其不能清偿的部分，由债务人承担补充赔偿责任。

关于保理商对次债务人的求偿权与对债务人的追偿权能否得到支持的问题。根据上述保理合同的性质可知,有追索权的保理合同是借贷与间接给付的结合,保理商基于应收账款债权向次债务人主张求偿权的实质是请求次债务人履行新债,而在求偿权未能实现时保理商向债务人主张追索权的实质是请求债务人履行旧债务,新旧债务可以并存。就新旧债务的关系而言,由于保理商所主张的两项请求权均是为了实现收回融资款的经济目的,为避免保理商双重受偿,应明确债务人和次债务人的清偿义务可相互抵销,任何一方对保理商的清偿或部分清偿,都应相应免除另一方的清偿义务。①

【案例来源】

中国裁判文书网,http://wenshu.court.gov.cn。

180 在有追索权保理合同中追索权的制度设计相当于由次债务人为债务人提供担保,其功能与放弃先诉抗辩权的一般保证相当

【关键词】

| 保理合同 | 追索权 | 一般保证 |

【案件名称】

中国工商银行股份有限公司乌鲁木齐钢城支行诉中铁物资集团新疆有限公司、广州诚通金属公司合同纠纷案[最高人民法院(2014)民二终字第271号民事判决书,2016.5.31]

【裁判精要】

最高人民法院认为:

三、关于工行钢城支行同时向中铁新疆公司主张求偿权和向诚通公司行使追索权应否得到支持的问题

本案中,就工行钢城支行能否就涉案保理融资债权同时向中铁新疆公司和诚通公司主张权利,各方当事人存在争议。工行钢城支行主张,其向中铁新疆公司主张求偿权和向诚通公司主张回购权是两项并存的权利,没有先后顺序之分。中铁新疆公司主张,涉案融资款的实际使用人是诚通公司指定的收款人,诚通公司在2013年8月29日也承诺由其按期足额归还融资本息,工行钢城支行只能向诚通公司主张返

① 参见周伦军:《珠海华润银行股份有限公司与江西省电力燃料有限公司、第三人广州大优煤炭销售有限公司保理合同纠纷案——保理合同纠纷中债务人责任的承担》,载中国应用法学研究所主编:《中华人民共和国最高人民法院案例选》(第一辑),法律出版社2019年版,第178~179页。

还该笔款项，而不能向中铁新疆公司主张。诚通公司则认为，工行钢城支行应当以中铁新疆公司的还款作为第一还款来源，只有在通过法律诉讼程序无法从中铁新疆公司得到还款，才可以要求诚通公司承担还款义务，工行钢城支行不能同时向中铁新疆公司和诚通公司主张权利。本院认为，涉案《保理业务合同》第七条和第八条约定：如果发生中铁新疆公司不付款或付款金额不足等违约行为，工行钢城支行有权通知诚通公司回购涉案应收账款债权，若发生诚通公司应回购而未予回购的事宜，工行钢城支行有权行使抵销权和追索权，从诚通公司账户中直接扣划应予回购的款项或对其所欠款项予以追索；工行钢城支行向中铁新疆公司行使求偿权不影响诚通公司的回购义务，但如果工行钢城支行已从中铁新疆公司处获得部分或全部货款，诚通公司的回购金额亦随之降低，如产生保理余款，工行钢城支行应及时将保理余款支付给诚通公司。根据上述约定，在中铁新疆公司不履行债务的情况下，工行钢城支行对中铁新疆公司享有要求其清偿债务的求偿权，对诚通公司享有抵销权和追索权，并有权要求诚通公司回购涉案债权。从本案的实际情况来看，在保理业务合同约定的还款期限届至前，因中铁新疆公司未向工行钢城支行清偿债务，工行钢城支行于 2013 年 8 月 23 日向诚通公司发出提示归还到期融资通知书，要求诚通公司抓紧筹措资金，确保于 2013 年 9 月 11 日借款到期日归还融资本息。在诚通公司并未依约履行还款义务的情况下，工行钢城支行于 2013 年 9 月 11 日和 21 日从诚通公司的银行账户中扣划 4537. 65 元、3. 67 元用于归还保理融资，系依合同约定行使抵销权。此后，工行钢城支行又于 2013 年 10 月 23 日向诚通公司发函，要求诚通公司立即履行回购应收账款或偿付保理融资的义务。在中铁新疆公司和诚通公司均未依约履行义务的情况下，工行钢城支行提起本案诉讼，要求中铁新疆公司向其支付应收账款，同时要求诚通公司对上述应收账款承担回购义务并承担逾期利息。从工行钢城支行所实施的系列行为的真实意思来看，其核心诉求是要求中铁新疆公司和诚通公司同时承担债务，共同归还所欠借款，故应认定工行钢城支行在本案诉讼中所称的“回购权”实际上属于追索权。在有追索权保理业务的框架之下，当债务人中铁新疆公司不偿付债务时，工行钢城支行并不承担该应收账款不能收回的坏账风险，追索权的制度设计相当于由诚通公司为中铁新疆公司的债务清偿能力提供了担保，其功能与放弃先诉抗辩权的一般保证相当。故一审判决关于诚通公司的应当在 149995458. 68 元范围内对中铁新疆公司所应承担的债务承担回购责任的认定，不仅符合《保理业务合同》的约定，亦不违反法律、行政法规的强制性规定，本院予以维持。上诉人中铁新疆公司关于工行钢城支行只能向诚通公司主张权利的上诉理由和诚通公司关于工行钢城支行只能择一主张权利的抗辩理由均不能成立，本院均不予支持。

【案例来源】

中国裁判文书网，http://wenshu. court. gov. cn。

编者说明

按照保理商在次债务人破产、无理拖欠或者无法偿付应收账款时是否可以向债务人反转让应收账款、要求债务人回购应收账款或者归还融资,可以将保理分为有追索权保理和无追索权保理。有追索权保理又称回购型保理,是指保理商不承担为债务人核定信用额度和提供坏账担保的义务,仅提供包括融资内的其他金融服务,无论应收账款因何种原因不能收回,保理商都有权向债务人追索已付融资款项并拒付尚未收回的差额款项,或者要求债务人回购应收账款。无追索权保理也称买断性保理,是指保理商根据债务人提供的次债务人核准信用额度,在信用额度内承购债务人对次债务人的应收账款并提供坏账担保责任,次债务人因发生信用风险未按基础合同约定按时足额清偿到期应收账款时,保理商不能向债务人追索。但是合同对追索权另有约定的除外。① 另外,对信用风险以外的情形导致次债务人不能清偿到期应收账款的,比如,因基础合同争议而导致应收账款不能收回的,保理商对债务人有追索权,可以对债务人提起诉讼。②

最高人民法院关于河北银行股份有限公司青岛分行与中色物流(天津)有限公司、青岛德诚矿业有限公司等金融借款合同纠纷案③以及苏州中铁架业有限公司、中国工商银行股份有限公司镇江新区支行金融借款合同纠纷申请再审案④的裁判理由亦认为,保理业务是以债权转让为基础的一种综合性金融服务方式,在有追索权保理业务中,保理商不承担买方支付不能的风险,其实质是保理商对应收账款转让方享有追索权。

---

① 参见李超编著:《保理合同纠纷裁判规则与典型案例》,中国法制出版社 2017 年版,第 44 页。

② 参见杨万明主编:《北京审判微阅读(伍)·商事》,人民法院出版社 2017 年版,第 120 页。

③ 参见最高人民法院(2015)民二终字第 98 号民事裁定书(2015.6.10),载中国裁判文书网,http://wenshu.court.gov.cn。

④ 参见最高人民法院(2017)最高法民申 1222 号民事裁定书(2017.5.4),载中国裁判文书网,http://wenshu.court.gov.cn。

第三章 | CHAPTER 03

存单与储蓄（银行卡）纠纷

一、存单纠纷

(一)存单纠纷案件认定

181 一般存单纠纷案件的认定

【关键词】

|一般存单纠纷|

【案件名称】

西部证券股份有限公司西安西五路证券营业部与中国农业银行西安昆明路支行存款合同纠纷案[最高人民法院(2005)民二终字第233号民事判决书,2006.12.27][①]

【裁判精要】

最高人民法院认为:

本案诉争法律关系的性质问题,即本案性质是一般的存款纠纷,抑或是违法借贷纠纷,系解决本案诉争的一个前提性焦点问题。尽管李大伟以现金的方式向西部证券支付了162.5万元的高额利息是本案不争之事实,符合以存单为表现形式违法借贷的重要特征之一,但根据《存单纠纷规定》的内容和精神,成立以存单为表现形式的借贷关系,除存在高额利差之外,尚需包括出资人、金融机构、用资人在内的至少三方当事人,且存在从出资人向用资人的资金流动和金融机构在其中提供帮助等情形。为此,该司法解释根据资金的交付和资金的处分规定了四种以存单为表现形式的借贷关系情形。无论是四种中的哪种情形,其均应为当事人中三方或双方意思表示一致的结果,而本案中既不存在农业银行与罪犯两方关于借贷的意思表示一致,也不存在本部证券与罪犯关于借贷的意思表示一致,更不存在三方关于借贷的意思表示一致。本案中涉案款项是在进入农业银行后被李大伟等罪犯诈骗出去的,并非西部证券或农业银行指令或帮助贷出的。因此,本案诉争法律关系并不属于司法解释所规定的以存单为表现形式的借贷关系中的任何一种形式,故农业银行关于

① 驻马店市高新区万利达实业有限公司与中国工商银行股份有限公司郑州市南阳路支行存款纠纷案[最高人民法院(2005)民二终字第161号民事判决书,2008.5.13]的裁判理由与本案民事判决书基本一致(略),载最高人民法院民事审判第二庭编:《最高人民法院商事审判指导案例·金融卷》,中国法制出版社2011年版,第179~188页。

本案系争法律关系应定性为一种新型的以存单为表现形式的借贷关系的主张，于法无据，本院不予支持。西部证券关于本案系一般存款关系的主张，本院予以支持。

【案例来源】

最高人民法院民事审判第二庭编：《最高人民法院商事审判指导案例 · 金融卷》，中国法制出版社 2011 年版，第 240 ~ 254 页。

编者说明

鉴于大标的存单纠纷案件的急剧增加，而各地法院的裁判大相径庭，1997 年 4 月 7 日中国人民银行向中央政法委报告了这一情况，并建议由公安机关、法院、检察院、中国人民银行等部门共同研究，尽快制定出具体规定，明确存单纠纷案件中各方当事人的民事责任。1997 年 8 月 12 日，中央政法委针对中国人民银行的报告给予了答复。① 1997 年 12 月 11 日，最高人民法院颁布了《存单纠纷规定》，并于 12 月 13 日起正式实施，成为当时审理存单纠纷案件的主要依据。《存单纠纷规定》已经在司法实践中适用了多年，其间包括《合同法》《物权法》等重要法律相继出台，实践也须注意相关法律规定的适用。

182 存单效力判断应坚持存款凭证与存款关系“双重真实性”审查标准

【关键词】

| 存单效力 | 双重真实性 |

【案件名称 Ⅰ】

史迎祥与蔚县农村信用合作联社股份有限公司、蔚县农村信用合作联社股份有限公司吉家庄信用社储蓄存款合同纠纷案［最高人民法院（2016）最高法民再 203 号民事判决书，2016. 12. 3］

【裁判精要】

最高人民法院认为：

一、关于史迎祥与吉家庄信用社之间是否形成存款关系

根据一、二审判决及本院提审查明的事实，史迎祥将 300 万元款项通过转账及现金交付方式交给了时任吉家庄信用社主任的 × × ×。 × × × 在收取款项当日指使该社微机操作员梁树梅、出纳徐海霞、蔚县农村信用合作联社委派的会计史文俊开立了一个以史迎祥为户名的存款账户并虚存了 300 万元。为了保住该存折，又存

① 参见毛进军：《评〈最高人民法院关于审理存单纠纷案件的若干规定〉》，载《判解研究》2004 年第 5 辑。

入1元钱，随后将虚存的300万元从账上取出，但未将这笔业务的支取打印到该存折上，而是打印到一张存取款凭条上。之后，将存折交给了史迎祥。本案存折加盖了吉家庄信用社的印章，是真实的，但存折的形成基于吉家庄信用社主任、微机操作员、出纳及蔚县农村信用合作联社委派的会计等一系列工作人员的违法违规行为。史迎祥将款项交付给×××的目的，是为了在吉家庄信用社存款，×××也承诺为其办理存款手续，但相关款项最终并未以存款形式交付给吉家庄信用社。《存单纠纷规定》第五条规定，人民法院在审理一般存单纠纷案件中，除应审查存单、进账单、对账单、存款合同等凭证的真实性外，还应审查持有人与金融机构间存款关系的真实性，并以存单、进账单、对账单、存款合同等凭证的真实性以及存款关系的真实性为依据，作出正确处理。本案中，存折虽然真实，史迎祥将300万元款项交付给吉家庄信用社原主任×××也是事实，但因款项最终并未以存款形式转入吉家庄信用社，故不应认定史迎祥与吉家庄信用社之间形成了存款关系。二审判决认定史迎祥与吉家庄信用社之间不构成真实的存款关系并无不当，史迎祥有关其与吉家庄信用社之间已形成储蓄存款关系的主张缺乏事实依据，本院不予支持。

二、关于蔚县农村信用合作联社、吉家庄信用社应否向史迎祥支付款项

本案存折记载的史迎祥存款数额为3000001元，结合本案事实及公安机关对×××涉嫌刑事犯罪案件的相关人员的询问或者讯问笔录，应认定史迎祥实际交付给×××的款项数额为300万元。虽然根据本案查明的事实，不应认定史迎祥与吉家庄信用社之间形成了存款关系，但吉家庄信用社原主任×××、微机操作员、出纳以及蔚县农村信用合作联社委派的会计等工作人员开立存款账户、空存、空取及开立存折，并实际向史迎祥交付了加盖信用社印章的真实存折，导致史迎祥在收到存折后误以为款项已实际存入了吉家庄信用社，吉家庄信用社对于其工作人员及相应的业务流程监管不力，其对史迎祥无法主张兑取存款存在重大过错，依法应当承担相应的赔偿责任。另一方面，作为存款人，史迎祥理应知道存款手续须通过柜台办理，其将款项交付给时任吉家庄信用社主任的×××办理存款手续，并在存折上多了1元的异常情况下未前往吉家庄信用社进行核对、核实，客观上构成×××利用职务之便截留存款，并导致其不能向吉家庄信用社主张兑取存款的重要原因之一，应自行承担相应责任。鉴于史迎祥与吉家庄信用社在本案中均存在重大过错，本院酌定双方当事人对史迎祥不能兑取的款项及利息各承担50%的责任。

【案例来源】

中国裁判文书网，http://wenshu.court.gov.cn。

【案件名称Ⅱ】

中国农业银行股份有限公司应城市支行与汉口银行股份有限公司武昌支行存单纠纷案［最高人民法院（2009）民二终字第122号民事判决书，2012.6.25］

【裁判精要】

裁判摘要:(1)存款行为本质上是金融机构与存款人之间的合同行为。存款合同为实践性合同,款项交付后合同成立,审查存单效力应坚持存款凭证与存款关系"双重真实性"审查标准。即使认定存单等凭证真实,也可以其他证据证明存款关系不存在,从而导致合同不成立。

(2)成立存款关系,要有存款的实际交付行为。本案中武昌支行不能以将款项划转至应城农行开设于本行内的账户中的行为代替实际交付存款。应城农行在武昌支行开设账户,武昌支行向该账户转入款项的行为属于另一法律关系的内容,如因该法律关系发生纠纷,应通过另案诉讼解决。

最高人民法院认为:

根据上诉人的上诉与被上诉人的答辩,本案二审争议焦点为0244440号存单效力问题及本案诉讼费计算是否错误的问题。

一、关于0244440号存单效力问题

就此,本院(1999)民终字第14号民事判决已经认定应城农行不应就此存单承担900万元人民币的兑付义务,因此,应城农行关于确认武昌支行持有的0244440号存单无效的诉讼请求应予支持。应城农行在武昌支行开设账户,武昌支行向该账户转入900万元的行为属于另一法律关系的内容,如因该法律关系发生纠纷,应通过另案诉讼解决。

【案例来源】

最高人民法院民事审判第二庭编:《最高人民法院商事审判指导案例(2012)·合同与借贷担保》,中国民主法制出版社2013年版,第152~159页。

183 在不能认定成立储蓄合同情形下,依据伪造存单提起的诉讼,应作为一般存单纠纷处理

【关键词】

|储蓄合同|伪造存单|一般存单纠纷|

【案件名称】

李德勇与中国农业银行股份有限公司重庆云阳支行储蓄存款合同纠纷案[最高人民法院(2013)民提字第95号民事判决书,2013.9.29]

【裁判精要】

裁判摘要:《合同法》第十三条规定:"当事人订立合同,采取要约、承诺方式。"

第二十五条规定:“承诺生效时合同成立。”依照上述法律规定,储蓄人主张与银行成立储蓄存款合同,应当证明其与银行分别作出要约和承诺,符合合同成立要件。当储蓄人依据犯罪分子伪造的存单主张与银行成立储蓄合同,人民法院应判定储蓄人与银行是否就储蓄事宜分别作出要约、承诺。在不能认定双方成立储蓄合同情形下,储蓄人依据伪造存单提起的诉讼,应依照《存单纠纷规定》,作为一般存单纠纷处理。

最高人民法院认为:

(一)关于李德勇与农行云阳支行之间是否成立储蓄存款合同问题

《合同法》第十三条规定:“当事人订立合同,采取要约、承诺方式。”该法第二十五条规定:“承诺生效时合同成立。”依照上述法律规定,订立合同必经要约和承诺两个阶段。本案中,判断李德勇是否与农行云阳支行之间成立储蓄存款合同,需要认定如下问题:

1. 李德勇是否发出要约,即对农行云阳支行作出存款1000万元的意思表示

本案查明事实表明,李德勇在农行云阳支行杏家湾分理处办理业务时,并未向柜员表示存款1000万元。李德勇称其明确向“行长”谭文力表示存款,应视为向农行云阳支行作出存款的意思表示。李德勇该主张能否成立,关键在于谭文力能否代表农行云阳支行,即谭文力在与李德勇商谈存款事宜时,是否构成表见代理。《合同法》第四十九条规定:“行为人没有代理权、超越代理权或者代理权终止后以被代理人名义订立合同,相对人有理由相信行为人有代理权的,该代理行为有效。”该条规定目的是保护善意第三人的合法权益、促进市场交易安全。从立法目的解释表见代理的构成要件,应当包括代理人的无权代理行为在客观上形成具有代理权的表象,相对人在主观上善意且无过失地相信行为人有代理权。相对人善意且无过失应当包含两方面含义:一是相对人相信代理人所进行的代理行为属于代理权限内的行为;二是相对人无过失,即相对人已尽了充分的注意,仍无法否认行为人的代理权。本案中,李德勇在与谭文力商谈存款事宜过程中,在以下方面存在未尽合理注意义务的过失:一是对谭文力行长的身份未经核实即轻信。李德勇是经刚认识的刘红等陌生人介绍认识“行长”谭文力,谭文力接待李德勇时并未在农行云阳支行办公地点,而是在农行云阳支行云江大道分理处的办公室,作为“行长”的谭文力亲自带李德勇到柜台办理“存款”业务,李德勇因为疏忽,对谭文力作为“行长”不符合常规的做法未产生怀疑,未尽合理注意义务。二是李德勇对存款过程存在的诸多不合常规操作未产生怀疑。谭文力交给李德勇的《承诺书》载明,农行云阳支行在三个月存款期内承诺对款项“不抵押、不查询、不提起支取”。上述承诺内容均为李德勇作为存款所有权人可以行使的权利,放弃权利的承诺应当由权利人作出,但“农行云阳支行”却对此作出承诺。李德勇应当注意到承诺书内容的不合常理之处。李德勇作为储户应当知道在银行柜台办理业务时,需向柜员表明业务办理事项,却未在柜台交

易时作出存款的意思表示。李德勇作为办理过银行存款业务的储户,应当知道存款应当填写存款凭条,存单应当由柜员直接交付储户。李德勇没有填写存款凭条,存单又是放在信封中从银行柜台递出,李德勇因疏忽轻信而未向柜台工作人员核实。三是李德勇主观上具有违规追求高额利息的故意。钟道明承诺给李德勇每月 5.5% 的高息,换算成年息为 66%,李德勇对如此高的利息未产生怀疑,亦未向农行云阳支行核实,主观上并非善意。因李德勇不符合善意无过错的表见代理构成要件要求,谭文力的行为不构成表见代理。李德勇向谭文力作出的存款意思表示不能视为向农行云阳支行作出的意思表示。李德勇关于在农行云阳支行办公室这一特定环境内,造成其相信谭文力行长身份,确信谭文力代表农行云阳支行,存款业务无需储户亲自到柜台向柜员说明的观点,缺乏依据,本院不予采信。

2. 农行云阳支行是否作出承诺

农行云阳支行并未向李德勇出具储蓄存单。李德勇称假存单由该行柜台递出,故储蓄存款合同成立。从程建履行职务角度看,其从柜台递出的是装有伪造存单的信封,本案并无证据证明程建与谭文力共谋诈骗,故意递出信封以使李德勇相信存款事实的发生。程建因与谭文力的私人约定将信封递交给谭文力,无证据证明程建知道信封内装有何种物品。因此,程建递出信封行为,并非其履行职务行为。从李德勇是否可以确信程建递出信封为履行职务行为看,程建在办理李德勇业务中,李德勇并未向程建作出存款的意思表示,程建也未让李德勇填写存款凭条、未向李德勇出具储蓄存单。程建递交谭文力信封的行为不足以让李德勇产生已经存款的信任,其行为不能认定为履行职务行为,进而推定农行云阳支行与李德勇之间已经成立了数额为 1000 万元的定期储蓄合同关系。

(二)关于农行云阳支行是否应对李德勇的 1000 万元款项承担兑付义务问题

《存单纠纷规定》第五条规定:“对一般存单纠纷案件的认定和处理。(一)认定。当事人以存单或进账单、对账单、存款合同等凭证为主要证据向人民法院提起诉讼的存单纠纷案件和金融机构向人民法院提起的确认存单或进账单、对账单、存款合同等凭证无效的存单纠纷案件,为一般存单纠纷案件。(二)处理。人民法院在审理一般存单纠纷案件中,除应审查存单、进账单、对账单、存款合同等凭证的真实性外,还应审查持有人与金融机构间存款关系的真实性,并以存单、进账单、对账单、存款合同等凭证的真实性以及存款关系的真实性为依据,作出正确处理……4. 存单纠纷案件的审理中,如有充分证据证明存单、进账单、对账单、存款合同等凭证系伪造、变造,人民法院应在查明案件事实的基础上,依法确认上述凭证无效,并可驳回持上述凭证起诉的原告的诉讼请求或根据实际存款数额进行判决……”李德勇系依据存单提起诉讼,应作为一般存单纠纷处理。李德勇所持存单系伪造,该存单所涉 1000 万元款项并未向农行云阳支行交存,双方并未成立储蓄存款合同,李德勇依据犯罪分子伪造的存单,主张农行云阳支行兑付存单上载明的存款,缺乏法律依据,本院不予支持。

李德勇认为谭文力利用农行云阳支行办公场所实施犯罪,造成李德勇相信谭文力“行长”身份,柜员程建在履行职务过程中存在过错,造成李德勇资金通过银行柜台被犯罪分子获得,农行云阳支行对其上述工作人员的行为具有重大过错,应当承担责任,但在一审法院向李德勇释明其与农行云阳支行之间可能不构成储蓄合同关系的情况下,李德勇仍坚持原诉讼请求而未就此提出其他主张,本院亦不宜于再审程序中作超越李德勇原审诉讼请求范围的审理和裁判。李德勇因1000万元款项损失与农行云阳支行产生的其他纷争,应另寻法律途径解决。

【案例来源】

《中华人民共和国最高人民法院公报》2015年第7期。

(二)合法存单兑付纠纷

184 金融机构应当对合法存款承担兑付义务

【关键词】

|合法存款|承兑义务|

【案件名称】

广东南粤银行股份有限公司人民支行与中国长城资产管理公司广州办事处存单纠纷案[最高人民法院(2012)民提字第190号民事判决书,2013.8.15]

【裁判精要】

裁判摘要:当事人以存单或进账单、对账单、存款合同等凭证为主要证据向人民法院提起诉讼的存单纠纷案件和金融机构向人民法院提起的确认存单或进账单、对账单、存款合同等凭证无效的存单纠纷案件,为一般存单纠纷案件。金融机构不能提供证明存款关系不真实证据的,人民法院应认定持有人与金融机构间存款关系成立,金融机构应当承担兑付款项的义务。

最高人民法院认为:

本案已经查明的事实证明,金穗公司与工农营业部签订两份总额为1000万元的《存款协议书》,并由该公司派员按照工农营业部的工作人员王康成的指定在工农营业部和霞湖营业部的营业地点内存款后,王康成向金穗公司出具了盖有工农营业部储蓄专用章的定期存单。尽管上述存单后来被证明系伪造而无效,但该无效的结果是由于工农营业部内部管理不严,业务专用章和储蓄专用章被员工“偷盖”而导致的。由于金穗公司的存款均在工农营业部工作人员王康成的指示下完成存入手续,事后王康成又以工农营业部的名义将存款转借给了庄艳等个人或单位使用,即使王康成不是工农营业部的储蓄业务人员,但其伪造存单并在存单上加盖工农营业部印章的行为已经表明工农营业部与金穗公司之间已形成实际存款关系。原审判决据此认定工农营业部与金穗公司之间形成存款关系依法有据。王康成因伪造金融票证罪被判刑,并没有改变本案原判所认定的事实,也不影响工农营业部承担返还存款的民事责任认定。因此,原审判决认定并判决工农营业部应当承担按照金穗公司的实际存款额返还存款的责任并无不当。

【案例来源】

最高人民法院民事审判第二庭编:《最高人民法院商事审判指导案例(2014)》,中国民主法制出版社 2015 年版,第 313 ~ 321 页。

185 金融机构以其内部底单记载内容与存单不符主张存单上的存款余额为误写的,不能成立

【关键词】

| 内部底单 | 存款余额 |

【案件名称】

信连华诉天津市商业银行股份有限公司塘沽支行新港分理处存单纠纷案[天津市第二中级人民法院二审民事判决书,2004. 2. 23]

【裁判精要】

裁判摘要:根据《存单纠纷规定》第五条的规定,存单持有人的存单与金融机构的底单记载内容不符,如果存单是真实的,且金融机构只能提交单方制作的证据来抗辩存单,应当认定存单持有人与金融机构之间的存款关系成立,金融机构根据存单承担兑付款项的义务。

天津市第二中级人民法院认为:

本案属于存单持有人以存单为重要证据向人民法院提起诉讼的案件。被上诉人信连华在上诉人新港商业银行处开立结算账户,新港商业银行向信连华出具了存折,信连华持此存折办理存取款手续,该事实双方当事人均予认可。信连华持有的存折,其上数字均由新港商业银行的职员填写,并由新港商业银行的职员复核确认。现新港商业银行没有证据证明与信连华的存款关系不真实,却仅以其内部底单的记载来主张信连华存折上的存款余额为误写,理由不能成立。一审根据《存单纠纷规

定》第五条第(二)项第二目,判令新港商业银行向信连华兑付款项,认定事实清楚,适用法律正确。

【案例来源】

《中华人民共和国最高人民法院公报》2005 年第 5 期。

编者说明

《存单纠纷规定》第五条第(二)项第二目规定,存单持有人以真实凭证为证据提起诉讼的,如金融机构不能提供证明存款关系不真实的证据,或仅以金融机构底单的记载内容与上述凭证记载内容不符为由进行抗辩的,人民法院应认定持有人与金融机构间存款关系成立,金融机构应当承担兑付款项的义务。

(三)以存单为表现形式的借贷纠纷

186 以存单为表现形式的借贷纠纷的认定

【关键词】

| 存单 | 借贷纠纷 |

【案件名称Ⅰ】

长沙一方科技投资有限公司与中国农业银行股份有限公司岳阳德胜分理处储蓄存款合同纠纷案[最高人民法院(2015)民抗字第 32 号民事判决书,2015. 11. 18]

【裁判精要】

最高人民法院认为:

一方公司 2005 年 12 月 20 日向其在德胜分理处开立的银行账户内汇入 1210 万元,到 2006 年 3 月 17 日即指令德胜分理处汇出此款,时间尚不足三个月,其获取的 66 万元应当认定为高额利息;且该 66 万元并非按照正常程序从德胜分理处收取,而是从中介人许波处获得,因此,一方公司应当知道这笔高息的真正来源并非德胜分理处而是实际用资人。在本案中,出资人一方公司提供款项并获取高息,金融机构德胜分理处出具存款手续,用资人闽湘公司获取款项并提供高息,依照《存单纠纷规定》第六条第(一)项"在出资人直接将款项交与用资人使用,或通过金融机构将款项交与用资人使用,金融机构向出资人出具存单或进账单、对账单或与出资人签订存款合同,出资人从用资人或从金融机构取得或约定取得高额利差的行为中发生的存单纠纷案件,为以存单为表现形式的借贷纠纷案件"的规定,本案系以存单为表现形式的借贷纠纷,66万元高息应当冲抵本金。一方公司主张其与德胜分理处之间属于一般存单纠纷,缺乏事实和法律依据,本院不予支持。

【案例来源】

中国裁判文书网,http://wenshu.court.gov.cn。

【案件名称Ⅱ】

中国农业银行股份有限公司北京海淀支行与华夏银行股份有限公司存单纠纷案[最高人民法院(2013)民提字第38号民事判决书,2014.5.13]①

【裁判精要】

最高人民法院认为:

本案争议存单原存款人迪诺尔公司虽持有华夏银行出具的存单,但存单项下的存款并未在华夏银行月坛支行入账,而是在该支行负责人李惠鸣等运作下,违法拆借给丹依企业集团,并由该集团支付高额利差。根据本院《存单纠纷规定》第六条第(一)项有关"在出资人直接将款项交与用资人使用,或通过金融机构将款项交与用资人使用,金融机构向出资人出具存单或进账单、对账单或与出资人签订存款合同,出资人从用资人或从金融机构取得或约定取得高额利差的行为中发生的存单纠纷案件,为以存单为表现形式的借贷纠纷案件"的规定,可认定本案纠纷符合以存单为表现形式的借贷纠纷的特征,应定性为以存单为表现形式的借贷纠纷。

【案例来源】

中国裁判文书网,http://wenshu.court.gov.cn。

【案件名称Ⅲ】

南昌县向阳城市信用社与江西佳德典当拍卖有限公司、南昌典当行、中美合资南昌泰昌实业有限公司伊甸园海鲜大酒楼、南昌县长盛典当拍卖行存单纠纷案[最高人民法院(1998)经终字第437号民事判决书,1999.9.13]

① 中国农业银行股份有限公司北京海淀支行与华夏银行股份有限公司存单纠纷案[最高人民法院(2013)民提字第41号、40号、39号民事判决书,2014.5.13]的裁判理由与本案民事判决书基本一致(略),载中国裁判文书网,http://wenshu.court.gov.cn。

【裁判精要】

最高人民法院认为:

佳德公司将其存入向阳信用社的款项通过向阳信用社交与用资人南昌典当行、伊甸园酒楼和长盛典当行使用,向阳信用社向佳德公司出具了存单,且佳德公司从用资人处取得了约定的高额利差,故本案系以存单为表现形式的借贷纠纷。佳德公司直接分别与南昌典当行和伊甸园酒楼协商向向阳信用社存款,又一道赴向阳信用社交付款项,且直接收取了约定的高额利差,佳德公司对用资人使用存款主观上属明知状态,客观上造成向阳信用社将资金转给用资人使用的结果,南昌典当行和伊甸园酒楼应分别返还佳德公司 740 万元和 257 万元本金及利息,佳德公司分别收取的高额利差应抵扣本金,向阳信用社帮助违法借贷也有过错,应承担用资人不能偿还出资人本金的部分赔偿责任。原审判决对此认定和处理正确,应予维持。原审期间,向阳信用社对案外人江西京通实业公司从佳德公司存款中使用的 120 万元表示愿意承担偿还责任,原审法院予以确认后,向阳信用社未提出异议,故对原审判决主文第五项应予维持。原审期间,用资人南昌典当行、长盛典当行和伊甸园酒楼向向阳信用社分别偿还借款 2019000 元、3000 元和 8 万元,应分别从其向向阳信用社应予履行的债务总额中予以扣除;向阳信用社偿还的 2653000 元和江西京通实业公司偿还的 565000 元,应从向阳信用社承担的债务总额中予以扣除,故原审判决主文第六项亦应予以维持。关于佳德公司与长盛典当行和向阳信用社之间以存单为表现形式的借贷关系,长盛典当行经理段国辉委托中间人邓辉、邓辉再委托罗志坚,向佳德公司经理朱国瑞引存 500 万元资金,双方口头达成月利率四分的利差协议,佳德公司还收取了邓辉给付的 2 万元押金。且朱国瑞与罗志坚、邓辉和段国辉共同去向阳信用社交付存款,双方还为利差问题发生了争执,据此,应当认定向阳信用社将佳德公司的存款贷给长盛典当行使用系佳德公司的真实意思表示,长盛典当行应当向佳德公司返还本金和法定利息,向阳信用社因帮助违法借贷的过错,应当对长盛典当行不能偿还本金部分承担相应赔偿责任,原审判决向阳信用社与长盛典当行承担连带责任不当,应予纠正。关于长盛典当行应返还佳德公司本金数额问题,佳德公司经理朱国瑞在接受有关公安人员询问时承认通过罗志坚收取了 102 万元利差,故原审判决认定佳德公司收取的利差为 99 万元不当,应予纠正,长盛典当行应返还佳德公司的本金应认定为 448 万元。

【案例来源】

最高人民法院民事审判第二庭编:《经济审判指导与参考》(第 4 卷),法律出版社 2001 年版,第 304 ~ 312 页。

编者说明

《存单纠纷规定》第六条确定了以存单为表现形式的借贷行为的内涵和外延,从而确定了以存单为表现形式的借贷纠纷案件的范围。该类案件的典型特征有三项:(1)当事人至少有三方,出资人、金融机构、用资人;(2)有资金流动,资金从出资人流向用资人,金融机构在其中提供帮助;(3)出资人为追求高额利差,与金融机构或与用资人约定了利差或已扣除利差。

187 存单项下的存款并未在银行入账，而是在银行负责人等运作下违法拆借给用资人并支付高额利差，是以存单为表现形式的借贷纠纷

【关键词】

| 存单 | 借贷纠纷 |

【案件名称】

中国农业银行股份有限公司北京海淀支行与华夏银行股份有限公司存单纠纷案［最高人民法院（2013）民提字第41号民事判决书，2014. 5. 13］

【裁判精要】

最高人民法院认为:

本案双方当事人争议的焦点问题为本案的案由、本案纠纷的性质以及双方当事人应承担的法律责任等三项。

一、关于本案案由的问题

因1997年3月24日,农行海淀支行与迪诺尔公司共同盖章确认的《债权债务凭证交接总表》的附件《转存金融机构表》载明有本案争议的500万元存款,且1999年11月16日,迪诺尔公司再次确认该公司已将本案争议的上述存单交与农行海淀支行,并同意由农行海淀支行享有存单上的权利。据此可认定迪诺尔公司与农行海淀支行之间构成债权转让法律关系,其受让的债权的标的为请求兑付上述存单项下本息的债权请求权,农行海淀支行亦系依据所受让的存单主张兑付存单本息而提起本案诉讼的,故一审法院将本案案由确定为存单纠纷符合双方争议法律关系性质。由于本案并非债权人财产受到侵害所引起赔偿责任纠纷,故二审法院将案由确定为财产损害赔偿纠纷事实和法律依据不足,本院予以纠正。

二、关于应如何确认本案纠纷法律性质的问题

相关刑事裁决已确认,本案争议存单项下500万元存款来源于马云利用三所低息吸收的公众存款,后马云又将该笔资金以其实际控制的迪诺尔公司的名义转存至华夏银行月坛办事处。在此期间,华夏银行月坛办事处主任李惠鸣,伙同该行其他工作人员采取吸收客户资金不入账,空开大额定期存单54份,将所吸收的客户资金非法拆借给包括丹侬企业集团在内的11家用资单位。北京市第一中级人民法院(2003)一中刑终字第2237刑事裁定书所认定的事实虽未直接涉及本案存单项下资

金是否系由华夏银行月坛支行转贷给丹依企业集团,但在该裁定书所列明的 11 家用资单位所用资金来源情况的证据中,其在丹依企业集团用款 15500 万元的证据清单项下,列明有马云等的证言以证明存款情况。该刑事裁定书以马云等的证言来证明丹依企业集团所用资金的来源情况,表明丹依企业集团的用资中包含有马云的存款部分。而关于马云在华夏银行存款的具体情况,根据《马云案件债权债务资金情况》的记载,即为包括本案争议存单在内的总金额为 4200 万元的 5 份存单。此外,宋祥凯还证实,丹依企业集团使用转贷资金需支付高额息差。根据以上事实,可以认定,本案争议存单原存款人迪诺尔公司虽持有华夏银行出具的存单,但存单项下的存款并未在华夏银行月坛支行入账,而是在该支行负责人李惠鸣等运作下,违法拆借给丹依企业集团,并由该集团支付高额利差。根据《存单纠纷规定》第六条第(一)项有关"在出资人直接将款项交与用资人使用,或通过金融机构将款项交与用资人使用,金融机构向出资人出具存单或进账单、对账单或与出资人签订存款合同,出资人从用资人或从金融机构取得或约定取得高额利差的行为中发生的存单纠纷案件,为以存单为表现形式的借贷纠纷案件"的规定,可认定本案纠纷符合以存单为表现形式的借贷纠纷的特征,应定性为以存单为表现形式的借贷纠纷。

三、关于双方当事人责任承担的问题

丹依企业集团作为本案存单项下资金的实际用资人,其负责人万子红证实,其负责的"丹依企业集团曾与李惠鸣等约定以存款放贷获取高息",李惠鸣亦供述其"自 1995 年 2 月至 7 月间通过空开大额定期存单将资金非法拆借给丹依企业集团",据此可以认定华夏银行月坛支行直接参与将丹依企业集团确定为非法转贷资金的使用人。万子红还证实"丹依企业集团自 1993 年 9 月至 1996 年 5 月从马云所属公司借贷款 17280 万元,还有 9597 万元未归还"。据此亦可认定,在马云所控制的迪诺尔公司办理本案争议存款之前,丹依企业集团与马云已经长期存在违法借贷关系,结合前述有关丹依企业集团所用资金包括本案争议存款的认定以及宋祥凯的有关息差支付方式的证言,可认定马云亦参与了将丹依企业集团确定为本案非法转贷资金的实际使用人。参照《存单纠纷规定》第六条第(二)项第三目有关"出资人将资金交付给金融机构,金融机构给出资人出具存单或进账单、对账单或与出资人签订存款合同,出资人再指定金融机构将资金转给用资人的,首先由用资人返还出资人本金和利息。利息按人民银行同期存款利率计算至给付之日。金融机构因其帮助违法借贷的过错,应当对用资人不能偿还出资人本金部分承担赔偿责任,但不超过不能偿还本金部分的百分之四十"的规定,在出资人参与指定用资人的情形下,其存单项下利息损失不予保护,故本案中对农行海淀支行要求华夏银行支付存单和存款协议所约定利息和罚息的主张应不予支持。因相关刑事判决已经确认实际用资人丹依企业集团无偿还能力,就本案存单项下本金损失,根据《存单纠纷规定》第六条第(二)项有关"以存单为表现形式的借贷,属于违法借贷,出资人收取的高额利差应充抵本金,出资人、金融机构与用资人因参与违法借贷均应当承担相应的民事责任”的规定,应由迪诺尔公司和华夏银行根据其对造成资金损失的过错程度予以分担。二审判决认定,本案中农行海淀支行(包括存款单原权利人迪诺尔公司)和华夏银行均有过错,如果本案仅以形式合法的存款单及存款协议确认双方当事人的权利义务,有失公正的结论,并无不妥,本院予以维持。华夏银行月坛支行的负责人违法违规操作系本案损失发生的主要原因,其应承担主要责任,二审判决判令华夏银行对存款本金损失承担60%的责任与其过错相符;同时,迪诺尔公司作为存款人,其实际控制人马云办理本案存款的目的系为收取高额息差而通过套取银行信用向他人出借资金,其行为亦具有违法性,二审判决判令迪诺尔公司的债权承继方农行海淀支行对自行对存款本金损失承担40%的责任,亦无不妥。

【案例来源】

中国裁判文书网,http://wenshu.court.gov.cn。

188 以存单为表现形式的借贷纠纷属典型的账外循环,非正常存款业务,重点在于资金流向的真实性,而非存折文本的规范性

【关键词】

| 存单 | 借贷纠纷 | 账外循环 |

【案件名称】

冯典娥与烟台银行股份有限公司等储蓄存款合同纠纷案[最高人民法院(2018)最高法民再5号民事判决书,2018.6.25]

【裁判精要】

最高人民法院认为:

当事人再审争议的焦点问题在于烟台银行和胜利路支行是否应向冯典娥支付2030万元及利息。

一、本案为以存单为表现形式的借贷纠纷案件

冯典娥持有胜利路支行出具的01×××28号活期储蓄存折,该存折上除双方无争议的开户时存入的100元外,另有1990万元存款的记录。冯典娥提交了其本人及丈夫、女儿向同诚公司、咸通公司、兴源公司开设在胜利路支行的账户汇入1778.6万元款项的凭证,主张其中有40万元在存折上漏登,另有251.4万元系将现金交付给该行时任行长刘维宁。烟台银行及胜利路支行对该存折的真实性不持异议,但抗辩称存折上1990万元的存款记录系冯典娥伪造,且该款未交付给银行,而是直接汇入三家公司账户,由刘维宁实际使用。《存单纠纷规定》第六条第(一)项规定:“在出资人直接将款项交与用资人使用,或通过金融机构将款项交与用资人使

用,金融机构向出资人出具存单或进账单、对账单或与出资人签订存款合同,出资人从用资人或从金融机构取得或约定取得高额利差的行为中发生的存单纠纷案件,为以存单为表现形式的借贷纠纷案件。"本院认为,冯典娥作为出资人直接将案涉款项交与用资人同诚公司、咸通公司、兴源公司使用,胜利路支行向冯典娥出具了存折,冯典娥从用资的三家公司取得了高额利差,且刘维宁亦承认对其许以高息的事实,故本案为以存单为表现形式的借贷纠纷案件。存折与存单的关系在于存折上记录了多笔存款,每笔存款记录相当于一张存单,烟台银行及胜利路支行关于存折不适用前述司法解释的抗辩理由不能成立。

二、在借贷行为确已发生的情况下,案涉存折记录是否存在虚假或瑕疵不影响烟台银行及胜利路支行的责任承担

除冯典娥主张存折上漏登的40万元外,其将1738.6万元款项汇入用资人同诚公司、咸通公司、兴源公司开设在胜利路支行的账户的事实,有汇款凭证为据。烟台银行及胜利路支行在2015年6月26日一审开庭笔录中承认"转账的记录落实过,原告存款明细表中转账的事实均是属实的"。刘维宁在本院对其询问时亦认可"钱确实打到三家公司的账上,我转出去做票据业务了"。经烟台银行及胜利路支行核实,案涉存款记录对应的操作人员均为该行工作人员。银行作为金融机构相对于普通储户具有明显的优势地位,对于冯典娥伪造存款记录的主张,应当提供切实充分的证据支持。烟台银行及胜利路支行提供的相关操作人员当时不在岗或在其他支行任职的证据,均由其自行制作,证明力较低,且不能证明相关存款记录为冯典娥伪造的事实。《存单纠纷规定》第六条第(二)项规定:"如以存单为表现形式的借贷行为确已发生,即使金融机构向出资人出具的存单、进账单、对账单或与出资人签订的存款合同存在虚假、瑕疵,或金融机构工作人员超越权限出具上述凭证等情形,亦不影响人民法院按以上规定对案件进行处理。"以存单为表现形式的借贷纠纷案件属典型的账外循环,非正常存款业务,重点在于资金流向的真实性,而非存折文本的规范性。烟台银行及胜利路支行以案涉存款记录不规范且不合情理作为抗辩理由,依法不能成立。根据《存单纠纷规定》第六条第(二)项规定,在借贷行为确已发生的情况下,案涉存款记录是否存在虚假或瑕疵,不影响烟台银行、胜利路支行的责任承担。根据《民诉法解释》第一百二十一条第一款规定,本院对烟台银行、胜利路支行就存折文本进行鉴定的申请不予支持。

三、烟台银行及胜利路支行对刘维宁存在监管过失,应当对冯典娥的损失承担一定责任

胜利路支行原行长刘维宁、客户经理部主任徐文哲、营业部主任曲鸿等人合同诈骗、职务侵占、违规出具金融票证一案的(2013)烟刑二初字第13号生效刑事判决认定,刘维宁在明知其个人没有还款能力的情况下,以支付高额利息为诱饵,冒用银行名义与他人签订虚假的理财协议、保函、借款合同或以虚开的无资金保证的商业承兑汇票质押,骗取他人财物,数额特别巨大;利用职务之便,挪用本单位银行承兑

汇票质押借款,擅自将客户资金转走,归个人使用。本案虽不属于刑事案件的一部分,但刘维宁同样是利用了其时任胜利路支行行长的职务便利,对冯典娥及其家人许以高息,骗取其资金使用。烟台银行及胜利路支行对刘维宁存在监管过失,其关于刘维宁的行为系个人行为的抗辩,依法不能成立。

冯典娥主张,其是受胜利路支行时任行长刘维宁的指令将案涉资金汇入同诚公司、咸通公司、兴源公司账户内,该行为是履行行长职务的行为,其实际是按照胜利路支行的指令将资金直接转给用资人,烟台银行及胜利路支行应当根据《存单纠纷规定》第六条第(二)项第二目关于"出资人未将资金交付给金融机构,而是依照金融机构的指定将资金直接转给用资人,金融机构给出资人出具存单或进账单、对账单或与出资人签订存款合同的,首先由用资人偿还出资人本金及利息,金融机构对用资人不能偿还出资人本金及利息部分承担补充赔偿责任;利息按人民银行同期存款利率计算至给付之日"的规定承担责任。本院认为,冯典娥证明受刘维宁指令划转款项的唯一证据是其代理律师2015年9月1日对刘维宁的调查笔录。然而,刘维宁在烟台银行及胜利路支行代理律师2018年2月5日对其的询问笔录以及本院询问笔录中,否认了这一说法。冯典娥未能提供其他证据进一步辅证,应承担举证不能的法律后果。《存单纠纷规定》第六条第(二)项第四目规定:"出资人未将资金交付给金融机构,而是自行将资金直接转给用资人,金融机构给出资人出具存单或进账单、对账单或与出资人签订存款合同的,首先由用资人返还出资人本金和利息。利息按人民银行同期存款利率计算至给付之日。金融机构因其帮助违法借贷的过错,应当对用资人不能偿还出资人本金部分承担赔偿责任,但不超过不能偿还本金部分的百分之二十。"

【案例来源】

中国裁判文书网,http://wenshu.court.gov.cn。

189 以存单为表现形式的借贷纠纷案件中关于用资人"指定"的认定

【关键词】

|存单|借贷纠纷|用资人指定|

【案件名称】

中国专利技术开发公司与中国银行北京市朝阳区支行存单纠纷案[最高人民法院(2010)民提字第36号民事判决书,2010.12.3]

【裁判精要】

裁判摘要:本案系以存单为表现形式的借贷纠纷。其焦点问题是原审判决认定

“用资人华瑞经营部是专利公司指定的”是否有事实依据，原审法院再审判决适用法律是否正确。经再审核查相关证据确认，专利公司派人与中间人多次联系，其在存款之前即对其该笔存款的使用人、高息的来源等情况明确知晓，存款后即收取了高息。在存款到期后，其首先向用款人催款，后又向公安机关报案。再审认为，原审认定事实正确，适用法律得当。

最高人民法院认为：

（一）专利公司为了获取高额利差，授权姚朝阳代表该公司与陈学诗、张燕丽等中间人联系1500万元的存款事宜。专利公司存款后，中行朝阳支行为其出具了1500万元的进账单。经中间人张燕丽等人协助，该款项被用资人朱志利等人以伪造的信汇凭证划至华瑞经营部的账户并使用。按照姚朝阳与中间人商定的15%的存款利率，专利公司在存款后不久即从中间人处获得了由朱志利等人支付的195.35万元高额利息。基于上述事实特征，本案中专利公司的存款行为并不属于一般意义上的正常存款。依据法释〔1997〕8号《存单纠纷规定》第六条第（一）项规定的“认定条件”，应认定本案系以存单为表现形式的借贷纠纷。

专利公司再审时提出，姚朝阳在国家专利局工作，直到1999年7月才招聘至专利公司工作，北京高院再审判决认定姚朝阳在本案存款时是专利公司的工作人员，其代表专利公司与其他中间人和用资人联系、商讨存款得息事宜，与事实不符。最高人民法院认为，根据2000年11月22日姚朝阳在公安机关的陈述、1997年12月12日专利公司向北京市公安局提交的《报案材料》，以及北京市第二中级人民法院（2001）二中刑初字第1094号刑事判决书等证据，足以证明姚朝阳代表专利公司经办本案1500万元存款并收取高息的事宜，已经取得专利公司的同意和授权，其行为即为专利公司的行为，对专利公司产生法律约束力。在人事关系调转方面，即使“姚朝阳1999年7月才被招聘到专利公司工作”属实，亦不能否定其在本案中代表专利公司从事业务活动的工作身份。因此，北京市高级人民法院再审判决认定“1997年5月专利公司为获高息，由该公司工作人员姚朝阳通过中间人张燕丽、陈学诗等人与朱志利商定高息比例及用款事宜”有事实依据，并无不当。

（二）关于北京市高级人民法院（2002）高民再终字第563号民事判决认定“用资人华瑞经营部是专利公司指定的”是否有事实依据的问题。

经北京市第二中级人民法院（2001）二中刑初字第1094号刑事判决书认定，1997年初，朱志利便与韩平、关四虎等人预谋以帮助银行拉存款并给存款单位高息为名，骗取他人的存款，并在中国银行崇文支行劲松分理处开立了华瑞经营部的账号。专利公司为了获得高额利息，让姚朝阳联系高息存款事宜。姚朝阳通过孙化戈、陈学诗等人认识了张燕丽，张燕丽将专利公司有一笔1500万元资金要通过存款拿高息的事告诉了李亚青，李亚青又将此事转告了用款单位的张建设。1997年6月初，姚朝阳、陈学诗、张燕丽等在张燕丽的办公室商谈高息的事宜，张建设作为用款单位的代表在场。另据刑事案件庭审笔录记载,朱志利供述其于1997年6月初在张燕丽办公室与存款单位的姚朝阳见过一次面,在场的还有陈学诗、韩平、李玉山等人。姚朝阳亦承认,其与陈学诗等在存款前商量过高息的事。上述事实证据充分且相互印证,本院予以采纳。专利公司再审称其“只认识中间人姚朝阳,从未与朱志利及其他中间人接触过”,不予采信。

根据姚朝阳在公安机关的陈述,在本案1500万元存款之前,其就与陈学诗、孙化戈等人商量好了高息的支付事宜,1500万元的15%的利息是200多万元,其中80多万元以转账支票支付,算是银行的正常利息,剩余利息110多万元以现金给付,剩下的钱由张燕丽他们找人贷款,高息部分由贷款的单位支付。可见,虽然在办理存款时姚朝阳并不清楚具体的用款单位是谁,但其对“高息部分将由张燕丽联系的贷款单位支付”这一安排是明知的。此后,专利公司为了获取高息,派姚朝阳和刘玉琴办理了存款,并按照中间人张燕丽的要求,将其开户存款的签样卡复印件交给了张燕丽,并由其转给了朱志利,致使朱志利得以伪造的银行信汇凭证,将1488万元款项划走。1997年8月25日,专利公司到银行复核存款并在存款余额对账单上盖章确认时,其已知道1488万元款项被转走,但其没有立即向公安机关报案,而是向中间人张燕丽询问情况。张燕丽找来朱志利、韩平等人与姚朝阳见面,并告其朱志利、李玉山、韩平这三人就是用款单位的。朱志利对姚朝阳讲,钱是通过银行内部关系贷款出来,没有问题,都是正常手续。专利公司相信了朱志利等人到期还款的承诺,表明其认可了由朱志利的华瑞经营部使用该款的事实。直到1999年12月12日,在朱志利等人还款无望的情况下,专利公司才向公安机关报案追款。

基于上述事实,最高人民法院认为,北京市高级人民法院(2002)高民再终字第563号民事判决认定“应视为用资人华瑞经营部是专利公司指定的”,证据充分,并无不当。专利公司关于其“从未指定过用资人,也根本不知道谁为用资人”的主张与本案事实不符。

(三)根据上述认定,结合“专利公司将款项交付给银行,银行给其出具进账单”的事实,依照《存单纠纷规定》第六条第(二)项第三目的规定,北京市高级人民法院再审判决根据中行朝阳支行帮助违法借贷的事实和过错,判令其对华瑞经营部不能偿还专利公司的本金部分承担40%的赔偿责任,处理得当,适用法律正确,应予维持。申请人专利公司关于中行朝阳支行应对其损失承担全部责任的主张,没有事实和法律依据,本院不予支持。

【案例来源】

最高人民法院民事审判第二庭编:《最高人民法院商事审判指导案例(第五卷)》(下),中国法制出版社2011年版,第617~630页。

编者说明

在以存单为表现形式的借贷纠纷中,用资人的“指定”是案件的事实问题,认定“指定”

必须以确定的证据为依据。在没有证据的情况下，仅凭一方当事人的陈述是不能认定的。如果遇到案件事实难以查明，那么要结合资金的占有进行推定。原则上，在没有相反的证据予以证明的情况下，谁占有资金，谁应当首先被推定是资金的"指定"者。如出资人将资金已经交付给了金融机构，金融机构成为资金的占有者，资金从金融机构转到用资人手中，除非有出资人指定金融机构转款的证据，金融机构应当被认为是资金的处分者，应承担主要责任；相反，如资金没有交付给金融机构，而是出资人自己用汇票等手续将资金转给用资人的，除非有金融机构指定出资人转款的证据，出资人应当被认为是资金的处分者，应承担主要责任。

190 存单纠纷案件中"交付"和"指定"的认定

【关键词】

｜存单纠纷｜交付｜指定｜

【案件名称】

上海茶叶进出口公司与中国工商银行金华市婺城支行、浙江超三超集团有限公司存单纠纷案［最高人民法院（2003）民二再字第5号民事判决书，2003.12.9］

【裁判精要】

裁判摘要：存单纠纷中的交付，指出资人向金融机构转移现金的占有或出资人向金融机构交付注明出资人或金融机构为收款人票据的行为。应以存款人是否收取利差来区分是一般存单纠纷，还是以存单为表现形式的借贷纠纷，但不是判定谁指定用资人的主要依据。

最高人民法院认为：

茶叶公司将4张总金额为4000万元的银行汇票交付婺城工行，经营业柜台验票，确认有效后，开出三张总金额为4000万元人民币定期存单交付给茶叶公司，存单上盖有婺城工行业务专用章及有关银行经办人的名章，表明茶叶公司的资金已交付婺城工行。

本案四张银行汇票的付款人是茶叶公司，收款人是王剑凯，王剑凯按照银行汇票背书注意事项规定，在收款人和背书人栏盖章，没有填写被背书人名称，将汇票交给银行，表明款项已收到并空白背书给银行。婺城工行依照其与超三超集团签订的贷款合同，将汇票交给超三超集团，由其出纳徐艳俏在被背书人栏内填上浙江超三超集团有限公司，并盖上公司的财务专用章及其法人代表杨伯群的私章，款项进入超三超集团在婺城工行的账户，显然用资人超三超集团是由婺城工行指定的。故婺城工行因其帮助违法借贷的过错，应对超三超集团不能偿还本金部分给茶叶公司造成的损失承担主要责任。原判认定本案属以存单为表现形式的违法借贷，认定正确。但认定汇票"已由王剑凯以汇票背书方式转让给超三超集团,茶叶公司并无在婺城工行存款的事实",属于认定事实和适用法律错误。判决婺城工行承担超三超集团不能偿还本金部分的20%赔偿责任明显失当,应予以纠正。茶叶公司也有一定过错,除将收取的高额利差充抵本金外,还应承担相应的过错责任。

【权威解析】

(一)依照《存单纠纷规定》的"交付"含义,"指出资人向金融机构转移现金的占有或出资人向金融机构交付注明出资人或金融机构(包括金融机构的下属部门)为收款人的票据。出资人向金融机构交付有资金数额但未注明收款人的票据的,亦属于本条中所称交付"。交付的含义是资金占有的转移。茶叶公司将4张总金额为4000万元的银行汇票交给婺城工行,经营业柜台验票,确认有效后,开出3张总金额为4000万元人民币定期存单交付给茶叶公司,存单上盖有婺城工行业务专用章及银行经办人专用名章,表明茶叶公司的资金已交付婺城工行。此时存款人与金融机构间存款合同即告成立,金融机构此后是否入账,不影响存款关系的效力。

(二)婺城工行将资金给超三超集团,是依据茶叶公司的指定,还是自行转款?(1)关于背书问题。本案四张银行汇票的付款人是茶叶公司,收款人是王剑凯,王剑凯按照银行汇票背书注意事项规定,在收款人和背书人栏盖章,没有填写被背书人名称,将汇票交给银行,表明款项已收到并空白背书给银行,这完全是票据解付银行的意思表示。如果茶叶公司是想将汇票背书给超三超集团,可以由背书人在被背书人栏写上超三超集团名称,或者将空白背书汇票交给超三超集团,由超三超集团在被背书人栏签名盖章后交付银行,但本案四张汇票都是由银行交给超三超集团后再由超三超集团填写该集团名称,显然这不是茶叶公司背书的本意。如果真是茶叶公司将汇票背书给超三超集团,那么资金支配权就是超三超集团的,就没有必要由银行和超三超集团签订委贷合同。银行和超三超集团签订委贷合同这一事实也证实茶叶公司将汇票背书给超三超集团进账使用是不成立的。(2)关于"茶叶公司收取了高额利差"的问题。收取高额利差是当时存款人普遍追求的利益,金融机构当时正是利用存款人这种求利心理,高息揽存,提高存贷业绩。《存单纠纷规定》正是基于这种情况作出的。《存单纠纷规定》把存款人收取利差或与金融机构、用资人约定利差的行为认定为金融机构出借款项有存款人的意思表示,以此区分是一般存单纠纷案件,还是以存单为表现形式的借贷案件,并不能以存款人收取利差来判定就是存款人指定用资人,而且存款人和用资人均称存款前双方从未接触,用资人以咨询费的名义向中介人支付佣金,利差也是由用资人支付给中介人,中介人扣除中介费后再支付给存款人。按一般情理而论,谁占有资金,谁应当首先被推定是资金的"指定"者。本案中,茶叶公司将汇票交付给了婺城工行,婺城工行成为汇票款项的占有者,款项从婺城工行转到用资人超三超集团,没有茶叶公司指定婺城工行转款的证据,婺城工行应当被认定是款项的处分者。(3)本案是银行为履行贷款合同而将款项划转给超三超集团的。婺城工行与超三超集团签订两份名为委托贷款合同,实为贷款合同。婺城工行依照贷款合同,将汇票交给超三超集团,由其出纳徐艳俏在被背书人栏内填上浙江超三超集团有限公司,并盖上公司的财务专用章及其法定代表人杨伯群的私章,款项进入超三超集团在婺城工行的账户,显然用资人超三超集团是由婺城工行指定的。原判认定汇票“已由王剑凯以汇票背书方式转让给超三超集团,茶叶公司并无在婺城工行存款的事实”,认定事实和适用法律都是错误的。①

【案例来源】

最高人民法院审判监督庭编著:《最后的裁判——最高人民法院典型疑难百案再审实录·担保与金融案件卷》,中国长安出版社 2007 年版,第 224 ~229 页。

191 出资人对银行将其存款贷给第三人使用是同意或者认可的,但不能因同意或者认可而认定系其指定具体用资人

【关键词】

|存单|指定用资人|

【案件名称】

中国建设银行北海分行民航分理处等与北海金滇物业发展公司等存单纠纷案[最高人民法院(2000)经终字第 141 号民事判决书,2001. 12. 30]

【裁判精要】

最高人民法院认为:

升达公司经理王平根据与民航分理处原主任罗建春的口头约定,将 600 万元活期存折交给罗建春,罗建春以民航分理处名义给王平出具 600 万元定期存单并将款项转给金滇公司、国际大酒店使用,王平通过中间人获取高额利差的事实,符合《存单纠纷规定》第六条“在出资人直接将款项交与用资人使用,或通过金融机构将款项交与用资人使用,金融机构向出资人出具存单或进账单、对账单或与出资人签订存款合同、出资人从用资人或从金融机构取得或约定取得高额利差的行为中发生的存单纠纷案件,为以存单为表现形式的借贷纠纷案件”的规定。同时该条第(二)项还规定:“如以存单为表现形式的借贷行为确已发生,即使金融机构向出资人出具的存单、进账单、对账单或与出资人签订的存款合同存在虚假、瑕疵,或金融机构工作人

① 参见毛端稚:《上海茶叶进出口公司与中国工商银行金华市婺城支行、浙江超三超集团有限公司存单纠纷再审案——审理存单纠纷案件的关键是如何确定“交付”和“指定”》,载最高人民法院审判监督庭编:《审判监督指导》(总第 14 辑),人民法院出版社 2004 年版,第 91 ~93 页。

员超越权限出具上述凭证等情形,不影响人民法院按以上规定对案件进行处理。"本案罗建春为王平开具的定期存单加盖了民航分理处的公章,并且是在柜台所为,故应认定罗建春的行为是职务行为。民航分理处上诉称本案存单是虚开的并无真实存款内容的伪造存单,民航分理处和王平之间不存在定期存款关系,因与事实不符,本院不予支持。

客户存折密码在正常情况下,是由客户自行设定而不为他人和银行所知的。但是在如本案以存单为表现形式的非法借贷关系中,包括银行在内的各方当事人,均不是严格按照中国人民银行有关规定为存贷款行为的。本案罗建春承认款项是由其本人贷给金滇公司和国际大酒店而与王平、升达公司无关,用资人金滇公司的刘志刚、中间人张瑜也均证明是罗建春将王平 600 万元活期存折及其密码交给刘志刚。故民航分理处根据银行与客户间正常存贷款关系的要求,上诉称王平将密码泄露出去方使用资人将款转走,因无证据证明是王平将活期存折和密码交给刘志刚,故本院对民航分理处关于王平实际与各用资人之间形成了直接非法借贷关系、其收不回款项的后果应自行承担的上诉请求,不予支持。

1996 年春节前后,罗建春经人介绍便与金滇公司的副经理刘志刚认识并有了往来。同年 10 月本案事实发生前,刘志刚及其金滇公司、黄通国及其国际大酒店与罗建春及其民航分理处,便发生过引资并违法借贷的关系。王平将升达公司 600 万元和汽车市场的 700 万元带到北海市目的,既要存入银行规避风险,又要获取高额息差,但不管是谁使用其资金。本案没有证据证明王平事先认识金滇公司的刘志刚,也没有证据证明王平直接与刘志刚发生借款关系。金滇公司付给王平的高额息差也是先付给中间介绍人,再转给王平的。根据广西壮族自治区高级人民法院和北海市中级人民法院刑事判决书对罗建春犯罪事实的认定;原审法院对罗建春证实王平是在民航分理处存款并到时按存单支取、而刘志刚则是根据金滇公司与民航分理处的借款合同划走款项的调查笔录;刘志刚和张瑜一审出具的证明材料;贾忠斌在一审的庭审笔录等,应当认定是民航分理处指定了本案的用资人,而不应认定是王平及其升达公司指定了金滇公司为用资人,更没有证据证明王平指定了国际大酒店等为 600 万元中的 400 万元的用资人。王平及其升达公司、汽车市场对民航分理处将其存款贷给金滇公司或者其他任何人使用,是同意或者认可的。但不能因同意或者认可而认定为指定了具体的用资人。故王平和升达公司上诉称,本案资金是由民航分理处自行转给用资人并请求二审法院判决民航分理处对用资人的债务承担连带责任,因有事实佐证,本院予以支持。原审法院认定王平指定民航分理处将资金转给用资人,适用《存单纠纷规定》第六条第(二)项第三目的规定,判决民航分理处只对用资人不能偿还的本金部分承担 40% 的赔偿责任,属认定事实不清、适用法律不当、判决错误,应予纠正。原审法院关于本案性质、用资人的债务承担和高额息差等事实认定清楚、判决得当,应予维持。

【案例来源】

最高人民法院民事审判第二庭编:《民商审判指导与参考》(总第1卷),人民法院出版社2002年版,第342~350页。

192 没有证据表明在出资人将资金存入后曾明确指定银行将款项转给用资人使用，也没有证据表明实际用款人是由银行确定的，应按过错确定民事责任

【关键词】

|用资人|过错责任|

【案件名称】

交通银行成都分行人民南路支行与开封机电设备(集团)股份有限公司、成都联益华星激光影音制作有限公司存单纠纷案[最高人民法院(2005)民二终字第19号民事判决书，2005.5.24]

【裁判精要】

最高人民法院认为:

开封机电集团在人民南路交行的存款被他人持伪造的该公司公函及伪造的身份证件挂失,并被转至中国建设银行四川省分行铁道专业支行第一办事处,进而被成都联益公司实际使用。挂失、转款是何人所为,经公安机关作为刑事犯罪侦查多年未能得出结论。原审判决关于"没有证据表明在开封机电集团将资金存入后,曾明确指定交行华能支行将款项转给联益公司使用;同时,也没有证据表明实际用款人是由银行方确定,交行华能支行的确没有将款项转给用资人的主观意图"的认定并无不妥。但原审判决认为在没有相反证据证明是开封机电集团指定人民南路交行转款的情况下,只能判定人民南路交行将款项转给了用资人的事实成立,并进而认定人民南路交行自行指定用资人,判决其对联益公司的本案债务承担连带责任不当,本院予以纠正。鉴于本案不符合本院《存单纠纷规定》第六条规定的四种情形,故对本案当事人责任的判定应适用《民法通则》第一百零六条第二款关于"公民、法人由于过错侵害国家的、集体的财产,侵害他人的财产、人身的,应当承担民事责任"的规定,并参照本院《存单纠纷规定》相关条款的精神,按当事人在本案中过错的大小确定其应承担的民事责任。

联益公司是本案非法借贷的实际使用人,理应向开封机电集团偿还借款本息的民事责任。人民南路交行作为金融机构在处理存单挂失时,没有按规定的存单失效程序操作,也未核实挂失证明等相关材料的真实性,导致开封机电集团的存款被他

人以伪造的手续挂失转至虚设的开封机电集团成都分公司账户，最终由联益公司使用，客观上导致本案以存单为表现形式的非法借贷最终得以实现，且该行将100万元存款本息存留至今，故人民南路交行对本案纠纷的发生有主要过错，其应承担联益公司不能偿还本金部分70%的赔偿责任。开封机电集团为获取高额利息积极参与本案以存单为表现形式的非法借贷，在存款之前预先收取用资人支付的高额利息，在3370万元款项转至用资人后，通过中间人叶志清或直接收取用资人的部分高额利息；在用资人已还款435万元的情况下，又将该款退回用资人，客观上造成损失的扩大，故开封机电集团对本案纠纷的发生亦有过错，其应自行承担相应的民事责任。

【案例来源】

最高人民法院民事审判第二庭编：《最高人民法院商事审判指导案例 · 金融卷》，中国法制出版社2011年版，第264～274页。

193 通过虚假存款合同建立的借贷关系应当认定无效

【关键词】

| 虚假存款合同 | 借贷关系 |

【案件名称】

深圳市佳穗投资发展有限公司诉交通银行中山分行、交通银行中山分行三乡支行及深圳市宝安万延工业城有限公司、中山市万延电子厂、中山市巨龙工贸有限公司存单纠纷案［最高人民法院（2004）民二终字第102号民事判决书，2006.5.18］

【裁判精要】

最高人民法院认为：

本案资金关系涉及三方当事人，虽然佳穗公司与三乡支行签订了11份《委托（信托）存款合同》及4份《补充合同》，但合同涉及的资金并没有存入三乡支行，而是从佳穗公司直接转给巨龙公司、万延电子厂、万延工业城使用，并且佳穗公司与三乡支行在合同中约定的存款利息高于当时中国人民银行规定的存款利率，在签订合同的前后，巨龙公司、万延电子厂也有资金流入佳穗公司，上述资金关系特征符合《存单纠纷规定》第六条关于“出资人将款项交与用资人使用，或者通过金融机构将款项交与用资人使用，金融机构向出资人出具存单或者进账单或与出资人签订存款合同，出资人从用资人或从金融机构取得或者约定取得高额利差的行为中发生的存单纠纷案件，为以存单为表现形式的借贷纠纷案件”的规定，本案民事纠纷的性质应当认定为以存单为表现形式的借贷纠纷。其中，佳穗公司为出资人，三乡支行为金融机构,巨龙公司、万延工业城、万延电子厂为用资人。本案当事人佳穗公司与三乡支行通过签订虚假存款合同建立借贷关系,扰乱国家金融秩序,根据《民法通则》第五十八条的规定,佳穗公司与三乡支行签订《委托(信托)存款合同》及《补充合同》的民事行为应认定无效。

【案例来源】

最高人民法院民事审判第二庭编:《最高人民法院商事审判指导案例·金融卷》,中国法制出版社2011年版,第189~198页。

194 出资人将款项交付金融机构,金融机构将资金自行转给用资人的,金融机构与用资人对偿还出资人本金及利息承担连带责任

【关键词】

|用资人|金融机构|连带责任|

【案件名称Ⅰ】

长沙一方科技投资有限公司与中国农业银行股份有限公司岳阳德胜分理处储蓄存款合同纠纷案[最高人民法院(2015)民抗字第32号民事判决书,2015.11.18]

【裁判精要】

最高人民法院认为:

一方公司将款项存入其在德胜分理处开立的银行账户后,德胜分理处工作人员张玲与闽湘公司法定代表人张政钦即按照事先约定,利用其在银行工作的有利条件,相互勾结,通过犯罪手段将一方公司在德胜分理处账户内的1200万元款项转走并汇入了实际用资人闽湘公司账户。依照《最高人民法院关于在审理经济纠纷案件中涉及经济犯罪嫌疑若干问题的规定》第二条“单位直接负责的主管人员和其他直接责任人员,以为单位骗取财物为目的,采取欺骗手段对外签订经济合同,骗取财物被该单位占有、使用或处分构成犯罪的,除依法追究有关人员的刑事责任,责令该单位返还骗取的财物外,如给被害人造成经济损失的,单位承担赔偿责任”的规定,闽湘公司应当对其占有使用的1134万元本金和利息向一方公司承担民事赔偿责任。

根据现有证据,尚不足以认定系一方公司指定了闽湘公司作为用资人。虽然一方公司应当知道其将款项存入德胜分理处之后,实际用资人会使用这笔款项,但其只是按照中介人的要求,在德胜分理处开立了银行账户并将1210万元款项存入,至于具体的实际用资人是谁,存入款项如何从金融机构转到实际用资人处,一方公司并不知情,更没有授意金融机构将款项转给闽湘公司。实际上,闽湘公司之所以能够获得1200万元款项,是因为德胜分理处工作人员张玲与闽湘公司法定代表人张

政钦的共同犯罪行为所致。所以,本案不符合由出资人指定用资人的相关法律规定。张玲作为德胜分理处工作人员,其为一方公司开立银行账户、转入存款、提供对账单存根复印件和在存款征询函上加盖单位公章等行为,都是以履行其工作职责的名义进行的。一方公司在办理存款手续过程中,有理由相信张玲的相关行为是代表德胜分理处执行工作任务所为。德胜分理处作为张玲的用人单位,对于其工作人员因执行工作任务造成他人损害的,应当承担相应的民事责任。依照《存单纠纷规定》第六条第(二)项第一目"出资人将款项或票据(以下统称资金)交付给金融机构,金融机构给出资人出具存单或进账单、对账单或与出资人签订存款合同,并将资金自行转给用资人的,金融机构与用资人对偿还出资人本金及利息承担连带责任;利息按人民银行同期存款利率计算至给付之日"的规定,德胜分理处应当对偿还一方公司本金 1134 万元及利息承担连带责任。

【案例来源】

中国裁判文书网,http://wenshu. court. gov. cn。

【案件名称Ⅱ】

华数网通信息港有限公司与交通银行股份有限公司大连分行、大连都市阳光通用航空有限公司存单纠纷案[最高人民法院(2013)民二终字第 1 号民事判决书,2013. 5. 7]

【裁判精要】

最高人民法院认为:

华数网通公司与交行大连分行黄河路分理处签订《单位银行结算账户管理协议》的次日,华数网通公司存在该银行开立账户中的款项 59400070 万元即被划到大连航服公司账户上,大连航服公司随即将其中的 810 万元辗转交付给华数网通公司和倪颖涛及吴子华。华数网通公司资金通过交行大连分行黄河路分理处流动到大连航服公司,华数网通公司及撮合该笔业务的中间人倪颖涛和吴子华从该笔借贷业务中获得大连航服公司支付的费用,涉案事实符合本院《存单纠纷规定》第六条第(一)项关于"在出资人直接将款项交与用资人使用,或通过金融机构将款项交与用资人使用,金融机构向出资人出具存单或进账单、对账单或与出资人签订存款合同,出资人从用资人或从金融机构取得或约定取得高额利差的行为中发生的存单纠纷案件,为以存单为表现形式的借贷纠纷案件"规定的情形之一,故应认定本案当事人之间的纠纷为以存单为表现形式的借贷纠纷,华数网通公司为出资人,大连航服公司为用资人,交行大连分行为提供资金周转支持的金融机构。原审法院根据交行大连分行的申请通知相关用资人为第三人参加本案诉讼,符合本院上述司法解释第六条第(三)项在当事人的确定中规定的"出资人起诉金融机构的,人民法院应通知用资人作为第三人参加诉讼”的规定,华数网通公司上诉关于原审法院追加第三人违法及本案的审理与第三人无关等主张不能成立,本院不予支持。原审判决认定本案当事人之间为以存单为表现形式的借贷纠纷正确,本院予以维持。华数网通公司上诉称其与银行是真实的存款关系,其资金并未用于非法借贷等观点,与案件事实不符,本院不予采纳。

为解决本案资金回流,华数网通公司以存单纠纷为案由向原审法院提起本案民事诉讼,请求交行大连分行支付存款及利息;在民事诉讼期间,交行大连分行举报华数网通公司及该公司宋全球涉嫌犯罪。在民事诉讼程序和刑事侦查程序中,涉案利害关系人华数网通公司及大连航服公司人员分别向法院及公安机关作出陈述,形成本案书证、证人证言、当事人陈述等言词证据材料。根据上述言词证据材料载明的内容及本案收集的其他证据,应当认定华数网通公司、交行大连分行黄河路分理处和大连航服公司均参与了涉案借贷活动。华数网通公司在办理存款前及存款后催款时均与用资人大连航服公司有所接触,对涉案资金并非用于一般存款,资金在交付给银行后会转给用资人使用,其可以从中获得存款利息以外资金的安排是清楚的;大连航服公司持华数网通公司的非预留印鉴向交行大连分行黄河路分理处申请并成功办理转款,并非规范手续办理银行业务,系接受了特殊安排;交行大连分行黄河路分理处主任在记账回执上承诺“1. 存款期满,原路返回。2. 逾期后,按人民银行有关规定处理”,表明银行方面清楚该笔资金的流动路线和该笔资金的使用人,而承诺内容表明了其系主动参与两企业之间的借贷活动。但根据上述言词证据材料载明的内容,不能认定涉案出资人是由谁指定的案件事实。上述言词证据材料载明各利害关系人对案件事实描述的内容,涉及认定案件主要事实的,均对一方当事人有利,对转款使用的华数网通公司印鉴是由谁制作的、大连航服公司是如何获得该印鉴手续等涉案资金处分的关键事实说法不一。原审法院在认定指定用资人一节案件事实时采信了刘纪新、邢明花等人在该院及公安机关询问笔录等说明的内容,因刑事卷宗中的询问笔录、讯问笔录书证材料及本案民事诉讼程序中收集的当事人陈述中还有华数网通公司宋全球等人对案件事实的说明内容,华数网通公司一方说明的案件经过与刘纪新等人说明的案件经过涉及指定用资人的关键事实,其内容相互矛盾,故原审法院采信对一方有利的证据材料,不够客观全面,本院予以纠正。华数网通公司在交行大连分行黄河路分理处开立账户、存入资金并办理了预留印鉴手续,按银行业务操作规范,交行大连分行黄河路分理处应当根据预留印鉴或者账号所有人华数网通公司的指令管理账户并办理银行业务。根据本案现有证据查明,涉案资金由用资人大连航服公司办理从华数网通公司账户转到用资人账户业务,且其持有的印鉴与华数网通公司在银行预留印鉴不符。因交行大连分行办理转款业务时使用的印鉴与预留印鉴不同,且其没有证据证明华数网通公司指令其办理转款业务,故应认定交行大连分行擅自处分了华数网通公司账户资金。根据交行大连分行黄河路分理处与华数网通公司签订的《单位银行结算账户管理协议》约定的内容、交行大连分行黄河路分理处原主任蔡集全在为华数网通公司出具记账回执上承诺的内容，及交行大连分行黄河路分理处允许用资人大连航服公司持非预留印鉴办理涉案资金转款业务的事实，应当推定交行大连分行将资金自行转给用资人使用。根据本院《存单纠纷规定》第六条第（二）项第一目关于“出资人将款项或者票据交付给金融机构，金融机构给出资人出具存单或者进账单、对账单或与出资人签订存款合同，并将资金自行转给用资人的，金融机构与用资人对偿还出资人本金及利息承担连带责任”的规定，交行大连分行与大连航服公司对偿还华数网通公司该笔资金本息应承担连带责任。交行大连分行上诉称其操作尽到了必要的审慎义务、没有任何指定用资人或帮助转款的意思表示或行为等观点与事实不符，本院不予采信，其关于不承担涉案资金损失责任的主张，本院不予支持。

综上，根据本案现有证据查明的华数网通公司、交行大连分行与大连航服公司之间发生的资金流转等案件事实，依照本院《存单纠纷规定》第六条第（一）项认定、第六条第（二）项处理中的第一目的规定，应当认定本案当事人之间民事关系性质为以存单为表现形式的借贷纠纷，交行大连分行与大连航服公司对偿还华数网通公司借款本金及利息应当承担连带责任。①

【案例来源】

中国裁判文书网，http://wenshu.court.gov.cn。

195 金融机构向出资人出具存单，款项直接转给用资人的，金融机构应对用资人不能偿还本息承担补充赔偿责任

【关键词】

| 存单纠纷 | 赔偿责任 |

【案件名称】

中信银行股份有限公司济南分行与中国银行股份有限公司河池分行及山东省华兴摩托车有限责任公司、山东华兴企业集团总公司借款担保纠纷与存单纠纷案［最高人民法院（2008）民提字第69号民事判决书］

① 本案二审判决后，张侠、王晓军、魏国向最高人民法院申请再审，最高人民法院审查后裁定予以驳回。参见最高人民法院（2017）最高法民申1494号民事裁定书（2017.11.20），载中国裁判文书网，http://wenshu.court.gov.cn。

【裁判精要】

最高人民法院认为：

从已查明的案件事实看，华兴公司将827.8万元巨额资金从山东带到广西河池，该827.8万元汇票的数额确定是以1000万元为基数，扣除173.2万元利息后得出的，说明其存款目的是要通过河池中行获取高息。该827.8万元汇票由华兴公司王敬兵交给杨帆，杨帆同时将河池中行的1000万元存单交给王敬兵，最终该汇票通过河池人行转给恒大集团使用。上述款项的流转过程包括数个月后当事人交换电脑打印存单，均不符合中国人民银行有关存贷款要求，严重违规。其中，华兴公司王敬兵应明知违规出具存单而接受该存单；杨帆则以河池中行的名义向出资人出具存单，而该款项并未进入河池中行；恒大集团则从中帮助促成违法借贷的形成。三方当事人的行为显然是在套用国家金融机构信用、转嫁风险，为自己谋取不法利益；该行为规避国家有关贷款的规定，搞体外循环，严重违反了我国金融法律法规。根据《存单纠纷规定》第六条的规定精神，应认定本案性质系以存单为表现形式的违法借贷纠纷，华兴公司取得的手写7134191号存单以及后来更换的电脑打印7134180号存单均为无效。原一、二审判决以华兴公司曾经持有的7134191号存单上河池中行公章及柜员章系伪造、杨帆将7134180号存单交付给华兴公司时已不在职、存单系杨帆任职期间窃取为由，认定该两份存单无效，结论正确，本院予以维持，但理由欠当，本院予以纠正。

涉案827.8万元汇票与1000万元存单的交换过程中，杨帆向华兴公司王敬兵出示了其河池中行的工作证，交付了手写存单，该手写存单与后来被薛琳更换的电脑打印存单均系河池中行的真实存单。尽管手写存单上的公章、柜员个人名章系伪造，相关承诺书上河池中行的公章亦系伪造，但是，河池中行对其职员及财物管理不善，明显存在过错，根据《民通意见（试行）》第五十八条“企业法人的法定代表人和其他各种人员，以法人名义从事经营活动，给他人造成经济损失的，企业法人应当承担民事责任”之规定，河池中行对杨帆之行为所造成的法律后果应当承担民事责任。而本案系以存单为表现形式的违法借贷，所涉存单为无效存单，对违法借贷中产生的经济损失，根据《民法通则》第六十一条“民事行为被确认无效或者被撤销后，当事人因该行为取得的财产，应当返还给受损失的一方。有过错的一方应当赔偿对方因此所受的损失，双方都有过错的，应当各自承担相应的责任”之规定，本案各方当事人均应根据过错大小承担相应的民事责任。河池中行有关其对无效存单不承担任何民事责任的诉讼请求缺乏法律依据，不能成立，人民法院不予支持。

尽管涉案827.8万元汇票款项到达河池后具体被如何解付、如何划转给恒大集团，相关当事人各执一词，但是，因本案系以存单为表现形式的违法借贷，应当根据《存单纠纷规定》第六条之规定，具体确定各方当事人的民事责任。华兴公司、中信济南分行以及河池中行均从本案存单真实、存款关系真实方面提出各自主张与理由,系将本案作为一般存款纠纷来处理,缺乏事实和法律依据,不能成立,本院均不予支持。但是,中信济南分行以杨帆向王敬兵出具空白金融票据违规为由,主张应由河池中行对此承担民事责任,结论部分成立,本院予以支持。

【权威解析】

该纠纷的处理、责任的考量上,关键在于有关指定用资人一节,各个经办人对此说法不一。但从全案看,华兴公司一开始就知道用资人将是恒大集团,出资人、用资人、金融机构三方在一起办理存款一事,杨帆代表河池中行接收了汇票,王敬兵在划转款项的特种转账借方传票上签字,即便该传票当时如王敬兵所称系空白的,王敬兵的签字行为意味着华兴公司同意将该公司的款项由河池中行任意支配,在没有其他更确切的证据证明的情况下,推定河池中行与华兴公司共同指定用资人更准确、合理。但由于上述《存单纠纷规定》对这类情形未作出规定,承办人倾向以资金的占有首先推定河池中行指定了用资人,最高人民法院合议庭其他成员均表示赞同。关于涉案存单虚假的问题,尽管存单上的公章、柜员私章均被公安部门后来认定为伪造,当时杨帆任中国银行宜州支行副行长,其曾担任的河池中行城南分理处主任一职已被河池中行免去,但以存单为表现形式的借贷确已发生,按照《存单纠纷规定》第六条第(二)项的精神以及该项第二目"出资人未将资金交付给金融机构,而是依照金融机构的指定将资金直接用资人,金融机构给出资人出具存单或进账单、对账单或与出资人签订存款合同的,首先由用资人返还出资人本金和法定利息,金融机构对用资人不能偿还出资人本金及利息部分承担补充赔偿责任;利息按人民银行同期存款利率计算至给付之日"的规定,恒大集团应当返还用资本息,河池中行对该公司不能偿还部分承担补充赔偿责任。[①]

【案例来源】

最高人民法院民事审判第二庭编:《金融案件审判指导》(增订版),法律出版社2018年版,第556~562页。

196 银行按出资人要求将款项转入用资人账户并为出资人开具存单,是帮助出资人与用资人违法借贷,而非银行自行将资金转给用资人

【关键词】

| 存单纠纷 | 用资人 |

① 参见李京平:《中信银行股份有限公司济南分行与中国银行股份有限公司河池分行及山东省华兴摩托车有限责任公司、山东华兴企业集团总公司借款担保纠纷与存单纠纷两再审案》,载最高人民法院民事审判第二庭编:《金融案件审判指导》(增订版),法律出版社2018年版,第569页。

【案件名称】

上海海能实业公司与金坛市恒丰发展集团有限公司、中国农业银行金坛市支行城东办事处存单纠纷案［最高人民法院（1998）经终字第426号民事判决书，1999.12.13］

【裁判精要】

最高人民法院认为：

海能公司将500万元和1000万元各一张汇票交给周国平通过农行城东办转入恒丰公司账户，农行城东办给海能公司开具两张存单，本案属以存单为表现形式的非法借贷。三方当事人共同参与非法借贷，均应承担相应民事责任。海能公司在其为收款人、用途为货款的1000万元汇票"背书人"栏内加盖公司财务专用章，表明海能公司有转让该汇票的意愿，其将该汇票直接交给恒丰公司周国平，恒丰公司在汇票背面收款人栏内签章，该1000万元汇票权利在交付农行城东办以前已经发生转移。上述事实应认定海能公司自行将1000万元资金直接交付给了恒丰公司。农行城东办按恒丰公司要求将汇票款项转入该公司账户以及为海能公司开具存单的行为，是帮助海能公司和恒丰公司违法借贷，而非农行城东办自行将海能公司资金转给恒丰公司。农行城东办关于1000万元汇票款项是由海能公司自行转给恒丰公司，因而其只应对恒丰公司不能偿还该1000万元本金部分承担20%赔偿责任的上诉理由及请求成立，本院予以支持。恒丰公司给付海能公司的息差和以农行城东办名义支付的利息应相应从恒丰公司两笔应偿还海能公司本金及利息中扣除。农行城东办未对原审法院判决其承担偿还500万元本息的连带责任提出上诉，对该部分原审判决内容本院予以确认。原审法院对1000万元汇票转款事实认定不清，适用法律不当，该判决内容应予纠正。

【权威解析】

汇票注明了收款人，并且收款人在汇票背书人栏签上财务专用章，而让被背书人栏空着，且收款人直接将该汇票交给用资人，对此节事实应如何分析认定？本案民事行业发生在我国《票据法》实施以前，故1000万元汇票的票据行为应适用《银行结算办法》第十三条的规定，即银行汇票的背书转让，应由背书人在票据背面的被背书人栏填写被背书人名称。背书人虽未在被背书人栏填写被背书人，但在背书人栏内签章，表明背书人有转让该汇票的意思表示，也即该汇票处于"准转让"或"待转让"状态。换言之，一旦该汇票为他人合法取得，转让行为即发生，票据权利发生转移。海能公司将100万元汇票直接给付用资人恒丰公司，恒丰公司在交付农行城东信用社之前，即在汇票被背书人栏内加盖公章及法定代表人名章，票据转让行为已完成，票据权利发生转移。[①]

【案例来源】

最高人民法院经济审判庭编：《经济审判指导与参考》（第3卷），法律出版社2000年版，第292～297页。

197 在出资人参与指定用资人的情形下，其存单项下利息损失不予保护

【关键词】

|指定用资人|存单利息|

【案件名称】

中国农业银行股份有限公司北京海淀支行与华夏银行股份有限公司存单纠纷案［最高人民法院（2013）民提字第38号民事判决书，2014.5.13］[②]

【裁判精要】

最高人民法院认为：

三、关于双方当事人责任承担的问题

丹侬企业集团作为本案存单项下资金的实际用资人，其负责人万子红证实，其负责的"丹侬企业集团曾与李惠鸣等约定以存款放贷获取高息"，李惠鸣亦供述其"自1995年2月至7月间通过空开大额定期存单将资金非法拆借给丹侬企业集团"，据此可以认定华夏银行月坛支行直接参与将丹侬企业集团确定为非法转贷资金的使用人。万子红还证实"丹侬企业集团自1993年9月至1996年5月从马云所属公司借贷款17280万元，还有9597万元未归还"。据此亦可认定，在马云所控制的迪诺尔公司办理本案争议存款之前，丹侬企业集团与马云已经长期存在违法借贷关系，结合前述有关丹侬企业集团所用资金包括本案争议存款的认定以及宋祥凯的有关息差支付方式的证言，可认定马云亦参与了将丹侬企业集团确定为本案非法转贷资金的实际使用人。参照《存单纠纷规定》第六条第（二）项第三目有关"出资人将资金交付给金融机构，金融机构给出资人出具存单或进账单、对账单或与出资人签订存款合同，出资人再指定金融机构将资金转给用资人的，首先由用资人返还出

① 参见贾纬：《存单纠纷案件中金融机构指定用资人，还是出资人指定用资人的认定》，载最高人民法院经济审判庭编：《经济审判指导与参考》（第3卷），法律出版社2000年版，第297～298页。

② 中国农业银行股份有限公司北京海淀支行与华夏银行股份有限公司存单纠纷案［最高人民法院（2013）民提字第41号、40号、39号民事判决书，2014.5.13］的裁判理由与本案民事判决书基本一致（略），载中国裁判文书网，http://wenshu.court.gov.cn。

资人本金和利息。利息按人民银行同期存款利率计算至给付之日。金融机构因其帮助违法借贷的过错,应当对用资人不能偿还出资人本金部分承担赔偿责任,但不超过不能偿还本金部分的百分之四十"的规定,在出资人参与指定用资人的情形下,其存单项下利息损失不予保护,故本案中对农行海淀支行要求华夏银行支付存单和存款协议所约定利息和罚息的主张应不予支持。因相关刑事判决已经确认实际用资人丹侬企业集团无偿还能力,就本案存单项下本金损失,根据《存单纠纷规定》第六条第(二)项有关"以存单为表现形式的借贷,属于违法借贷,出资人收取的高额利差应充抵本金,出资人、金融机构与用资人因参与违法借贷均应当承担相应的民事责任"的规定,应由迪诺尔公司和华夏银行根据其对造成资金损失的过错程度予以分担。二审判决认定,本案中农行海淀支行(包括存款单原权利人迪诺尔公司)、和华夏银行均有过错,如果本案仅以形式合法的存款单及存款协议确认双方当事人的权利义务,有失公正的结论,并无不妥,本院予以维持。华夏银行月坛支行的负责人违法违规操作系本案损失发生的主要原因,其应承担主要责任,二审判决判令华夏银行对存款本金损失承担60%的责任与其过错相符;同时,迪诺尔公司作为存款人,其实际控制人马云办理本案存款的目的系为收取高额息差而通过套取银行信用向他人出借资金,其行为亦具有违法性,二审判决判令迪诺尔公司的债权承继方农行海淀支行对自行对存款本金损失承担40%的责任,亦无不妥。

【案例来源】

中国裁判文书网,http://wenshu.court.gov.cn。

198 出资人与金融机构共同指定用资人,由金融机构将资金转给用资人的,金融机构与出资人应按各自过错承担责任

【关键词】

|存单|共同指定用资人|过错责任|

【案件名称】

中国建设银行股份有限公司太原市柴村支行与太原包装总厂、山西建森实业发展总公司、山西省科兴技术发展总公司存单纠纷案[最高人民法院(2004)民抗字第23号民事判决书,2008.6.6]

【裁判精要】

裁判摘要:《存单纠纷规定》第六条中,对以存单为表现形式的借贷纠纷案件分几种情形分别规定了处理原则,但对出资人将资金交付给金融机构,金融机构给出资人出具存单或进账单、对账单或与出资人签订存款合同,出资人与金融机构共同

指定用资人，由金融机构将资金转给用资人的，金融机构与出资人如何承担法律责任，未予规定。对上述情形应适用过错责任的归责原则，并按金融机构和出资人在违法借贷中各自的过错程度，判令金融机构和出资人对用资人不能偿还的本息部分分别承担相应的赔偿责任。

最高人民法院认为：

北郊支行虽以自己的名义与建森公司签订借款合同，且双方约定利率高于其与纸箱厂的约定利率，但据建森公司法定代表人李森彪关于其为借款先后找过北郊支行、纸箱厂的陈述和委托书的内容，从协商委托、签订借款合同和抵押协议，到转款、划款直至建森公司取得该款的过程，以及建森公司的首次付款途径既与北郊支行和纸箱厂之间的约定一致，亦与其和北郊支行之间约定的结息方式一致等事实，证明在签订委托协议之前，北郊支行向纸箱厂提出该建议，建森公司与北郊支行、纸箱厂已共同商议了借款事宜，并共同确定了用资人。纸箱厂至今未提供充分的证据证明本案存在《存单纠纷规定》第七条关于“出资人与金融机构间签订委托贷款协议后，由金融机构自行确定用资人”的事实，故柴村支行相关的申诉理由成立，原审判决认定北郊支行自行确定用资人、双方为信托贷款关系，证据不足，应予纠正。

北郊支行为获取一部分高额利差，违法高息揽存放贷，主动向纸箱厂提出建议，并在纸箱厂要求其保证一次性用款的情况下仍在委托书上签字盖章，又违规出具收条；纸箱厂亦为获取高额利差，规避拆借资金风险，同意北郊支行的建议，并交付空白支票，将资金拆借给用资人，构成以存单为表现形式的违法借贷，双方签订的委托书及北郊支行与建森公司签订的借款合同均无效。建森公司、北郊支行及纸箱厂因参与违法借贷均应按各自的过错相应的法律责任，对于最高人民检察院关于北郊支行应承担一定赔偿责任的抗诉理由，本院予以采纳。据前述事实，建森公司应向纸箱厂返还尚欠的本金及其利息。北郊支行向纸箱厂建议进行委托贷款活动，实际却违法操作为非法借贷，并最终导致风险的发生。又因其与纸箱厂共同指定用资人，其应承担与其过错程度相适应的赔偿责任，即应对建森公司不能偿还的本息承担60%的赔偿责任。纸箱厂在违法借贷中亦有过错，对建森公司不能偿还的本息部分应自行承担相应的法律责任，且1995年12月15日前收取的高额利差120600元应充抵本金。科兴公司为建森公司贷款向北郊支行提供担保，且实际使用了部分贷款，参与了本案以存单为表现形式的借贷关系。原审将其追加为第三人参与本案诉讼并无不妥。但原审判令科兴公司承担连带担保责任不当，因为前述原因，科兴公司提供担保的主合同系无效合同，该担保合同谈亦应无效。造成该合同无效，债权人和担保人均有过错，故担保人应承担的民事责任不应超过债务人建森公司不能清偿部分的1/3。在本案中科兴公司应直接向太原包装总厂赔偿建森公司不能清偿的20%。

【案例来源】

最高人民法院审判监督庭编:《审判监督指导》(总第27辑),人民法院出版社2009年版,第125~133页。

199 在以存单为表现形式的借贷纠纷中,用资人已全部偿付金融机构的,金融机构应当向出资人承担兑付义务

【关键词】

|存单|借贷纠纷|兑付义务|

【案件名称】

仙桃市西桥农村信用合作社与交通银行宜昌分行、武汉西都集团有限责任公司存单纠纷案[最高人民法院(2005)民二终字第169号民事判决书,2008.8.20]

【裁判精要】

最高人民法院认为:

本案所涉款项,通过云集分理处交付以及由西桥信用社直接交付给用资人西都公司使用,云集分理处向西桥信用社出具了含有高额利差的定期存单,本案属于以存单为表现形式的借贷纠纷。

在本案融资之前,云集分理处和用资人西都公司之间已经就融资的数额、使用期限、利率支付等问题达成了协议;西桥信用社对本案所涉资金给西都公司使用不仅是清楚的,而且是同意的。由此,认定出资人西桥信用社和云集分理处共同指定了用资人西都公司,比较符合本案的实际情况。

中国建设银行股份有限公司武汉黄陂支行会计结算部提供的证据表明,宜昌交行所主张的20万元、30万元并没有支付。西都公司并没有向西桥信用社支付该605万元的款项。不存在从应当偿付的数额中扣除西都公司已经偿付的款项问题。

由于首先应当由用资人西都公司、置乐公司偿还出资人西桥信用社的资金、房产及其他财产已经湖北省高级人民法院的(2002)鄂刑终字第61号刑事判决书判决由宜昌交行受偿,价值1598万元的6800平方米的商住楼也足以弥补宜昌交行由于刘林的犯罪行为给该行造成的1592.1403万元的损失。本案中不存在用资人不能偿付出资人本金和利息的问题,也就不存在出资人和金融机构分担民事责任的问题。

【权威解析】

2. 对金融机构承担补充赔偿责任以及承担部分赔偿责任的,用资人首先应当承

担偿付责任,用资人已经偿付给金融机构的,金融机构应当兑付出资人

根据《存单纠纷规定》第六条关于对以存单为表现形式的借贷纠纷案件的处理确立的基本原则,即对以存单为表现形式案件的处理,除了金融机构与用资人对偿还出资人本金及利息承担连带责任的以外,对金融机构承担补充赔偿责任以及承担部分赔偿责任的,都应当首先由用资人偿还出资人。对用资人的资金和财产不能弥补出资人的本金和利息部分,再由金融机构承担赔偿责任。

如上所述,本案的用资人系出资人西桥信用社和云集分理处共同指定。关于出资人和金融机构共同指定用资人的存单纠纷案件如何处理,《存单纠纷规定》并没有作出具体规定,但参照最高人民法院此前作出的判决,对用资人未予偿付的款项部分,出资人和金融机构应各自承担50%的民事责任。应当明确的是,根据《存单纠纷规定》第六条关于对以存单为表现形式的借贷纠纷案件的处理确立的基本原则,即对以存单为表现形式案件的处理,除了金融机构与用资人对偿还出资人本金及利息承担连带责任的以外,对金融机构承担补充赔偿责任以及承担部分赔偿责任的,都应当首先由用资人偿还出资人。对用资人的资金和财产不能弥补出资人的本金和利息部分,再由金融机构承担50%的赔偿责任。在本案中,由于经多方追缴,用资人西都公司、置乐公司已将部分资金归还给宜昌交行,湖北省高级人民法院的刑事判决已将检察机关查封的资金、商住楼以及其他财产发还给该行。由于首先应当由用资人西都公司、置乐公司偿还出资人西桥信用社的资金、房产及其他财产已经湖北省高级人民法院的(2002)鄂刑终字第61号刑事判决书判决由宜昌交行受偿,价值1598万元的6800平方米的商住楼也足以弥补宜昌交行由于刘林的犯罪行为给造成的1072.1403万元的损失。由于本案中不存在用资人不能偿付出资人本金和利息的问题,也就不存在出资人和金融机构分担民事责任的问题。

3. 原审判决适用法律不当,但处理结果公平公正,应予维持

虽然原审判决认定本案系金融机构云集分理处指定了用资人,并判令宜昌交行对1050万元承担连带责任以及对227.7万元承担补充赔偿责任属于认定处理不当,本应予以纠正,但由于本案中不存在用资人不能偿付出资人本金和利息的问题,也就不存在出资人和金融机构分担民事责任的问题。根据权利义务相一致的原则,宜昌交行应当承担兑付义务,偿付西桥信用社存单项下的存款本息。①

【案例来源】

最高人民法院民事审判第二庭编:《最高人民法院商事审判指导案例·金融卷》,中国法制出版社2011年版,第189~198页。

---

① 参见于松波:《在以存单为表现形式的借贷案件中,用资人已全部偿付金融机构的,金融机构应当向出资人承担兑付义务》,载最高人民法院审判监督庭编:《审判监督指导》(总第27辑),人民法院出版社2009年版,第84~91页。

编者说明

《存单纠纷规定》第六条对以存单为表现形式的借贷纠纷案件的处理进行了规定，但是对于出资人与金融机构共同指定用资人，由金融机构向出资人出具存单或者签订存款合同，并将资金转给用资人情形下，金融机构与出资人责任的具体承担并没有作出明确的规定。前引两案的裁判意见均表明，此种情形下应当按照过错责任原则确定金融机构与出资人的责任承担，实践中有的裁判是由金融机构对用资人不能偿还的本息部分承担60%的赔偿责任，也有的裁判是由金融机构与出资人各自承担50%的责任，应当结合具体案件情况确定。

200 以存单为表现形式的借贷纠纷中，出借人收取高额利差的，应从借款本金中扣除

【关键词】

｜存单｜借贷纠纷｜高额利差｜本金扣除｜

【案件名称】

张怀南与中国农业银行沈阳于洪支行陵西办事处、沈阳华祥物资公司、沈阳太平实业公司借贷纠纷案［最高人民法院（2001）民一终字第72号民事判决书，2001.12.31］

【裁判精要】

最高人民法院认为：

本案系以存单为表现形式的借贷纠纷。出资人张怀南、用资人华祥公司及金融机构陵西办事处违反国家金融法规规定，违法借贷，应按照国家有关法律规定承担民事责任。一审判决认定张怀南、季东风收取的120万元系张怀南收取的高额利差，应从本金中扣除，用资人华祥公司及其开办单位太平公司承担偿还张怀南借款本金及利息的民事责任正确。张怀南上诉主张陵西办事处应对华祥公司偿还其款项承担连带责任没有事实和法律依据，本院不予支持。因为本案现有证据不能证明系陵西办事处指定华祥公司为该500万元的用资人，一审判决推定陵西办事处指定华祥公司为用资人不妥，应予纠正。张怀南将500万元资金转入陵西办事处之前，已通过中介人取得了用资人华祥公司支付的高额利差，这表明张怀南在将该500万元转入陵西办事处前已知其存入的500万元将与华祥公司发生某种关系，虽然没有证据直接证明系张怀南指定华祥公司为用资人，但张怀南获取高额利差，是将该500万元存入陵西办事处作为前提条件的，且张怀南未按照票据管理规定，在转账支票上填写用资人名称，实际上是将自己的权利交由陵西办事处处置，故陵西办事处将该500万元转给华祥公司使用，并未违反张怀南的真实意愿，张怀南违反国家金融管理法规规定，获取高额利差，有一定过错，应承担相应的过错责任。陵西办事处上

诉主张系张怀南指定华祥公司为用资人,陵西办事处不应承担用资人不能偿还本金及利息所产生损失的60%的赔偿责任,请求二审法院予以改判。但陵西办事处未提供证明张怀南指定华祥公司为用资人的证据,而陵西办事处作为金融管理机构,本应严格执行国家有关金融法律法规的规定,但其违规操作,违法借贷,造成出资人500万元本金及利息不能支付的严重后果,其应对造成的经济损失承担主要过错责任,一审法院依法判决陵西办事处对华祥公司不能偿还张怀南的380万元本金及利息所产生的损失承担60%的赔偿责任并无不当,陵西办事处的上诉请求于法无据,本院不予支持。

【权威解析】

一审判决认定本案的性质是以存单为表现形式的借贷纠纷,根据司法解释的规定,这种定性是正确的。但由于对是谁指定用资人的事实无法确定,在处理和承担责任上就不能以最高人民法院《存单纠纷规定》第六条的规定为依据,应依《民法通则》的过错原则,公正合理地划分各方应承担的责任。张怀南在本案中亦有过错,其经中介人季东风介绍,将500万元资金从建行营业部龙卡账户上划出,转入陵西办事处,并通过中介人取得了用资人华祥公司在其存款前支付的高额利差。这表明张怀南在将该500万元转入陵西办事处前已知用资人是华祥公司。虽然没有证据证明系张怀南指定华祥公司为用资人,但张怀南获取高额利差,是将该500万元存入陵西办事处作为前提条件的。按照票据管理规定,张怀南将转账支票交付陵西办事处时,应填写用资人名称,张怀南在已取得高额利差的情况下,将未填写用资人名称的转账支票交给陵西办事处,实际上是将自己的权利交由陵西办事处处置,故陵西办事处将该500万元转给华祥公司使用,并未违反张怀南的真实意思。张怀南违反国家金融管理法规规定,获取高额利差,有一定过错,应承担相应的过错责任。陵西办事处认为系张怀南指定华祥公司为用资人,陵西办事处不应承担用资人不能偿还本金及利息部分60%的赔偿责任,二审法院认为本案现有证据虽然不能认定系陵西办事处指定华祥公司为用资人,但陵西办事处系金融管理机构,其违规操作,对造成的经济损失应承担主要过错责任,故对陵西办事处的该项上诉请求不予支持。一审判决陵西办事处对华祥公司不能偿还张怀南的380万元本金及利息所产生的损失应承担60%的赔偿责任并无不当,判决结果是恰当的,可以维持。但一审判决推定系陵西办事处指定的用资人不妥,应予改正。①

【案例来源】

最高人民法院民事审判第一庭编:《民事审判指导与参考》(总第10卷),法律

---

① 参见张章:《张怀南与中国农业银行沈阳于洪支行陵西办事处、沈阳华祥物资公司、沈阳太平实业公司借贷纠纷上诉案——以存单为表现形式的借贷纠纷的处理》,载最高人民法院民事审判第一庭编:《民事审判指导与参考》(总第10卷),法律出版社2002年版,第225~226页。

出版社 2002 年版,第 219 ~ 226 页。

201 同业存款协议的签订构成刑事案件法律事实的一部分，目的不具备合法性，系以合法形式掩盖非法目的的无效合同

【关键词】

| 同业存款协议 | 掩盖非法目的 | 合同无效 |

【案件名称】

招商银行股份有限公司无锡分行与中国光大银行股份有限公司长春分行合同纠纷案［最高人民法院（2016）最高法民终 800 号民事判决书，2017. 4. 28］

【裁判精要】

最高人民法院认为:

二、关于《同业存款协议》的效力及双方应承担的责任问题

招商无锡分行上诉主张,《同业存款协议》因双方意思表示不一致未成立,即使成立,也应认定无效。案涉资金损失应通过刑事追赃程序予以弥补,或适用混合过错责任由双方承担。本院认为,根据本案查明的事实,案涉《同业存款协议》系招商无锡分行和光大长春分行在张某、刘某某的欺骗下签订的。尽管《同业存款协议》上加盖了光大长春分行和招商无锡分行的公章,客观上双方达成了合意。但是,案涉生效刑事裁决已经认定在张某、刘某某的犯罪行为中,招商无锡分行承担着犯罪通道职责,与光大长春分行承担的出资、平安银行深圳分行承担的放款职责在犯罪链条中缺一不可。江苏高院 53 号刑事裁定中也已明确认定光大长春分行为被害单位。案涉生效刑事裁决也判令已追缴的赃款赃物发还给被害单位,尚未追缴的赃款继续予以追缴,无法追缴的责令张某、刘某某予以退赔,并发还被害单位。据此,可以认定本案《同业存款协议》系张某、刘某某为实施非法侵占光大长春分行案涉 3. 5 亿元资金的犯罪目的而采取的手段或通道,《同业存款协议》的签订构成案涉刑事案件法律事实的一部分,张某、刘某某也因此触犯了刑法,构成犯罪。尽管光大长春分行和招商无锡分行主观上不存在以该协议进行违法犯罪的目的,但客观上该协议是被张某、刘某某利用进行犯罪所签订,并因此构成张某、刘某某犯罪链条中不可分割的一部分,据此,应认定《同业存款协议》的签订目的不具备合法性,系以合法形式掩盖非法目的,根据《合同法》第五十二条第(三)项以合法形式掩盖非法目的的合同应认定无效的规定,《同业存款协议》应属无效。故光大长春分行依据《同业存款协议》提起本案诉讼,要求招商无锡分行根据《同业存款协议》约定给付 3. 5 亿元本息并承担违约责任缺乏其享有合法请求权的基础,其诉讼请求不能成立,应予驳回。一审判决对光大长春分行的诉请予以支持,认定事实及适用法律均有错误。招商无

锡分行上诉主张《同业存款协议》无效,理由成立,本院予以支持。由于本案并非是基于案涉3.5亿元资金损失提起的侵权损害赔偿之诉,故对招商无锡分行上诉主张的本案是否应适用混合过错责任,光大长春分行及招商无锡分行是否对资金损失存在过错并应如何承担责任,本院不予审理认定。

【案例来源】

中国裁判文书网,http://wenshu.court.gov.cn。

202 不足以证明《人民币同业存款协议》属于刑事犯罪事实组成部分的,不应认定协议无效

【关键词】

|同业存款协议|刑事犯罪|协议无效|

【案件名称】

辽中县农村信用合作联社与前郭县阳光村镇银行股份有限公司合同纠纷案[最高人民法院(2018)最高法民终133号民事判决书,2018.3.23]①

【裁判精要】

最高人民法院认为:

关于案涉《人民币同业存款协议》是否有效的问题。《民法总则》第一百四十三条规定:"具备下列条件的民事法律行为有效:(一)行为人具有相应的民事行为能力;(二)意思表示真实;(三)不违反法律、行政法规的强制性规定,不违背公序良俗。"《合同法》第五十二条规定:"有下列情形之一的,合同无效:(一)一方以欺诈、胁迫的手段订立合同,损害国家利益;(二)恶意串通,损害国家、集体或者第三人利益;(三)以合法形式掩盖非法目的;(四)损害社会公共利益;(五)违反法律、行政法规的强制性规定。"本案中,辽中信用社主张《人民币同业存款协议》的签署与履行,系犯罪嫌疑人陆某、罗某等人实施诈骗案涉资金的犯罪目的而采取的手段或者通道行为,《人民币同业存款协议》因属于刑事犯罪事实的组成部分,符合以合法形式掩盖非法目的之情形而为无效的协议。本院认为,自立案受理及审理过程中,尚未发现有关辽中信用社及阳光村镇银行双方存在涉及刑事犯罪的情况,辽中信用社所主

① 辽中县农村信用合作联社与前郭县阳光村镇银行股份有限公司合同纠纷案[最高人民法院(2018)最高法民终132号民事判决书,2018.3.23]裁判理由与本案民事判决书基本一致(略),载中国裁判文书网,http://wenshu.court.gov.cn。上述案件二审判决后,辽中信用社向最高人民法院申请再审,最高人民法院再审审查后分别裁定予以驳回。参见最高人民法院(2018)最高法民申3156号(2018.9.7)、3224号(2018.9.7)民事裁定书,载中国裁判文书网,http://wenshu.court.gov.cn。

张的与本案有牵连的刑事案件尚未经人民法院裁决。从现有证据来看，不足以证明案涉《人民币同业存款协议》属于刑事犯罪事实的组成部分，阳光村镇银行和辽中信用社对于签订《人民币同业存款协议》存在非法目的。根据以上事实和法律规定，一审法院认定案涉《人民币同业存款协议》系双方真实意思表示，内容不违反法律、法规的强制性规定，亦不构成"以合法形式掩盖非法目的"，为合法有效合同，双方当事人应当依约履行，该认定并无不当，本院予以维持。

【案例来源】

中国裁判文书网，http://wenshu.court.gov.cn。

二、储蓄存款纠纷、银行卡纠纷

(一)储蓄存款纠纷

203 商业银行未尽“保证支付、取款自由、为储户保密”等义务的，应当承担相应民事责任

【关键词】

|商业银行|法定义务|

【案件名称】

周培栋诉江东农行储蓄合同纠纷案[衡阳市中级人民法院二审民事判决书，2004.7.28]

【裁判精要】

裁判摘要:对于《商业银行法》规定的保证支付、取款自由、为储户保密应当进行全面理解。保证支付不仅是指银行不得拖延、拒绝支付,还包括银行应当以适当的方式履行支付义务;取款自由,不仅包括取款时间、取款数额上的自由,在有柜台和自动取款机等多种取款方式的情况下,还应当包括选择取款方式的自由;为储户保密不仅是指银行应当对储户已经提供的个人信息保密,也包括应当为到银行办理交易的储户提供必要的安全、保密的环境。

银行如果没有履行上述义务,即构成违约,应当承担相应违约责任。

衡阳市中级人民法院认为:

上诉人江东农行在二审提交的新证据,只能证明公安机关认为该金融机构的自身安全设施符合安全标准,不能证明该金融机构在履行储蓄合同过程中没有违约行为。

关于第一点。对于被上诉人周培栋借记卡内被盗款项的性质,以及该款性质是否关系本案当事人的民事责任问题,一审判决已经论述。该论述得当,二审不再赘述。

关于第二点。对于上诉人未履行保证支付以及保密义务,一审判决已经论述,另外,《商业银行法》第二十九条第一款规定:“商业银行办理个人储蓄存款业务,应

当遵循存款自愿、取款自由、存款有息、为存款人保密的原则。”取款自由是储户的一项权利，商业银行有义务保证储户实现这一权利。取款自由，不仅包括取款时间、取款数额上的自由，在有柜台和自动取款机等多种取款方式的情况下，还应当包括选择取款方式的自由。当原告周培栋持卡第一次在被告江东农行下属的火车站分理处柜台前要求取款时，江东农行的营业员不得以任何理由拒绝服务。当然，在柜台业务繁忙的情况下，从缩短储户等待时间考虑，营业员有权建议储户到自动取款机上取款。但是，银行营业员对于使用储蓄卡在自动取款机取款存在时间和数额限制是明知的，因此在向储户行使这一建议权之前，有义务了解该储户的取款数额，特别是在周培栋已经声明不会使用自动取款机的情况下，营业员还有义务向其讲解或者演示自动取款机的使用方法。如果因业务繁忙顾不上履行这些义务，营业员则不能坚持让储户到其不熟悉的自动取款机上取款。营业员既不履行讲解或演示义务，又坚持让储户到自动取款机上取款，则不是正当行使建议权，而是限制储户的取款自由，不履行保证支付的义务。

关于第三点。《民事证据规定》第七十三条第一款规定：“双方当事人对同一事实分别举出相反的证据，但都没有足够的依据否定对方证据的，人民法院应当结合案件情况，判断一方提供证据的证明力是否明显大于另一方提供证据的证明力，并对证明力较大的证据予以确认。”证人万孝喜证实，被上诉人周培栋发现借记卡被他人调包后，立即向上诉人江东农行的营业员提出挂失，营业员要求周培栋持与借记卡配套的存折去原开户行进行挂失，这是造成迟延挂失的原因。而江东农行以证人彭小玲的证言予以反驳。彭小玲的证言称，其已及时提醒周培栋在该分理处办理挂失手续，周培栋予以拒绝，因此迟延挂失。证人万孝喜是周培栋雇佣的摩托车司机，证人彭小玲则是江东农行的营业员，与江东农行存在利害关系。结合周培栋于19日13时20分离开火车站分理处，13时47分即赶到乐群里分理处口头挂失的事实，分析两位证人的证言，在借记卡被盗，卡内存款随时有丢失风险的情况下，如果彭小玲的证言属实，周培栋何必舍近求远地办理挂失手续？故不能采信这个与常理相悖的证言。而对于证人万孝喜关于迟延挂失的原因是“营业员要求周培栋持与借记卡配套的存折去原开户行进行挂失”的证言，应当予以确认。在周培栋能提供身份证和个人密码的情况下，江东农行营业员没有按照《中国农业银行金穗借记卡章程》第9条规定及时给其办理电话挂失，是造成周培栋卡内存款被盗取的主要原因。

关于第四点。《商业银行法》第六条规定：“商业银行应当保障存款人的合法权益不受任何单位和个人的侵犯。”这是商业银行应尽的法定义务。在这个前提下去理解《金穗借记卡章程》第11条的规定，应当是指只有在持卡人知道如何正确使用与妥善保存金穗借记卡和密码，并且银行也为持卡人正确使用与妥善保存金穗借记卡和密码提供了应有条件的情况下，完全由于持卡人自己的过失使卡片遗失或密码失密造成的资金损失，由持卡人自行承担。在本案中，被上诉人周培栋向上诉人江东农行的营业员声明其不会使用借记卡在自动取款机上取款，已经失去了正确使用的前提。江东农行提供的自动取款机，周围无防护措施，无法保证使用人在使用中密码不被偷窥，借记卡不被调包。因此，本案的卡片遗失与密码失密，并非完全是持卡人自己的过失造成。周培栋与江东农行之间存在储蓄合同关系，该合同系双方真实意思表示，且内容合法，属有效合同，双方均应当严格按照合同约定履行各自的合同义务。当然，卡片遗失、密码失密后卡内资金被盗取，系犯罪分子所为，但是本案中，银行没有依照储蓄合同履行保证支付、保障储户取款自由以及保密义务，构成违约。周培栋以储户身份提起储蓄合同违约之诉，江东农行应当承担相应违约责任。

上诉人江东农行未能履行保证支付义务，提供自动取款机服务方式存在安全保护瑕疵以及未能及时办理挂失手续，是造成储户周培栋储蓄卡被调包、密码遗失、存款丢失的主要原因，而被上诉人周培栋不慎遗失银行卡和密码，对损失的造成亦有一定的过错。上诉人上诉理由均不成立。原审判决认定事实清楚，适用法律正确，应予维持。

【案例来源】

《中华人民共和国最高人民法院公报》2006 年第 2 期。

编者说明

储蓄存款，是指银行等金融机构接受客户存入资金，并在客户支取时支付本金和利息的一种信用业务。我国《合同法》对储蓄合同、存款合同未作明确的规定。《储蓄管理条例》第三条规定："本条例所称储蓄是指个人将属于其所有的人民币或者外币存入储蓄机构，储蓄机构开具存折或者存单作为凭证，个人凭存折或者存单可以支取存款本金和利息，储蓄机构依照规定支付存款本金和利息的活动。"实践中一般将公众存款即个人存款称为"储蓄"，而将单位存款称为"存款"，实质上二者并没有进行细分的必要。①

204 银行与储户对储蓄合同的理解产生分歧，应当按照一般社会生活常识和普遍认知作出解释

【关键词】

| 储蓄合同 | 合同解释 |

【案件名称】

梅州市梅江区农村信用合作联社江南信用社诉罗苑玲储蓄合同纠纷案［广东省梅州市中级人民法院二审民事判决书，2009. 12. 15］

---

① 参见江必新、何东宁等：《最高人民法院指导性案例裁判规则理解与适用 · 合同卷三》，中国法制出版社 2015 年版，第 274 页。

【裁判精要】

裁判摘要：银行作为专业金融机构，对于关乎储户切身利益的内部业务规定，负有告知储户的义务。如银行未向储户履行告知义务，当双方对于储蓄合同相关内容的理解产生分歧时，应当按照一般社会生活常识和普遍认知对合同相关内容作出解释，不能片面依照银行内部业务规定解释合同内容。

广东省梅州市中级人民法院终审认为：

关于涉案储蓄存单的利率如何确认的问题，本案中，上诉人罗苑玲与上诉人江南信用社约定储蓄存单为八年存期，种类为整存整取，但存单上“利率”栏和“到期利息”栏均为空白，按照何种利率支付利息是履行合同的关键。对此，江南信用社认为按照中国人民银行广东省分行于1996年5月发布的《转发中国人民银行总行关于降低金融机构存、贷款利率的通知》中关于取消八年期定期整存整取利率种类的规定，罗苑玲的储蓄存单不能按照八年期定期整存整取利率支付利息。罗苑玲则认为，江南信用社应遵守存单约定按照八年期定期整存整取利率支付利息。

首先，上诉人江南信用社作为专业金融机构，对于关乎储户切身利益的内部业务规定，负有告知储户的义务。中国人民银行广东省分行于1996年5月发布的《转发中国人民银行总行关于降低金融机构存、贷款利率的通知》仅是部门规章在相关金融机构的内部告知，罗苑玲作为普通储户，不可能全面了解银行内部规定，银行也无权要求储户自行熟知所有储蓄规定。江南信用社作为专业的金融机构，掌握取消八年期定期整存整取利率种类的相关规定，而且此规定与储户的储蓄利益密切相关，储户在办理储蓄业务时是否知道该项规定决定着其是否改变储蓄存期的种类，故江南信用社有义务在罗苑玲办理业务时告知相关信息。但江南信用社未尽告知义务，没有向罗苑玲说明八年期定期整存整取利率种类已取消，而是直接与罗苑玲签订了八年期整存整取储蓄存单。罗苑玲作为普通储户，签订存单时约定为八年存期、种类为整存整取，其自然认为涉案储蓄存单是以八年期定期整存整取利率即17.1%计息。

其次，如银行未就有关内部业务规定向储户履行告知义务，当双方对于储蓄合同相关内容的理解产生分歧时，应当按照一般社会生活常识和普遍认知对合同相关内容作出解释，不能片面依照银行内部业务规定解释合同内容。根据本案事实，上诉人罗苑玲与上诉人江南信用社签订储蓄存款合同时，双方共同约定储蓄存期为八年期，种类为整存整取。普通储户的存款储蓄年限是根据储蓄机构提供的储蓄种类及利率来设定的，就储户对储蓄业务的了解，定期存款的储蓄种类和利率是一一对应的，即相应的存期对应相应的利率。储蓄机构在1996年5月前开设过八年期存款，对应利率为17.1%。罗苑玲在江南信用社办理涉案存款业务时，江南信用社在没有告知八年期定期整存整取利率已取消的情况下，与罗苑玲签订了涉案存单，并约定存期为八年期，种类为整存整取，按照一般社会生活常识，罗苑玲有理由相信八年期定期整存整取储蓄种类仍然存在且对应利率保持17.1%不变，其不可能想到这一存款利率种类已被取消。因此，虽然本案存单上“利率”栏和“到期利息”栏为空白，但不能仅以银行内部关于取消八年期定期整存整取利率种类的业务规定予以解释，而应当按照一般社会常识和储户对于存单约定内容的普遍认知解释相关合同内容，即涉案存单应以利率17.1%计息。

【案例来源】

《中华人民共和国最高人民法院公报》2011年第1期。

编者说明

储蓄存款合同一般均为格式合同，其大部分条款都是由存款机构事先拟定，存款人并无与存款机构自由协商确定合同条款的余地，而只能依存款机构确定的内容与其签订合同，故储蓄存款合同是一种典型的格式合同。这决定了储蓄存款合同要受《合同法》关于格式条款规定的规制，特别是存款机构应当遵循公平原则确定当事人的权利义务，并采取合理的方式提请存款人注意免除或者限制存款机构责任的条款，按照存款人的要求，对该条款进行说明等等。

205 外资金融机构向小额储户收取账户管理费不违反法律法规的禁止性规定

【关键词】

｜外资金融机构｜账户管理费｜禁止性规定｜

【案件名称】

吴卫明诉上海花旗银行储蓄合同纠纷案［上海市第一中级人民法院二审民事判决书，2003.2.25］

【裁判精要】

裁判摘要：外资金融机构向小额储户收取账户管理费的行为，不违反法律、法规的禁止性规定的，不构成违法。

上海市第一中级人民法院认为：

《外资金融机构管理条例》第二十二条规定，外资金融机构在经中国人民银行批准开展的业务范围内，有权按照中国人民银行的有关规定确定各种手续费率。对小额储户收取账户管理费，这种做法是不是区别于外汇存款的一项新业务，或者这种做法是否属于外资金融机构可以确定的手续费率问题，中国人民银行目前尚未明确规定。故上诉人吴卫明认为被上诉人上海花旗银行对小额储户收取账户管理费属违法行为的主张，没有法律依据。上海花旗银行在向小额储户收取账户管理费的同时，仍向小额储户计付利息，故收取账户管理费与存款有息互不关联。缔约过失责任，是指在订立合同过程中，当事人因实施违反诚实信用原则的行为给对方造成损失后应承担的法律责任。上海花旗银行在对小额储户收取管理费前，已经通过众多媒体将该信息在社会上进行了广泛报道，尽到了必要和可能的公知义务。即使吴卫明事前不知道这一信息，订立合同的过程，也只能从吴卫明进入上海花旗银行营业场所并受到该行工作人员接待时开始，而不是从吴卫明因存款有息而动身前来缔结外币储蓄合同时开始。在订立合同的过程中，上海花旗银行工作人员向吴卫明介绍了小额存款业务的相关信息，吴卫明也对收费情况有了较详细的了解。没有证据证明一方当事人在订立合同的过程中有故意隐瞒或虚假陈述的行为，也没有证据证明另一方当事人在订立合同过程中因此遭受了损失，故在订立合同的过程中未发生缔约过失。吴卫明尽可在清楚其权利义务后，自主确定是否与上海花旗银行订立储蓄合同。吴卫明认为上海花旗银行对小额储户收取管理费违反诚实信用原则，侵犯其合法权益，构成缔约过失的诉讼主张，缺乏事实根据和法律依据，不能支持。

【案例来源】

《中华人民共和国最高人民法院公报》2005 年第 9 期。

编者说明

《外资银行管理条例》（国务院令第 478 号）第三十八条规定：外资银行营业性机构应当按照有关规定确定存款、贷款利率及各种手续费率。第七十三条规定：本条例自 2006 年 12 月 11 日起施行。2001 年 12 月 20 日国务院公布的《外资金融机构管理条例》同时废止。

对小额储户收取账户管理费，是否属于区别于外汇存款的一项新业务，或者是否属于外资银行可以确定的手续费问题，没有相关的明确规定。故外资银行向小额储户收取管理费的行为，至少在 2014 年《商业银行服务价格管理办法》实施之前，并不违反法律与行政法规的禁止性规定。《商业银行服务价格管理办法》第六条规定：根据服务的性质、特点和市场竞争状况，商业银行服务价格分别实行政府指导价、政府定价和市场调节价。第八条规定：对客户普遍使用、与国民经济发展和人民生活关系重大的银行基础服务，实行政府指导价或政府定价。《国家发展和改革委员会、中国银行业监督管理委员会关于印发商业银行服务政府指导价政府定价目录的通知》（发改价格〔2014〕268 号）明确：商业银行为银行客户提供的基础金融服务实行政府指导价、政府定价管理。实行政府指导价、政府定价的基础金融服务包括部分转账汇款、现金汇款、取现和票据等商业银行服务项目，具体收费项目和收费标准按照《目录》执行；对于银行客户账户中（不含信用卡）没有享受免收账户管理费（含小额账户管理费）和年费的，商业银行应根据客户申请，为其提供一个免收账户管理费（含小额账户管理费）和年费的账户（不含信用卡、贵宾账户）；商业银行为银行客户提供账户变动短信提醒服务并收费的,应事先通过网点或电子渠道等与银行客户签约;未与银行客户签约的,不得收费;本通知规定的商业银行是指依据《商业银行法》和《外资银行管理条例》等法律法规设立的银行业金融机构。本通知适用于商业银行开展的境内人民币业务。在中华人民共和国境内经国务院银行业监督管理机构批准设立的其他银行业金融机构,参照本规定执行。

206 代表信用社保管存款的工作人员,不能同时接受存款人的委托代理其处理存款事宜

【关键词】

| 存款 | 双方代理 |

【案件名称】

刘杏林与河北省秦皇岛市海港区海港农村信用合作社存款纠纷案 [河北省高级人民法院二审民事判决书, 2001. 4. 26]

【裁判精要】

河北省高级人民法院认为:

本案案由应为存款纠纷。对上诉人刘杏林在二审期间提交的 259936. 6 元存款凭证,上诉人海港信用社不持异议,应予认定。双方的争议金额应由一审认定的 1487800 元加此存款后,改为 1747736. 6 元。原马坊信用社于 1998 年 7 月 16 日出具的《证明》,经鉴定日期形成在先,印文形成在后,且印章真实,符合刘杏林关于该书证来源的陈述,因此应认定具有法律效力。海港信用社以《证明》中提到的欠款数额与后来查账的结果不一致为由,认为《证明》内容不实,以此来否定《证明》的效力,理由不足。海港信用社上诉认为该社存取款符合银行关于存款人取款时凭印章不凭个人签字的规定,但不能提交相应的法律依据和该社就这个问题与存款人刘杏林的约定;认为刘杏林对所有的存取款都清楚,也不能提交证明"都清楚"的证据。海港信用社上诉还认为,刘杏林将印章存放在程秀丽处是对程的授权,如果有损害行为应当由程对刘负责,而不应由信用社负责。查程秀丽接受刘杏林的印章时,其身份是马坊信用社的主任,正在代表马坊信用社保管着刘杏林的存款。这一身份决定了程秀丽不能同时接受刘杏林的委托,代理刘杏林处理存款事宜。海港信用社的上诉理由不能成立,不予支持。

【案例来源】

《中华人民共和国最高人民法院公报》2002 年第 3 期。

编者说明

自己代理是指代理人以被代理人名义同自己签订合同的行为，双方代理则是代理人同时代表双方被代理人签订合同的行为。由于自己代理与双方代理不符合代理权的基本原则，有可能会引发道德风险，所以各国法律一般予以禁止。在我国，自己代理与双方代理行为是否当然无效，要作具体分析。《民法总则》第一百六十八条规定："代理人不得以被代理人的名义与自己实施民事法律行为，但是被代理人同意或者追认的除外。代理人不得以被代理人的名义与自己同时代理的其他人实施民事法律行为，但是被代理的双方同意或者追认的除外。"

207 银行将应付款划入开户单位账户后，又因履行法定协助义务对有关款项予以冻结和扣划的，应认定已履行付款义务

【关键词】

｜法定协助义务｜付款义务｜

【案件名称】

交通银行南昌分行诉赛格信托公司江西证券交易部存款支付纠纷案［最高人民法院（2001）民二提字第7号民事判决书，2003.1.23］

【裁判精要】

裁判摘要：银行将应付款划入开户单位账户后，又根据人民法院的裁定和通知，履行法定协助义务，对有关款项予以冻结和扣划的，应认定已履行了付款义务。

最高人民法院认为：

海南赛格江西证交部在南昌交行下属青化分理处开立一般存款账户，并存入款项用于结算，双方已经形成真实的存款关系。存款纠纷引起原因系南昌交行青化分理处主任等人挪用部分存款，南昌交行拒付存款引起纠纷，双方在解决纠纷中于2000年2月17日自愿达成"存款支付协议"，该协议系双方真实意思表示，内容不违反法律，应认定有效。2000年5月31日，南昌交行将1000万元本金及102428.43元利息划入海南赛格江西证交部在南昌交行青化分理处的存款账户内，有进账单、对账单、计付存款利息清单、分户账为凭，应当认定南昌交行已经履行了向海南赛格江西证交部1000万元本息的付款义务。该笔款项被冻结并最终被扣划1000万元到武汉交行的账户，以抵偿海南赛格江西证交部的总公司海南赛格公司所欠的武汉交行的债务，是南昌交行根据人民法院的裁定和通知，履行法定协助的义务。南昌交行既已完成了向海南赛格江西证交部的付款义务，不应再向海南赛格江西证交部支付1000万元，南昌交行再审申请理由成立，本院应予支持。海南赛格江西证交部关于南昌交行未履行付款义务，应承担未付款的违约责任的抗辩理由，不能成立。

【案例来源】

《中华人民共和国最高人民法院公报》2004 年第 8 期。

208 误划款项至被执行人账户的行为因缺乏当事人的真实意思表示，不能产生转移款项实体权益的法律效果，案外人就该款项享有足以排除强制执行的民事权益

【关键词】

| 误划款项 | 转移款项 |

【案件名称Ⅰ】

刘玉荣与河南省金博土地开发有限公司案外人执行异议之诉案［最高人民法院（2017）最高法民申 322 号民事裁定书，2017. 7. 27］

【裁判精要】

裁判摘要：(1)案外人所有的款项误划至被执行人账户的，误划款项的行为因缺乏当事人的真实意思表示，不能产生转移款项实体权益的法律效果，案外人就该款项享有足以排除强制执行的民事权益。

(2)款项系通过银行账户划至被执行人账户，且进入被执行人账户后即被人民法院冻结并划至人民法院执行账户，被执行人既未实际占有该款项，亦未获得作为“特殊种类物”的相应货币，该误划款项不适用“货币占有即所有”原则。

(3)案外人执行异议之诉旨在保护案外人合法的实体权利，在查明案涉款项实体权益属案外人的情况下，应直接判决停止对案涉款项的执行以保护案外人的合法权益，无须通过另一个不当得利之诉解决纠纷。

最高人民法院认为：

本案双方争议的焦点问题是二审判决认定金博公司就案涉 4244670. 06 元享有足以排除强制执行的民事权益，并判决不得执行上述款项，该事实认定及法律适用是否正确。

第一，要判定金博公司就案涉款项是否享有足以排除强制执行的民事权益，须以判定案涉款项的归属为前提；而本案中案涉款项的归属，取决于金博公司向元恒公司划款的行为是否确系误划。根据本院查明事实，淇县工程完工之后，经双方及审核单位结算审核，金博公司应付元恒公司工程款 16470506. 23 元，金博公司已通过淇县财政部门向元恒公司付款 16345525 元，尚欠 124981. 23 元未予支付。根据常理，金博公司仅需向元恒公司支付尚欠工程款 124981. 23 元即可，但其又于 2015 年

7 月 3 日先后向元恒公司划款四笔，分别为 1373549. 53 元、1028263. 75 元、1595458. 36 元和 372379. 65 元，合计 4369651. 29 元。对此，金博公司称，其财务人员在向元恒公司支付尚欠工程款时，本应按照审核决算价减去已付工程款的计算方法，支付尚欠工程款 124981. 23 元，但其误将元恒公司报送的申报结算价作为审核结算价进行计算，以至于错误得出案涉淇县项目三个标段的应付款为 1373549. 53 元、1028263. 75 元、1595458. 36 元，并进行转账；另，金博公司与万博公司外聘财务人员为同一人，因金博公司与万博公司名称相近，且支付对象均为元恒公司，该财务人员又误将万博公司欠付元恒公司的 372379. 65 元通过金博公司的账户，一并转账给元恒公司。经审查，金博公司于 2015 年 7 月 3 日向元恒公司支付的四笔款项，在每一笔划款回单的“客户附言”处均载明所付款对应的标段名称，其中三笔款项注明的标段名称与案涉淇县项目三个标段名称吻合，且款项数额与对应标段申报结算价扣减已付工程款之后的差额完全一致；另一笔款项注明“襄城县 2012 年 2013 年项目”，与襄城县项目名称一致，款项数额与万博公司在襄城县项目中欠元恒公司工程款数额亦相符。此外，元恒公司亦认可金博公司仅欠其工程款 124981. 23 元，其余款项系误划，并表示愿意将上述误转款项返还给金博公司。金博公司关于案涉款项系误划的诉讼主张符合常理和日常逻辑，且与上述事实相符，应予认定。二审判决在对以上金博公司与元恒公司之间经济往来查明的基础上，确认金博公司转入元恒公司账户的 4369651. 29 元，在扣除应支付的尚欠工程款 124981. 23 元后，其余 4244670. 06 元系误转，事实清楚，证据充分，并无不当。刘玉荣在一审判决认定案涉款项系误转的情况下，未对一审判决提出上诉，应视为其对一审判决所认定的事实予以认可；二审判决确认上述事实后，刘玉荣虽又否认该事实，但未提出新的证据证明其诉讼主张，故其关于二审判决认定事实错误的再审申请理由不能成立，本院不予采纳。

第二，由于金博公司向元恒公司划款 4244670. 06 元系误转所致，金博公司对于划款行为不具有真实的意思表示，元恒公司亦缺乏接受款项的意思表示，故该划款行为不属于能够设立、变更、终止民事权利和民事义务的民事法律行为，而仅属于可变更或撤销的民事行为——即该误转款项的行为未能产生转移款项实体权益的法律效果，该款项的实体权益仍属金博公司所有，而不属于元恒公司。案涉款项虽因误转进入元恒公司账户，但因该账户已被榆林中院冻结，在款项进入冻结账户后即被榆林中院扣划至其执行账户，故该款项事实上并未被元恒公司占有、控制或支配，且因账户冻结及被划至执行账户使其得以与其他款项相区别，已属特定化款项。在此情况下，金博公司对该 4244670. 06 元款项享有合法的民事权益，该民事权益足以排除榆林中院对该款项的强制执行。

根据《民事诉讼法》第二百二十七条规定，执行过程中，案外人对执行标的提出执行异议被驳回的，可以向人民法院提起案外人执行异议之诉。金博公司在执行异议被榆林中院裁定驳回后，向该院提起案外人执行异议之诉，符合法律规定。《民诉法解释》第三百一十二条第一款第(一)项规定,案外人就执行标的享有足以排除强制执行的民事权益的,人民法院经审理,判决不得执行该执行标的。金博公司对案涉款项的民事权益足以排除强制执行,故二审判决依据上述司法解释规定,支持金博公司的诉讼请求,判决不得执行案涉款项4244670.06元,适用法律并无不当。

第三,刘玉荣主张货币属于一种特殊的种类物,其性质和职能决定货币的所有权不得与对货币的占有相分离,即"货币占有即所有"原则,且该原则并无例外,不适用《物权法》第三十四条、第二百四十五条规定,因此其认为金博公司只能根据不当得利之债的相关规定另案主张权益,二审判决在本案中排除适用上述原则,实质上适用《物权法》第三十四条规定处理本案属适用法律错误。该主张不能成立,理由如下:1. 虽然货币属特殊种类物,在一般情况下适用"货币占有即所有"原则,但本案中金博公司向元恒公司误转4244670.06元,系通过银行账户转账实现,并非以交付作为"物"的货币实现,元恒公司事实上并未从金博公司处获得与案涉4244670.06元相等价的货币;且如前所述,案涉款项因被榆林中院冻结账户并直接扣划至执行账户,元恒公司并未实际占有、控制或支配上述款项。因而,本案中并不存在刘玉荣所主张的作为"特殊种类物"的货币,且元恒公司亦并未占有案涉款项,故不具备适用"货币占有即所有"原则的基础条件,二审法院未适用该原则处理本案并无不当。2. 案外人执行异议之诉旨在保护案外人合法的实体权利,在已经查明案涉款项的实体权益属案外人金博公司的情况下,直接判决停止对案涉款项的执行以保护案外人的合法权益,该处理方式符合案外人执行异议之诉的立法目的,也有利于节省司法资源和当事人的诉讼成本;如仍要求案外人再通过另一个不当得利之诉寻求救济,除了增加当事人诉讼成本、浪费司法资源之外,并不能产生更为良好的法律效果和社会效果,亦不符合案外人执行异议之诉的立法初衷。因此,刘玉荣关于应由金博公司另案诉讼主张其权益的再审申请理由,本院不予支持。3. 二审判决仅依照《民诉法解释》第三百一十二条的相关规定,判决不得执行案涉款项,并未引用《物权法》第三十四条之规定处理本案,刘玉荣再审申请称二审判决适用上述规定属适用法律错误,缺乏事实依据,本院不予支持。

【案例来源】

《中华人民共和国最高人民法院公报》2018年第2期。

【案件名称Ⅱ】

河北银行股份有限公司维明街支行与青岛金赛实业有限公司、青岛喜盈门双驼轮胎有限公司执行异议之诉案[最高人民法院(2015)民提字第189号民事判决书,2016.4.15]

【裁判精要】

裁判摘要:货币系种类物,通常情形下,占有即所有,应当以占有状态确定货币的权利人。但本案账户因查封后除涉案汇款外无其他资金进入，故涉案款项并未因进入账户而与其他货币混同。异议人虽实施了误汇账户的行为，但其并无支付款项的主观意思，账户开立人亦无接受此款的意思表示，故异议人对涉案款项仍享有实体权利。

最高人民法院认为：

（一）关于金赛公司汇入双驼公司账户的948000元是否为双驼公司所有的问题

金赛公司于2013年5月22日向双驼公司在青岛农村商业银行股份有限公司城阳东城支行银行开立的账号为9020×××98的账户汇款948000元，该款进入该账户后，金赛公司即已失去了对该款的占有。

维明街支行主张金赛公司与双驼公司系以恶意串通的方式阻碍维明街支行对双驼公司借款纠纷债务的执行，而非误汇，但其无证据证明金赛公司与双驼公司之间存在其他债权债务关系，而金赛公司在本案一审期间提供了汇款过程、误汇原因的相应证据，故据已有证据可以认定金赛公司系在其与双驼公司无债权债务关系的情形下，因错误操作而导致的汇款行为。

货币系种类物，通常情形下，占有即所有，应当以占有状态确定货币的权利人。但在本案中，由于2012年12月19日石家庄市中级人民法院冻结该账户时，该账户余额为0；到期续冻及2013年5月22日金赛公司汇入948000元后，该账户除了此948000元及由此而产生的存款利息外，并无其他资金进入该账户，故该款并未因为进入双驼公司的该账户而与其他货币混同，已特定化。

金赛公司虽实施了将该款误汇到双驼公司账户的行为，但金赛公司并无将该948000元支付给双驼公司的主观意思，双驼公司亦无接受此948000元的意思表示，故金赛公司将案涉款项汇入双驼公司在青岛农村商业银行股份有限公司城阳东城支行银行开立的账户，仅系事实行为，而非金赛公司向双驼公司交付948000元。因该账户业已于2012年12月19日即因维明街支行的申请而被人民法院冻结，且冻结状态持续至今，双驼公司依常理亦不可能要求金赛公司将案涉款项汇入此账户。该款项虽然存储于双驼公司在青岛农村商业银行股份有限公司城阳东城支行银行开立的账号为9020×××98的账户内，但该账户在2012年12月19日起即被人民法院冻结，金赛公司亦于误汇次日即申请对案涉款项进行保全，双驼公司既未以权利人的主观意思实际占有该款，亦无法使用、处分该款，故不应是该款的实际权利人。

（二）关于金赛公司的执行异议是否成立的问题

金赛公司于汇款次日以诉讼方式向双驼公司主张返还该款，双驼公司亦经调解同意返还该款，故应当认定双驼公司同意将在其被冻结的账户上的此款返还给金赛公司，金赛公司对该款享有实体权利。根据《最高人民法院关于适用〈中华人民共和国民事诉讼法〉执行程序若干问题的解释》（法释〔2008〕13号）第十五条的规定，案外人对执行标的主张所有权或者有其他足以阻止执行标的转让、交付的实体权利的，可以依照《民事诉讼法》第二百零四条（现《民事诉讼法》第二百二十七条）的规定，向执行法院提出异议，故金赛公司向石家庄市中级人民法院提出执行异议，有事实和法律依据。石家庄市中级人民法院以（2013）石执审字第00115号执行裁定书裁定中止该院冻结被执行人双驼公司在青岛农村商业银行股份有限公司城阳东城支行银行账号9020×××98存款948000元的执行，并无不当。

【案例来源】

中国裁判文书网，http://wenshu.court.gov.cn。

编者说明

关于上述裁判结论，在理论与实践中还存在不同的认识，《民事审判指导与参考》（总第75辑）“民事审判信箱”针对“案外人将其所有的款项误划至被执行人账户后争议，被法院冻结扣划的，案外人请求排除强制执行的，应否支持”的问题，以本刊研究组的名义答复：“虽然案外人将其所有的款项误划至被执行人账户的行为缺乏当事人的真实意思表示，但除非法律、司法解释有明确规定的以外（如《担保法解释》规定的保证金账户质押），对于货币这一种类物般均应适用占有即所有的规则认定其权属，故该行为并非因此而不能产生转移款项实体权益的法律效果；相反，汇款在到达被执行人账户之时即发生权属转移。当然，这种受益并没有法律上的理由。《民法总则》第一百二十二条规定：因他人没有合法根据，取得不当利益，受损失的人有权请求其返还不当利益。据此，不当得利构成要件为：一方获利，他方受损，一方受利与他方受损具有因果关系情况下，被执行人虽然没有相应的意思表示，但在事实上已经因此而获利，即使该款项又因其债权人的申请而被法院强制执行，也不改变其已经获得的事实，因为这导致被执行人因此而清偿了对其债权人相应债务；案外人当然因此遭受了相应的损失；而被执行人的获利没有、合法依据。因此，案外人将其所有的款项误划至被执行人账户的行为在案外人与被执行人之间构成了典型的不当得利之债。由此，案外人享有的是不当得利债权，其可以基于不当得利而请求被执行人返还相应款项，法律已经赋予了案外人此种救济途径。从性质上看，该债权属于普通债权，并不具有优先受偿性。而如果支持了案外人针对该错误汇款项提出的执行异议请求，则在实质上是赋予了此种债权优先于其他普通债权获得清偿的权利，无疑违背了对于普通债权而言债权平等基本原则。因此，对于此种情形下案外人提出的排除执行请求，一般不应支持。此外，需要指出的是，执行异议之诉往往涉及不同当事人的权利冲突，因此在执行异议之诉案件审理中，一定要秉承严格、谨慎的原则，对案外人提出的理由加以严格审查。对于当事人提出的权利保护请求，应当首先基于维护法律规则的稳定与权威、维护交易制度和规则的简明与可预期加以审查，尽可能在现行法律框架内寻求相应的制度和规则依据，而不宜对此轻易突破，否则将可能导致相关当事人权利的失衡乃至法律规则的破坏。”①

最高人民法院在刘开华与辽宁金田房地产开发有限公司、一审第三人沈阳皓翔房地产

① 参见最高人民法院民事审判第一庭编：《民事审判指导与参考》（总第75辑），人民法院出版社2018年版，第243～244页。

开发有限公司、辽宁丰安汽车销售服务有限公司案外人执行异议之诉案中认为，涉案账户系一般存款账户，而非专项专用账户，一般存款账户不具有将货币这一种类物特定化之功能，存入此类账户的货币原持有人，伴随货币占用的转移而失去对应的货币所有权。[①] 在天津港保税区南江永宏贸易有限公司与大连市企业信用担保有限公司、大同新高山能源有限公司所有权确认纠纷案中认为，尽管我国《物权法》没有明确规定货币资金的所有权判断规则，但银行账户内的货币资金采用“所有和占有一致”的一般原则，即银行账户内的货币资金属于储户所有，但以特户、专户、封金等形式将货币资金特定化除外。本案中款项进入开立的账户后，并没有以任何技术形式对涉案款项进行公示以表明其特定化，无法与其他货币资金相区分，故应根据货币资金的占有状态认定涉案款项属性。[②] 在天津市亿达化工销售有限公司与秦皇岛市兴业达经贸有限公司、大连京港石化有限公司执行异议之诉案中认为，由于货币属于动产和种类物，谁占有即谁所有；当货币存放于银行账户，该账户的开立者即账户所有者即视为该货币的所有者。经济生活中亦早已形成“谁的账户，钱归谁所有”的惯例与规则。当事人之间的有关借用账户的《合作协议》的约定不能对抗第三人。[③]

209 每把纸币为100张的规定，仅是银行内部对收入现金进行清点及封存的标准，只对银行系统内部的出纳工作具有规范作用

【关键词】

| 现金清点 | 封存标准 | 内部规范 |

【案件名称】

中国建设银行石林县支行诉杨富斌不当得利纠纷案［昆明市中级人民法院二审民事判决书，2002.11.8］

【裁判精要】

昆明市中级人民法院认为：

在民事诉讼过程中，法庭只能对各当事人提交证据所反映的情况进行综合评判，从而确认案件的法律事实，并以所确认的法律事实为前提，适用相关的法律规定作出裁判。这里必须强调的是，案件的法律事实，只能是法庭依照法律程序和规定所认定的客观事实。法庭认定案件事实时，只能以双方当事人提交的证据和发表的

① 参见最高人民法院(2016)最高法民申1173号民事裁定书(2016.6.23)，载中国裁判文书网，http://wenshu.court.gov.cn。

② 参见最高人民法院(2015)民申字第1874号民事裁定书(2015.9.28)，载中国裁判文书网，http://wenshu.court.gov.cn。

③ 参见最高人民法院(2013)民申字第1719号民事裁定书(2014.3.12)，载中国裁判文书网，http://wenshu.court.gov.cn。

质证意见为基础。如果当事人具有举证责任却无法充分、有效地举证证明其主张，那么该当事人主张的事实，就不能被认定为案件的法律事实。

在本案中，双方争议的焦点是取款的数额问题。直接决定取款数额的，是纸币的种类及数量。双方当事人均认可当日取款时有10张零散的100元面额纸币，4把打着封条的纸币，只是对其中两把100元面额的纸币每把应有多少张存在争议。这个争议决定着上诉人杨富斌是否多领取1万元现金。被上诉人石林建行既然起诉主张杨富斌多领取了1万元现金，就要对杨富斌领取的两把100元面额纸币每把肯定是100张负举证责任。石林建行根据《全国银行出纳基本制度》中对成把纸币张数的规定，主张杨富斌领取的100元面额纸币每把也是100张。该出纳制度的第八条规定："付出现金要当面点交清楚，银行封签（包括原封新票币）对外无效。"第十条也规定："凡收入的现金，必须进行复点整理，未经复点不得对外支付和解缴人民银行发行库。"这些说明，每把纸币为100张的规定，仅是银行内部对收入现金进行清点及封存的标准，是银行系统的内部规定，只对银行系统内部的出纳工作具有规范作用。虽然双方当事人对领取纸币的把数无异议，但银行向储户支付现金，不能以"把"数为计量单位。对支付给储户的现金，必须当面清点，并以当面清点的金额为准。石林建行的举证，虽然能够证实储蓄所的工作人员给杨富斌支付了4把封好的现金，却不能确切地证实所支付现金每把都是100张，故无法证实当时杨富斌领取的现金是3.1万元。另外，从当日杨富斌取款所填写的取款凭条及储蓄所内部记录的流水账中，均只能证实杨富斌的取款金额是2.1万元。所以，石林建行认为杨富斌取走了3.1万元，主张其获得1万元的不当得利，该主张没有充分的证据，故依法不予支持。

【案例来源】

《中华人民共和国最高人民法院公报》2003年第6期。

210 银行工作人员的划款方式虽不合规范，但如该行为与转款人损失之间没有因果关系的，不应承担民事责任

【关键词】

| 划款方式 | 因果关系 |

【案件名称】

湖南长沙东华科技发展有限公司与中国光大银行青岛分行、北京福尼特家具城侵权纠纷案［最高人民法院（2010）民提字第82号民事判决书，2010.11.26］

【裁判精要】

裁判摘要：光大青岛分行按照东华公司支取存款并划转该款的指令，将款项划

到家具城账户上，其所遭受的损失是由于家具城不按期偿还借款所造成的。尽管银行的工作人员在具体业务操作中存在着不规范的做法，但这与东华公司所受损失之间并不存在法律上的因果关系。被申请人光大青岛分行关于其对东华公司本案损失不应承担民事责任的答辩理由成立。

最高人民法院认为：

东华公司在与家具城的业务交往中，为了赚取高额利息，轻信对方，将存单借给家具城使用。其后又出具《委托书》，指示光大青岛分行“提前凭单支取”该存款，并将本息一并划到家具城在该行的账户上。当东华公司与家具城约定的使用存单的期限到期后，东华公司多次向家具城索要该款项未果，遂向一审法院提起本案诉讼。本案中，东华公司所遭受的损失是由于家具城未信守承诺，不按期偿还借款所造成的。光大青岛分行按照其支取存款并划转该款的指令，将款项划到家具城账户上，该项业务操作行为符合东华公司的真实意思和要求。因此，尽管光大青岛分行的工作人员在具体操作过程中，存在着其划款方式与当时金融机构行政管理规章的要求不一致的做法，但这与东华公司在本案中受到的损失之间并不存在法律上的因果关系。光大青岛分行关于其对东华公司本案损失不应承担民事责任的答辩理由成立，本院予以支持。

【案例来源】

最高人民法院民事审判第二庭编：《最高人民法院商事审判指导案例（第五卷）》（下），中国法制出版社2011年版，第631～639页。

211 银行在为自然人办理储蓄等业务时居于明显支配的优势地位，应严格遵守工作流程和业务操作规范，尽最大的注意和风险提示义务

【关键词】

｜储蓄业务｜提示义务｜

【案件名称】

伊立军与中国工商银行股份有限公司盘锦分行银行卡纠纷案［最高人民法院（2017）最高法民再174号民事判决书，2017.6.12］

【裁判精要】

裁判摘要：银行作为办理金融业务的专业机构，在为自然人办理储蓄等业务时，居于明显的、支配的优势地位，而自然人则处于相对的、被支配的弱势地位，故银行工作人员在为客户办理业务时，理应严格遵守工作流程和业务操作规范，尽到最大

的注意和风险提示义务。

最高人民法院认为：

关于工行盘锦分行与伊立军是否存在储蓄存款合同关系的问题。《民法通则》第五十五条规定："民事法律行为应当具备下列条件：（一）行为人具有相应的民事行为能力；（二）意思表示真实；（三）不违反法律或者社会公共利益。"本案中，辽宁省盘锦市中级人民法院（2015）盘中刑二终字第00013号刑事判决书认定："2010年5月至2012年3月期间，李某伙同他人以给付高额利息为诱饵，或编造工商银行回报高额利息吸纳储户存款、工商银行有投资项目需要吸纳资金的虚假事实，或虚构李某系中国工商银行股份有限公司盘锦分行或盘山支行工作人员的身份，自行或通过中间人联系，骗取被害人信任，授意被害人将资金存入中国工商银行股份有限公司盘锦盘隆支行及××路储蓄所，被告人李某再采取网上银行转账、银行柜台转账、现金支取、网上支付的方式将被害人的存款取走，……2011年4月，被告人李某骗取被害人伊立军的信任，授意伊立军在××路储蓄所开立账户，于2011年4月26日至11月11日期间存入共计1450万元。"据此，本院认为，伊立军的真实意思表示是将款项存入银行以获取高额利息，伊立军与银行之间的储蓄存款合同关系从银行接受伊立军的存款并交付存款凭证之时起即告成立。虽然伊立军是在李某通过编造存款有高息回报诱骗的情形下将案涉款项存入银行，但该情形并不影响伊立军与工行盘锦分行之间储蓄存款合同的合法有效。本案中，伊立军于2011年4月26日及6月28日分别在工行盘锦分行下属的××路储蓄所申请开立了活期储蓄存款账户，为此，该行向伊立军交付了两张银行借记卡，伊立军自2011年4月26日至2011年11月11日期间，先后向该两账户内存入了合计1450万元款项。上述事实足以证明，伊立军与工行盘锦分行间已经建立了储蓄存款合同关系，工行盘锦分行向伊立军出具的银行借记卡，即为双方间储蓄存款合同关系成立的直接证据。根据伊立军向工行盘锦分行申请开立活期储蓄账户，工行盘锦分行为其开立账户并出具银行借记卡，伊立军向该银行卡存入款项的事实，本院认定工行盘锦分行与伊立军之间的储蓄存款合同关系成立。

关于案涉存款被转走的责任应如何划分的问题。本案中，案涉伊立军的存款，均是李某通过网上银行转账或支付方式非法取走的，网银的开通、U盾的掌控及网银密码的取得是案涉款项被骗取的关键。厘清工行盘锦分行在给伊立军办理网银业务中是否存在违规操作以及伊立军在开通网银过程中是否尽到了注意义务是案涉损失责任划分的前提。

（一）关于工行盘锦分行在给伊立军办理网银业务中是否存在违规操作的问题

《中国工商银行电子银行业务管理办法》第七章"个人网上银行业务"第二节第一条规定："柜员认真审核申请表内容并核对客户身份后对客户办理网上银行注册。……柜员须按照'本人办、交本人、本人签'的原则，将U盾或电子银行口令卡交给申请网上银行的客户本人，现场授权或现场管理人员应对U盾交付客户本人进行监督，并确认客户本人签收。”据此，办理网上银行业务，柜员必须认真审核客户身份及申请表内容，申请办理网上银行必须由申请人本人办理，U盾或电子银行口令卡必须交付客户本人，办理网上银行业务的相关文件必须由客户本人签字。而《鉴定意见书》确认，2011年4月26日《中国工商银行个人客户业务申请书》（电子银行注册/银行户口服务开立）中“申请人签名”处的“伊立军”签名笔迹、2011年6月28日《中国工商银行电子银行个人客户变更（注销）事项申请表》中“签名”处的“伊立军”签名笔迹及2011年6月28日的《中国工商银行交接确认书》（U盾交接）中“接收人1签章”处的“伊立军”签名笔迹均不是伊立军签名笔迹。显然，工行盘锦分行于2011年4月26日为“伊立军”开通的网上银行并非伊立军本人办理，2011年6月28日工行盘锦分行注销该网上银行业务时也非依伊立军本人申请注销；工行盘锦分行于2011年6月28日虽依伊立军申请开通了网上银行，但没有将U盾交付给伊立军本人。因此，工行盘锦分行在2011年4月26日及2011年6月28日办理开通及注销伊立军网上银行业务中均存在严重违规操作行为。

（二）伊立军在开通网银过程中是否尽到了注意义务

本案中，2011年4月26日伊立军在开立账户后并没有开通网银，不存在其将U盾交与他人及泄露网银密码的问题。虽然其获得了相应高息，但其受高息诱惑前往存款与款项损失间没有直接因果关系。因此，难以认定伊立军对于2011年4月26日开立的银行卡内的资金损失存在过错。但是，伊立军在2011年6月28日开户时，其同时在开通网银的申请书上签字确认开通了网上银行服务业务。该申请书上以加大号字体提示：“您已开通网银并领取U盾，凭U盾可办理网上转账、汇款等业务。请您妥善保管U盾，切勿交给他人，并牢记网银及U盾密码，切勿泄露。”但伊立军没有注意该申请书记载的内容，没有向工行盘锦分行工作人员主动索要网银U盾，而是在开立账户和网银后又向该账户转入巨额款项，致使犯罪分子利用该U盾将其该卡内的存款转走造成案涉存款损失，其在办理该次开户、存款业务中，没有尽到理应与其自身预期获得收益业务相应的、合理的、谨慎的注意义务。因此，其对2011年6月28日开户后存入款项被转走具有一定过失。

（三）关于案涉存款被转走责任的承担问题

首先，《商业银行法》第六条规定：“商业银行应当保障存款人的合法权益不受任何单位和个人的侵犯。”银行对储户存款具有安全保障的法定义务。在信息化、电子化、科技化时代背景下，社会得以迅猛发展，社会分工越来越精细，社会关系越来越复杂，社会公众对专业化的依赖程度越来越高。现代商业银行作为吸收公众存款、发放贷款、办理结算等业务的企业法人，专门的金融机构，其不仅具有传统的经济功能，而且承担了大量的社会功能；借力科技，开拓了许多新业务，既提高了自身的竞争力，又服务了社会和客户，在普通的社会公众中享有极高的信赖度和诚信度，进而享有极高的信誉和声誉。普通的储户到银行办理储蓄业务，营业的环境、规范的服务、科技的手段，一方面让缺乏金融知识的普通客户获得了安全感，相应的注意义务也会降低，另一方面普通客户在烦琐的流程、大量的专业化术语、复杂的科技化服务面前，再加上可能身后还有许多客户在等待办理业务的情形下，普通客户想尽到最大的注意义务，客观条件也难以允许，更多时候只能是被动地听从银行工作人员的安排，按照银行工作人员指示的流程办理业务。更多的义务意味着更大的责任，银行应该尽到更多的注意义务，对储户的存款负有严格的安全保障义务，应当制定完善的业务规范，加强内部管理；在银行与普通储户办理业务过程中，银行工作人员代表银行应该更加严格地遵守工作流程和操作规范。本案中，对于 2011 年 4 月 26 日伊立军的网上银行业务未经伊立军本人申请和 2011 年 6 月 28 日工行盘锦分行的工作人员违规操作擅自办理 U 盾业务，将 U 盾交给他人，这些严重违规的事实，直接导致案涉存款损失，工行盘锦分行应该对案涉存款损失承担主要的、绝大部分的责任。其次，李某在工行盘锦分行工作期间，利用其工作身份，编造高息揽储谎言，诱使伊立军将案涉款项存入工行盘锦分行，并利用工作便利从同事赵某处拿走 U 盾，导致案涉款项损失。以上事实能够证明工行盘锦分行内部管理出现漏洞，工作人员操作严重违规，工行盘锦分行应对造成的案涉损失承担管理不力的责任。在银行工作人员参与金融诈骗案件犯罪时有发生的背景下，银行更应预防此类案件的发生，强化内部管理，为客户提供更加优质安全放心的服务。再次，伊立军作为具有完全民事行为能力的自然人，在工行盘锦分行工作人员李某高息揽储的诱惑下，听信犯罪分子李某的谎言，到工行盘锦分行柜台办理开户、开卡并开通网银业务，并将总计 1450 万元巨额资金存入账户。在犯罪分子利用网络进行诈骗，涉银行卡诈骗案件频发，公安机关在银行营业场所等公众场所进行广泛宣传防止犯罪分子利用银行卡进行诈骗的背景下，伊立军作为完全民事行为能力的自然人在享有高回报、涉及巨额资金的存款时，应当尽到最大的注意义务，但其不仅没有尽到最大的注意义务，反而降低了风险防范意识，放松了对账户内资金安全的注意义务，导致其在 2011 年 6 月 28 日开户和办理网银业务时，没有认真仔细阅读开通网银申请书的提示，没有向银行主动索要 U 盾，导致犯罪分子利用该 U 盾将其卡内的存款转走造成案涉存款损失，其在办理该次开户、存款业务中，没有尽到相应的、合理的、谨慎的注意义务，应该承担对 2011 年 6 月 28 日自开户日起至 2011 年 11 月 11 日先后九次向该账户内存款共计 850 万元款项被转走的次要的、小部分的责任。

综上，本院认为，银行作为办理金融业务的专业机构，在为自然人办理储蓄等业务时，居于明显的、支配的优势地位，而自然人则处于相对的、被支配的弱势地位，故银行工作人员在为客户办理业务时，理应严格遵守工作流程和业务操作规范，尽到最大的注意和风险提示义务。本案中，伊立军于 2011 年 4 月 26 日并未开通网上银行业务，不应对该日开通的网银造成的损失承担责任；但对 2011 年 6 月 28 日开通的网银，伊立军没有尽到理应与其自身预期获得收益业务相应的、合理的、谨慎的注意义务，其对该次存款中大部分款项被犯罪分子通过网银转走应承担 1% 的责任，而工行盘锦分行在对储户存款负有严格安全保障义务下，没有尽到严格内部管理的义务，致使内部管理出现漏洞，工作人员严重违规操作，没有尽到最大的注意和风险提示义务，其应承担99%的责任，二审法院对该次存款损失责任的承担认定不当，本院予以纠正。

关于伊立军所获310万元高息应否予以扣除以及案涉存款利息计算方法的问题。本案中，伊立军与李某之间不存在借贷关系，伊立军从李某处获取的310万元款项，没有合法依据，属于李某为骗取伊立军信任，进而骗取网银U盾控制账户而支付的高额利息，故该款项应在工行盘锦分行返还存款本金时予以扣除。至于伊立军主张案涉存款利息应按银行同期贷款利率计付利息的问题，由于伊立军办理的是活期储蓄存款业务，故该主张缺乏事实和法律依据，本院不予支持。

【案例来源】

《中华人民共和国最高人民法院公报》2017年第8期。

212 银行未能识别出伪造印鉴而错误付款，给储户造成损失的，应当承担民事责任

【关键词】

| 伪造印鉴 | 错误付款 |

【案件名称】

中国建设银行天津市分行南开支行与天津开发区迈柯恒工贸有限公司存款纠纷案［最高人民法院（2001）民二终字第126号民事判决书，2002.2.21］

【裁判精要】

最高人民法院认为：

在旭帝公司存入款项后，南开建行应当履行保证储户存款安全的义务。旭帝公司在南开建行的500万元存款被犯罪嫌疑人成敬以伪造的票据骗出，依照《票据法》第五十七条关于“付款人及其代理付款人以恶意或者有重大过失付款的，应当自行承担责任”的规定以及最高人民法院《票据纠纷解释》第六十九条关于“付款人或者代理付款人未能识别出伪造、变造的票据或者身份证件而错误付款，属于错误付款，属于票据法第五十七条规定的‘重大过失’，给持票人造成损失的，应当依法承担民事责任。付款人或者代理付款人承担责任后有权向伪造者、变造者依法追偿。持票人有过错的，也应当承担相应的民事责任”的规定，南开建行由于未能识别出成敬在汇票委托书及转账支票上加盖的伪造印鉴，由此给迈柯恒公司造成损失，其应承担民事责任。对于迈柯恒公司是否向成敬出具过承诺书一节，因除成敬口供以外再无

其他证据可以证明,本院不予认定。且出具承诺书的行为不能必然导致成敬诈骗行为的得逞,更不能由此认定迈柯恒公司即参与了诈骗。在无确凿证据可以证明迈柯恒公司对于存款被骗具有过错的情况下,原审对成敬从南开建行骗得的款项判令南开建行承担全部责任并无不当。南开建行关于应由迈柯恒公司承担部分过错责任的上诉主张缺乏事实与法律依据,本院不予支持。

南开建行依据成敬的口供提出迈柯恒公司收到了成敬给付的270万元高息,对此,迈柯恒公司不予认可。因成敬的证言是孤立存在的,无其他证据可以佐证,而不能形成证明力,故对本案中迈柯恒公司是否收到高息的事实尚不能认定。南开建行关于将270万元应在2000万元本金中予以冲抵的上诉请求不能支持。

【案例来源】

最高人民法院办公厅编:《最高人民法院公布裁判文书(2002年)》,人民法院出版社2003年版。

编者说明

存款机构的审核义务,主要是指存款机构在付款时对取款人身份以及取款凭证真实性的审查和确认义务。实践中对于该项义务履行与否的判断,可以参照《票据法》及其司法解释的规定,即银行在票据结算过程中对请求付款人身份证件的真伪,以及票据是否存在伪造、变造的情形承担实质审查义务。①

213 银行用折角核对方法核对印鉴未发现问题而造成客户存款被骗取的,银行有过错,应当对不能追回的被骗款项承担民事责任

【关键词】

|折角核对|存款|过错责任|

【案件名称Ⅰ】

武汉农村商业银行股份有限公司积玉桥支行与徐州市顺凯商贸有限公司储蓄存款合同纠纷案[最高人民法院(2016)最高法民再231号民事判决书,2017.7.3]

【裁判精要】

最高人民法院认为:

本案的争议焦点是积玉桥支行是否应向顺凯公司承担2000万元存款及本息的

① 参见江必新、何东宁等:《最高人民法院指导性案例裁判规则理解与适用·合同卷四》,中国法制出版社2015年版,第232页。

兑付责任。

本案中,顺凯公司在积玉桥支行申请开立账户,双方签订了《武汉农村商业银行单位人民币银行结算账户管理协议》及《单位人民币结算账户补充协议》,其后顺凯公司向该账户存入2000万元,双方之间形成的储蓄存款合同关系真实有效。各方应按照案涉协议的约定享有权利和履行义务,并承担相应的责任。2010年3月22日,顺凯公司向积玉桥支行主张兑付2000万元存款以及利息,但因犯罪分子以伪造顺凯公司印鉴的方式,冒用顺凯公司名义将其账户内的1992万元转出,使积玉桥支行无法向顺凯公司全面履行兑付义务。现双方争议的主要问题是,顺凯公司因兑付不能而产生的损失应当由谁承担。双方均主张案涉款项损失系因对方行为导致,自身不应承担赔偿责任。顺凯公司主张积玉桥支行因未按规定对其资料进行保密,未能保障其开立的存款账户内资金安全,不能按约定兑付存款本息,已经构成重大违约,故应对其2000万元存款及利息承担全部的返还责任。积玉桥支行主张已尽到必要的审查义务,案涉款项损失是顺凯公司为获取非法高息及其员工参与犯罪所导致,应由顺凯公司自行承担相应后果。故本案争议的法律关系性质实际上系违约后的损害赔偿责任纠纷。

《合同法》第一百零七条规定:"当事人一方不履行合同义务或者履行合同义务不符合约定的,应当承担继续履行、采取补救措施或者赔偿损失等违约责任。"本院认为,根据《武汉农村商业银行单位人民币银行结算账户管理协议》第十四条第(二)项约定,积玉桥支行不能向顺凯公司兑付全部存款及利息的行为已经构成违约,应承担相应的损害赔偿违约责任。积玉桥支行称其已按照折角核对方式尽到审慎审查义务,不应对案涉款项被骗划导致的损失承担责任。本院认为,积玉桥支行作为专业金融机构,负有在转款时对凭证印鉴与银行预留印鉴是否相符进行核实的义务,且依据《最高人民法院关于银行以折角核对方法核对印鉴后应否承担客户存款被骗取的民事责任问题的复函》规定,"折角核对虽是现行《银行结算会计核算手续》规定的方法,但该规定属于银行内部规章,只对银行工作人员有约束作用,以此核对方法核对印鉴未发现存在的问题而造成客户存款被骗取的,银行有过错,应当对不能追回的被骗款项承担民事责任"。虽然积玉桥支行辩称上述司法解释中涉及的《银行结算会计核准手续》已失效,但该司法解释并未废止,且该《银行结算会计核准手续》只是被《中国人民银行关于印发〈支付结算会计核算手续〉的通知》代替,其中折角核对印鉴的操作方法亦未被废除,本案中积玉桥支行实际上也是采取此种方式进行核对,故上述司法解释关于折角核对与存款被骗后责任承担的认定并不因此失效,原审法院认定上述义务的履行不能作为积玉桥支行承担责任的免责依据,并无不当,积玉桥支行关于原审就此问题适用法律错误的主张,不能成立,本院不予支持。

【案例来源】

中国裁判文书网,http://wenshu. court. gov. cn。

【案件名称Ⅱ】

上海市第七建筑工程公司诉交通银行海南分行存款被冒领损害赔偿纠纷案［海口市新华区人民法院民事判决书，1998.11.27］

【裁判精要】

海口市新华区人民法院认为：

原告建筑公司在被告海南交行处开户存款，双方的权利、义务关系明确。海南交行既然接受了建筑公司的存款，就有义务保障该存款的安全。建筑公司的存款现已被他人冒领，说明海南交行没有尽到自己的责任，是有过错的。依照《民法通则》第一百零六条第一、二款的规定，海南交行对建筑公司被冒领的65.7万元存款，以及该存款按活期存款利率应得的利息，给予赔偿。

折角核对是现行《银行结算会计核算手续》规定的鉴别印章真伪方法。该规定属于银行内部规定，只对银行工作人员有约束作用。随着科技的发展，犯罪分子的作案手段越来越多。银行必须针对这种现状，不断改进、提高自己的防伪鉴别能力，以充分保障客户存款的安全。如果银行在不能提高自己的防伪鉴别能力时自愿接受客户的存款，这些存款一旦被他人以伪造的印章冒领，银行必须承担赔偿责任。被告海南交行以其工作人员已经按照规定履行了折角核对的工作制度，没有发现印章是伪造的，对存款被冒领主观上没有过错为由，拒绝承担赔偿责任，理由不能成立。

【案例来源】

《中华人民共和国最高人民法院公报》2000年第5期。

编者说明

《最高人民法院关于银行以折角核对方法核对印鉴后应否承担客户存款被骗取的民事责任问题的复函》（1996年3月21日，法函〔1996〕65号）认为，折角核对虽是现行《银行结算会计核算手续》规定的方法，但该规定属于银行内部规章，只对银行工作人员有约束作用，以此核对方法核对印鉴未发现存在的问题而造成客户存款被骗取的，银行有过错，应当对不能追回的被骗款项承担民事责任。该答复系经最高人民法院审判委员会讨论决定。从理论上讲，该答复具有准司法解释的效力。该答复涉及民商事纠纷与刑事犯罪交叉的问题，正确理解该复函对于审判实践中处理涉及利用伪造身份证、伪造印鉴、虚假挂失等导致客户存款被冒领等犯罪行为，银行是否应承担民事责任等，具有指导意义。

银行的主要职责之一就是替客户保障存款的安全，故其负有高度注意义务。此类案件属于过错责任归责原则，银行可以以无过错来主张抗辩，为保护存款人利益，银行对其无过错负有举证责任。至于银行依据什么样的鉴别仪器，采取什么样的鉴别方法方可在存款被骗的情况下免责，法院在裁判时，应依据不同时代不同的科技发展水平而定。一般来说，银行鉴别所依据的仪器应当是当时国内较为先进的鉴别仪器，如此种仪器无法鉴别真伪而导致存款被骗，则银行可主张免责。

214 银行违规将存款转出，存款人无过错的不承担责任

【关键词】

｜存款｜过错责任｜

【案件名称】

安徽泗县农村合作银行与潘首相储蓄存款合同纠纷案［最高人民法院（2014）民一终字第238号民事判决书，2014.11.27］

【裁判精要】

最高人民法院认为：

从已查明的本案有关事实看，潘首相存入泗县农合行的款项为银行内部工作人员违反操作规程，违规从银行转出，为银行内部管理不善所致。潘首相对款项被他人划转情况、流失情况均不知情，潘首相对此不存在过错，不应对存款本金的损失承担责任。泗县农合行上诉主张潘首相应对存款本金损失承担相应责任的请求，本院不予支持。

【案例来源】

中国裁判文书网，http://wenshu.court.gov.cn。

215 储户存款因银行工作人员内外勾结被骗，储户无过错的，银行应承担兑付存款责任

【关键词】

｜存款｜过错责任｜

【案件名称】

俞建水与中国工商银行股份有限公司上海市鞍山路支行、中国工商银行股份有限公司上海市杨清支行储蓄存款合同纠纷案［上海市第二中级人民法院二审民事判决书，2014.11.27］

【裁判精要】

上海市第二中级人民法院二审认为：

相对于普通储户而言，银行更有条件防范犯罪分子利用银行实施的犯罪，故银行应当制定完善的业务规范，并严格遵守规范，尽可能避免风险，确保储户的存款安全，维护储户的合法权益。但是，如储户事先明知可能发生不法侵害却未采取必要的防范措施，或故意违反储蓄机构必要的安全规章制度而导致其财产受损，且该过错与损害结果之间存在因果关系的，则储户应当在其过错范围内承担相应的责任。

陈某身为银行工作人员，却勾结犯罪分子徐某，利用工作便利，违反存款操作流程，擅自为原告开立网上银行，并领取 U 盾交由徐某，导致涉案款项被骗取。被告工行鞍山路支行在工作人员管理、营业场所管理以及存款业务操作流程等方面均存在明显过错，且该过错与存款被骗具有相当的因果关系。俞建水虽然受案外人虚构的高额报酬所诱惑而去工行鞍山路支行处开户、存款，但只要工行鞍山路支行与俞建水均按照规定的开户流程办理开户业务，案外人徐某就无法获取与俞建水账户相关联的 U 盾，更无法在俞建水不知情的情况下从其账户将资金转至他人账户。故俞建水的存款目的与存款被骗取之间并无直接因果关系。而且，俞建水于存款前，在自动存款机和银行柜面分别向系争账户存入 200 元及 500 元，查询确认上述款项确实已存入其账户后才向该账户存入 2091 万元；存款后，俞建水亦始终妥善保管存折，显然其已尽合理注意义务。因此，俞建水与被告工行鞍山路支行的储蓄存款合同关系合法有效，银行应当承担向原告返还存款本息的责任。

原告账户所存入的 2500 万元中 409 万元系犯罪分子存入，属于为骗取原告账户控制权而支付的高额利息，故两被告返还的存款本金时应予扣除，并应按同期活期存款利率支付相应利息。在储蓄存款合同关系中，储户将存款存入银行后，资金所有权即归属于银行，储户则享有依据储蓄存款合同向银行主张本息的债权。因此，犯罪分子利用储户账户控制权骗划资金后，追赃所得的资金款项所有权应当归属银行。俞建水未领取追赃款的行为并不影响其依据储蓄存款合同法律关系向两被告主张债权。据此，法院判令两被告返还俞建水存款本金 2091 万元及相应利息。

【案例来源】

《中华人民共和国最高人民法院公报》2015 年第 3 期。

编者说明

商业银行在日常经营活动中对工作人员、经营场所管理不严，以及操作流程内控失范，导致犯罪分子可以在银行营业场所、营业时间采取虚构银行高息揽储业务的手法诱导储户，并非法侵占储户存入银行账户内资金的，如果客户可以证实与银行之间存在真实的资金存入关系，则应认定双方之间存在储蓄合同法律关系。因犯罪分子的犯罪行为导致的损失,客户可以按照储蓄合同关系,请求银行承担违约责任。①

216 行为人诈骗造成存款人和银行损失，存款人和银行有过错的，应按各自过错承担责任

【关键词】

| 存款损失 | 过错责任 |

【案件名称Ⅰ】

邢台县顺鑫贸易有限公司与中国建设银行股份有限公司衡阳平湖支行储蓄存款合同纠纷案［最高人民法院（2013）民抗字第43号民事判决书，2013.11.26］

【裁判精要】

裁判摘要:储户在银行的储蓄存款性质上为银行的资金而非储户的资金,由于银行工作人员的失误致使储户的存款被盗取,银行应当承担资金被盗取的全部责任。储户有过错的,应当在其过错范围内承担责任。

最高人民法院认为:

顺鑫公司经与平湖支行协商一致,在平湖支行开设账户用于转账,双方关于储蓄存款的意思表示真实,顺鑫公司与平湖支行之间形成了储蓄存款合同关系,该合同合法有效。而后,案外人李军某从他人账户中转账300万元存入顺鑫公司的账户中,该笔款项应该视为顺鑫公司在平湖支行的存款,而不是李军某个人在平湖支行的存款。本案为储蓄存款合同纠纷,储蓄存款合同的双方分别是顺鑫公司与平湖支行,本案300万元存款虽然是李军某从他人账户中转账而来,但李军某与平湖支行之间并不存在储蓄存款的意思联络,所以,李军某不是本案储蓄存款合同的当事人,其与顺鑫公司之间就该300万元的财产权属属于另一法律关系。

储蓄存款合同成立之后,双方均应严格履行各自的合同义务。平湖支行接受顺鑫公司的存款之后,负有保证顺鑫公司存款安全的义务。顺鑫公司在平湖支行开立账户时双方约定的存款支取方式为凭顺鑫公司的预留印鉴支取,顺鑫公司的预留印鉴是顺鑫公司提取存款的唯一凭据,所以,平湖支行在支取顺鑫公司存款时,负有严格审查取款人所持印鉴的真伪、确保存款凭真实印鉴支取的义务。由于平湖支行对银行资金疏于管理,未认真审核苗某某伪造并使用的顺鑫公司印鉴与顺鑫公司预留的印鉴是否相符,致使苗某某利用伪造的顺鑫公司储户印鉴,骗取顺鑫公司账户中的银行存款309.78万元。平湖支行在履行储蓄存款合同中未尽到应尽的安全保障

① 参见王子龙、唐涣:《银行业务纠纷裁判规则解读与适用》,北京大学出版社2019年版,第1页。

义务，没有认真审查苗某某使用的印鉴真伪，是顺鑫公司账户上的存款被苗某某转走的直接原因。没有证据证明苗某某与顺鑫公司或者案外人李军某恶意串通，共同诈骗平湖支行的银行资金，也没有证据证明顺鑫公司或案外人李军某对苗某某的犯罪行为提供过帮助，平湖支行应该对顺鑫公司的银行存款被苗某某支取负全部责任。

平湖支行接受顺鑫公司的存款之后，负有保证顺鑫公司按照约定的方式和时间支取存款本金及利息的义务。货币在法律上属于种类物，顺鑫公司将其资金存入平湖支行之后，该资金即转化为平湖支行的银行资金，苗某某利用伪造的顺鑫公司储户印鉴，将顺鑫公司账户中的银行存款转出，其诈骗的对象是平湖支行而非顺鑫公司，侵害的是平湖支行的银行资金而非顺鑫公司的财产。所以，尽管苗某某骗取了顺鑫公司账户中的银行存款，平湖支行仍应按约定向顺鑫公司兑付存款本息，而不能以顺鑫公司的银行存款被苗某某骗取为由拒绝兑付。本案中，当顺鑫公司向平湖支行提出支取存款本金及利息的要求时，平湖支行以各种理由拖延、推诿，拒绝履行向顺鑫公司兑付存款本金及利息的储蓄存款合同义务，平湖支行的这一行为构成违约。在顺鑫公司起诉请求平湖支行履行兑付存款本息的合同义务的情况下，平湖支行应该按照《合同法》第一百零七条的规定，承担继续履行的违约责任，即承担向顺鑫公司兑付全部存款本息的民事责任。

顺鑫公司对其银行存款被苗某某骗取虽然没有责任，但顺鑫公司在开立账户时即开通了建设银行 95533 手机短信查询服务，在账户上的存款被他人转走之时就应该知道，而且，苗某某将顺鑫公司存款 300 万元转走后不久即告诉了李军某，顺鑫公司在知道其账户上的存款被他人不法支取之后，作为储蓄存款合同关系的相对方，应该及时向公安机关报案或者通知平湖支行，以使平湖支行能够及时采取措施追回被骗款项，但顺鑫公司对其存款被他人转走持放任态度，既未向公安机关报案，也未及时通知平湖支行，顺鑫公司的这一放任行为客观上使平湖支行失去了第一时间向苗某某追回被骗款项的机会，致使平湖支行的银行资金损失进一步扩大，根据《合同法》第一百一十九条的规定，顺鑫公司应该对银行资金损失的扩大承担相应的责任，不得就扩大部分的损失要求平湖支行承担兑付责任。湖南省衡阳市中级人民法院一审根据顺鑫公司对损失扩大的过错，认定其对存款本息自行承担 20% 的责任，符合本案的客观实际，最高人民法院酌定因顺鑫公司未采取必要措施致使平湖支行的银行资金损失扩大的部分为顺鑫公司银行存款本息的 20%，就该部分损失，顺鑫公司不得要求平湖支行承担责任。二审判决认定顺鑫公司与平湖支行对顺鑫公司的存款损失存在同等过错，忽略了顺鑫公司存款损失的根本原因在于平湖支行未审核出苗某某所持印鉴的真伪，不当加重了顺鑫公司对存款损失扩大的责任，最高人民法院予以纠正。

顺鑫公司开设账户并存入 300 万元存款之后，该账户上以现金方式又存入 10 万元，虽然顺鑫公司没有举证证明该 10 万元为顺鑫公司所存，但根据资金进入谁的账户，就应归谁支配的储蓄存款原则，应当推定归顺鑫公司所有。计入该10万元款项后，顺鑫公司账上被苗某某实际转走的资金为309.78万元，平湖支行实际拒付的银行存款为309.78万元。顺鑫公司为了支取银行存款，多次前往湖南省衡阳市与平湖支行交涉，顺鑫公司为此所支出的8929元车费和住宿费，也应由顺鑫公司自行分担20%，余下部分由平湖支行予以赔偿。

【权威解析】

要想全面认识储蓄存款合同双方当事人，特别是银行的权利义务，必须要厘清储蓄人在银行的存款的性质。当储蓄人将款项存入银行之后，银行可以利用储户的存款在央行、银监会等机构允许的范围内进行贷款、拆借、贴现等业务，储蓄人通过存款行为将款项的占有、使用、收益、处分等权利转让给银行，银行可以对储户在银行的存款进行自由处分而不需要通知储户，更不需要储户的同意。储蓄存款行为并不同于在银行购买理财产品，银行在行为人购买理财产品时，多数担任中介、居间的角色，行为人的资金并非进入银行的自有账户，而是拥有固定的理财用途，银行不可随意使用。而当储户需要取款时，银行也并非将储户原本存起来的款项原封不动地还给客户，由于货币在法律上属于种类物，储户在取款时，只要收到相应数额的货币即可。所以，当储户在银行存款时，这实际上是储户的资金向银行的自有资金转变的过程，而当储户取款时，是银行将自有资金交付给储户的过程。①

【案例来源】

中国裁判文书网，http://wenshu.court.gov.cn。

【案件名称Ⅱ】

上海银丰实业公司武汉分公司与湖北恒昌城市信用社、武汉市后湖信用社等侵权损害赔偿纠纷案［最高人民法院（2000）经终字第46号民事判决书，2001.2.19］

【裁判精要】

最高人民法院认为：

武汉银丰公司与恒昌信用社之间850万元存款关系真实有效，本案纠纷发生在存单兑付过程中，武汉银丰公司在办理该850万元存款时，是以交付汇票和收取存单形式完成的，武汉银丰公司也未将单位印鉴预留在恒昌信用社，双方对以存单作为存款与取款的凭证是认可的，特别是对于武汉银丰公司而言，对自己持有的存单

---

① 参见张华：《如何确定储蓄存款合同中各方当事人的法律责任——邢台县顺鑫贸易有限公司与中国建设银行股份有限公司衡阳平湖支行储蓄存款合同纠纷抗诉案》，载最高人民法院审判监督庭编：《审判监督指导》（总第49辑），人民法院出版社2015年版，第97～108页。

无须其他任何辅助条件即可兑取的性质是明知的。因此，在以后存单兑取过程中，恒昌信用社按持单人张汉全的要求，凭单兑付了应兑款项并无过错，而且张汉全作为设立武汉银丰公司的法人上海银丰公司的财务部副经理，受武汉银丰公司经理阎川的指示办理存款和转款，张汉全的证言及武汉银丰公司收取金桥公司504000元的息差、对张汉全转存入恒昌信用社的150万元认可的行为均证明了张汉全的行为是受武汉银丰公司的委托而为。由于武汉银丰公司是上海银丰公司的分支机构，上海银丰公司有权支配武汉银丰公司的财产，恒昌信用社依上海银丰公司的传真委托划款200万元给金桥公司并无不当。因此，武汉银丰公司上诉要求恒昌信用社对700万元承担赔偿责任的理由不能成立，本院不予支持。关于友谊路办事处凭金桥公司没有年检注册的营业执照为其开设银行账户的性质问题，营业执照一年未年检并不表明该营业执照已经失效，且金桥公司所转入该户的200万元是为武汉银丰公司代收的行为，是据上海银丰公司指令而为，属于合法占有。友谊路办事处为金桥公司开户与日后金桥公司支配该款项造成武汉银丰公司损失之间没有必然的因果关系。故武汉银丰公司上诉请求友谊路办事处对200万元承担赔偿责任的理由不能成立，本院不予支持。连城分社为夏爱国假冒武汉银丰公司名义开户时，没有审查开户所需的必备证件，特别是在夏爱国没有提供武汉银丰公司法人营业执照的情况下为其开户是有过错的，该账户在客观上为夏爱国将武汉银丰公司的存款700万元转存并划转自己使用提供了帮助，导致了武汉银丰公司的损失，连城分社对此应承担30%责任，但应扣除公安机关追赃发还款共计273920元。因连城分社是后湖信用社的分支机构，其责任应由后湖信用社承担。武汉银丰公司在该笔700万元转款过程中存在明显过错，作为上海银丰公司财务部副经理的张汉全应当知道单位利用支票存款应开设账户，且没有核实其在连城分社存款账户情况，从而没有审查到夏爱国设立假账户的事实。张汉全既指令恒昌信用社将款转入连城分社，又收取了夏爱国交付的任家路储蓄所的存单，而且存入500万元，却收取700万元的存单，对这些明显瑕疵张汉全没有尽到审查核实义务，致使武汉银丰公司700万元存款被夏爱国骗取，对此武汉银丰公司应承担主要责任。原审认定事实清楚，除对连城分社及后湖信用社的责任处理不当、应予改判外，其他判项正确，本院予以维持。

【权威解析】

（一）关于恒昌信用社的责任

上海银丰公司财务部副经理张汉全，持850万元汇票到恒昌信用社存款，恒昌信用社予以出具定期存单，存单户名与汇票收款人一致，除此以外，双方再无其他约定。存款到期后，张汉全持存单要求恒昌信用社将其中的500万元转存到后湖信用社连城分社，并提供了武汉银丰公司在连城分社开立的账户，尽管该账户是犯罪分子夏爱国私设，并最终将该笔款项骗走，但恒昌信用社并不知情，也无义务进行实质审查，它的行为相对人是张汉全，其身份是真实的，而且张汉全本人没有参与诈骗，恒昌信用社所信任的是张的指令行为。在该过程中,恒昌信用社的行为不存在任何过错,因此也不应当对此承担任何责任。对于另外200万元的转款责任,恒昌信用社是凭张汉全提供的上海银丰公司的委托书将款划往金桥公司账户,而武汉分公司只是上海银丰公司的分支机构,因此,上海银丰公司有权利处置其分支机构的财产,所以恒昌公司的转款行为并无不当。

(二)关于后湖信用社连城分社的责任

导致本案资金损失的主要原因在于犯罪分子夏爱国利用私刻的武汉银丰公司的公章,在连城分社开立了账户,才得以将武汉银丰公司在恒昌信用社的存款转入连城分社,并划归自己使用。在此过程中,在连城分社开立账户是夏爱国骗取资金的关键,而在这一环节上,连城分社没有认真审查夏爱国开户所提供的必备文件,如武汉银丰公司上级单位关于开户的批准文件,开户所在地工商部门的批准文件,法人营业执照等,仅凭夏爱国利用私刻的武汉银丰公司的公章开具的介绍信而开户,对此,连城分社负有不可推卸的责任。这也是连城分社对武汉银丰公司的损失承担责任的过错原因。又因武汉银丰公司在转存款的过程中,存在严重过失,因此连城分社只承担部分责任。这也体现了过错与责任相适应的原则。

(三)关于友谊路分理处的责任

根据上诉人武汉银丰公司的上诉主张,友谊路分理处在为金桥公司开立账户时,依据的是金桥公司一年未年检的法人营业执照,致使金桥公司将武汉银丰公司的200万元转入该账户,要求友谊路分理处对此负赔偿责任。我院判决并未予以支持,原因在于营业执照一年未年检不意味着该营业执照已经失效,此为其一,更重要的是该行为与武汉银丰公司的未能收回的200万元的损失也没有因果关系,也就是说,金桥公司是依据上海银丰公司的传真委托而转款的,因上海银丰公司是武汉银丰公司的法人单位,其有权利处分分支机构的财产。因此,金桥公司对该200万元属合法占有,友谊路分理处对此不应当承担责任。其与上述连城分社的责任不同,连城分社的错误在于为夏爱国的诈骗行为提供了客观帮助。[①]

【案例来源】

最高人民法院民事审判第二庭编:《民商审判指导与参考》(总第3卷),人民法院出版社2003年版,第205~212页。

① 参见王洪光:《过错与因果关系应作为评判的法则——上海银丰实业公司武汉分公司与湖北恒昌城市信用社、武汉市后湖信用社等侵权损害赔偿纠纷上诉案》,载最高人民法院民事审判第二庭编:《民商审判指导与参考》(总第3卷),人民法院出版社2003年版,第212~213页。

217 储户与银行在办理存款转款手续过程中款项被骗，应当根据各方在款项流失过程中的过错确定民事责任

【关键词】

｜存款转款｜过错责任｜

【案件名称】

中交第一公路勘察设计研究院与中国银行西安市咸宁路支行存款纠纷案［最高人民法院再审民事判决书］

【裁判精要】

裁判摘要：储户在经数个中介人介绍后，决定到中介人指定的银行办理高息存款。在储户办理存款开户、转款过程中，中介人利用其与储户和银行工作人员接触的机会骗取银行信任，在开户申请书上加盖了假公章，并用假公章和银行审查工作的疏忽，更换了储户印鉴片，控制了储户的账户并从中转走了大量的存款。人民法院应当根据各方在款项流失过程中的过错来确定双方的民事责任。

最高人民法院认为：

廖善继和李建安开立存款账户、转存款项是代表设计院所为的法人行为。设计院持营业执照、企业代码本、财务专用章等申请开立存款账户，咸宁路支行经审查后同意并办理了相应的开户手续，提供了存款账户，设计院向该账户内存入500万元，双方即形成了存款关系。银行有依法保护储户存款安全的义务，但咸宁路支行严重违反有关规定，未审查更换印鉴者的身份证件，未要求其填写更换印鉴申请书，也没有收回有效的原印鉴片，仅凭授权不明的介绍信就为来人办理了更换印鉴的手续，致使设计院账户内的500万元存款被他人控制，造成的损失应由咸宁路支行自行承担。设计院以高息名义收取的291500元并非咸宁路支行支付，且该款已被收缴，设计院已经承担了相应的法律责任。咸宁路支行应当返还设计院500万元存款本金和利息。本案中存在的开户申请书假公章及高息来源等经济犯罪线索与存款关系不是同一法律关系，已由公安机关查处，不影响本案的审理。原一审判令咸宁路支行向设计院兑付500万元本金正确，但要求设计院自行承担利息损失不当，亦应予以纠正。

【权威解析】

（一）设计院与咸宁路支行之间是否形成了存款关系

（1）设计院财务人员廖善继向设计院财务处长田忠国汇报可以高息存款的情况，田忠国向霍明院长请示；（2）霍明表示同意并指示由田忠国负责办理高息存款事

宜,田忠国指派单位财务人员廖善继、李建安、李晓庆负责具体经过此事;(3)廖善继、李建安在金花南路分理处凭设计院真实的营业执照、企业代码本,财务专用章和财务人员私章为设计院完成开户,并从翠华路分理处设计院账户内转款500万元到金花南路分理处该账户内。以上各个环节都是代表设计院所为的民事行为,并非具体经办人的个人行为。虽然后来收取的291500元是以财务人员李晓庆个人名义存入银行的,但单位领导知道此事,存单也一直由单位控制和支配,直到被公安机关收缴。可见,是设计院而非廖善继为了高息办理了开户转款手续。咸宁路支行接受开户申请的申请人是设计院,咸宁路支行审查后同意,给予了设计院存款账户并办理了相应手续,开出的账户及印签片的名称也是设计院,自始至终咸宁路支行都是为设计院办理开户存款手续,并非为某个财务人员办理存款手续。设计院的500万元转到咸宁路支行账户上的时候,双方就形成了存款关系。存款关系既已成立,合同双方当事人就应当履行合同义务,依法承担应负的违约责任。

(二)设计院是否应当承担民事责任

除了设计院与咸宁路支行之间的存款关系之外,本案也确实存在赵华等人利用该存款关系进行诈骗的犯罪嫌疑,假公章在赵华等人更换印鉴片以控制设计院账户的过程中确实起到了关键作用,只是根据现有证据材料,还不能认定是设计院工作人员与赵华串通共同进行诈骗活动,也不能认定加盖公章与设计院有关,所以设计院在咸宁路支行被骗的过程中没有过错,不需要承担民事责任。

根据人民银行1994年10月9日颁发的《银行账户管理办法》第二十九条的规定,开户银行负责对开立撤销账户进行审查,正确办理开户和销户。如果设计院的开户申请书上未加盖单位公章,银行就不应为设计院办理开户手续,而应当要求设计院完善手续。但咸宁路支行在设计院手续不全的前提下为其办理了开户手续,就意味着开户行认可了客户的申请手续上的瑕疵没有影响客户的开户申请,不应再以此追究设计院的责任。

一审因设计院为追求高息而判决由设计院自行承担利息损失。设计院接受的291500元是犯罪嫌疑人支付的,咸宁路支行并没有这笔钱,也没有支付其他息差。给予设计院所谓的息差是犯罪嫌疑人的一种欺诈手段,与咸宁路支行和设计院之间形成的存款关系无关,与款项被骗也没有因果关系,且已经受到收缴非法收入的制裁,承担了法律责任。再要求设计院承担500万元存款合法利息的损失,没有法律依据。

(三)关于咸宁路支行的民事责任

本案中,设计院的500万元存款被分批转走和冒领的原因是犯罪嫌疑人掌握了控制设计院账户的印鉴片。而在把银行留存的真印鉴片换成假印鉴片的过程中,银行过错明显:第一,未审查要求更换印鉴人的身份。1997年11月15日施行的《人民币单位存款管理办法》第二十条规定,申请更换印鉴手续应当持单位公函和经办人身份证件。本案中赵华只有盖假公章的单位介绍信,银行没有审查其身份证件,只凭赵华自称便认为赵华是存款单位的财务人员，银行没有尽到审查义务。第二，银行没有要求填写更换印鉴通知书和交回原印鉴片。根据中国银行的内部规定，客户在办理更换印鉴手续时，应当作出上述行为。真正的印鉴和印鉴片掌握在设计院工作人员手中，如果银行按照相关规定办，赵华无法更换成功，也就无法转款和提现。咸宁路支行没有尽到保证储户存款安全的合同义务，应当承担履行支付存款本息的民事责任。设计院开立的是临时存款账户，可以由咸宁路支行承担活期存款利息。①

【案例来源】

最高人民法院审判监督庭编：《审判监督指导》（总第19辑），人民法院出版社2007年版，第91～95页。

218 银行被除名人员利用银行管理过失骗取他人存款造成他人损失的，银行应承担相应民事责任

【关键词】

| 管理过失 | 存款损失 |

【案件名称】

新疆农村社会养老保险基金管理中心诉中国银行新疆分行存单纠纷案［最高人民法院（2004）民二终字第34号民事判决书，2004.4.28］

【裁判精要】

裁判摘要：根据《民法通则》第一百零六条第二款的规定，商业银行对所属工作人员作出除名处理后，未收缴其工作证件，致使其继续使用该证件并利用原单位加盖业务专用章的存款票证骗取他人存款，造成他人经济损失的，商业银行应承担相应的民事责任。

最高人民法院认为：

本案涉及民事纠纷与刑事犯罪交叉的问题。本院将本案发回重审时，原审法院尚未作出刑事判决。重审期间，原审法院查清了本案的有关事实并已作出刑事附带民事判决。根据该判决所认定的基本事实，蒋景树伙同张朝钧、韩凯采取伪造进账单和定期存款证实书的办法，骗取社保中心的款项，其行为构成金融凭证诈骗罪。

---

① 参见王云飞：《中交第一公路勘察设计研究院与中国银行西安市咸宁路支行存款纠纷再审案——储户与银行办理转款手续过程中款项被骗，双方当事人如何承担责任》，载最高人民法院审判监督庭编：《审判监督指导》（总第19辑），人民法院出版社2007年版，第95～97页。

原审法院在判处上述张朝钧等人无期徒刑或有期徒刑的同时，还判决将追缴的赃款70万元以及一辆海南马自达轿车返还给社保中心。处理本案民事纠纷应当考虑刑事判决中所认定的基本事实。原审判决认定社保中心与新疆中行之间不存在真实的存款关系并无不当。但是，社保中心与新疆中行之间不存在真实的存款关系，只能说明双方之间不存在合同关系以及新疆中行不存在应当承担合同责任的问题，凭此并不能必然得出新疆中行对本案不应当承担任何民事责任的结论。

基于蒋景树、张朝钧、韩凯的犯罪行为，侨汇公司占有本案8170200元款项，没有合法依据，其应当将该款项返还给社保中心。原审判决侨汇公司向社保中心返还8170200元及利息并无不当，且侨汇公司亦未提起上诉，故对该判项应予维持。至于新疆中行是否应当对本案承担民事责任，涉及新疆中行对于张朝钧等人的诈骗得逞是否存在过错问题。有过错就应当承担民事责任，这是民法中过错责任原则的基本内涵。从本案基本事实看，在本案行为发生以前，张朝钧虽于1998年3月27日被乌市中行予以开除，但新疆中行并未收缴张朝钧的工作证，以至于张朝钧仍以乌市中行天山办事处副主任的身份并持该行工作证到社保中心揽储；特别是张朝钧交给社保中心一张加盖有乌市中行黑龙江分理处业务专用章的定期存款证实书，对于该证实书上加盖的公章的真伪问题，原审法院委托该院技术室所作的鉴定结论以及新疆维吾尔自治区人民检察院委托公安部物证鉴定中心所作的鉴定结论是基本吻合的，上述两次鉴定结论与张朝钧的供述也基本一致，故应当认定定期存款证实书上加盖的乌市中行黑龙江分理处业务专用章是真实的。既然张朝钧在被乌市中行开除公职以后还能够使用加盖单位公章的定期存款证实书，这说明乌市中行在管理上存在过错，而且这种过错是导致张朝钧等人诈骗得逞的重要原因。故新疆中行应对其过错承担相应的民事责任。社保中心未到银行柜台办理存款手续，其轻信张朝钧等人的所为，也说明其有过错，应当自行承担相应的民事责任。

【案例来源】

《中华人民共和国最高人民法院公报》2004年第11期。

219 银行账户的权利主体，应对其开户资料以及变更预留印章所提交证明材料的真实性负责

【关键词】

| 银行账户 | 预留印章 |

【案件名称】

四川省中普房地产开发有限公司与泸定县国土资源局、中国农业银行股份有限公司泸定县支行合同纠纷案［最高人民法院（2016）最高法民终315号民事判决

书，2016. 8. 25］

【裁判精要】

最高人民法院认为：

中国人民银行《人民币银行结算账户管理办法》第六十三条规定，存款人应加强对预留银行印章的管理。《人民币银行结算账户管理办法实施细则》第九条规定，存款人应对其出具的开户申请资料实质内容的真实性负责。第四十四条规定，单位存款人申请更换预留公章或财务专用章，应向开户银行出具书面申请、原预留公章或财务专用章等相关证明材料。本案中，中普公司作为银行账户的权利主体，应对其开户资料以及变更预留印章所提交证明材料的真实性负责，故中普公司所申请鉴定印章的真实性与否，与本案处理没有直接关系，本院对中普公司的鉴定申请不予准许。中普公司账户预留印鉴的历次变更中，农行泸定县支行根据中普公司的书面申请，在审核原预留签章样式后，按照规定对账户预留签章进行更换，符合业务操作流程。中普公司虽然主张上述印章系王永才个人伪造，但王永才作为中普公司案涉项目部的负责人，其与中普公司事实上属于挂靠关系，根据双方签订的《房地产合作开发协议》，中普公司负有协助王永才使用中普公司有关印章、银行账户的义务，并应不定期派员到案涉项目部管理销售合同专用章。中普公司并未举证证明其履行了上述管理职责，且在2009年、2012年两次发现王永才伪造公司印章的情况下，未及时通知开户银行以保证其账户资金安全，原审据此认定中普公司存在明显过错，并无不当。综上，中普公司有关农行泸定县支行未尽相应审查义务给其造成损失的主张，缺乏事实和法律依据，本院不予支持。

【案例来源】

中国裁判文书网，http://wenshu. court. gov. cn。

220 无论是存款人抑或是银行，在所涉存款损失方面均存在重大过错的，应按过错承担责任

【关键词】

｜存款损失｜重大过错｜过错责任｜

【案件名称】

西部证券股份有限公司西安西五路证券营业部与中国农业银行西安昆明路支行存款合同纠纷案［最高人民法院（2005）民二终字第233号民事判决书，2006. 12. 27］

【裁判精要】

最高人民法院认为：

如果西部证券不谋取非法高息，就不会产生本案之纠纷；西部证券若不默许、放任李大伟的行为，不向其提供空白的预留印鉴模，李大伟则难以动用涉案款项；西部证券若不向李大伟承诺一年内不对账、不动用存款，不委托李大伟而是亲自去农业银行办理变更预留印鉴手续，或者在银行要求对账时及时对账而不将对账情况告知李大伟，则李大伟的犯罪事实将会及时被发现，并可以防止涉案款项损失的扩大和难以追回的局面。同样，农业银行若在发现印鉴有问题时，能够按照中国人民银行的金融管理规定，勤勉谨慎地予以审查和识别，则李大伟等人自然无法成功购买现金支票和转账支票并进行部分提现和转账；如果农业银行在发现印鉴不符且西部证券对其对账要求未予理会时，不轻信李大伟等人的辩解，不违规采用要求李大伟等人书写保证书的方式并更换原预留印鉴，而是进一步与西部证券核对印鉴的话，则应当可以发现印鉴为虚假，并及时发现李大伟的犯罪行为。由此可见，无论是西部证券抑或是农业银行，在本案所涉款项损失方面，均存在重大过错。由于西部证券已实际收取162.5万元高息，因此该高息部分应冲抵本金。鉴于本案诉争双方在涉案款项损失方面皆有重大过错，而农业银行作为存款行在审查时更应依法严格审查，履行勤勉谨慎审查之义务，故农业银行和西部证券应对本案所涉本金及利息部分损失分别承担60%和40%的责任；对于尚未追回的损失后果，由双方在李大伟、陈煜辉刑事一案的处理中继续追偿。

【案例来源】

最高人民法院民事审判第二庭编：《最高人民法院商事审判指导案例·金融卷》，中国法制出版社2011年版，第240～254页。

221 银行存在违规操作行为且未尽到谨慎审查义务，在涉案款项被骗并造成损失方面存在重大过错，应承担主要责任

【关键词】

| 违规操作 | 重大过错 | 主要责任 |

【案件名称】

驻马店市高新区万利达实业有限公司与中国工商银行股份有限公司郑州市南阳路支行存款纠纷案［最高人民法院（2005）民二终字第161号民事判决书，2008.5.13］

【裁判精要】

最高人民法院认为：

本案诉争双方最为争议的一个焦点，是关于万利达公司和工行南阳路支行各自的过错以及相应责任问题。本院认为，本案现已查明的事实表明，在涉案款项被李红伟诈骗并造成款项损失方面，万利达公司和工行南阳路支行均存在过错。应根据各方的过错合理划分各方在本案中所应承担的责任。万利达公司是驻马店东风信用社下属的经济实体，本案所涉900万元款项系其在驻马店东风信用社的贷款；万利达公司成立以来，除本案争议的存款业务之外，没有经营记录；为获取高额利息，万利达公司在到工行南阳路支行办理开户和存款手续之前，万利达公司副经理史新立即与李红伟协商过到工行南阳路支行存款以获取高额利息等事宜；在办理开户手续时，史新立是与李红伟一起去办理的；在办理开户和存款手续之后，已违法收取李红伟支付的高额利息；为履行与李红伟协商的一年期限，万利达公司从不查询或对账；在存款到期且知道款被李红伟使用之后，史新立找过李红伟；在知道款被李红伟诈骗且工行南阳路支行让万利达公司报案之后，万利达公司没有报案。上述事实表明万利达公司为谋取高额利息，在李红伟从工行南阳路支行转出涉案款项的过程中存在放任行为，在涉案款项被骗并造成损失方面存在过错。根据其过错程度，对因涉案款项被骗而形成的损失应自行承担20%的责任。应当指出，万利达公司董事长张红忠和副经理史新立分别在郑州市人民检察院李红伟票据诈骗案刑事卷宗中的情况说明、询问笔录，虽不足以认定万利达公司副经理史新立构成犯罪，但足以证明万利达公司在本案存款民事法律关系中存在过错。工行南阳路支行在万利达公司办理开户和存款手续之后，在没有与万利达公司签订使用密码、图章印鉴协议书的情况下其工作人员违规为李红伟办理更换密码手续，导致李红伟能假冒万利达公司名义以私刻印鉴伪造委托手续将万利达公司账户内款项的支付方式由预留银行签章支付更改为密码支付，并在万利达公司预留印鉴卡上加盖“无密码无效”进行加密；其工作人员违规操作，导致李红伟能假冒万利达公司名义将以亿中公司名义购买的转账支票加密登记在万利达公司名下；因其工作人员没有尽到谨慎审查预留银行签章的义务，导致李红伟能以私刻印鉴伪造转账支票、汇票委托书将万利达公司账户内的款项转出。工行南阳路支行作为存款行应该严格履行国家金融管理法律法规的相关规定，上述事实表明工行南阳路支行存在违规操作行为且未尽到谨慎审查的义务，在涉案款项被骗并造成损失方面，存在重大过错。根据其过错程度，对因涉案款项被骗而形成的损失应承担80%的责任。

【案例来源】

最高人民法院民事审判第二庭编：《最高人民法院商事审判指导案例·金融卷》，中国法制出版社2011年版，第179~188页。

222 银行工作人员的犯罪行为并不当然影响存款人与银行间的存款关系

【关键词】

｜银行工作人员｜犯罪行为｜存款关系｜

【案件名称】

中国银行股份有限公司哈尔滨河松街支行与东北高速公路股份有限公司侵权纠纷案［最高人民法院（2008）民二终字第94号民事判决书，2008. 12. 22］

【裁判精要】

最高人民法院认为：

东北高速公司在中行河松街支行开立两账户，并陆续将款项存入开立账户。此后，中行河松街支行向东北高速公司出具了《账户对账单》《银行询征函》《中国银行人民币计息通知单》等。故原审法院认定东北高速公司与中行河松街支行之间构成存款合同关系并无不当。在中行河松街支行向东北高速公司出具截至2004年9月30日和11月30日的《账户对账单》以后，东北高速公司未从两账户中转款，并以《银行询征函》《中国银行人民币计息通知单》确认，截止到2004年12月20日，东北高速公司的两账户内应有存款余额29397. 316051元，上述事实表明，中行河松街支行认可在上述期间内东北高速公司账户内仍有本案所涉款项。中行河松街支行主张东北高速公司已将存款自行转出，其提供的转账支票等均不能否定中行河松街支行对上述《账户对账单》《银行询征函》《中国银行人民币计息通知单》所记载款项数额的认可。即使本案所涉款项的丢失系因中行河松街支行原负责人涉嫌刑事犯罪行为所致，但由于东北高速公司系与中行河松街支行建立存款关系，而非与个人建立存款关系，故银行内部工作人员犯罪所应承担的责任并不能排除单位的民事责任。中行河松街支行现亦无证据证明东北高速公司人员参与了该行原负责人的犯罪行为。……故中行河松街支行应当对东北高速公司的存款承担支付义务。

【案例来源】

最高人民法院民事审判第二庭编：《最高人民法院商事审判指导案例·公司卷》，中国法制出版社2011年版，第411～415页。

223 存款人对他人转走其在金融机构的款项存在过错的，应承担相应责任

【关键词】

| 存款人 | 过错责任 |

【案件名称】

永康市胜达汽车维修中心与珠海市农村信用合作联社借款合同纠纷案［最高人民法院（2012）民提字第6号民事判决书，2012.7.20］

【裁判精要】

裁判摘要：存款人于金融机构开立账户，并将款项存入该账户后，双方即建立存款关系，金融机构应按照存款人要求支付款项。第三人伪造公章将存款人的款项转走，金融机构应承担违约责任。存款人对第三人转走款项存在过错，应根据与有过失自己承担相应部分的损失。

最高人民法院认为：

关于胜达汽修中心的责任。尽管根据现有证据不能认定胜达汽修中心与吴益涛等人存在以珠海农信联社为转移风险平台的非法借贷关系，但从相关案件事实来看，胜达汽修中心本应及时发现吴益涛等人动用其账户上资金的意图与事实，但其却在高额利息的诱惑下，轻信吴益涛的各种谎言，在珠海农信联社开立账户并划入大量资金，导致损失的发生。在知道账户资金被转走后，没有及时与珠海农信联社沟通或向公安机关报案，致使不能迅速采取措施追回损失。

第一，胜达汽修中心本应知道吴益涛可能存在的动用其资金的意图，仍然在珠海农信联社开立账户，为吴益涛犯罪行为的实施创造条件。根据(2009)粤高法刑二终字第102号刑事判决查明认定的事实：吴益涛通过中介人张江英介绍认识张守平，以支付资金方高额资金占用费和中介人好处费为条件让张守平寻找资金方到夏湾农信分社开户存款，张守平联系到胜达汽修中心的陈鹏。2004年12月3日，陈鹏派公司员工马青、胡志丰与张江英、张守平到夏湾农信分社以胜达汽修中心的名义开立账户，黎思思协助办理开户手续。当日，吴益涛、黎亮支付约定的资金占用费和个人好处费后，胜达汽修中心向该公司在夏湾农信分社的账户汇入人民币3000万元。之后，吴益涛与陈鹏抛开中介人，直接协商确定了资金占用费，同月9日至10日，陈鹏向该公司在夏湾农信分社的账户汇入人民币2500万元。上述事实证明，胜达汽修中心从浙江到广东珠海农信联社开户存款目的是为赚取吴益涛等支付的高额资金占用费。根据陈鹏在刑事案件中的陈述，其与吴益涛约定了8%的资金占用费。作为商事交易主体，胜达汽修中心既然与吴益涛个人直接约定存款利息或者资

金占用费,就应当了解吴益涛等人向其支付高额利息的来源,进而可能会知道吴益涛存在的动用其资金的意图,但胜达汽修中心轻信吴益涛是珠海农信联社的代理人,认为所约定的高额利息是珠海农信联社高额揽储的利息,仍然按照吴益涛等人的要求在珠海农信联社开立账户,为吴益涛等人的犯罪行为创造条件。

第二,胜达汽修中心在未亲自办理转账的情况下收到从其自身账户转来的4500万元,仍继续往账户存款,存在重大过错。《账户管理协议》第三条约定:"预留印鉴是乙方(存款方)委托甲方(金融机构)支付款项和办理业务的依据,乙方承担因预留印鉴相符产生的一切业务后果。"从该约定来看,印鉴卡是办理业务的唯一根据,没有存款单位的印鉴卡不能办理划款手续,胜达汽修中心作为存款方对此应当明知。但根据案件查明事实,2004年12月底,陈鹏因项目需要向吴益涛提出先划回人民币4500万元,吴益涛、黎亮指使叶建湘使用盖印有虚假胜达汽修中心印章和陈鹏私章的划款凭证将胜达汽修中心在珠海农信联社账户内的4500万元直接划到陈鹏指定的异地银行账户,而胜达汽修中心并未到珠海农信联社办理划款手续。此时,胜达汽修中心应当知道吴益涛等人可以在其未出具印鉴卡的情况下动用其账户,但胜达汽修中心并未到珠海农信联社对转款情况进行核实,也未派人补办相关手续,而是轻信所谓的"银行特种转款"的说法,仍分多笔向涉案账户汇款6000万元,将大量资金存放于他人可以动用的账户之中,对该款项被他人套取存在重大过错。

第三,胜达汽修中心没有按照约定核对账单,没能及时发现其账户被他人动用,尽早采取措施防止或减少损失的发生。双方《账户管理协议》第六条约定:"每月月初,乙方必须及时对甲方发放的上月对账单进行相关账务核对,如对对账单的内容有所疑问,应于对账单发放日当月15日内向甲方查询,否则,甲方视同乙方认可对账单的内容。"根据该约定,胜达汽修中心应在每月月初及时核对对账单,有异议应及时向珠海农信联社查询。本案中,珠海农信联社没有按照约定向胜达汽修中心寄送对账单,但胜达汽修中心并没有就此向珠海农信联社进行询问或查询,未能及时发现其账户内款项被他人动用,并采取措施防范损失发生,在账户款项被他人动用后仍继续向该账户转款,给吴益涛等人的犯罪行为创造了条件。

第四,胜达汽修中心在知道其账户款项被转走后,未及时向珠海农信联社主张权利,也未向公安机关报案,导致造成的损失不能尽早得到控制。根据案件查明事实,胜达汽修中心在2005年年初就已经知道涉案账户内的款项被转走,但其并未按照正常程序向珠海农信联社主张权利,或向公安机关报案,而是向吴益涛、黎亮和黎思思等人追讨资金,并要黎思思写承诺书。直到2005年7月,胜达汽修中心派员到珠海农信联社查询账户,珠海农信联社发现其账户内资金被套取才向公安机关报案。可见,胜达汽修中心在损失发生后没有及时采取措施控制损失,致使珠海农信联社以及公安机关不能第一时间采取措施追回损失,对此胜达汽修中心应自行承担责任。

【案例来源】

最高人民法院民事审判第二庭编:《最高人民法院商事审判指导案例(2012)·合同与借贷担保》,中国民主法制出版社2013年版,第309~337页。

224 存款人对存款的损失具有过错的，应相应减轻储蓄机构的责任

【关键词】

| 存款损失 | 过错责任 | 减轻责任 |

【案件名称Ⅰ】

武汉农村商业银行股份有限公司积玉桥支行与徐州市顺凯商贸有限公司储蓄存款合同纠纷案［最高人民法院（2016）最高法民再231号民事判决书，2017.7.3］

【裁判精要】

最高人民法院认为:

关于积玉桥支行应承担的违约损害赔偿责任范围问题。虽然我国《合同法》就违约责任通常采取严格责任原则,即合同一方当事人因违约给对方造成损失的,如果不能举证证明存在法律规定或合同约定的免责事由,应就其违约给对方当事人造成的损害承担赔偿责任。但是根据公平原则,如果守约方对于损失发生也有过错的,守约方亦应对损害承担相应的责任,并由此扣减违约方的损失赔偿数额。对此,《买卖合同解释》第三十条规定:"买卖合同当事人一方违约造成对方损失,对方对损失的发生也有过错,违约方主张扣减相应的损失赔偿数额的,人民法院应予支持。"本案虽系储蓄存款合同纠纷,但根据《合同法》第一百二十四条、第一百七十四条以及上述司法解释第四十五条的规定,法律对其他有偿合同没有规定的,可参照适用买卖合同的有关规定。故储蓄存款合同作为银行以支付利息的方式有偿使用储户资金的合同类型,亦可适用上述与有过失规则。按照这一规则,顺凯公司如对积玉桥支行违约行为给其造成的损失发生也有过错的,则应对其自身过错造成的损失部分承担责任,并相应扣减积玉桥支行应承担的损失赔偿数额。

本案中,相关已生效刑事判决书中查明的事实表明,顺凯公司职员朱贺、积玉桥支行工作人员李良斌对于案涉款项被骗划均负有责任。其中,积玉桥支行在与顺凯公司办理开户和存款手续后,其工作人员李良斌(客户经理)将预留的顺凯公司印模提供给刘芳,供刘芳用于与朱贺提供的预留印鉴进行比对,并帮助刘芳等人使用私刻的印章,以电汇转账方式分五次转走1992万元,为刘芳等人骗取案涉银行存款提供便利。故积玉桥支行未能尽到对顺凯公司银行结算账户信息资料保密的义务,其柜面人员折角核对的审查方式亦未有效避免损失发生,对案涉款项被骗划并导致顺

凯公司损失方面存在过错,应对此承担赔偿责任。同时,顺凯公司职员朱贺在明知刘芳等人违反国家对金融票据的管理制度,采用伪造的银行结算凭证骗取他人银行存款的情况下,仍从本单位偷盖顺凯公司在银行的预留印鉴交给刘芳等人,使刘芳等人用于伪造印鉴并使用伪造印鉴得以将顺凯公司1992万元存款转入其他账户。此外,为获取高额利息,顺凯公司将2000万元异地存入积玉桥支行,并在存款的前后几天内,收取了犯罪分子刘芳支付的109.99万元高额利息。故顺凯公司对其员工管理和预留印鉴的保管方面亦存在过错,并为谋取高息而对异地存款的危险性存在放任行为,对于案涉款项被骗划并造成的损失同样应根据其过错承担相应的责任。

上述事实表明,在案涉款项被诈骗并造成顺凯公司损失方面,顺凯公司和积玉桥支行均存在过错,其中积玉桥支行作为专业金融机构应对储户资金安全负有更多保障义务,故应承担更多责任。根据相关已生效刑事判决书载明,本案被骗取的1992万元款项中,已追回赃款共计152.071841万元及有关孳息。鉴于上述款项最终属于顺凯公司的损失,从减少执行环节的角度考虑,可由积玉桥支行先行支付给顺凯公司,再由积玉桥支行协调武汉农商行从有关公安机关、检察院和法院领取。根据双方过错程度,积玉桥支行应对扣除上述已追回款项的其他损失部分,向顺凯公司承担60%的赔偿责任,顺凯公司自行承担40%的责任。积玉桥支行和顺凯公司承担责任后,有权在其责任限额内向刘芳等犯罪分子追偿。

【案例来源】

中国裁判文书网,http://wenshu.court.gov.cn。

【案件名称Ⅱ】

哈尔滨市南岗区跃进乡延兴村村民委员会与哈尔滨城郊农村信用合作社联社工程信用社储蓄存款合同纠纷案[最高人民法院(2011)民提字第178号民事判决书,2011.11.29]

【裁判精要】

裁判摘要:储蓄存款合同法律关系中,储蓄人对存款的损失具有过错的,应在其过错范围内承担相应的损害赔偿责任,并相应减轻储蓄机构的责任。

最高人民法院认为:

本案再审争议焦点是工程信用社是否应给付延兴村委会820万元存款本金及诉请的利息问题。主要从以下四个方面进行分析:

一、工程信用社对于延兴村委会款项的流失是否具有过错

工程信用社在办理本案所涉账户的开户手续,预留印鉴更换,存款支取等业务

过程中存在违法、违规操作行为，具有明显过错，导致延兴村委会款项流失。具体表现为：第一，银发〔1997〕485号《人民币单位存款管理办法》第十条规定："金融机构对单位定期存款实行账户管理。存款时须提交开户申请书、营业执照正本等，并预留印鉴。"本案中，在为延兴村办理定期存款开户手续时，工程信用社并未按上述规定让其提交盖有该村公章的开户申请书，致使在索春朋提交私刻延兴村公章伪造的介绍信办理更换预留印鉴时，没有据以核对延兴村公章真伪的依据，使得索春朋得以更换预留印鉴、最终骗走存款。第二，《人民币单位存款管理办法》第二十条规定："因存款单位人事变动，需要更换单位法定代表人章（或单位负责人章）或财务人员印章时，必须持单位公函及经办人身份证件向存款所在金融机构办理更换印鉴手续，如为单位定期存款，应同时出具金融机构为其开具的证实书。"本案中，在索春朋要求更换预留印鉴时，工程信用社未按规定要求其出示"单位定期存款开户证实书"，在其未出示"单位定期存款开户证实书"的情况下即为其办理了更换预留印鉴手续。而且，索春朋据以更换印鉴的介绍信系伪造，且该介绍信出具在更换预留印鉴之后。第三，《人民币单位存款管理办法》第二十二条规定："存款单位的密码失密或印鉴遗失、损毁，必须持单位公函，向存款所在金融机构申请挂失。"本案中，索春朋是以预留印鉴遗失为由请求更换预留印鉴，故按照上述规定工程信用社应先办理挂失手续，但该社并未办理该手续。第四，《人民币单位存款管理办法》第十一条规定："存款单位支取定期存款只能以转账方式将存款转入其基本存款账户，不得将定期存款用于结算或从定期存款账户中提取现金。支取定期存款时，须出具证实书并提供预留印鉴，存款所在金融机构审核无误后为其办理支取手续，同时收回证实书。"第十三条规定："单位定期存款可以全部或部分提前支取，但只能提前支取一次。"本案中，工程信用社在索春朋提取款项时，未按照上述规定要求其出示证实书，也未在款项支取完毕后将证实书收回。其还违反规定为索春朋提取现金，多次办理转款手续、将款项转入非延兴村账户，致使延兴村款项流失。

二、索春朋办理银行业务行为是否构成表见代理

《合同法》第四十九条规定："行为人没有代理权、超越代理权或者代理权终止后以被代理人名义订立合同，相对人有理由相信行为人有代理权的，该代理行为有效。"其是关于表见代理的规定。在司法实务中，如何认定"相对人有理由相信行为人有代理权的"这一要件，应从是否在客观上形成具有代理权的表象和在主观上相对人善意且无过失地相信行为人有代理权两个方面进行认定。工程信用社主张构成表见代理的事实是，延兴村的党支部书记刘东潮不仅向该社工作人员介绍索春朋是延兴村的会计，且在办理开户和更换印鉴的过程中，刘东潮均与索春朋在现场，刘东潮与索春朋通谋更换预留印鉴。最高人民法院认为，关于延兴村委会到工程信用社开立账户之时，索春朋的身份就是延兴村委会会计的事实，主要证据为索春朋以及工程信用社工作人员计景华、庄茜等人的陈述。《民事证据规定》第六十九条第（二）项规定，与一方当事人或者其代理人有利害关系的证人出具的证言不能单独作

为认定案件事实的依据。工程信用社工作人员属于本案利害关系人，故其证言不能单独作为认定案件事实的依据。索春朋系票据诈骗罪的罪犯，若认定其行为系延兴村委会的行为，则与减轻其刑事责任有关联，故对该证据不应采信。关于在更换印鉴之时刘东潮在场的事实，其证据主要为索春朋以及工程信用社工作人员的陈述。如前所述，工程信用社工作人员属于本案利害关系人，故其证人证言不能单独作为认定案件事实的依据。索春朋关于刘东潮是否在场的事实，在不同时间的陈述内容相反，且该事实与认定索春朋的刑事责任具有关联，故对该证据亦不应采信。关于刘东潮与索春朋通谋更换预留印鉴的事实，只有索春朋的供述，刘东潮并不予认可，且该事实与认定索春朋的刑事责任具有关联，故对该证据不予采信。综上，工程信用社主张索春朋具有代理权的客观表象以及其善意、无过失的事实并不能被认定，而且，如前所述，工程信用社在办理开户、更换印鉴以及转款手续时均具有明显过错，故表见代理的构成要件不具备，索春朋的行为不构成表见代理。

三、延兴村委会对款项的损失是否具有过错

本案中，延兴村在开立本案所涉账户时，由非该单位工作人员的索春朋与其村委会负责人刘东潮共同前去办理开户手续，且由索春朋填写预留印鉴卡片，并加盖人名章，使工程信用社对索春朋有权处理相关账户事宜产生一定的信赖，应认定其对款项的流失具有一定的过错。

四、当事人的责任确定

本案中，延兴村委会依其自主意志在工程信用社开立了定期存款账户并存入2000万元款项，工程信用社为其出具了定期存款开户证实书，双方依法成立了储蓄存款合同法律关系。储蓄机构负有到期给付存款人存款本息以及保障存款人账户资金安全的义务。存款人负有依法依约开立账户并妥善管理其账户的义务。《合同法》第一百零七条规定："当事人一方不履行合同义务或者履行合同义务不符合约定的，应当承担继续履行、采取补救措施或者赔偿损失等违约责任。"本案中，作为储蓄机构的工程信用社在办理本案所涉存款账户的开户以及更换存款人预留印鉴手续、办理支取存款业务过程中违反相关业务规则的规定，未尽审慎审核义务和保障客户资金安全义务，导致延兴村委会账户内的全部款项被索春朋骗走，应对款项的损失负主要责任。其到期未能履行给付存款本息的义务，构成违约。延兴村委会在开户之时，其法定代表人未带本单位财务人员到工程信用社办理开户手续，而是带非本单位工作人员索春朋到工程信用社办理开户手续并由索春朋填写预留印鉴卡片，加盖人名章，致使工程信用社对索春朋享有代理权产生一定的信赖，对索春朋骗取款项、致其损失也具有一定过错。双方构成混合过错，综合当事人双方的过错程度，延兴村委会应承担200万元本金及相应利息损失的责任，工程信用社承担给付其余本金及利息损失的责任。因工程信用社已返还延兴村委会1180万元本金，故其应再返还620万元本金，并给付1800万元款项的期内利息40.5万元，1800万元本金的逾期利息，40.5万元的逾期利息。关于利息的计算标准，对于合同期限内的利息，应按照当事人的约定按照一年期定期存款利率2.25%计算。对于逾期给付部分的利息,尽管当事人之间未约定转存,延兴村委会主张按照同期银行贷款利率计息,但由于双方当事人对于款项被骗取均具有过错,而主要过错方为工程信用社,故按照同期银行定期存款利率计付利息较为适宜。

【权威解析】

第一,关于在认定工程信用社是否承担违约责任以及责任范围时,应否考虑延兴村委会的过错问题。有观点认为,依据严格责任归责原则,只要工程信用社不履行到期给付存款本息的合同义务,且无证据证明其无过错的,其就应当承担违约责任,不应考虑对方当事人的过错,对方当事人的过错不影响工程信用社的责任范围。笔者认为,尽管《合同法》第一百零七条规定违约责任适用严格责任归责原则,但除该总则的规定外,在分则中和其他特别规定中也有关于过错责任的特别规定,质言之,我国合同法规定的合同责任归结和认定原则不限于严格责任。对违约责任的认定,应依据法律的规定区分情形确定是适用严格责任还是过错责任,不能将严格责任的适用绝对化。在适用过错归责原则的情形下,当然应综合考虑当事人各方的过错,依据过失相抵原则,“就义务者之过失与权利者之过失,两相较量,以定责任之有无及其范围”。即使是适用严格责任归责原则,也并非完全不考虑过错因素,因为,严格责任是指“不必证明具有过错,加害人即应对损害承担责任,但能够以特定抗辩事由的存在证明而不必承担的相对于过错责任为严格的责任”。在严格责任中,受害人并不需要就加害人的过错举证,当事人违约后即要负损害赔偿责任,但允许加害人通过证明具有法定的减责或者免责事由以减免其责任,其中,不可抗力、债权人的过错均为减责或者免责事由。因此,在适用严格责任认定违约责任和违约方的责任范围时,只是在认定违约方责任时无须证明违约方具有过错,但并不否定违约方可以因对方当事人的过错而得以减免责任。因此,本案对延兴村委会是否具有过错进行了审理。由于存款人延兴村委会对于其款项的损失也具有一定过错,所以法院综合考量了当事人双方的过错程度以及过错与损失的原因力等情况,在明确工程信用社应承担违约责任的基础上,相应减轻了工程信用社的责任。①

【案例来源】

最高人民法院民事审判第二庭编:《最高人民法院商事审判指导案例6·合同与借贷担保卷》,中国法制出版社2013年版,第288~299页。

---

① 参见张雪楳:《存款人对存款损失具有过错的,应相应减轻储蓄机构的责任》,载最高人民法院民事审判第二庭编:《合同案件审判指导》,法律出版社2014年版,第680页。

(二)银行卡纠纷

225 银行卡类纠纷案件中举证责任的分配原则

【关键词】

|银行卡|举证责任分配|

【案件名称】

聂晓斌诉中国工商银行宾县支行储蓄存款合同纠纷案[最高人民法院(2004)民一提字第3号民事判决书,2005.4.19]

【裁判精要】

裁判摘要:由于储户丧失对银行卡与密码的占有和银行疏于审核提款人身份导致存款被冒领,存款人和银行对此均存在过错,存款人丧失银行卡和密码是导致存款被冒领的起始及主要原因,存款人的过错程度明显大于银行,法院应根据双方的过错程度来判决各自应承担的责任。

最高人民法院认为:

聂晓斌与宾阳工行建立的储蓄存款关系合法有效,应予保护。对于聂晓斌存款被他人冒领的事实,双方均无异议。本案争议的焦点问题是对于聂晓斌存款被他人冒领所造成的损失应由谁承担责任。

一、关于聂晓斌应否承担责任的问题

银行与储户建立存款关系后,银行交付给储户的存折和银行卡等即为合同成立的标志,亦是储户的权利凭证。随着电子信息化的发展,有关储户的信息内容被存储在银行卡中,储户的姓名、身份证件类型和号码、存款数额、取款密码等均存储于该银行卡中,电子信息记录等均为交易的有效凭据,任何人掌握银行卡及密码就可以不通过银行柜台,而直接通过银行提款机自动取款。因此,卡主丧失银行卡及密码实际上就丧失了对存款的保护,使存款随时处于被他人占有的境地。本案中,聂晓斌虽然提供了有关证言,证明其从未丧失过对银行卡及密码的占有,但事实上确有犯罪嫌疑人利用聂晓斌的银行卡和密码取走存款。且根据广西壮族自治区公安厅针对中国工商银行广西壮族自治区分行及所辖分支机构的储蓄业务计算机处理系统安全性所做的“储户密码是保密的、安全的”鉴定结论,排除提款人利用虚假银行卡和密码取款的可能。因此,聂晓斌关于其已将银行卡剪断、密码烧毁的举证不能对抗存款被持有其真实银行卡及密码的人冒领的事实。原再审判决关于聂晓斌对于银行卡和密码未尽妥善保管责任的认定是正确的。聂晓斌对于存款被冒领明显负有过错,对因此造成的损失,应自负相应责任。

二、关于宾阳工行应否承担责任的问题

本案是提款人到银行柜台要求一次性取款250000元,对于一次性提取现金50000元以上的存取款业务,中国人民银行银发〔1997〕363号《关于加强金融机构个人存取款业务管理的通知》第六条规定:“办理个人存取款业务的金融机构对一日一次性从储蓄账户提取现金50000元(不含50000元)以上的,储蓄机构柜台人员必须要求取款人提供有效身份证件,并经储蓄机构负责人审核后予以支付。其中一次性提取现金200000元(含200000元)以上的,要求取款人必须至少提前一天以电话等方式预约,以便银行准备现金。”可见,中国人民银行对于涉及50000元以上的大额取款业务,是作出明确的操作规定的,即要求取款人必须提供有效身份证件,银行予以审核后方能支付。宾阳工行抗辩称,银发〔1997〕363号通知中所要求的银行审核,并未明确审核内容,没有明确要求必须审核取款人的身份证件是否与存单、存折相一致,因此,银行在实际办理取款业务中,仅形式审查取款人的身份证件,并予以登记,并不要求进一步审查取款人是否与存款人一致。而且,以灵通卡取款时,在银行电脑首页上并不直接显示卡主姓名(需由柜台人员继续操作,方能显示卡主姓名),无法直接审查取款人是否与存款人一致。此后,中国人民银行虽然在2000年12月14日作出银办函〔2000〕816号《关于个人存取款业务管理有关问题的批复》,对银发〔1997〕363号通知中关于审核含义不清的问题予以了明确,即“审核是指取款人提供的身份证件姓名是否与存单、存折姓名一致”,但该批复下发时,本案所涉存款冒领的事实已经发生,因此,其不存在违规操作、疏于审查的情况,不应承担任何责任。对此,最高人民法院认为,诚然中国人民银行银发〔1997〕363号通知中对于银行办理大额取款业务时应审核什么内容没有明确、具体的规定,但宾阳工行以审核指向不明,其已尽审核之责之说,却难以成立。审核一词应含审查、核实之义,审核所要做的基本工作就是要将提款人提交的资料与银行记载的存款资料相对照,一是审核存款事实是否存在,即对照提款人提交的取款凭证和密码是否真实,与银行记载的存款记录是否相符;二是审核提款人身份,即提款人提交的身份证件是否真实,是否与存款人本人相一致。这两项内容均应包含在审核范围之内。宾阳工行工作人员在实际操作中只审查了取款凭证和密码的真实性,遗漏了对提款人身份的核实,未完全尽到审核之责。银办函〔2000〕816号批复虽晚于本案存款冒领发生后作出,但并不能成为宾阳工行未尽审核之责的理由。宾阳工行对于存款被冒领亦负有过错,应承担一定责任。

三、关于双方承担责任的比例问题

聂晓斌丧失对银行卡和密码的占有与宾阳工行疏于审核提款人身份共同构成存款被冒领的原因,但聂晓斌丧失银行卡和密码是导致存款被冒领的起始及主要原因,其过错程度明显大于宾阳工行。原再审判决根据双方的过错程度判令聂晓斌对于存款被冒领所造成的损失自负70%责任,宾阳工行承担30%的责任,并无不当。

聂晓斌要求宾阳工行承担全部赔偿责任的再审请求,不予支持。

【案例来源】

最高人民法院审判监督庭编:《审判监督指导》(总第18辑),人民法院出版社2006年版,第152~158页。

编者说明

在存折、银行卡纠纷案件中,各方当事人应如何承担举证责任,是解决纠纷的关键。在《最高人民法院关于天津市邮政局与焦长年存单纠纷一案中如何分配举证责任问题的函复》中,最高人民法院明确:(1)当事人之间举证责任的分配。持卡人的举证责任在于证明自己与发卡单位之间存在储蓄合同关系,证明自己的存款数目,存折和取款卡没有丢失。其提交了存折和取款卡,即已完成了举证责任。不能要求持卡人举证证明自己没有为异地取款行为。发卡人主张持卡人恶意支取,则应当就其使用或者指使他人使用取款卡取款的事实负举证责任。(2)关于涉及的风险负担。由于自动柜员机是发卡人设置的,发卡人从中获得经营收益,如发卡人认为在自动柜员机上进行人机交易这种特殊的交易方式,导致其无法识别交易主体,无法证明使用取款卡从账户中取款的是什么人,而这一机器系统因存在安全缺陷而发生过储户存款被盗取的事实又为发卡人自认,也就是说发卡人承认其设置的自动柜员机从技术上尚无法充分保护储户的存款安全,为了维护储户的合法权益和储蓄的公信力,应当由发卡人对由此而产生的储户存款被盗取的风险承担责任。

本案是最高人民法院通过审判监督程序处理的首起由于银行卡及密码遗失引发的储蓄存款纠纷案件,该案所确立的裁判原则对于各级法院处理同类案件具有重要的指导意义。在该判决中,最高人民法院认为:储户对银行卡及其密码有妥善的保管义务;银行对储蓄卡和密码有实质性审查义务,并对取款人身份有真实性审查义务(柜台办理取款时);因储户丧失对银行卡与密码的占有和银行疏于审核提款人身份导致存款被冒领的,存款人和银行对此均存在过错,存款人丧失银行卡和密码是导致存款被冒领的起始因素及主要原因,存款人的过错程度明显大于银行。法院应根据双方过错程度判决各自应承担的责任。

226 “凡使用密码进行的交易,发卡银行均视为持卡人本人所为”的规定,仅适用于真实的银行卡交易,不适用于伪卡交易

【关键词】

|密码交易|伪卡交易|

【案件名称】

宋鹏诉中国工商银行股份有限公司南京新门口支行借记卡纠纷案[江苏省南京市中级人民法院(2016)苏01民终166号二审民事判决书,2016.2.23]

【裁判精要】

裁判摘要:(1)银行负有保障储户存款安全的义务,应努力提高并改进银行卡防伪技术,最大限度防止储户银行卡被盗刷。

(2)借记卡章程关于"凡使用密码进行的交易,发卡银行均视为持卡人本人所为"的规定,仅适用于真实的借记卡交易,并不适用于伪卡交易,银行不能据此免责。

(3)在无任何证据证明持卡人自行泄露银行卡密码的情况下,不应判令持卡人承担部分损失,从而减轻银行的赔偿责任。

江苏省南京市中级人民法院二审认为:

关于争议焦点一,即诉争的交易是否属于伪卡交易的问题。《民诉法解释》第一百零八条第一款规定,对负有举证证明责任的当事人提供的证据,人民法院经审查并结合相关事实,确信待证事实的存在具有高度可能性的,应当认定该事实存在。本案中,被上诉人宋鹏系中国人民解放军94991部队战士,其名下借记卡于2015年8月5日凌晨2时许在河南省驻马店市某信用社ATM机取现六次合计14094元(含手续费),在发现上述取款短信后,宋鹏在当日早晨便致电工商银行客服进行了挂失。当日上午9时54分,宋鹏因银行卡被吞没在工商银行办理了吞没卡领取手续,并向中央门派出所报案。中国人民解放军94991部队出具的证明表明,宋鹏在8月5日2时18分至8时一直在南京市钟阜路1号的单位,从未外出。原审法院根据上述事实,综合考量涉案银行卡账户凌晨短时间内异地交易、河南省驻马店市与江苏省南京市的距离、宋鹏的职业身份、宋鹏的挂失报警时间以及宋鹏的陈述等事实认定诉争交易为伪卡交易并无不当。上诉人工行新门口支行认为对伪卡交易的认定标准应当采用排除合理怀疑的证明标准,并无法律依据,对其该项上诉主张不予支持。

关于争议焦点二,即本案是否应当裁定驳回起诉或者中止审理的问题。被上诉人宋鹏的起诉系基于民事上的储蓄存款合同关系,与他人利用银行卡实施盗刷行为而应承担的刑事责任并不是同一法律关系。宋鹏与上诉人工行新门口支行之间的储蓄存款合同纠纷本身不涉及犯罪,亦没有证据证明宋鹏系实施盗刷行为的共同行为人,因此,公安机关的侦查行为并不影响工行新门口支行对宋鹏的责任承担。故根据《最高人民法院关于在审理经济纠纷案件中涉及经济犯罪嫌疑若干问题的规定》第十条关于"人民法院在审理经济纠纷案件中,发现与本案有牵连,但与本案不是同一法律关系的经济犯罪嫌疑线索、材料,应将犯罪嫌疑线索、材料移送有关公安机关或检察机关查处,经济纠纷案件继续审理"的规定,本案应当继续审理。

关于争议焦点三,即被上诉人宋鹏存款损失的责任承担问题。《商业银行法》第六条、第三十三条规定,商业银行对储户存款具有安全保障义务。上诉人工行新门口支行为宋鹏提供借记卡服务,就应当确保该借记卡内的数据信息不被非法窃取并加以使用。并且，工行新门口支行作为发卡行及相关技术、设备和操作平台的提供者，在其与储户的合同关系中明显占据优势地位，应当承担伪卡的识别义务。案涉伪卡交易能够进行，说明宋鹏持有的真正银行卡内数据信息可以被复制并存储到其他的伪卡内，并且伪卡输入密码后还可以进行正常的交易活动，因此工行新门口支行制发的借记卡以及交易系统在防伪技术上存在缺陷，工行新门口支行未能履行交易安全保障义务，给宋鹏造成了经济损失，应承担赔偿责任。工行新门口支行上诉称宋鹏对泄露交易密码存在过错，但并没有提供证据证明宋鹏对其持有的借记卡没有妥善保管和合理使用，应承担举证不能的法律后果。虽然根据工行借记卡章程规定，凡使用密码进行的交易，发卡银行均视为持卡人本人所为，但该规则适用的前提是当事人持真实的借记卡进行交易。因此，工行新门口支行在没有证据证明宋鹏存在违约或违法犯罪情形的前提下，应先行承担资金损失。对工行新门口支行认为宋鹏在未能证明银行导致其密码泄露情况下应当承担相应责任的主张不予支持。

【案例来源】

《中华人民共和国最高人民法院公报》2017 年第 12 期。

编者说明

关于银行卡合同中格式条款的效力认定问题。一般情况下的银行卡合同系格式合同，其格式条款的效力应依据《合同法》第三十九条、第四十条以及《合同法解释（二）》第九条、第十条的规定来认定。发卡行应对其是否履行了《合同法》第三十九条规定的合理的提示和说明义务承担举证责任。银行卡合同中约定的“凡密码相符的交易均视为本人合法交易”“信用卡持卡人选择最低还款额方式时，支付全部透支款项自银行记账日起，按规定利率计算的透支利息”等格式条款，应按照前述法律规定认定其效力。①

同时，银行卡领用合同规定“凡使用密码进行的交易，发卡银行均视为持卡人本人所为”“凡密码相符的交易均视为本人合法交易”格式条款的，该条款按通常理解不应适用于伪卡交易情形。对于真实的银行卡，发卡行有证据证明其与收单机构或者特约商户提供的网上支付系统安全可靠并且严格按照银行卡业务流程操作，持卡人又无证据证明上述主体对银行卡信息或者密码泄露有过错的，密码相符的可以视为持卡人本人合法交易。②

---

① 参见杨临萍：《关于当前商事审判工作中的若干具体问题》（2015 年 12 月 24 日），载杜万华主编：《商事法律文件解读》（总第 134 辑），人民法院出版社 2016 年版，第 24 页。

② 参见杨万明主编：《北京审判微阅读（伍）· 商事》，人民法院出版社 2017 年版，第 293 页。

227 犯罪分子以在自助银行门禁系统上安装盗码器的方法，窃取储户的银行卡信息和密码造成储户损失的，如储户无过错，商业银行应承担赔偿责任

【关键词】

| 自助银行 | 赔偿责任 |

【案件名称】

顾骏诉上海交行储蓄合同纠纷案［上海市第二中级人民法院二审民事判决书，2004. 12. 20］

【裁判精要】

裁判摘要：依照《商业银行法》第六条的规定，商业银行应当对利用自助银行和ATM机实施的各种犯罪承担防范责任。犯罪分子以在自助银行门禁系统上安装盗码器的方法，窃取储户的银行卡信息和密码造成储户损失的，如储户无过错，商业银行应承担赔偿责任。

上海市第二中级人民法院认为：

提供交易场所功能的自助银行和提供交易功能的ATM机，都是商业银行利用先进技术向社会推出的金融工具。金融，由于其特性，历来易招致多种犯罪攻击。自助银行和ATM机的推出，既为储户带来了便利，又改善了银行的经营环境，为银行能更多地吸纳存款和增加盈利提供了机会与空间。然而自助银行与ATM机的推出，也会给金融交易安全带来新的风险。

相对储户来讲，推出自助银行和ATM机的商业银行，有条件了解自助银行和ATM机的构造和工作原理，有机会及时掌握通过自助银行和ATM机实施各种犯罪的情报，有能力改进和加强自助银行和ATM机的功能。《商业银行法》第六条规定："商业银行应当保障存款人的合法权益不受任何单位和个人的侵犯。"《合同法》第六十条第二款规定："当事人应当遵循诚实信用原则，根据合同的性质、目的和交易习惯履行通知、协助、保密等义务。"商业银行有条件、有机会、有能力防范犯罪分子利用自助银行和ATM机犯罪，有责任承担起这个防范犯罪的义务。商业银行应当根据自助银行和ATM机在被各种犯罪活动攻击后暴露出来的弱点，随时对其进行改进。在新的改进方法尚未出台时，商业银行还可以通过采取不断巡查、明示使用自助银行和ATM机时的注意事项、向储户通知犯罪手段，甚至是暂停使用等方法，来履行防范犯罪的义务，以确保金融管理秩序的正常运转，确保储户的存款安全，维护储户的合法权益。

原告顾骏是一个普通的借记卡持有人，对自助银行的设施不具有专业知识。顾

骏在使用中国银行上海市南京东路支行所设的自助银行时，虽然注意到该自助银行的门禁处多了一个新装置，但在该自助银行没有操作规范、使用说明和风险提示的情况下，顾骏无法识别这个新装置究竟是银行对门禁系统的改进设施，还是犯罪分子的犯罪工具，以致其借记卡信息和密码被窃取。顾骏发现借记卡内的资金短少后马上报警，并及时采取了相关措施。顾骏的借记卡和密码未丢失，也未委托他人使用，故对借记卡信息和密码被泄露，顾骏没有过错，不应承担责任。显然，商业银行未能及时履行通知犯罪手段和保障交易场所安全的义务，是犯罪分子使用盗码器得逞的主要原因，商业银行应当承担责任。

被告上海交行因向原告顾骏发行了太平洋借记卡，而与顾骏存在储蓄合同关系。凡因涉案借记卡发生的每一笔交易，都应该是在上海交行与顾骏之间进行。犯罪分子利用窃取的借记卡信息和密码伪造成借记卡到 ATM 机上取款。由于商业银行在推出 ATM 机时，没有给 ATM 机赋予识别借记卡真伪的功能，以致 ATM 机向持伪卡的犯罪分子付款。此时，作为储蓄合同凭证的真借记卡没有用于交易。这是犯罪分子利用伪卡欺骗商业银行，不能视作商业银行与顾骏成就一笔交易。

由储户在借记卡上设立自己能掌握和控制的密码，是保障储户存款安全和防范犯罪的一个手段。但本案事实证明，尽管储户遵守保密义务，犯罪分子仍然能破解和利用储户设立的密码。在技术不断进步且犯罪手段也不断变化的今天，不具体分析失密的原因，不考虑储户是否存在过错，一概以“凡是通过交易密码发生的一切交易，均应视为持卡人亲自所为，银行不应承担责任”这一格式条款作为银行的免责理由进行抗辩，把一些本应由银行承担的责任也推向储户，无疑加重了储户责任，有违公平原则，被告的这一抗辩理由难以成立。

被告上海交行向原告顾骏发行的太平洋借记卡，其上有“银联”联网标识，能在具有全国银行卡联合组织成员资格的其他银行进行跨行交易。在跨行交易中，其他银行是上海交行的代理行，与顾骏不存在直接的合同关系。顾骏因在其他商业银行使用自助银行而与银行发生的储蓄合同纠纷，还应当以发卡行上海交行为合同当事人。

《合同法》第一百零七条规定：“当事人一方不履行合同义务或者履行合同义务不符合约定的，应当承担继续履行、采取补救措施或者赔偿损失等违约责任。”被告上海交行在储蓄合同中，负有保障交易场所安全、防范犯罪发生、向储户及时通知犯罪手段和保障存款人合法权益不受侵犯的义务。上海交行未尽相关义务，导致原告顾骏借记卡内的资金短少，应当承担赔偿责任。

【案例来源】

《中华人民共和国最高人民法院公报》2005 年第 4 期。

编者说明

储户银行卡的信息和密码被窃导致储户存款损失的，银行未尽到信息安全保障义务，储户无过错的，银行应承担赔偿责任。银行卡密码具有秘密性、唯一性、专有性、确认性。银行卡卡内信息和密码泄露，可能是由于持卡人的原因，也可能是因为发卡行未尽到安全保障义务所致，在其违反了安全保障义务的情形下，其应承担相应的违约责任，持卡人并无过错，不应承担违约责任。

228 银行没有为在自助柜员机办理交易的储户提供必要的安全保密环境，由此造成储户损失的，应承担赔偿责任

【关键词】

｜自助柜员机｜安全保障义务｜赔偿责任｜

【案件名称】

王永胜诉中国银行股份有限公司南京河西支行储蓄存款合同纠纷案［江苏省南京市鼓楼区人民法院民事判决书，2008.11.26］

【裁判精要】

裁判摘要：犯罪分子利用商业银行对其自助柜员机管理、维护上的疏漏，通过在自助银行网点门口刷卡处安装读卡器、在柜员机上部安装摄像装置的方式，窃取储户借记卡的卡号、信息及密码，复制假的借记卡，将储户借记卡账户内的钱款支取、消费的，应当认定商业银行没有为在其自助柜员机办理交易的储户提供必要的安全、保密的环境，构成违约。储户诉讼请求商业银行按照储蓄存款合同承担支付责任，商业银行以储户借记卡内的资金短少是由于犯罪行为所致，不应由其承担民事责任为由进行抗辩的，对其抗辩主张人民法院不予支持。

江苏省南京市鼓楼区人民法院认为：

原告王永胜在被告中行河西支行办理了无存折借记卡，即与中行河西支行建立了储蓄合同关系。根据储蓄合同的性质，中行河西支行负有按照原告的指示，将存款支付给原告或者原告指定的代理人，并保证原告借记卡内存款安全的义务。《商业银行法》第二十九条第一款规定：“商业银行办理个人储蓄存款业务，应当遵循存款自愿、取款自由、存款有息、为存款人保密的原则。”为存款人保密，保障存款人的合法权益不受任何单位和个人的侵犯，是商业银行的法定义务。商业银行的保密义务不仅是指银行对储户已经提供的个人信息保密，也包括为到银行办理交易的储户提供必要的安全、保密的环境。商业银行设置自助银行柜员机，是一项既能方便储户取款，又能提高自身工作效率并增加市场竞争力的重要举措，银行亦能从中获取经营收益。对自助银行柜员机进行日常维护、管理，为在自助银行柜员机办理交易的储户提供必要的安全、保密环境，也是银行安全、保密义务的一项重要内容，这项

义务应当由设置自助银行柜员机的银行承担。根据本案查明的事实，案外人汤海仁等五人通过在中行热河南路支行自助银行网点门口刷卡处安装读卡器、在柜员机上部安装具有摄像功能的MP4的方式，窃取了王永胜借记卡的卡号、信息及密码，复制了假的银行卡，并从原告借记卡账户内支取、消费428709.50元。上述事实说明，涉案中行热河南路支行自助银行柜员机存在重大安全漏洞。由于具备专业知识的银行工作人员对自助银行柜员机疏于管理、维护，未能及时检查、清理，没有及时发现、拆除犯罪分子安装的读卡器及摄像装置，致使自助银行柜员机反而成了隐藏犯罪分子作案工具的处所，给储户造成安全隐患，为犯罪留下可乘之机。综上，原告借记卡密码被犯罪分子所窃取，是银行未能履行其为储户提供必要的安全、保密环境的义务所致。

被告中行河西支行认为，被告与原告王永胜在借记卡管理协议书及章程中已经约定"持卡人应妥善保管密码，因密码泄露而造成的风险及损失由持卡人本人承担"。本案中，原告借记卡的存款被盗是因原告没有妥善保管密码所致，原告自身具有过错。因此，涉案借记卡的资金损失应由持卡人即原告本人承担。对此法院认为，原、被告双方在借记卡管理协议书及章程中的约定，应当是指在银行为持卡人提供了必要的安全、保密条件的情况下，完全由于持卡人自己的过失使借记卡遗失或密码失密造成的风险及损失，由持卡人本人自行承担。而本案中原告借记卡失密，是银行违反安全、保密义务所致。储户大多缺乏专业知识，在使用自助柜员机进行交易时，难以辨别门禁识别装置是否正常，是否安装了其他不明识别器，也难以发现柜员机上方是否安装了非法摄像装置。银行无权单方面增加储户的义务。银行未对自助柜员机进行必要的维护，未能给储户提供安全、保密的环境，导致持卡人借记卡密码泄露，并且在借记卡还在储户本人手中的情况下，未能准确识别被犯罪分子复制的假卡，最终导致储户借记卡账户内的资金被犯罪分子骗走，又错误解释借记卡管理协议书及章程约定的含义，主张风险一律由持卡人本人承担，没有法律依据，不予支持。

被告中行河西支行认为，原告王永胜借记卡内的资金短少是由于犯罪行为所致，对犯罪行为给原告造成的资金损失，被告不应承担民事责任。对此法院认为，首先，信用卡诈骗罪是指以非法占有为目的，违反信用卡管理法规，利用信用卡进行诈骗活动，骗取数额较大的财物的行为。根据本案查明的事实，案外人汤海仁等人利用被告未尽保密义务、对自助柜员机疏于管理的安全漏网，窃得原告借记卡的密码，而后使用复制的假卡进行支取和消费。银行未能准确地识别该复制的假卡，从而将原告借记卡账户中的存款错误地交付给假卡持有人。因此，在真借记卡尚由原告持有的情况下，汤海仁等人的行为并非直接侵害了原告的财产所有权，而是侵犯了银行的财产所有权。原告与被告建立的储蓄合同关系合法有效，双方的债权债务关系仍然存在。被告认为原告借记卡内的资金短少属于犯罪行为给原告造成的资金损失，被告不应承担民事责任的主张，没有事实根据和法律依据，不予支持。其次，《商业银行法》第三十三条规定："商业银行应当保证存款本金和利息的支付，不得拖延、拒绝支付存款本金和利息。"该条规定了商业银行的保证支付义务，被告错误地将原告借记卡账户内的存款交付给假卡持有人，未适当完成自己的支付义务，故原告要求中行河西支行支付相应存款及相应利息的主张合法，应予以支持。

综上，原告王永胜借记卡账户内资金短少系因被告中行河西支行未履行其应尽的安全、保密义务所致，原告要求中行河西支行支付存款及相应利息的诉讼请求予以支持，但应扣除中行下关支行已出借的232000元。

【案例来源】

《中华人民共和国最高人民法院公报》2009年第2期。

编者说明

实践中经常发生违法犯罪人员通过自助银行网点门口刷卡处安装读卡器、在柜员机上安装摄像装置的方式，窃取储记银行卡的卡号、信息以及密码等并伪造银行卡取款，存款机构在此类案件中往往以存款被冒领系违法犯罪分子行为所致，存款机构并无过错为由主张不承担责任。但是违法犯罪分子利用存款机构对其自助柜员机的管理、维护疏漏而采取不法手段冒领储户存款的，仍应当认定存款机构存在过错，构成违约。主要理由是：首先，根据危险控制原则，自助银行门禁系统是银行推出的保护安全和储户隐私的技术手段，作为经营者，银行对自己的服务设施、设备安全情况比被动接受服务的储户更为了解，更能预见可能发生的危险和损害。其次，根据收益与风险一致原则，自助银行和ATM机交易不仅为银行带来了利润，更改善了银行的经营环境，为银行能更多地吸纳存款和增加盈利提供了机会与空间，因此银行应当承担新金融工具带来的风险。最后，根据优化资源配置原则，在安全保障方的成本方面，银行显然比储户个人更有经济和技术能力。①

229 发卡行未履行安全保障义务，致案外人复制并使用伪卡消费，应就卡内资金损失承担赔偿责任；持卡人未尽妥善保管银行卡和密码义务，应按过错程度减免发卡行责任

【关键词】

| 发卡行 | 持卡人 | 伪卡 | 减轻责任 |

【案件名称】

刘晓鸣与中国农业银行股份有限公司六盘水分行储蓄存款合同纠纷案［最高人民法院（2015）民提字第181号民事判决书，2016.5.14］

---

① 参见江必新、何东宁等：《最高人民法院指导性案例裁判规则理解与适用·合同卷四》，中国法制出版社2015年版，第244页。

【裁判精要】

最高人民法院认为:

案涉储蓄存款合同关系,系刘晓鸣与农行之间的真实意思表示,且不违反法律和行政法规的强制性规定,应为有效。

(一)关于案涉银行卡被盗刷的过错责任应如何认定问题

关于农行责任问题,本院认为,《商业银行法》第五条规定:商业银行与客户的业务往来,应当遵循平等、自愿、公平和诚实信用的原则。第六条规定:商业银行应当保证存款人的合法权益不受任何单位和个人的侵犯。银行与储户建立储蓄存款合同关系后,银行负有保证储户银行卡信息不被他人窃取、复制的义务和向银行卡载明的储户履行合同的义务。银行应当通过技术手段和软硬件改造加强风险防范,确保存储于银行卡内的储户信息安全,对于安全漏洞和技术风险银行应当承担责任。与本案纠纷相关联的刑事判决表明,本案中,农行未能保证其发行的银行卡具有唯一性和不可复制性,导致案外人复制并使用伪卡刷卡成功。因农行未能履行保护持卡人卡内资金安全以及用卡安全的安全保障义务,故其提出的关于农行发行的银行卡技术指标符合人民银行和银监会的要求,个别犯罪分子制造伪卡属于银行不可控制的风险范围的上诉理由,不能成立。本案再审过程中,农行代理人在代理意见中也认可农行作为专业金融机构,负有前述合同义务,应保证其发行的银行卡具有鉴别真伪的能力,并应采取技术手段防范借记卡被复制或伪造,而其目前发行的案涉银行卡具有技术缺陷,对此农行存在过错。

关于刘晓鸣责任问题,本院认为,《中国农业银行金穗借记卡章程》第四条第二款规定,“持卡人应妥善保管金穗借记卡密码,因密码泄露或卡片保管不当造成的损失,由持卡人负责”。据此,在借记卡消费过程中,一方面,发卡银行负有安全保障及谨慎审查银行卡的义务。另一方面,持卡人负有妥善保管银行卡及其密码的义务。且基于诚实信用原则,持卡人在履行银行卡合同过程中,也负有通知、保密等附随义务。在持卡人违反上述约定义务的情形下,应认定持卡人具有过错。

本案原审及再审过程中,刘晓鸣均主张其作为一名普通储户,按照一般操作流程在银行提供的场所输入密码,即应认为已经尽到一般的安全注意义务,此时如果密码被偷窥,应视为银行未提供足够安全的交易场所,未履行安全保障义务。本院认为,刘晓鸣的上述主张不能成立。综合再审查明事实及关联刑事案件确认事实分析,本案中,刘晓鸣不仅将银行卡交由第三人刘晓云使用并告知其密码,而且刘晓云在接受刘晓鸣委托代办开卡及协助查询过程中,将银行卡和身份证交给犯罪分子查看,使犯罪分子有机会获取银行卡信息。当犯罪分子提出陪同办卡、随同到自助设备上查看卡内余额时,刘晓鸣、刘晓云亦应其要求与犯罪分子一起到营业场所、自助设备办理业务,使犯罪分子得以偷窥密码。据此,本院认为,无论是根据合同约定还是依据生活常识,刘晓鸣、刘晓云的上述行为都不能视为已履行储蓄存款合同项下所约定的储户应当妥善保管密码的义务。案外人能够获取制作伪卡所需的银行卡密码信息，系刘晓鸣的疏忽行为所致，刘晓鸣对此存在过错。农行申请再审提出的关于刘晓鸣对于银行卡密码的泄露存在明显过错的主张，具有事实依据。二审判决仅认定案外人盗刷存款的原因系农行未能保证其银行卡具有唯一性和不可复制性，而未就刘晓鸣的行为与被盗刷结果的原因力大小予以查明，系事实认定不清，应予纠正。

（二）案涉银行卡被盗刷所造成的资金损失应如何承担问题

《合同法》第一百零七条规定："当事人一方不履行合同义务或者履行合同义务不符合约定的，应当承担继续履行、采取补救措施或者赔偿损失等违约责任。"本案中，造成刘晓鸣卡内资金损失的主要原因，系农行未履行资金安全保障义务，导致案外人复制并使用伪卡刷卡消费成功。因此，案外人使用伪卡消费的行为，不应视为刘晓鸣本人的行为，也不应视为农行已按合同约定向刘晓鸣履行了支付存款的义务，农行应就卡内资金损失承担赔偿责任。同时，因本案查明事实表明，持卡人刘晓鸣未尽到妥善保管银行卡和密码的义务，对案涉银行卡资金被盗刷的损失存在过错，故应根据刘晓鸣的过错程度减免发卡行农行的责任。二审判决关于农行应依照合同约定对盗刷存款承担全部责任，向刘晓鸣给付 1899961.60 元存款及利息，认定事实及适用法律不当，本院予以纠正。根据本案实际情况及诚实信用原则，本院酌定由刘晓鸣自行承担自 2010 年 7 月 14 日起涉案银行卡被盗刷资金 1899961.60 元范围内 20% 的本金及利息损失。

【案例来源】

中国裁判文书网，http://wenshu.court.gov.cn。

编者说明

银行等金融机构在储蓄合同中有附随义务及安全保障义务，这种安全保障义务不仅体现为为储户的人身提供必要的安全保障，还体现在对储户的财产包括银行卡内的存款负有提供安全、保密环境的义务等。

《最高人民法院关于银行储蓄卡密码被泄露导致存款被他人骗取引起的储蓄合同纠纷应否作为民事案件受理问题的批复》（法释〔2005〕7 号，2005 年 7 月 25 日）明确："因银行储蓄卡密码被泄露，他人伪造银行储蓄卡骗取存款人银行存款，存款人依其与银行订立的储蓄合同提起民事诉讼的，人民法院应当依法受理。"解决了此类案件的受理问题。应当说明的是，当事人基于存款合同提起诉讼，法院作为民事案件受理，但并不意味着存款人的诉讼请求一定能够得到支持。存款被他人骗取应归责于银行一方还是存款人一方对双方责任的承担起着决定性作用。查清存款人和银行对他人骗取存款这一结果的原因力的大小，确定当事人在导致存款被他人骗取上的过错程度后，法院就可以按照过错程度来确定双方的责任。

查清案件的事实，确定当事人在存款被骗取结果上的过错，依赖于当事人的举证。存款人请求支付存款，银行拒不支付存款的，应当对其拒绝理由提供证据。银行不仅要举证证明有人已经取走了存款，还要举证证明其对他人支付存款不存在过错，此时银行的抗辩才有可能得到支持。如果银行不能举证上述证据，其抗辩则不会得到法院的支持。

230 持卡人所持信用卡被抢后，虽口头挂失但未按有关规定书面挂失的，仍应承担相应的透支风险

【关键词】

｜信用卡｜口头挂失｜透支风险｜

【案件名称】

中国银行青海省分行诉梁国治返还信用卡透支款纠纷案［青海省西宁市中级人民法院二审民事判决书］

【裁判精要】

西宁市中级人民法院认为：

双方当事人认可的挂失时间为 1 月 2 日。根据信用卡章程第十三条的规定，截止到 1 月 3 日所发生的透支，均应由上诉人梁国治承担；从 1 月 4 日开始的透支，由被上诉人青海中行承担。本案中 1 月 4 日以后的透支有 2 笔，共计 633 元。青海中行在所提的诉讼请求中已将该由自己承担的 633 元扣除，说明青海中行认可挂失时间为 1 月 2 日。原判在认定青海中行已自动承担 633 元这一事实后，又认定挂失时间为 1 月 4 日，是认定事实的错误，应当纠正。

上诉人梁国治的信用卡和身份证同时被抢，犯罪分子持梁国治的信用卡和身份证进行透支消费，侵害的是梁国治的利益。梁国治如果认为兰州亚欧商场对犯罪分子的持卡消费负有责任，应当自行向亚欧商场主张权利。这属于另一法律关系，不应由本案合并审理。梁国治以此为由拒绝承担返还透支款的责任，理由不能成立。

因上诉人梁国治所持信用卡上发生透支问题，被上诉人青海中行从该卡入账工资中扣款，是维护自己合法权益的行为，并无不当。梁国治要求返还该被扣款项，不予支持。

【案例来源】

《中华人民共和国最高人民法院公报》2001 年第 5 期。

编者说明

信用卡，是指记录持卡人账户相关信息，具备银行授信额度和透支功能，并为持卡人提供相关银行服务的各类介质。原中国人民银行《信用卡业务管理办法》规定，信用卡遗失

或被盗,持卡人应立即持本人身份证或其他有效证明,就近向发卡银行或代办银行申请挂失,并按规定提供有关情况,办理挂失手续;持卡人办理挂失后,被冒用造成的损失,有关责任人按照信用卡章程的规定承担责任。中国银行业监督管理委员会2010年7月22日《商业银行信用卡业务监督管理办法》规定,发卡银行应当提供24小时挂失服务,通过营业网点、客户服务电话或电子银行等渠道及时受理持卡人挂失申请并采取相应的风险管控措施。因此,在相关规范性文件认可信用卡挂失多种形式以及要求发卡行24小时提供挂失服务的前提下,前引民事判决所确定的相关裁判规则的适用,值得进一步探讨。

231 银联卡特约商户未核对持卡人签字与预留签名是否一致，因此造成损失的，应承担相应赔偿责任

【关键词】

|银行卡|预留签名|赔偿责任|

【案件名称】

蔡红辉诉金才来信用卡纠纷案［浙江省宁波市鄞州区人民法院一审民事判决书，2010.1.6］

【裁判精要】

裁判摘要:银联卡特约商户在受理有预留签名的银联信用卡消费时,应当根据其与发卡银行之间的约定以及中国人民银行《银行卡联网联合业务规范》的规定,核对持卡人在交易凭证上的签字与信用卡签名条上预留的签字是否一致。未核对签名造成持卡人损失的,应承担相应的赔偿责任。信用卡所有人为信用卡设置了密码,但因自身原因导致密码泄露的,可以适当减轻特约商户的赔偿责任。

宁波市鄞州区人民法院认为:

中国人民银行《银行卡联网联合业务规范》第三章3.3节C项规定:“持卡人将银行卡交特约商户收银员;特约商户收银员在POS机上刷卡,输入交易金额,要求持卡人通过密码键盘输入6位个人密码,如发卡行不要求输入密码的,由收银员直接按确认键。交易成功,打印交易单据,收银员核对单据上打印交易账号和卡号是否相符后交持卡人签名确认,并对信用卡交易核对签名与卡片背面签名是否一致后,将银行卡、签购单回单联等交持卡人;交易不成功,收银员应就提示向持卡人解释。”本案中,宁波市鄞州邱隘金凤珠宝店作为乙方,与宁波市工商银行委托的宁波银联商务有限公司签订的《宁波市特约商户受理银联卡协议书》第8条第10款规定:“乙方应严格按甲方最新提供的《宁波市特约商户POS受理指南》受理银联卡,乙方收银人员应核对持卡人在交易凭证上的签字,与银联卡签名条上的签字是否一致(持不记名IC卡交易除外),乙方受理要求持卡人必须签名的交易时,银联卡上没有签

名、签名无法辨认、签名被涂改或者明显不一致的，乙方应拒绝交易。若因交易签购单无持卡人签名或者签名与卡片预留的签名明显不符，由此造成的经济损失，由乙方承担相应责任。”原告蔡红辉按照其与发卡银行的约定，在信用卡上预留了签名，设定了密码。发卡银行在信用卡正面印制了原告姓名的拼音。宁波市鄞州邱隘金凤珠宝店是银联卡的特约商户，被告金才来作为业主在受理银联信用卡时，应当核对持卡人在交易凭证上的签字与信用卡签名条上的签字、信用卡正面的拼音姓名是否一致。本案犯罪分子持抢劫所得的信用卡至被告处刷卡购买黄金饰品，持卡人在POS 签购单上的签名与信用卡背面的预留签名不符，也与信用卡正面的拼音明显不同，因此，应当认定被告未进行认真审核，对原告因此而造成的损失，被告应当承担相应责任。原告虽设定了密码，但在犯罪分子的威胁之下透露了密码，故应当适当减轻被告的赔偿责任。结合案情全面分析，酌定被告应对原告的损失承担 60% 的赔偿责任。

【案例来源】

《中华人民共和国最高人民法院公报》2010 年第 12 期。

编者说明

信用卡特约商户，是指与发卡行签订信用卡协议，并在日常经营中受理信用卡，为持卡人提供购物、消费、住宿、娱乐等服务的经营性单位。关于特约商户是否应在持卡人消费时承担一定的审核义务，司法实践中并无太大争议，绝大多数法院都认为特约商户应当对信用卡的真实性、信用卡签名的有效性及信用卡密码的正确性进行审核，虽然对于此种审核义务的依据或者来源，还存在不同的观点。

232 星级酒店受理风险较高的境外信用卡刷卡业务时负有审慎和风险告知义务，存在重大过失的，应承担相应赔偿责任

【关键词】

| 境外信用卡 | 重大过失 | 赔偿责任 |

【案件名称】

苏州阳光新地置业有限公司新地中心酒店诉苏州文化国际旅行社有限公司新区塔园路营业部、苏州文化国际旅行社有限公司委托合同纠纷案［江苏省苏州市中级人民法院（2011）苏中商终字第 0539 号二审民事判决书，2011. 11. 30］

【裁判精要】

裁判摘要：旅游公司借用星级酒店 POS 机进行刷卡，并在星级酒店获得银行刷

卡预付款项后与星级酒店进行结算，在款项的收取和结算上与星级酒店形成委托合同关系。由于星级酒店与银行就境外信用卡POS机刷卡签有特约商户协议，对境外银行卡的受理条件、操作流程、风险防范和控制有专门的约定，并对酒店刷卡人员进行了专业的培训，因此星级酒店在有关境外信用卡的刷卡业务上具有一般商事主体不具备的专业知识和风险防控能力。星级酒店在受委托操作POS机刷卡时，特别是受理如"无卡无密"这种风险较高的境外信用卡刷卡业务时，应进行认真核查，负有审慎和风险告知的义务。否则即构成重大过失，应对完成委托事务过程中造成的损害承担相应的赔偿责任。

苏州市中级人民法院二审认为：

关于争议焦点一，本案所涉的相关订票业务发生在一审被告塔园路营业部和国外客户之间。虽上诉人文化国旅公司对此主张，塔园路营业部租赁被上诉人新地中心场地，统一穿新地中心制服并在礼宾台设立"旅游、订票请至商务中心"的标牌，构成五星级宾馆的必备服务，国外客户也是新地中心介绍来的，因而塔园路营业部是受到新地中心委托与国外客户发生订票业务行为，责任应由新地中心承担。但在本案中，国外客户在与新地中心联系时，新地中心已经明确告知客户酒店预订部无法提供预订机票服务，并向客户提示了可以直接联系苏州文化国旅公司在新地中心的营业部，并向国外客户告知了塔园路营业部的联络方式，新地中心也将邮件转发给了塔园路营业部。最终所有的票务联系、磋商工作均在国外客户和塔园路营业部之间完成，双方也知晓票务服务合同相对人。根据文化国旅公司二审中的交易流程陈述也证实了这一点。新地中心介绍国外客户订票业务给塔园路营业部的行为，属于履行双方《补充协议》中优先向承租方介绍订票业务的约定的行为，塔园路营业部也是以自己的名义为国外客户提供机票订票，成为票务服务合同的主体。因此，上诉人关于塔园路营业部是受新地中心委托而与国外客户进行订票业务的主张缺乏法律和事实依据，票务服务合同关系的主体为塔园路营业部和国外客户。

关于争议焦点二，首先，在信用卡收款结算行为上，一审被告塔园路营业部借用被上诉人新地中心的POS机进行操作，与新地中心形成事实上的无偿委托合同关系。塔园路营业部在为国外客户订购机票提供服务的过程中，因自身没有向银行申请安装POS机，因此在信用卡收款时借用新地中心的POS机向银行申请付款。在本案境外发卡行遭国外客户拒付发生时，新地中心已经将塔园路营业部申请付款的21笔交易金额在扣除银行收取的手续费后支付给塔园路营业部，新地中心未对POS机的使用向塔园路营业部收取任何费用或者佣金，因此塔园路营业部委托新地中心代其向银行结算相关款项属于无偿委托关系。新地中心作为受托人，处理有关信用卡请求支付结算事项，其行为的法律后果归于委托人塔园路营业部。在受托人存在故意或重大过失给委托人造成损失时，受托人应承担赔偿损失的责任。

其次，被上诉人新地中心在受托完成POS机进行"无卡无密"方式请求支付操作时，未尽到谨慎义务和风险提示义务，存在重大过失。“无卡无密”的支付方式，与持卡通过卡槽刷卡的方式相比存在着更高的风险。新地中心与中行苏州分行签订的《中国银行股份有限公司与特约商户受理境外银行卡业务合作协议》，专门就特约商户接受境外银行卡应审查的事项、受理条件、不同方式付款时的操作流程进行了详细的规定，如该协议第二十条规定，特约商户在接受申请刷卡的境外信用卡时，必须核实银行卡完好无损，无任何形式涂改或更改；核实该银行卡面上相应之激光图及该激光图并没有破损或模糊；并要求在一般情况下使用受理银行卡电子设备完成受理交易。如若出现如通信线路发生故障等情况下，特约商户进行手工压单操作时，必须通过电话向银行取得电话授权，银行机型记录；将境外银行卡在签购单上进行压印，并填写金额、日期等要素，而且要求取得持卡人签名，和此卡背面的签名进行核对一致后方可受理。协议还明确，特约商户在使用银行卡受理电子设备的条件下，应采用联机方式受理境外银行卡，不必持卡人出示身份证件；但若采取手工压单操作时对持卡人身份有怀疑或对该交易有怀疑，或者是酒店类商户，则必须要求持卡人出示身份证件，并注明证件名称和号码。可见获得银行的境外信用卡的特约商户资格，意味着应掌握包括“无卡无密”在内的各种信用卡结算方式、操作流程和应审查事项，具备一定的专业知识和风险防范能力，且手工压单、无卡无密等操作方式就联机刷卡操作而言，特约商户操作时要求了更严格的程序。境外信用卡结算业务不同于一般的委托事务，因涉及国际结算业务的复杂性和专业性，新地中心获得中行的特约商户结算资格是中行基于对其风险防控能力的信任；而新地中心在 POS 机收款方面受到一审被告塔园路营业部委托，也是塔园路营业部基于对其长期进行境外信用卡交易的金融专业技能的信任。因此，新地中心对信用卡刷卡特别是无卡无密等非一般正常联机刷卡方式应当履行谨慎审核与风险提示的义务。本案中，国外客户伪冒卡进行交易的行为，非 POS 机进行“无卡无密”结算行为无法成就，而新地中心作为获得专业培训、掌握专业知识并常年进行 POS 机刷卡及信用卡支付的受托人，未对涉案的 25 笔交易的授权书、身份证明和签字进行谨慎审核，也未提示委托人塔园路营业部“无卡无密”支付方式存在的风险，因此在处理委托事务方面存在重大过失。因此，新地中心认为自身不存在过失而不应承担责任的主张，缺乏事实和法律依据。

关于争议焦点三，首先，因被上诉人新地中心的过失行为应对损失承担次要责任。就本案出现拒付的 20 笔问题交易的损失产生原因而言，存在国外客户的伪冒卡的交易行为、一审被告塔园路营业部的行为以及新地中心的过失行为三个因素，应根据各自对于损害的产生原因力的不同而承担不同的责任。国外客户的伪冒卡的交易行为是损失产生的最直接原因，而塔园路营业部交易时未对交易对象进行甄别选择和审慎判定应对损失的产生承担主要责任。在 2009 年 12 月 17 日到 2010 年 1 月 29 日短短一个多月的时间里，境外同一客人频繁通过邮件形式，向塔园路营业部订购不同国家之间的航班机票共计 25 笔，平均每天就有一笔，单笔数额最少 6000

余元人民币，最多达7万余元人民币；且订购人与持卡人为不同的外国人，又未进入我国国境，经常在国际机场之间流转。而塔园路营业部对这一异常情况未产生任何合理怀疑，未谨慎审查客户的身份和信用程度，持续与其发生交易，因此塔园路营业部对交易对象的审查不严是导致损失产生的主要原因，应承担主要责任。另外，对于塔园路营业部而言，未受国际信用卡特约商户的专门培训，掌握境外卡的业务受理、结算流程以及风险控制等专业知识程度有限。作为受托进行境外卡收款的新地中心，未对“无卡无密”交易进行谨慎审查和风险提示，是导致20笔拒付业务损失的次要原因。

其次，本案中被上诉人新地中心不存在未及时通知导致损失扩大的情形。中行苏州分行于2010年1月21日、1月26日两次向新地中心发放调单通知，新地中心通知了一审被告塔园路营业部，塔园路营业部于2010年1月27日向中行苏州分行出具借用新地中心POS机的声明一份。2010年1月29日，中行苏州分行再次向新地中心发出通知，并在通知中明确：“商户在短时间内出现多笔问题交易，反映商户对问题卡的警觉性非常薄弱，已成假卡集团下手目标，另在近期发现的假卡多为国外信用卡……要求加强保安检查程序，阻止伪冒卡交易继续发生。”新地中心于收到通知当日即通知了塔园路营业部，中行苏州分行也专门到塔园路营业部要求提供就问题交易所涉及的文件，塔园路营业部也就此问题于当日向公安机关报案。因此，在本案中行开始调单的过程中，新地中心已经按照中行苏州分行的相关要求通知实际交易主体塔园路营业部提供调单所需的交易凭据，并在中行苏州分行警示存在假卡问题时，于当日通知了塔园路营业部。上诉人文化国旅公司主张的新地中心因未及时通知导致损失扩大，而应对损失扩大部分承担的全部责任，证据不足，不予成立。

综合上述情况，原审法院综合考虑各方在损失上的过错和原因，结合被上诉人新地中心在受托收款中属于无偿委托的情况，酌定新地中心承担20%的发卡行拒付损失并无不当。

【案例来源】

《中华人民共和国最高人民法院公报》2012年第8期。

233 金融企业在发放服务性集成电路卡时违法收取工本费以外的费用，构成不当得利

【关键词】

｜集成电路卡｜不当得利｜

【案件名称】

喻山澜诉工行宣武支行、工行北京分行不当得利纠纷案［北京市第一中级人

民法院二审民事判决书，2005. 1. 25]

【裁判精要】

裁判摘要：金融企业在发放与行政机关行政管理职责相关的服务性集成电路卡时，违反收费管理办法，向当事人收取工本费以外的费用，构成不当得利。

北京市第一中级人民法院认为：

上诉人喻山澜与白纸坊储蓄所签署的牡丹交通 IC 卡补卡通知单合法有效，双方均应遵照执行。该通知单中并未约定补卡收费，因此喻山澜的签署，不等于其必须接受每张 100 元的补卡价格。牡丹交通 IC 卡是北京市交通管理局为管理本市机动车驾驶员，与被上诉人工行北京分行联合发行的集成电路卡。该卡虽然在《集成电路卡应用和收费管理办法》实施前发行，但当《集成电路卡应用和收费管理办法》实施后，应当根据该办法第 7、9、10 条的规定，重新确定牡丹交通 IC 卡的补卡收费价格，即应按 IC 卡的工本费收取费用。根据工行北京分行出示的证据，牡丹交通 IC 卡的制卡成本为 30. 80 元，而该行规定补卡收费的价格是每张 100 元。对规定多收的 69. 20 元，工行北京分行不能出示合法依据。依照《民法通则》第九十二条的规定，该 69. 20 元属不当得利，应当由收款人返还给交款人。喻山澜请求判令被上诉人工行宣武支行返还 100 元补卡费及利息，不能全部支持；请求判令工行北京分行立即停止执行自行制定的收费标准，并遵照有关规定向北京市价格主管部门报批牡丹交通 IC 卡补卡收费办法，不属本案审理范围，不予处理。

【案例来源】

《中华人民共和国最高人民法院公报》2005 年第 6 期。

第四章 | CHAPTER 04

票据纠纷

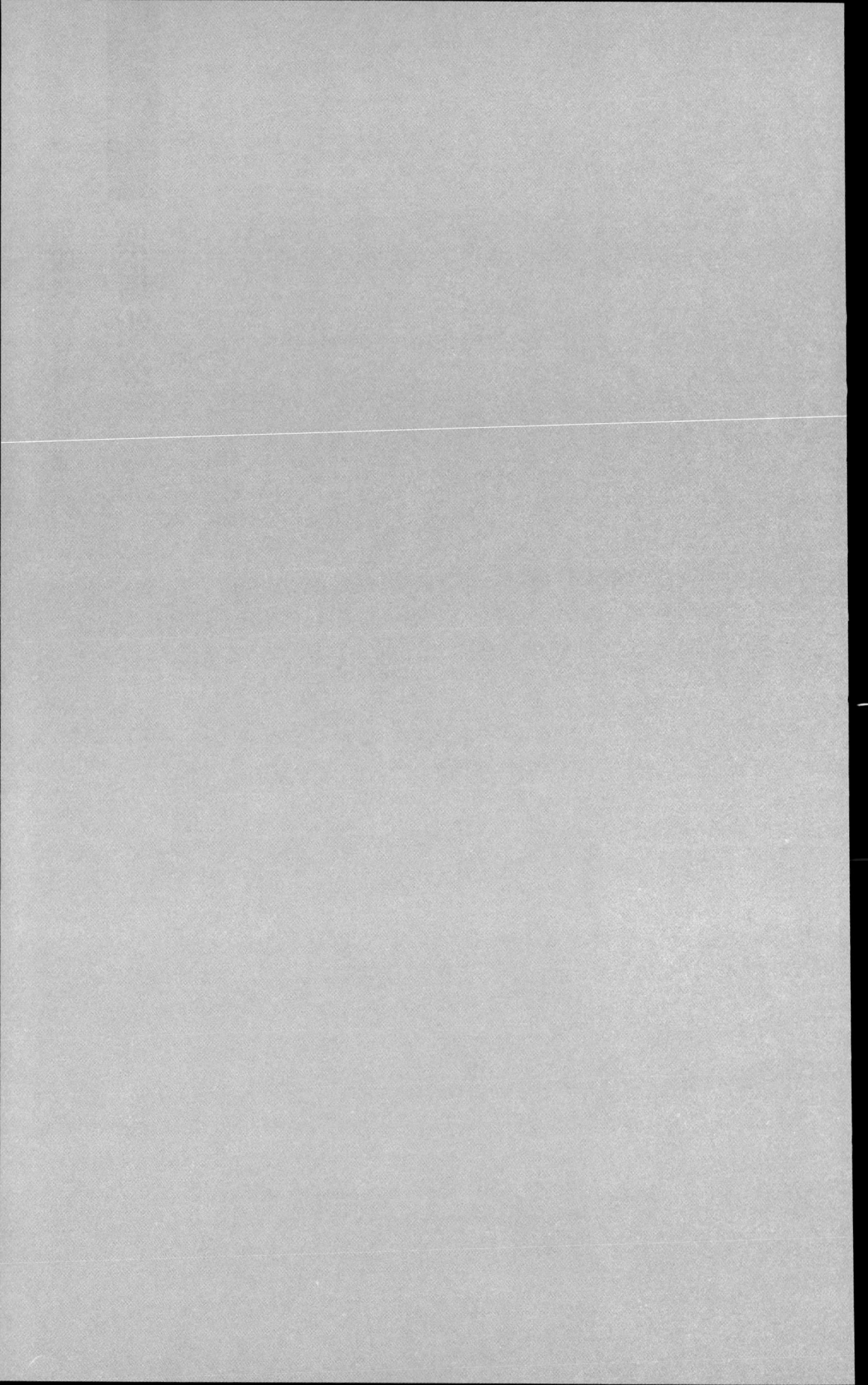

一、票据无因性理解与适用

234 票据基础关系独立于票据关系，票据基础关系效力不影响票据关系效力

【关键词】

｜票据基础关系｜票据关系｜

【案件名称Ⅰ】

中信商业保理有限公司与国中医药有限责任公司票据纠纷案［最高人民法院（2015）民二终字第134号民事判决书，2015. 10. 26］

【裁判精要】

最高人民法院认为：

本案是中信保理公司持商业承兑汇票请求人民法院判决汇票付款人国中医药公司进行付款而发动，行使的是票据追索权，因此，本案的案由、主要法律关系的性质是票据纠纷，对当事人之间的权利义务关系的认定及相关责任的分配均应从票据法的角度进行衡量。票据作为支付结算的工具，必有其基础交易关系。同时，票据具有无因性，即通过合法方式取得票据的持票人，仅凭票据的文义记载，即可向票据上的付款人主张票据权利，不受票据原因关系的影响。国中医药公司认为中信保理公司明知安力博发公司、星纪开元公司对国中医药公司不存在真实的应收账款，明知国中医药公司与安力博发公司、星纪开元公司之间存在抗辩事由仍受让票据，案涉《保理合同》并未实际履行，是因中信保理公司未依据《保理合同》审查从安力博发公司、星纪开元公司处受让的债权而导致其债权无法实现，中信保理公司与安力博发公司、星纪开元公司之间“名为保理，实为借贷”，并骗取国中医药公司承兑汇票，主张中信保理公司受让票据没有支付合理对价，中信保理公司无权行使票据追索权，但国中医药公司并未提供充分证据对其上述理由予以证明，中信保理公司已就其通过背书合法获得案涉汇票作出合理说明，本院在本案中不再审查票据原因关系。根据《票据纠纷解释》第十四条的规定，“票据债务人以票据法第十条、第二十一条的规定为由，对业经背书转让票据的持票人进行抗辩的，人民法院不予支持”，国中医药公司对安力博发公司、星纪开元公司未实际供货的抗辩和关于其自身未实际使用保理款的抗辩，不能成为其拒绝向中信保理公司承担票据责任的理由。综上，中信保理公司持背书连续的票据，按照票据关系行使追索权，本院予以支持，国

中医药公司的上诉理由不能成立。至于国中医药公司认为其在票据原因关系中的权益保护,可就相应的民事法律关系另行主张。

【案例来源】

中国裁判文书网,http://wenshu.court.gov.cn。

【案件名称Ⅱ】

风神轮胎股份有限公司与中信银行股份有限公司天津分行、河北宝硕股份有限公司借款合同纠纷案[最高人民法院(2007)民二终字第36号民事判决书,2007.12.6]

【裁判精要】

裁判摘要:根据票据无因性理论,票据基础关系(包括票据原因关系)独立于票据关系,票据基础关系(包括票据原因关系)的效力不影响票据关系的效力。

最高人民法院认为:

3.对于HC0413号《银行承兑汇票承兑协议》项下3000万元贷款所形成的2100万元逾期贷款,上诉人是否可以无真实交易背景为由免于承担保证责任?风神公司上诉称:2005年10月25日,被上诉人中信银行又为宝硕公司开立了3000万元银行承兑汇票,本笔银行承兑汇票的收款人保定市德利得物流有限公司,注册资金仅为50万元,经营范围主要为普通货物仓储,且为宝硕公司关联公司,该汇票并无真实交易背景,中信银行开立该笔银行承兑汇票加重了风神公司的保证责任。

本院认为,从目前有效的证据来看,虽然该汇票的收款人德利得公司注册资金仅为50万元且为宝硕公司关联公司,但并不意味着其不能从事3000万元的商业交易。即使汇票项下没有真实交易背景,也不能认定票据行为无效。根据票据无因性理论,票据的基础关系独立于票据关系,票据基础关系(包括票据原因关系)的效力不影响票据关系的效力。根据《票据法》第十条规定,"票据的签发、取得和转让,应当遵循诚实信用的原则,具有真实的交易关系和债权债务关系",票据行为应有真实的票据原因关系,即真实的交易关系。但该条规定应属管理性法条,基础关系欠缺并不当然导致票据行为无效。根据《票据法》第十三条规定,"票据债务人不得以自己与出票人或者与持票人的前手之间的抗辩事由,对抗持票人",票据基础关系(包括票据原因关系)的效力不影响票据关系本身。本案中3000万元银行承兑汇票项下即便不存在真实交易背景、票据基础关系无效,该汇票仍因符合《票据法》相关规定应为有效。即便中信银行与宝硕公司之间的汇票承兑协议因不具有真实交易背景,违反HC0413号《银行承兑汇票承兑协议》第四条约定"……其申请的承兑汇票是以真实交易为基础,所签订的相关交易合同合法有效",汇票承兑协议无效,中信银行仍有权对其因有效票据关系而进行的承兑所产生的债务,对宝硕公司主张损害赔偿,即对宝硕公司仍享有债权。

【案例来源】

《中华人民共和国最高人民法院公报》2008 年第 2 期。

编者说明

票据是无因证券,票据具有无因性是世界通论。由于各国对《票据法》的价值取向的认识不同,即对将流通性还是安全性作为《票据法》的首要价值目标的认识不同,各国对票据无因性的规定也不同,有的国家规定了绝对的票据无因性,有的国家规定了相对的票据无因性,我国以后者为模式。无因性是《票据法》的基本原则。票据行为效力具有独立性,不受原因关系的影响。票据行为只要具备法定形式要件,就可产生法定效力,即使其原因关系不存在、内容发生变化、被撤销或无效,票据债权债务关系并不随之改变。持票人行使票据权利时不负证明给付原因的责任。持票人只要能够证明票据债务的真实成立与存续,即可以对票据债务人行使票据权利。但是,票据无因性的适用也存在除外情形,包括:(1)持票人以非法方式取得票据,不享有票据权利。(2)在授受票据的直接当事人之间,票据原因关系影响票据行为效力。(3)持票人未支付合理对价,不享有优于其前手的票据权利。

235 签发银行承兑汇票符合法律规定的形式和实质要件,银行以资金使用目的与申请汇票原因不符主张银行承兑协议无效的,不予支持

【关键词】

|银行承兑票据|银行承兑协议|

【案件名称】

中国银河证券有限责任公司深圳宝安路证券营业部与中国工商银行郑州市经三路支行、河南省龙浩实业有限公司、深圳市龙浩世纪实业有限公司借款担保合同纠纷案[最高人民法院(2005)民二终字第 75 号民事判决书,2005. 6. 23]

【裁判精要】

最高人民法院认为:

宝安路营业部上诉称,本案承兑汇票项下的款项并未用于真实的商品交易,本案其他原审被告实施了恶意借贷行为,承兑协议因违法和损害国家利益应当无效。因银行在签发承兑汇票时对申请人提供的基础法律关系进行了必要的形式审查,并在签发汇票时履行了相应的手续,符合法律规定的签发银行承兑汇票的形式要件和实质要件,宝安路营业部以本案资金使用目的与申请汇票原因不符,基础法律关系不真实为由主张《银行承兑协议》无效的理由不成立,本院不予支持。

【案例来源】

最高人民法院民事审判第二庭编:《民商事审判指导》(总第11辑),人民法院出版社2007年版,第276~286页。

236 厘清票据所涉纠纷性质是票据纠纷还是与票据有关的纠纷,是准确适用法律的基础

【关键词】

|票据纠纷|与票据有关纠纷|法律适用|

【案件名称】

岳阳市君山区农村信用合作联社与湖南富兴中小企业担保有限公司票据损害赔偿纠纷案[最高人民法院再审民事判决书]

【裁判精要】

裁判摘要:将涉及票据或与票据有关的案件,一律称之为票据纠纷,并且机械理解票据无因性原则、将无因性绝对化,无原则保护持票人甚至出票人利益的做法并不可取。在处理票据有关纠纷的案件时,应当按照《民事案件案由规定》,将票据有关的纠纷细化,分清纠纷涉及票据的哪种法律关系,从而才能更加准确地适用法律。

最高人民法院认为:

本案系富兴担保公司以君山农信联社违规兑付与预留印鉴不符的转账支票造成其损失,主张损害赔偿引起的纠纷。争议的主要焦点问题是将涉案800万元交付精米厂是否是富兴担保公司真实意思的表示,即君山农信联社的违规行为是否给富兴担保公司造成了损失。

根据审理查明的事实,本案富兴担保公司在君山农信联社开立了一般存款账户,并利用该账户存入资金和转账。富兴担保公司与君山农信联社之间是出票人与付款人有关票据委托付款的资金法律关系。故本案实质上是君山农信联社是否违规付款造成富兴担保公司财产损失的票据损害赔偿纠纷。最高人民检察院关于本案案由应为票据损害赔偿纠纷并由侵权法律规范调整的抗诉理由成立,本院予以支持。富兴担保公司主张本案应为票据纠纷并基于票据的无因性审理没有事实和法律依据,其主张不予支持。

【权威解析】

票据所涉的法律关系包括票据关系、票据法上的非票据关系和票据基础关系。

其中,票据关系是指当事人间基于出票、背书、承兑、保证、付款等票据行为而发生的债权债务关系,它是一种形式关系或抽象关系,仅由票据授受这种形式而发生。至于当事人之所以授受票据,亦即授受票据的原因或实质,则在票据授受之前就已存在,这种作为票据授受前提的关系就是票据的基础关系,又称为票据的实质关系、民法上的非票据关系。票据的基础关系属于民法上的法律关系,它是票据行为产生的原因,但不是票据上的权利义务关系,故它受民法而非票据法所调整。因此,因民法上的非票据关系(票据基础关系)发生纠纷,我们只能适用民法的规则加以解决。而票据法上的非票据关系,是指由票据法直接规定的与票据行为有联系但不是由票据行为本身所发生的法律关系。在现实生活中,有关票据权利人由于各种特殊原因会丧失票据上的权利,但在有关票据当事人之间并非已消灭了一切权利义务关系。这是因为票据法为保障票据关系及票据制度的正常实施,在票据权利义务外又作出了一些特殊规定。基于这些特殊规定,在有关票据当事人间会另产生一些与票据关系不同的特定的权利义务关系,即票据法上的非票据关系。如真正的权利人对因恶意或重大过失而取得票据的持票人请求返还票据的关系;付款人在付款后请求持票人交出票据的关系等。可见,作为票据关系内容的权利是票据权利,是与票据相结合的权利,因而权利人行使权利以持有票据为必要,而票据法上的非票据关系并不以持有票据为必要。

票据的基础关系包括票据原因关系、票据预约关系和票据资金关系。票据资金关系是指汇票或支票的出票人与付款人之间所建立的委托付款法律关系。付款人并不是票据授受的当事人,付款人之所以愿意付款,主要是基于出票人在付款人处存有资金等资金关系。这种资金关系产生于各种委托或约定,它仍然是民法中的合同关系,仍然适用民法的规定而不属于票据法调整。根据《民事案件案由规定》,票据纠纷是一个统称的概念。有的票据纠纷主要基于因各种票据行为产生的票据关系基础上,如票据付款请求权纠纷、票据追索权纠纷等;有的纠纷基于票据法上的非票据关系,如票据返还请求权纠纷等。除此之外,《民事案件案由规定》还规定了票据当事人或者金融机构工作人员因违反规定从事票据行为或者其他与票据有关的行为,给票据当事人或者其他人造成损失而引起的票据损害赔偿纠纷等案由。根据查明事实,本案富兴担保公司在君山农信联社开立了一般存款账户,并利用该账户存入资金和转账。富兴担保公司与君山农信联社之间的法律关系不是票据法所规范的基于票据当事人之间的票据行为而发生的票据关系,即本案的纠纷与票据当事人之间票据的取得、转让、权利实现等各个环节无关,而是出票人与付款人之间有关票据委托付款的资金法律关系,独立于票据关系。富兴担保公司在本案中以君山农信联社违规兑付与预留印鉴不符的转账支票造成其损失从而主张损害赔偿,故本案实质上为票据损害赔偿纠纷。既然本案是基于富兴担保公司与君山农信联社之间的票据基础关系而产生的损害赔偿纠纷,当然应当适用民法的规则加以解决。具体到本案,应当适用侵权法律规范进行调整。但原审有的法院定性不够准确,有的定性准确但依然适用调整票据关系的票据法律规范，从而导致适用法律不当。这也说明当前有些法院将涉及票据或与票据有关的案件，一律称之为票据纠纷，并且机械理解票据无因性原则、将无因性绝对化，无原则保护持票人甚至出票人利益的做法并不可取。我们认为，处理票据有关纠纷的案件时，还是应当按照《民事案件案由规定》，将票据有关的纠纷细化，分清纠纷涉及票据的哪种法律关系，从而才能更加准确地适用法律。①

【案例来源】

景汉朝主编：《最高人民法院审判监督指导案例解析》，人民法院出版社 2015 年版，第 435 ~ 447 页。

237 票据法律关系与基础原因关系相互独立，实体上不应混同处理

【关键词】

| 票据法律关系 | 基础关系 |

【案件名称】

中国民生银行股份有限公司三亚分行与宁波银行股份有限公司北京分行合同纠纷案［最高人民法院（2016）最高法民终 741 号民事判决书，2016. 12. 27］

【裁判精要】

最高人民法院认为：

（一）关于宁波银行北京分行是否应向民生银行三亚分行支付 4 亿元问题

2015 年 7 月 2 日，宁波银行北京分行与民生银行三亚分行签订《商业承兑汇票转贴现合同》，该合同系双方当事人的真实意思表示，亦不违反法律、行政法规的效力性强制性规定，应为有效合同。该合同约定，宁波银行北京分行将案涉 6 张票面金额共计 6 亿元的商业承兑汇票交由民生银行三亚分行办理转贴现业务。若托收该合同项下商业承兑汇票遇承兑人拒绝付款的，民生银行三亚分行可按票据法和其他法律、法规以及该合同第七条的规定向宁波银行北京分行追索。合同订立当日，民生银行三亚分行即向宁波银行北京分行支付 5. 85699 亿元转贴现款项。案涉票据经多次流转直至 2016 年 1 月 1 日到期时，持票人平安银行宁波分行向付款行民生银行杭州分行办理托收，民生银行杭州分行拒绝付款并出具票据拒绝付款理由书。平安银行宁波分行遂于

① 参见何抒、杨心忠：《厘清票据所涉法律关系性质是准确适用法律的基础——岳阳市君山区农村信用合作联社与湖南富兴中小企业担保有限公司票据损害赔偿纠纷再审案》，载景汉朝主编：《最高人民法院审判监督指导案例解析》，人民法院出版社 2015 年版，第 447 ~ 448 页。

同年1月5日向民生银行三亚分行发出《追索函》,民生银行三亚分行亦于1月11日以公证的方式向宁波银行北京分行送达《追索函》予以书面追偿。由于案涉6张商业承兑汇票被付款行拒绝付款,民生银行三亚分行在受平安银行宁波分行追索的情况下向宁波银行北京分行发出书面追偿通知,根据《商业承兑汇票转贴现合同》第七条关于"甲方(民生银行三亚分行)在其为乙方(宁波银行北京分行)办理转贴现的每份商业承兑汇票项下对乙方具有追索权。甲方在收到拒绝付款证明和商业银行承兑汇票之日起三个工作日内,向乙方发出书面追索通知。乙方保证在收到甲方追索通知之次日起三个工作日内,将被拒绝付款的汇票金额及迟收利息(按汇票金额每日万分之五计算,自到期日或提示付款日起至清偿之日止)足额划入甲方指定账户"的约定,宁波银行北京分行应当向民生银行三亚分行支付案涉6亿元汇票金额。由于民生银行三亚分行已经确认收到票号为00100063221777827、00100063221777832的汇票项下的2亿元票面金额,故原审法院扣除此笔款项后判令宁波银行北京分行向民生银行三亚分行支付4亿元有事实根据。

(二)关于苏州银行是否应向民生银行三亚分行或者向宁波银行北京分行支付案涉4亿元问题

这一问题的实质在于判断案涉交易的法律性质是票据法律关系还是合同法律关系。

1. 只有在票据上签章的票据行为方产生票据法律关系。根据《票据法》第四条关于"票据出票人制作票据,应当按照法定条件在票据上签章,并按照所记载的事项承担票据责任。持票人行使票据权利,应当按照法定程序在票据上签章,并出示票据。其他票据债务人在票据上签章的,按照票据所记载的事项承担票据责任。本法所称票据权利,是指持票人向票据债务人请求支付票据金额的权利,包括付款请求权和追索权。本法所称票据责任,是指票据债务人向持票人支付票据金额的义务"的规定,在票据上签章是可以产生票据法律关系的票据行为,持票人行使票据权利的前提是在票据上签章,而票据债务人则是在票据上签章后方对票据所记载的事项承担票据责任。本案中,案涉商业承兑汇票的付款人为汉康公司,收款人为中航国运国际贸易(北京)有限公司,付款行是民生银行杭州分行,背书人依次为中航国运国际贸易(北京)有限公司、中都信华国际贸易(北京)有限公司、北京中航国运科贸有限公司、库车国民村镇银行有限责任公司、民生银行三亚分行、平安银行宁波分行、兴业银行股份有限公司福州分行、平安银行宁波分行,根据《票据法》第二十七条第四款关于"背书是指在票据背面或者粘单上记载有关事项并签章的票据行为"的规定,案涉商业承兑汇票所承载的票据法律关系仅存在于上述在票据背书的各方主体之间。宁波银行北京分行并未在案涉商业承兑汇票上签章背书,无票据行为则不产生票据法律关系以及发生票据权利的变动,该行自然不是案涉商业承兑汇票所载票据法律关系当事人。

2. 金融机构间办理票据转贴现业务应当予以背书,无背书票据行为的,仅产生合同法律关系。根据中国人民银行《商业汇票承兑、贴现与再贴现管理暂行办法》第二条第三款关于“本办法所称转贴现系指金融机构为了取得资金,将未到期的已贴现商业汇票再以贴现方式向另一金融机构转让的票据行为,是金融机构间融通资金的一种方式”的规定,金融机构为融通资金办理票据的转贴现业务必须要实施转让票据的票据行为。另根据中国人民银行《支付结算办法》第九十三条关于“符合条件的商业汇票的持票人可持未到期的商业汇票连同贴现凭证向银行申请贴现。贴现银行可持未到期的商业汇票向其他银行转贴现,也可向中国人民银行申请再贴现。贴现、转贴现、再贴现时,应作成转让背书,并提供贴现申请人与其直接前手之间的增值税发票和商品发运单据复印件”的规定,结合前述《票据法》的相关规定,在票据上背书即为金融机构之间办理转贴现业务时必须实施的转让票据的票据行为。与此相对应的是,宁波银行北京分行与民生银行三亚分行所订立的格式合同《商业承兑汇票转贴现合同》第五条也约定:“乙方(宁波银行北京分行)办理贴现时,将其持有的商业承兑汇票的‘背书’栏中加盖银行‘汇票专用章’和法定代表人(或负责人、委托代理人、授权代理人)私章或签字,并在‘被背书人’栏中载明甲方(民生银行三亚分行)的全称。”由此可知,在常规的转贴现业务中,金融机构为融通资金办理贴现业务应当在票据上背书、成为票据法律关系当事人后才能受让票据并享有票据权利。本案中,宁波银行北京分行为办理案涉票据转贴现业务而与民生银行三亚分行签订《商业承兑汇票转贴现合同》,但并未按照规章要求以及合同约定在案涉票据上背书,因无票据行为而未能成为案涉票据所载票据法律关系当事人,该行并不享有案涉票据权利及承担票据责任,自不能援引《票据法》的相关规定行使抗辩权利。《商业承兑汇票转贴现合同》中虽有关于“托收本合同项下的商业承兑汇票时,如遇承兑人拒绝付款,甲方(民生银行三亚分行)将按《票据法》和其他法律、法规及本合同第七条的规定向乙方(宁波银行北京分行)追索”的约定,民生银行三亚分行也在案涉票据上签章背书,但其前手即背书人为库车国民村镇银行有限责任公司而非宁波银行北京分行,故民生银行三亚分行与宁波银行北京分行之间并未产生票据法律关系,案涉交易法律性质应为合同法律关系,原审法院未依照《票据法》审理本案纠纷并非适用法律错误。

3. 持票人前手均为票据债务人,而合同债务人仅限于债权人的合同相对人。苏州银行作为卖出方与买入方宁波银行北京分行签订与前述《商业承兑汇票转贴现合同》内容完全相同的转贴现合同,亦未按照规章要求和合同约定在案涉商业承兑汇票上签章,与宁波银行北京分行以及民生银行三亚分行之间并未发生票据法律关系,相互之间权利义务应由各自分别签订的《商业承兑汇票转贴现合同》羁束。尽管苏州银行、宁波银行北京分行以及民生银行三亚分行为融通资金而对案涉6张商业承兑汇票先后办理转贴现业务,但基于合同相对性原则,民生银行三亚分行仅得向《商业承兑汇票转贴现合同》合同相对人宁波银行北京分行主张合同权利,苏州银行亦只能以另一《商业承兑汇票转贴现合同》向宁波银行北京分行行使抗辩。由于民生银行三亚分行与苏州银行之间并无直接的合同关系及其他法律关系，宁波银行北京分行关于应由苏州银行直接向民生银行三亚分行承担案涉合同责任的主张因无法律依据而不能成立。宁波银行北京分行还主张应先行判令苏州银行向其支付4亿元后再由其向民生银行三亚分行承担本案民事责任，但该行并未在本案中向苏州银行提出诉讼请求并交纳案件受理费，故其此项上诉理由因无事实根据而不能成立。原审法院依宁波银行北京分行申请将苏州银行追加为本案第三人，查清事实后判令宁波银行北京分行向民生银行三亚分行承担责任，其实体处理并无不当。

4. 票据法律关系与基础原因关系相互独立，实体上不应混同处理。苏州银行述称民生银行三亚分行与汉康公司等签订《还款协议》《债权转让合同》《质押合同》，拟证明该行为本案最终债务人、其权利已获保障，宁波银行北京分行也提出前述合同已履行部分应从该行在本案应支付款项中予以扣除的主张。从苏州银行所举证据来看，上述合同系民生银行三亚分行根据《票据法》相关规定向其前手行使第二顺序追索权利，相关票据债务人为履行义务而重新形成的另一合同法律关系，并不意味着民生银行三亚分行与其票据前手之间只有合同法律关系而无票据法律关系。而票据作为要式证券，无因性为其重要特征，根据《票据法》第十条关于“票据的签发、取得和转让，应当遵循诚实信用的原则，具有真实的交易关系和债权债务关系。票据的取得，必须给付对价，即应当给付票据双方当事人认可的相对应的代价”的规定，唯有按照法律规定取得票据并依法转让的票据法律关系债务人可以基础原因关系或对价事由提出抗辩。前已述及，宁波银行北京分行和苏州银行均不是案涉票据法律关系当事人，与票据法律关系及票据权利的流转并无法律上关联，因此，民生银行三亚分行为行使票据权利、实现票据利益而与汉康公司等人签订《还款协议》《债权转让合同》《质押合同》之事实与本案所涉无票据背书的贴现合同纠纷无关，宁波银行北京分行此项上诉理由因无法律依据而不能成立；另外，从对价的角度看，民生银行三亚分行作为票据法律关系当事人，已经受到了后手平安银行宁波分行的追索，原审法院作出关于判令民生银行三亚分行支付承兑汇票金额（2016）琼民初16号民事判决业已发生法律效力，这与民生银行三亚分行向其前手进行相同的追索行为在票据法律关系中实现了票据利益的对价平衡。而在本案合同纠纷中，宁波银行北京分行在签订《商业承兑汇票转贴现合同》当日即收取了民生银行三亚分行支付的5. 85699亿元转贴现款项，原审法院判令其依约向民生银行三亚分行支付6亿元款项后双方业已实现对价衡平。如将前述票据债务人根据票据法律关系向民生银行三亚分行应付款项从本案宁波银行北京分行应向民生银行三亚分行支付款项中予以扣除，则应将案涉票据所有当事人都纳入本案一并审理，故其关于须将案外票据纠纷引入本案一并处理的主张亦无事实根据和法律依据而不能成立。

【案例来源】

中国裁判文书网，http://wenshu. court. gov. cn。

238 因垫付银行承兑汇票票款引发的债务纠纷与票据基础关系是否真实没有关联

【关键词】

|银行承兑汇票|垫付纠纷|票据基础关系|

【案件名称】

兰州农村商业银行股份有限公司金城支行与贾铭琳、冯叶红等金融借款合同纠纷案［最高人民法院（2016）最高法民终290号民事判决书，2016.10.28］

【裁判精要】

最高人民法院认为：

（二）本案《最高额抵押担保合同》的效力问题

贾铭琳、冯叶红上诉主张，本案存在金城支行与蓥杰公司恶意串通骗取担保人出具担保的事实，金城支行在办理承兑汇票业务过程中存在过错。经查，金城支行在办理银行承兑汇票业务时并未参与蓥杰公司与贾铭琳、冯叶红、孔力之间的房屋买卖交易，也没有证据证明其知道蓥杰公司与案外人聚丰公司之间存在的担保房产交易的事实。金城支行为蓥杰公司垫付承兑汇票款并未违背、超出贾铭琳、冯叶红、孔力自愿为蓥杰公司出具的“各类借款业务所形成的债务的最高余额2250万元提供抵押担保”的意思表示。上诉人贾铭琳、冯叶红主张金城支行将现金贷款业务变更为银行承兑汇票业务，其从不知道金城支行是向蓥杰公司开立银行承兑汇票的陈述，与各方共同向房屋抵押登记机关提供的登记资料记载的事实不符。因此，本案不存在金城支行与蓥杰公司恶意串通、骗取担保人出具担保的事实。另外，金城支行为办理该承兑汇票业务，根据各方当事人真实的意思表示，办理了案涉房屋抵押登记手续，履行了形式审查的法定义务。金城支行委托兰州银行兰园支行代为开立5000万元的银行承兑汇票，不存在损害任何一方当事人利益的情形。本案纠纷系因金城支行垫付银行承兑汇票款所引发的债务纠纷，非为票据纠纷，与票据关系中的基础关系是否真实没有关联。贾铭琳、冯叶红上诉主张金城支行未予审查票据关系中基础关系的真实性存在过错，该上诉理由缺乏法律依据，本院不予支持。

【案例来源】

中国裁判文书网，http://wenshu.court.gov.cn。

239 票据关系只有在合法成立后才与原因关系相分离，以非法手段取得票据的不享有票据权利

【关键词】

｜票据关系｜原因关系｜票据权利｜

【案件名称】

重庆创意有色金属材料有限公司、中国光大银行重庆分行与中国农业银行白银市分行营业部票据纠纷案［最高人民法院（2000）经终字第15号民事判决书］

【裁判精要】

最高人民法院认为：

本案票据基础关系中，白银有色公司与重庆有色公司之间、重庆有色公司与创意公司之间没有真实的商品交易关系，其票据的签发及背书转让的目的都是为了套取银行资金进行期货交易。对此，农行白银营业部也是明知的。上述行为均违反了中国人民银行银发〔1996〕240号《关于禁止金融机构进入期货市场的通知》的规定，故创意公司不应享有票据权利。一审判决创意公司不享有票据权利并无不当。创意公司关于白银有色公司与重庆有色公司、创意公司之间存在合法、真实的交易关系，创意公司享有票据权利的上诉主张，因违反国家金融法规及有关政策，本院不予支持。

【权威解析】

（二）农行白银营业部关于创意公司不享有票据权利的抗辩事由是否成立

一审认为"创意公司是在明知白银有色公司与重庆有色公司之间、创意公司与重庆有色公司之间无真实商品交易情况下取得的票据，违反了《票据法》有关票据的取得应遵守合法与诚实信用的原则，故票据原因关系仍对票据关系起作用。因此，创意公司不享有票据权利"。

诚如前面所述，本案的持票人是创意公司，但是否能依据《票据法》第十条的规定判令创意公司不享有票据权利？对此有不同意见：……

观点二：票据的无因性是指票据关系虽须基于一定的原因关系才能成立，但票据关系一经成立，就与产生或转让票据的原因关系相分离，两者各自独立。对于无因性的理解，一种意见认为，只要票据行为已具备法定条件，纵使票据原因有瑕疵，票据关系仍然有效。另一种意见认为，票据关系只有在合法成立后才能与原因关系相分离，如果当事人是以欺诈、偷盗或者胁迫等手段取得票据的，不得享有票据权利。第一种意见是从维护票据流通的安全性出发来理解无因性的，第二种意见则注重票据活动的合法性。二审法院采纳的是第二种意见。

根据公安局的有关刑侦笔录及创意公司在上诉状中陈述的事实,白银有色公司与重庆有色公司之间、重庆有色公司与创意公司之间没有真实的商品交易关系,其票据的签发及背书转让的目的都是为了套取银行资金进行期货交易。而在中国人民银行于1996年7月16日下发的银发〔1996〕240号文《关于禁止金融机构进入期货市场的通知》中规定"严禁用银行贷款或拆入资金支持期货交易"(对此中国证券监督管理委员会办公室以证办〔1996〕3号通知进行转发)。根据《票据法》第十二条的规定,"以欺诈、偷盗或者胁迫等手段取得票据的,或者明知有前列情形,出于恶意取得票据的,不得享有票据权利"。本案所涉三张票据的签发、转让均是白银有色公司、重庆有色公司、创意公司为套取资金进行期货交易而进行的,系规避法律的恶意行为。一审判决以此为由判令创意公司不享有票据权利并无不当。

上述三种观点,第二种观点为多数意见。①

【案例来源】

最高人民法院民事审判第二庭编:《经济审判指导与参考》(第4卷),法律出版社2001年版,第175~182页。

240 持票人主张票据权利只需要证明汇票记载事项齐全,取得票据的关系合法,无义务审查其前手的基础关系是否合法

【关键词】

|票据权利|汇票记载事项|票据基础关系|

【案件名称】

中国工商银行重庆市分行南岸支行大石路分理处与中国农业银行白银市分行营业部票据纠纷案[最高人民法院(2000)经终字第22号民事判决书,2000.6.17]

【裁判精要】

最高人民法院认为:

本案所涉两张汇票,形式完备,各项必要记载事项齐全,符合《票据法》第二十二条及相关规定,应认定为有效。对此,本案双方当事人均无异议。

票据的无因性决定票据关系一经产生即与基础关系相分离。三和公司与创意公司之间是否存在有效的买卖关系,属于票据基础关系的范畴。持票人工行大石路分理处在主张票据权利时只需要证明其持有的两张汇票必要记载事项齐全,取得票

① 参见李国慧:《浅析票据权利的确定及保护——关于(2000)经终字第15号票据纠纷案》,载最高人民法院民事审判第二庭编:《经济审判指导与参考》(第4卷),法律出版社2001年版,第184~187页。

据的票据关系即合法成立,而没有义务审查其前手取得票据的基础关系是否合法有效。《票据法》第十二条第二款规定:"持票人因重大过失取得不符合本法规定的票据的,不得享有票据权利。"而工行大石路分理处已经按照中国人民银行颁布的《商业汇票承兑、贴现与再贴现管理暂行办法》第十九条、《支付结算办法》第九十三条有关"持票人申请贴现时,须提交贴现申请书、经其背书的未到期商业汇票、持票人与出票人或其前手之间的增值税发票和商品交易合同复印件"的规定履行了必要的审查义务。由此,根据《票据法》第三十一条的规定,持票人以背书的连续证明其票据权利。本案所涉两张银行承兑汇票,真实有效且背书连续,持票人工行大石路分理处在取得票据时履行了必要的审查义务,且还专门向农行白银营业部作过查询,在得到肯定的回答后方进行贴现,故上诉人取得汇票并不存在重大过失的情形,应享有票据权利。工行大石路分理处关于其取得本案所涉两张汇票已经履行了审查义务,不存在重大过失的上诉理由成立,本院对其主张予以支持。

《票据法》第十条规定:"票据的取得,必须给付对价,即应当给付票据双方当事人认可的相对应的代价。"工行大石路分理处在办理贴现手续时,按中国人民银行规定的贴现率向三和公司签发银行本票。对此,应认定工行大石路分理处对所取得的票据给付了对价。农行白银营业部对贴现申请人和贴现人双方认可的给付对价的方式提出异议,并以此作为拒不付款的理由之一,本院不予支持。

工行大石路分理处办理贴现手续的日期是1998年7月7日,而票据所载的背书日期为8月6日。根据《票据法》第二十九条第二款的规定,背书未记载日期的,视为在汇票到期日前背书。由于背书日期属于相对必要记载事项,而非绝对必要记载事项,故如果欠缺背书日期,可以根据法律规定来加以确定;即使票据上没有记载背书日期或者背书日期与实际转让票据的日期不一致,也不影响背书转让的效力。本案所涉票据,根据票据的文义性,应以票据上所载的日期来确定背书日期。原审判决以"票据所载的背书日期与实际交付时间不一致"为由判令持票人不享有票据权利无法律依据,应予以纠正。

【案例来源】

最高人民法院民事审判第二庭编:《中华人民共和国最高人民法院判案大系》(民商事卷-2000年卷),人民法院出版社2003年版,第53~56页。

241 票据质权人对出质人及其前手之间的票据基础关系没有法律上的审查义务

【关键词】

|票据质权人|票据基础关系|审查义务|

【案件名称】

重庆创意有色金属材料有限公司、中国光大银行重庆分行与中国农业银行白银市分行营业部票据纠纷案［最高人民法院（2000）经终字第15号民事判决书］

【裁判精要】

最高人民法院认为：

重庆光大银行与创意公司之间形成质押借款担保关系之前，该行曾向承兑人农行白银营业部查询汇票的真实性，农行白银营业部予以确认。重庆光大银行对出质人及其前手之间的票据基础关系没有法律上的审查义务，承兑人农行白银营业部在诉讼过程中也没有证据证明重庆光大银行在质押借款过程中存在恶意的相关证据。因此，重庆光大银行支付了对价，作为善意第三人的民事权利应当受到法律保护。鉴于原审法院已准许重庆光大银行进入本案诉讼，且重庆光大银行明确向农行白银营业部主张权利，其质权凭证即为白银营业部承兑的涉案银行承兑汇票，为避免诉累，本案将票据关系与借款担保关系一并审理。重庆光大银行在得到农行白银营业部"三笔银行承兑汇票均属实，请受理"的答复后，与创意公司签订了质押合同，并取得了涉案的三张银行承兑汇票。该质押关系合法成立，重庆光大银行依法享有质权。对其要求农行白银营业部兑付涉案银行承兑汇票的主张，本院予以支持。

【权威解析】

（三）关于是否可以将重庆光大银行的担保权利在本案中加以保护的问题

处理本案，涉及如何适用《票据法》与《担保法》中关于票据权利质押的相关规定的问题。经讨论，多数意见认为：在认定创意公司是本案所涉汇票的最后持票人（即票据权利人），农行白银营业部拒付的抗辩事由成立，即对白银有色公司、重庆有色公司、创意公司取得票据的恶意性加以确认的前提下，将重庆光大银行的质权问题在判决中加以保护。

从重庆光大银行取得票据的过程看，创意公司与重庆光大银行之间签订有质押合同，重庆光大银行系依据质押合同而取得的该汇票，并且在签订合同之前也向承兑人农行白银营业部进行了核实。经核质后方签订了质押合同，同时为此支付了对价，向创意公司贷出了款项。故，重庆光大银行取得票据是善意的，并不存在过错，作为付款人（承兑人）的农行白银营业部不应再以该行与重庆光大银行前手之间的事由来进行抗辩。①

---

① 参见李国慧：《浅析票据权利的确定及保护——关于（2000）经终字第15号票据纠纷案》，载最高人民法院民事审判第二庭编：《经济审判指导与参考》（第4卷），法律出版社2001年版，第187页。

【案例来源】

最高人民法院民事审判第二庭编:《经济审判指导与参考》(第4卷),法律出版社2001年版,第175~182页。

242 基础关系合同纠纷案件中不应对案外人的票据权利义务作出决断

【关键词】

|票据基础关系|案外人|票据权利义务|

【案件名称】

绍兴县中柏贸易有限公司与上海兰生国际贸易有限公司、宁波保税区明正国际贸易有限公司买卖合同纠纷案[最高人民法院(2011)民提字第103号民事判决书,2012.9.25]

【裁判精要】

裁判摘要:本案中,原一、二审法院在案外人未参加诉讼的情况下,直接采纳公安机关刑事侦查过程中取得的材料,或者根据所有参与票据背书转让的当事人之间相关款项的循环往来、银行对账单等证据材料,对包括案外当事人在内的民事主体之间资金往来事实作出认定。没有相关当事人的质证过程而直接确认法律事实,违背人民法院审判的基本程序要求,很有可能侵害未参加案件审理的案外人的合法权益。

最高人民法院认为:

本案查明的事实表明,明正公司与兰生公司签订《股权转让协议书》后,明正公司向兰生公司开具了8张共计2亿元的商业承兑汇票,在兰生公司背书将该8张汇票转让给了新长征公司后,新长征公司又将汇票背书转让给其他公司。从票据关系看,明正公司为受让公司股权,以商业承兑汇票的形式支付股权转让款,并不违反国家法律、行政法规的禁止性规定;兰生公司将上述汇票背书转让给新长征公司,是其取得股权转让对价之后自行处分的行为。新长征公司取得票据后,涉案票据经过了多次背书、回赎,新长征公司、赛世公司、创世公司等案外人均参与了此过程,但其并未作为当事人进入本案诉讼。浙江省绍兴市中级人民法院与浙江省高级人民法院在案外人未参加诉讼的情况下,以公安机关刑事侦查过程中取得的材料,或者根据兰生公司、新长征公司、赛世公司、创世公司、明正公司之间相关款项的循环往来、银行对账单等证据材料,并通过账目、数字的演算,对包括案外当事人在内的民事主体之间资金往来事实作出认定,缺乏事实依据,有可能侵害案外人的合法权益。原一、二审判决认定明正公司与兰生公司恶意串通，未实际支付股权转让款，并判令明正公司对兰生公司在本案中的债务承担连带清偿责任，缺乏事实和法律依据，本院予以纠正。中柏公司如认为兰生公司将汇票背书转让给新长征公司属恶意转让财产，或认为兰生公司与新长征公司、明正公司、赛世公司、创世公司等恶意串通，通过汇票形式侵害其合法权益，可依法另案起诉。

【案例来源】

最高人民法院民事审判第二庭编:《最高人民法院商事审判指导案例(2012)·公司与金融》，中国民主法制出版社 2013 年版，第 284 ~ 295 页。

二、票据文义性理解与适用

243 票据作为一种文义证券，其创设的权利义务由票据上所记载的文字的意义决定

【关键词】

｜票据｜文义证券｜

【案件名称】

中信商业保理有限公司与国中医药有限责任公司票据纠纷案［最高人民法院（2015）民二终字第134号民事判决书，2015. 10. 26］

【裁判精要】

最高人民法院认为：

本案争议焦点在于中信保理公司是否享有案涉六张汇票载明的票据权利。票据作为一种文义证券、设权证券，其创设的权利义务由票据上所记载的文字的意义决定。案涉六张商业承兑汇票对表明“汇票”的字样、无条件支付的委托、确定的金额、付款人名称、收款人名称、出票日期、出票人签章等汇票的绝对应记载事项均有记载，国中医药公司对案涉汇票的真实性亦无异议。案涉汇票记载的付款人均为国中医药公司，国中医药公司在案涉汇票的承兑人签章处进行签章，收款人分别为安力博发公司、星纪开元公司，安力博发公司、星纪开元公司分别作为背书人将案涉汇票背书转让给中信保理公司。中信保理公司持背书连续的案涉汇票和汇票到期被拒绝付款的证据，同时以其与安力博发公司签订的中信保（2012）XM 1－5《保理合同》、与星纪开元公司签订的中信保（2013）XM1 －4《保理合同》、中信保（2012）XM1 －5《保理合同》的相应对账单、银行单据及汇总表等证据，证明其是基于与安力博发公司、星纪开元公司之间的保理业务关系，分别从安力博发公司、星纪开元公司处背书受让了案涉六张商业承兑汇票，主张行使追索权，要求国中医药公司支付案涉汇票金额和汇票金额自到期日起至实际清偿日止的利息，符合票据法的规定，应当予以支持。

【案例来源】

中国裁判文书网，http://wenshu.court.gov.cn。

编者说明

文义性是票据的典型特征。在理解和适用票据的文义性原则时应注意:票据记载事项应清楚、明确。票据权利的内容,完全依票据上所载的文义确定,而不能以票据文义之外的其他事实和证明方法来探求票据行为人的本意,即使票据记载的文义与票据行为人的真实意思表示相悖,票据法律关系当事人也只能依据票据记载文义来享有票据权利、承担票据义务。票据债权人不能以票据文义之外的记载内容补充、更正票据内容,不能据此主张票据权利。

244 银行承兑汇票上记载了"委托收款"字样,应认定为存在委任背书的票据关系

【关键词】

|银行承兑票据|委托收款|委任背书|

【案件名称】

重庆创意有色金属材料有限公司、中国光大银行重庆分行与中国农业银行白银市分行营业部票据纠纷案[最高人民法院(2000)经终字第15号民事判决书]

【裁判精要】

最高人民法院认为:

本案所涉三张银行承兑汇票,形式完备,各项必要记载事项齐全,符合《票据法》第二十二条及相关规定,应认定为有效票据。票据是一种文义证券,所谓票据的文义性,是指票据行为的内容完全以文字记载为准,即使文字记载与实际情况不相一致,仍以文字记载为准,不允许票据当事人以票据所载文字以外的证据对票据上的记载作变更或者补充。基于票据的文义性,根据《票据法》第三十五条的规定,本案所涉三张银行承兑汇票上均记载了"委托收款"字样,据此创意公司与重庆光大银行之间存在委任背书的票据关系。委任背书不产生票据权利转让的效力,本案所涉汇票的持票人仍然是创意公司,重庆光大银行基于委任背书关系仅是票据关系人而不是持票人。重庆光大银行关于其是本案所涉汇票持票人、享有票据权利的主张,于法无据,本院不予支持。

【权威解析】

在本案中,创意公司与重庆光大银行之间存在借款合同和质押合同,而且创意公司据此将本案所涉三张汇票交付重庆光大银行,但未在其上记载"质押"字样。对于票据所载"委托收款"字样,一审判决认定系创意公司在到期日前追加记载,而重庆光大银行主张是该行在提示付款前补记。

对此,存在不同意见:

一种观点认为,“委托收款”字样究竟是否创意公司记载对本案案情的认定并无影响。票据是一种文义证券。所谓票据的文义性,是指票据行为的内容完全以文字记载为准,即使文字记载与实际情况不相一致,仍以文字记载为准,不允许票据当事人以票据所记载文字以外的证据对票据上的记载作变更或者补充。根据《票据法》第三十五条的规定,基于票据的文义性,既然本案所涉票据上记载了“委托收款”字样,就应据此确定票据关系——创意公司与重庆光大银行之间存在委任背书的票据关系,即本案所涉票据的持票人仍然是创意公司,重庆光大银行基于委任背书关系仅是票据关系人而不是持票人。至于重庆光大银行与创意公司之间关于权利质押的约定,仅在两者之间产生担保法律效力。……

第一种意见经讨论后为二审法院采纳。①

【案例来源】

最高人民法院民事审判第二庭编:《经济审判指导与参考》(第 4 卷),法律出版社 2001 年版,第 175 ~ 182 页。

245 票据是要式证券,制作不符合法律规定的汇票无效,但不影响当事人因基础关系享有的债权

【关键词】

| 票据 | 要式证券 | 基础关系债权 |

【案件名称】

赛格进出口公司诉中国农业银行无锡市郊区支行票据承兑纠纷案 [江苏省高级人民法院二审民事判决书, 1998. 10. 15]

【裁判精要】

江苏省高级人民法院二审认为:

票据是要式证券,票据的制作必须严格符合法律的规定。上诉人赛格公司从案外人恒昌公司得到的银行承兑汇票第一联复印件,不符合《票据法》对汇票的规定,不是有效票据,赛格公司不能据此主张行使票据权利。原审判决驳回赛格公司的诉讼请求,是正确的,应当维持。《票据法》第十八条规定:“持票人因超过票据权利时效或者因票据记载事项欠缺而丧失票据权利的,仍享有民事权利,可以请求出票人

---

① 参见李国慧:《浅析票据权利的确定及保护——关于(2000)经终字第 15 号票据纠纷案》,载最高人民法院民事审判第二庭编:《经济审判指导与参考》(第 4 卷),法律出版社 2001 年版,第 182 ~ 184 页。

或者承兑人返还其与未支付的票据金额相当的利益。"恒昌公司是因赛格公司为其代理进口了摩托车发动机总成,才给赛格公司出具汇票。赛格公司虽因票据无效而丧失了票据权利,但是其因代理行为而对恒昌公司享有的债权并未丧失,原审也没有否定赛格公司的这一民事权利。赛格公司起诉时,只是主张对被上诉人郊区农行行使票据权利,本案据此以票据纠纷立案。赛格公司与恒昌公司之间的债权债务系原因关系,属民法调整,与本案的票据关系无关,不应一并审理,赛格公司可另行起诉。赛格公司的上诉理由不能成立,应予驳回。

【案例来源】

《中华人民共和国最高人民法院公报》1999年第6期。

编者说明

《票据纠纷解释》第四十条规定,依照《票据法》第一百零九条以及经国务院批准的《票据管理实施办法》的规定,票据当事人使用的不是中国人民银行规定的统一格式票据的,按照《票据管理实施办法》的规定认定,但在中国境外签发的票据除外。《票据管理实施办法》第三十五条规定,票据的格式、联次、颜色、规格及防伪技术要求和印制,由中国人民银行规定。此条属于授权性规范,即关于票据的具体格式,由中国人民银行规定。中国人民银行《支付结算办法》第九条规定,票据和结算凭证是办理支付结算的工具,单位、个人和银行办理支付结算,必须使用按中国人民银行统一规定印制的票据凭证和统一的结算凭证,未使用按中国人民银行统一规定印制的票据,票据无效。

但是关于当事人使用旧版票据的问题,《最高人民法院关于江西省九江外贸发展有限公司与中国建设银行深圳市分行罗湖支行、深圳艾尔迪实业有限公司票据纠纷案的答复》(1998年3月25日,〔1998〕经他字第22号函)认为:"按照《银行结算办法》的有关规定,银行承兑汇票的签发人可以是收款人,也可以是承兑申请人,在由承兑申请人签发银行承兑汇票时,汇票的签发人则与承兑申请人为同一人。本案承兑申请人在'承兑申请人盖章'处签章后,承兑银行也在汇票上盖章,承诺承兑,如认定汇票无效,发生止付票款,不仅使持票人处于不利地位,而且也不利于票据流通。因此,对使用旧版银行承兑汇票的,签发人与承兑申请人为同一人时,如果签发人仅在'承兑申请人盖章'处签章,其签章即视同为签发人签章,应认定该银行承兑汇票有效。"

246 实时通付款凭证是否为票据的认定

【关键词】

| 票据 | 实时通付款凭证 |

【案件名称】

杨秀发与贵州众世铭辉商砼有限公司票据追索权纠纷案[最高人民法院

（2019）最高法民再 19 号民事判决书，2019. 4. 12］

【裁判精要】

最高人民法院认为：

一、关于本案实时通付款凭证是否为票据的问题

基于现有证据，杨秀发关于案涉实时通付款凭证为转账支票的主张成立，理由如下：（一）案涉凭证清晰记载了票据金额、日期、付款人和收款人的名称及签章等要件，符合《票据法》第七条至第九条关于票据形式要件的规定。（二）该实时通付款凭证虽然在"现金支票功能、转账支票功能、汇兑功能、银行汇票申请功能、银行本票申请功能"上未作任何勾选，但是根据该凭证的操作流程，众世公司应在出具时勾选其中某一选项。众世公司未作任何勾选即在该凭证上签章并交付他人，应视为其将勾选的权利作出了让渡，持有人有补充勾选的权利。杨秀发陈述其系为避免票据瑕疵影响使用而未擅自勾选。虽该凭证尚未作出勾选，但这并非不可更改的票据瑕疵，按照银行操作惯例，持票人在银行付款时再行勾选亦无不可。故该凭证未作勾选并不影响其票据效力。（三）从该凭证的表面形式，可以推定该票据选择的是支票功能。1. 案涉凭证背面载明："本凭证选择支票功能，左联作客户存根联；选择汇兑、汇（本）票申请功能，左联应一并提交银行作业务办讫回单联。"双方当事人均认可在众世公司向案外人何光军交付该凭证时，凭证的左联已经被撕下，据此可以推定众世公司选定的为支票功能。2. 该凭证下方注明："使用转账支票功能，收款人账号、收款行名称可以授权收款人补记，且提示付款无须填写进账单；使用现金支票、银行汇（本）票申请功能，收款人账号、收款行名称无须填写。"案涉凭证中收款人名称、账号、收款行名称全部填写完毕。根据该注明，该凭证应作为转账支票功能使用。3. 案涉凭证的支付密码填写完整。《中国人民银行支付密码器系统业务管理指引》第七条规定："支付密码的编码要素由支付凭证上的签发人账号、签发日期、凭证号码、金额和业务种类组成。业务种类是指本指引第五条所述的支付凭证科类。"根据该规定，在众世公司填写支付密码时，案涉凭证的功能性质已经确定，而众世公司可以证明该票据的功能性质但其未能提供证据证明，依照《民事证据规定》第七十五条，可推定该凭证支付密码对应的为支票功能。

二、关于杨秀发是否有权向众世公司行使票据追索权的问题

众世公司称其在二审终审判决后向何光军支付了案涉劳务款项。本院认为，一方面，如上所述，无法证实众世公司提交的四张收据的真实性，以及其中所针对的债权债务即是案涉 13 万元的劳务费用；另一方面，《票据法》第十三条规定："票据债务人不得以自己与出票人或者与持票人的前手之间的抗辩事由，对抗持票人。但是，持票人明知存在抗辩事由而取得票据的除外。"根据该规定，即便众世公司所述属实，众世公司也不得以杨秀发取得票据之后发生的，自己与杨秀发的前手何光军之间的抗辩事由，对抗杨秀发。

众世公司还主张杨秀发并无证据证明其曾持有涉案票据向银行申请兑付，直接要求众世公司向其付款不符合法律规定。本院认为，中国建设银行贵阳都市路支行虽然对一审法院称案涉凭证并没有在建设银行进行过提示付款，但根据本院向建设银行工作人员的咨询，银行系统对提示付款的当场拒付行为并不作记录。通过诉讼程序追索票据权利的成本远大于直接向银行行使票据权利的成本，且诉讼程序实现权利的方式亦存在执行不能的风险，杨秀发不向银行提示付款而诉讼众世公司主张票据权利不合常理。且银行回复2015年6月20日至当月30日之间众世公司账户余额不足以支付案涉票据款项的事实也与杨秀发起诉状称述的理由相符，这也印证了杨秀发向银行申请兑付的事实。综上，本院依照《民事证据规定》第六十四条、第六十六条的规定，对杨秀发关于其已向相关银行行使涉案票据权利，但因众世公司涉案账户余额不足导致兑付被拒的主张予以采信。按照该票据背面载明第5项"本凭证选择支票功能签发之日起10日内有效"，该支票功能的票据早已超过票据权利时效。《票据法》第十八条规定："持票人因超过票据权利时效或者因票据记载事项欠缺而丧失票据权利的，仍享有民事权利，可以请求出票人或者承兑人返还其与未支付的票据金额相当的利益。"根据该规定，即便杨秀发未向银行提示付款并因超过票据权利时效而丧失票据权利，其仍可以请求出票人众世公司返还其与未支付的票据金额相当的利益。如上所述，众世公司未能证明其向何光军进行过支付，故应当向持票人杨秀发返还与票据金额相当的利益。

综上，杨秀发合法持有案涉票据，没有证据证明其存在《票据法》第十二条规定的情形，有权主张相应票据权利。《票据法》第六十一条规定："汇票到期被拒绝付款的，持票人可以对背书人、出票人以及汇票的其他债务人行使追索权。"第九十三条规定："支票的背书、付款行为和追索权的行使，除本章规定外，适用本法第二章有关汇票的规定。"第八十九条规定："出票人必须按照签发的支票金额承担保证向该持票人付款的责任。"根据上述规定，杨秀发有权向出票人众世公司行使票据追索权。

【案例来源】

中国裁判文书网，http://wenshu.court.gov.cn。

三、票据合法持有人确定

247 曾经持有过票据，但已经自主丧失对票据持有的，不是最后合法持票人

【关键词】

| 票据持有 | 自主丧失 | 合法持票人 |

【案件名称】

招商银行股份有限公司厦门江头支行、邯郸市团亿物资有限公司与恒丰银行股份有限公司烟台南大街支行、罗爱国票据纠纷案［最高人民法院（2016）最高法民再68号民事判决书，2016. 12. 20］①

【裁判精要】

最高人民法院认为：

关于原审判决认定团亿公司是案涉票据的最后合法持票人，是否有事实依据问题。首先，根据团亿公司在原审中提交的锦兴公司、巨泰公司出具的证明，以及团亿公司与巨泰公司签订的《购销合同》，虽可以证明案涉汇票由锦兴公司作为预付款背书给巨泰公司后，巨泰公司又以支付钢材款为由将汇票无章背书给团亿公司。但是，由于团亿公司未能提交其实际交付钢材的证据，因此，不能认定团亿公司取得案涉票据具有真实的贸易背景。其次，根据已查明的事实，团亿公司取得案涉票据后，并未签章将自己补记为被背书人，而是将票据交给罗爱国委托其办理贴现，之后罗爱国又将票据交给耿茜茹、耿茜茹交给王烁、王烁交给王娟办理贴现。后因中间人资金断裂，贴现款无法回款。因此，团亿公司将票据自主交给罗爱国后，已经丧失了对案涉票据的持有，无法行使票据法所规定的票据权利。根据本案事实，只能证明团亿公司曾经持有过票据，而在团亿公司已经自主丧失了对案涉票据持有的情形下，原审判决认定团亿公司为案涉票据的最后合法持票人，与本案事实不符，本院应予纠正。

---

① 恒丰银行股份有限公司烟台南大街支行与邯郸市团亿物资有限公司票据纠纷案［最高人民法院（2016）最高法民再66号民事判决书，2016. 12. 20］的裁判理由与本案民事判决书基本一致（略），载中国裁判文书网，http://wenshu. court. gov. cn。

【案例来源】

中国裁判文书网，http://wenshu. court. gov. cn。

248 通过以物抵债方式取得票据的，系合法的票据持有人，有权行使票据权利

【关键词】

|票据|以物抵债|票据权利|

【案件名称】

烟台银行股份有限公司胜利路支行与烟台鑫发投资咨询有限公司票据追索权纠纷案［最高人民法院（2017）最高法民终249号民事判决书，2017. 9. 25］

【裁判精要】

最高人民法院认为：

一、关于烟台鑫发公司取得案涉票据的基础合同是否有效，烟台鑫发公司依据该合同取得票据是否合法，烟台鑫发公司是否有权行使票据权利问题

烟台鑫发公司系根据其与哈尔滨高金丰公司、烟台银行胜利路支行签订的《借款协议》及与哈尔滨高金丰公司签订的《合同书》取得案涉六张商业承兑汇票。根据《借款协议》的约定，烟台鑫发公司负有出借7500万元款项的义务，哈尔滨高金丰公司负有以承兑汇票为上述借款提供质押担保的义务。借款协议签订之后，烟台鑫发公司已向哈尔滨高金丰公司支付了借款7500万元，哈尔滨高金丰公司也将用于质押的案涉承兑汇票交付给了烟台鑫发公司。借款到期后，烟台鑫发公司与哈尔滨高金丰公司又签订了《合同书》，从合同书约定的内容看，哈尔滨高金丰公司同意以案涉承兑汇票抵偿其所欠烟台鑫发公司的借款，该约定符合以物抵债合同的特征，双方之间建立了以物抵债的法律关系。《合同书》签订之后，哈尔滨高金丰公司已履行交付义务，将案涉六张商业承兑汇票背书转让给了烟台鑫发公司。上述事实表明，烟台鑫发公司取得案涉票据是合法的，其作为持票人享有相应票据权利，在委托银行收款被拒绝的情况下，有权行使票据追索权，要求其前手承担案涉票据款及利息的给付责任。原审法院认定烟台鑫发公司系合法的票据持有人，有权行使票据权利并无不当，本院予以维持。

关于案涉基础合同即《借款协议》和《合同书》是否有效以及烟台鑫发公司取得案涉票据是否善意问题，本院认为，烟台银行胜利路支行关于案涉基础合同即《借款协议》和《合同书》应认定无效以及烟台鑫发公司取得案涉票据应认定恶意的上诉主张，不能成立，本院不予支持，理由如下：首先，从原审查明的事实以及双方的举证

情况看,烟台鑫发公司及其原法定代表人×××、哈尔滨高金丰公司及其法定代表人高峰并未参与刘维宁所犯违规出具金融票证罪的犯罪行为,案涉票据的开具是否违规与烟台鑫发公司和哈尔滨高金丰公司无关,即便案涉票据是违规开具的,也不影响案涉基础合同即《借款协议》和《合同书》的效力。其次,烟台鑫发公司出借款项给哈尔滨高金丰公司、哈尔滨高金丰公司以承兑汇票为案涉借款提供质押担保,以及借款到期后双方协议以承兑汇票抵偿案涉借款的行为并未违反法律、行政法规的禁止性规定,案涉基础合同即《借款协议》和《合同书》也不属于以合法形式掩盖非法目的的合同,前述合同不具有无效情形。再次,根据现有证据不能证明烟台鑫发公司、哈尔滨高金丰公司与刘维宁之间存在恶意串通,损害国家利益或者烟台银行胜利路支行利益的行为。最后,根据现有证据不能证明烟台鑫发公司是以欺诈、偷窃或者胁迫等手段取得的案涉票据,或者是明知有前述情形,出于恶意取得的案涉票据。

【案例来源】

中国裁判文书网,http://wenshu. court. gov. cn。

四、票据权利取得

249 商业承兑汇票用于购买股权，并不为国家法律、法规和政策禁止与限制

【关键词】

| 商业承兑汇票 | 购买股权 |

【案件名称】

天津中能星光实业有限公司与上海兰生国际贸易有限公司、宁波保税区明正国际贸易有限公司买卖合同纠纷案［最高人民法院（2009）民提字第111号民事判决书，2010.6.30］

【裁判精要】

裁判摘要：商业承兑汇票系以交易当事人自己的信誉为基础，存在一定金融风险，不同于银行承兑汇票有金融机构的信誉作保障，故交易实践中前者的实际使用范围远不如后者。但是，商业承兑汇票的使用，特别是用于购买股权，并不在国家法律、法规和政策的禁止与限制之列。因此，对于2亿元股权转让款项的支付采取商业承兑汇票的支付方式，而得出兰生公司与明正公司搞不正当的规避法律行为，只是一种推定，缺乏事实基础。

最高人民法院认为：

没有相关当事人的质证过程而直接确认法律事实，违背人民法院审判的基本程序要求，很有可能侵害这些没有参加案件审理的案外人的合法权益。原一、二审法院在案外人未参加诉讼的情况下，直接采纳公安机关刑事侦查过程中取得的材料，或者根据所有参与票据背书转让的当事人之间相关款项的循环往来、银行对账单等证据材料，并通过账目、数字的演算，对包括案外当事人在内的民事主体之间资金往来事实作出认定，确认明正公司与兰生公司恶意串通，未实际支付股权转让款，并判令明正公司对兰生公司在本案中的债务承担连带清偿责任，看似符合数学逻辑，实际仍停留在一般的逻辑推理层面，在证据的审核认定方面存在重大瑕疵，不符合我国证据规则的要求，缺乏事实和法律依据，凸显武断。

【案例来源】

最高人民法院民事审判第二庭编：《最高人民法院商事审判指导案例7·公司

与金融卷》,中国法制出版社 2013 年版,第 341 ~ 351 页。

250 因重大过失取得不符合《票据法》规定的票据，不得享有票据权利

【关键词】

| 票据 | 重大过失 | 票据权利 |

【案件名称】

中国农业银行南通市经济技术开发区支行与华夏银行济南分行、中国电子进出口山东公司、南通市蓝泽精细化工公司银行承兑汇票纠纷案［最高人民法院（2001）民二监字第 441 - 1 号民事判决书］

【裁判精要】

裁判摘要:承兑汇票的金额已被刑事案件裁判追缴,汇票持有人对其持有的背书不连续的承兑汇票不享有票据权利;金融机构违反有关操作规定,通过贴现取得的票据存在重大过失,依法不能取得票据权利。

最高人民法院认为:

中电公司对本案三张银行承兑汇票是否享有票据权利,应当审查中电公司是否为票据上记载的合法持票人。依据票据法的规定,以背书转让的票据,背书应当连续,持票人以背书的连续,证明其票据权利。非经背书转让,而以其他合法方式取得票据的,应依法举证,证明其票据权利。根据票据所具有的文义性,票据的合法流转应见于票据本身的记载,合法持票人是在票据上进行权利记载并持有票据的人。中电公司持有的三张银行承兑汇票其文义记载表明三张银行承兑汇票背书不连续,中电公司既非三张银行承兑汇票的背书人又非三张银行承兑汇票记载的被背书人;且在本案审理时中电公司亦未能举证证明其以其他合法方式取得本案三张银行承兑汇票。因此,中电公司不是本案三张银行承兑汇票的合法持票人,不能凭借该三张银行汇承兑汇票主张票据权利。

华夏济南分行在为中电公司办理贴现申请时,根据中国人民银行《商业汇票承兑、贴现与再贴现管理暂行办法》和《支付结算办法》的规定,应当审查中电公司是否为合法的持票人,即中电公司持有的三张银行承兑汇票背书是否连续。华夏海南分行尽管在为中电公司办理贴现前,曾向该票据的付款行农行南通支行进行过电话查询,但农行南通支行也只是答复"该票据系其签发,真伪自辨",并没有确认中电公司是合法的持票人。华夏济南分行作为专业的金融机构,应当知道办理贴现的有关规定,其应审查而未审查本案三张银行承兑汇票背书是否连续,就为不是合法持票

人不享有票据权利的中电公司办理票据贴现，应当认定其存在重大过失。依据我国《票据法》第十二条第二款的规定，华夏济南分行因重大过失取得不符合《票据法》规定的票据的，对该票据不享有票据权利。虽然华夏济南分行为中电公司办理贴现后，完善了本案三张票据的背书手续，背书为连续，但该三张票据因涉嫌犯罪已被南通市公安局崇川分局调取，并冻结止付票据款 1000 万元，农行南通支行以此为由拒绝向华夏济南分行付款，是履行法律规定的协助执行义务，并无不当；农行南通支行依据南通市崇川区人民法院（2000）崇刑初字第 57 号刑事判决书和南通市崇川区人民法院《协助扣划存款通知书》，将三张票据款 1000 万元划拨到南通市崇川区人民法院账上，亦是履行法律规定的协助执行义务；本案三张票据款 1000 万元已由南通市崇川区人民法院发还受害单位南通市商业银行环南支行。据此，农行南通支行依据南通市崇川区人民法院（2000）崇刑初字第 57 号刑事判决书，已经向南通市商业银行环南支行支付了本案三张票据款 1000 万元，履行了本案三张票据的付款义务，其没有义务再向华夏济南分行付款。

【权威解析】

（三）华夏济南分行在为中电公司办理贴现时，是否存在票据法上的重大过失

金融机构依贴现取得的票据可以享有票据权利，但不能违反我国《票据法》第十二条的规定。我国《票据法》第十二条第一款规定，以欺诈、偷盗或者胁迫等手段取得票据的，或者明知有前列情形，出于恶意取得票据的，不得享有票据权利。第二款规定，持票人因重大过失取得不符合本法规定的票据的，也不得享有票据权利。

本案中，华夏济南分行在为中电公司办理贴现申请时，首先应当审查中电公司是否为合法的持票人，即中电公司持有的该三张银行承兑汇票背书是否连续。华夏济南分行尽管在办理贴现前曾向该票据的付款行农行南通支行进行电话查询，但农行南通支行也只是答复“该票据系其签发，真伪自辨”，农行南通支行并没有确认中电公司是合法的持票人。华夏济南分行作为专业的商业银行应当知道办理贴现所应必备的手续和条件，这是办理金融结算业务的基本常识。……

华夏济南分行应当审查而未审查本案三张银行承兑汇票背书是否连续，就为不是该票据权利人的中电公司办理票据贴现，应当认定华夏济南分行存在重大过失。依据我国《票据法》第十二条第二款的规定，华夏济南分行因重大过失取得不符合《票据法》规定的票据的，对该票据不享有票据权利。尽管华夏济南分行依贴现取得了本案三张银行承兑汇票，并完善了该票据的被背书人手续，可以视为该票据背书连续，但该三张票据因涉嫌犯罪已被江苏省南通市崇川区人民法院的刑事判决作为赃物予以追缴，并发还受害单位南通市商业银行，华夏济南分行即便是善意的持票人，亦不能对抗已经生效的刑事判决而主张票据权利，其为中电公司办理贴现所造成的损失，只能向中电公司予以追偿。况且，农行南通支行作为票据记载的付款行已经完成了票据上的付款义务，其付款义务根据上述生效的刑事判决已经依法履

行，不应再就同一票据二次付款。原审法院判决农行南通支行就同一票据再次向华夏济南分行支付款项，有悖法理，最高人民法院最终予以改判。①

【案例来源】

最高人民法院审判监督庭编：《审判监督指导》（总第19辑），人民法院出版社2007年版，第79～87页。

251 已经支付对价，且不能证明其取得票据是基于恶意或者重大过失的，应当享有票据权利

【关键词】

| 票据 | 支付对价 | 重大过失 | 票据权利 |

【案件名称】

银川源鑫磊贸易有限公司与石嘴山瑞恒源商贸有限公司其他合同纠纷案［最高人民法院（2014）民二终字第19号民事判决书，2014.8.21］②

【裁判精要】

最高人民法院认为：

根据源鑫磊公司的上诉请求及其理由，本案二审审理的争议焦点问题是：源鑫磊公司请求瑞恒源公司返还本案诉争汇票或赔偿票面损失1000万元，并赔偿利息损失365万元，经营损失655万元，其主张是否有事实和法律依据。

本案票据纠纷系由双方当事人从事涉案商业汇票贴现、转让行为而引发，其交易的本质是民间借贷、融通资金活动。本案一、二审查明的事实表明，李明寿、丁玉祥等人得知强艳容可办理汇票贴现，遂决定将源鑫磊公司持有的十张银行承兑汇票（票面额共计1000万元）交予强艳容贴现，并委托丁玉祥、蔡英、王占军等具体办理。在交票、付款时，按照强艳容的安排，由强艳容委派的绳德斌带丁玉祥等人到瑞恒源公司办理。丁玉祥、王占军、蔡英均不认识马慧，在交易当天仍认为其是与强艳容进

① 参见贾静：《中国农业银行南通市经济技术开发区支行与华夏银行济南分行、中国电子进出口山东公司、南通市蓝泽精细化工公司银行承兑汇票纠纷再审案——如何确定票据持有人的票据权利》，载最高人民法院审判监督庭编：《审判监督指导》（总第19辑），人民法院出版社2007年版，第88～90页。

② 银川利丰物资贸易有限公司与石嘴山瑞恒源商贸有限公司票据返还请求权纠纷案［最高人民法院（2014）民二终字第17号民事判决书，2014.8.21］的裁判理由与本案民事判决书基本一致（略），载中国裁判文书网，http://wenshu.court.gov.cn。案件二审判决后，源鑫磊公司等向最高人民法院申请再审，最高人民法院审查后分别作出裁定驳回其申请。参见最高人民法院（2015）民申字第972号（2015.8.14）、第1061号（2015.6.1）民事裁定书，载中国裁判文书网，http://wenshu.court.gov.cn。

行交易。此前,丁玉祥、刘玉保(利丰公司法定代表人)找强艳容办理过类似汇票贴现,应当知道彼此交票、付款的操作方式及其风险。在马慧给强艳容付款过程中,从填写转账支票到去银行办理转账,蔡英一直在现场,并与丁玉祥保持联系。丁玉祥也与强艳容电话联系转款事宜,强艳容谎称让其在营业部等待,丁玉祥亦轻信了强艳容的承诺。上述事实证明,从与强艳容联系,到等待强艳容转款,源鑫磊公司始终是与强艳容进行汇票贴现交易。后因强艳容违反其转款承诺,致使源鑫磊公司没有收到贴现款。原审认定源鑫磊公司联系汇票贴现的相对方是强艳容,符合本案的实际情况。源鑫磊公司上诉主张其交易的相对方是瑞恒源公司,因证据不足,本院不予采纳。

瑞恒源公司在与强艳容转让汇票时,核验了票据真伪,得到强艳容关于其合法持有汇票、无挂失止冻等的书面保证,并依约向强艳容支付了2200万元票款,且没有证据证明在其取得汇票时存在恶意或重大过失的情形。因此,依据《票据法》第十条、第十二条的相关规定,瑞恒源公司已依法取得了案涉票据,并享有了票据权利。原审判决确认涉案银行承兑汇票归瑞恒源公司所有,适用法律并无不当,应予维持。源鑫磊公司诉请瑞恒源公司返还该汇票或赔偿其相应损失,没有事实和法律依据,本院不予支持。

【案例来源】

中国裁判文书网,http://wenshu. court. gov. cn。

252 贴现人支付相应的对价原则上可以取得票据权利,除非有证据证明其取得票据存在恶意或者重大过失

【关键词】

| 贴现对价 | 票据权利 |

【案件名称】

中国民生银行股份有限公司太原大营盘支行、山西阳光焦化集团河津华融商贸有限公司与中国工商银行股份有限公司鹤岗振兴广场支行票据追索权纠纷案[最高人民法院(2014)民提字第135号民事判决书,2016.11.7]①

① 中国民生银行股份有限公司太原大营盘支行、山西阳光焦化集团河津华融商贸有限公司与中国工商银行股份有限公司鹤岗振兴广场支行票据追索权纠纷案[最高人民法院(2014)民提字第134号民事判决书,2016.11.7]的裁判理由与本案民事判决书基本一致(略),载中国裁判文书网,http://wenshu. court. gov. cn。

【裁判精要】

最高人民法院认为：

关于工行鹤岗支行是否合法取得票据权利。民生银行与华融商贸公司主张，工行鹤岗支行在办理贴现手续时没有审查基础交易关系，甚至明知基础交易关系不存在，仍然办理贴现，存在恶意和重大过失，不能取得票据权利。票据在当前属于支付结算工具，票据行为需要有基础交易关系，故《票据法》第十条规定："票据的签发、取得和转让，应当遵循诚实信用的原则，具有真实的交易关系和债权债务关系。票据的取得，必须给付对价，即应当给付票据双方当事人认可的相对应的代价。"但是，票据行为具有无因性，票据行为效力不受基础交易关系的影响，除非存在《票据法》第十二条规定的恶意或者因重大过失取得票据的情形。本案中，工行鹤岗支行所取得的票据，记载事项齐全、背书连续，工行鹤岗支行支付相应的对价，原则上可以取得票据权利，除非有证据证明工行鹤岗支行取得票据存在恶意或者重大过失。民生银行与华融商贸公司认为，工行鹤岗支行在办理贴现手续时存在恶意或者重大过失，不能取得票据权利，但其原审中所提供的证据并不能证明工行鹤岗支行存在恶意或者重大过失，再审中提交的山西省运城市中级人民法院(2013)运中刑二初字第2号刑事判决亦存在瑕疵，不能达到证明目的。民生银行与华融商贸公司关于工行鹤岗支行因存在恶意或者重大过失不能取得票据权利的主张，缺乏证据证明，本院不予支持。

【案例来源】

中国裁判文书网，http://wenshu.court.gov.cn。

253 持票人通过连续的背书转让而享有票据权利，不应仅以其向出票人核对票据时出票人在该汇票上加盖"作废"印章就认定其失去效力

【关键词】

| 票据 | 背书转让 | 作废 | 票据效力 |

【案件名称】

天津市滨海新区鼎石贸易有限公司与宝塔石化集团有限公司票据付款请求权纠纷案［最高人民法院(2018)最高法民终569号民事判决书，2018.11.27］

【裁判精要】

最高人民法院认为：

一、关于出票人宝塔集团是否应当向案涉22570840、22570843、22570845、

22570846 商业承兑汇票持有人鼎石公司支付票面金额 2000 万元的问题

本院认为,票据付款请求权是指票据持票人向票据主债务人或者其他付款义务人请求按照票据记载的金额付款的一种票据权利。本案中,鼎石公司持有上述 22570840、22570843、22570845、22570846 的商业承兑汇票,可依据汇票向宝塔集团主张请求支付票据金额,宝塔集团应向鼎石公司支付票据金额 2000 万元。

第一,宝塔集团上诉称,鼎石公司提交的《债权转让协议》系鼎石公司伪造、变造。为此宝塔集团提交了内蒙古元利公司法定代表人马英文证人证言的公证书。本院认为,《民事诉讼法》第七十三条规定:经人民法院通知,证人应当出庭作证。有下列情形之一的,经人民法院许可,可以通过书面证言、视听传输技术或者视听资料等方式作证:(一)因健康原因不能出庭的;(二)因路途遥远,交通不便不能出庭的;(三)因自然灾害等不可抗力不能出庭的;(四)其他有正当理由不能出庭的。本案中马英文不属于证人可不出庭作证的情形,故马英文的证人证言不符合证人证言的形式要求,本院对其证明力依法不予认定。

第二,宝塔集团上诉称,鼎石公司与其前手之间没有真实的贸易关系,鼎石公司未能提供充分的证据证明其持有案涉汇票的合法性,应承担举证不利的法律后果。经查,内蒙古元利公司将上述前四张汇票背书转让给鼎石公司,双方当事人的背书连续完整,签章合法有效,符合《票据法》关于汇票背书有效的规定。另外,票据具有无因性,即使票据赖以发生的原因关系无效或者有瑕疵,也不会影响票据的效力,故宝塔集团的该项上诉理由不能成立。

第三,宝塔集团上诉称,鼎石公司以“做财务账”为由,从前手中骗取票据,其前手反复强调“该票据没有真实的贸易关系,本应退回宝塔集团”,并提交了内蒙古中创公司与内蒙古元利公司出具的《关于我方将票据转让给鼎石公司的说明》用以佐证,故鼎石公司属于《票据法》第十三条规定的“明知存在抗辩事由而取得票据”,应认定为无效。本院认为,前述说明系内蒙古中创公司与内蒙古元利公司单方出具,并无证据证明,且鼎石公司不予认可,故宝塔集团的该项上诉理由不能成立。

第四,宝塔集团上诉称,因鼎石公司与内蒙古元利公司缺乏真实的贸易关系,鼎石公司持有汇票的合法性不足,根据《票据法》第十八条的规定,鼎石公司仅享有一般民事权利,不享有票据付款请求权。本院认为,《票据法》第十八条规定:“持票人因超过票据权利时效或者因票据记载事项欠缺而丧失票据权利的,仍享有民事权利,可以请求出票人或者承兑人返还其与未支付的票据金额相当的利益。”本案中,鼎石公司并不存在法律规定的前述情形。故宝塔集团该项上诉理由不成立。

二、关于鼎石公司是否对 22570842 商业承兑汇票享有票据权利的问题

在本案庭审中,鼎石公司称,“当时我们是拿了 5 张票据过去,我们拿了一张(票号为 22570842 的商业承兑汇票)给他们核对的,他们就在一张票据加盖了‘作废’章”。宝塔集团亦陈述,“鼎石公司是通过司法人员找我们问的,是个人问的,不是动用的司法机关。这个票据是他们来核实真伪的,不是找我们承兑来的。当时他们只

拿出来一张。我们说已经作废了，才加盖的‘作废’章”。故无论鼎石公司或宝塔集团均认可“作废”章系鼎石公司向宝塔公司核对时宝塔公司私自加盖的。本院认为，票据记载情况应按法律和行业要求，否则不应发生《票据法》上的效力。票号为22570842的汇票，同案涉其他四张已经被一审法院认可的汇票一样，具备了法定的必要记载事项，无禁止记载事项，背书完整连续，符合《票据法》规定的票据形式和内容，该汇票合法有效，鼎石公司通过连续的背书转让方式依法对该汇票享有票据权利。一审法院仅以该汇票上有“作废”印章就认定其失去效力有误，应予纠正，故鼎石公司的该项上诉理由成立，本院予以支持。

【案例来源】

中国裁判文书网，http://wenshu.court.gov.cn。

254 票据转让未支付对价，且取得票据存在过失的，不享有票据权利

【关键词】

| 票据转让 | 支付对价 | 票据权利 |

【案件名称】

汕头经济特区龙信商贸发展公司与中国工商银行荆州市分行营业部汇票承兑纠纷案［最高人民法院（1998）经终字第123号民事判决书，1999.3.16］

【裁判精要】

最高人民法院认为：

和联房产公司经理黄钦池明知汇票的承兑付款人工行荆州营业部已宣布汇票作废，拒绝兑付票款，仍然背着工行荆州营业部将两张汇票背书转让给汕头龙信公司。依照《票据法》第三十六条的规定，和联房产公司应当对汇票背书后所产生的法律后果负责。《票据法》第十二条第二款规定：“持票人因重大过失取得不符合本法规定的票据的，也不得享有票据权利。”和联房产公司经理黄钦池将两张银行承兑汇票和两张汇票解讫通知交给汕头龙信公司经理廖家勋时，其中一张汇票和解讫通知从中间被撕成两半，并用透明胶纸粘贴而成，此汇票具有明显瑕疵。而汕头龙信公司经理廖家勋对明显有瑕疵的汇票在接收时不向汇票承兑行工行荆州营业部查询，盲目接收汇票，未尽到谨慎和注意义务，且根据《票据法》第十条规定“票据的签发、取得和转让，应当遵循诚实信用的原则，具有真实的交易关系和债权债务关系。票据的取得，必须给付对价，即应当给付票据双方当事人认可的相应的代价”的规定，持票人汕头龙信公司始终不能提供从和联房产公司取得票据时，其与和联房产公司之间具有真实的商品交易和债权债务关系的有关证据。汕头龙信公司虽然提供了

其与和联房产公司的购销合同和与河南省镇平神州玉雕厂的购销合同。但不能证明汕头龙信公司与和联房产公司具有真实履行购销合同的事实,也不能说明汕头龙信公司从河南省镇平神州玉雕厂购进的玉雕已卖给了和联房产公司。原审庭审后限期由汕头龙信公司举证,但该公司未能提供有效证据,原审调查收集证据时,也无法收集到有效证据。根据汕头龙信公司不能就其主张提供证据加以证实的事实,应当认定汕头龙信公司与和联房产公司在汇票背书转让时无相应的对价,汕头龙信公司所取得的两张银行承兑汇票不符合《票据法》的规定。故汕头龙信公司不能享有该两张银行承兑汇票的权利。

【权威解析】

(三)汕头龙信公司接收有瑕疵的汇票,应负有责任

《票据法》第十二条第二款规定:"持票人因重大过错取得不符合本法规定的票据的,也不得享有票据权利。"和联房产公司经理黄钦池将两张银行承兑汇票和两张汇票解讫通知交给汕头龙信公司经理廖家勋时,其中一张汇票和解讫通知从中间撕成两半,并用透明胶纸粘贴而成,此汇票具有明显瑕疵。而汕头龙信公司经理廖家勋对明显有瑕疵的汇票不查询汇票承兑行工行荆州营业部,盲目接收汇票,对此负有法律责任。此两张汇票已被宣布作废,且在揭阳有线电视台公告,汕头龙信公司对此视而不见,由此造成自己损失,应当自行承担。

(四)汕头龙信公司应承担不能举证的责任

《票据法》第十条规定,票据的签发、取得和转让,应当遵循诚实信用的原则,具有真实的交易关系和债权债务关系;票据的取得,必须给付对价,即应当给付票据双方当事人认可的相应的代价。持票人汕头龙信公司始终不能提供从和联房产公司取得票据时,其与和联房产公司之间具有真实的商品交易和债权债务关系的有关证据加以证明。原审调查收集证据时,也无法收集到有效证据。根据汕头龙信公司不能就其主张提供证据加以证实的事实,应当认定汕头龙信公司与和联房产公司在汇票背书转让时无相应的对价,汕头龙信公司所取得的两张银行承兑汇票不符合《票据法》的规定。汕头龙信公司虽然提供了其与和联房产公司的购销合同与河南省镇平神州玉雕厂的购销合同,不能证明其与和联房产公司具有真实履行购销合同的事实,也不能说明汕头龙信公司从河南省镇平神州玉雕厂购进的玉雕就一定真给了和联房产公司。票据虽然具有无因性,但也不是绝对的,票据的背书转让和取得,只有依照《票据法》的规定和条件才是合法的。汕头龙信公司对自己的诉讼请求和主张,不能提供证据加以证明,故汕头龙信公司的诉讼请求不能成立。[①]

---

① 参见吴庆宝:《票据转让无对价,本案票据不应予以兑付》,载最高人民法院经济审判庭编:《经济审判指导与参考》(第3卷),法律出版社2000年版,第290～291页。

【案例来源】

最高人民法院经济审判庭编:《经济审判指导与参考》(第 3 卷),法律出版社 2000 年版,第 282 ~ 288 页。

255 承兑行明知持票人不享有票据权利，贴现后又将大部分票款强行扣收旧贷，属恶意取得票据，不享有票据权利

【关键词】

| 贴现 | 恶意取得 | 票据权利 |

【案件名称】

中国建设银行股份有限公司常州分行、中国建设银行股份有限公司常州清凉路支行、中国农业银行股份有限公司常州天宁支行、交通银行股份有限公司常州分行与河北省永清县实业建材物资总公司、中国包装物资常州有限公司、中国银行股份有限公司廊坊分行票据纠纷案［最高人民法院（2008）民二提字第 25 号民事判决书，2009. 11. 19］

【裁判精要】

裁判摘要:建材公司与常州公司之间并无真实的购销合同关系,双方合谋订立虚假购销合同套现,故常州公司不享有票据权利。再审申请人为实现债权,明知建材公司、常州公司违规套现,仍违反银行结算制度受理了银行承兑汇票,并以扣贴现款或在汇票到期后,利用另行设立的账户强行扣贷的方式,将大部分票载款项扣收旧贷;受理汇票前明知常州公司不享有票据权利,受理后又将大部分票载款项强行扣收旧贷,从而转嫁金融风险,四申请再审人对恶意取得的票据,依法不享有票据权利。

最高人民法院认为:

建材公司与常州公司订立虚假购销合同,骗取银行承兑汇票,意图套取银行资金。建材公司起诉要求常州公司返还汇票,永清中行要求确认所签发汇票无效,不予解付票款,因四申请再审人作为票据持有人,与本案处理有法律上的利害关系,原审法院追加其为本案第三人参加诉讼,并未违反《民事诉讼法》的规定。对四申请再审人关于不应列其为本案第三人的再审请求,本院不予支持。

四申请再审人在接受建材公司、包装公司关于汇票贴现的咨询时,在明知两公司违规利用承兑汇票套取银行资金的情况下,仍利用本案所涉承兑汇票为各自谋取利益,其主观上不具有善意。

7524号银行承兑汇票票面有重大瑕疵,且记载的承兑期限超过6个月。为此,曾被常州建行营业部拒收。7524号银行承兑汇票票面有重大瑕疵,依法应认定该汇票为无效票据。

常州交行于汇票到期后,在常州公司票载款项被人民法院依法冻结的情况下,仍强行为常州交行朝阳办事处扣收逾期贷款,该行为不具有合法性,依法不予保护。

四申请再审人在受理银行承兑汇票后,银行承兑汇票尚未到期,永清中行分别以加急电报告知四申请再审人,常州公司与建材公司有伪造交易合同,骗取票据使用权的行为,请其不要受理票据;同时,永清县人民法院业已冻结常州公司在四申请再审人处的票据账户。四申请再审人并未终止其票据业务或采取相应的补救措施,而是兑付票载款项后,将绝大部分款项汇入常州公司临时开设的账户,尔后扣贷,仅有40万元进入常州公司在交行设立的被冻结票款账户。四申请再审人明知建材公司与常州公司违规套现,但为了实现清偿常州公司的旧贷,仍然违反银行结算制度受理了汇票,之后,又采用非法强行另开账户的方式扣贷,其违规实现自身利益的意图是很显然的,属转嫁金融风险的行为。

综上,建材公司与常州公司之间并无真实的购销合同关系,双方合谋订立虚假购销合同套现,故常州公司不享有票据权利。7524号银行承兑汇票票面有重大瑕疵,依法应认定为无效票据。常州建行营业部、常州城郊建行、常州城郊农行、常州交行为实现债权,明知建材公司、常州公司违规套现,仍违反银行结算制度受理了本案所涉7张银行承兑汇票,并以扣贴现款或在汇票到期后,利用另行设立的账户强行扣贷的方式,将大部分票载款项扣收旧贷,从而转嫁金融风险。四申请再审人取得票据不属善意,依法不享有票据权利。

【案例来源】

最高人民法院审判监督庭编:《审判监督指导》(总第29辑),人民法院出版社2010年版,第108~120页。

五、票据抗辩

256 票据债务人可以对不履行约定义务的与其有直接债权债务关系的持票人主张资金关系抗辩

【关键词】

| 票据债务人 | 持票人 | 资金关系抗辩 |

【案件名称】

青岛澳柯玛集团销售公司与中国银行利津支行票据兑付纠纷案［最高人民法院（2000）经终字第72号民事判决书，2000.5.31］

【裁判精要】

裁判摘要：澳柯玛销售公司和澳柯玛电器公司为利津物资公司的该融资向利津中行提供担保，并承诺利津中行有权直接扣收该两保证人的财产，从而将自己置于与出票人承担相同债务的一种连带债务人的地位上。在出票人利津物资公司未在到期日之前依照约定将相关资金划入付款人利津中行的账户上，而持票人澳柯玛销售公司仍然持汇票向付款人（承兑人）提示付款时，付款人利津中行可以以资金关系来行使抗辩权，拒绝承担相应的付款责任。

最高人民法院认为：

本案所涉九张银行承兑汇票，形式完备，各项必要记载事项齐全，符合《票据法》第二十二条及相关规定，应认定有效。为对本案所涉汇票进行承兑，利津物资公司与利津中行，利津物资公司、利津中行、澳柯玛销售公司、澳柯玛电器公司分别签订了《承兑契约》和《承兑保证协议》。利津中行依照承兑协议对本案所涉九张汇票予以承兑，同时又注明"不得转让"字样，实质上是为利津物资公司向澳柯玛销售公司购货提供融资。而澳柯玛销售公司和澳柯玛电器公司为利津物资公司的该融资向利津中行提供担保，并承诺利津中行有权直接扣收该两保证人的财产，从而将自己置于与出票人承担相同债务的一种连带债务人的地位上。利津中行正是以与澳柯玛销售公司之间存在的这一基础关系作为抗辩事由拒绝付款的。《票据法》第十三条第二款规定："票据债务人可以对不履行约定义务的与自己有直接债权债务关系的持票人进行抗辩。"在上述法律规定的情形出现时，票据当事人得以票据基础关系对抗票据关系。故在出票人利津物资公司未在到期日之前依照约定将相关资金划入付款人利津中行的账户上，而持票人澳柯玛销售公司仍然持汇票向付款人（承兑人）提示付款时，付款人利津中行可以以资金关系来行使抗辩权，拒绝承担相应的付款责任。按照《合同法》第九十九条关于"当事人互负到期债务，该债务的标的物种类、品质相同的，任何一方可以将自己的债务与对方的债务相抵销"的规定，利津中行行使上述抵销权有法律依据。澳柯玛销售公司的《退票说明》也表明双方达成对彼此之间的债务进行抵销的合意。澳柯玛销售公司在与利津中行的票据关系中止后又提起诉讼，显属不当。其有关"票据保证与贷款保证是两个法律关系，本案所涉贷款未贷出，澳柯玛销售公司即无保证责任"的上诉主张于法无据，本院不予支持。综上，原审认定事实清楚，判令驳回澳柯玛销售公司关于利津中行承担本案所涉汇票的付款责任的诉讼请求并无不当。

【权威解析】

票据抗辩事由一般分为物的抗辩和人的抗辩。虽然票据具有无因性，但在特定的票据债权人与债务人之间存在直接的民事权利义务关系时，允许票据债务人基于基础关系进行抗辩。这就是票据理论中所指的人的抗辩事由中的特定票据债务人对特定债权人的抗辩。……为了促进票据的流通，一般情况下，票据关系自成立时起即与资金关系相分离。但在一定情况下，票据当事人仍得以票据资金关系对抗票据关系，例如汇票承兑人在没有受领资金的情况下，虽不得以此为由对持票人拒绝付款。但在出现持票人为出票人的情形时，承兑人可以以出票人未给付资金为抗辩事由拒绝付款。澳柯玛销售公司与利津中行票据兑付纠纷上诉案的特殊性就在于，收款人也就是本案所涉汇票的持票人为出票人与付款人之间的承兑协议提供了连带保证，从而将自己置于与出票人承担相同债务的一种连带债务人的地位上。那么，在出票人利津物资公司未在到期日之前依照约定将相关资金划入付款人利津中行的账户上，而持票人仍然持汇票向付款人（承兑人）提示付款时，付款人当然可以以资金关系来行使抗辩权，拒绝承担相应的付款责任。①

【案例来源】

《中华人民共和国最高人民法院公报》2000 年第 4 期。

---

① 参见李国慧：《票据权利的特性以及付款人抗辩事由的界定——青岛澳柯玛集团销售公司与中国银行利津支行票据兑付纠纷上诉案》，载最高人民法院经济审判庭编：《经济审判指导与参考》（第 3 卷），法律出版社 2000 年版，第 328～329 页。

257 基于无效合同不负有支付款项义务的当事人可以对合同相对人行使基础关系的抗辩

【关键词】

| 无效合同 | 基础关系抗辩 |

【案件名称】

河北中储物流中心与河北金鲲商贸有限公司票据追索权纠纷案［最高人民法院（2011）民提字第227号民事判决书，2011.12.17］

【裁判精要】

裁判摘要：持票人在向银行请求支付票款时被拒付，其票据付款请求权未能实现，故转而向出票人请求支付票款、利息以及赔偿金，其行使的是票据追索权。依据2008年4月1日起施行的《民事案件案由规定》的规定，本案案由应定性为票据追索权纠纷。

最高人民法院认为：

二、关于本案当事人的责任认定

金鲲公司基于持票人的身份，向河北中储行使票据追索权，本案为票据纠纷。由于持票人与出票人为直接具有票据基础法律关系的当事人，故作为票据债务人的河北中储可以以票据基础法律关系对金鲲公司进行抗辩。本案中，当事人双方对于是否就第七笔货物处理购销合同法律关系存在争议，但无论是否成立该法律关系，由于双方签订的基础合同属于无效合同，该合同不具有可履行性，故双方依据该无效合同所约定的内容不受法律保护。换言之，河北中储无须承担给付第七笔合同项下出借资金的义务，相应地，其也无须履行票据付款义务。因此，金鲲公司关于其与河北中储之间有效成立第七笔货物的买卖合同法律关系、河北中储应给付相应货款的理由不能成立，金鲲公司以持票人身份请求判令河北中储履行票据义务没有事实和法律依据，不予支持。

【权威解析】

（二）本案基础法律关系的认定以及当事人之间的责任确定问题

基于票据无因性的法理，票据法律关系与基础法律关系相分离，一般情形下，票据法律关系当事人不能以基础关系进行抗辩。但我国规定的是相对无因性制度，即在票据法律关系当事人为直接具有票据基础法律关系的当事人的情形下，票据法律关系当事人可以以基础法律关系进行抗辩。本案中，由于持票人与出票人为直接具有票据基础法律关系的当事人，故作为票据债务人的河北中储可以以票据基础法律关系对金鲲公司进行抗辩。因此，能否支持河北中储基于基础法律关系进行的抗辩，关键取决于当事人之间成立的法律关系的性质以及效力认定问题，这应该说是本案争议的核心焦点问题。如果认定当事人之间成立的合同法律关系有效，则在卖方已经履行交货义务的情形下，买方有义务支付货款，故其应当继续履行交付货款的义务。由于其系以开具支票的形式交付货款，故在卖方无法实现第一位票据权利即票据付款请求权的情形下，对其行使第二位票据权利即票据追索权人民法院应予支持。如果认定当事人之间成立的合同法律关系无效，则由于无效的合同自始、绝对、根本无效，不具有可履行性，故应恢复合同订立前的原状，即在当事人一方或者双方已履行合同义务的情形下，应互返财产，赔偿损失。因此，买方无须履行合同约定的交付货款的义务，其票据义务也无须承担。①

【案例来源】

最高人民法院民事审判第二庭编：《最高人民法院商事审判指导案例 6·合同与借贷担保卷》，中国法制出版社 2013 年版，第 401～412 页。

258 商业承兑汇票收款人账号及开户银行填写颠倒，但该记载错误事项不影响对收款人的确认和票据效力

【关键词】

｜商业承兑汇票｜票据效力｜

【案件名称】

中信商业保理有限公司与国中医药有限责任公司票据纠纷案［最高人民法院（2015）民二终字第 134 号民事判决书，2015.10.26］

【裁判精要】

最高人民法院认为：

双方当事人均确认 00100061－20003860 商业承兑汇票收款人的账号及开户银行存在填写颠倒的问题，但该记载错误的事项并不属于汇票的绝对应记载事项，不影响对收款人的确认和票据自身的效力。国中医药公司主张案涉汇票出票时未填写出票日期，出票日期为实际出票后倒签，但其未提供充分证据予以证明。同时，虽然出票日期属于汇票的绝对应记载事项，但按照票据法的基本原理，记载的出票日

① 参见张雪楳：《票据纠纷及票据追索权纠纷的认定——申请再审人河北中储物流中心与被申请人河北金鲲商贸有限公司票据追索权纠纷再审案》，载最高人民法院民事审判第二庭编：《商事审判指导》（总第 29 辑），人民法院出版社 2012 年版，第 209 页。

期可以与实际出票日不一致而事后予以补记。只要当事人在主张票据权利时，出票日期有所记载，票据就具有完整性。故对于国中医药公司的该项抗辩理由，本院不予支持。

【案例来源】

中国裁判文书网，http://wenshu. court. gov. cn。

编者说明

我国《票据法》规定的票据上的记载事项较多，依据记载后所产生效力的不同，可以分为绝对应当记载事项、相对应当记载事项、可以记载的事项、不得记载的事项以及记载使票据或者票据行为无效的事项等。绝对应当记载事项，是指出票人必须在票据上作记载，否则该票据无效的事项。相对应当记载的事项，则是指出票人应当在票据记载，如果不记载，并不影响票据的效力，而依法律规定推定的事项。可以记载的事项，是指是否记载由出票人自己决定，一旦出票人记载即产生票据法上效力的事项。无意义的记载事项又称记载不生票据法上效力的事项，是指票据出票人可以在票据上记载的，但是不具有票据法上效力的事项，不过可能产生其他法律上的效力；或者不仅不能产生票据法的效力，也不能产生其他法上的效力，仅被视为未记载的事项。记载使票据无效的事项，则是指记载在票据上不仅不能产生票据法上的效力，也不能产生其他法上的效力，而且使票据本身无效的事项，又称为有害的记载事项。

259 票据上的签章与当事人预留印鉴及合法备案印章不一致并不等同于该签章系伪造，即使签章系伪造，在有其他证据证明该票据行为实质上仍系被伪造人所为或构成表见代理的情况下，被伪造人也应当承担票据责任

【关键词】

｜票据｜伪造签章｜表见代理｜票据责任｜

【案件名称】

江苏金坛建工集团有限公司与青海新茂祥物资有限公司及北京首开中拓房地产开发有限公司、宁夏金麦房地产开发有限公司、青海居易实业集团有限公司、中宅建设集团有限公司票据追索权纠纷案［最高人民法院（2018）最高法民终1223号民事判决书，2019. 5. 22］

【裁判精要】

最高人民法院认为：

本案二审争议的焦点问题为金坛公司是否应对案涉汇票承担票据责任。

根据已查明的事实和相关鉴定结论，可以认定案涉汇票背书上金坛公司的签章（包括财务专用章、法人人名章）与金坛公司预留印鉴及合法备案印章不一致。金坛公司据此主张其在案涉汇票上的签章系他人伪造，其对案涉汇票的出票、背书、转让均不知情，不应承担票据责任。本院认为，票据上的签章与当事人预留印鉴及合法备案印章不一致并不等同于该签章系伪造，即使签章系伪造，在有其他证据证明该票据行为实质上仍系被伪造人所为或构成表见代理的情况下，被伪造人也应当承担票据责任。就本案而言，案涉汇票签章及票据行为系金坛公司股东、项目负责人刘金和所为，该事实及相关情节使本院有理由确信金坛公司应当就案涉汇票承担票据责任。具体分述如下：

一、案涉票据是真实的。票号为001000632024××××，票面金额1500万元的商业承兑汇票出票人为首开公司，收款人为金坛公司，首开公司与金坛公司之间存在真实工程承包关系，前者签发票据时记载的收款人金坛公司的开户银行及账户真实无误，并且事后首开公司还出具《承诺书》承诺按期兑付案涉汇票，虽然最终首开公司拒付款项，但拒付理由为工程未完工，进一步证实了票据的真实性。金坛公司上诉主张一审对本案票据的基础事实和票据关系认定错误、未查明基本事实。本案关于票据基础法律关系和流转事实的证据充分，与当事人陈述能够相互印证，足以证明金坛公司与首开公司存在工程承包关系、新茂祥公司与中宅公司及居易公司存在借款关系，案涉汇票背书连续，流转过程合理合法，金坛公司无证据推翻上述事实。故一审法院对案涉汇票基础法律关系及流转事实认定清楚正确，金坛公司该项上诉理由不能成立。

二、根据双方当事人的陈述和举证，刘金和系金坛公司股东，与金坛公司存在直接关联，其同时又是首开公司与金坛公司之间工程项目的实际负责人、承包人，金坛公司虽然否认刘金和具有工程款结算的相关权限，但其并无充分证据证明存在其他人员或方式与首开公司结算工程款，并且金坛公司曾在一审中陈述刘金和系该工程收款具体经办人员，故可以认定刘金和有权处理该项目工程款的结算支付等事宜。另一方面，结合证人杨某的证言和新茂祥公司的陈述可知，银行工作人员杨某系通过金坛公司开户行预留的公司座机号码联系到金坛公司工作人员，该工作人员将金坛公司财务负责人李进的电话告知杨某，杨某联系李进后，李进又将刘金和的电话告知杨某，之后刘金和与新茂祥公司办理案涉汇票相关事宜并出具《证明》。可见，金坛公司接到新茂祥公司关于汇票背书人书写错误和要求开具证明的电话后，其对存在案涉汇票并不感到意外或反常，而是交由刘金和处理。基于以上因素，本院认为刘金和在本案中就金坛公司与首开公司该笔工程款而言，有权代表金坛公司收取案涉汇票及实施相关票据行为，即使其没有金坛公司的明确授权，也得到了金坛公司的默许或放任，其行为效力应当及于金坛公司。

三、本院进一步认为，即使刘金和无权代表金坛公司实施票据行为，其在本案中也构成表见代理，金坛公司仍然应对刘金和实施的票据行为承担票据责任。首先，一般而言,我们普遍有理由相信工程项目承包人和负责人有权进行工程款的结算支付,金坛公司虽然辩称工程款必须经过公司统一结算,但其并无证据,且其内部管理制度不足以对抗外部第三人。同时,新茂祥公司系通过银行工作人员以正常工作渠道联系到金坛公司进而联系到刘金和。故从刘金和的身份及金坛公司的后续行为来看,足以使刘金和具备表见代理的权利外观。其次,金坛公司知晓或应当知晓刘金和的行为,但并未否认或制止。如前所述,新茂祥公司及银行工作人员系通过金坛公司开户行预留的公司座机号码联系到金坛公司的,李进、刘金和分别作为金坛公司的财务负责人、项目负责人均已知晓此事,即应视为金坛公司知晓,而金坛公司当时并未表示反对或声明其并未授权刘金和。最后,新茂祥公司系善意持票人。新茂祥公司与前手中宅公司存在真实合法的债权债务关系,金坛公司并无证据证明新茂祥公司系恶意持票人。新茂祥公司并非直接从刘金和处获取票据,其是否知晓、何时知晓刘金和的身份和权限亦不影响对其善意的认定。

四、从公平原则和保护票据交易考虑,即使金坛公司完全不知情,确系刘金和个人伪造签章、冒领工程款、私自转让票据,也应由金坛公司承担责任为妥。首先,本案中金坛公司明显存在过错,或是对印章管理不善、财务流程不严,或是用人不察、监督不力,或是自身言行失当、处置失效,总之,是由于其自身原因使持票人有足够理由相信刘金和有权签章。若有过错的被伪造人不承担票据责任,而由无过错的持票人来承担不利后果,不符合公平原则。其次,应保护善意持票人的合法权益,尽量不因签章不符或伪造而轻易否定票据的信用职能,应结合其他证据和具体情况综合裁断,方能维护交易安全。再次,本案中,金坛公司作为案涉汇票的收款人和第一背书人,显然处于最易于防范签章伪造风险的位置,由其承担票据责任,可以督促被伪造人尽到适当的谨慎和注意,建立健全相关制度,防范票据风险。最后,金坛公司承担责任后,仍有权追究其股东刘金和的相关责任,仍有救济权利,且相较新茂祥公司而言更易实现。

上述四点理由是本院认定金坛公司应当承担票据责任的决定因素。此外,还有几点反面因素也在一定程度上影响了本院的认定,即金坛公司在本案中的行为表现使本院对其陈述的真实性产生疑虑,不敢免除其票据责任:1. 金坛公司主张其从未收到和转让过案涉汇票,汇票及《证明》上的财务专用章、法人人名章、公司公章均系伪造。但在面临此等巨额责任和印章全面被伪造、公司利益严重被侵害时,金坛公司却一直没有追究刘金和的责任,不符合被害人的正常反应,故本院无法确信金坛公司对此完全不知情。2. 刘金和作为票据行为的直接行为人、李进作为金坛公司财务负责人,均是本案重要证人,其证言对案件事实和责任承担具有重要影响。此二人均系金坛公司人员,但金坛公司并未申请其出庭作证,在新茂祥公司申请和法庭要求该二人出庭作证的情况下,金坛公司态度并不积极,故本院无法确信此二人会提供对金坛公司有利的证言。3. 本案经过原一、二审及发回重审一、二审,金坛公司在数次庭审中对刘金和身份这一基本事实的陈述存在前后不一致的情况,并且本案诉讼至今已近五年，金坛公司提交证据依然不完备、不规范甚至错漏，使本院对金坛公司在本案中的诉讼诚信和诉讼态度产生疑虑。

综上，本院认为金坛公司应当就案涉汇票承担票据责任。

【案例来源】

中国裁判文书网，http://wenshu.court.gov.cn。

六、票据背书

260 接收承兑汇票行为中，善意背书人基于可信赖表象可以认为相对人领取汇票的行为构成表见代理

【关键词】

｜承兑汇票｜善意背书人｜表见代理｜

【案件名称】

天津市长芦盐业总公司与中国铁路物资沈阳有限公司买卖合同纠纷案［最高人民法院（2015）民二终字第335号民事判决书，2015.11.20］

【裁判精要】

裁判摘要:基于表见代理制度的内容及目的,善意无过失的合同相对人,基于无权代理人在客观上形成的可信赖之表象,而与之所为的合理行为的法律后果,应当归属于被代理人。在长芦公司与建平公司存在长期密切往来的前提下,纵观涉案合同的签订方式、结合之前9750万元的两份合同的签订和履行方式,再考虑到《三方协议》期间的三方行为,足以制造出长芦公司委托了建平公司从事交易、代收货款等表象,基于此,已经完成了汇票背书付款的沈阳公司有理由相信建平公司有权代理长芦公司领取4900万元汇票,故认定长芦公司领取该汇票的行为构成表见代理。

最高人民法院认为:

长芦公司与沈阳公司之间签订的沈物营煤炭采长芦2013－01《产品购销合同》系基于双方真实意思表示而形成,内容并不违反法律法规强制性规定,为有效协议,合同双方均应如约履行相应的权利义务。关于建平公司接收沈阳公司承兑汇票的行为是否构成表见代理的问题。此问题是本案当事人争议的主要焦点。第一,无论是从庭审陈述还是长芦公司二审提交的证据均可反映出,长芦公司与建平公司在本案前即存在着常年的合作与交易,有着紧密经济往来,长芦公司亦是通过建平公司的一手经办而与沈阳公司签订了涉案合同,因此,基于双方对外所表现的关系,对于沈阳公司来说极易形成长芦公司与建平公司之间存在委托之表象。第二,当涉案货物交付后,长芦公司于2013年1月29日向沈阳公司出具了4900万元的增值税专用发票,沈阳公司亦于2013年1月29日将银行承兑汇票全称完整、字面清晰的背书给了长芦公司。与交付现金或银行汇款的支付方式不同,汇票票面的背书记载足以表

明沈阳公司在主观上具有足额、及时、明确的付款意愿,在客观上亦符合票据流转的法定要件,因此,沈阳公司在汇票付款的形式上不存在任何恶意或过错。对于沈阳公司将涉案汇票交付给建平公司的行为,必须考虑到在此前履行与涉案合同交易模式完全相同的2012年8月的两份共计9750万元的《产品购销合同》时,沈阳公司同样将已经背书给长芦公司的9750万元银行承兑汇票在无任何书面委托的前提下,交给了建平公司。此后,长芦公司从建平公司取得了转交的汇票并向沈阳公司出具了全额的收款收据,此次有效的转交行为进一步加深了沈阳公司对长芦公司与建平公司之间存在委托关系的信赖。因此,本案沈阳公司基于前期形成的信赖将涉案4900万元汇票再次交付给建平公司具有合理性,主观上不存在实质性的过错。第三,值得注意的是,包含涉案合同在内的两份《产品购销合同》的原约定总价款为8900万元,而无论是在《催款函》中显示还是在事实上查明,长芦公司均是开具了8400万元的增值税专用发票,而非8900万元。尽管增值税专用发票的开具不代表货款的收受,但依照长芦公司在二审庭审中一再表示对于货物数量变更以及价款变更均不知情的陈述,进一步可以确认8400万元增值税专用发票是长芦公司在知晓建平公司已经从沈阳公司取得8400万元的汇票后出具的,此事实也恰恰与张榕在公安机关的陈述相符合。第四,双方在涉案合同中明确约定,当涉案货物办理过户手续后,长芦公司在3日内向沈阳公司开具增值税专用发票,沈阳公司一次性用六个月银行承兑汇票付清货款。当沈阳公司将背书的银行承兑汇票交给建平公司又取得全额的增值税专用发票后,长芦公司却在张榕刑事犯罪案发前长达九个月的时间里从未提出过货款未付的异议。长芦公司的此消极行为进一步加强了沈阳公司对建平公司之前表见代理行为的确信。第五,必须指明的是,长芦公司不但没有提出未付款的异议,反而是在沈阳公司将涉案汇票交予建平公司后的第七个月即2013年7月份,再次与沈阳公司、建平公司合作,共同签署了《三方协议》。依据《三方协议》的内容,沈阳公司需要在建平公司依约支付6650万元后,第一时间将煤炭过户给长芦公司。而经过本院调查,此协议中约定由建平公司支付的6650万元,却全部来自于长芦公司,更与长芦公司在本案的诉讼主张矛盾的是,作为实际支付6650万元货款的一方,长芦公司却从未向沈阳公司主张过包括涉案货款在内的8400万元货款,亦未主张过抵销。因此,基于长芦公司对此前4900万元货款长期未提出异议,并继续与建平公司合作履行《三方协议》付款的行为,进一步向沈阳公司显示出其与建平公司之间相互信赖、相互合作、相互委托的关系。长芦公司与建平公司所再次表现出的密切关系,也再次让沈阳公司确认建平公司有权代为领取之前的4900万元汇票,也再次确认自己已经完成了支付涉案货款的事实。第六,结合沈阳公司的冷强、建平公司的王帆以及长芦公司的李熳(第一次)在公安机关的陈述,三人同时陈述了沈阳公司曾于2013年4、5月份左右向长芦公司索要过涉案货款收据的事实。尽管长芦公司在二审庭审中对于相关笔录的内容予以否认,但该三人在不同时间、不同地点所作出的相互吻合、相互印证的内容,加之此前认定的事实,能够令本院确认该三人所陈述的上述事实具有高度可能性。因此,在沈阳公司已经在《三方协议》签订前即已催要涉案收款收据的情形下,长芦公司却直至再次支付了6650万元后,仍然未向沈阳公司提出货款未付的主张,不仅明显有悖常理并且可以认为是对建平公司代为收款行为的默认。而令本院注意的是,长芦公司在张榕于2013年10月被公安机关因涉嫌诈骗罪刑事拘留之后,才于2013年11月1日向沈阳公司发出《催款函》,催要包含涉案货款在内的8400万元。长芦公司对其此种异常行为,仅以其信任国有企业为由予以解释明显过于牵强,不但难以令本院采信,更另本院怀疑其起诉之缘由。第七,《合同法》第四十九条对于表见代理作出了明确规定,即"行为人没有代理权、超越代理权或者代理权终止后以被代理人名义订立合同,相对人有理由相信行为人有代理权的,该代理行为有效"。本院认为,基于表见代理制度的内容及目的,善意无过失的合同相对人,基于无权代理人在客观上形成的可信赖之表象,而与之所为的合理行为的法律后果,应当归属于被代理人。在长芦公司与建平公司存在长期密切往来的前提下,纵观涉案合同的签订方式、结合之前9750万元的两份合同的签订和履行方式,再考虑到《三方协议》期间的三方行为,足以制造出长芦公司委托了建平公司从事交易、代收货款等表象,基于此,已经完成了汇票背书付款的沈阳公司有理由相信建平公司有权代理长芦公司领取4900万元汇票,在上述分析的综合考量下,本院认为,认定长芦公司领取该汇票的行为构成表见代理更具有合理性,亦更符合法律之本意。

【案例来源】

中国裁判文书网,http://wenshu.court.gov.cn。

261 出票人漏打收款人名称的个别文字,但能够证明主体唯一性的,背书具有连续性

【关键词】

|票据|收款人|主体唯一|背书连续|

【案件名称】

恒丰银行股份有限公司南通分行与兴业银行股份有限公司哈尔滨分行票据追索权纠纷案[最高人民法院(2017)最高法民终449号民事判决书,2017.12.28]

【裁判精要】

最高人民法院认为:

六、关于票号0010006222913791~795的5张票据背书是否连续问题

恒丰银行称,该5张票据收款人与实际收款人相差"国际"二字,仅凭两份书面

《说明》不能认定收款人唯一,其背书不连续。对此,出票人杭州瀚基实业有限公司与收款人宁波豪嘉利亚国际贸易有限公司都向兴业银行出具《说明》,证明票据主体的唯一性,票据唯一主体为宁波豪嘉利亚国际贸易有限公司。杭州瀚基实业有限公司与收款人宁波豪嘉利亚国际贸易有限公司与本案判决结果并无利害关系,两份《说明》相互印证,且出票人"漏打'国际'二字"的解释符合常理,故本院认定该5张票据收款主体唯一,票据背书具有连续性。

【案例来源】

中国裁判文书网,http://wenshu. court. gov. cn。

编者说明

关于票据当事人同一性的认定问题,有观点认为,为避免票据关系的混乱,应当坚持票据的文义性,对同一性的认识采绝对一致而不应采公认一致的标准,就是说,如果从票据的书面记载上无法确定为同一人,即使实质上是同一人,也应视为背书不连续。而多数观点则认为,此种情况下对背书同一性的判断应当取决于一般公众是否认可该简称的票据当事人与该全称的当事人的同一性。如果一般公众认可其同一性,背书就具有连续性;如果作为一般公众不能作出同一性的理解或者认识,则会导致背书不具有连续性。因此,在司法实践中实际上是赋予法官以自由裁量权,因为法官在具体审理案件时并不可能广泛地去征求一般社会公众对某一案件中票据背书是否具有同一性的判断,同时对社会一般公众也不可能规定一个明确的界定标准,所以更多的是根据法官的经验与阅历结合具体的案情进行判断。

262 汇票是否记载背书日期或背书日期与实际转让票据日期是否一致,不影响背书转让效力

【关键词】

|票据|背书日期|背书效力|

【案件名称】

中国农业银行白银市分行营业部与中国工商银行重庆市分行渝中支行两路口分理处等票据纠纷案[最高人民法院(2000)经终字第62号民事判决书,2000.5.24]

【裁判精要】

最高人民法院认为:

汇票属于要式证券,必须根据法律规定的相关记载事项来确定票据当事人的权利义务关系。《票据法》第二十九条第二款规定"背书未记载日期的,视为在汇票到期日前背书"。由此可见,背书日期属于相对必要记载事项,而非绝对必要记载事

项。在背书人背书转让汇票的过程中,绝对必要记载事项的欠缺,会导致被背书人丧失票据权利。而欠缺相对必要记载事项,则可根据法律规定来加以确定。因此,本案所涉汇票上是否记载背书日期抑或背书日期与实际转让票据的日期是否一致,均不影响背书转让的效力。

【案例来源】

最高人民法院经济审判庭编:《经济审判指导与参考》(第3卷),法律出版社2000年版,第462~471页。

编者说明

《最高人民法院关于中国农业银行武汉市分行硚口区支行与中国工商银行大理市支行、云南省大理州物资贸易中心银行承兑汇票纠纷一案的答复》(1998年11月4日,法经〔1998〕457号)认为:"本案汇票背书是在农行崇仁路办事处办理天天公司申请的汇票贴现时所作的转让背书,当时虽然只有背书人天天公司的签章,没有记载被背书人名称和背书日期,但其后已补记该办事处为汇票被背书人,且在背书转让上未涉及第三人,背书转让关系是明确的;由于背书日期未作记载,应视为在汇票到期日前背书,不影响背书的成立。"

263 背书日期记载早于汇票上所记载的出票日期,背书仍然有效

【关键词】

|背书日期|出票日期|背书效力|

【案件名称】

中国农业银行湖北省十堰市分行五堰办事处与中国建设银行武汉市省直支行等银行承兑汇票纠纷案[最高人民法院(1998)经终字第451号民事判决书,1999.10.21]

【裁判精要】

最高人民法院认为:

汇丰公司与建行营业部为处理双方的债权债务事宜于1991年6月21日签订的谈话纪要,系双方真实意思表示,内容不违反法律法规,应认定合法有效。汇丰公司于签订谈话纪要的当日即在原农行郧阳营业部开出的号码为X16078477的2000万元银行承兑汇票上背书,并将该汇票交付给建行营业部。X16078477号汇票上所记载的出票日期为1991年6月30日,但汇丰公司在同年6月21日即将该汇票交付给建行营业部的行为及建行营业部于同年6月25日向该汇票的出票行农行郧阳营业部发出的核对汇票真实性的电报,均表明该汇票的实际出票日期早于汇票记载的出票日期。汇丰公司在实际持有X16078477号银行承兑汇票后,将其背书转让给建行

营业部，虽然汇丰公司在汇票上所签注的背书转让日期早于汇票上所记载的出票日期，但该背书转让行为并不违反《票据法》关于背书连续的规定。再则，汇丰公司将汇票背书转让给建行营业部，建行营业部支付了相应的对价，农行郧阳营业部在对建行营业部向其发出的核对汇票真实性的电报回电时，仅要求建行营业部更换新式的汇票，并未对汇票的真实性提出异议，应认定汇丰公司向建行营业部背书转让汇票合法有效。农行五堰办事处关于建行营业部对汇丰公司转让汇票没有支付对价，汇丰公司转让 X16078477 号汇票之时农行郧阳营业部尚未出票，该汇票背书转让无效的上诉理由，因无事实与法律依据，本院不予支持。建行营业部在按照农行郧阳营业部的要求与汇票申请人郧阳农垦海口分公司到该营业部更换新式汇票时，因农行郧阳营业部无新式汇票，经三方协商，由郧阳农垦海口分公司将原汇票交给农行郧阳营业部，农行郧阳营业部开出一张户名为郧阳农垦海口分公司、金额为 2000 万元的定期存单，并由郧阳农垦海口分公司将该存单背书转让给建行营业部。农行郧阳营业部就此向建行营业部书面承诺，建行营业部凭定期存单换取新式汇票，如在原汇票到期日不能更换新式汇票，建行营业部可凭定期存单兑付。由此可见，建行营业部与农行郧阳营业部均无以存单权利取代汇票权利的意思表示，定期存单只是建行营业部向农行郧阳营业部换取新式汇票或主张汇票权利的凭据，即使该存单的转让因违反中国人民银行的有关规定而无效，亦不影响建行营业部主张其汇票权利，农行郧阳营业部应承担向建行营业部兑付 2000 万元汇票的责任。

【案例来源】

最高人民法院民事审判第二庭编：《中华人民共和国最高人民法院判案大系》（民商事卷－1998 年卷），人民法院出版社 2003 年版，第 1098～1102 页。

编者说明

票据出票以后才能进行背书转让，这是票据背书转让的一般情况，但是有时在票据实务中，由于种种原因，背书人在背书转让票据权利时，会将背书日期记载的早于票据的出票日期，有可能是因为背书人的笔误，也有其他原因，这就应当结合具体案情作合理的认定，不能简单地因此而认定票据背书行为无效。从理论上讲，票据的背书是一种附属票据行为，其前提与基础即是票据的出票行为的完成。从票据实务来看，一般情况下，出票人作成票据并将票据交付给收款人以后，收款人才能在票据上为背书行为，所以从现实可能性分析，背书日期也不可能早于出票日期。另外，背书日期的记载，其主要意义在于判断票据上的背书是期前背书还是期后背书，对是否早于出票日期的判断并无太大的意义。所以，一般情况下，如果票据上记载的背书日期早于出票日期的，应当作实际背书日期晚于出票日期的推定，这样处理既符合票据法理论与票据实务，也有利于保护善意持票人的票据权利，有利于票据流通。

264 背书人将空白背书票据交付他人，含有授权他人补充被背书人签章的意思表示

【关键词】

| 空白背书 | 授权补记 |

【案件名称】

杨娜欣与沈阳中茶园经贸有限公司一般借款合同纠纷案［最高人民法院（2014）民提字第96号民事判决书，2014.8.1］

【裁判精要】

最高人民法院认为：

我国法律并未禁止当事人以银行承兑汇票的交付作为履行还款义务的方式。从案涉空白背书汇票的交付过程看，杨娜欣与孟小帆在银行共同等待开出承兑汇票，在二人确信汇票真实无异议的情况下，杨娜欣明确表示"可以"，并催促抓紧联系贴现。孟小帆当场为中茶园公司出具了收条，该收条明确载明收到案涉空白背书用于偿还中茶园公司对孟小帆和对杨娜欣各1000万元借款。杨娜欣对此明知且未提出异议，表明其认可空白背书汇票交付时，中茶园公司已经履行了全部还款义务。虽然杨娜欣与孟小帆二人之间没有书面委托合同明示杨娜欣同意孟小帆接受中茶园公司的汇票作为其偿还债务的方式，但从本案一、二审查明事实和相关证人证言看，案涉《借款保证合同》是孟小帆代理杨娜欣与中茶园公司谈判形成；中茶园公司以汇票形式履行清偿债务的合同义务，杨娜欣与孟小帆二人亦予以认可，协同处理贴现事宜。该空白汇票实际由杨娜欣掌控，并通过其联系的舜宗公司完成贴现。在实际履行过程中，虽然《借款保证合同》未约定借款利息，但中茶园公司给孟小帆汇去贴现款60余万元，孟小帆将属于杨娜欣部分的利息73500元支付给了杨娜欣；案涉汇票贴现款首先转入孟小帆的关系公司，之后转给杨娜欣200万元。纵观本案各方从借款到交付空白背书汇票到杨娜欣自行联系贴现，指示舜宗公司将贴现款汇入虹馨麒公司账户，乃至杨娜欣收取部分贴现款及贴息的事实，本案已形成了以银行承兑汇票的形式偿还借款的完整证据链，能够证明杨娜欣明知并认可中茶园公司以银行承兑汇票的形式偿还借款。

《票据法》第三十一条第一款规定："以背书转让的汇票，背书应当连续。持票人以背书的连续，证明其汇票权利；非经背书转让，而以其他合法方式取得汇票的，依法举证，证明其汇票权利。"因此，《票据法》本身对于票据权利的转让并未限定在背书行为，未经背书的空白票据的交付仍然可以使持票人获取合法汇票权利。《票据纠纷解释》第四十九条规定："依据票据法第二十七条和第三十条的规定，背书人未记载被背书人名称即将票据交付他人的，持票人在票据被背书栏内记载自己的名

称与背书人记载具有同等法律效力。"根据上述法律规定,背书人将空白背书票据交付他人,就包含有授权他人补充被背书人签章的意思表示,实际持票人所作的记载,产生与背书人记载相同的法律效力。因此,在杨娜欣取得空白背书汇票时,完全有能力也有权利将自己或他人的名称记载于被背书人一栏,从而取得汇票权利。空白背书汇票的交付,发生了票据权利转让的法律效果。持票人将他人记载于被背书栏属于票据权利的让渡行使,票据权利实现的风险自其接受票据时发生转移。本案中,中茶园公司出具的汇票虽然未载明杨娜欣与孟小帆为收款人,但古汉方公司依据中茶园公司的指令,向孟小帆交付了收款人及背书人均为古汉方公司,被背书人空白的汇票和加盖公章的空白《委托书》。孟小帆和杨娜欣收取汇票时票据权利已经发生了转移,此后的背书及贴现行为即古汉方公司背书给晨润公司,晨润公司背书给闽赢公司,闽赢公司与宁波银行股份有限公司签订《商业汇票贴现合同》,将汇票贴现,均是杨娜欣和孟小帆找到贴现人后填写的背书内容。委托书填写的贴现收款人为孟小帆朋友所有的虹馨麒公司。孟小帆在虹馨麒公司收到该笔贴现款后,承认收到中茶园1000万元,并支付给杨娜欣200万元。票据关系和基础关系相独立是票据法上的重要原则,但该原则是为了保障票据的顺利流通,维护正常的市场交易秩序。本案中,杨娜欣、孟小帆、汇票上载明的各个主体对于背书、被背书只是为了实现该汇票的贴现系明知,故在此种情形下不存在需要强调票据关系和各个基础关系相独立的情形。杨娜欣及孟小帆二人亦明知并认可中茶园公司以银行承兑汇票的形式来偿还借款。本案中茶园公司空白背书汇票的交付及载有偿债内容收条的签收,表明中茶园公司借款债务履行的完成。

【案例来源】

中国裁判文书网,http://wenshu.court.gov.cn。

编者说明

空白背书,又称无记名背书、不完全背书或者略式背书,是指不记载被背书人的姓名或者名称,仅由背书人在票据上签章的背书。与完全背书一样,空白背书的日期等任意记载事项是否记载也是由背书人决定,并不影响背书行为的效力,但是一经记载即可发生票据上的效力。实践中空白背书的应记载事项仅有背书人签章一项,其任意记载事项则与完全背书相同。依空白背书记载事项的不同,可以分为票据上有表示转让的意思即背书文句的记载而不记载被背书人的姓名或者名称的空白背书,以及在票据上没有表示转让的背书文句的记载也没有被背书人姓名或者名称记载而仅有背书人签章的空白背书两大类。空白背书票据再转让的方式可以有:(1)单纯依交付而转让,即空白背书票据的持票人不在票据空白处作任何补充,而直接将空白背书票据交付转让,持票人以此种方式转让票据的,因其未在票据上签章,故无须承担票据背书人的责任。(2)再依空白背书转让,即空白背书票据的持票人再以空白背书方式将票据转让给他人,此种方式极为方便,持票人只需要签章于票据即可以完成票据权利的转让,由于各国票据立法和票据实践都规定,基于空白背书方式转让票据的，后一空白背书中的背书人视为前一空白背书中的被背书人，因此，背书中被背书人一栏内的空白并不必然影响背书的连续性。(3)依完全背书转让，即持票人可以不受前手空白背书的影响，完全按照完全背书的方式将票据再转让给他人，但并不将前手空白背书变更为完全背书。(4)变更为完全背书以后再转让，即空白背书票据的持票人可以在被背书人空白处记载自己或者他人的姓名或者名称后，再以完全背书的方式转让；当持票人记载自己为被背书人时，该空白背书票据即变成以持票人为被背书人的完全背书票据，再转让时可通过记名背书或者空白背书的方式进行；如果记载他人为被背书人时，该空白背书票据即变更为以他人为被背书人的完全背书票据，此时持票人只需要将该票据直接交付给其所记载的他人即可以发生票据权利的再转让，而此时原空白背书的持票人与依单纯交付转让的持票人一样，无须承担票据上背书人的责任，因为其自己未在票据上签章，不是票据上记载的票据当事人，自然不负有背书人的责任。

265　票据粘单的第一记载人未在粘单的骑缝线上签章，应确认粘单不生票据上的效力

【关键词】

｜票据粘单｜签章｜

【案件名称】

中国农业银行白银市分行营业部与中国工商银行重庆市分行渝中支行两路口分理处等票据纠纷案［最高人民法院（2000）经终字第62号民事判决书，2000.5.24］

【裁判精要】

最高人民法院认为：

粘单是票据背书用纸的延长，根据《票据法》第二十八条第二款有关“粘单上的第一记载人应当在汇票和粘单的粘接处签章”的规定，为防止票据与粘单相分离或被伪造等情形的出现，如果粘单的第一记载人未在粘单的骑缝线上签章，即应确认粘单不生票据上的效力。在本案所涉两张汇票的粘单上，工行两路口分理处均在背书人一栏签章，但在骑缝线上签章的主体却是二轻公司，故应认定本案所涉汇票的粘单不生粘单效力。审查本案所涉两张汇票的背书情况，由于涂销系票据当事人故意所为，并不影响背书的连续，可以根据票据所记载的事项确定本案所涉汇票的最后持票人是工行两路口分理处。农行白银营业部以本案所涉汇票的有关记载事项违反《票据法》的有关规定作为拒绝承担付款责任的抗辩事由之一，于法无据，本院不予支持。

【案例来源】

最高人民法院经济审判庭编：《经济审判指导与参考》（第3卷），法律出版社

2000 年版,第 462 ~471 页。

266 “背书不得附有条件”之“条件”通常并不包含《票据法》第三十四条所规定的“不得转让”记载

【关键词】

| 背书 | 附条件 | 不得转让 |

【案件名称】

苏州新区新裕汽车服务有限公司、中国工商银行股份有限公司苏州高新技术产业开发区支行与中国民生银行股份有限公司总行营业部票据追索权纠纷案［最高人民法院（2009）民提字第 74 号民事判决书，2009. 11. 25］

【裁判精要】

最高人民法院认为:

根据《票据法》第十条第二款、第三十一条之规定,票据持有人支付了相应对价并能够以背书的连续证明其票据权利的,即享有请求付款人按期付款的权利。该案中,民生总行营业部在接受葡之京公司票据贴现时未按相关规定审查可以证明签发票据真实贸易背景的书面材料,不影响其票据权利。虽然,该票据背面有“本票不得转让”之记载,但因该记载缺少记载人签章,且二申请再审人无充分证据证明葡之京公司经办人在办理贴现业务时曾告知民生总行营业部上述“本票不得背书转让”内容系由出票人新裕公司记载,故二申请再审人主张该营业部明知贴现申请人与其前手存在抗辩事由而仍受让票据,事实依据不足。葡之京公司在贴现协议中虽与民生总行营业部明确约定背书时不得附加任何条件,但根据《票据法》第三十三条规定有关“背书不得附有条件。背书时附有条件的,所附条件不具有汇票上的效力”之规定,法律并不禁止票据当事人为不具汇票上的效力的附条件背书行为,而且,《票据法》第三十三条所规定的“背书不得附有条件”之“条件”通常并不包含《票据法》第三十四条所规定的“不得转让”记载,因此,二申请再审人主张民生总行营业部根据贴现协议有关贴现不得附条件的约定即应推知前述“本票不得背书转让”之记载不可能由葡之京公司所作,理由不足。相反,基于《支付结算办法》所倡导的出票人应在票据正面记载“不得转让”的交易习惯,民生总行营业部有理由相信前述背书栏中“本票不得背书转让”之记载不是出票人新裕公司所作。虽然,民生总行营业部通过逐一询问票据前手等方式可能查清该未附当事人签章的“本票不得背书转让”内容的真实记载人,但该营业部在支付贴现款受让票据时并无此种法定查询义务。新裕公司在真实交易未实际发生前即签发票据,又不按交易习惯进行票据记载导致最终未能如愿防止票据流通,对因此造成的损失理应由其自行承担,该公司有关其不熟悉票据业务因而不知如何正确进行票据记载的辩解，缺乏法律依据。

【案例来源】

最高人民法院民事审判第二庭编:《最高人民法院商事审判指导案例·金融卷》，中国法制出版社 2011 年版，第 66～78 页。

七、票据贴现纠纷

（一）票据贴现纠纷法律适用

267 票据贴现合同纠纷的法律适用

【关键词】

| 票据贴现合同 | 法律适用 |

【案件名称】

宁波银行股份有限公司深圳分行与中国民生银行股份有限公司广州分行票据追索权纠纷案［最高人民法院（2017）最高法民终229号民事判决书，2017.5.25］

【裁判精要】

最高人民法院认为：

其一，本案案由为合同纠纷，并非票据追索权纠纷，本案应依据《转贴现合同》的约定确定利息计算标准。《转贴现合同》第五条B款第4项约定："……乙方违反此约定，由乙方支付甲方上述商业承兑汇票本金和该汇票金额自到期日或提示付款日起至清偿日止，按日万分之五计算的利息。"该约定系当事人真实的意思表示，法律并未禁止当事人约定利息支付标准，应尊重合同当事人的意思自治。其二，汇票金额日万分之五的计算标准，按一年365天计算，即年利率为18.25%，并未过高。故一审法院确认宁波银行深圳分行应向民生银行广州分行支付汇票金额4亿元及相应迟收利息（以4亿元为基数自2015年12月14日起按日万分之五计算至实际清偿之日止），并无不当。宁波银行深圳分行关于应以中国人民银行规定的企业同期流动资金贷款利率标准计算迟收利息的上诉理由不成立，本院不予支持。

《转贴现合同》第六条B款第2项约定："未履行本协议规定的其他义务给甲方造成损失的，应赔偿甲方由此而发生的一切实际损失，包括但不限于《票据法》第七十条的费用，应涵盖律师费、公证费等追偿费用。"虽然该约定与《票据法》第七十条有关费用不包含律师费的规定不符，但《票据法》第七十条的规定并非强制性法律规定，基于尊重合同当事人的意思自治，该约定合法有效。依据该约定，对民生银行广州分行主张的律师费应予以保护。

【案例来源】

中国裁判文书网,http://wenshu. court. gov. cn。

(二)票据贴现认定

268 银行工作人员违规操作,但申请贴现人有理由相信收取汇票行为是代表银行的职务行为的,银行应当承担责任

【关键词】

| 票据贴现 | 职务行为 |

【案件名称】

河北利达矿材有限公司与中国民生银行股份有限公司石家庄和平西路支行(原中国民生银行石家庄分行和平西路支行)票据损害赔偿纠纷案[最高人民法院(2014)民提字第00002号民事判决书,2014. 6. 6]

【裁判精要】

最高人民法院认为:

二、关于渠源清的行为是否为职务行为

根据查明的事实,民生银行和平西路支行为与利达公司之间建立业务联系,曾由行长王珊带领客户经理渠源清,到利达公司进行联络协调。后利达公司在民生银行和平西路支行开立了账户,民生银行和平西路支行经上级行批准,同意在2004年4月27日至2005年4月27日的一年期限内,给予利达公司8000万元的贴现额度。2004年4月27日至8月5日,利达公司先后在民生银行办理了9笔贴现业务,其中8笔的贴现凭证上均有王珊、渠源清的签名。由此可见,民生银行和平西路支行与利达公司之间已经建立了长期的贴现业务联系,并通过经办人员渠源清实际办理了多笔贴现业务。2004年8月3日,渠源清为办理贴现业务而从利达公司取走案涉的500万元汇票,从交易惯例和渠源清的身份上看,可以认定渠源清的行为是代表民生银行和平西路支行的职务行为。利达公司基于渠源清作为民生银行和平西路支行客户经理的特殊身份,以及渠源清此前已经代表民生银行和平西路支行为利达公司办理了多笔贴现业务的事实,亦有理由相信渠源清的行为是职务行为。民生银行和平西路支行主张,利达公司是委托渠源清个人代为办理票据贴现业务,但没有提供利达公司和渠源清个人之间存在委托合同关系的证据,从之前的交易情况看,利达公司和渠源清之间也不存在职务行为之外的业务联系,故对民生银行和平西路支行

的该项主张本院不予支持。渠源清从利达公司取走案涉的汇票后，民生银行和平西路支行当天即出具了查询书，对该汇票的真实性进行了查询，由此证明民生银行和平西路支行已经按照贴现业务流程实际受理了利达公司的贴现申请，同时，也进一步佐证了民生银行和平西路支行对渠源清职务行为的认可。至于民生银行和平西路支行收到了利达公司的汇票后，其客户经理渠源清利用民生银行内部的管理漏洞，违规操作，将汇票转出并在其他行办理了贴现，则是民生银行和平西路支行与其工作人员之间的内部关系以及渠源清个人涉嫌犯罪的问题，并不能改变渠源清代表民生银行和平西路支行收受汇票的行为属于职务行为的性质认定。

民生银行和平西路支行主张，渠源清取得诉争汇票前，曾在建设银行为利达公司办理了 DB/0101265964 号汇票的贴现手续，利达公司也于 2004 年 7 月 30 日取得了贴现款，2004 年 8 月 3 日，利达公司将诉争汇票交给渠源清时，已知晓 DB/0101265964 号汇票并非在民生银行办理，其没有理由当然相信渠源清收取汇票的行为是职务行为。本院认为，民生银行和平西路支行收取了利达公司的汇票后，如何具体办理贴现，属于银行内部的工作流程问题，非利达公司所能掌控和即时知晓。本案中，没有证据证明利达公司在 2004 年 8 月 3 日将诉争汇票交给渠源清时，已知晓 DB/0101265964 号汇票并非在民生银行贴现的，民生银行和平西路支行关于利达公司对此明知的主张证据不足。渠源清违规操作，民生银行和平西路并未取消其客户经理的身份，在此情形下，利达公司基于对渠源清身份的信赖，以及此前与民生银行和平西路支行之间的交易情况，有理由相信渠源清收取汇票的行为是代表民生银行和平西路支行的职务行为。

民生银行和平西路支行主张，利达公司只给了渠源清票据，未提供《贴现申请书》《贴现协议》及其与前手的交易合同和增值税发票等材料，意味着其明知渠源清通过职务行为无法办理贴现，渠源清取得案涉汇票的行为不是履行工作职责的职务行为。利达公司对此予以否认，辩称向渠源清提供了办理贴现的其他相关材料。本院认为，因渠源清下落不明，该项事实现已无法查证。但以渠源清出具的收据上仅注明收到了汇票，而未记载其他材料为据，并不能必然得出利达公司未向渠源清提供其他材料的结论。渠源清在出具收据时，为简便起见，仅记载最重要、最具经济价值的汇票，不再一一罗列其他不具有唯一性和重要经济价值的相关材料，亦符合常理。从交易实践看，渠源清为案外人河北神邦矿业有限公司出具的类似收据上也仅记载收到了汇票，未记载收到了办理贴现所需的其他材料，但事实上河北神邦矿业有限公司的汇票后来成功办理了贴现，亦即渠源清除收到了汇票外，实际上也收到了其他相关材料，只是未在收据上一一记载而已。况且，即便利达公司未提供《贴现申请书》等相关材料，民生银行和平西路支行也仅能要求利达公司予以补充，并在利达公司不予补充时拒绝办理贴现，但并不能改变渠源清代表民生银行和平西路支行已经从利达公司收取了案涉汇票这一事实。故此，民生银行和平西路支行的该项主张亦不能成立。

【案例来源】

中国裁判文书网,http://wenshu. court. gov. cn。

269 票据转贴现过程中仅进行清单交易，均未见到银行承兑汇票原件，真实意思并非贴现，而是资金融通行为

【关键词】

| 票据转贴现 | 清单交易 | 资金融通 |

【案件名称】

吉林环城农村商业银行股份有限公司与恒丰银行股份有限公司青岛分行合同纠纷案［最高人民法院（2017）最高法民终 965 号民事判决书，2017. 12. 25］

【裁判精要】

最高人民法院认为：

第一,恒丰银行青岛分行应当偿还涉案款项及利息。

1. 关于涉案《银行承兑汇票转贴现合同》的法律性质认定及责任承担问题

首先,涉案《银行承兑汇票转贴现合同》应认定为资金融通行为。本案中,恒丰银行青岛分行与环城农商行虽采用了银行业关于票据转贴现的格式合同文本签订《银行承兑汇票转贴现合同》,并约定了票款支付、票据背书等相关内容,但实际未按照合同约定进行涉案票据贴现。在交易过程中,双方仅进行了清单交易,均未见到银行承兑汇票原件,双方签订的《代保管协议》约定由恒丰银行青岛分行代为保管涉案银行承兑汇票,但恒丰银行青岛分行称其从未持有涉案银行承兑汇票,而环城农商行在未审核涉案银行承兑汇票原件,票据权利也未经背书转让的情况下,即支付银行承兑汇票贴现款,双方的交易行为与票据转贴现的交易流程不符。由此,双方涉案交易的真实意思并非涉案《银行承兑汇票转贴现合同》所载明的银行承兑汇票转贴现,而是资金融通行为。

其次,恒丰银行青岛分行应承担返还本金及利息的责任。根据上述分析,环城农商行与恒丰银行青岛分行之间的交易实为资金融通,鉴于环城农商行向恒丰银行青岛分行实际支付了涉案款项,一审判决按照《合同法》关于借款合同的相关规定,判令恒丰银行青岛分行返还本金,并按照双方实际履行的利息标准支付利息,符合本案事实和法律规定。恒丰银行青岛分行依据其与浙江稠州商业银行股份有限公司的《银行承兑汇票转贴现合同》等证据,主张其为资金通道行,不应承担还款责任,又依据上述证据提起诉讼,作为权利人向浙江稠州商业银行股份有限公司追索票据贴现款,其另案主张与其本案所称的仅为资金通道行的抗辩理由自相矛盾。恒丰银

行青岛分行没有提交环城农商行知晓其为资金通道以及环城农商行与他人存在权利义务关系相关证据，其主张不应承担还款责任的上诉理由没有事实依据，不能成立。

【案例来源】

中国裁判文书网，http://wenshu.court.gov.cn。

270 银行在申请人无基础交易背景情况下对其尚未持有的银行承兑汇票进行贴现的，构成事实借贷关系

【关键词】

| 银行承兑汇票 | 贴现 | 借贷关系 |

【案件名称】

广州市商业银行越秀支行与中国农业银行岳阳市云溪支行、广州名鑫实业发展有限公司、珠海协利租赁有限公司侵权纠纷案［最高人民法院（2008）民二终字第3号民事判决书，2008.11.7］

【裁判精要】

裁判摘要：根据中国人民银行《支付结算办法》的规定，汇票持票人申请银行贴现，应当持有未到期的商业汇票，且持票人应当向贴现银行证明其与出票人、前手之间具有基础关系，即真实的交易关系和债权债务关系。商业银行在申请贴现人无基础交易背景的情况下对其尚未持有的银行承兑汇票进行贴现，不符合上述规定，系严重地违反商业银行操作规范的违规行为，商业银行与申请贴现人之间不构成票据法意义上的银行承兑汇票贴现关系，双方之间的法律关系系事实上的无书面借款合同的借贷关系。

最高人民法院认为：

中国人民银行《支付结算办法》第九十三条规定："符合条件的商业汇票的持票人可持未到期的商业汇票连同贴现凭证向银行申请贴现。贴现银行可持未到期的商业汇票向其他银行转贴现，也可向中国人民银行申请再贴现。贴现、转贴现、再贴现时，应作成转让背书，并提供贴现申请人与其直接前手之间的增值税发票和商品发运单据复印件。"根据该规定，持票人申请银行贴现，应当持有未到期的商业汇票，且持票人应当向贴现银行证明其与出票人、前手之间具有基础关系，即真实的交易关系和债权债务关系。农行云溪支行在名鑫公司无基础交易背景的情况下对该公司尚未持有的4500万元银行承兑汇票进行贴现不符合上述规定，系严重违反商业

银行操作规范的违规行为，其与名鑫公司之间不构成票据法意义上的银行承兑汇票贴现关系。在本案中，名鑫公司与农行云溪支行之间的法律关系系事实上的无书面借款合同的借贷关系。名鑫公司对农行云溪支行为其尚未持有的4500万元银行承兑汇票进行了贴现的事实予以认可，其应当偿还农行云溪支行支付的44009550元及银行同期贷款利息。

【案例来源】

最高人民法院民事审判第二庭编：《最高人民法院商事审判裁判规范与案例指导》（第一卷），法律出版社2010年版，第755～762页。

编者说明

司法实践中对于票据贴现的性质还存在着较大的争论，也是导致各地法院裁判标准不一的原因所在。根据中国人民银行《贷款通则》的有关规定，票据贴现是指贷款人以购买借款人未到期的商业票据的方式发放贷款。也就是贷款人根据中国人民银行规定的贴现利率，按票据票面所记载的金额，在扣除贴现利息后，以贷款方式付出票据对价而获得票据权利。而根据《商业汇票贴现与再贴现管理暂行办法》的规定，则是将票据贴现界定为商业汇票的持票人在汇票到期以前，为了取得资金而向金融机构贴付一定的利息，将票据权利转让给金融机构的票据行为，是持票人向金融机构融通资金的一种方式。本案的裁判意见认为，商业银行在申请贴现人无基础交易背景的情况下对其尚未持有的银行承兑汇票进行贴现的，属于事实上的无书面借款合同的借贷关系。

271 票据贴现只是具体融资方式，实际为借款关系，票据贴现是各方通谋虚伪行为，所涉民事行为无效，贴现人主张票据权利不予支持

【关键词】

| 票据贴现 | 借款关系 | 通谋虚伪行为 |

【案件名称】

中国民生银行股份有限公司南昌分行与上海红鹭国际贸易有限公司票据追索权纠纷案［最高人民法院（2017）最高法民终41号民事判决书，2017.12.27］

【裁判精要】

最高人民法院认为：

一、民生银行南昌分行与有色金属公司在本案中的真实意思表示是借款

首先，根据已生效828号刑事判决所认定的事实，本案商业承兑汇票开立、贴现源于正拓公司对民生银行南昌分行负有7000余万元的逾期贷款未还。基于此，同为正拓公司与有色金属公司实际控制人的罗利钢，向民生银行南昌分行金融市场部

副总经理严东军提出，由有色金属公司向红鹭公司购买阴极铜，有色金属公司以商业承兑汇票形式支付货款，再由红鹭公司持该票据向民生银行南昌分行申请贴现，罗利钢并承诺会确保红鹭公司将所得贴现款用于归还正拓公司的逾期贷款。之后，上述协商过程经双方操作实际发生，正拓公司所欠民生银行南昌分行的逾期贷款已用本案票据贴现款归还，其余贴现款亦被罗利钢实际使用。为实现上述协商事宜，民生银行南昌分行还向有色金属公司单笔授信本案票据票面金额的商业承兑汇票贴现额度。可见，民生银行南昌分行与有色金属公司在本案中的真实意思表示是借款，并且双方约定所借款项必须保证归还正拓公司所欠民生银行南昌分行逾期贷款，票据贴现只是双方商定的具体融资方式。其次，本案原一审中，民生银行南昌分行系依《民法通则》及《合同法》规定，以借款合同纠纷案由提起本案诉讼，请求有色金属公司和红鹭公司支付民生银行南昌分行垫付的资金。该事实表明，民生银行南昌分行亦认为其与有色金属公司之间实为借款关系。再次，有色金属公司的法定代表人罗利钢不论是在案涉刑事案件中还是在本案诉讼中，一直主张本案是先有逾期贷款再有票据贴现，其与民生银行南昌分行之间就是借新还旧的借款关系，而且亦陈述双方之前的借贷都是以与本案相同的票据贴现方式进行。而罗利钢这一陈述与原审判决认定的2012年9月14日，民生银行南昌分行与正拓公司及有色金属公司之间签订《商业汇票贴现协议》后所发生的以票据贴现方式融资的事实相印证，可以证明罗利钢所述有事实依据。最后，生效的828号刑事判决亦认定有色金属公司及罗利钢在本案中的行为属于以欺骗手段骗取银行贷款，给银行造成特别重大损失，其行为已构成骗取贷款罪。据此，根据上述双方当事人协商过程、事实发生结果、诉讼中双方陈述以及生效刑事判决的认定，民生银行南昌分行与有色金属公司之间在本案中的实际法律关系应为借款关系，票据贴现只是双方商定的具体融资方式。

二、本案票据活动是各方通谋虚伪行为，所涉民事行为无效，民生银行南昌分行主张本案票据权利依法不应支持

本案中，有色金属公司的法定代表人罗利钢为达到向民生银行南昌分行借款之目的，在与该行协商以票据贴现形式借款并保证以所借款项归还正拓公司逾期贷款的同时，亦与红鹭公司总经理房绪庆协商，由正拓公司、有色金属公司分别与红鹭公司签订无实物交割的阴极铜连环贸易合同，红鹭公司将钱款转手并从中赚取差价。罗利钢与民生银行南昌分行及红鹭公司商妥后，各方即开始实施并在同一天完成了上述协商的所有事宜，即2012年12月28日早晨，有色金属公司的法定代表人罗利钢与其公司员工，及民生银行南昌分行员工严东军等人先一同前往红鹭公司，由红鹭公司在没有真实交易内容的《阴极铜购销合同》、有色金属公司开立的商业承兑汇票、《贴现宝合作协议》《贴现申请表》等一系列材料上盖章。之后，民生银行南昌分行员工立即携带上述材料赶回该行办理贴现手续。当日下午，民生银行南昌分行将贴现款转入红鹭公司账户，红鹭公司在扣除其所述的差价款后将余款全部转入正拓公司在民生银行南昌分行开立的账户，民生银行南昌分行即扣划收回了正拓公司所

欠的逾期贷款。上述行为中，首先，有色金属公司与民生银行南昌分行均明知本案票据开立、贴现及系列合同签订的真实意思表示是借款，只是就民生银行南昌分行而言，其上述行为的主要目的在于能够实现正拓公司归还其逾期贷款，而有色金属公司的目的则除了用该笔借款归还正拓公司的逾期贷款外，还能够再继续获得一部分借款以解决其资金困难问题。其次，对于红鹭公司而言，虽按其所述，其系出于赚取差价签订了案涉合同及相关文书，红鹭公司并不知晓有色金属公司与民生银行南昌分行借新还旧、转嫁风险的真实意图，但是红鹭公司至少明知其与正拓公司、有色金属公司分别签订的《阴极铜购销合同》没有真实交易内容。故对于本案票据的签发、取得和转让不具有真实的交易关系，红鹭公司账户收到的票据贴现款的用途亦并非用于向正拓公司支付票据项下《阴极铜购销合同》的货款，有色金属公司、民生银行南昌分行、红鹭公司均属明知。三方虽然明知本案票据项下无真实交易关系，但出于不同真实目的，相互合谋实施了该票据行为，属于通谋虚伪行为。因此，本案票据活动是各方伪装行为，所掩盖、隐藏的真实行为实际是借款。根据《民法通则》第五十五条规定及2017年10月1日起施行的《民法总则》第一百四十六条规定，民事法律行为应当意思表示真实，行为人与相对人以虚假的意思表示实施的民事法律行为无效，以虚假的意思表示隐藏的民事法律行为的效力，依照相关法律规定处理。据此，本院对本案通谋虚伪的票据活动所订立的《阴极铜购销合同》及其《补充协议》、《贴现宝合作协议》、《贴现申请书》、《担保合同》，均确认无效。虽然上述票据活动所涉合同均因属各方伪装行为而应认定为无效，但是，民生银行南昌分行持有的本案票据在形式上符合《票据法》第二十二条规定，应属有效票据。只是，由于民生银行南昌分行取得该票据，系出于实现正拓公司能够归还所欠其逾期贷款的目的，而在明知该票据的签发、转让均无真实交易关系的情况下，与有色金属公司及其法定代表人罗利钢以通谋虚伪行为取得。而且，为取得该票据，作为有色金属公司和正拓公司的开户行，民生银行南昌分行亦在明知有色金属公司并不具有支付该票据项下款项能力的情况下，为其单笔授信了该票据票面金额的贴现额度，而本案票据贴现占用的亦正是该贴现额度。因此，民生银行南昌分行取得本案票据属于《票据法》第十二条第一款及《票据纠纷解释》第十五条第（二）项规定的以非法手段取得的情形，据此，民生银行南昌分行依法不得享有票据权利。退一步说，即便民生银行南昌分行享有票据权利，但因其在取得票据时，明知票据债务人红鹭公司与出票人有色金属公司之间并无真实的交易关系，因此，红鹭公司以此抗辩其不应承担本案票据义务，亦符合《票据法》第十三条第一款"票据债务人不得以自己与出票人或者与持票人的前手之间的抗辩事由，对抗持票人。但是，持票人明知存在抗辩事由而取得票据的除外"的规定，依据《票据纠纷解释》第十五条第（三）项规定，对于红鹭公司的抗辩，本院应予以支持。

三、本案应按虚假意思表示所隐藏的真实法律关系处理

本案中，民生银行南昌分行与有色金属公司之间通谋虚伪行为隐藏的真实意思

表示是借款,因此双方之间形成的真实法律关系应是借款关系。由于双方之间的借款为其真实意思表示,且不违反法律和行政法规的禁止性规定,该借款行为应属有效。民生银行南昌分行通过票据贴现形式向有色金属公司借出款项时,在扣除了部分借款利息后,实际借出款项为104438888.89元。根据《合同法》第二百条"借款的利息不得预先在本金中扣除。利息预先在本金中扣除的,应当按照实际借款数额返还借款并计算利息"的规定,本案的借款本金应为104438888.89元。本案诉讼中,民生银行南昌分行认可有色金属公司已经归还了4490万元,加上民生银行南昌分行已扣划的1919.70元,有色金属公司尚欠借款本金为59536969.19元。故有色金属公司应当向民生银行南昌分行归还上述欠款本金及利息。

四、关于红鹭公司的责任问题

首先,基于民生银行南昌分行不享有本案票据权利或红鹭公司关于不应承担票据责任的抗辩理由成立,红鹭公司不应承担本案票据责任。其次,民生银行南昌分行、有色金属公司、红鹭公司签订的《贴现宝合作协议》因属三方通谋虚伪意思表示而应认定为无效合同,合同无效后,红鹭公司应将基于罗利钢的承诺而收取有色金属公司的款项返还给该公司,双方之间就该款项的返还可另行依法解决。最后,红鹭公司对于有色金属公司不能归还本案借款不应承担责任。本案借款系民生银行南昌分行与有色金属公司之间主动协商发生,且借款实际发生的前提是民生银行南昌分行向有色金属公司提供了本案借款金额的授信额度,民生银行南昌分行作为有色金属公司的开户行,明知有色金属公司的资信状况,在此情形下,民生银行南昌分行对向有色金属公司出借款项后,该款不能归还的风险,应自行承担。红鹭公司在本案中的行为,仅是属于配合民生银行南昌分行与有色金属公司实现以票据贴现方式借款的目的,而通过红鹭公司的行为,民生银行南昌分行与有色金属公司均实现了各自的目的,当然红鹭公司亦收取了其所述的价差。但是,红鹭公司在本案中的行为与本案借款不能归还的风险之间并无因果关系。本案借款不能归还,完全是由于民生银行南昌分行出于自己目的的考虑,在未尽基本审查义务的情形下出借款项造成,风险应由其自行承担。

五、关于罗利钢、陶慧君应承担的责任

本案民生银行南昌分行与有色金属公司之间的真实意思表示是借款,票据活动系各方虚假意思表示,因此,罗利钢、陶慧君分别与民生银行南昌分行签订的《担保合同》,约定为主债权《贴现宝合作协议》及《贴现申请表》提供担保,亦为双方虚伪意思表示,其真实意思表示是为民生银行南昌分行向有色金属公司的借款提供担保。故虽然上述《担保合同》无效,但基于罗利钢、陶慧君对有色金属公司本案借款提供担保的意思表示真实,因此,罗利钢、陶慧君应当按其承诺对有色金属公司的本案债务承担连带保证责任。……

综上,本案票据活动为各方通谋虚伪行为,所涉相关合同应认定为无效,民生银行南昌分行主张本案票据权利不应予以支持。本案票据活动虚假行为隐藏的真实意思表示是民生银行南昌分行与有色金属公司之间的借款关系，该借款关系及罗利钢、陶慧君为该借款提供连带责任保证，均属各方真实意思表示，应属有效。有色金属公司获得案涉借款后，尚欠59536969.19元未还，故民生银行南昌分行上诉请求有色金属公司、罗利钢、陶慧君应对该欠款本金及其正常银行利息承担责任的理由成立，本院予以支持。本案借款系民生银行南昌分行与有色金属公司之间出于各自目的主动协商发生，民生银行南昌分行在明知有色金属公司资信状况下向该公司提供借款，应对该借款未能归还的风险自行承担责任。红鹭公司在本案中的行为与该借款的发生及还款不能的风险无因果关系，不应对此承担民事责任。红鹭公司关于其不应承担案涉借款的还款责任的上诉理由成立，本院予以支持。原审判决关于本案《贴现宝合作协议》《贴现申请书》为有效合同、民生银行南昌分行是本案票据的合法权利人、刑事判决不影响民生银行南昌分行行使票据权利、红鹭公司应对本案票据承担支付责任，以及有色金属公司与罗利钢、陶慧君不承担本案借款利息责任的认定，均属适用法律不当，本院予以纠正。

【案例来源】

中国裁判文书网，http://wenshu.court.gov.cn。

编者说明

本案裁判认为，票据活动为各方通谋虚伪行为，所涉相关合同应认定为无效，当事人基于无效合同主张票据权利无事实和法律依据。票据活动虚假行为隐藏的真实意思表示是当事人之间的借款关系，该借款关系相关保证的约定，均属各方真实意思表示，应属有效。

本案二审判决后，民生南昌分行向最高人民法院申请再审，最高人民法院再审审查予以驳回，并认为："票据行为具有无因性，但该无因性并不是绝对的，如果持票人取得票据的过程存在违法性则丧失票据权利。本案中，不仅民生银行南昌分行知晓前手红鹭公司取得票据不是用于真实交易，而且民生银行南昌分行贴现亦明知是为了发放贷款的目的。根据《票据法》第十三条第二款关于'以欺诈、偷盗或者胁迫手段取得票据的，或者明知有前列情形，出于恶意取得票据的，不得享有票据权利'的规定，原判决认定民生银行南昌分行不享有票据权利，而只能向有色金属公司主张还款责任，本院对此不持异议。根据《民法总则》第一百四十六条关于'民事法律行为应当意思表示真实，行为人与相对人以虚假的意思表示实施的民事法律行为无效，以虚假的意思表示隐藏的民事法律行为的效力，依照相关法律规定处理'的规定，本案通谋虚伪的票据活动所订立的《阴极铜购销合同》及其《补充协议》、《贴现宝合作协议》、《贴现申请书》、《担保合同》均为无效。故民生银行南昌分行关于原判决适用法律确有错误的再审请求，不符合《民事诉讼法》第二百条第（六）项规定的情形，本院不予支持。"①

---

① 参见最高人民法院（2018）最高法民申4623号民事裁定书（2018.10.19），载中国裁判文书网，http://wenshu.court.gov.cn。

最高人民法院在安阳市铁路器材有限责任公司、邯郸市团亿物资有限公司与安阳市铁路器材有限责任公司、邯郸市团亿物资有限公司等票据返还请求权纠纷、返还原物纠纷申请再审案中认为:"安阳铁路公司通过支付对价600余万元从王兵处取得案涉汇票的行为,实质上是一种票据买卖或贴现,根据相关法律规定,该票据买卖和票据贴现行为属非法。因此,安阳铁路公司既未通过背书转让合法取得票据,亦没有通过合法的票据交付而取得票据,安阳铁路公司对于案涉票据的持有不具有合法的根据。"①

《全国法院民商事审判工作会议纪要》(2019年11月8日,法〔2019〕254号)第一百条明确,贴现行的负责人或者有权从事该业务的工作人员与贴现申请人合谋,伪造贴现申请人与其前手之间具有真实的商品交易关系的合同、增值税专用发票等材料申请贴现,贴现行主张其享有票据权利的,不予支持。对贴现行因支付资金而产生的损失,按照基础关系处理。

272 以开具商业承兑汇票方式进行融资,应依据案件事实确定用资人并依过错确定责任

【关键词】

|商业承兑汇票|实际用资人|过错责任|

【案件名称】

招商银行股份有限公司重庆上清寺支行、重庆市能源投资集团公司与德恒证券有限责任公司欠款纠纷案[最高人民法院(2004)民二终字第206号民事判决书,2009.9.27]

【裁判精要】

最高人民法院认为:

1. 本案的非法融资主体

首先,从招行认可的由其2004年3月25日出具给建投公司的承诺函来看,该承诺函记载:"贵公司在我行的商业承兑汇票贴现授信额度2000万元,该票据贴现后进行委托理财。"从承诺函可以看出,招行在通过贴现取得商业承兑汇票之前,对于建投公司开出承兑汇票的目的是明知的,即知道建投公司开出商业承兑汇票的目的并不是为了正常的交易支付行为。招行自己也认为"建投公司实际上是占用了招行的资金六个月,六个月后再归还占用资金"。此外,综合5000万元资金流入德恒公司的过程,以及招行的参与程度,可以认定招行对于建投公司和长存公司之间不存在真实交易关系,融出资金后由德恒公司使用是明知和积极作为的。

① 参见最高人民法院(2014)民申字第2060号民事裁定书(2015.3.31),载中国裁判文书网,http://wenshu.court.gov.cn。

其次,2003年12月12日和2004年3月25日,招行和建投公司签订商业承兑汇票贴现合同,金额分别为3000万元和2000万元,同日建投公司将约定金额的商业承兑汇票开给长存公司,长存公司向招行申请贴现。招行向建投公司进行汇票查询,建投公司对其开出的汇票进行了确认。建投公司亦承认其与长存公司之间没有真实的交易关系。此外,按照长存公司张柯的证言,为开具汇票签署的产品购销合同、申请银行贴现等事宜均是由建投公司的人员办理,相关的贴现文件也全部交予建投公司。建投公司承认开具涉案的商业承兑汇票共得到100万元的收益。招行出具给建投公司的承诺函中亦表明"票据贴现后进行委托理财"。因此,长存公司虽由招行指定,资金流入德恒公司的方式亦由招行和德恒公司操作,但是建投公司出具其信用额度,向与自己没有真实交易关系的长存公司开具商业承兑汇票,票据贴现后进行委托理财,是整个非法融资关系的重要环节。

招行融出资金后交由德恒公司使用,德恒公司向招行支付了贴现利息和手续费,向建投公司出具信用额度的收益。德恒公司承诺自己是实际用资人。并在德恒公司被宣告破产后,德恒公司管理人确认的招行债权金额为56632420.17元。

综上所述,本案在事实上是招行、德恒公司和建投公司三方共同参与的融资行为:德恒公司支付融资成本借入资金,建投公司得到利益使用其授信额度开具商业承兑汇票,招行为得到贴现利息贴现融出资金。为了完成融资行为,当事人在法律形式上以商业承兑汇票的方式实施。因此,对建投公司提出的本案融资主体仅为招行和德恒公司的主张,以及招行提出的融资主体仅为建投公司和德恒公司的主张,本院不予支持。

2. 关于不能偿还资金损失承担的问题

……本案中,德恒公司作为实际用资人,应首先由德恒公司承担5000万元的还款责任。建投公司在无真实交易关系的情况下开出商业承兑汇票,违反《票据法》第十条第一款"票据的签发、取得和转让,应当遵循诚实信用的原则,具有真实的交易关系和债权债务关系"的规定,依据《票据法》第一百零七条应承担相应的民事责任。招行作为非法融资行为的付款行,其参与了非法融资的全过程。按照当时的约定,招行是协助建投公司收回承兑资金。因此,对于德恒公司不能偿还的资金造成的损失,应由招行和建投公司分担,即建投公司承担德恒公司不能偿还资金二分之一的赔偿责任。

【案例来源】

最高人民法院民事审判第二庭编:《金融案件审判指导》(增订版),法律出版社2018年版,第533~541页。

273 民间票据贴现实质为资金融通方式，属于背书转让以外的其他转让方式，权利人无须以背书连续证明其票据权利

【关键词】

| 票据贴现 | 背书转让 | 票据权利 |

【案件名称】

银川利丰物资贸易有限公司与石嘴山瑞恒源商贸有限公司票据返还请求权纠纷案［最高人民法院（2014）民二终字第17号民事判决书，2014.8.21］

【裁判精要】

裁判摘要:本案票据纠纷因民间贴现行为引发,争议的焦点问题是本案争议汇票的归属问题,以及如何确定本案票据转让活动的双方当事人。民间票据贴现行为,其实质为民间资金融通的一种方式,在转让方式上,属于除"背书转让"以外的其他转让方式,故权利人无须以"背书连续"证明其享有票据权利。本案中,受让方足额支付了贴现款后取得了汇票,证明涉案汇票应归其所有,举证充分,应予支持。此外,关于利丰公司是否是交易相对方的问题,也是本案争议问题,其与第三人之间的委托关系事实清楚,其向本案中的汇票受让方主张票据贴现款依据不足。

最高人民法院认为:

本案二审审理的争议焦点问题是利丰公司请求瑞恒源公司返还本案诉争汇票或赔偿票面损失1000万元,并赔偿利息损失437万元、经营损失573万元,其主张是否有事实和法律依据。

本案票据纠纷系由双方当事人从事涉案商业汇票贴现、转让行为而引发,其交易的本质是民间借贷、融通资金活动。本案一、二审查明的事实表明,刘玉保、丁玉祥等人得知强艳容可办理汇票贴现,遂决定将其持有银行承兑汇票交予强艳容贴现,并委托丁玉祥、蔡英、王占军等具体办理。在交票、付款时,按照强艳容的安排,由强艳容委派的绳德斌带丁玉祥等人到瑞恒源公司办理。丁玉祥、王占军、蔡英均不认识马慧,在交易当天仍认为其是与强艳容进行交易。在此次交易之前,刘玉保、丁玉祥找强艳容办理过类似汇票贴现,应当知道彼此交票、付款的操作方式及其风险。在马慧给强艳容付款过程中,从填写转账支票到去银行办理转账,蔡英一直在现场,并与丁玉祥保持联系。丁玉祥也与强艳容电话联系转款事宜,强艳容谎称让其在营业部等待,丁玉祥亦轻信了强艳容的承诺。上述事实证明,从与强艳容联系,到等待强艳容转款,利丰公司始终是与强艳容进行汇票贴现交易。后因强艳容违反其转款承诺,致使利丰公司没有收到贴现款。原审认定利丰公司联系汇票贴现的相对方是强艳容,符合本案的实际情况。利丰公司上诉主张其交易的相对方是瑞恒源

公司，因证据不足，本院不予采纳。

瑞恒源公司在与强艳容转让汇票时，核验了票据真伪，得到强艳容关于其合法持有汇票、无挂失止冻等书面保证，并依约向强艳容支付了2200万元票款，且没有证据证明在其取得汇票时存在恶意或重大过失的情形。因此，依据《票据法》第十条、第十二条的相关规定，瑞恒源公司已依法取得了案涉票据，并享有了票据权利。原审判决确认涉案银行承兑汇票归瑞恒源公司所有，适用法律并无不当，应予维持。利丰公司诉请瑞恒源公司返还该汇票或赔偿其相应损失，没有事实和法律依据，本院不予支持。

【案例来源】

中国裁判文书网，http://wenshu. court. gov. cn。

编者说明

《全国法院民商事审判工作会议纪要》(2019年11月8日，法〔2019〕254号)第一百零一条明确，票据贴现属于国家特许经营业务，合法持票人向不具有法定贴现资质的当事人进行“贴现”的，该行为应当认定无效，贴现款和票据应当相互返还。当事人不能返还票据的，原合法持票人可以拒绝返还贴现款。在民商事案件审理过程中，发现不具有法定资质的当事人以“贴现”为业的，因该行为涉嫌犯罪，应当将有关材料移送公安机关。民商事案件的审理必须以相关刑事案件的审理结果为依据的，应当中止诉讼，待刑事案件审结后，再恢复案件的审理。案件的基本事实无须以相关刑事案件的审理结果为依据的，人民法院应当继续审理。此外，根据票据行为无因性原理，在合法持票人向不具有贴现资质的主体进行“贴现”，该“贴现”人给付贴现款后直接将票据交付其后手，其后手支付对价并记载自己为被背书人后，又基于真实的交易关系和债权债务关系将票据进行背书转让的情形下，应当认定最后持票人为合法持票人。

(三)贴现人过错及责任

274 贴现行重大过失，指在办理贴现时违反法律、行政法规和业务规则，应当知道申请人具有违法取得票据情形而未发现

【关键词】

| 贴现行 | 重大过失 |

【案件名称】

衡水银行股份有限公司与江苏紫金农村商业银行股份有限公司票据追索权纠纷案［最高人民法院（2017）最高法民再116号民事判决书，2017. 9. 25］

【裁判精要】

最高人民法院认为：

一、一审、二审法院认定紫金农商银行是案涉票据权利人是否错误

《票据法》第三十一条规定：以背书转让的汇票，背书应当连续。持票人以背书的连续，证明其汇票权利；非经背书转让，而以其他合法方式取得汇票的，依法举证，证明其票据权利。前款所称背书连续，是指在票据转让中，转让汇票的背书人与受让汇票的被背书人在汇票上的签章依次前后衔接。本案中，讼争票据背面及粘单上背书人栏的签章依序是易泰公司、轩立公司、拓闽公司、紫金农商银行，对应的被背书人名称依序是轩立公司、拓闽公司、紫金农商银行、人行南京营管部，最后由紫金农商银行加盖结算专用章委托收款。《中国人民银行关于完善票据业务制度有关问题的通知》（银发〔2005〕235 号）第二条规定：票据质押时，应按票据法的有关规定作成质押背书；主债务履行完毕，票据解除质押时，被背书人应以单纯交付的方式将质押票据退还背书人。本案中，紫金农商银行将讼争票据向人行南京营管部办理了质押回购再贴现。回购期满，人行南京营管部以单纯交付的方式将案涉票据返还给紫金农商银行。因此，现紫金农商银行提交的讼争票据前后背书连续，其最后以单纯交付方式取得案涉票据，可以证明其合法持票人身份。

《票据法》第十二条规定：以欺诈、偷盗或者胁迫等手段取得票据的，或者明知有前列情形，出于恶意取得票据的，不得享有票据权利。持票人因重大过失取得不符合本法规定的票据的，也不得享有票据权利。由该规定可见，尽管票据具有无因性，但对于该条规定的取得票据情形，《票据法》并不认可持票人合法持票人身份，持票人不能享有票据权利。因此，票据具有无因性并非表明人民法院不应审理持票人取得票据的手段是否合法的事实。

根据中国人民银行颁发的《商业汇票承兑、贴现与再贴现管理暂行办法》第十八条、《票据管理实施办法》第十条以及银发〔2005〕235 号《关于完善票据业务制度有关问题的通知》第一条的规定，在接受贴现申请时，贴现行应审查交易合同、增值税发票或普通发票等能够证明贴现申请人与出票人或者直接前手之间具有真实的交易关系和债权债务关系的证据。上述规定的目的，是为了防止贴现申请人以违法手段取得票据、骗取贴现行的贴现款，扰乱金融秩序，增加金融风险。对于贴现行而言，其取得票据是否具有重大过失，应指其在办理贴现业务时是否违反了相关法律、行政法规和业务规则的规定，未尽审核义务，导致其应当知道贴现申请人具有《票据法》第十二条规定的违法取得票据的情形而未能发现。本案中，当事人并无充分证据证明拓闽公司是以《票据法》第十二条规定的违法或者恶意方式取得票据，是非法持票人。紫金农商银行作为贴现行，依据前述规定审核了基础交易合同、发票。其审核过程中虽存在瑕疵，但上述瑕疵尚不足以证明其存在应审核出拓闽公司是非法持票人而未能审核出的重大过失，因此，在紫金农商银行进行了必要审核并支付了

贴现款,通过支付合理对价方式取得票据的情形下,应认定其为案涉票据的合法持票人,享有票据权利。原审法院认为,因票据具有无因性,且法律并未规定贴现应审查基础法律关系是否真实,因此,基础法律关系真实与否,并不影响贴现行的票据权利人的身份认定,该表述存在错误,应予纠正。本案中,尽管接受贴现和签订贴现协议的主体是紫金农商行迈皋桥支行,但实际支付贴现款和在票据上进行签章的主体是紫金农商银行。紫金农商银行关于该行分支机构是接收办理贴现业务的窗口、实质作为贴现主体的是总行的解释具有合理性。基于票据文义性,票载权利人应为紫金农商银行而非紫金农商行迈皋桥支行。

【案例来源】

中国裁判文书网,http://wenshu. court. gov. cn。

编者说明

最高人民法院在晋商银行股份有限公司与孝义市凯通煤焦有限公司及山西金桃园煤焦化集团有限公司、山西焦炭集团国内贸易有限公司票据返还请求权纠纷再审案中亦认为,贴现银行是否存在重大过失,判断标准并不是基础关系的真实与否,而是贴现时,贴现银行是否尽到法定的审查义务,中国人民银行的部门规章、行业规定中关于贴现银行审查的要求,可以作为其是否具有重大过失的判断标准。①

275 票据贴现人已尽审查义务,不存在重大过失并支付相应对价的,享有票据权利

【关键词】

| 票据贴现 | 重大过失 | 票据权利 |

【案件名称】

中国农业银行白银市分行营业部与中国工商银行重庆市分行渝中支行两路口分理处等票据纠纷案[最高人民法院(2000)经终字第62号民事判决书,2000.5.24]

【裁判精要】

最高人民法院认为:

本案所涉两张银行承兑汇票,形式完备,各项必要记载事项齐全,符合《票据法》第二十二条及相关规定,应认定为有效票据。对此,本案各方当事人也均无异议。

---

① 参见最高人民法院(2016)最高法民申2199号民事裁定书(2016.9.29),载中国裁判文书网,http://wenshu. court. gov. cn。

票据的无因性决定票据关系一经产生即与基础关系相分离。重庆有色公司与创意公司之间、创意公司与二轻公司之间是否存在有效的买卖关系,属于票据基础关系的范畴。持票人(即本案的贴现人)工行两路口分理处只需要证明其所持有的两张汇票的必要记载事项齐全、其取得汇票的票据关系合法成立,没有义务对其前手取得票据的基础关系是否合法有效负责。《票据法》第十二条第二款规定:"持票人因重大过失取得不符合本法规定的票据的,不得享有票据权利。"二审查证事实证明,工行两路口分理处已经按照中国人民银行颁布的《商业汇票承兑、贴现与再贴现管理暂行办法》第十九条、《支付结算办法》第九十三条有关"持票人申请贴现时,须提交贴现申请书、经其背书的未到期商业汇票、持票人与出票人或其前手之间的增值税发票和商品交易合同复印件"的规定履行了必要的审查义务,并且曾就汇票真实性问题向农行白银营业部进行过查询,在得到肯定的答复后方办理相关的贴现手续。由此,持票人工行两路口分理处在取得票据时履行了必要的审查义务,并不存在重大过失的情形,且支付了对价。农行白银营业部关于工行两路口分理处取得本案所涉汇票时未履行必要的审查义务、属于重大过失取得票据的上诉理由没有事实依据,本院不予支持。

【案例来源】

最高人民法院经济审判庭编:《经济审判指导与参考》(第3卷),法律出版社2000年版,第462~471页。

276 贴现银行按约对汇票真实性进行了实质性审查,对交易合同及增值税发票等相关资料进行了必要的形式审查,应视为尽到审查和注意义务

【关键词】

|票据贴现|实质性审查|形式审查|

【案件名称】

山煤国际能源集团忻州有限公司与中国民生银行股份有限公司南通分行票据追索权纠纷案[最高人民法院(2017)最高法民终218号民事判决书,2018.3.23]

【裁判精要】

最高人民法院认为:

(一)关于民生银行南通分行在办理案涉贴现业务过程中是否存在重大过失的问题

首先,从国建公司的代理行为来看,国建公司在民生银行南通分行办理的案涉

2.3亿元票据贴现业务过程中,在票据背书栏进行签章的同时,均明确载明了“系受山煤忻州公司的委托,由代理人国建公司代理贴现”,符合此前民生银行南通分行、山煤忻州公司、国建公司三方签署的《票据代理贴现业务合作协议》中关于“山煤忻州公司授权国建公司办理票据贴现的全部手续,由国建公司以其名义代理山煤忻州公司作为票据持有人在贴现的票据上签章,并应当在票据上表明其代理关系”的明确约定,亦符合《票据法》第五条第一款关于“票据当事人可以委托其代理人在票据上签章,并应当在票据上表明其代理关系”的规定,故国建公司的代理行为应认定为合法有效。其次,从民生银行南通分行的审查行为来看,中国人民银行《商业汇票承兑、贴现与再贴现管理暂行办法》第十九条规定“持票人申请贴现时,须提交贴现申请书,经其背书的未到期商业汇票,持票人与出票人或其前手之间的增值税发票和商品交易合同复印件”,本案中,由于此前三方签署的《票据代理贴现业务合作协议》明确约定国建公司与山煤忻州公司系代理与被代理关系,并未特别约定民生银行在受理国建公司贴现申请时须审查国建公司提交的交易合同及增值税发票的真实性,因此根据民生银行南通分行原审提交的《商业承兑汇票查询书》《买方贴息票据贴现凭证》《煤炭供需合同》以及山西增值税专用发票等证据材料可以看出,民生银行南通分行在办理国建公司贴现申请时,对汇票真实性进行了实质性审查,对交易合同及增值税发票等相关资料进行了必要的形式审查,应视为尽到了审查和注意义务,符合三方协议的约定内容,亦未违反中国人民银行《商业汇票承兑、贴现与再贴现管理暂行办法》等相关规定。最后,从山煤忻州公司主张的前后两次各2.3亿元贴现业务的关联性来看,由于国建公司已经履行前一次2.3亿元贴现业务的付款义务,民生银行南通分行并未提出相应诉讼请求,且山煤忻州公司未举证证明民生银行南通分行与国建公司在前后两次各2.3亿元贴现业务中,存在恶意串通损害山煤忻州公司的行为,因此山煤忻州公司提出的前一次2.3亿元票据贴现业务办理情况不属于本案审查范围。综上,山煤忻州公司关于民生银行南通分行在办理案涉贴现业务过程中存在重大过失的上诉主张没有相关证据予以支持,本院不予支持。

【案例来源】

中国裁判文书网,http://wenshu.court.gov.cn

277 贴现人提出应提交增值税发票原件的同时仍然在贴现申请人未能提交增值税发票原件的情形下办理贴现,应认定其未按照正常工作规程尽到审查义务

【关键词】

| 票据贴现 | 审查义务 |

【案件名称】

中国建设银行股份有限公司侯马支行与山西侯马市亨丰贸易有限公司、侯马市天瑞鸿焦铁有限公司、侯马市经济技术开发区昌鑫炉料有限公司票据纠纷案［最高人民法院（2011）民提字第84号民事判决书，2011.9.8］

【裁判精要】

裁判摘要：本案中，在贴现申请人仅凭增值税发票复印件办理贴现业务时，贴现人在明确提出应提交增值税发票原件的同时仍然在贴现申请人未能提交增值税发票原件的情形下办理了贴现，应认定其未按照正常工作规程尽到审查义务，贴现人侯马建行具有重大过失。

最高人民法院认为：

二、侯马建行在办理本案票据贴现过程中是否存在重大过失或者恶意问题

关于何为贴现人在贴现中的重大过失，我国《票据法》及其司法解释未作明文规定。依据法理，一般认为，就票据贴现行为而言，重大过失是指依其工作性质，按照一般的工作规程和工作经验，贴现人稍加合理注意就可以知道票据转让人没有处分权，但因疏忽大意未加注意。

关于贴现的工作规程，中国人民银行于1997年5月22日颁布的《商业汇票承兑、贴现与再贴现管理暂行办法》第十八条规定："向金融机构申请票据贴现的商业汇票持票人，必须具备下列条件：……二、与出票人或其前手之间具有真实的商品交易关系。"第十九条规定："持票人申请贴现时，须提交贴现申请书，经其背书的未到期商业汇票，持票人与出票人或其前手之间的增值税发票和商品交易合同复印件。"中国人民银行颁布的、于1997年10月1日施行的《票据管理实施办法》第十条规定："向银行申请办理票据贴现的商业汇票的持票人，必须具备下列条件：……（二）与出票人、前手之间具有真实的交易关系和债权债务关系。"1997年12月1日施行的《支付结算办法》第九十二条规定，商业汇票的持票人向银行办理贴现必须具备下列条件："……（二）与出票人或者直接前手之间具有真实的商品交易关系；（三）提供与其直接前手之间的增值税发票和商品发运单据复印件。"中国人民银行银发〔2005〕235号《关于完善票据业务制度有关问题的通知》（以下简称《完善票据业务通知》）第一条规定，根据《票据法》的规定，商业汇票的签发、取得和转让应具有真实的交易关系和债权债务关系。商业汇票的持票人向银行申请贴现时，贴现申请人应向银行提供交易合同原件、贴现申请人与其直接前手之间根据税收制度有关规定开具的增值税发票或普通发票。中国建设银行2006年12月26日颁布实施的《中国建设银行商业承兑汇票贴现业务操作规程》（以下简称《2006年规程》）第十二条第（五）项规定，申请人申请办理贴现时应提供以下材料：贴现票据项下的商品、劳务

交易合同原件及复印件，贴现申请人与其直接前手之间根据税收制度有关规定开具的增值税发票或普通发票原件及复印件。关于贴现行的内部规定能否作为认定贴现行为是否合法的依据问题，本院认为，贴现行的内部规定是贴现行根据本行需求对相关贴现法律、行政法规、部门规章的细化，在不违反法律、行政法规和部门规章的立法目的的情形下，该内部规定对其相关业务活动具有规范作用。若贴现行未予遵守，则应认定其未依据正常工作规程进行操作，未尽到合理的审查义务。由前述规定可见，虽然于1997年施行的《商业汇票承兑、贴现与再贴现管理暂行办法》《支付结算办法》均未要求贴现申请人在申请贴现时须提供与其直接前手之间的增值税发票原件，但之后颁布的《完善票据业务通知》针对贴现中出现的问题，明确规定贴现申请人须提交与其直接前手之间根据税收制度有关规定开具的增值税发票或普通发票，《2006年规程》也规定贴现申请人应提交增值税发票或普通发票原件。而且，前述规范性文件均规定贴现须具备的条件之一为贴现申请人与出票人或者直接前手之间具有真实的商品交易关系。显然，增值税发票或普通发票原件较其复印件，对于证明“具有真实的交易关系和债权债务关系”更具证明力。正因为此，《完善票据业务通知》《2006年规程》才明确要求，办理贴现业务时，申请人应提供增值税发票或普通发票原件及复印件。本案贴现人为建设银行、贴现行为发生在2007年，在《完善票据业务通知》及《2006年规程》明确规定贴现申请人应提供增值税发票或普通发票原件及复印件的情形下，侯马建行在办理贴现时应审查增值税发票或普通发票原件。本案中，在李爱军仅凭增值税发票复印件办理贴现业务时，程兵在明确提出应提交增值税发票原件的同时仍然在李爱军未能提交增值税发票原件的情形下办理了贴现，应认定其未按照正常工作规程尽到审查义务，侯马建行具有重大过失。此外，国务院《关于国家行政机关、企业、事业单位印章规定》第一部分第一条规定，国家行政机关和企业、事业单位、社会团体的印章一律为圆形。因此，作为内资企业，本案所涉银行承兑汇票上的嘉陵公司的印章为椭圆形，明显不符合上述规定。

【案例来源】

最高人民法院民事审判第二庭编：《最高人民法院商事审判指导案例7·公司与金融卷》，中国法制出版社2013年版，第352～372页。

278 银行已经支付票据贴现款，在办理贴现中存在的瑕疵不宜认定为重大过失

【关键词】

| 贴现瑕疵 | 重大过失 |

【案件名称】

招商银行股份有限公司厦门江头支行、邯郸市团亿物资有限公司与恒丰银行股份有限公司烟台南大街支行、罗爱国票据纠纷案［最高人民法院（2016）最高法民再68号民事判决书，2016.12.20］①

【裁判精要】

最高人民法院认为：

关于恒丰银行烟台南大街支行是否属于重大过失取得案涉票据，是否为本案票据的合法持票人。本院认为，首先，原审判决认定本案事实所依据的李谦、王磊、王娟等人在河北省邯郸市公安局经济犯罪侦查支队接受询问时的笔录，未经法庭质证确认，不能作为认定案件事实的有效证据。其次，根据河北省邯郸市丛台区人民法院对被告人罗爱国涉非法经营罪所作出的（2012）丛刑初字第273号刑事判决中确认的李谦、王娟、韩金福、杨振国、赵炜等人的证人证言，李谦为办理案涉票据的贴现，向王娟提供了经亿康达公司同意而开立的账户作贴现账户，并用富博公司和亿康达公司进行票据上的背书。上述事实，证明恒丰银行烟台南大街支行在办理案涉票据的贴现时，确实没有真实的贸易背景。因此，恒丰银行烟台南大街支行在办理案涉票据的贴现中存在瑕疵。但由于恒丰银行烟台南大街支行已经实际支付了案涉票据的贴现款，而该款根据王娟的陈述已经按照王烁的指令从贴现账户中转出，团亿公司虽主张该贴现账户由恒丰银行烟台南大街支行实际控制，但未提交证据证明。故在恒丰银行烟台南大街支行已经支付了案涉票据的贴现款的情形下，该行办理贴现中存在的上述瑕疵不宜认定属于其重大过失取得票据。而且，恒丰银行烟台南大街支行在办理案涉票据贴现后，将案涉票据背书给招行兰州分行，该行再背书给华夏大连分行，华夏大连分行又背书给恒丰银行烟台南大街支行。因此，应当认定恒丰银行烟台支行基于背书方式取得案涉票据，属于合法持票人，应享有票据权利。原审判决认定恒丰银行烟台南大街支行属于重大过失取得案涉票据，不应享有票据权利，认定事实缺乏证据证明，适用法律确有错误，本院应予纠正。

【案例来源】

中国裁判文书网，http://wenshu.court.gov.cn。

① 恒丰银行股份有限公司烟台南大街支行与邯郸市团亿物资有限公司票据纠纷案［最高人民法院（2016）最高法民再66号民事判决书，2016.12.20］的裁判理由与本案民事判决书基本一致（略），载中国裁判文书网，http://wenshu.court.gov.cn。

279 票据贴现中倒打款行为是否违反了有关规定，可以由有关监管部门依规进行处理

【关键词】

| 票据贴现 | 倒打款 | 行政监管 |

【案件名称Ⅰ】

恒丰银行股份有限公司南通分行与宁波银行股份有限公司深圳分行合同纠纷案［最高人民法院（2018）最高法民终243号民事判决书，2018.5.21］

【裁判精要】

最高人民法院认为：

恒丰银行南通分行上诉还主张本案存在“倒打款”问题，根据查明的事实，《转贴现合同》签订当日，宁波银行深圳分行即向恒丰银行南通分行支付了全部贴现款，款项交付时间并未违反合同约定。即使本案存在“倒打款”行为，亦属于银行业监管的范畴，不能以此否认《转贴现合同》的效力。

【案例来源】

中国裁判文书网，http://wenshu.court.gov.cn。

【案件名称Ⅱ】

恒丰银行股份有限公司南通分行与兴业银行股份有限公司哈尔滨分行票据追索权纠纷案［最高人民法院（2017）最高法民终449号民事判决书，2017.12.28］

【裁判精要】

最高人民法院认为：

四、关于恒丰银行主张兴业银行因具有重大过失而丧失票据权利是否成立的问题

《票据法》第十二条第二款规定：“持票人因重大过失取得不符合本法规定的票据的，也不得享有票据权利。”根据票据无因性特点，票据关系一经形成即与基础关系相分离，基础关系是否存在、是否有效，都不影响票据关系。凡是符合票据法要求的票据真实、票据要素齐全、背书连续，均为有效票据。享有票据权利必须符合三个条件：一是取得票据给付了对价，二是取得票据的手段合法，三是取得票据时主观上必须是善意。从上述法律规定和原理出发分析恒丰银行的主张是否成立。首先，恒丰银行主张兴业银行存在“倒打款”的违规行为，应当提供证据证明。本案中恒丰银行要求兴业银行提交的会计汇兑处理凭证，不属于法院调查搜集证据的范围，原审

法院不予调查取证并无不当，因此本案中并无充分证据证明存在“倒打款”行为。其次，即使存在“倒打款”行为，恒丰银行亦是其中的参与者，恒丰银行以明知并参与其中的不当行为进行抗辩要求免除其责任，不应予以支持。“倒打款”行为是否违反了有关规定，可以由有关监管部门依规进行处理。再次，恒丰银行作为本案当事人票据交易的最前手，从其直接前手包头农信社取得贴现票据过程中，应对票据及跟单资料的真实性、合法性审核把关。现恒丰银行主张票据在该阶段出现了问题，即包头农信社虚假直贴涉案 39 张商业承兑汇票，恒丰银行应当承担没有尽到必要审查义务的责任。最后，兴业银行已经对涉案 39 张商业承兑汇票进行了必要的审查，认定了票面记载事项齐全、票据真实以及票据背书连续，且对前手银行与出票人的查询(复)书及贴现凭证均进行了审查，主观上已尽到了必要的注意义务，不存在重大过失。兴业银行对于涉诉汇票的出票人与收款人之间是否存在真实交易不负有审查义务。恒丰银行提出兴业银行与包头农信社签有票据回购协议并明知涉案票据存在风险，但未提供证据证明。因此，恒丰银行主张兴业银行存在重大过失行为，丧失票据权利的理由不成立，本院不予支持。

【案例来源】

中国裁判文书网，http://wenshu. court. gov. cn。

280 以倒打款模式办理票据贴现虽不符合行业管理要求，但票据形式合法、签章真实、背书连续的，不应否定票据债务人的票据责任

【关键词】

| 票据贴现 | 倒打款 | 票据责任 |

【案件名称】

恒丰银行股份有限公司泉州分行、通榆县农村信用合作联社与中国民生银行股份有限公司长春分行票据追索权纠纷案［最高人民法院（2017）最高法民终 223 号民事判决书，2017. 10. 31］

【裁判精要】

最高人民法院认为：

一、民生银行长春分行是否存在票据法上足以丧失票据权利的情形

《票据纠纷解释》第九条规定：“票据诉讼的举证责任由提出主张的一方当事人承担。依照票据法第四条第二款、第十条、第十二条、第二十一条的规定，向人民法院提起诉讼的持票人有责任提供诉争票据。该票据的出票、承兑、交付、背书转让涉嫌欺诈、偷盗、胁迫、恐吓、暴力等非法行为的，持票人对持票的合法性应当负责举

证。”依据该条规定，票据诉讼遵循“谁主张谁举证”的举证责任分配原则，本案民生银行长春分行应负责证明其享有合法票据权利。该行提供的案涉304、305号两张汇票，必要记载事项齐全、签章合法、背书连续，根据《票据法》第三十一条关于“以背书转让的汇票，背书应当连续。持票人以背书的连续，证明其票据权利”的规定，民生银行长春分行完成了证明其所持票据合法的举证证明责任。在此情况下，恒丰银行泉州分行、通榆合作社应对恶意持票的抗辩主张承担举证证明责任。《票据法》第十二条规定：“以欺诈、偷盗或者胁迫等手段取得票据的，或者明知有前列情形，出于恶意取得票据的，不得享有票据权利。”据此，关于是否恶意取得票据应审查持票人取得票据是否存在欺诈、偷盗或者胁迫等行为。经审查恒丰银行泉州分行、通榆合作社所提恶意取得票据的理由和证据，本院认为：

其一，本案恒丰银行泉州分行、通榆合作社与民生银行长春分行的票据背书系基于汇票转贴现关系，各贴现主体均签订了贴现合同，依据相关贴现合同载明的有关背书主体对票据合法性及真实性已审查、承诺其为合法持票人的内容，以及案涉各金融机构自愿充当过桥通道、参与汇票金额倒打款的事实来看，恒丰银行泉州分行、通榆合作社对案涉票据采取倒打款的过桥模式办理贴现业务、在票据上签章的法律后果是明知的，作为专业金融机构其对此种业务的商业风险亦应有所预期，故其在票据上的签章并非受欺诈、胁迫所为。以倒打款的模式办理票据贴现业务虽不符合行业管理要求，但并无法律、行政法规对此作出效力性否定规定，在票据形式合法、签章真实、背书连续的情况下，不能以倒打款模式来否定票据债务人依据票据记载事项而承担的票据责任。

其二，案外人王红彪涉嫌骗取票据承兑罪一案，虽由公安机关立案侦查，但公安机关并未对民生银行长春分行或该行相关人员进行立案，经本院了解该案刑事侦查尚无实质进展，恒丰银行泉州分行、通榆合作社提交的二审新证据基于前述认证意见亦不能作为证据采信，故尚无充分证据证明民生银行长春分行与王红彪有恶意串通骗取票据承兑的行为或者该行以欺诈、偷盗、胁迫等非法手段取得案涉票据。

其三，恒丰银行泉州分行、通榆合作社关于案涉票据的出票人与收款人无真实交易关系和对价、案外人王红彪操纵北京和信融辉投资咨询有限公司、北京易和昌远商贸有限公司进行虚假背书的上诉理由，涉及票据权利发生原因的真实性审查问题。票据的流通功能决定了其无因性的本质属性，票据一经签发，票据法律关系即与其发生原因的基础法律关系相分离。《票据纠纷解释》第十四条规定：“票据债务人以票据法第十条、第二十一条的规定为由，对业经背书转让票据的持票人进行抗辩的，人民法院不予支持。”据此，恒丰银行泉州分行、通榆合作社所提出票人与收款人无真实交易关系和对价的主张，依法不能成为否定民生银行长春分行享有并行使票据权利的抗辩理由。

综上，依据现有证据不足以认定民生银行长春分行存在《票据法》第十二条规定的足以丧失票据权利的情形，恒丰银行泉州分行、通榆合作社的此项上诉主张不成立，本院不予支持。①

【案例来源】

中国裁判文书网，http://wenshu.court.gov.cn。

编者说明

《商业汇票承兑、贴现与再贴现管理暂行办法》第十九条规定，持票人申请贴现时，须提交贴现申请书，经其背书的未到期商业汇票，持票人与出票人或其前手之间的增值税发票和商品交易合同复印件。根据票据业务的合规要求，贴现机构需要见票背书后才能打款。在票据业务方面，银监会要求银行切实加强票据业务管理，严禁办理无真实贸易背景的票据业务，严禁与各类票据中介和资金掮客交易，不得将票据作为调节经营指标和绩效收入的工具，打击银行资金空转，全力支持实体经济发展。但上述有关要求仅是部门规章，不是法律与行政法规的效力性强制性规定，违反上述规定会产生行政处罚，但不应以此认定合同无效或者免除票据债务人的票据责任。

281 贴现银行未尽审查义务造成他人损失，被侵权人对损害发生有过错的，可减轻贴现行的责任

【关键词】

| 票据贴现 | 审查义务 | 过错责任 |

【案件名称】

中国银行股份有限公司长治市分行与长治煤炭运销公路经销有限公司票据纠纷案［最高人民法院（2013）民提字第89号民事判决书，2013.11.17］

【裁判精要】

裁判摘要：本案中长治中行工作人员违反规定办理票据贴现业务，长治中行未能尽到严格审查义务，依据《票据纠纷解释》第七十五条的规定，长治分行应就其在本案中的侵权行为对煤运公司的损失承担相应的民事赔偿责任。煤运公司原财务部长与案外人共同、长期、多次挪用煤运公司大量资金。煤运公司对此失察、失控。煤运公司在失票后长达数月的时间内，未能排查发现工作中的漏洞并及时办理挂失止付或提起公示催告程序，致使失票风险转化为实际损失。根据《侵权责任法》第二

① 本案二审判决后，恒丰银行泉州分行向最高人民法院申请再审，最高人民法院审查后认为："在票据形式合法、签章真实、背书连续的情况下，不能以倒打款模式来否定票据债务人依据票据记载事项而承担的票据责任。"参见最高人民法院（2018）最高法民申717号民事裁定书（2018.5.11），载中国裁判文书网，http://wenshu.court.gov.cn。

十六条关于“被侵权人对损害的发生也有过错的，可以减轻侵权人的责任”的规定，因煤运公司对其损失的发生存在过错，故其应自行承担相应的损失。

最高人民法院认为：

（一）关于本案纠纷的性质问题

原审判决根据煤运公司取得本案所涉票据的合法过程判定其是票据的原权利人并无不当，但本案的一个重要事实是，该票据在煤运公司原工作人员原伟挪用资金犯罪过程中已从该公司转移至李剑锋手中，后李剑锋采取私刻印章等手段将该票据连续背书转让给聊城公司、协力公司，并在长治中行办理了贴现业务。至此，煤运公司已成为形式上的票据背书前手而不是持票人。另根据中国人民银行《贷款通则》第九条规定，票据贴现，系指贷款人以购买借款人未到期商业票据的方式发放的贷款。中国人民银行《商业汇票承兑、贴现与再贴现管理暂行办法》第二条规定，本办法所称贴现系指商业汇票的持票人在汇票到期日前，为了取得资金贴付一定利息将票据权利转让给金融机构的票据行为，是金融机构向持票人融通资金的一种方式。由此可见，票据贴现实质是金融机构与持票人之间融通资金买卖票据的交易关系，这是贴现人与持票人之间形成的票据基础关系。贴现人支付了贴现款后享有票据权利，可以要求付款人付款，原票据权利人丧失票据权利。原审判决在本案所涉票据至诉前已办理了贴现业务、煤运公司已不是持票人，且长治中行就同一张票据已向持票人（即贴现申请人）支付了986.485万元贴现款的情况下，判令长治中行再向持票人的前手煤运公司支付1000万元票据返还款显属不当，应予纠正。

煤运公司诉请依法确认其是涉案汇票的权利人，并要求长治中行依法向其返还该汇票，其诉请内容包括确认之诉和给付之诉。本案所涉票据在诉讼数月前已经贴现完成，在此情况下，煤运公司关于要求长治中行返还票据的诉请已无法实现，解决相关争议的办法只能是损害赔偿问题。本案一、二审法院均系在票据损害赔偿纠纷的审理范围内进行的审理，并依据解决票据损害赔偿纠纷的相关法律规定，即《票据纠纷解释》第七十五条的规定，判令长治中行向煤运公司支付1000万元款项。在一审、二审诉讼过程中煤运公司并未就人民法院对本案的审理范围提出异议，并进行了相应主张和诉辩。现长治中行申请再审主张其不应按照原审判决向煤运公司支付1000万元款项，该诉请并未超出原审范围，煤运公司关于长治中行的再审申请超出原审范围的答辩意见不能成立。最高人民法院《民事案件案由规定》中“票据损害责任纠纷”案由是“票据纠纷”案由的子案由，两者并不矛盾。票据损害赔偿请求权是普通的民事债权和票据权利都具有的侵权救济方式，本案在确定票据返还已不可能的情况下，应根据煤运公司的实际损失和综合考虑当事人的过错情况，确定其应承担的相关民事责任。

（二）关于确定本案煤运公司损失范围的问题

本案中，煤运公司的实际损失应为其丧失的1000万元汇票金额，在扣除其已收

回的800万元汇票金额及检察机关退回赃款部分金额后所得的余额,即169.76万元。理由如下:

1. 根据已生效的山西省长治市城区人民法院(2007)城刑初字第235号刑事判决的内容,煤运公司包括本案所涉票据在内所形成的1000万元损失系因其工作人员原伟非法挪用资金所造成。原伟挪用资金的犯罪行为连续数次,只有本案中的损失涉及长治中行办理的贴现业务,故在确定与长治中行办理票据贴现业务相关的煤运公司损失时,应当针对该笔票据所形成的损失单独计算,不应当将与长治中行无关的其他损失计算入内。

2. 本案中,原伟将涉案汇票交给李剑锋的目的,就是为了让李剑锋将该汇票换成多个小额承兑票据并返还煤运公司,以弥补其之前挪用的800万元汇票所形成的欠款。李剑锋在得到本案票据贴现款后如约购买了18支共计800万元的小额承兑票据,并通过原伟返还给了煤运公司。煤运公司丧失1000万元汇票后又收回了800万元,其实际损失为200万元。

3. 在2006年由原伟挪用资金向李剑锋出借一张800万元的汇票未能归还的情况下,煤运公司已经发生了800万元的损失。尽管煤运公司称以本案收回的800万元弥补了2006年的损失,但因煤运公司2006年损失的800万元与长治中行没有关系,故本案1000万元汇票项下的损失金额不包括此前800万元的损失。

4. 2007年原伟向李剑锋交付本案1000万元汇票后,李剑锋经贴现购买800万元小额汇票归还给了煤运公司,在本案1000万元汇票项下出借和归还、目的和结果的对应关系是明确的。该事实有相关案件的刑事判决书及李剑锋、原伟等人证言等证据佐证。在本案所涉汇票贴现前,李剑锋已无偿还800万元欠款的能力,原伟挪用本案所涉汇票帮助李剑锋偿还此前欠款。因此,煤运公司关于其收到的800万元还款与本案贴现款无关的答辩意见与事实不符,本院不予采纳。

5. 煤运公司因原伟犯挪用资金罪至案发有1000万元资金未追回,其中包括本案中煤运公司的实际损失200万元。现检察机关追回赃款151.2万元已发还煤运公司,即收回赃款部分占全案损失的15.12%。鉴于该赃款具体属于哪一笔被挪用资金的事实已无法核实,本院依照公平原则,按上述比例计算,得出本案煤运公司200万元损失应分摊的已追回赃款数额为30.24万元。故应认定本案中煤运公司所受的实际损失是169.76万元。

(三)关于双方当事人责任分担的问题

本案中煤运公司和长治中行均存在一定过错,应公平地各半承担本案所涉票据损害赔偿责任。理由如下:

长治中行在办理本案票据贴现业务中具有一定过错。李剑锋将该汇票交给长治中行英雄路分理处职员黄维维后,黄维维在无相关交易合同、增值税发票的情况下,为编造票据贴现业务所需资料提供帮助,并通过了该行相关业务部门的审核,致使该票据最终顺利贴现。本院认为,长治中行办理贴现业务时,在贴现申请表上载明黄维维为经办人,黄维维的犯罪行为虽属个人行为,但因其作为长治中行下属部门的工作人员,违反规定办理本案票据贴现业务,亦因长治中行未能尽到严格审查义务,在业务办理及管理上存在一定过错,故依据《票据纠纷解释》第七十五条关于“依照票据法第一百零五条的规定,由于金融机构工作人员在票据业务中玩忽职守,对违反票据法规定的票据予以承兑、付款、贴现或者保证,给当事人造成损失的,由该金融机构与直接责任人员依法承担连带责任”的规定,长治分行应就其在本案中的过错行为对煤运公司的损失承担相应的民事赔偿责任。长治中行关于“黄维维的行为属个人行为,其所在长治中行英雄路分理处无贴现业务;长治中行办理本案汇票贴现合法合规,不存在过错,不应对煤运公司的损失承担责任”的诉讼请求及理由不能成立。

关于煤运公司的过错责任问题。山西省长治市城区人民法院(2007)城刑初字第235号刑事判决已查明,原伟作为煤运公司财务部长,与李剑锋共同、长期、多次挪用煤运公司大量资金。煤运公司对此失察、失控。在原伟将本案汇票交予李剑锋时,煤运公司发生资金损失的风险即已产生。煤运公司在失票后长达数月的时间内,未能排查发现工作中的漏洞并及时办理挂失止付或提起公示催告程序,致使失票风险转化为实际损失。根据《侵权责任法》第二十六条关于“被侵权人对损害的发生也有过错的,可以减轻侵权人的责任”的规定,因煤运公司对其损失的发生存在过错,故其应自行承担相应的损失。据此,基于本案的实际情况及过错认定,本院依据过错相抵原则,确认煤运公司和长治中行对本案169.76万元损失应各承担50%的责任。

【案例来源】

中国裁判文书网,http://wenshu.court.gov.cn。

282 贴现银行恶意促成票据贴现,对失票人造成的损失应当承担侵权责任

【关键词】

| 票据贴现 | 恶意贴现 | 侵权责任 |

【案件名称】

杨丐俊与中国工商银行股份有限公司澧县支行、兴业银行股份有限公司长沙分行等财产损害赔偿纠纷案[最高人民法院(2014)民提字第159号民事判决书,2015.1.1]

【裁判精要】

最高人民法院认为:

兴业银行长沙分行对上述银行承兑汇票进行第一次贴现查询时,澧县工行明确

告知出票单位要求收款单位不得在银行贴现。可见,兴业银行长沙分行已经明知该张银行承兑汇票不能贴现。这种情况下,兴业银行长沙分行又进行第二次查询。对此,澧县工行虽然回复该张银行承兑汇票暂无挂止冻结,但亦回复公安局已介入调查等内容。至此,兴业银行长沙分行应当知道该张银行承兑汇票可能涉及他人财产权益,作为当事的贴现银行,理应守护好最后防线,以免该张银行承兑汇票的2500万元款项流失。但兴业银行长沙分行不仅没有主动停止办理该张银行承兑汇票贴现,其工作人员毛标反而授意代文清等人伪造贴现资料、虚列被背书人、虚构商品交易关系,恶意促成代文清等人贴现,造成杨丐俊的2500万元财产通过该张银行承兑汇票流失后未能全部追赃而遭受损失。因此,应确认兴业银行长沙分行具有过错,对杨丐俊实施了侵权行为,损害了杨丐俊的财产权益。

【案例来源】

中国裁判文书网,http://wenshu.court.gov.cn。

(四)票据转贴现纠纷

283 票据转贴现银行并不负有对承兑汇票签发、取得和转让是否具有真实交易关系和债权债务关系进行审查的义务

【关键词】

|票据转贴现|承兑汇票|审查义务|

【案件名称】

恒丰银行股份有限公司南通分行与宁波银行股份有限公司深圳分行合同纠纷案[最高人民法院(2018)最高法民终243号民事判决书,2018.5.21]

【裁判精要】

最高人民法院认为:

(三)案涉《转贴现合同》是否有效

恒丰银行南通分行上诉主张《转贴现合同》因存在《合同法》第五十二条第(三)项、第(五)项规定的情形而无效。本院认为,首先,根据原审查明的事实,在《转贴现合同》签订当日,宁波银行深圳分行便支付了转贴现款585816666.66元给恒丰银行南通分行。因此,恒丰银行南通分行关于宁波银行深圳分行未支付转贴现款的上诉主张不成立。恒丰银行南通分行未提供证据证明其与宁波银行深圳分行在签订《转贴现合同》时存在通谋虚伪表示,且恒丰银行南通分行在上诉状中自认其与宁波

银行深圳分行均为票据诈骗的受害人。因此,《转贴现合同》系恒丰银行南通分行、宁波银行深圳分行的真实意思表示,不存在双方通谋虚伪意思表示导致合同无效的情形。其次,《票据法》第十四条第二款规定:“票据上有伪造、变造的签章的,不影响票据上其他真实签章的效力。”且《转贴现合同》第五条 B. 乙方的义务约定,由恒丰银行南通分行对本合同项下的商业承兑汇票的要式性和文义性、业务资料的合法性和有效性进行审核和查询,对贴现的商业承兑汇票的贸易背景及相应资料真实性、合法性、有效性和完整性负全部责任。因此,恒丰银行南通分行应对案涉承兑汇票及其签章的真实性负责,即使案涉承兑汇票或签章不真实、案涉承兑汇票与包头南郊农信社出具的贴现凭证存在文义不一致,均不影响恒丰银行南通分行背书签章的效力,其仍应对宁波银行深圳分行承担责任。再次,《支付结算办法》和《支付结算会计核算手续》均不属于《合同法》第五十二条规定的法律行政法规,即使《转贴现合同》违反了该两部规定中的有关条款,也不因此无效。况且,《中国人民银行关于完善票据业务制度有关问题的通知》(银发〔2005〕235 号)第一条第三款规定:“贴现银行向其他银行转贴现或向人民银行再贴现时,不再提供贴现申请人与其前手之间的交易合同、增值税发票或普通发票,但需对票据的要式性和文义性是否符合有关法律、法规和规章制度的规定承担审核责任。”因此,宁波银行深圳分行作为转贴现银行并不负有对案涉承兑汇票票据的签发、取得和转让是否具有真实的交易关系和债权债务关系进行审查的义务。最后,恒丰银行南通分行亦未提供证据证明其与宁波银行深圳分行签订《转贴现合同》时,双方均知道系以票据转贴现合同形式实质为配合民生银行广州分行借款给游训策。因此,《转贴现合同》亦不存在《合同法》第五十二条第(三)项规定的“以合法形式掩盖非法目的”的情形。综上,恒丰银行南通分行的该项上诉主张无事实与法律依据,本院不予支持。

【案例来源】

中国裁判文书网,http://wenshu. court. gov. cn。

编者说明

转贴现是通过票据贴现持有票据的商业银行为了融通资金,在票据到期日之前将票据权利转让给其他商业银行,由转贴现行在收取一定的利息后,将转贴现款支付给持票人的票据转让行为。票据转贴现属于票据贴现的范畴,但是与一般的票据贴现存在不同,由于贴入人的不同,因此关于贴现人的审查要求也不同于一般的票据贴现。《全国法院民商事审判工作会议纪要》(2019 年 11 月 8 日,法〔2019〕254 号)第一百零二条明确,转贴现行提示付款被拒付后,依据转贴现协议的约定,请求未在票据上背书的转贴现申请人按照合同法律关系返还转贴现款并赔偿损失的,案由应当确定为合同纠纷。转贴现合同法律关系有效成立的,对于原告的诉讼请求,依法予以支持。当事人虚构转贴现事实,或者当事人之间不存在真实的转贴现合同法律关系的,人民法院应当向当事人释明按照真实交易关系提出诉讼请求,并按照真实交易关系和当事人约定本意依法确定当事人的责任。

284 票据转贴现人基于合同约定的自主决定权拒绝接收票据，贴现人无权请求转贴现人支付转贴现款

【关键词】

| 票据转贴现 | 拒绝接收票据 |

【案件名称】

山西洪洞农村商业银行股份有限公司与中国邮政储蓄银行股份有限公司大连分行票据纠纷、合同纠纷案［最高人民法院（2017）最高法民终 710 号民事判决书，2017. 12. 26］

【裁判精要】

最高人民法院认为：

二、违约责任应如何认定及案涉《商业承兑汇票转贴现合同》应否继续履行

洪洞农商行与邮储大连分行签订的《商业承兑汇票转贴现合同》主要载明："双方根据《票据法》《支付结算办法》等达成如下条款；转贴现是指乙方（洪洞农商行）为了取得资金，将未到期的已贴现商业承兑汇票再以贴现方式向甲方（邮储大连分行）转让的票据行为；转贴现实付金额为 299358333. 30 元。"对比洪洞农商行与博罗村镇银行在此前签订的《商业承兑汇票转贴现合同》及洪洞农商行汇付博罗村镇银行 289925832. 78 元等事实，以及洪洞农商行在上诉状中关于其作为转贴现行为完成吉酒集团融资业务充当"通道"与"过桥"的陈述，可知洪洞农商行为赚取近千万元差价，与邮储大连分行再次签订《商业承兑汇票转贴现合同》，对于案涉承兑汇票信用状况、票据当事人之间是否存在真实交易关系、业务资料的合法性和有效性并不关心。洪洞农商行在一审时述称，并没有要求邮储大连分行承担票据项下的责任，洪洞农商行亦未能提供证据证明案涉业务系邮储大连分行组织或撮合而成，故本案双方当事人的权利义务关系应当依据案涉《商业承兑汇票转贴现合同》的约定及法律规定依法认定。

《商业承兑汇票转贴现合同》第五条 B1 项约定，洪洞农商行应严格按照《票据法》和其他有关法律、法规、规章制度，对贴现票据信用状况进行评估，并对贴现的商业承兑汇票的贸易背景及相应资料的真实性、合法性、有效性和完整性负全部责任。《票据法》等法律规定义务以及上述约定的义务涉及金融风险和交易安全，是进行贴现或转贴现的前提条件和基础，以及对等适当给付的重要内容。洪洞农商行上诉认为上述义务并非是案涉合同的主给付义务而是附随义务，理解有误，本院不予支持。事实上，2015 年 7 月 27 日，案涉票据由吉酒集团签发出票当日，经吉酒集团国贸公司、大连嘉晖公司背书转让、吉鼎公司申请贴现。同日，吉鼎公司向博罗村镇银行申

请贴现后，博罗村镇银行又向洪洞农商行申请办理转贴现。吉酒集团、吉酒集团国贸公司、大连嘉晖公司、吉鼎公司系关联公司，案涉票据在同一天之内由关联企业背书转让并进行贴现，具有较大的金融风险。洪洞农商行作为专业金融机构，负有审慎审查义务。一审综合洪洞农商行没有提交能够证明其已按合同要求对贴现的票据信用状况进行了评估，并进行了贸易背景的审查，一天之内没有交易合同的情况下，形成多省市、多家公司数亿元票据背书流转并进行异地贴现等情况，判定由此产生的风险责任不在后手邮储大连分行，邮储大连分行有权依据案涉转贴现合同第四条有审查及自主决定是否办理贴现等权利，认定邮储大连分行不同意为洪洞农商行办理转贴现不违约，并无不当，本院予以维持。

邮储大连分行获得票据权利与洪洞农商行请求付款具有先后履行顺序，邮储大连分行基于合同的自主决定权拒绝接收票据，洪洞农商行作为持票人无权请求邮储大连分行支付转贴现款。洪洞农商行称于本案二审期间进行背书并要求邮储大连分行支付转贴现款，请求邮储大连分行继续履行案涉《商业承兑汇票转贴现合同》，实质系请求履行转贴现的票据权利义务关系。《支付结算办法》第九十四条规定，“贴现、转贴现和再贴现的期限从其贴现之日起至汇票到期日止”。故金融机构之间进行转贴现票据交易应在票据到期日前完成，案涉票据载明的到期日是 2015 年 12 月 28 日，洪洞农商行提起本案诉讼时票据已到期，洪洞农商行关于邮储大连分行继续履行合同的上诉请求没有法律依据，本院不予支持。

【案例来源】

中国裁判文书网，http://wenshu.court.gov.cn。

285 票据转贴现协议无效，由此造成转贴现行的损失由当事人根据过错合理分担

【关键词】

｜票据转贴现｜协议无效｜损失分担｜

【案件名称】

中信银行股份有限公司郑州分行与中国工商银行股份有限公司定兴支行承兑汇票转贴现协议纠纷案［最高人民法院（2003）民二终字第 183 号民事判决书，2008.7.15］

【裁判精要】

最高人民法院认为：

本案所涉协议无效造成中信银行郑州分行的损失，依法应根据各方的过错合理分担。河北省高级人民法院（2006）冀刑二终字第 85 号刑事裁定书认定，范晓农以

非法占有为目的,虚构商品交易关系,利用内容虚假的商业承兑汇票骗取银行贴现款,数额特别巨大,其行为已构成票据诈骗罪;穆亚维与范晓农等人虚构交易关系并在内容虚假的商业承兑汇票上使用假印章,其行为已构成伪造金融票证罪。因穆亚维当时系工行定兴支行的负责人,其签订商业承兑汇票转贴现(回购)协议的行为系以工行定兴支行的名义,并利用了该行公章,依据《关于在审理经济纠纷案件中涉及经济犯罪嫌疑若干问题的规定》第三条关于"单位直接负责的主管人员和其他直接责任人员,以该单位的名义对外签订经济合同,将取得的财物部分或者全部占为己有构成犯罪的,除依法追究行为人的刑事责任外,该单位对行为人因签订、履行经济合同造成的后果,依法应当承担民事责任"的规定,追究穆亚维的刑事责任并不能免除其单位依法应当承担的民事责任。本案中,因穆亚维的行为代表工行定兴支行,其票据贴现行为直接为本案低信用的涉案票据增加了银行信用,为涉案票据转贴现增加了信用基础,因此,工行定兴支行的行为是造成涉案款项被骗的主要原因,应承担主要责任。

在办理票据业务过程中,中信银行郑州分行应当知道工行定兴支行并没有实际贴现,转贴现款交给范晓农使用;在发现工行定兴支行在商业承兑汇票上加盖的汇票专用章不是该行真实印章之后,没有去报案,而是找到范晓农、穆亚维,要求穆亚维补盖真实印章,同时,范晓农承诺尽快还款。在办理该笔业务的过程中,中信银行郑州分行还存在违反银发〔1997〕143号《关于进一步加强银行结算管理的通知》中规定的审查并留存贴现申请人与其前手之间的增值税发票和发运单据复印件、向承兑银行查询,违反《金融企业会计制度》《支付结算会计核算手续》中规定的转贴现款应通过人民银行转账,违规将转贴现款由其转贴现资金核算科目(即309科目)直接划入工行定兴支行工具的转账支票上记载的收款人(即西联公司)账户,违规为工行定兴支行预留银行账号等行为。上述事实表明中信银行郑州分行及史进良对涉案款项被骗也存在过错。但由于工行定兴支行贴现在先,中信银行郑州分行属于次要责任,依据《民法通则》第一百三十一条关于"受害人对于损害的发生也有过错的,可以减轻侵害人的民事责任"的规定,中信银行郑州分行因其存在过错,应部分减轻工行定兴支行所应承担的赔偿责任。据此,本院根据双方过错程度,裁判对因涉案款项被骗而形成的本金部分的损失因款项被占用而产生的贴现利息损失由工行定兴支行承担赔偿责任;对因涉案款项被骗而形成的利息损失(除因款项被占用而产生的贴现利息损失外)由中信银行郑州分行自行承担。

【案例来源】

最高人民法院民事审判第二庭编:《最高人民法院商事审判指导案例·金融卷》,中国法制出版社2011年版,第87~103页。

（五）票据回购合同纠纷

286 银行行长在任职期间以支行名义签订票据回购合同，足以使相对人相信其系职务行为与代表行为的，银行应依法承担相应责任

【关键词】

| 票据回购合同 | 职务行为 | 代表行为 |

【案件名称】

中国华融资产管理股份有限公司河南省分公司与中国建设银行股份有限公司珠海丽景支行票据回购纠纷案［最高人民法院（2017）最高法民终313号民事判决书，2017.5.27］

【裁判精要】

最高人民法院认为：

一、丽景支行应否承担黄学良以丽景支行名义与华信支行签订履行《回购合同》而产生的民事责任

《合同法》第五十条规定："法人或者其他组织的法定代表人、负责人超越权限订立的合同，除相对人知道或者应当知道其超越权限的以外，该代表行为有效。"本案中，《回购合同》签订之时，黄学良系丽景支行行长，也系丽景支行营业执照记载的企业负责人，其在任职期间以丽景支行名义签订《回购合同》、出具《贴现凭证（代申请书）》、开立账户等行为，足以使华信支行相信系其代表丽景支行行使的职务行为，因此黄学良以丽景支行名义与华信支行签订履行《回购合同》的行为构成《合同法》第五十条规定的代表行为。虽然华信支行在票据转贴现过程中存在未尽到合理审查义务等过错行为，但不能据此否认华信支行对于黄学良系以丽景支行行长身份代表丽景支行履行职务的判断。丽景支行上诉提出因黄学良未参与8000万元的票据诈骗行为，因此不应对8000万元《回购合同》的损失承担责任，但两份《回购合同》密不可分，华信支行均系基于黄学良系丽景支行行长职务的信赖而签订及履行，而黄学良也在该8000万元《回购合同》上签字，因此丽景支行该上诉主张理据不足，本院不予支持；华信支行的该项答辩意见，本院予以采纳。根据《民法通则》第四十三条关于"企业法人对它的法定代表人和其他工作人员的经营行为，承担民事责任"以及《民通意见（试行）》第58条关于"企业法人的法定代表人和其他工作人员，以法人名义从事的经营活动，给他人造成经济损失的，企业法人应当承担民事责任"的规定，丽景支行应当对黄学良从事上述行为的法律后果依法承担相应的民事责任。一审判决认定黄学良在办理转贴现业务中的行为系职务行为，并无不当，本院予以维

持，但认定黄学良的行为构成表见代理，系对《合同法》第四十九条规定的表见代理与第五十条规定的表见代表两种制度的混淆，本院予以纠正。另外，依据本院《关于在审理经济纠纷案件中涉及经济犯罪嫌疑若干问题的规定》第三条关于"单位直接负责的主管人员和其他直接责任人员，以该单位的名义对外签订经济合同，将取得的财物部分或全部占为己有构成犯罪的，除依法追究行为人的刑事责任外，该单位对行为人因签订、履行经济合同造成的后果，依法应当承担民事责任"的规定，追究黄学良的刑事责任并不能免除其单位即丽景支行依法应当承担的民事责任。因此，丽景支行上诉提出一审判决认定黄学良之行为属于代表行为错误、因黄学良构成犯罪故而丽景支行不应承担民事责任的主张，理据不足，本院不予支持；华信支行对此问题的答辩意见，本院予以采纳。

【案例来源】

中国裁判文书网，http://wenshu. court. gov. cn。

编者说明

票据回购又称回购式转贴现，分为逆回购（买入返售）和正回购（卖出融资）。正回购是贴出人将未到期、已贴现的票据转让给交易对手的同时，约定在未来某一日期购回原票据的融资行为。逆回购则是贴入人购买交易对手所持有的尚未到期、已贴现的票据的同时，约定在未来某一日期由交易对手购回原票据的业务行为。贴入人按票面金额以双方商定的回购期限和价格扣除回购利息后向贴出人给付资金，回购到期后贴出人按票面金额向贴入人购回票据。票据回购不改变票据权利人，实质上是贴出人以票据为质押的短期融资行为。

本案是最高人民法院第四巡回法庭审理并当庭宣判（宣判日期 2017 年 5 月 18 日）的十大案例之一。民刑交叉合同效力问题一直是审判实务以及理论研究中的一大争议问题，本案涉及的法律问题具有典型和指导意义。合议庭对于本案回购合同的效力虽然存在不同的认识，但是对于合同并不因一方当事人刑事犯罪必然无效，而是应当根据案件具体情况、依据合同法的相关规定进行认定的认识并无分歧。

287 票据回购合同双方均有通过汇票转贴现业务为他人违法套取银行资金的意思表示和行为，属以合法形式掩盖非法目的的无效合同

【关键词】

| 票据回购合同 | 以合法形式掩盖非法目的 | 合同无效 |

【案件名称】

中国华融资产管理股份有限公司河南省分公司与中国建设银行股份有限公司珠海丽景支行票据回购纠纷案［最高人民法院（2017）最高法民终 313 号民事判决

书，2017.5.27］

【裁判精要】

最高人民法院认为：

二、《回购合同》的效力如何认定

根据刑事判决认定的事实，本案所涉商业承兑汇票是丽景支行时任行长黄学良与实力公司法定代表人谢建贻、经纬支行时任副行长杨红霞等人串通，为吸收资金和个人谋取好处费，在丽景支行经营范围之外，在其上级行没有授权的情况下私自开具的，该承兑汇票的付款人实力公司等与丽景支行没有真实的承兑业务，与收款人顺德市祥龙家电有限公司等也没有真实的交易关系。在业务办理过程中，黄学良提供了“中国建设银行珠海市分行”的印章复印件，并在复印件上手绘丽景支行的公章样式，提供了丽景支行工作人员王杰、陈伟华的名字和其本人的工作证样本，又提供了丽景支行的业务专用章和转讫章的复印件。刑事判决认定黄学良与谢建贻、杨红霞等人构成票据诈骗罪。上述事实证实，黄学良代表丽景支行签订《回购合同》的目的显然是为谢建贻等人骗取银行资金。而对于华信支行一方，虽然刑事判决认定其工作人员张颖晖犯国有企业人员失职罪，不存在与黄学良等人共同诈骗的主观故意，但是其有利用银行之间的汇票转贴现业务为他人套取银行资金的意思表示和行为。从刑事判决认定的事实看，5000万元的《回购合同》签订之后，张颖晖与杨红霞等人到广东省珠海市将转贴现款4460万元的汇票交给谢建贻；之后，张颖晖又向杨红霞提议为其姐夫田吉龙的公司融资，故而又签订8000万元的《回购合同》，并将其中的贴现款3954.146669万元转到了田吉龙任法定代表人的北京泰邦房地产开发有限公司。李进中、王志铁的陈述则证实，华信支行在发现该行的转贴现资金并未进入丽景支行大账后，没有选择报案，而是找到黄学良要求其在《回购合同》上签字并出具承诺书，要求丽景支行尽快还款。上述事实表明，华信支行签订《回购合同》的目的也并非银行之间合法的票据转贴现，并非为了解决丽景支行头寸不足问题。因此，华信支行与丽景支行均有通过汇票转贴现业务为他人违法套取银行资金的意思表示和行为。依据《合同法》第五十二条第（三）项关于“以合法形式掩盖非法目的”的合同无效之规定，本案所涉《回购合同》属于无效合同。一审判决认定《回购合同》为有效合同属于适用法律错误，本院予以纠正。丽景支行该项上诉理由有事实和法律依据，本院予以支持；华融公司的该项答辩意见，本院不予采纳。

三、《回购合同》无效后的损失如何处理

《合同法》第五十八条规定：“合同无效或者被撤销后，因该合同取得的财产，应当予以返还；不能返还或者没有必要返还的，应当折价补偿。有过错的一方应当赔偿对方因此所受到的损失，双方都有过错的，应当各自承担相应的责任。”据此，《回购合同》无效造成的华信支行的损失，依法应当根据双方的过错合理分担。

关于华信支行的损失,刑事判决认定,该案诈骗金额为1.3亿元,案发后追缴、查封、冻结、扣押赃款、赃物约合6826.3733万元,因此一审判决认定华信支行的损失为6173.6267万元,有事实依据,并无不当。至于丽景支行于2003年9月28日向华信支行划转的5000万元是否属于支付华信支行回购款的问题,根据一审查明的事实,该笔款项在刑事案件案发之前由华信支行王志铁与丽景支行黄学良及盛唐公司法定代表人李洁商议,由盛唐公司暂时出资代替丽景支行回购票据,再由谢建贻或者丽景支行支付5000万元给盛唐公司,但由于黄学良等人的刑事案件案发,谢建贻或者丽景支行均未能归还该5000万元。因盛唐公司与华信支行也存在票据转贴现关系,故华信支行将该5000万元冲正为盛唐公司的票据款。此种情况下,尤其是在刑事判决已经认定华信支行损失6000余万元的情况下,一审判决认定该笔5000万元不属于丽景支行支付的回购款,并无不当。丽景支行上诉所提该5000万元已经支付给华信支行、不应再计为华信支行损失的主张,与事实不符,本院不予支持;华信支行该项答辩意见,本院予以采纳。对于华融公司主张的利息部分的上诉请求,鉴于双方当事人均同意由本院直接处理,因此不再就此问题发回重审,但须指出,一审判决对于该部分诉请未予处理确有不当,应予纠正。华融公司在本案中主张丽景支行应当按照《回购合同》的约定支付回购款利息,但因《回购合同》无效,关于利息的约定亦无效,因此对该项诉讼请求,本院不予支持。

关于双方的过错,一审已经查明,双方在签订和履行《回购合同》的过程中均有过错,共同导致了华信支行损失的发生。丽景支行的过错主要在于用人不善、印章管理不规范,而黄学良的代表行为为信用程度本来较低的商业承兑汇票增加了银行信用,为票据转贴现提供了更高的信用基础;华信支行的过错主要在于未尽到办理票据转贴现业务应有的合理的审查义务,具体表现正如一审判决所认定,而刑事判决认定的因新乡分行通过向珠海市分行传真伪造的汇票查询真伪使得谢建贻等人诈骗未果的事实也能印证,华信支行之所以被骗与其未尽到合理的审查义务具有直接关系。因此,华融公司上诉所提其不存在过错的主张与本案查明的事实不符,本院不予支持;丽景支行该项答辩意见,本院予以采纳。关于损失分担的比例,一审判决酌定为双方当事人平分,符合本案实际情况,本院予以维持。

【案例来源】

中国裁判文书网,http://wenshu.court.gov.cn。

编者说明

票据回购与借贷或者其他资金融通业务有所区别,最高人民法院审理的吉林敦化农村商业银行股份有限公司与宁波银行温州分行相关纠纷案中认为,根据法律规定、银行业交易惯例以及监管要求,票据买入返售交易的典型交易目的之一是票据实物的交付,票据交易应交付票据实物。案涉《回购合同》亦约定，宁波银行温州分行提供银行承兑汇票，并负责送交敦化农商行，经双方共同清点无误，当面封存、签章并交敦化农商行保管。但根据原审查明的事实，从敦化农商行与宁波银行温州分行之间的业务往来看，宁波银行温州分行并未实际持有约定的票据，敦化农商行对此明知但未审查票据，双方没有票据交付的目的，仅表面上发生了清单交易。在整个交易流程中，双方在未发生验票、交票的情况下，径行发生了付款行为。因此，虽然案涉《回购合同》名义上约定的是票据回购，但实际上未进行票据实物的交付。其次，从资金划转顺序来看，根据《回购合同》与《转贴现合同》的约定，正常的资金划转顺序应当先由宁波银行温州分行向浦发银行长沙分行支付资金以贴入票据，再由敦化农商行向宁波银行温州分行支付资金买入票据。在合同约定的到期日，应当先由宁波银行温州分行向敦化农商行支付资金以回购票据，再由浦发银行长沙分行向宁波银行温州分行支付资金以贴入票据。但在双方交易中，无论是资金的流出还是流入，宁波银行温州分行并不占用自有资金进行交易，均是在收到资金后才转给浦发银行长沙分行或转回敦化农商行，资金在宁波银行温州分行停留的时间均非常短暂，具有显著的资金通道性质。再次，从《回购合同》所约定的回购利率来看，回购利率远高于同期银行间同业拆借利率和同期回购利率，而与同期贷款利率较为接近，宁波银行温州分行以远高于银行同业拆借利率和回购利率的利率从事案涉交易的合理性明显不足。最后，从双方的获益对比上看，敦化农商行的实际获益和拟定获益为宁波银行温州分行的28倍以上。综上，在整个交易过程中宁波银行温州分行既不需要持有或交付票据，也不需要占用自有资金回购票据，亦非资金融入方，双方均明知宁波银行温州分行划转资金的目的是资金通道而非票据回购，故原审判决认定敦化农商行与宁波银行温州分行之间名为“银行承兑汇票回购合同”而实为资金通道合同的基本事实并不缺乏证据证明，适用法律亦无不当。①

① 二审法律文书为最高人民法院(2017)最高法民终962号、963号民事判决书，但两案的二审判决书在中国裁判文书网中均未检索到，从吉林敦化农村商业银行股份有限公司申请再审后最高人民法院所作出的(2018)最高法民申3193号(2018.9.30)、3163号(2018.9.29)民事裁定书可以反映相关判决内容，相关民事裁定书均载中国裁判文书网，http://wenshu.court.gov.cn。

八、票据付款请求权纠纷

288 银行签发汇票应当尽到通常的审查义务

【关键词】

| 签发汇票 | 审查义务 |

【案件名称】

中国农业银行白银市分行营业部诉白银有色金属有限公司、甘肃稀土公司银行承兑契约资金追索纠纷案［最高人民法院（2001）民二终字第149号民事判决书］

【裁判精要】

最高人民法院认为：

白银公司关于签发票据的申请，农行白银营业部与白银公司签订的《银行承兑契约》、与稀土公司签订的《银行承兑契约担保合同》是各方当事人的真实意思表示，不违反法律、法规的规定，应当认定合法有效。上述合同签订后，农行白银营业部制作了银行承兑汇票并交给白银公司经办人原财务处融资科副科长寇振国。1998年11月4日，白银公司向农行白银营业部发送了《止付通知》，要求止付本案七张汇票，同年11月5日，白银市公安局以七张汇票涉嫌盗用白银公司名义诈骗和个人占有，向农行白银营业部送达《停止支付资金通知书》。在此情况下，农行白银营业部向甘肃省高级人民法院提起诉讼，请求判令持票人不享有票据权利。经最高人民法院（2000）经终字第15号、第22号、第66号终审民事判决书认定上述汇票为有效票据，持票人享有票据权利。农行白银营业部遂依据最高人民法院上述生效判决向持票人履行了兑付义务。

农行白银营业部依据出票人白银公司的指令和票据法律的有关规定签发了银行承兑汇票，并于汇票到期日依据最高人民法院的生效判决向持票人支付了票据资金，承担了逾期付款违约金，履行了《银行承兑契约》规定的合同义务，白银公司应当依据该《银行承兑契约》向农行白银营业部支付票据资金，稀土公司应当依据《银行承兑汇票保证担保合同》对白银公司的债务承担连带责任。鉴于白银公司申请签发汇票时向农行白银营业部提交的购销合同是复印件，农行白银营业部没有尽到审查义务，对本案资金的流失亦存在一定的过错，本院确定对农行白银营业部逾期付款违约金的主张不予支持。白银公司主张寇振国行为为个人行为，七张汇票上的印章与银行预留印鉴不符，系寇振国伪造的，因寇振国办理银行承兑汇票涉嫌犯罪，其主张成立,本院予以支持;其主张农行白银营业部在审查出票人资格、开立保证金账户和领用汇票登记的问题上违反农行规定,因农行关于上述规定属于行政规章制度,违反上述规定应承担银行系统内部的行政处罚,不影响本案民事责任的承担,其主张不成立;其主张票据基础关系《工矿产品购销合同》是虚假的,因该合同是由其申请签发银行承兑汇票时提供给农行白银营业部的,如果该合同是虚假的,亦应认定为白银公司违背诚信原则,其以此作为免除支付银行承兑汇票资金责任的理由不成立;其申请调查寇振国犯罪嫌疑行为,因寇振国犯罪犯嫌疑行为与本案经济纠纷属于不同的法律事实,寇振国涉嫌占有和处分票据的犯罪行为不影响本案审理,其请求不予准许;其请求追加重庆公司和重庆创意公司为第三人,因本案审理的是票据资金关系,重庆两公司与本案无关,其请求不予准许。农行白银营业部答辩认为汇票经办人寇振国是白银公司的全权代表人,上诉人在《止付通知》中也明确表明七张汇票为上诉人的汇票,最高人民法院的另案判决书已经确认了本案七张汇票的法律效力,被上诉人已经向持票人履行了兑付义务,上诉方称未与重庆公司签订购销合同,与事实不符等主张;其主张在整个过程中已经严格履行了应尽的责任与义务,因其对白银公司提交的购销合同复印件没有尽到审查义务,对本案资金流失应承担一定责任,其主张不成立。

【权威解析】

2. 关于七张银行承兑汇票上出票人的签章问题

白银公司主张承兑汇票上加盖的签章与白银公司在银行的预留印鉴不符,系寇振国伪造的。

七张银行承兑汇票上的签章与白银公司在农行预留的印鉴不符属实,但是否系寇振国伪造的,一审法院对此问题没有进行审理。

《支付结算办法》对银行支票的出票人签章问题作出了特别规定,即:必须与银行的预留印鉴相任,对汇票上的签章是否应与银行预留印鉴相符,没有作出特别规定。《支付结算办法》规定,汇票上的单位签章,应为该单位的财务专用章或公章加盖其法定代表人或其授权的代理人的签名或者盖章。

对银行承兑汇票上的签章是否要核对预留印鉴的问题,承办人在办案的过程中向中国人民银行总行咨询,结论是:银行承兑汇票没有核对预留印鉴的规定,因为银行与出票人之间建立的是合同关系,不是支付关系,银行不是针对出票人付款,而是针对持票人付款,所以出票人无须预留印鉴,银行也无须核对,对银行承兑汇票,只需要出票人在汇票上加盖公章或财务章即可。对银行支票有预留印鉴的特殊规定,因为银行要从出票人账户上付款,付款是针对出票人的,所以银行付款时要核对预留印鉴。

关于本案汇票上的签章是否系寇振国伪造的问题,原审法院对此问题没有作出认定。实际上,鉴于寇振国作为白银公司财务处融资科副科长和承办汇票申请的特殊身份，其行为应当认定为职务行为，汇票上的签章是寇振国加盖的，白银公司应当对其行为承担民事责任。可见，即使本案汇票上的签章系寇振国伪造的，也应由白银公司对外首先承担民事责任，其以此作为免除责任的抗辩理由不应成立。另外，白银公司曾经于1998年11月4日向农行白银营业部发出过本案七张汇票的《止付通知》，该《止付通知》明确说明：白银农行营业部，我公司在你部承兑的银行汇票，因涉嫌个人非法占有，请停止支付，有关法律手续随后办理。从该《止付通知》的内容看，白银公司当时已经通知农行白银营业部本案汇票为白银公司汇票。①

【案例来源】

最高人民法院民事审判第二庭编：《民商审判指导与参考》（总第2卷），人民法院出版社2003年版，第249～257页。

289 汇票委托书回单只能证明当事人委托银行出票，不足以证明其向收款人交付汇票或者收款人收到汇票款项

【关键词】

｜汇票委托书｜委托出票｜

【案件名称】

中国石油化工股份有限公司齐鲁分公司与青岛盛橡汇贸易有限公司、山东齐鲁石油化工联营开发总公司买卖合同纠纷案［最高人民法院（2012）民提字第180号民事判决书，2012.12.18］

【裁判精要】

裁判摘要：本案最主要的争议焦点在于成山轮胎公司是否收到争议的银行汇票款或行使了票据权利。中石化齐鲁分公司举示的汇票委托书回单只能证明其委托银行签发银行汇票，不能证明签发的汇票已交付给成山轮胎公司。汇票票款从中石化齐鲁分公司账户付出，存在多种可能性，并不能得出成山轮胎公司收到款项或行使了票据权利的唯一结论。中石化齐鲁分公司抗辩主张成山轮胎公司收到该汇款票，应对此承担举证责任。其不能充分举证证明成山轮胎公司收到该笔款项或已行使票据权利，应当承担不利后果。

---

① 参见王东敏：《银行签发汇票应尽到通常的审查义务——中国农业银行白银市分行营业部诉白银有色金属有限公司、甘肃稀土公司银行承兑契约资金追索纠纷案》，载最高人民法院民事审判第二庭编：《民商审判指导与参考》（总第2卷），人民法院出版社2003年版，第258～260页。

最高人民法院认为：

一、关于成山轮胎公司是否收到1385682元银行汇票款或行使了票据权利的问题

本院认为，依本案目前证据，无法认定成山轮胎公司收到该1385682元银行汇票款或行使了票据权利，该款不能从成山轮胎公司诉请金额中扣减。第一，中石化齐鲁分公司举示的1990年4月11日汇票委托书回单只能证明中石化齐鲁分公司委托银行签发以“荣城橡胶厂”为收款人、金额为1385682元的银行汇票，不能证明签发的银行汇票已交付给成山轮胎公司。第二，中国工商银行淄博临淄支行证明该银行汇票未被退票、票款已付出，中国工商银行对账单证明中石化齐鲁分公司账户付方发生额1385682元，但只说明中石化齐鲁分公司银行账户发生资金付出，不足以证明票款已支付到成山轮胎公司银行账户。汇票票款从中石化齐鲁分公司账户付出，存在多种可能性，并不能得出成山轮胎公司收到款项或行使了票据权利的唯一结论。第三，1990年6月5日成山轮胎公司向中石化齐鲁公司以汇票支付1385682元，成山轮胎公司已入账并在对账结果中予以载明，而中石化齐鲁分公司所称1990年4月11日向成山轮胎公司支付的1385682元，成山轮胎公司并未入账，应当属于未达账项，但在对账结果中并无记载。同时，中石化齐鲁分公司在其记账凭证中还将该款记在其工作人员“游玉生”名下，说明中石化齐鲁分公司并未将该款项作为与成山轮胎公司买卖业务的资金往来。第四，山东振鲁会计师事务所有限公司鲁振会审专〔2008〕第0065号审计报告结论也无法确定成山轮胎公司是否收到1990年4月11日1385682元汇票款。第五，中石化齐鲁分公司提出成山轮胎公司已收到该汇款票或已行使票据权利，属于抗辩事实主张，中石化齐鲁分公司应当对该抗辩事实主张承担举证责任。中石化齐鲁分公司不能充分举证证明成山轮胎公司收到该笔款项或已行使票据权利，应当承担不利后果。

【案例来源】

最高人民法院民事审判第二庭编：《最高人民法院商事审判指导案例（2012）·公司与金融》，中国民主法制出版社2013年版，第311～324页。

290 支票收款人出具收款收据并不意味着票据付款行为已经完成，实际划转款项才完成付款

【关键词】

｜支票｜收款收据｜付款行为｜

【案件名称】

青岛市国土资源和房屋管理局崂山国土资源分局与青岛乾坤木业有限公司土

地使用权出让合同纠纷案［最高人民法院（2007）民一终字第 84 号民事判决书，2007.11.30］

【裁判精要】

最高人民法院认为：

（二）关于一审认定乾坤公司交纳土地出让金的数额是否正确的问题

一审认定乾坤公司已向崂山国土资源分局交纳土地出让金 788 万元，乾坤公司对此不持异议。而崂山国土资源分局只承认收到乾坤公司的土地出让金 488 万元，且被崂山区人民法院划走 3813357 元，目前仅剩 1066643 元。双方当事人的主要分歧在于 2003 年 3 月 26 日乾坤公司向土地管理所交付的一张 300 万元的支票应否算作已付土地出让金。鉴于该支票因无出票日期而被认定为无效，凭无效支票不能划转乾坤公司的银行存款。乾坤公司的出票行为应被认定为无效民事行为。尽管土地管理所收到这张支票后出具了收据，但因支票无效，土地管理所出具的收据并不意味着已经或者能够收到 300 万元土地出让金，事后乾坤公司也未对这张支票进行补正。事实上崂山国土资源分局也未收到此笔款项。由于乾坤公司对这张支票的无效具有过错，不能认定乾坤公司提交这张支票即视为其支付了 300 万元土地出让金。崂山国土资源分局关于该支票无效的抗辩具有事实和法律依据，本院应予支持。一审认定乾坤公司已向崂山国土资源分局支付土地出让金 788 万元有误，应予纠正。①

【权威解析】

本案争议的关键问题是，付款人交付了未记载出票日期和收款人的 300 万元支票能否视为已支付款项。二审法院查明了 300 万元支票的填写状况，并据此对一审判决进行了改判，驳回了乾坤公司的诉讼请求。

虽然支票在实际使用中相对简单，但出票日期对于支票的效力依然有着举足轻重的作用。我国票据法律制度禁止签发远期支票，如果允许未记载出票日期的支票能够作为有效的支付手段，那么就意味着实际出票日与实际付款日之间就可能会有较长时间差，也就规避了法律的禁止性规定，因此，该票据行为是无效的。本案中，乾坤公司在以前支付的 488 万元出让金，有过以未记载出票日期的支票交付，并由收款人自行填写出票日期而实际划转款项的情形，涉及出票记载日期与实际出票日

---

① 本案二审判决后，当事人向最高人民法院申请再审，最高人民法院再审审查认为，出票日期是支票的绝对必要记载事项，欠缺日期记载的，支票无效。出票人将欠缺绝对必要记载事项的票据交付给他人，可以认定是将获得实际付款的选择权让渡给了他人，其应当承担这一行为的法律后果。在以支票为结算方式的交易中，收款人出具收据并不意味着支付行为的最终完成，只有收款人实际划转款项才完成收款行为。参见最高人民法院（2008）民申字第 1494 号民事裁定书，载最高人民法院审判监督庭编：《审判监督指导》（总第 29 辑），人民法院出版社 2010 年版，第 91～99 页。

期不符的问题。我们认为,根据票据的文义性,记载出票日期与实际出票日期不符不影响票据的有效性,在持票人补记出票日期后,仍将获得银行付款。本案乾坤公司仅仅因为签发了未记载出票日期的300万元支票,而导致被解除合同,似乎承担了过重的后果。但从法律上讲,乾坤公司作为从事商业交易的法人,将未记载出票日期的300万元支票交付给了收款人,无疑是将决定该支票能否获得实际付款的选择权让渡给了收款人,这一风险只能由作为出票人的乾坤公司自行承担。①

【案例来源】

《中华人民共和国最高人民法院公报》2008年第5期。

291 付款人在承兑汇票以后才应当承担到期付款的责任

【关键词】

|承兑汇票|付款人|付款责任|

【案件名称】

罗明辉与潘明、明和房地产贸易投资公司、明超实业发展(深圳)有限公司合作建房纠纷案[最高人民法院(2011)民提字第94号民事判决书,2011.12.9]

【裁判精要】

最高人民法院认为:

潘明提交的相关证据为1994年4月2日罗明辉出具的《收条》,内容为"收到潘明交来工商银行汇票人民币壹佰贰拾万元整"。罗明辉反驳称,该汇票有问题,不能兑现,已退还给潘明,并证明了双方之间存在其他经济往来关系。《票据法》第十九条规定:"汇票是出票人签发的,委托付款人在见票时或者在指定日期无条件支付确定的金额给收款人或者持票人的票据。"可见出具和交付汇票仅为付款委托,只有在付款人承兑汇票后,付款人才应当承担到期付款的责任。没有经过承兑和付款,款项的支付就没有完成,不能将交付汇票行为作为款项已经支付的证据。事实上,潘明也没有提交有关承兑和付款的证据。因此,仅凭收到汇票的《收条》,不能证明汇票记载的款项已经支付。

【案例来源】

中国裁判文书网,http://wenshu.court.gov.cn。

① 参见王朝辉:《出票人填写交付未记载出票日期的支票为无效票据行为——青岛乾坤木业有限公司与青岛市国土资源和房屋管理局崂山国土资源分局土地使用权出让合同纠纷申请再审案》,载最高人民法院审判监督庭编:《审判监督指导》(总第29辑),人民法院出版社2010年版,第98~99页。

292 持票人丧失对票据的占有导致款项流失，应根据过错认定责任

【关键词】

｜票据丧失｜过错责任｜

【案件名称】

辽阳市商业银行股份有限公司与海城市桦子峪铝材厂票据纠纷案［最高人民法院（2003）民二再字第2号民事判决书］

【裁判精要】

最高人民法院认为：

铝材厂447万元汇票票款是宏达公司以诈骗手段取得的，在海城市公安局已经追缴300万元票款，并返还给铝材厂的情况下，对于无法追缴的147万元票款，应根据铝材厂、辽阳商行对于票款流失的过错，判令其承担相应的民事责任。铝材厂负责人孙井良在与宏达公司洽谈业务时，在未与对方签订购销合同，未看到货物的情况下，不仅在汇票上加盖了个人名章。而且将解讫通知一并轻率交出，丧失对汇票的占有，是造成票款流失的根本原因。铝材厂对于票款流失负有主要过错，对于无法追缴的147万元票款应自负80%的责任。辽阳商行办理汇票兑付时，在孙井良的名章没有按照规定加盖在汇票背书人栏内，而是加盖在收款人处的情况下，如能进一步审查核实，则仍可避免汇票票款流失。因此，辽阳商行对于铝材厂票款流失亦负有一定过错，对于无法追缴的147万元票款应承担20%的责任，即赔偿铝材厂票款本金294000元。原审判决将侵权赔偿纠纷错误定性为票据纠纷，没有根据双方当事人的过错及造成的实际损失确定相应的民事责任，属适用法律错误，且在已查明海城市公安局追缴并返还铝材厂300万元票款的情况下，仍然判令辽阳商行对447万元票款承担全部民事责任，属认定事实错误，应予纠正。

【案例来源】

最高人民法院审判监督庭编著：《最后的裁判——最高人民法院典型疑难百案再审实录·担保与金融案件卷》，中国长安出版社2007年版，第204～210页。

293 票据付款人已经尽到审查义务，不应承担责任

【关键词】

｜票据付款｜审查义务｜

【案件名称】

中国工商银行东莞市虎门支行与河北省汽车工业贸易总公司汇明公司等汇票解付侵权纠纷案［最高人民法院（2002）民二提字第1号民事判决书，2002.11.27］

【裁判精要】

最高人民法院认为：

确定虎门支行应否承担责任，主要看虎门支行在办理汇票兑付的过程中有无过错，是否履行了审查义务。根据《支付结算会计核算手续》第2项之规定，兑付行兑付汇票时应认真审查：1. 汇票和解讫通知是否同时提交；2. 汇票上的收款人或被背书人名称是否为该收款人，与进账单上的户名是否相符；3. 汇票上盖的印章是否真实，并符合规定；4. 压数机压印的金额是否有统一制作的压数机压印，与大写的汇款金额是否一致；5. 汇票是否真实，填写是否符合要求，内容有无涂改，付款期是否超过，收款人或被背书人是否在汇票背面盖章；6. 汇票实际结算金额是否在汇款金额以内，与进账单所填金额是否一致，多余金额结算是否准确。虎门支行对汇明公司所持汇票进行了审查，认为所持汇票符合上述各项规定，具备兑付条件，予以兑付。虎门支行兑付票款的行为符合《支付结算会计核算手续》的规定，并无过错。虎门支行在审查汇明公司提交的汇票时只负有形式审查义务。即只需要审查持票人所持汇票是否真实，汇票背面是否有背书人和被背书人签章等，手续完备即应付款，邢森林将汇票及解讫通知一并交于虎港公司，证明邢森林是将票据权利转让于虎港公司，邢森林未在虎门支行预留印章、本人签名或身份证件。虎门支行无法对邢森林的身份证件的真伪进行判断。邢森林的印章盖在发证机关处，属于填写不规范的问题，不能因此否定背书转让的效力，汇明公司将汇票及解讫通知一并交给虎港公司造成失票，同时又未采取通知虎门支行对汇票挂失止付或公示催告等失票救济手段，造成票款流失，其后果应自负。虎门支行在审查汇票背书及兑付票款的行为上没有过错，不应对票款流失承担法律责任。

【案例来源】

最高人民法院办公厅编：《最高人民法院公布裁判文书（2003年）》，人民法院出版社2004年版，第273～277页。

编者说明

持票人向票据付款人提示付款时，付款人无论对持票人是否进行付款，均应当进行必要的审查，此为付款人的审查义务。付款人的审查义务，从其审查的内容来看，可以分为形式审查义务与实质审查义务两个方面。所谓形式审查是指从票据的外观形式即票据的记载事项进行的审查，而不涉及票据外的其他事实或者有关情况的审查。形式审查是《票据法》对付款人最基本的要求，同时也是保障票据流通与使用安全最必要的与最低限度的要求。票据付款人的形式审查义务表现为两个方面:一是对票据自身的形式审查;二是对持票人的形式审查。实质审查则是指从考察持票人是否为真实的票据权利人角度对票据所进行的审查,也就是对票据关系以外的非票据关系如票据基础关系角度对票据持票人所作的审查。由于票据是一种流通证券,在持票人向付款人提示票据请求付款之前,可能已经经过多次转让,如果要求付款人对所有的票据都负有进行实质审查的义务,明显不符合票据法原理,也不符合票据实务的要求,超出了付款人的能力范围,所以票据法上一般都不规定付款人有对票据进行实质审查的义务。但是在一些特殊情况下,法律也要求付款人承担实质审查的义务,如在期前付款的情况下,法律确认由付款人自行承担所产生的责任,此时的付款人实际上既承担形式审查义务,又承担实质审查义务。需要说明的是,付款人不负有对票据进行实质审查的义务,但这并不意味着付款人可以对持票人随便付款,如果付款人明知持票人是以非法方法取得票据等情形或者应当知道这些情形而仍然对持票人付款的,则其付款行为存在恶意或者重大过失,也应当承担相应的票据责任。

尽管依照有关结算制度的规定,付款人可能要承担一定的审查义务,但是这种义务来自于行政规章而不是来自于票据法,所以当付款人未能按照结算制度进行相关的实质审查时,可能要承担一定的行政责任,但并不当然产生票据法上的票据责任。

此外,对票据的审查,还包括对持票人的合法身份证明或者有效证件的形式审查。提示付款人不能提供其有效身份证明或者证件的,不能获得付款,对提示人身份证明文件的审查,是我国《票据法》对付款人规定的一项特别的审查义务,这种审查义务在形式上和效力上与实质审查不同,也不完全与形式审查相同。

294 恶意付款,是指付款人明知持票人不是真正的票据债权人但仍向其付款的行为

【关键词】

| 票据 | 恶意付款 |

【案件名称】

陕钢集团汉中钢铁有限责任公司与湖北银行股份有限公司宜昌南湖支行金融借款合同纠纷案[最高人民法院(2017)最高法民终523号民事判决书,2018.6.19]

【裁判精要】

最高人民法院认为:

三、汉中公司所主张的其不应承担担保责任的理由是否成立

(一)关于南湖支行因案涉27张汇票对钟宜公司的债权是否超出了汉中公司担保的范围。汉中公司认为,“汉中公司是唯一收款人”是本案提供担保的前提条件,但该条件并未成就。尽管案涉27张汇票上填写的收款人均为汉中公司,但是汉中公司未能实际用款,故这部分不符合汉中公司担保的范围。本院认为,即使汉中公

司是唯一收款人构成汉中公司承担保证责任的条件，因案涉27张汇票上填写的收款人均为汉中公司，已经符合该条件。汉中公司认为应实现汉中公司“实际用款”，但“实际用款”不是保证合同的约定，汉中公司将“唯一收款人”解释为实际收到并使用款项缺乏依据。故汉中公司称其未“实际用款”的承兑汇票的债务超出了其担保范围的理由不成立。(二)汉中公司称，案涉27张汇票都属于出票人采取欺诈的手段从银行套取的，没有提交真实的文件，不是各方真实意思表示，银行也没有履行严格的审查义务，不属于担保范围，相应产生的损失不应汉中公司负责。申请承兑汇票所附材料中，有发票不是汉中公司出具，但南湖支行未尽到审查义务，仍然承兑了汇票。本院认为，汉中公司认可龙门公司出具的增值税发票并非本案27张汇票所附发票，即南湖支行本案主张权利的汇票中不存在非汉中公司出具的增值税发票。故汉中公司以此主张南湖支行未履行审查义务的理由不成立。二审查明，涉案27张银行承兑汇票均在签订承兑协议当日出票并承兑。本案最后一张银行承兑汇票的出票日期为2015年3月9日。《票据法》第四十四条规定，付款人承兑汇票后，应当承担到期付款的责任。《票据法》第五十七条规定，付款人及其代理付款人付款时，应当审查汇票背书的连续，并审查提示付款人的合法身份证明或者有效证件。付款人及其代理付款人以恶意或者有重大过失付款的，应当自行承担责任。所谓恶意付款，是指付款人明知持票人不是真正的票据债权人但仍向其付款的行为。汉中公司告知函中也仅是称汇票加盖的汉中公司的印章可能系伪造，汉中公司并未通知南湖支行挂失止付。27张汇票承兑后，均被背书转让，背书具有形式上的连续性。肖金平个人印章在第一次背书转让中出现，经多次背书转让后，付款时的持票人均非汉中公司，亦非钟宜公司。南湖支行也不能据此认定持票人是以欺诈等非法手段取得票据。故难以认定南湖支行系恶意付款。南湖支行如因重大过失付款，其自行承担责任系指承担票据法上的责任。合法有效的票据付款行为产生消灭票据法律关系的效力，如果付款人违反《票据法》第五十七条的规定付款，不能产生消灭票据法律关系的效力，仍应对真正的票据权利人承担责任。南湖支行对持票人付款，属于依法必须履行的义务。汉中公司主张南湖支行的付款行为属于欺诈，以及其发出告知函后南湖支行仍旧付款故其不应承担担保责任的理由不成立。①

【案例来源】

中国裁判文书网，http://wenshu.court.gov.cn。

编者说明

如果付款人进行付款时，未对票据进行形式审查，或者虽然已经进行形式审查但未能

① 本案二审判决后，汉中公司向最高人民法院申请再审，最高人民法院审查后裁定予以驳回。参见最高人民法院(2018)最高法民申6256号民事裁定书(2018.12.27)，载中国裁判文书网，http://wenshu.court.gov.cn。

发现形式上所存在的问题而错误地向持票人付款，当然不能免除其向真实票据权利人付款的责任。票据实务中，这种情况包括付款人恶意付款和因重大过失而付款两种。所谓恶意是指付款人明知票据上的背书或者其他签名为伪造，或者明知持票人为非票据权利人而仍然向其付款。而所谓重大过失，则是指付款人通过一般的审查，即可以知道持票人为非票据权利人，但是因为付款人疏于审查而未能发现即向持票人付款的情形。如果票据付款人因恶意或者重大过失而对非票据权利人进行付款的，则票据的真正权利人在其付款后仍然有权要求其支付票据金额，其向非票据权利人支付款项的行为对票据的真正权利人没有法律约束力。因该行为产生的风险责任应由付款人承担，由其向非票据权利人主张不当得利的返还请求权或者侵权行为的赔偿请求权。

另外，如果经过形式审查确认票据在形式上不存在问题，但是持票人并非真正的票据权利人而付款人已经向其付款的，如果付款人系出于善意而付款，则应为有效的支付，付款人可以因此而免责，票据的真正权利人无权再度要求付款人向其付款；此时付款人向持票人所进行的支付是善意的付款行为，对于善意的付款行为，即应当是非恶意且无重大过失的行为。

295 委托收款银行明显存在疏忽大意，使当事人不能及时发现汇票系伪造和采取有效措施防止损失扩大，应当承担相应民事责任

【关键词】

｜委托收款｜疏忽大意｜

【案件名称】

云南上海汽车工业销售有限公司与中国银行昆明市高新支行赔偿纠纷案［最高人民法院（1999）民终字第89号民事判决书，1999.11.30］

【裁判精要】

最高人民法院认为：

本案是由于犯罪分子利用合同和伪造的银行承兑汇票、保兑函、查复电报等进行诈骗而引发的损害赔偿纠纷。在本案中，四张银行承兑汇票和保兑函被公安机关确定为伪造，不产生票据法上的权利和义务。当事人持有伪造的汇票源自于犯罪分子实施的诈骗行为，其到银行办理了委托收款手续，由于汇票本身是伪造的，委托收款自然也不可能实现。因此，当事人上诉主张本案是票据纠纷，银行应承担票据责任，不能成立。但银行在办理汇票查询和委托收款业务过程中有过错，由于其工作人员疏于职守，未能及时发现汇票上存在的问题，未就一系列疑问进一步查询，也未将情况向当事人说明。另外，在双方办理委托收款手续后，银行却将汇票及委托收款凭证错寄，明显属于疏忽大意，使当事人不能及时发现汇票是伪造的，也不能及时采取有效措施防止损失的扩大。因此，银行称其没有过错的主张不能成立，应当根

据其过错承担相应的损害赔偿责任。

【案例来源】

最高人民法院民事审判第一庭编:《中华人民共和国最高人民法院判案大系》(民事卷-1999年卷),人民法院出版社2003年版,第224~227页。

296 银行汇票的合法持有人和汇票款项的合法所有人,有权决定将汇票资金解付到哪一个账号和如何处分

【关键词】

|银行汇票|资金解付|

【案件名称】

中国工商银行湛江分行与中国进出口银行、广东三星企业(集团)股份有限公司、中国科技国际信托投资有限责任公司借款合同纠纷案[最高人民法院(2000)经终字第232号民事判决书,2001.9.4]

【裁判精要】

最高人民法院认为:

中国进出口银行以交付银行汇票的方式履行贷款义务,自银行汇票交付时起,其支付款项的义务即完成,对三星公司享有债权。中国进出口银行交付给三星公司的银行汇票上的收款人为三星公司,三星公司作为银行汇票的合法持有人和汇票项下款项的合法所有人,其有权决定将汇票上的资金解付到哪一个账号和如何处分该资金。三星公司收到银行汇票后,其工作人员持汇票到工行湛江分行国际业务部解付,因工行湛江分行国际业务部与票面上所载账号的开户行工行湛江分行第二支行营业地点不同,可以看出到工行湛江分行国际业务部解付汇票是三星公司的主观意愿,客观上该1亿元贷款已在三星公司的财务账目上记载入账,因此,尽管银行进账单是银行工作人员填写,但确系三星公司真实意思,其对解付行为是认可的。我国《票据法》和银行结算办法都没有要求银行汇票必须记载账号和必须按票面记载账号解付的强制性规定,该票据又没有其他不得解付的情况,因此工行湛江分行的解付行为并无过错。从1996年10月至1997年5月,工行湛江分行分18笔将该1亿元贷款扣收了三星公司欠工行湛江分行的贷款,三星公司从未提出异议,还分别于1998年6月4日、9月8日和1999年6月8日出具函件,证明在中国进出口银行专贷资金未落实的情况下,三星公司向工行湛江分行申请出口农用车贷款,并承诺在中国进出口银行贷款到位后归还。虽然三星公司在1998年3月11日给中国进出口银行的函件与上述三个函件内容不符,但该三个函件出具的时间在后,且在本院二

审质证时,三星公司称:1998 年 3 月 11 日函件是不知情的人员出具的,后出具的三个函件已予以纠正,其内容是真实的。因此,对上述三个函件的真实性本院予以确认。三星公司对工行湛江分行扣划其账户款项归还其欠款的行为是明知的、认可的。在贷款的所有权转移给三星公司后,工行湛江分行按三星公司的意愿解付款项进入该公司账户,又在三星公司认可的情况下扣划其账户内的款项归还该公司欠款,其行为对中国进出口银行不构成侵权。

【案例来源】

最高人民法院民事审判第二庭编:《民商审判指导与参考》(总第 1 卷),人民法院出版社 2002 年版,第 403 ~412 页。

297 因公安机关采取冻结措施,持票人对票据付款人行使请求权的诉讼时效中止

【关键词】

|票据冻结|诉讼时效中止|

【案件名称】

中国农业银行湖北省十堰市分行五堰办事处与中国建设银行武汉市省直支行等银行承兑汇票纠纷案[最高人民法院(1998)经终字第 451 号民事判决书,1999. 10. 21]

【裁判精要】

最高人民法院认为:

本案争议汇票的到期日是 1992 年 3 月 30 日,建行营业部主张汇票权利的诉讼时效应截止于 1994 年 3 月 30 日。但是,1992 年 2 月 18 日,因汇丰公司法定代表人涉嫌诈骗犯罪,公安部冻结了有关银行的银行承兑汇票及定期存单,该冻结措施一直持续到 1994 年 11 月 18 日,故因诉讼时效中止,本案诉讼时效应自 1994 年 11 月 29 日起继续计算至 1995 年 5 月 29 日。按照中国人民银行及公安部联合下发的 304 号文件的规定,与朱邦益诈骗案有关的银行承兑汇票、定期存单的清理工作,涉及金融系统内部的,由中国人民银行与各专业银行组成的专案组负责进行清理。1995 年 2 月,建行营业部参加由中国人民银行主持召开的 218 专案资金清理会议,并申报了本案争议汇票项下的债权,从而引起诉讼时效中断。中断事由持续到 1997 年 10 月 22 日,即中国人民银行通知,对已提出申请但尚未审批的涉及 218 案件的各笔债权债务,218 清理组不再审批,由各债权人依法追索。因此,诉讼时效应从 1997 年 10 月 22 日重新计算。农行五堰办事处关于建行营业部的诉讼已超过诉讼时效的上诉理由不能成立,本院亦不予支持。

【案例来源】

最高人民法院民事审判第二庭编:《中华人民共和国最高人民法院判案大系》(民商事卷-1998年卷),人民法院出版社2003年版,第1098~1102页。

九、票据追索权纠纷

298 付款人虽未明确表示拒绝付款，但客观上无付款能力，可以认定为《票据法》第六十一条规定的付款人拒绝付款情形

【关键词】

|票据|拒绝付款|付款能力|

【案件名称】

恒丰银行股份有限公司南通分行与兴业银行股份有限公司哈尔滨分行票据追索权纠纷案［最高人民法院（2017）最高法民终449号民事判决书，2017.12.28］

【裁判精要】

最高人民法院认为：

五、关于兴业银行是否达到行使票据追索权的条件问题

恒丰银行称拒付理由书不是适格的拒绝证明，出具拒付证明的主体必须是“承兑人或者付款人”，而39份拒付理由书中有29份没有付款人本人的签章，恒丰银行认为开户行出具的拒付理由书不能代表付款人不愿意付款，拒付条件不成立。兴业银行称，根据票据交易管理，兴业银行具有出票人开户行出具的拒付理由书，具备拒付证明效力。对此，本院认为，对于付款人虽未明确表示拒绝付款，但客观上无付款能力的，可以认定属于《票据法》第六十一条规定的付款人拒绝付款的情形。本案中案涉汇票开户行拒付理由书中拒付理由显示付款人账户余额不足，付款人客观上已经没有付款能力，因此，出票人开户行的拒付理由书可以证明兴业银行主张的拒付条件成就，兴业银行已经达到行使票据追索权的条件。

【案例来源】

中国裁判文书网，http://wenshu.court.gov.cn。

299 承兑人因法院冻结可以暂不付款，但其并非资金所有人，资金在承兑人占用期间的存款利息所得应返还给票据权利人

【关键词】

|承兑人|存款利息|

【案件名称】

衡水银行股份有限公司与江苏紫金农村商业银行股份有限公司票据追索权纠纷案［最高人民法院（2017）最高法民再116号民事判决书，2017.9.25］

【裁判精要】

最高人民法院认为：

三、一审、二审法院判决衡水银行承担被追索责任是否正确……

本案中，2014年1月28日，紫金农商银行向衡水银行办理讼争票据托收。2014年2月7日，衡水银行分别出具拒付理由书，称桃城区法院于2013年12月21日对讼争票据下达（2013）衡桃民三初字第42－1号民事裁定书，在收到法院的生效判决前，其无法作付款处理。同年2月24日，紫金农商银行将拒付事由通知拓闽公司。2014年10月10日，紫金农商银行向衡水银行发出《再次提示付款通知书》，告知该行拒付理由书中的拒付理由已经消失，要求依法付款。2014年10月13日，衡水银行回复《告知书》称：没有收到讼争票据原件、托收凭证及桃城区法院（2013）衡桃民三初字第42－1号民事裁定书中要求的法院生效民事判决证明，不满足《票据法》规定的提示承兑要求；另外，我行于2014年10月13日收到故城县法院（2014）故民二初字第1289号民事裁定书，冻结止付《再次提示付款通知书》涉及款项，故我行无法作付款处理；并附该裁定书复印件。紫金农商银行于2014年10月16日复函称其已于2014年1月28日进行托收，即使有冻结也应无条件付款；拒付之后已诉诸法院，衡水银行在诉讼中知悉票据款已经解冻，应承担扩大的损失；故城县法院裁定冻结的是衡水银行与奥冠公司之间合同项下的保证金，并非票据款等。2014年10月24日，紫金农商银行以公证方式向衡水银行寄送讼争票据等，并说明“……由此产生的经济纠纷由我行承担，请贵行解付”。2014年10月25日，衡水银行收到该票据。2014年10月28日，衡水银行回复《关于不能付款说明》，除重申前述《告知书》内容以外，要求等待本案生效法律文书。

当事人奥冠公司的申请，桃城区法院为维护当事人的合法权益及保障案件审结后能顺利执行，下发要求付款人衡水银行对案涉两张票据进行停止支付的裁定，是法院依法采取的财产保全措施。衡水银行据此拒付具有合理理由，不应承担给付票据到期日到合理拒付期间按照同期银行企业贷款利率计算的利息的法律责任。但由于持票人已经提示付款，在不存在合理拒付理由情形下，承兑人本应付款，不应占有票款，享有票款利息，因此，在票据到期日至合理拒付事由终结之日，付款人应按照同期银行活期存款利率给付持票人利息。故城县法院裁定冻结的是衡水银行与奥冠公司之间承兑合同项下的保证金，并非案涉票据款，因此，该冻结裁定不是衡水银行拒付的合理理由。

《票据法》第四条规定：持票人行使票据权利，应当按照法定程序在票据上签章，并出示票据。第五十三条规定:持票人应当按照下列期限提示付款:……(二)定日付款、出票后定期付款或者见票后定期付款的汇票,自到期日起十日内向承兑人提示付款。由上述规定可见,持票人向承兑人请求付款的,应遵期提示票据。在持票人提示票据请求付款,且合法拒付事由消灭的情形下,承兑人应承担给付票款的责任。承兑人不给付票款,应承担被追索的责任。本案中,因桃城区法院第42号案正在审理中,衡水银行根据该院止付裁定初次拒付具有合理理由。2014年8月15日,衡水中院第254号判决对桃城区法院第42号案作出终审判决,即驳回紫金农商行迈皋桥支行的上诉,维持原判。桃城区法院第42号案已经发生法律效力。在衡水银行知道或者应当知道该判决生效之日,应认定止付事由消灭。衡水银行并非桃城区法院第42号案当事人,桃城区法院亦没有告知其止付事由消失。在故城县法院第1289号质押合同纠纷案审理过程中,2014年9月29日,故城县人民法院开庭笔录件载明,原告奥冠公司出具了衡水中院第254号判决,被告衡水银行对该判决的真实性予以认可。此时,应认定衡水中院知道桃城区法院第42号案民事判决已经生效。2014年10月10日,紫金农商银行再次向衡水银行发出《再次提示付款通知书》,告知该行拒付理由书中的拒付理由已经消失,要求依法付款。2014年10月13日,衡水银行回复《告知书》称:没有收到讼争票据原件、托收凭证及桃城区法院(2013)衡桃民三初字第42-1号民事裁定书中要求的法院生效民事判决证明,不满足票据法规定的提示承兑要求。2014年10月24日,紫金农商银行以公证方式向衡水银行寄送讼争票据。2014年10月25日,衡水银行收到该票据。根据上述事实可以认定,2014年10月25日,衡水银行已经收到紫金农商银行以公证方式寄送的讼争票据,其已经知道止付事由消灭的事实应进行付款。其未付款,应承担从应付款之日到实际给付之日按照中国人民银行规定的企业同期流动资金贷款利率计算的利息,即从2014年10月25日起到实际给付之日止的利息。此外,尽管承兑人因法院冻结可以暂不付款,但由于其并非资金所有人,只是在暂不付款期间暂时占有资金,故该部分资金在承兑人占用期间的存款利息所得,应返还给票据权利人。因此,衡水银行应给付在票据到期日至其依法应当付款日之间的利息,该部分利息应按照同期银行活期存款利率计算。

【案例来源】

中国裁判文书网,http://wenshu.court.gov.cn。

300 商业汇票的持票人超过规定期限提示付款的,丧失对其前手的追索权

【关键词】

|商业汇票|提示付款|追索权|

【案件名称】

烟台银行股份有限公司胜利路支行与烟台鑫发投资咨询有限公司票据追索权纠纷案［最高人民法院（2017）最高法民终 249 号民事判决书，2017. 9. 25］

【裁判精要】

最高人民法院认为：

二、关于案涉票据在烟台鑫发公司提示付款时是否已过提示付款期限问题

案涉六张商业承兑汇票中，到期日为 2012 年 1 月 5 日的有四张，到期日为 2012 年 2 月 21 日的有二张。根据《票据法》第五十三条第一款第（二）项的规定，定日付款、出票后定期付款或者见票后定期付款的汇票，持票人应当自到期日起 10 日内向承兑人提示付款。本案中，烟台鑫发公司于 2012 年 3 月 6 日委托其开户行中国银行股份有限公司烟台芝罘支行向付款人烟台裕霖木业有限公司的开户行烟台银行胜利路支行收款，此时，已经超过 10 日的提示付款期限。参照中国人民银行发布的《支付结算办法》第三十六条第一款的规定，商业汇票的持票人超过规定期限提示付款的，丧失对其前手的追索权，持票人在作出说明后，仍可以向承兑人请求付款。本案中，因烟台鑫发公司委托银行收款时已过提示付款期限，其已经丧失对其前手的追索权，故其无权要求案涉票据的背书人哈尔滨高金丰公司和烟台银行胜利路支行承担案涉票据款及利息的给付责任。原审法院未考虑烟台鑫发公司提示付款是否已过提示付款期限的因素，直接认定持票人烟台鑫发公司有权向背书人哈尔滨高金丰公司和烟台银行胜利路支行行使追索权不当，本院予以纠正。

【案例来源】

中国裁判文书网，http://wenshu. court. gov. cn。

301 商业汇票的贴现银行对申请贴现人享有再追索权

【关键词】

｜商业汇票｜贴现银行｜再追索权｜

【案件名称】

山西省物产集团进出口有限公司与招商银行股份有限公司太原分行票据追索权纠纷案［最高人民法院（2017）最高法民终 714 号民事判决书，2017. 11. 22］

【裁判精要】

最高人民法院认为：

本案二审争议的焦点为招商银行太原分行对物产进出口公司是否享有案涉商业汇票的再追索权，物产进出口公司是否应该承担该汇票票款的清偿责任。

一、招商银行太原分行与物产进出口公司对案涉商业汇票具有票据追索权的法律关系

根据查明的事实，物产进出口公司于2013年6月20日向招商银行太原分行申请商业汇票贴现，商业汇票票号为0010006320296527，票面金额为11500万元，到期日为2013年12月17日，付款人为山西联盛能源投资有限公司。招商银行太原分行依申请为其办理了商业汇票贴现业务，贴现金额11500万元。招商银行太原分行于2013年6月21日将该商业汇票转贴现给招商银行兰州分行票据中心。汇票于2013年12月17日到期后，招商银行兰州分行票据中心提示汇票付款人付款遭拒，付款人在《招商银行结算、拒绝付款理由书》"拒付理由"一栏中加盖公章。招商银行兰州分行票据中心于2013年12月27日向招商银行太原分行发出《关于托收票据逾期处理的函》，内容为："贵行2013年6月21日转卖给我行的票据，于止息日2013年12月17日未托收回票款，现进行系统内追索，该笔票据由你行转为逾期贴现贷款"，并附有相应汇票的票面主要记载事项。招商银行太原分行于当日向招商银行兰州分行票据中心通过转账偿还汇票款11500万元，后招商银行太原分行向物产进出口公司行使再追索权而产生本案诉讼纠纷。因此，双方当事人具有票据追索的法律关系，本案为票据追索权纠纷。一审判决在主文中认为本案为"票据追索权纠纷"正确，但未将立案时确定的"票据质权纠纷"案由予以纠正存在瑕疵，本院予以纠正。

二、招商银行太原分行可以向物产进出口公司行使案涉商业汇票再追索权

首先，物产进出口公司向招商银行太原分行申请贴现后，招商银行太原分行又将汇票转贴现给招商银行兰州分行票据中心，案涉商业汇票背书连续。招商银行太原分行提供的《招商银行结算、拒绝付款理由书》及招商银行兰州分行票据中心《关于托收票据逾期处理的函》能够证明持票人招商银行兰州分行票据中心在汇票到期后向付款人山西联盛能源投资有限公司提示付款但遭到拒付的事实。其次，招商银行太原分行经招商银行兰州分行票据中心追索，通过向其转账偿还票款后，招商银行太原分行即成为最后持票人，享有了001000632029××××号商业汇票的票据权利，可以向物产进出口公司行使再追索权。最后，物产进出口公司对招商银行太原分行对其进行贴现及案涉商业汇票背书连续的事实予以认可。其在二审期间提交的招商银行太原分行向山西联盛能源投资有限公司提供授信额度11500万元的《授信协议》《股东会决议》《最高额不可撤销担保书》，只能证实招商银行太原分行与出票人、付款人之间是否存在信用借贷及相关担保的法律关系；其所称案涉汇票为银行保贴汇票，招商银行太原分行应承担担保责任，应向付款人追偿的理由，未提供充

分证据予以证实,且不影响本案票据法律关系的成立,亦不影响本案中招商银行太原分行向其行使商业汇票的再追索权。故物产进出口公司上诉认为其不是本案适格被告,没有事实和法律依据,本院不予采纳。

三、招商银行太原分行已在法定期限内行使案涉商业汇票再追索权

招商银行太原分行在招商银行兰州分行票据中心被拒付向其进行追索后,于2013年12月27日向招商银行兰州分行偿还汇票款,当日即向物产进出口公司发出《追索函》,该《追索函》中载明了案涉汇票号码、付款人、收款人、汇票金额、出票日期、到期日等记载事项,并告知物产进出口公司汇票已被拒付的事实。物产进出口公司对前述《追索函》回复了《异议函》,该《异议函》中并未对案涉商业汇票到期被拒付的事实提出异议,且其在一审时对招商银行太原分行提交的《招商银行结算、拒绝付款理由书》的真实性予以认可,故物产进出口公司上诉称招商银行太原分行未按法定程序和方式行使追索权,从而认为招商银行太原分行未在法定期限内向物产进出口公司行使票据再追索权,据理不足,本院不予采纳。

四、物产进出口公司应承担案涉商业汇票票款的清偿责任

根据前述分析,招商银行太原分行对物产进出口公司享有案涉商业汇票的再追索权,且在法定期限内行使了票据再追索权,物产进出口公司应承担案涉11500万元款项的清偿责任。物产进出口公司在清偿债务后,可依照《票据法》规定向其他汇票债务人行使再追索权。

【案例来源】

中国裁判文书网,http://wenshu. court. gov. cn。

编者说明

以行使追索权的主体为标准,可以将票据追索权划分为最初追索权和再追索权,最初追索权是指持票人行使付款请求权或者提示承兑遭到拒绝(或者有其他法定原因)时所行使的一种追索权;而再追索权则是指偿还了最初追索金额之后的票据债务人所行使的追索权。

302 被追索人清偿票据金额并依法出示合法的退票理由书，可以向其他汇票债务人行使再追索权

【关键词】

|被追索人|再追索权|

【案件名称Ⅰ】

山西省物产集团进出口有限公司与招商银行股份有限公司太原分行票据追索

权纠纷案［最高人民法院（2019）最高法民终 297 号民事判决书，2019. 5. 24］

【裁判精要】

最高人民法院认为：

一、招商银行太原分行与物产进出口公司之间具有票据法律关系，招商银行太原分行可以向物产进出口公司行使票据再追索权

根据查明的事实，物产进出口公司于 2013 年 6 月 20 日向招商银行太原分行申请商业汇票贴现，汇票号为 0010006320296526、付款人为柳林县浩博煤焦有限责任公司、票面金额 5000 万元及汇票号为 0010006320296528 号、付款人为山西福龙煤化有限公司、票面金额 5000 万元，到期日为 2013 年 12 月 17 日。招商银行太原分行依申请为其办理了该两张商业汇票的贴现业务，并于 2013 年 6 月 21 日将该两张商业汇票转贴现给招商银行兰州分行票据中心。汇票于 2013 年 12 月 17 日到期后，招商银行兰州分行票据中心提示汇票付款人付款遭拒，付款人在《招商银行结算、拒绝付款理由书》“拒付理由”一栏中加盖公章。招商银行兰州分行票据中心于 2013 年 12 月 27 日向招商银行太原分行发出《关于托收票据逾期处理的函》，内容为：“贵行 2013 年 6 月 21 日转卖给我行的票据，于止息日 2013 年 12 月 17 日未托收回票款，现进行系统内追索，该笔票据由你行转为逾期贴现贷款”，并附有相应汇票的票面主要记载事项。招商银行太原分行于当日向招商银行兰州分行票据中心通过转账偿还汇票款 10000 万元，后要求物产进出口公司清偿该笔款项。由此，双方当事人形成票据法律关系纠纷。

招商银行太原分行依法可以向物产进出口公司行使票据再追索权。《票据法》第三十一条第一款规定“以背书转让的汇票，背书应当连续”，本案中，物产进出口公司向招商银行太原分行申请贴现后，招商银行太原分行又将汇票转贴现给招商银行兰州分行票据中心，案涉商业汇票背书连续。上述法律第六十一条第一款规定：“汇票到期被拒绝付款的，持票人可以对背书人、出票人以及汇票的其他债务人行使追索权。”第六十二条规定：“持票人行使追索权时，应当提供被拒绝承兑或者被拒绝付款的有关证明。持票人提示承兑或者提示付款被拒绝的，承兑人或者付款人必须出具拒绝证明，或者出具退票理由书。未出具拒绝证明或者退票理由书的，应当承担由此产生的民事责任。”在招商银行兰州分行提示付款遭到拒付后，向招商银行太原分行提供了《招商银行结算、拒绝付款理由书》及招商银行兰州分行票据中心《关于托收票据逾期处理的函》，能够证明持票人招商银行兰州分行票据中心在汇票到期后向付款人提示付款但遭到拒付的事实，招商银行兰州分行向其前手招商银行太原分行行使追索权符合法律规定。上述法律第七十一条规定：“被追索人依照前条规定清偿后，可以向其他汇票债务人行使再追索权，请求其他汇票债务人支付下列金额和费用……”招商银行太原分行经招商银行兰州分行票据中心追索，通过向其转账偿还票款后，招商银行太原分行即成为最后持票人，可以向物产进出口公司行使

再追索权。

物产进出口公司上诉主张案涉汇票为银行保贴汇票，实则为变相发放表外贷款，但未能提供充分证据予以证明，不影响本案票据法律关系的成立，亦不影响招商银行太原分行向其行使商业汇票的再追索权。

此外，物产进出口公司向招商银行太原分行申请商业汇票贴现时出具的《商业汇票贴现申请书(代贴现合同)》中第1条第3项的约定，系双方真实意思表示，内容符合《票据法》第七十条关于票据追索权的有关规定，不应认定为格式条款，物产进出口公司以此否认其应承担案涉票款的清偿责任，理由不能成立。

二、招商银行太原分行已依据法律规定的程序和形式行使了再追索权

《票据法》第六十六条第一款规定："持票人应当自收到被拒绝承兑或者被拒绝付款的有关证明之日起三日内，将被拒绝事由书面通知其前手；其前手应当自收到通知之日起三日内书面通知其再前手。持票人也可以同时向各汇票债务人发出书面通知。"招商银行太原分行在招商银行兰州分行票据中心被拒付向其进行追索后，于2013年12月27日向招商银行兰州分行偿还汇票款，当日即向物产进出口公司发出《追索函》，该《追索函》中载明了案涉汇票号码、付款人、收款人、汇票金额、出票日期、到期日等记载事项，并告知物产进出口公司汇票已被拒付的事实。物产进出口公司对前述《追索函》回复了《异议函》，该《异议函》中并未对案涉商业汇票到期被拒付的事实提出异议。故物产进出口公司上诉称招商银行太原分行未按法定程序和方式行使追索权，理由不能成立，本院不予采纳。

三、招商银行太原分行虽然已经向出票人主张了权利，但并不影响其再要求物产进出口公司还款

物产进出口公司作为案涉票据的背书人，与出票人柳林县浩博煤焦有限责任公司、山西福龙煤化有限公司共同对持票人招商银行太原分行承担连带责任。《企业破产法》第九十二条第三款规定："债权人对债务人的保证人和其他连带债务人所享有的权利，不受重整计划的影响。"据此，招商银行太原分行作为债权人，虽然在企业重整阶段申报了破产债权，但对物产进出口公司享有的权利不受重整计划的影响，仍可以向物产进出口公司行使追索权。同时，截至目前，招商银行太原分行申报的破产债权尚未实现，物产进出口公司在清偿本案款项后，可以要求招商银行太原分行向其转让破产企业项下已经申报的相关权利，招商银行太原分行不会出现双重受偿的问题。

【案例来源】

中国裁判文书网，http://wenshu. court. gov. cn。

【案件名称Ⅱ】

恒丰银行股份有限公司泉州分行、通榆县农村信用合作联社与中国民生银行

股份有限公司长春分行票据追索权纠纷案［最高人民法院（2017）最高法民终 223 号民事判决书，2017. 10. 31］

【裁判精要】

最高人民法院认为：

（二）民生银行长春分行是否有权行使再追索权

1. 民生银行长春分行是否向民生银行广州分行清偿了案涉票据金额。根据查明的事实，民生银行广州分行的入账订单显示 2016 年 2 月 18 日民生银行广州分行入账 15630 万元，其付款的时间、金额、用途与本案的票据清偿款项吻合，且有 BBSP 来账订单凭证予以印证，能够证明民生银行长春分行已经向民生银行广州分行清偿了案涉票据金额。根据《票据法》第七十一条关于"被追索人依照前条规定清偿后，可以向其他汇票债务人行使再追索权"的规定，民生银行长春分行依法取得再追索权，可以向前手主张票据权利。

2. 民生银行长春分行是否持有合法的退票理由书。本案中，民生银行长春分行提供了两张民生银行福州温泉支行出具的《拒绝付款证明书》，作出日期均在案涉两张汇票的到期日后，分别为 2015 年 12 月 23 日和 2016 年 1 月 22 日。因民生银行福州温泉支行为本案出票人的开户行，是合法的退票拒绝书的作出主体，拒绝付款的原因为账户余额不足，其上记载事项符合《票据管理实施办法》第二十七条第二款关于"票据法第六十二条所称'退票理由书'应当包括下列事项：（一）所退票据种类；（二）退票的事实依据和法律依据；（三）退票时间；（四）退票人签章"的规定，故民生银行长春分行提供的《拒绝付款证明书》应视为《票据法》规定的"退票理由书"。

综上，民生银行长春分行向民生银行广州分行清偿了票据金额，并依法出示了合法的退票理由书，根据《票据法》第六十二条、六十五条的规定，该行享有向前手再追索的权利。

【案例来源】

中国裁判文书网，http://wenshu.court.gov.cn。

303 转贴现银行遭承兑行拒付后，依其与贴现行签订的转贴现协议主张逾期利息及违约金，系合同违约之诉

【关键词】

| 转贴现协议 | 逾期利息 | 违约之诉 |

【案件名称】

中国银行股份有限公司四川省分行与烟台银行股份有限公司转贴现合同纠纷

案［最高人民法院（2009）民提字第113号民事判决书，2009. 12. 17］

【裁判精要】

裁判摘要：转贴现行四川中行遭承兑行阿拉山口农行二次拒付后，依据其与贴现行烟台商行签订的《转贴现协议》主张烟台商行应支付逾期利息及违约金，提起的是合同违约之诉，行使的权利并非票据追索权，与协议约定的票据追索权构成条件无关。只要《转贴现协议》合法有效，烟台商行就应当承担该违约责任，此时，四川中行是否持有票据、是否能够返还票据并不影响其诉请的成立。

最高人民法院认为：

本案再审争议的焦点为本案法律关系的性质以及烟台银行应否向四川中行支付逾期利息与违约金。

四川中行依据其与烟台银行签订的《商业汇票转贴现协议》提起本案诉讼，主张烟台银行应依据协议约定向其支付逾期付款利息及其他损失共计4117022.5元。山东省高级人民法院二审判决认定本案系转贴现协议纠纷，该协议系当事人真实意思表示，内容不违反法律、行政法规的禁止性规定，合法有效，本院予以维持。四川中行在向阿拉山口农行首次提示付款被拒绝，四川中行即依据其与烟台银行签订的涉案《商业汇票转贴现协议》向烟台银行发出追索函，要求烟台银行给付迟延付款利息。烟台银行应当按照《商业汇票转贴现协议》约定履行其给付票据款项的义务，此时烟台银行可以主张四川中行交付票据。而烟台银行实际并未依约支付，构成违约。四川中行就阿拉山口农行未支付的延期付款利息及违约金等主张权利，是要求烟台银行依照《商业汇票转贴现协议》的约定承担相应的违约责任。此时四川中行是否持有票据、是否能够退还票据，与四川中行的诉请业已无关。烟台银行在本案一审程序中抗辩，对四川中行的利息计算起止时间没有异议，但对利率标准有异议，认为应当按照票据法的规定采用中国人民银行规定的企业同期流动资金贷款利率，而不应当是协议约定的同业拆借利率。对此，最高人民法院认为，涉案《商业汇票转贴现协议》第6条约定"延误收款期间的利率标准为，提示付款期内按汇票期限同档次同业拆借利率执行，超过提示期的按日息万分之五执行"，该约定系双方当事人真实合意的结果，不违反法律、行政法规的禁止性规定，应认定合法有效。原一、二审判决分别以四川中行行使票据追索权却不交付相应票据、四川中行行使合同权利追究违约责任但不符合合同约定的给付条件为由，判决驳回四川中行相应诉讼请求，属适用法律错误，本院予以纠正。

【案例来源】

最高人民法院民事审判第二庭编：《最高人民法院商事审判指导案例7·公司与金融卷》，中国法制出版社2013年版，第388～395页。

304 持票人对前手的追索权因已过时效期间而消灭

【关键词】

| 追索权 | 时效期间 |

【案件名称】

烟台银行股份有限公司胜利路支行与烟台鑫发投资咨询有限公司票据追索权纠纷案［最高人民法院（2017）最高法民终249号民事判决书，2017. 9. 25］

【裁判精要】

最高人民法院认为：

三、关于案涉票据在烟台鑫发公司主张票据权利时是否已过票据权利时效问题

2012年3月6日，烟台鑫发公司委托其开户行中国银行股份有限公司烟台芝罘支行向付款人烟台裕霖木业有限公司的开户行烟台银行胜利路支行收款。2012年3月20日，烟台银行股份有限公司回复中国银行股份有限公司烟台芝罘支行称："你行3·6日发起的6笔商业承兑汇票托收，承兑人为：烟台裕霖木业有限公司。此6笔商业承兑汇票为我行1·31案件的关联票据，我行已报1·31专案组，票据已交公安审查，待审查结束后回复你行。特此函告。"上述事实表明，案涉六张商业承兑汇票已被拒绝付款。烟台鑫发公司关于烟台银行股份有限公司的回函不能视为案涉票据付款人的拒绝付款行为的答辩意见，与其提起本案诉讼对案涉票据的背书人主张票据追索权的事实相悖，不能成立，本院不予支持。根据《票据法》第十七条第一款第（三）项的规定，持票人对前手的追索权，应当自被拒绝承兑或者被拒绝付款之日起6个月内行使。本案中，烟台鑫发公司于2012年10月16日向原审法院提起本案诉讼，请求判令案涉票据的背书人哈尔滨高金丰公司和烟台银行胜利路支行承担案涉票据款及利息的给付责任，此时，已经超过6个月的票据权利时效期间。根据《票据法》第十七条的规定，烟台鑫发公司对前手的追索权因已过时效期间而消灭。原审法院未考虑烟台鑫发公司主张票据权利是否已过时效期间的因素，直接认定持票人烟台鑫发公司有权向背书人哈尔滨高金丰公司和烟台银行胜利路支行行使追索权不当，本院予以纠正。烟台鑫发公司关于为追索案涉票据的票据权利，其在提起本案诉讼之前，不仅向哈尔滨高金丰公司和烟台银行胜利路支行主张过权利，还向烟台市公安局主张过权利的答辩意见，没有证据支持，不能成立，本院不予支持。烟台银行胜利路支行关于烟台鑫发公司主张票据权利已过时效期间，烟台鑫

发公司对前手的追索权已经消灭的上诉主张成立，本院予以支持。①

【案例来源】

中国裁判文书网，http://wenshu.court.gov.cn。

① 本案二审判决后，烟台鑫发公司向最高人民法院申请再审，最高人民法院审查后认为："《票据法》第十七条第一款第（三）项规定，持票人对前手的追索权，自被拒绝承兑或者被拒绝付款之日起六个月不行使而消灭。上述规定中的时效属消灭时效，本案中烟台鑫发公司于2012年3月20日便已知被拒绝付款，直至2012年10月16日才向法院提起追索权诉讼，此时，已经超过6个月的票据追索权利的消灭时效期间。虽然超过票据追索权消灭时效期间不能行使追索权，但并不影响烟台鑫发公司依据其与高金丰公司和烟台银行胜利路支行之间所形成的基础法律关系向上述两公司提出相应的权利主张。对此，原审已经释明，烟台鑫发公司可通过另案诉讼的方式对其权利予以救济。"参见最高人民法院（2018）最高法民申3506号民事裁定书（2018.12.12），载中国裁判文书网，http://wenshu.court.gov.cn。

十、票据质押纠纷

305 票据质权与质押背书的关系——《票据纠纷解释》与《担保法解释》规定冲突的解决

【关键词】

|票据质权|质押背书|

【案件名称Ⅰ】

滕州市城郊信用社诉建行枣庄市薛城区支行票据纠纷案［山东省高级人民法院二审民事判决书，2002.6.18］

【裁判精要】

裁判摘要:根据《担保法》第七十六条的规定,当事人以银行汇票为质押凭证,以书面形式另行设定了该汇票的质权,且得到出票银行确认的,应认定汇票的质押有效。

山东省高级人民法院认为:

双方当事人争议的焦点问题为城郊信用社与洗煤厂之间是否就8号汇票形成有效的质押关系,薛城区建行应否向城郊信用社支付票款。

洗煤厂既在8号银行汇票的背面作了委托收款背书,又在该汇票上设定了质押,因其是票据权利人,其在票据上进行了委托收款背书之后,在委托收款行为完成之前,其有权取消委托而再对汇票进行质押处分。因此,上诉人关于票据作了委托收款背书之后不能再为质押的上诉理由不能成立。

关于城郊信用社与洗煤厂之间是否形成有效的质押关系,既应适用《票据法》《担保法》,也应适用最高人民法院《担保法解释》和最高人民法院《票据纠纷解释》。《票据法》第三十五条第二款规定,汇票质押时应当以背书记载"质押"字样。但并未规定如果未记载"质押"字样的,质押不生效或无效。《担保法》第七十六条规定:"以汇票、支票、本票、债券、存款单、仓单、提单出质的,应当在合同约定的期限内将权利凭证交付质权人。质押合同自权利凭证交付之日起生效。"因此,背书质押不是设定票据质权的唯一方式,订立质押合同、交付票据也可以设定票据质权。《票据法》第三十一条第一款规定:"以背书转让的汇票,背书应当连续。持票人以背书的连续,证明其汇票权利;非经背书转让,而以其他合法方式取得汇票的,依法举证,证明其汇票权利。”以票据出质的，质押背书是表明票据持有人享有票据质权的直接证据，如果无质押背书，书面的质押合同就是票据持有人证明其享有票据质权的合法证据。在票据持有人持有票据，并有书面质押合同的情况下，应当认定持有人享有票据质权。最高人民法院《担保法解释》第九十八条规定：“以汇票、支票、本票出质，出质人与质权人没有背书记载‘质押’字样，以票据出质对抗善意第三人的，人民法院不予支持。”由此，背书“质押”字样不是票据质权的取得要件，仅是票据质权的对抗要件。虽然最高人民法院《票据纠纷解释》第五十五条规定，“依照票据法第三十五条第二款的规定，以汇票设定质押时，……或者出质人未在汇票、粘单上记载‘质押’字样而另行签订质押合同、质押条款的，不构成票据质押”，但因该规定的颁布时间早于最高人民法院《担保法解释》，故对本案应适用《担保法解释》中的规定。综上，本案城郊信用社与洗煤厂间订有质押合同、洗煤厂将银行汇票交付城郊信用社占有，双方在 8 号银行汇票上成立了有效的票据质押关系，城郊信用社取得票据质权。

洗煤厂未支付对价而取得银行汇票，作为出票人的薛城区建行可以对洗煤厂进行抗辩，城郊信用社以签订质押合同、交付权利凭证的方式取得的票据质权，本应继受出质人洗煤厂的票据权利瑕疵。薛城区建行本可以将抗辩权向城郊信用社行使，但因陶庄办事处在载有“如贷款到期借款人不能清偿，贷款社可凭抵押协议，催收贷款通知书及本声明书支取本息”内容的《权利质物质押声明书》上签章，该签章行为表明其已以明示的方式放弃抗辩权，是对城郊信用社质权实现的承诺，所以薛城区建行在城郊信用社向其行使质权时，应按照其承诺向城郊信用社支付票款本息。

【案例来源】

《中华人民共和国最高人民法院公报》2004 年第 11 期。

【案件名称Ⅱ】

中国投资银行天津分行诉天津市轻工业对外贸易公司票据质押纠纷案［天津市高级人民法院二审民事判决书，1996. 7. 9］

【裁判精要】

天津市高级人民法院认为：

参照《担保法》第七十六条的规定，质押合同自权利凭证交付之日起生效。投资银行通过质押占有票据，并通过向信用证议付行承兑付款为取得票据权利支付了对价，成为该票据的善意持有人。参照《担保法》第八十一条和第六十三条的规定，在轻工公司已经不能履行其债务时，投资银行有权行使票据权利，并优先受偿。

【案例来源】

《中华人民共和国最高人民法院公报》1997 年第 1 期。

【案件名称Ⅲ】

烟台开发区中利石油联合公司与中国农业银行烟台经济技术开发区支行借款合同纠纷案［最高人民法院（1998）经终字第419号民事判决书，2001.2.3］

【裁判精要】

最高人民法院认为：

开发区农行与中利公司签订的银行承兑协议，内容不违反法律之规定，应认定为合法有效。中利公司应在汇票到期日前将汇票款项偿付给开发区农行。开发区农行在7867号汇票到期之后，分别于1997年6月18日、7月4日扣划中利公司人民币310万元、690万元，虽然690万元扣划款项未注明属偿付哪一张汇票的款项，但开发区农行为中利公司补制的特种转账传票载明，补制承兑汇票7867号，因此，原审认定该笔款项属偿付了7867号汇票的款项，并无不当，应予维持。开发区农行签发的编号为7858号、7859号、7860号汇票的款项，因该行在原审期间并未主张，本案亦不予涉及，该行可另行主张该项权利。中利公司以烟台圣通电器销售公司开出的商业汇票作为开发区农行签发的7889号、7890号银行承兑汇票的质押物，因缺少法律规定的必要记载事项，且未经质押背书，因此，该票据质押为无效，开发区农行不享有该票据的质押权。开发区农行于1997年5月8日与中利公司签订1997年037号银行承兑保证协议约定，开发农行为中利公司开出7892号、7893号银行承兑汇票，开发区交行承诺如中利公司不能按期足额交付票款，开发区交行对转为逾期贷款的本息承担连带责任。此后，开发区农行依约签发了两张银行汇票，并于汇票到期日支付了票款，中利公司未依约付款，开发区交行仅交付给开发农行200万元，因此，开发区交行应对中利公司尚未偿付的800万元及利息承担连带清偿责任。综上，原判认定事实清楚，适用法律亦无不当。中利公司的上诉理由和主张无事实依据，本院不予支持。

【案例来源】

最高人民法院民事审判第二庭编：《中华人民共和国最高人民法院判案大系》（民商事卷－1998年卷），人民法院出版社2003年版，第1027～1030页。

编者说明

最高人民法院民二庭庭务会议一致认为，两部司法解释在同一问题上不同解释的冲突，最终需要最高人民法院审判委员会作出有权解释来解决。在审判委员会作出有权解释之前，负责审判的业务庭应当对质押背书在票据质权取得上的法律意义进行有益的探讨，以便于为审判委员会讨论解决这一问题提供先期分析和必要的素材准备。

《担保法解释》第九十八条不以质押背书作为票据质权的取得要件，而是作为票据质权的对抗要件，没有背书的，债权人仍然可以取得质权，只是取得的质权"不得对抗善意第三人”;《票据纠纷解释》第五十条将质押背书作为票据质权的取得要件,未背书的,“不构成质押”,债权人当然不能取得质权。关于质押背书究竟是票据质权的取得要件,还是票据质权的对抗要件,庭务会议一致认为这涉及对质押背书的法律意义的认识。《担保法》对票据质押的背书未作规定,对质押背书的规定仅见于《票据法》。《票据法》第三十五条第二款规定,汇票质押时应当以背书记载“质押”字样,但该条没有规定未记载“质押”字样的法律后果。对于质押背书的法律意义,依据我国《担保法》和《票据法》,庭务会议讨论认为,认定质押背书是票据质权的取得条件无法律依据。理由是:

一、认定质押背书是票据质权的取得要件与《担保法》的规定不符,《担保法》第七十六条规定,质押合同自权利凭证交付之日起生效,质押合同在票据交付给债权人后即生效,债权人根据生效的质押合同占有票据,同样根据生效的质押合同,债权人也取得对票据的质权;《担保法》未规定质押背书为票据质权的取得条件,在《票据法》也未规定的情况下,仅凭未作质押背书就认定债权人不能取得质权无法律依据。

二、认定质押背书是票据质权取得的要件也不符合《票据法》的规定,《票据法》并未明确规定票据的质押背书是票据质权的取得要件,根据《票据法》的规定,票据质权人所享有的权利属于票据权利,背书虽然是当事人取得票据权利的重要方式,但并不是当事人取得票据权利的唯一方式,不能仅凭无背书即否定票据权利的存在,不能绝对化对待背书行为。比如,根据《票据法》第十一条的规定,当事人因继承、赠与、税收取得票据可以不受对价的限制,其中当然也有不受背书限制的情况,如因继承取得票据权利。另外,依据《票据法》第三十一条规定,非经背书转让,而以其他合法方式取得汇票的,依法举证,证明其汇票权利。因此,仅凭无背书即否定票据质权存在的认识,不符合《票据法》的规定。

三、以票据出质的,质押背书是表明票据持有人享有票据质权的直接证据,如果票据质押无质押背书,票据持有人可以依法举证证明其票据权利。在当事人签订有书面质押合同的情况下,书面的质押合同就是票据持有人证明其享有票据质权的合法证据。在票据持有人持有票据,并有书面质押合同的情况下,应当认定持票人享有票据质权,否则不符合《票据法》关于“非经背书转让,而以其他合法方式取得汇票的,依法举证证明其汇票权利”规定的精神,也不符合《担保法》关于票据质押合同在票据交付给债权人时生效的规定。根据这一分析,书面质押合同与质押背书在票据质权的取得上具有相同的证据效力,票据持有人可以凭据质押背书或者书面质押合同证明其票据上的权利;票据持有人所持有的票据既无质押背书,持有人也无书面的质押合同,则应当认定“不发生质押关系”。

最后,庭务会议对质押背书在票据质押中的意义也进行了讨论。讨论认为,票据的质押背书被《担保法解释》作为票据质权的对抗要件,这就决定了其法律意义,即质押背书是票据质权的对抗要件。其一,在票据质押无质押背书时,票据质权人不能对抗票据义务人,质权人行使质权时,票据的付款人可以拒绝付款。只有当质权人可以依法证明自己的票据质权时,其票据权利才能得到实现。比如在实践中,付款银行可以因为质权人无质押背书而拒绝付款,并且不构成违约。质权人通过诉讼程序,以书面的质押合同来证明已取得的权利,法院可以依法裁决质权人享有质权,银行在此时依据法院的裁决向质权人付款,并不承担拒绝付款的责任。如果既无质押背书,也无书面质押合同的,质权人不能行使质权,质权应视为不成立。其二,如果出质的票据因无质押背书,被第三人善意取得并持有的,善意第三人取得票据权利,原质权人的质权自第三人取得票据权利时消灭,质权人不得以其质权对抗善意第三人，善意第三人因取得票据权利，而使得质权人的权利消灭。比如，无质押背书的出质票据被背书转让，而第三人不知该票据已被质押，取得票据无重大过失的，质权人丧失票据质权。

由于质押背书是票据质权的对抗要件，而非取得要件，庭务会议在讨论中也注意到，依据质押合同而占有票据的债权人依法享有票据质权，并依法取得对票据权利的优先受偿权，并以该权利对抗票据出质人的一般债权人；即虽无质押背书，质权人仍可因对票据享有质权而对抗出质人的一般债权人，质权人的权利优于一般债权人。①

关于票据质权与质押背书的关系问题，前述司法解释、民二庭意见认为：质押背书是票据质权的对抗要件，而非票据质权的取得要件。在票据质押无质押背书，质权人行使质权时，票据的付款人可以拒绝付款，只有当质权人依法证明其享有的票据权利（往往是提供书面质押合同）时，方能实现其票据权利。此外，如果出质的票据因无质押背书而被第三人（如票据被转让给受让人）善意取得的，质权人不得以其质权对抗善意第三人，善意第三人取得票据权利后，票据上的质权消灭。②

应当说明的是，《担保法解释》第九十八条将质押背书作为票据质权的对抗要件，与《担保法》关于"质押合同自权利凭证交付之日起生效"的规定一致，也不违反《票据法》关于质押背书的规定。该条解释兼顾了《担保法》和《票据法》对票据质押的规定，与后来颁布的《物权法》也是一致的。关于质押合同的生效要件，《担保法》第六十四条第二款规定，"质押合同自质物移交于质权人占有时生效"，规定质物交付既是质权成立的要件，又是质押合同生效的要件；《物权法》则根据债权为请求权而物权为排他权的基本法理，沿袭《合同法》第四十四条关于区分合同效力和登记效力的规定，区分合同效力和物权变动，在第二百一十二条规定，"质权自出质人交付质押财产时设立"，明确质物交付是质权的生效条件，不再是质押合同的生效要件。因此，《物权法》生效后，质押合同不再因出质人未履行出质公示而不发生法律效力，出质人拒绝交付出质标的或者拒绝办理出质权利登记的，债权人可以按照《合同法》所规定的违约责任保护自身权益。前述《中华人民共和国最高人民法院公报》案例的判决思路也与最高人民法院民二庭观点相近。由此看来，《担保法解释》第九十八条的文义与《物权法》并无冲突，仍然可以继续适用。

---

① 参见曹士兵：《关于票据质押的背书》，载最高人民法院民事审判第二庭编：《经济审判指导与参考》（第4卷），法律出版社2001年版，第83～86页。

② 参见曹士兵：《中国担保制度与担保方法——根据物权法修订》，中国法制出版社2008年版，第333～334页。

十一、票据保证纠纷

306 未在票据或者粘单上记载“保证”字样的，不构成票据保证

【关键词】

｜票据｜票据粘单｜票据保证｜

【案件名称】

成都市商业银行、中国长城计算机深圳股份有限公司与四川银通电脑系统有限责任公司票据、债务纠纷案［最高人民法院（2005）民二终字第 181 号民事判决书，2006. 3. 17］

【裁判精要】

最高人民法院认为：

一、关于本案所涉法律关系的性质

《票据法》第四十六条：保证人必须在汇票或者粘单上记载表明“保证”的字样，才构成票据保证。《票据纠纷解释》第六十二条规定：“保证人未在票据或粘单上记载‘保证’字样而另行签订保证合同或者保证条款的，不属于票据保证，人民法院应当适用《中华人民共和国担保法》的有关规定。”本案 15 张商业承兑汇票均由原汇通银行分别提供 15 份担保函，该 15 份担保函符合上述法律和司法解释规定的不属于票据保证的情形，故应当认定本案 15 份担保函构成保证担保。原再审判决关于本案 15 份担保函性质的认定正确，应予以维持。本案既涉及长城公司与银通公司之间的商业承兑汇票关系、双方之间的基础关系即买卖关系，还涉及长城公司与成都商行之间的保证担保关系。

关于本案担保的主合同。本案 15 份担保函均约定：汇通银行应银通公司的要求，就银通公司向长城公司购进金长城系列计算机业务，开立以长城公司为收款人的不可撤销担保函，对银通公司开具的如下商业承兑汇票项下的资金支付提供担保，如银通公司未按期履行付款义务，汇通银行则保证将全款支付给长城公司。最高人民法院认为，从上述担保函的内容看，应当认定原汇通银行担保的主合同为长城公司与银通公司之间的票据支付关系。原再审判决认定原汇通银行担保的主合同是长城公司与银通公司之间的基础关系即买卖关系不当，应予以纠正。

【权威解析】

(一)本案涉及若干法律关系

本案涉及长城公司与银通公司以及长城公司与原汇通银行(现成都商行)之间两个不同的法律关系。就长城公司与银通公司而言,既涉及双方之间的商业承兑汇票关系,又涉及双方之间的基础合同关系即买卖关系。因此,从这个意义上看,本案涉及三个法律关系。值得研究的是,原汇通银行(现成都商行)向长城公司出具的本案15份担保函其性质应如何界定,即长城公司与成都商行之间是构成票据法上的保证关系还是构成担保法上的保证担保关系?《票据法》第四十五条规定:"汇票的债务可以由保证人承担保证责任,保证人由汇票债务人以外的他人担当。"票据法上的保证人与担保法上的保证担保人其性质与责任后果是在较大区别的(譬如,票据法上的保证人清偿票据债务后除享有对被保证人的追索权外,还享有对被保证人前手的追索权)。《票据法》第四十六条还规定:保证人必须在汇票或者粘单上记载标明"保证"的字样,以及记载保证人名称和住所、被保证人的名称、保证日期、保证人签章字样,才构成票据保证;《票据纠纷解释》第六十二条规定:保证人未在票据或粘单上记载"保证"字样而另行签订保证合同或者保证条款的,不属于票据保证,人民法院应当适用《担保法》的有关规定。本案15张商业承兑汇票出票时,均由原汇通银行(现成都商行)分别向长城公司提供了担保函,而非由原汇通银行以保证人身份在该汇票或者粘单上记载"保证"字样。故最高人民法院二审判决认定原汇通银行出具的本案15份担保函构成担保法上的保证担保。①

【案例来源】

最高人民法院民事审判第一庭编:《民事审判指导与参考》(总第28集),法律出版社2007年版,第129~151页;最高人民法院民事审判第二庭编:《最高人民法院商事审判指导案例 · 金融卷》,中国法制出版社2011年版,第144~164页。

---

① 参见徐瑞柏:《为票据支付关系提供保证担保的民事责任承担问题——成都市商业银行、中国长城计算机深圳股份有限公司与四川银通电脑系统有限责任公司票据、债务纠纷上诉案》,载最高人民法院民事审判第一庭编:《民事审判指导与参考》(总第28集),法律出版社2007年版,第152页。

十二、票据承兑协议纠纷

307 承兑银行可以与出票人协商确定逾期垫款的利息计算方法

【关键词】

| 承兑银行 | 出票人 | 逾期垫款利息 | 承兑汇票 |

【案件名称Ⅰ】

中国青旅实业发展有限责任公司与北京银行股份有限公司济南分行及山东京金控股有限公司、北京黄金交易中心有限公司、山东中弘置业有限公司金融借款合同纠纷案［最高人民法院（2019）最高法民终265号民事判决书，2019.5.13］

【裁判精要】

最高人民法院认为：

本案二审争议焦点问题是一审判决第一项按照日万分之五计算案涉承兑汇票项下款项的罚息利率是否正确。本院认为，本案所涉债务是因北京银行济南分行对案涉票据进行承兑后、山东京金公司未按约给付北京银行济南分行垫付款而形成的债务。因此，其应适用有关承兑申请人未依法按约给付承兑人承兑款的相关规定。《中国人民银行支付结算办法》第九十一条规定："银行承兑汇票的出票人于汇票到期日未能足额交存票款时，承兑银行除凭票向持票人无条件付款外，对出票人尚未支付的汇票金额按照每天万分之五计收利息。"《中国人民银行电子商业汇票业务管理办法》第七十九条规定："电子银行承兑汇票的出票人于票据到期日未能足额交存票款时，承兑人除向持票人无条件付款外，对出票人尚未支付的汇票金额转入逾期贷款处理，并按照每天万分之五计收罚息。"依据上述规定，因承兑申请人未按期支付汇票金额而产生的逾期贷款的罚息利率适用特别规定，即日万分之五。本案中，北京银行济南分行与山东京金公司签订的编号分别为0442178号、0457434号、0457836号的三份《银行承兑协议》均约定，山东京金公司向北京银行济南分行申请开立银行承兑汇票，垫款利息（罚息）按每日万分之五的利率计收。上述约定系当事人真实意思表示，不违反法律、行政法规的效力性强制性规定，应认定有效。基于上述分析，在山东京金公司未能按期支付案涉《综合授信合同》项下承兑人承兑票款、存在违约的情况下，一审法院按照日万分之五计算北京银行济南分行垫付承兑汇票罚息，有事实基础和法律依据。按照上述利率计算，年利率未超过24%，并不存在过高、有损公平原则的问题。中国青旅公司关于一审判决第一项按照日万分之五计算罚息错误的主张不能成立,本院不予支持。

【案例来源】

中国裁判文书网,http://wenshu. court. gov. cn。

【案件名称Ⅱ】

九星控股集团沈阳电缆有限公司与吉林银行股份有限公司四平铁东支行金融借款合同纠纷案[最高人民法院(2017)最高法民终222号民事判决书,2017.6.29]①

【裁判精要】

最高人民法院认为:

本案的争议焦点是九星电缆公司欠付吉林银行铁东支行的涉案承兑汇票垫款的利息应当按照什么标准计算。

《合同法》第八条规定,依法成立的合同,对当事人具有法律约束力。当事人应当按照约定履行自己的义务,不得擅自变更或者解除合同。本案中,吉林银行铁东支行与九星电缆公司签订的《银行承兑协议》第六条(二)第5项约定,如到期日之前承兑银行不能足额从出票人处收取票款,承兑银行对不足部分票款先行垫付并将此部分票款转作出票人逾期贷款,按照承兑银行逾期贷款有关规定计收罚息。该条关于承兑汇票垫款利息的计算方法的约定明确具体,即涉案承兑汇票垫款利息按照吉林银行逾期贷款有关规定计收罚息,涉案欠款利息应按照合同约定的方法予以计算。中国人民银行《支付结算办法》并未禁止银行与出票人协商确定逾期垫款的利息计算方法,故本案应当按照双方约定确定涉案垫款利息的计算标准。关于涉案承兑垫款利息的具体标准问题,鉴于吉林银行铁东支行未提交其关于逾期贷款的相关规定,本案应依照《中国人民银行关于人民币贷款利率有关问题的通知》第三条"逾期贷款(借款人未按合同约定日期还款的借款)罚息利率由现行按日万分之二点一计收利息,改为在借款合同载明的贷款利率水平上加收30%～50%"的标准计算。考虑到九星电缆公司未按期支付吉林银行铁东支行的汇票垫款,存在违约,本院酌按中国人民银行发布的同期人民币贷款利率上浮50%计算涉案垫款利息。九星电缆公司关于原审判决对利率计算标准适用法律错误的上述理由,合法有据,应予支持。吉林银行铁东支行关于涉案欠款应按照《支付结算办法》规定的计算标准即每日万分之五计收利息的抗辩理由,与双方约定不符,不能成立。

---

① 九星控股集团沈阳电缆有限公司与吉林银行股份有限公司四平铁东支行金融借款合同纠纷案[最高人民法院(2017)最高法民终221号民事判决书,2017.6.29]的裁判理由与本案民事判决书基本一致(略),载中国裁判文书网,http://wenshu. court. gov. cn。

【案例来源】

中国裁判文书网,http://wenshu. court. gov. cn。

308 出票人于汇票到期日未能足额交存票款时，承兑银行对垫付款项有权收取利息，但不应收取复利

【关键词】

|汇票到期|承兑银行|汇票垫款利息|

【案件名称】

中国光大银行股份有限公司太原分行与太原中保集团实业有限公司、山西顺伟实业有限公司金融借款合同纠纷案［最高人民法院（2014）民提字第115号民事判决书，2015.3.1］

【裁判精要】

最高人民法院认为:

(一)关于承兑汇票垫款的利息如何计算

关于承兑汇票垫款的计息标准,光大银行太原分行认为,根据中国人民银行《支付结算办法》第九十一条以及双方签订的《银行承兑协议》,其有权按照日万分之五收取利息。太原中保公司则认为,根据《银行承兑协议》的约定,本案承兑汇票垫款已经转成逾期贷款,应根据中国人民银行2003年12月10日《关于人民币贷款利率有关问题的通知》来计算利息,即借款合同载明的贷款利率水平加收30%~50%。

本院认为,根据《支付结算办法》第九十一条关于"银行承兑汇票的出票人于汇票到期日未能足额交存票款时,承兑银行除凭票向持票人无条件付款外,对出票人尚未支付的汇票金额按照每天万分之五计收利息"之规定,光大银行太原分行垫付承兑汇票款项后,有权自垫款之日起按日万分之五计收利息。中保太原支行认为,《银行承兑协议》已经明确约定承兑汇票垫款自垫付之日起转成逾期贷款,故本案的承兑汇票垫款已经转化为光大银行太原分行的逾期贷款,光大银行太原分行只能依据《关于人民币贷款利率有关问题的通知》来计收利息。光大银行太原支行则认为,《银行承兑协议》所约定的将承兑汇票垫款转为逾期贷款仅是其内部管理要求,并没有改变对该笔款项利息计算标准的约定。双方的争议实际涉及对合同的理解问题。根据《合同法》第一百二十五条第一款规定,当事人对合同条款的理解有争议的,应当按照合同所使用的词句、合同的有关条款、合同的目的、交易习惯以及诚实信用原则,确定该条款的真实意思。本案中,尽管《银行承兑协议》第十条第(六)项约定垫付款项自垫付之日起转成逾期贷款,但该条也同时约定承兑申请人须按本协议约定

的逾期罚息利率支付利息，而《银行承兑协议》第十三条明确约定垫付款项转化为逾期贷款后仍应按日万分之五计算利息，故应认为垫付款项转化为逾期贷款的约定并没有改变利息计算标准，光大银行太原分行主张按照日万分之五计收利息符合双方约定，亦不违反法律规定。二审判决适用基准贷款利率加50%确定银行承兑汇票垫款逾期罚息利率确有不当，应予改判。

(二)关于光大银行太原分行是否有权收取复利

光大银行太原分行认为，目前没有法律禁止银行对承兑汇票垫款利息收取复利，根据《银行承兑协议》关于"承兑申请人未能支付该等利息，承兑行有权计收复利"的约定，光大银行太原分行有权收取复利。本院认为，《银行承兑协议》第十条第(六)项虽约定"如承兑申请人未能支付该等利息，承兑行有权计收复利"，但该约定并未明确计息周期，其要求以每月20日为结息日计收复利缺乏依据。而且，《支付结算办法》第九十一条虽赋予银行对出票人尚未支付的汇票金额按照每天万分之五计收利息的权利，但并未允许银行收取复利，光大银行太原分行要求收取复利亦缺乏法律依据。因此，对于光大银行太原分行要求收取复利的主张，不应支持。二审判决认为光大银行太原分行无权收取复利，适用法律正确，应予维持。

【案例来源】

中国裁判文书网，http://wenshu.court.gov.cn。

309 出票人于汇票到期日未能足额交存票款时，承兑银行对垫付款项收取违约金的约定有效

【关键词】

| 汇票到期 | 承兑银行 | 违约金 |

【案件名称Ⅰ】

天津银行股份有限公司天马支行与天津市佳泰投资担保有限公司、天津市富腾国际贸易有限公司其他借款合同纠纷案［最高人民法院（2014）民二终字第10号民事判决书，2014.7.15］

【裁判精要】

最高人民法院认为：

关于违约金计付标准问题。富腾公司与天马支行在本案所涉几份《最高额银行承兑汇票承兑协议》及《银行承兑汇票承兑协议》中均明确约定有"如富腾公司保证金账户中的资金不足以偿付银行承兑汇票票款，其差额部分由天马支行垫付，天马支行垫付资金后即可从富腾公司的存款账户中主动扣收并对垫付资金按日息万分

之五向富腾公司计收违约金”等内容。且中国人民银行《支付结算办法》第九十一条明确规定，银行承兑汇票的出票人于汇票到期日未能足额交存票款时，承兑银行除凭票向持票人无条件付款外，对出票人尚未支付的汇票金额按照每天万分之五计收利息。因此，原审法院判决富腾公司和佳泰担保公司等按照日万分之五标准对天马支行的垫付资金支付相关违约金，符合当事人的约定和法律规定，本院依法予以维持。佳泰担保公司关于当事人约定的违约金过高应予调整的上诉请求，本院不予支持。

【案例来源】

中国裁判文书网，http://wenshu.court.gov.cn。

【案件名称Ⅱ】

天津金栋矿产品销售有限公司与天津银行股份有限公司天马支行等金融借款合同纠纷案［最高人民法院（2013）民二终字第113号民事判决书，2013.11.29］

【裁判精要】

最高人民法院认为：

天马支行与金栋公司在本案《最高额银行承兑汇票承兑协议》《银行承兑汇票承兑协议》中明确约定，对垫付资金按日息万分之五向金栋公司计收违约金。中国人民银行《支付结算办法》第九十一条规定，银行承兑汇票的出票人于汇票到期日未能足额交存票款时，承兑银行除凭票向持票人无条件付款外，对出票人尚未支付的汇票金额按照每天万分之五计收利息。当事人签订的上述合同内容符合中国人民银行《支付结算办法》的有关规定。金栋公司关于本案违约金标准过高的上诉主张没有事实和法律依据。

【案例来源】

中国裁判文书网，http://wenshu.court.gov.cn。

310 承兑汇票债权不计入银行表内业务并不导致债权消灭

【关键词】

｜承兑汇票｜表内业务｜债权消灭｜

【案件名称】

兰州农村商业银行股份有限公司金城支行与贾铭琳、冯叶红等金融借款合同纠纷案［最高人民法院（2016）最高法民终290号民事判决书，2016.10.28］

【裁判精要】

最高人民法院认为：

一、关于《最高额抵押担保合同》的效力问题，各担保人是否应当依此承担本案债务的抵押担保责任

（一）本案2000万元债权的真实性问题。本案各方当事人签订的《最高额综合授信合同》《银行承兑汇票承兑协议》系各方当事人真实的意思表示，且不违反国家的法律、法规的规定，应认定为有效。原审判决对前述合同认定有效正确。为履行《最高额综合授信合同》，金城支行与蓥杰公司于2012年12月10日签订了《银行承兑汇票承兑协议》。至2013年6月10日银行承兑汇票到期日，蓥杰公司尚欠金城支行垫付的承兑汇票款2000万元本金及利息。蓥杰公司及贾铭琳、冯叶红、孔力均否认2000万元债权的真实存在，主张已由案外人聚丰公司代为清偿完毕，但其提交的蓥杰公司的《客户交易明细对账单》、征信报告、工商登记资料和与聚丰公司签订的购房协议、支付凭证，以及与蓥杰公司存在直接利害关系的证人或者当事人亲属的证言等，均无法证实存在案外人聚丰公司代蓥杰公司向金城支行清偿的事实。

关于2000万元银行承兑汇票业务而产生的2000万元债权不计入金城支行表内业务是否导致债权消灭问题。表外业务是指商业银行所从事的按照现行会计准则不记入资产负债表内，不形成现实资产负债，但能改变损益的业务。这类中间业务不计入银行的存贷比，同时也不计入银行的贷款指标。因蓥杰公司及贾铭琳、冯叶红、孔力均未能举证证明案涉2000万元债权已因履行而消灭，或已由案外人聚丰公司代为偿还，故因本案2000万元银行承兑汇票业务而产生的2000万元债权，不因未能计入金城支行表内业务而导致债权消灭。依据《最高额综合授信合同》《银行承兑汇票承兑协议》的约定，债务人蓥杰公司应当向金城支行承担偿还2000万元本息的清偿责任。

【案例来源】

中国裁判文书网，http://wenshu. court. gov. cn。

十三、公示催告相关纠纷

311 违法申请公示催告侵害票据持有人票据权利的，应承担侵权损害赔偿责任

【关键词】

| 公示催告 | 票据权利 | 赔偿责任 |

【案件名称】

黑龙江龙煤矿业集团股份有限公司与衡阳无缝钢管厂、湖南地大钎具钢管股份有限公司票据损害责任纠纷案［最高人民法院（2015）民提字第 141 号民事判决书，2017. 9. 25］

【裁判精要】

最高人民法院认为：

本案系票据损害责任纠纷，再审争议的焦点问题是龙煤公司是否侵害了无缝钢管厂的票据权利，应否承担相应的损害赔偿责任。对此，本院分析认定如下：

（一）无缝钢管厂是否合法取得了票据权利

无缝钢管厂系通过背书转让方式从地大公司取得本案汇票，而地大公司又是通过背书转让方式由龙煤分公司取得汇票，汇票记载事项合法，背书具有连续性，根据《票据法》第三十一条“以背书转让的汇票，背书应当连续。持票人以背书的连续，证明其汇票权利……”之规定，无缝钢管厂合法取得了本案的汇票权利。……

《票据法》第十二条规定：以欺诈、偷盗或者胁迫等手段取得票据的，或者明知有前列情形，出于恶意取得票据的，不得享有票据权利。此条规定属于票据权利取得的除外情形，在符合上述情形时，即便背书具有连续性，受让人亦不能取得票据权利。龙煤公司主张，地大公司将三方商定用途为偿还盛通公司债务的 1600 万元汇票恶意转让给无缝钢管厂，构成对龙煤公司的欺诈，而无缝钢管厂对此亦为明知。本院认为，从现有证据来看，不足以证明龙煤公司的上述主张成立。首先，龙煤公司没有提供证据证明三方商定了 1600 万元汇票的用途为偿还盛通公司的债务；其次，从龙煤公司出票的时间上看，均在 2010 年 7 月 2 日其知悉案外人盛通公司提起代位权诉讼以及账号被查封之前。亦即在龙煤公司出票时，尚不知道代位权诉讼已经发生，不可能是为了将款项付给盛通公司以解决代位权纠纷、解除账号查封而出票。当时，龙煤公司欠地大公司已到期货款 20612559. 96 元，故龙煤公司出票的目的，实

为归还其与地大公司之间的钢材买卖欠款。因此,龙煤公司出票并非是受地大公司欺诈而陷于认识错误的行为,而是其履行还款义务的应然行为。地大公司取得汇票后,该汇票即成为地大公司的财产,地大公司有自由处分的权利。虽然地大公司与盛通公司约定,龙煤公司付款给地大公司后,地大公司应将货款当日给盛通公司,但没有证据证明地大公司只能将龙煤公司出具的汇票转让给盛通公司作为唯一付款方式,地大公司将汇票贴现或是转让给第三人后将对价支付给盛通公司亦无不可。对此,龙煤公司并无抗辩权。即便地大公司必须以汇票向盛通公司付款而其未将汇票交付盛通公司,也只是对盛通公司构成违约,应向盛通公司承担相应的违约责任,但却不构成对龙煤公司的欺诈。

龙煤公司主张无缝钢管厂与地大公司之间不存在欠款关系,所谓无缝钢管厂与地大公司之间存在1200万元借款系捏造虚构的。但无缝钢管厂提供了其与地大公司之间设备买卖的《协议书》,其中关于钢管厂将租赁给案外人衡阳市鸿大特种钢管有限公司的闲置设备取回转让给地大公司之事,有公证书以及现场交接设备的记录、相关照片等加以证明,并非凭空杜撰捏造。退而言之,即便无缝钢管厂与地大公司之间系无偿转让汇票,根据《票据法》第十一条规定,无缝钢管厂仍可以取得票据权利,只是所享有的票据权利不得优于其前手。故龙煤公司的该项主张无论是否成立,均不能否定无缝钢管厂合法取得了汇票权利的事实。

(二)龙煤公司对无缝钢管厂是否享有票据抗辩权

龙煤公司主张由于地大公司已经进入代位权诉讼,地大公司对龙煤公司享有的到期债权已经被盛通公司代位行使,地大公司对龙煤公司享有的债权相应消灭,龙煤公司对地大公司有权提出票据抗辩;无缝钢管厂明知龙煤公司对地大公司享有抗辩权而仍然恶意取得票据,根据《票据法》第十三条规定,龙煤公司有权对无缝钢管厂提出票据抗辩。

龙煤公司的主张于法无据,不能成立。根据代位权原理,债权人提起代位权诉讼,仅是代债务人之位向次债务人主张债权,但并不能直接消灭债务人与次债务人之间的债权债务关系。具体到与本案相关的代位权诉讼而言,盛通公司系以自己的名义代替地大公司向龙煤公司主张债权,在龙煤公司依据认定代位权成立的判决向盛通公司履行还款义务之前,地大公司对龙煤公司的债权并不消灭。根据查明的事实,直至2012年10月8日龙煤公司与盛通公司达成执行和解,向盛通公司给付了21305874.31元,龙煤公司与地大公司、地大公司与盛通公司之间的债权债务关系才归于消灭。在此之前,龙煤公司根据合同相对性原则向其债权人地大公司清偿债务具有法律依据,清偿行为亦属有效。盛通公司在2010年7月2日申请法院冻结龙煤公司的存款,属于诉讼保全行为,同样不产生消灭龙煤公司与地大公司之间债权债务关系的法律效果,不影响龙煤公司向地大公司清偿的效力。由于票据基础法律关系并未消灭,故龙煤公司不能因进入代位权诉讼而对地大公司产生票据抗辩权。龙煤公司关于因进入代位权诉讼,其与地大公司之间的票据基础法律关系消灭,因而有权对地大公司提出票据抗辩的主张缺乏法律依据，本院不予支持。相应地，龙煤公司关于无缝钢管厂明知龙煤公司对地大公司享有票据抗辩权而仍然恶意取得票据，其有权根据《票据法》第十三条规定对无缝钢管厂提出票据抗辩的主张因缺乏适用前提，犹如无源之水、无本之木，本院同样不予支持。

在龙煤公司对地大公司债务存续的情况下，龙煤公司于2010年6月29日通过其物资供应分公司向地大公司背书转让汇票以清偿债务的行为合法有效。该行为产生的法律效力是，除非地大公司或其后手持票人在票据到期日后不能通过行使票据权利而获得付款，否则龙煤公司有权拒绝在票据之外的买卖法律关系中再次向地大公司支付相应款项。《合同法解释(一)》第十八条规定：在代位权诉讼中，次债务人对债务人的抗辩，可以向债权人主张。据此，龙煤公司对地大公司享有的此种抗辩，本可以在代位权诉讼中向盛通公司行使，从而免于向盛通公司重复支付。但龙煤公司之后违法申请公示催告，使得汇票因除权判决而无效，导致本应享有的抗辩权消灭，对此后产生的不利后果，应由其自行承担。

(三)龙煤公司是否应对无缝钢管厂承担侵权损害赔偿责任

龙煤公司出票后，即负有保证正当持票人依据汇票而获得付款的法定义务。《民事诉讼法》第二百一十八条规定：按照规定可以背书转让的票据持有人，因票据被盗、遗失或者灭失，可以向票据支付地的基层人民法院申请公示催告。《民诉法解释》第四百四十四条规定：《民事诉讼法》第二百一十八条规定的票据持有人，是指票据被盗、遗失或者灭失前的最后持有人。龙煤公司既非最后持票人，也未发生汇票遗失，但却谎称汇票丢失而挂失止付，其后又向人民法院申请公示催告，以致黑龙江省哈尔滨市南岗区人民法院于2010年10月18日作出除权判决，认定汇票无效，导致无缝钢管厂在汇票到期后申请付款遭到拒付，且因除权判决而无法对包括龙煤公司在内的票据债务人行使追索权。龙煤公司违法申请公示催告，侵害了无缝钢管厂的票据权利，给无缝钢管厂造成损失，应当承担相应的侵权损害赔偿责任。因此，二审法院判决龙煤公司赔偿无缝钢管厂损失1050万元及利息并无不当。

综上，本院认为，龙煤公司违法申请公示催告，侵害了钢管厂的票据权利，应承担相应的侵权损害赔偿责任。龙煤公司的再审请求不能成立，本院予以驳回。

【案例来源】

中国裁判文书网，http://wenshu. court. gov. cn。

312 伪报票据丧失事实申请公示催告并取得除权判决，属于恶意转嫁风险，应当承担损失赔偿责任

【关键词】

|公示催告|伪报票据丧失|损失赔偿|

【案件名称】

杭州翔盛纺织有限公司与余姚市圣凯五金厂合伙协议纠纷、票据损害责任纠纷案［浙江省余姚市人民法院一审民事判决书，2015.3.9］

【裁判精要】

裁判摘要：票据经过公示催告程序被人民法院作出除权判决之后，原票据合法持有人可以公示催告申请人不当申请公示催告致其票据权利丧失为由，向人民法院起诉，请求公示催告的不当申请人承担损害赔偿责任。

浙江省余姚市人民法院认为：

首先，以背书转让的汇票，背书应当连续，持票人以背书的连续证明其汇票权利。本案中，原告提供的银行承兑汇票背书连续，且能够证明其从前手合法取得该汇票；另，因该汇票后手以票据被判决除权、银行拒付为由依次将该汇票退给原告，故原告是该汇票最后的合法持有人。

其次，除权判决是依公示催告程序作出，利害关系人或真正的权利人提起票据诉讼时，其权利义务关系不应受除权判决约束。涉案汇票均未记载背书时间，在被告未能提供相反证据的情况下，原告取得汇票时间可以认定为其向恒远公司出具收款收据的日期即2012年10月8日，原告在公示催告前取得该票据，系合法持票人。被告余姚市圣凯五金厂（普通合伙）没有在案涉票据背书栏内签章，亦未向本院提供有效证据证明其合法取得票据。被告余姚市圣凯五金厂（普通合伙）亦未向本院提交票据遗失的相关证据。相反，原告提交的本案讼争票据必要记载事项齐全、背书连续，且已在公示催告期间前合法持有该票据，故在无相反证据证明原告取得票据存在恶意或重大过失的情况下应认定原告享有票据权利。因此，本院对被告提出的被告是票据最后合法持有人的抗辩意见，本院不予采纳。被告并非票据的最后合法持有人，却依除权判决获得票据款项，客观上造成了原告的损失，对该损失，作为最后的合法持有人的原告理应获得赔偿；故原告要求被告赔偿承兑汇票损失20万元的诉请合理合法，本院予以支持，对于原告的利息请求，因原告未提供有效证据证明其后手何时向其退票并支付款项的证据，故应从起诉之日计算。被告的抗辩意见于法无据，本院不予采纳。

【案例来源】

《中华人民共和国最高人民法院公报》2016年第6期。

编者说明

公示催告程序是对票据持有人丧失票据后的一种权利补救和保全程序，在性质上为非讼程序。一般认为,申请公示催告的法定事由应为票据最后合法持有人因其意志以外的原因导致可背书转让的票据脱离其有效控制,下落不明。因此,适格的公示催告程序申请人是指票据因被盗、遗失或者灭失等非基于持票人本意而丧失前的最后合法持有人。因出卖票据而丧失对票据占有的,不属于非因本人意志丧失对票据占有,不能申请公示催告。申请人伪报票据丧失,申请公示催告的,属于《民事诉讼法》第二百二十三条规定的"正当理由"。利害关系人可以依据《民事诉讼法》第二百二十三条的规定申请撤销除权判决。利害关系人仅请求确认其票据权利人身份的,人民法院以票据纠纷适用普通程序判决确认其票据权利身份的判决作出后,除权判决即被撤销。

申请人恶意申请公示催告给票据权利人造成损失的,应承担赔偿责任。人民法院可以参照《民事诉讼法》第一百一十二条的规定对其予以制裁。①

《全国法院民商事审判工作会议纪要》(2019 年 11 月 8 日,法〔2019〕254 号)第一百零六条明确,公示催告程序本为对合法持票人进行失票救济所设,但实践中却沦为部分票据出卖方在未获得票款情形下,通过伪报票据丧失事实申请公示催告、阻止合法持票人行使票据权利的工具。对此,《民诉法解释》已经作出了相应规定。适用时,应当区别付款人是否已经付款等情形,作出不同认定:(1)在除权判决作出后,付款人尚未付款的情况下,最后合法持票人可以根据《民事诉讼法》第二百二十三条的规定,在法定期限内请求撤销除权判决,待票据恢复效力后再依法行使票据权利。最后合法持票人也可以基于基础法律关系向其直接前手退票并请求其直接前手另行给付基础法律关系项下的对价。(2)除权判决作出后,付款人已经付款的,因恶意申请公示催告并持除权判决获得票款的行为损害了最后合法持票人的权利,最后合法持票人请求申请人承担侵权损害赔偿责任的,依法予以支持。

313 持票人虽丧失票据权利,但仍有权依据基础合同主张民事权利

【关键词】

| 持票人 | 丧失票据权利 | 基础合同权利 |

【案件名称】

长治市达洋电器有限公司诉博西家用电器(中国)有限公司买卖合同纠纷案[南京市鼓楼区人民法院一审民事判决书,2011.3.15]

【裁判精要】

裁判摘要:人民法院就票据作出的除权判决系对权利的重新确认,票据自除权判决公告之日起即丧失效力,持票人即丧失票据权利,使原来结合于票据中的权利人从票据中分离出来,公示催告申请人即有权依据除权判决请求票据付款人付款。

① 参见张雪楳:《伪报票据丧失事实申请公示催告,利害关系人可提起撤销除权判决之诉》,载最高人民法院民事审判第二庭编:《最高人民法院商事裁判观点》(总第 1 辑),法律出版社 2015 年版,第 369 页。

但是,持票人丧失票据权利,并不意味着基础民事权利丧失,其仍有权依据基础合同主张民事权利,行使基础合同履行中的债务抵销权,并不损害基础合同相对方的合法权益。

南京市鼓楼区人民法院一审认为:

票据自法院除权判决公告之日起即丧失效力,持票人即丧失票据权利。除权判决系对权利的重新确认,既非创设新的票据权利,也非恢复票据上的实质权利,除权判决所确认的票据权利内容应与被宣告无效的票据权利相一致,不具有优于原票据上记载的权利,使原来结合于票据中的权利人从票据中分离出来,公示催告申请人即有权依据除权判决请求付款人付款。但是,持票人丧失票据权利,并不意味着基础民事权利丧失,其仍有权依据基础合同主张民事权利。博西华公司因该银行承兑汇票被法院判决除权而丧失票据权利,但其亦并不丧失基础民事权利,其有权依据与被告博西公司之间的基础法律关系,主张博西公司付款行为无效,而要求博西公司重新履行付款义务。同理,博西华公司已向博西公司主张了基础民事权利,博西公司虽不得再依据该银行承兑汇票主张票据权利,但仍有权依其与原告达洋公司之间的买卖合同而行使民事权利,而向达洋公司索要 30 万元。在本案中,博西公司从达洋公司预付款中扣除 30 万元,退还该银行承兑汇票,并向其出具退票说明,系其为解决与达洋公司之间买卖合同履行中的问题而行使债务抵销权,符合我国《合同法》的相关规定。因此,博西公司从达洋公司预付款中扣除 30 万元,并不损害达洋公司的合法权益。

综上所述,法院认为,原告达洋公司背书给被告博西公司票号为 GA0101930426、票面金额为 30 万元的银行承兑汇票被法院判决除权而无效,博西公司基于基础关系实现民事权利并退回该银行承兑汇票,并不违反法律规定。因此,达洋公司请求法院判决博西公司不得扣除其相应货款,并要求博西公司继续履行货物供应义务的诉讼请求,不能成立,法院不予支持。达洋公司如确有基础民事交易关系,持有该银行承兑汇票仍可向交易相对人主张权利,以获得法律上的救济。

【案例来源】

《中华人民共和国最高人民法院公报》2011 年第 11 期。

十四、其他

314 一方接受银行承兑汇票付款，并不意味着同意对方延期付款

【关键词】

｜银行承兑汇票｜延期付款｜

【案件名称】

临沂矿业集团有限责任公司与罗卫红股权转让纠纷案［最高人民法院（2016）最高法民终492号民事判决书，2016.11.6］

【裁判精要】

最高人民法院认为：

关于罗卫红上诉请求增加判决三笔承兑汇票付款应支付利息的问题。本案所涉三笔承兑汇票的支付，实际延期支付相应款项六个月。对于延期支付，依据当事人《转让合同》第六条约定，应承担支付利息的责任。罗卫红接受承兑汇票，并不一定意味着同意对方延期支付转让款，双方也未对因承兑汇票导致的延期付款协商一致变更《转让合同》约定条款。罗卫红该项上诉请求，既具有临沂集团违反约定逾期付款行为的一致性事实基础，当事人之间的合同约定，也符合法律规定。临沂集团不仅必须支付合同约定付款期至给付承兑汇票日期之间期限的利息，也必须给付因承兑汇票导致延迟六个月取得款项的期限的利息，标准按同期银行贷款利率计算。

【案例来源】

中国裁判文书网，http://wenshu.court.gov.cn。

315 证券公司通过资产管理计划合同购买票据资产，取得的权利是一种资产权利而非票据权利

【关键词】

｜资产管理计划合同｜资产权利｜票据权利｜

【案件名称】

恒丰银行股份有限公司南通分行与兴业银行股份有限公司哈尔滨分行票据追索权

纠纷案［最高人民法院（2017）最高法民终449号民事判决书，2017.12.28］

【裁判精要】

最高人民法院认为：

三、关于兴业银行是否具有原告主体资格的问题

《票据法》第三十一条规定："以背书转让的汇票，背书应当连续。持票人以背书的连续，证明其汇票权利；非经背书转让，而以其他合法方式取得汇票的，依法举证，证明其汇票权利。"本案中，兴业银行是案涉票据最后的被背书人，且案涉票据背书连续，即转让汇票的背书人与受让汇票的被背书人在汇票上的签章依次前后衔接，兴业银行有权依法主张票据权利。同时，兴业银行与华福证券签订有"华福黑2013－007号定向资产管理计划资产管理合同"，由华福证券购买案涉39张票据资产，由兴业银行作为39张票据的服务方。民生银行根据与华福证券的《票据资产转让合同》要求，将39张票据背书给兴业银行，兴业银行据此持有票据，成为39张票据的持票人。尽管华福证券是39张票据资产的受让人，但华福证券受让的只是票据资产，取得的权利只是一种资产权利而非票据权利。兴业银行作为票据的被背书人和票据持有人，可以依据票据法的规定提起本案票据追索权纠纷，其是本案适格原告。恒丰银行称兴业银行不具有本案原告主体资格的理由不成立。

【案例来源】

中国裁判文书网，http://wenshu.court.gov.cn。

316 指定收款人与实际收款人的名称表面上不完全一致，但根据法律规定并不导致产生歧义的，不应认定为不符

【关键词】

|指定收款人|实际收款人|

【案件名称】

喜宝集团控股有限公司诉中国农业银行股份有限公司青岛城阳支行银行结算合同纠纷案［山东省青岛市中级人民法院一审民事判决书，2013.9.22］

【裁判精要】

裁判摘要：指定收款人与实际收款人名称之间表面上不完全一致，但根据法律规定，并不导致产生歧义的，不应认定为不符。跨境结算行为仅构成基础交易的条件，导致损失的直接原因在于基础交易债务人的行为，结算行为与损失之间缺乏客观、必然的联系，结算银行不承担赔偿责任。

山东省青岛市中级人民法院一审认为：

原告喜宝集团为香港特别行政区商事主体，本案参照适用涉外民事诉讼程序。原告主张本案为银行结算合同纠纷，被告农行青岛城阳支行未提出不同意见，可以此确定案件性质。原、被告均选择适用中华人民共和国法律解决双方实体争议，依照《合同法》第一百二十六条第一款的规定，中华人民共和国法律为解决本案纠纷的准据法。

电汇作为国际结算方式汇付的一种，是汇出行应汇款人的申请，通过加押电报、电传或环球银行间金融电讯协会的方式给境外汇入行，委托其解付一定金额给指定收款人的汇款方式。电汇涉及四方当事人，包括汇款人、汇出行、汇入行、收款人。本案纠纷发生在汇款人与汇入行之间。原告喜宝集团作为汇款人，在电汇申请书中填写收款人、汇入行，委托汇出行代办汇款，被告农行青岛城阳支行作为汇入行已实际解付汇款，跨境结算关系成立。尽管原、被告之间未直接以书面或口头形式订立合同，但根据跨境结算的特征以及双方从事的民事行为，可以认定原、被告作为银行结算合同关系主体与其他方共同实施跨境结算。

原告喜宝集团认为被告农行青岛城阳支行在办理结算过程中，存在严重的违约和违章行为。具体表现在，违背《支付结算办法》第十六条和第一百六十六条的规定，导致指定收款人与实际收款人不符；违背《中国农业银行外汇汇款业务操作规程》第二十一条第二款、第三十七条的规定，未尽审核义务、主动查询义务、主动退汇义务，在不具备解付的条件下予以解付，导致损失发生。山东省青岛市中级人民法院认为，中国人民银行印发并自 1997 年 12 月 1 日起施行的《支付结算办法》第二条规定："中华人民共和国境内人民币的支付结算适用本办法，但中国人民银行另有规定的除外。"本案属美元跨境结算，不适用该办法。《中国农业银行外汇汇款业务操作规程》第一条规定"为规范我行外汇汇款业务操作，防范和控制业务风险，根据相关国际惯例及国家外汇管理规定，制定本操作规程"。该规程非法律法规，也非行政规章，即使违反规程，也不当然构成对法定义务的违反。该规程并未并入本案跨境结算条款，并不当然成为本案合同内容的组成部分。原告认为，该规程是维护结算合同中另一方当事人合法权益的承诺，具有民事承诺的意义。对照检查，原告主张被告未尽审核义务、主动查询义务、主动退汇义务的根本原因在于其认为指定收款人详细名称这一需要审核要素与被告预留记录不完全一致。而被告则认为，虽然指定收款人名称中缺少"责任"二字，但"青岛荣星投资管理公司"在青岛市工商登记注册系统内唯一存在，其资本金账户在被告系统内唯一存在，"有限公司"与"有限责任公司"仅仅是同一法律本质的两种表述方式，根据电文的指令信息可以排除任何其他收款人账户。山东省青岛市中级人民法院认为，在指定收款账号与实际收款账号一致的情况下，指定收款人"青岛荣星投资管理有限公司"与实际收款人"青岛荣星投资管理有限责任公司"之间存在表面上不完全一致，但根据《公司法》第八条第一款“依照本法设立的有限责任公司,必须在公司名称中标明有限责任公司或者有限公司字样”的规定,上述不完全一致,并不导致相互之间产生歧义的,不应认定为不符。既然不存在收款人不符或不明的情形,则不存在不尽主动查询、主动退汇义务的问题。由于被告已于 2009 年 3 月 30 日解付,则无论是汇款人还是汇出行再要求退汇,均须征得收款人的同意,被告方可办理。至于解付后的结汇,则无关乎行为性质。需要指出的是,尽管被告作为汇入行,在办理结算时的确不需要联系基础交易来判断其是否正确履行义务,但在纠纷发生后认定是非责任时,有必要联系基础交易来审查判断,毕竟国际结算是为清偿国际间由于各种往来而产生的债权债务关系,通过银行并借助某种信用工具,将货币资金转移到另一个国家(地区)的支付方式。通过生效判决可以发现,基础交易发生在汇款人与实际收款人之间,足以说明指定收款人与实际收款人名称的表面不完全一致,未导致歧义是有事实根据的,且在原告通过汇出行向被告首次提出退汇要求时,原告是以收款公司无经营范围为申请退汇原因的。

关于损失赔偿问题,《合同法》第一百一十三条第一款规定:“当事人一方不履行合同义务或者履行合同义务不符合约定,给对方造成损失的,损失赔偿额应当相当于因违约所造成的损失,包括合同履行后可以获得的利益,但不得超过违反合同一方订立合同时预见到或者应当预见到的因违反合同可能造成的损失。”可见,原告喜宝集团可获支持的损失,应当是由于被告农行青岛城阳支行的违约行为所造成的。从原告在本案中提出的索赔主张看,其索赔数额是基础交易判决执行后的余额,尽管原告提出其向基础交易债务人追偿是其采取的补救措施,与被告的行为所应承担的责任无关,但就同一款项已获生效判决支付清偿的情况下,又基于其他事由再寻求判决支付清偿,从内在逻辑上即存在其损失究竟是因何种行为所造成的问题。山东省青岛市中级人民法院认为,导致损失的直接原因在于基础交易债务人的行为,尽管本案跨境结算行为构成基础交易的条件,但结算行为本身并不必然导致损失,结算行为与损失之间缺乏客观、必然的联系。如果说,被告若作退汇处理,可能避免损失的最终发生,但根据原告在庭审质证时所作陈述,“我们是故意漏掉两个字电汇的,目的是为了让被告方提出查询,其中有 10 ~ 15 个工作日时间,以便给原告法定代表人到青岛考察荣星公司的真实情况”。那么,原告在申请汇款时更可以避免通过跨境结算而产生所谓的损失。原告出于规避基础交易风险的考虑,掩饰其真实意图,导致被告本着合理信赖履行结算合同,原告将最终基于基础交易产生的损失转由被告承担,有违诚实信用原则。原告的损失非被告的过错造成,被告不承担赔偿责任。

【案例来源】

《中华人民共和国最高人民法院公报》2014 年第 12 期。

麦读
MyRead

最高人民法院民商事判例集要

THE COLLECTION OF
JUDICIAL RULES FOR CIVIL AND
COMMERCIAL CASES OF
THE SUPREME PEOPLE'S COURT

最高人民法院
民商事判例集要

·金融担保卷·

·中·

总主编　—　杜万华

副总主编　—　刘德权

本卷主编　—　俞宏雷

中国民主法制出版社

全国百佳图书出版单位

本卷总目

CONTENTS

第一编

CONTENTS

本册细目

第五章　保险合同纠纷

第六章　证券、期货、委托理财、信托纠纷

四、信托纠纷 / 850

第二编　担保

第八章　担保设立

第十章 保证合同纠纷

一、保证方式 / 1041

第五章 — CHAPTER 05

保险合同纠纷

一、一般规则

（一）保险合同效力认定

317 如无特别约定，是否交付保险费对保险合同的成立和生效均不产生影响

【关键词】

｜保险合同｜交付保险费｜合同成立｜

【案件名称】

云南福运物流有限公司与中国人寿财产保险股份有限公司曲靖中心支公司财产损失保险合同纠纷案［最高人民法院（2013）民申字第 1567 号民事裁定书，2015. 4. 30］

【裁判精要】

裁判摘要:(1)当事人就货物保险损失达成《赔偿协议书》及《货运险赔偿确认书》是对财产损害赔偿金额的自认,是真实意思表示,是有效的民事法律行为。

(2)保险合同以当事人双方意思表示一致为成立要件,即保险合同以双方当事人愿意接受特定条件拘束时,保险合同即为成立。签发保险单属于保险方的行为,目的是对保险合同的内容加以确立,便于当事人知晓保险合同的内容,能产生证明的效果。根据《保险法》第十三条第一款关于“投保人提出保险要求,经保险人同意承保,保险合同成立。保险人应当及时向投保人签发保险单或者其他保险凭证,并在保险单或者其他保险凭证中载明当事人双方约定的全部内容”之规定,签发保险单并非保险合同成立时所必须具备的形式。

(3)保险费是被保险人获得保险保障的对价。根据《保险法》第十三条第三款关于“依法成立的保险合同,自成立时生效。投保人和保险人可以对合同的效力约定附条件或者附期限”之规定,保险合同可以明确约定以交纳保险费为合同的生效要件。如果保险合同约定于交纳保险费后保险合同生效,则保险人对交纳保险费前所发生的损失不承担赔偿责任。

最高人民法院认为：

一、本案一、二审法院驳回双方当事人要求撤销《赔偿协议书》及《货运险赔偿确认书》的请求并无不当

本案双方当事人达成的《赔偿协议书》及《货运险赔偿确认书》是双方对财产损害赔偿金额的自认，是真实意思表示，是有效的民事法律行为。虽然双方当事人均提出撤销《赔偿协议书》及《货运险赔偿确认书》的请求，但均未对可撤销的理由提出相关证据。《民法通则》第五十七条规定："民事法律行为从成立时起具有法律约束力。行为人非依法律规定或者取得对方同意，不得擅自变更或解除。"根据上述规定，福运公司与人寿财保曲靖公司所签订的《赔偿协议书》及《货运险赔偿确认书》应受法律保护，双方当事人应受该协议的约束。

二、人寿财保曲靖公司不应赔偿福运公司的其余货物损失 1873207 元

首先，福运公司与人寿财保曲靖公司之间的保险合同关系成立且有效，本案一、二审法院关于保险合同成立的认定并无不当。保险费是被保险人获得保险保障的对价，根据《保险法》第十三条第三款关于"依法成立的保险合同，自成立时生效。投保人和保险人可以对合同的效力约定附条件或者附期限"之规定，本案福运公司向保险公司投保所提交的《国内货物运输保险投保单》上关于"投保人应当在保险合同成立时交付保险费。保险费未交清前发生的保险事故，保险公司不承担责任。保险责任开始后 15 天内投保人未交清保险费，保险人有权解除保险合同"的"特别约定"，属于附生效要件的合同。由于本案保险合同约定于交纳保险费后生效，故保险人对投保人保险费交纳前所发生的损失不承担赔偿责任。综上，福运公司要求人寿财保曲靖公司承担保险责任的请求，因与其投保单所载明的内容不相符，本院不予支持。福运公司关于人寿财保曲靖公司没有对特别约定向其履行明确说明条款内容义务的主张，本院不予采信。

【案例来源】

《中华人民共和国最高人民法院公报》2016 年第 7 期。

编者说明

一般情况下，合同成立时即生效。如果当事人另有约定，也可以约定合同生效的条件和时间。《保险法》于 2009 年修订前，由于未严格区分合同的成立与生效，因此对投保人交付保险费是否为合同义务不甚明确。所以，实务中因保费交付与保险合同生效、保险责任承担的关系发生的纠纷非常普遍。修订后的《保险法》第十四条明确将投保人交付保险费作为合同义务规定下来，并赋予当事人可以对合同生效附条件或附期限的权利，应该说对减少这方面的纠纷会发挥积极的作用。一般情况下，保费的交付不对保险合同的效力产生影响，其只是合同成立生效后投保人应当履行的合同义务。当事人将保费交付约定为合

同生效要件的另当别论。①《全国法院民商事审判工作会议纪要》(2019 年 11 月 8 日,法〔2019〕254 号)第九十七条明确,当事人在财产保险合同中约定以投保人支付保险费作为合同生效条件,但对该生效条件是否为全额支付保险费约定不明,已经支付了部分保险费的投保人主张保险合同已经生效的,依法予以支持。

318 保险公司单方改变固定的保费缴纳方式致使投保人未能及时缴纳保费的,不应据此认定保单失效

【关键词】

|保险|保费缴纳方式|保单失效|

【案件名称】

陆永芳诉中国人寿保险股份有限公司太仓支公司保险合同纠纷案[江苏省苏州市中级人民法院二审民事判决书,2013. 1. 18]

【裁判精要】

裁判摘要:人寿保险合同未约定具体的保费缴纳方式,投保人与保险人之间长期以来形成了较为固定的保费缴纳方式的,应视为双方成就了特定的交易习惯。保险公司单方改变交易习惯,违反最大诚信原则,致使投保人未能及时缴纳保费的,不应据此认定保单失效,保险公司无权中止合同效力并解除保险合同。

江苏省苏州市中级人民法院认为:

《合同法》第六十条规定,当事人应当按照约定全面履行自己的义务。当事人应当遵循诚实信用原则,根据合同的性质、目的和交易习惯履行通知、协助、保密等义务。根据现已查明的事实,在案涉保险合同履行的前两年系由上诉人太仓人寿保险公司业务员上门向被上诉人陆永芳收取保费,2000 年开始太仓人寿保险公司委托邮政部门向陆永芳发缴费通知单,至 2008 年陆永芳每年按照缴费通知单的提示向太仓人寿保险公司指定的银行缴纳保费。由此可见,首先,双方已经就缴纳保费形成了一定的交易习惯,即由太仓人寿保险公司上门收取保费或由其通知投保人按其指定缴纳保费;其次,太仓人寿保险公司在合同履行过程中亦曾要求投保人变更缴费方式(即前二年为上门收取保费,后变更为由投保人按缴费通知要求至相关指定银行进行缴费),在该种情形下,投保人无法确认每年缴费方式是否相同,因此,作为保险人的太仓人寿保险公司更应负有每年通知投保人缴费及告知缴费方式的义务。

① 参见最高人民法院保险法司法解释起草小组编著:《〈中华人民共和国保险法〉保险合同章条文理解与适用》,中国法制出版社 2010 年版,第 64 ~65 页。

但是在案涉保险合同履行过程中,太仓人寿保险公司并无证据证明其于2009年向投保人陆永芳送达缴费通知书,2010年后更是未向陆永芳发送缴费通知书。据上述分析,显然造成投保人陆永芳二年未能缴费这一后果的主要责任在于保险人太仓人寿保险公司,在该种情况下其无权仅依《保险法》的相关规定及合同的相关约定中止合同效力并主张解除合同。

【案例来源】

《中华人民共和国最高人民法院公报》2013年第11期。

319 电子保险合同的激活是确定被保险人和保险责任的开始时间,而非合同生效时间

【关键词】

|电子保险合同|保险责任|合同生效|

【案件名称】

韩龙梅等诉阳光人寿保险股份有限公司江苏分公司保险合同纠纷案[南京市鼓楼区人民法院一审民事判决书,2009.11.20]

【裁判精要】

裁判摘要:《保险法》(2002)第十七条第一款规定:"订立保险合同,保险人应当向投保人说明保险合同的条款内容,并可以就保险标的或者被保险人的有关情况提出询问,投保人应当如实告知。"保险人或其委托的代理人出售"自助式保险卡"未尽说明义务,又未对相关事项向投保人提出询问,自行代替投保人激活保险卡形成数据电文形式的电子保险单,在保险合同生效后,保险人以电子保险单内容不准确,投保人违反如实告知义务为由主张解除保险合同的,人民法院不予支持。

南京市鼓楼区人民法院认为:

《保险法》(2002)第十七条第一款规定:"订立保险合同,保险人应当向投保人说明保险合同的条款内容,并可以就保险标的或者被保险人的有关情况提出询问,投保人应当如实告知。"对于投保人的告知义务而言,除了《保险法》(2002)第十七条第一款的规定,被告阳光人保自行提供的保险条款也规定:"订立本合同时,本公司会就投保人和被保险人的有关情况提出书面询问,投保人和被保险人应当如实告知。"可见,投保人的告知义务的范围应当以保险人询问的事项为限,对保险人未询问的事项,投保人不负告知义务。

本案中,证人宗芹出具证言称,在收取保险费时误以为刘继是农民而未询问其

职业，涉案保险卡系保险代理公司根据业务员对被保险人职业状况的陈述代为激活，后又交付给刘继的内容，鉴于宗芹作为向刘继销售被告阳光人保保险业务的经办人，与阳光人保有利害关系，其出具的不利于阳光人保的证言可信度较高，且阳光人保未能举证证明涉案保险卡由刘继自己激活，亦未能举证证明在收取保险费时对刘继的职业提出了书面询问，故可以认定阳光人保未能全面履行对保险合同条款的说明义务。阳光人保网站上可查阅被保险人的职业分类表，网上激活的过程中，被保险人职业栏如选择"营业用货车司机"，保险卡会因被拒绝承保而不能激活。但是，本案所涉保险卡系民兴代理公司内勤代为激活，激活过程中，民兴代理公司仅向其业务员宗芹而未向投保人刘继进行询问，而宗芹并未询问过刘继的职业，使得刘继没有机会就其职业状况履行如实告知义务。因此，刘继并未违反投保人如实告知义务。阳光人保作为保险人认为刘继违反告知义务主张解除合同，要求免除相应的赔偿责任请求没有事实根据与法律依据。因此，涉案保险合同合法有效，保险责任期间自2009年3月16日0时起至2010年3月15日24时止。2009年4月20日，刘继因交通事故而意外死亡，已经构成保险事故，保险人应按保险合同约定承担赔偿责任。《保险法》(2002)第六十四条规定："被保险人死亡后，遇有下列情形之一的，保险金作为被保险人的遗产，由保险人向被保险人的继承人履行给付保险金的义务：(一)没有指定受益人的；……"本案中，涉案保险合同没有指定受益人，原告韩龙梅、刘娜、刘凯、刘元贞、王月兰作为刘继的法定继承人，有权要求阳光人保履行给付保险金的义务。

【案例来源】

《中华人民共和国最高人民法院公报》2010年第5期。

编者说明

电子保单作为一种重要的保险营销手段和保险业务拓展手段，发展迅猛。与之相应的纠纷也日益增多，从而带来许多值得研究的问题。本裁判厘清了电子保单的生效条件，即保险公司收到保费时保险合同成立并生效。激活保险卡生成电子保单，是在保险人的网站上以数据电文形式确定被保险人和保险责任开始时间，而非保险合同之生效时间。另外，在订立电子保单过程中，保险人代投保人激活保险卡，必须直接向投保人询问，并保留相关询问与告知的证据。否则，保险人不得主张解除合同，亦不能免除赔偿责任。

320 投保单由保险代理人代为填写时保险合同的效力认定

【关键词】

| 保险合同 | 投保单 | 保险代理人 |

【案件名称】

卫勤俭诉中保财产保险股份有限公司台山市支公司、中国农业银行台山市支行下

川营业所渔船保险合同纠纷案［广东省高级人民法院二审民事调解书，2000.12.22］

【裁判精要】

广东省高级人民法院认为：

本案的渔船险投保单由保险代理人代填写，投保人没有签字盖章却有保险人"中保财产公司台山支公司"的印章。渔船险投保单理论上应当由投保人（船东）逐项填写并签字，但事实上不能排除保险人或者保险代理人代投保人填写的情况。保险人或者保险代理人在保险业务操作中掌握主动权，这种不规范操作的后果应当由保险人或者保险代理人承担，不能由投保人负责。要求投保单由投保人逐项填写并签字，其目的是避免投保人和保险人或者保险代理人因投保人是否提出投保申请发生纠纷。由于本案的保险代理人和投保人在诉讼中都承认投保单内容是投保人的真实意思表示，双方对此没有争议，投保单的法律效力应予确认。上诉人台山保险公司否认本案投保单的法律效力，将其理解为投保人的投保意向，与事实不符。台山保险公司的第二点上诉理由不能成立。

由于被上诉人卫勤俭与原审被告农行营业所已经就渔船保险一事达成一致的意思表示，特别是卫勤俭已经履行了投保人交纳保险费的义务，且此项费用已经被农行营业所妥收入保险费账户，农行营业所代理上诉人台山保险公司与卫勤俭订立的保险合同依法成立。保险手续只是对保险合同的一种书面记载，并不能等同于保险合同。保险手续没有完善，不等于保险合同没有成立。就本案说，卫勤俭作为投保人，符合其意思表示的投保单已经填写出来，保险费已经交纳，投保人在保险合同中的义务已经完成。剩下的手续，应当由保险人或者其代理人去完善。农行营业所的工作人员为了促成此笔保险业务，同意给卫勤俭代办船舶年检证书，这是二人之间的另一法律关系。台山保险公司借此将农行营业所的工作人员说成是卫勤俭的代理人，把必须由农行营业所去完善的保险手续说成是必须由卫勤俭完成，而农行营业所的工作人员同意给其代理，不仅与事实不符，且于理不通。台山保险公司的第三点上诉理由不能成立。

【案例来源】

《中华人民共和国最高人民法院公报》2001 年第 3 期。

编者说明

《保险法解释（二）》第三条明确，投保人或者投保人的代理人订立保险合同时没有亲自签字或者盖章，而由保险人或者保险人的代理人代为签字或者盖章的，对投保人不生效。但投保人已经交纳保险费的，视为其对代签字或者盖章行为的追认。保险人或者保险人的代理人代为填写保险单证后经投保人签字或者盖章确认的，代为填写的内容视为投保人的真实意思表示。但有证据证明保险人或者保险人的代理人存在《保险法》第一百一十六条、第一百三十一条相关规定情形的除外。

321 保险公司设立的营销部出售内容、形式与真保单一致的假保单并加盖伪造的公司业务专用章，投保人有理由相信是真实的

【关键词】

｜保险公司｜假保单｜表见代理｜

【案件名称】

刘雷诉汪维剑、朱开荣、天安保险盐城中心支公司交通事故人身损害赔偿纠纷案［苏州市中级人民法院二审民事判决书，2008. 6. 29］

【裁判精要】

裁判摘要：投保人通过保险公司设立的营销部购买机动车第三者责任险，营销部营销人员为侵吞保费，将自己伪造的、内容和形式与真保单一致的假保单填写后，加盖伪造的保险公司业务专用章，通过营销部的销售员在该营销部内销售并交付投保人。作为不知情的善意投保人有理由相信其购买的保险是真实的，保单的内容也并不违反有关法律的规定，营销部的行为在民法上应当视为保险公司的行为。因此，虽然投保人持有的保单是假的，但并不能据此免除保险公司根据保险合同依法应当承担的民事责任。

常熟市人民法院一审认为：

原告刘雷就本起事故所造成的损失向法院提起诉讼的时间在2006年4月1日以前，根据2006年7月1日以前的规定，机动车发生交通事故造成人身伤亡、财产损失的，由保险公司就事故所产生的损失在第三者责任险的保险责任限额内予以赔偿。保险公司在第三者责任险的保险责任限额内所承担的赔偿责任是无过错责任，无论交通事故当事人是否有过错，保险公司都应予以赔偿。超过保险责任限额的部分，机动车与非机动车驾驶人、行人之间发生交通事故的，由机动车一方承担责任；但是，有证据证明非机动车驾驶人、行人违反道路交通安全法律、法规，机动车驾驶人已经采取必要处置措施的，减轻机动车一方的责任。

被告汪维剑在事故后向交警部门提供的苏JFR978“新感觉”正三轮载货摩托车的保险单（编号0500064813）确为假保单，但系由刘明星的犯罪行为所造成，而刘明星在使用假保单实施犯罪时，其是天安盐城支公司设在响水的营销部的负责人，假保单是通过营销部的销售门市销售的，可见天安盐城支公司对响水营销部管理不力，该公司在响水营销部销售刘明星伪造的假保单的过程中有明显过错。因此，天安盐城支公司应当为此承担责任。

交警部门认定被告汪维剑负该次事故的主要责任、原告刘雷负该次事故的次要

责任并无不当,予以采纳。被告汪维剑、朱开荣分别为苏JFR978“新感觉”正三轮载货摩托车的驾驶人和登记车主,由于双方均未到庭,致法院无法查明其能否免责的事由,故应对刘雷在事故中造成的损失共同承担赔偿责任。鉴于刘雷对该事故的发生有过错,负事故的次要责任,应相应减轻汪维剑、朱开荣的赔偿责任。由汪维剑、朱开荣对事故造成的刘雷的损失承担80%的赔偿责任。

至于原告刘雷在事故中造成的损失及其所主张的赔偿费用,应按照《人身损害赔偿解释》中规定的范围、项目和标准进行计算。

苏州市中级人民法院二审认为:

上诉人天安盐城支公司在响水设有营销部,该营销部对外签订保险合同时使用天安盐城支公司的业务专用章,刘明星承认曾任该营销部的负责人,在任职期间,伪造了天安盐城支公司的业务专用章,私自印制了保单,并进行销售。上诉人认为刘明星2004年12月便擅自离开公司,自2005年起就不再是上诉人公司响水营销部负责人,但未能提供证据证实。且本案中,苏JFR978正三轮载货摩托车的保险单(编号0500064813)系刘明星通过响水营销部的销售员在该营销部内销售的,内容由销售员填写,保单的内容和形式与真保单一致。作为善意相对人的被保险人原审被告朱开荣在上诉人的响水营销部购买第三者综合损害责任险,朱开荣有理由相信其购买的保险是真实的,保单的内容也并不违反有关法律的规定,响水营销部的行为在民法上应当视为上诉人的行为,因此,虽然朱开荣持有的保单是假的,但此系由上诉人的工作人员利用职务上的行为所致,朱开荣无从察知,上诉人则应当加强管理监督,故不能据此免除上诉人应当承担的民事责任,常熟市人民法院判决上诉人在其保险限额内承担赔偿责任并无不妥。

【案例来源】

《中华人民共和国最高人民法院公报》2012年第3期。

322 以保险合同掩盖的非法融资关系无效

【关键词】

|保险合同|非法融资|

【案件名称】

中国石油天然气管道局与太平洋人寿保险大连分公司等保险合同纠纷案[最高人民法院(2004)民二终字第20号民事判决书,2006.12.27]

【裁判精要】

最高人民法院认为：

保险法律规定，当投保人与保险人约定的风险成就后，保险受益人方可获得赔偿。所约定的风险没有成就，投保人不得要求返还所交纳的保险费，受益人也不能获得赔偿，更不应获得固定赔付。本案管道局与大连分公司、甘井子支公司签订的保险代理协议和家庭综合保险单，约定了无论出险与否管道局均享有固定的赔付，并在约定期限届满后由大连分公司、甘井子支公司返还管道局所有保险储金，故本案保险代理协议和家庭综合保险单，不具备保险法律关系的性质和特征。管道局与大连分公司、甘井子支公司发生的民事关系并非保险法律关系。根据辽宁省和大连市人民检察院在侦查相关人员职务犯罪和经济犯罪行为时的报告、检察建议书及其所附的《委托贷款核实情况一览表》查明的事实，结合董凤龙、朱宽涌和曲文羿等人的言词证据，自 1994 年 9 月至 1996 年 9 月，管道局通过投资银行大连分行、建行沈阳开发区分行、建行大连分行国际业务部、光大银行大连分行等九家金融机构委托贷款，由大连分公司和甘井子支公司提供担保或者直接签订所谓保险合同将共计 9.266 亿元分 24 笔交给了曲文羿控制的龙兴海运及其关联公司使用。龙兴海运已支付石油管道局高额利息 1.05 亿余元，返还石油管道局贷款本金 5.466 亿元，尚欠本金 3.8 亿元。本案审理的 6000 万元和 9000 万元两笔融资是 24 笔中的第 17、18 笔，发生在本院（2004）民二终字第 19 号案审理的石油管道局与龙兴海运由大连分公司、甘井子支公司提供履约保险的委托贷款 2 亿元关系之后。该案三方贷款及履约保险合同到期后，龙兴海运尚欠管道局贷款本金 1.9 亿元，大连分公司和甘井子支公司也未履行保险责任。管道局又与大连分公司、甘井子支公司以两份家庭综合财产保险费名义，将本案 1.5 亿元，通过建行大连信托投资公司交给了龙兴海运的下属公司使用。所以，本案当事人之间的行为，应当纳入大连分公司和甘井子支公司以提供担保方式或以保险费名义直接收取资金交给龙兴海运下属公司的方式，帮助管道局与龙兴海运之间形成的违法资金拆借行为中整体分析和认定。

国家禁止企业之间以获取收益为目的的借贷行为，且在本案民事关系发生之前，管道局与龙兴海运、大连分公司和甘井子支公司已在近两年时间内多次发生融资关系。尤其是当本院审理的（2004）民二终字第 19 号案的贷款履约保险合同到期后，管道局在没有收回本金的情况下，其仍通过大连分公司和甘井子支公司将 1.5 亿元交给龙兴海运，其行为性质是以保险单为表现形式的出资人通过非银行金融机构将资金交与用资人的非法融资关系，属于无效民事行为。大连分公司、甘井子支公司和太保集团关于本案民事关系既不是保险法律关系，也不是大连分公司、甘井子支公司与管道局之间的借贷关系，而是在保险合同掩盖下的管道局与龙兴海运之间的非法融资关系的上诉主张成立，本院予以支持。管道局利用大连分公司和甘井子支公司的保险机构身份，一方面为了获取高额利差，另一方面又要规避自己的风险,明知龙兴海运使用其巨额资金到期未偿还,在风险极为明显的情况下,仍将本案巨额资金通过保险机构交给龙兴海运使用,其主观上具有明显过错。对本案民事行为无效和不能收回的资金损失,管道局应自行承担相应过错责任。大连分公司、甘井子支公司作为专业保险机构,明知固定赔付和定期返还保险储金等内容不符合保险法律规定,仍故意假借保险合同之名帮助管道局与龙兴海运及其下属公司实施违法拆借资金行为,其对本案无效民事行为的法律后果亦应承担相应的过错责任。本案管道局未对用资人龙兴海运及其下属公司提出诉讼请求,且龙兴海运目前实际也无偿还欠款能力,根据《民法通则》第六十一条关于"民事行为被确认为无效或者被撤销后,当事人因该行为取得的财产,应当返还给受损失的一方。有过错的一方应当赔偿对方因此所受的损失,双方都有过错的,应当各自承担相应的责任"的规定,管道局应自行承担龙兴海运及其下属公司不能偿还本案非法融资本金损失60%的责任。大连分公司和甘井子支公司因其在本案非法融资的过程中亦有过错,故应对龙兴海运及其下属公司所欠管道局的本金部分承担40%赔偿责任。龙兴海运及其下属公司通过甘井子支公司已向管道局返回的1350万元高额利差,应当折抵本金。因大连分公司和甘井子支公司作为分支机构不具有法人资格,故太保集团应与大连分公司和甘井子支公司共同承担本案债务。

【案例来源】

最高人民法院民事审判第二庭编:《最高人民法院商事审判指导案例·金融卷》,中国法制出版社2011年版,第297~306页。

323 《保险法》有关备案的规定并非强制性规定,违反该规定并不必然导致合同无效

【关键词】

|保险备案|强制性规定|合同无效|

【案件名称】

神龙汽车有限公司诉中保财产保险有限公司武汉市汉阳区支公司、武汉博大汽车贸易有限公司购车保险合同纠纷案[最高人民法院(1999)经终字第428号民事判决书,2001.8.29]

【裁判精要】

最高人民法院认为:

本案涉及神龙公司与博大公司之间的购销轿车合同以及财保汉阳公司与神龙公司和博大公司之间的保险合同两个不同法律关系。本案保险合同是在购销合同

的基础上产生的，博大公司的付款义务即是保险合同的标的，购销合同的权利义务关系与保险合同的权利义务关系密切相关，原审法院将上述两个法律关系合并审理并无不当。

本案购销轿车合同系当事人之间的真实意思表示，除利率和违约金的约定高出中国人民银行有关规定应认定无效外，其余条款应认定有效。神龙公司依约履行了交付车辆的义务，博大公司未按合同约定履行全部付款义务，其行为构成违约，应承担相应的民事责任，除应按合同约定的价格向神龙公司给付货款外，还应按国家法定利率支付期内利息和逾期付款违约金。

财保汉阳公司与神龙公司和博大公司于1998年4月15日签订的分期付款购车保险协议，约定当主债务人博大公司未能依分期付款购车合同履行付款义务时，则由保险人财保汉阳公司承担赔偿责任，故该分期付款购车保险协议的性质为保证保险合同。上述保证保险合同系当事人之间的真实意思表示。《保险法》（1995）第一百零六条规定，“商业保险的主要险种的基本条款和保险费率，由金融监督管理部门制订。保险公司拟定的其他险种的保险条款和保险费率，应当报金融监督管理部门备案”。虽然本案保证保险合同所约定险种的保险条款和保险费率未报经金融监督管理部门备案，有关金融监督管理部门可以依照上述法律规定对财保汉阳公司予以行政处罚，但并不能因此而认定本案所涉保证保险合同无效。本案保证保险合同应为有效，当博大公司不能偿还神龙公司的欠款时，财保汉阳公司应依照约定承担相应的赔偿责任。对于财保汉阳公司承担相应的赔偿责任的范围，由于财保汉阳公司、神龙公司和博大公司在《分期付款购车保险协议》中约定保险人免赔金额为损失金额的5%，故财保汉阳公司应对博大公司不能偿还神龙公司的欠款在95%的范围内承担赔偿责任。原审判决认定事实基本清楚，但适用法律不当，应予纠正。神龙公司的上诉理由成立，本院予以支持。财保汉阳公司答辩称，神龙公司未履行保险协议第6条约定的“检查分期付款合同的执行情况，做好车款的催收工作和催收记录”的义务，是导致本案损失的主要原因，与事实不符，本院不予支持。

【案例来源】

最高人民法院民事审判第二庭编：《中华人民共和国最高人民法院判案大系》（民商事卷－1999年卷），人民法院出版社2003年版，第1178～1182页。

编者说明

如何认定本案保证保险合同的效力？这是正确处理本案的关键所在。《保险法》（1995）第一百零六条规定：“商业保险的主要险种的基本条款和保险费率，由金融监督管理部门制订。保险公司拟订的其他险种的保险条款和保险费率，应当报金融监督管理部门备案。”对该条规定有两种理解：一种观点认为，该条规定属于强制性规定，若违反该规定，则保险合同必然无效（原审判决采信了这种观点）。另一种观点认为，应当认定上述有关备案的规定并非强制性规定，违反上述规定并不必然导致合同无效。当然，如果法律规定此种情形应当报金融监督管理部门审批或批准，则可以理解为审批或批准是合同生效的法定事由，未经审批或批准的，合同不生效。最高人民法院二审判决采信了第二种观点，确立了以下司法原则：虽然保险合同所约定险种的保险条款和保险费率未报经金融监督管理部门备案，有关金融监督管理部门可以依照上述规定予以行政处罚，但不能因此而认定该保险合同无效；保险合同应认定有效。① 根据现行《保险法》第一百三十五条的规定，对于需要经国务院保险监督管理机构批准的保险条款与保险费率，根据该法第一百三十六条的规定，保险公司使用的保险条款和保险费率违反法律、行政法规或者国务院保险监督管理机构的有关规定的，由保险监督管理机构责令停止使用，限期修改；因此，未经批准保险险种的保险条款与保险费率无效。

324 保险单与保险合同正式签订前约定的保险条款有冲突时，以保险单载明的内容为依据

【关键词】

| 保险合同 | 保险单 | 条款冲突 |

【案件名称】

神龙汽车有限公司与华泰财产保险股份有限公司、神龙汽车有限公司北京销售服务分公司保险合同纠纷案［最高人民法院（2000）经终字第295号民事判决书］

【裁判精要】

最高人民法院认为：

根据《保险法》（1995）第十二条关于“投保人提出保险要求，经保险人同意承保，并就合同的条款达成协议，保险合同成立。保险人应当及时向投保人签发保险单或者其他保险凭证，并在保险单或者其他保险凭证中载明当事人双方约定的合同内容。经投保人和保险人协商同意，也可以采取前款规定以外的其他书面协议形式订立保险合同”的规定，投保人与保险人签订保险合同，可以在保险单或者其他保险凭证上载明当事人双方约定的合同内容，也可以采取其他的形式订立。华泰保险公司与神龙公司先行签订的《保险协议》仅约定双方同意由神龙公司或者其购车人向华泰保险公司购买分期付款购车保险，并在每一份保险单中分别确定保险标的等条款，因无确定的保险合同主体和客体，故并未形成完整意义上的保险合同，原审法院关于《保险协议》是当事人之间订立的一个意向性、总括性协议的认定，符合事实和

① 参见徐瑞柏：《违反法律应当备案规定的合同效力——神龙汽车有限公司诉中保财产保险有限公司武汉市汉阳区支公司、武汉博大汽车贸易有限公司购车保险合同纠纷上诉案》，载吴庆宝主编：《保险诉讼原理与判例》，人民法院出版社2005年版，第576~584页。

法律。华泰保险公司根据神龙公司的投保单,在明确了具体的投保人、被保险人以及保险标的等后,分别向神龙公司出具的每一份保险单中均明确载明了双方当事人的权利义务,故每一份保险单上所载内容为保险合同的具体内容。保险单中明确载明华泰保险公司"按照保险单所载条款、附加条款以及所列项目承担保险责任",且在备注栏内标明"保单按照保险人与被保险人之间分期付款保险协议执行,保单对应于被保险人和购车人之间分期付款购车合同",故保险单所载明的条款、附加条款、所列项目以及保险协议、分期付款购车合同等均是保险合同的内容。

本案《保险条款》是否存在于保险单背面是认定华泰保险公司和神龙公司双方当事人具体权利义务的一个重要前提。但本案中神龙公司称其所持上述23份保险单正本原件已全部丢失,无法予以出示。现华泰保险公司以保险单抬头明确载明其根据保险单所载条款等承担保险责任;保监会北京办事处出具的《关于华泰保险公司分期付款购车保险合同有关问题意见的函》中明确载明华泰保险公司使用的分期付款购车合同保险条款已于1998年在原保险监管部门中国人民银行北京市分行备案,且根据保险行业惯例,保险条款附在保险单正本背面,作为保险合同的重要组成部分,以约束保险合同双方当事人;武汉市中级人民法院已先行审理的京贵云雀案中003号保险单原件背面附有保险条款;以及2000年3月华泰保险公司和神龙公司签订的《会谈纪要》表明神龙公司要根据《保险条款》等向华泰保险公司提供有关材料等证据,主张保险单正本背面附有保险条款,神龙公司对此不予认可,应由其负举证责任。鉴于神龙公司至今仍未举出有关证据证明其所持23份保险单正本背面没有保险条款,应由其承担举证不能的责任。故原审法院关于神龙公司对保险单记载内容,包括保险条款已经全部接受,保险条款是本案保险合同一部分的认定,本院予以维持。

根据保险单所载明的内容,保险协议与保险单载明的其他条款共同构成了保险合同的内容。保险协议与保险条款所规定的内容是一种互为补充、相辅相成的关系,且即使出现冲突,因保险单形成在后,是对保险协议的具体化、确定化,也应以保险单所载条款为准。故上诉人神龙公司关于保险条款与保险协议约定的除外责任矛盾,应以保险协议为准的上诉理由,本院不予支持。

【权威解析】

(二)保险条款、《保险协议》、保险单之间法律关系问题,亦即本案保险合同的内容问题

本案当事人为保险一事,先行签订了《保险协议》,但该协议仅约定双方同意由神龙公司或者其购车人向华泰保险公司购买分期付款购车保险,投保人或者是购车人或者是神龙公司,神龙公司与购车人签订的购车合同约定的购车人应向神龙公司履行的分期付款义务,为该协议的保险标的,并在每一份保险单中分别确定保险标的等条款,该协议并无明确的保险合同主体和客体,以及具体的权利义务等,并不构

成完整意义上的保险合同,故原审法院关于《保险协议》是当事人之间以将来确定的保险标的为条件,就未来一定时间内分期交付的拟投保财产预先订立的一个意向性、总括性的协议的认定,符合事实和法律,本院予以维持。亦即《保险协议》不能单独构成华泰保险公司和神龙公司的保险合同,而仅仅是保险合同的一部分,或者说是保险合同正式签订前的一个意向性的准合同,而最终约束双方当事人权利义务的应是在明确投保人、投保标的后,华泰保险公司向投保人分别出具的每一份保险单上所载明的内容,或者说保险单是保险协议的具体化、明确化,在保险单和保险协议没有冲突的时候,二者是相辅相成,互为补充的关系,当二者在具体的条款上有冲突时,则应以后出具的保险单所载明的内容为确定双方权利义务的依据。也就是说,保险单应是保险合同最终的正式书面凭证,是实质意义上的保险合同。《保险法》(1995)第十二条规定:"投保人提出保险要求,经保险人同意承保,并就合同的条款达成协议,保险合同成立。保险人应当及时向投保人签发保险单或者其他保险凭证。经投保人和保险人协商同意,也可以采取前款规定以外的其他书面协议形式订立保险合同。"本案严格说,当事人双方是在经过协商后,最终以保险单的形式明确约定的保险人和投保人之间的权利义务,故保险单所载内容为保险合同的内容,具体应包括保险单所载条款、附加条款以及所列项目,其中保险协议、分期付款购车合同以及保险条款均包括其中。①

【案例来源】

吴庆宝主编:《权威点评最高法院民商法指导案例》,中国法制出版社 2010 年版,第 300 ~ 316 页。

(二)保险利益

325 将非法产品投保不属于法律上承认的利益,因不具有保险利益,保险人有权拒赔

【关键词】

| 保险利益 | 非法产品 |

【案件名称】

广东琪田农药化工有限公司与中国人民财产保险股份有限公司深圳市分公司、

① 参见刘敏:《保险合同内容认定与保险责任承担——神龙汽车有限公司与华泰财产保险股份有限公司、神龙汽车有限公司北京销售服务分公司保险合同纠纷上诉案》,载吴庆宝主编:《权威点评最高法院民商法指导案例》,中国法制出版社 2010 年版,第 317 ~ 318 页。

马育明保险合同纠纷案［最高人民法院（2008）民抗字第12号民事判决书］

【裁判精要】

裁判摘要：我国实行严格的农药登记制度和生产许可制度，任何单位和个人不得生产、经营、进口或者使用未取得农药登记证或者农药临时登记证的农药。目的是为了保护广大人民群众的生命和财产安全，保障粮食和蔬菜等基本生活资料符合健康标准。虽然在新农药的开发试验阶段，允许试用尚未取得农药登记证或者农药临时登记证的新农药，但也只限于在特定的试验场所使用，为科学研究提供依据。不能在此阶段大量生产以备市场销售，否则即为违法行为，生产的农药亦属于非法产品。如果将该非法生产的农药投保，则不具有保险利益，在发生保险事故时保险公司有权拒绝赔偿。

最高人民法院认为：

根据《保险法》(2002)第十二条规定，"投保人对保险标的应当具有保险利益……保险利益是指投保人对保险标的具有法律上承认的利益"。琪田农药公司生产440包(每包25千克)果保Ⅱ号可湿性粉剂的行为，违反了相关法律规定，因而不具有法律上承认的利益，对该项保险标的也就不具有保险利益。广东省高级人民法院(2005)粤高法民一终字第49号民事判决认定受损的果保Ⅱ号可湿性粉剂是已经完成了实质生产过程的农药产品，琪田农药公司对受损的果保Ⅱ号可湿性粉剂不具有保险利益，判令驳回琪田农药公司诉讼请求是正确的，应予维持。

【权威解析】

(二)琪田公司对于其生产的"果保Ⅱ号"是否具有保险利益

虽然琪田公司没有明确告知深圳保险公司"果保Ⅱ号"系投保的财产，但根据保险单记载，琪田公司是将厂房、机器设备、装修、实用电器、原辅材料、在产品及产成品都列为保险财产，所以，"果保Ⅱ号"也应当在琪田公司投保财产范围之内，因飓风、台风、龙卷风造成的损害也在保险单财产险条款规定的赔偿责任范围之内。根据《保险法》(2002)第十二条的规定，投保人对保险标的应当具有保险利益。保险利益是指投保人对保险标的具有的法律上承认的利益，所以，深圳保险公司是否应承担赔偿责任，还要看琪田公司对于其生产的"果保Ⅱ号"是否具有保险利益，就是要看琪田公司生产"果保Ⅱ号"是否符合法律规定。

农药是一种有毒的特殊商品，国家进行严格的生产和销售管理。虽然一种新农药只需要相关部门对田间药效试验的申请批准后即可配制，此时没有农药临时登记证和农药登记证也并非违法，但在这个阶段配制的新农药只能限于固定场所的定量供应以进行药效试验，不能批量生产以备市场销售。如果田间试验申请被批准了，配制相应数量的农药进行试验，是合法的；如果田间试验申请被批准后，在试验所需的必要的数量之外再大量生产,准备销售,则没有法律依据。不能因为田间试验的申请被批准,企业又具有生产农药的资格就认定田间试验之外的生产和销售行为也是合法的。本案中,根据琪田公司在原二审和最高人民法院再审庭审中的陈述,受损的"果保Ⅱ号"系用于出口和销售。也没有证据证明河北、辽宁和广东的农科院植保所进行田间试验需要本案争议的"果保Ⅱ号"。所以,争议的11吨"果保Ⅱ号"并非是为了进行药效试验而配制的,而是为了出口和销售生产的。《农药管理条例》第三十条第二款规定:"任何单位和个人不得生产、经营、进口或者使用未取得农药登记证或者农药临时登记证的农药。"而琪田公司只获得了对"果保Ⅱ号"进行田间药效试验的批准,没有取得农药登记证或者农药临时登记证。

因此,琪田公司生产11吨"果保Ⅱ号"的行为并非为了田间药效试验,是非法的。琪田公司对于其投保的11吨"果保Ⅱ号"不具有法律上承认的利益,没有保险利益。深圳保险公司无须承担赔偿责任。至于琪田公司伪造《农药临时登记证》向深圳保险公司索赔的责任问题,如果琪田公司对保险标的具有保险利益,其在索赔时使用欺诈手段,根据保险合同财产险条款第六项总则部分中"(五)权益丧失"条款的约定,深圳保险公司确实有权主张琪田公司丧失保险利益。但本案已经认定琪田公司对于保险标的没有保险利益,所以,也就谈不上丧失保险利益。①

【案例来源】

景汉朝主编:《最高人民法院审判监督指导案例解析》,人民法院出版社2015年版,第321~331页。

(三)免责条款

326 案涉车辆是否属于保险人免责条款中所规定的机动车，应从符合一个普通车辆购买人及使用人的认知标准，作出有利于被保险人的解释

【关键词】

|免责条款|机动车|有利解释|

【案件名称】

曹连成、胡桂兰、曹新建、曹显忠诉民生人寿保险股份有限公司江苏分公司

① 参见王云飞:《投保人对保险标的应当具有保险利益,即法律上承认的利益,否则保险公司有权拒绝赔偿——广东琪田农药化工有限公司与中国人民财产保险股份有限公司深圳市分公司、马育明保险合同纠纷抗诉案》,载景汉朝主编:《最高人民法院审判监督指导案例解析》,人民法院出版社2015年版,第333~334页。

保险合同纠纷案［南京市鼓楼区人民法院民事判决书，2012. 7. 24］

【裁判精要】

裁判摘要:在保险人责任免除条款及保险条款释义中,没有对机动车的认定标准作出规定的情况下,基于轻便摩托车生产厂家产品说明书、产品检验合格证(均显示该车为助力车)的误导,以及被保险人客观上无法取得机动车号牌的事实,作出案涉车辆不属于保险人免责条款中所规定的机动车之解释,符合一个普通车辆购买人及使用人的认知标准,应作出有利于被保险人的解释,案涉车辆应认定为不属于保险人免责条款中所规定的机动车。此时,被保险人在不领取驾驶证的情况下驾驶上述车辆,亦不属于免责条款规定的无证驾驶情形。

南京市鼓楼区人民法院一审认为:

投保人曹正银与被告民生保险之间所签订的保险合同合法有效,被保险人曹正银在保险责任期间内意外死亡,已构成保险事故。

关于案涉被保险人驾驶的车辆是否能解释为保险人免责条款中所规定的机动车的问题。法院认为,根据《保险法》的有关规定,采用保险人提供的格式条款订立的保险合同,保险人与投保人、被保险人或者受益人对合同条款有争议的,应当按照通常理解予以解释。对合同条款有两种以上解释的,人民法院或者仲裁机构应当作出有利于被保险人和受益人的解释。本案中,保险人免责条款,以及保险条款的释义中,均未对机动车的认定标准作出规定。事故发生当日交管部门出具的道路交通事故现场图显示,曹正银驾驶的为48cc助力车。而之后交管部门出具的物证检验意见书、车辆技术检验报告及交通事故认定书,又将该车定性为轻便摩托车。可见,即使是交管部门在处理本案交通事故过程中,对案涉车辆属性的认知也存在差异。审理中,原、被告双方对被保险人发生交通事故时所驾驶的案涉车辆是否属于免责条款中所指的机动车存在不同解释。虽然,被告根据上述交通事故认定书、物证检验意见书,以及交通事故车辆技术检验报告,认为案涉车辆属于机动车的解释,符合相关国家标准对机动车的规定。但是,原告对案涉车辆不符合免责条款中规定机动车的解释,符合一个没有专业知识的普通人的认知标准,理由如下:首先,一个普通的投保人、被保险人或受益人对机动车的概念,只能是根据其日常生活经验法则来作出解释。消费者对其所购买产品的认识,通常是基于产品的说明书及合格证书形成的。由于案涉事故车辆的产品说明书及产品检验合格证均显示,该车为“先锋”牌助力车,生产厂商这种对产品性质的误导行为,使得被保险人曹正银作为一个普通的购买者无法知晓其所购买的车辆就是机动车,不可能产生该车系保险人责任免除条款中所指的机动车的认识,亦无从根据机动车的管理需要去办理相关的驾驶证和机动车辆行驶证。案涉车辆虽然未领取相关的机动车证照,但该车并未经改装,事故发生后的检验结果表明其制动合格。因此,被保险人主观上没有违反保险人免责条款中相关规定的故意与过失。其次,被保险人客观上无法对案涉车辆进行登记并取得机动车号牌。《道路交通安全法》第八条规定:国家对机动车实行登记制度。机动车经公安机关交通管理部门登记后,方可上道路行驶。但是,因为该型号车辆的数据未进入车管部门颁发证照所依据的全国机动车辆产品公告查询服务系统,根据对机动车辆管理的规定,该车无法进行登记并取得机动车号牌及证照。因此,原告在保险人免责条款,以及保险条款的释义中,没有对机动车的认定标准作出规定的情况下,基于存在生产厂家误导的产品说明书、产品检验合格证,以及被保险人客观上无法取得机动车号牌的事实,作出案涉车辆不属于保险人免责条款中所规定的机动车之解释,符合一个普通车辆购买人及使用人的认知标准,应作出有利于被保险人的解释,案涉车辆应认定为不属于本案保险人免责条款中所规定的机动车。此时,被保险人在不领取驾驶证的情况下驾驶案涉车辆,亦不属于免责条款规定的无证驾驶情形。综上所述,对被告主张被保险人曹正银无驾驶证驾驶无有效行驶证的轻便摩托车导致身故的,属于保险人免责事由而不承担赔偿责任的抗辩意见,法院不予以采纳。

根据《保险法》的有关规定,没有指定受益人的,被保险人死亡后,保险金作为被保险人的遗产,由保险人向被保险人的继承人履行给付保险金的义务。四原告系被保险人曹正银的法定第一顺序继承人,有权向被告主张赔偿保险金。保险合同约定,意外身故保险金按三倍基本保险金额给付,保险金额为 11000 元。故四原告要求被告赔偿保险金 33000 元的诉讼请求,法院予以支持。

【案例来源】

《中华人民共和国最高人民法院公报》2014 年第 10 期。

编者说明

《保险法解释(二)》第九条规定虽对免除保险人责任条款进行列举,但并非封闭性的,除了该条规定列举的以上条款外,仍可能存在其他免除保险人责任的条款,故对格式条款中的其他条款是否必须经保险人明确说明才能产生效力,需要结合保险条款的相关内容判断其是否实质上减轻或免除保险人责任。

(四)投保人告知义务

327 投保人应如实回答保险人就保险标的或被保险人有关情况的询问，如实告知影响保险人决定是否承保以及设定承保条件、费率的重要事项

【关键词】

|投保人|如实告知义务|重要事项|

【案件名称】

何丽红诉中国人寿保险股份有限公司佛山市顺德支公司、中国人寿保险股份有限公司佛山分公司保险合同纠纷案［佛山市中级人民法院二审民事判决书，2006.1.10］

【裁判精要】

裁判摘要:基于保险合同的特殊性,合同双方当事人应当最大限度的诚实守信。投保人依法履行如实告知义务,即是最大限度诚实守信的一项重要内容。投保人在订立保险合同前,应当如实回答保险人就保险标的或者被保险人的有关情况作出的询问,如实告知影响保险人对是否承保以及如何设定承保条件、承保费率作出正确决定的重要事项。对于投保人故意隐瞒事实,不履行如实告知义务的,或者因过失未履行如实告知义务,足以影响保险人决定是否同意承保或者提高保险费率的,保险人有权解除保险合同,并对于保险合同解除前发生的保险事故不承担赔偿或者给付保险金的责任。

佛山市中级人民法院二审认为:

一、关于在投保涉案"祥和定期保险"时,黄国基是否履行了如实告知义务的问题

保险合同为射幸合同,保险人是否承保及其如何确定保险费,取决于保险人对承保危险的正确估计和判断,而投保人对相关事项的如实告知,是保险人正确确定保险危险并采取控制措施的重要基础。根据诚实信用原则,投保人对保险人在投保单或风险询问表上列出的询问事项,均应根据自己知道或应当知道的情况进行如实告知。本案中,黄国基在投保涉案"祥和定期保险"时,被上诉人佛山分公司就投保记录向黄国基作出了询问,但黄国基隐瞒了自己在其他保险公司多次重复投保的实际情况,作出了与事实明显不符的答复,显然违反了如实告知的法定义务。一审法院结合黄国基重复投保时间密集及其曾兼职保险代理业务的具体情况,认定黄国基为故意不履行告知义务,并无不当,应予维持。

【案例来源】

《中华人民共和国最高人民法院公报》2008 年第 8 期。

328 保险人明知投保人未履行如实告知义务仍与之订立保险合同，应视为放弃抗辩权利，无权再以此为由解除保险合同

【关键词】

| 如实告知义务 | 放弃抗辩 | 合同解除 |

【案件名称】

何丽红诉中国人寿保险股份有限公司佛山市顺德支公司、中国人寿保险股份有限公司佛山分公司保险合同纠纷案［佛山市中级人民法院二审民事判决书，2006.1.10］

【裁判精要】

裁判摘要：如果保险人在明知投保人未履行如实告知义务的情况下，不是进一步要求投保人如实告知，而是仍与之订立保险合同，则应视为其主动放弃了抗辩权利，构成有法律约束力的弃权行为，故无权再以投保人违反如实告知义务为由解除保险合同，而应严格依照保险合同的约定承担保险责任。

佛山市中级人民法院二审认为：

二、关于黄国基在投保涉案“祥和定期保险”时没有履行如实告知义务，被上诉人佛山分公司是否有权据此解除该保险合同并拒绝承担保险责任的问题

投保人未履行如实告知义务，保险人能否据此解除保险合同并拒绝承担保险责任，应当以投保人未如实告知的事项是否足以影响保险人对是否承保、如何确定承保条件和保险费率作出正确决定为判断标准。而作出上述判断，不能依据投保人、被保险人、受益人或保险人的主观认识，必须根据投保人未如实告知事项的具体内容和性质，综合各种情况进行客观、全面考量。根据保险行业的实际情况，投保人是否已经参加或者正在申请其他人身保险的情况，是保险人正确认定承保风险，决定是否承保和如何确定承保条件、保险费率的重要依据。投保人不如实告知上述事项，将直接影响保险人的正确评估和决策，足以影响保险合同的订立。根据本案事实，被上诉人佛山分公司通过投保单和《高保额财务问卷》，对投保人黄国基是否已经参加或者正在申请其他人身保险进行了询问，但黄国基未予如实回答，违反了如实告知义务。佛山分公司作为保险人，有权依据《保险法》（2002）第十七条第二款关于“投保人故意隐瞒事实，不履行如实告知义务的，或者因过失未履行如实告知义务，足以影响保险人决定是否同意承保或者提高保险费率的，保险人有权解除保险

合同"的规定。解除其与黄国基签订的涉案"祥和定期保险合同",并对保险合同解除前发生的保险事故不承担赔偿或给付保险金的责任,同时不退还保险费。上诉人何丽红作为受益人,请求佛山分公司依照该保险合同承担保险责任于法无据,对其相应诉讼请求依法不予支持。

【案例来源】

《中华人民共和国最高人民法院公报》2008年第8期。

编者说明

依据禁反言原则,《保险法》第十六条第六款规定,保险人在合同订立时已经知道投保人未如实告知的情况的,保险人不得解除合同。此外,《保险法解释(二)》第七条还规定,保险人在保险合同成立后知道或者应当知道投保人未履行如实告知义务,仍然收取保险费,不得解除保险合同。

(五)保险人说明义务

329 对《保险法》规定的保险人说明义务的理解

【关键词】

|保险人|说明义务|

【案件名称】

杨树岭诉中国平安财产保险股份有限公司天津市宝坻支公司保险合同纠纷案
[天津市第一中级人民法院二审民事判决书,2006.10.25]

【裁判精要】

裁判摘要:根据《保险法》(2002)第十八条的规定,保险合同中规定有关于保险人责任免除条款的,保险人在订立合同时应当向投保人明确说明,未明确说明的该条款无效。所谓"明确说明",是指保险人在与投保人签订保险合同之前或者签订保险合同之时,对于保险合同所约定的免责条款,除了在保险单上提示投保人注意外,还应当对有关免责条款的概念、内容及其法律后果等以书面或者口头形式向投保人或其代理人作出解释,以使投保人明了该条款的真实含义和法律后果。

天津市第一中级人民法院认为:

被上诉人杨树岭就其所有的机动车辆向上诉人平安保险宝坻支公司投保机动

车辆第三者责任险，并交纳了相关保险费，双方之间的保险合同关系成立，涉案机动车辆第三者责任险保险合同合法有效，合同双方均应自觉履行。涉案机动车辆第三者责任险保险合同中关于"保险车辆造成被保险人或其允许的驾驶员及他们的家庭成员人身伤亡，不论在法律上是否应当由被保险人承担赔偿责任，保险人均不负责赔偿"的规定，以及该合同中关于"家庭成员包括被保险人的直系血亲和在一起共同生活的其他亲属"的解释，均属格式化免责条款，提供该格式合同的保险人依法应当就上述免责条款向被保险人作出明确说明。根据最高人民法院作出的《关于对保险法第十七条规定的"明确说明"应如何理解的问题的答复》，所谓"明确说明"，是指保险人与投保人签订保险合同之前或者签订保险合同之时，对于保险合同所约定的免责条款，除了在保险单上提示投保人注意外，还应当对有关免责条款的概念、内容及其法律后果等以书面或者口头形式向投保人或其代理人作出解释，以使投保人明了该条款的真实含义和法律后果。该答复虽然是针对修正前的《保险法》(1995)第十七条规定作出的，但修正前《保险法》(1995)第十七条的规定与现行《保险法》(2002)第十八条的规定一致；该答复虽然是就个案作出的，但人民法院在审理同类案件时可以参照执行。保险合同系专业性较强的合同，涉及专业术语较多，保险人有义务向投保人予以明确说明。平安保险宝坻支公司虽然在涉案机动车辆第三者责任险保险合同文本中以黑体字提示了免责条款，但仅是尽到了提醒投保人注意的义务，根据本案事实、证据，不能认定平安保险宝坻支公司已经履行了就免责条款的概念、内容及其法律后果等以书面或者口头形式向投保人或其代理人作出解释，以使投保人明了该条款的真实含义和法律后果的明确说明义务。因此，不论涉案机动车辆第三者责任险保险合同中的格式化免责条款关于"保险车辆造成被保险人或其允许的驾驶员及他们的家庭成员人身伤亡，不论在法律上是否应当由被保险人承担赔偿责任，保险人均不负责赔偿"的规定，以及关于"家庭成员包括被保险人的直系血亲和在一起共同生活的其他亲属"的解释是否具有法律依据、是否有效，该格式化免责条款都因上诉人未能尽到明确说明的义务而归于无效，该免责条款对被上诉人不产生约束力。上诉人的上诉理由不足，不予支持。

【案例来源】

《中华人民共和国最高人民法院公报》2007年第11期。

编者说明

《保险法》第十七条第二款规定的"明确说明"是在第十六条第一款规定的基础上进一步规定了保险人的义务。这里的"明确说明"包括两方面的内容：一是"说明"的要求，即必须"明确"；二是"说明"的后果，即没有"明确说明"，则有关责任免除条款不发生法律效力。

最高人民法院对于"明确说明"标准的判断，有一个发展的过程。《最高人民法院研究室关于对〈保险法〉第十七条规定的"明确说明"应如何理解的问题的答复》(2000年1月24日，法研〔2000〕5号)对于保险人说明义务履行的判断标准，采用的是实质标准。其规定,"明确说明"是指保险人在与投保人签订保险合同之前或者签订保险合同之时,对于保险合同中所约定的免责条款除了在保单上提示投保人注意外,还应当对有关保险条款的概念、内容及其法律后果等,以书面或口头形式向投保人或其代理人作出解释,以使投保人明了该条款的真实含义和法律后果。

审判实践中,不少地方法院结合审判实践进行探索,基本上也都是采用实质判断标准,只是在如何判断已经达到投保人理解的程度上还存在不同的认识。《保险法解释(二)》最终也采纳了实质判断标准,其中第十一条第二款规定:"保险人对保险合同中有关免除保险人责任条款的概念、内容及其法律后果以书面或者口头形式向投保人作出常人能够理解的解释说明的,人民法院应当认定保险人履行了保险法第十七条第二款的明确说明义务。"第十三条还规定:"保险人对其履行了明确说明义务负举证责任。投保人对保险人履行了符合本解释第十一条第二款要求的明确说明义务在相关文书上签字、盖章或者以其他形式予以确认的,应当认定保险人履行了该项义务。但另有证据证明保险人未履行明确说明义务的除外。"

(六)投保人任意解除权

330 为他人利益的保险合同中,投保人任意解除权的行使应当受到限制

【关键词】

|保险合同|为他人利益|任意解除权|

【案件名称】

王连顺诉中国人寿保险公司永顺县支公司保险合同纠纷案[湖南省湘西土家族苗族自治州中级人民法院二审民事判决书,2000.10.16]

【裁判精要】

湖南省永顺县人民法院一审认为:

任何单位为自己的职工谋取合法利益,都是法律允许并支持的正当行为。由于保险是原中国人民保险公司永顺县支公司的业务,此次保险是该公司为自己的职工投保,这种特殊情况决定了该保险合同上投保人和保险人的签署是同一人,但这与自己和自己签订的无效合同情况不同,仍然属于两个平等民事主体之间签订合同。根据保费出资的实际情况,应认定这个保险合同的投保人是原中国人民保险公司永顺县支公司工会,保险人是该公司。维护职工合法权益,关心职工的生活,全心全意为职工服务,是工会的职能。工会在职工同意的情况下为职工投保人身险,是其履行职责的体现。依照《保险法》第五十二条第二款的规定,原中国人民保险公司永顺

县支公司工会对保险标的具有保险利益。依照《保险法》(1995)第十二条的规定,本案的人身保险合同是当事人真实意思的表示,依法成立有效。

原告王连顺之妻陈晓兰在原中国人民保险公司永顺县支公司工作期间,既是原中国人民保险公司永顺县支公司的职工,也是原中国人民保险公司永顺县支公司工会的会员,有权利享受职工和会员的待遇。原中国人民保险公司永顺县支公司从该公司工会出资为其女职工投保,是该公司工会给会员的福利待遇。因保险合同的成立,陈晓兰以被保险人和受益人的身份成为合同当事人。依照《保险法》(1995)第二十一条第二、三款的规定,陈晓兰享有保险金请求权。

通常的合同,由于是签约双方的一致意思表示,所以只要签约双方协商一致,就可以变更或者解除。但是在保险合同中,由于有被保险人加入,合同与被保险人利害相关,因此只有在通知并征求被保险人的意见后,才能决定合同的订立、变更或解除。原告王连顺之妻陈晓兰从被告永顺人保调离后,永顺人保借该人身保险合同为同一人签署的便利,在没有征求陈晓兰意见的情况下,就以业务批单的形式解除合同。此举违背了《保险法》(1995)第十五条的规定,不能发生解除的效力。

人员流动是社会发展正常现象。以可流动人员的身体作为保险标的的人身保险合同,投保人在投保时对保险标的具有的保险利益,可能由于人员流动而在投保后发生变化。对人身保险合同,只能根据投保人在投保时是否具有保险利益来确定合同效力,不能随保险合同成立后的人事变化情况来确定合同效力,这样才能保持合同的稳定性。被告永顺人保以陈晓兰调离后,永顺人保已没有可保利益为由,主张本案合同无效,理由不能成立。

一审判决发生法律效力后,湖南省湘西土家族苗族自治州人民检察院提起抗诉。理由是:本案保费是由原中国人民保险公司永顺县支公司支出,一审判决认定由该公司工会经费中支出,证据不足,是认定事实的错误;陈晓兰不是保险合同的当事人,其调离永顺人保后,永顺人保已失去保险利益,一审判决仍认定合同有效,是适用法律不当。湖南省湘西土家族苗族自治州中级人民法院指令湖南省永顺县人民法院再审。

湖南省永顺县人民法院再审认为,抗诉机关认为保费是由原中国人民保险公司永顺县支公司支出,没有举出任何证据;认为陈晓兰调离后,保险合同因投保人失去保险利益而无效,理由不能成立。原判认定事实清楚,证据确实,适用法律正确,判处恰当,审判程序合法,应当维持。

宣判后,永顺人保仍不服,向湖南省湘西土家族苗族自治州中级人民法院提起上诉。理由是:(1)在本案合同中,上诉人既作为投保人又作为保险人,经协商一致变更保险合同的部分内容,作出终止对陈晓兰保险责任的业务批单,是合法的民事行为;(2)即使以批单形式终止对陈晓兰的保险责任是无效的,由于陈晓兰已调离,上诉人已不具有可保利益,保险合同中涉及陈晓兰的部分也应当认定无效。

湖南省湘西土家族苗族自治州中级人民法院二审认为：

认定本案的保险合同不能解除，不仅仅因为它是以无效的批单形式解除的，更因为解除时没有通知陈晓兰并征求她的意见。陈晓兰虽然不是该保险合同的签约人，但作为人身保险合同的被保险人和受益人，她有权知道合同的效力情况。在无人通知的情况下，她有理由相信该保险合同仍然存在。当她患了癌症并据此申请理赔时，上诉人永顺人保才出具解除合同的批单，此举违背了民事行为应当遵循的诚实信用原则，当然无效。

只有两个以上的平等民事主体为设立、变更、终止民事权利义务关系而签订的协议，才可称为合同。本案的保险合同能够成立，就在于一方是从事保险业务的保险人原中国人民保险公司永顺县支公司，另一方是代表6名女职工权益的原中国人民保险公司永顺县支公司工会。上诉人永顺人保在还涉及其他5名女职工权益的情况下，既不想否认本案保险合同的效力，又要说服该保险合同是由其一人签订的，不但与事实不符，且与法理不合，自相矛盾。如果确实是自己与自己签订"合同"，变更保险合同的"经协商一致"又从何谈起？永顺人保的上诉理由不能成立。原判正确，应当维持。

【案例来源】

《中华人民共和国最高人民法院公报》2001年第4期。

编者说明

在为他人利益保险合同中，合同当事人是投保人与保险人，被保险人是保险合同的保障对象，受益人是根据保险合同享有保险金请求权的主体，但二者均不是保险合同当事人，而只是关系人。投保人为被保险人购买保险产品，指定特定第三人为受益人，是基于三方之间的特殊关系，这种特殊关系可能是人身关系，也可能是财产关系。基于这样的特殊关系，被保险人、受益人对投保人所订立的保险合同一般来说会产生一定的信赖，在投保人已经订立保险合同的情况下，被保险人、受益人可能不会再订立其他保险合同对其利益进行保障。在此情况下，如果任由投保人解除保险合同，被保险人、受益人将不能获得保险合同的保障。从这个角度来看，有必要对投保人的解除权进行一定的限制，以更好地保护被保险人、受益人的合理期待。

从投保人、被保险人以及受益人利益平衡的角度考虑，可以要求投保人解除保险合同前必须告知被保险人和受益人，由其选择是否继续维持保险合同的效力；如果要继续维持保险合同的效力，应向投保人支付其解除保险合同可以获得的保险单价值，并且替代投保人作为保险合同的当事人，承担继续交纳保险费的义务。①

---

① 参见最高人民法院保险法司法解释起草小组编著：《〈中华人民共和国保险法〉保险合同章条文理解与适用》，中国法制出版社2010年版，第77～78页。

二、人身保险合同纠纷

331 旅行社未履行为游客代办旅游意外保险的义务，游客意外死亡的，旅行社以相当于旅游意外保险的最高保险金额为限进行赔偿

【关键词】

| 旅游意外保险 | 旅行社 | 赔偿责任 |

【案件名称】

王林祥、陈卫东诉雄都旅行社旅游合同纠纷案［江苏省高级人民法院二审民事判决书，2000.3.2］

【裁判要旨】

江苏省高级人民法院认为：

旅游意外保险是旅行社为保护旅游者利益，代替旅游者办理的事项。旅游意外保险的被保险人是旅游者，受益人是旅游者指定的人，旅行社不能成为旅游意外保险合同关系中的当事人，只是代办人。上诉人雄都社把旅游意外保险解释为旅行社旅游意外责任保险，不是旅游者旅游意外保险；又以旅行社对旅游者的人身没有保险利益为由，否认旅行社有代办旅游意外责任保险的法定义务，是对法律的错误理解。

旅游意外保险是强制保险，是国家规定旅行社必须为旅游者代办的事项。上诉人雄都社没有及时为被上诉人王林祥和其子王呈办理旅游意外保险，显然不符合旅游合同的约定。雄都社上诉称王林祥交纳的费用中不包括王呈的保险费，双方没有约定过给王呈保险，既没有证据证明，也与其给王呈补办旅游意外保险的行为相矛盾。

对不满16周岁的未成年人是否可以投保一般人身险，法律没有强制性规定。但是，当不满16周岁的未成年人成为旅行社组织的团队之中的旅游者时，法律规定旅行社必须为他们代办旅游意外保险。上诉人雄都社在事故发生后为王呈等9人办理了旅游意外保险的事实也证明，所谓16周岁以下的未成年人不能成为被保险人的说法，是不成立的。暂行规定第六条第二款规定："国内旅游、出境旅游，旅游意外保险期限从旅游者在约定的时间登上由旅行社安排的交通工具开始，直至该次旅行结束离开旅行社安排的交通工具为止。"普陀山海滨浴场是开放的浴场，并非极不安全的场所。被上诉人王林祥与其子王呈到该海滨浴场游泳，是在上诉人雄都社的

旅游团队安排住宿后的自由活动时间。王林祥与其子王呈去游泳虽不是雄都社安排的旅游项目,但他们从事这项活动仍然在整个旅游行程期间内,他们这时的身份仍然是雄都社旅游团队中的旅游者,旅游意外保险的期限对他们是有效的。在此期间发生王呈意外死亡的事故,正是旅游意外保险的理赔事由。雄都社上诉称保险公司对王呈的意外死亡事故不会理赔,没有事实根据和法律依据,不予采纳。

综上所述,上诉人雄都社应当按照行政法规的规定和合同的约定,在旅游出发前履行为王呈代办旅游意外保险的义务。雄都社未履行此项义务,应当承担违约责任。雄都社虽然在事故发生的次日补办了旅游意外保险,但该补办的手续依法不能生效,使被上诉人王林祥、陈卫东不能作为受益人获得保险赔偿,雄都社对此应当承担赔偿责任。按照行政规章的规定和雄都社事后补办的旅游意外保险中的约定,旅游意外保险的最高保险金额为 30 万元,这是王林祥、陈卫东的可得利益,也是雄都社应当承担的赔偿责任限额。一审认定雄都社违约,判决其赔偿王林祥、陈卫东的可得利益损失,适用法律正确,判处恰当,应当维持。

【案例来源】

《中华人民共和国最高人民法院公报》2002 年第 3 期。

332 保险合同格式条款限定被保险人治疗方式被认定无效的,被保险人有权根据自身病情选择最佳治疗方式

【关键词】

| 保险合同 | 格式条款 | 治疗方式 |

【案件名称】

王玉国诉中国人寿保险公司淮安市楚州支公司保险合同纠纷案[江苏省淮安市中级人民法院二审民事判决书,2012. 11. 13]

【裁判精要】

裁判摘要:保险公司以保险合同格式条款限定被保险人患病时的治疗方式,既不符合医疗规律,也违背保险合同签订的目的。被保险人有权根据自身病情选择最佳的治疗方式,而不必受保险合同关于治疗方式的限制。保险公司不能以被保险人没有选择保险合同指定的治疗方式而免除自己的保险责任。

江苏省淮安市淮安区人民法院一审认为:

原、被告签订的康宁终身保险合同,系双方真实意思表示,且不违反法律、行政法规强制性规定,应认定为合法有效,对双方当事人具有法律约束力,双方当事人应

当严格按照合同的约定行使权利并履行义务。本案中,原、被告对双方之间存在的保险合同关系及原告所患的主动脉疾病均无异议,只是对原告没有采取开胸而是行主动脉夹层覆膜支架隔绝术治疗疾病是否属保险责任范围产生争议。原、被告双方订立的保险合同已明确约定重大疾病的保险范围有"主动脉手术",该合同第23条第10款项目是对医疗术语"主动脉手术"的解释和描述,以进一步明确保险责任范围,"主动脉手术"指为治疗主动脉疾病的手术,主动脉指胸主动脉和腹主动脉,不包括胸主动脉和腹主动脉的分支血管。由此可见,胸主动脉和腹主动脉疾病应属原、被告签订的康宁终身保险合同约定重大疾病的保险责任范围。本案中,根据江苏省人民医院司法鉴定所法医学鉴定意见书及答复函意见,原告王玉国所患主动脉夹层(Stanford B型)疾病属于主动脉疾病,符合康宁终身保险合同约定重大疾病的保险责任范围。该合同第23条第10款项目关于"实际实施了开胸或开腹进行的切除、置换、修补病损主动脉血管"显然不属于对疾病症状的解释和描述,而是对于疾病治疗方式的限制,排除了被保险人享有的对疾病治疗方式的选择权。按通常理解,重大疾病并不会与某种具体的治疗方式相联系。对于被保险人来说,其在患有重大疾病时,往往会结合自身身体状况,选择具有创伤小、死亡率低、并发症发生率低的治疗方式而使自己所患疾病得到有效治疗,而不会想到为确保重大疾病保险金的给付而采取保险人限定的治疗方式。保险人以限定治疗方式来限制原告获得理赔的权利,免除自己的保险责任,根据《保险法》第十九条的规定,该条款应认定无效。而且,随着医学技术的进步,外科手术向微创化发展,许多原先需要开胸或开腹的手术,已被腔镜或介入手术所取代,而重大疾病的保险期间往往很长甚至终身,因此保险人以被保险人投保时的治疗方式来限定被保险人患重大疾病时的治疗方式不符合医学发展规律。保险公司不能因为被保险人没有选择合同指定的治疗方式而拒绝理赔。

江苏省淮安市中级人民法院二审认为:

2009年7月30日,上诉人人寿保险楚州支公司与被上诉人王玉国签订的保险合同系其真实意思表示,且未违反法律、行政法规的禁止性规定,合法有效。双方均应按照保险合同约定履行相应的义务。关于争议焦点:1. 因双方签订的康宁终身保险合同(2007修订版)保险条款第二十三条是上诉人人寿保险楚州支公司以限定治疗方式来限制被上诉人王玉国获得理赔的权利,免除自己的保险责任,根据《保险法》第十九条的规定,该条款无效,且人寿保险楚州支公司对王玉国所患疾病属于主动脉疾病并无异议。人寿保险楚州支公司称王玉国所患疾病不属于保险合同赔付保险金情形的上诉理由不能成立,不予采信。2. 人寿保险楚州支公司认为江苏省人民医院作为治疗机构就不能作为司法鉴定机构,没有法律依据,且双方当事人也都认同鉴定机构是双方当事人共同选择确定。

【案例来源】

《中华人民共和国最高人民法院公报》2015 年第 12 期。

333 保险公司按照商业性保险收取保费，却按国家基本医疗保险标准理赔，有违诚信

【关键词】

|保险公司|商业性保险|基本医疗保险|

【案件名称】

段天国诉中国人民财产保险股份有限公司南京市分公司保险合同纠纷案［南京市江宁区人民法院一审民事判决书，2010. 5. 19］

【裁判精要】

裁判摘要：根据《保险法》(2002)第十七条第一款、第十八条的规定，订立保险合同，保险人应当向投保人说明保险合同的条款内容。保险合同中规定有关于保险人责任免除条款的，保险人在订立保险合同时应当向投保人明确说明，未明确说明的，该条款不产生效力。据此，保险人有义务在订立保险合同时向投保人就责任免除条款作出明确说明，前述义务是法定义务，也是特别告知义务。如果保险合同当事人对保险人是否履行该项告知义务发生争议，保险人应当提供其对有关免责条款内容作出明确解释的相关证据，否则该免责条款不产生效力。

江苏省南京市江宁区人民法院一审认为：

关于涉案保险合同的争议条款能否理解为“医保外用药不予理赔”的问题。涉案保险合同第二十五条第二款约定，“保险人按照国家基本医疗保险的标准核定医疗费用的赔偿金额”。对于该条规定，原告段天国与被告人保南京分公司有不同的理解。人保南京分公司认为，该条规定的含义是“医保外用药”不予理赔，段天国认为，该条款中的“国家基本医疗保险的标准”并无明确具体的含义，人保南京分公司将其定义为“医疗用药的范围”无法律依据。对此法院认为，《合同法》第四十一条规定：“对格式条款的理解发生争议的，应当按照通常理解予以解释。对格式条款有两种以上解释的，应当作出不利于提供格式条款一方的解释。格式条款和非格式条款不一致的，应当采用非格式条款。”因此，在涉案保险合同争议条款的含义不明确的情况下，应当作出不利于人保南京分公司的解释。

即使涉案保险合同的争议条款可以被理解为“医保外用药不予理赔”，该条款的效力也应当结合保险合同的相关法律规定全面加以分析。从保险合同的性质来看，

保险合同是最大的诚信合同,保险合同的免责条款决定着投保人的投保风险和投保根本利益,对于投保人是否投保具有决定性的影响。《保险法》(2002)第十七条第一款、第十八条的规定:“保险人应当向投保人说明保险合同的条款内容。保险合同中规定有关于保险人责任免除条款的,保险人在订立保险合同时应当向投保人明确说明,未明确说明的,该条款不产生效力。”据此,保险人在订立保险合同时必须向投保人就责任免除条款作明确说明,前述义务是法定义务,也是特别告知义务,这种义务不仅是指经过专业培训而具有从事保险资格的保险人在保险单上提示投保人特别注意,更重要的是要对有关免责条款内容作出明确解释,如合同当事人对保险人就保险合同的免责条款是否明确说明发生争议,保险人应当负有证明责任,即保险人还必须提供其对有关免责条款内容作出明确解释的相关证据,否则该免责条款不产生效力。本案中,人保南京分公司为证明已经尽到告知义务而提供的证据是涉案保险投保单的投保人声明以及段天国的签名,但该段声明的内容并没有对争议条款的具体内容作出明确的解释,不能证明人保南京分公司已经向段天国陈述了该条款包含“医保外用药不予理赔”即部分免除保险人责任的含义。因此,即使该条款可以被理解为“医保外用药不予理赔”,也不能发生相应的法律效力。

此外,国家基本医疗保险是为补偿劳动者因疾病风险造成的经济损失而建立的一项具有福利性的社会保险制度。旨在通过用人单位和个人缴费建立医疗保险基金,参保人员患病就诊发生医疗费用后,由医疗保险经办机构给予一定的经济补偿,以避免或减轻劳动者因患病、治疗等所带来的经济风险。为了控制医疗保险药品费用的支出,国家基本医疗保险限定了药品的使用范围。而涉案保险合同是一份商业性的保险合同,保险人收取的保费金额远远高于国家基本医疗保险,投保人对于加入保险的利益期待也远远高于国家基本医疗保险。因此,如果按照被告人保南京分公司“医保外用药”不予理赔的主张对争议条款进行解释,就明显降低了人保南京分公司的风险,减少了人保南京分公司的义务,限制了原告段天国的权利。人保南京分公司按照商业性保险收取保费,却按照国家基本医疗保险的标准理赔,有违诚信。

【案例来源】

《中华人民共和国最高人民法院公报》2011 年第 3 期。

334 意外伤害保险属于人身保险,不适用财产保险中的损失补偿原则

【关键词】

|人身保险|意外伤害保险|损失补偿原则|

【案件名称】

李思佳诉西陵保险公司人身保险合同纠纷案[宜昌市中级人民法院二审民事

判决书，2004.11.16］

【裁判精要】

裁判摘要：(1)根据《保险法》(2002)第九十二条第二款规定，意外伤害保险属于人身保险，不适用财产保险中的“损失补偿原则”。

(2)保险合同中有保险人责任免除条款的，在订立保险合同时，保险人应当向投保人明确说明；未明确说明的，该条款不产生效力，保险公司应当按照合同约定理赔。

宜昌市中级人民法院认为：

一、关于意外伤害医疗保险是否属于财产性质的保险

人身保险，是指以人的生命或身体为保险标的，当被保险人在保险期限内发生死亡、伤残、疾病、年老等事故或生存至保险期满时，由保险人给付保险金的保险。财产保险，是指以财产及其有关利益为保险标的，当被保险人的财产及其有关利益因发生保险责任范围内的灾害事故而遭受经济损失时由保险人给予补偿的保险。意外伤害医疗保险，是指当被保险人由于遭受意外伤害需要治疗时，保险人给予医疗保险金的保险。

意外伤害医疗保险具有一些特点，例如意外伤害造成医疗费用的支出，是一种经济损失，这种损失的数额可以确定，等等。但是，意外伤害医疗保险毕竟是基于人身发生意外伤害而形成的保险，不能因涉及经济损失而将其归属于财产性质的保险。《保险法》(2002)第九十二条第二款规定：“人身保险业务，包括人寿保险、健康保险、意外伤害保险等保险业务。”该条款非常明确地把意外伤害保险划分在人身保险中，因此，意外伤害医疗保险应属于人身保险范畴。上诉人将意外伤害医疗保险归属于财产保险，或者认为“应当视为财产保险”的观点，并无法律上的依据。人民法院审理案件，严格遵守“以事实为依据，以法律为准绳”的原则，与法律相悖的理论、学说，不能作为断案的依据。

二、关于本案是否适用损失补偿原则

“损失补偿原则”是适用于财产保险的一项重要原则，即当保险事故发生并使被保险人遭受损失时，保险人必须在其承担的保险金给付义务范围内履行合同义务，对被保险人所受实际损失进行填补；保险人履行给付义务旨在弥补被保险人因承保危险发生所失去的利益，被保险人不能因保险给付义务的履行而获得额外利益。《保险法》(2002)第四十四条规定，因第三者对保险标的的损害而造成保险事故的，保险人自向被保险人赔偿保险金之日起，在赔偿金额范围内代位行使被保险人对第三者请求赔偿的权利。法律赋予保险人行使代位追偿权也是财产保险中“损失补偿原则”的体现，其目的就是防止被保险人通过购买保险而获取不当利益。同时，《保险法》(2002)第四十条限制了财产保险的重复投保，规定在财产保险中重复保险的

保险金额总和超过保险价值的,各保险公司的赔偿金额的总和不得超过保险价值。除当事人另有约定外,各保险公司按其保险金额与保险金额总和的比例承担赔偿责任。但是在人身保险中,《保险法》(2002)第六十七条规定:人身保险的被保险人因第三者的行为而发生死亡、伤残或者疾病等保险事故的,保险人向被保险人或者受益人给付保险金后,不得享有向第三者追偿的权利。明确限制保险人行使代位追偿权,被保险人或者受益人仍有权向第三者请求赔偿。而且,保险法对人身保险并无重复投保的限制。因此,"损失补偿原则"不适用于人身保险,当然也不适用于本案中属于人身保险的意外伤害医疗保险。

三、关于保险人能否以第三人已经向被保险人、受益人赔偿为由拒绝理赔

前已述及,保险法对于人身保险并不限制重复投保,也不适用"损失补偿原则"。作为人身保险的一种,意外伤害医疗保险的被保险人或受益人依保险合同取得赔偿是一种合同法律关系,是约定之债。意外伤害医疗保险的被保险人因侵害人的过错获取赔偿是一种侵权法律关系,是法定之债。根据债之相对性原理,法定之债和约定之债之间、数个约定之债之间均是不同的法律关系。同时,保险合同是最大诚信合同,保险人往往还是格式合同的提供方。因此,保险人若是认为被保险人获得理赔后仍可能从第三人处获得赔偿,从而"获得额外的不当利益,违反公平原则,引发道德风险",则应当在保险免责事项中,明确规定在何种情形下、何种范围内免除自己的责任,并对自己尽到此说明义务负有举证责任。《中国保险监督管理委员会关于商业医疗保险是否适用补偿原则的复函》(保监函〔2001〕156号)第二条规定:"根据《保险法》(2002)第十七条'保险合同中规定有关于保险人责任免除条款的,保险人在订立保险合同时应当向投保人明确说明,未明确说明的,该条款不产生效力',对于条款中没有明确说明不赔的保险责任,保险公司应当赔偿。"在保险人尽到了明确说明关于保险人责任免除条款义务的情形下,民事主体作为自己利益的最佳判断者,可以在综合考虑缴纳保险金的数额、可得赔偿数额、风险及收益之后,决定自己是否投保,是否重复投保。保险人以不重复赔偿为由拒绝理赔,又不能证明自己已经明确向被保险人声明此免责事项的,人民法院不予支持。

四、关于上诉人能否以医疗费票据复印件不是有效票据为由拒绝理赔

上诉人西陵人保公司在一审提出,要求被保险人提供医疗费原始凭证,是为了确认被保险人的损失是否已经获得赔偿,从而对重复理赔行为加以控制。根据《保险法》(2002)第二十三条第一款的规定,保险事故发生后,依照保险合同请求保险人赔偿或给付保险金时,投保人、被保险人或者受害人应当向保险人提供其所能提供的与确认保险事故性质、原因、损失程度等有关的证明和资料。因此,在处理人身保险赔偿事宜时,只要被保险人提供的有关证明和资料能够确认保险事故及相关费用已经发生,保险公司就应按照保险合同履行给付保险金的义务,而不应以被保险人是否出具相关费用单据原件为必备条件。对于保险责任范围内的索赔,保险公司只有在相关法律和保险合同有明确规定的情况下,才能予以拒赔。本案保险人对于被

保险人发生保险事故的事实并不否认，而以医疗费票据复印件不是有效票据为由不予理赔，没有法律依据，且如前所述，本案中意外伤害医疗保险属于人身保险，法律并不禁止在该种保险中重复投保，重复理赔，被告不能举证证明自己对投保人明确说明第三人已经赔偿或理赔是免责事由，而以要求被保险人提供医疗费用单据原件的方法对重复理赔加以控制，没有法律依据，不予支持。

【案例来源】

《中华人民共和国最高人民法院公报》2006年第7期。

335 饮酒过量导致身体损害不是基于外来的、突发的和非本意的因素，不属意外伤害，被保险人据此主张保险金的不予支持

【关键词】

｜意外伤害｜饮酒过量｜保险金｜

【案件名称】

赵青、朱玉芳与中美联泰大都会人寿保险有限公司人身保险合同纠纷案［南京市鼓楼区人民法院（2016）苏0106民初7397号一审民事判决书，2016.9.26］

【裁判精要】

裁判摘要：意外伤害是指由于外来的、突发的、非本意的、非疾病原因导致身体受到伤害的客观事件。饮酒过量有害身体健康属生活常识，被保险人作为完全行为能力人，对此完全可以控制、避免，故饮酒过量导致身体损害不是基于外来的、突发的和非本意的因素，不属于意外伤害，被保险人据此申请保险公司支付保险金的，人民法院不予支持。

南京市鼓楼区人民法院一审认为：

本案的争议焦点为：赵某喝酒死亡是否属于意外身故。

原告赵青、朱玉芳对赵某生前喝酒的事实无异议，根据《南京市急救中心院前医疗急救病历》和《接处警工作登记表》记载，可以证实赵某系醉酒导致死亡，上述记载并未出现其他外在因素的介入。原告提供的《死亡证明》仅记载了死亡原因为“酒后意外死亡”，并未记载导致死亡的其他意外因素，故其认定的意外因素为“酒后”。至于喝酒致死是否属于意外身故，则须根据案涉保险合同的约定加以认定。根据保险合同约定，意外伤害是指遭受外来的、突发的、非本意的、非疾病的使身体受到伤害的客观事件。喝酒过量有害身体健康属生活常识，赵某作为完全民事行为能力人，完全可以控制是否需要喝酒及喝酒量的多少，故喝酒行为本身不符合意外

伤害定义的外来的、突发的和非本意的因素,不属于意外伤害。在赵某喝酒死亡过程中,并无证据表明存在外部因素的介入,故其喝酒导致死亡不属于意外身故,原告主张被告联泰保险公司承担意外身故保险金责任于法无据,本院不予支持。

【案例来源】

《中华人民共和国最高人民法院公报》2017 年第 9 期。

336 因可归责于学校原因导致学生伤害，家长与学校签订人道援助补偿协议后，仍可依校园方责任险向保险公司索赔

【关键词】

| 学生伤害 | 责任险保险 | 人道援助补偿协议 |

【案件名称】

仇玉亮等诉中国人民财产保险股份有限公司灌云支公司等意外伤害保险合同纠纷案［江苏省连云港市中级人民法院（2015）连商终字第 126 号民事判决书，2015. 7. 1］

【裁判精要】

裁判摘要:学校的教学环境、活动设施必须符合安全性要求,以保障学生生命健康不受损害。若因可归责于学校的原因导致学生生命健康权受损,按照投保的校园方责任险应由学校承担赔偿责任的,应当依据保险合同约定由保险公司代为赔偿。学校以免除己方责任为条件与家长签订人道主义援助补偿协议,应主要认定其所具有的补偿性,而非免除保险公司的赔偿责任,在学校怠于请求保险赔偿时,不应依据该协议剥夺受害人的保险索赔权。

江苏省连云港市中级人民法院二审认为:

仇创在学校统一组织的体育活动过程中摔倒经抢救无效死亡,该事实客观存在。仇玉亮、卞光林与灌云高级中学均非确定自然人如何死亡的医疗专业技术机构或司法专业医学鉴定机构。涉案仇创的病历中没有反映仇创是何种疾病死亡。人保灌云支公司以仇玉亮、卞光林与灌云高级中学达成的协议确定“仇创是自身原因意外死亡”没有专业的医学根据。本院对人保灌云支公司上诉称“仇创是自身原因意外死亡”的理由,本院不予采纳。

省教育厅作为投保人与人保江苏分公司订立的涉案《校园方责任保险条款》第三条约定在中华人民共和国境内(港澳台地区除外),在被保险人的在校活动中或由被保险人统一组织或安排的活动过程中,因被保险人疏忽或过失发生导致学生的人身伤亡保险条款中约定情况,依法应由被保险人承担的经济赔偿责任,保险人按照

保险合同约定负责赔偿。本案中,本院经审查,按规定学校统一组织体育活动安排在上午两节课后,但被保险人灌云高级中学教师贺大连在当天当时天未亮时集合全班未吃早餐的学生至学校操场,由其开轿车亮车灯让学生跑步,致学生朱津慧被绊倒,仇创摔倒经抢救无效死亡。被保险人灌云高级中学在教学时间之外,可在适当时间、学生做好准备活动之后组织学生进行课外体育活动。但根据上述情况,灌云高级中学的教师在不适宜的室外活动时间及在学生未做好准备活动时,让学生做跑步运动,贺大连对此未尽到注意义务。贺大连在校的相关教学活动应为职务行为,造成的相应后果应由灌云高级中学承担,灌云高级中学对仇创的死亡承担相应的责任。

关于仇玉亮与灌云高级中学达成人道主义援助协议后,仇玉亮是否有权依据《校园方责任保险条款》向人保江苏分公司主张有关保险赔偿问题。本院认为:灌云高级中学给付仇玉亮 15 万元款项在涉案协议中明确为人道主义援助款,并非赔偿性质的款项,双方达成的协议中未涉及赔偿责任问题和有关保险索赔权问题,即仇玉亮没有明确表示放弃保险赔偿的权利。依据《保险法》第二条规定,仇玉亮、卞光林有权向人保江苏分公司主张权利。

【案例来源】

《中华人民共和国最高人民法院公报》2017 年第 7 期。

337 意外伤害保险的被保险人或受益人从第三者处获得侵权赔偿后,仍可向保险人主张保险理赔

【关键词】

| 意外伤害保险 | 第三者赔偿 | 保险理赔 |

【案件名称】

冯跃顺诉光大永明人寿保险有限公司保险合同纠纷案［天津市和平区人民法院（2005）和民三初字第 1592 号民事判决书，2006. 6］

【裁判精要】

裁判摘要:根据《保险法》(2002)第九十二条第一款第(二)项的规定,意外伤害保险属于人身保险,不适用财产保险中的“损失补偿原则”。被保险人或者受益人从实施致害行为的第三者处获得侵权赔偿后,仍然可以向保险人主张保险理赔,保险人不得以被保险人或者受益人已经获得侵权赔偿为由拒绝履行保险理赔责任。

天津市和平区人民法院认为：

原告冯跃顺与被告光大永明之间签订的个人意外伤害保险合同合法有效，应受国家法律保护。冯跃顺因涉案交通事故受伤后，在已经获得交通事故肇事司机赔偿损失的情况下，仍然可以再向光大永明主张保险理赔，光大永明应当给予保险理赔。

首先，被告光大永明承保、原告冯跃顺投保的"永宁康顺综合个人意外伤害保险（精英计划）"属于人身保险，不属于财产保险的性质。

人身保险，是指以人的生命或身体为保险标的，当被保险人在保险期限内发生死亡、伤残、疾病、年老等事故或生存至保险期满时，由保险人给付保险金的保险。财产保险，是指以财产及其有关利益为保险标的，当被保险人的财产及其有关利益因发生保险责任范围内的灾害事故而遭受经济损失时由保险人给予补偿的保险。意外伤害保险，是指当被保险人由于遭受意外伤害时，保险人给予保险金的保险。意外伤害保险具有一些类似于财产保险的特点，例如意外伤害造成医疗费用的支出是一种经济损失，这种损失的数额可以确定，等等。但是，意外伤害保险从根本上讲是基于人身发生意外伤害而形成的保险，不能仅因涉及财产损失而将其归属于财产性质的保险。《保险法》（2002）第九十二条第一款第（二）项规定："人身保险业务，包括人寿保险、健康保险、意外伤害保险等保险业务。"该条款非常明确地把意外伤害保险划分在人身保险中。因此，意外伤害保险应属于人身保险范畴。被告光大永明将涉案个人意外伤害保险归属于财产保险，并无法律上的依据。

其次，作为人身保险的个人意外伤害保险不适用损失补偿原则。原告冯跃顺因涉案交通事故受伤后，在已经获得交通事故肇事司机赔偿损失的情况下，可以再向被告光大永明主张保险理赔，光大永明应依照保险合同给予保险理赔。

"损失补偿原则"是适用于财产保险的一项重要原则，即当保险事故发生并使被保险人遭受损失时，保险人必须在其承担的保险金给付义务范围内履行合同义务，对被保险人所受实际损失进行填补。保险人履行给付义务旨在弥补被保险人因承保危险发生所失去的利益，被保险人不能因保险给付义务的履行而获得额外利益。《保险法》（2002）第四十五条第一款规定："因第三者对保险标的的损害而造成保险事故的，保险人自向被保险人赔偿保险金之日起，在赔偿金额范围内代位行使被保险人对第三者请求赔偿的权利。"法律赋予保险人行使代位追偿权也是财产保险中"损失补偿原则"的体现，其目的就是防止被保险人通过购买保险而获取不当利益。同时，《保险法》（2002）第四十条限制了财产保险的重复投保，规定在财产保险中重复保险的保险金额总和超过保险价值的，各保险公司的赔偿金额的总和不得超过保险价值。除当事人另有约定外，各保险公司按其保险金额与保险金额总和的比例承担赔偿责任。但是对于人身保险，《保险法》（2002）第六十八条规定："人身保险的被保险人因第三者的行为而发生死亡、伤残或者疾病等保险事故的，保险人向被保险人或者受益人给付保险金后，不得享有向第三者追偿的权利。但被保险人或者受益人仍有权向第三者请求赔偿。"明确限制保险人行使代位追偿权，同时赋予被保险人或者受益人另外向实施致害行为的第三者主张侵权赔偿的权利。而且,《保险法》对人身保险并无重复投保的限制。因此,“损失补偿原则”不适用于人身保险,当然也不适用于本案中属于人身保险的个人意外伤害保险。

意外伤害保险的被保险人或受益人依保险合同取得赔偿系基于保险合同关系,这与意外伤害保险的被保险人作为受害人,因侵害人的过错获取赔偿属于不同的法律关系。因此,保险人不能以实施致害行为的第三人已经向被保险人、受益人给予赔偿为由拒绝保险理赔。交通事故损害赔偿义务人黄宝岐对原告冯跃顺所支付的赔偿,是基于侵权行为的发生而产生的侵权责任赔偿,被告光大永明不得因此拒绝向冯跃顺履行保险赔偿的合同义务。本案是基于冯跃顺与光大永明签订的个人意外伤害保险合同所发生的纠纷,涉案交通事故属于该险种保险条款所规定的保险事故,光大永明对此也不存异议,故光大永明应承担相应的保险责任,给付冯跃顺保险金。

【案例来源】

《中华人民共和国最高人民法院公报》2007 年第 11 期。

三、财产保险合同纠纷

338 保险金额是保险事故发生后保险人支付保险赔偿金的最高限额，而非保险人支付赔偿金计算标准

【关键词】

|保险金额|保险赔偿金|

【案件名称】

陈永梁与中国人民保险公司阿荣旗支公司财产保险合同纠纷案［最高人民法院（2011）民提字第238号民事判决书，2011. 11. 24］

【裁判精要】

裁判摘要:《保险法》(1995)第三十九条不仅明确了保险金额与保险价值的不同概念和作用,也对保险金额与保险价值之间的关系作出了原则性的规定,同时也对保险标的的实际损失如何确定作了规定。保险合同对保险价值有约定的,为定值保险,否则为不定值保险。二者的区别在于保险合同约定的保险理赔确定赔偿金额时,定值保险只需要确定损失比例,而不定值保险不仅需要确定损失比例,且还须确定事故发生时保险标的的价值,以实际价值作为保险赔偿的依据。

保险公司需要客户的配合(如及时报案、及时出具涉险财物价值证明等)才能及时完成理赔,由于被保险人的拖延或拒不履行相关义务导致保险公司未能按照法定期间完成理赔的,保险公司不承担相应责任。

最高人民法院认为:

一、关于本案保险合同性质为定值保险或者不定值保险问题

《保险法》于1995年10月1日实施,2002年10月第一次修改,本案所涉保险合同签订于2002年3月12日和8月19日,故本案应当适用1995年保险法。该法第三十九条规定,保险标的的保险价值,可以由投保人和保险人约定并在合同中载明,也可以按照保险事故发生时保险标的的实际价值确定。保险金额不得超过保险价值;超过保险价值的,超过部分无效。保险金额低于保险价值的,除合同另有约定外,保险人按照保险金额与保险价值的比例承担赔偿责任。该规定不仅提及保险价值和保险金额的不同概念和作用,也对保险金额与保险价值之间的关系作了原则性规定,同时也对保险标的实际损失如何确定作了规定。根据2009年3月2日保监会

保监发〔2009〕29 号《关于发布〈2009 版保险术语〉行业标准的通知》,对全国保险业标准化技术委员会(保标会)制定的《2009 版保险术语》行业标准(标准编号为 JR/T00322009),该《保险术语》6. 3. 2 财产保险确定保额一栏列明,保险价值为经保险合同当事人约定并记载于保险合同中的保险标的的价值,或保险事故发生后保险标的实际价值。而保险金额按照《保险法》(1995)第二十三条第四款规定,是指保险人承担赔偿或者给付保险金责任的最高限额。对于财产保险,保险价值是保险人赔偿计算标准。保险人赔偿责任以保险标的实际损失为限,保险赔偿基本原则为损失补偿原则,要确定保险标的实际损失必先确定保险标的实际价值亦即保险价值,保险标的价值是确定实际损失的条件,从而决定着保险赔偿金数额。而保险金额是保险事故发生后保险人支付保险赔偿金的最高限额,而非保险人支付赔偿金计算标准。二者概念有本质区别,但二者之间又相互联系。当保险标的实际损失超过保险金额时,保险人赔偿责任只能以保险金额为限;但当保险标的实际损失低于保险金额的,除当事人有特别约定外,保险人应按照保险金额与保险价值的比例承担赔偿保险金责任。保险金额必须在订立保险合同时按照一定方法确定,而保险价值可以不在订立保险合同时约定,而在事故发生后确定。保险价值和保险金额有不同确定方法。根据中国人民保险公司《财产保险基本险条款》规定,固定资产的保险价值是出险时重置价值。即以同一或类似的材料和质量重新换置受损财产的价值或费用。固定资产的保险金额由被保险人按照账面原值或原值加成数确定,也可按照当时重置价值或其他方式确定。流动资产的保险价值是出险时账面余额。流动资产(存货)的保险金额由被保险人按最近 12 个月任意月份的账面余额确定或由被保险人自行确定。以估价方式确定保险金额投保的,发生保险事故后,保险价值应当按照发生保险事故时保险标的实际价值确定。因此,按照当事人对保险价值是否事先在保险合同作出约定,将保险合同分为定值保险和不定值保险。保险合同对保险价值有约定的为定值保险;否则为不定值保险。二者区别在于保险合同约定的保险事故发生后确定赔偿金额时,定值保险只需要确定损失比例,而不定值保险不仅需要确定损失比例,且必须确定事故发生时保险标的实际价值,以实际价值作为保险赔偿金额的计算依据。

从本案所涉两份保险单约定来看,2002 年 3 月 12 日阿荣旗森利达木制品有限公司与保险公司签订对陈永梁承租房产投保固定资产基本险的《个体工商业财产保险单》,仅载明保险金额 18 万元。所附《财产保险投保标的明细表》对房产中分别为 $500m^2$、$300m^2$ 的车间和宿舍分别约定保险金额 14 万元和 4 万元,合计 18 万元。2002 年 8 月 19 日陈永梁又以森利达木制品厂名义对其机器设备作为固定资产投保签订《财产保险基本险保险单》,在“以何种价值投保”栏目写明“估价”,“保险金额”128 万元。并对附加险保险标的、费率、保险费作了约定。所附《财产保险投保标的明细表》中对标的名称火柴杆生产线、旋转烘干线、雪糕棍生产线、冷热风烘干线、筛理生产线、开刀机、磨刀机、电焊机等,分别列明保险金额。保险单中“以何种价值投保”中的“估价”并未对保险价值作出明确约定,因此本案应定性为不定值保险。本案保险合同条款文字按其文义不应引起争议或异议,也不存在两种以上解释从而适用有利于被保险人解释的前提。本案保险合同保险标的保险价值只能按照保险事故发生时保险标的实际价值确定。

二、关于保险人是否迟延理赔问题

自本案火灾发生后,陈永梁曾分别于2002年9月15日、12月18日、2003年4月20日向保险公司提交出险通知、索赔申请。2003年4月22日,保险公司委托广东方中保险公估有限公司对发生在生产车间火灾所造成财产损失价值进行公估,并于2003年7月10日对机器设备和房产分别出具《保险公估报告书》。2003年6月11日保险公司向陈永梁要求补充提供受损机器设备规格型号和技术资料等,2003年6月20日陈永梁回函表示不同意保险公司的要求。根据《保险法》(1995)第二十二条规定,保险事故发生后,依照保险合同请求保险人赔偿或者给付保险金时,投保人、被保险人或者受益人应当向保险人提供其所能提供的与确认保险事故的性质、原因、损失程度等有关的证明和资料。保险人依照保险合同的约定,认为有关的证明和资料不完整的,应当通知投保人、被保险人或者受益人补充提供有关的证明和资料。第二十三条规定,保险人收到被保险人或者受益人的赔偿或者给付保险金的请求后,应当及时作出核定;对属于保险责任的,在与被保险人或者受益人达成有关赔偿或者给付保险金额的协议后十日内,履行赔偿或者给付保险金义务。保险合同对保险金额及赔偿给付期限有约定的,保险人应当依照保险合同的约定,履行赔偿或者给付保险金义务。保险人未及时履行前款规定义务的,除支付保险金外,应当赔偿被保险人或者受益人因此受到的损失。本案中,保险公司收到索赔申请后即委托公估公司进行现场查勘、损失鉴定等,并向陈永梁收集确认事故损失程度必需的各项资料,为客观所需。陈永梁未按保险公司要求提供受损机器设备技术参数、型号等资料导致损失程度无法确定。本案没有得到及时赔偿原因在于本案保险标的损失价值无法确定,不存在适用《保险法》第二十三条规定的条件。陈永梁再审请求判令保险公司按保险合同约定给付赔偿金外,并按银行同期贷款利率支付从提起诉讼次日起至全部赔付时止的利息,缺乏事实和法律依据,本院不予支持。

三、对于呼伦贝尔市中级人民法院2004年1月9日委托呼伦贝尔万华会计师事务所于2004年4月1日作出的呼万评字〔2004〕第16号《资产评估报告书》应否采信问题

首先,呼伦贝尔市中级人民法院在本案保险合同没有约定保险价值的情况下,又不能依据保险公司单方面委托公估机构所作的报告认定本案保险合同标的实际损失,委托呼伦贝尔万华会计师事务所作出资产评估并非仅仅依据职权所作,也有根据陈永梁2003年6月23日向该院提交的申请法院委托资产公估部门对保险标的损失程度作出鉴定的申请书。同时,呼伦贝尔市中级人民法院就委托评估机构对本案火灾事故造成财产损失价值进行评估鉴定一事,于2003年12月3日召集双方当

事人及代理人进行了询问,陈永梁一方表示同意该院委托评估鉴定,不存在违反证据规则情形。内蒙古自治区高级人民法院再审判决认定,呼伦贝尔万华会计师事务所及其鉴定人员具有相应资质,其鉴定结论应作为人民法院认定火灾损失的基础正确。在此基础上,该判决维持国家木工机械质量监督检验中心有关生产线和单机的价值认定,除去不具有鉴定资格的阿荣旗星光电机修理部姜建飞有关扣除电机残值的结论。同时,针对保险公司出现场时未对事故现场作勘验记录,以及法院委托鉴定机构对火灾损失价值做资产评估时距离事故发生时相隔一年多时间等因素,按照陈永梁提供的设备安装草图增加缺少的机械设备,并比照高价格定值,避免单机定价不足,符合实际,处理适当。虽然呼伦贝尔万华会计师事务所呼万评字〔2004〕第16号资产评估报告书也称,评估基准日(2004年1月9日)距离火灾发生日(2002年9月15日)较长,索赔申请中所列主体设备不知去向缺失严重,无法取得火灾现场勘查结果,但上述问题已为内蒙古自治区高级人民法院再审判决所考虑。另外,陈永梁坚称火灾现场一直有人看护,并在其再审申请中要求保险公司赔偿包括出险现场看护人员工资在内的各项费用97659.40元,其中看护现场工人工资28160元,但其对发生火灾后现场设备如何缺失、缺失哪些设备不置可否。因而陈永梁上述再审主张,本院亦不予支持。

四、对于火灾造成的房产损失,保险公司应如何赔偿问题

由于本案火灾房产系陈永梁租赁而来,陈永梁按照租赁合同约定对房产进行保险。房屋所有权人阿荣旗那吉屯农场金库砖瓦厂就房产损失向阿荣旗法院对陈永梁提起诉讼。在该案中,阿荣旗人民法院依照职权委托内蒙古普惠会计师事务所有限责任公司对陈永梁投保的车间房产烧毁的重置价值进行评估,对委估资产在2003年10月22日(评估基准日)所表现的市场价值鉴定。该所2003年10月27日以内普会评字(2003)第23号《曲金库单项资产(房屋)评估报告书》对烧毁房屋的评估基准日的评估价值鉴定为87033元。阿荣旗人民法院依照该评估结论,2003年12月8日以(2003)阿民初字第01388号民事判决,判令被告陈永梁赔偿原告那吉屯农场金库砖瓦厂房产损失87033元,并给付租金、支付租金违约金。该判决已经发生法律效力。该案也是由法院委托保险中介机构对遭受火灾房产损失进行评估,并以评估结论作为判决论据,当事人并没有异议。保险公司相应地亦应当按照阿荣旗人民法院判决数额向陈永梁支付保险房产损失赔偿金。

【案例来源】

中国裁判文书网,http://wenshu.court.gov.cn。

编者说明

《保险法》(1995)第三十九条规定了保险价值的确定方式及保险金额与保险价值的关系,该条的规定在《保险法》(2002)中得以完整保留,条文顺序调整为第四十条。现行《保

险法》第五十五条未就《保险法》(2002)第四十条作出实质性修改,主要从立法技术上进行了完善。

人民法院委托鉴定机构对火灾财产损失进行评估鉴定,依法有据,并根据案情适当加以调整,符合客观。本案处理也得与本案火灾造成的损失的已有判决相协调一致。① 本案中,保险单中"以何种价值投保"中的"估价"并未对保险价值作出明确约定,因此本案应定性为不定值保险。本案保险合同条款文字按其文义不应引起争议或异议,也不存在两种以上解释从而适用有利于被保险人解释的前提。本案保险合同保险标的保险价值只能按照保险事故发生时保险标的实际价值确定。

保险价值能否随意约定,对此问题,存在不同意见。多数意见认为,应当区别保险标的的实际价值是否可以确定,分别作出不同的处理。对于那些容易判断实际价值的保险标的,以其实际价值为保险价值的上限。否则,意味着被保险人可以通过保险事故的发生而获得利益,违反损失补偿这一财产保险的基本原则。对于那些不容易判定实际价值的保险标的,如文物、集装箱内的整箱货物等,则应允许当事人约定保险标的保险价值。但约定的保险价值在保险事故发生时显著高于保险标的物之实际价值的,为贯彻保险的补偿原则,仍不能以约定价值为赔偿标准。②

339 保险标的在投保时是确定的,系指投保人与保险人就保险标的达成一致,而非其实物形态在投保时确定并一成不变

【关键词】

|保险|保险标的确定|

【案件名称】

南通市申海工业技术科技有限公司与天安财产保险股份有限公司财产损失保险合同纠纷案[最高人民法院(2015)民二终字第15号民事判决书,2015.5.12]

【裁判精要】

最高人民法院认为:

二、本案保险标的及其损失如何确定

一审判决认定案涉保险标的坐落于海门市海门港、青龙港的申海公司两个厂区的理由充分,对申海公司关于案涉保险标的坐落地点仅为海门市青龙港厂区的主张,本院不予支持。案涉保险单和投保单就保险标的、保险价值和保险金额的确定方式表述不一致。因保险单签发时间在投保单之后,在二者内容冲突的情况下,应

---

① 参见最高人民法院审判管理办公室编:《最高人民法院优秀裁判文书》(第1辑),法律出版社2013年版,第193页。

② 参见最高人民法院保险法司法解释起草小组编著:《〈中华人民共和国保险法〉保险合同章条文理解与适用》,中国法制出版社2010年版,第361~362页。

以保险单所载内容为准。案涉保险单记载保险标的为四项:流动资产、代保管资产、固定资产和在建工程;保险价值确定方式为:流动资产按出险时账面余额,代保管资产、固定资产、在建工程均按出险时重置价格;保险金额确定方式为:流动资产按账面余额,代保管资产按估价,固定资产、在建工程按账面原值。故2011年2月28日的申海公司资产负债表(年报)仅为确定保险金额的参考依据。从案涉投保单、保险单等分析,除投保单明确未列入流动资产项下的低值易耗品外,坐落于海门市海门港、青龙港的两个厂区的申海公司流动资产、代保管资产、固定资产和在建工程均为案涉保险标的。

在财产保险中,保险标的在投保时是确定的,系指投保人与保险人就保险标的达成一致意思表示,而非保险标的的实物形态在投保时确定并在保险合同生效后一成不变。就本案而言,作为案涉保险标的申海公司流动资产即可能处于不断变化之中,如果在投保之后取得的流动资产不能作为保险标的,则该保险对投保人毫无价值。故一审法院以保险标的在投保时必须确定为由,认定2011年3月份之后进场的固定资产、在建工程、账外财产均不属于本案保险标的不妥,本院予以纠正。

泛华公估江苏分公司根据天安保险公司及申海公司的委托对案涉财产损失进行了评估。对公估报告认定的财产损失数额,双方当事人均未提异议,可作为认定案涉财产损失的依据。但公估报告亦未将包括2011年3月以后入账的固定资产等申海公司财产纳入保险标的范围,应属对案涉保险标的认定不准确。公估报告认定的保险标的总损失23382325.20元和其他财产损失32561940.16元(已扣除低值易耗品损失4527395.75元)均为案涉保险标的损失,即案涉保险标的损失应为55944265.36元。

三、关于天安保险公司是否应当以及如何承担保险责任的问题

申海公司拆除的系消防水泵房而非消防水泵,且消防部门并未认定拆除消防水泵房系火灾成因,故对天安保险公司以申海公司拆除消防水泵构成重大过失为由要求免责的主张,本院不予支持。因消防部门就火灾成因已作出了重新认定,排除了车间内未经防火分隔导致火灾蔓延扩大这一原因,故对天安保险公司以申海公司在车间内增加生产线,并未经防火分隔,使本案保险标的危险程度显著增加为由要求免责的主张,本院不予支持。一审法院认定申海公司擅自拆除消防水泵房导致消火栓系统内水压不足,客观上导致火灾发生后救援工作未能正常进行,造成损失扩大,缺乏证据证明,其并由此酌情认定对于火灾事故造成的损失,由天安保险公司与申海公司按8∶2的比例予以承担不妥,本院予以纠正。虽然案涉保险单上未记载免赔额(率),但投保单中明确记载“每次事故免赔额(率):10%或1000元”,一审法院据此认定案涉保险免赔额(率)并无不妥,本院予以维持。

四、关于天安保险公司是否未依约及时赔付,以及是否应当因此承担相应赔偿责任的问题

鉴于申海公司2011年10月12日提出索赔申请,天安保险公司应当在60日内

履行赔付保险金义务,但是天安保险公司仅在2012年7月先行赔付了100万元,因此天安保险公司应当对因其迟延赔付保险金给申海公司造成的损失承担赔偿责任,计算方式为以迟延赔付的保险金金额为本金、以自2011年12月12日起至实际赔付之日为期间、以中国人民银行同时期贷款基准利率为计息标准。

【案例来源】

中国裁判文书网,http://wenshu.court.gov.cn。

340 投保单上保险财产项目等处虽有涂改痕迹,但在投保单的其他地方进行了重复记载,内容无矛盾的,应作为认定依据

【关键词】

|保险财产|投保单涂改|

【案件名称】

中国平安财产保险股份有限公司莱阳支公司与烟台宏辉食品有限公司财产保险合同纠纷案[最高人民法院(2013)民提字第121号民事判决书,2013.10.28]

【裁判精要】

裁判摘要:本案的主要争议焦点是保险标的物范围是宏辉公司厂区全部建筑物还是特定的三栋房屋,其中《财产保险综合险投保单》是本案重要书证之一,该投保单有涂改痕迹,双方当事人对其证明内容产生争议。本案中,该投保单上保险财产项目、投保金额、事故绝对免赔额等处虽有涂改痕迹,但这些内容在投保单的其他地方进行了重复记载,内容并无矛盾,且明确记载保险标的物范围是宏辉公司厂区内特定的三栋房屋。宏辉公司在诉讼中承认该份投保单系该公司在空白页上加盖公章交给平安莱阳公司形成的,其关于本案保险标的物是宏辉公司厂区全部建筑物的诉讼主张没有相应的证据予以证明,应对在空白投保单上盖章的行为承担相应的民事法律责任。

最高人民法院认为:

(一)关于本案所涉保险合同保险标的物范围问题

本案所涉保单上载明受益人为中国工商银行股份有限公司莱阳支行而非宏辉公司,保险项目为房屋建筑,并附有一份加盖有抵押人宏辉公司及抵押权人中国工商银行股份有限公司莱阳支行公章的《抵押物清单》。该《抵押物清单》上载明了相关房屋建筑的基本情况。可见,本案中宏辉公司为满足中国工商银行股份有限公司莱阳支行的贷款条件,向平安莱阳公司购买贷款抵押物保险的交易关系明显。本案

所涉保险标的物范围应当根据当事人交易背景、综合全案证据加以判定。

《财产保险综合险投保单》是本案重要书证之一,双方当事人对该证据的真实性均无异议,仅对其中涂改部分所证明的内容发生争议。尽管该投保单记载的被保险人证件号码、保险财产项目、投保金额、事故绝对免赔额等部分数字有涂改痕迹,但这些数字内容在投保单的其他地方也进行了明确记载,包括大写的“总保险金额”与小写的“802.37 万元”,二者完全一致。宏辉公司在诉讼中承认该份投保单系该公司在空白页上加盖公章交给平安莱阳公司形成的,该事实表明,宏辉公司并未在该投保单上记载其投保的财产是其厂区内全部建筑物,其应对在空白投保单上盖章的行为承担相应的民事责任。

本案中《财产保险综合险保单明细表》《财产保险综合险投保单》《抵押物清单》上记载的保险标的物房屋估价均为 802.37 万元,数额一致且与《工业房地产抵押价值评估报告》中 806.76 万元的房地产估价接近。《财产保险综合险保单明细表》上明确保险项目标的地址在莱阳市经济开发区海河路北天回路(房产证隆茂街西武当山北),《财产保险综合险投保单》《抵押物清单》、山东省莱阳市人民政府莱字第 00033979 号房权证和莱国用(2006)第 1138 号土地证书、《工业房地产抵押价值评估报告》上载明的标的物均明确指向宏辉公司拥有房产权证的位于莱阳市经济开发区隆茂街西、武当山路北,面积为 4463.47 平方米、砖混和钢筋混凝土结构的办公楼、综合楼、车间(冷库)等三栋房屋建筑。上述证据内容之间相互印证,证明本案所涉保险标的物的范围就是上述特定的三栋房屋,而不包括宏辉公司厂区内其他建筑物和道路。因此,宏辉公司关于本案保险标的物是其厂区内全部建筑物的诉讼主张没有相应的证据予以证明。

本案再审期间,双方均认可将山东佳联保险公估有限公司出具的鲁佳公估字 F(2009)014 号公估结论书作为计算本案保险金的依据。根据前述认定,本案所涉保险合同保险标的物不包括宏辉公司厂区内钢结构等其他建筑物和道路,应当将该公估结论书中有关烧毁钢结构车间西墙体及车间内二层平台损失金额 371774 元、烧毁钢结构车间安装工程损失金额 46851 元、烧毁钢结构车间钢结构工程损失金额 2545096 元、受损道路工程损失金额 24790 元予以扣除。本案所涉保险合同保险标的物即宏辉公司拥有产权证书的三栋房屋的损失金额为:1. 砖混车间西墙、南墙、屋面、物料间、东墙栋受损部分工程损失金额 579671 元;2. 砖混车间东车间前墙夹心板及屋面及窗损失金额 71585 元;3. 砖混车间前台轻钢屋面工程损失金额 69728 元。上述三项保险标的物损失金额合计 720984 元,扣除保险合同约定的 15% 绝对免赔额,平安莱阳公司应向宏辉公司赔付的保险金是 612836.4 元。

【案例来源】

中国裁判文书网,http://wenshu.court.gov.cn。

341 关于火灾施救费用的确定与举证责任承担

【关键词】

| 火灾施救费用 | 举证责任 |

【案件名称】

中国平安财产保险股份有限公司莱阳支公司与烟台宏辉食品有限公司财产保险合同纠纷案［最高人民法院（2013）民提字第121号民事判决书，2013.10.28］

【裁判精要】

最高人民法院认为：

（二）关于施救费用的承担问题

申请人平安莱阳公司对于施救费用中的水费、器材费、工人施救补助费均提出了异议，认为宏辉公司未能区分上述费用是用于实际施救保险标的物还是其他费用。关于水费，宏辉公司在原审中提交了其2009年3月、4月、5月、6月四个月的水费结算单、代收水资源费结算单、污水处理费结算单，表明前三个月的水费基本持平，而2009年6月即在火灾发生后，水费明显大幅度上升。考虑到火灾发生在6月初，火灾后工厂便停产，正常用水费用所占比例很小，“正常用水”与“灭火用水”二者在数量上无法准确计算，故原审法院判决认定的灭火水费并无明显不当。关于器材费与工人施救补助费，宏辉公司已经尽了举证责任，提供了有关器材费发票及工人施救补助费领用单，且费用合理。《保险法》等法律鼓励被保险人尽可能地降低不必要的损失。如果对被保险人的举证责任要求过严，则不利于该立法目的的实现，进而有损于保险法律关系中双方当事人的切身利益。因此，原审法院对于宏辉公司关于施救费用举证责任的要求并无不当。但该部分费用中包括了宏辉公司厂区内所有建筑物及设施的施救费用，显然超过了本案所涉保险标的物范围，超出部分不应由平安莱阳公司承担。本案保险事故发生在多年以前，火灾现场早已清理完毕，现再让宏辉公司举证证明针对本案所涉保险标的物范围的施救费用已无可能。鉴于原审判决支持的施救费用针对的是宏辉公司厂区内所有六栋建筑物及设施，现已查明本案保险标的物仅限其中的三栋房屋，故本院依据公平原则，酌定平安莱阳公司赔付50%的施救费用。同理，本案的案件受理费及鉴定费，亦应由宏辉公司和平安莱阳公司各承担50%。

【案例来源】

中国裁判文书网，http://wenshu.court.gov.cn。

四、责任保险纠纷

342 机损险及其项下利损险保单约定保险责任范围和损失额的确定

【关键词】

｜机损险｜利损险｜保险责任范围｜

【案件名称】

深圳美视电力工业有限公司与华安财产保险股份有限公司保险合同纠纷案［最高人民法院（2001）民二终字第200号民事判决书］

【裁判精要】

最高人民法院认为：

保险公司与投保人订立保险合同，分别为财产险、机损险和利损险三个险种。本案爆炸的原因已确认是因机器设计错误引起，尽管所涉损失的发生不是单一原因所致，而是由于机器设计错误和爆炸等两个原因使然。但我国保险理赔遵循的是国际保险理赔通行的近因原则。据此原则，引发本案一连串事故的前因是机器管破裂和设计逻辑错误，爆炸是前因发展的必然结果，由此，设计错误是本案损失发生的近因，属于保险公司承保的机器损坏险及其项下利损险保险单约定的保险责任范围。

当事人双方签订保险合同，其中机损利损险保险条款规定：承保机器损坏险承保范围内的原因引起的停产、减产、营业中断期间的毛利润、减产、营业中断等间接损失。被保险人依约支付了保险费，后发生事故，保险公司应根据利损险保单对机器损坏导致的利润损失承担赔偿责任。但因被保险企业当产年年度利润比上年度有大幅度增加，上年度账册显示的利润失去了可比性，若按照保险合同约定以上年度毛利润作为机器损坏利润损失赔偿额的计算依据，显然不符合实际经营情况，并有失公允。故保险公司关于应以被保险企业上年度毛利润作为机器损坏利润损失赔偿额计算依据的主张，因有悖公平原则，不予支持。由于被保险企业年度净利润数额更接近该公司的实际盈利额，具有可保利益，以该数额作为利润损失赔偿额的计算依据，不违背公平原则。

【案例来源】

最高人民法院办公厅编：《最高人民法院公布裁判文书（2002年）》，人民法院出版社2003年版，第445～465页。

343 机动车辆第三者责任险中“第三者”“车上人员”的司法判定

【关键词】

|机动车第三者责任险|第三者|车上人员|

【案件名称】

郑克宝诉徐伟良、中国人民财产保险股份有限公司长兴支公司道路交通事故人身损害赔偿纠纷案［湖州市中级人民法院二审民事判决书，2006.9.18］

【裁判精要】

裁判摘要:(1)根据机动车辆保险合同的约定,机动车辆第三者责任险中的“第三者”,是指除投保人、被保险人和保险人以外的,因保险车辆发生意外事故遭受人身伤亡或财产损失的保险车辆下的受害者;车上人员责任险中的“车上人员”,是指发生意外事故时身处保险车辆之上的人员。据此,判断因保险车辆发生意外事故而受害的人属于“第三者”还是属于“车上人员”,必须以该人在事故发生当时这一特定的时间是否身处保险车辆之上为依据,在车上即为“车上人员”,在车下即为“第三者”。

(2)由于机动车辆是一种交通工具,任何人都不可能永久地置身于机动车辆之上,故机动车辆保险合同中所涉及的“第三者”和“车上人员”均为在特定时空条件下的临时性身份,即“第三者”与“车上人员”均不是永久的、固定不变的身份,二者可以因特定时空条件的变化而转化。因保险车辆发生意外事故而受害的人,如果在事故发生前是保险车辆的车上人员,事故发生时已经置身于保险车辆之下,则属于“第三者”。至于何种原因导致该人员在事故发生时置身于保险车辆之下,不影响其“第三者”的身份。

本案二审的争议焦点仍然是涉案交通事故责任属于机动车辆第三者责任险的理赔范围,还是属于车上人员责任险的理赔范围。

湖州市中级人民法院二审认为:

《保险法》(2002)第五十条规定:“保险人对责任保险的被保险人给第三者造成的损害,可以依照法律的规定或者合同的约定,直接向该第三者赔偿保险金。”根据上述规定,第三者责任险是以被保险人对第三者的赔偿责任为标的,以填补被保险人对第三者承担赔偿责任所受损失的保险。“第三者”的范围可根据保险合同的约定或法律规定作出界定。本案中,上诉人财保长兴支公司与被上诉人徐伟良之间订立的机动车辆第三者责任险即属于此类保险。根据本案事实,涉案交通事故责任属于机动车辆第三者责任险的保险理赔范围。

第一,涉案交通事故的受害人,亦即被上诉人郑克宝属于上诉人财保长兴支公司与被上诉人徐伟良之间订立的机动车辆第三者责任险保险条款所规定的"第三者"。根据涉案机动车辆第三者责任险保险条款的规定,"第三者"是指除投保人、被保险人和保险人以外的,因保险车辆发生意外事故遭受人身伤亡或财产损失的保险车辆下的受害者。本案中,郑克宝不是涉案机动车辆第三者责任险的投保人、被保险人和保险人。郑克宝由于涉案保险车辆发生意外事故,被该车辆碾压导致严重伤害,属于因保险车辆发生意外事故遭受人身伤亡或财产损失的保险车辆下的受害者,当然也属于涉案机动车辆第三者责任险保险条款所规定的"第三者"。

第二,被上诉人郑克宝在涉案交通事故发生前确系涉案保险车辆的"车上人员",但此事实并不影响郑克宝在涉案交通事故中的"第三者"身份,上诉人财保长兴支公司关于涉案交通事故责任应当按照车上人员责任险理赔的观点不能成立。被上诉人徐伟良在为涉案保险车辆投保机动车辆第三者责任险的同时,还为该车投保了车上人员责任险。徐伟良与财保长兴支公司订立的车上人员责任险保险条款规定,因发生意外事故造成保险车辆车上人员的人身伤亡,依法应当由被保险人承担经济赔偿责任的,保险人负责按照责任限额予以理赔。据此可以认定,这里的"车上人员"仅指发生意外事故时身处保险车辆之上的人员。如果某人在意外事故发生前是保险车辆的车上人员,意外事故发生时已经置身于保险车辆之下,则不属于保险车辆的车上人员。由此进一步分析,可以得出以下结论:判断因保险车辆发生意外交通事故而受害的人属于"第三者"还是属于"车上人员",必须以该人在交通事故发生当时这一特定的时间是否身处保险车辆之上为依据,在车上即为"车上人员",在车下即为"第三者"。同时,由于机动车辆是一种交通工具,任何人都不可能永久地置身于机动车辆之上,故涉案机动车辆保险合同中所涉及的"第三者"和"车上人员"均为在特定时空条件下的临时性身份,即"第三者"与"车上人员"均不是永久的、固定不变的身份,二者可以因特定时空条件的变化而转化。本案中,涉案交通事故的事实,是郑克宝被涉案保险车辆碾压致伤。该事故发生前,郑克宝的确乘坐于涉案保险车辆之上,属于车上人员。但由于驾驶员遇到紧急情况时操作不当,导致涉案保险车辆失控,将郑克宝甩出车外,随后被涉案保险车辆碾压至重伤。因此,涉案交通事故发生时,郑克宝不是在涉案保险车辆之上,而是在该车辆之下。如果郑克宝在涉案交通事故发生时是涉案保险车辆车上人员,则根本不可能被该车碾压致伤。因此,财保长兴支公司仅以郑克宝在涉案交通事故发生前乘坐于涉案保险车辆之上的事实,即认为郑克宝属于涉案保险车辆车上人员、涉案交通事故责任应当按照车上人员责任险理赔,其观点不仅不符合涉案保险合同的规定,亦有悖于常理。

第三,本案不适用涉案机动车辆第三者责任险免责条款。涉案机动车辆第三者责任险免责条款规定,因保险车辆发生意外事故,导致本车上其他人员的人身伤亡或财产损失,不论在法律上是否应当由被保险人承担赔偿责任,保险人均不负责赔偿。一审法院认为,该免责条款为格式条款,且对于该条款中的"本车上其他人员的人身伤亡或财产损失"可能有两种解释,一种解释是仅指车上人员在本车上发生的人身伤亡或财产损失，至于车上人员离开本车后又被本车事故导致的损害结果则不属免责范围；另一种解释是对于车上人员在本车上及离开本车后因本车事故导致的损害结果保险人均得免责。鉴于双方当事人对此存在争议，故对此格式条款依法应当作出不利于格式条款提供者的解释。据此认定本案不适用该免责条款。上诉人财保长兴支公司认为，被上诉人郑克宝是从涉案保险车辆中被甩出，而不是从该车上离开，一审判决将甩出等同于离开，属于偷换概念，本案应当适用前述免责条款。对此二审法院认为，根据涉案机动车辆第三者责任险免责条款的规定，该条款所称的“本车上其他人员”与车上人员责任险条款所规定的“车上人员”完全相同，即也是在保险车辆发生意外事故时在该车之上的人员，除此之外不应当有其他解释。如前所述，郑克宝在涉案交通事故发生时已经从车上人员转化为第三者。不论郑克宝是被动地从涉案保险车辆上“甩出”还是主动从该车上离开，均不能改变在涉案交通事故发生时郑克宝已经不在涉案保险车辆之上的事实，不影响其第三者身份。另外，即使对于涉案机动车辆第三者责任险免责条款所称的“本车上其他人员”可能作出其他解释，也因该条款系格式条款，在存在争议的情况下，应依法作出不利于该格式条款的提供者即财保长兴支公司的解释。因此，本案不适用涉案机动车辆第三者责任险免责条款。

【案例来源】

《中华人民共和国最高人民法院公报》2008 年第 7 期。

编者说明

一般情况下，机动车意外事故通常发生在机动车在道路上正常行驶期间，此时的受害人多数情况下是与被保险人或者驾驶人素不相识的陌生人，但是在修理车辆或者一些特定的情况下，被保险人或者驾驶人的亲属，原车上人员甚至是驾驶人本人都会成为机动车意外事故的受害人。如驾驶员在坡路上停车问路，因手刹失灵或者未拉手刹，车辆滑行致驾驶人伤亡；随车押运人员在指挥车辆倒车时被本车辆挤压或碰撞伤亡；乘车人员因车门未关好或者因其他原因被甩出车外致损害等意外事故。应该说，这类事故属于小概率事件，但随着机动车保有量的增加，这类事件的数量会相应地增加。类似意外事故发生后，保险人和被保险人往往会因为其中的驾驶人、随车人员、乘车人员是否可以作为第三者发生争议，形成保险合同纠纷案件。中国保险监督管理委员会印发的《机动车辆保险条款解释》（保监发〔2000〕102 号）对第三者的解释为：“在保险合同中，保险人是第一方，也叫第一者；被保险人或使用保险车辆的致害人是第二方，也叫第二者；除保险人与被保险人之外的，因保险车辆的意外事故致使保险车辆下的人员或财产遭受损害的，在车下的受害人是第三方，也叫第三者。”该解释比较抽象，还是无法解决一些具体的问题，且该解释已经于 2005 年被废止。《中华人民共和国最高人民法院公报》刊登过两个涉及此问题的案件，杨树岭诉中国平安财产保险股份有限公司天津市宝坻支公司保险合同纠纷案和郑克宝诉徐伟良、中国人民财产保险股份有限公司长兴支公司道路交通事故人身损害赔偿纠纷案，对解决这类问题提供了一定的指导。

1. 关于家庭成员的约定。家庭成员损失列入免责范围的条款尚不属于《保险法》第十九条规定的“排除投保人、被保险人或者受益人依法享有的权利的”无效格式条款。我国目前使用的《2007 机动车辆商业保险行业基本条款》分为 A、B、C 三款，由各保险公司选用。A、B 两款均把家庭成员损失列入了免责范围，但 C 款未把家庭成员损失列入免责范围，被保险人尚有选择的余地。如果保险人按照《保险法》第十七条的规定对该条款尽到了提示和明确说明义务，则该条款应属有效。但是由于将家庭成员损失列入免责条款缺乏充足的理由，而且实践中对家庭成员的界定认识也不完全一致，所以保险人对家庭成员损失免责条款和对家庭成员的界定的提示和明确说明义务要更严格。

2. 关于被保险人能否成为第三者。同一被保险人的不同车辆相撞发生事故时，受损害一方能否构成相对的第三者。我们认为，因为被保险人不能成为自己的侵权人，也就是构成责任事故基础的侵权法律关系不存在，所以，因被保险的机动车事故导致的被保险人人身或者财产损失，不能作为本车的机动车责任保险受害人向保险人请求赔偿，否则就违反了责任保险的最基本原则。在同一个责任保险事故中，被保险人不能成为第三者。被保险人的人身伤亡或者财物损失风险可以通过人身意外险或者是其他的非责任保险予以化解。

3. 车辆驾驶人是否可以作为商业三者险的第三者。需要说明的是，驾驶人是车上人员责任险当然的第三者，在这里讨论的是车辆驾驶人是否可以成为商业三者险的第三者。我们认为，如果驾驶人同时又是被保险人，那么就不能成为本车的第三者；如果驾驶人不是被保险人，就需要确定相关保险合同约定的效力再作认定，如果将驾驶人排除在第三者之外的保险合同约定有效，则驾驶人即使符合第三者的特征，也不能作为本车商业三者险的第三者；如果相关保险条款无效，则驾驶人在事故发生时又符合第三者的特征的，即可以作为本车商业三者险的第三者。①

344 第三者责任险中，保险公司无权解释“家庭成员”“直系血亲”“亲属”等法律概念

【关键词】

| 第三者责任险 | 家庭成员 | 无权解释 |

【案件名称】

杨树岭诉中国平安财产保险股份有限公司天津市宝坻支公司保险合同纠纷案［天津市第一中级人民法院二审民事判决书，2006. 10. 25］

【裁判精要】

裁判摘要：“家庭成员”“直系血亲”“亲属”等均为法律概念，经营保险业务的保

① 参见最高人民法院保险法司法解释起草小组编著：《〈中华人民共和国保险法〉保险合同章条文理解与适用》，中国法制出版社 2010 年版，第 429 ~432 页。

险公司无权对上述法律概念随意进行解释。“家庭”在法律上等同于户籍,“家庭成员”是指在同一户籍内永久共同生活,每个成员的经济收入都作为家庭共同财产的人。“家庭成员”与“直系血亲”“亲属”并非同一概念,具有直系血亲关系的人不一定互为家庭成员。

天津市第一中级人民法院认为:

被上诉人杨树岭就其所有的机动车辆向上诉人平安保险宝坻支公司投保机动车辆第三者责任险,并缴纳了相关保险费,双方之间的保险合同关系成立,涉案机动车辆第三者责任险保险合同合法有效,合同双方均应自觉履行。涉案机动车辆第三者责任险保险合同中关于“保险车辆造成被保险人或其允许的驾驶员及他们的家庭成员人身伤亡,不论在法律上是否应当由被保险人承担赔偿责任,保险人均不负责赔偿”的规定,以及该合同中关于“家庭成员包括被保险人的直系血亲和在一起共同生活的其他亲属”的解释,均属格式化免责条款,提供该格式合同的保险人依法应当就上述免责条款向被保险人作出明确说明。根据最高人民法院作出的《关于对保险法第十七条规定的“明确说明”应如何理解的问题的答复》,所谓“明确说明”,是指保险人与投保人签订保险合同之前或者签订保险合同之时,对于保险合同所约定的免责条款,除了在保险单上提示投保人注意外,还应当对有关免责条款的概念、内容及其法律后果等以书面或者口头形式向投保人或其代理人作出解释,以使投保人明了该条款的真实含义和法律后果。该答复虽然是针对修正前的《保险法》第十七条规定作出的,但修正前《保险法》(1995)第十七条的规定与现行《保险法》(2002)第十八条的规定一致;该答复虽然是就个案的情形作出的,但人民法院在审理同类案件时可以参照执行。保险合同系专业性较强的合同,涉及专业术语较多,保险人有义务向投保人予以明确说明。平安保险宝坻支公司虽然在涉案机动车辆第三者责任险保险合同文本中以黑体字提示了免责条款,但仅是尽到了提醒投保人注意的义务,根据本案事实、证据,不能认定平安保险宝坻支公司已经履行了就免责条款的概念、内容及其法律后果等以书面或者口头形式向投保人或其代理人作出解释,以使投保人明了该条款的真实含义和法律后果的明确说明义务。因此,不论涉案机动车辆第三者责任险保险合同中的格式化免责条款关于“保险车辆造成被保险人或其允许的驾驶员及他们的家庭成员人身伤亡,不论在法律上是否应当由被保险人承担赔偿责任,保险人均不负责赔偿”的规定,以及关于“家庭成员包括被保险人的直系血亲和在一起共同生活的其他亲属”的解释是否具有法律依据、是否有效,该格式化免责条款都因上诉人未能尽到明确说明的义务而归于无效,该免责条款对被上诉人不产生约束力。上诉人的上诉理由不足,不予支持。

【案例来源】

《中华人民共和国最高人民法院公报》2007 年第 11 期。

345 被保险人以家庭自用名义投保的车辆从事网约车营运未通知保险人，因营运发生交通事故，保险人可以在商业三者险范围内免赔

【关键词】

| 保险车辆 | 网约车 | 商业三者险 |

【案件名称】

程春颍诉张涛、中国人民财产保险股份有限公司南京市分公司机动车交通事故责任纠纷案［江苏省南京市江宁区人民法院一审民事判决书，2016. 12. 14］

【裁判精要】

裁判摘要:在合同有效期内,保险标的的危险程度显著增加的,被保险人应当及时通知保险人,保险人可以增加保险费或者解除合同。被保险人未作通知,因保险标的的危险程度显著增加而发生的保险事故,保险人不承担赔偿责任。以家庭自用名义投保的车辆从事网约车营运活动,显著增加了车辆的危险程度,被保险人应当及时通知保险公司。被保险人未作通知,因从事网约车营运发生的交通事故,保险公司可以在商业三者险范围内免赔。

江苏省南京市江宁区人民法院一审认为:

关于被告人保南京分公司是否应当在商业三者险内赔偿的问题。《保险法》第五十二条规定:"在合同有效期内,保险标的的危险程度显著增加的,被保险人应当按照合同约定及时通知保险人,保险人可以按照合同约定增加保险费或者解除合同……被保险人未履行前款规定的通知义务的,因保险标的的危险程度显著增加而发生的保险事故,保险人不承担赔偿保险金的责任。"保险合同是双务合同,保险费与保险赔偿金为对价关系,保险人依据投保人告知的情况,评估危险程度而决定是否承保以及收取多少保险费。保险合同订立后,如果危险程度显著增加,保险事故发生的概率超过了保险人在订立保险合同时对事故发生的合理预估,如果仍然按照之前保险合同的约定要求保险人承担保险责任,对保险人显失公平。

在当前车辆保险领域中,保险公司根据被保险车辆的用途,将其分为家庭自用和营运车辆两种,并设置了不同的保险费率,营运车辆的保费接近家庭自用的两倍。这是因为,相较于家庭自用车辆,营运车辆的运行里程多,使用频率高,发生交通事故的概率也自然更大,这既是社会常识也是保险公司对风险的预估:车辆的危险程度与保险费是对价关系,家庭自用车辆的风险小,支付的保费低;营运车辆风险大,支付的保费高。以家庭自用名义投保的车辆,从事营运活动,车辆的风险显著增加,投保人应当及时通知保险公司,保险公司可以增加保费或者解除合同并返还剩余保费,投保人未通知保险公司而要求保险公司赔偿营运造成的事故损失,显失公平。

营运活动与家庭自用的区别在于:第一,营运以收取费用为目的,家庭自用一般不收取费用。第二,营运的服务对象是不特定的人,与车主没有特定的关系;家庭自用的服务对象一般为家人、朋友等与车主具有特定关系的人。而本案中,被告张涛通过打车软件接下网约车订单,其有收取费用的意图,且所载乘客与其没有特定关系,符合营运的特征。

被告张涛的营运行为使被保险车辆危险程度显著增加,张涛应当及时通知被告人保南京分公司,人保南京分公司可以增加保险费或者解除合同返还剩余保险费。张涛未履行通知义务,且其营运行为导致了本次交通事故的发生,人保南京分公司在商业三者险内不负赔偿责任。

【案例来源】

《中华人民共和国最高人民法院公报》2017 年第 4 期。

五、保险代位求偿权

346 保险代位求偿权的案件管辖应依代位的请求权性质确定

【关键词】

| 保险代位求偿权 | 管辖 | 请求权性质 |

【案件名称】

华泰财产保险有限公司北京分公司诉李志贵、天安财产保险股份有限公司河北省分公司张家口支公司保险人代位求偿权纠纷案［最高人民法院指导案例25号］

【裁判精要】

裁判要点:因第三者对保险标的的损害造成保险事故,保险人向被保险人赔偿保险金后,代位行使被保险人对第三者请求赔偿的权利而提起诉讼的,应当根据保险人所代位的被保险人与第三者之间的法律关系,而不应当根据保险合同法律关系确定管辖法院。第三者侵害被保险人合法权益的,由侵权行为地或者被告住所地法院管辖。

法院生效裁判认为:

根据《保险法》第六十条的规定,保险人的代位求偿权是指保险人依法享有的,代位行使被保险人向造成保险标的损害负有赔偿责任的第三者请求赔偿的权利。保险人代位求偿权源于法律的直接规定,属于保险人的法定权利,并非基于保险合同而产生的约定权利。因第三者对保险标的的损害造成保险事故,保险人向被保险人赔偿保险金后,代位行使被保险人对第三者请求赔偿的权利而提起诉讼的,应根据保险人所代位的被保险人与第三者之间的法律关系确定管辖法院。第三者侵害被保险人合法权益,因侵权行为提起的诉讼,依据《民事诉讼法》第二十八条的规定,由侵权行为地或者被告住所地法院管辖,而不适用财产保险合同纠纷管辖的规定,不应以保险标的物所在地作为管辖依据。本案中,第三者实施了道路交通侵权行为,造成保险事故,被保险人对第三者有侵权损害赔偿请求权;保险人行使代位权起诉第三者的,应当由侵权行为地或者被告住所地法院管辖。现二被告的住所地及侵权行为地均不在北京市东城区,故北京市东城区人民法院对该起诉没有管辖权,应裁定不予受理。

【权威解析】

保险人代位求偿权又称保险代位权,是指财产保险的保险人依照法律规定所享有的,代位行使被保险人向造成保险标的损害负有赔偿责任的第三方请求赔偿的权利。保险人代位求偿权来源于法律的直接规定,属于法定权利,并非基于保险人与被保险人依合同约定而产生。《保险法》第六十条规定中的第三者,在保险事故发生前为不特定主体,保险人与第三者也没有签订保险合同。因此,保险人以保险合同之外的第三者为被告提起的代位求偿诉讼,不应以保险合同纠纷的管辖原则确定管辖法院,而应按所代位的请求权性质确定案件管辖。

本指导案例中,原告是已经赔偿保险金的保险人,被告是保险合同之外的第三者,即道路交通事故的肇事司机及其所投机动车交通事故责任强制险的保险公司。原告与被告之间原本无法律关系,只是因第三者对保险车辆的损害而造成保险事故,保险人向被保险人赔偿保险金后,在赔偿金额范围内代位行使被保险人对第三者请求赔偿的权利,而保险人所代位的被保险人与第三者之间的法律关系不是保险合同关系而是侵权关系。因此,应按《民事诉讼法》第二十八条规定的侵权行为管辖原则,确定案件的管辖,而不应当根据保险合同法律关系以保险标的物所在地确定管辖。二被告的住所地和侵权行为地均不在受诉法院辖区,故受诉法院没有管辖权,作出不予受理裁定。

审判实践中,《保险法》第六十条规定的第三者造成保险标的损害的情形,除了因为侵权造成保险事故外,还有第三者因合同违约等而造成保险标的损害的情形。例如,中银保险有限公司深圳分公司诉山东省枣庄明坤配载有限责任公司、河南省周口芙蓉大件物流有限公司、张飞保险代位求偿权纠纷案中,山东省枣庄市中级人民法院经审理认为,保险代位求偿权的基础并不仅限于因侵权行为而产生的损害赔偿请求权,也应该包括因合同关系、第三者的其他行为等而产生的损害赔偿请求权。原告有权取代被保险人向明坤配载公司主张运输合同违约赔偿请求权,向芙蓉大件物流公司和张飞主张侵权损害赔偿请求权。理论界也有观点认为,被保险人对第三者享有不当得利返还请求权、所有物返还请求权、占有物返还请求权等情况下,均可适用保险代位制度。因此,本指导案例裁判要点中将相应内容表述为"应当根据保险人所代位的被保险人与第三者之间的法律关系"确定管辖,而没有仅限于侵权的情形。①

---

① 参见最高人民法院案例指导工作办公室:《指导案例25号〈华泰财产保险有限公司北京分公司诉李志贵、天安财产保险股份有限公司河北省分公司张家口支公司保险人代位求偿权纠纷案〉的理解与参照》,载江必新主编:《最高人民法院司法解释与指导性案例理解与适用》(第3卷),人民法院出版社2015年版,第426~427页。

【案例来源】

《最高人民法院关于发布第六批指导性案例的通知》(2014 年 1 月 26 日,法〔2014〕18 号)。

编者说明

保险代位求偿权性质上属于法定债权转移,保险人代被保险人之位起诉第三者时,以被保险人与第三者之间法律关系的性质确定管辖法院,更有利于查明案件事实,便利诉讼。因此,《保险法解释(四)》第十二条对此原则予以明确,与本指导案例的裁判规则是一致的。

347 赔偿保险金后至保险人行使代位求偿权向责任人追偿期间的理赔款不应计算利息

【关键词】

|保险代位求偿权|理赔款利息|

【案件名称】

中国人民财产保险股份有限公司佳木斯市永红支公司与中国工商银行股份有限公司佳木斯分行保险代位求偿权纠纷案[最高人民法院(2007)民二终字第 67 号民事判决书,2007. 12. 28]

【裁判精要】

最高人民法院认为:

关于保险金理赔后至由保险人行使代位求偿权向责任人追偿时,对理赔款应否计算利息问题。本院认为,由于本案为民事侵权行为引发的代位求偿权纠纷,而追偿的责任尚处在不确定状态之中,因而由此责任而形成的债权也并非确定。责任人应否承担责任,应承担多大的责任,亦尚处在不确定状态。只有在当事人对责任和债务没有争议时或者由法院作出裁定后,当事人迟延履行其应当履行的义务才产生迟延债务的责任问题。本案永红公司主张佳木斯工行支付赔款利息的上诉请求,本院亦不予支持。

【案例来源】

最高人民法院民事审判第二庭编:《最高人民法院商事审判裁判规范与案例指导》(第一卷),法律出版社 2010 年版,第 468～476 页。

编者说明

《保险法》采取了当然代位主义，即保险人自向被保险人赔偿保险金之日起即在赔偿金额范围内享有代位行使被保险人对第三者请求赔偿的权利，但在取得代位求偿权后，其是否向第三者主张权利，何时向第三者主张权利，则是其意思自治的范畴。在其未向第三者主张赔偿请求权的情形下，第三者未给付赔偿金并不属于迟延给付，故不应支付迟延给付的利息。

348 仓库业主对承租人和物业公司的不当行为没有及时检查到或者放任，对保险事故发生也有过错，应承担相应民事责任

【关键词】

|保险事故|仓库业主|过错责任|

【案件名称】

中国人民财产保险股份有限公司天津经济技术开发区支公司与上海未来岛投资置业有限公司、上海未来岛企业管理有限公司保险人代位求偿权纠纷案［最高人民法院（2012）民二终字第88号民事判决书，2012.11.30］

【裁判精要】

裁判摘要：保险事故发生原因在于仓库承租人及其雇佣的物业管理公司不当行为，但作为仓库所有权人的业主依约对物业仍然具有全面的管理责任，对物业所有设施仍然负有安全、维护、保养、维修、管理等责任。对仓库承租人和物业管理公司的不当行为没有及时检查到或者放任，也具有过错，构成对受害人的违约或者侵权，同样也应承担相应的民事责任。

最高人民法院认为：

一、关于火灾起因和责任认定问题

对于本案火灾起火原因，上海市消防局的2008年12月31日沪消〔2008〕339号《关于“12·7”施耐德电气（中国）投资有限公司上海分公司物流仓库火灾原因调查的情况报告》、2009年1月5日上海市普陀区公安消防支队沪普公消（认）〔2009〕第0001号《火灾原因认定书》以及2009年6月23日上海市消防局沪公消（责）〔2009〕第0001号《火灾事故责任书》均作了一致认定。上海市消防局沪公消（责）〔2009〕第0001号《火灾事故责任书》对本案火灾的责任也作了相应的认定。上述认定是行政主管部门依据法定职权和程序所作的有权认定，应当作为证据。施耐德电气公司对此责任认定未提出异议。在没有充分确实证据推翻上述认定的前提下，不能否定上述认定的合法有效性。原审法院根据消防部门对事故原因和责任认定，结合当事人过错程度，确定未来岛管理公司和施耐德电气公司之间责任比例为70%和30%，

未来岛管理公司承担本案火灾损失中 292400182. 75 元(417714546. 79 元 ×70%)的赔偿责任,施耐德电气公司自行承担其余损失。该责任比例恰当,处理正确。上诉人人保公司关于原审判决对本案火灾原因、责任认定不清,消防部门《火灾原因认定书》《火灾事故责任书》不能作为定案依据以及要求调取消防部门对本案火灾调查原始资料和其他部门材料,申请对火灾原因、责任重新委托鉴定,请求判令被上诉人承担本案火灾损失 90% 的赔偿责任等,缺乏充分的理由和事实依据,本院不予采纳。

二、关于本案仓库业主未来岛投资公司对本案火灾事故及其损失是否应当承担责任问题,此为当事人上诉争议的焦点和核心

未来岛投资公司作为仓库所有权人,其按照 2001 年《租赁合同》向施耐德电气公司交付了厂房包括附属电气、消防设施等以便作为施耐德电气公司仓库使用,尽管未来岛投资公司也提供了该仓库产权证以及仓库分别按期完工时所办的消防设施验收合格证,承租人施耐德电气公司使用该仓库时亦未提出异议,但该仓库的附属电气、消防设施在火灾之前不断发生故障以及被有关部门责令整改却是不争事实。按照未来岛投资公司和施耐德电气公司之间签订的《租赁合同》第 6. 4 条约定,产权人未来岛投资公司向施耐德公司交付仓库后对仓库、外围区域和有关设备设施和公用事业设施应当承担自费修理义务;如果业主未能履行或不合理地迟延履行其修理、维护和更换的义务,施耐德电气公司可以自行或通过独立的承包商完成修理、维护和更换工作。施耐德电气有权从应付管理费或租金中扣除上述工作的费用,并通知业主。未来岛投资公司委托有资质的第三方晋晓公司对仓库电气、消防设施进行日常维护正是履行租赁合同义务的体现。未来岛投资公司将仓库交给施耐德电气公司使用后,尽管施耐德电气公司专门委托物业公司进行管理,业主和物业公司对仓库都负有管理责任,但作为业主对物业所有设施负有安全、维护、保养、维修、管理责任,应当是全面的。业主未来岛投资公司对承租人施耐德电气公司擅自改变仓库照明电路安装自制灯具防空气开关动作锁闭装置并长期使用所带来的安全隐患,未能及时检查到或者放任,也是存在过错的。未来岛投资公司作为业主对本案火灾起因主要是由于吉汇公司电工对仓库高压电控系统进行保养时操作不当所致也应当负有责任,属于业主未来岛投资公司未完全履行合同约定义务。这种行为的后果既可以构成合同违约,也可以构成侵权,是两个行为的竞合。同时,根据《租赁合同》第 6. 1 条的约定,“在租期内,业主或业主指定的管理公司应负责厂房、外围区域,以及附件 2 规定的相关设备、设施和公用事业设施的物业管理,包括但不限于定期及不定期的保养维护、修理、清洁、绿化和保安。业主应当对管理公司的作为和不作为承担连带责任”。因此,人保公司向未来岛管理公司和未来岛投资公司追偿是有法律依据的。人保公司关于未来岛投资公司为诉争仓库电气、消防设施设备维修保养的法定义务人,其对未来岛管理公司未尽注意、提醒和督促等管理、监督义务,对火灾发生负有直接责任和领导责任,以及按照《租赁合同》第 6. 1 条的规定,未来岛投资公司应当对未来岛管理公司的作为和不作为承担连带责任的上诉请求和理由成

立,本院予以支持。原审判决对此认定和处理不当,本院予以纠正。①

【案例来源】

最高人民法院民事审判第二庭编:《最高人民法院商事审判指导案例(2012)·合同与借贷担保》,中国民主法制出版社 2013 年版,第 361 ~ 373 页。

349 仓库防雷设施不合格,可认定专业仓储保管人未尽协议约定的安全保管义务,保险公司对其享有保险代位求偿权

【关键词】

|保险代位求偿权|仓储保管|保管义务|

【案件名称】

山西省棉麻公司侯马采购供应站、山西省棉麻公司与中国太平洋财产保险股份有限公司北京分公司保险人代位求偿权纠纷案[最高人民法院(2016)最高法民终 347 号民事判决书,2016. 6. 26]

【裁判精要】

最高人民法院认为:

一、关于侯马供应站是否违约,对案涉火灾所造成的损失是否应当承担违约责任的问题

《仓库合作协议书》系仓储保管合同,侯马供应站作为专业仓储保管人,应具有保管棉花这一易燃物品相应的安全保管设施、措施。但原审查明,临汾市防雷减灾管理中心于 2012 年 7 月 12 日作出的《关于山西省棉麻公司侯马采供站防雷设施状况和检测情况的评估报告》载明:“经检测,侯马采供站 8 个砖混结构的仓库检测结果符合《建筑物防雷设计规范》要求,但是针对今年该单位露天堆放棉垛的现状和场外防雷接闪针的布设情况,接闪针不能对露天棉垛起到保护作用,该单位防雷装置的综合检测结果为不合格。”临汾市公安消防支队在《中储棉总公司侯马代储库“7. 1”火灾消防技术调查报告》中就火灾原因和性质亦载明,涉案火灾的直接原因是强地闪引发棉垛起火,间接原因包括侯马供应站防雷电安全意识淡薄,对安全隐患未及时整改,现场管理方面存在问题。在临汾市防雷减灾管理中心与侯马气象局工作人员对侯马供应站防雷设施进行了检测,认为存在安全隐患后,侯马供应站直到

① 本案二审判决后,未来岛投资公司向最高人民法院申请再审,最高人民法院审查后裁定予以驳回。参见最高人民法院(2014)民申字第 2249 号民事裁定书(2015. 12. 25),载中国裁判文书网,http://wenshu.court.gov.cn。

事故发生仍未对防雷设施进行改造安装。以上事实证明，侯马供应站违反了《仓库合作协议书》第十二条“甲方(保险人)交易商参与甲方业务的具体安全保管参照国家关于储备棉管理的有关规定执行”以及第十八条第(三)项“按照《仓库管理办法》和本协议有关规定做好甲方交易商在库业务棉花的安全保管工作，对由于工作失误或保管不善而发生棉花灭失、短少、水渍、污染、霉烂、盗窃等损失负责全额赔偿”等约定。侯马供应站仓库防雷设施不合格，未尽《仓库合作协议书》约定的安全保管义务，应对其违约行为而造成的损失负责赔偿。案涉保险合同法律关系与仓储合同法律关系属不同法律关系，太平洋保险公司在案涉财产保险中的理赔行为和其在本案中是否提交保险合同有关条款，不影响其依据法律规定和《仓库合作协议书》等合同约定行使代位求偿权。侯马供应站以太平洋保险公司未拒绝保险理赔为由主张该公司认可其对事故的发生不存在过错、对《仓库合作协议书》的履行不存在违约，事实和法律依据不足，本院不予支持。

关于违约责任的金额。《合同法》第一百一十七条规定：“因不可抗力不能履行合同的，根据不可抗力的影响，部分或者全部免除责任，但法律另有规定的除外。当事人迟延履行后发生不可抗力的，不能免除责任。本法所称不可抗力，是指不能预见、不能避免并不能克服的客观情况。”本案中，虽然强地闪属于不能预见、不能避免并不能克服的客观情况，应属不可抗力，但并非导致案涉火灾事故发生的唯一原因，侯马供应站未按照有关部门要求改造安装防雷设施、没有适当履行安全保管义务亦是导致案涉火灾事故发生的原因之一，故该不可抗力仅能部分免除侯马供应站的违约责任。一审判决综合考虑导致案涉火灾事故发生的各种因素，酌定侯马供应站对案涉火灾损失承担60%的赔偿责任并无不妥。

二、关于太平洋保险公司在本案中是否有保险代位求偿权的问题

《保险法》第六十条规定：“因第三者对保险标的的损害而造成保险事故的，保险人自向被保险人赔偿保险金之日起，在赔偿金额范围内代位行使被保险人对第三者请求赔偿的权利。”如上所述，侯马供应站应对保险事故的发生负部分责任，就《仓库合作协议书》存在违约行为，属于对保险标的有损害的第三者。在太平洋保险公司已按照保险合同的约定向棉花交易公司进行了赔付的情况下，《仓库合作协议书》项下侯马供应站的违约行为造成的损失的赔偿请求权依法应由太平洋保险公司代位行使，故太平洋保险公司享有保险代位求偿权。案涉《仓库合作协议书》第五条第(五)项虽约定如因可归责于侯马供应站的原因，而导致保险公司拒绝理赔的，侯马供应站应承担由此导致的全部损失，但未明确表示在保险公司理赔的情况下棉花交易公司放弃对侯马供应站请求赔偿的权利，侯马供应站以此主张太平洋保险公司不享有代位求偿权理由不充分。

三、关于山西省棉麻公司是否应作为保证人就侯马供应站违约责任承担连带清偿责任的问题

山西省棉麻公司2013年4月1日向棉花交易公司出具《保证函》，承诺为侯马

供应站的仓储违约行为造成的损失承担连带清偿责任，且为不可撤销保证，保证期为两年。山西省棉麻公司上诉主张其保存的侯马供应站与棉花交易公司签订的《仓库合作协议书》装订成册的保证函没有保证生效起止日期，证明其未为案涉《仓库合作协议书》提供保证，因山西省棉麻公司不能据此否认，亦未提交其他证据否认太平洋保险公司提供的《保证函》的真实性，故该主张不成立，本院不予支持。因山西省棉麻公司该主张实质上系否认太平洋保险公司提供的《保证函》的真实性，而非对格式合同条款与太平洋保险公司存在不同理解，故其关于该争议应适用《合同法》第四十一条有关规定的主张不能成立。本院对太平洋保险公司提供的《保证函》予以采信，山西省棉麻公司作为保证人对侯马供应站应负违约责任承担连带清偿责任。①

【案例来源】

中国裁判文书网，http://wenshu. court. gov. cn。

350 因第三者的违约行为给保险标的造成损害的，可认定属于“第三者对保险标的的损害”的情形

【关键词】

| 保险标的 | 第三者违约 |

【案件名称】

中国平安财产保险股份有限公司江苏分公司诉江苏镇江安装集团有限公司保险人代位求偿权纠纷案［最高人民法院指导案例 74 号］

【裁判精要】

裁判要点：因第三者的违约行为给被保险人的保险标的造成损害的，可以认定为属于《保险法》第六十条第一款规定的“第三者对保险标的的损害”的情形。保险人由此依法向第三者行使代位求偿权的，人民法院应予支持。

法院生效裁判认为：

本案的焦点问题是：1. 保险代位求偿权的适用范围是否限于侵权损害赔偿请求权；2. 镇江安装公司能否以华东制罐公司、华东制罐第二公司已购买相关财产损失险为由，拒绝保险人对其行使保险代位求偿权。

---

① 本案二审判决后，侯马供应站、山西省棉麻公司向最高人民法院申请再审，最高人民法院审查后裁定予以驳回。参见最高人民法院（2016）最高法民申 2953 号民事裁定书（2016. 12. 5），载中国裁判文书网，http://wenshu. court. gov. cn。

关于第一个争议焦点。《保险法》第六十条第一款规定:“因第三者对保险标的的损害而造成保险事故的,保险人自向被保险人赔偿保险金之日起,在赔偿金额范围内代位行使被保险人对第三者请求赔偿的权利。”该款使用的是“因第三者对保险标的的损害而造成保险事故”的表述,并未限制规定为“因第三者对保险标的的侵权损害而造成保险事故”。将保险代位求偿权的权利范围理解为限于侵权损害赔偿请求权,没有法律依据。从立法目的看,规定保险代位求偿权制度,在于避免财产保险的被保险人因保险事故的发生,分别从保险人及第三者获得赔偿,取得超出实际损失的不当利益,并因此增加道德风险。将《保险法》第六十条第一款中的“损害”理解为仅指“侵权损害”,不符合保险代位求偿权制度设立的目的。故保险人行使代位求偿权,应以被保险人对第三者享有损害赔偿请求权为前提,这里的赔偿请求权既可因第三者对保险标的实施的侵权行为而产生,亦可基于第三者的违约行为等产生,不应仅限于侵权赔偿请求权。本案平安财险公司是基于镇江安装公司的违约行为而非侵权行为行使代位求偿权,镇江安装公司对保险事故的发生是否有过错,对案件的处理并无影响。并且,《建设工程施工合同》约定“承包人不得将本工程进行分包施工”。因此,镇江安装公司关于其对保险事故的发生没有过错因而不应承担责任的答辩意见,不能成立。平安财险公司向镇江安装公司主张权利,主体适格,并无不当。

关于第二个争议焦点。镇江安装公司提出,在发包人与其签订的建设工程施工合同通用条款第四十条中约定,待安装设备由发包人办理保险,并支付保险费用。从该约定可以看出,就工厂搬迁及设备的拆解安装事项,发包人与镇江安装公司共同商定办理保险,虽然保险费用由发包人承担,但该约定在双方的合同条款中体现,即该费用系双方承担,或者说,镇江安装公司在总承包费用中已经就保险费用作出了让步。由发包人向平安财险公司投保的业务,承包人也应当是被保险人。关于镇江安装公司的上述抗辩意见,《保险法》第十二条第二款、第六款分别规定:“财产保险的被保险人在保险事故发生时,对保险标的应当具有保险利益”;“保险利益是指投保人或者被保险人对保险标的具有的法律上承认的利益”。据此,不同主体对于同一保险标的可以具有不同的保险利益,可就同一保险标的投保与其保险利益相对应的保险险种,成立不同的保险合同,并在各自的保险利益范围内获得保险保障,从而实现利用保险制度分散各自风险的目的。因发包人和承包人对保险标的具有不同的保险利益,只有分别投保与其保险利益相对应的财产保险类别,才能获得相应的保险保障,二者不能相互替代。发包人华东制罐公司和华东制罐第二公司作为保险标的的所有权人,其投保的安装工程一切险是基于对保险标的享有的所有权保险利益而投保的险种,旨在分散保险标的的损坏或灭失风险,性质上属于财产损失保险;附加险中投保的“内陆运输扩展条款 A”约定“保险公司负责赔偿被保险人的保险财产在中华人民共和国境内供货地点到保险单中列明的工地,除水运和空运以外的内陆运输途中因自然灾害或意外事故引起的损失”,该项附加险在性质上亦属财产损失保险。首先,镇江安装公司并非案涉保险标的所有权人,不享有所有权保险利益,其作为承包人对案涉保险标的享有责任保险利益,欲将施工过程中可能产生的损害赔偿责任转由保险人承担,应当投保相关责任保险,而不能借由发包人投保的财产损失保险免除自己应负的赔偿责任。其次,发包人不认可承包人的被保险人地位,案涉《安装工程一切险投保单》中记载的被保险人为华东制罐公司及华东制罐第二公司,并明确记载承包人镇江安装公司不是被保险人。因此,镇江安装公司关于"由发包人向平安财险公司投保的业务,承包人也应当是被保险人"的答辩意见,不能成立。《建设工程施工合同》明确约定"运至施工场地内用于工程的材料和待安装设备,由发包人办理保险,并支付保险费用"及"工程分包不能解除承包人任何责任与义务,分包单位的任何违约行为或疏忽导致工程损害或给发包人造成其他损失,承包人承担连带责任"。由此可见,发包人从未作出在保险赔偿范围内免除承包人赔偿责任的意思表示,双方并未约定在保险赔偿范围内免除承包人的赔偿责任。最后,在保险事故发生后,被保险人积极向承包人索赔并向平安财险公司出具了权益转让书。根据以上情况,镇江安装公司以其对保险标的也具有保险利益,且保险标的所有权人华东制罐公司和华东制罐第二公司已投保财产损失保险为由,主张免除其依建设工程施工合同应对两制罐公司承担的违约损害赔偿责任,并进而拒绝平安财险公司行使代位求偿权,没有法律依据,不予支持。

【权威解析】

本案例裁判要点明确了因第三者的违约行为给被保险人的保险标的造成损害的,可以认定为属于《保险法》第六十条第一款规定的"第三者对保险标的的损害"的情形;保险人由此依法向第三者行使代位求偿权的,人民法院应予支持。也就是说,保险代位求偿权的适用范围不应仅限于因侵权而发生的损害赔偿请求权。

第一,从法条的文义分析,将保险代位求偿权的适用范围限于侵权损害赔偿,没有法律依据。《保险法》第六十条第一款使用的是"因第三者对保险标的的损害而造成保险事故"的表述,并未限制规定为"因第三者对保险标的侵权损害而造成保险事故"。法条所规定的"损害",应指因一定的行为或事件使民事主体遭受了损失,这种损失,不仅可以因侵权法律事实造成,也可以因违反合同的法律事实等造成,其既可以基于过错行为造成,也可以基于非过错行为造成,并不局限于因过错侵权行为造成。

第二,从保险代位求偿权制度设置目的的分析。一方面,如果将保险代位求偿权的适用范围仅限于侵权损害,则对于第三者因违约等对保险标的造成损害的情形,被保险人在获得保险赔偿金后,仍可向第三者即违约方等主张违约损害赔偿等。此时,被保险人获得的补偿数额将超出财产的实际损失,有违财产保险损失补偿的基本原则,容易引发被保险人故意制造保险事故等道德风险。另一方面,保险制度旨在保护被保险人,并非为了免除造成损失的第三者的责任,否则无异于变相鼓励该第三者借由他人的保险合同而逃避自己应负之法律责任；而且，第三者的责任如果因他人是否投保而有不同，也不符合法律适用的逻辑；再者，保险给付的实际数额是保险公司核定保费的主要因素，如果限制保险人行使代位权的范围，则将导致保险给付的实际数额增加，进而导致保险人提高保险费率，最终加重并无过错的全体保险消费者的负担。

第三，保险代位求偿权制度域外立法例的参考。……因此，将保险代位求偿权制度中的"第三者对保险标的的损害"，理解为导致被保险人享有向第三者请求赔偿的法律事实，已为各国所普遍采纳，而至于该法律事实的产生是基于合同法律关系还是侵权法律关系，则不应进行限定，只要被保险人对第三者享有赔偿请求权即可。①

【案例来源】

《最高人民法院关于发布第15批指导性案例的通知》(2016年12月28日，法〔2016〕449号)。

351 交强险情形下保险公司对肇事逃逸者无追偿权

【关键词】

| 交强险 | 肇事逃逸 | 追偿权 |

【案件名称】

天平汽车保险股份有限公司苏州中心支公司诉王克忠追偿权纠纷案［江苏省高级人民法院（2014）苏民再提字第00136号民事判决书，2014.12.9］

【裁判精要】

裁判摘要：《机动车交通事故责任强制保险条例》第二十二条规定，以下三种情形造成的道路交通事故，由保险公司在交强险责任限额内承担垫付责任，并有权向致害人追偿，即：(一)驾驶人未取得驾驶资格或者醉酒的；(二)被保险机动车被盗抢期间肇事的；(三)被保险人故意制造道路交通事故的。机动车驾驶人肇事逃逸未包括在上述条款范围内，不应适用该规定予以处理。

江苏省高级人民法院认为：

被申请人天平保险苏州公司主张因再审申请人王克忠在交通肇事后逃逸，故参

① 参见最高人民法院案例指导工作办公室：《〈中国平安财产保险股份有限公司江苏分公司诉江苏镇江安装集团有限公司保险人代位求偿权纠纷案〉的理解与参照》，载《人民司法·案例》2018年第23期。

照国务院《机动车交通事故责任强制保险条例》第二十二条、第二十四条的规定，其有权在承担保险赔偿责任后向王克忠追偿。对此，第一，《机动车交通事故责任强制保险条例》第二十二条规定保险公司享有追偿权的情形并不包括交通肇事后逃逸，亦未规定其他情形可以参照适用；第二十四条仅规定了社会救助基金的追偿权，未规定保险公司享有追偿权，故天平保险苏州公司主张适用上述条款，理由不能成立。第二，《侵权责任法》第五十三条规定："机动车驾驶人发生交通事故后逃逸，该机动车参加强制保险的，由保险公司在机动车强制保险责任限额范围内予以赔偿；机动车不明或者该机动车未参加强制保险，需要支付被侵权人人身伤亡的抢救、丧葬等费用的，由道路交通事故社会救助基金垫付。道路交通事故社会救助基金垫付后，其管理机构有权向交通事故责任人追偿。"该条款对于保险公司和社会救助基金权利与义务作出了不同的规定，表明了国家立法对保险公司和社会救助基金区别对待的态度。第三，社会救助基金管理机构的经费来源于行政拨款或社会捐助，支付交通事故受害人抢救等费用系无偿垫付，而保险公司的经费来源于投保人的缴费，保险公司向受害人支付费用属于履行保险合同义务，系有偿赔付，故保险公司不应享有救助基金管理机构的追偿权。事实上，肇事逃逸系发生在交通事故之后，没有增加保险事故发生的概率和风险，与事故的本身并没有关联，因此，其与《机动车交通事故责任强制保险条例》第二十二条中规定的保险公司享有追偿权的情形存在本质区别。原判决依据《机动车交通事故责任强制保险条例》第二十四条的规定，判决支持天平保险苏州公司追偿的诉讼请求，违背了交强险条例的立法本意，亦与《侵权责任法》第五十三条的规定相悖，属适用法律错误，依法应予纠正。

【案例来源】

《中华人民共和国最高人民法院公报》2018 年第 5 期。

六、保证保险及其他保险合同纠纷

352 保证保险法律性质的认定

【关键词】

｜保证保险｜法律性质｜

【案件名称Ⅰ】

中国平安保险（集团）股份有限公司与中国建设银行营业部等借款及保证保险合同纠纷案［最高人民法院（2004）民二终字第38号民事判决书，2004.7.21］

【裁判精要】

最高人民法院认为：

本案系借款及保证保险合同关系。在三方当事人订立的《销售协议》《附加协议》中均载明了平安保险对三九公司的贷款本金、利息及可能发生的罚息承担保证责任的意愿；且在《分期付款购车保险单》中，平安保险将该项保证责任明确在192972669元范围之内，在此情况下，建行营业部根据合同约定，履行了向三九公司发放1.5亿元贷款的义务。双方关于保证的意思表示真实，据此建行营业部与平安保险之间形成了保证合同关系。本案上述主、从合同法律关系的构建方式借用了保险合同的形式，虽有别于传统的借款担保合同关系的模式，但两者的本质相同。该保证合同记载的内容明确且不违反法律，应为有效合同。

【案例来源】

最高人民法院民事审判第二庭编：《民商事审判指导》（总第6辑），人民法院出版社2005年版，第357～365页。

【案件名称Ⅱ】

湖北武汉神龙汽车有限公司等与神龙汽车有限公司北京销售服务分公司保险合同纠纷案［最高人民法院（2002）民二终字第152号民事判决书，2002.11.8］

【裁判精要】

最高人民法院认为：

根据《保险法》第十二条（2009年修订后《保险法》第十三条，有关文字表述也已经修改)关于"投保人提出保险要求,经保险人同意承保,并就合同的条款达成协议,保险合同成立。保险人应当及时向投保人签发保险单或者其他保险凭证,并在保险单或者其他保险凭证中载明当事人双方约定的合同内容。经投保人和保险人协商同意,也可以采取前款规定以外的其他书面协议形式订立保险合同"的规定,投保人与保险人签订保险合同,可以在保险单或者其他保险凭证上载明当事人双方约定的合同内容,也可以采取其他的形式订立。华泰保险公司与神龙公司先行签订的《保险协议》仅约定双方同意由神龙公司或者其购车人向华泰保险公司购买分期付款购车保险,并在每一份保险单中分别确定保险标的等条款,因无确定的保险合同主体和客体,故并未形成完整意义上的保险合同,原审法院关于《保险协议》是当事人之间订立的一个意向性、总括性协议的认定,符合事实和法律。华泰保险公司根据神龙公司的投保单,在明确了具体的投保人、被保险人以及保险标的等后,分别向神龙公司出具的每一份保险单中均明确载明了双方当事人的权利义务,故每一份保险单上所载内容为保险合同的具体内容。保险单中明确载明华泰保险公司"按照保险单所载条款、附加条款以及所列项目承担保险责任",且在备注栏内标明"保单按照保险人与被保险人之间分期付款保险协议执行,保单对应于被保险人和购车人之间分期付款购车合同",故保险单所载明的条款、附加条款、所列项目以及保险协议、分期付款购车合同等均是保险合同的内容。

本案《保险条款》是否存在于保险单背面是认定华泰保险公司和神龙公司双方当事人具体权利义务的一个重要前提。但本案中神龙公司称其所持上述23份保险单正本原件已全部丢失,无法予以出示。现华泰保险公司以保险单抬头明确载明其根据保险单所载条款等承担保险责任;保监会北京办事处出具的《关于华泰保险公司分期付款购车保险合同有关问题意见的函》中明确载明华泰保险公司使用的分期付款购车合同保险条款已于1998年在原保险监管部门中国人民银行北京市分行备案,且根据保险行业惯例,保险条款附在保险单正本背面,作为保险合同的重要组成部分,以约束保险合同双方当事人;武汉市中级人民法院已先行审理的京贵云雀案中003号保险单原件背面附有保险条款;以及2000年3月华泰保险公司和神龙公司签订的《会谈纪要》表明神龙公司要根据《保险条款》等向华泰保险公司提供有关材料等证据,主张保险单正本背面附有保险条款,神龙公司对此不予认可,应由其负举证责任。鉴于神龙公司至今仍未举出有关证据证明其所持23份保险单正本背面没有保险条款,应由其承担举证不能的责任。故原审法院关于神龙公司对保险单记载内容,包括保险条款已经全部接受,保险条款是本案保险合同一部分的认定,本院予以维持。

根据保险单所载明的内容,保险协议与保险单载明的其他条款共同构成了保险合同的内容。保险协议与保险条款所规定的内容是一种互为补充、相辅相成的关系,且即使出现冲突,因保险单形成在后,是对保险协议的具体化、确定化,也应以保险单所载条款为准。故上诉人神龙公司关于保险条款与保险协议约定的除外责任矛盾,应以保险协议为准的上诉理由,本院不予支持。

保险单明确载明保单对应于分期付款购车合同,且在保险条款中明确约定“被保险人应严格遵守分期付款购车合同中的责任和义务,分期付款购车合同如有变动,被保险人须事先得到保险人的书面同意”,故本案购车合同中关于神龙公司应保留车辆所有权、设定车辆抵押权以及设定其他担保的内容构成了神龙公司与华泰保险公司之间保险合同关系的重要组成部分,是华泰保险公司承保的前提和条件。原审法院关于购车合同是华泰保险公司判断和预测风险程度、决定是否承保、确定承保条件、出具保险单的直接和最终依据,其构成了华泰保险公司赖以承保的条件和基础的认定,于法有据,本院予以维持。

华泰保险公司和神龙公司在保险条款中关于被保险人在保险期限内将车辆所有权转交给购车人,华泰保险公司不承担赔偿责任的约定,以及神龙公司与购车人在分期付款购车合同中关于保留车辆所有权、设定车辆抵押权的约定,并不违反法律禁止性规定,虽客观上无法办理,但并不因此而无效,故上述约定对缔约各方当事人仍具有法律约束力。在保险合同签订后,如因客观原因不能办理车辆所有权保留或者车辆抵押的登记,神龙公司应及时告知华泰保险公司,并与其通过协商变更保险合同。现神龙公司无法举证证明其通知了华泰保险公司并与其协商一致变更了保险合同的有关条款,故神龙公司不能以此主张免责。

华泰保险公司在 2000 年 7 月起诉时提出的诉讼请求即为判令解除保险合同,不承担保险金赔偿责任,并未在一审开庭时变更诉讼请求,故神龙公司关于华泰保险公司变更诉讼请求,原审法院未另行给其答辩期,剥夺其诉权的上诉主张不能成立,本院不予支持。另,关于调取证据问题,究竟由法院调取还是由当事人调取,并不影响证据的效力,只要没有相反证据证明所调取证据的真实性,该证据就应予以认定。神龙公司关于原审法院程序违法的上诉理由,缺乏事实依据,本院不予支持。

018、023 号保险单对应的购车合同约定购车人应提供神龙公司认可的担保,并由担保单位与神龙公司签署担保合同。现虽然神龙公司所举证据为担保书复印件,不能直接予以认定,但是,鉴于在该两份保险单对应的投保单中均明确载明了担保人名称,华泰保险公司根据该投保单出具了保险单,故应认定华泰保险公司当时对投保单上载明的内容是认可的,亦即对购车人根据购车合同提供的担保没有异议,故原审法院驳回华泰保险公司关于解除该两份保险合同的诉讼请求,本院予以维持。

因保险合同约定的保险标的是购车人付清首付款之后的分期付款义务,首付款是否按时足额交付,直接关系到承保人的保险范围,故原审法院认定保险合同标的是购车人分期付款义务,其不包括首付款是错误的。但鉴于华泰保险公司并未提供有关证据证明神龙公司在购车人首付款未到位时即发车,故对其关于购车人未付清首付款神龙公司就发车导致保险标的危险程度增加,其不应承担赔偿责任的上诉主张,本院不予支持。

【案例来源】

最高人民法院办公厅编:《最高人民法院公布裁判文书(2003 年)》,人民法院出版社 2004 年版,第 173 ~ 192 页。

编者说明

保证保险是保险公司根据中国人民银行银复〔1997〕年 48 号《关于保证保险业务的批复》开展的业务。该批复认为,鉴于"保证保险"业务是信用保险业务的门类之一,同意中国人民保险(集团)公司所属中保财产有限责任公司开办"保证保险"业务。在保证保险业务实践中,合同当事人之间的纠纷发生率较高,而各地法院对保证保险合同的法律性质在认识上存在着差异,表现在适用法律和处理结果上的差异。

最高人民法院在关于保证保险关系的性质上,在不同的阶段和不同的案件中也有不同的认识,包括保证说、混合说和保险说等。最高人民法院《民事案件案由规定》将保证保险合同纠纷作为四级案由列于三级案由财产保险合同纠纷项下,即是将其作为保险合同对待。《最高人民法院关于保证保险合同纠纷案件法律适用问题的批复》(〔2006〕民二他字第 43 号,2010. 6. 24)认为,汽车消费贷款保证保险是保险公司开办的一种保险业务,在该险种的具体实施中,由于合同约定的具体内容并不统一,在保险公司、银行和汽车销售代理商、购车人之间会形成多种法律关系,在当时法律规定尚不明确的情况下,应依据当事人意思自治原则确定合同的性质。辽宁省高级人民法院请示所涉中国建设银行股份有限公司葫芦岛分行诉中国人民保险股份有限公司葫芦岛分公司保证保险合同纠纷案,在相关协议、合同中,保险人没有作出任何担保承诺的意思表示,因此,此案所涉保险单虽名为保证保险单,但性质上应属于保险合同。

随着《保险法》的修改与司法实践认识的不断深化,对保证保险的认识也不断清晰。最高人民法院上述答复确立了新的认定规则,即在当事人明确约定保险人承担保证责任的,则按担保定性,适用《担保法》确定双方当事人的权利义务;没有约定的适用《保险法》。在司法实践中,应当注意这种认识上的变化过程。

353 履约保险中,被保险人在履约中的变更没有改变保险标的和动摇保险合同基础的,保险人应当承担责任

【关键词】

| 履约保险 | 合同变更 | 保险责任 |

【案件名称】

中国太平洋人寿保险股份有限公司大连分公司、中国太平洋人寿保险股份有限公司大连市甘井子支公司、中国太平洋保险(集团)股份有限公司与中国石油天然气管道局、大连龙兴活动有限公司履约保险合同纠纷案[最高人民法院

(2004)民二终字第21号民事判决书，2006.12.27]

【裁判精要】

最高人民法院认为：

关于太平洋保险诸公司上诉提出管道局采取欺诈手段改变了太平洋保险诸公司承保的保险标的，太平洋保险诸公司不承担保险责任的主张，本院认为：本案履约保险合同是由承诺函、履约保险合同书、融资协议书及保险确认书等共同组成。保险人太平洋保险诸公司是为投保人龙兴公司的融资进行承保，即一旦发生龙兴公司不能还本付息的保险事故，由太平洋保险诸公司承担保险责任。在合同实际履行中，管道局已将约定的融资款通过金融机构如数贷给龙兴公司，完成了融资放款的基本义务。虽然管道局与多家金融机构签订委托贷款协议时没有落实融资协议中约定的本金由银行开具定期存单并保证资金安全的约定，即将该条款改变为贷款的风险由管道局自行承担，但这恰符合委托贷款的法律特征。至于管道局改变上述约定，投保人龙兴公司和被保险人管道局未向保险人太平洋保险诸公司进行说明，是否足以导致太平洋保险诸公司免保险责任的问题，根据诚实信用原则，合同一方当事人负有向对方当事人告知对其利益有重大影响事项的义务，知悉的一方应向对方如实说明的义务。管道局和龙兴公司没有将履约中的变更如实通知保险人太平洋保险诸公司，对酿成纠纷负有一定的责任，据此，管道局亦应自行承担保险合同到期后迟延利息的部分责任。但是，如果按融资协议中约定的本金由银行开具定期存单并保证资金安全，其结果是违反了国家关于委托贷款的金融法规的规定。从本案的事实和合同关系来看，管道局和龙兴公司在履约中的变更没有改变保险合同的标的和动摇保险合同的基础。因为本案的履约保险合同并不是以融资合同中银行出具定期存单作为保险合同成立的前提和基础的。第一，本案保险合同签订在先，管道局与龙兴公司融资合同在后。在签订保险合同之前，太平洋保险大连分公司已为龙兴公司承保致函管道局称："龙兴公司是大连市政府重点支持，并具有相当经济实力的国有大型企业，固定资金近12亿元。该公司管理现代化，经济效益好，是非常有前途和影响的。我公司对该公司做了较为详细的调查分析，决定对其经营和相关的业务活动予以重点支持。鉴于以上情况，根据中国太平洋保险公司保险条款范围，本公司对龙兴公司在贵局融资额度2亿元人民币以内，均可予以承担其履约保险责任。"该函件明确说明太平洋保险大连分公司愿为龙兴公司承保的原因是基于龙兴公司的经济实力，而不是融资中有银行出具存单保证本金安全。第二，在签订保险合同时，太平洋保险大连分公司的保险范围已经确定在2亿元人民币的范围内。而且，双方还在履约保险合同中进行了特殊约定，即：如果龙兴公司未能及时还本付息而发生太平洋保险大连分公司代龙兴公司偿还管道局及其下属单位债务时，太平洋保险大连分公司有权将龙兴公司的营运收入和其他收入扣留，直到垫付本息和由此产生的利息足够时，方可解除扣留。该约定赋予了保险公司在理赔后对投保人龙兴公司的追偿权。这种对太平洋保险大连分公司利益保护的条款也不依赖于银行是否出具存单。第三，管道局和龙兴公司为融资与有关金融机构形成的委托贷款关系同管道局和龙兴公司与太平洋保险诸公司之间形成的履约保险关系是不同的法律关系。一旦龙兴公司不能偿还融资款项，管道局既可以依据保险合同向太平洋保险诸公司主张其保险合同项下的权利，也可以依据委托贷款合同主张其权利，即管道局可以行使选择权。太平洋保险诸公司承保的范围不因管道局与龙兴公司在融资过程中是否履行了由银行出具存单的约定，只是对管道局的权利增加一份保障，并不能依此改变太平洋保险诸公司承保的责任范围。且太平洋保险诸公司亦没有以银行是否出具存单作为承保的条件，即使存在这种信赖利益，但该利益亦应符合国家法律法规的规定。因此，上诉人太平洋保险诸公司以管道局和龙兴公司在履约中改变保险合同标的为由，请求免除其保险责任的上诉主张，缺乏事实和法律依据，依法不能成立。

【案例来源】

最高人民法院民事审判第二庭编：《最高人民法院商事审判指导案例 · 金融卷》，中国法制出版社 2011 年版，第 307 ~ 318 页。

354 投保人在借款合同约定还款期间内未履行偿还义务，约定的保险事故已经发生，保险人应按照约定向被保险人承担相应保险责任

【关键词】

| 履约保险 | 保险责任 |

【案件名称】

中华联合财产保险股份有限公司宝鸡中心支公司与深圳市深远发科技有限公司保证保险合同纠纷案［最高人民法院(2018)最高法民终 1204 号民事判决书，2018. 11. 29］

【裁判精要】

最高人民法院认为：

（二）关于欠款数额、保险责任及资金占用费的认定问题

根据本案查明事实，秦宝公司与深远发公司之间除本案借款之外，还存在其他资金往来。案外人史晓鹏于 2017 年 7 月 4 日至 2018 年 4 月 3 日分别向案外人王宏涛、何金珍、王媛、杨晓转账 1725. 05 万元。2018 年 4 月 21 日，深远发公司向秦宝公司发出《询证函》，称截止到 2018 年 4 月 21 日，秦宝公司应付账款 5000 万元，《借款合同》借款利息未付。秦宝公司在该函“信息证明无误”处加盖秦宝公司印章。在一审法院向秦宝公司调查时，秦宝公司称系经核对《询证函》内容无误后，加盖了该

公司印章。本院认为，虽然案涉《借款合同》约定“贷款方可委托其他第三方代为收取借款本息及其他费用”，但现有证据尚不能直接证明上述由案外人史晓鹏向案外人王宏涛等四人支付的款项系归还本案中秦宝公司向深远发公司所借款项；且上述款项最后一笔归还时间发生于2018年4月3日，在此还款行为之后，2018年4月21日深远发公司向秦宝公司发出《询证函》时，秦宝公司仍确认案涉《借款合同》项下的借款本金5000万元及利息未付，亦即，上述还款行为即便能够认定为系深远发公司委托王宏涛等收取秦宝公司归还的款项，亦与本案《借款合同》项下的款项无关，不应认定为所还款项系归还案涉借款5000万元及相应利息。一审判决虽在事实认定部分载明“秦宝公司针对7500万元借款，共向深远发公司还款1700余万元”，存在对还款事项表述不明的情形，但最终认定秦宝公司欠付深远发公司借款本金5000万元及利息并无不当。

案涉《中华联合财产保险股份有限公司借款人履约保证保险条款》第五条第二款约定：“在保险期间内，投保人未按照与被保险人签订的《借款合同》约定履行偿还本息的义务，且达到本保险单约定的赔偿等待期限以上的，保险人对投保人应偿还而未偿还的贷款本金和利息，保险人根据本保险合同的约定赔偿方式对被保险人进行赔偿。”根据该约定，由于投保人秦宝公司在《借款合同》约定还款期间内未履行偿还义务，双方约定的保险事故已经发生，保险人理应按照约定向被保险人深远发公司承担相应保险责任。一审判决由中华联保公司、中华联保宝鸡支公司向深远发公司承担支付5200万元保险金的责任并无不当。

《保险法》第二十三条第二款规定：“保险人未及时履行前款规定义务的，除支付保险金外，应当赔偿被保险人或受益人因此受到的损失。”根据深远发公司提交的新证据，即中国保险监督管理委员会陕西监管局出具的《保险消费投诉处理决定书》显示，中华联保公司已收到深远发公司的书面索赔申请，中华联保公司及中华联保宝鸡支公司作为保险人，未按约在等待期限内向被保险人深远发公司进行相应理赔，应承担赔偿损失的民事责任。现深远发公司向中华联保公司、中华联保宝鸡支公司主张赔偿资金占用费，未违反法律规定，一审法院依据《索赔申请书》判令中华联保公司、中华联保宝鸡支公司承担资金占用费用并无不当，中华联保宝鸡支公司该上诉理由不能成立，本院不予支持。

【案例来源】

中国裁判文书网，http://wenshu.court.gov.cn。

355 信誉保险实质是信誉担保

【关键词】

| 信誉保险 | 信誉担保 |

【案件名称】

中国人民保险公司乌鲁木齐市分公司等与李会同等120名购房户还本售房合同纠纷案［最高人民法院（2001）民一终字第32号民事判决书，2001.7.26］

【裁判精要】

最高人民法院认为：

李会同、徐新等120名购房户与天海房地产公司签订《五年还本售房协议书》时，国家法律、行政法规均没有禁止此类销售活动的规定，当事人之间所签协议意思表示真实明确，不违反公平原则和诚实信用原则，应当认定为有效。国内贸易部〔1994〕内贸函字第802号《关于禁止还本销售商品活动的通知》，不宜作为认定本案合同无效的根据，保险公司上诉主张双方当事人签订的《五年还本售房协议书》中有关售房的约定内容可以认定有效，对还本的约定内容应为无效，理由不充分，不予支持。保险公司认为其与天海房地产公司联合刊登广告的行为不构成有效承诺，与120名购房户没有形成保险法律关系，判决其承担30%的代赔偿责任于法无据，与事实不符，但从中国人民保险公司1994年12月3日批复的内容来看，信誉保险业务涉及经济担保，带有信誉担保性质，保险公司在新闻媒体上公开宣示信誉担保，对造成本案部分还本售房合同的签订和履行具有一定的过错，其与天海房地产公司达成的《关于对"商品房屋销售五年期还本信誉保险协议"终止的协议》，实际上是推卸责任，损害他人利益的行为，一审法院判决保险公司违背诚信原则，承担其刊登广告后购房户30%的信赖利益的损失，符合法律规定，保险公司的上诉理由不能成立，应予驳回。关于一审程序的合法性问题，因本案是普通的共同诉讼引起的合并审理，在一审庭审结束前，一审法院将其他购房户的起诉合并审理，并允许原告变更诉讼请求，符合法律规定，64户购房户的证据材料一审中已经当庭质证，因保险公司的保险责任不成立，判决其承担因信誉担保而引起的过错赔偿责任，并不违反"不告不理"的原则，故一审程序是合法的。综上，一审判决认定事实清楚，适用法律正确。

【案例来源】

最高人民法院民事审判第一庭编：《中华人民共和国最高人民法院判案大系》（民事卷－2001年卷），人民法院出版社2003年版，第118～125页。

编者说明

按照《保险法》规定，财产保险是指投保人根据合同约定，向保险人支付保险费，保险人对于合同约定的可能发生的事故因其发生所造成的财产损失承担赔偿保险金责任的行为。本案中，天海房地产公司和保险公司多次在新闻媒体上刊登广告称：凡购买天海花园小区商品房的单位和个人均可享受"五年还本"，保险公司提供"五年还本"信誉保险。李会同等120人分别与天海房地产公司签订了《还本售房协议书》和《债权证明》并进行了公证，一次性支付了全部购房款，天海房地产公司与保险公司签订了还本信誉保险合同。后因中国人民保险公司对还本信誉保险提出异议，不予同意，天海房地产公司与保险公司在1个月后终止了该保险合同，因此，保险公司宣传的“信誉保险”并不构成当事人之间已经建立正规的财产保险关系，而是属于“信誉担保”性质的行为。保险公司的保险责任不成立，但应当承担因“信誉担保”而引起的过错赔偿责任。

356 保险公司故意隐瞒被保险人可以获赔的重要事实而达成销案协议的，构成保险合同欺诈

【关键词】

｜保险公司｜隐瞒事实｜合同欺诈｜

【案件名称】

刘向前诉安邦财产保险股份有限公司江苏分公司保险合同纠纷案［江苏省宿迁市中级人民法院二审民事判决书，2011.11.2］

【裁判精要】

裁判摘要：保险事故发生后，保险公司作为专业理赔机构，基于专业经验及对保险合同的理解，其明知或应知保险事故属于赔偿范围，而在无法律和合同依据的情况下，故意隐瞒被保险人可以获得保险赔偿的重要事实，对被保险人进行诱导，在此基础上双方达成销案协议的，应认定被保险人作出了不真实的意思表示，保险公司的行为违背诚信原则构成保险合同欺诈。被保险人请求撤销该销案协议的，人民法院应予支持。

宿迁市中级人民法院认为：

合同一方当事人故意告知对方虚假情况，或者故意隐瞒真实情况，诱使对方当事人作出错误意思表示的，其行为构成欺诈。欺诈的构成要件为：(1)一方当事人存在告知虚假情况或者隐瞒真实情况的行为；(2)该行为是故意作出；(3)欺诈行为致使对方陷入错误认识，并基于该错误认识作出了不真实的意思表示。本案中，从电话回访的内容分析，被上诉人刘向前同意销案的原因是此前上诉人安邦公司拒绝理赔，致使其误以为因交通事故造成的损失将不能从安邦公司处获得赔偿。安邦公司认为其不应赔偿的理由分别是被上诉人未投保货物损失险、被保险车辆装载货物超高及不属其赔偿范围，但在诉讼中未能对其拒赔理由提供法律及合同上的依据。安邦公司作为专业保险公司，基于工作经验及对保险合同的理解，其明知或应知本案保险事故在其赔偿范围之内，在其认知能力比较清楚，结果判断比较明确的情况下，对被上诉人作出拒赔表示，有违诚实信用原则。在涉案销案协议订立过程中，安邦

公司基于此前的拒赔行为,故意隐瞒被上诉人可以获得保险赔偿的重要事实,对被上诉人进行错误诱导,致使被上诉人误以为将不能从保险公司获得赔偿,并在此基础上作出同意销案的意思表示,该意思表示与被上诉人期望获得保险赔偿的真实意思明显不符。故安邦公司的行为构成欺诈,依照《合同法》第五十四条第二款之规定,该销案协议应予撤销。

【案例来源】

《中华人民共和国最高人民法院公报》2013 年第 8 期。

357 即使案涉债权存在质押和抵押担保，但债权人为了保证其债权充分顺利实现，有权申请财产保全，由此产生的诉讼财产保全责任保险费属必要费用

【关键词】

| 担保 | 质押 | 抵押 | 财产保全 | 保全责任 | 保险费 |

【案件名称Ⅰ】

河南中孚实业股份有限公司与山东省金融资产管理股份有限公司、河南中孚电力有限公司、河南豫联能源集团有限责任公司金融借款合同纠纷案［最高人民法院（2019）最高法民终 242 号民事判决书，2019. 3. 28］

【裁判精要】

最高人民法院认为:

本案二审争议的焦点问题是案涉诉讼责任保险费 220800 元应否由中孚实业公司承担。中孚实业公司以案涉债权存在股权质押和动产抵押担保为由,认为诉讼责任保险费为非必要、非合理支出,主张其不应承担该保险费。《民事诉讼法》第一百条规定:“人民法院对于可能因当事人一方的行为或者其他原因,使判决难以执行或者造成当事人其他损害的案件,根据对方当事人的申请,可以裁定对其财产进行保全、责令其作出一定行为或者禁止其作出一定行为;当事人没有提出申请的,人民法院在必要时也可以裁定采取保全措施。人民法院采取保全措施,可以责令申请人提供担保,申请人不提供担保的,裁定驳回申请。”案涉债权虽有担保,但不能排除实践中可能存在的抵押物和质押物被违法转让等可能损害担保权人权益情形的出现。而且,根据《最高人民法院关于首先查封法院与优先债权执行法院处分查封财产有关问题的批复》的规定,执行过程中,一般应当由首先查封、扣押、冻结法院负责处分查封财产。所以,如果金融资产公司不及时申请财产保全、其不是首位财产保全申请人,则可能会存在在执行过程中案涉担保财产处分上的不利益,影响其担保权的

顺利实现。再有,抵押物和质押物的价值可能会随时间经过而发生减损,而借款利息会因时间经过而数额不断增大,这导致存在相关担保财产的价值不足以实现全部债权的可能。综上,即使案涉债权存在股权质押和动产抵押担保,但依据前述法律规定,金融资产公司为了保证其债权的充分、顺利实现,有权向人民法院申请财产保全,由此产生的诉讼财产保全责任保险费属必要费用。金融资产公司、中孚实业公司和齐鲁银行千佛山支行三方签订的《委托贷款借款合同》第九条约定:"在贷款期内,有以下任何一项情况发生时,齐鲁银行千佛山支行有权根据金融资产公司的要求宣布委托贷款全部或部分提前到期、提前收回委托贷款本息及其他一切相关费用并且可直接从中孚实业公司在齐鲁银行千佛山支行开立的任何账户中扣收:(1)中孚实业公司未按本合同约定的还款方式按时归还贷款本息的;……"本案是因债务人中孚实业公司未按合同约定的还款方式按时归还贷款本息而引发的诉讼,案涉责任保险费属于债权人为实现债权而花费的必要费用。依照上述约定,中孚实业公司应承担案涉诉讼责任保险费。一审法院判决中孚实业公司承担案涉诉讼责任保险费具有事实依据和法律依据。

【案例来源】

中国裁判文书网,http://wenshu.court.gov.cn。

【案件名称Ⅱ】

郭鸿宝与上海证券有限责任公司证券回购合同纠纷案[最高人民法院(2019)最高法民终216号民事判决书,2019.5.13]

【裁判精要】

最高人民法院认为:

(二)关于郭鸿宝是否应支付案涉保险费和律师费的问题

在上诉状中,郭鸿宝认为协议没有明确约定对应交易项下的债务包括保险费和律师费。二审庭审中,郭鸿宝又主张保全担保由保险公司提供并非唯一选择,相应保险费不是必要费用。律师费可以协商,故案涉律师费的合理性缺乏证据证明等。根据《回购协议》第十章第四十三条约定,甲方已质押的标的证券及其孳息的担保范围为对应交易项下的全部债务,包括但不限于以下内容:……(三)乙方为实现债权与担保权利而发生的费用(包括但不限于诉讼费、仲裁费、财产保全费、执行费、评估费、拍卖费、公证费、送达费、公告费、律师费等)。从该条表述文义解释可知,案涉质押股票担保范围包括财产保全费用和律师费。一般而言,为保全提供担保的方式有多种,并无法定先后顺序之分。至于申请人选择其中哪一种则由其根据自身情况自行选择确定。本案中,上海证券结合保全财产价值巨大、担保金额要求很高的实际情况,通过诉讼财产保全责任险方式提供担保所产生的保险费,属于因保全产生的合法费用。郭鸿宝虽否认其必要性,但在上海证券可以依法选择的前提下,仅凭其单方陈述,不足以支持其该主张。关于案涉律师费用,郭鸿宝虽以律师费用都可以协商为由,主张案涉律师费用不合理,但其仅有单方陈述,并未提交其他证据证明,故对该主张,不予采信。

【案例来源】

中国裁判文书网,http://wenshu. court. gov. cn。

编者说明

关于此问题,最高人民法院还有不同的裁判,如最高人民法院在上诉人红岭创投电子商务股份有限公司与被上诉人贵州开元嘉德置业有限公司、章云峰、许启游、刘亚军、毛晓红及原审第三人贵阳银行股份有限公司齐兴支行借款与担保合同纠纷案中认为:至于红岭创投是否可以主张15万元诉讼财产保全的保险支出,本院认为,红岭创投可以以提供担保财产的方式向人民法院申请采取财产保全措施,也可以以购买保险的方式向人民法院申请采取财产保全措施,故15万元保险费用的开支并非实现财产保全必然的开支,不属于合同中所约定的实现债权和抵押权必需的费用,原审不予支持并无不当。①

① 参见最高人民法院(2017)最高法民终197号民事判决书(2017. 9. 20),载中国裁判文书网,http://wenshu. court. gov. cn。

七、海上保险合同纠纷

358 海上货物运输保险合同中的"一切险"，除平安险和水渍险的各项责任外，还包括被保险货物在运输途中由于外来原因所致的全部或部分损失

【关键词】

| 海上货物运输保险合同 | 一切险 |

【案件名称】

海南丰海粮油工业有限公司诉中国人民财产保险股份有限公司海南省分公司海上货物运输保险合同纠纷案［最高人民法院指导案例 52 号］

【裁判精要】

裁判要点:海上货物运输保险合同中的"一切险",除包括平安险和水渍险的各项责任外,还包括被保险货物在运输途中由于外来原因所致的全部或部分损失。在被保险人不存在故意或者过失的情况下,由于相关保险合同中除外责任条款所列明情形之外的其他原因,造成被保险货物损失的,可以认定属于导致被保险货物损失的"外来原因",保险人应当承担运输途中由该外来原因所致的一切损失。

最高人民法院认为:

根据涉案"海洋运输货物保险条款"的规定,一切险除了包括平安险、水渍险的各项责任外,还负责被保险货物在运输过程中由于各种外来原因所造成的损失。同时保险条款中还明确列明了五种除外责任,即:(1)被保险人的故意行为或过失所造成的损失;(2)属于发货人责任所引起的损失;(3)在保险责任开始前,被保险货物已存在的品质不良或数量短差所造成的损失;(4)被保险货物的自然损耗、本质缺陷、特性以及市价跌落、运输迟延所引起的损失;(5)本公司海洋运输货物战争险条款和货物运输罢工险条款规定的责任范围和除外责任。从上述保险条款的规定看,海洋运输货物保险条款中的一切险条款具有如下特点:

1. 一切险并非列明风险,而是非列明风险。在海洋运输货物保险条款中,平安险、水渍险为列明的风险,而一切险则为平安险、水渍险再加上未列明的运输途中由于外来原因造成的保险标的的损失。

2. 保险标的的损失必须是外来原因造成的。被保险人在向保险人要求保险赔

偿时,必须证明保险标的的损失是因为运输途中外来原因引起的。外来原因可以是自然原因,亦可以是人为的意外事故。但是一切险承保的风险具有不确定性,要求是不能确定的、意外的、无法列举的承保风险。对于那些预期的、确定的、正常的危险,则不属于外来原因的责任范围。

3. 外来原因应当限于运输途中发生的,排除了运输发生以前和运输结束后发生的事故。只要被保险人证明损失并非因其自身原因,而是由于运输途中的意外事故造成的,保险人就应当承担保险赔偿责任。

根据《保险法》的规定,保险合同中规定有关于保险人责任免除条款的,保险人在订立合同时应当向投保人明确说明,未明确说明的,该条款仍然不能产生效力。据此,保险条款中列明的除外责任虽然不在保险人赔偿之列,但是应当以签订保险合同时,保险人已将除外责任条款明确告知被保险人为前提。否则,该除外责任条款不能约束被保险人。

关于中国人民银行的复函意见。在保监委成立之前,中国人民银行系保险行业的行政主管机关。1997 年 5 月 1 日,中国人民银行致中国人民保险公司《关于〈海洋运输货物保险"一切险"条款解释的请示〉的复函》中,认为一切险承保的范围是平安险、水渍险及被保险货物在运输途中由于外来原因所致的全部或部分损失。并且进一步提出:外来原因仅指偷窃、提货不着、淡水雨淋等。1998 年 11 月 27 日,中国人民银行在对《中保财产保险有限公司关于海洋运输货物保险条款解释》的复函中,再次明确一切险的责任范围包括平安险、水渍险及被保险货物在运输途中由于外来原因所致的全部或部分损失。其中外来原因所致的全部或部分损失是指 11 种一般附加险。鉴于中国人民银行的上述复函不是法律法规,亦不属于行政规章。根据《立法法》的规定,国务院各部、委员会、中国人民银行、国家审计署以及具有行政管理职能的直属机构,可以根据法律和国务院的行政法规、决定、命令,在本部门的权限范围内,制定规章;部门规章规定的事项应当属于执行法律或者国务院的行政法规、决定、命令的事项。因此,保险条款亦不在职能部门有权制定的规章范围之内,故中国人民银行对保险条款的解释不能作为约束被保险人的依据。另外,中国人民银行关于一切险的复函属于对保险合同条款的解释。而对于平等主体之间签订的保险合同,依法只有人民法院和仲裁机构才有权作出约束当事人的解释。为此,上述复函不能约束被保险人。要使该复函所作解释成为约束被保险人的合同条款,只能是将其作为保险合同的内容附在保险单中。之所以产生中国人民保险公司向主管机关请示一切险的责任范围,主管机关对此作出答复,恰恰说明对于一切险的理解存在争议。而依据《保险法》第三十一条的规定,对于保险合同的条款,保险人与投保人、被保险人或者受益人有争议时,人民法院或者仲裁机关应当作有利于被保险人和受益人的解释。作为行业主管机关作出对本行业有利的解释,不能适用于非本行业的合同当事人。

【权威解析】

（一）合同解释规则的运用

本案争议的焦点是保险合同约定的“一切险”的承保范围和“外来原因”的含义，问题的实质是合同解释问题。作为合同的一般解释规则，如现行《合同法》第一百二十五条规定的文意解释、体系（整体）解释、目的解释、习惯解释、诚信解释以及第四十一条规定的公平解释（格式条款的特别解释规则），对保险合同同样适用。虽然至本案二审判决时，现行《合同法》尚未颁布，但上述解释方法实际上一直为司法实践所遵循和运用。所谓文义解释，作为一切解释的出发点，法官首先必须考察条文用语的通常含义，当然如果合同对特定用语有专门定义或者特别限定的，则遵从专门术语的特定含义作出解释，这种解释更多地体现为字面解释；文义解释作为一切解释的归宿，是指根据字面作出的解释，再结合体系解释、目的解释等其他解释方法，或检证补强或填补修正，最终探究出当事人的真实意思，维护公平正义。在合同的解释规则方面，无论是《保险法》，还是《海商法》，均没有超出《合同法》所确立的解释规则，《保险法》也无非是特别突出格式条款的解释规则（作不利于起草格式条款一方的解释）。《保险法》（1995）第三十条关于保险合同解释的规定于 2009 年经过修改，增加了“应当根据通常理解作出解释”的规定，与《合同法》第四十一条规定的精神完全一致。也就是说，即使是格式条款，也应当首先根据通常理解进行文义解释；在根据通常理解作出不同解释情况下，才作出有利于被保险人和受益人的解释，而不能不顾条文的文义（通常理解）径直采用有利于被保险人和受益人的解释。文义解释的根本地位在法律规定中是一以贯之的，司法实践不能偏离。本案对保险合同的解释，主要采用了文义解释的方法，同时从合同整体、海上保险实践等各方面得到进一步检证。

（二）对“一切险”的理解

对海洋运输货物“一切险（all risks）”的理解，第一，要正确理解“风险（risks）”的通常含义。所谓风险，就是可能出现的危险，具有意外性或偶然性特征，是一种可能性，而不是确定性。凡是具有确定性的不可能发生、必然发生、已经发生的不利情况，均不能成为风险，因此，无论保险合同，还是法律规范，一般均将保险标的物的本质缺陷、自然耗损以及保险责任开始前已经发生的损失作为除外责任予以约定或者规定。就货物保险而言，货物内在缺陷所必然造成的损失，其本身不能成为一种风险，只有货物外在原因可能造成的损失，才能成为风险。第二，对“一切险”中“一切”的理解，主要是立足合同条款的具体约定来确定“一切”的范围。中国人民保险公司海洋运输货物保险条款（1981 年 1 月 1 日修订）约定“一切险”：“除包括上列平安险和水渍险的各项责任外，本保险还负责被保险货物在运输途中由于外来原因所致的全部或者部分损失。”从国际海运货物保险实践看，“一切险”是有限制的，除了从风险的基本内涵和本质特征出发排除所有既定或者确定因素之外，不同保险条款均有自己的承保范围，承保的可能性因素可能有所不同。第三，关于“一切险”的性质是否为非列明风险，是海上保险中长期关注的问题。之所以受到如此关注，关键在于非列明风险与列明风险在法律上最主要的分别之一在于举证责任的不同。在列明风险下，由于遵循“列举（部分）就意味排除（其他）”的解释规则，承保风险被严格限定于合同所列明的风险项目中，被保险人提出保险索赔应当具体证明损失属于其中哪一项或者哪几项列明风险所致；而诸如“协会货物保险A条款”约定“一切险”采用广泛的“一切风险+列明除外”的方式，就是最为典型的非列明风险。由于该“一切险”承保风险非常宽泛，被保险人就被免除了列明风险下证明具体风险的举证责任，但被保险人并非不承担举证责任，只不过要求承担较轻的举证责任，仅需要证明保险事故系某些意外所致即可，而没有必要证明损失系某类具体危险所致，不必证明损失的确切原因；在被保险人完成上述初步举证后，如果保险人不能举证证明损失系由约定或者法定保险除外责任所致，法院就应当认定损失系承保风险所致。在本案中双方当事人采用中国人民保险公司海洋运输货物保险条款，该条款下的“一切险”约定方式是：平安险（列明风险）+水渍险（列明风险）+外来原因（非列明风险），但实质上仍是非列明风险。因为外来原因不是一项具体风险，而是泛指所有（外来）风险，从某种意义上可以说保险中的风险就是外来风险，而不包括保险标的内在缺陷等内在原因。如果被保险人根据外来原因提出保险索赔，应当按照非列明风险确定举证责任。

（三）对“外来原因”的解释

对于“外来原因（external cause）”一词，如果单纯盯住该词，恐怕难得其解，因为“外来”的参照物何在？这个“外来”是相对于何物而言的“外来”？既然有“外来”，就应当有相对应的“内在”，那么“内在”系指何物之内在？这些问题是外来原因本身所无法涵盖的。解释这个问题，首先必须从上下文中探究。只要我们放眼“本保险还负责被保险货物在运输途中由于外来原因所致的全部或部分损失”这一整句，即可知“外来原因”所维系的本体是“被保险货物”，“外来”的参照物也就是被保险货物，所谓“外来原因”，就是被保险货物内在原因以外的其他原因，即货物之外因。这个理解，不仅符合合同条款的文义，也符合法律规定与合同约定货物内在缺陷为保险除外责任的普遍实践，符合风险的基本内涵与本质特征。至于被保险人的过失或者故意，应不在“外来原因”的文义之内，但在法定或者约定的保险除外责任之中。

本案货物损失的原因是船东（实际承运人）监守自盗，该原因显然不属于被保险货物内在原因，而属于外在原因即“外来原因”。保险中的风险既有天灾，也有人祸。船东的监守自盗，如同货物被他人盗窃、被海盗劫掠而丧失所有权一样，都具有一种不可预见性或者意外性，均是海上保险中普通而又典型的外来原因（风险）。在本案中，既然保险人认可偷窃、提货不着属于外来原因，那么船东监守自盗又何尝不是？无疑，本案生效判决认定涉案货损原因属于保险承保的外来原因，理据充分，公平合理。

至于中国人民银行于1998年对《中保财产保险有限公司关于海洋运输货物保

险条款解释》的复函等部门内部文件，由于其不属于法律法规，如果当事人没有将有关内容纳入合同约定范围，人民法院则难以作为认定"一切险"范围的依据，这一点早已成为海事审判的共识。①

【案例来源】

《最高人民法院关于发布第十批指导性案例的通知》（2015 年 4 月 15 日，法〔2015〕85 号）。

编者说明

在最高人民法院（2003）民四提字第 5 号民事判决中，最高人民法院以本案保险标的的损失不属于保险条款中规定的除外责任之列，应为收货人即被保险人丰海公司无法控制的外来原因所致为由，认定本案保险事故属一切险的责任范围，判决被保险人获得保险赔偿。应该说，最高人民法院的判决，对于海洋运输货物保险条款中一切险的理解作出最终的论断。最高人民法院对此案作出的最终判决对此类案件的审理具有指导意义。②

359 被保险人在保险合同成立前，未告知其所知或者在通常业务过程中应知的、足以影响保险人作出是否承保以及如何确定保险费决定的重要情况，违反诚信原则

【关键词】

｜保险合同｜告知义务｜诚信原则｜

【案件名称】

江苏外企公司诉上海丰泰保险公司海上货物运输保险合同纠纷案［上海海事法院二审民事判决书，2003. 4. 21］

【裁判精要】

裁判摘要：被保险人在投保时至保险合同成立前，未向保险人告知其所知或者在通常业务过程中应知的、足以影响保险人作出是否承保以及如何确定保险费决定的一切重要情况，违反了最大诚信原则，保险人可以因此宣告保险合同无效。

---

① 参见最高人民法院案例指导工作办公室：《指导案例 52 号〈海南丰海粮油工业有限公司诉中国人民财产保险股份有限公司海南省分公司海上货物运输保险合同纠纷案〉的理解与参照》，载《人民司法·案例》2016 年第 26 期。

② 参见王淑梅、胡方：《海南丰海粮油工业有限公司与中国人民财产保险股份有限公司海南省分公司海上货物保险合同纠纷案——从"HAGAAR"轮的审判谈对海上运输货物保险中一切险条款的认识》，载最高人民法院民事审判第四庭编：《涉外商事海事审判指导》（总第 9 辑），人民法院出版社 2005 年版，第 117 页。

上海海事法院认为:

关于上海丰泰保险公司能否宣布保险合同无效。《英国1906年海上保险法》第十七条规定:“保险依赖于最大诚信。海上保险合同建立在最大诚信基础之上,如果合同任何一方不遵守最大诚信,另一方即可宣告合同无效。”第十八条第一、二款规定:“……在签订合同前,被保险人必须向保险人告知其所知的一切重要情况。被保险人视为知道在通常业务过程中所应知晓的每一情况。如果被保险人未履行该项告知义务,保险人即可宣布合同无效。影响谨慎的保险人确定保险费或影响其决定是否接受承保的每一情况,被认为是重要情况。”第二十条规定:“……合同磋商期间以及合同签订前,被保险人或其代理人向保险人的每一重要陈述,必须真实。如不真实,保险人即可宣告合同无效。影响谨慎的保险人确定保险费或影响其决定是否接受承保的每一陈述,被认为是重要陈述。陈述可以是事实,也可是一种期望或信念……陈述在合同签订前可以撤销或更正……”根据上述规定,保险合同的订立应遵循最大诚信原则。被保险人在发出要约、接受新的要约、作出承诺的整个过程中,都应依据最大诚信原则,向保险人如实告知其知道或者在通常业务中应当知道的、可能影响保险人作出是否承保与是否增加保险费决定的任何重要情况。“被保险人知道”,是指其实际知情;“被保险人在通常业务中应当知道”,既包括保险人已经询问到的情况,更包括在通常业务中应当由被保险人查询掌握的其他情况。“如实告知”,是指全部告知和正确告知;凡对某一重要情况的全部或部分内容未告知或错误告知,均属未尽到如实告知义务。被保险人履行如实告知义务的期限,应当自提出投保请求时开始,在双方协商过程中持续,直到保险合同成立时为止。在双方协商期间被保险人才了解到的重要情况,以及从不重要变为重要的情况,被保险人都有义务告知保险人。涉案货运船舶于1999年9月12日开航,同年10月11日据说因大量进水而被船员放弃,10月14日在距南非德班港750海里处遇强烈暴风雨沉没。作为货物买方,原告江苏外企公司在船舶开航一个月后,没有通过各种有效途径对货物现状进行必要了解,以至将已面临海损的货物投保,未尽到一个善意被保险人应当承担的恪尽职责合理查询并如实告知的义务。现有证据证明,1999年10月14日20点38分,江苏外企公司收到S公司发来的货损传真。此时,江苏外企公司虽然已向被告上海丰泰保险公司投保,但保险合同尚未成立。作为被保险人,江苏外企公司并未遵守最大诚信原则,在保险合同成立前将自己知道的这一足以影响保险合同成立的重要情况告知保险人。江苏外企公司以其投保时不知道发生货损为由,否认自己有如实告知这一情况的义务,理由不能成立。参照英国判例“如果投保人隐瞒了在订约前其船舶已经搁浅并出现漏缝的事实,所订保险合同无效。被保险人未主动提示此种情况,构成对实质性问题的隐瞒”,本案情况与该判例十分相似。江苏外企公司违反《英国1906年海上保险法》第十七条规定,上海丰泰保险公司有权宣布保险合同无效。

此外,舱面载货的风险明显大于舱内,它直接影响保险人作出承保和确定保险费率的决定。原告江苏外企公司早在1999年9月24日就收到了装货单副本,已知部分货物装载于船舶舱面。作为被保险人,江苏外企公司在投保当时及之后,未将这一足以影响保险合同成立及双方权利义务变化的重要事实告知保险人,显然也未尽到如实告知义务。江苏外企公司以木材在舱面装载是航运惯例、保险人应当知道为由,辩称自己没有此项告知义务,理由不能成立。

【案例来源】

《中华人民共和国最高人民法院公报》2005年第11期。

编者说明

关于投保人违反保险告知义务的法律效果,早期学说与司法实践认为,告知义务为保险合同的成立要件,违反告知义务将导致保险合同自始无效,本案的裁判结论也是如此。但现代学说与司法实践则将告知义务视为督促投保人披露与风险相关事实,以利于保险人评估风险之制度,认为将违反告知义务的保险合同一概认为无效,不符合保险实践需要,也不利于保险业的发展。因此,当前各国立法普遍都将保险人享有保险合同解除权作为投保人违反告知义务的法律效果。2009年修订的《保险法》第十六条第二款也是规定:"投保人故意或者因重大过失未履行前款规定的如实告知义务,足以影响保险人决定是否同意承保或者提高保险费率的,保险人有权解除合同。"①

360 被保险人举证证明发生了保险责任条款约定事故的,保险人仍有权依据除外责任条款的约定主张免责

【关键词】

| 保险责任条款 | 除外责任条款 |

【案件名称】

泰州市长鑫运输有限公司与永安财产保险股份有限公司泰州中心支公司海上、通海水域保险合同纠纷案[最高人民法院(2017)最高法民再269号民事判决书,2017.12.26]

① 参见最高人民法院保险法司法解释起草小组编著:《〈中华人民共和国保险法〉保险合同章条文理解与适用》,中国法制出版社2010年版,第90页。

【裁判精要】

最高人民法院认为：

本案为通海水域保险合同纠纷，涉案保险合同是双方当事人的真实意思表示，合法有效，双方当事人均应依法行使合同权利，履行合同义务。根据双方当事人再审期间提出的诉辩主张，本案审理的焦点问题是永安保险提出的台风、被保险人重大过失等免责抗辩事由是否成立。

长鑫公司主张永安保险未向其说明、解释免责条款，涉案保险合同中的免责条款无效。但永安保险提供的投保单证明，长鑫公司在投保单中签章确认“保险人已将《水路货物运输承运人责任保险条款》内容，特别是对保险责任、责任免除及被保险人义务向投保人作了明确告知”。长鑫公司关于永安保险实际上并未将免责条款向其进行说明、解释的主张，与其在投保单中确认的内容不符，也没有其他证据能够推翻前述书面盖章确认的事实。长鑫公司关于永安保险未向其提示说明免责条款的主张，本院不予支持。

根据涉案保险单的记载，“长鑫顺 888”轮航行区域为沿海，涉案保险合同属于《海商法》第二百一十六条规定的海上保险合同。涉案保险条款第三条约定了保险人承担保险责任的范围，第六条约定了保险人不承担保险责任的除外情形，分别属于《海商法》第二百一十七条第（六）项规定的“保险责任和除外责任”，二者都是海上保险实务中常见的合同条款。保险责任条款主要约定保险人负责赔偿的风险项目，除外责任条款则用于明确保险人不承担保险赔偿责任的风险项目。两类条款从正反两个角度对承保风险的范围进行明确约定。在被保险人举证证明发生了保险责任条款约定的事故时，保险人仍有权依据除外责任条款的约定主张免责，只是需要对其主张的免责事实承担举证责任。根据涉案保险条款第六条第（三）项的约定，因台风自然灾害造成的损失、费用和责任，保险人不负责赔偿。该项除外责任条款的约定是明确的，只要保险人举证证明损失是由于台风造成的，即可免于承担保险赔偿责任，不存在两种以上的解释。一、二审法院混淆了保险责任条款与除外责任条款的不同功能，认为涉案除外责任条款的含义存在两种理解，进而认定因台风造成船舶沉没不属于除外责任的情形，认定事实错误，本院予以纠正。

长鑫公司因船舶在台风中沉没而遭受损失，永安保险主张事故是由于台风造成的，属于保险条款第六条第（三）项规定的不予赔偿的情形。正确处理本案的关键是准确分析长鑫公司遭受损失的原因究竟是船舶沉没还是台风。永安保险提交的《八所“6·23”“长鑫顺 888”轮沉没事故调查报告》证明，“长鑫顺 888”轮在防台期间，因风浪的持续影响，发生走锚，舱盖板脱落，大量海水进入货舱，最终导致沉没，可以证明“长鑫顺 888”轮涉案事故是由于台风造成的。长鑫公司主张事故是由于船艉部搁浅导致船体倾斜及沉没，并非台风直接导致，但又称是由于巨浪致使船舶艉部搁浅，也印证了船舶在台风的作用下搁浅、沉没进而造成货物受损的事实。因台风属于涉案保险条款第六条第(三)项约定的保险人不负责赔偿的风险,永安保险关于其不应承担保险赔偿的主张,符合合同约定,本院予以支持。

永安保险还以长鑫公司存在重大过失为由主张免除保险赔偿责任。涉案保险条款未对重大过失的判断标准作出明确规定,海上风险随时发生变化,防台避台措施的合理性也没有固定、统一的判断标准,不应对被保险人过于苛责。“长鑫顺888”轮船东决定在船舶目的港原地抗台,也采取了一系列积极的抗台措施。永安保险以船东未择地避台为由,主张长鑫公司存在重大过失,事实依据不足。二审判决不支持永安保险关于被保险人存在重大过失的主张,并无不当。

【案例来源】

中国裁判文书网,http://wenshu.court.gov.cn。

361 虽然提货不着被认定为海上货物运输保险合同约定的风险,但对承运人无单放货造成的提货不着,保险公司不承担赔偿责任

【关键词】

|海上货物运输保险合同|提货不着|无单放货|赔偿责任|

【案件名称】

中国抽纱公司上海进出口公司诉中国太平洋保险公司上海分公司海上货物运输保险合同纠纷案[上海市高级人民法院二审民事判决书,2001.3.20]

【裁判精要】

上海市高级人民法院认为:

虽然本案保险单上没有明文将“偷窃、提货不着险”约定为保险合同中应予赔偿的一种风险,但在上诉人保险公司的《主要险种条款汇编》一书中,已经将一切险解释为包括“偷窃、提货不着险”。鉴于被上诉人抽纱公司投保的是一切险和战争险,因此,应当包括“偷窃、提货不着险”。

保险事故发生后,被保险人只要以所举证据证明保险事故客观存在,就完成了举证责任。至于被保险人从何处取得证据,法律没有特别规定。上诉人保险公司认为被上诉人抽纱公司必须提交责任方出具的证明才能索赔,其理由不能成立。

应当将海上货物运输保险合同仓至仓条款的责任期间,理解为从货物在启运仓库启运开始,至抵达收货人仓库并向提单持有人合法交货时为止的期间。在此期间发生的保险事故,均属保险人承保范围。被上诉人抽纱公司在此期间提货不着,属于上诉人保险公司的责任范围。

提货不着虽然是本案海上货物运输保险合同中约定的一种风险,但并非所有的

提货不着都应当由保险人承担赔偿责任。海上货物运输保险合同中的风险，一般是指货物在运输过程中因外来原因造成的风险，既包括自然因素造成的风险，也包括人为因素造成的风险。但是，凡海上货物运输保险合同所指的风险，都应当具备不可预见性和责任人不确定性的特征。托运人、承运人、收货人等利用接触、控制保险货物的便利，故意毁损、丢弃或无单放行以至提货不着，是确定的责任人不正确履行职责而发生的可以预见的事故。本案是因承运人银风公司无单放货，造成持有正本提单的被上诉人抽纱公司提货不着。无单放货虽然能导致提货不着，但这种提货不着不具有海上货物运输保险的风险特征，故不属于保险合同约定承保的风险。

承运人是被上诉人抽纱公司选定的，抽纱公司与其签订海洋货物运输合同。抽纱公司在选定承运人时，有责任审查承运人以及承运代理人的资格和信誉。当承运人故意违约无单放货时，抽纱公司应当根据海洋货物运输合同的约定，向这个确定的责任人追究违约责任。抽纱公司不去追究承运人银风公司的违约责任，却以"提货不着是约定的风险"为由，起诉请求判令上诉人保险公司赔偿，致使应承担无单放货违约责任的银风公司免受追偿。抽纱公司的诉讼请求，不仅不符合承运人应该根据提单交货的国际惯例，有悖于海上货物运输保险合同中保险风险系外来因素造成的特征，混淆了海上货物运输合同与海上货物运输保险合同之间的法律关系与责任界定，也不符合公平、正义的法律原则。

综上所述，虽然本案的海上货物运输保险合同中约定承保"偷窃、提货不着险"，但对承运人无单放货造成的提货不着，上诉人保险公司可不承担赔偿责任。原判从字义上对"偷窃、提货不着险"作出的解释，不符合保险合同只对外来原因造成的风险给予赔偿的本意，不当地扩大了保险人的义务。保险公司此一上诉理由成立，予以采纳。原审判决不当，应予纠正。

【案例来源】

《中华人民共和国最高人民法院公报》2001 年第 3 期。

362 事故系由承保风险和非承保风险共同作用而发生，应根据各项风险原因对事故发生的影响程度，酌定保险公司承担相应保险赔偿责任

【关键词】

| 承保风险 | 非承保风险 | 酌定赔偿 |

【案件名称】

曲荣模与中国大地财产保险股份有限公司威海中心支公司海上、通海水域保险合同纠纷案［最高人民法院（2017）最高法民再 413 号民事判决书，2018. 5. 15］

【裁判精要】

裁判摘要：保险赔偿责任的认定涉及事故原因、保险承保范围、(约定和法定)保险除外责任、保险承保风险的影响程度等层面的问题。对于保险人是否应当对特定事故承担保险责任以及承担保险赔偿责任的程度，首先，应当分析事故原因和保险承保范围，认定全部或者部分事故原因是否属于保险承保范围；其次，审查保险合同约定的除外责任条款是否生效以及是否存在法定除外责任所涉原因，认定保险人是否有权根据约定或者法定除外责任相应拒绝赔付；最后，根据保险承保风险的影响程度(因果关系构成情况)相应确定保险人最终所应当承担的保险赔偿责任。《海商法》第二百四十四条中规定的"开航"，应指船舶离港，开始预定航次的航行，而不包括船舶在港内移泊。但船舶所有人、船长船员为应对台风而组织、实施船舶港内移泊位，未尽适当注意造成事故，应当认定船舶所有人、船长船员对此具有疏忽。

最高人民法院认为：

(一)关于保险赔偿责任的认定

保险赔偿责任的认定涉及事故原因、保险承保范围、(约定和法定)保险除外责任、保险承保风险的影响程度等层面的问题。对于保险人是否应当对特定事故承担保险责任以及承担保险赔偿责任的程度，首先，应当分析事故原因和保险承保范围，认定全部或者部分事故原因是否属于保险承保范围；其次，审查保险合同约定的除外责任条款是否生效以及是否存在法定除外责任所涉原因，认定保险人是否有权根据约定或者法定除外责任相应拒绝赔付；最后，根据保险承保风险的影响程度(因果关系构成情况)相应确定保险人最终所应当承担的保险赔偿责任。

曲荣模作为"鲁荣渔1813""鲁荣渔1814"船的船东(所有人)得知"米雷"台风接近该两船停靠的港口，于2011年6月25日决定移泊避免台风损害，该项决定的动因正当合理。该两船在移泊过程中受海上大风浪作用失控而搁浅全损，在事故起因和损失成因中，台风具有直接、重要影响。从移泊中一船机舱因无人注意而进水的事实看，该事故发生过程中也存在人为应对不当的原因：首先，曲荣模组织移泊行动时应当事先注意两船均未修理完工(其中一船没有动力)且将在台风中移泊约4海里，该移泊存在较大困难和风险，从而相应召集配备足够船员驾驶并看管两船，而上述事实表明曲荣模没有配备足够船员导致其与3名船长船员在移泊中难以顾全两船的驾驶及其安全；其次，船长船员在移泊过程中没有尽适当注意对船舶机舱进行防水排水，对其中一船机舱进水失去动力并造成事故也有一定影响。据此可知，涉案事故系由台风、船东的疏忽、船长船员的疏忽三个原因共同造成，其中台风是主要原因。

涉案保险条款列明综合险承保的3项原因，其中第1项原因是暴风雨、台风、搁浅、触礁等自然灾害和意外事故，"意外事故"通常被理解为非因当事人的故意或过失,而是由于当事人意志以外的原因而偶然发生的事故,据此可以认定第 1 项原因不含当事人方面的疏忽或者故意;第 2 项原因是船壳和机器的潜在缺陷,涉案事故并不涉及;第 3 项原因为“船长、大副、船员、引水员或修船人员的疏忽”,其中列明疏忽的人员范围不含船东本人。上述 3 项原因的列明方式表明涉案保险条款将相关人员的疏忽专门予以列明,由此也印证第 1 项原因不含当事人方面的疏忽。涉案保险条款已经清楚表明船东疏忽不属其列明的承保范围。尽管涉案保险条款第三条(除外责任)列明船东的疏忽,但这只能表明该保险条款在除外责任部分同时(反向)强调保险人不负责赔偿船东疏忽引起的损失,而不能表明船东的疏忽原本在该条款列明的承保范围中。涉案保险条款第二条(责任范围)所列明的 3 项原因即为该保险所承保的风险,据此可以认定,在造成涉案事故的三个原因中,台风与船长船员的疏忽属于承保风险,而船东的疏忽为非承保风险。

根据《保险法》第十七条第二款的规定,保险人在订立合同时未对免除保险人责任的条款向投保人作提示或者明确说明的,该条款不产生效力。大地保险石岛支公司未提供证据证明其在订立保险合同时已向曲荣模明确说明除外责任条款。尽管曲荣模确认与大地保险石岛支公司订立保险合同采用涉案保险条款并认可该条款的效力,但在曲荣模对其中除外责任条款的效力提出异议的情况下,不能据此认定除外条款也与其他条款一并生效。曲荣模主张涉案保险条款中的除外责任条款不生效,具有事实和法律依据,应予支持。大地保险石岛支公司根据涉案保险条款载明的除外责任条款提出免责抗辩,不能成立。

《海商法》第二百四十四条第一款规定:“除合同另有约定外,因下列原因之一造成保险船舶损失的,保险人不负赔偿责任:(一)船舶开航时不适航,但是在船舶定期保险中被保险人不知道的除外;(二)船舶自然磨损或者锈蚀。”该法规定的船舶适航,是指船舶在各个方面适于预定航次的航行,具备承受该航次中可能遇到的一般海上风险的能力,使船舶处于安全航行状态。该法之所以对船舶适航的要求限定于“开航时”,是因为在预定航次中,船舶可能遇到的风险大于港内,且船舶在港内修理、装卸等活动,客观上难以一直保持适于出港航行的状态。因此,《海商法》第二百四十四条中规定的“开航”,应指船舶离港,开始预定航次的航行,而不包括船舶在港内移泊。在航运实践中,船舶从锚泊、系岸、搁浅状态转换到非锚泊、非系岸、非搁浅状态,属于在航(Underway),但并非所有在航状态的开启均属于上述法律规定的开航(Commencement of the voyage),大地保险石岛支公司主张“开航”应理解为非锚泊或者非系岸状态,与法律规定和航运实践中的通常理解不符,本院不予支持。曲荣模在涉案两船靠港修理期间,为避台风而安排船舶港内移泊,并非安排船舶离港开始预定航次的航行,该类港内移泊不属于《海商法》第二百四十四条第一款第(一)项规定的“船舶开航”,大地保险石岛支公司根据该条法律规定主张免除保险赔偿责任,缺乏事实依据,本院不予支持。

如上所述,本案事故系由承保风险(台风与船长船员的疏忽)和非承保风险(船东的疏忽)共同作用而发生,其中台风为主要原因。根据上述各项风险(原因)对事故发生的影响程度,本院酌定大地保险石岛支公司对涉案事故承担75%的保险赔偿责任。一审法院未查明全部事故原因和涉案保险条款载明的承保范围,认定大地保险石岛支公司对涉案事故承担100%的保险赔偿责任,存在认定事实与适用法律错误问题,应予纠正。二审法院未查明大地保险石岛支公司在订立保险合同时是否向曲荣模明确说明涉案保险条款中的除外责任条款,直接认定大地保险石岛支公司免除50%的保险赔偿责任,也存在认定事实与适用法律错误问题,应予纠正。

(二)关于保险赔偿数额及利息的认定

涉案保险合同约定每艘船舶的保险价值为428.57万元,每艘船舶的保险金额为300万元。尽管涉案保险单特别约定条款载明"发生全损时,最高赔偿金额不超过150万元",但该条款系大地保险石岛支公司业务员单方手写,保险单上的签字及手印并非曲荣模本人所为;曲荣模按照保险合同的约定缴纳保险费,仅可视为其对双方订立保险合同的追认,但不能由此推定曲荣模支付保险费时知悉并接受上述特别约定条款。大地保险石岛支公司根据上述特别约定条款主张曲荣模的索赔金额应为300万元,没有事实和法律依据,本院不予支持。涉案保险合同约定两艘船舶的保险金额低于保险价值,涉案两艘船舶发生全损,根据《海商法》第二百三十八条关于保险人赔偿保险事故造成的损失以保险金额为限的规定,如果两船全损完全由保险承保风险造成,两船保险赔偿金额为600万元。鉴于两船全损由保险承保风险和非承保风险共同造成,大地保险石岛支公司应按照上述75%的赔偿责任比例,向曲荣模支付保险赔偿款450万元。

【权威解析】

第一,保险合同纠纷案中对保险事故原因的认定,应当根据保险承保风险与免责原因,结合海事调查报告等全案相关证据与事实进行有针对性的具体认定,不能一味拘泥于海事行政机关的事故调查报告中的原因分析,因为该类调查报告的原因分析出发点和目的并非完全针对保险纠纷处理。

第二,概念是逻辑推理的起点,裁判推理论证始终不能忽略对基本概念清晰准确的界定,如本案中必须确定"开航"的含义。不可否认词语具有多义性,对于特定概念的含义,需要根据其所在法律文本乃至文本中特定的条款等语境,结合概念的字面意思、有关上下文、立法目的等因素作出合理解释并充分说理。

第三,关于多因一果的损害赔偿的处理,由于《保险法》和《海商法》均未规定"近因原则",对于被保险人的损失是由承保风险与非承保风险或者免责事由共同造成如何处理,从《保险法解释(三)》第二十五条就人身保险中被保险人的损失系由承保事故或者非承保事故、免责事由造成难以确定情形规定相应比例确定赔付的动向看,我国保险司法实践中正在倾向采纳国际上近年来逐步发展出来的比例因果关系学说,以打破"近因原则"下"全赔或者全不赔"的逻辑悖论。本案再审遵循这一司法动向,根据承保风险对损失发生在原因力上的比例相应确定保险人的赔偿责任。①

【案例来源】

中国裁判文书网,http://wenshu.court.gov.cn。

363 在建船舶的试航作业只是与船舶建造有关的活动，由此产生的损害赔偿请求不属于限制性债权，未行使该项权利不损害保险人利益

【关键词】

|在建船舶试航作业|损害赔偿|限制性债权|

【案件名称】

中海工业（江苏）有限公司诉中国太平洋财产保险股份有限公司扬州中心支公司、中国太平洋财产保险股份有限公司海上保险合同纠纷案［上海海事法院一审民事判决书，2012.3.6］

【裁判精要】

裁判摘要:在建船舶因尚未通过各项技术检验和办理正式登记手续,难以构成《海商法》意义上的船舶,更不具备从事船舶营运活动的资格。因此,在建船舶的试航作业只是与"船舶建造"有关的活动,而非《海商法》第二百零七条第一款第(三)项所列的与"船舶营运"直接相关的活动,由此产生的损害赔偿请求不属于限制性债权,故在建船舶试航期间发生事故造成他人人身、财产损失的,责任人不能享受海事赔偿责任限制。

上海海事法院认为:

关于原告就涉案事故能否享受海事赔偿责任限制。依据《海商法》第十一章有关海事赔偿责任限制的规定,享受海事赔偿责任限制的前提必须符合主客体两方面的条件:1. 有权享受海事赔偿责任限制的主体是船舶的所有人、经营人或承租人,且该船舶须是《海商法》第三条所规定的船舶,即指海船和其他海上移动式装置,不包括内河船舶,用于军事的、政府公务的船舶以及20总吨以下的小型船艇;2. 事故所造成的损失赔偿请求属于限制性海事赔偿请求。本院认为,首先,"安民山"轮不构

① 参见余晓汉:《曲某模与中国大地财产保险股份有限公司威海中心支公司、中国大地财产保险股份有限公司石岛支公司海上保险合同纠纷再审案评析》,载最高人民法院民事审判第四庭编:《涉外商事海事审判指导》(总第35辑),人民法院出版社2019年版,第186页。

成《海商法》意义上的船舶。《海商法》第三条所定义的船舶应指完整意义上的船舶，包括进行了船舶登记、通过各项技术检测、取得正式船舶证书和船名等，而在建船舶未进行正式登记，也未取得主管部门颁发的正式证书，虽然其在试航阶段也具备了一定的水上航行能力，但仍处于对船体的测试检验阶段，其最终能否通过测试进而取得正式的船舶资格并不确定，因而在建船舶不构成《海商法》意义上的船舶，原告也就不能成为《海商法》第十一章所规定的船舶所有人或船舶经营人。其次，即使在建船舶可以被认定为《海商法》第三条所规定的船舶，此类船舶在试航过程中造成的损失赔偿请求依现行法律规定亦难以归入限制性海事赔偿请求范围。《海商法》第二百零七条列明了四项限制性海事赔偿请求：（一）在船上发生的或者与船舶营运、救助作业直接相关的人身伤亡或者财产的灭失、损坏，包括对港口工程、港池、航道和助航设施造成的损坏，以及由此引起的相应损失的赔偿请求；（二）海上货物运输因迟延交付或者旅客及其行李运输因迟延到达造成损失的赔偿请求；（三）与船舶营运或者救助作业直接相关的，侵犯非合同权利的行为造成其他损失的赔偿请求；（四）责任人以外的其他人，为避免或者减少责任人依照本章规定可以限制赔偿责任的损失而采取措施的赔偿请求，以及因此项措施造成进一步损失的赔偿请求。上述第（二）项和第（四）项情形与本案无关，第（一）项和第（三）项则特别强调了事故所造成的损失须与“船舶营运”直接相关，如此规定与海事赔偿责任限制制度的立法精神——保障航运业、降低航运经营者风险相一致。而“安民山”轮在事故发生时系一艘在建船舶，尚未取得正式的船舶证书，不具备船舶营运资质，其试航作业不是与“船舶营运”直接相关的活动，而是与“船舶建造”相关的活动，因此，涉案事故所造成的损失不属于《海商法》第二百零七条所规定的情形。既然“安民山”轮在试航作业过程中造成人身伤亡和财产损失赔偿请求不属于《海商法》第二百零七条所规定的限制性海事赔偿请求，那么原告也就不能依据《海商法》第十一章的规定限制其赔偿责任。综上所述，原告在事故发生后向相关损失方和受害人全额支付赔款，符合法律规定，并无不当。两被告主张原告在对外赔付过程中未行使海事赔偿责任限制权利进而损害保险人利益的抗辩依据不足，本院不予采纳。

【案例来源】

《中华人民共和国最高人民法院公报》2013 年第 10 期。

364 船舶建造险所承保的船舶是否属于《海商法》规定的船舶，需要根据其是否具有航海能力分阶段认定

【关键词】

| 船舶建造险 | 船舶 | 航海能力 |

【案件名称】

中国人民财产保险股份有限公司航运保险运营中心与泰州三福船舶工程有限公司船舶建造保险合同纠纷案［最高人民法院（2017）最高法民再 242 号民事判决书，2017. 12. 26］

【裁判精要】

裁判摘要:《海商法》所规定的船舶原则上应限于基本建成而具有航海能力的船舶(除该法第十四条规定建造中船舶的抵押权外)。对于船舶建造险所承保的船舶是否属于该法规定的船舶,需要根据其是否具有航海能力分阶段相应认定。保险事故及其原因发生在船舶基本建成前的建造与设计阶段,由此引起的船舶建造保险合同纠纷不适用《海商法》的规定,而应适用《保险法》的规定。

最高人民法院认为:

(一)关于法律适用

双方当事人因履行船舶建造保险合同而发生纠纷。对于该纠纷是否适用《海商法》的规定,首先应当根据保险船舶是否属于该法规定的船舶予以确定。《海商法》第三条第一款规定:“本法所称船舶,是指海船和其他海上移动式装置,但是用于军事的、政府公务的船舶和 20 总吨以下的小型船艇除外。”除该法第十四条规定建造中船舶的抵押权外,该法所规定的船舶原则上应限于基本建成而具有航海能力的船舶。该法第十二章“海上保险合同”没有对保险标的之一的船舶另作特别定义,该章规定的船舶应当根据该法第三条关于船舶的一般规定认定为具有航海能力的船舶。对于船舶建造险所承保的船舶是否属于《海商法》规定的船舶,需要根据其是否具有航海能力分阶段相应认定。三福公司于 2011 年 5 月 14 日向人保航运中心投保涉案船舶建造险,当时造船材料尚未移上船台,远未建成为《海商法》一般意义上的船舶,且涉案保险事故及其原因发生在船舶基本建成前的建造与设计阶段,本案纠纷不应适用《海商法》的规定。一、二审法院将本案案由定为海上保险合同纠纷不当,一审法院判决时援引《海商法》第二百二十二条第二款和第二百三十七条的规定错误,本院予以纠正。本案为船舶建造保险合同纠纷,应当适用《保险法》的规定。

【权威解析】

就船舶概念而言,其是海事审判中最基本、最首要的概念之一,我们要注意从三个层面来认识和把握。一是从整体上进行系统把握,要认识到海事法律的渊源比较庞杂,包括大量国际公约和国内的法律、行政法规和部门规章等,而各个不同的法律文件中对船舶的定义并不完全一致,我们不可能对船舶下一个统一的定义。严格地讲,对于船舶的内涵和外延,应当根据适用的每一个法律规范性文件甚至其部分章节或者条款的具体限定进行确定。二是要认识问题的根源与实质,准确把握“海船”的本质特征是具有航海能力(适于海上航行)。大体上讲,海事公约所调整的船舶大多是我们通常所讲的“海船”,……《海商法》第三条规定了船舶,但没有进一步对“海船”下定义,《海事诉讼特别程序法》也没有对“海船”下定义。依据上述两部国内法的立法本意和国际上的普遍观念,《海事诉讼特别程序法解释》第三条规定:“海事诉讼特别程序法第六条规定的海船指适合航行于海上或者通海水域的船舶。”该司法解释的规定体现了“海船”的本质特征。对于尚不具备航海能力的在建船舶,原则上不属于《海商法》的调整对象,但在建船舶抵押应适用《海商法》第十四条的特别规定为例外。三是适用我国《海商法》和《海事诉讼特别程序法》时,要注意根据该两部法律下“海船”的本质特征准确识别,原则上不为其他规范性或者技术性文件的不同定义、标准或者名称所左右。①

【案例来源】

中国裁判文书网,http://wenshu.court.gov.cn。

365 船舶建造险条款约定承保的“保险船舶任何部分因设计错误而引起的损失”包含被保险人除保险船舶物理损害之外的经济损失

【关键词】

|船舶建造险|设计错误|经济损失|

【案件名称】

中国人民财产保险股份有限公司航运保险运营中心与泰州三福船舶工程有限公司船舶建造保险合同纠纷案[最高人民法院(2017)最高法民再242号民事判决书,2017.12.26]

【裁判精要】

裁判摘要:保险合同双方对保险合同条款存在争议,首先应当按照通常理解予以解释。我国保险市场普遍采用的《中国人民财产保险股份有限公司船舶建造保险条款(2009版)》第三条“责任范围”第一句“本公司对保险船舶的下列损失、责任和费用,负责赔偿”的表述,实际上是航运实践中普遍采用的船舶拟人化表述,以船舶指代船舶所有人、经营人或者建造人等相关利益主体。据此可以理解该保险条款所

① 参见余晓汉:《中国人民财产保险股份有限公司航运保险运营中心与泰州三福船舶工程有限公司船舶建造保险合同纠纷再审案评析》,载最高人民法院民事审判第四庭编:《涉外商事海事审判指导》(总第34辑),人民法院出版社2019年版,第135~136页。

称“损失和费用”是指被保险人的“损失和费用”，而不是指保险船舶的“损失和费用”。只有“损失”针对船舶（物）而言，才可能认定为限于“有形损害”即“损坏”；而当“损失”针对人而言，在没有特别限定情况下通常可以包含有形物理损害（损坏）和无形的经济损失。因此，该船舶建造险条款约定承保的“保险船舶任何部分因设计错误而引起的损失”可以理解为包含被保险人除保险船舶物理损害之外的经济损失。

最高人民法院认为：

（二）关于保险责任范围与除外责任

双方当事人对涉案保险的责任范围条款与除外责任条款存在争议，根据《保险法》第三十条的规定，应当按照通常理解予以解释。据此，可以对涉案船舶建造险条款第三条“责任范围”和第四条“除外责任”中的有关表述解释如下：

1. 关于保险条款第三条“责任范围”第一句“本公司对保险船舶的下列损失、责任和费用，负责赔偿”的表述，严格地讲，在我国日常用语和法律制度中，船舶一般仅作为法律关系的客体（物），可能出现遭受某些物理损害（有形损失）的情形，而不能作为主体承担责任、费用或者除物理损害之外的（无形）经济损失。所谓“保险船舶的下列损失、责任和费用”，实际上是航运实践中普遍采用的船舶拟人化表述，以船舶指代船舶所有人、经营人或者建造人等相关利益主体。从保险合同订立的目的看，保险就是承保被保险人的损失、责任和费用，该句完整表述和含义应当是：本公司（保险人）对保险船舶造成被保险人的下列损失、责任和费用，负责赔偿。

2. 关于保险条款第三条“责任范围”第1项第一句“保险船舶……由于下列原因所造成的损失和费用”的表述，该表述中有主语（保险船舶），而没有宾语或者适当定语（表述给谁造成损失和费用，或者表述造成谁的损失和费用），结合涉案船舶建造险条款的上下文和保险合同的目的，可以明确：该表述中的“损失和费用”是指被保险人的“损失和费用”，而不是指保险船舶的“损失和费用”。该句完整表述和含义应当是：保险船舶……由于下列原因所造成的被保险人的损失和费用。

3. 关于保险条款第三条“责任范围”第1项第5分项“保险船舶任何部分因设计错误而引起的损失”的表述，单纯就该处“损失”一词的字面意思而言，存在系指“船舶的损失”（有形损失）或者“被保险人的损失”两种不同理解的可能，但结合上文“由于下列原因所造成的损失和费用”的含义，则应认定该处“损失”为“被保险人的损失”。该句完整表述和含义应当是：保险船舶任何部分因设计错误而引起的被保险人的损失。

4. 关于保险条款第四条“除外责任”第6项“建造合同规定的罚款以及由于拒收和其他原因造成的间接损失”的表述，间接损失与直接损失在概念上相对，两者在理论和实践中存在因果关系、事故损及标的（物）的时间远近等不同区分标准，但根据其中“其他原因造成”的表述，可以认定该处“间接损失”是以因果关系为标准确定的。“由于拒收和其他原因”的含义就是涵盖所有原因,只不过特别强调拒收原因,由此可以认定涉案保险除外责任包括所有间接损失,即涉案保险仅承保直接损失。按照造船合同的约定,买方在具备解除合同条件下,可以选择不解除合同,也可以选择解除合同。就本案争议的船舶设计错误而言,无论该错误是否使得买方具有解除合同的权利,买方并不必然选择拒收船舶,拒收在涉案保险合同项下可能成为船舶设计错误之后一个新的介入因素(实践中买方拒收船舶引起建造人损失,往往还伴随出现另一介入因素即船舶市价下跌),由拒收引起的损失应视为间接损失。买方选择拒收船舶而引起的(间接)损失不属于涉案保险合同约定的保险责任范围。

综上,涉案保险承保的“损失、责任和费用”系针对被保险人而言,而不是针对保险船舶而言。在概念上,“有形(物理)损害”(即损坏)与“无形(经济)损害”相对应。只有“损失”针对船舶(物)而言,才可能认定为限于“有形损害”即“损坏”;而当“损失”针对人而言,在没有特别限定情况下通常可以包含有形物理损害(损坏)和无形的经济损失,由此可以认定涉案保险条款中的“损失”包括有形物理损害(损坏)和无形的经济损失。涉案保险承保的直接损失包括直接物理损失和直接的经济损失。人保航运中心主张涉案船舶建造险条款约定承保的“保险船舶任何部分因设计错误而引起的损失”不包含被保险人除保险船舶物理损害之外的经济损失,与通常理解不符,本院不予支持。一、二审判决认定因船舶设计错误引起的经济损失属于涉案船舶建造险的承保责任范围,具有充分事实与法律依据,本院予以支持。

【案例来源】

中国裁判文书网,http://wenshu. court. gov. cn。

编者说明

中国作为造船大国,多年来持有造船订单和实际造船总载重吨位居全球第一。本案涉及船舶建造险的法律适用、保险条款的解释,以及船舶设计错误、损失赔偿数额认定等一系列比较复杂的法律适用和海事专门技术问题。航运和保险业特别关注,将本案再审作为依法解决类案的一个示范性诉讼。最高人民法院再审判决通过通俗阐明专业技术问题和抽丝剥茧的法律论证,逐一厘清了船舶建造险的法律适用规则、保险条款的解释方法、船舶设计错误及有关损失的认定依据,积极回应了船舶建造业与保险业长期争执不休的法律热点问题,对指导全国法院公正审理同类纠纷案件、规范相关市场主体的履约行为、促进航运保险业稳定健康发展,均具有积极作用。①

① 参见《最高人民法院发布十件海事诉讼典型案例——2017 年度十件海事审判典型案例》(2018 年 8 月 8 日发布),载最高人民法院网,http://www. court. gov. cn。

366 衡量船舶建造险条款中船舶设计错误的标准包含法定和约定标准

【关键词】

| 船舶建造险 | 船舶设计错误 |

【案件名称】

中国人民财产保险股份有限公司航运保险运营中心与泰州三福船舶工程有限公司船舶建造保险合同纠纷案［最高人民法院（2017）最高法民再242号民事判决书，2017.12.26］

【裁判精要】

最高人民法院认为：

(三)关于船舶设计错误

涉案船舶建造险条款约定承保“保险船舶任何部分因设计错误而引起的损失”，但没有定义“设计错误”。在船舶建造实践中，建造规范标准既有法定技术标准，也有当事人约定的技术标准，相应的船舶设计既要符合船舶建造的法定技术标准，也要符合当事人约定的技术标准。衡量船舶设计正确与错误的标准应当包含法定和约定标准。船舶设计的约定标准，一般应当根据船舶设计人与船舶订造人或者建造人签订的船舶设计合同的约定来认定。根据船舶建造方三福公司、买方赫密恩公司、设计方佳豪公司三方共同签订的技术规格书，涉案船舶建造的技术标准之一为干舷吃水8.25米时载重吨大约16900吨。涉案船舶基本建成前于2011年12月19日进行空船测试显示：空船重量为6790吨，吃水8.25米时载重吨为15968.60吨。根据佳豪公司的初步装载手册，涉案船舶空船重量设计为5850吨。对比设计与建造结果看，船舶完工后载重吨比设计合同的约定少931.40吨(16900吨-15968.60吨)，空船重量比设立之初预计的数值多940吨(6790吨-5850吨)。在船舶建造与经营中，船舶总载重量(Deadweight)是反映船舶装载能力的重要指标，其数值为船舶满载排水量减空船排水量(空船重量)之差，船舶载重吨与空船重量两者在一定干舷(满载)吃水情况下此消彼长。由此可以看出，涉案船舶载重吨不足的部分主要是实际空船重量超过设计预估的部分。

一般而言，船舶建成后空船超重的原因可能有设计不当，也可能涉及船舶建造环节中用料或者添加设备过重等因素。但是，本案没有证据证明涉案船舶建造用料或者添加设备超过正常建造标准范围。根据江苏科技大学船舶与海洋工程学院和江苏省船舶数字化设计制造中心出具的《16900DWT散货船空船设计重量计算报告》，修正空船设计重量为6748.59吨，相比佳豪公司初步装载手册预估空船重量5850吨，多出898.59吨(6748.59吨-5850吨)。上述修正空船设计重量，比空船测试显示的实际空船重量仅少41.41吨(6790吨-6748.59吨)。据此，《16900DWT散货船空船设计重量计算报告》可以印证空船重量超过设计预估的差值(940吨)主要是设计预估错误的数值(898.59吨)。船舶设计时错误预估空船重量导致船舶载重吨达不到约定标准,属于设计错误。

人保航运中心主张佳豪公司的船舶设计难以实现预期设计目标系因其依据的买方船舶母型图本身存在缺陷。但如果船舶母型图存在缺陷并对船舶最终建成后的载重吨和干舷吃水造成不利影响,该缺陷仍属于一种设计错误。尽管客观上尚不能排除该种原因的存在,但就处理本案所涉争议而言,本院没有必要进一步予以查实,仅须认定是否存在设计错误即可。涉案船舶初步建成后,三福公司在法定船舶建造规范允许情况下,通过调整提高船舶干舷吃水,相应增加船舶载重吨,但船舶最终建成后实际干舷吃水和载重吨均与设计合同所含技术规格书的约定标准不符,应当认定涉案船舶建造存在设计错误问题。就本案而言,一、二审法院根据既有证据认定涉案船舶建造存在设计错误,并无不当。人保航运中心否认存在船舶设计错误,缺乏事实依据,本院不予支持。

【案例来源】

中国裁判文书网,http://wenshu.court.gov.cn。

367 船舶建造保险的被保险人将其与买方另行协商所增加的损失主张保险赔偿,相当于试图增加承保风险,没有及时通知保险人的,保险人有权拒绝赔付

【关键词】

| 船舶建造保险 | 承保风险 |

【案件名称】

中国人民财产保险股份有限公司航运保险运营中心与泰州三福船舶工程有限公司船舶建造保险合同纠纷案[最高人民法院(2017)最高法民再242号民事判决书,2017.12.26]

【裁判精要】

裁判摘要:保险人签发船舶建造保险单载明造船合同编号,实际上已经明确保险以该造船合同文本为基础,根据保险单载明的事项和保险条款内容确定保险责任(承保风险)范围。被保险人发现船舶设计错误问题后与船舶买方另行协商赔偿,超出保险合同双方基于造船合同文本订立保险合同所产生的合理预期,保险人有权拒绝赔付超出被保险人在造船合同文本项下所应承担的损失。

最高人民法院认为：

（四）关于损失赔偿

人保航运中心于2011年5月17日签发的涉案船舶建造保险保险单载明造船合同编号SF080103，实际上已经明确：涉案保险以该造船合同文本为基础，根据保险单载明的事项和保险条款内容确定保险责任（承保风险）范围。就本案争议的承保风险“保险船舶任何部分因设计错误而引起的损失”而言，可以进一步明确三个层面的问题：一是在损失所涉范围方面，上述造船合同文本是双方当事人订立保险合同和确立合理预期的基础，该损失应当限于被保险人按照造船合同约定所应当承担的损失。二是在损失所涉因果关系方面，如上所述，涉案船舶建造险条款第四条“除外责任”第6项“由于拒收和其他原因造成的间接损失”就是涉案保险不承保全部间接损失而仅承保直接损失之意，再结合双方当事人订立保险合同的基础看，涉案保险承保的损失应当限于因造船合同项下事由所产生的损失。因造船合同约定之外的其他因素介入而额外引起的损失，在涉案保险中即为间接损失，不属于涉案保险的承保范围。三是在法律效果方面，如果被保险人在订立保险合同所依据的造船合同文本之外另行与造船合同相对方协商而明显增加其赔偿责任的，可以视为构成《保险法》第五十二条规定的“保险标的的危险程度显著增加”。在此情况下，如果被保险人又没有按照保险合同约定及时通知保险人的，保险人对由此增加的损失可以依法拒赔。

按照造船合同的约定，根据涉案船舶最终交付时的状况，三福公司建造船舶在交船期限、载重吨与干舷吃水方面存在不符合合同约定的情形。交船迟延达199天（从造船合同约定最迟交付日2011年8月30日起至实际交船日2012年3月16日止），在造船合同约定买方有权据以解除合同的交船迟延期限（超210天）之内，买方不能据此提出解除合同，仅可以按照造船合同约定要求减少合同价款84.90万美元。但是，三福公司于2011年12月19日进行空船测试发现船舶载重吨不足时，相比造船合同约定的最迟交船日期2011年8月30日，已经延期111天，该111天迟延损失不能归因于船舶设计错误。佳豪公司、三福公司在发现船舶载重吨不足后，不仅需要调整干舷吃水，还需要协调买方、美国船级社认可，由此会引起交船迟延。三福公司主张自2011年12月24日（含该日）船舶完成试航至2012年3月16日实际交付所历经的84天为船舶设计错误引起的交船迟延天数，可予采纳。按照造船合同的约定，该84天迟延赔偿金为49.65万美元。涉案船舶最终建成交付时的实际载重吨比造船合同约定的载重吨短少306.10吨（16900吨－16593.90吨），该短少吨数在造船合同约定可导致买方具有合同解除权的短少吨数（超600吨）之内，买方对此按照造船合同的约定只能减少合同价款67320美元。尽管造船合同在约定船舶建造标准时将干舷吃水8.25米与载重吨16900吨紧密联系起来，但约定违约责任时并没有约定干舷吃水超过8.25米时的违约责任，而且最终买方同意接受干舷吃水8.45米的现实。三福公司提出圣劳伦斯河规范为船舶设计应遵循的强制性标准之一，但技术规格书和造船合同约定干舷吃水为8.25米，已经超过《船舶通过圣劳伦斯河航道共同规则》第29条第2款限制的船舶吃水7.92米，不能据此认定将干舷吃水调整为8.45米会导致买方具有解除造船合同的权利。三福公司也没有提供证据证明买方索赔有关干舷吃水增高0.2米损失的事实依据。鉴于干舷吃水增高是为了弥补船舶载重吨不足的缺陷，参考造船合同约定吨位短少的最高赔偿限额42万美元，本院在该最高限额内，将三福公司在造船合同项下载重吨不足与干舷吃水增高的损失赔偿额一并酌定为42万美元（含上述67320美元）。据此，三福公司在造船合同项下因船舶设计错误引起的损失共为91.65万美元，按照三福公司与买方签订备忘录3之日的前一工作日中国人民银行汇率中间价人民币兑美元6.3073∶1折合人民币5780640.45元。

三福公司发现船舶设计错误问题后，于2012年3月10日与买方赫密恩公司签订备忘录3，协商同意降价286万美元，三福公司据此提出保险赔偿请求。从形式上看，备忘录3并不是三福公司与人保航运中心订立涉案船舶建造保险合同的基础，不能直接作为认定人保航运中心承担保险赔偿责任的依据，本案需要进一步审理认定备忘录3约定三福公司的赔偿责任是否超出其在造船合同文本项下所应承担损失的范围。从内容上看，备忘录3载明三福公司与买方赫密恩公司"承认减少的合同价格大于按照造船合同第3条第1款和第3条第4款约定所减少的总金额"，由此初步表明即三福公司超出造船合同约定进行额外赔偿。根据上述损失认定，三福公司主张的286万美元降价，超出造船合同项下三福公司所应承担的违约损害赔偿额126.90万美元达159.10万美元，该159.10万美元赔偿额已超出人保航运中心与三福公司基于造船合同文本订立保险合同所产生的合理预期。

在三福公司与买方赫密恩公司就买方是否有权解除造船合同拒收船舶产生争议的情况下，三福公司通过增加船舶干舷吃水0.2米将船舶载重吨增加至16593.90吨向买方实际交付，客观上取得的效果是：在造船合同项下避免买方事实上解除合同而拒收船舶，在保险合同项下避免发生"除外责任"条款约定的因拒收造成的间接损失。三福公司主张其扣减286万美元价款是为了避免买方解除造船合同拒收船舶而采取的补救措施，但是涉案船舶建造保险合同约定保险人人保航运中心承担的保险赔偿责任有其特定的损失范围与因果关系要求（如保险人不承保因拒收和其他原因造成的间接损失），三福公司并不能当然地将上述286万美元损失纳入保险赔偿范围予以主张，其应当就此举证证明其所称损失发生的合理根据（尤其是船舶设计错误与损失之间的直接因果关系）。就三福公司可能因买方拒收而遭受的损失而言，如果买方解除造船合同拒收船舶，三福公司在造船合同项下是否遭受损失以及损失大小，取决于买方是否的确有权解除合同、航运市场船舶价格是否下跌等因素，三福公司主张买方拒收船舶将使其遭受全部船价损失2860万美元或者承担被买方扣减960万美元价款的损失，进而说明其以扣减286万美元作为补救措施合理，均缺乏事实和法律依据。三福公司与买方协商签订备忘录3，约定以扣减价款286万美元为代价确定性地解决造船合同项下的争议，以避免后续种种不确定的风险，但不能由此确定该286万美元损失就是造船合同项下因船舶设计错误所必然、直接造成的损失。如上所述，其中159.10万美元赔偿系三福公司在造船合同约定之外与买方另行协商的结果。从涉案保险合同项下的因果关系看，三福公司与买方另行协商签订备忘录3属于新的介入因素，该类介入因素不属涉案船舶建造保险合同约定的保险责任（承保风险）范围。

三福公司拟将其与买方另行协商所增加的损失纳入保险合同项下主张保险赔偿，在效果上相当于试图增加保险承保风险，而三福公司没有提供证据证明其将该另行协商的情况及时通知人保航运中心，人保航运中心有权拒绝向三福公司赔付由此增加的部分损失。对于三福公司超出造船合同项下因船舶设计错误引起的损失而主张的部分损失194.35万美元，一、二审法院予以支持不当，本院予以纠正。人保航运中心应向三福公司赔付的金额，为造船合同项下因船舶设计错误引起的损失人民币5780640.45元（91.65万美元）扣减保险免赔额人民币14万元后的金额人民币5640640.45元。三福公司于2012年7月9日向人保航运中心提交书面理赔资料而被完全拒赔，一、二审法院支持三福公司请求保险赔偿金的利息并无不当，本院予以维持。

【案例来源】

中国裁判文书网，http://wenshu.court.gov.cn。

368 因第三人造成保险事故，海上保险合同的保险人向被保险人支付保险赔偿后，可以代位行使被保险人对第三人请求赔偿的权利

【关键词】

| 海上保险合同 | 代位求偿权 |

【案件名称】

A. P. 穆勒—马士基有限公司与中国人民财产保险股份有限公司沈阳市分公司等海上、通海水域货物运输合同纠纷案［最高人民法院（2015）民提字第225号民事判决书，2015.12.29］

【裁判精要】

最高人民法院认为：

关于保险公司的诉权问题。根据原审查明的事实，新东北公司系涉案货物运输的托运人，也是编号526601277的海运或多式联运提单的持有人，无论货物是否已经交付收货人，新东北公司都有权就涉案货物运输向承运人提起诉讼。其诉讼请求

能否得到支持,并不影响其提起诉讼的权利。《海事诉讼特别程序法》第九十三条规定,因第三人造成保险事故,保险人向被保险人支付保险赔偿后,在保险赔偿范围内可以代位行使被保险人对第三人请求赔偿的权利。第九十五条规定,保险人行使代位请求赔偿权利时,被保险人已经向造成保险事故的第三人提起诉讼的,保险人可以向受理该案的法院提出变更当事人的请求,代位行使被保险人对第三人请求赔偿的权利。本案中,保险公司已经根据保险合同向新东北公司支付了保险赔款,依法取得代位求偿权。2011 年 5 月,保险公司向大连海事法院申请将原告变更为保险公司。原审判决认定保险公司享有本案诉权并无不当。穆勒公司以涉案货物已经交付收货人,新东北公司没有索赔权为由主张保险公司没有诉权,缺乏法律依据,不予支持。

【案例来源】

中国裁判文书网,http://wenshu. court. gov. cn。

369 被保险人主张保险人对间接碰撞事故承担保险赔偿责任的,符合《保险法》和《海商法》的规定

【关键词】

|保险|间接碰撞事故|赔偿责任|

【案件名称】

巴拿马浮山航运公司诉中国人民保险公司青岛市分公司船舶保险合同纠纷案［山东省高级人民法院二审民事判决书,2003. 4. 9］

【裁判精要】

裁判摘要:船舶保险合同中对船舶碰撞是否包括间接碰撞未作解释,也未将间接碰撞列入保险人免责条款,被保险人主张保险人对间接碰撞事故承担保险赔偿责任的,应认定符合《保险法》和《海商法》的规定。

山东省高级人民法院认为:

关于第一点,本案保险合同所涉的“船舶碰撞”是否包括间接碰撞。《1910 年碰撞公约》第十三条规定:“本公约的规定扩及于一艘船舶对另一艘船舶造成损害的赔偿案件,而不论这种损害是由于执行或不执行某项操纵,或是由于不遵守规章所造成。即使未曾发生碰撞,也是如此。”《保险法》第十七条规定:“保险合同中规定有关于保险人责任免除条款的,保险人在订立保险合同时应当向投保人明确说明,未明确说明的,该条款不产生效力。”上诉人青岛人保公司主张对间接碰撞不负赔偿责

任,可是这一点,不仅在《船舶保险条款》的除外责任中未规定,就是订立保险合同时,也未向被上诉人浮山航运公司明确说明,因此不产生效力。一审认定本案保险合同所涉的“船舶碰撞”应当包括间接碰撞,符合我国法律和司法解释的规定,也与国际公约吻合,因而是正确的。

关于第二点,浮山航运公司对“继承者”轮船东的赔付是否侵害了青岛人保公司的合法利益。在“继承者”轮船东向新加坡法院起诉、“浮山”轮被新加坡法院扣押后,被上诉人浮山航运公司及时通知了上诉人青岛人保公司,要求青岛人保公司为其提供担保。青岛人保公司以间接碰撞不在保险责任范围内为由,拒绝提供担保。在此情况下,浮山航运公司与“继承者”轮船东达成和解赔付协议。达成和解协议前,浮山航运公司又征求青岛人保公司的意见,但青岛人保公司仍然置之不理。和解协议是在诉讼中形成的,青岛人保公司指责浮山航运公司主动对外赔付,与事实不符;指责该协议损害了其合法利益,未能举证证明。浮山航运公司在诉讼过程中与“继承者”轮船东达成和解协议,是其作为碰撞案件的被告享有的诉讼权利。此举一方面是减少了浮山航运公司自己的损失,另一方面也可以说是维护了保险人的利益。青岛人保公司在碰撞案件中不积极作为,不影响浮山航运公司向其主张权利。青岛人保公司应该赔偿浮山航运公司按和解协议支付给“继承者”轮船东的35万美元,但应扣除保险合同约定的2500美元免赔额。

关于第三点,浮山航运公司主张的律师费、咨询费是否应由青岛人保公司赔偿。上诉人浮山航运公司作为船舶间接碰撞案件的被告,在新加坡法院参加诉讼。其为诉讼支付的律师费新加坡币144322.77元,应认定为法律费用。根据本案所涉保险合同适用的《船舶保险条款》第1条第2款第(3)项规定,此项费用属于保险人的承保范围。但浮山航运公司支付的咨询费新加坡币33417.04元,不是必要的法律费用,不应由保险人负担。原审把律师费、咨询费均认定成司法费用,将其排除在保险人赔偿范围之外,是错误的。

综上所述,上诉人青岛人保公司关于本案所涉保险合同的保险范围不包括间接碰撞、其不应承担保险赔偿责任的上诉主张,不符合法律规定和当事人约定,不予采纳。上诉人浮山航运公司关于律师费、咨询费应由保险人赔偿的上诉主张,部分成立,应当支持。原审认定事实基本清楚,适用法律正确,但认定律师费不是法律费用欠妥,依法应予纠正。

【案例来源】

《中华人民共和国最高人民法院公报》2004年第6期。

第六章 — CHAPTER 06

证券、期货、委托理财、信托纠纷

一、证券纠纷

(一)证券发行纠纷

370 企业发行融资债券协议履行审批手续的应为有效，未经审批的应认定未生效

【关键词】

| 企业债券 | 发行审批 |

【案件名称】

安徽省宁国光电仪器厂、宁国市经济开发处与安徽省国际信托投资公司和安徽省永宁电子有限公司代理发行债券协议担保纠纷案［最高人民法院（1998）经终字第 257 号民事判决书，1999. 12. 12］

【裁判精要】

最高人民法院认为：

安徽国投与永宁公司于1996 年6 月签订的代理发行2000 万元并到期组织兑付融资债券协议,因未获得人民银行的批准,故该协议未生效。本案审理的系经原中国人民银行安徽省分行业已批准且已实际履行的代理发行 500 万元融资债券协议纠纷,该协议系安徽国投与永宁公司的真实意思表示,且不违反法律和行政法规的禁止性规定,应认定其合法有效。安徽国投依约履行了代理发债行为并将 497 万元发债款项汇入了永宁公司指定的账户,从而履行了合同义务。协议约定的兑付期限届满后,永宁公司未依约偿还安徽国投发债本息是造成本案纠纷的根本原因,故永宁公司除应向安徽国投还本付息外,还应承担逾期付款的罚息。同年 6 月 12 日,安徽国投与永宁公司和仪器厂分别签订两份企业发行债券保证书,该协议亦系当事人之间的真实意思表示,且得到了原中国人民银行安徽省分行的批准,应认定其合法有效。依该协议和原中国人民银行安徽省分行的批复,仪器厂应对永宁公司发行本案 500 万元短期融资债券向安徽国投承担连带责任,原审对此认定并无不当。仪器厂上诉称其对永宁公司发行本案 500 万元债券向安徽国投不承担民事责任或承担一般保证责任的理由不能成立,本院不予支持。同年 6 月 19 日,开发处向安徽国投出具一份“担保说明”,双方对于“担保说明”内容有异议,安徽国投于本院二审期间

出具的一份说明中承认开发处曾向其出具了一份附条件的担保函,故应认定开发处提供的"担保说明"内容是真实的。且从原中国人民银行安徽省分行皖人银字第465号文件内容看,该文仅批准仪器厂为永宁公司此次发债提供担保,但并未提及开发处为永宁公司此次发债500万元提供担保问题,故开发处上诉称"担保说明"系为2000万元代理发债协议中的1500万元提供担保的理由成立,应予支持。因2000万元发债协议未获人民银行批准而未履行,即主债务未成立,担保之债亦不存在。对于本案500万元代理发债协议,开发处并未向安徽国投提供担保,故开发处不应承担任何民事责任。开发处的上诉理由成立,本院予以支持。原审判决对该项事实认定不清,适用法律不当,应予纠正。

【案例来源】

最高人民法院民事审判第二庭编:《经济审判指导与参考》(第4卷),法律出版社2001年版,第285~293页。

编者说明

国务院《企业债券管理条例》第五条规定:企业债券是指企业依照法定程序发行、约定在一定期限内还本付息的有价证券。公司债券是由股份有限公司或有限责任公司发行的债券,《公司法》和《证券法》对此也作了明确规定。《企业债券管理条例》规范的范围是在境内注册的所有企业法人发行的债券,其中条例第十条规定:"国家计划委员会会同中国人民银行、财政部、国务院证券委员会拟订全国企业债券发行的年度规模和规模内的各项指标,报国务院批准后,下达各省、自治区、直辖市、计划单列市人民政府和国务院有关部门执行。未经国务院同意,任何地方、部门不得擅自突破企业债券发行的年度规模,并不得擅自调整年度规模内的各项指标。"第十一条规定:"企业发行企业债券必须按照本条例的规定进行审批;未经批准的,不得擅自发行和变相发行企业债券。中央企业发行企业债券,由中国人民银行会同国家计划委员会审批;地方企业发行企业债券,由中国人民银行省、自治区、直辖市、计划单列市分行会同同级计划主管部门审批。"

371 企业债券发行履行了法定审批手续,虽在发行过程中未印制及发售实物券有欠规范,但不属非法融资

【关键词】

| 企业债券 | 实物券 | 非法融资 |

【案件名称】

黑龙江省证券公司与中国农业银行黑龙江牡丹江市分行、黑龙江牡丹江制药厂债券兑付纠纷案[最高人民法院(2000)经终字第149号民事判决书,2000.8.28]

【裁判精要】

最高人民法院认为:

牡丹江制药厂于1992年1月发行5000万元企业重点建设项目债券,由中国人民银行黑龙江省分行批准,履行了法定的审批手续,虽然在发行过程中未印制及发售实物券有欠规范,但并未违反有关法律法规的禁止性规定,亦未因此危害金融管理秩序及投资者的合法权益,故不属非法融资行为。牡丹江农行接受委托,代理牡丹江制药厂发行企业债券,符合法律法规规定,黑龙江省证券公司关于牡丹江农行明知牡丹江制药厂违法发行债券而为其代理发行,应与牡丹江制药厂兑付债券本息承担连带责任的上诉理由不能成立,本院不予支持。牡丹江制药厂未按上述协议约定履行兑付债券本息义务,构成违约,原审判令其向黑龙江省证券公司偿还尚欠的债券本息及支付逾期罚息正确,应予维持。牡丹江农行、牡丹江制药厂、黑龙江省证券公司签订的债券代理发行协议约定,牡丹江制药厂应在债券到期日将利息支付给牡丹江农行,再由其支付给黑龙江省证券公司,并且约定"牡丹江农行在债券到期日以加急电汇方式将债券本息划给黑龙江省证券公司",依据合同约定,应认定牡丹江农行负有向黑龙江省证券公司兑付债券本息的义务。

【案例来源】

最高人民法院办公厅编:《最高人民法院公布裁判文书(2000年)》,人民法院出版社2001年版,第333~341页。

372 地方建设债券违法发行与认购行为无效;短期融资债券发行与认购未经审批,亦属无效

【关键词】

|地方建设债券|短期融资债券|违法发行|

【案件名称】

郑州市财务开发公司、中国长城资产管理公司郑州办事处与郑州市财政局、郑州市人民政府、中国工商银行河南省分行营业部债券认购款返还纠纷案[最高人民法院(2006)民二终字第85号民事判决书,2006.9.28]

【裁判精要】

最高人民法院认为:

关于建设债券、短期融资债券发行认购协议性质和效力的认定。关于建设债券。1990年7月18日和1991年5月8日,郑州市人民政府办公室两次会议纪要,要

求以郑州市财政局名义发行由财务开发公司具体经办、分别发行 1300 万元和 4000 万元建设债券。1990 年 9 月 3 日和 1991 年 5 月 20 日,财务开发公司与郑州市工行签订的两份协议中均载明,郑州市工行两次共计认购的 1300 万元建设债券发行人为郑州市财政局,财务开发公司受郑州市财政局委托具体经办。两次发行建设债券的目的,是为郑州市财政局解决重点技改、基建项目资金缺口问题以及为郑州轻型汽车厂、中原制药厂筹措资金,均为满足地方经济发展的需要。此外,财务开发公司营业执照经营范围载明“办理市政府、市财政局委托发行的各种证券”,故应认定郑州市财政局是本案建设债券的发行人,财务开发公司只是建设债券发行的受托人,仅具体办理与认购方签订协议、收转款项开立收据等事项。根据发行目的和发行人的确定,本案建设债券的性质应认定为郑州市地方政府债券。1985 年国务院办公厅下发的《关于暂不发行地方政府债券的通知》,明确规定了各级地方政府不得发行地方政府债券。由郑州市人民政府牵头、郑州市财政局发行并委托财务开发公司具体经办的建设债券,违反了上述行政法规规定,本案建设债券发行与认购行为无效。关于短期融资债券。虽然郑州市人民政府有关领导在财务开发公司关于发行短期融资债券的报告上作出批示,且报告加盖了郑州市人民政府办公室公章,但报告和批示中并无郑州市人民政府对融资债券的发行提供担保的内容,也无政府职能部门作为融资债券发行人的内容。同时,财务开发公司报告载明,融资债券所募集款项由财务开发公司贷给郑州市经委所列企业使用,融资债券背面还注明了“本债券由企业委托中国工商银行河南省分行代理发行”。故根据发行目的、发行人和发行后的资金使用,应认定融资债券性质为企业债券。1993 年 8 月 2 日,国务院发布的《企业债券管理条例》第十一条规定,地方企业发行企业债券,由中国人民银行省、自治区、直辖市、计划单列市分行会同同级计划主管部门审批;企业发行企业债券必须按照本条例的规定进行审批,未经批准的,不得擅自发行和变相发行企业债券。本案融资债券发行与认购行为没有经过相关部门审批,违反了上述规定,应当认定无效。故本院对长城郑州办关于本案两种债券发行认购行为有效的上诉主张不予支持。

【案例来源】

最高人民法院民事审判第二庭编:《最高人民法院商事审判指导案例 · 金融卷》,中国法制出版社 2011 年版,第 11 ~ 20 页。

编者说明

关于地方政府债券的发行问题,1995 年《预算法》第二十八条第二款规定:“除法律和国务院另有规定外,地方政府不得发行地方政府债券。”2014 年修改后的《预算法》第三十五条第二款规定:“经国务院批准的省、自治区、直辖市的预算中必需的建设投资的部分资金,可以在国务院确定的限额内,通过发行地方政府债券举借债务的方式筹措。举借债务的规模,由国务院报全国人民代表大会或者全国人民代表大会常务委员会批准。省、自治区、直辖市依照国务院下达的限额举借的债务,列入本级预算调整方案,报本级人民代表大会常务委员会批准。举借的债务应当有偿还计划和稳定的偿还资金来源，只能用于公益性资本支出，不得用于经常性支出。”第三款同时规定：“除前款规定外，地方政府及其所属部门不得以任何方式举借债务。”实践中需要注意相关政策的变化，不应简单认定地方政府债券的发行行为无效。

373 证券承销合同的主承销商先向发行人垫付认购股款，不构成变相的企业借贷

【关键词】

| 证券承销合同 | 垫付认购款 | 企业借贷 |

【案件名称】

国信证券有限责任公司与西仪股份有限公司、西仪集团有限责任公司证券承销协议纠纷案［最高人民法院（2003）民二终字第124号民事判决书，2003.9.26］

【裁判精要】

最高人民法院认为：

本案依附于确定主承销商协议的预付股款协议，是西仪股份和国信证券为使证券发行和上市更为顺利而订立的，所约定的内容是发行人西仪股份在预设证券发行获得成功的前提下，向主承销商国信证券提前支取投资人认购证券的部分股款。协议双方商定由主承销商先垫付给发行人认购股款，证券发行成功后承销商再从本应是发行人的股款中扣收。该预付股款的行为本质是发行人预先使用自己的募集资金，与企业之间单纯拆借资金有着本质的不同，法律、行政法规没有对基于证券承销关系产生的预付股款行为予以禁止性规定，且本案预付股款协议内容是当事人之间的真实意思表示，故应认定为合法有效。西仪股份最终未能获得陕西省政府的额度批准，不能实现证券发行的目标，不是当事人主观意志所能控制，至少不是国信证券的原因所导致，故西仪股份、西仪集团在确定主承销商和预付股款协议失去了继续履行的基础之后，与国信证券协商签订的补充协议、担保合同以及会议经要，应当认定是确定主承销商和预付股款协议约定的法律关系而实施的行为，该行为皆应认定为合法有效的民事法律行为。一审判决关于本案所有合同均为有效的认定正确，应予维持。西仪股份和西仪集团提出的西仪股份与国信证券在尚未得到批准发行前提下，签订的预付股款协议是变相企业借贷，违反了法律规定应认定为无效的主张，是否认了双方确定主承销商协议、预期证券发行成功的合作基础与事实，而仅从事后和采用有利于自己的法律后果而得出的结论，既不符合本案事实也没有法律依据，不应获得支持。西仪股份基于合同无效的理由要求将其已偿还国信证券的本息折抵欠款本金的上诉请求，本院不予支持。

【权威解析】

(一)《预付股款协议》性质及其法律效力

本案股票发行《预付股款协议》是基于确定主承销商协议产生，确定主承销商协议由西仪股份与国信证券约定，国信证券作为西仪股份证券发行的主承销商和上市推荐人，不再聘请其他主承销商等。依附于确定主承销商协议的《预付股款协议》与企业之间单纯的资金拆借行为比较，虽约定内容都有协议一方将资金交与另一方有偿使用，但该两种民事关系本质上存在着差异：(1)行为目的不同。资金拆借的拆借方纯粹是为了有偿使用出借方闲散资金，而出借方也纯粹是为了获取高于银行利率的回报；而本案预付股款主要是为双方为证券发行和上市更为顺利，发行人西仪股份在设想发行获得通过前提下而向主承销商提前支取投资人认购证券的股款。(2)行为方式不同。拆借是出借方以自己拥有的资金出借给拆借方；预付股款是协商由主承销商先垫付给发行人，证券发行成功后再从本应是发行人的股款中扣收，行为本质是在预期发行成功的情况下，发行人提前使用自己的募集资金。(3)民事关系发生的条件不同。单纯企业间资金拆借是一个独立存在的民事关系，并不以其他民事关系发生为前提；而本案《预付股款协议》是依附于发行人与承销商之间证券承销协议确立的民事关系而产生，换言之，如果当事人之间没有证券承销协议，则不可能发生预付股款行为。(4)规范行为的法律不同。纯粹企业间资金拆借，尽管是当事人真实意思表示，但目前仍为法律所禁止，应当认定行为无效；而预付股款行为，建立在双方证券承销关系基础之上，证券承销关系为法律所允许和鼓励，故预付股款行为则不应当为法律所禁止，且没有明文规定禁止该行为。综上，预付股款行为不同于资金拆借，不为法律所禁止，且是双方真实的意思表示，故应认定为合法有效行为。①

【案例来源】

吴庆宝主编：《权威点评最高法院民商法指导案例》，中国法制出版社 2010 年版，第 201～211 页。

374 名为“包销债券合同”“购买债券合同”，实际上双方均明知没有发行任何债券，属于名为买卖债券实为资金拆借

【关键词】

|债券发行|买卖债券|资金拆借|

① 参见贾纬：《证券承销商预先支付认股款的性质以及国有股份转让认定标准——国信证券有限责任公司与西仪股份有限公司、西仪集团有限责任公司证券承销协议纠纷上诉案》，载吴庆宝主编：《权威点评最高法院民商法指导案例》，中国法制出版社 2010 年版，第 210～211 页。

【案件名称】

华林证券有限责任公司诉营口证券公司资金拆借合同纠纷案［最高人民法院（2004）民二终字第16号民事判决书，2004. 6. 14］

【裁判精要】

最高人民法院认为：

双方当事人签订的本案诉争合同，均名为"包销债券合同""购买债券合同"，实际上双方当事人均明知没有发行任何债券，双方的行为属于名为买卖债券，实为资金拆借。该拆借行为违反了《商业银行法》、中国人民银行《信贷资金管理暂行办法》的有关规定，应认定为无效合同。对于无效的拆借行为，法律不予保护双方约定的利率，亦不应按照同业拆借利率计算合同期内的利息并计算逾期罚息。根据本案查明的事实，江门公司占用营口公司的款项，未及时归还本金及支付利息，应承担偿还本金及赔偿损失的责任。由于江门公司和营口公司在签订合同的行为中均有过错，江门公司支付利息及赔偿损失，应按照中国人民银行规定的同期贷款利率为计算依据。本案双方当事人约定"包销""购买"的并非国库券或其他市场流通的有价证券，而是所谓"江门证券公司融资债券"，且合同双方并没有回购的约定。故原审法院将本案定性为证券回购合同纠纷，并参照《国务院批转中国人民银行〈关于进一步做好证券回购债务清偿工作请示〉的通知》（国发〔1996〕20号）和《最高人民法院关于审理证券回购纠纷案件座谈会纪要》的精神，按同业拆借利率计算利息损失并计算逾期罚息，没有事实和法律依据，应予纠正。

关于江门公司支付的手续费如何充抵问题。双方当事人签订合同之后，江门公司即按照合同的约定向营口公司支付了手续费，由于双方签订的合同违反了法律的规定，营口公司收取的各笔手续费没有任何法律依据，故江门公司支付的手续费应充抵本金。原审判决将手续费充抵利息没有法律依据，应予纠正。

关于江门公司1998年12月2日以后归还的九笔款项，在汇款凭证上分别注明了还款用途，营口公司在收到每笔款项后对注明的用途未提出过异议，应视为对所还款项用途的认可。原审判决认定这些款项没有确定是用于偿还哪笔债务，也没有约定是用于偿还本金，还是偿还利息，该认定与事实不符。故原审判决对该九笔款项的认定和处理，缺乏事实依据，应予纠正。

【案例来源】

最高人民法院民事审判第二庭编：《民商事审判指导》（总第6辑），人民法院出版社2005年版，第303～330页。

375 投资人将债券发行人风险提示义务及自身风险注意义务全部转嫁给推荐人承担，缺乏法律依据

【关键词】

| 债券发行人 | 风险提示义务 | 风险注意义务 |

【案件名称】

国泰君安证券股份有限公司与江苏昆山农村商业银行股份有限公司代理买卖金融债券合同纠纷案［最高人民法院（2005）民二再字第1号民事判决书，2005. 12. 26］

【裁判精要】

裁判摘要:投资人对所投资品种负有风险注意义务,不能将购买证券公司推荐的债券而遭受的损失归责于证券公司。投资人将债券发行人所应负有的风险提示义务及自身所应负有的风险注意义务,全部转嫁给推荐人承担,缺乏法律依据。

最高人民法院认为:

根据双方当事人所签订的协议名称即为代理转让协议,以及协议中约定国泰君安协助昆山农商行买入海发特债,并协助卖出方将海发特债过户给昆山农商行等内容,原审将本案定性为代理买卖纠纷,并无不当。国泰君安认为双方系买卖关系的主张,缺乏依据,不予支持。

本案代理转让协议的达成是双方当事人的真实意思表示,内容不违反法律规定,且双方亦实际履行完毕。双方当事人之间纠纷缘于海南发展银行的突然关闭,导致昆山农商行持有海发特债无法正常兑付。本案的实际情况是,海南发展银行的关闭是政府决策行为,是双方当事人在签订协议时不可能预见到的,没有证据表明国泰君安在向昆山农商行介绍海发特债投资品种时,已经知道海南发展银行即将关闭而恶意使昆山农商行遭受损失,昆山农商行亦未就此提出主张,故国泰君安明知海南发展银行即将关闭而恶意推荐海发特债、转嫁投资风险的事实不存在。……

本案涉及昆山农商行信赖国泰公司推荐的投资品种而遭受损失,该损失应由谁负责的问题。首先,昆山农商行因债券不能兑付所遭受的损失是由于海南发展银行被关闭这个突发事件造成的,存在非当事人所能控制的因素。其次,投资人在作出投资决定前应对所投资品种进行全面分析和判断。昆山农商行作为投资人,对所投资品种负有风险注意义务,且昆山农商行作为专业的金融机构,其对于投资品种的风险判断能力和自我保护意识,远强于一般的公众投资者。昆山农商行在得知国泰公司推荐的债券后,立即作出购买决定,应当对自己行为造成的风险承担责任。昆山农商行认为国泰公司作为海发特债的推荐人,应对所推荐的债券品质及投资风险负责,而不是由投资人去自行判断,将债券发行人所应负有的风险提示义务及债券

投资人所应负有的风险注意义务，全部加在推荐人身上，缺乏法律依据。因此，昆山农商行对于投资后果理应自行承担。

综上，国泰公司与昆山农商行签订的代理转让协议合法有效，双方形成代理买卖关系。国泰公司在履行协议过程中转让自己持有的面值 23599625 元海发特债无效，国泰公司为昆山农商行代理买卖面值 67849278 元海发特债归昆山农商行所有，昆山农商行向国泰公司支付购券款 6235 万元。其余内容双方按协议约定履行。

【权威解析】

（1）本案系代理转让纠纷，国泰公司向昆山农商行推荐购买海发特债时，已将其所掌握的债券发行人所应公开的信息告知昆山农商行，且该公开的信息中包括了海发特债的发行目的、发行方式、发行价格等内容。除此以外，法律并未规定、合同亦未约定推荐人还负有哪些告知和协助义务。（2）国泰公司参加清欠会议并持有海发特债的事实，与昆山农商行是否决定购买该债券无关。国泰公司清欠所得债券的价格低于债券面值，是基于债务人海南发展银行给予的补偿，不代表该债券的风险因素，也不代表该债券的市场价格，国泰公司也无须将以券抵债的价格告知昆山农商行。（3）昆山农商行作为投资人，对所投资品种负有风险注意义务，且昆山农商行作为专业的金融机构，其对于投资品种的风险判断能力和自我保护意识，远强于一般的公众投资者。昆山农商行在得知国泰公司推荐的债券后，立即作出购买决定，是其风险意识淡薄、疏于自我保护的结果，对于投资后果理应自行承担。（4）海南发展银行关闭是政府决策行为，是突发事件，海发特债不能兑付的风险是任何人不能提前预料的，不能以海南发展银行关闭而推出海发特债发行时即存在兑付风险的结论。（5）国泰公司在向昆山农商行推荐海发特债时，不存在捏造虚假事实、隐瞒真实情况等情节，不构成欺诈，双方签订的《代理转让协议》合法有效。（6）国泰公司在履行协议过程中，将自己持有的债券转让给昆山农商行，虽未侵害被代理人利益，但由于昆山农商行不予认可，该行为无效，双方将该部分券、款相互返还。（7）国泰公司在履行协议过程中，向他人低价收购债券后，未将差额部分返还被代理人，侵害了被代理人的利益，其占有的不当得利应返还昆山农商行。①

【案例来源】

吴庆宝主编：《权威点评最高法院民商法指导案例》，中国法制出版社 2010 年版，第 11 ~ 19 页。

---

① 参见刘国华：《投资人因信赖证券机构而购买其推荐的债券，对于债券不能兑付所造成的损失如何承担责任——国泰君安证券股份有限公司与江苏昆山农村商业银行股份有限公司代理买卖金融债券合同纠纷再审案》，载吴庆宝主编：《权威点评最高法院民商法指导案例》，中国法制出版社 2010 年版，第 21 ~ 22 页。

376 债券募集说明书中虽规定债券利率在其存续期限内不计算复利、逾期不另计利息，并不免除发行人的违约责任

【关键词】

| 债券募集说明书 | 债券利率 | 违约责任 |

【案件名称】

山东山水水泥集团有限公司与中国光大银行股份有限公司债券纠纷案［最高人民法院（2017）最高法民终188号民事判决书，2017.6.28］①

【裁判精要】

最高人民法院认为：

光大银行购买山水公司发行的涉诉债券，系双方真实意思表示，不违反法律法规的强制性规定，该行为应属有效。债务人山水公司应当按照债券的募集说明书的内容向光大银行履行义务。涉诉的13山水MTN1债券募集说明书确定的该期债券第三年利息的兑付日为2016年1月21日，但山水公司并未如期兑付该笔利息，构成违约。上述债券的募集说明书中虽规定债券利率在其存续期限内不计算复利、逾期不另计利息，但该规定并未明确免除山水公司的违约责任。因上述债券的募集说明书中均明确规定山水公司不得推迟支付利息，如未履行债券还本付息义务的，按逾期金额每日0.21‰承担违约责任，所以，山水公司应当按每日0.21‰标准对上述债券第三年的利息支付自2016年1月22日至实际支付日的违约金。一审法院判决山水公司支付上述违约金，并无不当。

【案例来源】

中国裁判文书网，http://wenshu.court.gov.cn。

377 债券募集说明书未就兑付的完成作出特别规定及约定的，兑付的完成应当以债券持有人实际收到相应款项为准

【关键词】

| 债券募集说明书 | 兑付完成 |

---

① 山东山水水泥集团有限公司与招商银行股份有限公司债券纠纷案［最高人民法院（2016）最高法民终398号民事判决书，2016.9.27］的裁判理由与本案民事判决书基本一致（略），载中国裁判文书网，http://wenshu.court.gov.cn。

【案件名称】

山东山水水泥集团有限公司与中融基金管理有限公司其他合同纠纷案［最高人民法院（2017）最高法民终 149 号民事判决书，2017. 6. 29］

【裁判精要】

最高人民法院认为：

中融公司购买山水公司发行的涉诉融资券，系双方真实意思表示，不违反法律法规的强制性规定，该行为应属有效。债务人山水公司应当按照融资券募集说明书的内容向中融公司履行义务。涉诉融资券募集说明书中规定了融资券兑付日期，山水公司应当在该日期向中融公司完成兑付。在融资券募集说明书未就兑付的完成作出特别规定以及山水公司与中融公司未就兑付的完成作出特别约定的情况下，兑付的完成应当以融资券的持有人实际收到相应款项为准。山水公司主张应以其支付利息的时间作为完成兑付时间，缺乏法律依据，对其主张本院不予支持。

因山水公司认可中融公司收到涉诉两期融资券利息的时间分别为 2016 年 1 月 4 日、同年 2 月 16 日，所以山水公司是在 2016 年 1 月 4 日、同年 2 月 16 日实际完成了涉诉两期融资券的兑付。涉诉的 15 山水 SCP001 融资券募集说明书确定的该期融资券利息兑付日期为 2015 年 11 月 12 日，15 山水 SCP002 融资券募集说明书确定的该期融资券利息兑付日期为 2016 年 2 月 14 日，所以山水公司实际兑付融资券利息的时间晚于融资券募集说明书规定的时间，山水公司构成违约。上述两期融资券募集说明书中虽规定融资券利率在融资券存续期限内不计算复利、逾期不另计利息，但该规定并未明确免除山水公司的违约责任。因上述两期融资券募集说明书中均明确规定发行人不得推迟支付利息，如未履行超短期融资券还本付息义务的，按逾期金额每日 0. 21‰承担违约责任，所以，山水公司应当按每日 0. 21‰标准对上述两期融资券利息分别支付 2015 年 11 月 13 日至 2016 年 1 月 4 日、2016 年 2 月 15 日至同月 16 日逾期期间的违约金。一审法院判决山水公司支付上述违约金，并无不当。

【案例来源】

中国裁判文书网，http://wenshu. court. gov. cn。

378 债券募集说明书中未约定可以提前到期，购买人也可以以《合同法》第一百零八条的规定主张债券提前到期

【关键词】

| 债券募集说明书 | 债券提前到期 |

【案件名称】

山东山水水泥集团有限公司与招商银行股份有限公司债券纠纷案［最高人民法院（2016）最高法民终397号民事判决书，2016.12.17］①

【裁判精要】

最高人民法院认为：

招商银行购买山水公司发行的涉诉融资债券，系双方真实意思表示，不违反法律法规的强制性规定，该行为应属有效。山水公司应当按照该融资债券募集说明书的内容向招商银行履行义务。2016年2月12日是涉诉融资债券到期兑付日，山水公司在2015年12月20日向招商银行的回函中已表示涉诉15山水SCP002的到期债务该公司无法清偿。2016年2月15日，山水公司在本案一审开庭中仍认可招商银行宣布涉诉债券提前到期的理由。山水公司以涉诉债券提前到期系公司前任董事张斌等人所为为由主张对债券提前到期不应认可，缺乏事实基础，本院对其主张不予支持。鉴于山水公司2015年12月20日向招商银行明确表示无法履行本案涉诉债券清偿义务，同时本案一审审理中该公司还认可招商银行宣布本案涉诉债券提前到期的理由，在此情形下，即使双方在涉诉票据募集说明书中未约定涉诉债券可以提前到期，招商银行以《合同法》第一百零八条之规定主张涉诉债券提前到期，应予支持。而且，在本案一审中涉诉债券约定的兑付日也实际届满，所以山水公司应当履行偿还涉诉债券本金及利息的义务。山水公司本案中主张自2016年1月14日至涉诉债券的募集说明书确定的到期兑付日即2016年2月12日的利息应按照年利率4.5%计算，招商银行在本院二审审理中也同意上述期间的利息按照年利率4.5%计算。所以双方就2016年1月14日至2016年2月12日之间的利息计算标准达成了一致。本院对上述期间的利息计算标准予以确认。本案一审判决作出后山水公司支付的涉诉债券2016年度新的利息可以相应扣减。2016年2月12日是涉诉债券募集说明书约定的到期兑付日，兑付日以后如果山水公司未支付涉诉债券本金，应当按照募集说明书约定的日0.21‰计算逾期利息。北京市海淀区人民法院（2016）京0108民初16825号民事案件与本案系不同的诉讼标的，山水公司就本案提起上诉后招商银行并未对山水公司管理层代表权问题提出异议，故本案与上述案件没有法律上关联。山水公司主张本案应中止审理，难以成立。

【案例来源】

中国裁判文书网，http://wenshu.court.gov.cn。

---

① 山东山水水泥集团有限公司与招商银行股份有限公司债券纠纷案［最高人民法院（2016）最高法民终396号、395号、394号民事判决书，2016.12.17］的裁判理由与本案民事判决书基本一致（略），载中国裁判文书网，http://wenshu.court.gov.cn。

379 目标公司股东对投资者的补偿承诺不损害公司及债权人利益，未明显增加市场风险、破坏市场稳定性，不违反法律、行政法规的禁止性规定

【关键词】

| 股东补偿承诺 | 禁止性规定 |

【案件名称】

明朝勇与贵阳市工业投资（集团）有限公司证券交易合同纠纷案［最高人民法院（2017）最高法民终492号民事判决书，2017.9.29］

【裁判精要】

最高人民法院认为：

（一）关于案涉《协议书》效力应如何认定的问题

明朝勇主张《协议书》因违反了《证券法》第十条和《证券发行与承销管理办法》第十七条之规定，应当无效。对此，本院认为，在《协议书》签订前，案涉非公开发行股票行为已经得到贵阳市国资委的批复同意和证监会核准，该非公开发行股票行为程序合法。虽然《协议书》约定了工投公司在一定条件下为明朝勇认购股份的投资本金安全及固定收益提供保证，但该承诺仅是工投公司与明朝勇之间的内部约定，并非针对不特定多数人所作，不属于《证券法》第十条规定的公开劝诱形式。而且，保底承诺的主体系贵阳轮胎公司的股东工投公司，该约定本质上系目标公司股东与投资者之间对投资风险及投资收益的判断与分配，属于当事人意思自治范畴。目标公司股东对投资者的补偿承诺并不损害公司及公司债权人利益，没有明显增加证券市场风险、破坏证券市场稳定性，不违反法律、行政法规的禁止性规定。《证券发行与承销管理办法》系证监会发布的部门规章，不属于《合同法》第五十二条第（五）项规定的"法律、行政法规"范畴。该办法的根本目的在于规范证券发行与承销行为，保护投资者合法权益。目标公司股东的保底承诺是其为自身利益和目标公司经营发展考虑吸引其他投资者参与公司经营的激励措施，不损害投资者合法权益。明朝勇亦未提供证据证明大股东工投公司存在操纵股票市场等其他损害投资者权益的违法、违规行为，其关于《协议书》无效的上诉主张于法无据，本院不予支持。

【案例来源】

中国裁判文书网，http://wenshu.court.gov.cn。

编者说明

根据股票发行对象的不同,可以将股票发行方式分为非公开发行与公开发行。非公开发行只针对特定少数人进行股票发售,而不采取公开的劝募行为,因此也被称为“私募”“定向募集”等;公开发行则是向不特定的发行对象发出广泛的认购邀约。《证券法》第十条第二款规定,非公开发行证券,不得采用广告、公开劝诱和变相公开方式。

(二)证券交易纠纷

380 企业分支机构工作人员经授权申请取得证券交易中心席位后形成的民事责任,应由其所在企业承担

【关键词】

| 企业分支机构 | 证券交易席位 |

【案件名称】

中国农业银行云南省分行营业部诉深圳国际信托公司等证券回购纠纷案[最高人民法院(2000)经终字第 87 号民事判决书,2003.9.27]

【裁判精要】

裁判摘要:企业分支机构的工作人员,持分支机构代表人签署并加盖公章的授权文件,经申请和公示,取得证券交易中心席位,并以申请证券交易中心席位时备案的业务专用章及个人名章,所为的确认证券交易行为,在该分支机构撤销后,应由其所在的企业承担民事责任。

最高人民法院认为:

原审法院从武汉证券交易中心调取的会员申请表、授权书、武汉证券交易中心印鉴片等三份证据表明,深圳国投的前分支机构深圳国际信托投资总公司国际证券投资基金部确曾向武汉证券交易中心申请交易席位,并将魏建华、陈航作为交易员向武汉证券交易中心申报。随后,该基金部当时的代表人陈灵签署文件确认魏建华、陈航系该基金部特派的场内交易出市代表,该文件即上述授权书,加盖该基金部的印章后向武汉证券交易中心出具,该意思表示已经在武汉证券交易中心公示。该基金部在武汉证券交易中心的档案材料表明,该基金部在上述申请表上填写“深圳国际证券投资基金部”为单位全称,以“深圳国际证券投资基金部武汉交易中心业务专用章”及陈航、魏建华的名章为印鉴。故该基金部应对陈航、魏建华使用深圳国际证券投资基金部武汉交易中心业务专用章所为的民事行为承担责任。深圳国投上

诉所称,武汉证券交易中心所出具的《武汉证券交易中心印鉴片》,不是深圳国投及深圳国际信托投资总公司国际证券投资基金部所预留。该陈述与事实不符,又无证据支持,本院不予采信。深圳国投上诉又称,从深圳国投及深圳国际信托投资总公司国际证券投资基金部的营业执照及内部机构设置看,深圳国际证券投资基金部武汉交易中心不是深圳国投及深圳国际信托投资总公司国际证券投资基金部的属下机构或内部机构,与深圳国投及深圳国际信托投资总公司国际证券投资基金部无关。深圳国投此观点的事实依据和论证方法均存在问题。一个企业设立分支机构或内部职能部门是否及时进行工商管理登记,以反映在该企业的营业执照中,有诸多因素。不能仅根据营业执照来确定一个企业行为时是否设立了这个部门或机构。即使法定应当登记而未登记的情况发生,未申报登记的企业并不因此免除民事责任。本案,深圳国际信托投资总公司国际证券投资基金部在武汉证券交易中心申请会员席位,系以深圳国际证券投资基金部武汉交易中心业务专用章印鉴备案,该基金部因此应当承担该印鉴的使用而产生的相应的民事责任。后该基金部被大鹏证券有限责任公司收购,且出售方深圳国投与收购方大鹏证券有限责任公司言明深圳国投基金部正式交接之前发生的债权债务仍由深圳国投所有。故深圳国投应对该基金部本案债务承担责任。深圳国投此观点既无事实根据,又无法律依据,本院不予采信。深圳国投上诉还称,深圳国投及深圳国际信托投资总公司国际证券投资基金部从未在工商银行武汉市分行新火车站办事处开过账户。证券代办处将款付入该账户,与深圳国投及属下单位无关。深圳国投此观点亦不能成立,因为,卖出买入单位证券代办处的款项,系根据买入卖出单位深圳国际信托投资总公司国际证券投资基金部指定的账户汇入的,深圳国投及深圳国际信托投资总公司国际证券投资基金部是否在工商银行武汉市分行新火车站办事处开过账户,并不影响对该笔款项已经交付深圳国际信托投资总公司国际证券投资基金部事实的认定。鉴于证券代办处已经交付购券款 1300 万元,深圳国投上诉所称农行云南营业部(即证券代办处)未履行合同,与事实不符,本院不予支持。关于深圳国投上诉提出的本案诉讼时效已过,农行云南营业部已经失去胜诉权的主张。本案,农行云南营业部对深圳国投有三笔债权,第一笔诉讼时效起算时间是 1995 年 10 月 1 日,第三笔诉讼时效起算时间是 1995 年 10 月 30 日。农行云南营业部在第三笔债务到期后,即开始就全案债权 1300 万元向债务人主张权利,基金部武汉交易中心于 1996 年 7 月 31 日归还 20 万元,此时,诉讼时效中断,诉讼时效期间应重新起算。深圳市天一实业股份有限公司于 1997 年 1 月 4 日至 8 月 28 日替基金部武汉交易中心归还了 320 万元,诉讼时效再一次中断。至 1997 年 11 月 8 日原审法院受理农行云南营业部的起诉,显然未超过诉讼时效期间。深圳国投该主张没有事实和法律依据,本院不予支持。

【案例来源】

《中华人民共和国最高人民法院公报》2004 年第 5 期。

381 出租、出借交易席位期间发生的证券回购纠纷，合同是以出租方、出借方名义签订的，出租、出借交易席位的金融机构应承担民事责任

【关键词】

| 出租、出借交易席位 | 证券回购 |

【案件名称】

国泰公司与黄梅联社资金拆借合同纠纷案［最高人民法院再审民事判决书］

【裁判精要】

裁判摘要：对出租、出借交易席位期间发生的证券回购纠纷，只要合同是以出租方、出借方名义签订的，出租、出借交易席位的金融机构应承担民事责任。

最高人民法院认为：

2. 关于《授权书》的性质与效力

国泰公司向武证交中心出具了《授权书》，特派李建新、冯晴为中心场内交易出市代表，承诺所有场内交易和资金划拨经上列代表之一签字即具有法律效力，并对上述交易和资金划拨行为及可能产生的后果承担一切责任。一方面，该授权书，因系国泰公司向特定的对象武证交中心出具的承诺，不具有社会公示力，国泰公司不能以此对抗第三人；另一方面，该《授权书》中关于国泰公司对经出场代表之一签字的场内交易和资金划拨行为及可能产生的后果承担一切责任的承诺，并不能反推出李建新只能进行场内交易而不能进行场外交易。如果认定《授权书》系国泰公司向李建新明确了授权范围，那么，中国民族信托投资公司也不是武交证中心的会员，国泰公司与嘉运公司签订的《关于停办、清算690席位的有关问题的协议》《关于进一步明确〈关于停办、清算690席位的有关问题的协议〉的协议》，对李建新超越授权范围与中国民族信托投资公司进行场外交易所形成的债权予以认可，也属于国泰公司对李建新超越代理权行为的追认。国泰公司对李建新超越代理权限所形成的债权予以认可并予以主张，而对超越代理权限所形成的债务不予认可并不予承担责任，违反了公平公正的原则，损害了相对债权人的合法权益。

3. 国泰公司对本案的拆借款项应当承担民事责任

国泰公司与嘉运公司签订《合作协议书》，约定国泰公司负责提供武证交中心席位的报批文件材料，同嘉运公司共同申请办理交易席位。嘉运公司负责支付全部铺底资金、会员费、席位费及营运资金。嘉运公司经营利润每年向国泰公司上缴不得低于240万元，超额部分按3∶7分成。从《合作协议书》中关于嘉运公司每年向国泰公司上缴不得低于240万元经营利润的约定分析，嘉运公司与国泰公司具有承发包关系；但从超过240万元的经营利润部分由双方按照3∶7分成的约定来看，嘉运

公司与国泰公司双方又具有合作经营关系。无论双方系承发包关系，还是合作经营关系，国泰公司将(2)号业务专用章交给李建新使用，李建新实际上取得了武证交中心690席位的经营管理权。无论是将李建新的行为认定为因承包690席位而获得经营权，还是将李建新的行为认定为代表合作双方的行为，李建新的行为均属于有权代理。武证交中心690席位经营所产生的债务，国泰公司应当承担民事责任。因此，对国泰公司关于李建新与黄梅联社之间的行为不符合适用《最高人民法院关于在审理经济合同纠纷案件中具体适用〈经济合同法〉若干问题的解答》第一条第一款适用的前提条件，原判将上述司法解释作为审理本案的依据错误，国泰公司不应承担民事责任的主张，应当不予支持。

另外，《关于停办、清算690席位的有关问题的协议》《关于进一步明确〈关于停办、清算690席位的有关问题的协议〉的协议》约定，为保证国泰公司利益不受损失，嘉运公司以其持有国泰公司的1000万元股本金作退股后直接冲抵中国民族信托投资公司所欠国泰公司1000万元债务，嘉运公司与国泰公司之间的股东关系自行解除；嘉运公司自愿将嘉运公司所有目前正在建设中的澳信大厦项目的66.45%的股权(折股金4100万元)转让给国泰公司，抵偿欠国泰公司的债务，同时愿意将坐落在武汉市江岸区建设大道用于建设澳信大厦的土地使用权办成国泰公司所有的他项权益证交给国泰公司。嘉运公司委托黑龙江农行信托农垦办在武汉证券交易中心482号席位通过武汉市证券交易中心在武汉市人行营业部024606576账户划给了国泰公司999.8万元等一系列行为表明，国泰公司占有了嘉运公司的资产。国泰公司的行为，损害了嘉运公司债权人的合法权益。原审判决国泰公司向黄梅联社承担本案债务，具有事实依据。

【权威解析】

对于出租、出借交易席位问题，《关于审理证券回购纠纷案件座谈会会议纪要》第二条第四款规定："有些金融机构将其在交易场所的席位发包或出借给其他单位或个人经营，违反了证券交易场所管理办法中有关会员席位不得转让使用的规定。无论承包方或借用方本身是否是具有会员席位的金融机构，其以发包方或出借方名义签订的证券回购合同，均应以主体资格不合法而确认为无效。"由此，对于出租、出借交易席位而签订的证券回购合同，应以主体资格不合法而确认无效。对于无效后的责任承担，该会议纪要第四条第(二)项、第(三)项规定："对证券回购合同认定为无效的，应根据1996年6月25日国务院批转中国人民银行《关于进一步做好证券回购债务清偿工作请示的通知》(国发〔1996〕20号)文件精神，返还融资本金，按同业拆借利率赔偿拆借期间的利息损失，并承担逾期罚息。对承包、借用经营期间发生的证券回购纠纷，只要是以发包方或出借方的名义签订的证券回购合同，发包或出借会员席位的金融机构就应承担民事责任。至于发包方、出借方与承包方、借用方之间，则属于另一法律关系，可作另案处理。"因此，因出租、出借交易席位而导致签订的证券回购合同无效的,金融机构应承担相应责任。

本案中,国泰公司与嘉运公司签订《合作协议书》,约定国泰公司负责提供武证交中心席位的报批文件材料,同嘉运公司共同申请办理交易席位。嘉运公司负责支付全部铺底资金、会员费、席位费及营运资金。嘉运公司经营利润每年向国泰公司上缴不得低于240万元,超额部分按3∶7分成。从《合作协议书》中关于嘉运公司每年向国泰公司上缴不得低于240万元经营利润的约定分析,嘉运公司与国泰公司具有承发包关系;从超过240万元的经营利润部分由双方按照3∶7比例分成的约定来看,嘉运公司与国泰公司双方又具有合作经营关系。但由于嘉运公司不是武证交中心的会员,其不可能与国泰公司共同经营交易席位,二者的关系本质上还是属于出借、出租交易席位。在此情况下,无论双方系承发包关系,还是合作经营关系,国泰公司将(2)号业务专用章交给嘉运公司的李建新使用,嘉运公司实际上取得了武证交中心690席位的经营管理权。无论是将嘉运公司李建新的行为认定为因承包690席位而获得经营权,还是将嘉运公司李建新的行为认定为代表合作双方的行为,因为是以国泰公司名义签订的证券回购合同,国泰公司依法就应当承担民事责任。由于黄梅联社对证券回购合同无效也具有过错,所以国泰公司与黄梅联社应依据过错大小按比例分担责任。①

【案例来源】

景汉朝主编:《最高人民法院审判监督指导案例解析》,人民法院出版社2015年版,第221~230页。

382 在证券席位承包关系中,无论承包合同是否有效,承包方以发包方名义所融借的资金均应当向发包方返还

【关键词】

| 证券席位承包 |

【案件名称】

深圳市联合投资有限公司与云南证券有限责任公司证券席位承包纠纷案[最高人民法院(2003)民二终字第185号民事判决书,2004.4.2]

---

① 参见张能宝:《出租、出借交易席位,金融机构应承担责任——国泰公司与黄梅联社资金拆借合同纠纷案》,载景汉朝主编:《最高人民法院审判监督指导案例解析》,人民法院出版社2015年版,第232~233页。

【裁判精要】

最高人民法院认为：

云南证券与深圳联合之间基于三份《协议书》形成证券交易席位承包关系后，云南证券依据《全国证券回购债务清欠台账》载明的债务数额，向深圳联合主张债权，有明确的事实及法律依据，应予支持。为此，深圳联合在证券席位承包期间以云南证券名义对外形成的债务，云南证券应承担对外清偿责任，承包人深圳联合也应依据证券席位承包关系向云南证券承担清偿责任。深圳联合关于云南证券应代其对外实际支付之后，深圳联合才能向云南证券清偿的上诉主张无法律依据，不能成立。

【权威解析】

（一）关于合同效力

证券交易席位是交易场所核定的某一特定的证券经营机构得以作为交易场所的会员并入场从事证券交易的资格，这种资格只能由特定会员享有，从其本质上便不能自行转让、发包或出租、出借，在监管规则中也是一贯禁止转让的。二审过程中合议庭已充分注意到了这一问题，并已明确提出了应当确认本案席位承包协议无效的意见，原判决书稿中也曾表述了这种意见。但后来考虑到对类似合同确认无效必须以违反法律、法规的强制性规定为前提，承办人专门查阅了有关规定，虽然后来的《证券交易所管理办法》《证券法》等都作了相关规定，但在本案行为发生时，确无明确的法律或规章作出禁止性规定。由于法律依据上的欠缺，为避免最高人民法院的判决在法律适用上出现瑕疵，尤其考虑到本案协议早已处于终止履行的状态，而无论认定其无效与否，对本案的处理结果均无影响（现判决结果与原认定协议无效的判决书稿中的判定结果完全一致）的情况，故在最终的法律文书中没有特别强调这些协议无效的问题，但实质上仍是按协议无效的处理原则判处的。如撤销了原审关于解除三份协议的判项、未追究违约责任而只判仅归还欠款等。

……

（三）关于15699万余元债务应否作为合法债权予以保护的问题

本案债务，是由于深圳联合在承包云南证券营业部期间，以云南证券的名义向外融借资金由其自行占有使用，因其一直未予归还，云南证券作为融资合同的当事人依法应当对外清偿而形成的。各个融出资金方作为融资的债权人只能向融资合同的当事人即云南证券主张债权而不论其具体承包人是谁。事实上，在国务院清欠办组织的全国专项清欠过程中，也已经将这些债务统一登记在云南证券名下，确定由该公司对外进行清偿。这种处理原则正确地区分了内部承包与外部融资两个不同的法律关系，更与《关于审理证券回购纠纷案件座谈会会议纪要》的具体规定完全吻合，即只要是以发包方名义签订的回购合同，就应由发包的金融机构对外承担责任，发包方与承包方之间则属于另一法律关系，另案处理。本案便是因为发包方依法应当对外承担回购合同的责任而引起的承发包双方之间的纠纷。

在席位承包关系中，无论承包合同是否有效，承包方以发包方名义所融借的资金均应当由承包方向发包方返还（发包方再归还给资金融出方），对此，作为本案承包方的深圳联合也完全认可，其在诉讼中一直承认对云南证券已经偿付给各个债权人的部分应当由其归还给云南证券，只是对云南证券尚未对外清偿的部分，以其他债权人不主张、可能超过诉讼时效从而可能使云南证券获得不当得利为由进行抗辩。①

【案例来源】

吴庆宝主编：《权威点评最高法院民商法指导案例》，中国法制出版社 2010 年版，第 215 ~ 222 页。

383 证券营业部为当事人开立了资金账户且账户内的证券类资产真实，资产所有权关系明晰的，可以判定为证券经纪客户

【关键词】

| 证券营业部 | 证券经纪客户 | 资金账户 |

【案件名称】

航空证券有限责任公司、航空证券有限责任公司保定五四西路证券营业部与唐山开滦建设（集团）有限责任公司、开滦（集团）有限责任公司侵权纠纷案［最高人民法院（2006）民二终字第 3 号民事判决书，2006. 6. 28］

【裁判精要】

最高人民法院认为：

关于开滦建设公司为航空证券营业部的证券经纪客户的问题。本院认为，判定开滦建设公司是否为航空证券营业部的证券经纪客户的关键有二：其一，航空证券营业部是否为开滦建设公司开立了资金账户。其二，开滦建设公司证券营业部账户内的证券类资产是否真实，资产所有权关系是否明晰。在本案二审质证中，开滦建设公司向法庭举证证明航空证券营业部为其开立了资金账号为 1029778 的资金账户，并按上海证券交易所指定交易的规定，为开滦建设公司申报办理了指定交易。同时，航空证券营业部给开滦建设公司出具的《对账单》和《交割单》已载明“资金账

① 参见沙玲：《证券席位承包后的债务如何承担——云南证券有限公司与深圳市联合投资有限公司证券席位承包纠纷案所涉证券席位承包后的债务承担问题研究》，载吴庆宝主编：《权威点评最高法院民商法指导案例》，中国法制出版社 2010 年版，第 222 ~ 223 页。

号1029778、客户姓名开滦建设、证券账号B880903676”;此外,开滦建设公司从中国证券登记结算有限责任公司上海分公司取得的投资者记名证券持有数量和投资者记名证券持有变动记录均载明证券账号B880903676内的证券由开滦建设公司持有。当然,本院已经注意到,开滦建设公司和航空证券营业部均未向法庭提交《证券交易委托代理协议》和《指定交易协议书》。就此一节,本院认为,根据中国证监会发布的《高风险证券公司账户清理工作指引》(证监风险办〔2005〕111号)规定,根据开户资料是否规范可以分为两大类,即开户资料规范的账户和开户资料不规范的账户。其中,开户资料不规范的账户是指开户资料不齐全或者电脑信息和实物资料对应不完全,但资金投入真实、资产所有关系明晰的账户。根据本案现已查明的事实,在航空证券营业部于2004年1月14日为开滦建设公司办理指定交易之前,开滦建设公司通过河北证券营业部的交易席位购买了03国债(1)30000手,可以说明其账户内国债所有权权属明晰,资金账户和证券账户对应清楚。在二审期间,航空证券营业部既未向法庭提交开滦建设公司的开户资料,亦未提交其没有为开滦建设公司开立资金账户的证据,更未提出可以否定开滦建设公司是证券账号为B880903676的证券账户和资金账号为1029778的资金账户的持有者的证据;加之,中国证券登记结算有限责任公司上海分公司投资者记名证券持有数量和投资者记名证券持有变动记录所载内容,与航空证券营业部向开滦建设公司出具的《对账单》和《交割单》所载内容相同。有鉴于此,本院认为,航空证券营业部给开滦建设公司出具的《对账单》和《交割单》,中国证券结算公司上海分公司投资者记名证券持有数量和投资者记名证券持有变动记录,以及开滦建设公司通过河北证券营业部的席位购买03国债(1)30000手的事实和证据,可以证明开滦建设公司是证券账户号为B880903676的证券账户和资金账号为1029778的资金账户的持有者,开滦建设公司是航空证券营业部的证券经纪客户。

【案例来源】

最高人民法院民事审判第二庭编:《最高人民法院商事审判指导案例·公司卷》,中国法制出版社2011年版,第474~485页。

384 不具备代理买卖证券业务主体资格的代理人安排与其有隶属关系的当事人实际履行证券买卖代办协议,可以认定为实际代理关系

【关键词】

|证券主体资格|证券买卖代办协议|

【案件名称】

中国工商银行吉林省分行营业部与长春市商业银行企业债券垫付纠纷案[最

高人民法院（2001）民二终字第170号民事判决书，2002.10.8］

【裁判精要】

最高人民法院认为：

1992年期间，工行劳服公司与证券公司依据双方签订的《代办协议书》，分别向市人行提交了在原新兴信用社铁北分部设立证券代办处的申请书，据此，市人行以65号《批复》批准设立证券代办处。从工行劳服公司和证券公司在《代办协议书》和申请书中的意思表示及市人行的65号《批复》内容看，证券代办处是证券公司设在金融机构为委托代理证券业务的机构，其设立符合中国人民银行《代办点通知》的规定。证券公司上诉称原审判决认定证券代办处隶属于证券公司，忽略了其产生的背景、证券行业的特点、当事人双方的真实意思表示等主张，及长春市商业银行答辩认为证券代办处行政上归属工行营业部，业务上接受证券公司管理的主张均不成立。由于证券代办处隶属于证券公司，对本案涉及到期的企业债券，证券公司应当首先承担兑付义务。根据长春市人民政府1999年债券专题会议精神，证券公司出资500万元兑付到期企业债券，属于向持券人履行兑付义务，长春市商业银行兑付到期企业债券，属于替证券公司垫付资金，证券公司对长春市商业银行垫付的24302984.30元资金，应当予以返还。

工行劳服公司虽然不具备代理买卖证券业务的主体资格，但其安排由与其有隶属关系的原新兴信用社铁北分部实际履行《代办协议书》，因原新兴信用社铁北分部是经市人行批准设立证券代办处的金融机构，具备代理证券买卖业务的主体资格，且《代办协议书》亦经过市人行审核批准，证券公司与原新兴信用社铁北分部依据《代办协议书》实际形成了委托代理关系，故应认定《代办协议书》有效。工行营业部主张工行劳服公司及原新兴信用社无资格设立证券代办处，其证券交易代办行为均属无效的主张不能成立。委托代理关系形成后，证券公司于1992年至1998年期间，先后与证券代办处和原新兴信用社铁北分部签订了53份发行协议，从53份协议的内容和履行情况看，无论53份协议上加盖的是证券代办处的公章，还是原新兴信用社铁北分部的公章，事实上均是由原新兴信用社铁北分部或新兴支行铁北营业室的工作人员实施了53份协议约定的内容，发行了企业债券，因此，应认定原新兴信用社铁北分部或新兴支行铁北营业室事实上接受了证券公司的委托和授权。证券公司上诉称其与长春市商业银行之间是代理关系，与证券代办处签订的协议并非自己与自己签订协议的观点成立；工行营业部上诉称原审法院在没有查明真假公章来源的情况下即支持了长春市商业银行主张的理由不能成立，本院不予采纳。上述53份协议涉及发行企业债券金额达14648.30万元。原新兴信用社铁北分部或新兴支行铁北营业室在经营证券代办处期间，除依据证券公司的上述53份协议指令发行企业债券外，还存在擅自发行和超发企业债券的行为，涉及金额达5623.40万元。经本案三方当事人核对，1992年至1998年期间，证券代办处不能兑付的到期企业债券资金为29302984.30元及其利息（该数额为长春市商业银行和证券公司兑付到期企业债券的资金数），证券代办处账户现存资金1954559.06元及其利息，现存账户资金冲减到期企业债券资金后为27348425.24元及其相应利息，该数额为证券公司所属证券代办处在委托经营期间发生的实际资金损失金额。

在证券代办处代理发行企业债券的过程中，虽然是履行证券公司与工行劳服公司、证券代办处签订协议，但实际上行使代理权经营证券代办处并实际操作债券买卖业务的是原新兴信用社铁北分部或新兴支行铁北营业室，在代理人原新兴信用社铁北分部变更期间，证券公司没有对委托事项按照合作银行筹备组在《金融时报》上发布公告的要求进行债权登记，在原新兴信用社由独立法人变更为长春市商业银行的分支机构新兴支行，新兴信用社铁北分部变更为新兴支行铁北营业室以后，证券公司对所签协议上加盖的已被注销了的原新兴信用社铁北分部的公章没有提出任何异议，证券公司的上述行为说明，其对经营证券代办处的委托对象和代理人的授权范围均不明确，对代理人的权利能力和行为能力没有尽到必要的审查和注意义务，其将业务用章和业务用纸等交与原新兴信用社铁北分部使用后，对证券代办处的经营活动长期疏于管理，对证券代办处出现的超发和自卖债券现象缺乏必要的监控。1996年5月25日，市人行下发〔1996〕151号文件，要求长春市人行批准设立的证券代办点必须于1996年7月1日前停办证券业务，摘掉代办牌匾，缴回《代办金融业务许可证》，实行代理证券业务一次性报批制，发行债券一律实行有纸化制度等。证券公司在违反上述文件规定的情况下，仍与证券代办处及原新兴信用社铁北分部签订了部分发行企业债券协议，授权违规发行企业债券。证券公司的上述行为是导致证券代办处经营管理混乱，形成资金损失的直接原因，证券公司应当对此承担主要责任。证券公司上诉称原审判决未能查明资金缺口的原因和资金去向，及超发债券的真正责任人，混淆了民事责任与行政责任概念的主张不能成立，本院不予支持；长春市商业银行答辩认为证券公司违反中国人民银行《代办点通知》的规定，与没有法人资格的原新兴信用社铁北分部签订合同，没有及时履行监管责任，应对后期的债券发行负有不可推卸责任的理由成立，本院予以采纳。原新兴信用社铁北分部或新兴支行铁北营业室利用代理发行企业债券之机，擅自超发和自卖企业债券，超越代理权限，对证券代办处出现的资金损失应承担次要责任。综合本案实际情况，本院确定委托人证券公司对证券代办处的实际资金损失27348425.24元及其相应利息承担80%的责任，即21878740.19元及其相应利息。鉴于证券代办处是由隶属于工行营业部的工行劳服公司直接参与设立的，工行营业部对证券代办处的业务有一定的监管责任，且证券代办处代理买卖证券业务是持续发生在工行营业部主管原新兴信用社期间，而在撤销原新兴信用社时，工行营业部和长春市商业银行对证券代办处的代理业务问题没有约定，本院确定工行营业部应当承担本案资金损失15%的责任，即承担4102263.79元及其相应利息，长春市商业银行承担本案资金损失5%的责任，即承担1367421.26元及其相应利息。工行营业部上诉称，原新兴信用社具有独立的法人资格，应独立承担民事责任，其入股长春市商业银行后，债权债务已经无条件转归长春市商业银行，对已经脱管的新兴信用社出现的资金损失与工行营业部无关等主张不能成立，本院不予支持。长春市商业银行答辩认为接收原新兴信用社时没有接收证券代办处的债权债务，新兴支行和新兴支行铁北营业室对债券业务没有签章和承诺，不应承担法律责任等理由不能成立，本院不予采纳。鉴于本案是多个诉的合并，证券公司应当返还长春市商业银行的资金与长春市商银行应承担的资金损失折抵后，证券公司应当返还长春市商业银行22935563.04元及其相应利息。

【案例来源】

最高人民法院办公厅编：《最高人民法院公布裁判文书(2003年)》，人民法院出版社2004年版，第143～163页。

385 当事人约定实施不转移证券实质所有权的自买自卖活动的协议因违反法律的强制性规定而应当认定无效

【关键词】

|证券|自买自卖协议|

【案件名称】

徐文玉与张宇借款合同纠纷案［最高人民法院（2017）最高法民终604号民事判决书，2018.6.1］

【裁判精要】

最高人民法院认为：

一、关于张宇是否真正取得了系争股票所有权的问题

本院认为，根据现行证券市场的清算交收制度，行为人通过集中竞价交易或者大宗交易平台买入证券后，证券登记结算机构在完成清算交收活动后将证券登记在该行为人的证券账户之中，行为人即取得证券的所有权。一般情况下，登记外观能够表彰所有权的归属，但这一权利判断原则存在例外。行为人虽然在形式上未被登记为证券的所有权人，但通过投资关系、协议或者其他安排，能够实际控制证券权利，并享有该证券的收益或者承担该证券的亏损的，应当认定行为人对该证券拥有实质所有权。本案系争的2918.51万股众和股份股票，原本是登记在陕国投·智慧1号信托计划的名下，嗣后又通过大宗交易平台登记在张宇名下。从形式上看，徐文玉并非系争股票的所有权人。但若拘泥于这一登记外观的形式判断标准，则无法解释双方当事人为什么会签订案涉《过桥借款协议书》这一问题。因此，就案涉

2918.51 万股众和股份股票的所有权归属问题，本院采取实质重于形式的判断标准，加以评判。

首先，徐文玉是陕国投·智慧 1 号信托计划名下众和股份股票的实质所有权人。本案中，徐文玉在辞任众和股份的监事职务之后，于 2011 年 11 月 8 日与陕国投签订《陕国投·智慧 1 号定向投资集合资金信托计划信托合同》，并以特定受益人身份认购该信托计划项下特定受益权 3000 万元，陕国投·财富 5 号资金信托计划认购该信托计划项下一般受益权 6000 万元。按照信托合同的约定，徐文玉作为特定受益人，其义务是在信托到期后向一般受益人返还本金并支付年化 7% 的收益，并承担该信托计划所购众和股份股票价格变动的风险；其权利是在支付信托计划费用、信托税费、一般受益权人本金和预期收益之后，享受其余部分的财产利益。根据《合同法》第一百九十六条关于"借款合同是借款人向贷款人借款，到期返还借款并支付利息的合同"的规定，该信托计划中特定受益权人徐文玉与一般受益权人陕国投·财富 5 号资金信托计划之间的法律关系，依法应当认定为借款合同关系。徐文玉自己出资并借入部分款项买入股票，实际享有该股票的收益并承担价格变动的风险，是该部分股票的实质所有权人。上诉人徐文玉关于系争股票由其借款购买，是系争股票的实际权利人的诉讼理由成立，本院予以采信。本案中，系争 2918.51 万股众和股份股票以陕国投—锦江证券信托的名义持有，以及众和股份年报中未依法如实披露其真实权益归属等违规事实的存在，并不影响本院对系争股票实质所有权的判断。

其次，系争 2918.51 万股众和股份股票虽然通过大宗交易平台过户至张宇名下，但根据案涉《过桥借款协议书》的安排，风险承担和收益归属并未真正从徐文玉转移到张宇一方。本案中，按照信托合同的约定，在陕国投·智慧 1 号信托计划到期后，徐文玉应当变现信托财产以支付信托计划费用、信托税费、一般受益权人本金和预期收益，从而实现其在该信托计划中的财产利益。但上诉人徐文玉并未选择通过交易市场变现股票，而是在众和股份的实际控制人许建成和案外人贺联杰的撮合下，通过向张宇借款的方式实现信托计划形式上的清算。根据案涉《过桥借款协议书》的约定，徐文玉通过大宗交易将信托计划持有的股票过户到张宇名下，以由张宇代持的方式向张宇融资。张宇受让股票后须积极协助徐文玉以信托公司或证券公司代持的方式受让张宇代持的股票，徐文玉指令张宇通过大宗交易的方式将股票卖给徐文玉或其指定的第三方，交易价格应尽可能覆盖张宇融资本金及应得利息，交易完成后张宇因此获得的款项如超过过桥借款本息，张宇应当在 2 个交易日内将超过部分支付给徐文玉，不足部分徐文玉应当在 2 个交易日内支付给张宇，交易费用由徐文玉承担。由此可见，本案中当事人的协议安排虽然在形式上存在着股票从"锦江证券信托→张宇→新的信托计划"的交易结构设计，且股票也已经实际经由深圳证券交易所的大宗交易平台过户到张宇名下，但有别于真实的大宗交易，系争股票价格变动的收益和风险并未因此而发生转移。根据当事人在协议中的约定，股票的价格变动风险仍然由徐文玉承担，收益亦由徐文玉享有。因此，系争股票的所有权并未真正发生转移。上诉人徐文玉关于其是案涉股票的实际权利人、张宇只是代持有人的诉讼理由成立，本院予以采信。被上诉人张宇关于其实际出资、通过大宗交易买入标的证券，在深圳证券交易所和中登公司均有登记，在法律上取得了对标的证券享有自由处分的权利的诉讼理由不能成立，本院不予采信。

二、关于《过桥借款协议书》的效力认定及当事人的责任承担问题

关于《过桥借款协议书》的效力问题。本院认为，证券交易市场不仅是买卖双方的交易平台，也承载着价格发现这一重要功能。建立一个自由、公平、充分公开的证券市场，使市场参加人基于充分公开之信息、立于平等地位、通过自然供求关系而形成交易价格，排除任何不当人为干预的供求关系，是证券市场制度设计的基本价值目标。对理性的投资者而言，其投资决策的依据包括上市公司公开披露的信息，交易市场行情变化的信息，以及宏观经济环境、特定行业景气等多个方面的信息。实践中，沪、深交易所之所以及时发布市场行情信息、披露个股的大宗交易信息和龙虎榜成交数据，均是为了使投资者能够及时获得真实的行情信息并在此基础上做出交易决策。为保障每个投资者都能立于公平的地位上进行交易，法律制度必须禁止任何人为干扰供求关系与价格发现的行为。本案中，双方当事人所实施的交易行为通过大宗交易市场进行并由交易所向市场发布大宗交易信息，但由于系争股票的实质所有权并未转移，导致投资者获得的交易信息并不能够反映案涉交易的真实情况，误导投资者对众和股份股票交易市场供求关系的判断，这种不转移实质所有权的交易安排，本身就具备较强的可责性，为包括我国在内的各国立法所禁止。根据本院查明的事实，案涉大宗交易发生在众和股份的实际控制人许建成家族成员将持有的股票大部质押，且已经全部被司法机关冻结的背景之下。一旦众和股份股票的二级市场交易价格出现大幅下跌的情况，不仅将直接影响出质股票的担保价值，若债权人行使质权，还将直接威胁到许建成家族对公司的控制权。由此足以认定，被上诉人张宇关于许建成担心大量股票在二级市场清盘抛售造成股价大幅下跌、亲自撮合本案过桥借款的解释，符合本案的实际情况，本院予以采信。许建成和徐文玉之所以选择通过大宗交易代持的方式向张宇融资，是为了避免采用市场化的清算手段给众和股份的股价造成不利影响，防止众和股份二级市场交易价格下跌。被上诉人张宇不仅清楚徐文玉和许建成的上述目的，还实际提供资金为其完成过桥。在此基础上，本院认定，徐文玉和张宇不仅在客观上实施了不转移实质所有权的自买自卖行为，在主观上还具有人为干预众和股份在二级市场上的供求关系、影响证券交易价格的共同故意。

《证券法》第七十七条第一款第（三）项规定，禁止任何人以在自己实际控制的账户之间进行证券交易，影响证券交易价格或者证券交易量的手段操纵证券市场。本案双方当事人通过《过桥借款协议书》的安排所实施的不转移实质所有权的自买自卖活动，构成在徐文玉实际控制的账户之间进行交易。无论其交易结果在客观上

是否实际影响了众和股份的证券交易价格和交易量,都不影响双方当事人意在人为干预股票交易市场的供求关系,以避免在二级市场抛售股票造成众和股份股价下跌这一合同目的之认定。当事人在协议中所追求的合同目的,直接违反了《证券法》的前述强制性规定,构成《合同法》第五十二条第(三)项规定的以合法形式掩盖非法目的的合同,依法应当认定案涉《过桥借款协议书》为无效合同。原审判决关于案涉《过桥借款协议书》合法有效的认定不当,本院予以纠正。对双方当事人基于合同有效而提出的相关诉辩理由,因无相应的法律依据,本院不予支持。

关于合同无效后当事人的责任承担问题。《民法通则》第六十一条规定,民事行为被确认无效后,当事人因该行为取得的财产,应当返还给受损失的一方;有过错的一方还应赔偿对方因此所受的损失,双方都有过错的,应当各自承担相应的责任。据此,张宇应当向徐文玉返还其在二级市场出售众和股份股票所收回的款项与其向徐文玉借出款项之间的差额,并赔偿徐文玉维护自身权利提起本案诉讼的合理支出;徐文玉应当向张宇赔偿张宇支出的交易成本、垫付资金的利息损失以及为徐文玉寻找接盘资金而向开源证券所支付的利息损失等。因此,一审法院酌定张宇向徐文玉赔偿股票差价损失 800 万元并承担 20 万元律师费的处理结果,虽然理由有欠允当,但其处理结果尚属公平合理,可予维持。上诉人徐文玉关于张宇应当向其赔偿股票损失人民币 310436507 元、律师费损失人民币 300000 元、诉讼保全担保费用人民币 700000 元的诉讼主张,并无相应的事实和法律依据,本院不予支持。①

【案例来源】

中国裁判文书网,http://wenshu. court. gov. cn。

编者说明

证券所有权的判断,一般以登记外观为原则,即证券登记结算机构在完成清算交收活动后将证券登记在该行为人的证券账户之中,行为人即取得证券的所有权。该原则的例外情形是,行为人虽然在形式上未被登记为证券的所有权人,但通过投资关系、协议或者其他安排,能够实际控制证券权利,实际享有该证券的收益并承担价格变动的风险,应当认定行为人对该证券拥有实质所有权。当事人通过协议安排在其实际控制的账户间实施不转移证券实质所有权的自买自卖活动,违反了《证券法》第七十七条第一款第(三)项规定的"禁止任何人以在自己实际控制的账户之间进行证券交易,影响证券交易价格或者证券交易量的手段操纵证券市场"的规定。无论其交易结果在客观上是否实际影响了证券交易价格和交易量,都不影响双方当事人意在人为干预证券交易市场的供求关系以影响证券交易价格这一合同目的之认定。因当事人在协议中所追求的合同目的,直接违反了《证券法》的前述强制性规定,构成《合同法》第五十二条第(三)项规定的以合法形式掩盖非法目的的

---

① 本案二审判决后,徐文玉向最高人民法院申请再审,最高人民法院审查后裁定予以驳回。参见最高人民法院(2018)最高法民申 6254 号民事裁定书(2018. 12. 28),载中国裁判文书网,http://wenshu. court. gov. cn。

合同，依法应当认定当事人之间的协议为无效合同。①

386 证券营业部按规定为客户办理指定和撤销指定交易后，客户证券账户内的国债资金出现了变现并被用资人使用，与证券营业部的行为不存在必然因果关系

【关键词】

| 证券营业部 | 国债资金 | 因果关系 |

【案件名称】

中国人寿保险公司成都分公司诉华隆公司等证券侵权纠纷案［最高人民法院（2004）民二终字第137号民事判决书，2005.1.10］

【裁判精要】

裁判摘要：证券营业部按规定为客户办理指定交易和撤销指定交易后，客户证券账户内的国债资金出现了变现并被用资人使用的结果，应认定其符合客户意图，与证券营业部办理指定交易和撤销指定交易的行为不存在必然因果关系。

最高人民法院认为：

中保人寿对于1999年7月26日转款4000万元到成都大鹏购买000896国债这一事实没有争议，本案主要争议的是000896国债买在了华隆公司的617证券账户上是不是中保人寿的意思表示。中保人寿认为617不是自己的上海证券账户，自己的上海证券账户是B880217601，中保人寿没有同意用自己的钱款为华隆公司购买国债。而成都大鹏则认为，投资人以自己资金为他人的证券账户购买证券属普遍现象，成都大鹏是根据中保人寿的具体指令将华隆公司的617证券账户下挂到中保人寿在成都大鹏开设的791293资金账户之下的，下挂证券账户的含义就是资金账户所有人允许下挂的证券账户使用其资金，而此后中保人寿又用只有其自己才掌握的交易密码，并且在明确选择或直接输入“617”号码后购买了国债，随后又申请撤销了617证券账户在成都大鹏的指定交易，使得华隆公司能够在其他证券公司处分该笔国债。尤其是中保人寿在委托成都大鹏购买4000万元国债时，其自己的B880217601证券账户已经被指定在中银国际证券公司，而根据上海证券交易所的规定，中保人寿不能同时在成都大鹏使用自己的B880217601证券账户购买000896国债，这种情况下中保人寿必须借用他人已经指定在成都大鹏的上海证券账户。下挂

① 参见最高人民法院第三巡回法庭编著：《最高人民法院第三巡回法庭新型民商事案件理解与适用》，中国法制出版社2019年版，第474页。

他人的证券账户购买国债后再撤销该证券账户的指定交易,将国债的处分权交给对方的操作方式,是当时进行资金拆借或委托理财的一种较为普遍的做法,张志勇的笔录和陈浩文的意见函以及2000多万元利息、收益的支付金额及来源,均反映出本案并非仅仅是购买国债,实际上是通过购买国债来完成将资金交付给邓勇炒股,中保人寿从中取得比单纯购买国债更高的收益。

4000万元000896国债买在华隆公司的617证券账户上是不是中保人寿的真实意思表示,直接涉及对1999年7月28日《交易账户增加申请书》及同年8月10日《撤销指定交易申请表》等证据的恰当认定。1999年7月28日《交易账户增加申请书》的全部标题是《(资金、交易账户)增加、更改密码申请书》,由于存在多个选项,具体使用时必然要删去不涉及的选项。同时,无论标题的删改是何时所为,该申请表客观上反映了中保人寿在成都大鹏的791293资金账户与华隆公司的617证券账户之间的联系,在证券交易实务中,这种联系应当是表示可以使用791293资金账户中的资金为617证券账户购买证券。而且,原审法院依职权调取的《中国证券登记结算有限责任公司上海分公司账户指定和撤销指定登记记录》反映,本案4000万元国债购买期间,中保人寿自己的B880217601上海证券账户一直被指定在中银国际证券公司,中保人寿要实现其在起诉状中所称的用自己的4000万元在成都大鹏购买000896国债,客观上需要使用他人的、已经指定在成都大鹏的上海证券账户。又由于中保人寿已经取得确认价值4000万元的000896国债已经成交的《上海证券中央登记结算公司成都棉麻股东交易三联单》,表明中保人寿已经确知其委托成都大鹏购买的4000万元国债已经实际成交,这又说明中保人寿客观上已经实际使用了他人的上海A股账户。而中保人寿确认该申请书上公章的真实性,但对其B880217601上海A股账户已经被指定到其他证券公司期间,在不使用他人上海A股账户的情况下,如何能够委托成都大鹏购买到4000万元000896国债不能作出合理的解释,事实上这也不符合证券买卖的基本规则。因此,应当认定中保人寿作出了在其791293资金账户之下增加617上海证券账户的意思表示。原审判决对此节认定虽然不够准确,但认定中保人寿申请加挂617账户是符合本案实际情况的,本院予以认可。

1999年8月10日《撤销指定交易申请表》分别存在"存根联"和"客户联","存根联"上有"617"字样及成都大鹏经办人、部门负责人和总经理的签字,而"客户联"上没有"617"及成都大鹏经办人、复核人和负责人的签字。本院认为,撤销证券账户的指定交易意味着可能放弃对一个证券账户及所购证券的控制,中保人寿作为一个管理制度严格的金融机构,其拿回公司存档的"客户联"应当是经过交易对方签字和盖章的一联,而且"客户联"上有证券公司人员签字的三个档目;同时,空白《撤销指定交易申请表》任何一个客户都是容易取得的,因此应当认定中保人寿向法庭出示的"客户联"缺乏客观性,同时应当推定中保人寿持有经成都大鹏人员签字的"客户联"。成都大鹏认为中保人寿之所以拒不出具该客观的"客户联",原因是该联上同样也写有“617”内容，进而能够证明“617”内容的加注是得到中保人寿认可的。根据本院《民事证据规定》第七十五条的规定，“有证据证明一方当事人持有证据无正当理由拒不提供，如果对方当事人主张该证据的内容不利于证据持有人，可以推定该主张成立”。因此，本院推定中保人寿所持有的、真实的“客户联”上同样也写有“617”内容。另外，从该申请表的使用目的来看，其唯一用途就是撤销上海 A 股账户的指定交易，本该填写“证券账户：上海 A 股”的位置填写了“791293”，而“791293”是中保人寿在成都大鹏的资金账户，当时与该资金账户相连的只有一个上海 A 股账户，即为“617”，因此中保人寿的指向也应当是明确的，成都大鹏操作为撤销“617”的指定交易符合中保人寿的利益，不能认定违背了中保人寿的意思表示。中保人寿解释填写该申请表的目的是撤销其深圳证券账户，但该申请表的标题和内容仅仅涉及上海 A 股账户，完全不涉及深圳证券账户，而深圳证券账户不能进行撤销指定交易操作，中保人寿的解释有悖证券交易规则。因此，本院认为，填写、递交该申请表的目的是撤销已经完成以中保人寿的资金购买国债后的“617”证券账户在成都大鹏的指定交易。

同时，其后三年来中保人寿从未收到上海证券交易所派发到成都大鹏的国债利息，而由其自己向华夏证券和厦门证券的股民账户收取利息的事实也表明，中保人寿明知其在成都大鹏的 4000 万元资金或国债均已经不存在于成都大鹏。原审法院对张志勇所作的笔录和四川衡平律师事务所陈浩文律师《关于人寿保险公司四川分公司国债资金处理的意见函》，均分别反映了中保人寿与邓勇或其控制的华隆公司或北海银证公司之间直接存在包括本案 4000 万元在内的共计 9000 万元的资金有偿使用关系，该两份证据对这一情况的叙述互相吻合。此外，客观上三年的利息和收益也是由与邓勇控制的相关股民账户所支付。这三部分证据又与前述中保人寿增加、使用“617”证券账户及撤销“617”证券账户在成都大鹏的指定交易等一系列证据相互印证，进一步证明了使用华隆公司“617”证券账户正是中保人寿自己的行为，并非成都大鹏擅自实施的侵权行为。其后三年中，中保人寿仍使用 791293 资金账户接受邓勇支付利息的行为，证明与其所称当时是申请撤销该资金账户相矛盾，更进一步证明成都大鹏为中保人寿办理撤销“617”账户指定交易的行为，与中保人寿 4000 万元国债损失之间并无因果关系。

至于在资金账户下挂他人证券账户是否违法，这属于应当由证券监管机构处理的行政法律范畴的问题，不影响中保人寿与成都大鹏之间根据委托指定交易协议、撤销指定交易申请确认民事责任的承担，不属于本案考虑的问题。本院认为，中保人寿与成都大鹏通过签订《证券交易委托协议书》建立了委托代理法律关系，中保人寿依法应当对委托成都大鹏实施的行为承担民事责任。中保人寿将华隆公司“617”增加到其 791293 资金账户下购买国债，使中保人寿名下的 4000 万元资金变成了华隆公司名下的 4000 万元国债，此后中保人寿撤销“617”账户在成都大鹏的指定交易，彻底放弃了对“617”证券账户的实际控制，这正是导致华隆公司得以在厦门证券重新设定“617”账户的指定交易，并将其下挂在股民雷少成账户下作为子账户卖掉全部国债的直接原因。华隆公司未参与本案诉讼，本案中亦没有明确、充分的证据证明存在着国债处分后炒股的风险应由中保人寿自己承担的约定，原审法院判决华隆公司返还抵扣相应收益后的37831111.11元资金及相应利息正确，应予维持。华隆公司取得并能够处分本案中的4000万元国债，是中保人寿自己的行为所造成；成都大鹏并未违背中保人寿的指令，也没有实施对中保人寿的欺诈行为；其按照申请办理撤销指定交易的行为，与中保人寿的款项损失之间并不存在近因，不构成行为与损失之间的因果关系。根据《民法通则》第六十三条的规定，作为代理人的成都大鹏按照中保人寿的要求实施代理行为的民事责任应当由中保人寿承担。

此外，重庆大鹏与中保人寿签订资产委托管理协议书时中保人寿在成都大鹏的国债早已被华隆公司指定到了厦门证券并被变卖，中保人寿自始未将协议书中所约定的000896国债实际交付给重庆大鹏，且488万元高额收益也并非重庆大鹏直接支付，亦没有证据证明系他人代重庆大鹏支付，故该份协议书应认定为并未实际履行。2002年3月重庆大鹏向中保人寿出具承诺书时，中保人寿的资金亦早已被华隆公司所占用，故该承诺书与中保人寿的经济损失之间亦并无直接因果关系，重庆大鹏对中保人寿的损失不应承担责任。

【权威解析】

（二）成都大鹏是否参与了中保人寿与华隆公司之间的融资关系，以及成都大鹏是否构成侵权，应否承担中保人寿的损失

1.《资产委托管理协议书》反映出中保人寿进行国债委托管理的真实目的

尽管该协议就重庆大鹏而言不是一份真实协议，也由于当时标的物已经不存在而无法实际履行，但从中保人寿的角度而言，却足以反映出其将包括本案4000万元在内的全部9000万元国债委托他人进行管理的真实目的。而中保人寿在诉状上承认其收到488万元是对该协议的履行。除了其主张的该488万元来源于重庆大鹏是错误的以外，中保人寿与他人（实为华隆公司）之间已经进行了国债委托管理这一事实却被证明是客观存在的。

由于一审判决已经查明、证明所谓重庆大鹏与中保人寿之间的国债委托管理关系实际上并不存在，而且成都大鹏与中保人寿之间明显不存在国债委托管理关系（中保人寿也从未有此主张），可见中保人寿只可能是与其他主体之间的国债委托管理关系。而从国债的实际使用人、利息支付人、中保人寿使用华隆公司617账户、张志勇的笔录和陈浩文的意见函等情况看，尽管没有直接的合同，但这种关系存在于中保人寿与华隆公司之间是可以肯定的。

一审法院将该协议作为仅仅反映重庆大鹏与中保人寿之间关系的一份孤立的、无效的证据看待是不完全正确的，忽视了该协议对本案真实背景的证明作用。

2. 即使中保人寿与华隆公司之间的国债委托管理或融资关系不能被直接证明，也不能因此而要求成都大鹏对中保人寿承担民事责任

本案中是否存在中保人寿与华隆公司之间的国债委托管理或融资关系，由于成都大鹏未参与其中，不应承担举证责任。即使这一国债管理或融资关系不能被直接证明，但仅因为这一点并不足以要求成都大鹏在本案中承担赔偿责任。

本案系侵权纠纷，诉讼的焦点显然在于中保人寿的财产权利是否受到侵害，成都大鹏是否与此侵害结果之间存在因果关系。中保人寿在诉状中要求成都大鹏承担责任的主要理由是：中保人寿的4000万元资金被他人盗用，而成都大鹏对盗用给予了配合。从双方的诉讼义务看，中保人寿作为原告，必须同时证明至少两点：第一，其在成都大鹏的791293资金账户内的4000万元资金被他人盗用，而中保人寿自己并无过错；第二，资金被盗与成都大鹏的作为或者不作为之间存在因果关系。成都大鹏作为处于被告地位的第三人，要免除自己的责任只需要证明以下两点之一：第一，中保人寿的资金没有被盗用，是中保人寿自己进行了使用。基本理由是：中保人寿自己承认动用该4000万元资金委托成都大鹏购买国债，只是该国债未能购买到中保人寿自己的601证券账户中，中保人寿在其诉状中的这一主张已经十分清楚地证明了中保人寿的资金并未被他人盗用，而是其自己使用；同时，由于那个时候601证券账户已经被指定到其他证券公司，根本不可能在成都大鹏使用，因此中保人寿委托成都大鹏购买的国债绝不可能购买到601证券账户中，只可能购买到中保人寿资金账户下挂的其他证券账户中，而此时该资金账户下只有617一个证券账户，因此该国债只可能成交在617证券账户中。同时，国债成交到617证券账户中并不会导致中保人寿的损失，导致中保人寿损失的是，中保人寿自己撤销了617证券账户在成都大鹏的指定交易，致使617账户脱离中保人寿791293资金账户，即中保人寿放弃对617账户的控制，而华隆公司却在617账户被撤销在成都大鹏的指定交易后，自动恢复了对617账户的控制权和处分权，并将其指定到其他证券营业部，售出其中的国债。或者第二，中保人寿与华隆公司之间存在资金委托或融资关系。能否证明中保人寿与华隆公司之间是否存在资产委托或融资关系，是成都大鹏能否直接据此免除责任的关键，而非前提条件。换句话说，证明了中保人寿与华隆公司之间存在资产委托管理或融资关系，则足以免除成都大鹏在本案中的责任，而不能证明这一点，却不足以因此而推定成都大鹏在本案中应当承担责任。①

【案例来源】

《中华人民共和国最高人民法院公报》2005年第8期。

① 参见吴庆宝：《证券公司不构成侵权，对客户款项损失不承担民事责任——中国人寿保险公司成都分公司与大鹏证券有限责任公司成都锣锅巷证券营业部等证券侵权纠纷案》，载吴庆宝主编：《权威点评最高法院民商法指导案例》，中国法制出版社2010年版，第262～264页。

387 证券营业部擅自对客户账户采取指定交易构成侵权，应当承担赔偿责任

【关键词】

| 证券营业部 | 指定交易 | 侵权赔偿 |

【案件名称】

杨耀民与南京市证券公司鸿利营业部和南京市证券公司股票侵权纠纷案［最高人民法院（2000）经终字第135号民事判决书，2000. 12. 31］

【裁判精要】

最高人民法院认为：

鸿利营业部对杨耀民在上海证券交易所股东账户采取指定交易，是因为杨耀民在1994年8月9日前在该部透支了8098.73元。鸿利营业部以自己的电脑打印单来证明杨耀民透支，因该电脑打印单属单方举证，杨耀民对此否认，且与调取的资料不能印证，故以此认定杨耀民透支依据不足。鸿利营业部在未取得杨耀民委托的情况下，擅自对杨耀民的股东账户采取指定交易，其行为已构成侵权。但依据查明的事实，鸿利营业部卖出杨耀民的三种股票是受杨耀民委托。首先，杨耀民1994年8月9日填写了上述三份委托书的大部分内容，并提供给鸿利营业部。据此，杨耀民委托鸿利营业部卖出股票的意思表示是明确的。其次，1994年8月9日，杨耀民因股东账户被指定交易而去鸿利营业部交涉，双方经协商达成了处理意见，故杨耀民此后提供委托书是有原因的。否则，杨耀民无须与鸿利营业部协商并达成协议。在双方对股票争议已解决的情况下，即使没有上述委托书，因鸿利营业部已给予杨耀民赔偿，其自然取得上述股票的处分权，因此，鸿利营业部不存在盗卖杨耀民股票的问题。鸿利营业部称，其给付的113万元款额中，包括了杨耀民股票本金。杨耀民对此否认，但其对股票账户被指定交易产生了哪些损失，鸿利营业部给付的113万元是什么款项等问题，无法作出解释。在此情况下，杨耀民所提赔偿损失之请求，应以其股票贬值数额或被指定交易时可能卖出的较高价格与买入时价格的差额为赔偿范围。鸿利营业部给付杨耀民的113万元中，既包括了杨耀民股票本金，也包括给杨耀民的相应赔偿金，即鸿利营业部与杨耀民之间的争议已经全部解决。杨耀民关于鸿利营业部盗卖其股票，应赔偿其巨额经济损失的上诉请求，不能成立，应予驳回，原审判决认定事实清楚，适用法律正确，判处适当，应予维持。

【权威解析】

一、关于鸿利营业部对杨耀民在上海证券交易所股东账户采取指定交易是否构成侵权的问题

鸿利营业部提出,其之所以对杨耀民在上海证券交易所股东账户采取指定交易,是因为杨耀民在1994年8月9日前在该部透支了8098.73元。提供的证据为该部的电脑打印单。杨耀民否认自己透过支,要求鸿利营业部提供所有的委托单。鸿利营业部称,由于杨耀民在该部交易的时间长、次数多,有关单据没有保存,无法提供委托单。经向上海证券中央登记结算公司调取杨耀民1994年1月至8月9日在上交所买卖股票的资料,与鸿利营业部提供的杨耀民资金账户资金往来情况核对,两者不能吻合。鸿利营业部以自己的电脑打印单来证明杨耀民透支,因该电脑打印单属单方举证,杨耀民对此否认,且与调取资料不能印证,故以此认定杨耀民透支依据不足。鸿利营业部在未取得杨耀民委托的情况下,擅自对杨耀民的股东账户采取指定交易,其行为构成了侵权。[①]

【案例来源】

最高人民法院民事审判第二庭编:《经济审判指导与参考》(第4卷),法律出版社2001年版,第384~390页。

388 证券经营机构在办理投资者提款手续时应当核对身份证、股东账户卡和资金卡,原则上应由本人提取,并由提款人在取款凭证上签名

【关键词】

|证券经营机构|投资者提款|取款凭证|

【案件名称】

航空证券有限责任公司、航空证券有限责任公司保定五四西路证券营业部与唐山开滦建设(集团)有限责任公司、开滦(集团)有限责任公司侵权纠纷案[最高人民法院(2006)民二终字第3号民事判决书,2006.6.28]

① 参见吴庆宝:《证券营业部应当承担有限侵权赔偿责任——杨耀民与南京市证券公司鸿利营业部和南京市证券公司股票侵权纠纷上诉案》,载最高人民法院民事审判第二庭编:《民商审判指导与参考》(总第2卷),人民法院出版社2003年版,第206页。

【裁判精要】

最高人民法院认为：

关于开滦建设公司是否收取了航空证券营业部支付的4046209元资金的问题。本院认为，根据中国证监会《关于健全查验制度防范股票盗卖的通知》第六条关于“证券经营机构在办理投资者提款手续时应当认真核对身份证、股东账户卡和资金卡，原则上要求由本人提取，并在核对其账户后，由提款人在取款凭证上签名，对大额提款应由证券营业机构的业务负责人签字后方可提取”之规定，判定开滦建设公司是否收取了航空证券营业部的资金的关键在于，开滦建设公司是否作为提款人在取款凭证上签名。原审法院已经查明，本案航空证券营业部所提交的证据虽然显示有的取款、存款凭证的客户名称为开滦建设公司，但并没有开滦建设公司的签章，而且部分证据系其单方制作的内部凭证。另外，从航空证券营业部提供的工商银行业务委托书（回单）载明的内容看，收款人均为河北证券营业部，而航空证券营业部与河北证券营业部之间的资金往来与开滦建设公司并无关联，无法判定上述证据与本案的事实具有关联性。尽管航空证券营业部在二审期间提交若干证据线索，旨在说明2003年8月至2004年12月份期间航空证券营业部与河北证券营业部存在资金往来，但由于证据线索并非《民事诉讼法》第六十三条所规定的证据形式，且开滦建设公司在质证上对证据线索内容的真实性及复印件不予认可；加之，因开滦集团在本案中没有诉讼地位，即便有充分证据表明航空证券营业部的上述资金流向与开滦集团有关，或者说航空证券营业部向开滦集团支付了若干资金，亦是另一法律关系，当事人应通过另案解决。因此，综观本案现有证据和已经查明的事实，不能证明开滦建设公司已经收取了该4046209元清算资金，故航空证券营业部关于开滦建设公司已经收取了航空证券营业部支付的4046209元清算资金的主张，本院实难予以支持。

【案例来源】

最高人民法院民事审判第二庭编：《最高人民法院商事审判指导案例·公司卷》，中国法制出版社2011年版，第474～485页。

389 证券营业部在经办代理业务过程中违规操作致客户财产损失的，应当承担过错责任

【关键词】

|证券营业部|代理业务|过错责任|

【案件名称】

王高武诉云集路证券营业部股票纠纷案［湖北省宜昌市中级人民法院二审民

事判决书，2000.10.9］

【裁判精要】

宜昌市中级人民法院认为：

本案双方争议的焦点是，清密、出卖股票和提取资金是否为上诉人王高武所为。《民事诉讼法》第六十四条第一款规定："当事人对自己提出的主张，有责任提供证据。"王高武向一审法院提交了不是本人签名、预约提款和取款之日本人都不在宜昌的证据，用以支持"非王高武所为"的主张。被上诉人云集路营业部提交了内部职工的证言，用以支持"是王高武所为"的主张；并以如果非王高武所为，则预约取款单和取款凭条上留下的身份证号码、股东代码怎么可能与王高武使用的一致来反驳对方。对双方提交的证据综合评判：王高武的证据与法院在审理过程中收集的公安机关笔迹《鉴定结论》能相互印证，因此应当认为对"非王高武所为"的主张，王高武已经尽到举证责任。云集路营业部的证据，不仅因来源于与本案有利害关系的内部职工而不具有充分的证明力，且因与笔迹鉴定结论相矛盾而不能采信。即使身份证和股东代码卡从未丢失，身份证号码和股东代码也不是除本人以外其他人无法知晓的绝密信息。因此取款预约单和取款凭条上填写的号码与王高武使用的一致，不能证明"是王高武所为"。云集路营业部要以此为由来反驳对方，还需要提交确凿的证据。这个问题不是王高武的主张，不能倒置由王高武承担"为什么一致"的举证责任。云集路营业部没有充分的证据来证明"是王高武所为"，只能认定其主张不成立。

除此以外，按照被上诉人云集路营业部执行的《代理业务操作规程》的规定，客户办理清密，必须由客户持本人身份证及股东代码卡并填写清密申请书，由操作人员认真审核后方可办理。因此在办理清密手续后，客户填写的清密申请书就成了云集路营业部应当提供、也可以提供的证据。云集路营业部不能提供清密申请书来证明自己的主张，不仅再一次说明其主张不成立，还说明其未按规定的程序进行清密。密码是保障投资者权益的一种手段，清密涉及投资者利益。云集路营业部未按规定的程序进行清密，从而为王高武账户的资金被取走创造了条件。云集路营业部对此应承担过错责任。

《代理业务操作规程》还规定，客户支取保证金应持本人身份证及股东代码卡原件办理，提款人应在取款凭条上签名。据此应当认为，在取款凭条上签名的提款人就是客户本人，或者是持有客户委托手续的客户代理人。在被上诉人云集路营业部提交的8月9日取款凭条上，虽然签署的名字是"王高武"，但却不是上诉人王高武本人书写，而且取款凭条上既不附有王高武的委托书，也没有代理人的姓名和身份证号码。这个情节证明，云集路营业部在办理本案大额取款预约及取款业务过程中，存在着对证件审查不严的过错。

《民法通则》第一百零六条第一款规定："公民、法人违反合同或者不履行其他义务的，应当承担民事责任。”第一百一十七条第一款规定：“侵占国家的、集体的财产或者他人财产的，应当返还财产，不能返还财产的，应当折价赔偿。”第三款规定：“受害人因此遭受其他重大损失的，侵害人并应当赔偿损失。”《证券法》(1998)第一百九十二条也规定：“证券公司违背客户的委托买卖证券、办理交易事项，以及其他违背客户真实意思表示，办理交易以外的其他事项，给客户造成损失的，依法承担赔偿责任，并处以一万元以下十万元以下的罚款。”

被上诉人云集路营业部作为上诉人王高武的指定代理商，负有保障王高武账户股票及资金安全的义务。云集路营业部在经办代理业务的过程中违规操作，未经严格审查并履行相关手续，对王高武账户轻率办理清密、大额取款预约及取款业务，致王高武账户股票被卖、资金被取走，在没有充分证据证实“是王高武所为”或“是王高武委托他人所为”的情况下，应当赔偿王高武被取走的资金，并按同期银行存款利率年息 2.25% 承担利息损失。同时，对王高武因处理该纠纷的误工费及相关差旅费损失，云集路营业部也应酌情赔偿。

【案例来源】

《中华人民共和国最高人民法院公报》2001 年第 5 期。

390 证券公司人员违法犯罪和客户过错致资产损失，“一边倒”的认定不当，应当查明事实、分清责任

【关键词】

| 证券公司 | 过错责任 |

【案件名称】

中信证券股份有限公司与重庆华能石粉有限责任公司证券经纪合同纠纷案［最高人民法院（2011）民提字第 293 号民事判决书，2012. 3. 2］

【裁判精要】

裁判摘要：本案是国家处置证券公司风险政策措施出台之前发生的事实和纠纷。证券公司与客户经纪合同关系下，证券公司内部人员违法犯罪和客户自己过错致客户资产损失，“一边倒”的认定和裁判均有错误，而应查明事实、分清责任。即证券公司应当承担哪些民事责任，客户是否有过错应否自行承担部分责任。

最高人民法院认为：

(一)关于客户与券商之间的民事法律关系

证券交易是以证券公司为主的交易所会员单位入场进行的，所有投资主体须与

会员签订指定交易协议，在会员名下通过会员拥有的交易通道下达交易指令而完成。凡是买卖在证券交易所挂牌集合竞价和交易的股票、债券和基金等投资品种，都须以自己的股东账户到证券公司营业部开设资金账户，故投资主体必然要与证券公司发生经纪合同关系。新旧《证券法》对客户与券商之间民事法律关系的规范是一致的。

本案华能公司与中信证券之间发生的是客户与券商经纪合同民事法律关系。1998 年 11 月 5 日，华能公司以其财务科长刘焕敏名义在中信证券较场口营业部开设 0050 资金账户并购买了国债，该事实证明华能公司与中信证券之间建立了客户与券商之间经纪合同民事法律关系。当事人双方虽未提交 1998 年 11 月开户的相关合同证据，但不能因此否定双方的经纪合同民事法律关系。重庆市高级人民法院再审认定双方 1998 年 11 月签订指定交易合同和电话委托交易合同，约定以柜台交易和电话委托的方式交易上交所的挂名证券等事实，华能公司并无异议。本案没有证据证明华能公司与中信证券较场口营业部建立过除客户与券商经纪合同民事法律关系以外的其他民事关系。2002 年 1 月 1 日，罗劲松以中信证券较场口营业部名义与华能公司签订的“委托资产管理协议”和“委托资产管理协议补充协议”，原一、二审和重庆市高级人民法院再审认定是伪造公章伪造签名订立的无效合同正确，即不能根据该委托协议确认华能公司与中信证券较场口营业部发生了委托理财民事关系。华能公司关于其未与中信证券营业部建立证券买卖委托关系的答辩意见成立，本院予以支持。

（二）客户交易密码以及罗劲松行为的民事认定

金融机构客户身份识别，是指银行、证券和保险等金融机构通过开户时客户真实身份资料登记和设立相关密码，从而建立客户对应专用的保护制度。证券市场自建立起，即有客户身份识别制度。密码是进入客户账户的钥匙，是客户进行证券交易的必要前提。根据相关规定和开户操作流程，账户密码是由客户在开户过程中自行设置的，该密码只能由客户本人知悉。证券交易只认密码而不管谁在实际操作，通过密码进行的股票交易，其后果由客户承担。密码不仅是交易权限，而且是确保投资者账户资金安全的关键手段，投资者在开户后应对资金密码和交易密码妥善保管。

华能公司以刘焕敏名义开设了 0050 资金账户，虽然不能具体确定华能公司办理开户手续的人员，但不能以此否定该资金账户已实际开设并设有密码。根据罗劲松在公安机关的供述，是罗劲松为 0050 资金账户设置了初始密码并且告诉了华能公司人员，该密码一直没有改动且一直为罗劲松操作使用。华能公司以 0050 资金账户不是自己开设、也不知道该账户密码，抗辩其不应承担对自己资金账户密码及资金安全的保护义务，缺乏法律依据，本院不予支持。

罗劲松操作华能公司资金账户和侵占该账户资金，违反了《证券法》《刑法》的禁止性规定，属于违法犯罪行为。本案没有直接证据证明中信证券较场口营业部对罗劲松实施的违法犯罪行为事先授权或事后追认，间接证据仅有罗劲松在公安机关讯问笔录中称其行为经过马建生同意。该间接证据是孤立的，没有其他相应证据与之形成证据链从而佐证中信证券较场口营业部指派罗劲松为华能公司理财交易。罗劲松在华能公司资金账户下挂多个他人股东账户并操作华能公司资金账户，中信证券较场口营业部应当知道，其没有制止罗劲松，应当承担相应管理责任，但不能因此认定其授权或追认罗劲松代表该营业部与华能公司发生委托理财行为。

从本案查明的事实看，罗劲松通过前妻认识何瑞兰，就购买国债理财事项达成合意，以华能公司名义进行投资；华能公司被罗劲松和何瑞兰说服，董事会通过购买国债进行理财增加收益决议；华能公司董事会委托何瑞兰全权办理刘焕敏资金账户证券投资事宜；刘焕敏资金账户开设并购买了国债，何瑞兰认可罗劲松长期操作刘焕敏名下的华能公司资金账户；华能公司基于对何瑞兰、罗劲松抑或对中信证券营业部的信任，在长达近四年里对自己资金账户未予关注；何瑞兰在罗劲松数次追加资本金请求后，不仅没有查询华能公司资金账户投资状况，而是帮助罗劲松说服华能公司追加了500万元，甚至自己还以重庆建设投资公司的2000万元资金转入华能公司资金账户；何瑞兰是重庆建设投资公司的财务处长，应当具有谁的资金入谁的账、如果资金要入他人账户则必须有合法依据的财务常识；罗劲松在华能公司资金账户中使用该2000万元期限届满，何瑞兰和罗劲松又以伪造的华能公司董事会的印章将华能公司资金账户中的2110万元划转至重庆建设投资公司。上述事实表明，华能公司董事会特别授权何瑞兰作为华能公司资金账户证券投资的具体经办人，其委托并放任罗劲松自行操作华能公司账户，因此造成的交易损失，华能公司应自行承担相应责任。

（三）本案民事责任划分

中信证券较场口营业部如管理规范，及时发现并且制止罗劲松的违法行为，客观上可以避免华能公司的损失。但其对自己员工长期违法行为失于监督管理，丧失了职责，违反了行政管理规定，不仅产生行政责任，而且也应对华能公司的损失承担相应民事责任。何瑞兰认可和授权罗劲松的违法行为，故因罗劲松违法交易产生的损失，华能公司应自行承担部分责任。根据过错与责任相当的原则，本院酌定中信证券对华能公司4665931.60元交易损失承担50%赔偿责任。

罗劲松将华能公司的236.1万元转入挂在华能公司资金账户下的李德洪、张真义、刘孝全三人股票账户中，以自己的照片加上该三人的真实信息伪造了李德洪、张真义、刘孝全三人身份证，然后其利用职务便利在中信证券重庆双桥营业部直接办理该三人与中信证券的撤销指定交易协议，再分别与广东证券、广发证券和银河证券三家证券公司办理指定交易协议，完成了华能公司资金账户的证券向李德洪、张真义、刘孝全三人股票账户转入的侵占行为，最后变现据为己有。罗劲松以自己照片同时伪造成三人身份撤销华能公司资金账户指令交易的过程，中信证券存在明显过错，客观上导致了罗劲松犯罪行为的完成，故中信证券应当对罗劲松该犯罪行为致华能公司的损失236.1万元承担赔偿责任。

【案例来源】

最高人民法院民事审判第二庭编:《最高人民法院商事审判指导7·公司与金融卷》,中国法制出版社2012年版,第322~240页。

391 证券公司对客户交易结算资金拥有管理权,同时负有保证资金完整的责任,对客户结算资金的侵权行为有权主张救济

【关键词】

|证券公司|客户证券交易结算资金|侵权救济|

【案件名称】

天同证券有限责任公司清算组与恒丰银行股份有限公司、恒丰银行股份有限公司济南分行、恒丰银行股份有限公司烟台青年路支行返还扣划结算资金纠纷案[最高人民法院(2007)民二终字第147号民事判决书,2007.12.28]

【裁判精要】

裁判摘要:(1)根据《证券法》(2005)第一百三十九条第一款以及《客户交易结算资金管理办法》第二十一条、第二十二条的规定,证券公司对于客户交易结算资金拥有管理权,同时负有保证客户交易结算资金完整的责任。任何针对客户交易结算资金的侵害行为,证券公司都有权并且有责任主张救济。当证券公司被责令关闭、进行行政清理后,由证券监督管理机构指定成立的行政清算组相应取得证券公司对保证客户交易结算资金完整的权利和义务。

(2)客户交易结算资金具有保证与证券交易对方足额交收的作用,故该资金负担有其他优先权利,必须保证该资金的完整性。当证券公司对其管理的客户交易结算资金专用账户所在的银行负有债务时,银行不能直接从该账户中扣划客户交易结算资金以实现自己的债权。

最高人民法院认为:

一、关于天同证券清算组是否有权主张恒丰银行返还扣划的证券交易结算资金,也就是天同证券清算组是否具备原审原告主体资格的问题

天同证券管理的客户交易结算资金确实不属于该公司所有,但是,1999年7月1日施行、2004年8月28日修订的《证券法》第一百三十二条规定:"综合类证券公司必须将其经纪业务和自营业务分开办理,业务人员、财务账户均应分开,不得混合操作。客户的交易结算资金必须全额存入指定的商业银行,单独立户管理。严禁挪

用客户交易结算资金。”第二百一十二条规定：“本法关于客户交易结算资金的规定的实施步骤，由国务院另行规定。”2005 年 10 月 27 日修订的《证券法》第一百三十九条第一款规定：“证券公司客户的交易结算资金应当存放在商业银行，以每个客户的名义单独立户管理。具体办法和实施步骤由国务院规定。”《客户交易结算资金管理办法》第二十一条规定：“证券公司、结算公司、存管银行、结算银行根据证监会要求或遇到客户交易结算资金专用存款账户、清算备付金专用存款账户、验资专户出现重大异常情况时，应当及时向证监会报告。”第二十二条规定：“证券公司应当对客户交易结算资金集中统一管理。证券公司下属证券营业部收到的客户交易结算资金，除留足日常备付的部分外，应当交由证券公司管理。”以上规定表明，证券公司对客户交易结算资金拥有管理权，同时负有保证客户交易结算资金完整的责任。任何针对客户交易结算资金的侵害行为，证券公司都有权并且有责任主张救济。况且本案中，天同证券与恒丰银行签订的《客户证券结算资金存管协议》第 11 条第 7 项约定：“任何将客户交易结算资金银行专用存款账户内的资金转入银行方账户的行为均视为相关存款银行直接挪用客户交易结算资金。”因此，天同证券依据该项约定也有权向恒丰银行主张相应的权利。当证券公司被责令关闭、进行行政清理后，由证券监督管理机构指定成立的行政清算组相应取得证券公司对保证客户交易结算资金完整的权利和责任。因此，天同证券清算组是适格的原告，有权就本案的争议提起诉讼。

二、关于恒丰银行是否有权从天同证券管理的客户证券交易结算资金账户上扣划资金的问题

正如讼争当事人认同的，恒丰银行扣划资金的账户是客户证券交易结算资金账户，该部分资金属相关经纪业务客户所有。除该属性外，客户证券交易结算资金还有保证与证券交易对方足额交收的作用，也就是说该资金上负担有其他优先权利，这也是要保持客户证券交易结算资金完整性的重要原因。就本案情况看，恒丰银行从金建物业取得的权利，在二者之间的《债权转让协议》中既称转让一亿元国债保证金，又称金建物业对天同证券的债权归甲方所有，表明对该权利性质双方当事人并不清晰。基于目前天同证券已经进入行政处置的情况，经甄别确认程序，如果该权利属客户证券交易结算资金，则可以纳入国家收购范围，无须通过诉讼程序寻求救济；如果不属于客户证券交易结算资金，则该部分权利将成为针对天同证券的债权，其债权的实现只能以天同证券的自有资产偿付，不能用属于相关客户的客户交易结算资金偿付。从天同证券与恒丰银行签订的《客户证券结算资金存管协议》内容看，恒丰银行负有不能挪用该资金的责任，该协议并无其他例外情形的约定，恒丰银行应当依照约定维护客户证券交易结算资金的完整。此外，与恒丰银行相同地位的权利人因并不掌握天同证券的客户证券交易结算资金账户，无法像恒丰银行一样获得清偿，恒丰银行因其作为客户证券交易结算资金存管银行的地位自主从客户证券交易结算资金账户上扣划款项，对经纪业务客户及天同证券的其他债权人均是不公平

的,也是违反了其与天同证券的约定的。基于上述理由,恒丰银行是否行使以及是否能够行使向天同证券的偿还请求权不能成为恒丰银行可以扣划客户证券交易结算资金的理由。因此,恒丰银行关于其有权从天同证券客户证券交易结算资金账户中取回属于其所有的国债保证金的主张,本院不予支持。

三、关于本案金建物业委托天同证券管理的一亿元资金是否具有客户证券交易结算资金性质的问题

2006 年 3 月 17 日中国证券监督管理委员会作出证监罚字〔2006〕10 号行政处罚决定书,决定对天同证券撤销证券业务许可,责令其关闭。在进入行政处置程序后,对于客户的权利到底是债权性质还是物权性质,也就是是否具有客户证券交易结算资金的性质的确认,涉及国家是否对该权利进行收购的问题。对此,中国人民银行、财政部、中国银行业监督管理委员会、中国证券监督管理委员会联合制定并发布了《客户结算资金收购意见》,该意见确定的纳入收购范围的客户交易结算资金是指:"经纪业务的客户为保证足额交收而在证券公司存入的资金,出售有价证券所得到的所有款项(减去经纪佣金和其他正当费用),持有证券所获得的股息、现金股利、债券利息,上述资金获得的利息。金融机构处置以前法院已判决的属于收购范围内的客户证券交易结算资金。"关于是否属于客户证券交易结算资金的甄别确认问题,该意见指出:"客户证券交易结算资金经托管组或清算组甄别确认后提出收购申请,报监管部门批准后,在实行第三方存管的同时支付收购款。"综合以上意见,对于客户权利是否属于客户证券交易结算资金,在证券公司进入行政处置程序后,由托管组或清算组行使相关甄别权,由监管部门批准。恒丰银行受让金建物业的债权之后,应在天同证券的行政处置程序中向行政清算组请求甄别处理。但无论该笔资金是否属于证券交易结算资金,均不构成恒丰银行直接以天同证券管理的客户证券交易结算资金账户上扣划资金的合法依据。因此,本院不对上述一亿元资金的性质作出认定。

【案例来源】

《中华人民共和国最高人民法院公报》2008 年第 7 期。

392 证券公司营业部挪用客户资金或证券的,既构成违约又构成侵权,客户有权选择要求其承担违约或侵权责任

【关键词】

| 证券营业部 | 违约责任 | 侵权责任 |

【案件名称】

世纪证券有限责任公司与天津市住房公积金管理中心、世纪证券有限责任公

司天津世纪大道营业部、中国旅游国际信托投资有限公司天津证券交易营业部、中国旅游国际信托投资有限公司侵权纠纷案［最高人民法院（2005）民二终字第207号民事裁定书，2005.11.29］

【裁判精要】

裁判摘要:客户在证券公司开户投资,证券公司及其营业部对客户账户内的资金和证券既负有合同约定的妥善保管义务,同时还负有法定的妥善保管义务。证券公司营业部挪用客户账户内资金或证券的,既构成违约,又构成侵权,客户有权选择要求证券营业部承担违约责任或者侵权责任。客户以侵权为由对证券营业部提起民事诉讼的,应按照《民事诉讼法》(2007)第二十九条的规定,由侵权行为地或者被告住所地人民法院管辖。

最高人民法院认为:

客户在证券公司营业部开户投资,证券公司及其营业部对客户资金账户内的资金和证券,不仅负有合同约定的妥善保管义务,而且负有法定妥善保管义务。当客户账户内证券或资金被证券营业部挪用后,根据《合同法》第一百二十二条“因当事人一方的违约行为,侵害对方人身、财产权益的,受损害方有权选择依照本法要求其承担违约责任或者依照其他法律要求其承担侵权责任”的规定,客户有权选择违约或侵权诉由提起民事诉讼。本案住房公积金因在中旅营业部资金账户内的国债被挪用,以侵权为由对中旅营业部等相关被告向中旅营业部所在地的天津市高级人民法院提起民事诉讼,根据《民事诉讼法》(2007)第二十九条“因侵权行为提起的诉讼,由侵权行为地或者被告住所地人民法院管辖”的规定,天津市高级人民法院对本案享有管辖权。世纪证券上诉称本案属于委托理财引起的纠纷,但未能提供相关证据证明,其关于将本案移送广东省深圳市中级人民法院管辖的上诉请求,因无事实和法律依据,本院不予支持。

【案例来源】

《中华人民共和国最高人民法院公报》2006年第5期。

393 证券公司员工利用职务之便盗卖客户股票，证券公司和受害人开户银行分别承担赔偿责任和连带责任

【关键词】

｜证券公司｜盗卖股票｜赔偿责任｜

【案件名称】

张春英与中国工商银行股份有限公司昌吉回族自治州分行、新疆证券有限责

任公司、杨桃、张伟民财产损害赔偿纠纷案［最高人民法院（2011）民提字第320号民事判决书，2011.11.30］

【裁判精要】

裁判摘要：证券公司员工利用职务之便盗卖客户股票获取价金，应承担赔偿损失的侵权责任。证券公司员工的职务身份增加了其侵权行为发生的可能性和危险性，证券公司对此种行为应当预见到并应采取一定措施予以避免，但因其内部管理不善、内部监控存在漏洞导致未能避免，应当认定证券公司员工的侵权行为与其履行职务有内在关联，证券公司应承担赔偿责任。该损失的计算方法，应根据客户的投资习惯等因素加以判断。如果受害人的投资行为表现长线操作、主要通过对股票的长期持有，获取股票增值以及相应的股利等收益，则其股票被盗卖的损失通常应当包括股票被盗卖后的升值部分以及相应的股利。受害人的开户银行如未履行相应审查义务，导致证券公司员工获取价金的，则应在被盗卖股票的现金价值范围内承担连带责任。

最高人民法院认为：

关于张春英所受的损失应如何计算的问题，首先，根据《公司法》的规定，股票所代表的股权的内容包括自益权和共益权，其中的自益权主要包括股利分配请求权、剩余财产分割请求权、新股认购优先权等权利。其中的股利分配，实践中主要包括以配股方式分配的股利和以现金方式分配的股利。因此，盗卖投资者股票获取价金，不仅侵害了投资者的股票所代表的当时的股权价值，也使投资者基于其股东地位本应享有的其他权益尤其是股利分配请求权遭受损害。其次，与其他财产权不同的是，股票所代表的股权的价值会随着公司经营状况、市场行情等因素的变化而增长或降低。同时，股票价值的实际实现也与投资者的投资习惯密切相关。因此，在侵权人盗卖投资者股票获取价金的情况下，判断被侵权人所遭受损失的范围应当综合考虑受害人的投资习惯、市场行情的变化等因素。最后，从因果关系上看，侵权人盗卖投资者股票获取价金场合，如果受害人的投资行为表现为短线操作、通过股票涨跌变化，以频繁买入、卖出方式获取投资收益，则其股票被盗卖的损失未必包含股票被盗卖后的股票本身升值部分以及相应的股利；如果该受害人的投资行为表现长线操作、主要通过对股票的长期持有，获取股票增值以及相应的股利等收益，则其股票被盗卖的损失通常应当包括股票被盗卖后的升值部分以及相应的股利。

本案中，张春英被盗卖股票的根源是继承其丈夫董跃山的遗产而得。并且，在张春英通过新疆证券公司办理开户手续并重新购入特变电工股票的情况来看，张春英不了解如何开户、对股票交易的相关手续一无所知、对股票市场也知之甚少，更谈不上通过短线操作方式获取利益。另外，从张春英通过新疆证券公司办理完手续至发现股票被盗卖的一年多时间内未查看股票账户、未作出任何交易指令的事实也足以证明，张春英进行短线交易的可能性很小。因此，基于前述分析，张春英的损失应当包括股票被盗卖后的股利损失和升值损失。

关于张春英损失的计算方法问题，新疆证券公司员工杨桃于2005年12月12日将张春英股票账户上的12870股特变电工股票全部卖出，张春英于2007年4月10日起诉至新疆维吾尔自治区昌吉市人民法院，2008年10月14日，该案被移送至新疆维吾尔自治区乌鲁木齐市中级人民法院。2008年11月17日，张春英向新疆维吾尔自治区乌鲁木齐市中级人民法院交纳了诉讼费。张春英主张以侵权行为发生之时即2005年12月12日至其起诉前特变电工最后一次配股即2008年5月30日止为计算损失的时点，并无不当。根据该期间的分红记录和配股记录，截至2008年5月30日，张春英的股票应增至36808股，根据在此期间的每日平均收盘价计算，股票的价值为588928元，现金分红为4131.27元，张春英的各项损失分别为现金损失91270元，现金股利损失4131.27元，股票溢价损失588928－91270＝497658元，总额为593059.27元。张春英一审诉讼请求股票损失457320元和分红损失4131.27元共计461451.27元，应予支持。

关于新疆证券公司应承担何种责任的问题，本院认为，杨桃作为新疆证券公司的工作人员，利用其在新疆证券公司的工作便利，借助新疆证券公司的终端操作平台完成其侵权行为，杨桃在新疆证券公司的职务增加了其侵权行为发生的可能性和危险性，新疆证券公司对此种行为应当预见到并应采取一定措施予以避免，但因其内部管理不善、内部监控存在漏洞导致未能避免。因此，应当认定，杨桃的侵权行为与其履行职务有内在关联，根据《民法通则》第一百二十一条之规定，同时参照《人身损害赔偿解释》第八条、第九条之规定，新疆证券公司与杨桃应当就前述张春英的全部损害承担连带赔偿责任。

关于工行昌吉州分行的责任问题，本院认为，银行作为发放银行卡的专业机构负有谨慎审核办卡人身份及在他人代办时审查授权合法性的义务，本案中，工行昌吉州分行在杨桃以张春英名义办理银行卡过程中，未按照规程审核其代理手续、未按要求审查代理人签名，具有过失，为杨桃实施侵权行为提供了条件，并造成了杨桃通过该银行卡非法取得盗卖股票所得的91270元的损害后果。因此，工行昌吉州分行虽与杨桃无共同的故意或过失，但工行昌吉州分行的过失行为与杨桃的故意行为直接结合，共同造成受害人张春英91270元的损失，工行昌吉州分行、杨桃和新疆证券公司应当对该91270元的损失承担连带责任。对于超出91270元之外的其他损失，因工行昌吉州分行的过失行为导致的损失只能是杨桃利用银行卡盗卖股票的价金损失，而被盗卖股票的其他损失是因股票被盗卖所产生的，而与工行昌吉州分行的过失行为并无因果关系，工行昌吉州分行对此部分损失不应承担责任。张春英主张工行昌吉州分行应对所有损失承担连带责任，无法律根据，原审判决对此认定正确，本院予以维持。

【案例来源】

《中华人民共和国最高人民法院公报》2013 年第 2 期。

394 在权证买卖交易中因疏忽大意未发现重要信息或未充分了解有关规则而产生亏损的，应自行承担后果

【关键词】

｜权证交易｜疏忽大意｜

【案件名称】

陈伟诉广东省机场管理集团公司、广州白云国际机场股份有限公司、上海证券交易所侵权纠纷案［上海市高级人民法院二审民事判决书，2008. 3. 14］

【裁判精要】

裁判摘要：权证属证券衍生品种，发布权证信息的提示性公告的权证信息披露与《证券法》规定的涉及上市公司财务状况、股权结构以及公司经营管理人员变化等公司内部重大事项的信息披露不同，应由发行人和相关投资者承担相关信息披露义务，而不是由权证标的证券上市公司承担。

行为人应在充分了解权证交易规则和各种风险的基础上进行高风险的权证交易。在发行人尽到了权证信息公告的披露义务、证券交易机构尽到了监管义务的前提下，行为人一旦根据自主决定进行权证买卖交易，在享有权证交易可能带来的收益的同时，也应承担可能出现的风险。因为疏忽大意没有发现重要信息，或者没有充分了解权证的有关规则，在进行交易行为时产生亏损的，相应后果应自行承担。

上海市高级人民法院认为：

被上诉人白云机场系“机场 JTP1”的标的证券上市公司，不是“机场 JTP1”权证信息披露义务主体。同时，根据《证券法》的规定，权证信息亦不属于上市公司应当披露的法定事项。证券交易所是为证券集中交易提供场所和设施，组织和监督证券交易，实行自律管理的法人，与投资者之间不存在直接的合同法律关系。被上诉人上交所制定权证交易规则符合法定程序，交易规则本身与上诉人的损失之间不存在因果关系。同时，根据本案查明的事实，上交所对广东机场集团权证信息披露、提示性公告发布等义务的监管中不存在过错。上诉人陈伟要求白云机场、上交所承担责任没有法律根据。一审法院说理充分，予以支持。

本案的关键是被上诉人广东机场集团是否应对上诉人陈伟的投资损失承担赔偿责任。

首先,关于涉案"机场JTP1"权证最后交易日等内容的公告,是否是《证券法》上的上市公司信息披露行为。权证属证券衍生品种,对于权证最后交易日等内容的提示,与《证券法》规定的涉及上市公司财务状况、股权结构以及公司经营管理人员变化等公司内部重大事项的信息披露不同,最后交易日是由权证交易规则直接规定的,并非权证发行人自行约定的事项或未公开的事项,属于公开信息。《上海证券交易所权证管理暂行办法》第十四条第二款规定:权证存续期满前5个交易日,权证终止交易,但可以行权。根据该规定,权证存续期间一旦确定,最后交易日也随之确定,即使发行人没有提示权证的最后交易日等有关信息,权证投资者在知道权证的存续期间和权证交易规则的情况下,应当可以自行了解和掌握权证的最后交易日。因此,被上诉人广东机场集团关于涉案"机场JTP1"最后交易日的公告是具有提示性质的公告,不属于《证券法》上的上市公司信息披露。

其次,被上诉人广东机场集团是否尽到合法发布提示性公告的披露义务。根据本案查明的事实,广东机场集团作为涉案"机场JTP1"权证的发行人,在法定披露媒体上多次发布公告,其在上市公告书中虽未提示权证的最后交易日,但在2006年3月20日、12月13日、12月14日三次发布的提示性公告中均提示涉案"机场JTP1"权证的最后交易日为2006年12月15日。上述公告中关于最后交易日的内容均非常明确,不存在误导性陈述,且与交易规则的规定相一致。上诉人陈伟于2006年12月15日买入涉案"机场JTP1"权证时,前述提示性公告已经多次提示最后交易日,上诉人应当通过相关媒体全面了解涉案"机场JTP1"权证最后交易日的相关信息。特别是12月14日发布的提示性公告中,第一条即明确载明最后交易日为2006年12月15日,2006年12月27日终止上市并予以摘牌。最后交易日和终止上市是两个不同的概念,该公告不存在混淆和矛盾之处,不会导致上诉人产生误解。综上可以认定,广东机场集团已经履行了自己依法发布提示性公告的义务。

上诉人陈伟仅阅读公告标题而没有仔细阅读公告内容,从而未及时发现公告关于涉案"机场JTP1"权证最后交易日的信息,导致交易风险的发生,应当自行承担相应的法律后果。一方面,提示性公告中涉及的内容不仅局限于最后交易日,还包含行权期间等其他内容,信息披露人不可能将公告的所有内容都在公告标题中予以反映,否则标题将不称其为标题,而是正文了。另一方面,从权证的特殊性看,持有权证在停止交易时并非完全失去价值,如果该权证在行权期间届满前,标的证券的价格下跌,低于行权价格,权证持有人所持权证可按行权价向发行人卖出,则持有行权仍然具有相应的投资价值。因此,关注最后交易日的内容还是关注行权期间的内容,反映的是不同投资者的投资理念。但是发行人在进行权证信息披露时,公告的标题、格式、内容均应符合交易规则,而不可能根据不同投资者的阅读习惯和投资偏好制定。虽然在涉案提示性公告的标题中确实没有出现"最后交易日"字样,但在从事高风险的权证交易时,投资者应当全面阅读和了解有关权证的公告标题和具体内容。在公告内容中,被上诉人广东机场集团已经依照交易规则在有效期间内充分、明确提示投资者"机场 JTP1"的最后交易日为 2006 年 12 月 15 日。因此,上诉人关于广东机场集团公告的标题不规范、内容存在误导性表述、不足以提示投资者等诉讼主张没有事实根据。此外,上诉人在从事权证交易之前,已经签署了《权证风险揭示书》,《权证风险揭示书》明确提示了权证交易的风险,要求权证投资者应认真阅读权证发行说明书和上市公告书,对其他可能影响权证交易和价格的因素也必须有所了解和掌握。上诉人签署《权证风险揭示书》后,在从事权证交易时,应当学习足够的权证交易知识,充分了解和掌握权证交易规则和相关公告等信息,熟悉权证交易的规则和具备相应的投资风险认知能力。上诉人在 2006 年 12 月 15 日之前进行了多种其他权证品种的交易,在 2006 年 12 月 15 日当日还频繁买卖涉案"机场 JTP1"权证获取差价。由此可知,上诉人具有一定的权证交易经验。在被上诉人广东机场集团、上交所已经按照交易规则将权证的有关知识、规则、信息予以提示和披露的情况下,上诉人作为理性的、成熟的投资者,应在充分了解权证交易规则和各种风险的基础上进行高风险的权证交易,一旦根据自主决定进行权证买卖交易,在享有权证交易可能带来的收益的同时,也应承担可能出现的风险。因为疏忽大意没有发现重要信息,或者没有充分了解权证的有关规则,在进行交易行为时产生亏损的,上诉人应自行承担相应后果。

【案例来源】

《中华人民共和国最高人民法院公报》2008 年第 12 期。

编者说明

权证,是指基础证券发行人或其以外的第三人发行的,约定持有人在规定期间内或特定到期日,有权按约定价格向发行人购买或出售标的证券,或以现金结算方式收取结算差价的有价证券。其中发行人是指上市公司或证券公司等机构;权利金是指购买权证时支付的价款;标的证券可以是个股、基金、债券、一篮子股票或其他证券,是发行人承诺按约定条件向权证持有人购买或出售的证券。按照权利的内容,权证可以分为认购权证和认沽权证两种。认购权证是一种买权,该权证持有人有权于约定期间或者到期日按约定价格向权证的发行人买进一定数量的标的资产。认沽权证是一种卖权,该权证持有人有权于约定期间或者特定到期日以约定价格向权证发行人出售一定数量的标的资产。

395 既无书面授权又不符合表见代理情形,操作他人证券账户造成损失的,应由行为人和证券公司承担

【关键词】

| 书面授权 | 表见代理 | 操作证券账户 | 损失承担 |

【案件名称】

西北证券有限责任公司与江苏海安农村合作银行破产取回权纠纷案[最高人

民法院（2010）民二终字第136号民事判决书，2011. 12. 13］

【裁判精要】

裁判摘要：一方当事人在没有得到对方书面授权的情况下操作其在证券公司账户的资产造成损失的，责任如何承担，应考察其行为是否符合《合同法》第四十九条规定的表见代理情形的问题，从而确定证券公司是否应当承担赔偿责任。

最高人民法院认为：

本案二审当事人争议的焦点问题是西北证券公司应否赔偿海安农行990160张009905国债无法返还而造成的经济损失。

根据本院查明的事实，2001年3月20日，海安联社与西北证券惠新营业部签订了《证券交易开户合同书》，其中包括《代理有价证券交易协议书》等六份文件，沿用其下属单位在西北证券惠新营业部开立的"海安立发"证券账户进行证券交易。后海安联社陆续向"海安立发"账户转入国债及购买并托管国债。一审法院认定海安联社与西北证券惠新营业部之间系正常的证券开户、托管及证券交易代理合同关系。对此，上诉人与被上诉人均无争议，本院予以认可。因"海安立发"证券账户系正常经纪类账户，该账户内990160张009905国债于2004年2月被西北证券惠新营业部卖出平仓的行为是否经海安联社授权是本案损害赔偿法律责任如何承担的核心问题。

一、曹文龙是否为海安联社授权的代理人或其行为是否构成表见代理

西北证券公司称曹文龙系海安联社的代理人，其买卖"海安立发"证券账户国债的行为，应由海安联社负责。但海安联社2001年3月20日向西北证券惠新营业部出具授权委托书，对于在西北证券惠新营业部开立的1318资金账户，仅委托付大鹏一人对该账户内的资产进行操作。西北证券二审提交的其于2011年2月22日在哈尔滨铁路公安处看守所对曹文龙作的调查笔录载明："我（曹文龙）做的这笔业务比较大，海安立发是默许的，西北证券是同意的，只不过海安立发没有专门给我出具授权委托书。"以上内容为曹文龙个人陈述，并无证据佐证，本院难以采信，且即使其所述属实，也不能推翻一审的鉴定结论，即海安联社递交西北证券惠新营业部的授权委托书、开户印鉴卡、委托划款指令等相关材料均被伪造和篡改，将海安联社授权指令交易的全权委托代理人付大鹏变为付大鹏、曹文龙二人。以上证据材料表明，对于操作海安联社的1318资金账户，得到授权的仅为付大鹏一人，曹文龙并无代理权。

关于在曹文龙没有得到海安联社书面委托授权的情况下，其操作"海安立发"账户是否符合《合同法》第四十九条规定的表见代理情形的问题。首先，关于是否曹文龙介绍海安联社和西北证券惠新营业部认识的问题，现西北证券公司提交的2011年2月22日对曹文龙所作的调查笔录中曹文龙没有明确表明是其将李海明、付大

鹏介绍给陈猛的,仅回答:“在我印象中,陈猛不认识李海明、付大鹏。”而海安联社称其开始不认识曹文龙,其业务都是海安联社与陈猛联系,并没有与曹文龙发生任何关系。所以,现双方当事人说法不一,亦无其他证据证明是曹文龙介绍西北证券与海安联社之间的业务。其次,海安联社是否知道曹文龙以自己的名义操作 1318 资产账户而不作否认表示。西北证券公司提到的曹文龙 2001 年 4 月 3 日给西北证券惠新营业部的说明,仅是曹文龙一人书写、签名,无海安联社认可的任何证据。2011 年 2 月 22 日对曹文龙所作的调查笔录中曹文龙仅承认 2004 年 11 月 20 日北京营业部客户汇总对账单上面曹文龙的签名是其本人签署,并没有说明是和海安联社的贲有彬同时签署。该对账单上曹文龙的签名亦没有标注时间,该对账单又由西北证券惠新营业部保存。因此,对账单上有两人的签名并不能证明二人共同代表海安联社对 1318 资金账户内资产进行了确认。此外,上海证券交易所出具的上证会函(服)〔2005〕013、014 号查询结果反馈函,仅是查询日期不同,都是对账户 B880561979 自 2001 年 3 月 20 日至 2001 年 6 月 30 日的交易详细记录的查询。而 2001 年 5 月 16 日付大鹏在客户对账单上的签字仅能证明海安联社对 2001 年 5 月 16 日账户 B880561979 内国债市值予以确认。由上述三份证据不能得出海安联社同意曹文龙操作 B880561979 账户的结论。综上,一审查明的事实以及现西北二审提交的新证据均不能证明海安联社知道并认可曹文龙操作 1318 资金账户,西北证券公司亦无理由相信曹文龙可以代理海安联社进行相关操作。因此,曹文龙操作“海安立发”账户的行为未构成表见代理的情形。

二、西北证券公司应否赔偿海安农行 990160 张 009905 国债的损失

现有证据无法证明曹文龙操作“海安立发”账户内的国债得到了海安联社的授权。而按照《证券法》(2005)第一百四十七条规定:“证券公司应该妥善保管客户开户资料、委托记录、交易记录和与内部管理、业务经营有关的各项资料,任何人不得隐匿、伪造、篡改或者损毁。”海安联社的“海安立发”系正常经纪类账户,曹文龙不是西北证券惠新营业部的员工,其在由西北证券惠新营业部保管的海安联社 2001 年 3 月 20 日向西北证券惠新营业部出具的授权委托书上添加自己的名字,在没有得到海安联社授权的情况下操作海安联社账户内证券,没有西北证券惠新营业部的配合是不可能完成的。因此,一审判决认定西北证券惠新营业部将“海安立发”证券账户中 990160 张 009905 国债卖出平仓的行为,已构成擅自挪用、处分客户证券的行为,并判决西北证券惠新营业部应当赔偿海安农行因 990160 张 009905 国债无法返还而造成的经济损失并无不当。

此外,对于西北证券提出的对其提交的“2002 年 3 月 25 日江苏海安立发县立发农村信用社给西北证券北京惠新西街证券营业部的函”中所盖“海安县立发信用合作社”印章以及“林虎”印章的真伪进行鉴定的申请,因其二审期间仍提交复印件并明确表示没有原件,海安农行对其真实性亦不予认可。根据《民诉法意见》第七十八条“证据材料为复制件,提供人拒不提供原件或原件线索,没有其他材料可以印证,

对方当事人又不予承认的,在诉讼中不得作为认定事实的根据”的规定,西北证券提交的该份证据材料不能作为认定事实的依据,因此,对其鉴定申请,本院不予许可。

【案例来源】

最高人民法院民事审判第二庭编:《最高人民法院商事审判指导案例 7 · 公司与金融卷》,中国法制出版社 2013 年版,第 287 ~ 306 页。

(三)证券虚假陈述、内幕交易纠纷

396 实际控制人以上市公司名义实施虚假陈述行为,投资人仅起诉上市公司的,上市公司应先行承担赔偿责任,再向实际控制人追偿

【关键词】

| 证券虚假陈述 | 上市公司 | 实际控制人 |

【案件名称】

陈丽华等 23 名投资人诉大庆联谊公司、申银证券公司虚假陈述侵权赔偿纠纷案[黑龙江省高级人民法院二审民事判决书,2004. 12. 21]

【裁判精要】

裁判摘要:根据《虚假陈述赔偿规定》,上市公司的实际控制人以上市公司名义实施虚假陈述行为给投资人造成损失,投资人只起诉上市公司的,上市公司应当先行承担赔偿责任,然后再向实际控制人追偿。证券承销商、证券上市推荐人知道或者应当知道上市公司虚假陈述而不予纠正或者不出具保留意见的,构成共同侵权,对投资人的损失承担连带责任。投资人以自己受到虚假陈述侵害为由,对虚假陈述行为人提起民事赔偿诉讼的,必须以有关机关的行政处罚决定或者人民法院的刑事裁判文书为依据。此类案件的诉讼时效,应当从有关机关的行政处罚决定或者人民法院的刑事裁判文书公布之日起算。

黑龙江省高级人民法院认为:

关于第四点。经查,本案所涉虚假陈述行为,确实是在上诉人大庆联谊公司成立之前,由联谊石化总厂以大庆联谊公司名义实施的。大庆联谊公司是联谊石化总厂以其部分下属企业组建成立的公司。因此,联谊石化总厂不仅是虚假陈述行为人,也是上市公司大庆联谊公司的实际控制人。被上诉人在一审中仅起诉了大庆联谊公司和上诉人申银证券公司,未起诉联谊石化总厂,故联谊石化总厂不是必须参

加诉讼的主体。作为上市公司,大庆联谊公司可以在先行承担赔偿责任后,再根据《虚假陈述赔偿规定》第二十二条的规定向实际控制人联谊石化总厂追偿。大庆联谊公司与其实际控制人联谊石化总厂之间的责任分配或转承关系,属另一法律关系,不在本案审理范围。

【案例来源】

《中华人民共和国最高人民法院公报》2005 年第 11 期。

编者说明

关于实际控制人承担责任的顺序问题,《最高人民法院关于审理虚假陈述侵权纠纷案件有关问题的复函》(2003 年 7 月 7 日,〔2003〕民二他字第 22 号)认为,实际控制人直接承担民事责任的条件,是其以自己名义直接在证券市场作出虚假陈述行为,并给投资人造成了损失。中国证监会的处罚决定,认定了联谊石化总厂存在虚假陈述行为,并且该行为发生在大庆联谊公司成立之前。据此可以得出两个结论:一是联谊石化总厂的虚假陈述行为是客观存在的;二是联谊石化总厂的虚假陈述发生在大庆联谊公司成立之前,足以认定联谊石化总厂作为实际控制人直接对证券市场实施了虚假陈述行为。联谊石化总厂直接虚假陈述,也不排斥其操纵大庆联谊公司在发行股票、交易股份时,以大庆联谊公司名义进行虚假陈述。因此,联谊石化总厂应当与大庆联谊公司对投资人因此所受损失共同承担民事责任。联谊石化总厂与大庆联谊公司之间的责任划分问题,如当事人间有争议,可另行起诉。

397 证券承销商、上市推荐人知道或者应当知道上市公司虚假陈述而不予纠正或者不出具保留意见的,对投资人的损失承担连带责任

【关键词】

| 证券虚假陈述 | 证券承销商 | 上市推荐人 | 连带责任 |

【案件名称】

陈丽华等 23 名投资人诉大庆联谊公司、申银证券公司虚假陈述侵权赔偿纠纷案[黑龙江省高级人民法院二审民事判决书, 2004. 12. 21]

【裁判精要】

黑龙江省高级人民法院认为:

根据《虚假陈述赔偿规定》,对发行人或者上市公司的上市文件,证券承销商、证券上市推荐人或者专业中介服务机构都有责任审核,都可能对发行人或者上市公司的虚假陈述行为承担连带责任。以上述主体为被告的诉讼,属于普通共同诉讼。在一审诉讼中,原告基于其诉讼利益的判断而选择其中某些人当被告,不违反法律规

定。法院根据原告的请求确定诉讼参加人,是尊重当事人的诉讼选择权,并无不当。在虚假陈述行为被完全揭露前,即使其他信息披露义务人后续披露了其他虚假信息,也不能排除投资人对在先披露信息的信赖。投资人进行股票交易以期获取收益,是合法行为;投资人的投资动机,并非法定的免除损害赔偿责任的条件。虚假陈述行为给从事合法股票交易的投资人造成损失,不能因投资人交易动机的不同而免除虚假陈述行为人的赔偿责任。上诉人申银证券公司作为证券经营机构,推荐并承销上诉人大庆联谊公司股票发行,是法定的信息披露义务人。申银证券公司未尽到法律所要求的勤勉、审慎注意义务,没有对源于大庆联谊公司的虚假陈述予以纠正或出具保留意见,而且自己还编制和出具了虚假陈述文件。同时,申银证券公司没有向法院证明其存在法定的免责事由。申银证券公司违法行为的内容和性质,已被中国证监会的行政处罚予以确认。申银证券公司就原判认定其"未经认真审核、致使申报材料含有重大虚假信息"提出的异议,与已经生效的行政处罚相矛盾,明显不能成立。原判依据《虚假陈述赔偿规定》第二十七条的规定,判令申银证券公司承担共同侵权的连带责任,并无不当。申银证券公司关于其不应承担责任的上诉理由,没有法律依据和事实根据,不予支持。

【案例来源】

《中华人民共和国最高人民法院公报》2005 年第 11 期。

编者说明

关于承销商的责任问题,《最高人民法院关于审理虚假陈述侵权纠纷案件有关问题的复函》(2003 年 7 月 7 日,〔2003〕民二他字第 22 号)认为,申银证券公司承销大庆联谊公司的股票发行时,因未尽到审核义务,且其编制的上市材料中含有虚假信息,而被中国证监会予以行政处罚。申银证券公司作为承销商,应当知道大庆联谊公司是否存在虚假陈述的情况,而其没有对最初源于大庆联谊公司的虚假陈述予以纠正或出具保留意见,并且自己也编制和出具了虚假陈述文件,故根据《虚假陈述赔偿规定》第二十七条内容,申银证券公司的虚假陈述与大庆联谊公司的虚假陈述构成共同侵权,对因此给投资人的损失,两者应互为承担连带责任。申银证券公司没有尽到责任(并编制虚假上市材料),使得含有虚假信息的大庆联谊公司股票得以发行和上市,其虚假行为影响了广大投资人。在大庆联谊公司的虚假陈述行为没有被揭露或者更正之前,发行市场的虚假陈述必然对交易市场产生影响,包括对交易市场的投资人进行投资时的影响。

398 发行人或者上市公司存在虚假陈述行为时,负有特定义务的中介服务机构民事责任的承担

【关键词】

| 证券虚假陈述 | 中介服务机构 |

【案件名称】

陈丽华等23名投资人诉大庆联谊公司、申银证券公司虚假陈述侵权赔偿纠纷案［黑龙江省高级人民法院二审民事判决书，2004.12.21］

【裁判精要】

黑龙江省高级人民法院认为：

关于第三点。上诉人申银证券公司上诉认为，对《招股说明书》进行审核是会计师事务所的职责，其无能力承担此项义务；况且《招股说明书》仅针对一级市场并不断被后续披露的信息所覆盖，投资人在二级市场是以投机为目的进行股票买卖，不是根据《招股说明书》介绍的情况进行投资，因此主张不应由其对虚假陈述承担共同侵权的连带责任。

根据《虚假陈述赔偿规定》，对发行人或者上市公司的上市文件，证券承销商、证券上市推荐人或者专业中介服务机构都有责任审核，都可能对发行人或者上市公司的虚假陈述行为承担连带责任。以上述主体为被告的诉讼，属于普通共同诉讼。在一审诉讼中，原告基于其诉讼利益的判断而选择其中某些人当被告，不违反法律规定。法院根据原告的请求确定诉讼参加人，是尊重当事人的诉讼选择权，并无不当。在虚假陈述行为被完全揭露前，即使其他信息披露义务人后续披露了其他虚假信息，也不能排除投资人对在先披露信息的信赖。投资人进行股票交易以期获取收益，是合法行为；投资人的投资动机，并非法定的免除损害赔偿责任的条件。虚假陈述行为给从事合法股票交易的投资人造成损失，不能因投资人交易动机的不同而免除虚假陈述行为人的赔偿责任。上诉人申银证券公司作为证券经营机构，推荐并承销上诉人大庆联谊公司股票发行，是法定的信息披露义务人。申银证券公司未尽到法律所要求的勤勉、审慎注意义务，没有对源于大庆联谊公司的虚假陈述予以纠正或出具保留意见，而且自己还编制和出具了虚假陈述文件。同时，申银证券公司没有向法院证明其存在法定的免责事由。申银证券公司违法行为的内容和性质，已被中国证监会的行政处罚予以确认。申银证券公司就原判认定其"未经认真审核、致使申报材料含有重大虚假信息"提出的异议，与已经生效的行政处罚相矛盾，明显不能成立。原判依据《虚假陈述赔偿规定》第二十七条的规定，判令申银证券公司承担共同侵权的连带责任，并无不当。申银证券公司关于其不应承担责任的上诉理由，没有法律依据和事实根据，不予支持。

【案例来源】

《中华人民共和国最高人民法院公报》2005年第11期。

编者说明

关于中介服务机构民事责任承担问题，《最高人民法院关于审理虚假陈述侵权纠纷案件有关问题的复函》(2003 年 7 月 7 日,〔2003〕民二他字第 22 号)认为,《虚假陈述赔偿规定》第二十四条内容,是从归责角度对中介服务机构及其直接责任人作出过错推定责任承担总的规定,无论故意或过失,只要行为人主观具有过错,客观给他人造成了损失,该类虚假陈述行为人就其负有责任的部分承担民事责任。《虚假陈述赔偿规定》第二十七条内容,是从共同侵权角度对承担过错推定责任的各类虚假陈述行为人,如何判断其与发行人、上市公司构成共同侵权并承担连带责任作出的规定。当发行人或者上市公司存在虚假陈述行为时,上述负有特定义务的各类行为人如没有对虚假陈述内容予以纠正或出具保留意见,又没有证据证明其无过错(包括故意和过失),则其与发行人或者上市公司构成共同侵权,对投资人因此造成的损失承担连带责任。但专业中介服务机构及其直接责任人的民事责任限定于其负有责任的部分。

399 证券虚假陈述与损害结果之间存在因果关系以及系统风险的判断

【关键词】

| 证券虚假陈述 | 因果关系 | 系统风险 |

【案件名称】

陈丽华等 23 名投资人诉大庆联谊公司、申银证券公司虚假陈述侵权赔偿纠纷案[黑龙江省高级人民法院二审民事判决书,2004. 12. 21]

【裁判精要】

黑龙江省高级人民法院认为:

关于第二点。《虚假陈述赔偿规定》第十九条第(四)项规定,被告举证证明原告的损失或者部分损失是由证券市场系统风险等其他因素所导致的,人民法院应当认定虚假陈述与损害结果之间不存在因果关系。此条虽将系统风险作为免除民事责任的条件之一,但对系统风险这一概念未作明确定义,双方当事人也对系统风险有不同的理解,故应依据通常理解确定系统风险的含义。证券业通常理解,系统风险是指对证券市场产生普遍影响的风险因素,其特征在于系统风险因共同因素所引发,对证券市场所有的股票价格均产生影响,这种影响为个别企业或行业所不能控制,投资人亦无法通过分散投资加以消除。上诉人大庆联谊公司上诉认为,原判未考虑系统风险对造成被上诉人损失的影响,并为此提交了相关股票价格和上证指数变动等证据支持自己的这一主张。大庆联谊公司既然提出这一主张,首先应当举证证明造成系统风险的事由存在,其次应当证明该事由对股票市场产生了重大影响,引起全部股票价格大幅度涨跌,导致了系统风险发生。但纵观大庆联谊公司向一审和二审法院提交的所有证据,并不能证明 1999 年 4 月 21 日至 2000 年 4 月 27 日期间,证券市场存在着足以影响所有股票价格下跌的合理事由,更不能证明该事由与股市价格波动的逻辑关系。对虚假陈述行为和所谓系统风险如何影响股价变动以及各自影响的程度，大庆联谊公司也没有提出具体的区分判断标准和有说服力的理由。经考查，1999 年 4 月 21 日至 2000 年 4 月 27 日期间，股票市场的大盘走势图反映股票交易比较平稳，上证综合指数并未发生大幅度下跌。在此期间，大庆联谊公司欺诈上市虚假陈述行为持续影响着股票价格，股民在信息不对称的情况下继续投资购买大庆联谊公司股票，由此形成的投资损失，当然与虚假陈述行为之间存在因果关系。至于大庆联谊公司在二审提交的其他法院关于虚假陈述侵权赔偿案民事判决，不仅因该判决尚未发生法律效力，而且因该案投资人股票交易时间段、虚假陈述行为对投资人影响程度均与本案不同，不能作为处理本案的依据。由于大庆联谊公司提交的证据不能证明系统风险确实存在，原判以证据不足为由，否决大庆联谊公司关于存在系统风险，应当免除赔偿责任的抗辩主张，并无不当。

……

关于第五点。尽管上诉人大庆联谊公司的《1997 年年报》虚假陈述行为于 1999 年 4 月 21 日披露，尽管在原审诉讼中部分被上诉人也称其于该日知道虚假陈述行为发生，但是根据《虚假陈述赔偿规定》第六条的规定，投资人以自己受到虚假陈述侵害为由，对虚假陈述行为人提起民事赔偿诉讼的，必须以有关机关的行政处罚决定或者人民法院的刑事裁判文书为依据，人民法院才应当受理。在有关机关的行政处罚决定或者人民法院的刑事裁判文书没有作出和公布前，投资人无从提起诉讼。所以，如果按《民法通则》第一百三十七条的规定，"从知道或者应当知道权利被侵害时起计算"投资人提起的虚假陈述侵权损害赔偿案的诉讼时效期间，对投资人是不公平的。原判根据《虚假陈述赔偿规定》第五条第一款第(一)项的规定，从中国证监会对虚假陈述行为人作出的处罚决定公布之日计算本案的诉讼时效期间，是正确的。大庆联谊公司此项上诉主张没有依据，不予支持。

【案例来源】

《中华人民共和国最高人民法院公报》2005 年第 11 期。

编者说明

原告的损失与被告的侵权行为之间是否存在法律上的因果关系，这是认定侵权行为的必要条件。《虚假陈述赔偿规定》第十八条、第十九条对因果关系的认定作出了明确规定，即同时具备以下情形的，认定虚假陈述与损害结果之间存在因果关系：投资人所投资的是与虚假陈述直接关联的证券；投资人在虚假陈述实施日及以后，至揭露日或者更正日之前买入该证券；投资人在虚假陈述揭露日或者更正日及以后，因卖出该证券发生亏损，或者因持续持有该证券而产生亏损。如被告能证明投资人存在以下事由的，认定虚假陈述与损害结果之间不存在因果关系：在虚假陈述揭露日或者更正日之前已经卖出证券；在虚假陈述揭露日或者更正日及以后进行的投资；明知虚假陈述存在而进行的投资；损失或者部分损失是由证券市场系统风险等其他因素所导致;属于恶意投资、操纵证券价格的。[1]《虚假陈述赔偿规定》所确定的损失赔偿计算方法,并未明确系统风险的内涵、系统风险存在与否的判断标准、系统风险所致损失金额的确定方式等问题,有待进一步研究和完善。在审判实践中,认定系统风险要慎重,不仅要有客观真实的风险诱因,而且要看相关指数是否出现了大幅度的波动,必要时可以监管部门出具的结论为参考依据。[2]

400 证券虚假陈述案件中损失赔偿数额的计算

【关键词】

| 证券虚假陈述 | 损失赔偿数额 |

【案件名称】

陈丽华等 23 名投资人诉大庆联谊公司、申银证券公司虚假陈述侵权赔偿纠纷案[黑龙江省高级人民法院二审民事判决书,2004. 12. 21]

【裁判精要】

黑龙江省高级人民法院认为:

关于第六点。经查,原判计算买入证券平均价格的方法是:以实际交易每次买进价格和数量计算出投资人买进股票总成本,再减去投资人此间所有已卖出股票收回资金的余额,除以投资人尚持有的股票数量。按此种方法计算,不排除个别投资人买入证券的平均价格高于股票历史最高价的可能。这只是计算投资人投资差额损失过程中可能出现的一个数据,而且这个数据在很大程度上取决于投资人在揭露日前后的股票持有量。这个数据不等于投资人购买股票时实际成交的价格,其与大庆联谊公司股票历史最高价之间没有可比性。由于证券交易的复杂性,目前用于计算投资人投资差额损失的方法有多种。只要这些方法符合《虚假陈述赔偿规定》第三十条、第三十一条、第三十二条确定的原则,结果公平合理,使用哪种方法计算,就在法院的自由裁量范围之内。原判采用的计算方法符合《虚假陈述赔偿规定》,有利于保护多数投资人的利益,故不予变更。上诉人大庆联谊公司关于原判确定的损失赔偿数额不当的上诉理由,不予采纳,同时由于《虚假陈述赔偿规定》第三十条第二款已明确规定,虚假陈述行为人在证券交易市场承担民事赔偿责任的范围包括利息,即所涉资金利息自买入至卖出证券日或者基准日,按银行同期活期存款利率计

---

① 参见李国光:《在公布最高人民法院〈关于审理证券市场因虚假陈述引发的民事赔偿案件的若干规定〉新闻发布会上的讲话》,载最高人民法院民事审判第二庭编著:《最高人民法院关于审理证券市场虚假陈述案件司法解释的理解与适用》,人民法院出版社 2015 年版,第 17 页。

② 参见周伦军:《虚假陈述案件中赔偿范围的确定应当扣除系统风险因素所导致的损失》,载最高人民法院民事审判第二庭编:《最高人民法院商事裁判观点》(总第 1 辑),法律出版社 2015 年版,第 202 页。

算，故对大庆联谊公司不同意给付投资差额损失部分利息的上诉主张，也不予支持。

【案例来源】

《中华人民共和国最高人民法院公报》2005年第11期。

编者说明

所谓投资差额损失，就是指投资人在证券交易市场投资因虚假陈述行为使得买卖证券发生价格差额而遭受的投资利益损失。该损失形成的基本原理为：当诱多型虚假陈述发生或实施以后，被虚假陈述影响的证券价格必然发生偏离正常价格围绕价值波动的曲线而产生“泡沫”，此时投资人投资买入证券，投资人必然要付出高于正常价格的价款，这部分价款既是虚假陈述影响而产生的“泡沫”，也是虚假陈述一旦被揭露或更正后投资人所发生损失的构成；当虚假陈述的事实被揭露或更正，市场必然对此作出反应，证券价格的“泡沫”部分将随着虚假陈述曝光而蒸发，经过一段时间消化，证券价格也将回到未受虚假陈述影响状态；投资人因卖出“泡沫”受蒸发后的证券或仍持有该证券所产生的损失，即为投资差额损失。

计算投资人的损失，首先须确定虚假陈述被揭露或更正后股价回到摆脱虚假陈述影响的相对正常位置所要经过的一段合理运行期间。确定合理期间的目的，是将虚假陈述影响股价的因素从其他引起股价波动的因素中分离出来，或虚假陈述行为人只对其虚假陈述致使投资人所发生的损失负赔偿责任。《虚假陈述赔偿规定》第三十三条第一款对确定合理期间的基准日作了解释性规定，第二款确定了几种寻找合理期间的方法，这是司法解释对虚假陈述证券民事赔偿的重大理论成果之一。按照《虚假陈述赔偿规定》可以计算出投资人因虚假陈述造成的损失金额。

还有两种特殊情况。即揭露或更正日之前投资人多次买进卖出、揭露或更正日及以后投资人多次买进卖出，且两个期间买进卖出股票性质和数量难以区分时，投资人买进和卖出的平均价格如何确定进而损失如何计算的问题。第一，关于实施日及以后至揭露或更正日之前多次买进卖出的情况，如何确定投资人平均买进价格。应当根据证券登记公司出具的投资人交易原始记录，在揭露或更正日之前以每次买进价格和数量计算出投资人买进股票总成本，减去投资人这期间所有已卖出股票收回资金的余额，除以投资人尚持有股票数量，则为该投资人的平均买进价格。第二，关于揭露或更正日及以后至基准日及之前多次买进卖出的情况，如何确定投资人平均卖出价格。根据证券登记公司出具的证据，以对应揭露或更正日之前投资人所持数量，能够确定该部分股票卖出价格的，按实际卖出价计算出平均卖出价格。如不能区分卖出的是揭露或更正日之前还是之后买进的股票数量时，则可以根据“先进先出法”这项会计成本核算方法，以最先卖出的股票数量依次累加对应至揭露或更正日之前投资人所持数量，并据此确定投资人平均卖出价格。其他卖出或仍持有的股票则视为被揭露或更正日及之后买进的股票，所发生的损失不在赔偿范围之内。审判实践中的各种情况千变万化，这需要案件承办法官根据《虚假陈述赔偿规定》所确定的原则，结合实际情况力求赔偿金额的公正与合理。①

401 证券内幕交易中，交易总量的大小、数量是否平均对因果关系的认定并无影响

【关键词】

|证券内幕交易|因果关系|

【案件名称】

郭秀兰诉光大证券股份有限公司、上海证券交易所、中国金融期货交易所期货内幕交易责任纠纷案［上海市第一中级人民法院（2013）沪一中民六（商）初字第30号民事判决书，2016.12.28］

【裁判精要】

上海市第一中级人民法院认为：

1. 被告光大证券公司2013年8月16日的交易行为是否构成内幕交易，其应否对原告郭秀兰损失承担侵权损害赔偿责任，承担赔偿责任的范围如何确定

法院认为，中国证监会（2013）59号行政处罚决定书、北京市第一中级人民法院（2014）一中行初字第2438号行政判决均认定，被告光大证券公司2013年8月16日在内幕信息公开前将所持股票置换为ETF卖出和卖出股指期货空头合约的交易，构成《证券法》第二百零二条和《期货交易管理条例》第七十条所述内幕交易行为。现光大证券公司在本案中并未提供充分证据证明上述生效法律文书确有错误，故依照前述生效法律文书即可认定光大证券公司前述行为构成我国证券法框架内的内幕交易行为，光大证券公司主张其不构成内幕交易行为，与事实相悖，不予支持。

就被告光大证券公司的其他辩称，法院认为，光大证券公司于2013年8月16日上、下午实施的错单交易及对冲交易，虽属不同的交易行为，但其下午的对冲交易系基于上午错单交易而形成，两个交易行为间具有直接关联性，故原告郭秀兰基于光大证券公司当日所有交易行为提起本案诉讼并无不当，不存在将多个诉合并审理之虞。光大证券公司当日上午的错单交易虽曾由媒体进行报导，但该报道并非光大证券公司主动披露，不能视为光大证券公司履行了相应公开披露义务，且该报道并未明确该错单交易的真实性及发生原因，市场主体无法从中得到准确答案，故不能视为系争内幕信息依据该报道已经具有公开性。

至于被告光大证券公司内幕交易行为与原告郭秀兰损失间有无因果关系，以及

① 参见贾纬：《〈关于审理证券市场虚假陈述民事赔偿案件的若干规定〉的理解与适用》，载《人民司法》2003年第2期。

光大证券公司应否对原告损失承担侵权赔偿责任的问题，法院认为，基于有效市场理论，假定证券及期货市场的价格受所有投资公众可获知的公开信息的影响，而交易时不披露内幕信息，则会在极大程度上影响市场价格的真实性。因此，存在内幕交易行为即应推定会影响到投资者所投资的关联交易品种价格，进而造成投资者的损失。具体而言，在内幕信息具有价格敏感性的情况下，在内幕交易行为人实施内幕交易行为的期间，如果投资者从事了与内幕交易行为交易方向相反的证券交易行为，且投资者买卖的是与内幕信息直接关联的证券、证券衍生品或期货合约，并最终遭受损失，则应认定内幕交易与投资者损失间具有因果关系，除非内幕交易行为人能够证明该损失系其他原因造成。本案中，当日内幕交易时间段内，虽然光大证券公司交易 IF1309 和 IF1312 的数量远远低于市场成交总量，每分钟交易 IF1309 和 IF1312 的当量亦较为平均，且光大证券公司于 14 时 22 份发布公告前后，相关市场价格走势呈平稳下跌趋势，没有明显突变，但法院认为，内幕交易中，交易总量的大小、交易数量是否平均，对因果关系的认定并无影响，且立法禁止从事交易行为，亦未区分上述具体实施因素，而是考虑到内幕交易破坏证券市场交易制度的公平性，影响到一般投资人对证券市场公开、公正、公平的信赖。在采用推定因果关系的情况下，上述具体交易数量与交易模式，并不影响因果关系的认定。

具体到本案而言，原告郭秀兰主张的有关其于 2013 年 8 月 16 日上午的交易行为所致损失部分，法院认为，该交易行为系发生于被告光大证券公司的内幕行为时间段之外，且当日上午光大证券公司的错单交易由系统故障所致，并非法律明确禁止之行为，故难以认定该错单交易行为构成民事侵权行为。原告作为投资者在交易之时，应依赖于自己的判断，而不应对其他投资者的投资行为产生任何信赖，即使其他投资者的行为，导致某一时刻的大盘或者个股的价格剧烈变化，亦不代表着跟风必定获利，因此无法从法律上认定光大证券公司当日上午的错单交易行为与原告所称损失间存在因果关系，原告的相关诉讼主张，缺乏事实和法律依据，不予采信。

原告郭秀兰主张的有关其于 2013 年 8 月 16 日下午的交易行为所致损失部分，法院认为，原告当日下午的交易行为与被告光大证券公司的部分内幕交易行为均发生于期货交易市场，且交易品种相同，两者间存在直接关联关系。原告在当日下午的买入和卖出行为虽均系在光大证券公司内幕交易时间段内，但正因光大证券公司内幕交易行为导致该期间内期货交易市场价格发生畸变，才致原告因其相关交易行为而受损，故原告当日下午的交易期间与光大证券公司内幕交易期间重合并不导致免除光大证券公司相关民事责任的法律后果，光大证券公司相关辩称缺乏事实依据，不予采信。光大证券公司另主张原告的损失计算方式缺乏依据，对此法院认为，原告在前述内幕交易行为期间内分别以不同价格买入 IF1309 股指期货合约，之后又卖出同等手数的 IF1309 股指期货合约，在内幕交易行为期间结束后其实际已不持有相应股指期货，则原告因光大证券公司内幕交易行为所致损失即系其在该期间内因交易相应股指期货产品而导致的交易差额损失，原告据此计算其损失金额并无不当,但原告的计算结果有所错误,法院依法予以纠正。经查,当日下午的交易损失应为 11280 元。光大证券公司应对原告上述损失承担侵权赔偿责任,原告相关诉讼请求具有事实和法律依据,法院予以支持。

【案例来源】

《中华人民共和国最高人民法院公报》2018 年第 12 期。

402 交易所在行使其监管职权过程中行为的程序正当、目的合法,且不具有主观恶意,则交易所不应因其自主决定的监管行为而承担民事责任

【关键词】

| 交易所 | 监管行为 | 民事责任 |

【案件名称】

郭秀兰诉光大证券股份有限公司、上海证券交易所、中国金融期货交易所期货内幕交易责任纠纷案 [上海市第一中级人民法院(2013)沪一中民六(商)初字第 30 号民事判决书,2016. 12. 28]

【裁判精要】

裁判摘要:证券交易所、期货交易所的法律性质为证券自律管理组织,在行使法定自律监管职权时,若其行为的程序正当、目的合法,且不具有主观故意,则交易所不应对投资者损失承担民事侵权责任。

上海市第一中级人民法院认为:

2. 被告上交所、中金所是否未能适当履行相应监管职责,是否存在相应过错,应否对原告的损失承担民事赔偿责任

就第二个争议焦点,原告郭秀兰主张被告上交所、中金所存在监管不作为的过错,其理由为上交所、中金所在被告光大证券公司异常交易发生当日中午即已知晓真实原因并默认光大证券公司于当日下午内幕交易。对此,法院认为,原告上述主张并无相应证据予以佐证。虽然光大证券公司相关工作人员曾在接受新闻采访时作出了相应陈述,但此种新闻报道中的描述显然不能单独具有证据属性,且该工作人员与光大证券公司存在利害关系,其陈述不能作为认定事实的依据,故不能以此认定中金所、上交所在光大证券公司发布公告前即已提前知晓相关事项。另,光大证券公司的错单交易事件属证券市场中的小概率事件,现有法律法规及部门规章、交易规则中均无此类事件发生时上交所、中金所应承担何种义务的规范,而民事主

体因不作为导致间接侵权的，一般应以该民事主体违反其积极作为义务为前提，故原告主张上交所、中金所因其不作为而构成侵权，缺乏法律依据。且光大证券公司当日上午所作错单交易在短时间内完成，该交易行为完成后上交所再对光大证券公司进行交易限制并无实际意义。而光大证券公司当日下午的对冲行为虽属内幕交易行为，但因其交易数额未超过中金所规定的大额交易限额，亦仅占有当日相关基金产品及股指期货合约交易的极小部分，中金所在当时又无从知晓光大证券公司已构成内幕交易，故中金所对光大证券公司当日下午的股指期货交易行为未予限制，并不构成监管不作为。且无论上交所、中金所对光大证券公司的交易行为采取何种行为模式，其后果均将涉及整个证券及期货市场，而并非只对原告个人权益产生影响，原告的投资方向亦系其基于市场情况作出的自主决策，其交易结果与上交所、中金所的行为间并无直接因果关系。综上所述，原告有关上交所、中金所负有相关监管过错，应对其损失承担民事赔偿责任的主张，缺乏事实和法律依据，不予采信。

原告郭秀兰另主张被告上交所、中金所存在误导市场的行为，但原告并未举证证明上交所、中金所发布过相关不实信息，上交所当日发布相应公告时，证券市场已结束交易，不存在上交所由此误导市场的客观基础，且该公告内容亦未对光大证券公司的交易行为作任何评价，事实上不可能实现误导市场的效果，原告的上述主张，缺乏事实依据，亦不予采信。

此外，《证券法》第一百零二条规定："证券交易所是为证券集中交易提供场所和设备，组织和监督证券交易，实行自律管理的法人。证券交易所的设立和解散，由国务院决定。"该法第一百一十条规定："进入证券交易所参与集中交易的，必须是证券交易所会员。"同时，《期货交易管理条例》第六条规定："设立期货交易所，由国务院期货监督管理机构审批。"该条例第七条另规定："期货交易所不以营利为目的，按照其章程的规定实行自律管理。期货交易所以其全部财产承担民事责任。期货交易所的负责人由国务院期货监督管理机构任免。"依照上述法规规定，应认定被告上交所、中金所的法律性质均为证券自律管理组织。

《证券法》第一百一十三条另规定："证券交易所应当为组织公平的集中交易提供保障，公布证券交易即时行情，并按交易日制作证券市场行情表，予以公布。未经证券交易所许可，任何单位和个人不得发布证券交易即时行情。"该法第一百一十四条同时规定："因突发性事件而影响证券交易的正常进行时，证券交易所可以采取技术性停牌的措施；因不可抗力的突发性事件或者为维护证券交易的正常秩序，证券交易所可以决定临时停市。证券交易所采取技术性停牌或者决定临时停市，必须及时报告国务院证券监督管理机构。"第一百一十五条又规定："证券交易所对证券交易实行实时监控，并按照国务院证券监督管理机构的要求，对异常的交易情况提出报告。证券交易所应当对上市公司及相关信息披露义务人披露信息进行监督，督促其依法及时、准确地披露信息。证券交易所根据需要，可以对出现重大异常交易情况的证券交易账户限制交易，并报国务院证券监督管理机构备案。"前述《期货交易管理条例》第十条亦规定:“期货交易所应当依照本条例和国务院期货监督管理机构的规定,建立、健全各项规章制度,加强对交易活动的风险控制和对会员以及交易所工作人员的监督管理。”该条例第十一条规定期货交易所应当按照国家有关规定建立、健全风险管理制度。第十二条规定:“当期货市场出现异常情况时,期货交易所可以按照其章程规定的权限和程序,决定采取下列紧急措施,并应当立即报告国务院期货监督管理机构:(一)提高保证金;(二)调整涨跌停幅度;(三)限制会员或者客户的最大持仓量;(四)暂时停止交易;(五)采取其他紧急措施。前款所称异常情况,是指在交易中发生操纵期货交易价格的行为或者发生不可抗拒的突发事件以及国务院期货监督管理机构规定的其他情形。异常情况消失后,期货交易所应当及时取消紧急措施。”依照上述法律规定,应当认为,被告上交所、中金所作为证券、期货交易市场的自律管理组织,其除了依照章程行使自律管理职责外,还具有为集中交易提供保障、发布信息的法定义务,并被赋予在法定条件下对特定市场主体采取单方、强制性、不利益措施的权力。

本案中,被告光大证券公司实施内幕交易行为时,被告上交所、中金所尚无从知晓其行为原因及性质,上交所、中金所亦无权对证券市场主体的该类行为是否违规作出认定,而发布信息义务,须以义务主体知晓相关信息为前提,故上交所、中金所在当日并无发布相关信息的事实基础。至于上交所、中金所应否对光大证券公司的错单交易采取临时停市、限制交易等措施,法院认为,是否采取上述措施应由上交所、中金所结合当时市场具体情况,以合理合法为目的自行决定,并非在市场出现异常时即必然立即行使,如否定上交所、中金所行使该种权力时的自主决定权,则证券市场的稳定及交易因个别主体的违规行为而始终处于不确定状态,实质将对市场秩序及交易公平构成更大伤害,故交易所行使前述职权时的自主决定权系其履行监管职责的基础。据此应当认为,无论交易所在行使其监管职权过程中作为或不作为,只要其行为的程序正当、目的合法,且不具有主观恶意,则交易所不应因其自主决定的监管行为而承担民事法律责任,否则其监管职能的行使将无从谈起。况且,从当日交易情形来看,光大证券公司错单交易后,市场已在短时间内恢复正常,不存在之后另行临时停市的必要;光大证券公司之后采取的内幕交易行为,在数量及金额上亦未达到限制交易的法定条件,故上交所、中金所未采取原告郭秀兰所主张的紧急处置措施,应属合理,并未影响证券市场秩序及交易公平,上交所、中金所无须因此承担相应责任。原告的相关主张,缺乏法律依据,不予支持。

【案例来源】

《中华人民共和国最高人民法院公报》2018 年第 12 期。

(四)证券回购纠纷

403 单位席位交易员擅自进行场外交易，属于证券回购交易中的违规操作，不能因此免除单位对外民事责任

【关键词】

|席位交易员|场外交易|证券回购|

【案件名称】

武汉赛迪尔经济发展有限责任公司与武汉市东西湖区国债服务部、武汉市国债服务部侵权纠纷案[最高人民法院(2004)民二终字第64号民事判决书]

【裁判精要】

最高人民法院认为：

黄汉东以东西湖代理处的名义与赛迪尔公司签订的证券回购合同是职务行为、还是个人行为，是否构成表见代理，东西湖国债部和武汉市国债服务部应否为其承担民事责任。黄汉东于1995年1月24日受聘于东西湖代理处，任东西湖代理处驻武汉市证券交易中心席位交易员(至今未被解聘)，其以东西湖代理处的名义对外从事的国债回购交易，属于黄汉东履行职务的行为。对黄汉东以东西湖代理处的名义对外从事的证券回购业务，东西湖代理处应当承担民事责任。1995年7月28日，黄汉东利用职务之便，以东西湖代理处的名义与赛迪尔公司签订了有价证券回购交易成交合同。虽然合同上加盖的圆形“武汉市振财证券部东西湖代理处财务专用章”与东西湖代理处预留在武汉市证券交易中心的印章不一致，但现在证据不足以证明该公章为黄汉东私刻，该公章合同相对人也无法判断其真伪，且该合同上还加盖了身为东西湖代理处驻武汉证券交易中心席位交易员黄汉东的私章，所用合同文本及黄汉东向赛区迪尔公司出具的1000万元国债代保管凭证，均为东西湖代理处提供给黄汉东的格式合同和有效凭证。赛迪尔公司交付的1000万元购券款也是按照合同约定汇入到以东西湖代理处名义在中国建设银行武汉市江汉支行航空路办理处开设的“武汉市振财证券东西湖代理处”的账户内。对该银行账户，东西湖代理处认为是黄汉东私自开设的，但因黄汉东至今未被逮捕归案，无从对证，现有证据又不能充分证明黄汉东私自开设，因此，该账户是否为黄汉东私自开设，在没有新的证据前，法院不宜认定。且该账户名称“武汉市振财证券部东西湖代理处”，合同相对人也无法辨其真伪。即使该账户为黄汉东私自开设，汇入该账户1000万元购券款流失的责任也不应在赛迪尔公司。对于本案黄汉东擅自进行场外交易，东西湖国债部能否免除民事责任的问题，因东西湖代理处对其派驻武汉证券交易中心场内交易员

的授权范围，属于单位内部授权，不能对抗善意第三人。黄汉东作为东西湖代理处的席位交易员擅自进行场外交易，属于其在证券回购交易中的违规操作，对外并不能因此免除东西湖代理处所负的民事责任。对于1000万元购券款被黄汉东擅自转移支配，导致赛迪尔公司的购券款无法归还，与东西湖代理处内部用人不当、管理不善有着直接的关系，东西湖国债部对此应负主要责任，原判东西湖代理处不承担民事责任的处理，显然不当，应当予以纠正。赛迪尔公司因参与场外交易，对其购券款的流失，负有一定过错，也应当承担相应的民事责任。鉴于本案系黄汉东利用职务之便所实施的涉嫌犯罪的行为，故赛迪尔公司与东西湖代理处签订的有价证券回购成交合同为无效合同。对因黄汉东实施涉嫌犯罪行为所导致的1000万元购券款无法追回，根据《最高人民法院关于在审理经济纠纷案件中涉及经济犯罪嫌疑若干问题的规定》第三条规定，东西湖代理处应当负责偿还赛迪尔公司1000万元购券款。东西湖代理处撤销后，其该项债务应当由其债务承接单位西湖国债部承担。1000万元购券款的利息损失126万元则同赛迪尔公司自行承担。对赛迪尔公司主张的90万元回购价款，因合同无效，本院不予支持。赛迪尔公司主张武汉市国债服务部应承担民事责任，但因其不能提供证据证明本案证券回购合同系武汉市国债服务部委托东西湖代理处签订，故原审法院根据中国人民银行武汉市分行〔1997〕第256号文件规定，判定武汉市国债服务部不承担民事责任，处理正确，应当予以维持。

【案例来源】

最高人民法院民事审判第二庭编：《民商事审判指导》(总第6辑)，人民法院出版社2005年版，第261～269页。

404 股票质押式回购交易履约保障比例低于最低履约保障比例时，资金融入方未购回且未按约提供履约风险管理措施，应视为违约

【关键词】

|股票质押式回购|履约保障比例|风险管理措施|违约|

【案件名称】

郭鸿宝与上海证券有限责任公司证券回购合同纠纷案［最高人民法院（2019）最高法民终216号民事判决书，2019.5.13］

【裁判精要】

最高人民法院认为：

(一)关于郭鸿宝应当支付违约金的具体金额的问题

郭鸿宝上诉主张违约金应以1.25亿元为基数，自2018年7月23日开始计算，

以2.25亿元为基数,自2018年7月26日开始计算,并降低违约金计算标准。对该上诉主张,不予支持。第一,郭鸿宝自2018年4月10日起就已违约,应支付约定违约金。首先,案涉两份《交易协议书》是《回购协议》的附件。三份协议互相关联,不可分割,共同确认双方在股票质押式回购交易中的权利、义务和责任。对此,二审已查明,案涉两份协议中均约定,双方确认该《交易协议书》是依据《回购协议》等,同上海证券达成一致。该协议书为《回购协议》的附件,适用其相关规定,并与其具有同等法律效力。

其次,案涉交易履约保障比例低于最低履约保障比例时,郭鸿宝未购回且未按约提供履约风险管理措施,应视为违约。根据《回购协议》第十四章"违约处置与场外结算"第六十二条约定,发生下列情形之一的,视为甲方违约:……(三)待购回期间,日终清算后的交易履约比例低于最低履约保障比例,甲方未购回且未按约提供履约风险管理措施的;对此,《回购协议》已明确约定,当郭鸿宝提交的交易履约保障比例低于特定值时,应按约定提前购回或新开补充质押交易,否则构成违约。故履约风险管理措施是指的新开补充质押交易。至于履约保障比例,两份《交易协议书》均已约定为140%。也即,一旦低于该比例,郭鸿宝按约定要么提前购回;要么新开补充质押。根据《回购协议》第八章"补充质押及部分解除质押交易"第二十三条约定,当发生本协议约定事项,郭鸿宝申请对特定初始交易补充质押标的证券时,双方应对补充质押标的证券的种类及数量等相关交易要素签署书面或电子形式的《交易协议书》,并由郭鸿宝委托上海证券进行补充质押申报。可见,如果新开补充质押交易,应由郭鸿宝提出申请并委托上海证券进行申报。2018年4月4日,上海证券通知郭鸿宝,当日两笔交易的履约保障比例分别为127.18%和126.71%,低于双方约定的140%,并要求郭鸿宝按约定在下一交易日14:30前提前购回或补充质押。但郭鸿宝并未在下一交易日提前购回或补充质押。根据《回购协议》第九章"提前购回与延期购回交易"第二十九条约定,案涉履约保障比例低于最低履约保障比例且郭鸿宝未按约新开补充质押交易且未按上海证券要求提前购回的,视为违约。

最后,郭鸿宝上述违约的后果是应从2018年4月10日起以初始交易金额为基数按每日万分之五向上海证券支付违约金。至于郭鸿宝违约行为的违约责任,两份协议均约定:违约金比率万分之五。至于给付违约金起止时间,《回购协议》第十四章"违约处置与场外结算"第六十三条约定,除上条第(一)种情况外,甲方应从违约之日起向乙方支付违约金。违约金按照初始交易金额计算,违约金率为每日万分之五。此外,《回购协议》第六十二条约定,发生下列情形之一的,视为甲方(郭鸿宝)违约:……(二)到期购回日或延期购回日,甲方未按约定进行购回交易;故到期郭鸿宝未按约定购回股票的,也构成违约,也应按约定给付违约金。虽然郭鸿宝在上诉中提出原判决违约金按年利率13.2%计算,违约金加延期利息,综合费用过高,应予调整,但其在二审中既未提供证据证明原判决的违约金加延期利息高于年利率的24%,又未明确主张调整的具体数额,故对该主张,也不予支持。

【案例来源】

中国裁判文书网,http://wenshu.court.gov.cn。

编者说明

上海证券交易所、中国证券登记结算有限责任公司《股票质押式回购交易及登记结算业务办法(2018年修订)》规定,股票质押式回购交易是指符合条件的资金融入方以所持有的股票或其他证券质押,向符合条件的资金融出方融入资金,并约定在未来返还资金、解除质押的交易。融入方是指具有股票质押融资需求且符合证券公司所制定资质审查标准的客户。融出方包括证券公司、证券公司管理的集合资产管理计划或定向资产管理客户、证券公司资产管理子公司管理的集合资产管理计划或定向资产管理客户;专项资产管理计划参照适用。

证券公司应当建立、健全盯市机制,持续跟踪质押标的证券价格波动和可能对质押标的证券产生重大影响的风险事件,对股票质押回购初始交易及相应的补充质押、部分解除质押进行合并管理,有效监控质押标的证券的市场风险。履约保障比例达到或低于约定数值的,证券公司应当按照《业务协议》的约定要求融入方采取相应的措施。《业务协议》可以约定的措施包括:(1)提前购回;(2)补充质押标的证券;(3)补充其他担保物,担保物应为依法可以担保的其他财产或财产权利;(4)其他方式。

405 国债回购合同确认无效后,对于合同约定期限外利息的计算

【关键词】

|国债回购|合同无效|期限外利息|

【案件名称】

包头市信托投资公司与东北证券有限责任公司国债回购纠纷案[最高人民法院(2004)民二提字第11号民事判决书]

【裁判精要】

最高人民法院认为:

包头信托公司与东北证券公司进行的四笔国债回购交易,因违反中国人民银行《信贷资金管理暂行办法》第五十二条"证券回购业务中的回购方应有真实的足额的有价证券,必须向对方办理交割或者由对方封存"的规定,原判认定双方国债回购交易无效正确,应予维持。双方当事人对原审判令东北证券公司返还购券款本金、并按中国人民银行同期四个月同业拆借利率上限给付合同期内利息,均无异议,本院予以维持。关于合同期外逾期利息如何给付问题,原审根据本案国债回购交易被确认无效、双方当事人对于国债回购交易无效均负有过错,以及中国人民银行自

1995年以来多次降低存、贷款利率的实际情况，判令东北证券公司按照中国人民银行同期《关于降低存、贷款利率的通知》给付合同期外利息，不违反法律规定，处理结果亦不显失公平，应予维持。包头信托公司要求合同期外利息全部按日万分之五给付的再审请求，不予支持。

【权威解析】

采用何种利率计算利息，并不属于严格意义上的法律适用问题，人民法院审理案件时对于中国人民银行颁布的有关规定只是参照适用。在中国人民银行对于利率问题存在不同规定时，法官可根据案件的性质、合同的效力、双方的过错责任等综合情况，运用法律所赋予的衡平权，公平公正地选择所适用的规定。①

【案例来源】

最高人民法院审判监督庭编著：《最后的裁判——最高人民法院典型疑难百案再审实录·担保与金融案件卷》，中国长安出版社2007年版，第256～263页。

406 客户证券账户内发生的国债回购交易是证券营业部未经授权的行为，证券营业部擅自出售客户国债，构成侵权

【关键词】

| 国债回购 | 未经授权 | 侵权 |

【案件名称】

航空证券有限责任公司、航空证券有限责任公司保定五四西路证券营业部与唐山开滦建设（集团）有限责任公司、开滦（集团）有限责任公司侵权纠纷案［最高人民法院（2006）民二终字第3号民事判决书，2006.6.28］

【裁判精要】

最高人民法院认为：

航空证券公司及航空证券营业部出售本案所涉国债的强行平仓行为是否合理，是否构成对开滦建设公司侵权的问题。本院认为，判定该强行平仓行为是否合理及其是否构成侵权行为的关键有二：其一，航空证券营业部将开滦建设公司证券账户

① 参见刘国华：《国债回购合同确认无效后，对于合同约定期限外的本金利息采用何种利率计算——包头市信托投资公司与东北证券有限责任公司国债回购纠纷案》，载最高人民法院审判监督庭编著：《最后的裁判——最高人民法院典型疑难百案再审实录·担保与金融案件卷》，中国长安出版社2007年版，第256页。

内的国债用于国债回购，是否得到开滦建设公司的授权。其二，国债拆入的资金是否由开滦建设公司提取。在一审庭审和二审质证中，航空证券公司和航空证券营业部皆未举证证明其将本案所涉30000手国债质押用于国债回购的行为得到开滦建设公司的授权，而且国债回购拆入的资金被航空证券营业部擅自提取。航空证券营业部在一审庭审中自认"为了化解其的经营风险，逃避证券登记结算公司的处罚，避免其证券经纪客户挤提客户证券交易结算资金，经航空证券公司研究决定，将开滦建设公司在其1029778资金账户内的国债卖出"。而且，该国债出售所得之客户交易结算资金被航空证券营业部截留占用，并未划入开滦建设公司的资金账户内。据此，本院认为，开滦建设公司证券账户内发生的国债回购交易是航空证券营业部未经开滦建设公司授权的行为，航空证券营业部擅自出售开滦建设公司所有的国债，并将出售国债所得的客户交易结算资金截留占用的行为，已对开滦建设公司构成侵权。

【案例来源】

最高人民法院民事审判第二庭编：《最高人民法院商事审判指导案例·公司卷》，中国法制出版社2011年版，第474~485页。

407 证券公司及其营业部未违反账户监管承诺，对质押国债被平仓清算造成的质权人损失不承担赔偿责任

【关键词】

| 账户监管 | 国债质押 | 赔偿责任 |

【案件名称】

国泰君安证券股份有限公司郑州花园路证券营业部、国泰君安证券股份有限公司与中国光大银行郑州分行、中国第一汽车集团开封汽车经销有限责任公司和海口建来发展有限公司借款担保合同纠纷案［最高人民法院（2006）民二终字第82号民事判决书，2007.12.12］

【裁判精要】

最高人民法院认为：

第一，关于质押关系成立及质押物瑕疵的分析与认定。（一）本案质押账户内的国债在出质时已经处于回购状态，而不是国债现券。国债是否处于回购状态，是由账户内标准券的数额反映的。根据《上海、深圳证券交易所交易规则》对标准券的定义，标准券是指在证券交易所指定的登记结算机构托管而用于回购交易并按交易所规定的折算率计算出的回购抵押券。债券持有人可卖出债券的数量，根据其在交易

所指定的登记结算机构库存债券数量,以交易所公布的标准券(综合券)折算率计算出的标准券(综合券)量为限。这说明,回购交易中,国债不是一般意义上的交易物,而是抵押(质押)物。回购具备买卖和质押两种性质,形式上是国债两次买卖,实质上是质押融资。以标准券来确定融资量,以现券作为最终的担保,两者合二为一。根据郑州分行提供的证据之《对账单》以及营业部提供的证据之《国泰君安证券股票明细对账单(合并)及郑州花园路余额汇总》,可以看出:在本案质押开始之前,国债市值很高但是资金余额不高,标准券可用余额也很少,因此,本案质押开始前国债账户的状态为:账户内国债已经大部分处于回购状态而尚未购回,且账户内没有足额的购回国债资金。作为质权人的郑州分行,应当核实质押国债的真实性、有效性以及可支配性,以确保质押物对质权实现的担保,减少自身开出票据的风险。郑州分行作为专业金融机构,其关于对国债处于回购状态的情况"不知情、看不懂对账单"的观点不能成立,其应当知道质押物的状态并且应当预见到接受该种具有瑕疵的质押物存在的风险。(二)质押物本身存在瑕疵导致质押方式存在潜在的风险。根据交易规则,处于回购状态的国债,只有在回购期满时,融资方(海口建来)从融券方将质押物(国债)购回,方能保证郑州分行的质押受偿权。如果回购期满未能购回,则质押物本身存在的这一风险将可能导致优先受偿权无法实现。因此,这种质押方式与质权的优先受偿性存在冲突,使得质押方式存在潜在的风险。郑州分行明知质押物处于回购状态,质押物的价值可能出现极大波动,质押方式存在巨大风险,但是仍然愿意接受该种质押方式,且未要求出质人提供其他担保,其应当对质押物的价值减少带来的损失自行承担责任。

第二,关于营业部是否实施了违反《承诺鉴证书》约定的行为,是否存在过错的认定。营业部在每份协议签订之前均出具了真实的《对账单》,《对账单》如实反映了该出质账户的国债状况和资金余额,郑州分行既是金融机构,又是长期利用质押账户进行国债回购操作的实际控制人,其应当明了《对账单》显示的内容,也完全了解接受处于回购状态的国债市值质押可能存在的法律风险。营业部履行了信息披露义务,没有过错。营业部提供证据之《授权委托证明书》《质押合同》《补充协议》《承诺鉴证书》《收据》,能够证明郑州分行并不享有唯一的国债交易权。上述文件强调的只是"仅光大银行(授权人员)拥有提款权、托管(指定交易)权和转托管(取消指定交易)权"。这说明,郑州分行独家享有的仅仅是上述三项权利,海口建来仍然有权进行上述三项之外的国债交易活动。光大银行在接受质押时,又书面放弃了其中部分质押权能,未对质押账户密码进行修改,并未禁止或者排斥海口建来在账户中进行国债交易,因此营业部允许海口建来进行续回购操作不违反《承诺鉴证书》约定。营业部二审提供的《证券股票明细对账单》证明:2005 年 6 月 17 日,质押账户被登记公司强行清算。自 2004 年 10 月 27 日本案第一份承诺协议签订之时,至质押账户被交易所强行清算之日,质押账户内并未发生过资金出户情况。这说明,续回购操作不是质押物价值减少的原因,无论营业部允许海口建来进行续回购操作是否违反承诺鉴证，都没有因此造成资金损失。质押账户内国债市值和资金余额减少的根本原因，是在质押开始前账户内国债已经处于回购状态。而账户实际控制人郑州分行与海口建来在续回购到期日，未能注入资金购回到期的国债，也没有继续申报续回购，构成了对潜在交易对手的违约，被交易所强行清算，此项交易与营业部无关。即使质押账户内国债市值仍为8500万元，郑州分行也无法直接受偿，其只能根据交易规则，在没有资金购回国债的情况下，账户先行清算，清算所得优先偿还融券方，郑州分行能够得到的余额仍是现在的1300余万元。因此，营业部允许海口建来进行续回购操作的行为与质押账户内国债被强行清算的结果没有必然因果关系。

第三，关于《承诺鉴证书》承诺的是保证责任还是监控责任的认定。《承诺鉴证书》第2条约定"营业部对申请人或出质人的国债交易负责监控，保证申请人或出质人国债账户市值与资金账户余额之和在质押期间不低于某数额"。《合同法》第一百二十五条规定："当事人对合同条款的理解有争议的，应当按照合同所使用的词句、合同的有关条款、合同的目的、交易习惯以及诚实信用原则，确定该条款的真实意思。"根据这一合同解释规则，上述约定应理解为：营业部应当保证监控出质人或质权人的国债交易过程，如果其操作可能导致国债账户市值与资金账户余额之和在质押期间低于某数额，则营业部应当停止其交易行为。亦即营业部此项义务应理解为监控义务而非保证义务。另根据《承诺鉴证书》第9条关于"营业部如未遵守上述承诺鉴证造成损失，同意承担赔偿责任"的约定，营业部承担责任的前提是营业部有违约行为且该违约行为造成了损失，而《担保法》规定保证人承担的不是赔偿责任而是连带还款责任，其前提是主债务人不履行债务，与保证人是否违约无关。因此，《承诺鉴证书》所承诺的责任应当认定为监控责任而非保证责任。

根据《证券法》(2005)第一百四十一条规定，证券公司不得为客户融资融券。郑州分行认为营业部应保证质押账户余额，随时填充国债或资金，以保证账户余额不变。然而，这是法律所禁止的融资融券行为，营业部并未实施该违法行为，并无过错。在整个质押过程中，本案各方均无任何可以导致国债账户市值和资金余额之和降低和减损的交易行为发生，因此，根据《承诺鉴证书》的承诺条款营业部无过错，不应承担民事责任。

营业部、国泰君安关于其在承诺鉴证之后，对于该质押账户没有进行任何主动的操作，接受海口建来的续回购操作指令既为合同允许，也并没有改变质押物的市值或实际价值，仅仅是将风险滞后而未造成质押物的损失；质押物的损失产生完全是因质押双方未能将处于回购状态的国债进行到期购回而被登记公司到期强行清算所导致。因此，在损失产生的原因方面，营业部没有过错的上诉理由成立，予以支持。郑州分行关于营业部是为本案六份质押合同及补充协议的履行而作出的承诺鉴证，即营业部是与海口建来一同向郑州分行保证质押权利行使，现郑州分行质押权利无法实现，营业部理应对郑州分行行使优先受偿权后不能获得清偿的本息，依约承担赔偿责任的答辩理由缺乏事实和法律依据，不予支持。原审判决依据营业部有承诺鉴证的最低限额的情形，认为一旦账户中的实际余额之和低于营业部承诺鉴证数额，即应追究营业部的责任，而不考虑该数额的变化究竟是营业部的行为造成还是质押方式的缺陷和风险造成的，其认定错误，予以纠正。

【权威解析】

（三）营业部没有实施违反《承诺鉴证书》中约定的行为，也不存在其他法律上的过错

根据案件基本事实，营业部出具承诺鉴证书，是否实施了不当行为，例如鉴证虚假、以行为导致质押物受损等，是确定营业部是否应当承担民事责任的关键。同时，还要考虑营业部是否与质押人等有其他串通等不当行为，是否导致质权人损失。关键要审查法律适用是以结果论，还是以行为论的问题，是否应当分清每一方当事人在整个案件中所起到的作用，以及对质押物被平仓的责任是什么。……

（四）《承诺鉴证书》承诺的不是保证，而是监控

如果营业部违反承诺，承担的也是违约责任，而不是连带保证责任；如果营业部未违反承诺义务，则不承担民事责任。……

综上所述，郑州分行质权不能实现的根本原因是其接受了用处于回购状态的国债市值作为质押这一质权模式，海口建来与郑州分行在续回购到期日，未能注入资金回购到期的国债，也没有继续申报续回购，账户被交易所强行清算所致，营业部没有允许任何可以导致国债账户市值和资金余额之和降低和减损的交易行为发生，也没有实施任何违反《承诺鉴证书》的行为。本案损失的发生与营业部没有任何因果关系，郑州分行既然明知质押模式的风险，还愿意接受质押，应当自行承担损失，营业部和其法人公司国泰君安不应承担民事责任，二审法院对原审判决相关判项作出改判是正确的。①

【案例来源】

最高人民法院民事审判第二庭编：《最高人民法院商事审判裁判规范与案例指导》（第一卷），法律出版社 2010 年版，第 596 ~ 605 页。

408 挪用国债用于回购交易且到期未能回购归还的，应当承担侵权损害赔偿责任

【关键词】

｜挪用国债｜国债回购｜侵权赔偿｜

---

① 参见吴庆宝：《证券公司及其营业部未违反账户监管承诺，对质押国债被平仓清算造成质权人损失不应承担赔偿责任》，载最高人民法院民事审判第二庭编：《最高人民法院商事审判裁判规范与案例指导》（第一卷），法律出版社 2010 年版，第 607 ~ 609 页。

【案件名称】

汉唐证券有限责任公司与贵州赤天化股份有限公司侵权纠纷案［最高人民法院（2009）民二终字第118号民事判决书，2009.12.3］

【裁判精要】

最高人民法院认为：

挪用国债用于回购交易且到期未能回购归还的，依法应当承担侵权损害赔偿责任。国债损失因侵权行为而非正常交易中的价格波动所致，挪用人主张以国债损失时点的实际市场波动值作为赔偿标准的，不予采信。

中国人民银行、财政部、中国银行业监督管理委员会、中国证券监督管理委员会联合制定并发布的《客户结算资金收购意见》，规范的是“对个人债权及客户证券交易结算资金进行收购”问题，非个人以之作为挪用国债损失赔偿依据的，不应予以支持。

【案例来源】

最高人民法院民事审判第二庭编：《最高人民法院商事审判裁判规范与案例指导》（第二卷），法律出版社2011年版，第598～603页。

（五）其他证券纠纷

409 假借投资托管的名义进行违法资金拆借而签订的合同无效

【关键词】

｜投资托管｜资金拆借｜合同无效｜

【案件名称】

上海元盛投资管理有限公司与航天科技财务有限责任公司、闽发证券有限责任公司、闽发证券有限责任公司上海永嘉路营业部证券代理合同纠纷案［最高人民法院（2005）民二终字第116号民事判决书，2005.6.17］

【裁判精要】

最高人民法院认为：

2003年3月25日航天科技公司与闽发证券订立的委托投资协议约定，航天科技公司委托闽发证券进行国债投资，金额为人民币2亿元，期限为一年。根据该协议的内容，双方权利义务关系的性质为委托投资关系。但航天科技公司与闽发证券又于同年28日订立国债托管协议，该协议对于双方上述委托投资协议进行了调整，变更了双方权利义务关系的内容，其约定航天科技公司将面值为2亿元的03国债(1)委托闽发证券管理，期限为一年，托管期内，闽发证券按照债券面值总额的4.34%向航天科技公司支付债券托管使用费，航天科技公司有权获得托管的债券发行人在托管期内发放的利息，闽发证券保证在协议到期时如数归还航天科技公司托管的债券。以上事实表明，航天科技公司和闽发证券通过2003年3月28日的国债托管协议，变更了双方此前订立的委托投资协议的内容，其真实意思是航天科技公司以托管国债的形式向闽发证券提供2亿元资金，期限一年，闽发证券以支付"债券托管使用费"的名义向航天科技公司支付使用该笔资金的对价，即国债总面额的4.34%。航天科技公司与闽发证券双方虽然又以补充协议的形式对于上述协议进行了调整，但仅约定了"债券托管使用费"变更为4.224266%，闽发证券预先支付部分收益，并未改变国债托管协议确立的双方权利义务关系的基本内容。从合同的履行情况看，航天科技公司于2003年4月3日向闽发证券提供了2亿元资金，其提供该笔资金所期待的是固定比例的回报；闽发证券接受了航天科技公司提供的2亿元资金，虽然该笔资金用于购买国债且该国债亦进入了闽发证券为航天科技公司开立的证券账户，但闽发证券通过回购方式取得了资金，且其以回购国债的形式取得资金并不违反航天科技公司的意思，而按照双方约定，闽发证券应向航天科技公司支付国债面值总额4.224266%的固定比例的回报作为使用该笔资金的对价。一方提供资金、接受固定利息，另一方接受资金、支付固定利息是资金借贷民事关系的基本特征。因此，航天科技公司与闽发证券之间协议的性质应认定为以委托投资为表现形式的资金拆借合同，应依法确认为无效；原审判决关于航天科技公司与闽发证券双方签订的委托投资协议、国债托管协议及补充协议应属有效的认定缺乏事实依据和法律依据，应予纠正。元盛公司关于航天科技公司与闽发证券事实上是假借投资托管的名义进行违法的资金拆借，这种以合法形式掩盖非法目的的合同行为应认定无效的主张，本院予以支持。

【案例来源】

最高人民法院民事审判第二庭编：《最高人民法院商事审判指导案例·金融卷》，中国法制出版社2011年版，第41~49页。

410 委托合同关系已经解除，转委托的受托人继续占有案涉股票拒不返还，应当承担返还股票责任，返还不能时应折价赔偿

【关键词】

| 股票 | 委托合同 | 转委托 | 折价赔偿 |

【案件名称】

孙进林与张旭辉证券返还纠纷案［最高人民法院（2018）最高法民再143号民事判决书，2018. 11. 17］①

【裁判精要】

最高人民法院认为：

本案讼争的解决，涉及茅山旅游公司的设立及其事业目的，茅山管委会、张旭辉、林文的投资目的与投资方式，茅山管委会、张旭辉、林文与茅山旅游公司、孙进林之间的法律关系，茅山旅游公司、孙进林的责任承担，以及本案诉讼时效是否届满等方面的问题。需要根据本案以及合并审理的其他案件查明的事实，按照相关法律规定予以综合认定并作出判断。

（一）关于茅山旅游公司的设立及其事业目的

2002年1月3日，时任茅山管委会主任文雁才与孙进林、张旭辉签订的《合资备忘录》约定，茅山管委会、孙进林或其所持的新大众公司、张旭辉或其所持的耀裕公司拟合资成立茅山旅游公司。茅山旅游公司主要负责完成联合收购壳公司目标，实现借壳上市，面向资本市场，发展茅山旅游。随后，孙进林与张旭辉共同设立国际证券公司，注册资本5万美金，孙进林占60%股份，张旭辉占40%股份。2002年5月6日，茅山管委会与国际证券公司签订《合资协议》，约定茅山管委会与国际证券公司合资设立茅山旅游公司，注册资本300万美金，茅山管委会占40%股份，国际证券公司占60%股份。该协议第六条载明，茅山旅游公司主要完成联合收购壳公司目标，以实现面向资本市场，融资发展茅山旅游。2002年6月4日，茅山管委会与国际证券公司签订《补充协议》，约定双方同意全权委托新大众公司代表国际证券公司全面履行出资义务并享有相应权利，茅山旅游公司注册资本按实际注册。新大众公司及其法定代表人孙进林在该《补充协议》上签章。

据此，茅山管委会、孙进林、张旭辉为实现借壳上市的投资目的共同筹建茅山旅游公司。茅山旅游公司设立过程中，张旭辉与孙进林共同组建国际证券公司且孙进林另持有新大众公司，后张旭辉与孙进林实际以新大众公司为发起人与茅山管委会合资成立茅山旅游公司，茅山旅游公司的事业目的为收购上市公司股权并以茅山旅游公司的名义对上市公司控股。

（二）关于茅山管委会、张旭辉、林文的投资目的与投资方式

结合张旭辉和孙进林为设立茅山旅游公司而发生的资金往来情况和茅山管委

① 孙进林与江苏茅山旅游有限公司等证券返还纠纷案［最高人民法院（2018）最高法民再142号、22号、21号民事判决书，2018. 11. 12］的裁判理由与本案民事判决书基本一致（略），载中国裁判文书网，http://wenshu. court. gov. cn。

会在茅山旅游公司成立后向其香港账户汇付资金的事实，以及《经营管理协议》中总经理负责全面工作、重点负责借壳上市的约定，茅山管委会、张旭辉在收购中负责提供资金，孙进林主要负责经营资本实现借壳上市。

《合资协议》约定，茅山旅游公司主要完成联合收购壳公司目标，借壳上市成功后，茅山管委会可按当时茅山旅游公司按市价计的资产净值1:1折股以现金进行增资扩股，并可成为大股东。由此，茅山管委会的投资目的是实现茅山旅游公司借壳上市并成为该公司大股东。《验资事项说明》载明，截止到2002年6月3日，茅山旅游公司（筹）已收到全体股东缴纳的注册资本合计人民币200万元，茅山管委会缴纳注册资本80万元。在借壳上市的过程中，茅山管委会除已依约履行股东出资义务外，另向茅山旅游公司香港证券账户汇款用于购买香港上市公司股票。可见，其投资方式是先为借壳上市提供资金并独立购买股票，在借壳上市目的实现后，将股票作为其增资转归茅山旅游公司所有并相应提高其股权比例。

2002年5月24日，孙进林与张旭辉签订《注册协议》，约定暂以新大众公司名义代替国际证券公司进行投资，此后新大众公司将其所持的茅山旅游公司股权转让给国际证券公司。张旭辉垫资给孙进林用以增资新大众公司，孙进林将香港证券（股票）划给茅山旅游公司作投资，同时还张旭辉代垫款项。2002年7月6日，孙进林向张旭辉出具《代买股票说明》，载明孙进林代办张旭辉向香港陈宝龙账户及茅山旅游公司账户分批汇款购买股票事宜，同时注明孙进林是代表茅山旅游公司收到张旭辉投资款，上述款项均已划入茅山旅游公司账户，该说明与备份件相同。而备份件上张旭辉手书部分载明，分批款用以投资茅山旅游公司在香港购得股票，孙进林手书部分载明张旭辉汇付款项均作为茅山旅游公司出资款。茅山旅游公司工商登记资料载明，张旭辉并非茅山旅游公司股东。由此，张旭辉为实现借壳上市的投资目的，原计划通过与孙进林共同成为茅山旅游公司发起人国际证券公司股东的方式间接获取投资收益，但在实际运作中茅山旅游公司的发起人由国际证券公司变更为新大众公司，且新大众公司未将其持有的茅山旅游公司股权转让给国际证券公司。在此情形下，张旭辉遂将茅山旅游公司作为直接投资对象，并通过孙进林操作该公司香港股票账户代其个人购买香港上市公司股票，其最终目的是将通过茅山旅游公司香港证券账户购买的上市公司股票转归茅山旅游公司所有，以此作为出资并成为茅山旅游公司股东。孙进林并未提供证据证明孙进林出具《代买股票说明》时受到胁迫或《代买股票说明》存在其他无效事由，其主张《代买股票说明》无效，无事实依据和法律依据，本院不予支持。

在茅山旅游公司成立后，林文与孙进林持有的新大众公司签订《资产管理协议》，约定林文向茅山旅游公司投资500万元港币，通过代茅山旅游公司买股再按成本转入茅山旅游公司的方式实现投资到位，新大众公司对林文的此项资产予以管理。可见，为实现茅山旅游公司借壳上市的投资目的，孙进林亦与林文协商，由后者为收购提供资金。林文系在茅山旅游公司成立后参与借壳上市有关事宜，为收购香港上市公司提供资金，林文出资的最终目的是成为茅山旅游公司的股东，在此之前，其先以个人名义为茅山旅游公司在香港购买上市公司股票，并在借壳上市过程后期将相关股票转入茅山旅游公司名下。

据此，茅山管委会、张旭辉、林文参与借壳上市出资购买大凌集团股票的最终目的均是成为茅山旅游公司股东并间接控制香港上市公司，在借壳上市过程中，其采取分散购买大凌集团股票并伺机移转股票所有权至茅山旅游公司以换取茅山旅游公司股权的方式，而非投资入股茅山旅游公司并以茅山旅游公司为主体直接收购大凌集团股票的方式进行运作。茅山管委会、张旭辉、林文基于共同的投资目的分别提供资金，以收购大凌集团股票的方式为茅山旅游公司争取借壳上市机会。茅山管委会、张旭辉、林文作为资金提供方，其最终的投资目的均是成为茅山旅游公司股东并间接控制香港上市公司，但在借壳上市完成前，茅山管委会、张旭辉、林文等投资主体间的法律关系尚未转化为公司股东间的法律关系，而是为实现共同投资目的基于共同的营业事务而形成的契约型合伙关系。原审判决未查明茅山管委会、张旭辉、林文的共同投资目的，进而未对该三方当事人法律关系的性质作出认定，适用法律错误，本院依法予以纠正。孙进林主张案涉 100 万元人民币中的 48 万元人民币系张旭辉对国际证券公司的投资且已投入茅山旅游公司，明显超过张旭辉对国际证券公司 2 万美金的出资义务，其主张案涉 100 万元人民币中的 52 万元人民币已归还张旭辉，案涉 10 万美元是其投资国际证券公司并以新大众公司名义投入到茅山旅游公司的资本金，归茅山旅游公司所有，均无相应证据予以证明。故孙进林提出的上述主张，缺乏事实依据，本院不予支持。

（三）茅山管委会、张旭辉、林文与茅山旅游公司、孙进林之间的法律关系

茅山旅游公司并非以股权融资或债权融资的方式从茅山管委会、林文、张旭辉处获取资金并购买大凌集团股票，而仅是受委托代理茅山管委会、张旭辉、林文分别购买并持有大凌集团股票且在茅山管委会、张旭辉、林文所持大凌集团股票足以实现借壳上市目的后，依约以茅山旅游公司股权与茅山管委会、林文、张旭辉所持大凌集团股票互易。茅山旅游公司系为茅山管委会、张旭辉、林文共同的投资利益，亦间接为其借壳上市的经营利益，提供交易账户并处理大凌集团股票买卖事务。由此，茅山管委会、张旭辉、林文与茅山旅游公司间分别形成委托合同关系。

孙进林经茅山旅游公司授权实际经办借壳上市事宜，其虽于 2002 年 6 月 25 日向茅山旅游公司提出辞职并在次日得到批准，但仍控制茅山旅游公司香港证券账户并于 2002 年 6 月底至 7 月间使用茅山管委会、张旭辉、林文汇付至茅山旅游公司的资金以茅山旅游公司名义购买大凌集团股票，茅山旅游公司对此未提出异议，故茅山旅游公司在孙进林辞职后，事实上仍授权孙进林以公司名义从事茅山旅游公司事业目的范围内的经营活动，孙进林亦依照茅山旅游公司的授权实际操作茅山旅游公司香港证券账户完成相关股票交易。由此，孙进林系基于茅山旅游公司授权买入大凌集团股票，其为茅山旅游公司的利益控制相关证券账户并占有案涉股票。茅山管

委会、张旭辉、林文均明知孙进林在辞职后仍基于茅山旅游公司的授权经办借壳上市事宜，但均未表示反对，应视为其同意茅山旅游公司转委托孙进林具体负责借壳上市事宜。

据此，茅山管委会、张旭辉、林文系基于其与茅山旅游公司间的委托合同关系，将其资金最终汇入茅山旅游公司香港证券账户，并基于转委托合同关系同意孙进林操作茅山旅游公司香港证券账户完成相关股票交易。孙进林在辞职前基于职务上的委托，在辞职后基于茅山旅游公司事实上的委托，实际经办借壳上市事宜，故孙进林关于其履行的是职务行为的主张成立，本院予以支持，但孙进林关于张旭辉与茅山旅游公司间不存在委托合同关系的主张，无事实和法律依据，本院不予支持。二审判决认定张旭辉与孙进林之间存在直接的委托合同关系错误，本院依法予以纠正。

（四）关于茅山旅游公司、孙进林、杜秀山责任承担的问题

本案中，张旭辉提出返还大凌集团股票，如不能返还则折价赔偿的诉讼请求表明其终止与茅山旅游公司的委托关系。《合同法》第四百一十条规定，委托人可以随时解除委托合同。第四百零四条规定，受托人处理委托事务取得的财产，应当转交给委托人。据此，张旭辉有权解除委托合同，终止与茅山旅游公司的委托关系。茅山旅游公司在处理受托事务时应忠实履行受托职责，并在委托关系终止后将买卖股票过程中使用张旭辉投入资金而取得的财产予以返还。由于孙进林经茅山旅游公司授权经办借壳上市相关事宜，其代表茅山旅游公司为张旭辉出具《代买股票说明》记载张旭辉提供资金及购买股票的数额在茅山旅游公司授权范围内，张旭辉对《代买股票说明》记载的上述内容亦未提出异议。茅山旅游公司应按照《代买股票说明》记载的资金数额与股票数额向张旭辉返还其投入 100 万元人民币和 10 万美金而形成的 4344 万股大凌集团股票。

本案中，孙进林提交的证据不足以证明其已将茅山旅游公司香港证券账户的控制权交还给茅山旅游公司，且孙进林在大凌集团股票复牌后亦未继续经办借壳上市事宜。由此，孙进林长期占有案涉股票，并在张旭辉与茅山旅游公司间的委托合同关系已经解除，其继续占有案涉股票已无合同上依据的情形下，拒不返还大凌集团股票，违反勤勉义务与忠实义务，损害茅山旅游公司与张旭辉的利益，显属不当。孙进林应对以茅山旅游公司名义购买但仍处于其控制之下的大凌集团股票承担返还的责任；在案涉股票返还不能时，亦应承担折价赔偿的责任。孙进林主张其作为被告不适格、二审判决判令其承担股票返还及赔偿责任错误，理据不足，本院不予支持。鉴于张旭辉在提出本案诉讼要求终止委托关系时未对茅山旅游公司提出权利主张，且由孙进林承担返还股票及返还不能时的赔偿责任亦可实现清算张旭辉投资权益的目的，二审判决判令孙进林单独承担股票返还及返还不能时的赔偿责任，适用法律虽有瑕疵，但处理结果并无不当，本院予以维持。由于孙进林再审时未全面提交茅山旅游公司香港证券账户交易明细，且考虑到一审判决以一审第一次开庭时

大凌集团股票收盘价0.131元港币计算的市值扣除交易成本45525.12元港币后酌定折价赔偿数额为5645114.88元港币（0.131元港币×4344万股－0.131元港币×4344万股×0.008）亦无不当，本院对一、二审判决确认的折价赔偿数额亦予以维持。

但应指出的是，茅山旅游公司系受张旭辉委托，孙进林受茅山旅游公司的转委托实际经办借壳上市事宜。茅山旅游公司、孙进林在执行委托事务过程中为委托人利益垫付的必要费用依法应由委托人承担，且在委托事项涉及证券投资，案涉委托、转委托系商事委托的情形下，茅山旅游公司、孙进林亦可向委托人主张执行委托事务相应的报酬。由此，孙进林在向张旭辉承担责任之外，其可向茅山旅游公司主张相应权利；茅山旅游公司亦可向其委托人张旭辉主张相应的权利。

此外，关于杜秀山应否承担责任问题。案涉《代买股票说明》已经明确孙进林是代表茅山旅游公司收到张旭辉投资款，且案涉款项均已划入茅山旅游公司账户。本案中孙进林负有返还的义务，至于孙进林是否曾将案涉股票或者将案涉资金所形成的其他权益转到杜秀山名下不影响其承担义务，即使转到杜秀山名下，由于该账户由孙进林实际控制和管理，也应由孙进林予以返还。杜秀山在一审中陈述其名下有孙进林账户中转入的股票，并由孙进林控制，孙进林对此亦无异议，一审法院判决驳回张旭辉对杜秀山的诉讼请求后，张旭辉、孙进林亦均未对此提出异议，二审判决对此予以维持亦无不当。

【案例来源】

中国裁判文书网，http://wenshu.court.gov.cn。

411 双方并无实物券交易或封存，也并未将款项用于认购国债，是名为委托代购合同实为资金拆借

【关键词】

｜证券｜实物券｜国债委托代购｜资金拆借｜

【案件名称】

国泰公司与黄梅联社资金拆借合同纠纷案［最高人民法院再审民事判决书］

【裁判精要】

最高人民法院认为：

1.《委托代购证券合同》因违反法律规定而应认定为无效

国泰公司与黄梅联社签订《委托代购证券合同》，约定国泰公司代黄梅联社认购95国债、96国债，虽然李建新向黄梅联社出具了加盖国泰公司（2）号业务专用章的《有价证券代保管单》，但双方并无实物券交易或封存，国泰公司也并未将款项用于

认购国债。因此,双方的行为属于名为委托代购合同,实为资金拆借的行为。《委托代购证券合同》应当认定为无效。

【权威解析】

1. 本案《委托代购证券合同》因违反法律规定而无效

证券回购业务是指债券持有人在卖出一笔债券的同时,与买方签订协议,约定一定期限和价格,买回同一笔债券的融资活动。证券回购业务作为一项金融活动,在我国受到严格的规制,以证券回购的方式融资,必须符合相关法律关于交易主体、交易地点、交易内容的强制性规定,否则无效。中国人民银行、财政部、中国证券监督管理委员会1995年8月8日发布的《关于重申对进一步规范证券回购业务有关问题的通知》(银传〔1995〕60号)第二条规定:“凡未经国务院和中国人民银行批准的证券交易场所和融资中心,一律不得开办证券回购业务。所有金融机构也不得参与这些场所和中心开设的证券回购市场。非金融机构、个人以及不具有法人资格的金融机构一律不得直接参与证券回购业务,任何交易场所、融资中心不得接受其为会员。禁止在国家批准的证券交易场所之外私下从事证券回购业务。”最高人民法院1996年11月29日发布的《关于审理证券回购纠纷案件座谈会会议纪要》第二条第一款规定:“对证券回购合同主体资格的审查,应以1995年8月8日中国人民银行、财政部、中国证监会《关于重申对进一步规范证券回购业务有关问题的通知》(银传〔1995〕60号)的规定为准,即非金融机构、个人以及不具有法人资格的金融机构一律不得直接参与证券回购业务。因此,对没有人民银行颁发的金融许可证,或者虽有金融许可证但没有从事证券交易经营范围的单位或者个人,一般应认定不具备订立证券回购合同的主体资格,其订立的证券回购合同应认定为无效。”《关于重申对进一步规范证券回购业务有关问题的通知》第四条规定:“回购方必须有百分之百的属于自己所有的国库券和金融债券,并将国库券和金融债券集中在中国人民银行省、自治区、直辖市、计划单列市分行指定的一家证券登记托管机构保管。代保管单只能由该机构出具。”《关于审理证券回购纠纷案件座谈会会议纪要》第三条规定:“证券回购合同的内容是否合法,要从实物券数额、回购期限、违约责任等方面进行审查。1. 关于实物券数额的问题。1994年2月15日中国人民银行《信贷资金管理暂行办法》(银发〔1994〕37号)、1994年7月1日《关于坚决制止国债券卖空行为的通知》(〔94〕财国债字第20号),以及银传〔1995〕60号通知,都规定了证券交易必须有足额的实物券。各证券交易场所制定的交易规则及经营证券回购业务的金融机构均必须严格遵守上述规定。但在《暂行办法》①颁发之前,根据证券交易场所关于实物券数额的规定而订立的证券回购合同,不能以其实物券数额不足100%而认定为无效。而在《暂行办法》颁发之后,对实物券数额不足100%的证券回购合同,

---

① 指《信贷资金管理暂行办法》。

应认定合同无效。”根据上述金融政策及法规，进行证券回购业务，应当同时具备三个要件。一是主体要件，证券回购业务主体必须是证券交易中心的会员，如果不是会员，无权进行证券回购业务；二是地点要件，进行证券回购业务的场所必须是在经国务院和中国人民银行批准的证券交易中心内，要进行场内交易，即使是证券回购业务的合格主体，证券回购业务也必须在证券交易中心内进行；三是内容要件，证券回购业务必须要有足额的实物券，禁止买空卖空，《信贷资金管理暂行办法》（银发〔1994〕37 号）发布后，证券回购业务的实物券数额必须达到 100%。上述三个要件是进行证券回购业务的必需条件，违反其中的任何一个，交易行为无效。

本案的三份《委托代购证券合同》，一方主体是国泰公司，另一方主体是黄梅联社。国泰公司作为武证交中心的会员具有从事证券回购业务的资格，但黄梅联社不具备从事证券回购业务的资格。由此，该三份合同因证券回购业务主体不当而无效。同时这三份合同是李建新与黄梅联社在证券交易中心外签订，不是在证券交易中心内签订，由于违反了证券回购业务必须在场内进行的规定，也应认定为无效。李建新与黄梅联社在签订三份合同后，没有将合同约定的 95 国债、96 国债的实物债券交付给黄梅联社，只是向黄梅联社开具了四份《有价证券代保管单》，双方没有实物券交付。只有委托代购证券之名，没有证券交付之实，买空卖空，违反了 1994 年 2 月 15 日后证券回购业务的实物券数额必须达到 100% 的规定，属于名为委托代购合同，实为资金拆借的行为。从这一点看，三份合同也应当认定无效。①

【案例来源】

景汉朝主编：《最高人民法院审判监督指导案例解析》，人民法院出版社 2015 年版，第 221～230 页。

412 以委托购买国债为名行非法借贷之实，合同应为无效

【关键词】

| 委托购买国债 | 非法借贷 |

【案件名称】

金新信托投资股份有限公司与江苏亚星汽车集团有限公司委托合同纠纷案［最高人民法院（2004）民二终字第 254 –1 号民事判决书，2012. 12. 15］

---

① 参见张能宝：《出租、出借交易席位，金融机构应承担责任——国泰公司与黄梅联社资金拆借合同纠纷案》，载景汉朝主编：《最高人民法院审判监督指导案例解析》，人民法院出版社 2015 年版，第 230～232 页。

【裁判精要】

裁判摘要：本案中，亚星公司与金新信托公司签订的合同虽为《委托购买国债合同》，但在合同附件中明确约定，金新信托公司应于《委托购买国债合同》签订后七个工作日内将840万元国债收益支付给受益人亚星公司，且在实际履行时金新信托公司按照上述约定即时将840万元国债收益支付给了亚星公司，同时，亚星公司委托金新信托公司购买国债的7000万元款项并未用于购买国债。因此，双方当事人系以委托购买国债为名行非法借贷之实，根据《合同法》的规定，该合同应为无效。亚星公司因金新信托公司履行上述无效合同获得的840万元国债收益，应当依法冲抵金新信托公司尚欠其的债务本金。

最高人民法院认为：

亚星公司与金新信托公司签订的合同虽为《委托购买国债合同》，但在合同附件中明确约定，金新信托公司应于《委托购买国债合同》签订后七个工作日内将840万元国债收益支付给受益人亚星公司，且在实际履行时金新信托公司按照上述约定即时将840万元国债收益支付给了亚星公司，同时，亚星公司委托金新信托公司购买国债的7000万元款项并未用于购买国债。因此，双方当事人系以委托购买国债为名行非法借贷之实，根据合同法的规定，该合同应为无效。原审法院认定双方签订的《委托购买国债合同》系当事人真实意思表示且不违反法律规定，应为合法有效，于法无据，本院依法予以改判。亚星公司因金新信托公司履行上述无效合同获得的840万元国债收益，应当依法冲抵金新信托公司尚欠其的债务本金，因此，金新信托公司尚欠亚星公司债务本金应为1460万元。鉴于2012年7月24日新疆维吾尔自治区乌鲁木齐市中级人民法院（2012）乌中民三破字第2号民事裁定书已经裁定受理申请人乌鲁木齐德胜祥工贸有限公司对被申请人金新信托公司破产清算的申请，根据《企业破产法》第四十六条第二款的规定，金新信托公司尚欠亚星公司的1460万元的利息自破产申请受理时起停止计付。金新信托公司应当偿还亚星公司1460万元欠款并赔偿相应损失，即截至2012年7月24日的同期银行贷款利息。亚星公司与金新信托公司签订的《委托购买国债合同》无效，则德恒证券、南京国投与金新信托公司、亚星公司签订的两份担保合同亦应无效，德恒证券和南京国投应当按照其对担保合同无效是否存在过错承担相应的责任。鉴于原审法院判决德恒证券与南京国投承担相应的民事责任后并未提起上诉，因此，本院对此不再进行审理。

【案例来源】

最高人民法院民事审判第二庭编：《最高人民法院商事审判指导案例（2012）·合同与借贷担保》，中国民主法制出版社2013年版，第56～61页。

413 资金账户从属且对应于证券账户，是证券账户进行证券交易的基础，授权证券账户抵押融资，即是授权对应的资金账户抵押融资

【关键词】

｜资金账户｜证券账户｜抵押融资｜

【案件名称】

程红、彭鲁与何冰、重庆建兴机械制造有限责任公司、华厦证券股份有限公司清算组等委托理财纠纷案［最高人民法院（2011）民提字第305号民事判决书，2012.12.20］

【裁判精要】

裁判摘要：(1)证券账户既是投资人的身份证明文件，也是证券投资的记账凭证，对投资人而言，具有唯一性。资金账户是投资人在证券账户设立后，选择证券公司进行交易前存入交易资金并与银行账户对应而设立的账户。资金账户可以因在不同证券公司开户发生变化，但当选定证券公司营业部开户设立后，资金账户则具体固定。资金账户从属且对应于证券账户，是证券账户进行证券交易的基础，仅有证券账户不能进行证券交易，二者不可分割。

(2)两份授权书的内容，一是将上海和深圳交易所的证券账户授权给何冰；二是将账户的(资金)存取、运作全权委托给何冰；三是全权委托何冰可以账户抵押融资。根据证券账户与资金账户的不可分割性，授权证券账户资金存取和运作，即是授权他人使用证券账户在证券公司设立资金账户并进行证券交易。在此前提下，授权证券账户抵押融资，即是授权证券账户对应的资金账户抵押融资。

最高人民法院认为：

根据《证券法》的规定，证券登记结算机构为投资人设立证券账户并对证券账户中的证券托管和过户、对证券持有人名册登记以及证券交易后清算和交收。证券账户既是投资人的身份证明文件，也是证券投资的记账凭证，对投资人而言，证券账户具有唯一性。资金账户是投资人在证券账户设立后，选择证券公司进行交易前存入交易资金并与银行账户对应而设立的账户。资金账户可以因在不同证券公司开户发生变化，但当选定证券公司营业部开户设立后，资金账户则具体固定。资金账户从属且对应于证券账户，是证券账户进行证券交易的基础，仅有证券账户不能进行证券交易，二者不可分割。

程红的《授权书》载明：兹全权委托何冰代理以下账户的存取、运作、抵押融资：A130044629、深24089181。彭鲁的《授权书》载明：兹全权委托何冰代理以下账户的存取、运作、抵押融资：深31232948、上海A229403439。该两份授权书的内容完全相同：一是将上海和深圳交易所的证券账户授权给何冰；二是将账户的(资金)存取、运

作全权委托给何冰;三是全权委托何冰可以账户抵押融资。根据证券账户与资金账户不可分割性,授权证券账户资金存取和运作,即是授权他人使用证券账户在证券公司设立资金账户并进行证券交易。在此前提下,授权证券账户抵押融资,即是授权证券账户对应的资金账户抵押融资。程红、彭鲁书面授权何冰使用其证券账户资金存取、交易并可以抵押融资,那么何冰以程红、彭鲁证券账户对应的资金账户向建兴公司抵押融资,即是以资金账户中所有的资金和证券抵押担保。何冰以程红20532账户、彭鲁20533账户抵押担保行为,没有超出程红、彭鲁的授权范围和违背二人的真实意思表示,也没有违反《担保法》的禁止性规定,故本案抵押民事法律关系成立。程红关于授权证券账户不能等同授权资金账户、以证券账户中的证券或资金作质押担保须有其书面授权并办理登记才有效的再审申请理由,与其授权何冰时的真实意思表示不符,故本院不予采信。程红以当时一个资金账户可以对应多人证券账户,程红、石本德、代安秀三个证券账户共用20532资金账户交易,认为重庆市高级人民法院再审判决侵害了案外人石本德和代安秀的合法财产。因程红没有提供相关证据证明,诉讼中也没有所谓的案外人提出异议,且我国《证券法》禁止资金账户对应多名投资人证券账户,故本院对程红该再审理由不予支持。

彭鲁以其授权书是伪造的且未进行质证为由,请求改判其不承担担保责任,但其没有提交相应证据,相反,本案二审期间,彭鲁书面通知南坪营业部解除对何冰授权委托的事实,亦可佐证其授权书不是伪造的。故本院对彭鲁的再审诉讼请求不予支持。

【案例来源】

最高人民法院民事审判第二庭编:《最高人民法院商事审判指导案例(2012)·公司与金融》,中国民主法制出版社2013年版,第327~343页。

414 证券咨询服务协议约定义务是否履行的判断

【关键词】

| 证券咨询服务协议 | 履行判断 |

【案件名称】

洋浦恒盛投资咨询有限公司与华林证券有限责任公司、大新华航空有限公司服务合同纠纷案[最高人民法院(2015)民二终字第91号民事判决书,2015.12.16]

【裁判精要】

最高人民法院认为:

华林证券公司出具的《咨询工作确认书》确认洋浦恒盛公司共向华林证券公司

推荐了10家意向投资者,并协助华林证券公司完成一对一路演,推动各家意向投资者内部决策,最终促成了海通证券公司等五家投资者认购了华林证券公司承销的海南航空公司股票,由此承诺应向洋浦恒盛公司支付顾问费6300万元。华林证券公司在向洋浦恒盛公司发送的《企业询证函》中亦自认其尚欠洋浦恒盛公司6300万元债务。《审计报告》所附的华林证券公司提交审计的财务报表亦记载其尚欠洋浦恒盛公司咨询费6300万元。上述证据已形成完整的证据链,足以支持洋浦恒盛公司关于其已经依约履行了《咨询服务协议》约定的合同义务并实现合同目的的主张。华林证券公司虽主张该公司原法定代表人薛荣年倒签《咨询工作确认书》、涉嫌刑事犯罪,《咨询工作确认书》、《企业询证函》及《审计报告》不是该公司的真实意思表示,但并未举证予以证明。故华林证券公司关于洋浦恒盛公司未履行《咨询服务协议》、洋浦恒盛公司无权主张咨询服务费6300万元的上诉理由因无事实根据而不能成立。

【案例来源】

中国裁判文书网,http://wenshu.court.gov.cn。

415 投资者以交易所审核创设权证违规为由提起民事侵权之诉,具有可诉性

【关键词】

|投资者|权证创设|侵权之诉|

【案件名称】

邢立强诉上海证券交易所权证交易侵权纠纷案[上海市第一中级人民法院民事判决书,2008.12.24]

【裁判精要】

裁判摘要:权证产品属新型证券衍生品种,具有不同于股票交易的特点。权证发行后,符合一定条件的机构经交易所审核可创设权证。投资者以交易所审核创设权证违规为由而提起的民事侵权之诉,具有可诉性。

上海市第一中级人民法院一审认为:

一、关于本案的可诉性问题

权证产品系证券衍生产品,根据修订后的《证券法》第二条第三款的规定,证券衍生产品的发行、交易的管理办法,由国务院依照证券法的原则规定。依此规定,权证的发行和交易行为可纳入证券法的调整范围。《证券法》对证券交易所的性质和

地位作了明确规定，根据《证券法》(2005)第一百零二条第一款的规定，证券交易所是为证券集中交易提供场所和设施，组织和监督证券交易，实行自律管理的法人。根据《证券法》(2005)第一百一十条的规定，进入证券交易所参与集中交易的，必须是证券交易所的会员。权证交易亦属于证券交易，亦应在证券交易所内进行。鉴于普通投资者系通过交易所会员进场交易，投资者与交易所之间不存在直接的交易合同关系，交易所仅仅为交易提供平台和中介服务，因交易发生损失，交易所对投资者不承担契约上的义务。本案原告邢立强并非提起违约之诉，而是以被告上交所的审核券商创设权证违规为由提起的侵权之诉，根据《民法通则》第一百零六条第二款的规定，原告提起侵权之诉不受主体限制，人民法院可以受理。相对于《民法通则》而言，《证券法》系特别法，《证券法》中关于侵权行为的规定应当优先适用，《证券法》没有规定的，可以适用一般民法关于民事侵权的规定。关于权证产品的发行和交易，目前尚未有单行法律和行政法规出台，只有上交所根据《证券法》和证监会的授权制定的业务规则即《权证管理办法》对权证的发行、交易等进行业务规范。而本案涉及的权证创设问题，也仅有《权证管理办法》第二十九条作了授权性规定，即对于已上市交易的权证，上交所可以允许合格机构创设同种权证。具体的权证创设规则也是由交易所根据《权证管理办法》的规定在某一具体的权证产品的上市公告中予以确定。因此，权证创设行为系证券交易所根据国务院证券监管部门批准的业务规则作出的履行自律监管行为，该行为如违反法律规定和业务规则，相关受众主体可以对交易所提起民事诉讼。根据以上分析，被告认为本案原告针对交易所的自律监管行为提起的诉讼不具可诉性的辩称，没有法律依据，不予采信。

【案例来源】

《中华人民共和国最高人民法院公报》2010 年第 7 期。

416 证券交易所审核合格券商创设权证行为符合权证管理业务规则，对投资者因权证交易造成的损失不承担赔偿责任

【关键词】

| 证券交易所 | 权证创设 | 权证交易 | 赔偿责任 |

【案件名称】

邢立强诉上海证券交易所权证交易侵权纠纷案［上海市第一中级人民法院民事判决书，2008. 12. 24］

【裁判精要】

裁判摘要：证券交易所审核合格券商创设权证，是《证券法》赋予其自律监管职

能的行为，其审核行为只要符合权证管理业务规则，主观上不具有过错，其对于投资者因权证交易造成的损失不承担赔偿责任，投资者应自行承担风险损失。

上海市第一中级人民法院一审认为：

二、关于原告邢立强的交易损失与被告上交所的监管行为之间的因果关系问题

原告邢立强认为，被告上交所在审核武钢认沽权证时存在违规、欺诈行为，具体表现在未按公告时间创设权证、创设权证严重超量等方面，这些行为直接导致了原告的交易损失，应当由被告进行赔偿。对此，法院认为，被告上交所系根据《权证管理办法》第二十九条的规定，审核合格券商创设武钢权证，该审核行为符合业务规则的具体要求，是被告履行证券法赋予其自律监管职能的行为，具有合法性。根据《权证管理办法》的有关权证发行的规定，具有权证创设资格、开设创设专用账户且提供履约担保资金的证券公司，在其认为权证价格高估时，可以创设权证，并在市场上卖出，增加权证的供给；在权证价格回归价值时，可以回购并注销权证，释放履约担保品。根据上述业务规程，被告在武钢权证上市前，就已经要求发行人在2005年11月18日发布的公告中对有关创设权证对权证交易价格可能造成的影响予以特别提示。在2005年11月21日，武钢权证上市前两天，被告发布了关于证券公司创设武钢权证有关事项的通知，对权证创设的主体和相关程序进行了规定。2005年11月25日，申请创设武钢权证的券商完成了相关创设登记及担保手续，被告审核后向中国结算上海分公司发出了创设权证业务通知单，同意创设人在权证创设专用账户生成次日可交易的权证。同年11月26日，创设人对创设权证事项进行了披露，明确公布所创设的权证将于11月28日起上市交易。从上述权证创设的过程来看，被告履行了相关监管义务，其行为并无不当。虽然被告在创设权证的通知中载明"该通知自2005年11月28日实施"，但该表述并不表明创设权证只能在该日后即11月29日才能上市，该实施日即为上市日，故只要在11月28日前权证创设的相关手续完成，创设的权证即可上市交易。被告的上述审核行为符合权证创设的惯例，亦未违反业务规则的规定。原告认为被告允许十家券商提前创设武钢权证，没有事实依据，法院难以采信。

对权证交易进行监督和管理，是证券法赋予交易所的一项职能。在武钢认沽权证上市后，投资者对该权证进行了非理性的投机炒作，使得该权证严重背离内在价值。被告上交所为抑制这种过度炒作行为的继续，及时审核创设人创设权证，通过增加权证供应量的手段平抑权证价格，其目的在于维护权证交易的正常秩序，作为市场的监管者，其核准创设权证的行为系针对特定产品的交易异常所采取的监管措施。该行为主观上并非出于恶意，行为本身也并非针对特定投资者，而是针对权证交易活动本身作出的普遍监管行为，是交易所的职责所在。就创设权证审核行为而言，被告的行为不符合侵权行为的基本要件，原告邢立强主张被告侵犯其民事权利，依据不足。

原告邢立强认为，被告上交所核准券商超量创设权证亦是造成原告交易损失的直接原因。对此，法院认为，证券交易所作为证券市场的一线监管者行使监管职能，必然会对相对人和社会产生一定的影响和效应。创设权证制度在我国属于一项金融创新制度，是基于股权分置改革的总体要求，结合股改权证的运行特点，借鉴成熟市场的类似做法产生的一种市场化的供求平衡机制。鉴于这项制度仍处于探索阶段，故在创设程序、创设品种、创设数量等方面尚无规范可循，在具体实施时创设人可以根据发行权证的具体情况自由决定实施方案，交易所仅对其资格和上市程序进行审查。对于创设权证的具体规模，业务规则本身亦无限制。虽然涉案认沽权证的创设量远远超出了最初的发行量，但《权证管理办法》对此并无禁止性规定，只能根据具体权证产品的交易情况和特点予以确定适当的数量，以达到供求平衡。本案中，原告在武钢认沽权证交易中的损失，虽与券商创设权证增加供给量存在关联，但在被告事先已履行必要的信息披露和风险揭示的情况下，原告仍然不顾风险贸然入市，由此造成的交易风险与被告履行市场监管行为不存在必然的、直接的因果关系，故原告要求被告赔偿权证交易差价损失和可得利益损失，没有法律依据，不予支持。

【案例来源】

《中华人民共和国最高人民法院公报》2010 年第 7 期。

417 证券公司营业部为弥补客户交易透支的亏损，与透支客户相互配合，致使其他客户在不明真相的情况下交付资金并被其占有，属共同侵权

【关键词】

| 证券营业部 | 透支客户 | 共同侵权 |

【案件名称】

张伟敏、冯羚、杭州迅达广告有限公司与广东民安证券经纪有限公司上海南山路证券营业部、广东省南海国际信托投资公司、倪伟昌返还财产纠纷案［最高人民法院再审民事判决书］

【裁判精要】

裁判摘要：证券公司营业部为弥补客户交易透支的亏损，利用其他客户获取高息的心理，同透支客户相互配合，致使其他客户在不明真相的情况下交付资金，并被其占有，属于共同侵权行为，应同透支客户共同承担连带责任。其他客户对此有一定过错，应承担次要责任。

最高人民法院认为：

南海国投上证营业部对张伟敏开出的四张共计950万元的存入凭单可以证明张伟敏和冯羚将950万元资金交付给了南海国投上证营业部，但不能证明双方已就资金存取期限和利率达成协议，也没有记录每笔款项存入前后账户内资金真实的变化情况，没有反映股票交易账户的特点。故张伟敏、冯羚和迅达公司提出其与南海国投上证营业部之间系存款关系和南海国投上证营业部提出的张伟敏、冯羚与倪伟昌之间系合伙炒股关系的证据不足，本院均不予支持。迅达公司申请开出的银行汇票收款人是冯羚，冯羚通过背书将款项交付给了南海国投上证营业部，故迅达公司要求返还票载金额及利息的诉讼请求本院不予支持。

南海国投上证营业部和倪伟昌为弥补亏损和占有资金，利用张伟敏和冯羚欲获取高息的心理，互相配合，隐瞒倪韦昌账户内的巨额透支事实，致使张伟敏和冯羚在不明真相的情况下多次交付资金，且未经张伟敏和冯羚同意，分别占有了该款，共同侵犯了张伟敏和冯羚合法的财产权利，南海国投上证营业部和倪伟昌应当返还本金并且承担连带责任。张伟敏从倪伟昌处通过南海国投上证营业部开出的汇票收取了100万元，但其辩称已另行支付给倪伟昌100万元现金的证据不足，应当从南海国投上证营业部及倪伟昌应返还的总数额中扣除此100万元。南海国投上证营业部和倪伟昌应当承担利息损失的主要责任，对利息损失的70%向张伟敏、冯羚承担连带赔偿责任，张伟敏、冯羚轻信倪伟昌高息许诺，将资金交付人没有存款业务的证券公司，也有过错，应自行承担利息损失30%的责任。原一、二审判决部分事实认定不清，法律适用不当，应予纠正。

【权威解析】

再审通过对两套存入凭单不同内容的分析，结合其他证据，进一步认定，倪伟昌向南海国投上证营业部透支资金炒股造成了南海国投上证营业部巨额亏损，为了弥补倪伟昌透支造成的损失，南海国投上证营业部与倪伟昌合谋，将张伟敏交付的950万元占有了大部分用于补偿本应由倪伟昌偿还的透支款，倪伟昌占有了小部分后逃走。并非原审认定的950万元都由倪伟昌占有。南海国投上证营业部不仅仅实施了严重违反证券经营财务管理制度为同一笔资金开具不同的存入凭单的行为，更主要的是为了自己的利益与倪伟昌恶意串通，在给张伟敏开出的存入凭单上隐瞒其资金的真实去向，实施了侵占他人合法财产的行为。南海国投上证营业部的行为不是客观上帮助了非法占有的问题，而是与倪伟昌恶意串通，非法占有他人共同侵权问题。

基于新认定的事实，必须适用相应的法律。根据《民法通则》第五十八条第一款第（四）项、第六十一条第一款、第一百三十条的规定，南海国投上证营业部和倪伟昌应当返还非法占有张伟敏、冯羚的950万元，对于利息损失要承担主要的赔偿责任，因为是共同侵权，双方还要承担连带责任。根据《公司法》（1993）第十三条第一款规定,作为总公司,南海国投应当对分公司的行为承担民事责任。张伟敏、冯羚轻信倪伟昌高息许诺,将资金交付给没有存款业务的证券公司,也有过错,对于利息损失的形成也应当承担其应负的次要责任。①

【案例来源】

最高人民法院审判监督庭编:《审判监督指导》(总第17辑),人民法院出版社2005年版,第95~101页。

418 金融机构属于《证券期货投资者适当性管理办法》规定的专业投资者,对于私募债券交易风险应有充分认知,因该交易受到损失的,应当承担相应风险

【关键词】

|专业投资者|私募债券交易|损失风险|

【案件名称】

南昌农村商业银行股份有限公司与内蒙古银行股份有限公司合同纠纷案[最高人民法院(2016)最高法民终215号民事判决书,2018.6.27]

【裁判精要】

最高人民法院认为:

本案二审的争议焦点是,各方当事人签订协议转让资管计划(私募债券)收益权的行为是否属于南昌农商行借用民生投资公司证券账户交易的性质,南昌农商行与内蒙古银行签订的《定向资管计划收益权转让协议》的效力如何。

一、关于本案交易标的是私募债券还是私募债券收益权的问题

南昌农商行上诉主张本案交易标的实际上是华珠私募债券,而非一审判决认定的私募债券(资管计划)收益权。对此问题,首先应从当事人所签协议中关于交易标的以及各方权利义务的约定进行分析。第一,民生投资公司通过与信达证券公司签订《2013年华珠鞋业中小企业私募债券认购协议》认购了华珠私募债券,对于该合同的交易标的,各方当事人均无异议。第二,民生投资公司与民生股份公司签订《华珠(泉州)鞋业有限公司2013年中小企业私募债券收益权转让协议》约定的交易标

① 参见王云飞:《张伟敏、冯羚、杭州迅达广告有限公司与广东民安证券经纪有限公司上海南山路证券营业部、广东省南海国际信托投资公司、倪伟昌返还财产纠纷提审案——证券公司已经在再审前整体有偿受让了证券营业部,是否还应对受让前未被终审判决确认的债务承担责任》,载最高人民法院审判监督庭编:《审判监督指导》(总第17辑),人民法院出版社2005年版,第103页。

的为私募债收益权，协议第一条对私募债收益权作了如下界定：协议项下的标的私募债收益权指民生投资公司签署《2013 年华珠鞋业中小企业私募债券认购协议》购买的华珠私募债投资本金 8000 万元对应的收益权及自标的私募债收益权转让价款支付之日起的全部利息以及为实现收益权债权及担保权利而支付的一切费用等；同时第五条还约定，民生股份公司系根据资产管理计划相关文件的规定，以委托资金购买协议项下民生投资公司持有的标的私募债收益权。第三，内蒙古银行与南昌农商行签订《定向资管计划收益权转让协议》“鉴于”部分约定，协议项下的“资管计划收益权”是指资管合同项下内蒙古银行所享有的资管计划收益权，包括内蒙古银行根据资管合同约定应当收取的所有投资净收益及要求返还资产清算后的委托财产的权利，及为实现资管计划利益的其他权利；第一条约定，转让标的是基于内蒙古银行与民生股份公司签署资管合同而持有的全部资管计划收益权，对应的委托资金为人民币 8000 万元；自转让之日起，内蒙古银行不再享有资管合同项下任何利益、不再承担任何风险，该风险包括但不限于因合同文本、产品瑕疵等问题造成的本管理计划本金、收益等损失；本收益权属于完全买断式。从上述协议的约定来看，除了民生投资公司与信达证券公司所签《2013 年华珠鞋业中小企业私募债券认购协议》约定交易标的为华珠私募债券之外，其他协议均表述为“私募债收益权”和“资管计划收益权”。那么，“私募债收益权”或者“资管计划收益权”是何种性质的权利，是本案需要解决的下一问题。

收益权在我国法律体系中并无明确定位，法律性质亦无明确界定，尤其是我国全国人大及其常委会制定的法律中并没有收益权的表述。在司法层面，仅有的是《担保法解释》第九十七条“以公路桥梁、公路隧道或者公路渡口等不动产收益权出质的，按照担保法第七十五条第（四）项的规定处理”的规定。该规定将部分不动产收益权纳入《担保法》“权利质押”范围。但是，随着近年来收益权交易在金融市场中的活跃，相关金融监管文件已经广泛承认和使用收益权这一概念，如 2013 年中国银监会《关于规范商业银行理财业务投资运作有关问题的通知》（银监发〔2013〕8 号）、2014 年中国证监会《证券公司及基金管理公司子公司资产证券化业务管理规定》（证监会公告〔2014〕49 号）、2016 年 4 月中国银监会《关于规范银行业金融机构信贷资产收益权转让业务的通知》（银监办发〔2016〕82 号）等，都对金融机构收益权交易作出了规定。这表明，在不断加强收益权交易监管的同时，已普遍认可收益权作为金融交易标的的行业实践。但是收益权的法律性质在无明确界定的情况下，应当根据我国法律的相关规定及其权利属性进行分析。对于物权，权能与权利相分离极为常见，所有权人可以将所有权中的部分权能与所有权本身相分离而单独转让给其他人，在其物上设立用益物权或者担保物权，以达到物尽其用的目的。而债权虽为相对权，但其内部亦存在多项权能可以明确分辨，这就为其权能与权利的分离提供了基础。除了物权法定原则之外，我国法律对其他财产性权利并未禁止。具体到本案，各方当事人的交易标的“私募债券收益权”“资管计划收益权”是交易主体以基础财产权利即华珠私募债为基础,通过合同关系创设的一种新的债权债务关系,其本质在于"收益",即获取基于华珠私募债而产生的经济利益的可能性,包括本金、利息等资金利益。从其法律性质看,显然不属于法定的物权种类,而应为可分的债权权能之一。收益权虽然依附于基础资产,甚至收益权与基础资产在内涵与价值上高度重叠,但在各方商事主体选择以收益权作为交易标的的情形下,意味着各方并无转让和受让基础财产的意思表示。此种情况下,应当尊重各方在协议中达成的合意,认定各方交易标的为收益权,而非基础财产。

综上,一审判决认定本案交易标的为私募债券(资管计划)收益权而非私募债券本身,并无不当。南昌农商行上诉主张各方交易标的为私募债券而非私募债券收益权,与合同约定不符,亦无法律依据,本院不予支持。

二、关于《定向资管计划收益权转让协议》的效力问题

南昌农商行上诉主张该协议无效的理由主要有三点,一是该协议约定的交易模式属于"借户交易",违反了《证券法》第八十条关于"禁止法人非法利用他人账户从事证券交易;禁止法人出借自己或者他人的证券账户"的规定。二是该协议体现的交易模式违背了"合格投资者"监管制度。三是该协议"以合法形式掩盖非法目的"。以下将逐一分析。

第一,关于"借户交易"问题。南昌农商行主张本案交易模式为南昌农商行借用民生投资公司深交所证券账户进行债券交易,违反了《证券法》第八十条的禁止性规定。但"借户交易"一般是指出借人将自己的证券账户借给他人,他人实际掌握该账户支配权的行为。而本案中,民生投资公司以自己名义买入华珠私募债,并始终持有该私募债,并未丧失对其证券账户的支配权,此种情形不属于《证券法》规定的"借户交易"。南昌农商行该项上诉主张缺乏事实和法律依据,本院不予支持。一审判决对此认定正确,本院予以维持。

第二,关于"合格投资者"制度。投资者适当性管理是现代金融服务的基本原则和要求,也是成熟市场普遍采用的保护投资者权益和管控创新风险的做法。2016 年 5 月 26 日,中国证监会审议公布了《证券期货投资者适当性管理办法》(自 2017 年 7 月 1 日起施行),从该办法的起草说明可以看到,投资者适当性管理主要是为知识储备、投资经验和风险意识不足的投资者构筑第一道防线,避免实际风险承受能力低的投资者参与了较高风险的业务,遭受损失;同时借此加强对市场创新的监管,防范和化解系统性风险。由此可见,监管部门对于证券投资者实行适当性管理,其目的主要在于保护投资者利益,避免不具有风险识别能力和风险承受能力的投资者进行证券投资而受损失。而本案中,南昌农商行虽然未在深交所办理私募债券合格投资者认证,但根据《深圳证券交易所中小企业私募债券业务试点办法》的规定,其具备中小企业私募债券合格投资者条件,在经过申请备案后可以成为私募债券合格投资者。而且,南昌农商行作为金融机构,属于上述管理办法第八条规定的专业投资者,对于私募债券交易的利益和风险均有充分的认知,如果因此交易受到损失,应当承

担相应的风险。

第三，关于“以合法形式掩盖非法目的”问题。案涉合同是否属于“以合法形式掩盖非法目的”之合同，首先，应当审查当事人是否具有通过签订合同达到“非法”之目的。本案中，南昌农商行签订协议的目的在于投资获取华珠私募债的收益，对于金融机构来讲属于正常的商业交易，不属于《合同法》第五十二条规定的“非法目的”。其次，本案交易模式是否违反金融监管规定，应根据交易发生之时的相关监管规范分析判断。一审已查明，内蒙古银行、民生股份公司与中国邮政储蓄银行三方签订《民生12号定向资管合同》，主体资格及内容均符合中证协发〔2013〕124号《关于规范证券公司与银行合作开展定向资产管理业务有关事项的通知》之规定；民生股份公司在该合同签订后，按照《证券公司定向资产管理业务实施细则》（证监会公告〔2012〕30号）的规定向中国证券业协会履行了相应的备案手续；之后中国人民银行、中国银监会、证监会、保监会、国家外汇局五部门联合发布的《关于规范金融机构同业业务的通知》（银发〔2014〕127号）对于“同业投资［金融机构购买同业金融资产，或特定目的载体（包括但不限于证券公司资产管理计划）的投资行为］”也并未持否定态度；中国银监会《关于加强农村中小金融机构非标准化债权资产投资业务监管有关事项的通知》（银监合〔2014〕11号）要求“投资的非标资产标的不得包括AA-级以下债券品种和交易所发行的高风险私募债”，而华珠私债券的信用评级结果为AA，也符合该通知要求。因此，本案交易模式并不存在明显的违反交易发生之时监管规定的情形，亦不违反之后不久发布的相关通知要求。最后，合同效力的司法认定调整的是民商事主体之间的权利义务关系，判断依据应当是法律和行政法规。本案中，各协议均系当事人的真实意思表示，内容不违反法律、行政法规的强制性规定，亦不存在《合同法》第五十二条规定的其他无效情形，应为有效。南昌农商行据以主张合同无效的相关监管规定，如《银行间债券市场债券登记托管结算管理办法》（中国人民银行令〔2009〕第1号）、《证券登记结算管理办法》等，主要是针对证券交易所、证券公司以及证券登记结算机构的管理性规范，不能作为认定合同效力的法律依据。

综上，一审判决认定南昌农商行与内蒙古银行签订的《定向资管计划收益权转让协议》有效，并无不当，本院予以维持。南昌农商行上诉提出本案合同因违反法律强制性规定、金融监管禁止性和强制性规定而无效的意见，理据不足，本院不予支持。

但需要指出的是，2018年4月27日，中国人民银行、中国银行保险监督管理委员会、中国证监会、国家外汇管理局联合发布了《关于规范金融机构资产管理业务的指导意见》（银发〔2018〕106号），对金融机构资产管理业务提出了具体的规范要求。从该监管新规来看，监管部门对于金融机构资产管理业务实行穿透式监管，禁止开展多层嵌套和通道业务。而本案当事人的交易模式确实存在拉长资金链条，增加产品复杂性之情形，可能导致监管部门无法监控最终的投资者，对交易风险难以穿透核查,不符合监管新规之要求。因此,本案各方当事人今后应严格按照资管新规,规范开展业务。

【案例来源】

中国裁判文书网,http://wenshu.court.gov.cn。

419 证券公司风险处置中相关债权是否属于应当由国家收购的个人债权和客户交易结算资金,不属法院审理范畴

【关键词】

| 证券公司 | 风险处置 | 客户证券交易结算资金 |

【案件名称Ⅰ】

浙江斯文新技术投资有限公司与广东证券股份有限公司、广东证券股份有限公司广州西华路证券营业部及海通证券股份有限公司证券登记、存管、结算与客户交易结算资金纠纷案［最高人民法院(2010)民二终字第35号民事判决书,2010.7.21］

【裁判精要】

最高人民法院认为:

斯文公司案涉账户内的资金和国债在广东证券公司西华路营业部擅自划付转出后,已不存在返还账户内原有资金和国债的可能性,根据《民法通则》第一百一十七条的规定,广东证券公司西华路营业部和广东证券公司应对其侵权行为承担赔偿相应损失的民事责任,原审法院是否认定账户内资金的性质,并不影响斯文公司民事权利的保护。即使原审法院认定涉案账户内资产为客户交易结算资金的性质,因相应资产已经转出,斯文公司在广东证券公司破产程序中也无法取回相关资产。鉴于证券公司风险处置中国家对客户交易结算资金的收购,是国务院有关行政部门和金融监管机构采取的特殊行政手段,因此,对于有关债权是否属于应当收购的客户交易结算资金范畴,应由金融监管机构以及依据《客户结算资金收购意见》成立的甄别确认小组予以确认,不属于人民法院民商事案件审理的范畴。债权人如果对行政清理中对其账户资金性质的确认存在异议,可依据有关规定通过向行政清理组提出的方式寻求救济。

【权威解析】

国家对个人债权和客户交易结算资金的收购,是国家有关行政主管部门和金融监管机构针对证券公司破产的特殊性所采取的特殊行政手段,为统一、规范证券公司风险处置中相关债权的处理,保持证券市场运行的连续性和稳定性,中国人民银

行、财政部、中国银行业监督管理委员会、中国证券监督管理委员会联合制定发布了《个人债权及客户证券交易结算资金收购意见》。证券公司行政清理中相关债权是否属于国家应当收购的个人债权或者客户交易结算资金范畴，系由中国人民银行、金融监管机构以及依据《个人债权及客户证券交易结算资金收购意见》成立的甄别确认小组根据上述收购意见予以审核确认的，并非人民法院商事案件审理的范畴。2004 年 8 月以来在国务院统一部署下开始的证券公司综合治理工作，是在我国社会主义市场经济发展过程中的一项创造性工作，系以行政主导为特点，而非单纯的法律程序，应该说证券公司风险处置工作在相关部门共同研究采取对策的基础上，妥善化解了风险，兼顾了各利益主体的权益，取得了较好的社会效果。为维护证券市场和社会的稳定，依法审理和执行被风险处置证券公司的相关案件，最高人民法院专门以法发〔2009〕35 号文下发了《关于依法审理和执行被风险处置证券公司相关案件的通知》，明确规定："国家对个人债权和客户交易结算资金的收购，是国家有关行政部门和金融监管机构采取的特殊行政手段。相关债权是否属于应当收购的个人债权或者客户交易结算资金范畴，系由中国人民银行、金融监管机构以及依据《个人债权及客户交易结算资金收购意见》成立的甄别小组予以确认的，不属于人民法院审理的范畴。因此，有关当事人因上述执行机关在风险处置过程中甄别其债权不属于国家收购范围的个人债权或者客户交易结算资金，向人民法院提起诉讼，请求确认其债权应纳入国家收购范围的，人民法院不予受理。国家收购范围之外的债权，有关权利人可以在相关证券公司进入破产程序后向人民法院申报。"原审法院在斯文公司侵权诉讼中，回避不属人民法院职权范围内的事项，未对斯文公司主张权利所涉账户内资金的性质作出认定，而仅从其民事权利保护角度作出裁决，并无不当。根据上述通知，二审法院应对斯文公司上诉中"要求认定客户证券交易结算资金性质"的请求仍不予审理。同时，可明确告知斯文公司如果对行政清理中对其账户资金性质的确认存在异议，可依据有关规定通过向行政清理组提出的方式寻求救济。①

【案例来源】

最高人民法院民事审判第二庭编：《最高人民法院商事审判裁判规范与案例指导》（第二卷），法律出版社 2011 年版，第 564 ~ 571 页。

【案件名称Ⅱ】

东北证券股份有限公司与江苏东恒国际集团有限公司投资顾问分公司、东北

---

① 参见刘敏：《债权是否属于应当收购的客户交易结算资金不属人民法院商事案件审理的范畴》，载最高人民法院民事审判第二庭编：《最高人民法院商事审判裁判规范与案例指导》（第二卷），法律出版社 2011 年版，第 573 页。

证券股份有限公司南京瑞金路证券营业部侵权纠纷案［最高人民法院（2009）民提字第 136 号民事判决书，2010. 3. 11］

【裁判精要】

最高人民法院认为：

证券公司风险处置过程中，国家对客户交易结算资金的收购，是国家有关行政机关和金融监管机构采取的特殊行政措施，账户内的资金是否属于应当由国家收购的客户交易结算资金范畴，系由中国人民银行、金融监管机构以及依据《客户结算资金收购意见》成立的甄别确认小组予以确认的，不属于人民法院审理的范围。

【案例来源】

最高人民法院民事审判第二庭编：《最高人民法院商事审判指导案例（第五卷）》（下），中国法制出版社 2011 年版，第 681 ~ 693 页。

二、期货纠纷

(一)合同效力及责任

420 不具备期货经纪业务主体资格，且以联手操纵期货市场价格为目的，期货经纪合同无效

【关键词】

| 期货经纪合同 | 操纵市场 | 合同无效 |

【案件名称】

浙江环亚实业有限公司与苏州外贸物资总公司、江苏苏州物资中心（集团）有限公司期货纠纷案［最高人民法院二审民事判决书］

【裁判精要】

最高人民法院认为：

苏州外贸没有经过原登记主管机关批准从事期货经纪业务，也没有提供经过国家工商行政管理局重新核准从事期货经纪业务的批准文件。其不是经过中国证监会批准而设立的期货经纪公司，不能从事期货经纪业务，而只能在规定的范围内进行期货自营业务；本案实际系环亚公司借用苏州外贸的席位，联手操纵期货市场。在通常情况下，期货经纪商受客户委托所从事的期货交易的风险由客户自行承担，而期货经纪商受客户委托从事期货交易，也只能按规定向客户收取一定数额的交易佣金，不存在由客户向期货经纪商预先支付巨额风险补贴的问题。同时，双方还将苏州外贸不参与任何联手行动作为对该条款的限制加以规定。这充分体现了环亚公司借用苏州外贸的席位，双方联手操纵期货市场价格的非法目的。因此，本案双方当事人所签订的两份合同，因苏州外贸不具备进行期货经纪业务的主体资格，且以为环亚公司联手操纵期货市场价格为目的，应当认定为无效合同。对此，双方均有过错，原审法院对苏州外贸与环亚公司约定的席位费、贴水费、补贴费均不予支持是正确的，双方对此无争议，本院予以认可。由于期货交易的特殊性，买卖双方很少办理实物交割，大多以平仓的方式结束交易，而本案苏州外贸已经为环亚公司进行了期货交易，在线材、绿豆交易中均按环亚公司的要求平仓，不应对亏损承担赔偿责任；环亚公司应对自己的上述交易亏损自行承担，其关于此节的反诉与上诉理由均

不成立,本院予以驳回。苏州外贸代理环亚公司在苏商交所进行期货交易亏损及手续费合计人民币 5399760 元,与向苏州交易所交付的佣金 535860 元,均在一审中得到双方确认。交易亏损、手续费、佣金三项内容均独立存在,不存在重复计算的问题,应由环亚公司承担。苏州外贸唯对在上海交易所的 12000 张胶合板交易,没有环亚公司的交易指令,且在实物交割后又对标的物进行了处理,对环亚公司的经济损失是有一定责任的。加之环亚公司在有争议的北京、上海两交易所期货交易中亏损额达 60410826.04 元,经对双方当事人的交易额进行核对,环亚公司除已自行承担大部分损失外,尚欠苏州外贸 6554240.44 元,鉴于苏州外贸在本案中确有过错,该 6554240.44 元应由其自行承担。

【案例来源】

最高人民法院民事审判第二庭编著:《最高人民法院〈关于审理期货纠纷案件若干问题的规定〉的理解与适用》,人民法院出版社 2015 年版,第 269 ~ 295 页。

编者说明

《期货纠纷案件规定》第十三条第(一)项将不具有期货经纪业务主体资格列为期货经纪合同无效事由。具体来看,主要有以下几种情况:(1)没有取得期货经纪业务许可证。我国对期货公司的设立采用许可制,即必须经中国证监会批准,取得中国证监会颁发的期货经纪业务许可证,并在国家工商行政管理局登记注册。没有在国家工商行政管理局登记注册,也没有取得中国证监会颁发的期货经纪业务许可证就与客户签订期货经纪合同,通过非法途径从事期货经纪业务的行为严重扰乱了正常的期货市场。鉴于这类公司没有期货经纪业务主体资格,违反了《期货交易管理条例》的强制性规定,故法院在审理过程中,可以直接认定其签订的期货经纪合同无效。(2)没有取得金融期货业务许可证或外汇期货业务许可证。实务界普遍认为,期货交易是一种特殊行业,对于违反国家金融、外汇法律法规的行为,应从严惩治,故对于没有取得金融期货业务许可证或外汇期货业务许可证的期货公司,超越经营范围签订的合同应认定为无效。(3)没有取得境外期货经纪业务许可证。从事境外期货业务必须取得证监会颁发的境外期货业务许可证。少数全国性有进出口业务的公司已经中国证券监督管理委员会受理审核的,在审核结束前,可以认定其具有主体资格。审核结束后,应取得中国证券监督管理委员会颁发的《境外期货业务许可证》,否则应认定为无经营主体资格。而且经批准可以从事境外期货交易的,也只能进行套期保值。因为期货公司从事的业务是非生产性的,不可能需要利用境外期货市场进行套期保值,所以期货公司均没有境外期货业务许可证。(4)非期货公司会员从事期货经纪业务。非期货公司会员从事期货经纪业务经历了从允许到禁止的过程。按现行法规规定,非期货公司会员只能进行自营业务,不具有期货经纪业务的主体资格,故其与客户签订的期货经纪合同无效。①

---

① 参见最高人民法院民事审判第二庭编著:《最高人民法院〈关于审理期货纠纷案件若干问题的规定〉的理解与适用》,人民法院出版社 2015 年版,第 110 ~ 113 页。

421 合同为一对一的货物买卖，主要条款均由双方协商而非标准化合约，不属于变相期货、非法期货

【关键词】

｜远期商品购销合同｜变相期货｜非法期货｜

【案件名称】

上海同在国际贸易有限公司、广东金创利经贸有限公司与远东电缆有限公司买卖合同纠纷案［最高人民法院（2011）民二终字第 54 号民事判决书，2012. 11. 26］①

【裁判精要】

裁判摘要：根据《期货交易管理条例》(2007)第八十九条第一款的规定，以集中交易方式进行标准化合约交易是变相期货的基本特征。标准化合约是市场组织者为保障集中交易的效率，事先统一制定的，与期货交易机制密切相关的一类特殊合同。标准化合约明确了将来交付商品的特定时间、地点及其特定的质量标准和数量，合约要素中仅有价格一项是事先未确定，需要通过交易形成的。集中交易方式则与非集中交易方式相对，具体表现为市场或者机构集中不特定多数的买方、卖方，以标准化合约为交易对象进行交易。

本案中，同在公司与远东公司的交易合同表现为一对一的货物买卖合同，交易双方明确，合同所涉及的货物价款、数量、质量标准、取货时间和方式、违约责任等均由双方协商确定而非"标准化合约"。合同履行过程中，双方还就合同的数量、履行方式等主要条款进行多次修改和补充约定。因此，本案合同的性质不属于变相期货、非法期货的性质，应认定为远期商品购销合同的性质。

最高人民法院认为：

关于诉争合同的性质属于变相期货还是远期买卖的问题。《期货交易管理条

① 上海同在国际贸易有限公司与远东电缆有限公司买卖合同纠纷案［最高人民法院(2011)民二终字第55号民事判决书，2011. 12. 8］的裁判理由与本案民事判决书基本一致（略），载中国裁判文书网，http://wenshu. court. gov. cn。案件二审判决后，远东公司等向最高人民法院申请再审，最高人民法院审查后分别作出裁定认为："根据《期货交易管理条例》(2007)第八十九条第一款的规定，以集中交易方式进行标准化合约交易是变相期货的基本特征。本案相关合同所涉及的货物价款、数量、质量标准、取货时间和方式、违约责任等均由双方协商确定而非'标准化合约'，合同履行过程中双方还就合同的数量、履行方式等主要条款进行多次修改和补充约定；没有证据证明同在公司组织两个以上的单位通过竞价进行'集中交易'；也不存在为交易双方提供履约担保的情形，交易中没有实行期货保证金制度以及当日无负债的结算制度，故本案合同也不符合变相期货交易的特征。因此原审将相关合同认定为远期商品购销合同的性质并无不当。"参见最高人民法院(2014)民申字第691号、692号民事裁定书(2014. 7. 1)，载中国裁判文书网，http://wenshu. court. gov. cn。

例》(2007)第八十九条第一款对"变相期货交易"行为作了明确的规定:"任何机构或市场,未经国务院期货监督管理机构批准,采用集中交易方式进行标准化合约交易,同时采用以下交易机制或者具备以下交易机制特征之一的,为变相期货交易:(一)为参与集中交易的所有买方和卖方提供履约担保的;(二)实行当日无负债结算制度和保证金制度,同时保证金收取比例低于合约(或者合同)标的额20%的。"根据上述规定,以集中交易方式进行标准化合约交易是变相期货的基本特征。标准化合约是市场组织者为保障集中交易的效率,事先统一制定的,与期货交易机制密切相关的一类特殊合同。标准化合约明确了将来交付商品的特定时间、地点及其特定的质量标准和数量,合约要素中仅有价格一项是事先未确定,需要通过交易形成的。集中交易方式则与非集中交易方式相对,具体表现为市场或者机构集中不特定多数的买方、卖方,以标准化合约为交易对象进行交易。本案中,同在公司与远东公司的交易合同表现为一对一的货物买卖合同,交易双方明确,合同所涉及的货物价款、数量、质量标准、取货时间和方式、违约责任等均由双方协商确定而非"标准化合约"。合同履行过程中,双方还就合同的数量、履行方式等主要条款进行多次修改和补充约定。没有证据证明同在公司组织两个以上的单位通过竞价进行"集中交易",也不存在为交易双方提供履约担保的情形,交易中没有实行期货保证金制度以及当日无负债的结算制度,不符合变相期货的特征。远东公司是全国知名的电缆生产企业,铜是主要的生产原材料,其购买铜原料用于生产符合客观事实。因此,本案合同的性质不属于变相期货、非法期货的性质,应认定为远期商品购销合同的性质。依据法〔2011〕42号《最高人民法院关于印发修改后的〈民事案件案由规定〉的通知》的相关规定,本案案由应相应变更为买卖合同纠纷。本案四份合同系双方当事人真实的意思表示,且不违反国家的法律、行政法规的规定,应当认定为有效。上诉人同在公司关于本案合同有效的上诉理由成立,本院予以支持。原审判决以本案合同属于变相期货性质为由认定合同无效不当,本院予以纠正。

【案例来源】

最高人民法院民事审判第二庭编:《最高人民法院商事审判指导案例7·公司与金融卷》,中国法制出版社2013年版,第480~497页。

422 期货交易会员单位违反期货交易章程规定私自将交易席位租借他人,应对租借席位的交易后果承担责任

【关键词】

|期货交易会员|租借交易席位|

【案件名称】

中青基业投资发展中心诉四川平原实业发展有限总公司期货交易纠纷案[最

高人民法院（2000）经终字第94号民事判决书，2003. 1. 27］

【裁判精要】

裁判摘要：期货交易会员单位，违反期货交易章程的规定，私自将交易席位租借他人，应对租借席位的交易后果承担法律责任。交易所依据交易规则先期代为承担违约责任后，有权向违约会员追偿。

最高人民法院认为：

本案争议的问题是中商交易所是否有权索回其垫付的20%违约金，平原公司与和正公司之间的交易席位转让行为是否有效，以及陈正正利用165席位进行R708合约交易过程中是否存在持仓透支。其中，关键是中商交易所是否存在违规行为，以及该违规行为是否直接造成本案违约金的损失？即中商交易所是否应当对陈正正、和正公司、平原公司的交易损失承担民事责任。从法律关系看，本案审理的是追偿垫付的违约金，并非审理平原公司165席位交易过程中行为责任问题。根据法律法规及有关交易规则，只要中商交易所代平原公司垫付违约金的事实存在，平原公司就应依法偿还。法院应仅对此事实进行审理，至于在165席位进行交易的各方当事人的责任分担，与中商交易所追偿垫付违约金是两个不同的法律关系，不应在本案中进行审理。故平原公司的抗辩理由不能成立。且中商交易所在整个R708交易过程中，始终按照交易所的《交易规则》《交割制度》及有关规定进行操作，没有发生“透支”“清退资金不足”等问题，中商交易所也履行了应尽的职责和义务，中商交易所已依据有关交易规则向平原公司的交易对方先期支付违约金，其中垫付29503999. 14元，平原公司理应返还。

原审法院以中商交易所允许165席位在7月28日开仓1000手、7月29日开仓3150手为由，认定中商交易所违反中国证监会严格控制持仓总量的规定。平原公司7月28日至29日的开、平仓交易行为，发生在R708合约交割月前，在其保证金充足的情况下，中商交易所无权制止。但原审法院却将中商交易所对会员单边持仓限制的时间提前至交割月前不妥。从1998年6月19日和正公司给中商交易所、同年6月22日平原公司给中商交易所的函件可以看出，对于1997年7月28日、29日的交易情况，平原公司与和正公司是清楚的，而且在事件发生后到中商交易所起诉前一年多的时间，均未对165席位R708交易过程、中商交易所垫付违约金的事实提出过任何异议。中商交易所是否违反国务院、证监会、交易所有关规定，与造成平原公司大量持仓，构成违约没有必然联系和因果关系。发生R708合约事件，乃至平原公司穿仓、违约的直接原因，是包括平原公司在内的多家公司和个人操纵期货市场的违法行为所带来的期货交易风险所致。平原公司165席位大量持仓进入交割月，是其主观故意行为，与交易所的交易习惯和结算方式无关。所以，平原公司应对其行为所导致的后果负全部责任。中商交易所未制止165席位当日使用当日释放的保证金,即允许进行T+0交易,并不意味着165席位存在持仓透支交易,也与当事人的亏损并无因果关系;该行为虽违反中国证监会证监发〔1995〕163号文件规定,但其承担的是行政责任,不应与平原公司共同承担违约责任。

虽然平原公司出具了其与和正公司于1997年4月5日签订的《席位转让协议》,但中商交易所提交的几份时间在1997年7月间和正公司"银行转账票据"上均注明"165号平原公司"的字样,而且附有划款说明"因四川平原公司(165席位)与我公司有其他业务往来,故委托我公司代付保证金",可见平原公司与和正公司并没有向中商交易所明示"转让"的行为,一直隐瞒他们私下租借165席位的事实,而本案R708合约违约的发生正是在当时划款期间。根据交易规则和交易所章程规定,只有会员资格可以转让,交易席位不能转让,私自租借席位者,并不产生转让的法律后果,而且应承担交易产生的法律责任。本案中,平原公司与和正公司之间既不是会员资格转让,也不是席位转让,实质上是租借席位。因此,平原公司应对其165席位的交易后果承担法律责任。和正公司在中商交易所有107席位,其租借平原公司165席位的目的是借仓、分仓,扩大交易持仓量,操纵市场价格。中国证监会"证监查字〔1998〕30号"《关于上海华隆实业总公司等单位和个人在中商交易所R708合约交易中违规行为的处罚决定》,已经对平原公司、和正公司之间租借席位等违法行为进行了认定与处罚。综上,平原公司辩称其已将165席位"转让"给和正公司的理由不能成立,平原公司对165席位的交易明知,应对165席位上发生的交易后果承担全部责任。和正公司借用平原公司165席位供陈正正使用,其行为均已被中国证监会上述处罚决定所处罚,且对造成本案违约金损失均负有责任,故应由和正公司、陈正正承担连带赔偿责任。平原公司的上诉理由不能成立,应予驳回;中商交易所关于应全部追回代垫违约金的诉讼请求成立,应予支持,鉴于中商交易所现已变更为中青基业,故其享有的债权应由中青基业继受。

【权威解析】

(六)平原公司未经中商交易所同意,擅自将其席位以"转让"为名租借给和正公司,其转让行为无效,依法应对其席位上的交易行为承担法律责任

在一审审理中及上诉过程中,平原公司始终辩解其165席位的"转让"问题。其辩诉的理由是:(1)平原公司已于1997年4月9日与和正公司签订《席位转让协议》,将其在原告处的会员资格"转让"给了和正公司,自此后该席位上所发生的权利义务一概由和正公司承受;(2)中商交易所明知平原公司与和正公司之间转让席位的事实,中商交易所从和正公司账户扣划违约款证明了这一事实,因此,本案债务应由和正公司和陈正正承担偿还责任。

根据中青基业(中商交易所)提交的有关事实,本案不存在平原公司已将165席位转让给和正公司的事实,理由如下:

1. 证据证明165席位没有转让。虽然平原公司出具了其与和正公司于1997年

4 月 5 日签订的《席位转让协议》，但中商交易所提交的几份时间在 1997 年 7 月间和正公司“银行转账票据”上都注明着“165 号平原公司”的字样，而且都附有划款说明“因四川平原公司(165 席位)与我司有其他业务往来，故委托我公司代付保证金”的字样，可见平原公司与和正公司并没有向中商交易所明示“转让”的行为，而是一直以欺骗的手段向中商交易所隐瞒他们私下租借 165 席位的事实，而本案 R708 合约违约的发生正是当时划款不久。

2. 平原公司与和正公司私下擅自“转让”165 席位，其行为违反交易规则，不具有法律效力。中商交易所《交易规则》《结算制度》《交割制度》和交易所发布的有关规章制度，均是经中国证监会批准后颁布实施的，平原公司作为中商交易所的会员，在其入会申请中已明确表示其将遵守中商交易所的《交易规则》等各项规章制度。《中商交易所章程》第 20 条规定：“会员资格可以转让，但必须向本所提交有关报告，同时接受转让方应当向本所提出申请并提交相关文件，经本所审查同意后方可履行转让手续。”《中商交易所交易规则》第 8 条规定：“出市代表通过本所交易系统完成的期货交易由会员单位承担法律责任。”可见，只有会员资格可以转让，交易席位不能转让，私自租借席位者，并不产生转让的法律后果，而且要承担因交易所产生的法律责任。本案中，平原公司与和正公司之间既不是会员资格转让，也不是席位转让，实质上是租借席位。因此，平原公司应对其 165 席位的交易后果承担法律责任。

3. 和正公司在中商交易所有 107 席位，其租借平原公司 165 席位的目的是借仓、分仓，扩大交易持仓量，操纵市场价格，是违法行为。中国证监会“证监查字〔1998〕30 号”《关于上海华隆实业总公司等单位和个人在中商交易所 R708 合约交易中违规行为的处罚决定》中，已经对平原公司、和正公司之间租借席位等违法行为进行了认定和处罚。其租借席位事实不容置疑。

综上，平原公司辩称其将 165 席位“转让”给和正公司的行为无效，其理由不能成立，平原公司对其交易是明知的、承认的，应对 165 席位上发生的交易后果负全部责任。平原公司的上诉理由不能成立，应予驳回；中商交易所的诉讼请求成立，应予支持，鉴于其变更名称为中青基业，故其享有的债权应由中青基业继受。[①]

【案例来源】

《中华人民共和国最高人民法院公报》2005 年第 4 期。

---

① 参见吴庆宝：《期货交易所承担代为履行责任后，有权对责任方进行追偿——中青基业投资发展中心与四川平原实业发展有限总公司、四川和正期货经纪有限公司期货交易追偿纠纷案》，载吴庆宝主编：《权威点评最高法院民商法指导案例》，中国法制出版社 2010 年版，第 298 ~ 299 页。

（二）期货交易纠纷

423 委托他人从事期货交易的后果应由委托人承担；受托人有过错的，亦应承担相应责任

【关键词】

| 期货交易 | 委托交易 | 过错责任 |

【案件名称】

浙江环亚实业有限公司与苏州外贸物资总公司、江苏苏州物资中心（集团）有限公司期货纠纷案［最高人民法院二审民事判决书］

【裁判精要】

最高人民法院认为：

环亚公司委托苏州外贸付至西北公司的6000万元保证金中33956020元交易亏损，应当由环亚公司承担。根据合同B第(2)条的约定，苏州外贸是基于环亚公司的委托在北商交所进行绿豆期货交易，其交易风险也应当由作为客户的环亚公司承担；协议签订后，苏州外贸根据环亚公司的指令，将6000万元汇入西北公司期货部账户，并为代理环亚公司在北商交所进行绿豆期货业务，与北商交所会员西北公司签订期货业务委托书。在进行绿豆期货交易的过程中，环亚公司法定代表人陈正正参与了当时的交易活动，且在其所进行的绿豆交易出现巨额亏损后，陈正正为了减少亏损，解决其账面出现的巨额亏损问题，参与了与北商交所的交涉活动。环亚公司在一审中一直承认，1995年5月份其在“北商交所”进行绿豆期货交易是借用了其他单位的账户。对此，“北商交所”总裁武小刚也证实了陈正正不仅参与了“北商交所”绿豆期货业务，而且是通过在十三、十四家不同席位上进行下单，其中包括了西北有色金属公司。北商交所于同年5月29日，针对陈正正、蒋伯荣、朱国钧三人违规进行绿豆期货交易的行为，以书面方式进行了通报批评。同年5月份，环亚公司由于在绿豆期货交易中造成了严重亏损而与“北商交所”进行交涉，在交涉中其向“北商交所”提供的亏损清单中包括了西北公司亏损的3400万元。1997年元月23日，环亚公司委派其公司员工张尔钦持公司介绍信到苏州外贸进行对账，根据环亚公司提供的“对账单”，已清楚表明此6000万元为其所用。综上，应当认定苏州外贸在北商交所进行绿豆期货交易，是为执行环亚公司的委托而从事的交易活动。至于上诉人称“环亚公司没有与西北公司签订协议，没有下达交易指令”并不能否认以上事实。故应当认定苏州外贸在北商交所进行的绿豆期货交易，是为执行环亚公司的

委托而从事的交易活动。因此,苏州外贸是按照环亚公司的授权,在北商交所进行绿豆期货交易,且苏州外贸在交易中又无其他违规行为,由此而造成的损失应属于正常风险,应由环亚公司承担。苏州外贸为环亚公司在北商交所进行绿豆期货交易而造成的损失计 33956020 元,应由环亚公司承担。在返还 6000 万元问题上,物资公司是根据环亚公司的指令将款项付至西北公司,其既不是合同的当事人也未参与合同的履行,与本案没有法律上的利害关系,不应对苏州外贸的行为承担连带偿还的民事责任。

关于上海交易所 12000 箱胶合板交易损失的承担问题,合同 B 第 1 条约定"乙方委托甲方,同时还要求甲方委托其关系单位汽贸公司和三贸公司等在上海交易所买进七月份的胶合板实物 12000 箱。交割日甲方按 60 元/张的价格交付乙方,乙方以在苏州 1056 席位上的实物交割保证金做担保,到时按实结算。如乙方不按合同规定付款接货,过交割日十天后则按 38 元/张作价卖断给甲方,其差额亏损由乙方承担。"苏州外贸根据该约定,已为环亚公司在上海交易所买进 12000 箱(实际交割数为 12735 箱,下同)胶合板。环亚公司未按合同 B 第 1 条约定付款接货,本应按双方合同对违约事项的约定,承担约定交易亏损 5280 万元。经查,苏州外贸合计买入胶合板 12735 箱,平均单价 57.7375 元,金额总计 147057161 元,该公司以平均单价 48.7107 元售出 12735 箱,金额总计 124066148 元,进销实际亏损 22991013 元,另有利息损失 2540828.04 元、胶合板仓储及过户费 741830 元、手续费及交割费 181135 元,扣除西北公司多退还款 43980 元,苏州外贸为环亚公司买入 9507 胶合板 12000 箱实际亏损合计 26420826.04 元。按双方合同约定,该项损失应由环亚公司承担。

【案例来源】

最高人民法院民事审判第二庭编著:《最高人民法院〈关于审理期货纠纷案件若干问题的规定〉的理解与适用》,人民法院出版社 2015 年版,第 269 ~ 295 页。

424 受托人无期货代理资格致委托合同无效的,不宜机械地套用普通合同无效、恢复原状的处理方式,而否定期货交易的结果

【关键词】

| 期货代理资格 | 合同无效 | 交易结果 |

【案件名称】

海南海垦工贸实业有限公司与海南农垦金环物资实业总公司、海南农垦金环物资实业总公司汇源分公司期货交易纠纷案[最高人民法院(2003)民二提字第 21 号民事判决书]

【裁判精要】

裁判摘要:由于期货交易是通过电子系统进行,交易的对方不特定,故受托人无期货代理资格致委托合同无效的处理方式,与普通合同无效的处理方式应有所不同,不宜机械地套用合同无效、恢复原状的处理方式,而否定期货交易的结果。

最高人民法院认为:

汇源分公司因未取得期货经纪主体资格,其与海垦公司签订的期货委托代理合同无效。双方对海垦公司1997年7月29日实际持有1300手R708期货合约没有争议,主要争议是汇源分公司代理海垦公司进行的期货交易是否有效,是否实施了欺诈行为和承担侵权责任。

关于汇源分公司所代理的期货交易的效力问题。本案涉及了两个合同。一个是海垦公司与汇源分公司签订的期货委托代理合同,另一个则是由海垦公司与其他期货交易人承担交易结果的期货合同。委托代理合同虽因金环公司和汇源分公司未取得从事期货经纪业务的主体资格而无效,但由于期货交易合同的对方当事人并非汇源分公司,而是与海垦公司相对的期货交易人,故期货委托代理合同无效,不必然导致期货交易合同无效。

关于海垦公司在平仓结算单上签字的法律效力问题。1997年7月30日,金环公司与申物经纪公司签订协议,并于当日平仓6166手R708合约,留1600手用于实物交割。其中,海垦公司除留下119999代码下330手外,其余均被平仓。根据中商交易所当日结算制度、中商交易所出具的交易水单、汇源分公司出具的客户持仓表等证据证实,汇源分公司自同年7月30日至同年8月6日,明知上述平仓结果,却向海垦公司隐瞒了平仓的真实情况,致使同年8月7日海垦公司在汇源分公司向其出具的该330手合约被平仓的虚假交易单证上签字时,不知该合约在期货市场内仍保留在自己名下。因此,海垦公司的签字行为非其真实意思表示,应无效。该330手期货合约的初始权利系海垦公司创设,并由海垦公司在期货交易市场内持有至R708合约的实物交割日,其权益不应因其无效的签字行为而丧失。同年8月18日,汇源分公司向中商交易所提交的0010席位1600手R708合约的交割申请单上,包括了海垦公司的该330手合约。同日,中商交易所批准了汇源分公司的上述申请,并向该公司制发了交割匹配通知,其中亦有海垦公司该330手合约。汇源分公司未将此内容告知海垦公司。海垦公司向法庭所提交橡胶合同的买卖方向及标的物与实物交割的合约方向及种类一致,实物交割月以前的进货数量与实物交割数量基本一致。按照中商交易所关于"自1997年7月30日起,除已获本所批准其套期保值实物交割头寸尚未建仓者外,一律禁止在R708合约上开新仓""自即日起暂停该两个定点仓库的货物入库。如有需要入库的会员、客户,请与本所海南金盘定点仓库或其他本所天然胶定点仓库联系"的通知,海垦公司属禁止建仓之例外,并非必然不能备齐有效仓单。海垦公司未交定金,货未入库,未准备有效仓单的行为与汇源分公司的隐瞒行为有因果关系。汇源分公司隐瞒海垦公司在期货市场内的期货权利状况,擅自处分了本属于海垦公司的权利,应负侵权民事责任。至于汇源分公司是否顶替海垦公司实物交割以及是否占有该弃仓违约金,不影响其承担因侵权行为给海垦公司造成弃仓违约金损失的民事责任。汇源分公司无独立法人资格,其民事责任依法由金环公司承担。故海垦公司关于金环公司和汇源分公司应偿还 3682800 元弃仓违约金的请求,应予支持。

海垦公司虽与 5 家农场签订了 6 份橡胶购销合同,但该购销合同和其他有关单证不足以证明其支付橡胶合同违约金的真实性、合法性。故海垦公司关于金环公司和汇源分公司应赔偿其橡胶购销合同违约金损失 1715000 元的请求,缺乏证据,不予支持。

海垦公司向本院提交的证据,不足以证明汇源分公司尚未给付海垦公司强行平仓与协议平仓之差价款以及协议平仓的价位,故对海垦公司关于金环公司和汇源分公司偿还差价款 326500 元的请求,不予支持。

【权威解析】

本案涉及了两个合同。一个是海垦公司与汇源分公司签订的,主要内容为汇源分公司接收海垦公司委托,以自己的名义为海垦公司进行期货交易,交易结果由海垦公司承担的期货经纪合同。另一个是汇源分公司与另一经纪公司或会员客户签订的,由海垦公司与另一期货合约交易人承担交易结果的期货合同。两个合同系两个不同的法律关系,其效力分别受不同的法律法规所调整。海垦公司与汇源分公司的期货经纪合同因受托方无期货经纪主体资格而无效。而期货合同中,汇源分公司虽不具有从事期货经纪业务的主体资格,但只要是该公司按海垦公司委托进行的期货交易行为,就对海垦公司产生法律效力,该交易行为的后果就应由海垦公司承担。因为,汇源公司虽无资格以自己的名义进行期货经纪行为,但其行为的实际意思表示人为海垦公司,行为后果的承担人亦为海垦公司,汇源公司仅系海垦公司意思表示的执行人。所以,基于无效期货经纪合同发生的期货交易行为并非必然无效。①

【案例来源】

最高人民法院审判监督庭编著:《最后的裁判——最高人民法院典型疑难百案再审实录·担保与金融案件卷》,中国长安出版社 2007 年版,第 186 ~ 193 页。

---

① 参见《关于海南海垦工贸实业有限公司与海南农垦金环物资实业总公司、海南农垦金环物资实业总公司汇源分公司期货交易纠纷再审案——正确区分期货代理合同与期货合同》,载最高人民法院审判监督庭编:《审判监督指导》(总第 13 辑),人民法院出版社 2004 年版,第 65 页。

425 客户接到期货交易结算单未在约定时间内提出异议，视为对交易结果的确认

【关键词】

| 期货 | 交易结算单 | 交易结果确认 |

【案件名称】

中国有色金属材料中南公司与武汉铁路电线厂商品期货委托代理合同纠纷案［最高人民法院（1999）经提字第 2 号民事判决书］

【裁判精要】

最高人民法院认为：

证明经纪公司是否按客户指令入市交易，应以交易所与经纪公司的交易记录和客户的交易指令中的品种、买卖方向是否一致，数量、价格、交易时间是否相符为准，客户接到交易结算单应当在约定的时间内予以确认，未在约定时间内提出异议的，即视为对交易结果的确认，而不受期货经纪业务主体是否具有主体资格的影响。

【案例来源】

最高人民法院审判监督庭编：《审判监督指导与研究》（总第 5 卷），人民法院出版社 2002 年版，第 147 ~ 154 页。

编者说明

《期货纠纷案件规定》明确规定客户对结算结果有异议，要在规定或者约定的时间内，以规定、约定的方式提出，而不能无休止地纠缠，只要超出时间、方式后再提出异议，交易所、期货则不再予以理会，人民法院也不予支持。因为期货交易实行的是当日无负债结算制度，每日收市后期货公司均会将交易的结算结果按照事先约定的方式通知客户，由客户进行审核、确认。有的期货公司会通过书面的通知并由客户签收，例如，有一些客户每天都在期货公司从事交易，送达交易结果是十分容易的，而有些客户则不在期货公司所在地，通过网上或者电话委托的方式，进行期货交易。出现这类情况时，客户不一定每天都予以签收交易结果，往往约定 1 个月签收一次等。只要其每天都不提出异议，应当视为其已认可交易结果。即使 1 个月签收一次，其也不能否认其以前的默认、自认。否则，将之前的交易推翻，就会带来整个交易的不稳定，甚至会带来客户的连锁反应，一旦亏损就要推翻自己的交易结果，肯定对交易有害，也有悖于诚实信用的原则。所以，异议应当在合约、交易规则约定或者规定的时间内提出，而不应无限制地宽容、忍让，必须按照事先约定的原则办理。①

---

① 参见吴庆宝：《解读〈关于审理期货纠纷案件若干问题的规定〉》，载《解读最高人民法院司法解释（2003 年卷）》，人民法院出版社 2004 年版，第 162 页。

随着网络技术的普及，网上期货交易也逐渐被采用，一些期货经纪公司都开展了网上期货交易经纪业务。在网上期货交易关系中，客户与期货公司之间除了签订的期货经纪合同之外，还要签订有关网上交易的合同文件，以明确双方有关网上交易的权利义务与相关事项。期货公司网页上应当根据约定显示客户的交易状况，包括持仓情况、保证金和结算结果等信息，客户则应当对此予以关注。在系统正常运行的情况下，这些信息可以视为期货公司向客户履行了交易通知的送达义务。客户如果持有异议的，则应当在下一交易日开市前以书面提出，否则视为没有异议。一般情况下，在网上期货交易中，期货公司对客户发出的追加保证通知和强行平仓通知也是以传真或者电子邮件的方式送达的。

426 期货公司利用其关联公司编码进行混码交易，与其使用其他客户编码进行混码交易没有本质区别，能够证明交易是客户委托的，即应由客户承担后果

【关键词】

|期货公司|关联公司|混码交易|客户委托|

【案件名称】

周鑫良与金昌期货经纪有限公司期货交易真实性确认纠纷案［最高人民法院（2006）民二终字第238号民事判决书］

【裁判精要】

最高人民法院认为：

一、交易指令入市交易真实性如何认定

1. 混码交易对交易真实性的影响

上海高院认为，周鑫良主张金昌期货公司通过混码交易的方式入市交易。对此，证明是否存在混码交易，根据谁主张谁举证的原则，金昌期货公司至少应提供证据证明这些交易不是被混码的客户自己的交易。从现有证据看，周鑫良的大部分交易指令没有在周鑫良自己的交易编码内下达，而是在其他客户的交易编码内进行交易的，同时，周鑫良的编码内的部分历史成交记录也非周鑫良自己的交易，而是其他客户的交易。从全部交易过程中看，周鑫良在交易当天就对交易结果进行了确认。针对客户结账单上记载的记录，金昌期货公司均能够在不同的客户编码内指令出品种、价格、数量、买卖方向等相同的成交记录。而且，从举证能力的角度看，要求金昌期货公司提供所有被混码客户的证明既不现实，也无必要。金昌期货公司所提供的证据已经具有高度的盖然性，能够证明金昌期货公司存在混码交易，且交易指令已经下达到交易所场内。

上述认定符合《期货纠纷案件规定》精神，且不能以混码交易为由一概认定由期货公司承担民事责任，而应当允许期货公司有抗辩的机会，只要能够指认出交易确实发生的，特别是交易量与期货交易所成交回报相吻合的，客户交易量小于期货交易所成交回报的，那么，客户交易真实性就基本可以认定，而不是非要期货公司指明每一笔客户和其他客户的成交数量。故在认定交易真实性问题上，不能仅仅从举证责任上搞一刀切，应当从多方面综合判断交易的发生、结果，根据交易规则和交易惯例，联系起来认定。

2. 买卖方向对交易真实性的影响

《期货纠纷案件规定》第五十六条规定，买卖方向是指客户对期货合约要求买进还是卖出。如果客户指令的买卖方向与期货公司的交易记录的买卖方向不对应，交易结果就完全不同，因此，买卖方向是判断期货公司是否入市交易的标准之一，但不是唯一标准。在当时混码交易的情况下，期货市场上普遍存在着受托人期货公司为了节省保证金，将不同客户的买卖方向相反的建仓头寸在期货交易所对冲或为争取客户指令尽快成交，混码集中敲单，并利用交易所规则中"平仓优先"的规定，将客户指令一律敲入平仓，之后再作调整。这种情况可能会造成客户成交记录与交易所成交记录中平仓方向不完全一致，但总的当量应当一致，正是基于此，法院查明的情况为，绝大多数是有对应关系的，只有少量的交易存在虚假或者不能对应的情况，应当予以剔除。开平仓方向与是否入市交易，及交易真实与否之间不存在必然因果关系，开平仓方向不一致也不会影响客户交易盈亏的真实性。所以，《期货纠纷案件规定》未将开平仓方向作为判断期货公司是否入市交易的基本标准。周鑫良认为开平仓方向是判断期货公司是否入市交易的主要标准没有依据，也不能以此认定交易是否已经完成。

交易完成在于交易的过程，以及指令下达后，受托方是否按指令进行了操作，期货公司的交易编码下是否发生了一定数量和金额的交易品种合约，其对客户交易保证金是否产生了实质性影响。

在期货市场管理不甚完善的情况下，会发生混码交易，以及开平仓方向不一致的情形。但当市场管理逐步规范化，将保证金交由金融机构单独存管后，客户只能在自己账户中交易，期货公司也只能按约从事交易，不会发生资金混同、编码混同、交易结果混同等情形，客户交易结果由客户自行承担便不会出现分歧与争议，人民法院司法便一目了然。

3. 客户交易指令单对交易真实性的影响

在审核交易指令是否入市时，须提供客户指令单、交易所历史成交记录、期货公司客户结账单（对账单）进行比对。金昌期货公司虽未能提供客户指令单，但在其提供的客户结账单上，每笔交易的结果均是由周鑫良在交易当天确认的，表明周鑫良确认其曾经发生过与客户结账单内容相一致的交易指令。由于交易结账单中包含了交易指令单的全部内容，故即使没有指令单也能根据交易结账单和历史成交记录进行比对，以确定是否入市交易，更何况手续上出现差错时，允许事后加以补正，不论是交易指令，还是交易过程中的数量、价位等的差错，均可书面补正。不能因为没有交易指令单，就否定交易的全过程，更不能简单地以此一项指标作为认定事实的依据。关键之处在于，客户首先是发出指令，尔后期货公司才会将成交结果发给客户，否则，客户会一律予以否决。当客户不予否决，而顺利签收交易结账单时，应当从客户签收的事实证明交易指令发出的真实性，不能推论出发生交易亏损就意味着客户未曾发出交易指令。

4. 举证责任分配对交易真实性的影响

周鑫良申请再审时提出：首先，关于期货交易是否入市，适用举证责任倒置原则，如果期货公司不能提出相应证据，就应当推定没有入市。其次，确认期货公司是否将客户下达的交易指令入市交易，应当以期货交易所的交易记录、期货公司的成交回报单与客户指令等三项内容相符为标准，三项缺一不可。最后，如果成交回报单在开平仓方向等要素方面，与期货交易所原始记录有一项不符，即认定该成交回报单也是虚假的。

根据《期货纠纷案件规定》的规定，客户有相反证据证明其交易指令未入市交易的除外。周鑫良的观点表面看似乎有理，但其看法是片面的，在举证责任转移后，至今未提供任何相反证据证明未入市交易。且将三个指标对比，忽视了其每日及时签收交易客户账单的事实。除上海高院查明的没有入市交易的成交记录外，金昌期货公司提供的证据足以证明其已将周鑫良的交易指令入市交易，周鑫良关于金昌期货公司未入市交易的抗辩理由不能成立。

在签收交易成交回报单的认定上，实践中还存在着客户未逐日签收，却一段时间统一签收的情况。根据交易规则规定，客户应当逐日、当日签收成交回报单。如此看来，是否第一天签收成交回报单，对客户意义重大，特别是行情变化剧烈时，对客户保证金影响极大，必须由客户及时作出应变反应，到底是平仓还是保仓，是追加保证金还是平仓出局。故如果由于客户未能及时签收客户成交回报单，吃亏的是客户。与此同时，《期货纠纷案件规定》也规定，尽管客户不对交易结果提出异议，也不追加保证金。那么，到第二天开市时，期货公司有权对透支部分持仓进行强行平仓。只要客户有持仓，其风险随时可能发生，要求客户关心自己的持仓和交易情况，是在控制客户的交易风险，如果客户忽视了风险存在，盲目交易，必将导致本案的结果，客户将所有保证金亏损殆尽。

二、利用关联公司编码进行混码交易如何认定

案外人利源公司系金昌期货公司的关联公司，但金昌期货公司与其系两个独立的法人，现有法律法规没有禁止期货公司代理关联公司进行期货交易的明文规定，即使修订的《期货交易管理条例》也未对此类问题进行明确规定。而且，周鑫良没有提供证据证明利源公司的业务与期货公司的业务发生混同，利源公司的编码内的交易就是金昌期货公司的自营业务，或者金昌期货公司有意以混码交易掩盖其非法目

的,何况这些交易在当天收盘时已出现相应的盈利或亏损,周鑫良对每日的交易结果都予以确认,表明其对于客户对账单上所显示的持仓数量、当日交易结算结果的确认,所产生的交易后果应由客户承担属于明知,不存在误解或者受到金昌期货公司的欺诈。所以,即使金昌期货公司利用利源公司编码进行了相关交易,也未对周鑫良造成实际损失。金昌期货公司利用利源公司的编码进行混码交易,与其使用其他客户的编码进行混码交易没有本质的区别。对于混码交易的结果,只要能够证明这些交易是客户委托的,即应由客户自行承担。周鑫良认为利源公司编码内的交易不是其指令交易的结果,不应由其承担的理由无事实和法律依据。金昌期货公司的交易行为没有隐瞒事实和欺诈客户的事实与结果的存在。

根据当前的立法、司法裁判情况,首先,应当避免借用其他关联公司编码进行交易的行为发生;其次,应当在期货委托合约中明确约定,如果期货借用其他公司编码进行交易,客户有权予以否决,即自始不承认期货公司的交易结果。当然,这要求期货公司对于交易的部位要标明,还要求客户具有敏锐的识别能力,尽管在实践中难以把握,但作为一个要求应当是可以约定的,就是对期货公司较为严格的要求,避免其中的偷梁换柱,损害客户权益的行为发生。如果出现期货公司借用其他公司编码进行交易,是否可以免除客户亏损责任,或者免除期货公司民事责任,主要应当由双方约定,除此之外,应当参照《期货纠纷案件规定》规定,按照一般混码交易的认定方式加以判断。

【案例来源】

最高人民法院民事审判第二庭编:《最高人民法院商事审判裁判规范与案例指导》(第一卷),法律出版社2010年版,第664~675页。

编者说明

交易编码制度只是便于期货监管而采用的一种手段,并不改变我国期货经纪关系的行纪性质。我国期货交易制度中,交易所对期货公司结算、期货公司对客户结算,交易编码与客户资金是脱钩的。由于行纪关系的特征,期货交易所在结算时只对期货公司一个账户,而期货公司为每个客户开立账户,进行分别结算。这两级结算都与客户编码没有直接关系,也就是说,混码交易不会影响客户结算。在前两点基础上,可以得出一个结论,只要期货公司将客户指令真实入市交易,混码交易就不构成对客户的欺诈,对客户盈亏不会发生直接影响。因此,混码交易时不将客户指令真实入市成交,对客户构成民事欺诈,应当赔偿客户的经济损失;而如果混码交易时将客户指令真实入市成交,那么客户的盈亏都是一种正常市场风险,应由客户自己承担相应的后果。期货公司混码交易的行为触犯行政法规的禁止性规定,应由有关行政主管部门按照《期货交易管理条例》中相应的罚则进行处罚,不属于人民法院审理民事纠纷案件的管辖范围。①

427 期货经纪公司不能以混码代理交易为不合法而主张免除民事责任

【关键词】

| 期货经纪公司 | 混码代理交易 |

【案件名称】

浙江华能工贸公司与浙江金马期货经纪有限公司期货代理合同纠纷案［最高人民法院二审民事判决书］

【裁判精要】

最高人民法院认为：

根据《关于审理期货纠纷案件座谈会纪要》确立的原则，审理期货纠纷案件对客户不适用谁主张谁举证，而是采取举证责任倒置原则。在本案中，金马期货应对华能工贸的诉讼主张负有举证责任。华能工贸举证指出金马期货在混码代理中，其成交回报单在开平仓方向、买卖方向、成交数量、成交价格、成交时间等要素与交易原始记录存在不相符的情况下，金马期货承认部分交易为虚假交易之后，未能依法继续举证，但其并非举证不能，应当认定是在华能工贸举证对其不利的情况下，金马期货放弃了继续举证的权利，金马期货应当承担放弃举证所产生的法律后果。原审法院认定双方当事人订立的客户合约及附件合法有效并无不妥，但以华能工贸对金马期货混码代理未持异议，认定华能工贸认可金马期货混码代理，其后果由华能工贸承担不当。该认定不符合《民法通则》有关对民事行为认可或追认的有关规定，因混码代理本身不符合期货代理的有关规定，当民事行为被确认无效或违反有关法律、法规的规定，即使当事人认可，其也可以依据法律规定依法予以撤销或认定无效，故即使华能工贸认可，也不能认定混码代理为合法行为。原审法院还认定无证据证明涉及争议的交易属金马期货的自营行为和执行其他客户的指令，故推定本案中有争议的交易全部是代理华能工贸的真实交易，该认定缺乏事实根据和法律依据。原审判决在事实认定上采用"大多数价位"一致及开平仓方向记录"多数"相反的估算方式，有悖司法活动应科学、严谨的要求，也无法对当事人的争议作出实事求是、公正的判决。综上，华能工贸上诉所称金马期货向其提供虚假成交回报，原审判决认定事实不清，判决结果错误的上诉理由成立，本院予以支持。金马期货依据虚假成交回报单上记载的3000手合约虚假交易亏损额和手续费，从华能工贸交易账户内划

① 参见最高人民法院民事审判第二庭编著：《最高人民法院〈关于审理期货纠纷案件若干问题的规定〉的理解与适用》，人民法院出版社2015年版，第152页。

取的21433020元保证金，客户成交回报单反映的3252手合约交易亏损额中，高于按平仓盈亏表认定3252手合约交易亏损额的部分，即为虚假损失，金马期货依据该虚假损失从华能工贸交易账户中划取的14616230元保证金，合计36049250元保证金及占用该保证金的利息均应当返还给华能工贸。

【权威解析】

（三）混码代理不能成为被上诉人逃避民事责任的理由

1. 金马期货在代理华能工贸进行期货交易中实行混码代理的行为，不仅是一种违反交易规则的违规行为，而且是一种违约行为。华能工贸与金马期货签订的《客户合约》第六条规定："所有客户发出指令，经金马期货代办的一切商品交易，均以公平、公开、公正为原则，并按照有关市场或交易所当时所实施的组织章程、规定、规则及阐释办理。"据此，金马期货违反交易规则中的一户一码制度未为华能工贸设置单独的交易编码，并将华能工贸的指令混码入市交易，不仅是一种违规行为，而且是一种违反《客户合约》约定的违约行为。

2. 金马期货实行混码代理，主观上是故意的，其目的是为了欺诈客户，侵占客户的保证金。(1)金马期货实行混码代理，主观上是故意的。金马期货在一审庭审中明确承认，金马期货在郑商交所可使用的编码有200个，而金马期货四个营业部在代理业务中使用的编码总计只有13个，由这一事由可以看出，金马期货实行混码代理不是近于无奈，而是故意违反一户一码制度，故意将众多的编码弃之不用，故意违反《客户合约》的规定。(2)金马期货实行混码代理的目的，是为了欺诈客户，侵占客户的保证金。由于金马期货采用多户一码的方式将客户的指令入市交易，客户因没有独立编码自己根本无法了解并确定指令在交易所交易的真实情况，而金马期货则可以任意地谎称交易所记录所反映的交易就是某客户的。即使金马期货未将某客户的指令入市成交，金马期货也可以用其他客户的交易结果谎称为这个客户指令的交易结果，结果用一个成交结果对两个甚至两个以上的客户进行解释，客户盈利的，可以说成是亏损的；甲客户的开仓，可以说成是乙客户的平仓，甲客户的平仓，可以说成是乙客户的开仓；等等。本案的金马期货就是以混码代理为手段对华能工贸实施欺诈的，而且又以混码代理为借口为其欺诈辩解的。事实表明，金马期货蓄意实行混码代理的目的，就是为了进行欺诈，侵吞华能工贸的巨额保证金。

3. 金马期货实行混码代理，不仅应承担行政责任，还应当承担相应的民事法律责任。金马期货实行混码代理，既是一种违规行为，又是一种民事违约行为。从违规角度讲，金马期货应受到行政制裁。从民事违约行为角度讲，金马期货应受到民事制裁。金马期货受到中国证监会的行政处罚后，对华能工贸应承担的民事责任并不因此而免除。金马期货以已经受到行政制裁为由认为自己不应承担民事责任的辩解,显然是不能成立的。[①]

【案例来源】

最高人民法院民事审判第二庭编:《经济审判指导与参考》(第4卷),法律出版社2001年版,第204~216页。

428 期货交易纠纷案件中可得利益的司法审查

【关键词】

|期货交易|可得利益|司法审查|

【案件名称】

上海同在国际贸易有限公司与远东电缆有限公司买卖合同纠纷案[最高人民法院(2011)民二终字第55号民事判决书,2011.12.8]

【裁判精要】

最高人民法院认为:

远东公司以合同无效、同在公司无实际损失为由主张其无须支付违约金。同在公司主张依据《远期商品购销合同书》补充协议约定的8232.768吨来计算违约赔偿金,主张其实际损失为1.92亿余元,可得利益损失为2.52亿余元,合计为3.5亿余元,其中实际损失1.92亿余元中94373950元属于正常履约后亏损形成的,同在公司自愿自行承担而不予主张,其请求远东公司赔偿损失1.9亿元(若包括定金约为2.5亿)。《合同法解释(二)》第二十九条第一款规定:"当事人主张约定的违约金过高请求予以适当减少的,人民法院应当以实际损失为基础,兼顾合同的履行情况、当事人的过错程度以及预期利益等综合因素根据公平原则和诚实信用原则予以衡量,并作出裁决。"依此,本院从实际损失及可得利益两方面进行审查。

关于实际损失部分。根据一审、二审查明的事实,同在公司主张在期货市场备货370手,准备现货199.168吨,与金创利公司签订《阴极铜购销合同书》12000吨,上述三项合计造成同在公司实际损失98066599.13元。远东公司认可同在公司所举上述证据的原件与复印件是一致的,但无法确认证据的真实性与关联性,认为无法证明系本案合同项下的损失。但其未能提出相反证据予以抗辩。

关于可得利益部分。本案中,同在公司的可得利益就是远东公司如果适当履行

① 参见吴庆宝:《虚假交易的后果应由期货经纪公司承担——浙江华能工贸公司与浙江金马期货经纪有限公司期货代理合同纠纷上诉案》,载最高人民法院民事审判第二庭编:《经济审判指导与参考》(第4卷),法律出版社2001年版,第223~224页。

合同,同在公司可以获得的利益。同在公司与远东公司签订的是一份远期商品购销合同。由于合同标的阴极铜的价格双方已经确定,因此,在履行合同中,如果未来阴极铜市场价格上涨,超出合同价格部分的利益就是远东公司可以获得的利益,同时也就是同在公司需要承担的风险;相反,如果未来价格下跌,低于合同价格部分的利益就是同在公司的可得利益,同时也是远东公司需要承担的风险。实际已经履行完毕的阴极铜板购销合同也是按照上述盈利模式进行结算的。追求商业利润是双方签订《远期商品购销合同书》的目的,双方应当获得上述商业利润并承担相应风险是由该合同的性质决定的,是双方当事人签订该合同时就预见到的。远东公司应当预见到由于铜价上涨或者下跌交易双方可能得到的利益和承担的风险,应当预见到由于自己的违约可能对同在公司造成的损失,因此,远东公司应当赔偿同在公司的可得利益损失。关于可得利益的计算方法。同在公司的可得利益就是《谅解补充协议》约定的应提货数额乘以合同价格与市场价格的差价。根据远东公司如果履行合同,同在公司可以得到的预期利益来计算,依据《谅解补充协议》的约定,远东公司共计应提货 4232.768 吨,若同在公司从当时的长江现货市场采购阴极铜,并按照合同确定的时间、数量、价格供货给远东公司,经计算,该部分可得利益总额约为 1 亿元。相应地,远东公司也可以获得等额的违约利益。

上述实际损失及可得利益损失之和与《谅解补充协议》所约定的违约金数额相当。也就是说,《谅解补充协议》约定的定金不予返还之后仍不足以弥补同在公司的实际损失,故本院根据合同的实际履行情况及过错责任,依据公平原则及诚实信用原则,参照《谅解补充协议》约定的违约金标准,认定远东公司向同在公司支付违约金 1.28 亿元。

【案例来源】

中国裁判文书网,http://wenshu.court.gov.cn。

429 期货交易纠纷中应慎重适用情势变更原则,要将对市场价格走势判断失误造成的损失与不可抗力因素相区分

【关键词】

|期货交易|情势变更|不可抗力|

【案件名称】

上海同在国际贸易有限公司与远东电缆有限公司买卖合同纠纷案[最高人民法院(2011)民二终字第 55 号民事判决书,2011.12.8]

【裁判精要】

裁判摘要:2008 年全球性金融危机和国内宏观经济形势变化并非完全是一个令

所有市场主体猝不及防的突变过程，而是一个逐步演变的过程。在演变过程中，市场主体应当对于市场风险存在一定程度的预见和判断。参照上海期货市场2004年至2011年铜价格走势图，该价格波动非为当事人在缔约时无法预见的非市场系统风险，应当属于商业活动的固有风险。远东公司与同在公司约定参照上海期货交易所期货合约卖盘报价进行定价，双方均应当预见也有能力预见到有色金属这种市场属性活泼、长期以来价格波动较大的大宗商品存在投资风险。故本案要慎重适用情势变更原则，要将远东公司对市场价格走势判断失误造成的损失与不可抗力因素相区分。

最高人民法院认为：

2008年全球性金融危机和国内宏观经济形势变化并非完全是一个令所有市场主体猝不及防的突变过程，而是一个逐步演变的过程。在演变过程中，市场主体应当对于市场风险存在一定程度的预见和判断。参照上海期货市场铜2004年至2011年价格走势图，2006年4月18日至5月15日，上海期货交易所阴极铜上涨了18366元/吨；2008年7月16日至9月17日，下跌了15830元/吨。2011年9月1日至9月29日，价格下跌了17160元/吨；2011年10月21日至10月28日五个交易日上涨了10250元/吨；2011年11月10当天1201合约（12年1月份合约）铜价就下跌了3140元/吨。该价格波动非为当事人在缔约时无法预见的非市场系统固有的风险，应当属于商业活动的固有风险。远东公司与同在公司约定参照上海期货交易所期货合约卖盘报价进行定价，双方均应当预见也有能力预见到有色金属这种市场属性活泼、长期以来价格波动较大的大宗商品存在投资风险。况且，《谅解补充协议》签订之后，铜的价格开始上涨，如2009年5月18日~6月15日期未结算价为39800元/吨，同年6月16日~7月15日为41170元/吨，同年7月16日~8月17日为47800元/吨，该价格走势对买方远东公司明显有利。故本案要慎重适用情势变更原则，要将远东公司对市场价格走势判断失误造成的损失与不可抗力因素相区分。同时，也正是基于对2008年有色金属价格波动较大情况的考量，本院参照《谅解补充协议》约定的违约金标准认定违约责任，兼顾了减轻违约方违约责任承担范围的考虑。

【案例来源】

中国裁判文书网，http://wenshu. court. gov. cn。

(三)透支交易及强行平仓纠纷

430 期货交易市场、结算公司违规操作侵害会员正当交易权益，与客户保证金损失存在直接因果关系的，应当承担赔偿责任

【关键词】

|期货交易市场|结算公司|保证金|赔偿责任|

【案件名称】

嘉兴市大江南丝绸有限公司与中国茧丝绸交易市场、嘉兴中国茧丝绸市场交易结算有限责任公司赔偿损失及返还期货保证金纠纷案［最高人民法院（2012）民提字第104号民事判决书，2013.5.31］

【裁判精要】

裁判摘要:再审通过对期货交易市场特殊侵权行为及其后果,期货市场价格机制与现货市场价格之间的相互作用关系,以及被侵权人对所造成的损失是否存在过错、能否减轻侵权人的民事责任等争议问题进行论述,认为原判决在认定事实与判决结果方面缺乏因果关系的一致性,适用法律不当。此外,申请再审人又提交了新证据,证明其主张的相关事实及理由成立,应予以采纳。

最高人民法院认为:

一、关于交易市场、结算公司应否赔偿大江南公司的保证金损失15182786.89元及利息问题

本案二审期间,根据双方当事人的合意,法院委托中介机构对交易市场所有多头和空头会员在2005年11月7、8、9日及12月12、13日共5天的保证金是否足额问题进行审计,作出了《司法会计鉴定书》。该院认为其鉴定结论可作为认定本案事实的依据。本院认为,该司法鉴定程序是经双方当事人同意后启动,鉴定机构的资质及鉴定人员的资格均符合相关规定,鉴定程序合法,且本案再审申请人大江南公司对《司法会计鉴定书》中的鉴定结论未提出异议,故本院对其认定的相关事实亦予以确认。依据该鉴定结论确认的“结算公司有虚拟增加客户交易保证金的情况,在2005年11月7日至9日3天增加的客户交易保证金中存在不足的现象;结算公司有动用客户保证金对外发放贷款的行为;因存在虚拟增加客户保证金及信贷资产流入客户保证金,对交易的申报和成交产生了影响”等事实,二审法院认定交易市场、结算公司违反了其制定的交易结算规则、其“上述行为与大江南公司的合约被强制转让而导致的15182786.89元保证金损失具有因果关系”,证据充分,判定正确,本

院予以确认。

关于现货市场中“供求关系等市场风险是否是导致大江南公司损失的原因之一”的问题。二审认为，相关价格信息显示，从 2005 年 11 月讼争交易行为发生至 2006 年 3 月诉争干茧合约交割月届满时，茧丝现货价格的上涨作为一种市场因素，不利于大江南公司的持仓方向，市场风险也是其持有卖出合约发生亏损的原因之一。本院认为，本案中的茧丝绸交易市场是由其特定会员以其专用账户内资金并通过电脑报价、在固定的交易网络系统内进行的合同订购交易。相对于现货市场的开放性，该市场是一个仅由其会员才能进入并参与交易的封闭系统。依据其交易规则，会员中的多空双方应凭其账户内的实有资金数量参与交易，商品合约的价格亦随着买卖双方交易总数量的变化而上下波动。由此可见，会员参与交易的意愿及其资金实力决定某一商品合约交易价格的涨跌，而会员的“意愿”则来自于对当时及未来市场信息的综合判断。只有在保证会员享有交易规则所设定的“公平、公正、公开”之交易环境的前提下，才能确保在该竞价机制所形成的合约价格走向与未来现货市场价格、供求变化之间产生真实而有效的市场信息传递，从而达到平抑相关商品在现货市场上的供求波动和风险的目的。鉴于合约价格与现货价格之间的相互作用是在市场机制运行下的复杂过程，不应否定期货合约价格的变化作为现货价格的“晴雨表”，亦可以对现货市场上的商品价格的变动产生影响。具体到本案，由于“中国茧丝绸交易市场”的价格风向标作用，故并不能排除“因期货合约价格不断上涨而使茧丝现货价格随之上涨”情形的发生。二审判决认为，在 2005 年 11 月至 2006 年 3 月间，“由于茧丝现货价格的不断上涨，将会不同程度地使将来交割的茧丝买入合约的价格也跟着上涨”。该判定结论否定了“合约价格上涨”对茧丝现货价格上涨的反作用，将“市场风险”作为大江南公司发生亏损的原因之一，缺乏证据支持。因此，二审认定“基于市场风险导致的损失，与交易市场、结算公司组织的交易行为无关，应由大江南公司自负其责”，证据不充分，本院不予采纳。

本案二审“鉴定结论”表明，交易市场、结算公司存在违规操作、虚增保证金、允许保证金不足进行交易等侵害会员正当交易权益的行为，且该行为与造成大江南公司 15182786.89 元保证金损失之间存在着直接的因果关系。本案中没有证据证明，大江南公司作受害方，其对该损失的发生亦存在过错。由于交易市场的所有交易行为及竞价过程均是连续进行的，故在某一时段内发生的侵权行为后果，必将对其后进行的所有交易的价格、数量及多空双方的资金实力、损益程度等造成持续的影响。因此，二审依据“侵权天数占总抽查天数的时间比例（即：在抽查的 5 天中，结算公司 3 天存在违规）”判令交易市场、结算公司承担 60% 损失，而将“其余未发生侵权行为的 40% 时间比例”作为减轻其民事责任的事由，没有事实和法律依据，适用法律明显不当。

【案例来源】

中国裁判文书网，http://wenshu.court.gov.cn。

编者说明

保证金比例提高或降低不应是随意的，由交易所根据合约风险高低测算后设定。期货公司只能在交易所设定的比例之上浮动，而不能低于交易所的规定，但也不能过高。过高设定保证金比例，虽是加强了风险防范，但演变为在交易所之外另设定了保证金比例。同时，保证金过高则加大了期货交易的成本，客户很可能不选择保证金比例过高的期货公司。保证金比例变动也不应是随意的，它的变动只能根据交易所的变动而变动。交易所变动保证金比例是对所有期货交易人适用的，那么，期货公司随之变动保证金比例也应是对所有客户的，而不应发生对某个客户适用较高的比例，对其他客户适用较低比例的差别对待的情形。如果格式经纪合同中有“营业部有权根据期货交易所的规定或者按照市场情况随时自行通知保证金比例。营业部调整保证金以发出的调整保证金公告为准”；“营业部有权根据自己的判断，随时对客户单独提高保证金比例。在此种情形下，提高保证金通知单独对客户发出”这些内容，期货交易人一定要给予重视，不能在合同约定内容中读出期货公司在根据交易所变动保证金比例而对客户变动保证金比例的时候，可以任意提高保证金比例的结论。①

431 期货强行平仓的过错认定及责任承担

【关键词】

| 期货 | 强行平仓 | 过错认定 |

【案件名称】

银建期货经纪有限责任公司天津营业部与范有孚期货交易合同纠纷案［最高人民法院（2010）民提字第111号民事判决书，2010.12.24］

【裁判精要】

裁判摘要：《期货交易管理条例》（2007）第三十八条第二款为期货公司采取强行平仓措施设定了三个条件：一是客户保证金不足；二是客户没有按照要求及时追加保证金；三是客户没有及时自行平仓。如果期货公司违反法律规定和合同约定强行平仓，这将使得客户不仅要遭受市场交易风险可能造成的损害，而且还要承担市场运行机制中人为风险对其造成的损害。

期货市场的风险包括市场交易风险和市场运行风险两大部分，市场交易风险法定由期货交易人自行承担，而市场运行风险并不法定由期货交易人承担。如果期货交易所、期货公司在管理、服务过程中出现过错导致期货交易人发生风险损失，该损失则应由责任人承担。本案损失包括了范有孚自己期货交易判断错误导致的亏损和天津营业部强行平仓过错而加大的亏损，即期货交易损失和强行平仓损失两部分。

---

① 参见贾纬：《期货交易风险和运行风险及其损失的司法认定》，载《人民司法·案例》2014年第14期。

期货市场上对已经发生的价格走势，谁都可以作出准确判断并可以选择有利于自己的价格去适用，但对尚未发生的价格走势预测，谁也不能十分肯定其判断就一定准确。所以，基于已经发生的强行平仓事实，不能往后寻找而只能往前寻找强行平仓损失的计算基准点，才是客观和公正的。

最高人民法院认为：

（一）关于天津营业部强行平仓是否存在过错及应否承担民事责任

强行平仓是法律规定与合同约定的，当客户账户保证金不足且未按要求追加，客户也未自行平仓的前提下，则期货公司为控制风险有权对客户现有持仓采取方向相反的持仓从而结清客户某金融资产持仓的行为。对客户而言，强行平仓是其期货交易亏损到一定程度后由他人实施的最严厉的风险控制措施。所以，《期货交易管理条例》(2007)第三十八条第二款规定的“客户保证金不足时，应当及时追加保证金或者自行平仓。客户未在期货公司规定的时间内及时追加保证金或者自行平仓的，期货公司应当将该客户的合约强行平仓，强行平仓的有关费用和发生的损失由该客户承担”内容，为期货公司采取强行平仓措施之前，设定了以下三个条件：一是客户保证金不足，二是客户没有按照要求及时追加保证金，三是客户没有及时自行平仓。只有满足了上述三个法定条件，期货公司才有权强行平仓。如果期货公司不严格按照法律规定和合同约定执行强行平仓，这将使得客户不仅要承担市场交易风险可能造成的损害，而且还要承担市场运行机制中人为风险对其造成的损害。

根据本案强行平仓的时间、报价和数量，结合大幅度单日提高保证金比例，可以认定天津营业部不是出于善意的目的，其没有满足法律规定和合同约定条件实施的强行平仓行为存在过错。根据双方合同第 28 条“如期货公司强行平仓不符合约定条件，天津营业部应当恢复被强行平仓的头寸，并赔偿由此造成的直接损失”的约定，《期货纠纷案件规定》第四十条“期货交易所对期货公司、期货公司对客户未按期货交易所交易规则规定或者期货经纪合同约定的强行平仓条件、时间、方式进行强行平仓，造成期货公司或者客户损失的，期货交易所或者期货公司应当承担赔偿责任”之规定，天津营业部应对其强行平仓给范有孚造成的损失承担民事责任。本院对天津营业部关于范有孚没有追加保证金，也没有自行平仓的指令，其有权对范有孚的持仓合约强行平仓的再审理由不予支持。范有孚关于天津营业部追加保证金时间要求和强行平仓时间不合理且违规，剥夺了其自行减仓权利的答辩理由成立，本院予以支持。

（二）关于范有孚的损失构成以及天津营业部的责任范围

期货市场的风险包括市场交易风险和市场运行风险两大部分，市场交易风险法定由期货交易人自行承担，而市场运行风险并不法定由期货交易人承担。如果市场运行机制人为错误导致期货交易人发生风险损失，则应由责任人承担。期货交易风险主要是因期货交易人对合约走势判断错误和合约价格波动而产生，加之保证金交易制度放大风险所导致。具体到本案,范有孚对Cu0802、Cu0803和Cu0804三张合约自开空仓至被强行平仓,共计亏损13066500元,其中就包括了范有孚自己期货交易判断错误导致的亏损和天津营业部强行平仓过错而加大的亏损,即期货交易损失和强行平仓损失两部分。首先,对期货交易损失的分析。根据范有孚在Cu0802、Cu0803和Cu0804合约开空仓的时间和价格、开仓后三张合约价格的整体走势、三张合约到期日的交割价、逐日交易结算单等,证明范有孚对三张合约价格走势的判断发生了根本性错误。范有孚在三张合约价格相对底部开空仓,在三张合约价格震荡走高趋势中持续持仓,是范有孚本案期货交易损失的根本原因。根据期货交易实行的当日无负债结算制度,累计至24日收市结算,交易结算单显示范有孚浮动亏损达7733100元。该浮动亏损,完全是由于范有孚判断错误和持续持仓所导致。换言之,只要该三张合约价格不跌至范有孚开仓价格以下,且范有孚持续持仓,那么范有孚始终将处于浮动亏损状态,这期间无论谁平仓,浮动亏损都将变成实际亏损。所以截至24日收市,范有孚期货交易累计结算发生的浮动亏损并非天津营业部强行平仓所引发,也即该770余万元浮动亏损变为实际亏损与天津营业部强行平仓没有直接的因果关系。其次,具有过错的强行平仓的责任方式。如果期货公司强行平仓具有过错,行为损害了客户利益应当承担民事责任的,根据《民法通则》第一百三十四条民事责任承担方式的规定,则期货公司应当采取恢复客户被强行平仓头寸的补救措施,不能恢复头寸的则应按照公平合理的价格赔偿客户因此发生的损失,本案双方合同第28条对此也作了约定。因本案三张合约已经到期交割,恢复被强行平仓的头寸成为不可能,故天津营业部只能赔偿范有孚因强行平仓发生的损失金额。再次,强行平仓损失的计算。站在天津营业部的角度而言,强行平仓后三张合约价格仍震荡走高,直至到期交割期间每日结算价的平均价、三张合约交割价均高于强行平仓价格。对范有孚来说,三张合约25日当日收盘价格就低于24日的收盘价格,28日收盘价格更低,假设其追加了保证金或者自行平仓可以减少更多的损失。双方上述观点都是建立在假设基础之上且都从有利于自己的角度出发,而不是基于已经强行平仓的事实来正确思维和公平认识。同时,双方的观点也不符合期货市场的特征,因为期货市场上对已经发生的价格走势,谁都可以作出准确判断并可以选择有利于自己的价格去适用,但对尚未发生的价格走势预测,谁也不能十分肯定其判断就一定准确。所以,基于已经发生的强行平仓事实,不能往后寻找而只能往前寻找强行平仓损失的计算基准点,才是客观和公正的。故本院对双方当事人有利于自己而忽视对方利益的观点,均不予采信和支持。综上所述,以24日收市后范有孚持仓的事实和结算的数据为基准,确定天津营业部过错的责任范围,对双方而言相对客观公正。那么,25日强行平仓后的范有孚账户亏损金额13066500元与24日收市后浮动亏损7733100元之差的5333400元,是天津营业部对范有孚因强行平仓导致的损失且应承担的赔偿范围。

本案一、二审判决均认为天津营业部强行平仓存在过错,应对范有孚承担相应责任正确。但天津市第一中级人民法院一审以三张合约强行平仓价格与平仓之后当日收盘价格之差计算损失为6663000元,是以强行平仓以后某个时间点的合约价格作为参照得出的,难以客观公正,也与范有孚和天津营业部双方各自主张的时间点价格不同,当事人双方都不予以认可。该院不仅损失计算方法不符合期货市场特征和规律,而且还将本应由天津营业部因强行平仓过错导致的损失,错误认定为双方混合过错所导致,判由天津营业部承担60%,范有孚自行承担40%,所以一审判决部分事实认定不清,责任划分不当。天津市高级人民法院二审则完全依据范有孚的诉讼请求,未将范有孚因期货交易判断错误和持续持仓产生的交易损失从整个损失中分离出来,而与天津营业部强行平仓过错导致的损失混同,判决天津营业部全部承担范有孚以28日收市价格计算得出的9027085.66元损失,同样是部分事实认定不清和责任划分不当。故最高人民法院再审对本案一、二审判决予以纠正。

【权威解析】

(五)损失计算的客观性

就损失计算而言,证券期货市场有其特殊性,也是世界性的难题。证券期货市场价格受到各种因素的影响,随时波动,向未来演变发展。人们对已经发生的价格走势,谁都明白,谁都能够作出准确判断,从而选择有利于自己的价格去适用。但对尚未发生的价格走势预测,谁也不能肯定自己的判断就一定准确。当事人双方站在各自立场上,必然要选择有利于自己的价格作参照,这样就不可能得到对方的认同。人民法院应当公正地寻找客观依据,不偏不倚地解决这个难题,才能为当事人所认可,为今后市场该类纠纷解决树立标准。就天津营业部而言,其强行平仓后三张合约价格仍震荡走高,直至到期交割期间每日结算价的平均价、三张合约交割价均高于强行平仓价格。对范有孚来说,三张合约25日当日收盘价格就低于24日的收盘价格,28日收盘价格更低,假设其追加了保证金或者自行平仓可以减少更多的损失。双方上述观点都是建立在假设基础之上且从有利于自己的角度出发,而不是基于已经强行平仓的事实来认识。同时,双方的观点也不符合期货市场的特征,所以,基于已经发生的强行平仓事实,不能往后寻找而只能往前寻找强行平仓损失的计算基准点才是客观和公正的。期货市场当日无负债制度与证券市场相同,即指每个交易日收市后,交易所按照当日结算价对会员所有合约的盈亏、交易保证金及手续费、税金等费用,对应收应付的款项实行净额一次划转,相应增加或者减少结算准备金。会员在交易所结算完成后,按照上述原则对客户进行结算。当日无负债结算制度保证了结算以后的盈亏有了参照,故以前一日结算单作为损失计算依据是客观公正的。①

① 参见贾纬:《期货强行平仓的过错认定及责任承担——银建期货经纪有限责任公司天津营业部与范有孚期货交易合同纠纷再审案》,载最高人民法院民事审判第二庭编:《金融案件审判指导》(增订版),法律出版社2018年版,第481~482页。

【案例来源】

《中华人民共和国最高人民法院公报》2011 年第 6 期。

编者说明

关于期货强行平仓的条件，一般来讲包括以下几个方面：一是期货交易者保证金不足；二是期货公司应当履行通知义务；三是通知追加保证金的时间应当合理；四是应当适度强行平仓；五是应当按规定的平仓顺序强行平仓。否则，应当认定期货公司强行平仓存在过错，应按其过错承担相应的责任。

432 因透支交易被强行平仓后产生的损失，应由客户、交易所和经纪公司依过错承担相应民事责任

【关键词】

| 透支交易 | 强行平仓 | 过错责任 |

【案件名称】

上海佳昌金属材料有限公司与上海大陆期货经纪有限公司、苏州商品交易所资产清理领导小组期货代理及交割纠纷案［最高人民法院二审民事判决书］

【裁判精要】

最高人民法院认为：

佳昌公司在本案中不断地向大陆公司发出指令，委托大陆公司进行交易，其应当意识到当其指令发出后，大陆公司依其指令进行交易，既可能产生盈利的后果，亦可能产生亏损的后果。但佳昌公司对于经过苏交所同意并实施的本案违规交易始终采取一种支持和参与的态度。佳昌公司诉称，其是在红小豆价格狂跌的情况下被苏交所诱骗进场救市的，并相信苏交所许诺的会让其在 HD9606 合约交易中盈利。特别是佳昌公司还致函大陆公司称，其与苏交所协商，苏交所提议用 HD9602 红豆仓单作价每吨 3500 元作为交易保证金，苏交所不会采取强制平仓措施，并告诫大陆公司也不要采取强制平仓措施，否则由此引起的一切后果由大陆公司承担。故佳昌公司有主要过错，其应当自行承担交易亏损的主要责任。苏交所在大陆公司保证金为负数的情况下，采取以仓单抵押、调出头寸释放保证金的方式透支交易，违反了证监会 1995 年 10 月 24 日《关于进一步控制期货市场风险严厉打击操纵市场行为的通知》中的“各交易所一律不得允许会员单位利用仓单抵押代为支付交易保证金”的规定。苏交所将本案所涉 12500 手 HD9604 合约作挂仓处理并退出交易程序，使得该合约暂时从交易屏幕上消失，要平仓已经没有可能。这表明苏交所在本案交易和

市场监管方面具有过错。其亦应当承担相应的民事责任。虽然大陆公司依照期货交易委托代理协议履行了通知佳昌公司追加保证金的义务，其并未错误执行佳昌公司的指令，且佳昌公司于一、二审期间均未诉称大陆公司的行为构成违约，并始终认为苏交所应承担全部经济损失。但大陆公司毕竟接受了佳昌公司的委托并向苏交所申请进行本案透支交易，故大陆公司亦有过错，其应当承担相应的民事责任。

【权威解析】

（二）佳昌公司的实际损失应当如何承担

本案佳昌公司的损失是由当事人的一系列违规交易行为所产生的，有别于正常的期货交易风险。对于上述损失，如由一方当事人承担，显然有违公平原则。如由三方当事人平均分摊，则没有体现三方当事人的过错大小，有“和稀泥”之嫌。应当根据过错原则确定佳昌公司、苏交所和大陆公司分别承担相应的民事责任。综观本案期货交易过程，佳昌公司、苏交所和大陆公司均有过错，但其过错程度或称过错大小是不相同的。有过错才承担民事责任，这是过错原则的基本内涵。对于三方当事人的过错程度，可以从以下几个方面进行分析：首先，佳昌公司在本案中不断地向大陆公司发出指令，委托大陆公司进行交易，其应当意识到当其指令发出后，大陆公司依其指令进行交易，既可能产生盈利的后果，亦可能产生亏损的后果。但佳昌公司对于经过苏交所同意并实施的本案违规交易始终采取一种支持和参与的态度。佳昌公司诉称，其是在红小豆价格狂跌的情况下被苏交所诱骗进场救市的，并相信苏交所所许诺的会让其在 HD9606 合约交割中盈利。特别是佳昌公司还致函大陆公司称，其与苏交所协商，苏交所提议用 HD9602 红豆仓单作价每吨 3500 元作为交易保证金，苏交所不会采取强制平仓措施，并告诫大陆公司也不要采取强制平仓措施，否则由此引起的一切后果由大陆公司承担。从佳昌公司的一系列行为看，应当认定佳昌公司有主要过错，其应当自行承担交易亏损的主要责任。其次，苏交所在大陆公司保证金为负数的情况下，采取以仓单抵押、调出头寸释放保证金的方式透支交易，违反了证监会 1995 年 10 月 24 日《关于进一步控制期货市场风险、严厉打击操纵市场行为的通知》中的“各交易所一律不得允许会员单位利用仓单抵押代为支付交易保证金”的规定。苏交所将本案所涉 12500 手 HD9604 合约作挂仓处理并退出交易程序，使得该合约暂时从交易屏幕上消失，要平仓已经没有可能。这表明苏交所在本案交易和市场监管方面具有过错。其亦应当承担相应的民事责任。最后，虽然大陆公司依照期货交易委托代理协议履行了通知佳昌公司追加保证金的义务，其并未错误执行佳昌公司的指令，且佳昌公司于一、二审期间均未诉称大陆公司的行为构成违约，并始终认为苏交所应承担全部经济损失。但大陆公司毕竟接受了佳昌公司的委托并向苏交所申请进行本案透支交易，故大陆公司亦有过错，其应当承担相应的民事责任。①

【案例来源】

最高人民法院民事审判第二庭编:《民商审判指导与参考》(总第3卷),人民法院出版社2003年版,第293~311页。

(四)期货交易侵权责任

433 客户因期货经纪公司挪用客户保证金的原因遭受损失,依法应由期货经纪公司承担赔偿责任

【关键词】

|期货经纪公司|挪用保证金|赔偿责任|

【案件名称】

张邵珍等27个期货客户与河北省审计厅、郑州商品交易所侵权纠纷案[最高人民法院(2009)民提字第110号民事判决书,2010.4.12]

【裁判精要】

裁判摘要:客户因期货经纪公司挪用客户保证金的原因遭受损失,依法应由期货经纪公司承担赔偿责任。导致客户损失的直接原因,系期货经纪公司的违规经营行为;期货经纪公司的股东未尽出资义务,是导致客户损失不能获得赔偿的间接原因,故期货经纪公司的股东应当在因其瑕疵出资行为导致债权人的债权不能受偿的范围内承担补充赔偿责任。在期货经纪公司的设立过程中审计师事务所存在虚假验资的行为,如果客户对该虚假的验资报告存在着善意的信赖,审计师事务所亦应承担相应的责任。期货交易所吸收期货经纪公司为会员的行为是否存在过错,应当结合特定的历史条件加以具体分析。

最高人民法院认为:

根据河北省高级人民法院另案查明的事实,张邵珍等27名期货客户所主张的

① 参见徐瑞柏:《适用过错原则确定客户、交易所和经纪公司在期货交易中的民事责任——上海佳昌金属材料有限公司与上海大陆期货经纪有限公司、苏州商品交易所资产清理领导小组期货代理及交割纠纷上诉案》,载最高人民法院民事审判第二庭编:《民商审判指导与参考》(总第3卷),人民法院出版社2003年版,第311~312页。

期货交易保证金损失，是由于天源公司在经营中未区分代理业务和自营业务，其自营业务亏损严重被郑商所将其席位下的仓单强制平仓所导致。这一损失的实质，是天源公司在经营过程中挪用了张邵珍等的客户期货交易保证金。由此可见，导致张邵珍等的损失的直接原因，是天源公司的违规经营行为，这一点已由生效判决作出认定。而其损失之所以未能得到足额赔偿，是由于天源公司的资本不足所致。根据“石家庄市查处天源贸易有限公司专案领导小组”的调查结论，天源公司自设立之初，其出资人刘永文、于虹、刘永祥、刘浩然、刘丽君等就没有依法认缴注册资金200万元；该公司1994年7月在办理增加联营伙伴及注册资本工商登记的过程中，联营合作各方亦未依法认缴出资。最高人民法院认为，公司的股东、出资人向公司按期足额缴纳出资，是其法定义务。法律规定此种义务的目的，主要在于维护公司及公司债权人的利益。因为公司系以其包括注册资本在内的所有财产作为对外债务的一般担保，如果股东未按期足额缴纳其认缴的出资，其瑕疵出资行为必然会损及这一担保财产，导致公司偿债能力不足。故在本案中，天源公司各出资人的瑕疵出资行为与张邵珍等债权人的损失之间，具有因果关系。但就原因力的远近来看，天源公司的违规经营行为，是造成张邵珍等债权人损失的直接原因，故应当由天源公司负直接的、第一顺位的清偿责任；天源公司的出资人之所以要对债权人负责，是由于其未尽出资义务，其瑕疵出资行为对债权人的损失而言，仅系间接原因，故天源公司的出资人应当在因其瑕疵出资行为导致债权人的债权不能受偿的范围内承担补充赔偿责任。而在本案中，张邵珍等作为天源公司的债权人，在天源公司不能清偿的情况下，并未追究该公司出资人的出资不足的责任，而是以原河北审计所虚假验资、郑商所审核会员不当为由，主张应由原河北审计所、郑商所承担因天源公司违规经营行为给其造成的损失。该诉讼主张应否得到支持，取决于原河北审计所的虚假验资行为与张邵珍等的损失之间是否具有因果关系，郑商所在审查批准天源公司为其会员的过程中，是否存在过错，并应因其过错而应对张邵珍等的损失承担责任。

【案例来源】

最高人民法院民事审判第二庭编：《最高人民法院商事审判指导案例（第五卷）》（下），中国法制出版社2011年版，第725~745页。

编者说明

挪用客户保证金行为应承担的民事法律责任，应分两种情况看待：第一种情形，期货公司挪用客户保证金为自己进行交易对因此而给客户造成损失的，期货公司应承担民事赔偿责任。第二种情形，期货公司将客户保证金挪给另一客户进行交易，因此给客户造成损失的，由于期货公司的行为构成侵权和违约的竞合，因此，客户在请求权竞合情况下有权作出选择，即可以直接以侵权或违约为理由要求期货公司承担民事赔偿责任。如果保证金的实际使用人（即其他客户）在此行为中有过错，则期货公司在作出赔偿后可以要求实际使用人依据其过错承担部分责任。至于上述两种情况下，期货公司承担民事赔偿责任的范围，有关法规及司法解释均按照“因果关系”原则来予以确定,即期货公司只对因自己的行为给客户造成的损失承担民事赔偿责任。①

(五)实物交割责任

434 期货合约交割货物的质量问题，客户可以直接向交易所主张权利，交易所承担责任后再向卖方及交割仓库追索

【关键词】

| 期货合约 | 合约交割 | 追索 |

【案件名称】

广东联合期货交易所与北京北广联经济开发有限公司期货交割纠纷案［最高人民法院（1998）经终字第296号民事判决书，2000.6.10］

【裁判精要】

最高人民法院认为:

客户在期货交易过程中进行的期货交易,都是委托交易所的会员单位期货经纪公司进行的,客户与交易所没有直接的业务联系,双方亦未形成直接的法律关系,因此,在期货交易纠纷产生时,客户一般不应将交易所作为被告,向其主张权利。但在期货合约交割过程中,交易所的会员单位只是在交易所与客户之间起转递作用,因交割的货物质量问题产生争议发生纠纷时,客户可以直接向交易所主张民事权利。实物交割仓库是受交易所的委托履行交割物保管和收缴义务的单位,在期货合同交割过程中,与客户会产生一定联系,但因实物交割是交易所委托交割仓库进行的,因此,交割所形成的法律关系也就是交易所与客户之间的法律关系。因卖方提供的货物水分超标或因仓库保管不善产生的法律后果,根据《关于审理期货纠纷案件座谈会纪要》的有关规定,卖方及交割仓库不应直接承担责任,而应由交易所先对买方承担责任后,再向交割仓库追索。因交割仓库与客户之间未形成直接的法律关系,故客户不能直接向交割仓库主张权利。上诉人广联所关于北广联通过广州中期期货公司从事交易,故广联所与北广联没有直接的法律关系以及卖方交付了合法标准仓单即完全履行了交货义务,买方取得了标准仓单,双方义务已经履行完毕,买卖法律关系已归于消灭,北广联应向仓库主张权利,广联所不应成为本案被告的上诉主张,

① 参见最高人民法院民事审判第二庭编著:《最高人民法院〈关于审理期货纠纷案件若干问题的规定〉的理解与适用》,人民法院出版社2015年版,第228~229页。

本院不予支持。

《广东联合期货交易所会员违规、违约处罚实施办法》第七条规定，卖方在规定交割期限内未向交易所交付有效提货凭证或交付的有效提货凭证的数量不足，为卖方交割违约。本案所涉籼米交割后，北广联取得了有效仓单，广联所也能够交付仓单下的籼米，而籼米水分一项超标，不属于卖方不能交付有效提货凭证或交付的提货凭证数量不足的情况；且由于交易所的注册仓库浦江仓库不属卖方，不是交易所的会员单位，因此，对其保管的籼米水分超标的问题的处理，不应适用广联所的上述处罚办法进行处理。根据商业部〔90〕商储（粮）字第284号关于贯彻执行粮油质量标准有关问题的规定，原粮、油料标准中的水分指标，是水分增扣价的依据，不是安全标准。以标准中规定的水分指标为基础，每低1.0%增价1.5%，每高1.0%扣价1.5%，低于或高于不足1.0%者不计增价或扣价。按照原审法院委托鉴定的结果，浦江仓库中本案所交割的籼米，只是水分超标，没有发生霉烂变质，可见，该批籼米不应认定为质量问题，而是重量问题。对于客户与交易所之间因水分超标所形成纠纷的处理，应根据商业部的上述文件规定，由广联所作降价处理或补足重量。北广联持有标准仓单，却未在有效提货期限内提货，虽然，其未在有效提货期限内提货不能认为是违约行为，但未及时提货与本案所涉籼米被低价处理，也有一定关系。对此，北广联亦应承担相应的责任。

【案例来源】

最高人民法院经济审判庭编：《经济审判指导与参考》（第3卷），法律出版社2000年版，第505～513页。

435 期货交易合约买方违约，交易所支付违约金后，守约方取回仓单，其因货物市场价格下跌遭受的损失与交易所无关

【关键词】

｜期货交易｜取回仓单｜

【案件名称】

厦门国贸集团股份有限公司与厦门兴大进出口贸易有限公司等期货纠纷案［最高人民法院（1999）经终字第227号民事判决书，2001.6.21］

【裁判精要】

最高人民法院认为：

厦门国贸公司、兴大公司、三新公司通过原中商所的会员单位，在中商所从事1997年8月R708合约的期货交易，符合国家有关法律、法规之规定，R708合约的期

货交易应认定为合法有效。

根据《关于审理期货纠纷案件座谈会纪要》之规定，在期货交易过程中，期货交易所应承担保证合约履行的责任。任何一方不能如期全面履行合约约定的义务时，交易所应代为履行，未代为履行的，应承担赔偿责任。R708 期货合约在实物交割中，因与本案上诉人相匹配的交割买方未向中商所交足货款，导致本案上诉人及其他原审原告手中的 8149 手不能交割，构成违约，中商所应承担代为履行或赔偿的责任。买方违约行为发生后，中商所依照该所交割制度之规定，向本案上诉人及其他原审原告划付了违约部分货款 20% 的违约金，履行了赔偿义务；本案上诉人及原审原告领回了仓单，接受了赔偿金，该 R708 期货合约交易已经终止，合约已结束。

中商所在不能代为履行的情况下，对本案上诉人及其他原审原告的损失应予赔偿。守约方的损失则应是代为履行的数额与当时现货市场的差额。而现货市场的天然橡胶价格应以一般交易成交的价格为标准；确定的时间则应以 R708 合约交割票据交换日为准。由此，原判以中国物资信息中心提供的 1997 年 8 月天然橡胶销售平均价 10750 元作为标准，计算该价格与合约成交价的差额，选择违约部分货款的 20% 作为赔偿标准，符合中商所交易规则，也可以弥补本案上诉人未能实现实物交割所受到的损失，应予维持。

R708 合约守约方接受赔偿，领回仓单并已实际处理了货物，应视为对中商所赔偿违约部分货款总值 20% 违约金决定的认可。天然橡胶由期货市场进入现货市场。而现货市场的价格，因受供求关系等因素的影响，必然会出现上下波动。橡胶持有者因市场价格跌落造成损失，与期货交易没有法律上的因果关系。该部分损失，不是期货交易买方违约所造成的后果的必然延续，不能作为请求赔偿的依据。

【案例来源】

最高人民法院民事审判第二庭编：《民商审判指导与参考》（总第 1 卷），人民法院出版社 2002 年版，第 315 ~ 327 页。

436 期货合约交割有效，经纪公司诉请交易所返还被扣划交割货款的，不予支持

【关键词】

｜期货合约｜合约交割｜交割货款｜

【案件名称】

上海大陆期货经纪有限公司与上海佳昌金属材料有限公司、苏州商品交易所资产清理领导小组期货交易交割纠纷案［最高人民法院（2001）民二终字第 141 号民事判决书］

【裁判精要】

最高人民法院认为：

佳昌公司与大陆公司于1995年10月8日签订的期货交易委托代理协议，其性质为行纪合同。该协议系双方当事人的真实意思表示，其内容不违反法律和行政法规的禁止性规定，应认定其合法有效。大陆公司系苏交所会员单位，其与交易所之间系买卖及管理与服务的关系，其权利义务散见于苏交所的章程、期货交易规则、会员管理办法、结算细则等规章制度之中。佳昌公司与苏交所之间未签订任何协议，依苏交所《期货交易规则》，双方本不应直接发生交易关系，但在本案期货交易中，佳昌公司越过大陆公司与苏交所协商用HD9602仓单抵押作为交易保证金，苏交所亦同意并接受佳昌公司用该仓单作价每吨3500元作为交易保证金，且苏交所还承诺不会采取强制平仓措施。佳昌公司与苏交所直接协商联系的结果是弱化了大陆公司的经纪地位和作用。

依照苏交所《期货交易规则》及佳昌公司与大陆公司签订的期货交易委托代理协议，本案规范的期货交易方式应该是客户佳昌公司委托大陆公司从事期货交易。大陆公司则依照佳昌公司的指令在苏交所152号席位上进行交易，交易的后果无论是盈亏均由佳昌公司承担。大陆公司则依照约定和交易规则收取一定比例的佣金。对于佳昌公司而言，若其发出错误指令，则应当由其自身承担风险和责任。对于大陆公司而言，若其执行佳昌公司指令有误或者超越佳昌公司的指令范围而进行交易，由此造成的损失，应当由大陆公司承担。

从本案期货交易过程看，佳昌公司在1996年4月10日交易保证金出现负数的情况下，通过大陆公司向苏交所申请以HD9602仓单作保证金抵押并获苏交所同意，以至于佳昌公司在保证金账户呈现负数的情况下仍能继续参加交易而未被强制平仓。至同年4月15日，佳昌公司在无力追加保证金的情况下，又通过大陆公司向苏交所申请对佳昌公司持有的HD9604合约中的12500手提前交割。为此，苏交所收取了由佳昌公司签发的1.375亿元商业承兑汇票，并将该12500手头寸调出，退出交易程序，不计收保证金，并释放该部分合约所占用的保证金。期货交割是在合约的最后交易日结束、进入交割期后才可发生，这时实现交割的实际买卖双方才得以确定。在合约未结束交易之前，实际的交割双方还不确定，并不具备交割的条件。故本案12500手HD9604合约退出交易程序，其实质是调出头寸并释放该部分所占用的保证金，在合约进入交割期后再进行实物交割。在本案合约交割日，苏交所在大陆公司账上采取增加负数的方式扣划相应货款，并交付仓单，证明双方已开始发生交割行为，故本案没有发生提前交割的事实。原审判决认定本案所涉12500手HD9604合约交割有效并无不当。

【权威解析】

(二)关于苏交所扣划大陆公司的上述交割货款是否应当予以返还问题

这涉及12500手HD9604合约是否交割有效的问题。佳昌公司委托大陆公司进行本案期货交易,大陆公司依其委托授权在苏交所开立账户并在其固定的席位上进行期货交易,只要大陆公司有合约交割的事实存在,且大陆公司又不支付交割货款时,苏交所便可以依交易规则从大陆公司账户上扣划相应的款项作为交割货款。一、二审查明的事实表明,12500手HD9604合约退出交易程序,其实质是调出头寸并释放该部分所占用的保证金,在合约进入交割后再进行实物交割。在合约交割日,苏交所在大陆公司账上采取增加负数的方式扣划相应货款,并交付仓单,证明双方已开始发生交割行为,故本案没有发生提前交割的事实。原审判决认定本案所涉12500手HD9604合约交割有效并无不当。由于12500手HD9604合约交割是有效的,故苏交所从大陆公司账户上扣划相应的款项作为交割货款并无不当。对于苏交所扣划的上述款项,大陆公司提起上诉时,仅请求苏交所予以返还,在本案中放弃了对佳昌公司的请求权。实际上,大陆公司可以向佳昌公司主张权利,请求予以返还。大陆公司在本案中放弃对佳昌公司的请求权,其效力仅及于本诉,这并不排除大陆公司可以另行对佳昌公司主张权利。[①]

【案例来源】

最高人民法院民事审判第二庭编:《民商审判指导与参考》(总第2卷),人民法院出版社2003年版,第300~314页。

① 参见徐瑞柏:《期货合约交割有效情形下经纪公司诉请交易所返还被扣划交割货款应不予支持——上海大陆期货经纪有限公司与上海佳昌金属材料有限公司、苏州商品交易所资产清理领导小组期货交易交割纠纷上诉案》,载最高人民法院民事审判第二庭编:《民商审判指导与参考》(总第2卷),人民法院出版社2003年版,第314~315页。

三、委托理财纠纷

编者说明

自2003年以来，全国各地法院受理的委托理财类纠纷案件大幅上升。由于这类案件涉及的法律关系较为复杂，涉案金额巨大、社会影响面广，导致审判实践普遍面临诸多疑难法律适用问题，各地法院普遍反映，对委托理财合同的性质、合同和保底条款效力、责任承担、监管责任以及账户内资产权属等问题难以把握。最高人民法院虽于2001年正式立项起草关于委托理财法律适用问题的司法解释，但因理论界和实务界对重大问题存在分歧，该司法解释一直未能出台。《关于审理证券、期货、国债市场中委托理财案件的若干法律问题》一文对委托理财案件审理中若干疑难法律问题进行了深入研究和细致阐释，对于委托理财案件的审判实践具有一定的指导意义。文章署名“高民尚”，载于《民商事审判指导》总第9辑的“司法政策”栏目，显然在一定程度上代表了最高人民法院民二庭的观点。

(一)主体资格与合同效力

437 受托人不具有委托理财资质，签订的委托理财合同无效

【关键词】

|委托理财|资质|无效合同|

【案件名称Ⅰ】

上海民生投资有限公司与吉林省东力综合投资（集团）有限公司委托理财纠纷案［最高人民法院（2006）民二终字第145号民事判决书，2007. 2. 26］

【裁判精要】

最高人民法院认为：

在我国证券市场上，企业从事委托理财业务应当取得证券监管部门的特别许可，受托人必须取得相应的委托理财资质，并接受必要的监督管理。本案中，受托人东力公司并不具有从事该项资产管理经营活动的资格，故原审判决认定其与民生公司签订的《资产委托管理合同》为无效合同并无不当，本院对此予以确认。原审判决关于东力公司“不具有资产管理业务资质的情况下，受利益驱动，利用保底收益的承诺来争取客户、招揽业务，以期获得高额收益，主观上存在较大过错”的认定正确，但在确定东力公司承担的民事责任时，判令东力公司只返还民生公司本金损失的50%

有失公允。东力公司应当全额给付民生公司的本金损失,并承担一定的利息损失。民生公司关于"东力公司应返还其全部本金损失12495960.24元,并给付自2001年5月11日至今的利息"的上诉请求,合情合理,于法有据,本院予以支持。

【案例来源】

最高人民法院民事审判第二庭编:《最高人民法院商事审判指导案例·合同卷》(上),中国法制出版社2011年版,第58~64页。

【案件名称Ⅱ】

佳木斯市证券公司与湖北安丰资产管理有限责任公司债务纠纷案[最高人民法院(2003)民二终字第80号民事判决书]

【裁判精要】

最高人民法院认为:

本案是安丰资产公司与证券公司在履行理财协议中因证券公司未依约偿还理财款项而引发的纠纷。由于证券公司不具备从事受托理财的经营资格,违反了《证券法》(1998)第一百三十一条第二款"证券公司不得超出核定的业务范围经营证券业务和其他业务"的规定,故原审法院认定双方签订的协议书无效是正确的。

从本案现有的证据看,安丰资产公司与证券公司签订了委托理财协议书后,安丰资产公司依此协议书,将9000万元打入了证券公司的账上。在协议书规定的期限届满后,安丰资产公司向证券公司发出书面的催款函,证券公司也书面回函表示还款。可以认定双方的协议书是真实的,对安丰资产公司汇款9000万元到证券公司的事实也是无异议的。双方之间形成的法律关系就是依据协议书所产生的,而协议书的签约主体是安丰资产公司与证券公司。虽然双方在订立协议时,陈惠娟代表珠海市国盛企业发展公司正在对证券公司进行收购,但对外仍以证券公司的名义进行经营活动,而且,本案协议书的签订、履行及承诺还款行为,均是以证券公司的名义进行。至于9000万元汇到证券公司账上后,是否是由陈惠娟所调动支配,是证券公司对其权利的自由处分,与安丰资产公司无涉。这既不影响证券公司与安丰资产公司之间已经成立的法律关系,也不构成证券公司免除还款责任的条件。陈惠娟挪用股民保证金,涉嫌合同诈骗罪,对公司、企业人员行贿罪,并不影响本案就证券公司与安丰资产公司之间民事法律关系的审理。假设陈惠娟的行为涉嫌合同诈骗罪成立,也是侵害了证券公司的权益,证券公司可依法追究陈惠娟个人的责任。无论陈惠娟的行为如何定性,既不影响安丰资产公司向证券公司主张权利,也不影响证券公司对外的责任承担。

【案例来源】

汇法网裁判文书,http://www.lawxp.com。

编者说明

受托人为金融机构法人但未取得委托理财资质的，应当以其违反国家特许经营的规定而认定合同无效；受托人为非金融机构法人但未取得委托理财资质的，不宜轻易否定合同的效力，而应根据具体情况具体分析；受托人为自然人的，原则上合同有效。但如查实作为非金融机构法人或自然人的受托人有在同时期内共同或分别接受社会不特定多数人委托从事理财业务，特别是进行集合性受托投资管理业务情形的，因该行为已具有社会集资性质，显然与其资质不符，应认定合同无效。①

前引民事判决书均是关于受托人不具备相应主体适格资格的情形，实践中对于委托人而言也存在主体不适格的问题。原则上，凡是依法具有独立民事主体资格的法人和自然人都可以作为委托人签订委托理财合同；但从维护国家金融安全和社会公共利益考虑，以下三种情形中委托人所签订的委托理财合同应认定无效。(1)境外机构投资者未取得“合格境外机构投资者资格”在中国境内证券市场投资委托理财的。《合格境外机构投资者境内证券投资管理暂行办法》(中国证监会、中国人民银行 2002 年第 12 号令)规定，境外机构投资者在中国境内证券市场投资委托理财必须经中国证监会批准。该办法所称“合格境外机构投资者”，是指符合该办法规定条件经中国证监会批准的中国境外基金管理机构、保险公司、证券公司以及其他资产管理机构。据此，为避免未取得“合格境外机构投资者资格”的境外机构投资者在我国境内从事证券市场投资委托理财，给国际游资肆意投机制造机会，引发国内证券市场系统性风险，该类投资者作为委托人的委托理财行为，已构成损害我国金融安全和金融秩序之行为，应属于《合同法》第五十二条第(四)项所规定的“损害社会公共利益”范畴，委托理财合同应归于无效。(2)证券公司、信托投资公司等金融机构及其分支机构、其他企业法人，委托自然人进行投资理财的。就经纪类证券公司而言，其委托自然人理财的行为不仅超出了其核准的业务范围，亦构成向客户融资的行为；就综合类证券公司而言，其行为亦构成向客户融资的行为；就信托投资公司而言，其委托自然人理财行为不仅违反核准的经营范围，而且依信托制度设立的目的，其应恒处于受托人地位；就其他企业法人而言，其不委托有资质的证券公司等金融机构法人却委托风险承担能力极弱的自然人从事理财活动，明显违背交易常理，多属违规入市投机行为，会对正常的金融市场秩序造成冲击，损害公共利益。因此，根据《合同法解释(一)》第十条关于“当事人超越经营范围订立合同，人民法院不因此认定合同无效。但违反国家限制经营、特许经营以及法律、行政法规禁止经营规定的除外”的规定精神，以及《合同法》第五十二条第(四)项规定的“损害社会公共利益”无效情形，应认定合同无效。(3)通过委托理财行为从事洗钱活动。《金融机构反洗钱规定》(中国人民银行 2003 年第 1 号令)明确要求接受业务的金融机构及其工作人员应当依照国家金融监管规定认真履行反洗钱义务，审慎地识别可疑交易，依法协助、配合司法、行政执法机关打击洗钱活动，且不得从事不正当竞争妨碍反洗钱义务的履行。据此，违法犯罪分子利用委托理财行为从事洗钱活动，明显属于《合同法》第五十二条第(一)项所规定的“一方以欺诈、胁迫的手段订立合同，损害国家利益”情形，合同应认

---

① 参见郑勇：《证券市场委托理财合同纠纷的处理原则》，载最高人民法院民事审判第二庭编：《最高人民法院商事裁判观点》(总第 1 辑)，法律出版社 2015 年版，第 232 页。

定为无效。①

438 受托人不具有委托理财经营资质，双方约定一方提供资金，另一方承诺给予固定利息回报，实质属企业之间非法借贷

【关键词】

｜委托理财｜资质｜企业借贷｜

【案件名称】

泰阳证券有限责任公司与海南洋蒲华洋科技发展有限公司等资产管理委托合同纠纷案［最高人民法院（2005）民二终字第217号民事判决书］

【裁判精要】

最高人民法院认为：

一、日升公司与华洋公司签订的《资产管理委托合同》的效力及责任承担问题

《资产管理委托合同》约定，华洋公司将其5000万元资金委托日升公司进行投资和投资管理，日升公司按照年投资18%向华洋公司支付收益。本案中，日升公司并不具有受托管理资产的资质，双方约定一方提供资金，另一方承诺给予固定利息回报，其实质属于企业之间非法借贷。根据《合同法》第五十二条第（三）项关于"以合法形式掩盖非法目的的合同无效"的规定，上述合同应当认定为无效合同。根据《合同法》第五十八条关于"合同无效或者被撤销后，因该合同取得的财产，应当予以返还；不能返还或者没有必要返还的，应当折价补偿。有过错的一方应当赔偿对方因此所受到的损失，双方都有过错的，应当各自承担相应的责任"的规定，日升公司应返还华洋公司委托管理的资金本金及其占用期间的利息。由于对《资产管理委托合同》的无效，华洋公司与日升公司均有过错，故应判决责任人返还按照同期银行定期存款利率计算的利息。因此，对于原审判决第一项关于利息的判决，应予纠正。

【权威解析】

关于委托理财合同的性质认定，须根据合同双方当事人是否具有从事委托理财业务的资质以及合同约定的权利义务关系的实质内容进行分析。本案中，日升公司并不具有受托管理资产的资质，不能从事合法的委托理财业务。而根据双方签订的《资产管理委托合同》的实质内容进行分析，华洋公司将其5000万元资金委托日升公司进行投资和投资管理，日升公司按照固定收益年投资18%向华洋公司支付收

① 参见高民尚：《关于审理证券、期货、国债市场中委托理财案件的若干法律问题》，载最高人民法院民事审判第二庭编：《民商事审判指导》（总第9辑），人民法院出版社2006年版，第31～32页。

益，其实质是一方出借资金，另一方承诺给予固定利息回报，符合借贷法律关系的特征，因此，其实质属于借贷法律关系。而根据我国目前相关金融法律、行政法规的规定，企业之间禁止进行借贷。因此，本案中，当事人双方以进行委托资产管理的合法形式掩盖其私相借贷的非法目的，根据我国《合同法》第五十二条第（三）项关于"以合法形式掩盖非法目的的合同无效"的规定，该合同应当认定无效。关于企业之间相互借贷被认定为无效后的法律责任问题，相关司法解释作了返还本金以及收缴取得和约定取得的利息的规定。但由于理论界和实务界对收缴利息这一民事制裁措施采用的合理性越来越多地提出质疑，故在处理该类案件时，我们现在的倾向性意见是虽认定合同无效，但在判令借款人返还出借本金的同时，还须支付给出借人借款人占用资金期间的利息，不再对已取得或约定取得利息进行收缴。本案中，由于双方当事人对合同无效均有过错，故根据《合同法》第五十八条的规定，日升公司应返还华洋公司委托管理的资金本金及其占用期间的利息。但在讨论中，关于日升公司应支付给华洋公司其占用期间的本金利息如何计算问题，存在争议。一种观点认为，既然认定当事人双方为非法借贷，合同无效，则借款方返还给出借方的利息应按照同期银行贷款利率计算，因为，近年来法院基本都是这么判的。另一种观点认为，在司法实务中，关于返还利息的计算标准，并未真正统一，如有的判决返还按照同期银行贷款利率计算的利息；有的判令返还按照同期银行活期存款利率计算的利息。《联营合同解答》并未对该问题明确规定。笔者认为，由于对委托理财协议的无效，当事人双方都有过错，故在支付利息的处理上，应体现当事人双方对各自过错责任的承担。《联营合同解答》第四条第二项规定，对自双方当事人约定的还款期满之日起，至法院判决确定借款人返还本金期满期间内的利息，应当收缴，该利息按借贷双方原约定的利率计算，如果双方当事人对借款利息未约定，按同期银行贷款利率计算。该司法解释只对收缴的利息的计算标准进行了规定，而未规定返还占用期间的利息的计算标准。第一种观点所谓司法事务中一直按照同期银行贷款利率计算的利息进行返还即源自前述司法解释的规定。但笔者认为，参照该司法解释的前述计算标准不妥。原因在于：前述标准主要基于制裁非法借贷的企业双方、保护国家利益而定，更多的体现了国家公权力对私领域的干预，对国家利益的保护，所以，其以同期银行贷款利率计算利息并进行收缴，而未考虑当事人之间的利益平衡。本案中，我们所讨论的给付出借方占用资金期间的利息问题，却是立足于私法领域，立足于对当事人之间的权利进行公平保护的司法理念作出的司法裁量，因此，须基于当事人之间的过错大小进行利益衡量。通过对活期存款利率、定期存款利率、贷款利率三种利率的比较，笔者认为，其中，活期存款利率系最低利率，贷款利率是最高利率。如果判令借款人给付出借人按照同期银行贷款利率计算的利息，那么，显然体现不出出借人对过错责任的承担，因为出借人虽未获得约定的高息，但其实质获得了与金融机构一样的贷款利息，其未受损失。如果这样判决，等同于出借人获得了金融机构对外签订有效合同而获得的合法收益，无异于将其等同于金融机构，显然有违于禁止企业之间私相借贷的目的。如果判令借款人给付出借人按照银行同期活期存款利率计算的利息，则不足以体现借款人对过错责任的承担。因此，二审法院最终对原审法院关于利息的判决进行了纠正，判令借款人给付出借人按照同期银行定期存款利率计算的利息。[①]

【案例来源】

最高人民法院民事审判第二庭编：《民商事审判指导》（总第 10 辑），人民法院出版社 2007 年版，第 250～261 页。

（二）合同目的与合同效力

439 签订资产委托管理协议的真实目的是“利用绝对优势共同控制壳资源股票的流通盘”，属以合法形式掩盖非法目的，合同无效

【关键词】

｜资产委托管理协议｜以合法形式掩盖非法目的｜合同无效｜

【案件名称】

方正证券股份有限公司与航天科工资产管理有限公司等债权转让纠纷案［最高人民法院（2015）民二终字第 386 号民事判决书，2017. 4. 10］

【裁判精要】

最高人民法院认为：

一、关于泰阳证券公司与航天火箭公司之间签订的系列协议的性质及效力问题

……本案中，长沙中院 99 号刑事判决及中纪委、监察部作出的行政处罚决定书等确认，2000 年 10 月，时任航天火箭公司副总经理的陈某通过陈洋（2001 年 12 月被任命为航天火箭公司总经理助理），与时任泰阳证券公司总裁的李某以及该公司的唐伟联系。陈某就航天火箭公司拟拿出 2 亿元资金走“借壳上市”的思路与李某进行了沟通，同时也要求泰阳证券公司拿 2 亿元资金，并寻找一家合适的上市公司作为壳资源，以利用绝对的资金优势共同控制壳资源股票的流通盘。在此背景下，李某代表泰阳证券公司与陈某代表的航天火箭公司，签订了涉案《财务顾问协议》

---

① 参见张雪楳：《债务承担的认定及责任承担——泰阳证券有限责任公司与海南洋蒲华洋科技发展有限公司等单位资产管理委托合同纠纷上诉案》，载最高人民法院民事审判第二庭编：《民商事审判指导》（总第 10 辑），人民法院出版社 2007 年版，第 261～263 页。

《资产委托管理协议》《资产委托管理补充协议》等，双方真实目的是利用案涉2亿元资金操纵航天科技公司的股票。在协议签订过程中，陈某告知李某，航天火箭公司的上级集团公司拟收购航天科技公司股票而不是先前洽谈的常林股份、兰陵陈香。李某明知陈某提供的2亿元资金的真实用意是以借壳上市为名，操纵航天科技股票价格，从中牟取利益，仍应承了陈某的要求并着手操纵航天科技股票。2001年6月，陈某明确告知航天火箭公司的壳资源是航天科技股票，并着手准备2亿元资金收购航天科技股票。证监会、中纪委、监察部等部门对航天科工集团前后两任总经理、党组书记殷兴良、夏国洪的行政、党内职务的处分决定也印证了航天火箭公司与泰阳证券公司之间签订《资产委托管理协议》等协议的目的是："航天火箭公司向银行贷款2亿元人民币，进行委托理财，以期用其收益降低航天火箭公司借壳上市的成本，并为把航天火箭公司包装进入航天科工集团所属上市公司的航天科技公司融资。"

在涉案2亿元资金的实际控制过程中，唐伟根据李某的授权，负责用陈某划入的2亿元资金对航天科技股票的操盘，同时陈某授权其总经理陈洋对唐伟的操盘情况掌控，并向陈某汇报。在航天科技公司股票价格大跌后，陈某于2002年12月20日指令陈洋代表航天火箭公司与华天酒店的代表赵某、施某（航天科技股票大户）三方签订了《协议》，约定"按出（融）资比例共同承担亏损共分享收益"，以使航天科技股价回升。同时，陈某聘任刘某为航天火箭公司高级会计师，负责中安经济公司和鑫卫科技公司在全国各营业部持有的航天科技股票的操盘，要求其不定期向自己汇报情况。

合法有效的合同应体现当事人的真实意思表示，内容也不得违反法律和行政法规的强制性效力性的规定。本案中，陈某代表航天火箭公司与李某以泰阳证券公司的名义签订《资产委托管理协议》等协议的真实目的是"利用绝对优势共同控制壳资源股票的流通盘"；在协议的实际履行过程中，陈某委托陈洋、刘某直接参与操纵航天科技公司股票价格的违法犯罪行为中。根据《合同法》第五十二条第（三）项的规定，以合法形式掩盖非法目的的合同无效。故《资产委托管理协议》等系列协议因目的违法应属无效协议。原审判决未审查涉案《资产委托管理协议》等协议的签订过程及所涉资金流转、幕后操纵等情况，仅以协议约定内容即确认航天火箭公司与泰阳证券公司存在合法有效的合同关系，属适用法律不当，应予纠正。

【案例来源】

中国裁判文书网，http://wenshu.court.gov.cn。

(三)保底条款与合同效力

440 委托理财合同中有关固定收益率的约定属保底条款应认定无效

【关键词】

|委托理财|固定收益率|保底条款|

【案件名称】

北京辰达科技投资有限公司与新疆生产建设兵团住房公积金管理中心委托理财合同纠纷案[最高人民法院(2006)民二终字第17—1号民事判决书,2010.12.11]

【裁判精要】

裁判摘要:《国债回购理财协议》中的固定收益率的约定属于保底条款性质,体现了委托人单纯追求资产的固定本息回报这一缔约目的和合同预期,而对受托人管理资产行为及收益后的分成并无预期。整个协议围绕该条款所配置的合同双方当事人的民事权利义务严重不对等,它将投资风险完全分配给受托人,违背市场基本规律和资本市场规则,违背了民法上的公平原则。该条款虽然属于当事人意思自治范畴,但具有明显的信用投机色彩,受托人为他人进行国债理财业务,理应受相关专业法律规范包括《证券法》第一百四十三条的约束。故该保底条款违反了《证券法》的禁止性规定,应当依法认定为无效。

涉案《国债回购理财协议》从内容上看系委托理财合同。受托人代委托人购买涉案国债的数量,与协议届满后受托人享有的国债数量相同,并且受托人在本案中止审理期间实际处置上述国债,获得的收益已超过了购买金额,不存在损失问题,受托人的诉请不应得到支持。

最高人民法院认为:

关于《国债回购理财协议》第四条有关固定收益率的法律效力问题。该协议除第四条有关固定收益率的内容外,均为当事人真实意思表示,不违反法律、行政法规的禁止性规定,原审判决认定合法有效正确,本院予以维持。但是,该协议第四条有关年收益率的约定属于保底条款性质,其内容体现了公积金管理中心单纯的缔约目的和合同预期,即纯粹追求资产的固定本息回报,而对受托人辰达公司管理资产行为及收益后的分成并无预期。上述协议围绕该条款所配置的合同双方当事人的民事权利义务严重不对等,违背了民法上的公平原则。该保底条款虽然属于当事人意思自治范畴,但具有明显的信用投机色彩,它将投资风险完全分配给受托人,违背市场基本规律和资本市场规则。另外,《证券法》第一百四十三条明确规定"证券公司不得以任何方式对客户证券买卖的收益或者赔偿证券买卖的损失作出承诺",辰达公司为他人进行了国债理财业务,应受相关专业法律规范的约束。因此,该保底条款违反了《证券法》上述禁止性规定,应当依法认定为无效。原审判决认定上述协议第四条固定收益内容合法有效,进而判令辰达公司按照该约定支付收益款,属适用法律错误,本院予以纠正。辰达公司有关协议第四条固定收益约定无效的上诉主张成立,本院予以支持。

关于辰达公司是否有义务向公积金管理中心返还理财资金 4200 万元并支付协议约定的收益 273 万元问题。双方签订的《国债回购理财协议》主要约定公积金管理中心以其在银河证券营业部席位上购买的价值 4200 万元的国债,委托辰达公司进行回购融资,在理财期限内,辰达公司承诺给予公积金管理中心固定的本息回报。该协议系委托理财合同。从本案查明的事实看,2003 年 6 月 11 日与 6 月 12 日,辰达公司代公积金管理中心以 4200 万元购买涉案国债共计 407510 手;而上述协议到期后,公积金管理中心的资金账户中 03 国债(3)已恢复至 407510 手。公积金管理中心在本案中止审理期间通过处置上述国债获得了 4200 余万元,并得到涉案国债利息 1385534 元。综上,公积金管理中心有关辰达公司应返还其 4200 万元资金并支付协议约定收益 273 万元的诉讼请求均不应得到支持,原审判决判令辰达公司返还公积金管理中心资金差额及收益额,属认定事实不清,适用法律错误,本院予以纠正。辰达公司有关请求改判其不承担民事责任的上诉请求成立,本院予以支持。

【案例来源】

最高人民法院民事审判第二庭编:《最高人民法院商事审判指导案例(第五卷)》(下),中国法制出版社 2011 年版,第 694 ~ 700 页。

编者说明

委托理财合同的保底条款主要包括三种类型:一是保证本息固定回报条款,指委托人与受托人约定,无论盈亏,受托人均保证在委托资产的本金不受损失之外,保证给付委托人约定利息;二是保证本息最低回报条款,指委托人与受托人约定,无论盈亏,委托人除保证委托资产的本金不受损失之外,还保证支付委托人一定比例的固定收益率;对超出部分的收益,双方按约定比例分成;三是保证本金不受损失条款,指委托人与受托人约定,无论盈亏,受托人均保证委托资产的本金不受损失;对收益部分,双方按约定比例分成。此外,实践中还存在受托人承诺填补损失之情形,即双方在委托理财合同中没有约定亏损分担,但在委托资产发生损失后受托人向委托人承诺补足部分或者全部本金损失,或者受托人在承诺补足委托资产本金损失之外,对收益损失作出赔偿承诺。这种填补损失承诺可以分别归入保证本金不受损失条款和保证本息最低回报条款类型。

保底条款是当事人双方以意思自治的合法形式对受托行为所设定的一种激励和制约机制,尽管现行民商法律体系中尚无明确否定该保底条款效力的规定,但基于民商法基本原理、法律禁止性规定和市场基本规律,应当认定保底条款无效,对委托人在诉讼中要求受托人依约履行保底条款的内容的请求,不应予以支持。①

441 委托理财合同中的保底条款属合同目的条款或核心条款的,保底条款无效应导致委托理财合同整体无效

【关键词】

|委托理财|保底条款|合同无效|

【案件名称Ⅰ】

湘财证券有限责任公司与中国光大银行长沙新华支行及湖南省平安轻化科技实业有限公司借款合同代位权纠纷案[最高人民法院(2006)民二终字第90号民事判决书,2006.9.29]

【裁判精要】

裁判摘要:(1)客户与证券经营机构签订合同,约定由客户将资金交付给证券经营机构,委托证券经营机构在一定期限内投资于证券市场,并由证券经营机构按期向客户支付投资收益。此类合同属于委托理财合同。

(2)客户与证券经营机构在委托理财合同中约定,由证券经营机构保证客户的投资收益达到一定比例,不足部分由证券经营机构补足。此类约定属于委托理财合同中保证本息固定回报的条款,即保底条款。根据《证券法》第一百四十三条的规定,证券商不得以任何方式对客户证券买卖收益或者赔偿证券买卖的损失作出承诺。上述保底条款因违反该规定而无效。因保底条款属于委托理财合同的目的条款或核心条款,故保底条款无效即导致委托理财合同整体无效。

最高人民法院认为:

平安轻化作为委托人与受托人湘财证券之间签订的《受托投资管理合同》及《补充协议》中约定,平安轻化将资金委托给湘财证券在一定期限内投资于证券市场,并由湘财证券按期支付给平安轻化相应的投资收益,上述内容符合委托理财合同特点。双方关于湘财证券保证平安轻化的资金年投资收益率达到7.8%,不足部分由湘财证券补足的约定属于委托理财合同中保证本息固定回报的条款。《证券法》第一百四十三条明确规定,券商不得以任何方式对客户证券买卖收益或者赔偿证券买卖的损失作出承诺。本案保底条款的内容显然违反了上述法律的禁止性规

① 参见高民尚:《关于审理证券、期货、国债市场中委托理财案件的若干法律问题》,载最高人民法院民事审判第二庭编:《民商事审判指导》(总第9辑),人民法院出版社2006年版,第36页。

定，应属无效条款。保底条款应属委托理财合同之目的条款或核心条款，保底条款无效应导致委托理财合同整体无效，故本案《受托投资管理合同》及《补充协议》作为委托理财合同整体无效。受托人湘财证券应当将委托资金本金返还委托人平安轻化，并按中国人民银行规定的同期定期存款利率标准支付利息。平安轻化不得向湘财证券要求合同约定的投资收益部分，其已收的780万元作为不当得利应返还给湘财证券。原审判决确认本案《受托投资管理合同》及《补充协议》有效，并判令湘财证券按人民银行同期贷款利率向光大新华支行支付利息不当，应予纠正。

【案例来源】

《中华人民共和国最高人民法院公报》2007年第1期。

【案件名称Ⅱ】

亚洲证券有限责任公司与湖南省青少年发展基金会、长沙同舟资产管理有限公司委托理财合同纠纷案［最高人民法院（2009）民二终字第1号民事判决书，2009.4.21］

【裁判精要】

最高人民法院认为：

该案委托理财协议所约定的年10%的固定回报率属于保底条款。尽管该保底条款是资金委托管理协议双方以意思自治的形式对受托行为所设定的一种激励和制约机制，但该条款致使双方民事权利义务严重失衡，既不符民法上委托代理的法律制度构成，亦违背民法的公平原则。为此，本院认定该案委托理财协议中所涉保底条款无效。

关于委托理财协议的效力。虽然《合同法》第五十六条规定，“合同部分无效，不影响其他部分效力的，其他部分仍然有效”，但在该案订有保底条款的委托理财合同中，保底条款与合同其他内容条款不具有可分性，其并非可以独立分离出来的合同部分，而是与合同其他部分存在紧密的牵连关系。就该案中委托理财协议之缔约目的而言，委托人青基会除期待委托资产本金的安全外，尚期待高达10%的固定收益回报率。因此可以说，若没有保底条款的存在，当事人双方尤其是委托人通常不会签订委托理财合同；在保底条款被确认无效后，委托人的缔约目的几乎丧失；若使合同其他部分继续有效并履行，不仅违背委托人的缔约目的，而且几乎无履约意义，将导致极不公平合理之结果。有鉴于此，本院认为，保底条款应属该案中委托理财协议之目的条款或核心条款，不能成为相对独立的合同无效部分，保底条款无效应导致委托理财协议整体无效。原审判决认定委托理财协议有效属适用法律不当。亚洲证券关于委托理财协议无效的主张，本院予以支持。

【案例来源】

最高人民法院民事审判第二庭编:《最高人民法院商事审判指导案例·合同卷》(上),中国法制出版社2011年版,第19~30页。

【案件名称Ⅲ】

西藏金珠(集团)有限公司与华龙证券有限公司资产管理委托合同纠纷案[最高人民法院(2006)民二终字第51号民事判决书,2006.3.21]

【裁判精要】

最高人民法院认为:

金珠公司与华龙证券公司签订的资产管理委托协议第一条第一款第三项关于华龙证券公司承诺到期向金珠公司支付12%固定年收益的约定,属于保底条款性质。该条款违反了《证券法》(修订前的)第一百四十三条“证券公司不得以任何方式对客户证券买卖收益或者赔偿证券买卖的损失作出承诺”之禁止性规定,应当确认为无效条款。鉴于保底条款属于委托理财合同之目的条款或者核心条款,不能成为相对独立的合同无效部分,因此,本案双方当事人签订的资产管理委托协议书,因保底条款无效而应确认为整个资产管理委托协议无效。原审法院确认当事人双方签订的资产管理委托协议有效,属于事实认定和适用法律错误,依法应予纠正。金珠公司关于资产管理委托协议(包括保底条款)有效的上诉主张,于法无据,本院不予支持。

关于金珠公司打入“世纪祥和”账户内价值3000万元的委托资产是否应当归属金珠公司所有的问题。本案资产管理委托协议属于委托理财合同性质。委托人与受托人之间存在着委托代理关系。委托人将委托资产交予受托人,由受托人代为管理、投资于证券、期货、国债等金融市场,旨在获取投资收益,而非转移账户内资产所有权。因此,在独立封闭的证券账户和资金账户内运作的委托资产,应当归属于委托人所有。本案所涉“世纪祥和”账户系正德公司在华龙证券公司兰州静宁路营业部开立并借予金珠公司使用的账户,也是当事人双方共同指定的证券交易专用账户,在委托理财期间由当事人双方共同监管。金珠公司为履行资产管理委托协议,已从成都奔腾等四家公司筹措资金和股票打入“世纪祥和”账户内,其中有“西藏金珠”股票1741423股,每股按14.5元计算,折合人民币25250633.50元,现金4749366.50元,共折合人民币3000万元。因此,可以确认金珠公司打入“世纪祥和”账户内的价值3000万元委托资产应归属于金珠公司所有。

关于原审法院根据正德公司2002年5月21日出具给华龙证券公司的两份授权书,认定“华龙证券公司只负责证券交易,而资金存取、股票转托管、撤销和办理指定交易及销户等权利,均在正德公司和金珠公司控制之中,金珠公司对‘世纪祥和’账户内的资金和股票拥有支配权，华龙证券公司只是为金珠公司在其下属的静宁路营业部提供了证券交易的平台，合同到期后，金珠公司是否将‘世纪祥和’账户内的证券及资金结算，权益收回，与华龙证券公司无直接因果关系”是否正确的问题。本院认为，委托理财合同履行期间，因委托人须将委托资产交由受托人，由受托人代为管理、投资于证券、期货、国债等金融市场，风险性极大，故委托人为保证能够收到预期利益，必然与受托人商定将委托资产打入双方共同指定的证券和资金专用账户，由受托人在指定账户内独立运作委托资产。同时，通过对证券交易专用账户的共同监管，有效防止受托人擅自挪用委托资产，防范证券交易账户内委托资产的流失。当事人双方对指定证券交易账户实施共同监管，对指定证券账户内委托资产的存取、股票的转托管、办理指定交易及销户等事宜约定须由双方授权的人员共同签字方能实施的做法，不仅是证券市场上普遍遵循的习惯做法，也是由委托理财合同的性质和特点所决定。本案资产管理委托协议尽管被确认无效，但协议已经实际履行。暂且抛开协议效力，从协议实际履行上去分析，正德公司虽不是本案当事人，但其作为被本案当事人双方共同指定的证券专用账户即“世纪祥和”账户的所有人于 2002 年 5 月 21 日出具给华龙证券公司的两份授权书，恰是基于本案资产管理委托协议的相关约定，两份授权书的内容与资产管理委托协议的有关约定相一致。根据资产管理委托协议的有关约定和两份授权书的授权，委托人金珠公司已将价值 3000 万元的委托资产打入“世纪祥和”账户内，交由受托人华龙证券公司代为管理、投资于证券市场，受托人华龙证券公司也是在指定的“世纪祥和”账户内独立运作委托资产。只有当“世纪祥和”账户内的委托资产需要转出时（包括资金的存取、股票转托管、撤销和办理指定交易及 7 销户等），才须经正德公司加盖单位公章和本案当事人双方授权的人员共同签字方能实现。显然，两份授权书旨在通过当事人之间的相互制约，达到有效防止任何一方滥用权利的目的，防止受托人将委托资产挪作他用，防止指定账户内委托资产的流失。两份授权书内容与资产管理委托协议约定的受托人负有在指定证券交易账户内独立运作委托资产以及在委托期限终止前将指定证券账户中的所有证券变现，结清并归还委托人委托资金本息的义务并不发生冲突。因此，基于本案当事人双方存在的委托理财关系，不仅“世纪祥和”账户内委托资产的盈亏以及能否按期归还金珠公司，与华龙证券公司有着直接的关系，而且，本案资产管理委托协议到期后的 2004 年 6 月“世纪祥和”账户内委托资产被北京市第二中级人民法院裁定查封、冻结以及委托资产市值下跌而当事人又不能及时处置所造成的损失，也与华龙证券公司不及时结清、归还委托资产有着直接的因果关系。原审法院根据正德公司于 2002 年 5 月 21 日出具给华龙证券公司的两份授权书所作出的“合同到期后，金珠公司是否将‘世纪祥和’账户内的证券及资金结算，收回权益，与华龙证券公司无直接因果关系”的认定，属于事实认定错误，本院予以纠正。

关于资产管理委托协议被确认无效后的处理问题。资产管理委托协议被确认无效后，受托人华龙证券公司应当将委托人金珠公司打入“世纪祥和”账户内的委托资产归还给金珠公司,并按照中国人民银行同期定期存款利率支付相应的利息。对华龙证券公司应当归还"世纪祥和"账户内委托资产本金3000万元与"世纪祥和"账户内委托资产现市值(以本判决生效之日收盘价计算股票市值)之间的差额部分,按照委托理财合同无效,受托人返还委托资产本金并支付相应利息的处理原则,也应由受托人华龙证券公司承担。

【案例来源】

最高人民法院民事审判第二庭编:《民商事审判指导》(总第10辑),人民法院出版社2007年版,第272~286页。

编者说明

就保底条款对合同效力认定和处理的影响而言,因为保底条款属于委托理财合同的目的条款或核心条款,不能成为相对独立的合同无效部分,故保底条款无效应导致委托理财合同整体无效。①

442 一方收取固定回报,另一方承担全部风险,属名为委托理财实为借贷

【关键词】

|委托理财|企业借贷|

【案件名称Ⅰ】

甘肃省科技风险投资有限公司与上海方大投资管理有限公司委托理财合同纠纷案[最高人民法院(2009)民二终字第83号民事判决书,2009.10.19]

【裁判精要】

最高人民法院认为:

(二)关于方大公司与科技公司之间形成何种性质的民事法律关系及如何确认各方应承担的民事责任问题

本案虽然方大公司以委托理财合同纠纷提起诉讼,但方大公司与科技公司之间形成何种法律关系,应由人民法院从相关合同和协议的内容出发依法予以确认。本案中,方大公司与科技公司之间虽然签订了《委托资产管理合同》和《委托资产管理合同补充协议》,但合同和协议内容,均表现为受托方保证到期返还本金和8%的固

① 参见高民尚:《关于审理证券、期货、国债市场中委托理财案件的若干法律问题》,载最高人民法院民事审判第二庭编:《民商事审判指导》(总第9辑),人民法院出版社2006年版,第38页。

定收益。涉案各方不存在投资经营、共担风险的理财性质,而是一方收取固定回报,另一方承担全部风险的行为。因此其法律关系应是名为委托理财实为企业借贷关系,本案案由亦应定为企业借贷纠纷。

【案例来源】

最高人民法院民事审判第二庭编:《最高人民法院商事审判指导案例·合同卷》(上),中国法制出版社 2011 年版,第 11 ~ 18 页。

【案件名称Ⅱ】

上海众颖投资咨询有限公司与海南燕园投资管理有限公司、中信证券股份有限公司上海沪闵路证券营业部、中信证券股份有限公司一般委托合同纠纷案[最高人民法院(2010)民提字第 143 号民事判决书,2011. 1. 11]

【裁判精要】

最高人民法院认为:

关于众颖公司与燕园公司之间签订的《资产委托管理协议》及《补充协议》是否有效的问题。《资产委托管理协议》的签订,在众颖公司、燕园公司及沪闵路营业部三方之间形成了两个方面的法律关系:一是众颖公司与燕园公司之间的资产委托管理关系;二是众颖公司和燕园公司共同作为合同一方与沪闵路营业部之间形成的委托监管关系。就资产委托管理关系而言,协议约定众颖公司委托燕园公司对其 5000 万元现金资产进行资产管理,到期后燕园公司除应返还本金外,还应按年收益率 14. 5% 的标准向众颖公司支付利息 725 万元,可见众颖公司订立该协议的根本目的是追求委托资产的本息固定回报。因此,这一资产委托管理关系是以委托理财为表现形式的企业之间资金借贷,该借贷行为违反国家金融管理法规,损害社会公共利益,依法应认定为无效合同。

……由于众颖公司的资金是交由燕园公司用于证券市场交易,而证券交易本身即面临着多种不确定的风险因素。众颖公司作为机构投资者,应当清醒地认识到证券交易过程的各种风险因素,具备风险防范意识。而在本案中,众颖公司将资金投向证券交易市场,希望通过燕园公司的投机活动给其带来包赚不赔的固定收益,本身已经违背了证券投资的基本规律。根据生效刑事判决的认定,燕园公司非法从事操纵市场的行为失败,是导致众颖公司账户资产损失的主要原因,燕园公司应对众颖公司的损失承担赔偿责任。故原审法院关于众颖公司发生损失的主要原因是犯罪分子以委托理财的方式进行融资并用于操纵证券交易价格所导致的认定正确,本院予以维持。

【案例来源】

最高人民法院民事审判第二庭编:《最高人民法院商事审判指导案例(第五

卷)》(上),中国法制出版社 2011 年版,第 56 ~ 71 页。

443 受托国债投资管理合同补充协议约定受托方在国债管理期末向委托方归还受托本金时按照固定收益率支付投资收益，属企业借贷

【关键词】

｜国债投资管理合同｜固定收益率｜企业借贷｜

【案件名称】

健桥证券股份有限公司与宝鸡钛业股份有限公司委托理财纠纷案［最高人民法院（2005）民二终字第 29 号民事判决书，2005. 4. 29］

【裁判精要】

最高人民法院认为:

宝钛公司与健桥公司于 2003 年 8 月 20 日签订的《受托国债投资管理合同》关于“宝钛公司将其自有资金 6000 万元委托健桥公司进行国债投资;宝钛公司享有投资所生利息收益,并承担国债市场价格等因素造成的投资损失,健桥公司不承诺收益或分担损失;健桥公司不得擅自动用宝钛公司账户内的资金和国债,不得擅自买卖国债;健桥公司收取管理费用”等内容,属于委托理财的权利义务关系。但是双方同日又签订《补充协议》约定,宝钛公司同意健桥公司对国债进行回购交易,回购所得资金由健桥公司自主使用;健桥公司承诺在国债管理期末向宝钛公司归还受托本金时,按照投资年收益率 9% 支付宝钛公司投资收益,作为对宝钛公司授予健桥公司回购资金使用权的补偿。《补充协议》的上述约定,将双方签订的《受托国债投资管理合同》所约定的由健桥公司代为进行国债投资的内容进行了修改,实质内容已经变更为宝钛公司同意健桥公司使用国债回购后的资金,由健桥公司向宝钛公司支付一定比例的资金使用费。双方以这种方式签订合同,实质上是在规避国家法律、法规关于企业间禁止借贷等有关规定。故原审法院认定双方系以委托理财为表现形式的借贷关系有事实和法律依据,本院予以维持。根据《合同法》第五十二条第(三)项关于“以合法形式掩盖非法目的的合同无效”的规定,上述合同应当认定为无效合同。因双方系非法借贷的民事关系,健桥公司取得的是国债回购所得资金,而非国债,故在返还因上述无效合同取得的财产时,健桥公司应当返还其取得的相应资金。健桥公司关于其应当依数依原品种向宝钛公司返还期初购买的国债,或者按照清算时点的市场价格将购买同数量同品种国债所需金额返还,已经向宝钛公司支付过的 270 万元款项直接或折算成一定数量的国债予以抵销的上诉请求,没有法律依据,本院不予支持。原审法院将已支付的 270 万元收益款折抵本金后判决健桥公司偿还宝钛公司 5730 万元款项于法有据,本院予以维持。健桥公司和宝钛公司

对于合同无效均有过错。健桥公司作为专业证券公司，其对合同无效应当承担主要过错责任，宝钛公司承担次要过错责任。对此，原审判决在对返还的5730万元的利息计付上已有体现（即按照活期利率计付利息），符合法律规定，本院予以维持。关于计息起算日期和逾期履行期间的债务利息问题，原审判决不违反法律规定，本院亦予维持。健桥公司的有关上诉请求没有法律依据，本院不予支持。原审判决在认定健桥公司和宝钛公司对合同无效均有过错的前提下，将一审案件受理费和保全费全部判决由健桥公司负担确属不当，本院对此予以变更。

【权威解析】

（一）关于本案法律关系的确定

本案宝钛公司与健桥公司于2003年8月20日同时签订了《受托国债投资管理合同》和《补充协议》两份合同，表面看双方为委托理财法律关系。但从双方签订的上述两份合同的内容和细究当事人双方的真实意思表示看，双方实为借贷的法律关系。《受托国债投资管理合同》关于"宝钛公司将其自有资金6000万元委托健桥公司进行国债投资；宝钛公司享有投资所生利息收益，并承担国债市场价格等因素造成的投资损失，健桥公司不承诺收益或分担损失；健桥公司不得擅自动用宝钛公司账户内的资金和国债，不得擅自买卖国债；健桥公司收取管理费用"等规定。确属委托理财的内容。但是，在签订该合同的同日，双方所签订的《补充协议》明确规定，宝钛公司同意健桥公司对国债进行回购交易，回购所得资金由健桥公司自主使用；健桥公司承诺在国债管理期末向宝钛公司归还受托本金时，按照投资年收益率9%支付宝钛公司投资收益，作为对宝钛公司授予健桥公司回购资金使用权的补偿。《补充协议》的上述约定，将双方签订的《受托国债投资管理合同》所约定的由健桥公司代为进行国债投资的内容进行了全面的修改，实质内容已经变为健桥公司使用宝钛公司国债回购后的资金，而由健桥公司向宝钛公司支付一定比例的资金使用费。双方之所以以这种方式签订合同，实质上是在规避国家法律、法规关于企业间禁止借贷等有关规定。故原审法院认定双方系以委托理财为表现形式的借贷关系有事实和法律依据。应予维持。

（二）合同效力及处理

1.合同的效力问题。因双方签订的《受托国债投资管理合同》和《补充合同》系以所谓的受托国债投资管理的合法形式掩盖双方非法借贷的真实目的，故根据《合同法》第五十二条第（三）项关于"以合法形式掩盖非法目的的合同无效"的规定，上述合同应当认定为无效合同。

2.合同无效财产返还问题。因双方系非法借贷的法律关系，健桥公司取得的是国债回购所得的资金，而非国债，故在返还因上述合同取得的财产时，健桥公司应当返还其取得的相应资金。健桥公司关于其应当依数依原品种向宝钛公司返还期初购买的国债，或者按照清算时点的市场价格将购买同数量同品种国债所需金额返还，已经支付的270万元予以冲抵的上诉请求，没有法律依据，不予支持。原审法院判决健桥公司偿还宝钛公司5730万元款项应予支持。

3. 缔约过失责任的分担问题。对于合同的无效，应该说双方均有过错，但健桥公司作为专业证券公司，理应对《证券法》的相关规定熟知，其对合同的无效应当承担主要的过错责任，宝钛公司承担次要的过错责任。①

【案例来源】

最高人民法院民事审判第二庭编：《民商事审判指导》（总第10辑），人民法院出版社2007年版，第241～247页。

444 资产委托管理协议无效，其固定收益条款亦无效

【关键词】

|资产委托管理协议|固定收益条款|

【案件名称】

方正证券股份有限公司与航天科工资产管理有限公司等债权转让纠纷案［最高人民法院（2015）民二终字第386号民事判决书，2017.4.10］

【裁判精要】

最高人民法院认为：

二、关于涉案资金损失数额的确认问题

长沙中院99号刑事判决查明，因大盘不稳和融资户强行平仓等因素，航天科技公司股票价格大跌。至2005年12月，证监会介入调查为止，航天火箭公司划转给泰阳证券公司资金，除泰阳证券公司返还部分款项外，其余资金未能得到清偿。而案涉2亿元资金是航天火箭公司从银行贷款取得，航天火箭公司的实际资金损失不仅包括2亿元本金，还包括贷款利息。本院参照中国人民银行同期贷款利率确认航天火箭公司的利息损失，并自航天火箭公司将最后一笔资金划转到李某指定的银行账户时，即2001年12月12日起算。

方正证券公司上诉称已偿还航天火箭公司4857.316909万元。本院认为，方正证券公司在二审中提交的招商证券公司《保证金转出凭单》等证据不能证明航天火箭公司已取得或实际控制涉案18011918资金账户内3445.884622万元款项，故方正

---

① 参见刘敏：《委托理财合同的性质认定和责任承担——健桥证券股份有限公司与宝鸡钛业股份有限公司委托理财纠纷上诉案》，载最高人民法院民事审判第二庭编：《民商事审判指导》（总第10辑），人民法院出版社2007年版，第247～248页。

证券公司上诉称该笔款已由泰阳证券公司返还给航天火箭公司，应不予支持。另外1411.432287万元款项，航天资产公司、航天火箭公司二审庭审中认可其中667万元是泰阳证券公司支付的资金利息，并称其他款项是泰阳证券公司返还给陈某个人的借款。本院认为，方正证券公司提供的证据显示，2004年至2005年期间，多家证券公司营业部向银融通公司转款1411.432287万元。银融通公司系航天火箭公司下属的子公司，案涉2亿元资金亦是通过银融通公司账户划转到中安经济公司、鑫卫科技公司的资金账户，可见该账户系由航天火箭公司实际控制，且航天火箭公司认可的667万元资金亦是通过该账户支付的。虽然，航天资产公司、航天火箭公司辩称其他744.432287万元款项（1411.432287万元－667万元）是泰阳证券公司返还给陈某个人的借款，但未提供证据支持，且部分款项明确载明为“收回投资款”；2006年10月10日，监察部驻国防科工委监察局在《关于航天科工集团下属固体运载火箭公司陈某违纪违法问题调查情况报告》中也查明泰阳证券公司已归还1411万多元。方正证券公司主张泰阳证券公司已偿还航天火箭公司1411.432287万元，有证据支持。航天资产公司、航天火箭公司的抗辩理由不能成立。原审判决仅以《询证函》中载明的欠款数额作为认定航天火箭公司的资金损失的依据，与泰阳证券公司已偿还部分资金的事实不符，本院予以纠正。泰阳证券公司与航天火箭公司没有明确已偿还的1411.432287万元是本金还是利息。《合同法解释（二）》第二十一条规定：“债务人除主债务之外还应当支付利息和费用，当其给付不足以清偿全部债务时，并且当事人没有约定的，人民法院应当按照下列顺序抵充：（一）实现债权的有关费用；（二）利息；（三）主债务。”根据上述规定，泰阳证券公司已付的1411.432287万元应首先从欠付的利息中予以扣除。

此外，《资产委托管理协议》等协议因违反了《合同法》第五十二条第（三）项的规定，属于无效协议，协议中约定的年收益15%固定回报，亦应属于无效条款。航天火箭公司主张固定收益款，已失去合同依据。《合同法》第八十二条规定：“债务人接到债权转让通知后，债务人对让与人的抗辩，可以向受让人主张。”根据该条规定，方正证券公司作为泰阳证券公司的吸收合并方，承继了泰阳证券公司的权利与义务，其对航天火箭公司的抗辩，仍然可以向债权受让人航天资产公司主张。故《资产委托管理协议》等协议被确认无效后，航天资产公司也无权向方正证券公司主张3000万元的固定收益款。

【案例来源】

中国裁判文书网，http://wenshu.court.gov.cn。

445 资产委托管理协议无效，各方应按其过错承担责任

【关键词】

｜资产委托管理协议｜过错责任｜

【案件名称】

方正证券股份有限公司与航天科工资产管理有限公司等债权转让纠纷案［最高人民法院（2015）民二终字第 386 号民事判决书，2017. 4. 10］

【裁判精要】

最高人民法院认为：

三、关于航天火箭公司对涉案资金损失应否承担过错责任及责任范围的确认问题

航天火箭公司委托泰阳证券公司的理财资金，因陈某、李某等人的违法犯罪行为亏损近 2 亿元。根据证监会证监函〔2006〕269 号《关于泰阳证券有限责任公司、湖南华天酒店有限公司、航天固体运载火箭有限公司、施某等涉嫌犯罪的移送函》、长沙中院 99 号刑事判决查明的事实，李某操纵航天科技公司股票价格期间，航天火箭公司的 2 亿元资金基本亏损殆尽；而陈某委托刘某操纵航天科技公司股票价格期间，则挽回了部分损失。本院认为，陈某、李某能够借助签订《资产委托管理协议》等协议的合法形式，实现操纵航天科技股票的价格的非法目的，并造成巨额资金损失，与时任泰阳证券公司执行总裁李某滥用公司高管职权，违规提供股票操控平台，并委派专业人员炒作航天科技公司股票存在直接因果关系。泰阳证券公司作为经营证券、理财等专业机构，本应依法、合规经营业务，却未严格履行对公司高级管理人员的监管职责，放任李某以公司名义从事上述违法行为，且李某本人操纵航天科技公司股票价格期间，致航天火箭公司 2 亿元资金严重亏损，故泰阳证券公司对涉案资金损失应承担主要责任。此外，航天科工集团、航天火箭公司的主要领导违规决定大额资金运作，放任陈某违规划转资金，致涉案 2 亿元资金被陈某、李某在航天火箭公司、泰阳证券公司资金账户之外违法、违规运作，也是导致涉案资金损失的原因之一，航天火箭公司对于涉案资金损失也应负有一定过错责任。根据航天火箭公司过错程度，本院酌定其承担 30% 的过错责任。方正证券公司上诉称航天火箭公司涉案资金损失亦应承担相应的过错责任，理由成立，应予支持。为此，方正证券公司作为泰阳证券公司的吸收合并方，应承担航天火箭公司 2 亿元资金损失 70% 的返还责任，即 1. 4 亿元本金及利息。因航天火箭公司已将该部分债权转让给航天资产公司，故方正证券公司应向航天资产公司承担返还责任。

【案例来源】

中国裁判文书网，http://wenshu. court. gov. cn。

(四)委托理财交易纠纷

446 资产管理人基于商业判断作出的正常投资行为，如果尽到善良管理义务，即不应承担交易损失

【关键词】

| 资产管理人 | 商业判断 | 善良管理义务 |

【案件名称】

西能科技公司诉国泰君安证券公司委托管理资产合同纠纷案［最高人民法院（2003）民二终字第182号民事判决书，2004.2.19］

【裁判精要】

裁判摘要:资产管理人根据资产管理委托协议,在股市证券买卖交易中,基于商业判断而作出的正常投资行为,只要尽到了善良管理义务,不存在明显的过错,就不应承担交易损失的后果。

最高人民法院认为:

本案诉争双方系以证券市场投资为目标的委托资产管理合同关系。国泰君安公司作为一家经主管部门批准从事受托投资管理业务的综合类证券公司,具有受托投资管理业务的经营资质,其与西能公司之间签订的《资产管理委托协议书》和《延期协议》,系双方当事人真实意思表示,不违反法律、行政法规的禁止性规定,应认定合法有效。

根据本院查明的事实,国泰君安公司在原审举证期限届满前提出了延期举证的申请,原审法院亦同意其延期提交证据,国泰君安公司在延长期限内提交了股票对账单,未超过举证期限。西能公司在一审中已放弃对该股票对账单进行质证的权利,在二审庭审中对上述对账单的内容的真实性虽表示质疑,但其不能提供反证推翻国泰君安公司所出具的证据,又放弃了对上述证据进行鉴定审计的诉讼权利,故,本院确认该股票对账单可以作为认定本案事实即《资产管理委托协议书》终止时委托资产余额的证据。原审法院对本案证据的质证活动,符合证据规则,西能公司关于原审庭审质证违反证据规则的主张没有事实依据,本院不予采信。

《资产管理委托协议书》约定国泰君安公司在不违反委托人利益的前提下,有权自主操作资金专用账户的资金买卖及持有在境内合法的金融市场合法投资的品种。但不得为资金专用账户安排任何形式的借贷或其他负债资金。西能公司举证称国

泰君安公司在资产管理中有两笔存在高买低卖、低卖高买、转移西能公司账户盈利、虚构收益的情形,构成对西能公司的欺诈。但西能公司没有证据证明国泰君安公司在证券交易过程中存在违反法律的行为以及在证券交易中存在明显过错和转移西能公司账户盈利的事实。在股市证券买卖操作中,国泰君安公司基于商业判断而作出的正常投资行为,即使出现投资判断失误,但其只要尽到了合同约定的谨慎、勤勉的管理人义务,不存在明显过错,就不能以受托人当时的商业判断与市场后来的事实发展相悖为由,要求其承担赔偿责任。且本案经营股票交易的损失也属于股市行情处于低迷情况下的正常风险损失。因此在长期的大额股票交易中西能公司仅以存在两笔高买低卖的情形,主张国泰君安公司在委托理财过程中违反了善良管理义务,构成对西能公司欺诈,显然证据不足。根据《延期协议》第1条约定,国泰君安公司按资产本金的6%向西能公司支付收益。西能公司据此认为国泰君安公司虚构收益,构成了对西能公司的欺诈。因双方在签订《延期协议》时,原协议还未到期,且在当时不可能知道到期时的收益,国泰君安公司付款时注明该款项是"预付"委托投资收益款,但西能公司在签署时单方划去了"预"字。之后,国泰君安公司在向西能公司支付该600万元的付款凭证上,也注明付款用途是"收益预分"。据此可以认定,《延期协议》所确定的600万元是预收益,国泰君安公司不存在虚构盈利问题;因此,对西能公司关于国泰君安公司高买低卖股票,转移西能公司账户盈利,虚构收益,构成对西能公司的欺诈,应当承担相应后果的上诉理由,本院不予支持。

《资产管理委托协议书》第6条第2款第(1)项规定,国泰君安公司应"严格遵守现行法律的各项规定和本协议的各项规定,谨慎与勤勉地进行资产管理义务,确保委托资产的安全与稳定收入;如因未尽该义务导致甲方委托资产损失的,则应对甲方委托资产的损失予以赔偿,赔偿范围以足以弥补委托资产总额为限"。第(4)项规定,"在委托期限内定期(每月、年度和委托期限终止时)向甲方提供资产管理报告"。由此可见,双方在委托协议中区分了谨慎、勤勉管理人义务与提供资产管理报告义务,国泰君安公司向西能公司提交资产管理报告的义务,并不属于双方协议第6条第2款第(1)项约定的"谨慎与勤勉地进行资产管理"的范畴。一审判决认定西能公司的委托资产损失是股市行情处于低迷环境下的正常风险损失、国泰君安公司在受托管理过程中不存在明显过错,并无不当。对西能科技要求判令国泰君安公司返还全部委托资金的诉讼请求,本院不予支持。

国泰君安公司于2003年11月12日主动向西能公司归还了人民币3070万元,对于上述已偿还的本金及相应的滞纳金、利息,应在本案执行中予以扣除。

【案例来源】

《中华人民共和国最高人民法院公报》2004年第8期。

447 客户将其国债交由证券公司理财，证券公司又自行指定信托公司理财，证券公司已承诺向客户返还理财资金，其对信托公司享有追偿权

【关键词】

｜委托理财｜证券公司｜信托公司｜追偿权｜

【案件名称】

兴业证券股份有限公司杭州清泰街证券营业部与庆泰信托投资有限责任公司证券返还纠纷案［最高人民法院（2011）民二终字第33号民事判决书，2011.6.28］

【裁判精要】

裁判摘要：客户将其所有的国债交由证券公司理财，证券公司又自行指定信托公司理财，该三方当事人之间形成了两段法律关系。因证券公司已承诺向客户返还理财资金，故其对信托公司享有追偿权，信托公司应直接向证券公司返还受托理财资金。对于证券公司将信托公司所有的股票强行平仓是否构成侵权的问题，应重点审查证券公司的行为是否具有违法性，是否给信托公司造成实际损失。

最高人民法院认为：

本案纠纷系因清泰街营业部对庆泰公司转入梅小知账户的1401150股“桂林旅游”股票强行平仓而起。本案二审争议焦点为，本案所涉合同的性质及效力；清泰街营业部对争议账户实施的强行平仓行为是否对庆泰公司构成侵权。

关于本案合同性质及效力的认定。依据浙商集团、新世纪公司以及纺织公司分别与清泰街营业部签订的《委托国债保管协议》《委托国债投资补充协议》的约定，三家公司将其所有的票面金额共计3800万元的国债交付给清泰街营业部保管理财一年，清泰街营业部在承诺给付8.2%～9%的固定年收益的同时，又将该3800万元国债自行指定委托庆泰公司理财，庆泰公司通过清泰街营业部向三家公司出具《承诺书》，承诺支付10%～11%的固定年收益。上述约定应当认定为清泰街营业部既与三家公司之间形成了委托理财关系，又基于牟取利差的目的与庆泰公司之间形成了委托理财关系。因案涉所有委托理财合同约定的固定返本付息保底条款违反了《证券法》《信托法》的相关禁止性规定，具有名为理财实为借贷的性质，故本案所有委托理财合同均应当认定为无效。对于三家公司3800万元的理财资金损失，在扣除高额利息400.52万元之后为3399.48万元，应由庆泰公司与清泰街营业部承担连带偿还责任。因清泰街营业部已在案外向三家公司承诺返还合计3850.33万元委托理财资金，故其对庆泰信托享有追偿权，庆泰公司应当向清泰街营业部返还受托理财本金及利息。

本案争议的主要问题是，清泰街营业部对庆泰信托所有的1401150股“桂林旅

游”股票强行平仓是否构成侵权的问题。因庆泰公司是接受清泰街营业部而非三家公司的委托从事理财行为的，所以该双方之间形成的是直接委托理财关系。在庆泰公司对清泰街营业部负有上述债务的情况下，根据庆泰公司出具的《承诺书》，在出现受托现金或国债的价值低于初始资金 3399.48 万元的 90% 即 3059.532 万元的情况下，清泰街营业部“可以采取一切必要手段追索本金”。2003 年 12 月 4 日之后，“桂林旅游”股票连续八天跌停，上述三家公司账户内的资金、股票市值之和已明显低于《承诺书》约定的止损点。在此事实背景下，无论庆泰公司从银河证券转入清泰街营业部梅小知账户的 1401150 股“桂林旅游”股票是用于补仓还是质押融资，均不影响清泰街营业部采取必要措施追索财产以弥补自身同时也是三家公司损失的扩大。清泰街营业部对庆泰公司 1401150 股“桂林旅游”股票强行平仓的行为，虽然缺少相应的合同依据，也减少了庆泰公司的股票资产，但实质上亦减少了庆泰公司的相应债务数额，而且是以较小的代价最大限度地避免了因“桂林旅游”股票持续下跌所造成的更大损失的发生，从“桂林旅游”股票 2003 年 12 月 12 日之后的价格走势看更是如此。所以，清泰街营业部的平仓行为不具有违法性。关于平仓行为是否造成实际损失的问题。经一审、二审质证查明，2003 年 12 月 12 日，清泰街营业部对浙商集团及新世纪公司、纺织公司、梅小知账户开始平仓。上述四个账户平仓后扣除佣金税费后的余额是 29606423.12 元，该资金余额明显低于 3800 万元本金扣除 10% ~11% 高额利息之后的初始资金 3399.48 万元，没有造成庆泰公司的实际损失，没有超出必要的限度。故清泰街营业部不再负有向庆泰信托返还的责任。清泰街营业部的平仓行为既不存在违法性，又不存在损害后果，其关于强行平仓行为不构成侵权的上诉理由成立，本院予以支持。原审法院以清泰街营业部侵害了庆泰信托的合法权益为由判令清泰街营业部按照 2003 年 12 月 4 日 1401150 股“桂林旅游”股票的市值向庆泰信托返还 19475985 元，属部分事实认定不清，适用法律不当，本院予以纠正；庆泰信托提出的此项诉讼请求，本院予以驳回。

【案例来源】

最高人民法院民事审判第二庭编：《最高人民法院商事审判指导案例 7 · 公司与金融卷》，中国法制出版社 2013 年版，第 309 ~319 页。

448 证券公司与受托理财公司建立资产管理合同关系，依理财公司指令划转资金，其对资金损失并无过错，不应对理财公司的委托人承担赔偿责任

【关键词】

| 资产管理合同 | 资金损失 | 赔偿责任 |

【案件名称】

紫光创新投资有限公司与南京证券有限责任公司上海南车站路证券营业部、南京证券有限责任公司、陆卫忠、上海比威实业发展有限公司财产损害赔偿纠纷案［最高人民法院（2010）民提字第115号民事判决书，2010.12.24］

【裁判精要】

裁判摘要：在本案争议账户的开户、指定交易及资金划转等环节，其均由理财公司（受托人）独立进行操作，证券营业部从未与他人就该资产管理事项建立交易关系，其基于受托人的转款指令而划转资金，如不存在其他过错行为，则其对理财公司给委托人造成的损失不承担赔偿责任。

最高人民法院认为：

本案争议焦点是证券公司及证券营业部是否应对紫光创投公司的损失承担赔偿责任。

紫光创投公司与比威公司签订的资产委托管理协议，系双方的真实意思表示，合法有效。紫光创投公司依约提供资金、并经若干过渡性的账户后进入在证券营业部开设的许国柱、张铭、李玉珍、梁淑侠账户，资金及股票的流转过程清楚、明确。原审认定紫光创投公司对四账户内财产拥有所有权，并无不当。

但是，紫光创投公司在开户、指定交易、转托管等环节始终未披露自己的身份，而是委托比威公司全权操作和管理。在本案中，紫光创投公司与证券营业部之间没有形成直接的证券交易委托关系。

本案事实表明，比威公司在证券营业部一直是以自己的名义从事交易活动。在开户环节，四个争议账户中有两个账户是比威公司以其职工许国柱、张铭名义开设；而另外两个账户，紫光创投公司在起诉状中亦认可是其受比威公司的指令而以李玉珍、梁淑侠名义开设的。虽然，紫光创投公司主张在开户过程中其职工王娟曾陪同前往，但没有证据证明王娟向证券营业部披露了紫光创投公司作为争议账户内资产所有人的身份。在指定交易和托管环节，本案争议所涉股票的指定及托管均系基于比威公司的指令进行或者由比威公司直接进行操作。我国证券交易实行的是指定交易和托管制度，争议账户内股票要指定或托管至证券营业部必须在前手券商办理撤销指定或转托管手续。按照当时市场交易惯例，在没有其他权利主体明示主张权利的情况下，比威公司依照操作指令和程序要求，将股票转入在证券营业部开设的争议账户内，且向证券营业部出具了承诺书，明确表明四争议账户内的股票和资金均为其所有。因此，证券营业部不应对比威公司操作、控制该账户的合法性产生怀疑，并阻止其进行正常交易。虽然该承诺书上所盖公章与比威公司在工商机关预留的公章不符，但紫光创投公司未提供证据证明证券营业部对陈二麟代表的比威公司更换公章一事知情，且其未证明比威公司曾向证券营业部预留过该公司的公章，因此，对证券营业部而言，比威公司提交的承诺书、授权书上加盖的公章即为比威公司实际使用的公章。综上，在争议账户开户、指定交易及转托管环节，争议账户的操作均是由比威公司进行控制的，其从未向证券营业部披露过紫光创投公司的所有人身份，证券营业部有充分理由相信比威公司为案涉四账户内资产的所有人或实际控制人。

证券营业部划转款项是基于比威公司的指令所为。首先，虽然文检鉴定结论表明，四份资金账户取款凭单中的日期栏、支取人民币栏及"转入 6620 陆卫忠账号"并非陈二麟所写，取款凭证也没有客户签名。但文件鉴定结论同时也表明，四份资金账户取款凭单中户名、账号、备注栏中的内容均系陈二麟所写，紫光创投公司提出陈二麟当时不可能出现在证券营业部，但并未提供证据证明。其次，比威公司向证券营业部出具承诺书，明确表明四争议账户内的股票和资金均为其所有，承诺由陈二麟对四账户进行的所有业务行为（包括资金存取）承担一切法律责任。最后，关于陆卫忠与比威公司之间是否存在资产委托管理关系问题。尽管证券营业部提供的资产委托管理协议是复印件，但其还提供了相关证据，印证了在上述协议签订后陆卫忠将 3000 万元汇至王大发账户以及比威公司在该账户中进行股票买卖和存取款的事实。陆卫忠亦认可其与比威公司之间签订的资产委托管理合同的真实性。紫光创投公司认为陆卫忠与比威公司之间并不存在资产委托管理协议，陆卫忠打入的 3000 万元只是证券营业部进行的违规融资，但其并未提供证据予以证明。因此，原审认定在陆卫忠与比威公司之间存在着真实的资产委托管理协议关系，证据充分。根据该协议及比威公司向陆卫忠出具的授权书，比威公司将本案中的四账户抵押给了陆卫忠，亦证实了比威公司指令证券营业部将四个账户内的资金划转给陆卫忠的事实。同时，陆卫忠也明确表示其收到了比威公司转出的款项。上述事实形成证据链，证明证券营业部系基于比威公司的指令将款项划转给陆卫忠。紫光创投公司提出证券营业部擅自划款对其构成侵权的主张，因证据不足，本院不予采纳。其请求陆卫忠返还该款项亦没有法律依据。

【案例来源】

最高人民法院民事审判第二庭编：《最高人民法院商事审判指导案例（第五卷）》（下），中国法制出版社 2011 年版，第 663～675 页。

449 资产管理委托协议履行中违约责任认定与处理规则

【关键词】

| 资产管理委托协议 | 违约责任 |

【案件名称】

中国港湾建设（集团）总公司与国泰君安证券股份有限公司委托协议纠纷案［最高人民法院二审民事判决书，2006. 2. 8］

【裁判精要】

最高人民法院认为：

本案的争议焦点是如何认定受托人所应承担的合同义务，以及受托方是否应当承担违约责任，双方在签订履行合同时是否尽到了自己应当履行的义务。

（一）关于国泰君安合同义务的认定

双方当事人对受托人国泰君安依据合同应当承担怎样的合同义务存在较大争议。委托人港湾公司认为受托人国泰君安应当承担“尽早全部变现”的合同义务；而受托人国泰君安认为自己应当承担的是“谨慎勤勉”履行合同的义务。认定当事人的合同义务必须基于争议合同的性质和合同中对当事人义务约定的具体条款。本案中，争议合同的性质是资产管理委托合同，应当适用《合同法》中关于委托合同的相关规定。《合同法》规定委托合同中受托人的义务是处理委托人委托的事务，本案双方当事人签订的协议书第2条第1款也明确规定：“受托方同意在本协议规定之各项条件下接受委托方委托，为其提供资产管理服务。”可见，本案中受托方的基本义务应当是为委托方提供资产管理服务。

在本案所涉合同中，双方当事人对受托方如何履行“为委托方提供资产管理服务”这一基本义务作了具体的约定。协议书第3条第3款规定：“受托人应当本着勤勉尽责的精神，在规定期限内尽早将委托人指定证券账户项下的委托资产全部变现。”该条款是对受托人如何履行“资产管理服务”义务的约定，其中包含两层含义。第一，要求受托人在履行“资产管理服务”义务时要尽到“谨慎勤勉”的高度注意义务，这是对受托人在履行合同义务时主观状态的要求；第二，要求受托人履行“资产管理服务”义务要达到将委托人指定证券账户项下的委托资产“全部变现”的结果，这是对受托人履行合同义务的客观结果的要求。这两层含义都是受托人基本义务的题中之意，受托人对这两项具体义务均应当履行。

对于受托方基本义务中的“全部变现义务”，双方当事人就受托方如何进行操作也做了具体约定。根据协议书第3条第2款、第4条第1款的规定，委托资产市场价格高于每股18元时，受托方有权根据市场情况自主决定委托资产的变现时机和变现价格；如委托资产市场价格低于每股18元且确须变现时，受托方应和委托方协商一致后进行变现操作。可见，在委托资产市场价格高于每股18元时，受托方国泰君安的变现操作是具有较大自主空间的；而在委托资产市场价格低于每股18元时，受托方原则上不能自主决定对委托资产进行变现操作，除非受托方认为确须变现，而且与委托方协商一致后方可进行。通过对这两条限制性条款进行分析可见，在委托资产市场价格长期低于每股18元时,合同条款之间将会出现矛盾,即委托资产价格低于每股18元,而受托方与委托方对变现问题没有进行协商,或者不能协商一致,受托方将无法实现“全部变现”的合同义务。这一问题的症结就在于双方当事人在签订资产管理委托协议时,均对委托资产的市场发展趋势作出了过于乐观的预测,所作预期只是单方向的——基于路桥建设这只股票系奥运板块,加之北京申办奥运成功,与奥运场馆建设有关的股票应当处于长期利好,没有理由对其走势看空,故并没有对委托资产出现长期跌势的情况进行充分考虑。这是双方当事人签订合同时的一个重要背景,也是本案所涉资产合同期满未能及时、全部变现的原因,是导致受托方不能完成受托义务的关键所在。如果仅因未能变现,或者未能按照约定价位变现,即认定完全属于受托方的责任范畴,则有失公允。

(二)关于受托方国泰君安是否应负违约责任问题

在确认了受托方合同义务的基础上,须进一步论证并认定受托方是否存在违约行为,以及如何认定其违约行为。如前所述,受托方依据合同的约定应当承担“为受托方提供资产管理服务”的合同义务。具体而言,就是“谨慎勤勉”的高度注意义务和委托期限内将委托资产“全部变现”的义务。

1. 在委托资产市场价格高于每股18元时,受托方秉着“谨慎勤勉”的态度适当履行了“变现义务”,并没有违反合同约定,故不应承担违约责任。

首先,受托方国泰君安尽到了“谨慎勤勉”义务,其运用专业知识和技能作出合理的投资者暂不投资的决策。证券投资作为一种风险预测行为,不可能做到百分之百的准确,即使专业证券研究和管理机构,也难免在变幻莫测的市场投资中,作出不适当甚至错误的选择。因此,确认受托方的“谨慎勤勉”义务是否履行,不能以受托方作出投资判断的结果是否与股票实际走势完全一致为标准,而是应当以受托方做出该项投资判断的过程是否合理、是否尽到高度注意义务为标准。不能从事后角度对这一判断作出是否准确的评价,而是应当站在当时的市场情况下,考察这样的投资决策是否合理、是否尽到了“谨慎勤勉”义务。根据庭审中双方当事人提交的证据,可以明确受托方的投资决策(抛售或者不抛售)是对委托股票充分的市场调研后作出的。尽管受托方作为专业机构应当承担高度注意义务,但是这并不意味着要求受托方承担投资判断绝对准确的保证责任,依照《证券法》的相关规定,受托方也无权作出盈利的保证。而只是要求受托方承担一般专业机构应当尽到的合理的、高于一般主体的注意义务,即“谨慎勤勉”义务。

其次,受托方也积极履行合同约定的“变现义务”。根据合同的约定委托资产市场价在每股18元以上的时候,受托方是有自主权来决定委托资产的变现价格和变现时机的。这表明,合同赋予了受托方一定的自由度,即委托资产市场价高于每股18元的情况下,是否变现和如何变现在受托方。庭审过程中,委托方提出合同中约定了“尽早”的义务,认为国泰君安并未及时、适当履行该尽早变现义务。然而双方当事人在合同中并没有对“尽早”作出明确的、合理的解释,如何理解这一概念,双方存在争议。而且委托方在庭审过程中也没有对“尽早”的具体含义作出说明。“尽早”是双方当事人对“变现义务”在时间上的约定。而根据合同，双方约定的资产管理委托期限为一年，这是双方当事人关于合同履行期限的约定，也是双方关于“变现义务”在时间上的约定。但是不同的是，一年的合同履行期限制的约定是双方当事人依据合同必须履行的；而“尽早”只是一种倾向性的表述，不具有合同约束力。由于这一表述的具体含义无法确定，因此，追究合同的真实含义，受托方在委托资产市场价高于每股 18 元时的“变现义务”，应当是在一年的履行期限内，在受托人有权自主决定何时变现的情况下，将股票变现。故“尽早”只是一种倾向性的约定，来具有法律拘束力。国泰君安主张自己已经尽到谨慎勤勉义务，在股价高于 18 元的 16 个交易日里，卖出 200 余万股路桥建设股票，不能认为其有违约、懈怠的表现，故不应承担没有在 16 个交易日里逐日卖出股票的违约责任。况且委托方为追求利益最大化，方委托国泰君安出售股票，既然双方一致看好该只股票，也不可能预料到从 2001 年 7 月 25 日之后仅在 16 个交易日里价格高于 18 元/股，国泰君安未逐日售出股票并不违反合同约定。

综上，在委托资产市场价高于每股 18 元的情况下，受托方本着“谨慎勤勉”的态度作出投资判断，并自主决定变现时机、变现价格进行变现，没有违反双方的合同约定，不应承担违约责任。港湾公司以国泰君安违反“尽早”约定，要求国泰君安承担违约责任的理由不能成立，本院不予支持。

2. 在委托资产市场价低于每股 18 元时，受托方并不负有“协商变现义务”，没有积极进行协商亦不构成违约，不应承担违约责任。

协议书第 3 条第 2 款后半部分对委托资产市场价低于每股 18 元时如何处理作出规定：“原则上最低变现价格不得低于每股 18 元。如确须变现而委托资产市场价格又低于每股 18 元的，受托方应和委托方协商一致后进行。”对该条规定的理解，双方当事人存在较大分歧。从追究合同真意的合同解释原则出发，结合合同其他条款及合同签订的背景，双方当事人约定该条款的真实意思是：当委托资产市场价格低于每股 18 元时，受托方原则上是不能随意对委托资产进行变现操作的；如果受托方认为确须变现，也必须征得委托方同意，与委托方协商一致后点才能进行。可见，该条的真实意思并不是赋予任何一方当事人或者双方当事人协商变现的义务，而是在委托资产价格低于每股 18 元时，为防止受托方随意进行委托资产变现而作出的一种限制。据此，在委托资产市场价格低于每股 18 元时，合同并没有约定受托方承担协商变现的义务，违约责任自然无从谈起。原审法院认为 18 元以下属于市场因素导致不能按照约定变现，且港湾公司也并无适当理由和依据证明国泰君安应当承担价格下跌所造成的差价损失，所以，国泰君安不应对因市场因素导致股票价格下跌，造成不能在 18 无以上变现的损失承担违约责任，该认定符合市场发展变化实际情况，法院予以认可。港湾公司并未要求国泰君安在低于 18 元时以何种价位变现，不能将因此造成的损失归咎于受托方国泰君安。

3. 受托方没有履行合同约定的"全部变现义务",应当承担违约责任,但不应承担未卖出股票的市场差价损失。

协议书第3条第3款明确规定,受托方应当在委托期限内将委托资产全部变现。而在委托期限届满之时,受托方仅将委托资产的1/5进行变现,没有按照合同约定履行全部变现的合同义务,已构成违约。根据协议书第8条第2款的规定,违约方应当向对方支付本下委托资产期初余额5%的违约金。但是,由于本案双方当事人在签订合同过程中,均对委托资产发展趋势作出过于乐观的预测,导致合同约定不周延、不明确,进而最终造成受托方无法按照合同的约定履行"全部变现义务"。可以说,双方当事人对此结果的产生均有责任。作为委托方的港湾公司对自己的资产的变现和资产现值的安全,应当予以关心,在股市长期下跌过程中是否及时平仓,即超出协议约定的18元的界限进行操作,应当作出明示,否则,即应视为对国泰君安未进行变现操作的认可。毕竟本案所涉股票未能全部变现,国泰君安未能全部履行其应当承担的合同义务,故其主张不应承担违约责任的理由并不能成立,本院不予支持。尽管国泰君安未占用变现资金,擅自占有、挪用余下股票,未对港湾公司构成股票侵权,但客观上作为专业证券机构,未能全面履行合同义务,实现委托方港湾公司利益最大化,已构成违约。根据公平原则,受托方应承担未能全部变现的主要违约责任。

【案例来源】

吴庆宝主编:《权威点评最高法院民商法指导案例》,中国法制出版社2010年版,第175~187页。

450 委托理财账户内资金被犯罪嫌疑人提取,客户有过错的,应当承担相应民事责任

【关键词】

|委托理财|账户资金|过错责任|

【案件名称】

中国南航集团财务有限公司与长城证券有限责任公司深圳深南大道证券营业部、长城证券有限责任公司其他证券权益纠纷案[最高人民法院(2013)民抗字第20号民事判决书,2014.10.14]

【裁判精要】

最高人民法院认为:

根据本案查明事实,南航财务公司与好世纪公司签订《委托理财协议书》,南航

财务公司依约提供资金，并将资金转至在深南大道营业部开设的陈志远和刘映兰账户，但在涉案证券账户开户过程中，南航财务公司并未向深南大道营业部明示身份，黎敏、徐建良在整个过程中亦没有向深南大道营业部披露过涉案证券账户中保证金的实际来源是南航财务公司，深南大道营业部也无从知晓黎敏与徐建良是南航财务公司的代理人。故本案中南航财务公司与深南大道营业部之间没有形成直接的证券交易委托合同关系。现涉案证券保证金被黎敏通过犯罪行为从深南大道营业部提取，该保证金的实际所有人南航财务公司以涉案证券保证金未经许可被提取造成其损失为由主张深南大道营业部和长城证券公司赔偿，原审以证券保证金提取侵权纠纷案由审理本案并无不妥。

涉案证券保证金之所以被提取导致南航财务公司损失直接原因在于黎敏的犯罪行为，其犯罪事实已经生效的（2004）粤高法刑二终字第379号刑事判决所确认。黎敏是好世纪公司的法定代表人，其在履行职务的过程中实施犯罪行为提取了南航财务公司涉案证券保证金，因此，在民事责任方面好世纪公司无疑应当承担侵权责任，承担南航财务公司的全部损失。但本案在南航财务公司选择仅起诉深南大道营业部和长城证券公司，拒绝追加好世纪公司为共同被告，且好世纪公司已于2005年被依法公告吊销的情况下，解决问题的关键在于深南大道营业部和长城证券公司在黎敏提取保证金过程中是否有过错，应否为南航财务公司的保证金损失承担责任。

南航财务公司和好世纪公司借用他人身份证在深南大道营业部开立证券账户时，为保证存放在该账户内本案资金的安全，与该营业部约定，需南航财务公司的代理人与好世纪公司法定代表人同时到场办理业务。该约定作为特别约定，效力优于凭密码交易等格式条款的效力，深南大道营业部应当遵守。由于深南大道营业部未尽审慎注意义务，未能防止本案资金被好世纪公司法定代表人仅凭其本人身份证件、伪造的南航财务公司代理人徐建良的委托书和账户密码非法挪用，故深南大道营业部在本案中存在过错，客观上为黎敏提取账户内的证券保证金提供了方便，该行为与损害后果之间具有一定的因果关系，应承担相应的损害赔偿责任。原审法院关于深南大道营业部上述过错的认定并无不妥，本院予以支持。

涉案《证券交易委托代理协议书》甲方即投资人处签名的是黎敏和徐建良本人。徐建良、黎敏是投资者，是借用陈志远、刘映兰的身份证进行证券交易。更为重要的是，本案中，徐建良、黎敏还共同向深南大道营业部出具了《责任承诺书》，依据该《责任承诺书》足以表明账上资金及证券来源、使用、转入和调出等均由徐建良、黎敏负责，徐建良、黎敏完全有权利从事转入转出资金等操作，后果由徐建良、黎敏承担。可见，在南航财务公司并未向深南大道营业部明示身份，黎敏、徐建良在整个过程中亦没有向深南大道营业部披露过涉案证券账户中保证金的实际来源是南航财务公司，深南大道营业部也无从知晓黎敏与徐建良是南航财务公司的代理人。对深南大道营业部而言，徐建良、黎敏就是涉案资金所有者，是本案证券的投资者。南航财务公司在深圳市中级人民法院一审重审开庭中亦明确陈述，在开户的时候徐建良和黎敏都知道资金提取密码,委托黎敏和徐建良共同处理账户上的所有权益,表明南航财务公司实际授权黎敏控制理财资金。而在现代交易行为中,无论是委托人本人或其授权的其他人使用了取款密码进行交易,都应视为本人的行为,故南航财务公司自身对损失的造成存在重大过错。检察机关关于"原审没有认定南航财务公司的过错,判令深南大道营业部承担全部责任适用法律错误"的抗诉理由成立,本院予以支持。

深南大道营业部承担责任的原因并不是与黎敏代表的好世纪公司对南航财务公司共同侵权,而是因为其违反了《证券交易委托代理协议书》中的相关审核的规定,对大额资金管理未尽到审慎注意义务。深南大道营业部与黎敏代表的好世纪公司各自不同的主观过错及其各自的行为与损害后果之间不同的关联关系,决定了深南大道营业部应承担的是补充赔偿责任。

综上,根据《民法通则》第一百零六条"公民、法人由于过错侵害国家的、集体的财产,侵害他人财产、人身的,应当承担民事责任",参照第一百三十一条"受害人对于损害的发生也有过错的,可以减轻侵害人的民事责任"之规定,本院酌情认定深南大道营业部对好世纪公司无力返还南航财务公司款项的25%承担补充赔偿责任。深南大道营业部不具有法人资格,长城证券公司依法应为深南大道营业部的债务承担清偿责任。深南大道营业部和长城证券公司在向南航财务公司承担赔偿责任后可向黎敏和好世纪公司追偿。

【权威解析】

在现实的证券交易中,机构出于某种目的(或为规避监管抑或基于其他原因),以自然人名义开设账户并进行操作,是本案当事人发生法律关系当时证券市场上普遍存在的客观情况。在涉案证券账户开户过程中,南航财务公司并未向深南大道营业部明示身份,黎敏、徐建良在整个过程中亦没有向深南大道营业部披露过涉案证券账户中保证金的实际来源是南航财务公司,深南大道营业部也无从知晓黎敏与徐建良是南航财务公司的代理人。故本案中南航财务公司与深南大道营业部之间没有形成直接的证券交易委托合同关系。但根据本案查明事实,南航财务公司与好世纪公司签订《委托理财协议书》,系双方的真实意思表示,合法有效。南航财务公司依约提供资金,并将资金转至在深南大道营业部开设的陈志远和刘映兰账户,资金流转过程清楚、明确,涉案证券保证金的实际所有人为南航财务公司。南航财务公司将涉案证券保证金交与深南大道营业部后,深南大道营业部便负有对资金的法定保管义务和责任。现涉案证券保证金被黎敏通过犯罪行为从深南大道营业部提取,南航财务公司以涉案证券保证金未经许可被提取造成其损失为由主张深南大道营业部和长城证券公司赔偿,原审遂以证券保证金提取侵权纠纷案由审理本案并无不妥。检察机关关于"南航财务公司起诉时的请求权基础是违约之诉,因南航财务公司与深南大道营业部之间不存在合同关系,其违约之诉依法不应支持"的抗诉理由,不利于当事人诉求利益的维护，亦不利于本案纠纷的实质解决。

涉案证券保证金之所以被提取导致南航财务公司损失直接原因在于黎敏的犯罪行为，其犯罪事实已经生效的（2004）粤高法刑二终字第379号刑事判决所确认。黎敏多次授意李旭模仿南航财务公司负责人徐建良的笔迹书写虚假委托书，从双方共管深南大道营业部取出涉案保证金。后黎敏为应付南航财务公司的查账，又私刻证券营业部对账专用章，伪造虚假对账单提供给南航财务公司。黎敏是好世纪公司的法定代表人，其在履行职务的过程中实施犯罪行为提取了南航财务公司涉案证券保证金，因此，在民事责任方面好世纪公司无疑应当承担侵权责任，承担南航财务公司的全部损失。但本案在南航财务公司选择仅起诉深南大道营业部和长城证券公司，拒绝追加好世纪公司为共同被告，且好世纪公司已于2005年被依法公告吊销的情况下，解决问题的关键在于深南大道营业部的行为是否给南航财务公司造成损失，其行为是否也构成侵权。如果构成侵权，深南大道营业部应当就直接侵权人好世纪公司不能清偿的赔偿金额承担的责任性质以及责任大小比例如何确定。①

【案例来源】

中国裁判文书网，http://wenshu. court. gov. cn。

451 资产管理人未经委托人同意擅自解除案涉股票质押，违反受托人的诚实守信、审慎尽责义务，应在质押股票价值范围内承担赔偿责任

【关键词】

｜委托理财｜解除质押｜赔偿责任｜

【案件名称】

东北证券股份有限公司与吉林敦化农村商业银行股份有限公司合同纠纷案［最高人民法院（2018）最高法民终363号民事判决书，2018. 9. 15］

【裁判精要】

最高人民法院认为：

本案中，恒丰银行南通分行与东北证券签订的《资管合同》，东北证券与吉林昊融公司签订的《特定股权收益权转让与回购合同》《股权质押合同》，敦化农商行与恒丰银行南通分行签订的《定向资产计划受益权转让协议》《定向资产计划受益权

① 参见杨心忠：《账户密码失密致理账资金损失的责任认定——中国南航集团财务有限公司与长城证券有限责任公司深圳深南大道证券营业部、长城证券有限责任公司其他证券权益纠纷案》，载杜万华主编：《最高人民法院民商事案件审判指导》（第5卷），人民法院出版社2018年版，第377～378页。

转让协议补充协议》《定向资产计划受益权转让协议补充协议 -2》，以及东北证券与吉林昊融公司签订的《补充协议（二）》《股权质押合同》，均系各方当事人的真实意思表示，内容不违反法律、行政法规强制性规定，一审判决认定合法有效正确，本院予以确认。

二、关于东北证券应否承担解除对 800 万股吉恩镍业股票质押的民事责任，责任范围、标准应如何确定的问题

案涉《资管合同》第十条约定：（一）越权交易的界定。越权交易是指管理人的投资交易指令违反法律法规及本合同约定禁止的超买、超卖投资限制行为。但所有经委托人回执确认的交易都不在越权交易之列。（二）越权交易的处理程序。1. 管理人应向委托人和托管人主动报告越权交易，在限期内，委托人和托管人有权随时对通知事项进行复查，督促管理人改正。管理人对委托人和托管人通知的越权事项未能在限期内纠正的，托管人应报告中国证监会。2. 越权交易所发生的损失及相关交易费用由管理人负担，所发生的收益归本委托财产所有；第十六条第一款约定：任何一方不履行本合同或履行本合同不符合约定的，构成违约。对于因此给守约方造成的直接损失，违约方应承担相应的赔偿责任。从本案已经查明的事实和上述合同内容看，东北证券未经委托人敦化农商行的同意擅自解除对作为质物的 800 万股吉恩镍业股票质押的行为，不属于上述《资管合同》界定的“越权交易”行为，但是，东北证券作为资产管理人在未经委托人敦化农商行同意的情况下擅自解除对案涉股票的质押，违反资产管理人受托理财秉承的诚实守信、审慎尽责，保护委托资产安全等资管合同约定的义务，与资本市场专业管理人应遵守的基本执业操守相悖，构成违约，依法应承担相应的违约赔偿责任。东北证券上诉主张不承担赔偿责任，理由不能成立，本院不予支持。另据查明的事实，案涉 800 万股吉恩镍业股票仍登记在吉林昊融公司证券账户中。因此，东北证券解除对 800 万股股票的质押，所导致的法律后果是敦化农商行就该部分股票所享有的质权的灭失，而非质物的灭失。《物权法》第一百七十四条关于“担保期间，担保财产毁损、灭失或者被征收等，担保物权人可以就获得的保险金、赔偿金或者补偿金等优先受偿。被担保债权的履行期未届满的，也可以提存该保险金、赔偿金或者补偿金等”的规定，规范的是担保财产被毁损、灭失或者被征收时的责任承担问题，而本案中作为担保物的吉恩镍业股票并未灭失，该规定不适用于本案。一审法院适用该条规定不当，本院予以纠正。

东北证券的擅自解押行为导致敦化农商行丧失就质押的 800 万股股票行使质权而优先受偿的权利，应在该股票价值范围内承担相应的赔偿责任。《物权法》第一百七十条第二款、第三款规定：“担保物权人在债务人不履行或者发生当事人约定的实现担保物权的情形，依法享有就担保财产优先受偿的权利，但法律另有规定的除外。”第二百一十九条规定：“债务人不履行到期债务或者发生当事人约定的实现质权的情形，质权人可以与出质人协议以质押财产折价，也可以就拍卖、变卖质押财产所得的价款优先受偿。质押财产折价或者变卖的，应当参照市场价格。”第二百二十

九条规定:“权利质权除适用本节规定外,适用本章第一节动产质权的规定”。据此,质押财产价款可以由质权人和出质人协议折价确定,也可能是通过拍卖、变卖的方式确定。根据查明的事实,吉恩镍业股票于 2016 年 10 月 13 日至 2017 年 1 月 5 日期间停牌,2017 年 1 月 6 日复牌后,2018 年 5 月 2 日停牌,2018 年 5 月 22 日被终止上市,2018 年 5 月 30 日进入退市整理期,退市整理期届满日为 2018 年 7 月 11 日,股价为 1.38 元/股;吉林昊融公司名下 4300 万股吉恩镍业股票仍在质押中,被解除质押的案涉 800 万股股票现仍在吉林昊融公司证券账户中。因质权人和出质人没有协商确定质物价款,在通过拍卖、变卖或其他方式处置前,尚不能确定敦化农商行就案涉 800 万股股票价款能够优先受偿的金额。一审法院按照 2017 年 1 月 6 日复牌首日 6.83 元/股计算案涉 800 万股股票的价值,从而确定东北证券应承担的赔偿金额为 4800 万元,缺乏充分的事实和法律依据。而且,在造成敦化农商行损失的直接原因为吉林昊融公司违约,到期没有履行回购义务,吉恩镍业股票进入停市状态的情况下,如果判令东北证券在敦化农商行主张的 4800 万元范围内承担赔偿责任,将会导致东北证券的不当解押行为反而对敦化农商行有利的结果,实际上由东北证券承担了本应由投资人敦化农商行承担的投资风险,不符合《资管合同》关于由委托人承担风险的约定。因此,本院确定东北证券以吉恩镍业 800 万股股票为限对敦化农商行承担赔偿责任,赔偿金额为该部分股票被处置时的价值。东北证券上诉主张案涉 800 万股股票应与尚处于质押状态的 4300 万股吉恩镍业股票同股同价,理由成立,本院予以支持。

【案例来源】

中国裁判文书网,http://wenshu.court.gov.cn。

四、信托纠纷

452 认定信托是否成立，主要是看委托人和受托人之间是否就订立信托合同形成一致的意思表示

【关键词】

| 信托 | 合同成立 |

【案件名称】

西部信托有限公司与东胜三联汽车维修发展有限公司、鄂尔多斯市三联汽车销售有限公司等合同纠纷案［最高人民法院（2015）民二终字第300号民事判决书，2015.11.11］

【裁判精要】

最高人民法院认为：

《特定资产收益权转让及回购合同》是当事人的真实意思表示，内容合法有效，合同双方均应依约履行。西部信托按约定向东胜三联维修支付了资产收益权转让价款4000万元，履行了合同义务，但东胜三联维修未按约定支付回购价款本金及固定溢价款，构成违约，应承担相应的违约责任。东胜三联维修抗辩主张本案信托项目并未成立，土地并未转让、开发和处置，土地收益权并未实现，其不应支付固定溢价款和违约金。《信托法》第八条第三款规定："采取信托合同形式设立信托的，信托合同签订时，信托成立。采取其他书面形式设立信托的，受托人承诺信托时，信托成立。"因此，认定信托是否成立，主要是看委托人和受托人之间是否就订立信托合同形成一致的意思表示、信托合同是否订立。本案中西部信托提交了与委托方开源证券有限责任公司签订的《西部信托·三联汽修单一资金信托项目资金信托合同》、银行对账单，可以证明三联汽修单一资金信托已经成立并实际募集了4000万元，且该信托资金已经实际支付给东胜三联维修，东胜三联维修主张信托未成立无事实及法律依据，本院不予支持。《特定资产收益权转让及回购合同》中对东胜三联维修支付固定溢价款没有设置前提条件，无论信托项目是否因土地实际开发、处置而获得收益，东胜三联维修均应依约支付固定溢价款，该固定溢价款实际为西部信托通过向东胜三联维修提供信托资金融资而获取的固定回报。东胜三联未支付约定的固定溢价款，显属违约，应承担违约金责任。

【案例来源】

中国裁判文书网,http://wenshu.court.gov.cn。

453 当事人以信托财产上存在权利负担或者他人就该财产享有购买权益主张信托无效的，不予支持

【关键词】

|信托财产|权利负担|信托无效|

【案件名称】

世欣荣和投资管理股份有限公司与长安国际信托股份有限公司等信托合同纠纷案［最高人民法院（2016）最高法民终19号民事判决书，2016.6.6］

【裁判精要】

裁判摘要:(1)资金信托设立时,受托人因承诺信托而从委托人处取得的资金是信托财产;资金信托设立后,受托人管理运用、处分该资金而取得的财产也属于信托财产。

(2)信托财产的确定体现为该财产明确而特定。信托财产的确定要求其从委托人的自有财产中隔离和指定出来,而且数量和边界上应当明确,以便受托人为实现信托目的对其进行管理运用、处分;信托财产上存在权利负担或者他人就该财产享有购买权益,与信托财产的确定属不同的法律问题,也不当然影响信托财产的确定。

(3)当事人以信托财产上存在权利负担或者他人就该财产享有购买权益,主张信托无效的,不能成立。

最高人民法院认为:

东方高圣按照涉诉两份《信托合同》认购信托单位而交付给长安信托的112031000元资金,因世欣荣和公司和长安信托、东方高圣均认可其属于上述《信托合同》项下的信托财产,故本院对该112031000元资金属于受托人长安信托获得的信托财产予以确认。因受托人管理运用、处分信托财产而取得的财产也应归入信托财产,而长安信托以上述资金从鼎晖一期、鼎晖元博处受让涉诉股票收益权系运用信托财产,故世欣荣和公司主张长安信托因此取得的涉诉股票收益权亦属于信托财产,本院予以支持。原审判决认定长安信托从鼎晖一期、鼎晖元博取得的涉诉股票收益权不属于信托财产,有失妥当,本院予以纠正。

信托法律关系中信托财产的确定是要求信托财产从委托人自有财产中隔离和指定出来,而且在数量和边界上应当明确,即,信托财产应当具有明确性和特定性,

以便受托人为实现信托目的对其进行管理运用、处分。本案中,长安信托与鼎晖一期、鼎晖元博分别在相应《股票收益权转让协议》中约定,股票收益权内容包括鼎晖一期持有的9003983股、鼎晖元博持有的2539585股合计11543568股股票的处置收益及股票在约定收益期间所实际取得的股息及红利、红股、配售、新股认股权证等孳息。该约定明确了长安信托所取得的涉诉股票收益权的数量、权利内容及边界,已经使得长安信托取得的涉诉股票收益权明确和特定,受托人长安信托也完全可以管理运用该股票收益权。所以,信托财产无论是东方高圣按照涉诉两份《信托合同》交付给长安信托的112031000元资金,还是长安信托以上述资金从鼎晖一期、鼎晖元博处取得的股票收益权,均系确定。世欣荣和公司主张涉诉两份《信托合同》中信托财产不确定,缺乏事实基础,对其主张本院不予支持。

长安信托从鼎晖一期、鼎晖元博处取得涉诉股票收益权前,鼎晖一期、鼎晖元博等在与世纪光华签订的《关于业绩补偿的协议书》中承诺该协议中的浙江恒逸石化股份有限公司相关会计年度实际盈利未达标时,世纪光华可以回购鼎晖一期、鼎晖元博持有的上述相应股票。在上述股票的收益权转让给长安信托后,上述承诺涉及的问题就是如果上述浙江恒逸石化股份有限公司相关会计年度实际盈利未达标,涉诉股票上世纪光华回购权益就须与长安信托的收益权进行协调。涉诉股票须进行权益协调的问题,与股票收益权确定与否的问题,属不同法律问题,二者没有法律上的关联。涉诉股票权益协调可以按照法律的规定予以解决,权益协调并不当然导致长安信托丧失其所取得的股票收益权。本案中,因长安信托为保障股票收益权实现已取得了该股票的质押权,故,在涉诉股票上长安信托的权利优先于世纪光华。而且,本案中世纪光华也并未回购涉诉股票。所以,涉诉股票并未因世纪光华回购而使长安信托无法拥有股票收益权。世欣荣和公司提出的涉诉股票“所有权”不确定进而股票收益权也不确定之主张,实质是认为世纪光华对涉诉股票的回购权益将使鼎晖一期、鼎晖元博无法拥有股票“所有权”进而长安信托无法享有股票收益权,如前所述,该主张缺乏法律依据,故难以成立。世纪光华就涉诉股票享有的回购权益未对作为信托财产的股票收益权产生法律上的影响,世欣荣和公司以涉诉股票上存在世纪光华回购权益为由否定《信托合同》效力,事实和法律依据均不充分,本院不予支持。

因本案中并无世纪光华向鼎晖一期、鼎晖元博回购股票而受阻之事实,故世欣荣和公司主张《股票收益权转让协议》及《股票质押合同》因使世纪光华回购涉诉股票受阻而损及社会公众股东利益,缺乏事实依据。世欣荣和公司认可世纪光华对涉诉股票享有回购权益属公开披露的事实,所以即使鼎晖一期、鼎晖元博在与长安信托签订的《股票收益权转让协议》中未专门披露上述事实,也不构成恶意串通隐瞒上述事实。而且,世纪光华对涉诉股票的回购权益事实上没有影响长安信托实际取得涉诉股票收益权或处置股票。因此鼎晖一期、鼎晖元博在与长安信托签订上述协议时陈述所称的涉诉股票不存在影响股票收益权转让或处置股票的情况,并无不当,

《股票收益权转让协议》不应属于恶意串通损害第三人东方高圣利益而无效。世欣荣和公司主张《股票收益权转让协议》无效，事实依据不足，其主张难以成立。相应地，世欣荣和公司以该协议无效为依据来主张涉诉两份《信托合同》无效，也不能成立。

原审判决查明的2013年3月7日长安信托向东方高圣发出征询函及东方高圣盖章同意、2014年9月26日兴业银行上海分行向长安信托发出委托指令、2014年10月11日长安信托向东方高圣发出《通知函》的事项，属于涉诉两份《信托合同》履行中的问题。该类问题因不会影响涉诉两份《信托合同》的效力，故本院对其不予审理。因本案中并无证据否定涉诉两份《信托合同》的效力，故世欣荣和公司主张该合同无效，本院不予采纳。世欣荣和公司以上述《信托合同》无效为据主张长安信托返还112031000元认购资金、6065814元保证金及支付相应利息，并主张鼎晖一期、鼎晖元博以及该二合伙企业的普通合伙人鼎晖管理中心承担连带责任，均不能成立，对其主张本院不予支持。世欣荣和公司就原审判决笔误提出的意见，本院予以采纳并予纠正。①

【案例来源】

《中华人民共和国最高人民法院公报》2016年第12期。

454 信托公司可以采用股权收益权转让暨回购的方式管理信托资金，并发行相应的信托计划

【关键词】

｜信托公司｜信托计划｜收益权转让暨回购｜

【案件名称】

五矿国际信托有限公司与广西有色金属集团有限公司营业信托纠纷案［最高人民法院（2016）最高法民终231号民事判决书，2016.9.10］

【裁判精要】

最高人民法院认为：

一、关于本案合同的性质及效力问题

2014年10月24日，信托公司与有色金属公司签订了《回购合同》，约定有色金

① 本案二审判决后，世欣荣和公司向最高人民法院申请再审，最高人民法院审查后裁定予以驳回。参见最高人民法院（2016）最高法民申3605号民事裁定书（2016.12.23），载中国裁判文书网，http://wenshu.court.gov.cn。

属公司将其持有的再生金属公司 87.37% 的股权收益权转让给信托公司,信托公司以其发起设立的信托公司—有色金属公司股权收益权投资集合资金信托计划项下募集的信托资金受让该项股权收益权,转让价款为人民币 5 亿元。信托公司取得特定股权收益权后,有色金属公司按照合同约定期限回购全部特定股权收益权并支付回购价款。依据信托公司—有色金属公司股权收益权投资集合资金信托计划,信托公司与案外委托人之间形成了信托法律关系;依据《回购合同》,信托公司与有色金属公司之间形成了股权收益权返售回购法律关系。根据《信托公司管理办法》《信托公司集合资金信托计划管理办法》等信托业监管规定,在具体的信托计划项下,信托公司可以采用"买入返售"等信托资金管理模式。信托公司采用股权收益权转让暨回购的方式管理信托资金,并发行相应的信托计划,与信托贷款业务存在区别。《回购合同》第 2.1 条规定:"信托公司取得的特定资产收益权及其产生的全部收益归入信托财产。"该约定说明,在信托公司取得特定资产收益权期间内,特定资产产生的任何收益均属于信托公司所有。因此,信托公司的收益不是固定收益,回购价格应为最低收益。该合同约定的业务内容属于信托公司正常的业务经营活动。本案《回购合同》签订后,信托公司已向其监管单位青海省银监局履行了报备手续,青海省银监局并未提出整改意见。原审法院认定本案合同性质为营业信托性质,并无不当。上诉人有色金属公司关于本案合同属于名为营业信托实为借贷性质的上诉理由不能成立。

本案《回购合同》等相关协议,系各方当事人真实的意思表示,且不违反法律、行政法规的禁止性规定,原审认定其为有效合同,适用法律正确。信托公司依约履行了受让特定资产收益权及支付受让款等合同义务,但合同到期后,有色金属公司未按照约定回购该项资产收益权、返还 5 亿元信托资金的本金及相应的溢价款,已构成违约。据此,信托公司主张有色金属公司应按照合同约定的方式,给付特定资产收益权本金及溢价款,证据充分,应予支持。

二、原审判决计算的回购溢价款给付标准是否符合《回购合同》约定

信托公司与有色金属公司签订的《回购合同》约定,回购价款包括回购本金和回购溢价两部分。同时,还约定了提前到期日,对于有色金属公司可能发生的违约行为,约定了提前退出情形下的回购溢价的给付标准。《回购合同》第 3.3.2 条约定:"回购方不得提前支付全部或部分回购本金,否则受让方有权要求回购方支付全部回购本金以及从提前支付日至到期日之间的剩余期间的回购溢价。"根据上述约定,有色金属公司在本案发生与"提前支付"相当的"逾期支付"的情况下,因同属违反合同约定的违约行为,原审判决将回购溢价款按照 5 亿元本金,以约定的利率为标准,自欠息开始日的 2015 年 3 月 20 日起至信托资金约定的回购到期日止,扣除期间已支付的 500 万元,计算为 158665753.43 元,认定事实清楚,合同依据充分。有色金属公司上诉主张信托公司只能主张起诉日之前的回购溢价款,该主张不仅与合同约定不符,而且,信托资金从投资项目的提前退出并不意味着案涉股权收益权投资集

合资金信托计划的提前终止。结合有色金属公司至今仍然占用5亿元信托资金未能归还的客观事实,信托公司起诉请求给付合同约定期限内的全部回购溢价款,事实依据充分。故有色金属公司关于原审判决计算回购溢价款的天数、方式、数额不当的上诉理由,因缺乏事实与法律依据,不能成立。

三、关于违约金的认定问题

在《回购合同》第8条违约责任标题下,第8.3条约定,有色金属公司违约时,信托公司有权自有色金属公司逾期之日起按逾期未付款项的万分之五每日计收违约金;第8.4.1条约定,信托公司有权自有色金属公司违约情形发生之日起要求有色金属公司支付特定资产收益权转让价款的10%作为违约金。上述违约责任条款包含了逾期支付违约金和一次性违约金两种形式。根据查明的事实,有色金属公司应于2015年6月19日向信托公司支付回购溢价款15816438.36元,但有色金属公司并未按期支付。2015年6月25日,信托公司向有色金属公司发送了《督促函》;2015年7月7日,信托公司委托北京市昊凯律师事务所向有色金属公司出具了律师函,要求有色金属公司立即向信托公司支付尚未支付的特定股权收益权回购溢价。有色金属公司于2015年7月10日向信托计划的受益人出具了《还款计划说明》,承诺其将于2015年7月17日前向信托公司支付回购溢价500万元,并于2015年7月24日前向信托公司支付剩余应付未付款项。截至2015年8月7日,有色金属公司仅支付回购溢价500万元,并未支付剩余款项。信托公司于2015年9月28日要求提前回购特定资产收益权,并要求有色金属公司承担违约责任,合同依据充分。原审判决将溢价款部分与本金部分别计算违约金,自有色金属公司逾期之日起至实际给付之日止,按照合同约定的日万分之五给付逾期溢价款158665753.43元部分的违约金,按照5亿元本金部分的10%给付一次性违约金。因计算基数不同,不存在重复计算的问题。而且在《回购合同》规定的可适用的违约金约定中,适用了违约金金额较低的计算方法,不存在显失公平、明显超过实际损失的情形。有色金属公司未能提交证明本案违约金计算标准过高的证据,故对于有色金属公司提出的关于调整违约金的上诉请求,本院不予支持。

【案例来源】

中国裁判文书网,http://wenshu.court.gov.cn。

455 信托公司采用资产收益权转让暨回购的方式管理信托资金,并发行相应的信托计划,不同于信托贷款

【关键词】

| 信托公司 | 资产收益权 | 信托贷款 |

【案件名称】

五矿国际信托有限公司与广西有色金属集团有限公司营业信托纠纷案［最高人民法院（2016）最高法民终233号民事判决书，2016.9.12］

【裁判精要】

最高人民法院认为：

一、关于本案合同的性质及效力问题

信托公司成立“信托公司－有色1号集合资金信托计划”后，与案外的信托计划委托人签订《信托公司－有色1号集合资金信托计划信托合同》。信托计划委托人将资金汇入信托公司公司的信托专户，由信托公司作为信托计划的受托人管理信托专户中的信托资金。该合同相对方之间形成了信托法律关系。为履行该份合同，管理受托的信托资金，信托公司与有色金属公司签订《特定资产收益权转让暨回购合同》，约定信托公司以受让并定期返售特定资产收益权的方式，向有色金属公司支付8亿元信托资金，用于购买有色金属公司持有的有色金属公司办公大楼及东盟文化交流中心的收益权，到期后有色金属公司再以回购该资产收益权的方式，向信托公司返还8亿元信托资金及12.8%的回购溢价款。该双方之间形成了收益权返售回购法律关系。

根据《信托公司管理办法》《信托公司集合资金信托计划管理办法》等信托业监管规定，在具体的信托计划项下，信托公司可以采用“买入返售”等信托资金管理模式。信托公司采用资产收益权转让暨回购的方式管理信托资金，并发行相应的信托计划，与信托贷款业务存在区别。《特定资产收益权转让暨回购合同》第2.1条规定：“信托公司取得的特定资产收益权及其产生的全部收益归入信托财产。”该约定说明，在信托公司取得特定资产收益权期间内，特定资产产生的任何收益均属于信托公司所有。因此，信托公司的收益不是固定收益，回购价格应为最低收益。该合同约定的业务内容属于信托公司正常的业务经营活动。信托监管机构对相关信托计划进行监管时，也认可收益权转让和回购业务是不同于信托贷款的业务模式。本案《特定资产收益权转让暨回购合同》签订后，信托公司已向其监管单位青海省银监局履行了报备手续，青海省银监局并未提出整改意见。原审法院认定本案合同性质为营业信托性质，并无不当。上诉人有色金属公司关于本案合同属于名为营业信托实为借贷性质的上诉理由不能成立。

本案《特定资产收益权转让暨回购合同》等相关协议，系各方当事人真实的意思表示，且不违反法律、行政法规的禁止性规定，原审认定其为有效合同，适用法律正确。信托公司依约履行了受让特定资产收益权及支付受让款等合同义务，但合同到期后，有色金属公司未按照约定回购该项资产收益权、返还8亿元信托资金的本金及相应的溢价款，已构成违约。据此，信托公司主张有色金属公司应按照合同约定的方式，给付特定资产收益权本金及溢价款，证据充分，应予支持。

二、原审判决计算的回购溢价款给付标准是否符合《特定资产收益权转让暨回购合同》约定

信托公司与有色金属公司签订的《特定资产收益权转让暨回购合同》约定，回购价款包括回购本金和回购溢价两部分。同时，还约定了提前到期日，对于有色金属公司可能发生的违约行为，约定了提前退出情形下的回购溢价的给付标准。《特定资产收益权转让暨回购合同》第3.3.2条约定："回购方不得提前支付全部或部分回购本金，否则受让方有权要求回购方支付全部回购本金以及从提前支付日至到期日之间的剩余期间的回购溢价。"根据上述约定，有色金属公司在本案发生与"提前支付"相当的"逾期支付"的情况下，因同属违反合同约定的违约行为，原审判决将回购溢价款按照8亿元本金，以年利率12.8%为标准，自欠息开始日的2015年3月20日起至每笔信托资金约定的回购到期日止，计算为181809231.78元，认定事实清楚，合同依据充分。有色金属公司上诉主张信托公司只能主张起诉日之前的回购溢价款，该主张不仅与合同约定不符，而且，信托资金从投资项目的提前退出并不意味着信托公司－有色1号集合资金信托计划的提前终止，结合有色金属公司至今仍然占用8亿元信托资金未能归还的客观事实，信托公司起诉请求给付合同约定期限内的全部收益权溢价款，事实依据充分。故有色金属公司关于原审判决计算回购溢价款的天数、方式、数额不当的上诉理由，因缺乏事实与法律依据，不能成立。

【案例来源】

中国裁判文书网，http://wenshu.court.gov.cn。

编者说明

近年来随着监管机构对于金融创新的鼓励，众多信托公司先后发行了种类繁多的以特定资产收益权为投资标的的信托产品，但对于收益权类信托产品却并没有一个统一的性质认定。资产收益权的法律性质，目前主要争论在于其究竟是一种物权，还是一种债权。多数观点认为，所谓的"资产收益权"本质上并不是一种真正的权利，而仅是基础资产的一项权能。

456 股权收益权转让及回购协议约定返售的标的股权收益权对价系直接在其支付的买入对价基础上增加固定比例的溢价款，实质是融通资金

【关键词】

｜股权收益权转让及回购协议｜固定溢价款｜

【案件名称】

北京天悦投资发展有限公司与安信信托股份有限公司合同纠纷案［最高人民

法院（2017）最高法民终907号民事判决书，2018. 10. 29]

【裁判精要】

最高人民法院认为：

（一）关于案涉合同的性质和效力

1. 案涉《股权收益权转让及回购协议》的性质。人民法院认定民事合同的性质，应根据合同条款所反映的当事人的真实意思，并结合其签订合同的真实目的以及合同的实际履行情况等因素，进行综合判断。安信公司主张案涉《股权收益权转让及回购协议》项下的业务类型属于使用信托财产而从事的"买入返售"业务，符合《信托公司管理办法》第十九条规定的信托财产管理运用或处分方式。根据"买入返售"的应有之义，该信托资金管理业务模式分为买入、返售两个阶段，包含信托公司向合同相对方买入资产、信托公司将该资产返售给该合同相对方的两个转让合同关系。"买入返售"模式的每个阶段，均应符合《合同法》规定的买卖合同的构成要件。本案中，《股权收益权转让及回购协议》主要包括安信公司以3亿元对价购买天悦公司持有的天域公司100%的股权收益权，以及安信公司将该股权收益权以特定对价即3亿元和每年13.5%的溢价款返售给天悦公司两部分内容，在形式上符合《信托公司管理办法》规定的"买入返售"模式。但根据《股权收益权转让及回购协议》约定的具体条款以及协议实际履行情况判断，安信公司并无买入案涉标的股权收益权并承担相应风险的真实意思。第一，《股权收益权转让及回购协议》第一条虽约定标的股权收益权系指收取并获得标的股权的预期全部收益的权利，包括但不限于经营、管理、处置股东分红、转让标的股权产生的所有收益，以及因标的股权产生的其他任何收益，但协议第十条又特别约定安信公司受让标的股权收益权后，天悦公司持有的标的股权仍由其负责管理，天悦公司如收到标的股权收益，应在三个工作日内将其全部收益转入安信公司指定账户。安信公司仅间接获得天悦公司经营、管理、处置、转让标的股权等所产生的收益，并不参与能够产生收益的标的股权的经营管理。第二，《股权收益权转让及回购协议》虽约定安信公司有权获得天悦公司经营管理标的股权产生的收益，但协议第十条又约定协议履行期内天悦公司不得以任何形式分配利润。协议第七条还约定天悦公司应与安信公司签订《股权质押合同》将标的股权质押给安信公司，该标的股权事实上亦实际出质给安信公司，限制了天悦公司通过处置、转让标的股权产生收益的可能。第三，《股权收益权转让及回购协议》第二条约定的标的股权收益权转让对价并无符合市场价值的证明，协议第六条又约定安信公司向天悦公司返售的标的股权收益权对价系直接在其支付的买入对价基础上增加固定比例的溢价款，安信公司并不承担买入标的股权收益权期间的风险。由上，《股权收益权转让及回购协议》在实质上并非《信托公司管理办法》规定的"买入返售"合同，安信公司关于合同性质的主张不能成立。根据《股权收益权转让及回购协议》的具体约定，并结合天域公司、王君瑛、黄北海为天悦公司履行协议提供担保的事实，天悦公司的主要合同目的在于向安信公司融通资金,安信公司的主要合同目的在于向天悦公司收取相对固定的资金收益,一审法院认定双方当事人的真实交易目的在于通过出卖而后回购的方式以价金名义融通金钱,具有事实和法律依据。因案涉《股权收益权转让及回购协议》不属于合同法规定的有名合同,一审判决根据协议性质参照《合同法》分则中最相类似的借款合同的相关规定处理,适用法律正确。

2. 案涉《股权收益权转让及回购协议》及其担保合同的效力。第一,天悦公司通过与安信公司签订《股权收益权转让及回购协议》的形式融通资金,合同目的合法,不属于《合同法》第五十二条第(三)项规定的“以合法形式掩盖非法目的”的合同无效情形。第二,天悦公司举示的盛京银行《风险管理意见》等证据仅能说明该行曾就盛京银行北京分行向天悦公司授信事宜进行过研究,提出过风险管理意见并形成相应会议纪要,但并不能证明盛京银行北京分行完成了对天悦公司的授信,更不足以证明案涉《股权收益权转让及回购协议》项下的资金来源于盛京银行北京分行。天悦公司主张盛京银行与凯盟公司恶意串通,套取金融机构资金又高利转贷,缺乏事实和法律依据。《股权收益权转让及回购协议》“鉴于”部分已明确安信公司系受凯盟公司的委托管理信托资金,并无违反《商业银行法》第四十三条关于银行不得从事信托投资规定的情形。第三,现有证据不能证明本案《股权收益权转让及回购协议》项下的业务系由盛京银行北京分行以不得设立信托的财产设立信托,从而违反了《信托法》的相关规定;本案亦无证据证明《股权收益权转让及回购协议》存在合同法第五十二条第(五)项规定的“违反法律、行政法规的强制性规定”的合同无效情形。案涉《股权收益权转让及回购协议》及《股权质押合同》、《保证合同》、《抵押合同》均系当事人真实意思表示,均依法成立并发生法律效力。天悦公司关于《股权收益权转让及回购协议》及其担保合同无效的主张不能成立。一审法院认定《股权收益权转让及回购协议》及《股权质押合同》、《保证合同》、《抵押合同》有效,各方当事人均应依约履行协议,适用法律正确,本院予以维持。

(二)关于本案天悦公司应承担的各类款项支付责任

1. 天悦公司应支付的本息。安信公司要求天悦公司支付的回购价款中的基本价款在实质上属于归还借款本金。在《股权收益权转让及回购协议》约定的回购时间届至时,天悦公司应当予以归还。安信公司要求天悦公司支付的回购价款中的溢价款在实质上属于支付借款利息。安信公司交付借款后即有权根据协议约定计收利息。因安信公司以信托财产从事对外融通资金业务,该信托财产既非其自有财产,也无证据证明该资金来源于银行、证券等其他金融机构,应参照民间借贷相关规定处理。《股权收益权转让及回购协议》第六条约定回购溢价款以基本价款为基数从转让期限起始日至转让期限届满之日以年利率13.5%计算,该约定年利率未超过应参照适用的《民间借贷解释》第二十六条规定的人民法院应予支持的最高年利率24%,天悦公司应按照协议约定的年利率13.5%计付利息。本案中,安信公司于2013年9月18日分两次向天悦公司账户(尾号为6329)付款3亿元,该付款本金与

《股权收益权转让及回购协议》约定相符，付款期限亦与《股权收益权转让及回购协议》约定的转让期限起始日为同一天。即便安信公司支付该3亿元款项时《股权收益权转让及回购协议》第七条约定的关于"《抵押合同》已签署并生效且安信公司已取得相关权利证明文件"的付款条件尚未成就，亦属于安信公司自愿放宽对天悦公司的付款条件，不能据此否定安信公司向天悦公司实际付款的事实。至于安信公司付款后，天悦公司应如何使用该款项，应遵循双方之间的具体约定。《股权收益权转让及回购协议》第五条约定，天悦公司应严格将转让款用于公司采购建筑材料，不得用于其他用途。安信公司有权对天悦公司标的股权收益权转让项目的资金账户及资金使用进行监管。本案并无证据证明天悦公司提出的符合合同约定用途的用款请求遭到安信公司或监管人的拒绝。天悦公司要求推迟起算溢价款的计算时间并在本金中扣减其已经实际支付的溢价款的主张，缺乏事实和法律依据。一审中，天悦公司、天域公司、王君瑛、黄北海均明确表示对安信公司根据协议约定计算得出本金和利息（回购价款含溢价款）的计算公式和结果没有异议，一审法院依据安信公司诉请的数额判决天悦公司支付本息320375000元，具有事实和法律依据。

2. 天悦公司应支付的违约金。《股权收益权转让及回购协议》没有约定转让期限届满后的逾期利息，而于第十一条约定了天悦公司逾期付款的违约金计算方式，即以天悦公司应付的标的股权收益权转让价款为基数，从逾期付款之日起以年利率20%计算。参照《民间借贷解释》第三十条的规定，出借人与借款人既约定了逾期利率，又约定了违约金或者其他费用，出借人可以选择主张逾期利息、违约金或者其他费用，也可以一并主张，但总计超过年利率24%的部分，人民法院不予支持。因《股权收益权转让及回购协议》约定的逾期违约金低于上述司法解释规定的利率上限，一审判决支持安信公司要求按约支付违约金的诉讼请求，具有事实和法律依据。天悦公司基于《股权收益权转让及回购协议》及其约定的违约金条款均无效的认识，主张应根据双方过错分担损失，无事实和法律依据。

【案例来源】

中国裁判文书网，http://wenshu.court.gov.cn。

编者说明

最高人民法院本案处理意见认为，当事人之间的合同虽然有"买入返售"之名，但根据合同约定的具体条款以及协议实际履行情况，能够确定信托公司并无买入及承担相应风险真实意思的，应当根据合同条款所反映的当事人的真实意思，并结合其签订合同的真实目的以及合同的实际履行情况等因素，综合认定股权收益权转让及回购协议的性质。①

《全国法院民商事审判工作会议纪要》（2019年11月8日，法〔2019〕254号）第八十九

① 参见最高人民法院第三巡回法庭编著：《最高人民法院第三巡回法庭新型民商事案件理解与适用》，中国法制出版社2019年版，第101页。

条明确，信托公司在资金信托成立后，以募集的信托资金受让特定资产或者特定资产收益权，属于信托公司在资金依法募集后的资金运用行为，由此引发的纠纷不应当认定为营业信托纠纷。如果合同中约定由转让方或者其指定的第三方在一定期间后以交易本金加上溢价款等固定价款无条件回购的，无论转让方所转让的标的物是否真实存在、是否实际交付或者过户，只要合同不存在法定无效事由，对信托公司提出的由转让方或者其指定的第三方按约定承担责任的诉讼请求，依法予以支持。当事人在相关合同中同时约定采用信托公司受让目标公司股权、向目标公司增资方式并以相应股权担保债权实现的，应当认定在当事人之间成立让与担保法律关系。

457 信托机构违反金融法规未尽审慎核查义务，为不符法定条件的主体开立账户进行信托存款，造成受害人损失的，应承担相应过错责任

【关键词】

｜信托机构｜核查义务｜过错责任｜

【案件名称】

武汉国际信托投资公司与中国农业银行黄冈市分行侵权纠纷案［最高人民法院（2006）民二终字第 52 号民事判决书，2006. 12. 6］

【裁判精要】

最高人民法院认为：

信托机构违反金融法规，未尽审慎核查义务，为不符法定条件的主体开立账户进行信托存款，造成受害人损失的，其行为与该损失具有因果关系。信托机构应根据其过错程度，对受害人的损失承担相应责任。受害人有过错的，可以相应减轻信托机构的民事责任。

【案例来源】

最高人民法院民事审判第二庭编：《最高人民法院商事审判指导案例·公司卷》，中国法制出版社 2011 年版，第 493 ~ 501 页。

编者说明

《信托法》规定受托人管理信托财产必须恪尽职守，履行诚实、信用、谨慎、有效管理的义务。在接受信托后，受托人以自己名义管理、处分信托财产，享有很大的自由决策权，委托人并不直接参与到财产的管理之中。因此，受托人是否尽到忠诚及审慎管理义务至关重要。同时，信托公司作为专业理财机构，应当较一般主体负有更高的注意义务，除了审慎外，还要专业。《全国法院民商事审判工作会议纪要》（2019 年 11 月 8 日，法〔2019〕254 号）第七十二条、第七十三条明确，卖方机构在向金融消费者推介、销售银行理财产品等高

风险等级金融产品，以及为金融消费者参与高风险等级投资活动提供服务的过程中，必须履行了解客户、了解产品、将适当的产品（或者服务）销售（或者提供）给适合的金融消费者等适当性义务。在确定卖方机构适当性义务的内容时，应当以《合同法》《证券法》《证券投资基金法》《信托法》等法律规定的基本原则和国务院发布的规范性文件作为主要依据。相关部门在部门规章、规范性文件中对高风险等级金融产品的推介、销售，以及为金融消费者参与高风险等级投资活动提供服务作出的监管规定，与法律和国务院发布的规范性文件的规定不相抵触的，可以参照适用。

458 信托公司根据信托合同约定在信托终止时以信托财产原状形式向次级受益人分配剩余信托财产，并无返还本金及兑现收益的义务

【关键词】

| 信托合同 | 次级收益人 | 兑现收益 |

【案件名称】

上海森泽房地产有限公司与四川信托有限公司信托纠纷案［最高人民法院（2015）民二终字第406号民事判决书，2016.6.25］

【裁判精要】

最高人民法院认为：

二、关于四川信托公司是否违反了《信托合同》义务

森泽地产公司在1.19上诉状中列明了其认为四川信托公司违反《信托合同》义务的情形，但其是以此为由要求四川信托公司赔偿其损失，因赔偿损失并非其上诉请求，本院无需进行审查。即使这些情形作为森泽地产公司上诉请求的理由审查，亦不能成立。（一）关于偿还优先受益人资金及收益的方式问题。森泽地产公司所谓的贷款是指乾观公司通过与汇联合伙等签订《融资合作协议》所借款项，时间是2012年10月8日。四川信托公司分两次支付优先受益人收益及资金，第一次是2012年5月31日，通过兴业银行向优先级受益人支付期间信托利益和活期利息2977.386982万元，该次支付早于签订《融资合作协议》近五个月，明显不是用通过《融资合作协议》所贷款项支付；第二次是2012年11月29日，通过兴业银行向优先级受益人支付本金及收益26495.64274万元，是用森泽地产公司受让优先级受益人信托单位的收购款支付。森泽地产公司的收购行为和四川信托公司的支付行为均是根据《信托合同》第十五条“信托单位的登记与转让”第三项的约定履行。森泽地产公司参与签订的《支付确认协议》则再次明确森泽地产公司受让全体优先受益人的全部优先级信托单位。故四川信托偿还优先受益人资金及收益方式符合《信托合同》的约定，并无不当，亦未违反《信托法》第二十五条、第三十六条的规定。（二）森泽地产公司以案涉贷款的贷款人是四川信托公司的关联方、贷款利率高于20%等为

由，认为“能排除四川信托公司具有为自身谋取不正当利益的可能”。当事人应该依据有证据证明的事实主张自己的权利，而不应以“不能排除”的“可能”作为主张的依据，法院无法支持依据“可能”而提出的主张。（三）关于支付财务顾问费问题。《信托法》第三十条规定，受托人应当自己处理信托事务，但信托文件另有规定或者有不得已事由的，可以委托他人代为处理。《信托合同》第十条第一款约定的“信托财产承担的费用”的第9项为“财务顾问费”，同条第二款约定，第一期信托单位对应的财务顾问费的计算和支付方式以受托人与财务顾问签订的财务顾问协议为准。这表明，根据《信托合同》的约定，四川信托公司可以委托他人处理信托事务。四川信托公司与钜派公司、中闵事务所签订《财务顾问协议书》，并向其支付相应的财务顾问费，并未违反《信托法》第三十条的规定。（四）关于第三方费用问题。原审查明，该861.167397万元第三方费用包括前文所述735.14万元的财务顾问费和126万余元的计提费用。该126万余元计提费用是根据《信托合同》第十条第（三）项约定的公式计算得出。森泽地产公司未提交证据证明原审查明的事实错误，也未提交证据证明信托活动支付第三方费用的“正常开支”数额应是多少，凭“合理推测”认为信托计划前期立项费等费用支出不合理。如此主张，缺乏事实依据，本院难以支持。（五）关于森泽地产公司所称四川信托公司违反信托义务的其他情形。1. 原审查明，森泽地产公司与四川信托公司签订《信托合同》的主要目的是融资，信托计划成立前，森泽地产公司持有乾观公司100%的股权。《信托合同》第八条第二款第三项明确约定“增资完成后，受托人不参与乾观公司的管理，并由森泽地产公司运营乾观公司”。该约定也得到《乾观公司增资协议》第六条和《乾观公司监管协议》有关约定的确认。对外借债以及如何运用通过信托募集的资金，属于乾观公司的正常经营行为。森泽地产公司主张在乾观公司对外贷款中四川信托公司未尽到诚信和勤勉义务，本院难以支持。2. 关于8家公司及别墅登记问题。2011年4月12日，森泽地产公司与上海上实公司签订的《备忘录补充》第二条约定，由森泽地产公司指定的不少于四家以上的不同的购房主体网签购房合同。成立8家公司并将11栋别墅过户至8家公司名下与该约定相符，且上海升比等七家公司系乾观公司与唐小龙出资设立，而唐小龙系森泽地产公司董事长，上海乾孚公司系乾观公司设立。故森泽地产公司所称四川信托公司未经其同意成立8家公司并将11栋别墅过户至8家公司名下与事实不符。四川信托公司并不持有8家公司的股权，亦无取得8家公司名下别墅产权的义务，森泽地产公司相关上诉理由均不成立。3. 关于清算报告和向森泽地产公司转让四川信托公司持有的乾观公司99%的股权问题。《信托合同》第十一条第（四）项“次级信托利益的分配”约定，信托终止时，扣除信托费用、税费后，各期优先信托单位和普通信托单位分配的信托利益均达到预期信托利益且信托财产仍有剩余的，受托人以信托财产原状形式根据次级受益人指定的时间向次级受益人分配剩余信托财产。可见，向次级受益人分配剩余信托财产是有条件的。本院查明，因森泽地产公司未支付信托报酬，四川信托公司提起诉讼，该案尚未审结。根据《信托合同》第十条的约定，信托报酬属于信托财产应承担的费用，森泽地产公司未能举证证明已经具备向其分配剩余信托财产的条件，故森泽地产公司所主张的四川信托公司未向其分配剩余信托财产，转让乾观公司股权构成违约的上诉理由本院不能支持。

三、关于四川信托公司是否应返还森泽地产公司购买次级信托单位的资金

信托计划具有投资风险，且森泽地产公司签订的《认购风险申明书》已经载明“受托人不承诺信托资产本金不受损失”的内容。根据《信托合同》第十一条“信托利益的计算和分配”关于向次级受益人分配信托利益的约定，在信托终止时，四川信托公司应当以信托财产原状形式，向作为次级受益人的森泽地产公司分配剩余信托财产，并无向其返还本金 9950 万元及兑现收益的义务。森泽地产公司关于四川信托公司返还购买次级信托单位的资金及兑现收益的请求，没有法律和合同依据，原判决驳回其诉讼请求，法律适用正确，本院予以维持。

【案例来源】

中国裁判文书网，http://wenshu.court.gov.cn。

编者说明

本案涉及结构化信托的处理问题。所谓结构化信托，是指信托公司根据投资者不同的风险偏好对信托受益权进行分层配置，使具有不同风险承担能力和意愿的投资者通过投资不同层级的受益权来获取不同的收益，并承担相应风险的集合资金信托业务。结构化信托理财产品与一般信托产品的不同，主要就在于“结构”上。《全国法院民商事审判工作会议纪要》（2019 年 11 月 8 日，法〔2019〕254 号）第九十条明确，信托文件及相关合同将受益人区分为优先级受益人和劣后级受益人等不同类别，约定优先级受益人以其财产认购信托计划份额，在信托到期后，劣后级受益人负有对优先级受益人从信托财产获得利益与其投资本金及约定收益之间的差额承担补足义务，优先级受益人请求劣后级受益人按照约定承担责任的，依法予以支持。信托文件中关于不同类型受益人权利义务关系的约定，不影响受益人与受托人之间信托法律关系的认定。该纪要第九十二条亦明确，信托公司、商业银行等金融机构作为资产管理产品的受托人与受益人订立的含有保证本息固定回报、保证本金不受损失等保底或者刚兑条款的合同，应当认定该条款无效。实践中，保底或者刚兑条款通常不在资产管理产品合同中明确约定，而是以“抽屉协议”或者其他方式约定，不管形式如何，均应认定无效。受益人请求受托人对其损失承担与其过错相适应的赔偿责任的，依法予以支持。

459 债务人承诺购买的是信托公司对股权回购人主张的回购合同项下标的债权，而未承诺购买违约金的，不应支付违约金

【关键词】

|股权回购|购买债权|违约金|

【案件名称】

北京国际信托有限公司与山西煤炭运销集团阳泉有限公司债权转让合同纠纷案［最高人民法院（2017）最高法民终460号民事判决书，2018.6.28］

【裁判精要】

最高人民法院认为：

第一，北京信托公司向阳泉公司主张履行《承诺函》的条件是否成就。《承诺函》是阳泉公司附条件的受让债权承诺。根据《承诺函》第2项，阳泉公司向北京信托公司承诺："自信托计划成立之日起二十四(24)个月(或根据主合同约定延长后的期限)届满时，或者贵公司依据相关文件要求金虎汇才提前履行股权收益权回购义务、支付回购价款时，若金虎汇才未能向贵公司支付全部股权收益权回购价款(回购价款包括贵公司向金虎汇才支付的全部股权收益权转让价款及对应的投资溢价款，具体金额根据主合同相关条款计算)，则我公司在贵公司通知后立即向贵公司购买届时贵公司在主合同项下对金虎汇才享有的全部债权(以下简称标的债权)，标的债权应包括届时金虎汇才根据主合同应支付但尚未支付的全部款项。"阳泉公司承诺购买相关债权的条件，是金虎汇才公司违约，未能向北京信托公司支付全部股权收益权回购价款。至于"未能"是主观不愿意履行还是客观能力达不到，合同并未约定和考量。只要是金虎汇才公司客观上达到了未履行的结果，北京信托公司向阳泉公司发出购买债权的通知，阳泉公司即应立即购买标的债权。且《承诺函》第4条称："我公司承诺，任何事由均不能减损我公司根据本承诺函向贵公司购买标的债权及支付标的债权转让价款的义务。只要本承诺函第2条约定的条件满足，贵公司无须先行使任何担保文件项下的权利，即可要求我公司履行购买标的债权并支付标的债权转让价款的义务。"根据该条承诺，阳泉公司明确表示无须北京信托公司行使任何担保文件项下的权利即应购买标的债权并支付转让价款。更进一步印证了《承诺函》第2条所称"金虎汇才公司未能向北京信托公司支付全部股权收益权回购价款"是指金虎汇才公司客观上达到了未履行的结果。综上，一审法院关于因北京信托公司未能提供金虎汇才公司在客观上没有能力履行《回购合同》项下债务的相应证据，而不能证明《承诺函》第2条所约定的条件已经成就的认定，与事实不符，本院予以纠正。

第二，如已成就，阳泉公司应向北京信托公司支付款项的数额。根据阳泉公司在《承诺函》中的承诺："若金虎汇才未能向贵公司支付全部股权收益权回购价款(回购价款包括贵公司向金虎汇才支付的全部股权收益权转让价款及对应的投资溢价款，具体金额根据主合同相关条款计算)，则我公司在贵公司通知后立即向贵公司购买届时贵公司在主合同项下对金虎汇才享有的全部债权(以下简称标的债权)，标的债权应包括届时金虎汇才根据主合同应支付但尚未支付的全部款项。3. 我公司承诺在收到贵公司书面通知之日起五(5)个工作日内,向贵公司一次性支付等额于标的债权金额的价款……”阳泉公司承诺购买的是北京信托公司对金虎汇才公司主张的回购合同项下标的债权,而未承诺购买违约金。北京信托公司在起诉状中请求按日万分之七支付债权转让款,是北京信托公司与金虎汇才公司合同中约定如果金虎汇才公司违约,北京信托公司要求金虎汇才公司所承担的,并非属于阳泉公司购买标的债权所应支付的款项,阳泉公司只应支付标的债权的对价款。故,北京信托公司请求按日万分之七支付违约金的请求,本院不予支持。标的债权的对价款按合同约定为4亿元本金及投资溢价款,因金虎汇才公司已支付了投资溢价款,但尚未支付4亿元本金,故阳泉公司应支付4亿元本金。利息属于本金的天然收益,故阳泉公司还应支付该4亿元本金的银行同期贷款利息。关于支付的时间,按照《承诺函》中的承诺,阳泉公司应在收到北京信托公司书面通知之日起五个工作日内,向北京信托公司支付。阳泉公司于2016年3月18日收到北京信托公司的通知函,应自五个工作日后即2016年3月28日起支付4亿元本金及该4亿元的银行同期贷款利息。

【案例来源】

中国裁判文书网,http://wenshu.court.gov.cn。

460 法律及金融监管部门规范性文件规定了信托合同受托人的法定履职和尽职义务,受托人违反该义务给委托人造成损失的,应根据其过错承担相应责任

【关键词】

| 信托合同 | 法定义务 | 过错责任 |

【案件名称】

甘孜州农村信用联社股份有限公司与四川科亨矿业(集团)有限公司合同纠纷案[最高人民法院(2017)最高法民终880号民事判决书,2018.3.28]

【裁判精要】

最高人民法院认为:

本案二审的争议焦点在于被上诉人申万宏源证券和山东信托应否对上诉人甘孜联社未获清偿范围内的债权承担赔偿责任。判断本案所涉资产投资运作管理的管理人申万宏源证券以及信托合同的受托人山东信托应否承担相应民事责任的核心要件在于,管理人或受托人是否违反了当事人之间的相关合同约定或者法律法规的相关规定,是否存在违约或过失行为并承担相应的民事赔偿责任。从当事人之间

相关协议的约定看,2013 年 2 月 1 日,稻城联社与宏源证券、渤海银行三方签订《资管合同》约定,委托人稻城联社将案涉资金委托宏源证券作为管理人、渤海银行作为托管人进行投资运作和管理,管理人按照委托人规定的投资指令进行投资。2013 年 2 月 6 日,稻城联社向宏源证券出具《投资委托书》,明确指令以案涉资金投资山东信托设立的单一资金《信托合同》(合同编号:2013 年鲁信川字第 001 号),稻城联社声明和保证受让金山嘉泰矿业因借款给科亨矿业 2 亿元人民币而形成的对科亨矿业的全部债权,稻城联社已明确知悉并完全认可宏源证券作为管理人代表定向资产管理业务与相关当事人签署的合同等法律文件,充分了解并同意由本信托项下信托财产承担签署及履行该等合同可能引发的风险。标的债权、担保人和担保物系委托人指定,管理人和信托受托人不进行事前审查。从上述协议约定可以认定,在案涉资产委托投资运作管理以及信托业务设立过程中,该资产信托项下的标的债权、担保人和担保物均系由委托人稻城联社指定,委托合同的受托人宏源证券以及信托合同的受托人山东信托不负有事前审查的义务。从法律法规的有关规定看,《合同法》《信托法》以及金融监管部门有关规范性文件规定了委托合同或信托合同受托人应承担的法定履职和尽职义务,即使当事人之间所签订的合同中未作约定,如受托人违反该法定履职或尽职义务并因其过失给委托人造成损失的,亦应根据其过错情形承担相应的民事责任。就本案而言,虽然上诉人甘孜联社认为被上诉人申万宏源证券、山东信托违反了法定义务,但其并未举证证明损失的具体情况,亦未证明申万宏源证券、山东信托在履行委托合同、信托合同中的过失情形,以及该过失与所造成损失之间的因果关系。故上诉人甘孜联社所提出的因被上诉人申万宏源证券、山东信托违反法定义务给其造成损失应予赔偿的上诉理由,本院不予支持。关于甘孜联社提出被上诉人可能与案外人串通进行欺诈的问题,从甘孜联社所举证据甘孜藏族自治州公安局关于甘孜联社 3.6 亿元投资款风险调查报告的内容看,尚不足以认定被上诉人与案外人串通进行欺诈。

【案例来源】

中国裁判文书网,http://wenshu.court.gov.cn。

461 信托关系中的标的债权系委托人指定,不能认定在未经委托人明确指令的情况下,受托人可以自行请求债务人履行债权回购义务

【关键词】

| 信托合同 | 委托人指令 | 回购义务 |

【案件名称】

北川羌族自治县农村信用合作联社与天风证券股份有限公司合同纠纷案[最

高人民法院（2018）最高法民终1209号民事判决书，2018. 12. 24］

【裁判精要】

最高人民法院认为：

本案二审审理的焦点问题为天风证券、山东信托应否承担北川农村信用社债权回购款的违约金损失19567925元及其他未受偿损失的赔偿责任。北川农村信用社上诉称，根据《资产管理合同》约定，天风证券有责任根据其专业经验对委托资产进行有利于委托人北川农村信用社利益的管理与运作，在委托资产出现风险时，应当采取相关措施及时止损。但天风证券在委托资产投资出现重大风险至管理期限届满，未依约履行其管理职责，未向北川农村信用社提出专业的风险预警意见，或督促山东信托行使相关权利等措施来避免或减少北川农村信用社损失的发生及扩大。山东信托未按照其与天风证券签订的《信托合同》约定，全面履行合同义务，在科亨集团未按期支付标的债权收益的情形下，山东信托未及时要求可可钴业启动回购程序，致使北川农村信用社未能及时要求可可钴业承担回购义务，无法要求保证人承担担保责任，更无法请求支付债权回购款违约金，导致一审法院驳回了北川农村信用社要求支付债权回购款违约金的诉讼请求。因此，山东信托、天风证券应当承担北川农村信用社债权回购款违约金损失19567925元及其他未受偿损失的赔偿责任。本院认为，分析北川农村信用社上述上诉理由，具体涉及两个方面，一是天风证券、山东信托是否存在违背《资产管理合同》及《信托合同》约定，提供虚假信息，未尽职守，未能遵循诚实、信用、谨慎、有效管理原则处理信托事务；二是在科亨集团未按期支付标的债权收益的情形下，山东信托是否因未及时履职，未能及时要求可可钴业启动债权回购程序，致使北川农村信用社要求支付债权回购款违约金以及其他未受偿损失的诉讼请求不能获得支持。

一、关于天风证券、山东信托是否存在违背《资产管理合同》及《信托合同》约定，提供虚假信息，未能恪尽职守，未能遵循诚实、信用、谨慎、有效管理原则处理信托事务的问题

经查，根据《资产管理合同》约定，合同项下委托资产将投资于山东信托作为受托人成立的单一事务管理信托，该信托资金将用于受让可可钴业合法持有的对科亨集团的标的债权。北川农村信用社已经充分了解可可钴业、科亨集团、标的债权、抵押财产、保证人的真实情况和存在的风险，并承诺自行承担风险和损失。该投资品种的投资由北川农村信用社决策，该种类型投资的合法合规性、安全性及任何风险和收益均由北川农村信用社承担，天风证券不承担任何责任。《资产管理合同》签订当日，北川农村信用社向天风证券发送了《委托指令书》，明确要求天风证券将案涉1亿元投资于山东信托设立的单一事务管理信托。从上述合同约定以及履行情况看，北川农村信用社对委托资产所投资的信托项目的资金用途系自行作出判断和决策，并自行承担风险。因此，一审法院认为“案涉融资项目实质上系天风证券基于北

川农村信用社的指令进行的定向投资，风险应由北川农村信用社自担。天风证券、山东信托不负有事前审查和尽职调查的义务，并不存在提供虚假信息、隐瞒事实，进而欺骗北川农村信用社作出投资行为的问题”并无不当，北川农村信用社的该项主张不能成立。

二、关于山东信托在科亨集团未按期支付标的债权收益的情形下，是否存在怠于要求可可钴业履行债权回购义务，致使北川农村信用社要求支付债权回购款违约金以及其他未受偿损失的诉讼请求不能获得判决支持的问题

北川农村信用社认为，在科亨集团未按期支付标的债权收益的情形下，山东信托应当及时要求可可钴业启动回购程序，这是山东信托的信托业务。山东信托认为，是否要求可可钴业启动回购程序，需要委托人向山东信托发出具体的指令，山东信托在未收到委托人指令的情况下，自己无权要求可可钴业启动回购程序。本院认为，山东信托作为《单一事务管理信托合同》的受托人，在科亨集团未按期支付标的债权收益的情形下，出于信托法律关系中受托人忠诚履职的要求，应及时将该客观情况报告给委托人，并根据委托人的指示或者自行决定采取必要的减损措施。根据本案查明的事实，可可钴业自 2014 年第四季度起未再支付债权收益款。2015 年 8 月，山东信托向天风证券发送《到期返还原状通知函》，告知经山东信托多次催收，可可钴业未履行义务，保证人亦未履行保证责任，山东信托将以信托终止时（2015 年 5 月 17 日）信托财产现状的形式分配信托利益。2015 年 12 月 31 日，天风证券向北川农村信用社发送《原状返还告知函》，天风证券作为资产管理计划管理人将以合同终止时委托资产原状的方式一次性分配委托资产，即山东信托以信托终止时信托财产现状形式分配信托利益。分析上述事实可见，山东信托在科亨集团未按期支付标的债权收益的情形下，并未及时告知委托人天风证券该情形；天风证券在未收到 2014 年第四季度债权收益款的情形下，也未及时向北川农村信用社报告该情形，据此可以认定山东信托、天风证券违反了信息披露的义务。但北川农村信用社在未收到 2014 年第四季度债权收益款的情形下，亦未向天风证券、山东信托询问、了解信托收益的状况及原因，属于怠于行使自己的合法权益。从本案各方在资产管理法律关系以及信托法律关系中的权利义务看，信托关系中的标的债权系北川农村信用社指定，因此在科亨集团未按期支付标的债权收益的情形下，不能认定在未经委托人明确指令的情况下，受托人山东信托可以自行请求可可钴业履行债权回购义务。综上，虽然山东信托、天风证券违反了信息披露的义务，但不能据此认定其应当承担因未请求可可钴业履行债权回购义务给北川农村信用社造成的损失。此外，自 2014 年第四季度起，北川农村信用社未再收到债权收益款，北川农村信用社自该时起可向天风证券、山东信托询问、了解信托义务情况，可以指示天风证券、山东信托向可可钴业发出债权回购要求，也可以在 2015 年 12 月 31 日天风证券向其发送《原状返还告知函》后，至 2016 年 5 月 17 日四川省广安市中级法院受理可可钴业破产案件时止，依据《债权转让合同》以自己的名义向可可钴业主张债权回购款的违约金损失

及其他未受偿损失。在上述期间内,北川农村信用社均未依法行使自己的权利,对于因此造成的损失,不应由山东信托、天风证券承担。最后,根据《企业破产法》第四十六条第二款之规定,附利息的债权自破产申请受理时起停止计息,但并未排除债权人对于该债权所发生的违约金自破产申请受理时之前的申报权利。北川农村信用社如何向破产管理人申报债权,系对自己权利的处分。

【案例来源】

中国裁判文书网,http://wenshu. court. gov. cn。

462 通过资产管理计划认购非公开发行股票，最终收益应按资产管理计划合同确定的收益分配方式计算

【关键词】

| 资产管理计划 | 非公开发行股票 | 收益分配 |

【案件名称】

明朝勇与贵阳市工业投资（集团）有限公司证券交易合同纠纷案［最高人民法院（2017）最高法民终 492 号民事判决书，2017. 9. 29］

【裁判精要】

最高人民法院认为:

(二)关于明朝勇应否以及如何向工投公司支付超额收益和分红的问题

由前所述,《协议书》合法有效,对明朝勇具有法律约束力,明朝勇应按照《协议书》约定向工投公司支付超额收益及分红。二审中各方均认可"资产管理计划"在持有贵阳轮胎公司股份期间,明朝勇没有实际单独获得分红,明朝勇最终获得的收益和分红以《资管计划清算报告》为准,故本院不再单独就工投公司关于明朝勇支付分红的诉请进行处理。本案中各方争议的实质即在于是按照"资产管理计划"总额还是明朝勇认购的份额计算超额收益和分红。首先,《协议书》首部约定,明朝勇拟通过发行的"资产管理计划"的方式认购贵州轮胎公司非公开发行的股份。明朝勇以该种方式间接认购案涉股份的行为在《协议书》中称"明朝勇认购"。第六条约定,如明朝勇认购的全部股份的出售或处置所得(包括认购股份在持有期间的现金分红)超过明朝勇认购金额及固定收益,明朝勇应向工投公司支付 20% 的超额收益。从上述约定内容看,由明朝勇以"资产管理计划"方式认购贵阳轮胎公司非公开发行的股票是各方一致认可的投资模式,"明朝勇认购"在《协议书》中有具体明确所指,即明朝勇通过"资产管理计划"方式认购,而非明朝勇本人实际出资,因此,将《协议书》第六条"乙方认购"的全部股份,理解为明朝勇通过"资产管理计划"方式

认购的全部股份，更符合合同本意。在认购案涉股份的行为中，应当将“资产管理计划”作为一个整体看待，而不宜就具体出资额单独割裂。虽然《资管计划合同》在《协议书》之后签订，但《协议书》中对该“资产管理计划”有明确约定，说明明朝勇对自己的投资方式是清楚的。其次，《资管计划合同》是明朝勇与兴业公司协商确定的结果，说明其对“资产管理计划”是知悉并认可的。根据合同约定，该“资产管理计划”为结构性组合，分为优先级份额和次级份额，优先级份额和次级份额控制在2∶1以下。优先级份额和次级份额的区别不在于份额的多少，而在于收益分配方式的不同，优先级份额收益是基准收益，次级份额收益是在扣除优先级份额的应计收益与相关管理费用后的全部剩余收益，并以次级份额持有人所持的份额资产净值为限承担亏损。明朝勇在整个“资产管理计划”中具体出资数额只能决定“资产管理计划”规模的大小，并不与其实际获得的收益直接挂钩。因此，明朝勇主张按照其实际出资额所占“资产管理计划”总金额的比例支付工投公司相应的超额收益，不符合《资管计划合同》约定的收益分配方式。最后，从《协议书》实际履行情况看。《协议书》签订后，明朝勇即与兴业公司签订了《资管计划合同》，兴业公司据此发行了“资产管理计划”，并按照《协议书》约定以该“资产管理计划”名义认购了贵阳轮胎公司3000万股股份。截至本案成讼前，各方对明朝勇按照《协议书》约定履行了认购行为均未提出异议。明朝勇最终实际获得的收益，亦按照《资管计划合同》确定的收益分配方式计算而来，而并非按照明朝勇实际认购金额占“资产管理计划”总认购金额的比例计算。综上，明朝勇关于按照其认购份额计算超额收益和分红的上诉主张，无事实依据，本院不予支持。明朝勇主张，因其在《资管计划合同》中承担了更大风险，理应分享更多超额收益。对此，本院认为，金融市场主体在参与投资过程应当承担的风险与其根据合同约定承担相应的义务并不矛盾。明朝勇在《协议书》中对以“资产管理计划”方式认购贵阳轮胎公司非公开发行的股份是认可的，在签订《资管计划合同》后，其亦未以“资产管理计划”会导致双方利益与风险显失公平为由，提出异议。现其以在《资管计划合同》中承担了更多风险为由主张仅支付部分超额收益，依据不足，本院不予支持。根据本院二审查明的事实，明朝勇实际向“资产管理计划”投入45558742.46元，经清算，明朝勇收回投资收益本息共计176414539.59元。对于其中的固定收益数额，明朝勇计算为4205862.56元，工投公司不持异议。工投公司认可以明朝勇到期收回的投资收益本息减去实际投入资金及固定收益计算超额收益及分红，明朝勇亦对该计算方法不持异议，本院予以采纳，因此，明朝勇应向工投公司支付的超额收益及分红具体金额为（176414539.59元－45558742.46元－4205862.56元）×20%＝25329986.91元。对于上述款项的支付期限，《协议书》未明确约定，根据《合同法》第六十二条第一款第（四）项规定，债权人工投公司可以随时要求履行。由于《协议书》对履行有关通知义务明确约定了明朝勇一方的联系人和联系方式，工投公司向明朝勇发送催收函件的行为不符合合同约定，一审以工投公司向明朝勇身份证地址邮寄的《关于贵州轮胎股份有限公司非公开发行中所获得超额收益结算事宜的函》已被签收，认定工投公司履行了催收义务，存在不当，本院予以纠正。根据本案实际情况，本院酌定以工投公司一审起诉之日起计算欠付款项利息。对于利息的计算标准，明朝勇未提出异议，仍按照一审判决确定的利率计算。

【案例来源】

中国裁判文书网，http://wenshu. court. gov. cn。

463 信托公司在次级受益人均未明确表示同意信托计划延期的情况下主动决定延期，构成违约，受益人可主张清算并分配

【关键词】

| 信托合同 | 信托计划延期 | 清算分配 |

【案件名称】

李洪伟与新华信托股份有限公司营业信托纠纷案［最高人民法院（2018）最高法民终 173 号民事判决书，2018. 12. 24］

【裁判精要】

最高人民法院认为：

（一）关于新华信托公司在合同履行过程中是否存在违约行为的问题

1. 关于未及时进行项目清算是否违约的问题。新华信托公司在次级受益人均未明确表示同意信托计划延期的情况下，主动决定延期，其行为违反《资金信托合同》约定，构成违约。一审判决已经有详细阐述，在此不赘述。

2. 关于信托推介行为是否违约的问题。李洪伟主张根据其一审证据即卞某与新华信托公司工作人员之间就案涉项目进行沟通的电子邮件证明不具有项目推介资质的自然人卞某为案涉项目推介人。但根据新华信托公司工作人员李标与卞某互发的邮件、案外人邱映东给卞某的邮件、李标给佛山珑悦项目公司人员的邮件以及佛山珑悦项目公司人员给卞某的邮件，无法看出卞某的身份是李洪伟的代理人还是新华信托公司的推介人。尽管卞某担任法定代表人的富高公司的经营范围为投资管理、投资咨询、经济信息咨询，但李洪伟并未举示新华信托公司与富高公司签订过委托推介协议，不能证明富高公司系新华信托公司的项目推介人，亦不能证明新华信托公司违反《资金信托合同》约定对涉案产品进行了异地推介。另外，根据《中国银行业监督管理委员会关于修改〈信托公司集合资金信托计划管理办法〉的决定》第七条关于“信托公司异地推介信托计划的，应当在推介前向注册地、推介地的中国银行业监督管理委员会省级派出机构报告”的规定以及第四十八条关于“信托

公司推介信托计划违反本办法有关规定的，由中国银行业监督管理委员会责令停止，返还所募资金并加计银行同期存款利息，并处二十万元以上五十万元以下罚款；构成犯罪的，依法追究刑事责任”的规定，若新华信托公司存在异地推介行为，应当接受中国银行业监督管理委员会的处罚。但《资金信托合同》第七条第一款虽载明“本信托计划推介地为重庆市”，却并未约定若新华信托公司在重庆市以外进行推介应对李洪伟承担违约责任。故李洪伟依据《中国银行业监督管理委员会关于修改〈信托公司集合资金信托计划管理办法〉的决定》第七条之规定向新华信托公司主张违约责任的请求不能成立。

3. 关于项目筛选是否违约的问题。《资金信托合同》约定信托项目为“鹏程Ⅰ号房地产投资基金集合资金信托计划项目”；信托目的为“将全部信托资金用于投资中国房地产百强企业排名前15名且资产总规模在千亿元以上的大型专业的房地产公司全国范围内的优质房地产项目”；投资范围为“股权、债权、股权+债权……设立SPV特殊目的载体等投资方式投资于中国房地产百强企业排名前15名，且资产总规模在千亿元以上的大型专业的房地产公司全国范围内的优质房地产项目”。新华信托公司将信托资金投资于金地集团公司佛山珑悦项目符合前述合同约定，不存在项目筛选违约行为。

4. 关于投资项目不符合《中国银监会办公厅关于加强信托公司房地产、证券业务监管有关问题的通知》规定标准是否违约的问题。新华信托公司对信托项目的投资是通过与金地集团公司设立合资公司，由合资公司对项目公司进行投资。新华信托公司的这一投资方式符合《资金信托合同》约定。尽管新华信托公司与金地集团公司签订《合作框架协议》时项目公司尚未取得国有建设用地使用权证，但设立合资公司的行为并不等同于向未取得国有建设用地使用权证的房地产项目发放贷款的行为，且《合作框架协议》亦对取得国有建设用地使用权证的时间进行了约定，并约定了若未能按期取得该证的后果。若李洪伟认为新华信托公司的行为违反《中国银监会办公厅关于加强信托公司房地产、证券业务监管有关问题的通知》规定，可以向监管部门反映情况，由其进行查处。

5. 关于是否存在对项目主动管理不充分的违约行为的问题。根据《合作框架协议》约定，新华信托公司与金地集团公司共同出资成立合资公司，合资公司对项目公司进行增资入股，佛山珑悦项目由项目公司进行开发建设，且明确约定项目由金地集团公司负责管理。新华信托公司作为合资公司股东只能对合资公司行使股东权利，对项目公司的经营运作并无直接管理权利，对佛山珑悦项目的建安成本及所签订的合同无权直接进行管控。根据李洪伟举示的电子邮件，新华信托公司接到投资人对建安成本提出的质疑后，及时向金地集团公司反映并要求澄清。根据二审证人卞某的证词，新华信托公司在带卞某及李洪伟去跟金地集团公司谈判未果的情况下，与卞某及李洪伟到中国证券监督管理委员会深圳监管局对金地集团公司进行了投诉。可见，新华信托公司并未怠于履行职责。

6. 关于是否存在未按时披露重大事项的违约行为的问题。根据查明的事实，新华信托公司已经于2014年5月至2017年1月向受益人作出了《季度管理报告》，符合《资金信托合同》第二十一条关于按期向委托人提供季度报告、年度报告、重大事项临时报告的义务。李洪伟认为新华信托公司应当及时将项目公司签订重大补充协议、阴阳合同、取得土地使用权证延迟、开盘延迟、竣工延迟等重大事项向受益人披露，否则构成违约。如前所述，新华信托公司并未直接管理佛山珑悦项目的开发建设，未必能及时得知前述信息。且《资金信托合同》第二十一条并未列明可能对受益人权益产生重大影响的具体事项，新华信托公司可根据专业判断来决定需要披露的临时事项，其未对前述事项进行临时披露并不当然构成违约。

7. 关于《资金信托合同》与其附件《信托计划说明书》有部分条款约定不一致是否违约的问题。《信托计划说明书》第十四条基金的信息披露（二）基金的信托清算报告之1约定"受托人应在信托计划终止后20个工作日内编制信托财产分配的清算报告"与《资金信托合同》第二十一条信托事务的报告二、信托清算报告（一）约定的"受托人应在信托终止后10个工作日内编制信托财产分配的清算报告"不一致。《信托计划说明书》第十六条信托的变更、终止、清算对日期的约定为"15个工作日"，但《资金信托合同》第十七条之二对同样情况约定的日期为"10个工作日"。因《资金信托合同》第二十五条明确约定了《信托计划说明书》与本合同不一致的，以本合同约定为准，故对于两份文件中对日期约定不一致之处应当以《资金信托合同》约定为准。《信托计划说明书》系新华信托公司在推介产品时所做的一个单方说明，而《资金信托合同》是李洪伟与新华信托公司共同签订，其中对《信托计划说明书》的部分内容进行变更并无违法违规之处。

（二）关于新华信托公司是否应当赔偿李洪伟损失的问题

因案涉项目的两年信托期已届满，且未合法延期，李洪伟可向新华信托公司主张清算并分配。在新华信托公司尚未对案涉项目进行清算的情况下，不能确定因其违约延期的行为给李洪伟造成损失以及损失的大小，故在本案中李洪伟关于新华信托公司应当向其赔偿信托资金本金，并按照22.3%的年利率计算利息的请求不能成立。

1.《资金信托合同》和《认购风险申明书》均明确提示受托人，投资管理人不对预期收益率作出任何承诺，不保证投资本金可被部分或全部收回。故李洪伟关于信托计划到期，新华信托公司应当退还其本金，且按照22.3%的年利率支付利息的主张缺乏合同依据。

2. 李洪伟主张根据《敏感性分析》可以认定新华信托公司对预期利益的计算方式作出了承诺。从内容上看，《敏感性分析》备注中已经提示C类投资人存在损失本金的可能性。且《敏感性分析》列有在不同销售均价的情况下，项目公司相应的销售收入、基金退出时的收益和C类年化收益。C类年化收益率22.3%仅是相对于高层住宅销售均价14507元/平方米、项目公司销售收入为345237万元、基金退出时收益

36364 万元时的情形。故根据《敏感性分析》不能证明新华信托公司承诺预期收益率为每年 22.3%。李洪伟举示的佛山市房地产网网页截图仅显示涉案房地产项目住宅在 2017 年 4 月销售均价为 13780.2 元/平方米，不能证明信托项目的整体销售均价为 13780.2 元/平方米，即使结合《敏感性分析》，也不能达到李洪伟关于应当按照每年 22.3% 的收益率计算收益的证明目的。另外，从形式上看，即使李标、曾国顺在《敏感性分析》上签名，但新华信托公司并未加盖公章也未追认其效力，《敏感性分析》对新华信托公司不具有约束力，李洪伟不能要求新华信托公司据此计算信托收益。

【案例来源】

中国裁判文书网，http://wenshu.court.gov.cn。

第七章 CHAPTER 07

信用证与独立保函纠纷

一、信用证纠纷

（一）信用证议付纠纷

464 受益人接受了开证行开立的信用证后，开证行应承担独立的第一性付款义务，与开证申请人无涉

【关键词】

| 信用证 | 独立义务 | 付款义务 |

【案件名称】

瑞士纽科货物有限责任公司与中国建设银行吉林省珲春市支行拒付信用证项下货款纠纷案［最高人民法院（1998）经终字第336号民事判决书，1999.3.6］

【裁判精要】

裁判摘要：信用证交易是具有独立性的法律关系，受益人接受了开证行开立的信用证后，开证行就承担了独立的第一性的付款义务，与开证申请人无涉。

最高人民法院认为：

本案系受益人与开证行之间的信用证项下货款拒付纠纷。双方当事人同意本案的信用证适用UCP500，该约定有效，故本案应以该惯例为依据调整当事人的权利义务关系。信用证交易是具有独立性的法律关系，上诉人纽科公司接受了被上诉人珲春建行开立的信用证后，珲春建行就承担了独立的第一性的付款义务，与开证申请人无涉。纽科公司称珲春建行与珲春国贸合谋，利用信用证进行欺诈，骗取信用证项下货物，没有任何事实依据，也于法理不符……纽科公司的货物被珲春国贸提走而未收回货款，与珲春建行无关，亦不属本案审理的范围，纽科公司应通过其他途径解决。纽科公司的上诉理由不能成立，不予支持。原审判决认定事实清楚，适用法律正确，应予维持。

【案例来源】

《中华人民共和国最高人民法院公报》1999年第2期。

465 通知行的职责只是证明信用证的真实性，并无审查原合同、帮助受益人修改或者履行信用证条款的义务

【关键词】

｜信用证｜通知行义务｜

【案件名称】

中国银行新疆分行诉新兴公司信用证交易纠纷案［新疆维吾尔自治区高级人民法院一审民事判决书，1997.7.28］

【裁判精要】

新疆维吾尔自治区高级人民法院认为：

二、按照UCP500规定的信用证结算程序，受益人在接到通知行通知或者转递的信用证后，应当严格按照国际货物买卖合同审查信用证上有无受益人不同意或不能接受的条款。如有，则应该迅速通知开证申请人（买方）修改信用证。我国没有参加信用证所提及的《国际公路货物运输合同公约》，所以我国的承运人无法开出"CMR"运输单据。被告新兴公司既然准备用国内公司承运，信用证上的这一条款就无法履行。这是日后保兑行以单证不符为由拒付的起因。新兴公司接到通知后，从未对信用证的这一条款提出修改异议，致使单证不符。新兴公司是有过错的，应当承担主要责任。

UCP500第3条a.规定："信用证是独立于其所基于的销售合同或其他合同以外的交易。即使信用证中含有对此类合同的任何援引，银行也与该合同毫不相关，或不受其约束。"被告新兴公司虽然与原告新疆分行有过委托该分行具体指导及代制有关单据的口头约定，但是新疆分行在作为通知行期间，其职责只是证明信用证的真实性，并无审查原合同、帮助受益人修改或者履行信用证条款的义务。新兴公司辩称由于新疆分行没有履行业务范畴内的职责而遭到拒付，其理由不能成立。

【案例来源】

《中华人民共和国最高人民法院公报》1998年第1期。

466 信用证是独立于基础交易的单据交易，银行依信用证所承担的付款等义务不受申请人由于其与开证行或者受益人之间的关系而提出索赔或者抗辩的约束

【关键词】

｜信用证｜基础交易｜付款义务｜

【案件名称】

兰州三毛实业股份有限公司与中国工商银行股份有限公司兰州市汇通支行委托开立信用证协议纠纷案［最高人民法院（2006）民二终字第64号民事判决书，2006. 12. 18］

【裁判精要】

最高人民法院认为：

三毛股份向工行汇通支行申请开立信用证、作出付款保证、同意承兑等一系列行为，均以单位名义进行，依据《关于在审理经济纠纷案件中涉及经济犯罪嫌疑若干问题的规定》第三条“单位直接负责的主管人员和其他直接责任人员，以该单位的名义对外签订经济合同，将取得的财物部分或全部占为己有构成犯罪的，除依法追究行为人的刑事责任外，该单位对行为人因签订、履行该经济合同造成的后果，依法应当承担民事责任”的规定，虽然三毛股份原董事长张晨等人涉嫌信用证诈骗而被立案侦查，但不能因此否认张晨作为三毛股份原法定代表人，其在本案信用证项下相关行为即为三毛股份的行为，也不能因此免除三毛股份对其工作人员的行为后果应承担的民事责任。上诉人三毛股份根据《关于在审理经济纠纷案件中涉及经济犯罪嫌疑若干问题的规定》第十一条“人民法院作为经济纠纷受理的案件，经审理认为不属经济纠纷案件而有经济犯罪嫌疑的，应当裁定驳回起诉，将有关材料移送公安机关或检察机关”的规定而主张将本案移送公安机关侦查处理，混淆了本案所涉双方当事人之间信用证纠纷法律关系与三毛股份、佛肯集团原负责人刑事犯罪法律关系，其认为本案应先刑后民、移送公安机关处理的理由不能成立。工行汇通支行有理由相信，三毛股份签订申请开立信用证的协议，意思表示真实，工行汇通支行因此善意履约，其行为应受法律保护。上诉人三毛股份主张工行汇通支行明知三毛股份与佛肯集团无真实交易背景存在而仍恶意开立信用证，但是其提交的证据不足以证明其主张。协议签订后，工行汇通支行按照三毛股份申请的金额如期开出9笔信用证。信用证是独立于基础交易的单据交易，银行依信用证所承担的付款等义务，不受申请人由于其与开证行或者受益人之间的关系而提出来的索赔或者抗辩的约束。且根据上诉人开证申请中的承诺“一旦此笔信用证项下有关当事人已对外承兑、确认支付或已经付款，申请人保证不以贸易欺诈或其他事由为依据拒绝履行信用证项下付款责任”，三毛股份未按信用证开证申请协议约定的日期、金额在信用证到期后向工行汇通支行支付信用证项下的款项，违反其开证申请中的承诺，已构成违约，应向工行汇通支行支付信用证项下款项。

【案例来源】

最高人民法院民事审判第二庭编：《最高人民法院商事审判指导案例 · 金融

卷》,中国法制出版社 2011 年版,第 53 ~ 59 页。

467 单证存在诸多重大的不符点,开证行因此拒付信用证项下货款是正当的

【关键词】

|信用证|重大不符点|拒付货款|

【案件名称】

瑞士纽科货物有限责任公司与中国建设银行吉林省珲春市支行拒付信用证项下货款纠纷案[最高人民法院(1998)经终字第 336 号民事判决书,1999. 3. 6]

【裁判精要】

裁判摘要:在信用证关系中,开证行负有严格的审单义务,其以确定单证是否表面相符作为付款条件,且只有在单单相符、单证相符的情况下才能支付信用证项下的货款。单证存在诸多重大的不符点时,开证行因此拒付信用证项下货款是正当的。

最高人民法院认为:

根据 UCP500 的规定,开证行有从其收到单据翌日起 7 个银行工作日的审单时间,但本案中的开证行珲春建行自始未收到信用证项下的单据,在得悉法兰克福分行通过电传提示单证不符点的情况下,珲春建行不延误地发出了电传,并未违反 UCP500 的规定。纽科公司认为珲春建行超出审单期限的上诉理由,不能成立。在信用证关系中,开证行负有严格的审单义务,其以确定单证是否表面相符作为付款条件,且只有在单单相符、单证相符的情况下才能支付信用证项下的货款。本案中纽科公司提交的单证存在诸多重大的不符点,珲春建行因此拒付信用证项下货款是正当的。

【案例来源】

《中华人民共和国最高人民法院公报》1999 年第 2 期。

468 开证行审单发现不符点后通知开证申请人,开证申请人拒绝接受不符点,开证行拒绝承兑付款并无过错

【关键词】

|信用证|不符点|拒绝承兑|

【案件名称】

潮连物资（香港）有限公司与中国农业银行湖南省分行信用证交易纠纷案［最高人民法院（1999）经终字第432号民事判决书，2000.9.6］

【裁判精要】

最高人民法院认为：

中国农业银行湖南省分行接受湖南华隆进出口公司的委托，开出了受益人为潮连物资（香港）有限公司的信用证，潮连物资（香港）有限公司接受了信用证，上述行为是各方当事人真实意思表示，不违反法律规定，应为有效，因此而产生的法律文件，对各方当事人均具有约束力。该信用证单据条款中约定有“由申请人发出之货物收据申请人之签字必须与开证银行持有之签字式样相符”等内容，开证申请人留存给开证行中国农业银行湖南省分行的货物收据签字样本通知书上盖有两个湖南华隆进出口公司公章，在每个公章的授权签名处分别签有“易峰”和“武斌”的签名。潮连物资（香港）有限公司作为信用证受益人提供给开证行中国农业银行湖南省分行的货物收据上仅盖有一个湖南华隆进出口公司公章且仅有“易峰”一人的签名。该单据在表面上与开证申请人的申请和银行留存的样本明显不符。根据信用证交易的特点及《跟单信用证统一惯例》的规定，银行只要发现单据表面上不符，则可以拒绝接受。中国农业银行湖南省分行审单发现不符点后，在通知了开证申请人，开证申请人拒绝接受不符点的情况下，拒绝承兑付款，符合《跟单信用证统一惯例》的有关规定，并无过错，不应承担责任，原审法院的判决是正确的。潮连物资（香港）有限公司所称留存在银行的签字样本通知书上两个授权章与其上之各自署名是两个独立的签名样本，其提交了其中一个与样本通知书上相同的授权签字章和授权人之签名，即应认定与开证行持有的签字样本一致的上诉理由于法无据，本院不予支持，应予驳回。

【案例来源】

最高人民法院办公厅编：《最高人民法院公布裁判文书（2001年）》，人民法院出版社2002年版，第50～55页。

编者说明

根据UCP500的规定，开证行负有独立审单的义务，开证行应当自行作出单证、单单之间是否相符的决定，并且自行决定接受或拒绝不符点。这是由信用证付款的特殊性决定的，因为开证行一旦表示接受不符点，则承担了全部的风险并成为第一付款人。也就是说，即使以后开证申请人不付款，开证行也必须向受益人或议付行付款。开证行确认不符点后，可以自行决定是否联系开证申请人接受不符点。通常情况下，银行发现不符点后，经常会主动联系开证申请人，征求其意见，如果开证申请人表示接受不符点并且付款，开证行就会接受不符点;或者开证申请人的资信情况良好,开证行出于对其的信任,当开证申请人表示愿意接受不符点而未实际付款的情况下,开证行也可能就此接受不符点。但是,即使开证申请人表示接受不符点,开证行也完全有权向受益人或议付行表示不接受不符点。也就是说,开证申请人接受不符点并不对开证行具有约束力。①

469 单据与信用证条款之间、单据与单据之间在表面上不完全一致,但并不导致相互之间产生歧义的,不应认定为不符点

【关键词】

| 信用证 | 不符点 |

【案件名称】

无锡湖美热能力电力有限公司与新加坡星展银行信用证纠纷案 [最高人民法院(2017)最高法民终 327 号民事判决书,2017. 7. 26]

【裁判精要】

裁判摘要:在受益人与开证行之间的信用证纠纷案件中,开证行以受益人提交的单据存在不符点为由拒付信用证项下款项,是常见的抗辩理由。正确理解和适用《跟单信用证统一惯例》以及《信用证解释》中确立的"严格相符"审单标准,对于原产地上关于"原产地标准"的记载足以表达该单据的功能,该证书上的相关数据能够相互印证,且能够与信用证以及信用证要求的其他单据商业发票记载的货物价格相互印证,单据之间并无矛盾的情形,应当认定开证行不符点不能成立。在受益人交单相符的情况下,开证行应予付款。

最高人民法院认为:

本案的争议焦点是所涉信用证项下单据是否存在不符点。

(一)关于本案所涉信用证项下单据是否存在不符点问题

根据本案所涉信用证对单据的要求,受益人湖美公司应当提交"原产地证明正本一份,副本三份"。UCP600 第 14 条规定了单据审核标准,其中 f 款规定:"如果信用证要求提交运输单据、保险单据或者商业发票之外的单据,却未规定出单人或其数据内容,则只要提交的单据内容看似满足所要求单据的功能,且其他方面符合第 14 条 d 款,银行将接受该单据。"UCP600 第 14 条 d 款规定:"单据中的数据,在与信用证、单据本身以及国际标准银行实务参照解读时,无须与该单据本身中的数据、其他要求的单据或信用证中的数据等同一致,但不得矛盾。"根据上述规定,UCP600 关

① 参见最高人民法院民事审判第四庭:《涉外商事、海事审判实务问题解答(一)》。

于审单标准虽然确立了“表面上”相符的严格相符标准，但并未要求丝毫不差，只要单据与信用证要求以及单据与单据之间并不矛盾，即应当认定交单相符，开证行即应予付款。《信用证解释》第六条第一款规定：……第二款规定：……该条规定与UCP600 第 14 条规定就审单标准而言体现的精神是一致的。

本案中，受益人湖美公司向开证行星展银行提交了原产地证明，该原产地证明系“中国—东盟自由贸易区优惠关税原产地证书（申报与证书合一）表格 E”格式文本，其中第七栏“包装件数及种类、产品名称（包括相应数量及进口方 HS 编码）”下填写有“合同 HWM12－002 下用于 PTDABIOLEO2X90T/H＋15MW 电站的一套电厂设备，CIF 印度尼西亚杜迈”等信息；第八栏“原产地标准”下填写有“WO”（指出口国完全生产的产品）；第九栏“毛重或其他数量及价格（FOB）”下填写有“USD：8938290.98”等信息；第十二栏“证明”下由发证人签署“根据所实施的监管，兹证明出口商所做申报正确无误”。根据上述 UCP600 第 14 条 f 款和 d 款的规定，只要该原产地证书的内容看似满足其功能，且其中的数据与信用证要求的数据以及信用证要求的其他单据的数据不矛盾，即应当认为构成相符交单。

由于上述原产地证书系格式文本，当事人无法就其中的栏目名称进行修订。第九栏中的“（FOB）”是栏目名称自带内容，该“（FOB）”表述不应被理解为国际贸易术语项下货物的 FOB 价格，具体理由如下：首先，该表述不符合国际贸易术语的基本格式。国际贸易术语主要描述货物从卖方到买方运输过程中涉及的义务、费用和风险的分配。根据 2011 年 1 月 1 日起实施的《国际贸易术语解释通则（2010）》的规定，FOB 是“船上交货（……指定装运港）”的简称，是指“卖方在指定的装运港，将货物交至买方指定的船只上，或者指（中间销售商）设法获取这样交付的货物。一旦装船，买方将承担货物灭失或损坏造成的所有风险”；CIF 是“成本，保险加运费付至（……指定目的港）”的简称，是指“卖方将货物装上船或指（中间销售商）设法获取这样交付的商品。货物灭失或损坏的风险在货物于装运港装船时转移向买方。卖方须自行订立运输合同，支付将货物装运至指定目的港所需的运费和费用”。本案中的“（FOB）”表述后缺乏“（……指定装运港）”，明显不符合国际贸易术语的格式要求。其次，从上述《国际贸易术语解释通则（2010）》规定可以看出，国际贸易术语项下的 FOB 价格与 CIF 价格构成明显不同，且无法简单套用某种公式或者以其他形式相互转化。上述原产地证书格式表格服务于中国－东盟自由贸易区内的国际贸易，中国—东盟自由贸易区内的国际贸易不可能仅仅允许当事人使用 FOB 价格而排除其他价格。如果将表格第九栏中的“（FOB）”理解为国际贸易术语项下货物的 FOB 价格，明显不符合市场需求。综上，将上述原产地证书表格第九栏中的“（FOB）”理解为国际贸易术语项下的 FOB 价格，不符合常理。对该“（FOB）”的合理理解应当是指引性的，即指引当事人在此栏中填入相应的货物价格。

本案基础合同约定的货物价格是“CIF 印度尼西亚杜迈”，信用证金额为 8938290.98 美元，受益人湖美公司为符合信用证要求，在原产地证书第九栏中直接填写了 8938290.98 美元。本案所涉原产地证明第七栏中已经填写有“合同 HWM12-002 下用于 PTDABIOLEO2X90T/H + 15MW 电站的一套电厂设备,CIF 印度尼西亚杜迈”等信息,加上第九栏填写的“USD:8938290.98”,能够相互印证,且能够与信用证以及信用证要求的其他单据商业发票记载的货物价格相互印证。更重要的是,第八栏“原产地标准”填写有“WO”(指出口国完全生产的产品),足以表达该单据的功能。也就是说,尽管本案所涉原产地证书上第九栏数据与信用证及其单据要求的 CIF 价格数据一致,但单据之间并不矛盾,不会导致对该单据的理解产生歧义。因此,不应以此认定构成不符点。

综上,开证行星展银行主张的不符点不能成立。在受益人湖美公司交单相符的情况下,星展银行应当向湖美公司付款。星展银行关于一审判决就不符点的认定错误、其有权拒付信用证项下款项的上诉理由不能成立。

【案例来源】

《中华人民共和国最高人民法院公报》2018 年第 11 期。

编者说明

从各国的司法实践看,对信用证单证“严格相符”的具体掌握经过了一个发展、变化的过程。镜像标准曾经是英美法院所主要援用的审单标准,其要求提交的单据与信用证要求之间要像照镜子一样地不差分毫,否则即认为存在不符点,银行可以因此拒付信用证项下款项。该标准由于过于严格而造成不良的社会影响,因为现实生活中,信用证交单过程中普遍存在这样或那样的不一致之处,镜像般相符是难以做到的,司法实践坚持的镜像标准必然导致交易中信用证或者单据的不断修改,从而无形中增加了交易成本,使得信用证较其他支付手段的优势不再。因此,该过于严格的标准被逐渐在司法实践中“软化”。国际商会在总结实践经验基础上制定的作为《跟单信用证统一惯例》补充的《关于审核跟单信用证项下单据的国际标准银行实务》第 24 条规定:“信用证项下提交的单据在表面上不得相互矛盾。该原则并不要求数据内容完全同一,而仅仅要求单据不得相互矛盾。”第 28 条规定:“如果拼写及/或打印错误并不影响单词或其所在句子的含义,则不构成单据不符(并举例说明)……”第 36 条、37 条、38 条、44 条也是对一些具体情形不应被认为构成不符点的详细规定,提供了比《跟单信用证统一惯例》更具可操作性的指引。《信用证解释》第六条是对信用证严格相符原则的认可,也同时阐明了并非“镜像标准”的立场,该观点正是在吸取各国审判实践经验、充分尊重国际惯例和国际标准银行实务,并不断总结我国法院审判经验的基础上确立起来的。①

① 参见高晓力:《信用证严格相符原则之适用》,载最高人民法院民事审判第四庭编:《涉外商事海事审判指导》(总第 12 辑),人民法院出版社 2006 年版,第 149~152 页。

470 单证不符原因在受益人的，受益人对信用证被拒付承担主要责任，通知行未尽合理谨慎审单职责存在过失的，应承担相应责任

【关键词】

|信用证|单证不符|通知行审单职责|过失责任|

【案件名称】

中国银行新疆分行诉新兴公司信用证交易纠纷案［新疆维吾尔自治区高级人民法院一审民事判决书，1997.7.28］

【裁判精要】

新疆维吾尔自治区高级人民法院认为：

二、按照 UCP500 规定的信用证结算程序，受益人在接到通知行通知或者转递的信用证后，应当严格按照国际货物买卖合同审查信用证上有无受益人不同意或不能接受的条款。如有，则应该迅速通知开证申请人（买方）修改信用证。我国没有参加信用证所提及的《国际公路货物运输合同公约》，所以我国的承运人无法开出"CMR"运输单据。被告新兴公司既然准备用国内公司承运，信用证上的这一条款就无法履行。这是日后保兑行以单证不符为由拒付的起因。新兴公司接到通知后，从未对信用证的这一条款提出修改异议，致使单证不符。新兴公司是有过错的，应当承担主要责任。

UCP500 第 3 条 a. 规定："信用证是独立于其所基于的销售合同或其他合同以外的交易。即使信用证中含有对此类合同的任何援引，银行也与该合同毫不相关，或不受其约束。"被告新兴公司虽然与原告新疆分行有过委托该分行具体指导及代制有关单据的口头约定，但是新疆分行在作为通知行期间，其职责只是证明信用证的真实性，并无审查原合同、帮助受益人修改或者履行信用证条款的义务。新兴公司辩称由于新疆分行没有履行业务范畴内的职责而遭到拒付，其理由不能成立。

三、信用证的受益人向银行提出议付申请后，接受议付申请的银行开始进行审查单据的工作。UCP500 第 13 条 a. 规定："银行必须合理谨慎地审核信用证的所有单据，以确定其是否表面上与信用证条款相符。"原告新疆分行接受委托具体指导这笔国际出口贸易业务，在审查新兴公司交来的单据时也注意到信用证要求"CMR"运输单据，但是仅用电话向承运人查询，未向具有专门知识的人核实，就轻信单证相符而将单据发往保兑行确认，遭到拒付。新疆分行在审查单据阶段，没有尽到合理谨慎地审单的职责，是有过失的，应当承担相应的责任。

……

五、被告新兴公司由于自己的过错，不能按照信用证条款的要求履行出口贸易中自己承担的义务，以致不能通过信用证结算得到出口贸易的对价。新兴公司应当

依照《民法通则》第一百零八条的规定,承担给原告新疆分行返还垫付的资金,以及赔偿这部分资金在占用期间的利息损失的民事责任。

原告新疆分行没有合理谨慎地审单,应当承担被拒付后这笔垫付资金所产生的利息损失。经测算,这部分损失占新疆分行垫付资金期间全部利息损失的20%。新疆分行对被拒付后自己与国外银行交涉期间的差旅费用应当自行承担。

【案例来源】

《中华人民共和国最高人民法院公报》1998 年第 1 期。

471 信用证存在不符点只构成拒付信用证理由,不构成买方拒收货物和最终拒付货款的理由

【关键词】

| 信用证 | 不符点 | 拒付货款 |

【案件名称】

沃斯特—阿尔卑斯(美国)贸易公司诉江苏省江阴市对外贸易公司购销合同纠纷案[最高人民法院民事判决书,1998.10.9]

【裁判精要】

最高人民法院认为:

江阴外贸与美国贸易公司于1995 年6 月23 日签订的国际货物买卖合同没有违反法律规定,双方意思表示真实一致,为有效合同。在履行该合同的过程中,美国贸易公司始终按照江阴外贸的传真要求递交有关单据和船情资料等文件,并无过错。美国贸易公司与广星公司没有任何法律上和事实上的联系。货物到港江阴外贸是明知的,并参与卸货。根据双方合同约定以及我国《海关法》和《关于对外贸易代理制的暂行规定》,江阴外贸是国际货物买卖合同中的唯一义务人,有义务报关提货。即使按江阴外贸与广星公司的委托代理合同约定,办理海关放行手续的义务也在江阴外贸。虽然广星公司出面委托张家港外轮代理公司报关,但是广星公司报关所需单据等文件均由江阴外贸提供,因此广星公司的报关行为应视为江阴外贸的授权,而且根据《海关法》的规定,进口货物的收货人是法定的通关申报人。张家港海关正是基于法律规定以张关调〔1995〕87 号函致函江阴外贸要求其提前处理货物并承担一切责任,江阴外贸如对海关扣物持有异议,可以提起行政诉讼,而不能以广星公司委托报关为由拒绝承担责任。即使信用证确实存在不符点,也只构成拒付信用证款的理由,并不构成买方拒收货物和最终拒付货款的理由。本案合同买方江阴外贸已经提取了货物,但至今未付货款,其拒付货款的请求理由不予支持。原审认定事实

和适用法律均无不当。美国贸易公司关于利息损失的请求,应予支持。江阴外贸的上诉理由没有事实和法律依据,本院不予支持。

【案例来源】

《中华人民共和国最高人民法院公报》1998 年第 4 期。

472 开证申请人接受提货保函并不意味放弃要求开证行交付信用证项下正本提单的权利

【关键词】

| 开证申请人 | 提货保函 | 正本提单 |

【案件名称】

中国冶金进出口湖北公司与中国农业银行武汉市分行汉口支行信用证赎单欠款纠纷案[最高人民法院(1999)经终字第 27 号民事判决书,2000. 9. 21]

【裁判精要】

最高人民法院认为:

中冶湖北公司申请委托农行汉口支行开立以金霞有限公司为受益人的信用证,农行汉口支行开出不可撤销跟单信用证,双方之间成立了委托开立信用证关系。对这一民事关系双方当事人意思表示真实,不违反法律规定,应为有效。依开证申请书的内容,开证行农行汉口支行负有及时开证、接受单据、承兑付款、向开证申请人交单的义务;开证申请人中冶湖北公司负有支付保证金、手续费等费用、按时办理承兑、付款、在拒绝接受不符点时及时退单以及付款赎单等义务。本案争议的焦点就是在付款赎单的环节,由于农行汉口支行工作失误导致信用证项下的单证遗失,中冶湖北公司能否拒绝付款。开证行农行汉口支行遗失信用证项下的单证是不争的事实,在信用证有效期内受益人已履行了交单义务,而农行汉口支行于 1995 年 10 月 23 日收到单证后,没有通知中冶湖北公司,导致中冶湖北公司于 11 月 2 日表示不接受信用证项下的全套单据、拒绝承兑。并且由于单证的遗失,使开证行在接到议付行承兑通知的七个工作日内无法就单证是否存在不符点向议付行抗辩。在二审审理过程中,农行汉口支行称其于 11 月 3 日发现信用证项下的单证遗失后及时电话告知中冶湖北公司,并以 11 月 13 日中冶湖北公司业务员李兵草拟的联营协议为依据。该电话通知没有书面证据,上诉人予以否认。李兵草拟的联营协议是传真复印件,农行汉口支行没有举出原件,况且该协议也未经任何一方签字,不具有证据的效力。农行汉口支行出具的提货保函中注明相关单据还没到达,该保函不是由于单据遗失而被用于提货的。农行汉口支行认为中冶湖北公司在 11 月 15 日请求开出保函提货时就已经知道单证遗失,证据不充分。所以中冶湖北公司接受提货保函并不意味其放弃了要求农行汉口支行交付信用证项下正本单证的权利。这是由于利用保函提货往往是在正本单证未到,买方不愿意错过商机,而采取的一种变通做法,其目的是及时履行与扬州市金属材料公司的合同;此外,提货保函也不能完全替代信用证项下的单证,信用证项下的单证除货物提单外,还有其他货物数量、质量、装船等证明,有关文件将被用来作为流转货物的证明文件或解决基础交易纠纷的证明文件,是开证申请人需要得到的。因此从商业习惯和本案当事人的意思表示来看都不能表明开证申请人中冶湖北公司放弃信用证项下正本单证的请求权。

依据11月14日中冶湖北公司致农行汉口支行的传真件,至1996年3月底前到农行汉口支行付全额的70%,对外付汇前全部款项到齐,也就是在11月17日农行汉口支行开出的提货保函对中冶湖北公司的交付并不以付款为前提,因此农行汉口支行应当及时将提货保函交予中冶湖北公司,而不应要求其付款赎保函。中冶湖北公司并不负有付款赎保函的义务。

信用证项下的进口货物是中冶湖北公司作为外贸代理人为扬州市金属材料公司进口的,由于最终用户要求不超过11月底银行提供全套正本单证,至11月底农行仍不能提供正本单据,导致中冶湖北公司履行开证协议的义务成为不必要,无法实现合同的目的,而此后果恰恰是由于农行汉口支行单据遗失造成的。因此中冶湖北公司有权拒付信用证项下的款项。

1996年1月23日李兵在《进口到单通知书》通知书上签署的意见是以单证存在为前提,并没有放弃正本单据接受货物的意思,况且此时货物已由农行汉口支行委托的广东省肇庆市端州工业贸易公司从港口提取,该意见不具有解决开证行与开证申请人之间关系的效力,仅是为开证行对外承兑付汇完善手续。

关于本案损失的原因和承担的问题:农行汉口支行遗失单证,而在十几天的时间内没有察觉,之后又未将提货保函交予中冶湖北公司,使中冶湖北公司不能及时履行其与扬州市金属材料公司的外贸代理合同,丧失商机,因货物价格下跌的损失不能由中冶湖北公司承担。农行汉口支行在提取货物之后长达一年半的时间内未对货物进行处理,价格变化、货物质量下降和仓储费用的增加,亦应由其自负。

【案例来源】

最高人民法院办公厅编:《最高人民法院公布裁判文书(2001年)》,人民法院出版社2002年版,第37~49页。

473 远期信用证项下开证行提前放单不构成怠于行使担保物权的行为,不应视为放弃物的担保

【关键词】

| 远期信用证 | 提前放单 | 担保物权 |

【案件名称】

中国建设银行辽宁省分行营业部诉沈阳沈港对外贸易公司、中油龙昌（集团）股份有限公司信用证垫款纠纷案［最高人民法院（2001）民四终字第22号民事判决书，2001.12.29］

【裁判精要】

最高人民法院认为：

关于上诉人中油龙昌(集团)股份有限公司认为中国建设银行沈阳市分行的行为系怠于行使其担保物权的问题。本案所涉为远期信用证,付款日为见票后175日,开证行承兑后,即负有信用证项下的绝对付款义务。在远期信用证下,开证行在付款到期日前交付有关信用证项下的单据,符合国际惯例,亦体现了信用证的融资功能。只有在付款期届满、开证申请人未能支付信用证项下的款项时,才构成开证申请人不能付款的事实。开证行交单时尚不能判断开证申请人是否能到期付款,而开证申请人到期不能付款时,因开证行已于此前将信用证项下的单据交出,故其留置信用证项下单据的权利已实现不能。本案中在信用证以外,当事人未提供任何物的担保。因此,本案不存在中国建设银行沈阳市分行怠于行使其担保物权的情节。上诉人关于中国建设银行沈阳市分行的行为系怠于行使担保物权、应视为放弃物的担保、其应根据《担保法》的有关规定在债权人放弃权利的范围内免除保证责任的观点,没有事实和法律依据,不能成立。

【权威解析】

信用证作为一种各国所普遍使用的国际贸易的支付方式,其操作规程和制度源于国际习惯做法,这也是为什么国际惯例在世界各国信用证法律制度中占绝对地位的原因。根据国际惯例,在即期信用证下,付款之后才能赎单;而在远期信用证下,信用证项下单据会在付款期限届满前很长一段时间内到达开证行,而开证行经审查认为应当对外付款的情况下不会一直持有信用证项下的单据直至付款期届满、开证申请人付清信用证项下款项后再放单,而是提前放单,给开证申请人提供一段融资期,这也是信用证特别是远期信用证融资功能的具体表现之一。开证行持有单据是没有实际意义的,因为银行关心的不是货物,而是信用证项下单据是否符合信用证的要求以及开证申请人能否到期付款。提前放单,可以使开证申请人提前处理货物,回笼资金,更有利于到期向开证行支付信用证项下的款项。因此,在远期信用证下,银行提前放单并不构成放弃物的担保,这与我国《担保法》上“债权人放弃物的担保”不同,两者不是同一个问题,因此,也不能就此认为国际惯例与我国《担保法》的规定有矛盾。另外,从法律角度,信用证项下单据的所有权人是谁？目前仍是学者与实务界存有争议的一个问题,尚没有定论。属于银行？但银行享有货物的所有权不是信用证制度追求的目标;属于开证申请人?似乎又与传统国际货物买卖中所有权转移理论不一致。而我国《担保法》上有效的"物的担保"是以债务人或提供担保的人对该物享有所有权为前提的,在信用证项下单据所有权的问题尚没有解决的情况下,认为开证行持有信用证项下单据构成我国《担保法》上的"物的担保"并进而认为开证行提前放单构成放弃"物的担保"是没有说服力的。再者,远期信用证下,付款期限未到,尚难以认定开证申请人到期不能支付信用证项下的款项,因此不能认定开证行怠于行使其"物的担保"的权利。退而言之,如果我国法院认定在远期信用证项下银行提前放单属于放弃物的担保从而应免除保证人的保证责任,则不难预测,我国银行从此不再敢于使用远期信用证这一结算方式,信用证制度也不再具有生命力,后果是不堪设想的。①

【案例来源】

周玉华编著:《最新银行法经典疑难案例判解》,法律出版社 2009 年版,第 524 ~ 529 页。

(二)欺诈例外原则的适用

474 适用"欺诈例外原则"是以基础交易的欺诈为前提,将导致信用证项下款项止付的后果,须将基础交易纠纷与信用证法律关系结合审理

【关键词】

|信用证|欺诈例外原则|基础交易|

【案件名称】

韩国新湖商社与四川省欧亚经贸总公司等信用证欺诈纠纷管辖权异议案[最高人民法院(2000)经终字第 155 号民事裁定书,2000. 12. 13]

【裁判精要】

最高人民法院认为:

原审原告欧亚公司向原审法院起诉的诉讼请求是宣告信用证无效,起诉的被告为信用证的受益人——基础交易买卖合同的卖方新湖商社,诉由是基础交易欺诈。由于两方之间最直接的法律关系是买卖合同,信用证是该合同中约定的支付手段,

① 参见高晓力:《远期信用证下开证行提前放单的行为是否构成放弃物的担保》,载吴庆宝等主编:《信用证诉讼原理与判例》,人民法院出版社 2005 年版,第 530 ~ 531 页。

欧亚公司是开证申请人，新湖商社是信用证受益人，欧亚公司起诉新湖商社信用证欺诈的基础是称其利用伪造单据以图骗取信用证项下的货款。一审裁定认为其审理的仅仅是信用证关系，脱离了欧亚公司的起诉，是不妥当的。新湖商社与欧亚公司之间买卖合同中的仲裁条款是一个不明确的、无法执行的仲裁条款，需要当事人重新协商，但是欧亚公司已经采取了诉讼的方法解决本案的争议，表明其放弃了仲裁的愿望，新湖商社称重新协商既是当事人的权利又是当事人的义务并无事实和法律上的依据，对此一审法院的认定是正确的。《民诉法意见》第一百四十五条规定："依照民事诉讼法第一百一十一条第（二）项的规定，当事人在书面合同中订有仲裁条款，或者在发生纠纷后达成书面仲裁协议，一方向人民法院起诉的，人民法院裁定不予受理，告知原告向仲裁机构申请仲裁。但仲裁条款、仲裁协议无效、失效或者内容不明确无法执行的除外。"由于原销售合同中的仲裁条款没有约定仲裁的方式和机构属内容不明确，无法执行，因此原审人民法院对欧亚公司的起诉应予受理。

信用证虽然是基础交易中的一个结算方式，但它又独立于基础交易，是遵循严格相符原则的单据交易。通常情况当事人不得以基础交易中的事由要求止付信用证或宣告信用证无效。对上述原则的例外就是信用证欺诈例外原则。所谓"信用证欺诈例外原则"是在基础交易存在实质性欺诈的情况下，可以构成信用证关系与基础交易相独立的例外。由于适用"欺诈例外原则"是以基础交易的欺诈为前提，而导致信用证项下款项止付这样的后果，也必须将基础交易纠纷与信用证法律关系结合起来进行审理。由于我国《民事诉讼法》有关于第三人的制度，并且原审原告欧亚公司的诉讼请求包括了对信用证的效力以及终止支付的要求，如果欧亚公司胜诉，信用证止付的请求得到支持，结果必然涉及议付行关于开证行履行信用证项下的义务的请求是否成立；如果欧亚公司败诉，则开证行要承担信用证项下的付款责任。可以认为本案的判决结果与开证行和议付行有法律上的利害关系，因此一审法院将农行成都市总府支行和农协会列为本案第三人的做法并无不妥。但是，正因为本案的审理既包括了基础关系——买卖合同，又包括了信用证纠纷，因此本案的案由应认定为国际货物买卖信用证付款纠纷。综上所述，原审法院对买卖合同和信用证纠纷均具有管辖权，其驳回新湖公司异议的裁定是正确的。

【案例来源】

《中华人民共和国最高人民法院公报》2001 年第 3 期。

编者说明

司法实践中，认定是否构成信用证欺诈，不仅要从行为本身考察，更重要的是考察行为人是否具有主观恶意，确保慎重启动信用证欺诈例外制度。在审理案件的过程中，应当坚持"谁主张，谁举证"的原则，需要审理案件的法官根据当事人举出的证据材料，对于行为是否构成信用证欺诈综合作出判断，达到内心确信的程度。

《信用证解释》第十条是对"信用证欺诈例外的例外"情形的规定，在存在该条规定的任一情形时,即使存在信用证欺诈,人民法院也不能再适用信用证欺诈例外制度,不能再通过司法手段干预信用证项下的付款。从法理上看,判断是否存在信用证欺诈例外的例外情形,主要依据信用证项下各方当事人之间的法律关系以及是否存在善意第三人来确定。《信用证解释》第十条是以保护善意第三人的利益为出发点的,这正是"信用证欺诈例外的例外"得以形成并在各国司法实践中被普遍认可进而形成一种"制度"的法理基础。因此,只要考察是否存在善意第三人,就能够正确理解和适用《信用证解释》第十条的规定。实践中,在存在信用证欺诈的情况下,开证行或其指定人、授权人对信用证项下票据善意地作出了承兑,如果没有善意第三人存在,人民法院仍然可以裁定中止支付或者判决终止支付信用证项下款项。①

最高人民法院先后裁判的三个典型案例——纽科案(即瑞士纽科货物有限责任与中国建设银行吉林省珲春市支行拒付信用证项下货款纠纷上诉案)、潮连案[即潮连物资(香港)有限公司与中国农业银行湖南省分行信用证交易纠纷上诉案]和新湖案(即韩国新湖商社与四川省欧亚经贸总公司等信用证欺诈纠纷管辖权异议案)涉及信用证作为国际支付手段的三个基石,即三个基本原则:独立性原则、单证表面严格相符原则和单据交易原则、独立性原则的欺诈例外。不仅如此,还涉及信用证法律和实务中其他重要争议问题,例如软条款问题,信用证欺诈的程序问题,信用证欺诈的救济问题,信用证欺诈案件的管辖权问题,信用证欺诈认定的实质性标准问题,信用证和信用证项下的票据问题。

最高人民法院在新湖案中再次确认信用证的独立性原则。同时第一次在正式公开的判决中明确独立性原则有一个例外,那就是欺诈例外。本判决再一次表明,最高人民法院自纽科案判决公布以来,在信用证独立性原则上的立场是坚定的和前后一致的。信用证交易和基础合同交易相互独立,开证行不能以基础合同项下的抗辩针对受益人,反过来,开证申请人也不能利用基础合同项下受益人的履约甚至违约的抗辩来要求开证行不予兑付受益人的合格交单,除非发生受益人欺诈。

475 进口设备存在某些质量问题只是买卖合同履行过程中的质量纠纷,不应影响信用证结算方式,不构成信用证欺诈

【关键词】

| 买卖合同 | 质量纠纷 | 信用证欺诈 |

【案件名称】

黑龙江哈尔滨华龙交通建设有限公司与中国光大银行黑龙江分行等追偿垫付款纠纷案[最高人民法院(1999)经终字第208号民事判决书,2001.7.5]

---

① 参见高晓力:《关于当前国际金融危机下人民法院审理信用证纠纷案件面临问题及其对策的调研报告》,载最高人民法院民事审判第四庭编:《涉外商事海事审判指导》(总第18辑),人民法院出版社2009年版,第175~177页。

【裁判精要】

最高人民法院认为：

投资银行是依据其与华龙公司之间的申请开立信用证协议、与国际工程公司之间的担保关系以及向境外议付行支付信用证项下款项的事实而向原审法院提起诉讼的。

本案所涉开证申请之附加条款明确约定，该信用证适用 UCP500，上述约定符合双方当事人的真实意愿，亦符合我国《民法通则》关于涉外民事关系法律适用的有关规定。因此，本案所涉信用证法律关系应适用 UCP500 的有关规定，并以此来确定投资银行对外承兑以及付款行为是否符合上述国际惯例、是否有权向开证申请人即华龙公司主张信用证项下其已垫付的款项。

UCP500 第 3 条 a 款规定："信用证与可能作为其依括的销售合同或其他合同，是相互独立的交易。即使信用证中有对该合同的任何援引，银行也与该合同完全无关，且不受其约束。因此，一家银行作出付款、承兑并支付汇票或议付及或履行信用证项下其他义务的承诺，不受制于申请人与开证行或与受益人之间在已有关系下产生的索偿或抗辩。"第 4 条规定："在信用证业务中，各有关当事人所处理的只是单据，而不是单据所涉及的货物、服务及/或其他行为。"上述规定确立了信用证的独立抽象性原则，即信用证虽然以基础买卖合同为依据而开立，但是一经开立就不再受基础买卖合同的制约。依据这一原则，只要受益人提交了符合信用证规定的单据，开证行就必须付款，即使这些单据所代表的货物与基础买卖合同规定不符，或基础买卖合同中有不同于信用证条款的规定。本案中，投资银行在收到议付行汉城分行提交的信用证要求的全套单据经审核单证相符、并经开证申请人华龙公司同意后，即进行了承兑。根据 UCP500 第 14 条 a 款 I 项即"对已付款、已承担延期付款责任、已承兑汇票或已议付的指定银行予以偿付"的规定，投资银行对汉城分行负有偿付义务，在投资银行兑付了议付行后，就其所付出的款项获得从开证申请人即华龙公司处得到偿付的权利。信用证本身是否经过修改、受益人是否违反信用证规定的质量条款并不影响开证行即投资银行在单证相符的情况下支付信用证项下款项并要求华龙公司偿付的权利。因此，投资银行的上述行为完全符合 UCP500 的有关规定，华龙公司关于"投资银行应受信用证条款约束并应承担擅自支付货款的责任"的上诉主张无理，本院不予支持。

华龙公司在本案诉讼过程中，一直以信用证受益人在基础买卖合同中存在欺诈作为其拒绝付款的抗辩理由，该理由亦是其主要的上诉内容。在信用证独立抽象性原则下，银行所关心的是单据而非货物，只要单据表面上符合信用证规定，开证行就应予付款，而不受基础交易的制约。对于受益人的欺诈能否受到独立抽象性原则的保护，UCP500 未作规定。但是，"欺诈例外"作为一项原则，被大多数国家在实践中所采纳，即在肯定了独立抽象性原则的前提下，又承认这一原则的适用不能无视国际商业交易的实际情况,在特定情况下应允许有例外,受益人欺诈是最主要的情形。然而,上诉人华龙公司在本案诉讼过程中,始终未对受益人存在欺诈行为举出确实的证据,其所谓的欺诈事实实际上是进口设备存在某些质量问题,该问题只是基础买卖合同履行过程中的质量纠纷,不应影响当事人约定的信用证结算方式。因此,华龙公司关于本案信用证受益人存在欺诈行为的上诉理由,本院予以驳回。

华龙公司在提起本案诉讼前,曾以质量纠纷为由以本案信用证受益人为被申请人向哈尔滨中院申请诉讼保全以冻结本案所涉信用证项下款项,哈尔滨中院作出了相应的民事裁定,导致信用证项下款项被冻结而不能对外支付。以后,哈尔滨中院又撤销了上述裁定。华龙公司上诉认为哈尔滨中院的诉讼保全裁定具有法律效力,投资银行应据此且应依据 UCP500 第 17 条的规定对外拒付信用证项下款项,擅自支付的后果应由投资银行自行承担。上述上诉理由同样没有事实和法律依据。首先,UCP500 第 17 条规定的是在发生不可抗力的情况下开证行可以拒付的情形,而本案根本不存在此种情形;其次,信用证是开证行对受益人的一项单独承诺,如果单据表并未显示存在欺诈,也没有其他明确的证据证明欺诈存在,可以认为法律并未赋予开证申请人限制银行付款的权利。本案的实际情况是,华龙公司申请开立的是远期信用证,信用证已被汉城分行议付,而且开证行已对议付行承兑了信用证项下汇票。此时,投资银行在信用证项下的责任已变为票据上的无条件付款责任。根据我院 1989 年 6 月 12 日法(经)发〔1989〕12 号《全国沿海地区涉外、涉港澳经济审判工作座谈会纪要》的有关规定,人民法院不应裁定冻结本案信用证项下之款项。因此,原审判决关于“华龙公司的保全申请违反法律规定、不符合国际惯例,由此造成迟延付款的利息、损失由其负担”的认定是正确的。投资银行在哈尔滨中院撤销了冻结裁定后,即向议付行支付了信用证项下款项,该行为无任何过错,亦符合信用证结算的国际惯例,其有权要求开证申请人华龙公司偿付相关款项,包括信用证项下款项以及因迟延支付而产生的相关费用。

【案例来源】

最高人民法院办公厅编:《最高人民法院公布裁判文书(2002 年)》,人民法院出版社 2003 年版,第 193 ~ 204 页。

476 倒签提单并不必然构成信用证欺诈,也并不必然导致银行可以拒付信用证款项,应当分情形处理

【关键词】

| 信用证 | 倒签提单 | 信用证欺诈 |

【案件名称】

口福食品公司诉韩国企业银行、中行核电站支行信用证纠纷案 [江苏省高级

人民法院二审民事判决书，2003. 12. 23]

【裁判精要】

裁判摘要：信用证欺诈，是指信用证受益人在根本无货或者质量低劣无法交货的情况下，单独或与他人恶意串通，伪造符合信用证要求的一种或几种单据，从开证行骗取信用证项下货款，从而使开证申请人遭受经济损失的行为。开证行如无证据证明信用证项下单据是受益人单独或与他人恶意串通伪造的，目的是从开证行骗取信用证项下款项，且该伪造行为已经给开证申请人造成了实质性损害，不能援引信用证欺诈例外原则拒付信用证项下款项。

江苏省高级人民法院认为：

关于第一点。本案是信用证交易纠纷。在一审中，各方当事人均以 UCP500 作为诉辩依据，一审也适用 UCP500 作出判决。然而 UCP500 只能解决当事人在信用证交易中的地位和权利义务，不涉及信用证欺诈及其法律救济问题，因而不能解决上诉人韩国企业银行提出的信用证欺诈问题。对这个问题，韩国企业银行认为韩国法律是准据法，而被上诉人口福食品公司和原审被告中行核电站支行则主张以中国法律为准据法。信用证欺诈是侵权行为。《民法通则》第一百四十六条第一款规定："侵权行为的损害赔偿，适用侵权行为地法律。"既然韩国企业银行主张口福食品公司伪造了单据和倒签了提单，而本案信用证项下的单据与提单均在中国签发，中国是侵权行为地，故应当适用中国法律解决信用证欺诈及其法律救济问题。

关于第二点。信用证欺诈，是指信用证受益人在根本无货或者质量低劣无法交货的情况下，单独或与他人恶意串通，伪造符合信用证要求的一种或几种单据，从开证行骗取信用证项下货款，从而使开证申请人遭受经济损失的行为。而在本案中，被上诉人口福食品公司是在向承运人交付了货物的情况下，制作或者获取了信用证要求的商业发票、汇票、装箱单和提单等单据，上诉人韩国企业银行没有证据证明口福食品公司所供货物质量低劣，因此不存在口福食品公司以质量低劣货物骗取信用证项下款项的问题。鉴于韩国企业银行在其开具的信用证中，已经将受益人口福食品公司的英文名称错写为"LIANYUNGAND KUCHIFUKU FOODS CO. LTD"，为了使议付单据与信用证一致，口福食品公司才在信用证议付单据上，将该公司英文名称填写为与信用证一致的错误名称，同时加盖了有同样英文名称的印章。虽然口福食品公司加盖在信用证议付单据上的印章有将错就错的英文名称，但同时也有该公司正确的中文名称。二审庭审中，韩国企业银行已经对口福食品公司的信用证受益人身份不存异议，说明口福食品公司在信用证议付单据中使用"LIANYUNGAND"一词，客观上没有引起歧义。因此，口福食品公司在信用证议付单据上错误填写该公司的英文名称，以及加盖含有同样英文名称的印章，是事出有因，不构成信用证欺诈。韩国企业银行关于口福食品公司私刻印章、伪造单据、构成信用证欺诈的上诉理由,不能成立。

关于第三点。现有证据证明,涉案货物是于2002年5月31日8时至6月1日4时装船,承运方于6月1日签发提单,而在承运方出具给被上诉人口福食品公司的提单上,填写的装船时间是2002年5月31日,确为倒签。即便如此,也不能认定口福食品公司实施了信用证欺诈行为。这是因为:(1)在信用证规定的装船日期前,口福食品公司已经组织了货物,并将货物送至承运人指定的场站,办理好货物出关等必要手续,得到承运方关于在5月31日装船的承诺,客观上没有必要倒签提单;(2)上诉人韩国企业银行不能以证据证明口福食品公司参与实施了倒签提单的行为,主观上有倒签提单的故意;倒签提单是承运方为履行其对口福食品公司的承诺而实施的欺骗行为,与口福食品公司无关;(3)韩国企业银行虽然提出由于倒签提单,致使货物迟延到港,给开证申请人造成了实质性损害,但没有提交相应的证据。对开证申请人来说,本案的倒签提单没有给其造成实际损害。因此,本案虽然有倒签提单的事实,但不存在信用证受益人以此实施欺诈的主观恶意。对提单倒签,口福食品公司没有过错,不能认定构成信用证欺诈,韩国企业银行也不能以此为由拒付信用证项下货款。

《民法通则》第一百零六条第二款规定:"公民、法人由于过错侵害国家的、集体的财产,侵害他人财产、人身的应当承担民事责任。"综上所述,上诉人韩国企业银行关于被上诉人口福食品公司伪造单据、倒签提单、所供货物存在质量问题,应适用信用证欺诈例外原则判决其不承担付款责任的上诉理由,不能成立。对议付单据与信用证上的受益人英文名称不符、提单上的装船日期倒签等问题,口福食品公司主观上没有进行欺诈的过错,不能由其承担信用证欺诈的民事责任。一审判决韩国企业银行承担信用证项下的付款义务,并无不当,应当维持。

【权威解析】

"倒签提单"被普遍认为是一种欺诈行为。但是对于倒签提单是否构成"信用证欺诈"并导致银行可以拒付,理论界与实务界均存在争议。应当认为,倒签提单并不必然构成信用证欺诈,也并不必然导致银行可以据以拒付信用证项下的款项,应当分情形处理:如果倒签提单的行为是出于受益人主观进行欺诈的恶意,即使倒签提单的行为是承运人所为,倒签提单作为一种欺诈手段,应当被认为构成信用证欺诈,并使银行可以据以拒付信用证项下的款项,这样也是符合民法上的公平原则的。①

【案例来源】

《中华人民共和国最高人民法院公报》2006年第1期。

---

① 参见高晓力:《倒签提单是否必然构成信用证欺诈以及是否适用信用证欺诈例外原则使开证行得以拒付》,载吴庆宝等主编:《信用证诉讼原理与判例》,人民法院出版社2005年版,第504页。

编者说明

最高人民法院就该案对江苏省高级人民法院的答复认为，倒签提单并不必然构成信用证欺诈，也并不必然导致银行可以以此为由拒付信用证项下的款项，应当分情形处理。如果倒签提单的行为是出于受益人进行欺诈的主观恶意，即使倒签提单的行为是承运人所为，倒签提单作为一种欺诈手段，应当被认为构成信用证欺诈，银行可以据以拒付信用证项下的款项；如果倒签提单并非出于受益人的主观恶意，开证申请人的利益也并未因倒签提单的行为遭受实际损害，则不应认为构成信用证欺诈，银行不能以倒签提单为由拒付信用证项下的款项。①

477 通知行已经尽其合理谨慎审核的职责，在审查信用证阶段不应承担责任

【关键词】

| 信用证 | 通知行 | 谨慎审核 |

【案件名称】

中国银行新疆分行诉新兴公司信用证交易纠纷案［新疆维吾尔自治区高级人民法院一审民事判决书，1997.7.28］

【裁判精要】

新疆维吾尔自治区高级人民法院认为：

一、UCP500 第 7 条 a. 规定："信用证可经另一家银行（通知行）通知受益人，而通知行无须承担责任。但如该行决定了通知该信用证，则应合理谨慎地审核所通知信用证的表面真实性。"原告新疆分行在作为通知行期间，接到国外银行寄来的信用证，经检查印押无误才通知受益人，保证了信用证的表面真实性，已经尽了通知行应尽的合理谨慎地审核的职责。在审查信用证阶段，新疆分行无须承担任何责任。

【案例来源】

《中华人民共和国最高人民法院公报》1998 年第 1 期。

① 参见《最高人民法院关于连云港口福食品有限公司与韩国中小企业银行信用证纠纷一案的请示的复函》（2003 年 12 月 11 日，〔2003〕民四他字第 33 号）。

478 国外议付行对出口信用证已经善意付款的，国内开证行即负有对外付款义务，不因我国法院发出的止付令而免除

【关键词】

｜出口信用证｜议付行善意付款｜止付令｜

【案件名称】

福建省轻工业品进出口集团公司诉中国农业银行福建省分行营业部、中国农业银行福建省分行马尾支行返还开证保证金纠纷案［最高人民法院（2000）经终字第261号民事判决书，2001.6.12］

【裁判精要】

最高人民法院认为：

轻工公司请求营业部返还的款项系营业部开出的131LC98001号、131LC98004号两份信用证项下的开证保证金，对此各方当事人均无异议。信用证开证保证金属于有进出口经营权的企业向银行申请对国外（境外）方开立信用证而备付的具有担保支付性质的资金。开证银行在其免除对外付款义务之前，该笔资金不能被挪作他用，开证银行有权占有该笔资金而不予返还开证申请人。本案中轻工公司申请营业部开立的131LC98001号、131LC98004号两份信用证项下款项虽然已经由福建省厦门市海事法院判决对外不予支付，但是由于营业部已经对该两份信用证项下远期汇票予以承兑，承诺到期支付该两份信用证项下款项，现法国里昂信贷银行以其已经议付该两份信用证项下款项并要求中国农业银行付款为由，以中国农业银行为被告向巴黎商业法院提起诉讼。中国农业银行一旦败诉，则仍然要承担该两份信用证项下的付款责任。因此，从目前事实看，中国农业银行在本案两份信用证项下的付款责任并未完全免除，轻工公司要求营业部返还该两份信用证项下保证金的诉讼请求不能成立，本院不予支持。原审判决认定事实基本清楚，但确定责任不当，应予纠正。

【案例来源】

最高人民法院办公厅编：《最高人民法院公布裁判文书（2002年）》，人民法院出版社2003年版，第144～149页。

编者说明

《信用证解释》第十一条规定了申请止付信用证款项的条件，此前，《最高人民法院关于严禁随意止付信用证项下款项的通知》（2003年7月16日，法〔2003〕103号）还明确：（1）严格坚持信用证独立性原则。信用证是独立于基础交易的单据交易，只要受益人所提

交的单据表面上符合信用证的要求，开证行就负有在规定的期限内付款的义务。信用证交易与基础交易属于两个不同的法律关系，一般情况下不得因为基础交易发生纠纷而裁定止付开证行所开立信用证项下的款项。(2)严格坚持信用证欺诈例外原则适用的条件。只有在有充分的证据证明信用证项下存在欺诈，且银行在合理的时间内尚未对外付款的情况下，人民法院才可以根据开证申请人的请求，并在其提供担保的情况下裁定止付信用证项下款项。但如果信用证已经承兑并转让或者信用证已经议付，仍不得裁定止付。

在信用证项下款项已经被善意议付的情况下，即使存在信用证欺诈的情形，人民法院也不能再裁定中止支付或者判决终止支会信用证项下的款项，即信用证欺诈例外的例外。这里“善意”议付的认定标准即是要判断议付行是否构成“善意第三人”，与我国民法上判断善意第三人的标准是一致的。具体而言，非善意议付是指议付行对没有基础交易、伪造单据等欺诈行为知道或应当知道。①

(三)信用证开证纠纷

479 无真实贸易背景却以进口货物为名向银行申请开立信用证，损害国家利益的，申请开证关系无效

【关键词】

|信用证|开证关系|

【案件名称Ⅰ】

江北中行与樊东农行等信用证垫款纠纷案［最高人民法院(2003)民四终字第21号民事判决书，2005.8.23］

【裁判精要】

最高人民法院认为：

外贸公司未就本案提起上诉，江北中行亦未对开证法律关系项下垫款的相应事实提出异议，因此，原审判决认定的外贸公司应偿付江北中行信用证项下垫款本息的结果本院予以确认。然而，原审判决对于开证法律关系的效力未作正面认定而实际认定为有效是错误的。

根据《审计报告》的审计内容以及《情况报告》的内容，本案所涉四单信用证是在无贸易背景的情况下开立的，是外贸公司虚构进口事实、骗开信用证套取国家外汇的行为，根据《民法通则》第五十八条第一款第(三)项即“一方以欺诈、胁迫的手

① 参见刘贵祥：《在全国涉外商事审判庭长座谈会上的总结讲话》，载最高人民法院民事审判第四庭编：《涉外商事海事审判指导》(总第22辑)，人民法院出版社2012年版，第22页。

段或者乘人之危,使对方在违背真实意思的情况下所为的民事行为无效”的规定,本案开证法律关系应认定无效。原审判决适用《民法通则》第八十四条第二款以及第一百一十一条的规定处理开证法律关系属适用法律错误。

【案例来源】

《中华人民共和国最高人民法院公报》2006 年第 3 期。

【案件名称Ⅱ】

中行北京分行诉利达海洋馆信用证垫款纠纷案［最高人民法院（2003）民四终字第 15 号民事判决书，2004. 2. 2］

【裁判精要】

裁判摘要:当事人之间并无真实的贸易背景,却以进口货物为名,向银行申请开立信用证,导致银行大量资金外流,损害国家利益的,应认定申请开证关系无效,担保人为此所作的担保亦应无效。

最高人民法院认为:

本案系因中行北京分行为利达海洋馆开立信用证并支付信用证款项后,利达海洋馆及其担保人北国投公司未能偿还中行北京分行对外支付的信用证项下的款项,而形成的信用证垫付款及担保纠纷案。经审理查明,利达海洋馆申请开立信用证的真实意思并非为了进口货物,而是为了融资,套取国家外汇。根据法律规定,当事人的民事法律行为应当意思表示真实。本案中,中行北京分行与利达海洋馆签订合同的意思表示并不真实一致,其结果是以合法形式掩盖非法目的,并导致银行大笔资金外流,损害国家利益。故原审关于中行北京分行与利达海洋馆之间委托开证合同无效的认定正确,本院予以维持。

本案中行北京分行根据利达海洋馆的开证申请对外开出信用证,虽然中行北京分行与利达海洋馆之间没有达成一项明确的开证协议,但双方之间存在委托开立信用证申请书。而开证申请书明确约定了信用证申请人利达海洋馆与开证行中行北京分行的权利义务,成为规范利达海洋馆与中行北京分行法律行为的基础法律文件。当利达海洋馆没有按照开证申请书的约定偿付信用证项下的款项时,中行北京分行便依据开证申请书,请求利达海洋馆付款。因此,从开证申请书的内容和开证行的行为可以认定在中行北京分行与利达海洋馆之间已经形成委托开证法律关系。根据信用证独立原则,信用证一经开出,委托开证法律关系即与信用证相互独立,开证申请人不能以信用证以外的理由要求开证行撤回已开立的信用证,银行在处理信用证业务时也不受委托开证合同的约束。本案中行北京分行无视其与利达海洋馆之间已经存在的委托开证法律关系,将委托开证法律关系与信用证本身相混淆,该行关于中行北京分行与利达海洋馆之间不存在委托开证合同,委托开证合同不是一个独立的法律行为,本案属于信用证纠纷,不是委托开证合同纠纷的上诉理由不能成立,本院不予支持。

本案当事人明确选择适用UCP500,从UCP500第一、二条以及第三条的规定可以看出,该惯例的适用排除了开证行与开证申请人之间的委托开证法律关系,开证行与开证申请人之间的委托开证关系不受其调整,本案中行北京分行与利达海洋馆之间的申请开证法律关系应当适用国内法的有关规定。因此,中行北京分行关于本案应适用UCP500的上诉理由亦不能成立。原审法院适用合同法的规定处理本案正确,本院予以维持。

本案北国投公司根据信用证开证申请人利达海洋馆的要求,出具的不可撤销的付款保函,其担保的是利达海洋馆的付款责任,对于担保合同而言,主合同是利达海洋馆与中行北京分行之间的开证法律关系。中行北京分行关于《保函》的主合同是信用证本身的理由,没有事实和法律依据,本院不予支持。原审判决认定北国投公司为委托开证出具的不可撤销付款保函因主合同无效而导致无效,是正确的,本院予以维持。

从本案一、二审事实看,中行北京分行开证时间过于集中,即在短期内,连续为利达海洋馆开出几十份信用证,本案涉及24份,且数额巨大。按照银行的规定,开立信用证超过100万美元的,必须经过中国银行总行批准,中行北京分行为了规避这一规定,使信用证顺利开出,将每笔信用证控制在100万美元以下。就本案事实可以认定中行北京分行应当知道利达海洋馆所开立的信用证并不具有真实的基础交易背景,据此,中行北京分行在本案中是具有过错的,应当承担相应的过错责任。

【案例来源】

《中华人民共和国最高人民法院公报》2005年第5期。

480 申请开立信用证系利用信用证进行假进口真融资的套购国家外汇行为,开立信用证协议无效

【关键词】

|信用证|套购国家外汇|协议无效|

【案件名称】

南宁仟倍成片土地开发有限公司与中国光大银行南宁星湖支行、桂林桂源房地产开发有限公司信用证垫款纠纷案[最高人民法院(2000)经终字第134号民事判决书,2002.11.5]

【裁判精要】

最高人民法院认为:

本案因投行广西分行为健源乐公司开立信用证并付款后,健源乐公司未能还清投行广西分行的款项,而形成信用证垫付款纠纷。经审理查明,健源乐公司申请开立信用证的真实意思并非为了进口货物,而是为了融资用于其他项目。对此,国家外汇管理局广西分局认定是一种利用信用证进行假进口真融资的套购国家外汇行为,并因此对健源乐公司处以警告并罚款。根据法律规定,当事人的民事法律行为必须意思表示真实。本案中,健源乐公司的行为显然是以合法形式掩盖非法目的,并且已经受到行政处罚。健源乐公司与投行广西分行签订的"开立信用证协议书"和"最高额抵押合同",均应认定无效。健源乐公司按"开立信用证协议书"取得了九笔信用证项下的款项,应当返还给投行广西分行。原审判决认定"开立信用证协议书"和"最高额抵押合同"合法有效,是完全错误的,应当予以纠正。原审判决适用《民法通则》第八十八条第一款,判令仟倍公司承担违约责任,亦有错误,应当予以纠正。

关于本案中投行广西分行通过九笔信用证实际对外付款的数额,经二审质证,仟倍公司确认了原审认定的18448216.14美元,扣除已经偿还的8680000美元,仟倍公司尚欠光大星湖支行9768216.14美元。仟倍公司上诉提出原审认定的数额有误以及漏算720万美元,并无事实依据,本院不予支持。原审认定仟倍公司欠款的数额正确,可以维持。

关于桂源公司在本案中的责任问题,原审判令桂源公司以其抵押土地的价款在1500万元人民币的范围内承担清偿责任。桂源公司对原审判决并未提出上诉,表明桂源公司愿意承担原审判定的责任。仟倍公司没有权利主张应当由桂源公司行使的上诉权。根据《最高人民法院关于民事经济审判方式改革问题的若干规定》第三十五条,"第二审案件的审理应当围绕当事人上诉请求的范围进行,当事人没有提出请求的,不予审查"。原审判令桂源公司承担清偿责任,并不违反法律禁止性规定,也没有侵害社会公共利益或者他人利益。仟倍公司上诉主张桂源公司的权利,没有法律依据,本院不予支持。

综上,原审判决认定健源乐公司与投行广西分行签订的"开立信用证协议"和"最高额抵押合同"有效并判决仟倍公司承担违约责任是错误的,本院予以纠正。

【案例来源】

最高人民法院民事审判第四庭编:《中国涉外商事海事审判指导与研究》(总第4卷),人民法院出版社2003年版,第273~282页。

481 当事人虽明确选择有关国际惯例作为委托开证关系的依据，但该惯例在适用上是排除委托开证关系的，应适用国内法

【关键词】

| 开证关系 | 国际惯例 | 国内法 |

【案件名称】

中行北京分行诉利达海洋馆信用证垫款纠纷案［最高人民法院（2003）民四终字第15号民事判决书，2004.2.2］

【裁判精要】

裁判摘要：当事人之间虽明确选择了有关国际惯例作为双方委托信用证开证关系的依据，但该惯例在适用上是排除开证行与开证申请人之间的委托开证法律关系的，应适用国内法的有关规定，予以处理。

最高人民法院认为：

本案中行北京分行根据利达海洋馆的开证申请对外开出信用证，虽然中行北京分行与利达海洋馆之间没有达成一项明确的开证协议，但双方之间存在委托开立信用证申请书。而开证申请书明确约定了信用证申请人利达海洋馆与开证行中行北京分行的权利义务，成为规范利达海洋馆与中行北京分行法律行为的基础法律文件。当利达海洋馆没有按照开证申请书的约定偿付信用证项下的款项时，中行北京分行便依据开证申请书，请求利达海洋馆付款。因此，从开证申请书的内容和开证行的行为可以认定在中行北京分行与利达海洋馆之间已经形成委托开证法律关系。根据信用证独立原则，信用证一经开出，委托开证法律关系即与信用证相互独立，开证申请人不能以信用证以外的理由要求开证行撤回已开立的信用证，银行在处理信用证业务时也不受委托开证合同的约束。本案中行北京分行无视其与利达海洋馆之间已经存在的委托开证法律关系，将委托开证法律关系与信用证本身相混淆，该行关于中行北京分行与利达海洋馆之间不存在委托开证合同，委托开证合同不是一个独立的法律行为，本案属于信用证纠纷，不是委托开证合同纠纷的上诉理由不能成立，本院不予支持。

本案当事人明确选择适用UCP500，从UCP500第一、二条以及第三条的规定可以看出，该惯例的适用排除了开证行与开证申请人之间的委托开证法律关系，开证行与开证申请人之间的委托开证关系不受其调整，本案中行北京分行与利达海洋馆之间的申请开证法律关系应当适用国内法的有关规定。因此，中行北京分行关于本案应适用UCP500的上诉理由亦不能成立。原审法院适用《合同法》的规定处理本案正确，本院予以维持。

【案例来源】

《中华人民共和国最高人民法院公报》2005 年第 5 期。

482 开证行依据开证申请人的申请接受存在不符点的单据，保证人不能以此主张不承担保证责任

【关键词】

| 信用证 | 进口押汇 | 保证责任 |

【案件名称 I 】

中国天诚（集团）总公司与中国银行天津市分行、中天诚（天津）五金矿产有限公司信用证垫付款及担保纠纷案［最高人民法院（2000）经终字第 280 号民事判决书，2001. 5. 29］

【裁判精要】

最高人民法院认为：

天津分行开立的信用证中记载的开证申请人虽为天诚公司和双龙公司，但中天诚公司并未在开证申请书上盖章，故本案所涉信用证的有效开证申请人应为双龙公司。天津分行收到信用证项下的有关单据后，向双龙公司发出“信用证来单通知函”，就不符点征询其意见。双龙公司在规定的期限内未提出异议，又向天津分行提出叙做进口押汇申请，表明双龙公司接受了该信用证项下单证不符点，同意天津分行对外付款。本案信用证系使用 SWIFT 格式开具，故当然地适用 UCP500 的有关规定。UCP500 第 14 条 C 款规定：“如开证行确定单据表面与信用证条款不符，它可以自行确定联系申请人对不符点予以接受。”因此，在本案信用证项下存在不符点的情况下，天津分行就不符点征询双龙公司的意见，在双龙公司未提出异议的情况下，天津分行对外付款的行为并不构成不当兑付，天津分行的做法符合国际惯例的规定。天津分行对外支付信用证项下款项后，有权向双龙公司追索，双龙公司负有偿还天津分行信用证项下垫付款的义务。原审判决双龙公司偿还天津分行信用证项下垫付款正确。

天诚集团承诺为双龙公司信用证项下的债务承担保证责任，故在双龙公司不能偿还开证行信用证项下款项时，应由天诚集团承担连带还款责任。就信用证项下不符点的问题，根据《跟单信用证统一惯例》的规定，只有开证行和开证申请人有权接受或拒绝接受不符点。除非在担保协议中明确约定开证行和开证申请人不符点必须经过担保人同意，否则担保人不能对不符点提出异议。本案的担保函中并未作出明确约定，因此天诚集团无权就不符点问题要求征询其意见并经其同意，其亦无权

以此进行抗辩并进而要求免除其保证责任。故本案上诉人天诚集团关于审单过程中"即使开证行和开证申请人准备放弃不符点,也需要征求担保人书面同意"的观点没有事实和法律依据,其以此作为不予承担保证责任的理由不成立。本案中,双龙公司就信用证项下的债务向天津分行提出"叙做进口押汇协议申请"天津分行签署了意见表示同意,应视为双方达成进口押汇协议。根据1997年3月6日中国银行发布的《中国银行国际结算业务基本规定》,进口押汇是银行应客户的要求在进口结算业务中给予客户资金融通的一种业务活动。根据该条规定,"客户如申请办理进口押汇业务,必须签具信托收据";"信托收据实际上是客户将自己货物的所有权转移给银行的确认书,持有该收据即意味着银行对该货物享有所有权。客户仅为银行的受托人代银行处理该批货物"。这是中国银行关于进口押汇的操作规范,不具有法律强制性,所以银行与客户之间是否签具信托收据不当然地影响进口押汇协议的效力。

本案天津分行与双龙公司之间信用证项下的债权债务关系确因进口押汇协议的成立而发生变更,但主要是还款期限的变更,即将双龙公司对天津分行信用证项下的即期付款义务变更为进口押汇协议成立后一年偿还信用证项下的欠款。通常情况下,天诚集团于1998年10月5日,即本案信用证项下付款期(本案信用证为即期信用证)一年多以后,亦即在双龙公司与天津分行叙做进口押汇期满以后,又同天津分行就有关信用证担保期事宜进行会谈,并再次出具了"不可撤销还款担保函",声明其对双龙公司所欠200000038197号信用证项下2969402.44美元承担连带还款责任至1999年12月31日止。该担保函系当中人的真实意思表示,合法、有效。该担保函进一步表明,天诚集团对信用证项下债务延期偿还的事实是清楚的,并在此基础上同意继续为该延期债务提供担保。因而,天诚集团应信用证其再次出具的担保函的承诺对向天津分行承担保证责任,即对双龙公司不能偿还的信用证项下的款项向天津分行承担连带偿还责任。天诚集团关于其于1998年10月5日出具的担保函仅是为原来的担保函进行展期的主张,没有事实依据,故不能以此为由要求解除其保证责任。

【权威解析】

1. 关于保证人能否以信用证项下存在不符点作为免除其保证责任的抗辩的问题。保证人认为保证人享有信用证项下存在不符点时应当经保证人同意的抗辩,即在信用证项下存在不符点的情况下,如果未经保证人同意而接受不符点,则保证人可以免除保证责任的观点是错误的。理由是:保证人的保证是向开证行承诺在开证申请人不能及时向开证行支付信用证项下款项时,保证人向开证行承担连带付款责任。这其中当然有风险。根据国际惯例,独立地审单是开证行的权利和义务,信用证项下单据存在不符点时,开证行可以自行决定是否联系开证申请人接受不符点,开证申请人接受不符点的,开证行可以对外付款,但是,开证行最终是否接受不符点并不当然地受开证申请人意志的约束。是否接受不符点及其法律后果是信用证法律关系下的当事人可以援引的抗辩理由。而保证人不是信用证法律关系的任何一方当事人,故保证人在信用证项下不符点是否应当接受的问题上没有发言权,其不能以开证申请人和开证行接受信用证项下的不符点未经其同意为由认为变更了其提供保证的条件而主张免除其保证责任,除非其在保证合同中明确约定开证行或者开证申请人接受不符点必须经过保证人同意,否则其将免除保证责任。本案中没有这样的特殊约定,故保证人不能以此作为免除保证责任的抗辩理由。①

【案例来源】

周玉华编著:《最新银行法经典疑难案例判解》,法律出版社 2009 年版,第 518 ~ 524 页。

【案件名称Ⅱ】

中保财产保险有限公司青岛市分公司诉中国银行山东省分行、青岛惠穗工艺礼品有限公司追索信用证垫付款纠纷案［最高人民法院（1998）经终字第 291 号民事判决书，2001. 7. 25］

【裁判精要】

最高人民法院认为:

信用证一经开立,在开证行和开证申请人之间就形成了委托开立信用证的法律关系,开证行依照国际商会 UCP500 的规定,应尽其严格审单义务,在发现不符点时,提示开证申请人,这时,开证行仅仅是开证申请人代理人的地位,一旦开证申请人接受不符点,开证行就应当接受单据,并对信用证予以承兑。此时,开证行向开证申请人交单后,事实上就以其信用向开证申请人提供融资。保证人保证的内容就是信用证项下开证申请人应当向开证行偿付垫款。开证行按照开证申请人的要求接受不符点并不产生法律关系或法律事实的变化,而是因为信用证条款是依据买卖合同的规定制定的,接受不符点实际上是开证申请人和交单人对交易条件的变更。只有这种变更得以实现,才存在开证行向开证申请人提供融资的可能性,保证人保证的债务也才得以产生。因此,当单证存在不符点时,开证行依据开证申请人的请求接受不符点单据,不构成《担保法》第二十四条规定的情形。况且,《担保法解释》第三十条第一款规定:“保证期间,债权人与债务人对主合同数量、价款、币种、利率等内容作了变动,未经保证人同意的,如果减轻债务人的债务的,保证人仍应当对变更后的合同承担保证责任;如果加重债务人的债务的,保证人对加重的部分不承担保证责

---

① 参见高晓力:《即期信用证下开证行与开证申请人叙做进口押汇款后,保证人是否仍然应当承担保证责任》,载吴庆宝等主编:《信用证诉讼原理与判例》,人民法院出版社 2005 年版,第 518 页。

任。"从本案的情况看,开证行对单证不符点的审查及依开证申请人请求接受不符点单据,并未加重保证人的责任,因为只有在开证行中行山东分行对外承兑后,中保公司的保证责任才随之产生。此后并不存在导致保证人免责的变更事由。因此,中保公司以惠德公司与中行山东分行接受不符点系变更主合同的行为,从而不承担保证责任的理由不能成立。

【案例来源】

最高人民法院民事审判第二庭编:《中华人民共和国最高人民法院判案大系》(民商事卷-1998年卷),人民法院出版社2003年版,第690~695页。

483 当事人依据信用证副本记载选择适用《跟单信用证统一惯例》新版本不属于对主合同的变更

【关键词】

| 信用证 | 信用证副本 | 合同变更 |

【案件名称】

中国农业银行青岛市市南区第二支行与开德(青岛)有限公司等开立信用证合同纠纷案[最高人民法院(2002)民四提字第8号民事判决书,2003.9.30]

【裁判精要】

最高人民法院认为:

青岛农行营业部、原凯利公司办事处与开德公司、张斌、制药公司、恒泰公司签订的《开立进口信用证协议》第一条约定,开证行同意按照申请人编号为380LC97021BD的《开立不可撤销跟单信用证申请书》的要求和承诺,开立以先添公司为受益人、金额为208万美元的远期90天信用证,信用证具体内容详见申请书及信用证副本;协议第八条约定,本协议的全部附件,包括申请书、信用证副本等是本协议不可分割的组成部分,与本协议具有同等法律效力。据此可以认定,开证申请书、信用证及其副本、开立信用证协议及其他任何附件,系确定开证行青岛农行营业部与开证申请人凯利公司及担保人开德公司、张斌、制药公司、恒泰公司权利义务内容的合同依据。本案开证申请人凯利公司提交的开证申请书载明信用证适用国际商会《跟单信用证统一惯例》400号出版物,而开证行青岛农行营业部实际对外开立的信用证载明适用UCP500,两者在适用国际商会《跟单信用证统一惯例》版本方面存在不一致。根据开证行青岛农行营业部的解释,导致这种不一致的原因是因为当时旧格式的开证申请书尚未使用完毕,开证行向所有的开证申请人均提供旧格式的开证申请书,而实际对外开出的则是载明适用UCP500的信用证。综合本案实际情况,本院认为这种理由是成立的。由于各方当事人没有约定在开证申请书与信用证出现矛盾或者不一致时何者优先,应视为两者具有同等效力。如果出现任何矛盾或者不一致,应以后者为准。本案开证申请书在先,信用证及其副本在后,因此,应当以信用证及其副本所载明的国际商会《跟单信用证统一惯例》的版本即 UCP500 作为信用证所应适用的惯例。因此,开德公司、张斌主张青岛农行营业部擅自变更主合同没有事实和法律依据。原再审判决以主合同双方当事人未经保证人书面同意擅自变更主合同并依照《担保法》第二十四条判定各担保人不再承担担保责任,认定事实和适用法律均有错误,判决结果失当,依法应予撤销。

【案例来源】

最高人民法院立案庭编:《立案工作指导》(总第 11 辑),人民法院出版社 2006 年版,第 177 ~ 185 页。

484 代开信用证合同的受托人无权主张按货物处理和货款流向向代开信用证关系以外的当事人追索货款

【关键词】

|代开信用证合同|受托人|追索货款|

【案件名称】

大连粮食进出口接运总公司、广东中旅企业集团与洮南市粮油经贸公司、吉林省土产畜产进出口集团有限公司、香港柏通贸易有限公司信用证纠纷案[最高人民法院(1999)经终字第 460 号民事判决书,2002. 6. 11]

【裁判精要】

最高人民法院认为:

一、广东中旅公司与洮南公司、吉土公司、大连粮运总公司的“代开信用证赔偿”之诉

关于洮南公司的责任。经一、二审查明,广东中旅公司与洮南公司之间除了签订“进口大豆委托开信用证协议”外,还签订了一份“补充协议”。该两份协议并不违反法律、法规的禁止性规定,双方当事人意思表示真实一致,应为有效。协议签订后,广东中旅公司按照约定履行了合同义务,经向广东发展银行申请对外开出了信用证并实际向外方付款。广东中旅公司实际对外支付的信用证款项为 11797500 美元。而洮南公司仅向其支付 4380 万元人民币,余款和利息以及双方约定的其他费用至今未能支付。洮南公司应当承担民事责任。原审法院对于上述合同效力未作认定;对于双方在合同中约定洮南公司应当支付给广东中旅公司“按开证保证金额

2.2%及每吨10元人民币手续费”,以及双方在补充协议中约定的洮南公司应向广东中旅公司补偿的100万元人民币未作认定;对于洮南公司未付款项的本金和利息计算亦有错误;本院一并予以纠正。广东中旅公司请求对于洮南公司尚欠款项重新予以确认的上诉主张,本院予以支持。

关于吉土公司的责任。广东中旅公司与吉土公司之间不存在合同关系。吉土公司是依据该司与洮南公司的外贸代理协议对外签订买卖合同。吉土公司并不负责委托和申请开立信用证,也不负责对外付款。虽然广东中旅公司申请开立信用证是为吉土公司和香港柏通公司的买卖合同,但其开立信用证的依据仍然是该司与洮南公司的代开信用证协议,对广东中旅公司负有还款责任的义务人只能是洮南公司。广东中旅公司要求吉土公司对其与洮南公司的代开信用证关系承担连带责任没有事实和法律依据,本院不予支持。广东中旅公司对吉土公司的诉讼请求应予驳回。吉土公司因外贸代理协议所产生的责任,因洮南公司已经提起诉讼,将由人民法院另行处理。

关于大连粮运总公司的责任。广东中旅公司与大连粮运总公司之间亦不存在合同关系。广东中旅公司申请开立信用证和对外付款的依据是该司与洮南公司的代开信用证协议和补充协议。而大连粮运总公司与洮南公司之间,在法律上存在另外一个独立的代理关系,双方签订了第一份代理协议后,又有各自出具的“索赔函”“确认书”以及签订的第二份代理协议和结算协议来确定双方的权利义务。大连粮运总公司与洮南公司基于代理关系所约定的权利义务和广东中旅公司与洮南公司之间代开信用证关系所约定的权利义务是完全不同的。广东中旅公司没有理由将其与洮南公司代开信用证协议中约定应由洮南公司承担的义务要求大连粮运总公司承担连带责任。广东中旅公司上诉认为:“大连粮运总公司直接向我司支付了货款3000万元,另有1380万元货款经一审查明是由洮南公司代大连粮运总公司支付给我司。从上述货款支付的情况分析,显然大连粮运总公司是确认了洮南公司的委托代理行为。因此上诉人认为,大连粮运总公司应承担连带偿还货款、利息、违约金、信用证开证、议付等各项费用的责任。”广东中旅公司的这一主张和原审法院对此的认定均没有事实依据。经一、二审查明,广东中旅公司已收到的4380万元,是洮南公司依据双方签订的代开信用证协议支付给其的部分信用证项下的款项。其中大连粮运总公司所付的3000万元,是根据该司与洮南公司的代理协议、并按照洮南公司的指令付给广东中旅公司的。无论从事实上还是从法律上均不能得出结论认为,大连粮运总公司就此取代了洮南公司在代开信用证关系中的义务并应承担连带责任。

此外,广东中旅公司在上诉中提出按照货物处理和货款流向保护其利益,即认为大连粮运总公司与洮南公司联合销售了货物并取得了部分货款,因此大连粮运总公司应当承担信用证项下的连带还款责任。本案的实际情况如前所述,广东中旅公司提起的代开信用证之诉,只是有关五方当事人之间四个法律关系之中的一起纠纷。另外三个法律关系独立于本案。大连粮运总公司与洮南公司联合销售货物和对货款作出处理,是根据该两方之间一系列的协议进行的,至于根据这些协议各自应当承担什么样的权利义务,双方之间并无纠纷。广东中旅公司在大连粮运总公司与洮南公司的法律关系中不能代表其中的任何一方向另一方主张权利。关于对本案货物的处理,按照广东中旅公司与洮南公司于1996年6月21日签订的"补充协议"约定,洮南公司在同年6月25日前仍不能执行原代开信用证协议,广东中旅公司视作洮南公司放弃对该批大豆的拥有权,广东中旅公司有权对该批大豆进行处理。然而,当该批大豆于同年7月16日到达大连港后,即被大连动植物检疫局发现该批大豆含有国家规定禁止入境的植物危险性杂草籽"假高粱",必须经过过筛和高温焚烧处理才能出关。因此,客观上各方对接收该批大豆均心存疑虑。在此情况下,广东中旅公司于同年7月24日交出了提单。广东中旅公司的这一交单行为,表明其放弃了对该批大豆的拥有和处理权。因此,广东中旅公司只能根据该司与洮南公司的代开信用证协议,向沈南公司主张已代其付出的信用证款项。广东中旅公司没有任何事实和法律依据,可以要求按货物处理和货款流向向代开信用证关系以外的有关当事人追索货款。广东中旅公司对大连粮运总公司的诉讼请求应予驳回。

【案例来源】

最高人民法院民事审判第四庭编:《中国涉外商事海事审判指导与研究》(总第3卷),人民法院出版社2002年版,第89~112页。

485 银行对同一笔款项选择同时建立信用证和借款两个法律关系的处理

【关键词】

|信用证|借款|

【案件名称】

佛山市顺德区容桂容山实业发展总公司与中国农业银行佛山顺德容桂支行、广州市东迅房地产发展有限公司、佛山市顺德区永诚建筑工程有限公司、佛山市顺德区港德鞋业有限公司、中国农业银行佛山市分行、佛山市顺德区迅发电线有限公司借款合同纠纷案[最高人民法院(2010)民提字第119号民事判决书,2011.3.18]

【裁判精要】

裁判摘要:银行发放的贷款用于兑付其开立信用证款项,应认定合同履行完毕,贷款关系消灭。

一笔款项,为规避风险,银行选择建立了信用证和借款两个法律关系,开立信用证后又发放贷款,用于向境外议付行兑付到期信用证项下的款项。为规避风险,银行选择有清偿能力的贷款关系当事人起诉。经审理还原事实真相,银行贷款实际用途为偿还自己对外债务,贷款关系已经消灭,银行只能依据信用证法律关系主张权利。

最高人民法院认为:

本案的焦点问题是 1998 年容山总公司从容桂农行取得的 5500 万元的借款是否用于代替佛山农行偿还其作为开证行所开立信用证偿付境外议付行的款项。

2000 年容桂农行发放给容山总公司 5500 万元贷款的目的是用于归还 1998 年容桂农行发放给容山总公司的 5500 万元旧贷款,对该以新还旧的事实各方当事人均无异议。容桂农行与容山总公司所签订的借款合同中载明容山总公司借 5500 万元是用于解决流动资金不足,但该笔款项的真实用途并非如此。佛山农行于 1999 年 9 月 15 日向农行广东省分行提交的《佛山农行关于容星公司与容山总公司申请贷款的报告》(佛农银〔1999〕294 号)中载明:"发放给容星公司和容山总公司的两笔贷款是用于垫付港德集团到期的信用证款项,发放此两笔贷款可维护我行的国际信誉,同时,也可保全我行信贷资产,降低风险。"在该报告获得农行广东省分行批复后,佛山农行于 1999 年 11 月 24 日批复顺德农行,统一发放该两笔贷款。2000 年 12 月 20 日。为了使上述贷款能够延长期限,容山总公司向容桂农行提交了《项目贷款申请书》,该申请书载明,"1998 年向贵行申请人民币借款 5500 万元作为信用证到期归还之垫款",上述农行内部审批文件所反映的审批流程及内容可以证明,1998 年容桂农行发放讼争贷款时,佛山农行和顺德农行、容桂农行之间存在上下级关系,佛山农行、顺德农行、容桂农行、容山总公司均应知道讼争 5500 万元贷款的真实目的是用于解决佛山农行所开立信用证的垫款问题。

佛山农行于 2005 年 12 月 2 日向广东高院提交的《说明》称:"为了维护农业银行在国际上的声誉,分散风险,舒缓压力,经上级行批准,我行考虑到监管的便利性,按照属地原则将包括港德鞋业在内的部分公司的国际业务划转给了顺德、南海等下属行。顺德支行接管我行的信用证贷款后,利用当地企业众多、业务发展外向型强的优势,对部分信用证采取向企业贷款,再由企业换汇代为兑付信用证的方式解决信用证兑付危机,以港德鞋业的信用证借款为例,当时,该企业信用证的待兑付金额高达 1000 多万美元。据悉,为妥善处理我行划转的信用证债务,顺德支行先后以顺德市容山实业发展总公司和顺德市容山总燃气用具有限公司的名义发放人民币贷款,转给香港一公司,由该公司在香港为我行兑付境外银行的信用证款项。到目前为止,顺德支行接管的信用证贷款早已兑付完毕。"该《说明》的内容和前述农行内部审批文件所反映的情况能够相互印证,证明容桂农行发放该笔贷款给容山总公司,是为佛山农行兑付境外银行议付的信用证款项。佛山农行在出具该份说明后,又于 2006 年 11 月 3 日向广东高院第二次出具《农行佛山分行关于撤销〈说明〉的函》,表示由于出具《说明》的人员不了解具体情况,导致《说明》内容不准确,不严谨,并称佛山农行和顺德农行同隶属农行广东省分行,两者不存在上下级关系,故对此《说明》予以撤销。根据本案法院调取的证据即农行广东省分行与佛山农行、顺德农行的内部文件查实,1998 年容桂农行的前身容奇营业所在发放讼争贷款时,系顺德农行的办事机构,佛山农行和顺德农行、容桂农行之间于本案贷款发生之时存在上下级隶属关系,该情节与佛山农行在 2005 年 12 月 2 日向广东高院出具的《说明》中阐述的情况相吻合。广东高院在二审判决中以后来佛山农行与容桂农行分别领取营业执照和金融许可证、各自独立经营为由,否定港德公司开证申请行为与容桂农行存在关联关系,属于认定不当,本院予以纠正。

为了证明资金流向这一客观事实,容山总公司还提供了 Shun Fat Trading Company 财务负责人秦伟贤出具的声明书/客户通知书、电汇申请书及汇款通知书等证据。从上述证据看,香港 Shun Fat Trading Company 是该笔款项在香港的转付人,资金的具体流向为 5500 万元由容桂农行发放给容山总公司,再由容山总公司转给东迅公司,东迅公司再转给 Shun Fat Trading Company,由其换汇后最终支付给信用证议付行加拿大丰业银行(香港)和瑞士银行香港分行。该资金流向和佛山农行在其《说明》中所陈述的资金流向能够相互印证,也与容山总公司、东迅公司的主张能够相互印证。容桂农行则认为上述汇款通知书上载明“通知书所列汇款以收款银行收妥及通知作实”,而容山总公司始终没有提供任何收款银行回执,故仅凭汇款通知书等不能证明讼争信用证议付行已经收到该款项。该主张缺乏事实依据。首先,佛山农行在《说明》中已明确承认顺德农行接管的信用证贷款早已兑付完毕。其次,佛山农行虽于 2006 年 11 月 24 日在向广东高院出具的农银佛函〔2006〕82 号函中又主张“港德公司曾在我行开立信用证,总金额 400 余万美元,除部分已兑付外,其余已经转为逾期贷款”,但是在本案诉讼过程中一直没有提供这方面的证据。最后,在广东高院其后向佛山农行所做的调查中,佛山农行又表示讼争 17 份信用证均未发生实际受益人请求付款的事实,也不存在佛山农行向议付行付款的事实,但根据容山总公司所提交的佛山农行交付给港德公司的《进口信用证到单/付款/承兑通知书》,可以推定讼争信用证境外议付行已经向佛山农行提示付款。依据信用证支付流程,议付行是在向受益人议付了之后才向开证行要求赎单付款。根据本院再审当事人提交的新证据及查明的事实,境外议付行分别于 1998 年 12 月 30 日、31 日及 1999 年 1 月 5 日等在收到境外机构代佛山农行代付的信用证款项后,向农行广东省分行发出载明“收到票据资金、解除付款义务”等字样的电文,表明佛山农行作为开证行的付款义务已经完成。佛山农行在收到上述数据电文后从未表示过异议,认可上述款项系其自身作为开证行向付款行付款义务的履行,默示申请再审人受其委托付款并因此解除其对境外议付行的付款责任,故佛山农行关于 17 份信用证均未发生实际受益人请求付款及佛山农行向议付行付款的陈述显然与事实不符。本院再审中容桂农行向本院提交的《农行广东省分行关于(2010)民提字第 119 号再审案件相关新证据的说明》,对境外议付行向农行广东省分行发出的上述数据电文,农行广东省分行仅对电传专用章的真实性提出异议,并对相关数据电文的内容存在疑点提出意见,但容桂农行并未提出充足的证据推翻该证据的真实性,故本院对其主张不予采信。上述资金流向,进一步证明佛山农行于 2005 年 12 月 2 日向广东高院出具的《说明》中关于讼争贷款,用于兑付佛山农行境外银行信用证款项的说明属实,应予认定。

容桂农行为了证明其和容山总公司及东迅公司之间存在真实的借款担保关系,提供了借款申请书、借款合同、最高额抵押合同以及贷款发放和归还部分利息的凭证等证据。同时,容桂农行根据在二审及再审中提交的证据,认为本案借款人、担保人、开证申请人之间存在关联关系,港德公司与迅发公司不具备还款能力,容山总公司关于代垫信用证款项主张的目的在于以此摆脱对容桂农行的债务。经查,根据容桂农行于 2010 年 11 月 8 日在广东省佛山市顺德区市场安全监督局获取的企业机读档案登记资料,迅发公司系港德公司股东,占该公司 25% 股份。另据容桂农行出具的关联企业示意图显示,香港迅发集团与东迅公司、香港迅发公司与港德公司均存在一定的投资关联和人员关联,但容桂农行的上述主张,缺乏相应的公司登记机构出具的相关证据予以证明,故其关于上述企业之间存在关联关系的观点,本院难以采信。

【案例来源】

最高人民法院民事审判第二庭编:《最高人民法院商事审判指导案例 7 · 公司与金融卷》,中国法制出版社 2013 年版,第 396 ~ 419 页。

486 开证行在开证时知道申请人基于代理进口协议申请开证,不影响开证行基于信用证垫付款事实向申请人主张债权

【关键词】

| 开证行 | 代理进口协议 | 信用证垫付款 |

【案件名称】

招商银行股份有限公司济南分行与青岛益佳经贸实业进出口有限公司、山东天宏新能源化工有限公司等金融借款合同纠纷案 [最高人民法院(2015)民二终字第 64 号民事判决书,2015. 11. 12]

【裁判精要】

最高人民法院认为:

益佳公司与天宏公司的代理关系是否影响济南分行与益佳公司因信用证垫款

而产生的债权债务关系。

本案已查明，济南分行根据益佳公司的开证申请，开立了跟单信用证，在付款日到期后济南分行支付了信用证项下款项。据此，作为开证行的济南分行与作为开证申请人的益佳公司之间因济南分行垫付信用证项下款项的事实形成债权债务关系。济南分行向益佳公司主张债权亦是基于上述事实。因此本案对双方纠纷的审理应限于信用证法律关系中的双方权利义务以及责任承担问题。本案还查明，益佳公司与天宏公司因签订《委托代理进口协议书》而形成委托代理法律关系，益佳公司抗辩以及上诉均以此为由主张其系代理天宏公司开立信用证，济南分行明知该代理关系，因此济南分行垫付信用证项下款项产生的债权债务关系应当直接约束济南分行与天宏公司。从上述事实看，益佳公司与济南分行之间的债权债务法律关系与益佳公司与天宏公司之间的委托代理法律关系之间的确存在连接点，即济南分行对外垫付的信用证项下款项的实际使用人是天宏公司，但信用证法律关系具有独立性，信用证与该信用证据以产生或作为该信用证基础的其他合同、协议和安排相互分离和独立，益佳公司与天宏公司形成的委托代理法律关系属于独立于信用证法律关系的基础关系，不属于本案信用证项下债权债务纠纷的审理范围。因此，即便济南分行在开证时知道益佳公司与天宏公司的代理关系，亦不影响济南分行基于信用证垫付款事实向益佳公司主张债权。故此，原审法院认定济南分行向益佳公司主张信用证垫付款有明确的合同依据，并无不当，应予维持。益佳公司该项上诉主张，于法无据，本院不予支持。①

【案例来源】

中国裁判文书网，http://wenshu. court. gov. cn。

---

① 本案二审判决后，益佳公司向最高人民法院申请再审，最高人民法院审查后认为："纵观本案《授信协议》《授信额度使用申请书》《开立信用证承诺书》《对外付款/承兑通知书》等系列协议，合同双方当事人均为益佳公司与济南分行，双方签订系列协议并履行，作为开证行的济南分行与作为开证申请人的益佳公司最终因济南分行垫付信用证项下款项的事实形成债权债务关系。济南分行向益佳公司主张信用证垫付款有明确的合同依据，天桥支行虽参与案涉信用证业务，但并非开证行，亦非与益佳公司签订《授信协议》的合同相对方，事实上也确未承担垫付义务，对本案信用证垫款本息不享有债权，并不属于法律规定的必要共同诉讼参与人，本案处理结果与其亦无法律上的利害关系。天桥支行以自己名义在《账户使用声明》上盖章不能产生免除益佳公司对济南分行债务的法律效果。本案二审庭审已经查明《账户使用声明》的形成过程，在《账户使用声明》之后，益佳公司又向济南分行出具《开立信用证承诺书》，同意承担本案信用证垫付款本息的还款责任，现益佳公司以该声明主张其不承担涉案信用证项下垫款及利息，既不符合本案事实，也不符合诚信原则。"参见最高人民法院（2017）最高法民申 1463 号民事裁定书（2017. 12. 11），载中国裁判文书网，http://wenshu. court. gov. cn。

487 开证行下属分支机构与申请人签订的《账户使用声明》不能约束开证行，不应视为开证行免除申请人的还款责任

【关键词】

｜开证行｜下属分支机构｜账户使用声明｜

【案件名称】

招商银行股份有限公司济南分行与青岛益佳经贸实业进出口有限公司、山东天宏新能源化工有限公司等金融借款合同纠纷案［最高人民法院（2015）民二终字第64号民事判决书，2015.11.12］

【裁判精要】

最高人民法院认为：

关于《账户使用声明》，系由益佳公司、天宏公司与济南分行下属天桥支行共同盖章形成，主要内容除了对益佳公司在天桥支行开立账户的使用情况作出声明外，还有"该账户项下开立的信用证所产生的融资等一切费用及相关法律责任，由天宏公司独自承担。益佳公司不承担由此产生的一切法律责任"的内容。益佳公司主张天桥支行是本案信用证业务的经办行，有权对账户使用情况出具意见，该《账户使用声明》应当约束济南分行，视为济南分行对益佳公司责任的免除。但根据本案查明的事实，益佳公司的上述主张不能成立。首先，从《账户使用声明》的形成过程来看，不能得出各方当事人对济南分行免除益佳公司信用证垫款还款责任达成一致意思表示的结论。本案已查明，《账户使用声明》样本由益佳公司提供给天宏公司，内容涉及账户使用情况说明以及益佳公司免责等两个方面，同时还明确要求由开证行进行确认。从该事实看，益佳公司确有要求济南分行就信用证项下还款责任予以免除的意思表示，但天宏公司在向天桥支行沟通过程中，仅以"确认该账户仍需使用"为由要求天桥支行盖章确认。天桥支行虽系案涉信用证业务的经办行，但并非开证行，亦非与益佳公司签订《授信协议》的合同相对方，天桥支行对《账户使用声明》盖章确认并不符合益佳公司在邮件中的要求。在《账户使用声明》之后，益佳公司再向济南分行出具《开立信用证承诺书》，同意承担本案信用证垫付款本息的还款责任，说明《账户使用声明》并未达到合同当事人对免除益佳公司还款责任达成一致的法律后果。其次，从益佳公司与济南分行签订《授信协议》的同时天宏公司、徐志刚向济南分行出具《最高额不可撤销担保书》，在《账户使用声明》形成之后大新公司、恒宇公司仍为益佳公司向济南分行出具《最高额不可撤销担保书》的事实来看，济南分行不仅在益佳公司申请开立信用证之前，特别是在《账户使用声明》形成之后仍为信用证项下垫付款项设定担保，由上述保证人对益佳公司在《授信协议》项下所欠济南分行的所有债务承担连带保证责任，说明济南分行并无免除益佳公司还款责任的意

思表示和行为。再次,从济南分行与天桥支行的关系来看,二者并非益佳公司主张的表见代理关系。《合同法》第四十九条对表见代理做了如下规定:行为人没有代理权、超越代理权或者代理权终止后以被代理人名义订立合同,相对人有理由相信行为人有代理权的,该代理行为有效,因此表见代理的构成要件之一是代理人以被代理人名义实施民事法律行为。而本案中,《账户使用声明》系天桥支行盖章确认,而非以济南分行的名义,因此本案不存在表见代理的适用事由。根据原审查明的事实,天桥支行系济南分行的下属银行,在本案信用证业务办理过程中,进行了开证之前的资信调查以及开证之后的扣划相应款项等具体工作,属于具体业务经办部门。而《授信协议》系益佳公司与济南分行签订,《授信额度使用申请书》《开立信用证承诺书》系益佳公司向济南分行出具,合同相对方均系济南分行而非天桥支行,益佳公司作为专门从事外贸代理业务的商事主体,应明知其要求免除信用证项下还款责任的相对方应是济南分行,尤其是在本案信用证项下垫款多达27732867.91美元、是否免除涉及双方当事人重大权利义务调整的情况下,《账户使用声明》更应明确取得合同相对方济南分行的明确认可,而非仅是天桥支行盖章确认即可对济南分行产生约束力。故此,原审法院认定《账户使用声明》对济南分行不具有约束力,并无不当,应予维持。益佳公司上诉所称《账户使用声明》对济南分行具有约束力、其不应承担还款责任的主张,缺乏事实和法律依据,本院难以支持。

【案例来源】

中国裁判文书网,http://wenshu.court.gov.cn。

488 受让人因受让银行债权成为开证申请人新的债权人,申请人应当偿付款项本金和利息

【关键词】

|受让债权|开证申请人|

【案件名称】

天津一汽进出口有限公司与天津中信昊天资产管理有限公司信用证垫款纠纷案[最高人民法院(2008)民二终字第2号民事判决书,2008.7.4]

【裁判精要】

裁判摘要:(1)在本案信用证法律关系中,开证行根据开证申请人的申请开立信用证,按照《跟单信用证统一惯例》的相关规定,履行了对外付款的义务,申请人不仅申请叙做进口押汇还出具了债务确认书,故在开证申请人和开证行之间形成了债权债务关系。该法律关系应当受《民法通则》《合同法》等相关法律调整。申请人应当

偿付款项的本金和利息。

（2）本案系信用证垫款纠纷性质，受让人因受让银行债权成为开证申请人新的债权人。在新债权人基于信用证项下垫款形成的债权债务关系，仅向债务人主张债权的情况下，因开证行和外贸代理合同的委托人均不是本案必要的共同诉讼参加人，因此人民法院没有必要追加开证行和外贸合同的委托人为共同被告。

最高人民法院认为：

鉴于该案债权人昊天公司是基于信用证项下垫款所形成的债权债务关系而向债务人天津一汽公司主张债权，故原审法院将该案案由确定为信用证项下垫款纠纷，定性准确。中行天津分行根据开证申请人天津一汽公司的开证申请，为其开立了信用证。按照信用证交易规则，中行天津分行履行了对外垫付信用证项下款项的义务。信用证项下垫款发生后，天津一汽公司不仅办理了进口付汇核销手续，而且还申请叙做进口押汇，出具债务确认书等。基于此，原审法院确认中行天津分行对外垫款的事实成立，判定天津一汽公司应当偿还信用证项下垫款的本金和利息，处理正确。

尽管天津一汽公司上诉主张该案讼争款项已经由银珠公司归还给中行天津分行，并提交了中行天津分行特种转账借方传票，以此证明还款的事实。但最高人民法院认为，上述特种转账借方传票系银行内部划款凭证，不是债务人的还款凭证，不属于直接证据，在天津一汽公司不能提供相关证据予以佐证的情况下，因其仅系一份孤证，不能证明银珠公司已经偿还信用证项下垫款的事实。对上述特种转账借方传票的合法来源，天津一汽公司也不能作出合理的解释。天津一汽公司关于银珠公司已经归还了该案信用证项下垫款，其不应再承担还款责任的上诉主张，因证据不足，本院予以驳回。

【案例来源】

最高人民法院民事审判第二庭编：《最高人民法院商事审判指导案例·金融卷》，中国法制出版社 2011 年版，第 104 ~ 115 页。

（四）出口与进口押汇纠纷

489 出口押汇是向出口商提供并保留追索权的一种融通资金，不属于信用证议付行为

【关键词】

| 出口押汇 | 信用证议付 |

【案件名称】

中国银行新疆分行诉新兴公司信用证交易纠纷案［新疆维吾尔自治区高级人民法院一审民事判决书，1997.7.28］

【裁判精要】

新疆维吾尔自治区高级人民法院认为：

四、UCP500第10条b.(2)规定："议付是指由被授权的银行对汇票及/或单据付出对价。只审查单据而不支付对价并不构成议付。"原告新疆分行接到被告新兴公司的议付申请和所附的单据，在审单后，虽然向新兴公司支付了人民币6965952元，但是这并不是银行对单据付出的对价，而是以单据为质押给新兴公司提供的出口押汇。这种行为不是UCP500规定的议付行为。中国银行在《国际结算业务基本规定》中对出口押汇的解释是：出口押汇是银行凭出口商提供的信用证项下完备正确的货运单据作抵押，在收到开证行支付的货款之前，向出口商提供、并保留追索权的一种融通资金。新兴公司在收到押汇后给新疆分行的书面承诺中，也承认这笔押汇是新疆分行的代垫资金。因此，此笔押汇的所有权属于新疆分行，而被质押单据的所有权仍然属于新兴公司，双方之间只形成了民法上债的法律关系，不是票据关系，应当适用《民法通则》第一百零八条的规定调整。

【案例来源】

《中华人民共和国最高人民法院公报》1998年第1期。

490 进口押汇行为的性质认定

【关键词】

｜进口押汇｜

【案件名称】

中国银行新疆维吾尔自治区分行与新疆国标经贸有限公司、新疆金邦钢铁有限公司、新疆金邦房地产开发有限公司、新疆世达国际贸易有限公司、阿拉山口世达物资有限公司、新疆心脑血管病医院（有限公司）、新疆天基钢铁有限公司、孙新云、鲁新民、鲁新安、鲁建新票据纠纷案［最高人民法院（2005）民二终字第32号民事判决书，2005.4.22］

【裁判精要】

最高人民法院认为:

金邦公司在与中行新疆分行签订的两份进口押汇合同约定的权利义务关系为:因金邦公司不履行《开立信用证合同》中要求的如期付款义务,中行新疆分行在保留或取得信用证项下单据和货物所有权的前提下,代金邦公司对外付款;金邦公司作为中行新疆分行的受托人,代中行新疆分行保管有关单据,办理该单据项下货物的存仓、保管、运输、加工、销售及保险事项,代为保管货物出售后的货款或将货款存入中行新疆分行指定账户。其中,双方有关因金邦公司不履行如期付款义务,中行新疆分行保留或取得信用证项下单据和货物所有权的约定,不属于《担保法》所规定的物的担保方式。因此,中行新疆分行在保留信用证项下单据和货物所有权的前提下委托金邦公司销售货物,也不构成《担保法》第二十八条规定的对物的担保的放弃。原审判决认定进口押汇行为实质上是一种以货物抵押为特征的融资方式以及认定中行新疆分行将货物单证交还金邦公司系对权利的放弃,均属定性不当,本院予以纠正。

【案例来源】

最高人民法院民事审判第二庭编:《最高人民法院商事审判指导案例 · 金融卷》,中国法制出版社 2011 年版,第 165 ~ 176 页。

491 进口押汇的进口方取得货物后未按期向开证行支付信用证款项的,开证行有权要求保证人承担保证责任

【关键词】

| 信用证 | 进口押汇 | 保证责任 |

【案件名称】

山东京博石油化工有限公司与中信银行股份有限公司青岛分行、青岛华青进出口有限公司担保追偿纠纷案[最高人民法院(2009)民二终字第 130 号民事判决书,2009. 12. 7]

【裁判精要】

裁判摘要:进口方借助银行信用(即保证到期对外付款),以向出口方开立保证付款文件(大多为信用证)的方式,使进出口贸易得以顺利进行。这不仅确保了交易安全,且减少资金占用时间,降低了交易成本。进口押汇是开证行向进口方提供的一种资金融通方式。为了降低开证融资风险,开证行通常要求进口方提供担保(本

案系第三人提供连带保证)。在进口方取得货物后,如其未按期向开证行支付信用证项下的款项,则开证行有权要求连带保证人承担保证责任。

最高人民法院认为:

本案二审争议的焦点问题是在京博公司承担保证责任前,由其担保的主债务是否已经消灭,其应否承担保证责任。

中信青岛分行是否向华青公司发放了新的贷款,并用于对外支付信用证项下1550万美元款项,属于事实问题。原审已查明,《借款凭证客户回单》系中信青岛分行向华青公司发出的垫款通知,其记载的“存款户账号”内并无转入所记载款项的记录,同时,中信青岛分行出具了其向美国银行短期融资1500万美元,并用于履行对外支付义务的证据。据此,原审采信了中信青岛分行关于《借款凭证客户回单》系垫款通知的答辩意见。二审期间,本案债务人华青公司在提交给本院的《情况说明》中,承认其在一审时把起着“垫款通知”作用的《借款凭证客户回单》误认为是入账通知,误认为中信青岛分行为其到期信用证所做的垫付即是进口押汇。因此,本院认为,本案中关于《借款凭证客户回单》系中信青岛分行海外融资后向华青公司发出的垫款通知的事实认定,证据充分,本院予以确认。上诉人京博公司关于《借款凭证客户回单》是中信青岛分行发放新贷款的凭证,并以《基本信用报告》的记载证明中信青岛分行与华青公司之间发生了新的借款关系的上诉理由,因证明力不足,不予采信。

中信青岛分行以自己的名义进行海外融资,并代华青公司向新加坡阳光石油公司(开户行为法国巴黎银行新加坡分行)支付了信用证项下的进口货物款项,形成了中信青岛分行的负债,但这与华青公司的债务清偿没有关系。华青公司应承担的本案债务仍然存在,其并不因中信青岛分行的融资垫付行为而消灭。京博公司关于在其承担保证责任之前华青公司对中信青岛分行所负本案债务已经消灭的上诉理由,没有事实和法律依据。依据本案三方当事人签订的《最高额保证合同》第2条约定,本案中信青岛分行因向华青公司授信开立信用证所享有的1550万美元债权,属于京博公司承担连带清偿责任的债权。华青公司未能履行偿还义务,京博公司应承担保证责任。故京博公司关于其不应承担保证责任、中信青岛分行应返还其所付款项的上诉请求,于法无据,本院不予支持。

【案例来源】

最高人民法院民事审判第二庭编:《最高人民法院商事审判裁判规范与案例指导》(第一卷),法律出版社2010年版,第243~248页。

二、独立保函纠纷

492 见索即付保函只要满足表面条件，开立人即应付款

【关键词】

| 独立保函 | 见索即付 | 表面条件 |

【案件名称】

意大利商业银行诉江苏溧阳莎菲特非织造布有限公司、意大利费尔特高公司购销合同不能交货纠纷案［最高人民法院（1998）经终字第289号民事判决书］

【裁判精要】

最高人民法院认为：

莎菲特公司与意大利公司合同约定由莎菲特公司向意大利公司购买无纺布生产线成套设备一套，该合同约定该套设备的安装调试地在江苏溧阳，因此江苏省高级人民法院作为该购销合同的履行地对此案有管辖权。本案中意大利银行出具的保函为见索即付保函，一般来说，此类保函可以与购销合同相独立，债权人可凭保函对保证人单独提起诉讼，但我国法律并无禁止将基础合同关系和保函合并审理的规定。本案购销合同约定保函是购销合同的第十个附件，莎菲特公司在起诉意大利公司的同时起诉意大利银行承担保证责任，原审法院对此合并审理并无不妥。且意大利银行未在一审答辩期内对本案管辖权提出异议，按照我国《民事诉讼法》的规定，原审法院对该保函有权管辖。意大利银行上诉称原审法院无权管辖无事实和法律依据。

对于本案购销合同纠纷，意大利公司对原审判决无异议，故本院对该项内容不再审理，维持原审判决该项内容。对于意大利银行应当承担的责任，应首先确认该保函的法律适用问题。国际商会《见索即付保函统一规则》作为国际惯例，应当在本案参照适用。根据《见索即付保函统一规则》的有关规定，见索即付保函只要满足表面条件，保证人即应付款。本案中莎菲特公司在有效期内向意大利银行提交了与保函书面条款一致的文件，意大利银行并未提出任何异议且在原审中表示应当付款，所以意大利银行承担保函责任的条件已满足，意大利银行必须付款，意大利银行违反国际惯例拒付，应当承担违约责任。

本案中，意大利银行本应首先无条件按保函规定的数额支付款项，但原审判决首先由意大利公司退回莎菲特公司付出的款项，意大利公司不能退回时，则由意大

利银行承担该款项的返还的一般保证责任,与见索即付保函所应承担的无条件付款责任不符,但莎菲特公司对此未提起上诉,应当视为接受,本院予以维持。

【案例来源】

最高人民法院民事审判第二庭编:《中华人民共和国最高人民法院判案大系》(民商事卷-1998年卷),人民法院出版社2003年版,第682~685页。

编者说明

《独立保函解释》第六条即明确,受益人提交的单据与独立保函条款之间、单据与单据之间表面相符,受益人请求开立人依据独立保函承担付款责任的,人民法院应予支持。开立人以基础交易关系或独立保函申请关系对付款义务提出抗辩的,人民法院不予支持,但有本规定第十二条情形的除外。因此,在审理独立保函纠纷案件中应当坚持独立保函的独立性原则,独立保函是附单据条件的付款承诺,遵循独立性原则,独立保函法律关系独立于开立申请关系和基础合同关系,只要受益人提交的单据表面符合独立保函的要求,开立银行就必须独立承担付款义务,受益人请求付款时无须证明债务人是否违反基础合同的约定。除有欺诈情形外,不得止付独立保函项下的款项。[①] 本案处理结果与《独立保函解释》的规定精神基本一致。

493 判断是否构成独立保函欺诈涉及对基础交易的审查时,应坚持有限及必要原则

【关键词】

|独立保函|欺诈|基础交易|

【案件名称】

安徽省外经建设(集团)有限公司诉东方置业房地产有限公司保函欺诈纠纷案[最高人民法院指导案例109号]

【裁判精要】

裁判要点:认定构成独立保函欺诈须对基础交易进行审查时,应坚持有限及必要原则,审查范围应限于受益人是否明知基础合同的相对人并不存在基础合同项下的违约事实,以及是否存在受益人明知自己没有付款请求权的事实。

---

① 参见张勇健:《在全国涉外商事海事审判庭长座谈会上的讲话》(2016年4月7日),载最高人民法院民事审判第四庭编:《涉外商事海事审判指导》(总第32辑),人民法院出版社2017年版,第20页。

最高人民法院认为:

第二,关于东方置业公司作为受益人是否具有基础合同项下的初步证据证明其索赔请求具有事实依据的问题。

人民法院在审理独立保函及与独立保函相关的反担保案件时,对基础交易的审查,应当坚持有限原则和必要原则,审查的范围应当限于受益人是否明知基础合同的相对人并不存在基础合同项下的违约事实或者不存在其他导致独立保函付款的事实。否则,对基础合同的审查将会动摇独立保函"见索即付"的制度价值。

根据《民通意见(试行)》第六十八条的规定,欺诈主要表现为虚构事实与隐瞒真相。根据再审查明的事实,哥斯达黎加银行开立编号为 G051225 的履约保函,该履约保函明确规定了实现保函需要提交的文件为:说明执行保函理由的证明文件、通知外经中美洲公司执行保函请求的日期、保函证明原件和已经出具过的修改件。外经集团公司主张东方置业公司的行为构成独立保函项下的欺诈,应当提交证据证明东方置业公司在实现独立保函时具有下列行为之一:1. 为索赔提交内容虚假或者伪造的单据;2. 索赔请求完全没有事实基础和可信依据。本案中,保函担保的是"施工期间材料使用的质量和耐性,赔偿或补偿造成的损失,和/或承包方未履行义务的赔付",意即,保函担保的是施工质量和其他违约行为。因此,受益人只需提交能够证明存在施工质量问题的初步证据,即可满足保函实现所要求的"说明执行保函理由的证明文件"。本案基础合同履行过程中,东方置业公司的项目监理人员 Jose Brenes 和 Mauricio Mora 于 2012 年 1 月 23 日出具《项目工程检验报告》。该报告认定了施工项目存在"施工不良""品质低劣"且需要修改或修理的情形,该《项目工程检验报告》构成证明存在施工质量问题的初步证据。

本案当事方在《施工合同》中以及在保函项下并未明确约定实现保函时应向哥斯达黎加银行提交《项目工程检验报告》,因此,东方置业公司有权自主选择向哥斯达黎加银行提交"证明执行保函理由"之证明文件的类型,其是否向哥斯达黎加银行提交该报告不影响其保函项下权利的实现。另外,《施工合同》以及保函亦未规定上述报告须由 AIA 国际建筑师事务所或者具有美国建筑师协会国际会员身份的人员出具,因此,Jose Brenes 和 Mauricio Mora 是否具有美国建筑师协会国际会员身份并不影响其作为发包方的项目监理人员出具《项目工程检验报告》。外经集团公司对 Jose Brenes 和 Mauricio Mora 均为发包方的项目监理人员身份是明知的,在其出具工程检验报告并领取工程款项时对 Jose Brenes 和 Mauricio Mora 的监理身份是认可的,其以自身认可的足以证明 Jose Brenes 和 Mauricio Mora 监理身份的证据反证 Jose Brenes 和 Mauricio Mora 出具的《项目工程检验报告》虚假,逻辑上无法自洽,本院不予支持。因外经集团公司未能提供其他证据证明东方置业公司实现案涉保函完全没有事实基础或者提交虚假或伪造的文件,东方置业公司据此向哥斯达黎加银行申请实现保函权利具有事实依据。

综上,《项目工程检验报告》构成证明外经集团公司基础合同项下违约行为的初步证据,外经集团公司提供的证据不足以证明上述报告存在虚假或者伪造,亦不足以证明东方置业公司明知基础合同的相对人并不存在基础合同项下的违约事实或者不存在其他导致独立保函付款的事实而要求实现保函。东方置业公司基于外经集团公司基础合同项下的违约行为,依据合同的规定,提出实现独立保函项下的权利不构成保函欺诈。

【案例来源】

《最高人民法院关于发布第21批指导性案例的通知》(法〔2019〕3号,2019年2月25日)。

494 受益人是否存在司法解释规定的明知没有付款请求权仍滥用该权利的情形,应由主张欺诈的当事人提供证据证明,不应通过对基础交易的全面审理来确定

【关键词】

|独立保函|欺诈|基础交易|

【案件名称】

中国电力工程有限公司与中国能源建设集团山西电力建设第三有限公司及中国建设银行股份有限公司太原二营盘支行独立保函纠纷案[最高人民法院(2018)最高法民终417号民事判决书,2018.12.29]

【裁判精要】

最高人民法院认为:

本案为独立保函纠纷。根据当事人的诉辩主张,本案二审阶段争议的焦点问题是:案涉保函是否为独立保函以及是否存在独立保函欺诈而应终止支付的情形。

(一)关于案涉保函是否为独立保函

案涉保函首部载明:"本保函作为中电工公司(受益人)与电建三公司(卖方名称)于2015年7月3日就2012年12月13日签订的印度尼西亚苏门答腊SUMSEL(苏姆赛尔)-5(2×150MW)坑口燃煤电厂项目合同项目项下提供印度尼西亚苏门答腊SUMSEL(苏姆赛尔)-5(2×150MW)坑口燃煤电厂项目建筑安装工程施工(产品或服务名称)签订的合同补充协议七合同(合同号为:1NA-SUMSEL5-HT-FW-008)的履约保函。"尽管括号内备注的合同号为《建安合同》的合同号,但《补充协议七》系《建安合同》的补充协议,在案涉保函已明确载明了基础合同的当事人、签订时间及合同名称的情况下,足以认定案涉保函的基础合同是2015年7月3日签订的《补充协议七》。一审法院认定案涉保函未明确指明开立保函所依据的基

础合同,缺乏事实依据。

《独立保函解释》第一条第一款规定:“本规定所称的独立保函,是指银行或非银行金融机构作为开立人,以书面形式向受益人出具的,同意在受益人请求付款并提交符合保函要求的单据时,向其支付特定款项或在保函最高金额内付款的承诺。”该司法解释第三条第一款规定:“保函具有下列情形之一,当事人主张保函性质为独立保函的,人民法院应予支持,但保函未载明据以付款的单据和最高金额的除外:(一)保函载明见索即付;(二)保函载明适用国际商会《见索即付保函统一规则》等独立保函交易示范规则;(三)根据保函文本内容,开立人的付款义务独立于基础交易关系及保函申请法律关系,其仅承担相符交单的付款责任。”

案涉保函在首部即载明建行二营盘支行“愿意向受益人出具无条件的、不可撤销的、见索即付的独立银行保函”,并“根据本保函无条件地、见索即付地、不可撤销地按受益人要求向受益人支付总金额不超过125973392.6元的一笔或数笔款项”。前述条款表明建行二营盘支行作出了向中电工公司提供见索即付的独立银行保函的明确意思表示,并载明了最高金额。案涉保函第一条载明:“我行在收到受益人书面通知后,无论申请人是否提出异议,我行即在3个工作日内无条件地将受益人提出的、不超过保函总金额的款项,按受益人要求的方式支付给受益人。”第三条载明:“本保函构成我行对受益人直接和独立的责任,不因合同的无效而无效。申请人与受益人发生任何纠纷,或申请人提出任何抗辩和异议,均不影响我行按本保函无条件且无追索的支付款项。”前述条款表明案涉保函具有明确的独立性表述,建行二营盘支行作为开立人承担保函项下的付款责任,独立于基础交易关系,不受基础交易关系和保函申请关系的影响。此外,案涉保函第八条载明:“本保函适用《见索即付保函统一规则》(国际商会第758号出版物)。”

根据《独立保函解释》第一条第二款的规定,单据是指独立保函载明的受益人应提交的付款请求书、违约声明、第三方签发的文件、法院判决、仲裁裁决、汇票、发票等表明发生付款到期事件的书面文件。案涉保函第一条载明:“我行在收到受益人书面通知后,我行即在3个工作日内无条件地将受益人提出的、不超过保函总金额的款项,按受益人要求的方式支付给受益人。本支付无须受益人提供任何证据,且无须申请人知晓和同意。”第五条载明:“受益人索赔通知必须以书面形式提出,并由法定代表人或授权委托人签字并加盖单位公章。”由此可见,案涉保函已经明确载明受益人请求付款时应当提交的单据,是由受益人法定代表人或授权委托人签字并加盖单位公章的书面索赔通知,除此之外无须受益人提供任何证据。一审判决以案涉保函未能明确指明书面通知包括的内容或单据的名称为由,认定案涉保函未载明据以付款的单据,没有事实依据。

综上,案涉保函载明见索即付,适用国际商会《见索即付保函统一规则》,开立人的付款义务独立于基础交易关系及保函申请法律关系,同时也载明了据以付款的单据和最高金额。根据《独立保函解释》第三条第一款的规定,案涉保函应认定为独立保函。一审判决认定案涉保函不是独立保函,没有事实及法律依据,本院予以纠正。

(二)案涉保函是否存在独立保函欺诈而应终止支付的情形

电建三公司向一审法院起诉时,主张中电工公司存在虚构基础交易、明知没有付款请求权仍滥用该权利的情形,构成独立保函欺诈,进而主张案涉保函应终止支付。

根据《独立保函解释》第十二条第(一)项的规定,具有"受益人与保函申请人或其他人串通,虚构基础交易的"情形,应当认定构成独立保函欺诈。案涉保函载明的基础合同是《补充协议七》。2016年5月5日,中电工公司与电建三公司签订《补充协议七-1》,其中明确载明:"经双方协商一致,特对《补充协议七》中的内容做出如下变更与补充。"由此可知,《补充协议七-1》仅是对《补充协议七》部分条款作出补充与变更,而不是取代了《补充协议七》,《补充协议七》中约定的债权债务关系仍然存在。尽管《补充协议七》和《补充协议七-1》中对双方之间的债权债务关系使用了不同的措辞,分别表述为垫款和借款,但是两协议指向的是同一个债权债务关系,即中电工公司为电建三公司支付的代垫款项。《补充协议七-1》中将双方的关系表述为借款,不构成对双方之间法律关系的变更。双方明确约定《补充协议七-1》系对《补充协议七》中部分内容的变更与补充,因此《补充协议七》也不因双方签订了《补充协议七-1》而失去法律效力。各方当事人对中电工公司为电建三公司代垫款项的事实并无异议,案涉保函载明的基础交易真实存在。因此,在申请开立案涉保函时,电建三公司与中电工公司未向建行二营盘支行提交《补充协议七-1》,不构成《独立保函解释》第十二条第(一)项规定的"虚构基础交易"的情形。

根据《独立保函解释》第十二条第(五)项的规定,具有"受益人明知其没有付款请求权仍滥用该权利的其他情形",应当认定构成独立保函欺诈。《补充协议七》中载明:截至2015年5月20日,中电工公司已代付材料费及运费12387万元,另测算项目截至2015年9月末两台机组全部发电,至少还需中电工公司垫付人工费3460万元,并预计也需要中电工公司在工程总价款美元部分总额外垫付款项。且根据2017年2月28日中电工公司向电建三公司出具的《致山西三关于建安合同资金支付情况的确认函》,确认截至该日,中电工公司实际已为电建三公司垫付人民币56988846.3元,美金6041225.41美元。电建三公司在该确认函上加盖单位印章予以确认,足以证明中电工公司对电建三公司享有付款请求权。受益人是否存在前述司法解释规定的明知没有付款请求权仍滥用该权利的情形,应由主张欺诈的当事人提供证据加以证明,而不应通过对基础交易的全面审理来确定,这是独立保函作为"先付款、后争议"债权保障机制的主要特征之一。本案中,中电工公司与电建三公司尚未对有关债权债务进行最终结算,中电工公司支付的代垫款项数额并未确定,电建三公司提交的证据不足以证明中电工公司存在明知没有付款请求权仍滥用该权利的情形。

综上,一审判决支持电建三公司终止支付案涉保函的诉讼请求,缺乏事实和法律依据，本院予以纠正。

【案例来源】

中国裁判文书网，http://wenshu. court. gov. cn。

495 受益人基础合同项下的违约情形并非构成独立保函欺诈的充分必要条件

【关键词】

| 独立保函 | 欺诈 | 受益人违约 |

【案件名称】

安徽省外经建设（集团）有限公司诉东方置业房地产有限公司保函欺诈纠纷案［最高人民法院指导案例109号］

【裁判精要】

裁判要点：受益人在基础合同项下的违约情形，并不影响其按照独立保函的规定提交单据并进行索款的权利。

最高人民法院认为：

第三，关于独立保函受益人基础合同项下的违约情形，是否必然构成独立保函项下的欺诈索款问题。

外经集团公司认为，根据《独立保函解释》第十二条第（三）项、第（四）项、第（五）项，应当认定东方置业公司构成独立保函欺诈。根据《独立保函解释》第二十五条的规定，经庭审释明，外经集团公司仍坚持认为不应违反《独立保函解释》的规定精神。结合外经集团的主张，最高人民法院对上述涉及《独立保函解释》的相关问题作出进一步阐释。

独立保函独立于委托人和受益人之间的基础交易，出具独立保函的银行只负责审查受益人提交的单据是否符合保函条款的规定并有权自行决定是否付款，担保行的付款义务不受委托人与受益人之间基础交易项下抗辩权的影响。东方置业公司作为受益人，在提交证明存在工程质量问题的初步证据时，即使未启动任何诸如诉讼或者仲裁等争议解决程序并经上述程序确认相对方违约，都不影响其保函权利的实现。即使基础合同存在正在进行的诉讼或者仲裁程序，只要相关争议解决程序尚未做出基础交易债务人没有付款或者赔偿责任的最终认定，亦不影响受益人保函权利的实现。进而言之，即使生效判决或者仲裁裁决认定受益人构成基础合同项下的违约，该违约事实的存在亦不必然成为构成保函“欺诈”的充分必要条件。

本案中，保函担保的事项是施工质量和其他违约行为，而受益人未支付工程款项的违约事实与工程质量出现问题不存在逻辑上的因果关系，东方置业公司作为受益人，其自身在基础合同履行中存在的违约情形，并不必然构成独立保函项下的欺诈索款。《独立保函解释》第十二条第(三)项的规定内容，将独立保函欺诈认定的条件限定为"法院判决或仲裁裁决认定基础交易债务人没有付款或赔偿责任"，因此，除非保函另有约定，对基础合同的审查应当限定在保函担保范围内的履约事项，在将受益人自身在基础合同中是否存在违约行为纳入保函欺诈的审查范围时应当十分审慎。虽然哥斯达黎加建筑师和工程师联合协会作出仲裁裁决，认定东方置业公司在履行合同过程中违约，但上述仲裁程序于2012年2月7日由外经集团公司发动，东方置业公司并未提出反请求，2013年7月9日做出的仲裁裁决仅针对外经集团公司的请求事项认定东方置业公司违约，但并未认定外经集团公司因对方违约行为的存在而免除付款或者赔偿责任。因此，不能依据上述仲裁裁决的内容认定东方置业公司构成《独立保函解释》第十二条第(三)项项下的保函欺诈。

另外，双方对工程质量发生争议的事实以及哥斯达黎加建筑师和工程师联合协会争议解决中心作出的《仲裁裁决书》中涉及工程质量问题部分的表述能够佐证，外经中美洲公司在《施工合同》项下的义务尚未完全履行，本案并不存在东方置业公司确认基础交易债务已经完全履行或者付款到期事件并未发生的情形。现有证据亦不能证明东方置业公司明知其没有付款请求权仍滥用权利。东方置业公司作为受益人，其自身在基础合同履行中存在的违约情形，虽经仲裁裁决确认但并未因此免除外经集团公司的付款或者赔偿责任。综上，即使按照外经集团公司的主张适用《独立保函解释》，本案情形亦不构成保函欺诈。

【案例来源】

《最高人民法院关于发布第21批指导性案例的通知》(法〔2019〕3号，2019年2月25日)。

496 即使独立保函存在欺诈情形，独立保函项下已经善意付款的，亦不得裁定止付独立反担保函项下款项

【关键词】

| 独立保函 | 善意付款 | 独立反担保函 |

【案件名称】

安徽省外经建设（集团）有限公司诉东方置业房地产有限公司保函欺诈纠纷案［最高人民法院指导案例109号］

【裁判精要】

裁判要点:认定独立反担保函项下是否存在欺诈时,即使独立保函存在欺诈情形,独立保函项下已经善意付款的,人民法院亦不得裁定止付独立反担保函项下款项。

最高人民法院认为:

外经集团公司以保函欺诈为由提起本案诉讼,其应当举证证明哥斯达黎加银行明知东方置业公司存在独立保函欺诈情形,仍然违反诚信原则予以付款,并进而以受益人身份在见索即付独立反担保函项下提出索款请求并构成反担保函项下的欺诈性索款。现外经集团公司不仅不能证明哥斯达黎加银行向东方置业公司支付独立保函项下款项存在欺诈,亦没有举证证明哥斯达黎加银行在独立反担保函项下存在欺诈性索款情形,其主张止付独立反担保函项下款项没有事实依据。

【案例来源】

《最高人民法院关于发布第21批指导性案例的通知》(法〔2019〕3号,2019年2月25日)。

497 担保行明知受益人系欺诈性索款而违反诚实信用原则付款并向反担保行主张独立反担保函款项时，才能认定担保行构成欺诈性索款

【关键词】

| 独立保函 | 独立反担保函 | 欺诈性索款 |

【案件名称】

安徽省外经建设（集团）有限公司与东方置业房地产有限公司及哥斯达黎加银行、中国建设银行股份有限公司安徽省分行保函欺诈纠纷案［最高人民法院（2017）最高法民再134号民事判决书，2017. 12. 14］

【裁判精要】

裁判摘要:判断独立反担保函项下是否存在欺诈,不仅需要审查独立保函欺诈情形,还需要考查担保行(独立保函开立行)向反担保函开立行主张权利时是否存在欺诈。只有担保行明知受益人系欺诈性索款且违反诚实信用原则付款,并向反担保行主张独立反担保函项下款项时,才能认定担保行构成独立反担保函项下的欺诈性索款。

最高人民法院认为:

第三,关于本案涉及的与独立保函有关的独立反担保函问题。

本案中，外经集团公司向建行安徽省分行提出申请，并以哥斯达黎加银行作为转开行，向作为受益人的东方置业公司开立编号为G051225的履约保函后，建行安徽省分行作为担保人向哥斯达黎加银行开具编号为34147020000289的反担保函，承诺自收到哥斯达黎加银行通知后二十日内支付保函项下的款项。东方置业公司向哥斯达黎加银行提出索赔声明后，哥斯达黎加银行即告知建行安徽省分行有关东方置业公司之索赔事项，在哥斯达黎加行政诉讼法院第二法庭下达临时保护措施禁令后，哥斯达黎加银行暂停执行G051225号履约保函。2012年3月6日，哥斯达黎加行政诉讼法院第二法庭解除了临时保护措施禁令。3月20日，建行安徽省分行应哥斯达黎加银行的要求延长了34147020000289号独立反担保函的有效期。3月21日，哥斯达黎加银行向东方置业公司支付了G051225号保函项下款项。

基于独立保函的特点，担保人于债务人之外构成对受益人的直接支付责任，独立保函与主债务之间没有抗辩权上的从属性，即使债务人在某一争议解决程序中行使抗辩权，并不当然使独立担保人获得该抗辩利益。另外，即使存在受益人在独立保函项下的欺诈性索款情形，亦不能推定担保行在独立反担保函项下构成欺诈性索款。只有担保行明知受益人系欺诈性索款且违反诚实信用原则付款，并向反担保行主张独立反担保函项下款项时，才能认定担保行构成独立反担保函项下的欺诈性索款。外经集团公司以保函欺诈为由提起本案诉讼，其应当举证证明哥斯达黎加银行明知东方置业公司存在独立保函欺诈情形，仍然违反诚信原则予以付款，并进而以受益人身份在见索即付独立反担保函项下提出索款请求并构成反担保函项下的欺诈性索款。

【案例来源】

中国裁判文书网，http://wenshu. court. gov. cn。

498 银行出具保函承诺承担连带保证责任以债务人违约为条件，不符合见索即付特征，不属独立保函

【关键词】

｜独立保函｜银行保函｜见索即付｜

【案件名称】

大连高金投资有限公司与中国工商银行股份有限公司大连星海支行企业借贷纠纷、金融借款合同纠纷案［最高人民法院（2017）最高法民终647号民事判决书，2017. 12. 22］

【裁判精要】

最高人民法院认为：

（二）关于案涉两份《银行保函》的性质及效力，以及工行星海支行应承担的责任问题

案涉《银行保函》不属于独立保函，系《借款合同》的从合同。独立保函，是指银行或非银行金融机构作为开立人，以书面形式向受益人出具的，同意在受益人请求付款并提交符合保函要求的单据时，向其支付特定款项或在保函最高金额内付款的承诺。《独立保函解释》第三条第一款规定："保函具有下列情形之一，当事人主张保函性质为独立保函的，人民法院应予支持，但保函未载明据以付款的单据和最高金额的除外：（一）保函载明见索即付；（二）保函载明适用国际商会《见索即付保函统一规则》等独立保函交易示范规则；（三）根据保函文本内容，开立人的付款义务独立于基础交易关系及保函申请法律关系，其仅承担相符交单的付款责任。"该条第三款规定："当事人主张独立保函适用担保法关于一般保证或连带保证规定的，人民法院不予支持。"第一，工行星海支行出具的两份《银行保函》均载明如德享公司出现违约事项，工行星海支行在收到高金公司索偿通知后的7个法定工作日内无条件支付款项。可见，工行星海支行承担责任以德享公司违约为条件，不符合"见索即付"的法律特征。第二，独立保函开立人的付款义务独立于基础交易关系及保函申请法律关系，其仅承担相符交单的付款责任。《独立保函解释》明确规定，"当事人主张独立保函适用担保法关于一般保证或连带保证规定的，人民法院不予支持"。案涉《银行保函》载明"以上担保责任方式为连带责任担保方式"，而连带责任保证为担保法所规制的保证责任承担方式，其前提为担保合同作为借款合同的从合同。因此，在保函开立人的责任承担方式上，案涉《银行保函》也不具有独立保函的法律特征。第三，高金公司起诉主张工行星海支行承担的也是连带保证责任，其向工行星海支行发出的《催告函》也载明"向我司出具了一份承担连带责任的银行保函""贵行出具保函，属于《担保法》规定的保证"。综上，高金公司上诉主张案涉《银行保函》为独立保函，缺乏法律依据，本院不予支持。一审判决认定"保函具有独立担保的性质"有误，本院予以纠正。①

【案例来源】

中国裁判文书网，http://wenshu.court.gov.cn。

① 本案二审判决后，高金公司向最高人民法院申请再审，最高人民法院审查后裁定予以驳回。参见最高人民法院（2018）最高法民申5040号民事裁定书（2018.10.22），载中国裁判文书网，http://wenshu.court.gov.cn。

第二编 | PART 02

担保

第八章 — CHAPTER 08

担保设立

一、担保适用范围

499 对《担保法》第二条第一款规定的担保适用范围的理解

【关键词】

|适用范围|

【案件名称】

广州市仙源房地产股份有限公司与广东中大中鑫投资策划有限公司、广州远兴房产有限公司、中国投资集团国际理财有限公司股权转让纠纷案［最高人民法院（2009）民申字第1068号民事裁定书，2009. 12. 30］

【裁判精要】

最高人民法院认为：

中鑫公司称他人为该合同履行提供了担保，故该合同就是借款合同，这是对法律的误解。《担保法》第二条第一款规定："在借贷、买卖、货物运输、加工承揽等经济活动中，债权人需要以担保方式保障其债权实现的，可以依照本法规定设定担保。"该条仅列举了适用担保的部分情形，不能根据该款规定得出只能为借贷、买卖、货物运输、加工承揽提供担保的结论。根据《民法通则》第八十九条，可以为各类债务的履行设定担保。股权（权益）转让合同属于民法上的债，为其履行设定担保符合法律规定。因此，不能根据肖雨田等人为《股权转让及项目合作合同》的履行提供了担保就认定该合同只能是借款合同。

【案例来源】

《中华人民共和国最高人民法院公报》2010年第8期。

编者说明

《担保法》第二条第一款的规定是否意味着在"借贷、买卖、货物运输、加工承揽等经济活动"之外的其他民事活动中的担保一概不调整？针对此问题，《担保法解释》第一条规定："当事人对由民事关系产生的债权，在不违反法律、法规强制性规定的情况下，以担保法规定的方式设定担保的，可以认定为有效。"肯定了《担保法》可以调整其他民事关系中对债权实现设定的担保法律关系，明确将《担保法》的调整对象从经济活动扩大到民事活动。

500 主合同约定不是平等主体而是企业内部的管理工作，“担保”内容是要保证“被担保人”的违法违纪行为不损害企业利益，由此引发的纠纷不属民法调整

【关键词】

| 企业内部管理 | 平等主体 |

【案件名称】

中国工商银行哈尔滨市和平支行诉高延民担保合同纠纷案［哈尔滨市中级人民法院二审民事裁定书，2001. 5. 29］

【裁判精要】

哈尔滨市中级人民法院认为：

《担保法》第二条规定：“在借贷、买卖、货物运输、加工承揽等经济活动中，债权人需要以担保方式保障其债权实现的，可以依照本法规定设定担保。”以上规定明确指出，债是按照合同的约定在当事人之间产生的特定权利和义务。担保合同作为从合同，只是对因借贷、买卖、货物运输、加工承揽等主合同发生的债进行担保。这些主合同约定的当然是民事关系。只有依法成立的合同，才受法律保护。

《合同制干部担保办法》第六条规定：担保人有责任教育被担保人严格履行合同，如发生贪污、盗窃、严重违纪等方面问题，担保人应负连带责任。根据这一条规定，本案“担保合同”要求上诉人高延民“担保”的，是高峰岩在被上诉人和平支行工作期间的行为。而和平支行与高峰岩在此期间存在的是单位与职工的内部职务从属关系，不是平等民事主体之间形成的民事关系。高峰岩在此期间实施的贪污、盗窃或者严重违纪等与职责有关的行为，不是应当由民法调整的民事行为。对这些行为，和平支行应当按照刑事法律或者行业纪律的规定去寻求解决。如果把这些应当由刑事法律或者行业纪律解决的问题纳入民法调整，和平支行就会因自己受损的利益已经转嫁到担保人身上，因此怠于追究本单位职工的违法违纪责任，也无须再主动查找本单位存在的制度、纪律方面的问题。

综上所述，本案“担保合同”所指向的“主合同”，约定的不是平等主体之间的债权债务，而是企业内部的管理工作。“担保”的内容不是要实现债权人的债权，而是要保证“被担保人”的违法违纪行为不损害企业利益。因此，本案的“担保合同”不符合《民法通则》和《担保法》的规定，由此引发的纠纷不应当由民法调整，本案不属于人民法院受理的民事诉讼范围。

【案例来源】

《中华人民共和国最高人民法院公报》2001 年第 5 期。

二、担保函、承诺函、安慰函性质认定

501 担保函是否具备《担保法》意义上担保书的效力，须审查是否明确作出向债权人承担保证责任或承诺代为还款的意思表示

【关键词】

｜担保函｜保证责任｜意思表示｜

【案件名称】

上海国金租赁有限公司与黑龙江农垦北大荒商贸集团有限责任公司保证合同纠纷案［最高人民法院（2017）最高法民终182号民事判决书，2017.6.30］

【裁判精要】

最高人民法院认为：

（二）关于北大荒商贸公司与国金公司之间是否存在担保法律关系，北大荒商贸公司应否承担保证责任的问题

国金公司上诉主张北大荒商贸公司与国金公司存在担保关系，主要理由为依据《担保函》双方之间形成担保合同关系，案涉《框架协议》、《融资租赁合同》以及《担保函》形成完整的证据链充分予以证实。根据《担保法解释》第二十二条第一款规定，“第三人单方以书面形式向债权人出具担保书，债权人接受且未提出异议的，保证合同成立”。本案双方当事人争议的焦点即案涉《担保函》是否属于上述司法解释规定的“担保书”，经国金公司接受且无异议，能否成立保证合同关系。判断案涉《担保函》是否具备《担保法》意义上的担保书的法律效力，须审查该《担保函》是否明确作出为债务人高峰糖业公司的案涉债务向债权人国金公司承担保证责任或承诺代为还款的意思表示。本案中，案涉《担保函》名称虽为《关于同意为天津北大荒玉米加工产业有限公司下属子公司银行借款提供担保的函》，但主文中着重对收购子公司的背景情况进行了介绍。根据该《担保函》中关于“我公司愿意为下属各家子公司在与贵行的业务中提供无条件担保，并愿意积极配合贵行完成各项业务”的文义表述，北大荒商贸公司虽然表达了愿意为其下属各家子公司在银行的业务提供担保的真实意思，也明确愿意积极配合银行完成各项业务，但对上述“业务”的具体内容、“业务”范围是否即指向高峰糖业公司的案涉融资租赁债务，“并配合银行完成各项业务”是否表明双方需要另行签订担保合同等并非特别明确。而且，在该《担保函》出具的8个月前的2014年3月20日，国金公司与高峰糖业公司已经签订果糖

生产线《转让合同》《融资租赁合同》，但是，《担保函》并未载明所担保的主债权为该《融资租赁合同》项下高峰糖业公司应承担的债务，且直至提起本案诉讼的2016年8月8日，没有证据证明国金公司向北大荒商贸公司主张过保证债权。在北大荒商贸公司否认该《担保函》系向国金公司出具的为高峰糖业公司案涉债务提供担保的保证书的情形下，国金公司依据该《担保函》主张双方之间保证合同关系成立，缺乏认定保证合同关系成立的基本要件。签订《框架协议》的主体为北大荒集团与高峰糖业公司等，北大荒商贸公司并非该框架协议的签约主体，该协议出具的对象也并非国金公司。而且，北大荒商贸公司虽然与高峰糖业公司等目标公司的股东签订《股权转让与合作协议》，但该协议并未全部履行，本案中没有证据证明高峰糖业公司成为天津北大荒公司的子公司。综上，依据现有证据不能确定北大荒商贸公司就高峰糖业公司的融资租赁行为与国金公司之间形成《担保法》意义上的保证合同关系，国金公司的上诉理由不能成立，本院不予支持。

【案例来源】

中国裁判文书网，http://wenshu.court.gov.cn。

502 承诺函并非仅对债务人清偿债务承担道义义务或督促履行之责，为自身设定的代为清偿义务意思表示具体明确，具有保证担保性质

【关键词】

| 承诺函 | 清偿义务 | 保证担保 |

【案件名称】

湖南省高速公路管理局、湖南省高速公路建设开发总公司与招商银行股份有限公司深圳分行合同纠纷案［最高人民法院（2017）最高法民终353号民事判决书，2017.12.28］

【裁判精要】

最高人民法院认为：

一、关于《承诺函》的性质及效力应如何认定的问题

关于《承诺函》的性质。高管局与高速公路总公司上诉主张系安慰函，不具有法律效力。招行深圳分行认为属于单方允诺的民事法律行为，具有法律效力。对此本院认为，《承诺函》的性质应当结合文本名称、出具背景、约定内容等事实综合认定。首先，从《承诺函》的名称看，并未直接表述为“安慰函”。其次，综合《承诺函》出具的背景情况及双方当事人的陈述可知，《承诺函》签订于宜连高速公路项目开工建设之后、招行深圳分行作为贷款人之一与借款人宜连公司签订《人民币资金银团贷款

合同》之前。其出具原因是保障招行深圳分行信贷资金安全，化解招行深圳分行贷款风险，而实质目的则为确保宜连公司获得贷款。再次，从《承诺函》载明内容“若该公司（指宜连公司）出现没有按时履行其到期债务等违反借款合同约定的行为，或者存在危及银行贷款本息偿付的情形，出于保护投资商利益，保障贵行信贷资金安全的目的，我局承诺按《特许合同》第15.6条之规定全额回购宜连高速公路经营权，以确保化解银行贷款风险，我局所支付款项均先归还贵行贷款本息”分析，《承诺函》系针对特定的银行贷款出具，并已经清楚表明当宜连公司出现没有按时履行其到期债务等违反借款合同约定的行为，或者存在危及银行贷款本息偿付的情形时，高管局承诺以回购经营权的方式确保招行深圳分行的债权实现。依照《担保法》第六条关于“本法所称保证，是指保证人和债权人约定，当债务人不履行债务时，保证人按照约定履行债务或者承担责任的行为”及《担保法解释》第二十二条第一款关于“第三人单方以书面形式向债权人出具担保书，债权人接受且未提出异议的，保证合同成立”的规定可知，保证人提供保证，目的是保证债权能够得到实现。本案中，高管局并非仅对宜连公司清偿债务承担道义上的义务或督促履行之责，其通过出具《承诺函》的形式为自身设定的代为清偿义务的意思表示具体明确，故《承诺函》具有保证担保性质。该《承诺函》被招行深圳分行接受，双方成立保证合同。综上，高管局、高速公路总公司上诉主张《承诺函》仅为道义上的安慰函，缺乏事实及法律依据，不能成立。

关于《承诺函》的效力。本院认为，根据《担保法》第九条关于“学校、幼儿园、医院等以公益为目的的事业单位、社会团体不得为保证人”的规定，高管局作为湖南基础设施高速公路的建设、管理事业单位，不得作为保证人。《承诺函》因违反法律强制性规定应认定无效。一审判决关于“高管局单方承诺为自己设定前述义务，没有违反法律法规的禁止性规定”的认定，认定事实及适用法律不当，本院予以纠正。

二、关于一审判决认定高管局全额回购宜连高速公路经营权，并以回购款项支付招行深圳分行全部贷款本息是否正确的问题

本案已查明，招行深圳分行共计向宜连公司发放贷款3.6亿元，宜连公司在偿还600万元后，没有依约偿还剩余贷款本息。后招行深圳分行与建行湖南分行提起诉讼向宜连公司主张权利，各方在法院主持下达成调解书。因宜连公司仍未按照调解书内容履行义务，招行深圳分行与建行湖南分行向法院申请强制执行。现调解书的执行程序已经终结，招行深圳分行的债权仍未实现，损失客观存在。《担保法解释》第七条规定“主合同有效而担保合同无效，债权人无过错的，担保人与债务人对主合同债权人的经济损失，承担连带赔偿责任；债权人、担保人有过错的，担保人承担民事责任的部分，不应超过债务人不能清偿部分的二分之一”。本案中，如前所述，《承诺函》因违反法律强制性规定而无效。高管局作为出具人，明知自身不具备保证人资格仍出具《承诺函》，具有过错。而招行深圳分行作为专业的金融机构，明知高管局作为事业单位，不能成为保证人，其仍要求高管局出具《承诺函》，招行深圳

分行亦存在过错。故综合本案成讼原因、当事人的实际损失及过错程度，本院酌定高管局对宜连公司不能偿还招行深圳分行的贷款本息455122158.5元及以3.54亿元为基数按《人民币资金银团贷款合同》的约定计算自2016年4月23日起至付清之日的利息、罚息、复息承担三分之一的赔偿责任。

【案例来源】

中国裁判文书网，http://wenshu.court.gov.cn。

编者说明

最高人民法院在湖北银杉园林景观工程有限公司与刘刚、敖远涛民间借贷纠纷申请再审案中认为："《承诺书》是否构成保证担保应当依据其签订的背景情况、承诺书的名称与内容综合确定。"①在滕州市大地机床股份有限公司与中国农业银行股份有限公司枣庄分行保证合同纠纷案中亦认为："《承诺函》中'保证木业公司偿还全部贷款本息'的表述虽与保证的核心要求即保证人具有代为清偿债务的意思表示相比较，虽有不明确，但结合大地公司董事会决议、大地公司向木业公司汇款以及附言'替还款'的相关事实，能够认定大地公司出具《承诺函》以及董事会决议的真实意思表示是为木业公司从枣庄农业行的贷款提供保证担保。"②在中国银行（香港）有限公司与台山市电力发展公司、台山市人民政府、台山市鸿基石油化工有限公司、台山市财政局担保合同纠纷再审案中，最高人民法院认为："案涉《承诺函》的性质，应当根据台山市政府出具《承诺函》的背景情况、《承诺函》的内容以及查明的其他事实情况进行认定。"③

503 《股东承诺书》并非股东为订立保证合同发出的要约，而是承诺性质，应按其承诺为公司债务承担连带保证责任

【关键词】

| 担保 | 股东承诺 | 保证责任 |

【案件名称】

中国信达资产管理股份有限公司辽宁省分公司、贾永德与大连乾亿重工有限公司及大连乾亿重型装备有限公司、姜玲金融借款合同纠纷案［最高人民法院（2019）最高法民终332号民事判决书，2019.5.31］

---

① 参见最高人民法院（2017）最高法民申320号民事裁定书（2017.3.23），载中国裁判文书网，http://wenshu.court.gov.cn。

② 参见最高人民法院（2015）民申字第154号民事裁定书（2015.3.25），载中国裁判文书网，http://wenshu.court.gov.cn。

③ 参见最高人民法院（2011）民申字第1209号民事裁定书（2011.10.26），载中国裁判文书网，http://wenshu.court.gov.cn。

【裁判精要】

最高人民法院认为:

(一)关于乾亿重工公司是否应对乾亿装备公司本案债务承担连带保证责任的问题

信达公司主张乾亿重工公司应承担连带保证责任的主要依据为《股东承诺书》,该承诺书有乾亿装备公司股东贾永德签字及股东乾亿重工公司盖章,承诺书第三段载明"全体股东承诺:7. 对本笔贷款承担连带责任保证"。信达公司和乾亿重工公司对该部分承诺内容能否构成保证法律关系有较大争议。因此,本案应对该《股东承诺书》内容的法律效力作出认定。

乾亿重工公司否定《股东承诺书》为乾亿重工公司作为公司股东对乾亿装备公司债务所作的连带保证承诺,具体理由有以下四点:(1)《股东承诺书》仅为要约,未标注时间,未形成保证合同。(2)《股东承诺书》作出主体为乾亿装备公司,内容均针对乾亿装备公司,乾亿重工公司仅作为公司股东见证同意乾亿装备公司作出承诺,承诺书内容不能约束乾亿重工公司。(3)信达公司主张的乾亿重工公司提供保证担保,与《固定资产借款合同》及《股东承诺书》中载明的采取"信用+抵押"担保方式相矛盾。(4)乾亿重工公司内部股东并未作出决议认可乾亿重工公司对外担保。

第一,虽然《股东承诺书》内容为单方行为,但信达公司受让工行长兴岛支行本案债权后持有,表明债权人已经接收该担保承诺,已经对承诺方产生法律效力,因此《股东承诺书》并非乾亿重工公司股东为订立保证合同发出的要约,而是承诺性质。第二,《股东承诺书》中承诺内容为七项,其中第七项为"对本笔贷款承担连带责任保证",结合承诺内容前"全体股东承诺"的表述,应按文义理解为乾亿装备公司的全部股东作出承诺,根据《合同法》第二十六条关于"承诺通知到达要约人时生效。承诺不需要通知的,根据交易习惯或者要约的要求作出承诺的行为时生效"规定,并结合信达公司持有《股东承诺书》的情形,该承诺对乾亿重工公司和贾永德具有法律拘束力。乾亿重工公司主张该第七项承诺仅为乾亿装备公司承诺而非股东承诺,该主张将推导出乾亿装备公司为自身债务承担连带保证责任,即债务人自身即为保证人的结论,明显与《担保法》第七条关于保证人具有"代为"清偿债务能力的规定不符,乾亿重工公司该项解释明显与常理相悖。第三,《固定资产借款合同》约定了本案债务的担保方式为乾亿装备公司"信用+抵押",但该约定仅及于该借款合同本身,并不能否定或排除其他主体包括债务人股东自行单方作出的担保承诺。第四,虽然信达公司未能提交乾亿重工公司关于对乾亿装备公司提供保证担保的内部决议,但是,贾永德作为乾亿重工公司持股70%的控股股东,根据《大连乾亿重工有限公司章程》第九条第2项关于"按其出资比例依法享有分取红利和行使表决权"的规定,具有乾亿重工公司控股表决权。在乾亿重工公司、贾永德均在《股东承诺书》上盖章、签字的情况下，应视为乾亿重工公司已作出了对外担保的意思。综上，上诉人信达公司关于乾亿重工公司对乾亿装备公司本案债务已经作出保证承诺，该承诺发生法律效力的上诉理由成立，乾亿重工公司应当对本案债务承担连带保证责任。一审判决对此适用法律有误，本院予以纠正。同时，根据《担保法》第三十一条关于“保证人承担保证责任后，有权向债务人追偿”和《担保法解释》第四十二条关于“人民法院判决保证人承担保证责任或者赔偿责任的，应当在判决书主文中明确保证人享有担保法第三十一条规定的权利”的规定，本院对乾亿重工公司承担保证责任后的追偿权予以明确。

(二)关于贾永德是否应对乾亿装备公司本案债务承担连带保证责任的问题

信达公司主张贾永德应承担连带保证责任的证据主要为《股东承诺书》《担保证明》《担保承诺》，三份证据的一审、二审举证、质证情况如下：(1)《股东承诺书》信达公司能够提供原件，贾永德一审、二审对其签名的真实性均无异议。(2)《担保证明》信达公司提供复印件，一审第一次庭审中，贾永德的质证意见为对真实性有异议，确实在连带责任证明上签字，但属于工行长兴岛支行逼迫签字，并非贾永德真实意愿；一审第二次质证中，贾永德以当时原告工行长兴岛支行未能提供原件，否定签字真实性，但经一审法院释明，贾永德不申请笔迹鉴定；二审中，贾永德在上诉状中认可其出具了该证明，但主张仅为担保意向，工行长兴岛支行同意由乾亿装备公司以自有资产抵押，不要求贾永德承担担保责任，将《担保证明》原件返还贾永德。(3)《担保承诺》信达公司能够提供原件，一审第二次质证中进行举证，贾永德的质证意见为真实性不认可，《担保承诺》时间为2012年7月26日，早于借款合同签订时间2012年8月28日，是因为工行长兴岛支行要求贾永德出具担保承诺，但经评估后乾亿装备公司抵押物价值远大于借款金额，故银行决定不需要贾永德保证，经一审法院释明，贾永德不申请笔迹鉴定；二审中，贾永德上诉状称不记得曾出具《担保承诺》，要求对笔迹进行鉴定，庭审中表示一审未申请鉴定理由是考虑鉴定费用。

《民诉法解释》第三百四十二条规定：“当事人在第一审程序中实施的诉讼行为，在第二审程序中对该当事人仍具有拘束力。当事人推翻其在第一审程序中实施的诉讼行为时，人民法院应当责令其说明理由。理由不成立的，不予支持。”本案中，贾永德对《股东承诺书》系本人签字始终无异议；贾永德对《担保证明》《担保承诺》一审中虽提出真实性异议，但主要是以并非其本人真实意愿、仅为担保意向并未最终履行等理由作为抗辩，该抗辩理由本质上属于证据的合法性、关联性意见，相反属于对本人签字真实性的自认。二审中，贾永德对该两份证据签字真实性作出否定，意图推翻其在一审中的自认，根据上述司法解释的规定，理由不能成立。关于贾永德二审中申请对《担保承诺》中“贾永德”三个字进行笔迹鉴定的问题。如前所述，《担保承诺》能够证明贾永德对本案债务作出连带保证的承诺并对其有拘束力，且贾永德在二审期间否认《担保证明》《担保承诺》真实性的理由不能成立，根据《民诉法解释》第一百二十一条关于“申请鉴定的事项与待证事实无关联，或者对证明待证事实无意义的,人民法院不予准许”的规定,贾永德二审对《担保承诺》申请笔迹鉴定已无必要,本院对其申请不予准许。

《担保法解释》第二十二条规定:“第三人单方以书面形式向债权人出具担保书,债权人接受且未提出异议的,保证合同成立。主合同中虽然没有保证条款,但是,保证人在主合同上以保证人的身份签字或者盖章的,保证合同成立。”《股东承诺书》《担保证明》《担保承诺》三份材料中,贾永德分别作为乾亿装备公司股东、自然人身份对乾亿装备公司本案债务提供连带保证担保,根据上述司法解释的规定,该担保合法成立,并不受是否签订独立的保证合同的约束,贾永德应承担保证担保责任。因此,上诉人贾永德的上诉理由不能成立,一审判决该论理部分有不当之处,但判决结果正确,本院予以维持。

【案例来源】

中国裁判文书网,http://wenshu.court.gov.cn。

504 保证人出具承诺函提供保证无须以基于其在主合同中具有权利义务、利益关系和经济往来为前提或者要件

【关键词】

|承诺函|保证担保|

【案件名称】

李飞、谢宇与浙江贺盈实业投资有限公司股权转让纠纷案[最高人民法院(2017)最高法民终498号民事判决书,2017.11.28]

【裁判精要】

最高人民法院认为:

本案系双方当事人之间股权转让协议的保证人李飞、谢宇提起上诉,本案的焦点问题包括《承诺函》上李飞、谢宇签字的真伪以及鉴定结论应否采信的问题,李飞、谢宇应否承担保证责任的问题。关于李飞、谢宇在《承诺函》上签字的真伪以及鉴定结论应否采信的问题。李飞、谢宇在该《承诺函》上签字的真伪问题,在一审程序就已成为双方当事人讼争的焦点问题。一审法院依法委托鉴定机构就此进行鉴定,鉴定机构以及鉴定人员具有相应资质,鉴定程序合法,一审法院依法组织双方当事人以及鉴定人员对鉴定结论进行了质证,足以作为认定本案事实的证据予以采信。关于李飞、谢宇应否承担保证责任的问题。李飞上诉认为,贺盈实业公司未在保证期间内向其主张权利,应当免除李飞的保证责任,《承诺函》所载的保证期间应推定为六个月,截止期限为2014年8月14日。保证期间内,贺盈实业公司未凭借真实的担

保凭证要求李飞承担担保责任,应当免除李飞的保证责任。针对李飞的上诉理由本院认为,李飞所提的贺盈实业公司主张权利超过六个月的主要理由是贺盈实业公司在向一审法院起诉时所提交的证据材料中包括的"承诺函"并非原件。根据法律和司法解释规定,并未要求起诉人提起诉讼时必须提交证据原件,贺盈实业公司系在保证期间内向一审法院提起诉讼,并未超出保证期间,李飞的上诉理由显然不能成立。谢宇上诉认为,谢宇在本案《承诺函》签字的原因是应贺盈实业公司的要求,对该《承诺函》的见证,而不是一审判决认定的担保。谢宇从来没有为《承诺函》提供担保的意思表示,也不具有提供担保的能力。依据我国法律规定,不应当将作为见证人的列为担保人,谢宇在《投资合作协议书》《承诺函》中没有任何权利义务,也没有任何利益关系和经济往来,《投资合作协议书》与《承诺函》上并无明确的担保条款。针对谢宇的上诉理由本院认为,谢宇未能举证证明其在承诺函上系基于见证而签字,在无从推知当事人内心真实意思的情况下,一审判决根据当事人的外观行为表征认定谢宇为保证人并无不当。至于谢宇所提出的其在《投资合作协议书》《承诺函》中没有任何权利义务,也没有任何利益关系和经济往来的上诉理由,法律并未规定保证人提供保证须基于其在主合同中具有权利义务、利益关系和经济往来为前提或者要件,因此谢宇所提的该项上诉理由不能成立。关于李飞、谢宇提出的 2012 年 7 月 6 日 ~ 12 日期间,娇子投资公司分 8 笔通过银行转账的方式向贺盈实业公司转款 3500 万元应否扣除问题。本院二审期间已就该争议问题组织双方当事人举证、质证和认证,根据双方当事人举证查明的案件事实,足以认定上述 8 笔转款与《承诺函》所提的 3500 万元系同一笔款项。故对李飞、谢宇提出的应另行扣除 3500 万元的上诉请求不予支持。关于一审判决是否遗漏必须参加诉讼的当事人问题。谢宇主张,案涉股权转让的目标公司休旅城公司以及休旅城公司的另一股东刘 XX 应当作为必要的当事人参加本案诉讼,一审判决遗漏了必须参加诉讼的当事人,属于审判程序违法。本院认为,在不涉及目标公司以及其他公司股东实体权利的情况下,公司股东之间股权转让并不以目标公司以及其他公司股东必须参加诉讼为必要条件,谢宇的该项上诉理由缺乏事实和法律依据,本院不予支持。①

【案例来源】

中国裁判文书网,http://wenshu. court. gov. cn。

505 第三人出具承诺函,但未明确表示承担责任的,不构成保证担保

【关键词】

| 承诺函 | 保证担保 |

① 本案二审判决后,谢宇向最高人民法院申请再审,最高人民法院审查后裁定予以驳回。参见最高人民法院(2018)最高法民申 3755 号民事裁定书(2018. 9. 26),载中国裁判文书网,http://wenshu. court. gov. cn。

【案件名称Ⅰ】

中国银行（香港）有限公司与辽宁省人民政府、葫芦岛锌厂保证合同纠纷案［最高人民法院（2014）民四终字第37号民事判决书，2014.12.22］

【裁判精要】

最高人民法院认为：

《承诺函》是否构成保证担保应当依据其名称和内容确定。从本案《承诺函》的名称与内容看，辽宁省政府仅承诺“协助解决”，没有对中辽公司的债务作出代为清偿责任的意思表示，《承诺函》不符合《担保法》第六条有关“保证”的规定，不能构成法律意义上的保证。从金杜律师事务所深圳分所代表中银公司寄送给辽宁省政府的两份《律师函》内容看，该分所或者中银公司也没有要求辽宁省政府承担代为清偿债务的责任，而是仅要求其履行承诺不让中银公司受到经济上的损失。可见，《承诺函》所涉辽宁省政府与中银公司双方对案涉债务并未达成保证担保的合意，不能在双方之间形成保证合同关系。故辽宁省政府有关《承诺函》不构成保证担保的主张符合双方当事人的真实意思表示，中银公司依据《承诺函》要求辽宁省政府承担保证责任于法无据，本院不予支持。

【案例来源】

中国裁判文书网，http://wenshu.court.gov.cn。

【案件名称Ⅱ】

佛山市人民政府与交通银行香港分行担保纠纷案［最高人民法院（2004）民四终字第5号民事判决书，2005.1.4］

【裁判精要】

裁判摘要：根据《担保法》第三条的规定，担保活动应当遵循平等、自愿、公平、诚实信用的原则。与借贷合同无关的第三人向合同债权人出具承诺函，但未明确表示承担保证责任或代为还款的，不能推定其出具承诺函的行为构成《担保法》意义上的保证。

最高人民法院认为：

本案焦点问题是佛山市政府向香港交行出具的《承诺函》是否构成我国《担保法》规定的担保。本案中佛山市政府先后向香港交行出具了三份《承诺函》，函中均有相同的表述：“本政府愿意督促该驻港公司切实履行还款责任，按时归还贵行贷款本息。如该公司出现逾期或拖欠贵行的贷款本息情况，本政府将负责解决，不让贵行在经济上蒙受损失。”首先，从名称来看，《承诺函》并非担保函，对于其是否能构成担保应根据其内容来认定。其次，从《承诺函》的内容来看，“负责解决”“不让贵行在经济上蒙受损失”并无明确的承担保证责任或代为还款的意思表示。再次，在香港交行向中亚公司和景山公司出具的授信函中，在“抵押品及法律文件”项下，除了佛山市政府的《承诺函》外，还有不动产的抵押、保证及存单的质押等，且《承诺函》均在这些授信函中被列入区别于“保证”的“其他”文件项下，这说明香港交行明知《承诺函》并非保证函。最后，为解决包括中亚公司、景山公司在内的佛山市直属企业拖欠香港交行贷款事宜，佛山市政府与香港交行之间有三次座谈会并形成会议纪要。从这三份纪要的记载来看，香港交行从未要求佛山市政府承担保证责任或代中亚公司、景山公司还款，佛山市政府也未作出过承担保证责任或代企业还款的意思表示，而双方谈到的解决途径均是政府在适当时机对企业进行资产重组，以解决原有债务。佛山市政府亦于1998年11月12日以佛经贸发〔1998〕42号文件批复同意了佛山市有关企业与香港交行商定的企业重组计划，以解决中亚公司、景山公司等企业拖欠香港交行贷款的问题。综上，佛山市政府从向香港交行出具的书面文件上，到实际的行动上，从未有过承担保证责任或代所属企业还款的意思表示，其向香港交行出具的《承诺函》并不构成我国《担保法》意义上的保证。

【案例来源】

《中华人民共和国最高人民法院公报》2005年第11期。

编者说明

《最高人民法院关于交通银行香港分行与港云基业有限公司、云浮市人民政府等借款担保合同纠纷上诉一案〈承诺函〉是否构成担保问题的请示的复函》(2006年10月11日，〔2006〕民四他字第27号)亦明确，对于一方出具的《承诺函》是否构成我国《担保法》意义上的保证，应根据出具《承诺函》的背景情况、《承诺函》的内容以及查明的其他事实情况作出认定。

506 承诺函仅体现政府对项目的支持，不能认定政府自愿承担债务的，不构成保证担保

【关键词】

| 承诺函 | 承担债务 | 保证担保 |

【案件名称】

南京中山园林建设（集团）有限公司与唐山市丰南建设投资有限公司、唐山市丰南区人民政府建设工程施工合同纠纷案［最高人民法院（2017）最高法民终

148 号民事判决书，2017. 9. 27]

【裁判精要】

最高人民法院认为：

（三）关于丰南区政府应否与丰南建投承担连带责任问题

丰南区政府并非《BT 合同》的签约主体。根据丰南区财政局出具的《承诺函》，案涉项目按照 BT 模式由丰南建投进行市场化运作，为保证回购资金安排及时到位，丰南区政府承诺从财政性资金中安排部分资金给丰南建投用于支付项目回购款。《承诺函》仅体现丰南区政府对案涉项目的支持，并不能认定丰南区政府自愿承担丰南建投的债务。

《BT 合同》虽然约定，丰南建投应提供丰南区政府授权丰南区财政局回购的授权文件及不可撤回的回购函，回购函须明确工程回购的时间、估算金额、方式并纳入丰南区财政预算。但是，丰南区财政局出具的《承诺函》并未载明丰南区财政局或者丰南区政府承担回购义务。中山园林公司接受该《承诺函》并开始投资建设案涉项目，视为对《承诺函》内容的认可。即使回购款纳入政府预算，丰南建投付款经政府部门审批，仅表明丰南区政府同意丰南建投向中山园林公司支付回购款，不能因此认定丰南区政府对中山园林公司作出直接承担付款义务的意思表示。此外，《承诺函》出具后，中山园林公司就工程款的支付问题均与丰南建投协商并达成协议，并未向丰南区政府主张过付款。中山园林公司提起本案诉讼时仅将丰南建投列为被告，在增加诉讼请求时，才追加丰南区政府和丰南区财政局为被告。中山园林公司的上述行为表明其在本案诉讼前并未将丰南区政府视为直接债务人。

《担保法》第六条规定，本法所称保证，是指保证人和债权人约定，当债务人不履行债务时，保证人按照约定履行债务或者承担责任的行为。根据《承诺函》，丰南区政府并未承诺在丰南建投不履行债务时，对中山园林公司承担偿还责任，丰南区政府并非连带保证人。一审判决认为丰南区政府系连带保证人，认定事实和适用法律均有不当，应予以纠正。

【案例来源】

中国裁判文书网，http://wenshu.court.gov.cn。

507 向债权人书面承诺“保证负责收回贷款”，但未明确承担保证责任的，不应认定为保证担保

【关键词】

| 负责收回贷款 | 保证担保 |

【案件名称】

中国农业银行玉门市支行与玉门市农村信用合作社联合社借款合同纠纷案［最高人民法院（2005）民二终字第12号民事判决书，2005.6.2］

【裁判精要】

最高人民法院认为：

农行玉门支行、玉门信用社、康庄公司签订的本案借款协议书以及玉门信用社与康庄公司签订的借款合同是各方当事人的真实意思表示，不违反法律、法规的规定，应当认定合法有效。借款合同签订后，玉门信用社依约向康庄公司履行了贷款550万元的义务，而借款到期后，康庄公司没有履行偿还义务，农行玉门支行除向玉门信用社偿还20万元利息及30万元本金外，也没有全面履行"负责收回贷款"的义务，并由此导致纠纷。二审中，本案各方当事人的争议焦点在于农行玉门支行所作的"保证负责收回贷款"的承诺是否属于《担保法》规定意义的保证，亦即农行玉门支行应当承担何种责任。对此，本院认为，农行玉门支行在借款协议书中的承诺具有两层含义：一是负责监督康庄公司借款的使用情况，二是保证负责到期收回贷款偿还给玉门信用社。根据借款合同约定，贷款用途为生产流动资金，而该笔贷款实际用于购买土地使用权，显然与约定不符。况且，购买土地的实际用途是农行玉门支行与康庄公司在借款时背着玉门信用社以补充文字的形式作了私自约定。这足以证明农行玉门支行没有尽到监督专款专用的责任，按照《担保法解释》第二十六条的规定，应当承担补充偿赔偿责任。农行玉门支行认为其已尽到监督义务的上诉理由不能成立，本院不予支持。对于农行玉门支行的第二项承诺，本院认为，不宜按照《担保法》上的保证认定责任。理由为：（1）《担保法》意义的保证是保证人提供保证时，以自身财产偿还欠债作为保证内容的，而本案的"保证负责收回"是履行一种行为，二者有所不同。（2）合同中并没有明确约定农行玉门支行承担的是保证责任，在没有明确约定的情况下，要求农行玉门支行承担保证责任缺乏合同依据。因此，农行玉门支行违反了承诺义务，属于不作为的违约行为，由此给玉门信用社造成了损失，应当承担赔偿责任。农行玉门支行认为其应当承担担保责任，并以此为基础诉称已经超过担保期限应当免责，以及主张在玉门信用社放弃抵押的范围内免除保证责任的上诉理由均不能成立，本院不予支持。原审认定上述行为属于缔约过失责任不当，应予纠正。但对于原审判决农行玉门支行承担60%赔偿责任，因玉门信用社在法定期限内对该项判定没有提起上诉，本院予以维持。

【案例来源】

最高人民法院民事审判第二庭编：《民商事审判指导》（总第7辑），人民法院出版社2005年版，第294～299页。

508 向不特定第三人出具安慰函，未明确表示承担责任的，不构成保证担保

【关键词】

| 安慰函 | 保证担保 |

【案件名称】

广东国际信托投资公司破产案［广东省高级人民法院民事裁定书］

【裁判精要】

裁判摘要：出函人向不特定第三人出具的介绍性函件或者安慰函，不构成中国法律意义上的保证，不具有保证担保的法律效力。

广东省高级人民法院对依据安慰函申报的担保债权全部予以否认。在确认债权诉讼中，有15家广东国投公司香港子公司的债权人持广东国投公司出具的安慰函申报金额约23亿元的担保（或然）债权，要求予以确认。广东省高级人民法院经审理认为，安慰函从形式上看，不是广东国投公司与特定债权人签订的，而是向不特定的第三人出具的介绍性函件；从内容上看，安慰函并无担保的意思表示，没有约定当债务人不履行债务时，代为履行或承担还债责任。因此，安慰函不能构成中国法律意义上的保证，不具有保证担保的法律效力，依据安慰函申报担保债权全部被拒绝。

【案例来源】

《中华人民共和国最高人民法院公报》2003年第3期。

编者说明

安慰函，又称为赞助信、安慰信，指发函人发给债权人的一种书面陈述，表明当事人对债务人清偿债务承担道义上的义务，或者督促债务人清偿债务等。安慰函不是保证合同，但书面形式的安慰函也有与保证合同相似的情况，在特殊情况下，安慰函因具备保证合同的内容构成保证担保，因此，特殊的安慰函也属于保证合同的一种形式。对于安慰函，无论是国内企业出具还是国外企业出具，原则上均应按照安慰函的内容来认定出具人应当承担的法律责任。首先，安慰函的产生和用途区别于保证，因此原则上不应将安慰函视为保证。其次，根据安慰函的内容，出具人的措辞决定其承担的义务。再次，判断安慰函的责任究竟是道义上的还是法律上的，关键看交易习惯。比如，以下措词属于典型的道义上措辞："密切关注债务人的财务状况""给予债务人资金上、业务上支持""督促债务人清偿""债务人具有良好资信记录""债务人有较强的清偿能力""债务人属于集团成员企业并将留在集团内"等。最后，如果安慰函有代债务人清偿债务或者承担担保义务、保证债务人还款等内

容的，该安慰函属于保证性质，出具人承担担保责任。安慰函因其措辞的模糊不能直接判断其性质的，可以结合安慰函的名称来判断。即文件名称表述为“安慰函”“赞助信”的，即使内容措辞模糊，也应当被解释为安慰函，不应被解释为保证，保证责任不能推定。①

---

① 参见曹士兵：《中国担保制度与担保方法》（第三版），中国法制出版社2015年版，第135～137页。

三、担保成立判断

509 在他人贷款申请书和借款合同“担保”一栏中签章的，表明其愿意承担担保责任

【关键词】

|借款合同|签章|担保责任|

【案件名称】

中国工商银行迁西县支行等与河北金厂峪金矿借款担保合同纠纷案［最高人民法院（2002）民二抗字第3号民事判决书，2002.6.19］

【裁判精要】

最高人民法院认为：

1992年7月6日迁西支行与食品厂签订的借款合同和金厂峪金矿的保证行为，意思表示真实，不违反国家有关法律、法规的规定，原审认定有效是正确的。金厂峪金矿主张其是一般保证人，应承担一般保证责任，没有法律依据。“一般保证”是《担保法》规定的一种保证方式，之前的法律并无此规定。本案的借款担保行为发生在《担保法》施行以前，应适用当时法律、法规和有关司法解释关于担保问题的规定。本案借款合同约定“如借方不能按期归还借款，由担保单位承担偿还本息的责任”，金厂峪金矿在担保单位栏内加盖了公章和法定代表人名章，因此，二审认定金厂峪金矿作为借款保证人，应承担代为偿还400万借款本息的保证责任是正确的。迁西支行在食品公司不履行偿还借款的义务时，可请求金厂峪金矿履行保证责任，但直接从金厂峪金矿在该行的账户中划款100万元的行为确有不妥。鉴于本院二审判决宣告前食品公司已经河北省迁西县人民法院（1996）迁经破字第14号民事裁定宣告破产，偿债率为零，金厂峪金矿作为保证人应按约定代债务人偿还本案借款本息，故二审判决对迁西支行已经扣划金厂峪金矿的100万元款项的认定和处理并无不妥。1994年12月12日，食品公司与迁西支行签订的借款、抵押合同，属另一法律关系，金厂峪金矿以该抵押担保行为无效作为不承担本案保证责任的抗辩，没有法律依据。金厂峪金矿履行了保证责任后，如因迁西支行与食品公司设定的抵押合同使其无法行使追偿权，可通过另案诉讼解决。

【案例来源】

最高人民法院审判监督庭编：《中华人民共和国最高人民法院判案大系》（审判

监督卷－2001～2002年卷),人民法院出版社2003年版,第228～231页。

510 公司作为担保人，其法定代表人于公司公章之后签名盖章，从行文方式上看应是履行法定代表人职责行为，不能以其账户有过还款就认定已经承担部分保证责任并推定其为保证人

【关键词】

｜担保｜法定代表人｜保证人｜

【案件名称】

郭新亮与寇馨月民间借贷纠纷案［最高人民法院（2018）最高法民再371号民事判决书，2018. 11. 27］

【裁判精要】

最高人民法院认为：

郭新亮不应对案涉借款的清偿承担连带保证责任。郭新亮认可其在《借条》担保人处签名的真实性,但主张该签字行为仅是履行金百莉公司挂名法定代表人的职责,并非是其个人承担保证责任的承诺。首先,寇馨月对于2013年10月1日签订《借条》时郭新亮系金百莉公司的法定代表人不持异议。而从案涉《借条》的内容及格式分析,担保人签章位置、日期落款共有两处,符合有两位担保人的布局特征,卡琳公司、金百莉公司亦分别在两担保人处加盖了公章;郭新亮作为金百莉公司时任法定代表人,其签名盖章位于金百莉公司公章之后,与金百莉公司公章横向并列,从行文方式上看应当是履行金百莉公司法定代表人职责的行为。故仅凭《借条》并不能认定郭新亮个人为案涉借款提供了连带责任保证。其次,虽然2014年8月11日、12日郭新亮中信银行个人账户确实向寇馨月丈夫杨某某共计转款200万元,但该银行卡交易流水记录显示,该银行卡账户每日账务往来频繁,不符合个人账户结算的特征。其中,2014年8月11日、12日账务往来19笔,从入账和转款情况看,转给杨某某的200万元款项来源于三亚旭诚房地产开发有限公司200万元的入账,与金百莉公司原财务人员曲某某的证言相符。另外,2014年8月11日、12日转账凭证上均载明“代吕辉还寇馨月款”,与一审法院查明吕辉通过其财务人员曲某某兴业银行网上账户向寇馨月、杨某某转款的情形相一致。可以认定,郭新亮该中信银行卡由金百莉公司实际控制和使用,由曲某某具体操作,不能以该账户有过还款情形就认定郭新亮已经承担了部分保证责任从而推定其是案涉借款的保证人。故寇馨月主张郭新亮在《借条》上签字既代表金百莉公司也有其个人提供担保的意思表示,依据不足。因现有在案证据不能认定郭新亮个人为案涉借款提供了连带责任保证,本院就寇馨月向郭新亮主张权利是否超过保证期间的问题不再理涉。

【案例来源】

中国裁判文书网,http://wenshu.court.gov.cn。

511 行为人收取保证金并在合同担保方一栏签字，而合同担保条款中约定的担保方并不存在，应认定行为人系担保人

【关键词】

| 担保人 | 保证金 |

【案件名称】

潘航与吉林省东兴消防智能工程有限公司保证合同纠纷案［最高人民法院（2016）最高法民再 6 号民事判决书，2016. 1. 26］

【裁判精要】

最高人民法院认为：

一、关于潘航是否承担保证责任及是否返还担保金的问题

东兴公司、盛基公司、潘航三方签订的《工程施工合同》系当事人真实意思表示，未违反法律禁止性规定，该合同合法有效，其中第十一条履约担保条款亦合法有效。在该条款中约定的担保方写明系“吉林白山国泰置业有限公司”，但在合同落款处担保方仅有潘航签字，并没有加盖公司的公章，因“吉林白山国泰置业有限公司”并不存在，且系潘航个人实际收取了保证金，在此情况下，一、二审认定潘航系担保人，并无不妥。根据法律规定，保证是指保证人与债权人约定，当债务人不履行或者不能履行债务时，保证人按照约定履行债务或者承担责任的行为。在三方《工程施工合同》法律关系中，债务人是盛基公司，债权人是东兴公司，潘航是保证人，盛基公司拖欠东兴公司工程款 1183618. 80 元及利息，已被吉林省高级人民法院（2012）吉民一终字第 105 号生效判决予以确认，潘航在再审审理中提供的东兴公司工人领取人工费明细表和关于延边大学支付农民工工资的新闻报道，不足以推翻（2012）吉民一终字第 105 号认定的欠款事实和数额，不属于《民事诉讼法》第二百条第（一）项规定的“新的证据”。且债权人东兴公司主张权利未超过担保期限，故潘航应当对盛基公司欠付的东兴公司工程款 1183618. 80 元及相应的利息承担保证责任。

东兴公司在起诉状中的诉讼请求虽然表述为“请求被告潘航支付原告工程款……”但在事实和理由中明确表示“现盛基公司未履行生效判决，原告起诉要求被告（潘航）承担保证责任并返还保证金”，可见，东兴公司的真实意思是主张潘航应当对盛基公司的债务承担保证责任。在此情况下，二审判决潘航承担保证责任，并非超出当事人诉讼请求的范围。

关于潘航主张在本案合同中约定只要工程结算额不低于203万元,担保人即不承担担保责任的问题。本院认为,潘航、东兴公司、盛基公司三方签订的《工程施工合同》合同中履约担保条款约定“如甲方(盛基公司)不能按照合同约定支付工程款,此款项由担保方支付”,并没有体现出工程结算额不低于203万元,担保人即不承担担保责任的相关内容,且根据合同的其他内容亦推不出只要工程结算额不低于203万元,担保人即不承担担保责任的结论,故潘航要求不承担保证责任的理由不能成立,本院不予支持。

关于潘航主张盛基公司与延边大学之间合同解除的原因在于延边大学,即使潘航作为保证人,也不应承担保证责任问题。本院认为,盛基公司欠东兴公司工程款1183618.80元及利息,已被另案生效判决所确认,在此情况下只要认定了潘航具有保证人的身份地位,即应当承担保证责任。至于欠款形成的原因,属另一法律关系,并不影响本案中保证人保证责任的承担。故潘航主张合同解除的原因在于延边大学,因此不承担责任的理由不能成立,本院不予支持。

关于潘航是否应当返还担保金的问题。本院认为,东兴公司已经按照合同约定向潘航交纳保证金50万元,合同约定如果最终结算额少于合同额,担保方(潘航)须按照减少额的25%向东兴公司返还担保金。涉案合同确定的工程总造价为203万元,而东兴公司与盛基公司之间实际工程结算额经生效判决确定为1183618.80元,故一、二审判决认定潘航应返还东兴公司担保金211595.30元[(2030000元-1183618.80元)×25%],并无不当。

【案例来源】

中国裁判文书网,http://wenshu.court.gov.cn。

512 “以其在项目公司的全部股权对项目融资承担连带担保责任”为意向性约定,不能据此认定存在担保合同关系

【关键词】

|意向性约定|担保合同|

【案件名称】

中国葛洲坝集团房地产开发有限公司与海口恒天晟实业有限公司及海南葛洲坝实业有限公司借款合同纠纷案[最高人民法院(2016)最高法民终240号民事判决书,2016.7.4]

【裁判精要】

最高人民法院认为：

一、葛洲坝房地产公司依据《合作开发协议》主张恒天晟公司对葛洲坝房地产公司与葛洲坝实业公司之间的涉案借款债务承担连带保证责任，是否具有事实和法律依据

葛洲坝房地产公司与恒天晟公司于2010年签订《合作开发协议》，约定双方共同发起设立一家项目公司（名称尚未确定），负责海南省陵水县土福湾项目的开发建设，葛洲坝房地产公司负责除项目公司注册资本金以外的全部融资工作，恒天晟公司以其在项目公司的全部股权对项目融资承担连带担保责任等内容。葛洲坝房地产公司依据上述合同提起本案诉讼，主张恒天晟公司对葛洲坝实业公司的涉案债务在4900万元范围内承担连带清偿责任。原审判决从股权质权担保关系是否成立等角度，认定葛洲坝房地产公司与恒天晟公司就涉案债务不存在担保合同关系，对葛洲坝房地产公司请求恒天晟公司对涉案债务承担连带清偿责任的主张不予支持。葛洲坝房地产公司不服原审判决的上述认定，上诉主张恒天晟公司对涉案债务承担的是连带保证责任，并非质权担保责任。针对葛洲坝房地产公司上述诉讼主张，结合我国《担保法》的相关法律规定，本院对《合作开发协议》中有关恒天晟公司“以其在项目公司的全部股权对项目融资承担连带担保责任”的约定作如下分析：

第一，上述约定不符合担保合同的从属性特征。担保设立的目的是保障当事人合同法律关系中的债权的实现，基于担保关系的附随性，《担保法》第五条明确规定，担保合同是主合同的从合同。因此，担保合同作为从合同，自身不能独立存在，必须以主合同的存在为前提和依据，并随着主合同产生、变更和消灭。本案二审中，葛洲坝房地产公司与恒天晟公司确认《合作开发协议》签订时间为2010年7月，早于葛洲坝实业公司于2010年8月3日成立的时间节点，亦早于葛洲坝房地产公司在本案所主张的主合同即《借款合同》于2010年8月27日签订的时间节点。《合作开发协议》签约时，主债权即项目融资尚未发生，且《合作开发协议》关于项目融资的债务人、债权人、债权数额等均未约定的情况下，所谓的对项目融资的担保无从设立。故在葛洲坝房地产公司本案主张的主合同即《借款合同》尚未签订、债务人葛洲坝实业公司尚未设立、涉案债权债务关系亦未发生的情况下，葛洲坝房地产公司依据上述《合作开发协议》的约定主张恒天晟公司与其之间存在担保法律关系，缺乏事实和法律依据。

第二，上述约定不具备保证合同的成立要件。《担保法》第六条规定，“本法所称保证，是指保证人和债权人约定，当债务人不履行债务时，保证人按照约定履行债务或者承担责任的行为”；第十五条规定，“保证合同应当包括以下内容：（一）被保证的主债权种类、数额；（二）债务人履行债务的期限；（三）保证的方式；（四）保证担保的范围；（五）保证的期间；（六）双方认为需要约定的其他事项。保证合同不完全

具备前款规定内容的,可以补正"。依照上述规定,保证合同是在保证人与债权人之间订立的;合同双方应就债权种类数额、担保范围等合同主要条款达成合意并予以书面确认;在保证合同不完全具备法定条款的情况下,合同双方可以也应当予以补正。其中,鉴于保证合同的类型和性质,其主要条款在有效确定保证人的保证责任方面,应当符合以下要求,如保证意思,保证人必须明确表达对某一债权债务愿意以自己的财产担保债务履行的意思表示;被担保主债权,即保证合同的标的,应当是特定化的、数额可以确定的、已经成立并合法有效的债权。《合作开发协议》有关恒天晟公司"以其在项目公司的全部股权对项目融资承担连带担保责任"的约定,是以签约之时尚未成立、融资数额尚未确定、债权人债务人等基本要素均不特定的项目融资作为主债权,并缺少债务人履行债务的期限、保证担保的范围、保证的期间等基本要件,明显不符合保证合同的成立要件。因此,即使葛洲坝房地产公司关于2010年8月27日其与葛洲坝实业公司签订《借款合同》形成涉案债权的主张属实,鉴于该债权债务关系形成后直至本案诉讼时,葛洲坝房地产公司与恒天晟公司并未对《合作开发协议》中的上述所谓的担保条款予以有效补正或者重新订立保证合同,故葛洲坝房地产公司依据上述《合作开发协议》的约定主张恒天晟公司与其之间存在担保法律关系,缺乏事实和法律依据。

第三,上述约定在法律属性上当属意向性约定。从《合作开发协议》的合同名称和双方当事人签订该合同的主要目的看,该合同实为葛洲坝房地产公司与恒天晟公司为合作开发海南省陵水县土福湾项目签订的意在明确合作双方权利义务的协议,并非为设定债权人和担保人之间的担保权利义务而签订的合同。《合作开发协议》载明的恒天晟公司"以其在项目公司的全部股权对项目融资承担连带担保责任"的合同条款,系双方合作开发相关项目中对于双方权利义务的安排,在法律属性上可以认定为合作双方就将来发生的融资行为预先作出的由恒天晟公司提供担保的意向性约定。但该意向的落实,尚需具体融资事项发生后由具体融资方与恒天晟公司另行签订符合担保合同成立要件的合同。即只有在担保合同成立后才可能产生恒天晟公司的担保法律责任。故葛洲坝房地产公司在没有证据证明其与恒天晟公司对涉案债权签订有担保合同的情况下,仅依据上述《合作开发协议》的约定主张恒天晟公司与其之间存在担保法律关系,缺乏事实和法律依据。

综上,葛洲坝房地产公司关于恒天晟公司应当对葛洲坝房地产公司与葛洲坝实业公司之间的涉案借款债务承担连带保证责任的主张,本院不予支持。

【案例来源】

中国裁判文书网,http://wenshu. court. gov. cn。

513 在保证人已为主债务承担保证的基础上，对保证债务的履行向债权人承担保证责任，此种保证属于再保证

【关键词】

｜保证责任｜再保证｜

【案件名称】

交通银行股份有限公司贵州省分行与贵州金池宏业贸易有限公司等金融借款合同纠纷案［最高人民法院(2017)最高法民再279号民事判决书，2017.12.27］

【裁判精要】

最高人民法院认为：

关于案涉200万元的扣划是否应从850万元中扣减，本院认为，首先，2013年9月26日《担保合作协议书》第二条明确约定，银源公司对发生的每一笔担保业务都应将不低于担保债权总额20%的资金存入保证金专户，依该约定的文义，每一笔保证金的缴存与所发生的每一笔担保业务存在一定的对应关系。当案涉保证金被存入约定的保证金专户时，存入保证金专户的保证金具有被特定化的特征；其次，《担保合作协议书》第九条第二款所使用的表述是，在约定的相关条件成就时，交通银行无需银源公司授权，有权从银源公司在交通银行开立的任一账户中立即扣划资金用于清偿，并非交通银行有权扣划银源公司保证金用于归还任一先到期债务的约定。因依约定银源公司系针对所发生的每一笔担保业务存入保证金，在交通银行与银源公司对此并无更明确的约定，且无其他相反证据予以证明的情况下，一、二审法院将交通银行2014年12月扣划的200万元认定为用于偿还案涉担保债务并从案涉850万元借款本金中予以扣减，并无不当。

关于银源公司股东冯毅、石静是否应对案涉借款承担责任，本院注意到如下事实：首先，2013年6月28日银源公司提交给交通银行的《授权书》明确载明，银源公司委托其法定代表人、总经理冯毅与交通银行就担保合作业务签署的各种合同，均为公司全体股东的真实意思表示，全体股东承担连带责任。银源公司在《授权书》上签章的同时，包括石静和冯毅在内的银源公司的股东也在《授权书》上签字予以确认，担保针对的是与冯毅就担保合作业务所签署的“各种合同”。2013年9月26日银源公司与交通银行签订的《担保合作协议书》第六条明确载明，银源公司股东对案涉贷款担保业务承担连带责任。在其后2013年11月28日的《公证书》中，石静和冯毅作为申请办理公证事项的申请人，在公证员面前确认“自愿为银源公司该贷款担保业务承担无限连带保证责任……全权委托冯毅作为合法代理人……在授权范围内签署一切法律文书、文件等，办理贷款担保业务的全部股东担保手续，直至事宜办完为止”。《授权书》《公证书》上使用的“全体股东”“各种合同”“全部股东担保

手续"等措辞,《担保合作协议书》第六条的约定,均表明石静和冯毅具有提供担保的明确意思表示。其次,从编号为2013C004660821M5B1的《保证合同》第7.3条内容来看,涉及"保证人为自然人的,保证人签字"的条款,其完整表述为"本合同自下列条件全部满足之日起生效:(1)保证人法定代表人(负责人)或授权代表签字(或盖章)并加盖公章;保证人为自然人的,保证人签字",该《保证合同》的签约主体仅有两方,即银源公司和交通银行,不存在自然人系该《保证合同》当事人的情况,第7.3条的内容系合同生效条件的约定,其实质是双方约定合同经双方签字生效。石静和冯毅无证据证明这一条款已经变更了先前《授权书》《公证书》《担保合作协议书》第六条中的相关内容,不能仅凭该生效条款的约定即认定石静和冯毅通过《授权书》《公证书》自愿承担的担保责任被消灭。二审法院对该事实认定和法律适用存在错误,本院予以纠正。

关于石静和冯毅所承担担保责任的类型,本院注意到,在《授权书》上的措辞是,其同意就因担保合作业务签署的各种合同承担连带责任,在《公证书》上的措辞是,为银源公司该贷款担保业务承担无限连带保证责任。本案中银源公司系为案涉主债务提供保证责任,就《授权书》和《公证书》的文义来看,银源公司股东石静和冯毅是对银源公司的保证责任而非案涉主债务承担保证责任,是在银源公司已为主债务承担保证的基础上,对银源公司的保证责任向债权人交通银行承担保证责任,石静和冯毅所承担的保证属于再保证。

本案中,债务人金池公司尚未向债权人交通银行清偿案涉债务,承担连带保证责任的保证人银源公司、智亿公司、林兴锋、杜雪梅依约应对案涉债务向交通银行承担连带清偿责任。银源公司、智亿公司、林兴锋、杜雪梅承担清偿责任后,有权依据《担保法》第三十一条的规定向债务人金池公司追偿。依据《担保法解释》第二十条第二款的规定,承担保证责任的保证人有权要求未承担责任的其他保证人承担相应责任。石静和冯毅并非直接保证主债务的履行,而系担保银源公司保证债务的履行,债权人交通银行无权主张石静和冯毅直接向其承担保证责任。在债权人交通银行主张银源公司承担保证责任而未获清偿的情况下,有权要求再保证人石静和冯毅在银源公司未履行保证责任的范围内承担责任。石静和冯毅承担责任后,有权向保证人银源公司追偿。

【案例来源】

中国裁判文书网,http://wenshu.court.gov.cn。

编者说明

再保证是再担保的一种。所谓再担保,是指为担保人设立的担保。再担保是相对于原担保而言,是担保链条的延续,与再保险相似,是再担保人对原担保人信用的增级或信用损失的弥补,也为维护与实现债权人利益起到保障作用,其基本运作模式是原担保人以缴付再担保费为代价将部分担保风险责任转移给再担保人。再担保作为一种特殊的担保形式，有其特有的设立条件和实践意义。再担保不同于共同担保、重复担保和反担保。再担保人享有主担保人享有的一切抗辩权，同时也享有专属于再担保人的抗辩权。再担保人在承担再担保责任之后享有向债务人和主担保人的追偿权。再担保作为一种特殊的担保方式，其设定一般需要符合以下条件：(1)以主担保存在为前提。再担保的设定必须以主债权之上已设定担保为前提，这是再担保设立的对象条件。(2)再担保人必须是主担保人之外的人。(3)再担保的设立需要当事人明确约定。

514 第三人承担债务的意思表示中有较为明显的保证含义，可以认定为保证；如果没有，则应当从保护债权人利益的立法目的出发，认定为并存的债务承担

【关键词】

|保证|并存的债务承担|

【案件名称】

中国信达资产管理公司石家庄办事处与中国—阿拉伯化肥有限公司及河北省冀州中意玻璃钢厂借款担保合同纠纷案［最高人民法院（2005）民二终字第200号民事判决书，2006.1.18］

【裁判精要】

最高人民法院认为：

本案中，河北中意在省建行出具的《承诺书》中承诺，对归还该笔贷款本息承担连带还款责任，并放弃一切抗辩权，该承诺书与93008号《外汇借款合同》具有同等的法律效力。一审判决基于该承诺书，认定该笔贷款的担保人已经变更为河北中意，省建行和信达石办已经放弃了对中阿公司的担保债权，中阿公司不应再承担本案的担保责任。但是，根据《民法通则》第八十五条与第九十一条的规定，保证合同是当事人之间合意的结果，保证人的变更需要建立在债权人同意的基础上，即使债务人或第三人为债权人另外提供相应的担保，而债权人表示接受担保的，除债权人和保证人之间有消灭保证责任的意思表示外，保证责任并不免除。而本案并无债权人省建行或信达石办同意变更或解除中阿公司保证责任的明确意思表示，因此，一审判决的这一认定显属认定事实不当，适用法律错误，应予纠正。并且，双方当事人均未主张保证人变更，一审法院也未将保证人是否变更列为法庭调查的重点，双方在庭审时均未就此问题进行举证和质证，一审法院以此作为认定案件事实的关键，显属不妥。对于上诉人的该项上诉理由，本院予以支持。

根据该《承诺书》的内容，河北中意愿意承担债务并无疑问，问题的关键在于：河

北中意出具该承诺书的行为是被上诉人中阿公司主张的债务人变更，还是上诉人信达石办主张的增加保证人，抑或是新债务人的加入。《合同法》第八十四条规定："债务人将合同的义务全部或部分转移给第三人的，必须以债权人同意为前提。"在本案中，河北中意表示愿意承担连带还款责任，债权人省建行在接受的同时，并无明确的意思表示同意债务人由冀州中意变更为河北中意，因而河北中意的承诺行为不能构成债务转移，即不能构成债务人的变更。对被上诉人中阿公司以债务转移未经其同意为由拒绝承担保证责任的抗辩理由，本院不予支持。至于河北中意的行为应当定性为上诉人信达石办所主张的保证人增加，还是定性为债务人的增加，本院认为，二者在案件的实质处理上并无不同，只是在性质上有所不同：保证系从合同，保证人是从债务人，是为他人债务负责；并存的债务承担系独立的合同，承担人是主债务人之一，是为自己的债务负责，也是单一债务人增加为二人以上的共同债务人。判断一个行为究竟是保证，还是并存的债务承担，应根据具体情况确定。如承担人承担债务的意思表示中有较为明显的保证含义，可以认定为保证；如果没有，则应当从保护债权人利益的立法目的出发，认定为并存的债务承担。因此本案中，根据承诺书的具体内容以及向河北中意的催收通知中的担保人身份的注明，对河北中意的保证人身份有较为明确的表示与认可，上诉人信达石办主张的此行为系保证人增加的上诉理由，于法有据，本院予以支持。

综上，上诉人信达石办要求被上诉人中阿公司对冀州中意的 182 万美元借款本金和利息承担连带清偿责任的请求合理，本院予以支持。被上诉人中阿公司提出的由于债务转移，省建行和信达石办已经放弃了对中阿公司的担保债权，中阿公司不再承担保证责任的抗辩理由和上诉人主张权利已过诉讼时效的抗辩理由不能成立，本院予以驳回。原判决以"该笔贷款的担保人已经变更为河北中意，省建行和信达石办已经放弃了对中阿公司的担保债权"为由，认定被上诉人中阿公司不承担担保责任，属认定事实不当，适用法律错误，应依法予以纠正。

【案例来源】

《中华人民共和国最高人民法院公报》2006 年第 3 期。

编者说明

债务承担是指第三方介入债权债务关系，为原债务人承担一部分或全部债务的法律行为。债务承担并不改变债的同一性，第三人承受债务或者加入债权债务法律关系中成为债务人。通说认为，债务承担具有无因性。我国《民法通则》第九十一条、《合同法》第八十四条对债务承担进行了规定。以原债务人是否继续承担债务为标准，债务承担划分为免责式债务承担和并存式债务承担，并存式债务承担与免责式债务承担最本质的区别是原债务人是否免除全部或者部分债务。并存的债务承担类似于保证，因原债务仍然存在，又有新的债务人加入进来承担债务，使原债务的履行进一步得到保障，有增强责任财产的功能。在实践中，第三人往往以担保债的履行为目的而加入合同关系，因此，两者易生混淆。

债务承担人加入原债权债务关系为保证债权人债权的实现，但其不同于保证，两者的本质区别在于债务承担人并非从债务人。最高人民法院在本判决中明确肯定地提出了两者的判断标准："判断一个行为究竟是保证，还是并存的债务承担，应根据具体情况确定。如承担人承担债务的意思表示中有较为明显的保证含义，可以认定为保证；如果没有，则应当从保护债权人利益的立法目的出发，认定为并存的债务承担。"

515 基于何种目的负担回购义务、是否具有实际利益、是否享有求偿权及求偿范围如何均不清晰，不应认定成立保证担保

【关键词】

| 承诺函 | 保证担保 |

【案件名称】

中国城市建设控股集团有限公司与安信信托股份有限公司营业信托纠纷案［最高人民法院（2018）最高法民终867号民事判决书，2018. 11. 13］

【裁判精要】

最高人民法院认为：

（一）关于《承诺函》的性质应如何认定的问题

中城建公司上诉称，《承诺函》系一般保证法律关系，即使构成单方允诺的民事法律行为，其亦仅应在《承诺函》约定的基础上承担责任。

安信公司辩称，《承诺函》系中城建公司向安信公司出具的设定义务的法律文书，双方之间据此形成收益权收购法律关系。

本院认为，《承诺函》系中城建公司的单方允诺，该承诺经安信公司接受，双方达成合意，中城建公司就河南中城建公司向安信公司支付案涉回购总价款的义务，构成债务加入，理由如下：

首先，安信公司与河南中城建公司签订的《转让及回购合同》，合法有效。依据该合同4.2.1条的约定，河南中城建公司负有向安信公司支付股权收益权回购价款及回购溢价款的义务。

其次，《转让及回购合同》签订同日，中城建公司向安信公司出具《承诺函》，约定为保障安信公司实现《转让及回购合同》项下全部股权收益权回购价款及回购溢价款，如河南中城建公司不回购安信公司的股权收益权，则由中城建公司回购。从该约定中可知，中城建公司在河南中城建公司未付款或者安信公司按照约定未获得回购总价款时，即负有回购义务，并不以强制执行河南中城建公司无效果为前提。即，中城建公司不享有先诉抗辩权，其在责任承担上不具有顺位性。故中城建公司关于其与安信公司之间成立一般保证法律关系的上诉主张，不能成立。

最后,《担保法》第六条规定,“本法所称保证,是指保证人和债权人约定,当债务人不履行债务时,保证人按照约定履行债务或者承担责任的行为”。根据该条规定,保证尤其是连带保证责任,在以担保原债务人的债务为目的这一点上,与债务加入(即并存的债务承担),性质相同。尤其在债权人与承担人达成合意、成立债务加入的情形下,两者更难区分。但实践中,仍有区分的必要和标准,如,债务加入下承担人的债务,是与原债务并立的自己债务;而保证债务则为保证他人的债务,是附属于主债务的债务。再如,承担人在承担后对债权人有清偿或者其他免责行为时,对于原债务人有无求偿权及其求偿范围,依据承担人与债务人之间内部法律关系而确定;而《担保法》第三十一条规定,保证人承担保证责任后,有权向债务人追偿。故,在当事人意思表示不明时,应斟酌具体情事综合判断,如主要为原债务人的利益而为承担行为的,可以认定为保证,承担人有直接和实际的利益时,可以认定为债务加入。本案中,鉴于中城建公司基于何种目的负担回购义务、是否具有实际利益,其是否向河南中城建公司享有求偿权及求偿范围如何,均不甚清晰,难以径直认定成立连带责任保证。综上,综合判断《承诺函》的出具过程及约定内容,认定中城建公司构成债务加入更为适宜。

【案例来源】

中国裁判文书网,http://wenshu.court.gov.cn。

四、融资性担保

516 融资性担保公司在不违反国家有关规定的情形下，可根据担保项目的风险程度与被担保人自主协商确定收取担保费

【关键词】

｜融资性担保公司｜担保费｜

【案件名称】

河南巨世电源科技有限公司、信阳豫霆房地产开发有限公司等与河南诺德投资担保股份有限公司追偿权纠纷案［最高人民法院（2017）最高法民终861号民事判决书，2018.5.31］

【裁判精要】

最高人民法院认为：

二、关于原审判决适用法律是否正确的问题

巨世公司等七上诉人主张诺德公司的行为违反了《公司法》第十二条、《融资性担保公司管理暂行办法》第二十一条等规定，且根据《国务院办公厅转发发展改革委等部门关于加强中小企业信用担保体系建设意见的通知》，诺德公司与巨世公司签订的《委托担保协议书》约定的担保费率明显高于国家规定标准，没有经过河南省融资机构监管部门的同意，原审判决支持诺德公司违法违规收取高额担保费错误。第一，诺德公司作为融资性担保公司，其经营范围为贷款担保、票据承兑担保、贸易融资担保、项目融资担保、信用证担保等。诺德公司与巨世公司签订《委托担保协议书》，为巨世公司对外借款提供担保并收取担保费用，系其正常开展经营范围之内的业务，并未违反《公司法》第十二条之规定。案涉借款的出借人为王某某、戚某某而非诺德公司，诺德公司未从事《融资性担保公司管理暂行办法》第二十一条规定的“发放贷款”或“受托发放贷款”的行为，不存在企业借贷之情形。第二，《国务院办公厅转发发展改革委等部门关于加强中小企业信用担保体系建设意见的通知》虽然对担保费率作出限制性规定，但是2010年3月8日由中国银行业监督管理委员会、国家发展和改革委员会、工业和信息化部、财政部、商务部、中国人民银行、国家工商行政管理总局发布的《融资性担保公司管理暂行办法》第二十六条规定“融资性担保公司收取的担保费，可根据担保项目的风险程度，由融资性担保公司与被担保人自主协商确定，但不得违反国家有关规定”，该规定应当优先适用。另国务院于2015

年 11 月 27 日发布的《国务院关于宣布失效一批国务院文件的决定》(国发〔2015〕68 号),决定对与现行法律法规不一致、已被新规定涵盖或替代、调整对象已消失、工作任务已完成或者适用期已过的 489 件国务院文件宣布失效,其中附件 297 即《国务院办公厅转发发展改革委等部门关于加强中小企业信用担保体系建设意见的通知》(国办发〔2006〕90 号)。综合上述情形,一审法院基于巨世公司与诺德公司签订的《委托担保协议书》的约定,判决由巨世公司给付诺德公司双方自主协商确定的担保费用,符合法律规定。豫霆公司、长信公司、河南欧凯公司、信阳欧凯公司、金瑞章、金莉也应当按照《法人保证反担保合同》及《个人保证反担保承诺函》的约定,对于担保费用及逾期违约金承担连带责任保证。

【案例来源】

中国裁判文书网,http://wenshu. court. gov. cn。

517 《融资性担保公司管理暂行办法》对担保公司单笔担保业务所作的管理性规定,不属于效力性强制性规定

【关键词】

| 融资性担保公司 | 管理性规定 |

【案件名称】

西宁银通小额贷款股份有限公司与德令哈市信达担保有限公司、德令哈中德矿业开发有限公司等企业借贷纠纷案 [最高人民法院(2015)民二终字第 239 号民事判决书, 2015. 11. 4]

【裁判精要】

最高人民法院认为:

本案二审双方的争议焦点是信达担保公司为案涉借款提供保证担保是否是其真实意思表示以及应否承担保证责任。

根据已查明的事实和一审判决,中德矿业公司依法应向银通小额贷款公司偿还案涉借款本金 1500 万元及利息(自 2013 年 5 月 22 日起至实际清偿时止,按月利率 20‰计息),并向银通小额贷款公司支付本案一审律师代理费 277925 元。中德矿业公司对一审判决所确定的上述债务没有提出上诉,本院对上述债务金额予以确认。

关于信达担保公司为上述债务提供保证担保是否是其真实意思表示以及应否承担保证责任问题。信达担保公司认可案涉《保证合同》《信达担保核保书》《股东/董事会决议》《同意放款通知书》上加盖的信达担保公司公章均为其真实公章。上述证据的证明内容为,信达担保公司为银通小额贷款公司与中德矿业公司签订的

《借款合同》项下的中德矿业公司债务提供连带保证担保。担保范围包括主合同项下的债务本金、利息、逾期利息及实现债权费用等。对于上述证明内容,信达担保公司抗辩称,《保证合同》等的签订时间早于《借款合同》签订日近四个月,上述证据系银通小额贷款公司自行填写信达担保公司预留在银通小额贷款公司处的加盖有印章的空白文书而形成,信达担保公司没有为中德矿业公司案涉债务提供保证担保的意思表示。经查,《保证合同》《信达担保核保书》《股东/董事会决议》等三份文件的形成时间虽为2012年9月20日,早于银通小额贷款公司与中德矿业公司2013年1月10日订立的《借款合同》,但均加盖有信达担保公司的真实公章,且《保证合同》上还有用信达担保公司公章加盖的骑缝章。信达担保公司并未能提交证据证明上述抗辩主张,且该抗辩主张与一般交易惯例不符,加之信达担保公司向银通小额贷款公司出具的《同意放款通知书》时间与案涉《借款合同》签订日相同,在案证据足以认定信达担保公司为案涉借款提供保证担保系其真实意思表示。故信达担保公司的有关证据系伪造、案涉保证系欺诈的上诉主张缺乏事实依据,依法不能成立。一审法院在一审期间已对有关证据进行了充分质证和认证,认定事实清楚,审判程序合法,本院对信达担保公司的有关上诉请求依法不予支持。

关于信达担保公司所提案涉保证数额违反了《融资性担保公司管理暂行办法》第二十七条的规定而应认定无效的上诉主张,本院认为,上述规定仅是担保公司监管部门对单笔担保业务所作的管理性规定,不属于《合同法解释(二)》第十四条所规定的能够否定合同效力的法律、行政法规的效力性强制性规定。据此,信达担保公司与银通小额贷款公司所签订的《保证合同》真实有效。对于信达担保公司前述上诉主张,本院依法予以驳回。因中德矿业公司未能如约向银通小额贷款公司清偿案涉债务,信达担保公司应对案涉《借款合同》项下的中德矿业公司所负债务向银通小额贷款公司承担保证担保责任。

【案例来源】

中国裁判文书网,http://wenshu. court. gov. cn。

编者说明

《融资性担保公司管理暂行办法》是为加强对融资性担保公司的监督管理,规范融资性担保行为,促进融资性担保行业健康发展,依据《公司法》《担保法》《合同法》等法律规定,由中国银行业监督管理委员会、国家发展和改革委员会、工业和信息化部、财政部、商务部、中国人民银行、国家工商行政管理总局制定的,经国务院批准,于2010年3月8日公布,自公布之日起施行。该办法第二条规定:“本办法所称融资性担保是指担保人与银行业金融机构等债权人约定,当被担保人不履行对债权人负有的融资性债务时,由担保人依法承担合同约定的担保责任的行为。本办法所称融资性担保公司是指依法设立,经营融资性担保业务的有限责任公司和股份有限公司。”融资性担保业经营的是信用、管理的是风险、承担的是责任。融资性担保作为一种经济活动,体现的是一种增信和财务杠杆的作用,具有金融和中介两重属性，是一个高杠杆率、高风险的行业，其核心竞争力直接取决于担保机构自身的资本实力和风险管控能力。因此该办法第二十六条规定："融资性担保公司收取的担保费，可根据担保项目的风险程度，由融资性担保公司与被担保人自主协商确定，但不得违反国家有关规定。"国务院《融资担保公司监督管理条例》(2017 年 10 月 1 日，国务院第 683 号令)实施后，《融资性担保公司管理暂行办法》应不再适用。该条例第二条亦规定："本条例所称融资担保，是指担保人为被担保人借款、发行债券等债务融资提供担保的行为；所称融资担保公司，是指依法设立、经营融资担保业务的有限责任公司或者股份有限公司。"该条例第十九条规定："融资担保费率由融资担保公司与被担保人协商确定。纳入政府推动建立的融资担保风险分担机制的融资担保公司，应当按照国家有关规定降低对小微企业和农业、农村、农民的融资担保费率。"

关于融资性担保公司对单个被担保人提供的融资性担保责任余额，《融资性担保公司管理暂行办法》第二十七条规定："融资性担保公司对单个被担保人提供的融资性担保责任余额不得超过净资产的 10%，对单个被担保人及其关联方提供的融资性担保责任余额不得超过净资产的 15%，对单个被担保人债券发行提供的担保责任余额不得超过净资产的 30%。"国务院《融资担保公司监督管理条例》第十六条规定："融资担保公司对同一被担保人的担保责任余额与融资担保公司净资产的比例不得超过 10%，对同一被担保人及其关联方的担保责任余额与融资担保公司净资产的比例不得超过 15%。"该条例第四十条规定，违反上述担保责任余额规定的，由监督管理部门责令限期改正；逾期不改正的，处 10 万元以上 50 万元以下的罚款，有违法所得的，没收违法所得，并可以责令停业整顿，情节严重的，吊销其融资担保业务经营许可证。未对其担保效力作出无效认定的规定，其他法律与行政法规也未明确，故仍应以管理性强制性规范对待。

五、独立担保

518 独立担保的效力认定与适用范围

【关键词】

| 独立担保 | 适用范围 |

【案件名称Ⅰ】

湖南洞庭水殖股份有限公司与中国光大银行长沙华顺支行、湖南嘉瑞新材料集团股份有限公司、长沙新振升集团有限公司借款担保合同纠纷案［最高人民法院（2007）民二终字第117号民事判决书，2007.12.26］

【裁判精要】

最高人民法院认为：

约定"本合同的效力独立于主合同，不因主合同的无效而无效"，根据《担保法》第五条之规定，上述条款明显属于独立担保条款。最高人民法院的审判实务已明确表明：考虑到独立担保责任的异常严厉性，以及使用该制度可能产生欺诈和滥用权利的弊端，尤其是为了避免严重影响或动摇我国担保法律制度体系的基础，独立担保只能在国际商事交易中使用，不能在国内市场交易中运用。

但应当看到，本院否定独立担保在国内交易市场中的运用之目的，在于维护《担保法》第五条第一款所规定的我国担保制度的从属性规则，因此，不能在否定担保的独立性的同时，也否定了担保的从属性。

【案例来源】

最高人民法院民事审判第二庭编：《最高人民法院商事审判指导案例 · 借款担保卷》（上），中国法制出版社2011年版，第441～450页。

【案件名称Ⅱ】

湖南机械进出口公司、海南国际租赁公司与宁波东方投资公司代理进口合同纠纷案［最高人民法院（1998）经终字第184号民事判决书，1999.12.31］

【裁判精要】

最高人民法院认为：

海南公司的担保合同中虽然有"本担保函不因委托人的原因导致代理进口协议

书无效而失去担保责任”的约定,但在国内民事活动中不应采取此种独立担保方式,因此该约定无效,对此应当按照《担保法》第五条第一款的规定,认定该担保合同因主合同无效而无效。虽然海南公司对本案的损失并无直接过错,但其提供的担保函却为东方公司对外开证付款起到了一定的作用,因此应当承担相应的赔偿责任,该责任应为湖南公司不能偿还欠款部分的50%,并据此于1999年12月31日对案件作出了改判。

【案例来源】

最高人民法院民事审判第二庭编:《中华人民共和国最高人民法院判案大系》(民商事卷-1998年卷),人民法院出版社2003年版,第431~435页。

编者说明

关于独立担保效力的认定和适用范围问题,最高人民法院的司法实践做法是:第一,独立担保只能在国际商事交易中使用,独立人保在国内不能使用,禁止当事人通过合同约定独立物保。第二,如果当事人在国内市场中约定了独立担保,则应以主合同效力状况为标准,区分两种情形而分别处理:一是在主债权合同无效的场合,应依法认定独立担保合同无效,判令担保人承担相应的缔约过失责任;二是在主债权合同有效的场合,应否定担保合同的独立性效力,并将其转换为有效的从属性担保合同。也就是说,在国内经济活动中,若当事人约定独立保证时,应认定独立保证无效,并将其转换为有效的从属性连带保证;若约定独立的担保物权,应认定独立物保无效,并将其转换为有效的从属性担保物权。

《独立保函解释》的规定精神与以往的司法实践有所不同,其第二十三条规定:当事人约定在国内交易中适用独立保函,一方当事人以独立保函不具有涉外因素为由,主张保函独立性的约定无效的,人民法院不予支持。该规定第三条还明确,当事人主张独立保函适用《担保法》关于一般保证或连带保证规定的,人民法院不予支持。因此,独立保函虽然具有担保债权实现的功能,但不属于我国《担保法》规定的法定担保方式,也不适用我国《担保法》关于保证的规定。

《全国法院民商事审判工作会议纪要》(2019年11月8日,法〔2019〕254号)第五十四条明确,从属性是担保的基本属性,但由银行或者非银行金融机构开立的独立保函除外。独立保函纠纷案件依据《独立保函解释》处理。需要进一步明确的是:凡是由银行或者非银行金融机构开立的符合《独立保函解释》第一条、第三条规定情形的保函,无论是用于国际商事交易还是用于国内商事交易,均不影响保函的效力。银行或者非银行金融机构之外的当事人开立的独立保函,以及当事人有关排除担保从属性的约定,应当认定无效。但是,根据“无效法律行为的转换”原理,在否定其独立担保效力的同时,应当将其认定为从属性担保。此时,如果主合同有效,则担保合同有效,担保人与主债务人承担连带保证责任。主合同无效,则该所谓的独立担保也随之无效,担保人无过错的,不承担责任;担保人有过错的,其承担民事责任的部分,不应超过债务人不能清偿部分的三分之一。

六、对外担保

519 对外担保合同未按规定在行政管理机关办理批准登记手续的，应当认定无效

【关键词】

| 对外担保 | 批准登记 | 合同效力 |

【案件名称Ⅰ】

C. G. 投资有限公司与黄金宣、越信隆财务有限公司、广州珠××侨大酒店有限责任公司借款担保合同纠纷案［最高人民法院（2011）民提字第 341 号民事判决书，2012. 9. 25］

【裁判精要】

最高人民法院认为：

一、关于《保证书》的效力

在《保证书》中，富丽华大酒店保证将其收益首先用于清还 CG 公司的借款，这是向越信隆公司提供外汇担保。在《合同法》实施前，按照当时施行的、中国人民银行发布的《境内机构提供外汇担保的暂行管理办法》第五条的规定，未经国家外汇管理部门批准，不得为驻外企业提供外汇担保，不得为外国机构和外资企业提供外汇担保。富丽华大酒店向越信隆公司出具外汇担保而未经外汇管理机构的批准，违反了国家的强制性规定，原审判决认定《保证书》无效是正确的。在《合同法》实施后，当时施行的、1997 年修正的《外汇管理条例》第二十四条亦规定："提供对外担保，只能由符合国家规定条件的金融机构和企业办理，并须经外汇管理机关批准。"因此，无论在《合同法》实施前还是实施后，认定本案中的《保证书》无效都是有法律法规依据的，申请再审人认为原判决认定《保证书》无效没有法律依据是错误的。

【案例来源】

中国裁判文书网，http://wenshu. court. gov. cn。

【案件名称Ⅱ】

中银香港公司诉宏业公司等担保合同纠纷案［最高人民法院（2002）民四终字第 6 号民事判决书，2004. 7. 9］

【裁判精要】

裁判摘要：涉外合同的当事人选择解决合同争议所适用的法律，规避了我国的强制性或者禁止性法律规范的，其约定不发生法律效力。

最高人民法院认为：

本案为担保合同纠纷，所涉担保系内地的公司作为担保人，为香港公司的外币借款进行担保，该担保属于对外担保。当事人虽然在担保契约中约定适用香港的法律，但由于香港特别行政区与我国内地分属于不同的法域，根据最高人民法院《民通意见（试行）》第一百九十四条规定所确立的原则，涉外合同当事人选择法律适用时，不得规避我国强制性或者禁止性法律规范。我国内地对于对外担保有强制性的规定，本案担保契约如果适用香港法律，显然规避了上述强制性规定，故本案当事人关于担保契约适用香港法律的约定不发生法律效力，本案纠纷应适用我国内地的法律作为准据法。

宏业公司和新业公司是为香港公司向香港银行的外币借款进行担保，该担保属于对外担保。根据我国内地关于对外担保的有关规定，此类担保应该到外汇管理部门办理有关批准登记手续。而本案宏业公司和新业公司出具的担保契约未办理上述手续，根据《担保法解释》第六条第（一）项的规定，该担保契约应认定无效。原审法院对于本案担保契约效力的认定是正确的。

【案例来源】

《中华人民共和国最高人民法院公报》2005 年第 7 期。

编者说明

认定对外担保的范围，主要依据是中国人民银行发布的《境内机构对外担保管理办法》，国家外汇管理局发布的《境内机构对外担保管理办法实施细则》根据前述管理办法制定，在不违背前述管理办法的前提下，也构成对外担保的认定依据。

人民银行有关规章规定，未经外管局批准或登记的对外担保合同无效。例如，境内机构为外商投资企业注册资本、外商投资企业中的外方投资部分的对外债务提供担保的无效。担保人为境外机构向境内债权人提供担保的，未经外管局批准或登记的，担保合同无效。无权经营外汇担保业务的金融机构、无外汇收入的非金融性质的企业法人提供外汇担保的，担保合同无效。主合同变更或者债权人将对外担保合同项下的权利转让，未经担保人同意和外管局批准的，担保人免责。

上述人民银行规定在性质上属于部门规章，不能作为人民法院认定合同无效的依据，而司法解释可以在判决中引用，是人民法院审理案件的依据，因此，通过《担保法解释》的吸收，部门规章的内容成为人民法院裁判的依据。我国《民法通则》第七条规定："民事活动应当尊重社会公德，不得损害社会公共利益，扰乱社会经济秩序。"该条内容一般称为公序良俗原则。我国长期以来实行外汇、外债管制,对外担保是产生外债的途径之一,中国人民银行和国家外汇管理局关于对外担保的管理性规定不仅公开且长期稳定,已经构成我国社会经济秩序的一部分,部门规章所体现并维护的利益,也构成了社会公共利益的一部分。《担保法解释》吸收对外担保方面的规定,既可以认为是吸收了部门规章的内容,也可以认为是为了维护社会经济秩序和保护社会公共利益而作出的与部门规章内容一致的规定,反映了民事活动遵循公序良俗这一民法基本原则的需要。①

2008 年 8 月 5 日公布的修订后的《外汇管理条例》第十九条明确规定:"提供对外担保,应当向外汇管理机关提出申请,由外汇管理机关根据申请人的资产负债等情况作出批准或者不批准的决定;国家规定其经营范围需经有关主管部门批准的,应当在向外汇管理机关提出申请前办理批准手续。申请人签订对外担保合同后,应当到外汇管理机关办理对外担保登记。""经国务院批准为使用外国政府或者国际金融组织贷款进行转贷提供对外担保的,不适用前款规定。"因此目前的法律适用依据应当是《外汇管理条例》及《担保法解释》,不再有法律适用上的障碍。

520 外商独资企业作为担保人提供对外担保的,应在外汇管理机关登记,未登记的应认定无效

【关键词】

|外商独资企业|对外担保|登记|

【案件名称】

香港上海汇丰银行有限公司上海分行与景轩大酒店(深圳)有限公司、万轩置业有限公司金融借款合同纠纷案[最高人民法院(2010)民四终字第 12 号民事判决书,2011. 11. 29]

【裁判精要】

裁判摘要:《担保法解释》第六条第(一)项明确规定,未经国家有关主管部门批准或者登记对外担保的,对外担保合同无效。根据《对外担保管理办法》的有关规定,外商独资企业提供的对外担保虽然不需要逐笔审批,但仍然需要进行登记,故在审理涉及外商独资企业作为担保人提供的对外担保合同纠纷时,仍应对其提供的对外担保是否在外汇管理机关登记进行审查,未登记的应认定无效。

最高人民法院认为:

本案所涉担保是景轩公司为万轩置业向汇丰上海分行的借款提供抵押担保,该担保属于《对外担保管理办法》第二条规定的对外担保。由于景轩公司系外商独资

① 参见曹士兵:《中国担保制度与担保方法》(第三版),中国法制出版社 2015 年版,第 68~69 页。

企业，根据国家外汇管理局颁布的《对外担保实施细则》第八条第二款规定，外商独资企业可以自行提供对外担保，无须得到外汇局逐笔批准。但《对外担保管理办法》第十四条第一款明确规定："担保人提供对外担保后，应当到所在地的外汇局办理担保登记手续。"《担保法解释》第六条第（一）项明确规定，未经国家有关主管部门批准或者登记对外担保的，对外担保合同无效。按照上述规定，外商独资企业提供的对外担保虽然不需要逐笔审批，但仍然需要进行登记。未登记的，根据《担保法解释》的相关规定，担保合同仍应认定无效。故上海高院关于"对外担保合同是以批准为生效前提的，而是否办理登记不影响对外担保合同的效力"的观点缺乏法律依据。

本案抵押担保合同系当事人真实意思表示，相关抵押物在深圳市规划国土局福田分局办理了抵押登记，根据《对外担保实施细则》第八条第二款的规定，景轩公司作为外商独资企业可以自行提供对外担保，无须得到外汇局逐笔批准。根据本院查明的事实，景轩公司亦就该对外担保合同在国家外汇管理局深圳市分局补办了登记手续。由于汇丰银行改制，原汇丰深圳分行的授信及担保业务转至上海汇丰银行，对外担保登记表中抵押权人一栏明确写明为"香港上海汇丰银行有限公司上海分行（原上海汇丰银行有限公司深圳分行）"。上述事实充分表明景轩公司对于债权人变更为汇丰上海分行是明知并同意的。本案抵押担保合同不存在依法应认定无效的情形，上海高院关于案涉抵押担保合同合法有效的结论是正确的。同时，上海高院关于"景轩公司在贷款代偿催收函回函上的确认应视为对抵押担保责任范围的确认。故景轩公司在本案中应承担的抵押担保范围包括主债权及利息、违约金（即违约利息）和实现抵押权的费用，即万轩置业所欠的贷款本金港币 118354000 元及相应利息和上述律师费损失"的意见亦是正确的，根据《担保法》的相关规定，景轩公司应当对万轩置业所欠主债务承担抵押担保责任。景轩公司关于本案对外担保无效的上诉理由不能成立。

【案例来源】

《中华人民共和国最高人民法院公报》2014 年第 6 期。

521 主管部门越权审批或原批文失效后进行的对外担保无效

【关键词】

| 对外担保 | 越权审批 | 担保无效 |

【案件名称】

深圳南油与东亚银行、宝生银行、中国国际财务公司及上海纪盛房产公司借款合同、担保纠纷案［最高人民法院（2002）民四终字第 26 号民事判决书，2003. 11. 22］

【裁判精要】

最高人民法院认为：

关于本案所涉《担保协议》的效力问题。上诉人南油公司认为《担保协议》应认定无效，其理由为：(1)按照《对外担保实施细则》第十一条即“外汇局批准担保人提供对外担保后，担保人6个月内仍未出具对外担保的，外汇局的批准文件自动失效。如需继续担保，担保人须另行报批”的规定，深圳外管局在超过批复时间6个月后于1998年8月5日所作外汇担保登记缺乏法定依据。(2)根据上述实施细则第八条第一款第(二)项即“担保人(不含外商独资企业)为外商投资企业提供1年期以上(不含1年)的对外担保和为境外机构提供的对外担保，由担保人报经其所在地的省、自治区、直辖市分局初审后，由该分局报国家外汇管理局审批”的规定，深圳外管局为本案担保所作登记超出了其权限，亦应认定无效。本院认为，本案《担保协议》虽然对担保期限约定为一年，然而深圳外管局对本案所涉对外担保进行登记时却将担保期限登记为三年，按照《对外担保实施细则》的有关规定，对于对外担保期限为三年的，应由国家外汇管理局直接审批，深圳外管局无权审批。虽然可以认定外汇局在批复失效后对对外担保进行登记的行为有效，但深圳外管局并没有权力对为外商投资企业提供的超过一年期(不含一年)的对外担保进行审批。因此，本案所涉《担保协议》并没有按照《对外担保实施细则》的规定经过国家外汇管理局的审批。根据《担保法解释》第六条第(一)项之规定，“未经国家有关主管部门批准或者登记对外担保的”本案《担保协议》应认定无效。对外担保的登记手续虽由担保人南油公司办理，但三债权人作为金融机构，应当知晓内地实行的对外担保登记制度的各项规定。因此，《担保协议》的无效，债权人和担保人均有过错。根据《担保法解释》第七条即“主合同有效而担保合同无效，债权人、担保人有过错的，担保人承担民事责任的部分，不应超过债务人不能清偿部分的二分之一”的规定，上诉人南油公司应对三债权人行使抵押权后不能清偿的部分在3000万美元范围内承担50%的赔偿责任。上诉人南油公司关于《担保协议》无效的上诉理由成立，本院予以支持。原审判决对于《担保协议》效力的认定是错误的，应予纠正。

南油公司同时上诉认为，《贷款协议》已经终止，本案所涉债务是一个新的法律关系，《担保协议》因主合同的终止而自然失效，南油公司无须承担担保责任。《贷款协议》最终履行时，确实因友联银行的退出而导致了贷款额度以及放贷时间的变更，但这是借贷双方一致同意进行变更的结果，并不能因此认为《贷款协议》已经解除。纪盛公司因此办理的亦是外债变更登记，而非新的外债登记手续。南油公司在《担保协议》中已明确表示放弃对《贷款协议》所有变更事项的抗辩。因此，对于友联银行的退出从而主合同的变更无须征得担保人南油公司的同意，南油公司亦无权提出异议。南油公司上述上诉理由没有事实依据，本院不予支持。

本案所涉《担保协议》因缺乏法定手续而应认定无效，但担保人南油公司在《担保协议》中承诺的担保范围却是明确清楚的,即在债权人行使抵押权后,对于仍不能受偿的部分,由担保人在3000万美元的范围内承担责任,而非南油公司上诉所称3000万美元范围内扣除抵押物相应价值后的剩余部分。因此,南油公司关于担保范围的上诉理由亦没有事实依据,本院亦不予支持。

【案例来源】

汇法网裁判文书,http://www.lawxp.com。

编者说明

《担保法解释》规定未经国家有关部门批准或者登记的对外担保无效,但未明确主管部门越权审批或原批文失效后进行登记的对外担保的效力。就相关问题,国家外汇管理局在给最高人民法院的答复函中指出:一是担保人(不含外商投资企业)为外商投资企业提供一年期以上(不含1年的)对外担保和为境外机构提供对外担保的,担保人所在地的国家外汇管理分局未经国家外汇管理局批准,直接进行审批的,属于越权审批行为;二是外汇局批准担保人提供担保,担保人6个月内未出具对外担保,外汇局的批准文件自动失效后,如外汇局未再次对对外担保进行审批就予以登记的,外汇局的登记行为应视为对外担保的再次审查,登记应予生效。但本案判决中,最高人民法院的观点为:主管部门越权审批的对外担保以及在原批复文件失效后进行登记,担保无效。显然,并未采纳国家外汇管理局的第二项意见。

此外,《国家外汇管理局关于转发和执行〈最高人民法院关于适用《中华人民共和国担保法》若干问题的解释〉的通知》中明确:根据《担保法解释》规定,违规对外担保合同为无效合同。违规对外担保合同包括实质性违规和程序性违规。实质性违规指担保人的对外担保行为应当经外汇局批准,但担保人在签订担保合同前未经批准的。程序性违规指担保人的担保行为已经外汇局批准或无须批准,但在提供对外担保后,未按规定到外汇局办理对外担保登记手续的对外担保合同。①

522 对外担保合同因未经审批被确认无效后,各方当事人应根据过错承担责任

【关键词】

| 对外担保 | 审批 | 过错责任 |

【案件名称Ⅰ】

广晟投资发展有限公司、北京北大青鸟有限责任公司与中国恒基伟业集团有限公司、香港青鸟科技发展有限公司借款及担保合同纠纷案[最高人民法院

① 参见王耀明:《银行法律实务报告》,法律出版社2006年版,第211~212页。

（2012）民四终字第27号民事判决书，2013. 11. 8］

【裁判精要】

最高人民法院认为：

一、关于《可转换债发行协议》以及《担保函》的效力问题

关于《可转换债发行协议》的效力。从《可转换债发行协议》的内容看，实质上包括两个合同关系：一是广晟公司与恒基公司之间因发行可转换债而形成的主合同关系，二是香港青鸟公司为担保主债务的履行而向广晟公司提供担保，从而在二者间形成的担保合同关系。就《可转换债发行协议》中的主合同效力而言，广晟公司、香港青鸟公司在原一审时曾向法庭提供香港特别行政区律师出具的《法律意见书》，均认可在香港特别行政区发行可转换债不需要香港金融机构的审批。在本院二审过程中，双方均明确表示坚持原一审的该项意见。本案主合同纠纷的审理应适用香港法律，北大青鸟公司以本案应适用内地法为前提，以“公司发行可转换债必须经国家证券监督管理部门审批，禁止公司私自以协议方式发行”为由，认为《可转换债发行协议》无效的理由不能成立。依据香港《放债人条例》的规定，从事借贷业务的出借人原则上应在主管部门取得相应的牌照后方能从事贷款行为，否则，其与借款人签订的借贷协议是无效或不能被执行的。但《放债人条例》附表一第二部分“豁免管制之贷款”第5条之规定，“根据公司条例注册之公司或任何商号或人士，其基本或主要业务并不涉及贷款者，在日常业务中提供之贷款”，属于“豁免管制之贷款”。广晟公司的基本或主要业务不涉及贷款，其在日常业务中提供的贷款属于豁免管制之贷款，不存在依香港《放债人条例》应当认定无效的情形。在亦不存在其他应当依法认定无效之因素的情况下，案涉主合同应认定合法有效。《可转换债发行协议》约定广晟公司可以指定付款人，恒基公司亦可以指定收款人，广东广晟公司依广晟公司的指定向恒基公司指定的北京恒基公司付款，系履行《可转换债发行协议》的行为。一审判决仅仅根据案涉款项在广东广晟公司与北京恒基公司这两个内地企业之间流转的事实，就认定《可转换债发行协议》系以合法形式掩盖内地企业借贷的非法目的，进而认定该协议无效，缺乏事实和法律依据。至于《可转换债发行协议》有关担保合同的约定，系香港青鸟公司与广晟公司真实意思的表示，并未违反香港法律的有关规定，亦应认定合法有效。

关于《担保函》的效力。为担保恒基公司履行债务，北大青鸟公司向广晟公司出具了《担保函》。该担保属于对外担保，根据我国法律规定，只有经国家有关主管部门批准或者登记后才能依法生效。北大青鸟公司出具的《担保函》未经过国家有关主管部门批准或登记，根据《担保法解释》第六条的规定，该对外担保无效，一审判决认定《担保函》无效是正确的。

二、关于恒基公司及香港青鸟公司、北大青鸟公司的责任承担问题

关于恒基公司的责任。基于《可转换债发行协议》合法有效，一审判决基于《可

转换债发行协议》无效而做的处理应予纠正。在广晟公司根据合同的约定已向恒基公司履行了付款义务的情况下,恒基公司应根据约定向广晟公司返还借款本金1亿元及资金占用期间的利息。恒基公司2003年1月22日收到借款本金1亿元,其应从2003年1月23日起根据《可转换债发行协议》约定的年利率8.50%还本付息,直至付清本息为止。恒基公司已陆续向广晟公司支付了部分利息,合计折算24056175.30元。根据《可转换债发行协议》第二条有关"可转换债年利率为8.5%,不计复利,按月付息"的约定,该部分款项抵扣的是利息而非本金,应从恒基公司应还的利息总额中扣除。一审判决以《可转换债发行协议》系无效合同为由,将所支付的利息冲抵本金显属不当,应予纠正。

关于香港青鸟公司的责任。在《可转换债发行协议》认定有效的情况下,香港青鸟公司作为恒基公司的担保人,根据约定应就恒基公司的上述债务向广晟公司承担担保责任。

关于北大青鸟公司的责任。《担保函》系北大青鸟公司单方出具,未经国家有关主管部门批准或登记,应认定无效,北大青鸟公司对担保函无效具有过错。在北大青鸟公司担保手续不完善的情况下,广晟公司并未督促担保人予以补正,对本案所涉担保函因缺乏法定批准或登记手续而导致无效,也存在过错。根据《担保法解释》第七条的规定,主合同有效而担保合同无效,债权人、担保人有过错的,担保人承担民事责任的部分,不应超过债务人不能清偿部分的二分之一。据此,北大青鸟应就恒基公司不能清偿部分债务的二分之一向广晟公司承担赔偿责任。北大青鸟公司有关其不应承担责任的上诉理由缺乏事实与法律依据,其请求应予驳回。一审判决根据《担保法解释》第八条的规定,判令北大青鸟公司就恒基公司不能清偿部分债务的三分之一向广晟公司承担赔偿责任,属适用法律错误,应予纠正。

【案例来源】

中国裁判文书网,http://wenshu.court.gov.cn。

【案件名称Ⅱ】

汕头海洋(集团)公司、李国俊与中国银行(香港)有限公司担保合同纠纷案[最高人民法院(2011)民四终字第17号民事判决书,2012.1.17]

【裁判精要】

最高人民法院认为:

根据《外汇管理条例》第二十四条的规定,本案所涉三份担保合同均应当报经国家外汇管理部门批准,而该三份担保合同虽然履行了报批手续,但最终并未获得国家外汇管理局的批准。因此,应当认定该三份担保合同无效。对于本案所涉担保合同无效,双方当事人均负有过错,而且过错相当。根据《担保法》第五条第二款的规定,“担保合同被确认无效后,债务人、担保人、债权人有过错的,应当根据其过错各自承担相应的民事责任”。因此,海洋集团、李国俊均应当对其提供担保范围内的SOE集团所欠香港中行的债务中不能清偿部分向香港中行承担相应的损失赔偿责任。

海洋集团、李国俊虽然履行了担保合同的报批义务,并不因此构成规避法律的行为,但本案所涉担保合同系因最终未能获得国家外汇管理局的批准而被认定无效,海洋集团、李国俊系对造成该无效的后果负有过错责任。因此,上诉人海洋集团、李国俊关于其在本案中没有过错、所涉担保合同并非无效的上诉理由不能成立,不应予以支持。原审判决适用内地法律认定本案所涉担保合同均为无效的结论是正确的。

关于上诉人海洋集团、李国俊承保范围的确定。本案中,海洋集团于2000年10月20日向香港中行出具保证函,承诺因贷款人应借款人及保证人的请求为借款人提供放款或给予其他银行信贷便利,海洋集团无条件及不可撤销地保证在贷款人书面要求时,支付及清偿由贷款人现时或将来不时贷予借款人的本金以及包括但不限于放款本金的所有应付利息、手续费和贷款人向借款人收取的各项到期未付费用,以不超过4200万港元为限;保证函中还承诺“保证人依照本保证函承担保证责任的期间从本保证函签署日开始,直至贷款人书面要求保证人清偿到期债务之日计6年止”“本保证函构成保证人承担直接责任而且是一项连续性的保证,有效期直至借款人所欠的一切款项全部偿还给贷款人为止”等。李国俊于同日向香港中行出具的担保书中承诺:一经银行书面要求,即偿还无论现时确定的或者可能存在的、无论现在或之后任何时候发生的或未偿付的主债人SOE集团未向银行清偿的全部债务,包括但不限于主债务人在任何融资授信、交易、事务、保证、合同和/或责任、债务、任何种类的契约和/或在任何单据、汇票、通知、保证和/或赔偿下的应向银行支付的任何和全部到期应付债务、产生或将产生的利息、应向银行支付的佣金、费用及其他费用等,全部金额以不超过4200万港元为限。尽管上述对外担保因未经国家外汇管理机关批准而被认定无效,但从该保证函、担保书的内容分析,海洋集团、李国俊的真实意思是为SOE集团向香港中行2000年10月20日以后的贷款在4200万港元的范围内承担连带保证责任,其并非专门针对2000年9月20日香港中行向SOE集团出具的授信函中明确列举的几类债务而出具的保证函,因此,不论借款人SOE集团实际使用授信协议项下的额度是T/R额度,还是其他授信额度,海洋集团均应以4200万港元为限向香港中行承担相应的赔偿责任。海洋集团关于其至多只应在2000万港元的额度内承担责任以及主合同变更未经其同意应免除其担保责任的上诉理由均不能成立。此外,海洋集团于2001年2月8日向香港中行又出具一份保证函,除以不超过300万美元为限外,其他承诺均与海洋集团于2000年10月20日向香港中行出具保证函相同。因此,海洋集团还应在300万美元的范围内向香港中行承担相应的损失赔偿责任。

关于上诉人海洋集团、李国俊法律责任的划分。香港中行作为债权人，要求债务人提供多项担保，目的就是保证其债权的顺利实现。在担保合同因未经批准而被认定无效的情况下，如果判令多个担保人共同向债权人承担不超过二分之一的赔偿责任，对债权人而言将有失公平。且本案中，海洋集团、李国俊系分别向香港中行出具的担保函，并非在一份担保函上共同签署，海洋集团与李国俊之间并无意思联络，因此，海洋集团与李国俊应当分别向香港中行承担各自的赔偿责任。

香港中行与SOE集团之间的债权债务已经由香港法院作出HCMP2082/2002号令。其中，对于本金4554722.76万美元及其利息、费用部分和本金270万美元及利息部分，海洋集团、李国俊均予承保，只是海洋集团和李国俊承保的限额不同，海洋集团的承保限额为4200万港元和300万美元，而李国俊承保的限额为4200万港元。因此，对由于SOE集团不能清偿上述债务合计为11489462.15美元及其中7254722.76美元的利息（从2006年9月1日起至实际清偿之日止，按香港高等法院HCMP2082/2002号令确定的相应利率标准计算）而给香港中行造成的损失，应当由海洋集团在4200万港元和300万美元的范围内向香港中行承担三分之一的赔偿责任；由李国俊在4200万港元的范围内向香港中行承担三分之一的赔偿责任。原审判决主文第一、二项对海洋集团、李国俊的法律责任作出的处理不当，应予改判。上诉人海洋集团、李国俊关于原审判决将导致香港中行无须对自己的过错承担相应责任而有失公平的上诉理由成立，应予支持。

香港中行与SOE集团之间的授信协议的效力、香港中行与SOE集团之间进口押汇项下的相关单据是否构成物的担保以及香港中行在处理进口押汇项下单据的过程中是否存在放弃物的担保的问题、SOE集团三处房产的抵押问题、香港中行向SOE集团的300万美元贷款是否实际支付等问题，并非本案的审理范围。因此，对上诉人海洋集团、李国俊提出的本案所涉授信协议作为主合同因未满足提供有效担保这一先决条件而应被认定未生效的上诉理由、SOE集团将进口单据项下的货物抵押给香港中行但香港中行在未告知保证人并征得同意的情况下将提单交由SOE集团先行处置货物导致这一物的担保性能实际丧失从而加重了担保人的担保责任并根据《担保法》的相关规定其应予免责的上诉理由、SOE集团抵押给香港中行的三处房产应当属于本案所涉债务的抵押物进而应当免除其相应的担保责任的上诉理由、300万美元贷款不应计算的上诉理由等，均不予支持。

【案例来源】

中国裁判文书网，http://wenshu.court.gov.cn。

【案件名称Ⅲ】

农银财务有限公司与广东三星企业（集团）公司车桥股份有限公司担保合同纠纷案［最高人民法院（2004）民四终字第23号民事判决书，2006.11.28］

【裁判精要】

裁判摘要：根据《担保法解释》的规定，抵押合同被确认无效后，当事人之间责任的承担应当根据其过错程度确认。对于因违反我国法律、行政法规而认定无效的抵押合同，因我国法律、行政法规均对外公开，各方当事人都应当了解我国法律、行政法规的相关规定，故应认定各方当事人对于抵押合同的无效均存在一定的过错。

最高人民法院认为：

《对外担保管理办法》第二条规定，“本办法所称外汇担保系指以自有外汇资金向境外债权人或境内的外资银行、中外合资银行或外资、中外合资非银行金融机构承诺，当债务人未按合同规定偿付外汇债务时，由担保人用外国货币履行偿付义务的保证”。显然，以自有外汇资金作担保是该办法的适用范围。但是，三星车桥公司的抵押担保是针对外汇债务的担保，履行担保责任时必将涉及以外汇偿债的问题。根据《对外担保管理办法》的规定，外汇担保须经外汇管理部门审批、管理和登记。未经审批的外汇担保违反我国外汇管理制度，应认定无效。对此，一审判决认定三星车桥公司出具的《不可撤销担保书》无效是正确的。

本案的抵押担保行为发生在《担保法》施行之后，抵押合同被认定无效后应当适用《担保法》及《担保法解释》的规定来确定当事人各方的责任。

根据《担保法解释》的规定，抵押合同被确认无效后，当事人之间责任的承担应当根据其过错程度来确认。由于我国实行的是外汇管制制度，关于外汇担保的管理办法也是向社会公开的，因此各方当事人都应当知道我国的法律规定。上诉人以批准手续应当由被上诉人办理为由，认为自己没有过错的主张是不成立的。如果仅以批准手续的办理来确定担保合同无效后的责任，则境外债权人就可以不顾我国的外汇管制政策和规定，可以因没有过错而不承担责任，最终将导致虽然抵押担保无效，但是实体处理与有效合同一致的后果。原审法院认为三星车桥公司和农银公司未经内地外汇管理部门批准提供和接受担保，对担保合同的无效均具有过错是正确的。根据《担保法解释》第七条的规定，在主合同有效而担保合同无效的情形下，“债权人和担保人都有过错的，担保人承担民事责任的部分，不应超过债务人不能清偿部分的二分之一”，据此，原审法院判决担保人三星车桥公司应对债务人俊兴公司不能清偿部分的二分之一向债权人农银公司承担赔偿责任并无不当。

【案例来源】

《中华人民共和国最高人民法院公报》2007 年第 2 期。

【案件名称Ⅳ】

中银香港公司诉宏业公司等担保合同纠纷案［最高人民法院（2002）民四终字

第6号民事判决书，2004.7.9]

【裁判精要】

裁判摘要:对外担保合同未按规定在行政管理机关办理批准登记手续的,依法应认定无效。对于造成合同无效,主债权人及担保人均有过错,应各自承担相应的责任。

最高人民法院认为:

宏业公司和新业公司是为香港公司向香港银行的外币借款进行担保,该担保属于对外担保。根据我国内地关于对外担保的有关规定,此类担保应该到外汇管理部门办理有关批准登记手续。而本案宏业公司和新业公司出具的担保契约未办理上述手续,根据《担保法解释》第六条第(一)项的规定,该担保契约应认定无效。原审法院对于本案担保契约效力的认定是正确的。但原审法院认定担保契约无效的责任完全由宏业公司和新业公司承担,属于划分责任不当。对于造成担保契约无效,债权人国华银行同样具有过错。国华银行作为债权人在接受担保时,有义务了解担保人宏业公司和新业公司是否具有出具此类担保的资格,出具此类担保是否需要由有关部门批准,担保人是否履行了批准手续,如果有关担保手续不完备,国华银行有义务督促担保人予以补正,从而取得一份完备有效的担保,使自己的权益得到更好的保障。但本案中在宏业公司和新业公司出具的担保未经有关外汇管理部门批准登记的情况下,国华银行未履行上述其应尽的义务而予以接受,因此对于本案所涉两份担保契约因缺乏法定审批登记手续而导致无效,宏业公司、新业公司及国华银行均存在过错。宏业公司关于对于造成担保契约国华银行存在过错的上诉请求,本院予以支持。原审法院认为担保契约无效的责任完全由担保人宏业公司和新业公司承担,划分责任不当,本院应予纠正。根据《民法通则》第六十一条第一款、《担保法》第五条第二款的规定,宏业公司和新业公司应当分别对主债务人不能清偿的部分承担相应赔偿责任。即使宏业公司和新业公司承诺如果因未办理法律规定的手续导致担保无效,其将承担一切责任,但该承诺应认定无效。如上所述,对于造成担保契约无效,宏业公司、新业公司及债权人国华银行均有过错,根据有关法律规定,宏业公司、新业公司只应当对主债务人不能清偿部分承担相应的赔偿责任。如果认定宏业公司和新业公司作出的承担一切责任的承诺有效,不仅违反了上述规定,而且规避了我国关于外汇管理的有关规定,使得债权人在对外担保契约因未经我国外汇管理部门批准登记而无效的情况下,却取得了同担保契约有效时相同的结果,因此宏业公司和新业公司上述承诺应认定无效。

据此,最高人民法院判决撤销一审判决,改判对于达利丰集团有限公司所欠中银香港公司款项,由宏业公司对达利丰集团有限公司不能偿还部分的三分之一向中银香港公司承担赔偿责任;由新业公司对达利丰集团有限公司不能偿还部分的三分之一向中银香港公司承担赔偿责任。

【案例来源】

《中华人民共和国最高人民法院公报》2005年第7期。

523 向中国境内银行的国外分行出具的担保属对外担保，未办理审批和登记手续的，应为无效

【关键词】

| 对外担保 | 国外分行 | 审批登记 |

【案件名称】

中国银行新加坡分行诉麦科特集装箱（惠州）有限公司、麦科特大厦、麦科特集团有限公司借款合同纠纷案［最高人民法院（2001）民四终字第26号民事判决书，2002.3.7］

【裁判精要】

最高人民法院认为：

本案中，贷款人新加坡分行与借款人集装箱公司于1995年8月18日签订的《贷款合同》，是双方当事人的真实意思表示，内容、形式均符合中华人民共和国有关法律规定，且当事人已根据国家外汇管理局1987年8月27日颁布并实施的《外债统计监测暂行规定》的有关规定履行了外债登记手续，该《贷款合同》为有效合同。双方当事人应严格依约履行。集装箱公司在提取了新加坡分行提供的1000万美元贷款后，负有向新加坡分行还本付息的义务，其未能依约还本付息，构成违约，应承担违约责任。原审判决集装箱公司向新加坡分行支付1000万美元及其按《贷款合同》约定的利息、逾期利息是正确的，应予维持。

关于抵押合同是否有效的问题。麦科特大厦与新加坡分行于1995年8月18日签订的《抵押合同》属于外汇担保性质的合同。《对外担保管理办法》第二条规定："本办法所称外汇担保系指以自有外汇资金向境外债权人或境内的外资银行、中外合资银行或外资、中外合资非银行金融机构承诺，当债务人未按合同规定偿付外汇债务时，由担保人用外国货币履行偿付义务的保证……"尽管其中未明确、具体地规定"对外抵押"这一外汇担保形式，但由于中华人民共和国系外汇管制国家，对外债实行登记管理制度，对外抵押属于国家外汇管理的范畴，因此应当履行由国家外汇管理部门进行的审批、登记手续。本案所涉《抵押合同》未履行该审批、登记手续，因而属于无效的民事行为。对此，双方当事人均有过错。根据《民法通则》第六十一条"民事行为被确认无效后……双方都有过错的，应当各自承担相应的责任"的规定，

对于新加坡分行因集装箱公司不能支付到期债务而受到的损失,麦科特大厦应当承担相应的赔偿责任。

关于保证合同是否有效的问题。集团公司于1995年8月18日向新加坡分行出具的《承诺书》亦系外汇担保性质的合同。根据上述《对外担保管理办法》第六条中"为境内机构对外提供外汇担保,由担保人所在地外汇管理部门审批"、第十条中"担保人出具担保后,应到所在地外汇管理部门办理担保登记手续"等规定,该外汇担保应向国家外汇管理部门办理审批、登记手续,而当事人未予办理,故该对外担保行为无效。对此,双方当事人均有过错。根据《民法通则》第六十一条的规定,对于新加坡分行因集装箱公司不能支付到期债务而受到的损失,集团公司应当承担相应的赔偿责任。

关于新加坡分行主张的律师费和差旅费问题。因当事人之间在《贷款合同》中明确约定了律师费和差旅费等费用的支付,且该约定有效,故应受到法律保护。对于新加坡分行已实际付出的律师费55150美元、差旅费6535美元,应由集装箱公司承担。同时,该笔费用属于新加坡分行因集装箱公司不能支付到期债务而受到的损失的范畴,因此麦科特大厦和集团公司向新加坡分行承担相应的赔偿责任中应当包括该笔款项。

关于赔偿责任具体划分的问题。本案所涉抵押合同、保证合同均无效,对此,抵押人麦科特大厦、保证人集团公司及债权人新加坡分行均有过错,因此,就新加坡分行因集装箱公司不能支付到期债务而受到的损失,应由麦科特大厦、集团公司、新加坡分行各自承担相应的责任。即对于集装箱公司到期不能支付新加坡分行的款项,由麦科特大厦和集团公司分别向新加坡分行承担三分之一的赔偿责任,其余三分之一的损失由新加坡分行自行承担。

因此,新加坡分行关于《抵押合同》有效的观点不能成立;关于其不应对《承诺书》的无效承担责任的观点亦不能成立;关于律师费和差旅费的损失,原审判决已将其包含在麦科特大厦和集团公司向新加坡分行承担的赔偿责任的范围内,二审予以维持,新加坡分行认为该部分内容漏判系其对原审判决的误解。

综上,原审判决主文第一项、第二项正确,应予维持。原审判决主文第三项判令麦科特大厦"在抵押物的价值范围内"承担赔偿责任,没有法律依据,既已认定抵押合同无效,就不应再以抵押合同中的内容约束当事人;该项判令麦科特大厦"对集装箱公司不能清偿新加坡分行债务部分的二分之一承担赔偿责任",与原审判决主文第四项判令集团公司"对集装箱公司不能清偿新加坡分行债务部分的二分之一承担赔偿责任"将导致新加坡分行不承担任何法律责任的结果,故原审判决第三项、第四项不妥,应予变更。

广东省银行新加坡分行已并入中国银行新加坡分行,中国银行新加坡分行应承担广东省银行新加坡分行在本案中的一切债权债务。

【案例来源】

最高人民法院民事审判第四庭编:《中华人民共和国最高人民法院判案大系》(涉外商事海事卷 - 1996 年 ~ 2002 年卷),人民法院出版社 2003 年版,第 317 ~ 326 页。

编者说明

本案债务人向中国境内银行的国外分行借款,境内企业分别为债权提供不动产抵押和保证,此等担保为对外担保,应办理对外担保的批准和登记手续;其中,对外抵押虽然办理了抵押登记手续,但因未在国家外汇管理部门办理审批或登记手续,故抵押无效;对外保证亦因同样原因无效。最高人民法院认为债权人、保证人、抵押人均有过错,判决无效保证人及无效抵押人对债务不能清偿部分各自承担三分之一赔偿责任。

524 《外债登记管理办法》是部门规范性文件,关于"外保内贷"应当由境内债权人向当地外汇管理局报送相关数据的规定属于防范外债风险的管理性规定

【关键词】

| 外债登记管理办法 | 外保内贷 | 管理性规定 |

【案件名称】

蔡穗新与招商银行股份有限公司太原分行金融借款合同纠纷案[最高人民法院(2017)最高法民终 987 号民事判决书,2018. 1. 31]

【裁判精要】

最高人民法院认为:

本案二审争议的焦点问题是蔡穗新应否对左权鑫瑞公司所欠招商银行太原分行的债务承担连带保证责任。本院根据本案事实和证据分析认定如下:

第一,蔡穗新以保证人身份向招商银行太原分行出具了《最高额不可撤销担保书》,该担保书对于担保债权数额、范围以及担保期限等内容做了明确约定,招商银行太原分行予以接受且未提出异议,因此根据《担保法解释》第二十二条第一款关于"第三人单方以书面形式向债权人出具担保书,债权人接受且未提出异议的,保证合同成立"的规定,蔡穗新与招商银行太原分行之间成立担保法律关系。蔡穗新二审庭审中提出的《最高额不可撤销担保书》未列明蔡穗新身份证号、详细住址等问题,仅属于担保书形式上的瑕疵,不影响担保书的效力;还提出《贷款合同》未约定蔡穗新为保证人,但该问题亦不对双方根据《最高额不可撤销担保书》形成的担保法律关

系产生影响。第二,蔡穗新上诉提出,因不能通过中国人民银行征信系统登记和认证,其担保人身份已由康年予以代替,但一方面其不能提供除康年陈述之外的其他证据证明该事实属实,另一方面亦不能提供证据证明其曾向招商银行太原分行要求撤回或者撤销该《最高额不可撤销担保书》。第三,因蔡穗新系香港居民,并未在中国人民银行征信系统登记,必然无法通过该系统征信认证,但金融机构在放贷之前通过该系统对担保人进行审核属于贷款风险防控措施,即便未进行认证,也只涉及贷款风险,而不对担保人身份以及担保合同的效力产生影响。第四,国家外汇管理局颁布的《外债登记管理办法》属于部门规范性文件,其中关于"外保内贷"应当由境内债权人向当地外汇管理局报送相关数据的规定属于防范外债风险的管理性规定,在法律、行政法规未规定涉及该类业务的合同不经审批不生效的情况下,即便招商银行太原分行未进行备案,也不影响《最高额不可撤销担保书》已然发生法律效力的事实。综合以上,蔡穗新应当按照《最高额不可撤销担保书》的约定对左权鑫瑞公司所欠招商银行太原分行的债务承担连带保证责任。蔡穗新上诉所提其不是案涉贷款的担保人、不应承担担保责任的主张,理据不足,本院不予支持。

【案例来源】

中国裁判文书网,http://wenshu.court.gov.cn。

编者说明

国家外汇管理局《外债登记管理办法》(2013 年 4 月 28 日,汇发〔2013〕19 号)第十八条规定:"符合规定的债务人向境内金融机构借款时,可以接受境外机构或个人提供的担保(简称外保内贷)。境内债权人应按相关规定向所在地外汇局报送相关数据。发生境外担保履约的,债务人应到所在地外汇局办理外债登记。"该办法是部门规范性文件,不属法律与行政法规;同时该办法也没有规定外保内贷业务须办理审批或者登记手续后才能生效,也不属于法律与行政法规的效力性强制性规定。

七、监督专款专用责任

525 银行承诺监督专款专用不属于《担保法》所规定的保证，监督人没有尽到审查义务的，应当承担补充赔偿责任

【关键词】

| 专款专用 | 审查义务 | 赔偿责任 |

【案件名称】

中国农业银行佳木斯市市区支行与广西防城港区金海岸贸易公司购销钢材合同纠纷案［最高人民法院（2000）经提字第1号民事判决书］

【裁判精要】

裁判摘要:银行在向购货方出具的监督支付函中承诺监督供货方按合同规定的用途支付款项,防止挪作他用,如不能成交,监督供货方将款项退还,该函没有体现为双方债权债务提供保证的意思表示。银行所承诺的监督退款是按结算制度的规定监督退款,而不是保证退款,更不是代为退款。虽然监督函对购货方支付货款起到一定作用,但保证责任是一种较重责任,在银行没有作出保证的明确意思表示的情况下,不能推定保证成立。

最高人民法院认为:

金海岸公司与中联公司签订的购销钢坯合同合法有效。金海岸公司按约将预付货款汇入中联公司账户,中联公司未按约供货,构成违约。原审判令中联公司向金海岸公司返还货款、支付违约金和赔偿金是正确的,应予维持。佳市农行在向金海岸公司出具的监督支付函中承诺对金海岸公司的预付货款监督支付,防止款项挪作他用,在不能成交时,按结算制定规定监督退款,因此其负有履行承诺的义务。佳市农行在中联公司请求拨付货款时,审查了中联公司与农垦公司签订的钢坯购销合同,约定的品名、数量、到港与中联公司和金海岸公司签订的钢坯购销合同一致,货款没有挪作他用后将款汇出,并且在汇票上特别注明"专款专用,按合同监督支付,货款只限于转农垦公司,不用退回,不予转汇",由于监督支付函中没有明确具体约定货款支付的审查内容,因此,佳市农行已尽到审查之责,履行了监督支付义务。但佳市农行在中联公司没有履行合同,中联公司账户尚有金海岸公司剩余货款的情况下,仅监督退还金海岸公司131万元,尚余31.5万元未监督退还,被中联公司挪用,

未全部尽到其承诺的监督退款义务,负有过错,应承担与其过错相应的民事责任。原审认定佳市农行完全未履行监督支付义务,且出具的监督支付函具有保证作用,判令其对中联公司债务在2699.38504万元内承担连带清偿责任缺乏事实和法律依据,不予支持。

【案例来源】

最高人民法院审判监督庭编:《中华人民共和国最高人民法院判案大系》(审判监督卷-2001年~2002年卷),人民法院出版社2003年版,第139~143页。

编者说明

保证监督专款专用是金融机构或企业主管部门对相对人承诺,仅在被监管人符合专款专用条件时才向其发放资金,以保障资金安全。以《担保法》关于保证方式的规定衡量,保证监督专款专用不具备典型意义上保证方式的特征,但此类保证形式也产生与保证责任类似的法律责任。

关于银行监督专款专用的性质,中国人民银行对最高人民法院经济庭答复意见:(1)监督专款专用不是银行的义务范围内的事;(2)银行不可能做到对专款专用实行监督,更不可能保证专款专用。因此,银行出具的专款专用监督保证函,没有实际意义。如果仅从书面形式上监督,对预付款人起不到保证作用,也是没有意义的。①

保证监督专款专用不属于《担保法》所规定的担保,但实务中约定对专款专用进行监督的情况较多,由此引发的纠纷也不少,因此《担保法解释》第二十六条规定:"第三人向债权人保证监督支付专款专用的,在履行了监督支付专款专用的义务后,不再承担责任。未尽监督义务造成资金流失的,应当对流失的资金承担补充赔偿责任。"第三人承担责任的前提是其没有尽到所承诺的义务,在履行监督义务时具有一定的过错。从《最高人民法院关于金融机构不履行其义务是否应当承担责任问题的复函》[1991年10月23日,法(经)函〔1991〕131号]和《担保法解释》第二十六条规定来看,银行向债权人承诺监督专款专用,即有义务对当事人所提交的有关单据材料作形式上审查,如果监督人的形式审查符合银行业务规程和商业习惯,不存在过错,即便资金并未实际专用,保证人也不承担担保责任;如果监督人违反善良管理人义务,对债务人提供的材料审查不严,出现与监督人专业身份不符的错误,造成资金流失的,则可以认定监督人没有尽到审查义务,监督人应当对流失的资金承担补充赔偿责任。

此外,第三人仅承担补充责任。在债务人将特定的款项挪用,或者因其他原因不能履行合同,造成款项流失时,如果第三人存在过错应当承担责任的,也应当首先判令债务人承担责任,而第三人只应对债务人不能清偿的部分承担补充责任。在其承担了责任之后,有权向债务人追偿。此点与一般保证责任相似。

---

① 参见李勇主编:《借款·担保合同纠纷》,法律出版社2007年版,第46页。

526 《承诺鉴证书》承诺承担责任的前提是出具人有违约行为且该违约行为造成了损失，应当认定为监控责任而非保证责任

【关键词】

| 承诺鉴证书 | 监控责任 | 保证责任 |

【案件名称】

国泰君安证券股份有限公司郑州花园路证券营业部、国泰君安证券股份有限公司与中国光大银行郑州分行、中国第一汽车集团开封汽车经销有限责任公司、海口建来发展有限公司借款担保纠纷案［最高人民法院（2006）民二终字第 82 号民事判决书，2007. 12. 12］

【裁判精要】

最高人民法院认为：

关于《承诺鉴证书》承诺的是保证责任还是监控责任的认定。《承诺鉴证书》第二条约定“营业部对申请人或出质人的国债交易负责监控，保证申请人或出质人国债账户市值与资金账户余额之和在质押期间不低于某数额”。《合同法》第一百二十五条第一款规定：“当事人以后理解有争议的，应当按照合同所使用的词句、合同的有关条款、合同的目的、交易习惯以及诚实信用原则，确定该条款的真实意思。”根据这一合同解释规则，上述约定应理解为：营业部应当保证监控出质人或质权人的国债交易过程，如果其操作可能导致国债账户市值与资金账户余额之和在质押期间低于某数额，则营业部应当停止其交易行为，亦即营业部此项义务应理解为监管义务而非保证义务。另根据《承诺鉴证书》第九条关于“营业部如未遵守上述承诺鉴证造成损失，同意承担赔偿责任”的约定，营业部承担责任的前提是营业部有违约行为且该违约行为造成了损失，而《担保法》规定保证人承担的不是赔偿责任而是连带还款责任，其前提是主债务人不履行债务，与保证人是否违约无关。因此，《承诺鉴证书》所承诺的责任应当认定为监控责任而非保证责任。

【案例来源】

最高人民法院民事审判第二庭编：《最高人民法院商事审判指导案例 · 借款担保卷》（上），中国法制出版社 2011 年版，第 451 ~465 页。

八、担保纠纷管辖

527 主合同约定仲裁管辖而保证合同没有约定仲裁管辖的，原则上应当先行通过当事人协商一致或者经仲裁对主债务的范围作出确认

【关键词】

｜约定仲裁｜保证合同｜

【案件名称】

中航惠德风电工程有限公司与辽宁高科能源集团有限公司保证合同纠纷案［最高人民法院（2015）民二终字第125号民事判决书，2015.12.8］

【裁判精要】

最高人民法院认为：

本案各方当事人争议的焦点问题是：主合同约定了仲裁管辖，保证合同未约定仲裁管辖，债权人对其与债务人的争议未申请仲裁，而直接向保证人主张承担保证责任，能否得到人民法院的支持。

首先，依照《担保法》第十八条、《担保法解释》第一百二十六条规定，连带责任保证的债务人在主合同规定的债务履行期限届满没有履行债务的，债权人可以直接要求保证人在其保证范围内承担保证责任。在本案中高科公司向中航公司出具的《担保函》中明确表示为瑞祥公司提供连带保证责任，因此，在瑞祥公司未按合同约定支付货款的情况下，中航公司依据《担保函》，起诉高科公司承担保证责任，于法有据。

其次，中航公司的诉讼请求是主张保证人高科公司承担保证责任，代瑞祥公司履行未支付货款的义务，但是，《担保法》第二十条规定："一般保证和连带责任保证的保证人享有债务人的抗辩权。债务人放弃对债务的抗辩权的，保证人仍有权抗辩。抗辩权是指债权人行使债权时，债务人根据法定事由，对抗债权人行使请求权的权利。"高科公司出具的《担保函》虽然承诺在瑞祥公司未支付货款余额时承担保证责任，但是，依照法律规定，该公司依法应享有债务人瑞祥公司的抗辩权。中航公司的实体权利来源于其与瑞祥公司签订的《供货合同》和《补充协议》，作为保证人的高科公司在行使债务人的抗辩权时，同样可以依照《供货合同》《补充协议》的约定以及合同履行情况，包括中航公司是否按照合同约定数量、品质履行了供货义务，瑞祥公司是否履行了付款义务，应否继续支付货款以及欠款数额等，进行实体抗辩。

而根据中航公司和瑞祥公司《供货合同》和《补充协议》的约定,上述问题均系履行《供货合同》和《补充协议》中产生的争议,属于仲裁管辖的范围。人民法院如果对上述争议进行实体审理,势必侵害中航公司和瑞祥公司基于仲裁条款约定而享有的选择仲裁解决纠纷的权利,违背当事人意思自治原则。因此,当主合同约定了仲裁管辖,而保证合同没有约定仲裁管辖的情况下,原则上应当先行通过当事人协商一致或者经仲裁对主债务的范围作出确认,如果债权人只对保证人提起诉讼,保证人以主合同的约定和履行情况进行抗辩,必然会涉及法院对于已经约定仲裁裁决的争议事项能否进行审理和裁判的问题,这既涉及约定仲裁管辖当事人的仲裁程序选择权,也涉及人民法院审判权的行使范围。在本案中,原审第三人瑞祥公司并未放弃其与中航公司的仲裁管辖约定,认为主债务应当通过仲裁来确定。因此,对于高科公司关于因主债务的范围不能确定,保证责任的范围也不能确定,在主债务未经过仲裁裁决确定的情况下,中航公司直接要求其承担保证责任,属于证据不足的主张,依法应予支持。

最后,上诉人中航公司主张高科公司承担担保债务范围和期间是确定的,符合高科公司在《担保函》中的承诺,本院予以认可。但是由于中航公司与瑞祥公司因履行合同发生的争议不属于人民法院审理范围,故本案中高科公司应当承担保证责任的主债务数额无法确定。因此,原判决认为中航公司的诉讼请求缺乏事实及法律依据,并驳回中航公司的诉讼请求,于法有据。中航公司可在与瑞祥公司的主合同争议协商一致或者通过仲裁程序解决之后,再另行向高科公司主张权利。

【案例来源】

中国裁判文书网,http://wenshu. court. gov. cn。

第九章 — CHAPTER 09

担保合同效力

一、担保合同生效认定

528 公司高管人员并非合同当事人，其虽在股权转让协议上担保方处签字，但系作为公司经办人员签字的，并非个人提供担保

【关键词】

｜签字｜个人担保｜

【案件名称】

陆卫军与张培根股权转让纠纷案［最高人民法院（2018）最高法民再294号民事判决书，2018. 12. 6］

【裁判精要】

最高人民法院认为：

一、关于陆卫军是否具有提供保证真实意思表示的问题

本案中，张培根与陶武豪签订《股权转让协议》，并约定由天汇公司承担保证责任，各方并未另行签订其他书面保证合同。从《股权转让协议》约定的内容看，并无陆卫军提供保证的意思表示，不能认定陆卫军为本案诉争股权转让提供保证。首先，从《股权转让协议》签订的主体来看，协议当事人并没有陆卫军，陆卫军并不当然为该协议保证人。《股权转让协议》明确约定三方当事人为张培根、陶武豪及天汇公司，且明确天汇公司为担保方。按照常理而言，在合同中明确约定有担保方的情况下，在签订协议时确定承担担保责任的一方，应当在担保方处作为合同当事人签订协议。而诉争协议中在明确有担保方的情况下，并未将陆卫军列为保证人，协议中并没有将陆卫军作为本协议保证人的意思表示。其次，从《股权转让协议》的内容来看，协议中进一步明确天汇公司作为保证人承担保证责任，但未约定陆卫军的保证责任。《股权转让协议》第四条明确约定由天汇公司承担保证责任，并明确以天汇公司60%的股权进行担保。同理，如各方在签订协议时约定由陆卫军承担保证责任，应当在该特定担保条款中明确陆卫军对股权转让事宜承担保证责任。各方在特定的担保条款中并未明确陆卫军的保证责任，亦可见陆卫军并无提供保证担保之真实意思表示。最后，从《股权转让协议》争议解决条款来看，进一步表明协议主体为三方当事人。《股权转让协议》第五条进一步明确协议主体为三方当事人，即张培根、陶武豪及天汇公司，并无陆卫军作为协议一方的意思表示。《股权转让协议》第六条虽然约定"本协议签字生效。一式四份，三方各持一份，公司留档一份"，但该条款中

并未表示具有四方当事人,而是进一步统称"三方各持一份",其对应的即为协议三方主体,并不能由此推断出陆卫军为一方当事人。此外,从《股权转让协议》落款来看,陆卫军签字与天汇公司公章重叠,其亦为天汇公司高管人员,符合公司盖章并由经办人员签字的一般惯例,不能推断陆卫军愿意承担保证责任。在《股权转让协议》的落款位置,天汇公司公章盖在与陆卫军签字同一位置,且只签有一个日期,根据本案查明事实,陆卫军作为天汇公司高管人员及实际股东参与公司管理,并不能表示陆卫军具有个人提供担保的意愿,相反,更符合公司盖章并由经办人员签字的商业惯例。综上,无论从《股权转让协议》的签订及内容还是商业惯例来看,陆卫军均没有提供保证担保的真实意思表示,无法推断出陆卫军为案涉股权转让提供担保。

二、关于陆卫军在保证人处签字是否符合承担保证责任的法律规定的问题

根据《担保法解释》第二十二条第二款规定,"主合同虽没有保证条款,但是,保证人在主合同上以保证人的身份签字或者盖章的,保证合同成立"。但本案之中,《股权转让协议》第四条明确约定了担保条款,约定由天汇公司承担担保责任,协议各方对保证条款进行了充分协商,并不存在合同中无保证条款的情形。张培根虽主张《股权转让协议》中担保条款系物权抵押,不属于保证条款,但张培根认可股权并未进行抵押或质押登记,且该条款中明确约定其有权要求天汇公司作为保证人承担保证责任。由此可见,该条款实际上为保证条款,天汇公司亦是作为保证人承诺承担责任,从上述法律规定的立法本意来看,陆卫军在天汇公司公章上面签字不能构成《担保法》相关司法解释规定的保证合同成立。因此,在《股权转让协议》明确约定担保条款及担保人的情况下,不存在法律规定的所谓认定主合同没有保证条款而单独以保证人身份签字的情形,原审法院就此适用法律错误,应予纠正。

三、关于陆卫军签字是否系代表天汇公司盖章的问题

在《股权转让协议》已经明确协议主体为三方当事人时,且天汇公司法定代表人张培根作为协议一方主体的情况下,陆卫军作为天汇公司经办人签字并无不妥,陆卫军本人不应承担连带保证责任。本案中,陆卫军作为天汇公司高管人员,其控制并使用公司印章符合常理。根据本案查明的事实,陆卫军实际为天汇公司管理人员,参与公司经营与管理,多次参与天汇公司股东会及董事会,亦作为高管人员对部分事项进行审批,且天汇公司公章由其爱人管理。因此,在涉及天汇公司股权转让的协议上由陆卫军作为经办人员代表使用公司公章,符合常理。从《股权转让协议》签订来看,协议签订时天汇公司法定代表人为张培根,其作为协议一方转让股权,陆卫军在案涉协议上签字,应视为张培根对陆卫军代表天汇公司签订该协议实际予以了认可。原审法院以陆卫军并非天汇公司法定代表人为由直接认定陆卫军无权代表天汇公司盖章,属认定事实错误。事实上,在签订该协议时,天汇公司法定代表人张培根即在现场,且作为股权出让方转让股权,此时,张培根无法再代表天汇公司在保证人处签字,而陆卫军作为股东及高管人员代表天汇公司签字并无不妥。另,公司在对外活动时由经办人员签字并加盖公司公章系通常做法,并非只有法定代表人

才能代表公司盖章。在商事活动中,通常情况下公司在加盖公章时会有经办人员签字,该经办人员并非必须是法定代表人,也可以是具体负责业务的普通工作人员。在张培根作为法定代表人签订股权出让协议时,陆卫军虽然没有明确授权,但其作为天汇公司实际管理人员,同时法定代表人张培根在场并出让股权的情况下,陆卫军以经办人员代表天汇公司签字,并无不妥。

综上所述,陆卫军在诉争《股权转让协议》上担保方处签字,并无个人承担保证责任的真实意思表示,亦不符合应当承担保证责任的法律规定。从其签字位置以及天汇公司高管人员的身份来看,其作为天汇公司经办人员在公章处签字,系代表天汇公司加盖公司公章,原审法院认定陆卫军承担保证责任,并无事实和法律依据,本院予以纠正。

【案例来源】

中国裁判文书网,http://wenshu.court.gov.cn。

529 保证合同可以约定签字与加盖公章的条件同时具备合同才能生效

【关键词】

| 保证合同 | 生效条件 |

【案件名称】

沈阳水泥机械有限公司与辽宁水泥工业设计院、朝阳银行股份有限公司龙城支行金融借款合同纠纷案[最高人民法院(2014)民提字第164号民事判决书,2014.11.28]

【裁判精要】

最高人民法院认为:

一、关于《保证合同》的效力及保证人责任问题

水泥设计院与龙城支行之间的借款行为属于借新还旧,对此法律并无禁止性规定。水泥机械公司主张水泥设计院与龙城支行之间恶意串通,损害其利益,但水泥设计院与龙城支行的借贷关系是在张翔鹏的协调下才得以促成,而张翔鹏当时恰为水泥机械公司的法定代表人。在本案三方当事人之间的借款担保法律关系中,无论是债务人的借新还旧行为还是水泥机械公司的担保行为,均是在张翔鹏的主导下所实施,没有证据证明其中存在两方恶意串通,损害第三方利益的情形,故水泥机械公司主张债务人与龙城支行恶意串通、损害其合法权益证据不足,本院不予支持。

水泥机械公司一直为国有控股企业,张翔鹏担任法定代表人的朝阳市建材工程工业集团有限公司在水泥机械公司中仅占逾20%的股权比例。水泥机械公司的章

程规定,公司的一切重大事宜,包括转让资产、抵押等均须经董事会一致通过,这明确地限制了法定代表人的权力范围。故张翔鹏虽为水泥机械公司的法定代表人,但并不能单独决定公司的重大决策。从查明的事实看,水泥机械公司并未在为债务人提供担保的《保证合同》上加盖公章,《保证合同》上"沈阳水泥机械有限公司"的印章是张翔鹏私刻的假印章,不能代表水泥机械公司的意思表示。张翔鹏在《保证合同》上加盖假公章,足以证明张翔鹏明知水泥机械公司作为一家国有控股企业,是不可能同意由公司为其个人利益而对外签订这样一个极具风险的担保合同的,所以在其并不掌握公司公章的情况下才实施此种违法行为。因此,水泥机械公司未在本案的《保证合同》上加盖公章,并非一个单纯的形式要件欠缺问题,而是涉及对其是否作出了同意担保的真实意思表示的认定问题。《保证合同》第十四条约定:"本合同由甲乙双方法定代表人或法定代表人授权的代理人签字并加盖公章后生效。"由此可见,《保证合同》为附生效条件的合同,只有签字与加盖公章的条件同时具备,合同才能生效。因《保证合同》上仅有法定代表人张翔鹏的签字,而无水泥机械公司的真实公章,水泥机械公司亦不存在先签订合同,而后又拒绝加盖公章、恶意阻却合同生效的情形,故此《保证合同》约定的生效条件并未成就。现水泥机械公司对《保证合同》不予认可,《保证合同》确定地不能发生法律效力,水泥机械公司无须承担保证责任。

从另一角度看,水泥机械公司为水泥设计院借款 1650 万元提供连带保证,属于对公司财产的重大处置行为,根据公司章程第十四条、第二十四条的规定,该事项应由公司董事会研究决定。但张翔鹏未经公司董事会讨论决定,擅自以公司的名义为他人提供担保,其行为显然属于越权行为。水泥机械公司得知张翔鹏的越权行为后,有权拒绝追认。龙城支行在数年时间里多次向张翔鹏实际控制的水泥设计院等债务人违规发放贷款,其原负责人李洪泉亦因违法向张翔鹏所在企业发放贷款构成犯罪被判处有期徒刑 5 年。龙城支行明知张翔鹏与水泥设计院等存在关联关系,也清楚张翔鹏以国有控股的水泥机械公司名义为其关联企业借新还旧提供担保实为牟取私利,必然会侵害水泥机械公司的权益,有悖正常的交易常理,但却未对水泥机械公司是否经法定程序作出了担保的决议等进行审查,主观上具有明显的过错。因水泥机械公司拒绝追认张翔鹏的越权行为,而龙城支行对此又存在过错,故张翔鹏的越权代表行为对水泥机械公司不发生法律效力,应由张翔鹏和龙城支行根据各自的过错自行承担相应的法律责任。

【案例来源】

中国裁判文书网,http://wenshu. court. gov. cn。

530 预付款未进入约定账号是结汇行的原因所致，付款人不能控制，并不影响预收款退款保函的生效

【关键词】

|预收款退款保函|保函生效|

【案件名称】

江河创建集团股份有限公司（原北京江河幕墙股份有限公司）与中国建设银行股份有限公司徐州城中支行建设工程施工合同纠纷案［最高人民法院（2017）最高法民再216号民事判决书，2017.12.18］

【裁判精要】

最高人民法院认为：

（二）关于预收款退款保函的效力问题

建行城中支行应否承担担保责任的关键是预收款保函的效力问题。对此，建行城中支行认为无效，主要理由是江河创建公司未将案涉款项打入约定的账户，且未支付足额款项。本院认为，建行城中支行的上述抗辩理由均不能成立。关于足额支付的问题。因双方合同属外币结算，且汇率风险由鑫宏达公司承担，沙特分公司作为付款方只要按约定付款即应认定属足额付款。鑫宏达公司及建行城中支行对沙特分公司2012年2月18日建行城中支行出具的付款2582850美元，即支付合同总价款的30%提出异议。经查，建行城中支行出具的“2.8保函”虽约定承担的保证责任最高限额为人民币1635万元整，但因出具保函与付款并非同一时间，且沙特分公司按约付款，无论是否能折合为人民币1635万元，均不违背建行城中支行的真实意思，也未加重该支行民事责任的负担，故其以之为据主张预付款退款保函无效，事实和法律依据不足，二审认为保函未生效错误，本院予以纠正。关于是否打入指定账户的问题。“2.8保函”虽约定预付款支付至建行城中支行487××账户为保函生效条件，但实际履行中，沙特分公司的有关预付款打入建行城中支行鑫宏达公司4882账户也并不影响保函效力。主要理由是，第一，建行城中支行因不能直接办理外币结汇业务，无美元账户，故对本案的外汇结汇须经其上级银行即建行徐州分行审核结汇后才能转入建行城中支行。本案沙特分公司的预付款进入建行徐州分行后，该行自行将该笔款项转入4882美元账户进行结汇审核而未转入4875美元账户，属自行转换账户或自行转账。对此，沙特分公司不能控制，与沙特分公司无关。第二，建行徐州分行和建行城中支行均知晓保函内容，自行调换账号应视为已满足约定的保函生效条件。第三，建行城中支行已收到沙特分公司支付的预付款，无论对数额和款项性质，建行城中支行当时均未提出异议。另外，建行城中支行于“2.8保函”到期后又出具“11.16保函”对沙特分公司已支付的预付款予以认可。据此，沙特分公

司的预付款未进入约定账号并不影响保函的生效。

(三)关于建行城中支行承担责任的问题

本院认为,“11.16 保函”第七项虽约定本保函项下的合同或基础交易不成立、不生效、无效、被撤销、被解除,保函无效,但根据该保函的目的,此约定应理解为,一旦鑫宏达公司违约导致合同不成立、不生效、无效、被撤销、被解除等须由其承担退款责任的情形,则建行城中支行须继续承担担保责任,若免除其担保责任,不符合保函目的。建行城中支行要求免除其担保责任,无事实和法律依据。现鑫宏达公司违约至合同不能继续履行后,江河创建公司依约解除双方的施工合同,并要求鑫宏达公司退还相关的预付款,依法有据。建行城中支行作为保证人,应在其出具的预付款保函 1635 万元额度内,履行对江河创建公司的退付款连带保证责任。

【案例来源】

中国裁判文书网,http://wenshu.court.gov.cn。

二、主体资格与担保效力认定

531 国家机关为地方政府使用的外国政府及国际组织贷款提供担保的，应认定有效

【关键词】

｜国家机关｜国际组织贷款｜担保效力｜

【案件名称】

中国光大银行沈阳分行与沈阳市经济贸易委员会等单位借款担保合同纠纷案［最高人民法院（2007）民二终字第161号民事判决书］

【裁判精要】

最高人民法院认为：

本案毛巾厂与投行沈阳分行签订的中投沈字第882004号《贷款合同》系由投行沈阳分行负责办理的世界银行转贷项目。该《贷款合同》及中投沈字第912001号的《补充贷款合同》均为有效合同。纺织局为该笔外汇贷款提供的《保函》，是以地方财政、计划部门的政府信用为基础，为本案转贷项目提供的负责清偿外汇本息的担保，其意思表示真实，根据国务院办公厅国办通〔1993〕15号批复通知精神，并参照《担保法》第八条规定，亦应认定该担保有效。财政局、市经委关于"纺织局是行政机关，其提供的担保应为无效"的答辩理由不能成立。

根据国务院国发〔2000〕15号批转的财政部、国家计委《关于进一步加强外国政府贷款管理工作的若干意见》，以及国家计委计外资〔1999〕438号《关于进一步加强利用外国政府贷款项目计划管理工作有关问题的补充通知》等规定，利用外国贷款的项目应由项目业主或地方政府确定的部门负责偿还。2001年纺织局被撤销时，沈阳市政府主管部门未及时落实新的保证人。为确保本案转贷资金按期清偿，维护国家外债清偿信誉，承接原纺织局管理职能的市经委、财政局应对本案外汇本息的偿还继续承担保证责任。本案保证行为发生在担保法实施以前，纺织局在《保函》中没有明确其承担保证责任的方式及保证期限，依据《保证问题规定》第七条关于"保证合同没有约定保证人承担何种保证责任，或者约定不明确的，视为保证人承担赔偿责任"的规定，应认定纺织局承担一般保证责任。

纺织局在《保函》中没有约定保证责任期限，而《保证问题规定》第十一条关于"保证人应当在被保证人承担责任的期限内承担保证责任"的规定亦不够明确。本

案贷款清偿期限届满日为 1997 年 12 月 31 日，光大沈阳分行受让本案债权后，分别于 1999 年 8 月 30 日和 2001 年 5 月 8 日向主债务人毛巾厂、巾被厂催收了债权，至其于 2003 年 1 月 27 日提起本案诉讼时，主债务没有超过诉讼时效期间。参照本院法〔2002〕144 号《关于处理担保法生效前发生保证行为的保证期间问题的通知》的规定，债权人光大沈阳分行向财政局、市经委主张保证债权亦没有超过规定的 6 个月期限。

关于纺织局担保责任范围的认定。纺织局在《保函》中承诺，如项目出口创汇不能偿还该项目的外汇额度，“则外汇本息的偿还由局内外汇额度指标中予以偿还。特此具保”。由此认定，纺织局提供保证的责任范围为本案“外汇本息”的清偿，没有证据表明其为本案的人民币贷款提供了担保。故，光大沈阳分行关于纺织局担保的金额包括配套人民币贷款的上诉请求，因证据不足，本院不予支持。

【权威解析】

（一）关于立法依据及本案担保行为的性质

我国《担保法》第八条中有“国家机关不得为保证人”的规定。据此，《担保法解释》第四条亦作出了“国家机关违反法律规定提供担保的，担保合同无效”的规定。实务中，因“国家机关”提供担保而导致担保合同被认定无效的商事案件是比较常见的。

然而，本案反映的则是“国家机关作为保证人”的一种特殊情况，即《担保法》第八条“但书”的内容：经国务院批准为使用外国政府或者国际经济组织贷款进行转贷的，国家机关可以为保证人。本案的贷款是经国家批准，由中国投资银行沈阳市分行办理转贷的世界银行贷款，包括外汇和配套人民币贷款两部分。纺织局在其提供的保函中对偿还贷款中“外汇部分”的本息提供了保证。当时纺织局虽属政府行政机关，但该保证符合法律相关规定，故其保证行为是有效的。

世界银行转贷项目贷款是政府信誉为担保依据的特殊政策性贷款，地方政府在使用该贷款时同样也是以其政府的信誉为转贷银行提供保证。本质上讲，本案中涉及的担保责任属于地方政府应承担的民事责任范畴（而非行政管理责任），且该保证责任不应以政府内部主管部门的撤销而消灭。

为确保本案转贷资金按期清偿，维护国家外债清偿信誉，国务院国发〔2000〕15 号批转的财政部、国家计委《关于进一步加强外国政府贷款管理工作的若干意见》，以及国家计委计外资〔1999〕438 号《关于进一步加强利用外国政府贷款项目计划管理工作有关问题的补充通知》等均明确规定，利用外国贷款的项目应由项目业主或地方政府确定的部门负责偿还。因此，在 2001 年沈阳市政府撤销纺织局时，其主管部门应及时落实新的保证人，承继原保证人市纺织局承担的保证责任。市政府没有落实新的保证人，根据规定，承接原纺织局管理职能的市经委、财政局应对本案外汇本息的偿还继续承担保证责任。①

【案例来源】

最高人民法院民事审判第二庭编:《最高人民法院商事审判裁判规范与案例指导》(第一卷),法律出版社 2010 年版,第 199 ~205 页。

532 学校性质是以公益为目的的民办非企业法人的，不得为保证人

【关键词】

| 民办非企业法人 | 公益目的 | 保证人 |

【案件名称】

马鞍山中加双语学校与新时代信托股份有限公司金融借款合同纠纷案［最高人民法院（2017）最高法民终 297 号民事判决书，2017. 12. 29］

【裁判精要】

最高人民法院认为:

二审的争议焦点是中加双语学校与新时代信托公司签订的 2013 - XY536(D)BZ233 -1 号《保证合同》是否有效以及 2013 - XY536(D)HK233 号《还款协议书》中约定中加双语学校为中加投资公司的还款提供连带责任担保的条款是否有效。

一、中加双语学校是否符合《担保法》第九条保证人主体资格法律要件

判断中加双语学校是否具备保证人的主体资格,应以其是否以公益为目的为要件,对此应综合审查其登记情况和实际运行情况。首先,2016 年 11 月 7 日,全国人民代表大会常务委员会通过了《全国人民代表大会常务委员会关于修改〈中华人民共和国民办教育促进法〉的决定》,对民办学校实行非营利性和营利性分类管理。因此,现有民办学校有权选择登记为营利性或者非营利性。经查,目前中加双语学校依照《民办非企业单位登记管理暂行条例》登记为民办非企业单位,尚未选择登记为营利性民办学校,故应依据《民办教育促进法》(2003 年 9 月 1 日起实施)及《民办非企业单位登记管理暂行条例》认定中加双语学校的性质。其次,中加双语学校的章程第 24 条第 2 款约定,学校接受的捐献、收取的学杂费的收支结余,归学校集体所有。第 25 条规定本校出资人暂不要求合理回报。第 28 条规定学校解散,剩余财产按三方投入方式并由审批机关统筹安排返还。新时代信托公司并不否认该份章程

① 参见王宪森:《国家机关为地方政府使用的外国政府及国际组织的贷款提供担保之效力认定和责任承担》,载最高人民法院民事审判第二庭编:《最高人民法院商事审判裁判规范与案例指导》(第一卷),法律出版社 2010 年版,第 205 ~206 页。

的真实性。故根据该份章程约定，中加双语学校出资人不享有学校财产所有权，对学校的盈余未约定个人分配规则，对学校解散之后的剩余财产约定了明确的处置规则，符合公益性事业具有非营利性的界定。最后，依据《民办教育促进法》(2003 年 9 月 1 日起实施)第三十七条第二款规定，民办学校收取的费用应当主要用于教育教学活动和改善办学条件。第五十一条规定，出资人可以从办学结余中取得合理回报。取得合理回报的具体办法由国务院规定。故中加双语学校从事办学活动，依法有权向接受教育者收取费用，收取费用是其维持教育教学活动的经济基础，并不能因收取费用而认定其从事营利活动。营利性法人区别于非营利性法人的重要特征，不是"取得利润"而是"利润分配给出资人"。中加双语学校章程明确了出资人暂不收取回报，新时代信托公司也未举证证明中加双语学校通过修改章程，报审批机关批准后收取回报。新时代信托公司以民办学校收取费用和合理回报认为中加双语学校具有营利性，本院不予支持。

《担保法》沿用了《民法通则》法人分类体系，而民办非企业法人是在上述立法之后创设的新类型法人单位，故《担保法》第九条事业单位及社会团体的范围客观上无法涵盖民办非企业单位。《担保法》第九条规范目的是因学校、幼儿园、医院等以公益为目的的事业单位、社会团体直接为社会公众服务，如果作为保证人而最终履行保证责任，势必直接影响社会公共利益。民办非企业单位与事业单位的举办资金来源不同，但均有可能是以公益为目的的，故不能以民办非企业单位并非事业单位、社会团体而当然排除《担保法》第九条的法律适用。本案中，中加双语学校登记证书中记载业务主管单位马鞍山市教育局，业务范围九年一贯制学校、普通高级中学，其招生范围包括义务教育阶段学生。因此，中加双语学校面向社会招生(包括义务教育招生)，服务于全体社会成员的利益，是以公益为目的的民办非企业法人。认定其满足《担保法》第九条主体资格的法律要件，符合该条规范的立法目的。一审判决以中加双语学校不属于事业单位、社会团体范畴而不适用《担保法》第九条，本院予以纠正。

新时代信托公司还提出中加双语学校享有法人财产权，符合《担保法》第七条规定的"代为清偿能力"的资格要求。该条是关于保证人资格的基本要求，第九条则是例外性规定。故民事主体具备代为清偿能力并不当然具有保证人资格。新时代信托公司以《担保法》第七条主张中加双语学校具有保证人资格，本院不予支持。

二、中加双语学校是否承担过错赔偿责任

如上所述，中加双语学校系以公益为目的的民办非企业法人，依据《担保法》第九条规定不得为保证人。根据《担保法解释》第三条规定，案涉 2013 - XY536(D)BZ233 - 1 号《保证合同》无效，案涉 2013 - XY536(D)HK233 号《还款协议书》中约定中加双语学校为中加投资公司的借款提供连带责任担保的条款无效。

新时代信托公司坚持中加双语学校应承担保证责任的法律意见，是以案涉《保证合同》及保证条款有效为基础的。但根据《担保法》第五条第二款规定，主合同有效而担保合同无效时的责任承担取决于债权人、担保人是否有过错。案涉《保证合同》及保证条款为无效,人民法院有权在新时代信托公司请求给付数额范围内,根据各自过错程度,径行判定民事责任,以减少当事人的诉累,力求案结事了。根据《担保法解释》第七条规定,新时代信托公司作为专业从事信托业务的金融机构明知或应知以公益为目的的民办学校不能作为保证人,而中加双语学校作为民办学校明知或应知不能对外提供担保,双方均存在过错且过错程度相当。中加双语学校认为中加投资公司未经中加双语学校的同意擅自加盖印章,中加双语学校作为保证人并非其真实意思表示,但未提交证据予以证明。故中加双语学校应承担案涉《保证合同》及保证条款无效的法律责任,本院根据当事人的过错程度,酌定中加双语学校责任范围为中加投资公司不能清偿部分的二分之一。中加双语学校关于新时代信托公司并未主张案涉《保证合同》及保证条款无效的法律责任,人民法院不应超出诉讼请求的范围裁判的理由,本院不予支持。

综上所述,中加双语学校系依据《民办非企业单位登记管理暂行条例》登记设立的法人单位,相关登记文件记载了中加双语学校的招生范围,学校章程亦进一步明确约定举办者的权利义务和学校财产权的归属。依据现有证据,目前能够认定中加双语学校符合《担保法》第九条关于保证人主体资格法律要件。故中加双语学校与新时代信托公司签订的案涉《保证合同》及保证条款无效,中加双语学校的上诉请求成立,应予支持。一审判决关于案涉1亿元贷款用于中加双语学校扩建工程,中加双语学校是民办学校,有公益性质,但仍以盈利为目的,且不是有关行政机关核准的事业单位,也不是社会团体的认定,适用法律错误,应予纠正。

【案例来源】

中国裁判文书网,http://wenshu.court.gov.cn。

编者说明

民办非企业单位在我国是一类特殊的主体,它是于1996年国家针对以往的民办事业单位这一概念所作出的修正,即事业单位是国家举办的,而民间不应再称事业单位。根据《民办非企业单位登记管理暂行条例》的规定,民办非企业单位,是指企业事业单位、社会团体和其他社会力量以及公民个人利用非国有资产举办的,从事非营利性社会服务活动的社会组织。

533 经营活动具有一定公共服务性质的企业法人提供保证的,应当认定有效

【关键词】

| 公共服务企业法人 | 保证效力 |

【案件名称】

长乐自来水公司与工行五四支行借款担保纠纷案［最高人民法院（2004）民二终字第262号民事判决书，2005. 3. 11］

【裁判精要】

裁判摘要：保证人领取企业法人执照，属于以营利为目的的企业法人，即使其经营活动具有一定的公共服务性质，亦不属于以公益为目的的事业单位。

最高人民法院认为：

本案工行五四支行与和顺公司签订的借款合同系双方当事人真实意思表示，且不违反法律、行政法规的禁止性规定，应为有效。借款人和顺公司在合同到期后未能全部履行合同义务，应当依法承担向工行五四支行偿还借款本息的民事责任。自来水公司与工行五四支行签订书面保证合同，明确承诺为和顺公司上述借款提供连带保证义务。现和顺公司到期未能偿还债务，保证人自来水公司应就上述债务向工行五四支行承担连带清偿责任。自来水公司作为具有完全民事行为能力的法人，应依法对其所作民事法律行为独立承担民事责任。……自来水公司领取的是企业法人执照，属于以营利为目的的企业法人，其经营活动虽具有一定的公共服务性质，但不属于以公益为目的的事业单位。自来水公司关于其不符合保证主体资格的上诉主张没有事实依据，本院不予支持。原审判决关于本案保证合同应为有效，自来水公司应当承担连带责任的判决并无不当，本院应予维持。

【案例来源】

《中华人民共和国最高人民法院公报》2005年第9期。

编者说明

实践中，除了以公益事业为目的的事业单位和社会团体外，还有许多事业单位和社会团体并非是以社会公益事业为目的的，如随着我国经济体制改革的不断深入，许多事业单位利用本单位所拥有的技术或知识，向社会提供有偿服务，取得了一定的报酬，这些单位除了国家财政拨款外，尚有自己的经济收入。此外，还有些单位实行了企业化的管理，自负盈亏。按照有关规定，有的事业单位既从国家核拨经费又从事经营活动。因而，对事业单位法人可否充任保证人的问题不可一概而论，对那些非公益性的事业单位或者社会团体，依据国家政策允许从事经营活动，应当认为其有从事保证活动的民事权利能力，可以担任保证人。这些单位为保证人时，如无其他导致保证合同无效的情况，其所签订的保证合同应当认定为有效，不应仅因其为事业单位或者社会团体，就认为其不能担任保证人，并且进一步认定其所签订的保证合同无效。①

534 银行分支机构未经法人书面授权提供担保的，担保行为无效

【关键词】

｜银行分支机构｜担保无效｜

【案件名称Ⅰ】

吉书文与中国农业发展银行阳曲县支行金融借款合同纠纷案［最高人民法院(2018)最高法民再358号民事判决书，2018.12.23］

【裁判精要】

最高人民法院认为：

本案再审争议焦点为吉书文对案涉借款担保无效是否存在过错。

首先，吉书文与顺天公司的借款协议不违反国家强制性法律法规，合法有效。阳曲支行作为分支机构在未取得中国农业发展银行总行书面授权的情况下，向吉书文出具担保书，该担保应认定为无效。阳曲支行作为专业性的金融机构，明知其未经中国农业发展银行总行书面授权，为了使自己的借款得到清偿，仍对外提供担保，其行为存在明显过错。其次，吉书文作为自然人民事主体，在张明辰时任阳曲支行行长，且在银行办公场所办理担保的情况下，其相信阳曲支行可以提供案涉借款担保符合一般常理。阳曲支行提交的第一组、第二组新证据只能证实吉书文参与了多起民间借贷诉讼，而这些诉讼中均无涉及银行分支机构担保的事实，又系在本案借贷发生之后进行的诉讼，不能以此推断吉书文对本案担保无效存在过错。阳曲支行主张从借条内容、担保书形式及出具担保书存在不合常理的情形以及企业营业执照对外公示作用等方面能说明吉书文签订保证合同时存在重大过错，因吉书文对借条及担保书的出具过程等作了较为合理的解释，银行营业执照内容不能必然说明银行是否可以进行担保等，该主张本院不予支持。阳曲支行还主张2014年1月21日《担保补充书》系在盖好章的空白纸上打印文字形成的，但并未提供证据予以证明，亦不能成立。因此，现有证据不能证实吉书文对案涉借款担保无效存在过错，二审判决认定吉书文对借款担保无效存在过错不当，本院予以纠正。最后，依据《担保法解释》第七条“主合同有效而担保合同无效，债权人无过错的，担保人与债务人对主合同债权人的经济损失，承担连带赔偿责任”的规定，本案中，阳曲支行应对本案顺天公司借款未还本金及利息承担连带赔偿责任，即应对1050万元及利息承担连带

---

① 参见李国光、金剑锋、曹士兵：《最高人民法院〈关于适用《中华人民共和国担保法》若干问题的解释〉理解与适用》，吉林人民出版社2000年版，第104~105页。

赔偿责任。二审判决认定阳曲支行承担的二分之一连带赔偿责任有误,本院予以纠正。另,吉书文申请再审时主张利息计算从2013年12月6日起至实际清偿之日止,在再审开庭审理中明确放弃利息至实际清偿之日止的主张,并同意按一、二审判决认定时间起止日计算利息。

【案例来源】

中国裁判文书网,http://wenshu. court. gov. cn。

【案件名称Ⅱ】

内蒙古银行股份有限公司呼和浩特武川支行与李亚卿金融借款合同纠纷案［最高人民法院（2018）最高法民再66号民事判决书，2018. 9. 17］

【裁判精要】

最高人民法院认为:

关于李亚卿是否为本案以《借据》形式成立的借款合同当事方问题。本案中,《借据》中虽载明出借人为张丽华,但李亚卿在《借据》"出借人"处签字并实际给付款项。李亚卿在与瑞兴公司及郭瑞安排还款事宜并先后签订《补充协议》《还款协议书》时,均明确李亚卿为实际借款人。案外人张丽华在与本案有关的诉讼程序中出具《证明》,说明实际借款人为李亚卿。本案庭审过程中,借款人郭瑞出庭作证,亦认为借款关系的相对方就是李亚卿。综上,原审判决认定实际出借人为李亚卿具有事实依据。武川支行虽主张《借据》系李亚卿无权代理所签订且未经案外人张丽华同意及追认,借款合同无效,但并未提供证据证明,本院不予支持。

关于武川支行与李亚卿是否构成保证合同关系。本案《借据》中虽然没有保证条款,但武川支行在《借据》中"保证人"处加盖公章并由时任行长王元签字盖章。根据《担保法解释》第二十二条第二款的规定,主合同中虽然没有保证条款,但是保证人在主合同上以保证人的身份签字或者盖章的,保证合同成立。瑞兴公司、郭瑞与李亚卿虽于2011年12月12日签订《补充协议》,确认借款已经实际支付,并对借款利息进行明确,但《补充协议》是对《借据》内容的进一步确认,并未在李亚卿与郭瑞及瑞兴公司之间成立新的债权债务关系。武川支行在《借据》中"保证人"处加盖公章的行为属于在借款合同中以保证人身份签字盖章的行为,应当认定保证合同成立。

《商业银行法》第二条规定:"本法所称的商业银行是指依照本法和《中华人民共和国公司法》设立的吸收公众存款、发放贷款、办理结算等业务的企业法人。"第二十二条第二款规定:"商业银行分支机构不具有法人资格,在总行授权范围内依法开展业务,其民事责任由总行承担。"《担保法》第十条规定:"企业法人的分支机构、职能部门不得为保证人。企业法人的分支机构有法人书面授权的,可以在授权范围内提供保证。”《担保法解释》第十七条第一款规定:“企业法人的分支机构未经法人书面授权提供保证的,保证合同无效。因此给债权人造成损失的,应当根据担保法第五条第二款的规定处理。”因此,金融企业法人的分支机构提供保证的,应当由其总行或者总公司授权授信。武川支行作为内蒙古银行股份有限公司的分支机构,未经内蒙古银行股份有限公司的书面授权而订立的保证合同应当认定为无效。

《商业银行法》、《担保法》及《担保法解释》均明确规定商业银行分支机构不具有法人资格且企业法人的分支机构未经法人书面授权提供保证的,保证合同无效。法律一经公布,社会公众均应知晓并普遍遵守。武川支行未经企业法人书面授权对外提供保证,李亚卿在接受保证时亦未对武川支行是否具备出具保证的资格尽到注意义务,双方对于保证合同无效均具有过错。二审判决认为武川支行对合同无效存在过错,李亚卿无过错属于适用法律错误,本院予以纠正。《担保法》第五条第二款规定:“担保合同被确认无效后,债务人、担保人、债权人有过错的,应当根据其过错各自承担相应的民事责任。”《担保法解释》第七条规定:“主合同有效而担保合同无效,债权人无过错的,担保人与债务人对主合同债权人的经济损失,承担连带赔偿责任;债权人、担保人有过错的,担保人承担民事责任的部分,不应超过债务人不能清偿部分的二分之一。”本案借款合同有效而保证合同无效,李亚卿、武川支行对于保证合同无效均有过错,武川支行承担民事责任的部分,不应超过债务人不能清偿部分的二分之一。

【案例来源】

中国裁判文书网,http://wenshu.court.gov.cn。

【案件名称Ⅲ】

甘肃锐恒商贸有限公司与中国工商银行股份有限公司临夏东乡支行金融借款合同纠纷案[最高人民法院(2018)最高法民终336号民事判决书,2018.8.28]

【裁判精要】

最高人民法院认为:

二、关于东乡县工行是否应当承担保证责任及一审判决东乡县工行在3250万元范围内承担赔偿责任是否正确的问题

(一)本案《借款合同》中合同当事人担保人处抬头系东乡县工行,合同约定自双方签字或盖章之日生效,合同末尾担保人处加盖有东乡县工行公章并由行长陈伟民签名、捺印。陈伟民作为签订合同时东乡县工行的负责人,其在案涉《借款合同》中担保人处签字,且合同签订地点在东乡县工行,该笔借款6500万元亦实际用于归还东乡县工行贷款。故依合同约定和法律规定,锐恒公司有理由相信陈伟民的行为代表东乡县工行,陈伟民的签名行为对东乡县工行产生法律约束力,东乡县工行应

对陈伟民的行为承担民事责任。依据《担保法》第九十三条关于保证合同成立之规定,案涉《借款合同》中单独列有东乡县工行作为担保人的合同主体内容,并有相应的担保条款,东乡县工行与锐恒公司的担保法律关系成立。关于担保条款的效力,依据《担保法》第十条及《担保法解释》第十七条之规定,企业法人的分支机构未经法人书面授权提供保证的,保证合同无效。东乡县工行作为中国工商银行股份有限公司的分支机构未经法人书面授权,在案涉《借款合同》上加盖公章提供担保的行为,不论公章是否真实,担保行为均系无效。故一审判决认定案涉《借款合同》中的担保条款无效,并无不当。

(二)依据《担保法解释》第七条规定,"主合同有效而担保合同无效,债权人无过错的,担保人与债务人对主合同债权人的经济损失,承担连带赔偿责任;债权人、担保人有过错的,担保人承担民事责任的部分,不应超过债务人不能清偿部分的二分之一"。本案系主合同有效,而东乡县工行与锐恒公司的担保合同无效。锐恒公司作为债权人,向森钧公司出借巨额资金,未对东乡县工行是否具有法定担保人资格尽到审慎和注意义务,其对东乡县工行作为案涉《借款合同》保证人进而导致担保无效存在过错,东乡县工行未经书面授权即提供担保,亦存在过错,因此依据法律规定,东乡县工行应对锐恒公司的经济损失承担不超过二分之一的赔偿责任。锐恒公司主张东乡县工行承担连带保证责任的上诉理由不能成立。一审判决关于东乡县工行对锐恒公司的经济损失承担不超过二分之一的赔偿责任判由正确,但判项内容第三项表述"东乡县工行对上述第一项给付义务不能清偿部分,在3250万元范围内承担赔偿责任"有误,应系"东乡县工行对上述第一项给付义务不能清偿部分的二分之一范围内承担赔偿责任",本院予以更正。

【案例来源】

中国裁判文书网,http://wenshu.court.gov.cn。

编者说明

《担保法》第十条规定,企业法人的分支机构不得作保证人,但在法人授权范围内分支机构可以提供保证。金融机构的分支机构,包括商业银行的分支机构,对外提供担保也应当适用《担保法》关于企业法人分支机构担保的规定。但前引吉书文、中国农业发展银行阳曲县支行金融借款合同纠纷再审案,最高人民法院判决认定债权人对银行分支机构担保无效不存在过错,似值得进一步研究。

535 代表处的保证人资格,应当适用《担保法》关于分支机构作保证人的规定

【关键词】

| 代表处 | 保证人资格 |

【案件名称】

美国倍合德国际有限公司与张德玉、高邮市振阳绝缘材料有限公司民间借贷纠纷案［最高人民法院（2011）民提字第219号民事判决书，2011. 11. 10］

【裁判精要】

最高人民法院认为：

鉴于倍合德公司上海代表处系倍合德公司的在华代表机构，不具备法人资格，其未经倍合德公司同意而对外提供担保，事后也未得到倍合德公司的追认，一、二审判决认定本案担保无效是正确的。考虑到双方对担保无效均有责任，一、二审判决判令倍合德公司对振阳公司不能清偿部分的二分之一承担清偿责任符合法律规定。

【案例来源】

中国裁判文书网，http://wenshu. court. gov. cn。

编者说明

关于代表处的性质，法律上并无统一的规定，在理解上代表处近似于代理人，如国外公司、经济组织在我国设立的代表处，即设立在我国的常设代理机构，代表处的权限完全由设立单位授权决定。我国社会生活中的各种驻京办即近似于代表处，驻京办的权限由设立单位决定。①

代表处作为保证人的，尤其是企业设立的代表处，应当适用《担保法》第十条关于分支机构作保证人的规定，没有设立单位（企业法人）授权的，保证合同无效，除非代表处的代理行为符合表见代理的要求。②

---

① 《最高人民法院关于对外国企业派驻我国的代表处以代表处名义出具的担保是否有效及外国企业对该担保行为应承担何种民事责任的请示的复函》（2003年6月12日，〔2002〕民四他字第6号）认为，外国企业派驻我国的代表处，不是该外国企业的分支机构或者职能部门，而是该外国企业的代表机构，对外代表该外国企业。代表处在我国境内的一切业务活动，应当由其所代表的外国企业承担法律责任。

② 参见曹士兵：《中国担保制度与担保方法》（第三版），中国法制出版社2015年版，第131～132页。

三、担保效力认定其他情形

536 法律并不禁止保证人与债权人约定以保证人的部分财产提供保证担保

【关键词】

|保证担保|部分财产|

【案件名称Ⅰ】

中国工商银行股份有限公司澄迈支行与海南赣丰肥业有限公司金融借款合同纠纷案[最高人民法院(2018)最高法民终820号民事判决书，2018.11.29]

【裁判精要】

最高人民法院认为：

(二)关于亿源公司是否应按照四份《保证合同》承担连带保证责任的问题

一审查明，澄迈工行和亿源公司于2017年3月21日分别签订了编号为20170307003、20170307004、20170307005、20170307006的《保证合同》，约定由亿源公司分别为海南赣丰公司和澄迈工行签订的4号、46号、15号及21号四份借款合同项下的债务提供保证。四份《保证合同》在“其他事项”部分均约定，若债务人海南赣丰公司在主合同规定的债务履行期届满没有归还贷款的，亿源公司对该债务承担连带保证责任，但亿源公司仅以其名下的采矿权用于履行连带保证责任，亿源公司其他财产不列入连带保证承担赔偿责任的范围。从该约定可见，亿源公司是在一定的财产范围内承担连带保证责任。《担保法》第十八条规定：“当事人在保证合同中约定保证人与债务人对债务承担连带责任的，为连带责任保证。连带责任保证的债务人在主合同规定的债务履行期届满没有履行债务的，债权人可以要求债务人履行债务，也可以要求保证人在其保证范围内承担保证责任。”从上述法律规定看，保证合同的保证人是在保证范围内承担保证责任，如果当事人没有特别约定，连带责任保证人应当以其全部责任财产在其保证范围内承担保证责任。根据《担保法》第十五条关于保证合同内容的规定，保证合同包括被保证的主债权种类、数额，债务人履行债务的期限，保证的方式，保证担保的范围，保证的期间和双方认为需要约定的其他事项。由此可见，按照当事人意思自治原则，法律并不禁止保证合同约定由保证人在一定的财产范围内承担连带保证责任。本案中，四份《保证合同》约定由亿源公司以其名下的采矿权用于履行连带保证责任，可以理解为亿源公司在该采矿权的价值范围内承担连带保证责任,该约定属于《担保法》第十五条规定的“双方认为需要约定的其他事项”,不违反法律的强制性规定,合法有效。一审法院将该约定认定成抵押担保,错误理解了当事人的本意,应予纠正。由于前述采矿权的具体价值随着市场行情和运营情况的变化而变动,其对应的具体金额在本案审理中不宜直接予以认定。案涉采矿权具体价值如何,能否最终担保案涉债权实现只有在执行程序中才能确定,但不因此影响在实体上对亿源公司责任承担的认定。

【案例来源】

中国裁判文书网,http://wenshu. court. gov. cn。

【案件名称Ⅱ】

贵阳银行股份有限公司与贵州禾苑房地产开发有限公司委托合同纠纷案[最高人民法院(2018)最高法民终238号民事判决书,2018. 6. 29]

【裁判精要】

最高人民法院认为:

关于德杰公司应否以及如何承担担保责任的问题。德杰公司主张,一审认定的法律关系性质与贵阳银行主张的法律关系性质不一致,根据《民事证据规定》第三十五条规定,应裁定驳回对德杰公司的起诉。本院认为,从贵阳银行向德杰公司主张权利的基础事实看,不论是《贵阳银行保证合同》还是《股权质押协议》,作为请求权基础的法律关系性质均系担保法律关系。德杰公司在其上诉状中亦承认其“真实意思为仅提供股权作为担保”,亦即,其并不否认对案涉债务承担担保责任。一审判决虽认定案涉担保为新型的非典型性担保,但并未超出当事人主张的担保法律关系范畴,一审法院释明的情形不属于法律关系性质的差异,本案无《民事证据规定》第三十五条之适用余地,德杰公司此项上诉主张,无法律依据,本院不予支持。关于德杰公司的责任,双方争议的实质是德杰公司承担担保的财产范围如何确定,是德杰公司的全部财产还是其持有的贵阳普天德杰同德房地产开发有限公司43.2%的股权。从《贵阳银行保证合同》内容看,存在相互矛盾的条款表述,涉及对合同条文的理解以探求双方当事人的真实意思表示。一审判决根据《合同法》第四十一条确定的原则,认定当事人手写的第十条第八款约定系当事人双方真实意思表示,适用法律正确,本院予以维持。《合同法》第十八条规定,当事人在保证合同中约定保证人与债务人对债务承担连带责任的,为连带责任保证。连带责任保证的债务人在主合同规定的债务履行期届满没有履行债务的,债权人可以要求债务人履行债务,也可以要求保证人在其保证范围内承担保证责任。从上述法律规定看,如果当事人没有特别约定,连带责任保证人应当以其全部责任财产在其保证范围内承担保证责任。但意思自治是民事主体从事民事活动的基本原则,《合同法》第十五条第一款第(六)项规定，保证合同应当包括“双方认为需要约定的其他事项”，可见，法律并不禁止保证人与债权人约定以保证人的部分财产提供保证担保。因此，应根据《贵阳银行保证合同》第十条第八款的约定来认定德杰公司承担担保的财产范围。该款约定“在保证合同下，德杰公司仅以持有的贵阳普天德杰同德房地产开发有限公司43.2%的股权以及收益权提供连带责任保证担保”。故德杰公司承担连带保证担保的财产范围应当仅限于其持有的贵阳普天德杰同德房地产开发有限公司43.2%的股权。对于贵阳银行主张的合同约定不明问题，本院认为，保证范围为保证担保的债权范围，一般包括主债权及利息、违约金、损害赔偿金和实现债权的费用。案涉《贵阳银行保证合同》第二条明确约定了保证范围，而以何项财产设定担保系保证人的保证责任财产范围问题，并非保证范围。担保财产价值变动亦属客观存在之现实，是债权人必然承担的风险，贵阳银行主张因股权价值不确定，导致合同约定不明，依据《担保法》第二十一条第二款规定，德杰公司应当以其全部财产承担连带责任保证，法律依据错误。至于德杰公司主张一审判决未查明争议股权价值，判决无法执行的问题，如上所述，股权价值会随时间变化而变动，处于不确定状态，无法在诉讼中明确，一审判决未将其作为事实予以查明，并无不当。

【案例来源】

中国裁判文书网，http://wenshu.court.gov.cn。

537 银行审贷和贷后监管规定属于管理性风险控制规定，对借款和保证合同的效力以及偿还责任不产生影响

【关键词】

|管理性风险控制规定|保证合同效力|

【案件名称】

中国普天信息产业集团公司与中国民生银行股份有限公司深圳分行、深圳市生物港投资有限公司借款担保合同纠纷案［最高人民法院（2006）民二终字第4号民事判决书，2006.6.7］

【裁判精要】

最高人民法院认为：

银行对借款人的主体资格是否已经尽到审慎审查的注意义务，银行是否存在违规贷款的情形及其发放贷款之后是否履行了按照有关规定对借款人执行借款合同的情况包括贷款资金的流向、用途等及借款人的经营及财务状况等进行跟踪调查和检查等问题，应该认为这些方面的有关规定对于贷款人而言，性质上属于风险控制

条款,即使银行没有尽到相关义务,对借款合同和保证合同的效力以及借款人的偿还责任不应产生任何影响。同样,银行向借款人发放贷款的划账过程及环节,也不应影响本案有关合同效力和当事人的偿还责任。

【案例来源】

最高人民法院民事审判第二庭编:《最高人民法院商事审判指导案例·借款担保卷》(下),中国法制出版社 2011 年版,第 863 ~ 870 页。

编者说明

《商业银行法》第三十五条规定,商业银行贷款,“应当”对借款人的借款用途、偿还能力、还款方式等情况进行严格审查。但此条并不是关于合同效力的强行性规范,《合同法》中也未对此作出规定,而是以第一百九十九条规定订立借款合同时,借款人应当按照贷款人的要求提供与借款有关的业务活动和财务状况的真实情况,即是将此作为借款人的义务作出规定的,而不是贷款人的义务。从后法优于前法的法律适用原则出发,即使贷款人未进行相关的审查,也不能认定借款合同无效。

538 提供保证是否受合同以外的第三人影响,不涉及合同当事人权利义务,亦不影响保证合同效力

【关键词】

| 第三人影响 | 保证合同效力 |

【案件名称Ⅰ】

长乐自来水公司与工行五四支行借款担保纠纷案［最高人民法院(2004)民二终字第 262 号民事判决书,2005. 3. 11］

【裁判精要】

裁判摘要:保证人作为具有完全民事行为能力的法人,应依法对其所从事民事法律行为独立承担民事责任,其所作保证是否受合同以外第三人影响的问题不涉及合同当事人之间的权利义务关系,亦不影响保证合同的效力。

最高人民法院认为:

自来水公司关于其在地方政府的行政指令下所作担保,应免除其向工行五四支行承担保证责任的上诉理由不能成立。因为,本案保证合同系自来水公司与工行五四支行之间签订,自来水公司没有证据证明工行五四支行在与之签订保证合同时采取了欺诈、胁迫等手段。自来水公司是否受合同以外第三人影响的问题并不涉及合

同当事人之间的权利义务关系。由于合同一方当事人没有义务了解合同相对人签约行为以外的其他因素，自来水公司一方面承认其在本案保证合同上盖章的事实，另一方面否认该签约行为是其真实意思表示，这对被保证人工行五四支行是不公平的。保证合同不应仅因保证人的保证系因地方政府指令而确认无效。

【案例来源】

《中华人民共和国最高人民法院公报》2005 年第 9 期。

【案件名称Ⅱ】

南昌市商业银行象南支行与中国银行江西省分行等借款合同纠纷案［最高人民法院（2001）民二终字第 25 号民事判决书，2001. 5. 21］

【裁判精要】

最高人民法院认为：

劳信社对南昌中行提供外汇贷款本金及其利息所需买汇人民币进行担保，不违反法律规定。劳信社不具有足够的代偿借款的财产，并不导致保证合同的无效。劳信社向南昌中行出具的担保函盖有劳信社的公章，且有劳信社当时的负责人辜振南的签名，故该担保函应为有效。象南支行关于劳信社提供担保系出于行政命令，其是在空白保函上盖章，出具保函不是其真实意思表示，保证合同应为无效的主张，因没有事实和法律依据，本院不予支持。根据担保函关于保证人应在接到南昌中行书面通知起 14 天内保证无条件地偿还借款所欠贷款本息所需的人民币和买汇人民币资金的承诺，劳信社应对劳企公司的债务承担连带保证责任，原审认定象南支行对劳企公司的债务承担赔偿责任不当，应予纠正。

【案例来源】

最高人民法院民事审判第二庭编：《中华人民共和国最高人民法院判案大系》（民商事卷－2001 年卷），人民法院出版社 2003 年版，第 67～72 页。

编者说明

虽然《担保法》第十一条规定：任何单位和个人不得强令银行等金融机构或者企业为他人提供提供保证；银行等金融机构或者企业对强令其为他人提供保证的行为，有权拒绝。但是，根据合同的相对性原理，不同的合同关系主体与内容是各不相同的，一个合同的当事人只能向与之有合同关系的另一方主张合同上的责任，而不能要求与之无合同关系的另一方承担合同责任。因此，保证关系仅在保证人与债权人之间发生。银行等金融机构或者企业在为他人提供担保与债权人签订担保合同的过程中享有完全的意思自由，有权决定是否提供担保，有权决定担保责任的范围，等等。当银行等金融机构或者企业因受债权人以外的单位或者个人强令而为他人提供担保时，在担保合同当事人之间并不存在欺诈、胁迫的事实，况且银行等金融机构或者企业有权拒绝来自任何单位或者个人的强制令命令或者要求，否则不能以此为由对抗债权人，其提供担保而受到的损失，原则应当自行承担，或者要求强令其提供担保的单位或者个人承担，而不能转嫁给债权人。

539 当事人的相关约定并非担保合同效力要件的，不得作为主张担保合同无效的根据

【关键词】

｜担保合同｜效力要件｜

【案件名称】

北京瑞丰恒泰房地产开发有限公司、北京瑞丰恒墓房地产开发有限公司、北京现代家园置业有限公司与北京城建集团有限责任公司、北京城建四建设工程有限责任公司借款担保合同纠纷案［最高人民法院（2012）民提字第57号民事判决书，2012.11.5］

【裁判精要】

裁判摘要：虽然当事人之间对有关反担保作出过约定，但在各份合同中并未将相关约定是否成立作为担保合同、反担保合同的效力要件。因此，当事人以相关约定主张担保合同、反担保合同无效的，人民法院不予支持。此外，当事人之间尽管存在关联关系，并且也因关联关系对外提供了反担保，但是当事人主张相关公司就是合同当事人的，人民法院不予支持。

最高人民法院认为：

一、关于各申请再审人提供反担保与《资产重组协议书》的关系问题

各申请再审人认为，其提供反担保是依据《资产重组协议书》的约定，而《资产重组协议书》已经被解除，再行承担反担保责任，显失公平，请求本院予以纠正。本院认为，《资产重组协议书》签订于2007年，而本案借款合同、担保合同及各反担保合同均在2008年签订。虽然《资产重组协议书》中对有关反担保作出过约定，但在各份合同中并未将《资产重组协议书》是否成立作为担保合同、反担保合同的效力要件。而且，各申请再审人均是在工商登记注册具有完全行为能力的法人，其对外亦是依据自己的判断独立进行意思表示，即使各申请再审人在《资产重组协议书》《反担保保证合同》《股权质押合同》签署时存在股权投资关系，也不影响《反担保保证合同》《股权质押合同》为各申请再审人对城建集团分别作出的承诺。所以，《资产重组协议书》无论解除与否，均不影响《反担保保证合同》的效力。此外，在北京市高级人民法院作出的（2011）高民再终字第2015号民事判决中，已经认定《资产重组

协议书》解除是因“瑞丰恒基公司未完全履行《资产重组协议书》中约定的出资义务,导致企业改革无法进行,职工与公司矛盾激化,盘活国有存量资产的合同目的无法实现,合同继续履行已无必要”。在生效判决已经认定因瑞丰恒基公司的原因导致《资产重组协议书》被解除的情况下,其再以《资产重组协议书》被解除为由主张不承担反担保责任,显然不能成立。故原审法院依据《反担保保证合同》判决瑞丰恒基公司以及瑞丰恒泰公司、现代家园公司等申请再审人承担反担保责任,并无不妥。瑞丰恒基公司、瑞丰恒泰公司、现代家园公司关于其提供反担保是基于《资产重组协议书》的约定,在《资产重组协议书》已经解除的情况下,其承担的反担保责任也应解除的再审理由不能成立,本院予以驳回。

【案例来源】

最高人民法院民事审判第二庭编:《最高人民法院商事审判指导案例(2012)·合同与借贷担保》,中国民主法制出版社2013年版,第478~490页。

四、担保无效与责任承担

540 主合同无效导致担保合同无效，担保人有过错的，应根据其过错承担民事责任

【关键词】

| 主合同无效 | 担保合同无效 | 过错责任 |

【案件名称Ⅰ】

无锡汇源投资担保有限公司与丁国华、崔阳、中国银行股份有限公司无锡惠山支行、无锡富民置业有限公司借款合同纠纷案［最高人民法院（2014）民抗字第68号民事判决书，2014. 12. 16］①

【裁判精要】

最高人民法院认为：

根据检察机关抗诉意见及各方当事人的诉辩主张，本案争议的焦点问题是汇源公司应否对富民公司涉案债务不能清偿部分承担三分之一的赔偿责任。

汇源公司与惠山中行于2003年11月26日、12月20日、11月26日分别签订了《贷款担保合作协议》《合作协议书》《保证合同》，该《保证合同》与本案《保证合同》主要内容基本一致。可见，双方自2003年11月起就已经存在个人住房贷款担保合作业务关系。本案《保证合同》签订于2005年6月，该合同第一条约定："双方合作贷款担保的种类为个人住房贷款。本合同与《个人住房贷款担保通知书》相结合，应视为汇源公司对《个人住房贷款担保通知书》上所列借款提供连带责任担保的保证合同。"加盖有汇源公司公章的《个人住房贷款担保通知书》中，均有"本公司经审核，同意按照与贵行签订的《保证合同》的约定承担连带保证责任，请予发放贷款"的内容。本案《个人住房按揭（抵押）贷款合同》订立于2005年11月8日，在《保证合同》订立之后。故应当认定汇源公司上述承诺对惠山中行订立本案贷款合同起到了促成作用。惠山中行抗辩汇源公司的担保意思表示是其签订贷款合同不可或缺

① 无锡汇源投资担保有限公司与陆梅芳等借款合同纠纷案［最高人民法院（2014）民抗字第67号、第66号、第64号、第63号、第62号、第61号民事判决书，2014. 12. 16］、中国银行股份有限公司无锡惠山支行与无锡汇源投资担保有限公司、无锡富民置业有限公司借款合同纠纷案［最高人民法院（2014）民抗字第65号民事判决书，2014. 12. 16］的裁判理由与本案民事判决书基本一致（略），载中国裁判文书网，http://wenshu. court. gov. cn。

的重要环节,有事实依据。

汇源公司作为担保人对其担保的事项包括借款人、主债权种类等的真实性负有审查义务。但根据《保证合同》第六条“汇源公司授权惠山中行签发《个人住房贷款担保通知书》”以及第十三条“汇源公司同意惠山中行对借款人主体资格的审查意见”的约定,汇源公司将本应属于自己的审查义务完全授权给惠山中行,并明确表示同意惠山中行对借款人主体资格的审查意见,同时将空白《个人住房贷款担保通知书》交惠山中行填写发放,因此,汇源公司应与惠山中行共同承担对上述事项审查失当的法律后果。原审判决认定汇源公司在签订《保证合同》以及出具《个人住房贷款担保通知书》时未对借款人主体资格等进行审查,存在过错,且其授权惠山中行签发《个人住房贷款担保通知书》,无条件同意惠山中行对借款人主体资格的审查意见,并收取了担保费用,系放任担保后果的发生亦存在过错,并无不当。

《担保法》第五条规定,“担保合同是主合同的从合同,主合同无效,担保合同无效。担保合同另有约定的,按照约定。担保合同被确认无效后,债务人、担保人、债权人有过错的,应当根据其过错各自承担相应的民事责任”,该规定明确规定担保合同无效后,担保人有过错的,应承担民事责任。汇源公司以其不是主合同的当事人,不应对主合同无效承担责任,只对保证合同因保证人的过错导致保证合同无效承担责任的主张,不符合上述法律规定。在汇源公司对本案借款的发生存在过错的情形下,原审判决参照《担保法解释》第八条的规定,判决汇源公司对本案债务不能清偿部分承担三分之一的赔偿责任,并无不当。

汇源公司申诉认为本案《个人住房贷款担保通知书》是2007年10月签发,而惠山中行贷款行为发生在2005年,按照《保证合同》约定,《保证合同》应与《个人住房贷款担保通知书》相结合,因而《保证合同》应于2007年10月才生效,汇源公司不应对《保证合同》生效之前的本案借款承担保证责任。由于汇源公司未能举证证明《个人住房贷款担保通知书》为2007年10月签发,且对将空白《个人住房贷款担保通知书》已交惠山中行并发放无异议。因此,汇源公司上述申诉理由缺乏事实依据,本院不予支持。汇源公司关于富民公司和惠山中行恶意串通、骗取贷款、损害国家利益,其不应承担责任的主张缺乏证据证明,本院亦不予支持。

综上,汇源公司申诉认为其不存在过错不应承担责任以及原审判决其承担本案债务不能清偿部分的三分之一赔偿责任对其不公平等理由不能成立,本院不予支持。

【案例来源】

中国裁判文书网,http://wenshu.court.gov.cn。

【案件名称Ⅱ】

泰安市商业银行股份有限公司与沂南县农村信用合作社联合社返还票据垫付

款纠纷案［最高人民法院（2005）民二终字第171号民事判决书，2009.6.25］

【裁判精要】

最高人民法院认为：

因本案所涉主合同即银行承兑协议无效，根据《担保法》第五条第一款关于“担保合同是主合同的从合同，主合同无效，担保合同无效。担保合同另有约定的，按照约定”的规定，本案所涉保证合同也应认定无效。本案中，沂南信用社违反《农村信用联社章程》和授权管理制度规定，在未对中花公司与泰安信用社签订银行承兑的真实目的以及中花公司的资信情况进行审查的情况下，违规为中花公司提供担保，上述行为使泰安信用社对中花公司与其签订银行承兑协议的真实目的和中花公司的资信情况作出了错误的判断。泰安信用社在为中花公司办理银行承兑汇票业务的过程中，对中花公司与其签订银行承兑协议的真实目的、中花公司的资信情况等未尽到认真审慎的审查义务，对主合同无效负有过错，也应承担相应责任。根据《担保法解释》第八条关于“主合同无效而担保合同无效，担保人无过错的，担保人不应承担民事责任；担保人有过错的，担保人承担民事责任的部分，不应超过债务人不能清偿部分的三分之一”的规定，沂南信用社应对泰安信用社尚未收回的款项及利息（自最后一次还款之次日起至款项付清之日止）承担三分之一的赔偿责任。

【案例来源】

最高人民法院民事审判第二庭编：《最高人民法院商事审判指导案例·金融卷》，中国法制出版社2011年版，第132～143页。

【案件名称Ⅲ】

中国银行北京市分行与北京利达海洋生物馆有限公司、北京国际信托投资有限公司信用证垫付款及担保纠纷案［最高人民法院（2003）民四终字第15号民事判决书，2004.2.2］

【裁判精要】

最高人民法院认为：

本案北国投公司根据信用证开证申请人利达海洋馆的要求，出具的不可撤销的付款保函，其担保的是利达海洋馆的付款责任，对于担保合同而言，主合同是利达海洋馆与中行北京分行之间的开证法律关系。中行北京分行关于《保函》的主合同是信用证本身的理由，没有事实和法律依据，本院不予支持。原审判决认定北国投公司为委托开证出具的不可撤销付款保函因主合同无效而导致无效，是正确的，本院予以维持。

从本案一、二审事实看，中行北京分行开证时间过于集中，即在短期内，连续为利达海洋馆开出几十份信用证,本案涉及24份,且数额巨大。按照银行的规定,开立信用证超过100万美元的,必须经过中国银行总行批准,中行北京分行为了规避这一规定,使信用证顺利开出,将每笔信用证控制在100万美元以下。就本案事实可以认定中行北京分行应当知道利达海洋馆所开立的信用证并不具有真实的基础交易背景,据此,中行北京分行在本案中是具有过错的,应当承担相应的过错责任。中行北京分行关于一审判决结果显失公平的主张,没有事实和法律依据,本院不予支持。

【案例来源】

《中华人民共和国最高人民法院公报》2005年第5期。

【案件名称Ⅳ】

中国太平洋保险公司大庆分公司与齐齐哈尔市商业银行富拉尔基支行等欠款保证纠纷案[最高人民法院(1999)经终字第273号民事判决书,2000.8.26]

【裁判精要】

最高人民法院认为:

红岸信用社与中包大庆公司签订的存款协议以及和银丰公司签订的国库券投资协议,违反了有关金融法规之规定,扰乱了金融秩序,依法均应认定无效。红岸信用社委托捷达经销站存入中包大庆公司的200万元款项,该存款协议亦应认定无效。太保大庆公司在上述4份存款协议上签字盖章。其中1995年12月5日的存款协议第3条约定:“太保大庆公司为中包大庆公司的担保人,做红岸信用社投资到期本息保险”;1996年1月25日的两份存款协议和1996年2月1日的存款协议第3条除有上述约定外,还约定:“并由中包大庆公司支付太保大庆公司保险手续费,即红岸信用社投资总额的10‰。”上述约定属于保证担保性质,而非单纯的保险约定。太保大庆公司上诉称其不是担保人而是保险人的上诉理由不能成立,本院不予支持。

基于本案主合同无效,故中包公司为上述存款和国库券投资协议而向红岸信用社提供的担保,以及太保大庆公司为上述存款而向红岸信用社和捷达经销站提供的担保,亦应认定为无效。太保大庆公司作为金融机构应当知道红岸信用社向中包大庆公司存款和进行国库券投资系违法行为,但仍然提供担保,故其有过错,应承担相应的赔偿责任。

【案例来源】

最高人民法院办公厅编:《最高人民法院公布裁判文书(2000年)》,人民法院出版社2001年版,第408~419页。

编者说明

《担保法》第五条第一款规定，担保合同是主合同的从合同，主合同无效的，担保合同也无效。从司法实践看，担保人应承担的责任原则比担保合同因自身欠缺有效要件而无效时的责任要小，甚至不承担民事责任。《担保法解释》第八条规定："主合同无效而导致担保合同无效，担保人无过错的，担保人不承担民事责任；担保人有过错的，担保人承担民事责任的部分，不应超过债务人不能清偿部分的三分之一。"主合同无效而导致担保合同无效时，担保人有过错的情形，一般是指担保人明知主合同无效而仍为之提供担保或者担保人明知主合同无效时仍促成主合同成立或为主合同的签订作中介等。《担保法解释》规定的担保人过错责任的上限是债务人不能清偿部分的三分之一，该三分之一是作为担保人承担责任的上限，并不要求所有案件都按照三分之一进行裁判。只要不超过三分之一，都是符合《担保法解释》规定的，具体幅度则应当由审判人员根据案件的具体情况，结合担保人过错的大小进行裁量。

541 主合同无效而导致担保合同无效，担保人无过错的，不承担民事责任

【关键词】

| 主合同无效 | 担保合同无效 | 担保人无过错 |

【案件名称Ⅰ】

珠海市斗门区恒业房产开发公司与中关村证券股份有限公司借款合同纠纷案［最高人民法院（2018）最高法民再267号民事判决书，2018.11.30］①

【裁判精要】

最高人民法院认为：

本案再审的焦点问题是恒业公司应否对案涉债务承担担保责任。

本案原审已查明，1997年9月23日至1999年6月9日期间，朝阳营业部与金峰公司先后签订九份《投资（合作）合同书》，上述合同第一条约定：朝阳营业部（甲方）同意投资与金峰公司（乙方）合作经营化工、建材、电器等项目；第三条约定："……合作期满，甲方投资款于合作终止日全部收回，乙方无条件足额归还。……"2001年8月30日、2003年8月12日、2005年7月中关村证券向金峰公司发出《催款通知书》催讨投资款及利息，其中2005年7月《催款通知书》载明："贵公司尚欠我部投资款本金人民币肆仟壹佰柒拾万元及利息款人民币（待结算）元。……"金峰公司在

① 珠海市斗门区恒业房产开发公司与中关村证券股份有限公司借款合同纠纷案［最高人民法院（2018）最高法民再264号民事判决书，2018.11.30］的裁判理由与本案民事判决书基本一致（略），载中国裁判文书网，http://wenshu.court.gov.cn。

上述《催款通知书》盖章确认同意按期办理还款手续。分析上述合同约定及《催款通知书》可知，朝阳营业部与金峰公司签订的《投资（合作）合同书》虽约定投资合作经营化工、建材、电器等项目，但亦约定合作期满金峰公司应无条件足额归还投资款。且其后的《催款通知书》《债务确认及还款计划书》亦体现中关村证券足额收回投资款的履行事实，而非双方共担风险。故《投资（合作）合同书》名为投资合作，实为借贷。本案再审期间，中关村证券、金峰公司亦认可双方之间是借贷关系。依照当时法律规定，企业间借贷行为违反了有关金融法规的强制性规定，原判决认定《投资（合作）合同书》为无效合同并无不当。

2004 年 8 月 26 日，恒业公司向中关村证券出具《承诺书》，载明："截至 2004 年 7 月 31 日，债务人金峰公司及华宇公司共结欠中关村证券投资款人民币 67888292 元及利息。……为保证债务人按时还款，恒业公司以其所有的位于珠海市 × × 区桥东永福二路边的土地及房产为上述债务人还款提供担保，并协助办理相关抵押登记手续。"上述土地及房产未办理抵押物登记手续。本院认为，根据物权区分原则，上述房地产未办理抵押登记手续，中关村证券不能因《承诺书》而就上述房地产享有优先受偿权，但《承诺书》中恒业公司为案涉债务进行担保的意思表示明确具体，担保合同成立。根据《担保法》第五条关于"担保合同是主合同的从合同，主合同无效，担保合同无效"的规定，《承诺书》是《投资（合作）合同书》的从合同，《投资（合作）合同书》无效，《承诺书》亦无效。

根据《担保法解释》第八条关于"主合同无效而导致担保合同无效，担保人无过错的，担保人不承担民事责任；担保人有过错的，担保人承担民事责任的部分，不应超过债务人不能清偿部分的三分之一"的规定，主合同无效导致担保合同无效时，担保人无过错的，不承担民事责任。但担保人明知主合同无效仍为之提供担保，或者明知主合同无效仍促使主合同成立或为主合同的签订做中介等，应视为担保人有过错。担保人承担民事责任的部分，不应超过债务人不能清偿部分的三分之一。本院认为，从《投资（合作）合同书》与《承诺书》的订立时间看，《投资（合作）合同书》签订于 1997 年 9 月 23 日至 1999 年 6 月 9 日期间，恒业公司出具《承诺书》的时间是 2004 年 8 月 26 日，《投资（合作）合同书》签订于《承诺书》之前，在没有相反证据证明的情况下，恒业公司出具《承诺书》以其所有土地及房产为案涉债务提供担保，不可能构成因成立在后的抵押担保关系的存在使中关村证券产生信赖，进而促使主合同成立的情形。同时中关村证券亦未提供证据证明恒业公司为《投资（合作）合同书》的成立进行居间活动。故恒业公司作为担保人，不存在促使主合同成立或为主合同的签订做中介的情形。从《投资（合作）合同书》与《承诺书》载明的内容看，朝阳营业部与金峰公司签订的《投资（合作）合同书》第三条存有"……甲乙双方共担风险"的表述，第五条进而约定"为简化甲乙双方的利润分配和确定亏损责任，双方确定本项目经营所得利润，甲方得四成，乙方得六成，项目经营亏损时，甲方负四成责任，乙方负六成责任，经营过程中全部税金由乙方负责"。上述关于共担风险的意思表示与“乙方无条件足额归还”的约定内容相矛盾，且与《收款收据》载明的“投资款”事由及《催款通知书》关于“尚欠我部投资款”的表述不同一。此情形下，从合同文本文意解释的角度理解，双方之间是投资合作法律关系还是借贷法律关系并非确切无异议。在《投资(合作)合同书》的性质及效力问题有待司法审查方能确定的情况下，不能苛责恒业公司于《承诺书》出具时即已准确预见《投资(合作)合同书》是实为借贷的无效合同，亦即不能由此当然推定恒业公司明知主合同无效而仍为之提供担保。综合《投资(合作)合同书》的签订及履行情况、《承诺书》的出具背景及抵押物的登记情况分析，在中关村证券未提供有效证据证明担保人恒业公司存在《担保法解释》第八条所规定的过错的情况下，原判决认定“……恒业公司在主合同为无效合同的情况下仍提供担保，具有过错，应承担相应的民事责任”适用法律不当，应予纠正。恒业公司关于其无过错不应承担民事责任的再审主张成立，本院予以支持。

【案例来源】

中国裁判文书网，http://wenshu. court. gov. cn。

【案件名称Ⅱ】

江北中行与樊东农行等信用证垫款纠纷案［最高人民法院（2003）民四终字第21号民事判决书，2005. 8. 23］

【裁判精要】

裁判摘要：因主合同无效而导致担保合同无效，担保人无过错的，不承担民事责任；担保人有过错的，应当依法承担民事责任。所谓担保人的过错，是指担保人明知主合同无效仍为之提供担保，或者明知主合同无效仍促使主合同成立或为主合同的签订作中介等情形。

最高人民法院认为：

根据《担保法》第五条即“担保合同是主合同的从合同，主合同无效，担保合同无效”的规定，由于本案开证法律关系无效，故本案担保法律关系亦应认定无效。根据《担保法解释》第八条即“主合同无效而导致担保合同无效，担保人无过错的，担保人不承担民事责任；担保人有过错的，担保人承担民事责任的部分，不应超过债务人不能清偿部分的三分之一”的规定，本案担保人即樊东农行是否应承担民事责任，应考察樊东农行是否有过错。对担保合同所附条件是否成就进行认定，其前提应该是肯定担保合同的效力。原审判决以担保合同所附条件未成就认定本案担保行为不生效力从而认定樊东农行不承担担保责任属适用法律错误。

关于樊东农行是否存在过错的问题。在主合同无效导致担保合同无效的情形下，担保人并非主合同的当事人，主合同无效不应当要求非合同当事人的担保人承担无效结果。因此，担保人的过错不应是指担保人在主合同无效上的过错。担保人的过错应当包括：担保人明知主合同无效仍为之提供担保、担保人明知主合同无效仍促使主合同成立或为主合同的签订作中介等。就本案而言，开证法律关系无效是由于外贸公司欺诈开证行开立没有贸易背景的信用证造成的，担保人樊东农行从申请开证环节上无法获知合同的违法性。因此，应认定樊东农行无过错。根据前述规定，樊东农行不承担民事责任。

【案例来源】

《中华人民共和国最高人民法院公报》2006 年第 3 期。

542 主合同有效而担保合同无效，担保人有过错的，应当承担民事责任

【关键词】

| 主合同有效 | 担保合同无效 | 过错责任 |

【案件名称】

农银财务有限公司与广东三星企业（集团）公司车桥股份有限公司担保合同纠纷案［最高人民法院（2004）民四终字第 23 号民事判决书，2006. 11. 28］

【裁判精要】

裁判摘要：根据《担保法解释》的规定，抵押合同被确认无效后，当事人之间责任的承担应当根据其过错程度确认。对于因违反我国法律、行政法规而认定无效的抵押合同，因我国法律、行政法规均对外公开，各方当事人都应当了解我国法律、行政法规的相关规定，故应认定各方当事人对于抵押合同的无效均存在一定的过错。

最高人民法院认为：

根据《担保法解释》的规定，抵押合同被确认无效后，当事人之间责任的承担应当根据其过错程度来确认。由于我国实行的是外汇管制制度，关于外汇担保的管理办法也是向社会公开的，因此各方当事人都应当知道我国的法律规定。上诉人以批准手续应当由被上诉人办理为由，认为自己没有过错的主张是不成立的。如果仅以批准手续的办理来确定担保合同无效后的责任，则境外债权人就可以不顾我国的外汇管制政策和规定，可以因没有过错而不承担责任，最终将导致虽然抵押担保无效，但是实体处理与有效合同一致的后果。原审法院认为三星车桥公司和农银公司未经内地外汇管理部门批准提供和接受担保，对担保合同的无效均具有过错是正确

的。根据《担保法解释》第七条的规定，在主合同有效而担保合同无效的情形下，“债权人和担保人都有过错的，担保人承担民事责任的部分，不应超过债务人不能清偿部分的二分之一”。据此，原审法院判决担保人三星车桥公司应对债务人俊兴公司不能清偿部分的二分之一向债权人农银公司承担赔偿责任并无不当。

【案例来源】

《中华人民共和国最高人民法院公报》2007 年第 2 期。

543 国家行政机关为一般借款合同提供的担保无效，应当根据过错承担相应民事责任

【关键词】

| 保证人 | 行政机关 | 过错责任 |

【案件名称 I 】

石河子经济技术开发区财政局与中国信达资产管理股份有限公司新疆维吾尔自治区分公司保证合同纠纷案［最高人民法院（2017）最高法民终 84 号民事判决书，2017. 11. 30］

【裁判精要】

最高人民法院认为：

关于一审法院判决开发区财政局承担保证责任是否正确的问题。《担保法解释》第二十二条第一款规定，“第三人单方以书面形式向债权人出具担保书，债权人接受且未提出异议的，保证合同成立”。本案中，开发区财政局向建行石河子分行出具《承诺函》，建行石河子分行接受且未提出异议，该保证合同成立。根据《承诺函》，开发区财政局承诺，若天盛公司及建设总公司不能到期偿还贷款本息，该局承担连带贷款本息还款责任。由此证明，开发区财政局除对天盛公司的债务提供担保外，还对建设总公司的债务提供担保，且未约定保证期间。根据《担保法》第二十六条规定，“连带责任保证的保证人与债权人未约定保证期间的，债权人有权自主债务履行期届满之日起六个月内要求保证人承担保证责任。故开发区财政局的保证期间应为自建设总公司的保证期间届满之日起六个月”。涉案 5 份流动资金贷款合同约定，天盛公司的借款期限分别至 2012 年 6 月 30 日、2012 年 9 月 30 日、2012 年 11 月 17 日、2012 年 11 月 30 日、2012 年 12 月 31 日，《保证合同》约定的保证期间为主合同项下债务履行期间届满之日起两年止，原债权人建行石河子分行的上级单位中国建设银行股份有限公司新疆维吾尔自治区分行首次向新疆高院提起诉讼的时间为 2013 年 11 月 7 日，该案因建设总公司提出管辖权异议，经法院裁定，移送一审法

院审理。以上事实证明,原债权人建行石河子分行在保证期间内向开发区财政局主张过权利。开发区财政局主张债权人超过保证期间主张权利,应当免除其保证责任的上诉理由不能成立。《担保法》第八条规定,国家机关不得为保证人。《担保法解释》第七条规定,“主合同有效而担保合同无效,债权人无过错的,担保人与债务人对主合同债权人的经济损失,承担连带赔偿责任;债权人、担保人有过错的,担保人承担民事责任的部分,不应超过债务人不能清偿部分的二分之一”。本案中,开发区财政局作为国家行政机关,对于自己能否作为保证人应当明知,其与接受担保的债权人建行石河子分行对双方之间形成的保证合同无效负有同等的过错责任,一审法院认为开发区财政局应当以主债务人天盛公司和担保人建设总公司不能清偿债务18753万元的二分之一即9376.5万元为限,承担连带赔偿责任,并无不当,但一审判决主文表述为开发区财政局承担连带保证责任有误,应当予以纠正。开发区财政局提出一审法院认定的赔偿责任比例过高、计算金额错误缺乏依据,其该项上诉理由不能成立。

【案例来源】

中国裁判文书网,http://wenshu.court.gov.cn。

【案件名称Ⅱ】

中国信达资产管理公司郑州办事处、舞钢市财政局与河南省舞钢市银龙集团公司、舞钢市银龙纺织有限责任公司、河南省舞钢市水泥厂借款担保合同纠纷案［最高人民法院(2008)民二终字第17号民事判决书,2008.7.30］

【裁判精要】

最高人民法院认为:

舞钢市财政局作为国家行政机关,为本案债务人银龙集团公司的借款合同进行担保的行为应当认定为无效行为。无效担保作为一种缔约过失,缔约方应当根据各自的过错程度承担相应的民事责任。舞钢市财政局应当承担合同无效的赔偿责任,原债权人舞钢建行和建行平顶山信托公司明知担保人为国家机关仍与其签订保证合同亦存在明显过错。原审判决根据双方的过错程度,参照《担保法解释》第七条的规定精神,判决舞钢市财政局对本案债务本息在银龙集团公司和银龙纺织公司承担清偿责任且信达公司郑州办事处行使担保权后仍不能清偿的部分承担50%的赔偿责任并无不妥,本院予以维持。

【案例来源】

最高人民法院民事审判第二庭编:《最高人民法院商事审判指导案例·借款担保卷》(下),中国法制出版社2011年版,第735~743页。

【案件名称Ⅲ】

南昌市商业银行象南支行与中国银行江西省分行等借款合同纠纷案［最高人民法院（2001）民二终字第25号民事判决书，2001.5.21］

【裁判精要】

最高人民法院认为：

由于劳动局亦在劳信社向南昌中行提供的担保函的担保人栏内签字、盖章，且并未明确说明是以何种身份在担保函上盖章，故应认定劳动局与劳信社共同为南昌中行提供了担保。劳动局明知其作为国家机关依法不能担任保证人，而仍然向南昌中行提供担保，其对保证合同因主体不适格所导致的担保合同无效，负有缔约过失的责任，原审判决其承担赔偿责任是正确的。由于南昌中行对国家机关不能担任保证人亦应明知，故其对劳动局提供的担保无效亦有过错。南昌中行和劳动局对保证合同无效均有过错，根据劳动局对保证合同无效的过错大小，劳动局对劳企公司不能偿还的债务部分应在50%范围内承担赔偿责任。

市计委向南昌中行提供了外汇额度担保，鉴于此后外汇额度已被取消，参照《国家外汇管理局关于收购第一批剩余留成外汇额度的通知》（〔95〕汇国函字第054号）中“收购价格为1美元额度兑人民币2.6462元”的规定，市计委本应承担相应的外汇额度折算人民币价值的民事责任，由于市计委作为国家机关依法亦不得提供担保，其向南昌中行提供的外汇额度担保应认定为无效。由于市计委明知其作为国家机关不能担任保证人而仍然向南昌中行提供担保，其对担保合同无效负有缔约过失责任。而南昌中行对国家机关不能担任保证人亦是明知的，其对保证合同无效亦有过错，故市计委对劳企公司不能偿还南昌中行的债务部分，在其担保的外汇额度等值人民币范围内承担50%的赔偿责任。原审判决市计委不承担本案民事责任不当，应予以纠正。

【案例来源】

最高人民法院民事审判第二庭编：《中华人民共和国最高人民法院判案大系》（民商事卷-2001年卷），人民法院出版社2003年版，第67~72页。

544 企业法人分支机构未经法人书面授权对外提供担保无效的责任承担

【关键词】

| 企业法人 | 分支机构 | 担保无效 |

【案件名称Ⅰ】

朱雷与北城致远集团有限公司、北城致远集团有限公司三建公司等民间借贷纠纷案［最高人民法院（2016）最高法民再244号民事判决书，2016.12.23］

【裁判精要】

最高人民法院认为：

本案的争议焦点是，北城致远集团应否对案涉140万元借款本息承担连带清偿责任。

北城致远集团三建司在2009年5月15日借条上担保方处加盖印章的行为已构成对借条所涉款项的保证。根据《担保法》第二十九条关于"企业法人的分支机构未经法人书面授权或者超出授权范围与债权人订立保证合同的，该合同无效或者超出授权范围的部分无效，债权人和企业法人有过错的，应当根据其过错各自承担相应的民事责任；债权人无过错的，由企业法人承担民事责任"之规定，北城致远集团三建司的保证行为因未经北城致远集团书面授权而导致该保证合同无效。在主合同借款合同有效、从合同保证合同无效的情况下，各方当事人应根据其过错各自承担相应的民事责任。周顺渝以及时任北城致远集团三建司负责人余义平，曾作为北城致远集团委托代理人在北城致远集团与太成房产公司签订的《建设工程施工合同》上签名，虽然《借条》上仅加盖了北城致远集团三建司公章，朱雷有理由相信周顺渝、余义平可以代表北城致远集团，朱雷的过错并不明显。二审判决认定朱雷明知北城致远集团三建司系企业法人的分支机构且无法人书面授权而认可其担保负有过错，缺乏充分证据证明，属认定事实有误。二审判决北城致远集团在借款人周顺渝、曾益所负150万元借款本金之不能清偿部分的二分之一范围内承担补充还款责任，适用法律有误。依据朱雷的诉请和前述对利息问题的分析，北城致远集团应在周顺渝、曾益不能清偿朱雷借款中的140万元借款本金范围内承担连带清偿责任，在其承担清偿责任后可以向周顺渝、曾益进行追偿。结合北城致远集团三建司实际使用了该140万元借款的情况，判决北城致远集团承担责任不存在损害其合法权益的情形。因朱雷与周顺渝、曾益对借款利息的约定，未经北城致远集团三建司认可，朱雷请求北城致远集团和北城致远集团三建司对140万元借款的利息承担连带责任，没有合同依据，北城致远集团主张不承担利息损失的申请再审理由成立，本院予以支持。

【案例来源】

中国裁判文书网，http://wenshu.court.gov.cn。

【案件名称Ⅱ】

中国长城资产管理公司北京办事处与中国华北电力集团公司北京供电公司借款担

保合同纠纷案［最高人民法院（2004）民二终字第31号民事判决书，2004.4.26］

【裁判精要】

最高人民法院认为：

2000年6月15日，农行营业部和长城公司共同向威克瑞公司和供电公司发出（京）中长资债字（总行营业部）第010号《债权转移确认通知书》，其载明的农行营业部转移给长城公司的10笔债权中包括本案二审争议的33362721.12元贷款本息，并明确记载10笔债务的保证人均为供电公司。威克瑞公司和供电公司在该债权转移确认通知书回执上签字盖章，并表示对上述债权转移确认通知书中所列债权转移事项不持任何异议，借款人和担保人保证继续履行借款合同、担保合同或协议规定的各项义务。供电公司的上述确认行为，对其具有法律约束力。供电公司应当依法承担为农行营业部33362721.12元贷款本息提供担保的民事责任。原审法院认定了上述事实，但未以此作为认定供电公司认可为该笔债务提供担保的事实依据不当，本院依法予以纠正。

长城公司为证明供电公司曾为该笔用于偿还1996年前开出信用证垫付款的33362721.12元贷款本息提供了担保，在一审庭前证据交换期限内向一审法院提交了1996年2月7日供电公司向农行营业部出具的担保书复印件。对此事实，一审卷宗中有明确的记载，故本院对供电公司二审庭审中关于长城公司未在一审法定期限内向原审法院提交该复印件的抗辩不予采信。原审法院未以上述担保书复印件作为认定供电公司为威克瑞公司信用证垫付款转化的33362721.12元贷款本息提供担保的法律依据，系因长城公司未能提交该担保书原件而无法核对复印件的真实性，是从证据效力上作出的认定。即长城公司不是在法院指定的举证期限内未向法院提交证据，而是提交的证据证明力不足，故并不因此导致证据失权的法律后果。供电公司关于长城公司未能在一审举证期限届满前提交供电公司为该笔贷款提供担保的证据，长城公司已经丧失继续举证权利的抗辩，本院不予采信。二审期间，长城公司向本院提交了上述担保书原件，充分印证了一审时提交的担保书复印件的真实性，且供电公司未能向法院提交充分的证据否认该担保书的真实性，故对经与原件核对无异后的担保书复印件载明的内容本院予以认定。供电公司关于担保书非为新证据，不能据此认定其提供担保的民事责任的抗辩，本院亦不予采信。上述担保书中明确载明在担保书有效期间内农行营业部与威克瑞公司签订贷款合同，由威克瑞公司以贷款缴付信用证项下应付款项，则供电公司保证对该贷款合同项下的贷款本息等承担连带保证责任。因该约定系当事人双方真实意思表示，应为有效。

综上，本院认定供电公司对本案二审争议的33362721.12元贷款本息提供担保系其真实意思表示，供电公司应当对其向农行营业部提供该担保承担相应的民事责任。

因供电公司违反《担保法》第十条关于企业法人的分支机构未经法人书面授权

不得为保证人的规定向农行营业部提供担保,该担保合同应为无效。对此,农行营业部和供电公司均有过错,依照《担保法解释》第七条关于主合同有效而担保合同无效,债权人和担保人有过错的,担保人承担民事责任的部分不应超过债务人不能清偿部分的二分之一的规定,供电公司对该笔债务在威克瑞公司不能清偿部分的二分之一范围内承担赔偿责任。原审法院以供电公司未给该笔债务所涉贷款合同提供担保,且长城公司不能举证证明供电公司为威克瑞公司向农行营业部申请开立信用证提供过担保,供电公司对该笔债务不承担保证责任为由,驳回长城公司相关诉讼请求不当,本院依法予以改判。

【案例来源】

最高人民法院民事审判第二庭编:《民商事审判指导》(总第7辑),人民法院出版社2005年版,第240~247页。

编者说明

企业法人的分支机构签订的担保合同有效时,应由企业法人承担担保责任,分支机构签订的担保合同无效时,应根据《担保法》第二十九条的规定处理,即"企业法人的分支机构未经法人书面授权或者超出授权范围与债权人订立保证合同的,该合同无效或者超出授权范围的部分无效,债权人和企业法人有过错的,应当根据其过错各自承担相应的民事责任;债权人无过错的,由企业法人承担民事责任"。实务中,债权人对分支机构无法人授权往往是明知或者应当知道的,即债权人通常是有过错的。当然,如果分支机构伪造法人授权欺骗债权人,而债权人尽到合理的注意义务以后仍然不能判断授权的真假的,债权人应当获得合理的赔偿。因此,企业法人对债权人承担责任应当限于分支机构有过错而债权人尽到合理注意义务仍不能避免损失发生的情形。①

545 企业法人的职能部门提供保证无效的责任承担

【关键词】

| 企业法人职能部门 | 无效保证 |

【案件名称】

中国运载火箭技术研究院与甘肃省机械进出口公司等进出口代理纠纷案[最高人民法院二审民事判决书]

---

① 参见曹士兵:《中国担保制度与担保方法》(第三版),中国法制出版社2015年版,第130页。

【裁判精要】

最高人民法院认为：

本案所涉的三份代理进出口协议除保证内容外，均系各方当事人真实意思表示，内容不违反法律法规的禁止性规定，原审判决认定其合法有效并判令佛山市三雄设备贸易有限公司对佛山贸易中心未偿付货款承担责任，适用法律正确，本院予以维持。关于研究院应否承担保证责任问题。第一，由于研究院出具给民生银行的《授权委托书》系该院专为向民生银行借贷所用，研究院贸易中心以研究院的名义作出保证的承诺，显系越权代理行为。而且，本案代理进出口协议上加盖的保证人研究院的印章系研究院贸易中心负责人王天奎私自刻制，应当认定本案所涉担保无效。研究院贸易中心负责人私刻研究院公章并以研究院名义出具担保，构成对机械公司的欺诈，对此造成的损失，应根据其过错承担相应的民事赔偿责任。鉴于研究院贸易中心系研究院的职能部门，没有独立承担民事责任的能力，其过错应由研究院承担。第二，从本案三份代理进口协议第五条约定的内容以及机械公司审查研究院贸易中心之担保资格的情况看，机械公司在知道该贸易中心为非独立法人、未提供有关营业执照的情况下，未依照合同约定进一步要求该贸易中心提供法人身份证明、营业执照等有关担保资格的法律文件；其在接受上述《授权委托书》时又未要求王天奎提供原件，在此情况下仍与研究院贸易中心签约，接受该担保，表明机械公司缺乏应有的谨慎注意义务，对所引起的法律后果亦应承担相应的民事责任。据此，依照本院《担保法解释》第七条之规定，主合同有效而担保合同无效，债权人、担保人有过错的，担保人承担民事责任的部分，不应超过债务人不能清偿部分的二分之一。原审判决以研究院贸易中心属于研究院的职能部门为由，判令研究院在本案中对佛山贸易中心不能清偿部分在三分之一范围内承担过错赔偿责任，并无不当，本院予以维持。研究院以王天奎所盖公章系伪造等为由，要求免除其保证责任的上诉请求，缺乏事实和法律依据，不能成立，本院不予支持。

【权威解析】

前述该中心只是研究院的职能部门，即不能对外担保，更无力独立承担民事责任，因此，该担保无效所造成的损失，必然要贸易中心所属法人研究院来承担。

在分析损失承担的问题上，二审合议庭还考虑到机械公司方面是否存在过错。一方面，进出口代理协议对担保条款的签订有明确的约定，提出了审查担保人资格的步骤和手续；另一方面，现有证据不能证明机械公司一定知道贸易中心系研究院的职能部门，但是，机械公司在实际签约过程中，知道该贸易中心为非独立法人、未提供有关营业执照，在这种情况下，机械公司并未依照合同约定进一步要求该贸易中心提供法人身份证明、营业执照等有关担保资格的法律文件予以审查；该公司在接受上述《授权委托书》时又未要求王天奎提供原件，而仍然与研究贸易中心签约，接受该担保,表明机械公司缺乏应有的谨慎注意义务,对所引起的无效担保法律后果亦是有过错的,亦应承担相应的民事责任。

既然担保人、债权人对无效担保都有过错,《担保法解释》第七条规定担保人承担民事责任的部分不应超过债务人不能清偿部分的二分之一,而原审判决研究院承担三分之一,没有超出司法解释的限度,并无不当。①

【案例来源】

最高人民法院民事审判第二庭编:《民商事审判指导》(总第8辑),人民法院出版社2005年版,第215~221页。

546 企业违法资金拆借合同无效,变更后的合同仍为无效,保证人未再提供担保的即不再承担保证责任

【关键词】

|资金拆借合同|保证责任|

【案件名称】

塔里木石油勘探开发指挥部与中国银行石河子市支行等担保纠纷案[最高人民法院(2001)民二终字第10号民事判决书,2001.11.19]

【裁判精要】

最高人民法院认为:

塔指、新澳公司与石河子支行于1993年3月签订的资金拆借合同违反了有关企业之间不得从事资金拆借的禁止性法律规定,属无效合同;合同到期后,新澳公司于1994年9月6日向塔指出具的《关于我公司借款延期和不动产(土地)抵押借款申请报告》是合同主债务人向债权人发出的变更合同内容的要约,即延长借款的期限至1997年9月21日;同时提出了改变借款的担保方法,即以新澳公司在广东惠州大亚湾的建设用地作为抵押。代表塔指向新澳公司催款的塔指财务处负责人沈承功签字表示"同意上述意见双方共遵",鉴于原资金拆借合同就是以塔指财务处的名义签订的,沈承功作为塔指财务处的负责人,其签字同意应认定为对新澳公司变更合同要约的承诺。1994年11月10日塔指和新澳公司共同签署了《会议纪要》,约定借款延期两年至1996年11月14日;延期借款年利率为10.98%;新澳公司以其在

---

① 参见李京平:《法人的职能部门对外担保的法律后果——中国运载火箭技术研究院与甘肃省机械进出口公司等进出口代理纠纷上诉案》,载最高人民法院民事审判第二庭编:《民商事审判指导》(总第8辑),人民法院出版社2005年版,第222页。

广东惠州大亚湾的土地作为抵押。该《会议纪要》的实质是债权人和主债务人之间达成的确认变更原合同的协议,双方就合同变更达成了新的合同关系。变更后新的合同关系与原合同关系一样,违反了国家的禁止性规定,应属无效,但该合同变更是当事人之间真实意思表示一致的结果。在新的合同关系中,石河子支行已经不是合同当事人,其在原合同中承担的保证责任因新的合同关系产生而得以解除。尽管《会议纪要》载明"担保人在本息未还清前,仍负合同原规定的责任",但石河子支行并未在《会议纪要》上签字,新澳公司与塔指为他人设定义务不产生约束力。在变更后新的合同关系中,当事人只有两方,即债权人塔指和债务人新澳公司。新澳公司在《关于我公司借款延期和不动产(土地)抵押借款申请报告》中称:根据国家有关法律规定,石河子支行对资金借款的担保"已无法律行为效力";双方的意思表示亦明确,即延长借款期限,并变更担保方式,以新澳公司在大亚湾的建设用地作为抵押担保,塔指并因此收取了新澳公司的相关土地许可证。塔指与新澳公司之间达成的新的合同尽管因违反有关法律规定而无效,但其作为双方真实意思表示一致的结果,合同关系是成立的,塔指与新澳公司作为合同当事人应对自己的意思表示负责并承担相应的后果。塔指虽曾于1993年10月15日和30日两次给石河子支行发电报催款,但在催收未果时即与主债务人达成了新的合同关系从而免除了石河子支行的保证责任;1996年11月5日塔指工作人员对石河子支行副行长毕建安的调查记录亦不能证明是其向担保人主张权利,况且,这时石河子支行已不再负有担保责任,故塔指向其主张承担保证责任没有依据。原审判决认定事实清楚,适用法律基本正确。

【案例来源】

最高人民法院民事审判第二庭编:《中华人民共和国最高人民法院判案大系》(民商事卷-2001年卷),人民法院出版社2003年版,第27~31页。

第十章 | CHAPTER 10

保证合同纠纷

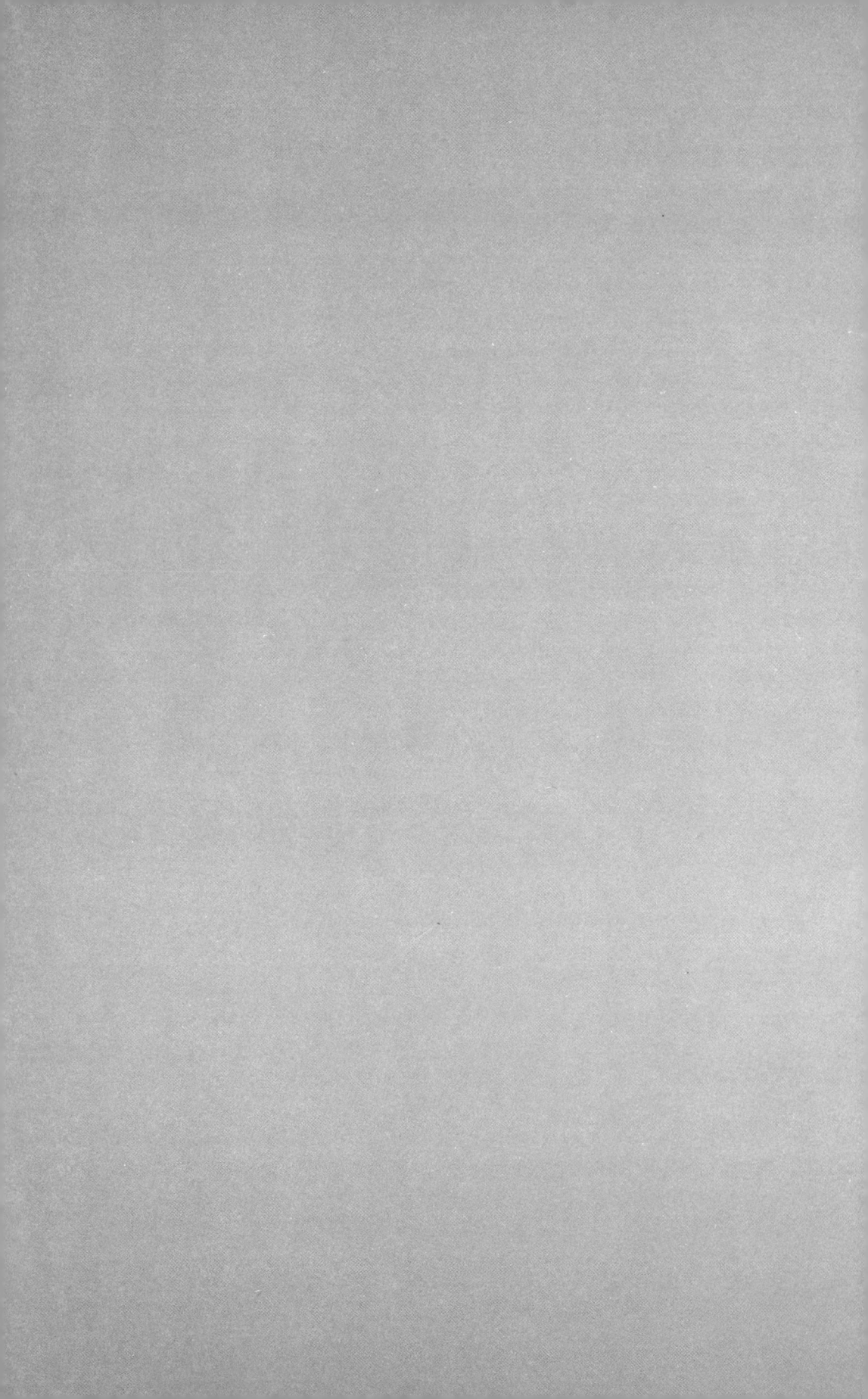

一、保证方式

547 “不能及时付款”强调的是履行期限即是否按约定时间如期履行，不同于“不能付款”

【关键词】

| 不能及时付款 | 不能付款 |

【案件名称】

贵州蓝雁投资实业有限公司与刘永采矿权转让合同纠纷案［最高人民法院（2016）最高法民终 780 号民事判决书，2017. 6. 27］

【裁判精要】

最高人民法院认为：

本案二审主要争议焦点为蓝雁公司应承担一般保证责任还是连带保证责任。

（一）蓝雁公司主张应承担一般保证责任缺乏明确的合同依据

根据《担保法》第十七条第一款关于“当事人在保证合同中约定，债务人不能履行债务时，由保证人承担保证责任的，为一般保证”；第十八条关于“当事人在保证合同中约定保证人与债务人对债务承担连带责任的，为连带责任保证。连带责任保证的债务人在主合同规定的债务履行期届满没有履行债务的，债权人可以要求债务人履行债务，也可以要求保证人在其保证范围内承担保证责任”；以及第十九条关于“当事人对保证方式没有约定或者约定不明确的，按照连带责任保证承担保证责任”的规定，一般保证是指保证人承诺在债务人“不能履行债务”、客观上丧失履行债务能力时承担保证责任的情形。构成一般保证责任原则上应由保证人与债权人以书面形式明确约定保证的方式为一般保证，在没有约定或者约定不明时应按连带责任处理。

案涉《煤矿收购协议书》关于蓝雁公司担保责任的约定为“若因甲方（朝阳煤矿）不能及时付款”，则“无条件承担余款的支付责任”。基于上述法律规定，并结合协议相关条文的规定，一审法院理解“‘不能及时付款’强调的是履行期限问题即是否应按约定时间如期履行，不同于‘不能付款’”，并无不当。蓝雁公司关于“不能及时付款”是“不能付款”的下位概念，其应为一般保证人的主张缺乏明确的合同依据。

（二）蓝雁公司提交的展鸿公司出具的《承诺书》不足以证明蓝雁公司系一般保证人

由展鸿公司 2014 年 7 月 30 日出具、景荣签字确认的《承诺书》，手书注明蓝雁公司为"一般担保人"。但是,一审庭审质证时刘永对于《承诺书》手书内容以及景荣系其代理人的身份不予认可,在蓝雁公司未提交证据证明景荣系刘永代理人的情况下,景荣签收行为的法律后果难以由刘永承担,《承诺书》中关于蓝雁公司为"一般担保人"的手书内容也不能当然对刘永产生法律效力。至于蓝雁公司主张景荣系展鸿公司与刘永之间的联系人,对于案涉交易达成不可或缺,景荣签收《承诺书》的行为构成表见代理,法律后果应由刘永承担,并未提交充分的证据证明。

(三)蓝雁公司关于其仅为一般保证人的主张与案涉《煤矿收购协议书》的约定内容及实际履行情况不相符

案涉《煤矿收购协议书》尽管以朝阳煤矿与红番哨煤矿名义签署,蓝雁公司系以担保人的身份盖章,但该协议第五条、第七条、第八条等多项条款均涉及蓝雁公司,其中包括红番哨煤矿采矿权转让至蓝雁公司名下,红番哨煤矿的相关证照(包括但不限于)《采矿证》、设计方案批复、缴款依据等所有相关证明文件、公章及其他印章也交由蓝雁公司代为保存,等等。而且,根据一审法院查明的事实,《煤矿收购协议书》签订前,作为协议签署一方朝阳煤矿的采矿权已经按国家煤矿兼并重组政策并入蓝雁公司;协议签订后,作为交易标的的红番哨煤矿采矿权也已变更登记到蓝雁公司名下。

综上,蓝雁公司在案涉交易中的身份并非其所主张的仅为一般保证人,一审法院依法认定蓝雁公司应对案涉债务承担连带责任,并无不当。

【案例来源】

中国裁判文书网,http://wenshu.court.gov.cn。

548 债权人是否向债务人主张过权利,债务人是否丧失还款能力,均不影响债权人向连带责任保证人主张权利

【关键词】

|连带责任保证|主张权利|

【案件名称】

禹州市安华投资有限公司与国电长源电力股份有限公司追偿权纠纷案[最高人民法院(2016)最高法民终597号民事判决书,2016.12.28]

【裁判精要】

最高人民法院认为:

案涉《保证合同》第三条"保证方式"第一项约定,该合同保证方式为连带责任保证。《担保法》第十八条第二款规定,"连带责任保证的债务人在主合同规定的债

务履行期届满没有履行债务的，债权人可以要求债务人履行债务，也可以要求保证人在其保证范围内承担保证责任”，故鉴于上述案涉借款合同明确约定的担保方式为连带责任保证，无论债权人是否向债务人主张过权利，债务人自身是否丧失还款能力，均不影响债权人中国银行花桥支行向担保人长源电力公司主张权利，长源电力公司据此代为偿还本息并无不当，禹州安华公司此项上诉理由不能成立，本院不予支持。

禹州安华公司主张长源电力公司为河南煤业公司提供担保并代为清偿债务未经过长源电力公司股东会决议通过，程序违法。本案中，长源电力公司签订了《保证合同》并已承担了合同约定的保证责任，现长源电力公司系依据《反担保保证合同》向反担保人追偿，长源电力公司及其股东就《保证合同》的效力及保证行为并无异议，禹州安华公司作为反担保人以此为由抗辩缺乏事实及法律依据，本院不予支持。

【案例来源】

中国裁判文书网，http://wenshu.court.gov.cn。

549 一般保证与连带责任保证区别的重要标志在于，一般保证人享有先诉抗辩权

【关键词】

| 一般保证 | 连带责任保证 | 先诉抗辩权 |

【案件名称】

中国信达资产管理公司贵阳办事处与贵阳开磷有限责任公司借款合同纠纷案［最高人民法院（2008）民二终字第106号民事判决书，2009.1.15］

【裁判精要】

裁判摘要：连带责任保证和一般保证相区别的重要标志在于，一般保证的保证人享有先诉抗辩权，即债权人必须先行对主债务人主张权利，在经强制执行仍不能得到清偿的情况下，方能要求保证人承担保证责任；而连带责任保证的保证人不享有先诉抗辩权。在担保债务已经开始计算诉讼时效的情形下，不再适用有关保证期间的规定。

最高人民法院认为：

一、关于本案开磷公司提供保证的方式

本案中，开磷公司提供的保证在借款合同中有两种表述：一是黔信字第4号《借款合同》的表述是：“全部贷款到期，贷款方发出逾期通知三个月后，仍未归还，贷款

方可以直接从借款方或担保方的各项投资和存款中扣收。”二是黔信字第5号、(91)贷字第009号、(92)建贷字第2号、(93)匀建贷字第2号《借款合同》的表述是:“贷款到期,借款方如不能按期偿还,由担保单位代为偿还,担保单位在接到黔南中心支行还款通知三个月后仍未归还,黔南中心支行有权从借款方或担保单位的投资或存款户中扣收,或委托其他金融机构扣收。”此外,开磷公司还就(93)匀建贷字第2号《借款合同》向黔南中心支行出具《借款担保书》,承诺“当借款单位不能履行借款合同如期偿还借款本息条件时,本公司(厂)将无条件承担责任,保证按照借款合同的规定,代借款单位偿还所欠借款本息。本担保书不可撤销。本担保书作为(93)匀建贷字第2号《借款合同》的附属文件,其有效期直至全部还清借款单位应归还借款本息为止”。区分连带责任保证和一般保证的重要标志就是保证人是否享有先诉抗辩权,即债权人是否必须先行对主债务人主张权利并经强制执行仍不能得到清偿时,方能要求保证人承担保证责任。上述借款合同中的第一种表述,只要贷款达到约定期限仍未归还,即将担保方与借款方的责任一并对待,并未区分保证人应否在主债务人客观偿还不能,即先向主债务人主张权利不能后,方承担保证责任,因此,此处保证责任约定是清楚的,为连带责任保证。上述借款合同中的第二种表述有“不能”字样,如单纯使用“不能”字样,则具有客观上债务人确无能力偿还借款的含义,此时保证人方承担保证责任可以认定为一般保证责任。但是,该“不能”字样是与“按期”结合在一起使用,则不能将其理解为确实无力偿还借款的客观能力的约定,仅是表明到期不能偿还即产生保证责任。因此,第二种表述亦应认定为连带保证责任。至于开磷公司为(93)匀建贷字第2号《借款合同》提供的《借款担保书》则更为明确地将保证责任界定为无条件承担,亦为约定清楚的连带责任保证。综上,本案讼争的保证责任为连带责任保证。由于本案讼争借款的主债务人贵州剑江化肥厂已经破产,且破产程序已经终结,即使借款合同约定为一般保证责任,此时保证人的责任因主债务人的破产也已经产生。

【案例来源】

《中华人民共和国最高人民法院公报》2009年第10期。

550 一方出具的复函足以使相对方产生信赖利益,相信其会依复函内容承担代替还款责任的,构成一般保证

【关键词】

|复函|信赖利益|一般保证|

【案件名称】

杭州杭星汽车空调制造有限公司与青岛澳柯玛集团空调器物资配套有限公司、青

岛澳柯玛集团空调器厂、青岛澳柯玛股份有限公司、青岛澳柯玛集团总公司定作合同纠纷案［最高人民法院（2009）民提字第7号民事判决书，2009.12.3］

【裁判精要】

裁判摘要：本案中，青岛澳柯玛股份公司复函称："请贵公司相信我公司作为上市公司的信誉，如果收货方确实无能力全部归还欠款，对其不能归还的货款，我公司可以考虑代替其对贵公司承担还款责任。"作为上市公司，其出具的复函足以使供货方产生信赖利益，相信其会依据复函的内容承担相应责任。该种复函应当被认定为"一般保证"。一般保证人在债务人不履行债务时承担补充责任。因此，在收货方未能清偿货款的情况下，股份公司对收货方不能偿还的货款，应当承担补充还款的一般保证责任。

最高人民法院认为：

纵观本案，为解决空调器厂拖欠货款问题，杭星公司向青岛市有关部门提交了"关于要求从速解决澳柯玛欠我公司21886688.14元货款报告"。后该报告转至集团公司法定代表人鲁群生处，鲁群生批转至集团公司副总裁兼股份公司总经理张兴起处。张兴起及空调器厂总经理戚东君于2006年3月10日复函杭星公司，称经集团公司领导批示，暂定采服用以下办法解决欠款问题，一是将公司部分钢板出售变现，货款支付给杭星公司，二是争取在3月20日前提供还款计划。3月21日，股份公司复函杭星公司，称欠款情况属实，表示将敦促空调器厂尽快筹措还款，并称"请贵公司相信我公司作为上市公司的信誉，如果空调器厂确实无能力全部归还欠款，对其不能归还的货款，我公司可以考虑代替其对贵公司承担还款责任"。本案的事实是，集团公司系股份公司的第一大股东，持有股份公司60.79%的股份；空调器厂系股份公司的全资子公司。本案的事实表明，张兴起及股份公司分别出具复函的目的均是对空调器厂拖欠杭星公司货款的偿还问题作出债务安排。股份公司作为上市公司，其出具的复函足以使杭星公司产生信赖利益，相信其会依据复函的内容承担相应责任。杭星公司主张正是基于前述情况，杭星公司信赖股份公司愿意承担还款责任。结合案件庭审情况，杭星公司始终坚持根据前述情况能够认定股份公司愿意承担还款责任。本院认为，此种理解符合本案真实情况。股份公司主张根据复函的表述不能认定其愿意承担还款责任。本院认为，此种理解脱离了本案实际情况，有失偏颇。根据股份公司出具的复函足以使杭星公司产生信赖利益，且空调器厂系股份公司全资子公司，股份公司出具复函的目的是对空调器厂拖欠杭星公司货款的偿还问题作出债务安排，股份公司对空调器厂不能偿还的货款，应当承担补充还款责任。

【案例来源】

最高人民法院民事审判第二庭编：《最高人民法院商事审判指导案例·合同卷》

(下),中国法制出版社 2011 年版,第 738 ~ 745 页。

551 当事人对保证方式没有约定或者约定不明确的，按照连带责任保证承担责任

【关键词】

|保证方式|约定不明|连带责任保证|

【案件名称】

毛光随与焦秀成、焦伟等股权转让纠纷案［最高人民法院（2016）最高法民终18 号民事判决书，2016. 3. 7］

【裁判精要】

最高人民法院认为:

三、关于焦伟是否应当就焦秀成之债务承担连带保证责任及保证责任范围的问题

在 2014 年 12 月 6 日涉案四方当事人签订的《补充协议书》中,第三条明确约定焦伟为焦秀成的全部债务提供连带保证,但焦伟在该合同尾部以手写方式注明:"本人焦伟保证毛光随投资金额肆仟万元整,如焦秀成没能力支付的情况下。"对此,本院认为,该《补充协议书》之目的在于确认《股权转让合同》的有效性并敦促焦秀成尽快向毛光随支付转让款,此外,该《补充协议书》还意在确认焦伟以及石圪图煤炭公司就焦秀成应支付的全部债务承担连带保证责任。但从上述焦伟的手写内容看,其对《补充协议书》第三条中就担保范围和担保方式的内容进行了实质性的变更,即作为担保人的焦伟与债权人毛光随之间就债权担保方式及担保范围并未达成意思表示上的一致,因此,《补充协议书》中有关担保人就焦秀成全部债务承担连带保证责任的约定在焦伟和毛光随之间并未成立。尽管如此,各方当事人在《补充协议书》中已明确确认了《股权转让合同》的有效性,而依据《股权转让合同》第六条第 3 项的内容"如果乙方(焦秀成)不履行本合同中的相关义务,给甲方(毛光随)造成的损失,由担保人(焦伟)承担担保责任",焦伟在本案中所承担的保证责任应当依据该条款予以确认。因该条款未约定保证责任方式,依据《担保法》第十九条关于"当事人对保证方式没有约定或者约定不明确的,按照连带责任保证承担保证责任"的规定,焦伟依法应当承担连带保证责任。

【案例来源】

中国裁判文书网,http://wenshu.court.gov.cn。

552 债权人向连带责任保证人主张权利，既可以按照保证合同的约定书面通知其履行债务，也可以直接以诉讼方式主张

【关键词】

| 连带责任担保 | 主张权利 |

【案件名称】

深圳市亚奥数码技术有限公司与中国银行内江分行担保合同纠纷案［最高人民法院（2006）民二终字第80号民事判决书，2006. 6. 19］

【裁判精要】

最高人民法院认为：

亚奥公司据以主张内江中行没有诉权的证据和理由实质上涉及的是内江中行要求其承担保证责任的诉讼请求是否能够得到支持的问题。亚奥公司据以主张内江中行没有诉权的条款系双方签订的保证合同的第四条第三款。第四条系双方当事人对保证方式作出的约定，共四款，分别约定“担保方式为连带责任保证；如果债务人未按合同约定向债权人进行支付，保证人须履行保证义务；如发生债务人未还款事件，保证人在债权人向其发出通知后20日内，将通知中所要求支付的金额付到债权人指定的账户中。债权人的通知须以书面形式作出，并可以下述任何一种方式发送：(1)挂号信；(2)特快专递；(3)专人送达；(4)传真。保证人在收到前述通知后，须及时支付所要求的款项，而不以任何理由要求免予支付或迟延支付”。综观上述四款的规定，均是对亚奥公司承担保证责任的方式作出的约定。即使亚奥公司据以主张权利的第三款所表达的核心内容亦是只要债务人未偿还款项，在债权人发出通知后，保证人应当及时履行保证责任，而并未作出“如债权人不通知保证人则保证人不承担保证责任或者保证合同不生效”等约定，故上述约定不是对保证合同生效要件的约定，保证合同不因内江中行未通知亚奥公司履行保证责任而未生效。亚奥公司引用《合同法》关于合同生效要件的规定，认为由于约定条件未成就，内江中行无权起诉的理由，没有事实和法律依据。因亚奥公司提供的系连带责任担保，故只要债务人到期未履行偿还责任，债权人内江中行即有权直接向保证人亚奥公司主张权利。亚奥公司保证责任的产生并不以债权人内江中行是否通知为前提。即使内江中行未通知亚奥公司履行保证责任，只要债务人到期未偿还债务，亚奥公司的保证责任即已客观存在，内江中行选择何种方式实现债权是其权利行使的范畴，法律并无禁止性规定。亚奥公司关于内江中行没有在诉讼前通知其履行保证义务就应免除其保证义务的主张，亦无事实和法律依据，本院不予支持。

【案例来源】

最高人民法院民事审判第二庭编：《最高人民法院商事审判指导案例·借款担

保卷》(下),中国法制出版社 2011 年版,第 939～948 页。

553 连带共同保证人是作为一个整体共同对债权人承担保证责任，债权人无须向全部保证人逐一主张权利，可向任一保证人主张

【关键词】

｜连带共同保证｜主张权利｜

【案件名称Ⅰ】

内蒙古博源控股集团有限公司与中国建设银行股份有限公司南阳分行金融借款合同纠纷案［最高人民法院（2018）最高法民终 422 号民事判决书，2018. 10. 23］

【裁判精要】

最高人民法院认为:

一、关于博源公司的保证责任问题

原审查明,2010 年 1 月 25 日,建行南阳分行、宛达昕公司与民生银行郑州分行签订《银团贷款合同》,约定建行南阳分行向宛达昕公司发放 14 亿元贷款。同日,博源公司与建行南阳分行签订《保证合同》,其中第一条约定,博源公司的保证范围为《银团贷款合同》项下本金人民币 4. 2 亿元及利息和其他款项;第二条约定,博源公司在该合同项下提供的保证为连带责任保证。上述条款对博源公司担保范围的约定明确,即贷款本金 4. 2 亿元及利息等,对博源公司保证方式的约定亦明确,即连带责任保证。博源公司上诉主张,其在宛达昕公司的持股比例为 30% ,应按此份额为宛达昕公司的贷款承担担保责任。对此问题,按照博源公司主张的持股比例计算,《保证合同》约定的担保范围即本金 4. 2 亿元确实是《银团贷款合同》约定的贷款总额 14 亿元的 30% ,但该事实仅能说明博源公司系对建行南阳分行向宛达昕公司发放的贷款总额 14 亿元承担 30% 的保证责任,而并非对《保证合同》项下的贷款本金 4. 2 亿元承担 30% 的保证责任。本案所诉贷款本金为 7439. 6 万元,并未超出《保证合同》约定的担保范围。因此,博源公司上诉提出的其仅对本案贷款承担 30% 份额保证责任的主张,与合同约定不符,本院不予支持。原判决对此认定正确,本院予以维持。

二、关于本案是否应追加北京弘达舟公司、天津航发公司和南阳内邓公司为共同被告的问题

如前所述,博源公司与建行南阳分行所签《保证合同》约定,博源公司对建行南阳分行向宛达昕公司发放的贷款本金 4. 2 亿元及利息等承担连带责任保证,并未约定博源公司与其他担保人就此数额按份承担保证责任。而建行南阳分行诉请博源公司承担连带保证责任的本金为 7439. 6 万元,不超出《保证合同》约定的担保范围。

因此，北京弘达舟公司、天津航发公司等其他保证人是否参加本案诉讼，不影响博源公司的责任承担，不属于必须参加本案诉讼的当事人，无追加为共同被告之必要。至于南阳内邓公司，根据宛达昕公司原审提交的《托管协议》，其中虽然有南阳内邓公司受宛达昕公司委托进行内乡至邓州高速公路项目剩余工程阶段性运营，并承担对建行南阳分行的利息清偿义务的约定，但建行南阳分行不是该《托管协议》的当事人，其亦未依据该协议向南阳内邓公司主张权利，因此，本案无追加南阳内邓公司之必要。综上，博源公司上诉提出本案应当追加北京弘达舟公司、天津航发公司和南阳内邓公司为共同被告的主张，缺乏事实和法律依据，本院不予支持。

【案例来源】

中国裁判文书网，http://wenshu.court.gov.cn。

【案件名称Ⅱ】

中国农业银行股份有限公司府谷县支行与陕西兴茂侏罗纪煤业镁电（集团）有限公司金融借款合同纠纷案［最高人民法院（2018）最高法民终1118号民事判决书，2018.11.29］

【裁判精要】

最高人民法院认为：

二、关于王爱田、李乃平、高飞是否应当对其相应的借款合同承担保证责任的问题

就第一份借款合同而言，2013年12月17日，府谷支行与兴茂公司签订61010120130002947号《借款合同》。2014年12月16日，兴茂公司、昊田公司与府谷支行签订编号为61010220140000036、61010220140000034的《借款展期协议》，约定对该借款合同进行展期，展期期限为2014年12月16日至2015年12月16日。兴茂公司股东高乃则、党侯美、高飞和昊田公司股东王爱田、李乃平分别对该《流动资金借款合同》及相关展期协议向债权人府谷支行出具了《承诺书》及《股东连带责任担保承诺书》，共同为兴茂公司的债务承担连带保证责任，且均未与债权人府谷支行约定保证份额与保证期间。依据《担保法解释》第十九条第一款，两个以上保证人对同一债务同时或者分别提供保证时，各保证人与债权人没有约定保证份额的，应当认定为连带共同保证。因此，高乃则、党侯美、高飞、王爱田、李乃平应对该笔借款承担连带共同保证责任。依据《担保法》第二十六条第一款，连带责任保证的保证人与债权人未约定保证期间的，债权人有权自主债务履行期届满之日起六个月内要求保证人承担保证责任。因此，高乃则、党侯美、高飞、王爱田、李乃平对该笔借款的保证期间为展期协议约定的债务履行期限届满之日起六个月，即截至2016年6月16日。

《担保法解释》第二十条第一款规定，连带共同保证的债务人在主合同规定的债

务履行期届满没有履行债务的，债权人可以要求债务人履行债务，也可以要求任何一个保证人承担全部保证责任。依据《最高人民法院关于已承担保证责任的保证人向其他保证人行使追偿权问题的批复》（法释〔2002〕37号），承担连带责任保证的保证人一人或者数人承担保证责任后，有权要求其他保证人清偿应当承担的份额，不受债权人是否在保证期间内向未承担保证责任的保证人主张过保证责任的影响。上述规定表明，在连带共同保证中，保证人是作为一个整体共同对债权人承担保证责任，债权人为实现其债权，无须向全部保证人逐一主张权利，可向任何一个保证人主张权利，而该保证人承担保证责任后，有权要求其他保证人清偿，其他保证人的保证责任不会因债权人未在保证期间内向其主张权利而免除。也就是说，债权人在保证期间内向连带共同保证人中的任何一人主张权利的行为，其法律效力均应及于其他尚在保证期间内的连带共同保证人。

本案中，府谷支行于2016年5月11日向高乃则、党侯美送达了《担保人履行责任通知书》，在保证期间内向其主张了权利，故高乃则、党侯美对第一份合同的借款本金和利息应当承担连带保证责任。此时，同为连带共同保证人的高飞、王爱田、李乃平的保证期间尚未届满，府谷支行向高乃则、党侯美主张权利的行为效力亦应及于该三人。一审认定府谷支行未在债务履行期限届满之日起六个月内向高飞、王爱田、李乃平主张过权利，进而认定该三人不再承担保证责任是错误的，应予纠正。

就第二份借款合同而言，2014年2月20日，府谷支行与兴茂公司签订61010120140000402号《借款合同》，借款期限为2014年2月20日至2015年2月19日。2015年2月17日，兴茂公司、昊田公司与农行府谷支行签订编号为61010220150000124的《借款展期协议》，约定对该借款合同进行展期，展期期限为2015年2月20日至2016年2月19日。高乃则和党侯美、高飞和李婷分别签订《保证合同》对展期协议提供连带责任保证，昊田公司股东王爱田向府谷支行出具《股东会决议》承诺对展期协议提供连带保证担保，但李乃平未在该决议上签字，故李乃平未对该借款的展期协议提供保证，其已不再就该借款承担保证责任。如前所述，高乃则、党侯美、高飞、李婷、王爱田未与债权人约定保证份额和保证期间，故该五人应对该借款承担连带共同保证责任，保证期间为展期协议约定的债务履行期限届满之日起六个月，即截至2016年8月19日。府谷支行于2016年5月11日向党侯美送达了《担保人履行责任通知书》，在保证期间内向其主张了权利，故党侯美对第二份合同的借款本金和利息应当承担连带保证责任。此时，同为连带共同保证人的高乃则、高飞、李婷、王爱田的保证期间尚未届满，府谷支行向党侯美主张权利的行为效力亦应及于该四人。一审认定王爱田不再承担保证责任是错误的，应予纠正。

就第三份借款合同（61010120150001130号）而言，2015年7月20日，府谷支行与兴茂公司签订61010120150001130号《流动资金借款合同》，借款期限为2015年7月20日至2016年7月19日。高乃则和党侯美、高飞和李婷分别对该借款合同提供连带保证担保，昊田公司股东王爱田向府谷支行出具《股东会决议》承诺对该笔借款提供连带保证担保。如前所述,该五人应当对该笔借款承担连带共同保证责任,保证期间为借款合同约定的债务履行期限届满之日起六个月,即截至2017年1月19日。府谷支行于2016年9月30日、2016年12月31日向高飞送达了《担保人履约通知书》,在保证期间内向其主张了权利,故高飞对第三份合同的借款本金和利息应当承担连带保证责任。此时,同为连带共同保证人的高乃则、党侯美、李婷、王爱田的保证期间尚未届满,府谷支行向高飞主张权利的行为效力亦应及于该四人。一审认定王爱田不再承担保证责任是错误的,应予纠正。

第四份借款合同(61010120150001133号)的情况与第三份借款合同基本一致,仅借款期限比第三份借款合同后延一天,为2015年7月21日至2016年7月20日,相关保证人的连带共同保证责任和府谷支行主张权利的事实与前述第三份合同相关事实一致,不再赘述。一审认定王爱田不再承担保证责任亦有错误,应予纠正。府谷支行该项上诉主张成立,应予支持。

【案例来源】

中国裁判文书网,http://wenshu.court.gov.cn。

554 债务人在债务履行期届满未履行债务的,债权人可以要求债务人履行,也可以要求任一连带共同保证人承担全部保证责任

【关键词】

|连带共同保证|保证责任|

【案件名称】

新疆石油管理局油田经贸总公司与中国农业银行克拉玛依石油分行、克拉玛依通德工贸有限责任公司、新疆口岸投资合作有限责任公司借款合同纠纷案[最高人民法院(2005)民二终字第80号民事判决书,2005.6.23]

【裁判精要】

最高人民法院认为:

口岸公司和德隆农牧业公司均为本案借款合同的连带担保人,农行克拉玛依石油分行仅起诉口岸投资公司承担担保责任,未起诉德隆农牧业公司,符合《担保法解释》第二十条"连带共同保证的债务人在主合同规定的债务履行期届满没有履行债务的,债权人可以要求债务人履行债务,也可以要求任何一个保证人承担全部保证责任"的规定,属于该行处分其诉权的行为,不存在对经贸总公司不公正的问题,经贸总公司有关原审法院不追究德隆农牧业公司担保而有失公正的上诉理由并不成立,本院不予支持。

【权威解析】

关于本案是否存在漏列当事人、须发回重审的情形,既是案件首先亟待解决的问题,也涉及共同保证人与主债务人之间的关系问题。从担保法理论上讲,共同保证人与主债务人之间系连带保证关系的情况下,只要债务人在主合同规定的债务履行期届满没有履行债务的,债权人可以要求债务人履行债务,也可以要求保证人在其保证范围内承担保证责任。也就是说,债权人可就保证人与主债务人两者任何一方提出首先履行义务的要求。此时成立的共同连带保证关系包含了两种,一种是数个保证人作为一个整体与债务人承担连带保证责任,即外部的连带;另一种是数个保证人之间连带承担连带保证责任,即内部的连带。在内部的连带保证关系的情形下,债权人即可以要求数个保证人共同履行担保义务,亦可以要求其中的一个或部分保证人履行担保义务,这属于债权人的选择权。《担保法解释》第二十条第一款"连带共同保证的债务人在主合同规定的债务履行期届满没有履行债务的,债权人可以要求债务人履行债务,也可以要求任何一个保证人承担全部保证责任"的规定,正是体现了该精神。结合本案,口岸投资公司和德隆农牧业公司在本案中均为借款合同的连带保证人,二者之间系内部的连带关系,债权人农行克拉玛依石油分行仅起诉口岸投资公司承担担保责任,未起诉德隆农牧业公司,属于该行处分其诉权的行为,也符合上述司法解释规定的精神,根本不存在对经贸总公司不公正的问题,经贸总公司有关原审法院不追究德隆农牧业公司担保责任而有失公正的上诉理由并不成立。①

【案例来源】

最高人民法院民事审判第二庭编:《最高人民法院商事审判指导案例·借款担保卷》(下),中国法制出版社 2011 年版,第 966 ~971 页。

555 债权人提起要求债务人承担还款责任之诉后,又提起直接要求连带责任保证人承担保证责任之诉,不属重复诉讼

【关键词】

|连带责任保证|重复诉讼|

---

① 参见李京平:《如何确认外部连带保证关系中的民事责任主体以及借款合同的主债务人——中国农业银行克拉玛依石油分行与新疆石油管理局油田经贸总公司、克拉玛依通德工贸有限责任公司以及新疆口岸投资合作有限公司借款合同纠纷上诉案》,载吴庆宝主编:《权威点评最高法院民商法指导案例》,中国法制出版社 2010 年版,第 67 页。

【案件名称】

江苏鑫源控股集团有限公司与中国银行股份有限公司慈溪分行保证合同纠纷案［最高人民法院（2018）最高法民终891号民事判决书，2018.12.24］

【裁判精要】

最高人民法院认为：

一、关于本案是否构成重复起诉及重复受偿的问题

在审理涉及连带责任保证案件中，连带责任法律关系中的债权人享有绝对的选择权，即债权人为了实现债权而对履行对象、履行顺序、履行内容都享有绝对的选择权，从而保障债权人债权的实现。根据《担保法》第十八条第二款“连带责任保证的债务人在主合同规定的债务履行期届满没有履行债务的，债权人可以要求债务人履行债务，也可以要求保证人在其保证范围内承担保证责任”和《担保法解释》第一百二十六条“连带责任保证的债权人可以将债务人或者保证人作为被告提起诉讼，也可以将债务人和保证人作为共同被告提起诉讼”的规定，债权人对债务人、连带保证人的诉讼并非必要共同诉讼。本案中，作为保证人的江苏鑫源公司在慈溪鑫凯公司未清偿到期债务的情况下，应依案涉《保证合同》约定对慈溪鑫凯公司积欠中行慈溪分行的债务承担连带清偿责任。之前宁波中院审理的（2016）浙02民初528号案件系债权人要求债务人承担还款责任之诉，而本案系债权人直接要求连带责任保证人承担保证责任之诉，这是债权人行使选择权的结果，人民法院应予以尊重。而且案涉《保证合同》同时约定：主债务在本合同之外同时存在其他物的担保或保证的，不影响债权人本合同项下的任何权利及其行使，债权人有权决定各担保权利的行使顺序，保证人应按照本合同的约定承担担保责任，不得以存在其他担保及行使顺序等抗辩债权人。因此，中行慈溪分行起诉要求江苏鑫源公司承担连带保证责任，并不构成重复起诉。

另外，债务人和连带责任保证人应在债务总额的范围内对债权人承担清偿责任，因此中行慈溪分行在得到江苏鑫源公司的清偿后，应当扣减其在申请执行慈溪鑫凯公司借款合同纠纷一案中相应的受偿数额。而且根据《担保法》第三十一条“保证人承担保证责任后，有权向债务人追偿”的规定，江苏鑫源公司在本案中清偿保证债务后，有权向债务人慈溪鑫凯公司追偿，故本案不存在重复受偿的问题。但需要指出的是，根据《担保法解释》第四十二条第一款“人民法院判决保证人承担保证责任或者赔偿责任的，应当在判决书主文中明确保证人享有担保法第三十一条规定的权利。判决书中未予明确追偿权的，保证人只能按照承担责任的事实，另行提起诉讼”的规定，在生效裁判文书已认定慈溪鑫凯公司应承担还款责任的情形下，一审法院在判决江苏鑫源公司、蒋明生、沈莉承担保证责任的同时应该在判决书主文中明确江苏鑫源公司、蒋明生、沈莉在本案中享有追偿权利，对此一审存在不妥，亦

为避免诉累，本院主动予以纠正。

【案例来源】

中国裁判文书网，http://wenshu.court.gov.cn。

二、保证期间

(一)保证期间适用范围

556 混合共同担保中担保人之间的追偿法律关系不适用保证期间的规定

【关键词】

| 混合共同担保 | 追偿关系 | 保证期间 |

【案件名称】

顾正康、十堰荣华东风汽车专营有限公司等与湖北汇城置业有限公司追偿权纠纷案［最高人民法院（2017）最高法民再 137 号民事判决书，2017. 12. 29］

【裁判精要】

最高人民法院认为：

二、本案是否适用保证期间问题

汇城公司与顾正康之间并非保证担保关系，而是混合担保中担保人之间的追偿法律关系，故保证期间在二者之间并不适用。汇城公司与荣华公司、钱云富之间则构成反担保关系。根据《担保法》第四条关于反担保适用担保规则的规定，汇城公司向荣华公司、钱云富主张反担保责任则受保证期间限制。2012 年 10 月 27 日，湖北省十堰市中级人民法院拍卖了汇城公司的抵押物用以偿还农行华中支行的债务，汇城公司承担了担保责任，有权向荣华公司、钱云富主张反担保责任，保证期间开始计算。虽然汇城公司 2013 年 9 月起诉时已经超过了六个月，但因荣华公司、汇城公司与金融机构发生的多起诉讼案件均已进入执行程序，一审法院多次召集荣华公司、汇城公司协商解决双方的债务纠纷，应当视为双方均主张了相关的民事权利，荣华公司、钱云富认为汇城公司超过了保证责任期间未主张权利的理由不能成立，其担保责任依法不能免除。

【案例来源】

中国裁判文书网，http://wenshu.court.gov.cn。

编者说明

混合共同担保,是指对同一债权提供的担保方式中既有保证担保,又有抵押、质押等物的担保。混合共同担保也是人保和物保混合的共同担保。关于混合担保中担保人之间的追偿问题,实践中存在不同观点,《全国法院民商事审判工作会议纪要》(2019 年 11 月 8 日,法〔2019〕254 号)第五十六条明确,被担保的债权既有保证又有第三人提供的物的担保的,《担保法解释》第三十八条明确规定,承担了担保责任的担保人可以要求其他担保人清偿其应当分担的份额。但《物权法》第一百七十六条并未作出类似规定,根据《物权法》第一百七十八条关于"担保法与本法的规定不一致的,适用本法"的规定,承担了担保责任的担保人向其他担保人追偿的,不予支持,但担保人在担保合同中约定可以相互追偿的除外。

557 保证人为到期债务提供担保，不产生保证期间适用的问题

【关键词】

| 保证 | 到期债务 | 保证期间 |

【案件名称】

北京地鑫房地产开发有限责任公司与中国华融资产管理公司北京办事处、中国机床总公司、中国轻工集团公司、北京正一机电技术公司借款担保合同纠纷案［最高人民法院(2003)民二终字第 14 号民事判决书］

【裁判精要】

最高人民法院认为:

地鑫房地产公司在华融公司北京办与机床总公司的债务到期后,与华融公司北京办签订还息协议书,承诺为机床总公司的 4.373 亿元债务承担连带保证责任。该协议书系当事人双方的真实意思表示,不违反法律禁止性规定,应为有效。根据《合同法》第八条的规定,依法成立的合同,对当事人具有法律约束力。当事人应当按照约定履行自己的义务,不得擅自变更或者解除合同。尽管该协议书字面上记载地鑫房地产公司与华融公司北京办建立了保证法律关系,但鉴于其签订还息协议书时,机床总公司的债务均已到期,已为实际发生的债务,地鑫房地产公司向华融公司北京办作出的承担连带保证责任的承诺,实际上是对到期债务承担偿还责任的承诺,而非一般意义上的提供担保。地鑫房地产公司与华融公司北京办之间形成了新的债权债务关系,即地鑫房地产公司代机床总公司向华融公司北京办还 4.373 亿元债务的法律关系。鉴于该协议书对地鑫房地产公司偿还债务的履行期限没有作出明确的约定,对于诉讼时效的起算应从债权人向债务人主张权利时起算。即华融公司北京办向地鑫房地产公司主张偿还责任的诉讼时效应自华融公司北京办向北京市高级人民法院提起诉讼时起算,故本案不存在华融公司北京办向地鑫房地产公司主张权利超过诉讼时效问题。地鑫房地产公司以华融公司北京办向其主张权利超过

保证期间,其依法应当免责的上诉理由,于法无据,本院不予支持。同时,原审法院以华融公司北京办向其提起诉讼时起算保证期间,判决地鑫房地产公司承担保证责任亦不当,本院依法予以纠正。关于众鑫律师事务所向机床总公司发出的律师函问题,鉴于地鑫房地产公司未向法院举证证明该律师函系众鑫律师事务所经华融公司北京办授权出具,同时该律师函的出具亦不符合表见代理的构成要件。故地鑫房地产公司以律师函为据主张保证期间应自律师函载明的最后还款期限起算的上诉理由,缺乏法律和事实依据,本院亦不予支持。

【权威解析】

(二)关于地鑫房地产公司是否承担担保责任问题

本案地鑫房地产公司向华融公司北京办提供连带责任担保,系在主债务履行期限届满之后,即债务均已到期之后提供的担保,与债权债务合同签订时保证人提供的担保在性质上有所不同。对此问题,有两种不同的观点:

一种观点从形成权角度分析,认为对于债务到期后保证人出具担保书向债权人承诺承担保证责任的,该保证不适用保证期间的规定,而直接适用诉讼时效的有关规定,保证人不能以保证期间届满债权人未向其主张权利为由免责。这种观点认为:一般情况下,在债权债务合同成立时,保证人提供担保,债权人对保证人仅享有或然担保债权。其所享有的或然担保债权向实然担保债权的转化,取决于债权人是否在一定期间内行使其形成权。这个期间就是当事人约定的保证期间或者依据《担保法》及其司法解释确定的保证期间。如果债权人在保证期间内行使了形成权,则形成其对担保人的担保债权。即债权人获得了要求担保人承担保证责任的请求权,其可依法向担保人提起请求之诉,要求保证人承担保证责任。在此情况下,保证期间完成了其历史使命(即形成权的实现),已失去其存在的意义。债权人行使形成权行为的后果是债权人因此享有了对担保人担保债权的请求权。债权人请求权的实现从而转由受诉讼时效的约束。保证期间设置的根本意义在于赋予债权人在保证期间内行使形成权,将原享有的或然担保债权转化为实然担保债权,进而享有对担保人的请求权。这个前提是保证人在提供担保的时候,其作出的提供担保的意思表示。因其将要承担担保责任的债务处于不特定状态,担保人是否承担保证责任,以及承担多大范围内的保证责任均处于不特定状态,而是由债务人将来是否履行债务,以及履行多少债务等因素来最终确定的,故法律通过设置保证期间这个制度,赋予债权人在条件成就时,通过行使形成权来确定其权利的最终内容,即将或然担保债权转化为实然担保债权。

在本案所处情况下,即保证人系在主债务均已到期后,向债权人作出的对债务人实际未偿还部分提供担保的意思表示,因其提供担保的债权范围是确定的、具体的,其作出担保的意思表示一经债权人接受,债权人即已取得了实然的担保债权,即保证人对当时已经确定的债务向债权人承担担保责任,不存在债权人是否通过在一定期间内行使形成权将或然担保债权确定为实然担保债权的问题,故在法律意义上,亦不再需要通过适用保证期间这个特殊的制度来确定债权人是否对担保人享有担保债权。也就是说,在保证人对已到期债务提供担保的,不产生保证期间适用的问题。保证期间作为一种除斥期间,赋予债权人一种单方面的形成权利,保证期间是在权利尚未形成时设定的时间上的限制。即除斥期间仅适用于形成权(消灭时效适用于请求权)。既然担保债权在作出担保意思表示的时候即已形成,这种对权利形成设定的时间限制便成为不必要。

另一种观点从保证人在债务到期后提供的担保性质上应为形成新的债权债务关系角度分析,认为这种情况下尽管保证人出具保证书承诺承担保证责任,但在性质上不应认定其为保证,而应以新的债权债务关系来认定双方的权利义务。对新的债权债务关系不涉及债权人在保证期间内未行使权利保证人免责的问题。对新的债权债务关系应当适用诉讼时效的规定。该观点认为:地鑫房地产公司在华融公司北京办与机床总公司的债务到期后,与华融公司北京办签订还息协议书,承诺为机床总公司的4.373亿元债务承担连带保证责任。该协议书系当事人双方的真实意思表示,不违反法律禁止性规定,应为有效。根据《合同法》第八条的规定,依法成立的合同,对当事人具有法律约束力。当事人应当按照约定履行自己的义务,不得擅自变更或者解除合同。尽管该协议书字面上记载地鑫房地产公司与华融公司北京办建立了保证法律关系,但鉴于其签订还息协议书时,机床总公司的债务均已到期,已为实际发生的债务,地鑫房地产公司向华融公司北京办作出的承担连带保证责任的承诺,实际上是对到期债务承担偿还责任的承诺,而非一般意义上的提供担保。地鑫房地产公司与华融公司北京办之间形成了新的债权债务关系,即地鑫房地产公司代机床总公司向华融公司北京办偿还4.373亿元债务的法律关系。鉴于该协议书对地鑫房地产公司偿还债务的履行期限没有作出明确约定,对于诉讼时效的起算应从债权人向债务人主张权利时起算。即华融公司北京办向地鑫房地产公司主张偿还责任的诉讼时效应自华融公司北京办向北京市高级人民法院提起诉讼时起算,故本案不存在华融公司北京办向地鑫房地产公司主张权利超过诉讼时效问题。地鑫房地产公司以华融公司北京办向其主张权利超过保证期间,其依法应当免责的上诉理由,于法无据,最高法院不予支持。同时,原审法院以华融公司北京办向其提起诉讼时起算保证期间,判决地鑫房地产公司承担保证责任亦不当,最高法院依法应予以纠正。关于众鑫律师事务所向机床总公司发出的律师函问题,鉴于地鑫房地产公司未向法院举证证明该律师函系众鑫律师事务所经华融公司北京办授权出具,同时该律师函的出具亦不符合表见代理的构成要件。故地鑫房地产公司以律师函为据主张保证期间应自律师函载明的最后还款期限起算的上诉理由,缺乏法律和事实依据,本院亦不予支持。

本案从减少理论上争议角度采纳了第二种观点,但笔者认为对债务到期后提供担保的法律属性问题尚需进一步的探讨研究。①

【案例来源】

吴庆宝主编:《权威点评最高法院民商法指导案例》,中国法制出版社 2010 年版,第 85 ~ 96 页。

(二)保证期间计算

558 提前收贷系债权银行权利,当银行决定提前收贷并通知债务人之时,债权诉讼时效和保证期间开始计算

【关键词】

|保证期间|提前收贷|

【案件名称】

江苏索普(集团)有限公司、上海儒仕实业有限公司与中国农业发展银行乾安县支行保证合同纠纷案[最高人民法院(2016)最高法民终 40 号民事判决书,2016.6.6]

【裁判精要】

最高人民法院认为:

索普公司、儒仕公司还主张,即使乾安支行有权提前收回贷款,则因 2012 年 2 月之前天安公司已多次停产,此时乾安支行即应当知道天安公司停产的情形,"提前收贷"和"提前还款"的主债权债务履行期限应在 2012 年 2 月前已经届满,但乾安支行却未在此之后两年保证期间内要求保证人承担保证责任,则保证人依法应当免除保证责任。对此,本院认为,是否提前收回贷款系乾安支行的权利,即便发生有权收回贷款的情形且乾安支行应当知道该情形,究竟何时决定提前收回的权利亦在乾安支行,只有当乾安支行决定提前收回并通知天安公司之时,本案债权诉讼时效才开始计算,保证期间亦随之开始计算。本案 2014 年 11 月 17 日乾安支行向天安公司第一次发出《提前收回贷款本息通知书》,通知提前收回 0022 号《流动资金借款合同》项下贷款,从此日开始至乾安支行 2015 年 2 月 28 日提起本案诉讼,并未超过两年诉

① 参见刘敏:《债务到期后提供担保的法律认定——北京地鑫房地产开发有限责任公司与中国华融资产管理公司北京办事处、中国机床总公司、中国轻工集团公司、北京正一机电技术公司借款担保合同纠纷上诉案》,载吴庆宝主编:《权威点评最高法院民商法指导案例》,中国法制出版社 2010 年版,第 97 ~ 98 页。

讼时效。故索普公司、儒仕公司关于乾安支行未在两年保证期间内要求保证人承担保证责任,因而保证人依法应当免除保证责任的主张不能成立。

【案例来源】

中国裁判文书网,http://wenshu. court. gov. cn。

559 分期履行债务的保证人承诺“保证期限自主合同生效开始至主合同失效时止”,保证期间应当从主合同最后履行期限届满之日起算

【关键词】

|分期履行|保证期间|起算|

【案件名称】

中国信达资产管理公司郑州办事处与河南省郸城县化肥厂、河南省郸城县生物化工厂、郸城金丹乳酸实业有限公司、河南省郸城县热电厂、河南金丹乳酸有限公司、郸城县技术改造资金开发中心借款担保纠纷案[最高人民法院(2005)民二终字第185号民事判决书,2006.8.30]

【裁判精要】

裁判摘要:当事人约定主合同债务分期履行,保证人承诺“保证期限自主合同生效开始至主合同失效时止”的,保证人对分期履行的主债务承担保证责任的保证期间应当从主合同最后履行期限届满之日开始起算。

最高人民法院认为:

原审对两份借款合同、两份担保函和两份担保合同效力以及借款合同的履行情况,保证合同的保证方式、保证份额、保证期间等案件基本事实认定清楚,适用法律正确,程序合法,本院予以维持。关于分期偿还借款本息的诉讼时效期间如何计算的问题,本案两份借款合同均约定分期偿还借款本息,无论《最高人民法院关于借款合同中约定借款分期偿还应如何计算诉讼时效期间的答复》还是2004年4月6日《最高人民法院关于分期履行合同诉讼时效期间及保证期间应如何计算问题的答复》,均是最高人民法院针对个别案件的不同情况所作出的个别答复,没有普遍适用的效力。在本案所涉担保合同中,担保人承诺“保证期限自主合同生效开始至主合同失效时止”。对本案债务期限作出了概括性承诺,因此,本案分期偿还的债务的保证期间应当从合同债务最后到期日开始起算。原审判决适用最高人民法院个案答复处理本案,属于适用法律不当,本院予以纠正。

【案例来源】

最高人民法院民事审判第二庭编:《民商事审判指导》(总第10辑),人民法院出版社2007年版,第300~310页。

编者说明

分期履行的债务,保证期间自最后一笔债务到期日起算,而非按照分期债务各笔到期日分别起算。此种起算方法为最高人民法院所主张。《民法总则》第一百八十九条也明确规定,当事人约定同一债务分期履行的,诉讼时效期间自最后一期履行期限届满之日起算。也有最高人民法院法官认为,对于分期履行的债务,保证期间的起算应当允许当事人通过合同进行约定,与《担保法》允许当事人约定保证期间长短一样,如果当事人没有约定,则应当按照权利产生即权利受限的原则,既然债权人在某一分期债务未受清偿时有权要求债务人清偿(即产生请求权),则该请求权即应当受保证期间的限制,保证期间应自该分期债务到期之日起算。①

560 担保人承担担保责任范围所作出的约定,并非对保证期间的约定,不能就此推断出"保证责任直至主债务本息还清时为止等类似内容"的意思表示

【关键词】

|担保|保证期间|

【案件名称】

湖北宜顺房地产发展有限公司与陈光楷民间借贷纠纷案[最高人民法院(2018)最高法民再478号民事判决书,2019.4.17]

【裁判精要】

最高人民法院认为:

本案再审的争议焦点为宜顺公司是否应对马千里的借款向陈光楷承担连带清偿责任。

根据本案查明的事实,马千里在担任宜顺公司董事及总经理期间,为收购宜顺公司的唯一股东新港顺投资有限公司股权,进而获取宜顺公司的土地开发权利,向陈光楷借款2895万元,借款期限三个月。有双方签订的《借款协议》及银行转款凭证为据。2014年2月26日,马千里与出借人陈光楷签订《对账确认书》,对前述欠款

① 参见曹士兵:《中国担保制度与担保方法》(第三版),中国法制出版社2015年版,第158页。

本息进行对账确认,并在第三段约定"为确保债务履行,马千里及担保人宜顺公司愿意承担赔偿责任,赔偿责任包括借款本金、利息、罚息、违约金、实现债权的费用(包括诉讼费、律师费等)及其他相关费用"。宜顺公司在上述《借款协议》《对账确认书》中作为担保人加盖了公章。宜顺公司虽辩称其对上述借款不知情,是马千里擅自私刻公司印章所加盖,但未提供充分的反驳证据,本院不予支持。

关于宜顺公司申请再审主张《对账确认书》中第三段内容是对保证范围的约定而非担保期限的约定,不属于"保证期限约定不明"的情形。本院认为,通常情况下,保证合同应当包括被保证的主债权种类、数额;债务人履行债务的期限;保证的方式;保证担保的范围;保证的期间等内容。《担保法》第二十一条规定:"保证担保的范围包括主债权及利息、违约金、损害赔偿金和实现债权的费用。"第二十六条规定:"连带责任保证的保证人与债权人未约定保证期间的,债权人有权自主债务履行期届满之日起六个月内要求保证人承担保证责任。在合同约定的保证期间和前款规定的保证期间,债权人未要求保证人承担保证责任的,保证人免除保证责任。"法律已经明示了保证担保的范围内容,并与保证期间规定相区分。结合《对账确认书》第三段内容的文义,其应为对担保人宜顺公司承担担保责任范围所作出的约定,并非对保证期间的约定,更不能就此推断出"保证责任直至主债务本息还清时为止等类似内容"的意思表示。原审判决认为该约定内容可以理解为当事人对保证期间约定不明有误,本院予以纠正。因此,在案涉担保条款没有对责任承担期间进行约定的情况下,保证期间依法应为主债务履行期届满之日起六个月。陈光楷有权自主债务履行期届满之日即2014年4月1日起六个月内要求宜顺公司承担保证责任,而出借人陈光楷未在上述保证期间内要求宜顺公司承担保证责任,其于2016年3月8日向一审法院起诉时已经超过法定保证期间,宜顺公司依法不应承担保证责任。

综上所述,宜顺公司的再审请求成立,予以支持。原审判决宜顺公司承担保证责任错误,应予纠正。

【案例来源】

中国裁判文书网,http://wenshu.court.gov.cn。

561 主合同履行期限没有约定时保证期间的起算

【关键词】

|担保|保证责任|保证期间|起算|

【案件名称Ⅰ】

党侯美与王连生及高乃则、高举、陕西兴茂侏罗纪煤业镁电(集团)有限公司民间借贷纠纷案[最高人民法院(2019)最高法民终329号民事判决书,2019.5.30]

【裁判精要】

最高人民法院认为：

二、关于党侯美是否应对本案债务承担连带保证责任的问题

《合同法》第六十一条约定："合同生效后，当事人就质量、价款或者报酬、履行地点等内容没有约定或者约定不明确的，可以协议补充；不能达成补充协议的，按照合同有关条款或者交易习惯确定。"第六十二条规定："当事人就有关合同内容约定不明确，依照本法第六十一条的规定仍不能确定的，适用下列规定：……（四）履行期限不明确的，债务人可以随时履行，债权人也可以随时要求履行，但应当给对方必要的准备时间……"第二百零六条规定："借款人应当按照约定的期限返还借款。对借款期限没有约定或者约定不明确，依照本法第六十一条的规定仍不能确定的，借款人可以随时返还；贷款人可以催告借款人在合理期限内返还。"《担保法》第十九条规定："当事人对保证方式没有约定或者约定不明确的，按照连带责任保证承担保证责任。"第二十六条规定："连带责任保证的保证人与债权人未约定保证期间的，债权人有权自主债务履行期届满之日起六个月内要求保证人承担保证责任。"本案中，2015 年 2 月 14 日签订的《还款协议书》第三条约定"甲方（高乃则）自愿于 2015 年 2 月 14 日前偿付乙方王连生、王二埃各贰佰万元正"，第四条约定"甲方高乃则自愿于 2015 年 3 月 21 日后将府谷县弘建煤矿股权（高举占 17% 的股份）变更至乙方王连生、王二埃名下，用以抵偿乙方王连生、王二埃二人的借款本息"，第六条约定"丙方党侯美、高举愿意为甲方偿还上述借款做担保，保证甲方（高乃则）及时偿还借款"。该协议未明确约定主债务履行期限何时届满，也未约定党侯美的保证期间。根据前述法律规定和合同约定，2015 年 3 月 21 日可确定为本案主债务开始履行的期限，自该日起，王连生有权要求高乃则随时履行合同，高乃则应当在合理的时间内履行，如在合理期限内高乃则未履行合同约定，王连生可以提起诉讼，其起诉之日可视为合同履行期限届满之日，故王连生 2015 年 9 月 17 日提起本案诉讼之日可视为合同履行期限届满之日，王连生有权自该日起六个月内要求党侯美承担本案保证责任。王连生在起诉请求高乃则承担还款责任的同时请求党侯美承担保证责任，符合法律规定，未超出保证期间。党侯美关于其未在《还款协议书》上签字或按过指印，不知该协议的存在，且未委托任何人代其在该协议上签字捺印，以及本案并非高乃则个人债务等主张，与本案事实不符，且没有证据予以证明，本院不予支持。综上，一审法院认定党侯美就案涉债务承担连带保证责任，并未超过担保期限，该认定并无不当，本院予以维持。

【案例来源】

中国裁判文书网，http://wenshu.court.gov.cn。

【案件名称Ⅱ】

黑龙江省哈尔滨市商业银行诉辽宁省沈阳市泰邦经济信息发展中心等借款担

保合同纠纷案［最高人民法院（2000）经终字第148号民事判决书］

【裁判精要】

最高人民法院认为：

佟沟信用社向先锋路信用社出具的两份担保承诺书系其真实意思表示，不违反法律法规，应认定合法有效。因先锋路信用社与泰邦中心及华堂公司未约定借款期限，根据《民法通则》第八十八条第二款关于“履行期限不明确的，债务人可以随时向债权人履行义务，债权人也可以要求债务人履行义务，但要给对方必要的准备时间”之规定，先锋路信用社于1998年8月5日向黑龙江省高级人民法院提起诉讼请求泰邦中心偿还借款本息之日，应视为借款期限届满之日，先锋路信用社于同日通过诉讼向佟沟信用社主张权利，并未超过法定的保证期限。因担保承诺书未载明保证方式，根据《担保法》第十八条之规定，佟沟信用社应对泰邦中心、华堂公司偿还先锋路信用社借款本息承担连带保证责任。原审判令免除佟沟信用社的保证责任不当，应予纠正。佟沟信用社1996年8月12日的承诺书，承诺对泰邦中心的1300万元借款本息承担保证责任，虽然该承诺书项下借款实际超过了1300万元，但佟沟信用社对超出部分不应承担保证责任。佟沟信用社同年8月30日的承诺书，承诺对泰邦中心的700万元借款承担保证责任，但该承诺书项下的借款实际发生额为600万元，佟沟信用社仅应对该600万元借款本息承担保证责任。因此，佟沟信用社对泰邦中心及华堂公司偿还先锋路信用社借款本息应在1900万元借款本息范围内承担连带清偿责任。

【案例来源】

最高人民法院办公厅编：《最高人民法院公布裁判文书（2002年）》，人民法院出版社2003年版，第242～252页。

562 债权转让后，新的保证合同没有约定保证期间的，保证期间为主债务履行期届满之日起六个月

【关键词】

| 债权转让 | 保证期间 |

【案件名称】

河北辛集化工集团有限责任公司与浙江亚商投资管理有限公司保证合同纠纷案［最高人民法院（2014）民提字第220号民事判决书，2014.12.24］

【裁判精要】

最高人民法院认为：

（四）辛集化工公司是否与债权人签订了新的保证合同，是否应承担保证责任

2000年6月20日，中国工商银行河北省分行、华融公司、汽缸盖厂和河北辛集钡盐集团有限责任公司（辛集化工公司的前身）签订了《债权转让协议》，约定："以保证方式提供担保的，担保人承诺向华融公司继续履行原保证合同项下的保证义务。"上述约定表明，在债权转让后，辛集化工公司与新债权人华融公司对转让后的债务重新达成担保合意，成立新的保证合同，辛集化工公司同意向转让后的债权人承担担保责任。该债权转让协议未约定保证期间，根据《担保法》第二十六条关于"连带责任保证的保证人与债权人未约定保证期间的，债权人有权自主债务履行期届满之日起六个月内要求保证人承担保证责任"的规定，在新的保证合同没有约定保证期间的情形下，该保证期间为主债务履行期届满之日起六个月。因债权人未在前述六个月的保证期间内向保证人主张权利，故辛集化工公司应免除保证责任。

另，2004年6月20日，辛集化工公司给华融公司回函称，其在收到催款通知书后积极与华融公司联系协商此笔担保事宜，其已无力承担担保责任。上述回函所载内容仅系辛集化工公司对其能否履行担保债务的说明，并不能认定其与华融公司之间就保证期间已过的债务又订立了新的保证合同。因此，亚商公司关于辛集化工公司与债权人又签订了新的保证合同、应承担保证责任的再审申请理由不能成立，本院不予支持。

【案例来源】

中国裁判文书网，http://wenshu.court.gov.cn。

563 约定的保证期间届满日为"被保证债务还清为止"的，属对保证期间约定不明

【关键词】

｜保证期间｜约定不明｜

【案件名称】

洪肇设与黄培德、伊加喜等民间借贷纠纷案［最高人民法院（2015）民四终字第23号民事判决书，2015.7.23］

【裁判精要】

最高人民法院认为:

二、上诉人是否应当承担保证责任

本案保证责任包括2010年合同和2011年合同两部分。根据2010年签订的合同和保证函,黄培德、伊加喜等对2010年借款合同和最高额借款合同的借款偿还承担保证责任,李义南、骆育智不是2010年合同借款的保证人。对于2011年最高额借款合同,上诉人均为保证人。

关于李义南、骆育智是否应当承担保证责任。洪肇设主张的欠款是2010年5月17日借给林建民的4000万元(包括3000万元定期借款和1000万元短期借款)中定期借款的一部分。李义南、骆育智不是2010年合同借款的保证人,自然不对该借款承担保证责任。一审法院认为通过林建民出具收款确认书的方式将该借款并入2011年最高额借款合同,故李义南、骆育智和其他保证人均应按2011年合同和担保函承担保证责任。但从合同内容看,收款确认书仅作为确认借款金额的一种方式,故林建民单方出具的收款确认书不能改变保证人的保证义务。洪肇设多次明确表示本案借款是2010年5月发生的,而2011年最高额借款合同并无只言片语提及2010年借款的欠款情况或欠款结转至2011年最高额借款合同。也无其他证据证明上诉人对此知情,更无证据证明上诉人确认2011年合同下的借款包含了旧债。因此,一审法院判决李义南、骆育智承担保证责任没有事实根据和法律依据,系法律适用错误,应予纠正。

关于黄培德、伊加喜是否应当承担保证责任。洪肇设主张的借款是根据2010年(定期)借款合同产生的,黄培德、伊加喜是该合同下借款的保证人。但黄培德、伊加喜在2010年保证函中承诺的保证期间是指“自本保证函的起始日开始(包括该日)直至被保证债务还清为止”。《担保法解释》第三十二条第二款规定:“保证合同约定保证人承担保证责任直至主债务本息还清时为止等类似内容的,视为约定不明,保证期间为主债务履行期届满之日起二年。”根据该规定,黄培德、伊加喜的保证期间为主债务履行期届满之日起二年,即截至2013年5月17日。洪肇设未在保证期间要求黄培德、伊加喜承担保证责任,直至2013年11月才提起诉讼,故黄培德、伊加喜的保证责任依法免除。

【案例来源】

中国裁判文书网,http://wenshu. court. gov. cn。

564 约定“保证期间与所有主债权期限一致”的，属对保证期间约定不明

【关键词】

| 保证期间 | 约定不明 |

【案件名称】

河南省祥博投资担保有限公司、河南龙湖酒店管理有限公司与洛阳恒源隧物资有限公司企业借贷纠纷案［最高人民法院（2018）最高法民终 892 号民事判决书，2018. 12. 29］

【裁判精要】

最高人民法院认为：

（三）祥博公司承担案涉债务的保证期间应如何认定

祥博公司签订的两份《最高额保证合同》上保证期间均约定为“保证期间与所有主债权期限一致”“主债权期限”明显不是“主债务履行期限”，故祥博公司关于《最高额保证合同》约定的保证期间等于主债务履行期限的主张缺乏事实依据，该约定属于对保证期间约定不明。《担保法解释》第三十七条规定：“最高额保证合同对保证期间没有约定或者约定不明的，如最高额保证合同约定有保证人清偿债务期限的，保证期间为清偿期限届满之日起六个月。没有约定债务清偿期限的，保证期间自最高额保证终止之日或自债权人收到保证人终止保证合同的书面通知到达之日起六个月。”本案《最高额保证合同》没有约定债务清偿期限。最高额保证的终止日是指最高额保证合同约定的属于保证范围的债务发生的最后到期日，祥博公司主张的 2014 年 6 月 30 日是属于保证范围内的合同签订期间的截止日，而非属于保证范围的债务发生的最后到期日，故该日期并非最高额保证的终止日。案涉《最高额保证合同》并未约定最高额保证的终止日，依据《担保法解释》第三十七条的规定，上述情形下，保证期间应以债权人收到保证人终止保证合同的书面通知到达之日起算。本院二审查明，祥博公司未向恒源隧公司发出书面通知终止保证合同。因此，至 2016 年 2 月 22 日恒源隧公司提起诉讼要求祥博公司承担保证责任时，案涉《最高额保证合同》的保证期间还未起算，祥博公司应依照《最高额保证合同》的约定承担保证责任。一审法院关于“本案所涉主债权为借款，因而债权期限应从诉讼时效的规定”的认定有误，本院予以纠正。但一审法院认为祥博公司应对 14000 万元借款本金及利息承担连带清偿责任的判定正确，本院予以确认。

【案例来源】

中国裁判文书网，http://wenshu. court. gov. cn。

565 保证人承诺债务人“未能及时足额归还”欠款，其将履行连带保证责任的，应认定该承诺书对保证期间约定不明

【关键词】

| 承诺书 | 保证期间 | 约定不明 |

【案件名称】

河南省祥博投资担保有限公司、河南龙湖酒店管理有限公司与洛阳恒源隧物资有限公司企业借贷纠纷案［最高人民法院（2018）最高法民终892号民事判决书，2018.12.29］

【裁判精要】

最高人民法院认为：

二、关于龙湖公司应否对金土地公司案涉债务承担保证责任的问题

(一)《承诺书》的效力问题。龙湖公司主张，本案主合同存在《合同法》第五十二条第二款、第三款规定的情形，导致主合同无效，故担保合同亦无效。前文已经论述本案主合同不存在《合同法》第五十二条第二款、第三款规定的情形，故主合同有效。龙湖公司主张因主合同无效导致担保合同无效的理由不成立。(二)龙湖公司对案涉债务承担保证责任的保证期间应如何认定。1.《承诺书》是否约定了保证期间。龙湖公司承诺的内容为：若金土地公司“未能及时足额归还”恒源隧公司欠款，其将履行连带保证责任。其中的“及时”与“足额”之间的关系可以做两种理解，其一是递进关系，即债务人在债务履行期限届满时未能足额归还恒源隧公司欠款，二是并列关系，即债务人在债务履行期限届满时未能及时偿还，或者债务人未能足额归还，这两种情形下龙湖公司均应承担连带保证责任。第一种理解下，显然属于对保证期间未做约定的情形，但第二种理解下，包含龙湖公司承担保证责任直至债务人足额归还之日为止的意思，属于对保证期间约定不明。因该承诺书系龙湖公司出具，意思表示不明确的责任应由龙湖公司承担。且担保人龙湖公司的股东邢红旭系债务人金土地公司的实际控制人，龙湖公司的股东董志鹤系金土地公司和龙湖公司的法定代表人，应由龙湖公司承担意思表示不明确的不利后果，即认定该承诺书对保证期间约定不明。2.《担保法解释》第三十二条规定：“保证合同约定的保证期间早于或者等于主债务履行期限的，视为没有约定，保证期间为主债务履行期届满之日起六个月。保证合同约定保证人承担保证责任直至主债务本息还清时为止等类似内容的，视为约定不明，保证期间为主债务履行期届满之日起二年。”龙湖公司及恒源隧公司均认可主债务履行期届满日为2014年6月30日，依据《担保法解释》第三十二条的规定，龙湖公司的保证期间为2014年6月30日起两年，即当日起至

2016 年 6 月 29 日。恒源隧公司在 2016 年 2 月 22 日起诉要求龙湖公司承担保证责任,并未超过保证期间,龙湖公司的保证责任不能因此免除。

【案例来源】

中国裁判文书网,http://wenshu. court. gov. cn。

566 约定的保证期间起算日为“贷款人书面要求保证人清还担保债务当日起”的,属对保证期间约定不明

【关键词】

| 保证期间 | 约定不明 |

【案件名称】

中国银行(香港)有限公司与广西壮族自治区商务厅、刘经纶一般担保合同纠纷案[最高人民法院(2013)民四终字第 23 号民事判决书,2014. 6. 27]

【裁判精要】

最高人民法院认为:

根据当事人的诉辩主张,本案二审争议焦点为案涉保证合同约定的保证期间是否明确、各被上诉人应否承担保证责任问题。

因原商某机构变更,原贸某为接续原商某 1995 年 1 月 11 日出具《不可撤销担保函》而设立的担保,而针对同一笔债务签订了 1998 年保证合同,一审法院据此认定贸易厅的担保取代了原商某的担保并仅就 1998 年保证合同所约定的保证期间以及担保责任问题进行审理是正确的。根据《担保法》和《担保法解释》的有关规定,保证期间应当是明确、稳定的不变期间,无论当事人就该期间的长短作如何约定,其期间的起算时日和届满时日均应当是确定的,否则即应视为约定不明并依法确定保证人承担保证责任的期间。案涉 1998 年保证合同约定了两种确定保证期间的方式,并注明以较后者为准。第一种从该合同签订之日即 1998 年 4 月 27 日起至所有担保债务已经清偿,第二种从贷款人书面要求保证人清还担保债务当日起计六年止。上述第一种方式就保证期间的起算日的约定虽然是确定的,但由于所担保债务是否能如期清偿以及何时能实际清偿尚处于不定状态,故其所约定的保证期间届满日期即“所有担保债务已经清偿”的时日显然是不确定的;而前述第二种方式所约定的保证期间的届满日虽然确定为将来的六年,但由于贷款人要求保证人清还债务的时日并未确定,以致约定的保证期间的起算时日即“贷款人书面要求保证人清还担保债务当日起”流于浮动、不定的状态,致保证期间无从确定,亦属双方对保证期间约定不明的情形。一审法院根据《担保法解释》第三十二条第二款的规定对案涉保

证合同的保证期间视为约定不明并依法确定本案保证合同的保证期间为主债务履行期届满之日起二年是正确的。因现有证据未直接反映出本案三笔债务履行期限的届满时日,一审法院根据金某银行香港分行于1998年9月11日发给贸易厅的函件中提及该行已就三笔债务向债务人华桂公司追索的情况,由此认定案涉主债务的履行期限届满之日为1998年9月11日并自此起算保证人的保证责任期间为此后二年至2000年9月11日届满是正确的。一审法院根据现有证据认定在该法定保证期间内,债权人并未向保证人主张过权利,保证人的保证责任依法归于消灭,保证人的保证责任已经免除并无不当。上诉人中银香港公司关于本案所涉保证合同不属于保证期间约定不明情形的上诉理由不能成立。

至于刘经纶及其以贸易行业办名义于2005年6月23日与中银香港公司三方签订的《还款协议书》,因原贸易行业办于2004年1月19日已经被撤销,无论包括中银香港公司在内的任何人是否知晓,这一事实都已客观存在,在贸易行业办的民事主体资格及其权利能力和行为能力已经不复存在的情况下,任何人以其名义签订的合同当然不能产生合法效果,一审法院据此认定2005年6月23日《还款协议书》依法不构成对原担保关系重新确认的认定是正确的。上诉人中银香港公司关于《还款协议书》导致诉讼时效中断以及《还款协议书》构成保证人对债务重新确认的上诉理由不能成立。

【案例来源】

中国裁判文书网,http://wenshu.court.gov.cn。

编者说明

案涉保证合同约定了两种确定保证期间的方式,其中第二种从贷款人书面要求保证人清还担保债务当日起计六年止,长于二年;实践中也有保证期间的约定短于六个月的。对于保证合同约定的保证期间短于六个月或者长于二年的,原则上从其约定,但以不违背诚实信用、公序良俗原则为限。司法实践中,当事人约定保证期间短于六个月或者长于二年的情况比较常见,既然《担保法》允许当事人可以在保证期间上进行意思自治,《担保法解释》对该问题也无规定,因此应当尊重当事人的约定。比如保证合同约定的保证期间为二、三个月或者三、五年的,原则上从其约定。如果当事人的意思违反诚实信用、公序良俗等原则,违背常理的,对一方当事人极度不公,该约定不能获得法律的保护,应当按照《担保法》的规定确定保证期间。如将保证期间约定为几天或者几十年的,对债权人或者保证人极度不公,法律不应予以保护。①

① 参见曹士兵:《中国担保制度与担保方法》(第三版),中国法制出版社2015年版,第159~160页。

567 保证人在债权人提供的格式合同上加注保证期间，并经债权人签章的，表示双方认可该保证期间

【关键词】

|格式合同|保证期间|

【案件名称】

中国银行重庆渝北支行与重庆富源数码广告印务有限公司等借款合同纠纷案［最高人民法院（2001）民二抗字第9号民事判决书，2002. 3. 22］

【裁判精要】

最高人民法院认为：

渝北中行与印务公司所签借款合同系双方真实意思表示，该借款合同虽用于以贷还贷，但不违反法律。水电公司知道该借款合同是用于以贷还贷，仍为其提供保证。应认定该借款合同和保证合同有效。

水电公司在1996年保字第12号《保证合同》上加注保证期限条款，虽查明该加注是盖章后加注的，但渝北中行签章日期晚于水电公司签章日期29天，且渝北中行向法院提供的1996年保字第12号《保证合同》原件即有该加注，渝北中行对此没有提出过异议。本案保证合同是渝北中行提供的格式合同书。其使用说明只是对添加合同内容的一般要求，不具有强制力。水电公司在保证合同签章处加注保证期限条款虽不规范，但不违背当事人的真实意思表示，且该保证期限长于借款合同还款期限约定，应认定该保证期限条款有效。渝北中行于1997年11月7日对债务人印务公司起诉，已超过保证合同约定的保证期限。根据《担保法》第二十五条第二款的规定，水电公司免除保证责任。

渝北中行辩称，1994年9月30日水电公司曾出具《不可撤销担保书》，约定："本担保有效期为三年。"本案保证合同加注内容是重申保证人对三年期限届满前发生的债务承担保证责任。因此本案保证合同加注内容不能视为对保证期限的约定。经查，本案渝北中行诉讼主张的是1996年借字第51号《借款合同》和1996年保字第12号《保证合同》的债权，并未涉及1994年的《不可撤销担保书》，且本案一审开庭审理中，参与订立本案借款合同和保证合同的原渝北中行行长周继全明确表示："以前的借款、担保已经了结。"故本院对渝北中行再审依《不可撤销担保书》的约定，否定本案保证合同加注内容的主张不予支持。

【案例来源】

最高人民法院审判监督庭编：《中华人民共和国最高人民法院判案大系》（审判监督卷－2001年～2002年卷），人民法院出版社2003年版，第175～178页。

568 主合同约定了清偿期，而最高额保证的保证期间约定不明的，保证期间为主债务履行期届满之日起两年

【关键词】

｜最高额保证｜保证期间｜约定不明｜

【案件名称】

中国工商银行厦门分行与中福实业股份有限公司担保合同纠纷案［最高人民法院（2000）经终字第274号民事判决书］

【裁判精要】

最高人民法院认为：

厦门工行在1999年10月15日对编号为RL35499005、RL35499026、RL35499031、RL35499035、GWL35499007等五份借款合同发出了代偿贷款通知书，对保证人主张了权利，中福公司于当月19日在该通知回执上予以签收确认。除此以外的其他五份借款合同的债务履行期届满日分别为：RL35499082借款合同的债务履行期届满日为1999年12月26日、RL35499095借款合同的债务履行期届满日为2000年1月5日、RL35499101借款合同的债务履行期届满日为2000年2月15日、RL35499096借款合同的债务履行期届满日为2000年2月15日、RL35499117借款合同的债务履行期届满日为2000年3月15日。中福公司为九洲公司与厦门工行之间的十份借款合同所出具的三份担保合同均载明"本担保书持续有效，其效力至本担保书项下由申请人应付的款项还清时为止"，依照最高人民法院《担保法解释》第三十二条第二款关于"保证合同约定保证人承担保证责任直至主债务本息还清时为止等类似内容的，视为约定不明，保证期间为主债务履行期届满之日起二年"的规定，中福公司上述担保合同的保证责任期间为两年。依照该解释第三十四条的规定，厦门工行于1999年10月15日向中福公司出具代偿通知书主张权利，未超过法定的保证期间，中福公司应从对上述通知回执签字确认之日起承担保证责任，并开始起算担保合同的诉讼时效。《民法通则》第一百三十五条规定："向人民法院请求保护民事权利的诉讼时效期间为二年，法律另有规定的除外。"厦门工行于2000年4月29日向福建省高级人民法院提起诉讼，请求判令中福公司对其三份担保合同项下的全部十份借款合同承担保证责任，代偿九洲公司借款及利息，厦门工行对上述借款合同的起诉均未超过法定诉讼时效期间，该院对厦门工行依法行使的诉讼权利予以确认和保护。中福公司关于厦门工行只对四份借款合同发出了代偿贷款通知书，对其余六份借款合同没有主张权利，所以该公司对其余六份借款合同不承担保证责任的上诉主张没有事实和法律依据，不予支持。《担保法解释》第三十二条规定，保证期间应当

从主债务履行期届满之日起计算，上述规定对保证期间起算的一般原则既适用于一般保证，又适用于最高额保证。本案借款合同明确约定了债务履行期限，其最高额保证责任期间亦应自债务履行期限届满之日起算。只有在主合同没有约定债务履行期，保证合同亦没有约定保证履行期限的情况下，才适用《担保法解释》第三十七条的规定，因此，本案保证期间不适用《担保法解释》第三十七条规定。中福公司关于本案 DB98143 号最高额保证合同所担保的部分借款合同项下 1180 万元债务的保证期间已过，应当免除该公司保证责任的理由不成立，本院不予支持。

本案编号为 DB98143 最高额担保合同约定的保证期间，是自 1998 年 9 月 25 日起至 1999 年 9 月 24 日止。GWL35499007 号借款合同注明该借款合同由 DB98143 号担保合同对其项下的贷款额度提供担保，该借款合同实际借款日期是 1999 年 12 月 6 日，超出了 DB98143 号最高额担保合同约定的担保期限。中福公司关于 GWL35499007 号借款合同超出了 DB98143 最高额担保合同规定的履行期间，应当免除该公司对借款合同项下的 30.95 万美元借款承担担保责任的上诉理由成立，本院予以支持。厦门工行辩称该笔贷款应当适用 DB99030 号担保合同，因 GWL5499007 号借款合同明确约定该借款合同适用 DB98143 号担保书，厦门工行的上述主张缺乏事实根据，本院不予支持。

【权威解析】

本案的主要法律问题是《担保法解释》第三十七条规定的适用问题，该条规定是专门针对最高额担保的特别条款，依照常规应当优先适用。但是主合同的借款期限往往超过六个月，在这种情况下，如果适用上述条款，必然会产生担保期间等于或短于债务的清偿期的现象，甚至会发生主合同的清偿期未到，担保合同的保证期间已经届至的情况，使得担保合同成为一纸空文。因此，如果机械地适用《担保法解释》第三十七条的规定，保证人的保证责任就会落空，这就削弱了《担保法》对债权的保护作用，对债权人也是极不公允的，不仅不符合我国民法的公平原则，亦不符合《担保法》的立法原意。所以在这种情况下，应该依照《担保法》第二十六条以及《担保法解释》第三十二条的规定，以主合同的清偿期到期日开始计算保证合同保证期间，只有在主合同没有规定清偿期，最高额保证合同对保证期间也没有约定或者约定不明的情况下，才适用《担保法解释》第三十七条的规定。①

【案例来源】

最高人民法院民事审判第二庭编：《民商审判指导与参考》（总第 2 卷），人民法

① 参见陈明焰：《关于对担保法司法解释第三十七条的理解与适用——中国工商银行厦门分行与中福实业股份有限公司担保合同纠纷上诉案》，载最高人民法院民事审判第二庭编：《民商审判指导与参考》（总第 2 卷），人民法院出版社 2003 年版，第 323 ~ 324 页。

院出版社 2003 年版,第 316 ~ 323 页。

569 延期还款协议对保证期间未重新约定的，不能就此认为保证期间仍按原保证合同的约定

【关键词】

| 延期还款协议 | 保证期间 |

【案件名称】

内蒙古电力(集团)有限责任公司与中国银行乌兰浩特分行、兴安电力有限责任公司、北方联合电力有限责任公司、兴安富恒热力有限责任公司借款担保合同纠纷案［最高人民法院（2008）民二终字第 68 号民事判决书，2008. 8. 28］

【裁判精要】

裁判摘要:债权人与债务人签订的延期还款协议中约定,借款人、贷款人、保证人的权利义务按照原借款合同和保证合同约定的条款执行的约定,对保证人的保证期间未重新约定,在这种情况下,应当从当事人之间的缔约目的出发,探寻当事人的真意,不能就此认为保证人的保证期间仍然按照原保证合同的约定。

最高人民法院认为:

关于中行乌兰浩特分行向电力集团主张权利是否超过了保证期间,亦为二审中双方当事人争议的焦点问题。对此,本院认为,在本案中讼争的两份借款合同到期后,中行乌兰浩特分行与兴安电力公司、电力集团均又签订了《延期还款协议书》,将其中 2100 万元借款的还款期限延续至 2005 年 8 月 10 日;600 万元借款的还款期限延续至 2005 年 9 月 22 日。《延期还款协议书》中关于借款人兴安电力公司、贷款人中行乌兰浩特分行、保证人电力集团的权利义务按照原借款合同和保证合同约定的条款执行的约定,并不能得出保证人的保证期间仍然按照原保证合同约定的结论。上诉人电力集团关于其保证责任按原《保证合同》已经解除的上诉理由,因不符合当事人之间订立《延期还款协议书》的合同目的,本院不予支持。

【案例来源】

最高人民法院民事审判第二庭编:《最高人民法院商事审判指导案例·借款担保卷》(下),中国法制出版社 2011 年版,第 726 ~ 734 页。

(三)保证期间变更

570 保证期间可以通过约定予以变更

【关键词】

|保证期间|约定变更|

【案件名称】

中国电子进出口总公司与中国农业银行股份有限公司昆明经济技术开发区支行、中电云南进出口公司借款合同纠纷案[最高人民法院再审民事判决书]

【裁判精要】

最高人民法院认为:

(一)本案所涉保证期间如何确定

云南公司、原债权人农行春城支行以及中电公司签订的《保证担保借款合同》约定主债务履行期限为1997年11月24日至2000年11月24日,保证期间为1997年11月至2000年11月,但对于保证期间的具体截止日是11月的哪一天并未明确,应视为对保证期间约定不明。但是,双方当事人在审理中均认可《保证担保借款合同》约定的保证期间与主债务履行期一致即11月24日,对此,予以认定。根据《担保法解释》第三十二条第一款的规定,对于此种情形,视为没有约定,故本案担保期间应为主债务履行期届满之日起六个月。

中电公司于2000年11月13日出具《担保承诺》,表示担保期限延长至2002年11月12日是,故应认定为双方以约定的方式将保证期间延长至2002年11月12日,本案保证期间为主债权履行期限届满之日2000年11月24日起至2002年11月12日止。

【权威解析】

1. 保证期间是否得通过约定予以变更

本案中,虽然当事人对保证期间约定不明,但是双方当事人在审理中均认可保证期间与主债务履行期一致。根据《担保法解释》第三十二条第一款的规定,本案保证期间应为主债务履行期届满之日起六个月,即2000年11月24日至2001年5月24日。中电公司于2000年11月13日出具《担保承诺》,表示担保期限延长至2002年11月12日。此种延长是否有效?中电公司认为根据该承诺保证期间延长至2002年11月12日,农行开发区支行则认为中电公司主张保证期间延长违反了《担保法解释》第三十一条“保证期间不因任何事由发生中断、中止、延长的法律后果”

的规定。

对此,我们认为,根据《合同法》第七十七条,《担保法》第十五条、第二十六条第一款的规定,保证期间属于当事人应当约定的合同事项,只有在当事人无约定或者约定不明的情况下才适用法律的规定。法律允许当事人协商确定保证期间,亦可在协商一致的基础上,对保证期间作出变更或者延长。《担保法解释》第三十一条的规定旨在强调保证期间不因任何事由发生类似诉讼时效的中断、中止、延长的法律后果,以敦促权利人尽快行使权利,避免权利处于不确定状态。当事人以约定方式变更保证期间与该条规定并不相悖。中电公司出具《担保承诺》明确表示将保证期间延长至2002年11月12日,该承诺已经债权人农行春城支行接受和认可,故应认定为双方以约定的方式将保证期间延长至2002年11月12日,本案保证期间为主债务履行期限届满之日2000年11月24日起至2002年11月12日。①

【案例来源】

最高人民法院民事审判第二庭编:《最高人民法院商事审判裁判规范与案例指导》(第二卷),法律出版社2011年版,第322~330页。

(四)保证期间内主张权利的认定

571 债权人以邮寄信函方式向保证人主张保证责任是否超出保证期间的认定,应以该信函是否在保证期间内寄出为准

【关键词】

|邮寄信函|保证期间|

【案件名称】

中国信达资产管理公司上海办事处与上海万泰城市有限公司、上海市普陀区城市建设投资有限公司借款合同纠纷案[最高人民法院(2010)民提字第30号民事判决书,2010.6.9]

【裁判精要】

裁判摘要:债权人以邮寄信函方式向保证人主张承担保证责任的,对于是否超

① 参见高燕竹:《保证期间和诉讼时效的认定以及同一抵押物上多个抵押权的实现》,载最高人民法院民事审判第二庭编:《最高人民法院商事审判裁判规范与案例指导》(第二卷),法律出版社2011年版,第330页。

过保证期间的认定,应以该信函是否在保证期间内寄出为准,而非以保证人是否在保证期间内收到为准。即便债权人不能证明保证人收到了该信函,也不能因此否认债权人已向保证人主张了相应权利的事实。

最高人民法院认为:

关于原债权人中国银行上海市分行是否已在保证期间内向投资公司主张了相应权利问题。中国银行上海市分行与投资公司签订的《保证合同》约定,保证期间为1999年9月30日至2002年9月30日止,投资公司的通讯地址为上海市中山北路2981号,《保证合同》项下的任何通知、付款要求或各种通讯联系均按该地址送达对方,《保证合同》任何一方的通讯地址发生变化应立即通知对方。本案中,信达公司上海办事处提供的(2002)沪闵证经字第3568号《公证书》载明,2002年9月19日下午,中国银行上海市分行的委托代理人朱启华来到上海市邮电局闵行区局莘庄邮政支局,以挂号的方式向投资公司办公室邮寄信函一封,该信函中包括给投资公司的《敦促履行担保责任的函》一份,收信地址为上海市中山北路2981号。信达公司上海办事处提供的第0111号《国内挂号函件收据》载明,上海市邮电局阂行区局莘庄邮政支局于2002年9月19日18时收寄了该挂号信函。一、二审法院对于上述事实已予以确认。上述事实表明,本案原债权人中国银行上海市分行已在保证期间内向投资公司主张了相应权利。现有证据虽不能证明投资公司收到了该挂号信函,但不能因此而否认原债权人中国银行上海市分行已向其主张了相应权利这一事实。二审法院认定没有充分的证据证明原债权人中国银行上海市分行在合同约定的保证期间要求保证人投资公司承担保证责任不当,应当予以纠正。信达公司上海办事处关于其在保证责任期间内向保证人行使了要求保证人承担保证责任的权利的主张成立,本院予以支持。

【案例来源】

最高人民法院民事审判第二庭编:《最高人民法院商事审判指导案例(第五卷)》(上),中国法制出版社2011年版,第339~352页。

572 保证人下落不明的,债权人才可以在保证期间内通过国家级或者保证人住所地省级有影响的媒体以公告方式向保证人主张权利

【关键词】

| 保证人下落不明 | 保证期间 | 公告 |

【案件名称Ⅰ】

古交市加乐泉乡咀头村村民委员会、山西煤炭运销集团古交铂龙煤业有限公

司、山西一一煤气化集团有限公司与山西古交农村商业银行股份有限公司等借款合同纠纷案［最高人民法院（2019）最高法民终90号民事判决书，2019.4.15］

【裁判精要】

最高人民法院认为：

关于原咀头煤矿所担保的债务保证期间是否已过的问题，鉴于咀头村委会在办理咀头煤矿的注销手续时，未按照案涉《保证合同》第8.2条的约定通知债权人，致使古交农村商业银行对此不知情，在无法联系到咀头煤矿的情况下，古交农村商业银行采用公告的方式进行催收，并无不当。因古交农村商业银行于2015年4月21日通过《山西法制报》对涉案3亿元债权进行了总体公告催收，故咀头村委会关于本案保证期间已过的上诉主张理由不能成立。

关于原屯川煤矿的保证期间是否已过的问题，铂龙煤业公司主张古交农村商业银行起诉其所依据的四份《保证合同》有两笔已过保证期间。虽然古交农村商业银行在保证期间内曾采取公告的方式催收，但因其未直接与铂龙煤业公司联系，方式不当。对此本院认为，鉴于原屯川煤矿在办理企业名称变更登记时，未按照案涉《保证合同》的约定通知债权人，致使古交农村商业银行对此不知情，在无法联系到原屯川煤矿的情况下采用公告的方式进行催收，并无不当。古交农村商业银行于2015年4月21日通过《山西法制报》对涉案3亿元债权进行了总体公告催收，铂龙煤业公司关于本案保证期间已过的上诉主张理由不能成立。

【案例来源】

中国裁判文书网，http://wenshu.court.gov.cn。

【案件名称Ⅱ】

陈昭海与陈骏民间借贷纠纷案［最高人民法院（2017）最高法民再178号民事判决书，2017.6.28］

【裁判精要】

最高人民法院认为：

各方当事人争议的焦点问题为陈骏在保证期间内以公告方式向保证人陈昭海主张权利是否符合法律规定。

关于陈骏于2013年10月28日在《淮海商报》上刊登公告要求陈昭海承担担保责任是否构成在保证责任期间内向其主张了权利的问题。本院认为，保证合同是保证人和债权人约定，在主债务人不履行债务时，由保证人承担代为履行或连带责任的协议。由保证人系为他人负责这一特点所决定，保证合同依法成立并不意味着在债权人和保证人之间建立了真实的保证债权债务关系，保证合同的成立仅为债权人设立了要求保证人承担代偿责任的期待权。保证责任是否真正产生,一方面取决于主债务人是否依约清偿债务,同时还取决于债权人是否在保证期间内依法定方式向保证人主张了权利,这也是学说上公认保证债务为或然债务的理由所在。从法律制度发生史的角度,保证期间系为维护保证人利益而设,其正当化的基础在于诚信原则和公平理念,所追求的目的是避免保证人无止境地处于承担责任的不利状态或长期处于随时可能承担责任的不确定状态。因此,在主债务履行期限届满后,如果主债务人不履行债务,保证期间是债权人能够向保证人主张权利的最长期限,如果债权人未在保证期间内依法主张权利,保证期间的经过将产生消灭保证责任的法律效果。因债权人是否在保证期间内依法向保证人主张权利,直接决定了债权人和保证人之间的债权债务关系能否真正建立,对双方当事人的基本民事权利存在重大影响,必须严格遵守法律文本可能的文义射程,对这一问题加以评判。关于保证期间内债权人向保证人主张权利的方式,《担保法》第二十五条第二款和第二十六条第二款规定:在一般保证,债权人必须以对主债务人提起诉讼或申请仲裁的方式要求主债务人承担责任;在连带责任保证,债权人必须"要求保证人承担保证责任"。就债权人应当以何种方式"要求保证人承担保证责任"这一问题,学说上一般认为,《担保法》第二十六条中"要求保证人承担保证责任"的表述与《民法通则》第一百四十条规定诉讼时效中断情形所使用的"当事人一方提出要求"的意义相若,可以相互参照。在既往的司法实践中,最高人民法院民事审判第二庭于2002年11月22日在《对〈关于担保期间债权人向保证人主张权利的方式及程序问题的请示〉的答复》(〔2002〕民二他字第32号)中就这一问题统一过司法尺度。该答复函明确,债权人向保证人主张权利的方式包括"提起诉讼"和"送达清收通知书"等,其中"送达"既可由债权人本人送达,也可以委托公证机关送达或公告送达(在全国或省级有影响的报纸上刊发清收债权公告)。根据上述学说和我院一贯的司法尺度,在连带责任保证中,债权人向保证人主张权利的方式,可以参照《民法通则》第一百四十条关于"诉讼时效因提起诉讼、当事人一方提出要求或者同意履行义务而中断。从中断时起,诉讼时效期间重新计算"之规定,认定债权人在保证期间内以提起诉讼、申请仲裁、采用直接、委托或公告送达清收通知书等方式向保证人主张权利,或者保证人自行认诺愿意承担保证责任的,都可以产生解除保证期间、开始计算诉讼时效的法律效果。就公告送达方式的适用条件,《诉讼时效解释》第十条第一款第(四)项规定:"当事人一方下落不明,对方当事人在国家级或者下落不明的当事人一方住所地的省级有影响的媒体上刊登具有主张权利内容的公告的,但法律和司法解释另有特别规定的,适用其规定。"据此,债权人在保证期间内以公告方式向保证人主张权利应当符合以下三个条件:第一,保证人下落不明,债权人无法采用其他直接送达的方式向其主张权利。这一前提要件表明,债权人要求保证人承担责任的意思表示,原则上必须由保证人实际受领或能够实际受领方能发生法律效力,只有在因保证人下落不明的原因导致无法受领的情况下,才能以公告送达这一拟制受领的方式主张权利。第二,公告的内容需有主张权利的意思表示。第三,公告的媒体应当是国家级或者保证人住所地省级有影响的媒体。本案中,被申请人陈骏和申请人陈昭海均一致认可,在保证期间内,保证人陈昭海一直在其任职的单位正常上班和履职,故本案中并不存在因陈昭海下落不明导致债权人无法在保证期间内向其主张权利的情形,且从陈骏选择的公告媒体来看,《淮海商报》亦并非省级有影响力的媒体。故本案中被申请人陈骏以在《淮海商报》上刊登公告的方式向保证人主张权利,不符合法律规定,依法不能产生主张权利的法律效果。被申请人陈骏关于其在保证期间内亲自、委托他人到陈昭海处要求其承担责任的诉讼主张,事实依据不足,本院不予采信。原审判决关于《诉讼时效解释》中关于公告送达的规定不适用于保证期间的认定,系对法律和司法解释规定的错误理解,本院予以纠正。申请人陈昭海关于其并未处于下落不明、导致陈骏无法向其主张权利的状态,陈骏所发公告不具有法律效力,其不应承担保证责任的申请理由成立,本院予以支持。

【案例来源】

中国裁判文书网,http://wenshu.court.gov.cn。

编者说明

我国法律仅规定债权人在保证期间内得向保证人主张权利,但具体应以何种方式主张权利,则未作明确的规定。债权人是否在保证期间内依法向保证人主张权利,直接决定了债权人和保证人之间的债权债务关系能否真正建立。本案根据学说上的通常理解以及司法实践中的一贯司法尺度,阐明在连带责任保证中,债权人向保证人主张权利的方式,可以参照《民法通则》第一百四十条的规定,认定债权人在保证期间内以提起诉讼、申请仲裁、采用直接、委托或公告送达清收通知等方式向保证人主张权利,或者保证人自行认诺愿意承担保证责任的,都可以产生解除保证期间、开始计算诉讼时效的法律效果。债权人在保证期间内以公告方式向保证人主张权利,应符合三个前提条件:(1)保证人下落不明;(2)公告的内容需有主张权利的意思表示;(3)公告的媒体应当是国家级或者保证人所在地省级有影响的媒体。债权人不符合上述条件采取公告方式主张权利的,不产生主张权利的法律效果,以此来衡平债权人和保证人之间的利益关系。①

---

① 参见最高人民法院第三巡回法庭编著:《最高人民法院第三巡回法庭新型民商事案件理解与适用》,中国法制出版社2019年版,第208页。

573 因公证机关送达程序瑕疵导致公证书被撤销的，并不必然否定债权人在保证期间内向保证人主张了权利

【关键词】

| 公证送达 | 程序瑕疵 | 保证期间 |

【案件名称】

中国工商银行银川市西城支行与宁夏大世界实业集团有限公司、宁夏共享集团有限责任公司、宁夏回族自治区二轻工业供销公司借款担保合同纠纷案［最高人民法院（2005）民二终字第145号民事判决书，2006.5.24］

【裁判精要】

裁判摘要:对于债权人在保证期间内向公证机关申请,向保证人公证送达逾期贷款催收通知书,因公证机关送达程序上存在问题导致公证书被撤销,并不必然否定债权人在保证期间内向保证人主张了权利。在保证人不能提供否定债权人主张的证据的情况下,保证人不能免责。

最高人民法院认为:

本案二审的争议焦点是工行西城支行在保证期间向大世界公司、共享公司主张权利的事实是否存在、共享公司对其提供担保的500万元借款是否承担保证责任问题。

关于工行西城支行提出的公证书虽然被撤销,但其在保证期间向大世界公司、共享公司进行债务催收的事实存在的上诉理由,本院认为,根据本案查明的事实,工行西城支行在保证期间内向银川市金凤区公证处提出申请,对保证人大世界公司、共享公司公证送达《逾期贷款催收通知书》。银川市金凤区公证处为该送达行为分别制作了568号、715号公证书,但由于公证书在程序上存在不当之处,银川市金凤区司法局将上述两份公证书予以撤销。从银川市金凤区司法局的撤销公证决定中可以看出,其撤销上述两份公证书的理由,系公证处在办理公证的程序上存在不当之处,而并非否定公证书中所记载的送达《逾期贷款催收通知书》这一事实。工行西城支行在向本院提起的上诉中,认可银川市金凤区司法局撤销公证书决定中送达事实存在的认定,用以证明自己已经实际送达的这一主张。因此,从举证责任方面,在一审法院已经查证的银川市金凤区司法局的文件、公证处的卷宗材料以及当时实际监送人的调查笔录等证据材料,一致表明当时是由署名公证员委派其他工作人员监送《逾期贷款催收通知书》这一事实的情况下,应当由否定上述证据的大世界公司、共享公司再行举证。本案二审中,大世界公司、共享公司并未向本院提供相应的证据。故本院对一审法院查证的证据予以采信。依照《民法通则》第一百四十条和

《民通意见(试行)》第一百七十三条、一百七十四条的规定,当事人一方提出要求、权利人主张权利、向有关单位提出保护民事权利的请求,均引起诉讼时效的中断。本案中工行西城支行向公证处提出了公证送达《逾期贷款催收通知书》的请求,如果仅因公证处在送达程序上存在的问题,即否定工行西城支行送达《逾期贷款催收通知书》这一事实,从而否定其在保证期间内向保证人主张了权利,对工行西城支行显属不公。故应当认定工行西城支行在保证期间内向大世界公司、共享公司进行债务催收的事实存在,大世界公司、共享公司不能因此免除保证责任。工行西城支行的该项上诉主张成立,本院予以支持。

【案例来源】

最高人民法院民事审判第二庭编:《最高人民法院商事审判指导案例 · 借款担保卷》(下),中国法制出版社 2011 年版,第 908 ~ 917 页。

574 债权人在保证期间向保证人之一主张权利的效力及于其他连带责任保证人

【关键词】

| 保证期间 | 连带责任保证人 |

【案件名称】

中信信托有限责任公司与天津市粮油集团有限公司、天津市油脂(集团)有限公司、天津市油脂公司经营部借款合同纠纷案 [最高人民法院 (2011) 民提字第 266 号民事判决书, 2011. 12. 2]

【裁判精要】

最高人民法院认为:

本案再审主要争议焦点为粮油集团是否应对油脂公司的债务承担担保责任问题。

(一)关于粮油集团的担保责任方式

2004 年 4 月 19 日,粮油集团与工行和平支行签订《最高额保证合同》约定,粮油集团为油脂公司在 2004 年 4 月 19 日至 2005 年 12 月 31 日期间向工行和平支行借款,在 7700 万元范围内承担连带保证责任。2004 年 11 月 19 日,油脂公司与工行和平支行签订借款合同约定,油脂公司向工行和平支行借款 720 万元。该笔 720 万元借款是粮油集团在《最高额保证合同》项下所担保的债务。同日,新港油脂库与工行和平支行签订《保证合同》,约定由新港油脂库为前述 720 万元借款承担连带保证责任。故粮油集团及新港油脂库分别为油脂公司对工行和平支行的同一笔 720 万元借款提供保证,且未与工行和平支行约定各自的保证份额。《担保法》第十二条规定:“同一债务有两个以上保证人的,保证人应当按照保证合同约定的保证份额,承担保证责任。没有约定保证份额的,保证人承担连带责任,债权人可以要求任何一个保证人承担全部保证责任,保证人都负有担保全部债权实现的义务。已经承担保证责任的保证人,有权向债务人追偿,或者要求承担连带责任的其他保证人清偿其应当承担的份额。”《担保法解释》第十九条第一款规定:“两个以上保证人对同一债务同时或者分别提供保证时,各保证人与债权人没有约定保证份额的,应当认定为连带共同保证。”根据上述规定,粮油集团、新港油脂库构成连带共同保证,应对油脂公司的该笔720万元债务承担连带责任。

(二)关于粮油集团的保证责任是否超过诉讼时效问题

根据本案查明的事实,涉案债务于2005年8月到期,债务人油脂公司未作清偿。2005年4月21日,工行和平支行分别向油脂公司、新港油脂库发出《催收逾期贷款本息通知书》和《督促履行保证责任通知书》,债务人和保证人均盖章确认。因而,新港油脂库的保证责任已发生,并开始起算诉讼时效;而根据上述《担保法》第十二条的规定,债权人在保证期间向保证人之一主张权利的效力,及于其他连带责任保证人,因此,粮油集团的保证责任亦已发生,并开始计算诉讼时效。天津办事处从工行和平支行受让债权后,又分别于2005年7月、2006年6月和2007年7月向油脂公司和新港油脂库进行了公告催收。《诉讼时效解释》第十七条第二款规定:“对于连带债务人中的一人发生诉讼时效中断效力的事由,应当认定对其他连带债务人也发生诉讼时效中断的效力。”第二十三条规定:“本规定施行后,案件尚在一审或者二审阶段的,适用本规定;本规定施行前已经终审的案件,人民法院进行再审时,不适用本规定。”根据上述规定,天津办事处向保证人之一的新港油脂库催收债务,不仅中断了新港油脂库保证债务的诉讼时效,对另一连带共同保证人粮油集团也同样发生诉讼时效中断的效力。中信信托公司于2008年5月29日向一审法院提起本案诉讼并未超过诉讼时效,并且该起诉行为也表明债权人履行了债权转让的通知义务。粮油集团关于本案债权人未在保证期间内主张权利,且本案债权已超过诉讼时效、粮油集团应予免责的抗辩理由不能成立。二审判决以债权人未在保证期间内主张过保证责任为由,判决驳回中信信托公司要求粮油集团承担保证责任的诉讼请求属适用法律欠当,予以纠正。

【权威解析】

《诉讼时效解释》第十七条规定:“对于连带债务人中的一人发生诉讼时效中断效力的事由,应当认定对其他连带债务人也发生诉讼时效中断的效力。”如前所述,粮油集团、新港油脂库因为油脂公司对工行和平支行的同一笔债务提供保证,应认定为是连带共同保证,各保证人之间构成连带债务关系。根据前述司法解释的规定,天津办事处向保证人之一的新港油脂库催收债务,不仅中断了新港油脂库保证债务的诉讼时效,对另一连带共同保证人粮油集团也同样发生诉讼时效中断的效力。原审判决以天津办事处未在诉讼时效期间内向粮油集团主张权利为由,判决驳回天津办事处要求粮油集团承担保证责任的诉讼请求。该认定与连带共同保证制度的立法本意不符。如前所述,《民法通则》《担保法》《担保法解释》等法律、司法解释,都明确规定了债权人可以向连带共同保证中的任一保证人主张权利,任一保证人均有义务承担全部保证责任。因此,在连带共同保证中,债权人既可以向全部保证人主张全部保证责任,也可以向其中的一个或数个保证人主张全部保证责任。也就是说,债权人在主张权利时享有选择权。《最高人民法院关于已承担保证责任的保证人向其他保证人行使追偿权问题的批复》规定:"承担连带责任保证的保证人一人或者数人承担保证责任后,有权要求其他保证人清偿应当承担的份额,不受债权人是否在保证期间内向未承担保证责任的保证人主张过保证责任的影响。"按照前述司法解释,在连带共同保证当中,即使债权人未在保证期间内向部分保证人主张权利,但这些保证人基于保证合同约定而产生的责任并未免除。如其他保证人向债权人承担了保证责任,则未被债权人主张权利的保证人,仍应在其份额内承担基于保证合同约定和法律规定而产生的保证责任。具体到本案而言,油脂公司经营部因东方天津办已向其主张保证责任,依法应当向东方天津办承担全部保证责任。而油脂公司经营部向东方天津办承担全部保证责任后,有权向粮油集团追偿。[①]

【案例来源】

最高人民法院民事审判第二庭编:《最高人民法院商事审判指导案例6 · 合同与借贷担保卷》,中国法制出版社2013年版,第476~482页。

575 保证人在涉及债务人欠款的催收通知书担保人位置加盖公章的,视为承诺提供担保

【关键词】

| 催收通知书 | 保证人盖章 |

【案件名称】

哈尔滨玉堂石材集团有限公司与中国信达资产管理公司哈尔滨办事处、北京东方玉堂石材贸易有限公司借款担保纠纷案[最高人民法院(2007)民二终字第

① 参见沙玲:《债权人在保证期间向保证人之一主张权利的效力及于其他连带责任保证人——申请再审人中信信托有限责任公司与被申请人天津市粮油集团有限公司、天津市油脂(集团)有限公司、天津市油脂公司新港油脂库借款合同纠纷申请再审案》,载最高人民法院民事审判第二庭编:《商事审判指导》(总第31辑),人民法院出版社2013年版,第224~225页。

174 号民事判决书，2007. 12. 21］

【裁判精要】

最高人民法院认为：

关于玉堂集团是否对本案金磊石材 4516877. 93 美元欠款承担保证责任和法律适用问题。本案 46 笔进口押汇合同签订于 1998 年 1～9 月期间，即合同成立于《合同法》1999 年 10 月 1 日实施前，不适用合同法。但信达公司并未依《合同法》向债务人金磊石材主张权利，而是基于玉堂集团为金磊石材提供担保的事实向玉堂停车主张担保权利，原审法院适用《担保法》和本院相关司法解释判决玉堂集团承担连带保证责任不存在适用法律错误的问题。玉堂集团关于原审判决对于 4516877. 93 美元欠款的审理适用《合同法》，属适用法律错误的上诉主张无事实依据。兆麟支行于 2000 年至 2004 年曾三次向金磊石材发出本案 4516877. 93 美元欠款的《进口押汇催收书》或《催收通知书》。2000 年 5 月 9 日的《进口押汇催收书》载明"以上进口押汇均由玉堂石材提供担保"。2002 年 5 月 9 日的《进口押汇催收书》载明"以上押汇均由玉堂集团提供担保，期限两年"。2004 年 4 月 24 日的《催收通知书》载明"由玉堂集团承担连带保证责任，期限两年"。对上述催收，金磊石材不持异议，在借款单位处签盖公章，玉堂集团均在担保人位置加盖了公章。兆麟支行在上述催收通知中要求玉堂集团承担金磊石材欠款的保证责任的意思表示是明确的，作为债务人金磊石材和保证人延寿石材的关联公司，玉堂集团对金磊石材欠款和延寿石材保证的事实应当是知晓的，其在催收通知书担保人处加盖公章的行为表明玉堂集团接受了兆麟支行的要约。因其不能提供兆麟支行利用催收通知骗取担保的相关证据，认定玉堂集团承诺担保的意思表示是真实的。上述三份催收通知书具有保证合同的效力，玉堂集团依承诺承担本案金磊石材 4516877. 93 美元欠款的连带保证责任。玉堂集团关于其在催收通知书上盖章只是表示收到该通知，不具有可以推定玉堂集团同意承担保证责任的明确表示，催收通知不具有保证合同效力的上诉理由与事实不符，本院亦不予支持。

【案例来源】

最高人民法院民事审判第二庭编：《最高人民法院商事审判指导案例 · 借款担保卷》（下），中国法制出版社 2011 年版，第 774～781 页。

576 资产管理公司发布有催收内容的债权转让公告或者通知，构成诉讼时效中断，但不能依此认定在保证期间内向保证人主张过权利

【关键词】

| 债权转让公告 | 保证期间 | 主张权利 |

【案件名称】

河南省安阳灵锐热电有限责任公司与中国信达资产管理公司郑州办事处、安阳市建设委员会、安阳市热电厂和河南省第七建筑工程公司借款担保合同纠纷案［最高人民法院（2007）民二终字第208号民事判决书，2008. 2. 22］

【裁判精要】

最高人民法院认为：

《最高人民法院关于贯彻执行最高人民法院"十二条"司法解释有关问题的函》中"金融资产管理公司在全国或省级有影响的报纸上发布的有催收内容的债权转让公告或通知所构成的诉讼时效中断，可以追溯至金融资产管理公司受让原债权银行债权之日；金融资产管理公司对已承接的债权，可以在上述报纸上发布催收公告的方式取得诉讼时效中断（主张权利）的证据"的规定，是对金融资产管理公司对已承接的债权如何主张债权诉讼时效中断的规定，并不涉及保证合同与保证期间的问题，不能依此认定信达公司郑州办事处在1999年12月2日向兴安电力公司主张过权利。因此，上诉人关于原审法院适用《最高人民法院关于贯彻执行最高人民法院"十二条"司法解释有关问题的函》的规定属于法律适用错误的主张，本院予以支持。

【权威解析】

根据《担保法》及其司法解释的规定，保证期间与诉讼时效是存在明显差别的。一是保证期间并非保证债务的诉讼时效期间，保证期间为特殊期间，是不变期间，保证期间不因任何事由发生中断、中止、延长的后果，而诉讼时效是存在因法定事由而发生中断、中止或者延长的法律后果。二是如果超过保证期间，债权人对保证人的请求权和实体民事权利均消灭，将导致保证人不再承担保证责任，而超过诉讼时效期间的，债权人仅仅是胜诉权的消灭，而不是实体权利的消灭。三是作为保证期间，如果债权人没有在保证期间内及时行使权利，将导致保证责任的彻底解除，也就不存在以任何形式恢复的问题，但作为诉讼时效，却可以基于法律的特别规定产生一定的法律后果，如《最高人民法院关于贯彻执行最高人民法院"十二条"司法解释有关问题的函》，按照该函，只要在债权转让时债务没有超过诉讼时效，资产管理公司便可以通过公告催收等方式使债权得以保全，这主要是考虑到金融资产在打包受让债权后，需要经过一段时间的清理，才能理清债权债务关系，才能更好地行使权利。因此，该函显然是为了最大限度地保护金融债权而作出的特殊政策性规定，只具有解决历史遗留问题的应急特征。①

【案例来源】

最高人民法院民事审判第二庭编:《最高人民法院商事审判裁判规范与案例指导》(第一卷),法律出版社2010年版,第278~286页。

(五)保证期间与诉讼时效

577 连带责任保证的债权人在保证期间届满前要求保证人承担保证责任的,从债权人要求之日起开始计算保证合同诉讼时效

【关键词】

|连带责任|保证期间|诉讼时效|

【案件名称】

宁夏富荣化工有限公司与中国长城资产管理公司兰州办事处保证合同纠纷案[最高人民法院(2012)民二终字第130号民事判决书,2012.12.20]

【裁判精要】

裁判摘要:根据《担保法解释》第三十四条的规定,连带责任保证的债权人在保证期间届满前要求保证人承担保证责任的,从债权人要求承担保证责任之日起,开始计算保证合同的诉讼时效,以及《担保法解释》第四十四条的规定,债权人要求保证人承担保证责任的,应当在破产程序终结后的六个月内提出。债权人主张担保债权的诉讼时效一直处于延续状态,债务人主张案件已超过诉讼时效的,人民法院不予支持。

最高人民法院认为:

关于长城公司兰州办事处对富荣公司的起诉是否已过诉讼时效问题。本院认为,长城公司兰州办事处对富荣公司的起诉是否已过诉讼时效,应以相应的事实为依据进行判断认定。本案中,八份保证合同关于保证期间的约定均为"自主合同确定的借款到期之次日起两年",保证方式为"连带保证"。经查,八份保证合同中保证期间最早到期日为2002年4月7日,最晚到期日为2002年11月14日,而2000年

① 参见江必新、何东宁:《最高人民法院指导性案例裁判规则理解与适用·担保卷》,中国法制出版社2011年版,第201页。

3月31日至2001年10月18日间,吴忠工行向借款人金牛公司和保证人富荣化肥公司均进行过债务催收,债务人和保证人亦均盖章签收。其后,吴忠工行又于2002年4月8日、2002年7月6日、2002年10月8日、2003年1月8日、2004年4月9日针对涉案八笔借款向保证人发出《中国工商银行督促履行保证责任通知书》,保证人富荣化肥公司亦签章确认。富荣化肥公司对上述五份《中国工商银行督促履行保证责任通知书》加盖公章的行为,原审认定为保证人富荣化肥公司对债权人吴忠工行催收行为的确认,应属妥当。尽管在本院二审期间,富荣公司对五份《中国工商银行督促履行保证责任通知书》加盖公章的行为提出异议并主张法院不采信该证据,但是,因其并未提供相应的证据证明富荣化肥公司加盖公章并非其真实意思,故富荣公司的异议不成立,其上诉主张原审判决据此下判违法的观点本院不予采纳。此后,2003年12月29日至2010年8月27日间,因主债务人金牛公司进入破产还债程序,长城公司兰州办事处亦申报了包括本案担保债权在内的债权,在其债权未得到清偿的情况下,长城公司兰州办事处于主债务人破产程序终结后的法定期限内向原审法院提起诉讼。此外,案涉贷款本金及利息转让给长城公司兰州办事处后,长城公司兰州办事处与吴忠工行亦在《宁夏日报》发布债权转让暨债务催收联合公告,长城公司兰州办事处也在《宁夏日报》刊登催收公告,要求借款人、保证人积极履行清偿责任。上述事实有《逾期贷款催收通知》《中国工商银行督促履行保证责任通知书》等证据为证。依据《担保法解释》第三十四条第二款"连带责任保证的债权人在保证期间届满前要求保证人承担保证责任的,从债权人要求保证人承担保证责任之日起,开始计算保证合同的诉讼时效"和第四十四条"债权人要求保证人承担保证责任的,应当在破产程序终结后六个月内提出"的规定,债权人主张担保债权的诉讼时效一直处于延续状态,在其向原审法院提起诉讼时并未超过诉讼时效。故富荣公司关于长城公司兰州办事处对其诉求已超过诉讼时效的主张缺乏事实和法律依据,本院亦不予支持。

【案例来源】

最高人民法院民事审判第二庭编:《最高人民法院商事审判指导案例(2012)·公司与金融》,中国民主法制出版社2013年版,第264~272页。

578 在保证期间内、债务人破产程序开始前,债权人已经要求保证人承担保证责任的,则应开始计算保证合同的诉讼时效,而不应再计算保证期间

【关键词】

| 担保 | 保证期间 | 诉讼时效 |

【案件名称】

四川东润资产管理有限公司与成都红光电子进出口公司保证合同纠纷案［最高人民法院（2018）最高法民再323号民事判决书，2018.12.29］

【裁判精要】

最高人民法院认为：

关于案涉《保证合同》是否生效的问题。红光进出口公司主张，因《债务承担协议》未经中行蜀都支行上级行批准，协议成立但未生效。主合同未生效，作为从合同的《保证合同》亦未生效。对此，本院认为，首先，红光进出口公司提交的证据《四川省人民政府关于成都红光实业股份有限公司重组问题的请示》记载："国家经贸委、中国人民银行会同成都市与各债权银行总行一起，就红光股份截至2000年3月31日的13.4亿元总债务处置问题进行了充分协商，中国人民银行条法司以《会议纪要》明确：一般债权人按债权总额的12.46%留在红光股份，其余全部划转到红光集团。按此原则各债权银行、金融资产管理公司和成都市有关单位完成了各自债权的划转和处置。"可见，红光实业公司将原债务划转至红光集团系源于政府主导的资产重组行为，有其特殊背景。对于该资产重组的内容，各债权银行总行应当是知悉并认可的。其次，从《债务承担协议》的履行情况看，协议签订后，2001年2月12日，中行蜀都支行就案涉债务向红光集团发出催收通知，要求其偿还借款本金及利息，担保人红光进出口公司承担担保责任。红光集团和红光进出口公司均盖章、签字确认；2005年1月29日，中国银行四川省分行和东方资产公司成都办事处联合登报公告案涉债权转让。上述事实说明，不管是主债务人红光集团、保证人红光进出口公司还是中行蜀都支行的上级行中国银行四川省分行，均是认可该笔债务存在的。至本案诉讼前，红光进出口公司亦未就此提出异议，现其以没有中行蜀都支行上级行的正式书面批准文件为由主张案涉《债务承担协议》未生效，要求免除其保证责任，依据不足。

关于东润资产公司向红光进出口公司主张权利是否超过法定保证期间的问题。《担保法解释》第三十四条第二款规定，连带责任保证的债权人在保证期间届满前要求保证人承担保证责任的，从债权人要求保证人承担保证责任之日起，开始计算保证合同的诉讼时效。本案中，根据2000年7月12日中行蜀都支行与红光实业公司签订的《债务分担协议》及原《借款合同》第二条第一项约定，红光集团承担债务后，其主债务履行期为2000年7月12日至2001年6月12日。红光进出口公司与中行蜀都支行于同日签订的《保证合同》第五条约定，保证期间为借款合同约定的债务履行期届满（含展期到期）后两年为止。故案涉债务的保证期间应为2001年6月13日至2003年6月13日。在该保证期间届满前，2003年2月2日，红光进出口公司盖章确认了中行蜀都支行发出的担保借款本金和利息的通知，应当认定债权人中行蜀都支行在保证期间届满前已经要求保证人红光进出口公司承担保证责任,从该日起,即开始计算保证合同的诉讼时效而非保证期间。红光进出口公司辩称,其盖章确认仅是对欠款数额的确认,并未同意对欠款进行清偿。因双方对欠款数额并无异议,且债权人向保证人发出通知仅是为了确认欠款数额而不主张权利不符合日常认知,红光进出口公司该项主张无事实和法律依据,本院不予支持。《担保法解释》第四十四条第二款虽为主债务人破产情形的特别规定,但该条规定并非适用于任何主债务人破产情形。首先,从保证期间的制度目的看,法律规定保证期间的目的有两个:一是督促债权人及时行使权利,避免其怠于行使权利使保证人长期处于可能履行担保债务的不确定状态;二是保障保证人及时向主债务人行使追偿权。本案中,如上所述,债权人中行蜀都支行已经在保证期间要求保证人红光进出口公司承担保证责任,保证期间的制度目的已经实现。其次,从保护债权人利益的角度看,要求保证人承担保证责任系债权人的权利而非义务,主债务人破产已经使债权人的债权产生不能清偿之虞,不能因主债务人的破产反而加重债权人的负担。因此,《担保法解释》第四十四条第二款应适用于债务人在破产程序开始时保证期间尚未届满的情形,如在保证期间内、债务人破产程序开始前,债权人已经要求保证人承担保证责任的,则应开始计算保证合同的诉讼时效,而不应再计算保证期间。本案中,中行蜀都支行已经在保证期间届满前要求保证人红光进出口公司承担保证责任,自其主张保证责任之日起应当开始计算案涉《保证合同》的诉讼时效,本案无《担保法解释》第四十四条第二款之适用余地。二审判决适用法律错误,本院予以纠正。

【案例来源】

中国裁判文书网,http://wenshu.court.gov.cn。

(六)保证期间届满后果

579 保证人在保证期间届满后又在催款通知书上签字形成新的担保关系的认定

【关键词】

|保证期间届满|催款通知书|

【案件名称Ⅰ】

中色(宁夏)东方集团有限公司与中国信达资产管理股份有限公司陕西省分公司保证合同纠纷案[最高人民法院(2011)民二终字第27号民事判决书,2011.4.14]

【裁判精要】

裁判摘要:(1)信达银川管理部作为信达陕西公司的派出机构,所实施的民事行为属于信达陕西公司授权其履行职责的行为,应视为信达陕西公司所实施的民事行为,其法律后果应当及于信达陕西公司,故信达银川管理部催收、申报债权等行为可以产生诉讼时效中断的效力。

(2)根据《最高人民法院关于人民法院应当如何认定保证人在保证期间届满后又在催款通知书上签字问题的批复》(以下简称法释〔2004〕4 号《批复》)的规定,保证人在债权人催收通知书上盖章的行为,应认定在双方之间成立了新的保证合同,保证人应当按照新的保证合同承担保证责任。

最高人民法院认为:

本案二审当事人争议的焦点问题是:信达银川管理部的催收、申报债权等行为对本案所涉债务是否构成了诉讼时效的中断;冶炼厂在信达银川管理部催收通知书上盖章确认行为是否在双方之间构成了新的保证合同;本案所涉债权的核销问题是否影响中色东方公司承担保证责任和《债权转让协议》的效力;中色东方公司承继冶炼厂的资产是否包括本案所涉债务。

关于信达银川管理部的催收、申报债权等行为对本案所涉债务是否构成了诉讼时效中断的问题。中色东方公司提出信达银川管理部的上述行为不具有法律效力,不能产生本案所涉债务诉讼时效的中断,其主要依据是本院以(2009)民二终字第131 号民事判决驳回了信达银川管理部的起诉。最高人民法院认为,信达陕西公司在本案一审期间向原审法院提交了信达公司的两份通知,且经过质证,中色东方公司对两份通知的真实性无异议,本院二审对两份通知的证据效力予以认定。根据信达公司的上述通知,可以确认信达银川管理部为信达陕西公司在宁夏回族自治区的派出机构,其负责在宁夏回族自治区范围内对信达陕西公司所享有的不良资产进行清收等工作。信达银川管理部没有领取营业执照,其不具有诉讼主体资格,但不能因此否定其作为信达陕西公司的派出机构所为的其他主张民事债权行为的效力。信达陕西公司对信达银川管理部实施的催收、申报本案债权等民事行为一直是认可的,债务人星日公司、保证人冶炼厂也未对此提出过异议,亦表明其对信达银川管理部代表信达陕西公司主张债权的行为明知且予认可。因此,信达银川管理部所实施的民事行为属于信达陕西公司授权其履行职责的行为,应视为信达陕西公司所实施的民事行为,其法律后果应当及于信达陕西公司。故原审判决认定信达银川管理部催收、申报债权等行为可以产生诉讼时效中断的效力并无不当。

关于冶炼厂在信达银川管理部催收通知书上盖章确认行为是否构成了新的保证合同的问题。在本案所涉借款行为发生时,冶炼厂作为保证人向债权人提供了连带责任保证,在其以承债方式兼并原借款人电容器厂并将本案债务转移给星日公司后,其作为保证人的法律地位并没有改变,对此,原债权人石嘴山中行与冶炼厂亦未产生过争议。在信达银川管理部向星日公司、冶炼厂发出的催收逾期贷款通知书中载明:"我单位为上述贷款的保证人,自愿承担新的连带保证责任,保证期间自本催收通知送达签收后两年。"信达银川管理部代表信达陕西公司向冶炼厂主张债权,冶炼厂收到该通知书后盖章予以确认。该催收通知书中记载的保证债务、保证责任方式及保证期间等内容清楚、明确,符合我国《合同法》和《担保法》有关担保合同成立的规定,并经保证人冶炼厂盖章认可,依据法释〔2004〕4 号《批复》的规定,应认定在冶炼厂与信达陕西公司之间成立了新的保证合同,冶炼厂应当按照新的保证合同承担保证责任。

【案例来源】

最高人民法院民事审判第二庭编:《最高人民法院商事审判指导案例(6)·合同与借贷担保卷》,中国法制出版社 2013 年版,第 455 ~464 页。

编者说明

保证期间为除斥期间,在保证期间内债权人未按照法律规定的方式主张其保证权利,则保证责任消灭;一旦在保证期间内主张了保证权利,则保证之债形成,保证之债开始计算诉讼时效。在保证期间届满后,债权人以催债通知书的形式向保证人催债,原则上保证人的签字或者盖章的行为不产生使保证人继续承担保证责任的法律效力;例外是,在该催债通知书的内容符合一个保证合同的新要约,保证人在催债通知书上的签字或者盖章行为足以构成一个承诺时,即保证人明确表示对要约的内容予以接受因而成立新保证合同时,人民法院应当予以确认,对债权人按照新的保证合同要求保证人承担保证责任的主张予以支持。这是因为:第一,如果保证人仅在催债通知书上签字或者盖章,而未表示同意继续承担保证责任的,一般仅具有证明保证人收到该催债通知书的效力,不能认定保证人愿意继续承担保证责任或者清偿债务。第二,如果催债通知书的内容与保证人的签字或者盖章能够成立新的保证合同的,按照新的保证合同处理。判断当事人之间是否成立新的保证合同,应当按照《担保法》和《合同法》的有关合同成立的规定来判断。首先,要有明确的要约和承诺。在催债通知书中应当能够构成一个保证合同的要约,具体必须符合三个条件:一是催债通知书要有要求保证人承担保证责任的要求;二是必须是要求保证人继续履行保证责任的要求,即对原担保债务承担保证责任;三是必须能够明确认定不是要求保证人履行其原保证责任。也就是说,从催债通知书中应当能够明确得知保证人是被要求承担新的保证责任。其次,保证人有表明同意或者接受催债通知书中的保证责任要求时,其签字或者盖章才能构成承诺。但如果催债通知书中已经明确写明如果保证人在催债通知书上签字或者盖章即视为接受催债通知书约定的内容的除外。此外,如果是保证人的接收信件专用章或者其接收信件的职员的签字,一般不宜认定是保证人的承诺。最后,判断是否构成一个新的保证合同,还应当看是否符合《担保法》和《合同法》有关保证合同成立的其他要求。①

【案件名称Ⅱ】

中国长城资产管理公司广州办事处与广东省新会市会成建设发展总公司、新会市长江贸易总公司借款担保合同纠纷案[最高人民法院二审民事判决书]

【裁判精要】

最高人民法院认为:

本案二审的焦点是建设公司应否对长江公司的清偿义务承担保证责任。长城公司广州办事处承继上述债权后,于2000年6月7日向长江公司、建设公司发出《债权转移确认通知书》,主张上述债权。同年6月9日,长江公司、建设公司分别在该《债权转移确认通知书回执》上确认:借款人长江公司和保证人建设公司继续履行借款合同、担保合同或协议规定的各项义务。同年9月10日,长江公司再次向债权人长城公司广州办事处承诺偿还上述债务,建设公司同意承担连带保证责任。依照本院法释〔2004〕4号《最高人民法院关于人民法院应当如何认定保证人在保证期间届满后又在催款通知书上签字问题的批复》规定,应认定长城公司广州办事处与建设公司之间成立了新的保证合同。因该合同没有约定保证期间,根据《担保法》第二十六条第一款关于连带责任保证未约定保证期间的,"债权人有权自主债务履行期届满之日起六个月内要求保证人承担保证责任"的规定,本案新保证合同的保证期间应自主债务还款计划届满日(2003年12月31日)之次日起算六个月内,即2004年1月1日至6月30日。本案长城公司广州办事处于2004年4月8日起诉建设公司承担保证责任时,未超过上述保证期间。故保证人建设公司应当对本案主债务承担连带保证责任。原审判决认定本案长城公司广州办事处与建设公司双方之间未成立新的保证法律关系不当,应予纠正。

【权威解析】

2004年4月19日起施行的《最高人民法院关于人民法院应当如何认定保证人在保证期间届满后又在催款通知书上签字问题的批复》规定,根据《担保法》的规定,保证期间届满债权人未依法向保证人主张保证责任的,保证责任消灭。保证责任消灭后,债权人书面通知保证人要求承担保证责任或者清偿债务,保证人在催款通知书上签字的,人民法院不得认定保证人继续承担保证责任。

这里提到的"不得认定",是针对我们通常所说的"一般性债权催收通知"而言。

① 参见吴兆祥:《〈最高人民法院关于人民法院应当如何认定保证人在保证期间届满后又在催款通知书上签字问题的批复〉理解与适用》,载最高人民法院研究室编:《最高人民法院司法解释·2004年卷》,法律出版社2005年版,第23~25页。

实践中,此类催款通知通常载明:债务人向我单位借款,由你单位提供保证,现债务人仍未清偿债务,请你单位督促其履行债务,并承担保证责任。然而,类似的通知函没有告知“保证期间已经届满”等情况,亦未提出请求保证人继续承担保证责任的要约。根据上述批复的规定,在这种情形下,人民法院就不得认定保证人继续承担保证责任。相比而言,如果债权人向原债务人发出了类似催收通知,即使没有告知“已过诉讼时效”等情况,只要债权人对某一确定的债权有明确的催收意思且债务人“签字”认可,就应视为其对原债务重新进行了确认,放弃了依法定诉讼时效规则而享有的抗辩。

近乎同样情形下的“签字、盖章”,之所以对“主债务人”和“保证人”区别对待,是出于贯彻《担保法》对保证人之以平等保护之精神的需要。实践中,保证人往往对其提供过保证的债务是否已经按期清偿、是否已经超过保证期间等情况不可能及时掌握和了解。这一点,其完全不同于主债务人。如果仅凭借保证人的一个签字就认定其继续承担保证责任,无疑将会产生以下三种后果:……

综上简言之,当保证期间届满时,仅仅凭借保证人在债权人发出的催收通知单上的签字,不能简单地认定保证人继续承担保证责任。这是本院批复结合交易实例所确立的一个法律适用规则。相比较而言,在法律效力的认定上,它明确了与另一司法解释规定(《关于超过诉讼时效期间借款人在催收通知单上签字或者盖章的法律效力问题的批复》)在适用上的区别。

(二)“催款通知书”“承诺书”的内容辨析

本案法律适用的主要依据,来自于上面提到的本院法释〔2004〕4 号批复的第二部分内容(即,“但书”部分)。其规定:“但是,该催款通知书内容符合合同法和担保法有关担保合同成立的规定,并经保证人签字认可,能够认定成立新的担保合同的,人民法院应当认定保证人按照新保证合同承担责任。”

依据这一解释规定,在有保证人“签字”认可的前提下,法官应当仔细解读“催收通知书”或“承诺书”的内容,以便确认债权人和保证人之间是否达成了新的保证合同。从本案的证据看,保证人建设公司在收到催款通知,并得知原债权转让给长城资产管理公司后,明确表示其对“债权转移不持任何异议”,并“继续履行借款合同、担保合同或协议规定的各项义务”。这样的承诺显然不同于在“一般性催收通知上签字”的情形,故不能适用法释〔2004〕4 号批复的第一部分规定。显然,它符合该解释中“但书”部分设定的情形。适用的结果是,应当认定当事人之间成立了新的保证合同关系,保证人建设公司应据此承担保证责任。①

① 参见王宪森:《保证期间届满后债权人与保证人之间是否成立了新保证合同的认定及法律适用——中国长城资产管理公司广州办事处与广东省新会市会成建设发展总公司、新会市长江贸易总公司借款担保合同纠纷上诉案》,载最高人民法院民事审判第二庭编:《民商事审判指导》(总第 7 辑),人民法院出版社 2005 年版,第 167 ~ 168 页。

【案例来源】

最高人民法院民事审判第二庭编:《民商事审判指导》(总第7辑),人民法院出版社2005年版,第160~166页。

编者说明

〔2004〕4号批复"但书"的适用条件是催款通知书构成了新的担保合同,才得以按新的担保合同由担保人承担担保责任。这一条件的适用非常严格,其中必须有明确的愿意承担主债务人重新确认的债务的保证责任。此意愿的表明可以有两种形式,一是催款通知单中载明所催债务已经超过保证期限,保证人签字或者盖章;二是保证人签字盖章的同时明确表示承担保证责任。只有具备此内容,才能表示保证人对此时存在的债务具有了保证的意思,也才能认定是达成了新的保证合同。不能适用推论的方式断定保证人的保证意思……因保证合同没有明确约定保证期间,使得保证人对是否超过保证期间认识不清,不能断定保证人具有上述愿意继续承担保证的意思的表示,不能认定新的保证合同的成立。这似乎对债权人要求过于苛刻,但对该司法解释也只能这样理解,否则对保证期间的除斥性质就无法理解。在这里不妨再假设一种情况,即原保证期间中约定有具体的保证期限,催款通知中又有债务的到期日,保证人又在催款通知单上签字或盖章,能否可以认定保证人对超过保证期限应当明知,从而认定为达成了新的保证合同,对此问题可能有不同的看法,笔者的意见也不能认定新的保证合同的成立,因为按照合同成立的要求,双方必须有明确的意思表示,不能以暗示行为签订合同,何况是否愿意担保是合同的根本内容,不是合同中的可以作文义解释的某些条款。所以,适用该批复的"但书"应格外谨慎。①

580 保证期间经过,债权人与保证人就保证责任达成新的合意的,应认定形成新的保证合同关系

【关键词】

|保证|保证期间|新的合意|

【案件名称】

广州珠江广场房地产开发有限公司与中国信达资产管理公司北京办事处、中基嘉发进出口公司借款担保合同纠纷案[最高人民法院(2007)民二终字第86号民事判决书,2008.5.29]

【裁判精要】

裁判摘要:保证期间经过,债权人与保证人就担保责任达成新的合意的,符合

① 参见王洪光:《借款保证合同的几个问题》,载最高人民法院民事审判第二庭编:《民商事审判指导》(总第5辑),人民法院出版社2004年版,第222~223页。

《合同法》和《担保法》中有关合同成立的法律规定,双方形成了新的保证合同法律关系。在当事人未对保证期间进行约定的情形下,应根据《担保法》第二十六条的规定,确定保证期间为主债务履行期限届满之后6个月。

最高人民法院认为:

2002年7月8日中国银行、中基嘉发公司和珠江公司三方签订的《会谈纪要》确立的珠江公司的保证责任认定是本案各方当事人争议的焦点。根据一审查明的事实,上述《会谈纪要》签订时,(00)字第058号保证合同约定的2年保证期间已过,保证人珠江公司已经免除担保责任。但在2002年7月8日中国银行与中基嘉发公司、珠江公司三方会谈中,珠江公司明确表示同意承担(00)字第058号保证合同项下的担保责任,不同意承担(00)中营信保字第001号保证合同项下保证责任。中国银行亦明确表示,鉴于(00)中营信保字第001号保证合同系历史遗留问题,如保证人珠江公司履行了(00)字第058号保证合同项下的担保责任,中国银行可以不再要求其履行(00)中营信保字第001号保证合同项下保证责任。据此,中国银行与珠江公司已就珠江公司继续承担(00)字第058号保证合同项下的担保责任达成新的合意,符合《合同法》与《担保法》中有关合同成立的法律规定,双方形成了新的保证合同法律关系。因此,原审关于双方构成新的保证合同关系的认定正确,本院予以维持。

本案各方虽就继续承担(00)字第058号保证合同项下担保责任进行了约定,但对担保方式和保证期间并未具体明确。原审法院将(00)字第058号合同的保证期间作为新的保证合同的保证期间的认定错误,本院予以纠正。根据《担保法》第十九条关于"当事人对保证方式没有约定或者约定不明确的,按照连带责任保证承担保证责任"的规定,《会谈纪要》所确立的保证责任方式应认定为连带责任保证。依据《担保法》第二十六条规定,连带责任保证的保证人与债权人未约定保证期间的,保证期间为主债务履行期限届满之日起6个月。案涉(00)字第058号保证合同约定的主债务履行期限为1999年5月5日至2000年5月5日。在《会谈纪要》中债务人认可债权人此前不断向其追索,因此,该《会谈纪要》构成主债务诉讼时效中断,在《会谈纪要》之前的时间应视为主债务履行的宽限期,《会谈纪要》构成主债务诉讼时效中断同时亦应视为主债务履行期限届满。因此,新的保证合同的保证期间应自《会谈纪要》签订时间即2002年7月8日起算至2003年1月8日。根据已经查明的事实,债权人中国银行于2003年8月15日向珠江公司公证送达《关于要求履行担保责任的函》,已超过保证期间,依照《担保法》第二十六条第二款之规定,应认定保证人珠江公司免除保证责任。原审关于珠江公司保证期间应为其承诺之日即2002年7月8日至2004年7月7日的认定,缺乏事实根据,本院予以纠正。

【案例来源】

最高人民法院民事审判第二庭编:《担保案件审判指导》(增订版),法律出版社

2018年版，第220~227页。

581 《担保法》生效前签订的保证合同没有约定保证期间或约定不明，债权人依照法〔2002〕144号《通知》[①]向保证人主张权利的适用

【关键词】

| 约定不明 | 保证期间 |

【案件名称Ⅰ】

中国东方资产管理公司南宁办事处与广西贵糖（集团）股份有限公司、贵港市人民政府国有资产监督管理委员会、贵港市经济委员会借款担保合同纠纷案［最高人民法院（2012）民提字第137号民事判决书，2012.12.20］

【裁判精要】

最高人民法院认为：

本案中，贵糖公司为桂中贷字第94－6号《短期外汇贷款借款合同》提供的《不可撤销担保书》第六条关于"本保证书自签发之日起生效，至还清借款方所欠的全部借款本息和费用时自动失效"的约定，应认定为保证期间约定不明；为1994年外借字第1号《外币资金借款合同》、1995年外借字第0002号《外币资金借款合同》提供的保证责任方式为连带责任保证，对保证期间没有约定。根据《保证问题规定》第十一条的规定，对该三份借款合同，保证人贵糖公司应当在被保证人原红旗纸厂承担责任的期限内，向债权人承担保证责任。对于"被保证人承担责任的期限"应当如何理解，相关的司法尺度有一个变化的过程。在本案一审期间，审判实践中一般"将被保证人承担责任的期限"这一保证期间理解为诉讼时效内的两年，其性质属于除斥期间，只要债权人在主合同履行期间届满后的两年内未向保证人主张权利，保证人即可免责。在本案二审期间，针对中国华融、长城、东方和信达四家资产管理公司所接收得到国有商业银行不良贷款的金额特别巨大，且积淀时间较长等现实情况，为最大限度地保全该部分国有资产，避免金融机构因法律规定不明、主张权利不当而丧失保证债权，本院于2002年8月1日发布法〔2002〕144号《通知》，对保证责任期限给予了政策性的宽限期。根据该通知的规定，除该通知发布时已经终审、再审的案件以外，人民法院对金融资产管理公司受让的国有商业银行在担保法生效前签订的保证期限约定不明或者没有约定的保证合同，其保证责任期限与主债务诉讼时效的关系应当作如下理解：其一，债权人在主债务履行期限届满后两年内向保证人主张权利的，保证人应当承担保证责任。本案中，1994年外借字第1号《外币资金借款

① 指《最高人民法院关于处理担保法生效前发生保证行为的保证期间问题的通知》。

合同》约定的145万美元的借款为4年(自1994年12月20日至1998年12月20日),该笔贷款逾期后,贵糖公司于1999年6月25日在中行贵港分行向原红旗纸厂发出的逾期贷款催收通知书上签字盖章,至东方公司南宁办提起本案诉讼的2001年6月20日,东方公司南宁办向贵糖公司主张权利并未超过两年的法定诉讼时效,故贵糖公司应当就该150万美元欠款的本金和利息承担连带偿还责任。其二,主债务诉讼时效届满,保证债务的诉讼时效亦随之届满。即便债权人和债务人又对原债务进行了重新确认,由于主债务已经超过诉讼时效期间,除非保证人明确表示对重新确认后的债务提供保证,否则保证人不再承担保证责任。其三,主债务没有超过诉讼时效期间,但债权人未向保证人主张权利的,可在宽限期内(自2002年8月1日至2003年1月31日)向保证人主张权利;逾期不主张的,保证人不再承担保证责任。其四,主债务没有超过诉讼时效期间,债权人向保证人主张权利的行为发生在主债务履行期限届满两年之后、2002年8月1日之前。对此种情况下的保证责任承担,本院法〔2002〕144号通知尽管未予明确,根据"举重以明轻"的法律解释方法,债权人在2002年8月1日之前未向保证人主张权利的尚且给予宽限期,则债权人已经在此前向保证人主张了权利的,应当解释为保证人应当承担保证责任。本案中,就桂中贷字第94-6号《短期外汇贷款借款合同》和1995年外借字第0002号《外币资金借款合同》项下的借款,中行贵港分行多次向原红旗纸厂催收,至东方公司南宁办提起本案诉讼的2001年6月20日,上述债权并未罹于时效,故贵糖公司应当就该两份借款合同项下欠款的本金和利息承担连带偿还责任。

【案例来源】

最高人民法院民事审判第二庭编:《最高人民法院商事审判指导案例(2012)·合同与借贷担保》,中国民主法制出版社2013年版,第491~507页。

【案件名称Ⅱ】

中国信达资产管理公司贵阳办事处与贵阳开磷有限责任公司借款合同纠纷案［最高人民法院(2008)民二终字第106号民事判决书,2009.1.15］

【裁判精要】

最高人民法院认为:

二、关于信达公司贵阳办事处是否在法定期间内向保证人开磷公司主张了权利

由于本案讼争的借款合同签订于《担保法》施行之前,原审法院适用法发〔1994〕8号《保证问题规定》和法〔2002〕144号《通知》确定本案的保证期间是正确的。但是,原审法院在认定保证期间的问题上,对法〔2002〕144号《通知》的理解不当。

本案债权人黔南中心支行向开磷公司主张权利的期间分为两种情况,一是黔信

字第4号、黔信字第5号、(91)贷字第009号《借款合同》,黔南中心支行未在主债务人承担责任期限的2年内向保证人开磷公司主张权利。二是(92)建贷字第2号、(93)匀建贷字第2号《借款合同》黔南中心支行在主债务人承担责任期限的2年内向保证人开磷公司主张了权利。对于第一种情况,黔南中心支行虽未在保证责任期间内向开磷公司主张权利,但其将债权转让给信达公司贵阳办事处后,信达公司贵阳办事处可根据法〔2002〕144号《通知》确定的2002年8月1日至2003年1月31日6个月期间内,向保证人开磷公司主张权利。信达公司贵阳办事处是否在上述期间内向开磷公司主张了权利是本案的事实问题。在原审法院根据8号文和144号《通知》对上述三笔借款判决开磷公司免除保证责任后,信达公司贵阳办事处在本院审理期间,针对原审法院的认定,为表明其在法〔2002〕144号《通知》确定的期间内向保证人主张了权利,举示贵州省贵阳市公证处出具的(2003)筑公民字第1118号公证书,该公证书构成新的证据。虽然公证书所附《履行担保义务通知书》所列担保人全称为开阳磷矿矿务局,并且此前即已更名为贵州开磷(集团)有限责任公司,但前后主体的一致性并不因此使保证人的身份产生混淆,亦表明信达公司贵阳办事处在法〔2002〕144号《通知》确定的期间内主张了权利,因此该公证书公证的事实应当予以确认,即信达公司贵阳办事处在法〔2002〕144号《通知》指定的期间内向开磷公司主张了权利,并于2002年12月12日起算诉讼时效。对于第二种情况,黔南中心支行在主债务人承担责任期限的2年内向保证人开磷公司主张了权利,从其主张权利起开始计算诉讼时效。而法〔2002〕144号《通知》第二条规定的"债权人可以在破产程序终结后6个月内向保证人主张"仍然是延续法〔2002〕144号《通知》第一条关于6个月保证期间的规定,在讼争借款已经开始起算诉讼时效的情形下,不必再适用6个月保证期间的规定。由于上述两种情况下起算诉讼时效后,黔南中心支行与信达公司贵阳办事处连续主张权利,使诉讼时效多次中断,因此,原审判决以信达公司贵阳办事处未在法定期间内向保证人开磷公司主张权利,而驳回其诉讼请求不当。

【案例来源】

《中华人民共和国最高人民法院公报》2009年第10期。

编者说明

《最高人民法院关于处理担保法生效前发生保证行为的保证期间问题的通知》(2002年8月1日,法〔2002〕144号)明确:(1)对于当事人在担保法生效前签订的保证合同中没有约定保证期限或者约定不明确的,如果债权人已经在法定诉讼时效期间内向主债务人主张了权利,使主债务没有超过诉讼时效期间,但未向保证人主张权利的,债权人可以自本通知发布之日起6个月(自2002年8月1日至2003年1月31日)内,向保证人主张权利。逾期不主张的,保证人不再承担责任。(2)主债务人进入破产程序,债权人没有申报债权的,债权人亦可以在上述期间内向保证人主张债权,如果债权人已申报了债权,对其在破产程序中未受清偿的部分债权，债权人可以在破产程序终结后6个月内向保证人主张。(3)本通知发布时，已经终审的案件、再审案件以及主债务已超过诉讼时效的案件，不适用本通知。

(七)企业破产与保证期间

582 债权人申报债权后在破产程序中未受清偿的部分，要求保证人承担保证责任的，应当在破产程序终结后六个月内提出

【关键词】

|破产程序终结|保证责任|

【案件名称Ⅰ】

河北辛集化工集团有限责任公司与浙江亚商投资管理有限公司保证合同纠纷案［最高人民法院（2014）民提字第220号民事判决书，2014. 12. 24］

【裁判精要】

最高人民法院认为：

债权人是否在《担保法解释》规定的宽限期内未向保证人主张权利，保证人是否应据此免责。《担保法解释》第四十四条第二款规定："债权人申报债权后在破产程序中未受清偿的部分，保证人仍应当承担保证责任。债权人要求保证人承担保证责任的，应当在破产程序终结后六个月内提出。"本案中，2002年8月30日，法院裁定汽缸盖厂破产终结，但破产公告的送达时间为2003年10月29日。汽缸盖厂破产后，债权人最近一次主张权利的日期是2004年3月18日，距离送达时间并未超过六个月，故辛集化工公司关于债权人主张保证权利的时间超过宽限期的理由不能成立，本院不予支持。

【案例来源】

中国裁判文书网，http://wenshu. court. gov. cn。

【案件名称Ⅱ】

中国长城资产管理公司长春办事处与吉林华星电子集团有限公司保证合同纠纷案［最高人民法院（2014）民二终字第99号民事判决书，2014. 12. 27］

【裁判精要】

最高人民法院认为：

《担保法解释》第四十四条规定："保证期间，人民法院受理债务人破产案件的，债权人既可以向人民法院申报债权，也可以向保证人主张权利。债权人申报债权后在破产程序中未受清偿的部分，保证人仍应当承担保证责任。债权人要求保证人承担保证责任的，应当在破产程序终结后六个月内提出。"此系对债权人在保证期间届满前在破产程序中向保证人主张权利，但破产程序终结后保证期间已过情形下对债权人给予保证期间宽限期的规定。而本案中，如前所述，对除应免除保证责任的五笔债务之外的其余债务的保证权利，债权人均在保证期间内、诉讼时效期间内向保证人华星公司进行了主张，因此，其不适用《担保法解释》第四十四条的规定，华星公司应对其余债务承担保证责任。华星公司关于对剩余债务免责的上诉理由不能成立。

2. 华星公司对主债务人龙鼎公司的保证责任能否免除。华星公司对龙鼎公司的两组七笔债务提供担保。在上述债务的保证期间和诉讼时效期间内，债权人均向保证人主张权利。《担保法解释》第四十四条的规定系对债权人在保证期间届满前在破产程序中向保证人主张权利，但破产程序终结后保证期间已过情形下对债权人给予保证期间宽限期的规定。而本案中，由于债权人在保证期间内已向华星公司主张保证权利，故其并不适用《担保法解释》第四十四条的规定。综上，华星公司以保证期间和诉讼时效期间经过为由免除其保证责任的上诉理由不能成立。

【案例来源】

中国裁判文书网，http://wenshu.court.gov.cn。

【案件名称Ⅲ】

中国银行（香港）有限公司与辽宁省人民政府、葫芦岛锌厂保证合同纠纷案［最高人民法院（2014）民四终字第37号民事判决书，2014.12.22］

【裁判精要】

最高人民法院认为：

本案各方当事人对葫芦岛锌厂出具的《不可撤销担保函》构成担保、该保函因未办理批准或者登记手续而无效以及葫芦岛锌厂对担保无效应承担不超过债务人不能清偿部分二分之一的赔偿责任均无异议，一审判决对上述问题的认定亦无不当，本院予以确认。中银公司与葫芦岛锌厂的分歧点在于：在《不可撤销担保函》无效的情况下，应否适用最高人民法院《担保法解释》第四十四条第二款以及如果适用的话，中银公司的主张是否超过了法定的保证期间。本院认为，该款规定专门适用于债务人破产终结后债权人对其未受清偿的债权向担保人主张权利的情形,并非以担保合同是否有效为前提。换言之,不论担保合同是否有效,只要存在破产程序中未受清偿的债权,债权人在向担保人主张债权时,均应以在债务人破产程序终结后六个月内提出为限。超出期间主张的,担保人不再承担担保责任。中银公司以本案保证合同无效为由主张不应适用上述规定无理,本院不予支持。本案中,中辽公司的破产程序终结于2008年4月26日,依据上述规定,中银公司对于申报债权后在破产程序中未受清偿的部分,应当在自同年4月27日至同年10月26日的期间内主张。而根据一、二审查明的事实,中银公司并未举证证明其在上述期间内向葫芦岛锌厂主张过权利或者向人民法院提起过诉讼,故应认定中银公司未在法定保证期间内向担保人主张权利,原审判决未支持中银公司要求葫芦岛锌厂承担无效担保赔偿责任的诉请并无不当。

【案例来源】

中国裁判文书网,http://wenshu. court. gov. cn。

【案件名称Ⅳ】

中国农业发展银行青海省分行营业部与青海省农牧生产资料总公司担保合同纠纷案[最高人民法院(2003)民二终字第83号民事判决书,2004. 3. 19]

【裁判精要】

最高人民法院认为:

根据农发行营业部第0052584号借款借据和第0089648号贷款收回凭证以及农发行营业部在本院二审质证过程中的陈述,本案所涉贷款的实际用途应认定为以贷还贷,原审法院对此认定正确。农牧公司为羊毛公司与农发行营业部之间的借款合同出具不可撤销担保书,内容并不违反国家法律法规,应为有效,原审法院对此认定正确。

根据羊毛公司与农发行营业部分别于1997年9月30日、1998年12月28日签订的延期还款协议书的约定,本案96第008号借款合同项下的300万元贷款本息的偿还延期至1998年2月27日,13397031号借款合同项下的1100万元贷款本息的偿还延期至1999年9月29日。因农牧公司于1998年12月28日分别为该两笔贷款提供的两份担保的保证期间约定不明确,根据《担保法解释》第三十二条第二款的规定,其保证期间应为主债务履行届满之日起二年。因此,该300万元贷款的保证期间应认定为1998年2月27日至2000年2月27日,该1100万元贷款的保证期间应认定为1999年9月29日至2001年9月29日。在2000年5月8日青海省高级人民法院裁定宣告本案主债务人羊毛公司破产前,该300万元贷款的保证期间已经届满,仅有该1100万元贷款的保证期间仍在发生法律效力。因此,农发行营业部关于

"两份不可撤销保证书的保证期间应当从其提供保证的1998年12月28日起算""债务人于2000年5月宣告破产，恰在保证期间内"的上诉主张不符合法律规定及本案事实，本院不予支持。本案主债务人羊毛公司被宣告破产还债前，农发行营业部已于2000年1月17日向农牧公司催要该300万元贷款，系在保证期间内向保证人主张权利，应自主张权利之日起开始计算其保证债权的诉讼时效。在该300万元贷款的保证债务的诉讼时效期间内，本案主债务人羊毛公司被宣告破产，农发行营业部依法向人民法院申报了债权，在破产程序终结前，农发行营业部对其能得以分配的破产财产数额不能确定，其无法同时就其未受清偿的部分向保证人农牧公司主张担保权利，只有在破产程序终结后，其才能就其未受清偿的部分向保证人主张权利。因此，本案中，在主债务人羊毛公司破产案件的破产程序终结后六个月内，农发行营业部就其未受清偿的部分再向保证人农牧公司主张权利，符合《担保法解释》第四十四条的规定。农发行营业部在本案1100万元贷款的合同履行期限内于1999年9月6日向农牧公司发出《到(逾)期贷款通知书》，因本案主债务的履行最后截止日为1999年9月29日，此时其保证期间尚未开始计算，后在保证期间内主债务人羊毛公司被宣告破产，农发行营业部依法申报了债权，并在羊毛公司破产程序终结后，依据《担保法解释》第四十四条的规定就该1100万元贷款未得以清偿的部分向保证人农牧公司主张权利，依法应予支持。

虽然农牧公司因原审判定其不承担保证责任而未提起上诉，但其在一、二审答辩中均作为主要抗辩理由提出了其因主债务双方未经其同意以贷还贷而应免责的主张，农发行营业部关于以贷还贷问题不属于二审审理范围的诉讼主张不能成立。农牧公司所担保的贷款确系用于偿还旧贷，而农牧公司对该旧贷未曾提供过保证，对此事实不但业经原审法院查明认定，而且双方当事人亦无异议。农牧公司在出具担保时，本案96第008号借款合同已经逾期10个月，13397031号借款合同已经逾期3个月，根据农牧公司在本院质证过程中的陈述以及其出具担保的时间，农牧公司的本意并不是为将来的新贷款而是为此前已经发生的既有债务的延期履行而提供担保，其对该项担保的风险与责任是明知的，虽然农牧公司未曾为本案中所涉旧贷提供过保证以及其在诉讼中否认其明知借新还旧的情况，但根据其明知本案借款的不断延期及逾期情况，无论其所担保的贷款是否已用于偿还旧贷款，均与其提供担保的真实意思无关且并未在其真实意思之外加重其担保的风险与责任负担。该公司以本案所涉贷款系用于偿还旧贷款为由提出的应免除其保证责任的主张不能成立，本院不予支持。

综上，原审法院对本案事实的认定基本正确，但对本案是否适用《担保法解释》第四十四条规定的认定以及免除农牧公司的保证责任不当，应予纠正。保证人农牧公司应对羊毛公司向农发行营业部的300万元贷款和1100万元贷款本息承担连带清偿责任。农发行营业部申报债权所获的4.9万元实物应从本案借款本金中扣除。

【案例来源】

《中华人民共和国最高人民法院公报》2004 年第 8 期。

(八)保证期间抗辩

583 保证人在保证期间届满后发函督促债权人向主债务人收款或督促其还款，并不表明保证人放弃保证期间已过的抗辩

【关键词】

| 保证期间 | 届满抗辩 |

【案件名称】

中国信达资产管理公司太原办事处与山阴县康立化工有限责任公司、山阴县腾宇化工有限责任公司、山阴县石星化工有限责任公司、山阴县鑫邦燕麦实业有限责任公司借款担保纠纷案［最高人民法院（2006）民二终字第 240 号民事判决书，2007. 3. 12］

【裁判精要】

最高人民法院认为：

一、根据一、二审质证查明的事实，上诉人上诉请求石星公司承担还款责任理由的关键在于，石星公司在保证期间届满后，仍然向原债权人中国银行山阴县支行和康立公司发函，请求中国银行山阴县支行本案原债务人康立公司还款，这是否表示石星公司在保证责任期间届满后仍愿意继续承担担保责任

该四份函件的时间分别是 2001 年 12 月 20 日、2003 年 8 月 20 日、2004 年 11 月 10 日和 2005 年 8 月 20 日，前三份内容是督促主合同债权人向主合同债务人催款，第四份是督促主合同债务人还款。在石星公司发出第一份函件时，共有五笔在保证期间内，其中 98 山借字第 1 号合同的主债务履行期还未到期。应对石星公司的保证分为保证期间届满前和保证期间届满后分别进行认定。第一，保证期间届满前。连带保证情形下，保证合同的债权人必须在保证期间内向主债务人主张权利，此时开始计算保证合同的诉讼时效，而本案中的五笔债务是保证合同的债务人向债权人发函督促其向主合同债务人收款或督促主合同债务人还款，而非债权人向债务人主张权利，这并不能引起诉讼时效的中断。在保证期间内保证合同的债权人未向债务人主张权利，保证期间届满后保证人不承担保证责任。所以，即使在保证期间内石星公司发函要求中国银行山阴县支行向主债务人催款，在保证期间届满后其即保证

责任。第二,保证期间届满后。这种情形下,除非石星公司明确在保证期间届满后继续承担保证还款的责任并且具备法律规定的形式,例如在中国银行山阴县支行的催收通知单上签字盖章,否则不能得出石星公司的函件表示其会继续承担保证责任而放弃保证期间已过、不再承担保证责任的抗辩权利的结论。

【案例来源】

最高人民法院民事审判第二庭编:《最高人民法院商事审判指导案例·借款担保卷》(下),中国法制出版社 2011 年版,第 812 ~818 页。

584 债务人在催收通知书上盖章,放弃原债权诉讼时效届满抗辩权的行为,对担保人不发生法律效力

【关键词】

|催收通知书|诉讼时效抗辩|对担保人效力|

【案件名称】

中国东方资产管理公司大连办事处诉辽宁华曦集团公司、辽宁时代集团有限责任公司、辽宁省畜产进出口公司等借款担保纠纷案[最高人民法院(2003)民二终字第 93 号民事判决书,2003. 8. 28]

【裁判精要】

最高人民法院认为:

担保人时代公司在《不可撤销担保书》中明确承诺:“本保证书在中行同意延期还款时继续有效”,但因无证据证明省中行与畜产公司之间存在约定延期还款的事实,主债权已经超过诉讼时效,根据《担保法》第二十条第一款的规定,依法取得了主债务人享有的主债权诉讼时效届满产生的抗辩权。虽然嗣后畜产公司在催收通知书上盖章,放弃了原债权诉讼时效届满的抗辩权,但依照《担保法》第二十条第一款的规定,对于债务人放弃的抗辩权,担保人仍然可以行使,畜产公司放弃时效届满抗辩权的行为,对时代公司不发生法律效力。另,本院法〔2002〕144 号《通知》第一条规定债权人对保证人的权利,应以主债务没有超过诉讼时效期间为条件。故上诉人东方公司关于担保人时代公司应当承担担保责任的上诉理由不能成立,原审裁判正确,本院予以维持。

【案例来源】

《中华人民共和国最高人民法院公报》2003 年第 6 期。

编者说明

《担保法》第二十条第一款规定:“一般保证和连带责任保证的保证人享有债务人的抗辩权。债务人放弃对债务的抗辩权的,保证人仍有权抗辩。”这一规定说明,抗辩权不是债务人的专有权,保证人也享有债务人的抗辩权。凡主债务人基于主债务可以主张的所有抗辩,保证人均可以主张。在保证合同关系中,保证人对债权人主张抗辩,能够发生阻却或者消灭担保债权的效力,给保证人带来免除或者减少责任负担的现实或者期待的利益,保证人可以主张,也可以放弃。同时,保证人还有保证人的抗辩权,即是指主合同债权人向保证人提出承担保证责任的请求时,保证人根据法定或者约定的抗辩事由所享有的对抗债权人请求,拒绝承担或者延缓承担保证责任的一种法定权利。保证人的抗辩权虽然以主债务人的抗辩权为依托,但是保证人的抗辩权仍独立于主债务人的抗辩权。保证人作为保证之债的债务人,保持着一定的独立性,虽然保证人是以其信誉为主债务人提供担保,但其人格并未被主债务人的人格所吸收,其是以自己的名义独立行使主债务人的各种抗辩权以及保证人的抗辩权,而不是主债务人的代理人。①

585 虽然保证人未出庭应诉，但法院认定保证期间已过，保证责任已经免除并无不当

【关键词】

|保证期间|保证责任|

【案件名称】

兰州银行股份有限公司武威分行与民勤县明大矿业选炼厂金融借款合同纠纷案[最高人民法院(2018)最高法民终361号民事判决书，2018.7.31]

【裁判精要】

最高人民法院认为:

(一)关于锆钼冶金公司的保证责任问题

根据本案查明事实,2013年4月11日兰州银行武威分行与明大选炼厂签订借款合同,约定明大选炼厂向兰州银行武威分行借款2000万元,借款期限2年,自2013年5月6日起至2015年5月6日止。同日,锆钼冶金公司与兰州银行武威分行签订《保证合同》,约定锆钼冶金公司对明大选炼厂的上述债务承担连带保证责任,保证期间为一年。之后,兰州银行武威分行依约向明大选炼厂发放了贷款,但明大选炼厂在偿还部分款项之后再未还款,兰州银行武威分行据此起诉请求锆钼冶金公司对明大选炼厂上述债务承担连带清偿责任。根据《担保法》第二十六条规定,连带

---

① 参见江必新、何东宁:《最高人民法院指导性案例裁判规则理解与适用·担保卷》,中国法制出版社2011年版,第178~179页。

责任保证的保证人与债权人未约定保证期间的，债权人有权自主债务履行期届满之日起六个月内要求保证人承担保证责任。在合同约定的保证期间和前款规定的保证期间，债权人未要求保证人承担保证责任的，保证人免除保证责任。本案中，案涉贷款履行期届满之日为2015年5月6日，保证期间一年，即至2016年5月6日，锆钥冶金公司的保证期间届满。诉讼中，兰州银行武威分行提交公证的《贷款逾期催收通知书》一份，证明其于2016年12月21日向锆钥冶金公司催收债权的事实。因至2016年5月6日锆钥冶金公司的保证期间已经届满，其保证责任已经免除，兰州银行武威分行在2016年12月21日向锆钥冶金公司送达贷款逾期催缴通知，在锆钥冶金公司未确认，亦未同意延长保证期间的前提下，兰州银行武威分行要求锆钥冶金公司承担连带保证责任缺乏法律依据，一审判决据此未支持其该项诉讼请求并无不妥。二审中，兰州银行武威分行提交的证据均不能证明其向锆钥冶金公司催收贷款的事实，故其请求锆钥冶金公司承担连带责任缺乏证据证明，本院不予支持。兰州银行武威分行认为一审诉讼中锆钥冶金公司未提交答辩状、未到庭参加诉讼，应视为其对兰州银行武威分行要求其承担连带保证责任无异议，兰州银行武威分行没有必要提供在保证期间届满前向锆钥冶金公司主张保证责任的证据。本院认为，兰州银行武威分行该主张不能成立。根据《民事诉讼法》第二百四十一条规定，在当事人未到庭的情况下，人民法院对到庭当事人的诉讼请求及理由以及已经提交的证据及其他诉讼材料进行审理后，依法缺席判决。亦即，即便一方当事人未到庭亦未进行答辩，对到庭当事人的诉讼请求是否支持，人民法院仍要对在案证据进行审查后，根据事实和法律作出判决，而非依照到庭一方当事人的诉讼理由简单予以支持。本案中，虽然锆钥冶金公司未出庭应诉，但对于其应否承担保证责任的问题，一审法院在审理过程中依法审查关于其进行担保的事实和证据，最终认定锆钥冶金公司的保证期间已过，保证责任已经免除，并据此驳回兰州银行武威分行的相应诉讼请求并无不当。

【案例来源】

中国裁判文书网，http://wenshu. court. gov. cn。

编者说明

最高人民法院民一庭意见认为，对保证期间是否经过的案件事实，人民法院应依职权主动审查。不应仅因保证人未主动提出保证期间经过的抗辩，而对保证期间是否经过的事实不予审查，并直接认定保证人应当就已超过保证期间的债务承担保证责任。①

① 参见沈丹丹：《对保证期间是否经过的案件事实，人民法院应依职权主动审查》，载最高人民法院民事审判第一庭编：《民事审判指导与参考》（总第63辑），人民法院出版社2016年版，第158～160页。

三、保证担保范围

586 当事人约定的保证金额不同于保证范围

【关键词】

｜保证金额｜保证范围｜

【案件名称】

贵州旅游投资控股（集团）有限责任公司与七冶建设集团有限责任公司等建设工程施工合同纠纷案［最高人民法院（2016）最高法民终547号民事判决书，2016.11.26］

【裁判精要】

最高人民法院认为：

（二）关于保证责任范围问题

七冶公司与贵旅集团、公园投资公司在《保证协议》第一条“保证的范围及保证金额”约定，因旅行服务公司违反合同约定的义务给七冶公司造成经济损失时，对于在担保金额内的赔偿要求，保证人贵旅集团、公园投资公司在7天内无条件支付，保证金额是2亿元。该2亿元是对保证金额的约定而非保证范围，保证范围包括旅行服务公司违约给七冶公司造成的损失。该损失的计算方式在《建设工程施工合同》专用合同条款第3.7条第二款第5项已有明确约定，即按照银行同期贷款利息四倍支付赔偿。据此，一审法院判决贵旅集团对涉案1亿元履约保证金按照中国人民银行同期同类贷款利息的四倍支付利息的范围内承担保证责任并无不当，本院予以维持。贵旅集团关于保证范围不应包括四倍银行利息的主张，缺乏事实依据和法律依据，本院不予支持。

【案例来源】

中国裁判文书网，http://wenshu.court.gov.cn。

编者说明

一般认为，保证金额就是由保证人或是保证物所保证的债权的金额。而保证范围是指保证人所担保的债权范围，也是保证人承担保证责任的范围，它包括主债权以及附属于主债权的一切费用，主要有主债权、利息、违约金、损害赔偿金、实现债权的费用等。

587 主合同约定的贷款期限以外的贷款不属于担保范围，保证人无须承担保证责任

【关键词】

| 担保范围 | 保证责任 |

【案件名称】

重庆燃气有限责任公司与重庆市商业银行中华路支行等借款担保合同纠纷案［最高人民法院（2001）民二终字第7号民事判决书］

【裁判精要】

最高人民法院认为：

中华路支行与仪表公司分别于1997年7月3日、7月14日及8月14日签订的〔97〕年(借)字第90019－1号、90019－2号、90019－3号借款合同，系双方当事人真实意思表示，不违反法律法规规定，应认定合法有效。中华路支行依约履行了贷款义务，仪表公司在借款期限届满后未履行还款义务，构成违约，原审判令其承担向中华路支行偿还1800万元借款本金、利息及罚息的责任并无不当，应予维持。仪表公司在取得〔97〕年(借)字第90019－1号、90019－2号、90019－3号借款合同项下1800万元贷款后，全部用于偿还该公司及其关联企业重庆太阳实业公司、重庆南山医疗保健器械制造有限公司的同等数额的旧贷款本金及利息。在上述三份借款合同项下贷款期限即将届满之时，中华路支行与仪表公司、燃气公司又于1997年9月30日签订9·30借款合同及保证合同。虽然燃气公司与中华路支行对该两份合同是否填写"〔97〕年(借)第90019"的合同编号存在争议，但对签订合同的事实及合同的主要条款并无异议，且该两份合同系各方当事人的真实意思表示，不违反法律法规规定，应认定合法有效，并应作为确定各方当事人权利义务的依据。燃气公司与中华路支行对9·30借款合同及保证合同一致认可的内容是，燃气公司对中华路支行于1997年10月1日至1998年9月26日期间向仪表公司一次或分次发放的贷款在2500万元贷款余额内承担保证责任。据此可以认定，本案担保系最高额保证，且燃气公司仅应对1997年10月1日至1998年9月26日期间发生的借款承担保证责任。虽然9·30借款合同还约定"借款实际发放时间及到期日以借据为凭，借据作为本合同附件，与本合同具有同等法律效力"，但因该借款合同及保证合同明确约定了借款期限，故应认定只有在合同约定的借款期限内实际发生的借款的借据才是借款合同的组成部分，与借款合同具有同等法律效力，而在借款合同约定的借款期限之外发生的借款与该借款合同无关，其借据不能作为确定合同当事人权利义务的依据。90019－1、90019－2、90019－3号借款合同约定的借款期限分别为1997年7月8日至同年10月8日、1997年7月14日至同年10月14日、1997年8月14日至同

年 11 月 14 日，中华路支行亦是依据上述合同约定的期限实际发放贷款的，其与9 · 30借款合同及保证合同所约定的燃气公司担保的主债权发生期限明显不同。因此，90019 - 1、90019 - 2、90019 - 3 号借款合同项下的借款超出了燃气公司所承担的最高额保证的范围。另外，90019 - 1、90019 - 2、90019 - 3 号借款合同项下的借款在9 · 30借款合同及保证合同签订之前已经发生，且全部用于偿还仪表公司及其关联企业所欠中华路支行的旧贷，燃气公司在签订 9 · 30 借款合同及保证合同时对这一事实并不知悉，而该两份合同不仅未约定燃气公司对以前已经发生的借款承担保证责任，而且所约定的借款期限与已经发生的借款的期限明显不同，在此情况下，如果由燃气公司对 90019 - 1、90019 - 2、90019 - 3 号借款合同项下的 1800 万元借款承担保证责任，显然违背其真实意愿。综上，中华路支行虽然依据 90019 - 1、90019 - 2、90019 - 3 号借款合同实际贷给仪表公司 1800 万元，但该借款不属9 · 30保证合同项下最高额保证的担保范围，9 · 30 借款合同及保证合同项下的主债权没有实际发生，故燃气公司不应承担保证责任，燃气公司的上诉理由与请求成立，本院予以支持。原审判决依据 9 · 30 借款合同及保证合同原件中填写的合同编号，认定 90019 - 1、90019 - 2、90019 - 3 号借款合同项下的 1800 万元贷款即为 9 · 30 借款合同项下的贷款，并判令燃气公司承担保证责任，系认定事实错误，应予纠正。

【案例来源】

最高人民法院民事审判第二庭编：《中华人民共和国最高人民法院判案大系》（民商事卷 - 2001 年卷），人民法院出版社 2003 年版，第 15 ~ 19 页。

588 担保范围明确约定包括律师费在内的为实现债权而支出的费用，保证人应对债权人支出的律师费承担保证责任

【关键词】

| 担保范围 | 实现债权费用 | 律师费 |

【案件名称Ⅰ】

中国农业发展银行灯塔市支行与辽阳宾馆有限责任公司、辽阳罕王湖农业集团有限公司金融借款合同纠纷案［最高人民法院（2015）民二终字第 251 号民事判决书，2015. 11. 11］

【裁判精要】

最高人民法院认为：

在罕王湖公司与农发行灯塔支行签订的《流动资金借款合同》中约定“因借款人违约致使贷款人采取诉讼、仲裁等法律手段实现债权的，借款人应当承担贷款人

为此支付的律师费、差旅费及其他实现债权的费用”，故罕王湖公司应当依照合同约定，承担农发行灯塔支行为提起本案诉讼支付的律师代理费。辽阳宾馆与农发行灯塔支行签订的《保证合同》中约定，保证担保的范围包括但不限于诉讼费、仲裁费、财产保全费、评估费、拍卖费、执行费、代理费等。故对于农发行灯塔支行为提起本案诉讼支付的律师代理费，辽阳宾馆应当依照合同约定承担连带保证责任。

关于农发行灯塔支行支付律师代理费的具体金额，农发行灯塔支行提交了其于2011年9月8日与辽宁法信律师事务所签订的《委托代理合同》，于2013年4月7日、2014年5月30日与辽宁弘旨律师事务所签订的《委托协议书》。其后辽宁法信律师事务所、辽宁弘旨律师事务所开具的发票显示农发行灯塔支行为提起本案诉讼，已实际支出的律师代理费为813140元，本院对此予以认定。就上述款项，罕王湖公司应当承担偿付责任，辽阳宾馆应当承担连带保证责任。

【案例来源】

中国裁判文书网，http://wenshu. court. gov. cn。

【案件名称Ⅱ】

苏格兰皇家银行（中国）有限公司上海分行、成都太子奶生物科技发展有限公司与北京太子奶生物科技发展有限责任公司等借款及担保合同纠纷案［最高人民法院（2011）民四终字第19号民事判决书，2012. 10. 30］

【裁判精要】

最高人民法院认为：

关于律师费问题。《授信函》约定由借款人承担苏格兰银行催收贷款的费用，包括苏格兰银行聘请诉讼律师的代理费用，故苏格兰银行诉请律师费有明确的合同依据。苏格兰银行提供了《律师事务所聘用函》以及付费发票，证明其已经实际为上海市方达律师事务所提供的诉讼代理服务支付了律师费，约定的计时费率亦未超过上海市律师服务收费的政府指导价标准。但从该律师事务所提供的服务情况看，除代理本案诉讼外，该律师事务所还办理与本案相关联的其他诉讼及法律事务，苏格兰银行未能说明因本案诉讼发生的具体数额及计费构成。本院根据本案纠纷的性质、难易程度以及约定的计时费率，酌定因本案诉讼而合理产生的律师费为30万元。北京太子奶公司、湖北太子奶公司、株洲太子奶公司应依据《授信函》的约定对上述律师费承担连带清偿责任。北京太子奶公司、株洲太子奶公司和李途纯各自签订的担保合同均明确约定担保范围包括律师费在内的为实现债权而支出的费用，故应依约对上述律师费承担相应的抵押和连带保证责任。

【案例来源】

中国裁判文书网，http://wenshu. court. gov. cn。

589 专门针对保证人约定的违约责任的效力认定

【关键词】

| 保证人 | 违约责任 |

【案件名称】

中国建设银行股份有限公司广州荔湾支行与广东蓝粤能源发展有限公司、惠来粤东电力燃料有限公司等信用证开证纠纷案［最高人民法院（2015）民提字第126号民事判决书，2015. 10. 19］

【裁判精要】

最高人民法院认为：

三、关于粤东电力、蓝海海运应否另行承担每日万分之五的违约金责任

粤东电力、蓝海海运分别与建行荔湾支行签订的最高额保证合同约定的担保范围为主合同项下全部债务，包括但不限于全部本金、利息（包括复利和罚息）、违约金、赔偿金、债务人应向建行荔湾支行支付的其他款项、实现债权与担保权利而发生的费用。原一审判决将利息、逾期付款违约金合并在一起按每日万分之五计算，各方当事人均无异议，可资作为本院分析担保范围内违约金计算标准的依据。每日万分之五的利息、逾期付款违约金计算标准相当于年利率18. 25%，而近十年金融机构人民币贷款中，五年以上档次最高利率仅为7. 83%。即便以该最高年利率计算建行荔湾支行实际利息损失，每日万分之五的利息、逾期付款违约金计算标准中，违约金计算标准相当于年利率10. 42%（7. 83% ~18. 25%），无疑已远远超过实际利息损失的30%。在建行荔湾支行未主张且亦未举证证明逾期付款利息损失之外存在其他损失的情况下，保证人仅以担保范围为限所承担的逾期付款违约金就已超过其实际损失的30%。在此情况下，最高额保证合同又约定保证人在担保范围之外另行承担每日万分之五的迟延付款违约金，显然属于《合同法》第一百一十四条所规定的约定违约金过分高于损失的情形，根据该条及《合同法解释（二）》第二十九条之规定，人民法院可以基于债务人的主张对违约金进行酌减。粤东电力、蓝海海运、蓝文斌在一审答辩中均提出“保证责任应当是在当事人保证范围内的责任，超出保证人保证的担保责任没有法律依据”的抗辩，该抗辩是对保证人另行承担违约金责任的根本否定，原二审判决举重以明轻，得出“视为提出了违约金过高的抗辩”的结论，并无不妥。原二审判决在认定保证人提出了违约金过高的主张的基础上，支持建行荔湾支行关于保证人对主债务迟延履行违约金承担连带保证责任的请求，而驳回其关于由保证人另行承担每日万分之五的迟延履行违约金的请求，是对约定违约金的合理调整，亦无不当，本院予以维持。原一审判决虽驳回建行荔湾支行此节诉讼请求正确，

但引用《合同法》第一百一十三条之规定,显系适用法律错误,应予纠正。此外,建行荔湾支行仅请求蓝海海运、粤东电力承担该项责任,并未向蓝文彬提出该项诉讼请求,原审判决将蓝文彬与蓝海海运、粤东电力并列,分析三人应否承担该项责任,超出了建行荔湾支行的诉讼请求。但由于原审判决并未增加蓝文彬的该项责任,本院在纠正原审判决错误的同时,亦维持其结果。

【权威解析】

(一)专门针对保证人约定的违约责任是否有效

本案中,粤东电力、蓝海海运承担的是最高额的连带保证,其与建行荔湾支行分别签订的《最高额保证合同》约定:如果保证人未在债权人要求的期限内全部支付应付款项,应自逾期之日起至支付全部应付款项之日止,根据迟延付款金额按每日万分之五的标准向建行荔湾支行支付违约金。根据前述约定,一旦保证人履行限于迟延,实际上需要承担双重违约责任:一是承担主债务合同项下全部债务的迟延履行责任。建行荔湾支行与蓝粤能源签订的主债务合同即《贸易融资额度合同》约定,主债务项下的全部责任包括但不限于:全部本金、利息(包括复利和罚息)、违约金、赔偿金、债务人应向建行落湾支行支付的其他款项、实现债权与担保权利而发生的费用,该合同明确约定包括罚息和复利在内的利息按日万分之五计付。二是除了需要承担主债务合同项下的迟延履行责任外,还需要另行承担每日万分之五的违约金责任,这意味着保证人承担双重违约责任,较主债务人所应承担的责任还重。

那么,我们该如何对待专门针对保证人约定的违约责任条款呢?在案件办理过程中,有一种观点认为,有关保证人另行承担迟延履行的违约金责任的约定是无效的,因为:一方面,一、二审判决判令蓝粤能源偿还本金及利息,蓝海海运、粤东电力承担连带责任,这意味着蓝海海运、粤东电力已经承担了包括复利和罚息在内的利息责任。现在又要求保证人另行承担保证合同项下的迟延履行责任,意味着对同一迟延履行行为实施了两次惩罚,科予了两次违约责任,不符合违约责任的补偿性原则。另一方面,案涉最高额保证合同约定的担保范围为主合同项下全部债务,保证人承担保证责任的范围不应超过主债务所应承担债务的范围,这也是保证合同从属性的必然要求之一。针对保证人约定专门的迟延履行责任,实际上使保证人承担了超过了主债务人所应承担的责任,既不符合保证合同的约定,也违反了《担保法》有关保证人在担保范围内承担责任的规定,违反了保证合同从属性的特性,该约定无效。问题是,违约责任的补偿性以及保证合同的从属性均无对应的法律条文,认定专门针对保证人约定的迟延履行责任条款无效缺乏明确的法律规定。且专门针对保证人约定迟延履行责任并未违反社会公共利益,属于当事人之间利益调整的范畴,而合同无效一般涉及违反社会公共利益问题。尤其是我国《合同法》规定了违约金调整制度,如果存在约定违约金过高问题的,完全可以通过调整违约金来解决。故合议庭最终没有采纳违约金条款无效的观点,而是通过违约金调整制度来解决相关问题。①

【案例来源】

中国裁判文书网,http://wenshu.court.gov.cn。

编者说明

从担保法理论上来讲,担保人承担的担保责任范围不能大于主债务,是担保从属性的必然要求。《全国法院民商事审判工作会议纪要》(2019年11月8日,法〔2019〕254号)第五十五条明确,担保人承担的担保责任范围不应当大于主债务,是担保从属性的必然要求。当事人约定的担保责任的范围大于主债务的,如针对担保责任约定专门的违约责任、担保责任的数额高于主债务、担保责任约定的利息高于主债务利息、担保责任的履行期先于主债务履行期届满,等等,均应当认定大于主债务部分的约定无效,从而使担保责任缩减至主债务的范围。

590 对保证担保的范围没有约定或者约定不明确的,保证人应当对全部债务承担责任

【关键词】

|担保范围|约定不明|

【案件名称】

毛光随与焦秀成、焦伟等股权转让纠纷案[最高人民法院(2016)最高法民终18号民事判决书,2016.3.7]

【裁判精要】

最高人民法院认为:

关于焦伟承担保证责任范围,其上诉主张该损失仅仅指违约金而不含合同约定的股价款本身,但从担保的价值和功能角度看,除非合同双方之间有明确约定,一般应当认为首先是就主债权进行担保,故前述条款中的担保范围应当认定为主债权本身以及违约金等更为恰当。在前述条款中有关保证人的保证责任范围存在歧义的情况下,依据《担保法》第二十一条第二款有关"当事人对保证担保的范围没有约定或者约定不明确的,保证人应当对全部债务承担责任"的规定,焦伟所承担的保证责任范围应当是债务人焦秀成对毛光随负有的全部债务。

① 参见刘贵祥:《跟单信用证下持有提单的开证行享有何种权利》,载刘贵祥主编:《最高人民法院第一巡回法庭精选案例裁判思路解析(一)》,法律出版社2016年版,第46~47页。

【案例来源】

中国裁判文书网,http://wenshu. court. gov. cn。

591 保证担保范围小于主债权数额，保证人不能证明债务人部分还款属于其担保范围借款的，仍应按原担保范围承担责任

【关键词】

｜担保范围｜部分还款｜

【案件名称】

拜城县滴水铜矿开发有限责任公司与新疆石河子农村合作银行借款合同纠纷案［最高人民法院（2018）最高法民终148号民事判决书，2018. 9. 25］

【裁判精要】

最高人民法院认为：

本案二审争议焦点为石河子银行与新鸿基公司、滴水铜矿签订的《保证合同》的效力问题;若《保证合同》有效,滴水铜矿应承担的保证责任的主债权范围。

关于石河子银行与新鸿基公司、滴水铜矿签订的《保证合同》的效力问题。2011年8月10日,石河子银行作为牵头社,组织其他五家银行签订《关于石河子市新鸿基投资有限公司6000万元社团贷款协议书》,协议共同为新鸿基公司提供贷款6000万元。同日,贷款银行与借款人新鸿基公司、抵押人正大房地产公司、担保人滴水铜矿签订《借款合同》,约定贷款银行向新鸿基公司提供总额为人民币6000万元的贷款。贷款期限60个月,自2011年8月10日起至2016年8月9日止。正大房地产公司提供抵押担保,滴水铜矿提供连带责任保证。同日,贷款银行与新鸿基公司、滴水铜矿签订《保证合同》,约定滴水铜矿对贷款银行向新鸿基公司提供的3000万元贷款提供连带责任保证,贷款期限为自2011年8月10日至2016年8月9日,滴水铜矿承担连带保证责任的期限为至贷款到期后及借款展期到期后两年为止。贷款银行依约向新鸿基公司提供6000万元贷款,新鸿基公司未依约还款,石河子银行作为贷款银行的代理社及牵头社,提起本案诉讼,要求新鸿基公司偿还下欠的借款本金5000万元及其利息。《借款合同》及《保证合同》均有滴水铜矿的盖章及其法定代表人签章,应系滴水铜矿的真实意思表示。滴水铜矿上诉主张盖章及签章是施成永私自加盖的,没有证据支持;至于公司的保证行为是否经过公司股东会决议通过,亦不是否定该保证行为效力的理由。故其主张《保证合同》无效的上诉理由,不能成立。

关于滴水铜矿应承担的保证责任的主债权范围问题。《保证合同》是依据《借

款合同》的约定产生的,《借款合同》的主债权范围是6000万元,《保证合同》约定的保证担保的主债权范围是3000万元。案涉主债权6000万元作为一个整体,各担保人并未在《保证合同》和《新疆石河子农村合作银行社团贷款抵押担保合同》将其各自应当承担保证责任的主债权范围明确区分。新鸿基公司借款6000万元后,偿还本金1000万元,尚欠借款本金5000万元未归还,新鸿基公司和滴水铜矿均未举证证明该1000万元还款是滴水铜矿担保范围内的借款,因此,一审判决认定滴水铜矿承担保证担保的主债权是本金3000万元及其利息,符合当事人合同的约定。滴水铜矿上诉主张其应承担的主债权范围在新鸿基公司偿还了1000万元贷款后,已经从3000万元变更为2000万元的理由,没有事实和法律依据,不能成立。

【案例来源】

中国裁判文书网,http://wenshu.court.gov.cn。

四、保证责任承担

（一）一般情形

592 贷款发生在约定主体间、约定时间与额度内，保证人应当承担保证责任

【关键词】

｜保证人｜保证责任｜

【案件名称】

福建朝日环保科技开发有限公司与兴业银行股份有限公司南昌分行金融借款合同纠纷案［最高人民法院（2016）最高法民终508号民事判决书，2016. 12. 1］

【裁判精要】

最高人民法院认为：

二、兴业银行南昌支行是否向鑫澳公司实际发放案涉借款合同项下的1亿元贷款，本案是否存在“借新还旧”的情形继而影响朝日环保承担保证责任的问题

首先，兴业银行南昌分行一审提交的借款合同、借款借据、银行流水单和对账单，证明其向鑫澳公司实际发放了案涉1亿元贷款。其次，本案当事人鑫澳公司、黄平、邓翠微、盛源投资、天恒公司分别向一审法院出具授权委托书，载明其委托黄平清作为其本案的代理人。黄平清在一审庭审过程中出庭，确认并代理上述各当事人共同确认兴业银行南昌分行对鑫澳公司的借款属实。朝日环保主张鑫澳公司一审未到庭、主张黄清平并非以鑫澳公司代理人的身份出庭、主张黄清平确认贷款发放不能等同于鑫澳公司确认，均与事实不符；主张即使债权人兴业银行南昌分行与主债务人鑫澳公司共同确认贷款发放亦不能排除其串通骗取朝日环保提供担保的可能，缺乏证据证明，本院对朝日环保上述主张均不予支持。最后，朝日环保主张兴业银行南昌分行一审提交的流水单上载明的合同编号与案涉借款合同编号不一，证明兴业银行南昌分行并未实际放款。兴业银行南昌分行对此作出说明称，银行流水单上并未载明合同编号，是对账单上载明了合同编号，且该合同编号为银行电脑自动生成，并非与案涉借款合同实际一一对应，不能据此证明其未实际发放案涉贷款。由于兴业银行南昌分行对对账单载明的合同编号问题作出了合理说明，且兴业银行

南昌分行一审提交的借款合同、借款借据、银行流水单等证据和黄清平在一审中的相关陈述可以相互印证案涉贷款的发放，同时，朝日环保未提供充分证据否定上述在案证据形成的证据链的证明力，故本院综合全案证据和各方当事人举证责任的具体承担情况，确认兴业银行南昌分行向鑫澳公司实际发放了案涉1亿元贷款。

朝日环保同时以“借新还旧”作为其无须承担保证责任的抗辩，但缺乏事实依据，本院不予支持。首先，朝日环保未提交充分证据证明本案确实存在“借新还旧”的情形，而兴业银行南昌分行则提交借款借据，载明案涉贷款的用途为采购气精煤，提交银行流水单，载明在其发放案涉贷款的次日，该笔贷款即被分为两笔转出。其次，朝日环保保证合同明确约定朝日环保为鑫澳公司与兴业银行南昌分行在2014年5月22日至2016年5月31日保证额度有效期内发生的，在1.2亿元保证最高本金限额项下的所有债务，提供连带责任保证。本案贷款属于发生在约定主体间、约定时间内、约定额度下发生的贷款，朝日环保应当依约与鑫澳公司对兴业银行南昌分行承担连带还款责任。①

【案例来源】

中国裁判文书网，http://wenshu.court.gov.cn。

593 保证人以放款过程中存在程序瑕疵而主张免责的不予支持

【关键词】

| 放款程序瑕疵 | 保证人免责 |

【案件名称】

华尊融资担保有限公司与中国农业发展银行华容县支行金融借款合同纠纷案［最高人民法院（2016）最高法民终331号民事判决书，2016.12.30］

① 本案二审判决后，朝日环保向最高人民法院申请再审，最高人民法院审查后认为：“兴业银行南昌分行已就合同编号问题作出了合理说明，而兴业银行南昌分行提交的借款合同、借款借据、银行流水单等证据以及鑫澳公司、黄平、邓翠微、盛源公司、天恒公司等的代理人黄平清在一审中的相关陈述，可以相互印证案涉贷款的发放，朝日环保主张本案存在‘借新还旧’的情形，但其在原审中亦未提供充分的证据证明，故原审综合全案证据和各方当事人举证责任的具体承担情况，确认兴业银行南昌分行向鑫澳公司实际发放了案涉贷款的基本事实并不缺乏证据证明，适用法律并无不当。”参见最高人民法院（2017）最高法民申1844号民事裁定书（2017.12.22），载中国裁判文书网，http://wenshu.court.gov.cn。

【裁判精要】

最高人民法院认为：

二、关于担保人华尊公司是否承担保证责任的问题

华尊公司主张，《放款确认函》是保证合同生效的条件，华尊公司并未出具与2014年11月10日签订的《流动资金借款合同》对应的《放款确认函》，银行提供的《放款确认函》复印件系伪造，不符合保证合同约定的放款条件，华尊公司不应当承担担保责任。对此，本院认为，出具《放款确认函》并非保证合同的生效条件，而是放款过程中的程序性要求。华尊公司以放款过程中存在程序瑕疵而主张免责不能成立。其一，华尊公司和华容支行于2014年11月10日签订了《保证合同》，明确为同日订立的《流动资金借款合同》项下1120万元借款提供担保。可见，华尊公司提供保证担保的意思表示真实，且案涉的1120万元贷款已实际发放，故华尊公司承担保证责任有相应合同依据，并不违反华尊公司的真实意思。其二，华容支行与华尊公司在《保证合同》第十条的特别事项中约定，华容支行应在收到华尊公司出具的放款确认函后方可办理放款手续，但是并未约定放款确认函的格式为纸质版还是电子扫描件。本案中，华容支行主张从龙腾公司处收到了华尊公司出具的《放款确认函》电子扫描复印件，龙腾公司对此亦予以认可，故华容支行办理放款手续有相应事实依据。其三，华容支行就本案争议的1120万元借款专门向华尊公司发出《中国农业发展银行履行担保责任通知书》（编号CSH01），要求华尊公司对案涉1120万元贷款承担保证责任，华尊公司签收了该通知书，在本案诉讼前并无证据证明其就争议借款提出异议。

【案例来源】

中国裁判文书网，http://wenshu.court.gov.cn。

594 贷款人未按期收回贷款不应认为是对主合同贷款期限的变更，保证人仍须按合同约定承担保证责任

【关键词】

| 贷款期限变更 | 保证责任 |

【案件名称】

新疆裕富大酒店有限公司与新疆生产建设兵团第一建筑安装工程公司借款担保合同纠纷案［最高人民法院（2001）民二终字第37号民事判决书，2001.8.8］

【裁判精要】

最高人民法院认为：

营业部与裕富酒店、兵团一建签订的850万元借款担保合同以及营业部与兵团一建签订的保证合同，是各方当事人的真实意思表示，其内容不违反法律，为有效合同。本案审理的是营业部与裕富酒店、兵团一建之间依借款及保证合同形成的纠纷，远东公司、建苑公司不是该合同的当事人，不应作为本案的第三人。在营业部将850万元贷款资金划入裕富酒店账户的当日，裕富酒店董事长周为群即指派出纳员范霞携带该酒店的财务章和周为群个人名章，前去营业部办理转款手续，将850万元资金转到建苑公司、远东公司的账户。尽管转账支票是由营业部工作人员付磊代填的，但加盖了范霞提供的财务章和周为群个人名章，应认定付磊的"代填支票"行为得到了裕富酒店的认可，付磊本人亦不应作为本案的第三人。依出纳员通常应具备的业务能力和职业常识，范霞对"到营业部转哪笔款""将款转给谁"等问题，应该是清楚的。范霞将建苑公司出具的收款收据与转款当天带回裕富酒店，并就远东公司暂未出具收据一事，向周为群写了一份说明，请求周批准暂用转账支票的存根入账，周为群分别在"收据"和"说明"上签字。以上事实及证据表明，裕富酒店将850万元划给远东公司、建苑公司，是其自行处分的结果，反映了其当时真实的意思表示。上诉人裕富酒店关于"付磊用原交押的两张印鉴齐备的空白支票转款不是裕富酒店的意思表示"的上诉理由，本院不予采信；对其"未占有、使用过所贷850万元款项，没有偿还该笔借款的义务"的上诉请求，不予支持。裕富酒店与远东公司、建苑公司之间在开发的承接三中房地产项目过程中是否形成了债权债务关系，不属本案审理的范围，应另案主张。保证人兵团一建自愿为本案850万元借款合同提供了连带责任保证，其担保之意思表示真实且充分，应当承担连带保证责任。兵团一建提出"新华南路支行在裕富酒店有还贷能力时不按约定收回贷款，应视为对贷款期限的变更，其不应再承担保证责任"的上诉理由，没有法律依据。

【案例来源】

最高人民法院民事审判第二庭编：《民商审判指导与参考》（总第1卷），人民法院出版社2002年版，第420～426页。

595 主合同约定的借款数额少于担保书承诺的数额，即使未经保证人同意，也不能成为保证人免责的理由

【关键词】

| 保证责任 | 借款数额 |

【案件名称】

中国东方资产管理公司西安办事处与宝鸡卷烟厂、陕西省宝鸡氮肥厂破产管理人借款担保合同纠纷案［最高人民法院（2009）民二终字第 34 号民事判决书，2009. 6. 1］

【裁判精要】

最高人民法院认为：

《不可撤销担保书》的担保金额为 495 万美元和贷款项下所发生的借款利息及费用相应的人民币；后 1992 年的《转贷协议》中实际担保的金额为 285. 2 万美元和贷款项下所发生的借款利息及费用相应的人民币。债权人与债务人在主合同中约定的借款数额少于《不可撤销担保书》中承诺的数额，这种变化虽未经保证人同意，但其结果减轻了债务人及保证人的债务，该项变化不能够成为保证人免责的条件，保证人仍应当对变更后的合同承担保证责任。

【案例来源】

最高人民法院民事审判第二庭编：《最高人民法院商事审判指导案例・借款担保卷》（下），中国法制出版社 2011 年版，第 673 ~681 页。

编者说明

主合同直接决定着债务人所承担的义务，也决定着保证人承担的担保义务，鉴于债权人与债务人协商变更主合同内容直接影响到保证人的利益，因此《担保法》第二十四条规定了主合同变更应当征得保证人的书面同意是适当的。《担保法解释》第三十条具体规定了主合同变更的各种情形与法律后果，成为《担保法》第二十四条的补充。但是，由于合同形式的多样性，《担保法解释》第三十条也并不能一一列举相关情形，而是对判断标准作了规定，即“如果减轻债务人的债务的，保证人仍应当对变更后的合同承担保证责任；如果加重债务人的债务的，保证人对加重的部分不承担保证责任”。

596 承兑汇票的到期日超出授信额度使用期限并不影响保证责任的承担

【关键词】

｜承兑汇票｜授信期限｜保证责任｜

【案件名称】

唐山京华制管有限公司与中国银行股份有限公司唐山分行、河北滦河实业集团有限公司借款担保合同纠纷案［最高人民法院（2009）民提字第 82 号民事判决书，2009. 12. 4］

【裁判精要】

裁判摘要:授信额度使用期限是授信银行向客户授予办理相关授信业务的期限,而不是授信业务项下债务履行的期限即承兑汇票的兑付期限,承兑汇票的到期日超出授信额度使用期限并不影响保证责任的承担。最高额保证人以承兑汇票的期限超过授信额度使用期限为由提出拒绝承担保证责任的诉讼请求,人民法院不予支持。

最高人民法院认为:

关于六张承兑汇票是否超出授信额度协议约定的授信额度的问题。2006年8月30日和2006年9月19日,唐山中行根据滦河实业公司的申请共开出票面金额总计5800万元的六张承兑汇票。京华公司认为上述承兑汇票的总金额5800万元,超过了其所担保的2900万元的债权,主张应当免责。本院认为,本院经再审已查明,滦河实业公司在与唐山中行签订承兑协议和授信协议后,先后向唐山中行提供了1950万元和950万元的保证金。虽然唐山中行开出了总计为5800万元的承兑汇票,但依据唐山中行与滦河实业公司签订的《授信额度协议》第3条第2款关于"滦河实业能够提供足额保证金作质押担保的,不占用授信额度"的约定,滦河公司已经向唐山中行支付了总计2900万元的足额保证金,保证金的数额符合承兑协议的约定,该2900万元保证金不占用授信额度。因而,京华公司认为保证金的数额应与承兑汇票的票面金额一致才为足额的理由不能成立,本院予以驳回。所以,虽然唐山中行开出了5800万元的承兑汇票,但并未超出《授信额度协议》所约定2900万元的授信额度。

关于是否存在授信额度使用期限延展而京华公司应予免责的问题。京华公司认为,授信额度使用期限与汇票额度使用期限应是等长、一致的,案涉汇票的到期日均超过了授信额度使用期限,属于授信额度使用期限延展,其不应承担保证责任。本院认为,授信额度使用期限是授信银行向客户授予办理相关授信业务的期限,而不是授信业务项下债务履行的期限即承兑汇票的兑付期限,故承兑汇票的到期日超出授信额度使用期限并不影响保证责任的承担。虽然该案承兑汇票的到期日超过了授信额度的使用期限,但并不属于授信额度使用期限的延展情形,京华公司认为承兑汇票的期限超过授信额度使用期限的理由亦不能成立。

【案例来源】

最高人民法院民事审判第二庭编:《最高人民法院商事审判指导案例·借款担保卷》(上),中国法制出版社2011年版,第405~413页。

597 合同未将监管“专款专用”作为银行义务或保证人免责事由的，保证人不能以债务人改变借款用途为由要求免除保证责任

【关键词】

|专款专用|免责事由|保证责任|

【案件名称】

中盛房地产开发公司、中国建筑第二工程局有限公司与中国工商银行股份有限公司北京南礼士路支行一般借款合同纠纷案［最高人民法院（2012）民抗字第18号民事判决书，2014.6.19］

【裁判精要】

最高人民法院认为：

工行南礼士路支行与中盛公司签订的借款合同、与中建二局签订的保证合同及工行南礼士路支行与中盛公司、中建二局签订的展期还款协议、保证协议是本案各方当事人的真实意思表示，内容不违反法律规定，应予确认有效。本案借款合同、保证合同签订后，借款人中盛公司在工行南礼士路支行开立账户，工行南礼士路支行依约将7800万元贷款划至中盛公司的账户，后又依照中盛公司指令，将该笔借款再行划转到水利水电二局及京科建安公司账户，履行了借款合同中的全部放款义务。中建二局作为担保人，在债务人中盛公司明确不能履行偿债责任后，应当依约承担连带清偿责任。中建二局要求免除担保责任，如果存在法定或约定的免除担保责任情形时，方可免除担保责任。

中建二局认为，本案贷款应用于北京皮件厂项目，划转给水利水电二局，违反了专款专用、专户管理的约定，中建二局有权据此免除担保责任，本院认为，中建二局上述抗辩理由不能成立。首先，工行南礼士路支行虽曾致函中建二局，称本案贷款将专款专用、专户管理，但该函中并无工行南礼士路支行就“专款专用、专项管理”承担管理、监督责任的内容，只是将这一内容告知中建二局。在此后正式签订的借款合同、保证合同条款中虽然都出现过专款专用的表述，但都是工行南礼士路支行作为债权人对债务人中盛公司提出的要求，也未将监管款项的“专款专用”作为工行南礼士路支行的义务或中建二局的免责事由。相反，在保证合同第七条进一步约定“银行与借款人协议变更主合同的，除展期或增加贷款金额外，无须经保证人同意，保证人仍在原保证范围内承担连带保证责任”。其次，中建二局作为担保人，其法律地位属次债务人，应当清楚知道中盛公司到期不能偿还银行贷款，将由其承担还款责任，因此，对于贷款的流向及用途，更应尽到审慎义务。而且中建二局实为诉争皮件厂项目的施工单位，较之其他担保人，更便于了解贷款是否全部用于该项目并据以提出抗辩。对款项是否用于诉争皮件厂项目，中建二局可以向工行南礼士路支行

予以核实,如果工行南礼士路支行没有如实告知,中建二局可据此行使抗辩权。本案贷款到期时,款项早已划转至水利水电二局,如中建二局认为款项划转至水利水电二局,超出了其承担担保责任的范围,完全可以在贷款到期、第一次予以续保时以款项并未"专款专用"向工行南礼士路支行提出抗辩。但从本案查明的事实看,中建二局并未就此提出过异议,也没有要求工行南礼士路支行就款项是否"专款专用"作出说明,而是直接连续多次为中盛公司的债务展期续保,在展期承诺函中,均表示对展期情况知晓,由此说明中建二局此时已经放弃将"专款专用"作为免除担保责任的抗辩理由,现中建二局再以此提出抗辩,本院不予支持。

中建二局还主张,中盛公司委托工行南礼士路支行转款的信汇凭证填写日期可以佐证,债权人与债务人对转款至水利水电二局事前即已沟通,债权人工行南礼士路支行明知贷款挪作他用而不尽管理义务,导致贷款流失的责任应当由其自行承担。工行南礼士路支行则认为,转款是应贷款人要求转出,专款专用是给贷款人设定的义务,不是银行的责任,信汇凭证时间是误写,本案没有增加保证人责任,原审免除其大部分责任不当。本院认为,本案相关信汇凭证上填写的日期虽在借款合同和担保合同之前,但各方亦不否认该笔款项确系于借款合同、担保合同签订后,才实际划转至水利水电二局,因此不能据以认为工行南礼士路支行与中盛公司在款项先行实际划出的情况下,未告知中建二局实际情况而取得中建二局的担保,中建二局据此要求免除担保责任,不符合《担保法》第三十条关于"主合同当事人双方串通,骗取保证人提供保证的",保证人不承担民事责任的规定,本院亦不予支持。

中建二局还认为中盛公司原法定代表人张某构成犯罪,本案中划转至水利水电二局的5600万元款项与犯罪行为相关,中建二局不应承担担保责任。但生效的刑事裁定书中虽然认定了张某以借款换股权的方式侵吞国有企业中盛鑫公司,且该国有公司的建设项目施工方为水利水电二局的事实,但并没有明确认定张某侵吞的中盛鑫公司建设项目用款即为本案划转至水利水电二局的5600万元贷款,由此,尚不能依据有关刑事裁定书证实本案诉争的5600万元贷款用于犯罪目的。故中建二局相关主张的理由不能成立。

综上,中建二局对本案中的5600万元款项要求免除担保责任的各项抗辩理由均不能成立,应依法对本案全部借款本息等承担连带保证责任。最高人民检察院抗诉意见成立,本院予以支持。北京市高级人民法院再审判决认定事实不清,适用法律错误,应予纠正,该院二审判决及北京市第一中级人民法院一审判决认定事实清楚,适用法律正确,程序合法,应予维持。

【案例来源】

中国裁判文书网,http://wenshu.court.gov.cn。

598 银行是否对贷款进行封闭运行管理并履行资金监管义务，不影响保证人基于其对主债务人履约能力的信任所作的保证承诺

【关键词】

|封闭贷款|资金监管|保证责任|

【案件名称】

中国农业发展银行灯塔市支行与辽阳宾馆有限责任公司、辽阳罕王湖农业集团有限公司金融借款合同纠纷案［最高人民法院（2015）民二终字第251号民事判决书，2015.11.11］

【裁判精要】

最高人民法院认为：

一、关于辽阳宾馆应否对案涉债务承担担保责任及该担保责任能否减轻乃至免除的问题

担保合同是一种以保障债权人实现债权为目的的单务合同。在债务人不履行到期债务时，债权人有权要求保证人按照约定履行债务或承担责任。在担保法律关系中，保证人应是基于对债务人利益的考虑及对债务人履约能力的信任而向债权人作出的承诺。债务人是否如约履行合同义务，是保证人是否承担保证责任的关键。本案中，辽阳宾馆主张其是基于主债务是粮食收购贷款、农发行灯塔支行会履行封闭运行管理义务才提供的连带责任保证，但封闭运行管理仅是债权人对贷款风险进行防范和控制的手段，如债权人不履行封闭管理义务，则导致其贷款不能收回的风险加大，使债权人处于一种不利益状态，但并不影响债务人的利益，也不超出保证人承担责任的预期。辽阳宾馆将其提供保证的基础归结于农发行灯塔支行的封闭运行管理义务而非对债务人履约能力的信任，与担保制度的目的与特点不符，其主张不能成立。

在债务人未能按期履行债务之情形下，为了保障债权人债权的实现，保证人行使抗辩权应基于法律的明确规定或合同双方的特别约定。本案中，农发行灯塔支行与辽阳宾馆在《保证合同》中并未约定辽阳宾馆可以免责的抗辩事项，故应审查辽阳宾馆依照法律规定提出的三项抗辩事由是否成立。

辽阳宾馆主张农发行灯塔支行与罕王湖公司双方串通，骗取其提供保证，依照《担保法》第三十条第（一）项的规定，其不应承担保证责任。首先，辽阳宾馆对其主张并未提供证据予以证明，仅以其所认为的农发行灯塔支行自始没有准备对涉案粮食收购贷款实行封闭运行管理为由，作出此项推断，缺乏事实依据。其次，辽阳宾馆与罕王湖公司在签订《流动资金借款合同》及《保证合同》时，属关联企业，辽阳宾馆基于罕王湖公司的利益提供连带责任保证，应系辽阳宾馆真实意思表示。依照现有

在案证据,不足以认定“骗取”情形的存在,辽阳宾馆的此项抗辩事由不能成立。

辽阳宾馆主张罕王湖公司采取欺诈、胁迫等手段,使其在违背真实意思的情况下提供保证,农发行灯塔支行知道或者应当知道欺诈、胁迫事实,依照《担保法解释》第四十条的规定,其不应承担保证责任。如前所述,辽阳宾馆对其该项主张并未提供证据予以证明,并且其基于和罕王湖公司的关联企业关系,为罕王湖公司提供连带责任保证,应系其真实意思表示。依照现有在案证据,不能认定“欺诈、胁迫”情形的存在,辽阳宾馆的此项抗辩事由不能成立。

辽阳宾馆主张农发行灯塔支行与罕王湖公司擅自变更借款的性质及用途,无限加重其保证责任,依照《担保法解释》第三十条的规定,其不应承担保证责任。首先,辽阳宾馆未能举证证明农发行灯塔支行与罕王湖公司就借款性质及用途的变更达成合意。按照合同约定的借款性质及用途使用借款是罕王湖公司负有的合同义务,如果借款被挪作他用,应属罕王湖公司的违约行为。其次,借款在发放后,由罕王湖公司实际掌控,罕王湖公司对借款性质及用途的变更不同于《担保法解释》第三十条所规定的借款数量、价款、币种、利率等内容的变更,并未加重罕王湖公司的债务,辽阳宾馆的保证责任亦不能因该条法律规定而免除。故辽阳宾馆的此项抗辩事由亦不能成立。

另外,一审判决认定对粮食收购贷款承担封闭运行管理系农发行灯塔支行的法定义务,并据此减轻了保证人辽阳宾馆的保证责任。诚然,农发行灯塔支行作为政策性银行的分支机构,应当按照国务院及中国发展银行的相关文件,对粮食收购贷款进行封闭运行管理,以实现对贷款风险的防范和控制,否则即应按照相关文件规定承担相应责任。但法定义务是直接依据法律规定产生的义务,国务院规范性文件及中国农业发展银行行业规定,均非法律范畴,在法律无明确规定之情形下,不能将之涉及事项直接认定为法定义务。

综上所述,辽阳宾馆作为保证人,与农发行灯塔支行签订多份《保证合同》,为农发行灯塔支行与罕王湖公司之间的金融借款合同提供连带责任保证。上述《保证合同》为各方当事人真实意思表示,内容不违反法律、行政法规的强制性规定,合法有效。农发行灯塔支行是否对案涉贷款进行封闭运行管理并履行资金监管义务,不影响保证人辽阳宾馆基于其对罕王湖公司履约能力的信任所作出的保证承诺。辽阳宾馆应当按照其与农发行灯塔支行的合同约定,对于罕王湖公司对农发行灯塔支行所负的全部债务履行连带保证义务。一审判决适用法律不当,应予纠正。

【权威解析】

本案涉及保证人的保证责任能否减轻乃至免除的问题。保证合同是一种以保障债权人实现债权为目的的单务合同。保证人基于对债务人利益的考虑及债务人履约能力的信任,向债权人作出承诺,在债务人不履行到期债务时,债权人有权要求保证人按照约定承担保证责任,以促成债权人与债务人之间合同的订立及交易的达成。那么在债务人没有如约履行合同义务的情形下，保证人主张其保证责任应当予以减轻乃至免除，则须基于合同的约定或法律的规定。

本案中，农发行灯塔支行与辽阳宾馆在《保证合同》中并未约定辽阳宾馆可以免责的抗辩事项，故不存在合同约定的抗辩基础。辽阳宾馆依照法律规定提出三项抗辩事由，分别涉及《担保法》第三十条，《担保法解释》第三十条、第四十条的规定，这三项法定抗辩事由能否成立则需审查。根据现有在案证据，在案涉《流动资金借款合同》及《保证合同》签订时，罕王湖公司与辽阳宾馆应属关联企业。辽阳宾馆基于罕王湖公司的利益提供连带责任保证，应系辽阳宾馆的真实意思表示，辽阳宾馆未提供证据证明“骗取”“欺诈”“胁迫”情形的存在。另外，按照合同约定的借款性质及用途使用借款是罕王湖公司负有的合同义务，如果借款被挪作他用，应属罕王湖公司的违约行为。辽阳宾馆与罕王湖公司作为关联企业及利益共同体，其保证责任不能因罕王湖公司的违约行为而免除。辽阳宾馆主张的三项法定抗辩事由均不能成立。

《国务院关于进一步深化粮食流通体制改革的决定》（国发〔1998〕15 号）及《国务院当前推进粮食流通体制改革的意见》（国发〔1998〕35 号）均系 1998 年发布的国务院规范性文件，其出台背景是国家尚未放开粮食收购市场，粮食流通体制尚未改革，国有粮食企业“严重挤占挪用粮食收购资金，导致经营亏损和财务挂账剧增，超过国家财政的承受能力”，故上述两份规范性文件虽然规定了粮食收购资金的封闭运行，但其适用的对象是“从事粮食收储的国有粮食企业”，违反规定的后果是“粮食企业违反资金管理原则和办法的，银行要依照有关规定严肃处理”。罕王湖公司非国有粮食企业，上述规范性文件并不能直接适用于本案。2004 年 5 月 23 日，国务院发布《关于进一步深化粮食流通体制改革的意见》（国发〔2004〕17 号），指出国务院“2004 年全面放开粮食收购市场，积极稳妥推进粮食流通体制改革”，在“改革粮食收购资金供应办法，完善信贷资金管理措施”部分，提出“农业发展银行要加快信贷资金管理方式改革，建立以贷款风险控制为核心的信贷资金管理办法”，此时信贷资金的管理办法已经确定为“以贷款风险控制为核心”。国务院于 2004 年 5 月 26 日发布《粮食流通管理条例》，也仅规定中国农业发展银行对其他粮食购销企业，“按企业的风险承受能力提供信贷资金支持”。至于 2007 年制定的《中国农业发展银行粮食收购贷款办法》，虽然规定了粮食收购贷款封闭运行原则，但其同时规定“借款人到期贷款未偿还的部分，应及时采取风险补偿措施，从借款人风险准备金或处置抵押（质押）物收回，属于保证担保的贷款，要及时向保证人追偿”；“对借款人违反本办法和借款合同约定，导致农发行贷款风险的，开户行应及时报告，并按规定给予相应的信贷制裁”，故其作为行业规定，主要目的是为了加强内部管理，防范和控制贷款风险，且行业规定不属法律法规，其管理性规定不能界定为法定义务。综上，现有国家法律法规并没有明确规定对粮食收购贷款进行封闭运行管理系农发行灯塔支行的法定义务。

综合本案情况,辽阳宾馆据以提出免责的法定抗辩事由均不能成立,对案涉贷款进行封闭运行管理仅是债权人对贷款风险进行防范和控制的手段,是否进行封闭运行管理,并不影响债务人的利益,也不超出保证人承担责任的预期。辽阳宾馆应当按照保证合同的约定承担保证责任。①

【案例来源】

中国裁判文书网,http://wenshu.court.gov.cn。

599 贷款人怠于履行合同约定的监督义务导致保证人责任增加的,应根据贷款人过错相应减轻保证责任

【关键词】

|监督义务|贷款人过错|保证责任|

【案件名称】

中国长城资产管理公司成都办事处与成都倍特发展集团股份有限公司、四川托普软件投资股份有限公司、托普集团科技发展有限责任公司借款担保合同案[最高人民法院(2006)民二终字第178号民事判决书,2007.1.24]

【裁判精要】

最高人民法院认为:

在借款担保合同纠纷中,贷款人与借款人、保证人明确约定由贷款人对借款资金进行监督支付管理、确保专款专用,应视为贷款人承担了监督资金使用的义务,如果贷款人未按约定恰当履行监督义务,就应承担相应的责任。在借款担保合同关系中,通常贷款人的义务主要体现为所借款项的交付,一旦借款交付,合同义务即体现为借款人和保证人应承担的偿还责任。但也存在例外,例如本案合同赋予贷款人额外的监督义务,此时不履行该义务同样应体现为责任的承担。监督义务属于附随义务,借款人偿还借款的主债务不能与之抵销,因此借款人的还款责任不受影响,但贷款人怠于履行监督义务会导致保证人承担保证责任的风险增加,应根据贷款人的过错相应减轻保证人的保证责任。

依公平原则,贷款人承担相应的民事责任并不能当然地免除、减轻保证人的保证责任,还应考虑保证人对贷款未能专款专用是否明知。本案借款人与保证人系关联企业,应推定保证人知晓借款人未将贷款用于合同规定的贷款目的。

① 参见王媛媛:《银行未履行封闭管理义务,保证人不能据此免责》,载最高人民法院第二巡回法庭编著:《民商事二审典型案例及审判经验》,人民法院出版社2019年版,第385~387页。

【案例来源】

最高人民法院民事审判第二庭编:《最高人民法院商事审判指导案例·借款担保卷》(下),中国法制出版社 2011 年版,第 819~827 页。

600 保证人与关联企业存在一定程度混同的,债权人对保证人发出的催收通知由关联企业法定代表人盖章,可以视为保证人收到并同意履行保证责任

【关键词】

| 关联企业 | 催收通知 | 保证责任 |

【案件名称】

中国东方资产管理公司兰州办事处与新疆金舸实业有限责任公司、第一汽车集团新疆汽车公司、新疆第一汽车厂借款担保合同纠纷案[最高人民法院(2005)民二终字第 174 号民事判决书,2006. 2. 8]

【裁判精要】

裁判摘要:如果在借款担保合同关系中,担保人与另一企业法人系关联企业,法定代表人为同一人,此时债权人对担保人发出的催收通知由其关联企业盖章,并加盖两关联企业共同法定代表人的个人名章,且结合案件的其他证据可以认定两关联企业存在一定程度的混同,则该法定代表人的个人签章可以视为担保人收到债权人的催收并同意履行保证责任。

最高人民法院认为:

一、关于汽车公司的保证责任

汽车公司为本案的 950534 号借款合同提供连带责任担保,对金舸公司未偿还的 55 万元的欠款利息,乌市中行对主债务人金舸公司不间断的催收,主债务未过诉讼时效。对保证人汽车公司于 1996 年 1 月 6 日和 1997 年 6 月 24 日进行了催收。汽车公司在乌市中行的《担保书项下贷款到期通知书(回执)》上盖章确认。但自此以后,乌市中行对该笔贷款向保证人的催收,均由汽车厂盖章,并加盖同为汽车厂与汽车公司法人代表的汪承先个人名章。汽车厂与汽车公司虽为不同的企业法人,但法定代表人均为汪承先。汪承先签章可以视为汽车公司收到乌市中行的催收并发出回执同意继续履行保证责任。故该笔担保债务未超过诉讼时效,汽车公司应承担保证责任。原审法院再审判决免除保证人汽车公司的保证责任不当,本院予以纠正。

【案例来源】

最高人民法院民事审判第二庭编:《最高人民法院商事审判指导案例·借款担保卷》(下),中国法制出版社2011年版,第899~907页。

601 债权人径行扣划债务人资金用于偿还借款后又返还其账户，保证人仍应对其担保的借款及利息承担保证责任

【关键词】

| 扣划资金 | 保证责任 |

【案件名称】

中国东方资产管理公司兰州办事处与新疆金舸实业有限责任公司、第一汽车集团新疆汽车公司、新疆第一汽车厂借款担保合同纠纷案［最高人民法院（2005）民二终字第174号民事判决书，2006.2.8］

【裁判精要】

裁判摘要:在借款合同履行过程中,如果债权人未经债务人同意,径行扣划其账户内的资金用于偿还借款,之后又返还给债务人,则这种“扣收又划回”行为不构成债权人与债务人之间解除原有债务并重新建立起新的债权债务关系。解除原有的借款合同并达成新的借款合同,需合同双方有明确的意思表示,并就合同主要条款协商一致,签订书面合同。债权人“扣收又划回”债务人资金的行为仅仅体现为债务人欠款的继续,此时该笔债权的担保人仍应对其担保的借款及利息承担连带保证责任。

最高人民法院认为:

关于汽车厂提出其应对乌市中行“扣收又划回”金舸公司的816万元贷款免除担保责任的问题。根据原审法院再审查明的事实,1998年2月11日,乌市中行从金舸公司账户扣收816万元,其中450万元归还了本案9602010号及9606122号借款合同项下的款项。由于金舸公司提出异议,乌市中行于同月16日将扣收的816万元划回金舸公司账户。当日,金舸公司向案外人支付货款450万元,并将剩余366万元转入乌市中行,该行将该款归还了金舸公司非本案涉诉的其他借款合同项下款项。本院认为,乌市中行“扣收又划回”行为不构成债权人与债务人之间解除原有债务并重新建立新的债权债务关系。解除原有的借款合同并达成新的借款协议,需合同双方有明确的意思表示,并就合同主要条款协商一致,签订书面合同。乌市中行为追讨欠款扣收金舸公司账户内816万元,后又根据金舸公司的要求划回,仅仅体

现为金舸公司欠款的继续。由于该816万元划回金舸公司后,450万元用于支付该公司货款,其余366万元用于归还该公司在乌市中行的其他贷款,汽车厂担保的三笔借款实际未得到清偿。由于汽车厂在担保书中均承诺"本担保书在贷款人同意借款人延期还款时继续有效"。故汽车厂仍应对其担保的该借款及利息承担连带保证责任。上诉人汽车厂关于免除其816万元及利息保证责任的上诉理由无事实和法律依据,本院不予支持。原审法院再审判决免除汽车厂450万元及利息的保证责任不当,应予纠正。

【案例来源】

最高人民法院民事审判第二庭编:《最高人民法院商事审判指导案例·借款担保卷》(下),中国法制出版社2011年版,第899~907页。

602 《债权抵顶协议书》属于以物抵债合同,其实际履行之前原债权债务关系并不消灭,原有债务的从属保证亦不应免除

【关键词】

|保证|债权抵顶协议|以物抵债|

【案件名称】

张金升、沧州盛德房地产开发有限公司等与穆永查企业借贷纠纷案[最高人民法院(2016)最高法民再294号民事判决书,2016.12.9]

【裁判精要】

最高人民法院认为:

穆永查作为甲方,盛德公司作为乙方,张金升、闫冲、高丽凤、张俊玲作为丙方,三方签订《保证担保借款合同》均为当事方真实意思表示,不违反法律、行政法规的强制性规定,合同各方均应按照合同约定履行。张金升、盛德公司、闫冲在本院庭审中提交石家庄中之燕会计师事务所《河北华晨峰担保有限公司专项审计报告》,意图证明《保证担保借款合同》的实际出借人为河北华晨峰担保有限公司。上述"审计报告"在本案二审期间已经二审法院当庭质证,穆永查对上述"审计报告"的真实性、关联性、合法性均提出异议。本院认为,上述证据由张金升、盛德公司、闫冲单方提供,穆永查不予认可,二审判决对此证据未予采纳并无不当。

《物权法》第一百七十六条规定,"被担保的债权既有物的担保又有人的担保的,债务人不履行到期债务或者发生当事人约定的实现担保物权的情形,债权人应当按照约定实现债权;没有约定或者约定不明确,债务人自己提供物的担保的,债权人应当先就该物的担保实现债权;第三人提供物的担保的,债权人可以就物的担保

实现债权,也可以要求保证人承担保证责任。提供担保的第三人承担担保责任后,有权向债务人追偿”;第一百八十条规定,“债务人或者第三人有权处分的下列财产可以抵押:(一)建筑物和其他土地附着物;(二)建设用地使用权;(三)以招标、拍卖、公开协商等方式取得的荒地等土地承包经营权;(四)生产设备、原材料、半成品、产品;(五)正在建造的建筑物、船舶、航空器;(六)交通运输工具;(七)法律、行政法规未禁止抵押的其他财产。抵押人可以将前款所列财产一并抵押”;第一百八十七条规定,“以本法第一百八十条第一款第一项至第三项规定的财产或者第五项规定的正在建造的建筑物抵押的,应当办理抵押登记。抵押权自登记时设立”。本案《保证担保借款合同》明确约定盛德公司用南招拍挂国用(2011)第022号、南皮合行抵押贷款剩余面积15966.6平方米及沧州市沧运国用(2012)第00459号面积12345.1平方米的土地使用权作为合同项下借款的抵押担保,属于债务人自己提供物的担保的情形。一、二审判决对相关物的担保是否办理抵押权登记等情形未进行审查,本院庭审过程中,《保证担保借款合同》的各方当事人均认可上述财产并未办理抵押登记,本院予以认定。因此,案涉土地使用权抵押因未办理登记手续而未有效设立,原审判决判定相关保证人的保证责任并无不当。

此外,穆永查在本案一审审理过程中撤回对高丽凤的起诉后,高丽凤即不再具有本案当事人身份,二审判决在判决书首部将其列为被上诉人并向其送达法律文书不妥,本院予以纠正。

张金升、闫冲签字的《承诺书》中虽然记载有元弘典当公司愿与其他担保人对借款合同提供连带责任担保的承诺,但因元弘典当公司对该承诺书中的上述内容不予认可,且该承诺书经鉴定,以“过户手续”为界,之前部分内容及底部的“承诺人”三个字与“过户手续”之后的内容虽系同一人书写,但不是同一支笔书写,也不是同一次书写,且承诺书中也未加盖元弘典当公司的公章,原审判决认定元弘典当公司对本案借款本金及利息不承担责任并无不当。

王连荣与盛德公司等签订《协议书》及《债权抵顶协议书》时,持有穆永查签名的《授权书》。穆永查虽主张《授权书》的签字非其本人所签,但并未申请鉴定。一审庭审过程中,穆永查主张16日《协议书》系附条件协议,但并未对该《协议书》上王连荣签字的效力提出抗辩。二审庭审中,穆永查认可其指派王连荣就还款事宜与盛德公司进行磋商,认可闫冲、张金升出具的《承诺书》亦是委托王连荣代表其办理的。此外,穆永查对《债权抵顶协议书》中以房抵款35万元一事不仅予以认可而且协同办理了产权过户手续。综上,二审判决对2013年10月17日王连荣代理穆永查与盛德公司等签署《债权抵顶协议书》的效力予以确认具有事实依据。本院再审期间,王连荣向本院提交的《证明》因其未到庭作证且无其他证据佐证,本院对其《证明》不予采信。

2013年10月16日签订的《协议书》与10月17日签订的《债权抵顶协议书》在借款本息数额方面存在差异,且16日《协议书》约定了生效条件,17日《债权抵顶协议书》并未约定生效条件。一审判决在认定《债权抵顶协议书》效力时,错误引用了16日《协议书》的内容,本院予以纠正。从《债权抵顶协议书》及《协议书》的签订主体、签订时间、协议内容方面考察,《债权抵顶协议书》实为取代《协议书》的新合同。

当事方在《债权抵顶协议书》中明确约定了双方存在本息合计1255万元债权债务,自愿达成分项抵顶债权的意愿。当事人的真实意思是以在双方之间成立新债(物权转移之义务)的行为来消灭双方之间的旧债(债权债务关系)。我国现行法律并没有专门针对债权抵顶协议的规定,在法律适用方面,应当适用与其性质和目的最为接近的有名合同规范,同时应当考虑《合同法》总则及其他法律的相关规范。《物权法》第十五条规定:"当事人之间订立有关设立、变更、转让和消灭不动产物权的合同,除法律另有规定或者合同另有约定外,自合同成立时生效;未办理物权登记的,不影响合同效力。"在法律没有明确规定和当事人没有例外约定的情况下,合同应当自双方合意达成之时成立并生效。《债权抵顶协议》作为本案当事人间清偿债务的安排,应当自成立时生效。《债权抵顶协议书》属于以物抵债合同,其实际履行之前,原债权债务关系并不消灭,鉴于该协议的主要内容并未实际履行,本案仍应依据《保证担保借款合同》的约定确定各方的权利义务。

2013年9月2日,穆永查向一审法院提起本案诉讼时,以物抵债协议尚未签订。其向一审法院主张按照原借款合同之约定返还本金及利息具有法律依据。2013年9月9日,穆永查与闫冲办理了闫冲所有的黄骅港口住房过户手续,又于10月17日签订《债权抵顶协议书》对上述房屋过户予以确认。黄骅港口住房过户发生在《债权抵顶协议书》签订之前,不应认定系履行《债权抵顶协议书》。本案《债权抵顶协议书》中约定用于抵债之物各自独立,在一审法庭辩论终结之前,《债权抵顶协议书》中的其他约定未实际履行,原债权债务关系未消灭。一审法院依照穆永查的诉请支持其对原债权债务关系的主张并无不当。

关于本案保证人的保证责任问题。当事方在《债权抵顶协议书》中并未明确约定《保证担保借款合同》项下的债务消灭;《债权抵顶协议书》中出现的"抵顶"等表述虽有消灭原债务的意思,但其实现有赖协议的实际履行。因此,本案的新债清偿约定只是改变了原有债务的履行方式,增加了债权实现的途径与可能。设立新债的目的虽是消灭旧债,但在协议未实际履行、旧债未消灭的情况下,原有债务的从属保证亦不应免除。根据《担保法解释》第三十条第三款的规定,债权人与债务人协议变动主合同内容,但并未实际履行的,保证人仍应当承担保证责任。因此,张金升、闫冲、张俊玲、李文通对本案债务应承担相应的保证责任。

综上,二审判决认为《债权抵顶协议书》应视为对《保证担保借款合同》约定的权利义务进行了重新确认,张俊玲、李文通不再承担《保证担保借款合同》中约定的保证责任,并依据《债权抵顶协议书》确认本案借款本息数额,适用法律错误,应予纠正。张金升、盛德公司、闫冲的再审申请理由依法均不成立,本院不予支持;穆永查的再审请求部分符合法律规定,本院予以支持。一审判决虽在认定《债权抵顶协议书》效力时，错误引用2013年10月16日《协议书》的内容，但裁判结果正确，可予维持。

【案例来源】

中国裁判文书网，http://wenshu.court.gov.cn。

603 借款合同约定的解除担保条件未成就，保证人仍应承担保证责任

【关键词】

｜解除担保｜条件成就｜保证责任｜

【案件名称】

中国长城资产管理公司南京办事处与浙江三弘国际羽毛有限公司、立诚包装有限公司等金融借款合同纠纷案［最高人民法院（2015）民二终字第305号民事判决书，2016.9.30］

【裁判精要】

最高人民法院认为：

本案二审争议的焦点问题是涉案《借款合同》约定解除三弘公司担保的条件是否成就。

涉案三份《借款合同》中均约定：三弘公司保证担保须待项目形成资产（房产、机器设备）全部抵押给农行溧阳支行及借款人立诚公司正常投产盈利后方可解除担保。虽然三弘公司并非主借款合同的当事人，但是涉案担保合同签订在借款合同之前，借款合同中约定解除担保的相关内容是农行溧阳支行的真实意思表示，农行溧阳支行应受该意思表示的约束，而该免责条款赋予三弘公司有条件解除担保的权利，三弘公司对此条款也是同意并认可的。故原审判决认定借款合同中解除担保的相关约定，对担保人三弘公司亦产生法律效力，并以此确认农行溧阳支行与三弘公司之间权利义务关系，并无不当，本院予以确认。故根据三份《借款合同》约定，解除三弘公司担保须同时满足两个前提条件：一是立诚公司投资项目形成资产（房产、机器设备）全部抵押给农行溧阳支行；二是立诚公司正常投产盈利。三弘公司上诉称借款合同中约定的"借款人正常投产盈利"，是指"项目盈利，而不是企业年度和整体盈利"。本院认为，依通常行业惯例，"盈利"应指公司营业收入大于成本支出，并获取相应利润；且从合同目的解释角度分析，农行溧阳支行与立诚公司在约定解除三弘公司担保时强调"借款人正常投产盈利"，是待项目正常投产后，公司获取稳定的营业利润，偿还债务的能力得到提高，此时解除担保不致使其债权无法得到清偿。故"借款人正常投产盈利"应理解为公司整体经营盈利，而非不考虑公司成本支出、

设备折旧等因素，项目投产有收益即可。

原审判决在审查解除三弘公司担保条件是否成就时，根据立诚公司在工商局备案的2012年5月、2012年12月利润表、溧阳众诚会计师事务所有限公司出具的2013年度《审计报告》记载内容，及立诚公司在原审庭审中的自认事实，认定立诚公司投产后持续亏损。三弘公司上诉对原审判决认定立诚公司投产后持续亏损的事实未提出异议，本院予以确认。可见，涉案项目投产后，立诚公司未能实现正常盈利的事实客观存在。故《借款合同》约定解除三弘公司担保的"借款人正常投产盈利"条件之一未能成就。即使三弘公司上诉主张立诚公司投资建设6亿平方米产能项目形成的房产、机器设备已全部抵押给农行溧阳支行的理由成立，但因涉案项目投产后，立诚公司未能正常盈利，免除三弘公司担保责任的前提条件未能全部成就，且农行溧阳支行也未作出明确免除三弘公司担保责任的意思表示。因此，原审判决三弘公司等担保人按照《最高额保证合同》约定对本案立诚公司的借款承担连带清偿责任，并无不当。三弘公司上诉称《借款合同》约定解除三弘公司担保的条件已成就，本案应免除其担保责任，欠缺有效证据及合理理由支持。

【案例来源】

中国裁判文书网，http://wenshu.court.gov.cn。

604 保证人以免除保证责任为由起诉债权人的，应予受理

【关键词】

|保证|免除责任|受理|

【案件名称】

中国信达资产管理公司沈阳办事处与中国中钢集团公司保证合同纠纷案［最高人民法院（2009）民二终字第119号民事判决书，2009.12.3］

【裁判精要】

最高人民法院认为：

诉权是当事人请求人民法院行使审判权保护其民事权益的权利，当事人行使诉权需要具备当事人之间存在现实诉的利益两个要件。本案信达公司沈阳办向中钢集团发出《关于尽快履行担保责任的催收函》后，双方之间就中钢集团是否应当承担担保责任的争议已经存在，而且中钢集团存在通过诉讼尽早明确其法律地位的确认利益，由此避免由于争议所导致的不确定性，因此，中钢集团提起要求确认其不承担担保责任的诉讼，符合法律规定，原审法院受理此案并无不当。

【权威解析】

1. 关于人民法院是否应予受理消极确认诉讼问题

确认之诉分为积极的确认之诉与消极的确认之诉。消极确认之诉系对消极事实,如主张某一法律行为或者某一法律事实不存在而提起的有关诉讼。本案原审原告中钢集团提起诉讼请求法院认定其与信达公司沈阳办之间不存在担保法律关系,属于对消极事实的确认诉讼。本案当事人争议的首要问题是人民法院是否应当受理当事人提起的消极确认之诉。之所以对此类案件是否应予受理存在争议,主要是考虑有关当事人是否会借此无端甚至恶意挑起诉讼,一方面给对方当事人造成讼累,另一方面给法院造成司法资源的浪费。我们认为,人民法院对于消极确认之诉既不能一概予以受理,也不能一概拒之门外,而是要从诉讼权利行使的基本要件上作出合理判断。

诉讼权利,是指当事人请求法院行使审判权保护其民事权益的权利,是法律赋予当事人的一项基本权利,是当事人进行诉讼活动的前提和基础。当事人行使诉权需要具备两个条件,一是当事人之间存在争议,二是原告有诉的利益。这里需要强调的是,对于当事人之间存在的争议,应该是指双方当事人之间既已存在或发生的争议,而非原告假想的或未来将要发生的争议。而原告的诉的利益,是指法律上的利益而非实际利益。①

【案例来源】

最高人民法院民事审判第二庭编:《最高人民法院商事审判裁判规范与案例指导》(第一卷),法律出版社 2010 年版,第 846 ~ 851 页。

(二)按份担保保证责任

605 按份担保的保证人应按各自的份额承担责任

【关键词】

| 按份担保 | 保证责任 |

【案件名称】

中国投资银行湖南省分行与长沙中意电器集团公司、长沙中意电器股份有限

① 参见张勇健、刘敏:《消极确认诉讼案件的受理及举证责任分配问题》,载最高人民法院民事审判第二庭编:《最高人民法院商事审判裁判规范与案例指导》(第一卷),法律出版社 2010 年版,第 851 页。

公司、长沙民族乐器厂借款担保合同纠纷案［最高人民法院（1998）经终字第7号民事判决书，1999.4.19］

【裁判精要】

最高人民法院认为：

湖南投行与湘吉公司签订的借款合同以及中意集团、中意股份和乐器厂为湘吉公司而向湖南投行提供的担保，均系双方真实意思表示，且不违法，应认定为有效。依该合同，湖南投行履行了贷款方的义务，但借款方湘吉公司未按时归还借款本息是造成本案纠纷的原因。湘吉公司应向湖南投行承担偿还借款本息及罚息的民事责任。中意集团、中意股份和乐器厂应在各自担保的份额内对湘吉公司的债务承担连带责任。原审法院据此作出的(1993)湘高经初字第107号民事判决认定事实清楚。适用法律并无不当。该判决于1994年1月27日送达当事人，当事人均未上诉，该判决发生法律效力。

【案例来源】

最高人民法院民事审判第二庭编：《中华人民共和国最高人民法院判案大系》(民商事卷－1998年卷)，人民法院出版社2003年版，第4～8页。

(三)合同变更与保证责任

606 针对同一债务签订两份保证合同，后一保证合同构成对前一保证合同变更的，应以后一保证合同来认定担保权利义务关系

【关键词】

｜保证合同｜合同变更｜

【案件名称】

银亿集团有限公司与迪洛爱实业有限公司、宁波市欣成贸易有限公司保证合同纠纷案［最高人民法院（2015）民提字第113号民事判决书，2015.11.21］

【裁判精要】

最高人民法院认为：

关于迪洛爱公司与欣成公司是否应根据《借款担保合同2》承担保证责任的问题。迪洛爱公司与欣成公司认为，《借款担保合同2》与《借款担保合同3》独立并存，并非针对同一笔债务，银亿集团公司与吴再成履行的是《借款担保合同3》，而不是

《借款担保合同2》。既然《借款担保合同2》没有实际履行,迪洛爱公司与欣成公司无须承担保证责任。银亿集团公司认为,《借款担保合同2》与《借款担保合同3》指向同一债务,两份担保合同中的保证人为同一笔债务提供担保,《借款担保合同3》并没有取代《借款担保合同2》,只是在《借款担保合同2》的基础上增加其他保证人,故迪洛爱公司与欣成公司仍应根据《借款担保合同2》承担保证责任。双方争议的核心问题在于:《借款担保合同2》与《借款担保合同3》的关系。对此,本院认为,《借款担保合同3》所涉4亿元借款涵盖《借款担保合同2》所涉3亿元借款,《借款担保合同2》与《借款担保合同3》并非相互完全独立的两份合同。虽然《借款担保合同2》与《借款担保合同3》所涉借款数额、订立时间、担保人不完全一致,但借款人与贷款人为同一主体,且两份借款合同均表明是根据银亿集团公司、吴再成、灵成公司与金成公司签订的《补充协议(二)》签订借款合同,而《补充协议(二)》仅涉及4亿元,两份合同签订时间前后相差6天,且其载明的内容证明借贷双方并非是在《借款担保合同2》约定的3亿元借款之外再发生4亿元借款,故应认为《借款担保合同3》所涉及的4亿元包括了《借款担保合同2》所涉的3亿元。因此,《借款担保合同2》与《借款担保合同3》的内容并非完全独立,而是在《借款担保合同2》的基础上又变更为《借款担保合同3》。迪洛爱公司与欣成公司认为,本案所涉的《借款担保合同2》与《借款担保合同3》是相互独立的两份合同的主张,与本案事实不符。

《借款担保合同3》与《借款担保合同2》是针对同一笔3亿元债务签订的不同借款合同,但所约定的保证人不完全一致,根据《借款担保合同2》的约定,由灵成公司、金成公司、迪洛爱公司和欣成公司对借款提供连带共同保证,而根据《借款担保合同3》,借款由灵成公司、金成公司、兴成公司提供共同连带保证。《借款担保合同3》与《借款担保合同2》所约定的保证人中,灵成公司与金成公司是一致的,但其他人不一致:《借款担保合同2》是迪洛爱公司和欣成公司,但《借款担保合同3》则换成了兴成公司。对于两份借款担保合同在保证人约定方面存在的差别如何理解的问题,一审法院认为,因《借款担保合同3》订立在后,且明确载明"借款担保事宜以本合同为准",故认定《借款担保合同3》取代了《借款担保合同2》,免除《借款担保合同2》中担保人的担保责任;二审法院认为,免除担保责任应该有明确意思表示,但《借款担保合同3》并没有明确表示《借款担保合同2》中的担保人不承担保证责任,故《借款担保合同3》只是增加担保人,而不是免除《借款担保合同2》的担保人。本院认为,根据本案查明的事实,《借款担保合同3》取代了《借款担保合同2》的理解更为符合合同解释原理。《借款担保合同3》与《借款担保合同2》涉及同一笔3亿元借款,两份合同均约定,本合同生效后,《补充协议(二)》第三条关于3亿元借款不再履行,借款担保事宜以本合同约定为准(《借款担保合同2》的表述为:"相应3亿元借款担保事宜以本合同约定为准";《借款担保合同3》的表述为:"相应3亿元借款及抵押、保证担保事宜以本合同约定为准")。可见,各方当事人对两份不同借款担保合同之间关系的意思表示非常明确,均表明借款担保事宜以"本合同为准"。鉴于

《借款担保合同3》订立在《借款担保合同2》之后,应认为《借款担保合同3》是《借款担保合同2》的变更,故应以《借款担保合同3》来认定当事人之间的借款及担保权利义务关系。因此,既然《借款担保合同3》取代了《借款担保合同2》,则债权人只能依据《借款担保合同3》主张权利,而不得再依据《借款担保合同2》主张权利。

二审法院关于"银亿集团公司作为债权人已经免除迪洛爱公司、欣成公司保证责任依据不足"的理由,不符合当事人之间的约定,应予纠正。第一,《借款担保合同3》关于借款担保事宜的表述为"相应3亿元借款及抵押、保证担保事宜以本合同约定为准",该表述涵盖借款、抵押与保证事宜,故无论是借款还是保证,银亿集团公司都只能根据《借款担保合同3》来主张权利。二审法院认为《借款担保合同3》仅对3亿元借款事宜的变更的观点与借款担保合同的文义解释相悖。第二,既然《借款担保合同3》载明"相应3亿元借款及抵押、保证担保事宜以本合同约定为准",则表明本案所涉借款与担保都应以《借款担保合同3》为准,银亿集团公司不得再依据《借款担保合同2》主张权利,这表明银亿集团公司主动放弃了《借款担保合同2》中保证人的保证责任。二审法院关于"银亿集团公司未作出免除迪洛爱公司、欣成公司保证责任"的观点与《借款担保合同3》的约定不符。第三,担保权对于债权人而言是权利,而不是义务或者责任,放弃担保权只需要债权人单方同意即可,而无须相对人的同意。二审法院以迪洛爱公司与欣成公司不是《借款担保合同3》的主体为由,否认银亿集团公司放弃迪洛爱公司、欣成公司保证责任的有效性,并在此基础上认为《借款担保合同3》只是增加保证人而没有免除《借款担保合同2》担保人的责任的观点,与事实不符。第四,本案所涉债务人吴再成与迪洛爱公司、欣成公司的法定代表人为父子、父女关系,但并不能因此否认迪洛爱公司、欣成公司的独立法人地位,不能仅以吴再成与迪洛爱公司与欣成公司之间存在的上述关系为由,认定迪洛爱公司与欣成公司承担担保责任。银亿集团公司如认为吴再成通过迪洛爱公司、欣成公司转移财产、逃避债务的,应另行主张。

【案例来源】

中国裁判文书网,http://wenshu.court.gov.cn。

607 担保已然存在,不可能因保证人单方面表示借款期满后不再提供担保而变更或撤销

【关键词】

| 保证 | 单方表示 | 变更 |

【案件名称】

山东省企业托管经营股份有限公司与济南海东发实业有限公司、赵晓平股权

转让纠纷案［最高人民法院（2012）民提字第118号民事判决书，2012.11.29］①

【裁判精要】

最高人民法院认为：

关于争议一，2007年6月19日的会议纪要是否构成了对借款协议中担保内容的变更。2007年6月19日的会议纪要是托管公司、含章公司、海东发公司、赵晓平及含章公司法定代表人刘大庆，为解决500万借款担保事宜召开的专门会议形成的。该纪要记载了含章公司的分期还款期限，增加了含章公司使用相关生产经营用地使用权及位于北京的三套房产进行抵押担保的内容。除此之外，该纪要涉及海东发公司、赵晓平担保事宜的，是记载了"海东发公司及赵晓平女士明确表示不同意对500万元借款到期后再提供担保"这一内容。从该内容看，海东发公司、赵晓平仅仅表示不同意对500万元借款到期后再提供担保，并非撤回此前提供的担保，托管公司并没有同意解除海东发公司、赵晓平担保的意思表示，因此，该内容不应被理解为托管公司放弃了海东发公司、赵晓平对含章公司借款所提供的担保。一、二审判决有关赵晓平不再提供担保的意思表示已经到达托管公司、托管公司签字表示同意的认定没有事实依据，也不符合当事人的真实意思表示。赵晓平为含章公司借款所提供的担保已然存在，不可能因赵晓平单方面表示借款期满后不再提供担保而撤销，故会议纪要所记载的上述内容不构成对借款协议中赵晓平所提供借款担保内容的变更。

【案例来源】

中国裁判文书网，http://wenshu.court.gov.cn。

608 银行内部文件中变更授信条件只发生内部效力，不能成为保证人免除保证责任的依据

【关键词】

|变更授信条件|保证责任免除|

【案件名称】

中国银行股份有限公司五莲支行与山东科力达石油化工科技有限公司、山东海瀚国际贸易有限公司等金融借款合同纠纷案［最高人民法院（2016）最高法民终

① 张德俊与山东省企业托管经营股份有限公司、济南海东发实业有限公司股权转让纠纷案［最高人民法院（2012）民提字第117号、第116号民事判决书（2012.11.29）］的裁判理由与本案民事判决书基本一致（略），载中国裁判文书网，http://wenshu.court.gov.cn。

473 号民事判决书，2016. 12. 26］

【裁判精要】

最高人民法院认为：

本案的争议焦点是山东科力达公司的保证责任是否应当免除。尽管本院依据中行日照分行所出具日中银复(2014)372 号《关于山东海瀚国际贸易有限公司变更授信条件的批复》等证据，依法认定山东科力达公司关于在中行日照分行、中行五莲支行的内部文件中变更授信条件的主张成立，但中行五莲支行的上级银行不是本案当事人，其与中行五莲支行的内部函件往来只在其与中行五莲支行之间发生效力，山东科力达公司并未与中行五莲支行签订免除担保责任的合同，其主张免除保证责任没有事实和法律依据。此外，日照市中级人民法院(2015)日民三初字第 31 号生效判决已经对山东科力达公司是否应承担 2013 年协议字 027 号《授信额度协议》、2013 年五最高保字海瀚 003 号《最高额保证合同》中约定的担保责任作出了认定。结合上述因素，原审判决认定山东科力达公司的保证责任不应免除并无不当。①

【案例来源】

中国裁判文书网，http://wenshu. court. gov. cn。

编者说明

银行在内部对授信条件进行变更，并不属于法律规定的借款合同变更的情形，因此不影响保证责任的承担。

---

① 本案二审判决后，山东科力达公司向最高人民法院申请再审，最高人民法院审查后认为：“第一，民事权利的放弃必须采取明示的意思表示才能发生法律效力，默示的意思表示只有在法律有明确规定或当事人有特别约定的情况下才能发生法律效力，不宜在无明确约定或者法律无特别规定的情况下，推定当事人对权利予以放弃。具体到本案，山东海瀚公司与中行五莲支行签订2014 年协议补字 031 -2 号《授信额度协议〈补充协议〉》虽未将山东科力达公司约定为担保人，但中行五莲支行并未与山东科力达公司签订免除担保责任的合同。因债权人未以明示方式放弃山东科力达公司提供的最高额保证，故山东科力达公司仍是案涉债务的最高额保证人。第二，最高额担保合同是债权人和担保人之间约定担保法律关系和相关权利义务关系的直接合同依据，不能以主合同内容取代从合同的内容。具体到本案，山东科力达公司与中行五莲支行签订了最高额保证合同，双方的担保权利义务应以该合同为准，不受山东海瀚公司与中行五莲支行之间签订的合同约束或变更，且山东海瀚公司与中行五莲支行之间签订的补充协议亦无加重申请人负担的情形。因此，原判认定山东科力达公司并未与中行五莲支行签订免除担保责任的合同，且结合山东省日照市中级人民法院(2015)日民三初字第 31 号生效判决相同情形所作的担保责任认定，综合认定山东科力达公司的保证责任不应免除并无不当。”参见最高人民法院(2017)最高法民申 2846 号民事裁定书(2017. 9. 8)，载中国裁判文书网，http://wenshu. court. gov. cn。

609 借款合同变更延长了借款使用时间，但保证合同约定保证人同意对变更后主合同债务承担责任的，保证人仍应承担保证责任

【关键词】

｜借款合同变更｜减轻债务｜保证责任｜

【案件名称】

中国建设银行股份有限公司鸡西分行与葫芦岛宏达钼业有限公司、鸡东县金场沟矿业开发有限责任公司等借款合同纠纷案［最高人民法院（2016）最高法民终655号民事判决书，2016.11.30］

【裁判精要】

最高人民法院认为：

（二）关于借款合同条款变更是否影响保证责任承担的问题

宏达钼业公司认为鸡西建行与金场沟公司签订《补充协议》变更了还款时间和方式，加重了金场沟公司的还款负担，从而加重了宏达钼业公司的保证责任。本院认为，鸡西建行与金场沟公司签订《补充协议》将《借款合同》中偿还本金的时间由2011年至2014年期间每年的6月30日偿还本金2500万元，变更为2011年至2013年期间每年6月30日偿还本金500万元，12月31日偿还本金2000万元，2014年6月25日偿还2500万元。还款计划进行上述调整实际上是延长了金场沟公司的借款使用时间，放宽了还款期限，减轻金场沟公司的还款压力，以及随之可能产生的逾期还款罚息和复利，且金场沟公司并未按该《补充协议》约定的期限履行还款义务，属于《担保法解释》第三十条规定的主合同变动减轻债务人债务以及债务人并未实际履行变动后内容的情形，根据法律规定，保证人仍应当承担保证责任。另外，宏达钼业公司与鸡西建行之间的《保证合同》第5条约定，鸡西建行与金场沟公司协议变更主合同条款的，保证人同意对变更后主合同项下的债务承担连带保证责任。故无论依照法律规定抑或保证合同的约定，宏达钼业公司均仍须承担保证责任。

【案例来源】

中国裁判文书网，http://wenshu.court.gov.cn。

610 补充协议将分期还款中的一期债务履行期限延长，保证人虽未书面同意但表示同意继续履行的，视为对变更的认可

【关键词】

｜担保｜合同变更｜

【案件名称】

安岳县欣通建设投资有限公司与重庆进出口信用担保有限公司追偿权纠纷案［最高人民法院（2016）最高法民终 268 号民事判决书，2017. 6. 1］

【裁判精要】

最高人民法院认为：

三、关于进出口担保公司是否已经脱保，欣通投资公司是否可以免除担保责任的问题

欣通投资公司主张，进出口银行与华通柠檬公司在《补充协议》中约定将分期还款中的一期债务履行期限延长，即从 2014 年 9 月 13 日延长至 2015 年 3 月 13 日，进出口担保公司对此未书面表示同意已经脱保，欣通投资公司亦不应承担担保责任。……本院认为，《补充协议》中约定将分期还款中的一期债务履行期限延长，进出口担保公司虽未书面表示同意，但其明确表示同意继续履行还款责任，应视为对该项变更的认可。本案《补充协议》的变更并未增加债务数额，且进出口银行在原保证期间内向保证人主张债权，未增加进出口担保公司的负担，进出口担保公司仍应对案涉债务承担担保责任。欣通投资公司主张进出口担保公司已经脱保，欣通投资公司因此应免于承担担保责任的主张缺乏依据，本院不予支持。欣通投资公司承担担保责任后，进出口担保公司不应再向华通柠檬公司重复主张受偿，进出口担保公司对华通柠檬公司的债权相应地应由欣通投资公司代位行使。

【案例来源】

中国裁判文书网，http://wenshu. court. gov. cn。

611 借款合同当事人在借款期限届满后，未经保证人同意达成延期还款协议的，保证人免除保证责任

【关键词】

｜借款合同｜延期还款协议｜保证责任｜

【案件名称】

北京国际信托投资公司诉韩俄式大酒楼有限公司、华北电力成套设备公司借款合同纠纷案［北京市高级人民法院二审民事判决书，1999. 1. 27］

【裁判精要】

北京市高级人民法院认为:

原审法院关于北国投公司与韩俄式酒楼订立的合同性质及其效力的认定,以及对韩俄式酒楼作出的给付北国投公司人民币300万元和利息的判决,于法有据,应予维持。但该院关于华北电力公司担保有效并令其承担赔偿责任的认定和处理,缺乏事实和法律依据。该担保并非华北电力公司的真实意思表示,该公司从未接到韩俄式酒楼的担保请求,也没有为该笔借款向北国投公司出具过担保函。虽然本案担保函上盖有华北电力公司的印鉴,但不是为了该笔贷款提供担保而盖章的,而是曾为大洋公司借款担保加盖的,且法定代表人张春元的签字是仿冒的。更为明显的是,担保函上保证人的开户银行和银行账号是债权人北国投公司而非华北电力公司的;“担保函”上手写体注明的有效期至1994年元月15日,早于主合同的借款期限不合情理,且借款合同的贷款期限至1994年2月10日届满时,该担保已失效。即使该“担保函”成立,北国投公司在借款合同期限届满后,未经保证人华北电力公司同意,三次向韩俄式酒楼承诺延期还款,依照《最高人民法院关于借款合同双方当事人未经保证人同意达成延期还款协议后保证人是否继续承担担保责任的批复》的规定,亦应免除华北电力公司的担保责任。

综上,本案涉及的担保合同关系,无论从当事人的意思表示,还是从担保形式和担保约定的内容上看,都是不真实的,且违背我国担保法律制度,故该担保应认定为无效。华北电力公司不应承担该笔贷款的赔偿责任,其上诉请求成立,本院予以支持。一审判决认定事实和适用法律部分错误,应予纠正。

【案例来源】

《中华人民共和国最高人民法院公报》1999年第4期。

612 借款人提前支付款项没有变更主合同,也没有加重债务,保证人仍应承担保证责任

【关键词】

|提前支付|加重债务|保证责任|

【案件名称】

国兴环球土地整理开发有限公司(原河北建设集团中诚土地整理开发有限公司)与宁夏中房实业集团股份有限公司合同纠纷案[最高人民法院(2016)最高法民终258号民事判决书,2017.8.3]

【裁判精要】

最高人民法院认为:

关于国兴公司的保证责任是否成立的问题。首先,《合作合同》合法有效,国兴公司关于担保条款无效的上诉理由不能成立。其次,根据《合作合同》第3.3.1条约定"丙方自愿为甲方支付给乙方的所有资金的安全性提供担保,确保甲方支付的资金不被挪用及合法使用,并且担保乙方将项目土地证办理到甲方名下"以及第3.3.2条约定"丙方担保形式为连带责任的担保",国兴公司担保的债务不仅包括资金的安全性,也包括盛世公司将项目土地证办理到中房公司名下这一合同义务。《合作合同》第4.3.1条进一步约定"如果由于乙方不能按照本合同规定安全合法使用甲方支付的资金、不能将该项目土地证办理到甲方名下,丙方应该承担由此给甲方造成的全部经济损失,并且承担乙方应承担的违约金",现盛世公司未能将该项目土地证办理到中房公司名下,担保条件成就,国兴公司应承担连带保证责任。

关于3000万元应否从担保范围中扣除的问题。本院认为,根据已查明事实,在中房公司于2012年4月28日向盛世公司支付3000万元时,案涉项目的拆迁进度确实未至90%,但国兴公司不可因此免除对此笔3000万元的保证责任,理由如下:《担保法》第二十四条规定"债权人与债务人协议变更主合同的,应当取得保证人书面同意,未经保证人书面同意的,保证人不再承担保证责任",《担保法解释》第三十条第一款对此进一步规定为"保证期间,债权人与债务人对主合同数量、价款、币种、利率等内容作了变动,未经保证人同意的,如果减轻债务人的债务的,保证人仍应当对变更后的合同承担保证责任;如果加重债务人的债务的,保证人对加重的部分不承担保证责任"。本案中,中房公司提前支付了3000万元,仅是对此笔费用支付时间的变更,没有变更主合同价款,并且此变更没有加重债务人盛世公司的债务,相反,还使得盛世公司得以提前使用此笔资金,因此,根据《担保法解释》第三十条第一款规定,国兴公司关于其对此笔3000万元不承担保证责任的主张不成立。

【案例来源】

中国裁判文书网,http://wenshu.court.gov.cn。

613 保证人以主合同组成部分之外的内部文件以及业务合作协议书为由主张主合同约定的贷款用途变更的,不予支持

【关键词】

| 贷款用途变更 | 内部文件 | 业务合作协议 |

【案件名称】

黑龙江辰能投资集团有限公司与深圳发展银行股份有限公司深圳罗湖支行、

佳木斯造纸股份有限公司、黑龙江华夏造纸有限公司借款担保合同纠纷案［最高人民法院（2009）民二终字第96号民事判决书，2009. 12. 11］

【裁判精要】

最高人民法院认为：

一、关于担保人电力公司的担保责任承担问题

关于本案贷款是否改变了原合同约定的贷款用途问题。本院认为，电力公司自2001年8月16日起向深发罗湖支行报送贷款担保资料，2001年11月14日盖章同意为佳纸股份公司贷款3亿元流动资金提供担保，至2001年11月20日出具《董事会纪要》，2001年11月23日与深发罗湖支行签订正式的《贷款保证担保合同》，均明确表示同意为佳纸股份公司贷用3亿元流动资金提供担保。在整个担保过程中，深发罗湖支行从未与电力公司约定本案贷款为"封闭贷款"，电力公司也未向深发罗湖支行申明其担保贷款是"封闭贷款"。不仅如此，电力公司在其提交的一系列担保文件中，均明确其担保的贷款是"流行资金贷款"。电力公司主张其被告知贷款为"封闭贷款"的证据，系佳纸公司与黑龙江省经贸委之间形成的内部文件、黑龙江省经贸委呈报原黑龙江省政府主要负责人《关于佳纸集团扭亏脱困方案的请示》，以及深发罗湖支行与佳纸公司之间签订的《业务合作协议书》。这些文件既不是本案贷款合同组成部分，也没有经由深发罗湖支行提供给电力公司，不能作为佳纸公司和深发罗湖支行欺骗电力公司本案贷款为封闭贷款的证据使用。电力公司主张关于本案贷款为封闭贷款、其受欺诈而出具担保缺乏事实依据，不能成立，不予支持。综上，电力公司与深发罗湖支行签订的《贷款保证担保合同》合法有效，电力公司依约应承担相应的担保责任。

【案例来源】

最高人民法院民事审判第二庭编：《最高人民法院商事审判指导案例 · 借款担保卷》（下），中国法制出版社2011年版，第692～705页。

614 保证合同中就借款合同变更对保证人责任的影响所作的特别约定不能对抗因借款合同变更导致保证人法定免责的情形

【关键词】

| 合同变更 | 法定免责 | 特别约定 |

【案件名称】

中国信达资产管理公司上海办事处与上海万泰城市有限公司、上海市普陀区城市建设投资有限公司借款合同纠纷案［最高人民法院（2010）民提字第30号民

事判决书，2010.6.9］

【裁判精要】

裁判摘要：关于借款合同变更对保证人责任的影响，《担保法》第二十四条规定，债权人与债务人协议变更主合同的，应当取得保证人书面同意，未经保证人书面同意的，保证人不再承担保证责任。保证合同另有约定的，按照约定。本案中，债权人与保证人在《保证合同》中对借款合同变更对保证人责任的影响作了特别约定。但是，上述特别约定不能对抗因借款合同变更导致保证人法定免责的情形。在发生因借款合同变更导致保证人法定免责情形的情况下，债权人以其与保证人在《保证合同》中的特别约定为由主张保证人应承担保证责任的，人民法院不予支持。

最高人民法院认为：

关于《保证合同》中的"特别约定"是否可以对抗"由于借款合同还款方式变更所带来的保证人不再承担保证责任"的法律后果问题。

关于借款合同变更对保证人责任的影响，《担保法》第二十四条规定，债权人与债务人协议变更主合同的，应当取得保证人书面同意，未经保证人书面同意的，保证人不再承担保证责任。保证合同另有约定的，按照约定。本案中，中国银行上海分行与投资公司签订的《保证合同》第七条第二款第（六）项约定，保证人保证除了贷款人和借款人提高本合同约定的最高借款限额之外，对《借款合同》的任何修改、补充和变更均不影响保证人履行本合同项下的义务，并无须征得保证人同意。上述事实表明，双方当事人在《保证合同》中对借款合同变更对保证人责任的影响作了特殊约定。但是，上述特殊约定不能对抗因借款合同变更导致保证人法定免责的情形。《担保法解释》第三十条规定，保证期间，债权人与债务人对主合同数量、价款、币种、利率等内容作了变动，未经保证人同意的，如果减轻债务人的债务的，保证人仍应当对变更后的合同承担保证责任；如果加重债务人的债务的，保证人对加重的部分不承担保证责任。上述规定属于保证人法定的免责情形。本案中，借贷双方对借款合同约定还款方式变更的结果，导致存入万泰公司还贷专用账户中专项用于偿还本案系争贷款的资金被挪作他用，实际上是加重了保证人的保证责任，且投资公司对借贷双方的上述行为并不知道。因中国银行上海分行根据万泰公司函件的要求从还贷专用账户中转出的资金数额已经超过当时万泰公司尚欠的本案系争贷款本息数额，故可认定万泰公司尚欠的本案系争贷款本息数额为加重保证人保证责任的数额部分。根据《担保法解释》第三十条的规定，投资公司对万泰公司尚欠的本案系争贷款本息部分不应承担保证责任。原审法院以中国银行上海分行与万泰公司共同对借款合同约定的还款方式进行变更的后果，加重了保证人投资公司的保证责任为由，判决投资公司对万泰公司未能归还的借款本息部分不承担保证责任并无不当，应当予以维持。信达公司上海办事处关于其与万泰公司签订《借款合同》是建立在

《保证合同》的特别约定基础上作出的,不得免除保证责任的再审主张不能成立,本院不予支持。

【案例来源】

最高人民法院民事审判第二庭编:《最高人民法院商事审判指导案例(第五卷)》(上),中国法制出版社2011年版,第339~352页。

615 债权人与债务人协议变更主合同附属最高额抵押重要条款但未经保证人同意的,保证人不再承担保证责任

【关键词】

|最高额抵押|变更条款|保证责任|

【案件名称】

江苏索普(集团)有限公司、上海儒仕实业有限公司与中国农业发展银行乾安县支行保证合同纠纷案[最高人民法院(2016)最高法民终40号民事判决书,2016.6.6]

【裁判精要】

最高人民法院认为:

其三,乾安支行与天安公司未经保证人同意经由另案庭审变更本案原所设定的抵押担保,索普公司、儒仕公司保证责任应予免除。本案一审判决作出后,乾安支行又另案发起针对债务人天安公司的诉讼,除主张1亿元债权外,还依据2011年6月28日签订的0015号《最高额抵押合同》主张其抵押权利。但依据松原中院2016年5月9日就该另案作出的(2016)吉07民初3号民事判决,在该案庭审中,乾安支行与天安公司均已确认0021号、0023号《流动资金借款合同》项下共计1亿元的债权转入2011年7月8日变更后的0015号《最高额抵押合同》所担保的债权范围,这是该案庭审时双方达成的确认,并非2011年7月8日变更当时双方之确认,更非其他各利益相关主体当时之共认。乾安支行与天安公司于该案庭审中的一致表示,必将发生以下后果:一是身为债权人的乾安支行与身为债务人的天安公司以共同的诉讼表示确认变更了他们原所签订且直至该另案诉讼发生时各方原本均认可的2011年6月28日的0015号《最高额抵押合同》,他们以共同的诉讼行为将原6月28日的《最高额抵押合同》确认变更为7月8日的0015号《最高额抵押合同》;二是他们一致同意将0021、0023号《流动资金借款合同》项下1亿元债权转入他们一致认可变更后的7月8日《最高额抵押合同》。如此诉讼行为之后果,实际隐含着未经他们认可的其他债权均不得再行纳入7月8日的0015号《最高额抵押合同》担保范围,结合乾安支行本案之中始终否认7月8日0015号《最高额抵押合同》担保了本案之债

权，如此必然使得原本附着6月28日0015号《最高额抵押合同》抵押担保的本案0022号《流动资金借款合同》项下债权，由于债权人与债务人于该另案之中事后共同放弃之表示而失去抵押担保之附着效力。而且，由于乾安支行本案只起诉保证人索普公司、儒仕公司，而另案又只起诉天安公司，这种起诉对象的割裂安排，致使保证人索普公司、儒仕公司对该另案之中乾安支行与天安公司所谓一致认可之变更无法提出任何有效的抗辩，这种看似“程序高明”的安排，实质损害或者剥夺了保证人的程序抗辩权益，是一种典型地滥用诉讼权利以及诉讼失信之行为。如果不让类似本案诉权滥用情形之当事人承担相应的后果，则必然会导致类似乾安支行本案诉权滥用现象之蔓延，而这显然为程序正义所不容。还有，乾安支行与天安公司如此诉讼处置的行为，亦明显是在对抗本案一审在先已经作出的关于本案债权不仅附着索普公司、儒仕公司等人保，而且也附着2011年6月28日天安公司以及丁醇公司物保的判决，其原本可以就本案一审判决该项认定正当提起上诉，但却另案与天安公司不当进行诉讼处置，对此不当处置行为之后果必须自行承担。乾安支行与天安公司于该另案中的以上诉讼处置，最为清晰地证明了乾安支行放弃本案债权原所附着的债务人天安公司物保之效力，使得本案债权完全失去了债务人天安公司原本提供的物权担保，而且所放弃的价值就本案债权而言，按天安公司提供的最高债权余额为19840万元，即便扣除乾安支行该另案主张的1亿元债权本金，所放弃的抵押担保债权本金余额亦达9840万元，而本案乾安支行有证据可以支持的债权本金扣除其已经通过诉讼与执行不能再行让保证人承担保证责任的金额后只有9701.9万元，这也就是说即便扣除乾安支行于该另案主张的1亿元债权金额，其与债务人天安公司一致认可放弃抵押担保的债权本金额亦超过了其于本案主张可以获得支持的债权本金额。不仅如此，还应注意的是，根据《担保法》第二十四条之规定：“债权人与债务人协议变更主合同的，应当取得保证人书面同意，未经保证人书面同意的，保证人不再承担保证责任。保证合同另有约定的，按照约定。”如前所述，本案债权应当认定附着债务人天安公司所提供之物保，相对于保证人索普公司、儒仕公司而言，本案0022号《流动资金借款合同》无疑是保证合同所对应的主合同，但除此之外，乾安支行与天安公司2011年6月28日与本案0022号《流动资金借款合同》同一日签订的0015号《最高额抵押合同》，亦应属于该主合同对价的重要组成部分。但债权人乾安支行与债务人天安公司却在另案一致变更6月28日的《最高额抵押合同》，默契一致地将7月8日《最高额抵押合同》替代原6月28日之《最高额抵押合同》，这种行为亦实质属于债权人与债务人协议变更主合同附属最高额抵押重要条款却未取得保证人书面同意的情形，因此亦实质违反了《担保法》第二十四条之规定精神，保证人因此亦不再承担保证责任。综上，索普公司、儒仕公司主张免除本案保证责任，不仅有法律依据，而且有事实依据，应予支持。

【案例来源】

中国裁判文书网，http://wenshu.court.gov.cn。

616 债权人和保证人之间没有形成消灭保证责任的合意，即使债务人或第三人另外提供担保并经债权人接受，也不能因此免除保证人的保证责任

【关键词】

|消灭保证责任|保证责任|

【案件名称】

中国信达资产管理公司石家庄办事处与中国—阿拉伯化肥有限公司及河北省冀州中意玻璃钢厂借款担保合同纠纷案［最高人民法院（2005）民二终字第200号民事判决书，2006.1.18］

【裁判精要】

裁判摘要:保证合同是当事人之间意思表示一致的结果,保证人的变更必须经债权人同意。债权人和保证人之间没有形成消灭保证责任的合意,即使债务人或第三人为债权人另外提供了相应的担保,债权人亦表示接受,也不能因此免除保证人的保证责任。

最高人民法院认为:

本案中,河北中意在省建行出具的《承诺书》中承诺,对归还该笔贷款本息承担连带还款责任,并放弃一切抗辩权,该承诺书与93008号《外汇借款合同》具有同等的法律效力。一审判决基于该承诺书,认定该笔贷款的担保人已经变更为河北中意,省建行和信达石办已经放弃了对中阿公司的担保债权,中阿公司不应再承担本案的担保责任。但是,根据《民法通则》第八十五条与第九十一条的规定,保证合同是当事人之间合意的结果,保证人的变更需要建立在债权人同意的基础上,即使债务人或第三人为债权人另为提供相应的担保,而债权人表示接受担保的,除债权人和保证人之间有消灭保证责任的意思表示外,保证责任并不免除。而本案并无债权人省建行或信达石办同意变更或解除中阿公司保证责任的明确意思表示,因此,一审判决的这一认定显属认定事实不当,适用法律错误,应予纠正。并且,双方当事人均未主张保证人变更,一审法院也未将保证人是否变更列为法庭调查的重点,双方在庭审时均未就此问题进行举证和质证,一审法院以此作为认定案件事实的关键,显属不妥。对于上诉人的该项上诉理由,本院予以支持。

【案例来源】

《中华人民共和国最高人民法院公报》2006年第3期。

617 借款合同约定的“提款条件”即便未成就，也不会加重保证人的担保责任，不能由此免除保证人的担保责任

【关键词】

| 提款条件 | 保证责任 |

【案件名称】

江门市中环广场投资管理有限公司、江门市益丞集团有限公司等与中国信达资产管理股份有限公司广东省分公司金融借款合同纠纷案［最高人民法院（2018）最高法民终501号民事判决书，2018.11.30］

【裁判精要】

最高人民法院认为：

（三）隆盛公司、卢永亮是否应向东莞中行承担连带保证还款责任

1. 虽然东莞中行未提交转款凭证来佐证其支出借款的事实，但中环投资公司在借款借据中对借款5亿元加盖公章予以确认。而且，作为主债务人的中环投资公司在本案一审、二审中，均未否认其已收到全部借款。因此，隆盛公司、卢永亮关于主债务不成立的上诉理由，本院不予支持。2. 担保合同是一种以保障债权人实现债权为目的的单务合同，在债务人未能按期履行债务的情形下，保证人行使抗辩权应基于法律的明确规定或合同的特别约定。《担保法》第二十四条规定：“债权人与债务人协议变更主合同的，应当取得保证人书面同意，未经保证人书面同意的，保证人不再承担保证责任。保证合同另有约定的，按照约定。”案涉《固定资产借款合同》第五条关于“提款条件”第4项约定，借款人于提款前3个银行工作日，向贷款人提交书面提款申请及有关借款用途证明文件，办理相关提款手续，包括关联企业借款合同和银行借款合同复印件。第5项约定，借款人已向贷款人提交董事会或其他有权部门同意签订和履行本合同的决议书和授权书。本案中，没有证据证明东莞中行是在未满足前述两项提款条件的情况下向中环投资公司放款。《担保法》第二十四条所称的主合同变更，是指主合同变更的后果加重了保证人的担保责任的情形，而案涉《固定资产借款合同》第五条第4、5项约定的“提款条件”即便未成就，也不会加重保证人的担保责任，不能由此免除保证人的担保责任。而且，案涉保证人和东莞中行订立的《最高额保证合同》第八条均约定，对授信额度使用期限进行延展的，须征得保证人的书面同意，对《授信额度协议》/《授信业务总协议》其他内容或事项的变更，以及对其项下单项协议的变更或对单笔主合同的变更，无须征得保证人的同意，保证人仍在本合同规定的最高债权额内对变更后的主合同承担保证责任。可见，即便《固定资产借款合同》的内容发生了部分变更，根据《担保法》第二十四条的

规定,也不影响相关的保证人在最高额保证额度内承担责任。

【案例来源】

中国裁判文书网,http://wenshu.court.gov.cn。

618 担保人明知贷款早已被使用仍愿意提供反担保，且未对贷款用途提出异议的，应承担担保责任

【关键词】

| 反担保 | 贷款用途 | 担保责任 |

【案件名称】

天津环球磁卡股份有限公司与甘肃兰州陇神药业有限责任公司借款合同纠纷案[最高人民法院(2007)民二终字第14号民事判决书]

【裁判精要】

最高人民法院认为:

2. 主合同与质押担保合同是否有效且已实际履行问题

天津磁卡在二审中对该问题提出异议,争议问题主要为:(1)主合同是否已实际签订并履行问题。①关于合同编号不一致问题。该院二审查明,拱星墩支行与德昌公司共签订三份借款合同,合同编号分别为200135、200004、200142号,并无200141号合同。该证据与拱星墩支行出具的说明相互印证。西北化工年度公告的陈述有误,不予采信。对于本案借款合同的标号为200135、200142号的事实,本案予以认定。②关于展期合同存在形式瑕疵是否影响合同效力问题。尽管在个别展期合同中,合同一方仅加盖了公章而没有法定代表人或授权代理人签字,但根据《合同法》第三十二条关于"当事人采用合同书形式订立合同的,自双方当事人签字或者盖章时合同成立"的规定,签字或者盖章,合同均可发生法律效力,且合同当事人对此并不持异议,而天津磁卡出具反担保函的时间是在展期合同签订并履行之后,其亦未对此提出异议,故展期合同并不因未同时具备签字和盖章的形式上的瑕疵而应当认定无效。同理,尽管在2002年的展期还款协议书上盖有陇神药业2003年才使用的公章,其不符合公章使用的规定,具有瑕疵,但由于该公章为同一主体的公章,且陇神药业与拱星墩支行、德昌公司对展期事实并无异议,该合同已实际履行,在签订反担保合同之时,该展期合同已签订,天津磁卡亦未提出异议,故该瑕疵亦不影响展期合同的效力。③主债务是否实际履行问题。根据该院二审查明的事实,债权人拱星墩支行、债务人德昌公司法定代表人何俊辉、西北化工独立董事吴昌霞等人均认可本案主合同项下贷款已实际发放并使用。两份兰州市商业银行贷款凭证也载明,拱

星墩支行共计发放给德昌公司贷款6000万元。综上，上述证据证明本案主合同合法签订，主债务已实际履行，天津磁卡并无证据证明本案贷款未实际发放，其关于本案主合同未真实存在、未实际履行的上诉理由不能成立，该院不予支持。(2)关于陇神药业是否有效设定质押、拱星墩支行是否实现质押权问题。关于该问题，2001年10月29日陇神药业向拱星墩支行出具《贷款质押承诺》明确载明，陇神药业自愿用在拱星墩支行的存款6000万元为德昌公司的贷款提供质押担保。如德昌公司在合同期内未偿还贷款本息，该公司同意该行从账户中直接扣划。兰州市商业银行特种转账传票载明，2005年4月20日，拱星墩支行从陇神药业7021940101××××××账户中划出6000万元至德昌公司账户，转账原因为扣收贷款。之后，该行又从德昌公司账户将该笔款项划收。关于该质押权的设立及实现过程，债权人拱星墩支行行长蒋瑛、债务人德昌公司法定代表人何俊辉以及担保人陇神药业的法定代表人李小文均予认可。拱星墩支行出具的说明证明，因陇神药业在该行的6000万元定期存款系多次转存，故出现质押合同约定的账号与实际扣划款项的账号不同的问题。退一步而言，即使在设定质押后，用以质押的存单内的款项发生变动，但由于陇神药业对拱星墩支行扣划其其他账户内的6000万元款项并无异议，应认定双方对以在实现质押权时账户内的6000万元资金设定质押的事实达成合意。天津磁卡出具的《担保承诺书》表明，其愿意为陇神药业的6000万元质押担保提供反担保，故即使陇神药业与拱星墩支行事后变更了用以质押的账户，也未加重天津磁卡的担保风险，也不能否定陇神药业承担了担保责任的事实。拱星墩支行出具的说明证明，根据银行操作惯例以及为在中国人民银行的征信系统中消除德昌公司的欠款，该用以质押的款项由质押权人先打入德昌公司账户后，再从该账户划入银行账户，故其未直接从陇神药业账户扣划款项到银行账户。尽管天津磁卡对上述事实提出异议，但其未有充分证据证明陇神药业在实现质押权时账户内没有6000万元的存款、德昌公司与陇神公司之间具有其他的相互借贷关系、该6000万元款项系陇神药业偿还德昌公司的6000万元借款、拱星墩支行未能实现质押权，因此，其基于账号不符以及未直接将款项从陇神药业账户内划转到银行账户而认为本案质押合同未成立、质押权未实现的上诉理由不能成立，该院不予支持。

【权威解析】

3. 关于本案贷款用途发生变更，天津磁卡是否可据此免除担保责任问题

天津磁卡认为，本案主合同约定的贷款用途是流动资金，而实际用途是委托他人炒股，《商业银行法》规定禁止利用拆入资金发放固定资产贷款及投资，故其实际用途非法，主合同应认定无效，担保合同也应随之无效，而且，根据《担保法》第三十条关于主合同当事人双方串通、骗取保证人提供保证以及主合同债权人采取欺诈、胁迫手段，使保证人在违背真实意思情形下提供保证，保证无效的规定，天津磁卡也不应承担民事责任。

我们认为,基于法理,保证人是为了债务人的利益向债权人提供担保,其提供担保主要是基于其与债务人之间的信任关系,借款合同的主要内容直接关系债权人与债务人的权利义务关系,其主要条款的变更将会影响债务人的义务,相应地,也会影响到保证人的保证责任承担,关系保证人的利益保障问题,遵循当事人意思自治原则以及公平原则,应区分变更主合同条款是否加重保证人的担保责任而确定保证人应否承担保证责任以及承担保证责任的范围,一般而言,如果主合同的当事人对主合同的主要条款内容进行变更,加重担保人的担保责任,则担保人对加重的部分不承担担保责任;但如果没有加重担保责任而是减轻担保责任,则担保人应对变更后的合同承担担保责任,因此,在制定担保法司法解释过程中,经与立法部门协商,《担保法解释》第三十条对担保法第二十四条关于"债权人与债务人协议变更主合同的,应当取得保证人书面同意,未经保证人书面同意的,保证人不再承担保证责任,保证合同另有约定,按照约定"的规定进行了修正,即规定:"保证期间,债权人与债务人对主合同数量、价款、币种、利率等内容作了变动,未经保证人同意的,如果减轻债务人的债务的,保证人仍应当对变更后的合同承担保证责任;如果加重债务人的债务的,保证人对加重的部分不承担保证责任。"《担保法解释》第三十条对主合同在数量、价款、币种、利率等内容作了变动未经保证人书面同意的情形下,保证人的保证责任承担问题进行了规定,但对于主合同贷款用途改变的情形并未明确予以规定,因此,在司法实务中,关于该问题存在争议。一种观点认为,贷款用途的变更,属于对于主合同主要条款的重大变更,可能无限度地增大保证人的担保风险,加重担保人的担保责任,故在未经保证人书面同意的情况下,保证人应免责。简言之,只要贷款用途的改变加重了保证人的责任,保证人均应免责,而无论该改变是主合同当事人间的合意行为还是债务人的单方行为。另一种观点认为,应区分具体情形确定变更主合同的贷款用途是否应免除保证人的保证责任。保证人是对债权人提供担保,因此,如果系债务人单方变更主合同的贷款用途,虽然其也加重了保证风险,但这并非主合同当事人的合意而为,债权人并不认可该行为,且保证人系为债务人的利益提供担保,其在承担担保责任后可以通过向债务人行使追偿权的方式实现自己的权利,故为实现债权人、债务人、保证人之间的利益平衡,不应免除保证人的保证责任。详言之,保证系对债权人提供的担保,如果由于债务人变更贷款用途而免除保证人的担保责任,则债权人的债权本已因债务人擅自改变贷款用途的行为增大了风险,而再免除保证人的保证责任,那么,显然对债权人的债权保护不利。但如果系主合同当事人合意变更贷款用途,则无限增大了贷款风险,也违反了保证人为特定用途贷款提供担保的真实意思,故保证人应免除担保责任。本案中,德昌公司的法定代表人何俊辉、西北化工独立董事吴昌霞等人均承认德昌公司的成立目的就是为西北化工理财,贷款6000万元的实际用途是委托理财。德昌公司营业执照所载的经营范围为实物投资,故股票投资不属于营业执照所指实物投资,该资金用于炒股并不属于合同约定的流动资金用途,贷款用途发生改变,但该改变属于债务人的单方变更,而非主合同当事人合意变更,故按照前述第二种观点,不应免除担保人责任。那么,如果按照前述第一种观点,又能否认定违反了天津磁卡的真实担保意思,加重了其担保责任,进而免除其责任呢?我们认为,本案的特殊之处在于,天津磁卡签订《担保承诺书》时,该贷款已实际发放近两年,贷款早已使用,但天津磁卡仍愿意为该贷款提供反担保,且未对贷款用途提出异议,应认定天津磁卡提供反担保的意思表示并不因该贷款用途已实际发生改变而改变,其并非只有在贷款用途为流动资金时才提供担保,因此,尽管债务人改变了贷款用途,但并未加重天津磁卡提供担保时所具有的担保风险,不存在违反其提供贷款时的真实意思表示,或违反公平原则的问题,故也不能以贷款用途的改变而免除其反担保责任。①

【案例来源】

最高人民法院民事审判第二庭编:《民商事审判指导》(总第18辑),人民法院出版社2009年版,第162～174页。

(四)合同转让与保证责任

619 债权转让协议既没有改变原合同内容,也没有加重保证人责任,且保证合同未约定禁止债权转让的,保证人仍应承担保证责任

【关键词】

|债权转让|保证责任|

【案件名称】

中国信达资产管理股份有限公司山东省分公司与梁山县供电公司借款合同纠纷案[最高人民法院(2012)民提字第151号民事判决书,2012.12.15]

【裁判精要】

最高人民法院认为:

本案中,《保证合同》约定:"本合同生效后乙方(国家开发银行)和甲方(造纸厂)需变更主合同有关内容,应征得丙方(电力总公司)同意,由甲、乙、丙三方签订书面协议。""有关本合同的任何补充、修改、变更等,均需甲乙丙三方协商同意,并由三方书面补充协议。"关于电力公司提出的关于信达济南办受让债权的行为变更了

① 参见张雪楳:《附条件合同的认定以及反担保责任的承担》,载最高人民法院民事审判第二庭编:《民商事审判指导》(总第18辑),人民法院出版社2009年版,第178～180页。

主合同《借款合同》的主要条款且未经保证人书面同意违反了《保证合同》的上述约定,因此保证人不应再承担保证责任的主张,本院认为,首先,债权变更与债权转让是不同的法律概念。《担保法》第二十二条规定:“保证期间,债权人依法将主债权转让给第三人的,保证人在原保证担保的范围内继续承担保证责任。保证合同另有约定的,按照约定。”即《担保法》对债权转让的情形明确要求保证人在原保证范围内继续承担保证责任;对于债权变更,《担保法》第二十四条规定:“债权人与债务人协议变更主合同的,应当取得保证人书面同意,未经保证人书面同意的,保证人不再承担保证责任。保证合同另有约定的,按照约定。”故《担保法》已明确债权转让与债权变更属于不同的法律概念。本案《保证合同》中的相关约定属于对债权变更的禁止性约定,而非对债权转让的禁止性约定。国家开发银行将债权转让给信达济南办的行为属于债权转让而不属于《保证合同》中约定的对主合同的变更。其次,国家开发银行与信达济南办签订《债权转让协议》既没有改变原合同的内容,也没有加重保证人电力总公司的保证责任,且电力总公司在《保证合同》中并未约定仅对国家开发银行承担保证责任或者禁止债权转让,即不存在符合《担保法》第二十二条中规定的“保证合同另有约定的,按照约定”的情形。因此,供电公司以债权转让未经保证人同意,债权转让违背了《保证合同》的约定,供电公司不再承担保证责任的抗辩理由无事实和法律依据,本院不予支持。至于本案所涉债权的性质是否属于不良债权,该债权的转让是否属于政策性转让,不影响保证人应按照《保证合同》的约定承担保证责任的认定。

【案例来源】

最高人民法院民事审判第二庭编:《最高人民法院商事审判指导案例(2012)·合同与借贷担保》,中国民主法制出版社 2013 年版,第 580 ~ 587 页。

620 原债权人于债权转让前已免除保证人的保证责任,债权受让人无权再向原保证人主张权利

【关键词】

| 保证责任免除 | 债权转让 |

【案件名称】

东莞市鑫泰电子有限公司与中国信达资产管理股份有限公司重庆市分公司借款合同纠纷案 [最高人民法院 (2018) 最高法民终 491 号民事判决书, 2018. 10. 23]

【裁判精要】

最高人民法院认为：

本案的争议焦点在于鑫泰电子公司是否应当免除保证责任。

本案中，鑫泰电子公司持《情况说明》主张建行云阳支行已解除了双方签订的保证金额为1.25亿元的《最高额保证合同》项下鑫泰电子公司的保证责任。关于《情况说明》，鑫泰电子公司陈述系从建行云阳支行的负责人处直接取得，同时还交给了重庆弘山川公司一份。对此，重庆弘山川公司称因当时参与的大部分人员均已离开公司，故未了解到当时的情况。本院认为，从《情况说明》作为证据的真实性及来源的合法性来看，鑫泰电子公司提交了加盖有建行云阳支行公章的《情况说明》原件，信达资产重庆分公司、重庆弘山川公司虽对真实性以及建行云阳支行负责人把原件交给鑫泰电子公司法定代表人的事实提出质疑，但均未提交相关证据否定该事实。而《情况说明》的抬头载明的虽是给借款人重庆弘山川公司，但内容主要涉及解除鑫泰电子公司担保义务，鑫泰电子公司持有该证据原件的理由具有合理性。故本院对《情况说明》作为证据的真实性及合法性予以确认。从《情况说明》的内容看，建行云阳支行作出解除鑫泰电子公司担保的意思表示，是根据建行重庆分行《建渝贷〔2011〕647号》审批批复作出。而根据本院调取的该批复的内容记载，建行重庆分行是在建行云阳支行向其提交书面请示报告的情况下，同意变更案涉贷款方案，批复同意解除鑫泰电子公司担保义务的前提是变更由特尔佳电热公司、中山弘山川公司来提供担保。同时，根据本院另查明的事实，于《建渝贷〔2011〕647号》批复作出同日，特尔佳电热公司、中山弘山川公司分别与建行云阳支行签订了《最高额保证合同》，二公司提供担保的最高限额总额恰与鑫泰电子公司提供担保的最高限额相一致。据此，鑫泰电子公司主张其担保义务已被置换的事实，证据充分。结合鑫泰电子公司二审期间提交的视听资料，本院认为，建行云阳支行在向信达资产重庆分公司转让债权之前，经与鑫泰电子公司协商一致，并经内部审批程序，已通过置换担保的方式，实际免除了鑫泰电子公司担保义务，也即双方已解除了担保法律关系。因此，信达资产重庆分公司受让案涉建行云阳支行债权后亦无权再向鑫泰电子公司主张相应的权利。

【案例来源】

中国裁判文书网，http://wenshu.court.gov.cn。

621 因主体变更而发生的债务承继不同于一般意义上的债务转移，不须经担保人同意

【关键词】

| 债务承继 | 债务转移 | 担保人同意 |

【案件名称】

中国信达资产管理公司郑州办事处、漯河市热电厂与漯河中贯冶金机械有限公司借款担保合同纠纷案［最高人民法院（2006）民二终字第33号民事判决书，2006.9.15］

【裁判精要】

最高人民法院认为：

一、本案债务转移的性质如何认定

关于原贷款合同借款人冶金股份公司的全部债务由原审被告中贯冶金公司承继如何认定的问题。漯河市企业转机建制工作领导小组办公室于1998年11月13日发文（漯转建办〔1998〕26号），同意香港中贯投资开发有限公司"设立中贯冶金公司对漯河机械总厂以承担全部债权债务、接收安置全部员工的形式进行一次性零价整体收购，并承担全体员工的各种法定社会保险费用"。该文件表明冶金股份公司是因政策性改制而变更为中贯冶金公司，应当依照《企业改制解释》第二十六条的规定认定两者之间的债务承继关系。此种因主体变更而发生的债务承继不同于一般意义上的债务转移，上诉人漯河热电厂关于本案债务转移应属于《担保法》第二十三条所规定的情形，未经担保人同意，因而应当免除担保责任的上诉主张没有事实依据，应予驳回。

【案例来源】

最高人民法院民事审判第二庭编：《最高人民法院商事审判指导案例·借款担保卷》（下），中国法制出版社2011年版，第855~862页。

编者说明

由于企业主体变更发生债务转移区别于债权人许可债务人转移债务，因此不能直接适用《担保法》第二十三条的规定，企业主体变更导致债务转移虽然未经保证人书面同意，保证人也不能当然免责。

622 指令付款不构成债务转移，保证人不能以此主张免责

【关键词】

｜债务转移｜保证人免责｜

【案件名称】

广西桂林南方橡胶（集团）公司与中国光大银行南宁星湖支行借款合同纠纷案［最高人民法院（2000）经终字第180号民事判决书，2001.2.28］

【裁判精要】

最高人民法院认为：

投行广西区分行与辰山公司签订的〔1993〕桂投银合字第07号贷款合同，以及南方公司向投行广西区分行出具的经济担保书，均系当事人真实意思表示，且不违反法律规定、应认定为有效。投行广西区分行根据辰山公司1993年12月27日出具的函件将贷款直接划入凯杰公司的账户，并未构成债务转移，投行广西区分行履行了贷款合同的义务，辰山公司应按照合同约定偿还贷款。南方公司关于投行广西区分行将390万美元贷款债务从辰山公司转让给凯杰公司，未经南方公司同意，南方公司依法不应承担保证责任的上诉请求，因没有事实依据，本院不予支持。

【权威解析】

本案南方公司认为构成债务转移的唯一依据是1993年12月27日辰山公司给投行广西区分行的函件。首先，从函件本身内容看，该函件只写明："我公司在贵行所贷特种电机生产线外汇叁佰玖拾万美元，为便于资金使用管理，同意凯杰公司单独办理外汇开户银行，请准予办理为盼。"并没有债务转移给凯杰公司的意思表示，更不存在债务转移的合意，因而从此函件内容看，并不构成债务转移的事实。其次，从贷款合同的签订和履行看亦未形成债务转移。辰山公司出具函件时间在贷款合同签订之前，如出具函件的本意为将贷款转移给凯杰公司，则签订合同的主体应为凯杰公司，而非辰山公司，且贷款合同到期后，辰山公司在逾期贷款催收通知回执上盖章对贷款本息予以确认等事实，均说明贷款债务并未由辰山公司转移给凯杰公司。上述函件虽然表述含混，但结合合同的签约履约过程看，理解为辰山公司指令星湖支行将390万美元打入凯杰公司账户更为合理。①

【案例来源】

吴庆宝主编：《权威点评最高法院合同法指导案例》，中国法制出版社2010年版，第361~367页。

---

① 参见刘敏：《指令付款不构成债务转移，保证人不能以此主张免责——桂林南方橡胶（集团）公司与中国光大银行南宁星湖支行、桂林辰山新技术发展总公司、桂林凯杰印制电机公司、桂林电器科学研究所借款合同纠纷案》，载吴庆宝主编：《权威点评最高法院合同法指导案例》，中国法制出版社2010年版，第368页。

（五）债务加入与保证责任

623 第三人与债权人约定承担债务人部分债务的，债务人在承担范围内免责，保证人亦在该范围内免除保证责任

【关键词】

｜第三人｜债务承担｜保证责任｜

【案件名称】

云南金运商务有限公司等与云南省国际信托投资公司借款合同纠纷案［最高人民法院（2001）民二终字第2号民事判决书，2001.4.16］

【裁判精要】

最高人民法院认为：

云南国投于2000年3月19日向原审法院提起诉讼，同年4月10日云南国投与重庆财富公司签订了一份《房屋产权转让协议书》，该协议约定，重庆财富公司自愿将其所购得的房产及五个小车位抵偿金运公司尚欠云南国投的1119.9424万元贷款。该协议属于自愿承担债务的协议，内容不违反法律、行政法规的规定，双方当事人已在协议上签字盖章，并且协议已经重庆市公证处公证，故协议已经有效成立。协议成立后，金运公司所欠云南国投债务中1119.9424万元由重庆财富公司承担。因云南国投未起诉重庆财富公司，故本案不宜判决重庆财富公司承担还款责任。重庆财富公司应承担的还款责任可通过另案解决。金运公司所欠云南国投3000万元中的相应本息及昆明国投对云南国投的担保之债也应相应减免，上诉人金运公司、昆明国投的上诉理由部分成立，本院予以支持。

【案例来源】

最高人民法院民事审判第二庭编：《中华人民共和国最高人民法院判案大系》（民商事卷－2001年卷），人民法院出版社2003年版，第6～9页。

麦读
MyRead

最高人民法院民商事判例集要

THE COLLECTION OF JUDICIAL RULES FOR CIVIL AND COMMERCIAL CASES OF THE SUPREME PEOPLE'S COURT

最高人民法院民商事判例集要

·金融担保卷·

·下·

总 主 编　—　杜 万 华
副总主编　—　刘 德 权
本卷主编　—　俞 宏 雷

中国民主法制出版社
全国百佳图书出版单位

CONTENTS

本卷总目

第一编

001 金融

第一章

003 金融借款合同纠纷

本册细目

CONTENTS

借款担保纠纷案

第十一章　抵押担保纠纷

第十三章　其他担保物权纠纷

897 当事人约定保证人的责任不受其他任何担保影响的，即使债务人提供存单或虚假存单质押，亦不影响保证责任承担 / 1720

——九江银行股份有限公司南昌县支行与上海旗绩置业有限公司、上海严确钢材有限公司等金融借款合同纠纷案

898 最高额保证合同约定无论债务人或者第三人是否提供物的担保，债权人均有权要求保证人承担责任而无须先行处分担保物的，债权人有权先请求保证人承担保证责任 / 1721

——平安银行股份有限公司大连分行与李鉴、张健、沈阳市新辽贸易有限公司、沈阳鑫俭兴工贸有限公司金融借款合同纠纷案

899 债权人有权依据合同约定和《物权法》的规定，直接选择连带责任保证人承担担保责任，而无须先行向主债务人主张债权和担保物权 / 1723

——黄山长江徽杭高速公路有限责任公司、上海新华闻投资有限公司与招商银行股份有限公司合肥马鞍山路支行借款担保合同纠纷案

900 主债权既有债务人又有第三人提供物的担保的，在债权人应当按照其与债务人及第三人关于实现担保物权的明确约定先行实现其债权而未行使担保物权的，免除相应的保证责任 / 1725

——江苏索普（集团）有限公司、上海儒仕实业有限公司与中国农业发展银行乾安县支行保证合同纠纷案

三、无特别约定的处理 / 1731

901 债务人提供的抵押担保与第三人提供的保证担保并存，对实现债权的顺序没有约定时债权人应首先就债务人提供的物的担保实现债权 / 1731

——延边新合作连锁超市有限公司与吉林龙井农村商业银行股份有限公司抵押合同纠纷案

——贵州吉顺矿业有限公司与贵州银行股份有限公司金沙支行金融借款合同纠纷案

——海口明光大酒店有限公司与海口农村商业银行股份有限公司龙昆支行金融借款合同纠纷案

902 第三人提供物的担保与保证并存，并未约定实现担保权利的先后顺序的，物的担保人与保证人均无后于其他担保人承担担保责任的抗辩权 / 1734

——贵阳农村商业银行股份有限公司南明支行与贵州亿宏汽车销售有限公司保证合同纠纷案

（六）欺诈与保证责任

624 保证合同不存在欺诈或者其他导致合同无效的情形，保证人应当承担保证责任

【关键词】

｜欺诈｜保证责任｜

【案件名称】

中国建设银行股份有限公司郑州金元支行与信阳万富油脂有限责任公司、新世界海天（信阳）豫南制药有限公司金融借款合同纠纷案［最高人民法院（2011）民提字第242号民事判决书，2012.3.23］

【裁判精要】

裁判摘要：本案再审争议的焦点为：贷款人是否采取欺诈手段，使担保人在违背真实意思的情况下为借款人提供担保，担保人与贷款人签订的最高额保证合同是否有效。根据最高人民法院《民通意见（试行）》第六十八条的规定，审查贷款人是否有欺诈行为，应当从现有证据分析贷款人是否有明知借款人真实情况却故意告知虚假情况或者故意隐瞒真实情况，以使担保人违背真实意思为借款人提供担保的主观目的和行为。本案中，担保合同不存在欺诈或者其他导致合同无效的情形，应当认定为合法有效，保证人应当依法承担担保责任。而贷款人对于借款人的信用评价是否尽到审慎审查的注意义务，是否存在违规贷款的情形及贷后监管是否尽职等问题，对于贷款人而言，性质上属于内部风险控制，即使贷款人没有尽到相关义务，其后果应为贷款人的管理责任，对担保合同的效力并不产生影响。

最高人民法院认为：

本案争议的焦点为，信阳分行是否采取欺诈手段，使万富公司在违背真实意思的情况下为海天公司提供担保，万富公司与信阳分行签订的最高额保证合同是否有效。

《民通意见（试行）》第六十八条规定："一方当事人故意告知对方虚假情况，或者故意隐瞒真实情况，诱使对方当事人作出错误意思表示的，可以认定为欺诈行为。"本案审查信阳分行是否有欺诈行为，应当从现有证据分析信阳分行是否有明知海天公司真实情况却故意告知虚假情况或者故意隐瞒真实情况，以使万富公司违背真实意思为海天公司提供担保的主观目的和行为。

原审判决据以认定信阳分行有欺诈万富公司主观故意的主要证据是当时经办贷款及担保事项的有关人员的证言。但从证人证言看,万富公司原董事长陈强证实,万富公司并不了解海天公司,是信阳分行要求为海天公司提供担保并介绍海天公司实力很强;海天公司时任财务部长李志军证实,印象中是和建行领导就餐时提出让万富公司担保的;信阳分行客户经理张学超证实,万富公司想贷款,周国胜说让万富公司和海天公司互保;周国胜也曾证实,海天公司申请贷款但提供担保有困难,即在建行信贷客户中筛选了万富公司,建议与海天公司互保。上述证人证言仅能证明万富公司为海天公司提供担保是在信阳分行建议、撮合、说服下所为,而不足以证明信阳分行故意向万富公司作虚假陈述或者隐瞒真实情况,也即不足以证明信阳分行具有欺诈的主观故意。

万富公司抗辩提出信阳分行实施了欺诈行为,故意虚构海天公司出资人情况,故意隐瞒海天公司没有取得硫酸卷曲霉素等抗菌素原料药生产许可证的事实,故意夸大海天公司的投资规模,等等。从查明的事实和证据看,关于海天公司的出资情况,工商档案资料显示的出资人是跃进服务海外有限公司(后将股权转让给香港龙盈企业有限公司);海天公司财务经理李志军陈述,跃进服务海外有限公司由香港新世界集团和香港海天实业发展有限公司共同出资成立,跃进服务海外有限公司又出资成立新世界海天(信阳)豫南制药有限公司;信阳分行在给河南省建行呈报材料中对海天公司组织结构所作的说明与李志军陈述相一致,其认为海天公司的实际出资人是香港新世界集团和香港海天实业发展有限公司。鉴于上述,虽然信阳分行陈述的出资人情况与海天公司工商档案资料不完全相符,但尚不能得出信阳分行虚构海天公司出资人情况的结论。关于信阳分行是否故意隐瞒海天公司没有取得硫酸卷曲霉素等抗菌素原料药生产许可证的事实,根据本案查证的事实,信阳分行在《信贷客户评价报告》《流动资金贷款申报书》中称:“海天公司的主导产品是硫酸卷曲霉素、安痣注射液等,该公司已具备生产条件,并已投入生产,第一批产品已生产出来送检,待取得 GMP 证书及生产批件后,即可投入批量生产。”海天公司申请第一笔贷款是在 2002 年 9 月 5 日,担保合同签订于 2002 年 9 月 6 日,此时海天公司的确尚未取得主导产品的 GMP 认证及生产许可证,但信阳分行在相关文件中也并未述称海天公司当时已经取得了上述许可,而万富公司也没有提交证实信阳分行虚构、隐瞒上述情况的相关证据,故不能得出信阳分行故意隐瞒海天公司没有取得抗菌素原料药生产许可证的结论。关于信阳分行是否故意隐瞒海天公司一期工程投资规模的事实,信阳分行在相关文件中的确述称海天公司已于 2002 年 5 月完成一期工程总投资 1.2 亿元。该陈述是否属实,卷中没有相关证据予以证实,但仅根据海天公司整体拍卖价格只有 5050 万元即认为信阳分行故意隐瞒海天公司投资规模,理由不充分。因此,万富公司抗辩所称信阳分行有欺诈行为的理由,缺乏事实依据,本院不予采纳。

万富公司作为企业法人,对于担保可能产生的风险责任应当有明确的认知,即便是受到信阳分行的建议、撮合、说服，也不必然导致其违背真实意思。本案中，担保合同不存在欺诈或者其他导致合同无效的情形，应当认定为合法有效，万富公司应当依法承担担保责任。而信阳分行对于海天公司的信用评价是否尽到审慎审查的注意义务，是否存在违规贷款的情形及贷后监管是否尽职等问题，对于贷款人而言，性质上属于内部风险控制，即使信阳分行没有尽到相关义务，其后果应为信阳分行相关人员的管理责任，对担保合同的效力并不产生影响。因此，金元支行提出的信阳分行没有欺诈万富公司，担保合同合法有效，万富公司应当对海天公司债务承担连带清偿责任的主张，本院予以支持。本案一、二审判决关于信阳分行欺诈万富公司签订最高额保证合同、其应为无效的认定以及相关责任的判决，缺乏事实和法律依据，本院均予以纠正。

【案例来源】

最高人民法院民事审判第二庭编：《最高人民法院商事审判指导案例（2012）·合同与借贷担保》，中国民主法制出版社 2013 年版，第 431～442 页。

625 债权人仅构成合同履行的瑕疵，并未导致保证人对法律关系标的物及内容产生实质性的错误认识并出具《担保函》，不构成《合同法》上的欺诈

【关键词】

｜保证｜欺诈｜

【案件名称】

北京国美商都建设开发有限公司与海航集团有限公司保证合同纠纷案［最高人民法院（2016）最高法民终 49 号民事判决书，2018. 11. 29］

【裁判精要】

最高人民法院认为：

一、关于国美商都公司是否以欺诈行为导致海航集团公司出具案涉《担保函》的问题

本案中，海航集团公司在一审中明确其主张《担保函》无效、要求返还其已支付的购房款并赔偿损失的理由为国美商都公司存在如下欺诈行为：一是隐瞒消防验收不合格；二是隐瞒以违法手段办理竣工验收备案与房产初始登记；三是欺骗国美商都项目不需要做环保验收。其中，第三项欺诈事由一审判决不予支持，海航集团公司未对此提出上诉，国美商都公司的上诉理由中也不涉及该事由，故本案二审实质仅需要针对国美商都公司是否存在上述前二项欺诈行为进行审理。

（一）关于是否存在隐瞒消防验收不合格的问题

纵观案涉《框架协议》和《资产收购协议》的内容，国美商都公司虽然在《框架协议》中作出了“消防设施在物理上已经合格”的承诺，但据《资产收购协议》第2.3条及第2.4条载明的“以现状为准”的特别注明和“目标物业消防验收未完成”及“相关消防验收正在办理”“消防工程甩项”等表述，就案涉消防工程未完工的事实，海航资产公司明知且未在尽职调查中提出异议。此外，海航资产公司在《框架协议》签订后、《资产收购协议》订立前，已经委托专业机构进行了实地考察和尽职调查，了解了目标物业的现状，并同意所有未完成的消防工程由其自行建设、整改及验收。这也表明海航资产公司和海航集团公司在上述合同成立之时不可能形成消防设施在物理上已经合格的错误认识，否则“建设、整改”的约定即无从谈起。

就三份消防验收不合格意见书的问题，国美商都公司在《国美商都项目法律尽职调查问题的回复》和《资产收购协议》中的相关表述的变化可以反映其后来已知悉消防验收的办理情况，该公司工程部经理刘兆有在丰台区检察院的陈述也可证明这一点。因此，应当认定国美商都公司存在持有该三份文件而未向海航资产公司出示的行为。但就国美商都公司对该事实未予披露是否构成欺诈的问题，本院认为，消防验收不合格仅意味着房屋因不符合法定条件而暂时不能投入使用，三份不合格意见书的结论“仅对当日验收所涉及的系统及设施情况负责”，并非终局的结果，经整改后还可以重新报验。在国美商都公司已告知目标物业大部分消防验收未完成，海航资产公司同意“所有未完成的消防工程由其自行建设、整改及验收”的情况下，后者理应知道目标物业只有在其自行完成消防验收之后才能投入使用，所以在双方签约之前是否存在阶段性的消防验收不合格文件对于后者实际使用房屋并无重大影响。况且此后国美商都A区经重新验收已取得消防验收合格证书。故，国美商都公司未主动提供该三份意见书的行为虽欠缺妥当，但尚未造成海航集团公司因此出现错误认识，并进而作出出具《担保函》的错误意思表示，不构成欺诈。

（二）关于隐瞒以违法手段办理竣工验收备案与房产初始登记的问题

本案中，王运杰系国美商都公司前期部经理，目标物业的建设工程消防验收意见书及房屋所有权证书的办理为其职权范围内的相关工作内容。王运杰伪造消防验收合格文件并骗取竣工验收备案证明的行为，因其履行辅助人之身份应被认定为国美商都公司的行为，由国美商都公司承担责任。国美商都公司及法定代表人在伪造文本上加盖单位公章及法定代表人名章的事实，应被推定为国美商都公司对此伪造事实知情或者应当知情。综合本案查明事实分析，本院认为，国美商都公司确实存在以上述违法手段办理竣工验收备案与房产初始登记的行为，但该行为仅构成合同履行的瑕疵，并未导致海航集团公司对本案法律关系的标的物及内容产生实质性的错误认识，并继而作出出具《担保函》的错误意思表示，仍不能认定国美商都公司构成合同法上的欺诈行为。理由如下：

首先，案涉《框架协议》《资产收购协议》不仅约定了目标物业为现房，且已通过竣工项目审查并取得竣工验收备案证明书及房屋所有权证书,同时《框架协议》第二条、第六条,《资产收购协议》第 4.1 条、第 6.3 条等条款亦明确,双方本次交易的基础和原则是目标物业现状作价、现状交付,载明了现状交付条件下各方权利义务关系的具体内容。因此,案涉《框架协议》《资产收购协议》的性质为资产收购协议,并非典型的房屋买卖合同。双方交易标的并非真正意义上的不需要消防及环保竣工验收的完全合格的现房,而是在消防、环保、人防等方面有待进一步完善的在建房屋。双方的真实意思表示为,通过签订资产收购协议的方式,由国美商都公司就目标物业进行现状交付,由海航资产公司整体收购目标物业并支付对价。

其次,海航资产公司在明知目标物业消防工程未完工、案涉房产证可能存在非法取得的情形下,却仍愿意缔结案涉资产收购合同,海航集团公司仍愿意为海航资产公司缔约行为出具《担保函》,系该二公司在特定商业交易时期及条件下,基于自身利益考量的结果,并非国美商都公司隐瞒违法取得竣工验收备案表和房产证的行为所导致,两者之间并不具有直接的因果关系。

最后,目标物业 A 区京房权证丰字第 × × 号房屋所有权证书虽被撤销,但一方面,案涉房产证是否被撤销与认定国美商都公司是否构成缔约欺诈行为之间不具有同一性;另一方面,国美商都 A 区经重新验收已取得消防验收合格证书,且国美商都公司亦于国美商都 A 区房产证被撤销后向北京市住建委申请重新补办。退而言之,即便出现国美商都公司补办不能的情形,海航资产公司亦可根据违约责任条款获得救济或另寻其他法律途径予以主张。因此,国美商都 A 区房产证被撤销的新的事实的出现,尚不构成本案资产收购协议不能履行的实质性障碍,亦不会增加海航集团公司作为担保人的负担。

综上,国美商都公司主张不存在以欺诈行为导致海航集团公司出具案涉《担保函》的理由成立,本院予以支持。

二、关于国美商都公司应否向海航集团公司返还 18 亿元购房款并赔偿损失的问题

根据《担保法》第三十条规定,主合同债权人采取欺诈、胁迫等手段,使保证人在违背真实意思的情况下提供保证的,保证人不承担民事责任。如前所述,国美商都公司在海航集团公司出具《担保函》时并不存在欺诈行为,且在一审判决未支持海航集团公司提出《担保函》无效的主张、该公司对此不持异议的同时,国美商都公司按照案涉相关协议收取购房款并无不妥。海航集团公司在本案中主张国美商都公司返还购房款并赔偿损失于法无据,本院不予支持。

【案例来源】

中国裁判文书网,http://wenshu.court.gov.cn。

626 主合同“双方串通”的构成应具备债权人与债务人之间存在骗取保证的意思联络及实施骗取保证的客观行为两方面的条件

【关键词】

|双方串通|骗取保证|意思联络|客观行为|

【案件名称Ⅰ】

王军英、王爱珍等与青岛世纪海湾投资有限公司民间借贷纠纷案［最高人民法院（2017）最高法民终151号民事判决书，2017.11.15］

【裁判精要】

最高人民法院认为：

根据“谁主张、谁举证”民事诉讼规则，王军英等上诉人应对其主张胡思水与世纪海湾投资公司之间存在恶意串通或者胡思水采取欺诈胁迫等手段骗取王军英等保证人提供保证的事实承担举证证明责任。根据上述法律规定，对《担保法》第三十条所规定的“主合同当事人双方串通”“主合同债权人采取欺诈、胁迫”等事实的认定，相较于高度可能性的普通事实认定标准，法律规定了更为严格的标准，即应达到确信该待证事实存在的可能性能够排除合理怀疑。本案中，王军英等上诉主张世纪海湾投资公司与胡思水在谭继芝的操纵下骗取其提供保证担保，其对此应负举证证明责任，并达到排除合理怀疑之事实认定标准。而王军英等人主张世纪海湾投资公司与胡思水恶意串通、骗取其保证的主要理由为：胡思水与世纪海湾投资公司为确保资金不失控，精心设计了转账支票的借款支付方式；胡思水在没有实际取得借款的情况下认可借到案涉款项；世纪海湾投资公司出具的票据为空头支票，且其财务人员伪造签名将票据权利背书转让给谭继芝，并把转账支票交给谭继芝；胡思水与世纪海湾投资公司于2014年8月5日签订《借款补充协议》，骗取担保；世纪海湾投资公司、胡思水事前策划将案涉款项由谭继芝转到张志波华夏银行账户；世纪海湾投资公司在还款日期未到来前筹备起诉事宜；谭继芝为股东、实际控制人的山东阳光大地投资有限公司为世纪海湾投资公司提供诉讼保全担保；胡思水追认票据转让行为等。对此，本院认为，《担保法》第三十条中“双方串通”的构成应满足债权人与债务人之间存在骗取保证人提供保证的意思联络及实施骗取保证人提供保证的客观行为两方面的条件，即王军英等人应举证证明世纪海湾投资公司与胡思水之间存在骗取其提供保证的意思联络及实施骗取保证的客观行为。针对王军英等人上诉主张的理由，本院逐一评析。关于借款的支付方式问题，世纪海湾投资公司以转账支票的方式支付借款符合合同约定，且王军英等上诉人以保证人的身份在案涉《借款合同》上签字盖章时亦未对借款支付的方式提出异议，而款项以何种方式支付给借款人，法律未予以明确限定，此问题关涉出借人以何种方式履行出借款项义务的问题，不足以构成出借人与借款人之间存在串通的事实认定。关于王军英等上诉主张胡思水在没有实际取得借款的情况下自认收到借款、世纪海湾投资公司的财务人员伪造签名将票据权利背书转让并交给谭继芝的问题，该问题涉及借款的实际支付及款项流转问题。本案中，胡思水对借款问题的认可，属当事人对案件事实的自认，且根据法院查明的事实，胡思水自认的该事实与法院查明的事实一致。在世纪海湾投资公司已履行出借义务的情况下，款项的流转去向非出借人所能控制，亦与出借人无关。上述问题不能构成世纪海湾投资公司与胡思水串通的事实。关于胡思水与世纪海湾投资公司于2014年8月5日签订《借款补充协议》的问题，该协议为借款协议有关内容的补充，主要涉及借款人胡思水及担保人王军英、三元豪第房产公司、豪第建筑公司为案涉借款提供担保的问题，与案涉《借款合同》内容上具有一致性、连续性，不构成串通事实的认定。关于世纪海湾投资公司委托进行诉讼及诉讼后的担保问题，诉讼为法律赋予当事人保护自己合法权益的实现方式之一，而诉讼保全担保则为法院采取保全措施责令当事人提供的担保，至于提供担保与诉讼保全申请人之间的关系，并无相应的禁止性规定，王军英等上诉人以此为理由认为胡思水与世纪海湾投资公司存在串通的事实，也不能成立。综上，现有在案证据不足以证明世纪海湾投资公司与胡思水存在骗取王军英等担保人提供保证的意思联络和客观行为，王军英等人上诉主张世纪海湾投资公司与胡思水之间恶意串通，骗取其提供保证的理由，本院不予支持。

从保证人与债务人之间的关系看，根据本院二审查明的相关事实，王军英与胡思水为夫妻关系，案涉公司之间亦存在一定的关系。王军英等上诉人有关世纪海湾投资公司与胡思水之间恶意串通，骗取保证的主张，亦与情理不符。

从案涉借款的用途分析，胡思水将借款用于三元豪第房产公司偿还对谭继芝的欠款。由此，三元豪第房产公司与谭继芝之间的债权债务关系得以清偿。结合查明的事实，三元豪第房产公司的股东为胡思水和王军英，其与担保人之间亦存在一定的利害关系。本案中，世纪海湾投资公司与胡思水之间并未恶意设立债权债务关系，损害担保人的利益。

【案例来源】

中国裁判文书网，http://wenshu. court. gov. cn。

【案件名称Ⅱ】

中国华阳金融租赁有限责任公司清算组与中国建设银行股份有限公司北京平谷支行、北京贝特实业公司借款担保合同纠纷案［最高人民法院（2010）民提字第86号民事判决书，2011. 11. 8］

【裁判精要】

裁判摘要：《担保法》第三十条规定，主合同当事人双方串通，骗取保证人提供保证的，或者主合同债权人采取欺诈、胁迫等手段，使保证人在违背真实意思的情况下提供保证的，保证人不承担民事责任。“双方串通”，须以债权人与债务人主观上存在骗取保证人承担保证责任的意思联络、客观上存在骗取保证人承担保证责任的行为为要件。在无其他证据支持的情况下，保证人以主合同双方当事人未经其同意变更贷款币种为由主张存在恶意串通的，不能得到支持。

最高人民法院认为：

关于建行平谷支行是否可以免除担保责任。建行平谷支行认为，华阳租赁公司与贝特实业公司事先串通，隐瞒真实情况，骗取建行平谷支行出具《不可撤销担保责任书》，建行平谷支行不应承担担保责任。最高人民法院认为，根据《担保法》第三十条规定，主合同当事人双方串通，骗取保证人提供保证的，或者主合同债权人采取欺诈、胁迫等手段，使保证人在违背真实意思的情况下提供保证的，保证人不承担民事责任。此处的“双方串通”，须以债权人与债务人主观上存在骗取保证人承担保证责任的意思联络、客观上存在骗取保证人承担保证责任的行为为要件。本案中，贝特实业公司 1997 年 5 月 26 日向华阳租赁公司申请变更贷款币种，但 5 月 27 日与华阳租赁公司签订贷款合同时仍然约定为外汇资金贷款，且没有将该事实告知保证人建行平谷支行，存在不妥之处，但仅根据该事实尚不足以认定贝特实业公司与华阳租赁公司存在骗取建行平谷支行承担保证责任的主观恶意和意思联络，建行平谷支行也未能提供证据证明，其若知道贝特实业公司与华阳租赁公司签订的是人民币借款合同就不会提供连带担保，建行平谷支行认为华阳租赁公司与贝特实业公司存在串通的主张证据不足。建行平谷支行二审中提交贝特实业公司转款给他人的转账凭证，但不能证明这些转给他人的款项即是本案所涉款项，且也未能证明华阳租赁公司对此明知。此外，建行平谷支行也未能举证证明华阳租赁公司采取欺诈、胁迫等手段，使其在违背真实意思的情况下提供保证。建行平谷支行要求免除担保责任的主张缺乏事实依据，本院不予支持。因建行平谷支行在《不可撤销担保责任书》中承诺“只要贷款本金不增加，对合同的任何修改，补充或者变通执行，均不改变我方的担保责任”，贝特实业公司与华阳租赁公司变更贷款币种，并没有增加贷款本金数额，建行平谷支行应当根据《不可撤销担保责任书》承担担保责任。至于本案是否适用《担保法解释》第三十条的规定，并不影响建行平谷支行对担保责任的承担。

【案例来源】

最高人民法院民事审判第二庭编：《最高人民法院商事审判指导案例 6 · 合同与借贷担保卷》，中国法制出版社 2013 年版，第 413 ~420 页。

编者说明

最高人民法院在中国农业银行股份有限公司深圳国贸支行与泛华工程有限公司、深圳市惠嘉理信实业有限公司等金融借款合同纠纷再审案亦持上述意见。①

627 保证人主张被欺诈而应免除保证责任，应证明债权人与债务人串通骗保的事实，或者债权人知道或应当知道债务人欺诈仍与其签订保证合同的事实

【关键词】

｜欺诈｜免除保证责任｜举证不能｜

【案件名称Ⅰ】

辽宁一号名车广场有限公司与中国东方资产管理股份有限公司辽宁省分公司金融借款合同纠纷案［最高人民法院（2018）最高法民终967号民事判决书，2018.12.24］

【裁判精要】

最高人民法院认为：

本案的争议焦点为本案是否存在《担保法》第三十条、《担保法解释》第四十条规定的担保人免予承担担保责任的情形，名车广场应否承担案涉抵押担保责任；本案应否中止诉讼。

案涉《流动资金借款合同》、《抵押合同》及《无限责任担保承诺书》均系当事人真实意思表示，内容不违反法律行政法规强制性规定。大连银行沈阳分行发放案涉贷款，是否违反有关贷款审查、审批的相关管理制度和要求，属于银行内部行政处罚的范畴，不属于《合同法》第五十二条规定的应认定合同无效的法定情形；根据《合同法》《民法总则》相关规定，名车广场主张受卡福来公司、陶崇军欺诈提供案涉抵押担保，有权在法定期限内行使撤销权，而其并未主张撤销案涉抵押合同；本案民事案件的处理与陶崇军涉嫌骗取贷款犯罪有交叉，即使陶崇军构成犯罪，并不能因此免除各当事人在借款合同、抵押合同以及保证合同中应承担的民事责任，但应相应扣减通过刑事案件的追赃而取得的返还资金。原审基于上述理由，认为案涉借款合同及抵押合同、保证合同不存在《合同法》第五十二条规定的导致合同无效的情形，认定为合法有效，并无不当，本院予以确认。

《担保法》第三十条规定，“有下列情形之一的，保证人不承担民事责任：（一）主合同当事人双方串通，骗取保证人提供保证的”。《担保法解释》第四十条规定：“主合同债务人采取欺诈、胁迫等手段，使保证人在违背真实意思的情况下提供保证的，

① 参见最高人民法院（2016）最高法民申1203号民事裁定书（2016.8.19），载中国裁判文书网，http://wenshu.court.gov.cn。

债权人知道或者应当知道欺诈、胁迫事实的,按照担保法第三十条的规定处理。”据此,在担保合同有效的情况下,担保人须举证证明其受债务人欺诈或胁迫提供担保,且债权人知道或者应当知道欺诈事实,才能免予承担担保责任。首先,名车广场、刘平平主张大连银行沈阳分行与卡福来公司、陶崇军恶意串通,隐瞒借款用途,骗取名车广场、刘平平提供担保。但是,根据本案现有证据,不足以认定名车广场提供案涉抵押担保系受欺诈或者胁迫所为。第一,在 2012 年 6 月 6 日签订《抵押合同》前,名车广场于 6 月 1 日通过股东会决议,同意为卡福来公司借款提供抵押担保,由股东陶崇军、刘平平签字并加盖名车广场公章;名车广场股东刘平平、陶崇军和其妻子张书颖、尚宇宁(卡福来公司股东)和其妻子夏丽娜等人分别出具《无限责任担保承诺书》,明确名车广场及各保证人对卡福来公司案涉借款提供担保,承担无限连带责任。名车广场股东及各保证人作为完全民事行为能力人,应明知其行为后果,承担相应民事责任。第二,从资金流向上看,案涉 1 亿元中转入名车广场 2000 万元、一号车工厂 500 万元,名车广场、刘平平主张该 2500 万元系陶崇军偿还的欠款,但未能举证证明双方存在该两笔债权债务关系。第三,陶崇军与刘平平共同设立名车广场,名车广场、刘平平在原审庭审中陈述,刘平平不认识卡福来公司的人,因为轻信陶崇军提供了担保,大连银行沈阳分行原行长于某达在名车广场、刘平平提供案涉担保前,以不提供担保就不给名车广场贷款为要挟,胁迫其提供担保。但是,名车广场和刘平平未能举证证明其受胁迫的事实。综上,名车广场和刘平平主张被骗提供担保,依据不足,本案现有证据不能证明卡福来公司骗取名车广场、刘平平提供担保,名车广场系“在违背真实意思的情况下提供保证”。其次,认定大连银行沈阳分行知道或者应当知道名车广场被骗提供担保证据不足。大连银行沈阳分行依据卡福来公司提供的公司章程及股东会决议、会计财务报表、防盗门买卖合同及补充协议发放贷款,并依据卡福来公司的委托支付书、提款申请书,将案涉借款受托支付给康壮门业公司。虽然从资金流向看,卡福来公司没有实际使用贷款,案涉贷款全部转入陶崇军控制的公司和其个人账户,且根据名车广场提交的新证据,大连银行沈阳分行存在贷前不尽职、贷后管理不合规等违规问题,陶崇军与大连银行沈阳分行原行长于某达来往密切,陶崇军控制的军丰物资公司在该行有拖欠的旧贷,但是,根据上述情况,尚不足以认定大连银行沈阳分行与卡福来公司、陶崇军恶意串通骗取名车广场、刘平平提供担保,或者其知道或者应当知道名车广场、刘平平是在受欺诈的情况下提供了担保。综上,本案现有证据不能证明卡福来公司和大连银行沈阳分行工作人员恶意串通,骗取名车广场和刘平平等保证人提供担保的事实。而且,即使属于受欺诈的情形,根据《合同法》第五十四条第二款、第五十五条规定,一方以欺诈、胁迫的手段使对方在违背真实意思的情况下订立的合同,受损害方有权请求人民法院或者仲裁机构变更或者撤销,具有撤销权的当事人自知道或者应当知道撤销事由之日起一年内没有行使撤销权,撤销权消灭。名车广场、刘平平等保证人自认于 2013 年 9 月 2 日知道大连银行沈阳分行与卡福来公司在订立合同时有欺诈行为,但并未在法定期限内行使撤销权，即使《抵押合同》《无限责任担保承诺书》存在可撤销事由，其撤销权已经消灭。《物权法》第一百七十九条规定："为担保债务的履行，债务人或者第三人不转移财产的占有，将该财产抵押给债权人，债务人不履行到期债务或者发生当事人约定的实现抵押权的情形，债权人有权就该财产优先受偿。"东方资产管理公司作为抵押权人要求名车广场承担抵押担保责任有事实和法律依据，原审判决予以支持，并无不当。如上所述，本案现有证据不能证明卡福来公司工作人员与大连银行沈阳分行工作人员恶意串通，骗取名车广场提供抵押担保，本案也不存在名车广场免予承担抵押担保责任的法定免责事由，名车广场上诉其不应承担案涉抵押担保责任，缺乏事实和法律依据，本院不予支持。

【案例来源】

中国裁判文书网，http://wenshu. court. gov. cn。

【案件名称Ⅱ】

西安长江置业投资有限公司、张东宁与石嘴山银行股份有限公司、陕西海鸿有色金属有限公司、陕西海鸿能源化工开发有限公司、陕西海鸿投资集团有限公司、陕西鸿信科技发展有限公司、朱平安、姚幼莉、李学永借款合同纠纷案［最高人民法院（2011）民二终字第80号民事判决书，2011. 11. 3］

【裁判精要】

裁判摘要：保证人主张免除保证责任，需要证明债权人与债务人串通欺骗保证人提供保证担保的事实，或者债权人知道或应当知道债务人欺诈保证人仍与保证人签订保证合同的事实，否则应承担举证不能的后果。

最高人民法院认为：

关于长江置业公司、张东宁是否应承担本案担保责任的问题。根据《票据纠纷解释》第六十二条之规定，本案保证关系的审理适用《担保法》的有关规定。长江置业公司、张东宁主张石嘴山银行和海鸿金属公司串通骗取本案保证，根据《民事诉讼法》第六十四条第一款之规定，两上诉人对其主张有责任提供证据加以证明。根据《担保法》第三十条第一款及《担保法解释》第四十条之规定，如果保证人主张免除保证责任，需要证明债权人与债务人串通欺骗保证人提供保证担保，或者债权人知道或应当知道债务人欺诈保证人仍与保证人签订保证合同的事实。本案中，长江置业公司和张东宁虽然提供了海鸿集团及包括海鸿金属公司在内的关联企业的工商登记及石嘴山银行贷款情况等证据，但这些证据只能表明海鸿集团及其关联企业与石嘴山银行有较多的业务往来，既不能证明海鸿金属公司与海鸿化工公司的购销合同虚假，也不能证明海鸿金属公司与石嘴山银行存在串通骗取保证或石嘴山银行知道购销合同虚假仍签发银行承兑汇票的事实,因二上诉人提供的证据不能证明其主张,故其应当承担本案保证责任。长江置业公司、张东宁关于石嘴山银行与海鸿金属公司串通欺骗其提供保证的上诉理由无事实依据,本院不予支持。

【案例来源】

最高人民法院民事审判第二庭编:《最高人民法院商事审判指导案例6·合同与借贷担保卷》,中国法制出版社2013年版,第445~454页。

【案件名称Ⅲ】

风神轮胎股份有限公司与中信银行股份有限公司天津分行、河北宝硕股份有限公司借款担保合同纠纷案[最高人民法院(2007)民二终字第36号民事判决书,2007.12.6]

【裁判精要】

最高人民法院认为:

(一)关于《担保法解释》第四十条的适用问题

风神公司主张依据《担保法解释》第四十条和《担保法》第三十条的规定免除保证责任,须证明两个事实:一是宝硕公司在与风神公司订立《互保合同》时存在欺诈,二是中信银行对宝硕公司的欺诈是知道或应当知道的。根据本案查明的事实,首先,宝硕公司在与风神公司订立《互保合同》时,隐瞒真实财务状况,欺骗风神公司签订《互保合同》的事实成立,宝硕公司构成欺诈;其次,中信银行作为与宝硕公司长期合作的贷款银行是知道或者应当知道宝硕公司财务状况的。但是,《担保法解释》第四十条适用于本案的最重要的前提,并不是仅证明宝硕公司存在欺诈以及中信银行知道或应当知道宝硕公司的财务状况,更重要的是证明中信银行在接受风神公司《最高额保证合同》时,知道或者应当知道宝硕公司对风神公司构成欺诈,而如果中信银行在当时即对《互保合同》第七条第5项内容的了解,则构成中信银行知道或者应当知道欺诈存在的前提。与之相关的事实是,中信银行在本案一审起诉时,向原审法院提交了《互保合同》,中信银行陈述该合同系在起诉前从宝硕公司取得,已尽到证据来源的说明义务,在此情形下,举证责任应当由风神公司承担,即风神公司需证明其向中信银行出具《最高额保证合同》时,中信银行知道或者应当知道《互保合同》第七条第5项的内容。本案二审历经三次质证,风神公司均不能提供能够证明此项事实的证据。本案的《最高额保证合同》是风神公司向中信银行提供的,即便风神公司有权解除与宝硕公司的《互保合同》,也不影响已经成立的《最高额保证合同》的效力。《商业银行法》《贷款通则》等相关法律法规并未规定商业银行违反贷款中严格审查义务的民事责任,上述规定与中信银行的内部规定,均是从商业银行风险控制角度加以规范,属管理性规范,中信银行即使违反相关规定,亦不影响中信银行与宝硕公司之间的信贷行为的效力和《最高额保证合同》的效力。况且,正是由于风神公司为宝硕公司提供了最高额保证,大大降低了宝硕公司因财务状况恶化而导致的信贷风险程度,才使中信银行继续为宝硕公司提供信贷支持。因此,由于风神公司举证不能,其主张依据《担保法解释》第四十条和《担保法》第三十条之规定,保证人不承担保证责任的主张,欠缺事实要件

【案例来源】

《中华人民共和国最高人民法院公报》2008 年第 2 期。

628 保证人即使被债务人欺诈提供担保，但在其不能提供证据证明债权人知道或者应当知道的情况下，仍应承担保证责任

【关键词】

|保证|欺诈|保证责任|

【案件名称】

宜城玛丽龙头医院与宜城市兑斗小额贷款有限责任公司小额借款合同纠纷、企业借贷纠纷案［最高人民法院（2017）最高法民再 275 号民事判决书，2018. 6. 28］

【裁判精要】

最高人民法院认为:

三、因大成公司案涉债务,玛丽医院应否对兑斗公司承担责任;如应承担,如何承担

(一)玛丽医院主张案涉应为一份借款金额 1000 万元的合同,包括本案借款合同在内的两份 500 万元借款合同系伪造,但是大成公司和玛丽医院都不能提供该 1000 万合同文本。其提供的银行流水等证据属于合同履行情况方面的证据,亦不能否定存在包括本案 500 万元借款合同在内的两份 500 万元的借款合同。玛丽医院在原审主张其被大成公司欺骗而在案涉 500 万元借款合同上加盖印章,并未否认案涉 500 万元借款合同的真实性,其在再审阶段主张该合同系伪造,前后矛盾,本院对其关于案涉合同系伪造的主张不予采信。玛丽医院还主张《委托书》《股东会决议》《担保函》等系伪造,故其不应承担责任,并申请对《委托书》等函件上的印章及签名等的真实性进行鉴定。本院认为,《担保法》第三十条规定,有下列情形之一的,保证人不承担民事责任:(1)主合同当事人双方串通,骗取保证人提供保证的;(2)主合同债权人采取欺诈、胁迫等手段,使保证人在违背真实意思的情况下提供保证的。《担保法解释》第四十条规定,主合同债务人采取欺诈、胁迫等手段,使保证人在违背真实意思的情况下提供保证的,债权人知道或者应当知道欺诈、胁迫事实的,按照

《担保法》第三十条的规定处理。据此，玛丽医院即使确系被大成公司欺诈，为大成公司提供担保违背了其真实意思表示，但是在其不能提供证据证明兑斗公司知道或者应当知道大成公司对其欺诈的事实的情况下，其亦应承担民事责任。其作为再审新证据提交的受案登记表等证据，只能证明玛丽医院已经就其认为受兑斗公司、博益公司诈骗报案，公安机关已经于2017年6月做了受理登记，进行初查，但不能证明兑斗公司有欺诈行为。且该受理登记至今已经一年，公安机关并未作出兑斗公司涉嫌诈骗的结论性意见，本案无须因此中止审理移交公安机关。其提交的"再审新证据"不能证明兑斗公司对其进行了欺诈，也不能证明兑斗公司知道或应当知道大成公司对其欺诈。《委托书》《担保函》等的印章和签名即使不真实，亦不能证明，故本院对其相应的鉴定申请不予准许。玛丽医院已经自行提交了宜城市公安局调查案件的材料，故法院无再调取必要。其关于原判决认定事实的主要证据是伪造，二审法院应予调查取证未予调查取证的申请理由也不成立。综上，玛丽医院不能证明其存在《担保法》规定的不承担民事责任的事由，其应向兑斗公司承担相应的责任。

【案例来源】

中国裁判文书网，http://wenshu.court.gov.cn。

629 出借人已尽形式审查义务，不能以用途的客观结果推定其主观上对借款人骗

【关键词】

｜出借人审查义务｜虚构贷款用途｜骗取保证｜

【案件名称】

晋城农村商业银行股份有限公司与山西绿佳园林建设有限公司企业借贷纠纷案［最高人民法院（2017）最高法民再328号民事判决书，2017.12.14］

【裁判精要】

最高人民法院认为：

本案争议焦点为，应否免除绿佳公司的连带担保责任。对此问题的判断，主要应审查本案是否适用《担保法解释》第四十条的规定，即主合同债务人采取欺诈、胁迫等手段，使保证人在违背真实意思的情况下提供保证的，债权人知道或者应当知道欺诈、胁迫事实的，按照《担保法》第三十条规定免除保证人责任。应当明确的是，司法解释该条规定系对《担保法》第三十条第（二）项关于"主合同债权人采取欺诈、胁迫等手段，使保证人在违背真实意思的情况下提供保证的"规定的进一步解释，且较之更有利于保证担保人的权益，因此，在实践中对债务人知道或者应当知道欺诈、

胁迫事实的情形应进行严格审查,没有充分证据予以证实的,不应适用该条规定。本案中,绿佳公司的保证责任是否应予免除,有赖于能否认定加洲公司骗取绿佳公司担保及晋城农商行对此知情或应当知情的事实。即使根据原审查明的事实,可以认定加洲公司与关联公司汉德公司签订《工业品买卖合同》,虚构交易,隐瞒贷款真实用途,骗取绿佳公司担保,但仍须查实开发区信用社对此知情或应当知情;鉴于晋城农商行否认知情且原审判决并未认定开发区信用社对此知情,故重点审查本案是否属于开发区信用社应当知情的情形。具体分析如下:

一、关于开发区信用社发放贷款前是否已尽审慎义务的问题

首先,开发区信用社发放贷款前已履行了对《流动资金贷款合同》及相关支付协议的形式审查义务,将贷款支付给汉德公司亦有合同依据。其根据《流动资金贷款合同》中"在借款人满足贷款发放条件后,贷款人根据借款人的提款申请或委托支付申请,将本合同项下贷款资金支付给符合合同约定用途的借款人交易对手"的约定,按照借款人加洲公司的委托结算申请于次日进行付款,是及时履行合同付款义务的行为。至于加洲公司与汉德公司签订的《工业品买卖合同》中约定货到分期付款只是该合同双方的货款支付方式,开发区信用社无须对此进行实质性审查,也无法继续追踪汉德公司收款后将款项转出的流向。在开发区信用社已尽形式审查义务的前提下,不能以其未能审查出加洲公司虚构贷款用途的客观结果,来推定其在此前主观上对加洲公司骗取保证人绿佳公司提供担保应当知情。其次,违反行政管理性规范并不必然导致担保责任的免除。《流动资金贷款管理暂行办法》系要求商业银行加强风险控制的行业管理性规范,开发区信用社即使违反相关规定,不能因此对抗案涉保证合同约定的连带保证义务。绿佳公司作为独立商事主体向加洲公司提供担保,应当承担其对外提供担保所带来的风险和法律后果。原审判决认定开发区信用社未尽审慎义务存在过错,进而推定其对加洲公司骗保行为明知,最终认定免除绿佳公司的连带担保责任,没有法律依据。

二、关于现有证据是否足以证实晋城农商行对骗取担保应当知情问题

首先,绿佳公司主张晋城农商行对加洲公司采取欺诈方式骗取担保应当知情,则应举证证明,但原审中绿佳公司就该事实仅举证证实了加洲公司、汉德公司、中视公司存在关联,系关联公司,贷款用途虚假。其次,虽然加洲公司的法定代表人张凯波自认向绿佳公司隐瞒了贷款用途,但其关于晋城农商行明知贷款用途的陈述,晋城农商行并不认可,又无其他证据相佐证,且张凯波在原审中多次陈述前后不一,再审庭审中亦无法做出合理解释,证明力不足。因此,原审判决认定晋城农商行对骗保行为应当知情缺乏证据证实。

【案例来源】

中国裁判文书网,http://

630 出借人对借款人与案外人的合同关系不负有法定实质性审查义务，担保人主张出借人与借款人串通骗取担保

【关键词】

｜串通｜骗取担保｜举证责任｜

【案件名称】

林州市电力股份有限公司与广东发展银行股份有限公司郑州金水路支行、河南省九派实业发展有限公司、林州市电力公司、林州市宏基电力有限公司、林州市天力热电有限公司借款担保纠纷案［最高人民法院（2005）民二终字第229号民事判决书，2006.3.3］

【裁判精要】

最高人民法院认为：

广发行郑州金水路支行依照合同约定，将借款发放至江南九派公司在该行开立的银行账户。此后，河南九派公司作为出票人，签发了五张银行承兑汇票，收款人为广东发电公司。上述事实表明，在借款担保合同的法律关系中，广发行郑州金水路支行作为贷款方，如约履行了义务。对河南九派公司与案外人广东发电公司之间的发电设备购销关系，广发行郑州金水路支行并不负有法定的实质审查义务。故原审法院认定广发行郑州金水路支行对借款用途已尽了合理的监督和注意义务并无不当。

关于林州电力公司提出的广发行郑州金水路支行与江南九派公司恶意串通，使其在被欺诈的情况下作出担保行为的上诉理由，本院认为，如前所述，林州电力公司向广发行郑州金水路支行提供保证担保和权利质押担保是其真实意思表示，其主张广发行郑州金水路支行与河南九派公司之间串通骗取担保，但并未提供相应的证据予以证明。如果河南九派公司取得借款后采用不正当手段改变了用途，也是河南九派公司单方面的行为，并不能得出广发行郑州金水路支行与其串通骗取担保的结论，林州电力公司不能因此而免除保证责任。

【案例来源】

最高人民法院民事审判第二庭编：《最高人民法院商事审判指导案例·借款担保卷》（下），中国法制出版社2011年版，第877～889页。

631 信用证垫款已实际发生，授信协议项下的借款债务已成立，即使银行事后知悉基础交易虚假，亦不影响保证责任承担

【关键词】

｜信用证垫款｜基础交易虚假｜保证责任｜

【案件名称】

中铁恒丰置业有限公司、孙献钢与江西银行股份有限公司赣州分行及赣州市新资源实业有限公司、朱依勤金融借款合同纠纷案［最高人民法院（2015）民二终字第229号民事判决书，2016.5.3］

【裁判精要】

最高人民法院认为：

一、关于本案第一个焦点问题

二上诉人主张赣州分行明知新资源公司虚构了贸易背景，无论赣州分行何时知悉，二上诉人均不应承担相应的担保责任。为此，二上诉人在原审中提交了王萍与郑清二人谈话录音文字资料，拟证明赣州分行知晓涉案信用证无真实基础交易背景；并在二审中提交了3组新证据，拟证明本案信用证项下贸易提单所载船舶或者不存在，或者在装船日期并没有到相关港口提货。本院认为，案涉信用证是经新资源公司申请，赣州分行通过同业委托的形式由交通银行省分行和中国工商银行赣州分行实际开立，并由开证行承兑付款，再由赣州分行向开证行支付相应款项。二上诉人虽然提交了有关证据拟证明案涉信用证的基础交易虚假，但根据信用证独立性原则，信用证是独立于基础交易的单据交易，信用证交易与基础交易属于两个不同的法律关系，即便存在信用证欺诈的情形，根据《信用证解释》第十条之规定，在信用证已善意承兑的情况下，信用证项下的款项不得止付。因此，在案涉信用证已由开证行承兑的情况下，只要受益人所提交的单据表面上符合信用证的要求，开证行就负有在规定的期限内付款的义务，赣州分行亦应按照其与开证行之间的合同约定，向开证行支付信用证项下的款项。二上诉人在原审中提交的谈话记录显示，郑清仅是个人猜测信用证项下可能没有实际货物，并无其他证据足以证明基础交易虚假，二上诉人亦未作为利害关系人向法院提出止付申请，其仅通过网络查询信息主张本案提单有伪造的可能，主张赣州分行与新资源公司存在恶意串通，二上诉人不应承担担保责任，缺乏事实和法律依据，本院不予支持。

二上诉人还主张，在2013年12月12日《最高额保证合同》签订时赣州分行明知新资源公司虚构了贸易背景，其要求二上诉人签订《最高额保证合同》属于恶意欺诈和胁迫。本院认为，二上诉人作为保证人对于其所担保主合同项下的交易背景，同样负有相应的注意义务，其也可以在当时通过网络查询等方式获

虚构的事实。事实上根据二上诉人的主张,其在《最高额保证合同》签订前通过赣州分行已知悉交易背景可能存在虚构的情况。在此情形下,中铁恒丰公司仍召开股东会,通过决议为新资源公司提供担保并签订涉案《最高额保证合同》,应视为其自愿行为,故二上诉人主张赣州分行对其恶意欺诈签订《最高额保证合同》的理由不能成立。孙献钢所称的胁迫系指赣州分行提出如孙献钢不提供担保,该行在收到置换抵押物的现金后仍将不解除对抵押物的查封,对此,二上诉人并未提出相应证据予以证明,且关于以现金置换抵押物的安排,在《质押合同》以及在中铁恒丰公司股东会决议中均无体现,故孙献钢有关胁迫的主张亦缺乏事实依据。因此,二上诉人关于《最高额保证合同》系受欺诈和胁迫所签,其不应承担担保责任的主张,本院不予支持。

综上,本院认为,二上诉人与赣州分行签订的《最高额抵押合同》和《最高额保证合同》是各方当事人真实意思表示,内容不违反法律、行政法规的禁止性规定,应当认定合法有效。二上诉人虽然主张案涉信用证基础交易为虚假,赣州分行亦明知基础交易虚假,其不应承担相应担保责任,但上述《最高额抵押合同》和《最高额保证合同》担保的是《授信协议》项下的债权债务关系,虽然本案中导致该债权债务关系发生的原因系新资源公司申请开立信用证的行为,但基于信用证交易的独立性原则,基础关系虚假与否并不必然影响信用证交易的效力。且根据上文分析,二上诉人提交的证据尚不足以证明赣州分行知悉基础交易关系可能存在虚假。况且,即使赣州分行后来知悉基础交易虚假,也不能导致对涉案信用证款项的止付,亦不影响《最高额抵押合同》和《最高额保证合同》的效力以及二上诉人据此承担相应担保责任,故二上诉人关于赣州分行明知本案信用证项下基础贸易背景为虚构,其不应承担《最高额抵押合同》《最高额保证合同》项下保证责任的主张,缺乏事实和法律依据,不能成立,本院不予支持。

二、关于本案第二个焦点问题

二上诉人主张《最高额抵押合同》和《最高额保证合同》所担保的主合同并未有效成立,其承担担保责任的条件并不具备。根据涉案《最高额抵押合同》和《最高额保证合同》的约定,其担保范围是新资源公司与赣州分行在特定期限内签署的所有主合同项下的债务。本案中,新资源公司与赣州分行签署的《授信协议》中明确约定,开立国际信用证系新资源公司使用授信额度的具体形式,故新资源公司申请开立信用证,赣州分行因信用证交易为新资源公司支付的垫款,应当属于《授信协议》项下发生的债权债务关系。由于涉案信用证的开立以及赣州分行垫款的时间均发生在《最高额抵押合同》担保的期限范围内,故应属于《最高额抵押合同》担保的债权范围。二上诉人虽然主张涉案信用证开立的时间发生在《最高额保证合同》签订之前,不属于《最高额保证合同》约定的债权发生期限范围之内,但是从中铁恒丰公司股东会决议内容看,《最高额保证合同》所担保的主合同明确为新资源公司与赣州分行签署的《授信协议》项下债务,案涉五笔信用证到期日均为《最高额保证合同》

签署之后的期限内,赣州分行实际垫款的时间亦发生在《最高额保证合同》约定的期限内。此外,结合《最高额保证合同》所担保的债权本金最高余额5751万元,该数额恰为涉案信用证开证金额扣除新资源公司缴纳的保证金以及中铁恒丰公司提供的存款质押和保证金后的余额,亦为本案赣州分行垫付的金额。因此应当认定《最高额保证合同》所担保的债权应为《授信协议》项下发生的债务余额,即本案信用证项下发生的垫款。故二上诉人关于《最高额保证合同》签署后,未签订新的主合同,其所担保的主合同未发生的主张,不能成立。

二上诉人主张在此之前中铁恒丰公司向赣州分行支付的11049万元,并不是替新资源公司还款,而是支付保证金。但根据中铁恒丰公司与赣州分行签订《质押合同》的约定,质押存单明确是为确保本案《授信协议》的履行;中铁恒丰公司向赣州分行缴存的保证金虽未明确用于担保涉案信用证款项的支付,但在赣州分行以上述资金支付涉案到期信用证款项时,中铁恒丰公司并未提出异议,并在其后2013年12月12日的股东会决议及签署《最高额保证合同》中,明确为扣除了该11049万元后的债权余额提供保证担保,亦表明其认可赣州分行用该11049万元替新资源公司支付涉案信用证款项。故其关于原审法院认定其曾替新资源公司偿还信用证项下债务事实认定错误的主张,缺乏事实依据,本院不予支持。

根据南昌银行股份有限公司与交通银行省分行以及中国工商银行江西省分行签订的相关协议,本案所涉信用证均由赣州分行据此委托其他相关银行开立。二上诉人主张赣州分行的行为系将《授信协议》项下的权利义务概括转让给他人,由此形成的债权债务关系不属于《授信协议》及案涉担保合同项下内容。本院认为,权利义务的概括转让应以转让人和受让人意思表示为认定依据,而赣州分行否认该转让事实,二上诉人亦无其他证据予以证明;且南昌银行股份有限公司与交通银行省分行以及中国工商银行江西省分行之间建立了信用证开证代理合同关系,交通银行省分行以及中国工商银行赣州分行依约代理赣州分行向新资源公司开立信用证,系辅助赣州分行履行开证义务,该辅助履行行为并不影响赣州分行在前述《授信协议》以及信用证开证法律关系中的合同地位,且本案中赣州分行替新资源公司支付信用证款项的垫款行为已实际发生,亦属于《授信协议》约定的因开立信用证所发生的债权。故二上诉人以赣州分行未直接履行开证行为为由,主张本案主合同未成立,本院不予支持。此外,二上诉人还主张原审法院未查明开证行是否向信用证受益人实际付款的事实,从而导致赣州分行的垫款行为缺乏依据。对此,本院认为,本案涉及的是《授信协议》项下,赣州分行因替新资源公司垫付信用证款项而引发的债权债务纠纷以及相关的担保合同纠纷,在有证据足以证明案涉信用证垫款已经实际发生的情况下,新资源公司与赣州分行之间债权债务关系即已成立。赣州分行根据开证行的通知垫款,而二上诉人未能提供证据证明开证行未向信用证受益人实际付款,其认为原审法院相关事实认定不清的上诉理由,不能成立,本院不予支持。综上,本案中,赣州分行依据相关合同委托相关银行开立涉案信用证的行为,并未构成《授信协议》

项下权利义务的转移,在赣州分行实际为新资源公司申请开立的信用证垫付款项的情况下,由此形成的债权应属于《授信协议》约定的债权债务关系,亦属于案涉《最高额抵押合同》和《最高额保证合同》担保的债权范围,故二上诉人关于案涉担保合同的主合同未成立,其承担相关担保责任的条件不具备的上诉理由,缺乏事实和法律依据,本院不予支持。①

【案例来源】

中国裁判文书网,http://wenshu. court.

632 "双重担保"不违反法律规定,保证人不能证明主合同是虚假借贷的,应当承

【关键词】

|双重担保|虚假借贷|保证责任|

【案件名称】

上海浦联房地产发展公司与九江银行股份有限公司及浙江泰舜建设有限公司等金融借款担保合同纠纷案[最高人民法院(2016)最高法民终89号民事判决书,2016.9.27]

【裁判精要】

最高人民法院认为:

本案当事人争议的焦点问题是浦联公司应否对《3·18借款合同》项下的8000万元贷款承担担保责任。

一、浦联公司关于《3·18借款合同》属于虚假借贷、无效的理由不成立

(一)九江银行依据《公司授信还款协议》向泰舜公司主张权利,表明其认可其下属营业部与泰舜公司签订的协议的效力,该协议对九江银行和泰舜公司发生法律效力。签订该协议不能证明《3·18借款合同》属于虚假借贷。(二)二审查明的148

① 本案二审判决后,中铁恒丰公司、孙献钢向最高人民法院申请再审,最高人民法院审查后认为:"关于江西银行赣州分行与新资源公司是否存在恶意串通的问题。《最高额抵押合同》和《最高额保证合同》担保的是《授信协议》项下的债权债务关系,虽然本案中导致该债权债务关系发生的原因系新资源公司申请开立信用证的行为,但基于信用证交易的独立性原则,基础关系虚假与否并不必然影响信用证交易的效力。且中铁恒丰公司、孙献钢提交的证据不足以证明江西银行赣州分行知悉基础交易关系可能存在虚假,更没有提交证据证明江西银行赣州分行与新资源公司存在恶意串通,故中铁恒丰公司、孙献钢的相关申请理由也不能成立。"参见最高人民法院(2016)最高法民申3317号民事裁定书(2017.12.26),载中国裁判文书网

号审计报告关于2011年委托贷款的情况表明,该2.1亿元贷款已经由兆隆公司实际使用。浦联公司二审所提交的第一组证据材料中的《会议纪要》和《控告书(报案材料)》载明的内容也不能否定148号审计报告关于兆隆公司实际使用了该款的记载。浦联公司所称的没有"任何资金流入到兆隆公司"与事实不符,2011年委托贷款已经实际发生。至于兆隆公司如何使用该笔款项,对本案并无影响。浦联公司以2011年委托贷款中没有资金流入兆隆公司来否定本案8000万元贷款的真实性,依据不成立。(三)8000万元贷款进入泰舜公司账户后,《3·18借款合同》约定的九江银行的义务即已履行完毕。至于款项进入泰舜公司后,泰舜公司如何使用该笔贷款,对该借款合同的真实性并无影响。9977号转账支票、0247号进账单能够证明九江银行凭泰舜公司签发的转账支票将该笔款划至国元信托的账户,浦联公司称九江银行的工作人员违规操作,依据不足。(四)浦联公司称九江银行存在"非法拆借""非法套利"等违反金融监管规定的行为,但并未指明具体的法律依据,浦联公司以存在合法形式掩盖非法目的的情形为由主张《3·18借款合同》无效,本院不予支持。

二、浦联公司关于其不应承担担保责任的理由不成立

(一)浦联公司关于九江银行骗取其对《3·18借款合同》提供担保的主张不成立。2012年3月7日,九江银行与浦联公司即签订了《最高额抵押合同》,约定泰舜公司与九江银行在一定期限内连续发生的所有债务,浦联公司自愿以自有财产为九江银行债权提供抵押担保,抵押最高本金限额为人民币8000万元。2013年3月7日,九江银行与浦联公司签订《展期协议》,将抵押期间展期至2015年12月31日。该抵押已经办理了抵押登记。《3·18借款合同》形成的九江银行对泰舜公司的债权,在前述抵押期间内,即使不另行签订《最高额保证合同》,浦联公司也应承担相应的担保责任。为泰舜公司提供担保是浦联公司真实的意思表示。(二)《最高额保证合同》上载明的签订时间为2015年3月1日,浦联公司依据对常伟生的调查笔录和九江银行工作人员的住宿信息主张该合同的签订时间不是3月1日,而是3月20日。常伟生为浦联公司原法定代表人,其与浦联公司有直接利害关系;有关住宿信息即使能够证明九江银行的工作人员在3月20日去了上海,也不能证明案涉保证合同是3月20日签订的。故本院对浦联公司二审中提交的第二组证据材料不予采信,浦联公司关于其受欺诈在3月20日签订了案涉保证合同的主张不成立。(三)按照《最高额抵押合同》第十六条第三款和《最高额保证合同》第十一条的约定,主合同变更无须通知抵押人和保证人,该变更不影响抵押人和保证人承担责任。据此,《公司授信协议》变更还款期限的约定,对浦联公司应承担的责任并无影响。(四)《最高额抵押合同》和《最高额保证合同》均有浦联公司的签章,为九江银行对泰舜公司的债权提供担保是其真实意思的表示,"双重担保"并不违反法律规定,也不能证明《3·18借款合同》是虚假借贷。浦联公司主张九江银行对其欺诈,缺乏事实依据。浦联公司依据《担保法解释》第三十九条第一款的规定主张其应免责,但未能提供证据证明存在九江银行与泰舜公司协议以新贷偿还旧贷,故浦联公司关于其

应免责的理由不成立。此外，该款中的旧贷和新贷，应指同一债权人贷给同一债务人的前后两笔贷款而言。即使浦联公司所称《3·18借款合同》贷款所偿还的是泰舜公司对国元信托的债务属实，也因为两笔贷款的债权人不同，不应适用《担保法解释》该款的规定。浦联公司依据该款主张不承担担保责任同样不应予以支持。

【案例来源】

中国裁判文书网，http://wenshu.court.

633 出借人明知实际借款人以他人名义与其签订借款合同，双方未将贷款背景及借款实际用途和实际使用人情况向保证人明确告知，保证人不承担保证责任

【关键词】

|实际借款人|封闭贷款|保证责任|

【案件名称】

沈阳安运集团有限公司与中国农业银行沈阳市中山支行、沈阳兴客巴士有限公司、沈阳客运集团公司借款担保合同纠纷案［最高人民法院（2007）民二终字第193号民事判决书，2008.1.4］

【裁判精要】

最高人民法院认为：

本案款项系为落实沈阳市政府决定对客运集团的汽车进行更新改造项目而发生的，实际借款人和资金使用人应认定为客运集团。客运集团成立兴客巴士公司并以兴客巴士公司的名义与中山支行签订本案借款合同，系为贯彻农总行对项目贷款进行"封闭运行"的管理要求，本案虽然存在中山支行与兴客巴士公司签订的借款合同，借贷双方均明知实际借款人为客运集团，中山支行为客运集团提供贷款，落实和完成的是沈阳市政府对客运集团的汽车改造项目，客运集团和中山支行在安排本案借款时，双方对此均是明知的。没有证据表明，中山支行与客运集团为上述贷款安排借款担保，以及兴客巴士公司与安运集团签订本案保证合同时，曾将贷款背景及借款实际用途和实际使用人的情况向安运公司明确告知，安运公司关于其提供担保的意思表示错误的主张有事实依据。安运公司在与中山支行签订本案担保合同时承诺担保兴客巴士公司的债务，根据担保债务是针对特定主债务的从属债务的基本法律特点，安运公司承诺担保的债务人与中山支行实际贷款的债务人客运集团亦不对应。根据《担保法》第三条关于"担保活动应当遵循平等、自愿、公平、诚实信用的原则"之规定，应当认定本案两份《保证合同》无效。根据《担保法》第三十条关于

“主合同当事人双方串通，骗取保证人提供担保的，保证人不再承担保证责任”的规定，安运公司对本案债务不应承担担保责任。

【案例来源】

最高人民法院民事审判第二庭编:《最高人民法院商事审判指导案例·借款担保卷》(下)，中国法制出版社 2011 年版，第 766~773 页。

634 借款合同约定用途为归还关联企业及银行借款，借款人指示银行将案涉贷款归还相关企业借款，未超出保证人承担责任的预期

【关键词】

| 关联企业 | 借款用途 | 保证责任预期 |

【案件名称】

江门市中环广场投资管理有限公司、江门市益丞集团有限公司等与中国信达资产管理股份有限公司金融借款合同纠纷案［最高人民法院(2018)最高法民终 501 号民事判决书，2018. 11. 30］

【裁判精要】

最高人民法院认为:

(三)隆盛公司、卢永亮是否应向东莞中行承担连带保证还款责任

隆盛公司、卢永亮否认其承担担保责任，主要基于三个理由:……三是东莞中行未尽监管义务，蓄意改变借款用途，将不良债权的风险转嫁给担保人，属恶意串通损害第三人利益的行为，担保合同无效。……

另外,《固定资产借款合同》约定的借款用途是用于归还关联企业借款及银行借款，东莞中行根据中环投资公司的指示偿还了其他公司的部分银行贷款后，中环投资公司取得了对其他公司的债权。该借款用途是在中环投资公司的母公司益丞公司意图和恒辉集团进行重组的背景下所约定的，作为保证人的益丞公司及益丞公司法定代表人卢永亮等对该借款用途不可能不知情。因此，本案也不符合《担保法解释》第三十九条关于“主合同当事人双方协议以新贷偿还旧贷，除保证人知道或者应当知道的外，保证人不承担民事责任”的规定，案涉保证人亦不能根据该司法解释的规定请求免除承担保证责任。《合同法》第五十二条第(二)项规定了恶意串通，损害国家、集体或者第三人利益的合同无效。本案中，根据前述分析，没有证据证明东莞中行和中环投资公司存在恶意串通损害相关保证人利益的情形。《固定资产借款合同》约定的借款用途就是用于归还关联企业借款及银行借款，借款人中环投资公司指示东莞中行将案涉贷款归还相关企业的借款，东莞中行并无过错。案涉主合同

是有效的，相关保证合同亦为有效。对借款的监管属于商业银行自身的风险防控范畴，如银行未严格履行管理义务，导致其交易风险的增加，并不影响债务人的合同利益，也不超出保证人承担担保责任的预期。隆盛公司、卢永亮以东莞中行未严格履行监督义务而拒绝承担保证责任，不符合法律关于担保制度的规定。综上，一审判令隆盛公司、卢永亮向东莞中行承担连带保证还款责任，具有事实和法律依据，本院予以维持。

【案例来源】

中国裁判文书网，http://wenshu.court.gov.cn。

（七）以贷还贷与保证责任

1. 保证人免责情形

635 主债务人和债权人串通或隐瞒真相，以贷还贷骗取保证人担保的，保证人不应承担担保责任

【关键词】

| 以贷还贷 | 骗取保证 | 保证责任 |

【案件名称】

中国工商银行青岛市市北区第一支行诉青岛华悦物资发展公司、青岛海尔空调总公司、青岛海尔集团总公司借款合同担保纠纷案［最高人民法院民事判决书，1997.7.12］

【裁判精要】

最高人民法院认为：

被上诉人华悦公司与被上诉人工商支行签订的借款合同是一份虚假合同。工商支行没有依此合同将款贷给华悦公司；华悦公司亦没有实际得到和支配该合同项下的800万元借款。该项贷款名为华悦公司"购房"款，实为工商支行用于内部平账、以贷堵漏、转嫁经济损失为目的。双方签订的借款合同，属于《民法通则》第五十八条第一款第（四）项、第（七）项规定的"恶意串通，损害国家、集体或者第三人利益"和"以合法形式掩盖非法目的"的无效民事行为，不应受到法律保护。对于无效民事行为的法律后果，应由工商支行自行承担。工商支行根据借款合同提出的诉讼请求，予以驳回；华悦公司此前所欠工商支行的800万元本息，由于该公司已被工商

行政管理部门依法注销,应由工商支行另行追偿。华悦公司和工商支行隐瞒事实真相,"借新还旧"骗取上诉人空调公司在违背其真实意思表示的情况下进行担保,依照《担保法》第三十条第(一)项关于"主合同当事人双方串通,骗取保证人提供保证的""保证人不承担民事责任"的规定,空调公司不应对本案"借款"承担担保责任。空调公司关于华悦公司、工商支行欺骗担保人,担保人不应承担担保责任的上诉理由成立,应予支持。因空调公司是企业法人,且不应对本案债务承担担保责任,工商支行提出的关于海尔集团对空调公司担保的债务应当承担连带责任的主张,不能成立。

【案例来源】

《中华人民共和国最高人民法院公报》1997年第4期。

636 银行与借款人及旧贷保证人恶意串通转嫁风险情形下,新贷保证人不清楚贷新还旧的事实,不应承担保证责任

【关键词】

| 恶意串通 | 贷新还旧 | 保证责任 |

【案件名称】

恒丰银行股份有限公司与烟台银行股份有限公司烟台山支行等借款保证合同纠纷案[最高人民法院(2010)民提字第156号民事判决书,2010.12.24]

【裁判精要】

裁判摘要:本案环海公司向恒丰银行借款后立即转给了保证人长城公司,由长城公司偿还了自身对恒丰银行的旧贷,该民事法律关系仍属于贷新还旧的性质。恒丰银行依据卢国庆提供的环海信用社担保函将环海信用社作为保证人,再审请求烟台山支行承担保证责任没有事实和法律依据。

恒丰银行与环海公司、长城公司关系密切。恒丰银行未与环海信用社协商、未向环海信用社核保以及贷款给环海公司用于偿还长城公司的旧贷等事实证明,恒丰银行与环海公司、长城公司的行为属于恶意串通转嫁风险的性质。

最高人民法院认为:

本案借款担保合同纠纷,系因恒丰银行贷给环海公司的款项通过典当公司等立即转给了保证人长城公司并用以偿还了长城公司对恒丰银行的旧贷而引起。各方当事人对恒丰银行与环海公司、长城公司借款担保民事关系的认定和判决没有异议,而是在恒丰银行向烟台山支行主张借款保证责任时发生分歧,故本案争议的焦

点为贷款是否属于贷新还旧性质,烟台山支行应否承担担保责任。

关于贷款是否贷新还旧的性质。本案环海公司向恒丰银行借款后立即转给了保证人长城公司,由长城公司偿还了自己对恒丰银行的旧贷,该民事法律关系仍属于贷新还旧的性质。首先,分析恒丰银行认为不属于贷新还旧的法律规范的逻辑结构。《担保法解释》第三十九条规定内容,其目的和后果是免除保证人的担保责任,而"主合同当事人双方协议以新贷偿还旧贷"只是该法律规范的假设条件。法律规范的条件是以最为典型的形态为表现的,因为民事行为包罗万象而不可能穷尽。其次,分析"主合同当事人双方协议以新贷偿还旧贷"。设定该假设条件的本质含义是如果没有真实的贷款发生,也即主合同没有真实的合同基础关系而是虚构的民事关系,那么很可能将产生保证人不承担民事责任的后果。本案虽然不是环海公司借款后偿还自己的旧贷而是用以偿还了保证人长城公司的旧贷,因长城公司也是恒丰银行的旧贷债务人,有笔对恒丰银行980万元的债务到期,同时长城公司是本案新贷的担保债务人,所以环海公司将贷款转给长城公司偿还,同样构成新债务人偿还了自己的旧贷而没有发生真实的贷款关系的假设条件。最后,分析担保法律关系。长城公司为环海公司提供保证担保,目的是为了保证恒丰银行将来对环海公司的贷款债权更好地实现,但由于环海公司所贷之款偿还了保证人长城公司的旧贷,该行为实质是恒丰银行放弃了长城公司的保证担保,因此,恒丰银行、环海公司和长城公司之间不是真实的借款担保法律关系。如果有两个以上保证人为主合同担保时,且没有区分保证责任范围,当债权人对其中一个保证人免除保证责任后,必然将加大其他保证人的保证责任,这对其他保证人极为不公平,其他保证人因此也应获得免责。故恒丰银行以《担保法解释》第三十九条"主合同当事人双方协议以新贷偿还旧贷"法律规范的假设条件,申请再审称本案不是以贷还贷,既无事实依据也无法律依据,本院对其诉称不予支持。

关于烟台山支行应否承担担保责任。恒丰银行依据卢国庆提供的环海信用社担保函将环海信用社作为保证人,再审请求烟台山支行承担保证责任没有事实和法律依据。首先,该担保函不是环海信用社的真实意思表示。环海信用社在1997年本案环海公司980万元贷款到期后,恒丰银行要求其续保时才知道该担保函的存在,并立即向公安机关报案。根据卢国庆的调查笔录和证言,担保函是在盖有环海信用社印章的空白便笺上,卢国庆授意会计填写相关内容形成的。日期倒签为1991年10月26日,而本案借款合同发生在1996年8月19日。为担保函与本案借款衔接,卢国庆自己又在括号内注明本保函有效期陆年。根据担保函制作过程和内容,可以认定不是环海信用社的真实意思表示。其次,恒丰银行对转嫁贷款风险的事实明知并构成了恶意串通。根据长城公司和恒丰银行同是典当公司的股东,环海公司是长城公司的主管部门,环海公司与长城公司互相担保贷款对恒丰银行负有多笔债务,卢国庆曾先后担任环海公司、长城公司和典当公司的法定代表人等事实,说明恒丰银行与环海公司、长城公司关系密切。根据卢国庆、姜鼎超等人的证言、恒丰银行未与环海信用社协商、未向环海信用社核保以及贷款给环海公司用于偿还长城公司的旧贷等事实证明,恒丰银行与环海公司、长城公司的行为属于恶意串通转嫁风险的性质。本案证人证言是以刑事侦查阶段的笔录形式出现,虽然公安机关因证据不足撤销了刑事侦查案件,卢国庆的行为不构成犯罪,但并不因此得出合法讯问采集的证明犯罪行为不足的言词笔录,不得作为民事证据使用的结论。证明犯罪行为存在,除了证据使用要比证明民事行为存在具有更高的盖然性以外,更主要的是行为是否达到了刑事法律规范的假设条件。所以,不能证明犯罪行为存在的证据并非不能证明民事行为的存在,本案多人多份笔录相互印证描述的事实具有客观性。最后,即使将环海信用社作为保证人,因本案贷新还旧的性质,环海信用社事先不知道贷款关系的存在,更不清楚本案贷新还旧的事实,故烟台山支行也不应承担民事责任。恒丰银行诉称与长城公司和卢国庆没有进行过任何形式协商,且不知情与事实不符,其关于不存在恶意串通的主张无事实根据,本院不予支持。

【案例来源】

最高人民法院民事审判第二庭编:《最高人民法院商事审判指导案例(第五卷)》(上),中国法制出版社 2011 年版,第 285 ~294 页。

637 新贷保证人不知道主合同以贷还贷的,不承担保证责任

【关键词】

| 以贷还贷 | 保证责任 |

【案件名称】

湖州市八里店镇资产经营公司与中国长城资产管理公司杭州办事处、湖州市升山建筑工程有限公司等借款合同纠纷案[最高人民法院(2006)民二提字第20号民事判决书]

【裁判精要】

裁判摘要:金融机构作为债权人与新贷款人约定以新贷偿还新贷款人关联公司的旧贷,其性质仍然是“以贷还贷”。旧贷和新贷系同一保证人的,保证人仍应承担保证责任;旧贷和新贷不是同一保证人的,除新贷的保证人知道或者应当知道的外,保证人不承担民事责任,证明保证人知道或者应当知道“以贷还贷”的举证责任,应由债权人和债务人承担。

最高人民法院认为:

湖州农行与光耀公司之间的贷款行为,其行为性质是以贷还贷。根据本案查清

的事实，湖州农行以另贷200万元人民币给光耀公司作为条件，由光耀公司向湖州农行贷款309万美元无偿划转给制品公司，再由制品公司偿还其原来所借湖州农行已经到期的贷款。这一行为是由湖州农行策划、光耀公司和制品公司配合共同实施的，其目的是使制品公司已经无法偿还的到期债务通过以贷还贷行为，由新贷的担保人偿还，最终变成可以实现的债权。光耀公司无偿划款给制品公司由其还债的行为不是单纯和独立的民事关系，而是湖州农行、光耀公司、制品公司为了完成以贷还贷目的的整个行为过程中的一个环节。

我国现行法律、行政法规对以贷还贷行为没有限制性的规定，湖州农行与光耀公司签订的借款合同是双方当事人的真实意思表示，原审认定有效是正确的。由于以贷还贷使得原来没有担保或其他人担保的债权变成了有担保的债权，使“死账”变成了可以实现的债权，在本案中，由于存在债权人湖州农行和债务人恶意将债务风险转移给原来没有提供担保的担保人的情形，故担保合同不是担保人的真实意思表示，本案的担保合同应当认定无效。

制品公司旧贷的担保人不是经营公司和钢管厂，在主合同上的贷款用途明确是周转资金，根据《担保法解释》第三十九条第一款的规定，经营公司、钢管厂如果知道或应当知道湖州农行和光耀公司进行以贷还贷，则其担保责任不能免除。但证明经营公司知道或应当知道中国农业银行湖州市分行和光耀公司进行“以贷还贷”的举证责任应该由湖州农行（具体到本案应该是长城杭办）和光耀公司承担。本案借款经办人耀华集团原财务部经理夏晓雄、耀华集团总经理温德法在本案二审作证时称，当时并未告知经营公司、建筑公司309万美元的贷款是替制品公司还贷的事实。原审认定经营公司不能免除担保责任的理由是经营公司应当知道担保行为产生的风险和其与光耀公司的关联关系使它具有了解光耀公司、制品公司经营及负债情况的便利条件。从法律上讲，是否知道是一种事实状态，而是否应该知道是一种对义务人认知的推定。应当知道风险和应当知道“以贷还贷”是完全不同的两个问题。认定经营公司是否应当知道农行给光耀公司贷款是为了“以贷还贷”，应该结合本案的证据、事实和担保人与被担保人之间的相互关系等情况进行综合分析。经营公司担保的贷款用途虽然载明是“周转资金”，但并不意味着，光耀公司将贷来的款无偿划给制品公司还债包括在经营公司担保的真实意思表示中。因为光耀公司与制品公司划转款项的行为是违法的，作为民事法律关系的当事人，基于诚信原则，经营公司不可能将光耀公司违法使用贷款的行为事先考虑到。从关联关系上看，经营公司和光耀公司是各自独立的企业法人。湖郊经字〔87〕第251号文件的内容反映经营公司是按照镇企分开、经营权与所有权分离、建立资产经营责任制原则所成立的乡政府领导下管理乡办企业集体资产的企业法人。光耀公司是中外合资企业，显然不包括在经营公司“管理乡办企业集体资产”的范围。至于经营公司是否有条件了解案外人制品公司的资产负债情况与经营公司为光耀公司提供保证更是没有关系。而湖州农行本身作为债权人和金融机构，监督和了解借款人资金使用情况既是其权利又是其义务,但其为了达到救活无法收回的旧贷的目的,却与光耀公司商议实施以贷还贷行为。在这种情况下,原审仅以担保人有条件了解光耀公司、制品公司的经营情况为由,推定经营公司应当知道湖州农行和光耀公司搞以贷还贷,并判令经营公司承担担保责任,缺乏事实依据并显失公平。

2000 年 3 月 20 日湖州农行将本案债权转让给长城杭办,并于同年 5 月 7 日向债务人与保证人发出债权转移确认书,保证人在“债权转移确认书”盖章签收的行为,只是表明知道了其担保的债权已经由湖州农行转移给了长城杭办这一事实。长城杭办受让债权后通知债务人及其担保人,即取得了对债务人及其担保人主张债权的权利,该债权转让行为的效力不受债务人、保证人是否确认债权的影响。《合同法》第八十二条规定:“债务人接到债权转让通知后,债务人对让与人的抗辩,可以向受让人主张。”本案保证人经营公司在发现原债权人、债务人恶意骗保的情况下,有权利拒绝向债权人履行保证义务。在债权转让后,可以拒绝向受让人履行保证义务。原审以经营公司已经确认转让债权行为,即不可免除保证责任的认定,没有法律依据。保证人盖章签收债权转移确认书的行为也不意味着在长城杭办与保证人之间重新成立新的担保合同。长城杭办关于经营公司向长城杭办出具“担保函”后双方产生新的担保关系的主张,没有法律依据,本院不予支持。

【权威解析】

(一)本案的案件性质是“以贷还贷”而不是一般正常的贷款行为

所谓“以贷还贷”是指金融机构与借款人约定以新贷款偿还旧贷款的行为。银行贷给光耀公司的贷款,在贷款合同上明确约定其用途是流动资金贷款,而事实是该笔贷款的目的是将该款借给制品公司,用以偿还制品公司原来所贷已经到期的借款。这是由湖州农行、光耀公司、制品公司共同策划的,为了使光耀公司向银行借款,银行除了该笔款外,还以另贷 200 万元人民币给光耀公司作为条件。在一般的“以贷还贷”案件中债务人都是自己贷新款偿还自己的旧贷款。而本案却是债务人贷款借给旧贷款人去还其旧贷。虽然,这种“以贷还贷”的表现形式与常见的贷款还自己的旧贷略有不同,但其实质和目的都是一样的,即债权人和债务人恶意串通,目的是使一笔已经不可能偿还的债务通过“以贷还贷”由担保人偿还,最终变成可以实现的债权。根据司法实践中总结的经验,可以根据以下具体情况之一推定金融机构与借款人之间的“以贷还贷”的共同意思表示:(1)款项根本没有贷出,只是更换贷款凭证的;(2)借款人短时间内归还贷款(如上午贷出款项,下午即归还的);(3)新贷款恰好是旧贷款本息相加之和,借款人又在较短时间内归还旧贷款的。从本案表现形式看,长城公司杭办与光耀公司、制品公司的表现完全符合“以贷还贷”的特征。

(四)各担保人应当承担担保责任

对“以贷还贷”保证责任可以区别以下情况分别处理:(1)在旧贷与新贷均有保证人,且保证人为同一人的情况下,保证人应当承担担保责任;建筑公司由于其本身是湖州农行与制品公司贷款的担保人，又是新贷的担保人，并未加重其担保责任，故其担保责任不能免除。(2)在旧贷没有担保或旧贷与新贷的担保人不是同一人的情况下，新贷保证人如果不知道主合同双方当事人是“以贷还贷”的，应当按照《担保法》第三十条第(一)项关于骗保的规定，免除保证人的保证责任。本案中经营公司不知道也不应当知道湖州农行与光耀公司进行“以贷还贷”骗取其担保，故根据《担保法》第三十条第(一)项、《担保法解释》第三十九条第一款的规定，应当免除经营公司的担保责任。①

【案例来源】

最高人民法院审判监督庭编:《审判监督指导》(总第24辑)，人民法院出版社2008年版，第134～141页。

编者说明

在旧贷没有担保或旧贷与新贷的保证人不是同一人的情况下，新贷的保证人如果不知道主合同双方当事人在搞以贷还贷的，应当按照《担保法》第三十条第(一)项关于骗保的规定，免除保证人的保证责任。因为在这种情况下的以贷还贷，不仅是债权人与债务人串通实际变更主合同的贷款用途，未征得保证人的同意，而且保证人承担保证责任的可能是一笔死账。原本就不能收回了，还让保证人出具保证，明显对保证人不公。让保证人在这种情况下还要承担保证责任，有违民法上的公平原则。②

638 不能证明保证人知道或应当知道主合同当事人改变贷款用途以贷还贷的，保证人不应承担保证责任

【关键词】

| 以贷还贷 | 保证责任 |

【案件名称】

武安市鼎鑫商务有限公司与武安市农村信用联社股份有限公司一般借款合同纠纷案［最高人民法院（2014）民提字第137号民事判决书，2014.8.27］

---

① 参见何杼:《债权人与形式上独立的不同债务人签订以新贷偿还旧贷的协议能否适用司法解释关于“以贷还贷”的相关规定——湖州市八里店镇资产经营公司与中国长城资产管理公司杭州办事处、湖州市升山建筑工程有限公司等借款合同纠纷提审案》，载最高人民法院审判监督庭编:《审判监督指导》(总第24辑)，人民法院出版社2008年版，第141～143页。

② 参见曹士兵整理:《关于以贷还贷》，载最高人民法院经济审判庭编:《经济审判指导与参考》(第1卷)，法律出版社1999年版，第226～227页。

【裁判精要】

最高人民法院认为：

就本案争议的2000万元借款，各方《保证担保借款合同》约定的借款期限是2007年5月30日至9月13日。合同签订后，信用联社将该笔借款转入了诚奥公司活期存款账户，但诚奥公司并未按合同约定用途使用该款，而是一直将该款存放在活期存款账户中，其间还于2007年6月21日主动偿付利息7.15万元。同期，诚奥公司在本案借款合同签订之前，于同年5月17日申请信用联社出具过5张银行承兑汇票，票款共计4000万元，诚奥公司仅缴存保证金2000万元，该批汇票到期付款日为9月3日。至9月3日，信用联社将诚奥公司存于存款账户中的本案借款2000万元全额扣划用于支付了其承兑汇票项下的欠款。诚奥公司以“购买生铁”为名，申请了本案争议贷款，但其并未将该款投入生产经营，而是长期置于存款账户中并按期另行支付贷款利息，直至案外承兑汇票到期并被信用联社扣划，从诚奥公司和信用联社上述“贷款不用，等待扣划”的默契操作过程，可以认定诚奥公司申请本案贷款的目的是为了在案外汇票到期后归还汇票项下的欠款。信用联社与诚奥公司以“购买生铁”为名签订借款合同，并据此取得鼎鑫公司的保证，但是信用联社与诚奥公司的实际目的系将鼎鑫公司担保的借款归还已经实际发生的欠款，该行为性质上符合《担保法解释》第三十九条规定的情形，即“主合同当事人双方协议以新贷偿还旧贷，除保证人知道或者应当知道的外，保证人不承担民事责任”。本案中，因并无鼎鑫公司知道或应当知道主合同当事人改变贷款用途的证据，故原二审判决认定鼎鑫公司不应承担保证责任正确，依法

【案例来源】

中国裁判文书网，http://wenshu.court.gov.cn。

2. 保证人明知以贷还贷的责任承担

639 保证人明知贷款系用于还贷，不能以未经其同意改变贷款用途为由免除保证责任

【关键词】

| 以贷还贷 | 保证人明知 | 保证责任 |

【案件名称】

利川卷烟厂与中国长城资产管理公司武汉办事处担保合同纠纷案［最高人民法院（2001）民二终字第144

【裁判精要】

裁判摘要:保证人明知借款的真实用途是“以贷还贷”的,即使主合同约定的借款用途与真实用途不一致,保证人仍须承担保证责任。

最高人民法院认为:

虽然利川烟草公司与利川农行签订的《保证担保借款合同》上填写的借款用途为“烟叶收购”,但在1999年8月16日利川烟草公司向利川农行出具的《贷款申请书》中明确申请的是收回再贷贷款,利川农行的上级行批复同意的亦是按收旧贷发放5000万元给利川烟草公司,且七份借款合同上均明确注明了“本贷款是根据州行1999年9月3日已审批额度发放”的内容,故应认定以贷还贷的借款用途系利川烟草公司与利川农行双方的真实意思表示,利川卷烟厂关于利川农行单方违约扣贷还贷的主张,没有事实依据,法院不予支持。葛希江既是利川烟草公司的法定代表人,也是利川卷烟厂的法定代表人,其对利川烟草公司向利川农行贷款的真实用途为以贷还贷是明知的,一审法院以此认定保证人利川卷烟厂知道或者应当知道借贷双方为以贷还贷,利川卷烟厂仍自愿为利川烟草公司提供担保,应依法承担连带保证责任是正确的,应予维持。利川卷烟厂关于利川农行擅自改变贷款用途,骗取其提供担保的上诉理由不能成立,法院不予支持。

【权威解析】

二、保证人利川卷烟厂对上述贷款的真实借款用途为以贷还贷是知道或者应当知道的,故其不能以借款人与贷款人改变贷款用途,未经保证人同意为由主张免责。

葛希江同时作为借款人利川烟草公司和保证人利川卷烟厂的法定代表人,因其作为利川烟草公司的法定代表人对其向利川农行贷款的真实用途为以贷还贷是明知的,故作为利川卷烟厂的法定代表人对此亦是明知的,一审法院关于保证人利川卷烟厂知道或者应当知道借贷双方为以贷还贷仍自愿为其提供担保,应依法承担连带保证责任的认定是正确的,亦应予以维持。上诉人利川卷烟厂关于利川农行未按合同约定履行放贷义务,擅自改变贷款用途,自行办理以贷还贷,并隐瞒事实,骗取其提供担保的上诉理由不能成立。①

【案例来源】

最高人民法院民事审判第二庭编:《中华人民共和国最高人民法院判案大系》

① 参见刘敏:《保证合同是否有效及债务人是否应为本案共同被告——利川卷烟厂与中国长城资产管理公司武汉办事处担保合同纠纷上诉案》,载最高人民法院民事审判第二庭编:《民商审判指导与参考》(总第2卷),人民法院出版社2003年版,第233~234页。

（民商事卷－2001年卷），人民法院出版社2003年版，第348～352页。

编者说明

如果主合同写明是以贷还贷的，或者金融机构、债务人能够提供证据证明保证人知道以贷还贷的事实还提供担保的，保证人仍然要承担保证责任。如果金融机构或债务人主张保证人知道以贷还贷的情况并提供保证的，应当由金融机构或债务人举证。如果金融机构或债务人不能对自己的主张举证的，应当认定保证人不知主合同以贷还贷的事实。①

640 借款合同中写明借款用途为"存量盘活"，保证人没有提出异议的，应认定其明知以贷还贷

【关键词】

｜借款合同｜存量盘活｜以贷还贷｜

【案件名称】

新疆富蕴县可克塔勒富桂铅锌矿与中国农业银行环江毛南族自治县支行、广西环江毛南族自治县福利总公司借款合同纠纷案［最高人民法院（2008）民抗字第39号民事判决书］

【裁判精要】

裁判摘要：本案的争议焦点是，对于借款合同中写明的借款用途"存量盘活"，保证人是否明知其即为"借新还旧"。再审判决认为，根据中国农业银行总行的有关文件，存量盘活包含了借新还旧。涉案债权银行发放贷款时用存量盘活来表示借新还旧，并非故意与借款人串通欺骗保证人提供担保，没有不当之处。担保人如果对存量盘活的概念不清楚，理应在签订保证合同时予以充分了解，亦应在贷款发放后密切监督借款人对借款的使用。另从借款人与保证人之间的投资关系考虑，亦可认定保证人应当知道借款的实际用途。

最高人民法院认为：

本案的争议焦点是富桂矿应否承担保证责任。（1）关于存量盘活是否就是借新还旧的问题。根据《中国农业银行不良贷款盘活工作意见》的界定，存量盘活是指在不注入新的资金的情况下，通过对原借款人提供财务顾问，管理咨询，敦促企业采取调整措施，改善经营管理，辅之以对原贷款采取延长期限、调整利率、债务减免等措

① 参见曹士兵整理：《关于以贷还贷》，载最高人民法院经济审判庭编：《经济审判指导与参考》（第1卷），法律出版社1999年版，第226页。

施，缓解企业财务压力，增强其还本付息能力，从而使贷款风险降低，本息收回增加。另据《中国农业银行2004年不良资产清收盘活实施意见》要求，为了避免存量盘活、转债盘活中贷款换据、转据与新发放贷款混淆，在进行信贷系统录入时，凡是对原贷款重新约期、调整利率等重新办理借款手续的贷款，在用途栏中应注明“存量盘活”字样。从农业银行的上述文件可知，存量盘活是中国农业银行对不良贷款的处置方式，其中包含有对原贷款采取延长期限的内容，而借新还旧的实质也是延长原贷款期限。在此意义上，存量盘活包含了借新还旧。具体到本案的实际情况，应当认定本案借款合同和保证合同中所谓的存量盘活，就是借新还旧。另从本案借款合同的履行看，该笔借款实际用途确为借新还旧，对此各方亦均无异议。(2)关于富桂矿在签订本案保证合同时是否知道或者应当知道借款实际用途是借新还旧的问题。①环江支行根据中国农业银行总行的规定，在发放本案争议贷款时用存量盘活来表示借新还旧，并非故意回避借新还旧的表述，并非故意与借款人福利公司串通欺骗富桂矿提供担保，没有不当之处。本案也不存在可以证明富桂矿受骗提供担保的其他证据。②富桂矿在诉讼中称，在借贷合同中使用存量盘活概念仅仅是农业银行内部系统录入时的要求，其对此概念含义不清楚。富桂矿作为担保人，如果对存量盘活的概念不清楚，理应在签订保证合同时充分了解，或者要求改为其他更清楚明白的表述，在不清楚借款确切用途的情况下，就为他人金额高达2000万元的债务提供连带责任保证，不符合社会一般情理。富桂矿如果对于借款用途有所担心，在福利公司实际获得借款后，亦应密切注意、监督其对于该笔借款的使用。而该笔借款当天即被用于偿还旧贷，富桂矿却未提出任何异议。故富桂矿所持其在不清楚存量盘活含义的情况下签订了本案保证合同的主张不可信，从合同关于借款用途为存量盘活的记载，可以推定担保人富桂矿应当知道本案借款用途是借新还旧。

【案例来源】

最高人民法院审判监督庭编：《审判监督指导》(总第31辑)，人民法院出版社2010年版，第134~142页。

641 保证人签订保证合同后才知道以贷还贷事实但仍承诺保证的，应承担保证责任

【关键词】

| 以贷还贷 | 保证责任 |

【案件名称】

中国银行杭州市开元支行与杭州银河贸工(集团)公司等借款合同纠纷案[最高人民法院(2002)民二抗字第22号民事判决书，2002.11.25]

【裁判精要】

裁判摘要:保证人虽然在签订保证合同时不知"以贷还贷"事实,但在知道"以贷还贷"后仍承诺承担保证责任的,其承诺有效,承担保证责任。

最高人民法院认为:

开元支行与银河公司于1996年3月28日签订委托贷款合同时,具有以贷还贷的共同意思表示。对于以贷还贷的行为,我国现行法律、法规均无禁止性的规定,故开元支行与银河公司签订的委托贷款合同应认定有效。浙江省高级人民法院再审判决认定双方所签合同无效缺乏法律依据。旅游公司在开元支行与银河公司签订委托贷款合同时,虽不知系以贷还贷,但在杭州市中级人民法院一审审理过程中,旅游公司在已经知道开元支行与银河公司是以贷还贷的情况下,仍作出了愿意为银河公司500万元借款承担连带清偿责任的承诺。该承诺是旅游公司的真实意思表示,不违反法律规定,且旅游公司与开元支行、银河公司签订的调解协议业经三方当事人签收,发生法律效力。

【案例来源】

最高人民法院审判监督庭编:《中华人民共和国最高人民法院判案大系》(审判监督卷-2001年~2002年卷),人民法院出版社2003年版,第238~240页。

3. 保证人明知以贷还贷的认定

642 对保证人是否知道主合同以贷还贷事实的判断

【关键词】

|保证合同|以贷还贷|事实判断|

【案件名称】

中国农业银行十堰市分行东风支行与华夏证券有限公司武汉分公司十堰证券交易营业部、湖北汽车工程塑料厂经销公司、湖北汽车工程塑料厂、华夏证券有限公司武汉分公司借款担保合同纠纷案[最高人民法院(1999)经终字第137号民事判决书]

【裁判精要】

裁判摘要:如何判断保证人是否明知主合同双方是否有以贷还贷的事实,在举证责任分配上,保证人主张不知道以贷还贷事实的,其只要举出主合同未有写明以贷还贷即可认定其不知;金融机构、借款人主张保证人明知主合同双方有以贷还贷的,其应负举证责任,若其不能举证,则应认定保证人不知主合同双方以贷还贷的事实。

最高人民法院认为:

关于主合同双方是否有以贷还贷的事实。本案《保证借款合同》签订的次日,农行营业部即将1600万元划至经销公司开设在该部的存折账户,随后又以特转方式划付1000万元至农行营业部的承兑账户,冲抵了经销公司应在1996年7月28日到期的两张500万元的银行汇票。农行营业部与经销公司协商将贷款用于清偿票款并已实际履行的事实表明,金融机构与借款人之间具有以贷还贷的共同意思表示和客观上的以贷还贷行为。

关于华证营业部对1000万元以贷还贷是否明知。华证营业部主观上是否对1000万元以贷还贷明知,将直接影响其是否要承担责任。华证营业部对经销公司1600万元贷款提供担保的原因在于,经销公司经理丁忠志曾承诺从农行营业部贷款1600万元后转贷给其使用,后由于经销公司只向其转划500万元,其发现经销公司与农行营业部对1000万元以贷还贷后,即将500万元及利息50万元返还给经销公司。华证营业部主张在提供担保时,并不知经销公司与农行营业部以贷还贷,经销公司与农行营业部均未明确告知其这一情节,其应当对1000万元免责。如何判断保证人是否明知主合同双方是否有以贷还贷,主要要看举证责任的负担。保证人主张不知主合同双方以贷还贷的,其应负举证责任,其只要举出主合同未有写明以贷还贷即可认定其不知。若金融机构、借款人主张保证人明知主合同双方有以贷还贷的,其应负举证责任,若其不能举证,则应认定保证人不知主合同双方以贷还贷的事实。由于该案的保证借款合同上并未写明以贷还贷,经销公司与农行营业部也未举证证明华证营业部在提供保证时是明知以贷还贷的,因此,应认定华证营业部对经销公司与农行营业部以贷还贷不知情。

由于农行营业部与经销公司协商将1600万元贷款中的1000万元用于清偿经销公司已到期的银行汇票票款,未将此情告知华证营业部,隐瞒以新贷还旧贷的真实情况,华证营业部在对经销公司该1000万元借款用于归还农行营业部旧贷不知情的情况下进行保证,依照《担保法》第三十条第(一)项关于"主合同当事人双方串通,骗取保证人提供保证的""保证人不承担民事责任"的规定,华证营业部对该1000万元无效保证不再承担保证责任。

【权威解析】

3. 华证营业部对1000万元以贷还贷是否明知

华证营业部主观上是否对1000万元以贷还贷明知,将直接影响到其是否要承担责任。华证营业部对经销公司1600万元贷款提供担保的原因在于,经销公司经理丁忠志曾承诺从农行营业部贷款1600万元后转贷给其使用,后由于经销公司只向其划转500万元,其发现经销公司与农行营业部对1000万元以贷还贷后,即将500万元及利息50万元返还经销公司。华证营业部提供担保时,并不知道经销公司与农行营业部以贷还贷,经销公司与农行营业部均未明确告知其这一情节,其应当对1000万元免责。如何判断保证人是否明知主合同双方是否有以贷还贷,主要要看举证责任的负担。保证人主张不知主合同双方以贷还贷的,其应负举证责任,其只要举出主合同未写明以贷还贷即可认定其不知。若金融机构、借款人主张保证人明知主合同双方有以贷还贷的,其应负举证责任,若其不能举证,则应认定保证人不知主合同双方以贷还贷的事实。由于该案的保证借款合同上未写明以贷还贷,经销公司与农行营业部也未举证证明华证营业部在提供担保时明知以贷还贷的,因此,应认定华证营业部对经销公司与农行营业部以贷还贷并不知情。①

编者说明

关于保证人知道或应当知道主合同当事人以贷还贷的举证责任承担问题。一般认为,如果金融机构或债务人主张保证人知道以贷还贷的情况并提供保证的,应当由金融机构或债务人举证。如果金融机构或债务人不能对自己的主张举证的,应当认定保证人不知主合同以贷还贷的事实。②

具体而言,关于保证人是否明知主合同双方是否以贷还贷的判断问题,如果主合同写明是以贷还贷,或者金融机构、债务人能够提供证据证明保证人知道以贷还贷还提供担保的,保证人承担保证责任。在举证中,如果主合同没有载明以贷还贷,比如主合同载明借款用途是购买原材料、流动资金,则保证人证明自己不知有以贷还贷事实存在的,只需以主合同为证据;金融机构或债务人主张保证人知悉以贷还贷事实的,应当由金融机构或债务人举证;金融机构或债务人举证不能的,应当认定保证人不知主合同当事人之间有以贷还贷的事实,依法免除保证责任。当然,在具体个案中判断是否属于"保证人知道或者应当知道"的情形,还应当根据案情全面分析。

【案例来源】

最高人民法院经济审判庭编:《经济审判指导与参考》(第3卷),法律出版社2000年版,第346~353页。

---

① 参见刘静:《如何认定借款合同的效力及以贷还贷保证人责任的承担》,载最高人民法院经济审判庭编:《经济审判指导与参考》(第3卷),法律出版社2000年版,第356~357页。

② 参见曹士兵整理:《关于以贷还贷》,载最高人民法院经济审判庭编:《经济审判指导与参考》(第1卷),法律出版社1999

643 主债务人存在未还旧贷、保证人多年提供担保以及与保证人隶属一个主管部门等事实，均不能推定保证人知道或者应

【关键词】

| 以贷还贷 | 保证人 | 推定 |

【案件名称】

河北辛集化工集团有限责任公司与浙江亚商投资管理有限公司保证合同纠纷案［最高人民法院（2014）民提字第220号民事判决书，2014.12.24］

【裁判精要】

最高人民法院认为：

（三）本案所涉借款是否属于借新还旧，保证人应否免除担保责任

《担保法解释》第三十九条规定："主合同当事人双方协议以新贷偿还旧贷，除保证人知道或者应当知道外，保证人不承担民事责任。新贷与旧贷系同一保证人的，不适用前款的规定。"本案中，辛集化工公司为主债权人辛集支行与主债务人汽缸盖厂的七份借款合同（即1997年22号、1998年19号～23号、1999年7号借款合同）项下的1536万元债务承担保证责任。上述七笔借款合同中写明的借款用途分别为购原材料、原材料或生产周转。根据工商银行分户账、归还贷款付款凭证以及汽缸盖厂财务凭证等证据载明的事实，上述七笔贷款，除1998年22号借款合同项下的250万元归还辛集市财政局外，其余均归还了汽缸盖厂对辛集工行的旧贷。在借新还旧的情形下，亚商公司主张保证人承担保证责任，须依据《担保法解释》第三十九条的规定，证明保证人辛集化工公司知道或者应当知道借新还旧的事实或者新贷与旧贷的保证人均系辛集化工公司。在再审审理过程中，亚商公司据以主张辛集化工公司知道或者应当知道借新还旧的事实的理由主要是在1998年4月份，辛集化工公司为原债务人提供连带保证时，辛集化工公司已经知道或应当知道原债务人在原债权人处有逾期贷款未还；本案所涉借款自借款当时到债权人起诉的七八年中，辛集化工公司作为保证人多次为同一债务人向不同的债权人提供保证，从未进行过关于保证责任问题的质疑或抗辩，反而在汽缸盖厂破产后仍积极与新债权人协商保证责任承担问题；保证人与主债务人共同隶属于辛集市经济贸易局等。本院认为，2004年辛集化工公司给华融公司回函协商保证责任承担问题，是其在不知晓借新还旧事实情况下对保证责任承担问题的态度，不表明其知道或者应当知道借新还旧的事实。至于在提供担保之时，主债务人存在未还旧贷、保证人多年提供担保以及保证人与主债务人均隶属于一个主管部门等事实，均不能推定保证人知道或者应当知道借新还旧事实。亚商公司亦无证据证明案涉债务之外的旧贷的保证人为辛集化工公司。因此，对于1998年22号借款合同之外的六份借款合同项下的主债

务，辛集化工公司可以根据《担保法解释》第三十九条的规定免责。

【案例来源】

中国裁判文书网，http://wenshu.court.gov.cn。

644 保证人与借款人具有关联关系，且承诺对转移贷款用途等承担连带责任并实际履行部分债务的，可认定其知道或应当知道主债务系以贷还贷

【关键词】

| 关联关系 | 以贷还贷 | 实际履行 |

【案件名称】

大竹县农村信用合作联社与西藏华西药业集团有限公司保证合同纠纷案［最高人民法院（2011）民申字第429号民事裁定书，2011.10.31］

【裁判精要】

裁判摘要：《担保法解释》第三十九条第一款规定："主合同当事人双方协议以新贷偿还旧贷，除保证人知道或者应当知道的外，保证人不承担民事责任。"判断是否属于"保证人知道或者应当知道"的情形，应当根据案情全面分析。保证人与借款人具有关联关系，在保证合同中承诺对借款人转移贷款用途等违反合同的行为承担连带责任，并实际履行了部分主债务的，可以认定保证人知道或者应当知道主债务系以新贷偿还旧贷。在此情形下，保证人以上述规定为由，主张不承担民事责任的，人民法院不予支持。

最高人民法院认为：

关于华西药业应否承担担保责任问题。

首先，《保证担保借款合同》上有阜康公司、华西药业及大竹信用联社三方签章及法定代表人签字，华西药业在本案最初的一审、二审和再审中对合同均未提出异议，虽然之后提出了合同第十一条"借款方如到期不归还，担保方负责偿还并负连带责任"系添加的问题，因该条与合同第四条华西药业自愿作为借款方按期偿还本合同中借款本息的保证人，对借款方转移贷款用途等违反本合同的行为，承担连带责任的约定并不矛盾，故不影响华西公司应承担连带保证责任的认定。

其次，贷款发放后，华西药业及其关联公司代阜康公司支付利息至2004年12月31日，其间，大竹信用联社三次向阜康公司及华西药业发出的逾期贷款催收通知书均得到华西药业的确认，应视为华西公司对担保责任的进一步确认。

最后,《保证担保借款合同》第四条约定关于华西药业对借款方转移贷款用途等违反本合同的行为承担连带责任的意思表示并不违反法律规定。华西公司承诺对阜康公司转移贷款用途等行为仍然承担连带责任,应当预见到阜康公司转移贷款用途带来的各种担保风险。以贷还贷系转移贷款用途的一种,即使本案存在以贷还贷的情形,因华西药业承诺在先,其主张阜康公司与大竹信用联社恶意串通改变贷款用途的理由也不成立,华西公司仍应依据合同承担担保责任。阜康公司的工商登记材料与达市农行〔2000〕306 号文件中涉及的阜康公司股东情况等内容一致,华西药业作为阜康公司的担保人在本案原一、二审中对阜康公司的工商登记材料均无异议,即对陈达彬的阜康公司股东和监事身份没有异议,构成其对这一事实的自认,因此,上述证据与华西药业在诉讼中的自认行为相印证,可以认定陈达彬系阜康公司持有 50% 股份的股东及阜康公司的监事,本案中阜康公司工商登记材料里陈达彬的签名是否真实不影响其对外的公示公信效力。故即使本案存在以贷还贷的情况,根据陈达彬系华西药业法定代表人、阜康公司监事及两名股东之一的特殊身份以及华西药业及其关联公司代阜康公司偿还贷款利息的行为,华西药业亦应当知晓贷款的实际用途,则依据《担保法解释》第三十九条的规定,华西药业仍应当承担本案担保责任。

【案例来源】

《中华人民共和国最高人民法院公报》2012 年第 4 期。

645 债务人与担保人存在互保关系属于正常的商业交易行为,不能由此推定保证人明知以贷还贷仍提

【关键词】

| 互保关系 | 以贷还贷 | 事实推定 |

【案件名称】

中国工商银行股份有限公司成都锦江支行与四川汇源光通信股份有限公司、同人华塑股份有限公司、兰宝科技信息股份有限公司借款担保合同纠纷案[最高人民法院(2006)民二终字第 211 号民事判决书,2007. 2. 14]

【裁判精要】

裁判摘要:债务人与担保人存在互保关系属于正常的商业交易行为,所以债权人以债务人与担保人存在互保关系,推定保证人明知以贷还贷仍提供担保的事实,人民法院将依法不予支持。

最高人民法院认为：

汇源光通信公司是否知道或应当知道其所担保的同人华塑公司的3000万元借款实际用途是以新贷偿还旧贷，债权人工行锦江支行就此事实负有举证责任。该案担保行为是在旧贷到期且没有担保的情况下，债权人为解决债务人偿还旧贷的目的而重新签订的借款合同，同时为保证新的贷款偿还不至落空，与担保人汇源光通信公司签订的担保合同。因此，该案借款及担保合同的真实目的是借新还旧，并保证新贷款的偿还。但2004年4月29日、4月30日同人华塑公司与工行锦江支行签订2004国际字第0157、0158、0159号资金借款合同，明确载明借款用途为“购原材料”。汇源光通信公司提供的2004年4月30日中国工商银行客户存款对账单及工行锦江支行提供的三份借款支取凭证，显示贷款用途为“流动资金周转”。通常情形下，汇源光通信公司有理由相信借款合同和相关票据载明的“购原材料”“流动资金周转”的贷款用途，除非有证据证明债权人工行锦江支行在签订担保合同时已经明确告知以贷还贷的事实，在以新贷还旧贷而新增加担保人或前后两份贷款合同不是同一个保证人的情况下，实际增加了担保人的负担。因此除非担保人完全出于自愿，否则不承担相应的民事责任。因此，贷款银行应当举证证明对以贷还贷已经作出了说明，或担保人知道或应当知道以贷还贷仍提供担保，否则，其应承担举证不利之后果。该案中，在借款合同签订时隔八个月之后，汇源光通信公司与工行锦江支行就同人华塑公司的3000万元贷款签订担保合同，与担保人是否知道以贷还贷没有必然因果关系。同人华塑公司与担保人汇源光通信公司存在互保关系属于正常的商业交易行为，亦不足以因此推定保证人明知以贷还贷仍提供担保的事实。上诉人工行锦江支行关于担保人汇源光通信公司知道或应当知道以贷还贷没有证据支持，其要求判令担保人承担担保责任的上诉理由不能成立，本院不予支持。

【案例来源】

最高人民法院民事审判第二庭编：《最高人民法院商事审判指导案例·借款担保卷》（下），中国法制出版社2011年版，第829～835页。

646 新贷与旧贷的保证担保人存在密切关系，可以推定新贷保证人知道或者应当知道新贷用于偿还旧贷的，新贷保证人应当承担责任

【关键词】

| 以贷还贷 | 推定 | 保证责任 |

【案件名称】

淮北众城恒固水泥有限责任公司与徽商银行股份有限公司、淮北众城水泥有限责任公司借款担保合同纠纷案［最高人民法院（2007）民二终字第111号民事判

决书，2007.9.17］

【裁判精要】

最高人民法院认为：

第二，关于担保人对以贷还贷的事实是否明知，应否承担担保责任问题。对于以贷还贷，根据《担保法解释》第三十九条的规定，“主合同当事人双方协议以贷新贷偿还旧贷，除保证人知道或者应当知道的外，保证人不承担民事责任。新贷与旧贷系同一保证人的，不适用前款的规定”。该条针对保证的规定也应当适用于抵押担保。本案中，该四笔贷款用于偿还的前贷的保证人不是恒固水泥公司，即前贷与后贷非同一个担保人。针对担保人是否明知的问题，上诉人认为其作为担保人，同徽商银行签订的担保合同中约定贷款用途为“生产周转资金”，但实际上两被上诉人用转账的方式归还旧贷款，因此认为对以贷还贷的事实并不知情。徽商银行在二审庭审中认为，从城水泥公司与恒固水泥公司二者的企业名称和其营业执照记载看，二者不仅名称相近，法定代表人是同一人，住所地也同一地，二者具有关联关系。对此，本院认为，徽商银行举证证明恒固水泥公司企业地址与众城水泥公司同为淮北市东山北段，法定代表人同为汪喜林；从担保人与借款人的营业执照记载来看，两公司企业名称接近，住所地相同，法定代表人也是同一人，可见两家企业具有紧密的关联。2002年6月11日，众城水泥公司证明恒固水泥公司系众城水泥公司二期项目，办公地点设在众城水泥公司一楼；2006年5月14日，恒固水泥公司章程修订案载明，众城水泥公司为恒固水泥公司控股股东，并有汪喜林签字，可以认定恒固水泥公司系由众城水泥公司等投资兴办的企业。担保人没有充分的证据证明其对以贷还贷的事实不知情的情况下，应当推定其对借新还旧是知情的，因此依照《担保法解释》第三十九条之规定，上诉人恒固水泥公司的担保责任不能免责。

【案例来源】

最高人民法院民事审判第二庭编：《最高人民法院商事审判指导案例·借款担保卷》（下），中国法制出版社2011年版，第548～554页。

647 借款合同双方串通隐瞒以贷还贷骗取担保人提供担保，担保人事后要求借款人提供反担保的，不能以此推定担保人追认

【关键词】

｜以贷还贷｜反担保｜担保人追认｜

【案件名称】

中国农业银行临安市支行与上海宏广达实业公司杭州分公司、杭州临安医药玻璃

厂借款合同纠纷案［最高人民法院（2003）民二提字第28号民事判决书，2005.6.27］

【裁判精要】

裁判摘要：借款合同双方串通隐瞒以贷还贷的事实，骗取担保人提供担保，担保人对此不承担责任。担保人事后要求借款人提供反担保的事实是其行使救济的途径，不能以此推定担保人追认了以贷还贷的事实。担保人实现其追偿权应以最终获得执行为标准，在未能实现其追偿权后，担保人仍然有权就借款担保合同纠纷申请再审。

最高人民法院认为：

临安农行、玻璃厂和宏广达杭州分公司经营部签订的三方协议及借款合同，除担保条款外，均为有效。玻璃厂应承担归还贷款的责任。因经营部系宏广达杭州分公司下属部门，不具备法人资格，其与临安农行、玻璃厂签订的保证条款无效。三方协议上明确载明贷款用途是流动资金贷款，购买原材料。而事实是该500万元的贷款中的450万元进玻璃厂的账户后，玻璃厂当天就用以归还其原欠临安农行的贷款。债权人临安农行与债务人玻璃厂恶意串通实际变更主合同的贷款用途，未征得保证人宏广达杭州分公司的同意，违背保证人的真实意思表示。根据《保证问题规定》第十九条规定，宏广达杭州分公司不承担民事责任。

临安农行以玻璃厂法定代表人唐雪坤在公安机关的供述中称其告诉过宏广达杭州分公司的经理钟秀珠"以贷还贷"为由，主张宏广达杭州分公司明知临安农行与玻璃厂贷款真实用途。但担保合同的经办人宏广达杭州分公司经营部经理钟秀珠的历次证言及钟秀珠在本院庭审时出庭作证，明确否定其知道债权人和债务人是以贷还贷。唐雪坤在本案一、二审庭审时，均称玻璃厂的贷款是用来购买原材料的，根本未提到是以贷还贷。唐雪坤在人民法院开庭审理时的陈述与在公安机关的供述前后不一，且唐雪坤因金融诈骗已被人民法院判处无期徒刑，其中认定的犯罪事实，就包括本案这500万元。唐雪坤作为本案债务人的法定代表人，同时，又是犯罪行为人，其关于宏广达杭州分公司知道贷款的真实用途的说法，没有其他证据佐证，本院不予采信。临安农行称宏广达杭州分公司的上级主管部门浙江证券有限责任公司的文件记载表明宏广达杭州分公司知道玻璃厂"以贷还贷"。临安农行所指的是浙江证券有限责任公司给浙江省政府的报告，其内容是向省政府报告宏广达杭州分公司有关经营管理的问题，主要是宏广达杭州分公司经营部钟秀珠违反其公司规定违规给他人提供担保的问题，请求浙江省有关部门予以处理。该文件是在临安农行与玻璃厂以贷还贷之后形成，其中"钟秀珠以宏广达杭州分公司经营部名义为他人还贷担保"的表述，不能引申为宏广达杭州分公司或其经营部知道玻璃厂以贷还贷。临安农行据此主张宏广达杭州分公司知道其贷款真实用途，没有事实根据。

关于裕盛造纸有限公司为宏广达杭州分公司提供反担保的问题，从宏广达杭州分公司事后依据反担保协议起诉裕盛造纸有限公司的行为看,宏广达杭州分公司是在努力寻求自己的救济途径。但不能得出宏广达杭州分公司明知玻璃厂与临安农行贷款真实用途的结论。

本案终审判决生效后,宏广达杭州分公司根据其与裕盛公司和玻璃厂的反担保协议,向人民法院起诉,请求判令裕盛公司和玻璃厂对宏广达杭州分公司向临安农行承担的担保责任承担反担保责任。人民法院判决支持了宏广达杭州分公司的诉讼请求。但在执行时,裕盛公司和玻璃厂已经没有财产可供执行,宏广达杭州分公司对裕盛公司及玻璃厂的担保债权最终未能实现。该公司转而以新发现的证据,向浙江省高级人民法院申请再审。宏广达杭州分公司先选择向人民法院起诉后,以期获得救济,在自己的权利未实际实现时,又运用申请再审的权利,请求人民法院再审本案,并不违反法律规定。临安农行主张宏广达杭州分公司已经实现反担保债权,浙江省高级人民法院再审判决违反权利义务相一致原则的理由没有事实和法律依据,本院不予支持。

【权威解析】

(二)临安农行与玻璃厂进行以贷还贷,杭州分公司是否知晓

本案临安农行贷给玻璃厂的贷款,在贷款合同上明确其用途是流动资金贷款,购买原材料,而事实是500万元贷款中的350万元是在玻璃厂的银行账户上进行了划账处理,用以归还玻璃厂原来欠临安农行的其他贷款。其余的150万元划到了玻璃厂的账户,其中的100万元,当天就被临安农行划走,本案一、二审多次对该100万元的用途进行查证,但由于玻璃厂的账目不全而未能如愿。由于该100万元是由临安农行当天从玻璃厂的账户划出的,临安农行又不能举证否认。故原再审认定该100万元也是玻璃厂偿还临安农行的贷款。原再审认定玻璃厂与临安农行用500万元贷款中的450万元"以贷还贷"是正确的。真正由玻璃厂支配的款项仅有50万元。本案的以贷还贷问题在原一、二审均未提及,杭州分公司将以贷还贷的事实作为新证据引起了该案的原再审,并获得了支持。因此,杭州分公司是否知道临安农行与玻璃厂贷款的目的是以贷还贷就成为本案的焦点问题。

……临安农行与玻璃厂以前的旧贷的担保人不是杭州分公司,在主合同上的贷款用途明确是购买原材料,而临安农行与玻璃厂却进行以贷还贷。如果杭州分公司不知道双方是以贷还贷,则不应当承担担保责任。而证明杭州分公司是否知道临安农行和玻璃厂进行以贷还贷的举证责任应该由临安农行和玻璃厂承担。本案中,临安农行没有充分证据证明杭州分公司知晓"以贷还贷"的事实,而杭州分公司却提供了一定的反驳证据。关于反担保抵押合同的问题,结合该抵押合同签订的时间及合同的内容,表明:(1)签订此合同的目的是由于杭州分公司经营部为玻璃厂向临安农行借款,为避免担保的风险而与裕盛公司和玻璃厂签订反担保合同;(2)杭州分公司的担保在前,而其与裕盛公司和玻璃厂的反担保在后;(3)合同内容始终未反映出玻

璃厂与临安农行的借款行为是以贷还贷。因此,该合同内容最多能够说明,在此时,杭州分公司知道了其经营部为玻璃厂担保的事实,从杭州分公司事后积极行使反担保权利的行为看,杭州分公司是在努力行使自己的救济途径,认可了其经营部为玻璃厂担保的事实。但不能得出杭州分公司明知玻璃厂与临安农行以贷还贷的结论。

(三)杭州分公司行使反担保权利后对本案的影响

……综上,临安农行、玻璃厂和杭州分公司经营部签订的三方协议及借款合同,除担保条款外,均为有效。玻璃厂应承担归还贷款的责任。因经营部系杭州分公司下属部门,不具备法人资格,其与临安农行、玻璃厂签订的保证条款无效。临安农行与玻璃厂搞以贷还贷,使一笔可能成为死债的债务由杭州分公司担保,损害了担保人杭州分公司的合法权益,应该适用《保证问题规定》第十九条关于骗保的规定,对于贷款中临安农行与玻璃厂以贷还贷的450万元,杭州分公司不应当承担民事责任。经营部虽然不具备法人资格,其签订的保证条款无效。但经营部以其存入临安农行的存款为玻璃厂借款提供担保,事后得到杭州分公司的认可,依照《保证问题规定》第二十条的规定,经营部的无效担保的民事责任应由杭州分公司承担,但其责任范围仅限于由玻璃厂实际使用的50万元。原再审判决结论是正确的,应当予以维持。①

【案例来源】

最高人民法院审判监督庭编:《审判监督指导》(总第18辑),人民法院出版社2005年版,第81~85页。

编者说明

本案担保发生于《担保法》及《担保法解释》施行以前,最高人民法院适用《保证问题规定》第十九条的规定即"主合同债权人一方或者双方当事人采取欺诈、胁迫等手段,或者恶意串通,使保证人在违背真实意思情况下提供保证的,保证合同无效,保证人不承担责任"处理本案纠纷。其关于"以贷还贷"案件举证责任的分配以及担保人责任承担的裁判结论与其后施行的《担保法》及《担保法解释》的规定精神仍然是一致的。

---

① 参见何杍:《中国农业银行临安市支行与上海宏广达实业公司杭州分公司、杭州临安医药玻璃厂借款合同纠纷再审案——担保人的追偿权没有得到实现,是否还可就借款担保合同纠纷申请再审》,载最高人民法院审判监督庭编:《审判监督指导》(总第18辑),人民法院出版社2005年版,第86~90页。

4. 新旧贷保证人同一的责任承担

648 新贷与旧贷系同一保证人的，以贷还贷并未加重保证人责任，保证人应承担保证责任

【关键词】

|以贷还贷|同一保证人|保证责任|

【案件名称】

甘肃省农垦总公司与中国农业银行阿克塞哈萨克族自治县支行借款合同保证纠纷案［最高人民法院（1999）经终字第347号民事判决书，1999. 12. 26］

【裁判精要】

最高人民法院认为：

根据当事人双方共同认可的事实，自1992年至1994年石棉矿向阿克塞县农行借款累计289万元。1996年8月20日，阿克塞县农行与石棉矿及农垦总公司又分别签订了289万元的借款合同和保证合同，贷款数额与石棉矿以往累欠的数额相同。在合同签订后，阿克塞县农行以特种转账传票将新贷偿还了旧贷，并将注明转账原因的特种转账传票的银行记账联交给了石棉矿，对此石棉矿并未表示异议。且在此后长达两年多的时间里，石棉矿未对阿克塞县农行不履行发放贷款义务的行为提出任何异议。本案双方当事人在主观上存在以新贷偿还旧贷的共同意思表示，且合同内容并未违反我国现行法律或行政法规，应认定合法有效。农垦总公司关于阿克塞县农行采取欺诈方法以发放流动资金贷款之名行借新还旧之实、所签合同应认定无效的上诉主张，因无事实依据，本院不予采信。阿克塞县农行与石棉矿之间常年存在借款关系，无论是以往的旧贷，抑或是1996年签订的289万元的新贷，农垦总公司作为借款人石棉矿的上级主管单位均以合同或函件的方式提供了担保。虽然阿克塞县农行未按1996年8月20日签订的合同实际发放贷款，但该笔贷款偿还了农垦总公司担保的原有等额的债务，并未加大农垦总公司的担保责任。且作为石棉矿的上级主管单位的农垦总公司应当知道石棉矿借款的实际用途，其应当承担相应的保证责任。农垦总公司以其对借新还旧不知情为由拒绝承担保证责任的上诉理由不能成立，本院不予支持。

【案例来源】

《中华人民共和国最高人民法院公报》2000年第3期。

编者说明

在新贷和旧贷是同一个保证人的情况下,由于债务人用新贷款还了旧贷款,从而免除了保证人对旧贷的保证责任,保证人承担的风险和责任就只是针对新贷款的,较之债务人按照实际贷款用途使用新贷款产生对保证人的风险和责任要小。比如,债务人按照实际贷款用途使用新贷,而不是以贷还贷,如资金不能收回,则旧债未了又出新债,保证人要承担对旧贷和新贷两笔贷款的保证责任。由此,改变贷款用途以贷还贷的,对保证人的不利影响很小,因而,保证人无论是否知晓债权人与债务人搞以贷还贷,均应承担对后一份贷款的保证责任。从公平的角度看,对保证人也不会有什么不公平的结果。①

649 主合同双方基于以贷还贷合意先后订立多个借贷合同,同一保证人在应当知道的情况下盖章同意担保的,应当承担保证责任

【关键词】

|以贷还贷|保证责任|

【案件名称】

上海国际信托投资有限公司与上海市综合信息交易所、上海三和房地产公司委托贷款合同纠纷案[最高人民法院(2005)民二提字第8号民事判决书,2008.8.13]

【裁判精要】

裁判摘要:《担保法解释》第三十九条规定:"主合同当事人双方协议以新贷偿还旧贷,除保证人知道或者应当知道的外,保证人不承担民事责任。新贷与旧贷系同一保证人的,不适用前款的规定。"据此,借贷合同双方当事人基于以新贷偿还旧贷的合意,先后订立多个借贷合同,同一担保人在应当知道的情况下在该多个借贷合同上盖章同意担保的,应当依法承担担保责任。担保人以上述多个借贷合同之间没有形式及内在联系为由,否认以新贷偿还旧贷的合同性质,进而拒绝履行担保责任的,人民法院不予支持。

最高人民法院认为:

上海市高级人民法院再审对本案合同效力及交易所违约责任的认定正确,本院再审予以支持;涉案合同名为委托贷款合同,但本案当事人未主张委托贷款的事实,故案件性质应为借款担保合同。本案五份合同中确实存在无实际放款的情况,但此种情况的产生缘于借贷双方在合同第六条的约定。从该约定内容,以及新旧贷款金额相同、贷款期限基本衔接的情况可以看出,借贷双方在旧贷到期尚未清偿时,签订

① 参见曹士兵整理:《关于以贷还贷》,载最高人民法院经济审判庭编:《经济审判指导与参考》(第1卷),法律出版社1999年版,第226页。

新借款合同的目的就是以该新贷偿还旧贷,消灭借款方在旧贷下的债务,该条内容可以视为借贷双方对以贷还贷的约定。而上国投当天贷款当天扣划或仅更换贷款凭证、没有实际放款的做法是基于合同中以贷还贷的约定而为的履行行为,亦是以贷还贷的基本履行方式。三和公司连续在几份借款合同上盖章同意为交易所担保,其应当知道此为签约各方以该种方式履行合同第六条的约定,即以贷还贷。本案合同的约定没有违反法律禁止性规定,三和公司已盖章确认,因此,本案应当适用《担保法解释》第三十九条关于以贷还贷的规定。如若按照三和公司所称本案不属以贷还贷,五个合同之间没有形式及内在联系的理由予以推论,三和公司承担的将不再是一个合同而是五份合同累计金额一亿元的担保责任。三和公司以贷款用途缺乏借新还旧的形式及内在联系,中间三份合同无实际放贷,进而否认以贷还贷的理由不能成立。况且,三和公司在本案合同签订前后,曾作为借款人向上国投多次贷款,而担保人则是交易所。三和公司与上国投所签的那些借款合同的基本格式与本案完全相同,而履行时短期扣划或更换凭证的方式亦与本案履行方式相同。因此,三和公司以不应知道本案此种约定属于以贷还贷予以抗辩的理由缺乏合理性。

自本案300263号合同前溯,连续四份借款合同的担保人均为三和公司。其已失去根据《担保法解释》第三十九条免除保证人责任的条件,该条第二款明确规定:“新贷与旧贷系同一保证人的,不适用前款的规定。”作为新贷和旧贷同一保证人的三和公司,以其不知道或不应知道主合同系以新贷还旧贷,故应免除担保责任的主张,本院不予支持。本案一审判决关于922660号、922790号、922804号、922805号合同因300263号合同的借新还旧已履行完毕,上国投已按约履行放贷义务,交易所至今未还300263号合同项下借款本息,应承担违约责任,三和公司应承担连带保证责任的认定,上海市高级人民法院再审予以维持正确,本院再审亦应予以支持。

【案例来源】

《中华人民共和国最高人民法院公报》2008年第10期。

650 保证人连续经过数次相同金额“以新还旧”的贷款,可以推定保证人知道以贷还贷的事实

【关键词】

| 以贷还贷 | 事实推定 |

【案件名称】

中国信达资产管理公司与中国第二十二冶金建设公司、唐山钢铁集团有限责任公司借款担保合同纠纷案[最高人民法院(2002)民二终字第219号民事判决书,2003.6.13]

【裁判精要】

裁判摘要：鉴于保证人连续经过数次相同金额的“以新还旧”的贷款，可以推定保证人知道该笔借款以贷还贷的事实，保证人称其不知道以贷还贷事实的理由不成立，应当承担保证责任。

最高人民法院认为：

对于本案有关事实、主要证据，各方当事人均无异议。本案上诉争议的焦点在于如何认定本案（1998年）第营23号借款合同的保证人的保证责任以及如何理解适用《担保法解释》第三十九条的问题。根据1998年12月25日二十二冶与营业部签订的合同编号为（1998年）第营23号借款合同的约定，营业部提供了借款金额7222万元，实际履行了相应的合同义务。当合同约定的履行期限届满后，借款人二十二冶应当向营业部返还本金并支付约定利息。唐钢集团为了确保上述借款合同的履行，亦于1998年12月25日与贷款人营业部签订了合同编号同样为（1998年）第营23号的保证合同，约定由唐钢集团为二十二冶的7222万元借款向营业部提供连带责任保证担保，对此应当认定对有关当事人具有约束力，唐钢集团应当依约承担相应的法律责任。1999年12月22日，营业部将上述债权转让给信达公司石家庄办事处，同时将债权转让事实分别通知了二十二冶和唐钢集团，二十二冶和唐钢集团也分别在《债权转让通知书》和《担保权利转让通知书》的回执上签章，该转让行为符合法律规定，具有法律效力。信达公司作为其所属的石家庄办事处实体权利的最终承受者代替其下属的办事处直接以自己名义提起民事诉讼，诉讼主体适格，该债权的行使也未超过诉讼时效。根据二十二冶在1998年12月25日与营业部签订（1998年）第营23号借款合同之前，向营业部递交的《流动资金借款申请书》，其中有关二十二冶原在营业部的贷款7127万元，申请营业部给予办理转贷手续；同时其下属的锅炉厂另有95万元贷款也并入二十二冶贷款账户，并给予办理转贷手续的记载内容，明确说明借贷双方二十二冶和营业部意思表示一致，即将（1998年）第营23号借款合同项下的7222万元人民币借款用于偿还了二十二冶及其下属单位在营业部的同额到期债务本金。尽管在（1998年）第营23号借款合同中所明确约定的借款用途是将该借款用于“生产周转”，但上述借款的实际使用并不能认为是对（1998年）第营23号借款合同所明确约定的借款用途的实质改变或者违反。同时，二十二冶的上述行为，也并不能被视为违背或者超越了保证人唐钢集团为保证（1998年）第营23号借款合同的履行而与债权人营业部签订的保证合同中所体现的意思表示，二十二冶与营业部协议一致以新贷偿还旧贷的行为也不能被认为是构成了主合同当事人在保证人的保证期间内未经保证人的同意擅自变更了主合同主要条款或重要内容的情形，故保证人仍应当按照保证合同的约定承担相应的民事责任。

从本案诉争的(1998年)第营23号借款合同项下借款所偿还的具体债务内容上讲,该7222万元贷款当中的7127万元首先偿还的是依据二十二冶与营业部于1997年12月25日同一天签订的(1997年)第营27号、(1997年)第营28号、(1997年)第营29号三份借款合同项下的三笔借款本金,即分别是2490万元、4257万元、380万元的到期债务。由于上述新贷和旧贷的保证人为同一个保证人即唐钢集团,因而唐钢集团首先应当就(1998年)第营23号借款合同项下的7222万元中用于偿还1997年三份借款合同到期的7127万元本金部分承担保证责任。《担保法解释》第三十九条第一款关于主合同当事人双方协议以新贷偿还旧贷,除保证人知道或者应当知道外,保证人不承担民事责任的规定,与该条第二款关于新贷和旧贷系同一个保证人的,不适用前款规定的内容分别适用于不同的情况,即使在该条第一款和第二款所适用的情形有交叉的情况下,两者适用的结果也不会产生矛盾。

从本案债务产生的整个过程来看,就借款本金2490万元而言,(1998年)第营23号借款合同与1997年12月25日的(1997年)第营27号借款合同之间关系属于二十二冶与营业部之间协议以新贷偿还旧贷,而(1997年)第营27号借款合同项下2490万元贷款虽然也用于偿还了1996年12月31日的(1996年)第营23号借款合同项下的债务,但两者之间并不能因此认定为相同民事主体之间以贷还贷的行为。因为从债的确定性原则出发,如果前后债务的主体有所不同,尽管发生代偿关系,也不能认为是该债务的简单延续,而是在有关当事人之间建立了新的不同的债权债务关系。本案的(1996年)第营23号借款合同是二十二冶下属的金属结构工程公司从营业部的同额借款,而不是二十二冶本身的借款,二十二冶只是该借款的保证人。这不同于二十二冶作为借款人、唐钢集团作为保证人的(1997年)第营27号借款合同所设定的法律关系。二十二冶以及唐钢集团并没有提供证据证明二十二冶下属的金属结构工程公司从营业部的借款应当认定为二十二冶本身的借款。关于4257万元借款本金,尽管唐钢集团否认其开始为该笔债务提供保证时并不知道(1995年)第营13号借款合同项下的借款是用于偿还了1994年12月30日二十二冶及其下属的物资公司等子公司与营业部所发生的9笔借款合计金额4257万元债务,但在唐钢集团连续经过(1996年)第营34号、(1997年)第营28号借款合同为相同金额借款提供担保的过程来看,应当推定其对该笔借款以贷还贷的事实是属于应当知道的,故保证人的免责理由不能成立。关于380万元借款本金部分,原审判决认定唐钢集团对此部分以贷还贷的事实是明知的,理由成立,本院予以支持,至于(1998年)第营23号借款合同的标的所偿还的95万元到期债务问题,该债务是由第二十二冶金建设公司机电锅炉厂1991年12月11日以及第二十二冶金建设公司锅炉厂于1992年11月20日从营业部分别所借的25万元和70万元合并而成,1998年根据二十二冶的申请,二十二冶和营业部在(1998年)第营23号合同中直接将该债务进行了确认并予偿还。同样,在二十二冶和唐钢集团没有提供有关证据证明二十二冶下属的机电锅炉厂和锅炉厂从营业部的借款就是二十二冶本身的借款的情况下,二十二冶用(1998 年)第营 23 号借款合同中贷款代偿其下属单位债务的行为可以认为在二十二冶、营业部以及二十二冶下属单位之间产生了新的债权债务关系。唐钢集团为包含该笔债务的(1998 年)第营 23 号借款合同的借款提供担保,应当对该笔债务承担保证责任。信达公司关于本案新借款合同与旧借款合同的保证人均为唐钢集团,唐钢集团应当承担保证责任,以及原审对(1998 年)第营 23 号、(1997 年)第营 27 号、(1996 年)第营 22 号借款合同之间关系认定不清的上诉理由成立,本院应予支持。原审判决认定本案事实清楚,证据确凿,但在适用法律确定本案保证人的责任部分存在不当,本院应当予以纠正。

【权威解析】

从以上过程来看,(1998)年第营 23 号合同所借的 7222 万元贷款所用于偿还的四笔旧的借款即以新还旧事实发生的次数来看,最起码进行了一次以上,其中最大的一笔 4275 万元,如果从发生原始贷款直到(1998)年第营 23 号合同计算进行以新还旧的行为,已进行了四次。即使由唐钢集团作为同样的保证人对同额借款进行担保也已发生两次以上,从推理上分析,唐钢集团对以新还旧的事实应当是知道的。但是现在关键的问题是关于《担保法解释》中第三十九条第二款所讲的新贷和旧贷的关系如何理解问题,上诉人信达公司认为该款所指的新贷和旧贷是从时间上来定义的,即旧贷只是相对新贷上一年所发生的借贷,主合同当事人之间每一次进行以新还旧事实的环节和过程都是具有法律意义的。而被上诉人即借款的保证人唐钢集团则认为,该款所指的旧贷应当是相对于原始借款合同而言的,中间经过数次倒贷的环节均不具有法律上的意义。承办人对此问题的看法:一是对于倒贷过程来看,特别是在同样数额经过数次倒贷之后,应当认为这一事实过程是具有法律上的意义的。如果说作为同一个保证人在主合同的借贷经过数次倒贷后之后仍声称自己对其作为保证人的主合同是用来偿还其不是保证人的主合同的债务的,是难以令人置信的,应当推定保证人对主合同倒贷过程是进行以贷还贷的事实是明知的或者属于应当知道。本案的情况也是如此。二是关于《担保法解释》第三十九条两款原意如何理解的问题,从其原文来看,第一款讲:主合同当事人双方协议以新贷还旧贷,除保证人知道或者应当知道外,保证人不承担保证责任。第二款讲:新贷和旧贷系同一保证人的,不再适用前款规定。如果将该两款规定只适用一次性以新贷偿还旧贷的情形,那很好理解;但是如果将两款所适用的情形结合或交叉在一块,确实容易引起争议。从该条款所规定保证人承担责任的归责条件来看,可以认为必须以保证人在主观上知道或者应当知道主合同当事人双方是进行以新贷还旧贷的事实为其承担保证责任的前提条件,这样的规定对保证人的公平合理。该条第二款实质上是否也贯彻上款对保证人追究民事责任的原则,即是在新贷和旧贷系同一个保证人的情况下,实际上对保证人应当推定其对主合同当事人以新贷还旧贷的事实属于应当知道的,从而认定保证人对主合同债务应当承担保证责任。如果这个观点能够成立的话，并将其推而广之适用到经过数次倒贷进行以贷还贷事实是推定知道的，那么也可将该第三十九条第二款所讲的旧贷理解为新贷的前一次贷款，对保证人认定承担责任是以知道为条件的，不存在不公平。但是如果换一种思路，即《担保法解释》第三十九条第二款所规定的内容实际上是不考虑当事人主观因素，只是由于主合同债务人在改变贷款用途的情况下，则不论保证人主观状态知道与否，只要对后一笔借款合同承担保证责任实质没有加重保证人的风险责任。在经过数次倒贷情形的情况下，如果保证人在成为某一借款合同的保证人之时，并不知其所作为保证人的借款合同是用来偿还其成为保证人之前的借款合同旧的债务的，那么不论这种倒贷情形经历过多少次，都不能以相近的两次借款合同是同一保证人，而判定保证人承担责任，因为在根本上保证人就不该承担责任。这种观点似也能成立。但是两种观点相比较而言，承办人倾向于前一种观点，即应当判定保证人在数次倒贷情形下应当承担责任。理由是在经过数次相同金额的借款合同而保证人连续作为保证人的，应当推定保证人对主合同是新贷偿还旧贷的事实是属于“应当知道”的范围。①

【案例来源】

最高人民法院民事审判第二庭编：《民商审判指导与参考》（总第3卷），人民法院出版社2003年版，第232～243页。

651 新贷与旧贷系同一保证人，一般以最后两笔贷款的保证人是否为同一而论，不宜作无限循环理解

【关键词】

| 以贷还贷 | 同一保证人 | 循环理解 |

【案件名称】

抚宁县新兴包装材料厂、抚宁公有资产经营有限公司与抚宁县农村信用合作联社、秦皇岛远东石油炼化有限公司、秦皇岛骊骅淀粉股份有限公司借款担保合同纠纷案［最高人民法院（2006）民二终字第236号民事判决书，2007.4.24］

【裁判精要】

裁判摘要：根据《担保法解释》第三十九条的规定，主合同当事人双方协议以新

① 参见朱海年：《新贷和旧贷为同一个保证人的，保证人承担保证责任的法律适用——中国信达资产管理公司与中国第二十二冶金建设公司、唐山钢铁集团有限责任公司借款担保合同纠纷上诉案》，载最高人民法院民事审判第二庭编：《民商审判指导与参考》（总第3卷），人民法院出版社2003年版，第244～246页。

贷偿还旧贷,除保证人知道或者应当知道的外,保证人不承担民事责任。但是新贷与旧贷系同一保证人的,不能免除保证人的保证责任。

最高人民法院认为:

关于新兴材料厂应否承担担保责任的问题。首先,远东石油公司于2002年3月25日向抚宁农信联社贷款3100万元,用以偿还了2001年7月16日的旧贷款是不争的事实。虽然没有证据证明新兴材料厂知道或应当知道,远东石油公司对本案所涉3100万元借款中的2553.4625万元偿还了2001年在抚宁农信联社的旧贷款的情况,但因2001年旧贷保证人亦为新兴材料厂,保证方式同为连带责任保证,因此,根据《担保法解释》第三十九条关于"主合同当事人双方协议以新贷偿还旧贷,除保证人知道或者应当知道的外,保证人不承担民事责任。新贷与旧贷系同一保证人的,不适用前款的规定"的规定,不能免除新兴材料厂对该部分借款的保证责任。其次,远东石油公司于2002年3月25日向抚宁农信联社所贷款项,虽然在借贷双方及保证人盖有印章的《企业短期借款申请书》和《保证担保借款合同》中载明和约定此笔贷款为"临时封闭贷款",但《企业短期借款申请书》中同时也写有"同意办理临时封闭贷款叁仟壹佰万元收旧贷新"的字样,并注明申请书一份留借款人。而且从贷款发放后借款人远东石油公司将其中2500万元以转账支票形式主动偿还2001年旧贷本金的事实说明,借贷双方是以"临时封闭贷款"购油为名,行借新还旧之实。而且,根据本案事实,该笔贷款在贷款条件、贷款程序和贷款的运行与管理上,均不符合银发〔1999〕61号《封闭贷款管理暂行办法》的规定。因此,该《封闭贷款管理暂行办法》不适用于本案。上诉人新兴材料厂关于"本案借贷双方隐瞒事实真相、恶意串通、借新还旧,违反《封闭贷款管理暂行办法》使用贷款偿还旧贷本息"不应承担担保责任的上诉理由,因缺乏事实和法律依据,本院不予支持。

【权威解析】

1. 从一审、二审情况和新兴材料厂提出的再审申请理由看,本案争议的焦点是,担保人担保的两笔贷款连续归还了以前的旧贷,该旧贷的担保人与后两笔的担保人不是同一人的,后两笔贷款的担保人是否应当承担担保责任,即适用《担保法解释》第三十九条第一款免除新兴材料厂的担保责任,还是仍适用该条第二款判决新兴材料厂承担担保责任。新兴材料厂提出的该项理由是否成立,关键在于对该解释第三十九条"新贷与旧贷系同一保证人"如何理解。对此应当以最后两笔贷款的担保人是否为同一担保人来论,而不宜作无限循环的理解。因为担保人在签订第一笔担保合同时,可以约定所担保的借款的用途,却无法防止借贷双方恶意串通,以新贷偿还旧贷的方式转嫁风险,该解释第一款的目的在于保护新贷担保人的权益。但对于将新贷偿还了旧贷,新贷的担保人与原借贷双方签订第二笔借款担保合同,借贷双方又将第二笔贷款归还上一笔贷款的,不宜以保证人不知道借贷双方将第一笔贷款借新还旧为由免除保证人的民事责任。因为保证人连续的担保行为形成了连续的担保关系,事关自身的切身利益和社会经济关系的稳定。如果保证人对第一笔担保的借款无法控制借贷双方的使用方式,但在签订新的借款担保合同之前,保证人应当查清第一笔借款的使用方式,以依法主张权利或决定是否继续担保。因保证人轻信借贷双方或放弃自己的权利又再次签订担保合同的,应当视为其对第一笔担保借款放弃抗辩权,不得适用《担保法解释》第三十九条第一款免除民事责任。如果对该条做无限循环的理解,在保证人进行数次担保,甚至担保十多次后,又以该条提出抗辩的,不仅不利于警示保证人在签订担保合同时审慎行使权利,也危害了社会经济关系的稳定。虽然本案没有证据证明新兴材料厂知道或者应当知道其在再审申请中所称的抚宁炼油厂将2001年7月16日3100万元借款中的绝大部分款项偿还了该厂的旧贷本息以及由其他担保人担保的旧贷款,也没有证据证明新兴材料厂知道或者应当知道抚宁炼油厂将2002年3月25日3100万元中的大部分款项偿还了2001年7月16日在抚宁信用社的旧贷款,但该两笔借款的保证人均为新兴材料厂,保证方式同为连带责任保证。根据《担保法解释》第三十九条第二款的规定,不能免除新兴材料厂对2002年3月25日3100万元借款中相应款项的担保责任。①

【案例来源】

《中华人民共和国最高人民法院公报》2007年第9期。

编者说明

根据《担保法解释》的规定,主合同当事人双方协议以新贷偿还旧贷,新贷与旧贷系同一保证人的,保证人应当承担责任。对此,应当以最后两笔贷款的担保人是否为同一担保人来判断,而不宜上溯到最后两笔之前的担保情况。借贷双方连续将两笔贷款归还了旧贷,该两笔贷款的担保人与旧贷担保人不是同一人的,后两笔贷款的担保人应当承担担保责任。本案二审判决后,新兴材料厂向最高人民法院申请再审。最高人民法院审查后认为:"2001年7月16日和2002年3月25日两笔贷款,保证人均为新兴材料厂。作为保证人,有义务对其所担保的每笔贷款用途进行监督审查。如果借贷双方违反合同约定改变贷款用途,保证人可依法主张权利。而本案事实是2001年7月16日新兴材料厂作为保证人的贷款归还了以前担保的旧贷款,贷款到期后,新兴材料厂在没有对前笔贷款用途进行审查的情况下,2002年3月25日又为债务人贷款继续作出保证。新兴材料厂的行为,符合《担保法解释》第三十九条的规定,即在新旧贷款系同一保证人的,保证人不得以是否知道或应当知道借新还旧的事实作为免除其承担民事责任的理由。因为在借贷双方借新还旧的情况下,保证人只是承担了最后一笔贷款的担保责任,并没有加重保证人的责任,新兴材

① 参见李波:《借贷双方连续借新还旧,后几笔贷款的担保人与最初一笔贷款不是同一人的,担保责任如何确定——抚宁县新兴包装材料厂、抚宁公有资产经营有限公司与抚宁县农村信用合作联社借款担保合同纠纷申请再审案》,载最高人民法院审判监督庭编:《审判监督指导》(总第24辑),人民法院出版社2008年版,第132~133页。

料厂以此要求免除担保责任的理由没有事实和法律依据。"①

5. 保证人放弃抗辩的处理

652 担保人放弃以特定的借款用途作为其承担担保责任前提的约定有效，其应对借新还旧承担担保责任

【关键词】

| 借款用途 | 借新还旧 | 担保责任 |

【案件名称】

中国工商银行陕西省分行营业部与中国航空工业供销西北公司等借款担保合同纠纷案［最高人民法院（2001）民二终字第55号民事判决书，2002.7.31］

【裁判精要】

裁判摘要:保证人承诺只要不增加保证金额,主合同双方当事人可以对借款合同进行修改。借款人改变借款用途,将贷款用于以贷还贷的,属于对主合同的修改,因没有增加保证人承诺的保证金额,且属于保证人所接受和认可的变更内容,并不违背保证人当初的真实意思表示,保证人仍应对借款承担保证责任。

最高人民法院认为:

1994年12月20日,保证人航空供销西北公司为航天供销西北公司的820万元借款提供了连带责任保证,其在出具给工行营业部的《借款保证书》中明确承诺:只要不增加保证人的保证金额,本保证不受借款人和银行对借款合同进行任何修改、补充、删除的影响。在借贷双方履行820万元借款合同时,虽然借款人航天供销西北公司未将820万元用于"购买材料",而是归还了此前其欠工行营业部的820万元借款,但此"借款用途"的改变,并未增加保证人承诺的保证金额,且属于保证人所接受和认可的变更内容,并不违背保证人当初的真实意思表示。因而,即使借贷双方未将"820万元用于归还旧贷款"告知保证人,亦不能认定此"变更"对保证人构成了欺诈。1995年10月25日,航空供销西北公司又为原借贷合同双方签订的营工字〔1995〕00228号借款合同提供连带责任保证,该合同项下770万元款项用于归还了上述820万元旧贷款。根据《担保法解释》第三十九条第二款规定,保证人航空供销西北公司两次为同一笔贷款提供了连带责任保证,其保证责任不应免除。航空供销

---

① 参见最高人民法院(2007)民二监字第154号驳回再审通知书,载最高人民法院审判监督庭编:《审判监督指导》(总第24辑),人民法院出版社2008年版,第131~132页。

西北公司关于借贷合同双方违背其意愿对其骗保的抗辩，本院不予采信。原审判决认定的事实基本清楚，但在认定“保证人航空供销西北公司不知820万元是新贷还旧贷，其不应承担保证责任”时，忽略了保证人在提供连带责任保证时已明确作出了允许借贷双方适当变更合同内容的承诺，因而得出了对本案债权人不利的判定结论，应予纠正。据此，改判航空供销西北公司对航天供销西北公司的债务承担连带责任。

【权威解析】

二审期间，根据上诉人工行营业部的上诉请求和举证，合议庭将解决本案的重点由分析“如何适用《担保法解释》第三十九条”转移到分析“保证人在担保书中承诺的保证条款”上。

该担保书第6条已载明：只要不增加保证人的保证金额，保证人（的保证责任）不受借款人与银行对借款合同条款的任何修改、补充等的影响。鉴于保证人在《借款保证书》中的上述明确承诺，因此二审法院经审理认为，尽管820万元贷款发放后被债务人用于归还了其此前的旧贷款，而没有用于820万元借款合同约定的“购买材料”，但本案债权人和债务人对贷款用途的变更，属于对该合同非主要条款内容的修改。而保证人在出具保证书中已经明确表示：只要不增加保证人的保证金额，本保证不受借款人和银行对借款合同进行任何修改、补充、删除的影响。因此，可以确认该笔贷款无论是用于原合同约定的用途还是用于借新还旧，均不违背保证人当时的意愿，更不会影响和加重其承担的保证责任。既然保证人在出具保证书时已经放弃了对抗主合同条款“任何修改、补充”的权利，那么，本案诉讼中保证人关于借贷双方对其进行欺诈（指820万元“以贷还贷”）的抗辩理由也就不攻自破了。

通过本案的审理可以得到一点启示：人民法院在认定借贷双方对借款合同部分内容所作的修改和变更是否构成了对保证人实施欺诈时，不应忽视保证人在保证书中承诺的条款，因为保证人往往在出具保证书时就已经同意了这些修改和变更，所以其关于“欺诈”的抗辩不应予以支持。①

【案例来源】

最高人民法院办公厅编：《最高人民法院公布裁判文书（2003年）》，人民法院出版社2004年版，第75～80页。

---

① 参见王宪森：《认定“保证人不知以贷还贷”时不应忽视其在保证合同中所作出的具体承诺——中国工商银行陕西省分行营业部与中国航空工业供销西北公司等借款担保合同纠纷案》，载最高人民法院民事审判第二庭编：《民商审判指导与参考》（总第2卷），人民法院出版社2003年版，第281～282页。

653 担保合同约定“协议变更主合同的内容，除展期及增加借款金额外，无须征得保证人同意，保证人仍在变更后的保证范围内承担保证责任”的，保证人应对借新还旧承担担保责任

【关键词】

｜借新还旧｜担保责任｜

【案件名称Ⅰ】

中国长城资产管理公司郑州办事处与河南中轴集团有限公司、河南中轴控股集团股份有限公司借款担保合同纠纷案［最高人民法院（2011）民提字第321号民事判决书，2012.3.31］

【裁判精要】

裁判摘要：本案中，鉴于中轴集团公司在《保证合同》中明确约定，债权人与借款人协议变更主合同的，除展期或增加贷款金额外，无须经其同意，其仍在原保证范围内承担连带保证责任，因此，即使存在陶瓷总厂将所贷款项用于偿还所筹措资金而未用于合同约定的用途，也不影响中轴集团公司对其所担保债务承担连带保证责任。

最高人民法院认为：

中轴集团公司与焦东支行和焦南支行签订《保证合同》，为陶瓷总厂的贷款提供连带责任保证，不违反法律法规的强制性规定，应为有效。虽然陶瓷总厂所涉几笔借款在操作上存在先筹措资金还款，再以所贷款项偿还筹措的资金等情节，与陶瓷总厂在借款合同中载明的“用于维持正常生产经营周转”“购买原材料、燃料”等借款用途有所不同，但鉴于中轴集团公司在《保证合同》中明确约定，债权人与借款人协议变更主合同的，除展期或增加贷款金额外，无须经其同意，其仍在原保证范围内承担连带保证责任，因此，即使存在陶瓷总厂将所贷款项用于偿还所筹措资金而未用于合同约定的维持正常生产经营周转或者购买原材料、燃料等用途的，也不影响中轴集团公司对其所担保债务承担连带保证责任。中轴集团公司主张贷款人焦东支行、焦南支行与陶瓷总厂恶意串通，在其违背真实意思的情况下提供担保，缺乏事实和法律依据。原审判决以陶瓷总厂的几笔贷款系以技术性手段将旧贷变为新贷，骗取中轴集团公司的保证，中轴集团公司对此并不知道等为由，认定中轴集团公司不承担担保责任，于法无据，本院依法予以改判。鉴于长城资产郑州办事处再审申请中主张的陶瓷总厂与陶瓷三厂、纸箱厂、陶瓷股份公司实际是一家企业，用以偿还旧贷的资金系自筹而非拆借；中轴集团公司与陶瓷总厂系互保单位，其应当知道陶瓷总厂的真实情况；陶瓷总厂收回再贷的行为是否为以新贷偿还旧贷等，因不影响

本案认定中轴集团公司承担担保责任,因此,本院对上述事实不予审查。长城资产郑州办事处关于不存在串通欺诈事实、中轴集团公司应当承担担保责任的申请再审请求,本院予以支持。

【案例来源】

最高人民法院民事审判第二庭编:《最高人民法院商事审判指导案例(2012)·合同与借贷担保》,中国民主法制出版社 2013 年版,第 62 ~ 74 页。

【案件名称Ⅱ】

中国银行股份有限公司高平支行与山西高平科兴赵庄煤业有限公司、山西省高平市三甲散热器有限公司借款合同纠纷案[最高人民法院再审民事判决书]

【裁判精要】

裁判摘要:最高额保证合同约定"主合同双方协议变更主合同的内容,除展期及增加借款金额外,无须征得保证人同意,保证人仍在变更后的保证范围内承担保证责任",应视为担保人放弃以特定的借款用途作为其承担担保责任的前提,即使借款人将借款用于还旧,也不能以此借款用途作为免除担保人对借款承担保证责任的理由。

最高人民法院认为:

本案的争议焦点为赵庄煤业是否应对三甲公司贷款本金 3281 万元及利息承担连带保证责任。

从本案事实来看,赵庄煤业与中行高平支行于 2003 年 9 月 25 日签订的《最高额保证合同》,是双方当事人真实意思表示,内容不违反法律、行政法规的强制性规定,合法有效,当事人均应依约履行。一审法院在认定《最高额保证合同》合法有效的情况下,却认定该合同第二条第三款关于"主合同双方协议变更主合同的内容,除展期及增加借款金额外,无须征得保证人同意,保证人仍在变更后的保证范围内承担保证责任"的约定无效,无法律依据,应予纠正。根据《最高额保证合同》关于"为了确保债务人三甲公司与本合同债权人中行高平支行于 2003 年 9 月 1 日至 2005 年 9 月 1 日之间已经签订或将要签订的多个主合同项下债务人义务得到切实履行(为了确保债务人三甲公司与本合同债权人中行高平支行依据授信协议而产生的全部债权债务得到实现),保证人愿意向债权人提供保证担保"的合同目的,以及该合同第二条第三款关于"主合同双方协议变更主合同的内容,除展期及增加借款金额外,无需征得保证人同意,保证人仍在变更后的保证范围内承担保证责任"的约定,即使三甲公司将借款用于还旧,也不能以此作为免除赵庄煤业对案涉借款承担保证责任的理由,一审法院以赵庄煤业不知道三甲公司以新贷还旧贷为由,二审法院以中行高平支行未能提供充分证据证明赵庄煤业"知道"或"应当知道"借款用于以贷还贷的事实为由,认定赵庄煤业不承担保证责任,适用法律错误,应予纠正。

【权威解析】

(1)从当事人在《最高额保证合同》中的意思表示来看,应由赵庄煤业承担连带保证责任。……作为保证人的赵庄煤业明确放弃对借款用途知悉的权利,而三甲公司将借款用于借新还旧还是作他用均不影响赵庄煤业其根据上述合同承担保证责任。……

(2)对于在担保借款纠纷中,保证人放弃特定借款用途作为承担保证责任的前提,而借款人将借款用于借新还旧,保证人是否承担责任,最高人民法院近年来的处理思路是比较一致的。对此,最高人民法院在《关于工商银行湖北十堰市人民路支行、中国东方资产管理公司武汉办事处与湖北省十堰市五堰商场股份有限公司、湖北省十堰市汇发贸易有限公司保证借款合同纠纷一案的请示与答复》中指出:"保证人在保证合同中对于借款用途未加限制的,应当认为其自愿放弃以特定借款用途作为免除保证责任条件的权利。在没有其他影响保证人意思表示真实因素的情况下,无论借款合同双方当事人最终约定何种借款用途,也无论保证人在签章时是否知道或者应当知道上述借款用途,均不足以否定保证人自愿对此承担保证责任的真实意思表示。"……该案与本案不同之处在于本案是最高额保证合同,该案不是;相同之处在于保证合同均先于借款合同签订,且保证合同均未对借款用途作出限制。当然,本案保证人较前述答复案例更进一步的是本案保证人作出了"特别承诺"。因此,上述答复的个案同本案在很大程度上是类似的,而按照该案的处理思路,本案保证人更应该承担保证责任。

另外,最高人民法院(2001)民二终字第55号案件同本案亦有类似,在该案判决理由中,类似本案的特别承诺内容也是保证人承担担保责任的重要原因。

因此,对于本案赵庄煤业应否承担连带保证责任,答案是肯定的。①

在考虑以新还旧中保证人是否知道或应当知道担保的借款为以新还旧时,不仅要遵照一般规定的要求,同时也要结合最高额保证的性质及特点进行综合考量,除最高额保证所担保的债权为不特定债权这一性质外,还应当考虑以下两个因素:

1. 最高额保证合同对所担保债务的借款用途是否作出明确约定。……在以新还旧的情况下,如果保证人对借款用途未加限制,则表示其并无以借款用途作为是否免担保责任条件的意思表示,在没有其他影响保证人意思表示真实因素的情况

① 参见仲伟珩:《担保合同约定"主合同双方协议变更主合同的内容,除展期及增加借款金额外,无需征得保证人同意,保证人仍在变更后的保证范围内承担保证责任"的,保证人应对借款人的借新还旧承担担保责任——中国银行股份有限公司高平支行与山西高平科兴赵庄煤业有限公司、山西省高平市三甲散热器有限公司借款合同纠纷案》,载最高人民法院民事审判第一庭编:《民事审判指导与参考》(总第51辑),人民法院出版社2012年版,第209~210页。

下，无论借款合同双方当事人最终约定何种借款用途，也无论保证人在签章时候是否知道或应当知道借款用途，均不能否定保证人承担保证责任的真实意思表示。

2. 最高额保证合同对协议内容的变更是否有特别约定。……在以新还旧的情况下，保证人所作出的特别约定一定程度上排除了其是否知道或关心所担保债务是否为以新还旧的情况，因为最高额保证人一旦作出授信允诺，就应当预见到未来不确定债权所存在的风险及隐患，保证人自身应当尽到足够的注意义务，在对债务人资质审核、未来债务的监控及自身风险的防范方面承担一定的责任。特别约定一旦作出，保证人就应当对其负责。①

【案例来源】

最高人民法院民事审判第一庭编：《民事审判指导与参考》（总第 51 辑），人民法院出版社 2012 年版，第 199 ~ 206 页。

【案件名称Ⅲ】

河南省煤气（集团）有限责任公司义马气化厂、河南省煤气（集团）有限责任公司、河南省富达电力集团有限公司与中国银行股份有限公司义马支行、河南省义马热电厂借款担保合同纠纷案［最高人民法院（2007）民二终字第 233 号民事判决书，2008. 5. 16］

【裁判精要】

最高人民法院认为：

关于义马气化厂与煤气公司认为义马热电厂与义马中行签订的借款合同实际上是以新还旧，违反了合同约定的流动资金周转的问题。本院认为，义马中行与义马气化厂签订的保证合同第二条第三款约定："借款合同双方协议变更合同的内容，除展期或增加借款金额外，无须征得保证人同意，保证人仍在变更后的保证范围内承担保证责任。"这说明义马气化厂在签订保证合同时就清楚，义马中行与义马热电厂变更主合同须经其同意的事项仅限于"展期或增加借款金额"，而变更主合同的其他内容不必经其同意。义马热电厂将义马气化厂为其担保的借款用来偿还旧贷款，并不能当然认定其为违反流动资金周转用途的约定。即使认定其变更了借款用途，但此变更并不违反保证合同的约定。况且，义马热电厂变更了借款用途，没有增加义马气化厂承诺的保证金额和延长贷款期限，也未加重其担保的责任。故义马气化厂和煤气公司以此作为主张担保合同无效，不承担 2000 万元连带清偿责任的上诉

① 参见张小洁：《借款人以新还旧，保证人是否应承担保证责任的认定————中国银行股份有限公司高平支行与高平市赵庄煤矿、山西省高平市三甲散热器有限公司借款合同纠纷一案》，载景汉朝主编：《最高人民法院立案工作指导案例解析》，人民法院出版社 2015 年版，第 315 ~ 316 页。

理由，没有法律依据，本院对此不予支持。

【案例来源】

最高人民法院民事审判第二庭编：《最高人民法院商事审判指导案例·借款担保卷》（下），中国法制出版社2011年版，第757~765页。

【案件名称Ⅳ】

西藏海特实业开发有限公司与中国长城资产管理公司成都办事处、成都海成实业开发有限公司、成都市兴泰装饰工程有限公司、成都市公交瑞阳实业有限公司借款担保合同纠纷案［最高人民法院（2007）民二终字第180号民事判决书，2007.12.21］

【裁判精要】

最高人民法院认为：

工行高新支行与海特公司签订的《最高额保证合同》第7.5条约定："工行高新支行与海成公司变更主合同的，除展期或增加贷款金额外，无须经海特公司同意，海特公司仍在原保证范围内承担连带保证责任。"这说明海特公司在签订《最高额保证合同》时应就清楚，工行高新支行与海成公司变更主合同须经其同意的仅限于"展期或增加贷款金额"，而变更主合同的其他内容不必经其同意。海成公司将海特公司为其担保的借款中的600万元用来以"新贷还旧贷"，变更了借款用途，但此变更不违反《最高额保证合同》的约定，也未加重其担保的责任。故海特公司以此作为不承担850万元连带担保责任的上诉理由，没有法律依据。

【案例来源】

最高人民法院民事审判第二庭编：《最高人民法院商事审判指导案例·借款担保卷》（下），中国法制出版社2011年版，第782~790页。

654 保证合同明确约定保证人应对某时间点之后债权人与债务人之间所产生的全部债务承担保证责任的，无论所涉债务是否属于借新还旧，保证人均应承担责任

【关键词】

｜借新还旧｜保证责任｜

【案件名称】

中国信达资产管理股份有限公司沈阳辽宁省分公司与北台钢铁（集团）有限责任公司、本溪华厦房地产综合开发有限责任公司借款合同纠纷案［最高人民法院

（2010）民二终字第 88 号民事判决书，2010.11.12］

【裁判精要】

裁判摘要：保证合同明确约定保证人应对某时间点之后债权人与债务人之间所产生的全部债务承担保证责任的，无论该债务是否属于借新还旧，保证人均应依约定在担保金额范围内承担保证责任。

最高人民法院认为：

中行本溪分行与北台钢铁公司签订的《最高额保证合同》系合同当事人真实意思表示，合法有效，双方当事人均应依约履行。该合同约定，北台钢铁公司是对 2003 年 6 月 29 日之后债权人与债务人之间所产生的全部债务（本金金额不超过 9790 万元及项下产生的全部利息）承担保证责任，该约定并未区分债务的性质，应当认定只要是在最高额保证期间内并且在担保金额范围内的债务均属于北台钢铁公司担保的债务。本案所涉两份《人民币借款合同》均签订于 2003 年 6 月 29 日之后，且贷款本金金额未超过 9790 万元，应当属于北台钢铁公司担保的范围。因此，不论本案所涉两笔贷款是否用于借新还旧，北台钢铁公司均要承担担保责任。

【权威解析】

本案中，对于北台钢铁公司是否知道或者应当知道债务人借新贷是为了偿还旧贷的问题，在讨论过程中，有观点认为，基于三者之间的关联关系和人员任职情况，应当推定北台钢铁公司对于借新还旧是知道的。但亦有观点提出，北台钢铁公司、华厦房地产公司均为独立法人，二者没有股权关系，认定北台钢铁公司知道借新贷还旧贷，证据并不充分。尽管存在以上分歧，但是，结合以下事实和因素，合议庭认为，应当推定北台钢铁公司知道或应当知道本案贷款用于借新还旧的事实，由北台钢铁公司承担保证责任，更符合公平原则。

首先，本案借新还旧并未改变主合同约定债务重组的用途。债务重组，指债权人按照其与债务人达成的协议或法院的裁决同意债务人修改债务条件的事项。所谓新贷还旧贷，是指债权人与债务人在旧的贷款尚未清偿的情况下，再次签订贷款合同，以新贷出的款项清偿部分或全部旧贷款。虽然在银行账面上是新的贷款产生，旧的贷款消灭，但实质上是对原借款合同中贷款期限这一债务条件的变更，属于债务重组的形式之一。毫无疑问，债务重组不能等同于借新还旧，其形式多样，内涵和外延均广于后者。但是在本案中，两份《人民币借款合同》均对借款用途明确约定“用于债务重组”，又未明确采取何种方式进行债务重组。如果北台钢铁公司或者华厦房地产公司提供证据证明华厦房地产公司当时存在借新还旧以外的其他债务重组方案，即应当认定本案贷款用于借新还旧是改变了主合同约定的贷款用途。但各方当事人均未证明存在其他债务重组方案，如前所述，借新还旧实质上是债务重组的形式之一，因此，应当认定华厦房地产公司借新还旧的形式属于本案借款合同中约定的债务重组的范畴，借新还旧并未改变主合同约定债务重组的用途。

其次，涉及本案1220万元贷款的本中银借字（2003）第049号《人民币借款合同》签订于2003年12月26日，而在此之前，即2003年6月28日，北台钢铁公司已召开第二十次董事会并形成同意为华厦房地产公司在中行本溪分行贷款7735万元及银行承兑汇票2055万元总计9709万元提供连带责任担保的决议。由此可知，在1220万元新贷款产生之前，北台钢铁公司对于旧贷款的存在是明知的，可以推定其知道未来担保的是因旧贷产生的债务。

最后，根据北台钢铁公司董事会决议载明的内容可知，北台钢铁公司为华厦房地产公司在中行本溪分行的贷款提供担保是附条件的，而其中的条件之一即增加北台钢铁公司1亿元人民币或等额美元贷款已获部分实现，中行本溪分行于2003年11月份已将1000万美元贷给北台钢铁公司，并已出具对北台钢铁公司信息自动化项目和H型钢项目的承贷意见书。因此，北台钢铁公司承担保证责任，符合公平原则。①

【案例来源】

最高人民法院民事审判第二庭编：《最高人民法院商事审判指导案例（第五卷）》（上），中国法制出版社2011年版，第331～338页。

6. 其他

655 欠款转贷款行为不能视为以贷还贷，不影响担保责任承担

【关键词】

｜欠款转贷款｜以贷还贷｜担保责任｜

【案件名称】

中国银行股份有限公司烟台分行与烟台开发区房地产有限公司、烟台经济技术开发区物资再生综合利用公司借款担保合同纠纷案［最高人民法院（2008）民提字第16号民事判决书，2010.3.24］

【裁判精要】

裁判摘要：当事人将签订借款合同之前因申请信用证并支付后形成的欠款以借

---

① 参见刘竹梅、高燕竹：《即使贷款为借新还旧，保证人仍应依照合同的约定承担保证责任》，载最高人民法院民事审判第二庭编：《最高人民法院商事审判裁判规范与案例指导》（第二卷），法律出版社2011年版，第339页。

款合同的方式予以体现,从当事人行为的连续性和性质上看不能将当事人一次完整的借贷行为划分为分别具有独立性质的两次不同的借贷行为且借新还旧的,不影响担保人承担担保责任。

最高人民法院认为:

本案争议的焦点在于房地产公司应否对再生公司在烟台中行的借款承担担保责任。

房地产公司在再生公司向烟台中行申请外汇贷款之前,应再生公司请求于1994年3月30日向烟台中行出具《不可撤销人民币担保书》,表明房地产公司自愿为再生公司向烟台中行申请外汇贷款300万美元本息所需之人民币资金担保。如该贷款到期,再生公司缺少人民币资金偿还贷款本息,不足部分,房地产公司在接到烟台中行书面通知5天内无条件地将该公司所需人民币资金付给烟台中行,此内容为房地产公司真实的意思表示,不存在违反法律规定应认定为无效或予以撤销的情形,应当由作出承诺的当事人予以履行。从本案事实整个过程看,借款人再生公司1994年4月1日向贷款人烟台中行递交了贷款申请书,要求借款金额300万美元用于进口钢材,用款期限1994年4月1日至6月30日,确实得到烟台中行审查批准同意,烟台中行此后也是按照双方就借贷所达成的意愿积极协办对外开证等义务。尽管当时的烟台中行副行长刘云福、再生公司原法定代表人解永祥证言证明当时再生公司与烟台中行同时签订了正式的书面借款合同,但各方当事人均未能提供书面合同,因此,根据证据规则,不能认定借贷双方此时已经签订有直接的书面借款合同。再生公司1994年4月17日再次向烟台中行递交一份贷款进口保税钢材的申请报告,只是对1994年4月1日贷款申请书有关内容修改或者确认,贷款金额确定为298万美元。随后,烟台中行于1994年4月22日和23日向中国银行总行营业部分别出具担保函和进口付款保证书写明再生公司进口所需资金298万美元已经落实要求其对再生公司委托的外贸代理进口商对外开证并承诺责任,至1994年6月28日,中国银行总行在烟台中行已经向其出具有关手续情况下,通过对外开立的信用证从烟台中行开立的再生公司账户划付2920680.12美元给国外出口商,从而再生公司此后获得相应货物所有权凭证提单及实际货物。尽管此时可以认为烟台中行向再生公司已经提供了其进口本案钢材所需的外汇货币并为其实际占有使用,但综观全案情况,再生公司对烟台中行实质上是先申请贷款对外支付,也即实际通过银行体系对外开立信用证并对外付款。待银行信用证对外支付之后,因再生公司并没有交付足额保证金还款,为解决此问题,再生公司与烟台中行通过1994年9月19日双方签订借款合同,将银行信用证已经对外支付而尚未偿还的款项转为借款并予以确认,而数额正好是1994年6月28日通过信用证对外付款金额,加上至9月19日的利息之和。此后,烟台中行在该借款合同到期后以此为依据向法院提起诉讼依法有据、合情合理。这种欠款转贷款的情况,在对外贸易活动中是常见的。此案实际上并无所谓第一份贷款合同，而是对外申请开具信用证并支付后形成的欠款。因此，1994年9月19日烟台中行与再生公司签订的借款合同，不能简单地理解为是一份新的借款合同，而是借贷双方当事人通过1994年9月19日的借款合同将1994年6月28日信用证对外付款之后所形成的欠款以借款合同形式予以体现，从当事人行为的连续性及其性质上看不能将当事人一次完整的借贷行为，划分为分别具有独立性质的两次不同的借贷行为且借新还旧。本案再生公司与烟台中行之间实际就本案争议的钢材进口贸易只是发生一次借贷事实，并不存在借新还旧两次借贷情形，不存在后一笔借贷行为覆盖和取代了前一笔债务，不需要房地产公司对再生公司与烟台中行1994年9月19日借款合同重新表示确认其才继续承担担保责任的情形。况且，不论对本案中烟台中行与再生公司是否实际形成了两个借款法律事实如何理解，但对于担保人而言，并未加重其担保责任，房地产公司不能免除保证责任。这也是符合房地产公司1994年3月30日为再生公司向烟台中行申请外汇贷款300万美元提供担保出具担保函的本意的，该担保是对借款人再生公司本案该笔外汇贷款业务而言的，并未特指某一份贷款合同。1995年11月10日，房地产公司与烟台中行重新签订《协议书》，其中约定房地产公司对烟台中行和再生公司之间于1995年9月19日签订的借款合同承担保证责任，虽然该《协议书》由于房地产公司未按约定将800万元存入烟台中行指定账户后而使之生效，但也体现了房地产公司对于其担保是为再生公司本案该笔外汇贷款业务进行担保是明知的，其意思表示也是明确的，即并非特定哪份具体的借款合同。

【案例来源】

最高人民法院民事审判第二庭编：《最高人民法院商事审判裁判规范与案例指导》（第二卷），法律出版社2011年版，第402～410页。

656 保证人对于其知道的借新还旧以外的贷款不承担保证责任，亦不负举证责任

【关键词】

| 借新还旧 | 保证责任 | 举证责任 |

【案件名称】

江苏索普（集团）有限公司、上海儒仕实业有限公司与中国农业发展银行乾安县支行保证合同纠纷案［最高人民法院（2016）最高法民终40号民事判决书，2016.6.6］

【裁判精要】

最高人民法院认为：

（三）关于本案保证担保主债权金额应认定是多少的问题

乾安支行认为，其已提供相关证据，可以证明其已将共计30671万元贷款分四笔发放给天安公司，本案重组贷款17670.7万元作为其中一笔也已全部发放到位。而索普公司、儒仕公司认为，其中有13840.4万元为虚增重组贷款，应当在债权本金金额中予以扣除。一审判决认为，索普公司、儒仕公司虽然主张本案《流动资金借款合同》项下原债务范围及债务金额核定有误，并提供证据证明原债务部分合同的部分款项已经偿还，但却未能逐笔提供证据证明原债务范围及债务金额不足17670.7万元，所以，其据此主张债务金额为5610.3万元依据不足。本院认为，《担保法》第二十条规定："一般保证和连带责任保证的保证人享有债务人的抗辩权。债务人放弃对债务的抗辩权的，保证人仍有权抗辩。抗辩权是指债权人行使债权时，债务人根据法定事由，对抗债权人行使请求权的权利。"据此，作为保证人的索普公司、儒仕公司有权对其担保主债权的金额或余额提出抗辩，尤其在债务人天安公司未参加本案诉讼情形下，乾安支行却以债务人天安公司已经认可本案债权金额为由主张其债权金额属实，不能支持。更为重要的是，本案主债权属于重组贷款性质，全部属于借新还旧，重组贷款所对应的全部旧贷款均在本案0022号《流动资金借款合同》中明确列出，索普公司、儒仕公司提供担保的主债权实际因所对应的旧贷款已经特定化，担保债权范围已经明确并限定。《担保法解释》第三十九条的规定："主合同当事人双方协议以新贷偿还旧贷，除保证人知道或应当知道的外，保证人不承担民事责任。"因此，索普公司、儒仕公司对于其知道的本案借新还旧以外的贷款并不承担保证责任，亦不负有举证责任；而乾安支行不仅要对新贷款发放负举证责任，也应对旧贷款合同的发放及余额负举证责任，同时因索普公司、儒仕公司对旧贷款余额提出抗辩，故亦应就此负相应举证责任。但一审判决却要求索普公司、儒仕公司逐笔提供证据证明乾安支行与天安公司之间的原债务范围及债务金额不足17670.7万元，这显然超越本案借新还旧举证范畴，属举证责任分配不当。所以，因乾安支行本案主张的主债权金额实质取决于旧贷款的实际金额或余额，故乾安支行仅仅提供重组贷款时新借款的发放证据尚不足以证明旧贷款项下的实际金额或余额，而索普公司、儒仕公司现提出抗辩且已提供系列相关证据，请求对贷款重组之前明确对应的旧贷款项下实际余额情况予以查明，应予支持；原审法院对此不予查明，应予纠正；但索普公司、儒仕公司主张的非属于本案主债权所对应的旧贷款合同，因超越本案审理范围，则不予审查。

【案例来源】

中国裁判文书网，http://wenshu.court.gov.cn。

657 笼统地承诺为“流动资金”借款提供担保而未对借款用途加以限制的，不得因借款用途问题而主张免除担保责任

【关键词】

|借款用途|担保责任|

【案件名称】

长沙金霞开发建设有限公司与中国农业银行长沙市先锋支行、湖南金帆投资管理有限公司借款担保合同纠纷案［最高人民法院（2007）民二终字第33号民事判决书，2008.4.28］

【裁判精要】

裁判摘要:导致合同当事人分别持有的合同文本内容有出入的原因复杂多样,不能据此简单地认定合同某一方当事人存在故意欺诈的情形。合同一方当事人如果据此主张对方当事人恶意欺诈,还应当提供其他证据予以证明。

最高人民法院认为:

本案当事人分别持有的借款合同中虽然部分内容有出入,但当事人对各自持有的合同本身的真实性不持异议,不妨碍合同成立的事实认定。金霞公司主张其担保义务的主要理由是其持有的借款合同中借款用途系“流动资金”贷款,与农行先锋支行持有的借款合同中借款用途为“流动资金贷款借新还旧”不同。企业流动资金系相对固定资产而言的企业资产,包括企业用于支付工资、购买原材料、偿付债务等的现金款项。金霞公司同意为金帆公司“流动资金”借款提供担保,金帆公司将借款用于支付到期债务,并未超出金霞公司的担保范围。金霞公司、金帆公司与农行先锋支行之间在本案合同之前已签订过其他的借款抵押合同,金霞公司对于金帆公司在农行先锋支行是否存在尚未偿还的债务是明知或者应当知道的。如果金霞公司不愿意为金帆公司用于偿还债务的借款提供抵押,应当在合同中明确加以限制。金霞公司在本案合同中笼统地承诺为金帆公司“流动资金”借款提供担保,未对金帆公司的借款用途加以限制,现在诉讼中提出不同意借款人将借款用于偿还债务有违诚实信用原则。

【案例来源】

最高人民法院民事审判第二庭编:《最高人民法院商事审判指导案例·借款担保卷》(下),中国法制出版社2011年版,第523~533页。

658 借款人将流动资金贷款用于偿还其在银行的旧贷利息，属于正常使用贷款，不构成主合同以贷还贷且保证人免责的情形

【关键词】

|流动资金贷款|旧贷利息|以贷还贷|

【案件名称】

中国农业银行股份有限公司大连甘井子农行与大连础明集团有限公司、大连冰凌花天然食品有限公司借款合同纠纷案［最高人民法院（2013）民提字第51号民事判决书，2013.12.5］

【裁判精要】

裁判摘要：流动资金贷款是借款人用于日常生产经营周转的贷款，可以用来购买原材料、支付工资、清偿债务等。如若借款人将被保证的流动资金贷款用于偿还其在商业银行的旧贷利息，属于正常使用流动资金贷款，不构成《担保法解释》第三十九条规定的，主合同当事人双方协议以新贷偿还旧贷且保证人不知道或者不应当知道而不承担民事责任的情形。

最高人民法院认为：

关于础明公司是否应当对冰凌花公司案涉第二笔1000万元贷款及利息向甘井子农行承担保证责任。第一，就案涉第二笔1000万元贷款，甘井子农行与础明公司签订的（大连市甘井子）农银保字（2003）第100009号保证合同亦为双方当事人的真实意思表示，础明公司应当依约对（大连市甘井子）农银借字（2003）第100009号借款合同产生的债务承担连带清偿责任。第二，流动资金贷款是借款人用于日常生产经营周转的贷款，可以用来购买原材料、支付工资、清偿债务等。若如甘井子农行在2003年10月份的贷后检查报告中所称，冰凌花公司实际将其中300万元贷款用于偿还其在该行的旧贷利息，亦属于正常使用该流动资金贷款，并不构成《担保法解释》第三十九条规定的，主合同当事人双方协议以新贷偿还旧贷且保证人不知道或者不应当知道而不承担民事责任的情形。

【案例来源】

中国裁判文书网，http://wenshu.court.gov.cn。

659 借款人清偿贷款后又借入相同金额贷款，保证人不知情并作出为原债务展期承担担保责任的承诺，不应承担保证责任

【关键词】

| 债务展期 | 保证责任 |

【案件名称】

中诚信托有限责任公司与沧州大化集团有限责任公司保证合同纠纷案［最高人民法院（2009）民二终字第4号民事判决书，2009.6.12］

【裁判精要】

裁判摘要:《担保法》第二十四条规定:债权人与债务人协议变更主合同的,应当取得保证人书面同意,未经保证人书面同意的,保证人不再承担保证责任;保证合同另有约定的,按照约定。借款人清偿部分贷款后又借入相同金额贷款,保证人在不知情的情况下作出为原债务展期承担担保责任的,不能认定是其真实的意思表示,不应承担保证责任。

最高人民法院认为:

关于1997年第1号借款合同项下的6000万元贷款的归还与再贷问题。1997年第1号借款合同签订后,建行署西街办事处向沧化股份实际发放了1亿元的贷款,后沧化集团大项目指挥部偿还了6000万元。1998年1月7日建行署西街办事处依据1997年12月10日借款合同的编号(970301),又向沧化股份发放了6000万元贷款。对于建行署西街支行向沧化股份发放的上述6000万元贷款,中诚信托公司上诉认为担保人沧州大化应当承担保证责任,而沧州大化则认为,上述6000万元的归还与再贷加重了担保人的责任与风险,其不仅对6000万元不承担保证责任,而且对剩余的4000万元也不应承担保证责任。本院认为,民商事行为的成立应以当事人的真实意思表示为前提和基础。本案中,虽然建行署西街办事处再次发放6000万元贷款的依据是1997年第1号借款合同号(970301),但仅能证明这是借贷双方之间的意思表示,而不能认定是担保人沧州大化愿意为该6000万元贷款继续提供担保的意思表示。其后建行署西街支行、沧州股份及沧州大化三方之间签订的《借款展期协议书》,中诚信托公司认为《借款展期协议书》能够证明沧州大化同意为1997年第1号人民币资金借款合同项下1亿元借款展期承担担保责任,但本案经一、二审均已查明,沧州大化签订《借款展期协议书》是在其不知原贷款已经偿还了6000万元的情况下作出的,因而不能其真实的意思表示,其对建行署西街支行再次发放的6000万元贷款不应再承担保证责任。中诚信托公司关于沧州大化应为再次发放的6000万元贷款承担保证责任的主张不能成立,而沧州大化认为6000万元的

归还与再贷加重了其责任与风险,应当免除4000万元保证责任的主张亦不能成立,本院对双方的此项上诉请求均不支持。

【案例来源】

最高人民法院民事审判第二庭编:《最高人民法院商事审判指导案例·借款担保卷》(下),中国法制出版社2011年版,第716~725页。

(八)债务人破产、注销与保证责任

660 债务人被注销的,应当进行清算,保证人仍须承担保证责任

【关键词】

| 债务人注销 | 保证责任 |

【案件名称】

中国银行汕尾分行与河北省国际信托投资公司等借款担保纠纷案[最高人民法院(2001)民二终字第1号民事判决书,2001.4.23]

【裁判精要】

最高人民法院认为:

河北国投与汕尾中行于1992年7月10日签订的合作协议,约定河北国投一次性给健通公司提供流动资金4000万元人民币,并约定了用款期限和利率等,符合借款关系的法律特征。上述协议系双方真实意思表示,且不违法,应认定其合法有效。汕尾中行为健通公司的上述借款向河北国投出具了不可撤销担保书,并承诺对上述借款承担连带责任。上述担保书亦应认定合法有效。河北国投依约向健通公司履行了发放贷款的义务,但健通公司于贷款到期后仅通过案外人展新公司偿还了950万元,其余欠款本息未予偿还,其行为构成违约,应承担还本付息及罚息的民事责任。因健通公司已于1997年被汕尾市工商行政管理局吊销了营业执照,故其作为民事主体的资格已不存在。汕尾市卫生局作为健通公司的上级主管单位应依法对健通公司的财产进行清算并将清算情况通知债权人。原审判决汕尾市卫生局负责对健通公司的财产及债务进行清算并无不当,且汕尾市卫生局并没有提出上诉,故原审判决的上述判项应予维持。基于健通公司被吊销营业执照,其主体资格已不存在,汕尾中行提供连带责任保证的性质,河北国投选择起诉保证人汕尾中行,其诉权应予保护。

汕尾中行作为保证人,其享有债务人的抗辩权。汕尾中行在本案中提出的抗辩

内容主要有两项:一是认为本案主债务已超过诉讼时效;二是认为河北国投未在两年保证期间内主张权利,故汕尾中行可以免责。关于本案主债务是否超过诉讼时效问题,一、二审中查明的事实均表明,本案民事行为发生在1992年7月12日,主债务履行期限届满日期为1993年7月12日,从1993年7月12日至河北国投于1999年12月20日向原审法院提起诉讼期间,河北国投曾多次向健通公司和汕尾中行主张权利,本案主债务诉讼时效因河北国投主张权利而多次中断,至起诉之日,本案亦未超过诉讼时效。汕尾中行上诉称河北国投提起诉讼时已超过诉讼时效,与事实不符,应不予支持。

关于汕尾中行是否应承担本案民事责任,主要涉及保证期间问题。汕尾中行出具的不可撤销担保书中对保证期限的起止时间未作明确界定,属保证责任期限约定不明,按照最高人民法院法发〔1994〕8号《保证问题规定》第十一条之规定,汕尾中行应在主债务人健通公司承担责任的期限内承担保证责任,即汕尾中行承担保证责任的期限为自1993年7月12日至1995年7月12日,作为债权人的河北国投应在此期间内向作为保证人的汕尾中行主张权利,否则,汕尾中行不承担保证责任。本案一、二审查明的事实均表明河北国投确于1994年10月派人去汕尾向汕尾中行主张权利,汕尾中行还向河北国投的催款人员交付一份有关案外人展新公司代为偿还本案950万元款项的说明,故河北国投主张权利并未超过两年保证期间。汕尾中行上诉称河北国投向其主张权利已超过两年保证期间,与事实不符,应不予支持。河北国投分别于1994年4月、1994年10月、1996年2月、1997年9月、1998年4月和1999年1月通过派人催款、发函等方式多次向健通公司主张权利,主债务的诉讼时效中断,故保证债务的诉讼时效亦应随之而中断,保证人汕尾中行应承担本案民事责任。

【案例来源】

最高人民法院民事审判第二庭编:《中华人民共和国最高人民法院判案大系》(民商事卷-2001年卷),人民法院出版社2003年版,第1~5页。

661 债务人注销后,案外人自愿承诺承担债务清偿责任的,不免除保证人的责任

【关键词】

|债务人注销|债务清偿|保证责任|

【案件名称】

中国长城资产管理公司济南办事处与山东省机械进出口集团公司、青岛裕丰工商公司、青岛市丰田塑料门窗厂、青岛市金山实业发展总公司、青岛市土产畜

产进出口公司、青岛工贸合营包装厂、青岛安全器材厂借款担保合同纠纷案［最高人民法院（2010）民提字第130号民事判决书，2010.12.15］

【裁判精要】

裁判摘要：原债务人锯材厂注销后，门窗厂自愿承担其债务，该行为是否适用《担保法》第二十三条规定的保证人免责的规定。本案中，门窗厂承接债务时锯材厂已注销，二者之间不存在债务转让的事实，且门窗厂自愿承接债务的行为亦未加重保证人机械集团的保证责任，保证人仍应承担保证责任。

最高人民法院认为：

关于机械集团对本案195万美元外汇额度的担保责任应否免除的问题。2000年12月，锯材厂被其主管单位裕丰公司申请注销，根据裕丰公司的安排，门窗厂承担了锯材厂遗留的债权债务，裕丰公司作为锯材厂的主管单位，亦应对其债权人承担相应的民事责任。本案中，原锯材厂的债务并未因其注销及门窗厂承接债务的行为而消灭，故门窗厂承接该债务的行为，其性质属于债务加入，而非其与锯材厂之间的债务转让。在《担保法》第二十三条规定的保证人免责的情形中，其法定适用条件为"在保证期间内，债权人许可债务人转让债务并应取得保证人书面同意"，以避免出现因债权人转让债务的行为而增加保证人民事责任负担的不公平结果。鉴于本案中不存在锯材厂与门窗厂之间进行债务转让的事实，门窗厂承接债务时锯材厂已注销，二者之间不构成债务转让，故山东省高级人民法院（2004）鲁民监字第201号民事判决关于"锯材厂的债务转移给了门窗厂"及"长城济南办事处认可了锯材厂的债务转移行为"的认定，与本案的事实不符，依据不足。

机械集团于1992年12月24日向青岛农行业务部出具了〔92〕鲁外机贷第006号《不可撤销的外汇额度担保书》，为该行向锯材厂发放的195万美元贷款提供外汇额度担保。此后，其于1998年12月17日和2000年3月20日向债权人承诺"就原〔92〕鲁外机贷第006号担保书项下的外汇额度进行担保"。原债务人锯材厂注销后，门窗厂自愿承担锯材厂债务的行为亦未加重保证人机械集团的该项保证责任。因此，原审济南市市中区人民法院（2002）市民重初字第4612号民事判决依据上述事实，判令机械集团就其担保的195万美元外汇额度（按1美元额度2.6462元人民币计算）及利息向债权人长城济南办事处承担保证责任，适用法律并无不当，应予维持。长城济南办事处关于"撤销山东省高级人民法院（2004）鲁民监字第201号民事判决，维持济南市中级人民法院（2003）济民四终字第58号民事判决和该院（2004）济民四再终字第1号民事判决中关于机械集团承担保证责任的判决内容"的再审诉讼请求成立，本院予以支持。

【案例来源】

最高人民法院民事审判第二庭编：《最高人民法院商事审判指导案例（第五

卷)》(上),中国法制出版社 2011 年版,第 353 ~ 371 页。

662 债务人进入破产程序，债权人可以单独起诉连带责任保证人

【关键词】

| 破产程序 | 单独起诉 | 连带保证人 |

【案件名称】

宁夏荣恒房地产集团有限责任公司与中国信达资产管理股份有限公司宁夏回族自治区分公司保证合同纠纷案［最高人民法院（2013）民二终字第 117 号民事判决书，2013. 12. 17］

【裁判精要】

最高人民法院认为:

一审适用《企业破产法》第二十条规定并无不当。该条第一款规定“人民法院受理破产申请后,已经开始而尚未终结的有关债务人的民事诉讼或者仲裁应当中止”,但第二款同时规定“在管理人接管债务人的财产后,该诉讼或者仲裁继续进行”。举重以明轻,此条仅针对破产债务人或以破产债务人及担保人一并提起的诉讼,在破产程序开始后应当中止,但“在管理人接管债务人的财产后,该诉讼或者仲裁继续进行”,说明法律并未禁止在破产程序中或破产程序终结前向连带保证人单独提起的诉讼。《担保法解释》第四十四条规定,保证期间,人民法院受理债务人破产案件的,债权人既可以向人民法院申报债权,也可以向保证人主张权利。债权人申报债权后在破产程序中未受清偿的部分,保证人仍应当承担保证责任。债权人要求保证人承担保证责任的,应当在破产程序终结后 6 个月内提出。根据《企业破产法》第一百二十四条规定,“破产人的保证人和其他连带债务人,在破产程序终结后,对债权人依照破产清算程序未受清偿的债权,依法继续承担清偿责任”。上述司法解释及法律规定的目的是防止债权人获得双重清偿。本案一审根据债权人承诺若获担保人清偿,则将破产债权的受偿权转让给担保人,进而判决荣恒公司在履行清偿义务后取得债权人在破产案件中的受偿权。该表述虽然欠当,但根据《企业破产法》第五十一条规定的“债务人的保证人或者其他连带债务人已经代替债务人清偿债务的,以其对债务人的求偿权申报债权”之法理,在平等保护破产债权人及担保人的合法权利上,体现了立法目的的一致性。故在本案中,担保人通过承担担保责任后,在承担责任范围内,依法向审理破产案件的法院及破产管理人申报债权,从而获得权利救济,不失为各方当事人摆脱诉累,尽快实现有关权利,减少不当损失的最佳途径。

【案例来源】

最高人民法院民事审判第二庭编:《最高人民法院商事审判指导案例(2014)》,中国民主法制出版社 2015 年版,第 765 ~ 776 页。

663 经破产程序尚未得到清偿的债权,保证人不能因债务人破产而主张不承担破产债权未受清偿之后的利息

【关键词】

|破产债权|保证人|利息|

【案件名称】

江苏省海洋运输总公司与中国银行苏州分行借款担保纠纷案[最高人民法院(1999)经终字第 244 号民事判决书,2000. 6. 1]

【裁判精要】

最高人民法院认为:

苏州分行参加了苏运公司的破产清算,及时行使了破产债权人的权利。根据《最高人民法院关于贯彻执行〈中华人民共和国企业破产法(试行)〉若干问题的意见》第六十一条第(一)项"债权人可以作为破产债权人参加破产程序,以其全部债权额作为债权申报并参与财产分配,还可就不足受偿部分向保证人追偿"的规定,省运公司的担保责任不能免除。担保的真实目的在于当债务人不能清偿债务时,由担保人承担全部债务的清偿责任,作为破产债权在没有担保的情况下,其债权利息计算至破产宣告之日,以便于破产清算。但对设有担保且经破产程序尚未得到清偿的债权,则不适用破产法的规定,因为担保人与债权人之间属于债权担保法律关系而非破产债权清算关系,应适用《担保法》的有关规定。因此,省运公司不能因苏运公司的破产而不承担破产债权未受清偿之后的利息。综上,省运公司的上诉理由不能成立,本院不予采纳。

【案例来源】

最高人民法院办公厅编:《最高人民法院公布裁判文书(2000 年)》,人民法院出版社 2001 年版,第 134 ~ 139 页。

(九)债权核销与保证责任

664 债权人内部核销债权不影响其对外向债务人和保证人主张权利

【关键词】

| 核销债权 | 保证人 |

【案件名称】

中色(宁夏)东方集团有限公司与中国信达资产管理股份有限公司陕西省分公司保证合同纠纷案[最高人民法院(2011)民二终字第27号民事判决书,2011.4.14]

【裁判精要】

最高人民法院认为:

关于本案所涉债权的核销是否影响中色东方公司的保证责任和《债权转让协议》的效力问题。中色东方公司上诉称,本案所涉借款已被核销,且在星日公司关闭破产方案实施前不得转让,信达陕西公司没有合法取得涉案债权。根据《金融企业呆账核销管理办法》的规定,核销呆账是金融机构内部对债权进行处理的一种方式,不能据此认定本案债权已经消灭。债权人内部是否核销债权并不影响其对外向债务人和保证人主张权利,亦不属于保证人免除其保证责任的理由。本案中,信达陕西公司于2004年6月25日与石嘴山中行签订《债权转让协议》,受让本案所涉债权,该行为并不违反《金融资产管理公司条例》中关于金融资产管理公司受让不良贷款的相关规定。国办发〔2006〕3号文件的规定不应作为确认上述《债权转让协议》效力的依据,且石嘴山中行与信达陕西公司的债权转让发生在2004年,故星日公司的关闭破产不影响本案所涉债权的转让。

【案例来源】

最高人民法院民事审判第二庭编:《最高人民法院商事审判指导案例6·合同与借贷担保卷》,中国法制出版社2013年版,第455~464页。

665 政策性关闭破产案件中金融债权核销后并不当然消灭,保证责任亦不当然免除

【关键词】

| 政策性破产 | 金融债权核销 | 保证责任 |

【案件名称】

宁夏荣恒房地产集团有限责任公司与中国信达资产管理股份有限公司宁夏回族自治区分公司保证合同纠纷案［最高人民法院（2013）民二终字第117号民事判决书，2013.12.17］

【裁判精要】

裁判摘要:根据国务院在政策性关闭破产案件中金融债权的处置相关文件的规定,银行或资产管理公司的金融债权可以依据政策层报核销。核销后金融机构的债权并不当然消灭,作为从债务的担保责任亦不当然免除。

最高人民法院认为:

关于担保人荣恒公司提出的金融债权在政策性关闭破产案件中金融债权的核销问题。荣恒公司认为,根据国务院在政策性关闭破产案件中金融债权的处置相关文件的规定,银行或资产管理公司的金融债权可以依据政策层报核销,核销后金融机构的债权归于消灭,则从债务消灭,担保人免责。本案主要涉及以下两个相关政策性文件,即国发〔1994〕59号《国务院关于在若干城市实行国有企业破产有关问题的通知》、财政部财金〔2005〕50号《金融企业呆账核销管理办法》。国发〔1994〕59号文件规定"一个企业为另一个企业提供担保的,被担保企业破产后,担保企业应当按照担保合同承担担保责任。但是,偿债期限可以由担保企业与被担保企业的债权人协商确定"。财政部财金〔2005〕50号文件第二十三条规定"金融企业对已核销的呆账继续保留追索的权利,并对已核销的呆账、贷款表外应收利息以及核销后应计利息继续催收"。根据上述两个文件精神,担保人关于免除280万元及利息担保责任的理由不能成立,依法应予驳回。

【案例来源】

最高人民法院民事审判第二庭编:《最高人民法院商事审判指导案例(2014)》,中国民主法制出版社2015年版,第765~776页。

五、最高额保证纠纷

666 最高额保证是保证的一种形式，但不是《担保法》规定的担保方式

【关键词】

| 最高额保证 | 保证形式 | 担保方式 |

【案件名称】

中国经济开发信托投资公司武汉证券营业部与武汉市商业银行民主路支行等借款担保纠纷案［最高人民法院（2001）民二终字第188号民事判决书，2002.5.30］

【裁判精要】

最高人民法院认为：

《担保法解释》第三十七条规定对最高额保证合同没有约定保证期间或对保证期间约定不明时保证期间的计算采取了列举的方法，这一方法并不排除《担保法》第二十六条第一款的适用。该款规定："连带责任保证的保证人与债权人未约定保证期间的，债权人有权自主债务履行期届满之日起六个月内要求保证人承担保证责任。"最高额保证是保证的一种形式，但不是《担保法》规定的担保方式，一般保证和连带责任保证的法律规定对最高额保证仍然适用。本案的最高额保证没有规定保证期间，也没有规定保证人债务清偿期，但主债务的履行届满期为1998年1月1日和1月6日，根据《担保法》第二十六条的规定，保证期间应当从此时开始计算六个月的期间。

【案例来源】

最高人民法院民事审判第二庭编:《民商审判指导与参考》(总第2卷)，人民法院出版社2003年版，第388~406页。

667 最高额保证中，单笔交易的效力不影响最高额保证合同的效力

【关键词】

| 最高额保证 | 合同效力 |

【案件名称】

风神轮胎股份有限公司与中信银行股份有限公司天津分行、河北宝硕股份有限公司借款担保合同纠纷案［最高人民法院（2007）民二终字第36号民事判决书，2007.12.6］

【裁判精要】

裁判摘要:《担保法》第十四条规定:“保证人与债权人可以就单个主合同分别订立保证合同,也可以协议在最高债权额限度内就一定期间连续发生的借款合同或者某项商品交易合同订立一个保证合同。”上述规定中的最高额保证,通常是为将来一定期间连续发生的债务提供保证,其中某一笔交易的效力并不影响最高额保证合同的效力,而普通保证则因主合同无效而无效。因此,最高额保证较之普通保证最大的区别,即在于最高额保证与主债务的关系具有更强的独立性。最高额保证人的责任是在订立合同时确立的,通过最高额保证期间和最高限额限定保证责任,即只要是发生在最高额保证期间内、不超过最高限额的债务余额,最高额保证人均应承担保证责任。在最高额保证的情形下,即使主债务无效,基于主债务无效而确定的债务额也要作为最高额保证计算债务余额的基数。

最高人民法院认为:

(二)关于单笔交易与最高额保证的关系

最高额保证较之普通保证最大的区别就在于其与主债务的关系具有更强的独立性。《担保法》第十四条规定:“保证人与债权人可以就单个主合同分别订立保证合同,也可以协议在最高债权额限度内就一定期间连续发生的借款合同或者某项商品交易合同订立一个保证合同。”最高额保证通常是为将来一定期间连续发生的债务提供保证,其中某一笔交易的效力并不影响最高额保证合同的效力。而普通保证则因主合同无效而无效。在最高额保证的情形下,即使主债务无效,基于主债务无效而确定的债务额也要作为最高额保证计算债务余额的基数。最高额保证人的责任是在订立合同时确立的,通过最高额保证期间和最高限额限定保证责任,不因为最高额保证期间发生的债务余额之增加而加重最高额保证人的保证责任。因此,只要是发生在最高额保证期间内,不超过最高限额的债务的余额,最高额保证人均应承担保证责任。虽然据此可不再考察本案最高额保证期间发生债权债务关系的效力,但是上诉人风神公司强调在最高额保证期间中信银行违规发放贷款和开立银行承兑汇票,加重了该公司的责任,有必要对其主张的每笔业务进行分析。

1. 对于HD0062号《人民币借款合同》项下2000万元贷款和HD0063号《人民币借款合同》项下730万元两笔贷款,上诉人风神公司是否可以改变实际借款人为由免除保证责任的问题。风神公司上诉称:HD0062号《人民币借款合同》所涉2000万元的实际借款人和使用人为宝硕公司下属的浙江传化宝硕塑料管业有限公司、HD0063 号《人民币借款合同》所涉 730 万元实际借款人及使用人为宝硕公司的子公司保定宝硕新型建筑材料有限公司，上述 2730 万元实际借款人均非上诉人担保的债务人宝硕公司。故主张中信银行与宝硕公司之间擅自改变贷款的借款人，恶意加重了上诉人的保证责任，违反了《担保法解释》第三十条的规定，对上述 2730 万元贷款的保证责任应予免除。

本院认为，这两笔贷款均已直接转入宝硕公司账户，不能说明 HD0062 号《人民币借款合同》和 HD0063 号《人民币借款合同》的借款主体发生了变更。虽然上述两份借款合同约定借款目的为"短期流动资金周转""流动资金"，但在转入宝硕公司账户后，宝硕公司就有权就相关款项进行支配使用，故即便上述二笔款项转入了宝硕公司下属的两个企业、违背两份借款合同有关借款目的的约定，也不能认定为债务人宝硕公司与债权人中信银行对主合同的变动，更不能认定属于《担保法解释》第三十条第一款所规定的情形，即保证期间，债权人与债务人对主合同数量、价款、币种、利率等内容作了变动，未经保证人同意加重债务人的债务的，保证人对加重的部分不承担保证责任。因此，风神公司认为宝硕公司不是上述两笔贷款的借款人的主张不能成立，本院不予支持。

2. 对于 HD0071 号《人民币借款合同》项下 2170 万元贷款，上诉人风神公司是否可以以贷还贷为由免于承担保证责任的问题。风神公司上诉称：宝硕公司在明知华孚科技有限公司无经营资质的情况下恶意申请开立银行承兑汇票，而被上诉人中信银行在宝硕公司没有任何真实交易背景的情况下，于 2005 年 5 月 19 日为其开立了总额为 3100 万元的银行承兑汇票，现该笔资金去向不明。在该汇票即将于 2005 年 11 月 19 日到期而宝硕公司无力支付承兑款项的情况下，中信银行又对宝硕公司贷款 2170 万元，以补足 3100 万元银行承兑款不足部分。中信银行明知 2170 万元贷款为以贷还贷，且该笔承兑超过《最高额保证合同》授信额度，故上诉人风神公司对此贷款的保证责任应予以免除。

本院认为，在 2005 年 10 月 21 日，先后有两笔 2170 万元款项进入宝硕公司账户，难以认定本案贷款 2170 万元即是用于归还 HC0333 号银行承兑汇票下的保证金，不排除宝硕公司以天津众立达科贸有限公司开出的银行本票交付了 HC0333 号银行承兑汇票项下保证金的可能。即使该贷款实际被宝硕公司用作以贷还贷，适用《担保法解释》第三十九条"主合同当事人双方协议以新贷偿还旧贷，除保证人知道或者应当知道的外，保证人不承担民事责任"之规定的前提是，风神公司应举证证明中信银行与宝硕公司协议以贷还贷，即中信银行与宝硕公司有以贷还贷的意思联络；HD0071 号《人民币借款合同》约定借款目的为"短期流动资金周转"而非以贷还贷，表明在双方之间的约定并非以贷还贷，且风神公司也未举证证明中信银行明知或参与宝硕公司以贷还贷，因此风神公司提出 2170 万元贷款为以贷还贷，其保证责任应予免除的主张不能成立，本院不予支持。

【案例来源】

《中华人民共和国最高人民法院公报》2008年第2期。

668 贷款人因被欺诈而签订最高额保证合同但未申请撤销的，合同有效

【关键词】

|最高额保证合同|欺诈|撤销合同|

【案件名称】

中国农业发展银行通辽市科尔沁区支行与大连利丰海运集团有限公司、通辽经济技术开发区万通粮油有限责任公司金融借款合同纠纷案［最高人民法院（2013）民二终字第136号民事判决书，2015.2.9］

【裁判精要】

最高人民法院认为：

一、关于本案所涉《流动资产借款合同》《最高额保证合同》的效力问题

根据本案原审查明的事实，万通粮油公司及其法定代表人陈培禄的刑事判决已经生效，万通粮油公司、陈培禄被认定为骗取贷款罪。从刑事判决认定的事实看，万通粮油公司为了在农发行科尔沁支行成功申请贷款，陈培禄指使其公司财务人员将财务账目进行调整，向农发行科尔沁支行提供了虚假财务报表，骗取了农发行科尔沁支行的贷款。而农发行科尔沁支行在与万通粮油公司签订本案所涉借款合同时，是按照银行正常的放贷手续办理，其并未参与万通粮油公司骗取贷款等不法行为。从合同履行情况看，农发行科尔沁支行发放了合同项下的贷款，万通粮油公司依约使用该贷款收购了玉米并进行销售，销售货款也已全部回笼至万通粮油公司，只是其未将回笼的资金全部用于归还农发行科尔沁支行的贷款，而是将部分资金挪作他用。因此，从本案借贷法律关系的成立及其履行看，农发行科尔沁支行属被欺诈一方，根据《合同法》第五十四条的规定，农发行科尔沁支行对合同享有撤销权，然而，其并未主张撤销，故本案所涉《流动资金借款合同》和《最高额保证合同》均应为有效合同。原审判决认定上述合同无效属适用法律错误，本院予以纠正。

【案例来源】

中国裁判文书网，http://wenshu.court.gov.cn。

669 保证人在最高额保证合同上签字时该合同为空白合同，其对可能承担的责任有所预计的，仍应承担保证责任

【关键词】

| 最高额保证合同 | 空白合同 | 保证责任 |

【案件名称】

张仁良、彭成福等与恒丰银行股份有限公司温州分行金融借款合同纠纷案［最高人民法院（2017）最高法民终900号民事判决书，2018. 3. 16］

【裁判精要】

最高人民法院认为：

本案二审当事人争议的焦点问题是张仁良、彭成福、倪法川、孙绍丁、孙丽琴与恒丰银行温州分行签订的《最高额保证合同》是否合法有效，张仁良、彭成福、倪法川、孙绍丁、孙丽琴应否就案涉债务承担连带清偿责任。

张仁良、彭成福、倪法川、孙绍丁、孙丽琴上诉主张案涉《最高额保证合同》系其为淮安禧徕乐公司向恒丰银行温州分行借款提供担保，而非为《委托债权投资协议》借款提供担保，但张仁良、彭成福、倪法川、孙绍丁、孙丽琴分别与恒丰银行温州分行签订的《最高额保证合同》并未明确区分借贷关系、委托贷款关系。张仁良、彭成福、倪法川、孙绍丁、孙丽琴二审新提交了浙江省杭州市中级人民法院(2015)浙杭商终字第3239号民事判决书复印件，以该判决书中所载明的恒丰银行股份有限公司杭州分行与案外人签订的关于委托债权投资的《最高额保证合同》的编号为“(委债保)字第×××号”，与本案《最高额保证合同》编号“2013年恒银温高保字第10－×××号”明显不同为由，主张本案《最高额保证合同》不是《委托债权投资协议》的从合同。因该判决书载明的保证合同系恒丰银行股份有限公司杭州分行与案外人所签订，该案所涉合同相对方为恒丰银行股份有限公司杭州分行，并非恒丰银行温州分行，且张仁良等上诉人也未提供其他证据证明恒丰银行股份有限公司对签订相应保证合同存在特别字号的规定或相应的交易习惯，故本院对张仁良、彭成福、倪法川、孙绍丁、孙丽琴的该项主张，不予支持。张仁良、彭成福、倪法川、孙绍丁、孙丽琴分别与恒丰银行温州分行签订《最高额保证合同》，约定为淮安禧徕乐公司与恒丰银行温州分行在2013年12月6日至2021年12月6日期间，因办理委托债权投资等融资业务而订立的全部授信业务合同项下的债权提供最高额连带责任保证。案涉债务发生在《最高额保证合同》约定的决算期内，且属于合同约定的担保范围，恒丰银行温州分行主张权利亦未超过合同约定的保证期间。一审法院据此判令张仁良、彭成福、倪法川、孙绍丁、孙丽琴在各自担保的最高债权限额内承担连带保证责任，并无不当。张仁良、彭成福、倪法川、孙绍丁、孙丽琴关于《最高额保证合同》不是

《委托债权投资协议》及《委托债权投资协议补充协议》的从合同,其不应承担保证责任的理由,于法无据。

关于张仁良、彭成福、倪法川、孙绍丁、孙丽琴主张其在《最高额保证合同》上签字时该合同空白的问题。《民诉法解释》第九十条规定:"当事人对自己提出的诉讼请求所依据的事实或者反驳对方诉讼请求所依据的事实,应当提供证据加以证明,但法律另有规定的除外。在作出判决前,当事人未能提供证据或者证据不足以证明其事实主张的,由负有举证证明责任的当事人承担不利的后果。"本案中,虽张仁良、彭成福、倪法川、孙绍丁、孙丽琴主张其在《最高额保证合同》上签字时该合同为空白合同,但其并未提供证据证实,且恒丰银行温州分行对该主张亦不予认可。即使张仁良、彭成福、倪法川、孙绍丁、孙丽琴的该项主张属实,一方面张仁良、彭成福、倪法川、孙绍丁、孙丽琴应对其在空白合同上签字的行为所可能承担的责任有所预计;另一方面张仁良、彭成福、倪法川、孙绍丁作为淮安禧徕乐公司的股东,孙丽琴作为淮安禧徕乐公司股东上海禧徕乐公司的股东,在上述《最高额保证合同》上签字,为淮安禧徕乐公司提供担保,也是符合其自身利益的行为。因此,张仁良、彭成福、倪法川、孙绍丁、孙丽琴以此为由提出其不应承担担保责任的主张,亦不应支持。

关于张仁良、彭成福、倪法川、孙绍丁、孙丽琴以案涉《最高额保证合同》保证的最高债权金额无法确定为由,主张该保证合同第三条因违反《担保法》第十四条规定而无效的问题。案涉《最高额保证合同》第二条明确约定了保证人担保的最高债权本金余额;第三条约定了保证范围为本金及利息、复利、罚息、违约金等内容,该保证的范围实质系本金及其所产生的利息、复利、罚息及为实现债权而产生的必要费用。该约定不违反法律规定,不属于法定无效的情形。恒丰银行温州分行分别向张仁良、彭成福、倪法川、孙绍丁、孙丽琴主张承担连带清偿责任的金额也未超过《最高额保证合同》约定的担保金额。故张仁良、彭成福、倪法川、孙绍丁、孙丽琴的该项上诉主张,于法无据。

据此,恒丰银行温州分行与张仁良、彭成福、倪法川、孙绍丁、孙丽琴分别签订的《最高额保证合同》均系各方当事人真实意思表示,张仁良、彭成福、倪法川、孙绍丁、孙丽琴应按照合同约定对案涉债务承担连带保证责任。

【案例来源】

中国裁判文书网,http://wenshu.court.gov.cn。

670 最高额保证范围为最高额保证期间已经发生的债权和偿还债务的差额,并非指最高额保证期间已经到期的债权余额

【关键词】

|最高额保证|保证范围|债务差额|债权余额|

【案件名称】

风神轮胎股份有限公司与中信银行股份有限公司天津分行、河北宝硕股份有限公司借款担保合同纠纷案［最高人民法院（2007）民二终字第36号民事判决书，2007.12.6］

【裁判精要】

裁判摘要：根据《担保法解释》第二十三条关于“最高额保证合同的不特定债权确定后，保证人应当对在最高债权额限度内就一定期间连续发生的债权余额承担保证责任”的规定，最高额保证范围为最高额保证期间已经发生的债权和偿还债务的差额，并非指最高额保证期间已经到期的债权余额。

最高人民法院认为：

（三）对于HD0071号《人民币借款合同》项下2170万元贷款，风神公司是否可以超过《最高额保证合同》决算期为由免于承担保证责任的问题

风神公司上诉称，《最高额保证合同》的决算期为2005年5月16日至2006年5月16日，而中信银行主张的该笔贷款到期时已超过了2006年5月16日，即《最高额保证合同》的最后决算期，不应归为该《最高额保证合同》项下。此问题涉及对《担保法解释》第二十三条的理解。该条规定：“最高额保证合同的不特定债权确定后，保证人应当对在最高债权额限度内就一定期间连续发生的债权余额承担保证责任。”其规定了最高额保证范围为发生的债权余额，该余额为最高额保证期间已经发生的债权和偿还债务的差额，并非指最高额保证期间已到期的债权余额。从此意义上讲，本案讼争的2170万元贷款系发生于最高额保证期间，虽然其到期日超过最高额保证期间，仍应属最高额保证人应当承担保证责任的范围。此外，从《最高额保证合同》中风神公司向中信银行承诺看，对2005年5月16日至2006年5月16日期间中信银行向宝硕公司授信而发生的一系列债权提供最高额7000万元的最高额保证。而本案所有债务都形成于最高额担保合同约定的期间之内，包括该笔贷款，并未超出担保合同约定的期间，所以不能认为该笔贷款超过了决算期；《最高额保证合同》约定保证期间为宝硕公司“依具体业务合同约定的债务履行期限届满之日起两年。每一具体业务合同项下的保证期间单独计算”，依此约定，2170万元贷款的保证期间应为债务履行期届满之日起两年，即2006年10月20日至2008年10月20日。中信银行向风神公司主张承担保证责任亦未超过保证期间。综上，风神公司提出该笔贷款超过《最高额保证合同》决算期因而不应承担责任的主张不能成立，本院不予支持。

【案例来源】

《中华人民共和国最高人民法院公报》2008年第2期。

671 保证担保的债权系连续购销合同所发生，签订保证合同时债权数额不确定而债务人又在不断清偿债务，保证责任应根据主债权范围及扣除已清偿债权后实际剩余债权数额进行确定

【关键词】

| 保证 | 连续购销合同债权 | 剩余债权数额 |

【案件名称】

厦门市桥箱机械工业有限公司、陈东毅与厦门厦工机械股份有限公司买卖合同纠纷案［最高人民法院（2018）最高法民终 795 号民事判决书，2019. 1. 9］

【裁判精要】

最高人民法院认为：

本案二审审理的焦点问题是桥箱公司、陈东毅是否应对鹰潭厦工欠付厦门厦工的货款承担连带保证责任。

保证是对主债权的担保，因本案保证所担保的债权系连续购销合同所发生的债权，桥箱公司、陈东毅签订保证合同时债权数额并不确定而债务人又在不断清偿债务，在此情况下，桥箱公司、陈东毅作为保证人的担保责任应当根据保证合同所担保的主债权范围及扣除已清偿债权后实际剩余债权数额进行确定。

（一）关于桥箱公司、陈东毅所承担保证责任的范围如何确定的问题

基于本案已经查明的事实，2011 年 1 月 1 日厦门厦工与鹰潭厦工签订《厦工产品经销协议》，约定厦门厦工授权鹰潭厦工五年内经销厦门厦工生产的机械产品，厦门厦工分年度与鹰潭厦工签订补充协议，鹰潭厦工与厦门厦工还须另行签署《厦工经销合作信用担保协议》。同日，双方签订《2011 年厦工产品经销协议（装载机部分）》《2011 年厦工产品经销协议（叉车部分）》，之后每年均签订类似的经销协议，同时由相关单位和个人分别或者共同签署《担保书》《第三方单位担保书》《担保承诺函》《最高额抵押合同书》等作为当年度信用担保协议的组成部分，以担保经销协议项下形成的债务。

综合分析各保证人提供的上述系列担保文件，本院评析如下：

1. 陈东毅等人共同签署的《担保书》系基于鹰潭厦工的股东身份而为厦门厦工的债权提供担保，应当认定为股东担保。案涉三份担保函保证人签章处均表明了保证人系鹰潭厦工的股东及配偶。2011 年陈东毅等鹰潭厦工股东及配偶作为保证人为鹰潭厦工的债务提供担保，2012 年由鹰潭厦工新股东桂碧慧及配偶庄丽与原有股东张晓晔等签订保证合同，2013 年保证人变为张晓晔、桂碧慧及二人的配偶。桥箱公司在 2011 年 2 月 10 日为鹰潭厦工的债务向厦门厦工提供担保，亦是因陈东毅既

是桥箱公司的法定代表人,又是鹰潭厦工的股东。据此,厦门厦工的意思表示很明确,即确保与厦门厦工有经销关系的鹰潭厦工的股东对鹰潭厦工的债务承担保证责任。

2. 陈东毅等人共同签署的《担保书》或者《担保承诺函》系对厦门厦工与鹰潭厦工所签订的年度经销协议的保证。陈东毅等人于2011年签订《担保书》作为《2011年厦工经销合作信用担保协议》的组成部分,为出具担保书前后鹰潭厦工因经销厦门厦工工程机械、配件等应付货款提供担保。陈东毅于2012年9月26日单独出具《担保书》对鹰潭厦工所欠债务的51%、最高额不超过4000万元的范围内承担保证责任。2012年陈东毅退出鹰潭厦工,桂碧慧作为新股东与原有股东在最高额2000万元内承担保证责任。2012年的股东担保相较于2011年的股东担保的债权范围明显限缩。若按照厦门厦工的陈述,2011年之后所提供的担保是为了加强2011年《担保书》的保证,则无法合理解释已经在2011年《担保书》上签名未退出鹰潭厦工的股东为何还要在2012年的《担保承诺函》上签名。且相较于2011年的股东担保范围,2012年《担保承诺函》中各担保人所担保债权范围也有明显的限缩,担保人只在最高额2000万元内承担保证责任。同时,更无法合理解释陈东毅为何单独提供一份《担保书》,该《担保书》所担保的债权相较于2011年陈东毅与其他股东一起签署的《担保书》,不仅在数额比例上明显限缩,而且缩减了所担保债权的形成期间。2013年鹰潭厦工股东又出具了《担保承诺函》,所担保的债权又有变化。在没有特别约定的情况下,对上述事实合理的解释是陈东毅等人以鹰潭厦工股东名义提供的保证应为年度担保,保证担保的债权只及于当年度的未结账款。

3. 2011年2月10日,陈东毅作为法定代表人的桥箱公司出具《第三方单位担保书》,其中明确该担保书为《2011年厦工经销合作信用担保协议》的共同组成部分,与陈东毅2011年出具的《担保书》表述一致;结合陈东毅作为鹰潭厦工的股东提供年度担保的事实,可以认定桥箱公司2011年出具的《第三方单位担保书》系对2011年度鹰潭厦工欠付厦门厦工货款的担保。

据此,陈东毅依据2011年出具的《担保书》和2012年9月26日出具的《担保书》应分别承担2011年度鹰潭厦工所欠付厦门厦工的货款和2012年1月1日至2013年9月25日鹰潭厦工所欠付51%的货款在最高额不超过4000万元范围内的保证责任。桥箱公司依据2011年2月10日出具的《第三方单位担保书》承担2011年度鹰潭厦工所欠付厦门厦工的货款的担保责任。

【案例来源】

中国裁判文书网,http://wenshu.court.gov.cn。

672 金融机构依约宣告贷款提前到期，且该债权符合约定的债务履行期限届满之日条件的，应视为主债权确定

【关键词】

| 贷款提前到期 | 最高额保证 | 主债权确定 |

【案件名称】

中国民生银行股份有限公司杭州分行与绍兴县经济技术担保有限公司、浙江玻璃股份有限公司等金融借款合同纠纷案［最高人民法院(2013)民提字第141号民事判决书，2013.12.20］

【裁判精要】

最高人民法院认为：

双方当事人争议的焦点问题是在民生银行宣布案涉贷款提前到期的情况下，担保公司是否应对案涉贷款在2.75亿元范围内承担保证责任。

根据原审法院查明的事实，民生银行与担保公司签订《最高额保证合同》是双方真实意思表示，合法有效。《最高额保证合同》对于被担保债权的发生期间、被担保债权的确定事由、效力以及保证期间等内容均作了明确约定。因此，担保公司是否应对案涉贷款在2.75亿元范围内承担保证责任，应当按照《最高额保证合同》的约定来分析判定。

本案中，民生银行于2010年8月19日至8月26日先后向浙玻公司发放贷款6亿元，期限均为一年，即债务履行期限届满日在2011年8月19日至8月26日之间。《最高额保证合同》第3条约定“被担保主债权的发生期限为2008年12月22日至2010年12月22日”，依此约定，本案债权发生期间均在该条约定期限之内。但同时《最高额保证合同》第19条还约定“担保公司所担保的任何一笔债务履行期限届满之日均不得超过2010年12月25日”，而本案债务依主合同约定履行期限届满之日均在2011年8月19日至8月26日之间，该期间超过了《最高额保证合同》第19条约定的期限。如果在2010年12月25日之前未发生《最高额保证合同》约定的或者法律规定的导致被担保债权确定的情形，则按照《最高额保证合同》第19条约定，案涉债权将被排除于被担保债权的范围。但本案特殊情况在于，2010年12月8日，民生银行依据《综合授信合同》的约定宣布本案贷款提前到期。此情况下，案涉贷款是否属于《最高额保证合同》的担保范围，是本案需要解决的关键问题。

最高额保证作为《担保法》规定的一种特殊的担保形式，其本质特征在于所担保债权的不特定性。被担保债权未经决算不能确定，债权人就无法实现其担保权。而对于被担保债权得以确定的事由，《最高额保证合同》第8条作了明确约定：“有下列情形之一时，本合同项下被担保的债权确定：1. 本合同约定的主债权的发生期间届

满;2. 依据法律规定或主合同约定主债权人宣布主合同项下全部债务提前到期;3. 法律规定的被担保的债权确定的其他情形。”依照该条约定,民生银行依据主合同约定宣布贷款提前到期的行为导致了《最高额保证合同》被担保债权的确定。对于被担保债权确定的效力问题,《最高额保证合同》第 9 条明确约定:“被担保的债权确定时未清偿的主合同项下的债权,不论该债权履行期限是否已经届满或者是否附加有条件,均属于被担保的债权的范围。”由此,在民生银行宣布本案贷款提前到期之时,未清偿的主合同项下的不特定债权已确定,均被纳入《最高额保证合同》约定的被担保债权范围。

本案双方当事人的争议源于《最高额保证合同》第 19 条。该条款是手写内容,双方对其效力并无异议,但对该条款与《最高额保证合同》其他条款的关系有不同理解。民生银行主张,第 19 条约定只是对被担保债权还款期限作了限定,与合同其他条款并无冲突,并没有否定债权人宣布贷款提前到期会使债权最后确定的约定。担保公司抗辩则认为,该条款属于非格式条款,当出现与合同格式条款内容不一致时,应当采用非格式条款的约定;本案所涉贷款的还款日期均在 2011 年 8 月 19 日至 8 月 26 日之间,均超过了第 19 条约定期间,因此案涉贷款不属于《最高额保证合同》的担保范围。对于第 19 条内容的理解问题,本院认为,亦应依据《最高额保证合同》的约定来分析。综观《最高额保证合同》条款,第 19 条虽是双方当事人手写的非格式条款,但从其内容看,其仅是对被担保债权还款期限作出限定,与合同其他格式条款内容并不矛盾,不能据此排除其他条款的适用。而对于双方当事人争议的“债务履行期限届满日”如何界定的问题,《最高额保证合同》第 10 条明确约定“债务履行期限届满日”包括主合同债务人分期清偿债务的情况下,每一笔债务到期之日,还包括依主合同约定,债权人宣布债务提前到期之日。依此约定,债权人宣布贷款提前到期之日也即债务履行期限届满之日。具体到本案,根据原审查明的事实,民生银行于 2010 年 12 月 8 日宣布贷款提前到期,并于同日向担保公司及其他一审被告发送了《贷款提前到期通知书》,担保公司等均已收悉。上述时间在《最高额保证合同》第 19 条约定的期限之内。因此,担保公司上述抗辩意见缺乏事实及法律依据,本院不予采纳。

【案例来源】

最高人民法院民事审判第二庭编:《最高人民法院商事审判指导案例(2014)》,中国民主法制出版社 2015 年版,第 627 ~ 642 页。

673 主合同选择性列明部分最高额担保合同，如债务发生在决算期内，且债权人未明示放弃担保权利，未列明的最高额担保人也应当承担担保责任

【关键词】

| 最高额保证 | 选择性列明 | 决算期 | 担保责任 |

【案件名称】

温州银行股份有限公司宁波分行诉浙江创菱电器有限公司等金融借款合同纠纷案［最高人民法院指导案例57号］

【裁判精要】

裁判要点：在有数份最高额担保合同情形下，具体贷款合同中选择性列明部分最高额担保合同，如债务发生在最高额担保合同约定的决算期内，且债权人未明示放弃担保权利，未列明的最高额担保合同的担保人也应当在最高债权限额内承担担保责任。

法院生效裁判认为：

温州银行与创菱电器公司之间签订的编号为温银9022011企贷字00542号借款合同合法有效，温州银行发放贷款后，创菱电器公司未按约还本付息，已经构成违约。原告要求创菱电器公司归还贷款本金250万元，支付按合同约定方式计算的利息、罚息，并支付原告为实现债权而发生的律师费95200元，应予支持。岑建锋、三好塑模公司自愿为上述债务提供最高额保证担保，应承担连带清偿责任，其承担保证责任后，有权向创菱电器公司追偿。

本案的争议焦点为，婷微电子公司签订的温银9022010年高保字01003号最高额保证合同未被选择列入温银9022011企贷字00542号借款合同所约定的担保合同范围，婷微电子公司是否应当对温银9022011企贷字00542号借款合同项下债务承担保证责任。对此，法院经审理认为，婷微电子公司应当承担保证责任。理由如下：第一，民事权利的放弃必须采取明示的意思表示才能发生法律效力，默示的意思表示只有在法律有明确规定及当事人有特别约定的情况下才能发生法律效力，不宜在无明确约定或者法律无特别规定的情况下，推定当事人对权利进行放弃。具体到本案，温州银行与创菱电器公司签订的温银9022011企贷字00542号借款合同虽未将婷微电子公司签订的最高额保证合同列入，但原告未以明示方式放弃婷微电子公司提供的最高额保证，故婷微电子公司仍是该诉争借款合同的最高额保证人。第二，本案诉争借款合同签订时间及贷款发放时间均在婷微电子公司签订的编号温银9022010年高保字01003号最高额保证合同约定的决算期内（2010年9月10日至

2011年10月18日),温州银行向婷微电子公司主张权利并未超过合同约定的保证期间,故婷微电子公司应依约在其承诺的最高债权限额内为创菱电器公司对温州银行的欠债承担连带保证责任。第三,最高额担保合同是债权人和担保人之间约定担保法律关系和相关权利义务关系的直接合同依据,不能以主合同内容取代从合同的内容。具体到本案,温州银行与婷微电子公司签订了最高额保证合同,双方的担保权利义务应以该合同为准,不受温州银行与创菱电器公司之间签订的温州银行非自然人借款合同约束或变更。第四,婷微电子公司曾于2012年6月、10月、11月三次归还过本案借款利息,上述行为也是婷微电子公司对本案借款履行保证责任的行为表征。综上,婷微电子公司应对创菱电器公司的上述债务承担连带清偿责任,其承担保证责任后,有权向创菱电器公司追偿。

【权威解析】

(一)最高额保证具有相对独立性

《担保法》第十四条规定:"保证人与债权人可以就单个主合同分别订立保证合同,也可以协议在最高债权额限度内就一定期间连续发生的借款合同或者某项商品交易合同订立一个保证合同"。第九十三条规定,保证合同可以是单独订立的书面合同,包括当事人之间的具有担保性质的信函、传真等,也可以是主合同中的担保条款。最高额保证是指保证人与债权人之间就债务人在一定期间内连续发生的多笔债务,确定一个最高额度,由保证人在此最高额度内对债务人履行债务向债权人提供保证。最高额保证,较之一般保证和连带责任保证具有更强的独立性,可以与主债权相分离而独立地成立、消灭。具体体现在三个方面:第一,最高额保证在应担保的债权确立前成立,即使具体的债权增加、减少甚至全部消失,均不影响其存在。在最高额保证决算期届至前,一系列债权中某一债权的消灭,并不影响最高额担保权的存在。第二,最高额担保合同的效力范围在无特别约定的情况下,不随主债务范围的扩张而扩张,保证人仅在保证限额内承担保证责任,不承担主债务人不履行债务而产生的延迟利息和损害赔偿金。第三,在未约定保证期间的最高额合同成立后,保证人可以随时书面通知债权人终止保证合同。

借款合同与其最高额担保合同是性质不同的合同,当事人不尽相同,当事人的权利与义务要以各自的合同内容为准。在主合同借款合同和从合同最高额保证合同均有效的前提下,在债务人未按主合同约定履行其债务时,如无特别约定,担保人则应当依据最高额保证合同承担保证责任,无论债权人对主合同项下的债权是否还有其他人(包括债务人)提供的任何其他担保,债权人均有权依照最高额保证合同直接要求保证人按合同约定履行保证责任。

(二)债权人放弃最高额担保权利应明示

在民事法律行为中,除以下两种情形外,默示原则上不能作为有效意思表示的形式:一是基于当事人约定;二是法律于特定情形对于沉默赋予意思表示的效果,拟制其为意思表示。[①] 具体而言,民事权利的放弃一般采取明示的意思表示才能发生法律效力,默示的意思表示只有在法律有明确规定或当事人有特别约定的情况下才能发生法律效力,不宜在无明确约定或者法律无特别规定的情况下,推定当事人放弃了权利。

金融借款合同中担保责任的默示免除并无特别法律规定,除当事人有特别约定或有其他证据足以证明债权人放弃相应最高额担保权利外,主债务是否在最高额保证合同范围,主要取决于该债务是否发生在最高额保证合同约定的保证期间内。债权人与担保人在主合同中对担保债权作出进一步约定的行为,即对部分最高额担保合同的选择性列明,尚不足以推定债权人以明示意思表示的形式放弃其他最高额担保权,故债权人仍可要求未列入主合同中的最高额担保合同的担保人承担担保责任。

(三)合同解释应符合公平原则

公平原则是合同法基本原则,贯穿于合同法始终,以保证合同内容本身、履约行为乃至因合同产生的法律后果的公平。我国《合同法》第五条规定:"当事人应当遵循公平原则确定各方的权利和义务。"在进行合同解释活动中,法院应当遵循这个原则,以维护交易安全和交易秩序为出发点,注意平衡合同各方当事人之间的利益,尽量作出能兼顾合同各方当事人利益的解释。公平原则既强调合同条款本身权利义务的均衡,也强调合同派生权利义务的均衡;既关注合同主体的利益,又关注合同主体面临的风险。

具体到多个最高额保证并存的情形下,在决算期限届满、最高额担保的债权确定后,所有符合条件的最高额担保人均须在其担保范围内与债务人一起承担保证责任。在借款合同与多个最高额合同均有效的前提下,如认定未列入借款合同的最高额担保人承担担保责任,则没有额外加重该担保人的负担,也没有加重其他最高额担保人依照各自最高额保证合同中约定的保证责任,因为根据《担保法》第十二条规定,同一债务有两个以上保证人的,保证人应当按照保证合同约定的保证份额,承担保证责任。没有约定保证份额的,保证人承担连带责任。承担了担保责任的担保人,可以向债务人追偿,也可以要求承担连带责任的其他担保人清偿其应当分担的份额。相反,如果认定未列入借款合同的最高额担保人脱保,则实质上加重了所列明的部分最高额担保人的保证责任,损害了这部分最高额担保人的利益,也违背了公平原则。[②]

【案例来源】

《最高人民法院关于发布第12批指导性案例的通知》(2016年5月30日,法〔2016〕172号)。

---

① 参见杨峰:《商行为意思表示的瑕疵和表示方法问题探讨》,载《长白学刊》2005年第1期。

② 参见最高人民法院案例指导工作办公室:《指导案例57号〈温州银行股份有限公司宁波分行诉浙江创菱电器有限公司等金融借款合同纠纷案〉的理解与参照》,载《人民司法·案例》2017年第14期。

674 最高额保证合同未约定所担保的借款合同须经保证人签字确认才能成为担保的主合同，保证人不能仅以借款合同未经其签字主张免除保证责任

【关键词】

| 最高额保证 | 保证责任 |

【案件名称】

张绍雄与广发银行股份有限公司广州分行金融借款合同纠纷案［最高人民法院（2018）最高法民终 621 号民事判决书，2018. 11. 7］

【裁判精要】

最高人民法院认为：

本案的争议焦点为张绍雄是否应对第 632 号贷款合同和第 633 号贷款合同项下鸿业集团公司未偿还广发银行广州分行的债务承担连带清偿责任。

张绍雄应对第 632 号、第 633 号贷款合同项下鸿业集团公司未偿还广发银行广州分行的债务承担连带清偿责任。首先，第 632 号、第 633 号贷款合同项下的借款属于第 96 号授信合同项下的授信品种。第 96 号授信合同约定了三种形式的授信品种，即“流动资金贷款额度”、“开立信用证额度”和“进口押汇额度”，其中“流动资金贷款额度”的借款用途为“支付货款”。第 632 号贷款合同第二条约定借款用途为：“重组贷款，专项用于偿还 2014 年 10 月 8 日到期的 GDBG2YYLC1300058 号信用证产生的敞口损失。借新还旧以清偿编号 12176813096《授信额度合同》项下债务。”尽管该贷款合同约定的借款用途为“重组贷款”，但该条同时约定该笔贷款专项用于偿还 2014 年 10 月 8 日到期的 GDBG2YYLC1300058 号信用证产生的敞口损失，借新还旧以清偿第 96 号授信合同项下债务，故该笔贷款的借款用途实质上仍属于第 96 号授信合同约定的授信品种。而且第 632 号贷款合同第十八条约定：“1. 此信贷业务为重组贷款，专项用于偿还 2014 年 10 月 8 日到期的编号为 GDBG2YYLC1300058 号信用证产生的敞口损失；2. 此信贷业务为编号：12176813096《授信额度合同》项下的具体授信，适用于编号 12176813096《授信额度合同》项下的各种担保方式；3. 本笔合同属于 12176813096《授信额度合同》项下的单笔合同，是 12176813096《授信额度合同》项下各种担保合同的主合同。”可见，第 632 号贷款合同明确约定其属于第 96 号授信合同项下的单笔贷款合同。故张绍雄关于第 632 号贷款合同因不属于第 96 号授信合同项下的授信品种而不是第 96 号授信合同项下单笔贷款合同的上诉主张不成立。同理，张绍雄关于第 633 号贷款合同不是第 96 号授信合同项下单笔贷款合同的上诉主张亦不成立。其次，第 632 号、第 633 号贷款合同项下的债务属于张绍雄的保证责任范围。第一，第 96 号授信合同第十九条“担保方式及担保合同”明确约定：担保人鸿业石化公司、鸿业集团公司、鸿业沥

青公司、张绍雄与广发银行广州分行于2013年10月30日签订《最高额保证合同》。第二,五方《最高额保证合同》第一条约定:本合同担保的主合同为广发银行广州分行和鸿业集团公司、鸿业石化公司于2013年10月30日所签订的第96号授信合同及其修订或补充(包括但不限于展期合同。如果该合同项下签有单笔协议,单笔协议也属于主合同范围)。如前所述,第632号、第633号贷款合同属于第96号授信合同项下的单笔贷款合同。因此,第632号、第633号贷款合同属于五方《最高额保证合同》约定的张绍雄的保证责任范围。第三,第632号、第633号贷款合同第十八条均明确约定,该两份贷款合同适用于第96号授信合同项下的各种担保方式,是第96号授信合同项下各种担保合同的主合同。因此,第632号、第633号贷款合同属于五方《最高额保证合同》担保的范围。张绍雄上诉主张第632号、第633号贷款合同的签订时间晚于五方《最高额保证合同》的签订时间,其不应第632号、第633号贷款合同项下的债务承担保证责任。本院认为,如前所述,第632号、第633号贷款合同是第96号授信合同项下的单笔贷款合同,而《最高额保证合同》是第96号授信合同项下的保证合同。因此,第632号、第633号贷款合同的签订时间晚于五方《最高额保证合同》的签订时间,张绍雄并不能据此主张免除承担保证责任。张绍雄上诉还主张第632号、第633号贷款合同无其签名,其无须对该两份贷款合同项下的债务承担保证责任。本院认为,第632号、第633号贷款合同仅是广发银行广州分行与鸿业集团公司之间的借款合同,无须保证人张绍雄共同签字确认。五方《最高额保证合同》亦未约定该合同担保的借款合同须经张绍雄签字确认才能成为五方《最高额保证合同》担保的主合同。因此,张绍雄关于第632号、第633号贷款合同因未经其签字确认而对其没有约束力的上诉主张,依据不足,本院不予支持。

【案例来源】

中国裁判文书网,http://wenshu.court.gov.cn。

675 保证人的保证责任并非一定因担保转换等因素存在而免除

【关键词】

| 保证责任 | 担保转换 | 责任免除 |

【案件名称】

湖南中融企业信用担保投资有限公司与中国工商银行股份有限公司长沙韶山路支行、湖南中科本安材料有限公司及北京中科时代资产管理有限公司、湖南信托有限责任公司金融借款合同纠纷案[最高人民法院(2014)民二终字第154号民事判决书,2014.12.17]

【裁判精要】

最高人民法院认为：

二、关于中融担保公司的民事责任问题

中科本安公司与工行韶山路支行签订的《固定资产借款合同》及中融担保公司与工行韶山路支行签订的《最高额保证合同》是当事人真实意思表示，不违反法律、行政法规的禁止性规定，原审判决认定两合同合法有效正确。首先，《固定资产借款合同》签订后，双方当事人并未签订任何修改变更该合同的协议。《最高额保证合同》中明确约定："工行韶山路支行与中科本安公司协议变更主合同的，除展期或增加贷款金额外，无须经中融担保公司同意，中融担保公司仍在原保证范围内承担连带保证责任。"2005 年 11 月 25 日，中融担保公司向中科本安公司发送《关于重申担保效力的函》，确认原保证合同继续有效。故本案不存在我国《担保法》规定的债权人与债务人合意改变主合同条款而未经保证人同意、应依法免除保证人保证责任的情形。其次，案涉《关于建立银行贷款担保全面合作伙伴关系的协议》系中融担保公司与工行韶山路支行的上级主管部门及行业协会签订，主要内容系三方建立业务战略合作伙伴关系，并没有有关减少或免除中融担保公司在本案中担保责任的内容；中融担保公司出具的《银行贷款担保意向书》中虽有只有在借款人提供财产抵押、担保并同意事后置换担保的情况下才愿意为借款人提供担保的内容，但该所附条件属于保证人中融担保公司与借款人中科本安公司之间的关系，工行韶山路支行并无促成该条件成就的法定义务，故该意向书对工行韶山路支行并无约束力。中科本安公司事后是否依约置换中融担保公司在本案中的担保，与工行韶山路支行无关。

【权威解析】

实体方面，首先，案涉《固定资产借款合同》签订后，双方并未签订任何修改变更该合同的协议；工行韶山路支行依约发放案涉贷款后，中科本安公司陆续将款项转出；案涉 2004 年 12 月 13 日《最高额保证合同》中有关"工行韶山路支行与中科本安公司协议变更主合同的，除展期或增加贷款金额外，无须经中融担保公司同意，中融担保公司仍在原保证范围内承担连带保证责任"的内容，该内容与案涉《固定资产借款合同》有关"中科本安公司如进行股份制改造、联营、合并、减资、重大资产转让等足以影响债权实现的变动时，应至少提前通知工行韶山路支行，否则在清偿完全部债务之前不得进行前述行为"的约定有所不同，但是，该《最高额保证合同》系中融担保公司与工行韶山路支行签订，有中融担保公司的签章，系中融担保公司的真实意思表示；且在 2005 年 11 月 25 日，中融担保公司仍向中科本安公司发送《关于重申担保效力的函》，确认原保证合同继续有效。故本案不存在我国《担保法》规定的债权人与债务人合意改变主合同条款而未经保证人同意、应依法免除保证人保证责任的情形。

其次,中融担保公司与工行韶山路支行的上级主管部门及行业协会签订了《关于建立银行贷款担保全面合作伙伴关系的协议》,该协议主要内容系三方建立业务战略合作伙伴关系,并没有有关免除中融担保公司担保责任的内容;协议签订主体亦并非工行韶山路支行,其中有关贷款本息比例的约定只是确定了一个浮动范围,并无针对案涉《固定资产借款合同》项下贷款本息的具体约定,中融担保公司有关担保责任具体数额应予减少的上诉理由缺乏事实依据。中融担保公司出具《银行贷款担保意向书》,其中有关只有在借款人提供财产抵押、担保并同意事后置换担保的情况下才愿意为借款人提供担保的内容属于保证人中融担保公司与借款人中科本安公司之间达成的合意,工行韶山路支行并非该合意的意思表示主体,该意向书属于中融担保公司的单方法律行为,不能约束工行韶山路支行。后来实际履行过程中,中科本安公司是否依约置换了中融担保公司在本案中的担保,与工行韶山路支行无关。工行韶山路支行是否严格履行其监管贷款义务的问题,属于上下级银行之间进行行政管理处罚的范畴,其行政法律关系与本案的民事法律关系不同,不影响中融担保公司在本案中的担保责任。故中融担保公司有关其不应在本案中承担担保责任的上诉理由缺乏事实与法律依据,不能成立。①

【案例来源】

中国裁判文书网,http://wenshu. court. gov. cn。

676 贷款人已经履行委托监管协议约定的义务,最高额保证的保证人不能主张免责

【关键词】

|最高额保证|委托监管协议|保证责任|

【案件名称】

中国农业发展银行通辽市科尔沁区支行与大连利丰海运集团有限公司、通辽经济技术开发区万通粮油有限责任公司金融借款合同纠纷案[最高人民法院(2013)民二终字第136号民事判决书,2015. 2. 9]

① 参见李京平:《公司减资程序瑕疵是否影响公司作为债务人的民事责任暨保证人的保证责任并非一定因物保、担保置换、公司减资等因素存在而免除————上诉人湖南中融企业信用担保投资有限公司与被上诉人中国工商银行股份有限公司长沙韶山路支行、湖南中科本安新材料有限公司及原审被告北京中科时代资产管理有限公司、湖南信托有限责任公司金融借款合同纠纷上诉案》,载最高人民法院民事审判第二庭编:《商事审判指导》(总第43辑),人民法院出版社2017年版,第109~110页。

【裁判精要】

最高人民法院认为：

二、关于担保人利丰海运公司主张农发行科尔沁支行未尽到监管责任，其不应承担担保责任的问题

在本案所涉贷款协议签订后，按照《中国农业发展银行粮食流转贷款办法》的规定，农发行科尔沁支行与农发行驻外信贷组签订了《异地储存粮油委托监管协议》，农发行驻外信贷组也与万通粮油公司及大连港散粮码头公司签订了《异地库存粮油仓单管理协议》，已履行了相应的落实监管工作的职责。根据本案查明的事实，万通粮油公司为掩盖所收购的玉米已经销售，资金已经回笼的事实，开具了虚假的库存证明。由于万通粮油公司的违约行为，导致了债权人农发行科尔沁支行无法按照合同约定收回全部贷款，进而造成了部分贷款本息损失。除此之外，本案的《流动资金借款合同》《最高额保证合同》，均未就农发行科尔沁支行的监管责任作出具体约定。在万通粮油公司使用贷款从事收购、调销粮食活动中，其已将全部贷款3.053亿元收回，但其中1.54亿元并没有回到指定账户内，而是转至万通粮油公司在科尔沁兴源信用社另设的账户，或以购粮企业代为付款的方式，将上述款项用于归还欠款、炒期货等。因此，农发行科尔沁支行对万通粮油公司上述违约行为无法实施监管。利丰海运公司主张农发行科尔沁支行应当对万通粮油公司的全部履约行为进行监管，并无合同依据，且农发行科尔沁支行亦难以操作。总之，由于万通粮油公司违反《流动资金借款合同》的约定，造成农发行科尔支行部分贷款本金及利息损失，属于利丰海运公司的保证责任范围。上诉人利丰海运公司主张免除其保证责任的上诉请求，没有事实和法律依据，本院不予支持。

【案例来源】

中国裁判文书网，http://wenshu.court.gov.cn。

677 银行内部审批文件关于取消担保的意思表示明确，且该批复已由其工作人员出示给担保人，最高额保证合同应予解除

【关键词】

| 最高额保证合同 | 取消担保 | 合同解除 |

【案件名称】

海虹洁具（宁波）有限公司与中国东方资产管理股份有限公司浙江省分公司金融不良债权追偿纠纷案［最高人民法院（2018）最高法民再130号民事判决书，2018.8.15］

【裁判精要】

最高人民法院认为：

（二）关于案涉《最高额保证担保合同》是否真实有效及是否解除问题

案涉《最高额保证担保合同》系平安银行宁波分行与海虹公司签订，内容不违反法律、行政法规的强制性规定。海虹公司主张该合同并非其真实意思表示，其签订该合同的目的系使佳士德公司获得平安银行宁波分行授信，其为佳士德公司提供的仅是形式上的担保，佳士德公司与平安银行宁波分行向其承诺该保证合同不会真实履行，但海虹公司未能提供证据证实其上述主张。海虹公司在一审时申请平安银行宁波分行公司三部总经理俞建敏作为证人出庭作证，俞建敏亦陈述海虹公司系自愿为佳士德公司的债务提供担保。据此，原审法院认定案涉《最高额保证担保合同》真实有效，并无不当。海虹公司关于该合同并非其真实意思表示的主张，不能成立。海虹公司主张平安银行宁波分行已出具案涉《批复》取消了海虹公司的担保；东方资产公司浙江分公司则主张该《批复》并非海虹公司从正当途径获取，未加盖平安银行宁波分行的印章，不能证明平安银行宁波分行向海虹公司作出了取消其担保的意思表示，且振凯公司承担保证责任是海虹公司退出保证法律关系的前提，因振凯公司未提供担保，海虹公司退出担保的条件未能成就，其保证人地位未发生变化。经查，俞建敏在一审出庭作证时认可该《批复》系平安银行宁波分行作出；根据海虹公司的要求，平安银行宁波分行与海虹公司就解除案涉担保进行协商，后平安银行宁波分行同意取消海虹公司的担保、追加振凯公司作为案涉债务的保证人；其向海虹公司出示了该《批复》。东方资产公司浙江分公司虽对该《批复》的真实性持异议，但未能提供足以反驳的证据，该《批复》应予采信。该《批复》"授信业务品种及特别事项及说明"栏记载："2013 年 9 月 4 日变更同意：取消'建议追加海虹洁具（宁波）有限公司保证担保'，变更为'追加宁波振凯纺织品有限公司保证担保'。其他审批条件不变。"该《批复》未载明追加振凯公司作为保证人系海虹公司退出案涉保证法律关系的前提。东方资产公司浙江分公司虽主张追加振凯公司作为保证人系取消海虹公司担保的前提条件，但其依据仅是俞建敏一审出庭作证时的部分陈述，缺乏合同和法律依据，故东方资产公司浙江分公司该项主张，不应支持。根据该《批复》内容，结合俞建敏的证言，应当认定经协商，平安银行宁波分行已于 2013 年 9 月 4 日内部审批同意海虹公司关于取消其担保的要求。案涉《批复》虽系平安银行宁波分行的内部审批文件，但其关于取消海虹公司担保的意思表示明确，且该批复已由其工作人员俞建敏于 2013 年 9 月 16 日出示给海虹公司。由此，海虹公司与平安银行宁波分行签订的《最高额保证担保合同》于 2013 年 9 月 16 日解除。海虹公司关于平安银行宁波分行已取消其对案涉债务担保的主张成立，其不应对案涉债务承担保证责任。原审法院认定因振凯公司未被追加为保证人，故海虹公司仍系案涉债务保证人，并判令海虹公司承担保证责任有误，本院予以纠正。

【案例来源】

中国裁判文书网，http://wenshu.court.gov.cn。

六、保证人追偿权纠纷

678 银行依合同约定宣布贷款提前到期，保证人代偿债务不属擅自代偿，有权向债务人追偿

【关键词】

| 贷款提前到期 | 代偿债务 | 追偿权 |

【案件名称】

山西银光华盛镁业股份有限公司与重庆进出口信用担保有限公司追偿权纠纷案［最高人民法院（2016）最高法民终 123 号民事判决书，2017. 9. 29］

【裁判精要】

最高人民法院认为：

华盛镁业公司与进出口担保公司之间签订的《委托合同》、进出口担保公司与进出口银行之间签订的《担保合同》，明确系为华盛镁业公司与进出口银行签订的《借款合同》提供担保。《担保合同》是《借款合同》的从合同，《借款合同》约定的事由出现时，担保人应当承担担保责任。案涉《借款合同》关于贷款人有权单方宣布贷款立即到期的约定是明确的，在进出口银行宣布贷款立即到期并向进出口担保公司主张清偿债务时，进出口担保公司于 2014 年 7 月 1 日向进出口银行北京分行划款 59920153. 42 元，是履行《担保合同》的行为，符合案涉《担保合同》和《委托合同》的约定，华盛镁业公司上诉主张进出口担保公司未经协商、擅自代偿等观点，没有合同依据。进出口担保公司代替华盛镁业公司承担债务责任后，依法有权向华盛镁业公司追偿。

【案例来源】

中国裁判文书网，http://wenshu. court. gov. cn。

编者说明

保证人追偿权，又称保证人求偿权，是指保证人在履行保证债务后，得请求主债务人偿还的权利。《担保法》第三十一条规定："保证人承担保证责任后，有权向债务人追偿。"保证人追偿权的行使一般应当下条件：（1）保证人向债权人履行了保证债务。不论保证人依何种方式履行债务，也不论保证人是履行了全部还是部分债务，只要保证人承担了保证责任，就可享有追偿权。（2）因保证人的履行而使债务人免责。即主债务人对债权人的债务

因保证人的履行而消灭。(3)保证人履行保证债务无过错。保证人在承担保证责任上有过错的,保证人丧失求偿权。例如,保证人在债权人请求其承担保证责任时,应行使主债务人的抗辩权而未行使,致使承担了不应承担的责任的,在此范围内,保证人丧失向主债务人追偿的权利。① 又如,保证人在为清偿或其他免责行为后,应当及时通知主债务人,以免造成主债务人的重复履行。如保证人在履行保证债务后怠于通知主债务人,致使主债务人善意地再为履行时,保证人也丧失追偿权。

最高人民法院在孙俊与刘文保、岳凤芹、承德市凯旋房地产开发有限责任公司、滦平县信通科技小额贷款有限公司追偿权纠纷一案[最高人民法院(2018)最高法民申 2616 号民事裁定书,2018. 6. 27]中亦认为,由于我国《担保法》规定的保证人在承担保证责任后向债务人的追偿权不具有代位权性质,不适用债权转移的法律后果,对于追偿范围,应当结合保证人是否依据合同约定履行义务、是否尽到了承担保证责任前的通知义务、债务人是否尽到了告知义务等因素综合确定保证人是否存在过错。如果保证人不存在过错的,债务人不得以主债权数额在履行中发生变化等事由对抗保证人。②

679 保证人向反担保人追偿时可以既主张利息又主张约定违约金,但总计不超过年利率 24%

【关键词】

|追偿权|反担保人|利息|违约金|

【案件名称】

禹州市安华投资有限公司与国电长源电力股份有限公司追偿权纠纷案[最高人民法院(2016)最高法民终 597 号民事判决书,2016. 12. 28]

【裁判精要】

最高人民法院认为:

三、禹州安华公司应否承担不履行反担保责任的违约金

禹州安华公司上诉主张一审判决第三项判令禹州安华公司、湖北星泰公司、湖北海虹公司支付违约金没有事实及法律依据。《反担保保证合同》第 6.1 条约定,"乙方、丙方、丁方同意并确认,若戊方未能及时按《流动资金借款合同》向贷款人清偿该等借款本金、利息及其他有关费用等,在甲方代戊方向贷款人清偿该等借款本金、利息及其他有关费用等款项后五日内,乙方、丙方、丁方无条件向甲方清偿该等

① 《最高人民法院关于保证合同约定的保证期间超过两年诉讼时效是否有效的答复》(2005 年 6 月 8 日,〔2001〕民二他字第 27 号)明确,保证人没有行使主债务时效完成的抗辩权而履行了保证责任后,向债务人行使追偿权的,人民法院不予支持。

② 参见于蒙:《保证人承担保证责任后有权向债务人追偿的范围如何确定》,载最高人民法院民事审判第一庭编:《民事审判指导与参考》(总第 77 辑),人民法院出版社 2019 年版,第 182 页。

借款本金、利息、复利、罚息、违约金、赔偿金、实现债权的费用和所有其他应付费用”;该合同第7.2条约定,“若乙方、丙方、丁方不履行或不完全履行本反担保保证合同约定的还款义务,超过约定还款时间的,每延长一日还款,乙方、丙方、丁方须向甲方支付相当于逾期还款额的万分之五的违约金”。长源电力公司已代河南煤业公司向中国银行花桥支行清偿了借款本息,禹州安华公司未依照上述合同约定履行反担保保证责任,长源电力公司有权依照《反担保保证合同》向其主张违约金。长源电力公司向禹州安华公司既主张利息又主张了违约金,一审判决参照《民间借贷解释》第三十条“出借人与借款人既约定了逾期利率,又约定了违约金或者其他费用,出借人可以选择主张逾期利息、违约金或者其他费用,也可以一并主张,但总计超过年利率24%的部分,人民法院不予支持”的规定就违约金过高部分进行了调整,并无不当。

【案例来源】

中国裁判文书网,http://wenshu.court.gov.cn。

680 连带共同保证中保证人减少时,应按实际保证人人数分配保证份额

【关键词】

|连带共同保证|保证人|保证份额|

【案件名称】

顾善芳诉张小君、林兴钢、钟武军追偿权纠纷案[浙江省宁波市中级人民法院二审民事判决书,2014.4.24]

【裁判精要】

裁判摘要:对格式条款的理解发生争议的,首先应当按照通常理解予以解释。只有按照通常理解对格式条款有两种以上解释的,才应采用不利解释原则。连带共同保证中保证人减少时,应按实际保证人人数平均分配保证份额。

浙江省宁波市中级人民法院二审认为:

一、上诉人钟武军提供的保证是否系其真实意思表示

法院认为,本案钟武军、顾善芳、林兴钢以保证人身份分别在涉案最高额保证合同上签名,为借款人马达荣向泰隆余姚支行的借款提供连带责任保证的意思表示真实。因各保证人与泰隆余姚支行没有约定保证份额,故应依法认定为连带共同保证,泰隆余姚支行有权要求任何一个保证人承担全部保证责任。因钟武军并未提供

证据证明其提供保证是以张小君本人提供保证为条件，故其上诉提出的因“张小君”并非该本人签名，故钟武军在最高额保证合同上签名不是其真实意思表示的主张不予采信。钟武军、顾善芳、林兴钢与泰隆余姚支行之间保证合同关系依法成立。

二、涉案最高额保证合同是否生效

对此，法院认为，涉案最高额保证合同属于泰隆余姚支行预先拟定的格式合同，该合同第8条约定，该合同自各方签名或盖章之日起生效。对此条款双方当事人有不同理解。根据《合同法》第四十一条的规定，对格式条款的理解发生争议的，首先应当按照通常理解予以解释。因本案各保证人并非作为一个整体对泰隆余姚支行的债权提供担保，而是各保证人分别提供担保，故按通常理解，该合同第8条约定的内容应理解为合同自每个保证人分别签名或盖章后生效。因此，上诉人钟武军提出的此点上诉理由法院不予采纳。本案最高额保证合同对被上诉人顾善芳、一审被告林兴钢、钟武军均具有法律拘束力。

三、被上诉人顾善芳在签订最高额保证合同时是否知晓“张小君”并非其本人所签，从而可以对债权人泰隆余姚支行的代偿请求提出抗辩

对此，法院认为，上诉人钟武军并未提供证据证明顾善芳在签订最高额保证合同时已知晓“张小君”并非其本人所签。在此情形下，顾善芳作为保证人代为清偿债务人的债务并无不妥之处。在其代为清偿后，有权根据法律规定要求其他保证人平均分担。因此，钟武军提出的此点上诉理由没有事实依据，不予采纳。综上，钟武军的上诉请求法院不予支持。一审判决认定案件事实清楚，适用法律正确。

【案例来源】

《中华人民共和国最高人民法院公报》2017年第10期。

681 共同债务人之一在承担清偿责任后，向其他债务人行使追偿权时，不能向其他债务人的担保人行使追偿权

【关键词】

｜共同债务人｜追偿权｜

【案件名称】

长春佳音商贸有限公司与现代（江苏）工程机械有限公司追偿权纠纷案［最高人民法院（2017）最高法民再20号民事判决书，2017.8.25］

【裁判精要】

最高人民法院认为：

本案再审争议焦点为长春佳音公司是否应当承担连带担保责任。

首先，担保合同是主合同的从合同，主债权因清偿等原因而消灭的，担保债权随之消灭。同时，担保关系具有相对性，担保的债权和债权人、债务人、担保人皆具特定性，应严格按照担保合同确定担保人的责任。作为共同债务人之一在承担清偿责任后，向其他债务人行使追偿权时，不能向其他债务人的担保人行使追偿权。本案中，现代融资租赁有限公司（甲方）与长春佳音公司（乙方）、吉林佳音公司（丙方）签订融资租赁合作协议的从属协议之补充协议，协议内容包括：乙方对丙方履行新从属协议及承继并履行乙方在原从属协议项下的全部义务，包括但不限于回购义务，提供不可撤销连带责任保证，丙方未能履行新从属协议或原从属协议项下的义务时，甲方有权要求乙方承担连带担保责任，乙方应在甲方通知的期限内支付相应款项或履行相应义务。根据该约定，长春佳音公司所担保的现代融资租赁有限公司的主债权包括要求吉林佳音公司履行回购义务。由于现代机械公司主张其已经向现代融资租赁有限公司履行了回购义务，则长春佳音公司所担保的相应主债权已经因清偿而消灭，其相应的担保义务随之消灭。现代机械公司承担回购款清偿责任后，在向吉林佳音公司行使追偿权时，不能同时向长春佳音公司行使追偿权。原审判决长春佳音公司承担连带担保责任错误，应予纠正。

其次，载明日期为 2009 年 1 月 13 日的公函中有关责任承担的内容主要有："……现将所有与贵司的新业务全部转由新公司经营，原长春佳音商贸有限公司继续保留，所有债权债务长春佳音商贸有限公司和吉林省佳音工程机械有限公司均予以承认和承担。……2009 年与贵司签订的代理协议，我司希望用吉林省佳音工程机械有限公司的名义与贵司签署，长春佳音商贸有限公司为吉林省佳音工程机械有限公司全程担保。……"该函抬头虽为"现代（江苏）工程机械有限公司"，落款为"长春佳音商贸有限公司"，但其内容表述意思含糊，不能明确指向长春佳音公司应当对本案的回购款承担担保责任。关于长春佳音公司对公函申请鉴定的问题，由于该份公函内容模糊不清，不能确定意思表示具体内容，所以是否鉴定并不影响本案对长春佳音公司的责任认定。

【案例来源】

中国裁判文书网，http://wenshu.court.gov.cn。

682 担保人放弃其在承担担保责任后追偿权的约定有效

【关键词】

｜担保人｜放弃追偿权｜

【案件名称】

青海省公路桥梁工程集团有限公司与山西信托股份有限公司借款合同纠纷案［最高人民法院（2018）最高法民终287号民事判决书，2018.6.8］

【裁判精要】

最高人民法院认为：

（一）关于案涉《信托贷款合同》是否无效，本案应否中止审理的问题

2016年1月30日，信托公司与公路桥梁公司签订了《信托贷款合同》，约定信托公司向公路桥梁公司发放贷款229987350元，贷款期限24个月，双方并就贷款利率、利息的支付、违约责任等作了约定。该协议是当事人真实意思表示，其内容亦不违反法律禁止性规定。一审审理期间，公路桥梁公司对《信托贷款合同》的有效性不持异议。二审审理期间，公路桥梁公司虽主张青海省公安厅对公路桥梁公司及富腾公司的相关人员因涉嫌骗取贷款已立案侦查，但其涉嫌的犯罪事实是否成立尚未有生效的刑事判决书予以确认，且公路桥梁公司对该犯罪事实与本案《信托贷款合同》是否有关联性、该关联性是否致使涉案《信托贷款合同》因具备《合同法》第五十二条规定的情形而无效负有举证义务。公路桥梁公司目前未能提供充分证据证明涉案《信托贷款合同》存在违法无效的情形。据此，一审法院认定案涉《信托贷款合同》有效并无不当。公路桥梁公司称《信托贷款合同》无效的上诉理由不能成立，本院不予采信。本案基本事实清楚，公路桥梁公司所提交的《立案告知书》不能否定《信托贷款合同》的效力，其对本案民事法律关系的认定和民事责任承担并无实质影响，本案无须以刑事案件的结果为依据。公路桥梁公司要求中止审理本案的申请不符合《民事诉讼法》第一百五十条关于中止诉讼的规定，故本院不予准许。

（二）关于富腾公司对涉案借款承担抵押担保责任后是否有权向公路桥梁公司追偿的问题

公路桥梁公司虽为涉案《信托贷款合同》的借款人，但所出借的款项根据路桥公司与富腾公司签订的《合作框架协议》《补充协议》可以看出，是为履行上述两份协议而进行的融资贷款。富腾公司作为实际用资人，对公路桥梁公司作为《补充协议》中所载明的融资借款人身份是明知的。因此，富腾公司在《补充协议》中明确承诺在融资款到达其账户后承担款项的终极责任，不以任何理由向路桥公司或公路桥梁公司针对此款项进行追偿，应是其真实意思表示。富腾公司对其追偿权的放弃，根据

《民事诉讼法》第十三条第二款“当事人有权在法律规定的范围内处分自己的民事权利和诉讼权利”的规定，是对其自身权利的处分，不违反法律规定。而根据查明事实，涉案贷款最终汇入了富腾公司账户，富腾公司在《补充协议》中的承诺对其产生约束力。至于协议中约定路桥公司造成富腾公司损失的除外情形，富腾公司没有提供证据证明存在上述除外情形。故此，根据《补充协议》约定，富腾公司在对涉案融资借款承担担保责任后无权向公路桥梁公司追偿。公路桥梁公司就此上诉理由成立，本院予以采信。

【案例来源】

中国裁判文书网，http://wenshu.court.gov.cn。

第十一章 CHAPTER 11

抵押担保纠纷

一、法律适用

683 《担保法》与《物权法》关于物的担保规定的衔接

【关键词】

| 物的担保 | 法律衔接 |

【案件名称】

中国银行股份有限公司太原市鼓楼支行、山西泰基实业有限公司、山西省人民政府机关事务管理局、山西中兴物资与山西省纺织工业供销总公司一般借款合同纠纷案［最高人民法院（2013）民抗字第67号民事判决书，2014.11.5］

【裁判精要】

最高人民法院认为：

根据《立法法》第八十四条的规定，在没有特别规定的情况下，法律不具有溯及既往的效力，即新的法律规定不能调整法律生效前已经发生的事实和行为。《物权法》明确规定该法自2007年10月1日起施行，并不具有溯及既往的效力，对《物权法》施行之前发生的事实，应当按照当时的法律规定处理。《物权法》施行之后，就担保的法律规制问题，出现了《物权法》与《担保法》并行的局面，虽然《物权法》第一百七十八条规定，《担保法》与《物权法》的规定不一致的，适用《物权法》的规定，但这一法律适用原则针对的对象也是《物权法》施行之后的事实和行为，对于《物权法》施行之前的事实和行为，即便《物权法》作出了与《担保法》不一致的规定，也应该适用《担保法》的规定。根据本案查明的事实，与本案借款合同相对应的两份抵押合同分别为2003年抵字第02号抵押合同和2003年抵字第12号抵押合同，该两份抵押合同均签订于2003年，且均未办理抵押物登记。本案的抵押担保行为发生在《担保法》施行之后，《物权法》施行之前，对于涉案两份抵押合同因未办理抵押物登记的效力问题，应该适用《担保法》的规定，而不应该适用《物权法》的规定。按照《担保法》第四十一条的规定，当事人以不动产抵押的，应当办理抵押物登记，抵押合同自登记之日起生效。由于涉案两份抵押合同至今没有办理抵押物登记，该两份抵押合同应认定为未生效。二审判决适用《物权法》的规定，认定两份抵押合同已经生效，属于适用法律错误。

按照《担保法》第四十一条、第四十二条的规定，不动产抵押权的设立，须办理抵押物登记，才能成立抵押权，抵押权人才能依据抵押合同对抵押物享有优先受偿权，未办理抵押物登记的,不成立抵押权,抵押合同中的抵押权人对抵押物并不享有优先受偿权。本案中,省政府管理局用登记在其名下的房产为泰基公司向中行鼓楼支行的借款提供抵押担保的意思表示是真实的,但在仅有抵押合同而没有办理抵押物登记的情况下并不成立抵押权,中行鼓楼支行对抵押物并不享有优先受偿权的权利。二审判决根据《物权法》第十五条关于不动产物权合同除法律另有规定或者合同另有约定外,自合同成立时生效;未办理物权登记的,不影响合同效力的规定,判令中行鼓楼支行享有对抵押物的优先受偿权,属适用法律错误。

再审庭审中,中行鼓楼支行提出,即使涉案抵押物未经登记,中行鼓楼支行不享有优先受偿权,省政府管理局也应该承担赔偿责任。经查,按照2003年抵字第02号抵押合同和2003年抵字第12号抵押合同第八条的约定,省政府管理局应该在抵押合同签订后15日内,持相关资料到有关机关办理抵押财产登记手续,但省政府管理局至今没有办理抵押物登记手续,构成抵押合同的缔约过失责任。按照《担保法解释》第五十六条第二款的规定,法律规定登记生效的抵押合同签订后,抵押人违背诚实信用原则拒绝办理抵押登记致使债权人受到损失的,抵押人应当承担赔偿责任。因此,省政府管理局应该在主债务人泰基公司不能清偿的债务范围内对抵押权人中行鼓楼支行承担赔偿责任。

【案例来源】

中国裁判文书网,http://wenshu. court. gov. cn。

编者说明

《物权法》第四编在创设诸如担保物权合同与担保物权变动的区分原则、动产浮动抵押制度、最高额抵押债权的转让规则、抵押权顺位的抛弃和变更、最高额质权、基金份额和应收账款的设质、承认责任转质等一些新的制度规则的同时,大量吸纳并修改完善了《担保法》和《担保法解释》中的若干制度规则,同时也导致《担保法》、《担保法解释》和《物权法》第四编之间存在诸多冲突,由此引发《担保法》与《物权法》适用上的衔接问题。

首先,应当注意到,《物权法》的颁行并不意味着《担保法》的废止,因此《物权法》施行后将出现《民法通则》《担保法》《物权法》《海商法》等规定有担保物权内容的诸法并行的局面。在处理《担保法》等法律与《物权法》衔接问题时,人民法院应当坚持"法不溯及既往"的法律原则,凡是发生在《物权法》施行之前的担保物权行为,应当适用《担保法》及其司法解释的规定。

其次,《物权法》实施后,在处理《担保法》等法律与《物权法》的冲突时,应当按照《立法法》第八十三条与《物权法》第一百七十八条规定的原则和精神,根据"上位法优于下位法""新法优于旧法""特别法优于一般法"的原则解决法律冲突问题。《民法通则》与《物权法》虽为同位法,但《物权法》是新法;《担保法》与《物权法》虽皆规定有担保物权,但《物权法》是上位法;《物权法》与《海商法》、《民用航空法》虽都规定有船舶、航空器抵押权等担保物权,但《海商法》《民用航空法》是特别法。

最后，在抵押权登记效力、抵押登记的公信力、独立担保的适用依据、抵押权的重复设定、抵押权的存续期限、担保财产的处分、抵押权的从属性规则、担保物权竞合规则等方面，《担保法》及其司法解释与《物权法》第四编的规定差距较大，必须重点加以关注。总之，民商事法官要认真学习《物权法》尤其是第四编中的新制度、新规则，仔细研究和把握制度规则的冲突之处，同时要注意总结审判中的问题和经验，为《物权法》实施和担保物权纠纷案件的审理做好充分的准备，为最高人民法院已经启动的《物权法》担保物权编的司法解释奠定扎实的实践基础。①

关于《担保法》与《物权法》衔接问题的处理包括以下几个方面：第一，处理《担保法》等法律与《物权法》衔接问题，应坚持“法不溯及既往”的法律原则，凡是发生在《物权法》施行之前的担保物权行为，应当适用《担保法》及其司法解释的规定。第二，在《物权法》实施后，处理《担保法》等法律与《物权法》的冲突时，按照《立法法》第八十三条与《物权法》第一百七十八条规定的原则和精神，根据“上位法优于下位法”“新法优于旧法”“特别法优于一般法”的原则解决法律冲突问题。第三，在抵押权登记效力、抵押登记的公信力、独立担保的适用依据、抵押权的重复设定、抵押权的存续期限等方面，《担保法》及其司法解释与《物权法》第四编的规定差异较大，应当重点加以关注。

684 抵押财产已经特定化，不是浮动抵押意义下的流动物，应为一般动产抵押

【关键词】

｜抵押物特定化｜浮动抵押｜动产抵押｜

【案件名称】

九三集团（黑龙江龙垦）金粮经贸有限公司与前郭县敖丰粮油有限责任公司、张伟合同纠纷案［最高人民法院（2016）最高法民再275号民事判决书，2016.10.31］

【裁判精要】

最高人民法院认为：

（二）关于张伟对涉案2000吨玉米是否享有抵押权的问题

首先，关于张伟与敖丰公司之间的法律关系问题，本院认为，二审法院认定张伟与敖丰公司之间形成浮动抵押合同关系，属于适用法律错误。《物权法》第一百八十一条规定：经当事人书面协议，企业、个体工商户、农业生产经营者可以设立的浮动

---

① 参见《充分发挥民商事审判职能作用 为构建社会主义和谐社会提供司法保障——在全国民商事审判工作会议上的讲话》（2007年5月30日），载最高人民法院民事审判第二庭编：《民商事审判指导》（总第11辑），人民法院出版社2007年版，第56～57页。

抵押,是指企业、个体工商户、农业生产经营者以其全部动产,包括现在的和将来可以取得的全部动产为标的设定的抵押。构成该动产须具备三个要件:一是以不特定的动产作为担保标的物;二是在实现抵押权时仅以抵押人当时拥有的相应动产为抵押物,抵押权人只能对确定时属于抵押人的财产享有优先受偿权;三是设立于抵押人当时所有的财产之上,但抵押人仍有权对设押财产在日常经营范围内行使所有权的占有、使用、收益、处分权能。按照张伟与敖丰公司之间的约定,抵押物详见抵押物清单,而抵押物清单载明了玉米入库的时间和数量,张伟亦委派人员监管玉米的销售,可见抵押的玉米已经被特定化,不再是浮动抵押意义下的流动物,抵押物并不包括在签订抵押合同之前已经存放于敖丰公司仓库内的玉米,敖丰公司也不能自由处分已经列入抵押清单的玉米,故张伟与敖丰公司之间的抵押合同并不符合动产浮动抵押的构成要件,应当为一般动产抵押,自抵押合同成立时起,其抵押物即为已经被特定化的入库玉米,即2013年12月16日至2014年1月9日之间进入敖丰公司粮库的4211.625吨玉米。其次,关于案涉2000吨玉米是否属于敖丰公司抵押给张伟的4211.625吨玉米的问题。二审法院认定自2013年12月16日起经张伟许可敖丰公司共向官顺忠发送玉米1894.47吨,据此认定剩余2000余吨玉米即为张伟的抵押物。但经本院再审查明,2013年12月27日至2014年2月21日之间敖丰公司又向案外人李鑫海出售玉米2700余吨,张伟坚持认为在上述时间段内敖丰公司没有张伟委派的监管人员许可,不可能向其他人出售玉米。但敖丰公司陈述其认为张伟的抵押物玉米已经全部出售给官顺忠,官顺忠支付的玉米款用来偿还张伟借款,因此敖丰公司仓库内的玉米可以自由出售,故敖丰公司将2700余吨玉米出售给案外人李鑫海。本院认为,在张伟坚持称其监管期间内不可能有玉米售出的情况下,敖丰公司仍然向外出售了玉米,敖丰公司自认其出售的玉米即为张伟的抵押物,至于张伟的借款则由官顺忠支付的玉米款进行偿还。结合起诉时敖丰公司粮库内仅存2000余吨玉米的事实来看,敖丰公司作为玉米保管人,在九三金粮公司与张伟均主张剩余玉米系己方所有(或抵押),却无其他证据佐证的情况下,敖丰公司的陈述显然具有较强的证明力,且九三金粮公司委派的看管人员蔡恒亦在一审中出庭作证,而张伟委派的看管人员庞家范一直未出庭作证。故本院认为,根据优势证据规则,张伟未能举示充分证据证明敖丰公司库存的2000吨玉米属于其抵押物,本院对其诉讼主张难以支持。

【案例来源】

中国裁判文书网,http://wenshu.court.gov.cn。

编者说明

最高人民法院在汝州市三源牧业有限公司、河南和佳置业有限公司企业借贷纠纷再审审查与审判监督案中认为:“根据《物权法》第一百八十一条的规定,构成动产浮动抵押的其中两个要件是以不特定的动产作为担保标的物；设立于抵押人当时所有的财产之上，但抵押人仍有权对设押财产在日常经营范围内行使所有权的占有、使用、收益、处分权能。经查，《借款合同》第三条约定：汝源公司自愿将其全部资产作为抵押，不包含债务；若抵押期间汝源公司将抵押物再抵押、转让给第三方，视为欺诈。该约定所涉及的全部资产包括动产及不动产，且限制了汝源公司在抵押期间将抵押物再抵押、转让的权利，与动产浮动抵押的构成要件不符，无法判定双方形成了设定动产浮动抵押担保的合意。”①前引两案的裁判理由厘清了一般动产抵押与浮动抵押的区别：一是用以抵押的标的物是否特定化，在浮动抵押中，是以不特定的动产作为担保标的物；二是浮动抵押的债权人在实现抵押权时仅以抵押人当时拥有的相应动产特定为抵押物，抵押权人只能对确定时属于抵押人的财产享有优先受偿权；三是浮动抵押应当设立于抵押人当时所有的全部财产之上，但抵押人仍有权对设押财产在日常经营范围内行使所有权的占有、使用、收益、处分权能。

685 出借人回避抵押担保制度，指定第三人与借款人签订委托合同并由第三人取得出售借款人不动产等重大权利的，其权利义务关系应受委托合同的法律规则制约

【关键词】

｜抵押｜委托合同｜法律规则｜

【案件名称】

周伟均、周伟达诉王煦琼委托合同纠纷案［上海市第一中级人民法院（2014）沪一中民一（民）终字第3045号民事判决书］

【裁判精要】

裁判摘要：在借贷关系中，出借人为防止借款无法按期收回而要求借款人提供不动产作为债权担保的，双方应签订抵押合同并办理抵押物登记。出借人回避抵押担保制度，选择指定第三人与借款人签订委托合同并由该第三人取得出售借款人的不动产等重大权利的，此时委托合同虽意在实现抵押担保功能，但其项下的权利义务关系仍应受委托合同的法律规则之制约。在委托合同项下，受托人负有遵照委托人指示，本着诚实信用的原则在授权范围内依法善意处理委托事务之法定义务。受托人无视委托人的真实意愿与切身利益，转而根据出借人指令恶意处分委托人财产，即使该处分行为对易相对方发生效力，受托人仍应就其严重侵害委托人利益的行为承担相应赔偿责任。

① 参见最高人民法院(2017)最高法民申1500号民事裁定书(2017.12.15)，载中国裁判文书网，http://wenshu.court.gov.cn。

上海市第一中级人民法院二审认为：

案外人孙某某出借钱款给周伟均、周伟达时双方签订了《抵押借款协议书》，明确借款人周伟均、周伟达用AA路房屋为借款及利息提供抵押担保，故孙某某的债权完全可以通过抵押权实现得以保障。但孙某某为避免抵押权实现过程中的烦琐与不可控之因，而联络王煦琼，以王煦琼与周伟均、周伟达签订并公证《委托书》和《委托书风险声明书》的方式，以确保其对抵押物的随意处置。既然债权人会同王煦琼以与债务人建立委托合同的方式保证债权的实现，则王煦琼应当受委托合同法律规范的调整。《合同法》就委托合同法律关系规定：受托人应当按照委托人的指示处理委托事务。无偿委托合同，因受托人的故意或者重大过失给委托人造成损失的，委托人可以要求赔偿损失。本案中，王煦琼认可在出售AA路房屋时是应了债权人孙某某的要求，而未征询委托人周伟均、周伟达的意见。事实上王煦琼作为受托人在出售该房时也仅注重孙某某的债权实现，完全无视委托人周伟均、周伟达的利益，以超低价进行出售。虽然周伟均、周伟达签署了《委托书》和《委托书风险声明书》，但也仅是赋予受托人行使权利的范围及表明委托人愿意承担一定的风险；并不能以此为据成为受托人可以有违法律规定、恣意实施严重侵害委托人财产利益的借口。因此，王煦琼作为委托合同的受托人，过错显见。周伟均、周伟达据此要求王煦琼承担相应的赔偿责任，有一定的依据与理由。即使在前已审结的房屋买卖合同案中，房屋买受人自愿补偿了周伟均、周伟达30万元，但并不因此而应当免除王煦琼的过错责任。原审法院考虑到周伟均、周伟达在本次事件中自身不守信、防范风险意识缺失的过错，也充分考虑了房屋买受人已自愿补偿部分房款的事实，判令王煦琼按评估价酌情赔偿周伟均、周伟达经济损失，于法无悖，无明显不当。王煦琼的上诉请求，理由不充分，本院难予支持。

【案例来源】

《中华人民共和国最高人民法院公报》2018年第3期。

686 合同关于“用其公司名下所有资产为本项目贷款提供抵押担保”的约定与以全部财产对外承担责任并无不同，系公司对外承担责任的概括性描述

【关键词】

| 抵押担保 | 全部财产 | 概括性描述 |

【案件名称】

兰州市城关区民丰小额贷款有限责任公司与林连法民间借贷纠纷案［最高人民法院（2018）最高法民终329号民事判决书，2018.6.26］

【裁判精要】

最高人民法院认为：

本案当事人二审争议的焦点问题是民丰小贷公司对佳德信公司名下的动产是否享有优先受偿权。

根据原审查明，民丰小贷公司与佳德信公司签订案涉借款合同之后，当日签订《担保合同》约定：担保人愿意就借款人偿付主合同项下全部借款本金、利息、罚息、补偿金、违约金、损害赔偿金和实现债权的费用向贷款人提供担保；由抵押人佳德信公司用其公司名下所有资产为本项目贷款提供抵押担保；本合同的担保期间为主合同项下每笔债务履行期届满之日起一年。该合同所附《抵（质）押物权力清单》为空白。担保合同之成立生效与抵押权之有效设立并不相同，合同是否成立主要考虑当事人的意思表示是否达成一致。就双方的《担保合同》而言，佳德信公司有明确的提供担保的意思表示，合同并不存在无效之情形，《担保合同》在双方当事人之间已经成立并生效。但上述《担保合同》所附《抵（质）押物权力清单》空白，合同关于“用其公司名下所有资产为本项目贷款提供抵押担保”的约定与法律上公司以其全部财产对外承担责任之规定并无不同，系公司对外承担责任的概括性描述，未特定化具体的抵押物。公司名下所有资产十分笼统，既包括不动产也包括动产，双方未就具体不动产办理抵押登记，也没有就设定浮动抵押的动产作出明确约定，因此不动产抵押权和动产浮动抵押权都未能有效设定。民丰小贷公司关于其对佳德信公司名下的动产享有优先受偿权的主张，系基于抵押权有效设立为基础，在抵押权未能有效设立情况下，其关于优先受偿权的主张不成立。综上，由于案涉抵押权未有效设定，故原审法院认为案涉《担保合同》因约定不明不具备成立的必备条款虽有不当，但不影响本案处理结果。民丰小贷公司上诉主张缺乏依据，本院不予支持。

【案例来源】

中国裁判文书网，http://wenshu.court.gov.cn。

二、抵押合同效力认定

687 地方性法规不应作为确认抵押合同效力的依据

【关键词】

| 地方性法规 | 抵押合同效力 |

【案件名称】

中国信达资产管理公司郑州办事处与开封模范商场借款合同纠纷案［最高人民法院（2005）民二终字第183号民事判决书］

【裁判精要】

最高人民法院认为：

关于寺后街建行与模范商场于1994年12月30日以及次年7月27日签订的两份《抵押协议》所约定的抵押权效力问题。该两份《抵押协议》均签订于我国《担保法》实施以前，系当事人真实意思表示，其并不违反我国当时的法律、行政法规的禁止性规定，故该两份《抵押协议》均合法有效。从两份抵押协议约定的抵押物来看，23000平方米商场(包括四层以上在建工程)在签订抵押协议时正在兴建，属于在建工程；本案当事人仅就借款合同及抵押协议在开封市公证处进行了公证，并未办理抵押登记手续。而河南省人大常委会1994年9月1日颁布实施的《河南省抵押条例》对在建工程的抵押登记问题并未作具体规定。根据本院1995年8月30日发布的《关于认真学习、贯彻票据法、担保法的通知》第三条"在担保法实施前所发生的担保行为，应当适用该行为发生时的有关规定，如果行为发生时没有规定的，可参照担保法的规定"，以及《担保法解释》第四十九条第二款"当事人未办理抵押物登记手续的，不得对抗第三人"之规定，本院认定本案两抵押关系成立，两份《抵押协议》合法有效，该协议所约定的抵押权在抵押权人寺后街建行与抵押人模范商场之间有效成立，但不得对抗第三人。

【权威解析】

关于《河南省抵押条例》适用与否的问题。二审合议庭意见不一，但一致认为，债权人的举证材料不符合证据的"三性要求"，不予采纳。承办人认为，该条例系当地人大常委会通过，在法律层级上属于地方性法规性质，按照《合同法》第五十二条的规定，认定合同效力的标准只有全国人大通过的法律，以及国务院颁布的行政法规,其他层级的规范如地方法规、部门规章等均不能适用。因此,《河南省抵押条例》不应在本案中适用,从而也就更谈不上具体考量该条例的具体规定如何应用的问题了。合议庭第二种意见认为,该条例问题应当属于债权人信达公司的举证责任范围,其举证不能应自行承担责任;出于对河南省的顾虑,不管怎样,该条例毕竟是当地人大通过的地方法规,一旦认定条例不生效、不适用,容易激发社会矛盾,引发社会动荡,所以必须适用。合议庭第三种意见认为,直接以举证责任分担原则处理本案似乎不妥,还是应当要求当事人举证或者法院依职权主动调查后再定。……

为此,最高人民法院民二庭审判长联席会进行了讨论。就该两份《抵押协议》的效力问题,会议一致同意合议庭意见,即该两份《抵押协议》均签订于我国《担保法》实施以前,系当事人真实意思表示,其内容只要不违反我国当时的法律、行政法规的禁止性规定,就应认定合法有效。就抵押权来说,针对河南省人大通过的《河南省抵押条例》,会议部分法官认为,法律层级上确实不能用其判断合同的效力,如果判决书上不便说这样的话,可以另辟蹊径,根据《河南省抵押条例》对在建工程的抵押登记问题并未作具体规定,以及本案抵押物属于在建工程,当事人仅就借款合同以及抵押协议在开封市公证处进行了公证,并未办理抵押登记手续这一事实,结合最高人民法院 1995 年 8 月 30 日发布的《关于认真学习、贯彻票据法、担保法的通知》第三条"在担保法施行前所发生的担保行为,应当适用该行为发生时的有关规定,如果行为发生时没有规定的,可参照担保法"的规定,以及《担保法解释》第四十九条第二款"当事人未办理抵押物登记手续的,不得对抗第三人"的规定,可以认定本案抵押关系成立,两份《抵押协议》合法有效,该协议所约定的抵押权在抵押权人寺后街建行与抵押人模范商场之间有效成立,但不得对抗第三人。该会议之后,合议庭进行了第六次讨论,一致采纳了审判长联席会议的上述意见,即两份《抵押协议》均合法有效,维持原审判决认定的 1994 年 12 月 30 日的《抵押协议》合法,并判令债权人信达公司郑州办事处享有抵押权,能够优先受偿对应合同项下的 300 万元借款本息的判项;同时,以适用法律不当为由,纠正了原审判决未就 1995 年 7 月 27 日的《抵押协议》效力作出认定,以及认定该笔抵押无效的理由,并对上诉人信达公司郑州办事处的相关上诉理由分别作出了支持和不予支持的叙述。总结本案经验,值得一提的是,地方性法规不应作为判断合同效力的依据,处理具体案件时思路应当开阔,不应拘泥。①

【案例来源】

最高人民法院民事审判第二庭编:《担保案件审判指导》(增订版),法律出版社 2018 年版,第 265 ~ 276 页。

---

① 参见李京平:《地方性法规不应作为确认抵押合同效力的依据》,载最高人民法院民事审判第二庭编:《担保案件审判指导》(增订版),法律出版社 2018 年版,第 277 ~ 278 页。

688 私立医院中的医疗卫生设施仍属于社会公益设施，不得抵押

【关键词】

｜医疗卫生设施｜社会公益设施｜不得抵押｜

【案件名称】

周润泽与内蒙古玛拉沁医院、赵晖等借款合同纠纷案［最高人民法院（2015）民一终字第240号民事判决书，2016.10.15］

【裁判精要】

最高人民法院认为：

（二）关于玛拉沁医院的责任承担问题

2011年11月21日，周润泽与玛拉沁医院签订一份《抵押合同》，玛拉沁医院为邢科的借款提供担保，将其所有的位于新城区迎新中路西侧4140.74平方米国有土地抵押给周润泽。《物权法》第一百八十四条规定："下列财产不得抵押：……（三）学校、幼儿园、医院等以公益为目的的事业单位、社会团体的教育设施、医疗卫生设施和其他社会公益设施；……"玛拉沁医院虽为私人所有的营利性医疗机构，相较于公办医疗机构，仅是投资渠道上的不同，并不能否定其公益属性，私立医院中的医疗卫生设施仍属于社会公益设施。根据上述法律规定，玛拉沁医院为邢科的借款提供担保的财产属依法不得抵押的财产。由此，周润泽与玛拉沁医院签订的《抵押合同》为无效合同。《担保法解释》第七条规定："主合同有效而担保合同无效，债权人无过错的，担保人与债务人对主合同债权人的经济损失，承担连带赔偿责任；债权人、担保人有过错的，担保人承担民事责任的部分，不应超过债务人不能清偿部分的二分之一。"本案中，周润泽、玛拉沁医院在签订合同时均应知悉玛拉沁医院为邢科所负债务提供担保的财产属依法不得抵押的财产，周润泽、玛拉沁医院对案涉《抵押合同》无效均存在过错，对此，周润泽、玛拉沁医院应当根据其过错各自承担相应的民事责任。一审法院对玛拉沁医院的责任认定适用《担保法解释》第八条的规定，适用法律不当。但周润泽并未对玛拉沁医院的责任分担问题提起上诉，应视为周润泽对自己权利的处分，本院对此不予审理。综上，玛拉沁医院有关其不应承担责任的上诉主张，缺乏事实和法律依据，不能获得支持。

【案例来源】

中国裁判文书网，http://wenshu.court.gov.cn。

编者说明

关于私立或者民营医院的医疗卫生设施能否用于设定抵押担保，还存在不同的观点。

有的观点认为,《担保法》第三十七条的规定不适用于民营医院公司,民营医院公司作为营利性医疗机构与非营利性医疗机构存在本质的区别,作为营利性医疗机构的医院法人,对其合法取得的财产应该拥有全部的权利。① 本案判决认为私立医院虽为私人所有的营利性医疗机构,相较于公办医疗机构,仅是投资渠道上的不同,并不能否定其公益属性,私立医院中的医疗卫生设施仍属于社会公益设施。

实践中对于多数事业单位的公益性无可置疑,如公办学校、医院等,但也不排除一些事业单位具有明显的营利性特征,如报社、出版社、电视台和私立的民办学校、医院等,具体界定其是否具有"公益性",主要方法是一看登记、二看职能、三看社会共识。首先,以公益为目的的事业单位在登记时即已注明了"公益性"身份,对于登记为公益性的事业单位,无论其实际运行中是否完全遵循公益性的要求,均应作为公益性事业单位对待;其次,登记虽未注明为"公益性"的事业单位,但只要其承担的是教育、科技、文化、卫生等社会服务职能,也应作为公益性事业单位对待,包括民办学校;最后,对于一些特殊的事业单位,登记时没有注明为"公益性",职能上也不承担社会公益服务,则应当以社会公识为标准加以判断。②

689 以土地使用权抵押但没有办理抵押登记，只是抵押权没有成立，不影响抵押合同效力

【关键词】

| 抵押 | 抵押登记 | 合同效力 |

【案件名称Ⅰ】

地球卫士（桦甸）环保新材料有限公司与中国建设银行股份有限公司延边朝鲜族自治州分行金融借款合同纠纷案［最高人民法院（2015）民二终字第 337 号民事判决书，2016. 11. 29］

【裁判精要】

最高人民法院认为:

关于焦点(一)桦甸环保公司是否应当对地球卫士公司欠付借款当中的本金 4.12 亿元及利息,在 8 亿元最高额内承担连带清偿责任。本院认为,首先,桦甸环保公司与延边建行签订的《最高额抵押合同》依法成立并生效。《物权法》第十五条规定:"当事人之间订立有关设立、变更、转让和消灭不动产物权的合同,除法律另有规定或者合同另有约定外,自合同成立时生效;未办理物权登记的,不影响合同效力。"本案中,桦甸环保公司与延边建行签订的《最高额抵押合同》,意思表示真实,约定内容不违反法律法规的强制性规定,根据前述规定,该合同自成立时生效。双方约定

① 参见《人民司法》2005 年第 10 期司法信箱。

② 参见曹士兵:《中国担保制度与担保方法》(第三版),中国法制出版社 2015 年版,第 216 ~ 217 页。

用以抵押的财产为房屋及土地使用权,根据《物权法》第一百八十七条的规定,应当办理抵押登记,由于双方没有办理抵押登记,抵押权未设立,但并不因此影响抵押合同的效力。

桦甸环保公司破产管理人委托的诉讼代理人在二审庭审中主张,在签订《最高额抵押合同》时,桦甸环保公司与延边建行均明知约定的抵押物已经办理了他项权利登记,延边建行有义务对抵押物状态予以核实,双方签订的合同属于恶意串通损害集体利益的情形,应认定无效,双方应当按照各自过错承担相应责任。对此,本院认为:其一,该代理人提出的此项主张与桦甸环保公司在一审以及向本院递交的上诉状中提出的桦甸环保公司提供的抵押物符合法律规定,因登记机关拒绝给第二顺位抵押行为办理登记导致未办理抵押登记等主张相互矛盾;其二,该代理人现虽主张双方明知该抵押物已办理了他项权利登记,以及双方存在恶意串通情形,但并未提供任何证据证明,应当承担举证不利的法律后果;其三,《物权法》第一百九十九条第一项规定,同一财产向两个以上债权人抵押的,抵押权已登记的,拍卖、变卖抵押财产所得的价款按照登记的先后顺序清偿;顺序相同的,按照债权比例清偿。因此,即便当事人约定用以抵押的财产先前存在他项权利登记,双方所签订的抵押合同也不因此无效。综上,该代理人提出的《最高额抵押合同》无效的主张,缺乏事实及法律依据,本院不予采信。

其次,双方签订的《最高额抵押合同》明确约定,如果因桦甸环保公司原因致抵押权未有效设立,延边建行有权要求其在本合同约定的担保范围内对担保的债务与债务人承担连带责任。该约定的实质为,桦甸环保公司应当对地球卫士公司的借款本息承担附条件的连带保证责任,即在由于桦甸环保公司原因导致抵押权未有效设立之条件成就时,其就应当在《最高额抵押合同》约定的担保范围内承担连带保证责任。根据双方《最高额抵押合同》所附的《抵押物清单》记载,用于抵押的房屋及土地使用权"已经为其他债权设定抵押的金额"为0元,据此可知,桦甸环保公司在签订合同时,所承诺抵押的是未设定其他抵押的财产。而桦甸环保公司违背其承诺,用已存在抵押登记的财产再行抵押,是导致本案抵押权未设立的根本原因。桦甸环保公司虽主张,抵押权未有效设立的原因是双方约定用于抵押的财产上已经设立抵押权,抵押登记机关拒绝办理第二顺位抵押登记造成,但是其并未提供证据证明延边建行以及抵押登记机关对此存在过错,应当承担举证不利的法律后果。据此,原审判决认定该责任在于桦甸环保公司,以及其应当按照合同约定承担连带保证责任,并无不当。

最后,如前所述,因桦甸环保公司的原因导致抵押权未有效设立时,其就应当在《最高额抵押合同》约定的担保范围内承担连带保证责任。《最高额抵押合同》约定,桦甸环保公司为延边建行与地球卫士公司在2014年1月15日至2018年1月14日期间的所有借款合同提供担保,担保的最高额为8亿元。根据原审已经查明的事实,在此期间,延边建行实际向地球卫士公司发放贷款本金4.12亿元,原审判决判令桦甸环保公司对该贷款本金4.12亿元及利息,在《最高额抵押合同》约定的8亿元最高限额内承担连带保证责任,符合法律规定及双方合同约定。①

【案例来源】

中国裁判文书网,http://wenshu.court.gov.cn。

【案件名称Ⅱ】

周兴起与樊华、宁夏启融担保有限公司、刘宁民间借贷纠纷案[最高人民法院(2013)民一终字第76号民事判决书,2013.10.23]

【裁判精要】

最高人民法院认为:

四、关于一审法院认定抵押担保合同效力是否正确

周兴起上诉主张,樊华与启融公司签订的抵押担保合同未办理抵押登记,案涉国有土地使用权抵押法律关系系无效抵押,不应当予以支持。

本院认为,根据查明的案件事实,2012年9月29日,周兴起与樊华签订《借款合同》约定,周兴起提供担保方式为抵押和保证,担保人为启融公司和刘宁。同日,樊华作为抵押权人与抵押人启融公司签订了《抵押担保合同》,约定启融公司以其名下位于银川德胜工业园区虹桥路东侧贺国用(2007)第485号土地使用权为周兴起的涉案全部借款本金、利息、罚息、违约金、实现债权费用(包括但不限于因追偿借款产生的诉讼费、财产保全费、律师费、评估费、鉴定费、拍卖费等)、其他费用和周兴起所有其他应付费用提供抵押担保,并对周兴起违约而承担的所有损失及费用承担连带清偿责任。同时,樊华与刘宁、启融公司签订了《保证合同》,约定刘宁自愿为周兴起的涉案借款全部本金、利息、逾期利息、罚息、违约金、损害赔偿金等应支付的其他款项以及实现债权与担保权利而发生的诉讼费、律师费、评估费、鉴定费、拍卖费等一切费用提供保证担保,承担连带责任保证,并将启融公司名下贺国用(2007)第485号33333.3m^2的土地使用证交付给樊华作为涉案借款的抵押物予以抵押,刘宁签名盖章并按了手印。

从上述《借款合同》《抵押担保合同》《保证合同》签订的过程和内容看,启融公司、刘宁与樊华是在平等自愿协商一致基础上达成的合意,是启融公司、刘宁的真实意思表示。虽然《抵押担保合同》中用于设定抵押担保的土地使用权没有办理抵押登记,但只是抵押权没有成立,并不影响合同的效力,更不能因此免除启融公司、刘

① 本案二审判决后,桦甸环保公司向最高人民法院申请再审,最高人民法院审查后裁定予以驳回。参见最高人民法院(2017)最高法民申1649号民事裁定书(2017.7.31),载中国裁判文书网,http://wenshu.court.gov.cn。

宁的连带保证责任。《物权法》第一百八十七条规定,以土地使用权设定抵押的应当办理抵押登记,抵押权自登记时设立。该项规定仅仅是对抵押权是否设立的规定,并非合同具备效力的条件。周兴起上诉认为,涉案土地使用权因违反《担保法》第四十一条:"当事人以本法第四十二条规定的财产抵押的,应当办理抵押物登记,抵押合同自登记之日起生效"的规定,应当认定抵押关系无效。但《物权法》第一百七十八条明确规定:"担保法与本法的规定不一致的,适用本法。"因此,周兴起上诉提出《抵押担保合同》违反《担保法》第四十一条规定,抵押法律关系无效的主张,缺乏法律依据。一审判决认定《借款合同》《抵押担保合同》《保证合同》合法有效正确。此外,周兴起并非《抵押担保合同》的当事人,就一审判决关于该合同效力问题的认定其本无上诉权,鉴此,本院驳回周兴起就此问题的上诉。

【案例来源】

中国裁判文书网,http://wenshu.court.gov.cn。

编者说明

最高人民法院民二庭法官会议意见认为,不动产抵押权的设立以登记为必要,签订抵押合同但未办理抵押登记的,抵押权并未设立,债权人如主张享有抵押权的,不应得到支持。但是否登记并不影响抵押合同的效力,抵押合同有效成立后,就对双方具有约束力。如抵押人依约负有办理抵押登记的义务,但因抵押物灭失或转让而不能办理抵押登记的,抵押人应承担相应的违约责任,以抵押物的价值为限赔偿债权人履行利益的损失。连带责任须有明确的法律或约定依据,在双方并未约定抵押人承担连带责任的情况下,债权人请求抵押人承担连带责任的,人民法院不予支持。①

690 抵押合同特别约定办理抵押登记后生效的,不违反法律规定

【关键词】

| 抵押合同 | 特别约定 | 登记生效 |

【案件名称】

中国银行股份有限公司大连甘井子支行与库伦旗首宇甜菊糖有限公司金融借款合同纠纷案[最高人民法院(2017)最高法民终436号民事判决书,2017.10.31]

① 参见贺小荣主编:《最高人民法院民事审判第二庭法官会议纪要——追寻裁判背后的法理》,人民法院出版社2018年版,第241页。

【裁判精要】

最高人民法院认为：

本案的主要争议焦点是：抵押合同一中527896.1平方米国有土地使用权、抵押合同二中192686平方米国有土地使用权、抵押合同三中144828.4平方米国有土地使用权及83272.65平方米在建工程未办理抵押登记，应当由谁承担不利的法律后果。

一、关于案涉三份抵押合同的合同效力问题

《物权法》第十五条规定："当事人之间订立有关设立、变更、转让和消灭不动产物权的合同，除法律另有规定或者合同另有约定外，自合同成立时生效；未办理物权登记的，不影响合同效力。"本院认为，该条是《物权法》关于合同效力和物权效力区分的规定，不动产物权变动未办理物权登记不影响合同效力，不动产物权变动的合同效力原则上自合同成立时生效，除非法律另有规定或当事人有特别约定。

（一）关于案涉三份抵押合同是否成立的问题

本案中，案涉三份抵押合同均约定："本合同自双方法定代表人、负责人或其授权签字人签署并加盖公章之日起生效，但依法需要办理抵押登记的，则自抵押登记手续办理完毕之日起生效。抵押权于合同生效之时设立。"也即案涉三份抵押合同特别约定了在案涉不动产办理完成抵押登记后合同生效，符合《物权法》第十五条的规定。因此，案涉三份抵押合同是当事人的真实意思表示，不违反法律、法规的强制性规定，合同成立。

（二）关于案涉三份抵押合同是否生效的问题

中行甘井子支行与首宇公司签订的抵押合同一，该合同约定以首宇公司三项抵押物作为担保，双方为合同约定的第2项工业厂房和第3项在建工程办理了抵押登记，但没有为第1项国有土地使用权办理抵押登记。因此，抵押合同一成立但部分生效，关于第1项国有土地使用权的约定成立但未生效，关于第2项工业厂房和第3项在建工程的约定成立并生效。中行甘井子支行与百益源公司签订的抵押合同二和中行甘井子支行与盛世亚公司签订的抵押合同三，因中行甘井子支行与百益源公司、盛世亚公司并未对合同约定的抵押物办理抵押登记，故该两份合同均成立但并未生效。

【案例来源】

中国裁判文书网，http://wenshu.court.gov.cn。

691 未办理抵押登记导致抵押合同未生效的不利法律后果应由当事人根据过错承担

【关键词】

| 抵押登记 | 过错责任 |

【案件名称】

中国银行股份有限公司大连甘井子支行与库伦旗首宇甜菊糖有限公司金融借款合同纠纷案［最高人民法院（2017）最高法民终436号民事判决书，2017.10.31］

【裁判精要】

裁判摘要：当未办理抵押登记导致抵押合同未生效的，有办理登记义务的当事人而未办理的，给相对人造成的实际损失，应当承担缔约过失责任。双方均有过错的，应根据双方在办理抵押登记中地位及作用划分责任。

最高人民法院认为：

三、关于中行甘井子支行诉求百益源公司、盛世亚公司在担保最高债权额范围内对新源华公司未偿还款项承担赔偿责任的问题

（一）关于抵押权是否设立的问题

《物权法》第一百八十七条规定："以本法第一百八十条第一款第一项至第三项规定的财产或者第五项规定的正在建造的建筑物抵押的，应当办理抵押登记。抵押权自登记时设立。"本案中，抵押合同二约定百益源公司以其所拥有的192686平方米国有土地使用权为案涉新源华公司的贷款提供抵押担保，但没有办理抵押登记；抵押合同三约定盛世亚公司以其所拥有的144828.4平方米国有土地使用权及83272.65平方米在建工程为案涉新源华公司的贷款提供抵押担保，但均没有办理抵押登记。依据《物权法》第一百八十七条的规定，抵押权因抵押物未登记而未设立，故本院认为中行甘井子支行不能对抵押合同二、抵押合同三约定的上述三项抵押物享有优先受偿权。

（二）关于百益源公司、盛世亚公司是否应当承担赔偿责任的问题

1. 关于未办理抵押登记导致抵押合同二、抵押合同三未生效的不利法律后果应由谁承担的问题

《民法总则》第一百一十九条规定："依法成立的合同，对当事人具有法律约束力。"《合同法》第四十二条规定："当事人在订立合同过程中有下列情形之一，给对方造成损失的，应当承担损害赔偿责任：（一）假借订立合同，恶意进行磋商；（二）故意隐瞒与订立合同有关的重要事实或者提供虚假情况；（三）有其他违背诚实信用原则的行为。"《合同法解释（二）》第八条规定："依照法律、行政法规的规定经批准或

者登记才能生效的合同成立后，有义务办理申请批准或者申请登记等手续的一方当事人未按照法律规定或者合同约定办理申请批准或者未申请登记的，属于《合同法》第四十二条第(三)项规定的‘其他违背诚实信用原则的行为’，人民法院可以根据案件的具体情况和相对人的请求，判决相对人自己办理有关手续；对方当事人对由此产生的费用和给相对人造成的实际损失，应当承担损害赔偿责任。”本案中，中行甘井子支行主张百益源公司、盛世亚公司应根据合同约定承担未办理相关抵押登记的缔约过失责任。本院认为，根据《合同法》的立法精神，缔约过失责任是指在合同订立过程中，一方因违背其依据的诚实信用原则所产生的义务，而致另一方信赖利益的损失，并应承担损害赔偿责任。缔约过失责任以过错为归责原则，合同成立后需要办理申请登记手续才能生效的，有办理登记义务的当事人而未办理的，给相对人造成的实际损失，应当承担缔约过失责任。本案中，抵押合同二、抵押合同三第五条“抵押登记”条款均约定：“依法需要办理抵押登记的，在本合同签订后90日内，抵押人与抵押权人应到有关登记部门办理抵押登记手续。……”抵押合同二、抵押合同三第十四条“声明与承诺”条款中均约定，抵押人已经或将会取得设置本抵押所需的一切有关批准、许可、备案或者登记。抵押合同二、抵押合同三第十五条“缔约过失”条款均约定：“本合同签订后，抵押人拒绝办理或拖延办理抵押登记，或因抵押人的其他原因，致使本合同不能生效，抵押权不能有效设立的，构成缔约过失。由此使抵押权人受到损失的，抵押人应对抵押权人所受损失承担赔偿责任。”本院认为，抵押合同二因未办理抵押登记导致合同虽然成立但没有生效。对于未办理抵押登记致使合同未生效的责任应有谁承担的问题，根据抵押合同二的相关约定，为抵押物办理抵押登记应当为中行甘井子支行与百益源公司的共同义务，需要双方配合才能完成，在中行甘井子支行与百益源公司对办理抵押登记负有共同义务以及双方均不能举证证明自己不存在过错的情形下，本院认定双方均存在过错，双方应当各自承担相应的责任，依据《合同法》的上述规定和双方之间的合同约定，百益源公司违反了诚实信用原则，未尽到相关办理抵押登记的义务，百益源公司构成缔约过失。抵押合同三的情形与抵押合同二相同，中行甘井子支行与盛世亚公司亦均存在过错，双方应当各自承担相应的责任，依据《合同法》的上述规定和双方之间的合同约定，盛世亚公司构成缔约过失。虽然百益源公司、盛世亚公司抗辩中行甘井子支行在发放贷款前负有审查抵押权是否设立的义务，百益源公司、盛世亚公司不应承担缔约过失责任，但是案涉贷款是由转贷而来，中行甘井子支行对百益源公司、盛世亚公司办理抵押登记手续存在信赖利益，故百益源公司、盛世亚公司的抗辩理由不能成立，本院不予支持。综上，中行甘井子支行关于百益源公司、盛世亚公司构成缔约过失责任的主张于法有据,本院予以支持。①

【案例来源】

中国裁判文书网,http://wenshu.court.gov.cn。

692 抵押人出具抵押清单及盖章的空白合同并交付抵押物权利凭证,嗣后抵押人主张抵押合同违背其真实意思表示的不予支持

【关键词】

|空白抵押合同|权利凭证|真实意思|

【案件名称】

青海民族用品厂、西宁三环工业有限公司与中国银行股份有限公司青海省分行、青海省绿宝实业集团有限公司借款担保纠纷案[最高人民法院(2006)民二终字第7号民事判决书,2006.4.20]

【裁判精要】

最高人民法院认为:

本案的争议焦点在于中行省分行与青海民族用品厂、三环公司分别签订的抵押合同的效力问题。从两份抵押合同的形式要件看,抵押担保人的盖章及其法定代表人的签字真实,两上诉人也没有异议,本院予以确认。青海民族用品厂和三环公司上诉的共同理由认为抵押合同的签订是借贷双方当事人利用他们分别出具的已加盖其公章的空白抵押合同及抵押物清单所为,对于出具空白合同不能认为是无限授权,在最终确定抵押内容时还应当与抵押人具体协商,否则抵押合同无效。对此,本院认为,即使两抵押人上述出具空白合同的说法成立,两抵押人对于其出具的空白合同、抵押物清单的目的是用于签订抵押合同是清楚的,其交付抵押物权利凭证的目的也是明确的。抵押人并没有声明出具空白合同后至签订抵押合同尚需要再行商讨。相反,如果需要,提前盖章的行为就没有了意义。再者,抵押担保的特殊性在于抵押物是特定的,这就决定了抵押所担保的数额不会无限扩大。而事实上,两抵押人所称的出具空白合同的说法没有证据支持。由此可见,两上诉人认为本案所涉抵押合同违背真实意思表示、借款双方当事人串通欺骗抵押人的上诉理由缺乏证据

① 本案二审判决后,百益源公司与中行甘井子支行双方均向最高人民法院申请再审,最高人民法院审查后裁定予以驳回,并认为:"在中行甘井子支行与百益源公司都不能举证证明自己申请办理过抵押登记的情况下,原审判决认定双方均存在过错,违反诚实信用原则,要求中行甘井子支行及百益源公司各自承担相应的赔偿责任,有事实和法律依据。"参见最高人民法院(2018)最高法民申1987号民事裁定书(2018.6.22),载中国裁判文书网,http://wenshu.court.gov.cn。

支持，该上诉主张不能成立，本院不予支持。

【案例来源】

最高人民法院民事审判第二庭编：《最高人民法院商事审判指导案例·借款担保卷》（下），中国法制出版社2011年版，第617～622页。

693 抵押合同约定变更主合同无须经担保人同意，担保人仍承担担保责任的，该约定不能对抗因主合同变更导致担保人法定免责的情形

【关键词】

｜抵押合同｜主合同变更｜法定免责｜

【案件名称】

中国长城资产管理公司哈尔滨办事处与黑龙江华夏造纸有限公司、佳木斯金地造纸股份有限公司借款担保合同纠纷案［最高人民法院（2010）民二终字第72号民事判决书，2011.3.30］

【裁判精要】

裁判摘要：虽然担保人与贷款人在《最高额抵押合同》中约定除展期和增加贷款金额外，贷款人与借款人协议变更主合同，无须经担保人同意，担保人仍承担抵押担保责任。但是，上述约定不能对抗《担保法解释》第三十九条规定的因主合同变更导致担保人法定免责的情形。贷款人以此为由要求担保人承担抵押担保责任的，人民法院不予支持。

最高人民法院认为：

关于华夏公司是否知道金地公司和工行佳木斯分行将借款用途变更为借新还旧以及华夏公司是否应当承担抵押担保责任问题。金地公司与工行佳木斯分行在《固定资产借款合同》中约定的借款用途是8.5万吨牛皮箱板纸项目，华夏公司为上述借款提供了最高额抵押担保。《固定资产借款合同》签订之后，金地公司与工行佳木斯分行并未实际履行。其后，双方又分别签订六份《流动资金借款合同》，并已实际履行。上述六份《流动资金借款合同》约定的借款用途是借新还旧，对于借款用途的变更，华夏公司一直坚称其并不知道，也无证据证明其应当知道。因金地公司与工行佳木斯分行变更借款用途的结果实际上加重了担保人华夏公司的担保责任，根据《担保法解释》第三十九条关于“主合同当事人双方协议以新贷偿还旧贷，除保证人知道或应当知道的外，保证人不承担民事责任。新贷与旧贷系同一保证人的，不适用前款的规定”的规定，华夏公司不应当承担抵押担保责任。虽然华夏公司与工

行佳木斯分行在《最高额抵押合同》中约定除展期和增加贷款金额外，工行佳木斯分行与金地公司协议变更主合同，无须经华夏公司同意，华夏公司仍承担抵押担保责任。但是，上述约定不能对抗因主合同变更导致担保人法定免责的情形。原审法院认定华夏公司不知道借款用途变更为借新还旧，判决华夏公司在本案中不应承担抵押担保责任并无不当，本院予以维持。长城公司哈尔滨办事处关于华夏公司知道金地公司的借款用途，并且同意金地公司与工行佳木斯分行任意变更借款用途，因此，华夏公司在本案中应当承担抵押担保责任的上诉主张不能成立，本院不予支持。

抵押是担保的法定方式之一。在以第三人财产设定抵押的情形下，抵押担保法律关系在主体、内容、目的、效果等方面与保证担保的特征相近似。借贷关系的双方关于借款用途的约定，亦是担保人判断其风险责任所考虑的重要因素。无论对保证担保还是抵押担保，主债务双方在以固定资产投资为借款用途而设定担保后，又以借新还旧的真实用途发放并收回贷款，同样会改变担保人在提供担保时对担保风险的预期，加重其担保责任，同样会导致对担保人不公平的结果。据此，原审法院根据《担保法解释》关于保证的相关规定对本案进行判决并无不当，本院予以维持。长城公司哈尔滨办事处关于一审判决对最高额抵押适用保证的规定属于适用法律错误的上诉主张不能成立，本院不予支持。

【案例来源】

最高人民法院民事审判第二庭编:《担保案件审判指导》(增订版)，法律出版社2018年版，第442~448页。

694 事后抵押无效，抵押权人对于行使抵押权获得的价款没有优先受偿权

【关键词】

|事后抵押|优先受偿权|

【案件名称】

中国光大银行与内蒙古包头华达合资卧具装饰厂、中国农业银行包头市青山区支行、包头市青山区人民政府自由路办事处侵权纠纷案［最高人民法院（2008）民二终字第135号民事判决书，2009.4.23］

【裁判精要】

裁判摘要:所谓事后抵押，一般是指债务人有多个普通债权人，在清偿债务时，债务人与其中一个债权人恶意串通，将其全部或者部分财产抵押给该债权人。这种事后抵押的设定通常发生在债务人业已陷入支付危机、濒临破产、其财产已经不足

以清偿全部债务的情况下。设定事后抵押必然导致其降低或者丧失了履行其他债务的能力，损害了其他债权人的合法利益。因此，这种事后抵押应认定为无效，抵押权人对于行使抵押权获得的价款没有优先受偿权，已经取得该价款的，应当依法予以返还。

最高人民法院认为：

光大银行提出华达装饰厂与农行青山支行恶意串通，虚构债权设定抵押并处置抵押物的行为，与光大银行的损失之间有因果关系，故应当对其债权的全部损失承担连带赔偿责任。如上所述，华达装饰厂与农行青山支行的抵押行为系事后抵押。所谓事后抵押，一般是指债务人有多个普通债权人，在清偿债务时，债务人与其中一个债权人恶意串通，将其全部或者部分财产抵押给该债权人，因此丧失了履行其他债务的能力，损害了其他债权人的合法权益。通常情况下，债务人与其中一个债权人恶意串通设定事后抵押，一般均发生在债务人已经陷入支付危机，即债务人濒临破产，其财产已经不足以清偿全部债务。在该抵押行为被确认无效后，产生的法律后果是抵押权人就行使抵押权获得的价款没有优先受偿权；已经取得该价款的，应当依法予以返还。根据本案查明的事实，光大银行已就自己债权的保护在原审法院提起了借款合同纠纷与确认抵押合同无效纠纷两起诉讼，原审法院针对查明的事实，已经分别作出判决，华达装饰厂就借款合同承担违约还款责任，确认华达装饰厂与农行青山支行之间的抵押合同无效。故原审法院在本案中认定华达装饰厂已经在该院生效文书中被判决承担合同还款责任，不应再承担侵权责任并无不当。事实上，华达装饰厂与农行青山支行之间的事后抵押行为发生时，华达装饰厂已经彻底停产，处于资不抵债状态，农行青山支行与华达装饰厂签订抵押合同时，对抵押的房产和土地均进行了评估，其价值远低于光大银行所享有的债权，农行青山支行就抵押无效所应承担的法律后果是返还其基于抵押优先受偿获得的款项。故原审法院认定农行青山支行与华达装饰厂的抵押行为，与光大银行借款合同项下的贷款不能得到清偿之间不存在直接的因果关系，该认定并无不当。光大银行提出农行青山支行应当对其全部债权损失承担连带赔偿责任的诉讼请求，没有事实依据和法律依据，本院不予支持。

【案例来源】

《中华人民共和国最高人民法院公报》2010 年第 2 期。

695 恶意抵押损害第三人利益的，抵押合同无效

【关键词】

| 恶意抵押 | 第三人利益 | 合同无效 |

【案件名称】

中国农业银行股份有限公司绵竹市支行与东方电气集团峨嵋半导体材料有限公司债权人撤销权纠纷案［最高人民法院（2014）民二终字第70号民事判决书，2014.10.11］

【裁判精要】

最高人民法院认为：

农行绵竹支行提出的诉讼请求是撤销案涉最高额抵押行为，而案涉《最高额抵押合同》是东气半导体公司与东气财务公司设立案涉最高额抵押的依据。最高额抵押合同作为一种民事法律行为，对于其效力的审查和确认，属法律赋予人民法院的依职权审查范畴，不受当事人诉讼请求和上诉范围的限制，且农行绵竹支行在上诉主张中亦请求人民法院确认案涉《最高额抵押合同》无效。因此，解决本案二审争议的前提是认定案涉《最高额抵押合同》是否无效，进而才能认定案涉最高额抵押行为是否属符合《担保法解释》第六十九条规定而应予撤销的恶意抵押行为。

结合本案事实，判断案涉《最高额抵押合同》是否无效问题，核心在于东气半导体公司与东气财务公司在订立合同时是否存在《合同法》第五十二条第（二）项所规定的恶意串通损害第三人利益情形。恶意串通，是以损害他人利益为目的而相互通谋作出的意思表示。具体到恶意抵押行为上，判断抵押人（即债务人）与抵押权人（债务人的多个债权人之一）是否存在恶意串通损害其他债权人利益情形，要考虑到该债权人是否知悉债务人已陷入支付危机且该债权人知悉债务人陷入支付危机后串通设定抵押为债务人逃废其他债务，进而导致其他债权人无法以相应财产实现债权等因素加以认定。

根据本案查明的事实，农行绵竹支行于2008年开始向东气半导体公司发放信用贷款，东气财务公司晚于农行绵竹支行于2010年12月开始向东气半导体公司发放信用贷款。2009年10月14日，东气半导体公司向农行绵竹支行作出了在还清该行信用贷款前不将财产（光伏项目除外）抵押担保他行贷款的书面承诺。截至2011年11月25日东气半导体公司违反上述承诺擅自与东气财务公司签订《最高额抵押合同》时，东气半导体公司欠农行绵竹支行信用贷款本金共计8亿元，欠东气财务公司信用贷款本金共计9.6亿元，以上贷款均未设立担保。

同期，东气半导体公司生产经营状况持续恶化，出现巨额亏损，并于2011年下半年开始停产至今，主要依靠东气财务公司的贷款支付职工工资、到款贷款本息等费用，企业已实际陷入支付危机。东气半导体公司在2012年6月14日将上述《最高额抵押合同》涵盖的抵押财产全部办理完抵押登记后不久，即致函农行绵竹支行，表示该司已无偿付贷款本息的能力，决定向该行停止支付一切贷款本息。东气半导体公司虽向农行绵竹支行停止偿付信用贷款本息，但却还清了其所欠其他银行所有贷款(均为担保贷款)。由此可见,东气半导体公司违背向农行绵竹支行作出的不得将财产抵押他人的承诺,在暗自与东气半导体公司订立《最高额抵押合同》时,不仅自身已陷入支付危机,而且逃废农行绵竹支行金融债权的恶意明显。

东气财务公司在二审答辩中认可,其与东气半导体公司作为同一集团控制下的关联企业,两者具有关联关系。东气财务公司向东气半导体公司提供贷款融资,虽然利用的是市场化方式和手段,但在东气半导体公司严重亏损的情况下仍提供巨额贷款,更多的是基于关联关系的特殊考虑,两者的利益也更趋同一性。因此,相较于农行绵竹支行等东气半导体公司的外部债权人,东气财务公司对东气半导体公司的生产经营情况、财务状况等公司各项实际情况应当更加了解。在订立案涉《最高额抵押合同》时,东气财务公司对东气半导体公司尚欠农行绵竹支行 8 亿元信用贷款本金且已处于财务困境、陷入支付危机状态的客观实际应属明知。东气财务公司在设立案涉最高限额为 12 亿元的最高额抵押后,截至 2012 年 9 月 29 日,虽仍向东气半导体公司提供新增贷款共计 143360. 2 万元,但其通过将《最高额抵押合同》项下的系列债权担保期间设立为 2010 年 12 月 1 日至 2014 年 12 月 31 日的方式,将 2011 年 11 月 25 日《最高额抵押合同》签订之前对东气半导体公司的 9. 6 亿元信用贷款余额纳入该《最高额抵押合同》项下的抵押贷款。且至本案一审时,东气财务公司对东气半导体公司贷款余额为 93360. 2 万元,相比《最高额抵押合同》订立时 96000 万元信用贷款余额反而减少了 2639. 8 万元,且该 93360. 2 万元债务全为抵押贷款。至此,东气财务公司对东气半导体公司的所有债务均有了抵押财产保障。东气半导体公司在东气财务公司的贷款支持下,还将所欠其他银行的数亿元贷款全部偿还完毕。而作为东气半导体公司外部债权人的农行绵竹支行,其 8 亿元债权因无任何财产担保、东气半导体公司拒不偿还,至今无法收回,即使另案经人民法院强制执行,也因案涉抵押的设立而无财产可执行。从上述事实可知,东气财务公司作为东气半导体公司的关联公司,通过事后抵押,将东气半导体公司有价值的资产全部为自身信用贷款设立抵押以保全资产,与东气半导体公司具有损害农行绵竹支行债权的共同故意,导致农行绵竹支行的债权无法实现。基于上述事实,可以认定东气财务公司、东气半导体公司在订立案涉《最高额抵押合同》存在恶意串通损害第三人利益的情形。依照《合同法》第五十二条第(二)项之规定,应确认东气财务公司与东气半导体公司订立的《最高额抵押合同》无效。①

【案例来源】

中国裁判文书网,http://wenshu. court. gov. cn。

编者说明

2001 年 10 月 16 日最高人民法院民二庭审判长会议对恶意抵押的相关问题进行了集中研究。主要意见如下:

一、恶意抵押的司法解释依据

《担保法解释》第六十九条规定,债务人存在多个债权人而且其财产又不足清偿全部债务时,债务人与债权人所设立的事后抵押,损害了其他债权人利益的,该抵押行为可以被其他债权人申请撤销。司法解释这样规定依据的是《民法通则》确立的诚实信用原则和禁止权利滥用原则,认为债务人在实际处于资不抵债(英美法所称的 Insolvency)的状态时,为众多债权人之一设定抵押的行为违背诚实信用,对其他债权人形成不公;而债权人之一借设定和行使抵押权,在满足自身债权的同时,损害其他债权人的利益,构成权利滥用,因而该抵押权不应受到法律保护。

二、恶意抵押的构成要件

由于司法解释的规定是特殊规定,所以适用该条有较为严格的要求,根据《担保法解释》第六十九条的规定,恶意抵押的构成要件为:

1. 债务人存在多个普通债权人;

---

① 本案二审判决后,东气财务公司向最高人民法院申请再审,最高人民法院审查后认为:"东气财务公司和东气半导体公司同属东方电气集团下属子公司,东气半导体公司的控股股东为其母公司东方电气集团,且三公司高管交叉任职,互为关联关系。因光伏产能过剩等因素,东气半导体公司经营持续恶化,出现巨额亏损,2011 年下半年开始停产,企业陷入财务支付危机。东气财务公司作为以加强企业集团资金集中管理、为成员单位提供财务管理服务的非银行金融机构,应当清楚东气半导体公司的经营及财务状况。至涉案《最高额抵押合同》签订前,东气财务公司对东气半导体公司的信用贷款为 9. 6 亿元,与农行绵竹支行对东气半导体公司的 8 亿元信用贷款同属一般债权,均未设立担保。此前,双方债权的风险是同等的,受偿机会也平等。东气财务公司应当知道此前东气半导体公司作出过其在未还清农行绵竹支行信用贷款前,不将财产(光伏项目除外)作为他行贷款的抵押担保的《承诺》。在此情况下,东气财务公司占据关联地位之优势,置外部一般债权人农行绵竹支行利益于不顾,将东气半导体公司有价值的资产以最高额抵押的方式全部囊括在其抵押权优先受偿保障范围内。东气半导体公司还在东气财务公司的贷款支持下,还清了所欠其他银行的所有贷款,仅将农行绵竹支行的一般债权排斥在外。由此可见,东气半导体公司、东气财务公司逃废农行绵竹支行一般债务的主观恶意不仅限于已到期的贷款,设置最高限额为 12 亿元额度和跨度为 4 年期限的方式亦暴露了其逃废农行绵竹支行当时未到清偿期债务的主观恶意。时至目前,农行绵竹支行的债权仍未得清偿,且东气半导体公司资不抵债已于 2014 年 12 月 24 日向四川省峨眉山市人民法院申请破产并已被受理,该案已进入破产程序。农行绵竹支行申请执行本案判决因上述破产案被依法终结。该事实进一步证实东气财务公司、东气半导体公司订立《最高额抵押合同》的行为具有损害农行绵竹支行债权的共同故意,导致农行绵竹支行的债权无法实现。东气财务公司设定抵押后提供的部分贷款的形式虽以市场化的方式操作,但其行为更多是从集团内部共同利益体的角度考虑,其发放的部分新贷不足以抵消其恶意抵押造成的后果。农行绵竹支行一审诉请撤销东气财务公司与东气半导体公司的抵押行为,本院二审判决从《最高额抵押合同》的效力入手予以判决,确与当事人的诉请存在差异。但本案东气财务公司与东气半导体公司恶意抵押损害农行绵竹支行实现债权的客观事实是显而易见的,其设立抵押行为的效力终将被否定。故本院二审以认定涉案《最高额抵押合同》无效的方式,支持农行绵竹支行要求平等保护其债权的判决结果并无不当。"参见最高人民法院(2015)民申字第 250 号民事裁定书(2015. 6. 4),载中国裁判文书网,http://wenshu. court. gov. cn。

2. 债务人将其全部或者部分财产抵押给其中一个债权人；

3. 债务人将其全部或者部分财产抵押给一个债权人发生在清偿债务时，即有多个债权履行期届满，债务人对多个债权均有清偿义务时；

4. 债务人与债权人之一有恶意串通行为；

5. 债务人因设定抵押丧失了履行其他债务的能力。

三、与过去相关司法解释的协调

在《担保法解释》施行之前，1994年3月26日最高人民法院发布了《关于债务人有多个债权人将其全部财产抵押给其中一个债权人是否有效问题的批复》，该批复认为，“在债务人有多个债权人的情况下，债务人将其全部财产抵押给其中一个债权人，因而使债务人丧失了履行其他债务的能力……应当认定该抵押协议无效”。批复没有针对抵押部分财产，仅针对将全部财产抵押，而且批复中也没有强调债务人与债权人“恶意串通”这个要件。从限制的范围来说，批复因针对全部财产的抵押，范围要小于司法解释，但在限制的力度上，批复因不要求以“恶意串通”为要件，所以适用面要大一些。批复发布后，司法实践中适用该批复审理一些抵押权纠纷，虽对保护其他债权人起到积极作用，但对抵押权的稳定产生负面影响。在《担保法解释》中，司法解释的起草者在总结该批复的经验基础上，对该批复的内容进行了修改，形成《担保法解释》第六十九条的内容。第六十九条与该批复的主要区别是要求以“债务人与债权人恶意串通”为要件，在判断抵押权是否有效上更加谨慎和合理。

四、恶意串通的认定

《担保法解释》第六十九条要求以“债务人与债权人恶意串通”为要件，因此在适用该条时，认定“债务人与债权人是否有恶意串通”成为关键。根据司法解释的文义和起草本意，“恶意串通”指债权人对债务人有其他债权人并且该债务人已陷入支付危机的状况为知悉的情况下，仍然与债务人订立抵押协议的情形。债务人陷入支付危机属于有破产原因出现，依照《企业破产法（试行）》的一般规定，债务人不得为他人的一般债权设定抵押担保，而债权人对债务人支付危机为知悉的，该债权人对在债务人财产上设定抵押对其他债权人的影响为明知，因此，构成恶意串通。“恶意串通”的构成有两个要件：一是债务人陷入支付危机；二是债权人知悉债务人陷入支付危机。证明恶意串通的举证责任在于行使撤销权的其他债权人，但在实践中，如果债务人将全部财产为债权人之一设定事后的抵押，可以直接推定债务人与债权人之间存在“恶意串通”，不再需要证据证明。

五、需要注意的问题

根据上述分析，司法实践中要注意不能单方面凭以下情形认定为“恶意抵押”：

1. 债务人在被担保债权发生之初即为该债权设定抵押，而非事后设定抵押的；

2. 债务人将部分财产在事后为债权人设定抵押，但仍有余力清偿其他债务人的债务的；

3. 债务人为债权人之一设定抵押之时，其他债务未到期，债务人清偿义务尚未产生的。①

① 参见曹士兵：《关于恶意抵押的认定》，载最高人民法院民事审判第二庭编：《民商审判指导与参考》（总第1卷），人民法院出版社2002年版，第80～82页。

关于事后抵押或者恶意抵押的效力认定问题，最高人民法院1994年3月26日《关于债务人有多个债权人将其全部财产抵押给其中一个债权人是否有效问题的批复》认为："在债务人有多个债权人的情况下，债务人将其全部财产抵押给其中一个债权人，因而使债务人丧失了履行其他债务的能力……应当认定该抵押协议无效。"批复没有针对抵押部分财产，仅针对将全部财产抵押，而且批复中也没有强调债务人与债权人"恶意串通"这个要件。《担保法解释》第六十九条规定："债务人存在多个普通债权人的，在清偿债务时，债务人与其中一个债权人恶意串通，将其全部或者部分财产抵押给该债权人，因此丧失了履行其他债务的能力，损害了其他债权人的合法权益，受损害的其他债权人可以请求人民法院撤销该抵押行为。"将恶意抵押的认定条件规定为两个方面：一是主观要件，即债务人与作为抵押权人的债权人恶意串通；二是不再限于将全部财产抵押，对于将部分财产抵押时只要因此丧失了履行其他债务的能力，损害其他债权人的合法权益即可以构成恶意抵押。但该解释规定的恶意抵押的法律效果是其他受损害的债权人可以请求撤销抵押行为，而不是认定抵押无效。

前引最高人民法院两案的裁判意见，均是以恶意抵押属债务人与作为抵押权人的债权人恶意串通，损害第三人利益，从而符合《合同法》第五十二条第（二）项的规定，应当认定抵押合同无效。

696 抵押人是否被骗保，需要综合考虑主债务履行过程、担保人在协议前有关行为与意思表示、对于担保资金流向的关注度等因素

【关键词】

| 抵押骗保 |

【案件名称】

中国光大银行烟台支行与烟台市勘测设计研究院有限公司、烟台市银丰经贸有限责任公司承兑协议担保纠纷案［最高人民法院（2007）民二抗字第8号民事判决书，2008.5.29］

【裁判精要】

裁判摘要：担保纠纷中担保人是否被骗保，需要根据案件事实作出认定。主债务的履行过程、担保人在担保协议前有关行为与意思表示、担保人对于担保资金流向的关注度等均构成案件综合考虑因素。

最高人民法院认为：

光大银行与银丰公司签订的银行承兑协议合法有效，银丰公司未按约定交付票款，构成违约，应承担偿还光大银行垫付款本金及利罚息的责任。关于担保人设计院是否属于受骗提供担保，是否应当免除担保责任的争议：第一，设计院在银丰公司

申请开立汇票之前已与正大公司签订了抵押融资合同，约定设计院提供房产抵押，由正大公司协调银行贷款，所贷款项除由设计院使用4200万元外，余款由正大公司用于建筑华泰大厦。上述事实证明设计院原本就有利用房产抵押帮助正大公司融资的意向和计划。第二，在银丰公司申请开立汇票的当天，设计院便向光大银行出函表示同意以相同的房产为正大公司、山东省工程建设中心胶东开发中心、胶东公司、银丰公司及设计院自身开立5000万元汇票提供抵押担保，既没有限定汇票的具体用途，也没有限定各单位开立汇票的金额。就设计院同意以相同的房产为正大公司开立汇票提供担保而言，显然是其与正大公司此前商定的融资计划的延续。由于正大公司由副董事长高文江实际操控，银丰公司的法定代表人是高文江之子高卫东，两个公司之间有紧密的关联关系，加之设计院一并同意为五家单位开立汇票提供担保，总金额高达5000万元，却并未明确限定所开立汇票的具体用途，以及设计院为银丰公司申请开立汇票提供担保时亦未要求银丰公司提供相关的购销合同等事实，故应当认为设计院在提供担保时并不关心汇票的具体用途，并未要求汇票必须用于支付货款。第三，虽然当事人现对设计院法定代表人汤天众具函光大银行中“使用银行汇票就取得的销货款”一语有不同的理解，但就款项用途而言，都不是先支付银丰公司所负的该汇票票款债务，而是先偿还正大公司在光大银行的贷款本息，设计院应当知道由此将增大其实际承担担保责任的风险。实际上，质押取得贷款后，大部分款项首先回到了正大公司，正大公司随后分6次向设计院支付了105万元购房款，银丰公司也向其支付了180万元。设计院承认此285万元是正大公司向其支付的购房款，间接地获得了融资的利益，即收回了部分购房款。第四，光大银行向银丰公司开立汇票的时间是1997年12月24日，汇票到期日是1998年6月24日。时至1999年7月22日，改制后的设计院仍出具承诺函表示承担担保责任。在长达一年多的时间里，设计院从未对自身应承担的担保责任提出异议，直到发生诉讼才主张受欺诈而应免除担保责任，其理由亦难以令人信服。在银丰公司申请开立汇票并与邗江公司共同利用汇票进行质押贷款过程中，光大银行确有不规范的行为，但据此并不足以证明设计院是受骗提供担保。综上，设计院主张其受骗而提供本案担保的理由不充分，本院不予采纳，其应当向光大银行承担担保责任。二审判决判令银丰公司承担还款责任及设计院承担担保责任正确，应予维持。

【案例来源】

最高人民法院审判监督庭编著：《全国法院优秀再审裁判文书精选》，法律出版社2010年版，第469~478页。

697 债务人与抵押人的法定代表人为同一人，抵押人主张主合同当事人恶意串通骗保的，不予支持

【关键词】

| 抵押 | 恶意串通 | 骗取担保 |

【案件名称】

山东金龙地产有限公司与中国华融资产管理公司福州办事处、厦门金龙科技有限公司借款合同纠纷案 [最高人民法院（2005）民二终字第 73 号民事判决书，2005. 9. 19]

【裁判精要】

最高人民法院认为：

本案是否存在债权人与债务人恶意串通骗保问题，是上诉人与被上诉人争议的焦点之一。上诉人山东金龙认为，债权人江头工行在明知贷款名义为技术改造贷款，而实际用于济泰高速公路建设，借款人厦门金龙并未持有山东金龙金山铺公路有限公司股份的事实的情况下，仍与厦门金龙签订借款合同，并由上诉人山东金龙提供抵押担保，属于债权债务人恶意串通骗保，故根据《合同法》第五十二条规定，对侵害第三人利益的合同应认定无效；主合同无效，担保合同亦无效，上诉人作为抵押担保人没有过错，因此不应承担任何责任。根据本院以及原审查明的事实，在本案主合同以及抵押合同签订期间，厦门金龙和山东金龙的法定代表人均为胡国赞，上述两份合同的签章亦均为胡国赞。1999 年 8 月 27 日，山东金龙将法定代表人更换为胡国赞之子胡总营。上述事实表明，作为担保人山东金龙对债务人厦门金龙借款申请以及借款合同的签订情况应当是明智的，不存在善意不明知的情形。《合同法》第五十二条规定的对侵害第三人利益的合同应认定无效，是以善意为前提。厦门金龙以虚假理由申请贷款，并且改变贷款用途，山东金龙关于其不明知的理由显然不成立，因而不构成主观善意。同时，江头工行在发放贷款过程中，虽有审查不严的情形，但并不必然导致借款合同无效。因此，本案上诉人关于借款合同当事人恶意串通骗保，主合同无效，担保合同亦无效的上诉理由，与事实不符。其免除担保责任的上诉请求，没有事实和法律依据，应予驳回。

【案例来源】

最高人民法院民事审判第二庭编：《最高人民法院商事审判指导案例 · 借款担保卷》（下），中国法制出版社 2011 年版，第 640 ~ 648 页。

698 即使借款人违反与抵押人的约定，抵押人也不能以受借款人欺诈为由对抗抵押权人

【关键词】

｜欺诈｜对抗抵押权人｜

【案件名称】

哈尔滨东宝大厦有限公司与哈尔滨市商业银行股份有限公司、哈尔滨市龙昊房屋开发建设有限责任公司借款担保纠纷案［最高人民法院（2004）民二终字第250号民事判决书，2007. 1. 24］

【裁判精要】

最高人民法院认为：

根据本案当事人上诉和答辩情况来看，本案上诉争议的焦点在于以下两个方面：一是龙昊公司在与商业银行签订本案借款合同时，取得东宝公司的抵押担保是否存在欺诈的事实；二是如果龙昊公司存在骗取东宝公司为其贷款购楼提供担保事实的话，动力支行对借款人骗保行为是否知道或者属于应当知道，东宝公司对本案借款合同产生的债务是否应当承担责任。

关于第一个方面的问题即本案担保人为本案借款合同提供抵押担保是否确实存在被欺骗的事实，东宝公司基于其与龙昊公司2002年5月22日签订的《投资经营协议书》所约定合作经营东宝大厦并由龙昊公司贷款专款专用于东宝大厦的有关约定，为龙昊公司的借款行为提供抵押担保，并相应地作出和出具了董事会决议、承诺书以及盖好印鉴的格式空白抵押合同等手续材料。但在龙昊公司遂后6月13日与动力支行签订的2002年(商126贷)字第012号《人民币短期借款合同》中所约定的借款用途却是用于龙昊公司自身购买其他房产，说明龙昊公司利用了其与东宝公司签订的《投资经营协议书》来实现其自身贷款购楼的真实目的。现没有证据证明龙昊公司将贷款的真实目的告诉了东宝公司。东宝公司依据其与龙昊公司签订的《投资经营协议书》的约定，事先将有关抵押手续材料提供给了龙昊公司，但龙昊公司利用这些手续办理了贷款后，并未真实履行其与东宝公司之间的《投资经营协议书》中有关约定，直至后来要求东宝公司续保时才不得不告知东宝公司真实情况，这在龙昊公司2003年12月26日与东宝公司签订的《协议书》中得到证实，同时亦为龙昊公司总经理张春辉和副总经理邵喜国的证言所证实。

其次，虽然东宝公司是由于其与龙昊公司之间的《投资经营协议书》中存在的有关合作经营东宝大厦事项并由龙昊公司对外借款专款专用的约定，才为龙昊公司的借款行为提供抵押担保，但是，东宝公司事前为龙昊公司对外借款行为所提供的董事会决议、承诺书以及盖好印鉴的格式空白抵押合同以及其他手续材料，其真实性

并未有任何方当事人予以否认。同时,东宝公司与龙昊公司之间的《投资经营协议书》并未对外公示,也没有证据证明向贷款人动力支行提供过该《投资经营协议书》,动力支行对此无从知情。而且东宝公司事前为龙昊公司对外借款行为所提供的有关抵押担保事项的董事会决议、承诺书并没有指明龙昊公司对外借款行为将要发生对象的具体金融机构名称,也没有表明龙昊公司借款用途和性质,在此情况下,动力支行接受之作为龙昊公司借款合同的抵押担保,并与借款人一起办理抵押担保登记行为,不能认为其主观上存在着过错。东宝公司与龙昊公司之间的《投资经营协议书》有关由龙昊公司对外借款专款专用于合作经营东宝大厦项目的约定,因没有证据证明已向贷款人动力支行告知从而使贷款人受其约束,因而不能影响其向贷款人动力支行提供抵押担保行为的效力。至于在抵押登记过程中需要由抵押人提供哪些手续和材料,是由抵押登记机构应尽的审查义务,债权人没有义务和责任了解,其只要起到所要做到的配合作用便可,不能认为在抵押过程中动力支行对办理抵押担保登记行为有过错。虽然在本案借款合同办理抵押登记过程中,出现了在龙昊公司经办人闵杰没有提供东宝公司书面授权证明其作为东宝公司代理人身份以及缺少东宝公司办理房产抵押登记书面申请等在缺乏必要的法定条件的情况下,与龙昊公司一起以东宝公司名义办理了本案借款合同抵押登记手续,其中房地产抵押合同的内容及所谓委托代理人签名均系动力支行的工作人员董方明所写。而且所办的房屋他项权证所设定的抵押期限超过房屋所有权证明的有效期等情况,但上述情况并不能证明商业银行与龙昊公司属恶意串通,也并不能够证明其完全属动力支行应尽的审查义务范围。因此,东宝公司就其为本案借款合同提供抵押担保行为,因龙昊公司违背了其与东宝公司有关双方合作经营东宝大厦事项的约定,因而具备了向借款人龙昊公司所享有的抗辩权,但东宝公司不能因此对抗抵押权人动力支行。况且,本案借款合同所涉抵押合同登记效力问题经过当事人之间的一系列行政诉讼后,最终认定本案所涉抵押行为无效的行政判决被撤销。因此,东宝公司仍然必须在龙昊公司向债权人偿还不了债务范围内向抵押权人动力支行履行其抵押担保义务。东宝公司关于本案借款抵押合同并不具有法律效力的上诉理由,缺乏充分的事实和法律依据,本院不予支持。东宝公司仍要按照本案抵押合同的约定为龙昊公司的本案债务承担担保责任,并依法有权向债务人龙昊公司进行全额追偿。

【案例来源】

最高人民法院民事审判第二庭编:《担保案件审判指导》(增订版),法律出版社2018年版,第307~315页。

699 贷款流向属于合同履行事实，抵押人以此主张债权人欺诈并撤销合同的，不予支持

【关键词】

| 贷款流向 | 欺诈 | 撤销合同 |

【案件名称】

陕西融辉置业发展有限公司与中国工商银行股份有限公司兰州广场支行、甘肃明宇能源开发有限公司抵押合同纠纷案［最高人民法院（2016）最高法民终465号民事判决书，2016.9.20］

【裁判精要】

最高人民法院认为：

一、融辉公司主张，其真实的意思是为叶天而非为明宇公司向工行广场支行借款提供担保，贷款发放后，叶天未能实际使用该笔贷款，故融辉公司为该笔贷款提供担保的意思表示存在重大误解，应予撤销。即使融辉公司的真实意思是为叶天提供担保，但该意思表示并未体现在《最高额抵押合同》中。《最高额抵押合同》明确约定，被担保主债权的债务人是明宇公司。叶天系自然人，明宇公司系企业法人，二者在名称上即截然不同，叶天担任法定代表人的鸿源公司在名称上与明宇公司也有显著区别。一般情况下，不存在错误认识的可能。融辉公司在《最高额抵押合同》上盖章，却称其误认为其所担保的主债权的债务人是叶天，本院无法采信。叶天是否实际使用贷款，超出了案涉合同的履行范围，系案涉合同外的因素所致，与本案无关。融辉公司以其对合同约定外的事项未能实现，与其真实意思不一致为由主张其对合同存在重大误解，依据《合同法》第五十四条关于重大误解的规定请求撤销合同，不应予以支持。

二、融辉公司主张明宇公司提供了虚假的贷款资料骗取其提供担保，并主张明宇公司和工行广场支行共同对其实施欺诈，依照《合同法》第五十四条第二款的规定，应撤销《最高额抵押合同》。为此还申请法院调取相关证据及进行鉴定。本院认为，《合同法》第五十四条第二款规定，一方以欺诈、胁迫的手段或者乘人之危，使对方在违背真实意思的情况下订立的合同，受损害方有权请求人民法院或者仲裁机构变更或者撤销。融辉公司以其受到欺诈为由依据《合同法》第五十四条的规定主张撤销《最高额抵押合同》，其即应证明该抵押合同的当事人工行广场支行在订立合同时对其欺诈。但是其申请调查取证的发票，即使属于变造，也只能证明明宇公司有欺诈行为，而难以证明工行广场支行对融辉公司有欺诈行为；其申请调取贷款资金流向的资料，即使能够证明明宇公司确实改变了贷款用途，亦难以证明工行广场支行明知该事实并隐瞒，从而构成欺诈。且贷款流向的事实属于合同订立后的履行过程中的事实，不属于订立合同时的事实，融辉公司以此作为其主张撤销合同的事实

依据,不能成立。融辉公司的调查取证申请对本案审理没有意义,故本院不予准许。融辉公司不能提供证据证明工行广场支行对其欺诈,其关于应撤销《最高额抵押合同》的主张缺乏事实依据,本院不予支持。

【案例来源】

中国裁判文书网,http://wenshu.court.gov.cn。

700 以非自己所有或有处分权的财产设定抵押的,债权人不能获得该财产的抵押权

【关键词】

|抵押合同|无权处分|抵押权|

【案件名称】

中国光大银行青岛分行与青岛佳利机械有限公司、青岛快通大酒店借款担保合同纠纷案[最高人民法院(1999)经终字第419号民事判决书]

【裁判精要】

最高人民法院认为:

佳利公司通过租赁法律关系取得以快通酒店占有、使用和收益的权利,属于他物权,是建立于刘家台村集体对快通酒店所有基础之上,在未获得刘家台村委会特别授权之前,佳利公司对快通酒店资产没有处分权,也不得将其用于抵押。尤其是1997年7月25日,刘家台村委会收回了快通酒店的经营管理权、并与胡崇桂达成财产交接协议一个月之后,胡崇桂仍以快通酒店公章和伪造的刘家台村委会证明信与光大银行签订抵押担保合同。胡崇桂以快通酒店财产为自己的佳利公司债务转移,向光大银行提供抵押担保,侵犯了刘家台村委会和快通酒店的合法权益,违反了《担保法》第三十四条设定抵押的财产必须是抵押人所有或有权处分的财产的规定。故胡崇桂以快通酒店名义与光大银行签订的抵押担保合同以及所作的还款承诺,均是无效的民事行为。

光大银行作为金融机构,只能在人民银行存款,但其为获得高额利息,在胶州信用社违规进行巨额存款,违反了人民银行的规定。由于胶州信用社违规导致信用危机,使得光大银行面临存款不能收回的巨大风险。该风险是由于光大银行和胶州信用社的行为过错而产生,而非快通酒店所致。光大银行在与胡崇桂签订借款抵押担保合同、实现债权转移时,该风险也随之转移。对此,光大银行应是明知的。为确保贷款安全,光大银行在发放贷款之前,应当根据中国人民银行的规定,对借款人的信誉和偿债能力以及担保人财产状况进行核实和调查。尤其,在1997年8月26日,在

发生本案“对缝”借款、抵押担保行为的前一天，中信银行与胡崇桂共同到青岛市城阳区房产管理处办理了抵押登记撤销手续，抵押权证存根上加盖了“作废”章。8月27日，光大银行又与胡崇桂到该房产管理处办理了同一不动产的抵押登记手续。光大银行与快通酒店签订借款合同并办理抵押登记后，在公证过程中光大银行与胡崇桂协商将借款人变更为佳利公司，主合同变更相应从合同也应变更。然而，在8月28日，光大银行与胡崇桂又去房地产管理处签订青城房监抵〔1997〕年0012号房产抵押契约时，也未要求将从合同予以变更，快通酒店的不动产仍登记是为快通酒店借款设定的抵押。综上，光大银行虽然不一定明知胡崇桂行为时对快通酒店已不享有经营管理权，但胡崇桂在以快通酒店的财产为胡崇桂的佳利公司债务转移向其作抵押担保时，在快通营业执照上企业性质明确表示为集体所有的情况下，光大银行对胡崇桂是否对快通酒店享有处分权不作审查，具有明显过错。再结合光大银行转嫁风险的目的，可以认定光大银行不是胡崇桂恶意民事行为的善意第三人，其在签订抵押担保合同过程中具有过错，因此其不是快通酒店资产的抵押权人，不能对快通酒店的资产行使抵押权。光大银行关于快通酒店财产已抵押担保，快通酒店应承担担保责任的上诉请求，因抵押行为无效、担保法律关系不成立且光大银行不是善意第三人，本院不予支持。

刘家台村委会和快通酒店在与胡崇桂及其佳利公司解除租赁关系之后，未能及时变更营业执照、收回快通酒店公章或声明作废公章，致使胡崇桂仍以快通酒店法定代表人名义对外进行民事行为，存在一定过错。根据《民法通则》规定的公平原则，快通酒店应根据其过错，对光大银行的本金损失相应承担一定比例的赔偿责任。即承担光大银行贷款本金10%的赔偿责任。

【权威解析】

（二）关于法律适用的分析

假如“对缝”借款仅在佳利公司、胶州信用社和光大银行之间发生，且意思表示真实，该民事行为没有瑕疵。但是，将快通酒店这个与上述三方债权债务转移原没有法律上关联的独立民事主体，以担保人身份牵连进来，这就存在快通酒店意思表示是否真实？谁能代表快通酒店为担保行为的意思表示？本案抵押担保行为是否成立等一系列问题。只有把前述问题解决后，才能确定快通酒店是否担保人，承担担保责任与否。

胡崇桂任快通酒店法定代表人时，对快通酒店的财产不享有处分权，除非获得特别授权，否则是违法行为。《担保法》第三十四条规定抵押人所有的或依法有处分权的财产方可设定抵押；第三十七条同时规定了有争议、所有权和使用权不明的财产也不得抵押。在本案“对缝”借款抵押担保行为前一个月，胡崇桂的佳利公司即与刘家台工贸公司签订了快通酒店的交接协议。胡崇桂明知自己从7月25日起，不再享有对快通酒店的经营管理权等，而其在8月27日仍签订抵押担保合同。将刘家台所有的快通酒店为自己公司债务转移设定抵押,处分了所有权人的财产,违反了《担保法》规定,因而其与光大银行订立抵押担保合同的行为,无论为谁提供担保,都是无效的民事行为。无效民事行为,从开始即不具有法律效力。①

【案例来源】

最高人民法院民事审判第二庭编:《经济审判指导与参考》(第 4 卷),法律出版社 2001 年版,第 140 ~ 147 页。

编者说明

对于以自己没有所有权或者处分权的他人财产设定抵押的,在特殊情况下也可以认定抵押合同有效,如在符合抵押权善意取得的情形,或者是抵押人事后取得对抵押物的所有权或者处分权等。而关于以权属争议不明的财产、被查封的财产或者海关监管期内的财产等设定抵押的,抵押合同效力的认定,司法实践中还有不同的观点,《全国法院民商事审判工作会议纪要(最高人民法院民二庭向社会公开征求意见稿)》(2019 年 8 月 6 日)曾拟规定,“根据区分原则,以权属争议不明的财产、被查封的财产或者海关监管期内的财产等设定抵押的,不影响抵押合同的效力。因不能实现抵押权给债权人造成损失的,债权人可以依据抵押合同的约定请求抵押人承担违约责任”。但最终《全国法院民商事审判工作会议纪要》(2019 年 11 月 8 日,法〔2019〕254 号)对此问题仍未予明确。

701 分家协议书确定的房屋实际权利人以原所有人名义在该房屋上设定抵押权并不损害第三人合法权益,已办理登记的抵押有效

【关键词】

|分家协议书|房屋实际权利人|抵押权|

【案件名称】

辜文亮与郑世绢民间借贷纠纷案[最高人民法院(2017)最高法民再 380 号民事判决书,2017. 12. 22]

【裁判精要】

最高人民法院认为:

二、关于案涉 7 – 13 号房屋的抵押是否有效的问题

首先,郑世娟是案涉 7 – 13 号房屋的实际所有权人。《分家协议书》是郑氏家庭

① 参见贾纬:《本案抵押担保人承担何种民事责任——中国光大银行青岛分行与青岛佳利机械有限公司、青岛快通大酒店借款担保合同纠纷案》,载最高人民法院民事审判第二庭编:《经济审判指导与参考》(第 4 卷),法律出版社 2001 年版,第 148 页。

成员的真实意思表示，合法有效，且已办理公证。两被申请人在二审中提交的《终止〈分家协议书〉合同书》形成于台湾地区，未办理证明手续，故二审法院对其不予采信，并无不当。郑氏家庭成员签订《分家协议书》的时间是2013年12月18日，公证书作出时间是2014年3月5日。也就是说，郑世娟在2014年6月30日签订涉案《抵押借款合同》前，已通过分家协议的方式，成为涉案7－13号房屋的实际所有权人，其对该房屋按照自己的意愿进行处分，如设定抵押等，并不违背《分家协议书》中的约定。

其次，郑世娟对涉案7－13号房屋的处分未损害第三人的合法权益。如前所述，《分家协议书》已将涉案7－13号房屋分给了郑世娟，虽然未能及时办理过户手续，但郑世娟对该房屋享有物权期待权。郑世娟在此情形下在该房屋上设定抵押权并未损害房屋登记权利人郑谢金贵的实际利益，也无证据证明损害了第三人的合法权益。

最后，涉案7－13号房屋已办理抵押权登记手续。根据《物权法》第十四条的规定，不动产物权的设立，自登记时起发生效力。涉案7－13号房屋已在登记机关办理了抵押权登记手续，应当保护已登记的抵押权人辜文亮的权益。如果房屋登记所有权人郑谢金贵认为该抵押权损害了其合法权益，可依法向侵权行为人请求赔偿。

应当指出的是，辜文亮在抵押借款的过程中并不知晓《分家协议书》及其公证书的存在，郑世娟也未向其出示过该材料，故辜文亮称其基于对经公证的《分家协议书》的信赖而签订《抵押借款合同》与事实不符。但《分家协议书》已将郑世娟确定为涉案7－13号房屋的实际权利人，虽未办理过户，但其以郑谢金贵名义在该房屋上设定抵押权并不损害第三人的合法权益，且抵押已办理登记，故7－13号房屋的抵押有效，辜文亮依法对该房产在其债权范围内享有优先受偿权。二审判决认定7－13号房屋抵押无效，属适用法律错误，依法应予纠正。

【案例来源】

中国裁判文书网，http://wenshu.court.gov.cn。

702 当事人约定先办理抵押登记后签订主合同的，抵押登记不因其先于主合同债权成立而无效

【关键词】

| 抵押登记 | 合同效力 |

【案件名称】

湖北莲花湖旅游发展有限责任公司与武汉世纪宏祥物业管理有限公司、湖北莲花湖物业有限公司借款担保合同纠纷案［最高人民法院（2012）民二终字第56

号民事判决书,2012.12.17]

【裁判精要】

裁判摘要:双方当事人之间明确约定先设定抵押权后订立主债权合同的,并不违反现行法律的禁止性规定,故当事人以抵押权从属于主债权,抵押权不能先于主债权设定为由,主张抵押无效的意见,不予支持。

最高人民法院认为:

(四)关于宏祥公司是否取得本案债权的抵押权问题

莲花湖旅游公司主张,根据本院《关于审理金融资产管理公司利用外资处置不良债权案件涉及对外担保合同效力问题的通知》第一条、第二条的规定,信达公司向高士通公司转让涉案债权属于涉外债权转让,因未到外汇管理部门登记,备案登记材料亦未做记载,应当认定抵押无效。

本院《关于审理金融资产管理公司利用外资处置不良债权案件涉及对外担保合同效力问题的通知》第一条将该通知的适用范围限定为"2005年1月1日之后金融资产管理公司利用外资处置不良债权,向外国投资者出售或转让不良资产,外国投资者受让债权之后向人民法院提起诉讼,要求债务人及担保人直接向其承担责任的案件",本案宏祥公司虽非外国投资者,但其债权及其抵押权系从高士通公司取得,其享有本案债权及其抵押权应当以高士通公司取得本案债权及抵押权为前提。因高士通公司属于涉外法人,故对高士通公司是否受让本案债权及其抵押权的问题,应当适用该通知的规定。对莲花源旅游公司有关此次抵押权转让的效力问题适用该通知的主张,本院予以支持。

高士通公司于2006年12月向国家外汇管理局湖北分局就此次债权转让登记备案,该局于2006年12月12日出具了第002号《金融资产管理公司对外处置不良资产备案登记表》,对本案债权转让予以备案登记。高士通公司在备案登记中虽未列明本案债权的抵押情况,但在办理登记时向该分局提交的附件材料《武汉资产包出售资产清单表》中列明了本案债权及其抵押情况,符合本院《关于审理金融资产管理公司利用外资处置不良债权案件涉及对外担保合同效力问题的通知》第二条"外国投资者或其代理人办理不良资产转让备案登记时,向外汇管理局分局、管理部提交的应逐笔列明担保的情况"的规定,且2012年9月该分局应高士通公司的要求又为其办理了补交担保逐笔明细清单,据此可以认定高士通公司受让本案债权及其抵押权业已经过了外汇管理部门的审批,故对莲花湖旅游公司有关本案属涉外债权转让,因未经审批而应当认定抵押无效的诉请,本院不予支持。

湖北省高级人民法院在一审中推定了编号为阳抵字第05-98008号、05-970060号、05-960120号及武房阳他字第200000096号的四份《房屋他项权证》所涉抵押合同与主债权之间的对应关系。上述推定的事实与本院二审查明的事实相符。其中,阳抵字第05-98008号《房屋他项权证》系1998年4月2日颁发,早于其担保的1998年9月30日签订的98023号《银行承兑契约》所产生的主债权;阳抵字第05-970060号《房屋他项权证》系1997年7月4日颁发,早于其担保的1997年7月24日签订的98038号《人民币资金借款合同》所产生的主债权。因先设定抵押权后订立主债权合同是双方当事人之间的真实意思表示,现行法律亦无抵押权不得先于主债权设定的禁止性规定,故对莲花湖旅游公司以抵押权从属于主债权,故抵押权不能先于主债权设定为由,主张抵押无效的上诉意见,本院不予支持。

【案例来源】

最高人民法院民事审判第二庭编:《最高人民法院商事审判指导案例(2012)·合同与借贷担保》,中国民主法制出版社2013年版,第461~477页。

703 办理在建工程抵押登记时应当提交的文件是登记机关进行行政性审核的依据,不是认定抵押合同效力的法律依据

【关键词】

|抵押登记|行政性审核|合同效力|

【案件名称】

彭先明与贵阳市商业银行、贵州龙里大地房地产开发有限公司借款担保合同纠纷案[最高人民法院(2008)民一终字第70号民事判决书,2008.7.4]

【裁判精要】

最高人民法院认为:

《城市房地产抵押管理办法》关于当事人办理在建工程抵押应当提交的《国有土地使用权证》、《建设用地规划许可证》和《建设工程规划许可证》等文件,是登记机关对当事人申请抵押登记进行的行政性审核,不是认定抵押合同效力的法律依据。当事人提交的抵押登记文件是否完备,不影响抵押合同的效力。大地公司为向贵阳市商业银行借款490万元,双方于是2004年7月29日签订《抵押合同》约定,大地公司以其"龙里且综合集贸市场"在建工程正一层,建筑面积4082.4平方米的房屋所有权作为借款抵押物。同日,双方办理了抵押登记,大地公司取得了龙房龙山镇他字第00001716号《他项权利证书》。贵阳市商业银行依据《抵押合同》的约定,履行了向大地公司借款的义务。

事实证明,大地公司与贵阳市商业银行2004年7月29日签订的《抵押合同》,为抵押人大地公司与抵押权人贵阳市商业银行平等协商的结果,系双方当事人真实的一致意思表示,内容没有违反法律及行政法规的强制性规定。依据《担保法解释》

第四十七条"以依法获准尚未建造的或者正在建造中的房屋或者其他建筑物抵押的,当事人办理了抵押登记,人民法院可以认定抵押有效"的规定,一审判决该《抵押合同》合法有效,适用法律正确,本院予以维持。彭先明依据《城市房地产抵押管理办法》的相关规定,请求该《抵押合同》无效的上诉主张,缺乏法律依据,本院不予支持。

【权威解析】

(一)关于大地公司以其"龙里县综合市场"正一层4082.4平方米的房屋所有权作为贷款抵押物与贵阳市商业银行签订的《抵押合同》是否合法有效的问题

对此焦点,彭先明上诉主张,本案《抵押合同》未载明《国有土地使用权证》、《建设用地规划许可证》和《建设工程规划许可证》的编号,且工程竣工后,大地公司未重新办理抵押登记,大地公司与贵阳市商业银行签订的《抵押合同》,违反了《城市房地产抵押管理办法》的相关规定,为无效合同。一审判决《抵押合同》有效,适用法律错误。

判断彭先明该项上诉主张事实依据是否充分,是否存在法定的支持理由,首先应当对我国法律关于抵押合同的立法本意和相关司法解释进行必要的了解。……

上述法律及司法解释规定表明:第一,在《担保法》规定现实财产权利可以作为抵押物的基础上,有条件地扩大了抵押物的范围,即在建房屋的期待权也可以作为抵押标的物。第二,抵押合同为债权合同,除法律另有规定外,抵押合同自成立之日生效。上述规定,打破了传统的"为将来的债权设定的担保无效"的民法理论,填补了《担保法》第三十四条关于"以依法获准尚未建造的或者正在建造中的房屋或者其他建筑物抵押的,当事人办理了抵押登记,人民法院可以认定抵押有效"的空白,适应了市场经济发展的需要。依据上述规定,房地产开发商即可在开发的房屋尚未建成时,收取购房人部分购房款,购房人将其根据商品房预售合同取得的房屋期待权让渡于银行作为贷款的担保。贷款还清,所保证的抵押债务责任解除,房屋所有权归属购房人所有,也就是通常所讲的楼花按揭,是开发商、购房人与银行三方共同参与房地产开发的一种融资活动。这种融资活动对于促进金融业和房地产业的发展,保护抵押权人的合法权益都有非常重要的意义。

依据《担保法》及《担保法解释》之相关规定衡量本案:第一,大地公司为向贵阳市商业银行借款490万元,以其依法获准正在建设的龙里县综合集贸市场在建工程正一层,建筑面积4082.4平方米房屋作为贷款担保,该抵押物属于依法可以设定的抵押财产。第二,抵押物登记机关依照法定程序,以其公示方式将该抵押物上设定的抵押权以及抵押权变更、终止等事项已记载于特定的抵押物登记簿,并对外产生抵押登记的公示和公信力效力。第三,《抵押合同》的形式与内容为双方自愿平等协商的结果,大地公司领取了《他项权利证书》,贵阳市商业银行依约向大地公司放贷490万元。

由此证明,《抵押合同》为双方当事人一致真实意思表示,内容不违反法律和行政法规的强制性规定。《抵押合同》不仅依法成立,而且符合《担保法》及《担保法解释》规定的法定生效要件,且已为当事人实际履行。

至于《抵押合同》未载明《国有土地使用权证》、《建设用地规划许可证》和《建设工程规划许可证》编号及项目在建工程竣工后,大地公司没有重新办理抵押登记等情形,均属于行政机关对当事人申请抵押登记或重新申请办理抵押登记所作出的行政审核管理性质的规定,非认定《抵押合同》效力的强制性法律规定。彭先明以建设部发布的《城市房地产抵押管理办法》之相关规定为据,否定《抵押合同》的效力,显然依据不足。①

【案例来源】

最高人民法院民事审判第一庭编:《民事审判指导与参考》(总第35集),法律出版社2009年版,第209~216页。

704 抵押合同不因系以查封落空财产设定抵押而无效

【关键词】

| 查封落空财产 | 抵押效力 |

【案件名称】

中国银行股份有限公司辽宁省分行与大连银行股份有限公司等信用证垫款合同纠纷案[最高人民法院(2012)民提字第69号民事判决书,2012.10.24]

【裁判精要】

最高人民法院认为:

本案争议的焦点问题是星山公司1998年10月29日与中行辽宁分行签订《国际结算融资业务抵押协议》时,用以设定抵押的30#小区的综合楼房和在建工程是否已被法院查封,该抵押协议是否违反《担保法》第三十七条的规定而无效。上述所涉抵押物在为中行辽宁分行设定抵押前存在两次查封,根据原审法院查明的事实和其判决理由看,依据大连中院(1996)大经初字第874号协助执行通知书,甘井子法院于1998年3月24日作出的(1997)甘执字第806号民事裁定书,以及送达至大连经济技术开发区土地办公室的协助执行通知书的记载,两级法院查封的均是星山公

① 参见张雅芬:《在建房屋抵押合同的效力认定——彭先明与贵阳市商业银行、贵州龙里大地房地产开发有限公司借款担保合同纠纷上诉案》,载最高人民法院民事审判第一庭编:《民事审判指导与参考》(总第35集),法律出版社2009年版,第216~218页。

司31#小区的土地。原审法院仅以大连经济技术开发区国土资源和房屋局,就法院函询出具的复函证明星山公司在大连经济技术开发区只有一宗土地,位于开发区30#小区,以及大连中院和甘井子法院在协助执行通知书和民事裁定书上所写查封31#小区土地是误写为由,径行认定大连中院和甘井子法院对星山公司在大连经济技术开发区30#小区的土地使用权已经进行了查封,缺乏事实和法律依据。原审法院以此为由驳回中行辽宁分行关于其与星山公司办理的抵押登记在前甘井子法院查封在后的再审理由不当。即使大连中院和甘井子法院查封时本意确实在于查封星山公司的30#小区的土地,但因误写导致查封落空,亦不能以此为由否认星山公司与中行辽宁分行签订抵押协议及办理相关抵押登记时所涉房产上面并无被法院查封的事实。因此,原审法院以星山公司用以抵押的房产系法院查封财产为由,认定星山公司与中行辽宁分行签订的《国际结算融资业务抵押协议》无效于法无据,本院依法予以纠正。即使星山公司在与中行辽宁分行签订抵押协议时可能知道法院意欲查封其30#小区,但大连银行并无充分证据证明中行辽宁分行对此明知,因此,大连银行关于中行辽宁分行与星山公司恶意串通损害其利益,抵押协议无效的答辩理由,本院不予采信。

【案例来源】

最高人民法院民事审判第二庭编:《最高人民法院商事审判指导案例(2012)·合同与借贷担保》,中国民主法制出版社2013年版,第508~523页。

705 期房、在建工程抵押贷款用途不受特定限制

【关键词】

| 期房抵押 | 在建工程抵押 | 贷款用途 |

【案件名称】

上海方信房地产开发有限公司与上海华东三峡经济发展公司等抵押合同纠纷案[最高人民法院(2002)民一终字第38号民事判决书,2002.8.20]

【裁判精要】

最高人民法院认为:

华东三峡公司为向光大银行上海分行、农行虹口支行借款,将其与方信公司签订的《房屋预售合同》标的物,即正在建设中的预售期房抵押给光大银行上海分行、农行虹口支行,双方签订了抵押合同,办理了《房地产其他权利证明》,进行了预告登记,反映了双方当事人一致意思表示。光大银行上海分行、农行虹口支行依据抵押合同的约定,履行了向华东三峡公司贷款的义务,其抵押担保行为符合《担保法解

释》第四十七条之规定,因此,一审法院判决认定华东三峡公司与光大银行上海分行、农行虹口支行签订的《抵押合同》有效,适用法律正确,应予维持。华东三峡公司提供的用于与光大银行上海分行、农行虹口支行签订《抵押合同》所依据的《房屋预售合同》《承诺书》《收据》虽然不是房屋权属证书,但是,上述合同文件等材料的内容足以证明华东三峡公司不仅对《房屋预售合同》标的物拥有物权期待权,而且还拥有完全的处置权,符合抵押担保的有效条件,方信公司收回《承诺书》《收据》并与华东三峡公司签订《终止房屋预售合同》的行为发生于华东三峡公司与光大银行上海分行、农行虹口支行签订《抵押合同》之后,没有经过抵押权人的同意,属于恶意损害抵押权人利益的行为,因此,方信公司以其将《承诺书》《收据》收回,该《承诺书》《收据》《房屋预售合同》均不是房屋权属证书为由,否定华东三峡公司与光大银行上海分行、农行虹口支行签订的《抵押合同》合法有效性,依据不足,本院不予采信。《担保法解释》未对期房抵押之用途予以限制,因此,方信公司以预售房屋只能对特定债务抵押之主张,缺乏依据,本院不予支持。

【案例来源】

最高人民法院办公厅编:《最高人民法院公布裁判文书(2003 年)》,人民法院出版社 2004 年版,第 134 ~ 142 页。

编者说明

在本判决中,最高人民法院认为《房屋预售合同》《承诺书》《收据》等合同文件材料虽不是房屋权属证书,但足以证明购房人"对《房屋预售合同》标的物拥有物权期待权"和"完全的处置权","符合抵押担保的有效条件",因此,以"《承诺书》《收据》《房屋预售合同》均不是房屋权属证书"为由否定"《抵押合同》合法有效性,依据不足","《担保法解释》未对期房抵押之用途予以限制",因此,"以预售房屋只能对特定债务抵押之主张,缺乏依据"。有学者认为,该判决实际上否定了建设部颁布的《城市房地产抵押管理办法》(1997 年 5 月 9 日建设部令第 56 号发布,2001 年 8 月 15 日根据《建设部关于修改〈城市房地产抵押管理办法〉的决定》修正)关于在建工程只能为其继续建造资金贷款设置抵押,不能为他人债务和开发商其他性质债务担保的规定。①

706 抵押合同所附房地产抵押清单与他项权证中土地地址不符,但有证据表明两块土地具有同一性的,抵押有效

【关键词】

| 房地产抵押 | 同一性 | 抵押有效 |

① 参见王耀明:《银行法律实务报告》,法律出版社 2006 年版,第 223 页。

【案件名称】

新疆博石房地产开发有限公司与中国农业银行乌鲁木齐市中山路支行、新疆天成汽车销售服务有限责任公司借款担保合同纠纷案［最高人民法院（2007）民二终字第120号民事判决书，2007.9.11］

【裁判精要】

裁判摘要：本案系抵押借款合同纠纷，抵押合同所附房地产抵押清单中标注的抵押土地地址与土地他项权利证书中显示该宗土地地址不符，但抵押人在该地区仅有一宗土地，且订立抵押合同的意思表示真实，在这种情况下应当认定合同书写有误，但抵押合同所附房地产抵押清单中所列的土地与土地他项权利证书标明的土地具有同一性，抵押人不能以抵押合同所附的房地产抵押清单中注明的土地与土地他项权利证书中注明的土地之间没有关联性为由拒绝抵押权人行使权利。

最高人民法院认为：

博石公司与农行中山路支行签订的抵押合同以其所有的成基大厦6400.67平方米房产及相应的土地使用权为天成公司本案贷款提供抵押担保，双方办理了抵押登记手续，农行中山路支行依法取得了房产他项权利证书和土地他项权利证书，应当认定农行中山路支行对本案抵押物的抵押权合法有效。尽管抵押合同所附房地产抵押清单中标注的抵押土地位于乌鲁木齐市建设路8号，而土地他项权利证书中显示的该土地位于天山区建设路，并注明了地号和图号，但博石公司认可在乌鲁木齐天山区建设路上，该公司只有8号一宗房产，故应当认定抵押合同所附房地产抵押清单中所列的土地与土地他项权利证书标明的土地具有同一性。博石公司关于抵押合同所附的房地产抵押清单中注明的土地与本案土地他项权利证书中注明的土地之间没有关联性，农行中山路支行对本案抵押房产及土地使用权不享有抵押权的上诉请求与事实不符，本院不予支持。

【案例来源】

最高人民法院民事审判第二庭编：《最高人民法院商事审判指导案例·借款担保卷》（下），中国法制出版社2011年版，第542～547页。

707 随同债权一并转移的抵押权原则上无须重新办理登记手续，除非当事人有特殊约定

【关键词】

｜债权转让｜抵押权登记｜特殊约定｜

【案件名称】

中国东方资产管理公司武汉办事处与武汉市亚洲贸易广场股份有限公司借款担保合同纠纷案［最高人民法院（2006）民二终字第31号民事判决书，2006.6.7］

【裁判精要】

裁判摘要：(1)抵押权是典型的担保物权，具有从属性、不可分性和物上代位性等特征。依据《担保法》第五十条的规定，让与债权时，抵押权应随同债权一并转移予受让人，除非当事人就抵押权的设定有特殊约定。抵押权证书原件是否移交，对抵押权的转移和取得均不产生影响。抵押人以此为由主张受让人尚未实际取得抵押权的，人民法院不应支持。

(2)依据《不良贷款案件规定》第九条的规定，随同债权一并转移的抵押权原则上无须重新办理登记手续，除非当事人就抵押权的设定有特殊约定。抵押物是否分割，对抵押权的行使不产生影响。抵押人以此为由主张受让人行使抵押权的前提是在抵押物的分割和变更登记手续办理完毕后的，人民法院不应支持。

(3)抵押权的不可分性，是指在抵押权所担保的债权未受全部清偿前，抵押权人有权就抵押物的全部行使权利。就抵押物与被担保的债权的关系而言，就是抵押物的全部担保债权的各个部分。依据《担保法解释》第七十一条第一款、第七十二条第一款的规定，在主债权被部分转让，且主债权未受全部清偿的情况下，受让人可以就其享有的债权份额对涉案抵押物的全部行使抵押权。抵押人主张受让人对抵押合同项下的抵押物不存在按债权份额享有优先受偿权的，人民法院不应支持。

(4)涉案房产既是本案所涉借款的抵押物，又是另案所涉借款的抵押物。原债权人在将前述全部借款所产生的债权分别转让给本案和另案两个受让人时，并未对抵押物进行分割，故抵押物所担保的仍然是前述全部借款。抵押人主张抵押物中用于为另案的主债权担保的部分不属于抵押物的，人民法院不应支持。

最高人民法院认为：

中国建设银行湖北省分行与信达公司武汉办事处以及信达公司武汉办事处与东方公司武汉办事处签订的债权转让协议是各方当事人的真实意思表示。协议的各自双方根据债权转让协议，分别在《湖北日报》上刊登了债权转让暨催收公告，依法履行了对本案债务人亚洲贸易广场公司的通知义务，依据《合同法》第八十条第一款关于“债权人转让权利的，应当通知债务人。未经通知，该转让对债务人不发生效力”的规定，前述两份转让协议有效并对亚洲贸易广场公司已发生法律效力。前述两份协议均约定，自债权转移之日起与转让标的有关的全部从权利（包括但不限于保证债权、抵押权、质押权）也同时由转让人转移至受让人。依此约定，在前述两次公告刊登之后，产生了本案所涉抵押权已合法转移至东方公司武汉办事处的法律后果。亚洲贸易广场公司关于在建行省直支行没有明确将本案所涉抵押权转让给东方公司武汉办事处的情况下,信达公司武汉办事处与东方公司武汉办事处刊登的债权转让暨催收公告不产生抵押权已经合法移转效力的上诉主张,没有事实和法律依据,本院不予支持。

亚洲贸易广场公司根据与原债权人建行省直支行之间签订的三份最高额抵押合同,以其位于武汉市武昌区武珞路628号的房产及位于武汉市武昌区石牌岭4号的房产为本案所涉九笔借款提供抵押担保,双方在武汉市武昌区房地产管理局办理了前述抵押物的登记手续,建行省直支行取得了武房昌他字第9800014号、9900048号、200100170号、200100171号、200100172号等五份房屋他项权证。抵押权是典型的担保物权,具有从属性、不可分性和物上代位性等特征。依据《担保法》第五十条关于"抵押权不得与债权分离而单独转让或者作为其他债权的担保"的规定,让与债权时,抵押权应随同债权一并转移予受让人,除非当事人就抵押权的设定有特殊约定。前述两份债权转让协议均明确约定自债权转移之日起与转让标的有关的全部从权利(包括但不限于保证债权、抵押权、质押权)也同时由转让人转移至受让人。依此约定,本案所涉抵押权已随同债权一并转移给了债权的最终受让人东方公司武汉办事处,东方公司武汉办事处已依法取得了本案所涉抵押权。抵押权证书原件是否移交,对抵押权的转移和取得均不产生影响。亚洲贸易广场公司关于抵押权证书原件仍在原债权人建行省直支行,说明信达公司武汉办事处与建行省直支行之间抵押权随同主债权同时转让的手续尚未办理完毕,信达公司武汉办事处及东方公司武汉办事处尚未实际取得抵押权的上诉主张,没有法律依据,本院不予支持。原审法院认定抵押权随同债权一并转移,东方公司武汉办事处已依法取得抵押权并无不当,本院予以维持。

依据《不良贷款案件规定》第九条关于"金融资产管理公司受让有抵押担保的债权后,可以依法取得对债权的抵押权,原抵押权登记继续有效"的规定,随同债权一并转移的抵押权原则上无须重新办理登记手续,除非当事人就抵押权的设定有特殊约定,即约定抵押权在随同债权一并转移时须重新办理登记手续。因前述两份债权转让协议均没有此项约定,故东方公司武汉办事处无须重新办理抵押权的登记手续即可取得并行使抵押权。抵押物是否分割,对抵押权的行使不产生影响。亚洲贸易广场公司关于东方公司武汉办事处行使抵押权的前提是在抵押物分割后,即抵押物的分割和变更登记手续办理完毕后的上诉主张,没有法律依据,本院不予支持。原审法院判决东方公司武汉办事处对武房昌他字第9800014号、9900048号、200100170号、200100171号、200100172号等五份房屋他项权证项下的房产享有优先受偿权并无不当,本院予以维持。

抵押权的不可分性,是指在抵押权所担保的债权未受全部清偿前,抵押权人有权就抵押物的全部行使权利。就抵押物与被担保的债权的关系而言,就是抵押物的全部担保债权的各个部分。依据《担保法解释》第七十二条第一款关于"主债权被分割或者部分转让的，各债权人可以就其享有的债权份额行使抵押权”、第七十一条第一款关于“主债权未受全部清偿的，抵押权人可以就抵押物的全部行使其抵押权”的规定，东方公司武汉办事处可以就其享有的债权份额对本案所涉抵押物的全部行使抵押权。1999年4月19日签订的最高额抵押合同约定，亚洲贸易广场公司设定抵押的实际信贷金额应包括本合同生效之日前已发生的信贷余额本息及合同生效之日起至本合同规定的亚洲贸易广场公司提供抵押期限届满之日止新发生的信贷金额本息。亚洲贸易广场公司关于1999年4月19日签订的最高额抵押合同所担保的主债权只有一笔的上诉主张，没有事实依据，本院不予支持；关于东方公司武汉办事处对1999年4月19日签订的最高额抵押合同项下的抵押物即武房昌他字第9900048号房屋他项权证项下的房产不存在按债权份额享有优先受偿权问题的上诉主张，没有法律依据，本院亦不予支持。原审法院判决东方公司武汉办事处对武房昌他字第9900048号房屋他项权证项下的房产在其享有的债权份额内享有优先受偿权并无不当，本院予以维持。

武房昌他字第9800014号、第200100170号、第200100171号、第200100172号等四份他项权证项下的房产既是本案所涉九笔借款的抵押物，又是湖北省高级人民法院(2005)鄂民二初字第38号案所涉三笔借款的抵押物。建行省直支行在将前述十二笔借款所产生的债权分别转让给信达公司武汉办事处和湖北省财政厅时，并未对抵押物进行分割，故抵押物所担保的仍然是前述十二笔借款。亚洲贸易广场公司关于武房昌他字第9800014号、第200100170号、第200100171号、第200100172号等四份他项权证项下的抵押物中用于为湖北省财政厅的主债权担保的部分不属于抵押物的上诉主张，没有事实和法律依据，本院不予支持。原审法院判决东方公司武汉办事处对武房昌他字第9800014号、第200100170号、第200100171号、第200100172号等四份房屋他项权证项下的房产在其享有的债权份额内享有优先受偿权并无不当，本院予以维持。

【案例来源】

最高人民法院民事审判第二庭编：《最高人民法院商事审判指导案例·借款担保卷》(下)，中国法制出版社2011年版，第604～616页。

编者说明

《物权法》颁布实施前，《担保法》对抵押权的转让登记没有作出明确的规定，因此在转让抵押权是否需要办理抵押权变更登记的问题，最高人民法院针对国有银行处置不良资产相关案件的审理采取了简易处理措施，通过司法解释明确国有政策性资产管理公司受让国有银行不良资产涉及抵押权转让的，无须办理变更登记，原抵押登记继续有效。但司法解释仅适用于资产管理公司和国有银行处置不良资产的情形。《物权法》第一百九十二条规定：“抵押权不得与债权分离而单独转让或者作为其他债权的担保。债权转让的，担保该债权的抵押权一并转让，但法律另有规定或者当事人另有约定的除外。”因此根据《物权法》的规定，转让抵押权无须办理抵押变更登记，除非当事人另有约定。《全国法院民商事审判工作会议纪要》(2019年11月8日，法〔2019〕254号)第六十二条明确，抵押权是从属于主合同的从权利，根据"从随主"规则，债权转让的，除法律另有规定或者当事人另有约定外，担保该债权的抵押权一并转让。受让人向抵押人主张行使抵押权，抵押人以受让人不是抵押合同的当事人、未办理变更登记等为由提出抗辩的，不予支持。

三、“房随地走、地随房走”规则适用

708 房屋抵押登记后其占用范围内的土地视为一并抵押，反之亦然

【关键词】

|房屋抵押登记|占用土地|一并抵押|

【案件名称Ⅰ】

中国银行股份有限公司大连甘井子支行与库伦旗首宇甜菊糖有限公司金融借款合同纠纷案［最高人民法院（2017）最高法民终436号民事判决书，2017.10.31］

【裁判精要】

裁判摘要：根据《物权法》第一百八十二条规定的“房随地走”和“地随房走”的双向统一原则，仅为地上建筑物设立抵押权的，债务人不能清偿被担保的债权时，抵押权人可以一并折价、拍卖或变卖抵押的地上建筑物和其占用范围内的建设用地使用权。

最高人民法院认为：

二、关于中行甘井子支行是否对与首宇公司约定的国有土地使用权享有优先受偿权以及首宇公司是否在担保最高债权额范围内以抵押物折价、拍卖、变卖所得价款的范围内对新源华公司未偿还款项承担赔偿责任的问题

《物权法》第一百八十二条规定：“以建筑物抵押的，该建筑物占用范围内的建设用地使用权一并抵押。以建设用地使用权抵押的，该土地上的建筑物一并抵押。抵押人未依照前款规定一并抵押的，未抵押的财产视为一并抵押。”本院认为，在设定抵押权时，建筑物和其占用范围内土地具有不可分离的依附关系，法律将建筑物和其占用范围内建设用地使用权视为一个整体，规定了“房随地走”和“地随房走”的双向统一原则，即在抵押权设定时，应当将建筑物和其占用范围内建设用地使用权一并抵押，不允许分别抵押。以地上建筑物抵押的，该建筑物占用范围内的建设用地使用权应当一并抵押，不得仅抵押地上建筑物。抵押地上建筑物的，债务人不能清偿被担保的债权时，抵押权人可以一并折价、拍卖或变卖抵押的地上建筑物和其占用范围内的建设用地使用权。本案中，中行甘井子支行与首宇公司签订的抵押合同一约定以首宇公司提供的三项抵押物作为担保，虽然双方只对上述第2项工业产房及第3项在建工程办理了抵押登记，对第1项国有土地使用权未办理抵押登

记，但是第1项国有土地使用权是在第2项工业产房及第3项在建工程占用范围之内，双方对合同约定的第1项国有土地使用权作为抵押财产均有明确预期。根据《物权法》第一百八十二条的规定，第1项国有土地使用权应当与第2项工业产房及第3项在建工程一并抵押，未一并抵押的也视为一并抵押。因此，中行甘井子支行对抵押合同一中17460.42平方米工业产房及12252.06平方米在建工程占用范围内的国有土地使用权亦应享有抵押权，并享有优先受偿权。一审法院以未办理抵押登记为由，判令中行甘井子支行对案涉国有土地使用权不享有优先受偿权，适用法律不当，本院予以纠正。综上，中行甘井子支行关于对首宇公司的抵押物折价、拍卖、变卖所得的价款享有优先受偿权，在担保最高债权额范围内以抵押物折价、拍卖、变卖所得的价款对新源华公司未偿还款项承担赔偿责任的主张成立，本院予以支持。

【案例来源】

中国裁判文书网，http://wenshu.court.gov.cn。

【案件名称Ⅱ】

红岭创投电子商务股份有限公司与贵州开元嘉德置业有限公司金融借款合同纠纷案［最高人民法院（2017）最高法民终197号民事判决书，2017.9.20］

【裁判精要】

最高人民法院认为：

关于红岭创投主张对抵押在建工程占用范围内的土地使用权也享有抵押权，《物权法》第一百八十二条第一款规定了"以建筑物抵押的，该建筑物占用范围内的建设用地使用权一并抵押。以建设用地使用权抵押的，该土地上的建筑物一并抵押"，第二款又进一步明确规定"抵押人未依照前款规定一并抵押的，未抵押的财产视为一并抵押"。本案《抵押合同》对"开元华府1、2号商业，开元豪庭3、4号商业"在建工程约定了抵押，《在建工程抵押登记证明》也为"开元华府1、2号商业，开元豪庭3、4号商业"在建工程进行了抵押登记，依据前述《物权法》第一百八十二条第二款之规定，案涉土地使用权也应视为一并抵押，该建筑物之抵押权效力及于土地使用权，故红岭创投对"开元华府1、2号商业，开元豪庭3、4号商业"在建工程范围内的土地使用权享有优先受偿权。

【案例来源】

中国裁判文书网，http://wenshu.court.gov.cn。

【案件名称Ⅲ】

中国银行股份有限公司海口龙珠支行与海南国托科技有限公司、海南美源房

地产开发有限公司等金融借款合同纠纷案［最高人民法院（2015）民二终字第269号民事判决书，2015.12.15］

【裁判精要】

最高人民法院认为：

（二）关于中行龙珠支行能否依据《物权法》第一百八十二条之规定对案涉地上建筑物享有优先受偿权的问题

中行龙珠支行还主张即使其未办理地上建筑物抵押登记，但基于其已依法办理了土地抵押登记手续，可依据《物权法》第一百八十二条的规定，将该土地的抵押效力及于地上建筑物。本院认为，在房地产抵押权设立的实践中，如何协调土地使用权抵押和地上建筑物之间的关系，我国《物权法》施行前的相关法律规定并不明确。为此，《物权法》第一百八十二条第一款规定："以建筑物抵押的，该建筑物占用范围内的建设用地使用权一并抵押。以建设用地使用权抵押的，该土地上的建筑物一并抵押。"该条第二款进一步明确规定："抵押人未依照前款规定一并抵押的，未抵押的财产视为一并抵押。"该规定遵循了房地产交易中"房随地走"和"地随房走"的双向统一原则，其立法旨意在于重申房地一体的原则，防止引发抵押权实现时的困境，使债权人的利益受到损害。依据该规定，当事人应对土地使用权及其地上建筑物一并抵押，如果当事人未按照该条第一款规定一并抵押时，则法律直接规定"视为一并抵押"。即只要土地使用权或地上建筑物之一项办理抵押登记，即使另外一项没有办理抵押登记，亦依法推定为两者一并抵押。另外，从市场交易的风险防范角度来看，《物权法》已经确立了房地应一并抵押的原则，并明确规定土地或者地上建筑物未一并抵押的也视为一并抵押，参与或从事房地产抵押实践的市场主体应当知悉该规定。其在设立土地抵押权时，对该土地上的建筑物是否已设定抵押权负有注意义务，并应积极向登记机关进行查询，以避免出现风险，反之亦然。市场主体如果因未尽到上述注意义务而遭受风险，则该损失应由其自行负担。

本案中，中行龙珠支行与国托公司已就土地使用权办理了抵押登记，依法设立了抵押权，即便在土地他项权利证明书中未注明抵押物包括地上建筑物，依据《物权法》第一百八十二条第二款之规定，案涉地上建筑物也应视为一并抵押，该土地使用权之抵押权效力及于地上建筑物，中行龙珠支行亦应就本案享有的债权依法对案涉地上建筑物享有优先受偿权。且中行龙珠支行与国托公司在诉讼中均确认该地上建筑物未为其他债权设立抵押担保，案涉地上建筑物抵押权在未来实现时也不存在权利冲突。中行龙珠支行主张案涉地上建筑物随土地使用权一并抵押，其对案涉地上建筑物亦享有优先受偿权，于法有据，本院予以支持。

【案例来源】

中国裁判文书网，http://wenshu.court.gov.cn。

编者说明

《不动产登记暂行条例》已经自2015年3月1日起施行，该条例第四条明确"国家实行不动产统一登记制度"；第六条要求"县级以上地方人民政府应当确定一个部门为本行政区域的不动产登记机构，负责不动产登记工作"，因此该条例施行后，房地分别抵押的现象将基本不会再出现。

但在《不动产登记暂行条例》施行之前，已经产生因房地分别登记而造成的纠纷，而且该条例的施行还有一定的准备周期，部分地区的不动产登记尚未真正实现"统一"。就房地分别抵押并登记的效力而言，"房随地走、地随房走"的统一原则是我国法律规定处理房地关系的规则，但因两者登记管理体制和机关职权分工的不同，导致实践中存在大量房地分别抵押并办理登记的现象。对此，在房地分别抵押并办理登记的情况下，应认定抵押有效。因为"房随地走、地随房走"原则并非法律的禁止性规定，只是法律倡导的通常规则，目的是为避免因分别抵押所导致的权利冲突，但只要在最终处理时贯彻权利归属一体的原则，就可妥当解决分别抵押所带来的权利冲突。同时，当事人之间选择房地分别抵押是当事人意思自治的表现，在分别签订合同并办理抵押的情况下，也不宜认定抵押无效。

在认定分别抵押并办理登记有效的情况下，如何以抵押物的价值来实现抵押权？对此有两种观点：一是根据房地不可分的理论，在分别抵押的情况下视为一并抵押，并以抵押登记的先后顺序来决定清偿的先后，同一顺序按比例受偿；二是根据房地可分离的理论，在当事人选择分别抵押并办理登记的情况下，表明当事人对担保自己债权的抵押物的价值有明确的认识和合理预期，既然自愿选择了合适的抵押物，则在实现抵押权时应按各自选定的抵押物的价值来清偿债务。① 最终还须由最高人民法院予以明确。但根据《物权法》第一百八十二条的规定，应当允许当事人对担保财产作出特别约定，如抵押合同仅以建设用地使用权设定抵押，并且明确约定不包括其上建筑物的，应当认为抵押权仅及于建设用地使用权；反之亦然。《全国法院民商事审判工作会议纪要》（2019年11月8日，法〔2019〕254号）第六十一条明确，根据《物权法》第一百八十二条之规定，仅以建筑物设定抵押的，抵押权的效力及于占用范围内的土地；仅以建设用地使用权抵押的，抵押权的效力亦及于其上的建筑物。在房地分别抵押，即建设用地使用权抵押给一个债权人，而其上的建筑物又抵押给另一个人的情况下，可能产生两个抵押权的冲突问题。基于"房地一体"规则，此时应当将建筑物和建设用地使用权视为同一财产，从而依照《物权法》第一百九十九条的规定确定清偿顺序：登记在先的先清偿；同时登记的，按照债权比例清偿。同一天登记的，视为同时登记。应予注意的是，根据《物权法》第二百条的规定，建设用地使用权抵押后，该土地上新增的建筑物不属于抵押财产。

709 土地使用权与地上建筑物权利主体不一致，以房地产进行抵押并登记的，抵押有效

【关键词】

| 房地产抵押 | 抵押登记 |

① 参见李勇主编：《借款 · 担保合同纠纷》，法律出版社2007年版，第208页。

【案件名称】

四川华通汽车集团公司与中国农业银行成都市总府支行、四川盛世集团有限责任公司借款合同纠纷案［最高人民法院（2002）民二终字第144号民事判决书，2002.10.16］

【裁判精要】

最高人民法院认为：

1997年11月5日，总府农行与盛世公司签订的川农行营业部授〔1997〕字第0901－A－003号《授信额度合同书》系当事人真实意思表示，且不违反法律禁止性规定，应为有效。总府农行与盛世公司在本案中签订和履行的共计3000万元人民币借款合同、335.14万美元借款合同和5040万元人民币汇票承兑协议，系对《授信额度合同书》的实际履行，均合法有效。上述借款到期后，盛世公司尚欠总府农行借款本金共计9771.6078万元人民币及相应利息，依法应承担归还借款本息的民事责任。华通公司虽投资534.67218万元并在1996年11月19日取得国有土地使用证，拥有该土地使用权，但并未就其出资兴建的综合楼部分办理相应的房屋产权证书，因此，在大陆桥招商城地上建筑物产权登记之前，华通公司尚无权对综合楼部分主张权属。对双方共同出资联合修建大陆桥招商城一节，本院二审期间，双方均未提出相关合作协议，因此华通公司虽主张大陆桥招商城房产应属双方共有，但因其主张缺乏相应证据，不能对抗盛世公司依法定程序办理的大陆桥招商城房屋产权证书的效力。关于抵押合同所涉抵押物登记问题，盛世公司按照合同双方在该抵押合同中的约定，将其拥有的大陆桥招商城房产及其占用范围内的国有土地使用权，作为主合同下对总府农行的抵押物，在成都市双流县房地产管理所办理了抵押登记并领取了房地产他项权利证书。虽然该房地产他项权利证书只有大陆桥招商城地上建筑物建筑面积的记载，但并不影响对其占用范围国有土地使用权抵押的效力，依据《担保法》第三十六条规定，上述房地产抵押应为有效。基于大陆桥招商城房产登记产生的公信力以及《担保法》第三十六条相关规定，总府农行有理由相信盛世公司有权对大陆桥招商城房地产进行抵押，其与盛世公司签订的抵〔1997〕字第0862号《抵押合同》，系双方当事人真实意思表示，且办理了相应的抵押物登记手续，依法应为有效。华通公司关于《抵押合同》无效的上诉理由，因缺乏法律依据，本院不予支持。总府农行作为善意相对人，在设定抵押时尽到了必要的注意义务，其因盛世公司的抵押登记行为而取得的抵押物权，依法应当受到保护。双流县房管部门在为盛世公司办理相关房产证书及房地产抵押登记中是否存在疏漏，以及盛世公司是否存在欺诈并对华通公司构成侵权，属于另外法律关系，不属本案审理范围。华通公司以房管部门为盛世公司办理房产证书不符合法定条件以及盛世公司采取欺诈手段骗取房产证明为由，主张盛世公司与总府农行之间的《抵押合同》无效的上诉理由不能成立。华通公司与盛世公司有关联合修建大陆桥招商城中的权益,由于在颁发大陆桥招商城的房产证中,上诉人并未作为共有人,因此,华通公司与盛世公司在联建中形成的债权债务关系,仅在当事人之间有约束力,不能对抗总府农行已享有的担保物权,如果上诉人认为盛世公司对其有侵权行为或违约行为,可向该公司主张权利。因此,华通公司关于总府农行对存在争议的房地产办理抵押过程中也存在重大过错,应认定该《抵押合同》无效的上诉理由没有法律依据,本院不予支持。因盛世公司不履行到期债务的还款义务,总府农行有权对上述抵押合同中设定的抵押财产折价或者以拍卖、变卖的价款优先受偿。

【权威解析】

本案双方当事人争议的焦点是:在土地与地上建筑物权利主体不一致时房地产抵押合同是否有效。……最高人民法院二审判决从维护登记机关登记结果公信力和保护善意相对人角度出发,确认了抵押权人因抵押合同登记生效而取得抵押权,符合我国不动产物权登记生效的法律规定,但在抵押权人实现抵押权时,即拍卖房屋和土地时,有可能遭到土地使用权人的对抗,因此,在立法和执法过程中,如何兼顾各权利人的权利保护,还值得进一步探讨。①

【案例来源】

最高人民法院民事审判第二庭编:《民商审判指导与参考》(总第3卷),人民法院出版社2003年版,第249~259页。

710 土地使用权与房屋抵押实行分别登记的,就国有划拨土地上的房屋订立抵押合同,只办理房屋抵押登记而未办理划拨土地使用权批准或登记手续的,该房屋抵押无效

【关键词】

|国有划拨土地|房屋单独抵押|抵押无效|

【案件名称】

中国建设银行股份有限公司济南经七路支行与济南长城大厦有限公司、山东联合大学抵押借款合同纠纷案[最高人民法院再审民事判决书]

---

① 参见宫邦友:《房屋与土地权利主体不一致时,房地产抵押合同的效力及相关权利人的利益保护——四川华通汽车集团公司与中国农业银行成都市总府支行、四川盛世集团有限责任公司借款合同纠纷上诉案》,载最高人民法院民事审判第二庭编:《民商审判指导与参考》(总第3卷),人民法院出版社2003年版,第260~261页。

【裁判精要】

裁判摘要:在土地使用权与房屋抵押实行分别登记的情况下,债权人与抵押人就国有划拨土地上的房屋订立抵押合同,只办理了房屋抵押登记手续,而未办理划拨土地使用权批准或登记手续的,应认定该房屋抵押无效;此时,债权人与抵押人若对房屋抵押无效均存在过错,抵押人应在债务人不能清偿部分的二分之一范围内承担责任。

最高人民法院认为:

以国有划拨土地上建筑物设定抵押时,仅就建筑物进行抵押登记,而未就国有划拨土地使用权履行抵押登记手续的,涉案抵押合同是否有效,此为当事人在本院再审诉讼中的唯一争点。对此最高人民法院认为,地上建筑物与其占用范围内的土地在客观上不可分离,就房地产抵押的情形而言,不能抛开土地使用权状况而单纯地考虑仅就房屋设定抵押是否有效的问题。《城市房地产管理法》第四十条规定:"以划拨方式取得土地使用权的,转让房地产时,应当按照国务院规定,报有批准权的人民政府审批。"《城镇国有土地使用权出让和转让暂行条例》第四十四条规定:"划拨土地使用权,除本条例第四十五条规定的情况外,不得转让、出租、抵押。"第四十五条规定:"符合下列条件的,经市、县人民政府土地管理部门和房产管理部门批准,其划拨土地使用权和地上建筑物、其他附着物所有权可以转让、出租、抵押:……"据此,对于国有划拨土地,未经政府土地管理部门批准,不得抵押。本院法发〔2004〕11号《关于转发国土资源部〈关于国有划拨土地使用权抵押登记有关问题的通知〉的通知》规定:"在《通知》发布之日起,人民法院尚未审结的涉及国有划拨土地使用权抵押经过有审批权限的土地行政管理部门依法办理抵押登记手续的案件,不以国有划拨土地使用权抵押未经批准而认定抵押无效。"上述规定虽将划拨土地抵押的要求由"批准"放宽为"登记",但并非既无须批准也无须登记。在本案中,房屋抵押部分虽然进行了登记,但对于该房屋占用的国有划拨土地既没有办理批准抵押手续也没有进行抵押登记;在本案当事人签订抵押合同的当时,济南市的土地管理部门和房屋管理部门是分开的,因此,也不能将房屋抵押登记同时视为对土地抵押的登记;且在本案一审诉讼期间,当事人也没有补办土地抵押的批准或登记手续。故本案抵押因土地部分没有得到批准也没有进行登记而应当认定为无效。在此情形下,如果认定抵押有效,将使土地行政管理部门对国有划拨土地的管理失控,导致《城市房地产管理法》《城镇国有土地使用权出让和转让暂行条例》相关规定的立法意图不能实现的结果。关于抗诉书提及的本院另案判决一节,该另案事实与本案存在重大差异,并不具有可比性。

【权威解析】

对本案抵押效力问题应进行综合考量,司法处理当中宜认定为无效。首先,从财产处分权角度看。划拨土地使用权是指土地使用者通过各种方式依法无偿取得的土地使用权。《城市房地产管理法》第四十条、《城镇国有土地使用权出让和转让暂行条例》第四十四条规定表明,国家严格限制划拨土地使用权的转让、出租、抵押,即并没有赋予划拨土地使用权人随意处分的权利。国家作为划拨土地使用权真正主体也必然通过“批准或登记”的方式,决定土地是否进入市场流转并保护其应有的价值。如果允许通过实现房屋抵押的方式使划拨土地使用权“被动行权”,必将损害国家作为土地使用权主体的财产处分权。其次,从行政管理角度看。如果司法实践承认划拨土地“被动行权”的操作模式,则无疑绕过了国家行政机关对划拨土地特别的行政管理权,架空了《城镇国有土地使用权出让和转让暂行条例》第四十四条、第四十五条在内的相关法律法规规定,使政府对土地的调控手段失灵,甚至导致土地使用权交易市场的混乱。因此,《城市房地产管理法》第五十一条所指的划拨土地,宜理解为抵押前经过了相关政府机关审批同意的划拨土地,而不宜理解为与是否申请政府审批及是否批准完全无关……最后,从判例制度角度看。抗诉机关引用了最高人民法院的另案案例,另案中抵押人与债务人系同一主体,而本案抵押人非直接债务人,两案案情存在重大差异,不具有可比性。并且,我国并非判例法国家,之前的判决对以后的判决并无约束力。另外,《最高人民法院关于破产企业国有划拨土地使用权应否列入破产财产等问题的批复》第三条规定:“国有企业以建筑物设定抵押的效力问题,应区分两种情况处理:如果建筑物附着于以划拨方式取得的国有土地使用权之上,将该建筑物与土地使用权一并设定抵押的,对土地使用权的抵押需履行法定的审批手续,否则,应认定抵押无效;如果建筑物附着于以出让、转让方式取得的国有土地使用权之上,将该建筑物与土地使用权一并设定抵押的,即使未经有关主管部门批准,亦应认定抵押有效。”从该司法解释体现的精神看,以划拨土地上的建筑物抵押未履行法定审批手续的,应认定抵押无效。①

【案例来源】

景汉朝主编:《最高人民法院审判监督指导案例解析》,人民法院出版社 2015 年版,第 234 ~ 238 页。

编者说明

关于单独就国有划拨土地上的房屋设立抵押的效力认定和责任承担问题,最高人民法院曾有不同的判决。在中国长城资产管理公司济南办事处与山东省济南医药采购供应站等借款担保合同纠纷案中认为,《最高人民法院关于破产企业国有划拨土地使用权应否列入破产财产等问题的批复》第三条规定:“如果建筑物附着于以划拨方式取得的国有土地

---

① 参见郭魏:《单独就国有划拨土地上的房屋设立抵押的效力认定和责任承担问题——中国建设银行股份有限公司济南经七路支行与济南长城大厦有限公司、山东联合大学抵押借款合同纠纷抗诉案》,载景汉朝主编:《最高人民法院审判监督指导案例解析》,人民法院出版社 2015 年版,第 239 ~ 240 页。

使用权之上，将该建筑物与土地使用权一并设定抵押的，对土地使用权的抵押需履行法定的审批手续，否则，应认定抵押无效。”该批复中所规定的“将该建筑物与土地一并设定抵押”系指当事人约定将建筑物与土地一并设定抵押的情形。当事人在订立合同时如果约定将建筑物与以划拨方式取得的国有土地使用权一并设定抵押，则抵押人应对抵押国有土地使用权履行法定审批手续。本案当事人签订合同约定仅以自有房产设定抵押并抵押登记，并未涉及土地使用权一并抵押的情况，该事实与上述《最高人民法院关于破产企业国有划拨土地使用权应否列入破产财产等问题的批复》规定的情形不符，原审判决以该批复为依据认定本案《最高额抵押合同》无效不妥。①

在中国长城资产管理公司济南办事处与济南金冠毛纺集团有限责任公司借款担保合同纠纷上诉案中，最高人民法院认为，根据《担保法》第三十六条第一款的规定，以依法取得的国有土地上的房屋抵押的，该房屋占用范围内的国有土地使用权同时抵押。依据该规定以及房地产交易中“房随地走、地随房走”，即房地产主体一致的原则，本案双方当事人应对金冠公司提供抵押的房产及其占用范围内的土地使用权一并抵押。双方签订的2000年抵字第0001号抵押合同仅就金冠公司自有的房产设定了抵押，未对该房屋占用范围内的土地使用权一并抵押，但该单独抵押的行为并不必然导致本案房产抵押合同无效的法律后果。对于划拨土地使用权之上的房产抵押，法律并无禁止性规定。如果因为划拨土地使用权未履行抵押审批手续并办理抵押登记，进而否定房产抵押合同的效力，则与房产抵押合同订立的根本目的相悖。《最高人民法院关于破产企业国有划拨土地使用权应否列入破产财产等问题的批复》有其明确的适用范围，与本案的情形并不相同。原审法院据此认定房产抵押合同无效属适用法律错误，本院予以纠正。②

本案即中国建设银行股份有限公司济南经七路支行与济南长城大厦有限公司、山东联合大学抵押借款合同纠纷抗诉案判决在后，应当适用本案裁判理由处理相关纠纷。

711 地上建筑物所有权转移后，就其占用范围内土地使用权单独抵押属无权处分

【关键词】

| 土地使用权 | 单独抵押 | 无权处分 |

【案件名称】

中国信达资产管理公司西安办事处与陕西省粮油食品进出口公司西安中转冷库、陕西省粮油食品进出口公司借款担保合同纠纷案［最高人民法院（2007）民二

① 参见最高人民法院（2006）民二终字第153号民事判决书（2007.12.14），载《中华人民共和国最高人民法院公报》2008年第1期。

② 参见最高人民法院（2007）民二终字第183号民事判决书（2008.3.19），载最高人民法院民事审判第二庭编：《最高人民法院商事审判指导案例·借款担保卷》（下），中国法制出版社2011年版，第516～522页。

终字第222号民事判决书，2008.12.30］

【裁判精要】

裁判摘要：根据《城市房地产管理法》第三十一条的规定，房地产转让、抵押时，房屋的所有权和该房屋占用范围内的土地使用权同时转让、抵押。《城市房屋权属登记管理办法》亦规定："房屋权属登记应当遵循房屋的所有权和该房屋占用范围内的土地使用权权利主体一致的原则。"据此，房产转让人负有将所售房屋占用范围内的土地使用权移转给受让人的义务，受让人享有要求将所购房屋占用范围内的土地使用权移转给自己的权利。在土地使用权变更登记完成之前，转让人为登记的名义权利人，但受让人为实质权利人的，可以请求将土地使用权变更至自己名下。

最高人民法院认为：

本案当事人二审争议的焦点是西未国用(2000)字第979号国有土地使用权抵押效力问题。

《城市房地产管理法》第三十一条规定："房地产转让、抵押时，房屋的所有权和该房屋占用范围内的土地使用权同时转让、抵押。"建设部1997年10月27日颁布的《城市房屋权属登记管理办法》第六条规定，"房屋权属登记应当遵循房屋的所有权和该房屋占用范围内的土地使用权权利主体一致的原则"，1992年3月8日颁布的《划拨土地使用权管理暂行办法》第十一条规定："转让、抵押土地使用权，其地上建筑物、其他附着物所有权随之转让、抵押；转让、抵押地上建筑物、其他附着物所有权，其使用范围内的土地使用权随之转让、抵押。但地上建筑物、其他附着物作为动产转让的除外。""地随房走、房随地走"的权利合一原则是我国房地产权属的一贯原则。房产转让人负有将所售房屋占用范围内的土地使用权移转给受让人的义务，受让人享有要求将所购房屋占用范围内土地使用权移转给自己的权利。在土地使用权变更登记完成之前，转让人为登记的名义权利人，但受让人为实质权利人，可以请求将土地使用权变更至自己名下。

陕中营抵字022号《抵押合同》中约定了抵押物名称为"土地、房产"，中转冷库2003年向西安市国土资源和房屋管理局报送的也为《关于同意继续用土地及地面建筑物进行贷款抵押的函》。因此，虽然抵押登记只针对西未国用(2000)字第979号国有土地使用权，但应视为当事人约定土地使用权与地面建筑物所有权一并抵押。然而地上建筑物中职工住宅楼的所有权已经移转给购房职工所有，中转冷库并无权利处分。根据《合同法》第五十一条"无处分权的人处分他人财产，经权利人追认或者无处分权的人订立合同后取得处分权的，该合同有效"的规定，该抵押合同未经地上建筑物所有权人购房职工追认；且西未国用(2000)字第979号土地使用权证书中已经标明该宗土地上存有地上建筑物，并标明为中转冷库的福利区，地上建筑物中职工住宅楼所有权已经登记移转至购房职工名下，而原债权银行却未查明地上建筑物实际权属即接受抵押,也存在过错,因此抵押合同无效,依据该合同设立的抵押权也相应无效。

本案中职工住宅楼虽然没有占用西未国用(2000)字第979号全部13.265亩土地,但于该土地使用权上设定的抵押权无效及于该宗土地全部,西未国用(2000)字第979号国有土地使用权抵押无效。信达西安办关于其对上述国有土地使用权享有抵押权的上诉理由不能成立,本院不予采纳。原审判决关于造成该部分抵押无效,陕西中行和中转冷库均有过错,中转冷库在信达西安办对有效抵押部分实现抵押权后,对粮油公司仍不能清偿的部分须承担部分赔偿责任的认定正确,但其关于中转冷库就此承担三分之一赔偿责任的比例认定偏低。虽然陕西中行对造成上述国有土地使用权抵押无效的后果存在过错,但中转冷库的无权处分行为亦是导致抵押无效的主要原因,因此,本院将中转冷库上述赔偿责任比例调整为二分之一。

【权威解析】

事实上,房屋不可能脱离土地而变为“空中楼阁”,房产与地产之间物理特性上的紧密联系决定了只有取得相应的土地权利才能保障对房屋权利的实际享有。移转房屋所有权后,变更土地使用权之前,对房屋占用范围内的土地使用权而言,转让人虽为登记名义人,但受让人为实质权利人。在房地产转让过程中,如果转让人只将房屋所有权变更登记于受让人名下,而未继续变更登记相应的土地使用权,则受让人享有请求变更土地使用权登记的权利。……

而《物权法》颁布后,则采纳了法定抵押权的观点。《物权法》第一百八十二条规定:“以建筑物抵押的,该建筑物占用范围内的建设用地使用权一并抵押。以建设用地使用权抵押的,该土地上的建筑物一并抵押。抵押人未依照前款规定一并抵押的,未抵押的财产视为一并抵押。”该条第一款基本重述了《担保法》第三十六条第一款的规定后,于第二款明确规定,抵押人未将土地使用权与地上建筑物一并抵押的,未抵押的财产视为一并抵押。在《物权法》生效之后再发生房产或地产单独设立抵押的情况就应适用法定抵押权的规定,应无异议。但本案中的担保行为发生于《物权法》实施之前,根据“法不溯及既往”是法律适用的基本原则,对发生在《物权法》颁布生效之前的行为,原则上不宜直接适用《物权法》的规定。根据此前审判实务中形成的主流观点,抵押有效,但抵押权的效力不及于未登记部分。抵押权人仅就抵押合同约定并登记的部分享有抵押权。本案中,陕中营抵字022号《抵押合同》约定的抵押物名称为“土地、房产”,且《抵押批复》中也提到中转冷库报送的是《关于同意继续用土地及地面建筑物进行贷款抵押的函》,而《城市房地产管理法》第三十一条、《担保法》第三十六条规定了土地使用权与地面建筑物所有权应一并抵押。因此,虽然只有土地使用权进行了抵押登记,但当事人约定土地使用权与地面建筑物一并抵押。如果该地上建筑物属于抵押人所有,则该种约定不会造成合同无效的后果,只是因地上建筑物部分没有进行抵押登记,而不产生抵押效力而已。但在地上建筑物已经变更登记于受让人名下后，则后果截然不同。

地上建筑物所有权已经移转于他人所有，再将其设定抵押就属于无权处分行为，《合同法》第五十一条规定："无处分权的人处分他人财产，经权利人追认或者无处分权的人订立合同后取得处分权的，该合同有效。"抵押合同事后未经建筑物所有权人的追认，则不能认定为有效。本案中，979 号土地上的职工住宅楼所有权已经移转给购房职工所有，中转冷库并无权利处分，而该抵押合同事后未经购房职工追认，合同无效。土地使用权抵押合同无效，双方都有过错。作为抵押权人的银行，在接受抵押时有义务审查土地使用权证书。979 号土地使用权证书中已经标明该宗土地上存有地上建筑物，且标明此处为中转冷库的福利区，而地上建筑物所有权已经登记移转至购房职工名下，但原债权银行却未查明地上建筑物实际权属而接受该抵押，存在过错，并非善意第三人，抵押合同无效。又因我国不承认物权行为独立性，因此该抵押合同无效导致当事人设立的抵押权也相应无效。即使本案可以直接适用《物权法》的规定，则根据《物权法》第一百八十条之规定，以建设用地使用权抵押的，如果未将土地上的建筑物一并抵押，未抵押的财产视为一并抵押，也会产生同样的结果。

民法通说认为，物权客体具有特定性。"出于标的物的特定性和独立性得以确实，并便于公示，以保护交易安全的要求，物权法奉行特定原则。"土地在物理形态上延绵无垠，并非独立之物，但依社会经济观念，仍可依人为方式予以划分，而按宗登记，赋予地号，则各该地号之土地自得分别成立物权。即法律意义上的土地，是指以地籍块方式进行测量与标记的，并在土地登记簿中以"土地"进行登记的地球表面的一部分。对于土地使用权来说，同样奉行一物一权原则，特殊之处在于土地一般应以登记为准，确定是否为一物。土地为可分物，只要在登记部门进行分割，即可以分割成数物，但在分割之前，同一土地使用权证号项下该宗土地整体为一物。即使其上的数个建筑物只有其中之一发生了所有权移转，于该土地使用权上设定的抵押权仍然整体无效。979 号土地上的职工住宅楼所有权已经移转给购房职工所有，中转冷库并无权利处分。中转冷库与银行签订的抵押合同就因无权处分行为而无效，从而也 979 号土地使用权抵押无效。①

【案例来源】

《中华人民共和国最高人民法院公报》2009 年第 12 期。

① 参见潘勇锋：《地上建筑物所有权转移后占用范围内土地使用权单独抵押的效力问题》，载最高人民法院民事审判第二庭编：《最高人民法院商事审判裁判规范与案例指导》（第一卷），法律出版社 2010 年版，第 232 ~ 234 页。

712 房产交易所在颁发的房屋他项权证上记载土地证号的行为，具有对该房屋占用范围内的土地使用权进行抵押登记的效力

【关键词】

｜房屋他项权证｜土地使用权｜抵押登记效力｜

【案件名称】

中国建设银行股份有限公司分宜支行与江西江锂科技有限公司借款合同纠纷案［最高人民法院（2017）最高法民终40号民事判决书，2017.6.25］

【裁判精要】

最高人民法院认为：

本案二审争议焦点为建行分宜支行对案涉土地使用权是否享有抵押权。

本案中，建行分宜支行与江锂科技于2013年3月29日签订的《最高额抵押合同》，系双方当事人真实意思表示，内容不违反法律、行政法规的强制性规定，应为合法有效。《最高额抵押合同》中约定的抵押物除案涉房屋外，还包括产权证号为分乡国用(2009)第028号，分乡国用(2013)第016号、第017号的土地使用权。协议签订后，双方于2013年4月2日在分宜县房产交易所办理了房地产抵押登记手续，建行分宜支行取得钤房他证分宜字第××号房屋他项权利证明书，该证明书内“附记”中除载明房权证号外，还对上述土地证号进行了记载。建行分宜支行上诉主张，根据分宜县当时关于房地产抵押登记的办公流程，对于附着有建筑物的土地，土地管理部门不负责办理抵押登记，而由房屋管理部门统一办理，出具抵押他项权证，在他项权证上载明土地使用权证号、收存抵押的房屋产权证和土地使用权证原件，即视为办理了土地使用权抵押登记。且即使未办理土地使用权抵押登记，但已依法办理了房屋抵押登记，根据《物权法》第一百八十二条的规定，抵押的效力及于房屋占用范围内的土地使用权。江锂科技辩称，《物权法》第一百八十二条虽规定“一并抵押”，但并未规定无须办理抵押登记，案涉土地使用权未办理抵押登记，不发生抵押效力，且该土地使用权证已因置换被注销，建行分宜支行对案涉土地使用权不享有抵押权。本院认为，《物权法》第十条规定了不动产统一登记，但对不动产抵押登记机构未作明确规定。《担保法》第四十二条规定：“办理抵押物登记的部门如下：(一)以无地上定着物的土地使用权抵押的，为核发土地使用权证书的土地管理部门；(二)以城市房地产或者乡(镇)、村企业的厂房等建筑物抵押的，为县级以上地方人民政府规定的部门……”二审庭审中，双方当事人均确认办理案涉土地使用权抵押登记时，当地县级以上人民政府未明确规定具有地上定着物的土地使用权抵押登记的办理部门。根据《担保法解释》第六十条“以担保法第四十二条第(二)项规定的不动产抵押的，县级以上地方人民政府对登记部门未作规定，当事人在土地管

理部门或者房产管理部门办理了抵押物登记手续,人民法院可以确认其登记的效力”之规定,本案中,分宜县房产交易所在颁发的房屋他项权证上记载土地证号的行为,具有对该房屋占用范围内的土地使用权进行抵押登记的效力,足以产生公示的法律效果。

本案中,《最高额抵押合同》系双方当事人真实意思表示,其中约定的抵押物明确包括案涉土地使用权在内,双方当事人对该土地使用权作为抵押财产均有明确预期。即使案涉土地使用权未办理抵押登记,根据《物权法》第一百八十二条“以建筑物抵押的,该建筑物占用范围内的建设用地使用权一并抵押。以建设用地使用权抵押的,该土地上的建筑物一并抵押。抵押人未依照前款规定一并抵押的,未抵押的财产视为一并抵押”之规定,建行分宜支行对案涉土地使用权亦享有抵押权。

就案涉土地使用权证已被注销是否影响建行分宜支行行使抵押权一节,根据本案已查明的事实,江锂科技与江西江锂新材料科技有限公司之间的《资产置换协议》,系2016年10月14日签订,发生在建行分宜支行的土地使用权抵押权设定之后,且该置换行为未经建行分宜支行同意,江西江锂新材料科技有限公司亦未代为清偿债务,根据《物权法》第一百九十一条第二款“抵押期间,抵押人未经抵押权人同意,不得转让抵押财产,但受让人代为清偿债务消灭抵押权的除外”之规定,江锂科技置换案涉土地使用权及嗣后注销土地使用权证的行为,不具有对抗建行分宜支行的效力,不影响建行分宜支行对案涉土地使用权抵押权的行使。

【案例来源】

中国裁判文书网,http://wenshu.court.gov.cn。

713 虽然土地登记用途为商业,但地块上建有教育公益设施,依据房地一体原则,土地亦不能抵押

【关键词】

|抵押|教育公益设施|房地一体原则|

【案件名称】

东莞市百盛投资发展有限公司与李晓中、郑敬辉借款合同纠纷案[最高人民法院(2016)最高法民再335号民事判决书,2017.1.20]

【裁判精要】

裁判摘要:以《担保法》第三十七条第(三)项及《物权法》第一百八十四条第(三)项规定的“学校、幼儿园、医院等以公益为目的的事业单位、社会团体的教育设施、医疗卫生设施和其他社会公益设施”作抵押担保时,应认定该合同无效。民办学

校属于"以公益为目的的事业单位、社会团体"的范畴,民办学校用于公益的教育设施系不得设立抵押的财产。用于教育设施建设的土地,依据《物权法》第一百八十二条规定的房地一体原则,亦不能作为抵押物。债权人、担保人对上述建有教育设施的土地设立抵押均有过错的,应根据《担保法解释》第七条的规定,判令担保人承担民事责任的部分不超过债务人不能清偿部分的二分之一。

最高人民法院认为:

(二)关于案涉两份抵押担保合同性质和效力的问题

关于案涉两份抵押担保合同性质的问题。本案中,百盛公司为案涉债务提供担保,先后与李晓中签署了《个人抵押担保合同》和《抵押担保合同》。该两份合同名称均为抵押担保合同,合同相关条款也是将案涉土地为郑敬辉的借款提供抵押担保进行的具体约定。本案审理过程中,各方当事人均表示以上两份合同均系抵押担保合同的性质,没有关于保证担保的相关约定,只是承担的责任如何理解有分歧意见。因此,可以认定《个人抵押担保合同》和《抵押担保合同》的性质为抵押担保合同。

关于案涉两份抵押担保合同效力的问题。1998 年,东莞市国土资源局与百盛公司签订了《国有土地使用权出让合同》,该合同出让宗地的总体规划是建设学校及配套设施项目,宗地图显示其上已建有东莞市××学校及相关配套设施。原判决以百盛公司未证明出让宗地与案涉土地之间的关系,进而未证明案涉土地上建成的是否为教育设施为由,认定涉案抵押合同有效。根据本院再审查明的事实,案涉土地是宗地的一部分,即《国有土地使用权出让合同》所附第一张宗地图绘制的土地。案涉土地作为东莞市××学校校园的一个部分,上盖建筑物应当认定为教育设施。依据《民办教育促进法》第三条"民办教育事业属于公益性事业"及第五条"民办学校与公办学校具有同等的法律地位"之规定,东莞市××学校作为民办学校,应认定为公益性事业单位。依据《担保法》第三十七条第(三)项及《物权法》第一百八十四条第(三)项"学校、幼儿园、医院等以公益为目的的事业单位、社会团体的教育设施、医疗卫生设施和其他社会公益设施"之规定,案涉土地属于学校类教育公益设施,系法律规定不得抵押的设施。以该土地使用权设定的抵押因违反上述法律强制性规定,当属无效。虽然案涉土地的登记用途为"商业",但案涉地块上建有教育公益设施已是事实。依据《物权法》第一百八十二条规定的房地一体原则,涉案土地上为教育设施,故土地亦不能作为抵押物。因此,案涉两份抵押担保合同因违反了法律强制性规定而无效。李晓中主张案涉抵押担保合同应认定为有效的理由均不能成立。原判决认定案涉抵押担保合同有效,属认定事实不清、适用法律错误,本院予以纠正。

(三)关于百盛公司应否承担责任以及应承担何种责任的问题

《个人借款合同》约定李晓中在 2012 年 2 月 17 日前向郑敬辉提供最大金额为 7000 万元的借款。李晓中实际于 2012 年 2 月 17 日至 2012 年 2 月 20 日向郑敬辉分多笔汇款 7000 万元。百盛公司主张,李晓中因违约放贷,其遭受的损失应由其自行承担。本院认为,李晓中虽存在未完全依照《个人借款合同》的约定放款的情形,但郑敬辉予以接收且未提出异议。且百盛公司在李晓中放款之后,仍然与其签署《抵押担保合同》,表明百盛公司对李晓中的上述放款行为亦不持异议。因此,百盛公司认为李晓中违约放贷、应免除百盛公司的责任之主张,缺乏事实及法律依据,本院不予支持。

《担保法解释》第七条规定:“主合同有效而担保合同无效,债权人无过错的,担保人与债务人对主合同债权人的经济损失,承担连带赔偿责任;债权人、担保人有过错的,担保人承担民事责任的部分,不应超过债务人不能清偿部分的二分之一。”本案中,李晓中作为债权人,明知百盛公司为从事投资办学的公司,对案涉土地的实际情况未予查明便在该土地上设立抵押担保,其对于案涉抵押担保合同因违反强制性法律规定而无效具有一定的过错。百盛公司明知案涉土地上建有教育公益设施仍然与李晓中签订了两份抵押担保合同,亦存在过错。因此,本案中,百盛公司应承担郑敬辉不能清偿李晓中债务不超过二分之一的责任。原判决判令百盛公司在案涉土地的价值范围内对郑敬辉的相关债务承担连带赔偿责任错误,应予纠正。

【案例来源】

中国裁判文书网,http://wenshu. court. gov. cn。

714 在建工程抵押除当事人另有约定外,其抵押物范围不仅包括国有建设用地使用权,还包括规划许可范围内已经建造的和尚未建造的建筑物

【关键词】

|抵押|在建工程抵押权|抵押物范围|

【案件名称】

浙商金汇信托股份有限公司与浙江三联集团有限公司金融借款合同纠纷案[最高人民法院(2018)最高法民再19号民事判决书,2018.7.31]

【裁判精要】

最高人民法院认为:

一、关于案涉在建工程抵押权是否依法设立及其抵押物范围的问题

本案中,金汇信托公司与三联集团公司签订的浙金信(抵)字HY-2014-016号-1、-3《抵押合同》中均明确约定,本合同项下的抵押物是指目标项目项下位于金华安地镇安地村地块的土地使用权及其上在建工程,抵押物具体信息见合同附件之“抵押物清单”。前述《抵押合同》后附的“抵押物清单”中分别列明了99套房产

和17套房产。嗣后,双方共同向登记机关申请办理"在建工程抵押"的抵押登记手续,并提交了国有土地使用权证、土地未抵押未查封证明、建设工程规划许可证、建设用地规划许可证、施工许可证等办理在建工程抵押所需要的文件资料。登记机关受理后,为"抵押物清单"上记载的99套房产和17套房产分别颁发了《在建工程抵押登记证明》。《物权法》第一百八十七条规定,以正在建造的建筑物抵押的,应当办理抵押登记,抵押权自登记时设立。由此,登记机关为案涉在建工程抵押权所办理的抵押登记手续,是仅限于其已经发放《在建工程抵押登记证明》的"抵押物清单"中所记载的部分,还是包括抵押合同所约定的土地使用权及其上已经建造和尚未建造的部分,成为本案中认定抵押物范围所必须解决的关键问题。

关于在建工程抵押权的登记方法,《城市房地产抵押管理办法》第三十四条第二款规定:"以预售商品房或者在建工程抵押的,登记机关应当在抵押合同上作记载。抵押的房地产在抵押期间竣工的,当事人应当在抵押人领取房地产权属证书后,重新办理房地产抵押登记。"《房屋登记办法》第六十条规定,申请在建工程抵押权设立登记的,应当提交登记申请书、申请人的身份证明、抵押合同、主债权合同、建设用地使用权证书或者记载土地使用权状况的房地产权证书、建设工程规划许可证,以及其他必要的材料。第二十五条第三款规定:"预告登记、在建工程抵押权登记以及法律、法规规定的其他事项在房屋登记簿上予以记载后,由房屋登记机构发放登记证明。"根据前述规范性文件的规定,在建工程抵押权的登记方法,包括在抵押合同上作记载或者在房屋登记簿上作记载两种方式。关于权属证书与登记簿之间的关系,《物权法》第十六条、第十七条规定,不动产登记簿是物权归属和内容的根据,不动产权属证书是权利人享有该不动产物权的证明,二者不一致的,除有证据证明不动产登记簿确有错误外,以不动产登记簿为准。根据这一法律规定,完成不动产物权公示的是不动产登记,登记机关为案涉116套房产分别颁发《在建工程抵押登记证明》的法律效果,是使得金汇信托公司取得了证明其权利状况的权属证书,判断本案中金汇信托公司在建工程抵押物的范围,应当以登记机关的不动产登记为依据。原审判决以登记机关向金汇信托公司颁发的《在建工程抵押登记证明》作为判断案涉在建工程抵押办理抵押登记手续的依据,混淆了不动产登记与权属证书之间的关系,本院予以纠正。

本院注意到,在案涉在建工程抵押登记办理之时,作为登记机关的浙江省金华市房地产交易办证中心并未实行房屋登记簿制度,且对在建工程抵押应当采用何种方法在抵押合同上记载亦不明确。本案中,浙江省金华市房地产交易办证中心在受理金汇信托公司和三联集团公司的在建工程抵押登记申请后,是根据浙江省住房和城乡建设厅、中国人民银行杭州中心支行、中国银行业监督管理委员会浙江监管局下发的《关于进一步做好在建工程抵押权登记工作的若干意见》(浙建房〔2012〕28号)的要求,采用"抵押物清单"的方式,将在建工程抵押物的范围限定在已完工部分或可售部分,并为在建工程中已完工部分或可售部分的每套房屋单独办理《在建工程抵押登记证明》。但这种登记方法并不能得出登记机关认为在建工程抵押物的范围仅限于已完工部分或可售部分这一结论。从登记机关对案涉179套房屋销售的解押登记手续办理情况来看,无论三联集团公司销售的房屋是否已经列入抵押物清单中,登记机关均要求三联集团公司取得金汇信托公司的同意证明。由此可见,本案中登记机关对在建工程抵押权的标的物范围的认识在逻辑上并不能一以贯之,其所理解的抵押物限定为在建工程完工部分或者可售部分,更多的是出于登记手段或技术的考量,随着工程建设阶段的发展,在建工程抵押权的抵押物范围随着完工部分或可售部分的增加而得到扩张。

《物权法》第五条规定:"物权的种类和内容,由法律规定。"在建工程抵押权作为《物权法》所规定的民事权利,属于《立法法》第八条第(八)项所规定的法律保留事项,其民事权利的内容不因任何他人的不当限制或错误理解而减损。从立法沿革的角度,在《物权法》第一百八十条第一款第(五)项、第一百八十七条对"正在建造的建筑物"没有作出相反定义的情况下,应当遵从此前规范性文件中对"在建工程抵押"的理解。在《物权法》颁行之前,《担保法解释》第四十七条规定:"以依法获准尚未建造的或者正在建造中的房屋或者其他建筑物抵押的,当事人办理了抵押物登记,人民法院可以认定抵押有效。"《城市房地产抵押管理办法》第三条第五款亦规定:"本办法所称在建工程抵押,是指抵押人为取得在建工程继续建造资金的贷款,以其合法方式取得的土地使用权连同在建工程的投入资产,以不转移占有的方式抵押给贷款银行作为偿还贷款履行担保的行为。"据此,在建工程抵押权作为一种单独的抵押权类型,除当事人在抵押合同中另有约定外,其抵押物范围不仅包括国有建设用地使用权,还包括规划许可范围内已经建造的和尚未建造的建筑物。本案中,浙金信(抵)字HY-2014-016号-1《抵押合同》第1.2条约定,本合同项下的抵押物是指目标项目项下位于金华安地镇安地村地块的土地使用权及其上在建工程。第1.5条约定,除法律另有明确规定外,抵押期间抵押物上新增建筑物应列入本合同项下抵押物范围。前述抵押合同的约定内容,符合司法解释和行政规章的规定。在登记机关未设立房屋登记簿、亦未明确在抵押合同上记载在建工程抵押登记方法的情况下,因前述抵押合同及相关登记申请材料和登记机关出具的收件单等文件均已载明登记类型为在建工程抵押登记,这些资料是登记机关存档备查的登记资料,利害关系人可通过查询档案资料的内容来获悉抵押物上的权利负担,故应当认定登记机关在收件、审核时将此项业务作为在建工程抵押登记业务加以办理的行为,即完成了"记载"在建工程抵押登记的工作,在建工程抵押权即已依法设立。至于登记机关嗣后是否向抵押权人发放权利证明,以及发放权利证明的时间、方式等事实,均不能成为判断抵押权人的权利是否依法成立的依据。且在本案中,三联集团公司作为抵押人,本身并非不动产物权公示制度的保护对象。不动产登记制度的规范趣旨,是为了保护以该不动产为交易客体的第三人的信赖利益和交易安全。三联集团公司破产管理人在接管之后,试图利用登记实务中的不同理解否定三联集团公司此前在自身财产上所设定的权利负担,明显有违诚信原则。

综上,本案中金汇信托公司的在建工程抵押权已经依法设立,该抵押权所支配的抵押物范围,应当以抵押合同约定内容作为确定权利范围的依据。申请人金汇信托公司关于其在建工程抵押权的范围除在办理抵押登记前已经出售的房屋和办理抵押登记后经其同意出售的179套房屋及相应的土地使用权外,应当包括金市国用(2014)第103-02695号《国有土地使用权证》项下的其余国有土地使用权及其上在建工程,包括未完工的部分的申请理由成立,本院予以支持。被申请人三联集团公司关于案涉在建工程抵押权仅限于办理了《在建工程抵押登记证明》的50套房屋及其相应的土地使用权的诉讼理由,并无相应的事实和法律依据,本院不予支持。三联集团公司关于金汇信托公司的在建工程抵押权与其他购房户的权利相冲突,以及破产管理人接管后新增的建筑物不属于抵押权范围的诉讼主张,因不属于本案的审理范围,本院在本案中不予理涉。

【案例来源】

中国裁判文书网,http://wenshu.court.gov.cn。

编者说明

《物权法》第一百八十七条规定:"以本法第一百八十条第一款第一项至第三项规定的财产或者第五项规定的正在建造的建筑物抵押的,应当办理抵押登记。抵押权自登记时设立。"关于以在建工程抵押的抵押客体是否以已经建成部分为限,《物权法》等均未作出明确的规定。多数观点认为,在建工程虽然尚未取得据以表彰所有权的房屋所有权证,但其已经是法律上的物,具有不动产的自然属性,同时,权利人已就在建工程投入建设资金、建筑材料和人力,其交换价值至为明显,因此,在建工程可以作为抵押财产。不过,在建工程与一般不动产抵押不同的是,在建工程在抵押期间可能会不断变化,但抵押权效力所及的标的物范围并不以抵押权设定时标的物的状态为限,而是及于在建工程的最终形态。此时,所谓抵押物的特定性即体现为抵押权实现时的特定性。尽管未建成部分在在建工程抵押权设定时不特定,但在抵押权可得实现时具有特定性即可。在建工程竣工验收,并经登记取得所有权证后,在建工程抵押权及于其最终状态,但此时应及时转为房屋抵押权登记;在建工程最终无法取得所有权的,在建工程抵押权也及于其最终状态,而不仅仅及于设定时的状态。①

本案的裁判意见还明确,在建工程抵押权的登记办法,包括在抵押合同上作记载或者在房屋登记簿上作记载两种方式。在登记机关未设立房屋登记簿、亦未明确在抵押合同上记载在建工程抵押登记方法的情况下,因当事人的抵押合同及相关登记申请材料和登记机关出具的收件单等文件均已载明登记类型为在建工程抵押登记,且该等文件均已在登记机关存档以备利害关系人查询,故应当认定登记机关在收件、审核时将此项业务作为在建工

---

① 参见高圣平:《担保法前沿问题与判解研究》(第二卷),人民法院出版社2019年版,第162~164页。

程抵押登记业务加以办理的行为，即完成了“记载”在建工程抵押登记的工作，在建工程抵押权即已依法设立。登记机关颁发的《在建工程抵押登记证明》的法律效果是使权利人取得了证明其权利状况的权属证书，在与登记簿的记载不一致的情况下，应当以登记机关的不动产登记为依据判断在建工程抵押物的范围。①

① 参见最高人民法院第三巡回法庭编著：《最高人民法院第三巡回法庭新型民商事案件理解与适用》，中国法制出版社 2019 年版，第 167 页。

四、抵押权善意取得

715 银行对抵押物转让登记时存在的瑕疵没有过错，其履行了发放贷款义务，亦按正当程序办理抵押登记，对抵押物享有抵押权

【关键词】

｜转让登记瑕疵｜抵押登记｜抵押权｜

【案件名称】

广东发展银行股份有限公司佛山分行与东莞市恒顺融资担保有限公司、东莞市恒生实业有限公司、庾志坚借款合同纠纷案［最高人民法院（2010）民提字第132 号民事判决书，2010. 12. 6］

【裁判精要】

裁判摘要：虽然办理房地产转让登记文件的真实性被否定，且欠缺必须提交的文件而导致房屋转让登记行为被法院确认为无效，但该行政判决没有否定房产的买卖行为，也没有否定就该房屋办理的抵押登记行为。如果抵押人确已支付对价且为善意，仅因登记手续存在瑕疵，其补办登记手续后即依据所有权善意取得制度成为有处分权人，抵押权应为有效。如果买卖关系并不存在或者并非出于善意，则抵押人为无处分权人，抵押权人亦可善意取得抵押权，抵押权仍为有效。

最高人民法院认为：

（一）关于恒生公司以羊城国际商贸中心 402 号商铺向广发行佛山分行设定抵押权的效力认定问题

恒生公司将羊城国际商贸中心 402 号商铺向广发行佛山分行设定抵押时，广发行佛山分行经向房屋登记管理部门查询，获知当时抵押物登记在恒生公司名下，房屋类别为已付清款的预购商品房，且在本案抵押前，恒生公司曾于 2001 年 12 月 3 日将该抵押物依法抵押给中信实业银行东莞支行，并办理了抵押登记。2003 年 8 月 18 日，广州市房管局为本案抵押权办理了抵押登记手续并核发了抵押登记证明书，其间并未有人提出异议。抵押设定后，广发行佛山分行依约向恒生公司发放了贷款，该项债权依法成立，应认定广发行佛山分行全面履行了约定义务。参照《物权法》第一百零六条关于善意取得他物权的规定以及《担保法解释》第四十七条关于“以依法获准尚未建造的或者正在建造中的房屋或者其他建筑物抵押的，当事人办

理了抵押物登记,人民法院可以认定抵押有效”的规定,本案所涉抵押权符合《物权法》关于善意取得他物权的规定,且不违反法律法规的禁止性规定,应认定合法有效。

最高人民法院(2002)民一终字第34号民事判决终审解除省一建分公司与清远金融市场间的房地产预售契约,对于不动产的所有权登记而言,物权登记的原因行为被解除,不能因此影响设立在该房产上抵押权的效力。广州市中级人民法院(2006)穗中法行终字第87号行政判决终审认定广州市房管局的转让登记行为无效,也不能因此否定设立在该房产上他项权的效力,且行政判决也未否定广州市房管局就该抵押物办理的抵押登记行为的效力。截至本案再审时,广州市体育东路羊城国际商贸中心402号商铺的产权仍登记在恒生公司名下,并以03备字25099号做了抵押登记。

综上,广发行佛山分行对本案抵押物转让登记时存在的瑕疵没有过错,且其依约履行了发放贷款的义务,抵押登记机关亦按正当程序为该抵押物办理了抵押登记并予以公示。因此,广发行佛山分行对本案抵押物所享有的抵押权,符合相关法律规定,其法律效力应予确认。

【权威解析】

根据《物权法》第一百零六条的规定,抵押权的善意取得需要满足以下条件:(1)抵押权人在抵押设立时是善意的;(2)支付合理对价;(3)抵押已经登记。本案中,广发行佛山分行经向房屋登记管理部门查询,获知当时抵押物登记在恒生公司名下,其基于公示公信原则,有理由相信国家房管部门登记簿上记载的物权状态为真实权利状态,已尽到了合理的审查和注意义务,并无主观过错且为善意。抵押设定后,广发行佛山分行依约向恒生公司发放了贷款,支付了合理对价。广州市房管局为本案抵押权办理了抵押登记手续并核发了抵押登记证明书。本案所涉抵押权符合法定要件,构成善意取得。

关于广州市中级人民法院行政判决与本案抵押权的效力之间的关系问题。广州市中级人民法院(2006)穗中法行终字第87号行政判决认为,由于恒生公司在办理房地产转让登记过程中向广州市房管局提供的文件的真实性被否定,且欠缺必须提交的文件,因此,认定广州市房管局对讼争房屋进行转让登记的行为无效。但该行政判决没有否定恒生公司买入该房产的买卖行为,也没有否定广州市房管局就该抵押物办理的抵押登记行为。如果恒生公司确已向清远支行支付对价且为善意,仅因登记手续存在瑕疵,其补办登记手续后即依据所有权善意取得制度成为有处分权人,抵押权应为有效。如果买卖关系并不存在或者并非出于善意,则恒生公司为无处分权人,广发行佛山分行亦可善意取得抵押权,抵押权仍为有效。

善意取得制度旨在保护无权处分情况下善意第三人的权利,其立法目的在于保护公示公信力,保护交易安全,鼓励交易,维护商品交易的正常秩序,促进市场经济的有序发展。保护当事人的信赖利益，实际上就是保护交易安全，一旦交易安全缺乏保障，则任何一个进入市场进行交易的权利主体，在购买物品或者在财产上设定权利时，都须对财产的权属进行详尽确实的调查，以排除从无权处分人处取得财产及相应权利的可能性。这将提高交易成本，阻碍交易进行，从而影响社会经济发展。善意取得制度承认善意买受人可以即时取得所有权，则交易者就能放心地进行交易，从而有利于市场经济的健康发展。法律保护的利益有时也会出现矛盾和冲突。本案即涉及合法权利人的所有权与善意第三人的抵押权之间的保护冲突问题。《物权法》通过设立他物权的善意取得制度作出了立法选择，更加倾向于保护交易的安全性。本案应参照《物权法》的相关规定，认定抵押权的效力。如果权利人因抵押物被处理受到损失，则有权向无权处分人请求赔偿损失。①

【案例来源】

最高人民法院民事审判第二庭编：《担保案件审判指导》（增订版），法律出版社2018 年版，第 292 ~ 304 页。

编者说明

不动产抵押权善意取得的要件有两个：一是债权人是善意的；二是已经进行了不动产抵押权登记。关于不动产抵押权善意取得的法律后果，是无权处分人在不动产上设立抵押权，如果构成不动产抵押权的善意取得，债权人取得不动产抵押权，权利人因此受到损失的，有权向无权处分人请求赔偿损失；如果不符合善意取得的条件，抵押合同无效，债权人不享有抵押权，无权处分人根据其在合同无效中的过错承担相应的法律责任。

关于不动产抵押权善意取得的例外，一是登记不具有公信力的，不适用善意取得；二是在有法律强制性规定时，无适用善意取得的余地；三是破产财产，包括在破产宣告前已经置于破产管理人控制下的债务人财产，不适用善意取得。

716 法律、行政法规并未规定抵押权人在抵押时负有对抵押物的产权证作实质性审查的义务

【关键词】

｜抵押权人｜产权证｜实质性审查｜

【案件名称】

中国农业银行大连市友好支行与大连中大集团公司借款抵押担保纠纷案［最

① 参见高燕竹：《抵押权善意取得及保证合同效力的认定——广东发展银行股份有限公司佛山分行与东莞市恒顺融资担保有限公司、东莞市恒生实业有限公司、庾志坚借款合同纠纷再审案》，载最高人民法院民事审判第二庭编：《担保案件审判指导》（增订版），法律出版社 2018 年版，第 305 页。

高人民法院（2004）民二终字第 70 号民事判决书，2006. 9. 4］

【裁判精要】

最高人民法院认为：

关于友好支行的过错责任问题。首先，关于抵押权人是否应对产权证作实质性审查的问题。本院认为，产权证记载的内容是否真实、准确，系由国家行政机关依法定程序审查后作出确认，该行政行为一旦作出，即具有物权公示公信的效力，非依法定程序不得撤销。无论其记载的内容是否与实际相符，相对人均有理由相信该产权证的真实性。与产权证上的权利人进行交易的第三人，其所取得的权利仍受法律保护。我国法律、行政法规并未规定抵押权人在抵押时负有对抵押物的产权证作实质性审查的义务，故不能以友好支行可能明知产权证存在权利瑕疵而未对产权证项下的产权真实性做进一步核实为由而认定其接受抵押时存在过错。尤其明确的是友好支行接受抵押时，抵押物中大大厦的产权问题并不存在争议，友好支行基于对产权证记载内容的任何而接受抵押，其主张上并无过错。同时，大连国际所提交的证人证言等数份证据均不能证明友好支行在接受抵押时明知中大大厦 9 ~ 15 层属大连国际所有，亦不能证明友好支行与中大集团恶意串通，共同以欺诈的方式去办理中大大厦产权证，故不能认定友好支行接受抵押时存在过错。本案抵押合同系各方当事人的真实意思表示，且不违反法律及行政法规的规定，应认定抵押合同有效。依据抵押合同及双方办理的抵押登记情况，友好支行可以对抵押物中大大厦的 9—15 层行使抵押权。

【案例来源】

最高人民法院民事审判第二庭编：《最高人民法院商事审判指导案例 · 借款担保卷》（下），中国法制出版社 2011 年版，第 623 ~ 633 页。

717 善意相对人基于对抵押登记这一公示行为的信任而取得的抵押权，依法应当受到保护

【关键词】

｜善意相对人｜抵押登记｜抵押权｜

【案件名称】

中国西南电子设备研究所与中国农业银行成都市总府支行、四川盛世集团有限责任公司等借款抵押合同纠纷案［最高人民法院（2002）民二终字第 52 号民事判决书，2002. 10. 16］

【裁判精要】

最高人民法院认为：

总府农行与新中港公司签订的抵(1997)字第0860号《抵押合同》和与火炬公司签订的抵(1997)字第0864号《抵押合同》,当事人真实意思表示,且办理了相应的抵押物登记手续,依法应为有效。由于盛世公司不履行到期债务的还款义务,总府农行有权对上述抵押合同中设定的抵押财产折价或者以拍卖、变卖的价款优先受偿。对于抵(1997)字第0864号《抵押合同》中涉及的抵押物登记问题,因总府农行在设定抵押时尽到了必要的注意义务,用于抵押的盛世商住楼工程的各项批文及权属证书上记载的项目所有人均为火炬公司,火炬公司有权进行抵押登记,总府农行亦有理由相信火炬公司有资格以该项目设定抵押。总府农行作为善意相对人,基于对抵押登记这一公示行为的信任而取得的抵押物权,依法应当受到保护,研究所在成都市中级人民法院提起的行政诉讼并不影响本案民事诉讼的审理结果。另由于成都市中级人民法院已裁定中止了研究所提起的行政诉讼,如本案民事诉讼一并中止,将给两案的审理带来诉讼程序上的障碍,故研究所关于本案应中止诉讼的上诉主张不能成立,本院不予支持。

不动产物权依法实行公示制度,虽然成都盛世公司与研究所作为投资人在《联合建设盛世商住楼合同》《盛世商住楼联建合同》《投资权转让合同》等合同中作出了待该楼竣工后,对该楼如何分配的约定,但由于成都盛世公司与研究所并未办理相应的产权变更登记手续,故该工程的项目所有权人仍为火炬公司,而非成都盛世公司和研究所。总府农行关于火炬公司有资格办理盛世商住楼在建工程抵押登记手续的答辩理由成立,本院予以支持。

原审判决将成都盛世公司的部分行为认定为盛世公司所为,系认定事实部分不清。研究所关于应当区分盛世公司与成都盛世公司不同民事行为的上诉主张与事实相符,本院予以支持。但本案中成都盛世公司和盛世公司均未对火炬公司的抵押行为提出异议,且火炬公司有资格单独申请办理抵押登记,区分盛世公司与成都盛世公司并不影响抵押登记效力和本案审理结果,故研究所关于原审判决未能区分盛世公司与成都盛世公司,要求撤销原判的上诉主张不能成立,本案不予支持。

四川省高级人民法院(1999)川民初字第7号民事调解书中虽然有研究所是盛世商住楼唯一产权人的内容,但同时载明了研究所须支付相应转让款,及盛世公司、火炬公司协助成都盛世公司办理研究所产权证书的义务。但该调解书确定的是各方当事人的权利义务,研究所据此享有的是对盛世公司、火炬公司、成都盛世公司的债权,研究所实际取得盛世商住楼的产权尚需具备一定的条件,这并不妨碍总府农行行使在此之前即已取得的抵押物权。研究所关于本案原审判决与该民事调解书内容冲突的上诉主张不能成立,本院不予支持。根据《担保法解释》第六十七条的规定,在抵押权存续期间,抵押人转让抵押物未通知抵押权人或者未告知受让人的,如果抵押物已经登记的，抵押权人仍可以行使抵押权。故总府农行关于研究所作为盛世商住楼抵押部分的受让人无权对抗抵押权人行使抵押权的答辩意见于法有据，本院予以支持。

【案例来源】

最高人民法院民事审判第二庭编：《民商审判指导与参考》（总第3卷），人民法院出版社2003年版，第411～428页。

编者说明

《物权法》第一百零六条第一款规定的是不动产所有权的善意取得，第三款规定的是不动产用益物权和担保物权的善意取得，包括不动产抵押权的善意取得，按照“参照前两款规定”的要求，不动产抵押权善意取得的要件是：(1)债权人是善意的；(2)已经进行不动产抵押权登记。与不动产所有权善意取得相比，由于抵押权的设立不以相对人是否有对价为要件，所以，对善意取得不动产抵押权的要求少了一个“合理价格”的内容。……

关于不动产抵押权善意取得的例外。善意取得制度旨在保护无权处分情况下善意第三人的权利，主要针对无权处分人处分他人财产的情形，但也适用于在财产共有情况下，共有人未经允许处分其他共有人财产的情形。例如，夫妻共有的房屋登记在丈夫名下，登记簿上无共有人情况记载，未经妻子同意，丈夫在房屋上设立抵押权，抵押行为无效。但房屋登记具有公信力，第三人信赖登记簿的记载并且无证据证明其为非善意的，即便抵押合同无效，第三人仍善意取得在该共有财产上的抵押权。妻子因此受到的损失有权向丈夫要求赔偿。登记不具有公信力的，不适用善意取得，如上述对抗效力的登记。另外，善意取得制度也受法律强制性规定的限制，在有法律强制性规定时，无适用善意取得的余地，如抵押物不合法、抵押物被查封，均不能适用善意取得；破产财产，包括在破产宣告前已经置于破产管理人控制下的债务人财产，不适用善意取得。债务人在此类财产上设立抵押权，纵使第三人确属善意，也不能取得抵押权。①

718 根据物权登记生效及公示公信原则，债权人有理由相信抵押人系房产权利人的，有权就房产设立抵押

【关键词】

｜担保｜抵押权｜无处分权｜善意取得｜

【案件名称Ⅰ】

魏伟与淮安市工人文化宫及淮安利佳房地产开发有限公司、胡兴定、何玉

① 参见曹士兵：《中国担保制度与担保方法》（第三版），中国法制出版社2015年版，第242页、第244～245页。

书、南京仁帆投资管理有限公司、淮安市专用汽车制造有限公司第三人撤销之诉案［最高人民法院（2018）最高法民再321号民事判决书，2018.12.27］

【裁判精要】

最高人民法院认为：

关于案涉借款与抵押合同对应关系的问题。依据已查明的事实,2012年6月26日、7月4日利佳房地产公司及其原法定代表人胡兴定先后向魏伟借款2000万元、230万元。为了对上述借款办理抵押登记,2012年7月6日,利佳房地产公司(抵押人)与魏伟(抵押权人)签订两份借款合同、两份房地产抵押合同。魏伟主张案涉抵押权系对应全部借款本息,并非分别对应2000万元借款和230万元借款,这与实际借款在前、借款合同与抵押合同签订在后,且金额并非完全对等的情况相符合,亦与胡兴定、王小凤(实际出借人)在公安机关所作的陈述基本一致,本院应予采信。虽然何玉书在公安机关的笔录中对抵押权如何对应借款问题的陈述与胡兴定、王小凤不同,但何玉书并非借款合同和抵押合同的当事人,其陈述亦缺乏相应证据印证,本院不予支持。

关于魏伟是否善意取得开发项目三、四层及负一层地下室抵押权的问题。首先,《物权法》第一百零六条规定:“无处分权人将不动产或者动产转让给受让人的,所有权人有权追回;除法律另有规定外,符合下列情形的,受让人取得该不动产或者动产的所有权:(一)受让人受让该不动产或者动产时是善意的……当事人善意取得其他物权的,参照前两款规定。”《物权法解释(一)》第十五条规定:“受让人受让不动产或者动产时,不知道转让人无处分权,且无重大过失的,应当认定受让人为善意。真实权利人主张受让人不构成善意的,应当承担举证证明责任。”本案中,虽然开发项目三、四层在房屋登记簿中记载的规划用途为文化宫用房,但并未作为公益设施使用;开发项目负一层地下室在房屋登记簿中记载的规划用途为地下室,并非公益设施,因此,上述房产不属于法律规定的不得抵押的财产。其次,根据《合作开发协议》的约定,开发项目三、四层及负一层部分停车位属于淮安文化宫所有。利佳房地产公司2012年3月24日亦作出承诺,不将开发项目三、四楼等属于淮安文化宫的房屋用于出售或抵押。生效的(2013)浦商初字第1304号民事判决书也确认案涉建筑三至四层以及地下负一层112个停车位归淮安文化宫所有。因此,利佳房地产公司对案涉不动产设定抵押系无权处分。最后,不动产登记是不动产物权归属的直接凭证,本案中,房屋登记簿显示设定抵押的三、四楼及负一层地下室所有权人为利佳房地产公司,土地使用权取得方式为出让,共有情况为单独所有,魏伟有理由相信不动产登记反映了真实有效的物权归属。虽然利佳房地产公司对开发项目三、四层房屋及负一层地下室的相关车位无处分权,但魏伟信赖《房屋登记簿》记载的权利外观,出借款项并办理了抵押登记,在无充分有效证据证明魏伟明知利佳房地产公司对案涉房产无处分权的情况下,应当认定魏伟取得开发项目三、四层及负一层地下室的抵押权系善意。原审判决仅以魏伟在案涉抵押权设定时已知案涉房屋为文化宫用房,坐落亦是"文化宫室"为由,认定其设定抵押权时存在重大过失,依据不足,应予纠正。

【案例来源】

中国裁判文书网,http://wenshu.court.gov.cn。

【案件名称Ⅱ】

中国邮政集团公司长沙市分公司与湖南中南投资置业有限公司借款合同纠纷案[最高人民法院(2018)最高法民终112号民事判决书,2018.5.21]

【裁判精要】

最高人民法院认为:

中国邮政长沙分公司上诉主张,《委托贷款合同》为无效合同,《最高额抵押权合同》系其从合同,亦应认定为无效合同。而且案涉抵押物系由长沙晚报集团与中南公司合建,中南公司未经长沙晚报集团的同意,将长沙晚报集团所有的朗盛大厦3至8楼及属于中国邮政长沙分公司所有的朗盛大厦一楼114号门面设立抵押,红岭公司和星沙农商银行明知或应知该情形而签订《最高额抵押权合同》设定抵押,根据《合同法》第五十二条第(二)项的规定,《最高额抵押权合同》应为无效合同。本院认为:其一,如前所述,《委托贷款合同》为有效合同,故上诉人中国邮政长沙分公司关于主合同无效,从合同即《最高额抵押权合同》亦为无效的理由不成立。其二,依据《合同法》第五十二条的规定,恶意串通,损害国家、集体或者第三人利益的合同无效。所谓恶意串通的合同,是指合同的双方当事人非法勾结,为牟取私利,而共同订立的损害国家、集体或者第三人利益的合同。首先,根据原审查明的事实,朗盛大厦的土地使用权证、建设用地规划许可证、建设工程规划许可证、建筑工程施工许可证和商品房预售许可证均登记在中南公司名下,且中南公司对其进行开发建设。根据物权的登记生效及公示公信原则,红岭公司、星沙农商银行有合理理由相信中南公司系朗盛大厦的权利人,中南公司有权就朗盛大厦设立抵押。其次,中国邮政长沙分公司并未提交证据证明中南公司、星沙农商银行和红岭公司恶意串通损害其权利的证据。而且即便星沙农商银行、红岭公司知道或者应当知道长沙晚报集团及中国邮政长沙分公司各自依据与中南公司所签订的合同享有案涉抵押物的部分权利,结合案涉抵押物相关证件均登记在中南公司名下的事实,该"知道或者应当知道"亦不属于《合同法》第五十二条第(二)项所规定的"恶意串通"的情形。最后,中国邮政长沙分公司虽主张案涉工程项目房屋施工图上已经明确记载朗盛公司一楼114号门面还建给中国邮政长沙分公司,但其并未提交证据证明星沙农商银行与中南公司签订《最高额抵押权合同》并办理抵押物登记时,已看到过该施工图。因此,中国邮政长沙分公司据此主张《最高额抵押权合同》无效的理由亦不成立。综上，中国邮政长沙分公司关于中南公司、红岭公司和星沙农商银行恶意串通，损害第三人利益，《最高额抵押权合同》为无效合同的上诉主张不成立，本院不予支持。

关于中南公司依据《最高额抵押权合同》就在建工程（包括朗盛大厦一楼 114 号门面）设立的抵押权是否有效的问题。本院认为，如前所述，朗盛大厦的土地使用权证、建设用地规划许可证、建设工程规划许可证、建筑工程施工许可证和商品房预售许可证均登记在中南公司名下，中南公司依据《最高额抵押权合同》的约定，就在建工程（包括朗盛大厦一楼 114 号门面）办理了抵押登记，依据《物权法》第九条关于"不动产物权的设立、变更、转让和消灭，经依法登记，发生效力；未经登记，不发生效力，但法律另有规定的除外"以及第一百八十七条关于"以本法第一百八十条第一款第一项至第三项规定的财产或者第五项规定的正在建造的建筑物抵押的，应当办理抵押登记。抵押权自登记时设立"之规定，该抵押权已设立并有效。中国邮政长沙分公司上诉主张，中南公司在未经其同意的情形下将其所有的朗盛大厦一楼 114 号门面抵押，根据《民通意见（试行）》第一百一十三条第一款的规定，应当认定抵押无效。如前所述，案涉抵押权已设立并有效，中国邮政长沙分公司并非朗盛大厦一楼 114 号门面登记的所有权人，也未实际占有该门面，中南公司以该门面设立抵押并未侵害中国邮政长沙分公司的财产权。中国邮政长沙分公司关于案涉抵押权因侵害其财产权而无效的上诉理由无事实与法律依据，本院不予支持。

【案例来源】

中国裁判文书网，http://wenshu.court.gov.cn。

五、抵押权登记

(一)办理登记的认定

719 登记机关对在建工程和相应土地使用权进行抵押登记，设定了他项权利，具有公示效果，虽未领取他项权凭证，并不影响抵押权效力

【关键词】

|抵押登记|他项权凭证|抵押权效力|

【案件名称】

中国农业银行乌鲁木齐市河南路支行与新疆龙岭实业有限公司、北京全国棉花交易市场棉花配送有限公司确认抵押权纠纷案［最高人民法院（2007）民二终字第61号民事判决书，2008. 1. 29］

【裁判精要】

最高人民法院认为：

农行河南路支行对龙岭公司抵押的财产和权益所享有的抵押权是否真实有效，以及农行河南路支行对该财产和权益或对其进行拍卖所获的价款是否享有优先受偿权取决于双方签订的担保合同是否真实有效和双方是否就该财产在抵押登记机关进行了有效的抵押登记。本案涉及的三次抵押登记，均有抵押登记机关颁发的“房地产抵押登记表”，且该登记表中分别加盖有“土地房产局国有土地抵押权专用章”“土地管理局国有土地使用权专用章”，并在该抵押登记机关的登记文件中记载，应认为登记管理机关对在建工程和相应的土地使用权进行抵押登记的行为已经完成，设定了他项权利，具有公信力，并产生公示的效果。根据一审查明的事实，该登记至今没有撤销。农行河南路支行与龙岭公司的抵押合同中也已明确约定以在建工程已完工部分进行抵押，根据一审法院的调查笔录显示，该院曾经在2006年6月29日到开发区土地规划房产局，对本案涉及的龙岭大厦抵押手续问题向抵押登记的经办人张鑫、林育齐进行调查，被调查人均表示当时开发区没有他项权利证书，只要在抵押登记表上盖章即为办理了抵押登记。另据一审法院从乌鲁木齐市城乡建设档案馆调取的档案资料显示，“房地产抵押登记表”始终在档案中，并未作废或者注销。上述事实表明，在建工程抵押手续完备，唯一瑕疵是基于当时新疆维吾尔

自治区乌鲁木齐市开发区的特殊情况，没有办理他项权利证书，但该瑕疵不足以影响在建工程抵押的效力，应认定抵押成立并生效。一审法院在认定抵押合同生效的同时，根据建设部《城市房地产抵押管理办法》第三十四条第二款即“以预售商品房或者在建工程抵押的，登记机关应当在抵押合同上作记载。抵押的房地产在抵押期间竣工的，当事人应当在抵押人领取房地产权属证书后，重新办理房地产抵押登记”，并根据《担保法》的规定，认为在龙岭公司取得的公房产权证上未见有该房屋已经抵押的他项权利登记，因双方办理的抵押登记存在瑕疵，与建设部的规定不符，因此该抵押登记的效力不能对抗其他第三人，农行河南路支行对龙岭公司的抵押物不享有优先受偿权的认定错误，应予纠正。《城市房地产抵押管理办法》属于部门规章，《担保法》的法律位阶高于该部门规章，应当优先适用。本案所涉三次抵押，均包括在建工程已完工部分以及土地使用权的抵押，根据《担保法解释》第四十七条的规定，以依法获准尚未建造的或者正在建造中的房屋或者其他建筑物抵押的，当事人办理了抵押物登记，人民法院可以认定抵押有效。根据《担保法》第三十六条第二款规定，以出让方式取得的国有土地使用权抵押的，应当将抵押时该国有土地上的房屋同时抵押。龙岭公司在乌鲁木齐市房产登记机关办理了龙岭大厦的房产证以后，抵押人和抵押权人未按照《城市房地产抵押管理办法》第三十四条第二款规定重新办理房产抵押登记，并不必然导致抵押权消灭。抵押权仅因抵押权的实现、抵押关系的解除和抵押物灭失等法定事由而消灭。因此，在土地使用权抵押和在建工程抵押并未解除，且抵押物没有灭失情况下，应视为抵押延续，具有对抗第三人的效力。根据《担保法》第三十三条规定，抵押人对龙岭大厦拍卖所得价款，依法享有优先受偿的权利。抵押权人在抵押人将在建竣工项目于 2000 年 12 月 19 日在市房产部门办理该房产证前的三个月即 9 月 29 日，还在开发区房地产部门办理了续押登记。该房产被法院查封后，抵押人客观上也无法继续重新办理房产抵押登记。因此，对在建工程完工后未按照《城市房地产抵押管理办法》规定继续办理房产抵押登记，抵押人不存在主观过错。

综上，龙岭公司与农行河南路支行于 1998 年至 2001 年间签订的 14 份《抵押担保借款合同》均约定以龙岭公司提供抵押担保的方式偿还债务，该合同是双方真实意思表示，应认定抵押关系成立。根据《担保法》第四十一条的规定，以土地使用权作为抵押财产的，应办理抵押物登记，抵押合同自登记之日起生效。在诉讼中，农行河南路支行提交的证据证明了双方分别于 1997 年 11 月 12 日、1999 年 9 月 29 日及 2000 年 9 月 29 日向相关部门提出抵押登记申请并得到批准，履行了必要登记手续，抵押权人未获得土地使用权抵押他项权利证登记凭证，并非不能获得，而是特定历史条件下当地房地产部门的通常惯例所致，并不能因此影响他项权利登记的公示和公示效力，农行河南路支行应当在 2000 年 9 月 29 日抵押登记中所确认的 35343. 61 平方米面积的范围内享有优先受偿的权利。

【案例来源】

最高人民法院民事审判第二庭编:《最高人民法院商事审判指导案例·借款担保卷》(下),中国法制出版社 2011 年版,第 534~541 页。

编者说明

本案的处理还涉及在建工程抵押权登记转为一般抵押权登记的问题。在建工程竣工验收并经所有权初始登记后,在建工程抵押权就转变为一般的建筑物抵押权。《城市房地产管理办法》第三十四条规定:"以预售商品房或者在建工程抵押的,登记机关应当在抵押合同上作记载。抵押的房地产在抵押期间竣工的,当事人应当在抵押人领取房地产权属证书后,重新办理房地产抵押登记。"按照此规定,是应当先注销在建工程抵押,再办理新的房地产抵押登记,该规定不利于维护在建工程抵押权的合法权益,会使其优先顺位丧失。《房屋登记办法》改变了这一规定,第六十二条规定:"在建工程竣工并经房屋所有权初始登记后,当事人应当申请将在建工程抵押权登记转为房屋抵押权登记。"即房屋登记机构是完全按照在建工程抵押权的登记事项来办理相应的房屋抵押登记,也就是将原先记载于楼盘表上的在建工程抵押权转到房屋登记簿上,但登记事项不变,使在建工程抵押与现房抵押二者在时间上和担保功能上具有连续一致性。这样就使得在建工程抵押权的内容不变,包括抵押财产的范围、担保的范围、担保的金额,同时也使得抵押权的顺位不变。《不动产登记暂行条例实施细则》参考了《房屋登记办法》的规定,其第七十七条规定:"在建建筑物竣工,办理建筑物所有权首次登记时,当事人应当申请将在建建筑物抵押权登记转为建筑物抵押权登记。"①

720 法律规定不明确或多个行政管理部门均有权对房地产办理抵押登记的,向其中一个有权机关办理抵押登记,应认定抵押有效

【关键词】

|抵押登记|登记部门|抵押权效力|

【案件名称】

恒丰银行股份有限公司龙口支行与青岛江南房地产开发公司借款抵押合同纠纷案[最高人民法院(2006)民二提字第 21 号民事判决书]

【裁判精要】

裁判摘要:申请抵押登记是物权人的权利,审查和登记是国家行政管理机关从

① 参见程啸、尹飞、常鹏程:《不动产登记暂行条例及其实施细则的理解与适用》(第二版),法律出版社 2017 年版,第 424 页。

事的公示行为。在法律规定不明确或多个行政管理部门均有权对房地产办理抵押登记的情形下，当事人向其中一个有权登记机关申请并获准进行抵押登记，应依公示原则和公信原则认定抵押合法有效。

最高人民法院认为：

本案住房银行龙口支行与江南公司签订的《最高额抵押借款合同》和《抵押担保借款合同》系双方当事人的真实意思表示，合法有效。住房银行龙口支行对江南公司享有3100万元借款本金的债权，以及该债权系1997年7月23日《最高额抵押借款合同》债权的延续，是双方当事人均认可的事实，故山东省高级人民法院判决江南公司按约定偿还住房银行龙口支行3100万元借款本金及其利息正确，应予维持。

根据《担保法》第四十二条第（二）项"以城市房地产或乡（镇）、村企业的厂房等建筑物抵押的，为县级以上地方人民政府规定的部门"的规定，山东省人民政府于1996年4月23日将"以企业厂房等建筑物"签订的抵押合同的登记管理职权授予该省各地工商行政管理部门，直至2002年7月3日，山东省人民政府发布通知调整登记部门。在此期间，在山东行政区域内的工商行政管理机关，系有权进行企业厂房等建筑物抵押登记的部门。住房银行龙口支行到工商行政管理部门进行抵押登记暨公示，并不妨碍他人查询抵押登记权利的行使。如果因多个部门均可进行抵押登记，给他人查询带来不便，显然不是登记申请人造成的，且本案无证据表明当事人在恶意规避登记，不应因登记部门不是房地产交易行政管理部门而无效。

江南公司的在建工程江南大厦是否属于"企业厂房等建筑物"，法律没有明确规定。但《担保法》和山东省人民政府鲁政字〔1996〕68号批复采用的均是"企业厂房等建筑物"的概括性表述，并未全部列举工商行政管理机关可以登记的建筑物，亦未明确排除企业的在建建筑物或坐落在城市的企业的在建建筑物，且同期该省存在多个政府部门均办理房地产抵押登记的情形。所以，住房银行龙口支行以债务人的在建建筑物到工商行政管理机关进行抵押登记的行为，没有违反法律法规的禁止性规定，并在山东省人民政府鲁政字〔1996〕68号批复的有效期限内作出，故该抵押权登记有效。住房银行龙口支行基于抵押权可以处分抵押物，并对抵押物的变价享有优先于无抵押权的债权人而获得受偿的权利，这是法定的优先权。本案债权人两次到青岛市市南区工商行政管理局办理抵押手续，先后领取了两份《抵押物登记证》，且依该登记，住房银行龙口支行的抵押权自1997年7月23日设立延续至其起诉之日，故住房银行龙口支行的有关申诉理由成立，应予支持。

综上所述，住房银行龙口支行与江南公司签订的本案《最高额抵押借款合同》和《抵押担保借款合同》及其与龙口市鑫台环氧豆油有限公司签订的债权债务转让协议合法有效，原判判令江南公司按该合同偿还住房银行龙口支行的欠款本息正确，应予维持。

【权威解析】

《不动产登记暂行条例》制定以前，有关不动产登记的规定散见于相关的民事法律、法规、规章，加之长期以来，我们将登记偏重于一种行政管理职能，把登记机关与行政机关的设置和职能合一，以致形成多个行政机关负责对不同的不动产进行登记管理，甚至在部分地区出现多个行政机关对相同的不动产进行登记管理的情形，如土地使用权登记由土地管理部门负责；房屋产权登记由城建部门负责；林木所有权登记由林业管理部门负责……分散的登记制度易使当事人对申请登记的机关产生争议，房、地分别抵押和重复抵押的现象不时出现，加重了信息沟通的困难，影响着公示效果和公信效力。鉴于分别、分散登记的弊端，不少地方逐渐通过立法将房地登记合一，从而降低了登记成本，彰显了公示效力。本案即是在上述登记制度发展进程中发生的一起纠纷，判断此类抵押登记的效力，应客观地分析争议产生的历史背景，依照法律并依据物权登记的公示、公信原则进行处理。①

【案例来源】

万鄂湘、张军主编：《商事法律文件解读》（总第43、44合辑），人民法院出版社2008年版，第169～170页。

编者说明

最高人民法院在《关于西安市第三奶牛场与咸阳市中陆城市信用社、西安新业工贸有限责任公司抵押借款合同纠纷一案的复函》中也认为案涉土地使用权未到指定部门办理抵押登记，"虽有不规范之处，但基本具备抵押的法定要件，以认定抵押关系成立为宜"。该案所涉国有土地使用权证是1981年由当时身兼房产和地产管理的西安市房地产管理局颁发的，因此1996年进行抵押登记时也是在西安市房地产管理局下设部门房地产管理中心办理的，而事实上西安市土地局已经于1995年3月起就行使国有土地使用权抵押登记职能，并成立了相应的机构。

721 县政府同意县工商局办理房地产抵押登记的，不违反《担保法》规定的，抵押有效

【关键词】

｜抵押登记｜抵押有效｜

① 参见姜华：《当事人向有权登记的行政机关申请登记，并经登记领取了〈抵押物登记证〉的，应依法认定抵押有效——恒丰银行股份有限公司龙口支行与青岛江南房地产开发公司借款抵押合同纠纷案》，载最高人民法院审判监督庭编：《审判监督指导》（总第25辑），人民法院出版社2008年版，第201～202页。

【案件名称】

兰西县农村信用合作联社与中国农业银行股份有限公司兰西县支行第三人撤销之诉案［最高人民法院（2018）最高法民终 929 号民事判决书，2018. 12. 26］①

【裁判精要】

最高人民法院认为：

一、关于兰西县工商局办理的不动产抵押登记是否构成无效抵押的问题

本案中，兰西农行与兰西麻纺公司于 1998 年 8 月 10 日签订《最高额抵押担保借款合同》，并在兰西县工商局就兰西麻纺公司的房屋及房屋占用范围内的土地使用权办理了抵押登记，兰西农行取得《抵押物登记证》。本院认为，兰西县工商局办理的该不动产抵押登记应认定为合法有效。

其一，案涉不动产抵押登记的效力应依据当时的法律即 1995 年 10 月 1 日施行的《担保法》予以确定。《担保法》第四十二条第（二）项规定："办理抵押物登记的部门如下：……（二）以城市房地产或者乡（镇）、村企业的厂房等建筑物抵押的，为县级以上地方人民政府规定的部门。"第三十六条第一款规定："以依法取得的国有土地上的房屋抵押的，该房屋占用范围内的国有土地使用权同时抵押。"以上规定明确了办理建筑物抵押登记的部门由县级以上人民政府规定以及"地随房走"的抵押登记原则。兰西县政府办作为兰西县政府内设机构，有权代表县政府上传下达文件，其于 1996 年 5 月 23 日向该县各乡镇人民政府、县政府各直属单位下发《通知》，属于代表兰西县政府作出的内部行政行为。该《通知》载明，经县政府领导同意，转发兰西县工商局《关于兰西企业抵押登记工作实施意见》，这表明兰西县政府同意兰西县工商局办理房地产抵押登记。《兰西企业抵押登记工作实施意见》第十条规定："办理抵押物登记部门如下：1. 以城市房地产或者乡（镇）、村企业的厂房等建筑物以及企业的设备和其他动产抵押的，登记部门为县工商局；2. 以无地上定着物土地使用权抵押的登记部门是县土地管理部门……"案涉抵押物为兰西麻纺公司的房屋及其占用范围内的国有土地，兰西农行与兰西麻纺公司在兰西县工商局办理案涉不动产抵押登记，符合《兰西企业抵押登记工作实施意见》第十条的规定以及"地随房走"原则，不违反《担保法》的规定。

其二，兰西信用社在本案二审中举示的新证据均真实有效，但不足以否定兰西县工商局办理案涉抵押登记的效力。建设部于 1996 年 7 月 18 日下发的《关于重申房地产抵押登记必须由房地产行政主管部门办理的紧急通知》以及 1997 年 5 月 9

---

① 兰西县农村信用合作联社与中国农业银行股份有限公司兰西县支行第三人撤销之诉案［最高人民法院（2018）最高法民终 928 号、927 号、926 号、925 号民事判决书，2018. 12. 26］的裁判理由与本案民事判决书基本一致（略），载中国裁判文书网，http://wenshu. court. gov. cn。

日发布实施的《城市房地产抵押管理办法》、建设部与中国人民银行联合发布的《关于加强与银行贷款业务相关的房地产抵押和评估管理工作的通知》,虽均强调房地产抵押登记由房地产行政主管部门办理,但兰西县工商局办理房地产抵押登记有兰西县政府授权,不违反《担保法》的规定,且在当时工商行政管理部门办理房地产抵押登记的情况较为普遍,兰西县政府尚未依据政府文件精神撤销兰西县工商局办理抵押登记的职责,故该局办理案涉抵押登记属于履行职权的行为。另案黑龙江高院(2005)黑行再字第27号行政判决,撤销的是黑龙江省安达市工商行政管理局办理的贷款抵押登记,不是兰西县工商局办理的案涉抵押登记。工商行政管理部门作出的职权行为是否构成无效越权行为,不属于民事诉讼审理认定的对象,因兰西县工商局办理的案涉不动产抵押登记未经有权行政机关或生效行政判决撤销,本院不能认定该抵押登记行为构成无效越权行为。

综上,一审判决认定兰西农行在兰西县工商局办理的不动产抵押登记合法有效,并无不当。兰西信用社关于案涉不动产抵押登记属于无效越权行为的上诉主张,理据不足,本院不予支持。

【案例来源】

中国裁判文书网,http://wenshu.court.gov.cn。

722 当地政府规定由其他部门办理在建工程抵押登记或对登记部门未作明确规定,则不能必然认为房地产行政主管部门为法定办理机构

【关键词】

| 在建工程抵押 | 登记部门 |

【案件名称】

中国银行股份有限公司海口龙珠支行与海南国托科技有限公司、海南美源房地产开发有限公司等金融借款合同纠纷案[最高人民法院(2015)民二终字第269号民事判决书,2015.12.15]

【裁判精要】

最高人民法院认为:

(一)关于案涉地上建筑物抵押权是否依法设立的问题

案涉《人民币借款合同(中期)》《人民币借款合同补充协议》《抵押合同》《抵押合同补充协议》均系中行龙珠支行与国托公司的真实意思表示,未违反法律、行政法规的强制性规定,应认定合法有效。上述协议签订后,中行龙珠支行与国托公司到海口市国土部门办理了海口市他项(2009)第0039号土地他项权利证明书,并在该

证明书内“他项权利种类及范围”中注明抵押物为土地使用权及地上建筑物。中行龙珠支行与国托公司均确认，办理案涉土地及地上建筑物抵押登记时，地上建筑物为在建工程。中行龙珠支行主张案涉地上建筑物设立抵押时，当地房地产管理部门不受理在建工程抵押登记业务，故其在国土部门办理在建工程抵押登记符合法律规定。根据物权公示原则的要求，不动产抵押经依法登记始产生法律效力。上述地上建筑物的登记行为是否符合法律规定，有赖于下述两个问题的进一步明确：一是案涉地上建筑物抵押登记的办理部门如何确定；二是上述抵押登记行为能否产生法律效力。

关于案涉地上建筑物抵押登记办理部门的确定问题。《物权法》第十条对不动产统一登记作了规定，但对不动产抵押登记机构未作明确规定，即具体由哪个机构来负责在建工程抵押登记还有待于其他法律和行政法规规定。《担保法》第四十二条规定：“办理抵押物登记的部门如下：……（二）以城市房地产或者乡（镇）、村企业的厂房等建筑物抵押的，为县级以上地方人民政府规定的部门。”《城市房地产管理法》第六十二条也规定：“房地产抵押时，应当向县级以上地方人民政府规定的部门办理抵押登记。”依据上述两部法律的规定，办理在建工程抵押登记的机构应为县级以上地方人民政府规定的部门。原建设部于2001年修改发布的《城市房地产抵押管理办法》第七条第三款规定：“直辖市、市、县人民政府房地产行政主管部门负责管理本行政区域内的房地产抵押管理工作。”原建设部于2008年7月1日施行的《房屋登记办法》第四条第二款亦规定：“本办法所称房屋登记机构，是指直辖市、市、县人民政府建设（房地产）主管部门或者其设置的负责房屋登记工作的机构。”依据上述两个部门规章的规定，办理在建工程抵押登记的机构为相关房地产行政主管部门。从立法文义看，上述两部法律规定的“县级以上地方人民政府规定的部门”应解释为由县级以上地方人民政府确定具体办理该抵押登记业务的部门，与上述两个部门规章规定的“房地产行政主管部门”并不自然等同。即如果当地政府规定办理在建工程抵押登记的部门为房地产行政主管部门，则该部门属于符合法律规定的登记办理部门；如果当地政府规定由其他部门办理在建工程抵押登记或对在建工程抵押登记办理部门未作明确规定，则不能必然得出该房地产行政主管部门为法定的办理机构。《城市房地产抵押管理办法》及《房屋登记办法》属于部门规章，《担保法》及《城市房地产管理法》作为法律的位阶高于上述两个部门规章，应当优先适用。原审法院在未查明当地县级以上人民政府是否明确规定在建工程抵押登记的办理部门为房地产行政主管部门的情况下，直接依据《城市房地产抵押管理办法》的规定认定案涉地上建筑物未办理抵押登记，违背了《担保法》及《城市房地产管理法》的规定，本院予以纠正。本案二审庭审中，中行龙珠支行与国托公司均确认案涉地上建筑物办理抵押登记时，当地县级以上人民政府未明确规定在建工程抵押登记的办理部门，海口市房地产行政主管部门未开展在建工程抵押登记业务。中行龙珠支行在二审过程中提交的数份土地他项权利证明书对上述事实也能予以佐证。故本院可以认定案涉地上建筑物办理抵押登记时,当地县级以上人民政府对在建工程抵押登记部门未作明确规定。

关于抵押登记部门不明情况下的登记效力的认定问题。依据《担保法解释》第六十条"以担保法第四十二条第(二)项规定的不动产抵押的,县级以上地方人民政府对登记部门未作规定,当事人在土地管理部门或者房产管理部门办理了抵押物登记手续,人民法院可以确认其登记的效力"的规定,在当地县级以上人民政府未明确在建工程抵押登记部门的情况下,海口市国土部门颁发的土地他项权利证明书对案涉土地及地上建筑物抵押登记予以了明确记载,可依据上述司法解释的规定认定相关登记部门对土地使用权及地上建筑物办理抵押登记的行为已经完成。即案涉地上建筑物上已设定了他项权利,具有公信力,并足以产生公示的法律效果。故本院依法确认其登记效力,即中行龙珠支行可对该地上建筑物享有优先受偿权。

【权威解析】

依据文义解释,《担保法》和《城市房地产管理法》规定的"县级以上地方人民政府规定的部门"与《城市房地产抵押管理办法》及《房屋登记办法》规定的"房地产行政主管部门"显然不能等同,即前者的外延大于后者,县级以上人民政府规定的部门可能是房地产行政主管部门,也许是其他的行政职能部门。又依据目的解释,《担保法》及《城市房地产管理法》之所以作出上述规定,亦是考虑到登记机构不统一,从有利于行政管理及当事人便利的角度出发,将相关部门的职能权限赋予各级人民政府确定。实践中,也确实存在当地政府规定由非住建部门承担相关不动产登记业务的情况。原审法院未考察上述法律与政府规章之间的差别,仅依据《城市房地产抵押管理办法》认定在建工程抵押登记机构为房地产行政主管部门,存在不妥之处。

(三)准确把握法律的效力位阶

法的效力位阶,是指不同国家机关制定的规范性文件在法律渊源体系中所处的效力位置和等级。在法的位阶中处于不同的位置和等级,其效力也是不同的。《立法法》根据法的效力原理规定了法的位阶问题,明确了属于不同位阶的上位法和下位法之间的效力关系。该法第七十九条第一款规定:"法律的位阶高于行政法规、地方性法规、规章。"《担保法》和《城市房地产管理法》由全国人大常委会制定,均属于普通法律。而《城市房地产抵押管理办法》及《房屋登记办法》由原建设部制定,属于行政规章中的部门规章,在法律体系中处于最低的位阶。因此,《担保法》和《城市房地产管理法》的法律位阶明显高于《城市房地产抵押管理办法》及《房屋登记办法》,涉案在建工程抵押登记机构的确定问题自应适用《担保法》和《城市房地产管理法》的规定。①

---

① 参见孙祥壮、陶峰军:《在建工程抵押的效力认定》,载刘贵祥主编:《最高人民法院第一巡回法庭精选案例裁判思路解析(一)》,法律出版社2016年版,第267~268页。

【案例来源】

中国裁判文书网,http://wenshu. court. gov. cn。

编者说明

不动产登记机构的统一是整个不动产统一登记中最受关注的问题,《物权法》在制定过程中也是因为这一问题较为棘手,才决定将“统一登记的范围、登记机构和登记办法”交由“法律、行政法规”规定。其后,《不动产登记暂行条例》第六条规定:“国务院国土资源主管部门负责指导、监督全国不动产登记工作。县级以上地方人民政府应当确定一个部门为本行政区域的不动产登记机构,负责不动产登记工作,并接受上级人民政府不动产登记机构的指导、监督。”虽然该条例属行政法规,其位阶仍然低于《担保法》等法律规定,但国务院相关部门依据该条例对统一不动产登记机构的工作进行了实施,目前全国的不动产登记机构职责整合工作已经基本完成,今后相关的纠纷应当不会再发生。

723 土地使用权人的登记权利人和实际权利人均向债权人和相关行政主管部门明确表达设立抵押的意思,不宜以手续瑕疵为由认定主体不合法

【关键词】

|土地使用权抵押|手续瑕疵|

【案件名称】

海口金成发展实业有限公司与中国信达资产管理公司海南省分公司借款合同纠纷案[最高人民法院(2016)最高法民再331号民事判决书,2018.6.27]

【裁判精要】

最高人民法院认为:

本案的争议焦点系案涉抵押是否有效。现分析如下:

关于案涉抵押是否因违反禁止性规定而无效的问题。原审已查明,琼山县土地管理局办理案涉抵押登记的时间为1994年1月6日。抗诉意见认为该抵押违反的禁止性规定有《土地登记规则》《农村集体土地使用权抵押登记的若干规定》《担保法》,但《农村集体土地使用权抵押登记的若干规定》于1995年9月11日发布,《担保法》于1995年10月1日起施行,两部法规的发布施行时间均在案涉抵押登记之后,根据法不溯及既往的原则,不宜以案涉抵押违反该两部法规为由而认定无效。《土地登记规则》1989年11月18日发布,该法规允许国有土地使用权进行抵押,但并未明文禁止农村集体土地使用权进行抵押。而抗诉意见所称的物权法定原则,最

终落实为具体成文法条文，系《物权法》第五条规定的“物权的种类和内容，由法律规定”，但《物权法》系于2007年10月1日起施行，晚于案涉抵押的时间十余年，从法不溯及既往的原则出发，亦不应作为认定案涉抵押无效的法律依据。考虑到案涉抵押进行之时，海南省成为经济特区尚不满五年，诸多经济、法律制度均在试验探索阶段，案涉土地的《集体土地建设用地使用证》已经载明土地用途为商业服务业而非农业用途，且琼山县土地管理局作为当地行政主管部门经审查相关材料后又实际办理了抵押登记，故原再审判决根据海南实际情况，认定案涉抵押有效，并无不当。

关于案涉抵押是否存在抵押主体不合法而无效的问题。原审判决已经认定，案涉抵押确实存在土地使用权人为金成公司和府城管区，但抵押人为北官经济社的手续瑕疵。但其一，案涉农村集体土地使用权的主体虽然是金成公司和府城管区，但该宗土地的农村集体土地所有权时属北官经济社。其二，北官经济社1992年9月18日出具由其负责人高荣裕签署的委托书，委托府城管区与金成公司签订联营合作协议书。其三，1993年12月琼山县国土局《土地使用权联营核准表》明确记载，案涉土地入股（合作）方是北官经济社，投入资金方是金成公司。其四，琼山县国土局琼山国土函〔1993〕284号《关于同意府城镇府城管区北官经济社与海口金成发展实业有限公司联营兴建“金成娱乐商城”的批复》记载，该局“同意北官经济社将位于红城湖北侧（荒塘）土地17.32亩，由海口金成发展实业有限公司出资联营兴建‘金成娱乐商城’，联营期限为五十年”，该批复系金成公司和府城管区成为案涉土地使用权人的主要依据。其五，金成公司和府城管区当时向海南交行出具证明，明确同意以案涉土地做抵押。其六，金成公司和府城管区曾向琼山县国土局出具申请书，申请办理有关登记手续。其七，琼山市土地管理局1995年8月23日出具证明，亦称金成公司向该局申请了抵押登记，故金成公司与和北官经济社均是抵押人。因此，原审认定在案涉土地开发建设审批、办证过程中，府城管区系北官经济社的代表，并无不当，且金成公司和府城管区作为《集体土地建设用地使用证》载明的土地使用权人，均向债权人和相关行政主管部门明确表达了就案涉土地设立抵押的意思，故不宜以前述手续瑕疵为由认定抵押无效。金成公司本次再审中作为新证据提交的6.8证明所记载内容亦与前述事实可以相互印证。

关于海南交行与银通公司是否存在导致抵押无效的不当行为的问题。在案涉抵押及其对应的《抵押借款合同》之外，海南交行和银通公司确实存在未经金成公司和北官经济社同意，签订《借款补充协议》、借款展期三个月的合同以提高利率、展期借款的行为。抗诉意见认为案涉抵押过程违反了《农村集体土地使用权抵押登记的若干规定》第十条的规定，但该规定的发布时间1995年9月11日在案涉抵押登记及纠纷发生之后，不宜溯及适用于本案。抗诉意见还认为展期行为违反了《抵押借款合同》中关于“有保证方的，还应由保证方签署同意延长担保期限的意见”的约定，但本次再审的主要争议在于案涉抵押是否有效，而非保证是否有效，且被抗诉的原再审判决已就保证问题作出对申诉人金成公司的有利认定，即否定了金成公司为本案借款本息提供有保证担保,且各方当事人本次再审中对原再审判决的此点否定并未提出异议,故《抵押借款合同》的前述约定欠缺适用于本案的前提。且原再审判决已确认提高利率的《借款补充协议》为无效,金成公司应承担的抵押责任,亦仅限于其认可的《抵押借款合同》。因此,不应认定海南交行与银通公司存在抗诉所称的导致抵押无效的不当行为。

【案例来源】

中国裁判文书网,http://wenshu.court.gov.cn。

724 登记机关在抵押合同上加盖备案章,不属于法定的登记形式

【关键词】

|抵押合同|备案章|法定登记形式|

【案件名称】

北大荒物流股份有限公司与营口北方钢铁贸易有限公司合同纠纷案[最高人民法院(2018)最高法民终252号民事判决书,2018.4.28]

【裁判精要】

最高人民法院认为:

本案争议焦点为北大荒物流就案涉两宗土地是否依法设立抵押权,北大荒物流是否享有优先受偿权。

根据已查明的事实,北大荒物流与北方钢铁等五被上诉人于2014年4月14日签订《协议书》,约定霄龙投资用其名下的案涉两宗土地为北大荒物流的案涉货款2.43亿元、借款1.2亿元提供抵押担保。该《协议书》签订后,北大荒物流与霄龙投资向鲅鱼圈国土局申请办理抵押登记,该局亦接受了申请书、案涉两宗土地使用权证等相关资料,但未予办理案涉土地使用权抵押登记。78号行政判决作出后,鲅鱼圈国土局于2016年10月8日作出《他项权利登记答复》,分别答复北大荒物流、霄龙投资不予登记。截至目前,案涉两宗土地并未办理土地使用权抵押登记。《物权法》第一百八十条规定:"债务人或者第三人有权处分的下列财产可以抵押:(一)建筑物和其他土地附着物;(二)建设用地使用权;(三)以招标、拍卖、公开协商等方式取得的荒地等土地承包经营权;……"第一百八十七条规定:"以本法第一百八十条第一款第一项至第三项规定的财产或者第五项规定的正在建造的建筑物抵押的,应当办理抵押登记。抵押权自登记时设立。"第十四条规定:"不动产物权的设立、变更、转让和消灭,依照法律规定应当登记的,自记载于不动产登记簿时发生效力。"根据上述规定,我国对不动产抵押采取登记生效主义,抵押权自登记时设立,即自记载

于不动产登记簿时发生效力。北大荒物流虽曾就案涉两宗土地申请办理抵押登记，但鲅鱼圈国土局接收材料后并未予以办理，经78号行政判决，至2016年10月8日作出不予办理的答复，故案涉两宗土地作为不动产，因未办理抵押登记而未设立抵押权。北大荒物流主张鲅鱼圈国土局在抵押协议上加盖该局抵押登记备案章，但并未提供证据证实，且即使加盖备案章，也不属于法定的登记形式即记载在不动产登记簿。北大荒物流以向鲅鱼圈国土局提交有关材料为由主张抵押权已经设立，缺乏事实和法律依据。一审判决驳回北大荒物流要求对案涉两宗土地享有优先受偿权的诉讼请求，认定事实和适用法律并无不当，应予维持。

【案例来源】

中国裁判文书网，http://wenshu.court.gov.cn。

725 抵押人与抵押权人对新增在建工程抵押登记有约定，未办理登记的，仍应认定抵押权未设立

【关键词】

|在建工程抵押|新增工程|抵押权设立|

【案件名称】

中国长城资产管理股份有限公司海南省分公司与海南东泰嘉华房地产开发有限公司金融借款合同纠纷案［最高人民法院（2018）最高法民终83号民事判决书，2018.11.15］

【裁判精要】

最高人民法院认为：

三、关于长城公司对“海的理想”项目在建工程享有优先受偿权的范围应如何认定的问题

（一）关于实际办理抵押权登记在建工程面积的问题。长城公司上诉主张一审判决主文及附件中的《抵押财产清单》与实际办理抵押权登记的在建工程存在近14000m^2的面积差。据查，虽然长城公司与东泰公司于2014年7月25日签订的《抵押合同》第2.1条约定的在建工程抵押面积为64947.53m^2，但该合同第4.2条同时约定若抵押土地使用权产生新增物时，双方应办理新增建筑物抵押登记手续。此后，双方于2014年8月1日签订《追加抵押协议》，明确约定追加15714.44m^2在建工程为抵押财产。根据上述两份协议，登记时间为2014年9月19日的文昌市房建文昌市字第××号在建工程抵押登记权属证书记载，抵押物建筑面积合计：80661.97m^2，该登记的在建工程抵押物面积，恰为上述两份协议所约定的面积之和，

故长城公司就在建工程享有抵押权的范围亦当以该登记面积为准。一审法院直接依据《抵押合同》第2.1条的约定,认定实际办理抵押权登记的在建工程面积为64947.53m²,系属错误。长城公司依据在建工程抵押登记权属证书主张其享有优先受偿权的在建工程面积为80661.97m²,有事实和法律依据,本院予以支持。

(二)关于长城公司对"海的理想"项目将来新增在建工程是否享有优先受偿权的问题。长城公司与东泰公司签订的《抵押合同》第4.3条约定,东泰公司应于新增建筑物每增加3000平方米/层后通知长城公司办理新增建筑物抵押登记手续。根据本院查明的事实,已办理登记的在建工程抵押面积为80661.97m²。《物权法》第一百八十七条规定,以正在建造的建筑物抵押的,应当办理抵押登记,抵押权自登记时设立。虽然长城公司与东泰公司对新增在建工程抵押登记有约定,但对于未办理登记的在建工程,抵押权未设立。因此,一审法院以新增在建工程未办理抵押登记为由,认定长城公司对其在拍卖、变卖后所得价款不享有优先受偿权,有事实和法律依据,本院予以维持。

【案例来源】

中国裁判文书网,http://wenshu.court.gov.cn。

(二)未办理登记的责任承担

726 未完成抵押物登记,抵押权不能产生对抗第三人的效力

【关键词】

|抵押登记|对抗第三人|

【案件名称】

陆丰市陆丰典当行与陈卫平、陈淑铭、陆丰市康乐奶品有限公司清算小组、张其心土地抵债合同纠纷案[最高人民法院(2006)民二提字第10号民事判决书,2007.4.25]

【裁判精要】

裁判摘要:典当行持有中国人民银行颁发的金融机构法人许可证,其经营范围包括为非国有中、小企业和个人办理质押贷款业务,属于经批准合法成立的金融机构。行为人以取得土地的合法手续作为抵押向典当行借款的,不违反有关法律的禁止性规定。即使该土地抵押未向有关部门办理抵押登记,也仅仅不发生对抗第三人的法律效力,并不因此影响行为人与典当行之间典当协议的合法有效。

最高人民法院认为：

典当行持有中国人民银行颁发的金融机构法人许可证，其经营范围有为非国有中、小企业和个人办理质押贷款的业务，是经批准合法成立的金融机构。尽管陈卫平向典当行借款是以康奶公司取得土地的合法手续作为抵押，但不违反有关法律的禁止性规定。虽然该土地抵押未向有关部门办理抵押登记，但仅不发生对抗第三人的法律效力，并不为此影响典当行与陈卫平、陈淑铭所签典当协议合法有效。

康奶公司、陈卫平、陈淑铭与典当行虽在《地皮回收转让契据》中约定是康奶公司以其所属3196平方米的土地作价520万元抵顶陈卫平、陈淑铭向典当行的借款，但根据陆丰县国土局陆国土函（1995）001号批准文件及土地转让款的发票，康奶公司实际受让取得的土地面积仅为2500平方米，对此典当行应当知道。康奶公司从东海开发公司受让的2500平方米土地手续合法，其以该2500平方米土地抵顶陈卫平、陈淑铭向典当行的借款，系各方当事人的真实意思表示且不违反法律规定，应当认定有效并应继续履行。《地皮回收转让契据》中超出2500平方米的土地面积即696平方米土地的转让，因没有合法依据，应认定无效。由于陈卫平在出具《收据》证明收到所分得的150万元之时，尚未收取扣款后的余款59.13万元，故典当行于当天给陈卫平出具欠条交陈卫平收存符合情理。典当行关于已分七次将余款59.13万元付给陈卫平，最后一次付清后欠条从陈卫平处收回作废的主张，有典当行提供的陈卫平收款收据、陈淑铭证言、中间人张其心证言、代书人陈永富证言、典当行出纳及其工作人员证言、典当行流水账记录。上述证据相互印证具有足够证明力，本院予以采信。既然陈卫平承认该收款收据中的150万元，已包括其尚未领取的59.13万元，那么，陈卫平在日后领取该款时，则无须再出具收款收据。陈卫平答辩主张未收到典当行的59.13万元，但未能举出相应证据，故本院不予支持。鉴于该宗地块2500平方米的土地使用证仍未办到典当行名下，清算小组、陈卫平、陈淑铭应继续履行《地皮回收转让契据》约定的义务，协助典当行办理该地块2500平方米的土地使用权手续。

【案例来源】

《中华人民共和国最高人民法院公报》2008年第4期。

727 由不动产抵押合同签订及权证交付取得的权利未经登记不能对抗第三人

【关键词】

| 抵押合同 | 权证交付 | 对抗第三人 |

【案件名称】

吉林华阳股份有限公司与东方资产管理公司长春办事处、吉林东市商场等借款合同纠纷案［最高人民法院（2008）民二终字第46号民事判决书］

【裁判精要】

最高人民法院认为：

华阳公司是否应当对东市商场的借款承担责任取决于吉房昌权字第0232号房屋抵押合同是否真实有效以及是否就该财产抵押在登记机关进行了有效的抵押登记。

关于吉房昌权字第0232号房产是否办理了抵押登记。不动产抵押权是因当事人的达成抵押合意及完成法定的登记程序而设立，他项权利证书不能为权利人创设抵押权，只能证明权利人享有抵押权。东市商场与工行南京路办事处签订以0232号房产进行抵押的抵押合同并经建业集团公司认可，则双方抵押合意已达成。还需要从登记部门与登记程序两方面看是否完成了一项有效的抵押登记。

《担保法》第四十二条规定以城市房地产抵押的，其抵押登记部门应为县级以上人民政府规定的部门。《吉林市房地产交易市场管理条例》(1994年10月27日吉林市人民代表大会常务委员会通过)第三十条规定："房地产抵押，当事人须签订抵押合同，到房地产市场管理部门办理抵押登记手续。"《吉林市房屋产权产籍管理条例》(1996年11月22日吉林市人民代表大会常务委员会公布实施)第九条第一款规定："公民、法人或其他房屋产权的取得、转移、变更、设定他项权利及注销等，须到市、县(市)房屋产权产籍管理机构办理登记手续。"《吉林市房地产交易市场管理条例》与《吉林市房屋产权产籍管理条例》同为吉林市人民代表大会常务委员会颁布，但后者时间晚于前者，1997年抵押登记行为发生当时吉林市规定的抵押登记部门为市、县(市)房屋产权产籍管理机构。

一项有效的登记必须完成相应的登记程序，《担保法》及其司法解释未对抵押登记的具体程序作出明确规定，办理登记应遵守各地登记部门相应的程序规则。无论是条文规定还是抵押登记实务操作，到吉林市房地产产权管理处申请他项权利证书并在房屋产籍档案中作他项权利设定记录，是吉林市房屋抵押登记程序中必不可少的步骤之一。工行南京路办事处未领有他项权利证书，房屋产籍档案中亦无他项权利设定记录，因此，1997年以吉房昌权字第0232号房产设定的抵押未完成抵押登记。

登记生效是我国不动产物权变动的基本原则。本案中，2000年4月和2001年4月吉林市中级人民法院两次查档结果均为该房屋处于未抵押且未查封状态，在产权登记部门的登记资料中未显示吉房昌权字第0232号房产抵押给工行南京路办事处的事实。也正因为产权产籍档案中没有此项记录，在建业集团公司声明房产证丢失时产权管理部门才可能发布除权公告,废弃原有的0232号房产证并为其补办新证,并将该房屋产权按规定程序移转至华阳公司名下。工行南京路办事处没有完成有效的抵押登记,而没有完成抵押登记的行为使其不享有抵押权。

东市商场与工行南京路办事处签订0232号房产抵押合同并经建业集团公司认可,则东方长春办持有的吉房昌权字第0232号房屋所有权证书,应认定为建业集团公司为实现该抵押而交付。依据《担保法解释》第五十九条之规定,"当事人办理抵押物登记手续时,因登记部门的原因致使其无法办理抵押物登记,抵押人向债权人交付权利凭证的,可以认定债权人对该财产有优先受偿权。但是,未办理抵押物登记的,不得对抗第三人"。据此,工行南京路办事处没有完成抵押登记的行为如果确因登记部门的原因所致,则可以认为债权人东方长春办对0232号房产享有优先受偿权,但当建业集团公司将0232号房产所有权转移给第三人华阳公司后,该项优先受偿权不能对抗华阳公司。《担保法解释》第六十七条规定:"抵押权存续期间,抵押人转让抵押物未通知抵押权人或者未告知受让人的,如果抵押物已经登记的,抵押权人仍可以行使抵押权;取得抵押物所有权的受让人,可以代替债务人清偿其全部债务,使抵押权消灭。受让人清偿债务后可以向抵押人追偿。如果抵押物未经登记的,抵押权不得对抗受让人,因此给抵押权人造成损失的,由抵押人承担赔偿责任。"据此,如果抵押物没有登记,即使工行南京路办事处对吉房昌权字第0232号房产享有抵押权也不能对抗受让人。华阳公司无须对东市商场借款承担责任。

【权威解析】

(三)工行南京路办事处对0232号房产享有的权利

东市商场与工行南京路办事处在签订抵押合同后已向吉林市房地产管理局市场管理处抵押管理科提交了登记申请并获批准,建业集团公司认可该抵押行为并作出了协助办理他项权证的保证,证明当事人之间设立抵押权意思的真实性,东方长春办持有的建业集团公司0232号房屋所有权证书,应认定为建业集团公司为实现抵押而交付。此时轻易否定债权人的优先受偿权就与当事人本意不符。《担保法解释》第五十九条规定:"当事人办理抵押物登记手续时,因登记部门的原因致使其无法办理抵押物登记,抵押人向债权人交付权利凭证的,可以认定债权人对该财产有优先受偿权。但是,未办理抵押物登记的,不得对抗第三人。"

如果是因为登记部门的原因致使本案二审争议的抵押无法办理抵押物登记,则按照《担保法解释》第五十九条来处理,在抵押人将权利凭证交付债权人的情况下,可以认定债权人对该财产享有"优先受偿权"。这种"优先受偿权"的性质是什么?多数观点认为是针对权利凭证代表的财产的抵押权。因为这种抵押权没有登记,该条强调,债权人享有的优先受偿权不能对抗第三人。而《担保法解释》第六十七条规定:"抵押权存续期间,抵押人转让抵押物未通知抵押权人或者未告知受让人的,如果抵押物已经登记的,抵押权人仍可以行使抵押权;取得抵押物所有权的受让人,可以代替债务人清偿其全部债务，使抵押权消灭。受让人清偿债务后可以向抵押人追偿。如果抵押物未经登记的，抵押权不得对抗受让人，因此给抵押权人造成损失的，由抵押人承担赔偿责任。"此处的"第三人"与"受让人"是否指所有的第三人，包括明知这一事实存在的第三人依然不能对抗？上述法条中并未对"第三人"与"受让人"区分善意与恶意，按照文义理解，这里的第三人应当包括所有第三人。①

【案例来源】

最高人民法院民事审判第二庭编：《最高人民法院商事审判裁判规范与案例指导》（第一卷），法律出版社 2010 年版，第 213～220 页。

728 抵押人对未办理抵押登记有过错的，应在抵押物价值范围内承担责任

【关键词】

| 抵押登记 | 抵押合同 |

【案件名称Ⅰ】

现代（邯郸）物流港开发有限公司、现代（邯郸）置业有限公司与中国建筑第七工程局有限公司票据追索权纠纷案［最高人民法院（2017）最高法民终 718 号民事判决书，2017. 12. 29］

【裁判精要】

最高人民法院认为：

其三，关于现代置业公司的责任。案涉《担保合同》系抵押人现代置业公司与主债权人中建七局的真实意思表示，双方约定当案涉票据票面金额未能按时足额兑付时，中建七局有权依法拍卖、变卖现代置业公司用于担保的在建工程，并以所得价款优先受偿，故其性质为抵押合同。《物权法》第十五条规定："当事人之间订立有关设立、变更、转让和消灭不动产物权的合同，除法律另有规定或者合同另有约定外，自合同成立时生效；未办理物权登记的，不影响合同效力。"第一百八十条第一款规定："债务人或者第三人有权处分的下列财产可以抵押：……（五）正在建造的建筑物、船舶、航空器；……"第一百八十七条规定："以本法第一百八十条第一款第一项至第三项规定的财产或者第五项规定的正在建造的建筑物抵押的，应当办理抵押登

① 参见潘勇锋：《由不动产抵押合同签订及权证交付取得的"优先受偿权"未经登记不能对抗第三人》，载最高人民法院民事审判第二庭编：《最高人民法院商事审判裁判规范与案例指导》（第一卷），法律出版社 2010 年版，第 223 页。

记。抵押权自登记时设立。"根据上述规定,案涉抵押合同自成立时生效,但由于案涉抵押的在建工程未办理抵押登记,故案涉抵押权未能设立。一审判决认定《担保合同》不属于抵押担保有误,应予纠正。《担保合同》虽未明示约定现代置业公司的抵押登记义务,但现代置业公司作为抵押人办理抵押登记以使抵押权有效设立是其依据诚实信用原则应当履行的合同义务,且现代置业公司提交的证据不足以证明其未进行抵押登记的过错在于中建七局,故一审判决认定现代置业公司应对未进行抵押登记的行为承担责任是正确的。现代置业公司未履行抵押登记义务致使抵押权未设立,构成违约,其应当承担违约责任。中建七局未请求现代置业公司履行抵押登记义务,直接要求现代置业公司承担清偿责任,根据《合同法》第一百零七条、第一百一十三条的规定,现代置业公司应承担违约损害赔偿责任,损失赔偿额应当相当于因违约造成的损失,包括合同履行后可以获得的利益。《担保合同》如正常履行,中建七局可以获得的利益是对担保物在建工程享有抵押权。因此,现代置业公司应当在约定的担保物价值范围内承担对现代物流港公司票面金额债务的赔偿责任。一审判决将现代置业公司抵押合同项下的责任转换为连带清偿责任,与合同约定不符,适用法律有误,应予纠正。现代置业公司上诉理由部分成立,本院予以部分支持。

【案例来源】

中国裁判文书网,http://wenshu. court. gov. cn。

【案件名称Ⅱ】

中国建设银行股份有限公司满洲里分行与满洲里中欧化工有限公司、北京伊尔库科贸有限公司信用证纠纷案[最高人民法院(2009)民二终字第112号民事判决书,2009. 11. 6]

【裁判精要】

最高人民法院认为:

本案二审争议焦点《最高额抵押合同》是否生效,伊尔库公司是否应当承担担保责任。故本案案由实为信用证垫款担保纠纷。

伊尔库公司于2008年10月6日与满洲里建行签署的《最高额抵押合同》,系在《物权法》2007年10月1日施行之后,根据《物权法》第一百七十八条"担保法与本法的规定不一致的,适用本法"之规定,本案应适用《物权法》的规定,由于《担保法》第四十一条"当事人以本法第四十二条规定的财产抵押的,应当办理抵押物登记,抵押合同自登记之日起生效"的规定与《物权法》第十五条"当事人之间订立有关设立、变更、转让和消灭不动产物权的合同,除法律另有规定或者合同另有约定外,自合同成立时生效;未办理物权登记的,不影响合同效力"的规定相冲突,原审法院适用《担保法》第四十一条处理本案不当,应予纠正。

本案中的《最高额抵押合同》是双方当事人真实意思表示,且不违反国家法律和行政法规的禁止性规定,虽然满洲里建行与伊尔库公司订立合同后来对抵押物房产及土地办理抵押物登记,但根据《物权法》第十五条的规定,物权变动的原因行为独立于物权变动的结果行为,未办理抵押物登记不影响合同的效力,该抵押合同属有效合同。根据《合同法》第四十四条关于"依法成立的合同,自成立时生效"之规定,该合同于成立时生效。满洲里建行关于《最高额抵押合同》应自成立时生效的上诉理由,应予以支持。《最高额抵押合同》生效后即对合同双方产生拘束力,满洲里建行关于《最高额抵押合同》中的约定有效的上诉理由,亦应予以支持。

中欧公司关于因伊尔库公司与满洲里建行已经口头解除了抵押合同,所以才没有到房管部门办理房产抵押合同的抵押登记的答辩理由因其没有相关证据证明,不予支持。从双方在《最高额抵押合同》第三条的约定可见,办理抵押登记手续的主要义务应由抵押人伊尔库公司承担,由于伊尔库公司未办理抵押登记手续,导致抵押权未有效设立,按照合同第十条违约责任(三)的约定,并根据《合同法》第一百零七条"当事人一方不履行合同义务或者履行合同义务不符合约定的,应当承担继续履行、采取补救措施或者赔偿损失等违约责任"的规定,伊尔库公司应承担违约责任,即在按合同约定的担保范围内对担保的债务与债务人承担连带责任。

【权威解析】

《物权法》第十五条将不动产物权变动的原因行为与物权变动的结果进行了区分,即在发生物权变动时,物权变动的原因与物权变动的结果是两个法律事实,它们的成立生效依据不同的法律基础:一方面,根据《物权法》第十五条的规定,建立抵押担保法律关系,当事人应当签订抵押合同,物权合同等原因行为的效力,应受《合同法》的调整;另一方面,抵押权作为一种物权形式,应当以一定方式进行公示,以保护其他利害关系人的合法权益,公示行为的效力,则受《物权法》调整。公示行为属于履行抵押合同行为的一部分。抵押权被公示是履行抵押合同的结果。从合同效力的理论看,合同是否有效,从双方意思表示一致时,即签订之日就已确定,而不能通过合同是否履行反过来决定合同的效力。所以,在本案中,伊尔库公司与满洲里建行为设立抵押权订立抵押合同,即使伊尔库公司没有进行抵押登记,其引起的后果是抵押权没有设立,但债权合同仍然有效。另外,值得注意的是,《物权法》第十五条有"除法律另有规定或者合同另有约定外"的规定,也就是说,如果法律没有明确规定,或者合同没有明确约定,都应认为设立、变更、转让和消灭不动产物权的合同自合同成立时生效,没有办理物权登记的,不影响合同的效力。但是,在某一部法律另有规定或者当事人之间订立合同约定须经办理物权登记合同才生效的情况下,未办理物权登记的,合同不生效。本案当事人签订的《最高额抵押合同》中不涉及法律另有规定的情况,当事人也未对合同生效的条件作出特别约定,所以,伊尔库公司与满洲里建行签订的《最高额抵押合同》自合同成立时生效。

比较一、二审法院因适用不同法律对当事人合同效力所作出的不同认定可以看出，与《物权法》的规定相比，《担保法》第四十一条有两个缺陷：一是抵押合同成立后，对当事人并不直接产生物权和债权上的约束力，因为抵押合同要待抵押登记完成后才生效，如果抵押人事后恶意不办理登记，抵押权人没有请求其办理登记行为的权利，仅能请求抵押人承担缔约过失责任，这对于本来想取得优先受偿权的债权人很不公平。二是混淆了债权行为与物权行为的生效要件。《物权法》第十五条克服了以上两个缺陷，将不动产物权变动的原因行为与物权变动的结果进行了区分，即在发生物权变动时，物权变动的原因与物权变动的结果是两个法律事实，它们的成立生效依据不同的法律基础：一方面，根据《物权法》第十五条的规定，建立抵押担保法律关系，当事人应当签订抵押合同，物权合同等原因行为的效力，应受《合同法》的调整；另一方面，抵押权作为一种物权形式，应当以一定方式进行公示，以保护其他利害关系人的合法权益，公示行为的效力，则受《物权法》调整。公示行为属于履行抵押合同行为的一部分。抵押权被公示是履行抵押合同的结果。从合同效力的理论看，合同是否有效，从双方意思表示一致时，即签订之日就已确定，而不能通过合同是否履行反过来决定合同的效力。所以，在本案中，伊尔库公司与满洲里建行为设立抵押权订立抵押合同，即使伊尔库公司没有进行抵押登记，其引起的后果是抵押权没有设立，但债权合同仍然有效。另外，值得注意的是，《物权法》第十五条有"除法律另有规定或者合同另有约定外"的规定，也就是说，如果法律没有明确规定，或者合同没有明确约定，都应认为设立、变更、转让和消灭不动产物权的合同自合同成立时生效，没有办理物权登记的，不影响合同的效力。但是，在某一部法律另有规定或者当事人之间订立合同约定须经办理物权登记合同才生效的情况下，未办理物权登记的，合同不生效。本案当事人签订的《最高额抵押合同》中不涉及法律另有规定的情况，当事人也未对合同生效的条件作出特别约定，所以，伊尔库公司与满洲里建行签订的《最高额抵押合同》自合同成立时生效。①

【案例来源】

最高人民法院民事审判第二庭编：《最高人民法院商事审判裁判规范与案例指导》（第二卷），法律出版社 2011 年版，第 375 ~ 378 页。

编者说明

《物权法》第十五条规定，当事人之间订立有关设立、变更、转让和消灭不动产物权的合同，自合同成立时生效；未办理物权登记的，不影响合同效力。因此，未办理抵押物登记

① 参见张帆：《签订抵押合同但未办理抵押登记时债权人利益保护——中国建设银行股份有限公司满洲里分行为与满洲里中欧化工有限公司、北京伊尔库科贸有限公司信用证纠纷案》，载最高人民法院民事审判第二庭编：《担保案件审判指导》（增订版），法律出版社 2018 年版，第 246 ~ 247 页。

并不影响抵押合同的效力认定，抵押合同经认定有效的，债权人可以基于抵押合同向抵押人主张在抵押物价值范围内承担责任。理论界将此裁判称为法律行为的转换。《全国法院民商事审判工作会议纪要》（2019年11月8日，法〔2019〕254号）第六十条明确，不动产抵押合同依法成立，但未办理抵押登记手续，债权人请求抵押人办理抵押登记手续的，人民法院依法予以支持。因抵押物灭失以及抵押物转让他人等原因不能办理抵押登记，债权人请求抵押人以抵押物的价值为限承担责任的，依法予以支持，但其范围不得超过抵押权有效设立时抵押人所应当承担的责任。不过，关于抵押人在此情形下应当承担责任的形式，最高人民法院相关裁判还有所不同，在侯向阳与商都县众邦亿兴能源材料有限责任公司、韩福全等民间借贷纠纷申诉、申请再审案①以及新疆石河子农村合作银行与刘峻瑞、步春华借款合同申诉、申请再审案②中，最高人民法院均认为，不动产抵押合同成立，抵押权因未办理抵押登记而未设立，债权人可以主张抵押人在抵押物价值的范围内对债务承担连带责任。即最高人民法院相关判决或者裁定存在违约赔偿责任以及连带清偿责任两种，因此这一问题还需要最高人民法院进一步予以明确。

729 未办理房产抵押登记以及股权质押登记给债权人所造成的损失应当限于本应抵押、质押的财产价值范围

【关键词】

| 抵押登记 | 质押登记 |

【案件名称】

中国长城资产管理股份有限公司重庆市分公司与重庆合成化工厂有限公司合同、无因管理、不当得利纠纷案［最高人民法院（2017）最高法民终934号民事判决书，2017.12.27］

【裁判精要】

最高人民法院认为：

本案二审的争议焦点为合成化工公司和融海公司应当承担责任的范围如何确定。

一、一审法院关于无证据证明合成化工公司、融海公司违背诚实信用原则拒绝办理相关登记手续的认定是否正确

《房屋登记办法》（建设部令第168号）第十二条第一款规定，申请房屋登记，应

---

① 参见最高人民法院（2015）民申字第3299号民事裁定书（2015.12.28），载中国裁判文书网，http://wenshu.court.gov.cn。

② 参见最高人民法院（2015）民申字第2354号民事裁定书（2015.10.22），载中国裁判文书网，http://wenshu.court.gov.cn。

当由有关当事人双方共同申请。对于可以由当事人单方申请登记的情形,《房屋登记办法》第十二条第二款作了列明,本案所涉情形并未被包括在内;其时生效的《土地登记办法》(国土资源部令第40号)第七条规定,土地登记应当由当事人共同申请,对于可以由单方申请的情形,该条亦进行了列明,所列明的亦不包括本案所涉情形。依据《房屋登记办法》和《土地登记办法》的前述规定,不动产物权登记以当事人共同申请为一般原则。二审庭审中,双方均认可就股权质押登记事宜曾共同到公证机关办理过公证。(2005)渝高法民初字第45号案判决基于相关登记未予办理之事实而认定合成化工公司、融海公司违背诚实信用原则拒绝办理,证据并不充分。在本案一、二审审理过程中,长城资产公司亦未提供证据对合成化工公司、融海公司违背诚实信用原则拒绝办理登记的相关事实加以证明,一审法院对该事实不予认定并无不妥。(2005)渝高法民初字第45号案判决适用《担保法解释》第五十六条第二款关于"法律规定登记生效的抵押合同签订后,抵押人违背诚实信用原则拒绝办理抵押登记致使债权人受到损失的,抵押人应当承担赔偿责任"的规定,缺乏事实依据。

二、关于案涉抵押合同和质押合同的效力

抵押合同及质押合同的成立及生效与担保物权的设定系基于不同的法律事实。《物权法》第十五条规定:"当事人之间订立有关设立、变更、转让和消灭不动产物权的合同,除法律另有规定或者合同另有约定外,自合同成立时生效;未办理物权登记的,不影响合同效力。"本案中,虽然相关担保物未办理物权登记,但并不影响案涉抵押合同和质押合同的成立和生效。

三、物的担保合同生效但担保物未办理登记情形下担保人责任的承担

首先,关于担保人所应承担责任的性质。在担保物办理了登记的情况下,债权人可以以其享有的担保物权就担保物直接行使优先受偿权,在担保物未办理登记的情况下,因担保人在担保合同中已经作出提供担保物以担保案涉债权实现的明确意思表示,未办理担保物登记之事实并不导致该合同义务的消灭,担保人仍应就担保合同项下的相关义务承担合同责任,包括依约对担保物的登记予以积极协助的责任,以及因其违约行为致使债权人受到损失而应承担的赔偿责任等。长城资产公司在(2005)渝高法民初字第45号案中的诉讼请求并不涉及要求抵押人和质押人协助办理登记之事项,仅涉及合成化工公司、融海公司赔偿责任的承担,(2005)渝高法民初字第45号案判决及一审法院再审判决均直接判令合成化工公司、融海公司承担相关赔偿责任,并无不当。其次,关于合成化工公司、融海公司承担赔偿责任的范围。设定担保物权的功能在于以担保物的价值保障债权人债权的实现。司法实践中,担保物的价值并非总和所担保债权的数额相等。《担保法解释》第七十三条规定,抵押物折价或者拍卖、变卖该抵押物的价款低于抵押权设定时约定价值的,应当按照抵押物实现的价值进行清偿。不足清偿的剩余部分,由债务人清偿。因此,对于抵押人和质押人而言,其系以抵押物和质押物的价值为限对所担保的债权承担担

保责任。根据《物权法》第一百九十三条的规定,因抵押人的行为导致抵押财产价值减少的,抵押权人也仅仅是有权要求抵押人停止其行为、要求恢复抵押财产的价值,或者提供与减少的价值相应的担保,抵押人不恢复抵押财产的价值也不提供担保的,抵押权人有权要求债务人提前清偿债务。此种情形下债权人亦无权要求抵押人在抵押物价值之外承担责任。最后,因抵押人和质押人所承担的是担保合同项下的合同义务,根据《合同法》第一百一十三条,当事人一方不履行合同义务或者履行合同义务不符合约定,给对方造成损失的,损失赔偿额应当相当于因违约所造成的损失,但不得超过违反合同一方订立合同时预见到或者应当预见到的因违反合同可能造成的损失。债权人与抵押人、质押人签订物的担保合同时,对于其只能在担保物价值范围内享有优先受偿权有着明确的预见,合成化工公司、融海公司未办理房产抵押登记以及股权质押登记,给长城资产所造成的损失应当限于本应抵押的房产、本应质押的股权价值范围内。至于担保物价值嗣后的变动,属于当事人在订立合同时应当预见的正常风险。

【案例来源】

中国裁判文书网,http://wenshu. court. gov. cn。

730 抵押人未按合同约定办理抵押登记手续,应当按约定给付违约金

【关键词】

| 抵押登记 | 违约金 |

【案件名称】

广东省汕头经济特区房地产开发总公司与青海永丰实业(集团)有限公司转让合同纠纷案[最高人民法院(2012)民二终字第41号民事判决书,2012. 10. 25]

【裁判精要】

最高人民法院认为:

关于青海永丰公司未按合同约定办理抵押登记手续,是否应当再行给付违约金问题。转让合同约定:“如受让方未按约办妥抵押登记手续,每逾期一日,受让方应按约定的第二期及尾期应付产权转让价款总额的2‰支付违约金;出让方如在合同双方约定时间内不移交相关产权权属证书,每逾期一日按合同总价款的0. 5‰向受让方支付违约金。”上述约定系用华侨大厦部分资产作为抵押以担保债务履行的担保条款,是相对独立的条款,可以视为双方之间担保法律关系的成立。由于青海永丰公司未办理抵押登记手续,违反《担保法》第四十一条规定,致抵押担保无效。其应当承担相应的违约责任。故本案担保条款关于违约金的约定,并非对转让合同付

款违约金的重复约定,该条款应予履行。汕头房地产开发公司起诉时提出上述违约金主张,原审法院对此未予审理,实属不当。汕头房地产开发公司关于青海永丰公司应当支付未履行抵押合同违约金的上诉请求符合本案事实和相关法律规定,本院予以支持。青海永丰公司在一审程序中认为违约金过高,经其请求,原审法院已对转让合同违约金予以调整,又鉴于汕头房地产开发公司在上诉中放弃了原合同约定的日2‰的违约金,请求由青海永丰公司按533万元以日0.5‰支付违约金,此系权利人对自己权利的处分,本院予以认可。

【案例来源】

最高人民法院民事审判第二庭编:《最高人民法院商事审判指导案例(2012)·公司与金融》,中国民主法制出版社2013年版,第432~440页。

731 非因抵押人的原因导致未办理抵押物登记,抵押人不应承担违约责任

【关键词】

|抵押登记|违约责任|

【案件名称】

张掖凯航置业有限公司与中国建设银行股份有限公司韶关市分行及佛山市金塘海贸易有限公司、林立礼金融借款合同及担保合同纠纷案[最高人民法院(2016)最高法民再416号民事判决书,2016.12.21]

【裁判精要】

最高人民法院认为:

本案的争议焦点是凯航公司是否应就抵押权未能有效设立向建行韶关分行承担违约责任。

本案中,凯航公司与建行韶关分行于2014年9月28日签订《最高额抵押合同》,约定凯航公司以张国用(2013)第134394号和张国用(2013)第134395号《国有土地使用证》项下的两宗土地在6000万元限额内为金塘海公司与建行韶关分行之间《贷款合同》项下的全部债务提供抵押担保。《最高额抵押合同》是凯航公司与建行韶关分行的真实意思表示,且不违反我国法律、行政法规的规定,合法有效。一、二审判决对此认定正确。双方均应按照合同的约定履行义务。

根据查明的事实,《最高额抵押合同》系建行韶关分行提供的格式文本,其中第十一条第十项特别手写如下内容:"该宗土地待换证手续完成后五个工作日内立即办理抵押登记手续,抵押期间该宗地权属人如有发生变化,则由新的权属人继续承

担担保责任。”结合二审法院查明的 2014 年 10 月 14 日建行韶关分行致凯航公司函的内容，可以认定建行韶关分行知道涉案两宗土地不能及时办理抵押登记手续的原因是政府土地规划调整需要先换发土地证才能办理，并非凯航公司怠于办理抵押登记手续，并且双方一致将办理土地抵押登记手续的期限变更为“待换证手续完成后五个工作日内”办理抵押登记手续。根据 2016 年 11 月 18 日张掖市国土局给凯航公司的复函内容，可以认定因政府土地规划调整导致案涉两宗土地无法办理抵押登记手续的障碍已经消除，当事人可以向政府部门申请换发新证并办理抵押登记手续。然而，建行韶关分行因贷款到期提起本案诉讼向债务人和担保人主张债权后，向一审法院申请采取财产保全措施，一审法院裁定查封了涉案两宗土地，建行韶关分行至此不愿再向凯航公司交还案涉两宗土地的《国有土地使用证》原件，且拒绝申请解除对该两宗土地采取的查封措施，凯航公司因而无法继续办理土地抵押登记手续。由此，不能以未依约办理土地抵押登记手续为由认定凯航公司构成违约。

建行韶关分行还指出，其在与凯航公司人员一同到张掖市国土局办理案涉土地抵押登记手续时，才被告知该土地因规划调整需要换发新证，新证换发完成前无法办理抵押登记手续，凯航公司未提示风险并采取补救措施。然而，双方人员一同到张掖市国土局办理土地抵押登记手续时，张掖市政府对土地规划的调整尚处于报批阶段，调整方案亦未公布，凯航公司也无法在当时向建行韶关分行有效提示风险，在建行韶关分行未能举证证明凯航公司早已明知政府拟对用于抵押的土地进行规划调整，且该调整足以影响抵押登记手续办理而故意向建行韶关分行隐瞒的情况下，建行韶关分行认为凯航公司对抵押权未能有效设立负有过错并应承担违约责任，缺乏事实和法律依据。此外，在涉案两宗土地抵押登记手续于政府规划调整获批、换发新证完成前无法办理的情况下，建行韶关分行可以与凯航公司协商采取诸如更换抵押物等方式解决，但本案中并不存在建行韶关分行提出采取补救措施的要求而凯航公司予以拒绝的情形。

《最高额抵押合同》第十条关于“违约责任”中约定，如果因凯航公司原因导致抵押权未有效设立，且凯航公司与债务人不是同一人，建行韶关分行有权要求凯航公司在本合同约定的担保范围内对担保的债务与债务人承担连带责任。该条款并未表达只要“非因建行韶关分行原因”导致抵押权未能有效设立，凯航公司即应承担相应的违约责任的意思。本案中，建行韶关分行没有提供充分的证据证明凯航公司怠于履行办理土地抵押登记手续的义务，或者其他因凯航公司的原因导致抵押权未有效设立。因此，本案不符合该违约责任条款的适用条件。一、二审判决以凯航公司作为涉案抵押物的提供者及土地使用权的享有者，有义务保证提供抵押的土地使用权能办理抵押登记，而本案因其提供的土地原因未能办理抵押登记手续为由，认定凯航公司应根据《最高额抵押合同》第十条的约定承担违约责任不当，应予纠正。

《物权法》第九条第一款规定：“不动产物权的设立、变更、转让和消灭，经依法登记，发生效力；未经登记，不发生效力，但法律另有规定的除外。”根据该条规定，案涉两宗土地因未办理抵押登记,抵押权未能有效设立。因此,建行韶关分行对涉案两宗土地不享有抵押权。其中有政府调整土地规划导致须换领新证后才能办理抵押登记手续的原因,也有建行韶关分行过分依赖《最高额抵押合同》第十条关于违约责任的约定,在抵押土地价值低于6000万元的情况下意图抛弃抵押权条款通过适用违约责任条款获取更优利益保护的原因。但结合上述分析,特别是《最高额抵押合同》第十一条第十项的特殊约定,不能认定凯航公司构成违约。因此,凯航公司不应承担违约责任。目前虽然具备了换发新证并继续办理土地抵押登记手续的外部条件,但在建行韶关分行提起本案诉讼并申请法院对两宗土地已经采取保全措施予以查封,且凯航公司仍愿意以该两宗土地为本案所涉债权提供担保的情况下,没有必要再要求当事人继续办理土地抵押登记手续。《担保法解释》第五十九条规定:"当事人办理抵押物登记手续时,因登记部门的原因致使其无法办理抵押物登记,抵押人向债权人交付权利凭证的,可以认定债权人对该财产有优先受偿权。但是,未办理抵押物登记的,不得对抗第三人。"根据该规定,可以认定债权人建行韶关分行在6000万元的范围内对该两宗土地折价或拍卖、变卖的价款享有优先受偿权。

【案例来源】

中国裁判文书网,http://wenshu.court.gov.cn。

732 办理抵押登记属于设权行为,债权银行理应尽注意和催促义务,否则银行应对未办理登记造成的损失负主要责任

【关键词】

|抵押登记|催促义务|损失责任|

【案件名称】

中国银行股份有限公司大连甘井子支行与库伦旗首宇甜菊糖有限公司金融借款合同纠纷案[最高人民法院(2017)最高法民终436号民事判决书,2017.10.31]

【裁判精要】

最高人民法院认为:

2. 关于如何划分中行甘井子支行与百益源公司以及中行甘井子支行与盛世亚公司的责任问题

《商业银行法》第三十六条规定:"商业银行贷款,借款人应当提供担保。商业银行应当对保证人的偿还能力,抵押物、质物的权属和价值以及实现抵押权、质权的可行性进行严格审查。经商业银行审查、评估,确认借款人资信良好,确能偿还贷款的,可以不提供担保。"本案中,中行甘井子支行作为大型国有商业银行,有严格的贷

款审查程序和制度，在发放贷款前理应对抵押物及时办理抵押登记以减小贷款风险。在贷款过程中为抵押物办理抵押登记对于银行来说属于设权行为，中行甘井子支行为抵押物办理抵押登记较之百益源公司、盛世亚公司应更加积极主动，理应尽到更大的注意义务、催促义务，故中行甘井子支行对抵押合同二、抵押合同三约定的抵押物未办理登记所造成的损失负有主要责任。

《担保法解释》第五十六条第二款的规定："法律规定登记生效的抵押合同签订后，抵押人违背诚实信用原则拒绝办理抵押登记致使债权人受到损失的，抵押人应当承担赔偿责任。"《担保法解释》第七条规定："主合同有效而担保合同无效，债权人无过错的，担保人与债务人对主合同债权人的经济损失，承担连带赔偿责任；债权人、担保人有过错的，担保人承担民事责任的部分，不应超过债务人不能清偿部分的二分之一。"本案中，抵押合同二和抵押合同三均成立但未生效，各方均存在过错，百益源公司、盛世亚公司构成缔约过失。但是相对而言，抵押人百益源公司、盛世亚公司在办理抵押登记过程中处于被催促的地位。依据《担保法解释》第五十六条第二款规定并结合《担保法解释》第七条规定的精神，百益源公司、盛世亚公司对未办理抵押登记应当承担次要责任。综上，依据《担保法解释》的相关规定并根据双方对于办理抵押登记中地位及作用，本院酌定中行甘井子支行对因抵押合同二、抵押合同三中未办理抵押登记所造成的损失自身均承担75%的责任，百益源公司在担保最高债权额范围内对抵押合同二中约定的192686平方米国有土地使用权折价、拍卖、变卖所得价款的25%对新源华公司的债务承担赔偿责任，盛世亚公司在担保最高债权额范围内对抵押合同三中约定的144828.4平方米国有土地使用权及83272.65平方米在建工程折价、拍卖、变卖所得价款的25%对新源华公司的债务承担赔偿责任。

【案例来源】

中国裁判文书网，http://wenshu.court.gov.cn。

编者说明

《物权法》第一百八十七条规定："以本法第一百八十条第一款第一项至第三项规定的财产或者第五项规定的正在建造的建筑物抵押的，应当办理抵押登记。抵押权自登记时设立。"对于应当办理抵押登记才能设立的抵押权，未经登记的，抵押权不能设立，虽然抵押合同不仅仅因此而被认定无效。由于抵押权未设立，债权人可能因此受有损失，从最高人民法院的相关裁判来看，对债权人的损失范围，应当以本应办理抵押财产的价值为限。但是对于抵押人与债权人责任的具体承担，除当事人在合同中另有约定外，相关裁判意见并不完全一致，有的认为未办理抵押登记，除因登记部门的原因外，抵押人有过错，应由抵押人承担损失赔偿责任（具体适用中又有连带清偿责任与赔偿责任之不同）；有的则认为办理抵押登记属于设权行为，作为债权人的银行理应尽注意和催促义务，否则银行应对未办理登记造成的损失负主要责任，理由是《不动产登记暂行条例》第十四条规定办理抵押登记应当由当事人双方共同申请。对该问题，我们认为还是应当结合具体案件情况，根据债权人与抵押人的过错大小作出综合认定，当然最好是由最高人民法院统一予以明确。

733 债权人提起诉讼并申请对土地采取保全措施，抵押人仍愿意以该土地提供担保的，不必再要求其继续办理抵押登记

【关键词】

| 保全措施 | 抵押登记 |

【案件名称】

中国建设银行股份有限公司韶关市分行与张掖凯航置业有限公司、佛山市金塘海贸易有限公司等金融借款合同纠纷案［最高人民法院（2016）最高法民再416号民事判决书，2016. 12. 21］

【裁判精要】

最高人民法院认为：

《物权法》第九条第一款规定："不动产物权的设立、变更、转让和消灭，经依法登记，发生效力；未经登记，不发生效力，但法律另有规定的除外。"根据该条规定，案涉两宗土地因未办理抵押登记，抵押权未能有效设立。因此，建行韶关分行对涉案两宗土地不享有抵押权。其中有政府调整土地规划导致须换领新证后才能办理抵押登记手续的原因，也有建行韶关分行过分依赖《最高额抵押合同》第十条关于违约责任的约定，在抵押土地价值低于6000万元的情况下意图抛弃抵押权条款通过适用违约责任条款获取更优利益保护的原因。但结合上述分析，特别是《最高额抵押合同》第十一条第十项的特殊约定，不能认定凯航公司构成违约。因此，凯航公司不应承担违约责任。目前虽然具备了换发新证并继续办理土地抵押登记手续的外部条件，但在建行韶关分行提起本案诉讼并申请法院对两宗土地已经采取保全措施予以查封，且凯航公司仍愿意以该两宗土地为本案所涉债权提供担保的情况下，没有必要再要求当事人继续办理土地抵押登记手续。《担保法解释》第五十九条规定："当事人办理抵押物登记手续时，因登记部门的原因致使其无法办理抵押物登记，抵押人向债权人交付权利凭证的，可以认定债权人对该财产有优先受偿权。但是，未办理抵押物登记的，不得对抗第三人。"根据该规定，可以认定债权人建行韶关分行在6000万元的范围内对该两宗土地折价或拍卖、变卖的价款享有优先受偿权。

【案例来源】

中国裁判文书网，http://wenshu. court. gov. cn。

734 虽未按约定办理他项权利证书，但用以抵押的房产所有权证在债权人手中，并被法院采取保全措施，担保人仍应以约定房产承担责任

【关键词】

|房产抵押|他项权证|担保责任|

【案件名称】

武汉人和房地产开发有限公司与王耿、中电科技(南京)电子信息发展有限公司、湖北中南投资集团股份有限公司债务纠纷案[最高人民法院(2009)民一终字第44号民事判决书，2009.10.22]

【裁判精要】

裁判摘要：双方当事人合同约定，担保人承担担保责任的范围是两处房产，其担保的范围明确，即以物设定的担保。虽然双方合同还约定，具体的抵押物范围以房地产部门登记内容为准，担保人在房地产部门发放《他项权利证书》后，负责将《他项权利证书》交付给被担保人。但未办理《他项权利证书》，没有造成担保人不能以两处房产承担担保责任的情形，而且担保人所抵押的两处房产在设立抵押担保后，未发生任何变化，其房产证在被担保人手中，两处房产在本案诉讼中也被法院采取了保全措施。因此，本案不能依照《担保法解释》第六十七条"如果抵押物未经登记的，抵押权不得对抗受让人，因此给抵押权人造成损失的，由抵押人承担赔偿责任"的规定，认定担保人有过错，并承担违约及赔偿责任。担保人应以合同约定的两处房产承担担保责任。

最高人民法院认为：

(二)关于人和房地产公司与王耿担保责任范围如何确定问题

一审法院以人和房地产公司未办理《他项权利证书》为由，认定人和房地产公司、王耿应承担违约责任，并赔偿中电电子公司因此遭受的全部损失，无事实及法律依据，应予纠正。人和房地产公司应依照《抵押担保合同》的约定，承担担保责任。

关于王耿是否承担担保责任的问题。根据《抵押担保合同》的约定，在中电电子公司不能实现对人和房地产公司的抵押权时，王耿保证在抵押担保范围内承担连带赔偿责任。但由于人和房地产公司是否能够以《抵押担保合同》的约定承担担保责任的事实尚未发生。因此，在人和房地产公司未能依约承担担保责任时，中电电子公司有权另诉，请求王耿承担担保责任。

【权威解析】

关于人和房地产公司与王耿如何承担担保责任，其责任范围如何确定问题。此

问题最高人民法院二审认定与一审法院是不一致的。二审法院改判认为:(1)《抵押担保合同》约定,人和房地产公司同意将其名下依法拥有的两处房产为中南公司在上述《协议书》《购销合同》中约定的全部付款义务向中电电子公司承担抵押担保责任。依据上述合同的约定,人和房地产公司承担担保责任的就是两处房产,其担保的范围是明确的,即以物设定的担保。(2)虽然双方合同还约定,具体的抵押物范围以房地产部门登记为准,人和房地产公司应向中电电子公司提供抵押物的房地产评估报告,合同签署后,人和房地产公司承诺在房地产部门发放《他项权利证书》后,负责将《他项权利证书》交付给中电电子公司。但《抵押担保合同》中没有约定,人和房地产公司如未办理《他项权利证书》,就应承担违约责任,赔偿中电电子公司因此遭受的全部损失。而仅约定未办理《他项权利证书》,不得对抗第三人。依照《担保法解释》第六十七条"如果抵押物未经登记的,抵押权不得对抗受让人,因此给抵押权人造成损失的,由抵押人承担赔偿责任"的规定,只有抵押权人无法得到抵押物时,抵押人才承担赔偿责任。(3)人和房地产公司未办理《他项权利证书》,没有造成其不能以两处房产承担担保责任的情形。人和房地产公司所抵押的两处房产在设立抵押担保后,未发生任何变化,其房产证在中电电子公司手中,而两处房产现又被法院采取了保全措施。因此,如果法院判决人和房地产公司承担担保责任,人和房地产公司完全可以用两处房产承担担保责任。因此,人和房地产公司履行《抵押担保合同》没有过错,其不应承担违约及赔偿责任。①

【案例来源】

最高人民法院民事审判第一庭编:《民事审判指导与参考》(总第 42 集),法律出版社 2010 年版,第 199～209 页。

735 土地及在建工程未办理抵押登记,但在二审期间办理了抵押登记手续的,抵押权设立

【关键词】

| 二审期间 | 抵押登记 | 抵押权设立 |

【案件名称】

青海省信用担保集团有限责任公司与刚察县和信选煤有限公司及青海新拓矿业有限公司等追偿权纠纷案[最高人民法院(2016)最高法民终 17 号民事判决书,

① 参见孙延平:《对担保人的担保责任范围及违约责任的认定——武汉人和房地产开发有限公司与王耿、中电科技(南京)电子信息发展有限公司、湖北中南投资集团股份有限公司债务纠纷一案》,载最高人民法院民事审判第一庭编:《民事审判指导与参考》(总第 42 集),法律出版社 2010 年版,第 209～210 页。

2016.5.3]

【裁判精要】

最高人民法院认为:

信保公司虽与和信选煤公司签订了《土地抵押反担保合同》《在建工程抵押反担保合同》,但该两份合同所约定抵押的土地及在建工程在本案原审期间,并未办理抵押登记手续。故原审法院根据《物权法》的规定,未支持信保公司该部分诉讼请求,并无不当。二审期间,上述两份合同约定的抵押土地及房屋办理了抵押登记手续,信保公司取得了刚他项(2015)第26号土地他项权证以及刚房他证(2015)字第098号房屋他项权证,涉案抵押权已经设立。故信保公司对于前述抵押的土地及房屋享有抵押权,可以就上述抵押物的变价款优先受偿。信保公司的上诉理由成立,本院予以支持。

【案例来源】

中国裁判文书网,http://wenshu.court.gov.cn。

736 借贷双方就抵押物变更达成协议,但并未办理抵押物变更登记的,不发生抵押物权变动的法律后果

【关键词】

|抵押物变更|变更登记|物权变动|

【案件名称】

北京天亚物业开发有限公司与中国银行股份有限公司北京昌平支行借款合同纠纷案[最高人民法院(2005)民二终字第129号民事判决书,2005.8.17]

【裁判精要】

最高人民法院认为:

对于天亚公司主张的其在还贷期间曾与中行昌平支行达成口头协议,中行昌平支行同意在其偿还部分贷款的情况下释放部分抵押物,双方也曾一起去北京市国土资源局和房屋管理局申请办理解押手续等事宜,中行昌平支行不予认可。天亚公司为证明其与中行昌平支行根据双方的口头协议曾去办理过解押手续,向本院提交了北京市国土资源局和房屋管理局出具的编号为GT20040423372号的收件单。但该收件单仅载明申请人为天亚公司,申请事项为房屋所有权及国有土地使用权抵押登记、房地产权属抵押登记等内容,无法证明天亚公司所称双方一同办理解押手续等事实。且从当事人双方的主张看,所谓解押实际上是抵押物部分变更的内容。根据

《担保法》第四十一条和第四十二条关于以土地使用权和城市房产等建筑物抵押的应当办理抵押登记物登记的有关规定,对于上述不动产担保物权的变动,必须以登记作为要件,即使中行昌平支行与天亚公司就抵押物变更事宜达成了协议,但因最终未办理抵押物变更登记,亦不产生抵押物权变动的法律后果。天亚公司的上诉主张缺乏事实和法律依据,对其上诉请求本院不予支持。

【案例来源】

最高人民法院民事审判第二庭编:《最高人民法院商事审判指导案例·借款担保卷》(下),中国法制出版社2011年版,第649~652页。

(三)预告抵押登记

737 仅办理预告登记未办理正式登记的,不能行使抵押权

【关键词】

|预告登记|抵押权|

【案件名称】

中国光大银行股份有限公司上海青浦支行诉上海东鹤房地产有限公司、陈思绮保证合同纠纷案[上海市第二中级人民法院(2012)沪二中民六(商)终字第138号民事判决书,2012.10.26]

【裁判精要】

裁判摘要:预售商品房抵押贷款中,虽然银行与借款人(购房人)对预售商品房作了抵押预告登记,但该预告登记并未使银行获得现实的抵押权,而是待房屋建成交付借款人后银行就该房屋设立抵押权的一种预先的排他性保全。如果房屋建成后的产权未登记至借款人名下,则抵押权设立登记无法完成,银行不能对该预售商品房行使抵押权。

上海市第二中级人民法院二审认为:

一、关于第一个争议焦点:上诉人光大银行对涉案房产能否行使抵押权

二审法院认为,系争房产上设定的抵押预告登记,与抵押权设立登记具有不同的法律性质和法律效力。根据《物权法》等相关法律法规的规定,预告登记后,未经预告登记的权利人同意,处分该不动产的,不发生物权效力。预告登记后,债权消灭或者自能够进行不动产登记之日起三个月内未申请登记的,预告登记失效。即抵押

权预告登记所登记的并非现实的抵押权,而是将来发生抵押权变动的请求权,该请求权具有排他效力。因此,上诉人光大银行作为系争房屋抵押权预告登记的权利人,在未办理房屋抵押权设立登记之前,其享有的是当抵押登记条件成就或约定期限届满对系争房屋办理抵押权登记的请求权,并可排他性地对抗他人针对系争房屋的处分,但并非对系争房屋享有现实抵押权,一审判决对光大银行有权行使抵押权的认定有误,应予纠正。

二、关于第二个争议焦点:上诉人东鹤公司在本案中是否承担法律责任

二审法院认为,根据《担保法解释》第十条的规定,东鹤公司提供阶段性连带保证的主合同为系争贷款合同,现主合同虽被解除,在东鹤公司与光大银行未在保证合同中另有约定的情况下,保证人东鹤公司仍应对债务人的相关民事责任承担连带清偿的保证责任。而所谓阶段性连带保证,其本意就是让房产开发商为借款人在该阶段内(贷款合同签署之日起至抵押有效设定,相关权利证明文件交付银行执管之日止)向银行履行还款义务提供保证,亦为银行获得安全的房屋抵押担保的等待过程提供保证。一旦房屋抵押设定成功,该阶段性保证的任务完成,即阶段性保证期限届满之时即是银行获得借款人的房屋抵押担保之时。本案抵押预告登记在未变更为抵押权设立登记之前,根据物权法定原则,上诉人光大银行就抵押房屋处分并优先受偿的权利在行使要件上有所欠缺,即上诉人东鹤公司提供的阶段性连带保证的期限届满条件未成就。且该期限届满条件的未成就并非光大银行造成,而是东鹤公司与被上诉人陈思绮恶意串通,以商品房买卖为名,行东鹤公司融资之实,损害了光大银行的利益,危及银行贷款安全,陈思绮与东鹤公司具有明显过错。因此,东鹤公司应对陈思绮因贷款合同所产生的所有债务承担连带清偿责任。至于东鹤公司承担连带清偿责任之后与陈思绮之间的权利义务关系,双方可能另行存在约定,东鹤公司可与陈思绮另行解决,本案中不予处理追偿权问题。

【案例来源】

《中华人民共和国最高人民法院公报》2014 年第 9 期。

编者说明

预购商品房抵押的预告登记不产生抵押效力。理由是:预告登记是与本登记相对应的概念,预告登记是对将来发生不动产物权变动的目的请求权的登记,本登记则是对已经发生的物权变动进行的登记。本案中的预购商品房抵押预告登记,主要是促使以设立房屋抵押权为内容的请求权得以实现,并非直接导致抵押权的设立。《担保法解释》第四十七条、《物权法》第一百八十七条中关于抵押物登记,均指本登记,非预告登记,故在预售商品上抵押预告未转换成房屋抵押登记之前,抵押权人行使房屋优先受偿权依据不足,不予支持。①

---

① 参见最高人民法院民一庭:《预购商品房抵押的预告登记是否产生抵押效力》,载最高人民法院民事审判第一庭编:《民事审判指导与参考》(总第 65 辑),人民法院出版社 2016 年版,第 154 ~ 155 页。

关于预售商品房抵押贷款中银行与借款人(购房人)对预售商品房办理了抵押预告登记的效力,曾有不同的认识,也有不同的裁判,如最高人民法院关于隋大伟与中国银行股份有限公司吉林省分行、长春市新宇集团房地产开发有限公司商品房预售合同、商品房担保贷款合同纠纷案[最高人民法院(2008)民提字第33号再审民事判决书]即认为:新宇公司将房屋交付隋大伟使用,双方对交付的房屋属于隋大伟所有已形成一致的意思表示,隋大伟对购买的房屋享有处分权,此时,可以认定隋大伟具备了用购买房屋作为中行吉林分行贷款抵押的条件,《商业用房抵押贷款合同》有关房屋抵押的约定对合同缔约人隋大伟、中行吉林分行、新宇公司产生拘束力,中行吉林分行对约定抵押的房产在不涉及第三人利益情形下,享有优先受偿权。① 前引《中华人民共和国最高人民法院公报》案例对此问题的处理则进一步予以明确。

738 由于登记机构工作流程的原因,在办理在建工程抵押登记后只能出具《商品房预告登记证明书》,不应认定为预告登记

【关键词】

|在建工程|抵押登记|预告登记|

【案件名称】

镇江汇丰房地产开发有限公司与平安银行股份有限公司南京分行金融借款合同纠纷案[最高人民法院(2018)最高法民终794号民事判决书,2018.10.26]

【裁判精要】

最高人民法院认为:

本案二审当事人争议的焦点问题是平安银行南京分行就讼争四套房屋在建工程是否享有抵押权。首先,根据《物权法》第一百八十条规定,抵押人可以将正在建造的建筑物进行抵押,因此讼争四套房屋在建工程可以进行抵押。其次,根据双方当事人于2014年11月19日签订的《抵押担保合同》约定,双方均同意以讼争四套房屋在建工程为平银宁市八固贷字20130605第001号《固定资产贷款合同》项下镇江汇丰公司所应承担的债务本金中的17582357元以及相应的利息、复利、罚息及实现债权的费用提供抵押担保。再次,根据讼争四套房屋在建工程的《商品房预告登记证明书》的内容,平安银行南京分行在该登记书中登记为“抵押权人”,“说明”部分亦载明“在建工程抵押当事人应当自初始登记之日换领房屋所有权证,与此同时持本证明书及其他相关材料申请房屋抵押权登记”。最后,根据镇江市房产交易中心工作人员江波的陈述,当时平安银行南京分行和镇江汇丰公司就讼争四套房屋在

① 参见江必新、何东宁:《最高人民法院指导性案例裁判规则理解与适用·担保卷》,中国法制出版社2011年版,第362~368页。

建工程到镇江市房产登记管理中心申请办理抵押登记时，由于镇江市房产登记管理中心工作流程的原因，只能出具上述《商品房预告登记证明书》。镇江汇丰公司虽对江波陈述的情况不予认可，但未能提供足以反驳的证据。综上，本案应当认定讼争四套房屋在建工程已办理抵押登记，平安银行南京分行对讼争四套房屋在建工程享有抵押权。镇江汇丰公司关于讼争四套房屋在建工程办理的系抵押预告登记，平安银行南京分行对讼争四套房屋在建工程不享有抵押权的上诉理由，不能成立。

【案例来源】

中国裁判文书网，http://wenshu.court.gov.cn。

739 金融机构怠于办理预告抵押登记导致无限延长房地产企业的保证期间，有违诚实信用原则

【关键词】

| 金融机构 | 预告抵押登记 | 保证期间 |

【案件名称】

招商银行股份有限公司大连分行与大连一方地产有限公司保证合同纠纷案［最高人民法院（2017）最高法民申3474号民事裁定书，2017.9.26］

【裁判精要】

裁判摘要：阶段性担保在商品房预售合同中比较常见，通过办理买房人所购房屋预告抵押登记，可以有效减少金融机构和房地产企业的风险。因其阶段性特征，预告抵押登记和商品房预售登记的衔接非常重要。金融机构怠于办理预告抵押登记，等于无限延长房地产企业的保证期间，有违担保法的精神，亦有违诚实信用原则。

最高人民法院认为：

招商银行与一方公司在《担保协议》第五条约定，一方公司承担的是阶段性担保，保证期间是每笔贷款放款之日起至预告抵押登记完成之日止。双方签订《担保协议》的目的是一方公司在90个工作日内办妥高某所购房屋预告抵押登记手续交给招商银行，招商银行办理完预告抵押登记后，一方公司的担保责任即可免除，招商银行通过抵押权来保障债权实现。从字面理解，双方当事人对保证期间进行了约定，以办妥预告抵押登记为时间节点，保证期间可以延长，也可以缩短。该约定是双方当事人的真实意思表示，但不能与《担保法》的规定相悖，不能无限延长保证期间，也是阶段性担保的应有之义。因此，本案的保证期间应确定为从2012年10月9日

招商银行放款之日起，至2014年1月17日一方公司向招商银行交付商品房预告抵押登记手续后，招商银行在合理期限内办理完预告抵押登记止。《担保协议》第七条约定，如出现非因招商银行原因未能在90个工作日内办妥借款人所购房屋预告抵押登记手续，招商银行自贷款发放之日起，至预告抵押登记完之日止之前，其有权要求一方公司履行担保责任。同理，一方公司将购房合同的登记备案手续交给招商银行后，招商银行亦应在合理期限内办理预告抵押登记，而合理期限应以上述双方约定的90个工作日作为参照。

关于未办理案涉房屋预告抵押登记的责任。《担保协议》第六条约定，一方公司在承担保证担保期间，应当办理购房合同的真实有效登记备案手续，并及时将购房合同的登记备案手续转交给招商银行指定代办机构，积极配合招商银行办理预告抵押登记。招商银行一审中辩称未办理预告抵押登记的原因是高某不配合，因高某是香港户籍，与他联系困难，其未出具代办手续，银行无法单方办理。招商银行与高某签订的《个人购房借款及担保合同》第26.2条约定："如本合同签订之时抵押房产尚未办妥产权证书的，抵押人应按照贷款人的要求，积极配合贷款人及/或售房人办理预告抵押登记或者楼花抵押登记；抵押房产具备办理正式抵押登记条件起的60日内，抵押人必须无条件配合贷款人办妥由预告抵押登记或楼花抵押登记转为正式抵押登记的手续。"在一审、二审中招商银行未提供证据证明未办理预告抵押登记是一方公司迟延交付办理预告抵押登记手续所致，亦未提供证据证明其已积极敦促一方公司及高某配合其办理预告抵押登记。招商银行于2014年1月17日收到一方公司交付的购房预告抵押登记手续后，没有在合理期间内及时办理预告抵押登记，直至2015年3月6日案涉房屋因另案被法院查封无法办理后，才于2015年4月22日向法院起诉一方公司主张权利。招商银行怠于履行合同义务是显而易见的，对案涉房屋不能办理预告抵押登记后果的产生存在重大过错。

关于一方公司应否承担保证责任。本案中，招商银行是办理预告抵押登记的义务主体，在一方公司未在约定的90个工作日内交付办理预告抵押登记手续情况下，招商银行收到一方公司迟延交付的预告抵押登记手续后，应当在合理期限内及时办理预告抵押登记，防止案涉房屋被法院查封而无法办理。但是招商银行收到一方公司迟延交付预告抵押登记手续后，不但没有提出异议，而且一年多时间不去办理预告抵押登记，且无合理解释，应视为一方公司阶段性担保的保证责任免除条件成就。根据《担保法》第二十六条第二款"有合同约定的保证期间和前款规定的保证期间，债权人未要求保证人承担保证责任的，保证人免除保证责任"的规定，招商银行未在保证期间内向一方公司主张权利，一方公司的保证责任免除。另外，《合同法》第一百一十九条第一款规定："当事人一方违约后，对方应当采取适当措施防止损失的扩大；没有采取适当措施致使损失扩大的，不得就扩大的损失要求赔偿。"因此，招商银行因怠于履行办理预告抵押登记义务所造成抵押物被法院查封的责任，应当由其自行承担。

【案例来源】

《中华人民共和国最高人民法院公报》2018 年第 5 期。

(四)抵押登记相关纠纷

740 登记部门认为案涉土地存在“依法限制土地权利”的情形而决定暂缓登记属于不符合登记条件的情形

【关键词】

| 抵押登记 | 暂缓登记 | 登记条件 |

【案件名称】

马晶与东方集团财务有限责任公司、黑龙江省龙腾房地产综合开发有限公司借款合同纠纷案［最高人民法院（2012）民四终字第 12 号民事判决书，2013. 5. 29］

【裁判精要】

最高人民法院认为:

根据本案一、二审查明的事实,相关《土地他项权利证明书》记载的抵押登记设定于 2002 年 2 月 28 日,系为东方财务公司与老龙腾公司另案的 8000 万元贷款而设立的。由于双方已经就该 8000 万元借款纠纷通过调解方式结案,依据《担保法》第五十二条关于“抵押权与其担保的债权同时存在,债权消灭的,抵押权也消灭”的规定,因此,该项抵押权已经消灭。虽然东方财务公司与老龙腾公司于 2005 年 12 月 20 日签订的《最高额抵押合同》明确约定继续用上述土地使用权进行抵押,双方也确曾到哈尔滨市土地管理部门办理过抵押登记的主合同变更手续,但哈尔滨市土地管理部门认为案涉土地存在《哈尔滨市土地登记管理办法》第十一条第四款“依法限制土地权利的”情形而决定暂缓登记,该种情形应认定属于不符合登记条件的情形,而非属于“因登记部门的原因致使其无法办理抵押物登记”的情形,且东方财务公司与老龙腾公司双方此后未再办理本案债权的抵押登记手续,故本案不符合《担保法解释》第五十九条所规定的情形。依照《担保法》第四十一条、第四十二条的规定,由于本案抵押物未进行抵押登记,故本案抵押权依法未有效设立。一审判决认定东方财务公司的债权,在老龙腾公司不能清偿时相对于没有设定抵押登记的老龙腾公司的其他债权而言,享有优先受偿权不当,依法应予纠正。

【案例来源】

中国裁判文书网,http://wenshu. court. gov. cn。

741 抵押人对不动产登记簿的记载事项有异议，应当申请更正登记或者通过诉讼解决

【关键词】

|抵押|不动产登记簿|更正登记|

【案件名称】

兰州农村商业银行股份有限公司金城支行与贾铭琳、冯叶红等金融借款合同纠纷案［最高人民法院（2016）最高法民终290号民事判决书，2016.10.28］

【裁判精要】

最高人民法院认为：

二、关于本案抵押登记的效力问题

贾铭琳、冯叶红上诉主张，《银行承兑汇票承兑协议》和《最高额抵押担保合同》没有办理抵押登记备案，担保人应当免除担保责任。基于《最高额抵押担保合同》，金城支行与贾铭琳、冯叶红、孔力分别签订了抵押担保合同，并办理了相应的房屋抵押登记手续，领取了他项权证书。《最高额抵押担保合同》所附的《抵押房产清单》《房产抵押贷款作价表》记载的事项与《最高额抵押担保合同》约定的主债权数额一致。如果蓥杰公司或贾铭琳等抵押人对不动产登记簿的记载事项有异议，可以申请更正登记或者通过诉讼程序解决。

【案例来源】

中国裁判文书网，http://wenshu.court.gov.cn。

编者说明

《物权法》第十九条明确规定，权利人、利害关系人认为不动产登记簿记载的事项错误的，可以申请更正登记。《物权法解释(一)》第二条亦规定，当事人有证据证明不动产登记簿的真实权利状态不符、其为该不动产物权的真实权利人，请求确认其享有物权的，应予支持。

742 国土局在土地出让手续不全的情况下颁发国有土地使用证并办理抵押登记，致使债权人信赖抵押权有效成立，应承担赔偿责任

【关键词】

|手续不全|抵押登记|赔偿责任|

【案件名称】

德州市陵城区人民政府、德州市陵城区国土资源局与信达金融租赁有限公司融资租赁合同纠纷案［最高人民法院（2016）最高法民终 480 号民事判决书，2016. 12. 24］

【裁判精要】

最高人民法院认为：

二、原审法院是否适用法律错误

《民法通则》第一百二十一条规定："国家机关或者国家机关工作人员在执行职务中，侵犯公民、法人的合法权益造成损害的，应当承担民事责任。"《土地管理法》第七十八条第二款规定："非法批准征收、使用土地，对当事人造成损失的，依法应当承担赔偿责任。"《物权法》第二十一条第二款规定："因登记错误，给他人造成损害的，登记机构应当承担赔偿责任。"上述规定均是对国家机关或其工作人员在履行相应职务过程中造成民事主体损失应承担民事赔偿责任的规定。本案一审庭审中，信达租赁公司提交的抵押物照片显示，抵押土地有大量居民住宅，华茂公司及欣茂公司对此亦无异议。一审法院要求陵城区政府、陵城区国土局限期提交涉案抵押土地的《国有土地出让合同》、土地出让金交纳凭证、拍卖成交确认书等相关土地档案资料，陵城区政府、陵城区国土局未能提供，在本院审理期间亦未能提供上述材料。在土地出让手续不全的情况下，陵城区政府向欣茂公司颁发《国有土地使用证》，陵城区国土局也为该土地办理了抵押登记，致使信达租赁公司信赖抵押权有效成立，由于上述抵押权可能不能实现造成损失问题的发生，因此，根据前述法律规定，陵城区政府和陵城区国土局应承担赔偿损失的责任。原审法院根据上述法律认定两上诉人承担民事责任并无不当。在本院二审期间，信达租赁公司认可，在以案涉土地使用权设定抵押权时，其到抵押物现场进行了实地考察，知晓在办理抵押物登记手续之时，抵押物上存在着住房的情况，因此，对于本案抵押权不能有效实现，其也具有过错。因案涉债权人、债务人、两上诉人对于案涉抵押权不能有效实现均有过错，故本案根据三方的过错程度，判决陵城区政府和陵城区国土局在信达租赁公司抵押权不能实现的范围内承担三分之一的赔偿责任。华贸公司未按约支付案涉款项存在违约，信达租赁公司一直与债务人进行协商，不存在债权人未采取合理措施应承担未尽减损义务而对扩大的损失自担责任的问题，上诉人的该上诉理由不能成立。

【案例来源】

中国裁判文书网，http://wenshu. court. gov. cn。

六、代持抵押权纠纷

743 企业为个人代持抵押权不违反法律和行政法规的禁止性规定

【关键词】

| 代持抵押权 | 禁止性规定 |

【案件名称】

刘富田与甘彦海、刘馨等股权转让合同纠纷案［最高人民法院（2015）民二终字第310号民事判决书，2016. 3. 31］

【裁判精要】

最高人民法院认为：

三、案涉股权质押合同以及当事人约定以房屋和土地使用权为甘彦海案涉债务提供抵押担保并由企业为个人代持抵押权是否合法有效的问题

案涉股权质押合同、房屋和土地使用权抵押合同均系当事人真实意思表示。股权质押和房屋、土地使用权抵押事项均按照法律规定办理了相关登记、抵押手续。企业为个人代持抵押权没有违反法律和行政法规的禁止性规定。甘彦海、刘馨、陈飞武和星湖湾公司的该项上诉理由没有法律依据，本院不予支持。

【案例来源】

中国裁判文书网，http://wenshu. court. gov. cn。

编者说明

根据《物权法》第一百七十九条、《担保法》第三十三条的规定，债务人或者第三人为抵押人，债权人为抵押权人，提供担保的财产为抵押财产。物权法定原则系《物权法》项下的最基本的法定原则，隐含之意即：只有债权人才能成为抵押权人，但实务中却常出现债权人与抵押权人形式上分离的情形。这一问题源于《国土资源部关于规范土地登记的意见》（国土资发〔2012〕134号），该意见第五条规定，依据相关法律、法规规定，经中国银行业监督管理委员会批准取得《金融许可证》的金融机构、经省级人民政府主管部门批准设立的小额贷款公司等可以作为放贷人申请土地抵押登记。虽然文义上并不能推导出非金融机构不得进行不动产抵押登记，但实践中许多地区的不动产抵押登记机构均对此作了绝对化的理解，导致非金融机构债权人无法办理抵押登记的局面。其后，国土资源部印发《关于完善建设用地使用权转让、出租、抵押二级市场的试点方案》（国土资发〔2017〕12号），提

出放宽对抵押权人的限制。按照债权平等原则，明确自然人、企业均可作为抵押权人依法申请以建设用地使用权及其地上房屋等建筑物、构筑物所有权办理不动产抵押登记，并承诺在试点地区推进。但在实务中，仍有非金融机构的债权人将抵押权交由自然人代持。实践中抵押权代持的基本模式有以下几种：明确约定权属、签订底层“虚假协议”、反担保形式、资金融通形式。

744 为符合登记部门要求将抵押权登记在第三人名下并不因此否定实际债权人的优先受偿权

【关键词】

｜抵押登记｜实际债权人｜优先受偿权｜

【案件名称】

王福海与安徽国瑞投资集团有限公司民间借贷纠纷案［最高人民法院（2015）民一终字第107号民事判决书，2017.12.15］

【裁判精要】

最高人民法院认为：

关于王福海对案涉土地使用权是否享有优先受偿权问题。本院认为，首先，根据本案查明的事实，阳光半岛公司与王福海签订《借款合同》后，因为当地抵押登记部门不准许将土地使用权抵押登记在自然人名下，双方为了履行《借款合同》关于“由借款人提供其名下不低于500亩土地使用权作为还款的担保并进行抵押登记，另行签订《土地抵押合同》”的约定，同意由阳光半岛公司与国瑞公司签订《土地抵押合同》，将案涉土地使用权抵押登记在国瑞公司名下，并明确载明为《借款合同》的债权人王福海的债权提供抵押担保。在抵押登记制度不健全，抵押登记部门不准予将土地使用权抵押登记在自然人名下的情形下，阳光半岛公司和王福海同意由国瑞公司与阳光半岛公司签订《土地抵押合同》，以国瑞公司名义办理抵押登记，为阳光半岛公司与王福海之间的《借款合同》提供抵押担保，实质是阳光半岛公司与王福海为了履行双方之间的《借款合同》而作的一种交易安排。这样的交易安排体现了阳光半岛公司与王福海以案涉土地使用权为双方之间的借款提供抵押担保的真实意思表示，且不违反法律、行政法规的强制性规定。故案涉《借款合同》《土地抵押合同》均属合法有效。其次，阳光半岛公司与国瑞公司之间的《土地抵押合同》明确载明：为担保主合同即阳光半岛公司与王福海之间《借款合同》项下债务的履行，阳光半岛公司自愿将登记在其名下的土地使用权为主合同即《借款合同》出借人王福海的债权设立抵押担保。阳光半岛公司与国瑞公司签订《土地抵押合同》的目的并非将案涉土地使用权抵押给国瑞公司，而是以案涉土地使用权为阳光半岛公司向王福海的借款提供抵押担保。即阳光半岛公司是将案涉土地使用权抵押给《借款合同》的债权人王福海,以履行其与王福海之间的《借款合同》,实现向王福海借款的合同目的。由此可见,阳光半岛公司与国瑞公司之间的《土地抵押合同》并非独立存在的合同,而是附属于阳光半岛公司与王福海之间《借款合同》存在的从合同,亦即没有阳光半岛公司与王福海之间《借款合同》,就没有阳光半岛公司与国瑞公司之间的《土地抵押合同》。故本案抵押权设立没有突破抵押权的从属性,也不存在脱离债权的独立抵押。案涉土地使用权的抵押符合《物权法》第一百七十二条关于担保物权从属性的规定。最后,阳光半岛公司与王福海安排国瑞公司签订《土地抵押合同》,并以国瑞公司名义办理抵押登记,符合《物权法》第一百八十七条关于以建设用地使用权等财产进行抵押,应当办理抵押登记,抵押权自登记时设立的规定。案涉土地使用权经抵押登记,表明在案涉土地使用权上面存在担保物权的权利负担,对外具有公示公信作用。而阳光半岛公司与国瑞公司之间《土地抵押合同》关于案涉土地使用权为王福海债权提供抵押担保的约定,对于阳光半岛公司、国瑞公司和王福海内部之间具有约束力。在没有信赖登记的善意第三人主张权利的情形下,应依据当事人约定来确定权利归属。根据阳光半岛公司与国瑞公司签订的《土地抵押合同》约定,王福海对案涉土地使用权享有实际抵押权,为案涉土地使用权的实际抵押权人;国瑞公司只是《土地抵押合同》约定的名义上抵押权人,对案涉土地使用权不享有抵押权,且国瑞公司在诉讼中也未主张任何权利。因登记制度不健全、登记部门不准予将土地使用权抵押登记在自然人名下原因,导致本案债权人与登记上的抵押权人不一致,只是债权人和抵押权人形式上不一致,实质上债权人和抵押权人仍为同一,并不产生抵押权与债权实质上分离。王福海既是《借款合同》的债权人,也是《土地抵押合同》约定的案涉土地使用权的实际抵押权人,王福海对阳光半岛公司享有的债权实质上就是抵押担保的主债权。故王福海作为本案债权人享有案涉土地使用权的抵押权,符合《物权法》第一百七十九条关于抵押权的一般规定。

【权威解析】

在不动产抵押登记特别是建设用地使用权抵押登记操作中出现债权人与抵押权人分离的主要原因是,不少地方的国土资源管理部门对于抵押权人的主体资格类型有严格要求,甚至仅对银行等金融机构作为抵押权人的登记申请进行受理,对于自然人或银行之外的企业作为抵押权人的登记则不予登记。……随着建设用地使用权二级市场改革的进行,部分地区已经放开了土地使用权抵押权人主体资格的限制,自然人及一般企业也可以作为抵押权人进行登记,今后由于登记制度原因导致债权人与抵押权人分离的问题会有所减少。实践中债权人与抵押权人相分离的另一个原因是,当事人出于交易结构安排的需要而将抵押权人登记在非债权人名下,实际上这种抵押权登记亦存在不规范之处。登记机关一方面在限制抵押权登记主体的同时,另一方面又对债权人与抵押权人是否同一未作严格审查,导致出现了债权人与抵押权人的分离。

具体到本案中，由于登记机关的政策限制，王福海作为债权人无法登记为抵押权人，而并非债权人的国瑞公司则成为不动产登记簿上的抵押权人。对于出现的这种债权人和抵押权人形式分离的情况，抵押权是否有效？本案从以下几个方面进行了判断：一是从主合同与从合同的关系进行分析。由各方签订的协议内容可知，王福海向阳光半岛公司出借资本金是本案的基本事实，而阳光半岛公司提供抵押则是为了担保王福海债权的实现，虽然是由国瑞公司作为抵押权人与阳光半岛公司签订了抵押合同，但其担保的对象则是王福海的债权，国瑞公司亦认可自己名下的抵押权就是为了担保王福海的债权，故本案中抵押合同与借款合同的从属性是明确的。二是从案涉抵押担保是否违反物权法、担保法的规定进行分析。本案中出现了债权人和抵押权人的形式分离，但各方当事人对于债权人为王福海、抵押权人亦应为王福海的事实是不持异议的，只是债务人认为其与王福海之间并未成立有效的抵押权，王福海不是抵押权人。《物权法》第一百七十九条规定，债权人为抵押权人，本条规定应从实质意义上去理解，对于债权人和抵押权人形式上相分离的情况，应结合案件事实加以判断是否成立有效的抵押权。本案中由于登记制度不健全导致抵押权人未登记在债权人名下，但从合同中反映的相关事实来看，阳光半岛公司提供抵押财产担保王福海债权的基本事实是清楚的，国瑞公司亦认可自己只是形式的抵押权人，王福海应享有抵押权。在各方当事人不存在恶意串通的情况下，没有必要也没有依据对当事人之间的交易安排的效力进行否定。保障交易安全、促进交易是物权法的立法目的，也应当成为人民法院适用法律的追求。再者，从倡导诚信的角度出发，阳光半岛公司在王福海及国瑞公司签订合同时明知自己所担保的债权就是王福海的债权，但在不能偿还债务时，又以国瑞公司是抵押权人不是债务人为由拒绝向王福海承担担保责任，有违诚信原则。综上，二审判决认定虽然王福海不是形式上的抵押权人，但其作为实质上的抵押权人，依法对抵押财产享有优先受偿权。①

【案例来源】

中国裁判文书网，http://wenshu. court. gov. cn。

编者说明

本案的裁判意见表明，因登记制度不健全、登记部门不准予将土地使用权的抵押权登记在自然人名下原因，导致实际债权人与登记的抵押权人不一致，只是债权人和抵押权人形式上不一致，实质上债权人和抵押权人仍为同一，并不产生抵押权与债权实质上分离，该

---

① 参见王友祥、王永明：《债权人与抵押权人相分离时债权人能否享有抵押权——王某某、安徽国瑞投资集团有限公司与安徽省阳光半岛文化发展有限公司、芜湖首创房地产开发有限公司民间借贷纠纷二审案》，载最高人民法院民事审判第一庭编：《民事审判指导与参考》（总第76辑），人民法院出版社2019年版，第186~187页。

债权人并不能因此而被否定享有抵押权。

745 委托贷款法律关系虽然登记的抵押权人为受托人，但委托人可以自己的名义直接向抵押人主张抵押权

【关键词】

｜委托贷款｜委托人｜抵押权｜

【案件名称】

吉林粮食集团米业有限公司、海南屯昌颐和酒店投资有限公司与韩啸金融借款合同纠纷案［最高人民法院（2018）最高法民终673号民事判决书，2018. 11. 16］

【裁判精要】

最高人民法院认为：

（二）关于颐和酒店公司应否向韩啸承担抵押担保责任的问题

第一，韩啸与吉粮米业公司、平安银行海口分行于2014年9月30日签订的《委托贷款合同》(合同编号：平银海分委贷字20140930第001号)第1.8条约定：即使担保合同以平安银行海口分行名义订立，即使担保登记将平安银行海口分行作为担保权益人，平安银行海口分行均仅作为代理人，义务仅限于根据韩啸的要求提供办理担保事宜所必需的签字盖章手续，担保权益及其相关责任、风险均归属韩啸。第3.6条约定：韩啸直接享有本合同及其项下的担保合同所约定的平安银行海口分行作为贷款人所享有的一切权利。同日，平安银行海口分行与颐和酒店公司签订的两份《抵押担保合同》(合同编号：平银海分抵字20140930第001－1号、平银海分抵字20140930第001－2号)第1.1条约定：本合同抵押担保范围为平银(海分)委贷字20140930第001号委托贷款合同项下债务人所应承担的全部债务(包括或有债务)本金、利息、复利及罚息、实现债权的费用。第4.2条约定：颐和酒店公司已认真阅读了主合同，并确认所有条款。第9.4条约定：平安银行海口分行与颐和酒店公司在履行本合同过程中所发生的争议，由双方协商解决；协商不成的，向《委托贷款合同》丙方所在地人民法院提起诉讼。而《委托贷款合同》丙方即韩啸。故从上述合同的签订情况看，颐和酒店公司对于《委托贷款合同》的存在及韩啸与平安银行海口分行之间的代理关系应当明知，其是在对韩啸为案涉贷款实际权利人有清楚认知的基础上签订的两份《抵押担保合同》。第二，对颐和酒店公司名下屯国用(2010)第11－00033号国有土地使用权办理抵押登记时，虽然登记的抵押权人为平安银行海口分行，但因该抵押法律关系是为案涉贷款设定，在委托贷款法律关系中，受托人平安银行海口分行的代理行为产生的后果应当归属于委托人韩啸。在本案诉讼中，平安银行海口分行也明确表示韩啸享有案涉国有土地使用权的抵押权，故韩啸可以自

己的名义直接向颐和酒店公司主张以平安银行海口分行名义设立的抵押权。第三,《担保法解释》第一百二十三条的规定适用于“债权人放弃债务人提供的物的担保的”情形,与韩啸放弃保证人刘某的保证责任并不相同,不能适用于本案。且颐和酒店公司与平安银行海口分行签订的两份《抵押担保合同》第1.2条约定,“不论是否有担保人(包括主合同债务人)提供物的担保或保证,甲方有权优先要求乙方承担担保责任。如甲方放弃行使对担保物(包括债务人提供的担保物)或其他保证人的担保权,乙方仍应按本合同的约定承担全部担保责任”。故颐和酒店公司该项主张既无法律依据,又无合同依据,不能成立。

【案例来源】

中国裁判文书网,http://wenshu.court.gov.cn。

七、抵押物转让与抵押权追及效力

746 抵押财产转让双方约定将抵押解除权以合同义务的方式分配由转让方承担，不违反法律强制性规定

【关键词】

｜转让抵押财产｜抵押解除权｜强制性规定｜

【案件名称】

重庆新万基房地产开发有限公司与重庆索特盐化股份有限公司土地使用权转让合同纠纷案［最高人民法院（2008）民一终字第122号民事判决书，2008.12.23］

【裁判精要】

最高人民法院认为：

（一）关于《联合开发协议》及其《补充协议》的效力问题

根据《担保法》第四十九条的规定，抵押期间抵押人转让抵押物应当通知抵押权人，否则转让行为无效；《物权法》第一百九十一条亦规定抵押期间转让抵押物须经抵押权人同意。其立法目的是确保抵押权人的利益不受侵害。但《担保法解释》第六十七条和《物权法》第一百九十一条也规定，未经通知或者未经抵押权人同意转让抵押物的，如受让方代为清偿债务消灭抵押权的，转让有效。即受让人通过行使涤除权涤除转让标的物上的抵押权负担的，转让行为有效。上述法律和司法解释的规定体现了相关立法和司法解释的指导思想是要在抵押权人和抵押人、受让抵押标的物的第三人之间实现利益平衡，既充分保障抵押权不受侵害，又不过分妨碍财产的自由流转，充分发挥物的效益。本案双方当事人在《联合开发协议》中约定由索特公司在不影响开发进度的前提下办理解除抵押的相关手续，即以约定的方式将先行解除本案所涉土地上的抵押权负担的义务赋予了索特公司；该约定既保障了抵押权人的利益，也不妨害抵押人和受让土地的第三人的利益，与《担保法》、《物权法》和《担保法解释》保障各方当事人利益平衡的立法精神并不相悖，不违反法律规定。从《合同法》的角度看，转让方对转让标的负有权利瑕疵担保责任，其主动告知转让土地上的权利负担，并承诺由其在不影响开发进度的前提下先行解除抵押，该承诺构成合同中的负担行为，即承担义务的行为，符合意思自治和合同自由原则，且确保了抵押权人的利益不受侵害，与《担保法》、《物权法》和《担保法解释》的立法本意和制度设计不相抵触。因此，应当确认该《联合开发协议》及《补充协议》有效，双方应按照合

同诚信履行,索特公司有义务根据双方商定的开发进度清偿银行债务,从而解除该转让土地上的抵押权负担。

根据《物权法》第十五条的规定,当事人之间订立有关设立、变更、转让和消灭不动产物权的合同,除法律另有规定或者合同另有约定外,自合同成立时生效;未办理物权登记的,不影响合同效力。该规定确定了不动产物权变动的原因与结果相区分的原则。物权转让行为不能成就,并不必然导致物权转让的原因即债权合同无效。双方签订的《联合开发协议》及《补充协议》作为讼争土地使用权转让的原因行为,是一种债权形成行为,并非该块土地使用权转让的物权变动行为。相关法律关于未经通知抵押权人而导致物权转让行为无效的规定,其效力不应及于物权变动行为的原因行为。因为当事人可以在合同约定中完善物权转让的条件,使其转让行为符合法律规定。本案即属此种情形。

综上,双方当事人签订的《联合开发协议》未违反法律强制性规定,应为有效合同。一审判决对此问题的认定适用法律不当,应予纠正。①

【案例来源】

《中华人民共和国最高人民法院公报》2009 年第 4 期。

编者说明

《担保法解释》第六十七条规定:"抵押权存续期间,抵押人转让抵押物未通知抵押权人或者未告知受让人的,如果抵押物已经登记的,抵押权人仍可以行使抵押权;取得抵押物使用权的受让人,可以代替债务人清偿其全部债务,使抵押权消灭。受让人清偿债务后可以向抵押人追偿。"这是承认抵押权具有追及效力,同时规定受让人享有解除权,可以代替债务人清偿其全部债务,使抵押权消灭。《物权法》第一百九十一条对解除权的行使进一步予以确认。上述法律规定了由受让人行使解除权从而使转让物上的抵押权消灭,而本案中转让双方以合同约定的方式将解除权以合同义务的方式分配由转让方承担,这种约定不违反法律强制性规定,也能充分保护抵押权人的利益,因而有效。一审判决未注意到有关

① 二审判决后,最高人民检察院提出抗诉,最高人民法院再审判决:维持该二审判决第一、二、三项和诉讼费用负担部分,撤销该二审判决第五项;变更该二审判决第四项为:索特公司向新万基公司支付违约金 1400 万元;驳回索特公司其他诉讼请求和新万基公司其他反诉请求。对于合同效力,该再审判决与二审判决一致,认为:"本案中双方当事人在同一天内签订《联合开发协议》和《补充协议》,《联合开发协议》约定双方'按照投入分得利润额',但在《补充协议》中双方又约定,索特公司对开发不承担风险,只收取固定收益,原一、二审判决据此将本案合同的性质认定为土地使用权转让合同,并无不当。双方当事人还在合同中明确约定,索特公司同意在约定时间内将诉争土地上的抵押权解除、本项目所涉及的土地已办理的抵押手续应在不影响开发进度的前提下办理解除抵押的相关手续。据此,双方的合意是在抵押权已经消灭的条件下完成对土地使用权的实际处分,而不是在抵押权仍然存续的情况下进行这一行为,因此,签订合同时土地上存在的抵押权不应成为影响本案合同效力的原因,本院二审判决认定诉争合同为有效合同并无不当。"参见最高人民法院(2010)民抗字第 67 号民事判决书(2014. 12. 24),载中国裁判文书网,http://wenshu. court. gov. cn。

法律对转让抵押物的规定的发展变化,以双方的土地使用权转让合同中约定转让抵押物违反法律规定为由认定合同无效显属不当。此外,《物权法》第十五条确定了物权变动的原因与物权变动相区分的原则,即物权变动的效力不一定会影响物权变动原因的效力。当事人之间签订的土地使用权转让合同作为涉案土地使用权变动的原因与该块土地的使用权是否能够实际完成转让,分属于债权行为和物权行为,物权行为无效并不一定导致相关的债权行为无效。因转让抵押物可能因违反法律的强制性规定而转让行为无效,但为该转让行为而签订的债权合同并不一定无效,因为调整这两种不同性质行为所依据的法律不同。

《物权法》第一百九十一条第二款并非针对抵押财产转让合同的效力性强制性规定,当事人仅以转让抵押房地产未经抵押权人同意为由,请求确认转让合同无效的,不应予以支持。受让人因抵押登记未涂销无法办理物权转移登记而请求解除合同的,可予以支持;受让人要求转让人承担相应民事责任的,应考虑当事人的过错程度等进行处理。买受人同意并能够代为清偿债务消灭抵押权的,抵押权人应当协助办理抵押注销登记,出卖人应当在抵押权消灭后为买受人办理房屋所有权转移登记手续。

将《物权法》第一百九十一条第二款界定为管理性强制性规范,有利于贯彻合同严守原则,保护交易安全。具体理由是:(1)从该条规定的立法目的看。该条规定的立法目的就是要保障抵押权人的利益,而如上所述,可以通过不发生物权变动法律效果的方式来保障抵押权人利益,该种处理已经足以满足此条立法目的的实现。转让抵押财产的合同只约束作为合同相对方的抵押人和受让人,认定该合同无效的最终结果也不过是达到无法运用公权力强制合同履行,不发生物权变动的结果,而该种目的完全已经实现。或者说,认定转让合同无效无助于该条立法目的的实现。(2)从上述对效力性强制性规定的判定标准看。使未经抵押权人同意转让抵押财产的合同继续有效,并不损害国家利益和社会公共利益,因为多数抵押都经过登记,受让人可以很容易获得受让财产之上是否设定抵押的情况,在未经抵押权人同意的情况下,受让人也无法实现过户登记,不能取得物权。(3)从利益平衡角度看。将该规定作为管理性强制性规范,能够保护交易安全,且能有效地兼顾抵押权人、抵押人和受让人的利益,因为在三方中,如果说存在恶意的话,抵押人的恶意最明显,如果将该规定视为效力性强制性规定,抵押人可以通过主张合同无效来免除其违约责任的承担,这不利于对受让人利益的保护。而且,合同是否有效,完全由抵押人决定,也不符合合同效力的认定原则。因此,将《物权法》第一百九十一条第二款解释为并非针对转让抵押财产合同的效力性强制性规定,不影响转让抵押财产的合同效力,能够较好地实现立法目的。当然,根据债权和物权的两分原则,合同效力与物权变动系两个层面的问题,转让合同有效并不代表该合同一定能够全面履行。抵押人转让抵押财产未经抵押权人许可,不符合《物权法》所规定的物权有效变动的条件,因此,不能产生权属转移的效力。受让人在抵押登记未涂销时要求办理过户登记的,也不应予以支持。①

本案涉及《物权法》第一百九十一条规定的性质问题,最高人民法院民一庭意见认为:《物权法》第一百九十一条第二款并非针对抵押财产转让合同的效力性强制性规定,当事人仅以转让抵押房地产未经抵押权人同意为由,请求确认转让合同无效的,不应予以支持。

---

① 参见王丹:《房地产纠纷案件审理中的疑难问题》,载最高人民法院民事审判第一庭编:《民事审判指导与参考》(总第68辑),人民法院出版社2017年版,第38~39页。

受让人因抵押登记未涂销无法办理物权转移登记而请求解除合同的，可予以支持；受让人要求转让人承担相应民事责任的，应考虑当事人的过错程度等进行处理。① 买受人同意并能够代为清偿债务消灭抵押权的，抵押权人应当协助办理抵押注销登记，出卖人应当在抵押权消灭后为买受人办理房屋所有权转移登记手续。②

《第八次全国法院民事商事审判工作会议（民事部分）纪要》（2016 年 11 月 21 日，法〔2016〕399 号）进一步明确，《物权法》第一百九十一条第二款并非针对抵押财产转让合同的效力性强制性规定，当事人仅以转让抵押房地产未经抵押权人同意为由，请求确认转让合同无效的，不予支持。受让人在抵押登记未涂销时要求办理过户登记的，不予支持。

747 抵押人援引《担保法》第四十九条第一款规定主张确认转让抵押物行为无效的，在确保抵押权实现的前提下，其请求应予驳回

【关键词】

| 抵押物转让 | 抵押权实现 |

【案件名称】

百花公司诉浩鑫公司买卖合同纠纷案［贵州省高级人民法院二审民事判决书，2005. 9. 28］

【裁判精要】

裁判摘要：(1) 根据《担保法》第四十九条第一款和《担保法解释》第六十七条，在未通知抵押权人和未告知受让人的情况下，抵押人转让已办理登记的抵押物，只要抵押人在转让后向抵押权人清偿了债务，或者受让人在得知受让物上有抵押权后代抵押人清偿了债务，使物上设定的抵押权消灭，转让行为仍可以有效。

(2) 能够援引《担保法》第四十九条第一款规定来主张转让行为无效的，应当是合法权益受到损害的抵押权人或者受让人，不是不履行此款规定通知、告知义务的抵押人。抵押人提起诉讼主张确认转让行为无效的，在确保抵押权实现的前提下，其诉讼请求应当驳回。

贵州省高级人民法院认为：

关于第一点。上诉人百花公司在二审提交的新证据，足以证明其公司名称已变

① 参见仲伟珩：《未经抵押权人同意转让抵押物纠纷的处理》，载最高人民法院民事审判第一庭编著：《民事审判前沿》（第 1 辑），人民法院出版社 2014 年版，第 33 页。

② 参见吴晓芳：《房屋抵押权存续期间，出卖人（抵押人）未经抵押权人同意签订房屋买卖合同的效力及履行》，载最高人民法院民事审判第一庭编著：《最高人民法院民一庭民事典型案例精选（2008 ~ 2011）》，人民法院出版社 2014 年版，第 231 页。

更为雪清公司,且这个变更已经工商行政管理机关核准,被上诉人浩鑫公司对此也无异议,故应当将上诉人的公司名称确定为雪清公司,原百花公司的诉权依法由雪清公司承继。在一审立案时,由于雪清公司提交的证据不能证明公司更名经过工商行政管理机关核准,故一审仍将百花公司列为本案诉讼当事人,并无不当。雪清公司关于一审认定诉讼主体不当的上诉理由不能成立,予以驳回。

关于第二点。遵初39号判决在解决抵押权人遵义工行和抵押人百花公司主张确认《资产折换协议书》及其补充协议无效的问题时,曾经论述:"在因百花公司清偿或浩鑫公司代偿债务后,抵押权丧失,限制抵押财产转让的权利瑕疵消灭,即应认定《资产折换协议书》以及补充协议有效,故本院对前述要求确认《资产折换协议书》以及补充协议无效的主张不予采信,予以驳回。"其时,被上诉人浩鑫公司尚未代偿百花公司的债务,因此遵初39号判决中的这段论述,应当理解为是附条件地承认《资产折换协议书》以及补充协议的效力,并非直接确认《资产折换协议书》以及补充协议有效。遵初39号是一审判决,不是生效法律文书,在黔高16号这一生效的二审民事判决中,未提及《资产折换协议书》以及补充协议的效力问题。一审关于"遵初39号判决已确认《资产折换协议书》及其补充协议有效"的表述与事实不符,上诉人雪清公司的此条上诉理由应予采纳。对《资产折换协议书》以及补充协议的效力,应当在本案中确认。

关于第三点。《资产折换协议书》签订后,被上诉人浩鑫公司已根据协议,向上诉人雪清公司支付了折换款,并根据雪清公司提供的地籍资料,到遵义市红花岗区国土局申办了土地使用权预登记证。这些事实证明,签订《资产折换协议书》以及补充协议,是雪清公司与浩鑫公司的真实意思表示。《担保法》第三十三条第一款规定:"本法所称抵押,是指债务人或者第三人不转移对本法第三十四条所列财产的占有,将该财产作为债权的担保。债务人不履行债务时,债权人有权依照本法规定以该财产折价或者以拍卖、变卖该财产的价款优先受偿。"据此可以认为,抵押权是以确保债务清偿为目的设立的物权,是依附于主债权而存在的从权利。主债权消灭,抵押权亦消灭。抵押权设定后,抵押人对抵押物的所有权并未丧失,而所有权中就包括了对物的处分权。抵押人并非不能向他人转让抵押物,只是应当在转让时履行通知抵押权人和告知受让人的义务。抵押人不履行通知、告知义务就转让抵押物,只要在转让后抵押人向抵押权人清偿债务,或者受让人在得知受让物上有抵押权后代抵押人清偿债务,使物上设定的抵押权消灭,转让仍可以有效。现查明,浩鑫公司已经向抵押权人遵义工行代偿了雪清公司的全部债务,从而使抵押权因债权实现而消灭,限制雪清公司向浩鑫公司转让抵押物的权利瑕疵不复存在,因此可以认定,雪清公司与浩鑫公司签订的《资产折换协议书》以及补充协议,未损害他人利益,并已实际履行完毕,应为有效。

关于第四点。一审在查明被上诉人浩鑫公司向抵押权人遵义工行代偿了上诉人雪清公司的全部债务后,认定抵押权因债权实现而消灭。雪清公司上诉认为,抵押权消灭的时间应以诉讼提起的时间为准;在其提起本案诉讼时,浩鑫公司并未代其向遵义工行履行还款义务,抵押权并未消灭,一审这一认定属认定事实错误。法律和司法解释只规定了抵押权可以因担保的债权实现而消灭,没有规定抵押权消灭以何时为准。雪清公司的这一上诉理由没有法律依据,予以驳回。

关于第五点。《担保法》第一条开宗明义地规定:"为促进资金融通和商品流通,保障债权的实现,发展社会主义市场经济,制定本法。"这是《担保法》的立法目的。该法第四十九条第一款虽然规定抵押人未履行通知、告知义务的转让行为无效,但是第二款、第三款还规定"转让抵押物的价款明显低于其价值的,抵押权人可以要求抵押人提供相应的担保;抵押人不提供的,不得转让抵押物""抵押人转让抵押物所得的价款,应当向抵押权人提前清偿所担保的债权或者向与抵押权人约定的第三人提存。超过债权数额的部分,归抵押人所有,不足部分由债务人清偿"。纵观《担保法》第四十九条可以看出,此条并非剥夺抵押人对抵押物的转让权,而是要保障抵押权人享有的债权能够实现。

法律确立公民、法人和其他组织的权利与义务,建立和规范社会秩序,最终体现的是国家整体利益。公民、法人和其他组织在法律面前一律平等。任何公民、法人和其他组织都享有法律规定的权利,同时必须履行法律规定的义务,都应当从立法本意上去理解和遵守法律,不能断章取义地利用法律。能够援引《担保法》第四十九条第一款的规定来主张转让行为无效的,应当是合法权益受到损害的抵押权人或者受让人。是否行使这一权利,应当由抵押权人或者受让人决定。在《担保法》第四十九条中,抵押人只有通知、告知、提供相应担保、清偿担保债权等义务,没有据以起诉抵押权人或者受让人的权利。只要抵押人本着诚信原则,依法履行这些义务,他人合法权益就不会受到侵害,从而也不会发生纠纷。作为抵押人,上诉人雪清公司在转让抵押财产时不履行法定的通知、告知义务,转让抵押财产后,仍然不履行清偿债权的义务,却执意援引《担保法》第四十九条第一款来主张转让无效,以达到依法不应达到的毁约目的,其行为不是维护法律。只要抵押权能消灭,无论是在消灭前还是消灭后提起本案诉讼,雪清公司的诉讼请求均不应满足。

【案例来源】

《中华人民共和国最高人民法院公报》2006 年第 3 期。

748 抵押人未通知抵押权人即将已办理抵押登记的抵押物转让的,受让人的权利不得对抗抵押权,由此造成的损失由抵押人负责

【关键词】

| 抵押登记 | 抵押物转让 | 对抗抵押权 |

【案件名称】

郑州市电通公司与中国华融资产管理公司郑州办事处等抵押借款合同纠纷案［最高人民法院（2001）民二终字第106号民事判决书，2001.12.13］

【裁判精要】

最高人民法院认为：

南阳路支行与亚力公司于1995年7月28日签订的房地产抵押贷款合同，系双方当事人的真实意思表示，不违反国家法律法规规定，应认定合法有效。南阳路支行依约履行了贷款义务，亚力公司未按约定的期限偿还借款，构成违约，原审判令其承担偿还710万元借款本金、利息及罚息的责任并无不当，应予维持。但因中国人民银行对不同时期的逾期罚息计算标准有不同规定，原审判令亚力公司按日万分之四向南阳路支行支付逾期罚息欠当，应予纠正。

南阳路支行与亚力公司签订房地产抵押贷款合同后，于1996年1月9日在郑州市人民政府规定的房地产登记部门郑州市房地产管理处办理了抵押登记手续，抵押登记的范围包括位于259号的4053.97平方米房屋及所占的4200平方米土地使用权，该登记合法有效，应认定南阳路支行对位于259号的房屋及土地使用权享有抵押权。在南阳路支行的抵押权存续期间，亚力公司又与电通公司签订联建协议，约定亚力公司以其位于259号的全部房地产作为投资，与电通公司联合开发房地产。电通公司依据该协议与郑州市土地管理局签订土地使用权出让合同，取得了位于259号的土地的使用权证。虽然电通公司对亚力公司将位于259号的全部房地产抵押给南阳路支行不知情，其取得该土地使用权亦履行了法定的手续，但因亚力公司在转让上述土地使用权前已向南阳路支行设定抵押，进行了抵押登记，且其转让抵押物未通知抵押权人南阳路支行，根据《担保法解释》第六十七条之规定，电通公司对位于259号的土地使用权的取得不能对抗抵押权人南阳路支行，南阳路支行仍可以行使抵押权。电通公司与亚力公司签订联建协议后，即将南阳路支行同样享有抵押权的定着于上述土地上的房屋拆除，并在该土地上开发建设了新的房产。按照亚力公司与电通公司签订的联建协议的约定，电通公司将双方联建的综合楼、商住楼各分给亚力公司7000平方米、400平方米，作为亚力公司转让其土地使用权及拆除房屋的补偿，参照《担保法解释》第八十条关于在抵押物灭失、毁损或者被征用的情况下，抵押权人可以就该抵押物的保险金、赔偿金或补偿金优先受偿的规定，南阳路支行对亚力公司依照联建协议应分得的房产具有优先受偿权。但由于亚力公司设定的抵押物的价值为1000万元，南阳路支行对上述房产的优先受偿权应以1000万元为限。虽然电通公司与亚力公司在履行联建协议中可能存在争议，亚力公司实际应分得的联建房屋的份额不确定，但联建协议所约定的亚力公司应分得联建房屋的份额是南阳路支行享有抵押权的抵押物的交换价值的体现，是抵押物的价值变形物,南阳路支行所享有的抵押权的效力及于该价值变形物,电通公司与亚力公司因联建协议所产生的争议及是否实际应取得联建协议约定的份额不能对抗南阳路支行的优先受偿权。电通公司因南阳路支行行使该优先受偿权所产生的损失只能向亚力公司追偿。因此,原审判令在亚力公司不能向南阳路支行偿还借款本息时,电通公司以其控制的亚力公司应分得的联建房屋予以清偿并无不当,应予维持。但因亚力公司设定抵押物的价值为 1000 万元,原审判决未将南阳路支行的优先受偿权限定在 1000 万元的范围内不当,应予纠正。由于本案的处理结果与电通公司有利害关系,原审追加电通公司为本案第三人亦无不当,应予维持。电通公司关于其取得位于 259 号的土地使用权系合法取得,没有任何过错,不应追加其为本案第三人,以及联建协议约定的亚力公司应分得的房产系不确定债权,原审判令以该房产清偿亚力公司的债务不当的上诉理由不成立,本院不予支持。在本院二审期间,南阳路支行将本案所涉债权全部转让给了华融公司,南阳路支行所享有的上述优先受偿权亦应随之转移。

【案例来源】

最高人民法院民事审判第二庭编:《民商审判指导与参考》(总第 1 卷),人民法院出版社 2002 年版,第 434 ~ 440 页。

编者说明

受让人因抵押登记未涂销无法办理物权转移登记而请求解除合同的,可予以支持;受让人要求转让人承担相应民事责任的,应考虑当事人的过错程度等进行处理。

749 抵押权存续期间,抵押人转让抵押物未通知抵押权人的,抵押权人仍可行使抵押权

【关键词】

| 抵押物转让 | 抵押权 |

【案件名称】

中国信达资产管理公司银川业务部与宁夏煤炭基本建设公司借款抵押合同纠纷案[最高人民法院(2002)民二终字第 63 号民事判决书,2002. 7. 1]

【裁判精要】

最高人民法院认为:

1998 年 7 月 15 日,建行营业部与煤建公司签订的借款合同,同年 6 月 3 日,双方签订的抵押合同,是双方的真实意思表示,合法有效。1999 年 9 月 20 日,建行营

业部与信达公司签订债权转让协议,协议约定将上述债权转让给信达公司,债权转让后,信达公司向煤建公司履行了通知义务,煤建公司予以确认并签收,本院予以认定。根据《担保法解释》第四十七条"以依法获准尚未建造的或者正在建造中的房屋或者其他建筑物抵押的,当事人办理了抵押物登记,人民法院可以认定抵押有效"的规定,本案双方当事人对正在建设的煤建大厦办理了抵押登记,且对抵押合同的有效性均未表示异议,该抵押合同是双方当事人真实意思的表示,符合上述担保法司法解释的规定,故合法有效。被上诉人煤建公司作为煤建大厦(在建工程)占用范围内土地使用权的享有者,并且又是办理该在建工程项目建设手续的申报人和被批准人,应当被认定为在建工程的所有权人。煤建大厦(在建工程)在设置抵押前,未曾有办理转让煤建大厦的手续,其责任单位和用地单位仍然是被上诉人,根据房屋的所有权和该房屋占用范围内的土地使用权权利主体一致的原则,煤建大厦(在建工程)的所有权主体应和该在建工程占用范围内的土地使用权的权利主体一致,因此,煤建大厦(在建工程)在设置抵押时的所有权人是被上诉人煤建公司。本案一审期间,煤建公司与信达公司签订抵押合同的行为,亦表明煤建公司对煤建大厦是享有所有权的。关于煤建公司所称煤建大厦的建设资金来源于工会的主张,经查证,煤建大厦的建设资金组成中所谓的工会贷款 50 万元,其实际贷款者是服务部。根据有关工商登记文件,该服务部是煤建公司的一个非法人分支机构。根据我国《公司法》第十三条规定,不具有企业法人资格的分支机构的民事责任由公司承担。由此可见,该 50 万元贷款责任应属于煤建公司,因此,可以认定煤建大厦(在建工程)的建设资金全部是由被上诉人自筹投入的,煤建大厦建设资金由工会投入的主张缺乏证据支持。煤建公司于 2000 年 9 月 26 日将煤建大厦的土地使用权转让给大海公司,但因本案抵押在先,转让在后,根据《担保法解释》第六十七条第一款之规定,在本案抵押存续期间,煤建公司转让抵押物未通知抵押权人信达公司,信达公司仍可以行使抵押权。综上,信达公司关于煤建公司是煤建大厦所有权人的上诉理由成立,本院予以支持。原审判决关于抵押权属不明、抵押无效的判决属认定事实不清,适用法律不当,应予以纠正。

【案例来源】

最高人民法院民事审判第二庭编:《民商审判指导与参考》(总第 3 辑),人民法院出版社 2003 年版,第 429 ~ 435 页。

750 抵押财产不论是基于抵押人的转让行为,还是基于司法执行行为等导致变动,抵押权人均享有追及权

【关键词】

| 抵押权人 | 追及权 |

【案件名称】

新疆三山娱乐有限公司、三山国际房地产发展有限公司与中国农业银行新疆维吾尔自治区分行营业部、北大资源集团有限公司金融借款合同纠纷案［最高人民法院（2012）民二终字第113号民事判决书，2012. 12. 18］

【裁判精要】

裁判摘要：新疆北大资源公司以三山广场有关房产作为抵押财产与农行新疆分行营业部签订抵押合同时，所涉相关抵押财产所有权登记在新疆北大资源公司名下，新疆北大资源公司以此设定抵押担保并依法办理了抵押登记手续，并不违反法律规定，该抵押应为有效，农行新疆分行营业部对于所涉抵押物依据合同约定享有相应的优先受偿权。

抵押权系为确保债务清偿为目的，债权人对债务人或者第三人所有的特定财产所享有的直接支配和排他的权利。抵押权本质上是"对物"的权利，而非"对人"的权利。因此，一旦抵押权依法设定，债权人即对抵押财产享有了排他的优先受偿的权利，只要抵押权人未表示同意放弃抵押权的，抵押财产不论是基于抵押人的自由转让行为，还是基于司法执行行为等导致变动，抵押权人均可基于有效的抵押权追及抵押财产行使权利。

最高人民法院认为：

二、农行新疆分行营业部对于以新疆北大资源公司名义设定的三山广场有关房地产抵押权是否享有优先受偿权问题

新疆北大资源公司以三山广场有关房产作为抵押财产与农行新疆分行营业部签订本案所涉(新营)农银高抵字(1999)第54号《最高额抵押合同》和(新营室)农银抵字(2000)第20号《抵押合同》时，所涉相关抵押财产所有权登记在新疆北大资源公司名下，新疆北大资源公司以此设定抵押担保并依法办理了抵押登记手续，并不违反法律规定，该抵押应为有效，农行新疆分行营业部对于所涉抵押物依据合同约定享有相应的优先受偿权。关于三山娱乐公司二审庭审中提到的《最高额抵押合同》中载明的"其到期日不得超过2002年6月21日"有改动一节，本院认为，虽然《最高额抵押合同》原填写日期"4月21日"改动为"6月21日"，但在该改动之处加盖了公证章，且针对该合同的签约行为(虽非专门针对上述改动)新疆维吾尔自治区公证处出具了(99)新证字第4087号公证书。根据《最高额抵押合同》第十四条载明的"本合同一式四份，各方当事人各持一份，公证处一份，效力相同"的内容，作为《最高额抵押合同》一方当事人的三山娱乐公司(原新疆北大资源公司)应当向法庭出具其所持有的未加盖公证章的《最高额抵押合同》，以此证明农行新疆分行营业部向法庭提交的加盖公证章的《最高额抵押合同》系农行新疆分行营业部和新疆维吾

尔自治区公证处恶意串通、事后加盖的公证章,或者系农行新疆分行营业部自行伪造加盖的公证章,但三山娱乐公司并未举证证明。因此,原审法院认定的此节内容并无不当,本院予以确认。二审庭审后,三山娱乐公司提交的书面上诉状中提出的《最高额抵押合同》尾部显示的合同签订日期为1999年12月17日,而《公证书》中载明的是1999年12月22日,原审法院未对合同准确签订日期这一事实作出任何说明的上诉意见,并不影响本案认定《最高额抵押合同》的效力。因此,三山娱乐公司关于原审法院在未经详细审查的情况下认定《最高额抵押合同》的效力并判决农行新疆分行营业部对抵押物享有优先受偿权是错误的上诉主张,本院不予支持。原审法院依据《担保法》第三十六条第一款关于"以依法取得的国有土地上的房屋抵押的,该房屋占用范围内的国有土地使用权同时抵押"的规定,认定农行新疆分行营业部所享有的抵押权效力及于抵押财产所占用的国有土地使用权,并不违反法律规定,本院予以维持。三山房地产公司关于所涉土地使用权证系2003年土地出让金交纳完毕后才办理到其名下,以及新疆北大资源公司为了贷款,拿整个三山商品住宅小区而不是三山广场的土地证复印件办理贷款抵押手续,农行新疆分行营业部在未经审查情况下违规放贷,存在过错等主张,并不影响上述认定。因此,三山房地产公司关于农行新疆分行营业部对抵押财产不应享有优先受偿权的上诉请求,本院不予支持。

抵押权系为确保债务清偿为目的,债权人对债务人或者第三人所有的特定财产所享有的直接支配和排他的权利。抵押权本质上是"对物"的权利,而非"对人"的权利。因此,一旦抵押权依法设定,债权人即对抵押财产享有了排他的优先受偿的权利,只要抵押权人未表示同意放弃抵押权的,抵押财产不论是基于抵押人的自由转让行为,还是基于司法执行行为等导致变动,抵押权人均可基于有效的抵押权追及抵押财产行使权利。因此,原审法院判决在三山娱乐公司不履行涉案债务时,农行新疆分行营业部有权依据法律规定以已经设定抵押的财产行使优先受偿权,并无不当,本院予以维持。乌鲁木齐中院依据(2002)乌中民初字第186号民事判决和(2003)乌中法执字第390-2号民事裁定,将本案所涉抵押财产变更登记回三山房地产公司名下,以及本案二审期间,三山房地产公司提出的新疆高院(2012)新执二监字第14号裁定书已经裁定撤销了乌鲁木齐中院上述民事裁定,其已提出申诉,现该抵押财产所有权归属尚未确定等事实,均不影响本案上述认定。无论最终本案所涉抵押财产的权利归属于三山房地产公司还是归属于三山娱乐公司,都不影响原以新疆北大资源公司名义签订抵押合同的效力,也不因此导致农行新疆分行营业部丧失其对业已成立的有效抵押权就抵押财产享有的优先受偿的权利。鉴于此,对于三山房地产公司以所涉抵押财产目前处于权属待定为由提出的中止审理本案的申请,本院未予准许。对于三山房地产公司关于侵权设定抵押的财产因判决和执行行为恢复给原权利人后,农行新疆分行营业部不应具有抵押权的上诉理由,本院不予支持。原审法院以抵押合同有效且办理了抵押物登记手续,已经发生法律效力,变更登记不影响抵押权行使为由,认定农行新疆分行对本案所涉抵押财产享有抵押权,于法有据,本院予以维持。三山娱乐公司和三山房地产公司如果认为农行新疆分行营业部按照上述认定就抵押财产依法行使优先受偿权给其造成的损失,亦系北大资源集团公司和三山房地产公司侵权变更原三山娱乐公司为新疆北大资源公司,以及北大资源集团公司滥用对新疆北大资源公司的控制权以登记在新疆北大资源公司名下财产设定抵押所致,亦可另行主张。

【案例来源】

最高人民法院民事审判第二庭编:《最高人民法院商事审判指导案例(2012)·合同与借贷担保》,中国民主法制出版社 2013 年版,第 524 ~ 546 页。

751 抵押的土地使用权被征用的,抵押权人可以就土地补偿金优先受偿

【关键词】

| 土地征用 | 土地补偿金 | 优先受偿权 |

【案件名称】

中国农业银行南宁市邕江支行与南宁市朝阳园艺场等欠款担保纠纷案［最高人民法院（2002）民二终字第 225 号民事判决书，2003. 6. 13］

【裁判精要】

最高人民法院认为:

根据《担保法解释》第八十条之规定,在抵押物灭失、毁损或者被征用的情况下,抵押权人可以就该抵押物的保险金、赔偿金或者补偿金优先受偿。本案朝阳园艺场抵押土地部分已被征用,农行邕江支行可以就抵押土地征用补偿金先受偿。

【案例来源】

最高人民法院民事审判第二庭编:《民商审判指导与参考》(总第 4 卷),人民法院出版社 2004 年版,第 250 ~ 263 页。

752 抵押物拆迁补偿金已支付给抵押人,抵押权人的优先受偿权客观上已无实现可能的,其行使优先受偿权的不予支持

【关键词】

| 优先受偿权 | 拆迁补偿金 |

【案件名称】

中国信达资产管理公司哈尔滨办事处与哈尔滨市城市建设投资集团有限公司、黑龙江雅美食品加工有限公司、哈尔滨大地农业有限公司借款合同纠纷案［最高人民法院（2008）民二终字第116号民事判决书］

【裁判精要】

最高人民法院认为：

1. 信达公司哈办对拆迁补偿金是否享有优先受偿权

2003年6月23日，大地公司与中行兆麟支行签订的五份编号为2003年中银哈兆银短字82号、83号、84号、85号、86号人民币借款合同（短期）和五份编号为2003年中银哈兆人抵字82号、83号、84号、85号、86号抵押合同，以及编号为2003年中银哈兆人抵字0006号最高额抵押合同，均系当事人双方真实意思表示，其内容亦不违反法律、法规禁止性和强制性规定，应为有效合同。虽然当事人双方在上述抵押合同中特别约定了“抵押人办妥抵押登记手续”为上述抵押合同生效要件之一，而大地公司仅对其享有的土地使用权办理了抵押登记，对抵押合同设定的其他抵押财产办公楼、冷库、车间、供电设备等均未办理抵押登记。但鉴于设定为抵押物的办公楼、冷库、车间等不动产均为地上附着物，与已经办理了抵押登记的土地使用权项下的土地有着不可分性，因此，根据《城市房地产管理法》第三十一条关于“房地产转让、抵押时，房屋的所有权和该房屋占用范围内的土地使用权同时转让、抵押”、《城镇国有土地使用权出让和转让暂行条例》第三十三条关于“土地使用权抵押时，其地上建筑物、其他附着物随之抵押”、《担保法》第三十六条第二款关于“以出让方式取得的国有土地使用权抵押的，应当将抵押时该国有土地上的房屋同时抵押”之规定精神，与土地使用权一并设定为抵押物的地上附着物办公楼、冷库、车间等，因土地使用权办理了抵押登记而随之一并抵押生效。而以车辆、供电设备等动产设定为抵押物的，因未办理抵押登记，抵押不生效。抵押人大地公司应当对此承担缔约过失责任。原判关于“双方签订的五份抵押合同除土地使用权办理了抵押登记，抵押生效外，其余抵押的固定财产因未登记而未发生法律效力”的认定，属于定性不当，本院予以纠正。信达公司哈办通过受让债权，依法取得了抵押权。因大地公司享有土地使用权项下的土地被征收、地上房屋被拆迁，拆迁补偿金即成为抵押物的代位物。根据《担保法解释》第八十条第一款关于“在抵押物灭失、毁损或者被征用的情况下，抵押权人可以就该抵押物的保险金、赔偿金或者补偿金优先受偿”之规定，信达公司哈办有权对拆迁补偿金行使优先受偿权。但由于该项补偿金已经支付给抵押人，且其中绝大部分补偿金已被抵押人转移，从而失去了行使担保物权所必需的财产的特定性，抵押权人对拆迁补偿金行使优先受偿权，客观上已无实现的可能，因此，原审法院驳回信达公司哈办对拆迁补偿金行使优先受偿权的主张，并无不当，本院予以维持。

2. 大地公司与雅美公司是否属于共同经营体，雅美公司应否对大地公司的全部债务承担连带赔偿责任

根据本案已经查明的事实，虽然大地公司和雅美公司是各自独立的企业法人，但上述两家公司均承认，大地公司与雅美公司属于经营共同体，自雅美公司2004年8月30日注册成立后近三年的时间里，雅美公司始终以自己的名义代表两家公司对外经营和承担民事责任。由此可以推定，雅美公司对大地公司土地使用权设定抵押的情况是明知的。在拆迁过程中，大地公司与雅美公司不仅故意不履行通知抵押权人的义务，向城建投资公司隐瞒土地使用权被抵押的事实，而且通过协议形式将大地公司享有的哈尔滨市香坊区进乡街150号院落拆迁的协商权和拆迁补偿金的受偿权转移给雅美公司，由雅美公司领取了拆迁补偿金，雅美公司与大地公司实际已经形成了代表关系，而非代理关系。鉴于抵押物的代位物拆迁补偿金已被雅美公司领取，故抵押权人信达公司哈办基于抵押物的代位物拆迁补偿金上的请求权，有权向雅美公司主张优先受偿。雅美公司在领取了拆迁补偿金后又将其大部分转移，对信达公司抵押权和债权的无法实现，负有重大过错。因此，雅美公司应当对大地公司的全部债务承担连带赔偿责任。原判以大地公司与雅美公司属于委托合同关系，法律后果应由大地公司承担为由，驳回了信达公司哈办对雅美公司的诉讼请求，属于适用法律错误，本院予以纠正。信达公司哈办关于雅美公司应当对大地公司的全部债务承担连带赔偿责任的上诉主张，于法有据，本院予以支持。

3. 城建投资公司是否存在过错，应否对大地公司、雅美公司不能清偿债务部分承担连带赔偿责任

本案所涉拆迁属于市政改造工程项目，拆迁范围广，地处交通要道，受到当地社会的关注。自2007年5月起，城建投资公司作为本次城市改造的拆迁部门，多次在当地有影响的报刊上发布拆迁通告和拆迁公告，在拆迁现场张贴拆迁通告，履行了必要的告知义务。在向被拆迁单位大地公司核实土地权属情况中，查验了大地公司土地使用权证原件，了解到大地公司土地使用权设定了为期一年的抵押权（抵押期限为2003年7月3日至2004年6月25日）。虽然大地公司谎称债务已经清偿，抵押权已不存在，但城建投资公司仍到市服务中心国土资源局窗口做进一步的调查核实，取得了由市国土资源局动力区分局盖章确认的土地权属情况调查表复印件。该土地权属情况调查表复印件第3项大地公司查封、抵押、未登记等情况一栏内为空白。该土地权属情况调查表复印件已经原审法院核实与原件无异，确认为有效证据。城建投资公司据此与被拆迁人签订了房屋拆迁补偿协议，并支付了拆迁补偿金。城建投资公司作为拆迁人已经履行了法定的拆迁程序，尽到了必要的注意义务，对信达公司哈办的抵押权和债权的无法实现，没有过错，不应当对大地公司的全部债务承担连带赔偿责任。信达公司哈办上诉主张城建投资公司对大地公司的全部债务承担连带赔偿责任，缺乏事实和法律依据，本院不予支持。原判认定信达公

司哈办主张由城建投资公司对涉案债权承担全部赔偿责任没有法律依据，进而不支持信达公司哈办的上述主张，处理正确，本院予以维持。

【权威解析】

2. 信达公司哈办对抵押物的代位物——拆迁补偿金能否行使优先受偿权

信达公司哈办通过受让本案债权，依法取得了上述抵押权，因大地公司享有土地使用权项下的土地被征收、地上定着物——办公楼、冷库、车间被拆迁，拆迁补偿金即成为抵押物的代位物，根据《担保法解释》第八十条第一款关于“在抵押物灭失、毁损或者被征用的情况下，抵押权人可以就该抵押物的保险金、赔偿金或者补偿金优先受偿”之规定，信达公司哈办有权对拆迁补偿金行使优先受偿权，但鉴于本案中存在着的该项拆迁补偿金已经支付给抵押人，且绝大部分拆迁补偿金被雅美公司挪作他用的特殊情况，信达公司哈办对抵押物的代位物——拆迁补偿金还能否行使优先受偿权，本院审理中存在着两种不同意见：

一种意见认为，“抵押权的物上代位权的发生，必须基于因不可归责于抵押人的事由，抵押物因归责于抵押人的事由而毁损灭失的，不发生代位物的问题，”本案大地公司的土地被征收、房屋被拆迁，所导致抵押物的毁损、灭失，因是基于抵押人之外的客观原因，故拆迁补偿金即成为抵押物的代位物，根据《担保法解释》第八十条关于“在抵押物灭失、毁损或者被征用的情况下，抵押权人可以就该抵押物的保险金、赔偿金或者补偿金优先受偿”的规定，信达公司哈办可以在拆迁补偿金请求权上行使物上代位权，优先受偿，但因本案拆迁补偿金是直接支付给被拆迁人（抵押人）的，拆迁补偿金与抵押人的财产发生了混同，从而失去了行使担保物权所必需的财产特定性，且绝大部分拆迁补偿金被抵押人挪作他用，导致了抵押物的代位物——拆迁补偿金因抵押人自身的过错而基本灭失，故抵押权人信达公司哈办所享有的抵押权因抵押物的代位物的灭失而归于消灭，因此，原审法院驳回信达公司哈办对拆迁补偿金行使优先受偿权的主张，是正确的。

另一种意见则认为，大地公司的土地被征收、房屋被拆迁后，拆迁补偿金即成为抵押物的代位物，根据《担保法解释》第八十条关于“在抵押物灭失、毁损或者被征用的情况下，抵押权人可以就该抵押物的保险金、赔偿金或者补偿金优先受偿”的规定，信达公司哈办可以在拆迁补偿金请求权上行使物上代位权，优先受偿，虽然拆迁补偿金直接支付给雅美公司，与雅美公司的财产发生了混同，且绝大部分拆迁补偿金被雅美公司挪作他用，但根据《担保法》第五十八条规定，抵押权并未消灭。对于抵押物的代位物的追及，目前有两种立法例：《美国商法典》的做法是，当抵押物的代位物与抵押人的财产发生混同后，只要抵押权人在十日内主张权利，即可以从抵押人的财产中划分出抵押物的代位物的价值数额，以保证抵押权的实现。大陆法系的做法是，抵押权的行使不是代位金钱之上，而是代位金钱请求权之上，大地公司对抵押物的代位物——拆迁补偿金的请求权转给了雅美公司，雅美公司对抵押物的代位物——拆迁补偿金的请求权就是大地公司对抵押物的代位物——拆迁补偿金的请求权，这也是判定雅美公司对大地公司全部债务承担连带责任的原因，对于本案中发生的抵押物的代位物——拆迁补偿金与抵押人财产混同问题的处理，实际上存在着一个价值判断问题，鉴于本案中雅美公司与大地公司存在着恶意串通逃避债务的情形，故为了充分保护债权人的利益，惩治逃债恶人，抵押权的行使可以追及至雅美公司账户内与拆迁补偿金同样数额的金钱。

本院二审判决吸纳了上述两种意见中的合理部分，形成了最终的裁判意见，即因大地公司享有土地使用权项下的土地被征收、地上房屋被拆迁，拆迁补偿金即成为抵押物的代位物，根据《担保法解释》第八十条第一款关于“在抵押物灭失、毁损或者被征用的情况下，抵押权人可以就该抵押物的保险金、赔偿金或者补偿金优先受偿”之规定，信达公司哈办有权对拆迁补偿金行使优先受偿权，但由于该项补偿金已经支付给抵押人，且绝大部分补偿金已被抵押人转移，从而失去了行使担保物权所必需的财产的特定性，抵押权人对拆迁补偿金行使优先受偿权，客观上已无实现的可能，因此，原审法院驳回信达公司哈办对拆迁补偿金行使优先受偿权的主张，并无不当，本院予以维持，概括之，虽然本案拆迁补偿金直接支付给雅美公司，与雅美公司的财产发生了混同，且绝大部分拆迁补偿金被雅美公司挪作他用，但根据《担保法》第五十八条规定，抵押权并未消灭，但因抵押权人对拆迁补偿金行使优先受偿权，客观上已无实现的可能，故二审法院维持了原审判决。[①]

【案例来源】

最高人民法院民事审判第二庭编：《担保案件审判指导》（增订版），法律出版社2018年版，第412～422页。

---

① 参见叶小青、隋汶兵：《抵押权人对抵押物的代位物优先受偿权之行使及拆迁部门民事责任之免除》，载最高人民法院民事审判第二庭编：《担保案件审判指导》（增订版），法律出版社2018年版，第424～425页。

八、抵押权的次序

753 《物权法》第一百九十七条规定的对法定孳息清偿义务人的通知，并非抵押权效力及于法定孳息的生效要件，而是对抗要件

【关键词】

｜抵押权｜法定孳息｜清偿义务人｜

【案件名称】

中国民生银行股份有限公司深圳分行与天津九策实业集团有限公司、天津市九策高科技产业园有限公司等金融借款合同纠纷案［最高人民法院（2016）最高法民终543号民事判决书，2016. 12. 30］①

【裁判精要】

最高人民法院认为：

本案天津隆桥公司以其九处房产的租金收益向民生银行深圳分行设立应收账款质押，并办理了质押登记，原判决认定该质押有效设立并无不当，通常情况下民生银行深圳分行作为质权人可对该租金收益享有优先受偿权。但是，根据二审查明的事实，本案所涉的九处房产抵押给了另案债权人国联公司，国联公司在实现抵押权时将案涉租金收益作为抵押权标的通过法院予以强制执行。由此产生的主要法律问题是，国联公司在另案中的抵押权效力是否及于案涉租金收益？如果及于，何时及于？对该问题的回答，关系到究竟是民生银行深圳分行还是国联公司对案涉租金享有优先受偿权的问题，对此具体分析如下：

《物权法》第一百九十七条第一款规定："债务人不履行到期债务或者发生当事人约定的实现抵押权的情形，致使抵押财产被人民法院依法扣押的，自扣押之日起抵押权人有权收取该抵押财产的天然孳息或者法定孳息，但抵押权人未通知应当清偿法定孳息的义务人的除外。"租金属于法定孳息的范畴，故判断另案抵押权的效力是否及于案涉租金，亦当依据物权法的该款规定进行。从本案一、二审查明的事实看，另案中天津隆侨公司于2011年7月22日为国联公司的债权设立抵押权，2012年4月18日江苏高院查封案涉九处房产，2013年8月12日江苏高院通知天津远东

① 中国民生银行股份有限公司深圳分行与天津九策实业集团有限公司、天津市九策高科技产业园有限公司等金融借款合同纠纷案［最高人民法院（2016）最高法民终542号民事判决书，2016. 12. 30］的裁判理由与本案民事判决书基本一致（略），载中国裁判文书网，http://wenshu. court. gov. cn。

百货暂停支付租赁合同项下租金。而本案中应收账款质权系于2013年2月6日经登记设立。显然,本案应收账款质权设立之时,抵押财产即案涉九处房产已被江苏高院另案查封,但尚未通知法定孳息即案涉租金的清偿义务人天津远东百货。在此情况下,另案抵押权的效力是否应当及于法定孳息,关键在于对《物权法》第一百九十七条第一款关于通知的法律后果如何判断。若该通知行为系抵押权的效力及于法定孳息的生效要件,则本案质权设立时国联公司的抵押权尚不及于案涉租金,本案质权当优先于另案抵押权受偿。若该通知行为系抵押权的效力及于法定孳息的对抗要件,即未通知的效果只是不得主张清偿义务人所为之清偿无效,则国联公司的抵押权自2012年4月18日江苏高院查封之日起已经及于案涉租金,早于本案质权设立时间,另案抵押权人当优先于本案质权人受偿。

对此,一方面,从抵押权效力及于孳息的立法目的看,抵押权系非占有性担保物权,抵押权设立后,抵押财产的占有权、使用权和收益权仍由抵押人行使,因抵押财产的使用而产生的孳息亦当由抵押人所有。但是,当债务人不履行到期债务或者发生约定的实现抵押权之情形,因抵押权人行使抵押权致使抵押财产被法院扣押,就意味着抵押权进入实现程序。如果此时抵押财产的孳息仍为抵押人收取,就会使抵押人为收取孳息而拖延处理抵押物,此时剥夺抵押人收取孳息的权利有利于抵押权的实现,这应是《物权法》第一百九十七条第一款规定抵押权效力自扣押之日起及于孳息的立法目的之所在。法院通过查封对抵押财产施加以公权力之后,抵押人收取孳息的权利即被剥夺,抵押权人是否通知法定孳息的清偿义务人,并不影响该立法目的实现。另一方面,从法律规定的通知之目的看,法定孳息系由抵押关系当事人之外的第三人负责清偿。《物权法》第一百九十七条规定的对法定孳息清偿义务人的通知与《合同法》第八十条规定的债权让与时对债务人的通知,均具有防止发生债务人为错误给付之目的。《合同法》第八十条明确规定:"未经通知,该转让对债务人不发生效力。"参照该规定,对法定孳息清偿义务人之通知亦当解释为,未经通知对该法定孳息清偿义务人不发生抵押权效力及于孳息之法律效果。进而言之,抵押财产被法院扣押后,即使抵押权人怠于通知,抵押权效力已经及于孳息,但清偿义务人因不知抵押财产被扣押的情况而将法定孳息支付给抵押人的,仍产生清偿的效力,抵押权人不得主张清偿无效,即不得对抗清偿义务人。

由此可见,《物权法》第一百九十七条规定的对法定孳息清偿义务人的通知,并非抵押权效力及于法定孳息的生效要件,而系对抗要件。因此,虽然江苏高院于2013年8月12日才通知天津远东百货暂停支付租赁合同项下租金,但应认定国联公司的抵押权效力自2012年4月18日江苏高院查封之日起已及于案涉租金。因本案应收账款质权设立在后,民生银行深圳分行对案涉九处房产租金收益相对于另案抵押权人不应当优先受偿。

另应指出的是,本案应收账款质权虽然劣后于另案抵押权,但民生银行深圳分行较之于无担保之普通债权人就案涉租金仍具有优先受偿的权利。若另案抵押权人国联公司的债权受清偿后上述租金仍有剩余,则民生银行深圳分行就该剩余部分之租金可主张优先受偿。根据本院二审查明的事实,2015 年 11 月 30 日江苏高院另案裁定,终结本次执行程序。据此可知,另案抵押权人国联公司的债权尚未得到全部清偿。

在另案抵押债权尚未得到全部清偿的情况下,民生银行深圳分行对案涉租金不得行使优先受偿权。更何况,当事人并未提供证据证明在案涉租赁合同解除后,案涉九处房产之上又形成新的租赁关系。故在案涉租赁合同解除后,由于案涉质权的标的即收取租金的债权已经终止,民生银行深圳分行亦无从行使其优先受偿权。

根据上述分析可以认定,本案应收账款质权虽有效设立,但另案抵押权及于法定孳息即租金的效力优先于本案应收账款质权的效力。故,相对于另案抵押权人国联公司而言,民生银行深圳分行对案涉九处房产租金收益不具有优先受偿的权利。

【案例来源】

中国裁判文书网,http://wenshu.court.gov.cn。

754 房屋出售不构成阻却抵押权实现的事由

【关键词】

|抵押权实现|房屋出售|阻却事由|

【案件名称】

中国华融资产管理股份有限公司贵州省分公司与贵州睿力房地产开发有限公司、贵州睿力集团铜仁房地产有限公司、陈林金融不良债权转让合同纠纷案[最高人民法院(2017)最高法民终 959 号民事判决书,2018.4.19]

【裁判精要】

裁判摘要:从工程款优先权先于抵押权、工程优先权不得对抗购房消费者的权利,不能得出购房消费者先于抵押权的结论。房产商以被抵押房屋已出售且已收取大部分房款为由主张抵押权无法实现的,不予支持。

最高人民法院认为:

华融资产公司为贵州睿力公司提供了财务顾问服务,该服务使得贵州睿力公司获得债务展期,且得到贵州睿力公司认可,不应在重组收益中扣除。一审法院酌情对违约金调整减,并无不当。部分购房户于 2017 年 8 月 23 日代为偿还的 2300 万元债务,应按先息后本的原则在应付款中予以抵扣。对于已办理抵押登记的剩余 25 套房屋,未有购房者就本案所涉抵押权提出异议,因在建工程已办理抵押登记,相关商品房买卖合同无法办理预告登记。贵州睿力公司主张华融资产公司的抵押权因案涉房屋已出售而无法实现,无事实及法律依据。

民事主体从事民事活动,应当遵循诚信原则,秉持诚实,恪守承诺。

一、贵州睿力公司应当支付顾问服务费

首先,关于《财务顾问服务协议》的效力问题。国务院《金融资产管理公司条例》第十条规定:金融资产管理公司在其收购的国有银行不良贷款范围内,管理和处置因收购国有银行不良贷款形成的资产时,可以从事财务及法律咨询,资产及项目评估等活动。据此,提供财务顾问服务属于华融资产公司的业务范围。华融资产公司与贵州睿力公司于2013年9月2日签订的《财务顾问协议》是双方当事人真实的意思表示,不违反国家的法律、行政法规的规定,合法有效。其次,关于实际履行情况。《财务顾问服务协议》约定的财务顾问服务的内容包括梳理贵州睿力公司的债权债务关系,为贵州睿力公司与招商银行股份有限公司贵州分行之间人民币9000万元债务重组事宜提供顾问服务。2013年9月2日,华融资产公司为贵州睿力公司提供《重组咨询报告》并于同日与贵州睿力公司签订《债务重组协议》。2013年9月3日,贵州睿力公司出具《债务重组顾问服务结束确认函》,书面确认了华融资产公司提供的上述顾问服务,故应认定华融资产公司已按协议约定完成了合同义务,贵州睿力公司应按《财务顾问协议》约定支付顾问服务费。华融资产公司提供财务顾问服务系根据贵州睿力公司的需求而提供并完成,该项服务使得贵州睿力公司获得债务展期,亦得到了贵州睿力公司的认可。因此,一审判决未予支持该项收费不当,本院予以纠正。

二、一审调减的违约金标准符合法律规定

《合同法解释(二)》第二十九条规定:"当事人主张约定的违约金过高请求予以适当减少的,人民法院应当以实际损失为基础,兼顾合同的履行情况、当事人的过错程度以及预期利益等综合因素,根据公平原则和诚实信用原则予以衡量,并作出裁决。"《债务重组协议》及补充协议二约定,贵州睿力公司逾期支付本金或债务重组收益的,重组收益率上浮至年利率20%,并承担每日0.5‰违约金。债务重组收益率上浮及承担违约金本质上都是对违约责任的约定,上述两项利率相加达到年利率38%,明显过高。一审酌情将违约金标准调减为仅支持上浮的重组收益率,并无不当。

三、贵州睿力公司已支付的2300万元应按先息后本的原则在应付款项中予以抵扣

《合同法解释(二)》第二十一条规定:"债务人除主债务之外还应当支付利息和费用,当其给付不足以清偿全部债务时,并且当事人没有约定的,人民法院应当按照下列顺序抵充:(一)实现债权的有关费用;(二)利息;(三)主债务。"2017年8月23日,贵州省公安厅机关工会代贵州睿力公司向华融资产公司一次性支付2300万元款项,华融资产公司上诉时亦同意从应付款项中扣除2300万元。因双方未就2300

万元的抵扣顺序作出约定,故应先抵扣截至2017年8月23日的债务重组收益,剩余部分再抵扣债务本金。一审判决认定截至2016年5月13日的债务重组收益为13775897.05元,双方未对此提出异议,本院予以确认。2016年5月14日至2017年8月23日的债务重组收益为55070000元×466/360×0.2=14257011.11元。截至2017年8月23日的债务重组收益为28032908.16元。抵扣已支付的2300万元后,贵州睿力公司仍应支付截至2017年8月23日的债务重组收益5032908.16元。因贵州睿力公司的已付款项不足以抵扣重组收益,故自2017年8月24日后的债务重组收益应以5507万元为本金,按20%年利率标准计算至本院确定的履行期限届满之日止。

四、华融资产公司对已办理抵押登记的剩余25套房屋享有优先受偿权

《物权法》第一百七十九条第一款规定:"为担保债务的履行,债务人或者第三人不转移财产的占有,将该财产抵押给债权人的,债务人不履行到期债务或者发生当事人约定的实现抵押权的情形,债权人有权就该财产优先受偿。"本案中,贵州睿力公司抵押给华融资产公司的在建工程已办理在建工程抵押登记。抵押物建成后,包含166套住宅与14套商铺。现华融资产公司已取得其中152套住宅与3套商铺的房款2300万元,本院对该部分房款已在应付款中予以扣除。剩余25套房屋,也已办理抵押登记,故在贵州睿力公司不履行到期债务的情况下,华融资产公司有权就上述抵押房屋享有优先受偿权。虽然贵州睿力公司提出剩余25套房屋均已出售且购房人已支付全部价款。但首先,尚未有购房者就本案所涉抵押权提出异议。其次,贵州睿力公司二审中亦认可,因2011年在建工程已办理抵押登记,相关的商品房买卖合同无法办理预告登记。贵州睿力公司主张华融资产公司的抵押权因案涉房屋已出售而无法实现,无事实及法律依据。

《最高人民法院关于建设工程价款优先受偿权问题的批复》第一条规定建筑工程承包人优先受偿权优于抵押权和其他债权,第二条规定承包人就商品房享有的工程价款优先受偿权不得对抗已支付大部分或全部房款的购房消费者。两条文中"优于"与"不得对抗"的含义不同,不能从上述两条文推导出购房消费者权利处于"最优"地位的结论。

【权威解析】

一、主张购房消费者权利优于抵押权无法律依据

……首先,《最高人民法院关于建设工程价款优先受偿权问题的批复》未将抵押权与购房消费者的权利进行比较的原因,在于《物权法》《担保法》已对抵押财产的转让进行了限定。《物权法》第一百九十一条规定:转让抵押财产需要经过抵押权人同意,且转让价款必须提前清偿债务或者提存转让价款。该规定的立法目的在于优先保护抵押权的实现。抵押权作为担保物权具有公示公信的效力,不仅房产商在出售房屋时应对商品房有无抵押进行披露,购房消费者亦可通过公开渠道对案涉商品

房有无抵押进行查询。但建设工程价款优先权无须公示,非常隐蔽,消费者的调查能力有限,法律不能要求他们像商业银行那样承担该优先权带来的风险,故特别规定该优先权不得对抗之。其次,“不得对抗”与“优于”的含义不同,不能混淆。立法或司法解释若实际赋予某权利以优先地位,会明确措辞为“优于”或“先于”,如《海商法》第二十五条第一款规定,船舶优先权先于船舶留置权受偿。《最高人民法院关于建设工程价款优先受偿权问题的批复》第一条规定工程价款优先权优于抵押权和其他债权。而“不得对抗”亦是《担保法》《物权法》中出现频次较高的词汇,如《担保法》第四十三条第二款规定,当事人未办理抵押登记的,不得对抗第三人。《物权法》第二十四条、第一百二十九条规定某些物权变动未经登记不得对抗善意第三人。最高人民法院曾在《关于担保法司法解释第五十九条中的“第三人”范围问题的答复》中解释称,某些抵押权未经登记不得对抗第三人是指“此种抵押对抵押当事人之外的第三人不具有法律效力”。可见,《最高人民法院关于建设工程价款优先受偿权问题的批复》第二条中“不得对抗买受人”应意指对买受人不具有法律效力,而绝非要赋予购房消费者更高的优先地位。最后,认为购房消费者权利优于抵押权将会严重破坏现行的物权法制度。购房消费者的权利是何种权利,法律未有特殊界定,从其权利基础来看,系基于买卖合同而形成的债权。虽然购房行为可能关涉购房者的居住权,但目前法律对居住权尚无明确规定,司法解释不可能凭空创设一种优于担保物权的权利,否则会对抵押担保制度造成冲击。①

【案例来源】

中国裁判文书网,http://wenshu.court.gov.cn。

755 买受人基于抵押权人同意销售抵押房屋行为而产生合理信赖,已尽到充分注意义务,对所涉房屋享有足以排除抵押权人强制执行的民事权益

【关键词】

| 抵押权人同意 | 合理信赖 | 注意义务 | 排除强制执行 |

【案件名称】

中国东方资产管理股份有限公司重庆市分公司与赵振博申请执行人执行异议

① 参见杨兴业、吴学文:《房屋出售不构成阻却抵押权实现的事由》,载《人民司法·案例》2018年第20期。

之诉案［最高人民法院（2018）最高法民终714号民事判决书，2018.8.13］①

【裁判精要】

最高人民法院认为：

根据本案审理查明的事实和相关法律规定，应当认定赵振博、王拓对诉争房屋享有的物权期待权足以排除东方资产重庆公司的强制执行。分析评判如下：

案涉抵押不动产销售引发的抵押权人优先受偿权与买受人物权期待权的权利冲突是执行异议之诉的一种典型形态。房地产开发中常因开发建设资金不足而需利用建设用地及在建工程抵押融资，在具备销售条件后又需销售以回笼资金偿还融资款，这时就需要抵押权人适度变更担保权利的实现形式。如果各方当事人都严格按照《物权法》第一百九十一条的规定进行交易操作，则是对各方当事人均无风险的交易活动。但是，如果开发商不诚信，将不动产虚假、低价销售或转移销售资金，则会危及抵押权人的权利实现，从而引发抵押权人和买受人之间的权利冲突。为解决此类矛盾纠纷，最高人民法院出台了相关司法解释。《执行异议和复议规定》第二十七条规定："申请执行人对执行标的依法享有对抗案外人的担保物权等优先受偿权，人民法院对案外人提出的排除执行异议不予支持，但法律、司法解释另有规定的除外。"一般而言，案外人就执行标的提出的异议，常因申请执行人享有担保物权等优先受偿权而得不到支持，但该司法解释第二十八条、第二十九条也分别针对不动产和用于居住的商品房规定了除外情形，其中第二十八条规定："金钱债权执行中，买受人对登记在被执行人名下的不动产提出异议，符合下列情形且其权利能够排除执行的，人民法院应予支持：（一）在人民法院查封之前已签订合法有效的书面买卖合同；（二）在人民法院查封之前已合法占有该不动产；（三）已支付全部价款，或者已按照合同约定支付部分价款且将剩余价款按照人民法院的要求交付执行；（四）非因买受人自身原因未办理过户登记。"符合该条规定的四个条件的不动产买受人的物权期待权，即可对抗享有担保物权等优先受偿权的申请执行人的强制执行。诉争房屋为不动产，赵振博、王拓作为买受人的权利能否排除东方资产重庆公司作为抵押权人的强制执行，需要从四个方面进行考察。

首先，关于是否在查封前签订合法有效书面买卖合同的问题。不动产的买卖合同一般都是书面的，是否合法有效主要涉及买卖合同是否为预约合同、是否系伪造以及是否名为买卖等，查清相关事实后即可按照实体法的规范审查判断。对这个问题，在司法实践中更多的争议在于买卖合同的签订时间是否系在人民法院查封诉争不动产之前。对此，买受人首先应当承担证明在查封前已签订合法有效书面买卖合

---

① 中国东方资产管理股份有限公司重庆市分公司与汪萍等申请执行人执行异议之诉案［最高人民法院（2018）最高法民终517号、490号、450号、449号、443～447号、442号、436～440号、283～285号、224～227号、213～222号、177～180号民事判决书］的裁判理由与本案民事判决书基本相同（略），载中国裁判文书网，http://wenshu.court.gov.cn。

同的举证责任;若申请执行人对买受人举示的证据有异议,则应承担反证的举证责任,如对形成时间申请司法鉴定以确定买卖合同是否系倒签等;但是,不动产买卖合同在房管部门已备案的,则因备案合同的公示性而无须买受人再证。本案中,一审法院查封诉争房屋的时间为 2014 年 10 月 18 日,而赵振博、王拓早在 2013 年 2 月 7 日即与中坤锦绣地产公司就诉争房屋签订了《北京市商品房现房买卖合同》并办理网签手续。该买卖合同是双方当事人的真实意思表示,并不违反法律、行政法规的强制性规定,应当合法有效。虽然案涉房产项目在销售之前即办理了抵押登记,但因东方资产重庆公司在 2012 年 11 月 5 日已向北京市海淀区城乡建设委员会、北京市海淀区房屋管理局出具了《抵押权人同意抵押房屋销售的证明》,中坤锦绣地产公司在销售中亦将该证明作为买卖合同的附件,赵振博、王拓签订诉争房屋买卖合同并无过错。东方资产重庆公司上诉主张诉争房屋买卖行为不真实,但并未提交相应证据予以证明,该上诉理由不能成立。

其次,关于是否在查封之前已合法占有的问题。合法占有是一种有法律依据的对不动产实际控制的事实状态,占有是否发生在人民法院查封之前,是对过去事实状态的回溯。被执行人与买受人之间的房屋交接手续或物业公司在争议发生后出具的证明等常因涉嫌恶意串通而在诉讼中争议较大,这就需进一步提供相对较为客观的第三方当时证据,如物业管理费、水电气暖费等当时的缴费凭据。本案中,赵振博、王拓举示的物业公司证明及五费统收收据等证据,可以证明其在查封之前已实际占有使用诉争房屋。东方资产重庆公司并未提交足以否定前述证据的反驳证据,其关于诉争房屋未在一审法院查封之前实际占有使用的上诉主张,本院不予支持。

再次,关于价款支付问题。价款是否全部支付是买受人能否享有足以排除强制执行的物权期待权最核心的问题。如果买受人将款项通过银行转账支付到被执行人名下账户,则付款事实没有争议,争议点在于款项用途是否为不动产买卖合同项下的款项,买受人主张系诉争不动产买卖合同项下款项,应承担相应的举证责任;如果买受人将款项通过银行转账支付到第三人名下账户,则买受人应提交当时的证据证明该款项支付的是诉争不动产买卖合同项下价款,由于涉及第三人的实体权利,常需第三人通过到庭作证等方式参与诉讼以便查明认定相关事实;如果买受人以收款收据而主张现金交付的,则买受人应当就交付时间、地点、接受人情况及其经济能力、财产变动情况等充分举证,供人民法院综合判断。本案中,2011 年 1 月 28 日第一次打印的招商银行转账汇款回单载明:“付款人户名王铁治向收款方名称黄怒波转账支付 1213 万元。”因王铁治与王拓系父子关系,且 2011 年 1 月 28 日王拓、赵振博与中坤锦绣地产公司签订协议书,将该笔借款转为购房款,故该笔借款应当作为购房款。部分款项虽以收款收据的方式证明现金交付,但赵振博、王拓出具了中坤锦绣地产公司开具的大部分现金收据且现金与总房款的占比不足 20%,故可以认定现金支付的真实性、合法性和关联性。赵振博、王拓举示的购房发票、银行转账凭证等证据也可以证明其已经按照约定向中坤锦绣地产公司支付了所有购房款。东方资产重庆公司未提交相关王拓、赵振博无资信能力的初步证据,其关于赵振博、王拓提供的证据不足以证明付清全部购房款的上诉主张也不能成立。

最后,关于未办理过户登记原因问题。《物权法》第一百九十一条规定:“抵押期间,抵押人经抵押权人同意转让抵押财产的,应当将转让所得的价款向抵押权人提前清偿债务或者提存。转让的价款超过债权数额的部分归抵押人所有,不足部分由债务人清偿。抵押期间,抵押人未经抵押权人同意,不得转让抵押财产,但受让人代为清偿债务消灭抵押权的除外。”由于抵押登记具有公示公信效力,对于已有抵押登记的不动产买卖,抵押权人同意抵押人转让抵押财产,或买受人代为清偿债务消灭抵押权,是认定未办理过户登记非因买受人自身原因的两种情形。如未经抵押权人同意,除非买受人代为清偿债务以消灭抵押权,否则抵押权人对不动产上的抵押登记不负有涂销义务。但是,如抵押权人同意转让抵押财产,转让价款用以提前清偿抵押权人债务或提存的义务主体是抵押人,而非买受人,抵押人未将转让价款用以提前清偿抵押权人债务或提存的,仍应承担相应的担保责任;此时,抵押权人对不动产上的抵押登记负有涂销义务,除非抵押权人与买受人有约定或抵押权人有为买受人所知晓的相关声明。本案中,抵押权人东方资产重庆公司已向房管部门出具《抵押权人同意抵押房屋销售的证明》,抵押人中坤锦绣地产公司亦将其作为诉争房屋买卖合同的附件,赵振博、王拓对于诉争房屋的买卖产生合理信赖。虽东方资产重庆公司与中坤锦绣地产公司签订《监管协议》对销售回款进行监管,但该协议并不为诉争房屋买受人赵振博、王拓支付款项前所知晓,监管账户亦未在赵振博、王拓与中坤锦绣地产公司的买卖合同中约定为付款账号,中坤锦绣地产公司未将转让价款提存或清偿东方资产重庆公司债务,系中坤锦绣地产公司违反合同约定而严重失信,但也是东方资产重庆公司应当承担的合同风险,赵振博、王拓对款项支付亦无过错。因此,赵振博、王拓作为买受人,在购买诉争房屋过程中已尽到相应的注意义务,诉争房屋未能办理过户登记并非赵振博、王拓的原因。

由上可见,在诉争房屋上东方资产重庆公司抵押权与赵振博、王拓的物权期待权发生冲突的主要原因,是东方资产重庆公司在同意中坤锦绣地产公司转让抵押房产时因未充分注意其失信问题而未对买受人尽到提示义务,导致赵振博、王拓在买房时不能尽到相应的注意义务,应由东方资产重庆公司自行承担相关损失。本案的审理,提示在已抵押不动产买卖交易中的抵押权人和买受人要充分注意抵押人的失信可能:作为抵押权人,应当注意将同意转让不动产的合理价位及价款支付方式或监管账户等信息,通过在其同意销售证明上载明等方式让买受人知晓,才能避免已抵押不动产转让价款的流失及债权的损害;同时,买受人在合同签订及付款时也应注意抵押权人权利保障的方式,注意留存合同签订、占有使用、价款支付的原始凭据,在发生争议时其物权期待权才能依法得到保护。由此,才能减少或避免已抵押不动产上抵押权人的优先受偿权与买受人物权期待权冲突纠纷的发生。

【案例来源】

中国裁判文书网,http://wenshu.court.gov.cn。

756 案涉《抵押可售函》出具在先,抵押登记办理在后,但《抵押可售函》仍然有效

【关键词】

|抵押可售函|抵押登记|

【案件名称】

北京长富投资基金与郑静波申请执行人执行异议之诉案[最高人民法院(2018)最高法民终1298号民事判决书,2018.11.30][①]

【裁判精要】

最高人民法院认为:

本案的主要争议焦点为郑静波是否享有足以排除强制执行的民事权益。

关于本案应当适用《执行异议和复议规定》第二十八条还是第二十九条的问题。本院认为,在金钱债权执行中,《执行异议和复议规定》第二十八条适用于买受人对登记在被执行人名下的不动产提出异议的情形,系普适性的条款,对于所有类型的被执行人和不动产均可适用。而第二十九条则适用于买受人对登记在被执行的房地产开发企业名下的商品房提出异议的情形,是专门针对被执行人为房地产开发企业和商品房而规定的特别条款。第二十八条与第二十九条在适用情形上存在交叉,只要符合其中一条的规定,买受人即享有足以排除强制执行的民事权益。一审适用第二十八条规定审理本案,并不存在适用法律错误的情形。长富基金主张本案应适用《执行异议和复议规定》第二十九条规定,无相应法律依据,不予支持。本院认为,依照《执行异议和复议规定》第二十八条规定,不动产买受人的民事权益须符合该条规定的要件,即可排除申请执行人对案涉不动产的强制执行。

关于是否在查封前签订合法有效书面买卖合同的问题。不动产买受人享有的足以排除强制执行的民事权益必须建立在合法有效的基础法律关系之上,前提条件是以物权变动为内容的买卖合同成立且有效。本案中,一审法院查封案涉房屋的时间为2015年12月10日,郑静波与吕阳于2009年5月5日与中然公司签订《联建房屋协议书》。根据《商品房买卖合同解释》第五条“商品房的认购、订购、预订等协议

① 其他涉及北京长富基金的申请执行人执行异议之诉二审案共157件,相关民事判决书载中国裁判文书网,http://wenshu.court.gov.cn。

具备《商品房销售管理办法》第十六条规定的商品房买卖合同的主要内容,并且出卖人已经按照约定收受购房款的,该协议应当认定为商品房买卖合同”的规定,案涉《联建房屋协议书》载明了双方当事人的基本情况,房屋的基本情况,包括位置、面积、付款方式、房屋位置调整及面积调差方式等商品房买卖合同应具备的要件,且郑静波已经全额支付了案涉房屋的购房款,应认定案涉《联建房屋协议书》的性质为商品房买卖合同。《联建房屋协议书》是双方当事人的真实意思表示,并不违反法律、行政法规的效力性强制性规定。根据《商品房买卖合同解释》第二条“出卖人未取得商品房预售许可证明,与买受人订立的商品房预售合同,应当认定无效,但是在起诉前取得商品房预售许可证明的,可以认定有效”的规定,中然公司已于本案诉讼前取得案涉房屋的《商品房预售许可证》,案涉商品房买卖合同应认定合法有效。

长富基金主张案涉《抵押可售函》出具于抵押登记之前,抵押权尚未产生,因此《抵押可售函》无效。本案中,案涉《委托贷款借款合同》的签订时间为2013年8月28日,同日兴业银行哈分行与中然公司签订《抵押合同》。2013年9月2日,兴业银行哈分行向哈尔滨市阿城区房地产事业管理局出具《抵押可售函》,明确含案涉房屋在内的多套房屋“在抵押期间,抵押房屋可以销售”。2013年9月5日,兴业银行哈分行与中然公司对案涉房屋办理抵押登记。本院认为,《抵押可售函》是兴业银行哈分行的真实意思表示,且不违反法律、行政法规的强制性规定,不违背公序良俗,应为有效。不因案涉《抵押可售函》出具在先,抵押登记办理在后,《抵押可售函》即失效。长富基金的该项上诉理由,没有事实和法律依据,不予支持。

关于是否在查封之前已合法占有的问题。合法占有是不动产买受人对外公示的一种方式,是对不动产实际控制的一种事实状态,占有不动产需发生在人民法院查封之前,是对过去事实状态的一种回溯。本案中,郑静波于2014年1月10日根据中然公司发出的《进户通知单》办理入住手续,在一审提供的水费、电费、热费等收费单据可证明已实际居住案涉房屋,故郑静波对案涉房屋已合法占有。

关于是否支付全部价款的问题。不动产价款的支付是买受人是否享有足以排除强制执行的民事权益的核心问题。本案中,2009年5月5日,郑静波交付全部房款297051.30元。中然公司为其出具收据。2014年1月10日,郑静波补交购房款23751元,中然公司为其开具收据。可以认定郑静波已经按照合同约定支付了全部购房款,中然公司向郑静波交付房屋,双方之间商品房买卖合同已实际履行。

关于未办理过户登记原因的问题。本案中,案涉房屋尚未办理竣工验收手续,客观上不具备办理产权过户登记的条件。即郑静波虽未取得案涉房屋的所有权,并非其自身原因导致,郑静波对案涉房屋未办理过户登记手续并无过错。

【案例来源】

中国裁判文书网,http://wenshu.court.gov.cn。

757 消费者交付购买商品房的全部或者大部分款项后，所取得的物权期待权优于银行等债权人的抵押权

【关键词】

|担保|抵押权|消费者|物权期待权|

【案件名称】

宁夏中宁青银村镇银行股份有限公司与李敏、马新强及潘占荣、刘美兰、石嘴山市华欣房地产开发有限公司第三人撤销之诉案［最高人民法院（2018）最高法民终1306号民事判决书，2018.12.25］①

【裁判精要】

最高人民法院认为：

本案二审争议焦点为一审判决撤销宁夏高院（2017）宁民终210号民事调解书第二项中“青银银行对华欣公司所有的位于石嘴山市大武口区营业房，房屋产权证号为石房权证大武口区字第××号房屋享有以该房产折价或者以拍卖、变卖该财产所得价款优先受偿的权利”的内容是否正确。

根据本案查明的事实，2013年8月26日，李敏、马新强与华欣公司签订案涉《商品房买卖合同》，约定李敏、马新强以总价1323564元购买华欣公司位于石嘴山市大武口区房屋。合同签订前，李敏、马新强即向华欣公司付清了全部购房款。李敏、马新强提交的证据证实，2013年8月26日华欣公司即将案涉房屋的钥匙及房屋资料交给李敏、马新强。李敏、马新强接到房屋后进行了装修，从2014年起将案涉房屋出租使用至今。华欣公司明知其与李敏、马新强就案涉房屋签订了《商品房买卖合同》，并将房屋交付李敏、马新强，却不积极履行为李敏、马新强办理房屋备案登记及房屋产权登记事宜，反而隐瞒李敏、马新强，于2014年7月14日将案涉房屋产权登记在自己公司名下（产权证登记为锦馨花园胜利东街66号营业房），并以该房屋设置抵押为其股东潘占荣向青银银行借款提供担保。华欣公司的行为显然属于恶意，明显侵犯了李敏、马新强所享有的合法权益。因青银银行对潘占荣、刘美兰、华欣公司提起的金融借款合同纠纷诉讼中，宁夏高院（2017）宁民终210号民事调解书第二项，确认青银银行对已出售给李敏、马新强并由李敏、马新强合法占有的案涉房屋享有以该房产折价或者以拍卖、变卖该财产所得的价款优先受偿的权利，直接阻却了李敏、马新强基于商品房买卖合同关系对案涉房屋所有权的取得，故李敏、马新强在

① 宁夏中宁青银村镇银行股份有限公司与申卫生及潘占荣、刘美兰、石嘴山市华欣房地产开发有限公司第三人撤销之诉案［最高人民法院（2018）最高法民终1257号民事判决书，2018.12.25］的裁判理由与本案民事判决书基本一致（略），载中国裁判文书网，http://wenshucourt.gov.cn。

该案中的身份应当属于有独立请求权的第三人。由于在该案中李敏、马新强未被列为第三人参加诉讼,且未参加诉讼的原因并不在于李敏、马新强自身,直到 2017 年 12 月 25 日,其他案外人根据合同约定在石嘴山仲裁委提起仲裁要求办理房屋过户手续,李敏、马新强在旁听过程中才得知案涉房屋被抵押一事。因此,一审判决认定宁夏高院(2017)宁民终 210 号民事调解书第二项内容错误,致李敏、马新强权益受损,其有权依据《民事诉讼法》第五十六条第三款的规定提起本案第三人撤销之诉,具有相应的法律依据,并无不当。

关于李敏、马新强享有的民事权益应否优先保护的问题。根据《物权法》第九条规定,不动产物权的设立、变更、转让和消灭,经依法登记,发生效力;未经登记,不发生效力。因华欣公司没有依约履行为李敏、马新强办理案涉房屋产权变更登记的义务,导致李敏、马新强占有案涉房屋后至今未能办理产权过户登记,故李敏、马新强对案涉房屋依法尚不具有所有权,但李敏、马新强依据其与华欣公司订立的《商品房买卖合同》以及其已实际占有、使用案涉房屋的事实,主张其对案涉房屋享有物权期待权,合法有据。由于华欣公司将案涉房屋交付李敏、马新强后,恶意将产权登记在自己名下,并隐瞒实情,以案涉房屋向青银银行设置抵押,为潘占荣向青银银行借款提供担保,最终导致李敏、马新强与青银银行分别对案涉房屋所享有的物权期待权和抵押权发生冲突。《最高人民法院关于建设工程价款优先受偿权问题的批复》明确规定:"一、人民法院在审理房地产纠纷案件和办理执行案件中,应当依照《合同法》第二百八十六条的规定,认定建筑工程的承包人的优先受偿权优于抵押权和其他债权;二、消费者交付购买商品房的全部或者大部分款项后,承包人就该商品房享有的工程价款优先受偿权不得对抗买受人。"依据该规定,消费者交付购买商品房的全部或者大部分款项后,所取得的物权期待权不仅优于银行等债权人的抵押权和其他债权,而且优于承包人就该商品房享有的工程价款优先受偿权。《执行异议和复议规定》第二十七条规定:"申请执行人对执行标的依法享有对抗案外人的担保物权等优先受偿权,人民法院对案外人提出的排除执行异议不予支持,但法律、司法解释另有规定的除外。"第二十八条规定:"金钱债权执行中,买受人对登记在被执行人名下的不动产提出异议,符合下列情形且其权利能够排除执行的,人民法院应予支持:(一)在人民法院查封之前已签订合法有效的书面买卖合同;(二)在人民法院查封之前已合法占有该不动产;(三)已支付全部价款,或者已按照合同约定支付部分价款且将剩余价款按照人民法院的要求交付执行;(四)非因买受人自身原因未办理过户登记。"依据上述规定,原则上,申请执行人对执行标的依法享有对抗案外人的担保物权等优先受偿权,人民法院对案外人提出的排除执行异议不予支持,但法律、司法解释另有规定的除外。上述司法解释第二十八条的规定就是第二十七条的除外情形。就本案而言,华欣公司与李敏、马新强之间签订有合法有效的书面房屋买卖合同,明确约定案涉房屋出售给李敏、马新强,合同签订前,李敏、马新强即向华欣公司付清了全部购房款,在办理抵押登记前已交付给李敏、马新强占有、使用、收益,且非因李敏、马新强自身原因未办理过户登记。李敏、马新强购买案涉房屋的行为完全符合《执行异议和复议规定》第二十八条规定的情形,其享有的民事权利依法能够排除对案涉房屋的执行。综上,本案中,李敏、马新强对案涉房屋享有的民事权益应优先于青银银行的抵押权得到保护。

宁夏高院(2017)宁民终210号民事调解书第二项的内容为"青银银行对华欣公司所有的位于石嘴山市大武口区营业房,房屋产权证号为石房权证大武口区字第××号房屋享有以该房产折价或者以拍卖、变卖该财产所得的价款优先受偿的权利"。该调解书已经发生法律效力,如果该调解书第二项得到执行,将直接剥夺李敏、马新强基于房屋买卖关系而对案涉房屋享有的占有、使用、收益权利,并导致李敏、马新强丧失要求华欣公司变更登记产权的权利,阻却其对案涉房屋所有权的最终取得,明显侵害其民事权益。故一审判决认定宁夏高院(2017)宁民终210号民事调解书第二项内容错误,并判决对该部分内容予以撤销,符合第三人撤销之诉保护受错误生效裁判损害而未参加原诉的第三人利益的救济功能及本案的客观实情,适用法律并无不当。

【案例来源】

中国裁判文书网,http://wenshu.court.gov.cn。

758 建设工程价款优先受偿权优先于抵押权

【关键词】

|建设工程价款优先受偿权|抵押权|

【案件名称】

兴业银行股份有限公司泉州分行与河南省腾飞建筑有限公司金融借款合同纠纷案[最高人民法院(2018)最高法民终497号民事判决书,2018.12.19]

【裁判精要】

最高人民法院认为:

本案为金融借款合同纠纷,兴业银行泉州分行作为金融债权人请求真一公司偿还承兑汇票垫付款248284369.51元及相应利息,并要求担保人瑞昇公司等承担相应的担保责任。兴业银行泉州分行与真一公司签订的《商业汇票银行承兑合同》、与隆华公司、瑞昇公司等签订的《抵押合同》《个人最高额保证合同》《最高额保证合同》《保证合同》等均是各方当事人的真实意思表示,不违反法律、法规的强制性规定,应认定为合法有效。在对于兴业银行泉州分行已实际发生承兑汇票垫付款,主债务人真一公司及其他担保人均未提出异议的情况下,原审判决真一公司向兴业银行泉州分行偿还垫款本息,并要求各担保人在各自的担保范围内承担责任,事实和法律依据充分,本院依法予以维持。二审中瑞昇公司、腾飞公司提出瑞昇公司与兴业银行泉州分行签订的抵押合同无效,以及兴业银行泉州分行在发放贷款过程中未尽严格审查义务的诉讼理由,由于兴业银行泉州分行设定抵押权时位于河南省驻马店市××大道南段西侧××#、××#、××#、××#××栋厂房及土地使用权仍然登记在瑞昇公司名下,因此兴业银行泉州分行已尽到相应的审查义务,抵押合同的签订并不存在无效事由,且瑞昇公司、腾飞公司在原审认定抵押合同有效并判令瑞昇公司承担抵押责任后并未提起上诉,因此本院对瑞昇公司、腾飞公司二审中提出的该点答辩意见不予采信。

本案争议的产生主要是由于瑞昇公司将案涉1#、2#、3#、4#四栋厂房及对应的土地使用权抵押给兴业银行泉州分行之前,已经通过签订《抵偿协议书》的方式将其中的2#、4#厂房抵偿给四栋厂房的承包人腾飞公司,因此就案涉2#、4#厂房及对应的土地使用权兴业银行泉州分行是否能够根据抵押权行使优先受偿权的问题双方存在争议。本院认为,根据本案查明的事实,瑞昇公司的案涉1#、2#、3#、4#厂房由腾飞公司于2012年承包建设,因发包人瑞昇公司仅支付19544952.36元工程款,尚余24984277元工程款未能支付,瑞昇公司与腾飞公司于2014年1月20日签订《抵偿协议书》,约定以案涉2#、4#厂房及附属部分抵偿21378438.46元工程款,并约定上述抵偿的厂房及其附属部分所占用的土地一并抵偿。后因瑞昇公司未能办理产权过户登记手续腾飞公司诉至法院,河南省平舆县人民法院于2016年3月15日作出(2016)豫1723民初34号民事判决对上述《抵偿协议书》的效力予以认定,并据此判令瑞昇公司协助腾飞公司办理案涉2#、4#厂房产权变更登记手续。嗣后河南省平舆县住房和城乡建设局根据法院作出的协助执行通知书向腾飞公司颁发了案涉2#、4#厂房的房屋所有权证,但土地使用权证未办理变更登记。《合同法》第二百八十六条规定:“发包人未按照约定支付价款的,承包人可以催告发包人在合理期限内支付价款。发包人逾期不支付的,除按照建设工程的性质不宜折价、拍卖的以外,承包人可以与发包人协议将该工程折价,也可以申请人民法院将该工程依法拍卖。建设工程的价款就该工程折价或者拍卖的价款优先受偿。”根据该条规定,在发包人逾期不支付工程价款的情形下,承包人既可以通过法院拍卖程序就建设工程拍卖价款优先受偿,也可以通过与发包人协商的方式将建设工程折价抵偿,因此本案中承包人腾飞公司与发包人瑞昇公司约定以腾飞公司承建的2#、4#厂房抵偿瑞昇公司欠付的工程价款,是法律允许的实现工程价款优先受偿权的一种方式。上述两种实现建设工程价款的方式中,以工程拍卖价款优先受偿是承包人通过支配建设工程的交换价值从建设工程拍卖价款中获偿,而以工程折价抵偿则是承包人通过取得建设工程所有权的方式受偿。折价抵偿的情形下由于涉及建设工程所有权的转移,根据《物权法》第一百四十六条“建设用地使用权转让、互换、出资或者赠与的,附着于该土地上的建筑物、构筑物及其附属设施一并处分”,以及第一百四十七条“建筑物、构筑物及其附属设施转让、互换、出资或者赠与的，该建筑物、构筑物及其附属设施占用范围内的建设用地使用权一并处分”的规定中所体现出来的房随地走、地随房走的“房地一体”处分原则，在发包人与承包人协议约定以建设工程折抵工程价款的情况下，用于折抵的建设工程及其对应的土地使用权应当一并作为抵偿标的物，且承包人对此享有优先受偿权。同时，根据《物权法》第一百八十二条关于“以建筑物抵押的，该建筑占用范围内的建设用地使用权一并抵押。以建设用地使用权抵押的，该土地上的建筑物一并抵押。抵押人未依照前款规定一并抵押的，未抵押的财产视为一并抵押”的规定中体现的房屋、土地单独抵押可产生房地一并抵押的法律效果的原则，在腾飞公司与瑞昇公司约定以2#、4#厂房折抵工程价款的情况下，虽然通过法院协助执行仅办理了2#、4#厂房房屋所有权的变更登记而未办理相应土地使用权的变更登记，但也不影响土地使用权一并抵偿的法律效果，就该2#、4#厂房及相应的土地使用权均应认定为已经折价抵偿给腾飞公司。关于兴业银行泉州分行认为《抵偿协议书》并非合法有效的上诉理由，由于(2016)豫1723民初34号生效民事判决中已经确认了该《抵偿协议书》的效力，且针对该案判决及执行情况兴业银行泉州分行提出的第三人撤销之诉、案外人执行异议之诉、再审申请均未得到支持，因此瑞昇公司提出的该点上诉理由与生效判决认定的事实相悖，且未提出相反的证据予以推翻，本院不予采信。关于兴业银行泉州分行提出的(2016)豫1723民初34号民事判决并不能产生物权变更的法律效果以及案涉2#、4#厂房的所有权变更登记违法的上诉理由，由于腾飞公司与瑞昇公司签订《抵偿协议书》是基于腾飞公司作为案涉厂房的承包人所享有的建设工程价款优先受偿权，并不以办理变更登记为生效要件，因此兴业银行泉州分行以此为由否定腾飞公司的建设工程价款优先受偿权，理由不能成立。

关于腾飞公司的建设工程价款优先受偿权与兴业银行泉州分行的抵押权的关系问题。瑞昇公司与腾飞公司签订《抵偿协议书》后，2014年3月25日、3月26日，瑞昇公司与兴业银行泉州分行签订两份《最高额抵押合同》，以案涉1#、2#、3#、4#厂房及对应的土地使用权为真一公司向兴业银行泉州分行的债务提供抵押担保，并办理上述厂房及土地使用权的抵押登记。根据《物权法》第一百八十七条关于“以本法第一百八十条第一款第一项至第三项规定的财产或者第五项规定的正在建造的建筑物抵押的，应当办理抵押登记。抵押权自登记时设立”的规定，案涉1#、2#、3#、4#厂房及土地使用权的抵押权自登记时已依法设立。就抵押权与建设工程价款优先权的顺位问题，《最高人民法院关于建设工程价款优先受偿权问题的批复》(法释〔2002〕16号)第一条规定：“人民法院在审理房地产纠纷案件和办理执行案件中，应当依照《合同法》第二百八十六条的规定，认定建筑工程的承包人的优先受偿权优于抵押权和其他债权。”据此，腾飞公司通过折价对案涉2#、4#厂房所享有的建设工程价款优先受偿权作为法定优先权仍然优先于兴业银行泉州分行的抵押权。虽然抵偿协议签订并办理过户登记后，因案涉2#、4#厂房的所有权归于腾飞公司使得腾飞公司对案涉厂房所享有的优先受偿权与所有权因混同可归于消灭,但因2#、4#厂房上同时存在兴业银行泉州分行的抵押权,且所有权的变更登记发生于抵押权设定之后,因此腾飞公司享有的优先受偿权因对其自身有法律上利益仍得存续,不因所有权设定在抵押权之后而受影响。因此,原审认为兴业银行泉州分行作为抵押权人对2#、4#厂房及对应的土地使用权不享有优先受偿权,事实和法律依据充分,本院予以维持。兴业银行泉州分行以其与瑞昇公司签订的抵押合同合法有效且办理抵押登记为由主张其享有优先受偿权的上诉理由,与法律规定不符,本院不予支持。

【案例来源】

中国裁判文书网,http://wenshu. court. gov. cn。

759 拆迁补偿安置权优先于抵押权

【关键词】

|担保|抵押权|拆迁补偿安置权|

【案件名称Ⅰ】

宁夏中宁青银村镇银行股份有限公司与史万里及郭生全、万霞、石嘴山市华欣房地产开发有限公司、宁夏复兴市场经营管理有限公司第三人撤销之诉案[最高人民法院(2018)最高法民终1299号民事判决书,2018. 12. 25]

【裁判精要】

最高人民法院认为:

本案二审争议焦点为一审判决撤销宁夏高院(2017)宁民终286号民事判决中关于维持中卫中院(2017)宁05民初44号民事判决第二项中关于“青银银行对华欣公司所有的82号、84号营业房,房屋产权证号为石房权证大武口区字第××、D2××97号房屋享有以该房产折价或者以拍卖、变卖该财产所得价款优先受偿的权利”的内容是否正确。

根据本案查明的事实,史万里先后于2009年10月7日、2012年12月30日与华欣公司订立《房屋拆迁补偿安置协议书》及《房屋拆迁安置补充协议》。上述两份协议约定,拆迁人华欣公司以产权调换方式对被拆迁人史万里进行补偿安置,并最终确定给史万里安置的房屋为华欣公司所建的位于大武口区房屋。史万里提交的证据证实,自2013年3月始,史万里基于华欣公司的交付行为,即合法占有案涉房屋,并已出租收益至今。华欣公司明知其与史万里就案涉房屋签订了拆迁补偿安置协议,并将房屋交付史万里,却不积极履行为史万里办理房屋备案登记及房屋产权登记事宜,反而隐瞒史万里,于2014年7月14日将案涉房屋产权登记在自己公司名下,并于2014年8月5日以该房屋设置抵押为郭生全向青银银行借款提供担保。华欣公司的行为显然属于恶意,明显侵犯了史万里所享有的合法权益。因青银银行对郭生全、万霞、华欣公司、复兴公司提起的金融借款合同纠纷诉讼中,宁夏高院(2017)宁民终286号民事判决维持中卫中院(2017)宁05民初44号民事判决第二项,确认青银银行对已安置给史万里并由史万里合法占有的案涉房屋享有以该房产折价或者以拍卖、变卖该财产所得的价款优先受偿的权利,直接阻却了史万里基于拆迁补偿安置协议对案涉房屋所有权的取得,故史万里在该案中的身份应当属于有独立请求权的第三人。由于在该案中史万里未被列为第三人参加诉讼,且未参加诉讼的原因并不在于史万里自身,直到青银银行依据生效的法律文书申请法院强制执行过程中,才得知案涉房屋被抵押一事。因此,一审判决认定宁夏高院(2017)宁民终286号民事判决部分内容错误,致史万里权益受损,其有权依据《民事诉讼法》第五十六条第三款的规定提起本案第三人撤销之诉,具有相应的法律依据,并无不当。

关于史万里享有的民事权益应否优先保护的问题。根据《物权法》第九条规定,不动产物权的设立、变更、转让和消灭,经依法登记,发生效力;未经登记,不发生效力。因华欣公司没有依约履行为史万里办理案涉房屋产权变更登记的义务,导致史万里占有案涉房屋后至今未能办理产权过户登记,故史万里对案涉房屋依法尚不具有所有权,但史万里依据其与华欣公司订立的《房屋拆迁补偿安置协议书》《房屋拆迁安置补充协议》以及其已实际占有、使用案涉房屋的事实,主张其对案涉房屋享有拆迁补偿安置权利,合法有据。由于华欣公司将案涉房屋交付史万里后,恶意将产权登记在自己名下,并隐瞒实情,以案涉房屋向青银银行设置抵押,为郭生全向青银银行借款提供担保,最终导致史万里、青银银行分别对案涉房屋所享有的安置补偿权和抵押权发生冲突。《最高人民法院关于建设工程价款优先受偿权问题的批复》明确规定:"一、人民法院在审理房地产纠纷案件和办理执行案件中,应当依照《合同法》第二百八十六条的规定,认定建筑工程的承包人的优先受偿权优于抵押权和其他债权;二、消费者交付购买商品房的全部或者大部分款项后,承包人就该商品房享有的工程价款优先受偿权不得对抗买受人。"消费者交付购买商品房的全部或者大部分款项后,所取得的物权期待权不仅优于银行等债权人的抵押权和其他债权,而且优于承包人就该商品房享有的工程价款优先受偿权。《商品房买卖合同解释》第七条第一款规定:"拆迁人与被拆迁人按照所有权调换形式订立拆迁补偿安置协议,明确约定拆迁人以位置、用途特定的房屋对被拆迁人予以补偿安置,如果拆迁人将该补偿安置房屋另行出卖给第三人,被拆迁人请求优先取得补偿安置房屋的,应予支持。"被拆迁人安置补偿权益优先于其他购房人及其他权利人的权利。就本案而言,华欣公司与史万里是按照所有权调换形式订立的拆迁补偿安置协议,明确约定案涉房屋作为拆迁补偿安置房屋补偿给史万里,且在办理抵押登记前已交付给史万里占有、使用、收益,当抵押权人与被拆迁人在案涉房屋上的权利发生冲突时,史万里对案涉房屋享有的补偿安置权应优先于青银银行的抵押权得到保护。

中卫中院(2017)宁05民初44号民事判决第二项的内容为"确认青银银行对由史万里实际占有的案涉房屋享有以该房产折价或者以拍卖、变卖该财产所得的价款优先受偿的权利"。该判决已经发生法律效力,如果该判决第二项得到执行,将直接剥夺史万里基于拆迁补偿而对案涉房屋享有的占有、使用、收益权利,并导致史万里丧失要求华欣公司变更登记产权的权利,阻却其对案涉房屋所有权的最终取得,明显侵害其民事权益。故一审判决认定宁夏高院(2017)宁民终286号民事判决中维持中卫中院(2017)宁05民初44号民事判决第二项部分内容错误,并判决对该部分内容予以撤销,符合第三人撤销之诉保护受错误生效裁判损害而未参加原诉的第三人利益的救济功能及本案的客观实情,适用法律并无不当。

【案例来源】

中国裁判文书网,http://wenshu. court. gov. cn。

【案件名称Ⅱ】

中国邮政集团公司长沙市分公司与湖南中南投资置业有限公司借款合同纠纷案[最高人民法院(2018)最高法民终112号民事判决书,2018. 5. 2]

【裁判精要】

最高人民法院认为:

三、中国邮政长沙分公司对朗盛大厦一楼114号门面享有的权利是否优先于红岭公司的抵押权

中国邮政长沙分公司上诉主张,朗盛大厦一楼114号门面系用以折抵中南公司应当支付给中国邮政长沙分公司的1200万元拆迁补偿款,即使红岭公司的抵押权有效,依据《最高人民法院关于建设工程价款优先受偿权问题的批复》的规定,其对朗盛大厦一楼114号门面的权利也优先于红岭公司的抵押权。根据查明的事实,2009年1月21日,中南公司作为拆迁人与中国邮政长沙分公司作为被拆迁人签订《拆迁补偿安置协议》约定,中国邮政长沙分公司所有的长沙市中山路105号第001栋房屋在拆迁范围以内,该房屋合计建筑面积2997. 21平方米,其中临街经营性门面建筑面积499. 91平方米混合结构,住宅办公用房建筑面积1940. 56平方米混合结构,无产权违章面积556. 74平方米混合结构。中南公司对中国邮政长沙分公司被拆迁房实行新建房屋面积补偿和其他货币补偿方式,中南公司共计补偿中国邮政长沙分公司价值人民币1875万元,其中新建房屋临中山路一层门面300平方米估值1200万元,一层面积补偿价值最终以中介机构评估价值为准,互不找补。2011年6月底以前中南公司在中山路新建报业文化大厦房屋一楼偿还中国邮政长沙分公司层高约6米,临中山路门面宽度不低于20米,房屋产权面积不少于300平方米,房屋用途为商业,使用面积不低于510平方米(实际可为两层使用),并保证留有邮运车

辆停车位。从该协议约定的内容可知,虽然中国邮政长沙分公司系与中南公司签订该协议,并非与政府相关部门签订拆迁安置补偿协议,但双方除约定部分货币补偿外,其他关于以房换房予以安置补偿的意思表示非常明确,且拆迁补偿安置房屋的位置、面积、用途明确、特定。《商品房买卖合同解释》第七条第一款规定:"拆迁人与被拆迁人按照所有权调换形式订立拆迁补偿安置协议,明确约定拆迁人以位置、用途特定的房屋对被拆迁人予以补偿安置,如果拆迁人将该补偿安置房屋另行出卖给第三人,被拆迁人请求优先取得补偿安置房屋的,应予支持。"该规定是对拆迁补偿安置协议与其他商品房买卖合同发生冲突时,对拆迁补偿安置协议的被拆迁人予以特别保护的规定。物权优于债权是处理权利冲突的基本原则,但在拆迁补偿安置中,以房换房的房屋产权调换是以被拆迁人牺牲原房屋的居住权为代价来满足城市建设等社会公共利益的需要,因此对其基于拆迁补偿协议享有的安置房请求权,应给予适当的优先保护,即对被拆迁人享有的债权作为特种债权赋予其物权的优先效力。本案中,虽然红岭公司对朗盛大厦一楼 114 号门面享有的是抵押权而非买卖该房屋,但同样是对安置房的重复处理,而且抵押权人享有的是物的交换价值的权利。因此,中国邮政长沙分公司就朗盛大厦一楼 114 号门面享有的补偿安置权优先于红岭公司享有的抵押权。一审判决未考虑中国邮政长沙分公司依据《拆迁补偿安置协议》就朗盛大厦一楼 114 号门面所享有的权利,判令红岭公司就该门面享有优先受偿的权利不当,本院予以纠正。中国邮政长沙分公司关于其对朗盛大厦一楼 114 号门面享有的权利优先于红岭公司的抵押权的上诉理由成立,本院予以支持。

【案例来源】

中国裁判文书网,http://wenshu.court.gov.cn。

九、抵押权实现

(一)抵押权存续期间

760 抵押物登记证登记的是主债务履行期限，而非抵押权的存续期间，抵押权的行使期间为主债务的诉讼时效期间

【关键词】

|抵押物登记|履行期限|存续期间|

【案件名称】

唐山瑞丰钢铁（集团）金友钢铁有限公司与刘奎友承揽合同纠纷案［最高人民法院（2016）最高法民终357号民事判决书，2016.9.29］

【裁判精要】

最高人民法院认为：

四、中冶京诚公司是否对(2008)丰工商抵变字第001号抵押物登记证项下的抵押物享有优先受偿权

《物权法》第二百零二条规定："抵押权人应当在主债权诉讼时效期间行使抵押权;未行使的,人民法院不予保护。"因此,关于抵押权的行使期间,我国物权法规定的为主债务的诉讼时效期间。本案中,主债务并未经过诉讼时效期间。而且,根据本院查明的事实,(2008)丰工商抵变字第001号抵押物登记证登记的是主债务人的履行债务期限,而非抵押权的存续期间。当事人并未对抵押权的存续期间进行约定。金友公司关于当事人间约定了抵押权存续期间,该期间经过,中冶京诚公司不应享有案涉抵押物的优先权的上诉理由没有事实和法律依据,本院不予支持。

【案例来源】

中国裁判文书网,http://wenshu.court.gov.cn。

编者说明

此外,在实践中还存在登记机关为行政管理需要而将担保物权登记为一定期间,对此,一般认为,物权的种类和内容由法律规定,法律并没有规定担保物权可以因登记机关的登记期限而消灭。

761 行使抵押权尚在主债权诉讼时效期间内的，应予支持

【关键词】

| 抵押权 | 诉讼时效 |

【案件名称Ⅰ】

延边新合作连锁超市有限公司与吉林龙井农村商业银行股份有限公司抵押合同纠纷案［最高人民法院（2017）最高法民终964号民事判决书，2018.2.12］

【裁判精要】

最高人民法院认为：

三、关于龙井农商银行行使抵押权是否超过法定期间的问题

《物权法》第二百零二条规定："抵押权人应当在主债权诉讼时效期间行使抵押权；未行使的，人民法院不予保护。"案涉借款期限于2012年7月28日届满，后经债权人与债务人、五个抵押人签订借款展期协议将案涉借款展期至2013年6月27日，主债权的诉讼时效期间应从借款展期届满之日起算。鉴于本案一审审理期间《民法总则》开始施行，故本案应适用《民法总则》关于诉讼时效的规定。《民法总则》第一百八十八条第一款规定："向人民法院请求保护民事权利的诉讼时效期间为三年。法律另有规定的，依照其规定。"第一百九十五条规定："有下列情形之一的，诉讼时效中断，从中断、有关程序终结时起，诉讼时效期间重新计算：（一）权利人向义务人提出履行请求；（二）义务人同意履行义务；（三）权利人提起诉讼或者申请仲裁；（四）与提起诉讼或者申请仲裁具有同等效力的其他情形。"本案中，延河信用社于2014年10月21日向吉林高院提起（2014）吉民二初字第13号借款担保合同纠纷案，系在主债权诉讼时效期间内，依据《民法总则》第一百九十五条第三项的规定，主债权诉讼时效中断，诉讼时效期间重新计算；2015年5月15日延河信用社向新合作公司发出编号为2015年00293号的《吉林省农村信用社逾期贷款催收通知书》，要求新合作公司继续承担本金2亿元整及利息的借款债权的抵押担保责任，无条件履行担保义务，依据《民法总则》第一百九十五条第一项的规定，该行为亦发生诉讼时效中断的效力；2015年11月23日该信用社向债务人延边国贸大厦公司破产管理人申报案涉债权，依据《民法总则》第一百九十五条第四项的规定，主债权诉讼时效再次中断。2016年12月24日延河信用社提起本案诉讼，距主债权诉讼时效重新起算的时间2015年11月23日仅一年左右，未超过法定诉讼时效期间。据此，原审判决认定延河信用社行使抵押权尚在主债权诉讼时效期间内，并无不当，新合作公司该项上诉主张不成立。

【案例来源】

中国裁判文书网,http://wenshu. court. gov. cn。

【关键词】

|抵押权|诉讼时效|

【案件名称Ⅱ】

中国东方资产管理公司武汉办事处与平安信托投资有限责任公司、中国平安人寿保险股份有限公司、武汉农村商业银行股份有限公司、北京王府井百货商业物业管理有限公司和陆氏实业(武汉)有限公司借款担保合同纠纷案[最高人民法院(2011)民二终字第28号民事判决书，2011. 7. 7]

【裁判精要】

裁判摘要:依照《担保法解释》第十二条规定,担保权人在担保物权所担保的债权的诉讼时效结束后两年内行使权利的,法院应予以支持。该规定表明只要诉讼时效没有届满或完成,法院对抵押权人行使抵押权的诉讼请求就理应支持。

本案的抵押担保有效,东方资产公司可以对抵押的房屋行使抵押权,可以主张对抵押物的拍卖、变卖款享有优先受偿权,买受人不可以用其取得房屋的所有权来对抗抵押权。

东方资产公司基于对抵押物的支配权,仅可以主张其对抵押物上的权利,不能依据抵押物而主张王府井公司、平安信托公司、平安人寿公司、武汉农商行承担连带担保责任。

最高人民法院认为:

第一,关于陆氏公司向工行湖北分行提供的担保是否有效的问题。1996年9月10日,陆氏公司与工行湖北分行在签订借款合同的同日签订了抵押合同,根据抵押合同的约定,陆氏公司以在建工程佳丽广场的部分楼层作为抵押,并在武汉市房地产管理局办理了武房房他市字第00523号房屋他项权证,其后,工行湖北分行根据陆氏公司的还款情况,相应减少抵押物面积,办理了抵押物变更登记。根据武汉市房地产管理局的抵押登记资料,从第00523号房屋他项权证到第0001447号期房抵押证明,再到第0001750号期房抵押证明,上述三次抵押登记是对同一抵押合同的变更登记,上述变更登记符合法律规定,因此,原审法院认定陆氏公司以第0001750号期房抵押证明记载的抵押物对借款合同项下的主债权提供的抵押担保有效是正确的,本院予以维持。

关于东方资产公司是否未在抵押期间行使抵押权而导致上述抵押权消灭。依照《担保法解释》第十二条规定，担保权人在担保物权所担保的债权的诉讼时效结束后两年内行使权利的，法院应予以支持。该规定表明只要诉讼时效没有届满或完成，法院对抵押权人行使抵押权的诉讼请求就理应支持。如一审所查明的事实，本案东方资产公司行使诉权并没有超过诉讼时效期间，原审法院认定工行湖北分行在抵押期间没有行使抵押权而致抵押权消灭属于适用法律不当，本院依法予以纠正。

关于陆氏公司对工行江汉区支行提供的担保是否有效的问题。工行武汉市中山大道办事处与陆氏公司在1997年8月1日签订借款合同后，双方另行签订了抵商(97－10－11)担保合同。借款合同到期后，双方于1999年2月10日签订借款合同，约定借款用途是借新还旧，双方在借新换旧的合同中约定将已经签订的抵商(97－10－11)的担保合同作为本合同项下的担保，这种明确约定是双方的真实意思表示，并没有违反法律和法规的禁止性规定。原审法院认为这种约定违反了担保法的禁止性规定，东方资产公司依据第00921号房屋他项权证主张抵押权没有法律依据，属于适用法律不当，本院依法予以纠正。

第二，关于东方资产公司是否可以主张对抵押物拍卖、变卖款享有优先受偿权的问题。

根据《担保法》的规定，不动产抵押权的生效和不动产物权的转让均以登记为生效要件和公示方法。在规范的已登记抵押权的房屋转让过程中，在抵押权未消灭时，受让人所取得的房屋所有权凭证上应有抵押权的记载。房地产管理部门应以此种方式告知受让人取得的房产上的他项权利负担。但本案的特殊性在于：一方面，房产部门没有在王府井公司、平安信托公司所取得的房产证上记载抵押权。另一方面，陆氏公司恶意隐瞒房屋已经抵押的事实。王府井公司、平安信托公司、武汉农商行以合理的价格向陆氏公司购买房屋，已支付全部价款，并占有和使用房屋至今。由于陆氏公司的恶意和基于对房地产管理部门登记的依赖，使得房屋买受人在办理过户登记手续时，无法知晓房屋已抵押的事实。王府井公司、平安信托公司已取得房屋所有权凭证，应认定其对购买的房屋享有所有权。武汉农商行虽尚未取得房屋所有权凭证，但生效判决同样具有物权变动效力，武汉农商行也已取得所购买房屋的所有权。

王府井公司、平安信托公司、武汉农商行虽然已经取得了房屋所有权，但亦无法改变房屋上早已合法设定的抵押权存在的客观事实。《担保法解释》第六十七条规定："抵押权存续期间，抵押人转让抵押物未通知抵押权人或者未告知受让人的，如果抵押物已经登记的，抵押权人仍可以行使抵押权；取得抵押物所有权的受让人，可以代替债务人清偿其全部债务，使抵押权消灭。受让人清偿债务后可以向抵押人追偿。"抵押权作为担保物权，是抵押权人因为抵押行为而对抵押物所享有的支配权，此种支配权可以对抗抵押物的所有人和第三人。本案的抵押担保有效，东方资产公司可以对抵押的房屋行使抵押权，可以主张对抵押物的拍卖、变卖款享有优先受偿权，买受人不可以用其取得房屋的所有权来对抗抵押权，买受人因抵押权人行使抵押权而遭受的损失可以向过错方主张；买受人也可以代替债务人清偿其全部债务，使抵押权消灭，买受人清偿债务后可以向抵押人陆氏公司追偿。

第三，关于王府井公司、平安信托公司、平安人寿公司、武汉农商行是否应在受让抵押物的价值范围内对陆氏公司的债务承担连带责任的问题。王府井公司、平安信托公司、平安人寿公司、武汉农商行与东方资产公司之间没有任何合同上的法律关系，他们之间的唯一连接点是陆氏公司为工行湖北分行设定的抵押物被王府井公司、平安信托公司、平安人寿公司、武汉农商行买受。东方资产公司基于抵押合同而对抵押物享有支配权。其对抵押物的支配权，仅可以主张其对抵押物上的权利，不能依据抵押物而主张对方承担连带担保责任，承担连带责任必须有合同约定或明确的法律规定。东方资产公司也提不出要求王府井公司、平安信托公司、平安人寿公司、武汉农商行承担连带责任的法律依据，故原审法院对东方资产公司的该部分诉请予以驳回是正确的，本院予以维持。

【案例来源】

最高人民法院民事审判第二庭编：《最高人民法院商事审判指导案例6·合同与借贷担保卷》，中国法制出版社2013年版，第483～498页。

编者说明

《担保法》对抵押权等担保物权没有规定存续期间，《担保法解释》在第十二条第二款作了漏洞补充，规定“担保物权所担保的债权的诉讼时效结束后，担保权人在诉讼时效结束后的两年内行使担保物权的，人民法院应当予以支持”。即债权人在担保物权所担保的主债权诉讼时效完成后两年之内行使担保物权，或向人民法院提起诉讼要求行使担保物权的，人民法院应当予以支持；反之，债权人在主债权诉讼时效完成后的两年之后要求行使担保物权的，人民法院则不予支持。①

《物权法》第二百零二条则规定：“抵押权人应当在主债权诉讼时效期间行使抵押权；未行使的，人民法院不予保护。”该条以人民法院的保护为落脚点，对抵押权人行使抵押权的期限作了明确规定。该条规定的是抵押权的行使期间，或者说是抵押权的司法保护期，但不是抵押权的存续期间，因为该期间届满后，“抵押权人丧失的是抵押权受人民法院保护的权利即胜诉权，而抵押权本身并没有消灭，如果抵押人自愿履行担保义务的，抵押权人仍可以行使抵押权”。②

也就是说，《物权法》规定的抵押权的行使期间，近似于抵押权的“诉讼时效”，因为与诉讼时效的法律效果一样，该司法保护期届满后抵押权并不消灭，“抵押权人丧失的是抵押权受人民法院保护的权利即胜诉权”，而且司法保护期的期间长短取决于主债权的诉讼时效，主债权诉讼时效中断、中止、延长的，司法保护期也一样中断、中止、延长。主债权经

① 参见曹士兵：《中国担保诸问题的解决与展望》，中国法制出版社2001年版，第261页。

② 参见全国人大常委会法工委编：《中华人民共和国物权法释义》，法律出版社2007年版，第441页。

法院裁判后不再计算诉讼时效，抵押权的行使期间也不再继续计算，抵押权将一直受法律保护。《物权法》生效后，因有第二百零二条规定的抵押权行使期间，因此《担保法解释》第十二条第二款的规定对抵押权不再适用。① 抵押权人如果就抵押权的实现与抵押人无法达成协议，在抵押权的行使期间内即应当向法院请求实现抵押权，否则，在主债权诉讼时效届满后，抵押权人请求法院启动非诉讼执行程序的，法院不得裁定准许。

《全国法院民商事审判工作会议纪要》(2019 年 11 月 8 日，法〔2019〕254 号)第五十九条明确，抵押权人应当在主债权的诉讼时效期间内行使抵押权。抵押权人在主债权诉讼时效届满前未行使抵押权，抵押人在主债权诉讼时效届满后请求涂销抵押权登记的，依法予以支持。

762 债权人在法定期限内申请执行支付令，主债权未消灭，因抵押权的实现不能由督促程序解决，债权人有权通过诉讼程序实现抵押权

【关键词】

| 抵押 | 支付令 |

【案件名称】

兰西县农村信用合作联社与中国农业银行股份有限公司兰西县支行第三人撤销之诉案［最高人民法院（2018）最高法民终 929 号民事判决书，2018. 12. 26］②

【裁判精要】

最高人民法院认为：

二、关于兰西农行是否逾期申请执行支付令导致主债权及抵押权消灭的问题

当事人向人民法院申请支付令属于督促程序，是债权人通过人民法院督促债务人还债的程序。1991 年 4 月 9 日施行的《民事诉讼法》第一百八十九条规定，债权人请求债务人给付金钱、有价证券，可以向有管辖权的基层人民法院申请支付令。2003 年 11 月 2 日，兰西农行向兰西县法院申请支付令，要求兰西麻纺公司偿还案涉《最高额抵押担保借款合同》项下贷款本金 11512 万元及利息或用抵押物偿还。兰西县法院于 2003 年 11 月 2 日作出(2003)兰法督字第 108 号支付令。兰西麻纺公司未在支付令确定的给付时间内清偿债务，亦未向人民法院提出书面异议。依据 1991 年 4 月 9 日施行的《民事诉讼法》第一百九十一条第二款、第三款关于“债务人应当

① 参见曹士兵:《中国担保制度与担保方法——根据物权法修订》，中国法制出版社 2008 年版，第 276 页。

② 兰西县农村信用合作联社与中国农业银行股份有限公司兰西县支行第三人撤销之诉案［最高人民法院(2018)最高法民终 928 号、927 号、926、925 号民事判决书，2018. 12. 26］的裁判理由与本案民事判决书基本一致(略)，载中国裁判文书网，http://wenshu. court. gov. cn。

自收到支付令之日起十五日内清偿债务,或者向人民法院提出书面异议。债务人在前款规定的期间不提出异议又不履行支付令的,债权人可以向人民法院申请执行"的规定,兰西农行有权向兰西县法院申请执行支付令。关于申请执行支付令的期限,1992 年 7 月 14 日发布的《民诉法意见》第二百二十五条规定:"债权人向人民法院申请执行支付令的期限,适用民事诉讼法第二百一十九条的规定。"1991 年 4 月 9 日施行的《民事诉讼法》第二百一十九条规定:"申请执行的期限,双方或者一方当事人是公民的为一年,双方是法人或者其他组织的为六个月。前款规定的期限,从法律文书规定履行期间的最后一日起计算;法律文书规定分期履行的,从规定的每次履行期间的最后一日起计算。"本案债权债务的双方当事人为法人,应适用六个月的申请执行期限。

兰西农行为证明其在法定期限内申请执行支付令,举示了兰西县法院于 2004 年 10 月 13 日作出的(2003)兰法执字第 160－2 号执行裁定书及协助执行通知书复印件及原件存档证明。本案一审法院已与该执行裁定书及协助执行通知书的原件进行核对,确认两份法律文书的真实性。执行裁定书及协助执行通知书属于人民法院的诉讼文书,依法具有公信力,应当作为证据采信,其能够证明兰西县法院依兰西农行的申请,裁定执行支付令的事实。兰西信用社上诉主张,绥化中院调查发现兰西县法院没有存档该院(2003)兰法执字第 160－2 号执行裁定书及协助执行通知书,该两份文书来源不明,但其未提供绥化中院的调查报告等相关证据予以证明,且其主张与本案一审法院比对证据原件的情况不符。同时,本案亦无证据证明兰西农行申请执行逾期而兰西县法院违法作出执行裁定。时任兰西麻纺公司党委副书记兼留守处主任的李某,在本案二审中出庭证明兰西麻纺公司未收到兰西县法院(2003)兰法督字第 108 号支付令及(2003)兰法执字第 160－2 号执行裁定书。李某的证言不能证明兰西农行逾期申请执行。因此,兰西信用社的该项上诉主张及所举证据,不能推翻一审判决关于兰西农行在法定期限内申请执行支付令的事实认定。

当事人未在法定期限内申请强制执行,不产生实体民事权利消灭的法律后果,况且,现有证据能够证明兰西农行在法定期限内申请执行支付令,故兰西农行对兰西麻纺公司的贷款债权并未消灭。主债权未消灭,作为从债权的抵押权亦未消灭。因支付令的适用范围仅限于给付金钱及有价证券的债权,抵押权的实现不能由督促程序解决,故兰西农行有权通过诉讼程序实现其对兰西麻纺公司的抵押权。黑龙江高院(2015)黑高商终字第 161 号民事判决确认兰西农行对案涉抵押物享有优先受偿权,认定事实和适用法律正确。

【案例来源】

中国裁判文书网,http://wenshu. court. gov. cn。

(二)抵押担保范围

763 抵押设立时电梯虽未安装，但无证据证明电梯所有权属于另一主体的，除另有特别约定，电梯应视为抵押物的从物

【关键词】

| 抵押物从物 | 特别约定 |

【案件名称】

山东金龙地产有限公司与中国华融资产管理公司福州办事处、厦门金龙科技有限公司借款合同纠纷案［最高人民法院（2005）民二终字第 73 号民事判决书，2005. 9. 19］

【裁判精要】

最高人民法院认为：

关于本案抵押担保的范围。抵押合同当事人双方对抵押物在建项目金龙大厦中电梯的权属存在争议。鉴于抵押合同双方在合同中对电梯部分未作出特别约定，同时，根据本院二审查明事实，可作为独立物存在的电梯，至今未作新的产权确定。虽然电梯可以作为独立的权利客体存在，但作为建筑物重要组成部分的电梯，一旦与建筑物本身脱离，其将失去独立存在的意义。因此，原审法院依据《担保法解释》第六十二条、第六十三条之规定，将在建项目中的电梯部分认定为抵押物金龙大厦的从物是正确的。虽然在抵押设定时，电梯并未安装，但至今上诉人也没有证据证明该电梯的所有权属于另外一个主体。因此，无论在抵押设定前后，除非当事人之间有特别约定，电梯应当视为抵押房产的组成部分之一，即大厦的从物。故本案抵押物的财产范围包括电梯部分。上诉人山东金龙关于金龙大厦中的电梯部分不属于抵押范围的上诉理由没有法律依据，应当予以驳回。

【案例来源】

最高人民法院民事审判第二庭编:《最高人民法院商事审判指导案例 · 借款担保卷》(下),中国法制出版社 2011 年版,第 640 ~ 648 页。

764 抵押物登记记载的抵押担保范围与抵押合同约定不一致的，以登记记载的内容为准

【关键词】

| 抵押担保范围 | 登记记载 | 合同约定 |

【案件名称Ⅰ】

俊安（天津）实业有限公司与天津港交易市场有限责任公司买卖合同纠纷案［最高人民法院(2018)最高法民终812号民事判决书，2018.12.29］

【裁判精要】

最高人民法院认为：

三、关于满溢公司对于俊安天津公司的债务应承担责任问题

《担保协议》约定："经乙方(俊安天津公司)与丙方(满溢公司)协商同意后,丙方同意对乙方欠甲方(天津港公司)的债务提供担保,丙方愿以其所有的河北区海河东路36号新文化中心401[房产所有权证号:津(2016)河北区不动产权第1002976号]进行实物担保。"《房产抵押合同》第二条约定："本合同担保范围为主合同项下9498万元债权及实现债权的费用(包括但不限于主债权、利息、违约金、赔偿金、诉讼费用等),抵押金额为9498万元。"津(2016)河北区不动产证明第4007831号《不动产登记证明》载明"担保债权数额:人民币94980000元"。可见,案涉担保合同约定的担保范围与案涉抵押物的登记范围并不一致。依据《担保法解释》第六十一条规定,"抵押物登记记载的内容与抵押合同约定的内容不一致的,以登记记载的内容为准"。原审法院以抵押登记的范围为准,判决天津港公司在抵押登记的94980000元范围内对案涉房产享有优先受偿权,并无不当,本院予以维持。

【案例来源】

中国裁判文书网,http://wenshu.court.gov.cn。

【案件名称Ⅱ】

大庆建行与庆莎公司、金银来公司借款抵押合同纠纷案［最高人民法院(2004)民二终字第154号民事判决书，2005.4.1］

【裁判精要】

最高人民法院认为：

关于《抵押合同》与抵押权之效力的问题。本案《抵押合同》除第二十条内容违反了《担保法》第四十条以及《担保法解释》第五十七条之规定属无效外,其余内容均不违反我国法律、行政法规的禁止性规定,系当事人真实意思表示,原审判决认定该合同合法有效正确,本院予以维持。庆莎公司认为该合同第七条无效的上诉理由缺乏法律依据,本院不予支持。关于抵押权的效力。首先,经登记的抵押权具有社会公信力。大庆建行与庆莎公司签订抵押合同设定抵押时,依据庆莎公司名下的两份《房屋所有权证》,在大庆市房产管理局办理了抵押登记,该抵押登记合法有效,该

行系善意抵押权人,对登记所抵押的房屋具有抵押权。尽管金银来公司与庆莎公司合作扩建了庆莎商城,但双方始终未到房产登记部门办理产权变更手续,在法律上,该房产的产权人始终为庆莎公司,并不包括金银来公司。金银来公司与庆莎公司在2000年1月12日签订的《补充协议》中有关不得将共有房屋抵押之约定,属于此两公司之间的内部约定,不能以此对抗善意第三人大庆建行。其次,大庆仲裁委员会的仲裁裁决是对金银来公司与庆莎公司之间合建房屋法律关系的确认,但两公司并没有以此为依据实施相关的物权变动行为,即产权变更登记。而我国实行房屋所有权登记发证制度,房屋所有权证是证明房屋产权归属的唯一合法凭证,本案他项权证项下的房屋在被设定抵押时仍在庆莎公司名下,因而大庆建行以房屋产权为依据取得的抵押权具有法律效力。原审判决认定本案房产抵押登记有效是正确的,本院予以维持。金银来公司关于上述仲裁裁决属于非基于法律行为的不动产物权变动,故合建房屋所有权于该仲裁裁决书生效之日发生变动而属于该公司的上诉理由,缺乏法律依据,不能成立,本院不予支持。

关于抵押物房屋的范围。涉案房屋经过扩建改造后,原房屋并未灭失,其所有权依然存在,依然属于庆莎公司单方所有;在法律上,金银来公司并没有取得约定房产的所有权,因此,原房屋上设定的抵押权依然存在,只是部分房屋现状发生了变化。根据抵押权行使的不可分性之基本原理,抵押物的分割、部分灭失或者毁损,债权的分割、让与或者部分清偿,对抵押权的行使均不发生影响,只要债权没有获得全部清偿,债权人就可以对抵押物的全部行使权利。而且,本案房屋改建在先,抵押登记在后,改建的3800平方米数额始终包含在被抵押的15390.6平方米中,并未予以产权变更登记。依前所述,大庆建行对本案两份《房屋他项权证》项下的12500平方米与15390.6平方米房屋享有抵押权,故该行对所抵押的全部房产(包括改建的3800平方米)行使抵押权合法正当。原审判决将两个房屋他项权证项下的房屋均认定为大庆建行的抵押权范围,允许处置庆莎公司抵押的房屋及土地使用权,以保证主债权的实现,这既符合抵押登记的内容,也符合抵押权行使的不可分性这一抵押权基本原则,是正确的。金银来公司在一审中提出的将约定的16369.09平方米判归其所有、大庆建行对这部分房屋不享有抵押权的诉讼请求也就不成立,原审判决对此予以驳回亦是正确的。本院均应予以维持。大庆建行应当按照两份《房屋他项权证》记载的房屋面积行使抵押权。两上诉人金银来公司与庆莎公司关于大庆建行对翻建的3800平方米房屋没有设定抵押、不享有抵押权的上诉理由,缺乏法律和事实依据,不能成立,本院不予支持。如果金银来公司认为其对这部分房屋的利益实际受到了损害,可另行起诉庆莎公司要求民事损害赔偿。

关于抵押担保的债权范围。涉案两份《房屋他项权利证》中载明的权利价值指的是房屋他项权即抵押权的价值,与本案《抵押合同》中约定的抵押担保范围不完全一致。按照《担保法解释》第六十一条"抵押物登记记载的内容与抵押合同约定的内容不一致的,以登记记载的内容为准"之规定,本案抵押担保的债权额应为657.6

万元与3842.4万元。大庆建行对00039890号《房屋他项权证》项下12500平方米房屋657.6万元以外的价值没有优先受偿权。原审判决认为"金银来公司与庆莎公司提出的大庆建行对12500平方米的抵押不应超过原抵押权利价值657.6万元的理由不能成立",以及该判决主文第二项对抵押的两部分房屋未作区分,笼统地判令"以折价或拍卖变卖所得价款优先偿付中国建设银行大庆市分行",均属适用法律不当,本院予以纠正。两上诉人金银来公司与庆莎公司有关00037769号《房屋所有权证》项下12500平方米房屋的抵押权价值为657.6万元,大庆建行实现其657.6万元债权、利息及费用后,对该部分房屋的剩余价值不享有优先受偿权的上诉请求成立,本院予以支持。

【案例来源】

最高人民法院民事审判第二庭编:《民商事审判指导》(总第7辑),人民法院出版社2005年版,第213~229页。

编者说明

对于不动产抵押权的优先受偿权范围的确定,不仅取决于当事人的约定(未约定即应当依法定),更取决于不动产登记簿的记载。我国目前登记实践中使用的不动产登记簿是原国土资源部发布的《不动产登记簿样式(试行)》,其中"抵押权登记信息"中仅设计了"被担保主债权数额",而没有"担保范围"一栏。因此,不动产抵押权的优先受偿范围是当事人在抵押合同中约定的担保范围,还是不动产登记簿登记的主债权的具体数额,产生了不同的认识,各地方法院有不同的处理规则。《全国法院民商事审判工作会议纪要》(2019年11月8日,法〔2019〕254号)第五十八条明确,以登记作为公示方式的不动产担保物权的担保范围,一般应当以登记的范围为准。但是,我国目前不动产担保物权登记,不同地区的系统设置及登记规则并不一致,在审理案件时应当充分注意制度设计上的差别,作出符合实际的判断:一是多数省区市的登记系统未设置"担保范围"栏目,仅有"被担保主债权数额(最高债权数额)"的表述,且只能填写固定数字。而当事人在合同中又往往约定担保物权的担保范围包括主债权及其利息、违约金等附属债权,致使合同约定的担保范围与登记不一致。显然,这种不一致是由于该地区登记系统设置及登记规则造成的该地区的普遍现象。以合同约定认定担保物权的担保范围,是符合实际的妥当选择。二是一些省区市不动产登记系统设置与登记规则比较规范,担保物权登记范围与合同约定一致在该地区是常态或者普遍现象,在审理案件时,应当以登记的担保范围为准。

765 抵押物价值超出债务总额不违反法律规定,抵押人关于高抵少贷、应解除该抵押合同的请求没有依据

【关键词】

| 抵押物价值 | 债务总额 | 合同解除 |

【案件名称】

中国农业银行股份有限公司锦州锦兴支行与锦州玥宝塑业有限公司金融借款合同纠纷案［最高人民法院（2013）民二终字第57号民事判决书，2013. 9. 13］

【裁判精要】

最高人民法院认为：

2. 关于本案所涉128号最高额抵押合同应否解除的问题

依据128号最高额抵押合同的约定，玥宝公司自愿为其自2007年3月30日起至2008年8月3日在锦兴支行处办理约定的人民币/外币贷款及商业汇票承兑所实际形成的债务的最高余额折合人民币10333万元的债务提供抵押担保。该合同并不违反法律、行政法规的禁止性规定，玥宝公司亦无充分证据证明其系在被胁迫的情形下签订该合同，故应认定该合同有效。最高额抵押合同签订后，当事人双方办理了抵押权登记手续，抵押权已有效设立。该合同约定的抵押担保的范围包括债务人依主合同与抵押权人发生的全部债务本金、利息、罚息、复利、违约金、损害赔偿金及诉讼费、律师费、抵押物、抵押物处置费、过户费等抵押权人实现债权的一切费用。本案所涉债权本金余额合计8250万元，依担保范围的约定，玥宝公司在最高限额10333万元内承担担保责任。法律、行政法规并没有规定，抵押物的价值需与担保的债权数额相当，并没有禁止抵押物价值超出主债权数额。相反，依据我国《物权法》和《担保法》的相关规定，对于抵押物的价值大于所担保债权的余额部分，可以再次抵押，以充分实现抵押物的价值，或者在实现抵押权时，主债权人只能在其债权范围内对抵押物享有优先受偿权，对于超出主债权的价值部分，归属于抵押人。因此，即使本案抵押物价值超出了债务总额，但该行为并不违反法律的相关规定，玥宝公司关于高抵少贷、应解除该最高额抵押合同的上诉请求缺乏事实和法律依据，本院不予支持。

【案例来源】

中国裁判文书网，http://wenshu. court. gov. cn。

766 抵押人承诺以担保书开具后所续进财产列入抵押的，抵押有效，抵押权人可以就此行使抵押权

【关键词】

｜抵押权｜续进财产抵押｜

【案件名称】

中国人民银行防城港市中心支行与防城港星港假日酒店等借款合同抵押担保

纠纷案［最高人民法院（2002）民二提字第6号民事判决书］

【裁判精要】

最高人民法院认为：

根据中国人民银行广西区分行《关于同意设立防城港金融市场的批复》，防城港金融市场是经中国人民银行广西区分行批准成立的全民所有制金融机构，是防城港人行的直属事业单位，中国人民银行广西区分行颁发了《经营金融业务许可证书》。金融市场下设三个分别核算的中介金融机构，其中资金拆借中心的经营范围包括"办理本地和跨地区同业短期资金拆借"。2000年9月5日，中国人民银行条法司在答复本院咨询的复函中明确回复："金信中心是经中国人民银行防城港分行批准设立的、资金拆借中心的下属事业单位，不必办理工商登记。资金拆借中心、金信中心批准成立时，所在防城港区并未实施事业单位法人登记制度，不存在编制列入编委的问题。金信中心经资金拆借中心授权，可以办理短期资金拆借和短期资金周转业务。"据此，应认定金信中心具备从事资金拆借业务和短期资金周转业务的主体资格。中国人民银行总行在银传〔1993〕75号文件《关于继续纠正和清收违章拆借的几项政策规定》中也规定："加强对未收回拆借资金的风险管理，确保资金的安全，对那些可能有风险的资金，尤其是直接拆借给非金融机构的资金，要重新核查手续的合法性，没有办理担保抵押的要补办担保抵押。"可见，在清理整顿中，对于直接拆借给非金融机构资金的行为要重新核查手续的合法性，补办担保抵押，不是一概以无效的原则处理。中国人民银行有权根据当时清理整顿金融秩序的情况作出相应的政策性规定。防城港人行的下属金信中心与东港公司1993年元月12日签订的资金拆借合同，是借贷双方当事人的真实意思表示，该合同应确认有效。金信中心1993年元月21日与东港公司签订协议书，除对借款利息的约定违反了国家金融法规规定无效，应依照国家规定的借款利率计算利息外，协议书的其他条款及担保条款应确认有效。郑建华作为合资一方的香港森发贸易公司的代表、星港酒店的总经理以其经营管理的财产作抵押担保属职务行为，应认定有效。星港酒店委托代理人在本院再审庭审中提供两份《不可撤销抵押担保书》的原件，上面盖有"防城港星港假日酒店"和"星光海鲜酒楼"的公章，意在证明当时"星光海鲜酒楼"尚未成立，两份《不可撤销抵押担保书》是后补的。而原告防城港人行起诉时提供的两份《不可撤销抵押担保书》的原件，上面均只盖有"防城港星港假日酒店"的公章，且该两份原件经一、二审庭审质证，星港酒店均未提出异议，应当作为本案有效证据采信。星港酒店委托代理人在本院再审庭审中提供两份《不可撤销抵押担保书》的原件，与防城港人行举证的原件不一致，丧失证据效力，本院不予采信。星港酒店出具的不可撤销抵押担保书均已加盖公章，该财产抵押并不违反国家法律和行政法规，抵押担保关系成立。星港酒店辩称，四份抵押清单均为星港酒店为避免星港酒店、星光酒楼的财产被外地法院扣查于1994年5月30日补办的，大部分财产在1993年元月份尚未购置。由于两份担保书都承诺“以本担保书开具后所续进财产一并列入抵押”。后续进财产的清单都经盖章确认,因此,即使在1993年元月份尚未购置,直至1994年5月30日后续进的财产也应列入抵押财产内。郑建华自愿用其个人的全部财产对东港公司借款未还部分的本金、利息承担保证责任,应确认其保证有效。星港酒店、星光酒楼及郑建华为东港公司的借款提供财产抵押和保证,因东港公司破产,已不能归还所欠防城港人行借款本金及利息,依法应由抵押人用抵押财产清偿,由保证人郑建华用其所有财产承担保证责任。据此,广西壮族自治区高级人民法院原二审判决并无不当,再审判决认定借款合同无效,星港酒店和星光酒楼不承担担保责任不当。防城港人行申请再审的理由成立,应予支持。

【案例来源】

最高人民法院审判监督庭编:《中华人民共和国最高人民法院判案大系》(审判监督卷-2001~2002年卷),人民法院出版社2003年版,第207~211页。

767 抵押房地产在主合同到期后一直处于升值状态,银行迟延行使抵押权在增加抵押人利息损失的同时也使抵押物增值受益,抵押人仍应给付利息

【关键词】

|房地产抵押|迟延行使抵押权|

【案件名称】

中国农业银行股份有限公司锦州锦兴支行与锦州玥宝塑业有限公司金融借款合同纠纷案[最高人民法院(2013)民二终字第57号民事判决书,2013.9.13]

【裁判精要】

最高人民法院认为:

在本案所涉8250万元贷款到期前,玥宝公司于2008年6月29日向锦兴支行递交了《关于玥宝公司用抵押物尽快清偿贷款本息的意见》。同年7月2日,锦兴支行向市农行报送的《关于锦州玥宝塑业有限公司8250万元贷款的风险预警报告》载明,该行会同市行业务处于6月27日(周五)对企业进行现场调查,周日紧急约见该企业法人代表,该企业将来只能处置抵押物才能偿还全部贷款,控制化解风险已迫在眉睫。在原审庭审中,锦兴支行认可该风险预警报告的真实性。通过风险预警报告载明的内容可以认定,锦兴支行知晓玥宝公司只能通过处置抵押物偿还全部贷款的事实,玥宝公司以抵押物偿还贷款的意思表示已经到达锦兴支行。《合同法》第一百一十九条规定:“当事人一方违约后,对方应当采取适当措施防止损失的扩大;没

有采取适当措施致使损失扩大的,不得就扩大的损失要求赔偿。"本案中,锦兴支行在上述款项到期之前,已经认识到玥宝公司到期不能清偿债务本息的风险,根据玥宝公司的请求,其可以在债务到期后通过及时行使抵押权避免玥宝公司利息损失扩大,但其直到2011年2月才诉请玥宝公司清偿债务和实现抵押权,故对于其未能及时行使抵押权而至违约损失扩大的部分,不能要求赔偿。但本案的特殊性在于,作为抵押物的房地产,在借款合同到期之后至今,一直处于升值状态,玥宝公司的实际损失并未增加。换言之,锦兴支行迟延行使抵押权在增加玥宝公司利息损失的同时也使玥宝公司因抵押物增值而受益。综上,根据损益相抵规则,本院通过利益衡量认为,对于8250万元到期后的利息,玥宝公司仍应承担给付责任。

【权威解析】

本案中,玥宝公司未按照借款合同约定的期限偿还贷款,应承担给付罚息的责任。但由于其提供了不动产抵押担保,如果债权银行及时行使担保权,就可以避免由于玥宝公司不偿还欠款期限延长而至罚息增大、损失扩大的问题。换言之,在债权银行可以行使担保权而怠于行使担保权的情形下,对于由于其未及时行使担保权增加的罚息部分,违约方应不承担赔偿责任。当然,关于该问题,在具体适用中,可能存在着何为可以行使、但怠于行使的认定问题。如,是否需由担保人催促?是从主张实现担保权之日还是从担保权具体实现之日认为已经行使了担保权?等等。具体到本案而言,在本案所涉8250万元贷款到期前,玥宝公司于2008年6月29日向锦兴支行递交了《关于玥宝公司用抵押物尽快清偿贷款本息的意见》。同年7月2日,锦兴支行向市农行报送的《关于锦州玥宝塑业有限公司8250万元贷款的风险预警报告》载明,该行会同市行业务处于6月27日(周五)对企业进行现场调查,周日紧急约见该企业法人代表,该企业将来只能处置抵押物才能偿还全部贷款,控制化解风险已迫在眉睫。在原审庭审中,锦兴支行认可该风险预警报告的真实性。通过风险预警报告载明的内容可以认定,锦兴支行知晓玥宝公司只能通过处置抵押物偿还全部贷款的事实,玥宝公司以抵押物偿还贷款的意思表示也已经到达锦兴支行。在上述款项到期之前,锦兴支行已经认识到玥宝公司到期不能清偿债务本息的风险,根据玥宝公司的请求,其可以在债务到期后通过及时行使抵押权避免玥宝公司利息损失扩大,但其直到2011年2月才诉请玥宝公司清偿债务和实现抵押权,故对于其未能及时行使抵押权而至违约损失扩大的部分,即增加的罚息部分,玥宝公司不应承担给付责任。①

① 参见张雪楳:《合同效力以及损害赔偿责任的确定——中国农业银行股份有限公司锦州锦兴支行与锦州玥宝塑业有限公司金融借款合同纠纷案》,载最高人民法院民事审判第二庭编:《商事审判指导》(总第35辑),人民法院出版社2014年版,第181～182页。

【案例来源】

中国裁判文书网,http://wenshu.court.gov.cn。

768 同一债权有两个以上抵押人的，对抵押财产所担保的债权份额或者顺序没有约定或者约定不明的，抵押人以其各自提供的抵押物相互承担连带抵押责任

【关键词】

| 共同抵押 | 担保债权份额 | 连带抵押责任 |

【案件名称】

河源市源城区宝源房地产发展有限公司与广发银行股份有限公司河源分行等金融借款合同纠纷案［最高人民法院（2015）民提字第66号民事判决书，2015.8.31］

【裁判精要】

最高人民法院认为：

(一)关于宝源公司与广发行河源办抵押担保关系是否成立问题

宝源公司主张其提供给销售中心用于抵押的土地使用权是广发行河源办向宝源公司借用的,宝源公司为销售中心的债务提供抵押担保不是宝源公司的真实意思表示,抵押担保关系依法不成立。本院认为,宝源公司的此项主张不能成立,理由在于:1. 2001年5月17日,宝源公司与广发行河源办签订编号均为2001A01的《最高额抵押合同》和《额度借款合同》,就被担保主债权种类和数额、债务人履行债务的期限、抵押物的基本情况、抵押担保的范围以及其他事项作出了明确且无争议的约定,具备《担保法》第三十九条关于抵押合同应当包括的基本要素和主要内容,双方关于设立抵押担保法律关系的意思表示无疑且形成合意,抵押合同依法成立。所涉土地使用权办理抵押登记手续后,前述抵押合同发生法律效力、抵押权亦有效设立。2. 宝源公司未能举证证明其与广发行河源办关于借用土地使用权办理抵押手续的约定系本案所涉《最高额抵押合同》的债因。本案再审期间,广发行河源办提供了与本案主要争议焦点有关的三份证据复印件:(1)宝源公司以前述《承诺书》提及的两块土地使用权为抵押物,于2000年8月11日,与广发行河源办签订的一份《抵押合同》;(2)宝源公司与广发行河源办、销售中心签订的,为广发行河源办向销售中心提供承兑号码为0023801、金额为496万元汇票200019号《承兑合同》;(3)出票日为2000年8月14日,出票方为销售中心,付款行为广发行河源办,收款人为广东健力宝饮料有限公司,汇票金额为496万元的《银行承兑汇票》(存根),以证实广发行河源办于1999年向宝源公司借用《承诺书》提及的两份土地使用权证,是为在涉案《最

高额抵押合同》以外的债权提供抵押担保,且该两份土地使用权证已归还宝源公司的事实。宝源公司对上述证据未予否认,仅认为不能证实两份土地使用权证已归还宝源公司。而《承诺书》提及的河国用(1999)第3449号土地使用权证记载,2001年5月22日,根据抵押双方申请,注销广发行河源办于2000年7月26日取得的河他项(2000)第39号他项登记;河国用(1999)第4602号土地使用权证记载,2001年5月22日,根据抵押双方申请,注销广发行河源办于2000年7月26日取得的河他项(2000)第40号他项登记。至涉案2001A01号《最高额抵押合同》于2001年7月23日办理抵押登记之前,该两份土地使用权证已没有其他抵押登记记载。另一份在《承诺书》中没有提及、同样用于涉案2001A01号《最高额抵押合同》中提供抵押的河国用(2001)第380号土地使用权证,则于2001年7月23日首次办理了与《最高额抵押合同》相关的抵押登记。上述事实足以说明《承诺书》所谓借用抵押物所担保的借款法律关系已经消灭且所办理登记业已涂销,与本案所涉《银行承兑合同》《额度借款合同》《最高额抵押合同》等主债务以及担保合同并无关联,自不存在因宝源公司与广发行河源办工作人员通谋虚伪意思表示导致抵押合同因欠缺意思要素而不产生效力的情形。尤其是在本案所涉《最高额抵押合同》签订后,宝源公司还提供了另一份不在《承诺书》借用之列、比借用的两块土地使用权面积大数倍的新取得的土地使用权,与前述曾借用但已注销了他项权登记的两块土地使用权一起办理了与《最高额抵押合同》相关的抵押登记,更进一步说明了广发行河源办借用土地使用权的事实与本案当事人签订及履行《最高额抵押合同》等行为并无事实上关联及法律上的因果关系。3. 商事外观主义要求应以交易当事人行为之外观为准来认定其行为所产生的效果并由其承担与该行为相一致的法律后果,以保障商事交易的安全和便捷,至于行为人的行为是否表现了真实的内心意思则在所不问。以本案而言,即便《承诺书》证明了宝源公司与广发行河源办关于借用本案所涉抵押物的各自内心真实意思,但双方后续订立《最高额抵押合同》并办理登记手续产生对世效力的行为,已形成双方设立抵押权的商事外观,纵然这一法律后果违背了双方当事人尤其是宝源公司的所谓内心真实意思,对于宝源公司这一成熟的商事主体应推定其在出借土地使用权之前即已预见到可能的法律风险,亦需根据自己对外宣示的合法抵押信息来承受相应的物上负担。综上,宝源公司关于抵押合同关系未成立的主张因无事实根据和法律依据而不能成立。

(二)关于宝源公司是否应当承担担保责任问题

宝源公司认为本案所涉四笔借款是由宏远公司为销售中心的借款提供抵押担保,原审判决认定宝源公司对销售中心在本案的四笔借款承担担保责任没有事实和法律根据。1. 同一债权上设立有多个担保人提供的担保,可增加债权人权利得到实现的保障,一向不为法律所禁止。宝源公司与广发行河源办签订《最高额抵押合同》,约定宝源公司为广发行河源办与销售中心在2001年5月17日至2002年5月17日期间所发生债务提供最高额为2500万元的抵押担保。该最高额抵押合同在抵押物登记后发生法律效力,抵押权有效设立。现主债务人销售中心不能清偿借款,宝源公司作为担保人应当依法依约承担担保责任。2. 多个担保人就同一债权提供担保,在无特别约定情形下,其担保责任的分配,需考虑最高额抵押合同是比较特殊的担保形式,其所担保的债权需在决算期届至或约定事由发生后才特定化,此前所发生的连续交易或债权,不足以确定最高额抵押权的内容。以本案而言,根据《担保法》第五十九条关于"本法所称最高额抵押,是指抵押人与抵押权人协议,在最高债权额限度内,以抵押物对一定期间内连续发生的债权作担保"的规定,本案所涉四份《银行承兑合同》虽然另有担保人宏远公司关于提供担保的约定,但该约定均明确各合同项下借款担保方式为抵押、按广发行河源办与宏远公司签订编号为2001A02《最高额抵押合同》执行,故此四份《银行承兑合同》仍为一定期间内连续发生的债权合同而非担保合同,不能作为判断担保人担保责任范围或者份额分担的依据。另由于宝源公司与广发行河源办所订立的编号为2001A01《最高额抵押合同》以及前述广发行河源办与宏远公司签订的编号为2001A02《最高额抵押合同》均约定宝源公司与宏远公司自愿为债务人即销售中心于2001年5月17日至2002年5月17日期间在广发行河源办办理约定的各类业务实际形成的债权最高余额为2500万元提供担保,但宝源公司与宏远公司并未就决算期届至、连续发生之债权特定化后所形成应担保余额应如何分担并未作出约定,根据《担保法解释》第八十三条第一款关于"最高额抵押权所担保的不特定债权,在特定后,债权已届清偿期的,最高额抵押权人可以根据普通抵押权的规定行使其抵押权"以及第七十五条第二款关于"同一债权有两个以上抵押人的,当事人对其提供的抵押财产所担保的债权份额或者顺序没有约定或者约定不明的,抵押权人可以就其中任一或者各个财产行使抵押权"的规定,宏远公司与宝源公司以其各自提供的抵押物相互承担连带抵押责任。故宝源公司关于其不应承担抵押责任的主张因无事实根据和法律依据而不能成立。再审判决认定宝源公司与宏远公司应对销售中心涉案债务承担连带责任并无不当,应予维持。

【案例来源】

中国裁判文书网,http://wenshu.court.gov.cn。

(三)抵押权实现的义务主体

769 抵押权人不得请求非主债务人的抵押人直接清偿债务

【关键词】

| 抵押权 | 非主债务人 | 直接清偿 |

【案件名称】

中国长城资产管理公司济南办事处与中国重汽集团济南卡车股份有限公司、山东小鸭集团有限责任公司借款抵押合同纠纷案［最高人民法院（2007）民二终字第25号民事判决书，2007. 7. 26］

【裁判精要】

裁判摘要：抵押担保是物的担保。在抵押人不是主债务人的情况下，抵押权人可以请求拍卖、变卖抵押财产优先受偿，但不得请求抵押人直接承担债务人的债务。

最高人民法院认为：

二、关于本案所涉抵押权的效力和相关抵押人的认定问题

本案所涉各份抵押合同合法有效。合同当事人对相应抵押物办理了抵押登记。故本案所涉各项抵押权均有效成立。该各项抵押权亦随主债权的转移而转移给新的债权人即长城公司。本案各项抵押权设定以后，相关物权登记均未变更。小鸭股份公司是本案抵押担保物权设定时的抵押人，因资产置换和工商登记变更，名称现为重汽济南卡车公司，也因抵押权证上的各项内容均未办理变更登记，故抵押担保法律关系中的抵押人名义上仍应为重汽济南卡车公司。故长城公司关于重汽济南卡车公司是东郊工行抵押权上的抵押人的上诉理由成立，本院予以支持。但是，抵押担保是物的担保，当抵押人不是主债务人的情况下，抵押权人对抵押人只能在抵押财产范围内实现债权。抵押权人可以请求拍卖、变卖抵押财产优先受偿，但不得请求抵押人直接承担债务人的债务。故本院对长城公司关于重汽济南卡车公司直接清偿债务的二审请求，不予支持。长城公司对相应抵押物折价或拍卖、变卖后的价款或征用补偿金在小鸭集团不能清偿相关债务范围内享有优先受偿权。

【案例来源】

《中华人民共和国最高人民法院公报》2008年第3期。

编者说明

抵押权是债权人对债务人或者第三人不转移占有的担保财产，在债务人届期不履行债务或者发生当事人约定的实现抵押权的情形时，依法享有的就抵押财产的变价处分权和就卖得价金优先受偿权的总称。抵押权具有两项权能：一是抵押财产的标价处分权；二是就抵押财产变得价金的优先受偿权。无论是以何种方式处理抵押财产，都是用其价款来偿还债务人所欠债权人的债务，当抵押人用自己的财产来保证债权人利益的实现时，只要抵押人不是主债务人，就不是抵押人负责承担主债务人的债务，抵押权人的利益实现只能在抵押的财产范围内，不能超出该范围。所以抵押权人只能对抵押人的抵押财产进行处理，而

不能请求抵押人直接承担债务人所负的债务。①

770 抵押权人行使权利的依据是其对抵押财产享有的物权，而不应由抵押物的受让人在受让财产范围内直接承担偿还责任

【关键词】

｜抵押权｜抵押物受让人｜

【案件名称】

中国华融资产管理公司哈尔滨办事处与牡丹江市无线电六厂、牡丹江欧地希焊接机有限公司、牡丹江电站辅机总厂借款合同纠纷案［最高人民法院（2003）民二终字第196号民事判决书，2004.3.15］

【裁判精要】

最高人民法院认为：

1997年10月10日牡丹江工行与无线电六厂签订的协议书中明确表示，为了支持无线电六厂的合作活动，其同意将无线电六厂已设定抵押的价值人民币632万元的固定资产参与合资，但大前提是无线电六厂必须将632万元的股权质押给牡丹江工行。从双方当事人上述约定内容看，其协议解除抵押关系是建立在质押依法成立并生效的前提之下的。因该协议签订后牡丹江工行和无线电六厂始终未办理股权质押手续，根据《担保法》第七十八条关于以有限责任公司股份出质的，质押合同自股份出质记载于股东名册之日生效的规定，双方之间的质押合同关系并未生效，故牡丹江工行与无线电六厂之间原形成的抵押担保法律关系因双方约定的前提条件未成就而并未解除。故华融资产哈尔滨办事处在牡丹江工行与无线电六厂设定的抵押担保有关系依法成立并生效的前提下，依然有权对抵押物行使抵押权。原审法院认定双方通过签订协议书已实际解除了原已设定的抵押法律关系，没有事实依据，应予纠正。

根据《担保法》第三十三条的规定，抵押权人行使是指当债务人不履行债务时，债权人有权以债务人或者第三人用以抵押的财产折价或者以拍卖、变卖抵押财产的价款优先于债务人或者第三人的其他债权人受偿。又根据《担保法解释》第六十七条关于“抵押权存续期间，抵押人转让抵押物未通知抵押权人或者未告知受让人的，如果抵押物已经登记的，抵押权人仍可以行使抵押权；取得抵押物所有权的受让人，可以代替债务人清偿其全部债务，使抵押权消灭。受让人清偿债务后可以向抵押人

① 参见江必新、何东宁：《最高人民法院指导性案例裁判规则理解与适用·担保卷》，中国法制出版社2011年版，第427页。

追偿”的规定，即使抵押人转让抵押物未通知抵押权人或者未告知受让人的，抵押权人行使权利时也只是依据其对抵押财产享有的物权，要求受让人代债务人以该抵押财产折价或者以拍卖、变卖的相应价款来受偿，而不是由受让人在受让抵押财产金额及其利息范围内直接承担偿还责任。这是由物权担保的法律属性决定的。鉴于本案华融资产哈尔滨办事处诉讼请求系要求欧地希公司在其接受的已为原告设定抵押权的财产及其利息范围内向其承担偿还责任，并在二审庭审中明确表示其诉讼请求不是要求欧地希公司以无线电六厂出资的抵押财产折价或者拍卖、变卖的相应价款来代为偿还无线电六厂的债务，而是要求由欧地希公司在抵押财产值及其利息范围内向其承担偿还责任，因其诉请非为抵押权行使的内容，且现无证据证明华融资产哈尔滨办事处与欧地希公司之间存在事实上的债权债务关系，故本院对其该诉讼请求不予支持。

【权威解析】

2. 华融资产哈尔滨办事处是否有权向欧地希公司主张行使抵押权问题

从《担保法》第四十九条关于“抵押期间，抵押人转让已办理登记的抵押物的，应当通知抵押权人并告知受让人转让物已经抵押的情况；抵押人未通知抵押权人或者未告知受让人的，转让行为无效。转让抵押物的价款明显低于其价值的，抵押权人可以要求抵押人提供相应的担保；抵押人不提供的，不得转让抵押物。抵押人转让抵押物所得的价款，应当向抵押权人提前清偿所担保的债权或者向与抵押权人约定的第三人提存。超过债权数额的部分，归抵押人所有，不足部分由债务人清偿”和《担保法解释》第六十七条关于“抵押权存续期间，抵押人转让抵押物未通知抵押权人或者未告知受让人的，如果抵押物已经登记的，抵押权人仍可以行使抵押权；取得抵押物所有权的受让人，可以代替债务人清偿其全部债务，使抵押权消灭。受让人清偿债务后可以向抵押人追偿。如果抵押物未经登记的，抵押权不得对抗受让人，因此给抵押权人造成损失的，由抵押人承担赔偿责任”的规定看，其立法本意在于，在抵押物转让中既要充分保护抵押权人权利的实现（如转让时告知——转让价款提前偿还或提存——转让价款低的要担保否则不得转让——登记的受让人先行偿还等），又要考虑善意受让人的利益保护（如未登记的，抵押权不得对抗受让人）。本案抵押财产从无线电六厂转移到欧地希公司系因出资行为造成的。抵押物是否能够出资问题，原《公司法》和《公司登记管理条例》没有规定，新《公司法》颁布实施后，修改后的《公司登记管理条例》已经明确规定已经设定担保的财产不得用以出资。但因本案所涉抵押物出资行为发生在新《公司登记管理条例》实施之前，故在适用旧法场合下还不能直接以无线电六厂以抵押物出资的行为无效为由，认定抵押物的所有权人仍为无线电六厂。华融资产哈尔滨办事处无权直接向无线电六厂主张行使抵押权。根据担保法的规定，抵押人转让抵押物通知抵押权人的，并不导致转让行为无效。本案所涉抵押物通过出资方式转让给欧地希公司，系经抵押权人华融资产哈尔滨办事处同意的,故该转让行为不能以此认定无效。也就是说,该抵押物出资给欧地希公司后,其所有权应当归属欧地希公司。但因华融资产哈尔滨办事处同意解除抵押的前提条件未实现,原设定的抵押法律关系仍然存续,基于物权担保的法律属性,华融资产哈尔滨办事处可以参照《担保法解释》第六十七条的规定,向欧地希公司主张行使抵押权。当然,如果欧地希公司为了继续享有对抵押物的所有权,其可以通过选择代替债务人清偿债务的方式来消灭依法有效的抵押权,并有权就其代替清偿的部分向债务人追偿。①

【案例来源】

最高人民法院民事审判第二庭编:《民商事审判指导》(总第10辑),人民法院出版社2007年版,第217~223页。

(四)其他

771 债权人许可债务人转让债务未经抵押人同意的,抵押人对未经其同意转让的债务不承担担保责任

【关键词】

|抵押|债务转移|担保责任|

【案件名称】

通化市山城房屋开发有限公司与吉林银行股份有限公司通化分行、通化市金恺威药业有限公司、吉林通化东晨药业股份有限公司及王平借款合同纠纷案[最高人民法院(2015)民提字第28号民事判决书,2015.10.9]

【裁判精要】

最高人民法院认为:

担保人是基于对于债务人偿债能力的信任才作出担保,因此,《担保法解释》第七十二条规定,第三人提供抵押的,债权人许可债务人转让债务未经抵押人书面同意的,抵押人对未经其同意转让的债务,不再承担担保责任。本案中债务人东晨药业发生了企业重组。依据一审查明的事实,2005年8月2日,威德药业与金恺威药

① 参见刘敏:《抵押物转让后抵押权人权利的行使——中国华融资产管理公司哈尔滨办事处与牡丹江市无线电六厂、牡丹江欧地希焊接机有限公司、牡丹江电站辅机总厂借款合同纠纷上诉案》,载最高人民法院民事审判第二庭编:《民商事审判指导》(总第10辑),人民法院出版社2007年版,第224~225。

业法人代表王平签订企业产权转让合同,其中约定欠吉林银行的900万元贷款及利息由王平负责偿还。不论最终该笔债务是由王平负责偿还,还是金恺威药业负责偿还,在企业重组过程中,涉案债务的责任承担主体发生了变化,构成债务转让。债务人的偿债能力发生了变化,这严重影响山城公司作出担保责任时的判断。而从2006年6月5日,通化市金信城市信用社向通化市中远资产评估有限责任公司作出的《关于同意东晨药业向金恺威药业投资函》的内容看,吉林银行作为债权人对于所发生的债务转让是知情并同意的,依据《担保法解释》第七十二条的规定,涉案债务的转让并未取得抵押人的书面同意,抵押人应不再承担担保责任。现吉林银行与金恺威药业均未提供证据证明山城公司书面同意债务转让,应当认定山城公司不再承担担保责任。山城公司与通化市金信城市信用合作社《关于续期抵押登记的约定》签订于2004年7月13日,其第三条明确约定,对于抵押期一年后发生企业转让,山城公司不再承担担保责任。而本案中,涉案企业转让发生于2005年7月13日之后,在吉林银行与金恺威药业未提供证据证明山城公司书面同意涉案债务转让的情况下,山城公司不应再承担担保责任。吉林银行与金恺威药业认为《关于续期抵押登记的约定》系伪造,但在一审、二审时其均未对该约定的真实性提出异议。本案再审时,金恺威药业提交其代理人单方委托的吉林正达司法鉴定中心出具的鉴定结论,以"通化市金信城市信用合作社"与同时期盖印的"通化市金信城市信用合作社"不是同一枚印章所盖证明该约定系虚假文件。山城公司对此不予认可。在此情况下本院认为金恺威药业提供的证据不足以认定《关于续期抵押登记的约定》是虚假的,该约定可以作为定案证据。从该约定表述的内容看,山城公司对于超过一年后发生的企业转让,不再承担担保责任。上述约定为双方当事人的真实意思表示,且不违反法律的禁止性规定,应为合法有效。原审判决适用法律错误,应予纠正,山城公司不应对涉案900万元贷款及利息承担担保责任。

【案例来源】

中国裁判文书网,http://wenshu. court. gov. cn。

772 数个债权人与同一个债务人约定对原合同设定的抵押物进行交换,并非单独进行抵押权转让,该变更协议有效

【关键词】

| 抵押物交换 | 抵押权转让 | 变更协议 |

【案件名称】

重庆市水产集团公司与重庆市江北区农村信用合作社联合社等借款抵押合同纠纷案[最高人民法院(2004)民二终字第52号民事判决书,2004.6.8]

【裁判精要】

最高人民法院认为：

(3)信用联社、华夏公司、稼润公司三方签订变更抵押物协议及进行抵押物交换的行为，是否违反了《担保法》关于抵押权不得与债权分离单独转让的禁止性规定。2000年1月8日信用联社、华夏公司、稼润公司三方签订的变更抵押物协议，是信用联社和华夏公司作为债权人与同一个债务人稼润公司协商一致后，对原合同中设定的抵押物进行交换的行为，并非单独进行抵押权转让。该协议的履行表明，三方当事人是通过分别解除原抵押之后重新设定抵押，不属于抵押权与债权分离单独转让的情形，也未超越委托书的授权范围。该变更抵押物协议，是三方当事人真实意思表示，不违反法律禁止性规定。在该变更抵押物协议签订后，当事人各自办理了解除抵押和重新抵押的手续，并经有关部门核准登记。因此，原审法院确认变更抵押物协议有效，是正确的，本院应当予以维持。上诉人关于变更抵押物协议内容违反《担保法》禁止性规定，应当确认无效的主张，于法无据，本院不予支持。

【案例来源】

最高人民法院民事审判第二庭编：《民商事审判指导》(总第6辑)，人民法院出版社2005年版，第366～383页。

773 银行工作人员滥用职权违法放贷造成损失，不能证明抵押人参与或者知情并提供抵押担保的，抵押人不承担民事责任

【关键词】

| 抵押 | 违法放贷 | 抵押人责任 |

【案件名称】

中国农业银行股份有限公司岫岩满族自治县支行与兰翎、鞍山万兴隆岩田木业有限公司借款、抵押合同纠纷案［最高人民法院（2013）民二终字第51号民事判决书，2013.6.27］

【裁判精要】

最高人民法院认为：

根据本案查明的事实，岩田木业公司与农行岫岩支行在办理涉案固定资产贷款业务时存在犯罪行为，已经生效的盘锦市双台子区人民法院作出的(2010)双刑初字第183号刑事判决书和盘锦市中级人民法院作出的(2012)盘中刑二终字第18号刑事裁定书查明和认定，为获得涉案固定资产贷款，岩田木业公司制作虚假财务报告

等文件申请贷款，并向农行岫岩支行工作人员江云南等人行贿财物，为此，农行岫岩支行工作人员江云南等人将虚假材料逐级上报，致使不符合贷款条件的岩田木业公司获得涉案贷款，其分别构成骗取贷款犯罪、单位行贿罪和非法发放贷款罪及受贿罪。因该《固定资产借款合同》的形成过程中，农行岫岩支行工作人员存在上述刑事判决书和裁定书认定的犯罪行为，双方当事人明显以合法形式掩盖非法目的，侵犯了国家的金融制度，构成犯罪，依据《合同法》第五十二条第(三)项的规定关于"以合法形式掩盖非法目的"的规定，农行岫岩支行与岩田木业公司签订的《固定资产借款合同》应当认定无效，原审判决书在该院认为部分认为该合同合法有效不妥，本院予以纠正。岩田木业公司与农行岫岩支行之间的合同关系虽然应当认定无效，但其间仍实际存在民事债权债务关系，原审判决书主文并未涉及合同效力，仅对其间偿还借款本金、利息及抵押担保的内容作出判决，双方当事人对此均未提出上诉，本院对原审判决书该判项主文予以维持。

因涉案借款主合同应当认定无效，根据《担保法》第五条规定关于"担保合同是主合同的从合同，主合同无效的，担保合同无效"的规定，与涉案固定资产借款合同配套的兰翎与农行岫岩支行签订的《抵押合同》为从合同，亦应认定无效。根据《担保法解释》第八条关于"主合同无效而导致担保合同无效，担保人无过错的，担保人不承担民事责任"的规定，农行岫岩支行主张兰翎承担涉案固定资产借款损失，应当举证证明兰翎存在过错。农行岫岩支行的工作人员滥用职权违法发放贷款形成损失，其在没有证明兰翎参与了犯罪或者对该犯罪行为知情并仍然提供抵押担保的情况下，要求兰翎承担民事责任没有法律依据。兰翎系以抵押担保人身份参与涉案借款关系的，抵押担保法律关系系单务合同，在抵押担保合同关系中，依法抵押担保人只承担合同义务，不享有合同权利。农行岫岩支行以兰翎为岩田木业公司大股东、董事长兰辉的姐姐，其间存在关联关系为由主张兰翎应承担还款责任，应当提供证据证明兰翎占用了涉案资金或者与之相关的其他利益等，其仅以关联关系为由主张兰翎承担民事责任及对抵押物享有优先受偿权，依据不足，本院不予支持。

【案例来源】

中国裁判文书网，http://wenshu.court.gov.cn。

774 主合同名为融资租赁实为借贷合同，但不存在无效事由的，不影响抵押担保责任承担

【关键词】

| 融资租赁合同 | 借贷合同 | 抵押担保 |

【案件名称】

唐山市丰南建设投资有限公司与民生金融租赁股份有限公司保证合同纠纷案

[最高人民法院（2016）最高法民终180号民事判决书，2016. 10. 18]

【裁判精要】

最高人民法院认为：

一、关于案涉融资租赁合同的性质、效力以及对丰南建设公司担保责任的影响问题

关于丰南建设公司提出案涉融资租赁合同系名为融资租赁实为借贷，因此融资租赁合同无效，进而主张丰南建设公司不应承担担保责任的问题。本院认为，民生租赁公司与山西海鑫公司之间是否存在真实的交易关系，仅影响法律关系性质的认定，对合同效力以及丰南建设公司担保责任的承担并无影响。

其一，无论民生租赁公司与山西海鑫公司之间系融资租赁法律关系还是借贷法律关系，均不会导致案涉融资租赁合同无效。《融资租赁解释》第一条第二款规定，对名为融资租赁合同，但实际不构成融资租赁法律关系的，人民法院应当按照其实际构成的法律关系处理。本案中，丰南建设公司未能提交证据证明案涉融资租赁合同存在《合同法》第五十二条规定的无效情形，其仅以案涉合同系名为融资租赁、实为借贷合同为由主张合同无效，缺乏法律依据，本院不予采纳。

其二，案涉融资租赁合同是否是名为融资租赁实为借贷，对于丰南建设公司的担保责任承担并无影响。本案中，民生租赁公司诉请丰南建设公司以抵押物为山西海鑫公司欠付民生租赁公司租金和留购价款共计人民币694451033. 65元承担抵押担保责任，该责任数额加上民生租赁公司已实现的债权数额之和并未超过800000000元款项自实际发放之日起按照法律保护的民间借贷利率标准计算的本息数额。根据合同约定，丰南建设公司在编号为MSFL－2011－2075－S－HZ－DY《抵押合同》项下担保的主债权为民生租赁公司在编号MSFL－2011－2075－S－HZ《融资租赁合同》项下对债务人享有的全部债权。丰南建设公司主张民生租赁公司与山西海鑫公司恶意串通，骗取丰南建设公司提供担保，但并未提供证据证明。因此，即使案涉《融资租赁合同》系名为融资租赁实为借贷，对于丰南建设公司担保责任的认定亦并无影响。丰南建设公司关于主合同无效导致担保合同无效进而主张其不应承担担保责任的上诉理由，缺乏依据，本院不予支持。

【案例来源】

中国裁判文书网，http://wenshu. court. gov. cn。

775 银行为转嫁贷款风险以新贷扣还旧贷，未告知抵押人的，抵押人不承担担保责任

【关键词】

| 抵押 | 以贷还贷 | 担保责任 |

【案件名称】

上海国货房地产开发有限公司与中国工商银行上海市虹桥开发区支行、上海燊裕家私装饰有限公司借款担保纠纷案［最高人民法院（2001）民二监字第335号民事判决书］

【裁判精要】

最高人民法院认为：

虹桥工行与装饰公司签订本案讼争的900万元借款合同时，装饰公司已处于歇业状态，虹桥工行在明知在该企业“信用等级为3B，企业信誉状况不佳，贷款不归还”，为转嫁贷款风险，促成国货公司为装饰公司新贷款作担保。国货公司在为装饰公司提供900万元抵押担保时，虹桥工行与装饰公司未告知国货公司关于装饰公司在该行有逾期贷款900万元这一事实，亦未告知“本笔贷款本属化解风险”的贷款，银行拟作借新贷还旧贷处理，构成欺诈。国货公司知道其为装饰公司抵押担保的借款900万元被虹桥工行扣划作归还逾期贷款，先后于1998年1月22日、3月6日书面向虹桥工行申请，要求撤保，理由正当。虹桥工行改变主合同约定的流动资金周转的借款用途及还贷资金来源，用新贷偿还旧贷，变更了主合同内容，未征得担保人同意。综上，担保人不应承担民事责任。

【权威解析】

1. 银行是否改变了借款合同约定的还款资金来源？是擅自改变主合同内容构成违约，还是利用银行转账的优势自行划款，构成侵权？虹桥工行与装饰公司签订的借款合同，借款用途为流动资金。合同第六条明确规定用下列资金归还本合同项下借款本息：(1)销售货款回笼归贷；(2)房产抵押变现归贷。第十九条约定：变更本合同内容，应征得担保人书面同意。当日，虹桥工行向装饰公司放贷900万元。次日，虹桥工行用特种转账传票划转归还原逾期贷款900万元，并在特别转账传票的转款原因上注明：原逾期贷款900万元。虹桥工行同日的对账单载明：装饰公司贷方一栏和借方一栏内的金额皆为900万元。归还借款本息的资金来源，既不是销售货款回笼，又不是房产抵押变现。银行划款应征得客户的同意并通知客户，但虹桥工行既不征得客户的同意，又不通知客户，而是自行用银行内部的转账凭证划款，构成违约和侵权两种责任的竞合。

2. 虹桥工行以新还旧，是否构成欺诈？虹桥工行与装饰公司签订本案讼争的900万元借款合同时，装饰公司已处于歇业状态，虹桥工行明知该企业“信用等级为3B，企业信誉状况不佳，贷款不归还”，为转嫁贷款风险，促成国货公司为装饰公司贷新款作担保。国货公司在为装饰公司提供900万元抵押担保时，虹桥工行与装饰公司未告知国货公司关于装饰公司在该行有逾期贷款900万元这一事实，也未向担保人告知“本笔贷款本属化解风险”的贷款,银行拟作借新贷还旧贷处理,构成欺诈。

3. 保证中的免责是否适用抵押担保? 虹桥工行称:《担保法》第三十条规定仅适用于保证而不适用于抵押。《担保法》第三十条规定的表述虽然是关于保证人免责的情形,与《民法通则》第五十八条第一款第(三)项的立法精神相一致,依据这种一致性的原则,《担保法》第三十条规定保证人免责的情形,也适用于本案抵押担保合同的担保人。综上,国货公司不应承担本案的抵押担保责任。①

【案例来源】

最高人民法院审判监督庭编:《审判监督指导》(总第13辑),人民法院出版社2004年版,第68~71页。

编者说明

依《担保法》第三十条规定,主合同当事人双方串通,骗取保证人提供保证的;或者主合同债权人采取欺诈、胁迫等手段,使保证人在违背真实意思的情况下提供保证的,保证人不承担民事责任。《担保法解释》第三十九条规定:“主合同当事人双方协议以新贷偿还旧贷,除保证人知道或者应当知道的外,保证人不承担民事责任。新贷与旧贷系同一保证人的,不适用前款的规定。”单纯从文义上来看,上述规定是对保证担保所设,但在以第三人财产设定抵押的情形下,抵押担保法律关系在主体、内容、目的、效果等方面与保证担保的特征是相似的,在法律及司法解释未对主合同当事人双方串通骗抵押担保和以贷还贷中抵押人的责任承担问题作出明确规定的情况下,将现有法律及司法解释关于以贷还贷对保证担保责任承担的相关规定比照适用于抵押担保并无不当。

776 借款合同明确约定了借款用途为偿还旧贷,抵押人以此主张免责不予支持

【关键词】

|借款合同|偿还旧贷|抵押人免责|

【案件名称】

牛紫东、沈阳亚欧工贸集团有限公司等与辽宁宏基工贸有限公司金融不良债权追偿纠纷案[最高人民法院(2015)民提字第79号民事判决书,2015.6.30]

---

① 参见毛端稚:《银行为转嫁贷款风险以新贷扣还旧贷,担保人不负担保责任——上海国货房地产开发有限公司与中国工商银行上海市虹桥开发区支行、上海桑裕家私装饰有限公司借款担保纠纷再审案》,载最高人民法院审判监督庭编:《审判监督指导》(总第13辑),人民法院出版社2004年版,第72页。

【裁判精要】

最高人民法院认为：

二、关于抵押担保合同的效力及抵押担保人亚欧公司应否承担责任以及承担责任的范围问题

1. 关于借款申请书是否为借款合同组成部分的问题。本案借款合同第十一条约定“其他约定事项：根据借款人的借款申请有关内容，双方签订此借款合同”，由此可见，涉案借款合同的签订是基于宏基公司提出的申请，宏基公司出具的借款申请书是其单方作出的向银行申请贷款的意思表示，并非与银行双方合意的行为，且借款合同内容并没有借贷双方合意将借款申请书作为借款合同的组成部分或附件的约定，因此，在没有其他证据证实的情况下，一、二审法院将借款申请书作为是借款合同重要组成部分的认定缺乏事实和法律依据，属于事实认定错误。

2. 关于抵押担保合同是否为附条件的合同、合同是否未生效的问题。亚欧公司主张抵押担保合同附有“4530 万元贷款中 1473 万元用于欧亚酒店”的条件，并主张由于贷款 4530 万元全部用于偿还旧贷，所附条件没有成就，该抵押担保合同未生效，其应免除全部担保责任。对此，本院认为，纵观本案抵押担保合同以及借款合同的全部内容，均没有附上述条件的约定，且根据亚欧公司与建行大东支行签订的抵押合同记载，亚欧公司是鉴于“为确保宏基公司与建行大东支行签订的沈东 2001 商流贷字 18 号借款合同的履行，保障建行大东支行债权的实现，亚欧公司愿意为建行大东支行与债务人依主合同所形成的债权提供抵押担保”而签订抵押合同，该合同中并未约定“1473 万元用于欧亚酒店建设”作为担保人亚欧公司对宏基公司全部借款提供抵押担保的条件，而且宏基公司在其借款申请书中亦未有此条件的约定。另外，依据沈阳市中级人民法院（2005）沈中民三合初字第 547 号民事判决所认定的事实，案涉贷款转贷前即有抵押担保。该抵押物所有权人原为沈阳欧亚工贸（集团）实业总公司，2001 年 12 月 25 日该抵押物更名过户至亚欧公司名下，因而 2001 年 12 月 28 日建行大东支行与亚欧公司签订抵押合同后，重新办理了抵押登记，也并非因亚欧公司提供的担保是有条件的担保。因此，亚欧公司主张担保合同是附条件的合同没有证据证明，其主张担保合同是附条件的合同、所附条件不成就、担保合同未生效、其应免除全部担保责任的主张无事实和法律依据，本院不予支持。至于亚欧公司称需要查清建行大东支行的违约责任问题，对此，本院认为，本案系借款担保合同纠纷，根据借款合同的约定，贷款人建行大东支行已依约向借款人宏基公司发放了贷款 4530 万元，履行了贷款人的放款义务，并不存在违约行为。对于建行大东支行是否安排北方建设公司进场施工、建行大东支行向省建行申请给予龙腾大厦建设封闭贷款支持、借款人宏基公司为何未能偿还借款等事实，与本案借款合同及抵押担保合同无关，并非本案审理范围，一、二审法院对此未予审理并无不当。

3. 关于本案是否存在未经担保人亚欧公司同意改变贷款用途的问题。前已分

析论述借款申请书并非借款合同的组成部分，且借款合同第二条明确约定了借款用途为“甲方（指宏基公司）借款将用于偿还98.13号、99.95号借款合同借款人所欠贷款人的债务”，即借贷双方在借款合同中已明确约定了4530万元借款的用途为偿还旧贷。故，建行大东支行将4530万元贷款发放后予以扣划，偿还宏基公司旧贷款的行为符合借款合同的约定，并未改变借款用途。一、二审法院作出的借贷双方改变了借款用途的认定有误。此外，因抵押担保人亚欧公司的时任法定代表人舒勇在担保合同及借款合同上均签字确认，表明亚欧公司对贷款用途是明知的，因此，本案亦不存在未经担保人同意改变贷款用途、加重担保人债务负担的情形。原审判决依据《担保法解释》第三十条“保证期间，债权人与债务人对主合同数量、价款、币种、利率等内容作了变动，未经保证人同意的，如果减轻债务人的债务的，保证人仍应当对变更后合同承担保证责任；如果加重债务人的债务的，保证人对加重的部分不承担保证责任”的规定，免除担保人亚欧公司部分担保责任属于适用法律不当，对此本院予以纠正，本案担保人亚欧公司应当对4530万元贷款的全部本息承担抵押担保责任。

【权威解析】

本案中，对于“借款申请书”的性质分析是首要解决的问题。按照银行业贷款的行业要求，在银行与借款人签订借款合同前，首先要求借款人按照银行要求出具“借款申请书”，此申请仅代表借款人作出了申请借款的要约。而无论该“借款申请书”的内容如何，均是借款人单方的意思表示，除借款合同中有明确规定以外，“借款申请书”的内容不应当认为是约束双方的合同条款。

对于如何理解借款合同第十一条约定“根据借款人的借款申请相关内容，双方签订此借款合同”的问题。原一、二审法院认为，此条款恰恰证明了“借款申请书”的内容是借款合同的组成部分，各方均应当遵守。对此，最高人民法院认为，从该第十一条的字面理解，不存在银行同意遵守“借款申请书”内容的意思表示，只能认为银行在此表述了借款合同的签订过程，也就是银行系基于借款人宏基公司的申请而与之签订本借款合同；再从借款合同的内容看，借款合同已经明确写明“甲方（宏基公司）借款将用于偿还98.13号、99.95号借款合同借款人所欠贷款人的债务”，即借贷双方在借款合同中已明确约定了4530万元借款的用途全部为偿还旧贷，此明确具体的约定内容与宏基公司向建行大东支行出具的借款申请书中载明“为缓解资金矛盾，特向贵行申请将用于龙腾大厦贷款3057万元进行转贷，待龙腾大厦完工后，用售楼款归还3057万元，其余款项（1473万元）用于欧亚酒店，酒店开业后用利润归还”的内容明显不符。就此可进一步确认，双方并未按照“借款申请书”的内容建立此份借款合同。从以上两个方面均可认定，合同双方没有达成遵守“借款申请书”内容的意思表示，没有证据显示该申请之内容系借款合同的组成部分。宏基公司在签订借款合同后的实际履行中将全部4530万元借款用于偿还旧贷并未违反合同约定，未改变借款用途。

基于以上分析，亚欧公司作为担保人是在此借款合同的基础上与建行大东支行签订了抵押合同，而非建立在宏基公司的“借款申请书”的基础上。因此，亚欧公司应当在4530万元的借款范围内承担抵押担保责任，亦不存在借款人改变合同用途而致担保人在加重责任的范围内免责的事由，最高人民法院最终予以改判。①

【案例来源】

中国裁判文书网，http://wenshu.court.gov.cn。

777 因债务转移，抵押人成为债务人的，债权人就抵押财产仍享有抵押权

【关键词】

| 债务转移 | 抵押权 |

【案件名称】

遵义市城乡房地产开发有限责任公司与贵州银行股份有限公司遵义分行侵权纠纷案［最高人民法院（2016）最高法民终408号民事判决书，2017.2.23］

【裁判精要】

最高人民法院认为：

二、贵州银行遵义分行是否应赔偿城乡公司因未解除位于遵义市红花岗区××大道北段××号土地使用权抵押手续而导致的损失

城乡公司主张《和解协议》约定第三人凯瑞特公司的债务均由城乡公司承担，意味着贵州银行遵义分行与凯瑞特公司之间的债务消灭，其上的担保权也应消灭，故城乡公司为该笔债务所提供的抵押应予解除。本院认为，《和解协议》虽然约定，城乡公司用案涉资产为凯瑞特公司抵偿部分债务，且抵偿后剩余的438355.20元利息亦由城乡公司负责清偿，但上述约定属于债务转移，并未在实体上消灭贵州银行遵义分行的债权。原审判决适用《物权法》第一百九十二条有关债权转让的规定，与本案系债务转让的事实不符，本院予以纠正。根据《担保法》第五十二条关于“抵押权与其担保的债权同时存在，债权消灭的，抵押权也消灭”之规定，贵州银行遵义分行对凯瑞特公司的债权和抵押权并不因为债务人发生变更而归于消灭。且根据《担保法解释》第七十二条的规定，“主债权被分割或者部分转让的，各债权人可以就其享

① 参见裴跃：《除合同有约定外，“借款申请书”不能作为借款合同的组成部分》，载最高人民法院第二巡回法庭编著：《民商事再审典型案例及审判经验》，人民法院出版社2019年版，第207～209页。

有的债权份额行使抵押权。主债务被分割或者部分转让的，抵押人仍以其抵押物担保数个债务人履行债务。但是，第三人提供抵押的，债权人许可债务人转让债务未经抵押人书面同意的，抵押人对未经其同意转让的债务，不再承担担保责任”。城乡公司系贵州银行遵义分行与凯瑞特公司之间债权债务关系的抵押人，其自愿承担凯瑞特公司所欠贵州银行遵义分行所有债务的行为，应视为其作为抵押人亦同意上述债务转让，故城乡公司仍应对该转让债务承担抵押担保责任。此外，《和解协议》约定应由城乡公司承担的凯瑞特公司所欠贵州银行遵义分行438355.20元利息，城乡公司至今未履行，根据《担保法解释》第七十一条关于“主债权未受全部清偿的，抵押权人可以就抵押物的全部行使其抵押权。抵押物被分割或者部分转让的，抵押权人可以就分割或者转让后的抵押物行使抵押权”的规定，贵州银行遵义分行对上述债权享有的抵押权亦不应解除。故城乡公司要求贵州银行遵义分行赔偿因未解除位于遵义市红花岗区××大道北段××号土地使用权抵押手续而导致2300万元损失的主张，缺乏事实和法律依据，本院不予支持。

【案例来源】

中国裁判文书网，http://wenshu.court.gov.cn。

十、抵押权消灭

778 债权人作出放弃抵押权的明确意思表示或者向登记部门申请抵押权涂销登记才产生抵押权抛弃的效力

【关键词】

｜抵押权｜涂销登记｜抵押权抛弃｜

【案件名称】

延边新合作连锁超市有限公司与吉林龙井农村商业银行股份有限公司抵押合同纠纷案［最高人民法院(2017)最高法民终964号民事判决书，2018.2.12］

【裁判精要】

最高人民法院认为：

二、关于龙井农商银行是否放弃了对新合作公司的抵押权的问题

放弃抵押权属于财产权的抛弃，系一种单独民事法律行为，民事法律行为以意思表示为要素，除法律有特别规定外，意思表示应以明示方式作出，故通常应由债权人作出放弃抵押权的明确意思表示或者向登记部门申请抵押权涂销登记才产生抵押权抛弃的效力。同时，依据《担保法解释》第三十八条第三款关于“债权人在主合同履行期届满后怠于行使担保物权，致使担保物的价值减少或者毁损、灭失的，视为债权人放弃部分或者全部物的担保”的规定，债权人怠于行使抵押权的不作为行为，应造成抵押物的价值减少或者损毁、灭失才能视为放弃抵押权。本案中，延河信用社的借款债权上既有债务人提供的抵押担保，又有包括新合作公司在内的五家公司提供的最高额抵押担保以及崔贞子等三人提供的保证担保，上述抵押和保证担保均合法有效。因债务人延边国贸大厦公司欠款逾期未还，延河信用社于2014年10月21日以债务人、除新合作公司以外的其他四个抵押人、崔贞子等三个保证人为被告，向吉林高院提起(2014)吉民二初字第13号借款担保合同纠纷诉讼，吉林高院(2014)吉民二初字第13号民事调解书载明“延河信用社保留对新合作公司起诉的权利”，该生效法律文书具有证明延河信用社不放弃对新合作公司抵押权的证据效力。2015年5月15日，延河信用社又向新合作公司公证送达《吉林省农村信用社逾期贷款催收通知书》，尽管通知书的名称体现为催收逾期贷款，但送达单位为抵押人新合作公司，通知内容是要求新合作公司继续承担抵押担保责任。新合作公司于同日向延河信用社出具回执，承诺该公司“保证继续承担抵押担保责任，无条件继续履

行担保义务"。由此可见，债权人延河信用社作出了要求新合作公司继续承担抵押担保责任的明确意思表示，相关抵押物上办理的抵押登记仍合法有效、抵押物的价值亦未产生减损，且新合作公司向延河信用社明确表示继续承担抵押担保责任，该公司在本案诉讼中主张延河信用社放弃了对该公司的抵押权，有违诚信。

【案例来源】

中国裁判文书网，http://wenshu.court.gov.cn。

779 抵押权人在主债权诉讼时效期间未行使抵押权的，抵押权消灭，抵押人有权要求解除抵押权登记

【关键词】

| 抵押权消灭 | 诉讼时效 | 解除抵押权登记 |

【案件名称】

王军诉李睿抵押合同纠纷案［北京市第三中级人民法院（2016）京03民终8680号二审民事判决书，2016.10.25］

【裁判精要】

裁判摘要：抵押权人在主债权诉讼时效期间未行使抵押权将导致抵押权消灭，而非胜诉权的丧失。抵押权消灭后，抵押人要求解除抵押权登记的，人民法院应当支持。

北京市第三中级人民法院认为：

关于争议焦点三，在主债权已过诉讼时效的前提下，本院认为李睿的抵押权已消灭，抵押人王×主张解除抵押登记的请求应予支持。然而需要特别指出的是，由于该争议焦点的本质涉及对《物权法》第二百零二条的理解，且与当事人的诉求和抗辩直接相关，故本院以法理为基，以规范为据，对于作出如上认定的理由阐释如下：

《物权法》第二百零二条规定："抵押权人应当在主债权诉讼时效期间行使抵押权；未行使的，人民法院不予保护。"该条款中"不予保护"含义的明确依赖于对诉讼时效和抵押权性质的分析。

首先，就诉讼时效而言，其以请求权人怠于行使权利持续至法定期间的状态为规制对象，目的在于让罹于时效的请求权人承受不利益，以起到促其及时行使权利之作用，依民法理论通说，其适用范围限于债权请求权。而就抵押权而言，其属于支配权，并非请求权的范围，更非债权请求权的范围，如将抵押权纳入诉讼时效的规制范围，无疑有违民法原理。

其次，就抵押权而言，其目的在于担保债务的履行，以确保抵押权人对抵押物的价值享有优先受偿的权利。为实现上述目的，抵押权对物之本身必将产生权能上的限制，对物的使用和转让均会发生影响。故，若对抵押权人行使抵押权的期限不进行限制，将使抵押财产的归属长期处于不稳定状态，不仅不利于保护当事人的合法权益，亦不利于物之使用和流通效能的发挥。此外，如果允许抵押权人在任何时候均可行使抵押权，则意味着在主债权经过诉讼时效且债务人因此取得抗辩权之后，债权人依然可从抵押人处获得利益，进而将抵押人和债务人之间的追偿和抗辩置于困境，换言之，也意味着抵押人将长期处于一种不利益的状态，其义务也具有不确定性，若如此，对于抵押人来说未免过于苛刻亦有失公允。

最后，从权利分类角度分析，在数项权利并存时，依据权利的相互依赖关系，有主权利与从权利之分，凡可以独立存在、不依赖于其他权利者，为主权利；必须依附于其他权利、不能独立存在的则为从权利。举例而言，在债权与为担保债的履行的抵押权并存时，债权是主权利，抵押权为从权利。在主权利已经丧失国家强制力保护的状态下，抵押物上所负担的抵押权也应消灭方能更好地发挥物的效用，亦符合《物权法》之担保物权体系的内在逻辑。故《物权法》第二百零二条规定抵押权行使期间的重要目的之一当在于促使抵押权人积极地行使抵押权，迅速了结债权债务关系，维系社会经济秩序的稳定。综合上述分析，应当认定在法律已设定行使期限后，抵押权人仍长期怠于行使权利时，法律对之也无特别加以保护的必要，应使抵押权消灭。具体到本案中，因李睿在主债权诉讼时效期间并未向王军主张行使抵押权，故对李睿的抵押权，人民法院不予保护，该抵押权消灭，王军请求解除抵押登记的请求应予支持。

【案例来源】

《中华人民共和国最高人民法院公报》2017 年第 7 期。

编者说明

《物权法》第二百零二条规定："抵押权人应当在主债权诉讼时效期间行使抵押权；未行使的，人民法院不予保护。"此条规定的"人民法院不予保护"应如何理解，即关于主债权诉讼时效经过，抵押权应否消灭的观点存在分歧，并且各有理论依据及价值侧重，但司法裁判需要有统一而明确的结论，从裁判实务看，基本上按"消灭说"来处理。

十一、抵押人追偿权纠纷

780 抵押人承担抵押担保责任后有权行使追偿权，要求保证人清偿其应当分担的份额

【关键词】

| 抵押 | 追偿权 | 保证人 |

【案件名称】

顾正康、十堰荣华东风汽车专营有限公司等与湖北汇城置业有限公司追偿权纠纷案［最高人民法院（2017）最高法民再137号民事判决书，2017. 12. 29］

【裁判精要】

最高人民法院认为：

一、汇城公司承担抵押担保责任后，是否有权向顾正康追偿，要求顾正康承担连带责任

关于汇城公司是否享有追偿权问题。《物权法》第一百七十六条仅规定了混合担保中提供担保的第三人承担担保责任后，有权向债务人追偿，但没有对担保人之间是否能够追偿予以明确。《担保法解释》第三十八规定："当事人对保证担保的范围或者物的担保的范围没有约定或者约定不明的，承担了担保责任的担保人，可以向债务人追偿，也可以要求其他担保人清偿其应当分担的份额。"这就明确肯定了混合担保中担保人之间享有追偿权。在《物权法》没有规定而《担保法解释》有明确规定的情况下，原审两级法院适用《担保法解释》，认定抵押人汇城公司承担担保责任后对保证人顾正康享有追偿权并无不当。顾正康认为汇城公司不享有追偿权，本院不予支持。

关于汇城公司追偿的范围。顾正康是农行华中支行的连带保证人，而非抵押人汇城公司的连带保证人，对汇城公司不负连带保证责任。一审法院认定顾正康对汇城公司承担连带保证责任，混淆了顾正康担保的对象，认定事实和适用法律错误。二审法院根据《担保法解释》第三十八条规定，进一步肯定了混合担保中担保人之间的追偿权并无不当，但在追偿范围认定上，并未依据现有司法解释的规定处理，而是通过对另案判决的解读以及顾正康身份的考量，维持了一审法院关于顾正康应对汇城公司承担连带责任的判决，适用法律错误。

连带责任应由当事人约定或法律规定。顾正康与汇城公司均为农行华中支行

的担保人,二者之间并未约定承担担保责任的一方在行使追偿权时有权要求另一方承担连带责任。根据《担保法解释》第三十八条规定,汇城公司承担抵押担保责任后,有权要求顾正康清偿其“应当分担”的份额。即顾正康对汇城公司应承担按份责任。从混合担保中担保人之间追偿制度设立的初衷来看,主要是为了平衡担保人之间的利益关系,防止担保责任完全由一方承担而有失公平。在无特约的情况下,如认定承担担保责任的一方在行使追偿权时有权要求其他担保人承担连带责任,则会将损失风险完全转嫁给被追偿的担保人一方,有悖于追偿制度设立的初衷和公平原则。因此,在既无法律规定也无明确约定的情况下,原审法院判令顾正康对汇城公司承担连带责任,有所不当,本院予以纠正。顾正康关于其应在分担的份额范围内承担责任的主张成立,本院予以支持。

【案例来源】

中国裁判文书网,http://wenshu.court.gov.cn。

十二、矿业权抵押纠纷

781 矿业权抵押权自主管部门登记备案时设立，未办理登记备案的，债权人对矿业权不享有优先受偿权

【关键词】

| 矿业权抵押 | 登记备案 | 优先受偿权 |

【案件名称Ⅰ】

中国工商银行股份有限公司澄迈支行与海南赣丰肥业有限公司金融借款合同纠纷案［最高人民法院(2018)最高法民终820号民事判决书，2018.11.29］

【裁判精要】

最高人民法院认为：

(一)关于澄迈工行能否根据《最高额抵押合同》对亿源公司的采矿许可权享有优先受偿权的问题

《矿业权解释》第十四条规定："矿业权人为担保自己或者他人债务的履行，将矿业权抵押给债权人的，抵押合同自依法成立之日起生效，但法律、行政法规规定不得抵押的除外。当事人仅以未经主管部门批准或者登记、备案为由请求确认抵押合同无效的，人民法院不予支持。"第十五条规定："当事人请求确认矿业权之抵押权自依法登记时设立的，人民法院应予支持。颁发矿产资源勘查许可证或者采矿许可证的国土资源主管部门根据相关规定办理的矿业权抵押备案手续，视为前款规定的登记。"由此可见，当事人就矿业权实施抵押的，必须办理登记手续，否则抵押权不能设立。本案中，澄迈工行和亿源公司于2017年3月21日订立《最高额抵押合同》，约定由亿源公司将其名下采矿权抵押给澄迈工行，为海南赣丰公司于2011年10月1日至2018年12月29日期间向澄迈工行借款在3.5亿元范围内提供担保。该抵押合同系当事人的真实意思表示，内容不违反法律、行政法规的强制性规定，合法有效。由于亿源公司未就采矿权办理抵押登记，且并未提供证据证明江西省国土资源厅已取消采矿权抵押备案手续，故根据前述司法解释第十五条的规定，案涉采矿许可权的抵押权未设立，澄迈工行请求根据《最高额抵押合同》对亿源公司的采矿许可权对应的价款享有优先受偿权的上诉主张，无事实和法律依据，本院不予支持。

【案例来源】

中国裁判文书网，http://wenshu.court.gov.cn。

【案件名称Ⅱ】

工银金融租赁有限公司与山西离柳焦煤集团有限公司融资租赁合同纠纷案［最高人民法院（2016）最高法民终605号民事判决书，2016.12.7］

【裁判精要】

裁判摘要:矿产资源为土地附着物,属不动产范畴,矿业权适用不动产法律法规予以调整;矿业权之抵押权遵循登记生效主义,自国土资源主管部门登记备案时设立,未办理登记备案的,债权人对矿业权不享有抵押权及优先受偿权;《担保法解释》第五十九条关于因登记部门原因导致未登记而产生优先受偿权的规定不适用本案。

最高人民法院认为:

(一)关于工银租赁公司对案涉两项采矿权是否享有抵押权及优先受偿权的问题

矿产资源是指由地质作用形成的,具有利用价值的,呈固态、液态、气态的自然资源。根据《矿产资源法》《物权法》等法律规定,矿产资源属于国家所有。国家在保留矿产资源所有权基础上,将矿产资源的勘查、开采以有偿使用的方式出让给具有相应资质的申请人,并向申请人颁发矿产资源勘查许可证或者开采许可证,获得许可证的申请人即享有相应矿区的探矿权或者采矿权。《物权法》第一百二十三条关于"依法取得的探矿权、采矿权、取水权和使用水域、滩涂从事养殖、捕捞的权利受法律保护"的规定,明确了探矿权、采矿权作为用益物权的法律属性。但《物权法》并没有明确规定探矿权、采矿权系不动产,亦没有关于探矿权、采矿权抵押登记的明确规定,从而导致实践中对矿业权抵押问题的不同认识和差别化处理。

国土资源部《矿业权出让转让管理暂行规定》(国土资发〔2000〕309号)第三条第一款规定:"探矿权、采矿权为财产权,统称为矿业权,适用于不动产法律法规的调整原则。"《增值税暂行条例实施细则》第二十三条规定:"条例第十条第(一)项和本细则所称非增值税应税项目,是指提供非增值税应税劳务、转让无形资产、销售不动产和不动产在建工程。前款所称不动产是指不能移动或者移动后会引起性质、形状改变的财产,包括建筑物、构筑物和其他土地附着物……"财政部、国家税务总局《关于固定资产进项税额抵扣问题的通知》(财税〔2009〕113号)规定:"《增值税暂行条例实施细则》第二十三条第二款所称建筑物,是指供人们在其内生产、生活和其他活动的房屋或者场所……所称其他土地附着物,是指矿产资源及土地上生长的植物。"参照国家相关部委的上述规定以及社会对矿产资源的一般理解,矿产资源可视为土地附着物,矿业权适用不动产法律法规予以调整。因此,在法律、行政法规没有另外规定的情况下,上述部委的规章、规范性文件可以作为认定矿产资源及矿业权属性的重要参考。

根据《物权法》第九条第一款“不动产物权的设立、变更、转让和消灭,经依法登记,发生效力;未经登记,不发生效力,但法律另有规定的除外”;第一百八十条第一款“债务人或者第三人有权处分的下列财产可以抵押:(一)建筑物和其他土地附着物;……”;第一百八十七条“以本法第一百八十条第一款第一项至第三项规定的财产或者第五项规定的正在建造的建筑物抵押的,应当办理抵押登记。抵押权自登记时设立”的规定,矿产资源作为土地附着物,探矿权、采矿权抵押应遵循登记生效主义原则,抵押权应自登记时设立。目前,矿业权抵押尚无法律明确规定的登记部门。国土资源主管部门作为矿产资源勘查许可证、采矿许可证的审批登记机关,基于国土资源部《矿业权出让转让管理暂行规定》和《关于进一步完善采矿权登记管理有关问题的通知》(国土资发〔2011〕14 号)等规范性文件的规定,为矿业权抵押办理备案手续。同时,也有省、自治区在本行政区域内制定的涉矿地方性法规中包含了矿业权抵押须办理登记或者备案的规定。鉴于不动产物权登记的主要功能和作用在于借此获得对世的公示效力,就目前矿业权抵押备案的主要功能以及法律效果而言,备案与登记并无实质区别,抵押权人可借此取得对抗他人的公示效力和优先受偿权。在法律、行政法规尚无明确矿业权抵押登记部门的情况下,国土资源主管部门依据部门规章或者地方性法规办理的矿业权抵押备案,可视为矿业权抵押登记,矿业权抵押权自登记或者备案时设立。就本案而言,案涉两份抵押合同约定用于抵押的采矿权,均没有在国土资源主管部门办理备案登记,一审法院据此认定两煤矿采矿权抵押权均未设立,并无不当。

工银租赁公司主张即使采矿权抵押权自备案登记时设立,案涉采矿权抵押未备案登记亦非基于工银租赁公司原因,而是因登记部门的原因致使其无法办理抵押备案登记,根据《担保法解释》第五十九条的规定,其应对案涉两项采矿权享有抵押权,并有权就其拍卖、变卖或折价所得的价款优先受偿。本院认为,工银租赁公司主张对案涉两项采矿权享有抵押权及优先受偿权不能成立。

首先,根据案涉两份抵押合同的约定,办理抵押备案登记的义务人为离柳公司,工银租赁公司并没有证据证明离柳公司前去办理过采矿权抵押备案登记。恰恰相反,工银租赁公司在本案中诉求离柳公司承担 8000 万元(后变更为 9528000 元)违约金,即是基于离柳公司未按合同约定办理采矿权抵押备案登记构成违约的事实,而且也得到了一审法院的确认和支持。二审庭审过程中,工银租赁公司申请出庭作证的证人也只是证明其受指派前往山西省国土资源厅了解案涉采矿权的权利负担情况,亦非办理采矿权抵押备案登记。工银租赁公司、离柳公司在二审庭审中尽管均陈述办理过案涉采矿权抵押的备案登记,但无法就办理的时间、地点、经办人、提交文件等作出详细具体的说明并提供相应的证据予以证明,亦与工银租赁公司在一审的陈述和主张相悖,在工银租赁公司没有相反证据足以推翻其一审陈述和主张的情况下,根据《民事证据规定》第七十四条“诉讼过程中,当事人在起诉状、答辩状、陈述及其委托代理人的代理词中承认的对己方不利的事实和认可的证据,人民法院应当予以确认,但当事人反悔并有相反证据足以推翻的除外”的规定,本院对其二审相应主张不予支持。本案现有证据难以证明离柳公司或者双方确实在抵押合同签订后前往国土资源主管部门办理过案涉采矿权抵押备案登记手续,也就难以进一步确认是否因登记部门的原因导致未能办理案涉采矿权抵押的备案登记。

其次,朱家店煤矿采矿许可证并没有交付给工银租赁公司,不具备《担保法解释》第五十九条权利凭证应交付债权人的条件。兑镇煤矿采矿许可证的原件尽管交付给了工银租赁公司保管,但工银租赁公司在 2014 年 8 月接受兑镇煤矿采矿权抵押时,已明确知悉 2014 年 1 月 27 日山西省国土资源厅发布的《关于进一步明确采矿权抵押备案有关事项的通知》,其经营范围内无贷款业务将无法办理采矿权抵押备案。在此情况下工银租赁公司与离柳公司签订抵押合同,应自行承担相应风险,不属于《担保法解释》第五十九条“因登记部门的原因致使其无法办理抵押物登记”的情形。

最后,基于本案已经查明的事实,朱家店煤矿采矿权已经抵押给民生银行太原分行并于 2013 年 11 月办理了备案登记手续;而兑镇煤矿采矿权,在工银租赁公司申请法院查封之前,已经有四家离柳公司的债权人在先申请了查封,工银租赁公司不享有对抗上述债权人的优先受偿权。

【案例来源】

中国裁判文书网,http://wenshu. court. gov. cn。

编者说明

矿业权作为一类财产权,其融资功能日益得到肯定,矿业权人以矿业权为自己或者他人债务提供抵押的实践也逐渐丰富。根据《物权法》第一百八十条、第一百八十四条的规定,作为法律、行政法规未禁止抵押的财产,矿业权上设定抵押并无法律障碍。国土资源部《矿业权出让转让管理暂行规定》第三条规定,矿业权适用不动产法律法规的调整原则;财政部、国家税务总局《中华人民共和国增值税暂行条例实施细则》《关于固定资产进项税额抵扣问题的通知》等规范性文件中将矿产资源确定为不动产中的“其他土地附着物”。参照上述规定,矿产资源可定性为不动产,矿业权适用不动产法律法规予以调整,可依法设定矿业权抵押。

就矿业权抵押合同的效力而言,虽然《矿业权出让转让管理暂行规定》第五十七条规定抵押合同签订后要报请国土资源主管部门备案,但并未明确非经备案不生效力;根据《物权法》第十五条及《合同法解释(一)》第九条的规定,矿业权抵押合同应自依法成立之日起生效,未办理登记备案不影响其效力。就矿业权抵押权的设立而言,根据《物权法》第九条、第一百八十七条的规定,矿业权抵押权应自依法登记时设立。由于现行法律、行政法规并未明确规定矿业权抵押的登记机构,国务院《不动产登记暂行条例》亦未将矿业权抵押权列入不动产统一登记范围。目前,各地多依据《矿业权出让转让管理暂行规定》办理矿业权抵押备案,或者依据地方性法规办理矿业权抵押登记或备案。从不动产物权公示的方法和效果来看，备案亦是将抵押事实记载在一定媒介之上，公众可根据需要进行查询。《矿业权解释》将实践中已经具备公示作用的矿业权抵押备案视为登记，作为矿业权抵押法定登记机构确定前的过渡措施。需要明确的是，将来矿业权抵押实行统一登记制后，备案应会予以取消，登记和备案不会同时作为矿业权抵押权的公示方法存在，故不存在登记和备案发生矛盾的问题。①

782 采矿权最高额抵押合同履行期间长于采矿权存续期间，采矿权因采矿许可证过期等原因已消灭的，相应抵押权也消灭

【关键词】

| 采矿权最高额抵押 | 采矿权消灭 | 抵押权消灭 |

【案件名称】

上海浦东发展银行股份有限公司贵阳分行与贵阳金昌精密铸造有限公司金融借款合同纠纷案［最高人民法院（2017）最高法民终971号民事判决书，2017.12.25］

【裁判精要】

最高人民法院认为：

（二）关于案涉采矿权上设立的抵押权是否已消灭的问题

首先，根据《物权法》第一百一十七条之规定，用益物权人对他人所有的不动产或者动产，依法享有占有、使用和收益的权利。采矿权为用益物权，采矿权人依法对矿产资源享有占有、使用和收益的权利。采矿权在一定期限内存续，而本案所涉采矿权许可期限至2015年3月到期，虽然金昌公司已经就该采矿权申请延续，但是国土资源主管部门尚未批准，在延续审批登记完成之前，金昌公司不得从事任何采矿活动。故在此期间，金昌公司就罗甸县凤亭乡仁矿铁矿矿产资源并不享有使用和收益的权利。如果国土资源主管部门最终审批同意上述采矿权延续申请，则金昌公司可以继续享有对罗甸县凤亭乡仁矿铁矿矿产资源使用和收益的权利。故金昌公司目前对罗甸县凤亭乡仁矿铁矿矿产资源享有财产性权益，该权益具有财产价值，但并非采矿权。

其次，本案所涉《采矿权最高额抵押合同》中约定了金昌公司"以其在本合同第九条约定的采矿权设定抵押"，该合同第9.4条又指明"本合同项下抵押财产具体详见附件一（抵押财产清单）"，而该《抵押财产清单（采矿权抵押类）》中则载明本案中设立抵押的采矿权其"采矿权许可有效期限2005年3月至2015年3月止"。即本

① 参见《适应矿业权市场发展需求　保障矿产资源合理开发利用——最高人民法院环境资源审判庭负责人就〈最高人民法院关于审理矿业权纠纷案件适用法律若干问题的解释〉答记者问》，载《人民法院报》2017年7月28日。

案中,浦发银行贵阳分行与金昌公司明确约定了是以这一期限内的采矿权设立抵押。超出这一期限的采矿权或财产性权益是否设立抵押,应当由双方当事人约定。且本案所涉《采矿权最高额抵押合同》履行期间长于该采矿权存续期间,双方在合同中也明确约定了"抵押人承诺将维持所抵押采矿权在本合同履行期内始终有效,并在采矿许可证到期之前的半年前书面通知抵押权人,及按规定在采矿许可证到期前办妥采矿权的该等延期手续",故浦发银行贵阳分行已经预见到合同履行期间内相关采矿权许可到期,无法对案涉采矿权行使抵押权的情况。

综上,一审判决认定本案所涉采矿权上设立的抵押权已消灭并无不当,浦发银行贵阳分行关于其对罗甸县凤亭乡仁矿铁矿采矿权享有抵押权,有权以上述权利优先受偿的上诉请求无事实和法律依据,本院不予支持。

【权威解析】

一、采矿权上设定的抵押权是否因采矿权存续期限届满而灭失

这一问题目前法律没有明确规定,是一个空白点。判断采矿权上设定的抵押权是否消灭,首先需要判断的是采矿权存续期间届满后,采矿权本身是否消灭的问题。《物权法》第一百一十七条规定,用益物权人对他人所有的不动产或者动产,依法享有占有、使用和收益的权利。第一百二十三条规定,依法取得的探矿权、采矿权、取水权和使用水域、滩涂从事养殖、捕捞的权利受法律保护。采矿权从权利性质上看,是用益物权。用益物权与所有权最大的区别是对占有物没有处分的权利,因为它是对他人所有的财产享有占有、使用、收益的权利,权利是否享有以及享有的期限,要由作为所有权人的国家或他人进行许可。基于这一特点,采矿权在期限届满后其用益物权的权益不再存在。本案中,采矿权的许可证载明的有效期已届满,原采矿权人正在申请延续,尚未获得主管部门批准。采矿权系用益物权,其仅在一定期限内存续,即使已经申请延续该采矿权,但在延续审批登记完成之前,金昌公司不得从事任何采矿活动。故在此期间,金昌公司就罗甸县凤亭乡仁矿铁矿矿产资源并不享有使用和收益的权利。采矿权作为用益物权,在其不能对矿产资源进行使用、收益时,该用益物权就已经不存在了。根据《担保法》第五十八条关于"抵押权因抵押物灭失而消灭"之规定,以案涉采矿权设立的抵押权亦已消灭。

其次,在国土资源部发布的《国土资源部关于进一步完善采矿权登记管理有关问题的通知》中明确规定了"采矿权延续申请批准后,其有效期应始于延续采矿许可证原有效期截止之日"。即采矿权许可期限届满后,如国土资源主管部门最终审批同意采矿权延续申请,则可以继续享有采矿权。在申请延续登记审批期间,原采矿权人对矿产资源仍然享有财产性权益,这种财产权益的性质可以进一步探讨,但作为一种财产性权益,显然具有一定的财产价值,实践中也不乏同意该权益进行转让

的案例,[①]故其上也可以设立抵押权。但是本案中,以案涉采矿权设立抵押权的《采矿权最高额抵押合同》中载明了采矿权许可证有效期限为2005年3月至2015年3月止,可以认为当事人双方是约定以这一期限内的采矿权进行抵押,期限届满之后的采矿权或财产性权益不是双方约定的抵押物。因此,如果要以期限届满之后的采矿权或者财产性权益设定抵押,当事人应当进行特别约定。[②]

【案例来源】

中国裁判文书网,http://wenshu.court.gov.cn。

783 采矿权人在采矿许可证到期前未办理延续登记手续,不再对该矿产资源享有占有、使用和收益的权利,采矿权的抵押权也归于消灭

【关键词】

| 采矿权抵押 | 许可证到期 | 抵押权消灭 |

【案件名称】

晋商银行股份有限公司太原迎泽东大街支行与四子王旗佳辉硅业有限公司金融借款合同纠纷案[最高人民法院(2018)最高法民终292号民事判决书,2018.6.25]

【裁判精要】

最高人民法院认为:

本案二审争议的焦点问题是,案涉采矿权上设立的抵押权是否消灭,晋商银行迎泽东大街支行主张对采矿权拍卖、变卖价款享有优先受偿权能否支持。

一审已查明,四子王旗公司与晋商银行建设北路支行于2013年8月2日签订的《最高额抵押合同》约定,四子王旗公司以其拥有的哈拉忽少硅石矿的采矿权为绵山风景区公司在2013年8月8日(不含该日)至2015年8月1日(含该日)期间向晋商银行建设北路支行的借款,在最高额2.2亿元限额内提供抵押担保。该合同系双方当事人的真实意思表示,内容不违反法律、行政法规的禁止性规定,合法有效。合同签订后,双方办理了采矿权抵押登记,抵押权已依法设立。晋商银行迎泽东大街支行上诉提出案涉抵押权已依法设立的主张,有事实和法律依据,本院予以支持。但对于晋商银行迎泽东大街支行认为一审判决未认定抵押权已设立属于适用法律

---

① 最高人民法院(2016)最高法民终781号案件中,认可了未能正常办理延续手续的采矿权转让。

② 参见潘勇锋:《上海浦东发展银行股份有限公司贵阳分行与贵阳金昌精密铸造有限公司、冯某某等担保及金融借款合同纠纷案——采矿权存续期限届满后其上设定的抵押权是否继续有效》,载中国应用法学研究所主编:《中华人民共和国最高人民法院案例选》(第一辑),法律出版社2019年版,第132~133页。

错误的主张，本院认为，虽然一审判决对此未作出明确表述，但已指出双方已就采矿权办理了抵押登记，意味着亦认可抵押权已设立，因此不存在适用法律错误的问题。

抵押权作为担保物权的一种，在依法设立之后，如债务人不履行债务，债权人有权以抵押物折价或者拍卖、变卖价款优先受偿，但在抵押物灭失、主债权消灭、担保物权实现、债权人放弃担保物权或者法律规定的其他情形下，抵押权可因法定情形而归于消灭。对此，《担保法》第五十八条、《物权法》第一百七十七条作了明确规定。具体到本案，案涉采矿权之上设立的抵押权是否消灭、晋商银行迎泽东大街支行能否行使优先受偿权是各方争议的焦点。而该问题的认定取决于对案涉采矿权是否仍然存续以及抵押权是否存在法定消灭情形的审查和判断。一审已查明，四子王旗公司持有的采矿许可证至2016年1月4日到期，由于该公司在到期前未办理延续登记手续，根据《矿产资源开采登记管理办法》第七条的规定，该采矿许可证已自行废止。根据《矿产资源法》第三条第三款关于“勘查、开采矿产资源，必须依法分别申请、经批准取得探矿权、采矿权，并办理登记”的规定、《矿产资源法实施细则》第五条、第六条第二款关于“国家对矿产资源的勘查、开采实行许可证制度。……开采矿产资源，必须依法申请登记，领取采矿许可证，取得采矿权”“采矿权，是指在依法取得的采矿许可证规定的范围内，开采矿产资源和获得所开采的矿产品的权利”等规定，采矿许可证自行废止意味着四子王旗公司不得对哈拉忽少硅石矿进行开采，不再对该矿产资源享有占有、使用和收益的权利，也就是说四子王旗的采矿权在采矿许可证到期后已经灭失。抵押权以抵押物为基础，抵押物灭失，抵押权归于消灭，因此晋商银行迎泽东大街支行原已享有的抵押权存在《担保法》第五十八条规定的“抵押权因抵押物灭失而消灭”的情形，亦属于《物权法》第一百七十七条第(四)项规定的“法律规定担保物权消灭的其他情形”。此种情形下，晋商银行迎泽东大街支行上诉提出对案涉采矿权拍卖、变卖价款享有优先受偿权的主张，因采矿权灭失已无法实现，因此本院不予支持。一审法院依据双方约定以及法律规定，以四子王旗公司原因导致晋商银行迎泽东大街支行无法有效实现抵押权为由，判决四子王旗公司在合同约定的担保范围内对担保债务与债务人绵山风景区公司承担连带清偿责任。对于该项认定，四子王旗公司虽然在二审中提出异议，但并未就此提出上诉，因此本院予以维持。

至于晋商银行迎泽东大街支行上诉提出的国土资源部门并未注销已到期的采矿许可证，亦未对四子王旗公司采取任何行政措施的问题，与本案民商事争议无关，本院不予理涉。

【案例来源】

中国裁判文书网，http://wenshu.court.gov.cn。

784 采矿许可证已经过期，虽已申请延续登记，但尚无证据显示该申请已获批准，抵押权人请求对采矿权优先受偿不予支持

【关键词】

|抵押|采矿许可证|延续登记|优先受偿|

【案件名称】

兰州银行股份有限公司武威分行与民勤县明大矿业选炼厂金融借款合同纠纷案［最高人民法院(2018)最高法民终361号民事判决书，2018.7.31］

【裁判精要】

最高人民法院认为：

(二)关于明大选炼厂抵押担保责任问题

经查，在兰州银行武威分行与明大选炼厂签订借款协议同日，兰州银行武威分行与明大选炼厂又签订《权利质押合同》一份，约定明大选炼厂以其持有的采矿许可证项下权利为其贷款提供担保。经查，案涉采矿许可证载明的有效期限为2011年3月22日至2016年1月22日，即在兰州银行武威分行2017年4月向一审法院起诉时，该采矿许可证已经过期。虽明大选炼厂已向国土资源部门申请延续登记，但尚无证据显示该申请已获批准，即其是否取得采矿权尚处于不确定状态，故兰州银行武威分行请求对明大选炼厂的采矿权优先受偿缺乏证据支持，一审判决未予支持并无不妥。

【案例来源】

中国裁判文书网，http://wenshu.court.gov.cn。

十三、最高额抵押担保纠纷

785 出现三份《最高额抵押合同》文本、两个版本，对最高额抵押债权确定期间约定不一时的处理

【关键词】

|最高额抵押|债权确定|

【案件名称】

中国银行股份有限公司惠州分行与冯流权金融借款合同纠纷案［最高人民法院（2016）最高法民再405号民事判决书，2017.3.2］

【裁判精要】

最高人民法院认为：

本案争议的焦点在于中行惠州分行对冯流权、冯华芳、冯适光、冯峰光、刘秀梅共有的位于惠州市麦地永竹街××号的房地产享有的最高额抵押权所担保的债权，其确定期间截止日期为2013年11月7日还是2017年12月31日。

首先，从最高额抵押担保的主债权范围角度分析。关于冯流权、冯华芳、冯适光、冯峰光、刘秀梅主张645号《最高额抵押合同》所担保的主合同仅限于600号《授信额度协议》的问题，本院认为，645号《最高额抵押合同》第一条对被担保的主合同进行了约定，其中第一款约定：中行惠州分行与康乐公司签订的600号《授信额度协议》及依据该协议已经和将要签署的单项协议，及其修订或补充，其中约定属于本合同项下之主合同。第二款的约定因合同文本不同而有异：中行惠州分行持有的以及惠州市房管局存档的合同文本载明中行惠州分行与康乐公司之间"自2012年11月13日起至2017年12月31日止签署的借款、贸易融资、保函、资金业务及其他授信业务合同(统称单笔合同)及其修订或补充，其中约定属于本合同项下之主合同"；惠州市国土局存档的合同文本载明中行惠州分行与康乐公司之间"自2012年11月13日起至2013年11月7日止签署的借款、贸易融资、保函、资金业务及其他授信业务合同(统称单笔合同)及其修订或补充，其中约定属于本合同项下之主合同"。即645号《最高额抵押合同》担保的主合同不仅包括第一条第一款约定的600号《授信额度协议》，亦包括第二款约定的单笔合同及其修订或补充，故冯流权、冯华芳、冯适光、冯峰光、刘秀梅认为其仅对600号《授信额度协议》项下发生的债权承担担保责任的主张不能成立。

其次,从当事人合意角度分析。本案中,出现三份645号《最高额抵押合同》文本、两个版本,其中,中行惠州分行持有的645号《最高额抵押合同》文本的签订时间是2012年11月15日,约定的债权确定期间为2012年11月13日至2017年12月31日;惠州市房管局存档的合同文本签订日期为2012年11月15日,约定的债权确定期间为2012年11月13日至2017年12月31日;惠州市国土局存档的合同文本的签订时间是2012年11月13日,债权确定期间为2012年11月13日至2013年11月7日。三份合同均有冯流权、冯华芳、冯适光、冯峰光、刘秀梅的代理人袁春梅签字。虽然中行惠州分行持有的以及惠州市房管局存档的合同文本有更改痕迹,而惠州市国土局存档的合同文本约定的债权确定期限与前二者不同,但是,从惠州市国土局存档的《土地他项权利登记申请表》及惠州市房管局存档的《惠州市房地产抵押权登记申请书》可知,双方在申请案涉房屋及所占土地使用权抵押权登记时,在申请表中填报的债权确定期间[无论《土地他项权利登记申请表》的"存续期限"概念,还是《惠州市房地产抵押权登记申请书》中的"债务履行期限(债权确定期间)"概念,在最高额抵押权登记中,均应理解为债权确定期间]为2012年11月13日至2017年12月31日,冯流权、冯华芳、冯适光、冯峰光、刘秀梅的代理人袁春梅在申请表上签字,表明袁春梅知道并接受此次最高额抵押担保的债权确定期间截止日期为2017年12月31日,冯流权、冯华芳、冯适光、冯峰光、刘秀梅作为被代理人,应对袁春梅的代理行为承担民事责任。因此,中行惠州分行持有的以及惠州市房管局存档的645号《最高额抵押合同》文本所载内容,符合双方当事人的真实意思表示。

最后,从抵押担保物权角度分析。本案中,就冯流权、冯华芳、冯适光、冯峰光、刘秀梅共有的位于惠州市麦地永竹街××号的房地产设定的抵押,中行惠州分行分别就房屋及所占土地使用权向行政主管部门申领了他项权证,虽然惠府他项(2012)第783号《土地他项权证》载明本次最高额抵押权的抵押期间为2012年11月13日至2013年11月7日,但《惠州市房屋权属档案信息查询结果》显示中行惠州分行针对惠州市麦地永竹街××号房产享有的最高额抵押权所担保的债务履行期限为2012年11月13日至2017年12月31日,根据《担保法》第三十六条第一款"以依法取得的国有土地上的房屋抵押的,该房屋占用范围内的国有土地使用权同时抵押"、《物权法》第一百八十二条"以建筑物抵押的,该建筑物占用范围内的建设用地使用权一并抵押。以建设用地使用权抵押的,该土地上的建筑物一并抵押。抵押人未依照前款规定一并抵押的,未抵押的财产视为一并抵押"的规定,惠州市麦地永竹街××号房产所占土地使用权抵押期限届满后,仍应与房产一并抵押,期限应与房产登记的债权确定期间一致,即至2017年12月31日。《最高人民法院研究室关于抵押权不受抵押登记机关规定的抵押期限影响问题的函》系本院研究室的答复函,且该函的内容不符合本案情形,因此不适用于本案,不影响本院对645号《最高额抵押合同》债权确定期间的认定。

综上,中行惠州分行针对惠州市麦地永竹街××号房地产享有的最高额抵押权所担保的债权确定期间为2012年11月13日至2017年12月31日，即在2012年11月13日至2017年12月31日期间发生的645号《最高额抵押合同》约定之债权，在被担保最高债权额范围内冯流权、冯华芳、冯适光、冯峰光、刘秀梅均应以惠州市麦地永竹街××号房地产承担抵押担保责任。中行惠州分行所请求的17笔未清偿主债权的发生时间虽然在2013年11月7日之后，但在2017年12月31日前，故中行惠州分行所请求的17笔未清偿主债权均在645号《最高额抵押合同》担保的主债权范围之内，冯流权、冯华芳、冯适光、冯峰光、刘秀梅应对此承担担保责任。

【案例来源】

中国裁判文书网，http://wenshu.court.gov.cn。

786 抵押财产在最高额抵押合同签订时已实际被当地政府行政划拨至其他企业，抵押人对于抵押财产已丧失所有权，其行为属无权处分

【关键词】

| 最高额抵押 | 行政划拨 | 无权处分 |

【案件名称】

国金投资有限公司与德州第二棉纺织厂、德州恒丰棉纺织厂等企业借贷纠纷案［最高人民法院（2015）民二终字第103号民事判决书，2015.11.19］

【裁判精要】

最高人民法院认为：

关于德州二棉应否在本案中承担抵押担保责任问题。本案查明的事实表明，恒丰厂注册成立于案涉《最高额抵押合同》签订当日，地址即为德州二棉原厂址，企业资产中即包括案涉抵押清单中所列抵押物；结合德州二棉改制的事实，可以认定《最高额抵押合同》签订时，案涉抵押财产已实际被当地政府行政划拨至恒丰厂，抵押人德州二棉对于抵押清单中所列设备已丧失所有权。国金公司上诉提及的其一审提交的德州市纺织工业局给工商局出具的相关《证明》中，没有载明具体出具证明的时间，国金公司亦未证明该《证明》与案涉抵押法律效力之间存在关联性，故原审判决未予采纳，符合民事诉讼证据规则的要求，并无不当。根据《担保法》第三十四条第一款第（四）项之规定，德州二棉签订抵押合同、办理抵押登记的行为属于无权处分的民事行为。原审判决认定该抵押登记无效，驳回国金公司有关德州二棉应承担抵押担保责任的诉讼请求，具有事实与法律依据，并无不当，本院予以维持。国金公司有关德州二棉应承担抵押担保责任的上诉请求缺乏事实和法律依据，不能成立，本院不予支持。

关于恒丰厂应否在本案中对德州二棉的债务承担清偿责任问题。本案有关企业改制的事实表明,恒丰厂是通过德州市人民政府和德州市纺织工业局相关文件要求组建成立的独立法人,恒丰厂的工商登记显示,恒丰厂厂址即设在德州二棉原址上,其注册资金3379万元、经营场地均为德州市纺织局无偿拨付调入,恒丰厂的资产中包含有德州二棉所抵押的财产,德州二棉则保留被剥离余下的资产并始终处于停业整顿状态,处理先前遗留的债权债务。因此,恒丰厂通过德州二棉的改制接收了德州二棉有效资产而成立,根据《企业改制解释》第七条"企业以优质财产与他人组建新公司,而将债务留在原企业,债权人以新设公司和原企业作为共同被告提起诉讼主张债权的,新设公司应当在所接收的财产范围内与原企业共同承担连带责任"之规定,恒丰厂应当对德州二棉在本案中所欠德城区工行的贷款债务在其接收的2348万元财产范围内承担连带责任。

关于恒丰公司与德棉集团的民事责任问题。恒丰公司系由恒丰厂与德州第三棉纺织厂共同投资设立的有限责任公司,并非由恒丰厂改制设立。恒丰厂对恒丰公司投资的形式虽为机器设备等案涉财产,但该财产在恒丰厂作为投资时已经属于恒丰厂所有,并非归德州二棉所有;恒丰公司并未取得德州二棉的财产,恒丰厂只是通过投资在恒丰公司中享有股权,故国金公司要求恒丰公司对德州二棉的债务承担连带偿还责任的上诉主张,缺乏事实与法律依据,不能成立,本院不予支持。既然恒丰公司在本案中不应对涉案借款承担还款责任,故德棉集团的还款责任即丧失了前提,不能成立。国金公司有关德棉集团应对德州二棉在本案中的贷款债务承担连带清偿责任的上诉主张,缺乏事实与法律依据,不能成立,本院不予支持。原审判决关于恒丰公司与德棉集团不承担民事责任的认定具有事实与法律依据,并无不当,本院予以维持。

【案例来源】

中国裁判文书网,http://wenshu. court. gov. cn。

787 当事人订立新的最高额抵押合同后,留用原先办理的他项权利证书并作为合同附件继续使用,该变通做法虽与常规做法有所不同,但并不违反法律规定

【关键词】

|最高额抵押合同|他项权利证书|

【案件名称】

中信银行股份有限公司兰州分行与甘肃华宁东方贸易有限公司金融借款合同纠纷案[最高人民法院(2017)最高法民终210号民事判决书,2017.8.31]

【裁判精要】

最高人民法院认为：

本案二审的争议焦点为张国光、乔红霞、薛明是否应对中信银行主张的案涉债权承担抵押担保责任。根据本案查明的事实，2014 年 4 月 22 日，张国光、乔红霞、薛明分别与中信银行签订《最高额抵押合同》[编号为（2014）信兰银最抵字第 27 号、28 号、29 号]，约定以其各自所有的房产对华宁公司与中信银行在 2014 年 4 月 22 日至 2017 年 4 月 21 日期间签订的主合同项下债权提供抵押担保。次日，双方依据合同约定办理了不动产最高额抵押登记，中信银行并取得了相应他项权利证书。依据《物权法》第十四条“不动产物权的设立、变更、转让和消灭，依照法律规定应当登记的，自记载于不动产登记簿时发生效力”之规定，中信银行对张国光、乔红霞、薛明之抵押房产依法设立了抵押权。2015 年 4 月 28 日，张国光、乔红霞、薛明又分别与中信银行签订《最高额抵押合同》[编号为（2015）信银兰最抵字第 36 号、第 35 号、第 34 号]，约定以其三人在 2014 年 4 月 22 日《最高额抵押合同》项下抵押房产对华宁公司与中信银行在 2015 年 4 月 28 日至 2016 年 4 月 28 日期间签订的主合同项下债权提供抵押担保。合同附件一抵押物清单载明三抵押人抵押房产的坐落、建筑面积和权属证明，并由双方签章确认；合同附件二为抵押房产在 2014 年 4 月 23 日取得的他项权利证书。同日，华宁公司与中信银行签订《综合授信合同》[（2015）信银兰综授字第 30 号]，约定华宁公司在 2015 年 4 月 28 日至 2016 年 4 月 28 日综合授信额度使用期限内可向中信银行申请使用综合授信额度 8000 万元，并以当天签订的《最高额抵押合同》为担保。2015 年 10 月 27 日，华宁公司与中信银行签订《人民币流动资金贷款合同》[（2015）信银兰贷字第 145 号]，向中信银行贷款 8000 万元，并约定以 2015 年 4 月 28 日《最高额抵押合同》为担保。由此，对华宁公司与中信银行的案涉 8000 万元贷款合同，张国光、乔红霞、薛明签订有 2015 年 4 月 28 日《最高额抵押合同》予以担保，抵押财产为张国光所有登记在兰房他证（七里河）字第 ×× 号他项权证项下房产、乔红霞所有登记在兰房他证（七里河）字第 ×× 号他项权证项下房产和薛明所有登记在兰房他证（七里河）字第 ×× 号他项权证项下房产，与 2014 年 4 月 22 日《最高额抵押合同》项下抵押房产相同，于 2014 年 4 月 23 日已办理了他项权利登记，且在登记后未办理涂销登记并缴销他项权利证书。因此，依据《物权法》第十四条之规定，对案涉房产设立的抵押权并未消灭，抵押登记仍然有效。虽然在 2014 年 4 月 23 日抵押权设立后，华宁公司与中信银行签订有相应的《综合授信合同》，约定由 2014 年 4 月 22 日《最高额抵押合同》项下抵押财产予以担保，且该合同项下综合授信额度内所发生的主债权已因受偿归于消灭，但因抵押人和抵押权人在主债权受偿后均没有在抵押登记机关申请涂销抵押登记并缴销他项权利证书，因此在所担保的主债权消灭后并不必然发生抵押权也随之消灭的法律后果，抵押登记仍然发生法律效力。乔红霞、张国光、薛明辩称 2014 年 4 月 23 日设立的抵押权因所担保的主债权消灭而消灭的抗辩理由不能成立,本院不予支持。本案中,张国光、乔红霞、薛明于2015年5月28日与中信银行签订新的《最高额抵押合同》时,在合同所附抵押物清单中签字确认了以2014年4月23日设立抵押权的抵押房产为该合同项下抵押物,并将已取得的他项权利证书作为合同附件,因此对于抵押合同三项基本构成要素抵押人、抵押权人、抵押物而言,张国光、乔红霞、薛明三人先后与中信银行签订的《最高额抵押合同》的约定是相同的。按照法律规定和办理抵押登记的一般操作流程,抵押人和抵押权人在就抵押财产再次订立抵押担保协议后,本应到登记机关先申请办理涂销原抵押权登记,然后再申请办理新的抵押权登记,对抵押物新设立抵押权。但根据张国光、乔红霞、薛明与中信银行2015年5月28日签订的《最高额抵押合同》中有关抵押物的约定及其附件为2014年4月23日办理的抵押房产他项权证的事实,可以认定,双方当事人采取了变通的方式,于订立新的最高额抵押合同之后,留用原先办理的他项权利证书,并将该他项权利证书作为合同的附件继续使用。该变通做法虽与常规做法有所不同,但并不违反《物权法》第十四条之规定,同时在一定程度上也简化了当事人先办理涂销登记然后又办理设立登记之繁琐的程序。因此,根据案涉抵押人与抵押权人先后签订《最高额抵押合同》和履行合同及办理抵押登记的情况,本案实际是当事人先办理了抵押登记,然后又签订了新的抵押合同,且由于签订的是最高额抵押合同,故抵押权设立在先,所担保债权发生在后,并不违反相关法律的禁止性规定。由此,作为抵押人的张国光、乔红霞、薛明应按照所签《最高额抵押合同》的约定,以其各自所有的抵押房产,为华宁公司的案涉8000万元债务承担抵押担保责任。一审判决以中信银行与薛明、乔红霞、张国光并未对2015年5月28日《最高额抵押合同》项下抵押财产办理抵押登记为由,认定张国光、乔红霞、薛明不承担抵押担保责任,适用法律错误,本院予以纠正。

【案例来源】

中国裁判文书网,http://wenshu.court.gov.cn。

788 最高额抵押的担保范围可包括主债权及其利息、违约金、损害赔偿金等,但总计不得超过已登记的预定最高限额

【关键词】

| 最高额抵押 | 担保范围 | 预定最高限额 |

【案件名称】

海口明光大酒店有限公司与海口农村商业银行股份有限公司龙昆支行金融借款合同纠纷案[最高人民法院(2017)最高法民终230号民事判决书,2017.12.20]

【裁判精要】

最高人民法院认为：

三、一审判决关于海口农商银行在19000万元限额内享有优先受偿权的认定是否正确问题

最高额抵押是指抵押人与抵押权人协议，在最高债权额限度内，以抵押物对一定期间内连续发生的债权作担保。根据《物权法》第二百零三条和《担保法》第五十九条的规定，最高额抵押权本质在于其所担保的债权为不特定债权，且具有最高限额。最高额抵押所担保债权的范围，可包括主债权及其利息、违约金、损害赔偿金等，但总计不得超过已登记的预定最高限额，超过部分，抵押权人不能行使抵押权。《担保法解释》第八十三条第二款亦明确规定，抵押权人实现最高额抵押权时，如果实际发生的债权余额高于最高限额的，以最高限额为限，超过部分不具有优先受偿的效力。

本案中，海口农商银行和明光酒店公司、明光管理公司对最高债权额的理解存有分歧。海口农商银行上诉主张，此债权即《贷款合同》约定的贷款本金19000万元，由本金产生的利息、复利、违约金等其他费用与本金相加即便超过最高额抵押登记的限额，海口农商银行仍享有优先受偿权。明光酒店公司、明光管理公司则认为，此债权包括本金、利息、违约金、损害赔偿金等费用，所有费用总和不得超过已登记的预定最高限额。对此，本院认为，从海口农商银行在海口市国土资源局办理的最高额抵押登记及在中国人民银行征信中心办理的质押登记看，最高债权限额均为19000万元。《最高额抵押合同》第4.1条虽约定抵押担保的范围包括主合同项下全部借款本金、利息、复利、罚息、违约金、赔偿金、实现抵押权的费用和所有其他应付的费用，但该担保范围内本金、利息、复利、罚息、违约金等合计已超过了登记的最高限额19000万元。若依此，将使抵押权所担保的债权突破最高债权额，事实上成为无限额。这与抵押人签订《最高额抵押合同》的合同预期不符，亦与《物权法》《担保法》的立法本意相悖。同时，根据《物权法》第二百二十二条关于最高额质权的规定，最高额质权除适用该节有关规定外，参照《物权法》第十六章第二节最高额抵押权的规定。同理，海口农商银行所享有的最高额质权也不应超过最高债权额19000万元。故一审判决第三、四、五项判令海口农商银行在19000万元限额内享有优先受偿权，并无不当。海口农商银行关于在登记的19000万元限额外行使优先受偿权的上诉请求，理据不足，本院不予支持。

【案例来源】

中国裁判文书网，http://wenshu.court.gov.cn。

789 最高额抵押权设立前已经存在的债权，当事人可以在最高额抵押合同中明确将其转入最高额抵押担保的债权范围

【关键词】

| 最高额抵押 | 债权范围 |

【案件名称Ⅰ】

厦门象屿资产管理运营有限公司与福建省宁化县康利医药有限公司金融借款合同纠纷案［最高人民法院（2018）最高法民终312号民事判决书，2018.12.28］

【裁判精要】

最高人民法院认为：

一、关于宁化康利公司、南平惠好公司、尤溪医药公司应否对2014年建明营流贷字17、18、22、28号《贷款合同》项下的债务承担抵押担保责任的问题

首先，根据宁化康利公司、南平惠好公司、尤溪医药公司分别与建行三明分行签订的2014年建明营高抵字33、38、39号《最高额抵押合同》第十四条的约定，宁化康利公司、南平惠好公司、尤溪医药公司为建行三明分行与三明医药公司之间的借款债务提供最高额担保的范围，不仅包括建行三明分行与三明医药公司之间将要在2014年12月24日至2017年12月24日期间签订的借款合同、银行承兑协议、信用证开证合同等，而且也包括该双方当事人之间已经签订的上述合同。其次，上述《最高额抵押合同》第十六条第三款更进一步明确约定，在该《最高额抵押合同》签订日期之前的建行三明分行与三明医药公司于2014年4月18日、5月20日、6月16日分别签订的2014年建明营流贷字17、18、22、28号《贷款合同》也在本合同保证范围之内。《物权法》第二百零三条第二款规定：最高额抵押权设立前已经存在的债权，经当事人同意，可以转入最高额抵押担保的债权范围。由此，虽然上述2014年建明营流贷字17、18、22、28号《贷款合同》签订于《最高额抵押合同》订立日前，但该合同双方当事人已经约定将上述四份《贷款合同》也纳入最高额抵押担保范围。上述约定系双方当事人的真实意思表示，符合法律规定。本案《最高额抵押合同》的担保范围应以当事人上述约定为准。原审判决未将上述四份《贷款合同》项下的债务纳入本案抵押担保范围，与其查明事实不符，本院予以纠正。象屿公司上诉主张宁化康利医药公司、南平惠好公司、尤溪医药公司提供抵押担保的范围包括上述四份《贷款合同》项下的债务，有事实依据，本院予以支持。

【案例来源】

中国裁判文书网，http://wenshu.court.gov.cn。

【案件名称Ⅱ】

黑龙江龙联商贸中心与中国银行哈尔滨市兆麟支行、哈尔滨万通娱乐设备有限公司借款担保纠纷案［最高人民法院（2004）民二终字第224号民事判决书，2005.5.26］

【裁判精要】

最高人民法院认为：

兆麟支行场与万通公司、商贸中心签订的借款合同、抵押合同合法有效，兆麟支行按照借款合同的约定履行了放款义务，万通公司未按合同约定偿还借款，应当承担违约责任。商贸中心以其房产为万通公司的上述借款提供抵押担保并办理了抵押登记，虽然抵押合同中债权金额处有刮磨痕迹，但是房地产管理部门存档的抵押合同与万通公司留存的合同副本内容一致，合同中确认的3000万元债权与房屋他项权证书中所记载权利价值一致，商贸中心的上诉理由没有事实和法律依据，本院不予支持。根据最高额抵押合同的约定，商贸中心应当对兆麟支行与万通公司2002年9月2日至2003年9月1日间的债权债务承担最高额为3000万元的抵押担保责任。兆麟支行于2002年9月11日依据149号短期借款合同发放的500万元贷款，属于最高额抵押期限内产生的债权，商贸中心对此应承担抵押担保责任。兆麟支行根据59号、60号、61号、62号、63号借款合同所发放的2500万元贷款，虽然发生于2002年5月，但因最高额抵押合同所担保的借款合同中已将上述债权计入借款期限内最高额为3000万元的贷款总额之中，且兆麟支行与万通公司和商贸中心又于2003年5月一致同意将上述还款期限延至同年8月31日，因此，上述2500万元债权债务应属于最高额抵押期限内产生的，商贸中心应当承担担保责任。

【案例来源】

最高人民法院民事审判第二庭编：《最高人民法院商事审判指导案例·借款担保卷》（下），中国法制出版社2011年版，第634～639页。

790 当事人可以另行协议将最高额抵押权设立前已经存在的债权转入该最高额抵押担保的债权范围，但不得对第三人产生不利影响

【关键词】

｜借款合同｜最高额抵押权｜转入债权｜

【案件名称】

中国工商银行股份有限公司宣城龙首支行诉宣城柏冠贸易有限公司、江苏凯

盛置业有限公司等金融借款合同纠纷案［最高人民法院指导案例 95 号］

【裁判精要】

裁判要点：当事人另行达成协议将最高额抵押权设立前已经存在的债权转入该最高额抵押担保的债权范围，只要转入的债权数额仍在该最高额抵押担保的最高债权额限度内，即使未对该最高额抵押权办理变更登记手续，该最高额抵押权的效力仍然及于被转入的债权，但不得对第三人产生不利影响。

法院生效裁判认为：

凯盛公司与工行宣城龙首支行于 2012 年 10 月 24 日签订《最高额抵押合同》，约定凯盛公司自愿以其名下的房产作为抵押物，自 2012 年 10 月 19 日至 2015 年 10 月 19 日期间，在 4000 万元的最高余额内，为柏冠公司在工行宣城龙首支行所借贷款本息提供最高额抵押担保，并办理了抵押登记，工行宣城龙首支行依法取得涉案房产的抵押权。2012 年 11 月 3 日，凯盛公司与工行宣城龙首支行又签订《补充协议》，约定前述最高额抵押合同中述及抵押担保的主债权及于 2012 年 4 月 20 日工行宣城龙首支行与柏冠公司所签《小企业借款合同》项下的债权。该《补充协议》不仅有双方当事人的签字盖章，也与凯盛公司的股东会决议及其出具的房产抵押担保承诺函相印证，故该《补充协议》应系凯盛公司的真实意思表示，且所约定内容符合《物权法》第二百零三条第二款的规定，也不违反法律、行政法规的强制性规定，依法成立并有效，其作为原最高额抵押合同的组成部分，与原最高额抵押合同具有同等法律效力。由此，本案所涉 2012 年 4 月 20 日《小企业借款合同》项下的债权已转入前述最高额抵押权所担保的最高额为 4000 万元的主债权范围内。就该《补充协议》约定事项，是否需要对前述最高额抵押权办理相应的变更登记手续，《物权法》没有明确规定，应当结合最高额抵押权的特点及相关法律规定来判定。

根据《物权法》第二百零三条第一款的规定，最高额抵押权有两个显著特点：一是最高额抵押权所担保的债权额有一个确定的最高额度限制，但实际发生的债权额是不确定的；二是最高额抵押权是对一定期间内将要连续发生的债权提供担保。由此，最高额抵押权设立时所担保的具体债权一般尚未确定，基于尊重当事人意思自治原则，《物权法》第二百零三条第二款对前款作了但书规定，即允许经当事人同意，将最高额抵押权设立前已经存在的债权转入最高额抵押担保的债权范围，但此并非重新设立最高额抵押权，也非《物权法》第二百零五条规定的最高额抵押权变更的内容。同理,根据《房屋登记办法》①第五十三条的规定,当事人将最高额抵押权设立前已存在债权转入最高额抵押担保的债权范围,不是最高抵押权设立登记的他项权利证书及房屋登记簿的必要记载事项,故亦非应当申请最高额抵押权变更登记的法定情形。

本案中,工行宣城龙首支行和凯盛公司仅是通过另行达成补充协议的方式,将上述最高额抵押权设立前已经存在的债权转入该最高额抵押权所担保的债权范围内,转入的涉案债权数额仍在该最高额抵押担保的4000万元最高债权额限度内,该转入的确定债权并非最高抵押权设立登记的他项权利证书及房屋登记簿的必要记载事项,在不会对其他抵押权人产生不利影响的前提下,对于该意思自治行为,应当予以尊重。此外,根据商事交易规则,法无禁止即可为,即在法律规定不明确时,不应强加给市场交易主体准用严格交易规则的义务。况且,就涉案2012年4月20日借款合同项下的债权转入最高额抵押担保的债权范围,凯盛公司不仅形成了股东会决议,出具了房产抵押担保承诺函,且和工行宣城龙首支行达成了《补充协议》,明确将已经存在的涉案借款转入前述最高额抵押权所担保的最高额为4000万元的主债权范围内。现凯盛公司上诉认为该《补充协议》约定事项必须办理最高额抵押权变更登记才能设立抵押权,不仅缺乏法律依据,也有悖诚实信用原则。

综上,工行宣城龙首支行和凯盛公司达成《补充协议》,将涉案2012年4月20日借款合同项下的债权转入前述最高额抵押权所担保的主债权范围内,虽未办理最高额抵押权变更登记,但最高额抵押权的效力仍然及于被转入的涉案借款合同项下的债权。

【案例来源】

《最高人民法院关于发布第18批指导性案例的通知》(2018年6月20日,法〔2018〕164号)。

① 建设部令第168号(2008年2月15日)。其第五十三条规定:"对符合规定条件的最高额抵押权设立登记,除本办法第四十四条所列事项外,登记机构还应当将最高债权额、债权确定的期间记载于房屋登记簿,并明确记载其为最高额抵押权。"2015年3月1日起施行的《不动产登记暂行条例》(国务院令第656号)未对此作出详细规定。《不动产登记暂行条例实施细则》(国土资源部第63号令,2016年1月1日)第七十一条第二款规定:"当事人申请最高额抵押权首次登记时,同意将最高额抵押权设立前已经存在的债权转入最高额抵押担保的债权范围的,还应当提交已存在债权的合同以及当事人同意将该债权纳入最高额抵押权担保范围的书面材料。"——编者注

791 债权发生于抵押财产被查封之后且债权银行知道查封事实的，债权银行对抵押财产不享有优先受偿权

【关键词】

| 抵押财产 | 查封 | 优先受偿权 |

【案件名称】

浙江安吉竹艺置业有限公司与中国银行股份有限公司青岛西海岸新区分行金融借款合同纠纷案［最高人民法院（2016）最高法民再54号民事判决书，2017.6.13］

【裁判精要】

最高人民法院认为：

本案争议焦点为本案应适用《物权法》第二百零六条还是《最高人民法院关于人民法院民事执行中查封、扣押、冻结财产的规定》第二十七条的规定确定抵押权人的债权。

最高额抵押中抵押权人的债权确定，是指对最高额抵押的担保范围进行定额化的原因出现后，对最高额抵押所担保的债权额进行确定和计算。本案的争议主要在于应如何适用法律，各方当事人均认为，如果适用《物权法》第二百零六条，则抵押物被查封的事实一发生，抵押权人的债权即确定；如果适用《最高人民法院关于人民法院民事执行中查封、扣押、冻结财产的规定》第二十七条，则以人民法院通知或者抵押权人知道查封事实时债权确定。

就本案而言，即使适用《最高人民法院关于人民法院民事执行中查封、扣押、冻结财产的规定》第二十七条的规定以确定债权，亦应认定中行青岛西海岸分行在发放涉案贷款时已知晓本案抵押财产被查封的事实，并应据此确定债权。首先，自涉案抵押物被查封至发放第一笔贷款，时间跨度达8个月，抵押权人只要尽到审慎注意义务，本案抵押财产的情况并不难核实。其次，安吉县房地产管理服务中心档案查询记录和介绍信显示，2013年12月12日，劲时通公司另案委托代理人吴某查询了抵押物有关查封情况。有关行程单和住宿登记则显示，2013年12月12日，劲时通公司职员胡某与上述代理人吴某一同从杭州返回青岛。浙江安吉法院执行局两位工作人员则出庭作证证明抵押权人去了该院查询抵押物查封情况。以上证据相互印证形成证据链，应认定中行青岛西海岸分行就涉案抵押物状况进行了查询并知悉抵押物已被查封的事实。因此，安吉竹艺公司的再审主张应予采信，受抵押担保的债权数额从中行青岛西海岸分行知道查封事实时起不再增加。

综上，本案无论适用《物权法》第二百零六条还是适用《最高人民法院关于人民法院民事执行中查封、扣押、冻结财产的规定》第二十七条的规定确定抵押权人的债权，由于涉案债权发生于抵押财产被查封之后且有证据证明中行青岛西海岸分行知

道查封事实,故中行青岛西海岸分行对抵押财产的价款不享有优先受偿权。原判决针对抵押担保适用法律错误,应予纠正。安吉竹艺公司关于本案抵押权人中行青岛西海岸分行无优先受偿权的再审申请理由成立,本院予以支持。

【案例来源】

中国裁判文书网,http://wenshu.court.gov.cn。

编者说明

关于法律适用问题,最高人民法院在王海学、上海浦东发展银行股份有限公司兰州分行金融借款合同纠纷再审审查与审判监督案中认为:"《物权法》虽对最高额抵押权所担保债权确定的原因进行了规定,但《最高人民法院关于人民法院民事执行中查封、扣押、冻结财产的规定》第二十七条又进一步规定:……根据该条规定,最高额抵押权人受抵押担保的债权数额自抵押权人收到人民法院通知时或有证据证明抵押权人知道查封、扣押事实时确定。相较于《物权法》而言,《最高人民法院关于人民法院民事执行中查封、扣押、冻结财产的规定》关于最高额抵押权所担保债权确定时间的规定更为明确具体,但《最高人民法院关于人民法院民事执行中查封、扣押、冻结财产的规定》与《物权法》的相关规定并不存在冲突;此外,《物权法》的颁布实施时间晚于《最高人民法院关于人民法院民事执行中查封、扣押、冻结财产的规定》,而《物权法》并未明确废止《最高人民法院关于人民法院民事执行中查封、扣押、冻结财产的规定》的上述规定,故《最高人民法院关于人民法院民事执行中查封、扣押、冻结财产的规定》的上述规定依然有效。"①

792 《最高人民法院关于人民法院民事执行中查封、扣押、冻结财产的规定》与《物权法》关于因查封、扣押等导致最高额抵押债权数额确定的规定并不冲突,实践中应当结合运用

【关键词】

| 最高额抵押 | 债权数额确定 | 规范冲突 |

【案件名称】

福建上杭农村商业银行股份有限公司与王光执行分配方案异议之诉案[最高人民法院(2018)最高法民终 787 号民事判决书,2019.1.10]

① 参见最高人民法院(2017)最高法民申 5165 号民事裁定书(2017.12.25),载中国裁判文书网,http://wenshu.court.gov.cn。

【裁判精要】

最高人民法院认为：

（二）关于上杭农商行最高额抵押权的债权何时确定的问题

《物权法》第二百零六条规定："有下列情形之一的，抵押权人的债权确定：……（四）抵押财产被查封、扣押；……"据此，当发生抵押财产被查封、扣押的情形时，最高额抵押权所担保债权确定。同时，《最高人民法院关于人民法院民事执行中查封、扣押、冻结财产的规定》第二十七条规定："人民法院查封、扣押被执行人设定最高额抵押权的抵押物的，应当通知抵押权人。抵押权人受抵押担保的债权数额自收到人民法院通知时起不再增加。人民法院虽然没有通知抵押权人，但有证据证明抵押权人知道查封、扣押事实的，受抵押担保的债权数额从其知道该事实时起不再增加。"据此，人民法院在查封、扣押设定有最高额抵押权的抵押物时，应当通知最高额抵押权人，最高额抵押权人自收到人民法院查封通知时起受抵押担保的债权数额确定。上杭农商行上诉主张一审法院认定事实、适用法律错误均源于对《物权法》第二百零六条与《最高人民法院关于人民法院民事执行中查封、扣押、冻结财产的规定》第二十七条的理解与争议。一审法院适用《物权法》第二百零六条的规定，即如果出现抵押物被查封的事实，则最高额抵押权的债权数额即确定，而上杭农商行则认为应当适用《最高人民法院关于人民法院民事执行中查封、扣押、冻结财产的规定》第二十七条的规定，即最高额抵押债权数额的确定应当以收到人民法院通知为准。本院认为，《物权法》第二百零六条与《最高人民法院关于人民法院民事执行中查封、扣押、冻结财产的规定》第二十七条的规定并不冲突，《物权法》第二百零六条是对最高额抵押权所担保债权确定事由作出的规定，即出现该条规定的几项事由时，最高额抵押债权数额的确定就满足了实体要件；而《最高人民法院关于人民法院民事执行中查封、扣押、冻结财产的规定》第二十七条则是对最高额抵押债权数额的确定明确了具体的时间节点，即最高额抵押权担保的债权数额自抵押权人收到人民法院通知时或从抵押权人知悉抵押物被查封的事实时起不再增加，可以理解为最高额抵押债权数额确定的程序要件。既有债权数额确定的原因事由，又有债权数额确定的时间节点，《物权法》与《最高人民法院关于人民法院民事执行中查封、扣押、冻结财产的规定》的规定结合起来就解决了何事、何时最高额抵押债权数额确定这一问题。本案中，案涉抵押房产于2011年7月21日被人民法院查封且未通知抵押权人上杭农商行，荣达公司与上杭农商行签订的《最高额抵押借款合同》约定的贷款最后到期日为2013年5月17日，上杭农商行在案涉抵押房产被查封后于2012年5月28日、6月20日、9月19日，2013年1月9日四次向荣达公司发放贷款共计1200万元。根据本案已经查明的事实，荣达公司与上杭农商行共发生过十三笔贷款，前九笔贷款均已偿还完毕，即在上杭农商行向荣达公司发放贷款的过程中，荣达公司并未出现不能按时还款或者停止付息等资金异常情况，上杭农商行也基于荣达公司的资金正常状态从而在《最高额抵押借款合同》约定的时间和额度范围内继续发放贷款,并不存在过错。设定最高额抵押权主要目的是为连续性融资交易提供担保,提高交易效率,若在贷款还款没有异常情况下,要求最高额抵押权人在每次发放贷款时仍要对借款人或抵押物的状态进行重复实质审查,则有违最高额抵押权设立的立法目的。因此,最高额抵押债权数额的确定应当以人民法院查封抵押物且抵押权人收到人民法院通知时为准更为合理。

另,根据《最高人民法院关于人民法院民事执行中查封、扣押、冻结财产的规定》第二十七条第二款的规定,若有证据证明最高额抵押权人知道人民法院对抵押物查封的事实,则最高额抵押债权数额应当从其知道查封时确定。本案中,要分析人民法院向上杭农商行才溪支行送达协助执行通知书及相关民事裁定书能否视为上杭农商行已经知悉案涉房产被查封的事实。首先,才溪支行是上杭农商行的下属支行,其并非案涉《最高额抵押借款合同》的一方当事人,人民法院向才溪支行送达财产保全裁定及协助冻结林荣达的银行账号的通知并不能当然视为已向上杭农商行通知案涉房产查封的事实。其次,才溪支行虽不具有独立法人地位,但基于银行业的经营特殊性,其与单位的内设部门不同,支行在授权范围内有一定的自主经营管理能力,具有相对独立性,在本案中并无证据表明才溪支行有代表上杭农商行接收相关法律文书的权限和职责。最后,人民法院送达给才溪支行的(2011)闽民初字第22-2号民事裁定书的内容为"裁定冻结林荣达银行存款5723万元或查封、扣押等值的财产",才溪支行签署的《协助查询存款通知书(回执)》和《协助冻结存款通知书(回执)》,针对的也是查询并冻结林荣达的银行账户等事项,不能苛责才溪支行应从该裁定书及相关通知书中推断出人民法院要查封案涉上杭农商行已享有最高额抵押权的两处房产,更不能据此推定上杭农商行知道案涉房产已经被查封的事实。

据此,因现有证据不能证明上杭农商行在最高额抵押期限和范围内发放1200万元贷款前知道案涉抵押房产被查封的事实,故其对案涉抵押房产处置所得价款享有优先受偿权,一审判决该项认定事实和适用法律有误,本院予以纠正。

至于福建省高级人民法院(2013)闽执行字第1号《财产分配方案通知书》所附《执行财产分配方案表》中关于上杭农商行享有优先受偿权的本息数额问题。经查,在《执行财产分配方案表》中,上杭农商行享有优先受偿权的1200万元债权本金的利息254.487985万元(计算至2014年8月20日),该利息金额显然与上杭农商行出具的《关于荣达公司1200万元贷款还本收息情况说明》中关于已收回2013年3月21日至2014年3月20日的利息等自认不一致。二审过程中,上杭农商行承认《执行财产分配方案表》中利息核算有误,截止到2014年8月20日,1200万元债权利息尚欠100.263682万元,而非254.487985万元,多核算154.224303万元,上杭农商行明确表示可以退回多算款项。王光对此亦予以认可。据此,福建省高级人民法院作出的(2013)闽执行字第1号《财产分配方案通知书》所附《执行财产分配方案表》有误，福建省高级人民法院依法应予调整重作。另，一审判决第一项关于"撤销福建省高级人民法院(2013)闽执行字第1号财产分配方案"的指向不确切，本院亦予以纠正。

【案例来源】

中国裁判文书网，http://wenshu.court.gov.cn。

793 法律与司法解释关于以贷还贷中保证人责任的规定可适用于最高额抵押担保

【关键词】

| 最高额抵押 | 以贷还贷 | 法律适用 |

【案件名称Ⅰ】

中国农业银行股份有限公司永州冷水滩支行与湖南南华大酒店有限公司金融借款合同纠纷案［最高人民法院（2015）民提字第178号民事判决书，2016.12.16］

【裁判精要】

最高人民法院认为：

一、一、二审判决认为本案第三人提供抵押物的问题可以参照适用《担保法解释》关于保证人部分的规定，该认定并无不当

《担保法解释》第三十九条第一款规定："主合同当事人双方协议以新贷偿还旧贷，除保证人知道或者应当知道的外，保证人不承担民事责任。"本案中，结合百草公司原法定代表人刘岳泉在公安机关的陈述、涉案借款的流向及使用情况、南华大酒店提供的录音等证据，可以认定涉案借款中，大部分借款系百草公司与农行冷水滩支行合意借新还旧并已经履行，只有少部分为新建项目借款。而该事实百草公司、农行冷水滩支行并未告知南华大酒店。因此，对于百草公司与农行冷水滩支行约定借新还旧的部分即14434929.91元，南华大酒店不应就此承担抵押担保责任。但是，涉案借款并非全部用于"借新还旧"，对于未用于借新还旧的部分，即12895070.09元，应当在本金及利息（计算至本金清偿之日止）范围内承担担保责任。结合案外人已经取得抵押、涉案房产价值以及担保债权的情况等因素，农行冷水滩支行应就涉案查封房产（即原抵押房产），在本金12895070.09元及利息范围内，享有优先受偿权，顺位在涉案房产已经设定的抵押权之后。在实际承担担保责任后，南华大酒店可以向百草公司追偿。

农行冷水滩支行还提出，《最高额抵押合同》是为一段时间内发生的不特定债务提供担保，故不应限制借款用途。该主张不能成立。首先，涉案《最高额抵押合同》

与涉案《借款合同》之间是主合同与从合同的关系，主合同约定的借款用途为项目用款，《最高额抵押合同》的借款用途，应当与主合同一致。其次，《最高额抵押合同》与《借款合同》约定的债务数额均为2733万元，可以侧面印证借款、抵押的真实意思是用于涉案项目。最后，百草公司、农行冷水滩支行合意将大部分借款用于借新还旧，但未告知南华大酒店，此用途显然侵害了南华大酒店的合法权益。故对农行冷水滩支行该主张，本院不予支持。

【案例来源】

中国裁判文书网，http://wenshu. court. gov. cn。

【案件名称Ⅱ】

中国农业银行股份有限公司博尔塔拉分行与新疆新诚基饮服培训商贸有限责任公司、阿拉山口天任贸易有限公司金融借款合同纠纷案［最高人民法院（2014）民提字第136号民事判决书，2014. 12. 29］

【裁判精要】

最高人民法院认为：

本案再审争议的焦点问题是新诚基公司是否应以抵押财产在800万元最高限额内对农行博州分行承担担保责任。

根据查明的事实，农行博州分行下属的阿拉山口支行与新诚基公司先后于2005年7月29日、8月初、8月8日签订了《最高额保证合同》、《最高额抵押合同》和《房产抵押合同》共计三份担保合同。《最高额保证合同》中约定“在红山路8号房产办理完抵押手续后，本担保合同自行解除”。2005年8月8日，新诚基公司将红山路8号的房产在乌鲁木齐市房屋产权交易管理中心办理了抵押登记，故《最高额保证合同》约定的解除条件已经成就，《最高额保证合同》自此自动解除。《房产抵押合同》约定新诚基公司为贷款而向农行阿拉山口支行提供抵押，但事实上新诚基公司与农行阿拉山口支行之间并未发生任何贷款项目，即抵押担保的主债权并未成立，根据抵押合同的从属性原则，《房产抵押合同》亦不成立。《最高额抵押合同》系新诚基公司与农行阿拉山口支行之间的真实意思表示，合同内容不违反法律规定，故《最高额抵押合同》合法有效，是认定新诚基公司与农行阿拉山口支行之间担保法律关系的依据。

《最高额抵押合同》约定：抵押人新诚基公司自愿为天任公司自2005年7月29日起至2006年7月29日止，在农行阿拉山口支行处办理约定的各类业务形成的债务在最高额800万元以内提供担保。在抵押期间内，天任公司与农行阿拉山口支行之间共计发生了两笔借款业务，即在2005年7月29日，天任公司分别向农行阿拉山口支行借款500万元和284万元。天任公司借款的用途表述为“解付信用证”，实质上是天任公司通过借新贷用以偿付在信用证法律关系中所欠农行的融资垫款。从形式上看,为解付信用证而贷款与为偿还旧贷而借新贷略有不同,但从法律关系的性质上看,二者均属于以新债偿还旧债,且新债中的款项均不是实际支付给借款人,而是直接用以冲抵旧债,故二者在本质上并无差异,均属于借新还旧的范畴,可以适用同一法律规则。

从时间上看,天任公司与农行阿拉山口支行之间的两份借款合同订立时间早于《最高额抵押合同》,但农行博州分行自认,在签订《最高额抵押合同》时,并未向新诚基公司提供借款合同,农行阿拉山口支行亦未有证据证明曾以其他方式将其与天任公司之间借新还旧的事实告知了新诚基公司。故新诚基公司主张对案涉借款用途并不知情,本院予以认可。根据合同的相对性原则,农行阿拉山口支行与天任公司的借款关系仅发生在双方当事人之间,在合同当事人不对外披露的情况下,第三人从外部实难察知借款关系的存在,对借款的用途更难知情,故新诚基公司不知道农行阿拉山口支行与天任公司之间的借款用途,主观上难谓存在过错。

《担保法解释》第三十九条规定:“主合同当事人双方协议以新贷偿还旧贷,除保证人知道或者应当知道的外,保证人不承担民事责任。”单纯从文义上看,该条规定是对保证担保所设,但在以第三人财产设定抵押的情形下,抵押担保法律关系在主体、内容、目的、效果等方面与保证担保的特征相似,在司法解释未对借新还旧中抵押人的责任承担问题作出明确规定的情形下,《担保法解释》关于保证的相关规定可比照适用于抵押。故二审法院根据《担保法解释》关于保证章的相关规定对本案进行判决并无不当,农行博州分行关于原二审判决适用法律错误的再审主张不能成立,本院不予支持。

综上,农行阿拉山口支行与新诚基公司签订《最高额抵押合同》时,并未告知新诚基公司关于天任公司借新还旧的事实,农行博州分行亦没有证据证明新诚基公司系在知道或应当知道天任公司借新还旧的情形下自愿提供抵押,这无疑会影响新诚基公司在提供抵押时对担保风险的预期判断,加重其担保责任,进而导致不公平的结果,根据《担保法解释》第三十九条的规定,新诚基公司应免于承担担保责任。原二审判决认定事实清楚,适用法律正确,应予维持。

【案例来源】

中国裁判文书网,http://wenshu.court.gov.cn。

【案件名称Ⅲ】

中国长城资产管理公司哈尔滨办事处与黑龙江华夏造纸有限公司、佳木斯金地造纸股份有限公司借款担保合同纠纷案[最高人民法院(2010)民二终字第72号民事判决书,2011.3.30]

【裁判精要】

最高人民法院认为：

抵押是担保的法定方式之一。在以第三人财产设定抵押的情形下，抵押担保法律关系在主体、内容、目的、效果等方面与保证担保的特征相似。借贷关系的双方关于借款用途的约定，亦是担保人判断其风险责任所考虑的重要因素。无论是对保证担保还是抵押担保，主债务双方在以固定资产投资为借款用途而设定担保后，又以借新还旧的真实用途发放并收回贷款，同样会改变担保人在提供担保时对担保风险的预期，加重其担保责任，同样会导致对担保人不公平的结果。据此，原审法院根据《担保法解释》关于保证章的相关规定对本案进行判决并无不当，本院予以维持。长城公司哈尔滨办事处关于一审判决对最高额抵押适用保证的规定属于适用法律错误的上诉主张不能成立，本院不予支持。

【案例来源】

最高人民法院民事审判第二庭编：《商事审判指导》（总第25辑），人民法院出版社2011年版，第222～229页。

编者说明

《全国法院民商事审判工作会议纪要》（2019年11月8日，法〔2019〕254号）第五十七条明确，贷款到期后，借款人与贷款人订立新的借款合同，将新贷用于归还旧贷，旧贷因清偿而消灭，为旧贷设立的担保物权也随之消灭。贷款人以旧贷上的担保物权尚未进行涂销登记为由，主张对新贷行使担保物权的，不予支持，但当事人约定继续为新贷提供担保的除外。

794 《BSP业务代收代付服务协议》认定有效的，相关最高额抵押担保合同也有效

【关键词】

| 代收代付服务协议 | 最高额抵押 | 合同有效 |

【案件名称】

上海海蓝宝石软件有限公司与张颉、上海军利航空服务有限公司等服务合同纠纷案［最高人民法院（2014）民四终字第24号民事判决书，2014.12.29］

【裁判精要】

最高人民法院认为：

本案争议的焦点问题是，张颉与快钱公司之间签订的《最高额抵押合同》的效力如何以及张颉在本案中应否承担担保责任。

（一）关于张颉与快钱公司之间签订的《最高额抵押合同》的效力问题

根据2010年8月18日快钱公司与军利公司之间签订的《BSP业务代收代付服务协议》的约定，快钱公司为军利公司提供的“代收代付服务”，是指快钱公司对军利公司指定的收款账户即BSP账户审核并认可的情况下，按照军利公司的要求，在约定的3亿元额度范围内替军利公司先行向该指定的收款账户代付相应款项，之后再由军利公司按照快钱公司的要求在约定的还款日之前向快钱公司偿还相应款项。BSP系开账与结算计划（Billing and Settlement Plan）的简称，是国际航空运输协会根据航空公司及其销售代理人的需要设立的清算和结算账目的销售结算系统，我国于1995年初经中国民用航空总局批准后设立了中国BSP系统并于1997年正式运行。军利公司作为机票销售代理人根据该系统的要求在中国工商银行设立了专用账户，用于与相关航空公司之间的机票交易结算。根据该系统要求，该专用账户内的资金入账后，军利公司不能随意支配，而是被该系统自动根据账期及账单等信息将相关款项划转给各航空公司，即所谓“只能进、不能出”。根据快钱公司的工商登记资料，快钱公司是金融类企业，其经营范围包括“代收代付服务”，且已获中国人民银行支付机构许可。从本案有关事实看，快钱公司与军利公司签订上述服务协议，目的是由快钱公司提供融资服务，但这并未超出快钱公司的合法经营范围，不属于非法借贷行为。《BSP业务代收代付服务协议》是双方当事人的真实意思表示，不违反我国法律、行政法规的规定，应当认定有效。

张颉与快钱公司、军利公司签订的《最高额抵押合同》明确约定，为确保快钱公司和军利公司签订的编号为KTJ11－2000－023的《合作协议》及所有附件的履行，张颉愿意为军利公司依该协议与快钱公司形成的债务的最高余额8500万元的全部债权及其他相关权利提供担保，担保的债权形成时间自2010年8月18日至2012年12月31日止。张颉对一审判决关于《合作协议》与《BSP业务代收代付服务协议》之间关系的认定并无异议，即《合作协议》是在《BSP业务代收代付服务协议》框架下为满足办理抵押登记手续的需要，根据不同抵押人签署的最高额抵押合同分别出具的，《合作协议》中所指快钱公司与军利公司之间的合作就是《BSP业务代收代付服务协议》项下的合作，各担保人担保的债务就是《BSP业务代收代付服务协议》项下产生的债务。张颉与快钱公司、军利公司签订的《最高额抵押合同》系三方的真实意思表示，并不违反我国法律、行政法规的规定，亦应认定有效。一审判决对此认定正确。张颉关于快钱公司没有金融资质、《BSP业务代收代付服务协议》应认定无效、主合同无效担保合同因而无效的上诉理由不能成立。

（二）关于张颉在本案中应否承担担保责任的问题

快钱公司向军利公司支付的款项均进入的是军利公司BSP专用账户，符合《BSP业务代收代付服务协议》的约定。快钱公司为军利公司的代付行为是在一定时间内连续发生的。根据军利公司于2011年3月18日给快钱公司的三份《BSP授信延迟还款申请书》，载明军利公司欠快钱公司的款项，包括于2011年3月16日到期的2500万元、10200万元，2011年3月18日到期的11200万元及相关手续费，请求延迟付款，欠款额总计2.39亿元。快钱公司该债权发生的时间并未超出张颉签署的《最高额抵押合同》中约定的担保债权形成时间。因此，一审判决张颉根据《最高额抵押合同》的约定承担相应的担保责任并无不当。

上诉人张颉认为快钱公司支付的款项并非用于代付机票款，由于快钱公司支付的款项进入的是BSP专用账户，因此张颉欲否认款项用途即应承担相应的举证责任，但张颉没有举出充分的证据证明快钱公司进入BSP账户的款项没有用于向航空公司支付机票款，张颉的该主张不能成立。如果有证据证明军利公司和快钱公司合意改变款项用途，根据《担保法》的规定，担保人张颉对加重其担保责任部分可以免除担保责任，但张颉没有举出证据证明存在该种情形。此外，张颉认为其承保的是快钱公司代付的机票款，因有军利公司销售机票收入为支撑，应当是稳妥的，风险很小，该认识有一定的合理性，然而，张颉并没有在《最高额抵押合同》中为债权人付款设置特定条件，在《最高额抵押合同》有效的前提下，快钱公司为军利公司代付了相应的款项，军利公司不能偿还，张颉即应当依约在其承保的额度内承担相应担保责任。担保的目的在于保障债权人行使债权，在债权人没有过错的情况下，债务人不能偿债的风险，应当由保证人承担。因此，上诉人张颉关于本案所涉债务并非机票款代付系列协议下产生的债务、其不应承担担保责任的上诉理由没有事实和法律依据，不应予以支持。

【案例来源】

中国裁判文书网，http://wenshu.court.gov.cn。

795 银行分支机构经法人授权代行其他分支机构的债权，并未发生债权转让，不属最高额抵押担保的债权转让违反法律禁止性规定的情形

【关键词】

|最高额抵押|债权转让|代行债权|

【案件名称】

武汉黄鹤集团股份有限公司与中国农业银行武汉市江城支行、武汉黄鹤大洲商城有限公司、武汉华中商城借款抵押合同纠纷案［最高人民法院（2004）民二终

字第 202 号民事判决书，2005. 3. 3］

【裁判精要】

最高人民法院认为：

本案借款合同的出借方分别为武汉农行下属的八大家分理处、南站办和大东门分理处，因我国各商业银行实行一级法人制度，各分支机构均不具备法人资格，故上述三个分支机构作为出借方形成的债权均为中国农业银行所享有。按照商业银行管理制度，上级行有权行使下级行的有关职能，湖北农行鄂农银营发〔2002〕4 号《关于组建长江和江城两个专业清收支行的方案》明确规定由江城支行负责包括本案三笔债权在内的不良资产的清收管理工作，属法人的内部职能分工，不违反法律规定。根据《民事诉讼法》第四十九条关于“公民、法人和其他组织可以作为民事诉讼的当事人”和《民诉法意见》第四十条关于“其他组织包括法人依法设立并领取营业执照的分支机构”的规定，江城支行有权作为本案原告对上述三笔债权提起诉讼，黄鹤公司关于江城支行不具备本案诉讼主体资格的上诉理由，本院不予支持。江城支行基于法人授权代行主张其他分支机构的债权，并未发生债权转让的法律事实，三笔债权的权利人始终为中国农业银行这一民事主体，故黄鹤公司关于该三笔设有最高额抵押担保的债权转让违反法律禁止性规定的上诉理由没有法律依据，本院亦不予支持。

【案例来源】

最高人民法院民事审判第二庭编：《最高人民法院商事审判指导案例·借款担保卷》（上），中国法制出版社 2011 年版，第 378 ~ 385 页。

796 最高额抵押的主合同债权在债权确定之前不可以转让，确定之后可以转让

【关键词】

｜最高额抵押｜债权转让｜债权确定｜

【案件名称】

石家庄建工集团有限公司与中国东方资产管理公司石家庄办事处最高额抵押借款合同纠纷案［最高人民法院（2007）民二终字第 240 号民事判决书，2008. 5. 22］

【裁判精要】

裁判摘要：在审理因《物权法》实施前的法律行为引发的最高额抵押借款合同纠纷案件时，应参照《物权法》规定的精神理解当时法律及把握处理纠纷的标准，特别

在如何判断最高额抵押担保的债权是否确定化及确定化事由方面。

最高人民法院认为:

本案上诉争议焦点在于原贷款银行对本案所涉债权转让至资产管理公司的行为的效力,具体说,就是原贷款银行转让本案贷款债权之时,由于本案的借款合同的发生是在具有最高额抵押合同情形下进行的,主合同债权是否已经特定、转让行为本身是否违法从而影响转让行为的效力认定。

首先,我国《担保法》第六十一条"最高额抵押的主合同债权不得转让"的规定,从其立法本意看,强调的是主合同债权在不特定的情况下不能随同其最高额抵押权的全部或者部分一起转让的一般原则,这是由最高额抵押权的本质属性决定的。最高额抵押权不同于普遍抵押权的特殊性体现在最高额抵押权对其所担保的在一个最高债权额限度之内在一定期间内连续发生的债权具有不可分割性,最高额抵押权并非仅仅为其所担保范围内某一项特定具体的债权而设立,而是为一系列不特定债权设立。此处的"主合同债权"意指在最高额抵押权担保的情况下按照约定的最高债权额限度之内以抵押物对一定期间内连续发生的不特定债权的概括性总称,而并非指在具有最高额抵押权担保的情况下单笔或者多笔债权自由流动、变化、转让、消灭,也不包括当事人在最高额抵押合同中特别约定当主合同债权不确定时发生转让连同最高额抵押权全部或部分转让的情形,也不包括最高额抵押权担保的债权按照约定或者法定事由已经特定化之后发生转让的情形。在最高额抵押合同没有达到约定的决算期或者通过其他方式对主合同债权予以确定时,在一定时间段内发生的债权总额可能始终是不确定的,是不断变化的。最高额抵押权并不因为其所担保的其中一个或者数个债权的变化、消灭、转让而发生变化、消灭、转让,除非当事人早已在最高额抵押合同中有特别约定。最高额抵押权在如何随同其所担保的主合同债权发生转让的问题上如果当事人在合同中没有约定,那么只有一个条件才能发生最高额抵押权随同主合同债权一同转让情形,即主合同债权发生特定化情形。《不良贷款案件规定》第八条"最高额抵押权所担保的不特定债权特定后,原债权银行转让主债权的,可以认定转让债权的行为有效"的规定正是体现这样的思想。因此,除非在当事人有特别约定的情况下,最高额抵押权必须待其所担保的债权特定后方可随同一起转让,否则发生的主合同债权转让则成为脱离最高额抵押权担保的普通债权。

其次,就本案而言,本案所涉两份最高额抵押合同并没有约定决算期,虽然其约定最高额抵押权的存续期为至被担保债权诉讼时效届满之日后的两年,也就是说,是本案债权转让发生之日即由新华支行将本案四笔贷款及从权利转让给信达石办时,仍在本案最高额抵押合同的存续期间;本案所涉四笔借款合同虽然其中三笔贷款的履行期限已经届满,即三笔债务已达清偿期,但另有一笔即2003年12月26日金额为2440万元的2003-16号借款合同因其借款期限为2003年12月29日至

2004 年 12 月 28 日而未届清偿期,但是,判断最高额抵押合同项下的借款合同债权是否已经确定的标准并非完全在于上述因素,仍需要结合其他因素综合判断。鉴于本案四笔贷款合同金额已达最高额抵押合同约定的债权的最高额限度,事实上不可能发生新的债权;且本案四笔贷款合同是借新还旧的借款合同,是为到期的八笔旧贷进行的转贷而重新签订的四份借款合同;该四笔借款合同其中三笔贷款的履行期限已经届满,即三笔债务已达清偿期;同时,根据本案两份最高额抵押合同第十条抵押权实现(一)主合同项下全部或部分债务本金或利息履行期限届满,乙方(指新华支行)未受清偿的,新华支行有权依法处分抵押物的约定,应当认为新华支行于 2004 年 6 月 28 日将本案所涉的四笔借款债权及担保债权转让给信达石办时,本案最高额抵押合同项下的借款合同债权实际已经确定或特定,不可能发生新的债权,即使发生新的借贷关系也与本案最高额抵押合同无关,不属其所担保的债权范围。本案最高额抵押担保债权已经特定,本案债权可以依法转让。本案债权作为不良资产进行转让符合有关法律政策,本案最高额抵押项下的债权变成具有普通抵押权的债权,并没有损害债务人的利益或加重债务人的责任。本案债权转让行为不违反法律、法规的强制性规定,应当认定有效。原审判决对此认定和处理正确,本院予以维持。建工集团上诉所称的本案债权转让无效及理由不能成立,本院不予支持。

【案例来源】

最高人民法院民事审判第二庭编:《最高人民法院商事审判裁判规范与案例指导》(第一卷),法律出版社 2010 年版,第 261 ~ 267 页。

797 市场经营主体对签订最高额抵押合同及办理抵押登记的责任后果应有明确认知，其以意思表示不真实要求免除担保责任的不予支持

【关键词】

| 最高额抵押合同 | 抵押登记 | 免除担保责任 |

【案件名称Ⅰ】

中国银行股份有限公司青岛香港路支行与永泰县樟鑫房地产开发有限公司、青州青都房地产开发有限公司等金融借款合同纠纷案［最高人民法院（2014）民二终字第 91 号民事判决书，2014. 12. 17］

【裁判精要】

最高人民法院认为:

中行香港路支行与捷丰达公司于 2011 年 7 月 14 日、11 月 15 日分别签订的编号为 2011 年港司授字 018 号《授信额度协议》以及该协议项下的具体业务合同,是

当事人的真实意思表示,不违反法律法规强制性规定,应认为合法有效,签约各方均应严格按照约定全面履行各自的合同义务。中行香港路支行在授信额度期限内,于2011年10月26日至2012年1月5日先后依约为捷丰达公司办理八笔信用证开证业务、四笔进口押汇业务和一笔国内代付业务,并实际形成垫款本金共计人民币45852245.45元和8476753.77美元。捷丰达公司未按约定向中行香港路支行偿还融资垫付本金及其利息违反了合同约定,中行香港路支行主张捷丰达公司偿还欠款本息有事实基础与法律依据,本院予以支持。

2012年1月31日,樟鑫公司经股东会决议,与中行香港路支行签订了编号为2011港司额度抵字018－3号《最高额抵押合同》,以其名下樟城镇较场路国有土地使用权为中行香港路支行与捷丰达公司之间最高本金余额为人民币15000万元的贷款债权提供抵押担保,并于同日办理了抵押登记。中行香港路支行据此要求樟鑫公司承担抵押担保责任于法有据,本院予以支持。

樟鑫公司提出其签订该合同的意思表示不真实,不应承担担保责任。本院认为,《最高额抵押合同》中对于樟鑫公司提供担保的主债权金额、责任范围等内容均作出了明确约定,樟鑫公司亦经过了股东会讨论一致同意提供抵押担保,作为市场经营主体,其应具有独立判断商业风险的能力,对于《最高额抵押合同》中的担保责任具备相应的认知水平和承受能力,现其主张当初提供担保的意思表示不真实,却并无充分的证据证明,故对其主张本院不予支持。即便樟鑫公司轻信丰亿集团公司向其提供900万元借款的承诺而签订案涉《最高额抵押合同》,亦不影响其对于合同中相关责任条款应具备的充分理解与审慎核查,以及合同签订后的风险预期,因此,该抗辩不能成立。樟鑫公司主张中行香港路支行与捷丰达公司恶意串通,隐瞒事实真相,使其在违背真实意思表示的情况下签订了损害自身利益的《最高额抵押合同》,但并无证据予以支持,即便捷丰达公司、丰亿集团公司以向樟鑫公司提供借款为对价诱使其签订抵押合同,亦无直接证据证明中行香港路支行与之存在恶意串通的事实,因而对樟鑫公司免责的主张本院难以支持。

樟鑫公司另提出本案中许建平等相关主体涉嫌刑事犯罪,本案属刑事民事交叉案件,应中止审理。但现有证据表明公安机关未对此正式立案,更未对中行香港路支行与捷丰达公司是否涉嫌恶意串通诱使樟鑫公司作出抵押担保意思表示作出刑事认定,本案当前不存在先刑后民的问题,无须中止审理。

综上,樟鑫公司作为具有独立风险判断能力的市场经营主体,对于依法签订抵押合同及办理抵押登记的相应责任后果应有明确的认知,其提出免除担保责任的抗辩主张缺乏事实和法律依据,本院不予支持。

【案例来源】

中国裁判文书网,http://wenshu.court.gov.cn。

【案件名称Ⅱ】

河源市源城区宝源房地产发展有限公司、广发银行股份有限公司河源分行与河源市源城区宝源房地产发展有限公司、广发银行股份有限公司河源分行等金融借款合同纠纷案［最高人民法院（2015）民提字第67号民事判决书，2015.12.29］

【裁判精要】

最高人民法院认为：

（一）宝源公司作为抵押担保人，在与广发行河源办、河源健力宝签订的编号为2001A01的《额度借款合同》和编号为2001A01的《最高额抵押合同》中，均明确约定，宝源公司愿意作为抵押人，自愿为债务人河源健力宝于2001年5月17日至2002年5月17日期间所形成的2500万元最高限额内的额度贷款提供担保，并在《最高额抵押合同》的附件一《抵押物清单》中明确列明，抵押物为土地，土地证分别为河国用（2001）字第380号、河国用（1999）字第3449号、河国用（1999）字第4602号。各方当事人对于上述合同的真实性并无异议，且合同内容也不违反法律、行政法规的强制性规定。

（二）宝源公司依据《承诺书》主张，土地证号为河国用（1999）字第3449号、河国用（1999）字第4602号的两个《国有土地使用证》，系广发行河源办为办理河源健力宝借款的抵押目的向其借用的，为河源健力宝提供抵押担保并非其真实意思表示。但从《承诺书》载明的内容看，宝源公司是明知其向广发行河源办提供上述两个《国有土地使用证》的用途系为河源健力宝提供抵押担保，也明知其借用《国有土地使用证》设定抵押担保后可能存在不能归还的风险。故，即便宝源公司主张的借用事实成立，在其自愿将《国有土地使用证》借给广发行河源办任其使用，以及宝源公司确有证据证明涉案抵押担保行为属于借用《国有土地使用证》的结果的情况下，也无法据此得出宝源公司为河源健力宝的贷款提供担保非其真实意思表示的结论，更不能由此否定其借用两个《国有土地使用证》后依法设立的抵押担保法律关系。更何况，宝源公司不仅与广发行河源办、河源健力宝签订《最高额抵押合同》和《额度借款合同》明确约定其作为抵押人提供担保，并依法办理了抵押物登记手续，而且还将除了上述两个所谓借用的《国有土地使用证》对应的两块土地使用权设定抵押担保外，其又另行提供了《承诺书》约定之外的土地证号为河国用（2001）字第380号的另一块土地使用权一并为涉案债权设立抵押。因此，宝源公司关于抵押担保非其真实意思表示，担保关系依法不成立的主张，没有事实和法律依据。

（三）宝源公司于2001年7月23日将河国用（1999）字第3449号、第4602号两份《国有土地使用证》进行抵押登记，为河源健力宝对广发行河源办所负债务提供担保等行为，从时间上看，发生在《承诺书》约定的“2002年12月10日前归还”的借用期内。如宝源公司能够证明《承诺书》有关借用《国有土地使用证》办理抵押的约定确系双方的真实意思表示,且上述设定抵押行为也确系广发行河源办借用其《国有土地使用证》的结果的,宝源公司可以依据《承诺书》中关于"如到期不能归还,由我部负责按有关评估价值偿还上述土地价值给贵公司,并由我部负责企业一切连带责任"的约定,另行向广发行河源办主张相关权利。鉴于《承诺书》中载明的借用目的就是为河源健力宝的贷款提供抵押担保,且事后该借用的《国有土地使用证》也是按照《承诺书》体现的目的为河源健力宝设定了抵押,故不宜简单地以事后宝源公司与广发行河源办签订了《最高额抵押合同》为由,认定双方以《最高额抵押合同》取代了在先的《承诺函》,双方的原有借用关系已经转化成了抵押担保关系。宝源公司、广发行河源办之间的抵押担保关系与双方因《承诺书》所形成的借用关系,分属两个不同的法律关系,应当分别予以解决。

综上,《最高额抵押合同》《额度借款合同》《银行承兑合同》系各方当事人的真实意思表示,宝源公司与广发行河源办就涉案债权形成真实有效的抵押担保关系,再审判决认定上述合同有效,并无不当,本院予以维持。宝源公司关于其为河源健力宝提供抵押担保的意思表示不真实,其对涉案债务不承担担保责任的申诉理由,本院不予支持。

【案例来源】

中国裁判文书网,http://wenshu. court. gov. cn。

798 多个担保人就同一债权提供最高额抵押担保,在无特别约定情形下,应以其各自提供的抵押物相互承担连带抵押责任

【关键词】

|最高额抵押|共同担保|连带抵押责任|

【案件名称Ⅰ】

河源市源城区宝源房地产发展有限公司、广发银行股份有限公司河源分行与河源市源城区宝源房地产发展有限公司、广发银行股份有限公司河源分行等金融借款合同纠纷案[最高人民法院(2015)民提字第67号民事判决书,2015. 12. 29]

【裁判精要】

最高人民法院认为:

二、宝源公司、宏远公司是否就广发行河源办的涉案债权明确约定了各自担保的份额,是否应按约定份额承担相应的担保责任

本案中,宝源公司对其担保的债务份额亦提出异议。宝源公司认为涉案的四份《银行承兑合同》中,仅2001年5月20日签订的金额为700万元的《银行承兑合同》

是由其作为担保人签署的，其余三份金额分别为100万元、125万元、952万元的《银行承兑合同》均由宏远公司作为担保人签署，宝源公司并未签署。故，宝源公司与宏远公司已通过分别签订《银行承兑合同》的方式对涉案2500万元额度贷款约定了各自担保的份额，宝源公司即使承担担保责任也应仅对其签订的《银行承兑合同》项下的700万元债务承担责任。

对此，本院认为：（一）广发行河源办与河源健力宝、宝源公司签订的编号为2001A01的《额度借款合同》、与河源健力宝、宏远公司签订的编号为2001A02的《额度借款合同》，以及与宝源公司签订的编号为2001A01的《最高额抵押合同》、与宏远公司签订的编号为2001A02的《最高额抵押合同》，四份合同所指向的均为同一笔2500万元额度内的贷款，广发行河源办在本案提审庭审中对此作了明确确认，且各方当事人对此事项自始没有争议。故本案属于在同一债权上有两个以上最高额抵押人的抵押担保合同纠纷，即在涉案2500万元同一授信额度的债权上，同时设立了宝源公司、宏远公司两个最高额抵押担保的抵押人。

（二）涉案的两份《最高额抵押合同》和两份《额度借款合同》均明确约定，宝源公司与宏远公司同意就河源健力宝在2001年5月17日至2002年5月17日期间发生的授信额度2500万元以内的全部债务以其抵押财产提供担保。上述四份合同并未作出区分两个担保人宝源公司与宏远公司的担保份额的约定。且根据两份《额度借款合同》违约责任条款中关于“三方当事人均应履行本合同及其任一从属合同（从属合同指本合同的最高额抵押合同、在本合同项下额度内广发行河源办与河源健力宝就每一笔借款所签署的其他债权债务文书及相关权利义务凭证）所约定的义务，任何一方不履行或是不完全履行的即构成违约”的约定，宝源公司和宏远公司均应履行两个担保人各自签订的《最高额抵押合同》，如未履行或是不完全履行的，均构成违约。

（三）涉案四份《银行承兑合同》系涉案两份《额度借款合同》的从合同，分别是涉案2500万元授信额度内的一部分。该四份《银行承兑合同》，虽然仅金额为700万元的《银行承兑合同》是由宝源公司作为担保人签署的，其余三份金额分别为100万元、125万元、952万元的《银行承兑合同》均由宏远公司作为担保人签署，但从四份《银行承兑合同》第六条第二项关于“担保方式为抵押，按双方签订的编号为2001A01的《最高额抵押合同》执行”（涉宝源公司合同），或者“担保方式为抵押，按双方签订的编号为2001A02的《最高额抵押合同》执行”（涉宏远公司合同）的约定看，该四份《银行承兑合同》有关担保的事项均直指向编号为2001A01的《最高额抵押合同》（涉宝源公司合同）和编号为2001A02的《最高额抵押合同》（涉宏远公司合同），而该两份《最高额抵押合同》均明确约定宝源公司与宏远公司就河源健力宝2500万元授信额度以内的全部债务提供抵押担保。且四份《银行承兑合同》中第六条有关担保的上述约定，宝源公司或宏远公司承诺为各笔《银行承兑合同》项下的债务提供担保的同时，并无明确排除基于两份《最高额抵押合同》所作出的对全部

2500万元债务提供担保的意思表示。即宝源公司签订的《银行承兑合同》中既没有表明其仅就该合同项下的700万元提供担保,而对其他三笔宏远公司签订的《银行承兑合同》项下的款项不提供担保;也没有表明其签订的《银行承兑合同》项下的700万元贷款仅由其提供担保,而宏远公司不提供担保。宏远公司签订的《银行承兑合同》亦然。因此,很难由此得出四份《银行承兑合同》的签订,改变了原各方当事人基于《额度借款合同》和《最高额抵押合同》的约定,将原本对同一债权上担保债权份额未约定各自担保的份额,变更为明确约定了各自担保的份额。宝源公司依据《银行承兑合同》主张其仅应就700万元债务承担担保责任,没有事实和法律依据。

(四)从当事人办理的抵押登记情况看:一是抵押登记的时间发生在涉案一系列《银行承兑合同》和最高额债权已实际发生完毕后;二是抵押登记均是根据两份《额度贷款合同》和两份《最高额抵押合同》及其所附《抵押财产清单》办理的抵押登记手续,抵押登记情况与《额度借款合同》《最高额抵押合同》的约定均为一致,故应根据抵押登记公示的事项确定担保物权。退一步讲,即使如宝源公司主张,其签署金额为700万元额度贷款的《银行承兑合同》改变了其原签订的《额度贷款合同》和《最高额抵押合同》的约定、其仅应依据《银行承兑合同》的约定对700万元额度贷款承担担保责任,根据《担保法解释》第六十一条关于"抵押物登记记载的内容与抵押合同约定的内容不一致的,以登记记载的内容为准"的规定,宝源公司亦应根据抵押登记的内容承担担保责任。

(五)即使将四份《银行承兑合同》作为宝源公司、宏远公司就同一债权上担保债权份额约定各自担保份额的事实依据,因一是《银行承兑合同》约定内容本身表意不明存在争议,二是所谓《银行承兑合同》对于担保份额作出的约定与《额度借款合同》《最高额抵押合同》以及抵押物的登记情况均不一致,故该约定也当属约定不明。根据《担保法解释》第七十五条第二款关于"同一债权有两个以上抵押人的,当事人对其提供的抵押财产所担保的份额或者顺序没有约定,或者约定不明的,抵押权人可以就其任一或者各个财产行使抵押权"的规定,广发行河源办仍可就涉案2500万元债权对宝源公司的抵押财产行使抵押权。故再审判决认定宝源公司与宏远公司应对河源健力宝的涉案债务承担连带责任,并无不当,本院予以维持。

【案例来源】

中国裁判文书网,http://wenshu.court.gov.cn。

【案件名称Ⅱ】

河源市源城区宝源房地产发展有限公司与广发银行股份有限公司河源分行等金融借款合同纠纷案[最高人民法院(2015)民提字第66号民事判决书,2015.8.31]

【裁判精要】

最高人民法院认为：

（二）关于宝源公司是否应当承担担保责任问题

宝源公司认为本案所涉四笔借款是由宏远公司为销售中心的借款提供抵押担保，原审判决认定宝源公司对销售中心在本案的四笔借款承担担保责任没有事实和法律根据。1. 同一债权上设立有多个担保人提供的担保，可增加债权人权利得到实现的保障，一向不为法律所禁止。宝源公司与广发行河源办签订《最高额抵押合同》，约定宝源公司为广发行河源办与销售中心在2001年5月17日至2002年5月17日期间所发生债务提供最高额为2500万元的抵押担保。该最高额抵押合同在抵押物登记后发生法律效力，抵押权有效设立。现主债务人销售中心不能清偿借款，宝源公司作为担保人应当依法依约承担担保责任。2. 多个担保人就同一债权提供担保，在无特别约定情形下，其担保责任的分配，需考虑最高额抵押合同是比较特殊的担保形式，其所担保的债权需在决算期届至或约定事由发生后才特定化，此前所发生的连续交易或债权，不足以确定最高额抵押权的内容。以本案而言，根据《担保法》第五十九条关于"本法所称最高额抵押，是指抵押人与抵押权人协议，在最高债权额限度内，以抵押物对一定期间内连续发生的债权作担保"的规定，本案所涉四份《银行承兑合同》虽然另有担保人宏远公司关于提供担保的约定，但该约定均明确各合同项下借款担保方式为抵押、按广发行河源办与宏远公司签订编号为2001A02《最高额抵押合同》执行，故此四份《银行承兑合同》仍为一定期间内连续发生的债权合同而非担保合同，不能作为判断担保人担保责任范围或者份额分担的依据。另由于宝源公司与广发行河源办所订立的编号为2001A01《最高额抵押合同》以及前述广发行河源办与宏远公司签订的编号为2001A02《最高额抵押合同》均约定宝源公司与宏远公司自愿为债务人即销售中心于2001年5月17日至2002年5月17日期间在广发行河源办办理约定的各类业务实际形成的债权最高余额为2500万元提供担保，但宝源公司与宏远公司并未就决算期届至、连续发生之债权特定化后所形成应担保余额应如何分担并未作出约定，根据《担保法解释》第八十三条第一款关于"最高额抵押权所担保的不特定债权，在特定后，债权已届清偿期的，最高额抵押权人可以根据普通抵押权的规定行使其抵押权"以及第七十五条第二款关于"同一债权有两个以上抵押人的，当事人对其提供的抵押财产所担保的债权份额或者顺序没有约定或者约定不明的，抵押权人可以就其中任一或者各个财产行使抵押权"的规定，宏远公司与宝源公司以其各自提供的抵押物相互承担连带抵押责任。故宝源公司关于其不应承担抵押责任的主张因无事实根据和法律依据而不能成立。再审判决认定宝源公司与宏远公司应对销售中心涉案债务承担连带责任并无不当，应予维持。

【案例来源】

中国裁判文书网，http://wenshu.court.gov.cn。

第十二章 | CHAPTER 12

质押担保纠纷

一、动产质押纠纷

(一)一般动产质押纠纷

799 质押登记发生在主合同和质押合同签订之前，不影响质押合同效力

【关键词】

| 质押登记 | 合同签订 | 合同效力 |

【案件名称】

中国工商银行股份有限公司哈尔滨开发区支行与中国光大银行股份有限公司哈尔滨道外支行、黑龙江长兴投资有限公司借款合同纠纷案［最高人民法院（2006）民二终字第97号民事判决书，2007.11.26］

【裁判精要】

裁判摘要:虽然目前我国有关法律、行政法规等尚未对以公路等不动产收益权出质的,质押权究竟是以交付权利凭证还是以依法登记作为取得权利的要件作出明确规定,但是,不论是以交付权利凭证还是以依法办理出质登记作为公路收费权质押权取得的要件,因当事人在签订质押合同后既交付了质押权利凭证又依法办理了出质登记手续,故应认定该质押有效。

在正式签订借款合同与质押合同前,当事人即办理有关权利的质押登记,并不违反法律、行政法规的禁止性规定,质押登记发生在主合同和质押合同签订之前,不影响质押合同的效力。

最高人民法院认为:

光大银行道外支行与长兴公司签订质押合同,约定以长兴公司所有的鹤萝公路鹤梧段12年收费权进行质押,不违反法律强制性规定,应为有效。光大银行道外支行与长兴公司根据国务院国函〔1999〕28号批复关于“公路建设项目法人可以用收费公路的收费权质押方式向国内银行申请质押贷款,以省级人民政府批准的收费文件作为公路收费权的权力证书,地市级以上交通主管部门作为公路收费权质押的登记部门”的规定,就上述质押合同在鹤岗市交通局进行了质押登记,该质押登记依法

有效。光大银行道外支行在与长兴公司正式签订借款合同和质押合同前，即办理有关权利的质押登记，并不违反法律、行政法规禁止性规定，质押登记发生在主合同和质押合同签订之前，不影响质押合同的效力。光大银行道外支行取得的《质押登记书》中明确载明了借款合同的合同号，该合同号与事后签订的借款合同一致，该质押登记系为该案争议借款提供质押担保，事实清楚。《质押登记书》载明的借款数额与事后签订的借款合同载明的借款合同数额不相一致，亦不影响质押登记的效力。2001年3月13日黑龙江省交通厅黑交发〔2001〕50号下发的《公路收费权贷款质押登记管理办法》中虽然有"收费权质押登记管理工作由黑龙江省交通厅负责，并颁发登记证，其他任何单位无权办理公路收费权质押登记；在此登记规定发布之前已办理公路收费权贷款质押的，申请单位须在3个月内履行程序补办此项登记手续，由省交通厅补发登记证书"的规定，但因光大银行道外支行与长兴公司之间签订的质押合同在此之前已经依据国务院的有关规定依法登记，光大银行道外支行未按黑龙江省交通厅的上述规定补办质押登记手续，并不导致原质押登记失效。根据光大银行道外支行与长兴公司签订的质押合同中有关"权利凭证双方确认封存后由长兴公司交与光大银行道外支行保管"的约定，光大银行道外支行取得了国务院国函〔1999〕28号批复中规定的公路收费权质押权利凭证——黑龙江省交通厅批复给长兴公司的黑交发〔1999〕190号《黑龙江省交通厅关于鹤萝公路鹤梧段收费经营权转让的批复》。虽然目前我国有关法律、行政法规等尚未对以公路等不动产收益权出质的，质押权究竟是以交付权利凭证还是以依法登记作为取得权利的要件作出明确规定，但是，不论是以交付权利凭证还是以依法办理出质登记作为公路收费权质押权取得的要件，因光大银行道外支行与长兴公司签订质押合同，既交付了质押权利凭证，又依法办理了出质登记手续，因此，光大银行道外支行对鹤萝公路鹤梧段12年收费权依法取得质押权，享有优先受偿的权利。

【案例来源】

最高人民法院民事审判第二庭编：《最高人民法院商事审判裁判规范与案例指导》（第一卷），法律出版社2010年版，第170～177页。

800 动产质权的善意取得，可以参照适用《物权法》第一百零六条规定

【关键词】

｜动产质权｜善意取得｜

【案件名称】

孙艳玲、北大荒粮食集团有限公司济宁分公司与山东峰宇面粉有限公司所有权确

认纠纷案［最高人民法院（2017）最高法民再147号民事判决书，2017.6.30］

【裁判精要】

最高人民法院认为：

本案的争议焦点是孙艳玲对涉案小麦1599.0701吨是否享有质权。根据案件事实及法律规定，孙艳玲的再审请求成立，理由如下：

第一，孙艳玲主张涉案小麦的质权合法有据。《物权法》第二百一十二条规定，质权自出质人交付质押财产时设立。第一百零六条规定，无处分权人将不动产或者动产转让给受让人的，所有权人有权追回；除法律另有规定外，符合下列情形的，受让人取得该不动产或者动产的所有权：（一）受让人受让该不动产或者动产时是善意的；（二）以合理的价格转让；（三）转让的不动产或者动产依照法律规定应当登记的已经登记，不需要登记的已经交付给受让人。受让人依照前款规定取得不动产或者动产的所有权的，原所有权人有权向无处分权人请求赔偿损失。当事人善意取得其他物权的，参照前两款规定。本案中，峰宇公司与孙艳玲之间存在真实合法的借款关系和质押合同关系。根据原审查明事实，涉案小麦系北大荒公司所有，峰宇公司仅是涉案小麦的仓储方，其未经所有权人北大荒公司同意，即将涉案小麦作为其借款的质押给孙艳玲，系无权处分行为。但根据上述善意取得的规定，峰宇公司虽对涉案小麦无权处分，但不必然导致孙艳玲对涉案小麦不享有质权。涉案小麦的质权是否有效设立，应当根据孙艳玲是否实际取得涉案小麦的占有以及孙艳玲取得涉案小麦时是否知道或者应当知道峰宇公司系无权处分人予以认定。一方面，孙艳玲实际取得了涉案小麦的占有。根据峰宇公司与孙艳玲及监管人正诚公司动产质押监管协议约定，涉案小麦虽使用峰宇公司仓库进行存储，存储位置未发生变动，但涉案小麦此时实际由正诚公司根据质权人孙艳玲的指示予以监管，各方均同意未经孙艳玲许可，涉案小麦不得进行出入库操作，峰宇公司作为仓储场所的提供者所负有保证涉案小麦品质、安全的协助义务，仅是对正诚公司监管的辅助，峰宇公司已丧失了对涉案小麦的控制权。就涉案小麦的监管问题，孙艳玲再审提供了监管人在峰宇公司场内进行监管的相关照片，北大荒公司虽对照片形成时间有异议，但未提供证据予以反驳，故应认定涉案小麦作为质物已经通过由正诚公司代孙艳玲进行监管的方式交付给了孙艳玲。北大荒公司关于涉案小麦实际由峰宇公司保管，孙艳玲未实际占有涉案小麦的主张，证据不足，不能成立。

另一方面，关于孙艳玲是否知道或者应当知道峰宇公司对涉案小麦无处分权的问题。本案中，涉案小麦实际存放于峰宇公司仓库内，峰宇公司并未将涉案小麦的所有权状况向孙艳玲予以披露，涉案质押借款协议亦明确载明，峰宇公司以其自有小麦为孙艳玲的债权提供质押担保。孙艳玲有合理理由相信峰宇公司有权将涉案小麦予以处分，现有证据亦不能证明孙艳玲在签订涉案质押合同以及取得涉案小麦的占有时知道或者应当知道峰宇公司并非涉案小麦所有权人。综合上述分析，应当认定孙艳玲在取得涉案小麦时是善意的。北大荒公司称其通过在涉案小麦存储的仓库悬挂形态卡公示了其对涉案小麦的所有权,其仅向原审法院提交了上述形态卡,但未提供证据证明实际以此方式对其所有权进行了公示,其主张不能成立。综上,孙艳玲对涉案小麦 1599.0701 吨享有质权。

【案例来源】

中国裁判文书网,http://wenshu.court.gov.cn。

编者说明

关于动产质权善意取得的要件,参照《物权法》第一百零六条规定,结合前引裁判文书以及最高人民法院关于联盛纸业(龙海)有限公司与中国光大银行股份有限公司漳州支行、漳州金鑫辉包装有限公司等买卖合同纠纷案的民事裁定书,①应当包括以下几个方面:一是质押合同有效成立;二是质物已经特定化;三是质物已经交付质权人;四是质权人主观上是出于善意,一般是已尽审查义务,不存在主观过错。

801 质权人善意取得动产质权即可排除所有权人对该动产的权利主张

【关键词】

|质权|善意取得|

【案件名称】

中联重科融资租赁(中国)有限公司与中联重科股份有限公司渭南分公司、上海浦东发展银行股份有限公司西宁分行、青海三健工程机械有限公司借款合同纠纷案[最高人民法院(2015)民二终字第 138 号民事判决书,2016.3.30]

【裁判精要】

最高人民法院认为:

二、关于三健公司与浦发银行西宁分行签订的《开立银行承兑汇票协议书》《上海浦东发展银行动产最高额质押合同》是否有效的问题

三健公司法定代表人吕腊梅在一审庭审中称,其对本案涉及的合同并不知情,未在合同中加盖公章,也未刻过个人私章。但是,吕腊梅未亲自在合同上加盖公司公章和个人名章并不意味着合同上的公章和名章就是虚假的,在商业实践中,上述两种印章由公司职能部门管理亦属正常现象。事实上,三健公司并未提出对公章的

① 参见最高人民法院(2015)民申字第 1490 号民事裁定书(2015.8.27),载中国裁判文书网,http://wenshu.court.gov.cn。

真假进行司法鉴定,该公司也没有其他证据证明该公章为虚假,据此,原审判决认定三健公司的公章效力并无不当。况且,在与本案承兑汇票纠纷直接相关的最高额保证合同上,吕腊梅认可系亲笔签字,其否认对相关合同知情,与事实不符。在《开立银行承兑汇票协议书》以及《上海浦东发展银行动产最高额质押合同》上所加盖的三健公司的公章可认定为真实的前提下,三健公司、中联融资公司、中联渭南分公司不能提供其他证据证明上述两份合同不符合当事人真实意思表示,或者存在其他无效情形,原审法院认定上述两份合同合法有效有事实和法律依据,本院予以维持。

三、关于浦发银行西宁分行是否可以行使质押权的问题

根据《物权法》第二百一十二条的规定,"质权自出质人交付质押财产时设立"。本案中,三健公司与浦发银行西宁分行签订了《上海浦东发展银行动产最高额质押合同》后,三健公司即将质押物挖掘机交付浦发银行西宁分行,浦发银行通过委托第三方代为监管的方式实际占有和控制了质押物,故本案质押权的设立符合法律规定。虽然中联融资公司主张该质押物中8台挖掘机被陕西省华阴市人民法院民事判决确认向中联融资公司返还,中联渭南分公司也主张对其中18台挖掘机设备享有所有权。但是,根据《物权法》第一百零六条之规定,即便是挖掘机为中联融资公司、中联渭南分公司所有,他人仍然可以根据法律规定善意取得对该挖掘机的质押权。因此,相关法院有关本案讼争挖掘机所有权归属的认定与本案关于质权人享有质权的认定并不矛盾。相反,一旦质权人善意取得对挖掘机的质押权即可排除所有权人对该挖掘机的权利主张。由于动产物权系以占有为公示方式,而本案中,讼争挖掘机在出质时,其显著位置并无任何权属标识,也未进行权属登记,质权人浦发银行西宁分行在接受质物时,依据三健公司对质押物挖掘机的占有,信任三健公司对质押物享有所有权而与其进行交易,并对三健公司所占有质押物的合格证等手续进行了相应的审查,在此基础上,三健公司还将质物交付给了浦发银行西宁分行,所以,即使三健公司对案涉质押物无处分权,浦发银行西宁分行也已构成善意取得,可以行使质押权。根据《融资租赁合同解释》第九条之规定,中联融资公司并未在租赁物的显著位置作出标识,也未授权承租人将租赁物抵押给出租人并在登记机关依法办理抵押权登记,并且,浦发银行西宁分行进行融资租赁交易查询后亦未发现本案争议挖掘机的融资租赁记录,因此浦发银行西宁分行善意取得质押权不存在上述司法解释所规定的除外情形,对其质押权人民法院依法应予支持。中联融资公司和中联渭南分公司以三健公司借款所提供的买卖合同、合格证以及发票系伪造为由,主张浦发银行西宁分行未尽到审慎审查的义务,该主张加重了质押权人的注意义务,缺乏法律依据,本院不予采信。①

① 本案二审判决后,中联渭南分公司向最高人民法院申请再审,最高人民法院审查后裁定予以驳回。参见最高人民法院(2016)最高法民申2276号民事裁定书(2016.10.13),载中国裁判文书网,http://wenshu.court.gov.cn。

【案例来源】

中国裁判文书网，http://wenshu.court.gov.cn。

802 质押合同约定指示交付及货权凭证交付两种方式，指示交付已经完成，即使货权凭证没有交付，质权也已依法设立

【关键词】

｜动产质权｜指示交付｜货权凭证交付｜

【案件名称】

青岛佳施化工有限公司与重庆商业投资集团有限公司企业借贷纠纷案［最高人民法院（2018）最高法民终 264 号民事判决书，2018.6.22］

【裁判精要】

最高人民法院认为：

二、案涉动产质押权已设立

《物权法》第二百一十二条规定："质权自出质人交付质押财产时设立。"本案中，佳施公司与商投集团公司签订的《动产质押合同》约定，佳施公司以其所有的五万吨抽余油（国Ⅴ成品汽油）为商投集团公司的 1.5 亿元借款提供质押担保。佳施公司二审确认，上述担保为动产质押担保而非权利质押担保。因此，案涉质权应自交付质押财产时设立。《担保法解释》第八十八条规定："出质人以间接占有的财产出质的，质押合同自书面通知送达占有人时视为移交。"本案中，佳施公司以其间接占有的财产出质，质押合同自书面通知送达占有人丽星公司、丽东公司时视为移交。丽星公司、丽东公司作为《质押物转移占有及保管合同》的当事人，在签订该合同时已明确知晓佳施公司为商投石化公司借款给商投集团公司提供动产质押担保的事实，因此，案涉动产质押权已设立。《质押物转移占有及保管合同》约定，佳施公司为履行与商投集团公司签订的质押合同约定的义务，须将质押物转移交付给商投集团公司占有。又约定，佳施公司将质押物的货权凭证交付给商投集团公司之日起，商投集团公司实际占有质押物。该合同实际上约定了两种交付方式，即指示交付及货权凭证的交付。在两种交付方式并存的情况下，即使货权凭证没有交付，也应认定指示交付完成，质权已经依法设立。一审法院以商投集团公司未提交货权凭证原件为由，认定案涉质权未设立，系适用法律错误，本院予以纠正。因商投石化公司不履行到期债务，故商投集团公司有权就质押物优先受偿。

三、如质押物缺失，佳施公司、丽星公司、丽东公司应在缺失的现值范围内向商投集团公司承担赔偿责任

《合同法》第一百零七条规定："当事人一方不履行合同义务或履行义务不符合

合同约定的,应当承担继续履行、采取补救措施或赔偿损失等违约责任。”本案中,根据《质押物转移占有及保管合同》的约定,质押物保管委托人转变为商投集团公司后,丽星公司、丽东公司不得再听从商投石化公司的指令处置质押物。佳施公司同意为丽星公司、丽东公司履行该义务提供连带责任保证。本案质押物为抽余油,其仓储过程有流动性,如质押物存量不足或丽星公司、丽东公司有违反合同约定处置质押物等情形,则丽星公司、丽东公司应按照合同约定,在质押物缺失的现值范围内承担赔偿责任,佳施公司作为连带责任保证人,一并承担上述责任。①

【案例来源】

中国裁判文书网,http://wenshu.court.gov.cn。

(二)动产质押监管纠纷

1. 动产质押监管合同性质

803 动产质押监管合同兼具保管合同和委托合同的性质，监管人仅是帮助实现质权的辅助人，而非质权实现的直接义务人

【关键词】

｜动产质押监管｜保管合同｜委托合同｜

【案件名称Ⅰ】

武汉市商业储运有限责任公司与汉口银行股份有限公司水果湖支行合同纠纷案［最高人民法院（2018）最高法民再159号民事判决书，2018.8.31］②

① 本案二审判决后,佳施公司向最高人民法院申请再审,最高人民法院审查后裁定予以驳回。参见最高人民法院(2018)最高法民申5198号民事裁定书(2018.11.14),载中国裁判文书网,http://wenshu.court.gov.cn。

② 武汉市商业储运有限责任公司与汉口银行股份有限公司水果湖支行合同纠纷案[最高人民法院(2018)最高法民再158号、157号、103号、102号民事判决书,2018.8.31],武汉市商业储运有限责任公司与汉口银行股份有限公司水果湖支行合同纠纷案[最高人民法院(2018)最高法民再90号、89号民事判决书,2018.8.10],武汉市商业储运有限责任公司与汉口银行股份有限公司水果湖支行合同纠纷案[最高人民法院(2018)最高法民再88号民事判决书,2018.8.9]的裁判理由与本案民事判决书基本一致(略),载中国裁判文书网,http://wenshu.court.gov.cn。

【裁判精要】

最高人民法院认为:

一、关于质物短缺的原因

首先,根据水果湖支行、信诚和公司、商业储运公司签订的《动产质押监管合作协议》中"质物设立质押时,甲方(水果湖支行)、乙方(信诚和公司)向丙方(商业储运公司)发出《查询及出质通知书》,将质物及设立质押的事实通知丙方,丙方验收货物无误后予以确认""自《查询及出质通知书》达到丙方并经丙方确认之日起,质物移交至甲方,由丙方代理甲方占有质物,并按照本协议的规定履行监管职责"等合同约定,质权设立之时,三方通过《质物清单》《查询及出质通知书》等文件的交付及确认,作为质物交接的凭证。2013 年 5 月 17 日质物交接亦是由水果湖支行向商业储运公司发出《质物最低价值通知书》,确定质物最低价值,信诚和公司向水果湖支行出具《质押清单》《查询及出质通知书(附确认回执)》确认质物数量,商业储运公司在《质押清单》上加盖骑缝章予以确认这一书面形式交付质物。三方并未到场清点质物数量、品种,确定质物权属,再审庭审中,三方均对上述事实予以认可。商业储运公司提出案涉质押煤炭实际存量严重少于《质物清单》和《查询及出质通知书》的记载,书面文件不能真实客观反映质物实际数量、品种乃至价值,并提交了《湖北信诚和税务进项流水》和《湖北信诚和货物进出账目》拟证明其主张,但《湖北信诚和货物进出账目》是公安局整理出来的信诚和公司的货物进出情况,《湖北信诚和税务进项流水》是商业储运公司从税务机关自行调取,未加盖税务局公章,该两项证据并不能反映信诚和公司的全部煤炭真实交易情况,尚不足以证明质物自始不足,原审法院认为商业储运公司的调取证据申请不属于《民事诉讼法》第二百条第(五)项规定的情形,因此不予准予并不违反法律规定。如前所述,再审审理期间商业储运公司提交的新证据亦不足以证实质物自始不足,本院不予采信。其次,《动产质押监管协议》4.3 条约定商业储运公司在监管期间应建立完善的出入库台账登记制度,登记、核实信诚和公司提货或换货后的质物最低价值是否符合合同 2.5 条约定。商业储运公司再审提交的三份《公证书》内容显示该公司原工作人员戴军与水果湖支行工作人员易爱明通过邮件来往台账确认每日质押物数量及价值,证实商业储运公司形式上履行了合同的约定。但自 2013 年 5 月 17 日至 2014 年 3 月 27 日,商业储运公司多次向水果湖支行出具《信诚和公司监管点质押物监管台账》,所报告监管质物价值均不低于 6000 万元。而商业储运公司于 2014 年 5 月 12 日函告水果湖支行,安徽省淮南市谢家集区杨公镇湖北开元实业发展有限公司淮南分公司监管点处现存煤炭预估为 2800 吨,该数量煤炭价值远低于《动产质押监管协议》约定的质物最低价值,质物短损致使水果湖支行债权无法充分实现。商业储运公司再审中提交《公证书》主张《信诚和公司监管点质押物监管台账》是由水果湖支行主导编制的虚假监管台账,反映出商业储运公司未尽合同约定的监管义务,就监管质物短损存在过错,再审期间商业储运公司仍未能就其存在免责事由进行举证,应承担举证不能的后果,对水果湖支行因其过错导致质物减损而受到的损失承担相应责任。

关于是否存在重复质押问题。原审及再审中浦发武汉分行均明确表示质物没有重复质押,对于水果湖支行的质物浦发武汉分行不主张权利,原审亦已对本案不存在重复质押情形进行了详尽的分析论述,再审中商业储运公司亦未举证推翻原审判决关于不存在重复质押的认定,再审对此予以确认且不再赘述。

二、关于对案涉质物短缺,商业储运公司应如何承担责任的问题

质押物监管期间出现短缺,商业储运公司应当依据《动产质押监管合作协议》"丙方违反上述约定造成质物短损灭失,甲方质权落空导致质物价值不足质物最低价值的,承担不足部分的赔偿责任"的约定承担违约责任。该赔偿责任应当为补充责任而非连带责任。质押监管合同兼具保管合同和委托合同的性质,对于质权人水果湖支行而言,商业储运公司作为其受托人监管质物,仅是帮助水果湖支行实现质权的辅助人,而非质权实现的直接义务人。故在质物短缺、灭失的情况下,应该先由主债务人偿还债务,不足部分由监管人承担补充赔偿责任。现引发本案纠纷的首要原因是债务人信诚和公司不能清偿债务,商业储运公司在质物移交和质物监管中存在过错,对信诚和公司及其他担保人仍不能清偿部分,应当承担相应的补充赔偿责任。此外,根据《商业银行法》的相关规定,本案中质权设立即质物移交之时,水果湖支行作为专业金融机构应当审查信诚和公司提交的足以证实质物所有权、质量、品质的资料(包括且不限于购销合同、增值税发票、报关单、货运单、质量合格证买卖合同等)以确定质物权属、数量、价值。但水果湖支行作为债权人和质权人在质物移交时未到场核实清点确认质物,对自己质权的实现疏于管理并放任质权不能实现的风险放大,亦存在过错,也应承担相应责任。故综合本案具体情况,应判定商业储运公司对水果湖支行质权不能实现部分承担80%的补充赔偿责任为宜。

【案例来源】

中国裁判文书网,http://wenshu.court.gov.cn。

【案件名称Ⅱ】

天门棉花交易市场有限公司与湖北天门农村商业银行股份有限公司合同纠纷案[最高人民法院(2018)最高法民再97号民事判决书,2018.4.8]

【裁判精要】

最高人民法院认为:

天门农商行因其向恒泰米业公司发放1200万元贷款未全部收回,基于天门棉花公司与天门信用社、恒泰米业公司针对质押物监管而签订的《三方监管协议》,要求天门棉花公司对其860万元损失承担赔偿责任。天门棉花公司则认为其不应承

担赔偿责任。因此,本案审查的焦点问题为,天门棉花公司对质押物不能满足天门农商行债权的实现应否承担责任,承担多少责任,承担何种责任。

首先,天门棉花公司应承担相应责任。金融机构进行动产质押监管业务主要就是通过具有专业资质单位的监管,有效管控担保财产,弥补其在资产管理专业性方面的不足,降低放贷风险。本案中,天门棉花公司与天门信用社、恒泰米业公司签订《三方监管协议》系当事人的真实意思表示,协议内容不违反法律法规的禁止性规定,合法有效,依法应予保护。依据《三方监管协议》第五款的约定,天门信用社委托天门棉花公司保管质押物品时,应将《清单》同时移交一份给天门棉花公司,天门棉花公司按《清单》逐一清点验收,确认品种和数量与《清单》一致后,方可对质押品实施监督,在监管过程中有任何疑问应随时向甲方报告。虽然三方在实际履行时均未到现场进行清点验收,而是以交付质押物清单形式进行移交,共同造成质押物不足额的事实,但天门棉花公司作为监管方,没有利用其专业知识和经验依约进行清点和随时报告异样情况,应承担相应合同义务。另,由于本案质押稻谷从入库开始即不足额,又无证据证实质押稻谷在监管期外有减损,故天门棉花公司所提监管期间已过问题,并不影响其上述合同义务的承担。天门棉花公司所提证据亦不足以证明天门农商行明知恒泰米业公司虚假质押或者有恶意串通。故天门棉花公司认为其不应承担责任的理由不能成立。

其次,天门棉花公司应承担相应比例的责任。依据《三方监管协议》第六款的约定,监管期间如出现委托保管的质押物缺失、短少,由天门棉花公司赔偿天门信用社的损失。但根据再审查明的事实,双方当事人均认可2、3、4号仓库最大库容量无法存放足额的稻谷,有证人证实稻谷存放后无进出仓情形,现有证据并不能证实保管的质押物有缺失、短少。原审判决仅以天门棉花公司、天门信用社均在《质押物品清单》上签章,天门市人民法院处置上述质押物时,发现恒泰米业公司2、3、4号仓库中库存的稻谷数量为1015265公斤就认定系在天门棉花公司监管期间出现质押物缺失、短少,不符合本案客观实际,判定天门棉花公司承担赔偿天门农商行损失的全部责任亦属不当,应予纠正。鉴于天门农商行在履行《三方监管协议》时,仅依据恒泰米业公司提供的评估报告认定质押稻谷数量,未依约对质押物进行过磅清点,导致实际质押物数量与清单数量不符,对质押物不足额具有主要责任。天门棉花公司则应承担次要责任,可酌情承担40%责任。

最后,天门棉花应承担的责任系补充责任。在基于监管合同产生的纠纷中,债权人的直接义务人是债务人和担保人,质押物的监管人只是帮助债权人实现债务的辅助人,主要尽保管合同义务,承担的是补充责任;如因监管人自身原因造成监管质物灭失,则请求权基础发生改变属侵权责任的范畴,如债权人已获清偿,则监管责任相应消灭。本案中,天门农商行作为债权人,其债权实现的直接义务人应当是债务人恒泰米业公司及其担保人,监管人天门棉花公司在案涉债权实现过程中,承担的是帮助天门农商行妥善保管质物以最终实现债权的责任。原审判决天门棉花公司对天门农商行860万元损失承担直接赔偿责任不当，适用法律错误，应予纠正。另，虽然质押物不足额数额为14617173.9元，但恒泰米业公司现尚未清偿天门农商行的贷款数额仅为760万元，即天门棉花公司最多在760万元范围内承担40%的补充责任；至于恒泰米业公司及其担保人是否已无执行能力，天门农商行是否在760万元的债权范围内不能受偿，天门农商行并未举证证明，可在执行程序中解决。

【案例来源】

中国裁判文书网，http://wenshu.court.gov.cn

编者说明

关于动产质押监管中债权人与质物监管人之间的关系认定，最高人民法院相关裁判意见还并不统一。如中国工商银行股份有限公司淄博分行与蓬达资产管理有限公司、淄博烨华贸易有限公司保管合同纠纷申请再审案中，最高人民法院即将其案由确定为保管合同纠纷，同时在裁判理由中亦认为："从上述内容看，蓬达资产公司淄博分公司根据约定占有并保管质物，届时返还质物，其与工行淄博分行之间的权利、义务具有保管合同的法律特征。"①在中储发展股份有限公司大连分公司、中储发展股份有限公司与中国民生银行股份有限公司大连分行监管合同纠纷申请再审案中，最高人民法院认为："本案中，133－1号《动产质押监管合同》由质权人、出质人、保管人三方签订，中储大连分公司作为保管人，不仅承担保管质物的义务，还承担验明质物、监管质物等义务，与保管人在保管合同项下承担的义务有所区别。二审判决根据合同的性质，将本案案由确定为监管合同纠纷，并无不当。"②

804 质押监管协议不是单纯的委托合同，不能单独解除；监管人不能说明质物灭失原因属未尽监管义务，应承担相应违约责任

【关键词】

| 质押监管协议 | 委托合同 | 单独解除 | 违约责任 |

【案件名称】

中信银行股份有限公司西宁分行与青海朝阳物流有限公司、青海物产康宁再生合金有限公司等金融借款合同纠纷案［最高人民法院（2015）民二终字第354号民事判决书，2016.10.14］

① 参见最高人民法院（2013）民申字第591号民事裁定书（2013.7.22），载中国裁判文书网，http://wenshu.court.gov.cn。

② 参见最高人民法院（2013）民申字第138号民事裁定书（2013.3.18），载中国裁判文书网，http://wenshu.court.gov.cn。

【裁判精要】

最高人民法院认为：

一、关于朝阳物流公司应否向中信银行承担违约责任的问题

《监管协议》系中信银行、康宁公司、朝阳物流公司三方签订，是各方当事人的真实意思表示，不违反法律的禁止性规定，合法有效，各方当事人均应履行协议约定的义务，否则应承担相应的违约责任。

（一）最高额质押为一定期间内发生的不特定债权提供担保，最高额质押合同项下的质权设立后，即为该期间内发生的债权提供担保，而非每笔债权发生后重新设立质权。根据《监管协议》的约定，朝阳物流公司履行的是《最高额动产质押合同》项下质物的监管责任，依该质押合同设立的质权担保的是在2014年3月27日至2015年3月27日期间中信银行因与康宁公司签署主合同而享有的一系列的债权。2014年10月10日，中信银行与康宁公司签订38号承兑协议，中信银行享有该协议项下的债权。《监管协议》第4.3条明确约定，《质物清单》构成康宁公司、朝阳物流公司对质物移交至中信银行并由朝阳物流公司代理中信银行占有的确认。2014年3月27日，朝阳物流公司在《质物清单》上盖章确认了其对质物的占有，质权已经设立。38号承兑协议项下的债权是《最高额动产质押合同》项下已经设立的质权所担保的债权，故原审判决认定质权已经设立并无不当。《监管协议》第四条中没有关于单独对每份承兑协议单独设立质权的约定，朝阳物流公司关于依据《监管协议》第四条，38号承兑协议应重新设立质权的上诉理由缺乏依据，本院不予支持。

（二）2014年9月26日，中信银行发出《质物处置通知书》，要求朝阳物流公司核对质物详情，为质物处置做准备。根据《监管协议》的约定，朝阳物流公司以《质物清单》的形式接收了质物，但其未提供证据证明其已将质物交给中信银行。在与中信银行就质物进行交接前，朝阳物流公司对质物的监管等义务并不因开始处置质物当然解除。《监管协议》是为了履行涉案的《最高额动产质押合同》而订立的，不应单独解除，且根据《监管协议》的约定，中信银行和康宁公司均同意将质物交由朝阳物流公司“存储监管”，《监管协议》不是单纯的委托合同。故朝阳物流公司认为依据《合同法》第四百一十条的规定，在其2014年10月13日发出《函告》后，《监管协议》已经解除的法律依据不足，其该上诉理由不成立。

（三）中信银行主张，2014年10月17日，涉案质物已经全部灭失。朝阳物流公司主张涉案质物尚存在，并提交了甘中科〔2015〕司鉴字第5003号《手机照片日期司法鉴定意见书》。本院认为，即使10月13日的照片能证明10月13日时本案质物尚存在，也不能证明此后质物的状态；朝阳物流公司未能证明11月12日的四张照片中的物品系本案质物，原判决认定质物已经全部灭失并无不当。作为监管人，朝阳物流公司不能说明质物灭失的原因，属其未尽到监管义务，应依据《监管协议》的约定承担相应的违约责任。

二、关于朝阳物流公司应否承担连带赔偿责任的问题

《监管协议》第四条是关于出质通知和质物确认的约定。第4.4条约定,朝阳物流公司在签发《质物清单》"前"应对质物的情况进行查核,并根据查核结果会同康宁公司签发《质物清单》。因《质物清单》的记载与质物不相符而妨碍中信银行质押权的设立、行使或给中信银行带来任何损失的,则朝阳物流公司应承担连带赔偿责任。可见,这是针对朝阳物流公司不能正确查核质物作出的特别约定,即如果因朝阳物流公司未正确查核质物,签发了错误的《质物清单》,造成中信银行损失,则应对中信银行的损失承担连带赔偿责任。《质物清单》签发后,因其他原因导致的质物与《质物清单》记载不符,进而导致中信银行损失的,并不适用该第4.4条的约定。2014年9月6日的《质物清单》载明的质物与约定相符,且该《质物清单》上加盖有中信银行的印章,故中信银行依据《监管协议》第4.4条的约定主张朝阳物流公司承担连带赔偿责任,缺乏事实依据。《监管协议》第15.1条约定,在监管期间,除不可抗力的事件外,质物毁损、灭失、哄抢、被盗或由于朝阳物流公司未尽到本协议项下责任导致质物变质、短少、受污染的;给中信银行造成损失的,朝阳物流公司承担中信银行的融资本金、利息、罚息及相关费用等全部损失的赔偿责任。本案质物灭失,朝阳物流公司作为监管人不能说明灭失原因,根据《监管协议》第15.1条的约定,朝阳物流公司应对中信银行的损失承担赔偿责任。朝阳物流公司该上诉理由成立,本院予以支持。

三、关于朝阳物流公司应承担赔偿责任的数额是多少

《监管协议》第15.1条约定,朝阳物流公司因质物灭失给中信银行造成损失的,承担中信银行损失的赔偿责任。根据该约定,朝阳物流公司承担中信银行的损失应具备三个条件:一是质物灭失,二是中信银行存在损失,三是中信银行的损失与质物灭失之间存在因果关系。本案质物全部灭失,依据38号协议康宁公司应偿还中信银行而康宁公司不能偿还的部分为中信银行的损失。即在就康宁公司的财产依法强制执行后,中信银行的债权仍不能实现的部分,由朝阳物流公司承担赔偿责任。

朝阳物流公司应对中信银行承担的赔偿责任,与中信银行和康宁公司之间的债权债务有紧密的相关性,合并审理有利于减轻当事人讼累,也可以提高诉讼效率。本院对朝阳物流公司关于合并审理违反法律规定的上诉理由不予支持。[①]

【案例来源】

中国裁判文书网,http://wenshu.court.gov.cn。

---

① 本案二审判决后,朝阳物流公司向最高人民法院申请再审,最高人民法院审查后裁定予以驳回。参见最高人民法院(2017)最高法民申1873号民事裁定书(2017.9.28),载中国裁判文书网,http://wenshu.court.gov.cn。

2. 质权人审查义务

805 金融机构未尽对质物权属进行审查的义务，应当承担相应责任

【关键词】

|质物权属|审查义务|

【案件名称】

招商局物流集团上海有限公司与招商银行股份有限公司上海宝山支行、上海宏飞实业有限公司、上海宝铁储运有限公司、焦玉明合同、侵权纠纷案［最高人民法院（2009）民提字第40号民事判决书，2009.12.16］

【裁判精要】

裁判摘要:金融机构对借款人的资信,保证人的偿还能力,抵押物、质物的权属和价值以及实现抵押权、质权的可行性承担的审查义务属于法定义务,不能通过委托协议全部转移给他人。金融机构违反该义务导致借款不能收回的,应当承担相应的责任。

最高人民法院认为:

根据《商业银行法》第三十五条、第三十六条规定,招行宝山支行在审贷过程中对质物的权属具有法定的审查义务。招行宝山支行认为,其对质物权属的审查以及质物的监管义务已经通过质物监管协议委托给了招商物流公司。但是,在招行宝山支行与招商物流公司签订质物监管协议之前,招行宝山支行就已经接受了宝铁公司出具的仓单附仓单明细,并办理了出质背书手续。而招行宝山支行在此过程中并没有对宏飞公司提供的仓单项下的质物是否存在尽到审查义务,没有能够发现仓单项下的钢材不存在的事实。在质物虚假的情况下,根据招行上海分行2004年4月26日批准的宏飞公司的承兑申请,招行宝山支行与宏飞公司签订银行承兑协议,并于同日将并不存在的质物交由招商物流公司办理质物移交手续并实施监管。因此,招行宝山支行对于因质物虚假造成的损失,存在一定过错,应承担相应的责任。

关于招商物流公司是否应该对招行宝山支行的损失承担赔偿责任。根据质物监管协议中招行宝山支行、宏飞公司、招商物流公司的三方声明,出质通知送达招商物流公司视为质物移交招行宝山支行占有。可见,招行宝山支行并没有亲自参与办理质物移交手续,而是委托给监管人招商物流公司,而质物监管协议和质物清单均载明质物系宏飞公司自有,因此,作为专业监管人,招商物流公司在接受宏飞公司移交的质物时,应该对质物的权属进行审查。可是,招商物流公司在事实上并没有尽到该义务,其在办理质物移交手续时没有发现质物虚假的事实,将非宏飞公司的钢

材当作质物予以接受,且在质物监管协议中声明承兑协议项下的质物已验收完毕,质物已入其监管区域妥善保管,并开具质物清单交付招行宝山支行,导致招行宝山支行在质物不存在的情况下仍然对宏飞公司开具的汇票予以承兑,从而遭受损失。此外,对质物权属的审查,是监管人实施核库、监管的前提条件,然而招商物流公司在日常监管中也没有尽到审查义务。在招行宝山支行等待放款的一个多月内,招商物流公司与宝铁公司给招行宝山支行填发的仓单明细载明货主是宏飞公司,在招行宝山支行承兑放款后,其与宝铁公司又先后三次给招行宝山支行填发了仓单明细,该仓单明细仍然载明货主是宏飞公司,致使招行宝山支行一直未能发现质物虚假问题。因此,招商物流公司在接受质物以及日常监管中均没有尽到应有的审查义务,存在过错,对招行宝山支行因此造成的损失应该承担赔偿责任。

【案例来源】

最高人民法院民事审判第二庭编:《最高人民法院商事审判指导案例·公司卷》,中国法制出版社2011年版,第364~377页。

3. 质权未设立与责任承担

806 动产质押监管合同的债权人、债务人、监管人对质物没有真实或足额移交监管均存在过错，对相应质权未设立给债权人造成的损失均应承担责任

【关键词】

| 动产质押监管合同 | 质权未设立 | 过错责任 |

【案件名称】

大连俸旗投资管理有限公司与中国外运辽宁储运公司等借款合同纠纷案［最高人民法院（2016）最高法民终650号民事判决书，2017. 2. 28］

【裁判精要】

裁判摘要:(1)在审理动产质押监管合同纠纷案件时,应当查明质物是否真实移交监管或是否足额移交监管的基本事实,据此对相应质权是否已经设立作出准确认定。

(2)在动产质押监管合同纠纷中,如果债权人、作为出质人的债务人、质物监管人三方对质物没有真实移交监管或没有足额移交监管均存在过错,则三方对相应质权没有设立给债权人造成的损失均应承担责任。由于债务人负有移交质物的法定义务,且质物是否移交直接决定质权设立,所以其对质物没有真实移交监管或没有

足额移交监管而致质权没有设立给债权人造成的损失，存在的是主要过错，应当承担主要责任。监管人虽然存在误以为质物真实移交的过错行为，但因这种过错行为不是导致质权没有设立的主要原因，所以其应对债权人损失承担次要责任。监管人的这种责任因违反约定义务而产生，性质上应认定为违约责任。

最高人民法院认为：

（二）大连谷物公司、倖旗公司与辽宁储运公司对涉案质权不能设立所造成的损失均有过错，均应承担责任

根据《物权法》第二百一十二条的规定，质权自出质人交付质押财产时设立。本案中，大连谷物公司与倖旗公司签订《最高额动产质押合同》，合同成立并生效，但是大连谷物公司自始没有交付质物 145400 吨玉米，质权未设立。对因质权未设立给倖旗公司造成的损失，应当根据大连谷物公司、倖旗公司和辽宁储运公司的过错程度，分别承担相应责任。

第一，对大连谷物公司而言。根据《担保法》第六十三条的规定，大连谷物公司应依法将涉案质押玉米交付倖旗公司。倖旗公司与大连谷物公司签订的《最高额动产质押合同》约定，大连谷物公司自愿以其自有 145400 吨玉米为涉案债权提供质押担保，大连谷物公司应当按照合同约定于合同签订之日交付质物（包括从物）、相关权利证明及保管所需资料等。倖旗公司、大连谷物公司及辽宁储运公司签订的《动产质押监管协议》第 2.1 条约定，质物即为质押标的，是倖旗公司和大连谷物公司所签质押合同中约定的由大连谷物公司向倖旗公司提供质押担保并交由辽宁储运公司存储监管的货物。第 2.2 条约定，大连谷物公司保证质物的品名、规格型号、生产厂家（产地）、数量、质量、包装、件数和标记等与其和倖旗公司的约定以及向辽宁储运公司申报和交付的一致，并对上述全部事实的真实性承担法律责任。根据上述约定，大连谷物公司应交付倖旗公司、辽宁储运公司质押玉米 145400 吨。大连谷物公司法定代表人刘有文因涉嫌合同诈骗罪被羁押，因其刑事案件于一审期间正在长春市中级人民法院（以下简称长春中院）审理，故一审法院委托长春中院提讯刘有文。其在被讯问中自认了大连谷物公司在与倖旗公司签订合同后没有依约提供质押玉米，涉案质物自始不存在的事实。由此，涉案质物实际并未交付，负有交付质物义务的一方大连谷物公司必然对质物自始不存在的事实是明知的。根据《担保法解释》第八十六条的规定，债务人或者第三人未按质押合同约定的时间移交质物的，因此给质权人造成损失的，出质人应当根据其过错承担赔偿责任。本案中，大连谷物公司在明知质押玉米没有交付的情况下，依然与倖旗公司一起向辽宁储运公司出具《代出质通知书》，对质押玉米的重量、库存等情况进行确认，主观过错明显。因是否交付质物直接决定质权的设立，没有质物质权一定不能设立，而其实际上并没有交付质物，故其对质物自始不存在而致倖旗公司因质权不能设立所造成的损失，应当承担主要责任。虽然大连谷物公司是涉案质押玉米的出质人，但同时其也是债务

人,理应对涉案全部债务承担还款责任,故其作为《最高额动产质押合同》的当事人及《动产质押监管合同》的关联一方所应承担的违约责任与其作为债务人应承担的责任竞合,在此不再赘述。

第二,对俸旗公司而言。首先,涉案《最高额动产质押合同》第 6.1 条约定,合同项下质押物由大连谷物公司占管,大连谷物公司应于合同签订之日将质物、相关权利证明及保管所需资料交付质权人俸旗公司保管。《动产质押监管协议》开篇约定,俸旗公司与大连谷物公司均同意将质物交由辽宁储运公司监管,辽宁储运公司同意接受俸旗公司的委托并按照俸旗公司的指示监管质物。根据上述合同约定可知,涉案质物是应当首先由大连谷物公司交付俸旗公司,然后再由俸旗公司交由辽宁储运公司监管。在交付辽宁储运公司前,大连谷物公司应按照质押合同的约定将质押监管物交付俸旗公司,由俸旗公司保管。因此,俸旗公司在将质押监管物交付辽宁储运公司监管之前是知道或应当知道涉案质物是否存在的。

其次,根据《物权法》第二百一十五条规定可知,质权人负有妥善保管质押财产的义务。本案俸旗公司作为质权人,具有审查保管质押财产的义务,应当对债务人大连谷物公司交付的质押财产进行严格审查。但俸旗公司未履行相应义务,而是将该义务通过《动产质押监管合同》全部委托给辽宁储运公司履行。俸旗公司既未对质物实际库存情况进行审查,也不督促辽宁储运公司按照监管合同约定进行审查,即在签订《最高额动产质押合同》当天,向辽宁储运公司出具了盖有其公章及法定代表人名章的《代出质通知书》,该通知书不仅记载了质物名称、产地、重量,而且记载了货物库存情况。该行为一方面表明俸旗公司对质物是否在库是知道或者应当知道的,另一方面也表明其不仅怠于履行其法定质物审查义务,而且对自己债权的实现疏于管理并听任债权不能实现的风险放大。对质物自始不存在致使质权不能设立所造成的损失,俸旗公司本身存在明显过错,也应当承担相应责任。

第三,对辽宁储运公司而言。首先,辽宁储运公司对因质权未设立而给俸旗公司造成损失存在过错。一方面,俸旗公司与大连谷物公司签订《最高额动产质押合同》的时间是 2014 年 6 月 4 日,同日,辽宁储运公司与俸旗公司、大连谷物公司签订《动产质押监管协议》,俸旗公司与大连谷物公司也在当日给辽宁储运公司出具了《代出质通知书》,辽宁储运公司同样在 2014 年 6 月 4 日出具了《收到质物通知书》。确认涉案质物已在其占有和监管之下,时间如此之短,显然没有对质物进行清点审核。另一方面,辽宁储运公司的监管员孙家国在被讯问中自认,其经手过俸旗公司的 14 至 15 万吨玉米质物的监管,监管期间,根据领导授意,在明知仓内没有粮食并且不知储粮仓位具体位置的情况下编造的监管日志和明细分类账目,以证明粮食存在并处于监管之中。对于该证言,辽宁储运公司予以认可。大连谷物公司法定代表人刘有文在被讯问中也陈述,辽宁储运公司对质物 145400 吨玉米自始不存在是知道的。孙家国、刘有文分属于不同的单位,且孙家国是辽宁储运公司的员工,他们的证言均证明辽宁储运公司知道涉案质物自始不存在的事实。综上,辽宁储运公司对质物145400吨玉米不存在是知道或应当知道的，在此情况下仍提供所谓的监管，其对质权未设立给倖旗公司造成的损失存在明显过错。

其次，辽宁储运公司违反了《动产质押监管协议》中的合同义务。根据《合同法》第三百六十九条的规定，保管人应当妥善保管保管物。第三百九十九条规定，受托人应当按照委托人的指示处理委托事务。第四百零一条规定，受托人应当按照委托人的要求，报告委托事务的处理情况。涉案《动产质押监管协议》第一条约定，辽宁储运公司对出质人进行监督、对质物进行监控、对出质人对质物的入库、提货等过程进行监督，一旦发现违反本协议约定之行为，辽宁储运公司应及时制止并向倖旗公司报告。质物监控是指对质物的品名、数量等进行查验、核对，及时向倖旗公司报告质物状况。第2.8条约定，如大连谷物公司交予的货物及实际库存与《代出质通知书》记载不一致，辽宁储运公司不得接收货物并签发《收到货物通知书》，并应立即书面通知倖旗公司、大连谷物公司。第4.1条约定，辽宁储运公司派驻监管员在监管场地查验、核对、清点质物，获取和记录质物状况数据；对质物进行监控，发现质物不足或其他异常情况及时报告倖旗公司和大连谷物公司，并要求大连谷物公司采取措施制止、纠正。第4.4条约定，监管期间，因各种原因质物发生短少、毁损、变质、灭失等可能影响倖旗公司权益的情形，辽宁储运公司应当在24小时内通知倖旗公司，并采取适当的应急措施。第4.6条约定，监管期间，辽宁储运公司应接受倖旗公司对质物及相关单证的查询，接受倖旗公司对质物的检查，并给予必要的协助。本案辽宁储运公司作为专业监管人，首先应对涉案质物进行核对和查验，但其无视《动产质押监管协议》的约定，在未经实际审查质物交付情况及实际库存的情况下，于签订监管协议的当日即随意出具《收到质物通知书》，并且未将该情况及时报告、通知倖旗公司。在倖旗公司查验质物时，向倖旗公司出具所谓的台账、仓位图等证明质物存在。辽宁储运公司上述行为明显违反了《动产质押监管协议》约定的义务。由于辽宁储运公司对倖旗公司因质权不能设立所造成的损失存在过错，且这种过错行为违反了《动产质押监管协议》的约定，其对该损失也应当承担相应责任。

综上，由于质押人大连谷物公司、质权人倖旗公司、质物监管人辽宁储运公司对涉案质权不能设立均存在过错，三方均应承担相应的责任，且作为质物交付主体的大连谷物公司为主要责任，本院认为质物监管人辽宁储运公司对涉案质权不能设立给倖旗公司造成的损失应承担的责任份额以不超过30%为宜。①

【案例来源】

《中华人民共和国最高人民法院公报》2017年第7期。

---

① 本案二审判决后，倖旗公司向最高人民法院申请再审，最高人民法院审查后裁定予以驳回。参见最高人民法院（2017）最高法民申3926号民事裁定书（2018.10.30），载中国裁判文书网，http://wenshu.court.gov.cn。

编者说明

据悉，前引《中华人民共和国最高人民法院公报》案例是最高人民法院巡回法庭建立以来，第一起经巡回法庭审理后提请最高人民法院审判委员会讨论的案件，提请讨论原因是本案的处理涉及全国范围内同类案件如何统一法律适用问题。在动产质押监管（流动质押）关系中，经常由债权人、出质人与监管人订立三方监管协议，此时应当查明监管人究竟是受债权人的委托还是受出质人的委托监管质物，确定质物是否已经交付债权人，从而判断质权是否有效设立。《全国法院民商事审判工作会议纪要》（2019 年 11 月 8 日，法〔2019〕254 号）第六十三条明确，如果监管人系受债权人的委托监管质物，则其是债权人的直接占有人，应当认定完成了质物交付，质权有效设立。监管人违反监管协议约定，违规向出质人放货、因保管不善导致质物毁损灭失，债权人请求监管人承担违约责任的，依法予以支持。如果监管人系受出质人委托监管质物，表明质物并未交付债权人，应当认定质权未有效设立。尽管监管协议约定监管人系受债权人的委托监管质物，但有证据证明其并未履行监管职责，质物实际上仍由出质人管领控制的，也应当认定质物并未实际交付，质权未有效设立。此时，债权人可以基于质押合同的约定请求质押人承担违约责任，但其范围不得超过质权有效设立时质押人所应当承担的责任。监管人未履行监管职责的，债权人也可以请求监管人承担违约责任。

807 质押财产实际数量与监管下限差额部分质权不能设立给银行造成损失，质押人、银行与监管人有过错的，均应承担相应责任

【关键词】

｜质押监管｜质权不能设立｜过错责任｜

【案件名称】

广发银行股份有限公司哈尔滨长江路支行与中国物流有限公司、哈尔滨商德实业有限公司等金融借款合同纠纷案［最高人民法院（2016）最高法民终 266 号民事判决书，2016. 12. 15］

【裁判精要】

最高人民法院认为：

一、商德公司实际交付哈尔滨物流公司的质押钢材数量应认定为约 6000 吨

虽然哈尔滨物流公司先后出具的多份《押品清单》均明确载明质押钢材数量为 27143. 429 吨，但根据本案情况，商德公司实际交付哈尔滨物流公司的质押钢材数量应认定为约 6000 吨。理由如下：首先，《押品清单》载明的钢材数量不能客观反映商德公司实际交付哈尔滨物流公司的质押财产数量。本案广发银行与商德公司、哈尔滨物流公司签订《动产监管合同》的时间为 2014 年 3 月 19 日，哈尔滨物流公司与商德公司签订《仓库租赁合同》的时间为 2014 年 3 月 20 日，广发银行、商德公司、哈尔

滨物流公司在2014年3月20日当天即共同出具载明质押财产数量为27143.429吨的《押品清单》(编号20140320－1号)。从签订《动产监管合同》到出具《押品清单》,中间相差仅一天时间。涉案质押财产是钢材,数量很大,实际测量需耗费大量人力、物力和时间,在短短的一天时间内不可能对27143.429吨型号各异、长短不一的钢材实际测量完毕。由此,广发银行、商德公司、哈尔滨物流公司各方在出具《押品清单》时均知道或应当知道涉案质押钢材交付时并未进行实际测量。正是基于此,在原审庭审中,广发银行也认可《押品清单》载明的质押钢材数量是根据商德公司、哈尔滨物流公司的库存明细填写,由广发银行先盖章,不是经过实测得来。因此,涉案质押钢材交付哈尔滨物流公司时并未进行实际测量,《押品清单》载明的质押财产数量不能客观反映商德公司交付哈尔滨物流公司质押钢材实际数量。

其次,涉案质押钢材在动产监管期间并未发生导致数量减少的情况。一方面,涉案质押钢材在动产监管期间并未发生异常导致数量减少的情况。本案质押财产存放在商德国际金属物流园区,该园区属于商德公司所有,哈尔滨物流公司在其中租赁了一块地方用于对涉案质押钢材进行监管。庭审中,中国物流公司和商德公司均认可,不仅哈尔滨物流公司在相应租赁监管范围内要对质押钢材进行严格监管,没有哈尔滨物流公司的许可,质押财产无法进出相应租赁监管范围。而且商德公司也对哈尔滨物流公司租赁监管范围外进出园区大门的车辆和货物进行严格管理,凭出库单放行,没有商德公司的许可,质押财产也不可能进出商德公司园区。鉴于这种双重把关控制机制,在广发银行、商德公司没有证据证明质押钢材发生过被盗等意外毁损或灭失的情况下,涉案质押钢材数量由《押品清单》载明的27143.429吨直接减少为现在的约6000吨与常理严重不符。另一方面,涉案质押钢材在动产监管期间正常出入库也未导致质押物减少。在哈尔滨物流公司监管期间,共发生13次质押钢材出入库情况,商德公司每次均出具了出入库的调拨单,并由其负责人签字。其中,质押钢材共入库179.318吨,共出库86.054吨。由此可知,在动产监管期间涉案质押钢材数量不仅没有减少,反而增加93.264吨。广发银行、商德公司与哈尔滨物流公司庭审中都确认现在质押钢材数量仅为约6000吨,因在动产监管期间并未发生导致质押钢材减少的情况,但质押钢材不可能不翼而飞,所以商德公司实际交付哈尔滨物流公司的质押钢材数量应认定为仅约6000吨,而不是《押品清单》载明的27143.429吨。原审判决仅依据《押品清单》形式上的记载认定哈尔滨物流公司实际接收质押钢材数量为27143.429吨,不符合本案实际情况,属于认定事实错误,应当予以纠正。中国物流公司主张商德公司实际交付质押钢材约6000吨的上诉理由成立,应予支持。

二、商德公司、广发银行与中国物流公司对质押钢材不足均应承担相应责任

与有过失又称为共同过失或共同过错,指当受害人对损害的发生或扩大存在过失时,应当减轻或免除行为人的赔偿责任。根据《物权法》第二百一十二条的规定,质权自出质人交付质押财产时设立。本案商德公司实际交付质钢材约6000吨,广

发银行自质押财产交付时享有对该6000吨钢材的质权。对涉案质押钢材实际数量与监管下限27143.429吨差额部分质权不能设立给广发银行造成的损失，商德公司、广发银行、中国物流公司均存在过错，均应承担相应责任。

第一，对商德公司而言，根据《担保法》第六十三条的规定，商德公司应依法将涉案质押钢材交付广发银行。广发银行与商德公司签订的《最高额动产质押合同》约定商德公司自愿以其享有合法处分权的27143.429吨钢材为涉案债权提供质押担保，商德公司应按照合同约定交付质押财产以及附随的权属证书、发票等资料。《动产监管合同》第一条约定商德公司应交付广发银行、哈尔滨物流公司27143.429吨押品，押品为商德公司合法所有的商品，商德公司须提供足以证明押品所有权及数量、质量的资料，并对所提供资料的真实性有效性负责。根据上述约定，商德公司应交付广发银行、哈尔滨物流公司质押钢材27143.429吨，但其实际仅交付约6000吨。在商德公司明知质押钢材数量与合同约定数量严重不符，未进行实际测量的情况下，为取得广发银行贷款，虚开押品清单等资料，主观过错明显，对质押钢材实际数量与监管下限27143.429吨差额部分质权不能设立给广发银行造成的损失，应当承担相应责任。虽然商德公司是涉案质押钢材的出质人，但同时其也是债务人，理所应当对全部债务承担还款责任，故其作为《最高额动产质押合同》的当事人及《动产监管合同》的关联一方所应承担的违约责任与其作为债务人应承担责任完全竞合，在此不再赘述。

第二，对于广发银行而言，根据《物权法》第二百一十五条规定可知，质权人负有妥善保管质押财产的义务。根据《商业银行法》第三十六条规定可知，商业银行贷款借款人应当提供担保。商业银行应当对保证人的偿还能力、抵押物、质押物的权属和价值以及实现抵押权、质权的可行性进行严格审查。本案广发银行作为贷款人和质权人，具有审查保管质押财产的法定义务，应当对债务人商德公司交付的质押财产数量进行严格测量。但广发银行未履行相应义务，而是将该义务通过《动产监管合同》全部委托哈尔滨物流公司履行。在广发银行明知商德公司将质押钢材交付哈尔滨物流公司时未进行实际测量的情况下，其既不组织三方实际测量，也不督促哈尔滨物流公司按照监管合同约定进行测量，仅仅依据商德公司的库存表即在《押品清单》上填写质押财产数量并加盖公章，该行为表明其不仅怠于履行其法定质物审查义务，在明知质押钢材可能不足的情况下随意放贷，而且对自己债权的实现疏于管理并听任债权不能实现的风险放大，存在明显过错，对造成的己方损失，也应承担相应责任。

第三，对中国物流公司而言，《动产监管合同》第三条约定，首次交付押品时，由哈尔滨物流公司审核押品的外观、数量、型号及规格，并制作《押品清单》，载明押品名称、型号、规格、数量等；第八条约定，哈尔滨物流公司应按照广发银行的要求在指定的时间和地点接收押品，派驻监管员在监管现场查验、核对、清点押品，审核押品的品名、规格、数量、价值、外观等，并根据审核结果在《押品清单》和《押品变更通知书回执》上签章确认;第十九条约定,哈尔滨物流公司保证入库监管后押品的真实性,因哈尔滨物流公司原因发生以次充好、以假换真等情形,并给广发银行造成损失的,哈尔滨物流公司须承担赔偿责任。本案中,哈尔滨物流公司在接收质押财产时,未按合同约定进行测量即接收质押财产,存在明显过错。更有甚者,哈尔滨物流公司作为专业监管人,无视《动产监管合同》约定,在未经测量的情况下随意出具《押品清单》,造成质押财产实际数量与《押品清单》载明的数量严重不符,造成广发银行在质押物不足的情况下发放贷款,一定程度上助长了对金融秩序和经济秩序的扰乱。正因为此,其对质押钢材实际数量与监管下限 27143.429 吨差额部分质权不能设立给广发银行造成的损失,应承担赔偿责任。

三、中国物流公司承担责任的性质、范围及方式

第一,本案中国物流公司承担责任的性质应为违约责任。所谓违约责任,是指合同当事人一方不履行合同义务或履行合同义务不符合约定所应承担的民事责任。《合同法》第一百零七条规定,当事人一方不履行合同义务或者履行合同义务不符合约定的,应当承担继续履行、采取补救措施或者赔偿损失等违约责任。本案中,《动产监管合同》约定,哈尔滨物流公司应按照广发银行的要求查验、核对、清点押品,制作《押品清单》,并保证入库监管押品的真实性,因哈尔滨物流公司原因发生以次充好、以假换真等情形,给广发银行造成损失的,哈尔滨物流公司须承担赔偿责任。但是,哈尔滨物流公司未按合同约定履行查验、核对、清点质押钢材义务,造成质押财产实际数量与《押品清单》载明的数量严重不符,对于质押钢材实际数量不足监管下限 27143.429 吨给广发银行造成的债权不能受偿的损失,应当承担相应责任。这种责任因违反合同约定义务而来,性质上属于违约责任。

第二,关于中国物流公司承担责任的范围问题。中国物流公司作为涉案质押钢材的监管人,既不是债务人,也不是保证人,仅应当按照《动产监管合同》的约定对质押财产负责,并且不承担市场价格波动风险,其违反合同约定造成交付质押钢材实际数量低于监管下限,应按照质押权实现时的价格,在质押钢材实际数量不足监管下限 27143.429 吨差额部分钢材价值范围内,赔偿广发银行债权不能实现部分的损失。根据商德公司、广发银行、中国物流公司的过错程度,中国物流公司应在上述范围内承担 30% 的赔偿责任为宜。

第三,关于中国物流公司承担责任的方式问题。广发银行涉案债权既存在人的担保,也存在物的担保。如该债权上存在的人的担保、物的担保或者债务人的履行行为足以清偿债权,则广发银行即不存在任何损失,只有在人的担保、物的担保及债务人均不能清偿债权的情况下,广发银行的损失才相应产生。因此,中国物流公司应承担责任为补充赔偿责任。广发银行的具体损失数额在人民法院强制执行涉案质押钢材、债务人商德公司及保证人商德金属公司等之后方可确定,中国物流公司应在人民法院对商德公司、商德金属公司、上海商德公司、刘晓东、胡晓梅、刘晓春、杨滨革、刘晓秋、刘井阳强制执行,并穷尽一切执行措施后仍不能清偿部分,在质押

财产实际数量与监管下限 27143.429 吨差额部分按照质权实现时质押财产价值范围内承担补充赔偿责任。

综上，中国物流公司关于哈尔滨物流公司已经尽到监管职责，对质押钢材数量不足不应承担赔偿责任的上诉理由，没有事实和法律依据，本院不予支持；但原审判决广发银行对 27143.429 吨质押钢材享有质权，中国物流公司对广发银行就涉案质押钢材实现质权后仍不能清偿的部分承担全部补充赔偿责任不当，本院依法予以纠正。[①]

【案例来源】

中国裁判文书网，http://wenshu.court.gov.cn。

808 动产质押监管人因过错对质物没有真实或没有足额移交监管而致质权未设立给债权人造成损失，应承担补充赔偿责任

【关键词】

| 动产质押监管 | 质权未设立 | 补充赔偿责任 |

【案件名称】

大连倖旗投资管理有限公司与中国外运辽宁储运公司等借款合同纠纷案［最高人民法院（2016）最高法民终 650 号民事判决书，2017.2.28］

【裁判精要】

裁判摘要：在动产质押监管合同纠纷中，债权人的直接义务人是债务人和担保人，监管人仅是帮助债权人实现债权的辅助人，除因自身原因造成监管质物灭失外，其责任须依附于债务人与担保人的直接责任。如果直接责任因清偿而消灭，债权人因获得清偿而不存在损失，则监管人的监管责任也相应消灭。因此，监管人只是前述直接义务人的补充义务人，其对质物没有真实移交监管或没有足额移交监管而致

① 本案二审判决后，广发银行向最高人民法院申请再审，最高人民法院审查后认为："哈尔滨物流公司违反合同约定，应承担赔偿损失的违约责任。在本案中，广发银行涉案债权既存在人的担保，也存在物的担保，实现该债权的直接义务人是债务人商德公司和担保人，而作为监管人的哈尔滨物流公司仅仅是帮助广发银行实现债权的辅助人，除因自身原因导致监管质物灭失外，其责任须依附于债务人与担保人的直接责任。如果广发银行的债权因商德公司及担保人的清偿而消灭，则广发银行即不存在任何损失，则哈尔滨物流公司的监管责任也应当相应消灭。因此，只有在债务人及担保人均不能清偿债权、广发银行产生实际损失的情况下，监管人的赔偿责任才相应产生。因此，本院二审认定中国物流公司应承担责任为补充赔偿责任并未违反法律规定。"参见最高人民法院（2017）最高法民申 4127 号民事裁定书（2017.12.26），载中国裁判文书网，http://wenshu.court.gov.cn。

质权没有设立给债权人造成的损失,应承担补充赔偿责任。

最高人民法院认为:

(三)辽宁储运公司承担本案责任的性质及方式

第一,辽宁储运公司承担责任的性质应为违约责任。所谓违约责任,是指合同当事人一方不履行合同义务或履行合同义务不符合约定所应承担的民事责任。《合同法》第一百零七条规定,当事人一方不履行合同义务或者履行合同义务不符合约定的,应当承担继续履行、采取补救措施或者赔偿损失等违约责任。本案中,《动产质押监管协议》约定,辽宁储运公司应按照俸旗公司要求核对质物权属和品质证明文件,按照《代出质通知书》列明的内容核查大连谷物公司交付的货物及现有的库存,监管期间,因各种原因质物发生短少、毁损、变质、灭失等可能影响俸旗公司权益的情形,应在24小时内通知俸旗公司,并采取适当的应急措施。但是,辽宁储运公司未按合同约定履行查验、核对、清点质物的义务及报告义务,造成俸旗公司的质权因质物自始不存在而未能设立,对于因质权未设立而给俸旗公司造成的债权不能实现的损失,应当承担相应责任。这种责任因违反合同约定义务而来,性质上属于违约责任。

第二,辽宁储运公司承担责任的方式应为补充赔偿责任。在债权债务及担保法律关系中,债务人是终局性义务人,担保人在替代债务人清偿债权后可以向债务人追偿,属于从义务人,二者依法或依约定而产生,都是债权人的直接义务人。相对于债务人与担保人而言,担保物监管人仅是帮助债权人实现债权的辅助人,而不是债权实现的直接义务人,其责任虽具有一定的独立性,但除因自身原因造成监管担保物灭失外,其责任须依附于债务人与担保人的直接责任,如果直接责任因清偿而消灭,由于债权人因获得清偿而不存在损失,则其监管责任也相应消灭。所以其只可能是前述直接义务人后的辅助性补充性义务人。实践中,在以下两种情况中更应如此。一是债权产生在先并已陷入不能清偿风险。由于这种情况中债权不能清偿风险已在先产生,而担保物监管在后出现,债权并不是因信任担保权的保障及担保物监管人的监管而产生,债权不能实现的首要原因是债务人不能清偿债权,与担保物监管人的后续进入并不存在直接因果关系。二是债权人、担保人对质权不能设立存在过错且过错在先。由于这种情况中债权不能实现的首要原因除债务人不能清偿债权外,主要是债权人、担保人的在先过错导致质权没有设立,所以担保物监管人的后续进入对质权实质上已无法设立并不能产生根本性影响。上述两种情况中,担保物监管人的责任都只应是辅助性的补充性的。

本案中,一方面,涉案原始债权早在2013年5月、9月、12月及2014年5月已形成,且均已超过约定还款期限而未清偿。即使对于受让上述原始债权的俸旗公司而言,其相当一部分债权的受让也发生在涉案《动产质押监管协议》签订时的2014年6月4日之前。涉案债权不能清偿风险发生在《动产质押监管协议》签订前,辽宁储运公司对涉案质物的监管在后出现，涉案债权并不是因信任大连谷物公司提供的质权保障及辽宁储运公司对质物的监管而产生，其不能实现的首要原因是债务人大连谷物公司不能清偿债权，与辽宁储运公司作为质物监管人的后续进入并不存在直接因果关系。另一方面，涉案倖旗公司质权因质物自始不存在而不能设立，首要原因在于在先的债务人大连谷物公司的虚假出质以及债权人倖旗公司对债务人虚假出质的审查存在过错，辽宁储运公司作为质物监管人的后续加入只是将这种虚假出质状态延续下去，而不是因为辽宁储运公司的监管行为直接造成了虚假出质。因此，辽宁储运公司的责任应当排位在债务人大连谷物公司及相关担保人的直接责任之后，责任方式应认定为补充赔偿责任。倖旗公司债权损失的具体数额在人民法院强制执行债务人大连谷物公司及其他担保人之后方可确定，辽宁储运公司应对人民法院对大连谷物公司及其他担保人强制执行并穷尽一切执行措施后仍不能清偿部分，承担补充赔偿责任。

【案例来源】

《中华人民共和国最高人民法院公报》2017 年第 7 期。

4. 质物短少灭失与责任承担

809 质物监管人未按约履行监管职责造成质物灭失的，应在质物损失范围内向质权人承担赔偿责任

【关键词】

| 质物监管 | 质物灭失 | 赔偿责任 |

【案件名称】

重庆银行股份有限公司西安分行与中外运空运发展股份有限公司金融借款合同纠纷案［最高人民法院（2017）最高法民再 112 号民事判决书，2017. 12. 29］

【裁判精要】

最高人民法院认为：

本案再审争议焦点为中外运西北分公司是否违约，是否应就案涉质物损失承担赔偿责任。

重庆银行西安分行、中外运西北分公司签订的《仓储监管合作协议书》第一条第 1 款约定……第二条第 2 款约定，质押期间，中外运西北分公司应按规定妥善、谨慎保管和处理质物，在质物出现不利于重庆银行西安分行授信安全的情况时，及时通知重庆银行西安分行。第 3 款约定，中外运西北分公司因违反约定或储存、监管不

力造成重庆银行西安分行质权落空或质物数量不足的,承担相应的赔偿责任。如处于中外运西北分公司储存、监管下的质物价值不符合该合同第一条第5款约定的,中外运西北分公司就错提的部分或者就质物最低控制价值/数量不足部分承担相应的赔偿责任。第七条第2款约定,如因中外运西北分公司未履行该协议项下的监管责任造成质物短缺,重庆银行西安分行质权全部落空的,中外运西北分公司应就重庆银行西安分行质权落空的部分承担相应的赔偿责任。从以上约定可知,为保障重庆银行西安分行案涉借款债权的实现,借款人国盛公司提供质物大豆作为担保,中外运西北分公司通过与重庆银行西安分行、国盛公司订立《仓储监管合作协议书》《质物监管协议》对案涉质物提供保管或者监管并收取一定费用,其宗旨亦是为确保重庆银行西安分行案涉质权的实现。中外运西北分公司就案涉质物除履行一般监管职责外,还负有谨慎、妥善管理,并确保质物安全、完好的保管义务。中外运西北分公司主张案涉质物系被哄抢丢失,但除其报警记录、货物丢失后的照片等证据外,并未提交被哄抢时的影像记录、照片资料等证据佐证,也未进一步提交公安机关已就此立案侦查的相关依据,在此情况下,重庆银行西安分行根据以上约定向中外运西北分公司主张违约损害赔偿,具有事实和法律依据。

中外运西北分公司向重庆银行西安分行报送的《西安国盛油脂有限责任公司质押项目库存周报表》表明截至2014年12月21日,中外运西北分公司监管下的质押物大豆的数量为2050.49吨,货物价值为775.0852万元,故中外运西北分公司应就2014年12月26日发生的质物全部丢失事故在775.0852万元范围内承担赔偿责任。重庆银行西安分行关于中外运西北分公司未适当履行合同义务,二审判决认定事实错误的再审申请理由成立,本院予以支持。

【案例来源】

中国裁判文书网,http://wenshu.court.gov.cn。

810 动产质押监管人违约,应当对实际损失进行赔偿

【关键词】

| 动产质押监管 | 实际损失 |

【案件名称】

中国华融资产管理股份有限公司甘肃省分公司与中海华北物流有限公司金融借款合同纠纷案[最高人民法院(2018)最高法民终358号民事判决书,2018.6.28]

【裁判精要】

最高人民法院认为：

第一，关于中海公司监管期间是否发生质物短少196099.9吨的问题。中海公司主张《质物清单》列明的质物数量267190吨虚假，实际只有7万余吨，本案的待证事实为《质物清单》所列明的质物数量是否虚假。《民事诉讼法》第六十四条第一款规定，"当事人对自己提出的主张，有责任提供证据"。《民诉法解释》第九十条规定，"当事人对自己提出的诉讼请求所依据的事实或者反驳对方诉讼请求所依据的事实，应当提供证据加以证明，但法律另有规定的除外。在作出判决前，当事人未能提供证据或者证据不足以证明其事实主张的，由负有举证证明责任的当事人承担不利的后果"。上述规定确立了民事诉讼"谁主张，谁举证"的一般规则。本案中，根据《质物清单》和质物统计日报表，中海公司确认其于2011年9月23日接收质物原煤267190吨，鑫晟公司提供的质物与《代出质通知书》相符，上述质物已在中海公司占有、保管、监管之下。监管期间，中海公司按照约定向工行石嘴山支行发送质物统计日报表，显示质物数量多次发生变动。诉讼中，中海公司确认其签发《质物清单》之前对露天堆放的煤炭进行过清点核对，并用尺子测量得出过一个大概的数字。上述事实能证明鑫晟公司向中海公司交付的质物数量为267190吨。中海公司主张该267190吨数字虚假，所提供的石嘴山市公安局对杜峰、李瑞、程永强的讯问笔录及广纳煤业公司、源通煤化公司出具的证明、青铜峡发电公司出具的说明及《地方煤买卖合同》只涉及鑫晟公司为申请贷款所提供的公司财务报表、增值税专用发票等贷款资料虚假，并未涉及鑫晟公司所交付的质物数量虚假，所提供的对翟永刚、李向清的讯问笔录虽然涉及煤炭数量问题，但翟永刚、李向清未说明鑫晟公司实际交付的质物煤炭数量只有7万余吨，且二人所述及的煤炭数量均大于20万吨。石嘴山市公安局起诉意见书查明，翟永刚用实际只有7万余吨的劣质原煤冒充267190吨优质原煤。石嘴山市人民检察院则认为，认定翟永刚提供虚假贷款质押煤炭的事实不清，证据不足，并对翟永刚作出不起诉决定，可见石嘴山市公安局与石嘴山市人民检察院对翟永刚是否提供虚假质押煤炭的事实认定不一致，本院据此不能认定鑫晟公司所提供的质物数量虚假这一事实成立。中海公司主张《质物清单》所列明的质物数量267190吨虚假，证据不足，本院不予采纳。一审法院对中海公司提供的石嘴山市公安局起诉意见书等10份证据进行了审查，组织当事人进行了举证、质证，而对上述证据未予采纳，不属于遗漏案件重要事实。中海公司关于《质物清单》所列明的质物数量虚假、监管期间未发生质物短少的上诉理由不能成立，本院不予采纳。

第二，关于中海公司对华融甘肃分公司应否承担赔偿责任，以及如何承担责任的问题。《合同法》第六十条规定，"当事人应当按照约定全面履行自己的义务"。第一百零七条规定，"当事人一方不履行合同义务或者履行合同义务不符合约定的，应当承担继续履行、采取补救措施或者赔偿损失等违约责任"。根据《商品融资质押监管协议》,中海公司负有按照《代出质通知书》列明的内容核查鑫晟公司交付的货物及现有库存、代表质权人占有货物、在鑫晟公司交付的货物及实际库存与《代出质通知书》记载不一致的情况下不得接收货物、保证监管期间库存质物符合《代出质通知书》列明的要求、监管期间如发生质物短少等可能影响质权人权益的情形在24小时内通知并采取适当应急措施等合同义务,中海公司理应严格履行,如有违反,应当承担违约责任,赔偿因违约而导致对方所发生的实际损失。中海公司在《质物清单》中列明了所接收的质物原煤数量为267190吨,根据司法鉴定检验报告,截至2016年11月30日,中海公司监管的现存质物数量仅为71090.1吨,比《质物清单》列明的数量短少196099.9吨。中海公司未按照上述《商品融资质押监管协议》保证所监管的质物符合《代出质通知书》的要求,影响工行石嘴山支行行使质权,其行为构成违约,一审法院判决其赔偿由此所造成的实际损失,具有事实与法律依据。

中海公司应当如何承担赔偿责任,主要涉及对损失范围、损失金额及责任比例的认定问题。华融甘肃分公司上诉请求改判由中海公司在质物短少的范围内(短少质物196099.9吨)直接对华融甘肃分公司不能得到清偿的借款承担赔偿责任,以及短少质物的价值以中海公司签发的《质物清单》所确认的价格为依据,涉及对损失范围和损失金额如何认定。首先,《商品融资质押监管协议》订立的目的在于保障《商品融资合同》的履行,中海公司发生违约责任,应当对实际损失进行赔偿,工行石嘴山支行因中海公司违约而发生的实际损失应当以《商品融资合同》项下不能得到清偿的债权损失为限。一审判决鑫晟公司与翟永刚、王治超对鑫晟公司在《商品融资合同》项下的债务承担连带清偿责任,工行石嘴山支行的债权可能因鑫晟公司、翟永刚、王治超履行债务而得到清偿。主债务因清偿而消灭,相应的担保债务亦消灭,中海公司对质物所承担的相应监管责任也应当消灭。故一审法院将中海公司所造成的实际损失定格于人民法院对鑫晟公司及其他担保人强制执行后华融甘肃分公司仍不能得到清偿的债权范围,并无不当。其次,质权属于担保物权,当债务人不履行债务时,债权人才有权依照相关法律规定以质物折价或者以拍卖、变卖质物的价款优先受偿,并且债权人的债权在质物折价或者拍卖、变卖之后才能得到清偿。华融甘肃分公司因中海公司违约而受到的实际损失系因在行使质权时因债权不能得到清偿所发生的损失,故一审法院以质物拍卖、变卖时同类原煤市场的单价作为计价标准计算实际损失,亦无不当。华融甘肃分公司主张的机会损失具有不可确定性,并非实际损失,其上诉提出确定损失范围不应当考虑主债务人和担保人的清偿债务顺序以及应当以质物发生短少的时间节点价格作为计算损失的依据等理由均不能成立,本院不予采纳。中海公司上诉主张工行石嘴山支行存在审贷不严的过错行为,该支行应当自行承担责任,其不应当在短少质物的范围内承担全部赔偿责任,或者应当参照本院(2016)最高法民终650号案只承担三分之一的补充赔偿责任,该上诉理由涉及赔偿责任比例问题。本院认为,华融甘肃分公司向中海公司主张违约责任,要求赔偿的是因中海公司违约而发生的损失。中海公司主张工行石嘴山支行审贷不严,只涉及鑫晟公司提供的申请贷款资料是否虚假,未涉及鑫晟公司实际提供的质物数量是否虚假,据此不能认定工行石嘴山支行审贷不严与因中海公司违约而发生的损失之间存在因果关系,中海公司主张该项损失应由该支行自行承担,缺乏依据。本案中海公司不能证明鑫晟公司提供的质物数量虚假,而(2016)最高法民终650号案出质人承认自始至终没有交付质物,能认定出质人提供的质物虚假,本案与(2016)最高法民终650号案的基本事实不同,当事人应当承担的责任亦应不同,故中海公司主张本案应当参照(2016)最高法民终650号案,其只应承担三分之一的赔偿责任,理由不成立。华融甘肃分公司和中海公司针对中海公司应当如何承担赔偿责任所提出的上诉理由均不成立,本院不予采纳。

【案例来源】

中国裁判文书网,http://wenshu. court. gov. cn。

811 质押监管人履行了合同约定的主要义务,即质押物出现不良变动及时通知并采取适当应急措施的,不应承担赔偿责任

【关键词】

|质押监管|赔偿责任|

【案件名称】

中国工商银行股份有限公司伊春西林支行与西林钢铁集团有限公司合同纠纷案[最高人民法院(2018)最高法民终932号民事判决书,2018. 9. 30]

【裁判精要】

最高人民法院认为:

三、中海北方公司应否承担赔偿责任

案涉《监管协议》约定,中海北方公司在监管期间因各种原因导致质押物发生短少、损毁、变质、灭失等可能影响质权人权益的情形,应当在24小时内通知质权人,并采取适当的应急措施。否则应承担相应的损失赔偿责任。从上述约定看,监管单位的主要合同义务为质押物出现不良变动及时通知并采取适当的应急措施。根据原审法院查明的事实,2014年6月20日,案涉质物大量外运后,中海北方公司已及时、持续将质物不良变动情况通知工行西林支行。同时,中海北方公司向西林钢铁出具了多份《停止出库告知函》,要求其停止出库。中海北方公司还采取了多种方式阻止质物外运并向公安机关报案。根据以上事实可以认定,中海北方公司在发现质物减少时,履行了及时通知义务及采取合理、必要应急措施,中海北方公司已依约履行了监管义务。在借款担保法律关系中,当债务人或担保人以不宜实际转移占有的

大宗货物出质,商业银行委托专业监管机构监管质物,并不意味着商业银行的注意义务完全免除。监管单位仅为民事主体,不具强制执行力。工行西林支行知悉质物不良变化之后,应该积极依法维权如寻求公权力救济而非仅仅归责于监管单位。工行西林支行关于中海北方公司应承担赔偿责任的主张,没有事实及法律依据,本院不予支持。

【案例来源】

中国裁判文书网,http://wenshu.court.gov.cn。

812 仓储保管人未经质物监管人同意擅自强行出库恶意处置质物，导致质物监管人对债权银行承担赔偿责任，应当向质物监管人承担赔偿责任

【关键词】

|仓储保管人|质物灭失|赔偿责任|

【案件名称】

中储发展股份有限公司大连分公司与大连新北良股份有限公司租赁合同纠纷案［最高人民法院（2016）最高法民再9号民事判决书，2017.6.30］

【裁判精要】

最高人民法院认为:

一、关于案涉质物是否真实存在的问题

新北良公司申请再审认为案涉《租赁与委托仓储作业协议》并未履行,案涉质物为虚构自始不存在,对质押期间筒仓内确实存有质物97198.8吨玉米不予认可,但根据本案查明的事实,新北良公司在2008年8月4日向中储大连分公司出具货权证明,证明其存有松源公司玉米89591.59吨;其又于2008年8月19出具入库报告单和北良港筒仓库存明细,证明有玉米89591.59吨;2009年2月19日,新北良公司与松源公司签订转粮协议,将其自有的7607.21吨玉米转让给松源公司,质押玉米数量从89591.59吨增加到97198.8吨;2009年2月23日松源公司、中储大连分公司向民生银行大连分行出具加盖的新北良公司公章的《北良港筒仓库存明细表》,且之后松源公司、新北良公司均未办理提货、换货等手续。上述证据相互印证,可以证明案涉质押玉米真实存在。结合大连市中级人民法院(2009)大民三初字第104号民事判决、(2010)辽民二终字第125号民事判决、最高人民法院(2013)民申字第138号民事裁定均已认定质押期间新北良公司筒仓内存有质物97198.8吨玉米,依据《民事证据规定》第九条第一款第(四)项的规定,原一、二审法院认定案涉质物真实存

在并无不当，新北良公司关于案涉《租赁与委托仓储作业协议》并未实际履行，案涉质物为虚构自始不存在的再审理由，不能成立，本院不予采信。

二、关于各方当事人对质物灭失的责任承担问题

（一）2009 年 2 月 25 日《银行承兑协议》《动产质押监管协议》是由民生银行大连分行、松源公司及中储大连分公司三方签订的，因中储大连分公司未履行对民生银行大连分行承诺的质物监管义务，导致质物灭失，在债务人（出质人）松源公司未能偿还民生银行大连分行（质权人）垫付款的情况下，法院另案判决质物监管人中储大连分公司对民生银行大连分行的损失承担赔偿责任，有相应的事实和法律依据。

（二）因中储大连分公司与新北良公司之间存在《租赁与委托仓储作业协议》，案涉质物实际存放在新北良公司的筒仓内，中储大连分公司认为案涉质物灭失，系新北良公司未经其许可强行出库造成的。那么，中储大连分公司与新北良公司间的纠纷及他们双方间的过错导致质物灭失与质物的所有权人松源公司没有法律上的关系。中储大连分公司仅系质物的监管人，而非担保人，中储大连分公司承担的是质物灭失的赔偿责任，而非担保责任。松源公司作为出质人和质物的所有权人，在质物灭失的情况下，不应承担责任。因此，原一、二审判决认定中储大连分公司在另案中对民生银行大连分行承担的赔偿责任，系代松源公司偿还债务，中储大连分公司向松源公司、新北良公司追偿损失符合主张不真正连带债务的法律特征，中储大连分公司可以在同一诉讼中一并主张，并判决松源公司赔偿中储大连分公司在另案中的损失，在认定事实和适用法律上均是错误的，本院依法予以纠正。

（三）根据本案查明的事实，案涉《租赁与委托仓储作业协议》生效后，中储大连分公司已依约履行了必要的监管义务，并与新北良公司共同建立了专门的《货权证明》《入库结报单》《检验单》《北良港筒仓库存明细》等材料，上述材料已具备了双方在《租赁与委托仓储作业协议》中约定的造册记录及台账功能，并且，中储大连分公司还派出工作人员进行必要的监管并制作了《监管日志》等。上述证据充分证明，中储大连分公司已在客观上尽到了最大的监管义务。一、二审判决认定中储大连分公司未履行监管义务并对质物灭失存在过错，缺乏事实依据。

根据案涉《租赁与委托仓储作业协议》第 2.1.4.4 条、第 2.2.3 条的约定，新北良公司应负责监管仓内质物的安全，如需使用质物，需有质权人民生银行大连分行给中储大连分公司的指令，方可办理出入库手续，未经中储大连分公司办理有效手续而发生的质物出库，视为强行出库，由此产生的一切后果，由新北良公司承担。并且，根据《租赁与委托仓储作业协议》的约定，如因新北良公司未按要求提供相应储存条件或未达到约定的保管要求，致使监管仓内质物发生灭失、减少等，新北良公司应承担一切损失和责任。

根据本案查明的事实，在《租赁与委托仓储作业协议》履行期间及至民生银行大连分行另案起诉之日，案涉质物始终处于新北良公司的实际仓储保管中，民生银行大连分行和中储大连分公司从未向新北良公司发出过任何质物出库的指令，因此，

可以认定案涉质物的灭失完全是由于新北良公司擅自出库所造成的。换言之,新北良公司未经民生银行大连分行和中储大连分公司的同意而擅自强行出库,恶意处置质物,是造成质物灭失进而导致中储大连分公司另案中对民生银行大连分行承担质物灭失赔偿责任的直接原因。根据《租赁与委托仓储作业协议》所约定的权利义务,由于新北良公司对于案涉质物的灭失存在过错,应当依法判令新北良公司承担赔偿责任。原一、二审法院在判决质物所有权人松源公司承担赔偿责任的基础上,进而判决新北良公司和中储大连分公司各自承担50%的补充赔偿责任,缺乏事实和法律依据,本院依法予以纠正。

【案例来源】

中国裁判文书网,http://wenshu.court.gov.cn。

二、存单质押纠纷

813 设质人未以存单原件质押的，债权人不享有质权

【关键词】

|存单质押|存单原件|

【案件名称】

中国农业银行通许县支行与河南省粮油食品进出口公司及河南开封通玉企业（集团）公司存单兑付纠纷案［最高人民法院二审民事判决书］

【裁判精要】

最高人民法院认为：

粮油公司分别将面额为300万元、700万元的两张银行汇票交给中介人王中、张以文，并委托其到通许农行办理存款业务。该两张汇票的汇款人为粮油公司，收款人为杜文新，收款人账号为通玉公司在通许农行国际业务部开立的874000117账号。通许农行收到王中、张以文交来的两张汇票后，即将该两张汇票上的1000万元解付到该行1130242000106账号，后又将该笔款项解付到非汇票收款人的通玉公司874000117的账号。尔后，通许农行为通玉公司办理了现金支票，并将该笔款项划入张朴实的个人名下，在该笔款项进入张朴实个人名下后，通许农行出具了两张真实的无记名存单。上述事实表明，粮油公司通过委托人将面额为300万元、700万元的两张汇票交给了通许农行，通许农行也为其出具了真实的存单。粮油公司持有该两张存单，是该两张存单项下款项的合法所有权人。该两张存单是否记名，并不影响存单的合法性、有效性。存单项下的款项依然为存单合法持有人所有。粮油公司有权依据该两张存单向通许农行主张权利。在该笔款项进入张朴实个人名下后，通许农行与通玉公司又签订了两份抵押担保借款合同，并依据该两份合同，向通玉公司发放了贷款共计660万元。上述事实表明，通玉公司所获款项并非粮油公司直接交付或通过通许农行交付的，而是通许农行依据与通玉公司签订的抵押担保借款合同，向通玉公司发放的贷款。虽然质押行为并未生效，但不影响通玉公司与通许农行借款民事法律关系的成立。通玉公司以奖金形式支付了217.03万元高额息差，但是该高息分别为中间人协联公司和张以文所得，粮油公司既没有取得高息的动机，对中间人获得的高息在案发前也不知情。

综上，粮油公司将本案所涉1000万元款项存入通许农行后，通许农行出具了无

记名存单,并通过以存单底联质押的方式,将660万元资金贷给通玉公司使用。粮油公司合法持有存单,有权主张存单项下的权利,并且粮油公司既没有指定通玉公司为用资人,也没有从通玉公司或通许农行取得高息额息差。故本案不符合以存单为表现形式借贷纠纷的特征,应当按照一般存单纠纷处理。通许农行关于粮油公司与通玉公司之间属借款关系,与通许农行不存在存款关系,通许农行不应承担责任的主张,因与事实不符,本院不予支持。原判认定本案为以存单为表现形式的借贷,属于定性不当;认定粮油公司虽未实际取得217.03万元高息,但已通过其他途径主张权利与事实不符;判处217.03万元高息充抵本金,以及通许农行对通玉公司不能偿还的本金承担百分之七十的赔偿责任,属适用法律错误,均应予纠正。1996年8月20日、26日,通许农行国际业务部分别与通玉公司签订的两份抵押担保借款合同,当事人意思表示真实,内容亦不违反法律规定,该两份借款合同均应认定为合法有效。但因合同签订后,通玉公司并未将上述两张存单交给质权人通许农行,通许农行不持有质押物,根据《担保法》第七十六条的规定,上述两份抵押贷款合同中有关质押的条款并未生效。因此,虽然通许农行用存单底联复印件已在通许县公证处办理了公证,并与通玉公司达成民事调解协议,但因质押条款并未生效,通许农行不享有质押权。所以,通许农行从上述两张存单上直接扣款还贷及处分其余款项的行为,因没有法律依据,而应认定为无效民事行为。通许农行应将该两张存单项下的款项返还给存单所有人粮油公司。

【权威解析】

1. 关于通许农行是否享有质权的问题

1996年8月20日、26日,通许农行国际业务部与通玉公司签订的两份抵押担保借款合同,当事人意思表示真实,内容亦不违反法律规定,该两份借款合同均应认定为合法有效。但合同关于通玉公司以编号为4364209、4364282的两张无记名存单作为出质权利凭证,通玉公司不能偿还借款本息时,通许农行有权处理出质存单的约定条款,因合同签订后,通玉公司并未将上述两张存单交给质权人通许支行,通许支农不持有质押物,根据《担保法》第七十六条关于以存单出质的,应当在合同约定的期限内将权利凭证交付质权人,质押合同自权利凭证交付之日起生效的规定,上述两份抵押贷款合同中有关质押的条款并未生效。因此,通许农行以存单底联复印件已在通许县公证处办理了公证,与通玉公司达成的民事调解协议已为河南省开封市中级人民法院(1997)汴民初字第71号民事调解书、(1997)汴民初字第72号民事调解书所确认,但因质押条款并未生效,通许农行不享有质押权。所以,通许农行从上述两张存单上直接扣划款项的行为,因没有法律依据,而应认定为无效民事行为。

通许农行应返还该两张存单项下的款项。①

【案例来源】

最高人民法院民事审判第二庭编:《民商审判指导与参考》(总第1卷),人民法院出版社2002年版,第173～180页。

编者说明

一般认为,存单在性质上属于债权凭证,表明存单持有人对出具存单的金融机构享有存款债权。以存单出质担保债权的实现,在性质上属于以债权出质。《存单纠纷规定》对存单质押纠纷案件的审理作了相应的规定,但是对存单质押权利的设立并未作出明确的规定。《担保法》第七十六条规定,以存款单等出质的,应当在合同约定的期限内将权利凭证交付质权人;质押合同自权利凭证交付之日起生效。是将交付存单作为存单质押合同的生效要件。《物权法》第二百二十四条则规定,以存款单等出质的,当事人应当订立书面合同;质权自权利凭证交付质权人时设立;没有权利凭证的,质权自有关部门办理出质登记时设立。将交付存单作为存单质押权的设立要件,而非存单质押合同的生效要件,未交付存单的,应当认定存单质权未设立,但不影响存单质押合同的效力认定。

814 存单质押中核押的法律意义和构成要件

【关键词】

|存单质押|核押|

【案件名称】

中国工商银行始兴县支行与中国建设银行黔西县支行借款担保合同纠纷案[最高人民法院(2000)经终字第197号民事判决书]

【裁判精要】

最高人民法院认为:

关于存单核押的认定。存单核押是指质权人将存单质押的情况告知金融机构,并就存单真实性向金融机构咨询,金融机构对存单的真实性予以确认并在存单上或以其他方式签章的行为。据此,可以认定本案中的两张存单已经完成核押过程,黔西建行已经完成对存单真实性的审查。理由如下:

① 参见于松波:《设质人未以存单原件质押的,质权人不享有质押权——中国农业银行通许县支行、河南省粮油食品进出口公司与第三人河南开封通玉企业(集团)公司存单兑付纠纷一案》,载最高人民法院民事审判第二庭编:《民商审判指导与参考》(总第1卷),人民法院出版社2002年版,第180～181页。

其一,黔西建行在未签订质押合同前,为了确认存单的真实性,行长王永兰率人亲自前往始兴工行,约见行长李杰并告知其清新公司以始兴工行出具的两张存单为鸵鸟公司借款质押的情况,李杰承认有此事,并证实两张存单的真实性。

其二,当黔西建行提出要李杰出具书面确认的要求后,李杰又以始兴工行行长的名义代表始兴工行向黔西建行出具《保证书》,并亲笔签名。后又在两份保证书上加盖始兴工行公章。虽然该《保证书》上的抬头是给清新公司开出的,可也是对存单真实性的一种确认。

其三,虽然始兴工行认为《保证书》上的始兴工行的印章是私刻的,并且其单独申请广东韶关市人民法院鉴定《保证书》上的公章,鉴定结论是该公章与始兴工行的公章不符,并且在二审期间申请法院对《保证书》上的始兴工行的公章予以鉴定,然而,公章真假与否的问题与本案中的原始兴工行行长李杰对存单真实性的确认行为之间并无决定关系。之所以应当将李杰的出具《保证书》的行为认定为始兴工行的行为,依据在于李杰身份的特殊性,即其是始兴工行的行长即负责人,负责人的行为就是法人的行为,故始兴工行应当对该核押行为负责。

其四,虽然中国人民银行于1996年12月23日〔1996〕447号《关于加强大额定期存款管理的通知》规定:"定期储蓄存款单笔超过100万元(含100万元)的单位定期存款必须使用相应的特种存单;特种存单必须经商业银行授权人员签发并加盖银行印章方为有效";中国人民银行银发〔1997〕119号《关于暂停存单质押贷款业务和进一步加强定期存款管理的通知》规定:从1997年4月21日起暂停办理存单质押贷款业务(10万元以下个人定期储蓄存单小额抵押贷款业务除外),对尚未到期的存单储蓄存款,要逐笔审查存单的真实性。不过,本案中的两张存单是在1995年8月开出的,而银发〔1997〕119号通知明确规定该通知自文到之日起立即实施,因此该通知不具有溯及力,不能适用于本案中的两张存单。综观黔西建行要求始兴工行对存单的真实性进行确认的整个过程,可以说明,黔西建行已经尽到勤勉谨慎以及合理注意的义务,已有足够理由相信存单的真实性,已经比较充分地完成了通常认为的存单核押过程。

【案例来源】

最高人民法院民事审判第二庭编:《经济审判指导与参考》(第4卷),法律出版社2001年版,第128~136页。

编者说明

核押的构成要件应当包括两部分:一是形式要件,二是实质要件。

形式要件指对核押的形式要求,包括质权人向义务人提示核押的形式和义务人向质权人答复的形式。由于我国现有的法律法规对此没有规定,因此核押的形式要件应当属于当事人意思自治的范畴，允许当事人自行确定。比如，质权人可以口头，也可以书面向义务人提示核押，义务人可以在存单上加盖核押章，也可以出具核押书，甚至由义务人的授权人在存单上签注“核押”字样。因此，核押一般不因形式上原因作无效认定，但也存在例外。比如，核押的形式违反当事人一般交易习惯，当事人有充足的证据证明核押事实不存在的，核押应当作对当事人无法律效力认定。

实质要件指对核押的内容要求。根据核押的法律意义，核押的内容应当包括对出质权利的真实性的查询和对该权利已被出质的申明两部分。义务人对出质权利的真实性予以核实，具有上述民事诉讼证据上的意义；义务人受权利已被出质的申明，则具有权利质押已通知义务人的法律意义。如果核押内容仅有对出质权利的真实性的查询，义务人核实出质权利的真实性并不带来权利质押已通知义务人的法律后果，义务人没有前述“义务人在受出质通知后不得再向原权利人履行”和“在质权人行使质权的条件成就时，义务人有向质权人履行”的义务。如果核押仅有通知内容，义务人在接到通知后无任何答复的（比如，未在存单上加盖核押章，未签注“核押”字样），核押虽具有权利质押已作通知的法律意义，但并不带来民事诉讼证据上的意义。

根据以上对核押构成要件的分析，当事人进行核押应当符合核押的要求，否则不能产生或不能完全产生核押的法律意义。比如，上面提到的当事人持存单私下找金融机构的工作人员在存单上盖核押章的行为，因不符合核押的实质要件，不能产生核押的效果。简言之，核押必须具备上述实质要件，并应当向义务人（银行）的授权部门的授权人提出，由授权人员进行核押。当事人也可以向义务人的法定代表人或负责人提出，依照法人制度的一般规定，法人的代表人或负责人有代表权。实践中也遇到存单上盖假核押章的情况，对这种情况，要区别对待。当事人如果是向义务人（银行）的授权部门的授权人提出核押，由授权人员盖核押章的，章的真假不影响核押的真实性，因为盖章仅为核押手续，核押程序的正当是认定核押法律意义的关键；如果是向义务人的法定代表人或负责人核押，所盖核押章是假的，应当按照《合同法》第五十条规定的“代表人责任”来认定。即，如果法定代表人或负责人确系超越权限，当事人又知道或应当知道其超越权限的，核押行为无效；如果当事人向义务人（银行）的非授权人员提出核押，无论核押章真假，核押行为都无效，其中的理由已在前面作了分析，不再赘述。①

815 债权人未采取向出具存单的银行核押或询问等有效措施，对质押无效存在重大过失

【关键词】

| 存单质押 | 重大过失 |

① 参见曹士兵：《关于核押的法律意义和构成要件》，载最高人民法院民事审判第二庭编：《民商审判指导与参考》（总第1卷），人民法院出版社2002年版，第85～86页。

【案件名称】

中信银行股份有限公司济南分行与中国银行股份有限公司河池分行及山东省华兴摩托车有限责任公司、山东华兴企业集团总公司借款担保纠纷与存单纠纷案[最高人民法院(2008)民提字第47号民事判决书]

【裁判精要】

最高人民法院认为：

华兴公司与中信济南分行签订的七份《银行承兑协议》以及华兴集团与该行签订的《保证合同》,系各方当事人的真实意思表示,不违反国家法律、行政法规的禁止性规定,山东省高级人民法院认定该合同合法有效正确,本院予以维持。华兴公司、华兴集团未履行各自的合同义务,应当按照合同分别承担逾期付款的违约责任与连带保证责任。

在涉案存单质押法律关系中,华兴公司以7134180号存单向中信济南分行提供质押担保,该存单虽各项要素齐全,印鉴真实,形式合法,但该存单系违法行为产生,华兴公司与河池中行未有实际存款关系,根据《存单纠纷规定》第八条关于"存单持有人以金融机构开具的未有实际存款或与实际存款不符的存单进行质押,以骗取或占有他人财产的,该质押关系无效"的规定,应认定中信济南分行与华兴公司以编号为7134180存单为质押物的《权利质押》合同无效。山东省高级人民法院判决认定该存单合法有效,属于认定事实和适用法律错误,本院予以纠正。华兴公司向中信济南分行提出存单质押时,出具了加盖河池中行城南分理处公章的存单与盖有河池中行财会科公章的承诺书各一份,两枚公章主体明显不同,中信济南分行作为专业金融机构对此未予充分注意,未采取向出具存单的银行核押或询问等有效措施,对签订无效质押合同也存在重大过失。根据《存单纠纷规定》第八条关于"接受存单质押的人在审查存单的真实性上有重大过失的,开具存单的金融机构仅对所造成的损失承担补充赔偿责任"的规定,河池中行应对中信济南分行因存单质押合同无效而导致质权落空所产生的损失承担赔偿责任。

【权威解析】

合议庭在讨论此案中,注意到华兴公司向中信济南分行提出存单质押时,出具了加盖河池中行城南分理处公章的存单与盖有河池中行财会科公章的承诺书各一份,两枚公章主体明显不同,中信济南分行对此未予注意和质疑而接受质押。显然,中信济南分行有过失但是否存在"重大过失"?另外,中信济南分行接受质押后未向河池中行进行核押。这些是否影响中信济南分行的民事责任?合议庭认为,关于存单质押后核押与否问题,按照《担保法》的规定,当事人签订质押合同并交付存单给质权人后,质权就成立。当事人核押与否并不影响存单上存在的质权。核押只是质权人保护权利安全的一种方法,并非存单质押生效的法定必经程序。从核押的法律意义看,如果当事人进行了核押,开具存单的金融机构就不得再向存款人支付存单上的款项,更不许挂失。因此,不能说存单质押不经核押就无效。但是,由于存单上河池中行的公章与承诺书上河池中行的公章主体不同,后者主体的级别低于前者,中信济南分行作为专业银行办理质押时只要稍加注意,即可发现该疑点,向对方银行简单询问也就可以避免损失的发生,因此,应当说中信济南分行存在过失,而且该过失是"重大"的。而用于质押的存单毕竟是虚假手写存单变换而来的,河池中行对其存单管理不善、对其工作人员使用管理不当,同样存在过错。《存单纠纷规定》第八条第二款规定:"利用存单骗取或占用他人财产的存单持有人对侵犯他人财产权承担赔偿责任,开具存单的金融机构因其过错致他人财产受损,对所造成的损失承担连带赔偿责任。接受存单质押的人在审查存单的真实性上有重大过失的,开具存单的金融对所造成的损失承担补充赔偿责任。"据此,华兴公司明知存单取得违规、存单虚假仍以该存单进行质押,明显欲使中信济南分行财产受损,依法应对中信济南分行承担赔偿责任。中信济南分行自身存在重大过失,对损失的产生亦应自行承担部分责任。①

【案例来源】

最高人民法院民事审判第二庭编:《最高人民法院商事审判裁判规范与案例指导》(第二卷),法律出版社 2011 年版,第 309 ~ 319 页。

816 接受虚假存单质押的债权人以该存单质押为由起诉金融机构要求兑付存款并优先受偿的，不予支持

【关键词】

|虚假存单质押|兑付存款|优先受偿|

【案件名称】

中国农业银行股份有限公司宽甸满族自治县支行与鞍山银行股份有限公司立山支行、鞍山银行股份有限公司其他借款合同纠纷案［最高人民法院（2014）民提字第 58 号民事判决书，2014. 9. 16］

① 参见李京平:《存单法律关系真实、合法与否与金融机构之民事责任的关系以及存单另行质押后质押权是否成立》,载最高人民法院民事审判第二庭编:《最高人民法院商事审判裁判规范与案例指导》(第二卷),法律出版社 2011 年版,第 321 ~322 页。

【裁判精要】

最高人民法院认为:

本案查明的事实表明,在杨景文办理两笔金额各为1000元的存款业务时,孔德智通过在空白纸上打印的方式,套取了两张空白存单。其后,在农行宽甸支行工作人员赴立山支行核保的过程中,孔德智协助杨景文阻止了农行宽甸支行工作人员面见立山支行行长。但孔德智的上述行为并非职务行为,而是其个人实施的犯罪行为。立山支行即使有对孔德智选任和监管的失误,其过错也与造成农行宽甸支行无法收回2700万元贷款的损失缺乏直接因果关系。农行宽甸支行在核保手续存在重大瑕疵的情况下违规发放贷款,才是造成其2700万元贷款无法收回损失的根本原因。农行宽甸支行工作人员于刚剑和徐春益知道大额存单核押需要面见行长,在杨景文说"不是说了不找行长吗,怎么又找行长"时,二人均已经觉察到存单有问题。但是在段贵华、隋慕侠的指示下,于刚剑和徐春益既未坚持面见行长,亦未要求立山支行的工作人员在核保清单上注明"此存单未查封、未抵押、未挂失"字样并签字盖章。农行宽甸支行在核保过程中有重大过失,导致孔德智有机会伪造核保手续。在存单的真实性未经开户行行长当面确认,经办人孔德智未在核保手续上签字盖章,农行宽甸支行并未将止付通知的第一联交给立山支行,立山支行未在核保清单上注明"此存单未查封、未抵押、未挂失"字样的情况下,农行宽甸支行的工作人员在研究是否应该发放贷款时,多名工作人员提出异议,并建议重新核保。但根据(2009)丹刑初字第32号刑事判决书的认定,隋慕侠、于刚剑明知核押手续中缺少开户银行经办人签字盖章,贷款审批手续审查人没有签字,仍发放贷款,具有违法发放贷款的故意。上述事实充分说明农行宽甸支行工作人员隋慕侠违规指示于刚剑先放贷款、后补签字盖章手续,系农行宽甸支行贷款不能收回的原因。立山支行即使有用人失察、管理不善的过错,其过错也与农行宽甸支行最终损失的发生欠缺因果关系。虽然农行宽甸支行的工作人员是在立山支行的工作时间、工作地点要求立山支行的工作人员办理核保手续,但该行工作人员在明知依据其内部规定,对大额存单进行核保时应见存单出具银行的行长,且对存单真实性产生怀疑时,却应存单持有人的要求放弃面见立山支行行长,将核保手续完全交由孔德智办理,有重大过失。农行宽甸支行未尽到应尽的注意义务,非善意相对人,其有关孔德智的行为系履行职务,符合表见代理的特征,因此立山支行应对孔德智的虚假核保行为给农行宽甸支行造成的贷款损失承担责任的主张,本院不予支持。

关于本案应如何适用法律问题。本院认为,《存单纠纷规定》第八条第二款所指存单应是由金融机构开具、无实际存款或存单记载金额与实际存款不符。案涉存单上立山支行的印章及操作员的印章均系伪造,存单的内容也非立山支行打印,案涉存单非立山支行开具,且刑事判决书并未认定农行宽甸支行的工作人员明知存单虚假,因此本案并不适用该款中"明知存单虚假而接受存单质押的,开具存单的金融机构不承担民事赔偿责任"的规定。一、二审判决适用《存单纠纷规定》第八条第二款的规定,属于适用法律有误,本院予以纠正。

根据本案查明的事实,核保手续上的印章虚假,农行宽甸支行在核保时存在过错,为非善意相对人,而孔德智的行为属非职务行为,故不能认定立山支行为存单办理了核保手续,农行宽甸支行主张处理本案应适用《存单纠纷规定》第八条第三款之规定,亦缺乏依据,本院不予支持。

综上,案涉存单系伪造,并非立山支行出具,亦未经立山支行核押,本案应适用《存单纠纷规定》第八条第一款"存单持有人以伪造、变造的虚假存单质押的,质押合同无效。接受虚假存单质押的当事人如以该存单质押为由起诉金融机构,要求兑付存款,优先受偿的,人民法院应当判决驳回其诉讼请求,并告知其可另案起诉出质人"之规定,驳回农行宽甸支行对立山支行及鞍山银行的诉讼请求。

关于农行宽甸支行的利息损失请求应否支持的问题。农行宽甸支行违反规定,在核保违规的情况下发放贷款,是其遭受无法收回贷款的损失的根本原因。其要求立山支行及鞍山银行赔偿损失的请求不能成立,其主张利息亦不应予以支持。

【案例来源】

中国裁判文书网,http://wenshu.court.gov.cn。

817 以经过出具存单的金融机构核押的存单进行质押的,不得以存款关系的瑕疵对抗质权人

【关键词】

|存单质押|核押|对抗质权人|

【案件名称】

中国农业银行北京市丰台区支行与上海银丰企业(集团)有限公司、中国电子租赁有限公司、北京万翔实业总公司担保借款合同纠纷案[最高人民法院(2002)民二终字第20号民事判决书]

【裁判精要】

最高人民法院认为:

……洋晓集团用于借款质押的005732号存单无真实存款关系,且该存单上的人名章不是加盖的真实印章,本案005732号存单应当认定为虚假存单,原审判决对此存单的性质认定是正确的。上诉人农行丰台支行关于本案存单属虚开存单的上诉理由,缺乏事实根据,本院不予支持。洋晓集团为了实现取得贷款的目的用虚假的存单出质,并以虚假的开户证明和承诺书欺骗农行丰台支行,构成了民事欺诈,原

审对此认定正确。洋晓集团的欺诈行为导致农行丰台支行的损失,在农行丰台支行起诉没有请求对原合同进行变更或撤销的情况下,洋晓集团应以履行原合同的方式承担责任……洋晓集团利用盖有中电租公司的财务专用章的信托存单为其向农行丰台支行借款作质押,该存单系变造的虚假的存单,故该质押关系无效,该存单虽非中电租公司正式开具,但中电租公司不能提供证据证明洋晓集团持有该存单系非法取得,因此中电租公司应当对其已经加盖财务专用章的存单因保管不善而被洋晓集团利用致使农行丰台支行造成损失存有一定的过错,其应承担补充赔偿责任。农行丰台支行作为专业金融机构接受洋晓集团出质的存单,未进行认真有效的核押,对该质押担保合同的无效亦有过错。中电租公司关于农行丰台支行对存单虚假的事实是明知的以及农行丰台支行的工作人员伙同洋晓集团共同骗取银行的贷款,由此造成的损失应由其自负的答辩意见,缺乏确实充分事实根据,本院不予支持。

【权威解析】

伪造存单应该是指通过模仿存单的图案、形式、颜色、面值、格式等外部特征,用复印、仿制、印刷等方法制作假存单的行为,使无价值的废纸成为有价值的存单,从无到有。变造的存单是指本来的存单是真实的,但是采用各种方法如涂改、挖补、拼凑、剪接、覆盖对原来真实的存单进行各种加工,将其中的主要内容如金额、期限等加以改变,是在真的基础上改变内容,而使之不成为原来的有价存单。而所谓虚开存单,一般应当是指金融机构在没有真实存款关系或者存单上所载明内容与实际存款不符的情况下而开具的一种存单,而开具这样的存单的目的和用途往往是当事人通过该种存单实现其他目的。上述形式的各种存单都应该有同样的一个法律后果,那么就是这样的存单肯定自始无效,存单虚假而无效(除非这种无效的存单经过出具的金融机构正式的核押程序后而出质的则应该认定成为有效的外)。本案所涉存单,没有真实的存款关系,接受本案存单质押的银行进行核押所取得有关材料也是虚假的,应该认定该存单属于无效存单,也就是不应该作为真实存单。本案所涉存单如果说是伪造,不能成立,因为本案所涉存单原来的基础是真实的,确实是中电租公司的存单,上面的财务专用章也是真实的,只不过原来是一张空白的存单,上面的内容是赵翔为了实现诈骗的目的而填写的。如果说是虚开,它不是金融机构正式开具的,它是流落到外的,至于如何流落到外的也无法查证。所以上诉人关于本案存单应当认定为虚开存单并作为真实存单以及由此引起相应的责任的理由,不够充分。那么本案所涉存单最贴切地应该属于变造,在空白的真实的存单上填写也应该属于变造的情况,而不仅是对真实存单上已有内容的改变。那么无论如何本案存单是无效存单是无须争议的,是不能用来质押的。如果用来质押,自始不成立的,也是无效的。①

【案例来源】

最高人民法院民事审判第二庭编:《民商审判指导与参考》(总第2卷),人民法院出版社2003年版,第188~195页。

818 用以质押的存单系公款私存,并不影响质押的效力

【关键词】

| 存单质押 | 公款私存 | 质押效力 |

【案件名称】

河南省洛阳市商业银行丹城路支行诉中国建设银行山西省长治市支行等贷款担保纠纷案[最高人民法院(2000)经终字第96号民事判决书]

【裁判精要】

最高人民法院认为:

南街办事处与晋广公司1997年以来签订的10份银行承兑协议,均是双方当事人真实意思表示,且不违反国家法律与政策之规定,应认定为有效。南街办事处按照上述银行承兑协议之约定,为晋广公司办理了银行承兑汇票,且如期足额兑付了票款。而晋广公司却未能按照协议约定向南街办事处支付票款。上述承兑票款转为逾期贷款后,晋广公司应当承担偿还借款本金、利息和罚息的责任。丹城路支行上诉称承兑协议无效的理由,缺乏证据佐证,本院不予支持。原审判决关于此节法律关系的认定正确,应予以维持。但原审判决主文中却并未判决晋广公司偿还南街办事处借款本金、利息和罚息,仅判"晋广公司支付南街办事处剩余的本金及约定的利息和罚息",因晋广公司是主债务人,理应判决其承担本案债务,不应判其承担补充赔偿责任。鉴于晋广公司已被宣告破产,其债务应由该公司破产清算组偿还,对此应当予以改判。为保证承兑协议的履行,晋广公司将其以本单位职工王秀琴名义存在丹城路支行的定期存单三笔合计金额1808万元,交给南街办事处质押。当晋广公司无力履行承兑协议时,南街办事处有权依照三张存单主张质押权利,在出具存单的丹城路支行拒付存单项下款项时,南街办事处有权依照承兑协议、质押协议向丹城路支行主张权利。该质押协议是当事人真实意思的表示,且手续完备,并不

① 参见朱海年:《债权人受欺诈但不行使撤销权的借款合同仍应为有效——中国农业银行北京市丰台区支行与上海银丰企业(集团)有限公司、中国电子租赁有限公司、北京万翔实业总公司担保借款合同纠纷案》,载最高人民法院民事审判第二庭编:《民商审判指导与参考》(总第2卷),人民法院出版社2003年版,第197~198页。

损害其他人的利益,应为有效。丹城路支行上诉主张,王秀琴公款私存过程中,还取得585万元高额利差,应当冲抵本金。丹城路支行未能举证予以证明其主张,且至今并无其他单位和个人主张存单项下的权利,不论王秀琴是否公款私存,均不能免除丹城路支行兑付存单项下款项的责任,故本院对其主张不予支持。

【案例来源】

最高人民法院办公厅编:《最高人民法院公布裁判文书(2001年)》,人民法院出版社2002年版,第303~308页。

三、国债、证券质押纠纷

819 以记账式国债出质的，质权自国债登记管理机构办理质押登记时设立

【关键词】

|记账式国债|质押登记|质权设立|

【案件名称】

中国银行股份有限公司武汉汉阳支行与长江证券股份有限公司、长江证券股份有限公司武汉友谊大道证券营业部、湖北元通汽车销售有限公司借款担保合同纠纷案［最高人民法院（2009）民二终字第146号民事判决书，2010.5.10］

【裁判精要】

裁判摘要:本案涉及记账式国债的质押合同、托管合同的效力问题。《担保法》对于记账式国债的质押生效条件无直接规定,但参照《担保法》第七十八条“以依法可以转让的股票出质的,出质人与质权人应当订立书面合同,并向证券登记机构办理出质登记。质押合同自登记之日起生效”的规定,本案国债质押应当以在国债登记管理机构即中国证券登记结算公司及其分支机关办理质押登记为生效条件,国债登记管理机构经审查后出具证券质押登记证明,从而达到权利质押担保的公示效力和法律证明力。

最高人民法院认为:

对于质押合同、托管合同的效力问题,虽然我国《担保法》对于记账式国债的质押生效条件无直接规定,但参照《担保法》第七十八条“以依法可以转让的股票出质的,出质人与质权人应当订立书面合同,并向证券登记机构办理出质登记。质押合同自登记之日起生效”的规定,本案国债质押应当在国债登记管理机构(即中国证券登记结算公司及其分支机关,以下简称中证登公司)办理质押登记为生效条件,中证登公司经审查后出具证券质押登记证明,从而达到权利质押担保的公示效力和法律证明力。本案中,中行汉阳支行与元通公司从未在中证登公司办理任何质押登记手续,友谊大道营业部也非法定的国债质押登记管理机关。故,中行汉阳支行没有取得161409手国债的质权,不能依法享有优先受偿权。同时,刑事判决书认定,“中行汉阳支行原行长龚举成明知贷款资金将用于炒股且元通公司国债质押虚假……”也

可进一步证明中行汉阳支行明知国债将被回购及已被回购,国债质押是虚假无效的。因此,本案不存在真实有效的质押关系。中行汉阳支行以权利质押合同主张享有161409手国债质权,缺乏事实依据与法律依据。就国债托管协议而言,中行汉阳支行明知自己没有取得质押物,却仍与友谊大道营业部签订国债托管协议。参考证监会的回函,证券营业部无权为客户以外的第三人办理证券托管业务。根据协议的内容,应认定双方之间形成的是监管法律关系。在本案中,无论是托管关系还是监管关系,均是为实现违法放贷、贷款诈骗这一目的而采取的系列行为。因本案借款关系已被确认为无效,故监管关系也应认定为无效。对于无效的后果,双方均有过错,均应承担相应的民事责任。原审判决认定托管关系与借款、质押关系均为无效属适用法律正确,应予维持。中行汉阳支行还上诉主张其与友谊大道营业部之间还存在161409手国债的保管合同关系,并要求长江证券及营业部承担保管合同的违约责任。本院认为,如前所述,友谊大道营业部与中行汉阳支行间不存在真实、有效的合同关系,故中行汉阳支行关于托管协议已得到实际履行、应认定托管关系或保管关系有效的上诉理由不能成立。

【案例来源】

最高人民法院民事审判第二庭编:《最高人民法院商事审判指导案例(第五卷)》(上),中国法制出版社2011年版,第372~384页。

编者说明

以国债质押属以债券设立质押的范畴。债券是指政府、金融机构、企业为筹措资金依法定程序向社会不特定对象发行的,约定在一定期限内还本付息的有价证券。从债券形式来看,我国发行的国债可分为凭证式国债、储蓄式国债和记账式国债三种。记账式国债又名无纸化国债,准确定义是由财政部通过无纸化方式发行的、以电脑记账方式记录债权,并可以上市交易的债券。

《担保法》第七十六条规定,以债券等出质的,应当在合同约定的期限内将权利凭证交付质权人;质押合同自权利凭证交付之日起生效。《担保法解释》第九十九条对以公司债券出质的情形作了规定,但对以国债出质的未予明确。《物权法》第二百二十四条规定,以债券等出质的,当事人应当订立书面合同;质权自权利凭证交付质权人时设立;没有权利凭证的,质权自有关部门办理出质登记时设立。《物权法》相较于《担保法》,也是将债券凭证的交付作为债券质押权的设立要件,而非质押合同的生效要件。由于记账式国债是无纸化国债,因此根据《物权法》第二百二十四条的规定,其质权应当自有关部门办理出质登记时设立。

820 用虚假国债出质的质押合同无效，出质人应当对债权人的损失承担赔偿责任

【关键词】

| 虚假国债 | 质押合同 | 赔偿责任 |

【案件名称】

中国农业银行天津第三大街支行、天津市河东区财政局与天津开发区东方集团公司、天津市创远房地产开发有限公司、山东省经济发展总公司、天津市天利和国际发展总公司及天津市创远机电实业开发公司借款合同纠纷案［最高人民法院（2010）民二终字第57号民事判决书，2010.11.23］

【裁判精要】

裁判摘要:担保人用虚假质押标的向贷款人出质的,质押合同无效,质权自始未设立。借款人应按照原《借款合同》履行偿还到期借款的义务,并赔偿贷款人因追索欠款所实际遭受的损失和因迟延履行还款义务所造成的损失。担保人应在借款人不能清偿债务范围内承担赔偿责任。第三人对质押合同无效有过错的,应依据《民法通则》第一百零六条第二款的规定在其过错形成的损失范围内向贷款人承担赔偿责任。

最高人民法院认为:

第三大街支行与东方集团签订的《借款合同》合法有效,第三大街支行依约履行了放贷义务,东方集团应依约偿还第三大街支行的所有贷款本息。因创远房地产公司以伪造的国债凭证出质,第三大街支行与创远房地产公司签订的《权利质押合同》无效,质押权自始未成立,导致债权人第三大街支行在其债权到期后债务人东方集团不履行还款义务时,无法享有对出质权利的优先受偿权,对此,创远房地产公司应承担缔约过失责任。根据《合同法》第四十二条有关当事人在订立合同过程中故意隐瞒与订立合同有关的重要事实或者提供虚假情况,给对方造成损失的,应当承担损害赔偿责任的规定,创远房地产公司应当在东方集团不能清偿债务的范围内,对第三大街支行的损失承担赔偿责任。原审判令创远房地产公司在东方集团不能清偿部分的百分之四十范围内承担补充责任无法律依据,本院予以纠正。

【案例来源】

最高人民法院民事审判第二庭编:《最高人民法院商事审判指导案例(第五卷)》(上),中国法制出版社2011年版,第385~394页。

821 国债权利质押合同中所约定的国债自始不存在，出质人应承担欺诈赔偿责任，证券营业部为其出具虚假对账单，应承担连带赔偿责任

【关键词】

|国债质押|欺诈赔偿|连带赔偿责任|

【案件名称】

中国银河证券有限责任公司深圳宝安路证券营业部与中国工商银行郑州市经三路支行、河南省龙浩实业有限公司、深圳市龙浩世纪实业有限公司借款担保合同纠纷案［最高人民法院（2005）民二终字第75号民事判决书，2005.6.23］

【裁判精要】

最高人民法院认为：

2003年6月9日、10日、11日，经三路工行与深圳龙浩公司分别签订的三份《国债权利质押合同》，约定以深圳龙浩公司在宝安路营业部开立的证券账户及账上国债，资金账户和账上资金为河南龙浩公司与经三路工行签订的12份《银行承兑协议》提供质押担保，承兑汇票到期前10天，如果承兑申请人未按约定交付汇票款，经三路工行可以变卖国债，用于清偿汇票款等内容。为保证《国债权利质押合同》的履行，宝安路营业部向经三路工行出具承诺书，保证上述证券账户和资金账户由经三路工行占有和控制，由经三路工行设立和保留上述资金账户的唯一提款密码，并承诺如果经三路工行损失，其承担连带赔偿责任。宝安路营业部还向经三路工行出具资金对账单，确认深圳龙浩公司账上国债的存在。根据本案查明的事实，出质人深圳龙浩公司质权人经三路工行移交了证券和资金账户的占有和控制手续，确保了经三路工行对账户的有效控制，但宝安路营业部向经三路工行出具的对账单是虚假的，《国债权利质押合同》中所约定的国债，在深圳龙浩公司的证券账户中自始不存在。根据《担保法》第六十四条关于“质押合同自质物移交债权人时生效”的规定，深圳龙浩公司向债权人经三路工行交付的账户中质押标的没有真实存在，应视为出质人没有向质权人交付质物，《国债权利质押合同》不发生法律效力，经三路工行不能依据《国债权利质押合同》向深圳龙浩公司行使质权。原审法院认定深圳龙浩公司向经三路工行提供的质押为账户质押，且质押合同有效不妥，应当予以纠正。《国债权利质押合同》虽然约定用证券账户及账上国债、资金账户及账上资金提供质押担保，但同时又约定质押期满，经三路工行变卖国债的资金用于清偿汇票款项，从合同名称及对质权实现方式的约定内容看，质押标的物应为证券账户中确定数额的国债，移交账户的控制和占有的目的是保证质权人对账户中国债的占有和质权的实现。宝安路营业部上诉主张原审判决认定账户质押且质押合同有效是错误的观点成立，本院予以采纳。

根据2003年6月3日、5日，深圳龙浩公司分别与河南龙浩公司、宝安路营业部签订约定有融资和担保内容的协议，以及深圳龙浩公司为本案所融资金的约定用资人，本院认定深圳龙浩公司对其证券账户中没有国债是明知的，其为达到融资目的，向经三路工行实施了民事欺诈行为，根据《合同法》第四十二条的规定，深圳龙浩公司在订立合同的过程中，违背诚实信用原则，故意提供虚假情况，致使经三路工行的质押权利落空，其应当对经三路工行因此造成的损失承担赔偿责任。宝安路营业部向经三路工行出具承诺书和虚假对账单，帮助深圳龙浩公司隐瞒证券账户中没有质押标的物的事实，参与完成虚假质押关系，属于与深圳龙浩公司共同实施民事欺诈行为，应当与深圳龙浩公司对经三路工行的损失承担连带赔偿责任。由于宝安路营业部出具的虚假对账单载明的国债品种为21国债(3)55万手，深圳龙浩公司与宝安路营业部应当在上述对账单中载明的虚假国债价值的承担民事赔偿责任。

【案例来源】

最高人民法院民事审判第二庭编:《担保案件审判指导》(增订版)，法律出版社2018年版，第449～457页。

822 质权人明知处于回购状态的国债质押账户存在潜在风险仍接受的，应对因质押物价值减少所形成的损失自行承担责任

【关键词】

｜国债质押｜国债回购｜质押物价值｜

【案件名称Ⅰ】

国泰君安证券股份有限公司郑州花园路证券营业部与中国光大银行郑州分行、河南省华润商贸有限公司、深圳市盛力实业发展有限公司、国泰君安证券股份有限公司借款担保合同纠纷案［最高人民法院（2008）民二终字第44号民事判决书，2008.12.13］

【裁判精要】

裁判摘要:银行等专业的金融机构，明知处于回购状态的国债质押账户存在着潜在风险，仍接受带有瑕疵、权利不完整的质押物，依据《担保法解释》第九十条关于“质物有隐蔽瑕疵造成质权人其他财产损害的，应由出质人承担赔偿责任。但是，质权人在质物移交时明知质物有瑕疵而予以接受的除外”之规定，金融机构应当对因质押物价值的减少所形成的损失自行承担责任。

最高人民法院认为:

在该案质押开始时,质押账户内国债市值很高,资金余额很少,标准券可用余额也很少。说明质押账户的状态为:账户内绝大多数国债处于回购状态,且没有足额的购回国债资金。对此,质权人光大银行郑州分行作为专业的金融机构应当知道质押物的状态,且能够预见到接受该种具有瑕疵的质押物存在的风险,不存在花园路证券营业部欺诈光大银行郑州分行的问题。光大银行郑州分行不认真审核质押国债的真实性、有效性及可支配性,无视质押物本身存在的瑕疵,对自身开出票据可能发生的风险疏于防范。诉讼中又以其对国债处于回购状态的情况不知情为由进行抗辩,显然站不住脚。

该案相关证据已经证明,该案质权成立前,用作质押的国债已经处于回购状态。且光大银行郑州分行和深圳盛力公司签订质押合同在先,花园路证券营业部出具承诺鉴证书和接受续回购交易指令的行为发生在质权成立之后。质押合同的签订并非基于对承诺鉴证书的信赖和存在。因此,花园路证券营业部也不违反保证不得将出质账户重复质押的义务。由于当事人设定的质押物是处于回购状态下的国债,其债券市值实际上是不确定的,只能等待购回后才能依据国债实物券确定市值。深圳盛力公司在国债回购到期时没有资金把国债购回,按照交易规则,结算公司必将强行平仓。此项交易与花园路证券营业部无关。光大银行作为专业的金融机构,明知处于回购状态的国债质押账户存在着潜在风险,仍接受带有瑕疵、权利不完整的质押物,依据《担保法解释》第九十条关于"质物有隐蔽瑕疵造成质权人其他财产损害的,应由出质人承担赔偿责任。但是,质权人在质物移交时明知质物有瑕疵而予以接受的除外"之规定,光大银行郑州分行应当对因质押物价值的减少所形成的损失自行承担责任。花园路证券营业部上诉主张其对光大银行郑州分行已垫付款不能获得清偿没有过错,不应承担民事责任的理由充分,本院应当予以支持。

【案例来源】

最高人民法院民事审判第二庭编:《最高人民法院商事审判指导案例·借款担保卷》(上),中国法制出版社 2011 年版,第 423 ~ 440 页。

【案件名称Ⅱ】

国泰君安证券股份有限公司郑州花园路证券营业部、国泰君安证券股份有限公司与中国光大银行郑州分行、中国第一汽车集团开封汽车经销有限责任公司、海口建来发展有限公司借款担保纠纷案[最高人民法院(2006)民二终字第 82 号民事判决书,2007. 12. 12]

【裁判精要】

最高人民法院认为：

第一，关于质押关系成立及质押物瑕疵的分析与认定。（一）本案质押账户内的国债在出质时已经处于回购状态，而不是国债现券。国债是否处于回购状态，是由账户内标准券的数额反映的。根据《上海、深圳证券交易所交易规则》对标准券的定义，标准券是指在证券交易所指定的登记结算机构托管而用于回购交易并按交易所规定的折算率计算出的回购抵押券。债券持有人可卖出债券的数量，根据其在交易所指定的登记结算机构库存债券数量，以交易所公布的标准券（综合券）折算率计算出的标准券（综合券）量为限。这说明，回购交易中，国债不是一般意义上的交易物，而是抵押（质押）物。回购具备买卖和质押两种性质，形式上是国债两次买卖，实质上是质押融资。以标准券来确定融资量，以现券作为最终的担保，两者合二为一。根据郑州分行提供的证据之《对账单》以及营业部提供的证据之《国泰君安证券股票明细对账单（合并）及郑州花园路余额汇总》，可以看出：在本案质押开始之前，国债市值很高但是资金余额不高，标准券可用余额也很少，因此，本案质押开始前国债账户的状态为：账户内国债已经大部分处于回购状态而尚未回购，且账户内没有贵客的购回国债交错。作为质权人的郑州分行，应当核实质押国债的真实性、有效性以及可支配性，以确保质押物对质权实现的担保，减少自身开出票据的风险。郑州分行作为专业金融机构，其关于对国债处于回购状态的情形“不知情、看不懂对账单”的观点不能成立，其应当知道质押物的状态并且应当预见到接受该种具有瑕疵的质押物存在的风险。（二）质押物本身存在瑕疵导致质押方式存在潜在的风险。根据交易规则，处于回购状态的国债，只有在回购期满时，融资方（海口建来）从融资方将质押物（国债）购回，方能保证郑州分行的质押受偿权。如果回购期满未能购回，则质押物本身存在的这一风险将可能导致优先受偿权无法实现。因此，这种质押方式与质权的优先受偿性存在冲突，使得质押方式存在潜在的风险。郑州分行明知质押物处于回购状态，质押物的价值可能出现极大波动，质押方式存在巨大风险，但是仍然愿意接受该种质押方式，且未要求质押人提供其他担保，其应当对质押物的价值减少带来的损失自行承担责任。

第二，关于营业部是否实施了违反《承诺鉴证书》约定的行为，是否存在过错的认定。营业部在每份协议签订之前均出具了真实的《对账单》，《对账单》如实反映了该出质账户的国债状况和资金余额，郑州分行既是金融机构，又是长期利用质押账户进行国债回购操作的实际控制人，其应当明了《对账单》显示的内容，也完全了解接受处于回购状态的国债市值质押可能存在的法律风险。营业部履行了信息披露义务，没有过错。营业部提供证据之《授权委托证明书》、《质押合同》、《补充协议》以及《承诺鉴证书》和《收据》，能够证明郑州分行并不享有唯一的国债交易权。上述文件强调的只是“仅光大银行（授权人员）拥有提款权、托管（指定交易）权和转托管(以消指定交易)权"。这说明,郑州分行独家享有的仅仅是上述三项权利,海口建来仍然有权进行上述三项之外的国债交易活动。光大银行在接受质押时,又书面放弃了其中部分质押权能,未对质押账户密码进行修改,并未禁止或者排斥海口建来在账户中进行国债交易,因此营业部允许海口建来进行续回购操作不违反《承诺鉴证书》约定。营业部二审提供的《证券股票明细对账单》证明:2005 年 6 月 17 日,质押账户被登记公司强行清算。自 2004 年 10 月 27 日本案第一份承诺协议签订之时,至质押账户被所强行清算之日,质押账户内并未发生过资金出户情况。这说明,续回购操作不是质押物价值减少的原因,无论营业部允许海口建来进行续回购操作是否违反承诺鉴证,都没有因此造成资金损失。质押账户内国债市值和资金余额减少的根本原因,是在质押开始前账户内国债已经处于回购状态。而账户实际控制人郑州分行与海口建来在续回购到期日,未能注入资金回购到期的国债,也没有继续申报续回购,构成了对潜在交易对手的违约,被交易所强行清算,此项交易与营业部无关。即使质押账户内国债市值仍为 8500 万元,郑州分行也无法直接受偿,其只能根据交易规则,在没有资金购回国债的情况下,账户先行清算,清算所得优先偿还融券方,郑州分行能够得到的余额仍是现在的 1300 余万元。因此,营业部允许海口建来进行续回购操作的行为与质押账户内国债被强行清算的结果没有必然因果关系。

【案例来源】

最高人民法院民事审判第二庭编:《最高人民法院商事审判指导案例·借款担保卷》(上),中国法制出版社 2011 年版,第 451 ~465 页。

四、股权质押纠纷

(一)股权质押认定

823 债务人以其所持第三人股权向债权人提供担保，第三人在担保函上予以确认的，不应认定第三人与债权人之间形成担保关系

【关键词】

｜股权质押｜第三人｜

【案件名称】

万高（北京）国际典当有限公司与天津武清开发区新中大置业发展有限责任公司、天津地铁君易投资有限公司借款担保合同纠纷案［最高人民法院（2013）民二终字第116号民事判决书，2014.1.30］

【裁判精要】

裁判摘要:《借据》和《担保函》体现的有关担保的意思表示是新中大公司在地铁公司的股权及相关资产为其向万高公司的借款提供担保,与地铁公司并无关系,地铁公司与万高公司之间并未因此形成担保关系。

最高人民法院认为:

关于地铁公司是否应承担担保责任的问题。根据《借据》和《担保函》记载的内容,地铁公司出具的《担保函》上虽记载了地铁公司同意为新中大公司提供担保,但紧接着明确了担保物的内容为新中大公司在地铁公司的股权及资产,该内容与《借据》中有关担保的内容相互印证。本院认为,《借据》和《担保函》体现的有关担保的意思表示是以新中大公司在地铁公司的股权及相关资产为其向万高公司的借款提供担保,与地铁公司并无关系,地铁公司与万高公司之间并未因此形成担保关系。故万高公司仅依据上述《担保函》要求地铁公司承担保证责任的诉讼请求,缺乏事实和法律依据,本院不予支持。

【案例来源】

中国裁判文书网,http://wenshu.court.gov.cn。

824 债务人将股权证交与债权人，债权人出具收据证明收到上述股权证的行为，尚不足以证明双方之间形成了质押法律关系

【关键词】

｜股权质押｜股权证｜

【案件名称Ⅰ】

海南发展银行与海南泛华高速公路股份有限公司、海南泛华实业有限公司财产损害赔偿纠纷案［最高人民法院（2013）民提字第144号民事判决书，2013. 12. 13］

【裁判精要】

最高人民法院认为：

一、关于泛华高速是否海发行涉案40张股权证的权利人，是否有权基于该40张股权证向海发行主张权利问题

泛华高速以泛华实业持有的海发行股票系泛华高速实际出资且海发行清楚泛华高速系海发行隐名股东等为由，主张本案所涉登记在泛华实业名下的4000万股股权证的权利人为泛华高速，缺乏法律依据。海发行《企业法人年检报告书》载明泛华实业是海发行的出资人，实际出资额为6000万元，并无泛华高速是海发行出资人的记载。企业法人出资人的确定应以工商登记材料和公司股东名册等的记载为准。即使上述泛华实业出资到海发行的6000万元款项确系泛华高速实际支付，在确定该笔出资项下的出资人名义时也应按照工商登记的泛华实业来确定。泛华高速在不具备向金融机构投资资格的情况下，通过委托泛华实业代其购买海发行股份的行为，不能得出泛华高速系相关股权的权利人的结论。在泛华高速与泛华实业签订的《委托协议书》不违反法律法规强制性规定的前提下，泛华高速可以依据《委托协议书》的约定，享有代购股权项下的相关财产性权益，但并非对海发行的股东权益。对海发行而言，该部分股权的权利人仍为泛华实业。泛华高速只有在将相关股权从泛华实业依法变更到其名下后才可行使出资人权利。因此，在本案所涉40张股权证的权利人仍记载为泛华实业的情况下，泛华高速无权以权利人身份就该40张股权证向海发行主张权利。泛华高速仅以其为所涉股权的实际出资人和海发行明知其为实际出资人为由，认为其有权对相关股权主张权利，于法无据，本院不予支持。海南高院认定泛华高速系海发行股东不当，本院依法予以纠正。

二、海发行信贷部收取泛华实业的海发行涉案40张股权证的事实是否构成了泛华高速或者泛华实业与海发行之间的质押法律关系问题

根据《担保法》第七十八条的规定，以依法可以转让的股票出质的，出质人与质权人应当订立书面合同，并办理相应的出质登记，质押合同自出质登记之日起生效。本案不论是所涉40张股权证的权利人究竟是泛华实业还是泛华高速，也不论所涉

40 张股权证交付给海发行信贷部的主体是泛华实业还是泛华高速，现无任何证据证明泛华高速或者泛华实业与海发行签订有股权质押合同，仅依海发行信贷部收取了上述 40 张股权证的事实，无法证明双方就上述股权出质达成了一致的意思表示，更无从谈起质押合同已经登记发生法律效力之事。即使海发行确系为担保 4000 万元借款合同的履行而收取的 40 张股权证，也无法构成法律上的股权质押关系。因此，泛华高速以质押关系主张权利，本院不予支持。海南高院以《借款合同》《签收单》、发放贷款形成完整的证据锁链为由，认定海发行与泛华高速之间存在事实上的质押行为，缺乏事实和法律依据，本院依法予以纠正。

三、海发行信贷部收取泛华实业的海发行涉案 40 张股权证是否给泛华高速造成损失，海发行是否应当承担赔偿责任

股权证仅仅是出资人享有出资者身份和权益的凭证，而不是财产本身。海发行占有涉案 40 张股权证并不当然导致相关股权价值的贬损。海发行股权的价值贬损系因经营管理不善所致，与海发行占有股权证没有直接的因果关系。现泛华高速亦无证据证明，泛华高速曾通过泛华实业向海发行主张返还相关股权证，而海发行不予返还，因此而造成泛华高速无法通过泛华实业及时转让相关股份而导致其财产损失。泛华高速主张 40 张股权证因海发行占有控制而丧失经济价值，缺乏事实和法律依据。因此，本院对其要求海发行因长期占有上述股权证应承担赔偿责任的主张亦不予支持。

【案例来源】

中国裁判文书网，http://wenshu. court. gov. cn。

【案件名称Ⅱ】

海南发展银行与海南泛华高速公路股份有限公司、海南泛华实业有限公司借款合同纠纷案［最高人民法院（2009）民提字第 99 号民事判决书，2009. 12. 22］

【裁判精要】

裁判摘要：债务人将股权证交与债权人，债权人出具收据证明收到上述股权证的行为，尚不足以证明双方之间形成了质押法律关系。在现有证据也不足以证明债权人与担保人之间存在质押关系时，担保人未提出反诉的，其关于债权人应当赔偿其股权证贬值损失和以此冲抵债务并退赔剩余部分的抗辩，法院不予支持。

最高人民法院认为：

泛华股份公司抗辩中所称股权质押问题，一是泛华实业公司将其占有的海发行法人股股权证 4000 万股交与海发行信贷部，海发行信贷部向其出具收据证明收到上述股权证的行为，尚不足以证明双方之间形成了质押法律关系；二是即使泛华实

业公司与海发行之间存在质押关系,现有证据也尚不足以证明泛华股份公司与海发行之间存在质押关系;三是即使泛华股份公司与海发行之间存在质押关系,因其在本案中并未提起反诉,所谓质押关系亦不属于本案审理范畴。泛华股份公司关于海发行应当赔偿其股权证贬值损失和以此冲抵债务并退赔剩余部分的抗辩,本院不予支持。泛华股份公司如认为其与海发行之间存在股权质押关系,海发行应当对未能及时处置质押物给其造成的损失承担赔偿责任,或者认为双方之间存在其他法律关系的,均可另行主张,本案对此不予审理。

【案例来源】

最高人民法院民事审判第二庭编:《最高人民法院商事审判指导案例·借款担保卷》(上),中国法制出版社 2011 年版,第 31 ~ 39 页。

(二)股权质押合同效力

825 股份有限公司成立不满一年的发起人股权质押担保有效

【关键词】

|股份有限公司|发起人|股权质押|

【案件名称】

平江县国有资产管理局与湖南泰和集团股份有限公司股权转让纠纷案[最高人民法院(2002)民二终字第 180 号民事判决书,2002. 12. 31]

【裁判精要】

最高人民法院认为:

《担保法解释》第一百零三条规定:以股份有限公司的股份出质的,适用《公司法》有关股份转让的规定。《公司法》第一百四十七条规定:发起人持有的本公司的股份,自公司成立之日起三年内不得转让。《担保法解释》第五条规定:以法律、法规禁止流通的财产或者不可转让的财产设定担保的,担保合同无效。以法律、法规限制流通的财产设定担保的,在实现债权时,人民法院应当按照法律法规的规定进行处理。天一科技的发起人股份,依法应属于公司成立之日起三年内限制转让的财产。泰和公司和国资局在签订协议时显然已经注意到了这一问题,将股份设定质押担保,但将质权实现的时间约定在天一科技成立满三年以后的股份转让非限制期,在该期限到来时质权人才可以主张实现质权,才有可能发生股份转让行为。因此,双方关于股份质押担保的约定内容并不违反《公司法》《担保法解释》的规定。根据

《担保法解释》第一百零三条的规定，以上市公司的股份出质的，质押合同自股份出质向证券登记机构办理登记之日起生效。本案质押的天一科技股份属于上市公司的股份，双方当事人并没有向证券登记机构办理出质登记，因此质押协议没有生效，不能产生质押的法律后果，但双方当事人在协议中关于用股份设定担保的意思表示是一致且合法的，该约定在双方当事人之间产生合同法律效力。原审判决认定股份质押行为违反法律规定属于无效不妥，应当予以纠正。……

天一科技2000年4月3日召开股东大会，审议通过了1999年度利润分配方案，向全体股东每10股送红股2股，公基金每10股转增8股，并于2000年4月20日前实施完毕，泰和公司在此次分配中获得2468万股。该事件发生在双方当事人签订股份及股份红利转让协议以后，该期间的红利分配，泰和公司已经转让给国资局。由于天一科技实施上述分配方案时成立不满三年，泰和公司分配的红利股份仍在其名下，现天一科技成立已满三年，国资局请求转让上述股份，泰和公司应当予以办理过户手续。

泰和公司上诉称原审判决将债权债务转让合同签订以前与本案无关的股东权益10送2转增8归国资局，违反公平原则，因双方均为天一科技股东，在签订协议时明知所转让的股份尚未分配1999年红利，在协议中明确约定该期间泰和公司的股票分红、送配股等由国资局享有，且天一科技实施上述红利分配后每股净资产价值由3.24元降为1.685元，泰和公司虽拥有的股票数额增加至4936万股，但股票的价值与国资局承接的7354.64万元债务及利息数额基本相当，泰和公司上述主张本院不予支持。国资局主张泰和公司应按协议约定将其所持有的天一科技的全部股份过户给国资局的观点成立，本院予以支持。

综上分析，本院认为：双方在《协议书》、《补充协议》和《股份质押补充协议》中约定股份及股份红利转让的内容意思表示真实、一致，不违反法律、法规的规定，应认定合法有效，其设定的股权质押虽意思表示真实，不违反法律规定，但因没有办理出质登记，不产生质押的法律效力。依据双方的约定，国资局履行了承接债务的义务，泰和公司应于协议约定的2002年2月3日向国资局转让其所拥有的4936万股天一科技股份。原审判决除认定质押协议无效不妥，应予以纠正外，其他部分适用法律正确。

【权威解析】

从《公司法》《担保法解释》的上述规定可以得出以下结论：发起人的股份属于限制转让而非禁止转让的股份，限制方式为公司成立之日起三年内不得转让；以法律法规禁止流通的财产或者不可转让的财产设定担保的，担保合同无效，以限制转让的财产设定担保的，担保合同的效力不受影响。本案涉及的天一科技成立于1998年11月18日，双方当事人签订股权转让协议的时间为1999年12月30日，当时天一科技成立不满三年，泰和公司持有的天一科技发起人股处于限制转让期间，属于限制转让的财产。泰和公司和国资局在签订协议时显然已经注意到了这一问题，将股权设定质押担保，但将质权实现的时间约定在非限制期，在非限制期限到来时质权人才可以实现质权，才有可能发生股权转让行为。《担保法解释》规定股份的出质，适用《公司法》的规定，《公司法》规定三年内不得转让股权，但并没有禁止三年内在股权上设定质权，因此，双方关于股权质押担保的约定内容并不违反《担保法解释》《公司法》的禁止性规定。①

【案例来源】

最高人民法院民事审判第二庭编：《民商审判指导与参考》（总第3卷），人民法院出版社2003年版，第214～224页。

编者说明

《最高人民法院执行工作办公室关于上市公司发起人股份质押合同及红利抵债协议效力问题请示案的复函》（2004年4月15日，〔2002〕执他字第22号）亦认为："《公司法》第一百四十七条规定对发起人股份转让的期间限制，应当理解为是对股权实际转让的时间的限制，而不是对达成股权转让协议的时间的限制。本案质押的股份不得转让期截止到2002年3月3日，而质押权行使期至2005年9月25日才可开始，在质押权人有权行使质押权时，该质押的股份已经没有转让期间的限制，因此不应以该股份在设定质押时依法尚不得转让为由确认质押合同无效。"法律对股权质押没有特殊规定，限制转让的股权是可以用于质押的，只是在实现质权即对质押的股权进行变价时，应当依法进行，接受《公司法》和《证券法》等法律、法规对股权转让的限制。②

826 《股权质押反担保合同》系特定背景下专门订立，担保人预先拟订合同条款的目的并非为了重复使用，不属格式条款

【关键词】

| 反担保 | 股权质押 | 格式条款 |

【案件名称】

陕西延长石油矿业有限责任公司与杨文义质押合同纠纷案［最高人民法院（2018）最高法民再413号民事判决书，2018.12.11］

① 参见王东敏：《股份有限公司发起人股份转让和质押的限制——平江县国有资产管理局与湖南泰和集团股份有限公司股权转让纠纷上诉案》，载最高人民法院民事审判第二庭编：《民商审判指导与参考》（总第3卷），人民法院出版社2003年版，第227页。

② 参见王东敏：《公司法审判实务与疑难问题案例解析》，人民法院出版社2017年版，第257页。

【裁判精要】

最高人民法院认为：

第一，关于《股权质押反担保合同》是否属于格式合同，其中第三条第3点“如果处置质押股份所得价款不足以偿付反担保债务，差额部分仍应由杨文义补足”的约定是否有效的问题。《合同法》第三十九条规定，“采用格式条款订立合同的，提供格式条款的一方应当遵循公平原则确定当事人之间的权利和义务，并采取合理的方式提请对方注意免除或者限制其责任的条款，按照对方的要求，对该条款予以说明。格式条款是当事人为了重复使用而预先拟定，并在订立合同时未与对方协商的条款”。本案中，漠源公司于2012年5月30日与重庆银行西安分行签订《（最高额）授信业务项下流动资金贷款合同》，约定漠源公司向重庆银行西安分行贷款4000万元。同日，延长公司与重庆银行西安分行签订《最高额保证合同》，约定延长公司对漠源公司的借款向重庆银行西安分行承担连带保证责任。鉴于杨文义持有漠源公司35%股份，杨文义自愿向延长公司提供反担保，与延长公司签订《股权质押反担保合同》。由此可见，延长公司与杨文义签订《股权质押反担保合同》的目的是保证延长公司代为清偿漠源公司债务后的追偿权得以实现。如果杨文义不同意《股权质押反担保合同》约定的条款，延长公司未必同意为漠源公司的上述债务提供担保，故该《股权质押反担保合同》系延长公司在漠源公司申请借款需要延长公司提供担保、杨文义同意为延长公司提供反担保的特定背景下专门订立，延长公司预先拟定该合同条款，其目的并非为了重复使用，且《股权质押反担保合同》在明显位置的“鉴于”部分载明“杨文义自愿向延长公司提供股权质押反担保，以保证延长公司代为清偿漠源公司债务后的追偿权得以实现。故此，双方经协商达成合同”，杨文义在二审庭审中亦明确其签订合同时知道自己有义务。故上述《股权质押反担保合同》不具备《合同法》第三十九条所规定的格式条款构成要件，二审法院将《股权质押反担保合同》认定为格式合同，不符合上述规定，本院予以纠正。多份合同文本相同并不表明该合同属于格式合同，《延长公司党政联席会会议纪要》《漠源公司股东会决议》无《股权质押反担保合同》第三条第3点约定的内容，杨文义在延长公司会议室现场签约且签约时受到延长公司工作人员催促，亦不能证明《股权质押反担保合同》属于格式合同。杨文义以延长公司还与他人签订多份文本相同的《股权质押反担保合同》、签约时其受到催促等为由提出上诉，理由不成立。杨文义为证明《股权质押反担保合同》系杨文义在股东会会议当场签订以及杨文义未带走合同的事实，向本院申请调取2012年5月10日股东会会议时的全部现场会议记录、相关地点的视频监控资料。由于杨文义申请调取上述证据的目的对该合同是否属于格式合同的待证事实无意义，该部分证据无调查收集的必要，本院依据《民诉法解释》第九十五条的规定，不予准许。关于《股权质押反担保合同》第三条第3点约定的“如果处置质押股份所得价款不足以偿付反担保债务，差额部分仍应由杨文义补足”的效力问题。如前所述，上述《股权质押反担保合同》并非格式合同，杨文义主张延长公司应当尽到对争议条款的提示解释义务，以黑体加粗字、空格画线等方式进行提示，标注“特别约定”等字样，缺乏依据。杨文义以延长公司签约时利用自身优势地位和专业知识主张争议条款当属无效，证据和理由均不充分。杨文义主张《股权质押反担保合同》第三条第3点加重了其责任，排除了其权利，显失公平，且并非其真实意思，但杨文义未依据《合同法》第五十五条的规定，在法定期限内行使撤销权。杨文义与延长公司签订的《股权质押反担保合同》未违反法律、行政法规的禁止性规定，不存在《合同法》第五十二条规定的无效情形，该合同合法有效，杨文义应当遵照履行。一审判决认定杨文义对延长公司优先受偿质押股份所得价款不足以偿还的差额部分承担连带责任正确，本院予以确认。

【案例来源】

中国裁判文书网，http://wenshu.court.gov.cn。

827 股票质押合同属于恶意串通、损害债权人利益的，应当认定无效，在证券登记公司办理的质押登记依法应予撤销

【关键词】

| 股票质押合同 | 质押无效 | 撤销登记 |

【案件名称】

重庆拓洋投资有限公司与深圳五岳乾坤投资有限公司确认合同无效纠纷案［最高人民法院（2018）最高法民终487号民事判决书，2018.11.30］

【裁判精要】

最高人民法院认为：

本案二审的争议焦点是李涛和五岳公司之间是否存在恶意串通而导致《质押合同》无效。

根据《合同法》第五十二条第（二）项的规定，存在恶意串通，损害国家、集体或者第三人利益情形的，合同无效。所谓恶意串通，通常是指当事人为了谋取私利，相互勾结，采取不正当方式，共同实施损害他人利益的行为。第三人请求确认当事人订立的合同无效，应由提出请求的第三人就恶意串通和利益受损这两方面的事实承担举证证明责任。由于恶意串通反映出当事人的一种主观心态，而第三人以此为由请求确认合同无效，对合同当事人的利益影响较大，故法律上科以第三人较一般民事诉讼高度盖然性的证明标准更高的举证证明义务。《民诉法解释》第一百零九条规定：“当事人对欺诈、胁迫、恶意串通事实的证明，以及对口头遗嘱或者赠与事实的

证明,人民法院确信该待证事实存在的可能性能够排除合理怀疑的,应当认定该事实存在。”就本案而言,重庆拓洋请求确认《质押合同》因当事人恶意串通而无效,本院认为其已完成了相应的举证证明义务,可以确信合同当事人恶意串通和第三人损害事实的存在。

首先,本案证据足以让人相信,《质押合同》系李涛和五岳公司之间恶意串通而订立。具体表现在:

第一,从合同的交易背景看,五岳公司和重庆拓洋签订《借款合同》后,约定由五岳公司将深华新公司股票作为担保但未办理登记,后五岳公司将仅剩的没有权利约束的深华新公司 3963 万股股票先行质押登记给李涛。原审查明,《质押合同》是为了担保李涛和盛世泰富之间的《借款合同》而订立的。五岳公司的财务报表证明,该公司 2014 年度至 2017 年度营业收入均为 0 元且每年亏损,而五岳公司将深华新公司 3963 万股股票质押登记给盛世泰富的债权人李涛时,该部分股票已经是五岳公司仅剩的没有权利约束的财产。质押登记当日,深华新公司 3963 万股股票价值 63764.67 万元,与《借款合同》约定的预计总借款 8 亿元相近。至 2017 年 12 月由北京市第二中级人民法院对五岳公司强制执行时,该院认定五岳公司已无可供执行的财产。可见,当五岳公司将深华新公司 3963 万股股票质押给李涛后,五岳公司实际已没有任何有效的责任财产和偿债能力。同时,虽然一审认定重庆拓洋提交的《股份质押借款合同》存在诸多瑕疵,但五岳公司已经确认,其和重庆拓洋在签订《借款合同》后又签订了《质押合同》,约定由五岳公司提供深华新公司股票作为担保,但双方未及时办理质押登记。这说明,五岳公司是将原本计划质押给重庆拓洋的深华新公司股票,另外质押给了李涛并先行办理了登记。

第二,从合同的签订时间看,重庆拓洋在北京高院向五岳公司提起诉讼的前 20 天左右,五岳公司和李涛签订《质押合同》并于次日即办理了质押登记。现已查明,重庆拓洋在 2013 年不仅给五岳公司借款 55680 万元,还向五岳公司支付了拟收购深华新公司 5800 万股股票的首付款 13920 万元,说明双方当时合作关系良好。重庆拓洋分别于 2015 年 6 月 29 日和 2016 年 7 月 18 日对五岳公司提起诉讼和仲裁,证明双方合作关系破裂。五岳公司在重庆拓洋提起诉讼的前 20 天将深华新公司的股票质押登记给李涛,导致重庆拓洋在诉讼中未能有效保全到五岳公司的财产,使五岳公司客观上达到了转移财产的目的。

第三,从合同的订立主体看,李涛、盛世泰富和五岳公司之间具有关联关系,李涛和五岳公司存在恶意串通的利益基础。现已查明,李涛是盛世泰富的控股股东。同时,鉴于嘉诚中泰和中建投已于 2013 年 7 月将五岳公司 50.98% 的股权转让给盛世泰富,北京仲裁委员会作出的(2017)京仲裁字第 0729 号裁决认定,盛世泰富为五岳公司股东,持有该公司 50.98% 的股权,该确认效力仅限于盛世泰富和嘉诚中泰、中建投之间。由此可见,《借款合同》和《质押合同》订立时,盛世泰富已经受让了五岳公司超过半数的股权,盛世泰富已经享有了受让股权代表的公司利益,只是其尚未获得登记而已。至于盛世泰富是否实际控制了五岳公司,并不影响盛世泰富所能获得的受让股权所代表的收益。况且,盛世泰富在北京仲裁委员会(2015)京仲案字第1391号案的庭审笔录中,已经确认其实际经营管理五岳公司。因此,李涛是盛世泰富的控股股东,而盛世泰富又是受让五岳公司超半数股权的股东,由此可以认定李涛、盛世泰富和五岳公司之间存在利益关联,且李涛对五岳公司的经营情况、财产状况和负债情况应该是清楚的,这是李涛和五岳公司之间恶意串通的利益基础。

第四,从合同的约定内容看,《质押合同》关于合同独立性条款的约定明显不符合常理。该合同第九条约定,本合同的效力独立于盛世泰富和李涛签订的《借款合同》,即便《借款合同》无效,本合同仍独立有效,在盛世泰富对李涛所负之给付义务的范围内,五岳公司仍以标的股权为质押,保证李涛的优先受偿权。从法律上看,主合同无效,从合同亦无效,且主债务人和担保人通常属于利益共同体,担保人不顾主合同的情况,无限放大自身的担保责任,显然违背常理。

第五,从合同的履行情况看,李涛和五岳公司之间借款关系的真实性难以认定。1. 关于借款金额方面,《借款合同》约定的拟借款金额是8亿元,但李涛主张最后实际只出借24860.2万元。对于实际借款金额远低于合同约定金额的原因,李涛未作出合理解释。从质押的深华新公司3963万股股票在不同时期的价值看,《借款合同》订立时股票价值63764.67万元,李涛在一审庭前会议提交答辩意见时的股票价值跌至24372.45万元。不难看出,李涛主张的拟借款金额和实际借款金额是为了与同期质押股票价值相对应的。2. 关于出借方式方面,李涛主张的实际借款情况与通常的交易惯例不符。《借款合同》约定的借款期限是两年,从2015年6月1日至2017年5月31日止,但从李涛提交的转款凭证看,所谓的9笔借款从2015年6月30日至2016年8月17日之间陆陆续续发生,甚至部分转款是在约定的借款期限开始1年后才发生。而且,李涛主张的9笔出借金额转款凭证摘要部分并未注明借款,而是只注明往来或业务往来,其金额也比较零散,这都与通常借款的交易模式不符。3. 关于资金来源方面,李涛主张的出借资金中,仅有1000万元是其本人支付,其他资金均由案外主体支付。李涛解释,案外主体都是与其关联的公司,是其资金渠道,但在没有任何书面合同,也没有约定利息的情况下,李涛仅通过口头指令就调动数亿元其他公司法人的资金,不仅不符合公司财务管理制度,也不符合情理。案外公司出具的代收代付的书面证明,由于李涛已经承认这些公司均与其存在关联,故在没有其他证据佐证的情况下,仅有书面证明,不足为信。4. 关于资金流向方面,李涛主张,盛世泰富的借款实际均为五岳公司所用。但从李涛提供的付款凭证看,有两笔转款共计6507.2万元,不仅未支付到盛世泰富的账户,之后也未转付至五岳公司的账户。此外,盛世泰富收到的资金总额和五岳公司收到的资金总额并不一致,且无论是盛世泰富还是五岳公司,至今未有向李涛偿还任何借款本息,李涛也未举证证明其曾向盛世泰富或五岳公司主张过权利,故李涛仅提供转款凭证不足以证明支付的款项属于借款。

综上五个方面的分析，本院确信李涛和五岳公司之间恶意串通的事实存在，并能排除其他合理怀疑。二者串通的目的是将五岳公司仅剩的无权利约束的深华新公司 3963 万股股票质押给利益关联人李涛，防止五岳公司的有效财产被包括重庆拓洋在内的债权人强制执行。五岳公司作为出质方，与本案的审理结果有重大关联，其仅仅在一审阶段提交了管辖权异议申请书，后又主动撤回，未再提交任何书面意见和证据材料，也未到庭参加诉讼，应自行承担消极应诉的不利后果。

其次，李涛和五岳公司之间恶意串通的事实导致重庆拓洋的利益受损。现已查明，北京高院已判决五岳公司应偿还重庆拓洋借款本金 55680 万元及相应的资金占用费和财产保全责任保险费 2000025.6 元、律师费 200000 元。虽然该案二审尚在审理中，但五岳公司仅针对一审判决判处的财产保全责任保险费、律师费不服提起的上诉，相当于五岳公司已经认同了一审判决判处的借款本金和资金占用费。此外，北京市第二中级人民法院执行北京仲裁委员会(2017)京仲裁字第 1087 号裁决的过程中，以五岳公司暂无财产可供执行为由，终结本次执行。由此可见，在五岳公司将深华新公司 3963 万股股票质押给李涛后，五岳公司已无可供执行的财产，重庆拓洋对五岳公司的数亿债权尚不得实现，可以认定重庆拓洋的利益受损。

由此可见，李涛和五岳公司订立的《质押合同》，属于恶意串通、损害第三人重庆拓洋利益的合同。根据《合同法》第五十二条第(二)项的规定，《质押合同》应当认定无效。一审对此认定事实错误，导致适用法律不当，本院予以纠正。李涛和五岳公司基于无效的《质押合同》在中国证券登记结算有限责任公司办理的质押登记，依法应予撤销。至于李涛辩称的重庆拓洋自身未及时要求五岳公司就担保财产办理登记存在过错的问题，本院认为，重庆拓洋在贷款给五岳公司时未及时要求对方办理担保手续，说明重庆拓洋当时对五岳公司过于信赖，存在一定疏忽，但不能因为重庆拓洋存在疏忽就允许李涛和五岳公司恶意串通去损害包括重庆拓洋在内的第三人的利益。因此，李涛的抗辩主张，本院不予支持。

【案例来源】

中国裁判文书网，http://wenshu.court.gov.cn。

(三)股权质权设立

828 股权出质的质权未设立，债权人要求质押人承担质押担保责任不予支持

【关键词】

| 股权出质 | 质权设立 |

【案件名称】

古交市跃峰洗煤有限公司、山西金业煤焦化集团有限公司、沁和投资有限公司与中国工商银行股份有限公司阳城支行、山西煤炭运销集团晋城阳城有限公司委托借款及担保合同纠纷案［最高人民法院（2010）民二终字第118号民事判决书，2011.3.11］

【裁判精要】

裁判摘要：以股权出质的，应履行法定的质押登记程序，方能产生设立质权的法律效果。《物权法》施行以前发生的质押行为，应适用《担保法》的相关规定，以依法可以转让的股票出质的，质押合同自向有关登记机构办理出质登记之日起生效；以有限责任公司的股份出质的，质押合同自股份出质记载于股东名册之日起生效。

《物权法》施行以后发生的质押行为，应适用《物权法》的相关规定，以基金份额、证券登记结算机构登记的股权出质的，质权自证券登记解释机构办理出质登记时设立；以其他股权出质的，质权自工商行政管理部门办理出质登记时设立。如果未履行法定的登记手续，虽然质权尚未设立，但质押合同的效力不受影响，出质人未履行合同义务应承担相应的违约责任。

最高人民法院认为：

按照《委托贷款意向书》的约定，阳城煤运公司通过银行向跃峰公司发放的2.8亿元委托贷款，由案外人张文杨以其持有的金海公司27%的股权提供质押担保。该项股权质押自2005年12月9日起记载于金海公司的股东名册，并且根据2007年9月13日《补充协议》的内容，阳城煤运公司、跃峰公司和张文杨均确认该项质押担保成立，张文杨在其持有的金海公司27%的股权上设立了质权当无疑义。从2007年9月13日签订的《股权转让协议书》《补充协议》及金海公司于同日作出的2007年第四次股东会决议的内容看，张文杨持有的金海公司全部股权已于当日转让给沁和公司，且股权上设有的质权负担已经解除，沁和公司同意以其受让的金海公司11%的股权为上述2.8亿元委托贷款提供质押担保。鉴于张文杨在转让其持有的金海公司股权之前已经解除了此前设立的质押，沁和公司承诺以受让的股权设立质押并不是原有质权的延续，应重新履行设立质权的相应手续。上述股权转让及设立质押的协议均订立于2007年9月13日，早于《物权法》的施行时间，应适用《担保法》第七十八条第三款的规定，即："以有限责任公司的股份出质的，适用公司法股份转让的有关规定。质押合同自股份出质记载于股东名册之日起生效。"阳城煤运公司在本案中主张沁和公司已将其持有的金海公司11%的股权出质，但未能举证证明该项股权质押事项记载于金海公司的股东名册，其作为金海公司的股东称不具有提交金海公司股东名册的能力，与常理不符，应承担举证不能的法律后果。有限责任公司股份上设立的质权，记载于公司股东名册不仅可达对外公示的法律效果，更是质权产生的法定条件，与记载于股东会决议等公司内部文件存在本质区别，阳城煤运公司主张股东会决议可以代替股东名册的记载没有法律依据。沁和公司虽然承诺将其持有的金海公司 11% 的股权出质，但该项质押未记载于金海公司的股东名册，阳城煤运公司与沁和公司之间设定质押的协议未生效，质权并未设立，阳城煤运公司要求沁和公司承担质押担保责任，法律依据不足，应不予支持。

【案例来源】

最高人民法院民事审判第二庭编：《最高人民法院商事审判指导案例 6 · 合同与借贷担保卷》，中国法制出版社 2013 年版，第 499 ~ 509 页。

829 股票出质并未按照规定办理登记，亦未按照约定将股票注入相应股票交易账户，股票质权并未设定

【关键词】

| 股票出质 | 登记 | 质权设立 |

【案件名称】

郑春姐与陈峰、樱花（福建）包装文具有限公司民间借贷纠纷案［最高人民法院（2014）民四终字第 42 号民事判决书，2015. 6. 18］

【裁判精要】

最高人民法院认为：

《借款合同》中约定樱花公司以其拥有的可交易股票为案涉借款提供质押担保，但根据查明的事实，樱花公司名下的股票并未按照规定办理登记，亦未按照约定将股票注入郑春姐股票交易账户，福建高院根据《担保法》第七十八条、《担保法》第六十四条的规定，认定《借款合同》约定的股票质权并未设定，质押合同未生效，并根据查明的案涉事实，认定对案涉借款未能及时收回所造成的损失，郑春姐和担保人樱花公司均有过错，依照《担保法解释》第八十六条并参照《担保法解释》第七条的规定酌定樱花公司对案涉债务不能清偿部分承担二分之一的赔偿责任，均是正确的。

【案例来源】

中国裁判文书网，http://wenshu.court.gov.cn。

830 股权质权未设立，但质押合同有效的，出质人仍应承担相应民事责任

【关键词】

| 质权设立 | 质押合同 |

【案件名称】

郭照相与中国高新投资集团公司及张家港市新天宏铜业有限公司委托贷款合同纠纷案［最高人民法院（2014）民一终字第 162 号民事判决书，2015. 4. 22］

【裁判精要】

最高人民法院认为：

本案存在两份《质押协议书》。郭照相认为 2007 年 12 月 29 日《质押协议书》系高新集团通过变造 2007 年 12 月 22 日《质押协议书》而来，该协议已经作废。但郭照相并未就此提供任何直接证据，且其相关陈述亦存在自相矛盾之处。鉴于郭照相已经认可 2007 年 12 月 29 日《质押协议书》中，其签名确为其本人书写，对"该协议签署页与条款页文字形成时间是否一致"进行鉴定已无实际意义，故对郭照相所提司法鉴定申请，本院不予准许。在 2007 年 12 月 29 日《质押协议书》中，当事人已经明确约定郭照相对新天宏公司还款提供连带责任保证，一审法院据此判决郭照相在本案中承担连带清偿责任，有事实及法律依据。

当事人对 2007 年 12 月 27 日《质押协议书》的真实性均不持异议。尽管当事人嗣后并未办理质押登记，但根据《物权法》第二百二十六条规定，其法律后果为高新集团之质权并未依法设立，由此，高新集团不得以所涉股票为责任财产的债权冲突中主张优先受偿的法律地位。但经由当事人意思表示一致形成的质押合同并不因此无效，郭照相仍应按约承担相民事责任。

【权威解析】

《物权法》第二百二十六条规定："以基金份额、股权出质的，当事人应当订立书面合同。以基金份额、证券登记结算机构登记的股权出质的，质权自证券登记结算机构办理出质登记时设立；以其他股权出质的，质权自工商行政管理部门办理出质登记时设立。"《质押协议书》所约定的高新集团之质权并未设立毋庸置疑。但质权未设立并不意味着质押合同不发生法律效力。质权依法设立后，质权人得就质押财产优先受偿，由此，质权之依法设立是质权人享有优先受偿权的前提；质权人享有优先受偿利益是以依法设立的法律结果。质权未依法设立，其后果应当界定为质权人无法主张的优先受偿利益。必须明确的是，质权是否依法设立并不导致质押人、质权人全部权利义务关系的产生和消灭。质押合同的法律意义大体可以分为两个部

分:一是双方当事人就质押人为质权人之债权提供担保;二是通过质权依法设立使质权人在围绕质押财产的权利争执中(外部),获得优先保护。假如质权未依法设立,质押合同对质权人与出质人仍然具有约束力。因此,郭照相以质权未依法设立主张其不再承担任何责任的上诉请求,不应得到支持。①

【案例来源】

最高人民法院民事审判第一庭编:《民事审判指导与参考》(总第63辑),人民法院出版社2016年版,第212~225页。

831 股权质押未有效设立,拒绝办理质押登记的出质人构成违约,应承担违约责任

【关键词】

|股权质押|质押登记|违约责任|

【案件名称】

北京金桥国盛投资有限公司与长城(宁夏)资产经营有限公司、北京金汇联合投资有限公司企业借贷纠纷案[最高人民法院(2015)民二终字第70号民事判决书,2015.5.20]

【裁判精要】

最高人民法院认为:

一、关于长城宁夏公司是否应承担未能办理股权质押登记的法律责任及承担何种责任形式问题

一方面,长城宁夏公司认为其已将持有金汇公司的80%的股权转让给了金桥公司,此时,金桥公司既是《借款合同》质押法律关系中的债权人(质权人)也是债务人(质押人),该部分债权债务同归于一人,其依法不再承担质押责任。对此,本院认为,本案存在两个法律关系,长城宁夏公司既是借款合同质押法律关系中的出质人,也是股权转让法律关系中的股权转让人。根据一审查明的事实,金桥公司已履行了《借款合同》及《产权交易合同》中有关出借借款及支付股权转让款的义务,但长城宁夏公司在《借款合同》签订后未能办理质押登记,未能有效设立质押,而且一直未能为金桥公

---

① 参见韦大:《全面把握当事人商事安排的目的,准确界定质权未设立时当事人的民事责任——上诉人郭照相与被上诉人中国高新投资集团公司及原审被告张家港市新天宏铜业有限公司委托贷款合同纠纷案》,载最高人民法院民事审判第一庭编:《民事审判指导与参考》(总第63辑),人民法院出版社2016年版,第226页。

司办理相关的股权变更手续,致使金桥公司既未能取得质权,也未能取得涉案股权,因此,该部分债权债务并未同归于金桥公司,上诉人长城宁夏公司的此项主张不能成立。另一方面,长城宁夏公司认为因涉案股权已经转让给金桥公司,故即便需要继续办理股权质押,也必须金桥公司同意并通知长城宁夏公司办理,长城宁夏公司无权单方处置,故对于未办理质押手续,金桥公司应当承担过错责任。对此,如前所述,长城宁夏公司所称股权已经如约转让与金桥公司的事实并不存在,金桥公司并未成为质押法律关系中的出质人,且根据二审查明的事实,长城宁夏公司已认可金桥公司曾催促其办理股权质押,但由于其自身原因未能办理,因此,长城宁夏公司的此项主张亦缺乏事实依据。长城宁夏公司在既未如约将涉案股权为金桥公司依法设立质权又未如约转让涉案股权的情况下,其行为构成违约,金桥公司有权依照借款合同中质押法律关系的约定追究长城宁夏公司的违约责任。对于长城宁夏公司承担责任的具体形式,《物权法》第二百二十六条规定:“以基金份额、股权出质的,当事人应当订立书面合同。以基金份额、证券登记结算机构登记的股权出质的,质权自证券登记结算机构办理出质登记时设立;以其他股权出质的,质权自工商行政管理部门办理出质登记时设立。”长城宁夏公司囿于其自身原因未能如约办理相应的股权质押登记,导致涉案股权质押并未有效设立。虽然因长城宁夏公司的原因导致股权质押未有效设立,但是并不影响《借款合同》中有关质押担保条款的效力。因此,在质押担保条款有效的前提下,依据《合同法》第一百零七条关于“当事人一方不履行合同义务或者履行合同义务不符合约定的,应当承担继续履行、采取补救措施或者赔偿损失等违约责任”的规定,长城宁夏公司应当承担未能履行设立股权质押义务的违约责任。对于违约责任的具体形式,鉴于长城宁夏公司的违约行为导致其不当逃避了质押担保责任,致使金桥公司丧失在涉案股权及法定孳息范围内的质押权利,亦失去了收回涉案借款的物权保障,因此,长城宁夏公司因违约而逃避的责任以及金桥公司丧失的权益即应视为金桥公司的损失。依据《借款合同》第七条的约定,长城宁夏公司将合法持有的金汇公司的80%的股权以及法定孳息(包括质押股权应得红利)质押给金桥公司,作为金桥公司向金汇公司提供贷款的担保。在法定担保期间内,如未经金桥公司同意,金汇公司未按合同约定如期偿还本息,则金桥公司有权依法定方式,通过处理长城宁夏公司质押的股权及其法定孳息所得款项及权益优先受偿。长城宁夏公司依法应当在其持有金汇公司80%的股权价值以及法定孳息,包括质押股权应得红利范围内承担赔偿责任。一审法院判决长城宁夏公司在涉案质押股权价值范围内对金汇公司的借款本息承担赔偿责任符合法律规定,本院予以维持。至于长城宁夏公司提及的涉案股权价值不确定的问题,属于执行阶段解决的事项,并不影响本案裁判。长城宁夏公司的此项上诉请求及理由缺乏事实和法律依据,本院不予支持。

二、关于金桥公司是否已经转让了涉案股权并从案外人处获得了股权转让款问题

公司股权的转让,除需要通过签订相应的股权转让协议外,还应当依照《公司

法》的相关规定完成公司股东名册、公司章程、工商登记等相关事项的变更,行使股东相关权利,但在金汇公司的股东名册、公司章程以及工商登记中记载的涉案股权的股东仍为长城宁夏公司。即便存在金桥公司对外签订股权转让协议转让涉案股权,在长城宁夏公司拒绝办理金桥公司股东变更登记、未将涉案股权实际转让给金桥公司的情况下,长城宁夏公司所称金桥公司将涉案股权转让,并不能直接导致涉案股权的变动,也并不必然影响长城宁夏公司的相关权利。对于金桥公司是否从案外人处获得了股权转让款,长城宁夏公司亦没有提供任何证据证明。更何况,金桥公司与案外人之间是否签订股权转让协议、协议履行与否以及是否解除,均属于另一法律关系,与本案无关,且长城宁夏公司上诉中并没有主张涉案股权已变更为案外人。因此,长城宁夏公司的此项上诉主张,本院不予支持。

【权威解析】

二、长城宁夏公司在股权质押未能有效设立的情形下是否可以免除其责任

股权虽然并非单纯的财产权,但其所具有的财产权性质使其具有交换之价值,因而也可以成为质权的客体。依据《物权法》第二百二十六条"以基金份额、股权出质的,当事人应当订立书面合同。以基金份额、证券登记结算机构登记的股权出质的,质权自证券登记结算机构办理出质登记时设立;以其他股权出质的,质权自工商行政管理部门办理出质登记时设立"之规定,股权质押采取的是登记生效主义,即不办理出质登记则质权未设立,不承担质押责任。本案中,长城宁夏公司未依据《借款合同》的约定将合法持有的金汇公司的80%的股权以及法定孳息(包括质押股权应得红利)办理质押,金桥公司则无权向其主张质押担保责任。必须明确的是,金桥公司已经催促长城宁夏公司办理质押登记,但长城宁夏公司拒不办理明显具有过错,并且,在二审审理中亦表示无法办理质押登记。据此,本案股权质押未登记的过错完全在于长城宁夏公司。如果以质权未设立为由从而免除了其本应当对涉案债权承担的责任,则明显不符合诚实信用原则,且有悖"任何人不应从自己的过错中获利"这一古老的法谚。最高人民法院认为,虽然不能依据物权之规定追究长城宁夏公司质押担保的责任,但由于其未能履行《借款合同》的约定,故长城宁夏公司应当承担违约责任,依法赔偿金桥公司之损失。长城宁夏公司提出的免除其责任的主张不能支持。

三、长城宁夏公司承担赔偿责任的范围

基于违约,长城宁夏公司应当赔偿金桥公司产生的实际损失,且不超过《合同法》第一百一十三条所规定的"订立合同时预见到或者应当预见到的因违反合同可能造成的损失"限度。对此,本案中金桥公司的损失,应当认为是其不能收回的欠款(含利息),而此损失并未超出长城宁夏公司与金桥公司约定质押时所应当预见的损失的范围,因此,长城宁夏公司应对金桥公司的损失依法进行赔偿。当然,与一般的违约有所区别的是,如果长城宁夏公司依约办理了涉案股权质押登记,则其担保的

范围和风险是固定的,从公平原则考虑,因其未能办理质押登记而给金桥公司造成的损失,其所赔偿的范围亦不应当超过质权设立后的责任范围,因此,本案最终判决对金汇公司之欠款,“长城宁夏公司依法应当在其持有金汇公司80%的股权价值以及法定孳息,包括质押股权应得红利范围内承担赔偿责任”。

本案之判决最终设立了这样一个规则,即如果未依约履行法定的质押登记,虽然质权尚未设立,但在质押合同有效的前提下,未履行合同义务的出质人仍应当根据其过错程度,在原质物价值范围内承担相应的赔偿责任。此种认定既维护了诚实信用和公平公正原则,亦符合法律法规的规定。①

【案例来源】

中国裁判文书网,http://wenshu. court. gov. cn。

832 登记部门要求登记的股权质押担保期间,对质权存续不具有法律约束力

【关键词】

|股权质押登记|担保期间|质权存续|

【案件名称】

唐山瑞丰钢铁(集团)金友钢铁有限公司与刘奎友承揽合同纠纷案[最高人民法院(2016)最高法民终357号民事判决书,2016.9.29]

【裁判精要】

最高人民法院认为:

五、中冶京诚公司是否对刘奎友持有的金友公司百分之五十的股权享有优先受偿权

《担保法解释》第十二条规定:“当事人约定或者登记部门要求登记的担保期间,对担保物权的存续不具有法律约束力。”因此,尽管2006年7月28日,唐山市丰南区工商局签发《股权质押登记确认书》记载质押期限为2006年7月28日至2008年7月27日,但该担保期限的记载对案涉股权质押的存续并无约束力。刘奎友关于中冶京诚公司不享有股权质押权的上诉理由不能成立,本院不予支持。

【案例来源】

中国裁判文书网,http://wenshu. court. gov. cn。

---

① 参见裴跃:《股权质押因出质人原因未有效设立出质人应承担赔偿责任》,载最高人民法院第二巡回法庭编著:《民商事二审典型案例及审判经验》,人民法院出版社2019年版,第237~238页。

（四）流质契约

833 在履行期限届满前约定由质权人以固定价款处分质押的股权，相当于未届清偿期即已固定对质物的处分方式和价格，违反禁止流质的强制性规定，条款应属无效

【关键词】

｜质权｜固定价款｜流质条款｜

【案件名称】

中静汽车投资有限公司与上海铭源实业集团有限公司、桂林客车工业集团有限公司股权转让纠纷案［最高人民法院（2015）民二终字第384号民事判决书，2016.3.31］

【裁判精要】

最高人民法院认为：

本案双方的争议焦点为中静公司能否取得案涉铭源公司在桂客公司32.1510%股权的问题。

中静公司提出受让股权的依据为铭源公司与朱志群签订的《融资借款协议》及其项下的《股权质押合同》及《股权转让协议》，据协议相关条款内容来看，双方约定在铭源公司未能及时清偿债务时，朱志群有权要求铭源公司将其持有的桂客公司32.1510%（对应出资额9785万元）股权以7000万元价格转让给朱志群指定的任意第三人，铭源公司不得拒绝，且该第三人亦无须向铭源公司支付股权转让款，而是直接支付给朱志群以偿还欠款。其实质为在铭源公司不能如约偿还朱志群借款时，朱志群可将铭源公司质押的股权以事先约定的固定价格转让给第三方以清偿铭源公司所负债务，即在履行期限届满前已约定由质权人朱志群以固定价款处分质物，相当于未届清偿期即已固定了对质物的处分方式和处分价格，显然与法律规定的质权实现方式不符。此种事先约定质物的归属和价款之情形实质上违反了《物权法》第二百一十一条禁止流质的强制性规定，故该约定条款应属无效。

在铭源公司未按期还款的情况下，朱志群将《融资借款协议》中的第三人确定为中静公司，并填补了铭源公司事先出具的空白《股权转让协议》的部分内容。因该《股权转让协议》是基于《融资借款协议》《股权质押合同》中质权人朱志群在债务人铭源公司不能清偿到期债务时，有权单方以固定方式处置质物，将案涉股权转给其指定的第三人的约定所形成，除股权受让人及签署时间以外的其他内容的形成时间

与上述两份协议的形成时间一致,并非铭源公司与中静公司在债务到期后自愿协商达成。故从实质上而言,尽管受让主体是在不能如期还款时明确的,但受让方式和价款均为事先约定。在上述两份协议中涉及股权处置的内容已被确认无效的情况下,该《股权转让协议》亦为无效。在此情况下,中静公司要求据此受让铭源公司持有的桂客公司 32.1510% 股权即失去了事实基础,本院不予支持。

经安徽高院释明后,中静公司提出按照评估价值确定的公允价格受让股权。本院认为,该诉请仍系建立在质权人在履行期限届满前以固有方式决定质物归属之基础上,因朱志群的该处分行为于法无据,中静公司的诉请也就失去了基础法律关系支撑。在本案债务履行期限届满后,质权人朱志群可依据《物权法》第二百一十九条实现质权,可以与出质人协议以质押财产折价,也可以就拍卖、变卖质押财产所得的价款优先受偿,但此时并非为直接履行案涉《股权转让协议》,而是质权人在债务履行期限届满后的质权实现方式。中静公司并非为本案质权人,其依据事先约定的《股权转让协议》要求以公允价格受让铭源公司持有的股权于法无据,本院不予支持。

综上,本院认为,中静公司的上诉请求缺乏事实与法律依据,应不予支持。一审判决认定事实清楚,适用法律正确,应予维持。

【案例来源】

中国裁判文书网,http://wenshu.court.gov.cn。

834 担保债权已届清偿期,债权人经协商通过质押股权的折价取得质押财产,不属于法律禁止的流质契约

【关键词】

| 股权质押 | 股权折价 | 流质契约 |

【案件名称】

河南万基铝业股份有限公司、万基控股集团有限公司与河南豫新投资有限公司一般股权转让侵权纠纷案 [最高人民法院(2014)民提字第 92 号民事判决书,2014.9.23]

【裁判精要】

最高人民法院认为:

根据豫新公司申请再审的请求及理由,本案的争议焦点为豫新公司是否应当将其持有的万基铝业 3.56% 股权转移给万基控股所有。由于豫新公司主张其享有万基铝业股东身份及相应权益的主要理由是 2005 年 9 月 1 日《股权质押合同》第六条

与2006年《承诺书》的约定均系流质条款而无效,因此本案争议集中体现为以下几个问题:1.《股权质押合同》是否生效、质权是否设立;2.《股权质押合同》第六条中转移争议股权归万基控股所有的约定是否因构成流质条款而无效;3.《承诺书》是否系《股权质押合同》的补充协议,其内容是否因构成流质条款而无效。

据本案查明事实,2005年1月17日、2005年9月1日,豫新公司与万基控股先后签订了两份《股权质押合同》。两份合同均为双方当事人真实意思的表示,因两份合同主给付义务相同,应以时间在后的2005年9月1日《股权质押合同》作为认定双方意思表示及权利义务关系的基础。该合同系以万基控股为一拖公司向交通银行借款960万元而订立的担保合同为主合同,实为豫新公司以其持有的万基铝业股权向万基控股提供质押反担保。该合同是豫新公司与万基控股的真实意思表示,不违反法律法规的禁止性规定,合法有效。但在设定质押的同时,该合同第六条第二款还约定了质押权利的实现方式,即在主债务履行期间届满、万基控股代偿债权后即将质押股权转移为万基控股所有,根据《担保法》第六十六条之规定,并参照《担保法解释》第五十七条第一款之规定,该条款约定的内容属于无效的流质条款,但该条款的无效不影响《股权质押合同》其他部分内容的效力。合同签订后,约定的股权质押已于2005年9月20日记载于万基铝业的股东名册。根据《担保法》第七十八条第三款之规定,以有限责任公司的股份出质的,质押合同自股份出质记载于股东名册之日起生效,因此《股权质押合同》中约定的质权自2005年9月20日起已经合法设立。然而,万基控股虽取得了在本案争议股权上设立的质押权利,但不能根据前述合同第六条第二款的约定直接取得本案争议股权。

在已经签订《股权质押合同》并设立质权的情形下,豫新公司于2006年8月3日又向万基控股出具了一份《承诺书》。对于该《承诺书》的性质双方存在争议,豫新公司认为其是《股权质押合同》第六条的补充条款,万基控股则认为豫新公司出具《承诺书》与万基控股代为还款的行为构成要约与承诺的关系,订立了一份新的股权折价转让合同。对于双方争议的这一问题,本院认为:第一,根据各方当事人的陈述及相关证据,一拖公司借款960万元的还款期限为2006年7月5日,因期限届满后一拖公司未予归还,2006年8月1日交通银行向万基控股催收贷款,2006年8月3日豫新公司出具《承诺书》。即《承诺书》是在一拖公司到期未向银行偿还借款、万基控股已经确定须承担担保责任的前提下出具的,而《股权质押合同》在此之前已经为万基控股承担担保责任后的追偿权设定了质押反担保,一旦万基控股代偿了一拖公司的银行借款,就可以作为质权人行使对本案争议股权的优先受偿权,因此豫新公司是否出具《承诺书》并不影响万基控股行使质权,双方无须在《股权质押合同》外另行达成补充协议。豫新公司主张《承诺书》是《股权质押合同》的附属性文件,不合交易常理,本院不予支持。第二,《承诺书》虽然引用了《股权质押合同》第六条以本案争议股权作为万基控股代一拖公司偿还借款对价的约定,但并未将该约定内容作为质权实现的方式,也未提及《股权质押合同》项下出质人义务的履行,而是另行约定豫新公司在一年内归还万基控股代偿的银行本息及10%年利率,如到期未归还,本案争议股权归万基控股所有。万基控股在依法承担担保责任的前提下,本可以依照《股权质押合同》的约定行使质权,而豫新公司作为出质人却以出具《承诺书》的方式要求变更《股权质押合同》的约定,将万基控股担保追偿权的实现方式由行使质权变更为由豫新公司以一年期10%利率的方式承担相应债务、到期不偿还则以股权抵债的折价受偿方式,该内容已经对《股权质押合同》作出了实质性变更,不能视为《股权质押合同》的补充和延续。因此,从《承诺书》出具的时间、债务履行背景及其自身内容综合考虑,《承诺书》系借款主债务履行期届满后,豫新公司向万基控股提出的有别于《股权质押合同》约定内容的新要约,主要内容是由万基控股附条件地代偿债务,万基控股在《承诺书》出具的次日即以代偿借款的行为接受要约,《承诺书》的内容构成双方达成的债务承担及折价清偿协议,并以此替代了《股权质押合同》中约定的质权实现方式。《承诺书》不是《股权质押合同》的补充协议,也未约定股权质押的相应内容,不能适用《担保法》第六十六条关于流质条款的规定,其约定内容合法有效。原二审判决以《承诺书》系在一拖公司的债务履行期间届满后出具而认定其不属于流质契约,属适用法律错误,本院予以纠正;但其关于《承诺书》系独立民事行为的结论正确,本院予以维持。豫新公司主张该《承诺书》系时任公司经理的郭晓杰个人出具,违背了公司董事会及股东意志,但豫新公司该项主张并未提交充分证据证明,且对该份文件及其所盖公章的真实性也不持异议,故对其以此为由主张《承诺书》无效本院不予支持。此外,豫新公司主张万基铝业2007年10月的股权价值远高于协议约定抵偿的债权数额,但股权的价值会随着企业经营状况存在较大波动,即使豫新公司主张的该事实存在,也不能证明出具《承诺书》时股权价值与债权数额差异巨大;且豫新公司作为原万基铝业的股东,对于公司的经营情况及股权价值应有十分清晰的认识,其主张协议内容显失公平依据不足。故原二审法院支持万基控股要求豫新公司依约履行义务、办理争议股权变更登记手续的诉讼请求,驳回豫新公司确认股东身份及主张相应股东权益的诉请,于法有据,本院予以维持。

【案例来源】

中国裁判文书网,http://wenshu.court.gov.cn。

835 质权人与出质人约定以质押股权折价并以所得价款清偿债务,是对质押股权进行折价的约定

【关键词】

|股权质押|折价清偿|

【案件名称】

承德钢铁集团有限公司与港通物流（北京）有限公司、北京云帆中天科贸有限责任公司等企业借贷纠纷案［最高人民法院（2017）最高法民终624号民事判决书，2017.12.28］

【裁判精要】

最高人民法院认为：

“四方协议”确实有“丙(港通公司)、丁方(云帆公司)自愿以质押股权转让给甲方(承钢集团),签订股权转让协议、股权转让价款抵偿乙方(劳服公司)所欠甲方(承钢集团)的借款本息”的表述,但这并不意味着“四方协议”性质上属于股权转让协议,更不意味着股权质押关系已经被股权转让协议所替代。当事人对合同条款理解存在歧义时,除了应当按照合同所使用的词句进行理解外,还要综合考虑合同的有关条款、合同的目的、交易习惯以及诚实信用原则等因素来确定。综合考虑前述因素,可以确定前述条款的真实意思是,作为质权人的承钢集团与作为出质人的港通公司、云帆公司约定以质押股权折价,并以折价所得的价款清偿劳服公司的债务,即其性质属于对质押股权进行折价的约定。具体来说:一是从“四方协议”的相关合同条款看,除了对承钢集团与劳服公司之间从委托贷款合同转化而来的主债权以及承钢集团与港通公司、云帆公司之间的股权质权关系进行确认外,主要是有关如何通过对质押股权进行折价,并以折价后的价款来清偿所欠承钢集团债务的约定。为使折价具有客观的基础,各方约定由选定的评估机构对质押股权进行评估,并将评估结果作为确定股权价格的依据:如果评估价格高于借款本息的,承钢集团应将高出部分的价值退还劳服公司;反之,劳服公司仍应就不足部分承担清偿责任。二是从缔约目的看,“四方协议”是案涉股权已经设定质押的情况下签订的,因此其缔约目的主要是为了通过对质押股权进行折价或作价来清偿劳服公司的债务,并非将已经质押的股权转让给承钢集团。三是从交易习惯看,如果认为“四方协议”性质上属于股权转让协议,则至少要有具体明确的股权转让价款。但“四方协议”除了约定以评估方式确定转让价款外,并未约定明确的转让价款,不符合股权转让的交易习惯。另外,在所得的股权转让款用以抵偿债务的情况下,所谓的股权转让,实际上是指承钢集团取得股权,并以其取得股权所应支付的价款来冲抵劳服公司欠其的借款。“股权转让”不过是从股权变动角度即承钢集团取得股权的角度来说的,从港通公司、云帆公司的角度看,不过是对质押股权进行作价,并以取得的价款来清偿债务罢了。就此而言,本案中所谓的“股权转让”本质上就是对质押股权的折价,而将其认定为折价协议更符合交易习惯。四是从利益衡量看,在案涉股权已经设定质权的情况下,即便认定为是股权转让,此种转让也是有质押负担的股权转让。根据《物权法》第二百二十六条第二款的规定,股权出质后,不得转让,除非出质人与质权人协商同意;且即便可以转让,所得的价款也应当向质权人提前清偿或者提存。也就是说,即便可以认定为是股权转让,所得的价款也应当向质权人提前清偿或者提存。在此情况下,质权已经得到了实现,也不存在质权消灭的问题。因此,将"四方协议"解释为股权转让协议,将承钢集团从享有优先受偿权的质权人变为作为一般债权人的股权受让人,既不符合法律规定,也不符合诚实信用原则。综上,前述条款性质上属于对质押股权进行折价的约定,只不过一般的折价由当事人自行协商确定价款,而此处的折价则主要参考评估机构对股权价值的评估。事实上,正是因为各方对评估事宜达不成一致意见,才导致"四方协议"最终未能得到履行,方有本案纠纷。"四方协议"的折价协议性质也从另一个侧面表明,其不仅没有替代或消灭股权质押关系,而恰恰是为实现股权质押而签订的。因此,港通公司、云帆公司有关股权质押关系因被"四方协议"所替代而消灭的主张,本院也不予支持。在"四方协议"未能得到履行,即各方未就质押股权的折价达成一致意见的情况下,不论是根据"四方协议"自身的约定,还是根据物权法有关质权人可以通过拍卖或变卖质押财产方式实现质权的规定,作为质权人的承钢集团均有权请求人民法院拍卖、变卖质押股权,并就所得价款优先受偿。就此而言,一审判决承钢集团对案涉质押股权拍卖、变卖所得的价款享有优先受偿权并无不当,本院予以维持。

【案例来源】

中国裁判文书网,http://wenshu.court.gov.cn。

(五)增资与股权质权

836 设定质权的股权因公司增资扩股导致出质人持股比例缩减的,质权人应以缩减后股权份额享有优先受偿的权利

【关键词】

| 股权质押 | 增资扩股 | 缩减份额 |

【案件名称】

深圳市汇润投资有限公司与隆鑫控股有限公司欠款、担保合同纠纷案[最高人民法院(2010)民二终字第104号民事判决书,2011.1.20]

【裁判精要】

裁判摘要:公司增资扩股后,因有新的出资注入公司,虽然原公司股东的持股比例发生变化,但其所对应的公司资产价值并不减少。因此,对于原以公司部分股权

设定质权的权利人而言，公司增资扩股后其对相应缩减股权比例享有优先受偿权，与其当初设定质权时对原出资对应的股权比例享有优先受偿权，实质权利并无变化，不存在因增资扩股损害质权人合法权利的可能。质权人应当以增资扩股后原股权对应出资额相应的缩减后股权份额享有优先受偿的权利。

最高人民法院认为：

本案当事人争议的主要问题是双方签订的《合作协议》及其补充协议是否名为合作实为资金拆借，是否应为无效。从本案查明的事实看，一是汇润公司与隆鑫公司签订的《合作协议》、《合作协议之补充协议》和《合作协议之补充协议（二）》中，约定的内容均为隆鑫公司通过对汇润公司增资扩股的方式享有和支配深航公司股权的合作内容；二是在实际履行中，隆鑫公司不仅按照上述协议向汇润公司支付了相应款项，而且为了解深航公司经营状况还按照协议约定向深航公司指派了一名董事；三是虽然双方签订的上述合同中约定有隆鑫公司有权随时决定终止增资扩股合作，可随时要求汇润公司返还已支付投资款等内容，但双方在签订的《终止合作协议书》中明确载明系因汇润公司原因双方决定终止增资扩股合作，并由汇润公司向隆鑫公司支付3亿元作为终止合作关系给其造成经济损失的赔偿，而非隆鑫公司行使选择权的原因终止的双方合作关系，汇润公司和隆鑫公司合作持有深航公司股权的意思表示是明确的，并不违反法律规定。汇润公司以增资主体不适格、隆鑫公司对资金未验资和监管、合作协议签订不久就终止了合作关系，以及合同约定了隆鑫公司的选择权等理由，主张其与隆鑫公司系以合作之名行非法借贷之实，缺乏事实和法律依据，本院不予支持。双方2008年6月16日签订的《还款协议书》中虽然载有汇润公司尚欠隆鑫公司“借款本金”字样，但该《还款协议书》系双方终止合作关系后为结算清理双方权利义务而签订，并不因此改变原双方签订的《合作协议》及其补充协议的性质，汇润公司以此主张双方系资金拆借关系的上诉理由，本院亦不予支持。因此，《合作协议》及其补充协议，以及在此基础上签订的《终止合作协议书》《还款协议书》《股权质押协议》等均为有效，汇润公司关于上述合同均为无效，隆鑫公司无权要求包括利息在内的损失赔偿等上诉理由，本院不予支持，汇润公司应当按照双方约定偿还欠款并承担违约责任，隆鑫公司有权根据《股权质押协议》对汇润公司持有的深航公司原8%股权优先受偿。

关于汇润公司庭审后提出的深航公司增资扩股的有关事实，鉴于本案审理的内容为汇润公司与隆鑫公司之间欠款及股权质押法律关系是否成立和有效，作为案外人的深航公司是否增资扩股并非本案应查明事实的范畴，因此，本院对此部分事实不予审查认定。但是，公司增资扩股后，因有新的出资注入公司，虽然原公司股东的持股比例发生变化，但其所对应的公司资产价值并不减少。因此，对于原以公司部分股权设定质权的权利人而言，公司增资扩股后其对相应缩减股权比例享有优先受偿权，与其当初设定质权时对原出资对应的股权比例享有优先受偿权，实质权利并无变化,不存在因增资扩股损害质权人合法权利的可能。本案所涉汇润公司设定质权的原8%股权,如确实存在因深航公司增资扩股而缩减事实的,隆鑫公司在实现其本案质权时,应当以增资扩股后原8%股权对应出资额相应的缩减后股权份额享有优先受偿的权利。因本案对于深航公司增资扩股的事实未做审查认定,因此,判决中仅对原质押事实及效力进行认定,但此认定不影响将来质权实现时按照上述原则确定隆鑫公司的权利范畴。

【权威解析】

(三)关于质权人享有优先受偿权的范围问题

本案审理中,汇润公司向最高人民法院提交了《关于请求贵院对隆鑫公司持有原深航公司8%质押股权在深航公司增资后予以相应调整的意见》,提出汇润公司以其原持有的深航公司8%股权向隆鑫公司提供质押担保后,深航公司于2010年3月增资扩股,将原深航公司注册资本由3亿元增加至81250万元,原股东的持股比例亦发生相应变更,汇润公司对深航公司19500万元出资额对应增资扩股后公司的出资比例由原65%缩减为24%,请求最高人民法院对隆鑫公司享有的8%质押股权亦作相应调整,即应按照原8%股权缩减后的2.953846%股权确定隆鑫公司质权的权利范畴。最高人民法院考虑到该案审理的内容为汇润公司与隆鑫公司之间欠款及股权质押法律关系是否成立和有效,作为案外人的深航公司是否增资扩股并非该案应查明事实的范畴,故对此部分事实没有在该案中予以审查认定。但是,为减少将来质权人实现质权时对此产生不必要的争端,最高人民法院明确表态,如果该案所涉汇润公司设定质权的原8%股权,确实存在因深航公司增资扩股而缩减事实的,隆鑫公司在实现其该案质权时,应当以增资扩股后原8%股权对应出资额相应的缩减后股权份额享有优先受偿的权利。这是因为,公司增资扩股后,因有新的出资注入公司,虽然原公司股东的持股比例发生了变化(相应缩减),但缩减后股权所对应的公司资产价值并不因增资扩股的事实发生而有所减少。因此,对于原以公司部分股权设定质权的权利人而言,公司增资扩股后其对相应缩减股权比例享有优先受偿权,与其当初设定质权时对原出资对应的股权比例享有优先受偿权,实质权利并无变化,不存在因增资扩股损害质权人合法权利的可能。[①]

【案例来源】

最高人民法院民事审判第二庭编:《最高人民法院商事审判指导案例7·公司与金融卷》,中国法制出版社2013年版,第3~13页。

---

① 参见刘敏:《设定质权的股权因公司增资扩股缩减的,质权人应以缩减后股权份额享有优先受偿的权利》,载最高人民法院民事审判第二庭编:《公司案件审判指导》(增订版),法律出版社2018年版,第907页。

837 公司的增资扩股行为对以公司股份所设质押权益的影响应视新增资本是否实际出资到位而定

【关键词】

| 股份质押 | 增资扩股 | 出资到位 |

【案件名称】

深圳市盛康达投资有限公司、天津隆侨商贸有限公司、天津九策实业集团有限公司与深圳市利明泰股权投资基金有限公司及深圳市惠泽津龙投资有限公司侵权纠纷案[最高人民法院(2018)最高法民终281号民事判决书]

【裁判精要】

裁判摘要:在公司注册资本认缴登记制之下,公司增资扩股对于以公司股份设定的质押权益的影响,应视新增资本是否实际出资到位而定。如果新股东加入导致原股东持股比例发生变化,则新股东认缴的出资是否到位,直接影响到原股东所持股份对应的公司资产价值是否发生改变。如果新股东认缴出资实际到位,因有新的出资注入公司,虽然原股东持股比例发生变化,但其对应的公司资产价值并未变化,以增资扩股前所持股份设定的质押权通过优先受偿所能获得的实际利益亦未发生变化。如果新股东认缴的出资未实际交付,公司的实际资产价值并未改变,则原股东持股比例的减少,必然导致所对应资产价值的减少,以增资扩股前所持原比例股份设定的质押权,在股份比例减少后通过优先受偿所能获得的实际利益亦会减少。

公司股东或债权人之外的民事主体,虽不能依据《公司法》相关规定对公司的增资扩股行为提起诉讼,但如果其利益因该增资扩股行为受到损害,则可作为增资扩股法律关系之外的第三人,依据《民法通则》第五十八条第一款第(四)项关于恶意串通,损害国家、集体或者第三人利益的民事行为无效的规定,提起侵权之诉,维护自身利益。对于恶意串通的认定,应从增资扩股行为的时点、增资主体与公司关系、增资主体增资能力、增资设定的期限、增资扩股行为的受益人以及增资目的及合理性等方面,综合判断增资扩股对公司资信度、竞争力和经营能力有无实际意义,该行为是否损害第三人利益来认定增资扩股涉及的各方是否存在恶意串通。

最高人民法院认为:

(一)关于利明泰公司作为一审原告是否适格的问题

本案中,利明泰公司因出让隆侨公司股权而对九策公司享有债权,依据案涉2012年3月7日《股权质押合同》,九策公司将拥有的隆侨公司100%股权出质给利明泰公司用以担保上述债务,利明泰公司就此成为九策公司所持隆侨公司100%股权的质押权人,有权以该部分股权在其债权范围内优先受偿。股权对应的是公司的相应资产价值，实质上利明泰公司系对九策公司所持隆侨公司股权所对应的价值在其债权范围内享有优先受偿权。九策公司、盛康达公司、惠泽津龙公司对隆侨公司的增资扩股行为，导致隆侨公司的股权结构发生变化，九策公司所持股权比例由100%缩减为29.98%，在新增股东盛康达公司和惠泽津龙公司认缴出资不到位的情况下，该29.98%部分股权所对应的公司资产价值会发生变化，由此影响利明泰公司质押权的实现，侵害利明泰公司的债权。因此，利明泰公司对隆侨公司的股权具有法律上的利益，案涉增资扩股行为与利明泰公司之间存在直接利害关系，利明泰公司就该增资扩股行为提起诉讼，符合《民事诉讼法》第一百一十九条第（一）项规定的起诉条件，即原告是与本案有直接利害关系的公民、法人和其他组织。盛康达公司、隆侨公司、九策公司上诉主张利明泰公司非本案适格原告，缺乏法律依据。

民事案件案由应当依据当事人主张的民事法律关系的性质来确定。利明泰公司诉请确认增资扩股行为无效是基于认为该行为侵害了其合法权益，本案的案由应确定为侵权纠纷。

利明泰公司一审的两项诉讼请求原为确认隆侨公司、九策公司转让股权的行为无效并恢复原状，以及确认隆侨公司增加注册资本并吸收股东的民事行为无效并恢复原状。鉴于本案所涉股权变更行为系增资扩股，而非股权转让，在一审庭审法庭调查阶段，经法庭释明，利明泰公司放弃原第一项诉讼请求，变更原第二项诉讼请求为确认案涉增资扩股行为无效。一审法院根据所查明案件事实进行释明后，利明泰公司变更诉讼请求，符合《民事诉讼法》第五十一条“原告可以放弃或者变更诉讼请求。被告可以承认或者反驳诉讼请求，有权提起反诉”及《民事证据规定》第三十五条第一款“诉讼过程中，当事人主张的法律关系的性质或者民事行为的效力与人民法院根据案件事实作出的认定不一致的，不受本规定第三十四条规定的限制，人民法院应当告知当事人可以变更诉讼请求”的规定，符合《最高人民法院关于印发修改后的〈民事案件案由规定〉的通知》中“各级人民法院要正确认识民事案件案由的性质与功能，不得将修改后的《民事案件案由规定》等同于《民事诉讼法》第一百零八条规定的受理条件，不得以当事人的诉请在修改后的《民事案件案由规定》中没有相应案由可以适用为由，裁定不予受理或者驳回起诉，影响当事人行使诉权”的要求。盛康达公司、隆侨公司、九策公司主张利明泰公司无权变更诉讼请求、一审法院违法受理案件，缺乏法律依据。

（二）关于九策公司、盛康达公司、惠泽津龙公司对隆侨公司的增资扩股行为是否无效的问题

利明泰公司虽非隆侨公司的股东或债权人，不能依据《公司法》相关规定对案涉增资扩股行为提起诉讼，但在该增资扩股行为损害利明泰公司利益的情况下，利明泰公司作为增资扩股法律关系之外的第三人，有权依据《民法通则》第五十八条第一款第（四）项关于恶意串通，损害国家、集体或者第三人利益的民事行为无效的规定，维护自身利益。

在公司注册资本认缴登记制之下，公司经过增资扩股，如果新股东加入导致原股东持股比例发生变化，则新股东认缴的出资是否到位，直接影响到原股东所持股份对应的公司资产价值是否发生改变。如果新股东认缴出资实际到位，因有新的出资注入公司，虽然原股东持股比例发生变化，但其对应的公司资产价值并未变化，进而，以增资扩股前所持股份设定的质押权通过优先受偿所能获得的实际利益亦未发生变化。如果新股东认缴的出资未实际交付，公司的实际资产价值并未改变，则原股东持股比例的减少，必然导致所对应资产价值的减少，以增资扩股前所持原比例股份设定的质押权，在股份比例减少后通过优先受偿所能获得的实际利益亦会减少。本案中，隆侨公司增资扩股后，新股东盛康达公司、惠泽津龙公司未将认缴的出资实际注入隆侨公司，隆侨公司的实际资产价值并未增加，原股东九策公司持股比例从 100% 降为 29.98%，其所持股权对应的实际资产价值亦实际降低。根据天津市第一中级人民法院(2017)津 01 破申 3 号民事裁定书认定，本案一审期间，截至 2017 年 11 月 30 日，隆侨公司资产总计为 479361239.45 元，到期债务达到 1090141165.4 元，另有尚未计算的利息、罚息、复利等债务。利明泰公司就九策公司所持隆侨公司 29.98% 股权通过优先受偿能够获得的实际利益，相比增资扩股前就九策公司所持隆侨公司 100% 股权通过优先受偿能够获得的实际利益，明显减少。盛康达公司和惠泽津龙公司亦未提供证据证明上述两公司具有将认缴出资实际交付的能力，利明泰公司债权可以得到清偿。同时，九策公司因持股比例降低而失去对隆侨公司的经营决策和控制权，存在致使九策公司所持股份原有的控制权溢价利益受损、实际市场价值降低的可能，进而影响利明泰公司质权的实现。因此，案涉增资扩股行为损害了利明泰公司的利益。

从案涉增资扩股的增资时点来看，相关另案判令九策公司向利明泰公司支付股权转让款 1.52 亿元及利息的生效判决于 2015 年 1 月 28 日作出后，在不足半个月时间内九策公司即于 2015 年 2 月 10 日作为唯一股东通过隆侨公司作出增资扩股的决议；从增资主体来看，新增资本由持有九策公司 95% 股份的惠泽津龙公司和与惠泽津龙公司法定代表人一致的盛康达公司认缴，三方存在紧密关联关系；从增资能力来看，盛康达公司、惠泽津龙公司共同认缴 70.02% 的股份，但二者的注册资本分别为 100 万元和 300 万元，与认缴出资额 2.4 亿元和 10.68 亿元差距明显；从增资期限来看，增资扩股各方将认缴出资的期限设定为隆侨公司营业期限截止的前两日。可见，隆侨公司的实际价值并未因增资扩股而增加，增资扩股并无合理的商业目的和经营目的，新增资本的认缴期限对于增强隆侨公司的资信度、竞争力和经营能力并无实际意义，而与九策公司关联的盛康达公司、惠泽津龙公司在没有实际投入的情况下取得了隆侨公司的控制权。综合以上因素和整体案情，依据《民诉法解释》第一百零九条"当事人对欺诈、胁迫、恶意串通事实的证明，以及对口头遗嘱或者赠与事实的证明，人民法院确信该待证事实存在的可能性能够排除合理怀疑的，应当认定该事实存在"的规定，九策公司、盛康达公司、惠泽津龙公司对隆侨公司的增资扩股行为存在恶意串通。

九策公司主张其持有的隆侨公司29.98%股权的价值高于5.6亿元,能够覆盖被担保的利明泰公司主债权1.52亿元及利息,与本案查明事实不符,其主张隆侨公司固定资产中的房地产市值超过17亿元,盛康达公司已经完成了注册资本的实缴,并无相应证据足以证明。隆侨公司主张九策公司已支付原股东利明泰公司持股期间的对外债务超过8亿元及利明泰公司恶意诉讼,亦无证据证明。

综上,案涉增资扩股行为符合《民法通则》第五十八条第一款第(四)项规定的情形,应当认定为无效。盛康达公司、隆侨公司、九策公司主张一审判决认定增资扩股行为无效属于适用法律错误,本院不予支持。

【案例来源】

法盏微信公众号。

(六)股权质押合同解除

838 主合同的履行及其争议解决情况并非判断股权质押合同是否解除的唯一根据

【关键词】

|股权质押|合同解除|

【案件名称】

伟俊投资基金与盈才发展有限公司、东营胜利中亚化工有限公司、普君(香港)有限公司股权质押合同纠纷案[最高人民法院(2013)民四终字第2号民事判决书,2013.9.13]

【裁判精要】

最高人民法院认为:

二、关于《解除股权质押协议》的真实性

伟俊基金认可《股权质押合同》的真实性和有效性。根据司法鉴定结果,该《股权质押合同》上林清渠的签名与《解除股权质押协议》上林清渠的签名是一致的。因此,伟俊基金不能否定《解除股权质押协议》的真实性。伟俊基金称《解除股权质押协议》系盈才公司、东营公司伪造,没有证据支持。

三、关于本案主合同及《股权质押合同》是否应继续履行

2007年8月8日盈才公司与伟俊基金、张克签订的《认购盈才发展有限公司新

股的协议》是伟俊基金据以提起本案诉讼的主要依据之一，也是合同三方当事人在其签署的《〈认购盈才发展有限公司新股的协议〉之补充协议》中予以一致确认的，本案其他各方当事人亦均予认可。伟俊基金对该证据予以否认，不符合事实。伟俊基金称经公证的协议的效力大于没有公证的协议，亦没有法律依据。本院不予支持。

在《股权质押合同》履行的过程中，应伟俊基金的要求，盈才公司已经退还了伟俊基金实际投入的全部投资款5000万元港币及其利息。盈才公司与伟俊基金签订《解除股权质押协议》后，质押权已经解除。伟俊基金称《股权质押合同》应继续履行，没有事实依据。《股权质押合同》虽是《认购盈才发展有限公司新股的协议》的从合同，但主合同的履行及其争议解决情况并非判断《股权质押合同》是否解除的唯一根据。在本案证据足以证明案涉质押关系业已解除的情况下，伟俊基金关于本案应等待另案裁判后处理的上诉理由不能成立。

【案例来源】

中国裁判文书网，http://wenshu.court.gov.cn。

五、提单、进仓单质押纠纷

839 提单具有物权凭证属性，信用证开证行行使提单质权的方式与行使提单项下动产质权的方式相同，即对提单项下货物折价、变卖、拍卖后所得的价款享有优先受偿权

【关键词】

|提单质权|动产质权|

【案件名称】

中国建设银行股份有限公司广州荔湾支行与广东蓝粤能源发展有限公司、惠来粤东电力燃料有限公司等信用证开证纠纷案［最高人民法院（2015）民提字第126号民事判决书，2015.10.19］

【裁判精要】

裁判要点：(1)提单持有人是否因受领提单的交付而取得物权以及取得何种类型的物权，取决于合同的约定。开证行根据其与开证申请人之间的合同约定持有提单时，人民法院应结合信用证交易的特点，对案涉合同进行合理解释，确定开证行持有提单的真实意思表示。

(2)开证行对信用证项下单据中的提单以及提单项下的货物享有质权的，开证行行使提单质权的方式与行使提单项下货物动产质权的方式相同，即对提单项下货物折价、变卖、拍卖后所得价款享有优先受偿权。

最高人民法院认为：

二、关于建行荔湾支行对处置案涉货物所得的价款是否享有优先受偿权

本案中，建行荔湾支行主张其享有提单权利质权。根据《物权法》第二百二十四条有关设立权利质押的规定，设立提单权利质押应当同时具备两个要件：一是双方签订了设立提单权利质押的书面合同；二是满足物权公示要件，将权利凭证即提单交付质权人。建行荔湾支行持有提单，具备了提单权利质押设立的公示要件，故考察其是否享有提单权利质权，关键要考量是否具有合同依据。建行荔湾支行主张蓝粤能源向建行荔湾支行出具的《信托收据》具有质押合同的性质，但就《信托收据》的内容来看，蓝粤能源意在将提单及提单项下货物所有权让与建行荔湾支行，以此作为履行还款义务的担保。《信托收据》所载内容虽然体现了以提单及提单项下货

物担保建行荔湾支行债权的意思表示,但该意思表示是以让与提单项下货物所有权来提供担保,明显区别于动产质押或权利质押,不应作为认定设立提单权利质押的合同依据。

然而,蓝粤能源与建行荔湾支行签订的《关于开立信用证的特别约定》第九条第二款中约定,一旦蓝粤能源违约或发生《贸易融资额度合同》中约定的可能危及建行荔湾支行债权的情形之一的,建行荔湾支行有权行使下述一项或几项权利,其中第四项约定有权“行使担保权利”,第五项约定有权“要求甲方追加保证金或乙方认可的其他担保”。基于以下两点理由,可以认为第四项约定的“担保权利”与第五项所约定的“其他担保”指向不同:其一,从本案查明的事实看,第五项所指的保证金已由蓝粤能源交付,“其他担保”指当事人之间约定的粤东电力、蓝海海运、蓝文彬提供的连带责任保证以及蓝文彬以其持有的蓝粤能源的6%股权设定的质押。其二,就合同体系解释的角度而言,在合同条款有两种以上的解释时,不应当采纳使部分合同条款成为赘文的解释,而应当采纳使各个合同条款都具备一定意义的解释,因此,应认为第四项和第五项的约定具有不同的功能与法律意义。在第五项约定的“其他担保”指向明确的情况下,第四项约定的“担保权利”应是指向第五项约定的担保权利之外的担保。至于第四项约定所称的“担保权利”是一种什么性质的担保,综合合同约定以及案件事实,可以认为其指的就是提单权利质押,理由如下:其一,跟单信用证的基本机制和惯例就是开证行持有提单,开证申请人付款赎单,开证申请人不付款,开证行就不放单,可见,开证行持有提单的目的是担保其债权的实现。如前所述,开证行对提单项下货物并不享有所有权,如果不认定其对提单或提单项下货物享有担保物权,这将完全背离跟单信用证制度关于付款赎单的交易习惯及基本机制,亦完全背离跟单信用证双方当事人以提单等信用证项下的单据担保开证行债权实现的交易目的。其二,《关于开立信用证的特别约定》第九条第二款除约定了上述第四项、第五项内容外,还约定了第三项,即一旦蓝粤能源违约或发生《贸易融资额度合同》中约定的可能危及建行荔湾支行债权的情形之一的,建行荔湾支行有权“处分信用证项下单据及/或货物”。该约定表明,建行荔湾支行有权以自己的意思处分提单及/或提单项下货物,处分当然包括设定提单质押。由于这种处分权的事先赋予,建行荔湾支行事后作出将自己所持有的提单设定质权的意思表示完全符合第三项的约定。当然,即便建行荔湾支行事后作出以提单项下货物所有权担保其债权实现的意思表示亦符合第三项的约定,只是以货物所有权担保其债权实现,违反物权法定原则。在建行荔湾支行既主张以提单项下货物所有权担保其债权,又主张提单质权的情况下,应当支持更符合法律规定的主张,认定该项约定所谓的处分为设定提单质权。综上,建行荔湾支行持有提单,提单可以设立权利质权,有关合同既有设定担保的一般约定,又有以自己的意思处分提单的明确约定,依据《合同法》第一百二十五条有关合同解释的规定以及《物权法》第二百二十四条关于权利质押的规定,应当认定建行荔湾支行享有提单权利质权。

由于提单具有物权凭证属性,建行荔湾支行行使提单质权的方式与行使提单项下动产质权的方式相同,即对提单项下货物折价、变卖、拍卖后所得的价款享有优先受偿权。根据本院查明的事实,提单项下货物已被其他法院所查封,且有关法院已依据生效判决采取执行措施。对此,建行荔湾支行虽然提出了案外人异议,但这不影响本院继续审理本案,并认定建行荔湾支行享有提单质权。建行荔湾支行可以依据本判决向执行法院请求参加执行分配,其提单质权如果与其他债权人对提单项下货物所可能享有的留置权、动产质权等权利产生冲突的,可在执行分配程序中依法予以解决。原二审判决认定建行荔湾支行关于以提单项下货物处置价款优先受偿的主张是动产质权,并以动产未交付为由驳回其此节诉讼请求,显属适用法律错误,应予纠正。

【权威解析】

本案中,建行荔湾支行持有提单是否意味着已经完成了公示?合议庭对此总体持肯定态度,但也有不同观点。一种观点认为,作为买受人的蓝粤能源既未付款,亦未持有提单,因此还不是货物的所有人,何来设定权利质押的权利?在此种观点看来,真正享有所有权的是提单的持有人建行荔湾支行,因为其既向受益人支付了价款,又持有提单,因而只有它才是真正的所有人。正如前文所分析的那样,建行荔湾支行对外付款性质上属于第三人履行,其履行的是蓝粤能源与香港海洋公司买卖合同项下的义务,而非自己的债务,其效果一方面是消灭买卖合同项下蓝粤能源的付款义务,另一方面则在香港海洋公司交付单据的情况下取得货物所有权。而建行荔湾在尽管持有提单,但其占有仅属于合法的他主占有,而非自主占有。至于建行荔湾支行的权利如何保障,则取决于开证申请合同如何约定。从本案情况看,开证申请合同中有在一定情况下设定“担保权利”的约定,经解释属于权利质权,即开证申请合同中有关于设定权利质押的约定。鉴于建行荔湾支行已经依法占有动产,根据《物权法》第二十五条有关“动产物权设立和转让前,权利人已经依法占有该动产的,物权自法律行为生效时发生效力”的规定,权利质押自设定权利质押的合同生效时即开证申请合同生效时发生效力。故该种认为蓝粤能源尚未享有所有权从而无权设定权利质押的观点不能成立。

另一种观点认为,作为设定权利质权公示方法的交付,应是担保人所为的交付,其他人所为的交付,除非构成《物权法》第二十六条规定的指示交付,否则不构成合法的交付。从信用证的交易流程来看,提单是受益人而非开证申请人(即担保人)交付给开证行的,但受益人是为了获得货款而向开证行交付提单,并非受开证申请人的指示而交付,因此,并不构成设定权利质权所要求的交付。如前所述,受益人向开证行交付单证的行为系向第三人的履行,并非为了设定质权并受开证申请人的指示而交付,确实不构成指示交付。但《物权法》第二十五条规定:“动产物权设立和移转前,权利人已经依法占有动产的,物权自法律行为生效时发生效力的规定。”开证行占有相当于货物的提单，事先又与开证申请人之间签订了设定权利质权的约定，完全符合《物权法》第二十五条有关简易交付的规定，物权自法律行为生效时发生效力。可见，该说法亦不能成立。

总之，本案中，建行荔湾支行持有提单，提单可以设立权利质权，有关合同既有设定担保的一般约定，又有以自己的意思处分提单的明确约定，依据《合同法》第一百二十五条有关合同解释的规定以及《物权法》第二百二十四条关于权利质押的规定，应当认定建行荡湾支行享有提单权利质权。①

【案例来源】

中国裁判文书网，http://wenshu. court. gov. cn。

840 进仓单不具有权利凭证性质，对进仓单的放弃并不必然构成对仓单质权的放弃

【关键词】

| 进仓单 | 仓单质权 |

【案件名称】

广西信托投资公司清算组北海办事处与中国东方资产管理公司南宁办事处、广西达诚北海公司信用证垫付货款纠纷案［最高人民法院（2003）民四提字第 2 号民事判决书］

【裁判精要】

裁判摘要：仓单既是权利凭证，又是要式证券，仓单上记载的事项，须依法律的规定作成，应该具备一定标准化格式并严格填写。进仓单不同于仓单，其不具有权利凭证的法律特征，对进仓单的放弃并不必然构成对仓单质押权的放弃。

最高人民法院认为：

达诚公司向北海中行申请《开立信用证申请书》与 1995 年 11 月 21 日的《进口押汇申请书》，不违反有关法律和金融法规规定，是有效的。达诚公司处理所质押的财产后，没有依押汇申请书确认的押汇期限归还北海中行垫付款，已构成违约，应承担违约责任。北海办事处为达诚公司进口钢材总价款美元 384 万元和美元 137 万元扣除保证金人民币 500 万元后的差额提供资金担保，除约定北海中行有权从该公

① 参见刘贵祥：《跟单信用证下持有提单的开证行享有何种权利》，载刘贵祥主编：《最高人民法院第一巡回法庭精选案例裁判思路解析(一)》，法律出版社 2016 年版，第 32 ~ 33 页。

司在中国人民银行账号中调拨资金，违反了中国人民银行有关任何单位不能划付金融机构在人民银行的准备金和备用金的规定而无效外，其余条款有效。1995 年 11 月 21 日的进口押汇申请，由达诚公司提供提单和进仓单质押，《担保法》第七十五条第一款第（一）项规定，仓单、提单可以质押。达诚公司将提单交付给北海中行作为对外垫付货款的质押担保，北海中行收存了提单，双方的质押合同即生效。但在达诚公司押汇期满未能还款时，北海中行未行使质权人的权利提货权。根据《担保法》第七十六条的规定，权利质押质权人必须占有出质人的权利凭证，北海中行将权利凭证交出质人自行行使权利，已实际放弃了质押权。《担保法》第二十八条规定："同一债权既有保证又有物的担保的，保证人对物的担保以外的债权承担保证责任。债权人放弃物的担保的，保证人在债权人放弃权利的范围内免除保证责任。"所以，北海办事处应在北海中行放弃提单质押权的范围内免除保证责任。

仓单既是权利凭证，又是要式证券，仓单上记载的事项，须依法律的规定作成，应该具备一定标准化格式并严格填写。仓单上记载的事项决定当事人的权利义务，当事人须依仓单上的记载主张权利义务。仓单上所载明的权利与仓单是不可分离的，持单人受领保管物，不仅要提示仓单，而且还应缴回仓单。北海中行收执的进仓单不具有仓单可以设定质押的物权凭证的法律特征，并且北海中行业没有将进仓单退回给达诚公司。所以，不能认为北海中行放弃或怠于行使质押权。

综上，北海中行将质权凭证提单退还给达诚公司，任由达诚公司提货，是一种放弃行使质押权的行为，保证人北海办事处应在北海中行放弃行使质押权的范围内免除保证责任。本案进仓单不具有仓单权利凭证的法律特征，北海中行也没有将进仓单退回给达诚公司，因此也不存在放弃或怠于行使质押权的问题。北海中行放弃行使提单质押权的数额为美元 2067932. 3 元，而北海办事处的担保范围是为达诚公司进口钢材总价款美元 384 万元和美元 137 万元扣除保证金人民币 500 万元后的差额即美元 4609485. 96 元提供资金担保，两项冲抵，北海办事处还应在美元 2541553. 66 预案范围内承担保证责任。担保书没有约定保证责任期限，也没有约定为哪个付款日期内的对外付款提供保证，保证人北海办事处应在达诚公司承担责任的期限内，在美元 2541553. 66 元保证责任范围内，对达诚公司未偿还垫付款美元 1890000 元及利息承担赔偿责任。原再审判决认定北海中行未放弃提单的质押权以及判决主文认定北海办事处承诺的保证金额美元 3239485. 96 元有误，再审收取北海中行案件受理费 104860 元不当，应予退回。原再审认定"进仓单"不具有权利凭证的法律特征，北海中行不构成对进仓单质押权的放弃正确。

【权威解析】

本案判决涉及的第一个法律问题，即同一债权既有保证又有物的担保的，保证人对物的担保以外的债权承担保证责任，《担保法》已经有明确规定。本案判决涉及的第二个法律问题，即仓单质押问题需要略作说明。所谓仓单，是指保管人在收到仓储物时向存货人签发的表示收到一定数量的仓储物的有价证券。仓单质押是以仓单为标的物而成立的一种质权。从世界各国立法上看，关于仓单有三种立法例：一是两单主义（又称为复单主义），即同时填发两张仓单，一张为存入仓单，另一张为出质仓单，设定质权担保；二是一单主义，即保管人只填发存入仓单，该仓单既可用以转让，也可用于出质；三是并用主义，即依存货人的请求填发两单或一单。《合同法》第三百八十五条规定："存货人交付仓储物的，保管人应当给付仓单。"可见，我国法律所采取的是一单主义。本案中出现了"进仓单"和"仓单"，在此类情况下，进仓单显然不能等同于仓单，不能作为权利凭证。因此，北海中行仅放弃了提单的质押权而没有放弃仓单质押权，北海办事处应对提单质押担保范围以外的债务承担保证责任。根据我国法律规定，只有仓单才具有权利凭证的性质，有关当事人应当注意到进仓单和仓单的区别，这样才能在经济生活中规避法律风险。①

【案例来源】

最高人民法院审判监督庭编著：《最后的裁判——最高人民法院典型疑难百案再审实录·担保与金融案件卷》，中国长安出版社 2007 年版，第 142 ~ 150 页。

① 参见王朝辉：《进仓单是否具有权利凭证性质——广西信托投资公司清算组北海办事处与中国东方资产管理公司南宁办事处、广西达诚北海公司信用证垫付货款纠纷案》，载最高人民法院审判监督庭编著：《最后的裁判——最高人民法院典型疑难百案再审实录·担保与金融案件卷》，中国长安出版社 2007 年版，第 149 ~ 150 页。

六、应收账款质押纠纷

841 应收工程款质押因未办理出质登记，质权未设立，债权人无权请求次债务人直接向其支付应向债务人支付的工程款

【关键词】

| 担保 | 应收工程款质押 | 质权未设立 |

【案件名称】

赣州市锦城建设开发有限公司与赖红、杨和平、肖贵红、谢华勇、赣州云天实业有限公司及赣州开发区建设投资（集团）有限公司借款合同纠纷案［最高人民法院（2018）最高法民再32号民事判决书，2018.9.27］

【裁判精要】

最高人民法院认为：

本案争议的焦点是锦城公司应否对本案承担责任。

案涉《借款协议书》《质押借款协议》均为各方当事人的真实意思表示，合同内容不违反法律的禁止性规定，原审判决认定上述合同有效正确。

关于本案各方当事人的法律地位问题。结合《借款协议书》及《质押借款协议》的约定，赖红、杨和平是本案借款的债权人，又是质押担保的质权人；肖贵红、谢华勇是本案借款的主债务人；云天公司既是本案借款的连带责任保证人，又是质押担保的出质人。而锦城公司虽在《质押借款协议》中与云天公司一起被列为出质人，但纵观《质押借款协议》中有关赖红、杨和平同意接受云天公司的应付工程款作质押、云天公司提供由锦城公司出具的《应付工程款确认书》载明的应付工程款设定质押等内容，该协议实际的出质人是云天公司，只不过云天公司出质的质物是其对锦城公司所享有的应收工程款，锦城公司只是基于对云天公司负有工程款债务而成为该协议的一方当事人，其仅是云天公司的债务人，而非以自己的财产为本案借款提供质押担保的出质人。因此，锦城公司在《质押借款协议》中仅属于出质人的债务人，但并非本案借款的担保人。赖红、杨和平抗辩锦城公司系云天公司履行债务的担保人，缺乏事实依据。

关于锦城公司应否承担本案责任的问题。首先，《质押借款协议》签订后，各方当事人未就该协议约定的应收工程款质押办理出质登记。依照《物权法》第二百二十八条规定，以应收账款出质的，质权自信贷征信机构办理出质登记时设立。故本

案《质押借款协议》约定的质权因未办理登记而未设立，赖红、杨和平对案涉云天公司应收锦城公司的工程款不享有优先受偿权。其次，对于《质押借款协议》第六条“锦城公司作为工程款的支付方，同意在肖贵红、谢华勇不能如期归还借款的情况下，将应向云天公司支付的质押范围的工程款直接支付给赖红、杨和平，用于抵扣肖贵红、谢华勇借款的本金、利息、违约金及相关费用，否则由锦城公司承担支付责任”及第十条“《借款协议书》履行期限届满，肖贵红、谢华勇未能清偿债务，赖红、杨和平有权持《应付工程款确认书》向云天公司、锦城公司、肖贵红、谢华勇主张债权，实现质权”的理解，结合《质押借款协议》通篇均是围绕有关质权设立、质押范围以及质权实现进行约定的情况，应指在案涉应收工程款质权有效设立的情形下，如果云天公司未依《借款协议书》约定的期限向赖红、杨和平归还借款，则一是锦城公司负有将应向云天公司支付的质押范围内的工程款直接付给赖红、杨和平的义务；二是如果锦城公司在上述情况下不将该款直接向赖红、杨和平支付，其应向赖红、杨和平承担赔偿责任；三是在此情形下，赖红、杨和平亦享有向锦城公司直接请求给付上述应付工程款的权利。据此，锦城公司承担《质押借款协议》项下义务的前提是案涉应收工程款的质权有效设立，在质权未设立的情形下，赖红、杨和平无权请求锦城公司直接向其支付该公司应向云天公司支付的工程款。原审判决认定即便案涉质权未设立，依据上述第六条、第十条的约定，锦城公司亦应对本案借款归还不能在应向云天公司支付工程款的范围内承担赔偿责任或支付责任，缺乏法律依据。再次，本院再审中，锦城公司提交证据证明其对云天公司应付的工程款，因云天公司对外所负债务，已被多地人民法院执行扣划完毕，其已不欠付云天公司工程款。对该事实，赖红、杨和平不持异议，只是主张其请求锦城公司承担本案责任是基于锦城公司对本案借款提供了担保的事实。但如前所述，赖红、杨和平请求锦城公司承担担保责任的基础合同《质押借款协议》，是一份关于云天公司以对锦城公司所享有的工程款提供质押担保的合同，该合同的担保人是云天公司而非锦城公司，锦城公司在该合同中并没有作出愿意为本案借款提供担保的意思表示。因此，赖红、杨和平请求锦城公司对本案承担担保责任缺乏事实依据。最后，案涉质权未设立，赖红、杨和平对《质押借款协议》项下锦城公司应付云天公司的工程款不享有优先受偿权，在此情形下，上述工程款因云天公司欠付第三人债务而被人民法院执行扣划，锦城公司关于其对此不存在过错的主张合理。据此，锦城公司以应付云天公司的工程款承担本案责任的前提是《质押借款协议》项下的应收账款质权有效设立，由于该质权未设立，且锦城公司亦未在《质押借款协议》中承诺为本案借款债务提供担保，故赖红、杨和平依据《质押借款协议》请求锦城公司承担本案还款责任，缺乏事实与法律依据。

【案例来源】

中国裁判文书网，http://wenshu. court. gov. cn。

842 银行已尽谨慎审查和注意义务，即使应收账款不真实，银行对次债务人汇入约定账户的款项亦享有优先受偿权

【关键词】

| 应收账款 | 注意义务 | 优先受偿权 |

【案件名称】

赵岩与阜新银行股份有限公司大连分行第三人撤销之诉案［最高人民法院（2017）最高法民终482号民事判决书，2017.10.31］

【裁判精要】

最高人民法院认为：

本案争议焦点为阜新银行对西海公司12×××22账户项下3000万元是否享有优先受偿权以及905号判决是否程序违法。

根据《物权法》第二百二十三条、第二百二十八条规定，“债务人或者第三人有权处分的下列权利可以出质：……（六）应收账款”“以应收账款出质的，当事人应当订立书面合同。质权自信贷征信机构办理出质登记时设立”。本案中，阜新银行与西海公司于2014年3月7日签订《授信额度协议》，约定阜新银行为西海公司提供人民币3000万元整的授信额度。双方于同日签订《最高额质押合同》，约定西海公司就阜新银行上述债权提供质押担保，质物为西海公司与泛亚公司签订的009YM、013YM号两份《粮食购进合同》项下应收账款共计49965000元。就《最高额质押合同》约定出质的两份应收账款，西海公司与泛亚公司于2014年3月6日共同向阜新银行出具两份《应收账款确认书》，确认西海公司享有泛亚公司合计49965000元的应收账款，最迟应于2014年8月25日前由泛亚公司支付到西海公司在阜新银行开立的12×××22号结算账户作为唯一的付款结算账户。泛亚公司同时确认，西海公司已经按购销合同约定向泛亚公司履行发货责任，泛亚公司已验收合格，不存在交货方面的纠纷……并对应收账款数额、付款日期无异议……泛亚公司于同日还向阜新银行出具两份《应收账款付款承诺书》，承诺泛亚公司现余应付账款合计49965000元，定于2014年8月25日前付所欠货款至阜新银行指定的12×××22账户中，并为此笔贷款承担相应的付款责任。2014年3月7日，阜新银行与西海公司、泛亚公司签订两份《质押登记协议》，西海公司同意泛亚公司提供的上述两笔应收账款作质押，用于西海公司3000万元贷款合同担保。西海公司保证其是该协议项下出质权利合法有效的所有人，西海公司的出质权利权属完整，不存在争议和纠纷，应收账款是真实合法有效的，该应收账款还未清偿也未到清偿期；泛亚公司保证将应收账款直接支付到西海公司指定的12×××22账户中，不得使用现金或其他结算方式和支付到其他账户。同日，阜新银行将上述出质的应收账款在中国人民银行征信

中心办理动产权属统一登记——初始登记。尽管根据本院查明的事实,西海公司与泛亚公司之间不存在真实的粮食贸易,但是,阜新银行在签订《最高额质押合同》《质押登记协议》以及在中国人民银行征信中心办理质押登记时,向西海公司和泛亚公司确认《粮食购进合同》《粮权确认书》《应收账款确认书》《应收账款付款承诺书》等,尽到谨慎审查和注意义务,主观上并不存在过错。……上述《最高额质押合同》《质押登记协议》系当事人真实意思表示,不违反法律法规强制性规定,合法有效。根据《物权法》第二百二十八条规定,阜新银行对案涉应收账款自办理质押登记的2014年3月7日开始设立质权。案涉3000万元系由质权项下应收账款债务人泛亚公司向约定的12×××22号账户汇入,且本案没有充分有效的证据证明阜新银行取得案涉应收账款的质押权利系非善意,阜新银行依法享有对抗赵岩诉讼保全查封的权利。原审判决认定阜新银行对案涉3000万元货款享有优先受偿权,驳回赵岩关于撤销905号判决相关判项的诉讼请求,认定事实和适用法律并无不当。

【案例来源】

中国裁判文书网,http://wenshu. court. gov. cn。

编者说明

根据《应收账款质押登记办法》(中国人民银行令〔2017〕第3号)的规定,应收账款是指权利人因提供一定的货物、服务或设施而获得的要求义务人付款的权利以及依法享有的其他付款请求权,包括现有的和未来的金钱债权,但不包括因票据或其他有价证券而产生的付款请求权,以及法律、行政法规禁止转让的付款请求权。而应收账款质押则是指《物权法》第二百二十三条规定的应收账款出质,具体是指为担保债务的履行,债务人或者第三人将其合法拥有的应收账款出质给债权人,债务人不履行到期债务或者发生当事人约定的实现质权的情形,质权人有权就该应收账款及其收益优先受偿。以应收账款设立质权,首先,相应的应收账款须具有可让与性;其次,目前可以出质的应收账款限于金钱债权;再次,应收账款出质基本上以已经发生的应收账款为主,以未来的应收账款作为出质标的,基本上限于有基础法律关系但尚未发生的应收账款,无基础法律关系的未来应收账款难以确定,且债务人也系不特定的第三人,无法公示,不能作为出质权利。①

843 债权人通过执行程序实现应收账款质权,该应收账款债权因清偿而消灭

【关键词】

| 应收账款质权 | 质权实现 | 债权消灭 |

① 参见曹士兵:《中国担保制度与担保方法》(第三版),法律出版社2015年版,第367页。

【案件名称】

大唐保定热电厂与保定市三丰生活锅炉厂确认合同效力纠纷案［最高人民法院（2017）最高法民再5号民事判决书，2017.6.28］

【裁判精要】

最高人民法院认为：

四、在兴业担保公司的质权成立、洪光煤炭公司与三丰锅炉厂之间的债权转让合同成立的前提下，兴业担保公司通过执行程序实现其洪光煤炭公司的应收账款质权后，大唐热电厂应否向三丰锅炉厂履行偿还债务的义务。对此，本院认为，大唐热电厂不负有向三丰锅炉厂清偿债务的义务。主要理由是：

第一，债权转让的债权受让人行使债权的前提是债权仍然存在。但本案中，案涉应收账款债权因兴业担保公司通过执行程序实现了应收账款质权，其后果是该应收账款债权因大唐热电厂的清偿而消灭。债权因清偿而消灭，作为债权受让人的三丰锅炉厂请求大唐热电厂清偿债务的基础即不存在。

【案例来源】

中国裁判文书网，http://wenshu.court.gov.cn。

844 《物权法》关于应收账款出质后不得转让的规定，不影响应收账款债权转让合同的效力

【关键词】

｜应收账款出质｜债权转让｜合同效力｜

【案件名称】

大唐保定热电厂与保定市三丰生活锅炉厂确认合同效力纠纷案［最高人民法院（2017）最高法民再5号民事判决书，2017.6.28］

【裁判精要】

最高人民法院认为：

三、关于洪光煤炭公司与三丰锅炉厂之间债权转让合同的效力问题，其核心是已经设立质权的应收账款债权转让的法律效力问题

《物权法》第二百二十八条第二款规定，应收账款出质后，不得转让，但经出质人与质权人协商同意的除外。出质人转让应收账款所得的价款，应当向质权人提前清偿或者提存。本院认为上述规定不影响债权转让合同的效力。主要理由是：

第一，现行民法规范中的“不得”二字不是识别效力性强制性规定的标准，它有多种解释可能性，有的是指不发生物权变动的效果，有的是指转让合同、设立物权的合同不发生效力或者无效。例如，《城市房地产管理法》第三十八条规定的不得转让的房地产，目前的司法实践均认为，违反该条规定，转让合同并不无效，但是否发生物权变动或者受让人能否请求转让人继续履行，则需要根据该条规定的各项分别判断。

第二，将《物权法》第二百二十八条第二款解释为转让设立质押的应收账款债权无效，在强调债权的流通性及价值的背景下，不利于应收账款债权效益最大化的发挥。这是因为，应收账款债权设定质押与应收账款债权转让具有不同的功能和特征，前者旨在为主债权担保，质权是否行使，取决于债务人是否履行债务，具有不确定性。在质权成立至行使质权这一段期间内，被担保的主债务人与应收账款债权人均有期限利益，这种期限利益有时对当事人利益巨大，涉及市场波动、商业交易等各种因素。同时，根据应收账款债权实现可能性的不同，应收账款债权具有不同的价值，在应收账款受让人认可该价值的前提下，限制该债权转让，将阻碍应收账款债权人变现其债权并进而损害其利益。另外，在应收账款债权受让人认可该债权价值大于其上设定的质权所担保的主债权并愿意受让该债权的场合，限制该债权流通，就更不具有合理性。

第三，将已出质的应收账款债权转让合同认定为无效，有时并不利于质权人的利益。根据《物权法》第二百二十八条第二款的规定，出质人转让应收账款所得的价款，应当向质权人提前清偿或者提存。如果认定合同无效，则意味着质押人已经取得的转让价款的返还。对于质权人而言，已经实现的债权(转让价款)与尚未实现的债权(应收账款债权)相比，显然前者对于质权人更为有利。

第四，从登记制度上看，在登记生效主义的物权变动模式下，应当尽量贯彻登记的公信力，如此，不将应收账款债权转让合同归于无效，同时依照物权变动的规则确定质权的归属与效力，在逻辑上更加清晰。

综上，认定已出质的应收账款债权转让合同有效，并不会对质权人的利益造成不利影响，符合《物权法》第二百二十八条第二款的立法目的，原审判决认为该条规定并非效力性强制性规定，适用法律正确，应予维持。

【案例来源】

中国裁判文书网，http://wenshu. court. gov. cn。

845 查询应收账款是否已经设定质押是应收账款债权受让人交易上的必要注意义务

【关键词】

| 应收账款质押 | 债权受让人 | 注意义务 |

【案件名称】

大唐保定热电厂与保定市三丰生活锅炉厂确认合同效力纠纷案［最高人民法院（2017）最高法民再 5 号民事判决书，2017. 6. 28］

【裁判精要】

最高人民法院认为：

第二，上述问题涉及转让已经设立质押的应收账款债权时受让人的注意义务。在《物权法》已经明确规定应收账款质押权办理出质登记时成立的前提下，应贯彻应收账款质押权登记公信力。由此，查询应收账款是否存在质押应是债权受让人交易上的必要注意义务。当然，依据诚实信用原则，应收账款债权转让人亦应负有告知该债权上已设定质押的义务。因此，通常情况下，应当推定受让人明知该权利上已存在质押负担，明知该债权有被质权人实现的风险。

【案例来源】

中国裁判文书网，http://wenshu. court. gov. cn。

编者说明

《应收账款质押登记办法》第四条规定，中国人民银行征信中心是应收账款质押的登记机构。征信中心建立基于互联网的登记公示系统，办理应收账款质押登记，并为社会公众提供查询服务。第二十五条亦规定，任何单位和个人均可以在注册为登记公示系统的用户后，查询应收账款质押登记信息。应收账款债权的受让人在查询相关信息方面并没有障碍。

846 相关利害关系人认为应收账款质权登记内容错误的，可以办理异议登记，并依法向人民法院起诉

【关键词】

｜应收账款质权｜异议登记｜

【案件名称】

天津市北辰区致远化工厂与义乌市久府房地产开发有限公司质权纠纷案［最高人民法院(2017)最高法民终 158 号民事判决书，2017. 12. 29］

【裁判精要】

最高人民法院认为：

根据《物权法》第二百二十八条以及中国人民银行2007年10月实施的《应收账款质押登记办法》的有关规定，应收账款质权自办理出质登记时设立；应收账款质押登记仅为形式登记，质权人和登记机构在办理登记时无须对产生应收账款的基础法律关系进行审核。同时，相关利害关系人认为登记内容错误的，可以办理异议登记，并在登记之日起15日内向人民法院起诉，征信中心根据生效的法院裁判来撤销应收账款质押登记或异议登记。本案即为应收账款债务人久府公司在异议登记后以对卫运公司应收账款不存在为由提起之诉讼。在本案中，人民法院应对质押合同及质押登记中记载的7.8亿元应收账款是否真实存在进行审理。

关于本案案由和一审法院适用法律的问题。本院认为，根据各方当事人诉争法律关系的性质，本案案由应为应收账款质权纠纷，一审法院将本案案由确定为侵权责任纠纷，适用《侵权责任法》，应属不当，本院予以纠正。关于往来账目清单和会议纪要两份证据的问题。该两份证据为久府公司和卫运公司在一审时提供，往来账目清单用以证明双方通过对2011年至2012年间往来款项进行对账确认，对于卫运公司支付给久府公司的8.752亿元，久府公司又通过款项往来支付给卫运公司6.2681亿元，卫运公司对久府公司尚余2.4839亿元应收款。2012年12月6日会议纪要用以证明经久府公司和卫运公司共同确认，剩余2.4839亿元应收款转为卫运公司对久府公司的投资款。致远化工厂认为往来账目清单在形式和内容上均存在明显瑕疵，会议纪要上没有卫运公司盖章或法定代表人签字，不能认为是卫运公司签订。本院认为，对于往来账目清单，一审法院认为往来账目清单证明的久府公司向卫运公司偿还了6.2681亿元的事实与本案诉争焦点关联不大，故并未将其作为认定案涉7.8亿元应收账款不存在的证据。对于会议纪要，根据本院二审查明的事实，股东李景辉在2012年12月6日签署会议纪要时亦为卫运公司的法定代表人，故虽然卫运公司没有盖章，其法定代表人的签署行为对外可以代表公司。一审法院以会议纪要为证据认定2.4839亿元款项的性质并无不当。综上，致远化工厂认为一审法院以上述两项证据认定本案事实错误的主张依据不足，本院不予支持。

关于一审法院以借款基础法律关系来认定案涉质押应收账款的存在与否是否错误。本院认为，因应收账款质押登记为形式登记，人民法院应对应收账款债权是否真实存在进行实质审查。本案中，久府公司以其与卫运公司不存在任何基础合同关系，7.8亿元应收账款不存在为由提起诉讼。致远化工厂也主张诉争应收账款系卫运公司与久府公司因借贷关系形成。一审法院根据各方争议的诉讼请求和理由，将本案诉争焦点认定为卫运公司对久府公司是否存在质押合同及质押登记中记载的7.8亿元应收账款，并从应收账款产生的基础法律关系入手进行审查并无不当。同时，根据会议纪要的内容，一审判决认定卫运公司对久府公司的应收账款在2012

年12月6日签署会议纪要时仅剩余2.4839亿元并转为投资款,致远化工厂二审中并未提供证据证明会议纪要内容为虚假。故一审法院认为致远化工厂不能举证证明卫运公司对久府公司享有因借款形成案涉7.8亿元应收账款债权,导致案涉质押因缺乏实质要件而不能成立,并无不当。致远化工厂认为一审法院仅根据借款关系是否成立判断应收账款是否存在,并由致远化工厂承担举证不能责任错误的主张不能成立,本院不予支持。

【案例来源】

中国裁判文书网,http://wenshu.court.gov.cn。

编者说明

应收账款质押登记也是物权登记的一种,因此也适用《物权法》关于异议登记的规定,因此,《应收账款质押登记办法》第十九条至第二十二条分别规定,出质人或其他利害关系人认为登记内容错误的,可以要求质权人变更登记或注销登记;质权人不同意变更或注销的,出质人或其他利害关系人可以办理异议登记;出质人或其他利害关系人应在异议登记办理完毕之日起7日内通知质权人;出质人或其他利害关系人自异议登记之日起30日内,未将争议起诉或提请仲裁并在登记公示系统提交案件受理通知的,征信中心撤销异议登记;征信中心应按照出质人或其他利害关系人、质权人的要求,根据生效的法院判决、裁定或仲裁机构裁决撤销应收账款质押登记或异议登记。

847 应收账款债权因质权行使而消灭,债权受让人可以解除债权转让合同并请求转让人继续履行原债务或承担违约责任

【关键词】

|应收账款|债权消灭|债权转让|违约责任|

【案件名称】

大唐保定热电厂与保定市三丰生活锅炉厂确认合同效力纠纷案[最高人民法院(2017)最高法民再5号民事判决书,2017.6.28]

【裁判精要】

最高人民法院认为:

第四,应收账款债权转让后,债权是否获得实际清偿的风险即由债权受让人承担,这是债权受让人的固有交易风险,因此不宜将债权转让后债权的实际清偿效果作为债权转让人是否完全履行债权转让合同的评价标准。但是,债权转让后,债权转让人应负有保证债权非因债务人根据《合同法》第八十二条、第八十三条享有的抗辩权而导致债权消灭的义务。因此,在债权受让人善意不知该债权已经设定质押的

情况下，因债权质押权的行使导致债权消灭时，就应当评价为债权转让人未依约履行合同，债权转让人构成违约，应承担损害赔偿责任，赔偿范围即质押权行使后导致消灭的债权数额。本案中，所转让的债权因兴业担保公司行使质权而消灭，如果三丰锅炉厂为善意，则可以通过主张洪光煤炭公司未履行债权转让合同且不能继续履行请求其承担损害赔偿等违约责任的方式寻求救济。

另一方面，在债权转让合同及其履行过程中，债权转让合同的成立及生效即完成履行，但是，参照《合同法》第一百五十条的规定，债权转让人在所转让的债权清偿期到来之前，应负有相应的债权瑕疵担保责任。所以，在债权因其上先设立的质权被行使而消灭时，债权转让人应承担相应的瑕疵担保责任。所以，本案中，三丰锅炉厂受让的债权因质权人兴业担保公司行使质权而消灭，如其对该质权的存在为善意，则可以通过请求洪光煤炭公司承担违约责任或者瑕疵担保责任，或者以洪光煤炭公司违约导致合同目的不能实现为由解除债权转让合同等方式寻求救济。

第五，本院注意到，洪光煤炭公司与三丰锅炉厂之间的债权转让合同约定，因洪光煤炭公司欠付三丰锅炉厂货款和借款 880 万元，洪光煤炭公司将案涉应收账款债权转让给三丰锅炉厂，由此涉及如果债权转让合同被解除后，双方之间的原定金钱债务是否消灭等问题。从内容上看，该债权转让协议是洪光煤炭公司以转让债权的方式清偿其所欠的金钱债务，在性质上，该债权转让协议系以债权转让替代双方之间原金钱债务的履行。由此，如前所述，由于债权受让人的固有风险是债务人无资力清偿债务，所以，如果是因为债务人无资力清偿债务，则债权受让人不能再请求债权转让人履行原来的金钱债务，除非当事人另有约定。但是，如果是因为所转让债权因权利瑕疵等原因导致受让人不能行使债权的，则应当解释为债权转让人未依约履行债权转让合同，转让人与受让人之间的原金钱债务不消灭。换言之，所转让债权届期能够行使与债权受让人对债权转让人之间的原金钱债务的消灭系对待给付义务，在履行顺序上，所转让债权届期能够行使作为债权转让人的在先义务，债权受让人对债权转让人原定的金钱债权消灭在后，两者之间存在先后履行顺序。根据《合同法》第六十七条的规定，如果发生所转让债权不能行使的情形，则债权受让人对债权转让人可以行使先履行抗辩权，债权受让人的原定金钱债权并不消灭，并有权解除债权转让合同，请求债权转让人履行原定的金钱债务。

本案中，洪光煤炭公司因其所转让的债权被兴业担保公司行使质权而消灭，三丰锅炉厂也可以对洪光煤炭公司行使先履行抗辩权、解除债权转让合同，以请求洪光煤炭公司清偿双方之间原来的 880 万元金钱债务的方式获得救济。

综上所述，案涉应收账款质权设立在先，因完成质押登记而成立，三丰锅炉厂与洪光煤炭公司之间债权转让合同成立在后亦发生效力。该应收账款债权因质权行使而消灭并导致三丰锅炉厂所受让的债权消灭，在满足法定条件时，三丰锅炉厂可以通过解除债权转让合同并请求洪光煤炭公司继续履行双方之间的原金钱之债，或者请求洪光煤炭公司承担违约损害赔偿责任等方式寻求救济。

【案例来源】

中国裁判文书网,http://wenshu. court. gov. cn。

848 以出口退税账户托管方式贷款的，贷款人在借款得不到清偿时，有权以借款人的出口退税款优先受偿

【关键词】

| 出口退税账户托管 | 出口退税 | 优先受偿 |

【案件名称】

中国工商银行常州市新区工行与常州市康美服装有限公司、常州市康盛服装有限公司借款合同纠纷案［常州市中级人民法院二审民事判决书，2004. 9. 2］

【裁判精要】

裁判摘要:根据《担保法》第七十五条第(四)项规定,以出口退税账户托管的方式贷款,构成出口退税权利质押。贷款人在借款得不到清偿时,有权在借款人的出口退税款中优先受偿。

常州市中级人民法院认为:

《合同法》第二百零七条规定:“借款人未按照约定的期限返还借款的,应当按照约定或者国家有关规定支付逾期利息。”《担保法》第六条规定:“本法所称保证,是指保证人和债权人约定,当债务人不履行债务时,保证人按照约定履行债务或者承担责任的行为。”第七十五条第(四)项规定,依法可以质押的其他权利可以质押。

被告康美公司与原告新区工行签订的借款合同合法有效。在该借款合同履行过程中,由于出现了合同约定的贷款方有权提前收回全部借款的情形,新区工行主张提前收回全部借款,康美公司没有异议。康美公司目前尚欠新区工行借款本金6328382. 72 元,应当归还,并应支付相应利息及逾期利息。

被告康美公司与原告新区工行在签订借款合同的同时,还签订了出口退税权利质押合同,约定康美公司将其享有的出口退税权利质押给新区工行,作为康美公司向新区工行借款的担保。根据质押合同,康美公司在新区工行设立了出口退税专用账户,这个账户和康美公司的应退未退税款金额 1351 万元,均得到常州市国税局的确认。故康美公司与新区工行之间的出口退税账户托管贷款,构成了出口退税权利质押,新区工行有权在康美公司的出口退税款中优先受偿。被告康盛公司向新区工行出具承诺书,自愿对康美公司的借款承担连带保证责任,该承诺不违反法律规定。新区工行的诉讼请求应予支持。

【案例来源】

《中华人民共和国最高人民法院公报》2005年第4期。

编者说明

出口退税专用账户质押贷款，是指借款人将出口退税专用账户托管给贷款银行，并承诺以该账户中的退税款作为还款保证的贷款。出口退税账户内的出口退税款，是在符合一定条件下的前提下，由税务部门向作为纳税人的出口企业返还的税款。出口企业并不占有此款，只是该账户户主享有的一种权利，是可以用金钱来估价的权利。出口退税权利的价值是该权利在实现时的货币反映，即出口退税款。多数意见认为，出口退税账户质押在性质上属于金钱质押，因为其形式上是以账户形式出质的，但实质上是以账户内的可预期的金钱设定质押。[①]

849 以公路等不动产收益权出质，在签订合同后既交付了权利凭证又依法办理了出质登记手续的，应认定质押有效

【关键词】

| 不动产收益权出质 | 出质登记 | 质押有效 |

【案件名称】

工行开发区支行与光大银行道外支行、长兴公司借款合同纠纷案［最高人民法院（2006）民二终字第97号民事判决书，2007. 11. 26］

【裁判精要】

裁判摘要：虽然目前我国有关法律、行政法规等尚未对以公路等不动产收益权出质的，质押权究竟是以交付权利凭证还是以依法登记作为取得权利的要件作出明确规定，但是，不论是以交付权利凭证还是以依法办理出质登记作为公路收费权质押权取得的要件，因当事人在签订质押合同后既交付了质押权利凭证又依法办理了出质登记手续，故应认定该质押有效。

在正式签订借款合同与质押合同前，当事人即办理有关权利的质押登记，并不违反法律、行政法规的禁止性规定，质押登记发生在主合同和质押合同签订之前，不影响质押合同的效力。

① 参见江必新、何东宁：《最高人民法院指导性案例裁判规则理解与适用·担保卷》，中国法制出版社2011年版，第437～438页。

最高人民法院认为：

光大银行道外支行与长兴公司签订质押合同，约定以长兴公司所有的鹤萝公路鹤梧段12年收费权进行质押，不违反法律强制性规定，应为有效。光大银行道外支行与长兴公司根据国务院国函〔1999〕28号批复关于“公路建设项目法人可以用收费公路的收费权质押方式向国内银行申请质押贷款，以省级人民政府批准的收费文件作为公路收费权的权力证书，地市级以上交通主管部门作为公路收费权质押的登记部门”的规定，就上述质押合同在鹤岗市交通局进行了质押登记，该质押登记依法有效。工行开发区支行二审期间向本院提交的鹤岗市交通局给其的回函中仅仅表示鹤岗市交通局对光大银行道外支行与长兴公司收费权质押登记未出示过质押先后顺序的登记材料，但并未就对光大银行道外支行与长兴公司收费权进行质押登记的事实予以否定。工行开发区支行对光大银行道外支行提交的《质押登记书》上所加盖的鹤岗市交通局的公章真实性并无异议，其提出的有关《质押登记书》系由未予封边的散页组成，未加盖骑缝章，其上记载质押权利义务事项的第三页没有鹤岗市交通局的签章等瑕疵，以及光大银行道外支行《质押登记书》中载明的“第一质押、唯一质押”是否真实等，因无法推翻鹤岗市交通局对光大银行道外支行与长兴公司收费权质押进行了登记的事实，故不影响人民法院依此《质押登记书》认定光大银行道外支行与长兴公司签订的质押合同依法进行了登记的事实。光大银行道外支行在与长兴公司正式签订借款合同和质押合同前，即办理有关权利的质押登记，并不违反法律、行政法规禁止性规定，质押登记发生在主合同和质押合同签订之前，不影响质押合同的效力。光大银行道外支行取得的《质押登记书》中明确载明了借款合同的合同号，该合同号与事后签订的借款合同一致，该质押登记系为本案争议借款提供质押担保，事实清楚。《质押登记书》载明的借款数额与事后签订的借款合同载明的借款合同数额不相一致，亦不影响质押登记的效力。工行开发区支行以借款合同、质押合同签订在质押登记之后，以及数额不相吻合等为由，主张质押登记无效，没有法律依据，本院不予支持。2001年3月13日黑龙江省交通厅黑交发〔2001〕50号下发的《公路收费权贷款质押登记管理办法》中虽然有“收费权质押登记管理工作由黑龙江省交通厅负责，并颁发登记证，其他任何单位无权办理公路收费权质押登记；在此登记规定发布之前已办理公路收费权贷款质押的，申请单位须在3个月内履行程序补办此项登记手续，由省交通厅补发登记证书”的规定，但因光大银行道外支行与长兴公司之间签订的质押合同在此之前已经依据国务院的有关规定依法登记，光大银行道外支行未按黑龙江省交通厅的上述规定补办质押登记手续，并不导致原质押登记失效。黑龙江省交通厅的上述规定不具备否定原已依法登记的质押权的效力。工行开发区支行以此为由，主张光大银行道外支行的质押登记无效的主张，本院不予支持。根据光大银行道外支行与长兴公司签订的质押合同中有关“权利凭证双方确认封存后由长兴公司交于光大银行道外支行保管”的约定，光大银行道外支行取得了国务院国函〔1999〕28号批复中规定的公路收费权质押权利凭证——黑龙江省交通厅批复给长兴公司的黑交发〔1999〕190号《黑龙江省交通厅关于鹤萝公路鹤梧段收费经营权转让的批复》。虽然目前我国有关法律、行政法规等尚未对以公路等不动产收益权出质的,质押权究竟是以交付权利凭证还是以依法登记作为取得权利的要件作出明确规定,但是,不论是以交付权利凭证还是以依法办理出质登记作为公路收费权质押权取得的要件,因光大银行道外支行与长兴公司签订质押合同,既交付了质押权利凭证,又依法办理了出质登记手续,因此,光大银行道外支行对鹤萝公路鹤梧段12年收费权依法取得质押权,享有优先受偿的权利。原审法院关于光大银行道外支行与长兴公司签订的质押合同依法生效并取得质押权的认定,并无不当,本院予以维持。

【案例来源】

最高人民法院民事审判第二庭编:《最高人民法院商事审判裁判规范与案例指导》(第一卷),法律出版社2010年版,第170~177页。

编者说明

本案主要争议点在于权利质押的生效问题,由于收益权性质的权利质押登记到目前为止仍然存在法律空白点,因此本案对于银行等金融机构以及其他出借人要求贷款人提供收益权等质押如何办理登记仍然具有指导意义。最高人民法院在本判决中认为,虽然目前我国有关法律、行政法规等尚未对以公路等不动产收益权出质的,质押权究竟是以交付权利凭证还是以依法登记作为取得权利的要件作出明确规定,但是,不论是以交付权利凭证还是依法办理出质登记作为公路收费权质押权取得的要件,因当事人在签订质押合同后既交付了质押权利凭证又依法办理了出质登记手续,故应认定该质押有效。

850 特许经营权的收益权可以质押,并可作为应收账款进行出质登记

【关键词】

| 特许经营权 | 收益权质押 | 出质登记 |

【案件名称】

福建海峡银行股份有限公司福州五一支行诉长乐亚新污水处理有限公司、福州市政工程有限公司金融借款合同纠纷案[最高人民法院指导案例53号]

【裁判精要】

裁判要点:特许经营权的收益权可以质押,并可作为应收账款进行出质登记。

法院生效裁判认为:

一、关于污水处理项目特许经营权能否出质问题

污水处理项目特许经营权是对污水处理厂进行运营和维护,并获得相应收益的

权利。污水处理厂的运营和维护,属于经营者的义务,而其收益权,则属于经营者的权利。由于对污水处理厂的运营和维护,并不属于可转让的财产权利,故讼争的污水处理项目特许经营权质押,实质上系污水处理项目收益权的质押。

关于污水处理项目等特许经营的收益权能否出质问题,应当考虑以下方面:其一,本案讼争污水处理项目《特许经营权质押担保协议》签订于2005年,尽管当时法律、行政法规及相关司法解释并未规定污水处理项目收益权可质押,但污水处理项目收益权与公路收益权性质上相类似。《担保法解释》第九十七条规定,"以公路桥梁、公路隧道或者公路渡口等不动产收益权出质的,按照担保法第七十五条第(四)项的规定处理",明确公路收益权属于依法可质押的其他权利,与其类似的污水处理收益权亦应允许出质。其二,国务院办公2001年9月29日转发的《国务院西部开发办〈关于西部大开发若干政策措施的实施意见〉》(国办发〔2001〕73号)中提出,"对具有一定还贷能力的水利开发项目和城市环保项目(如城市污水处理和垃圾处理等),探索逐步开办以项目收益权或收费权为质押发放贷款的业务",首次明确可试行将污水处理项目的收益权进行质押。其三,污水处理项目收益权虽系将来金钱债权,但其行使期间及收益金额均可确定,其属于确定的财产权利。其四,在《物权法》颁布实施后,因污水处理项目收益权系基于提供污水处理服务而产生的将来金钱债权,依其性质亦可纳入依法可出质的"应收账款"的范畴。因此,讼争污水处理项目收益权作为特定化的财产权利,可以允许其出质。

二、关于污水处理项目收益权质权的公示问题

对于污水处理项目收益权的质权公示问题,在《物权法》自2007年10月1日起施行后,因收益权已纳入该法第二百二十三条第(六)项的"应收账款"范畴,故应当在中国人民银行征信中心的应收账款质押登记公示系统进行出质登记,质权才能依法成立。由于本案的质押担保协议签订于2005年,在《物权法》施行之前,故不适用《物权法》关于应收账款的统一登记制度。因当时并未有统一的登记公示的规定,故参照当时公路收费权质押登记的规定,由其主管部门进行备案登记,有关利害关系人可通过其主管部门了解该收益权是否存在质押之情况,该权利即具备物权公示的效果。

本案中,长乐市建设局在《特许经营权质押担保协议》上盖章,且协议第七条明确约定"长乐市建设局同意为原告和福州市政公司办理质押登记出质登记手续",故可认定讼争污水处理项目的主管部门已知晓并认可该权利质押情况,有关利害关系人亦可通过长乐市建设局查询了解讼争污水处理厂的有关权利质押的情况。因此,本案讼争的权利质押已具备公示之要件,质权已设立。

【权威解析】

(一)关于特许经营权的收益权能否出质问题

裁判要点之一明确了一个裁判规则,即特许经营权的收益权可以作为应收账款

出质。目前法学理论通说认为,权利质权是以债务人或第三人所享有的可让与性财产权利为客体而设定的质权。权利质权的客体是出质人拥有的权利,该权利应当具备以下要件:一是必须是财产权;二是必须是具有可让与性的财产权,不具有让与性的财产权不能成为权利质权的客体;三是适于设定质权的权利,不属于法律明确规定的构成其他担保物权客体的权利。因此,作为权利质权的客体限于所有权、用益物权以外的可让与性财产权利。① 对于权利质权,质权标的须有变价的可能,其必须是依法可转让的财产权利。② 根据我国《物权法》第二百二十三条的规定,可以质押的权利具体包括:(1)汇票、本票、支票;(2)债券、存款单;(3)仓单、提单;(4)依法可以转让的基本份额、股权;(5)可以转让的商标专用权、专利权、著作权等知识产权中的财产权;(6)应收账款;(7)法律、行政法规规定可以出质的其他权利。需要注意的是,与《担保法》比较,《物权法》增加了基金份额和应收账款可以作为质押的权利。

特许经营的收益权在本质上属于将来金钱债权,属于将来的应收账款,与因赊销贸易产生的一般应收账款相比,收益权是特殊的应收账款。但学界对于哪些收益权适宜质押,可以纳入可出质的应收账款,尚未形成共识。司法实践中,质押标的物涉及房屋、船舶等租赁物的租金收益,可获得的出口退税、物业费、供暖费等应收账款,但专属于人身性质的金钱给付义务不应作为质押标的物。根据中国人民银行颁布的《应收账款质押登记办法》的规定,应收账款包括现在的与未来的金钱债权与收费权,不包括有价证券所产生的付款请求权。本案审理中,合议庭认为具备以下条件的收益权可以质押:一是政策上允许该收益权质押,并且不损害公共利益,如国务院办公厅曾发文鼓励扩大基础设施项目收益权质押贷款,包括污水处理项目收益权质押;二是收益权特定化,即收益权行使期间特定、收益金额相对确定,确保收益权可作为特定化的财产权利;三是该收益权可以纳入现行法律规定的涵盖范围,如物权法中的应收账款可以涵盖收益权。

本案例中,污水处理项目等特许经营权是对污水处理厂进行运营和维护,并获得相应收益的权利。污水处理厂的运营和维护,属于经营权人的义务;而污水处理厂的收益权,则属于经营权人所享有的权利。由于对污水处理厂的运营和维护并不属于可转让的财产权利,故讼争的污水处理项目特许经营权的质押,实际上是污水处理项目收益权的质押。

污水处理项目等特许经营权的收益权可以出质的主要理由如下:一是国家相关政策允许。2001 年 9 月 29 日,国务院办公厅转发《国务院西部开发办〈关于西部大开发若干政策措施的实施意见〉》(国办发〔2001〕73 号)中提出,“对具有一定还贷能力的水利开发项目和城市环保项目(如城市污水处理和垃圾处理等),探索逐步开

---

① 参见刘凯湘主编:《民法学》,中国法制出版社 2008 年版,第 330 ~ 331 页。

② 参见高圣平:《担保法论》,法律出版社 2009 年版,第 497 页。

办以项目收益权或收费权为质押发放贷款的业务”,首次明确可以将城市环保项目的收益权进行质押。二是该收益权可以特定化。污水处理项目收益权虽系将来金钱债权,但其行使期间及收益金额均可确定,其属于确定的财产权利,是可以特定化的财产权利。三是该收益权可以纳入《物权法》第二百二十三条规定中的应收账款。在《物权法》颁布实施后,因污水处理项目收益权系基于提供污水处理服务而产生的将来金钱债权,其可纳入可出质的应收账款的范畴。四是相关司法解释有类似情形规定。本案讼争污水处理项目特许经营权质押担保协议签订于2005年,当时法律、行政法规及相关司法解释并未明确规定污水处理项目收益权可以质押,但污水处理项目收益权与公路设施不动产的收益权在性质上相类似。《担保法解释》第九十七条规定,“以公路桥梁、公路隧道或者公路渡口等不动产收益权出质的,按照《担保法》第七十五条第(四)项的规定处理”,明确了公路设施等不动产的收益权属于依法可质押的其他权利。与其相似的污水处理等特许经营权的收益权,也应当允许出质。因此,本案例中讼争污水处理项目收益权作为特定化的财产权利,可以出质。[①]

【案例来源】

《最高人民法院关于发布第11批指导性案例的通知》(2015年11月19日,法〔2015〕320号)。

851 特许经营权的收益权依其性质不宜折价、拍卖或变卖,可以判令出质债权的债务人将收益权的应收账款优先支付质权人

【关键词】

|收益权质押|优先受偿|

【案件名称】

福建海峡银行股份有限公司福州五一支行诉长乐亚新污水处理有限公司、福州市政工程有限公司金融借款合同纠纷案[最高人民法院指导案例53号]

【裁判精要】

裁判要点:特许经营权的收益权依其性质不宜折价、拍卖或变卖,质权人主张优先受偿权的,人民法院可以判令出质债权的债务人将收益权的应收账款优先支付质权人。

---

① 参见最高人民法院案例指导工作办公室:《指导案例53号〈福建海峡银行股份有限公司福州五一支行诉长乐亚新污水处理有限公司、福州市政工程有限公司金融借款合同纠纷案〉的理解与参照》,载《人民司法·案例》2017年第11期。

法院生效裁判认为：

三、关于污水处理项目收益权的质权实现方式问题

我国《担保法》和《物权法》均未具体规定权利质权的具体实现方式，仅就质权的实现作出一般性的规定，即质权人在行使质权时，可与出质人协议以质押财产折价，或就拍卖、变卖质押财产所得的价款优先受偿。但污水处理项目收益权属于将来金钱债权，质权人可请求法院判令其直接向出质人的债务人收取金钱并对该金钱行使优先受偿权，故无须采取折价或拍卖、变卖之方式。况且收益权均附有一定之负担，且其经营主体具有特定性，故依其性质亦不宜拍卖、变卖。因此，原告请求将《特许经营权质押担保协议》项下的质物予以拍卖、变卖并行使优先受偿权，不予支持。

根据协议约定，原告海峡银行五一支行有权直接向长乐市建设局收取污水处理服务费，并对所收取的污水处理服务费行使优先受偿权。由于被告仍应依约对污水处理厂进行正常运营和维护，若无法正常运营，则将影响到长乐市城区污水的处理，亦将影响原告对污水处理费的收取，故原告在向长乐市建设局收取污水处理服务费时，应当合理行使权利，为被告预留经营污水处理厂的必要合理费用。

【权威解析】

（二）关于特许经营权的收益权的质权实现方式

裁判要点之二涉及特许经营权收益权的质权实现方式问题，其有别于一般质权的实现方式。理论界通说认为，担保物权以优先支配担保物的交换价值为内容，其属价值权，担保物应具备交换价值，即“变换为价金或其他足使债权获得满足之某种价值”。动产质权的实现方式是协议拍卖、变卖质物或者以质物折价。质权人在行使动产质权时，通常采取的方法是与出质人达成协议以质押财产折价，或就拍卖、变卖质押财产所得的价款优先受偿，这可称为“协议变价法”。如果达不成协议的，质权人可以根据《民事诉讼法》有关特别程序的规定，向担保财产所在地或者担保物权登记地基层人民法院提出实现担保物权的申请。

权利质权在实现方式上，并非以权利变价优先受偿为唯一方式，比较通行的是质权人可以取代出质人的地位，向入质权利的义务主体直接行使入质权利，并通过直接行使入质权利使被担保的债权优先受偿，即质权人可以请求第三债务人向质权人给付相应的款项，从而确保应收账款便捷、高效地实现。特许经营项目的收益权，其经营主体具有特定性，且收益权系与相应的不动产及提供服务密切相关，并非可单独转让的权利。特许经营收益权属于金钱债权，质权人可以通过直接收取的方式行使优先受偿权（可以称之为“直接收取法”），无须通过拍卖、变卖方式转换为金钱价款后，再行使优先权。大陆法系国家和地区关于一般债权质权的实现方法，也规定了质权人直接取偿的方法，并非需要通过变价法实现质权。

本案例中，对于特许经营权收益权的实现方式，质权人只能对污水处理费行使

优先受偿权,不得对项目收益按一般质权的实现方式进行折价或拍卖、变卖,以维持污水处理厂的特许经营和正常运转,并且为确保污水处理的持续稳定的运营,避免质权滥用权利,生效判决还指出质权人在行使权利时应当预留污水处理厂运营管理的合理费用。故本案中原告根据协议约定有权直接向出质人的债务人收取污水处理服务费,即出质人的债务人应当将污水处理费这一应收账款支付给质权,并以此方式实现质权人的优先受偿权。①

【案例来源】

《最高人民法院关于发布第11批指导性案例的通知》(2015年11月19日,法〔2015〕320号)。

① 参见最高人民法院案例指导工作办公室:《指导案例53号〈福建海峡银行股份有限公司福州五一支行诉长乐亚新污水处理有限公司、福州市政工程有限公司金融借款合同纠纷案〉的理解与参照》,载《人民司法·案例》2017年第11期。

七、金钱质押纠纷

852 银行在保证金专户的开立和管理中存在不规范之处，但不能因此否定该账户为保证金专户

【关键词】

| 保证金专户 |

【案件名称】

河南环宇电源股份有限公司与中国农业银行股份有限公司新乡分行追偿权纠纷、质押合同纠纷案［最高人民法院（2016）最高法民终100号民事判决书，2017.6.29］

【裁判精要】

最高人民法院认为：

二、关于案涉质权是否已经设立，一审法院认定农行新乡分行对“5171”账户内的资金享有优先受偿权是否错误问题

2010年4月16日，环宇电源公司与农行新乡分行签订《开立国内保函协议》，约定环宇电源公司应于本协议生效前，按保函金额的20%即5000万元存入农行新乡分行指定的保证金专户，并在保函有效期内不得动用，农行新乡分行履行担保责任后，有权直接扣划保证金以清偿垫付款项。2013年4月16日，农行新乡分行与环宇电源公司、新亚纸业公司、环宇集团公司、李中东签订《协议书》，约定按照上述开立国内保函协议的约定，环宇电源公司应向农行新乡分行指定的保证金专户交存5000万元整，环宇电源公司承诺：上述5000万元保证金保持不变，农行新乡分行一旦履行担保责任后，有权直接扣划保证金以清偿垫付款项。2013年5月7日，农行新乡分行与环宇电源公司签订《最高额权利质押合同》，约定环宇电源公司同意以其“5171”账户内的资金50263137元为农行新乡分行与其之间因履行《开立国内保函协议》而形成的尚未受偿的债权本金2亿元及相应利息、罚息、复利、费用等提供质押担保。《最高额权利质押合同》签订的当日，农行新乡分行向农行新乡金穗支行发出单位存款止付通知书，请求农行新乡金穗支行协助办理止付业务。农行新乡金穗支行随即将“5171”账户内的资金50263137元予以冻结，冻结原因为质押。对于上述事实，双方均无异议。双方争议在于“5171”账户的性质是保证金专户还是一般结算账户，案涉质权是否已经设立。要认定“5171”账户的性质和案涉质权是否已经设立，首先要认定该账户及该账户内的资金是否已经特定化，其次要认定该账户内的

资金是否已经由农行新乡分行实际管理和控制，即是否已经移交农行新乡分行占有。关于第一个问题，2008年9月28日，环宇电源公司申请开立的“5171”账户是保证金专户，农行新乡分行根据2010年4月16日所签《开立国内保函协议》约定指定的保证金专户是“5171”账户，环宇电源公司根据2013年5月7日所签《最高额权利质押合同》约定同意出质的权利是“5171”账户内的资金50263137元。上述事实表明，“5171”账户及该账户内的资金符合特定化的特征，已经特定化。虽然农行新乡金穗支行在该保证金专户的开立和管理过程中均存在不规范之处，如该账户的开立未在当地中国人民银行备案登记，该账户的种类(类型)在对账单、权利质押清单中记载的不是保证金专户而是一般结算账户，该账户在设立后还发生了几次款项支取行为等，但在环宇电源公司明确要求开立保证金专户，农行新乡金穗支行同意其开立的也是保证金专户，且在“5171”账户基本信息单中明确记载该账户的性质为保证金专户的情况下，不能因存在上述不规范的情形即否定该账户为保证金专户的性质。至于农行新乡金穗支行收取“5171”账户管理费的问题，该行为是否规范不属本院审理范围，本院不作认定，即使该行为确属不规范也不能因此否定该账户为保证金专户、该账户内的资金为保证金的性质。至于环宇电源公司几次从“5171”账户中支取款项的问题，上述行为均发生在《最高额权利质押合同》签订之前，在环宇电源公司同意以该账户内的资金50263137元出质，农行新乡金穗支行为上述资金办理了出质登记之后，环宇电源公司未再从该账户中支取过款项，因此，上述行为不能否定该账户为保证金专户、该账户内的资金为保证金的性质。关于第二个问题，农行新乡分行在与环宇电源公司签订《最高额权利质押合同》的当日，向农行新乡金穗支行发出单位存款止付通知书，请求农行新乡金穗支行协助办理止付业务，农行新乡金穗支行随即将“5171”账户内的资金50263137元予以冻结，不允许支取。该账户内的资金被冻结之后，环宇电源公司未再从该账户中支取过款项。上述事实表明，在环宇电源公司同意以“5171”账户内的资金50263137元出质，农行新乡金穗支行为上述资金办理了出质登记手续之后，该账户内的资金已经由农行新乡分行实际管理和控制，环宇电源公司再无支配权，即已经移交农行新乡分行占有。综上，案涉质权已经设立，一审法院认定农行新乡分行对“5171”账户内的资金享有优先受偿权具有事实和法律依据，并无不当。环宇电源公司关于案涉质权未设立，一审法院认定农行新乡分行对“5171”账户内的资金享有优先受偿权错误的上诉主张与事实不符不能成立，本院不予支持。

【案例来源】

中国裁判文书网，http://wenshu.court.gov.cn。

853 金钱质押应当符合将金钱进行特定化并将其移交债权人占有两个要件

【关键词】

| 金钱质押 | 特定化 | 移交占有 |

【案件名称Ⅰ】

中国银行股份有限公司襄阳自贸区支行与李康莉执行异议之诉案［最高人民法院（2018）最高法民再168号民事判决书，2018.10.18］

【裁判精要】

最高人民法院认为：

本案再审的争议焦点是中行自贸区支行与天地源公司之间是否存在质押合同关系，中行自贸区支行是否对涉案账户内资金享有质权。

首先，《物权法》第二百一十条规定："设立质权，当事人应当采取书面形式订立质权合同。"本条规定的质权合同并不一定是独立的合同，质押条款或其他反映当事人设立质权合意的合同条款亦属于本条规定的质押合同。第二百一十二条规定："质权自出质人交付质押财产时设立。"中行自贸区支行、天地源公司与购房者三方签订《中国银行股份有限公司个人一手住房贷款合同》第十八条约定，天地源公司作为保证人（开发商）为购房者在银行办理的购房贷款提供阶段性连带责任保证。附件一：个人一手住房贷款合同通用条款中也明确如借款人违约，贷款人有权要求保证人承担保证责任。为此，天地源公司于2012年5月29日、2013年1月14日先后在中行自贸区支行申请开设账号为57×××52和56×××16的两个"其他保证金人民币存款"账户。自2012年6月5日至2014年5月21日，天地源公司陆续向上述两个账户转入资金5748200元，银行转账支票上均注明用途为保证金，并加盖天地源公司财务专用章和张国耀印鉴。该存入的保证金为主合同贷款金额的10%，与所担保的购房贷款数额相对应。对该账户的性质和资金用途，天地源公司是明确知晓的。由此双方已经形成了中行自贸区支行为天地源公司开发建设的襄洲一号项目的商品房发放个人住房按揭贷款，天地源公司用保证金账户的资金为个人住房贷款提供担保的合意。虽然天地源公司在张国耀与中行自贸区支行事后补签的《中国银行股份有限公司个人房屋贷款合作协议》和《中国银行股份有限公司个人贷款保证金质押合同》上拒绝盖章，但其在履行保证义务的过程中从未提出过异议，在本院庭审中亦承认襄洲一号项目由张国耀负责，存入的资金不是天地源公司的资金。综合本案实际情况，中行自贸区支行与天地源公司的上述合意具备了质押合同的一般要件，符合《担保法解释》第八十五条关于金钱质押的规定，宜认定中行自贸区支行与天地源公司之间存在质押合同关系。

其次，中行自贸区支行对案涉保证金账户内资金享有质权。依据《担保法解释》第八十五条的规定，债务人或者第三人将其金钱以特户、封金、保证金等形式特定化后，移交债权人占有作为债权的担保，债务人不履行债务时，债权人可以以该金钱优先受偿。由此，金钱质押作为特殊的动产质押，其生效条件包括金钱特定化和移交债权人占有两个方面。具体到本案：第一，案涉 5748200 元资金已经通过存入保证金专用账户的形式予以特定化。保证金特定化的实质意义在于使特定数额金钱从出质人财产中独立出来，使其不与出质人其他财产相混同。本案中，天地源公司先后在中行自贸区支行开设的两个账户类型载明为“其他保证金人民币存款”，不同于天地源公司的其他一般结算账户，该账户资金独立于出质人的其他财产。从账户用途看，上述两个账户仅用于接收天地源公司转入的固定比例保证金和保证金的扣划，除发生扣划 12200 元、12300 元和 9200 元用于偿还逾期贷款外，账户内款项未用于保证金业务之外的其他业务结算，符合金钱以保证金形式特定化的要求。第二，中行自贸区支行能够对该保证金专用账户进行实际控制和管理，实现了移交占有。如前所述，天地源公司在按照约定存入保证金之后，中行自贸区支行对案涉两个保证金账户进行了冻结，天地源公司作为保证金账户内资金的所有权人，非经该行同意不得自由支取账户内资金，实质上丧失了对保证金账户的控制权和管理权。而在个人贷款逾期情形出现时，该保证金直接用于偿还逾期贷款。据此中行自贸区支行实际取得了案涉账户的控制权，此种控制权移交符合动产交付占有的要求。综上所述，本案金钱质押已经设立，中行自贸区支行对案涉保证金账户内资金享有质权。原审判决认定中行自贸区支行对案涉保证金账户内资金不享有质权，属适用法律错误，本院予以纠正。

【案例来源】

中国裁判文书网，http://wenshu. court. gov. cn。

【案件名称Ⅱ】

天津银行股份有限公司唐山分行、天津银行股份有限公司唐山迁安支行与浙江物产融资租赁有限公司案外人执行异议之诉案［最高人民法院(2018)最高法民再 27 号民事判决书，2018. 2. 27］

【裁判精要】

最高人民法院认为：

一、唐山分行、迁安支行在原审中及再审中提交的证据，能够形成证据链证明 1142 账户为信用证开证保证金账户

(一)根据 1142 账户的表面形式、天津银行及中国人民银行天津分行有关账户管理规定，可以认定 1142 账户为信用证保证金账户。1. 根据《天津银行会计制度实

施细则(试行)》第八十条账户管理规定,客户账号长度为18位数字,首位表示账户的性质,1表示基本存款账户,2表示一般存款账户,3表示专用存款账户。本案中,争议账户首位为3,即表明该争议账户性质为专用存款账户。2. 根据《天津银行会计科目使用说明(试行)》(2015版)第二章会计科目使用说明,25103为国际信用证保证金,25104为国内信用证保证金,25105为人民币保函保证金。案涉账号的中间数为"25104",根据上述说明,1142账户属于国内信用证保证金账户。3. 唐山分行、迁安支行再审中提交的中国人民银行天津分行办公室文件《关于调整天津银行财政存款和准备金存款交存范围的通知》中也规定251为保证金。由此,唐山分行、迁安支行主张从案涉1142账户的表面形式上可以直观地反映出该账户为信用证开证保证金账户,有事实依据。

(二)根据鑫达矿业公司与迁安支行开户时对1142账户性质的约定,以及该公司开立案涉信用证及履行所涉合同的情况,亦足以证明该账户为信用证开证保证金账户,其内的3000万元为开证保证金。1.《人民币银行结算账户管理办法》第三条规定,单位银行结算账户按用途分为基本存款账户、一般存款账户、专用存款账户、临时存款账户。本案中,鑫达矿业公司与迁安支行签订的《人民币单位银行结算账户管理协议》中约定鑫达矿业公司在迁安支行开立专用存款账户,账号为1142号,表明该账户就是专用存款账户,而非一般存款账户。2. 案涉两份《开立国内跟单信用证申请书》项下的金额分别是2000万元、4000万元,两份对应的《减免保证金开立国内信用证协议》第一条开证金额及保证金缴付中均约定"开立信用证前缴付等值于开证金额百分之五十的保证金"。同一日,鑫达矿业公司向1142账户分别转款1000万元、2000万元,均符合《减免保证金开立国内信用证协议》约定的保证金金额。3. 唐山分行国际业务部向该行风险管理部提交的《专业审查意见书》中就案涉信用证开证信息,表述保证金比例50%。4. 迁安支行就案涉信用证项下放款,向该行会计部门提交的《放款通知书》中明确保证金账号为1142号。5. 唐山分行、迁安支行在原审中提交的证据显示,1142账户发生的款项均为其与鑫达矿业公司之间因开立信用证而发生的款项。鑫达矿业公司与迁安公司签订《人民币单位银行结算账户管理协议》约定开立1142账户的时间是2014年7月10日,该账户资金流水明细显示,2014年7月15日,账户进入资金1000万元,与该日唐山分行向鑫达矿业公司开立信用证的时间为同一日。2015年1月13日、1月27日,该账户分别进账1000万元、2000万元,与唐山分行向鑫达矿业公司开立的另外两份信用证的时间也为同一日。该账户另有两笔交易即是本案所涉两份信用证项下款项。上述事实表明,1142账户除双方当事人之间用于开立信用证缴纳保证金外,未有其他性质的资金往来。唐山分行、迁安支行主张该账户为鑫达矿业公司因开立信用证而设立的保证金专用存款账户,有事实依据。6. 本案诉讼中,鑫达矿业公司一直主张1142账户是其向唐山分行申请开立信用证时缴纳保证金的账户,且其对该账户无支配权和使用权。在无相反证据证明情形下,鑫达矿业公司的陈述亦可以作为有效证据采信。由此,综合唐山分行、迁安支行提交的证据以及当事人的陈述,足以证明1142账户为信用证开证保证金账户,该账户内的3000万元属于案涉信用证项下保证金。原审判决以唐山分行、迁安支行在原审中提交的证据为其内部文件,第三人无从知晓不能显示出质押外观为由,认定该账户为一般存款账户,认定事实错误,适用法律不当,本院予以纠正。

二、关于唐山分行是否占有1142账户内保证金的问题

虽然从民事诉讼主体资格而言,原审判决根据民事诉讼法律规定,认定商业银行分支机构具有民事诉讼主体资格,并无不当。但是,就商业银行分支机构经营管理的财产而言,根据《商业银行法》第二十二条规定,商业银行对其分支机构实行全行统一核算,统一调度资金,分级管理的财务制度;商业银行分支机构不具有法人资格,在总行授权范围内依法开展业务,其民事责任由总行承担。可见,商业银行分支机构经营管理的财产权属属于总行。由此本案中唐山分行、迁安支行所经营管理的财产均属于其总行天津银行所有。同时,根据上述法律规定,唐山分行、迁安支行依据天津银行业务规则办理案涉信用证业务亦不违反法律规定。唐山分行、迁安分行据此主张1142账户中的保证金已经由唐山分行占有,理由成立,本院予以支持。原审判决认定1142账户内的款项未移交唐山分行占有,适用法律不当,本院予以纠正。

三、关于案涉信用证项下的债务是否已由鑫达矿业公司清偿的问题

物产租赁公司主张案涉信用证项下债务已由鑫达矿业公司清偿的依据,是原审中唐山分行、迁安支行提交的日期为2016年1月11日、25日的两份《天津银行特种转账借方传票》。原审中,唐山分行、迁安支行提交上述《天津银行特种转账借方传票》及日期相同的两份《非标准账户申请表》等证据,用以证明其已对外垫付了案涉信用证项下的款项6000万元。首先,根据两份《非标准账户申请表》,单从该开户申请表名称看,开立的该账户是非标准账户,表明该账户的开立并不属于一般普通结算账户,而是具有特定用途的账户。其次,根据《天津银行会计科目使用说明》,《非标准账户申请表》中开立会计科目13603为信用证垫款。再次,《非标准账户申请表》中开立账户名称虽为鑫达矿业公司,但申请人为迁安支行,鑫达矿业公司在该申请表中未加盖公章,未有意思表示,表明鑫达矿业公司并没有向迁安支行申请开立所涉账户。最后,上述《非标准账户申请表》及《天津银行特种转账借方传票》中的业务范围及转账原因均记载为信用证垫款,而非信用证付款;表明上述借方传票项下的款项并非由鑫达矿业公司实际支付,否则,所涉款项用途应记载为信用证付款,而不是垫款,所谓垫款,只能理解为由开证银行为开证申请人垫付。另外,就案涉信用证项下款项是否已经付清,经本院庭审中询问,鑫达矿业公司陈述其因资金困难,一直未予支付。由此,结合上述账户开立、转款凭证记载内容以及当事人陈述情况,本院认为,唐山分行、迁安支行关于上述账户仅是天津银行为了完成案涉信用证垫款手续而设立的专用内部账户,该账户内资金流动与鑫达矿业公司无关的主张有事

实依据，本院予以支持。而物产租赁公司仅依据上述《天津银行特种转账借方传票》中的付款人记载为鑫达矿业公司，而主张迁安支行与鑫达矿业公司之间形成新的借贷关系，鑫达矿业公司已经支付了案涉信用证项下的款项等，缺乏证据证明，本院不予支持。

综上，根据本案证据，1142 账户为鑫达矿业公司开立的信用证保证金账户，账户中的 3000 万元为与案涉两份信用证一一对应的其项下的保证金；该账户自开立以来，账户中的保证金一直由唐山分行、迁安支行控制及占有；唐山分行、迁安支行已经垫付了案涉信用证项下的款项。根据《担保法解释》第八十五条"债务人或者第三人将其金钱以特户、封金、保证金等形式特定化后，移交债权人占有作为债权的担保，债务人不履行债务时，债权人可以以该金钱优先受偿"的规定，唐山分行、迁安支行有权对上述 3000 万元优先受偿。《最高人民法院关于人民法院能否对信用证开证保证金采取冻结和扣划措施问题的规定》第一条规定："人民法院在审理或执行案件时，依法可以对信用证开证保证金采取冻结措施，但不得扣划。如果当事人认为人民法院冻结和扣划的某项资金属于信用证开证保证金的，应当提供有关证据予以证明。人民法院审查后，可按以下原则处理：对于确系信用证开证保证金的，不得采取扣划措施；如果开证银行履行了对外支付义务，根据该银行的申请，人民法院应当立即解除对信用证开证保证金相应部分的冻结措施；如果申请开证人提供的开证保证金是外汇，当事人又举证证明信用证的受益人提供的单据与信用证条款相符时，人民法院应当立即解除冻结措施。"据此，唐山分行、迁安支行对 1142 账户内的 3000 万元保证金享有足以排除人民法院强制执行的民事权益，唐山分行、迁安支行诉请人民法院停止对该 3000 万元的执行，有事实与法律依据，本院予以支持；原审判决认定唐山分行、迁安支行对该款不享有足以排除强制执行的民事权益并据此驳回唐山分行、迁安支行的诉请不当，本院予以纠正。

【案例来源】

中国裁判文书网，http://wenshu.court.gov.cn。

854　已为出质金钱开立保证金专门账户，且质权人取得对该专门账户的占有控制权，符合金钱特定化和移交占有的要求，金钱质权设立

【关键词】

| 金钱质押 | 质权设立 | 特定化 | 移交占有 |

【案件名称】

中国农业发展银行安徽省分行诉张大标、安徽长江融资担保集团有限公司执行异议之诉纠纷案［最高人民法院指导案例 54 号］

【裁判精要】

裁判要点：当事人依约为出质的金钱开立保证金专门账户，且质权人取得对该专门账户的占有控制权，符合金钱特定化和移交占有的要求，即使该账户内资金余额发生浮动，也不影响该金钱质权的设立。

法院生效裁判认为：

本案二审的争议焦点为农发行安徽分行对案涉账户内的资金是否享有质权。对此应当从农发行安徽分行与长江担保公司之间是否存在质押关系以及质权是否设立两个方面进行审查。

一、农发行安徽分行与长江担保公司是否存在质押关系

《物权法》第二百一十条规定："设立质权，当事人应当采取书面形式订立质权合同。质权合同一般包括下列条款：(一)被担保债权的种类和数额；(二)债务人履行债务的期限；(三)质押财产的名称、数量、质量、状况；(四)担保的范围；(五)质押财产交付的时间。"本案中，农发行安徽分行与长江担保公司之间虽没有单独订立带有"质押"字样的合同，但依据该协议第四条、第六条、第八条约定的条款内容，农发行安徽分行与长江担保公司之间协商一致，对以下事项达成合意：长江担保公司为担保业务所缴存的保证金设立担保保证金专户，长江担保公司按照贷款额度的一定比例缴存保证金；农发行安徽分行作为开户行对长江担保公司存入该账户的保证金取得控制权，未经同意，长江担保公司不能自由使用该账户内的资金；长江担保公司未履行保证责任，农发行安徽分行有权从该账户中扣划相应的款项。该合意明确约定了所担保债权的种类和数量、债务履行期限、质物数量和移交时间、担保范围、质权行使条件，具备《物权法》第二百一十条规定的质押合同的一般条款，故应认定农发行安徽分行与长江担保公司之间订立了书面质押合同。

二、案涉质权是否设立

《物权法》第二百一十二条规定："质权自出质人交付质押财产时设立。"《担保法解释》第八十五条规定，债务人或者第三人将其金钱以特户、封金、保证金等形式特定化后，移交债权人占有作为债权的担保，债务人不履行债务时，债权人可以以该金钱优先受偿。依照上述法律和司法解释规定，金钱作为一种特殊的动产，可以用于质押。金钱质押作为特殊的动产质押，不同于不动产抵押和权利质押，还应当符合金钱特定化和移交债权人占有两个要件，以使金钱既不与出质人其他财产相混同，又能独立于质权人的财产。

本案中，首先，金钱以保证金形式特定化。长江担保公司于2009年4月3日在农发行安徽分行开户，且与《贷款担保业务合作协议》约定的账号一致，即双方当事人已经按照协议约定为出质金钱开立了担保保证金专户。保证金专户开立后，账户内转入的资金为长江担保公司根据每次担保贷款额度的一定比例向该账户缴存保

证金;账户内转出的资金为农发行安徽分行对保证金的退还和扣划,该账户未作日常结算使用,故符合《担保法解释》第八十五条规定的金钱以特户等形式特定化的要求。其次,特定化金钱已移交债权人占有。占有是指对物进行控制和管理的事实状态。案涉保证金账户开立在农发行安徽分行,长江担保公司作为担保保证金专户内资金的所有权人,本应享有自由支取的权利,但《贷款担保业务合作协议》约定未经农发行安徽分行同意,长江担保公司不得动用担保保证金专户内的资金。同时,《贷款担保业务合作协议》约定在担保的贷款到期未获清偿时,农发行安徽分行有权直接扣划担保保证金专户内的资金,农发行安徽分行作为债权人取得了案涉保证金账户的控制权,实际控制和管理该账户,此种控制权移交符合出质金钱移交债权人占有的要求。据此,应当认定双方当事人已就案涉保证金账户内的资金设立质权。

关于账户资金浮动是否影响金钱特定化的问题。保证金以专门账户形式特定化并不等于固定化。案涉账户在使用过程中,随着担保业务的开展,保证金账户的资金余额是浮动的。担保公司开展新的贷款担保业务时,需要按照约定存入一定比例的保证金,必然导致账户资金的增加;在担保公司担保的贷款到期未获清偿时,扣划保证金账户内的资金,必然导致账户资金的减少。虽然账户内资金根据业务发生情况处于浮动状态,但均与保证金业务相对应,除缴存的保证金外,支出的款项均用于保证金的退还和扣划,未用于非保证金业务的日常结算。即农发行安徽分行可以控制该账户,长江担保公司对该账户内的资金使用受到限制,故该账户资金浮动仍符合金钱作为质权的特定化和移交占有的要求,不影响该金钱质权的设立。

【权威解析】

(一)关于金钱质权的设立问题

质权是指债权人因担保其债权而占有债务人或第三人提供的动产或权利,并在债务人不履行债务或出现当事人约定的实现权利的条件时,债权人就该财产或权利所得价金优先受偿的权利。我国《物权法》第二百一十二条规定:“质权自出质人交付质押财产时设立。”《担保法解释》第八十五条规定:“债务人或者第三人将其金钱以特户、封金、保证金等形式特定化后,移交债权人占有作为债权的担保,债务人不履行债务时,债权人可以以该金钱优先受偿。”因此,依照上述法律和司法解释规定,金钱作为一种特殊的动产,可以用于质押。金钱质押作为特殊的动产质押,不同于不动产抵押和权利质押,还应当符合金钱特定化和移交债权人占有两个要件,以使金钱既不与出质人其他财产相混同,又能独立于质权人的财产。

本案例中,可以认定双方当事人已就案涉保证金账户内的资金设立质权。首先,金钱以保证金形式予以特定化。长江担保公司于2009年4月3日在农发行安徽分行开户,且与贷款担保业务合作协议约定的账号一致,即双方当事人已经按照协议约定为出质金钱开立了担保保证金专户。保证金专户开立后,账户内转入的资金为长江担保公司根据每次担保贷款额度的一定比例向该账户缴存的保证金;账户内转出的资金为农发行安徽分行对保证金的退还和扣划，该账户未作日常结算使用，故符合《担保法解释》第八十五条规定的金钱以特户等形式特定化的要求。

其次，特定化金钱已移交债权人占有。占有是指对物进行控制和管理的事实状态。案涉保证金账户开立在农发行安徽分行，长江担保公司作为担保保证金专户内资金的所有权人，本应享有自由支取的权利，但贷款担保业务合作协议约定未经农发行安徽分行同意，长江担保公司不得动用担保保证金专户内的资金。同时，贷款担保业务合作协议约定在担保的贷款到期未获清偿时，农发行安徽分行有权直接扣划担保保证金专户内的资金。由此可见，农发行安徽分行作为债权人取得了案涉保证金账户的控制权，实际控制和管理该账户，此种控制权移交符合出质金钱移交债权人占有的要求。

（二）关于专户资金浮动是否影响金钱特定化的问题

对于金钱特定化，专户内资金浮动是否符合金钱特定化要求，当事人存有争议。本指导性案例裁判要点指出，为出质金钱开立保证金专户并存入约定比例保证金，且未作日常结算使用的，符合金钱以特户形式特定化的要求。保证金以专门账户形式特定化并不等于固定化，因业务开展需要按照约定比例存入保证金，由此发生资金余额浮动不影响金钱特定化。

本案例中，案涉账户在使用过程中，随着担保业务的开展，保证金账户的资金余额是浮动的。担保公司开展新的贷款担保业务时，需要按照约定存入一定比例的保证金，必然导致账户资金的增加；在担保公司担保的贷款到期未获清偿时，扣划保证金账户内的资金，必然导致账户内资金的减少。虽然账户内资金根据业务发生情况处于浮动状态，但均与保证金业务相对应，除缴存的保证金外，支出的款项均用于保证金的退还和扣划，未用于非保证金业务的日常结算。同时，农发行安徽分行可以控制该账户，长江担保公司对该账户内的资金使用受到限制，故该账户资金浮动仍符合金钱作为质权的特定化和移交占有的要求，不影响该金钱质权的设立。①

【案例来源】

《最高人民法院关于发布第 11 批指导性案例的通知》（2015 年 11 月 19 日，法〔2015〕320 号）。

编者说明

金钱作为一般等价物，其所有权随占有转移，因此在金钱上设定质权，必须对金钱进行特定化，以保证交付的金钱与质权人的财产相区分。《担保法解释》列举的特户和封金即符合金钱特定化的要求，以特户中的金钱和封金作为债权担保的，属于质押担保形式，成立

---

① 参见最高人民法院案例指导工作办公室：《指导案例 54 号〈中国农业发展银行安徽省分行诉张大标、安徽长江融资担保集团有限公司执行异议之诉纠纷案〉的理解与参照》，载《人民司法 · 案例》2017 年第 11 期。

金钱质权。其中,特户是金融机构为出质金钱所开设的专用账户,该账户被特定化以区别于普通账户。特户一般须开在质权人处才符合交付的要求,如果开在第三人处,须有债权人与出质人的约定以明确特户的担保性质,并由出质人向第三人为书面通知,第三人收到通知后未经债权人同意不得处置特户中的金钱。保证金作为担保物交付债权人后,如果符合特户的要求,也可以成立金钱质权。如果保证金被混同于一般资金账户,未按照特户管理的,不成立质权。①

855 保证金账户中的款项属于质押物,银行在对外垫付不可撤销保函及备用信用证项下的款项后,对该质押款项享有优先受偿权

【关键词】

| 保证金账户 | 优先受偿权 | 强制执行 |

【案件名称】

陈财宝与招商银行股份有限公司泉州江南支行申请执行人执行异议之诉案[最高人民法院(2018)最高法民终507号民事判决书,2018.11.22]

【裁判精要】

最高人民法院认为:

本案二审中的争议焦点为招行泉州江南支行就案涉账号为0055、0086、0090的三个账户内的资金是否享有足以排除强制执行的民事权益。

关于账号为0055、0086、0090的三个账户是否为保证金专用账户及上述账户内的资金是否为保证金的问题。

(一)从上述账号编码看,案涉三个账户属于招商银行的保证金账户。根据招银发〔2008〕744号《关于印发〈招商银行会计综合业务基本规定(第二版)〉和〈招商银行会计综合业务操作规程(第二版)〉的通知》及其附件、招商银行《新系统(核心业务系统)基础支持体系使用说明书》的规定,招商银行新系统户口编码规则中,保证金户口的长度为17位,其编码规则为10位客户号+2位户口前缀+4位顺序号+1位校验位,其中活期保证金使用的前缀是11,定期保证金户口使用的前缀是“80”。案涉0055、0086、0090三个账户的账号长度均为17位,编码中2位户口前缀均为“80”,符合上述招商银行关于保证金账户性质的规定。

(二)从冠科公司与招行泉州江南支行的约定看,双方在案涉协议中均约定账号为0055、0086、0090的三个账户为保证金账户。1. 冠科公司向招行泉州分行出具的

① 参见乔宇:《案外人执行异议之诉中质押保证金的认定——河泽市兴农百盛农贸有限公司与宋某案外人执行异议之诉纠纷案评析》,载最高人民法院执行局编:《执行工作指导》(总第59辑),国家行政学院出版社2016年版,第90页。

三份《不可撤销保函/备用信用证申请书》中，冠科公司均承诺其在账号为0055、0086、0090的保证金账户内存入人民币1700万元、1692万元、440万元的保证金，为该保函项下债务提供质押担保。2. 冠科公司（委托人）与招行泉州江南支行（保证人）签订的案涉三份《担保协议》中，均约定在保证人开立保函前，委托人应根据保证人的要求向保证人提供下列保障：在保证人处开立保证金账户（保证金账号为以保证金存入时招行泉州江南支行系统自动生成的账号为准），存入金额为人民币1700万元、1692万元、440万元的保证金，作为委托人履行本协议项下各项义务的质押担保，以备受益人索赔时偿付。之后双方签订的三份《保证金补充协议》亦分别约定，自本协议生效之日起，冠科公司应按招行泉州江南支行要求向其在招行泉州江南支行开立的保证金账户（账号0055、0086、0090）存入原合同约定的保证金，自资金进入保证金账户之日起即视为特定化和移交招行泉州江南支行占有，作为原合同/主债权合同项下债务的质押担保，未经招行泉州江南支行许可冠科公司不得动用。3. 招行泉州江南支行分别出具的三份保证金确认书中，载明的保证金账号分别为0055、0086、0090，开户行招行泉州江南支行，金额分别为人民币1700万元、1692万元、440万元，户名冠科公司，保证金类型为定期保证金，保证金性质为保函保证金。

（三）从账号为0055、0086、0090的三个账户的使用情况看，根据招行泉州江南支行在原审中提交的三个账户的历史交易明细，该三个账户除双方当事人之间用于开立保函缴纳保证金外，未有其他性质的资金往来。由此，原审判决认定上述账号为0055、0086、0090的三个账户为保证金专用账户，账户内的资金为保证金，有事实依据。陈财宝上诉主张该三个账户未与普通结算账户明显区分，不属于保证金账户，理由不能成立。

关于案涉保证金是否已经支付问题。原审中，招行泉州江南支行提交了《担保协议》《保证金补充协议》《保证金确认书》等证据，证明冠科公司已将案涉保证金交付至0055、0086、0090账户。原审判决认定上述账户内的保证金已由招行泉州江南支行占有，有事实依据。

关于凯基银行与凯基商业银行是否为同一主体的问题。首先，9××××2号《公证书》项下的内容，系台湾地区台北地方法院所属民间公证人在该地区金融监督管理委员会的官方网站所查阅到的信息，由于该网站为对外公开的官方网站，因而本院对于来源于上述金融监督管理委员会官方网站的信息内容予以采信。其次，根据上述台湾地区金融监督管理委员会官方网站的信息内容，凯基银行是凯基商业银行的简称，凯基银行原名称为万泰商业银行。而4××4号《公证书》项下内容，系公证人员通过网上搜索到的有关凯基银行2015年年报的信息，该年报信息亦显示凯基银行、凯基商业银行原名称为万泰商业银行。由此，4××4号《公证书》显示的内容与9××××2号《公证书》的内容一致，故本院对4××4号《公证书》的证明效力亦予以确认。据此，招行泉州江南支行抗辩凯基银行、凯基商业银行均是凯基商业银行股份有限公司的简称，凯基银行、凯基商业银行为同一主体，有证据证明。陈财宝主张凯基银行、凯基商业银行为不同主体，但未提交证据，本院不予支持。

关于案涉编号595LG13××××3不可撤销备用信用证项下款项是否已实际对外付款问题。招行泉州江南支行在开立该份不可撤销备用信用证时，其受益人为中华开发工业银行。后受让了中华开发工业银行金融业务及资产负债的凯基银行向招行泉州江南支行发出索偿电文后，招行泉州江南支行于2015年10月14日向凯基银行支付了上述不可撤销备用信用证项下的全部款项。已生效的另案判决即(2016)闽0582民初9044号民事判决对该事实亦予以了确认。因此，原审判决认定招行泉州江南支行就上述不可撤销备用信用证项下的款项已实际对外偿付，有事实依据。

关于招行泉州江南支行开立案涉三笔信用证是否程序违法问题。陈财宝上诉主张案涉三笔信用证属远期信用证，应当报当地外汇管理部门审批，招行泉州江南支行在开立案涉信用证过程中未经外汇管理部门审批，违反了《中国人民银行关于商业银行国际结算远期信用证业务经营风险管理的通知》，案涉信用证项下的保证金不能成立。本院认为，由于上述通知已经失效，且陈财宝未提交其他有效证据证明招行泉州江南支行开立案涉三笔信用证违反法律规定，故陈财宝上述主张缺乏证据证明。

据此，账号为0055、0086、0090的三个账户系冠科公司基于向招行泉州江南支行申请开立案涉不可撤销保函/备用信用证而开立的保证金账户，账户中的资金为保函保证金，自款项进入账户后一直由招行泉州江南支行占有和控制。原审判决基于上述情形认定上述账户中的款项属于质押物，招行泉州江南支行在对外垫付了案涉不可撤销保函/备用信用证项下的款项后，对该质押款项享有优先受偿权，足以排除陈财宝与冠科公司执行案件的强制执行，并无不当。

【案例来源】

中国裁判文书网，http://wenshu.court.gov.cn。

856 出票人向银行承兑汇票保证金专用账户交存保证金作为承兑汇票业务的担保，该行为性质属于设立金钱质押

【关键词】

|银行承兑汇票|保证金专用账户|金钱质押|

【案件名称】

大连银行股份有限公司沈阳分行与抚顺市艳丰建材有限公司、郑克旭案外人执行

异议之诉案［最高人民法院（2015）民提字第175号民事判决书，2016.3.31］①

【裁判精要】

裁判摘要:本案中,承兑汇票出票人向银行承兑汇票保证金专用账户交存保证金作为承兑汇票业务的担保,该行为性质属于设立金钱质押。当出票人未支付到期票款,银行履行垫款义务后,银行基于质权享有就该保证金优先受偿的权利。质权属于担保物权,足以排除另案债权的强制执行。

最高人民法院认为:

一、大连银行沈阳分行对案涉4000万元是否享有质权

《物权法》第二百一十条规定:"设立质权,当事人应当采取书面形式订立质权合同。质权合同一般包括下列条款:(一)被担保债权的种类和数额;(二)债务人履行债务的期限;(三)质押财产的名称、数量、质量、状况;(四)担保的范围;(五)质押财产给付的时间。"第二百一十二条规定:"质权自出质人交付质押财产时设立。"《担保法解释》第八十五条规定:"债务人或者第三人将其金钱以特户、封金、保证金等形式特定化后,移交债权人占有作为债权的担保,债务人不履行债务时,债权人可以以该金钱优先受偿。"根据上述法律及司法解释的规定,金钱作为一种特殊的动产,具备一定形式要件后,可以用于质押。具体到本案,大连银行沈阳分行对案涉4000万元是否享有质权,应当从大连银行沈阳分行与艳丰公司之间是否存在质押合同关系以及质权是否有效设立两个方面进行审查。

(一)大连银行沈阳分行与艳丰公司之间是否存在质押合同关系。大连银行沈阳分行与艳丰公司签订的《汇票承兑合同》第二条第2.2款约定:艳丰公司于汇票承兑前,在大连银行沈阳分行开立针对合同项下汇票的保证金专用账户(账号为1012××××××0023)并存入汇票金额100%的保证金,保证金金额为8000万元。艳丰公司同意将上述保证金及其产生的利息作为履行合同的担保,并授权大连银行沈阳分行在因合同需要时办理上述保证金的冻结、扣划等手续;第五条第5.7款约定:艳丰公司应于合同项下汇票到期日之前将汇票金额足额存入大连银行沈阳分行指定账户。若艳丰公司未能在汇票到期日前足额交付全部汇票金额,则大连银行沈阳分行有权将合同第二条第2.2款的保证金账户和艳丰公司其他存款账户中的款项直接用于支付到期汇票或偿还大连银行沈阳分行对持票人的垫款以及相应利息和手续费,同时对艳丰公司尚未支付的汇票金额按照日万分之五计收罚息。上述约定表明,大连银行沈阳分行与艳丰公司之间协商一致,达成以下合意,即艳丰公司向

① 大连银行股份有限公司沈阳分行与抚顺市艳丰建材有限公司、郑克旭案外人执行异议之诉案［最高人民法院(2015)民提字第174号民事判决书,2016.3.31］的裁判理由与本案民事判决书基本一致(略),载中国裁判文书网,http://wenshu.court.gov.cn。

大连银行沈阳分行缴存100%比例保证金作为案涉承兑汇票业务的担保,如艳丰公司未按期足额交付全部汇票金额,则大连银行沈阳分行有权以该保证金直接支付到期承兑汇票或偿还大连银行沈阳分行对持票人的垫款,也即大连银行沈阳分行对案涉保证金享有优先受偿权。上述合意具备质押合同的一般要件,符合《担保法解释》第八十五条关于金钱质押的规定。原审法院仅以双方在《汇票承兑合同》中未有大连银行沈阳分行对该保证金享有优先受偿权的表述即认定双方并无以保证金设立质押的意思表示、保证金不具有金钱质押性质,有所不当,本院予以纠正。

(二)本案质权是否有效设立。根据《物权法》第二百一十二条"质权自出质人交付质押财产时设立"的规定,交付行为应被视为设立动产质权的生效条件。金钱质押作为特殊的动产质押,依照《担保法解释》第八十五条规定,生效条件包括金钱特定化和移交债权人占有两个方面。具体到本案,首先,案涉4000万元资金已经通过存入保证金专用账户的形式予以特定化。保证金特定化的实质意义在于使特定数额金钱从出质人财产中划分出来,成为一种独立的存在,使其不与出质人其他财产相混同,同时使转移占有后的金钱也能独立于质权人的财产,避免特定数额的金钱因占有即所有的特征混同于质权人和出质人的一般财产中。具体到保证金账户的特定化,就是要求该账户区别于出质人的一般结算账户,使该账户资金独立于出质人的其他财产。本案中,双方当事人按照《汇票承兑合同》的约定开立了账号为1012××××××0023的保证金专用账户,用途均与保证金有关,不同于艳丰公司在大连银行沈阳分行开立的账号为1012××××××0325的一般结算账户。艳丰公司按照《汇票承兑合同》约定的额度比例向该账户缴存了保证金,大连银行沈阳分行向艳丰公司出具了《保证金冻结通知书》,对保证金账户进行了冻结。因此,本案符合金钱以保证金形式特定化的要求。其次,大连银行沈阳分行能够对该保证金专用账户进行实际控制和管理,实现了移交占有。本案中,案涉保证金专用账户开立于大连银行沈阳分行的下属支行,艳丰公司在按照《汇票承兑合同》约定存入保证金之后,大连银行沈阳分行对该账户进行了冻结,使得艳丰公司作为保证金专户内资金的所有权人,不能自由使用账户资金,实质上丧失了对保证金账户的控制权和管理权。而大连银行沈阳分行依据《汇票承兑合同》第五条第5.7款规定,在艳丰公司未能在汇票到期日前足额交付全部汇票金额的情况下,有权将保证金账户中的款项直接用于支付到期汇票或者偿还大连银行沈阳分行对持票人的垫款,即大连银行沈阳分行有权直接扣划保证金专用账户内的资金。据此应当认定,大连银行沈阳分行实质上取得了案涉保证金专用账户的控制权,此种控制权移交符合动产交付占有的本质要求。

综合以上分析可以认定,本案金钱质押已经设立,大连银行沈阳分行对案涉4000万元保证金享有质权。大连银行沈阳分行该项再审主张和理由,有事实和法律依据,本院予以支持。原审法院认定本案保证金账户存款性质属于信誉保证,不属于金钱质押,适用法律错误,本院予以纠正。

【案例来源】

《中华人民共和国最高人民法院公报》2016 年第 10 期。

857 回购准备金被存入保证金账户并进行相应的权利限制，但该限制并非表明当事人的本意是设定保证金质押，为安全回收贷款进行的制度安排不一定是担保方式

【关键词】

| 担保 | 回购准备金 | 保证金质押 |

【案件名称】

山东东岳化工有限公司与交通银行股份有限公司青岛分行、交通银行股份有限公司青岛市北第一支行及山东恒泰节能新材料科技有限公司合同纠纷案［最高人民法院（2018）最高法民终 901 号民事判决书，2018. 12. 24］

【裁判精要】

最高人民法院认为：

一、一审判决在认定《三方合作协议》合法有效的同时，又分析该协议无效的法律责任是否属于适用法律错误

一审法院认为，假设本案《三方合作协议》无效，也应整体认定无效。由上述表述可见，一审判决并没有同时既认定协议有效又认定无效，而是在认定有效的同时，通过“假设”方式对《三方合作协议》无效的法律后果进行了分析，因此，该论述并不存在适用法律错误问题。《合同法》第五十八条规定，合同无效或者被撤销后，因该合同取得的财产，应当予以返还。基于《三方合作协议》对协议各方权利义务安排的整体性，交行青岛市北支行虽然扣划东岳化工的 2 亿元回购准备金，但东岳化工先行获得了恒泰公司 2 亿元的融资款，故东岳化工和交行青岛市北支行之间所获利益相抵，交行青岛市北支行无须返还东岳化工 2 亿元款项。东岳化工并未向恒泰公司交付货物，交行青岛市北支行扣划东岳化工 2 亿元回购准备金后，恒泰公司无须再承担给付借款的责任，两者之间也不存在利益不平衡之处。一审判决既明确了合同有效情形下的法律后果，也对在假设合同无效情形下的责任承担进行了分析，是基于全面阐释裁判结果的合法性和公平性的考虑，具有合理性。

二、《三方合作协议》是否实为约定东岳化工承担担保责任的担保协议，本案是否应适用《担保法》及其司法解释的规定认定东岳化工的责任

东岳化工与交行青岛分行签订的《蕴通财富产业链金融合作协议》约定，双方开展产业链金融合作，以东岳化工为核心企业，交行青岛分行为其及上下游客户提供

金融产品和服务，恒泰公司作为正式渠道供应商纳入东岳化工销售体系。

本案所涉《三方合作协议》正是基于《蕴通财富产业链金融合作协议》，在双方全面开展产业链金融合作的基础上签订的。《三方合作协议》约定，交行青岛分行为恒泰公司提供2亿元融资贷款，代其向东岳化工支付货款，用于购买东岳化工的聚氯乙烯产品。恒泰公司收到东岳化工货物后，用销售货物的资金偿还银行融资款。为保障贷款资金的按时回收，东岳化工在交行青岛市北支行账户存入等额的“回购准备金”，恒泰公司在交行青岛分行办理的流动资金贷款到期一旦出现逾期违约，该回购准备金用于偿还恒泰公司相应债务。该协议约定了东岳化工用回购准备金进行回购的义务以及交行方在符合约定条件下扣划回购准备金的权利。基于货币这一特殊动产的特性，为避免该回购准备金与其他货币混同，保障交行方扣划回购准备金权利的实现，回购准备金被存入保证金账户并进行相应的权利限制，但该限制并非表明当事人的本意是设定保证金质押。为安全回收贷款进行的制度安排不一定是担保方式。本案当事人在《三方合作协议》中约定的交易模式本意，是东岳化工交货后，恒泰公司以出售货物所得款项归还交行方的贷款。如果恒泰公司不能销售货物获得款项归还贷款，则由东岳化工用回购准备金清偿贷款。《三方合作协议》是基于贸易融资的特殊性，对合同三方主体之间权利义务进行的特殊安排，各方主体权利义务具有整体性和关联性，并不能单纯割裂评价和分析某两个主体之间的法律关系和权利义务，故本案不应适用《担保法》及其司法解释的规定认定东岳化工的责任。退一步而言，即使从回购准备金实质为当事人为保障贷款安全回收进行的制度安排的角度分析，其具有一定的担保功能，可以认定为一种担保形式，该担保未经过东岳化工的内部审批、亦未得到东岳化工的事后追认而应当认定无效，但如前所述，依据《三方合作协议》对三方权利义务安排的整体性，不能仅对东岳化工与交行方两方之间的法律关系以及依据《担保法》及其司法解释的规定认定两者责任。在《三方合作协议》对各方当事人权利义务进行整体安排的情形下，即使《三方合作协议》无效，由于东岳化工占有贷款，交行方取得了东岳化工的2亿元回购准备金，两者相互抵减，无须再互相返还，符合法理，也符合诉讼经济原则。

【案例来源】

中国裁判文书网，http://wenshu.court.gov.cn。

858 质押人出具质押担保并成就合同目的后，即反言以自己行为违法导致合同无效为由以达到免除担保责任的目的，不予支持

【关键词】

| 质押担保 | 免除担保责任 | 反言 |

【案件名称】

民生证券有限责任公司与广东发展银行股份有限公司郑州郑汴路支行、河南花园集团有限公司质押合同纠纷案［最高人民法院（2005）民二终字第40号民事判决书，2005. 10. 25］

【裁判精要】

裁判摘要:双方签订的《权利质押合同》设定的质押物为3000万元,该3000万元就存在广发银行,广发银行已经实际控制了上述账户的资金,即已完成质物的移交,不存在再次交付的问题。

民生证券出具董事会决议,同意提供存款质押,并由法定代表人签署了授权书,授权李永刚签订质押合同及借款合同,并在上述合同上签盖法人印章,这些事实足以认定为民生证券法人行为,而非董事、经理的个人行为。质押担保合同应认定为有效。

民生证券作为质押人向广发银行出具了质押担保,得到广发银行信任并成就合同目的后,即反言以自己的行为违法导致合同无效为由以达到免除担保责任的目的。此行为有悖诚信原则。

最高人民法院认为:

本案二审的争议焦点主要集中在质押合同是否成立和质押合同的效力问题。

首先,关于质押合同是否成立的认定。民生证券与广发银行签订的质押合同系双方当事人协商一致达成的协议,由双方当事人签章认可,双方签订的《权利质押合同》设定的质押物为3000万元,该3000万元的存款是特指民生证券在广发银行的存款。并不存在上诉人民生证券所述的质押物未明确的情形。因该3000万元就存在广发银行,广发银行已经实际控制了上述账户的资金,即已完成质物的移交,不存在再次交付的问题。根据《担保法》第六十四条规定,“质押合同自质押物交于质权占有时生效”。因而,该合同已经成立并生效。民生证券关于质押资金没有移交占有,质押合同不生效的上诉主张缺乏法律依据,本院不予支持。

其次,关于合同效力的认定。本案中,民生证券出具董事会决议,同意提供存款质押,并由法定代表人签署了授权书,授权李永刚签订质押合同及借款合同,并在上述合同上签盖法人印章,该事实足以认定民生证券法人行为,而非董事、经理的个人行为。民生证券在上诉中否认该公司董事会的决议,并由该公司的董事出具证词,称未参加董事会通过上述决议。由于这些董事与公司利益一致,是与本案有利害关系的人,故上述证词本院不予采信。虽然花园集团是民生证券的股东,但因民生证券的质押担保行为是其法人行为,而非董事、经理个人行为,故该行为并不违反《公司法》(1999)第六十条第三款关于“董事、经理不得以公司资产为本公司的股东或者其他个人债务提供担保”以及《担保法解释》第四条关于“董事、经理违反《公司法》第六十条的规定,以公司资产为本公司的股东或者其他个人债务提供担保的,担保合同无效”的规定。质押担保合同应认定为有效。民生证券作为质押人向广发银行出具了质押担保,得到广发银行信任并成就合同目的后,即反言以自己的行为违法导致合同无效为由以达到免除担保责任的目的。此行为有悖诚信原则。故民生证券关于质押合同是董事、经理个人为股东担保的个人行为,质押合同应为无效,该公司不应承担担保责任的上诉主张不能成立,本院不予支持。

【案例来源】

最高人民法院民事审判第二庭编:《最高人民法院商事审判指导案例·借款担保卷》(上),中国法制出版社 2011 年版,第 466 ~ 472 页。

859 银行在承兑汇票到期前同意债务人提前支取开立汇票的保证金,应认定为主动放弃质押担保

【关键词】

|承兑汇票|提前支取保证金|放弃质押|

【案件名称】

中国农业银行乌鲁木齐市青年路支行与新疆大湾房产(集团)有限公司、乌鲁木齐高频钢管厂借款担保合同纠纷案[最高人民法院(2009)民提字第 97 号民事判决书,2009. 11. 20]

【裁判精要】

裁判摘要:担保人为债务人的新旧贷款提供担保,在债权人部分放弃质押担保的情形下,根据《担保法》第二十八条第二款的规定,担保人在债权人放弃物的担保范围内免除保证责任。但对其他不具有法定免责事由的担保债务,担保人仍应承担担保责任。

最高人民法院认为:

虽然《银行承兑汇票契约》中约定高频钢管厂未付清票款前,保证金不得挪用,但农行青年路支行根据高频钢管厂的申请,将 300 万元保证金予以退还,仅是双方在履行承兑汇票契约时达成的一种合意行为,并不能得出承兑汇票契约已经履行完毕的结论,更不能否定高频钢管厂此后偿还 1000 万元承兑汇票款的事实,故二审判决地上述认定没有事实和法律依据。《担保法解释》第八十五条规定:“债务人或者第三人将其金钱以特户、封金、保证金等形式特定化后,移交债权人占有作为债权的

担保,债务人不履行债务时,债权人可以以该金钱优先受偿。”保证金、封金等可以成立金钱质押,故本案承兑汇票保证金的性质是金钱质押。农行青年路支行在承兑汇票未到期前,同意高频钢管厂提前支取保证金,该行为应认为是其主动放弃了质押担保,根据《担保法》第二十八条第二款“债权人放弃物的担保的,保证人在债权人放弃权利的范围内免除保证责任”的规定,大湾房产公司应当在农行青年路支行放弃物的担保范围内免除保证责任。

【案例来源】

最高人民法院民事审判第二庭编:《最高人民法院商事审判指导案例·借款担保卷》(上),中国法制出版社 2011 年版,第 414 ~ 422 页。

860 证券公司作为专业机构,向债权人提供客户交易结算资金专用账户作为质押账户,应当承担责任

【关键词】

| 证券公司 | 客户交易结算资金 | 专用账户质押 |

【案件名称】

广东发展银行股份有限公司郑州科技支行与民生证券有限责任公司其他合同纠纷案 [最高人民法院 (2013) 民抗字第 30 号民事判决书, 2014. 6. 5]

【裁判精要】

裁判摘要:义务人不能以自己的行为违法为由,推翻先前自愿达成的协议用以拒绝应当承担的债务责任。司法裁判在面对合同效力认定与禁止反言暨诚信原则相悖时,应当合理处置合同效力,以维护诚信原则、维护债权人的合法利益。

最高人民法院认为:

关于本案所涉的客户交易结算资金账户为质押品的问题。经审理查明,0621 账户是客户交易结算资金专用账户,应当单独管理、专户专用,而且严禁客户交易资金与券商自有资金同在一账户,相关法律及行业规定清楚明确,其目的在于妥善保护客户交易结算资金的安全,保护交易客户的利益。检察机关对此提出的抗诉理由已被本院充分重视。民生证券陇海路营业部作为专业证券机构对相关法律和行业规定是明知的,却向广发行经七路支行提供 0621 账户作为质押账户,并声明存入自有资金 5000 万元,且确立了债务的清偿方式和清偿顺序,其违法、违规行为在先。而且,正是由于民生证券陇海路营业部同时提供保证及质押的行为,促使广发行经七路支行与久安公司之间完成承兑交易。在久安公司不能归还款项的情况发生后,民

生证券陇海路营业部不仅拒绝履行书面承诺的保证责任，反而以自己的质押行为违法、请求人民法院确认无效来推脱应当代为还款的合同义务，有违诚信和公平原则，本院不予支持。广发行经七路支行是否清楚0621账户性质与民生证券陇海路营业部应当履行承诺的还款义务没有直接因果关系。至今亦没有在民生证券陇海路营业部开立交易账户的股民主张其客户交易结算资金受损。同时，民生证券公司亦不能举证说明，久安公司并非其交易客户却汇入该公司7500万元巨额款项以及其自愿承担保证责任的原因。民生证券陇海路营业部违法违规行为所造成的其他后果，应当由其自行承担。

【权威解析】

第三，义务人不能以自己的行为违法为由，推翻先前自愿达成的协议用以拒绝应当承担的债务责任。司法裁判在面对合同效力认定与禁止反言暨诚信原则相悖时，应当合理处置合同效力，以维护诚信原则、维护债权人的合法利益。

综合全案事实，合议庭认为，作为专业证券机构，民生证券陇海路营业部对法律法规行业规范的规定是明知的，在此情况下，陇海路营业部仍然向广发经七路支行提供0621账号，并声明存入自有资金5000万元，且清偿方式和清偿顺序明确。也正是由于民生证券陇海路营业部同时提供保证及质押的行为，促使广发行经七路支行与久安公司之间完成承兑交易。发生欠款后，民生证券陇海路营业部以自己承诺的还款行为违法请求人民法院确认质押无效达到拒绝履行其清偿责任的目的，有违商业交易中的诚信原则。《民法通则》《合同法》《担保法》均确立了诚信与公平原则。诚信是交易的基础，禁止反言是维护诚信原则的准则之一。本案质押合同虽然存在法律上的瑕疵，但是，在交易之初，陇海路营业部自愿保证偿债的意思表示已经被其主动且完整地表达给交易相对人。而作为交易惯例，银行在没有保证的情况下是不可能出借款项的。从确认合同效力与保证交易诚信与公平的考量中，合议庭选择了后者，没有确认本案质押无效。

此外，《担保法解释》第八十五条关于将金钱以特户、封金、保证金等形式特定化后，移交债权人占有作为债权的担保的规定，是为全面保障债权人在债务人或者第三人不履行债务时行使优先受偿的权利。债务人并不能因此而排斥债权人的权利。当然，广发行经七路支行作为金融机构对相关规定和工作程序是明知的，其放任证券公司用客户交易资金结算账户质押等违规行为亦应得到司法警示。

结论：案件经最高人民法院审判委员会讨论决定，一致同意合议庭对案件的分析和认定。审理中对检察机关的抗诉意见予以了充分重视，证券公司不能事后以自己的行为违法而诉请免除其在前的真实意思表示所承诺的还债责任，有违诚信原则。民生证券有限责任公司郑州陇海路证券营业部请求确认质押声明书无效、广发行应退还扣划款项的诉讼请求不能成立。河南省高级人民法院二审判决应予维持。

其他：本案是特定历史时期的产物，依照当时的规定，证券公司在银行开立客户交易结算资金账户，也称客户保证金账户，需要进行股票等交易的客户先在证券公司开立交易账户和资金账号，客户的该资金账户设置在证券公司在银行开立的客户交易结算资金账户内，时称“大池子”，再由银行对证券公司的客户保证金账户进行监管。在这种体制下，银行很难对交易客户的资金安全实施一对一的监管。2005年7月29日《国务院办公厅转发证监会关于证券公司综合治理工作方案的通知》(国办发〔2005〕43号)颁布之后，彻底排除了证券公司对客户交易结算资金的管理权，实行客户直接在银行开立用于证券交易的存款账户，对应在证券公司开立的证券交易账户，客户无论买、卖划转资金还是提取现金，都通过银行进行，证券公司不再有任何机会和权利插手客户的资金管理，也就不会再出现本案的问题。①

【案例来源】

中国裁判文书网，http://wenshu.court.gov.cn。

861 银行按照海关要求为企业设立专用账户收取保证金，为其在经营加工贸易业务过程中所涉及的“依法应当履行的法律义务”进行的海关事务担保属于质押担保

【关键词】

|保证金|海关事务担保|质押担保|

【案件名称】

中华人民共和国无锡海关与江苏紫金农村商业银行股份有限公司葛塘支行执行异议之诉案［江苏省南京市六合区人民法院（2016）苏0116民初1733号民事判决书，2016.12.19］

【裁判精要】

江苏省南京市六合区人民法院一审认为：

关于本案的第二个争议焦点，即台账核销期限内，台账保证金的法律性质。海关事务担保是《海关法》确立的由当事人以财产、权利向海关提供担保，承诺履行法律义务，海关给予其提前放行货物等便利的一项管理措施，海关事务担保的对象是当事人“依法应当履行的法律义务”。本案中，原告接受同源公司、汇鸿公司的保证金后办理的加工贸易保证金台账，是同源公司、汇鸿公司为其在经营加工贸易业务

① 参见左红：《禁止反言暨诚信原则与合同效力处置之考量——民生证券股份有限公司与广发银行股份有限公司郑州科技支行质押合同纠纷抗诉案》，载最高人民法院审判监督庭编：《审判监督指导》(总第48辑)，人民法院出版社2014年版，第117～127页。

过程中所涉及的“依法应当履行的法律义务”(既包括可能承担的最高税款,也包括将进境的加工贸易料件加工形成成品后复运出境的义务)而进行的海关事务担保。该海关事务担保属于质押担保。理由如下:

第一,金钱作为一种特殊的动产,可以用于质押。本案中,金钱已以保证金形式特定化。同源公司、汇鸿公司向中国银行无锡锡山支行递交由无锡海关签发的《银行保证金台账开设联系单》时,中国银行无锡锡山支行按照海关的要求为企业设立专用账户,并按《银行保证金台账开设联系单》注明的金额收取保证金,出具《银行保证金台账登记通知单》,此举符合金钱以特户等形式特定化的要求。第二,特定化金钱已移交债权人占有。案涉保证金账户开立在中国银行无锡锡山支行,同源公司、汇鸿公司作为该台账保证金账户内资金的所有权人,本应享有自由支取的权利,但根据《海关事务担保条例》、219 号令等相关规定,台账保证金账户的设立、存入的金额、核销均需经海关核准,因此,无锡海关作为监管人实际控制和管理该账户,此种控制权移交符合出质金钱移交债权人占有的要求。

因此,本案中原告无锡海关对在中国银行无锡锡山支行的同源公司(原账号为00×××01、现账号为48×××53)的款项754112.46元、汇鸿公司(原账号29×××01、现账号为53×××63)的款项63733.35元享有质权。

关于本案的第三个争议焦点,即台账核销期限届满后,台账保证金的法律效力。本院认为:根据 219 号令第三十条关于“经营企业应当在规定的期限内将进口料件加工复出口,并且自加工贸易手册项下最后一批成品出口或者加工贸易手册到期之日起 30 日内向海关报核”的规定,经营企业应在加工贸易手册项下最后一批成品出口或者加工贸易手册到期之日起 30 日内向海关报核。虽然本案中经营企业未向海关及时报核,但根据《海关事务担保条例》第十八条第一款“被担保人在规定期限内未履行有关法律义务的,海关可以依法从担保财产、权利中抵缴”的规定,无锡海关仍可以依职权就经营企业的义务依法从其担保的财产、权利中抵缴;也可以依职权根据 2013 年 5 月 20 日《中国银行、海关总署联合下发关于〈加工贸易进口料件保证金台账“实转”联系配合办法实施细则〉的通知》,对涉案台账保证金依法进行“实转”处理。然而,至本案法庭辩论终结之前,无锡海关未尚未履行监管职责。但由于无锡海关是否及时履行核销手续是无锡海关针对管理相对人同源公司、汇鸿公司的行政行为,不属于本案处理范畴。根据 219 号令第三十八条“经营企业已经办理担保的,海关在核销结案后按照规定解除担保”之规定,在无锡海关依法对涉案加工贸易核销结案前,由于海关事务担保基于行使海关监督管理权而设立,不能等同于为民事法律关系提供的担保,虽然台账核销期早已届满,但担保并未解除,涉案质押担保依然存在。被告关于无锡海关提供的《银行保证金台账联系单》载明的台账核销期早已届满、故主债权消灭、进而质权也一并消灭的观点不符合法律规定,本院不予采纳。

【案例来源】

《中华人民共和国最高人民法院公报》2018 年第 11 期。

第十三章 | CHAPTER 13

其他担保物权纠纷

一、留置纠纷

862 加工标的物数量巨大且为可分物的，加工费留置权的范围仅能及于等价值的加工物

【关键词】

| 加工费留置权 | 等价加工物 |

【案件名称】

安新县捷力和铜业有限公司与金川集团股份有限公司加工合同纠纷案［最高人民法院（2016）最高法民终 254 号民事判决书，2016. 10. 14］

【裁判精要】

最高人民法院认为：

三、关于一审法院判决捷力和公司承担违约责任是否有误的问题

捷力和公司主张其未按约向金川公司返还粗铜属因金川公司未支付加工费而行使留置权。一审法院认为，金川公司未履行支付加工费的义务，捷力和公司有权留置所加工的粗铜，但因本案所涉加工粗铜数量巨大，且非不可分物，因此捷力和公司行使加工费留置权的范围，仅能及于等价值的粗铜。本院认为，根据查明的事实，捷力和公司欠返粗铜为 1114. 285 吨，其市场价值远大于加工费数额，捷力和公司以行使留置权为由拒不返还其余粗铜，显然无法律依据，对其超出加工费数额拒绝返铜的部分，应当承担违约责任。一审法院对捷力和公司违约责任的认定具有事实和法律依据，捷力和公司的该项上诉主张不能成立。

【案例来源】

中国裁判文书网，http://wenshu. court. gov. cn。

编者说明

《物权法》第二百三十三条规定，留置财产为可分物的，留置财产的价值应当相当于债务的金额。因此，留置的财产为可分物的，债权人只能留置与自己的债权数额相当的部分，超过部分不能留置；留置物为不可分物的，债权人可以留置整个留置物。

863 劳动者以用人单位拖欠劳动报酬为由主张对用人单位供其使用的工具、物品等动产行使留置权的，不予支持

【关键词】

| 劳动报酬 | 留置权 |

【案件名称】

长三角商品交易所有限公司诉卢海云返还原物纠纷案［江苏省无锡市中级人民法院二审民事判决书，2014.11.17］

【裁判精要】

裁判摘要：留置权是平等主体之间实现债权的担保方式；除企业之间留置的以外，债权人留置的动产，应当与债权属于同一法律关系。

劳动关系主体双方在履行劳动合同过程中处于管理与被管理的不平等关系。劳动者以用人单位拖欠劳动报酬为由，主张对用人单位供其使用的工具、物品等动产行使留置权，因此类动产不是劳动合同关系的标的物，与劳动债权不属于同一法律关系，故人民法院不予支持该主张。

无锡市中级人民法院二审认为：

留置权是平等主体之间实现债权的担保方式；除企业之间留置的以外，债权人留置的动产，应当与债权属于同一法律关系。劳动关系主体双方在履行劳动合同过程中处于管理与被管理的不平等关系。劳动者以用人单位拖欠劳动报酬为由，主张对用人单位供其使用的工具、物品等动产行使留置权，因此类动产不是劳动合同关系的标的物，与劳动债权不属于同一法律关系，故该主张与法律规定相悖。上诉人长三角公司的上诉理由成立，应予采纳。理由如下：

基于劳动关系产生的债权不能行使留置权。《物权法》第二百三十条规定"债务人不履行到期债务，债权人可以留置已经合法占有的债务人的动产，并有权就该动产优先受偿"；第二百三十一条规定"债权人留置的动产，应当与债权属于同一法律关系，但企业之间留置的除外"。根据法律规定及法律体系的架构，留置权的行使要件之一应为存在平等主体间的债权债务关系。留置权是担保物权之一，规定在我国《民法通则》《担保法》《物权法》等民法体系中，其调整对象应是平等主体间的民事担保关系，排除因管理行为产生的债权债务对《担保法》的运用。留置权在性质上是平等主体间实现债权的一种方式，其平等性表现在债权人可通过留置债务人的动产对抗债务人，督促其履行债务，并可通过对留置物进行变价优先受偿来保护债权。而劳动关系一方为用人单位，另一方为劳动者，与一般的民事关系相比，双方在履行劳动合同过程中处于管理和被管理的不平等关系，劳动者不能基于劳动管理关系而

对所占有的用人单位的财产适用留置，否则将导致劳动管理秩序的紊乱。我国的《劳动法》及《劳动合同法》已经对劳动者的合法权利设置了倾斜性保护条款，劳动者完全可以通过法定的正当途径保护自己的劳动债权，如再使用私力救济方式保护劳动债权，不仅影响劳动生产和管理秩序，还将造成债权债务保护的不公平性。另外，由于留置权具有优先受偿性，不仅优于一般债权人，还优先于享有抵押权、质押权人的其他债权人，而劳资纠纷产生于用人单位与劳动者之间，本质上系经济组织的内部纠纷，从用人单位与劳动者共担经营风险的角度而言，也不应通过行使留置权而优先于外部债权人受偿。

被上诉人卢海云所扣留的苏 B×××××轿车，不是双方劳动合同关系的标的物，不符合"同一法律关系"的构成要件。除企业间留置外，留置的动产应与债权属于同一法律关系。这实际上对留置的动产范围作了严格限定。所谓同一法律关系，是指债权人占有动产是基于与其债权发生的同一法律关系发生，动产与债权发生具有紧密联系性。劳动合同的基本法律关系为劳动者承担向用人单位提供劳动和接受用人单位管理的义务，并有权要求用人单位依约支付劳动报酬。本案中，卢海云被上诉人长三角公司安排在管理岗位，分管行政事务、财务以及人事工作，因此卢海云所扣留的苏 B×××××轿车，仅仅是长三角公司为公司高管出行提供的便利，并非双方建立的劳动关系的标的物，长三角公司可以随时收回车辆也并不影响原有劳动关系的履行，长三角公司是基于所有权而不是基于劳动关系要求卢海云返还车辆，因此卢海云占有苏 B×××××轿车与其主张的工资、社保金等劳动债权并非基于同一法律关系。

双方劳动关系已经解除，被上诉人卢海云丧失合法占有苏 B×××××轿车的基础。作为上诉人长三角公司高管所享受的便利，卢海云合法占有苏 B×××××轿车是有时间限制和条件限制的，在双方劳动关系解除后，卢海云合法占有苏 B×××××轿车的条件已不存在，理应向长三角公司返还苏 B×××××轿车。

【案例来源】

《中华人民共和国最高人民法院公报》2017 年第 1 期。

编者说明

《物权法》规定留置的动产与债权应属于同一法律关系，实践中认定同一法律关系的要点包括：留置的动产应是某一法律关系的标的物或者因该法律关系占有的标的物，债权人的债权也应是因同一法律关系而产生，如果不是同一法律关系，即便是同一性质的法律关系也不符合《物权法》规定的要求；债权和留置物属于同一法律关系，法律关系的发生并不以法律行为为必要，因事实行为或者事件发生的法律关系也同样适用留置权的规定；债权与留置物仅属于同一法律关系即可，债权是否因留置物发生在所不问。①

① 参见曹士兵：《中国担保制度与担保方法》（第三版），法律出版社 2015 年版，第 388 ~ 389 页。

二、定金纠纷

864 预约合同中已明确约定为诚意保证金，且其设立目的和作用不符合定金性质，一方主张对方承担定金责任的请求不予支持

【关键词】

｜诚意保证金｜定金｜

【案件名称】

中粮置地管理有限公司与成都中铁锦华置业有限公司合同纠纷案［最高人民法院（2018）最高法民终622号民事判决书，2018.11.16］

【裁判精要】

最高人民法院认为：

二、案涉《框架协议书》中约定的1亿元监管资金的性质

上诉人中粮置地公司主张,《框架协议书》约定的1亿元监管资金系依约按照被上诉人中铁锦华公司指定方式实际交付,以作为本次交易的保证,性质上属定金,并据此提起诉讼,主张中铁锦华公司承担定金加倍部分的违约责任。被上诉人中铁锦华公司辩称,该1亿元诚意保证金不具有定金性质,且未实际交付,中粮置地公司无权主张定金权利。对该1亿元监管资金的性质认定,双方当事人存在根本分歧,对其性质的判断,事关违约责任的请求权基础。

诉讼中,当事人对合同约定的内容产生争议,法院对于合同条款的文义解释是为首要。本案中,从合同文本内容分析,首先,中铁锦华公司作为甲方与乙方中粮置地公司签订的《框架协议书》第6条第4款明确约定:“乙方支付诚意保证金人民币10000万元存入乙方名义开立的甲、乙方共管的监管账户内,作为乙方进行本交易的保证。”由上可知,双方当事人在合同中已明确约定该1亿元资金为诚意保证金,由乙方中粮置地公司支付,目的是作为乙方进行本交易的保证。从设立目的和作用上看,该笔资金并不同时担保合同双方的债权,也非当事人对最低损害赔偿数额的预定,实际上担保的是乙方中粮置地公司单方的履约行为,这与定金所具有的双重担保性质不符。其次,双方当事人在《框架协议书》第6条第4款中同时明确约定“若因甲方原因导致交易的先决条件未能在签约期内全部达成的,或虽交易的先决条件已在签约期内全部达成,但甲方无正当理由未能与乙方签署正式交易协议,则甲方除应配合解除监管并在3个工作日内退还乙方诚意保证金外,还应向乙方支付违约

金人民币10000万元”“若交易的先决条件已在签约期内全部达成,若乙方无正当理由未能与甲方签署正式交易协议,则诚意保证金全部归甲方所有”。从上可知,双方当事人除在合同中设立保证金外,还针对违反合同义务的具体情形设定了违约金条款,明确了违约时各自的责任承担方式。即,如中铁锦华公司违反预约合同义务,应向中粮置地公司支付违约金1亿元;反之,如中粮置地公司违约,则1亿元监管资金归中铁锦华公司所有。需要注意的是,尽管在上述违约金条款中,双方当事人约定的违约金和保证金在数额上一致,但不能据此认定系对定金罚则的适用,当事人约定的违约金性质并未发生变化,其真实意思应为中粮置地公司作为合同一方,为保证自身履约支付1亿元保证金后,合同双方为保障权利义务的对等作出的违约责任承担的约定。此种安排目的是锁定交易机会,强化预约双方合同义务,确保双方依据诚信原则进行磋商,共同致力于订立本约合同。因此,本院认为,该1亿元资金的性质不为定金,而是中粮置地公司为担保其履约向中铁锦华公司支付的保证金。

《担保法解释》第一百一十八条规定:“当事人交付留置金、担保金、保证金、订约金、押金或者订金等,但没有约定定金性质的,当事人主张定金权利的,人民法院不予支持。”中粮置地公司与中铁锦华公司在预约合同中已明确约定前述1亿元资金为保证金,且其设立目的和作用不符合定金性质,因此,中粮置地公司关于案涉1亿元资金性质上为定金的诉讼请求不能成立,继而其主张中铁锦华公司应当承担1亿元定金责任的请求权基础亦不存在,其诉讼请求应予驳回。一审法院对该1亿元资金的法律性质认定错误,本院依法予以纠正,但其驳回中粮置地公司诉讼请求的判决结果并无不当。

【案例来源】

中国裁判文书网,http://wenshu. court. gov. cn。

865 《担保法》第九十条规定的定金“实际支付”并不排除双方当事人共同约定的具体支付方式

【关键词】

| 定金 | 实际支付 |

【案件名称】

黄洁明与关永汉房屋买卖合同纠纷案［最高人民法院（2015）民抗字第56号民事判决书，2016. 12. 15］

【裁判精要】

最高人民法院认为：

二、关永汉依照《补充协议书》第三条约定将2000万元支付到监管账户的行为，是否构成《担保法》第九十条所规定的"实际支付"

本院查明，关永汉为甲方、黄洁明为乙方于2012年3月22日、广发银行江门分行（丙方）于2012年3月29日签署编号为广江建托201200001号的《交易资金托管协议》。该协议约定："甲乙双方已于2012年3月8日签订《新华市场转让合同》（合同编号:201203001），双方自愿委托丙方对交易款项进行托管。"第一章第一条是关于托管账户开立问题的约定。其中载明：甲、乙双方"指定丙方'广发银行股份有限公司江门分行建设支行客户特定用途资金资产托管专户'（账号:22×××04；开户行：广发银行江门分行建设支行）为托管账户，丙方在托管账户下以甲乙双方商定的名义开立托管子账户（户名：关永汉、黄洁明），用于对本协议项下的托管资金进行明细核算""开立托管子账户时，甲方应向丙方出具《委托开户通知书》。《委托开户通知书》应加盖甲乙双方的预留印章，丙方以《委托开户通知书》为依据开立托管子账户"。第二章第一条关于丙方作为托管银行的职责约定："按照本协议的约定办理资金划付；及时向甲方、乙方披露托管资金的相关信息。"本章第二条是关于托管期限的约定："托管期限自甲方将托管资金划入托管账户之日起至托管资金划入甲、乙双方共同确认的账户为止，但最长不超过200天（含）。"本章第三条是关于托管资金的约定："本协议项下托管金额为人民币（大写）贰仟万元整（小写20000000.00元）。"第三章关于授权人及相关指令约定：甲、乙双方根据丙方要求，向丙方提供《托管指令授权书》、约定《委托开户通知书》《委托付款通知书》《终止协议通知书》《托管业务变更申请书》《延长托管期限申请书》的授权签发人签章或有效业务印章样式，丙方以此作为对以上各类通知书作要素的齐全性以及签章的表面一致性审核的依据。若甲方、乙方未提交符合本协议规定的相关指令，或指令印鉴与《托管指令授权书》的预留印鉴不一致的，丙方有权拒绝划转托管资金。第四章是关于资金收付的约定。其中第二条约定了在托管期内丙方仅可以向甲乙各方支付托管资金的条件："在托管期间结束前，若甲方或乙方对托管资金的支付尚未达成一致意见，不能向丙方发出双方共同签署的《委托付款通知书》或《终止协议通知书》的，甲方或乙方中的任何一方可在托管期间结束前10个工作日向丙方发出《延长托管期间申请书》，并应以原件方式向丙方发出。"本章第三条关于变更资金支付条件约定："甲方或乙方申请变更托管资金的支付条件、控制要素等信息时，应向丙方提交《托管业务变更申请书》并加盖甲乙双方的预留印章，丙方审核《托管业务变更申请书》无误后，按照新设定的支付条件等监督托管资金使用情况。变更内容包括但不限于：预留收款账号、付款要件。"

本院认为，《担保法》第九十条规定，定金合同从"实际交付定金"之日起生效。

黄洁明主张关永汉依照《补充协议书》第三条约定将2000万元支付到监管账户的行为，不构成《担保法》第九十条所规定的“实际支付”。黄洁明的这一再审申请事由不成立。第一，《交易资金托管协议》由关永汉、黄洁明和广发银行江门分行最终于2012年3月29日签订。这个时间晚于2012年3月8日即黄洁明、关永汉签订《新华市场转让合同》的时间。本案当事人双方签订本交易资金托管协议的时间与《补充协议》签订为同一日即2012年3月22日，但早于2012年4月20日《补充协议书》签订时间。《交易资金托管协议》明确约定了托管交易款项的起因、目的、金额、支付方式以及支付条件的变更等事项。这是关于《新华市场转让合同》第四条第一项“在2012年3月22日前，乙方将第一期转让款2000万元支付到银行共管账户，并作为定金”具体履行方式的约定。当事人以自愿约定托管的形式界定了定金的具体支付方式，并签订了协议。这个协议不存在无效的法定理由，应当信守并已实际履行。《担保法》第九十条所表述的“实际支付”并不排除这种由双方当事人共同约定的具体支付方式。如果定金的约定支付方式得以实际履行，就应当构成《担保法》第九十条所表述的“实际支付”。第二，《交易资金托管协议》赋予了黄洁明对托管资金的控制权和监督权。尽管协议约定了资金托管期间的“所有权”归属，但是如本院查明事实所述，此“所有权”的行使在资金托管期间受到黄洁明控制权和监督权的制约。第三，《补充协议书》订立后，并未变更《交易资金托管协议》。当事人双方按照资金托管协议约定，已经实际履行，直到双方当事人发生争议后该款项被法院扣划。黄洁明称，托管资金“所有权”约定属于关永汉；托管到期后，银行直接划拨给关永汉；同时，定金支付没有完成，该款最终被新会区法院划转等。这些理由也不成立，因为这个约定是黄洁明托管协议签订时的自愿承诺，约定的托管期限覆盖了房屋转让的约定付款期间。同时，黄洁明将定金责任实现的方式误解为定金支付的方式。新会法院划扣该款项，发生在纠纷形成、《补充协议书》不能履行之后，不影响定金条款的成立和效力。黄洁明上述理由不足以支持其关于定金条款未生效的主张。

【案例来源】

中国裁判文书网，http://wenshu. court. gov. cn。

866 股权转让合同被其后签订的增资入股合同所更替而终止，原定金罚则不再适用

【关键词】

| 定金罚则 | 股权转让合同 | 增资入股合同 |

【案件名称】

杨焕香与孙宝荣公司增资纠纷案[最高人民法院（2015）民二终字第191号民

事判决书，2016. 12. 28］

【裁判精要】

裁判摘要:股权转让属于股权的继受取得,增资入股则是股权的原始取得。当事人之间协议将取得股权的方式由股权转让变更为增资入股后,原股权转让合同即被其后签订的增资入股合同所更替而终止。根据定金合同的从属特征,作为原股权转让合同从合同的定金合同亦相应消灭,定金罚则不应再适用。

最高人民法院认为:

定金罚则的适用以定金担保存在为前提。如果定金担保并未设立,也就不存在因违约而适用定金罚则的问题。本案中,杨焕香与孙宝荣于 2011 年 5 月 30 日签订《股权(土地使用权)转让意向书》,约定杨焕香将其持有的愉景公司 35% 的股权转让给孙宝荣,孙宝荣向杨焕香支付 3000 万元定金。该定金条款为《股权(土地使用权)转让意向书》的从合同,目的在于保障意向书的履行,类型上属于违约定金,具有担保性、从属性。2011 年 11 月 3 日,杨焕香与孙宝荣签订了《投资入股协议书》,约定孙宝荣通过增资入股方式取得愉景公司 35% 的股权。作为股权取得的两种方式,股权转让与增资入股具有根本差异。股权转让属于股权的继受取得;增资入股则是通过向公司出资,认购公司增加的注册资本而成为股东,属于股权的原始取得。杨焕香与孙宝荣签订《投资入股协议书》后,孙宝荣取得愉景公司 35% 股权的方式就由先前的股权转让变更为增资入股,《股权(土地使用权)转让意向书》亦被《投资入股协议书》代替而归于消灭。根据定金的从属性特征,《股权(土地使用权)转让意向书》消灭后,前述定金合同亦相应消灭,孙宝荣有权要求杨焕香返还已经支付的定金。但本案中,孙宝荣并未要求杨焕香返还定金,而是将其作为《投资入股协议书》中的投资款计算在付款总额中,杨焕香也同样如此处理。因此,双方已就以先前的定金抵作《投资入股协议书》项下的投资款形成了一致的意思表示。《担保法》第九十条规定:“定金应当以书面形式约定。”《投资入股协议书》中未约定定金担保,杨焕香与孙宝荣也没有另外签订书面的定金合同,孙宝荣更未在投资款之外向杨焕香支付过担保《投资入股协议书》履行的定金。因此,本院认为,孙宝荣与杨焕香并未为《投资入股协议书》附设定金担保合同,本案不存在因当事人违反《投资入股协议书》而适用定金罚则的前提。故杨焕香上诉主张因孙宝荣违反《投资入股协议书》而不返还 2800 万元定金,本院不予支持;原审判决杨焕香双倍返还定金,亦有所不当,本院予以纠正。

【案例来源】

《中华人民共和国最高人民法院公报》2017 年第 8 期。

867 定金性质不因折抵货款而改变，也不因一方在诉讼前从未提出双倍返还而改变

【关键词】

| 定金 | 折抵货款 | 双倍返还 |

【案件名称】

天津天铁冶金集团有限公司与沙河市恒远矿业有限公司、河北恒利集团有限公司定金合同纠纷案［最高人民法院（2014）民二终字第197号民事判决书，2015.2.25］

【裁判精要】

最高人民法院认为：

一、关于案涉5000万元的性质问题

天铁集团上诉主张，《合作协议》的标的额应按照供货总量的市场价值计算，而非合同约定的定金数额，5000万元定金并不超过合同标的额的20%。恒远公司答辩认为，双方在几份协议中均约定定金在货款中扣除，且天铁集团在诉讼之前从未向恒远公司提出双倍返还定金的主张，故天铁集团支付给恒远公司的5000万元系预付款性质；合同标的额是5000万元，5000万元定金已超过了《担保法》第九十一条关于定金数额不得超过主合同标的额的20%的限制。本院认为，天铁集团向恒远公司支付的5000万元应认定为定金。首先，三方当事人在《合作协议》《担保协议书》及三份《补充协议》中均明确约定天铁集团向恒远公司交付的5000万元为定金，而非预付款。其次，三方在有关协议约定及实际供货结算中将定金折抵货款，符合《合同法》第一百一十五条、《担保法》第八十九条的规定，并不因定金折抵货款而改变双方约定的定金的性质，定金的性质也不因天铁集团在诉讼之前从未向恒远公司提出双倍返还而改变。最后，按照《合作协议》的约定，恒远公司向天铁集团应供应铁精矿粉至少为890万吨，《合作协议》的标的额是890万吨铁精矿粉的价值。恒远公司向天铁集团实际供应铁精矿粉288979.25吨，双方已结算货款达239899007.71元。由此可见，《合作协议》约定的890万吨铁精矿粉买卖的标的额远大于2.5亿元，双方约定的5000万元定金并不超过《合作协议》标的额的20%，不违背《担保法》第九十一条的规定。

二、关于恒远公司是否存在"行政强制停产"的免责事由及是否应当免除恒远公司双倍返还定金责任的问题

天铁集团认为，恒远公司不属河北省政府责令停产整顿的范围，不符合《合作协议》约定的"行政强制停产"的免责事由，且"行政强制停产"事由也只能免除恒远公司供货不足而应承担的每吨50元的违约金责任，而不能免除双倍返还定金的责任。恒远公司认为，恒远公司所在地的王窑矿区被河北省政府强制停产整顿，属于《合作

协议》约定的“行政强制停产”的免责范围，应免除恒远公司双倍返还定金的责任。本院认为，恒远公司具有“行政强制停产”的免责事由，应当免除恒远公司双倍返还定金的责任。首先，《合作协议》第三条约定“甲方作为乙方铁精矿粉的生产加工基地，每年向乙方供应所产全部铁精矿粉”，结合在《合作协议》签订之前几年间双方铁精矿粉买卖的实际情况，《合作协议》约定的买卖标的物特指恒远公司所在地王窑矿区生产的铁精矿粉。其次，《合作协议》第九条第四款中约定“如遇地震、洪水、行政强制停产和突发性井下水灾等不可抗力的原因，免除第九条第一款、第二款的责任”，这是双方对于铁精矿粉买卖能否及时供货、足额供货的交易风险约定。王窑矿区被河北省政府强制停产整顿，导致恒远公司难以再对天铁集团继续供应铁精矿粉，符合《合作协议》约定的“行政强制停产”的免责事由，应免除恒远公司的违约责任，包括免除双倍返还定金的责任。最后，在2005年7月、2009年4月、2011年5月签订的《补充协议》及天铁集团2013年发给恒远公司的《补充协议》《企业询证函》中，天铁集团也没有要求恒远公司双倍返还定金的意思，而是仍希望在恒远公司所在地的矿山企业恢复生产后继续进行铁精矿粉买卖合作并从货款中按约定比例逐渐扣回定金，恒远公司也愿意继续履行《合作协议》和《补充协议》。综上，由于恒远公司在本案中因客观原因未能继续向天铁集团供应铁精矿粉，其供货不足并无主观过错，故本案不应适用《合同法》第一百一十五条规定的定金罚则对恒远公司进行惩罚。①

【案例来源】

中国裁判文书网，http://wenshu.court.gov.cn。

868 在不能证明合同不能订立是当事人一方原因的情况下，另一方收取的订约定金应当返还

【关键词】

|订约定金|返还|

【案件名称】

戴雪飞与江苏省苏州工业园区华新国际城市发展有限公司商品房订购协议定金纠纷案［苏州市中级人民法院（2005）苏中民一终字第0068号民事判决书，2005.5.18］

---

① 本案二审判决后，恒远公司、恒利集团向最高人民法院申请再审，最高人民法院审查后裁定予以驳回。参见最高人民法院（2015）民申字第2401号民事裁定书（2015.11.24），载中国裁判文书网，http://wenshu.court.gov.cn。

【裁判精要】

裁判摘要:购房者对开发商的样板房表示满意,与开发商签订订购协议并向其交付了定金,约定双方于某日订立商品房预售合同。后由于开发商提供的商品房预售格式合同中有样板房仅供参考等不利于购房者的条款,购房者对该格式条款提出异议要求删除,开发商不能立即给予答复。以致商品房预售合同没有在订购协议约定的日期订立的,属于《商品房买卖合同解释》第四条规定的"不可归责于当事人双方的事由",开发商应当将收取的定金返还给购房者。

苏州市中级人民法院认为:

戴雪飞与华新公司于2004年4月18日签订的《都市花园天域住宅定购协议(红表)》系相对于正式商品房预售合同这一本约合同而言的预约合同,其作用及意义在于为当事人按公平、诚信磋商达成本约奠定基础、创造条件。预约合同对双方当事人具有约束力。预约合同中的已决条款,非经当事人协商一致不得更改,否则则构成对预约合同的违约。对预约合同中的未决条款,则由双方当事人继续谈判,以达成正式、完备的本约。在无悖于公平原则情况下磋商不成,或因不可归责于双方当事人的原因未能订立本约,则不存在违约,预约合同相应解除,如附定金担保的,已付定金应予返还。一方当事人主张对方当事人违反预约合同,应承担相应的举证责任。本案上诉人主张4月25日、5月7日双方进行商品房预售合同的订约协商而未达成一致的事实足以认定,但其认为对方违反预约协议以至订约不成也无证据,故对其上诉请求中返还定金部分予以支持。被上诉人认为4月25日因上诉人压价而未能定约,并无证据证实;其主张上诉人延期订约即构成违约,理由也不能成立。当事人均履行了订约行为,对本约订约不成的原因,双方都不能举证证明,应合理推定为磋商不成。被上诉人主张上诉人违反预约,因无相应证据证实,不予支持。

【案例来源】

《中华人民共和国最高人民法院公报》2006年第8期。

编者说明

定金,依据当事人设立的目的不同,可以分为订约(立约)定金、违约定金、解约定金等。对于不同性质的定金,应当根据其性质确定当事人之间的权利义务关系,其定金罚则适用的条件也各不相同。对于订约定金而言,则是以一方拒绝订立主合同为适用条件。当事人违背承诺拒绝订立合同,如果是收受定金的一方拒绝订立合同的,应当双倍返还定金;如果是给付定金一方立合同的,则定金作为赔偿,由另一方予以扣收,给付方无权要求返还。如《商品房买卖合同解释》第四条即规定:出卖人通过认购、订购、预订等方式向买受人收受定金作为订立商品房买卖合同担保的,如果因当事人一方原因未能订立商品房买卖合同,应当按照法律关于定金的规定处理;因不可归责于当事人双方的事由,导致商品房买卖合同未能订立的,出卖人应当将定金返还买受人。

869 定金罚则的根本目的是以惩罚为手段来确保合同目的的实现，定金数额进行调整缺乏法律依据

【关键词】

| 定金罚则 | 定金数额调整 |

【案件名称】

王新辉、刘安与刘天牧、刘冰琳股权转让纠纷案［最高人民法院（2015）民二终字第 423 号民事判决书，2016. 7. 17］

【裁判精要】

最高人民法院认为:

至于王新辉、刘安上诉主张原审判决驳回其诉讼请求有失公平的问题,考虑定金的法律性质以及双方合同的约定,本案不存在显失公平的情形。首先,《合同法》第一百一十五条规定:当事人可以依照《担保法》约定一方向对方给付定金作为债权的担保;债务人履行债务后,定金应当抵作价款或者收回;给付定金的一方不履行约定的债务的,无权要求返还定金,收受定金的一方不履行约定的债务的,应当双倍返还定金。由此可见,定金作为一种担保方式,其所担保的对象就是合同双方当事人的履约合意,并以适用定金罚则为手段实现担保之目的,因此其本质特征是惩罚性。定金与违约金不同,违约金的性质以补偿性为主、惩罚性为辅,违约方为其违约行为付出的代价应与给对方造成的实际损失大致相当,在违约金约定过高的情况下允许违约一方提出调减的请求。而在适用定金罚则时,从目前法律规定看,违约方承受的丧失定金的责任仅取决于违约行为本身,并未考虑是否给对方造成损失,因此法律亦未规定可对定金数额进行调整。但对违约行为进行惩罚并非定金制度的根本目的,以惩罚为手段来实现合同目的才是制度的价值取向。基于此,《担保法》第九十一条规定:定金的数额由当事人约定,但不得超过主合同标的额的百分之二十。该条规定通过对当事人约定的定金数额进行限制,将定金的惩罚性限制在一定范围内,就是为了保证双方的公平。具体到本案,主合同标的系 1.4 亿元,双方约定 2000 万元的定金并不超过上述法律规定的限额。该种约定仅存在于当事人双方之间,是当事人自由意志的体现,是双方对风险和不公平的容忍,不触犯公共利益和第三人利益,因此不应作过多干预。其次,在《补充协议》第三条已经对第一期股权转让款支付时间以及违约责任有明确约定、刘天牧、刘冰琳又对前述合同义务给予一定宽限期并进行催告的情况下,王新辉、刘安仍未按约履行合同义务,导致股权转让协议未能签订,此种情况下刘天牧、刘冰琳一方不退还定金具有合同依据。最后,即便考

量定金数额与违约造成的实际损失是否大体平衡的问题,原判决亦不存在损害实质公平的情形。双方当事人约定的股权转让交易是在2011年,股权转让对价为1.4亿元,该对价与双方交易当时的目标公司资产状况、双方的权利义务是相匹配的;而刘天牧、刘冰琳将股权转让他人系在王新辉、刘安未按约履行《补充协议》导致股权转让协议未签订的情况下对自己权利的处置,不构成违约,且转让时间已是2014年2月,此时目标公司资产与2011年相比较必定已发生变化,相应的股权转让对价有所提高也应是股权价值正常上升的结果,因此不能仅因刘天牧、刘冰琳2014年转让股权的价格高于2011年与王新辉、刘安约定的价格即得出双方约定的定金数额大大高于实际损失造成实质性不公平的结论。至于王新辉已经支付的违约金20万元,《补充协议》第一条作了明确约定,在王新辉构成违约且已实际支付的情况下,王新辉又主张退还缺乏事实和法律依据。基于上述,王新辉、刘安上诉所提刘天牧、刘冰琳应当双倍返还定金和违约金的主张,与本案合同约定及法律规定均不符,亦与其作为商事主体从事商事行为所应具备的正常预见及判断能力不符,本院不予支持。

【案例来源】

中国裁判文书网,http://wenshu.court.gov.cn。

870 双倍返还定金规则的适用主体只限于收取定金的当事人

【关键词】

|定金|双倍返还|

【案件名称】

中国工商银行广西壮族自治区武鸣县支行与安徽省蚌埠市城南油厂、南宁市汇霆经贸有限责任公司购销进口毛豆油担保合同纠纷案[最高人民法院(2003)民二提字第3号民事判决书,2004.4.21]

【裁判精要】

裁判摘要:单位职工私刻单位公章以单位名义进行担保,单位有过错的,应对担保合同无效承担相应的民事赔偿责任。因双倍返还定金规则的适用主体只能限于收取定金的当事人,故担保人赔偿限定于定金本金,而不应包括定金加倍部分。

最高人民法院认为:

城南油厂与永业公司签订的购销进口毛豆油合同及协议系双方当事人的真实意思表示,内容没有违反法律规定。永业公司收取城南油厂合同定金后,应当按约履行合同,但其未能供货,已构成违约,原审认定合同及协议有效,永业公司依法应当承担双倍返还定金的违约责任是正确的,应予维持。城南油厂在原判决生效后二年内向人民法院提出申请再审,安徽省高级人民法院依法提审本案并未违反《民事诉讼法》的规定。武鸣工行关于原再审存在诉讼程序错误的理由不能成立,本院不予支持。

城南油厂与永业公司签订的购销进口毛豆油合同及追加协议中,有“供方收到需方开出的汇票,必须由供方提供银行担保并承担确保合同履行的责任”的约定,虽然参与本案活动的当事人对出具保函的情况说法不一,保函经公安部门鉴定也是伪造的,但城南油厂工作人员在交付定金前,曾到当时任武鸣工行副行长甘毅强的办公室向其核实,并在武鸣工行拿到了盖有武鸣工行公章和行长私章的保函,因此,作为城南油厂已经尽到了自己应尽的注意义务。且武鸣工行是否出具保函是城南油厂向永业公司交付定金的前提,城南油厂之所以相信保函的真实性并将汇票交付给永业公司,是基于在银行的办公地点拿到了保函和对国有商业银行的信任,故城南油厂按约履行了义务,在本案中并无过错。甘毅强、邓建华系武鸣工行的工作人员,且多次利用武鸣工行名义,在武鸣工行营业场所长期实施诈骗犯罪活动并屡屡得逞,说明武鸣工行存在对工作人员监督不力,对其工作场所管理不严问题,与城南油厂的经济损失具有因果关系,过错行为明显。根据《担保法》第五条第二款“担保合同被确认无效后,债务人、担保人、债权人有过错的,应当根据其过错各自承担相应的民事责任”和《关于在审理经济纠纷案件中涉及经济犯罪嫌疑若干问题的规定》第五条第二款“行为人私刻单位公章或者擅自使用单位公章、业务介绍信、盖有公章的空白合同书以签订经济合同的方法进行的犯罪行为,单位有明显过错,且该过错行为与被害人的经济损失之间具有因果关系的,单位对该犯罪行为所造成的经济损失,依法应当承担赔偿责任”的规定,武鸣工行对城南油厂的经济损失依法应当承担赔偿责任。武鸣工行认为本案城南油厂货款被骗的原因是他人制作和提供了虚假保函,以及城南油厂轻信所致,武鸣工行没有任何过错的理由不能成立,本院不予支持。

综上,安徽省高级人民法院再审判决程序合法,认定事实清楚,责任划分正确。但判令武鸣工行在永业公司不能返还城南油厂310万元定金的双倍即人民币620万元的范围内承担赔偿责任,属适用法律不当。因为承担定金罚则的责任只及于收取定金的当事人。故武鸣工行的赔偿范围应在城南油厂未收回的定金损失310万元及利息范围内,承担赔偿责任。

【案例来源】

最高人民法院审判监督庭编:《审判监督指导》(总第18辑),人民法院出版社2006年版,第159~166页。

三、新类型担保纠纷

871 以国有土地使用权为基础设定的新型担保物权属无权创设的，担保无效

【关键词】

｜国有土地使用权｜新型担保物权｜担保无效｜

【案件名称】

孙胤、吕玉昆与陈亚萍、徐秀蕾民间借贷纠纷案［最高人民法院（2015）民一终字第149号民事判决书，2017.12.21］

【裁判精要】

最高人民法院认为：

（一）关于《借款及担保协议》的效力问题

陈亚萍、徐秀蕾与孙胤签订《借款及担保协议》的真实意思是：孙胤出借款项8080万元给陈亚萍、徐秀蕾，陈亚萍、徐秀蕾以该8080万元加上自有资金或另外借贷资金4920万元共计1.3亿元为对价取得48号地块的使用权。具体操作是：孙胤以自己名义竞拍土地并向毕节市国土资源局支付1.3亿元土地款项、获得该块土地使用权，以该块土地使用权为财产担保，待陈亚萍、徐秀蕾还清孙胤全部款项后再办理土地使用权转让过户手续。据此，该合同主要内容包括两部分，即借款内容和担保内容。

第一，《借款及担保协议》关于担保的约定内容违反法律效力性强制规定，应认定无效。《借款及担保协议》第六条、第七条约定将48号地块的土地使用权作为财产担保。事实上，双方在签订合同之时均不享有48号地块的国有土地使用权。签订合同之后，借款方陈亚萍、徐秀蕾也未取得该地块的国有土地使用权，反而是由出借方孙胤竞拍成功，并与毕节市国土资源局签订《成交确认书》和《国有建设用地使用权出让合同》，约定48号地块的国有建设用地使用权出让给孙胤。在一审法庭辩论终结前，孙胤将该地块转让给天晟公司，该地块土地使用权已登记在天晟公司名下，天晟公司从未表示该块土地可作为抵押财产。由此可见，当事人约定将48号地块作为担保财产，并非设定了建立在国有土地使用权基础上的担保物权，而是创设了一种新型担保。根据《物权法》第五条"物权的种类和内容，由法律规定"的物权法定原则和《物权法》《担保法》相关规定，担保物权包括抵押权、质权、留置权，当事

人无权创设法律没有规定的担保物权。因此,双方关于担保的约定内容违反了法律效力性强制规定,根据《合同法》第五十二条的规定,应当认定无效。

【案例来源】

中国裁判文书网,http://wenshu. court. gov. cn。

编者说明

关于非典型担保的认定与处理,《全国法院民商事审判工作会议纪要》(2019 年 11 月 8 日,法〔2019〕254 号)第六十六、六十七条明确,当事人订立的具有担保功能的合同,不存在法定无效情形的,应当认定有效。虽然合同约定的权利义务关系不属于《物权法》规定的典型担保类型,但是其担保功能应予肯定。债权人与担保人订立担保合同,约定以法律、行政法规未禁止抵押或者质押的财产设定以登记作为公示方法的担保,因无法定的登记机构而未能进行登记的,不具有物权效力。当事人请求按照担保合同的约定就该财产折价、变卖或者拍卖所得价款等方式清偿债务的,依法予以支持,但对其他权利人不具有对抗效力和优先性。

872 抵押人仅与房产公司签订房屋认购书,并未取得房屋所有权与物权期待权,不具备以该房屋设定让与担保的条件

【关键词】

| 房屋认购书 | 物权期待权 | 让与担保 |

【案件名称】

双辽天益房地产开发有限公司与周红武民间借贷纠纷案[最高人民法院(2017)最高法民再 335 号民事判决书,2017. 12. 15]

【裁判精要】

最高人民法院认为:

(三)关于周红武、杨小峰、赵力签订的《抵押借款协议》的效力及天益公司、赵力的责任承担问题

周红武、杨小峰、赵力三方签订的《抵押借款协议》约定,杨小峰向周红武借款,以赵力所有的金鼎花园 31 套房屋作为抵押担保。该合同中关于用案涉房屋作抵押,担保主债权实现的意思表示清楚,因此抵押合同成立。实际上赵力只是与天益公司签订了案涉房屋的认购书,其并未取得案涉房屋所有权甚至物权期待权。赵力以未取得所有权的房产为杨小峰提供担保的行为属无权处分,现房屋所有人天益公司对在案涉房屋上设定抵押权的行为不予认可,各方亦未办理抵押登记,依照《物权法》第九条之规定,该抵押合同无效,不动产抵押权未设立。

关于赵力责任承担问题。本院认为,依照《担保法解释》第七条规定:“主合同有效而担保合同无效,债权人无过错的,担保人与债务人对主合同债权人的经济损失,承担连带赔偿责任;债权人、担保人有过错的,担保人承担民事责任的部分,不应超过债务人不能清偿部分的二分之一。”由于周红武、杨小峰、赵力签订的《抵押借款协议》中的房屋抵押部分无效,赵力应对周红武的经济损失承担赔偿责任,而非连带清偿责任。基于赵力未上诉、未申请再审的情况,本院对赵力应承担责任的比例及范围不作调整。一审、二审法院判决“赵力对上述借款、利息及实现债权的费用在提供担保的30套房屋价值范围内承担连带清偿责任”,适用法律错误,本院予以纠正。

关于天益公司责任承担问题。本院认为,本案中赵力是以自己的名义在《抵押借款协议》上签字,并以自己所认购的房屋提供担保,其并未有以天益公司代理人的身份提供担保的表象,天益公司出具《金鼎花园住宅认购书》和《收据》的行为仅是其与赵力之间房屋买卖合同关系成立的证明,并未有追认赵力代理担保行为的意思表示或外在表象。因此,赵力的行为不能构成对天益公司提供担保的表见代理。根据《民间借贷解释》第二十四条“当事人以签订买卖合同作为民间借贷合同的担保,借款到期后借款人不能还款,出借人请求履行买卖合同的,人民法院应当按照民间借贷法律关系审理,并向当事人释明变更诉讼请求。当事人拒绝变更的,人民法院裁定驳回起诉。按照民间借贷法律关系审理作出的判决生效后,借款人不履行生效判决确定的金钱债务,出借人可以申请拍卖买卖合同标的物,以偿还债务。就拍卖所得的价款与应偿还借款本息之间的差额,借款人或者出借人有权主张返还或补偿”的规定,让与担保是指债务人或者第三人为担保债务人的债务,将担保标的物的所有权等权利转移于担保权人,而使担保权人在不超过担保之目的范围内,于债务清偿后,担保标的物应返还于债务人或第三人,债务不履行时,担保权人得就该标的物优先受偿的非典型担保物权。可见,让与担保的要件之一是担保人具有担保物的所有权,要件之二是让渡所有权给担保权人。《民间借贷解释》第二十四条中的让与担保将要件之二的让渡所有权这一条宽限到让渡物权期待权,即只要签订商品房买卖合同即可以设立让与担保。但是本案中,无论赵力还是天益公司均未与周红武签订商品房买卖合同,不符合让与担保的要件二。因此,不能认定赵力或天益公司为杨小峰与周红武的借款提供让与担保。二审法院关于赵力的行为构成对天益公司提供担保的表见代理及本案中担保属非典型担保的认定,适用法律错误,本院予以纠正。

【案例来源】

中国裁判文书网,http://wenshu. court. gov. cn。

编者说明

在民间借贷纠纷中,如果出借人与借款人签订民间借贷合同的同时,又以买卖合同作为民间借贷合同的担保,如果发生买卖合同标的物所有权同时转移的外观,则可以认定为构成典型的让与担保;而如果尚未发生标的物所有权转移的外观(如《民间借贷解释》第二十四条所规定的让渡物权期待权),则可以认定为构成后让与担保。

873 借款合同经协商一致终止并建立商品房买卖合同关系,将借款本金及利息转化为已付购房款并经对账清算的,不属《物权法》禁止的情形

【关键词】

|借款合同|商品房买卖合同|

【案件名称】

汤龙、刘新龙、马忠太、王洪刚诉新疆鄂尔多斯彦海房地产开发有限公司商品房买卖合同纠纷案[最高人民法院指导案例72号]

【裁判精要】

裁判要点:借款合同双方当事人经协商一致,终止借款合同关系,建立商品房买卖合同关系,将借款本金及利息转化为已付购房款并经对账清算的,不属于《物权法》第一百八十六条规定禁止的情形,该商品房买卖合同的订立目的,亦不属于《民间借贷解释》第二十四条规定的"作为民间借贷合同的担保"。在不存在《合同法》第五十二条规定情形的情况下,该商品房买卖合同具有法律效力。但对转化为已付购房款的借款本金及利息数额,人民法院应当结合借款合同等证据予以审查,以防止当事人将超出法律规定保护限额的高额利息转化为已付购房款。

法院生效裁判认为:

本案争议的商品房买卖合同签订前,彦海公司与汤龙等四人之间确实存在借款合同关系,且为履行借款合同,双方签订了相应的商品房预售合同,并办理了预购商品房预告登记。但双方系争商品房买卖合同是在彦海公司未偿还借款本息的情况下,经重新协商并对账,将借款合同关系转变为商品房买卖合同关系,将借款本息转为已付购房款,并对房屋交付、尾款支付、违约责任等权利义务作出了约定。民事法律关系的产生、变更、消灭,除基于法律特别规定,需要通过法律关系参与主体的意思表示一致形成。民事交易活动中,当事人意思表示发生变化并不鲜见,该意思表示的变化,除为法律特别规定所禁止外,均应予以准许。本案双方经协商一致终止借款合同关系,建立商品房买卖合同关系,并非为双方之间的借款合同履行提供担保,而是借款合同到期彦海公司难以清偿债务时,通过将彦海公司所有的商品房出售给汤龙等四位债权人的方式,实现双方权利义务平衡的一种交易安排。该交易安

排并未违反法律、行政法规的强制性规定,不属于《物权法》第一百八十六条规定禁止的情形,亦不适用《民间借贷解释》第二十四条规定。尊重当事人嗣后形成的变更法律关系性质的一致意思表示,是贯彻合同自由原则的题中应有之意。彦海公司所持本案商品房买卖合同无效的主张,不予采信。

【案例来源】

《最高人民法院关于发布第15批指导性案例的通知》(2016年12月28日,法〔2016〕449号)。

874 对以物抵债协议的效力认定应以尊重当事人意思自治为原则,不应简单认定为流质契约

【关键词】

| 以物抵债协议 | 流质契约 |

【案件名称】

通州建总集团有限公司与内蒙古兴华房地产有限责任公司建设工程施工合同纠纷案[最高人民法院(2016)最高法民终484号民事判决书,2016.12.27]

【裁判精要】

裁判摘要:(1)对以物抵债协议的效力、履行等问题的认定,应以尊重当事人的意思自治为基本原则。一般而言,除当事人有明确约定外,当事人于债务清偿期届满后签订的以物抵债协议,并不以债权人现实地受领抵债物,或取得抵债物所有权、使用权等财产权利,为成立或生效要件。只要双方当事人的意思表示真实,合同内容不违反法律、行政法规的强制性规定,合同即为有效。

(2)当事人于债务清偿期届满后达成的以物抵债协议,可能构成债的更改,即成立新债务,同时消灭旧债务;亦可能属于新债清偿,即成立新债务,与旧债务并存。基于保护债权的理念,债的更改一般须有当事人明确消灭旧债的合意,否则,当事人于债务清偿期届满后达成的以物抵债协议,性质一般应为新债清偿。

(3)在新债清偿情形下,旧债务于新债务履行之前不消灭,旧债务和新债务处于衔接并存的状态;在新债务合法有效并得以履行完毕后,因完成了债务清偿义务,旧债务才归于消灭。

(4)在债权人与债务人达成以物抵债协议、新债务与旧债务并存时,确定债权是否得以实现,应以债务人是否按照约定全面履行自己义务为依据。若新债务届期不履行,致使以物抵债协议目的不能实现的,债权人有权请求债务人履行旧债务,且该请求权的行使,并不以以物抵债协议无效、被撤销或者被解除为前提。

最高人民法院认为：

一、关于供水财富大厦A座9层抵顶工程款是否应计入已付工程款中的问题

首先，以物抵债，系债务清偿的方式之一，是当事人之间对于如何清偿债务作出的安排，故对以物抵债协议的效力、履行等问题的认定，应以尊重当事人的意思自治为基本原则。一般而言，除当事人明确约定外，当事人于债务清偿期届满后签订的以物抵债协议，并不以债权人现实地受领抵债物，或取得抵债物所有权、使用权等财产权利，为成立或生效要件。只要双方当事人的意思表示真实，合同内容不违反法律、行政法规的强制性规定，合同即为有效。本案中，兴华公司与通州建总呼和浩特分公司第二工程处2012年1月13日签订的《房屋抵顶工程款协议书》，是双方当事人的真实意思表示，不存在违反法律、行政法规规定的情形，故该协议书有效。

其次，当事人于债务清偿期届满后达成的以物抵债协议，可能构成债的更改，即成立新债务，同时消灭旧债务；亦可能属于新债清偿，即成立新债务，与旧债务并存。基于保护债权的理念，债的更改一般须有当事人明确消灭旧债的合意，否则，当事人于债务清偿期届满后达成的以物抵债协议，性质一般应为新债清偿。换言之，债务清偿期届满后，债权人与债务人所签订的以物抵债协议，如未约定消灭原有的金钱给付债务，应认定系双方当事人另行增加一种清偿债务的履行方式，而非原金钱给付债务的消灭。本案中，双方当事人签订了《房屋抵顶工程款协议书》，但并未约定因此而消灭相应金额的工程款债务，故该协议在性质上应属于新债清偿协议。

再次，所谓清偿，是指依照债之本旨实现债务内容的给付行为，其本意在于按约履行。若债务人未实际履行以物抵债协议，则债权人与债务人之间的旧债务并未消灭。也就是说，在新债清偿，旧债务于新债务履行之前不消灭，旧债务和新债务处于衔接并存的状态；在新债务合法有效并得以履行完毕后，因完成了债务清偿义务，旧债务才归于消灭。据此，本案中，仅凭当事人签订《房屋抵顶工程款协议书》的事实，尚不足以认定该协议书约定的供水财富大厦A座9层房屋抵顶工程款应计入已付工程款，从而消灭相应金额的工程款债务，是否应计为已付工程款并在欠付工程款金额中予以相应扣除，还应根据该协议书的实际履行情况加以判定。对此，一方面，《物权法》第九条第一款规定："不动产物权的设立、变更、转让和消灭，经依法登记，发生效力；未经登记，不发生效力，但法律另有规定的除外。"据此，除法律另有规定的以外，房屋所有权的转移，于依法办理房屋所有权转移登记之日发生效力。而本案中，《房屋抵顶工程款协议书》签订后，供水财富大厦A座9层房屋的所有权并未登记在通州建总名下，故通州建总未取得供水财富大厦A座9层房屋的所有权。另一方面，兴华公司已经于2010年年底将涉案房屋投入使用，故通州建总在事实上已交付了包括供水财富大厦A座9层在内的房屋。兴华公司并无充分证据推翻这一事实，也没有证据证明供水财富大厦A座9层目前在通州建总的实际控制或使用中，故亦不能认定供水财富大厦A座9层房屋实际交付给了通州建总。可见，供水

财富大厦A座9层房屋既未交付通州建总实际占有使用,亦未办理所有权转移登记于通州建总名下,兴华公司并未履行《房屋抵顶工程款协议书》约定的义务,故通州建总对于该协议书约定的拟以房抵顶的相应工程款债权并未消灭。

最后,当事人应当遵循诚实信用原则,按照约定全面履行自己的义务,这是合同履行所应遵循的基本原则,也是人民法院处理合同履行纠纷时所应秉承的基本理念。据此,债务人于债务已届清偿期时,应依约按时足额清偿债务。在债权人与债务人达成以物抵债协议、新债务与旧债务并存时,确定债权人应通过主张新债务抑或旧债务履行以实现债权,亦应以此作为出发点和立足点。若新债务届期不履行,致使以物抵债协议目的不能实现的,债权人有权请求债务人履行旧债务;而且,该请求权的行使,并不以以物抵债协议无效、被撤销或者被解除为前提。本案中,涉案工程于2010年年底已交付,兴华公司即应依约及时结算并支付工程款,但兴华公司却未能依约履行该义务。相反,就其所欠的部分工程款,兴华公司试图通过以部分房屋抵顶的方式加以履行,遂经与通州建总协商后签订了《房屋抵顶工程款协议书》。对此,兴华公司亦应按照该协议书的约定积极履行相应义务。但在《房屋抵顶工程款协议书》签订后,兴华公司就曾欲变更协议约定的抵债房屋的位置,在未得到通州建总同意的情况下,兴华公司既未及时主动向通州建总交付约定的抵债房屋,也未恢复对旧债务的履行即向通州建总支付相应的工程欠款。通州建总提起本案诉讼向兴华公司主张工程款债权后,双方仍就如何履行《房屋抵顶工程款协议书》以抵顶相应工程款进行过协商,但亦未达成一致。而从涉案《房屋抵顶工程款协议书》的约定看,通州建总签订该协议,意为接受兴华公司交付的供水财富大厦A座9层房屋,取得房屋所有权,或者占有使用该房屋,从而实现其相应的工程款债权。虽然该协议书未明确约定履行期限,但自协议签订之日至今已四年多,兴华公司的工程款债务早已届清偿期,兴华公司却仍未向通州建总交付该协议书所约定的房屋,亦无法为其办理房屋所有权登记。综上所述,兴华公司并未履行《房屋抵顶工程款协议书》约定的义务,其行为有违诚实信用原则,通州建总签订《房屋抵顶工程款协议书》的目的无法实现。在这种情况下,通州建总提起本案诉讼,请求兴华公司直接给付工程欠款,符合法律规定的精神以及本案实际,应予支持。

此外,虽然兴华公司在一审中提交了《房屋抵顶工程款协议书》,但其陈述的证明目的是兴华公司有履行给付工程款的意愿,而并未主张以此抵顶工程款,或者作为已付工程款,故一审判决基于此对《房屋抵顶工程款协议书》没有表述,并不构成违反法定程序。

综上,涉案《房屋抵顶工程款协议书》约定的供水财富大厦A座9层房屋抵顶工程款金额不应计入已付工程款金额,一审法院认定并判令兴华公司应向通州建总支付相应的工程欠款,并无不当,兴华公司的该项上诉理由不能成立。

【权威解析】

契约在本质上就是当事人通过自由协商,决定其相互权利义务关系,并根据其意志调整他们相互的关系。我国《合同法》第四条明确规定:“当事人依法享有自愿订立合同的权利,任何单位和个人不得非法干预。”因此,只要契约不存在以下情形:恶意串通,损害国家、集体或者第三人利益的,以合法形式掩盖非法目的,违反法律、行政法规的强制性规定的,就应当根据当事人的约定对相应的法律关系的性质加以认定。若当事人在以物抵债协议中约定债务人以某物所有权抵偿所欠债务,自该协议生效时旧债权债务关系归于消灭,则该以物抵债协议就属于债的更改;若当事人在以物抵债协议中约定债务人以某物所有权抵偿债务,但在债务人就新债务履行完毕前,旧债务并不消灭,则该以物抵债协议就属于新债清偿。因此,在对以物抵债协议的性质作出认定时,切忌作一元化、一刀切的处理,而是应当根据当事人达成的合意区分对待。①

【案例来源】

《中华人民共和国最高人民法院公报》2017 年第 9 期。

编者说明

最高人民法院民二庭法官会议纪要认为,《合同法》第二十五条规定:“承诺生效时合同成立。”该条确立了以诺成合同为原则、以实践合同为例外的合同成立原则。就以物抵债协议而言,在我国法律没有规定代物清偿制度,而当事人对合同成立又无特别约定的情况下,应当认为其系诺成合同,自双方意思表示一致时成立,不以债权人受领抵债物为合同成立要件。②

875 非典型担保关系中也应当适用法律关于禁止流质契约的规定

【关键词】

| 非典型担保 | 流质契约 |

【案件名称】

广西嘉美房地产开发有限责任公司与杨伟鹏商品房买卖合同纠纷案[最高人民法院(2013)民提字第 135 号民事判决书,2013. 11. 19]

【裁判精要】

裁判摘要:书面合同并非确认双方当事人之间存在债权债务关系必不可少的要

① 参见司伟:《通州建总集团有限公司与内蒙古兴华房地产有限责任公司建设工程施工合同纠纷案——债务清偿期届满后的以物抵债协议的性质与履行》,载中国应用法学研究所主编:《中华人民共和国最高人民法院案例选》(第一辑),法律出版社 2019 年版,第 167 页。

② 参见贺小荣主编:《最高人民法院民事审判第二庭法官会议纪要——追寻裁判背后的法理》,人民法院出版社 2018 年版,第 3 页。

件。只要认定双方有借款的合意，出借人实际向借款人支付了款项，即可认定债权债务关系成立。双方当事人同时签订的《商品房买卖合同》则是为了担保债务的履行。在债务人拒不还债的情况下，债权人有关直接取得房屋所有权的主张，因违反物权法关于禁止流质的规定而不能获得支持。

最高人民法院认为：

认定当事人之间是否存在债权债务关系，书面合同并非不可缺少的要件。只要确认双方当事人就借贷问题达成了合意且出借方已经实际将款项交付给借款方，即可认定债权债务关系成立。杨伟鹏向嘉美公司支付340万元并收取利息的行为，足以认定双方之间成立了债权债务关系。嘉美公司从杨伟鹏处取得340万元的真实意思是融资还债，其与杨伟鹏签订《商品房买卖合同》的目的，则是为了担保债务的履行。鉴于双方未办理抵押登记，其约定也不符合《担保法》规定的担保方式，故双方签订《商品房买卖合同》并办理商品房备案登记的行为应认定为非典型的担保方式。即在嘉美公司不能按时归还340万元的情况下，杨伟鹏可以通过拍卖或者变卖案涉房屋的方式确保其能够实现债权。如果嘉美公司按时归还340万元，则杨伟鹏是不能就案涉的53间商铺主张权利。嘉美公司对交易的控制体现在借款合同和其没有将《销售不动产统一发票》原件交付给杨伟鹏，而缺少了发票，杨伟鹏是无法实际取得商铺并办理产权登记手续的。《物权法》第一百八十六条规定，抵押权人在债务履行期限届满前，不得与抵押人约定债务人不履行到期债务时抵押财产归债权人所有。该规定主要是基于平衡双方当事人利益的考虑，防止居于优势地位的债权人牟取不当暴利，损害债务人特别是其他债权人的利益。尽管本案中双方当事人签订《商品房买卖合同》并办理商品房备案登记的行为并不导致抵押权的成立，但足以在双方当事人之间成立一种非典型的担保关系。既然属于担保，就应遵循物权法有关禁止流质的原则，也就是说在债权人实现担保债权时，对设定的担保财产，应当以拍卖或者变卖的方式受偿。

【权威解析】

本案在对于一种新型的非典型担保方式的司法认定问题上具有较高的法律适用示范价值：这种以商品房买卖合同为借贷合同进行担保的新型担保方式，是一种正在形成的习惯法上的非典型担保方式。我国司法实践在探索中亦应尊重当事人的意思自治，在保护善意第三人利益、防范罹于流质等前提下肯定新型非典型担保的合法性和正当性。①

---

① 参见梁曙明、刘牧晗：《意思与表示不一致时，对法律关系性质的司法认定——广西嘉美房地产开发有限责任公司与杨伟鹏商品房买卖合同纠纷申请再审案》，载杜万华主编：《最高人民法院民商事案件审判指导》（第3卷），人民法院出版社2015年版，第250页。

【案例来源】

中国裁判文书网,http://wenshu. court. gov. cn。

876 最高额质押合同约定的质押物是具有浮动性特征的不特定动产，属于非典型担保，应参照适用有关浮动抵押的规定认定其效力

【关键词】

| 最高额抵押合同 | 不特定动产 | 浮动抵押 |

【案件名称】

中国民生银行股份有限公司盘锦分行与中央储备粮锦州直属库金融借款合同纠纷案［最高人民法院(2017)最高法民终 891 号民事判决书，2017. 12. 21］

【裁判精要】

最高人民法院认为：

二、案涉《最高额质押合同》的性质、效力及民生银行盘锦分行对诉争 48571 吨粳稻是否享有优先受偿权

1. 案涉《最高额质押合同》的性质。案涉公高质字第 DB1400000156280 号《最高额质押合同》是编号为公授信字第 ZH1400000183587 号《综合授信合同》的商业银行借款担保合同,担保 2014 年 11 月 1 日至 2015 年 11 月 1 日一年内连续发生的借款债权,最高债权限额为 5 亿元人民币,质押物为五峰科技公司所有的 1 ~ 21 号仓库内的 8 万吨粳稻。一般而言,最高额质押合同所担保的债权不特定,但质押物是特定的,而案涉《最高额质押合同》不仅担保的债权不特定,质押物也不特定。之所以说质押物不特定,是因为经本院审理查明,21 个仓库的库容量远不止 8 万吨,实际存在多个存货单位,而粳稻属于种类物,不具有特定权利归属的外在表象,粮食作物也不易久存,存在倒仓、出库、入库等变动,故质押合同指向的质物 8 万吨粳稻并没有特定化。2014 年 11 月 1 日,民生银行盘锦分行与五峰科技公司、远成物流公司签订《动产质押监管协议》,约定由远成物流公司对五峰科技公司提供的质押财产进行保管和监管。依据该监管协议第 14 条、第 20 条等条款的约定,监管人远成物流公司保证质押财产的价值不低于质押财产最低价值;质押财产最低价值由民生银行盘锦分行确定的单价乘以质押财产的库存数量确定。这表明,仓储监管财产不是指向特定仓库内特定数量的粳稻,监管方式为保证质押物不低于最低价值。2014 年 11 月 20 日,五峰科技公司向民生银行盘锦分行出具《质押财产清单》(样本)以及民生银行盘锦分行、五峰科技公司共同向远成物流公司出具《查询及出质通知书》,记载质物名称粳稻,规格一级,重量 67119 吨,没有记载具体仓号;其后,远成物流公司

经核库出具《动产融资业务核库报告书》,记载当前查库数量 68449 吨,库存数量较之前的 67119 吨增加了 1330 吨。在对质押物进行查询核库后,民生银行盘锦分行、五峰科技公司没有按照查库时的 67119 吨或者 68449 吨粳稻办理质押或抵押登记,而是于 2014 年 11 月 26 日在北镇市工商行政管理局办理了《动产抵押登记书》,抵押物状况一栏记载名称水稻,所有权归属五峰科技公司,数量 8 万吨,质量良好、所在地为五峰科技公司院内。也就是说,登记公示的抵押物与合同约定的质押物均为五峰科技公司仓库内该公司所有的不特定 8 万吨粳稻,即便库存粳稻不足 8 万吨,只要五峰科技公司将来补足 8 万吨即可,民生银行盘锦分行就有权在 8 万吨粳稻的价值范围内优先受偿。综合以上事实,本院认为,案涉《最高额质押合同》约定的质押物是具有浮动性特征的不特定动产。

以不特定动产担保债权实现的担保方式,属于非典型担保,《物权法》第一百八十一条、第一百八十九条及第一百九十六条规定的浮动抵押制度,即属于此种非典型担保。《物权法》第一百八十一条规定:"经当事人书面协议,企业、个体工商户、农业生产经营者可以将现有的以及将有的生产设备、原材料、半成品、产品抵押,债务人不履行到期债务或者发生当事人约定的实现抵押权的情形,债权人有权就实现抵押权时的动产优先受偿。"第一百八十九条第一款规定:"企业、个体工商户、农业生产经营者以本法第一百八十一条规定的动产抵押的,应当向抵押人住所地的工商行政管理部门办理登记,抵押权自抵押合同生效时设立;未经登记,不得对抗善意第三人。"第二款规定:"依照本法第一百八十一条规定抵押的,不得对抗正常经营活动中已支付合理价款并取得抵押财产的买受人。"第一百九十六条规定:"依照本法第一百八十一条规定设定抵押的,抵押财产自下列情形之一发生时确定:(一)债务履行期届满,债权未实现;(二)抵押人被宣告破产或者被撤销;(三)当事人约定的实现抵押权的情形;(四)严重影响债权实现的其他情形。"依据上述规定,浮动抵押具有以下主要特征:其一,担保标的物是抵押人现有的以及将来取得的不特定动产,抵押物在抵押期间处于浮动状态,这是浮动抵押区别于典型抵押的显著特征;其二,在实现抵押权的条件成就时以抵押人享有所有权的相应动产即时特定为抵押物,抵押权人只能对浮动抵押标的物确定时属于抵押人的动产享有优先受偿权;其三,抵押权自抵押合同生效时设立,这有别于典型抵押以登记作为抵押权设立的要件,浮动抵押未经登记只是不得对抗善意第三人;其四,抵押期间抵押人不丧失对设押财产的管领处分权能,其日常业务经营不因浮动抵押的设定而受影响。浮动抵押制度虽规定在《物权法》第十六章第一节关于抵押权的一般规定中,但依据《物权法》第二百二十二条关于"出质人与质权人可以协议设立最高额质权。最高额质权除适用本节有关规定外,参照本法第十六章第二节最高额抵押权的规定"的规定,以及第二百零七条关于"最高额抵押权除适用本节规定外,适用本章第一节一般抵押权的规定"的规定,最高额质权可以参照适用《物权法》关于浮动抵押的规定。依据上述规定,结合本案事实,本院认为,案涉《最高额质押合同》所约定的质押物为五峰科技公司

1～21号仓库内该公司所有的不特定的8万吨粳稻，办理了动产抵押登记，监管人远成物流公司对1～21号仓库中的粳稻实行最低价值总量监管，五峰科技公司1～21号仓库的仓储经营业务不因质权的设定而受影响，故案涉《最高额质押合同》具有浮动抵押的特征，应参照适用物权法有关浮动抵押的规定认定其效力。

2. 案涉《最高额质押合同》的效力。案涉《最高额质押合同》系民生银行盘锦分行与五峰科技公司的真实意思表示，不违反法律、行政法规的强制性规定，不违反物权法定原则，依法应认定为有效合同。因《最高额质押合同》约定的质押物是具有浮动性的粮食作物，存在有进有出的动态变化，签订质押合同时五峰科技公司21个仓库中库存粳稻的状况，与时隔一年多民生银行盘锦分行提起本案诉讼、时隔两年多一审法院勘验仓库时的库存粳稻状况不相同，故不宜以本案诉讼中一审法院勘验的粳稻库存情况来推定合同签订时五峰科技公司出质的8万吨粳稻包含有锦州直属库管理的48571吨政策性粮，且在2014年11月1日签订案涉《最高额质押合同》时，锦州直属库于2015年2月至3月自行收购的11620吨粳稻尚未入库。再者，民生银行盘锦分行与五峰科技公司自2012年以来就签订有综合授信借款合同以及最高额质押合同，质押物也为五峰科技公司仓库内的8万吨粳稻，本案的借款担保方式是双方之间原有融资方式的延续。因此，现有证据尚不足以证明，五峰科技公司出质的8万吨粳稻包含有锦州直属库管理的48571吨政策性粮，更不宜认定该公司明知而故意隐瞒该事实，以涵盖他人所有的粳稻出质骗取本案借款。一审判决认定五峰科技公司欺诈民生银行盘锦分行、擅自处分中央储备粮，缺乏证据证明。该院依据《合同法》第五十二条第（一）项、第（五）项规定，认定案涉《最高额质押合同》涉及诉争48571吨粳稻的部分无效，属适用法律错误，本院予以纠正。

3. 民生银行盘锦分行能否对诉争48571吨粳稻行使优先受偿权。依据《物权法》第一百八十九条第一款关于"企业、个体工商户、农业生产经营者以本法第一百八十一条规定的动产抵押的，应当向抵押人住所地的工商行政管理部门办理登记，抵押权自抵押合同生效时设立；未经登记，不得对抗善意第三人"的规定，浮动抵押权的设立不以登记为要件，抵押合同生效即设立抵押权。案涉《最高额质押合同》兼具担保物浮动性的特征，依照《物权法》第二百二十二条、第二百零七条的规定，本案应参照该法第一百八十九条第一款的规定，认定案涉质押合同成立生效即发生质权设立的效力。

但是，民生银行盘锦分行的质权能否实现，须依赖于两个条件：一是担保债权的数额确定，此为最高额质权的实现条件；二是担保债权未获清偿时五峰科技公司当时所有的库存粳稻数量，此为不特定担保物的固定。民生银行盘锦分行的主债权2.2亿元已在先行审结的辽宁高院（2015）辽民二初字第00069号民事判决中予以确定，债权数额在担保的最高债权限额内，故第一个条件满足。民生银行盘锦分行提起本案诉讼后，一审法院于2017年2月23日组织本案当事人及案外人锦州银行沟帮子支行、锦州恒大国际物流园发展有限公司对五峰科技公司1～21号仓库进行现场勘验，其中1、3、7、10、11、13、16、18号等八个仓库为空仓；在其余有粮的13个仓库中，12、14、15、17、19、20、21号等七个仓库内的48571吨粳稻系已通过粮权确认书特定化的锦州直属库管理的政策性粮，所有权归国务院，此节事实已在前述第一个争议焦点中予以论证；则只有第2、4、5、6、8、9号仓库中的粳稻属于实现质权时五峰科技公司所有的动产，民生银行盘锦分行应针对第2、4、5、6、8、9号仓库中五峰科技公司所有的粳稻，以实际库存量为准、8万吨为限享有质权，并在辽宁高院(2015)辽民二初字第00069号民事判决主文第一项债权额度范围内就质物享有优先受偿权。对于五峰科技公司12、14、15、17、19、20、21号等七个仓库内的48571吨粳稻，因产权归属国务院，不属于实现质权时五峰科技公司所有的动产，从而不属于质押担保物的范围，故民生银行盘锦分行对诉争48571吨粳稻不享有质权。①

【案例来源】

中国裁判文书网，http://wenshu. court. gov. cn。

877 股权让与担保，不违反法律、行政法规禁止性规定的，应为有效

【关键词】

| 股权让与担保 |

【案件名称】

修水县巨通投资控股有限公司与福建省稀有稀土（集团）有限公司合同纠纷案［最高人民法院（2018）最高法民终119号民事判决书，2018. 11. 21］

【裁判精要】

最高人民法院认为：

2. 关于《股权转让协议》的效力问题

修水巨通上诉主张，《股权转让协议》名为转让实为担保，各方当事人具有通谋的虚伪意思表示，应为无效。稀土公司辩称其真实意思表示即为股权转让，《股权转让协议》合法有效。

本院认为，对让与担保效力的质疑，多集中在违反物权法定原则、虚伪意思表示和回避流质契约条款之上。其中违反物权法定原则的质疑，已在物权法定原则的立法本意以及习惯法层面上得以解释，前述《民间借贷解释》第二十四条的规定，即属

---

① 本案二审判决后，民生银行盘锦分行向最高人民法院申请再审，最高人民法院审查后裁定予以驳回。参见最高人民法院(2018)最高法民申2798号民事裁定书(2018. 7. 31)，载中国裁判文书网，http://wenshu. court. gov. cn。

对让与担保的肯定和承认;而回避流质契约条款可能发生的不当后果,亦可为让与担保实现时清算条款的约定或强制清算义务的设定所避免。至于让与担保是否因当事人具有通谋的虚伪意思表示而无效,应在现行法律规定以及当事人意思表示这两个层面来检视。就现行法律规定而言,《合同法》第五十二条规定:"有下列情形之一的,合同无效:(一)一方以欺诈、胁迫的手段订立合同,损害国家利益;(二)恶意串通,损害国家、集体或者第三人利益;(三)以合法形式掩盖非法目的;(四)损害社会公共利益;(五)违反法律、行政法规的强制性规定。"该条规定并未将单纯的通谋虚伪意思表示列为合同无效的法定情形。《民法总则》第一百四十六条则规定,"行为人与相对人以虚假的意思表示实施的民事法律行为无效。以虚假的意思表示隐藏的民事法律行为的效力,依照有关法律规定处理。"根据该条规定,如当事人之间存在通谋的虚假意思表示,基于该虚假意思表示实施的民事法律行为应为无效。由此,让与担保是否无效的关键在于,当事人是否具有通谋的虚假意思表示。对此,实践中多有误解,认为让与担保中,债务人将标的物权利转移给债权人,仅仅属于外观形式,其真实意思是在于设定担保,故为双方通谋而为虚假的转移权利的意思表示,应为无效。但事实上,在让与担保中,债务人为担保其债务将担保物的权利转移给债权人,使债权人在不超过担保目的的范围内取得担保物的权利,是出于真正的效果意思而作出的意思表示。尽管其中存在法律手段超越经济目的的问题,但与前述禁止性规定中以虚假的意思表示隐藏其他法律行为的做法,明显不同,不应因此而无效。

本案中,《股权转让协议》约定了转让标的、转让价款、变更登记等事项,江西巨通、修水巨通均就股权转让事宜作出股东会决议,案涉股权亦办理了变更登记手续,具备股权转让的外在表现形式。修水巨通虽提供黄宁、叶莲花等证人证言,拟证明其同意转让案涉股权的目的在于提供担保,但此种事实恰恰符合让与担保以转移权利的手段实现担保债权目的的基本架构,不构成欠缺效果意思的通谋的虚假意思表示,其据此主张《股权转让协议》无效,于法无据。且《股权转让协议》第3.1条约定了清算条款,不违反流质条款的禁止性规定。故,《股权转让协议》系各方当事人通过契约方式设定让与担保,形成一种受契约自由原则和担保经济目的双重规范的债权担保关系,不违反法律、行政法规的禁止性规定,应为合法有效。

【案例来源】

中国裁判文书网,http://wenshu.court.gov.cn。

编者说明

最高人民法院民二庭法官会议意见认为,认定一个协议是股权转让、股权让与担保还是股权质押,不能仅仅看合同的形式或名称,而要探究当事人的真实意思表示。如果当事人的真实意思表示是通过转让标的物的方式为主合同提供担保,则此种合同属于让与担保合同,而非股权转让或股权质押。让与担保合同是双方的真实意思表示,不违反法律、行政法规的强制性规定,依法应当认定合同有效。在已经完成股权变更登记的情况下,可以参照最相近的担保物权的规定,认定其具有物权效力。①

债务人为担保其债务将担保物的权利转移给债权人,使债权人在不超过担保目的的范围内取得担保物的权利,是出于真正的效果意思而作出的意思表示,不构成虚伪意思表示。而回避流质契约条款可能发生的不当后果,亦可为让与担保实现时清算条款的约定或强制清算义务的设定所避免,债权人未能按约清偿债务的,债权人不得径行取得股权。②

关于让与担保问题,《全国法院民商事审判工作会议纪要》(2019 年 11 月 8 日,法〔2019〕254 号)第七十一条明确,债务人或者第三人与债权人订立合同,约定将财产形式上转让至债权人名下,债务人到期清偿债务,债权人将该财产返还给债务人或第三人,债务人到期没有清偿债务,债权人可以对财产拍卖、变卖、折价偿还债权的,应当认定合同有效。合同如果约定债务人到期没有清偿债务,财产归债权人所有的,应当认定该部分约定无效,但不影响合同其他部分的效力。当事人根据上述合同约定,已经完成财产权利变动的公示方式转让至债权人名下,债务人到期没有清偿债务,债权人请求确认财产归其所有的,不予支持,但债权人请求参照法律关于担保物权的规定对财产拍卖、变卖、折价优先偿还其债权的,依法予以支持。债务人因到期没有清偿债务,请求对该财产拍卖、变卖、折价偿还所欠债权人合同项下债务的,亦应依法予以支持。

878 对股权让与担保是否具有物权效力,应以是否已按照物权公示原则进行公示作为核心判断标准

【关键词】

| 股权让与担保 | 物权公示原则 |

【案件名称】

黑龙江闽成投资集团有限公司与西林钢铁集团有限公司及刘志平民间借贷纠纷案[最高人民法院(2019)最高法民终 133 号民事判决书,2019. 5. 16]

【裁判精要】

最高人民法院认为:

二、龙郡公司股权转让是否为作价抵债并已履行完毕

2014 年 6 月 13 日,西钢公司与刘志平签订《协议书》约定,龙郡公司向刘志平借款 447159452. 22 元,因无力偿还,2014 年 6 月 16 日双方办理了股权转让变更手续。

① 参见贺小荣主编:《最高人民法院民事审判第二庭法官会议纪要——追寻裁判背后的法理》,人民法院出版社 2018 年版,第 19 页。

② 参见最高人民法院第三巡回法庭编著:《最高人民法院第三巡回法庭新型民商事案件理解与适用》,中国法制出版社 2019 年版,第 220 页。

西钢公司将持有的龙郡公司100%股权(包含工程项目及债权债务)转让给刘志平,确定以龙郡公司2014年5月末账面净资产43594471.52元作为转让价款。6月16日,刘志平分9笔向西钢公司汇款43594471.52元。2015年8月13日,西钢公司与刘志平签订《补充协议书》,约定:"甲、乙双方于2014年6月13日签订协议书,甲方将持有西钢集团哈尔滨龙郡房地产开发有限公司100%的股权阶段性转让给乙方,以保证乙方债权的安全和实现。鉴于现阶段西钢尚无力偿付对乙方的债务,为保障乙方尽快收回资金,甲乙双方协商一致,达成本补充协议。一、甲方确认截至2015年6月20日,向乙方借款本息447159452.22元,收到乙方阶段性受让龙郡公司100%股权款43594471.52元,共计490753923.74元,自2015年6月21日起,若6个月内清偿本息,按年税后利率12%付息;若还款期限超过6个月部分,按年税后利率18%付息。利息一年一结算。……八、若1年内甲方不能出售房产清偿对乙方的借款,由中介机构对龙郡公司可变现资产进行评估,甲方按评估价值下浮最低不超过5%出售房产清偿乙方借款,多余部分归甲方。评估价值及范围不包括由于出售房产产生的所有税费及本协议第七条规定的集资建房房产和车位。"

本院认为,前述约定中,"龙郡公司100%股权阶段性转让给乙方,以保证乙方债权的安全和实现""鉴于现阶段西钢尚无力偿付对乙方的债务,为保障乙方尽快收回资金"等约定内容,担保债权实现的意思表示清晰、明确,债权人与债务人同意以阶段性转让龙郡公司100%股权的形式保障借款安全。还约定,"若1年内甲方不能出售房产清偿对乙方的借款,由中介机构对龙郡公司可变现资产进行评估,甲方按评估价值下浮最低不超过5%出售房产清偿乙方借款,多余部分归甲方"。该约定明确,"若1年内甲方不能出售房产清偿对乙方的借款……"意味着,尽管龙郡公司100%股权已经过户至刘志平名下,但西钢公司仍有权出售龙郡公司项下不动产,用以抵偿约定的欠付刘志平的特定债务。本院认为,《协议书》《补充协议书》上述约定内容,本质上是通过以龙郡公司100%股权过户至刘志平名下的方式担保前述债权的实现,西钢公司仍保留对龙郡公司的重大决策等股东权利;待债务履行完毕后,龙郡公司100%股权复归于西钢公司;如债务不能依约清偿,债权人可就龙郡公司经评估后的资产价值抵偿债务,符合让与担保法律特征。作为民商事活动中广泛运用的非典型担保,并不违反法律、行政法规效力性强制性规定,应当认定前述《协议书》《补充协议书》有效。

2017年5月15日,西钢公司为甲方、刘志平为乙方、龙郡公司为丙方,又签订协议约定,"因西林钢铁集团有限公司(以下简称西钢集团)向乙方借款一事,双方于2014年6月13日、2015年8月13日分别签订了《协议书》《补充协议书》,对借款问题及哈尔滨龙郡房地产开发有限公司(以下称龙郡公司)股权事宜进行了明确约定。为确保乙方债权得以实现,2014年6月12日甲方将龙郡公司100%股权转让给乙方并办理了股权变更手续。鉴于甲方仍处于整顿恢复期,截止到本协议签订之日,甲方仍未能还款。为进一步明确双方权利义务,本着平等互利、协商一致的原则,双方再次达成协议如下:1. 债权债务处理及股权确认。1. 1 依据 2015 年 8 月 13 日签订的《补充协议书》第一条,甲方向刘志平借款 447159452. 22 元,同时收到刘志平阶段性受让龙郡公司 100% 股权款 43594471. 52 元,上述合计本金暂定为 490753923. 74 元,确切金额以双方对账后确认的数额为准。另由刘志平代西钢公司支付的律师费等费用 65 万元属于刘志平债权。1. 2 甲方同意以龙郡公司 100% 的股权及资产抵债,抵债金额依据本协议第 2. 3 条执行。1. 3 鉴于 2014 年 6 月 12 日双方已经办理了股权转让变更手续,双方一致确认该股权变更有效,不需要再次履行变更手续。1. 4 乙方债权未获清偿部分或抵债金额超过其债权的部分,依然按照原《协议书》及《补充协议书》中的约定办理,从质押给刘志平的逊克县翠宏山矿业有限公司 64% 股权价值中补足或冲减。……2. 1 双方共同选定资产评估机构对龙郡公司资产进行评估。……评估资产范围不包括双方 2014 年 6 月 13 日、2015 年 8 月 13 日签订的《协议书》《补充协议书》中规定的已预售给甲方员工的集资建房的房产 262 户(附业主、楼栋、楼层、单元、房号和面积等房产明细表作为本协议附件)和车位 98 个……伊春市西林区龙郡公司名下所有资产不纳入本次评估范围,债权债务由甲方承担,但需要丙方为西林区房产出具手续时,应积极予以办理,涉及税费由甲方承担。2. 2 龙郡公司资产价值的确定以评估机构的评估价为基础,上下浮动不超过 5%,由甲乙双方协议确认。2. 3 抵债金额以本协议 2. 2 条确认的龙郡公司价款基础上,扣除本协议签订后,甲方集资建房须龙郡公司补交的全部税费余额(甲方员工退房的,其退房的税费不含在内)。2. 4 龙郡公司资产评估价值的确定以共同选定的资产评估机构《资产评估报告》评估数额为准。……评估基准日为 2017 年 4 月 30 日。……3. 1 本协议生效后,甲方将龙郡公司 100% 的股权转让给乙方,乙方享有的相应数额债权得以抵销,乙方依法享有龙郡公司股东全部权利义务,乙方负责龙郡公司后续投资建设管理、完善竣工验收手续……3. 2. 2 本协议签订后 10 个工作日内,甲方将龙郡公司已有的各项审批手续文件,施工、采买等各类合同协议,财务凭证,施工图纸、预售房屋的位置标记图等全部档案材料电子版和纸质的原始文件交于乙方”。

本院认为,上述约定的核心内容为,“甲方同意以龙郡公司 100% 的股权及资产抵债”“鉴于 2014 年 6 月 12 日双方已经办理了股权转让变更手续,双方一致确认该股权变更有效,不需要再次履行变更手续”“乙方债权未获清偿部分或抵债金额超过其债权的部分,依然按照原《协议书》及《补充协议书》中的约定办理,从质押给刘志平的逊克县翠宏山矿业有限公司 64% 股权价值中补足或冲减”“双方共同选定资产评估机构对龙郡公司资产进行评估”“本协议生效后,甲方将龙郡公司 100% 的股权转让给乙方,乙方享有的相应数额债权得以抵销,乙方依法享有龙郡公司股东全部权利义务”。据此,因债务人西钢公司借期内未能偿还借款本息,在担保基础上作出的上述约定,旨在以龙郡公司 100% 股权抵债以实现债权。此时,西钢公司与刘志平(闽成公司)已就真实转让龙郡公司 100% 股权达成合意,西钢公司有义务向刘志平(闽成公司)移交龙郡公司 100% 股权。西钢公司与刘志平约定,对确切债权金额对账、双方在评估价基础上确定龙郡公司资产价值,为有关股权抵债计算方式的约定,而非抵债协议生效条件。西钢公司上诉提出,龙郡公司股权变更协议并非为抵偿债务、以龙郡公司股权抵债条件尚不具备等主张,与约定不符,与事实不符,本院不予支持。

2017年10月18日,东宇公司出具《资产评估报告》。主要内容为:受刘志平、西钢公司委托,以2017年4月30日为评估基准日,对龙郡公司的哈市群力西钢大厦在建工程、西钢大厦地下车位、西钢嘉苑A、B栋部分在建工程、哈市阿城区黑纺路土地使用权及部分债权债务进行评估,评估有效期为2017年4月30日至2018年4月29日。《资产评估报告》第12页记载:"委估资产账面净值435751003元,评估值362043732元,减值额73707271元。"第13页记载:"根据委托方提供的资料,西钢大厦超建筑面积尚未办妥手续,停工后施工方与建设方存在索赔不确定因素较多,存在不可预见支出事项。因此,办理超建筑面积5783平方米处罚手续费用暂按51740000元估算,停工索赔费用暂按51692226元估算。待工程结束后,由甲乙方按实际支出协商解决。"本院认为,上述履约行为旨在落实"双方共同选定资产评估机构对龙郡公司资产进行评估"等约定内容。西钢公司上诉主张,评估范围仅包含龙郡公司部分资产,闽成公司主张抵偿龙郡公司100%股权,故,应在评估价基础上双方进一步商议具体抵偿金额和抵偿方式。评估报告将龙郡房地产项目中未决事项、法律纠纷等不确定因素,列支为办理超建筑面积5783平方米处罚金额暂按51740000元估算、停工索赔费用暂按51692226元估算,两项合计1亿余元,作为不可预见支出项目从龙郡公司股权评估价中扣减,存在虚高且缺乏依据。本院认为,就对龙郡公司股权价值的评估范围,西钢公司与刘志平及龙郡公司于2017年5月15日签订的协议第2.1条明确约定,"评估资产范围不包括双方2014年6月13日、2015年8月13日签订的《协议书》《补充协议书》中规定的已预售给甲方员工的集资建房的房产262户和车位98个……伊春市西林区龙郡公司名下所有资产不纳入本次评估范围"。刘志平与西钢公司签约约定,以龙郡公司100%股权作为让与担保标的物以保证借款债权实现;直至以龙郡公司100%股权变价折抵债权的《资产评估报告》作出后,西钢公司才就评估范围等提出异议。西钢公司上诉提出的主张,显与其在系列合同中作出的意思表示不符,与其在担保物评估变价期间的态度不符,也未提供相应证据佐证其观点,本院不予采信。本案二审中各方均同意将龙郡公司评估价值从362043732元调整为464541718元。龙郡公司及其项下房地产项目的实际控制权已移转至闽成公司,已由闽成公司接盘并接续开发建设。故,应从闽成公司对西钢公司享有的债权本息中相应扣减464541718元。同时,本院认为,如日后发生超建筑面积处罚、停工索赔等新增费用,应依约另行据实核算,权利人就此享有诉权。一审判决认定,双方当事人对龙郡公司已由闽成公司实际接收控制均无异议,即该抵债行为已实际履行完毕;协议明确约定伊春市西林区龙郡公司名下所有资产不纳入本次评估范围,债权债务由西钢公司负担。对一审上述认定,本院认可。

西钢公司还主张,西钢公司已进入破产重整程序,以龙郡公司股权作价抵顶西钢公司对闽成公司债务,损害其他债权人权益。本院认为,《企业破产法》第三十条规定,破产申请受理时属于债务人的全部财产,以及破产申请受理后至破产程序终结前债务人取得的财产,为债务人财产。为防止债务人不当减少责任财产而损害全体债权人利益,《企业破产法》第十六条规定,人民法院受理破产申请后,债务人对个别债权人的债务清偿无效;第三十一条规定,破产申请前一年内发生的无偿转让财产等涉及债务人财产的特定行为,管理人有权请求人民法院予以撤销;第三十二条规定,人民法院受理破产申请前六个月内,如债务人已达到破产界限仍对个别债权人清偿,除该个别清偿使债务人财产受益的情形之外,管理人亦有权请求人民法院予以撤销。本案一审中,黑龙江省伊春市中级人民法院于2018年6月11日作出(2018)黑07破申1号民事裁定,受理西钢公司重整申请。本院认为,2017年5月15日西钢公司、刘志平与龙郡公司签订协议的第1.2条载明,“甲方同意以龙郡公司100%的股权及资产抵债”;第1.3条载明,“鉴于2014年6月12日双方已经办理了股权转让变更手续,双方一致确认该股权变更有效,不需要再次履行变更手续”等。可见,以龙郡公司股权抵债行为发生于2017年5月15日,即龙郡公司100%股权亦于同日转移至刘志平名下,年底前已依约完成抵债股权评估。换言之,在黑龙江省伊春市中级人民法院受理西钢公司破产重整申请一年之前,龙郡公司股权已不属于西钢公司责任财产,以龙郡公司股权抵债并非《企业破产法》第十六条所指的人民法院受理破产申请后债务人对个别债权人清偿行为,亦不属《企业破产法》第三十一条规定、第三十二条规定的可撤销行为。西钢公司提出的前述主张,与本案事实不符,于法无据,本院不予支持。

三、闽成公司是否有权就翠宏山公司64%股权优先受偿

2014年6月20日,西钢公司为甲方、刘志平为乙方签订《协议书》,约定:“甲方向乙方借款用于银行短期倒贷,本息合计723606136.82元(股权比例计算说明见附件一)。现由于甲方无力偿还,西钢公司同意将其持有翠宏山公司64%股权转让给乙方刘志平。现甲乙双方经协商一致,就未尽事宜达成协议如下:……二、甲乙双方签订的股权转让协议的目的是以股权转让的形式保证乙方债权的实现,督促甲方按本协议的约定偿还乙方的借款。本协议约定的还款期限为:2014年6月21日至2015年6月20日。……四、在本协议约定的还款期限内,甲乙双方应保证:1. 甲方应积极筹措资金偿还乙方借款,每偿还一笔借款,按还款数额相应核减乙方的持股比例。当投入逊克县翠宏山矿业有限公司的借款本息723606136.82元、投入西钢集团哈尔滨龙郡房地产开发有限公司借款490753923.74元、西林钢铁集团有限公司借款100000000.00元全部还清时,乙方应将受让的逊克县翠宏山矿业有限公司的股权份额全部转回甲方或甲方指定的公司,并配合甲方办理工商变更登记手续。……五、如甲方在本协议约定的还款期限内未能偿还乙方的借款时:……利息按原借款合同约定的税后年息18%计算,按月支付。”为履行上述约定内容,2014年6月

13 日，翠宏山公司股东会决议同意西钢公司将其所持有的翠宏山公司 64% 股权转让给刘志平，其他股东放弃优先购买权。西钢公司与翠宏山公司在工商部门办理了翠宏山公司股东变更登记。

2015 年 8 月 13 日，西钢公司为甲方、刘志平为乙方，签订《补充协议书》，约定："甲、乙双方于 2014 年 6 月 20 日签订逊克县翠宏山矿业有限公司股权转让协议书，甲方将持有的翠宏山矿业公司 64% 的股权未按对价原则阶段性转让给乙方，以保证乙方债权的安全和实现。鉴于现阶段甲方尚无力偿付对乙方的债务并回购翠宏山矿业公司 64% 的股权，且乙方也没有实质持有翠宏山矿业公司股权的意愿，为此，甲、乙双方基于实际考虑，经协商一致，达成补充协议如下：……二、甲乙双方 1 年内引进战略投资商投资翠宏山时，战略投资商用于购买乙方阶段性持有的翠宏山矿业公司股权的价款，首先用于偿还甲方对乙方的借款本息，乙方按还款比例相应减持 64% 股权比例，同时对已偿还借款停止计息。……四、若从补充协议签订之日起，1 年内甲方不能全部还清债务，乙方有权对外出售翠宏山矿业公司股权，出售价格以评估价格为基础下浮不超过 10%；出售股权比例变现的额度，不得超过未清偿借款本息和。同等条件甲方有优先回购权。五、截至 2015 年 6 月 20 日，甲方向乙方借款本息合计 849232648.54 元。若 6 个月内清偿，按年税后利率 12% 付息；若还款期限超过 6 个月部分，按年税后利率 18% 付息。利息一年一结算。六、乙方在哈尔滨龙郡房地产有限公司债权未清偿部分转入翠宏山矿业公司 64% 股权中，在翠宏山矿业公司股权变卖所得价款中清偿。"

本院认为，西钢公司与刘志平签订的《协议书》约定，"双方签订的股权转让协议的目的是以股权转让的形式保证乙方债权的实现，督促甲方按本协议的约定偿还乙方的借款""甲方应积极筹措资金偿还乙方借款，每偿还一笔借款，按还款数额相应核减乙方的持股比例""……全部还清时，乙方应将受让的逊克县翠宏山矿业有限公司的股权份额全部转回甲方或甲方指定的公司，并配合甲方办理工商变更登记手续"。《补充协议书》再次明确，该股权转让是为了"保证乙方债权的安全和实现"，且双方确认"乙方也没有实质持有翠宏山矿业公司股权的意愿"。可见，双方签订股权转让协议的目的是以股权转让形式保证刘志平债权的实现，担保西钢公司按协议约定偿还借款。上述《协议书》《补充协议书》约定将西钢公司名下翠宏山公司 64% 股权变更至刘志平名下，与前述以龙郡公司 100% 股权提供担保为同一性质的担保，并非真正的股权转让，而是将翠宏山公司 64% 股权作为对刘志平债权实现的非典型担保，即让与担保。对此，各方不持异议。如前所述，有关让与担保的约定内容真实、自愿、合法，不具有合同无效情形，应为有效合同。一审判决认定，双方于 2014 年 6 月 13 日签订《协议书》、2015 年 8 月 13 日签订《补充协议书》的真实目的并非真正实现股权转让，而是为了对案涉债务提供担保，符合本案当事人在相关系列合同中作出的连贯的、一致的真实意思表示，本院予以确认。西钢公司主张，上述《协议书》《补充协议书》系本案各方通谋虚伪意思表示，依据《民法总则》第一百四十六条规定和《企业破产法》相关规定，应属无效。对西钢公司提出的该项诉请，不予支持。

本院认为，与认定以龙郡公司100%股权设立让与担保的约定有效同理，亦应认定以翠宏山公司64%股权设立的让与担保约定有效。《民法总则》第一百四十六条规定，行为人与相对人以虚假的意思表示实施的民事法律行为无效。以虚假的意思表示隐藏的民事法律行为的效力，依照有关法律规定处理。是否为"以虚假的意思表示实施的民事法律行为"，应当结合当事人在主合同即借款合同和从合同即让与担保合同中作出的真实意思表示，统筹作出判断。约定将债务人或第三人股权转让给债权人的合同目的是设立担保，翠宏山公司64%股权转让至闽成公司代持股人刘志平名下是为西钢公司向闽成公司的巨额借款提供担保，而非设立股权转让民事关系。对此，债权人、债务人明知。从这一角度看，债权人、债务人的真实意思是以向债权人转让翠宏山公司股权的形式为债权实现提供担保，"显现的"是转让股权，"隐藏的"是为借款提供担保而非股权转让，均为让与担保既有法律特征的有机组成部分，均是债权人、债务人的真实意思，该意思表示不存在不真实或不一致的瑕疵，也未违反法律、行政法规的效力性强制性规定。

西钢公司上诉主张，以翠宏山公司股权设定的让与担保违反物权法定及物权公示原则，违反法律禁止流押流质的规定。本院认为，首先，根据物权和债权区分原则，物权法定原则并不能否定上述合同的效力，即使股权让与担保不具有物权效力，股权让与担保合同也不必然无效。其次，让与担保虽非《物权法》等法律规定的有名担保，但属在法理及司法实践中得到广泛确认的非典型担保。本院认为，《物权法》第一百八十六条规定，抵押权人在债务履行期届满前，不得与抵押人约定债务人不履行到期债务时抵押财产归债权人所有；第二百一十一条规定，质权人在债务履行期届满前，不得与出质人约定债务人不履行到期债务时质押财产归债权人所有。前述《物权法》禁止流押、禁止流质之规定，旨在避免债权人乘债务人之危而滥用其优势地位，压低担保物价值，谋取不当利益。如约定担保权人负有清算义务，当债务人不履行债务时，担保权人并非当然取得担保物所有权时，并不存在流押、流质的问题。本案中，西钢公司与刘志平2015年8月13日签订的《补充协议书》约定，如西钢公司不能还清债务，"乙方有权对外出售翠宏山矿业公司股权，出售价格以评估价格为基础下浮不超过10%；出售股权比例变现的额度，不得超过未清偿借款本息"。可见，西钢公司与刘志平就以翠宏山公司64%股权设定的让与担保，股权出售价格应以"评估价格为基础下浮不超过10%"的清算方式变现。本院认为，上述约定不违反禁止流质流押的法律规定，应当认定上述约定有效。

闽成公司上诉主张，让与担保是已为《民间借贷解释》所认可的非典型担保，设定担保的目的在于债权人就担保标的物优先受偿。案涉翠宏山公司64%股权已在工商部门变更登记至刘志平名下，具有物权公示作用及对抗第三人效力，能够限制该股权转让或其他处分。故，闽成公司就翠宏山公司64%股权具有排除第三人的优先物权效力。西钢公司主张，依据物权法定原则，只有法律明确规定的物权种类，才具有法律认可和保护的物权效力,让与担保并非法律明确规定的物权种类,仅具有债权效力,不具有与法定物权同样的物权效力,不能对抗第三人,无法取得优先于其他债权人的受偿权;从合同内容看,本案就以该股权设定让与担保的《协议书》《补充协议书》均未约定刘志平享有优先受偿权。本院认为,闽成公司与西钢公司上述主张,实质争议焦点在于:以翠宏山公司64%股权设定的让与担保是否具有物权效力,让与担保权人是否可因此取得就该股权价值优先受偿的权利。《最高人民法院关于进一步加强金融审判工作的若干意见》第三条规定,依法认定新类型担保的法律效力,扩宽中小微企业的融资担保方式。除符合《合同法》第五十二条规定的合同无效情形外,应当依法认定新类型担保合同有效;符合《物权法》有关担保物权规定的,还应当依法认定其物权效力。对于前述股权让与担保是否具有物权效力,应以是否已按照物权公示原则进行公示,作为核心判断标准。本案诉争让与担保中,担保标的物为翠宏山公司64%股权。《公司法》第三十二条第二款规定,公司应当将股东的姓名或者名称向公司登记机关登记;登记事项发生变更的,应当办理变更登记。未经登记或者变更登记的,不得对抗第三人。可见,公司登记机关变更登记为公司股权变更的公示方式。《物权法》第二百零八条第一款、第二百二十六条第一款及第二百二十九条规定,在股权质押中,质权人可就已办理出质登记的股权优先受偿。举轻以明重,在已将作为担保财产的股权变更登记到担保权人名下的股权让与担保中,担保权人形式上已经是作为担保标的物的股份的持有者,其就作为担保的股权享有优先受偿的权利,更应受到保护,原则上具有对抗第三人的物权效力。这也正是股权让与担保的核心价值所在。本案中,西钢公司与刘志平于2014年6月就签订《协议书》以翠宏山公司64%股权设定让与担保,债权人闽成公司代持股人刘志平和债务人西钢公司协调配合已依约办妥公司股东变更登记,形式上刘志平成为该股权的受让人。因此,刘志平依约享有的担保物权优于一般债权,具有对抗西钢公司其他一般债权人的物权效力。闽成公司主张,刘志平享有就翠宏山公司64%股权优先受偿的权利,本院予以支持。西钢公司以让与担保非法定物权,以合同当事人未约定刘志平有优先受偿权为由,否定其优先受偿主张,本院不予支持。一审判决认定该让与担保不具有物权效力和对抗第三人的效力有误,本院予以纠正。

闽成公司主张,一审判决以《企业破产法》第十六条有关禁止个别清偿之规定为由不予支持其就翠宏山公司64%股权优先受偿,属适用法律错误,应根据《企业破产法》第一百零九条规定认定其享有优先受偿的权利。西钢公司主张,只有《物权法》《担保法》规定的法定担保物权人,才可依《企业破产法》第一百零九条规定在破产程序中享有优先受偿权;如判定刘志平享有对翠宏山公司64%股权的优先受偿权,将损害其他债权人利益,对西钢公司等四十家公司破产重整造成不利影响。本院认为,认定刘志平对诉争股权享有优先受偿权,不构成《企业破产法》第十六条规定所指的个别清偿行为。《企业破产法》第十六条之所以规定人民法院受理破产申请后的个别清偿行为无效,一是因为此种个别清偿行为减少破产财产总额;二是因为此类个别清偿行为违反公平清偿原则。在当事人以股权设定让与担保并办理相应股权变更登记,且让与担保人进入破产程序时,认定让与担保权人就已设定让与担保的股权享有优先受偿权利,是让与担保法律制度的既有功能,是设立让与担保合同的目的。

本案中,翠宏山公司64%股权已经变更登记至刘志平名下,刘志平就该股权享有优先受偿权利。根据在案证据,尽管案涉一系列借款合同、抹账协议、以翠宏山公司股权设定让与担保的协议及补充协议均以刘志平名义与西钢公司等签订,但银行转账记录等相关证据显示,除关文吉与卢志国提供的借款外,其他借款均由闽成公司或其关联公司(铭祺公司、闽龙公司)账户汇出,关文吉、卢志国先后将其债权转让给刘志平,刘志平本人亦承认真正的权利人为闽成公司,其名下翠宏山公司的股份只是为闽成公司代持。鉴此,在闽成公司与西钢公司之间存在真实的债权债务关系、闽成公司与刘志平之间对于股权代持关系并无争议的情况下,闽成公司主张就翠宏山公司64%股权优先受偿,应予支持。

本案二审中,各方当事人确认,经刘志平同意,案涉翠宏山公司64%股权已为西钢公司对案外人民生银行大连分行金融借款设定股权质押。民生银行大连分行诉西钢公司、伊春市百佳实业有限公司、刘志平、四川省达州钢铁集团有限责任公司、翠宏山公司金融借款合同纠纷案,2017年10月17日,辽宁省高级人民法院作出(2017)辽民初44号一审民事判决,该判决现已发生法律效力。民生银行大连分行对刘志平持有的翠宏山公司64%股权在债权本金5亿元及相应利息、逾期利息、复利和实现债权费用范围内就质押财产享有优先受偿权。本院认为,闽成公司对翠宏山公司64%股权享有优先受偿权。基于本案各方确认并经刘志平同意,将为担保闽成公司债权已设立让与担保的股权又出质给西钢公司债权银行,民生银行大连分行对翠宏山公司64%股权应优先于刘志平(闽成公司)受偿。

【案例来源】

中国裁判文书网,http://wenshu.court.gov.cn。

879 为保护债务人的利益,防止出现债权人取得标的物评价额(即标的物价值)与债权额之间差额等类似于流质、流押的情形,股权让与担保权利的实现应对当事人课以清算义务

【关键词】

|股权让与担保|清算义务|

【案件名称】

深圳市奕之帆贸易有限公司、侯庆宾与深圳兆邦基集团有限公司、深圳市康

诺富信息咨询有限公司、深圳市鲤鱼门投资发展有限公司合同纠纷案［最高人民法院（2018）最高法民终 751 号民事判决书，2018. 11. 29］

【裁判精要】

最高人民法院认为：

一、关于案涉 8 · 26《协议书》的性质与效力应如何认定的问题

8 · 26《协议书》系本案当事人从事案涉交易过程中所签订的一份协议，认定该《协议书》的性质需系统审查整个交易安排亦即先后签署的四份协议书的内容。4 · 2《项目合作协议》主要涉及奕之帆公司将其持有的鲤鱼门公司 70% 的股权出让给兆邦基公司。在对鲤鱼门公司债务进行披露的同时，奕之帆公司、侯庆宾明确对其中诉讼负责处理并承担责任，奕之帆公司亦承诺以其在鲤鱼门公司剩余的 30% 股权及对应的未分配权益，作为上述债务履行的担保。上述约定并未涉及 30% 股权转让或让与担保问题。4 · 25《股权担保协议》开宗明义，为确保奕之帆公司能够承担债务偿还和后续资金的支付义务，该公司愿意将其持有的鲤鱼门公司 30% 股权以过户的方式抵押给奕之帆公司与兆邦基公司共同持股的康诺富公司。该协议将奕之帆公司及鲤鱼门公司等对案外债权人的债务以及奕之帆公司对兆邦基公司 2. 5 亿元的或然借款债务纳入担保范围。综合考虑奕之帆公司将 30% 股权过户给康诺富公司的目的并非出让股权，而是担保相关债务的履行，即奕之帆公司如完全履行了偿还和支付义务则可要求归还 30% 股权，如未能履行义务或由兆邦基公司代偿则兆邦基公司可以该 30% 股权所对应的权益份额来抵偿，可认定4 · 25《股权担保协议》实质上系设立让与担保的协议，一审判决认定该协议体现了让与担保的特征并无不当。8 · 26《协议书》在首部的“鉴于”部分简要陈述4 · 2《项目合作协议》及4 · 25《股权担保协议》的签订情况及主要内容后明确提出，由于奕之帆公司及侯庆宾原因，其未能按约清理和偿还的债务有三笔，已经披露但尚未到期的债务有两笔，且经过对整个项目的市场评估，各方均认可奕之帆公司在鲤鱼门公司中所享有的权益份额已不足偿还上述债务。鉴此，该协议书约定，奕之帆公司放弃已过户到康诺富公司名下的 30% 股权，该股权归兆邦基公司所有，同时上述五笔债务由兆邦基公司和鲤鱼门公司在总额 4. 06 亿元范围内负责解决。此后的《补充协议》则进一步确认了兆邦基公司按照8 · 26《协议书》的约定在 4. 06 亿元范围内履行上述五笔债务的具体情况。由此可见，8 · 26《协议书》与此前两份协议具有承继关系，其虽不涉及 30% 股权的担保即奕之帆公司亦不再保留4 · 25《股权担保协议》所设定的在满足一定条件取回案涉 30% 股权的权利等问题，但该协议正是在4 · 25《股权担保协议》设立让与担保权利的基础上，就兆邦基公司作为让与担保权利人如何具体实现该权利的问题作出约定。一审判决割裂上述协议间的关系，以 30% 的股权已由让与担保标的物转变为 4. 06 亿元款项对价，以及4 · 25《股权担保协议》设定的让与担保关系已被8 · 26《协议书》终止等理由，认定8 · 26《协议书》系股权转让协议确有不妥，本院

予以纠正。奕之帆公司、侯庆宾有关8·26《协议书》及前后四份协议实际系关于30%股权让与担保的系列整体协议的主张成立,本院予以采纳。

奕之帆公司、侯庆宾主张,8·26《协议书》具有让与担保的性质,并以该协议签订时尚有部分债务未届清偿期、案涉30%股权未依约评估清算,以及兆邦基公司利用债权人缔约优势地位强行要求奕之帆公司放弃30%股权而抵偿4.06亿元对外负债为由,主张8·26《协议书》无效。本院认为奕之帆公司、侯庆宾的主张亦不能成立,具体理由如下:

首先,关于部分债务未届清偿期的问题。本案中,奕之帆公司系以对案外金钱债权人履行包括上述五笔债务在内的相关债务,作为其对兆邦基公司的合同义务。就该合同义务的履行,奕之帆公司与兆邦基公司而非案外金钱债权人之间成立让与担保关系。所谓部分债务未届清偿期,系指奕之帆公司等对案外人的两笔借款债务尚未到期。让与担保通常系在债务履行期届满之前签订协议并转移标的物所有权等权利,否则其就不成为一种担保方式,而只是一种债务履行方式。本案当事人在部分债务未届清偿期时签订4·25《股权担保协议》并办理过户登记以设立让与担保的权利,符合上述要求。让与担保的设立应在债务履行期届满之前,但就让与担保的实现问题,参照《物权法》第一百七十条的规定则需要满足债务人不履行到期债务或者发生当事人约定的实现权利的情形等条件。4·25《股权担保协议》约定,在目标项目全面竣工验收、初始登记并具备分割办理产权登记条件时,为奕之帆公司各项偿还和支付义务的最后结算期;但在项目建设期间,如评估显示奕之帆公司对目标项目30%的权益不足以清偿相关债务并履行支付义务的,则奕之帆公司应向兆邦基公司转让其所持股权,并由后者代为清偿相应数额债务。由此可见,根据4·25《股权担保协议》的约定,奕之帆公司30%股权对应的权益不足以清偿相关债务,即成为兆邦基公司行使让与担保权利的约定条件。事实上,双方也是在该约定条件成就之时,签订8·26《协议书》具体实现了案涉让与担保权利。故,奕之帆公司等对案外人两笔借款债务未到期的事实,并不妨碍奕之帆公司与兆邦基公司签订的具体实现让与担保权利之8·26《协议书》的效力。

其次,关于实现让与担保的清算问题。在让与担保的设定中,标的物的所有权通常已经转移于债权人。为保护债务人的利益,防止出现债权人取得标的物评价额(即标的物价值)与债权额之间差额等类似于流质、流押的情形,让与担保权利的实现应对当事人课以清算义务。本案当事人在4·25《股权担保协议》亦明确约定了清算条款,即经结算如奕之帆公司完全履行了偿还和支付义务,则奕之帆公司可要求归还30%股权;如未能履行偿还和支付义务或由兆邦基公司代偿,兆邦基公司可要求以奕之帆公司在鲤鱼门公司中所占的30%股权所对应的权益份额(即依股权比例可分得的房地产物业)来抵偿,具体抵偿方式为评估所得的市场销售价格的90%。清算需就标的物评价额(即标的物价值)与债权额进行比较,通常涉及让与担保标的物评价额(即标的物价值)的确定,但也会涉及债权数额的确定。首先,关于让与担保标的物价值的确定。虽然4·25《股权担保协议》要求以专业评估机构的评估结果为准,但根据此后签订的8·26《协议书》,当事人显然已经改变了原有约定,而就让与担保标的物价值4.06亿元达成合意。该4.06亿元的数额是协议各方共同商定的结果,体现了各方当事人的意思自治。奕之帆公司与侯庆宾并未提交证据证明案涉协议的签订存在违反意思自治原则的情形。故本案以各方合意的4.06亿元确定让与担保标的物的价值并无不当。其次,关于债权数额的确定。8·26《协议书》明确兆邦基公司等须在总额4.06亿元范围内负责解决前述五笔债务,并就该五笔总计4.06亿元债务的具体数额作出分配,据此可认定让与担保标的物价值与债务总额已初步确定且数额等同。但考虑到奕之帆公司等对案外人的债务数额可能发生变化,当事人就此又约定了在对债务数额据实结算基础上的清算义务。如8·26《协议书》约定兆邦基公司和鲤鱼门公司据实与各债权人清结;《补充协议》则更为明确地约定,关于用于高英灿案件1.2亿元部分以该案审理结束时实际发生的数额为准,向债权人实际清偿的债务不足原定债务数额的余额部分归侯庆宾所实际控制的信诺电讯公司(奕之帆公司的关联方)所有。事实上,就其中建邦公司的5000万元债务,兆邦基公司在向建邦公司支付4800万元清偿该笔债务后,相关案外人亦根据兆邦基公司的委托将200万元余额支付给信诺电讯公司。由此可见,本案中经当事人合意让与担保标的物价值已经确定,但因债务数额可能发生变化,当事人的清算义务主要体现在根据最终据实结算的债务数额,向让与担保义务人即奕之帆公司一方返还该债务数额与标的物价值之间的差额。案涉当事人不仅约定而且实际履行了清算义务,奕之帆公司等有关案涉让与担保未经清算的主张,本院不予支持。

二、关于案涉4·25《股权担保协议》是否符合解除条件的问题

奕之帆公司、侯庆宾以康诺富公司、兆邦基公司未经奕之帆公司同意将案涉30%股权质押为由,主张享有约定解除权。如前所述,8·26《协议书》并不存在无效事由。据一审判决查明的事实,康诺富公司与兆邦基公司将其所持有的鲤鱼门公司股权质押的行为,均发生8·26《协议书》生效之后。且该《协议书》生效后,兆邦基公司已经实现了此前所约定的让与担保权利,奕之帆公司对案涉让与担保标的物即30%股权已经不再享有权利,兆邦基公司与康诺富公司将鲤鱼门公司股权质押的行为不构成违约。奕之帆公司与侯庆宾亦不因此享有约定解除权。

奕之帆公司、侯庆宾主张,8·26《协议书》非法处置30%股权致使其享有案涉30%股权的合同目的无法实现,鲤鱼门公司将作为其名下核心资产的土地使用权及在建项目对外抵押,致使奕之帆公司30%的项目权益严重受损,无法实现对30%股权进行清算的合同目的,故奕之帆公司、侯庆宾享有法定解除权。如上所述,8·26《协议书》不存在非法处置30%股权的问题,奕之帆公司享有案涉30%股权之合同目的无法实现并非兆邦基公司的行为所致。鲤鱼门公司将其名下核心资产即土地使用权及在建项目对外抵押,系该公司正常经营范围内的事项,与奕之帆公司所称

30%的项目权益受损并无联系。故,奕之帆公司与侯庆宾有关其享有法定解除权的主张不能成立。

【案例来源】

中国裁判文书网,http://wenshu.court.gov.cn。

880 履约保证金的性质与作用可以由当事人在合同中约定

【关键词】

|履约保证金|

【案件名称】

湖北汇通工贸集团有限公司与长江润发集团有限公司、无锡汇通钢铁工贸有限公司买卖合同纠纷案[最高人民法院(2013)民提字第133号民事判决书,2013.12.27]

【裁判精要】

最高人民法院认为:

关于月度保证金的性质问题,双方当事人存有争议。汇通公司认为该保证金的性质为定金,润发公司则认为其属于预付款。本院认为,双方当事人在《年度钢材购销合同》中约定,润发公司向汇通公司支付对应月份合同货款总值20%的现金,作为该合同的月度履约保证金,该保证金可用于该月份合同最后一笔货款结算时冲抵润发公司的应付货款。本案中,润发公司向汇通公司支付月度履约保证金共计2076万元,在润发公司提取了相应数量的钢材后,汇通公司相应地扣减了部分月度履约保证金,剩余未履行部分的月度履约保证金共计1832.887223万元。从双方当事人实际履行合同及货款结算过程看,在正常履行合同的情况下,本案的月度履约保证金具有预付款的性质。同时,依照《年度钢材购销合同》第11条第(3)项、第(4)项的约定,月度履约保证金还具有担保合同履行的违约金性质,如合同中任何一方违反供货或提货、付款义务时,均应以双方确定的月度履约保证金的标准向对方承担违约责任。虽然双方当事人在合同中未将"月度履约保证金"表述为"定金",但在相关违约情形时基所体现的惩罚性和损失补偿性与定金规则相类似。由于该约定系双方真实意思的表现,亦不违反法律、行政法规的禁止性规定,且其数额设定得当,故本院对其法律效力予以确认。

【案例来源】

中国裁判文书网,http://wenshu.court.gov.cn。

881 在没有特别约定的情况下，债务人为担保金钱债务而支付的保证金应依交易习惯抵扣其付款义务

【关键词】

| 保证金 | 抵扣付款 |

【案件名称】

金港能源集团有限公司、山西金港能源有限公司与北京骏腾置业投资有限公司、郭胤股权转让合同纠纷案［最高人民法院（2010）民二终字第10号民事判决书，2010.12.7］

【裁判精要】

最高人民法院认为：

原审判决认定2007年6月21日、6月22日、7月20日、8月10日、8月11日金港集团公司、山西金港公司(以下简称出让方)与骏腾公司、郭胤(以下简称受让方)签订的股权转让协议、补充协议一、补充协议二、补充协议三、补充协议四均合法有效正确，本院予以维持。根据上述系列协议的约定，受让方应于2007年9月10日之前向出让方支付股权转让款7亿元，受让方已经按约定于2007年8月10日前支付了股权转让款3亿元，并于2007年10月10日支付了5000万元，在尚有3.5亿元股权转让款未支付的情况下，受让方又于2007年12月25日按出让方的指示向其指定账户汇款2.5亿元，虽然在各方往来文件及出让方出具的收据上均载明该2.5亿元为保证金，但因各方当事人在系列股权转让协议中并未约定受让人担保履行付款义务的保证金条款，出让方指示支付该2.5亿元的文件中亦未明确载明该2.5亿元系不包括在协议约定付款义务之内的其他付款义务，且该2.5亿元汇入出让方指定账户后立即被用于清偿了出让方关联公司所欠银行贷款，基于上述事实，考虑到在3.5亿元余款未付的情况下付款义务人额外支付2.5亿元作为3.5亿元付款的担保并不符合通常的交易习惯，故本案中受让方按出让方要求为担保金钱债务履行而向债权人支付的并已被出让方实际使用的保证金应相应抵减受让方支付股权转让款的付款义务。因此，本案中受让方实际履行的付款义务应认定为6亿元。原审判决未将前述2.5亿元计入受让方已履行的付款义务不当，本院予以纠正。因受让方实际支付的6亿元占其已届履行期限总付款义务7亿元的绝大部分，其中部分款项虽有迟延交付情形，但该迟延付款行为并不导致出让方不能实现收取股权转让对价款的合同目的，故出让方以受让方未按期付款为由请求解除合同，法律依据不足，对其主张本院不予支持，其基于合同解除而主张受让方按未付转让价款20%支付解约违约金，因无解除合同的基础原因本院亦不予支持。原审判决判令解除本案系列股权转

让协议不当，本院予以纠正。

【案例来源】

最高人民法院民事审判第二庭编：《最高人民法院商事审判指导案例（第五卷）》（下），中国法制出版社2011年版，第491～506页。

882 保兑仓业务合作协议不违反法律相关规定的，应认定有效

【关键词】

｜担保｜保兑仓｜

【案件名称Ⅰ】

平安银行股份有限公司成都分行、中国石油运输有限公司（原中国石油天然气运输公司）与中国石油运输有限公司大连销售中心（原中国石油天然气运输公司大连销售中心）等合同纠纷案［最高人民法院（2018）最高法民终594号民事判决书，2018. 11. 27］

【裁判精要】

最高人民法院认为：

（一）关于《合作协议书》性质和效力

按照平安银行成都分行、买方盛马公司、卖方中石油运输大连销售三方签订的《合作协议书》的约定，本案的交易模式是：买卖双方约定以银行出具的承兑汇票作为付款方式，买方盛马公司向银行缴纳一定的初始保证金后申请银行出具汇票，买方同意由银行负责将汇票送交卖方，从而完成付款；反之，买方提货须向银行申请提货通知书，由买方持提货通知书向卖方提货，从而完成交货。同时，按照《合作协议书》第四条的约定，如果买卖双方终止贸易合同，或者卖方实际未发货，或者卖方实际发货价值少于贸易合同的规定，又或者买方在该协议第五条（即提货期限）内逾期未提完货物的，卖方要在收到银行的退款通知后，将卖方已收货款和买方已累计提货之间的差额，直接退给银行，或者把银行原先出具的汇票退还给银行，买卖双方对已经实际发货的部分另行结算。本院认为，该交易模式融合了买卖、票据、退款承诺等法律关系，属新类型的交易模式，并不存在《合同法》第五十二条所规定之情形，应依法确认其效力。中石油运输公司主张，《合作协议书》项下的融资贸易并无真实交易关系，《合作协议书》是盛马公司和平安银行成都分行之间以贸易融资为名义实现贷款而达成的形式文件，不存在真实油品贸易，实为资金空转。但是，并无证据证明平安银行成都分行知晓并参与虚构贸易关系。中石油运输公司提交的多份《石油化工产品买卖合同》《货权转移证明》以及新涛公司的账目收据等，仅能证明中石油运

输大连销售与盛马公司和新涛公司形成了买卖合同关系,新涛公司通过交易获取了相关款项。平安银行成都分行既未与新涛公司订立协议,汇票出票人和收款人亦非新涛公司,即便中石油运输大连销售与盛马公司在货物交易环节虚构真实交易关系,也不能当然否定其他交易环节的法律效力,特别是否定并无证据证明知晓和参与虚构贸易关系的平安银行成都分行参加订立的三方《合作协议书》之效力。依照《票据法》第十条之规定,票据的签发、取得和转让,应当遵循诚实信用的原则,具有真实的交易关系和债权债务关系。盛马公司在向平安银行成都分行申请签发案涉承兑汇票的过程中,提交了三份向中石油大连销售购买燃料油的《石油化工产品买卖合同》,相应承兑汇票出票后,中石油运输大连销售也向盛马公司开具了增值税专用发票,故平安银行成都分行在出具承兑汇票时,已对具有真实的交易关系尽到了一定的审查义务。至于中石油运输公司和中石油运输大连销售认为,应补充查明《合作协议书》第六条约定三方建立健全对账制度,“具体要求”勾选了“电子邮件”和“邮寄”,“对账时间及频率”填写为“按月”,本院认为,不能苛求平安银行成都分行在交易过程中通过对账,即发现有无真实油品贸易关系,案外人新涛公司也不在对账主体之列。以各方是否切实履行了《合作协议书》约定的对账义务,尚不足以反证否定《合作协议书》的效力。中石油运输公司以自身下属的中石油运输大连销售与盛马公司和案外人新涛公司实为虚构贸易关系为由,主张平安银行成都分行参与缔结的《合作协议书》无效,进而主张不承担《合作协议书》中约定的合同义务,显然有悖基本的诚信,原审认为不足以认定《合作协议书》系内容违法的虚假民事行为正确。本院亦依法确认《合作协议书》未违反法律和行政法规禁止性规定,合法有效。

【案例来源】

中国裁判文书网,http://wenshu.court.gov.cn。

【案件名称Ⅱ】

河北胜达永强新型建材有限公司与中信银行股份有限公司天津分公司、河北宝硕股份有限公司银行承兑汇票协议纠纷案[最高人民法院(2007)民二终字第35号民事判决书,2007.7.24]

【裁判精要】

最高人民法院认为:

关于合作协议是否是胜达永强公司真实意思表示的问题。《合同法》第三十二条的规定:“当事人采用合同书形式订立合同的,自双方当事人签字或者盖章时合同成立。”这里的签字盖章的效力是表明合同内容为签字或盖章当事人的意思表示,并据以享有合同权利、履行合同义务,尤其具有使合同相对人确信交易对方,从而确定合同当事人的作用。本案中,合作协议及有关银行承兑汇票的文件均加盖有胜达永强公司的公章或者法定代表人名章,应当认定均为胜达永强公司真实意思的表示。胜达永强公司上诉称,公章、财务章和法定代表人名章是被宝硕公司欺骗借出的,因此产生的相关民事行为当属无效,对此,本院认为,胜达永强公司出借相关印章是基于宝硕公司的承诺,不论宝硕公司是否存在欺骗的行为,出借印章的关系存在于胜达永强公司与宝硕公司之间,宝硕公司的承诺也只在该两公司之间发生效力,出于保护交易安全的需要,除非证明合同相对人中信银行存在恶意,胜达永强公司以印章是被骗出借的理由不能对抗中信银行向其主张合同项下的权利。关于合作协议第十一条约定的乙方董事会决议等是该协议不可分割的组成部分的问题。本院认为,从该约定的文义解释看,如果存在乙方的董事会决议,该决议作为合作协议的组成部分,并起到一定的印证作用,但没有提交董事会决议,只是缺少了合同的一个附件,并不影响合同的成立与效力。关于合作协议项下提货单的签收问题,胜达永强公司称提货单并未交与该公司签收与事实不符,编号为 sdbs051101 提货通知书签收栏内,加盖了胜达永强公司的印章,视作该公司已经收到提货单。银行承兑汇票项下 30% 保证金 914.4 万元究竟为何人交纳是合同的履行问题,交纳该笔保证金的支票加盖有胜达永强公司的财务专用章和法定代表人名章,应视为由胜达永强公司交纳,况且法律从来不禁止第三人代为履行合同义务,即使该笔保证金为宝硕公司交纳,亦不影响合同的有效和继续履行。至于胜达永强公司是否因合作协议而获益的问题,从该协议书看该公司可以通过保兑仓业务确定宝硕公司在一定期间内的供货,本身是有对价的,至于事实上其遭致严重损失,一是由于其出借印章的行为所导致,二是宝硕公司经营失败、进入破产程序所带来的风险。上诉人胜达永强公司的上诉理由都不足以否定合作协议的效力。

关于中信银行与宝硕公司是否存在恶意串通的问题。首先,宝硕公司向胜达永强公司的承诺,不会因出借印章而致胜达永强公司遭受损失,如果宝硕公司并未经营失败,该公司应当依其承诺向胜达永强公司偿还相应的欠款,并且在签署合作协议后的三日,即 2005 年 10 月 30 日,宝硕公司再次向胜达永强公司作出《关于以“保兑仓”形式融资的承诺》,即使其出借印章的事实成立且不知道印章的使用目的,此时,该公司也已明知,且未提出任何异议,应视作其接受此项安排。其次,即使认定宝硕公司有欺诈的事实,但无证据证明中信银行知道或应当知道宝硕公司借用胜达永强公司的印章订立合同,更没有证据表明对于借用印章的行为中信银行与宝硕公司有意思的联络。再次,关于是否违反金融法规的问题,贷款具有融资的作用,银行承兑汇票亦具有融资的效果,不能以二者在此方面的共同点,即认定有规避金融法规的目的。因此,胜达永强公司主张中信银行与宝硕公司恶意串通,规避金融法规,损害国家和第三人利益,合作协议应认定为无效的民事法律行为的理由亦不成立。

【案例来源】

《中华人民共和国最高人民法院公报》2008 年第 1 期。

编者说明

保兑仓交易作为一种新类型融资担保方式，其基本交易模式是，以银行信用为载体、以银行承兑汇票为结算工具、由银行控制货权、卖方(或者仓储方)受托保管货物并以承兑汇票与保证金之间的差额作为担保。其基本的交易流程是：卖方、买方和银行订立三方合作协议，其中买方向银行缴存一定比例的承兑保证金，银行向买方签发以卖方为收款人的银行承兑汇票，买方将银行承兑汇票交付卖方作为货款，银行根据买方缴纳的保证金的一定比例向卖方签发提货单，卖方根据提货单向买方交付对应金额的货物，买方销售货物后，将货款再缴存为保证金。保兑仓交易模式中当事人间可能形成买卖、融资、担保、仓储、票据、资金监管类金融服务等多种法律关系。在三方协议中，一般来说，银行的主要义务是及时签发承兑汇票并按约定方式将其交给卖方，卖方的主要义务是根据银行签发的提货单发货，并在买方未及时销售或者回赎货物时，就保证金与承兑汇票之间的差额部分承担责任。银行为保障自身利益，往往还会约定卖方要将货物交给由其指定的当事人监管，并设定质押，从而涉及监管协议以及流动质押等问题。对这些交易关系，法院要严格依据《合同法》第五十二条的规定，从鼓励金融创新、促进商事交易、保障交易安全的角度，确认相关合同效力，不轻易认定合同无效。《全国法院民商事审判工作会议纪要》(2019 年 11 月 8 日，法〔2019〕254 号)第六十八条、第六十九条明确，实践中，当事人还可能在前述基本交易模式基础上另行作出其他约定，只要不违反法律、行政法规的效力性强制性规定，这些约定应当认定有效。保兑仓交易以买卖双方有真实买卖关系为前提。双方无真实买卖关系的，该交易属于名为保兑仓交易实为借款合同，保兑仓交易因构成虚伪意思表示而无效，被隐藏的借款合同是当事人的真实意思表示，如不存在其他合同无效情形，应当认定有效。保兑仓交易认定为借款合同关系的，不影响卖方和银行之间担保关系的效力，卖方仍应当承担担保责任。

保兑仓虽然存在一般的交易模式，但在不同保兑仓业务中，当事人通过交易安排设计的各方权利义务可能不尽一致，此时应当遵循合同相对性，按照不同的法律关系和约定分别确定各方当事人的权利义务。当然，现实中各种约定的表述不尽相同，在审判中对理解有分歧的问题要按照《合同法》第一百二十五条第一款规定的解释方法来明确。保兑仓交易模式的核心是融资担保，各方为保障银行贷款安全会作出退款承诺、回购担保、抵押质押等有担保功能的交易安排，在审理中要正确适用《合同法》《物权法》等相关法律规定，依法认定相关担保约定的效力，确定各方当事人权利、义务和责任。①

883 在计算保兑仓合同保证人实际应承担的保证责任时，应以承兑金额与银行出具提货单累计金额之间的差额再减去未出具提货单的备付金数额计算

【关键词】

| 保兑仓合同 | 保证责任 |

---

① 参见杨临萍：《关于当前商事审判工作中的若干具体问题》(2015 年 12 月 24 日)，载杜万华主编：《商事法律文件解读》(总第 134 辑)，人民法院出版社 2016 年版，第 27 ~ 28 页。

【案件名称】

中信银行股份有限公司大连分行与张家口中地装备探矿工程机械有限公司、大连中聚能源有限公司等合同纠纷案［最高人民法院（2015）民提字第16号民事判决书，2015.6.19］

【裁判精要】

最高人民法院认为：

一、关于本案案由

民事案件案由应当依据当事人主张的民事法律关系的性质，并对诉讼争议所包含的法律关系进行的概括来确定。中信银行依据《保兑仓协议》《最高额保证合同》《最高额抵押合同》提起本案诉讼，要求大连中聚、张家口公司、内蒙古中瀚分别承担相应责任，其是基于保兑仓形成的法律关系向各方主张权利，故本案案由应为保兑仓合作协议纠纷。如其主张成立，则应予支持，反之则应予驳回。张家口公司主张的金融借款法律关系，实际上是主张保兑仓协议并未得到履行，作为其不应承担保兑仓责任的抗辩理由提出，并不影响本案案由的确定。

二、关于中信银行承兑汇票行为的性质

中信银行出具7522、7525两张汇票之前，为履行《保兑仓协议》，于2012年5月承兑了八张汇票。2012年7月，大连中聚申请提货，中信银行向张家口公司发出提货通知。这与《保兑仓协议》关于申请提货后交接承兑汇票的约定不一致，说明在实际履行中，各方将交接承兑汇票的时间提前至申请提货之前。该实际履行中的变更，使张家口公司更早收到货款，对张家口公司有利。再审查明，张家口公司接受汇票的具体经办人员持有《授权委托书》。二审认定张家口公司的操作人员无授权委托书与事实不符。再审查明的《确认函》的内容表明，张家口公司以保兑仓协议中的甲方身份接受7522、7524两张汇票，可以证明中信银行出具7522、7524两张汇票系履行《保兑仓协议》。中信银行主张，因日期填写错误，7524汇票作废，以7525汇票替换，并提供了相关证据。张家口公司等四方签订的3·8《协议书》中，有关于张家口公司已将7522、7525两张汇票背书给大连中聚指定的公司的记载。该记载也能印证中信银行的主张。张家口公司未主张亦未提交证据证明其是基于保兑仓协议以外的原因取得7522、7525两张汇票。本院采信中信银行关于7525汇票替换7524汇票的主张，即中信银行承兑7522、7525汇票均系履行《保兑仓协议》。中信银行承兑汇票并交付后，其行为性质不受在后的他人行为影响。张家口公司取得票据权利后，如何行使、是否从汇票中受益，大连中聚是否申请提货，后续的交易流程是否完成，均非中信银行能够决定，不影响中信银行承兑汇票系履行《保兑仓协议》的行为性质。在部分事实未查明的情况下，二审判决认定各方未严格按照《保兑仓协议》约定的方式履行，中信银行承兑7522、7525汇票并非履行《保兑仓协议》，依据不足。

张家口公司向中信银行出具《申请授信》和推荐授信函、张家口公司与大连中聚签订《战略合作协议》以及前八张汇票项下的提货行为,足以令中信银行相信存在真实贸易关系。中信银行关于承兑7522、7525汇票系履行《保兑仓协议》的再审申请理由成立,二审判决认定中信银行开立和承兑汇票的行为与案涉《保兑仓协议》无关,与《确认函》和3·8《协议书》等证明的事实不符,本院予以纠正。

三、关于《保兑仓协议》约定的张家口公司承担保证责任的对象

本院认为,在保兑仓交易模式中,如张家口公司承担保证责任以中信银行出具提货单为条件,会造成当事人权利义务显失公平。张家口公司作为供货方接受7522、7525汇票收取货款后,相应的合同权利已经实现,同时,其还占有货物。其在权利已经完全实现的情况下不承担任何义务,显失公平。故张家口公司承担保证责任不以中信银行出具提货单为条件。

张家口公司主张,其并非应对银行承兑金额与乙方备付金额之间的差额承担保证责任,而是对银行出具的提货单累计金额与承兑金额之间的差额承担保证责任。本院认为,《保兑仓协议》约定张家口公司就提货单累计金额与承兑金额之间的差额承担保证责任,该差额是张家口公司承担保证责任的最大范围,但其实际承担保证责任的大小,必然受大连中聚缴付备付金数额的影响。大连中聚已经缴付备付金,但是未出具提货单部分的数额当然应予扣除,因为这部分并不构成中信银行的损失,扣除这一部分,是减轻张家口公司的保证责任。即在计算张家口公司实际应承担的保证责任时,应以承兑金额与银行出具提货单累计金额之间的差额再减去未出具提货单的备付金数额。张家口公司保证责任的对象并未发生变化,其承担的还是提货单累计金额与承兑金额之间的差额保证责任,只是因扣减未出具提货单的备付金额,导致其实际承担责任数额减少。

中信银行承兑7522、7525汇票是履行《保兑仓协议》,中信银行承兑并将汇票交付张家口公司后,即已完成了《保兑仓协议》约定的主要合同义务。汇票到期后,中信银行必须依法向持票人付款。原审已经查明了中信银行于2013年1月4日向7522、7525汇票的持票人大雪集团付款的事实。因大连中聚缴付的保证金不足,差额部分形成中信银行的损失。中信银行要求张家口公司承担相应的保证责任,符合《保兑仓协议》的约定,应予支持。

【权威解析】

3. 保兑仓交易模式下卖方的保证责任

在一般的买卖交易中,卖方的主要权利是收取价款,主要义务是交付标的物并转移标的物的所有权,买方的主要权利是受领标的物,主要义务是支付价款。买卖双方直接交易,如果不能同时履行,卖方会面临交付标的物后不能收回或者不能及时收回价款的风险,买方则会面临支付价款后不能受领标的物的风险。在保兑仓交易模式下,由于金融机构的介入,交付标的物前,卖方就已经收到了银行承兑汇票,

如果卖方不转让该汇票,其可以持票人的身份行使权利,在汇票到期日,银行将向其支付价款;如果卖方转让该汇票,将其票据权利转让,则其权利得以现实。是否转让该汇票,取决于卖方的意志。卖方不能收取价款的风险因银行的担保而被极大地降低。银行则承担了出票人到期不能支付全额保证金的风险,该风险由卖方为其提供反担保。买方在支付部分保证金的前提下即可以受领超额的货物,其支付价款的时间被延后,其可享有延后期间的期限利益。银行虽然承担了一定的风险,但是其风险可以因卖方的反担保而被减低,而且其通过保兑仓交易获取了相应的收入。保兑仓交易是一种各方利益平衡的安排。

在保兑仓交易模式下,卖方在未交付货物前即可收回货物,但是,如果没有承兑银行的指令,其不得向卖方交付货物。在银行承兑汇票后,买卖合同项下货物具有银行债权的担保物的性质,但货物并非银行担保的反担保物。设定担保物权有法定要求,有些担保物权的设立还需要履行登记等手续,程序较为复杂。为银行提供反担保的实际是卖方的保证。该保证责任体现为卖方需要履行差额货物的回购义务,并将回购价款支付给银行。如果买方申请提货,银行根据买方交付保证金的数额,向卖方发出交付相应货物的指令,卖方相应的担保责任被免除。

本案中张家口公司主张,其承担的保证责任并非对银行承兑汇票金额与乙方备付金额之间的差额承担保证责任,而是对银行出具的提货单累计额与承兑金额之间的差额承担保证责任。理由之一是《保兑仓协议》在制度设计上的目的是保护卖方的收款权利,本质上是银行作为买方的付款担保人代替买方付款。在单纯的票据关系下,张家口公司的主张或许是正确的,但是,在保兑仓交易下,其只强调了其享有的权利,而忽视了其义务。在普通的票据关系中,票据付款人的权利只有买方缴纳的保证金或者是单独设立其他担保方式,在保兑仓交易模式下的票据关系中,票据付款人的权利多了一重担保,即卖方保证。这是金融机构的权利,也是卖方的义务。

如果设计一种交易制度的目的仅是单纯为了保护参加交易的某一方的权利,那么这种制度的设计从目的上就有缺陷。在这样的交易制度下,他方的利益很容易受损,也就失去了参与的动力,这种交易制度必然缺乏生命力。任何交易制度的设计,都应以交易各方参与者权利义务大致平衡为基础,仅以保证一方权利实现为目的的交易制度违反公平原则,无法得到法律的支持。在保兑仓交易中,每个交易的参与者都有多重身份。……在错综复杂的法律关系中,某一主体在甲法律关系中享有的权利,恰恰是以在乙法律关系中享有的义务为对价的。权利和义务在总体上达到一种平衡,如果将处在一个统一安排下的权利义务割裂开来,只享有某种法律关系中的权利,而抛弃了另一种关系下的义务,显然会导致权利义务的失衡。因此,任何一个主体都不应将其权利和义务割裂开来。①

---

① 参见刘崇理:《保兑仓纠纷案件中的权利义务平衡及相关问题》,载最高人民法院民事审判第二庭编:《商事审判指导》(总第40辑),人民法院出版社2016年版,第140~142页。

【案例来源】

中国裁判文书网,http://wenshu.court.gov.cn。

884 非标准保兑仓模式下商业银行的责任认定

【关键词】

|非标准保兑仓|商业银行|

【案件名称】

中信银行股份有限公司厦门分行与柳州钢铁股份有限公司、厦门拓兴成集团有限责任公司金融借款合同纠纷案[最高人民法院二审民事判决书]

【裁判精要】

最高人民法院认为:

(一)关于厦门中信银行自身是否存在过错的问题

根据以下两个理由,足以认定厦门中信银行对不能收回的款项,存在重大过错。

第一,《合作协议书》第六条约定:"甲(拓兴成公司)、乙(柳钢公司)、丙(中信银行厦门分行)三方约定每笔银行承兑汇票对应的货物的收货单位,到货地点具有唯一性,若在甲、乙双方所签订的《买卖合同》中未注明的,则在甲、丙双方签订的《银行承兑汇票承兑协议》补充条款中予以明确,如需要变更或注销收货单位、到货地点,由经销商提供变更合同或协议原件通知丙方,关于收货单位、到货地点必须明确:(一)收货地点为丙方指定仓库;(二)收货单位为中信银行股份有限公司厦门分行代厦门拓兴成集团有限责任公司。"据此,拓兴成公司、柳钢公司、厦门中信银行共同负有保证每笔银行承兑汇票对应的货物的收货单位、到货地点具有唯一性的义务。既然约定收货地点是厦门中信银行指定的仓库,那么厦门中信银行在开具收款人为柳钢公司的银行承兑汇票之前,就有义务先通知柳钢公司该仓库的具体名称、地址,但该行并没有提供证据证明其已经通知。在此情况下,厦门中信银行却开出了高达1.55亿元的银行承兑汇票,对于案涉损失,自身存在重大过失。

第二,《合作协议书》第七条约定:"若乙方在收到丙方银行承兑汇票之日起50个工作日内,未能全部交付相应该笔银行承兑汇票价值货物(不可抗力除外),乙方应在接到丙方书面通知后15个工作日内(不迟于票据到期日)将未发运钢材价值的款项直接退还丙方或划入丙方指定账户。甲方对此不持异议。"根据该约定,如果柳钢公司在收到厦门中信银行开出的银行承兑汇票之日起50个工作日内,没有全部交付相应该笔银行承兑汇票价值钢材,基于资金安全的需要,厦门中信银行应在合理时间内书面通知柳钢公司退还与未发钢材相应的价款。

根据本案查明的事实,厦门中信银行2012年2月28日至10月26日共收到钢材的货值40341502.42元,2012年2月8日至6月15日开出汇票总计票面金额15500万元。……

从以上事实可以看出,厦门中信银行对于案涉损失,自身存在重大过失,其并没有按照《合作协议书》第七条的要求保护自身资金的安全,而是在一定程度上"放任"风险扩大、集聚。即使在本案没有通知的情况下,如果厦门中信银行严格按照《合作协议书》第七条的约定,在没有收到相应货值钢材的情况下,停止开出银行承兑汇票,并向柳钢公司索赔汇票金额与收到钢材货的差额,则也可能将损失降到最低。故厦门中信银行对不能收回案涉款项的损失,自身存在重大过错,是造成该损失的主要原因。

【权威解析】

商业实践中,并非所有保兑仓业务均按标准模式进行,当合同主体缺少仓储方时,通常由第三方提供保证担保,构成以保兑仓为基本框架的金融担保模式,为非标准的保兑仓。同时,实践中还存在没有仓储方、同时没有提供担保的第三方以保兑仓为基本框架的金融担保模式,亦为非标准的保兑仓模式。本案厦门中信银行、柳钢公司、拓兴成公司通过签订《合作协议书》确立的运作模式具有一定的保兑仓业务的法律特征,缺少仓储方等作为专门的担保主体,在质押关系中,拓兴成公司为出质人,厦门中信银行系质权人,为非标准的保兑仓模式。从案涉《合作协议书》的具体内容来看,该非标准保兑仓模式的程序为:(1)买方向银行缴纳一定比例的承兑保证金;(2)银行向买方签发以卖方为收款人的银行承兑汇票;(3)银行根据买方缴纳保证金的一定比例向买方签发提货单;(4)买方将银行承兑汇票交付给卖方并根据提货单向卖方要求提货;(5)卖方根据提货单向买方发货,承运方运输、监管方按照约定监管货物;(6)买方实现销售后再缴存保证金,重复以上流程;(7)汇票到期后,由买方支付承兑汇票与保证金之间的差额部分。……

综上,由于法律并未就保兑仓融资业务及模式作出明确、专门的规定,司法实践中应以商业银行、生产企业及销售商之间合同订立及履行情况为依据,依照《合同法》及相关法律的规定,认定各方主体的权利义务及责任。责任的具体划分,亦不应突破各方主体的合同约定、履行情况及公平原则。①

【案例来源】

最高人民法院民事审判第二庭编:《商事审判指导》(总第42辑),人民法院出

① 参见杨永清、张小洁:《非标准保兑仓模式下商业银行责任认定——中信银行股份有限公司厦门分行与柳州钢铁股份有限公司、厦门拓兴成集团有限责任公司金融借款合同纠纷案》,载最高人民法院民事审判第二庭编:《商事审判指导》(总第42辑),人民法院出版社2017年版,第123页。

版社 2017 年版,第 98 ~ 114 页。

885 借款人签订买卖合同作为借贷的担保,出借人要求履行买卖合同纠纷案件的处理

【关键词】

| 民间借贷 | 买卖合同担保 |

【案件名称】

朱俊芳与山西嘉和泰房地产开发有限公司商品房买卖合同纠纷案 [最高人民法院(2011)民提字第 344 号民事判决书,2012. 12. 8]

【裁判精要】

裁判摘要:(1)双方当事人基于同一笔款项先后签订《商品房买卖合同》和《借款协议》,并约定如借款到期,偿还借款,《商品房买卖合同》不再履行;若借款到期,不能偿还借款,则履行《商品房买卖合同》。在合同、协议均依法成立并已生效的情况下,应当认定当事人之间同时成立了商品房买卖和民间借贷两个民事法律关系。该行为并不违反法律、行政法规的强制性规定。

(2)借款到期,借款人不能按期偿还借款。对方当事人要求并通过履行《商品房买卖合同》取得房屋所有权,不违反《担保法》第四十条、《物权法》第一百八十六条有关"禁止流押"的规定。

最高人民法院认为:

在本院再审中,朱俊芳与嘉和泰公司对于山西高院再审判决认定的事实均无异议,但对于双方之间的法律关系性质和效力存在争议,故本案再审的焦点问题就是双方当事人之间法律关系的性质和效力。

朱俊芳主张其与嘉和泰公司之间是商品房买卖合同关系。嘉和泰公司主张双方之间是民间借贷关系。山西高院再审认为,双方是民间借贷合同关系而非商品房买卖合同关系,商品房买卖合同是借款合同的抵押担保内容,借款协议中"到期不能还款用抵押物抵顶借款,双方之间互不支付对方任何款项"的约定违反法律的强制性规定,应属无效。本院认为,本案中,十四份《商品房买卖合同》涉及的款项和《借款协议》涉及的款项,在数额上虽有差额,但双方当事人对于十四份《商品房买卖合同》所涉款项和《借款协议》所涉款项属同一笔款项并无异议。也就是说双方当事人基于同一笔款项先后签订了十四份《商品房买卖合同》和《借款协议》,且在太原市房地产交易所办理了十四份《商品房买卖合同》销售备案登记手续。《合同法》第三十二条规定:"当事人采用合同书形式订立合同的,自双方当事人签字或盖章时合

同成立。”第四十四条第一款规定：“依法成立的合同，自成立时生效。”案涉十四份《商品房买卖合同》和《借款协议》均为依法成立并已生效的合同。本案双方当事人实际上就同一笔款项先后设立商品房买卖和民间借贷两个法律关系。山西高院再审认为本案双方是民间借贷合同关系而非商品房买卖合同关系不当，应予纠正。从本案十四份《商品房买卖合同》和《借款协议》约定的内容看，案涉《商品房买卖合同》与《借款协议》属并立又有联系的两个合同。案涉《商品房买卖合同》与《借款协议》之间的联系表现在以下两个方面：一是案涉《商品房买卖合同》与《借款协议》涉及的款项为同一笔款项；二是《借款协议》约定以签订商品房买卖合同的方式为《借款协议》所借款项提供担保，即双方当事人实际是用之前签订的十四份《商品房买卖合同》为之后签订的《借款协议》提供担保。同时《借款协议》为案涉《商品房买卖合同》的履行附设了解除条件，即借款到期，嘉和泰公司还清借款，案涉《商品房买卖合同》不再履行；借款到期，嘉和泰公司不能偿还借款，则履行案涉《商品房买卖合同》。关于《借款协议》中“如到期不能偿还，或已无力偿还，乙方（嘉和泰公司）将用以上抵押物来抵顶借款，双方互不再支付对方任何款项”的约定是否违反法律的强制性规定问题。《担保法》第四十条规定：“订立抵押合同时，抵押权人和抵押人在合同中不得约定在债务履行期届满抵押权人未受清偿时，抵押物的所有权转移为债权人所有。”《物权法》第一百八十六条规定：“抵押权人在债务履行期届满前，不得与抵押人约定债务人不履行到期债务时抵押财产归债权人所有。”这是法律上禁止流押的规定。禁止流押的立法目的是防止损害抵押人的利益，以免造成对抵押人实质上的不公平。本案《借款协议》中“如到期不能偿还，或已无力偿还，乙方（嘉和泰公司）将用以上抵押物来抵顶借款，双方互不再支付对方任何款项”的约定，并非法律上禁止的流押条款。首先，《借款协议》上述条款并非约定嘉和泰公司到期不能偿还借款，《借款协议》所称抵押物所有权转移为朱俊芳所有。在嘉和泰公司到期未偿还借款时，朱俊芳并不能直接按上述约定取得《借款协议》所称的“抵押物”所有权。朱俊芳要想取得《借款协议》所称的“抵押物”即十四套商铺所有权，只能通过履行案涉十四份《商品房买卖合同》实现。正基于此，朱俊芳在本案一审提出的诉讼请求也是确认十四份《商品房买卖合同》有效，判令嘉和泰公司履行商品房买卖合同。其次，案涉十四份《商品房买卖合同》和《借款协议》均为依法成立并生效的合同，双方当事人在《借款协议》中约定以签订商品房买卖合同的形式为《借款协议》提供担保，并为此在《借款协议》中为案涉十四份《商品房买卖合同》附设了解除条件，该约定并不违反法律、行政法规的强制性规定。实际上，双方当事人对于是履行十四份《商品房买卖合同》，还是履行《借款协议》具有选择性，即商品房买卖合同的解除条件成就，就履行《借款协议》；商品房买卖合同的解除条件未成就，就履行十四份《商品房买卖合同》。无论是履行十四份《商品房买卖合同》，还是履行《借款协议》，均符合双方当事人的意思表示，且从合同的选择履行的角度看，嘉和泰公司更具主动性。嘉和泰公司如果认为履行十四份《商品房买卖合同》对其不公平，损害了其利益,其完全可以依据《合同法》第五十四条第一款第(二)项的规定,请求人民法院撤销案涉十四份《商品房买卖合同》,但嘉和泰公司在法定的除斥期间内并未行使合同撤销权,而是拒绝履行生效合同,其主张不符合诚信原则,不应得到支持。因此,《借款协议》上述关于到期不能偿还,或已无力偿还,嘉和泰公司抵押物来抵顶借款的约定,不符合《担保法》第四十条和《物权法》第一百八十六条禁止流押的规定。山西高院再审认为,《借款协议》中"到期不能还款用抵押物抵顶借款,双方之间互不再支付对方任何款项"的约定违反法律的强制性规定,应属无效,缺乏事实和法律依据,本院予以纠正。

综上,案涉十四份《商品房买卖合同》和《借款协议》均为依法成立并生效的合同。《借款协议》约定的商品房买卖合同的解除条件未成就,故应当继续履行案涉十四份《商品房买卖合同》。

【案例来源】

《中华人民共和国最高人民法院公报》2014 年第 12 期。

编者说明

民间借贷实践中,借贷双方当事人通过签订买卖合同作为民间借贷合同的担保,是民间借贷中比较典型的纠纷类型。债权人为避免债务人无力偿还借款,往往与债务人签订买卖合同(以房屋买卖合同为主),约定债务人不能偿还借款本息的,则履行买卖合同。在最高人民法院出台《民间借贷解释》之前,各地法院的处理方式千差万别,导致法律适用标准不一。

目前,从审判实践看,买卖与借贷交叉混合主要有两种类型:一是以买卖作为民间借贷的担保;二是双方既有真实的买卖关系同时又有借贷的法律关系。由于前者最为常见且问题最多,因此,《民间借贷解释》仅针对前者作出相应的规范。对于以买卖合同作为民间借贷合同的担保,在借期届满后借款人无法偿还本金利息的,出借人往往要求履行买卖合同,进而达到其直接获取买卖标的物的目的。此种情形下的买卖合同应当视为类似于担保合同,其效力依附于作为主合同的民间借贷法律关系。正因如此,出借人撇开主合同而要求直接履行作为从合同的买卖合同的,实际上是颠倒了主从合同关系。对此,人民法院应当按照民间借贷法律关系审理双方之间的纠纷。只有从程序上作出如此规定,才能使双方的权利义务关系真正回位到正确的实体关系中去。如果出借人坚持要求审理买卖合同的,则应当裁定驳回其起诉。按照民间借贷法律关系审理作出的判决生效后,借款人不履行生效判决确定的偿还本息的金钱给付债务,出借人可以申请拍卖买卖合同标的物,以偿还债务。此外,《民间借贷解释》还特别强调,通过拍卖标的物所得的价款与应偿还借款本息之间的差额,借款人或者出借人有权主张返还或者补偿。这一规定能够在当事人之间实现利益平衡,体现了公正原则,从而真正完成从程序正义到实质正义的嬗变。①

① 参见《规范民间借贷　统一裁判标准——杜万华就〈最高人民法院关于审理民间借贷案件适用法律若干问题的规定〉答记者问》,载《人民法院报》2015 年 8 月 8 日。

886 与债务加入在法律性质上最为接近并且有明确法律规定的应为连带责任保证法律关系，可参照适用《担保法》的相关规定

【关键词】

| 债务加入 | 连带责任保证 | 法律适用 |

【案件名称】

青岛新华友建工集团股份有限公司、青岛新华友建工集团股份有限公司新泰分公司与王汉峰民间借贷纠纷案［最高人民法院（2016）最高法民再322号民事判决书，2017.12.16］

【裁判精要】

最高人民法院认为：

二、关于《特别声明》的性质问题

第一，关于《特别声明》是否新泰分公司代表新华友公司所作追认。首先，行为人没有代理权、超越代理权或者代理权终止后以被代理人名义订立合同的，被代理人可予以追认，但应以被代理人在无权代理行为发生时已经存在为前提。案涉借款发生之时，新华友公司尚未授权徐辉设立新泰分公司，新泰分公司事实上亦未依法设立，因此不存在追认的前提和基础。其次，2012年10月13日徐辉、赵兴霞向王汉峰出具的借款说明，以及2013年11月11日新泰分公司出具的《特别声明》，均明确记载借款用途为泰安玉都国际大厦工程建设，而与新泰分公司无关。最后，如果《特别声明》构成对案涉借款债务的追认，则应当由被代理人新泰分公司承担全部清偿责任。但新泰分公司在《特别声明》中明确表示对案涉借款债务承担连带责任，王汉峰在本案中亦起诉请求新泰分公司与徐辉、赵兴霞连带承担案涉借款债务。因此，虽然《特别声明》明确表示徐辉、赵兴霞案涉借款行为系新泰分公司授权所为，但与客观事实不符。王汉峰关于《特别声明》系新泰分公司对徐辉的借款行为予以追认的主张不能成立。第二，《特别声明》中新泰分公司的真实意思是债务加入还是连带责任保证？王汉峰主张《特别声明》中新泰分公司的真实意思为债务加入，而新泰分公司及新华友公司均主张为连带责任保证。所谓债务加入，是指原债务人并不脱离债的关系，而由第三人加入债的关系中来与原债务人一起承担债务，我国法律对此没有明确规定。连带责任保证是第三人为了确保债权人之债权的实现而为债务人履行债务所提供人的担保。二者均具有为债权人实现债权提供保障的性质和功能，但连带责任保证债务与主债务具有主从关系，而第三人加入债务与原债务则并无主从关系。《特别声明》就新泰分公司对案涉借款债务所承担的连带清偿责任作出了明确承诺，但并未区分新泰分公司所负担债务与案涉借款债务之间的主从关系，王

汉峰在一审庭审中所作表述亦对此未予明确。因此,《特别声明》的内容更符合债务加入的特征,二审判决对此认定正确。

三、关于《特别声明》的效力问题

如前所述,我国法律就债务加入未作明确规定,与债务加入在法律性质上最为接近并且有明确法律规定的应为连带责任保证法律关系,可参照适用《担保法》的相关规定。本案所涉及的新泰分公司加入债务的效力问题,本质上属于分公司的权利能力问题,担保法上与之近似的是分公司的担保权限问题。就此,基于分公司属于不完全民事主体地位,《担保法》第二十九条规定"企业法人的分支机构未经法人书面授权或者超出授权范围与债权人订立保证合同的,该合同无效。"《担保法解释》第十七条规定"企业法人的分支机构未经法人书面授权提供保证的,保证合同无效。"连带保证责任保证人依法享有追偿权等权利,其保证责任相较于债务加入的责任较轻。企业法人分支机构对外提供责任较轻的保证尚须企业法人授权,否则无效,根据举轻以明重的逻辑,则其对外加入债务更须得到企业法人授权,否则更应认定为无效。本案中,《特别声明》上虽加盖了新泰分公司印章,但王汉峰没有证据证明新泰分公司出具该声明时得到了新华友公司授权,故应认定为无效。二审判决虽就《特别声明》认定法律关系性质正确,但认定其有效显属错误。

四、关于新泰分公司及新华友公司应否承担民事责任的问题

王汉峰在明知新华友公司没有授权的情况下,接受新泰分公司出具的《特别声明》,新华友公司对此并无过错。此外,2012 年 10 月 13 日订立的案涉借款合同和徐辉于同日出具的《借款说明》均载明借款主体为徐辉、赵兴霞本人,《借款说明》并明确徐辉与新华友公司之间系承包关系,而且《特别声明》系在全部借款实际发生后由新泰分公司出具,因此王汉峰并非基于《特别声明》对新华友公司产生信赖而出借款项。参照《担保法解释》第十七条第四款关于"企业法人的分支机构提供的保证无效后应当承担赔偿责任的,由分支机构经营管理的财产承担。企业法人有过错的,按照担保法第二十九条的规定处理"的规定,新泰分公司应当以其经营管理的财产赔偿因《特别声明》无效给王汉峰造成的损失,新华友公司对此不承担赔偿责任。

【案例来源】

中国裁判文书网,http://wenshu.court.gov.cn。

编者说明

《全国法院民商事审判工作会议纪要》(2019 年 11 月 8 日,法〔2019〕254 号)第二十三条明确,法定代表人以公司名义与债务人约定加入债务并通知债权人或者向债权人表示愿意加入债务,该约定的效力问题,参照本纪要关于公司为他人提供担保的有关规则处理。虽然此条明确的是有关公司纠纷处理原则,同时也是关于债务加入适用法律的原则性规定,即债务加入应准用担保的规则处理。

887 担保人承诺以当时所有权登记在其名下的船舶作为担保物，虽不完全具备设立船舶抵押权的法律特征，但可认定为有效的非典型担保

【关键词】

｜船舶抵押｜非典型担保｜

【案件名称】

中国大地财产保险股份有限公司福建分公司与福建海通发展股份有限公司海事担保合同纠纷案［最高人民法院（2017）最高法民再239号民事判决书，2017.12.28］

【裁判精要】

最高人民法院认为：

（四）关于《反担保函》中担保责任的法律性质

海通公司于2010年5月26日出具《反担保函》，承诺以当时船舶所有权登记在其名下的“宁顺9”轮作为担保物，承担大地保险福建分公司基于非保险责任的支出。海通公司的上述承诺没有“抵押”的表示，也没有允许大地保险福建分公司从船舶价款中优先受偿的内容，不完全具备设立船舶抵押权的法律特征。但是该承诺是海通公司作为具有相应民事行为能力的法人作出的真实意思表示，不违反法律或者社会公共利益，具备《民法通则》第五十五条、第五十六条规定的民事法律行为的实质要件与形式要件。根据该法第五十七条关于民事法律行为从成立时起具有法律约束力的规定，上述《反担保函》系一项有效的非典型担保，海通公司应当按照其承诺承担担保责任。无论大地保险福建分公司是否在海通公司出具《反担保函》后请求其补办船舶抵押权登记以设立船舶抵押权，大地保险福建分公司均可以主张以“宁顺9”轮的价值为限要求海通公司承担担保责任。不论“宁顺9”轮是否已经出售，海通公司都应当遵守承诺以“宁顺9”轮的交易价值为限清偿大地保险福建分公司支出的案涉款项。二审判决以大地保险福建分公司未就“宁顺9”轮作为担保物提出相应诉讼请求为由，不支持其请求海通公司承担支付义务，不符合法律规定，本院予以纠正。

【案例来源】

中国裁判文书网，http://wenshu.court.gov.cn。

编者说明

司法实践中应当正确认识和处理新类型或者非典型担保纠纷，应当结合债权法和物权法，并兼顾国际惯例，采取区别对待的态度具体分析。（1）从《合同法》的角度出发，当某一非典型担保方式不违反法律、法规的强制性规定时，应当承认当事人之间缔结的非典型担

保合同的效力。这不仅符合《合同法》关于合同效力的规定，也符合《合同法》的任意法本质，并有利于非典型担保方式在实践中的发展，以满足实践的需要。同时，承认非典型担保合同的效力，也为非典型担保最终上升为法律规定的典型担保创造了实践基础。(2)准确适用国际惯例。不少非典型担保在国内，甚至在国际上已经成为典型担保，因此当事人在涉外经济交往中选择适用别国法律，或者选择适用国际惯例时，在不违反我国法律与行政法规强制性规定的情况下，应当予以尊重，正确选择准据法，对于这些担保方式不能以国内法生搬硬套，扭曲当事人的真实意思表示。(3)正确适用物权法定原则。承认非典型担保的合同效力，满足了其为债权性担保的条件，但根据"物权法定"原则，并不因此承认其具有物权担保效力，并不意味着此种担保必然产生物权的优先效力、对抗效力，甚至追及效力。除法律、行政法规或司法解释明确承认外，非典型担保一般应作为债权担保方式，不具有物权效力。对于占有标的物(包括权利凭证)但又不能创设物权的非典型担保，由于权利人根据合同约定对标的物构成合法占有，虽然不享有物权，但其可凭借合法占有而自力救济，任何人和司法机关不得强迫权利人放弃占有的标的物。比如，对根据合同约定占有提货单、房产证的权利人，司法机关不得判令其交出这些权利凭证，当事人可以凭借对权利凭证的合法占有保障自身权利实现。所以，此种非典型担保中权利人通过合法占有，凭借自力救济，可以实际享有近似于物权担保的优先效力。①

---

① 参见曹士兵:《中国担保制度与担保方法》(第三版)，中国法制出版社2015年版，第26~27页。

第十四章 | CHAPTER 14

混合担保相关纠纷

一、债权实现约定的认定

888 保证人与债权人就担保权实现顺序作了特别约定的，债权人有权依据合同约定先要求保证人承担保证责任

【关键词】

| 担保权顺位 | 特别约定 | 保证责任 |

【案件名称Ⅰ】

华融西部开发投资股份有限公司与宁夏红枸杞产业集团有限公司、宁夏香山酒业（集团）有限公司、张金山、曹静江及宁夏红中宁枸杞制品有限公司借款合同纠纷案［最高人民法院（2019）最高法民终328号民事判决书，2019. 3. 28］

【裁判精要】

最高人民法院认为：

关于宁夏红产业集团、香山酒业公司、张金山、曹静江是否应对本案全部债务承担连带清偿责任的问题。《物权法》第一百七十六条规定："被担保的债权既有物的担保又有人的担保的，债务人不履行到期债务或者发生当事人约定的实现担保物权的情形，债权人应当按照约定实现债权；没有约定或者约定不明确，债务人自己提供物的担保的，债权人应当先就该物的担保实现债权；第三人提供物的担保的，债权人可以就物的担保实现债权，也可以要求保证人承担保证责任。提供担保的第三人承担担保责任后，有权向债务人追偿。"本案中，案涉三份《保证协议》第4.3条和第6.5条均对宁夏红枸杞公司不履行到期债务或者发生当事人约定的实现担保物权的情形时的清偿顺序进行了约定。不论案涉主债权是否拥有其他担保，华融投资公司均有权直接要求宁夏红产业集团、香山酒业公司、张金山、曹静江在其担保范围内承担担保责任。宁夏红产业集团、香山酒业公司、张金山、曹静江亦承诺按照约定在其担保范围内承担担保责任，不因此减轻或免除担保责任。根据前述法律规定和合同约定，华融投资公司有权直接请求宁夏红产业集团、香山酒业公司、张金山、曹静江就本案全部债务承担连带清偿责任，而非以质押权的实现为保证人承担清偿责任的前提。华融投资公司一审诉请宁夏红产业集团、香山酒业公司、张金山、曹静江与宁夏红枸杞公司共同承担连带清偿责任，一审判决宁夏红产业集团、香山酒业公司、张金山、曹静江对华融投资公司实现质押权后不足以清偿全部债权的部分承担连带清偿责任，适用法律错误，本院予以纠正。

【案例来源】

中国裁判文书网，http://wenshu.court.gov.cn。

【案件名称Ⅱ】

贵阳农村商业银行股份有限公司金竹支行与贵州省诺亚精工制造有限公司金融借款合同纠纷案［最高人民法院（2018）最高法民终574号民事判决书，2018.10.31］

【裁判精要】

最高人民法院认为：

四、就案涉债权关于物保和人保的实现顺序是否存在明确约定

农商行金竹支行与吴成金等自然人及方舟房开公司等公司签订的《保证合同》第一条第二款中均约定："甲方确认，当债务人未按主合同约定履行债务时，无论乙方（农商行金竹支行）对主合同项下的债权是否拥有其他担保（包括但不限于主债务人及其他第三方提供的保证、抵押、质押、保函等担保方式），乙方均有权直接要求甲方在其保证范围内承担保证责任。"根据上述约定，债权人与保证人之间就人保和物保的实现顺序的约定是明确的，虽然案涉债权上设立有债务人自己提供的特殊动产抵押、第三人提供的抵押、第三人提供的权利质押以及保证人提供的保证，但债权人有权在其他担保方式实现之前，依约直接要求保证人在保证范围内承担保证责任。根据《物权法》第一百七十六条关于"被担保的债权既有物的担保又有人的担保的，债务人不履行到期债务或者发生当事人约定的实现担保物权的情形，债权人应当按照约定实现债权"的规定，一审判决认定当事人之间对各担保实现顺序无约定，判决吴成金等保证人承担连带保证责任的范围限于农商行金竹支行就诺亚制造公司自己提供的动产折价或者拍卖、变卖后受偿的不足部分，法律适用错误，本院予以纠正。另，根据《担保法》第三十一条、第五十七条以及第七十二条的规定，保证人、抵押人、质押人在承担担保责任后，有权向债务人诺亚制造公司追偿。

【案例来源】

中国裁判文书网，http://wenshu.court.gov.cn。

【案件名称Ⅲ】

上海浦东发展银行股份有限公司贵阳分行与贵阳金昌精密铸造有限公司金融借款合同纠纷案［最高人民法院（2017）最高法民终971号民事判决书，2017.12.25］

【裁判精要】

最高人民法院认为：

(一)关于案涉物的担保与人的担保实现约定是否明确的问题

本案所涉债权同时存在债务人金昌公司提供的物的担保，与保证人提供的人的担保。浦发银行贵阳分行与冯永飞分别于2013年1月18日、2015年12月18日签订的两份《最高额保证合同》以及浦发银行贵阳分行与万昌公司于2015年12月28日签订的《最高额保证合同》中均明确约定，当债务人未按主合同约定履行债务时，无论债权人对主合同项下的债权是否拥有其他担保权利，债权人均有权先要求保证人在合同约定的保证范围内承担保证责任，而无须先要求其他担保人履行担保责任。上述合同条款关于物的担保和人的担保实现的约定是明确的。

本案中，浦发银行贵阳分行与金昌公司签订的《采矿权最高额抵押合同》及《最高额抵押合同》同时也约定了当债务人未按主合同约定履行债务时，抵押权人有权先要求抵押人在合同约定的担保范围内承担担保责任，而无须先要求其他担保人履行担保责任。该约定与上述保证合同中的约定并不矛盾，也不会导致物的担保与人的担保实现约定不明确。故根据《物权法》第一百七十六条关于“被担保的债权既有物的担保又有人的担保的，债务人不履行到期债务或者发生当事人约定的实现担保物权的情形，债权人应当按照约定实现债权”之规定，浦发银行贵阳分行实现债权时，有权依据合同约定先要求保证人承担保证责任。

【权威解析】

二、人保和物保的实现顺序问题

根据《物权法》第一百七十六条规定，被担保的债权既有物的担保又有人的担保的，债务人不履行到期债务或者发生当事人约定的实现担保物权的情形，债权人应当按照约定实现物权；没有约定或者约定不明确，债务人自己提供物的担保的，债权人应当先就物的担保实现债权；第三人提供物的担保的，债权人可以就物的担保实现债权，也可以要求保证人承担保证责任。提供担保的第三人承担担保责任后，有权向债务人追偿。上述规定表明在某一债权同时存在担保物权和第三人保证时，允许债权人和各担保人自由约定担保的实现顺序，充分体现对当事人意思自治的尊重。当合同中就人保和物保在实现债权的顺序上约定都是第一位的时候，不能视为约定不明，应当认定为保证人和提供物保的债务人或第三人，均同意债权人先要求其承担担保责任，债权人可选择主张。

需要注意的是，当事人作出这一约定，本就是为了排除约定不明时，必须先就债务人提供的物的担保实现债权的约束。因此，当当事人约定债权人可以先就物的担保实现债权，也可以先要求保证人承担保证责任时，该约定并不违反法律法规的规定，是当事人意思自治的体现，应当承认债权人的选择权，不宜认定为约定不明。①

【案例来源】

中国裁判文书网，http://wenshu.court.gov.cn。

889 在同一债权物保与人保并存的情形下，先要审查当事人是否对实现担保物权作出明确约定，有约定的，约定优先

【关键词】

| 物保与人保 | 约定优先 |

【案件名称】

郑州金苑面业有限公司与郑州金山置业有限公司合同纠纷案［最高人民法院（2017）最高法民终 553 号民事判决书，2018.5.31］

【裁判精要】

最高人民法院认为：

（四）关于天伦公司、汪俊玲应否承担担保责任的问题

2012 年 9 月 6 日《协议书》约定"天伦公司、汪俊玲女士均愿意作为金山公司依约偿还金苑公司 2.1 亿元的连带责任保证人，均承诺对金山公司依约履行上述清偿义务向金苑公司承担连带清偿责任"。从上述约定的文义来看，天伦公司、汪俊玲提供连带责任保证并未以 2.1 亿元款项的性质系借款为前提，其对金山公司履行清偿义务承担连带责任保证的意思表示真实，所担保债务的数额明确，案涉款项的性质不影响其连带保证责任的承担。

金山公司、天伦公司、汪俊玲提出 2012 年 9 月 6 日《协议书》第 4.3.1 条为合同债权设定了超额的物的担保，同一债权既有保证又有物的担保，天伦公司和汪俊玲应对物的担保以外的债权承担责任。金山公司、天伦公司、汪俊玲该项主张的法律依据为《担保法》第二十八条，因该条规定就同一债权物保与人保并存时如何实现担保权利与《物权法》第一百七十六条的规定有所不同，按照"新法优于旧法"的原则，应当优先适用《物权法》第一百七十六条的规定。《物权法》第一百七十六条规定："被担保的债权既有物的担保又有人的担保的，债务人不履行到期债务或者发生当

① 参见潘勇锋：《上海浦东发展银行股份有限公司贵阳分行与贵阳金昌精密铸造有限公司、冯某某等担保及金融借款合同纠纷案——采矿权存续期限届满后其上设定的抵押权是否继续有效》，载中国应用法学研究所主编：《中华人民共和国最高人民法院案例选》（第一辑），法律出版社 2019 年版，第 133～134 页。

事人约定的实现担保物权的情形，债权人应当按照约定实现债权；没有约定或者约定不明确，债务人自己提供物的担保的，债权人应当先就该物的担保实现债权；第三人提供物的担保的，债权人可以就物的担保实现债权，也可以要求保证人承担保证责任。提供担保的第三人承担担保责任后，有权向债务人追偿。”故在同一债权物保与人保并存的情形下，先要审查当事人是否对实现担保物权作出明确约定，有约定的，约定优先。本案中，《协议书》约定金山公司将其名下部分房产通过与金苑公司签署《商品房买卖合同》的方式提供担保，对此，天伦公司与汪俊玲在签署该《协议书》时已经明知，而未将其担保责任范围限定在物的担保之外的债权，仍然承诺作为金山公司偿还金苑公司2.1亿元款项的连带责任保证人承担清偿责任，意思表示明确，天伦公司、汪俊玲应当按照该约定承担担保责任。

【案例来源】

中国裁判文书网，http://wenshu.court.gov.cn。

890 《物权法》第一百七十六条“债权人应当按照约定实现债权”中的“约定”，既包括担保责任顺序，也涵盖担保责任分担范围的约定

【关键词】

｜人的担保｜物的担保｜

【案件名称】

中国建设银行股份有限公司榆林新建南路支行与榆林聚能物流有限责任公司金融借款合同纠纷案［最高人民法院(2017)最高法民终170号民事判决书，2017.11.17］

【裁判精要】

最高人民法院认为：

本案争议焦点为建行新建南路支行与泰发祥公司、隆昌公司关于实现债权的约定，是否属于《物权法》第一百七十六条规定的当事人约定明确的情形，即建行新建南路支行是否有权要求保证人泰发祥公司、隆昌公司直接对聚能物流所欠本金3亿元及相应利息承担保证责任。对此，本院评判如下：

建行新建南路支行与聚能物流、泰发祥公司及隆昌公司签订的《抵押合同》及两份《保证合同》，均系当事人真实意思表示，且未违反法律、行政法规的禁止性规定，对当事人均具有约束力。

《物权法》第一百七十六条规定：“被担保的债权既有物的担保又有人的担保的，债务人不履行到期债务或者发生当事人约定的实现担保物权的情形，债权人应当按照约定实现债权；没有约定或者约定不明确，债务人自己提供物的担保的，债权

人应当先就该物的担保实现债权;第三人提供物的担保的,债权人可以就物的担保实现债权,也可以要求保证人承担保证责任。提供担保的第三人承担担保责任后,有权向债务人追偿。”该条第一句规定的理论根据在于,物的担保和人的担保各有利弊,物的担保并不一定比人的担保更有利于债权人实现债权,在物的担保与人的担保并存的情况下,债权人究竟应当按照何种顺序实现债权,因无关公益,宜彰显私法自治精神,由债权人与保证人、物上担保人自由约定。《物权法》第一百七十六条中所谓“债权人应当按照约定实现债权”,即明确了该规范的任意法属性。

“债权人应当按照约定实现债权”中的“约定”,其内容是什么?本院认为,该“约定”旨在确定或者限制人的担保与物的担保并存时债权人的选择权,从《物权法》第一百七十六条后句“没有约定或者约定不明确,债务人自己提供物的担保的,债权人应当先就该物的担保实现债权;第三人提供物的担保的,债权人可以就物的担保实现债权,也可以要求保证人承担保证责任”来看,这里的“约定”,应当是指人的担保责任与物的担保责任之间的顺序。此外,在解释上,当事人之间还可以约定各担保人仅对债权承担按份的担保责任。这一按份的共同担保约定,同样限制债权人实现债权时选择权的行使,债权人仅享有向各担保人主张其承担约定份额范围内的担保责任的权利。由此可见,当事人之间约定各担保人仅承担按份的共同担保责任的,“债权人应当按照约定实现债权”。准此,“债权人应当按照约定实现债权”中的“约定”,既包括关于人的担保与物的担保之间责任顺序的约定,也涵盖关于人的担保与物的担保之间责任分担范围的约定。

【案例来源】

中国裁判文书网,http://wenshu. court. gov. cn。

891 债权既有物的担保又有人的担保的,当事人约定在任何情形下担保人都应当承担担保责任,属于约定明确的情形

【关键词】

| 物的担保 | 人的担保 | 约定明确 |

【案件名称】

中国建设银行股份有限公司榆林新建南路支行与榆林聚能物流有限责任公司金融借款合同纠纷案［最高人民法院(2017)最高法民终 170 号民事判决书,2017. 11. 17］

【裁判精要】

最高人民法院认为：

“债权人应当按照约定实现债权”中的“约定”，到了什么程度，才能认定为约定明确？如前所述，根据《物权法》第一百七十六条前句的规定，只有在就人的担保与物的担保之间的责任顺序或者责任分担范围约定明确的情形之下，债权人才能依该约定实现债权。审判实践中有当事人认为，这里的“约定”，只有在排定债权人实现债权时各担保权之间的顺位的情况下，才属于约定明确，典型的表述是“有第一顺位、第二顺位及最后顺位等明确的排序”才是约定明确，否则就是约定不明确，由此引发了当事人意思表示解释上的争议。本院认为，“债权人应当按照约定实现债权”中的“约定”的目的在于确定或者限制人的担保与物的担保并存时债权人的选择权（因本案不涉及按份共同担保，故此部分论述忽略该内容），只要当事人之间的约定内容达到了这一程度，即应认定为当事人之间就债权人实现其债权有了明确约定。这里，既包括限制债权人选择权行使的约定，也包括确定或者赋予债权人选择权的约定。所谓就债权人实现债权顺序的约定明确，既包括对实现债权的顺序约定为物的担保在先，人的担保在后；人的担保在先，物的担保在后；物的担保与人的担保同时承担担保责任等三种社会上普通人根据逻辑通常可以想象出来的约定明确的情形，当然也包括约定在任何情形下担保人都应当承担担保责任的情形。本院认为，被担保的债权既有物的担保又有人的担保的，当事人约定在任何情形下担保人都应当承担担保责任，属于《物权法》第一百七十六条第一句规定的约定明确的情形，这样理解该规定的含义，符合社会上普通人的正常认知，属于常识，应无疑问。

本案中，建行新建南路支行（乙方）与泰发祥公司（甲方）、隆昌公司（甲方）分别签订了《保证合同》。建行新建南路支行（乙方）与泰发祥公司（甲方）签订的《保证合同》约定，保证方式为连带责任保证。“无论乙方对主合同项下的债权是否拥有其他担保（包括但不限于保证、抵押、质押、保函、备用信用证等担保方式），不论上述其他担保何时成立、是否有效、乙方是否向其他担保人提出权利主张，也不论是否有第三方同意承担主合同项下的全部或部分债务，也不论其他担保是否由债务人自己所提供，甲方在本合同项下的保证责任均不因此减免，乙方均可直接要求甲方依照本合同约定在其保证范围内承担保证责任，甲方将不提出任何异议。”建行新建南路支行（乙方）与隆昌公司（甲方）签订的《保证合同》约定的内容与上述合同的内容完全相同。本院认为，根据上文对《物权法》第一百七十六条第一句中“债权人应当按照约定实现债权”中的“约定”的立法原意的分析，结合新建南路支行与聚能物流签订的《抵押合同》，案涉三合同关于担保条款的真实意思表示为，泰发祥公司、隆昌公司单独或者共同对聚能物流欠建行新建南路支行的款项承担连带保证责任，且建行新建南路支行有权向泰发祥公司、隆昌公司、聚能物流之一或任意组合提起诉讼要求承担担保责任（聚能物流承担的责任应当是还款责任，在聚能物流不能还款的情况下，建行新建南路支行有权就聚能物流提供的抵押物要求拍卖，并就拍卖价款优先受偿），即有权在不要求聚能物流承担物的担保责任的前提下，单独向泰发祥公司和隆昌公司或者之一提起诉讼，要求其承担人的担保责任，或者要求聚能物流承担物的担保责任的同时，要求泰发祥公司和隆昌公司或者之一承担人的担保责任。因此，应当认定案涉两《保证合同》对于如何实现担保物权的约定明确，该约定属于《物权法》第一百七十六条第一句规定的“债权人应当按照约定实现债权”中的“约定”。

关于泰发祥公司主张上述条款系格式条款，应作出对其有利的解释即认定该条款为“约定不明确”的抗辩。本院认为，根据《合同法》第三十九条第二款的规定，格式条款是当事人为了重复使用而预先拟定，并在订立合同时未与对方协商的条款。泰发祥公司作为“格式条款”的主张方，应对双方订立合同时建行新建南路支行未与其就该条款进行协商承担举证责任。泰发祥公司未提供相应证据证明，应承担举证不利的后果。且即使如泰发祥公司所称，该条款系格式条款，本院已在上文中明确阐述，该条款只有一种理解，即当事人约定在任何情形下担保人都应当承担担保责任，属于《物权法》第一百七十六条中“约定明确”的情形。故泰发祥公司该抗辩不能成立。

泰发祥公司向本院提交了（2016）最高法民终 40 号民事判决书，主张对于多份担保合同均是“无论是否拥有其他担保……，债权人均有权直接要求担保人承担担保责任”句式的约定，属于《物权法》第一百七十六条中规定的“约定不明确”的情形，本案情形与之类似，亦属于约定不明确的范畴，则应由聚能物流先就其抵押物承担还款责任。本院经审理认为，（2016）最高法民终 40 号民事判决的案情与本案并不相同，无可比性及可参照性。（2016）最高法民终 40 号亦不属于本院指导性案例，泰发祥公司关于比照该案的主张，建行新建南路支行应当先就聚能物流自己提供的抵押物实现债权的主张不能成立。

可见，建行新建南路支行上诉提出的按照合同约定，其有权要求聚能物流承担债务并就其提供的物的担保实现债权的同时，要求保证人泰发祥公司、隆昌公司直接对聚能物流所欠本金 3 亿元及相应利息等承担保证责任的请求，应予支持。

【案例来源】

中国裁判文书网，http://wenshu. court. gov. cn。

892 担保合同关于债权人已经选择某一担保实现债权的，也可同时主张通过其他担保实现债权的约定明确，债权人可以选择或者同时主张物的担保及保证担保

【关键词】

| 约定明确 | 抵押担保 | 保证担保 |

【案件名称】

贵州银行股份有限公司六盘水钟山支行与贵州万海隆矿业集团股份有限公司金融借款合同纠纷案［最高人民法院（2017）最高法民终198号民事判决书，2017.10.30］

【裁判精要】

最高人民法院认为：

本案二审焦点是保证人是否承担连带清偿责任。

贵州银行钟山支行与万海隆公司签订《综合授信合同》《流动资金借款合同》，就该笔借款，贵州银行钟山支行分别与万海隆公司签订《最高额采矿权抵押担保合同》，与楚俊林、谭莲香、廖剑锋、楚浩、张思、施柏生签订《最高额保证合同》。贵州银行钟山支行依约支付了借款，万海隆公司未依约偿还借款。一审中，万海隆公司作为债务人和抵押人认可贵州银行钟山支行的全部诉讼请求，一审法院判决贵州银行钟山支行在主债权范围内对抵押物拍卖、变卖所得价款享有优先受偿权后，万海隆公司未提出上诉，故本院二审对万海隆公司承担抵押担保责任范围不作审理。一审判决认为当事人关于抵押担保和保证担保顺序约定不明，贵州银行钟山支行认为约定清楚，并就此上诉。本院认为，《物权法》第一百七十六条规定了既有物的担保又有人的担保情形下债权人实现担保债权的方式，即当事人有约定的按照约定，对于没有约定或者约定不明确的，分两种情形：一是债务人自己提供物的担保的，应当先选择物的担保；二是第三人提供物的担保的，债权人可以选择物的担保，也可以选择人的担保。本案中，《最高额采矿权抵押担保合同》第8.2条约定："本合同所担保的债权同时存在物的担保（含债务人提供）和保证担保的，抵押权人可以就物的担保实现债权，也可以要求保证人承担保证责任。所担保的债权同时存在两个以上物的担保人的（含债务人提供），抵押权人有权就其中任一或者各个担保物行使担保物权。抵押权人已经选择某一担保来实现债权的，也可同时主张通过其他担保来实现全部或部分债权。"《最高额保证合同》第6.2条约定："本合同所担保的债权同时存在物的担保（含债务人提供）和保证担保的，债权人可以就物的担保实现债权，也可以要求保证人承担保证责任。债权人已经选择某一担保来实现债权的，也可同时主张通过其他担保来实现全部或部分债权。"两份担保合同中均约定：本合同所担保的债权同时存在物的担保（含债务人提供）和保证担保的，债权人可以就物的担保实现

债权,也可以要求保证人承担保证责任。债权人已经选择某一担保来实现债权的,也可同时主张通过其他担保来实现全部或部分债权。上述约定明确清楚,即债权人可选择某一担保或同时主张全部担保实现债权。一审法院关于当事人对担保顺位约定不明的认定有误,应予纠正。贵州银行钟山支行作为债权人同时主张抵押担保及保证担保,不违反当事人约定和法律规定,其主张保证人楚俊林、谭莲香、楚浩、张思、廖剑锋、施柏生承担连带清偿责任的上诉理由成立,本院予以支持。因《最高额保证合同》第2.1条约定担保的债权最高余额为16000万元,故上述保证人承担保证责任的范围以16000万元为限。保证人承担保证责任后,可依法向主债务人追偿。

【案例来源】

中国裁判文书网,http://wenshu.court.gov.cn。

893 担保合同约定无论债权人是否拥有其他担保、其他担保是否由债务人提供,均可“直接”要求保证人承担责任,应理解为无须先行就物保主张权利

【关键词】

|物保|保证责任|

【案件名称Ⅰ】

安徽盛运新能源投资有限公司与甘肃银行股份有限公司酒泉分行金融借款合同纠纷案[最高人民法院(2016)最高法民终752号民事判决书,2016.12.31]

【裁判精要】

最高人民法院认为:

本案二审的争议焦点为甘肃银行酒泉分行在向保证人安徽盛运公司主张实现保证权利时是否应当先就债权人甘肃吉隆公司的物保实现债权。

《物权法》第一百七十六条规定:“被担保的债权既有物的担保又有人的担保的,债务人不履行到期债务或者发生当事人约定的实现担保物权的情形,债权人应当按照约定实现债权;没有约定或约定不明确的,债务人自己提供物的担保的,债权人应当先就该物的担保实现债权;第三人提供物的担保的,债权人可以就物的担保实现债权,也可以要求保证人承担保证责任。提供担保的第三人承担担保责任后,有权向债务人追偿。”依据该条规定,在物保与人保并存时,当事人有关于担保权利实现顺位约定的,应从其约定。本案中,安徽盛运公司与甘肃银行酒泉分行对保证责任承担顺序有明确约定,且该约定为双方真实意思表示,合法有效,双方均应当依

约履行权利义务,具体分析如下:

一、安徽盛运公司与甘肃银行酒泉分行在《最高额保证合同》中约定了担保权利的实现顺位

安徽盛运公司(甲方)与甘肃银行酒泉分行(乙方)签订的《最高额保证合同》第六条"保证责任"第二项约定:"无论乙方对主合同项下的债权是否拥有其他担保(包括但不限于保证、抵押、质押、保函、备用信用证等担保方式),不论上述其他担保何时成立、是否有效、乙方是否向其他担保人提出权利主张,也不论是否由第三方同意承担主合同项下的全部或部分债务,也不论其他担保是否由债务人自己所提供,甲方在本合同项下的保证责任均不因此减免,乙方均可直接要求甲方依照本合同约定在其保证范围内承担保证责任,甲方将不提出任何异议。"安徽盛运公司上诉主张上述条款并非对于保证人保证责任承担顺序的明确约定。本院认为,该条为关于物保和人保关系的约定,且明确约定"无论甘肃银行酒泉分行对主合同项下债权是否拥有其他担保""不论其他担保是否由债务人自己所提供",甘肃银行酒泉分行均可"直接"要求安徽盛运公司"依照合同约定在保证范围内承担保证责任",安徽盛运公司将"不提出任何异议"。此处"直接"应理解为包括无须先行就物保(含债权人物保)先行主张权利;"不提出任何异议"应理解为包括不得提出先就债权人物保先行清偿的抗辩。故此条约定系对案涉担保合同关系中保证人保证和债务人物保关系的明确约定,安徽盛运公司的此项上诉理由不成立,本院不予支持。

二、格式条款的解释及甘肃银行酒泉分行是否应尽而未尽说明义务

(一)安徽盛运公司上诉主张案涉《最高额保证合同》第六条"保证责任"第二项为格式条款,现对上述条款理解发生争议,应当采取对格式条款提供方甘肃银行酒泉分行不利的解释。《合同法》第四十一条规定,对格式条款的理解发生争议的,应当按照通常理解予以解释。对格式条款有两种以上解释的,应当作出不利于提供格式条款一方的解释。如上所述,上述条款的约定,按照通常理解系为对保证责任承担顺序的明确约定,并不存在两种以上的解释,故不存在需要对该条款作出不利于格式条款提供方解释的适用前提。安徽盛运公司此项上诉理由不成立,本院不予支持。

(二)安徽盛运公司上诉主张甘肃银行酒泉分行未对上述案涉《最高额保证合同》第六条"保证责任"第二项进行充分的说明。本院认为,该条款约定了保证责任承担的顺序,属于保证合同关系的主要权利义务内容,保证人安徽盛运公司在签订合同时对此应当有必要的注意,且该《最高额保证合同》第九条"甲方的陈述与保证"第二项明确约定:"安徽盛运公司已阅读合同及主合同所有条款。应安徽盛运公司要求,甘肃银行酒泉分行已经就合同及主合同做了相应的条款说明。安徽盛运公司对合同及主合同条款的含义及相应的法律后果已全部通晓并充分理解。"并且,在本案起诉前,安徽盛运公司在债权人甘肃银行酒泉分行尚未对债务人甘肃吉隆公司提供的物的担保主张权利时,已自行代偿了部分本金和利息。综上,应认定安徽盛

运公司知道且应当知道上述条款的约定意思，其此项上诉理由不成立，本院不予支持。

三、甘肃银行酒泉分行诉讼请求的变更及一审庭审中的陈述并不构成关于应先实现物的担保再向保证人主张权利的自认

（一）安徽盛运公司上诉主张甘肃银行酒泉分行增加的诉讼请求“请求就抵押物拍卖、变卖后的款项优先受偿”“请求保证人承担保证责任”，变更了其起诉第一项关于要求各保证人与债权人承担连带清偿责任的诉请。本院认为，上述新增诉讼请求的提出仅系增加了就物的担保实现权利的诉请，并且明确了各保证人承担责任的性质为保证责任，并非对于保证与物的担保顺序的变更。安徽盛运公司的此项上诉理由不成立，本院不予支持。

（二）安徽盛运公司上诉主张其在一审庭审中多次提出保证责任承担顺序的抗辩，甘肃银行酒泉分行未对此提出反驳意见，应视为其对安徽盛运公司抗辩的默认。本院认为，甘肃银行酒泉分行诉讼请求明确要求安徽盛运公司承担连带保证责任，且并未明确同意变更其主张的保证责任承担顺序，安徽盛运公司此项上诉理由不成立，本院不予支持。

四、《协议书》不能认定为对安徽盛运公司承担保证责任顺序的变更

安徽盛运公司主张《协议书》中第四条约定，甘肃银行酒泉分行于协议生效后6个月内先行对甘肃吉隆公司起诉，向法院主张关于甘肃吉隆公司的抵押物权，依法处置该公司贷款抵押物，此处“先行”应视为在就甘肃吉隆公司的抵押物实现权利前不得向安徽盛运公司主张保证责任。本院认为，该《协议书》签订背景中载明该协议系因甘肃银行酒泉分行根据案涉《固定资产借款合同》享有对甘肃吉隆公司债权，安徽盛运公司作为担保人，由甘肃银行酒泉分行与安徽盛运公司协商签订。该《协议书》第一条约定，对于甘肃吉隆公司欠甘肃银行酒泉分行的贷款6000万元，安徽盛运公司每年上半年、下半年分别偿还200万元本金，并于2018年5月5日前偿还剩余全部本息，贷款利息由安徽盛运公司按季付给甘肃银行酒泉分行。该《协议书》第二条约定，安徽盛运公司对截至2016年3月底的贷款利息500万元于2016年3月底前给付甘肃银行酒泉分行。上述两条均系对安徽盛运公司作为保证人承担保证责任偿还债务的具体分期付款方式的约定，且双方均认可安徽盛运公司已按照该约定履行了部分付款义务。虽《协议书》第四条约定了“先行”对甘肃吉隆公司起诉，向甘肃吉隆公司主张抵押物权；但并未约定该“先行”可以排除《协议书》第一条、第二条安徽盛运公司基于保证责任的付款义务的履行，亦未约定可对上述两条约定的付款顺序与付款的具体时间计划进行变更，且上述两条关于安徽盛运公司付款义务的约定并未附其他的付款条件，故综合《协议书》的整体内容，《协议书》中第四条约定的“先行”并非变更安徽盛运公司承担保证责任的顺序，安徽盛运公司此项上诉理由不成立，本院不予支持。

【案例来源】

中国裁判文书网,http://wenshu.court.gov.cn。

【案件名称Ⅱ】

海尔集团财务集团有限责任公司与青岛威乃达投资有限公司、山东赛赛集团有限公司等企业借贷纠纷案[最高人民法院(2016)最高法民终55号民事判决书,2016.5.9]

【裁判精要】

最高人民法院认为:

二、关于各担保人应对威乃达公司的全部债务还是除房产抵押之外不能偿还的债务承担担保责任的问题

本案中海尔财务公司的债权既存在债务人威乃达公司自行提供的房产抵押担保,也存在第三人提供的保证担保。在物的担保和保证共存的情况下,担保责任如何承担,《担保法》第二十八条和《物权法》第一百七十六条均有规定,但两者并不一致。根据《物权法》第一百七十八条的规定,此时应适用《物权法》的规定。海尔财务公司与赛赛公司签订的《质押合同》、与宋学、韩春玲签订的《个人连带保证合同》、与全统旅游公司签订的《保证合同》均明确约定,无论海尔财务公司对主合同项下的债权是否拥有其他担保,海尔公司均有权处置质押财产或直接要求宋学、韩春玲、全统旅游公司在其保证范围内承担保证责任。在海尔财务公司与各担保人之间已就如何承担担保责任有明确约定的情况下,根据《物权法》第一百七十六条之规定,赛赛集团、宋学、韩春玲、全统旅游公司应当对威乃达公司的全部债务承担担保责任,不受威乃达公司自行提供的房产抵押的影响。赛赛集团、宋学、韩春玲、全统旅游公司主张仅对抵押房产以外不能偿还的债务承担担保责任的理由不能成立,本院不予支持。

全统旅游公司以《担保同意函》真实性存在异议为由,主张不承担保证责任。本院认为,海尔财务公司与全统旅游公司已签订《保证合同》并加盖了全统旅游公司226号公章,226号公章在全统旅游公司的工商登记档案、全统旅游公司一审诉讼期间向法院提交的书面材料上均曾使用过,故本院对《保证合同》的效力予以认可。根据《保证合同》,全统旅游公司应向海尔财务公司承担连带责任保证。故无论《担保同意函》是否真实,均不影响本案中全统旅游公司应承担的保证责任。①

① 本案二审判决后,威乃达公司、赛赛公司、宋学、韩春玲、全统旅游公司向最高人民法院申请再审,最高人民法院审查后裁定予以驳回。参见最高人民法院(2016)最高法民申2561号民事裁定书(2016.12.14),载中国裁判文书网,http://wenshu.court.gov.cn。

【案例来源】

中国裁判文书网,http://wenshu. court. gov. cn。

894 保证合同没有明确涉及实现担保物权的内容，不能认定已就担保物权的实现顺序与方式等作出了明确约定，不属于《物权法》规定的当事人约定的实现担保物权的情形

【关键词】

|保证合同|担保物权|实现顺序|

【案件名称】

江苏索普（集团）有限公司、上海儒仕实业有限公司与中国农业发展银行乾安县支行保证合同纠纷案［最高人民法院（2016）最高法民终 40 号民事判决书，2016.6.6］

【裁判精要】

最高人民法院认为：

（五）关于本案实现担保物权的约定是否明确的问题

本案《保证合同》第 6.14 条约定："当债务人未履行债务时,无论债权人对主合同项下的债权是否拥有其他担保,债权人均有权直接要求保证人承担担保责任。"索普公司、儒仕公司称,以上保证合同条款并未对物的担保与人的担保并存时的实现顺序和方式作出明确约定,因本案 0022 号《流动资金借款合同》项下有债务人天安公司以及第三人丁醇公司提供的最高额抵押担保,乾安支行应当先就天安公司以及丁醇公司提供的物的担保实现其债权。乾安支行辩称,上述条款对物的担保和人的担保并存时债权实现的顺序、方式约定已属明确,即无论天安公司以及丁醇公司是否提供抵押担保,乾安支行均有权直接要求索普公司、儒仕公司承担保证责任。究竟哪方主张成立,这需要结合《物权法》第一百七十六条规定以及本院进一步查明的事实综合判断。

《物权法》第一百七十六条规定:"被担保的债权既有物的担保又有人的担保的,债务人不履行到期债务或者发生当事人约定的实现担保物权的情形,债权人应当按照约定实现债权;没有约定或者约定不明确,债务人自己提供物的担保的,债权人应当先就该物的担保实现债权;第三人提供物的担保的,债权人可以就物的担保实现债权,也可以要求保证人承担保证责任。提供担保的第三人承担担保责任后,有权向债务人追偿。"《担保法》第二十八条规定:"同一债权既有保证又有物的担保的。保证人对物的担保以外的债权承担保证责任。债权人放弃物的担保的,保证人在债权人放弃权利的范围内免除保证责任。"比照《物权法》与《担保法》以上条文的

规定,《物权法》显然对《担保法》物保绝对优先的原则进行了修正,但这并不意味着《物权法》即抛弃了物保相对优先的基本精神。正确理解该条文,显然是就同一债权并存物保与人保时如何实现担保权利所作的规定,显然在《担保法》物权绝对优先原则的基础上,融合了意思自治的法律权衡,以满足更加丰富的现实需求。本院认为,对《物权法》第一百七十六条可作以下三种情形的具体把握:第一种情形,即对实现担保物权有明确约定的情形,在此情形下,无论是对人的担保合同还对是物的担保合同,均要审查是否存在“当事人约定的实现担保物权的情形”,即是否对实现担保物权作出明确约定,有此约定的,即应优先按照该类约定进行处理,无论该类关于实现担保物权的约定是就债务人提供的物保所作约定,还是就第三人提供的物保所作约定,均应当按照该明确约定实现债权。很显然,此等情形下,隐含着意思自治可以排除物保优先的精神,这实际是将契约自由精神摆在更加重要的法律地位。但此等情形下,依然始终要围绕实现担保物权的约定进行审查,其实质亦同样体现着物保优先的法律原则。第二种情形,即先就债务人的物保实现债权的情形,经审查人保合同与物保合同,对实现担保物权的情形没有约定或者约定不明确时,则债权人应当先就债务人提供的物保实现其债权,不得绕过债务人的物保而径行追究人保合同项下保证人的保证责任。此等情形,更是直接体现着物保优先的原则,尽管是就债务人的物保优先而言。第三种情形,即债权人对第三人提供的物保选择实现债权的情形,此等情形适用的前提与前述第二种情形应当相同,即依然是有关实现担保物权的情形没有约定或约定不明确时,因提供物保主体上存在差异,即物保系债务人以外的第三人所提供,则债权人既可选择向第三人物保实现债权,也可依据人保合同向保证人实现债权,或者同时向第三人物保以及人保提供者主张实现债权。此等情形,尽管赋予债权人以选择权,但此等情形的前提是没有关于实现担保物权的明确约定,因此依然体现着物保优先原则与意思自治原则相结合的审查要求。

结合本院进一步查明的事实,除本案《保证合同》第6.14条款外,经查,乾安支行与天安公司以及丁醇公司签订的两份《最高额抵押合同》第11.7条均约定:“当债务人未履行债务时,无论抵押权人对所担保的主合同项下的债权是否拥有其他担保,抵押权人均有权直接要求抵押人在其担保范围内承担担保责任。”根据以上对《物权法》第一百七十六条规定所作理解,结合对本案《保证合同》以及两份《最高额抵押合同》相关条款的审查,在本案被担保债权既有物的担保又有人的担保,且物的担保既有债务人提供的也有第三人丁醇公司提供时,乾安支行无疑应当先依照两份《最高额抵押合同》中关于实现担保物权的明确约定,先行向债务人天安公司以及第三人丁醇公司主张实现其债权,而不应当依照本案《保证合同》的约定实现其债权。这是因为,本案《保证合同》的前述约定,仅仅是关于实现保证债权而非实现担保物权的约定,而且本案《保证合同》的前述条款也并没有明确涉及实现担保物权的内容,不能得出已就担保物权的实现顺序与方式等作出了明确约定,故不能将本案《保证合同》中的以上约定即理解为《物权法》第一百七十六条规定的“当事人约定的实现担保物权的情形”。但两份《最高额抵押合同》第11.7条所作的相同约定，却显然是关于实现担保物权所作的约定，是关于抵押权人直接要求抵押人在其物保范围内承担物保责任的约定，无疑属于就实现担保物权所作的明确约定，这与乾安支行及一审判决关于《保证合同》第6.14条的理解逻辑实质上并无不同。在此情形下，按照《物权法》第一百七十六条之规定，当发生当事人约定的实现担保物权的情形时，债权人即应当按照该约定实现债权，即本案乾安支行应当按照其与债务人天安公司以及第三人丁醇公司的明确约定，不仅应当先就债务人天安公司的物保实现其债权，而且也应当先就第三人丁醇公司的物保实现其债权。一审判决对于《物权法》第一百七十六条规定的精神理解显然片面，在得出本案0022号《流动资金借款合同》同时附着两份《最高额抵押合同》以及本案《保证合同》的正确判断下，却又仅仅审查本案《保证合同》项下关于实现保证债权的约定，不去审查两份《最高额抵押合同》项下对于实现担保物权已经作出的明确约定，明显不妥。乾安支行能够理解本案《保证合同》第6.14条的约定明确，却偏偏置本案两份《最高额抵押合同》第11.7条的明确约定于不顾，这与其作为专业银行应当正确理解《物权法》精神以及应当全面审查《保证合同》与《最高额抵押合同》的基本要求均相违背，对由此片面理解法律精神以及片面审查合同条款所可能引发的行为后果，乾安支行应自行承担。故索普公司、儒仕公司关于乾安支行应先向债务人天安公司以及第三人丁醇公司实现债权的主张，因两份《最高额抵押合同》已就此作出明确约定，应予支持。①

【权威解析】

二、本案关于实现物保之约定是否明确

由于对担保物权的约定是否明确直接决定着行使担保物权的顺位，直接决定着各担保人间的责任应如何分配，所以是否“明确”这一问题的判断也是处理本案的关键所在。《物权法》第一百七十六条规定：……《担保法》第二十八条规定：……比照《物权法》与《担保法》以上条文的规定，《物权法》显然对《担保法》“保证人绝对优待主义”，即所谓物保绝对优先原则进行了修正，但这并不意味着《物权法》即抛弃

---

① 乾安支行不服最高人民法院上述民事判决，申请再审，最高人民法院审查后认为：“本案《保证合同》的上述约定是关于实现保证债权而非实现担保物权的约定，上述约定并不能必然得出已就担保物权的实现顺序与方式等作出了明确约定，故不能将本案《保证合同》中的上述约定理解为《物权法》第一百七十六条规定的‘当事人约定的实现担保物权的情形’。而两份《最高额抵押合同》的上述约定，是关于抵押权人直接要求抵押人在其物保范围内承担物保责任的约定，属于就实现担保物权所作的约定。在此情形下，按照《物权法》第一百七十六条的规定，当发生当事人约定的实现担保物权的情形时，债权人应当优先按照该约定实现债权。在本案被担保债权既有物的担保又有人的担保，且物的担保既有债务人提供的，也有第三人丁醇公司提供时，乾安支行应当优先依照两份《最高额抵押合同》中关于实现担保物权的约定，先行向债务人天安公司以及第三人丁醇公司主张实现其债权，而非依照《保证合同》的约定实现其债权，故乾安支行关于原审适用法律错误的再审理由不能成立。”参见最高人民法院（2016）最高法民申2612号民事裁定书（2018.2.9），载中国裁判文书网，http://wenshu.court.gov.cn。

了物保相对优先的基本精神,《物权法》采取的只是更加尊重意思自治的原则,在《担保法》物保绝对优先原则的基础上,更加注重契约精神。

本判对《物权法》第一百七十六条作了以下三种情形的具体把握与理解:第一,对实现担保物权有明确约定,在此情形下,首先应尊重当事人的意思自治,优先按照该类约定进行处理,无论该类关于实现担保物权的约定是就债务人提供的物保所作约定,还是就第三人提供的物保所作约定,均应当按照该明确约定实现债权,法律不会强行介入。很显然,此等情形下,隐含着意思自治可以排除物保优先的精神,这实际是将契约自由精神摆在更加重要的法律地位,因为,此种情形仅涉及当事人之间的利益平衡,并不关涉公共利益之维护。但此等情形下,依然始终要围绕实现担保物权的约定进行审查,其实质亦同样体现着物保优先的法律原则。第二,先就债务人的物保实现债权的情形。经审查人保合同与物保合同,对实现担保物权的情形没有约定或者约定不明确时,则债权人应当先就债务人提供的物保实现其债权,不得绕过债务人的物保而径行追究人保合同项下保证人的保证责任。主要在于债务人为本位的债务承担者,担保人是在帮助债务人履行债务,债权人对债务人的担保财产享有担保物权不行使,却舍近求远,转而行使对第三人的担保权,是一般通行观念所不能接受的,也有违公平精神,同时也是在增加成本支出,限制债权人的选择权也是出于可以有效节约社会成本,简化交易程序的考量。第三,债权人对第三人提供的物保选择实现债权的情形。此等情形适用的前提与前述第二种情形应当相同,即依然是有关实现担保物权的情形没有约定或约定不明确时,因提供物保主体上存在差异,即物保系债务人以外的第三人所提供,则债权人既可选择向第三人物保实现债权,也可依据人保合同向保证人实现债权,或者同时向第三人物保以及人保提供者主张实现债权。此等情形,尽管赋予债权人以选择权,但前提是没有关于实现担保物权的明确约定,因此依然体现着物保优先原则与意思自治原则相结合的审查要求。具体结合本案,经审查,发现乾安支行与天安公司以及丁醇公司签订的两份《最高额抵押合同》第11.7条均明确约定:"当债务人未履行债务时,无论抵押权人对所担保的主合同项下的债权是否拥有其他担保,抵押权人均有权直接要求抵押人在其担保范围内承担担保责任。"而一审法院仅仅审查《保证合同》关于实现保证债权的约定而不审查作为担保物权的《最高额抵押合同》,是不妥当的。在乾安支行与天安公司以及丁醇公司明确约定实现担保物权的方式情形下,乾安支行显然应先向债务人天安公司以及第三人丁醇公司主张实现债权,但其却在后续诉讼过程中不起诉、不追加天安公司以及丁醇公司;放弃第三人丁醇公司的物保;未经保证人同意经由另案庭审变更本案原所设定的抵押担保。乾安支行的上述行为完全符合《担保法》第二十八条、《担保法解释》第三十八条、第一百二十三条及《物权法》第一百九十四条关于债权人怠于行使担保物权,视为债权人放弃部分或者全部物的担保的规定。本案最终认定乾安支行放弃了担保物权,并据此支持了索普公司、儒仕公司关于免除保证责任的诉讼请求。①

【案例来源】

中国裁判文书网,http://wenshu. court. gov. cn。

编者说明

本案当事人跨越吉林与江苏两省,系由招商引资而引发的一系列贷款重组及其物权抵押与法人保证并存的现象,其最为核心的争议是物权担保与保证担保即通常所谓"物保与人保"之间的关系处理问题。《物权法》出台后,人保与物保之间的法律关系把握成为司法实践之难点所在,如何与《担保法》相关规定衔接适用,更是较难把握且理论与实践尚不统一的问题。本案结合具体案情,在《担保法》物保绝对优先精神的基础上,对《物权法》第一百七十六条规定作了物保相对优先的理解与把握,既很好地体现了意思自治的要求,也维护了诚实信用的原则,据此让债权人对其滥用物保与人保选择权利的行为相应承担了不利后果。本案判决注重案件事实的详尽查明,注重综合理解与把握《担保法》《物权法》《合同法》等相关法条精神,更充分展开说理,特别注重情、理、法相融,全文六万余字、九十余页,属近年来最高人民法院较长判决之一。②

895 抵押物与贷款偿还之间存在特殊关联关系的，保证合同在没有特别释明的情形下，不应认定已就物保与人保的实现顺序与方式作出明确约定

【关键词】

| 抵押物 | 物保与人保 | 实现顺序 |

【案件名称】

中国建设银行股份有限公司大庆分行与曲凤海金融借款合同纠纷案［最高人民法院（2018）最高法民终966号民事判决书，2018. 12. 27］

【裁判精要】

最高人民法院认为：

本案二审争议焦点为施丽静等保证人是否应对益海公司欠付建行大庆分行案涉借款本息承担连带保证责任。

---

① 参见刘绍斐:《正确把握人保与物保之间的法律关系》,载最高人民法院第二巡回法庭编著:《民商事二审典型案例及审判经验》,人民法院出版社2019年版,第289~291页。

② 参见《最高人民法院第二巡回法庭关于公正审理跨省重大民商事和行政案件典型案例》(2006年10月31日),载最高人民法院网,http://www. court. gov. cn。

《物权法》第一百七十六条规定:“被担保的债权既有物的担保又有人的担保的,债务人不履行到期债务或者发生当事人约定的实现担保物权的情形,债权人应当按照约定实现债权;没有约定或者约定不明确,债务人自己提供物的担保的,债权人应当先就该物的担保实现债权。”本案中,在签订案涉贷款合同及保证合同前,施丽静、曲凤海、曲凤辉在《股东会决议》上签字同意益海公司向建行大庆分行贷款2亿元,并以大庆市御湖湾项目相关国有土地使用权及A区8号至25号楼在建工程作抵押。2013年6月19日,建行大庆分行与益海公司、施丽静等保证人分别签订了案涉《固定资产贷款合同》、(2013)01号《抵押合同》和《自然人保证合同》。《固定资产贷款合同》约定,为了建设“大庆益海商务中心·御湖湾”一期项目需要,建行大庆分行向益海公司发放2亿元贷款。该合同附件1《项目及借款基本情况》载明合同项下借款的还款来源于项目销售收入。当项目销售达到30%时,益海公司开始偿还建行大庆分行贷款;当项目销售达到70%时,全部贷款本息应偿还完毕,贷款偿还不受贷款期限的约束。附件3《人民币借款项目资金封闭管理协议》约定,益海公司开发项目的土地、在建工程或竣工房屋作为贷款的担保抵押给建行大庆分行,益海公司在建行大庆分行开立账户,作为益海公司在开发项目中资金归集和资金使用的指定封闭存款账户,益海公司全部预售和销售收入进入该指定账户。同日签订的(2013)01号《抵押合同》抵押财产即为约定的“大庆益海商务中心·御湖湾”土地使用权及上述A区在建房屋工程。上述事实表明,在签订案涉贷款合同、保证合同时益海公司提供的抵押物,不仅作为益海公司到期不能偿还贷款的担保,其售房款亦为偿还贷款的资金来源,且应偿还的贷款数额与抵押房产的销售情况存在直接关联关系。虽然建行大庆分行与施丽静等保证人分别签订的《自然人保证合同》第六条保证责任第二款约定“无论建行大庆分行对案涉《固定资产贷款合同》项下的债权是否拥有其他担保,不论上述其他担保何时成立、是否有效、建行大庆分行是否向其他担保人提出权利主张,也无论是否有第三方同意承担案涉《固定资产贷款合同》项下的全部或部分债务,也不论其他担保是否由益海公司自己所提供”,施丽静等保证人在案涉《自然人保证合同》项下的保证责任均不因此减免,建行大庆分行均可直接要求保证人依照《自然人保证合同》约定在其保证范围内承担担保责任,保证人将不提出任何异议,但案涉(2013)01号《抵押合同》中亦有类似条款约定。本案诉讼中,建行大庆分行认可该合同条款系建行大庆分行使用的格式条款,主张该条款意思表示明确,不需要进行特别释明。但是,纵观该条文内容,其“无论”“不论”项下文义表示主要体现在无论案涉借款是否有其他有效担保,建行大庆分行是否向其他担保人主张权利,均不因此减免该保证合同项下保证人的责任,建行大庆分行均可直接要求保证人依据合同约定承担担保责任,并没有对本案所涉的特殊情形,即以抵押的房产售房款偿还贷款与保证责任承担之间的关系作出明确约定。而施丽静等保证人系在明知益海公司以前述在建房产作抵押,且贷款合同中对贷款的使用及还款来源、还款计划、资金监管等作出的安排体现的抵押物与贷款偿还之间存在特殊关联关系的情形下签订保证合同,在没有特别约定或释明的情形下,并不能够排除各保证人在签订保证合同时存在以处置案涉抵押的房产售房款不能偿还贷款时其方才需要承担保证责任的理解的可能。故在建行大庆分行签约时没有向保证人释明的情形下,本案并不足以认定施丽静等保证人在签订保证合同时对该争议条款的理解与建行大庆分行诉讼中主张的意思表示一致。一审法院认定本案不能得出双方当事人已就担保物权的实现顺序与方式等作出了明确约定,符合本案实际情况。且案涉《自然人保证合同》第六条第二款中没有约定建行大庆分行放弃已设立的抵押权时,各保证人仍承诺继续承担保证责任。而建行大庆分行陆续对案涉(2013)01号《抵押合同》项下的A区8号楼至25号楼1256户抵押房产解除了抵押登记。益海公司对该部分房产进行了销售,销售房款未按照约定存入指定存款账户,建行大庆分行亦未取得该部分售房款受偿其贷款。《物权法》第九条第一款规定:"不动产物权的设立、变更、转让和消灭,经依法登记,发生效力;未经登记,不发生效力,但法律另有规定的除外。"第十四条规定:"不动产物权的设立、变更、转让和消灭,依照法律规定应当登记的,自记载于不动产登记簿时发生效力。"建行大庆分行对案涉1256户抵押房产办理了抵押登记注销手续,其对该部分房产享有的抵押权自该抵押登记被注销时即发生消灭的法律效力,建行大庆分行已不再享有对案涉1256户抵押房产的抵押权,对解除抵押的房产售房款亦不再享有优先受偿的权益。建行大庆分行虽然在此后分别于2014年6月10日及7月11日与益海公司签订了两份《抵押合同》,并办理了抵押登记,但抵押的在建工程与解除的抵押房产并不相同。建行大庆分行诉讼中称上述两份抵押合同所涉在建工程现处于停工状态,不具备销售条件,其财产价值低于(2013)01号合同项下抵押物价值。因在同一债权既有债务人以自己的财产提供抵押担保又有其他保证人提供保证的情形中,债务人是本位上的债务承担者,保证人仅是代替其承担责任,借贷关系双方在借款中是否有抵押物以及借款偿还资金来源的约定等是保证人提供担保时判断其责任风险所考虑的重要因素。建行大庆分行与益海公司在解除案涉抵押房产后新设的抵押权,不仅涉及抵押物的变化,还涉及贷款合同约定的还款来源的变化。案涉《自然人保证合同》第五条合同变更中也没有明确约定变更还款来源时无须征得保证人同意。故,建行大庆分行在案涉1256号房产抵押权有效设立后,未对益海公司该部分销售房款进行有效控制,即解除了该房产的抵押,其行为不符合案涉贷款合同约定,也改变了施丽静等保证人作出保证时贷款合同项下抵押物及约定的偿还贷款的款项来源项目情况,建行大庆分行与益海公司新设抵押权的在建工程在销售条件及财产价值等方面均不同于原抵押房产,客观上加大了各保证人承担责任的风险。根据《物权法》第一百九十四条"债务人以自己的财产设定抵押,抵押权人放弃该抵押权、抵押权顺位或者变更抵押权的,其他担保人在抵押权人丧失优先受偿权益的范围内免除担保责任,但其他担保人承诺仍然提供担保的除外"的规定,在建行大庆分行并无证据也没有主张在其解除抵押时施丽静等保证人承诺继续承担保证责任的情形下,施丽静等保证人在建行大庆分行丧失案涉1256户抵押房产优先受偿权益范围内的保证责任应当免除。据此，一审认定施丽静等保证人对益海公司应偿还欠付建行大庆分行的本案借款本息，在解除抵押的房产售房款318202651元范围内免除保证责任，如案涉借款本息数额超出318202651元，施丽静等保证人对超出部分承担连带保证责任，有事实和法律依据。建行大庆分行关于一审判决认定施丽静等保证人承担保证责任范围错误，应判令施丽静等保证人就益海公司应偿还的本案借款本息承担连带保证责任的上诉请求本院不予支持。

【案例来源】

中国裁判文书网，http://wenshu.court.gov.cn。

二、有特别约定的责任承担

896 同一债权由债务人提供物保、第三人提供人保，但保证人特别约定放弃要求债权人先行主张物保的权利的，不免除其保证责任

【关键词】

｜担保物权｜保证责任｜特别约定｜

【案件名称Ⅰ】

韬蕴资本集团有限公司与中国长城资产管理股份有限公司辽宁省分公司借款合同纠纷案［最高人民法院（2018）最高法民终 573 号民事判决书，2018. 11. 27］

【裁判精要】

最高人民法院认为：

二、关于韬蕴集团公司应否承担保证责任的问题

韬蕴集团公司上诉主张，本案既存在物保，又存在人保，且两者关系约定不明确，应先就物的担保实现债权。《物权法》第一百七十六条规定："被担保的债权既有物的担保又有人的担保的，债务人不履行到期债务或者发生当事人约定的实现担保物权的情形，债权人应当按照约定实现债权；没有约定或者约定不明确，债务人自己提供物的担保的，债权人应当先就该物的担保实现债权；第三人提供物的担保的，债权人可以就物的担保实现债权，也可以要求保证人承担保证责任。提供担保的第三人承担担保责任后，有权向债务人追偿。"当事人对物的担保和人的担保的关系有明确约定的情况下，应遵循约定。经查，韬蕴集团公司与工行辽阳分行签订的《保证合同》第 6. 2 条明确约定"甲方主债权存在物的担保的，不论该物的担保是由债务人提供还是由第三人提供，甲方有权要求乙方先承担保证责任，乙方承诺不因此而提出抗辩。甲方放弃、变更或丧失其他担保权益的，乙方的保证责任仍然持续有效，不因此而无效或减免"。长城资产辽宁公司向韬蕴集团公司主张保证责任，无须先就上海国际皮革城提供的质押担保及亚龙房地产提供的物的担保先行主张债权。即使长城资产辽宁公司放弃物的担保的顺位或内容，并不导致韬蕴集团公司的保证责任无效或减免。韬蕴集团公司的该项上诉主张，没有事实和法律依据，本院不予支持。

韬蕴集团公司主张长城资产辽宁公司受让债权过程中，未针对亚龙房地产的不动产抵押担保办理变更登记手续，应视为放弃物的担保，韬蕴集团公司在其放弃的

权利范围内免除担保责任。经查,工行辽阳分行与亚龙房地产签订《最高额抵押合同》《抵押合同》后,对其名下的土地、房屋及在建工程进行了抵押登记。2016 年 11 月 24 日,工行辽阳分行将案涉债权转让给长城资产辽宁公司,并通过报纸刊登催收公告,履行告知债务人的义务。根据《不良贷款案件规定》第九条的规定,长城资产辽宁公司取得案涉债权后,依法取得对案涉债权的抵押权,长城资产辽宁公司无须办理抵押登记变更手续,原抵押权登记继续有效。韬蕴集团公司的该项上诉主张,没有事实和法律依据,本院不予支持。

韬蕴集团公司主张本案存在用新贷还旧贷的情形,韬蕴集团公司系新贷款发放后进行担保,对此不知情,不应承担保证责任。本院认为,以新贷还旧贷是指债务人在旧的贷款尚未清偿的情况下,再次签订新的借款合同,以新贷出的款项清偿部分或全部旧的贷款。之所以免除保证人的保证责任,系因贷款人与借款人擅自变更合同的贷款用途,加重了保证人的责任,而保证人并不知情,明显有违保证人的真实意思表示。本案中,《固定资产支持融资借款合同》第二条对借款金额、用途和期限作了明确的约定,具体用途为"偿还上海国际皮革城开业前装修欠款及对本物业进行装修改造等"。上海国际皮革城按照合同约定使用贷款,并未改变贷款的用途。韬蕴集团公司签订保证合同时,对案涉贷款用途应是明知的,现主张对此不知情,与事实不符,本院不予支持。

【案例来源】

中国裁判文书网,http://wenshu. court. gov. cn。

【案件名称Ⅱ】

中国长城资产管理公司广州办事处与广州云山大酒店有限公司、兰燕等合同纠纷案[最高人民法院(2016)最高法民终 554 号民事判决书,2016. 11. 10]

【裁判精要】

最高人民法院认为:

二、涉案担保人在实现涉案债权时的担保顺位问题

涉案《连带保证合同》的甲方为长城公司,乙方为百特公司、兰燕、廖振新、潘国山、王慧;涉案《股权质押合同》的甲方为长城公司,乙方为百特公司、兰燕。以上合同当事人在《连带保证合同》第 7. 2. 4 条、《股权质押合同》第 5. 3 条就担保顺位均作了下列约定,"无论甲方对主合同项下的债权是否拥有其他担保(包括但不限于保证、抵押、质押、保函、备用信用证等担保方式),不论上述其他担保何时成立、是否有效、甲方是否向其他担保人提出权利主张,或放弃、部分放弃任何担保债权,也不论是否有第三方同意承担主合同项下的全部或部分债务,也不论其他担保是否由乙方自己所提供,乙方在本合同项下的担保责任均不因此减免,甲方均可直接要求乙方

依照本合同约定在其担保范围内承担担保责任,乙方将不提出任何异议"。根据《物权法》第一百七十六条关于"被担保的债权既有物的担保又有人的担保的,债务人不履行到期债务或者发生当事人约定的实现担保物权的情形,债权人应当按照约定实现债权;没有约定或者约定不明确,债务人自己提供物的担保的,债权人应当先就该物的担保实现债权;第三人提供物的担保的,债权人可以就物的担保实现债权,也可以要求保证人承担保证责任。提供担保的第三人承担担保责任后,有权向债务人追偿"的规定,《连带保证合同》《股权质押合同》已明确约定该两合同所涉担保在实现债权的顺位上不受主合同项下其他担保的影响,即提供担保的一方放弃了在实现债权时位于债务人自己提供物的担保的顺位之后等相关权利,因此长城公司可以要求抵押人云山公司,质押人百特公司、兰燕,以及保证人百特公司、兰燕、廖振新、潘国山、王慧对涉案债务直接承担担保责任,而无担保责任顺位的限制。故原审判决关于长城公司先行使抵押权实现涉案债权,行使抵押权后仍不能实现的部分由质押人百特公司、兰燕及保证人百特公司、兰燕、廖振新、潘国山、王慧承担担保责任的认定不当,本院予以纠正。对长城公司关于质押人百特公司、兰燕及保证人百特公司、兰燕、廖振新、潘国山、王慧已在涉案担保合同中约定放弃在后担保顺位权利的上诉请求,本院予以支持。

【案例来源】

中国裁判文书网,http://wenshu.court.gov.cn。

897 当事人约定保证人的责任不受其他任何担保影响的，即使债务人提供存单或虚假存单质押，亦不影响保证责任承担

【关键词】

|保证责任|特别约定|虚假存单质押|

【案件名称】

九江银行股份有限公司南昌县支行与上海旗绩置业有限公司、上海严确钢材有限公司等金融借款合同纠纷案［最高人民法院（2016）最高法民终150号民事判决书，2016.12.14］

【裁判精要】

最高人民法院认为:

关于本案在《最高额保证合同》之外,是否还存在存单质押的事实,当事人不能提供确凿证据予以证实,既提供不了存单质押担保合同,也提供不了质押存单。在当事人举证不能情况下,无法对事实作出认定。上海旗绩公司与九江银行南昌县支

行2013年6月13日《最高额保证合同》第九条保证人声明与承诺中第十三款明确约定:"若主合同项下还存在其他担保,则保证人对债权人承担的担保责任不受其他任何担保人所提供的担保的影响,也不因之而免除或减少,其担保责任的承担也不以债权人向其他任何担保人提出权利主张或进行诉讼/仲裁/强制执行为前提。"第十四款约定:"如主合同项下还存在其他担保(包括但不限于保证、抵押、质押、备用证及其他任何形式的担保),保证人同意,债权人可以放弃部分担保物权或者担保物权的顺位(包括该担保物是基于债务人提供的担保物的情况),债权人与任意抵押人/出质人(包括该抵押人/出质人为债务人本人的情况)可以协议变更担保物权的顺位以及被担保的债权数额等内容,债权人即使作出上述行为,保证人仍自愿依据本合同承担全部保证担保责任。"第十条债权人权利第三款约定:"当主债务人未依约履行债务时,无论债权人对主合同项下的债权是否拥有其他担保(包括但不限于保证、抵押、质押、保函、备用证及其他任何形式的担保形式),债权人有权直接要求保证人承担担保合同项下全部担保责任,而无须先行使其他担保权利。"因此,当事人对保证人上海旗绩公司的保证责任与其他担保关系已经作了特别约定,符合该《最高额保证合同》第一条适用所约定"除本合同另有约定外"的条件,该约定不违反《物权法》第一百七十六条、第二百一十八条的规定,本案即使存在债务人提供存单或虚假存单质押情形,亦不影响保证人上海旗绩公司按照《最高额保证合同》约定承担保证责任。一审法院依据原告诉请,判决上海旗绩公司就上海严确公司案涉债务承担全部保证责任,合同依据和法律依据充分,处理正确。上海旗绩公司上诉称因存在债务人提供的质押存单担保,其不应承担或者在存单质押范围之外承担保证责任的理由,不能成立。[①]

【案例来源】

中国裁判文书网,http://wenshu.court.gov.cn。

898 最高额保证合同约定无论债务人或者第三人是否提供物的担保,债权人均有权要求保证人承担责任而无须先行处分担保物的,债权人有权先请求保证人承担保证责任

【关键词】

|最高额保证合同|保证责任|物的担保|

① 本案二审判决后,上海旗绩公司向最高人民法院申请再审,最高人民法院审查后裁定予以驳回。参见最高人民法院(2017)最高法民申872号民事裁定书(2017.5.26),载中国裁判文书网,http://wenshu.court.gov.cn。

【案件名称】

平安银行股份有限公司大连分行与李鉴、张健、沈阳市新辽贸易有限公司、沈阳鑫俭兴工贸有限公司金融借款合同纠纷案［最高人民法院（2014）民二终字第46号民事判决书，2014.9.11］

【裁判精要】

最高人民法院认为：

二、原审判决关于鑫俭兴公司、张健、李鉴承担保证责任的认定是否正确

（一）关于鑫俭兴公司应否承担保证责任以及其承担保证责任的顺序、范围的问题。2012年7月19日，深发展大连分行与鑫俭兴公司签订了《最高额保证担保合同》。当事人双方并未明确约定以“互保”业务操作规则作为合同的生效要件，平安银行大连分行的相关内部规定不能否定合同的效力。该合同系当事人双方真实意思表示，不违反法律、行政法规的禁止性规定，应认定有效，当事人双方应依约享有权利和履行义务。新辽公司关于其不承担担保责任的理由不能成立，本院不予支持。本案中，依据深发展大连分行与新辽公司签订的《最高额抵押担保合同》，新辽公司以其自有钢材为本案所涉债务提供担保。依据深发展大连分行与鑫俭兴公司签订的《最高额保证担保合同》，鑫俭兴公司为本案所涉债务提供担保。因此，本案存在物的担保和人的担保并存的情形。在该情形下，关于如何处理物的担保和人的担保的关系，我国《物权法》第一百七十六条进行了规定，即：“被担保的债权既有物的担保又有人的担保的，债务人不履行到期债务或者发生当事人约定的实现担保物权的情形，债权人应当按照约定实现债权；没有约定或者约定不明确，债务人自己提供物的担保的，债权人应当先就该物的担保实现债权；第三人提供物的担保的，债权人可以就物的担保实现债权，也可以要求保证人承担保证责任。提供担保的第三人承担担保责任后，有权向债务人追偿。”根据该条规定，在同时存在物的担保与人的担保的情形下，关于物的担保与人的担保的实现顺序，当事人间有约定的，应从其约定。没有约定的，债务人自己提供物的担保的，债权人应当先就该物的担保实现债权。本案中，深发展大连分行与鑫俭兴公司签订的《最高额保证担保合同》第七条约定，无论债务人或者第三人是否提供物的担保（抵押/质押），深发展大连分行均有权要求保证人承担保证责任，而无须先行处分担保物。根据该约定，债权人平安银行大连分行有权在对物的担保实现债权之前请求保证人鑫俭兴公司承担保证责任，故鑫俭兴公司应按照约定在本金4000万元及相应的利息、复利、罚息及实现债权的费用内承担连带保证责任。

（二）关于张健、李鉴承担保证责任的顺序及担保范围问题。2012年7月19日，深发展大连分行与张健、李鉴签订的《最高额保证担保合同》系当事人双方真实意思表示，不违反法律、行政法规的禁止性规定，应认定有效。当事人双方应依约享有权

利和履行义务。该合同第七条约定,无论债务人或者第三人是否提供物的担保(抵押/质押),深发展大连分行均有权要求保证人承担保证责任,而无须先行处分担保物。如前所述,本案中,既存在债务人新辽公司提供钢材抵押这种物的担保,也存在保证人张健、李鉴提供连带责任保证这种人的担保。根据《物权法》第一百七十六条的规定和当事人间的约定,债权人平安银行大连分行有权在对物的担保实现债权之前向保证人张健、李鉴实现债权。该合同第一条约定,张健、李鉴应在9600万元本金及相应的利息、复利、罚息及实现债权的费用范围内承担连带保证责任。综上,原审判决关于保证人鑫俭兴公司、张健、李鉴在平安银行大连分行对新辽公司提供的抵押物实现担保权后不足清偿部分承担担保责任的认定以及鑫俭兴公司和张健、李鉴分别在4000万元、9600万元范围内承担连带清偿责任的认定错误,本院予以纠正。

【案例来源】

中国裁判文书网,http://wenshu. court. gov. cn。

899 债权人有权依据合同约定和《物权法》的规定，直接选择连带责任保证人承担担保责任，而无须先行向主债务人主张债权和担保物权

【关键词】

| 连带责任保证 | 主债务人 | 担保物权 |

【案件名称】

黄山长江徽杭高速公路有限责任公司、上海新华闻投资有限公司与招商银行股份有限公司合肥马鞍山路支行借款担保合同纠纷案［最高人民法院（2011）民二终字第113号民事判决书，2011. 12. 15］

【裁判精要】

裁判摘要:本案债权有债务人提供的质押担保即物保,又有第三人提供的连带责任保证即人保。同一债权在物保、人保同时存在的情况下,债权人放弃物保,保证人是否有权主张其在债权人放弃物保的范围内免除保证责任,这是本案争议的主要焦点。本案中,保证人新华闻公司承诺在债务人徽杭高速公司违约时,债权人招商银行马鞍山路支行有权直接向其追索,而无须先行向徽杭高速公司主张债权;新华闻公司对于招商银行马鞍山路支行的索偿没有任何异议。此项关于债权人如何选择实现债权的约定,具体、明确,是当事人的真实意思表示,且与公序良俗、诚实信用原则均不违背,法律、法规对此亦无禁止性规定。债权人招商银行马鞍山路支行有权基于其如何更有利于实现债权的判断,依据合同约定和《物权法》的规定,选择保

证人承担担保责任。

最高人民法院认为：

二、新华闻公司是否应当在招商银行马鞍山路支行放弃质押担保范围内免除担保责任

《不可撤销担保书》约定："本保证人确认对上述保证范围内的全部债务承担经济上、法律上的连带清偿责任。如借款人未按借款合同及时偿还贷款本息及其他相关费用，或发生《借款合同》规定的任何一项违约事件，贵行有权直接向本保证人追索，而无须贵行先行向借款人进行追索。即使有第三人为借款合同提供物的担保，贵行仍有权选择先行向本保证人进行追索……贵行发出的索偿通知书是终结性的，本保证人对此绝无异议。对于借款人拖欠贵行的款项，本保证人同意在收到贵行书面索偿通知书之日起五日内如数予以偿还，无须贵行出具任何证明。"从上述约定看，新华闻公司承诺在债务人徽杭高速公司违约时，招商银行马鞍山路支行有权直接向其追索，而无须先行向徽杭高速公司主张债权；新华闻公司对于招商银行马鞍山路支行的索偿没有任何异议。此项关于债权人如何选择实现债权的约定，具体、明确，是当事人的真实意思表示，且与公序良俗、诚实信用原则均不违背，法律、法规对此亦无禁止性规定。债权人招商银行马鞍山路支行有权基于其如何更有利于实现债权的判断，依据合同约定选择保证人承担担保责任。故新华闻公司提出其应当在招商银行马鞍山路支行放弃物保的范围内免除担保责任的主张，与合同约定不符，本院不予支持。

关于法律适用问题，本案债权最初设定质押担保行为发生于《物权法》实施之前，但新华闻公司于 2009 年 7 月在《借款合同展期协议书》上作为保证人签字盖章，应属对于《不可撤销担保书》的再次确认，所以原审判决适用《物权法》第一百七十六条的规定，判令新华闻公司承担保证责任并无不妥。但是，原审判决认为《不可撤销担保书》是保证人新华闻公司向债权人招商银行马鞍山路支行出具，当事人仅为两方，其所述"第三人"应理解为包括主债务人徽杭高速公司在内。该理解、认定，不符合担保法律关系中"第三人"的通常理解。故徽杭高速公司和新华闻公司关于"第三人"不应包括债务人徽杭高速公司在内的上诉意见，本院予以支持。但上述问题并不影响本案担保人承担责任的认定结果。

【案例来源】

最高人民法院民事审判第二庭编：《最高人民法院商事审判指导案例 6 · 合同与借贷担保卷》，中国法制出版社 2013 年版，第 465 ~ 475 页。

900 主债权既有债务人又有第三人提供物的担保的，在债权人应当按照其与债务人及第三人关于实现担保物权的明确约定先行实现其债权而未行使担保物权的，免除相应的保证责任

【关键词】

| 担保物权 | 保证责任免除 |

【案件名称】

江苏索普（集团）有限公司、上海儒仕实业有限公司与中国农业发展银行乾安县支行保证合同纠纷案［最高人民法院（2016）最高法民终40号民事判决书，2016.6.6］

【裁判精要】

最高人民法院认为：

（六）关于索普公司、儒仕公司主张免除保证责任应否支持的问题

与适用本案是否免除保证人责任相关的法条主要有以下规定：一是《担保法》第二十八条之规定："同一债权既有保证又有物的担保的，保证人对物的担保以外的债权承担保证责任。债权人放弃物的担保的，保证人在债权人放弃权利范围内免除保证责任。"二是《担保法解释》第三十八条第三款之规定："债权人在主合同履行期届满后怠于行使担保物权，致使担保物的价值减少或者毁损、灭失的，视为债权人放弃部分或者全部物的担保。保证人在债权人放弃权利的范围内减轻或者免除保证责任。"三是《担保法解释》第一百二十三条之规定："同一债权上数个担保物权并存时，债权人放弃债务人提供的物的担保的，其他担保人在其放弃权利的范围内减轻或者免除担保责任。"四是《物权法》第一百九十四条第二款之规定："债务人以自己的财产设定抵押，抵押权人放弃该抵押权、抵押权顺位或者变更抵押权的，其他担保人在抵押权人丧失优先受偿权益的范围内免除担保责任，但其他担保人承诺仍然提供担保的除外。"五是《物权法》第一百七十八条规定："担保法与本法的规定不一致的，适用本法。"综合以上条文以及前述《物权法》第一百七十六之规定，除《担保法》第二十八条关于保证人仅对物的担保以外的债权承担保证责任与《物权法》第一百七十六条关于优先按照实现担保物权的约定实现债权以及约定不明时如何实现债权的规定存在明显冲突外，其他各条关于放弃物保而免除保证责任的法条表述虽不完全一致，但各条规定精神总体相符，并可互为补充适用。本院认为，在本案主债权不仅附着债务人天安公司的担保物权并同时附着第三人丁醇公司担保物权的情形下，在债权人乾安支行应当按照其与债务人天安公司以及第三人丁醇公司关于实现担保物权的明确约定先行实现其债权情形下，结合本案相关事实，索普公司、儒仕公司关于免除保证责任的请求，应予支持。

其一，乾安支行本案不起诉、不追加天安公司以及丁醇公司应视为其放弃抵押

权的行为。综合上述各法条规定,其中所谓的“放弃”,显然不应按本案一审判决所理解的仅限于明确积极的放弃行为。因为实践之中明确表示放弃担保物权的情形毕竟是少见的,通常表现出来的往往是一些债权人的不作为行为致使担保物权实现困难,或因债权人的原因致使担保物权下的实际财产内容减少等,均可视为放弃之范畴。如本案情形,乾安支行依法应当先行向物权担保人实现其债权,但却不起诉、不追加物权担保人天安公司与丁醇公司为本案当事人,甚至在明知天安公司抵押资产正持续贬值尤其是个别土地使用权抵押已经到期情形下,乾安支行依然怠于行使其抵押权,如此诉讼阶段的不作为若还不视为放弃担保物权的行为,则以后类似债权人均难免如本案一样滥用其诉权。对此,乾安支行却始终认为,其本案债权并不附着债务人天安公司与第三人丁醇公司的担保物权,故其不起诉天安公司与丁醇公司属于其可以选择的权利。但本院认为,本案并不属于乾安支行可以选择起诉的范畴,对不可选择起诉的抵押人却明确不予起诉,即应视为放弃抵押权的行为。如之前本院所曾指出,因本案债权不仅附着物保而且对实现物保有着明确约定,故依据《物权法》第一百七十六条的规定,乾安支行“应当按照约定实现债权”,即应当先向天安公司并丁醇公司主张最高额抵押权以实现其债权。乾安支行关于本案债权并不附着天安公司以及丁醇公司物保的主张,实际属于其作为专业银行对最高额抵押法律制度不应当发生的错误理解,属于其始终放弃该物保的错误主观认知。正是基于该错误的主观认知,其对可选择的诉讼对象亦产生错误判断,乾安支行不仅不起诉该两公司主张最高额抵押权,而且在索普公司、儒仕公司申请追加当事人或主张在放弃该两公司抵押权价值范围内相应免责情形下,乾安支行依然不追加该两公司承担抵押担保责任,乾安支行此等不起诉以及不予追加的诉讼表示,应当视为其以诉讼表示放弃担保物权的情形。还可进一步得到印证的是,乾安支行在松原中院另案起诉索普公司、儒仕公司主张 0024 号《固定资产借款合同》项下 3000 万元债权时,即便按其自身主张 0024 号《固定资产借款合同》项下的确附着第三人丁醇公司 0019 号《最高额抵押合同》项下的最高额抵押,但其在该另案起诉时依然没有将第三人丁醇公司一并起诉,当然也没有起诉债务人天安公司。所以,乾安支行放弃债务人天安公司以及第三人丁醇公司物保的意思表示不仅在本案表露无遗,在该另案中亦可得到相互印证。乾安支行对于其自身错误认知以及错误选择诉讼对象而可能造成的法律后果,应当自行承担。

就乾安支行放弃抵押权的价值而言,一是本案最高额抵押担保的最高债权本金余额明显大于乾安支行本案主张的主债权金额。本案两份《最高额抵押合同》分别担保的最高债权本金余额分别为 19840 万元以及 3000 万元,合计 22840 万元,而本案乾安支行起诉主张的主债权金额为 17429. 7 万元,且其中有 7968. 8 万元本院已经不予认定与支持,这意味着乾安支行放弃抵押权的价值已经远远大于本案其所主张的主债权价值。二是列入抵押物清单的抵押物评估总价值以及设定抵押价值亦远远超过乾安支行本案主张的主债权金额。仅债务人天安公司提供最高额抵押的机器设备、房屋、土地使用权经评估总价值已达38958.1316万元,设定抵押价值亦达19459.0389万元,而第三人丁醇公司提供的用于本案最高额抵押物评估价值为10115.6358万元。所有评估价值及设定抵押价值均获得乾安支行的当时认可,有些还是由乾安支行委托评估而得出,乾安支行作为天安公司的开户银行、贷款银行、监管银行对于以上评估价值与设定抵押价值均应当清楚。三是本案并未流失的不动产抵押物价值依然大于主债权金额。天安公司抵押物除部分机器设备因吉行松原分行申请执行一案被执行外,其余机器设备以及房地产等不动产抵押物均未流失。仅就不动产抵押物而言,天安公司用于抵押的66栋房产,总面积为58405.5平方米,抵押时经评估价值为11796.166万元;另天安公司电站厂房、锅炉房、办公楼总面积7470.84平方米,抵押时评估价值为1721.3256万元;还有七份土地使用权,总面积23.227241万平方米,评估价值1936.93万元,除其中一份第072300293号评估价值为197.74万元的土地使用权抵押权存续期限至2015年12月31日到期外,其余六份土地使用权抵押期限均至2019年7月5日,均未到期。以上天安公司不动产抵押物评估价值扣除已到期抵押物价值的余额为15256.6816万元,这一价值尚不包括第三人丁醇公司提供的抵押物价值。本院认为,在此必须指出的是,以上各抵押物评估价值,如果其中存在因抵押物抵押时的评估价值与设定抵押价值虚假评估或高估而引发债权实现时抵押物价值贬损可能的话,则应由乾安支行自行承担该可能之后果,与索普公司、儒仕公司无关,因为索普公司、儒仕公司并未参与以上价值评估及其抵押价值的设定;如果由于停产以及市场原因等导致抵押物最终处理时价值贬损可能的话,亦应由乾安支行负责,因这与乾安支行放弃行使或怠于行使其抵押权密切相关,与保证人索普公司、儒仕公司亦无关联;如果以上抵押物最终处理时的价值足以满足乾安支行本案合法债权请求的话,则更无追究本案保证人责任之必要。

其二,乾安支行放弃第三人丁醇公司的物保,索普公司、儒仕公司并非不可主张相应免除保证责任。本院认为,抵押权人放弃债务人提供的物保无疑应当相应免除保证人的责任,这固然是《担保法解释》第一百二十三条、《物权法》一百九十四条第二款规定的应有之义,但这也不能一概得出保证人对于抵押权人放弃第三人物保的情形均不得主张相应免除保证责任。这是因为,《担保法解释》第一百二十三条、《物权法》第一百九十四条第二款仅是就债权人放弃债务人物保时其他担保人可以主张相应免责作了规定,但就其他担保人对债权人放弃第三人物保时是否可以主张免责并未明确,而《物权法》《担保法》其他条文对此亦无明文规定;反倒是《担保法解释》第三十八条第三款就债权人怠于行使"担保物权"时保证人可以相应免责作了规定,这里的"担保物权"并未区分是债务人所提供还是第三人所提供。由此,本案保证人索普公司、儒仕公司即据此主张其可以在乾安支行放弃丁醇公司物保范围价值范围内相应免责。事实上,当前理论与实践中对这一问题的确存在不同认识,主要有两种基本观点:一是债权人放弃的无论是债务人提供的物保还是第三人提供的物保,其他担保人均可主张相应免责;二是只有当债权人放弃债务人提供的物保时，其他担保人才可主张相应免责。对此，本院认为，应结合《物权法》第一百七十六条的规定精神更加全面地加以把握。按该条规定，当有关于实现担保物权明确约定时即应按照该约定实现债权，因此亦应理解为，当债权人已经与第三人就实现物保作了明确约定时，若债权人放弃该第三人提供的物保，则其他保证人并非不可主张相应免除担保责任；当然，如果对实现第三人担保物权的约定并不明确时，则不仅抵押权人可以选择是否起诉该第三人，并且债权人即便放弃该第三人抵押权时，其他担保人亦不得主张相应免除担保责任。所以，当抵押权人放弃第三人的抵押权时，其他担保人是否可以主张相应免除担保责任，关键要看有关实现该第三人担保物权的约定是否明确，或者说前提是抵押权人对该第三人物保是否享有选择起诉的权利，这应是综合《担保法》《物权法》以上法条精神的正当理解与把握。结合本案事实而言，乾安支行与第三人丁醇公司签订的0019号《最高额抵押合同》中对实现抵押权已经作了明确约定，乾安支行不按照其与第三人丁醇公司的明确约定实现其债权，放弃其对第三人丁醇公司的抵押权，按照《担保法》《物权法》以上条文规定的总体精神，即可相应免除保证人的保证责任。

尤其本案还特有的事实是，根据现有相关材料显示，第三人丁醇公司之所以为天安公司提供抵押担保显然是为了置换、释放天安公司前身乾安酒精公司向吉行松原分行的抵押资产而引起。乾安酒精公司因为向吉行松原分行债权提供抵押一事，面临松原中院（2009）松民二初字第81、82号两案民事判决的执行。为此，2011年2月16日，松原市人民政府与吉林省农业发展银行联合上报吉林省人民政府松政文〔2011〕3号文件，建议将吉安集团旗下丁醇公司的足额优质资产抵押给吉行松原分行，以置换、释放乾安酒精公司的抵押资产，确保乾安酒精公司的重组工作顺利进行。而同年6月25日，索普公司、儒仕公司、天安公司、吉林省粮食集团有限公司四方联合给乾安支行出具的《关于农发行重组贷款发放相关问题的报告》更是明确要求，农发行必须要求丁醇公司给新企业的抵押担保提供等额的资产反担保，且如果吉行松原分行强制执行时，要求必须执行丁醇公司资产，不得因此对天安公司的生产经营活动带来任何影响。同年7月8日，乾安支行给索普公司、儒仕公司、天安公司、吉林省粮食集团有限公司出具的《关于对〈关于农发行重组贷款发放相关问题的报告〉的复函》中明确承诺，就天安公司资产为吉安销售公司在吉行松原分行提供抵押担保问题，市政府整改办、农发行高度重视，与吉安集团进行了沟通、协商，为妥善解决该问题，避免给天安公司未来生产经营带来影响，我行和市政府整改办要求吉安集团仍然要作为第一还款责任人来偿还吉行松原分行贷款；同时，要求吉安集团拿出等额资产为天安公司提供反担保，并且签订有效的抵押担保协议手续，以规避吉行松原分行主张天安公司抵押资产带来的风险。尽管当时与天安公司同属吉安集团下属关联企业的丁醇公司最终并未替换天安公司向吉行松原分行的抵押，按乾安支行的说法是因吉行松原分行并非同意，但最终丁醇公司为天安公司向乾安支行借款提供抵押却事实发生，而且就发生在以上各方主体协商谈判及文件往来期间，与以上文件提到的反担保精神亦总体相符。以上文件内容以及丁醇公司抵押发生的时间均可充分表明,第三人丁醇公司提供本案0019号《最高额抵押合同》项下价值3000万元的抵押有着特定背景与特殊目的,那就是要以此抵押来化解或释放吉行松原分行债权执行可能带给重组后天安公司的经营风险。但事实却是,当吉行松原分行债权受让人杨建文申请执行天安公司抵押资产时,天安公司虽提异议,却没有证据显示乾安支行提出过任何异议,乾安支行即便知道或应当知道该执行会带给天安公司抵押资产重大价值贬损,亦没有如原先约定以丁醇公司的抵押资产来化解相关之风险,以至于如乾安支行所言,天安公司评估时2.3亿多元的机器设备主要因此执行如今已到价值几乎全部灭失之境地。如果说,因为丁醇公司当时并未实现替代天安公司向吉行松原分行设定的抵押,以至于乾安支行无法以丁醇公司抵押来化解该执行风险的话,那么在提起本案诉讼乃至另案3000万元债权诉讼、尤其是该3000万元债权按乾安支行主张还明确附着丁醇公司抵押的话,乾安支行仍以不起诉、不追加丁醇公司的坚定意思表示而明确放弃对丁醇公司抵押责任的追究,这已经不仅仅是债权人不正当维护自身权益的问题,而是明显既损害自身权益也明显损害保证人权益,更明显违背其债权重组时所做承诺的问题。乾安支行仅以索普公司、儒仕公司有足够保证能力而完全无视其在政府协调下、在各方重大利益关切下所作出的承诺,完全无视第三人丁醇公司提供抵押的特定目的,不仅完全放弃第三人丁醇公司的抵押,而且还公然主张这样的放弃是其可以选择的权利,这不仅令人情理上无法认同,亦必须让其对自身失信行为承担相应后果。故此,无论是结合本案乾安支行与丁醇公司0019号《最高额抵押合同》的明确约定,还是结合本案以上第三人丁醇公司提供抵押担保的特殊背景与目的,乾安支行关于其放弃第三人丁醇公司抵押而索普公司、儒仕公司不得主张相应免责的理由,不能予以支持;一审判决支持乾安支行该项主张,系对《物权法》第一百七十六条、第一百七十八条、第一百九十四条第二款等相关法条并不全面的理解,与本案之实际亦不相符。

【权威解析】

三、第三人提供之物保可否放弃

对于抵押权人是否可以放弃第三人提供的物保问题。《物权法》《担保法》并未明确规定,《担保法解释》第三十八条虽然规定了债权人怠于行使"担保物权"时保证人可以相应免责,但这里的"担保物权"并未区分是债务人所提供还是第三人所提供。对此,本案结合《物权法》《担保法》《担保法解释》的立法本意及总体精神作了如下理解:当债权人与第三人就实现物保作了明确约定时,若债权人放弃该第三人提供的物保,则其他保证人并非不可主张相应免除担保责任;如果对实现第三人担保物权的约定并不明确时,则不仅抵押权人可以选择是否起诉该第三人,并且债权人即便放弃该第三人抵押权时,其他担保人亦不得主张相应免除担保责任。所以,当抵押权人放弃对第三人的抵押权时,其他担保人是否可以主张相应免除担保责任,关键要看有关实现该第三人担保物权的约定是否明确。本案乾安支行与第三人丁醇公司签订的0019号《最高额抵押合同》中对实现抵押权已经作了明确约定,乾安支行却不按照其与第三人丁醇公司的明确约定实现其债权,放弃其对第三人丁醇公司的抵押权,按照《担保法》《物权法》条文规定的总体精神,即可相应免除保证人的保证责任。尤其是,乾安支行在明知放弃第三人丁醇公司担保会损害自身权益情形下,仍无视由此带来的法律后果,不仅情理难容,亦应让其对自身失信行为承担相应后果,所以本判认为本案抵押权人乾安支行放弃第三人提供的物保,索普公司、儒仕公司亦应相应免除保证责任。

最后,令人遗憾的是,乾安支行一味地追求自身债权利益最大化地实现,不仅分案诉讼,而且选择性地进行诉讼,本案天安公司除索普公司、儒仕公司以外,还有另一保证人吉林酒精公司,乾安支行不仅令人无法理解地、任性地放弃对第三人丁醇公司的抵押权,不仅任性地不起诉同省保证人吉林酒精公司,更令人无法接受的是,乾安支行不仅不顾保证人利益,实质亦是不顾自身利益,将本案一审判决已经认定且原本附着天安公司抵押担保的本案债权,竟于另案之中与天安公司以事后一致确认的方式将该公司抵押物完全变更排除适用于本案债权。本案之所以最终完全免除索普公司、儒仕公司的保证责任,也是落实对跨区域案件重点关注,实现巡回法庭守护公平、维护正义职责之体现,以此有效遏制地方保护主义的干扰,确保让人民群众在每一起司法案件中感受到公平正义。①

【案例来源】

中国裁判文书网,http://wenshu.court.gov.cn。

---

① 参见刘绍裴:《正确把握人保与物保之间的法律关系》,载最高人民法院第二巡回法庭编著:《民商事二审典型案例及审判经验》,人民法院出版社2019年版,第291~292页。

三、无特别约定的处理

901 债务人提供的抵押担保与第三人提供的保证担保并存，对实现债权的顺序没有约定时债权人应首先就债务人提供的物的担保实现债权

【关键词】

| 抵押担保 | 保证担保 | 实现债权顺序 |

【案件名称Ⅰ】

延边新合作连锁超市有限公司与吉林龙井农村商业银行股份有限公司抵押合同纠纷案 [最高人民法院(2017)最高法民终964号民事判决书，2018. 2. 12]

【裁判精要】

最高人民法院认为：

2. 关于龙井龙商银行实现抵押权的顺序问题

案涉延河信用社的借款债权上既有债务人提供的抵押担保，又有包括新合作公司在内的第三人提供的最高额抵押担保以及保证担保，属于混合担保情形。对于混合担保中债权人实现债权的顺序，《物权法》第一百七十六条规定："被担保的债权既有物的担保又有人的担保的，债务人不履行到期债务或者发生当事人约定的实现担保物权的情形，债权人应当按照约定实现债权；没有约定或者约定不明确，债务人自己提供物的担保的，债权人应当先就该物的担保实现债权；第三人提供物的担保的，债权人可以就物的担保实现债权，也可以要求保证人承担保证责任。提供担保的第三人承担担保责任后，有权向债务人追偿。"依据该条规定，混合担保中债权人实现债权的顺序应为有约定按约定，没有约定时债权人应首先就债务人提供的物的担保实现债权，其他担保义务人对先以债务人提供的物的担保实现债权存在顺位信赖利益。依据《物权法》第一百九十四条第二款关于"债务人以自己的财产设定抵押，抵押权人放弃该抵押权、抵押权顺位或者变更抵押权的，其他担保人在抵押权人丧失优先受偿权益的范围内免除担保责任，但其他担保人承诺仍然提供担保的除外"的规定，亦可以认定立法保护其他担保义务人的此种顺位信赖利益，这体现了债务人承担最终责任的原则以及民法的公平原则，也避免了日后追索的烦琐，有利于节约诉讼成本。据此，因本案当事人之间未约定债权实现的顺序，龙井龙商银行应在吉林高院(2014)吉民二初字第13号民事调解书确定的债务本息及为实现债权和担保权发生的费用范围内，先以债务人延边国贸大厦公司提供的抵押物实现债权，

所得价款不足以清偿债务的情况下,可以继续对新合作公司提供的抵押物拍卖、变卖所得价款优先受偿。本案原审判决确认延河信用社可以就新合作公司提供的抵押物行使抵押权,但未确定该抵押权实现的顺序,存在不当,本院依法予以纠正。

【案例来源】

中国裁判文书网,http://wenshu. court. gov. cn。

【案件名称Ⅱ】

贵州吉顺矿业有限公司与贵州银行股份有限公司金沙支行金融借款合同纠纷案[最高人民法院(2017)最高法民终370号民事判决书,2017. 11. 24]

【裁判精要】

最高人民法院认为:

二、应如何确定案涉保证人保证责任的承担问题

首先,关于一审是否限制了贵州银行金沙支行同时主张物的担保和人的担保的权利。贵州银行金沙支行上诉称案涉最高额保证合同第6.2条的约定赋予了其同时主张物的担保和人的担保的权利,一审判决否定了其就物保和人保同时选择适用的权利。本院注意到,贵州银行金沙支行一审起诉时提出的第三项诉讼请求和第四项诉讼请求,已经涵盖了物的担保和人的担保的问题,亦即贵州银行金沙支行在本案中已经就物的担保和人的担保同时提出了主张,一审法院的判决主文既涉及了物的担保,也涉及了人的担保,贵州银行金沙支行同时主张物的担保和人的担保的权利并未受到限制;其次,关于保证人所承担的是否为补充清偿责任的问题。本院注意到,2015年4月15日签订的《贵州银行股份有限公司固定资产借款合同》中,已明确约定吉顺公司9个自然人股东即代起胜、王双信、车玉和、姜连发、山秀元、佟庆国、刘永保、程文秀、袁凤友为案涉借款的清偿提供连带责任保证;黎明公司及其股东陈明刚、陈兴文亦为案涉借款提供连带责任担保;黎明公司金沙县禹谟镇大沟煤矿原股东代起胜、张景奎提供连带责任担保;用吉顺公司金沙县沙土镇渝南煤矿采矿权抵押;待大沟煤矿从黎明公司退出并具备担保条件后,追加大沟煤矿的采矿权作抵押。同日,贵州银行金沙支行与吉顺公司签订最高额采矿权抵押担保合同,与代起胜、王双信、车玉和、姜连发、山秀元、佟庆国、刘永保、程文秀、袁凤友、张景奎、陈明刚、陈兴文以及黎明公司分别签订最高额保证合同。本案中,贵州银行金沙支行的案涉债权既有债务人吉顺公司自己提供的采矿权作抵押担保,又有保证人提供的连带责任保证,但案涉担保条款中并未对优先就物的担保实现债权,抑或是优先要求保证人承担保证责任进行明确约定。一审法院认定被担保的债权就物的担保和人的担保约定不明确并无不当。《物权法》第一百七十六条规定:“被担保的债权既有物的担保又有人的担保的,债务人不履行到期债务或者发生当事人约定的实现

担保物权的情形，债权人应当按照约定实现债权；没有约定或者约定不明确，债务人自己提供物的担保的，债权人应当先就该物的担保实现债权；第三人提供物的担保的，债权人可以就物的担保实现债权，也可以要求保证人承担保证责任。”本案中作为债务人的吉顺公司自己已经提供了采矿权抵押担保，一审法院据此判决贵州银行金沙支行对案涉采矿权在拍卖、变卖后所得价款享有优先受偿权，保证人对抵押物拍卖、变卖后的不足部分承担连带清偿责任正确。

【案例来源】

中国裁判文书网，http://wenshu. court. gov. cn。

【案件名称Ⅲ】

海口明光大酒店有限公司与海口农村商业银行股份有限公司龙昆支行金融借款合同纠纷案［最高人民法院（2017）最高法民终230号民事判决书，2017. 12. 20］

【裁判精要】

最高人民法院认为：

四、一审判决关于海口农商银行就明光管理公司收益权所享有的优先受偿顺序及各保证人承担连带保证责任顺序的认定是否正确问题

海口农商银行上诉主张，依照《担保法解释》第七十五条第二款的规定及《保证合同》第1.4条、第8.3条的约定，海口农商银行可以选择实现债权的顺序，一审判决适用法律错误。本院认为，一审判决依照《物权法》第一百七十六条的规定判令海口农商银行应优先就明光酒店公司自己提供的抵押及质押实现债权，适用法律正确，海口农商银行的该项上诉主张不能成立。理由如下：

首先，本案之债权既有明光酒店公司的抵押、质押，又有明光管理公司的质押，还有明光管理公司、明光餐饮公司、吕光、武大民、吕明、吕凤桃的保证。依照《物权法》第一百七十六条的规定，被担保的债权既有物的担保又有人的担保的，在没有约定或者约定不明确时，债务人自己提供物的担保的，债权人应当先就该物的担保实现债权。此时债务人的物的担保与第三人的人的担保在清偿顺序上并不具有平等性，债权人不享有选择权；当第三人提供物的担保的，债权人可以就该物的担保实现债权，也可以要求保证人承担保证责任。第三人的物的担保与第三人的人的担保在清偿顺序上平等视之，债权人享有选择权。从《物权法》第一百七十六条关于共同担保责任的立法本意看，债权人优先就债务人的物的担保实现债权，可以避免提供担保的第三人承担担保责任后向债务人的追偿及可能由此形成的不必要成本。故在本案债权既有明光酒店公司自己提供的物的担保又有第三人提供的物的担保情形下，海口农商银行应先就明光酒店公司提供的物的担保实现债权。

其次，《物权法》第一百九十四条第二款规定：“债务人以自己的财产设定抵押，

抵押权人放弃该抵押权、抵押权顺位或者变更抵押权的，其他担保人在抵押权人丧失优先受偿权益的范围内免除担保责任，但其他担保人承诺仍然提供担保的除外。”此意味着，在债务人应先以自己提供的物的担保承担担保责任的情形下，抵押权人放弃债务人自己提供的物的担保，将使其他担保人丧失抵押权顺位利益，故其他担保人在抵押权人放弃优先受偿权益范围内免除担保责任。本案中，明光酒店公司是案涉债务承担者，在其自己提供了物的担保情形下，若海口农商银行不优先就该物的担保实现债权，却转而要求就第三人提供的物的担保或人的担保实现债权，有违公平原则。

最后，《保证合同》第 1.4 条约定，“如借款人未按主合同约定履行偿付借款本息和相应费用的义务，乙方可直接向甲方追索，甲方授权乙方甲方开立在本省农村信用社及其所有分支机构的所有账户中的资金以抵偿主合同项下的债务”。第 8.3 条约定，“主债务履行期届满，乙方债权全部或部分未受清偿的，有权要求甲方按照本合同承担担保责任”。上述约定是关于实现保证债权而非实现担保物权的约定，并未明确在明光酒店公司自己提供的物的担保与明光管理公司、明光餐饮公司、吕光、武大民、吕明、吕凤桃的保证并存时海口农商银行实现债权的顺序。根据《物权法》第一百七十六条的规定，在约定不明确的情形下，海口农商银行仍应先就明光酒店公司提供的物的担保实现债权。

【案例来源】

中国裁判文书网，http://wenshu.court.gov.cn。

902 第三人提供物的担保与保证并存，并未约定实现担保权利的先后顺序的，物的担保人与保证人均无后于其他担保人承担担保责任的抗辩权

【关键词】

| 第三人 | 物保与人保 | 选择权 |

【案件名称】

贵阳农村商业银行股份有限公司南明支行与贵州亿宏汽车销售有限公司保证合同纠纷案［最高人民法院（2018）最高法民终 460 号民事判决书，2018.6.23］

【裁判精要】

最高人民法院认为：

本案二审的焦点问题为在案涉金融借款债权既存在第三人提供物的担保又存在保证的情况下，债务人不履行到期债务或者发生当事人约定的实现担保物权的情

形，债权人可否同时向第三人主张抵押担保责任、向保证人主张保证责任，抵押人与保证人承担担保责任有无先后顺序的问题。《物权法》第一百七十六条规定，被担保的债权既有物的担保又有人的担保的，债务人不履行到期债务或者发生当事人约定的实现担保物权的情形，债权人应当按照约定实现债权；没有约定或者约定不明确，债务人自己提供物的担保的，债权人应当先就物的担保实现债权；第三人提供物的担保的，债权人可以就物的担保实现债权，也可以要求保证人承担保证责任。提供担保的第三人承担担保责任后，有权向债务人追偿。根据该条规定，被担保的债权既有物的担保又有人的担保的，债务人不履行到期债务或者发生当事人约定的实现担保物权的情形，债权人实现债权分为以下几个层次：第一，当事人之间有约定的，按照约定实现债权；第二，当事人没有约定或约定不明，如果存在债务人自己提供物的担保的，债权人应当首先就债务人自己提供的物的担保实现债权；第三，在第三人提供物的担保的情况下，债权人可以就物的担保实现债权，也可以要求保证人承担保证责任。提供担保的第三人承担担保责任后，有权向债务人追偿。也就是说，在第三人提供物的担保与保证并存的情况下，债权人有选择权，其既可以就物的担保实现债权，也可以要求保证人承担保证责任。债权人当然也可以同时主张实现物的担保与人的保证。在债权人同时主张实现物的担保与人的保证的情况下，如果当事人之间的相关合同并未约定实现担保权利的先后顺序的，抵押人与保证人均无后于其他担保人承担担保责任的抗辩权。一审判决关于物的担保与保证并存情况下债权人实现债权顺序的裁判意见，违背了《物权法》第一百七十六条的规定，属于适用法律错误，本院予以纠正。

【案例来源】

中国裁判文书网，http://wenshu.court.gov.cn。

四、担保物权无效或未设立的处理

903 因债权人消极地不作为，致使抵押担保未设立，改变了保证人作出保证的条件，加重其负担，保证人免除保证责任

【关键词】

|抵押未设立|免除保证责任|

【案件名称】

河南竹林安特制药有限公司与中国建设银行郑州铁路专业分行营业部等借款担保合同纠纷案［最高人民法院（1999）经终字第351号民事判决书，2000.8.16］

【裁判精要】

最高人民法院认为：

建行郑铁分行营业部与皮埃特罗公司之间的借款合同，是根据中国人民建设银行、国家科学技术委员会《关于下达1993年度第五批科技开发专项贷款计划的通知》以及中国人民建设银行总行河南省分行对建行郑铁分行下达的对皮埃特罗公司科技开发专项贷款1520万元的计划而签订的，是双方当事人真实意思的表示，应认定其合法有效。竹林安特公司关于原审判决认定借款合同有效是错误的上诉理由，缺乏事实根据，本院不予采纳。建行郑铁分行营业部已依约履行了发放贷款的义务，皮埃特罗公司未依约归还贷款，已构成违约，应承担违约责任。本案建行郑铁分行营业部起诉的是借款担保纠纷，皮埃特罗公司是否采取虚假手段设立，以及是否利用合同进行诈骗，不属本案审理范围。建行郑铁分行营业部在皮埃特罗公司申请1520万元贷款时，即对其提供的担保物作出评估，并在借款和保证合同中明确约定：除竹林安特公司的信誉担保外，皮埃特罗公司另有67.5亩土地和4261.8平方米的房产作抵押，因此，应认定本案所涉土地使用权抵押担保行为已经成立，但因其未依法办理抵押登记，违反了《担保法》第四十一条的规定，该抵押担保无效。皮埃特罗公司自始至终对租赁而来的土地未交纳征用费，未享有该土地的使用权。建行郑铁分行营业部对该土地的使用权尚不属皮埃特罗公司、不可能办理抵押登记是明知的。建行郑铁分行营业部与皮埃特罗公司未将这一真实情况告知竹林安特公司，致使竹林安特公司在作出保证时合理信赖该抵押担保的存在。虽然借款及保证合同中未明确约定土地、房产抵押是保证人提供保证的条件，但抵押担保具有法定的优先权，建行郑铁分行营业部应当知道竹林安特公司依法应是在抵押担保范围以外承

担责任。建行郑铁分行营业部接受皮埃特罗公司提供的土地抵押，却又消极地不作为，致使该抵押担保无效，改变了保证人作出保证的条件，加重了保证人的责任负担。鉴于建行郑铁分行营业部在贷出新贷款1520万元后不久，即扣收了原贷款700万元，该扣收行为已消灭了原贷款700万元，竹林安特公司对此的保证责任也随之消灭。原审判决竹林安特公司对原贷700万元承担保证责任不当，应予纠正。竹林安特公司关于其应当免除责任的上诉理由成立，本院予以支持。

【案例来源】

最高人民法院办公厅编：《最高人民法院公布裁判文书（2000年）》，人民法院出版社2001年版，第399～407页。

904　债权人未按约办理抵押登记，在抵押物转移时怠于行使抵押权，且抵押物价值超过债权数额，其直接要求保证人承担保证责任的，不予支持

【关键词】

｜怠于行使抵押权｜保证责任｜

【案件名称】

中辽投资担保有限公司与丹东鸭安纸业有限公司借款合同纠纷案［最高人民法院（2018）最高法民终308号民事判决书，2018.7.30］

【裁判精要】

最高人民法院认为：

一、关于鸭安公司与建行辽宁省分行之间《抵押协议》是否有效，抵押关系是否成立的问题

《担保法解释》第一百三十三条第一款规定："担保法施行以前发生的担保行为，适用担保行为发生时的法律、法规和有关司法解释。"鸭安公司与建行辽宁省分行签订案涉《抵押协议》的时间是1993年9月23日，丹东汽车制造厂、丹东轮胎厂、丹东鸭绿江造纸厂和热电厂、丹东啤酒厂、丹东调谐器总厂向建行辽宁省分行出具《还款担保书》的时间是1994年4月12日，案涉抵押和保证行为均发生在担保法施行日即1995年10月1日之前。根据以上事实和法律规定，一审法院认定本案并不适用《担保法》及其司法解释和《物权法》的相关规定，本案应以《民法通则》、《民通意见（试行）》和《保证问题规定》作为处理相关纠纷的法律依据，该认定并无不当，本院予以维持。《民法通则》第八十九条规定："依照法律的规定或者按照当事人的约定，可以采用下列方式担保债务的履行：……（二）债务人或者第三人可以提供一

定的财产作为抵押物。债务人不履行债务的,债权人有权依照法律的规定以抵押物折价或者以变卖抵押物的价款优先得到偿还。……"《民通意见(试行)》第一百一十二条规定:"债务人或者第三人向债权人提供抵押物时,应当订立书面合同或者在原债权文书中写明。没有书面合同,但有其他证据证明抵押物或者其权利证书已交给抵押权人的,可以认定抵押关系成立。"本案中,建行辽宁省分行与鸭安公司之间存在书面《抵押协议》,其中约定:为了保证借款合同的有效履行,维护抵押权人的贷款权益,抵押人同意将资产抵押给抵押权人作为提供贷款的条件之一,抵押物是指抵押人的全部固定资产,包括但不限于"抵押物清单"中所列的财产。1993 年 2 月 17 日,丹东市国有资产管理局对鸭安公司的中方资产进行评估,确认总底价为 34597200 元。该文件后附十三页《资产评估底价确认明细表》,详细列明了资产项目、规格质量、数量、评估价值、确认底价等内容,包括电机、风机、浆泵等 315 台机器设备,评估价值总和与资产评估总底价均为 34597200 元。根据以上事实和法律规定,可以认定建行辽宁省分行与鸭安公司约定以鸭安公司全部固定资产作为抵押物,意思表示真实,并不违反法律法规强制性规定,《抵押协议》有无抵押清单并不影响《抵押协议》成立,建行辽宁省分行依据《抵押协议》已取得抵押权。关于中辽公司上诉主张《抵押协议》对应的主合同为《筹资委托协议》,案涉主合同为《转贷协议》,《抵押协议》与本案借款无关的问题。经审查,《筹资委托协议》与《转贷协议》签订主体均为建行辽宁省分行与鸭安公司,借款标的均为总额不超过 833 万美元贷款,且双方该数额借款仅此一笔,《转贷协议》第一条关于"设备名称"约定将原合同中规定的 CTMP 设备改为 APMP。据此,可以认定《筹资委托协议》与《转贷协议》均指向案涉借款,故中辽公司关于《抵押协议》与案涉借款无关的上诉理由不能成立。关于案涉 APMP 设备是否属于抵押资产的问题。根据《转贷协议》《抵押协议》《担保提货申请书》《国外设备明细表》《APMP 车间工程总支出明细》等证据,能够认定 APMP 设备为鸭安公司资产。虽然鸭安公司获得案涉 APMP 设备所有权是在签订《抵押协议》和《转贷协议》之后,但根据《抵押协议》关于"本协议中所称抵押物是指以鸭安公司全部固定资产作为抵押物,包括但不限于'抵押物清单'中所列的财产"的约定,可以认定抵押物包括鸭安公司现有的和将来可以取得的全部固定资产,协议签订后取得的 APMP 设备应在此列。因此,中辽公司关于案涉 APMP 设备不属于抵押资产的上诉理由不能成立。综上,本院认为鸭安公司与建行辽宁省分行之间《抵押协议》有效,抵押关系依法成立。

二、关于黄海汽车公司、丹东轮胎厂、鸭纸集团公司、雪花啤酒公司、经营中心、丹东调谐器总厂应否承担保证责任的问题

《保证问题规定》第十五条规定:"债权人在保证责任期限内,无正当理由拒绝被保证人履行债务的,保证人不再承担保证责任;债权人放弃抵押权的,保证人就放弃抵押权的部分不再承担保证责任。但保证人同意继续承担保证责任的除外。"本案中,各保证人应否承担保证责任应综合以下情形加以判断。第一,中辽公司主张

的债权既有保证人，又有债务人鸭安公司提供的抵押物，且《还款担保书》并未约定债权人放弃抵押物优先受偿的情况下仍应承担保证责任。中辽公司在一审的诉讼请求中并未主张对案涉抵押物的优先受偿权，一审法院在庭审中向中辽公司释明："如果本案存在抵押协议，你方是否主张对抵押物行使相应的权利?"中辽公司明确表示："抵押协议无效，没有抵押物，我方不主张。"因此，本案属于债权人在有债务人提供物的担保的情况下，不对抵押物主张优先受偿权而直接要求保证人承担保证责任的情形。第二，《抵押协议》第八条第1款规定："如果按照法律、法规或者有关政策需要向有关部门办理抵押登记，抵押人应及时按规定办理登记手续，抵押权人也可以根据情况办理登记手续，所发生的费用由抵押人承担。"协议签订后，《担保法》于1995年10月1日开始施行，该法第四十一条、第四十二条的相关规定，以企业的设备和其他动产抵押的，应当办理抵押物登记。但是，建行辽宁省分行和鸭安公司并未按《抵押协议》约定和法律规定为抵押资产办理抵押登记。《抵押协议》第七条第10款约定："未经抵押权人的事先书面同意，抵押人不得以放弃、出售、转让等方式处理全部或者部分抵押物。"2001年7月28日，鸭纸有限公司成立，相关资产评估报告载明，鸭纸集团公司将案涉APMP设备作为入股资产之一投入鸭纸有限公司。另，根据本院查明的《丹东鸭绿江造纸有限责任公司章程》《中国信达资产公司与中国建设银行股份有限公司股权变更的情况说明》相关内容，能够认定信达公司曾为建行辽宁省分行代持鸭纸有限公司部分股份，建行辽宁省分行是鸭纸有限公司的隐名股东。故建行辽宁省分行对案涉APMP设备转移到鸭纸有限公司应当是知情的，但其并未对该抵押资产主张抵押权或对转移行为提出反对。因此，本案中存在债权人未按约定办理抵押登记以及在抵押物转移过程中怠于行使担保物权的情形。第三，1999年5月14日，鸭安公司出具的APMP车间工程总支出载明的建设APMP车间支出的费用总额为人民币146885364.35元，该公司出具的国外设备明细表载明款项总计为人民币89642578.77元，因此鸭安公司所提供的抵押财产的价值超过案涉借款的本金和利息数额。根据以上法律规定和情形，本院认为在有债务人提供抵押物但债权人中辽公司不对抵押物主张优先受偿权而直接要求保证人承担保证责任，且抵押物价值超过案涉债权数额的情况下，中辽公司要求保证人承担连带责任缺乏事实和法律依据，本院不予支持。

【案例来源】

中国裁判文书网，http://wenshu.court.gov.cn。

905 因债权人和债务人共同过错致本应依法设立的质权未能设立，保证人对此并无过错的，应在质物优先受偿的范围内免除保证责任

【关键词】

| 质权未设立 | 保证责任免除 |

【案件名称】

黑龙江北大荒投资担保股份有限公司与黑龙江省建三江农垦七星粮油工贸有限责任公司保证合同纠纷案［最高人民法院（2017）最高法民申925号民事裁定书，2017.7.17］

【裁判精要】

裁判摘要：同一债权上既有人的担保，又有债务人提供的物的担保，债权人与债务人的共同过错致使本应依法设立的质权未设立，保证人对此并无过错的，债权人应对质权未设立承担不利的后果。《物权法》第一百七十六条对债务人提供的物保与第三人提供的人保并存时的债权实现顺序有明文规定，保证人对先以债务人的质物清偿存在合理信赖债权人放弃质权损害了保证人的顺位信赖利益，保证人应依《物权法》第二百一十八条的规定，在质权人丧失优先受偿权益的范围内免除保证责任。

最高人民法院认为：

（二）关于债务人提供的质押未设立，保证人应否在质押物优先受偿的范围内免除连带保证责任的问题

本案中，北大荒担保公司于同日分别与债务人、第三人签订的质押合同、抵押合同及保证合同均系当事人的真实意思表示，不违反法律、行政法规的强制性规定，应依法认定为有效合同。其中，北大荒担保公司与债务人三江缘公司签订的水稻质押合同虽依法成立生效，但因三江缘公司未交付质物并将出质的水稻出卖给案外人，依据《物权法》第二百一十二条“质权自出质人交付质押财产时设立”的规定，应认定北大荒担保公司的水稻质权未设立。质权未设立对保证人的保证责任产生何种影响，保证人应否在质押物优先受偿的范围内免除保证责任，是本案当事人之间的核心争议。对此问题，本案一、二审法院所作认定有所不同，一审法院判令四保证人在质权未成立价值的50%范围内承担连带保证责任，二审法院则改判四保证人在案涉质物4560吨水稻价值范围内免除保证责任。本院认为，综合全案事实，二审法院对保证人的免责认定并无不当，理由如下：

其一，北大荒担保公司与三江缘公司未能诚实守信积极履行生效的质押合同义务，双方对质权未设立均存在过错，致使本应有效设立的质权未能发挥物的担保效用，过错当事人应承担不利后果。案涉质押合同签订后，三江缘公司未向北大荒担保公司交付出质的4560吨水稻，而是将质物存放于自己的仓库中，其后私自将质物出卖给案外人，且未将出售所得款项清偿债务，主观上具有逃避债务、将还款责任转嫁给其他担保人的恶意，该公司对质权未设立存在过错。反担保债权人北大荒担保公司作为一家职业担保公司，对出质人不交付质物的商业风险、法律后果以及该行

为对同一债权上保证人利益的影响理应知晓,且质物水稻系粮食作物,难以久存,存在被债务人处分的可能,该公司理应尽到谨慎注意义务。但是,该公司在质押合同签订后,始终未请求三江缘公司交付质物,即使为了方便保管而将水稻继续存放于三江缘公司仓库,北大荒担保公司亦应尽到对质物的监管义务,使质物处于自己的控制之下,而其怠于监管致使质物被债务人私自处分;在得知质物被债务人出卖给特定案外人"中储粮"后,北大荒担保公司未积极向三江缘公司主张以质物出卖款清偿债务从而减轻损害,而是因其债权上存在多个担保就躺在权利上睡大觉,明显有违诚信。因此,债权人和债务人的共同过错造成本应依法设立的质权未能发挥物的担保效用,而保证人对此并无过错,北大荒担保公司应对其怠于保障债权利益的消极行为承担不利后果。

其二,保证合同中虽未明确约定债务人提供水稻质押是保证人提供保证的条件,但物权法对债务人提供的物保与第三人提供的人保并存时的债权实现顺序有明确规定,保证人对先以债务人的质物清偿债务存在合理的信赖利益,北大荒担保公司怠于行使质物交付请求权损害了保证人的顺位信赖利益,保证人应在质物优先受偿价值范围内免责。本案中,借款债务人三江缘公司与四保证人均系稻米经营企业,互相之间存在五户联保关系,联保形式相同,即任何一户的银行贷款均由北大荒担保公司提供担保,再由借款债务人以各自所有的机器设备、房产和水稻向北大荒担保公司提供抵押和质押担保,其他四户向北大荒担保公司提供保证担保。案涉质押合同与保证合同系同一天签订。以上事实表明,案涉各方当事人均知晓北大荒担保公司的反担保债权上应同时设立了债务人提供的物的担保和第三人提供的人的担保。《物权法》第一百七十六条规定:"被担保的债权既有物的担保又有人的担保的,债务人不履行到期债务或者发生当事人约定的实现担保物权的情形,债权人应当按照约定实现债权;没有约定或者约定不明确,债务人自己提供物的担保的,债权人应当先就该物的担保实现债权;第三人提供物的担保的,债权人可以就物的担保实现债权,也可以要求保证人承担保证责任。提供担保的第三人承担保证责任后,有权向债务人追偿。"依据上述规定,因本案当事人没有约定债权实现顺序,若债务人提供的担保物权正常设立,保证人只对物的担保以外的债权承担保证责任,故四保证人对自己享有法定的顺位利益存在一种合理信赖,从保证人七星公司法定代表人刘喜本、保证人宏达公司法定代表人刘雪峰在得知三江缘公司处分质物后立即向公安部门报案的情况来看,也能证明保证人存在此种信赖,由此产生的信赖利益受法律保护。若令保证人在债务人提供的担保物权未设立时继续承担保证责任,则恶意违约的债务人与怠于行使权利的债权人利益不受损,保证人的信赖利益却遭受侵害,这无疑违反民法的公平原则和诚实信用原则。

综上两方面分析,保证人合理的顺位信赖利益遭受债权人和债务人的侵害,保证人应当在质押物4560吨水稻的价值范围内免除保证责任。

(三)关于质物4560吨水稻的价值亦即四保证人的免责范围应如何认定的问题

在质权设立的情况下,质权人的债权不能清偿时应以质押物拍卖、变卖的价值优先受偿。因本案北大荒担保公司的质权未设立,二审法院根据黑龙江省粮食局、中国储备粮管理总公司黑龙江分公司、中国农业发展银行黑龙江省分行下发黑粮农联〔2014〕102号《关于印发水稻最低收购价收购质价政策的通知》中关于2014年度水稻最低收购价为每市斤1.55元的指导价,确定案涉4560吨水稻的价值为1413.6万元,有明确依据,并无不当。再结合三江缘公司出卖上述质押物所得款项为1300余万元、诉争债权金额为1000万元的事实来看,二审法院判令四保证人免除保证责任并无不当。

【案例来源】

《中华人民共和国最高人民法院公报》2018年第1期。

906 质押合同未成立,可根据质押合同未成立对保证人意思的误导程度确定保证责任

【关键词】

|人保与物保并存|物保无效|保证责任|

【案件名称】

中国建设银行常州分行与中国华通物产集团公司、常州长城建设发展有限公司、江苏武进钢铁集团公司借款担保合同纠纷案[最高人民法院(2002)民二终字第200号民事判决书]

【裁判精要】

最高人民法院认为:

本案借贷双方经办人虽有过签订质押合同的口头意思表示,但既没有形成书面质押合同,更没有交付过真实的仓单。根据《担保法》第六十四条关于“出质人和质权人应当以书面形式订立质押合同”和第七十六条“质押合同自权利凭证交付之日起生效”之规定,常州建行与华通公司二十部之间的质押合同不成立。国际业务部的工作人员应当知道其所接受的编码复印件并非真实的仓单,却仍以银江公司的名义向国际业务部出具一份承诺书,承诺受国际业务部的委托将1万箱胶合板仓单代为出手,并保证在十月份或适当时间安全地将资金回笼到国际业务部指定账户。以至于华通公司二十部业务员丁国方嗣后利用这一事实和双方认可的编码复印件,误导武钢公司为9000万元借款提供连带责任保证。债权人国际业务部对华通公司二十部的上述骗保行为应当承担一定的过错责任。武钢公司在签订保证合同时,也应

当知道丁国方出示的编码复印件不是真实的仓单，且应向债权人常州建行进行核实。武钢公司因轻信9000万元借款合同有1万箱胶合板质押在先，于是为其提供了连带责任保证，武钢公司对此亦应承担一定的过错责任。根据双方的过错程度，武钢公司应对华通公司二十部实际使用的12108193.50元借款本息的一半，即6054096.75元，向常州建行承担连带清偿责任。此外，在9000万元借款中，有77891806.50元用于归还了此前华通公司二十部已发生的旧贷，其中用59122420.50元偿还了原由武钢公司提供连带责任保证的650万美元信用证贷款本金及利息，另18769386元此前武钢公司未提供过还款担保。根据《担保法解释》第三十九条的规定，武钢公司对原已由其提供担保的59122420.50元，仍应承担连带清偿责任。综上，武钢公司应对9000万元借款中的65176517.25元借款本息，向常州建行承担连带清偿责任。原审判决认定"常州建行与华通公司二十部之间存在一万箱胶合板的口头质押合同"，"常州建行怠于行使质权"以及"武钢公司在质物价值的范围内免除担保责任"，没有事实和法律依据，本院应予纠正。

【权威解析】

（三）关于适用《担保法解释》第三十八条第二款的问题

本案借贷双方虽有建立质押合同的口头意思表示，但既没有书面质押合同，也没有交付权利凭证，双方之间没有依法形成质押关系。根据《担保法》的相关规定，不能认定在华通公司二十部和常州建行之间形成了仓单质押关系。既然常州建行对1万箱胶合板并未依法享有质权，也就不存在一审判决所认定的"常州建行怠于行使质权"的情形。本案质押合同并未成立，更谈不上质押合同有效。根据《担保法解释》第三十八条第二款的规定，物的担保合同被确认无效或者被撤销，保证人武钢公司仍应按照保证合同的约定承担保证责任。直接适用该款规定的结果，应判令武钢公司对12108193.50元借款承担保证责任。但本案事实表明，债权人与借款人华通公司二十部设立1万箱胶合板质押的情节，的确对保证人武钢公司的决定产生了一定的影响，对此应否减轻保证人的责任，这是《担保法解释》第三十八条第二款中未予揭示的情形。

上诉人武钢公司二审中提出"债权人常州建行与债务人对其骗保""债权人明知债务人欺骗保证人"等答辩理由。但从本案事实看，认定债权人明知债务人骗保，证据不足。债权人与华通公司二十部商量胶合板质押事宜，其目的也不是为了故意造成物保的假象，以便让借款方的丁国方拿着假仓单去骗保证人。质押关系未依法成立，债权人同样是受害者。从客观上讲，债权人、债务人在质押问题上的过错，毕竟对保证人的决策形成了"误导"。另外，保证人武钢公司在这一问题的判定上也存有过错，保证合同关系是在债权人与保证人之间形成的，武钢公司对丁国方所称"有胶合板质押在先"的事实应当向债权人核实。而且，如果认定国际业务部的业务人员吴艳萍应当具有识别"编码复印件"技能和知识，那么，更应认定作为高级管理人员的武钢公司董事长叶大中应当具有识别丁国方提供的假仓单的能力。所以,武钢公司的过错表明,其对12108193.50元借款承担的保证责任是不应全部免除的。最终,权衡本案双方的过错及利益,判令武钢公司对上述款项中的6054096.75元承担保证责任。

综上,在一般情况下,适用《担保法解释》第三十八条第二款应当审查"物保无效或被撤销"是否对"保证人的保证意思"产生了误导。如果有"误导"因素存在,应具体衡量"误导"的程度及保证人自身的过错程度,减少保证人承担的保证责任。如保证人的保证意思表示并未受到"物保"有效与否的影响,而是保证人独立作出的决定,即对保证人而言,"人保"不是以"物保"为前提条件,则可以直接适用上述条款的规定,判令保证人按照"合同的约定或者法律的规定承担保证责任"。此外,适用该条款的前提是在认定保证合同有效的情况下,考虑是否减轻保证人的责任。如果认定保证合同无效,则应按照《担保法解释》第七条、第八条的规定,根据保证人的过错程度,确定其责任。①

【案例来源】

最高人民法院民事审判第二庭编:《民商审判指导与参考》(总第3卷),人民法院出版社2003年版,第314~327页。

---

① 参见王宪森:《关于企业法人的分支机构签订借款合同的效力问题及适用担保法司法解释第三十八条第二款的另一法律情形——中国建设银行常州分行与中国华通物产集团公司、常州长城建设发展有限公司、江苏武进钢铁集团公司借款担保合同纠纷上诉案》,载最高人民法院民事审判第二庭编:《民商审判指导与参考》(总第3卷),人民法院出版社2003年版,第330~331页。

五、其他

907 抵押担保范围不在保证担保范围之内，保证人不能以债权人放弃物保为由主张免除保证责任

【关键词】

| 保证担保范围 | 抵押担保范围 | 保证责任免除 |

【案件名称】

中国信达资产管理股份有限公司辽宁省分公司与辽宁省机械（集团）股份有限公司及辽宁粮油进出口股份有限公司、中粮辽宁粮油进出口公司借款保证合同纠纷案［最高人民法院（2011）民提字第71号民事判决书，2011.12］

【裁判精要】

裁判摘要:(1)原审判决认定的有关中粮公司逾期偿还贷款、辽宁中行与信达公司债权转让协议真实有效、信达公司相关行为具有在保证期间内向保证人主张权利法律效果等内容,事实依据充分,应当予以维持。

(2)原审判决关于中粮公司依据与辽宁中行签订的《债务重组协议》,将相关资产投入辽粮公司,机械公司对此并不知晓的认定缺乏事实依据。机械公司在上述发起人协议签订后,于辽粮公司设立过程中,为本案所涉中粮公司向辽宁中行3000万元借款提供保证,是其真实意思表示,机械公司应当依据保证合同承担相应责任。

(3)虽然本案所涉借款发生在最高额抵押合同约定担保的债权期限内,但根据《债务重组协议》的约定及其实际履行情况,最高额抵押合同的签订有其特殊目的,其担保的范围应不包括仍由中粮公司承担的本案所涉3000万元债务。

最高人民法院认为:

辽宁中行与中粮公司、机械公司签订的编号〔2003〕辽中银贷字0086号人民币贷款合同以及保证合同,是当事人的真实意思表示,未违反我国法律法规的禁止性规定,应属合法有效。关于机械公司提出本案所涉3000万元债务不存在的抗辩一节,《债务重组协议》虽然约定了债务分担数额,但辽粮公司成立后实际追认的债务数额为1.2亿元,应当认为中粮公司和辽粮公司对3.5亿元贷款实际分担结果分别为2.3亿元和1.2亿元,我院(2009)民二终字第32号民事判决并未超出中粮公司所承担债务本金基础范围,即2.3亿元中的2亿元,其判令辽粮公司承担2.25亿元

贷款五年利息的责任性质,属于当事人约定的担保责任,其并不导致主债务人的变化,更不因此导致其他保证人责任的免除。虽然辽万隆金会内验〔2003〕第(284)号《验资报告》中《短期借款审验情况表》显示,有一笔机械公司担保的3000万元债务经增加后减少,在该表所列债务构成中的剩余价值为0,但由于该表反映的仅是辽宁省国资委调拨的中粮公司资产中,拟投入辽粮公司的1.25亿元债务明细及其变化情况,不能用来说明辽粮公司实际承担的1.2亿元债务构成情况,亦不能直接反映债务人中粮公司与债权人辽宁中行之间的债务清偿关系,而机械公司并未提供其他能够证明本案所涉债务已经清偿的证据,故机械公司仅以上述记载内容为依据抗辩本案所涉债务不存在或已经转让并清偿,因证据不足,本院不予支持。原审判决认定的有关中粮公司逾期偿还贷款、辽宁中行与信达公司债权转让协议真实有效、信达公司相关行为具有在保证期间内向保证人主张权利法律效果等内容,事实依据充分,本院予以维持。

本案中,辽宁中行与中粮公司签订的《债务重组协议》系当事人真实意思表示,内容不违反法律法规禁止性规定,应属有效。辽宁中行在2002年9月20日函中明确同意中粮公司在落实《债务重组协议》的基础上进行股份制改制,中粮公司按照协议约定履行相关义务,辽粮公司资产大部分来自中粮公司并根据协议承担相关债务,可见,辽粮公司的设立是建立在履行《债务重组协议》约定的基础上。虽然机械公司没有参与《债务重组协议》的签订,其为本案所涉债务提供担保亦在协议签订之后,但机械公司作为辽粮公司发起人之一,于保证合同签订前签署了辽粮公司发起人协议书,并在其后8个月时间内派人参与辽粮公司一系列设立活动以及在有关设立文件上签字,其对辽粮公司将要依据《债务重组协议》接收中粮公司资产并承担债务的情况应当知道,即便机械公司未实际出资,也不能以此否认机械公司实际参与辽粮公司设立过程并对中粮公司资产将要进入辽粮公司知道或者应当知道的事实。故原审判决关于中粮公司依据与辽宁中行签订的《债务重组协议》,将相关资产投入辽粮公司,机械公司对此并不知晓的认定缺乏事实依据。机械公司在上述发起人协议签订后,于辽粮公司设立过程中,为本案所涉中粮公司向辽宁中行3000万元借款提供保证,是其真实意思表示,机械公司应当依据保证合同承担相应责任。关于机械公司提出本案所涉3000万元债务存在物的担保抗辩一节,虽然本案所涉3000万元借款发生在〔2002〕辽中银司高抵字005号最高额抵押合同约定担保的债权期限内,但根据《债务重组协议》的约定及其实际履行情况,该最高额抵押担保项下的抵押物是作为中粮公司的出资投入辽粮公司,并为辽粮公司所承接债务再次设定最高额抵押担保,该最高额抵押合同亦是《债务重组协议》约定内容的一部分,二者之间存在紧密关系。最高额抵押合同的签订有其特殊目的,即是为落实《债务重组协议》以保障辽粮公司将要承接的债务能够获得清偿,其担保的范围应不包括仍由中粮公司承担的本案所涉3000万元债务,机械公司以债权人放弃物保、转移优质资产为由,主张免除其保证责任,本院不予支持。

【案例来源】

最高人民法院民事审判第二庭编:《最高人民法院商事审判指导案例6·合同与借贷担保卷》,中国法制出版社2013年版,第433~444页。

908 多笔债权之上同时存在债务人提供的抵押担保以及多个保证人提供的不同额度的最高额保证时,担保责任的分配

【关键词】

|抵押|最高额保证|担保责任分配|

【案件名称】

广西贵港市石油贮存公司诉中国银行贵港市分行等借款担保合同纠纷案[最高人民法院(2002)民二终字第39号民事判决书,2002.7.18]

【裁判精要】

最高人民法院认为:

本案争议的第二个问题是石油贮存公司的担保范围问题。石油贮存公司为利丰公司提供担保的借款合同为前述12份借款合同中的10份,即:自1998年6月30日至1999年6月30日期间贵港中行与利丰公司签订的10份借款合同。此间,贵港中行共向利丰公司发放贷款2673万元。对于贵港中行于1998年4月2日发放的90万元和1999年9月30日发放的30万元,石油贮存公司未提供担保。对此,各方当事人均无异议,应予认定。原审判决未将石油贮存公司的担保范围列出,应予补正。……

第五个争议的问题是贵港中行扣划担保人石油贮存公司的存款是否构成侵权。贵港中行于2001年4月16日、4月24日从石油贮存公司账户扣划2715296.47元抵偿利丰公司的借款。本案借款金额为2793万元,其中利丰公司设立抵押担保的借款金额计2120万元,未设立抵押的借款为673万元。鉴于在该673万元借款中,石油贮存公司对其中373万元的借款分别单独承诺了连带责任保证。因此,石油贮存公司不享有先诉抗辩权。依据石油贮存公司出具的700万元最高额保证合同承诺,石油贮存公司应在700万元的最高限额内对未设定抵押担保的373万元债务承担连带保证责任。依据1998年12月31日保证合同第8条第1款关于“保证人未按本保证合同约定及时清偿借款人的债务,贷款人有权扣划保证人在贷款人任何营业机构的任何账户上的款项”的约定,贵港中行扣划石油贮存公司存款2715296.47元抵偿利丰公司借款并无不当,其行为不构成侵权。石油贮存公司关于贵港中行侵权的上诉理由不能成立,本院不予支持。

综上,原审判决认定事实基本清楚。扣除利丰公司自行还款3.4万元,向贵港中行交纳租金9万元,石油贮存公司已承担担保责任2715296.47元,利丰公司还应向贵港中行归还借款本金25090703.53万元。原审判决未将贵港中行向利丰公司收取的9万元租金从欠款本金中予以扣除不当,应予纠正。原审判令各担保人对利丰公司的债务在折价、拍卖、变卖其抵押物所得的价款后仍不足部分的债务在各自最高额保证范围内承担连带清偿责任并无不当,应予维持。

【案例来源】

最高人民法院办公厅编:《最高人民法院公布裁判文书(2002年)》,人民法院出版社2003年版,第581~592页。

909 《物权法》第一百九十四条第二款"但其他担保人承诺仍然提供担保的除外"中"承诺",应是书面形式,而不是其他形式,更不能是由推断得出

【关键词】

| 承诺 | 书面形式 |

【案件名称】

孝义市义星春城商贸有限公司与青海省信用担保集团有限责任公司追偿权纠纷案[最高人民法院(2018)最高法民再160号民事判决书,2018.7.25]

【裁判精要】

最高人民法院认为:

本案的争议焦点为春城公司能否在信保公司注销百生公司以自己的房产设定的2700万元抵押权范围内免除担保责任。具体评论如下:

《委托担保合同》约定,信保公司代百生公司偿还建设银行、中信银行的债务后,有权立即向百生公司行使求偿权。现信保公司已代百生公司偿还了上述债务,百生公司应当向信保公司支付代偿款、违约金及律师费。《物权法》第一百九十四条第二款规定:"债务人以自己的财产设定抵押,抵押权人放弃该抵押权、抵押权顺位或者变更抵押权的,其他担保人在抵押权人丧失优先受偿权益的范围内免除担保责任,但其他担保人承诺仍然提供担保的除外。"据此,在信保公司行使上述求偿权时,其本应当先就百生公司所有的位于青海省西宁市城中区的长江路77号1号楼77-29室房产通过拍卖、变卖等方式实现该房产反担保的2700万元债权,但信保公司却注销了上述抵押登记,故根据《物权法》第一百九十四条第二款的规定,春城公司可在信保公司注销百生公司以自己的房产设定的2700万元抵押权范围内免除担保

责任。

信保公司辩称,本案不应适用《物权法》第一百九十四条第二款中但书之前的规定,因该规定的立法本意在于防止其他担保人的利益因此受损,而本案中春城公司的利益并没有受到损害。本院认为,《物权法》第一百七十六条规定:“被担保的债权既有物的担保又有人的担保的,债务人不履行到期债务或者发生当事人约定的实现担保物权的情形,债权人应当按照约定实现债权;没有约定或者约定不明确,债务人自己提供物的担保的,债权人应当先就该物的担保实现债权;……”根据上述规定,信保公司实现其债权时,百生公司应先通过拍卖、变卖前述抵押反担保的房产等方式偿还信保公司2700万元,不足部分由春城公司以其抵押财产偿还。故如果信保公司未注销百生公司2700万元的抵押登记,那么春城公司实际上不需要承担这2700万元的担保责任。因此,信保公司注销百生公司上述房屋抵押登记的行为,当然对春城公司产生了不利影响。信保公司认为其注销2700万元抵押登记的行为未对春城公司的利益造成损害与事实不符,本院不予采信。

信保公司辩称,其之所以注销百生公司自身提供的2700万元房产的抵押反担保登记,是为融资3000万元,春城公司对此是同意的,并且春城公司实际上使用了融资3000万元中的一部分,故春城公司以其实际行动作出承诺,对信保公司注销百生公司自身提供的上述房产的抵押登记后仍然提供担保。本院认为,《物权法》第一百九十四条第二款但书中规定的“承诺”,应是书面形式,而不是其他形式,更不能是由推断得出。信保公司并没有提供春城公司对信保公司注销百生公司自身提供的上述房产的抵押登记后仍然提供担保的书面证据,应承担举证不利的法律后果。此外,即使春城公司使用了上述3000万元借款中的部分资金,亦不能反推出其承诺继续提供担保的结论。金钱是种类物,不能仅仅因为使用了其中的部分资金,就推断使用该部分资金的前提是承诺对注销抵押登记的2700万元仍然提供担保,毕竟使用资金存在很多可能性。故本院对信保公司该辩称不予采信。

信保公司辩称,青信保2014年抵押字第145－4号《房产抵押反担保合同》第二条第5款约定,本合同签订时当事人对抵押房产约定的抵押价值、协议价值,不作为信保公司处分该房产时的估价依据,不对信保公司行使抵押权构成任何限制。春城公司不能按期还清贷款本息时,信保公司有权处理抵押物代为清偿,如抵押物不足以清偿时,春城公司应用其他资产及资金清偿。故信保公司即使免除了百生公司2700万元的反担保责任,春城公司也应对百生公司欠信保公司的债务承担连带清偿责任。本院认为,订立该条款的本意是,信保公司不以案涉抵押房产的估价作为其实现权利的依据,当抵押物不足以清偿债务时,春城公司需提供足以清偿债务的资产及资金。但春城公司并非承诺其在信保公司注销百生公司2700万元抵押权范围内仍然提供担保,故该条款不影响春城公司2700万元担保责任的免除。

【案例来源】

中国裁判文书网,http://wenshu.court.gov.cn。

910 银行在保留信用证项下单据和货物所有权的前提下委托债务人销售货物，不构成《担保法》第二十八条规定的对物的担保的放弃

【关键词】

|信用证|销售货物|物的担保|

【案件名称】

中国银行新疆维吾尔自治区分行与新疆国标经贸有限公司融资担保纠纷案［最高人民法院（2005）民二终字第32号民事判决书，2005. 4. 22］

【裁判精要】

最高人民法院认为：

2003年6月17日，国标经贸公司向中行新疆分行出具不可撤销的还款担保书，明确承诺同意为金邦钢铁公司在中行新疆分行余额不高于2000万元的贷款或信用证、银行承兑汇票，各类保函及其他融资业务提供连带责任担保。中行新疆分行接受该担保书并且未表示不同意见，据此，应认定国标经贸公司与中行新疆分行之间保证法律关系成立。国标经贸公司以中行新疆分行未与其另行签订保证合同为由主张其与中行新疆分行的担保关系尚未成立的观点，本院不予支持。在上述担保书约定的决算期内(2003年6月17日至次年6月16日前)，金邦公司先后与中行新疆分行签订两份商业汇票承兑协议和两份进口押汇合同，金邦公司在上述协议、合同项下产生的债务余额共计人民币800万元和1555714. 33美元。上述债务的性质分别属于担保书承诺担保的银行承兑汇票融资业务以及其他融资业务，且发生于约定的决算期内，中行新疆分行向国标经贸公司主张权利未超过担保书约定的2年保证期间，故国标经贸公司应依约在其承诺的2000万元额度范围内为金邦公司对中行新疆分行的欠债承担连带保证责任。虽然，金邦公司在进行上述融资时，其与中行新疆分行在两份商业汇票承兑协议和两份进口押汇合同中约定各协议和合同项下的欠款由与国标经贸公司同期向中行新疆分行出具过4000万元额度不可撤销的还款担保书的另一保证人世达物资公司承担保证责任，但因世达物资公司和国标经贸公司未对金邦公司的债务约定分担的份额或进行其他区分，中行新疆分行也没有以任何明示的方式表示放弃对国标经贸公司担保债权，故仅以中行新疆分行与金邦公司在主合同中对一项担保债权作出进一步约定的事实不能推定其系对另一项担保债权的放弃，中行新疆分行在请求世达物资公司承担担保责任的同时有权请求国标经贸公司承担相应的担保责任。因此，对国标经贸公司关于中行新疆分行系以行为表明放弃了对该公司的保证债权的答辩理由本院不予采信。金邦公司在与中行新疆分行签订的两份进口押汇合同约定的权利义务关系为：因金邦公司不履行《开立

信用证合同》中要求的如期付款业务,中行新疆分行在保留或取得信用证项下单据和货物所有权的前提下,代金邦公司对外付款;金邦公司作为中行新疆分行的受托人,代中行新疆分行保管有关单据,办理该单据项下货物的存仓、保管、运输、加工、销售及保险事项,代为保管货物出售后的货款或将货款存入中行新疆分行指定账户。其中,双方有关因金邦公司不履行如期付款业务,中行新疆分行保留或取得信用证项下单据和货物所有权的约定,不属于《担保法》所规定的物的担保方式。因此,中行新疆分行在保留信用证项下单据和货物所有权的前提下委托金邦公司销售货物,也不构成《担保法》第二十八条规定的对物的担保的放弃。原审判决认定进口押汇行为实质上是一种以货物抵押为特征的融资方式以及认定中行新疆分行将货物单证交还金邦公司系对权利的放弃,均属定性不当,本院予以纠正。此外,世达物资公司虽为金邦公司股东,但股东为其所投资的公司担保并不违反法律、法规的规定,国标经贸公司有关中行新疆分行接受世达物资公司为金邦公司担保系恶意骗保的答辩没有法律依据。综上,本院对国标经贸公司有关其不应承担本案保证责任的答辩理由均不予采信,根据其向中行新疆分行出具不可撤销的还款担保书的承诺以及其未与世达物资公司约定保证责任份额的事实,国标经贸公司应在2000万元额度范围内对金邦公司债务承担连带保证责任。

【案例来源】

最高人民法院民事审判第二庭编:《最高人民法院商事审判指导案例·金融卷》,中国法制出版社2013年版,第165~176页。

911 公司减资的程序瑕疵是否影响公司作为债务人的民事责任暨保证人的保证责任并非一定因物保、担保置换、公司减资瑕疵等因素存在而免除

【关键词】

|减资|程序瑕疵|保证责任|

【案件名称】

湖南中融企业信用担保投资有限公司与中国工商银行股份有限公司长沙韶山路支行、湖南中科本安新材料有限公司及北京中科时代资产管理有限公司、湖南信托有限责任公司金融借款合同纠纷案[最高人民法院(2014)民二终字第154号民事判决书,2014.12.17]

【裁判精要】

最高人民法院认为：

二、中融担保公司应否就中科本安公司的债务向工行韶山路支行承担连带保证责任

中科本安公司与工行韶山路支行签订的《固定资产借款合同》及中融担保公司与工行韶山路支行签订的《最高额保证合同》是当事人真实意思表示，不违反法律、行政法规的禁止性规定，原审判决认定两合同合法有效正确。首先，《固定资产借款合同》签订后，双方当事人并未签订任何修改变更该合同的协议。《最高额保证合同》中明确约定："工行韶山路支行与中科本安公司协议变更主合同的，除展期或增加贷款金额外，无须经中融担保公司同意，中融担保公司仍在原保证范围内承担连带保证责任。"2005年11月25日，中融担保公司向中科本安公司发送《关于重申担保效力的函》，确认原保证合同继续有效。故本案不存在我国担保法规定的债权人与债务人合意改变主合同条款而未经保证人同意、应依法免除保证人保证责任的情形。其次，案涉《关于建立银行贷款担保全面合作伙伴关系的协议》系中融担保公司与工行韶山路支行的上级主管部门及行业协会签订，主要内容系三方建立业务战略合作伙伴关系，并没有有关减少或免除中融担保公司在本案中担保责任的内容；中融担保公司出具的《银行贷款担保意向书》中虽有只有在借款人提供财产抵押、担保并同意事后置换担保的情况下才愿意为借款人提供担保的内容，但该所附条件属于保证人中融担保公司与借款人中科本安公司之间的关系，工行韶山路支行并无促成该条件成就的法定义务，故该意向书对工行韶山路支行并无约束力。中科本安公司事后是否依约置换中融担保公司在本案中的担保，与工行韶山路支行无关。再次，一审中，中融担保公司向原审法院提交《调查取证申请书》及《申请调取的证据清单》，申请法院调取工行韶山路支行发放案涉贷款及监管职责落实等有关情况，但工行韶山路支行是否严格履行其监管贷款义务的问题，属于金融监管部门行政管理的范畴，与本案民事责任的认定并无直接关联，原审法院对该申请未予批准并无不当。最后，本案中，中融担保公司的连带保证责任与湖南信托公司、中科时代公司的补充赔偿责任，三者法律关系及事实依据均有所不同，中融担保公司有关其保证责任范围应当剔除湖南信托公司与中科时代公司所承担的补充赔偿责任数额的上诉理由，缺乏法律依据，本院不予支持。第五，关于抵押担保的实现问题。中科本安公司与工行韶山路支行签订《最高额抵押合同》，工行韶山路支行考虑该合同项下借款人所抵押土地可实现的抵押权价值为1100万元，直接将其诉请本金数额减少，属于原审原告对其民事权利的处分，不违反法律规定。

【权威解析】

（三）中融担保公司的连带保证责任与湖南信托公司、中科时代公司的补充赔偿

责任的关系

三者各自的法律关系及事实依据均有所不同。债权人诉请的中融担保公司的连带责任来源于《最高额保证合同》,其诉请的湖南信托公司、中科时代公司的补充赔偿责任则来源于中科本安公司的减资行为。三者之间的顺位关系,当事人并没有作约定,法律也没有规定。因此,应当认定三者的责任形式并行不悖。中融担保公司有关其保证责任范围最终的确定应当先行剔除湖南信托公司与中科时代公司所承担的补充赔偿责任数额的上诉理由,缺乏法律依据,二审不予支持。……

(五)关于公司减资应否承担本案民事责任、应承担多大范围责任的问题

尽管因当事人的撤诉使得二审判决对此不必审理表态,但因该问题的审理涉及公司法若干法律要点,在实践中具有一定法律意义,且本院合议庭对此进行了讨论合议,达成了共识,故承办人特在此就湖南信托公司与中科时代公司因中科本安公司减资的问题作出如下分析:

中科本安公司向工行韶山路支行申请贷款 8000 万元时,注册资金为 1 亿元。该公司于 2005 年 2005 年 8 月 11 日作出股东会决议,决定减少注册资本为 5000 万元,并于 2005 年 11 月 14 日、15 日、17 日在《家庭导报》中刊登“减少注册资本”公告。我国《公司法》第一百七十八条第二款规定:……该法律规定要求公司减资通知债权人,赋予债权人要求提供担保或者清除债务的权利,目的是更好地保护债权人利益。本案中,被上诉人中科本安公司在一、二审庭审中辩称该公司已经将减资事宜告知了债权人工行韶山路支行指派到该公司的信贷专管员冯宇峰,但该行当庭表示没有证据加以证明。二审庭审后中科本安公司寄来一份冯宇峰签字的《证明》,主要内容是冯宇峰在 2004 年 12 月任工行韶山路支行信贷专管员,专门负责中科本安公司的大额贷款资金使用等的监督与审查工作,2005 年 8 月中旬,中科本安公司的财务总监李浩春告知,该公司决定减资,冯宇峰在银行里讲了这件事。2009 年 8 月,冯宇峰离开该行。但中科本安公司并未要求请证人到庭。承办人认为,该证人证言系一审诉讼前业已存在的证据,当事人完全可以采集到,本院二审庭审后才提交法庭,依据民事诉讼证据规则要求,该证明不属于新证据,本院不应采信。目前并没有证据证明中科本安公司减资按照法律规定通知了债权人工行韶山路支行。而且即便如此,中科本安公司减资未通知债权人的行为给债权人带来的损害只是债权人丧失了要求债务人清偿债务或者提供担保的权利。造成该法律后果应否承担民事责任以及承担怎样的民事责任,《公司法》及司法解释并没有明确规定。而本案的贷款债权一开始就有债务人自身提供的土地抵押、中融担保公司提供的连带责任保证,该物保与人保共同对案涉债权提供了充分的保障。换句话说,中科本安公司减资不当的行为并没有给债权人造成实际损害。工行韶山路支行起诉认为中科本安公司减资不当,要求中科本安公司的现任股东中科时代公司、曾经的股东湖南信托公司对债务人的贷款债务共同承担民事责任,该诉请实质上属于侵权民事责任范畴,但

是，该侵权行为没有实际损害结果发生，也就谈不上民事责任的承担。①

【案例来源】

中国裁判文书网，http://wenshu.court.gov.cn。

912 在债权人单个起诉的案件中，不应追加其没有起诉的其他担保人参加诉讼，应尊重当事人的约定和选择

【关键词】

| 单个起诉 | 担保人 |

【案件名称】

延边新合作连锁超市有限公司与吉林龙井农村商业银行股份有限公司抵押合同纠纷案 [最高人民法院(2017)最高法民终964号民事判决书，2018.2.12]

【裁判精要】

最高人民法院认为：

抵押权虽属从权利，但法律、司法解释没有强制要求混合担保中的债权人行使抵押权须将抵押人与债务人、其他保证人和担保物权人列为共同被告一并起诉，否则即视为放弃抵押权。《担保法解释》颁布于《物权法》实施之前，当时《担保法》对抵押权行使方式的规定仅限于起诉方式，排除了抵押权人通过非讼程序来行使抵押权，故《担保法解释》第一百二十八条第一款基于《担保法》的规定，出于对诉讼安全的考量和查明事实的需要，规定"债权人向人民法院请求行使担保物权时，债务人和担保人应当作为共同被告参加诉讼"，亦即选择了共同被告这样的诉讼模式，但《担保法解释》起草人亦认为此种诉讼模式相对落后。在《物权法》实施之后，依据《物权法》第一百九十五条第一款关于"抵押权人可以与抵押人协议以抵押财产折价或者以拍卖、变卖该抵押财产所得的价款优先受偿"的规定以及该条第二款"抵押权人与抵押人未就抵押权实现方式达成协议的，抵押权人可以请求人民法院拍卖、变卖抵押财产"的规定，抵押权的行使存在"协议"和"诉讼"两种途径，亦即抵押权人可以通过非讼程序来行使抵押权，对抵押权的行使方式债权人有选择权，不是必须通过诉讼解决。因此，在《物权法》实施之后《担保法解释》第一百二十八条第一款的

① 参见李京平：《公司减资的程序瑕疵是否影响公司作为债务人的民事责任暨保证人的保证责任并非一定因物保、担保置换、公司减资瑕疵等因素存在而免除——上诉人湖南中融企业信用担保投资有限公司与被上诉人中国工商银行股份有限公司长沙韶山路支行、湖南中科本安新材料有限公司及原审被告北京中科时代资产管理有限公司、湖南信托有限责任公司金融借款合同纠纷上诉案》，载杜万华主编：《最高人民法院民商事案件审判指导》(第5卷)，人民法院出版社2018年版，第292~294页。

规定已明显落后于法律规定。而且,《担保法解释》第一百二十八条第一款的规定是针对仅有物的担保的情况下,债务人与担保人的诉讼地位的解释,但本案延河信用社的债权上不仅有担保物权,还存在人的保证,属于混合担保的情况,故本案也不适用《担保法解释》第一百二十八条第一款的规定。《担保法解释》第一百二十八条第二款则是针对同一债权上既有人保又有多个物保的情况下,债务人与担保人的诉讼地位的解释,该款规定:"同一债权既有保证又有物的担保的,当事人发生纠纷提起诉讼的,债务人与保证人、抵押人或者出质人可以作为共同被告参加诉讼。"该款规定并未强制要求混合担保中的债权人必须将债务人和保证人、抵押人、出质人列为共同被告一并起诉,而是将选择权交由债权人,在债权人单个起诉的案件中,人民法院不能追加债权人没有起诉的其他担保人参加诉讼,应尊重当事人的约定和选择,这一规定符合现行《物权法》的规定。本案延河信用社的债权上人保与多个物保并存,延河信用社在前案诉讼中虽未起诉新合作公司,但其作出了明确意思表示不放弃对新合作公司的抵押权,则依据《物权法》的规定其可以通过非讼程序和提起诉讼两种方式对新合作公司行使抵押权。

综上,本院认为,延河信用社在前案吉林高院(2014)吉民二初字第13号民事案件中未起诉新合作公司,不构成抵押权的放弃。新合作公司上诉主张龙井农商银行放弃了对新合作公司的抵押权,理据不足,本院不予支持。

【案例来源】

中国裁判文书网,http://wenshu.court.gov.cn。

913 债权人和债务人明知债务已清偿而滥用诉讼权利损害担保人合法权益,造成担保人损失的,应共同侵权损害赔偿

【关键词】

|债务清偿|滥用权利|损害赔偿|

【案件名称】

南京市高淳县飞达教育技术装备有限责任公司诉南京市高淳区隆兴农村小额贷款有限公司、江苏金创信用再担保股份有限公司侵权责任纠纷案[江苏省南京市中级人民法院(2018)苏01民终1228号民事判决书,2018.4.12]

【裁判精要】

裁判摘要:债权人和债务人明知债务已经清偿,债权人积极起诉担保人要求其承担连带清偿责任,债务人消极应诉且承认债权,系滥用诉讼权利损害担保人合法权益的共同侵权行为,担保人依法提出赔偿合理的律师费用等正当要求,应予支持。

南京市中级人民法院认为:

行为人因过错侵害他人民事权益,应当承担侵权责任。二人以上分别实施侵权行为造成同一损害,能够确定责任大小的,各自承担相应的责任;难以确定责任大小的,平均承担赔偿责任。侵权人承担侵权责任,需要具备侵权人具有过错、侵权人实施了违法行为、被侵害人有损害结果、侵权人的行为与被侵害人的侵害结果之间有因果关系。本案中,隆兴小贷公司于2016年3月分四次给付金创公司的1800万元,其每次均在付款单据用途一栏中注明为“代偿”。金创公司在收取款项时对隆兴小贷公司注明的“代偿”用途明知,但其对此未提出过异议,应视为金创公司对隆兴小贷公司向其支付的1800万元系代偿款是清楚和明知的。1800万元款项的支付时间是2016年3月,“金创综合授信2016013号”《最高额综合授信合同》约定的授信额度有效期间为2015年10月16日至2019年2月22日,隆兴小贷公司、金创公司在本案中主张1800万元系“金创综合授信2016013号”《最高额综合授信合同》项下约定的特别保证金,但并未举证出现了该合同项下的债务到期情形,即隆兴小贷公司在此情况下并没有给付该授信合同项下特别保证金的义务。金创公司在原6案二审中主张其与隆兴小贷公司约定1800万元用于交纳编号“金创综合授信2015065号”《最高额综合授信合同》项下的特别保证金;而本案中,金创公司、隆兴小贷公司主张隆兴小贷公司向金创公司支付的1800万元是编号“金创综合授信2016013号”《最高额综合授信合同》项下的特别保证金,双方陈述前后不一致。“金创综合授信2016013号”《最高额综合授信合同》签订于2016年2月22日,原6案二审立案时间是2017年1月,合同签订在先,二审立案在后,但隆兴小贷公司、金创公司在该案中均未提交该证据。如此大额款项的支付若为特别保证金,双方不可能不再协商和确认,更不可能在数次付款单据用途中均注明为“代偿”款。原6案的生效判决已经明确认定隆兴小贷公司于2016年3月给付金创公司的1800万元款项系偿还金创公司的代偿款,并非编号“金创综合授信2015065号”《最高额综合授信合同》项下的特别保证金。故对隆兴小贷公司、金创公司主张1800万元款项系“金创综合授信2016013号”《最高额综合授信合同》项下特别保证金的上诉意见,本院不予采纳。

《最高人民法院关于进一步推进案件繁简分流,优化司法资源配置的若干意见》(法发〔2016〕21号)第二十二条规定:“引导当事人诚信理性诉讼。加大对虚假诉讼、恶意诉讼等非诚信诉讼行为的打击力度,充分发挥诉讼费用、律师费用调节当事人诉讼行为的杠杆作用,促使当事人选择适当方式解决纠纷。当事人存在滥用诉讼权利、拖延承担诉讼义务等明显不当行为,造成诉讼对方或第三人直接损失的,人民法院可以根据具体情况对无过错方依法提出的赔偿合理的律师费用等正当要求予以支持。”隆兴小贷公司欠金创公司的代偿款一经清偿,债务即消灭。金创公司在明知债务已清偿,且在有数家公司为反担保人的情况下,仅向飞达公司追偿,存在明显过错,系滥用诉讼权利。隆兴小贷公司在其代偿申请表、付款单据、付款回单及财务记账凭证中，均明确载明其于 2016 年 3 月给付金创公司的 1800 万元系代偿款的情况下，消极应诉，不抗辩、不提供已清偿证据，且认同金创公司的主张，亦存在明显过错。由于二者行为致飞达公司一审败诉，给飞达公司造成讼累，侵害飞达公司合法权益，构成共同侵权，故飞达公司为应诉所支出的 47 万元律师费，系隆兴小贷公司、金创公司侵权行为给飞达公司造成的直接损失，一审判决隆兴小贷公司、金创公司共同赔偿，并无不当。

【案例来源】

《中华人民共和国最高人民法院公报》2019 年第 6 期。

图书在版编目(CIP)数据

最高人民法院民商事判例集要. 金融担保卷 / 杜万华总主编;
俞宏雷分册主编. —北京 : 中国民主法制出版社, 2019. 11
ISBN 978 - 7 - 5162 - 2109 - 9

Ⅰ. ①最… Ⅱ. ①杜… ②俞… Ⅲ. ①民事诉讼 - 审判 - 案例 - 汇编 - 中国②金融 - 担保法 - 审判 - 案例 - 汇编 - 中国
Ⅳ. ①D925. 118. 25

中国版本图书馆 CIP 数据核字(2019)第 253874 号

图书出品人: 刘海涛
出 版 统 筹: 乔先彪
图 书 策 划: 曾　健
责 任 编 辑: 陈　曦　孙振宇

书名/最高人民法院民商事判例集要 · 金融担保卷
ZUIGAO RENMIN FAYUAN MINSHANGSHI PANLI JIYAO · JINRONG DANBAO JUAN

作者/杜万华　总 主 编
刘德权　副总主编
俞宏雷　本卷主编

出版 · 发行/中国民主法制出版社
地址/北京市丰台区右安门外玉林里 7 号 (100069)
电话/ (010) 63055259 (总编室)　63057714 (发行部)
传真/ (010) 63056975　63056983
http: //www. npcpub. com
E-mail: mzfz@ npcpub. com
经销/新华书店
开本/16 开　730 毫米 ×1030 毫米
印张/120. 75　**字数**/2555 千字
版本/2019 年 11 月第 1 版　2019 年 11 月第 1 次印刷
印刷/三河市东方印刷有限公司

书号/ISBN 978 - 7 - 5162 - 2109 - 9
(上中下册) 总定价/388. 00 元